Handbuch der Grundrechte
in Deutschland und Europa

Handbuch der Grundrechte

in Deutschland und Europa

Herausgegeben von

Detlef Merten und Hans-Jürgen Papier

In Verbindung mit
Horst Dreier, Josef Isensee, Paul Kirchhof,
Karl Korinek, Jörg Paul Müller, Georg Ress,
Heinz Schäffer, Hans-Peter Schneider,
Wassilios Skouris, Klaus Stern, Daniel Thürer

Band I
Entwicklung und Grundlagen

Band II
Grundrechte in Deutschland: Allgemeine Lehren I

Band III
Grundrechte in Deutschland: Allgemeine Lehren II

Band IV
Grundrechte in Deutschland: Einzelgrundrechte I

Band V
Grundrechte in Deutschland: Einzelgrundrechte II

Band VI
Europäische und internationale Grund- und Menschenrechte

Band VII
Grundrechte in Österreich, der Schweiz und Liechtenstein

Band VIII
Grundrechte in West-, Nord- und Südeuropa

Band IX
Grundrechte in Ostmittel- und Osteuropa

Handbuch der Grundrechte

in Deutschland und Europa

Herausgegeben von

Detlef Merten und Hans-Jürgen Papier

Band I
Entwicklung und Grundlagen

Mit Beiträgen von
Peter Badura · Georg Brunner † · Brun-Otto Bryde · Otto Depenheuer
Horst Dreier · Peter Häberle · Paul Kirchhof · Eckart Klein
Hans Hugo Klein · Juliane Kokott · Karl Korinek/Elisabeth Dujmovits
Jörg-Detlef Kühne · Fritz Ossenbühl · Walter Pauly · Gerhard Robbers
Herbert Schambeck · Edzard Schmidt-Jortzig · Hans-Peter Schneider
Karl-Peter Sommermann · Torsten Stein · Klaus Stern · Uwe Volkmann
Rainer Wahl · Thomas Würtenberger

C. F. Müller Verlag
Heidelberg

Redaktion
Professor Dr. Dr. Detlef Merten
– unter Mitarbeit von
Dr. Christina Grün, Silke Löhr, Christiane Merten,
Inge Patschull, Annette Schorr und Stefan Werres

Zitiervorschlag:
Klaus Stern, Die Idee der Menschen- und Grundrechte,
in: HGR I, § 1 RN 4 ff.

Die Thyssen-Stiftung
hat die wissenschaftliche Vorbereitung dieses Bandes
großzügig gefördert.

Bibliographische Information der Deutschen Bibliothek

Die Deutsche Bibliothek verzeichnet diese Publikation in der
Deutschen Nationalbibliographie; detaillierte bibliographische Angaben
sind im Internet unter der Adresse http://dnb.ddb.de abrufbar.

© 2004 C. F. Müller Verlag, Hüthig GmbH & Co. KG, Heidelberg
Satz: Mitterweger & Partner, Plankstadt
Druck und Bindung: Friedrich Pustet, Regensburg
ISBN 3-8114-1837-8

Karl August Bettermann

dem Mitherausgeber des vorbildhaften Grundrechtshandbuchs,
dem angesehenen Dogmatiker des öffentlichen Rechts,
dem verehrten Lehrer
zur Vollendung des 90. Lebensjahres gewidmet.

Detlef Merten   Hans-Jürgen Papier

Vorwort

„In der Zeit, die seit dem Inkrafttreten der Verfassung vergangen ist, hat sich herausgestellt, daß die Grundrechte vielfach eine weittragende unmittelbare praktische Bedeutung gewonnen haben. Die Bedeutung der Grundrechte geht naturgemäß über das Gebiet des Staats- und Verwaltungsrechts hinaus". So schreibt *Hans Carl Nipperdey* zehn Jahre nach Inkrafttreten der Weimarer Reichsverfassung im Vorwort des von ihm herausgegebenen dreibändigen Werkes „Die Grundrechte und Grundpflichten der Reichsverfassung". Ein Vierteljahrhundert später verweist er darauf, daß die Grundrechte „vom Bonner Grundgesetz mit besonderer Betonung zur Grundlage des staatlichen und menschlichen Zusammenlebens ausgestaltet worden [sind]. Sie stehen weit mehr noch als früher im Mittelpunkt einer ausgedehnten Erörterung in Praxis und Rechtsprechung", wie es im Vorwort des von ihm und anderen, darunter *Ulrich Scheuner* und später *Karl August Bettermann* herausgegebenen „Handbuchs der Theorie und Praxis der Grundrechte" heißt, das in den Jahren 1954 bis 1967 in sieben Bänden (einschließlich Teilbänden) erschienen ist und auch ausländisches Verfassungsrecht einbezog.

In der Tat hat die „Wiedergeburt ... grundrechtlichen Denkens" (*Hans Huber*) nach einer Epoche des Grundrechtsnihilismus zu einer ungeahnten Bedeutung der Grundrechte geführt, wie sie in der Etikettierung Deutschlands als „Grundrechtsdemokratie" und einer „Konstitutionalisierung" der Rechtsordnung zum Ausdruck kommt. Wenn das Grundgesetz zum Vorbild vieler ausländischer Verfassungen der letzten Jahrzehnte wurde, so ist dies in erster Linie wohl auch der Attraktivität seiner Grundrechte zuzuschreiben. Deren theoretische Grundlegung und dogmatische Durchdringung haben Staatsrechtslehre und Verfassungsgerichtsbarkeit in wechselbezüglicher Kooperation bewirkt.

Angesichts einer kaum noch überschaubaren Fülle verfassungsgerichtlicher Judikatur und wissenschaftlicher Einzeldarstellungen zu Grundrechtsfragen erscheint es fünfzig Jahre nach Erscheinen des Handbuchs zu den grundgesetzlichen Grundrechten (1954) an der Zeit, erneut eine Summe zu ziehen und die Konturen der Grundrechtsdogmatik zu verdeutlichen. Diese Aufgabe wird durch die „inzwischen überbordenden Grundgesetzkommentare" (*Fritz Ossenbühl*) nicht überflüssig. Können diese doch ihrer Bestimmung gemäß weder die Einzelgrundrechte in monographischer Breite behandeln noch die allgemeinen Grundrechtslehren sowie die historischen, ideen- und geistesgeschichtlichen Grundlagen der Grundrechte ausführlich darstellen oder ausländische Grundrechtsordnungen würdigen.

Das Handbuch der Grundrechte in Deutschland und Europa wendet sich an die staatsrechtliche Praxis und Theorie. Es soll als Nachschlagewerk für den gegenwärtigen Stand und die Entwicklung der Grundrechte und ihrer Dogmatik dienen und zugleich grundrechtliche Wechselwirkungen verdeutlichen.

Vorwort

Dabei sollen übereinstimmende wie unterschiedliche dogmatische Strömungen behandelt und soll die höchstrichterliche, insbesondere die verfassungsgerichtliche Rechtsprechung eingehend dargestellt und kritisch beleuchtet werden. Die Grundrechte europäischer Organisationen und der europäischen Staaten werden in die Darstellung einbezogen, wobei auch in Anbetracht der kollegialen Verbundenheit in der „Vereinigung der Deutschen Staatsrechtslehrer" für die Staaten des deutschen Sprachraums Österreich, Schweiz und Liechtenstein ein eigener Band vorgesehen ist.

Die Internationalität des Themas, die Breite der angestrebten wissenschaftlichen Methodik und die Verbindung von Theorie und Praxis spiegeln sich auch in der Zusammensetzung des Beirats, der die Herausgeber in ihrer Arbeit unterstützt. Hier gilt den Kollegen *Josef Isensee* und *Paul Kirchhof* für die noble und uneigennützige Unterstützung besonderer Dank. Da Optimales nicht verbesserungsfähig ist, lehnt sich das vorliegende Werk in seiner äußeren Erscheinung an das gelungene „Handbuch des Staatsrechts" an. Es stellt sich zugleich in die Reihe seiner Vorgänger und ist bemüht, deren Tradition fortzuführen, wofür als äußeres Zeichen der erste Band dem Mitherausgeber des letzten Grundrechtshandbuchs, *Karl August Bettermann*, gewidmet wird.

Vielfältiger Dank ist abzustatten. Ohne die großzügige und wohltuend unbürokratische Förderung durch die Fritz Thyssen-Stiftung bei der wissenschaftlichen Vorbereitung und Begleitung hätte dieses Werk nicht entstehen können. Außer den Beiratsmitgliedern haben die Herren Kollegen *Georg Brunner*, der während der Drucklegung dieses Bandes verstorben ist und dem die Herausgeber ein ehrendes Gedenken bewahren werden, und *Kurt Eichenberger* bei der Konzipierung Unterstützung gewährt. Für die angenehme und reibungslose Zusammenarbeit wird dem Verlag C. F. Müller gedankt.

Speyer und München/Karlsruhe, im September 2003

Detlef Merten   *Hans-Jürgen Papier*

Inhalt Band I

Vorwort VII
Hinweise für den Leser XII
Verfasser XIII
Abkürzungsverzeichnis XV
Literaturverzeichnis XXVII

Erster Teil
Entwicklung der Grundrechte

I. Idee und geschichtliche Entwicklung

§ 1 Die Idee der Menschen- und Grundrechte
    Klaus Stern 3

§ 2 Von der Aufklärung zum Vormärz
    Thomas Würtenberger 49

§ 3 Von der bürgerlichen Revolution bis zum Ersten Weltkrieg
    Jörg-Detlef Kühne 97

§ 4 Die Zwischenkriegszeit
    Horst Dreier 153

§ 5 Von der Spaltung zur Einigung Europas
    Eckart Klein 201

§ 6 Grundrechte am Beginn des 21. Jahrhunderts
    Hans Hugo Klein 269

§ 7 Wechselwirkungen zwischen deutschen und ausländischen Verfassungen
    Peter Häberle 313

II. Geistesgeschichtliche Strömungen

1. Grundrechte aus der Sicht der Religionen

§ 8 Grundrechte in der Lehre der katholischen Kirche
    Herbert Schambeck 349

§ 9 Menschenrechte aus der Sicht des Protestantismus
    Gerhard Robbers 387

2. Grundrechte im politischen Denken der Neuzeit

§ 10 Grundrechte und Liberalismus
  Edzard Schmidt-Jortzig 413

§ 11 Grundrechte und Konservativismus
  Otto Depenheuer 441

§ 12 Grundrechte und Sozialismus
  Uwe Volkmann 477

3. Grundrechte in totalitären Theorien

§ 13 Grundrechtstheorie im Marxismus-Leninismus
  Georg Brunner † 523

§ 14 Grundrechtstheorien in der Zeit des Nationalsozialismus
  und Faschismus
  Walter Pauly 563

Zweiter Teil
Grundlagen der Grundrechte

I. Methodik und Interpretation

§ 15 Grundsätze der Grundrechtsinterpretation
  Fritz Ossenbühl 595

§ 16 Funktionen und Methoden der Grundrechtsvergleichung
  Karl-Peter Sommermann 631

II. Strukturen

§ 17 Programmatik und Normativität der Grundrechte
  Brun-Otto Bryde 679

§ 18 Grundrechte und Verfassungsdirektiven
  Hans-Peter Schneider 707

§ 19 Die objektiv-rechtliche Dimension der Grundrechte
  im internationalen Vergleich
  Rainer Wahl 745

§ 20 Grundrechte als Ordnung für Staat und Gesellschaft
  Peter Badura 783

Inhalt Band I

III. Voraussetzungen, Sicherung und Durchsetzung

§ 21 Grundrechtsinhalte und Grundrechtsvoraussetzungen
Paul Kirchhof 807

§ 22 Grundrechtliche Schranken und Schrankenschranken
Juliane Kokott 853

§ 23 Grundrechtsdurchsetzung und Grundrechtsverwirklichung
Karl Korinek/Elisabeth Dujmovits 909

§ 24 Grundrechte im Ausnahmezustand
Torsten Stein 945

Personenregister 989

Sachregister 993

Hinweise für den Leser

1. Aus bibliographischen Gründen werden die Verfasser von Monographien sowie die Herausgeber von Sammelwerken u.ä. mit Vor- und Zunamen zitiert. Autoren von Zeitschriftenaufsätzen, Beiträgen in Sammelwerken, Festschriften etc. werden mit den Nachnamen, bei Verwechslungsgefahr mit abgekürztem Vornamen angeführt.
2. Werke, die in der Bibliographie des jeweiligen Beitrags erscheinen, werden verkürzt mit dem Zusatz (Bibl.) zitiert. Gängige Grundrechts- und Staatsrechtsliteratur erschließt sich bei abgekürzten oder verkürzten Angaben aus dem Abkürzungs- und/oder Literaturverzeichnis.
3. Die Marginalien am Rande der Beiträge sowie die mit einem Pfeil (→) gekennzeichneten Verweisungen innerhalb des Handbuchs fallen in die Verantwortung der Herausgeber.

Verfasser

Professor Dr. *Peter Badura*, Universität München
Professor Dr. Dr. h.c. *Georg Brunner †*, Universität zu Köln
Professor Dr. *Brun-Otto Bryde*, Universität Gießen
Professor Dr. *Otto Depenheuer*, Universität zu Köln
Professor Dr. *Horst Dreier*, Universität Würzburg
Professor Dr. Dr. h.c. mult. *Peter Häberle*, Universität Bayreuth
Professor Dr. *Paul Kirchhof*, Universität Heidelberg
Professor Dr. *Eckart Klein*, Universität Potsdam
Professor Dr. *Hans Hugo Klein*, Universität Göttingen
Professor Dr. Dr. *Juliane Kokott*, Universität St. Gallen
Professor Dr. Dr. h.c. *Karl Korinek/Dr. Elisabeth Dujmovits*, Universität Wien
Professor Dr. *Jörg-Detlef Kühne*, Universität Hannover
Professor Dr. *Fritz Ossenbühl*, Universität Bonn
Professor Dr. *Walter Pauly*, Universität Jena
Professor Dr. *Gerhard Robbers*, Universität Trier
Professor Dr. Dr. h.c. mult. *Herbert Schambeck*, Universität Linz
Professor Dr. *Edzard Schmidt-Jortzig*, Universität zu Kiel
Professor Dr. Dr. h.c. *Hans-Peter Schneider*, Universität Hannover
Professor Dr. *Karl-Peter Sommermann*, Deutsche Hochschule Speyer
Professor Dr. *Torsten Stein*, Universität des Saarlandes
Professor Dr. Dr. h.c. mult. *Klaus Stern*, Universität zu Köln
Professor Dr. *Uwe Volkmann*, Universität Mainz
Professor Dr. *Rainer Wahl*, Universität Freiburg
Professor Dr. *Thomas Würtenberger*, Universität Freiburg

Abkürzungsverzeichnis

a.A.	anderer Ansicht
aaO.	am angegebenen Ort
A.A.S.	Acta Apostolicae Sedis
Abg.	Abgeordnete, -n, -r
ABGB	(österr.) Allgemeines Bürgerliches Gesetzbuch
abgedr.	abgedruckt
ABl.	Amtsblatt
Abs.	Absatz
Abschn.	Abschnitt
Abt.	Abteilung
abw.	abweichend
AcP	Archiv für die civilistische Praxis
ADAV	Allgemeiner deutscher Arbeiterverein
a.E.	am Ende
AEMR	Allgemeine Erklärung der Menschenrechte (auch AMRE)
a.F.	alte Fassung
AJDA	Actualité Juridique – Droit Administratif
AJP	Aktuelle Juristische Praxis
AK	Alternativkommentar, -e
AK-GG	Kommentar zum Grundgesetz für die Bundesrepublik Deutschland (Reihe Alternativkommentare)
allgem.	allgemein, -e, -er, -es
ALR	Allgemeines Landrecht für die Preußischen Staaten
Alt.	Alternative
a.M.	anderer Meinung
AMRE	Allgemeine Erklärung der Menschenrechte (auch AEMR)
AMRK	Amerikanische Menschenrechtskonvention
amtl.	amtlich
Anm.	Anmerkung
Änd.	Änderung
AO	Abgabenordnung
AöR	Archiv des öffentlichen Rechts
APO	Außerparlamentarische Opposition
AR	Appenzell-Ausserrhoden
ARSP	Archiv für Rechts- und Sozialphilosophie
Art.	Artikel
AS	Amtliche Sammlung
AT	Allgemeiner Teil
Aufl.	Auflage
AUS	Austria

Abkürzungsverzeichnis

AVA	Allgemeines Verwaltungsarchiv
AVR	Archiv des Völkerrechts
BAFöG	Bundesgesetz über individuelle Förderung der Ausbildung (Bundesausbildungsförderungsgesetz)
BAG	Bundesarbeitsgericht
BayOGH	Bayerischer Obergerichtshof
BayVBl.	Bayerische Verwaltungsblätter
BBl.	(schweiz.) Bundesblatt
Bd.	Band
Bde.	Bände
Bearb.	Bearbeiter, Bearbeitung
bes.	besonders
BG	Bundesgericht
BGB	Bürgerliches Gesetzbuch
BGBl.	Bundesgesetzblatt
BGE	Entscheidungen des schweizerischen Bundesgerichts
BGH	Bundesgerichtshof
BGHSt	Entscheidungen des Bundesgerichtshofes in Strafsachen
BGHZ	Entscheidungen des Bundesgerichtshofes in Zivilsachen
BHO	Bundeshaushaltsordnung
Bibl.	Bibliographie
BL	Basel-Landschaft
BR-Drucks.	Drucksache (-n) des Bundesrates
BSHG	Bundessozialhilfegesetz
bspsw.	beispielsweise
BT	Deutscher Bundestag
BT-Drucks.	Drucksache (-n) des Deutschen Bundestages
Bü.	Büschel
BV	Bundesverfassung
BVerfG	Bundesverfassungsgericht
BVerfGE	Entscheidungen des Bundesverfassungsgerichts
BVerfGG	Gesetz über das Bundesverfassungsgericht (Bundesverfassungsgerichtsgesetz)
BVerwG	Bundesverwaltungsgericht
BVerwGE	Entscheidungen des Bundesverwaltungsgerichts
B-VG	(österr.) Bundes-Verfassungsgesetz
bzw.	beziehungsweise
CDU	Christlich Demokratische Union
Chapt.	Chapter
CMLR	Common Market Law Reports
CMLRev.	Common Market Law Review
CNRS	Centre National de la Recherche Scientifique

Abkürzungsverzeichnis

Co.	Company
CDT	European Committee for the Prevention of Torture and Inhuman or Degrading Treatment or Punishment
ČSR	Československá Republika (Tschechoslowakische Republik, bis 1960 amtl. Bezeichnung der Tschechoslowakei)
ČSSR	Československá Socialistická Republika (Tschechoslowakische Sozialistische Republik, Tschechoslowakei)
CZ	Czech Republic (Tschechische Republik)
DB	Der Betrieb
DBF	Dictionnaire de Biographie Française
DC	Décisions du Conseil Constitutionnel
DDR	Deutsche Demokratische Republik
dens.	denselben
ders.	derselbe
dess.	desselben
d.h.	das heißt
dies.	dieselbe, dieselben
Diss.	Dissertation
DJT	Deutscher Juristentag
DJZ	Deutsche Juristenzeitung
DKP	Deutsche Kommunistische Partei
DÖV	Die Öffentliche Verwaltung
DR	Deutsches Recht (1.1931–15.1945) [Ab 9.1939 geteilt in: Ausgabe A = Wochenausgabe, vereinigt mit Juristischer Wochenschrift, Ausgabe B = Monatsausgabe, vereinigt mit Deutsche Rechtspflege]
DRiZ	Deutsche Richterzeitung (1.1909–27.1935; 28.1950 ff.)
Drucks.	Drucksache (-n)
DRw	Deutsche Rechtswissenschaft
dt.	deutsch
dt. Übers.	deutsche Übersetzung
DtVerw	Deutsche Verwaltung
DV	Deutschlandvertrag
DVBl.	Deutsches Verwaltungsblatt
E	Entscheidung, -en; Entscheidungsband
ebd.	ebenda
EG	Europäische Gemeinschaft (-en); Vertrag zur Gründung der Europäischen Gemeinschaft in der nach dem 1.5.1999 geltenden Fassung
EGMR	Europäischer Gerichtshof für Menschenrechte
EGV	Vertrag zur Gründung der Europäischen Gemeinschaft in der bis zum 1.5.1999 geltenden Fassung
EHQ	European History Quarterly

Abkürzungsverzeichnis

EinigungsV	Vertrag zwischen der Bundesrepublik Deutschland und der Deutschen Demokratischen Republik über die Herstellung der Einheit Deutschlands (Einigungsvertrag)
EKD	Evangelische Kirche Deutschlands
EKMR	Europäische Kommission für Menschenrechte
EMRK	Europäische Konvention zum Schutze der Menschenrechte und Grundfreiheiten (Europäische Menschenrechtskonvention)
engl.	englisch
epd	Evangelischer Pressedienst
EPG	Europäische Politische Gemeinschaft
ERG	Sammlung der nach gepflogener öffentlicher Verhandlung geschöpften Erkenntnisse des k. k. österreichischen Reichsgerichts
Erk.	Erkenntnis
Erl.	Erläuterung
etc.	et cetera
ETS	European Treaty Series
EU	Europäische Union; Vertrag über die Europäische Union in der nach dem 1.5.1999 geltenden Fassung
EuG	Europäischer Gerichtshof erster Instanz
EuGH	Gerichtshof der Europäischen Gemeinschaften
EuGRZ	Europäische Grundrechte-Zeitschrift
EuR	Europarecht
europ.	europäisch
EUV	Vertrag über die Europäische Union in der bis zum 1.5.1999 geltenden Fassung
EuZW	Europäische Zeitschrift für Wirtschaftsrecht
EV	s. EinigungsV
e.V.	eingetragener Verein
EVG	Europäische Verteidigungsgemeinschaft
EWG	Europäische Wirtschaftsgemeinschaft
f.	folgende, -r, -s; für
FAZ	Frankfurter Allgemeine Zeitung
FDP	Freie Demokratische Partei
ff.	folgende
FG	Festgabe
FN	Fußnote
FRV	Frankfurter Reichsverfassung
FS	Festschrift
G	Gesetz
GA Res.	General Assembly Resolution
GBl.	Gesetzblatt

Abkürzungsverzeichnis

GBl. DDR	Gesetzblatt der Deutschen Demokratischen Republik
Ges.	Gesammelt(e)
GewO	Gewerbeordnung
GG	Grundgesetz
GmbH	Gesellschaft mit beschränkter Haftung
GO	Gemeindeordnung; Geschäftsordnung
GR	Die Grundrechte. Handbuch der Theorie und Praxis der Grundrechte. 4 Bde., hg. von Karl August Bettermann u. a. (s. im Literaturverzeichnis)
GS	Gesetz-Sammlung für die Königlichen Preußischen Staaten
GStA PK	Geheimes Staatsarchiv Preußischer Kulturbesitz
GVBl.	Gesetz- und Verordnungsblatt
H.	Heft
Habil.	Habilitationsschrift
Halbbd.	Halbband
HansRGZ	Hanseatische Rechts- und Gerichtszeitschrift (11.1928–26.1943)
HChE	Entwurf des Verfassungskonvents von Herrenchiemsee, Herrenchiemseer Entwurf
HdWW	Handwörterbuch der Wirtschaftswissenschaft, 9 Bde. und Ergänzungsbd., 1977 ff., hg. von Willi Albers, Karl Erich Born u. a.
Hg.	Herausgeber
hg.	herausgegeben
HRLJ	Human Rights Law Journal
Hs.	Halbsatz
HStA Stgt.	Hauptstaatsarchiv Stuttgart
HStR	Handbuch des Staatsrechts, 10 Bde., hg. von Josef Isensee und Paul Kirchhof (s. im Literaturverzeichnis)
IAGMR	Interamerikanischer Gerichtshof für Menschenrechte
ibid.	ibidem (ebenda)
I•CON	International Journal of Constitutional Law
i.E.	im Erscheinen
i.d.F.	in der Fassung
i.e.	id est
i.e.S.	im engeren Sinne
IGH	Internationaler Gerichtshof
IGH-Statut	Statut des Internationalen Gerichtshofes
IKZ	Internationale katholische Zeitschrift Communio
insb.	insbesondere
IPbürgR	Internationaler Pakt über bürgerliche und politische Rechte

Abkürzungsverzeichnis

IPWSKR	Internationaler Pakt über wirtschaftliche, soziale und kulturelle Rechte
i.V.m.	in Verbindung mit
IWF	Internationaler Währungsfonds
i.w.S.	im weiteren Sinne
Jb.	Jahrbuch, Jahrbücher
JBl.	1. Juristische Blätter (61.1932 ff.), vereinigt mit Gerichts-Zeitung (1.1872-67.1938; 68.1946 ff.), 2. Justizblatt
JbsächsOVG	Jahrbücher des sächsischen Oberverwaltungsgerichts
J.C.	Jurisprudencia Constitucional
Jg.	Jahrgang
Jh.	Jahrhundert
j.L.	jüngere Linie
JöR	Jahrbuch des öffentlichen Rechts der Gegenwart
JR	Juristische Rundschau
JRP	Journal für Rechtspolitik
jur.	juristisch
Jura	Juristische Ausbildung
JuS	Juristische Schulung
JW	Juristische Wochenschrift
JWG	Gesetz für Jugendwohlfahrt
JZ	Juristenzeitung
Kap.	Kapitel
KOR	Komitee zur Verteidigung der Arbeiter (in Polen)
KPD	Kommunistische Partei Deutschlands
KPdSU	Kommunistische Partei der Sowjetunion
KritV	Kritische Vierteljahresschrift für Gesetzgebung und Rechtswissenschaft
KSZE	Konferenz für die Sicherheit und Zusammenarbeit in Europa, CSCE
KV	Kantonsverfassung
LAG	Gesetz über den Lastenausgleich (Lastenausgleichsgesetz); Landesarbeitsgericht
Lfg.	Lieferung
lit.	littera
LitVerz.	Literaturverzeichnis
LKV	Landes- und Kommunalverwaltung
Ls.	Leitsatz
lt.	laut
Ltd.	limited
LVerfG	Landesverfassungsgericht

Abkürzungsverzeichnis

LVerfGE	Entscheidungen der Verfassungsgerichte der Länder Baden-Württemberg, Berlin, Brandenburg, Bremen, Hamburg, Hessen, Mecklenburg-Vorpommern, Niedersachsen, Saarland, Sachsen, Sachsen-Anhalt, Thüringen
m.	mit
MBG	(österr.) Militärbefugnisgesetz
MdR	Mitglied des Reichstags
m.E.	meines Erachtens
MEW	Karl Marx/Friedrich Engels, Werke, 42 Bde., 1964 ff., hg. vom Institut für Marxismus-Leninismus beim ZK der SED
m.H.	mit Hinweis(en)
m.N.	mit Nachweis(en)
MRM	Menschenrechtsmagazin
m. umfangr. N.	mit umfangreichen Nachweisen
m.w.H.	mit weiteren Hinweisen
m.w.N.	mit weiteren Nachweisen
m.z.H.	mit zahlreichen Hinweisen
m.z.N.	mit zahlreichen Nachweisen
N.	Nachweis, -e
NATO	North Atlantic Treaty Organization (Nordatlantische Allianz)
nBV	neue Bundesverfassung
ND	Neudruck, Nachdruck
Nds.	Niedersachsen, niedersächsisch, -e, -er, -es
NF	Neue Folge
n.F.	neue Fassung
NGO	Non-Gouvernemental-Organization
NJ	Neue Justiz
NJW	Neue Juristische Wochenschrift
NL	Niederlande
No.	numero
NPD	Nationaldemokratische Partei Deutschlands
Nr.	Nummer
NSDAP	Nationalsozialistische Deutsche Arbeiterpartei
NStZ	Neue Zeitschrift für Strafrecht
núm.	número (spanisch)
NuR	Natur und Recht (1.1997 ff.)
NVwZ	Neue Zeitschrift für Verwaltungsrecht
NWVBl.	Nordrhein-Westfälische Verwaltungsblätter
NZWehrR	Neue Zeitschrift für Wehrrecht

Abkürzungsverzeichnis

OAS	Organization of American States (Organisation Amerikanischer Staaten)
OAU	Organization of African Unity (Organisation der Afrikanischen Einheit)
ÖJZ	Österreichische Juristenzeitung (1946 ff.)
OGArb	Entscheidungen des Obersten Gerichts der DDR in Arbeitsrechtssachen
OGH	(österr.) Oberster Gerichtshof
OGSt	Entscheidungen des Obersten Gerichts der DDR in Strafsachen
OGZ	Entscheidungen des Obersten Gerichts der DDR in Zivilsachen
o.J.	ohne Jahresangabe
ÖJT	Österreichischer Juristentag
oktr.	oktroyiert, -e, -es
österr.	österreichisch, -e, -es, -er
OstEuR	Osteuropa-Recht
OSZE	Organisation für Sicherheit und Zusammenarbeit in Europa
OVG	Oberverwaltungsgericht
ÖZÖR	Österreichische Zeitschrift für Öffentliches Recht
ÖZW	Österreichische Zeitschrift für Wirtschaftsrecht
Parl.	Parlamentarisch, -er
PartG	Gesetz über die politischen Parteien (Parteiengesetz)
PersFrG	(österr.) Bundesverfassungsgesetz über den Schutz der persönlichen Freiheit
phil.	philosophisch
Pisa	Programme for International Student Assessment
preuß.	preußisch
PRL	Polska Rzeozpospolita Ludowa
Prot.	Protokoll
PrOVG	Preußisches Oberverwaltungsgericht
PrOVGE	Entscheidungen des Preußischen Oberverwaltungsgerichts
PrPVG	Preußisches Polizeiverwaltungsgesetz
PVS	Politische Vierteljahresschrift
RabelsZ	Zeitschrift für ausländisches und internationales Privatrecht
RAF	„Rote Armee Fraktion"
Rec.	record
Red.	Redaktion
Reg.	Regierung
resp.	respektive
RG	Reichsgericht

Abkürzungsverzeichnis

RGBl.	Reichsgesetzblatt
RGSt	Entscheidungen des Reichsgerichts in Strafsachen
RGZ	Entscheidungen des Reichsgerichts in Zivilsachen
RN	Randnummer
RPT	A(lexander) Rauchs Parlamentarisches Taschenbuch
ROW	Recht in Ost und West
Rs.	Rechtssache
RSFSR	Russische Sozialistische Föderative Sowjetrepublik
Rspr.	Rechtsprechung
russ.	russisch
RuStAG	Reichs- und Staatsangehörigkeitsgesetz
RVerwBl.	Reichsverwaltungsblatt
s.	siehe
S.	Seite
SA	Sturmabteilung
s.a.	siehe auch
SächsOVG	Sächsisches Oberverwaltungsgericht
Sb.	Sammelband
SBZ	Sowjetische Besatzungszone
SchHA	Schleswig-Holsteinische Anzeigen
scil.	scilicet
SDAPR	Sozialdemokratische Arbeiterpartei Rußlands
SDS	Sozialistischer Deutscher Studentenbund
sect.	section
SED	Sozialistische Einheitspartei Deutschlands
Sem.	Semester
SGB	Sozialgesetzbuch
S.J.	Societas Jesu (Jesuitenorden)
SJZ	Süddeutsche Juristenzeitung; Schweizerische Juristen-Zeitung
Slg.	Sammlung
sog.	sogenannte, -es, -r
s.o.	siehe oben
Sp.	Spalte
span.	spanisch, -e, -er, -es
SPD	Sozialdemokratische Partei Deutschlands
SPG	(österr.) Sicherheitspolizeigesetz
SPK	Sozialistisches Patientenkollektiv
SRP	Sozialistische Reichspartei
SRÜ	Seerechtsübereinkommen der Vereinten Nationen
SSR	Sozialistische Sowjetrepublik
st.	ständig, -e, -er, es
StabilitätsG	Gesetz zur Förderung der Stabilität und des Wachstums der Wirtschaft
Sten. Ber.	Stenographischer Bericht, Stenographische Berichte

Abkürzungsverzeichnis

StGB	Strafgesetzbuch
StGG	(österr.) Staatsgrundgesetz über die allgemeinen Rechte der Staatsbürger
StGH	Staatsgerichtshof
StPO	Strafprozeßordnung
st. Rspr.	ständige Rechtsprechung
StuW/StuWi.	Steuer und Wirtschaft
StWiStPr	Staatswissenschaften und Staatspraxis
s. u.	siehe unten
SVN	Satzung der Vereinten Nationen (UN-Charta)
tschech.	tschechisch, -e, -er, -es
Tschech. Republik	Tschechische Republik
u.	und; unten; unter
u. a.	und andere; unter anderem; und anderswo
u. a. m.	und andere(s) mehr
u. ä.	und ähnliche, -s
UdSSR	Union der Sozialistischen Sowjetrepubliken
übers.	übersetzt
UK	United Kingdom
UN	United Nations
UNESCO	United Nations Educational, Scientific and Cultural Organization (Organisation der Vereinten Nationen für Erziehung, Wissenschaft, Kultur)
Urt.	Urteil
U.S.	United States
U.S.A	United States of America
USSR	Union of Soviet Socialist Republics (siehe UdSSR)
usw.	und so weiter
UTR	Umwelt- und Technikrecht
UV	Unionsverfassungsentwurf
UVS	Unabhängiger Verwaltungssenat (in Österreich)
v.	versus; von, vom
Verb.	Verbindung
Verf.	Verfasser; Verfassung
VerfG	Verfassungsgericht/Verfassungsgesetz
VerfGH	Verfassungsgerichtshof
Verh.	Verhandlungen
VerwArch	Verwaltungsarchiv
VfGH	(österr.) Verfassungsgerichtshof
VfSlg.	Sammlung der Erkenntnisse und wichtigsten Beschlüsse des (österr.) Verfassungsgerichtshofs, Neue Folge (1921–1933, 1946 ff.)
vgl.	vergleiche

Abkürzungsverzeichnis

VOBl.	Verordnungsblatt
vol.	Volume
Vorbem.	Vorbemerkung, -en
VRP	Volksrepublik Polen
VRÜ	Verfassung und Recht in Übersee
VSG	Verkehrssicherstellungsgesetz
VSSR	Vierteljahresschrift für Sozialrecht
VStG	(österr.) Verwaltungsstrafgesetz
VVDStRL	Veröffentlichungen der Vereinigung der Deutschen Staatsrechtslehrer
WEU	Western European Union (Westeuropäische Union)
WPflG	Wehrpflichtgesetz
WRV	Weimarer Reichsverfassung
WTO	World Trade Organization
Württ. HStA	Württembergisches Hauptstaatsarchiv
WVRK	Wiener Übereinkommen über das Recht der Verträge (Wiener Vertragskonvention)
zahlr.	zahlreich, -e
ZAkDR	Zeitschrift der Akademie für deutsches Recht
ZaöRVR	Zeitschrift für ausländisches öffentliches Recht und Völkerrecht
z.B.	zum Beispiel
ZBJV	Zeitschrift des Bernischen Juristenvereins (1.1864 ff.)
ZDG	Gesetz über den Zivildienst der Kriegsdienstverweigerer (Zivildienstgesetz)
ZEuS	Zeitschrift für europarechtliche Studien
ZevKR	Zeitschrift für evangelisches Kirchenrecht
ZfRV	Zeitschrift für Rechtsvergleichung
ZG	Zeitschrift für Gesetzgebung
ZGR	Zeitschrift für Unternehmens- und Gesellschaftsrecht
ZgS	Zeitschrift für die gesamte Staatswissenschaft
ZHF	Zeitschrift für historische Forschung
Ziff.	Ziffer
zit.	zitiert
Zit.	Zitat
ZK	Zentralkomitee
ZNR	Zeitschrift für neuere Rechtsgeschichte
ZÖR	Zeitschrift für öffentliches Recht
ZP	Zusatzprotokoll
ZParl.	Zeitschrift für Parlamentsfragen
ZPO	Zivilprozeßordnung
ZRG	Zeitschrift der Savigny-Stiftung für Rechtsgeschichte
ZRP	Zeitschrift für Rechtspolitik
ZRph	Zeitschrift für Rechtsphilosophie

Abkürzungsverzeichnis

ZSchwR	Zeitschrift für Schweizerisches Recht
ZStW	Zeitschrift für die gesamte Staatswissenschaft
z.T.	zum Teil
ZUR	Zeitschrift für Umweltrecht
zust.	zustimmend
zutr.	zutreffend
z.Z.	zur Zeit

Literaturverzeichnis
(Nachweis häufig zitierter Werke)

Alternativkommentar zum Grundgesetz	siehe *Denninger, Erhard*, u.a. (Hg.).
Berliner Kommentar zum Grundgesetz	siehe *Friauf, Karl Heinrich*, u.a. (Hg.).
Bettermann, Karl August/ Neumann, Franz L./ Nipperdey, Hans Carl/ Scheuner, Ulrich	Die Grundrechte, Bd. I, Halbbd. 1, 1966; Bd. I, Halbbd. 2, 1967; Bd. II, 1954; Bd. III, Halbbd. 1, 1958; Bd. III, Halbbd. 2, 1959; Bd. IV, Halbbd. 1, 1960; Bd. IV, Halbbd. 2, 1962.
Bleckmann, Albert	Staatsrecht II – Die Grundrechte, ^{4}1997.
Bonner Kommentar zum Grundgesetz	siehe *Dolzer, Rudolf*, u.a. (Hg.).
Denninger, Erhard/ Hoffmann-Riem, Wolfgang/ Schneider, Hans-Peter/ Stein, Ekkehart (Hg.)	Kommentar zum Grundgesetz für die Bundesrepublik Deutschland (Reihe Alternativkommentare), Loseblattwerk, Stand: 2002.
Die Grundrechte	siehe *Bettermann, Karl August*, u.a. (Hg.).
Dolzer, Rudolf/Vogel, Klaus/ Graßhof, Karin (Hg.)	Bonner Kommentar zum Grundgesetz (Loseblattwerk), Stand: 2003.
Dreier, Horst	Grundgesetz, Bd. I (Art. 1–19), 1996, ^{2}2003; Bd. II (Art. 20–82), 1998; Bd. III (Art. 83–146), 2000.
Friauf, Karl Heinrich/ Höfling, Wolfram (Hg.)	Berliner Kommentar zum Grundgesetz (Loseblattwerk), Stand: 2003.
Hesse, Konrad	Grundzüge des Verfassungsrechts der Bundesrepublik Deutschland, ^{20}1995.
Isensee, Josef/ Kirchhof, Paul (Hg.)	Handbuch des Staatsrechts, Bd. I, ^{2}1995, ^{3}2003; Bd. II, ^{2}1998, ^{3}2004; Bd. III, ^{2}1996; Bd. IV, ^{2}1999; Bd. V, ^{2}2000; Bd. VI, ^{2}2001; Bd. VII, 1993; Bd. VIII, 1995; Bd. IX, 1997; Bd. X, 2000.
Jarass, Hans Dieter/ Pieroth, Bodo	Grundgesetz für die Bundesrepublik Deutschland, ^{6}2002.
Mangoldt, Hermann von/ Klein, Friedrich	Das Bonner Grundgesetz, Kommentar, Bd. I, ^{2}1957; Bd. II, ^{2}1964; Bd. III, ^{2}1974.

Literaturverzeichnis

Mangoldt, Hermann von/ Klein, Friedrich/ Starck, Christian (Hg.)	Das Bonner Grundgesetz, Kommentar, Bd. I (Präambel, Art. 1–19), ^{4}1999; Bd. II (Art. 20–78), ^{4}2000; Bd. III (Art. 79–146), ^{4}2001.
Maunz, Theodor/ Dürig, Günter (Hg.)	Grundgesetz (Loseblattwerk), Stand: 2002.
Maunz, Theodor/ Zippelius, Reinhold	Deutsches Staatsrecht, ^{30}1998.
Münch, Ingo von/ Kunig, Philip (Hg.)	Grundgesetz-Kommentar, Bd. I (Präambel, Art. 1–19), ^{5}2000; Bd. II (Art. 20–69), ^{5}2001; Bd. III (Art. 79–146), ^{5}2003.
Pieroth, Bodo/ Schlink, Bernhard	Grundrechte. Staatsrecht II, ^{18}2002.
Sachs, Michael (Hg.)	Grundgesetz, Kommentar, ^{3}2003.
ders.	Verfassungsrecht II – Grundrechte, ^{2}2003.
Stern, Klaus	Das Staatsrecht der Bundesrepublik Deutschland, Bd. I, ^{2}1984; Bd. II, 1980; Bd. III, Halbbd. 1, 1988; Bd. III, Halbbd. 2, 1994; Bd. V, 2000.
Umbach, Dieter/ Clemens, Thomas (Hg.)	Grundgesetz, Bd. I (Präambel, Art. 1–37), 2002; Bd. II (Art. 38–146), 2002.

Erster Teil
Entwicklung der Grundrechte

Erster Teil
Entstehung der Grundrechte

I. Idee und geschichtliche Entwicklung

§ 1
Die Idee der Menschen- und Grundrechte

Klaus Stern

Übersicht

	RN		RN
A. Einleitung	1–3	II. Die verzögerte Positivierung in Deutschland und Österreich	30–31
B. Historische und geistesgeschichtliche Grundlagen	4–13	III. Resümee der Entwicklung im 18. und 19. Jahrhundert	32
I. Philosophisch-kulturelle, ethisch-moralische und religiöse Wurzeln	4–12	D. Menschen- und Grundrechte auf internationaler Ebene	33–45
1. Die griechische und römische Antike	5–7	I. Die Entwicklung bis zum Zweiten Weltkrieg	33–34
2. Das Christentum und christliches Naturrecht	8	1. Von den Ursprüngen bis 1919	33
3. Das neuzeitliche Naturrecht	9–11	2. Erste Schritte nach dem Ersten Weltkrieg	34
4. Herrschaftsverträge	12	II. Der Durchbruch nach dem Zweiten Weltkrieg	35–39
II. Resümee zu den geistesgeschichtlichen Wurzeln	13	1. Die Charta der Vereinten Nationen	35
C. Die großen historisch bedeutsamen nationalen Rechteerklärungen	14–32	2. Die Allgemeine Erklärung der Menschenrechte	36
I. Die Verrechtlichung der Menschenrechtsidee im 17. und 18. Jahrhundert	14–29	3. Spezielle Deklarationen und Konventionen	37
1. Die Entwicklung zu Rechteerklärungen in England, Frankreich und Deutschland	14–22	4. Die internationalen Pakte von 1966 und die KSZE-Schlußakte von 1975	38
a) Erste konkrete Menschenrechte der europäischen Naturrechtslehrer	16–17	5. Resümee	39
b) Die großen englischen Staatsphilosophen und ihre Rechteformulierungen	18–19	III. Die europäische Entwicklung	40–45
		1. Die Europäische Konvention zum Schutze der Menschenrechte und Grundfreiheiten	40–41
c) Die Lehre des französischen Staatsphilosophen Montesquieu	20	2. Amerikanische und afrikanische Parallelen	42
d) Der deutsche Beitrag	21–22	3. Die Europäische Union	43–45
2. Der positiv-rechtliche Niederschlag in den Rechteerklärungen Englands, Amerikas und Frankreichs	23–29	a) Grundfreiheiten und Grundrechte des Gemeinschaftsrechts	44
a) England	24	b) Die EU-Grundrechtecharta	45
b) Die Vereinigten Staaten von Amerika	25–26	E. Menschenrechte und Grundrechte – Terminologie und Wechselbeziehung	46–58
c) Frankreich	27–29	I. Terminologische Fragen	46–52

§ 1 Erster Teil: I. Idee und geschichtliche Entwicklung

		RN			RN
	1. Uneinheitlicher Sprachgebrauch um Menschen- und Grundrechte	46–48		3. Erste positiv-rechtliche Ausformungen	64
	2. Menschenrechte als überpositive und international gewährte Rechte	49–50		4. Soziale Verheißungen in der Weimarer Reichsverfassung und in anderen Verfassungen	65–67
	3. Grundrechte als positivierte verfassungsmäßige Rechte	51		5. Die Allgemeine Erklärung der Menschenrechte von 1948	68–69
	4. Der Grundrechtsbegriff im Europäischen Gemeinschaftsrecht	52		6. Der Pakt über wirtschaftliche, soziale und kulturelle Rechte von 1966	70
II.	Die Wechselbeziehung zwischen Menschen- und Grundrechten	53–58		7. Die Europäische Sozialcharta von 1961	71
	1. Grundrechte als Ausformung vorstaatlicher, den Menschen zustehender Rechte	53		8. Zurückhaltung des geltenden deutschen Verfassungsrechts	72–73
	2. Wechselbezüglichkeit zwischen internationalen Menschen- und nationalen Grundrechten	54	III.	Die sogenannten Drittgenerationsrechte	74–78
	3. Ausweitung von Menschen- und Grundrechten	55–57		1. Entwicklung und Gegenstand der Menschenrechte der sogenannten Dritten Generation	74–76
	a) Grundrechte mit und ohne Menschenrechtsgehalt	56		2. Fehlende Qualität als subjektive Rechte	77
	b) Zunehmende Deckungsgleichheit zwischen internationalen Menschenrechten und nationalen Grundrechten	57		3. Eigenschaft als soft law	78
			G.	Der Anspruch auf Universalität der Menschenrechte	79–90
	4. Notwendigkeit universeller Menschen- und Grundrechtsgeltung	58	I.	Die Universalisierung der Menschenrechte	79–84
F.	Menschen- und grundrechtliche Inhalte	59–78		1. Erste Universalitätsansätze in Frankreich und Amerika	79–81
I.	Freiheits- und verwandte Rechte als klassische Menschen- und Grundrechte	59–61		2. Starke Tendenzen zur Universalität nach dem Zweiten Weltkrieg	82
	1. Freiheitsrechte als Abwehrrechte	59		3. Fortsetzung des Universalisierungsprozesses in der Gegenwart	83–84
	2. Untauglichkeit neuer Definitionsversuche für die Einteilung	60–61	II.	Die Grundlagen für universell geltende Menschenrechte	85–88
II.	Die sogenannten sozialen Grundrechte	62–73		1. Zu enger naturrechtlicher Begründungsansatz	85–86
	1. Die Solidarité der französischen Revolution	62		2. Neuere Begründungsansätze	87–88
	2. Die „soziale Frage" und der Sozialstaat als Wurzel	63	III.	Die Durchsetzung der Universalität der Menschenrechte	89–90
				1. Rückzug auf einen menschenrechtlichen Mindeststandard	89
				2. Keine kulturkreisbezogene Relativierung	90
			H.	Bibliographie	

A. Einleitung

Der Ruf nach Menschenrechten leitete in der Geschichte, auch der jüngeren, Revolutionen ein. Heute werden diese Rechte – wie immer definiert – universell begriffen. Sie besitzen jedenfalls Autorität, und zumindest verbal bekennen sich fast alle Staaten der Vereinten Nationen zu ihnen. Die Präambel und Art. 55 lit. c der UN-Charta verlangen es so. Daß sie nicht überall verwirklicht sind, geschweige denn beachtet werden, ändert an diesem Geltungsanspruch nichts.

1 Universalität der Menschenrechte

Für das Verhältnis der Staaten zu den Individuen sind Menschenrechte unbestreitbar ein fundamentaler Ordnungsfaktor sowohl der Staatenwelt insgesamt als auch jedes einzelnen Mitglieds geworden. Die Staatenwelt hat daraus im Völkerrecht ihre Konsequenzen gezogen und beginnt, ein weltweit Geltung erheischendes Instrumentarium zum Schutz der Menschenrechte zu schaffen[1]. Die Idee der Menschenrechte gehört jedenfalls seit dem Ende des Zweiten Weltkriegs zu den Schlüsselbegriffen des politischen Denkens und Handelns. Mehr oder weniger stark dürfte sich zudem im Bewußtsein der Menschen die Überzeugung festsetzen, daß staatliche Gewalt an Menschenrechte gebunden ist. In den meisten Staaten, zumal den Verfassungsstaaten, hat die Idee der Menschenrechte zu positivierten, verfassungsmäßigen Rechten (Grundrechten) geführt. Idee, Ursprung und Konzeption der Menschen- und Grundrechte gehören daher zu den großen Themen unserer Zeit[2] und beschäftigen viele Wissenschaftszweige[3].

2 Menschenrechte als politischer Schlüsselbegriff

Positivierung der Menschenrechte

Die Bedeutung der Menschen- und Grundrechte ist in der Gegenwart sogar noch gewachsen, seit ihr Inhalt und vor allem ihr universeller Geltungsanspruch in den Strudel des Zusammenpralls der Kulturen und Zivilisationen gerissen wurde[4]. In der Vergangenheit wurden sie als ideologische Waffen im Kampf zwischen „West" und „Ost" eingesetzt; in der Gegenwart sind sie Instrumente des Nord-/Südkonflikts. Der Idee nach sollten sie universal verstanden werden[5]. Die Aufschlüsselung der ideengeschichtlichen Wurzeln der Menschen- und Grundrechte gehört daher nicht nur als wissenschaftliches Thema in ein der Internationalität verpflichtetes Handbuch der Grundrechte, sondern sie ist unentbehrlich für das Verständnis und die Interpretation dieser alle Menschen angehenden besonderen Rechtekategorie.

3 Universelle Geltung der Menschenrechte im Streit der Kulturen

---

1 Unten RN 35 ff., 40 ff., 52.
2 Vgl. *Stern*, HStR V (Bibl.), § 108 RN 1; dens., Staatsrecht Bd. III/1 (Bibl.), S. 51 ff.; *Kühnhardt* (Bibl.), S. 25.
3 Vgl. *J. Gebhardt*, Gibt es eine Theorie der Menschenrechte?, in: Karl Graf Ballestrem u. a. (Hg.), Politisches Denken – Jahrbuch 1998, S. 1 ff.; *Thomas Göller*, Politik und interkulturelle Philosophie der Menschenrechte, Gegenwartskunde 2000, S. 49 ff.; *Ryffel*, Philosophische Wurzeln der Menschenrechte, ARSP 70 (1984), S. 401; *Heiner Bielefeldt*, Philosophie der Menschenrechte – Grundlagen eines weltweiten Freiheitsethos, 1998; *Norbert Brieskorn*, Menschenrechte – Eine historisch-philosophische Grundlegung, 1997; *Jens Hinkmann*, Philosophische Argumente für und wider die Universalität der Menschenrechte, 1996; Grandner u. a. (Hg.) (Bibl.).
4 Vgl. *Samuel P. Huntington*, The clash of civilizations – Kampf der Kulturen, ³1997, S. 312 ff.
5 *Thomas Risse* u. a., Die Macht der Menschenrechte, 2002; *Martin Heckel*, Die Menschenrechte im Spiegel der reformatorischen Theologie, 1987.

B. Historische und geistesgeschichtliche Grundlagen

I. Philosophisch-kulturelle, ethisch-moralische und religiöse Wurzeln

4
Menschenrechte gründen in menschlicher Wesenheit und Würde

Die Idee, die dem Menschen bestimmte angeborene Rechte unveräußerlich und unverletzlich zuerkennt, besitzt eine vielhundertjährige Tradition und entspringt unterschiedlichen geistig-kulturellen, ethisch-religiösen, politischen und rechtlichen Wurzeln. Demgemäß kann weder ihre Herkunft noch ihre Motivation monokausal gedeutet werden[6]. Auch Inhalt und Umfang dieser Rechte sind nicht ein- für allemal festgelegt. Ursprünglich eng bemessen auf *life, liberty and property*[7], wurden diese Rechte im Laufe der Zeit immer weiter ausgedehnt, bis 1948 mit der Allgemeinen Erklärung der Menschenrechte[8] global ein vorläufiger Höhepunkt erreicht wurde. Dennoch bleibt als Kern aller Argumentationslinien, daß Menschenrechte dem Menschen kraft seiner Existenz, kraft seines Menschseins, zustehen und in seiner einmaligen Wesenheit unter allen Lebewesen und in seiner unverwechselbaren Würde gründen. In diesem Sinne sind sie zunächst als natürliche[9], bisweilen auch als moralische Rechte gekennzeichnet worden, die aber Schritt für Schritt zu ihrer Stärkung verrechtlicht wurden[10], sowohl auf der internationalen als auch auf der nationalen Ebene. Auf der ersteren behielten sie die Bezeichnung Menschenrechte bei[11], auf der letzteren erhielten sie unterschiedliche Namen wie „civil rights", „droits fondamentaux", „diritti fondamentali", „derechios fundamentales" oder – im deutschen Sprachraum – eben Grundrechte[12]. Bis zu dieser Stabilisierung währte indessen ein Widerstreit verschiedener geistiger Strömungen und ein langer Kampf gegen absolute Machtansprüche unterschiedlichster Art.

1. Die griechische und römische Antike

5
Begriff der Menschenrechte fehlt der Antike

In der griechischen und römischen Antike läßt sich – soweit feststellbar – der Begriff der Menschenrechte nicht auffinden, wohl aber sind Überlegungen erkennbar, die für die Entwicklung der Menschenrechtsidee bedeutsam sind[13].

---

6 *H. Hofmann*, Zur Herkunft der Menschenrechtserklärungen, JuS 1988, S. 841 (846).
7 So *John Locke*, Two Treatises of Government, (hg. von Peter Laslett), Cambridge, ²1967, Book II, § 131.
8 → Band VI: *Nettesheim*, Die Allgemeine Erklärung der Menschenrechte und ihre Rechtsnatur.
9 Vgl. *Margaret Macdonald*, Natural rights, in: Peter Laslett (Hg.), Philosophy, politics and society, Oxford 1956, S. 35 ff.; *Kühnhardt* (Bibl.), S. 32, *Stern*, HStR V (Bibl.), § 108 RN 9 ff. m.w.N.
10 *Maurice Cranston*, What are human rights?, London 1973, S. 6: "Where human rights are upheld by positive law – where people have what they ought to have – human rights are both moral rights and positive rights."
11 Unten RN 35 ff.
12 Unten RN 31, 46.
13 Vgl. *Alfred Verdross*, Grundlinien der antiken Rechts- und Staatsphilosophie, ²1948, S. 118 ff.; *Oestreich* (Bibl.), S. 15 ff.; *Kühnhardt* (Bibl.), S. 50; *Wolfgang Schmale*, Archäologie der Grund- und Menschenrechte in der Frühen Neuzeit, 1997, S. 49 ff.

Den Sophisten des 5. vorchristlichen Jahrhunderts verdanken wir den Gedanken, daß das natürliche Recht höher stehe als das positive Gesetz. Von *Alkidamas* ist der Satz überliefert, daß Gott alle Menschen frei geschaffen und keinen zum Sklaven gemacht habe[14]. Die Rechte-Trias der Griechen, Isonomia (Gleichheit vor dem Recht), Isogoria (gleiche Redefreiheit) und Isotimia (gleicher Respekt für alle) konnten praktisch aber nur die „Freien" in Anspruch nehmen. Allein die Bürger der Polis hatten Rechte. *Aristoteles* rechtfertigte bekanntlich noch die Sklaverei aus den natürlichen Unterschieden zwischen den Menschen. Erst die griechischen Stoiker (*Zenon von Kition* um 300 v. Chr.) hielten alle Menschen für gleichberechtigt und für gleichermaßen vernunftbegabte Wesen zur Ausübung freier Willensentscheidungen.

6
Höherrangigkeit des natürlichen Rechts und Gleichberechtigung der Menschen

Die römische Stoa schloß sich diesem Denken an. Vor allem wurde dann in der Zeit der „guten" Kaiser, namentlich des Philosophen-Kaisers *Marc Aurel*, der Individualismus betont. Schon früher war *Cicero* für das Naturrecht eingetreten: „Das wahre Gesetz ist rechte Vernunft, die mit der Natur übereinstimmt, allen zuteil wird, ständig und ewig ist[15]". Aber weder die griechischen noch die römischen philosophischen Gedankengänge führten dazu, daß daraus unveräußerliche, der staatlichen Ordnung vor- oder eingelagerte Menschenrechte erwuchsen.

7
Keine Herausbildung unveräußerlicher, vorstaatlicher Menschenrechte

2. Das Christentum und christliches Naturrecht

Einen wichtigen Schritt auf dem Weg zur Entwicklung von Menschenrechten verdanken wir dem Christentum[16]. Die Lehre von der Gottebenbildlichkeit des Menschen (imago dei) führte nicht nur zur Ausbildung des Gedankens der Menschenwürde, sondern auch zur Fähigkeit des Menschen zur Selbstbestimmung, zum personalen Freiheitsgedanken sowie der Gleichheit aller Menschen vor Gott[17]. Gestärkt wurde von den Kirchenvätern auch das Naturrecht, das zu einem christlichen Naturrecht mutierte[18]. Trotz mancher Widersprüche, vor allem im Bezug auf die Zulässigkeit von Sklavendiensten, wurden stoisches und frühchristliches Naturrechtsdenken zu wichtigen Faktoren des Menschenrechtsimpetus[19].

8
Menschenrechtsimpetus durch stoisches und frühchristliches Naturrechtsdenken

3. Das neuzeitliche Naturrecht

War das frühchristliche Naturrecht namentlich von der göttlichen Schöpfungsordnung inspiriert, so verliert es im Übergang zur Neuzeit seinen religiösen Gehalt. Aufklärung und Vernunft sind die neuen geistigen Strömungen.

9
Der Mensch als vernunftbegabtes Wesen

---

14 Oestreich (Bibl.), S. 15.
15 *Marcus Tullius Cicero*, De re publica, 1915, Bd. III, S. 22.
16 → *Schambeck*, § 8: Die Grundrechte in der Lehre der katholischen Kirche; *Robbers*, § 9: Grundrechte aus der Sicht des Protestantismus.
17 *Aurelius Augustinus*, De trinitate (hg. von Johann Kreuzer, 2001), Buch XIV 3.4–3.6; *Thomas von Aquin*, Summa Theologica, 7. Bd. – Erschaffung und Urzustand des Menschen, 1941, 93. Frage.
18 Vgl. *Welzel*, Naturrecht (Bibl.), S. 50 ff.; *Alfred Verdross*, Statisches und dynamisches Naturrecht, 1971, S. 22 f.
19 Vgl. *G. Ritter*, Ursprung und Wesen der Menschenrechte, in: Schnur (Hg.), Zur Geschichte der Erklärung der Menschenrechte (Bibl.), S. 202 (205).

Der Mensch wird nun als vernunftbegabtes Lebewesen, als Person, verstanden. 1589 lehrte der Hugenotte *Hugo Donellus*, daß das Recht an der eigenen Person die Rechte auf Leben, körperliche Unversehrtheit und öffentliches Ansehen umfaßt[20]. *Johannes Althusius* postulierte 1603 in seinem Hauptwerk „Politica methodice digesta" die Gleichheit aller Menschen und die Souveränität des Volkes. Herrschaft beruhe auf freiwilliger Unterwerfung; außerdem seien in einem „Grundgesetz" die Freiheiten des Untertans festzulegen und durch ein Widerstandsrecht zu sichern[21]. Die Lehre von einem Herrschaftsvertrag leuchtet damit bereits auf.

10
Angeborene, unverzichtbare, natürliche Rechte des Menschen

Nach *Hugo Grotius* (1583–1645)[22] sollen die natürlichen Rechte des Menschen unverzichtbar sein; jeder staatliche Souverän habe sie zu achten, weil sie mit der vernünftigen Natur des Menschen verbunden seien. *Samuel Pufendorf* (1632–1694) bestimmte in seinem Hauptwerk „De iure naturae et gentium" (1672) den Menschen als sittlich freies Wesen und Träger menschlicher Würde. Der Herrscher sei an das Naturrecht gebunden; er habe die allgemeinen Pflichten zu achten und dürfe einen ehrenwerten Mann nicht grundlos kränken, dessen Privateigentum verletzen oder gegen dessen Leib vorgehen. Ein eigentliches Widerstandsrecht für den Fall, daß der Herrscher das Naturrecht verletzt, lehnte *Pufendorf* noch ab; die Bürger hätten einzig das Recht, aus dem betreffenden Staat auszuwandern. Seine Schriften wurden mehrfach übersetzt; sie bildeten ein Jahrhundert später eine der Quellen für die amerikanischen Rechteerklärungen[23], obwohl *Pufendorf* trotz Anerkennung angeborener Rechte des Menschen nicht darauf abzielte, diese – etwa im Sinne einer staatsfreien Sphäre des Individuums – *gegen die Staatsmacht zu entfalten*. Ebenso wie den Naturrechtslehrern des frühen 18. Jahrhunderts, namentlich *Christian Thomasius* (1655–1728) und *Christian Wolff* (1679–1754), geht es ihm darum, die Staatsmacht als gerechte, willkürfreie und gemeinwohlverpflichtete objektivrechtlich den Schranken des Naturrechts zu unterwerfen; was aber dem *bonum commune* dient, solle allein der Souverän entscheiden. Ausschließlich der Staatszweck gelte als Grenze der Herrschermacht. Staatszweck aber sei nicht die Wahrung der Rechte des einzelnen, sondern Sicherheit und allgemeine Wohlfahrt; die natürliche Freiheit werde in diesem Staatszweck aufgehoben[24].

Wahrung individueller Rechte noch kein Staatszweck

11
Einfluß englischer Staatsphilosophen

Entscheidende Bedeutung für die weitere Entwicklung der Menschenrechtsidee gewannen die englischen Staatsphilosophen[25]. *John Milton* (1608–1674), Dichter und Staatssekretär von *Oliver Cromwell*, forderte das Recht auf

---

20 *Oestreich* (Bibl.), S. 47. Weitere Aspekte der Lehre des Donellus bei *Schmale*, Grund- und Menschenrechte in vormoderner und moderner Geschichte Europas, in: Grandner u.a. (Bibl.), S. 29 (49).
21 Vgl. *Otto von Gierke*, Johannes Althusius und die Entwicklung der naturrechtlichen Staatstheorien, ⁴1929, S. 47.
22 De iure belli ac pacis libri tres , Ausgabe 1735.
23 Unten RN 25.
24 Vgl. *Scheuner*, Die Verwirklichung der Bürgerlichen Gleichheit, in: Birtsch (Hg.), Grund- und Freiheitsrechte (Bibl.), S. 376 (380) m.w.N.
25 Nicht ohne Bedeutung waren auch die spanischen Spätscholastiker *Francisco de Vitoria* und *Fernando Vasquez*, wenngleich sie stärker der Idee des ius gentium nachgingen (vgl. *Wilhelm Grewe*, Epochen der Völkerrechtsgeschichte, 1984, S. 173ff.). Der Französischen Revolution vorgearbeitet haben die Monarchomachen in Frankreich: *de Plessis-Mornay* und *Hotman* (vgl. *Stern*, Staatsrecht III/1, S. 75ff., 79ff.).

Selbstbestimmung des Menschen, auf religiöse Toleranz, auf Rede- und Pressefreiheit sowie die Abschaffung der Bücherzensur. *Thomas Hobbes* (1588–1679) sprach dem Menschen *natural rights* bzw. *rights of nature* zu, die aber nur für den Urzustand gelten sollten. Sie würden zum *bellum omnium contra omnes* führen, wenn nicht der „Souverän" Schutz und Sicherheit jedes einzelnen gewährleistete. *Sir Edward Coke* (1552–1634), langjähriger *Chief Justice* und späterer Parlamentarier, betonte in der Diskussion um die *Petition of Right* von 1628 immer wieder die Bedeutung der Existenz und der Geltung von „fundamental rights" der Engländer[26]. Diese sollten vor allem im Recht auf Freiheitsschutz vor unbegründeter Verhaftung und im Recht auf Eigentumsschutz liegen. Die *Petition of Right* blieb zwar nur eine Willensbekundung des Parlaments, ihren fundamentalen Grundsätzen wurde mit dem *Habeas-Corpus-Act* von 1679, der *Declaration of Rights* von 1688 und der *Bill of Rights* von 1689 dann aber Gesetzescharakter verliehen. Von *Coke* stammt die grundrechtliche Trias von Leben, Freiheit und Eigentum. Erst der Staatsphilosoph *John Locke* (1632–1704) erklärte diese natürlichen Rechte auch nach einem Herrschaftsvertrag und gegen die Staatsgewalt für wirksam[27]. Sein Verdienst besteht vor allem in dem konsequenten Weiterentwickeln und Zusammenfügen bestehender Theorien. Als weitere „Quellen" seien beispielhaft der Gedanke der Gewaltentrennung von *James Harrington* und die Gesellschaftsvertragskonstruktionen des Niederländers *Ulrich Huber* genannt[28].

„Fundamental rights"

Leben, Freiheit, Eigentum

Natürliche Rechte gegen die Staatsgewalt

4. Herrschaftsverträge

Neben der Begründung der Menschenrechte entwickelte sich bereits früh der Gedanke vom Herrschaftsvertrag, der seinen Niederschlag in zahlreichen europäischen Staaten fand[29]. Meist wurden in diesen Pakten freilich nur ständische Privilegien des Adels und der Geistlichkeit gegenüber der Krone festgelegt. Berühmtestes Beispiel ist die *Magna Charta Libertatum* von 1215 in England. Noch früher, 1188, ließen sich die Cortes von León von König *Alfons IX.* Rechte bestätigen. In den Niederlanden kam es 1356 zur *Brabanter Joyeuse Entrée,* und 1514 mußte Herzog *Ulrich von Württemberg* seinen Ständen und teilweise auch seinen Bürgern ebenfalls Freiheiten zugestehen. Diese gewährten Rechte konnten nicht mehr einfach durch ein neues Gesetz entzogen werden. Sie waren „wohlerworben" und hatten Vorrang. Dennoch wird

12

Herrschaftsverträge als Wegemarken in der Grundrechtsentwicklung

---

26 Vgl. zur Bedeutung Cokes *Martin Kriele,* Die Herausforderung des Verfassungsstaates, 1970, S. 15 m.w.N.; *Klaus Stern,* Grundideen europäisch-amerikanischer Verfassungsstaatlichkeit, 1984, S. 26 f.; *Helmut Steinberger,* 200 Jahre amerikanische Bundesverfassung. Zu Einflüssen des amerikanischen Verfassungsrechts auf die deutsche Verfassungsentwicklung, 1987, S. 6; *Winfried Brugger,* Grundrechte und Verfassungsgerichtsbarkeit in den Vereinigten Staaten von Amerika, 1987, S. 22 f.
27 Zur englischen Entwicklung vgl. *Stourzh,* Grundrechte zwischen Common Law und Verfassung, in: Birtsch (Bibl.), S. 59 ff.; *H. Hofmann,* Die Grundrechte 1789–1949–1989, NJW 1989, S. 3177; *Weinzierl,* Grund- und Menschenrechte in Großbritannien (16./19. Jahrhundert), in: Grandner u.a. (Bibl.), S. 101 ff.
28 Vgl. hierzu *Stern* (FN 25), S. 74 ff.
29 Eingehend *Werner Näf,* Herrschaftsverträge des Spätmittelalters. Quellen zur neueren Geschichte, Bd. 17, 1951.

man in diesen durch Herkommen und Pakt gesicherten Rechten noch keine unveräußerlichen, vorstaatlich gedachten Menschenrechte sehen können, sondern eher objektive sittlich-rechtliche Bindungen absoluter Herrschaftsmacht. Gleichwohl bildeten auch sie eine wichtige Wegemarke in der Ausbildung der Menschenrechte.

II. Resümee zu den geistesgeschichtlichen Wurzeln

13
Keine einheitliche Wurzel der Menschen- und Grundrechte

Würdigt man diese vielfältigen philosophisch-kulturellen, ethisch-moralischen und religiösen Antriebskräfte, so erkennt man, daß – wie auch bei vielen anderen großen Phänomenen, die den Staat der Gegenwart prägen, – sich für die Menschen- und Grundrechte eine einheitliche geistesgeschichtliche Wurzel nicht finden läßt. Naturrecht und Vernunftprinzipien, christliche Lehren und philosophische Theorien, *leges fundamentales* und altüberkommene, unterschiedlich begründete korporative Rechte bilden ein in sich zusammenfließendes Ideengut, ein unauflösliches Gemisch. All diese Komponenten wurden zur Begründung der späteren Rechtekataloge des Menschen und Bürgers herangezogen. Insofern müssen alle monokausalen Erklärungen der Idee der Menschen- und Grundrechte scheitern. Trotz gewisser Positivierungsansätze in England handelt es sich bei diesen religiösen, moralischen und philosophischen Wurzeln insgesamt aber nur um Vorformen von Grundrechten in Gestalt von Beschränkungen absoluter Macht, ständischen Rechten und allenfalls einzelnen Freiheiten. Zwar wurden geistige Grundlagen gelegt, aber eine Umsetzung dieser Grundlagen in positives Recht fehlte noch. Dieses „entscheidende Stadium" vollzog sich später, vor allem in den großen Revolutionen zum Ausgang des 18. Jahrhunderts[30]. Deren Rechtekataloge, Deklarationen und Verfassungen vollendeten die gedanklichen Vorarbeiten von Jahrhunderten. Sie brachten die juristisch eindeutige Umsetzung und Sicherung der Ideen und Ideale im Kampf des Menschen um seine grundlegenden Rechte. Gleichwohl darf diese Vorgeschichte in den hin- und herwogenden Konflikten zwischen der Freiheit und Gleichheit des Menschen und absoluter Herrschaftsmacht nicht vergessen werden[31].

Positivierung der Menschenrechte ausgangs des 18. Jh.

---

30 *Planitz*, Zur Ideengeschichte der Grundrechte, in: Hans Carl Nipperdey (Hg.), Die Grundrechte und Grundpflichten der Reichsverfassung, Bd. III, 1930, S. 597 (605 ff.).
31 Eingehend hierzu *Stern* (FN 25), S. 71 ff.

C. Die großen historisch bedeutsamen nationalen Rechteerklärungen

I. Die Verrechtlichung der Menschenrechtsidee im 17. und 18. Jahrhundert

1. Die Entwicklung zu Rechteerklärungen in England, Frankreich und Deutschland

Den wirklichen Durchbruch konnte die Menschenrechtsidee im 17. und 18. Jahrhundert feiern. Ansätze gab es freilich schon im 16. Jahrhundert bei den calvinistischen Reformern, den spanischen Spätscholastikern und den französischen Monarchomachen[32]. Voraussetzung für diesen Durchbruch aber war, daß der Begriff der Menschenrechte klar gefaßt und in rechtliche Formen gegossen wurde[33]. Geistig-theoretisch haben daran Philosophen, Staatsrechtslehrer und Politiker aus vielen europäischen Nationen Anteil; rechtlich-praktisch erfolgte die Ausformung in den großen Rechteerklärungen Englands, Amerikas und Frankreichs. In diesen Ländern sind die wichtigsten Entwicklungsschienen gelegt worden, denen Deutschland mit Verspätung folgte.

14
Schrittmacherrolle Englands, Amerikas und Frankreichs

Aus der Vielzahl der geistigen Schöpfer, die für die Idee der Menschenrechte maßgeblich wurden, seien die wichtigsten hervorgehoben[34].

15
Bedeutende Naturrechtslehrer

a) Erste konkrete Menschenrechte der europäischen Naturrechtslehrer

In den absolutistischen Staaten Europas erschöpfte sich die *Naturrechtslehre*[35] lange Zeit in moralischen Appellen an die Herrscher; niemand wagte, *echte Rechte* zu proklamieren[36]. Dem Niederländer *Hugo Grotius*, Mitbegründer des neuzeitlichen Völkerrechts, kommt erhebliche Bedeutung auch für die Entstehung von Menschenrechten zu. „Mit seinen Vorstellungen vom Recht der ganzen Menschheit und jedes einzelnen Menschen im *ius naturale et gentium* hat er das sittliche Bewußtsein von Freiheitsrechten geradezu neu begründet", schreibt der Historiker *Gerhard Oestreich*[37]. Menschenrechte waren für ihn unentziehbar, weil sie mit der vernünftigen Natur des Menschen verbunden sind.

16
Hugo Grotius

Auf ihm aufbauend erklärte *Samuel Pufendorf* die *leges fundamentales* und das Naturrecht für jeden Herrscher für rechtlich verbindlich. Bei ihm, ebenso

17
Pufendorf

---

32 Dazu vgl. *Stern* (FN 25), S. 66.
33 Vgl. *Kühnhardt* (Bibl.), S. 71.
34 Um allen Urhebern und geistigen Strömungen gerecht zu werden, bedürfte es eines eigenen Großbeitrags. Wichtige Ansätze bieten die von *Johannes Schwartländer* herausgegebenen „Menschenrechte" (Tübinger Universitätsschriften Bd. 1, 1978) sowie *Birtsch* (Bibl.); s. a. *Gerd Seidel*, Handbuch der Grund- und Menschenrechte auf staatlicher, europäischer und universeller Ebene, 1996; *Grandner* u. a. (Bibl.). Nach wie vor fehlt es jedoch an einem internationalen Forschungsprojekt zur Aufarbeitung der Ideengeschichte. Warum sich die UNESCO dieser Aufgabe nicht annimmt, bleibt ein Rätsel.
35 Zu ihr und ihren Vertretern *Michael Stolleis*, Geschichte des öffentlichen Rechts in Deutschland, Bd. I, 1988, S. 268 ff.
36 *Planitz* (FN 30), S. 597 (608).
37 *Oestreich* (Bibl.), S. 38.

wie bei dem Calvinisten *Ulrich Huber,* wird bereits auch der Schutz des Eigentums neben dem der Persönlichkeit betont. In den Mittelpunkt seines naturrechtlichen Systems stellte *Pufendorf, Thomas von Aquin* und *Pico della Mirandola* folgend, die Menschenwürde[38]. Wenig später finden sich in den Werken des Hallenser Philosophieprofessors *Christian Wolff* weitere konkrete Menschenrechte wie das Recht auf körperliche Integrität, auf Achtung von Ruf und Ehre, auf Nahrung, Medikamente, Wohnung und Kleidung, auf Arbeit, Erziehung und Bildung, ja sogar auf Bequemlichkeit des Lebens und Glückseligkeit. Der ihm geistesverwandte *Christian Thomasius* verurteilte die Folter als eine Schmach christlicher Staaten. *Baruch Spinoza* trat für Glaubens-, Gewissens-, Meinungs-, Denk- und Lehrfreiheit ein, die vor ihm schon *John Milton* verfochten hatte.

b) Die großen englischen Staatsphilosophen und ihre Rechteformulierungen

18 Die am stärksten weiterwirkenden Antriebskräfte für die Menschenrechtsidee gingen dann von englischen Staatsphilosophen und Juristen aus. Sie waren die Männer, die das Denken in der zweiten Hälfte des 17. Jahrhunderts prägten. Während *Thomas Hobbes* Menschenrechte nur für den Naturzustand akzeptierte, sie jedoch nach Abschluß des Gesellschaftsvertrages aufgehoben sah, dachten *Sir Edward Coke* und *John Locke* anders. *Coke* vertrat als Führer der Opposition im Parlament die Trias der *just rights and liberties*, nämlich persönliche Freiheit, Leben und Eigentum. Als Erbgut eines jeden englischen Untertans empfingen sie ihren Schutz durch das *Common Law by due process of law* und waren für ihn die *fundamental rights*, womit er an die „Magna Charta" von 1215 anknüpfte[39]. Im englischen Unterhaus brachte er zur Stützung dieser Rechte eine Gesetzesvorlage ein, die den Titel trug: „An Act for the better securing of every free man touching the propriety of the goods and liberty of his person"[40]. Damit war er der Erfinder der großen grundrechtlichen Trias und erkannte gleichzeitig auch die Notwendigkeit der positivrechtlichen Verankerung dieser Rechte.

19 Ungeachtet des Erstgeburtsrechts von *Coke* war es *John Locke*, vor allem infolge seines Einflusses auf die amerikanischen Bill of Rights, der die maßgebliche Begründung für einem jeden Menschen zukommende Menschenrechte lieferte. In der zweiten Abhandlung der 1690 erschienenen „Two Treatises of Government" prägte er die seither klassische Formel von Leben, Freiheit und Eigentum als angeborenen Rechten des durch Vernunft und göttliches Recht gesteuerten Naturrechts: „The State of Nature has a Law of Nature to govern it, which obliges every one: And Reason, which is that Law, teaches all Mankind, who will but consult it, that being all equal and indepen-

---

38 Vgl. *Welzel* (Bibl.), S. 142, dort FN 44. Für *Welzel* gilt (neben *Locke*) *Pufendorf* als der eigentliche Begründer der Menschenrechtskonzeption der Neuzeit (ebd., S. 140 ff.).
39 *Roscoe Pound*, The Development of Constitutional Guarantees of Liberty, New Haven 1957, S. 42 ff.; *Oestreich* (Bibl.), S. 42; *Martin Kriele*, Die Herausforderungen des Verfassungsstaates, 1970, S. 15 ff.
40 Nachgewiesen bei *Stourzh* (FN 27), S. 69.

dent, no ought to harm another in his *life, health, liberty* or *possessions*"[41]. *Hans Planitz* hat das Werk *Lockes* als voll und ganz „schon vorgedacht" bezeichnet, in der Konsequenz, mit der es zusammengefügt war, aber als originär[42]. Auf die amerikanischen Revolutionäre wirkte es jedenfalls überzeugend[43].

c) Die Lehre des französischen Staatsphilosophen Montesquieu

Erweitert wurden dann in Frankreich *Lockes* Überlegungen durch *Baron Charles de Montesquieu* (1689–1755). Er ging schon von der Existenz vorstaatlicher und durch den Staat zu schützender Menschenrechte aus. In seinem grundlegenden Werk „De l'esprit des lois" von 1748 entwickelte er in Weiterführung der *Locke*'schen (verkürzten) Gewaltenteilungslehre das System der Teilung und gegenseitigen Kontrolle von *Legislative, Exekutive* und *Judikative* als institutionelle Bedingung zum Schutz der Menschenrechte. Damit waren theoretisch die wichtigsten Grundlagen der Verfassungsstaatlichkeit gelegt. Aber es bedurfte noch der Verwirklichung in rechtlich verbindlicher Form.

20 Montesquieu

d) Der deutsche Beitrag

Fragt man nach dem deutschen Beitrag zur Idee der Menschen- und Grundrechte, so ist für die Frühzeit an *Althusius* und die Naturrechtslehren der schon erwähnten[44] *Pufendorf, Thomasius* und *Wolff* zu erinnern. Das eigentlich menschen- und grundrechtsbewußte Denken bahnte sich jedoch erst im letzten Drittel des 18. Jahrhunderts in der Zeit der Aufklärung und in der Philosophie des Idealismus an. Die Prinzipien der französischen Revolution beeindruckten *Immanuel Kant* im fernen Königsberg (das er bekanntlich nie verließ). Seine (Rechts-)Philosophie betonte die sittliche Autonomie des Menschen und unterschied „das angeborene und erworbene Recht". Angeboren ist „dasjenige Recht..., welches unabhängig von allen rechtlichen Akten jedermann von Natur zukommt". Allein die „Freiheit", die bei ihm auch Gleichheit, Ehre und Meinungsfreiheit umschloß, ist ein derartiges „jedem Menschen kraft seiner Menschheit" zustehendes Recht[45]. Aber die angeborenen Rechte mündeten bei ihm in der Regel noch in den *status civilis* der bürgerlichen Rechtsordnung ein, so daß die Freiheit von *Kant* grundsätzlich als eine gesetzliche verstanden wurde. Auch er erkannte gegen die gesetzgebende Gewalt ein Widerstandsrecht nicht an. Dem Menschen verbleibt im Falle von Ungerechtigkeit unentziehbar nur das „Recht der Auswanderung". Dies

21 Deutscher Beitrag zur Menschenrechtsidee

Kant

---

41 *John Locke* (FN 7), Book II § 6, ähnlich § 87.
42 *Planitz* (FN 30), S. 605.
43 Unten RN 25.
44 Oben RN 9 f., 16 f.
45 *Immanuel Kant*, Die Metaphysik der Sitten in zwei Teilen, Metaphysische Anfangsgründe der Rechtslehre, 1797, Werke Bd. VII (hg. von Ernst Cassirer), 1922, S. 39 f.; ders., Der Rechtslehre Erster Teil, § 28, S. 84 f.; eingehend zum Menschen- und Grundrechtsdenken Kants *Ralph Alexander Lorz*, Modernes Grund- und Menschenrechtsverständnis und die Philosophie der Freiheit Kants (Marburger Schriften Bd. 8), 1993, S. 250 f.

führte ihn zu einem „Weltbürgerrecht" als Recht eines Menschen, „auf dem Boden eines anderen ... von diesem nicht feindselig behandelt zu werden"[46].

22
Deutsche Literatur

Kennzeichnend für den Geist der Aufklärung in der deutschen Gesellschaft waren namentlich Werke der deutschen Literatur, die von der französischen Revolution beeinflußt waren: *Lessings* „Emilia Galotti", *Goethes* „Götz von Berlichingen" und vor allem die Werke *Schillers* sowie *Bürgers* und *Hölderlins*. Im „Wilhelm Tell" dichtete *Schiller*:

"Nein, eine Grenze hat Tyrannenmacht,
Wenn der Gedrückte nirgends Recht kann finden,
Und unerträglich wird die Last – greift er
Hinauf getrosten Mutes in den Himmel
Und holt herunter seine ew'gen Rechte,
Die droben hangen unveräußerlich
Und unzerbrechlich wie die Sterne selbst".

Trotz dieser bedeutsamen geistesgeschichtlichen und literarischen Ansätze begegnete man der Idee der Menschenrechte in Deutschland eher mit Skepsis. Das hing auch mit der deutschen Pflichtenlehre zusammen, die die Verbindung von „Recht und Pflicht" betonte und die natürliche Freiheit zu einem „residuum" verkommen ließ[47].

2. Der positiv-rechtliche Niederschlag in den Rechteerklärungen Englands, Amerikas und Frankreichs

23
Ursprungsdokumente

Diese theoretischen, vor allem philosophisch-theologisch und juristisch-politisch motivierten Gedanken fanden positiv-rechtlichen Niederschlag zuvörderst in England, den Vereinigten Staaten von Amerika und in Frankreich, später erst in Deutschland. Vor allem die Rechteerklärungen in den erstgenannten Ländern müssen als Ursprungsdokumente der Menschen- und Grundrechte bezeichnet werden.

a) England

24
Von der Magna Charta zur Bill of Rights

Eine erste rechtliche Ausformung von Rechten, vorzugsweise allerdings der Stände, bildete in England die schon erwähnte „*Magna Charta Libertatum*" von 1215. Da die Krone sie nicht immer beachtete, hielt es das oppositionelle Parlament 1628 für notwendig, in der *Petition of Right* die alten „ererbten" Rechte zu bekräftigen und zu schützen. Nach deren Ablehnung durch *Karl I.* folgten Bürgerkrieg, Abschaffung und Restauration der Monarchie, um schließlich in die *Habeas Corpus Akte* von 1679 zu münden, die das Recht der persönlichen Freiheit wiederherstellte. Nach dem Sturz der Könige aus dem Hause *Stuart* wurde 1689 die *Bill of Rights* erlassen, in der in erster Linie die

---

46 *Immanuel Kant*, Zum ewigen Frieden, 1795, Kants Werke Bd. VIII (hg. von der Königlich Preußischen Akademie der Wissenschaften), 1923, S. 358.
47 *Scheuner*, Die rechtliche Tragweite der Grundrechte in der deutschen Verfassungsentwicklung des 19. Jahrhunderts, in: FS E.R. Huber, 1973, S. 139 (145).

Rechte des Parlaments, namentlich dessen Redefreiheit, gesichert wurden; den Bürgern wurden lediglich Wahlfreiheit und das Petitionsrecht garantiert. Außerdem wurden alte, nicht aufgezählte Rechte aufrechterhalten. Insgesamt ging es in diesen Rechteerklärungen überwiegend um Privilegien bestimmter Gruppen. Man muß sie daher eher als eine Art „Wahlkapitulation" denn als eine echte Verfassung modernen Verständnisses bezeichnen[48]. Generelle Individualrechte gegenüber der Herrschermacht wurden nicht verankert. Insofern bilden die englischen Rechteerklärungen lediglich eine Zwischenperiode auf dem Weg zur juristischen Verankerung der Menschenrechte. Immerhin entstanden aber aus moralphilosophischen Axiomen juristisch einklagbare Rechte, die in der Kombination mit organisatorischen Verfassungsrechten zugleich die Geburtsstunde des modernen Verfassungsstaates einläuteten. Nicht die Verfaßtheit des Staates allein – sie ist wesentlich älter –, sondern die Verfassunggebung unter Einbeziehung der Menschenrechte als grundlegender Rechte des Individuums entfaltete sich nunmehr zur epochemachenden Tat.

b) Die Vereinigten Staaten von Amerika

Am 12. Juni 1776 verabschiedeten „the representatives of the good people of Virginia, assembled in full and free convention" in Williamsburg eine *Bill of Rights* mit fünfzehn Artikeln, deren Einleitungsbestimmung lautet: „Alle Menschen sind von Natur aus in gleicher Weise frei und unabhängig und besitzen angeborene Rechte, welche sie ihrer Nachkommenschaft durch keinen Vertrag rauben oder entziehen können, wenn sie eine staatliche Verbindung eingehen, und zwar den Genuß des Lebens und der Freiheit, die Mittel zum Erwerb und Besitz von Eigentum und das Erstreben und Erlangen von Glück und Sicherheit"[49]. Neben Organisations- und Strukturprinzipien wie Volkssouveränität, Gewaltenteilung und Wahlrecht enthielt die Bill auch schon die klassischen justiziellen Grundrechte, die Pressefreiheit und – etwas später verabschiedet – die Gewissens- und Religionsfreiheit. Diese Rechte sollten „basis and foundation of government" sein. Im Kern war damit die moderne Verfassung geboren. Diese Deklaration fand ihre Fortsetzung in der im wesentlichen von dem damals 33jährigen *Thomas Jefferson* entworfenen *amerikanischen Unabhängigkeitserklärung vom 4. Juli 1776*, die nach Stil, Wortwahl und Inhalt zu den eindrucksvollsten Dokumenten der Geschichte der modernen Staatswerdung gehört. Auf die Menschenrechte bezogen, lautet der zweite Absatz: „Folgende Wahrheiten bedürfen für uns keines Beweises: Daß alle Menschen gleich geschaffen sind; daß sie von ihrem Schöpfer mit gewissen unveräußerlichen Rechten ausgestattet sind; daß dazu Leben, Freiheit und das Streben nach Glück gehören; daß zur Sicherung dieser Rechte Regierungen unter den Menschen eingesetzt sind, die ihre rechtmäßige Autorität aus der Zustimmung der Regierten herleiten..."[50]. Weitere Bill of Rights

25
Bill of Rights von Virginia und Unabhängigkeitserklärung

---

48 So *Kurt Kluxen*, Geschichte Englands, ²1976, S. 371.
49 Abgedruckt bei *Günther Franz*, Staatsverfassungen, ²1964, S. 6 ff.
50 Originaltext bei Henry Steele Commager (Hg.), Documents of American History, New York ⁵1949, S. 103 f.; deutsche Übersetzung von *Udo Sautter*, Geschichte der Vereinigten Staaten von Amerika, ²1976, S. 536.

folgten diesen Vorbildern rasch in den anderen sogenannten Neu-England-Staaten, bis es 1787 zur Unionsverfassung mit ihren zehn Grundrechtsartikeln als Amendments aus dem Jahre 1789 kam[51].

26
Verfassungs-revolution

Das Jahrzehnt der Erlangung der amerikanischen Unabhängigkeit ist am besten als eine Verfassungsrevolution zu begreifen. Zum einen: Der neue Staat legitimierte sich nicht mehr von „oben" her, sondern durch die Autorität des Volkes. *Leopold von Ranke* hat dies 1854 in seinen Gesprächen mit König *Maximilian II.* von Bayern auf den Punkt gebracht: „Dies war eine größere Revolution, als früher je eine in der Welt gewesen war, es war eine völlige Umkehrung des Prinzips. Früher war es der König von Gottes Gnaden, um den sich alles gruppierte, jetzt tauchte die Idee auf, daß die Gewalt von unten aufsteigen müsse. ...Diese Prinzipien stehen einander gegenüber wie zwei Welten, und die moderne Welt [scil. zur Mitte des 19. Jahrhunderts] bewegt sich in nichts anderem, als in dem Konflikt zwischen diesen beiden[52]". Zum zweiten bewirkte diese Verfassungsrevolution, daß die Postulate der Menschenrechte in verfassungsrechtlich abgesicherten Grundrechten verankert wurden, die nicht mehr außerhalb der Staatlichkeit in philosophischen oder theologischen oder naturrechtlich legitimierten Prinzipien gründen, sondern innerhalb des Staates in dessen Verfassungen. Zum dritten hatten diese Verfassungen höchsten Rang in der Staatswillensbildung und mußten von aller Staatsgewalt beachtet werden[53]. Alle drei Aspekte sind für die Durchsetzbarkeit der Menschenrechte gegen die Staatsgewalt von größter Bedeutung.

c) Frankreich

27
Einfluß amerikanischer Verfassungstexte auf Frankreich

Die amerikanischen Verfassungstexte wanderten in vielen Übersetzungen durch Europäer, die die amerikanische Revolution in den Vereinigten Staaten miterlebt hatten, auf den alten Kontinent, insbesondere aber nach *Frankreich*. Die Kommunikation zwischen amerikanischen und französischen Denkern und Politikern über den Atlantik hinweg war damals überaus rege[54]. So ist es nicht überraschend, daß der *Marquis de Lafayette*, Mitkämpfer in der amerikanischen Revolutionsarmee, der in Paris am 17. Juni 1789 zusammengetretenen verfassunggebenden Nationalversammlung am 11. Juli 1789 – also noch

---

51 Der gelegentlich erhobene Vorwurf, daß in den Bill of Rights und in den Verfassungen der Neu-England-Staaten die Menschenrechte nur als Rechte der Bürger dieser Staaten verankert seien (so z.B. *Kühnhardt* [FN 2], S.93), trifft nur bedingt zu. In den meisten Bestimmungen ist von jedem oder allen Menschen („men") oder Personen („person"), nur vereinzelt vom Volk („people") die Rede. Mochte es anfangs noch um Rechte der Kolonisten als Engländer gehen, so trat relativ rasch der Gedanke der *rights of mankind* in den Vordergrund (vgl. *Lester H. Cohen*, The American Revolution and Natural Law Theory, in: Journal of the History of Ideas 39 [1978], S.491 ff.; *Bernard Bailyn*, The Ideological Origins of the American Revolution, Cambridge, Mass.-London, 1992). Berechtigt ist allerdings der Vorhalt, daß die Gleichheit der Menschen trotz des menschenrechtlichen Zuschnitts über lange Zeit nicht durchgesetzt war – ein „American Dilemma", wie *Gunnar Myrdal* bemerkte (An American Dilemma – The Negro Problem and Modern Democracy, New York-London, 1944).
52 *Leopold von Ranke*, Über die Epochen der Neueren Geschichte, 1959, S.151. 80 bis 100 Jahre später standen sich die Prinzipien von totalitärer Diktatur und freiheitlicher Demokratie gegenüber.
53 Unstreitig wurde dies ab 1803 durch die Rechtsprechung des Amerikanischen Supreme Court; dazu *Stern* (FN 26), S.30f.
54 Vgl. *Jürgen Sandweg*, Rationales Naturrecht als revolutionäre Praxis, 1972, S.24.

vor der Erstürmung der Bastille – einen ausformulierten Katalog von Menschenrechten vorlegte und ihre Aufnahme in die Verfassung beantragte. An deren Ausarbeitung hatte auch *Thomas Jefferson* mitgewirkt, der zu diesem Zeitpunkt amerikanischer Gesandter in Paris war. Nicht verkannt werden darf allerdings, daß Menschenrechtsforderungen in Frankreich bereits früher erhoben wurden. Aufklärung und Individualismus beherrschen dieses Denken, das sein geistiges Rüstzeug aus der griechisch-römischen Antike, vor allem der Stoa, der christlichen Botschaft sowie dem Naturrecht und den Vertragslehren bezog[55]. Die Monarchomachen stellten außerdem auf das Widerstandsrecht ab, *Montesquieu* auf die „dignité humaine" und *Rousseau* auf die „volonté générale[56]".

28 *droits fondamentaux*

Wohl um 1770 tauchte dann erstmals der Begriff „droits fondamentaux" auf[57]. Der Physiokrat *Mirabeau* erhob dann die Forderung nach Menschenrechten und verband diese mit den alten Staatsgrundgesetzen Frankreichs, um die Menschenrechte mit der neu zu schaffenden Verfassung zu verknüpfen. Er sprach von „lois fondamentales": dem Recht der freien Entfaltung der ganzen Person, dem Recht auf Eigentum, wirtschaftliche Freiheit und rechtliche Sicherheit[58]. Von anderer Seite, vor allem durch *Turgot* und *Quesnay*, ebenfalls Physiokraten, floß das Ideengut sozialer Gleichheit ein. Die Trias „liberté, égalité, fraternité" (zu der sich später auch die sûreté gesellte) führte dann zum Generalangriff auf die überkommene Standes- und Privilegienordnung. Dieser hatte realpolitisch Erfolg mit dem Sturz des Königs und der Herrschaft des Adels und der Geistlichkeit, verfassungspolitisch mit der Errichtung der *Konstituante* und der „Déclaration des droits de l'homme et du citoyen" vom 26. August 1789 und zwei bzw. vier Jahre später mit den französischen Verfassungen vom 3. September 1791 bzw. der ersten republikanischen Verfassung vom 24. Juni 1793. Beide inkorporierten die Déclaration, letztere erweiterte sie zusätzlich um weitere Rechte[59]. Die französische Déclaration ist ohne Zweifel von einem hohen Pathos der Menschenrechtsidee getragen, was besonders in der Einleitung zum Ausdruck kommt, wenn es darin heißt, daß „die Unkenntnis, das Vergessen oder die Verachtung der Menschenrechte die einzigen Ursachen des öffentlichen Unglücks und der Verderbtheit der Regierung sind", oder daß die „feierliche Erklärung" das Ziel verfolgt, „allen Mitgliedern der Gesellschaft beständig vor Augen" zu sein und „sie unablässig an ihre Rechte und Pflichten (zu) erinnern."

Déclaration von 1789

Pathos der Menschenrechtsidee

Den Unterschied zu den nüchternen amerikanischen Rechteerklärungen bringt *Emile Boutmy* auf den Punkt: „Für die Franzosen ist die Deklaration nur ein oratorisches Meisterstück, die Artikel stehen da in abstrakter Rein-

29 *Durchsetzungsschwäche der Menschenrechte*

---

55 *Schmale*, Zur Geschichte der Grund- und Menschenrechte in Frankreich vom 15. Jahrhundert bis zur Französischen Revolution, in: Grandner u.a. (FN 3), S. 77 ff.; *Goyard-Fabre*, Les droits de l'homme: origines et prospectives, JöR 42 (1994), S. 1 ff.
56 Eingehend *Sigmar-Jürgen Samwer*, Die französische Erklärung der Menschen- und Bürgerrechte von 1789/91, 1970, S. 229 ff.
57 *Oestreich* (Bibl.), S. 66.
58 *Oestreich* aaO.
59 Alle Texte sind abgedruckt bei *Franz* (FN 49), S. 302 ff.

heit, allein im Glanze ihrer Majestät und der Herrschaft der Wahrheit über die Menschen. Kein Gericht kann sie als Rechtsmittel verwenden oder sie zur Urteilsbegründung heranziehen. Zur Belehrung der ganzen Welt schreiben die Franzosen; die amerikanischen Verfassungsgeber dagegen haben die Artikel ihrer Deklarationen zum Nutzen und zur Annehmlichkeit ihrer Staatsbürger verfaßt ..."[60]. Das war zwar als Kompliment gedacht, offenbart aber die Schwäche der Déclaration, die erst fast zwei Jahrhunderte später durch den Conseil Constitutionnel beseitigt wird[61]. Dennoch wurde die französische Déclaration für die Entfaltung der Menschenrechtsidee von weltgeschichtlicher Bedeutung. Sie begann ihren Siegeszug in Europa und von da aus in der ganzen Welt. In diesem Sinne ist es richtig, wenn *Martin Kriele* den Franzosen bescheinigt, daß sie der Welt die Menschenrechte schenkten, die Amerikaner „bloß" Grundrechte[62].

II. Die verzögerte Positivierung in Deutschland und Österreich

30
„Bürgerliche Rechte" als Vorläufer

Deutschland ergriff die Grundrechtskonjunktur Frankreichs und der Vereinigten Staaten von Amerika erst mit Verzögerung. Die großen Gesetzgebungskodifikationen der Aufklärung, namentlich das „Allgemeine Landrecht für die Preußischen Staaten" von 1794, das „Grundgesetz für die friderizianischen Staaten", mieden den für die monarchischen Ordnungen gefährlichen Begriff der Menschen- und Grundrechte gänzlich[63]. Gleiches galt für das „Allgemeine bürgerliche Gesetzbuch für die gesamten Deutschen Erbländer" der österreichischen Monarchie von 1811. Sie sprachen von „allgemeinen Rechten der Person" oder „Rechten der Bürger" oder „bürgerlichen Rechten" oder schlicht „Rechten[64]". Selbst in den frühkonstitutionellen Verfassungen der deutschen Einzelstaaten des 19. Jahrhunderts tauchte der Begriff Grundrechte nicht auf.

31
Bekenntnis zu Grundrechten

Erst im Zuge der Verfassungsdebatten der Frankfurter Nationalversammlung 1848/49 erhielt der Begriff eine Heimstatt. Lexikalisch wurde er erstmals wohl 1846 verwendet[65]. Er setzte sich dann im Verfassungstext gegenüber vergleichbaren Ausdrücken, wie Volksrechte, allgemeine Rechte, Freiheitsrechte

---

60 *Boutmy*, Die Erklärung der Menschen- und Bürgerrechte und Georg Jellinek, in: Schnur (Bibl.), S. 78 (88 f.).
61 N. bei *Stern* (FN 25), S. 99; *Conseil Constitutionel*, EuGRZ 1975, S. 54 f.; 1976, S. 142, 391; 1977, S. 130, 345; 1979, S. 205, 543; 1981, S. 445 ff.; *Conseil d'Etat*, EuGRZ 1979, S. 169; eingehende Darstellung bei *Dominique Rousseau*, Droit du contentieux constitutionnel, Paris 6.2001; zuletzt *C. Grewe*, Die Grundrechte und ihre richterliche Kontrolle in Frankreich, EuGRZ 2002, S. 209 ff.; eingehend *Philipp Mels*, Bundesverfassungsgericht und Conseil Constitutionel, 2002, S. 372 ff. (Diss., noch ungedruckt).
62 *Kriele*, Zur Geschichte der Menschen- und Grundrechte (Bibl.), S. 187 (191).
63 Zu den Freiheitsrechten im Allgemeinen Landrecht *Merten*, Die Rechtsstaatsidee im Allgemeinen Landrecht, in: Friedrich Ebel (Hg.), Gemeinwohl – Freiheit – Vernunft – Rechtsstaat, 200 Jahre Allgemeines Landrecht für die Preußischen Staaten, 1995, S. 109 (131 ff.).
64 Die Vorläufer dieser Gesetze waren in ihren Entwürfen allerdings fortschrittlicher. Sie sprachen noch von natürlichen Rechten.
65 Vgl. *Kleinheyer*, Grundrechte (Bibl.), S. 20; ferner *Klaus Kröger*, Grundrechtsentwicklung in Deutschland, 1998, S. 20 ff.

oder Menschenrechte, durch[66]. Durchweg waren es Rechte der Deutschen, nicht der Menschen schlechthin, die als Produkt der konstitutionellen Staatslehre, nicht irgendeines wie immer gearteten Vernunft- oder Naturrechts galten. Aber *Theodor Mommsen* dürfte es richtig eingeschätzt haben: Die Grundrechte sind „solche Rechte, welche nothwendig erachtet sind zur Begründung einer freien Existenz für jeden einzelnen deutschen Bürger...[67]".

III. Resümee der Entwicklung im 18. und 19. Jahrhundert

Für den Ausgang des 18. Jahrhunderts lässt sich festhalten, daß es in den Verfassungen Amerikas umfassende Festlegungen von Menschen- und Grundrechten gab, die mehr bedeuteten als bloße allgemeine Rechte der Person. Gleiches gilt für die französische Déclaration der droits fondamentaux. Der übrige Teil Europas zog erst im 19. Jahrhundert nach, ohne daß die in den Verfassungen festgelegten Rechte zunächst die gleiche Höchstrangigkeit wie in Amerika erreichten. Dazu bedurfte es noch zusätzlicher Impulse[68]. Dann aber wurden die Grundrechte zum „Herzen jeder Verfassung[69]". Allerdings wäre es ein Irrtum zu glauben, daß der Prozeß der Festlegung der Menschen- und Grundrechte ohne Rückschläge abgelaufen wäre. Die jüngere Vergangenheit und teilweise auch die Gegenwart geben hierfür genügend Beispiele.

32
Grundrechte als „Herz jeder Verfassung"

D. Menschen- und Grundrechte auf internationaler Ebene

I. Die Entwicklung bis zum Zweiten Weltkrieg

1. Von den Ursprüngen bis 1919

Historisch hat die Entwicklung des internationalen Rechts zur Idee der Menschen- und Grundrechte zunächst nur wenig beigetragen. Die frühen Vertreter des Völkerrechts wie *Francisco de Vitoria* (ca. 1483–1546), *Fernando Vasquez* (1512–1569) und *Hugo Grotius* bekämpften vom Boden des Naturrechts die Sklaverei der Konquistadoren und traten für eine humane Behandlung des Individuums ein. Später bildete sich der diplomatische Schutzgedanke und ein Schutzsystem gegenüber Fremden, sowie noch später auch gegenüber religiösen Minderheiten heraus[70]. Damit einher gingen Bestrebungen für ein

33
Bescheidener Grundrechtsansatz im Völkerrecht

---

66 Vgl. *Mutius Aloysius Ottow*, Die Grundrechte des deutschen Volkes nebst den Entwürfen zu dem Gesetze und Hinweisungen auf andere Verfassungen, Frankfurt a.M., 1849; *Alfred Voigt*, Geschichte der Grundrechte 1948, S. 82 ff.; umfassend *Jörg-Detlef Kühne*, Die Reichsverfassung der Paulskirche, ²1998, S. 159 ff.
67 *Theodor Mommsen*, Die Grundrechte des deutschen Volkes, 1849 (Nachdruck 1969), S. 7.
68 Unten RN 53 f.
69 So *Earl Warren*, in: The Public Papers of Chief Justice Earl Warren, hg. von Henry M. Christman, New York 1959, S. 7.
70 Vgl. *Stern* (FN 25), S. 250 ff.; *Carl Aage Nørgaard,* The Position of the individual in international law, Kopenhagen 1962, S. 109 f.; *Alfred Verdross/Bruno Simma*, Universelles Völkerrecht, ³1984, S. 837 f.; *Thomas Buergenthal u. a.*, Grundzüge des Völkerrechts, ²2000, RN 239.

humanitäres Kriegsvölkerrecht[71]. Insgesamt aber blieben die Ansätze bis 1919 bescheiden.

2. Erste Schritte nach dem Ersten Weltkrieg

34
Völkerrecht als „Zwischenstaatenrecht"

Erst nach dem Ersten Weltkrieg wurde die Idee der Menschen- und Grundrechte ein intensiveres Thema des Völkerrechts. Das Institut für internationales Recht in Paris legte 1929 eine „Déclaration des droits internationaux de l'Homme" vor[72]. Noch aber dominierte in der Praxis des Völkerrechts das Prinzip der „domestic jurisdiction" des Staates gegenüber seinen Bürgern. Das Individuum war im Völkerrecht mediatisiert; das Völkerrecht war ausschließlich „Zwischenstaatenrecht[73]". Aber die Überlegungen, internationale Menschenrechte zu begründen, die dem Individuum kraft Völkerrechts Rechte gegen die Staaten verleihen, wurden nach und nach gestärkt[74]. *Franklin D. Roosevelts* Botschaft an den Kongreß vom 6. Januar 1941 und die Atlantik-Charta *Roosevelts* und *Churchills* vom 12. August 1941[75] waren wichtige Impulse für einen internationalen Menschenrechtsschutz.

II. Der Durchbruch nach dem Zweiten Weltkrieg

1. Die Charta der Vereinten Nationen

35
UN-Charta als Durchbruch der Menschenrechtsidee

Der eigentliche Durchbruch der Menschenrechtsidee auf der internationalen Ebene erfolgte jedoch erst nach dem Zweiten Weltkrieg[76]. Die Präambel, Art. 1 Abs. 3, Art. 55 lit. c, Art. 62 Abs. 2 und Art. 76 lit. c der UN-Charta vom 26. Juni 1945 sprechen von den „fundamental human rights" bzw. von „human rights and fundamental freedoms for all". Sie dokumentieren damit den Wandel im Rechtsdenken der Staatenwelt, wenngleich eine „westliche" Dominanz in der Vorbereitung der Gründung der Vereinten Nationen nicht zu leugnen war. Darum überraschte es nicht, daß sehr bald von den UN-Organen Vor-

---

71 *Peter Pavel Remec*, The Position of the Individual in International Law according to Grotius and Vattel, Den Haag 1960, S. 102 ff.; zum Kriegsvölkerrecht vgl. *Bothe*, Friedenssicherung und Kriegsrecht, in: Wolfgang Graf Vitzthum (Hg.), Völkerrecht, 2001, S. 603 ff.
72 Vgl. *Mandelstam*, La déclaration des droits internationaux de l'Homme, adoptée par l'Institut de droit international, Revue de droit international, 5 (1930), S. 59. Die Erklärung ist abgedruckt in: Annuaire IDI 35 (1929/II), S. 298 ff.
73 Vgl. *Verdross/Simma* (FN 70), S. 255 f.; *Partsch*, in: Rüdiger Wolfrum (Hg.), Handbuch Vereinte Nationen, 1991, S. 544; *Hailbronner*, Der Staat und der Einzelne als Völkerrechtssubjekte, in: Vitzthum (FN 71), S. 161 ff.; *Kimminich*, Der internationale Schutz des Einzelnen, AVR 15 (1972), S. 402 (410).
74 Zur Problematik *Karl Doehring*, Völkerrecht 1999, RN 244 f., 969 ff.; *Ermacora*, Menschenrechte (Bibl.), S. 349 ff.; *Partsch* (FN 73), S. 544; *Otto Kimminich/ Stephan Hobe*, Einführung in das Völkerrecht, [7]2000, S. 155 f.
75 Abgedruckt in: Archiv der Gegenwart, Jg. 1941, S. 4843 bzw. 5150.
76 *Ermacora* (Bibl.), S. 446 f.; *Louis B. Sohn/Thomas Buergenthal*, International Protection of Human Rights, Indianapolis 1973, S. 505 ff.; *Hersch Lauterpacht*, International Law and Human Rights, London 1950; *Wildhaber*, Erfahrungen mit der Europäischen Menschenrechtskonvention, in: Schweizerischer Juristenverein – Referate und Mitteilungen Heft 3, 1979, S. 249 ff.; *Tomuschat*, Menschenrechtsschutz und innere Angelegenheiten, in: Lucius Caflisch u. a. (Hg.), Eingriff in die inneren Angelegenheiten fremder Staaten zum Zwecke des Menschenrechtsschutzes, 2002, S. 5 ff.

schläge für eine „Internationale Menschenrechtscharta" unterbreitet wurden. Darüber wurde dann immerhin drei Jahre diskutiert, um unter den nicht ausschließlich an „westlichen" Wertmaßstäben orientierten Mitgliedern der Vereinten Nationen einen Konsens zu erreichen[77].

2. Die Allgemeine Erklärung der Menschenrechte

Am 10. Dezember 1948 verabschiedete die UN-Generalversammlung eine „Allgemeine Erklärung der Menschenrechte (Universal Declaration of Human Rights)" – AMRE[78]. Entsprechend der Herkunft ihrer geistigen Väter basierte sie auf den Wurzeln der europäisch-amerikanischen Rechteerklärungen und verankerte Menschenwürde, Persönlichkeitsschutz, individuelle Freiheitsrechte, Rechtsgleichheit, justizielle Grundrechte und politische Mitwirkungsrechte. Diese klassischen Rechte wurden allerdings bereits um neuere Rechtspositionen erweitert, deren Bedrohung durch die Erfahrung in den dreißiger und vierziger Jahren manifest geworden war: Verbot der Folter und der Ausweisung, Asylrecht und Recht auf Staatsangehörigkeit. Hinzu traten gewisse soziale, ökonomische und kulturelle Rechte[79].

36
Menschenrechtserklärung in europäisch-amerikanischer Tradition

3. Spezielle Deklarationen und Konventionen

Die Menschenrechtserklärung war zugleich Startschuß für eine Vielzahl weiterer spezieller Deklarationen und Konventionen[80], die besondere auf den Menschen bezogene Rechtspositionen gewährleisteten und den Begriff Menschenrechte ungeheuer ausweiteten, so daß der amerikanische Völkerrechtler *Louis Henkin* formulieren konnte: „Human rights are those liberties, immunities and benefits which, by accepted contemporary values, all human beings should be able to claim 'as of right' of the society in which they live[81]". Dadurch sind „Menschenrechte" entstanden, die eines Fundamentalcharakters entbehren, unterschiedlichsten Inhalt angenommen haben und oft genug lediglich politische Ziele oder moralische Postulate sind. Der Idee der „echten" Menschenrechte sind sie abträglich, weil diese Verwässerung eine gewisse Beliebigkeit nach sich zieht.

37
Spätere Verwässerung der Menschenrechte

---

77 Vgl. *John P. Humphrey*, The Universal Declaration of Human Rights: It's History, Impact and Juridical Character, in: B. G. Ramcharan (Hg.), Human Rights: Thirty Years after the Universal Declaration, Den Haag 1979, S. 21 ff.
78 → Bd. VI: *Nettesheim*, Die Allgemeine Erklärung der Menschenrechte und ihre Rechtsnatur.
79 Zur Entstehung der AMRE vgl. *Egon Schwelb*, Human Rights and the International Community. The Roots and Growths of the Universal Declaration of Human Rights 1948-1963, Chicago, 1964, S. 12 ff.; *Jacques Maritain* (Hg.), Um die Erklärung der Menschenrechte – ein Symposion, 1951, S. 11 ff.; vgl. *Partsch*, in: Bruno Simma (Hg.), Charta der Vereinten Nationen, Kommentar, 1991, Art. 55 lit. e, RN 21 ff.; *Knut Ipsen*, Völkerrecht, [4]1999, § 48.
80 N. bei *Stern* (FN 25), S. 258 f.; *Dietrich Rauschning/Katja Wiesbrock/Martin Lailach* (Hg.), Key resolutions of the United Nations General Assembly 1946 – 1996, Cambridge, 1997; → Bd. VI: *Heintschel von Heinegg*, Spezielle Menschenrechtspakte.
81 *Louis Henkin*, Human Rights, in: Max-Planck-Institut für ausländisches öffentliches Recht (Hg.), Encyclopedia of Public International Law, Bd. II, 1995, S. 886.

4. Die internationalen Pakte von 1966 und die KSZE-Schlußakte von 1975

38
Schutz der Menschenrechte

Ein bedeutsamer Schritt zum Schutz der Menschenrechte erfolgte 1966. Auf dem Weg zu einer „Internationalen Menschenrechtscharta"[82] verabschiedete die Generalversammlung der Vereinten Nationen am 19. Dezember 1966 ohne Gegenstimmen den Internationalen Pakt über bürgerliche und politische Rechte *(IPbürgR)* und den Internationalen Pakt über wirtschaftliche, soziale und kulturelle Rechte *(IPWSKR)*. Zum Schutz der darin festgelegten Rechte wurde ein Fakultativprotokoll[83] verabschiedet, zu dem 1989 ein zweites, über die Abschaffung der Todesstrafe[84], hinzutrat und eine Individual-Beschwerdemöglichkeit vor dem Menschenrechtsausschuß der Vereinten Nationen eröffnete[85]. Die Pakte sind 1976 in Kraft getreten, aber nicht ausnahmslos in das innerstaatliche Recht inkorporiert worden. Sie gewähren die klassischen Grundrechte, darüber hinaus das Selbstbestimmungsrecht der Völker, ein Verfügungsrecht über deren Ressourcen, ein Verbot von Diskriminierung, Folter und Sklaverei sowie im Pakt über wirtschaftliche, soziale und kulturelle Rechte eine Palette weitreichender Sozialrechte, die aber nicht beschwerdefähig sind. Auch die Konferenz bzw. nunmehr Organisation für Sicherheit und Zusammenarbeit in Europa als größte Regionaleinrichtung des „alten" Kontinents betont nachdrücklich die Beachtung der Menschenrechte[86].

5. Resümee

39
Menschenrechtlicher Mindeststandard als völkerrechtliches Gewohnheitsrecht

Insgesamt kann für die internationale Entwicklung registriert werden, daß ein Mindeststandard von Menschenrechten Bestandteil des völkerrechtlichen Gewohnheitsrechts geworden ist[87]. Was allerdings dazu gehört, ist noch nicht eindeutig ausgeformt, unterliegt auch kulturellen Verschiedenheiten, die immer wieder die Diskussion um die Universalität und die unstreitig akzeptierte Menschenrechtskonzeption belasten. Deswegen läßt sich auch nicht vertreten, daß *alle* Bestimmungen zu den „von den Kulturvölkern anerkannten

---

82 Diesen Begriff verwendet erstmals die Resolution 5 (I) des Wirtschafts- und Sozialrats vom 16.2.1946. Zur Entstehung der Pakte vgl. *Partsch* (FN 79), Art. 55 lit.e, RN 38 ff.
83 Fakultativprotokoll zu dem Internationalen Pakt über bürgerliche und politische Rechte vom 19.12.1966 (BGBl. 1992 II, S. 1247).
84 Zweites Fakultativprotokoll zu dem Internationalen Pakt über bürgerliche und politische Rechte zur Abschaffung der Todesstrafe vom 15.12.1989 (BGBl. 1992 II, S. 391).
85 Daß Beschwerden nicht ganz erfolglos sind, zeigt die jüngste Entscheidung des Ausschusses im Falle „Des Fours Walderode" vom 30.10.2001 (EuGRZ 2002, S. 127) mit Anmerkung von *B. Fassbender,* Gleichheitssatz und Restitutionsgesetzgebung, ebd., S. 101. Dennoch muß registriert werden, daß der Schutz der Rechte noch unvollkommen ist (vgl. unten RN 82). Ferner *David P. Forsythe,* The United Nations, Human Rights and Development, Human Rights Quarterly 1997, S. 334 ff.; *Laurie S. Wiseberg,* Access to United Nations. Human Rights Documentation, Human Rights Quarterly 1997, S. 431 ff.; *Katrin Weschke,* Internationale Instrumente zur Durchsetzung der Menschenrechte, 2001, und *Beate Rudolf,* Die thematischen Berichterstatter und Arbeitsgruppen der UN-Menschenrechtskommission. Ihr Beitrag zur Fortentwicklung des internationalen Menschenrechtsschutzes, 2000.
86 Vgl. die Schlußakte vom 1.8.1975, abgedruckt bei: *Ulrich Fastenrath,* KSZE/OSZE, 14.Lfg. 2001, A.1.
87 Vgl. *Partsch* (FN 79), Art. 55 lit.c RN 33; *Kimminich/Hobe* (FN 74), S. 168 ff.; *Doehring* (FN 74), RN 974; *Tomuschat* (FN 75), S. 5 (7 m.w.N.); *Eckart Klein,* Menschenrechte. Stille Revolution des Völkerrechts und Auswirkungen auf die innerstaatliche Rechtsanwendung, 1997.

allgemeinen Rechtsgrundsätzen" im Sinne von Art. 38 IGH-Statut gehören. Von diesen Divergenzen sind regionale Schutzinstrumentarien frei.

III. Die europäische Entwicklung

1. Die Europäische Konvention zum Schutze der Menschenrechte und Grundfreiheiten

Während auf der internationalen Ebene breit angelegte Menschenrechte festgelegt sind, ihre Schutzinstrumentarien aber noch defizitär bleiben[88], ist man auf der europäischen Ebene wesentlich weiter fortgeschritten. Der 1949 gegründete Europarat, dessen Mitgliederzahl von zehn Gründungsstaaten auf mittlerweile fünfundvierzig angewachsen ist und damit fast alle europäischen Staaten umfaßt, legte in Art. 3 seiner Satzung vom 5. Mai 1949 fest, daß jedes Mitglied „den Grundsatz der Herrschaft des Rechts und den Grundsatz (anerkennt), daß jeder, der seiner Hoheitsgewalt unterliegt, der Menschenrechte und Grundfreiheiten teilhaftig werden soll". Außerdem wird als eine seiner vornehmlichen Aufgaben der „Schutz und die Fortentwicklung der Menschenrechte und Grundfreiheiten genannt". In Verfolgung dieses Ziels wurde am 3. November 1950 die „Konvention zum Schutze der Menschenrechte und Grundfreiheiten" (EMRK) verabschiedet[89], die in allen Mitgliedstaaten gilt. Mehrere Zusatzprotokolle erweiterten den Grundrechtsstandard ständig[90]. Das in der Konvention und in den Zusatzprotokollen enthaltene Rechtearsenal umfaßt das gesamte klassische Grundrechtssystem, wie es den europäischen Staaten eigen ist[91].

40 Fortschrittlicher Menschenrechtsstandard im Bereich des Europarates

Seit dem 1. November 1998 ist aufgrund des 11. Zusatzprotokolls zur Europäischen Menschenrechtskonvention an Stelle einer ursprünglich den Rechtsschutz verbürgenden Kommission, die die Anrufung eines Gerichtshofs kanalisierte, ein neuer ständiger Europäischer Gerichtshof für Menschenrechte (EGMR) in Straßburg getreten. Jeder Bürger eines Mitgliedstaates des Europarats kann diesen im Falle der Verletzung von Konventionsrechten unmittelbar im Wege einer Individualbeschwerde anrufen, sofern er den innerstaatlichen Rechtsschutz erschöpft hat (Art. 34 EMRK)[92].

41 Verbesserung des Rechtsschutzes

---

88 Ein Internationaler Menschenrechtsgerichtshof wurde zwar vielfach gefordert, aber (noch) nicht realisiert. Immerhin wurde ein Internationaler Strafgerichtshof geschaffen (zu ihm vgl. *Lucius Caflisch,* Der neue Internationale Strafgerichtshof, in: ders. u. a., [FN 76], S. 39 ff.)

89 Zur Entstehung vgl. *Partsch,* Die Entstehung der europäischen Menschenrechtskonvention, ZaöRVR 1954, S. 631. Zur Anwendung bis 1979 vgl. *Wildhaber* (FN 76), S. 275 ff.; *Jochen A. Frowein/ Wolfgang Peukert,* EMRK-Kommentar, ²1996, S. 1 ff.; → Bd. VI: 2. Kap.: Der Schutz der Grund- und Menschenrechte im Rahmen des Europarats.

90 N. bei *Frowein/Peukert* (FN 89), S. 867 ff.

91 Vgl. etwa *Partsch,* Die Rechte und Freiheiten der europäischen Menschenrechtskonvention, in: Bettermann u. a. (Hg.), GR I/1 (LitVerz.), S. 233 (266 ff.); *Hoffmeister,* Die Europäische Menschenrechtskonvention als Grundrechtsverfassung und ihre Bedeutung in Deutschland, in: Der Staat 40 (2001), S. 349 ff. m.w.N.

92 Zu dieser bedeutsamen Reform vgl. die umfassende Dokumentation des Europarates in: EuGRZ 1994, S. 323, sowie *Drzemczewski/Meyer-Ladewig,* Grundzüge des neuen EMRK-Kontrollmechanismus nach dem am 11. Mai unterzeichneten Reform-Protokoll (Nr.11), EuGRZ 1994, S. 317; *Thomas Oppermann,* Europarecht, ²1999, RN 81 ff.; → Bd. VI: *Frowein,* Der Schutz der Grund- und Menschenrechte durch den Europäischen Gerichtshof für Menschenrechte.

2. Amerikanische und afrikanische Parallelen

42
Defizite in Afrika und Asien

Dem europäischen System hat sich im wesentlichen die Amerikanische Menschenrechtskonvention vom 22. November 1969 angeschlossen[93]. Demgegenüber bleibt die „Charta Africaine des Droits de l'Homme et des Peuples" weit hinter dem europäischen Schutzsystem zurück[94]. Eine Charta für Asien und Arabien sowie den australischen Kontinent fehlt vollends[95].

3. Die Europäische Union

43
Grundrechtssystem der EU

Eine besonders intensivierte Ausprägung eines Menschen- und Grundrechtsschutzes bahnt sich innerhalb der Europäischen Union an[96], sofern es unter den Auspizien des Post-Nizza-Prozesses gelingt, die von einem Konvent der EU-Mitgliedstaaten verabschiedete und vom Europäischen Rat im Dezember 2000 feierlich unterzeichnete Charta der Grundrechte rechtsverbindlich zu machen, sei es im EU-(EG-)Vertrag oder in einer Verfassung oder einem Verfassungsvertrag[97]. Zur Zeit allerdings ist das Grundrechtssystem der Union noch auf dem Vertragswerk von Union (Art. 6 Abs. 2 EU) und Gemeinschaft (sogenannte Grundfreiheiten) sowie namentlich der Rechtsprechung des Europäischen Gerichtshofs in Luxemburg (EuGH) aufgebaut. Dieses System hat zwar beachtliche Leistungen hervorgebracht[98], aber vollkommen ist es noch nicht, wie die Bemühungen um einen ausdrücklichen Beitritt der Union zur Europäischen Menschenrechtskonvention oder zur Einführung einer eigenen Grundrechtecharta zeigen[99].

a) Grundfreiheiten und Grundrechte des Gemeinschaftsrechts

44
Grundfreiheiten und Gemeinschaftsgrundrechte der EU

Die am 25. März 1957 gegründete Europäische Wirtschaftsgemeinschaft, seit dem Maastrichter Unionsvertrag vom 7. Februar 1992 schlicht Europäische Gemeinschaft (Art. 1 EG), nennt als eines ihrer wichtigsten Ziele die Schaf-

---

93 *Tom Farer*, The Inter-American System of Human Rights, Oxford 1998.
94 Zu beiden näher *Buergenthal u.a.* (FN 70), RN 264ff. bzw. 273ff.; *Partsch*, Vor- und Nachteile einer Regionalisierung des internationalen Menschenrechtsschutzes, EuGRZ 1989, S. 1ff. m.w.N.; grundlegend zu Afrika und dem Nahen Osten *Felix Ermacora*, Menschenrechte in einer sich wandelnden Welt, Bd. 2, 1983.
95 *Gunther Schubert* (Hg.), Menschenrechte in Ostasien. Zum Streit um die Universalität einer Idee, 1999; *Sven-Uwe Müller*, Konzeption der Menschenrechte im China des 20. Jahrhunderts, 1997; *Gregor Paul/ Caroline Y. Robertson-Wemsauer*, Traditionelle chinesische Kultur und Menschenrechtsfrage, ²1998; *Annette Marfording*, Cultural Relativism and the Constitution of Culture: An Examination of Japan, Human Rights Quarterly 1997, S. 431ff.
96 → Bd. VI: 3. Kap.: Der Schutz der Grundrechte in der Europäischen Union.
97 Text der Grundrechte-Charta bei *Klemens H. Fischer*, Der Vertrag von Nizza, 2001, S. 513ff.; zu Entstehung und Inhalt *Nina Philippi*, Die Charta der Grundrechte der Europäischen Union, 2002.
98 Eingehende Darstellung mit Rechtsprechungsverweisungen bei *Peter Quasdorf*, Dogmatik der Grundrechte der Europäischen Union, 2001, S. 133ff., 146ff.; *Stumpf*, in: Jürgen Schwarze (Hg.), EU-Kommentar, 2000, Art. 6 EUV, RN 17ff.; *Heinrich Neisser/Bea Verschraegen*, Die Europäische Union, 2001, S. 251ff.
99 Vgl. zuletzt *J. Schwarze*, Das „Kooperationsverhältnis" des Bundesverfassungsgerichts mit dem Europäischen Gerichtshof , in: FS 50 Jahre BVerfG, 2001, Bd. I, S. 223 (224ff.), m.w.N.; *dens.*, Europäische Verfassungsperspektiven nach Nizza, NJW 2002, S. 993 (995f.).

fung eines „Binnenmarktes, der durch die Beseitigung der Hindernisse für den freien Waren-, Personen-, Dienstleistungs- und Kapitalverkehr zwischen den Mitgliedstaaten gekennzeichnet ist" (Art. 3 EG). Gemeinhin wird in diesem Zusammenhang von den sogenannten vier Grundfreiheiten, gelegentlich sogar Grundrechten, gesprochen[100]. Hinzu tritt als unentbehrliche Annexfreiheit der freie Zahlungsverkehr (Art. 56 Abs. 2 EG). Außerdem ist im Vertragswerk das Verbot der Diskriminierung aus Gründen der Staatsangehörigkeit oder weiterer Kriterien verankert (Art. 12 Abs. 1 und Art. 13 EG). Daraus sowie aus Art. 34 Abs. 2 Satz 2 und Art. 141 EG hat die Rechtsprechung des Europäischen Gerichtshofs den allgemeinen Gleichheitssatz zum Grundrecht entwickelt[101]. Ferner hat der Gerichtshof in Einzelfällen weitere Gemeinschaftsgrundrechte festgestellt und angewandt[102]. Diese Grundrechte hat er als Bestandteil der ungeschriebenen allgemeinen Grundsätze der Gemeinschaftsrechtsordnung und der gemeinsamen Verfassungsüberlieferungen der Mitgliedstaaten betrachtet, wobei er als „Quellen der Inspiration" vor allem die Europäische Menschenrechtskonvention und andere europäische und internationale Abkommen herangezogen sowie auf die nationalen Verfassungsordnungen zurückgegriffen hat. In Art. 6 Abs. 2 EU wird es der Union jetzt ausdrücklich zur Pflicht gemacht, die Grundrechte der Menschenrechtskonvention zu achten[103].

b) Die EU-Grundrechtecharta

Nachdem es einige Zeit schien, daß die Europäische Union förmlich der Menschenrechtskonvention beitreten würde[104], wurde auf den Tagungen des Europäischen Rats im Juni 1999 in Köln und im Oktober in Tampere ein Konvent mit dem Auftrag eingesetzt, den Entwurf einer Grundrechtecharta der Union zu erarbeiten. Seine zweiundsechzig Mitglieder kamen aus dem Europäischen Parlament und den nationalen Parlamenten, den Regierungen und der Kommission. Der Konvent legte am 2. Oktober 2000 den Text einer „EU-Charta der Grundrechte" vor[105]. Orientierungsmaßstäbe waren die Europäische Menschenrechtskonvention nebst Zusatzprotokollen und weitere Konventionen des Europarats sowie die nationalen Grundrechte und Aussagen

45
Grundrechtecharta der EU

---

100 Vgl. zur Entwicklung *G. Hirsch,* Gemeinschaftsgrundrechte als Gestaltungsaufgabe, in: Karl F. Kreuzer (Hg.), Europäischer Grundrechtsschutz, 1998, S. 9 ff.; *Albert Bleckmann,* Europarecht, [6]1997, RN 755 ff.; *Rudolf Streinz,* Europarecht, [5]2001, RN 652; *Steinberg,* Zur Konvergenz der Grundfreiheiten auf der Tatbestands- und Rechtfertigungsebene, EuGRZ 2002, S. 13.
101 *Kischel,* Zur Dogmatik des Gleichheitssatzes in der EU, EuGRZ 1997, S. 1 ff.
102 Vgl. die Aufzählung bei *Streinz* (FN 100), RN 372 m.w.N.; *Oppermann* (FN 92), RN 492 m.N. der Rechtsprechung.
103 Zur Bedeutung dieser Vorschrift vgl. *Sebastian Winkler,* Der Beitritt der Europäischen Gemeinschaften zur EMRK, 2000, S. 44 f.
104 Vgl. zuletzt *Rodriguez Iglesias,* EuGRZ 2002, S. 206 f.; ferner *J. Limbach,* Die Kooperation der Gerichte in der zukünftigen europäischen Grundrechtsarchitektur, EuGRZ 2000, S. 417; *Alber/Widmaier,* Die EU-Charta der Grundrechte und ihre Auswirkungen auf die Rechtsprechung, EuGRZ 2000, S. 497 (499); *Krüger/Polakiewicz,* Vorschläge für ein kohärentes System des Menschenrechtsschutzes in Europa, EuGRZ 2001, S. 92 (94 ff.).
105 Text abgedruckt in: EuGRZ 2000, S. 554; → Bd. VI: Die Grundrechtecharta der Europäischen Union.

Erster Teil: I. Idee und geschichtliche Entwicklung

<small>Fehlende Rechtsverbindlichkeit</small>

des EG-Vertrags[106]. Auf der Sitzung des Europäischen Rats in Nizza vom 7. bis 9. Dezember 2000 wurde die Charta „begrüßt", aber nicht in das europäische Vertragswerk aufgenommen, vielmehr die „Frage der Tragweite" der Charta ausdrücklich einer späteren Prüfung überantwortet[107]. Damit fehlt der Charta (bislang) die rechtliche Verbindlichkeit. Will man eine solche herbeiführen, ist eine Aufnahme in die bestehenden Verträge und ein Verfahren nach Art. 48 EU erforderlich. Nicht ausgeschlossen ist jedoch, sie als Rechtserkenntnisquelle heranzuziehen, weil man ihren Inhalt als Bestandteil der gemeinsamen Verfassungsüberlieferungen der Mitgliedstaaten ansieht. In diesem Lichte könnte es zu einer Selbstbindung der europäischen Organe kommen, die den Prozeß zu einer formellen Verbindlichkeit beschleunigen

<small>Deutsche Euphorie</small>

dürfte[108]. Gleichwohl ist das letzte Wort noch nicht gesprochen; nicht in allen Ländern wird die deutsche Euphorie für eine Europäische Grundrechtecharta geteilt.

E. Menschenrechte und Grundrechte – Terminologie und Wechselbeziehung

I. Terminologische Fragen

1. Uneinheitlicher Sprachgebrauch um Menschen- und Grundrechte

46

<small>Schwankender Sprachgebrauch</small>

Die Begriffe Menschenrechte und Grundrechte werden, sowohl was die theoretischen Prämissen als auch die nationalen und internationalen Rechtsdokumente anlangt, teilweise synonym verwendet. Hatten die amerikanischen Bill of Rights schlicht von „rights" oder von „inherent rights" bzw. „natural rights" gesprochen, so differenzierte die französische Déclaration bereits zwischen „droits de l'homme" und „droits du citoyen", ohne allerdings zu verdeutlichen, welche Kriterien für den Unterschied maßgeblich sind[109]. Auch in den Verfassungsdiskussionen des 19. Jahrhunderts in Deutschland schwankte der Sprachgebrauch, bis sich in der Paulskirchenversammlung der Begriff *Grundrechte* durchsetzte, der in den späteren Reichs-(Bundes-)Verfassungen

---

<small>106 Zur Charta vgl. etwa *Alber/Widmaier* (FN 104), S. 497; *Zuleeg*, Zum Verhältnis nationaler und europäischer Grundrechte, EuGRZ 2000, S. 511; *Di Fabio*, Eine europäische Charta – Auf dem Weg zur Unionsverfassung, JZ 2000, S. 737; *Magiera*, Die Grundrechtecharta der Europäischen Union, DÖV 2000, S. 1017; *Schwarze*, Der Grundrechtsschutz für Unternehmen in der Europäischen Grundrechtecharta, EuZW 2001, S. 517; *Alber*, Die Selbstbindung der europäischen Organe an die Europäische Charta der Grundrechte, EuGRZ 2001, S. 349; *Schmitz*, Die EU-Grundrechtecharta aus grundrechtsdogmatischer und grundrechtstheoretischer Sicht, JZ 2001, S. 833; *v. Bogdandy*, Grundrechtsgemeinschaft als Integrationsziel, JZ 2001, S. 157; *P. Altmaier*, Die Charta der Grundrechte der Europäischen Union, ZG 2001, S. 195; *EuG*, EuGRZ 2002, S. 266 ff.
107 Vgl. Schlußfolgerungen des Vorsitzes, abgedruckt in: Klemens H. Fischer (Hg.), Der Vertrag von Nizza, 2001, S. 62.
108 Dazu *Alber*, Die Selbstbindung der europäischen Organe an die Europäische Charta der Grundrechte, EuGRZ 2001, S. 349.
109 Wie sehr auch 1789 über die Begriffe gestritten wurde, zeichnet *Samwer* (FN 56), S. 21 ff. auf.</small>

und in den Landesverfassungen nach den Weltkriegen beibehalten wurde. Die meisten europäischen Verfassungen nach dem Zweiten Weltkrieg sowie die asiatischen und afrikanischen Verfassungen verwenden ebenfalls den Begriff Grundrechte oder entsprechende Übersetzungen[110]. Das gilt auch für die jüngste Verfassung des europäischen Kontinents, die neue, am 1. Januar 2000 in Kraft getretene Schweizerische Bundesverfassung.

Demgegenüber verwenden die internationalen Erklärungen und Konventionen durchweg – wie oben gezeigt – den Begriff Menschenrechte (human rights, droits de l'homme oder sprachliche Entsprechungen). Das ist angesichts des Bezugs auf alle Individuen der Weltgemeinschaft selbstverständlich und geschieht in der Absicht, universell Schutz zu gewähren. Im gesamteuropäischen Bereich findet wiederum der Ausdruck Menschenrechte neben Grundfreiheiten Anwendung, während sich für die Europäische Union eindeutig der Begriff Grundrechte durchgesetzt hat.

47
Menschenrechte als universelle Verbürgung

Dies zeigt, daß es bei beiden Rechtekategorien darum geht, dem Individuum grundlegende Rechte zu garantieren. Nimmt man noch andere hierfür gebräuchliche Bezeichnungen, wie verfassungsmäßige Rechte, Bürgerrechte, Individualrechte, Grundfreiheiten oder ähnliche Begriffe hinzu, so wird der Sprachgebrauch vollends verwirrend. Es bedarf daher terminologischer Klarheit, zumal es auch Unterschiede in der Sache gibt.

48
Sicherung individueller Rechte als gemeinsamer Zweck

2. Menschenrechte als überpositive und international gewährte Rechte

Will man in die verwirrende Terminologie Klarheit bringen, so sollte bedacht werden, daß Menschenrechte – wie immer begründet – auf vorstaatlichen Gegebenheiten beruhen und unmittelbar aus der Menschennatur abgeleitet sind[111]. Sie bestehen unabhängig von jeder Positivierung durch eine von Menschen geschaffene Rechtsordnung. Sie sind mithin überpositives Recht[112].

49
Menschenrechte als überpositives Recht

Diese Begriffsbildung läßt sich allerdings nicht auf das internationale Recht übertragen. Dort hat sich zunehmend eine Positivierung (aber auch Inflationierung) der Menschenrechte durchgesetzt, die weit über den Charakter angeborener und unveräußerlicher Rechte hinausgeht[113]. Um diese Rechte von den überpositiven Menschenrechten abzuheben, sollten sie als *internationale* oder *völkerrechtliche Menschenrechte* bezeichnet werden.

50
Positivierung und Inflationierung im internationalen Recht

---

110 Für Europa vgl. *Eberhard Grabitz* (Hg.), Grundrechte in Europa und USA, Bd. I: Strukturen nationaler Systeme, 1986, jeweils unter Konzept der Grundrechte; → Bd. II: *Merten*, Begriff und Abgrenzung der Grundrechte.
111 S. oben RN 14 ff.
112 Vgl. *Stern*, Staatsrecht III/1 (Bibl.), S. 43; *Maurice Cranston*, Kann es soziale und wirtschaftliche Menschenrechte geben?, in: Ernst-Wolfgang Böckenförde/Robert Spaemann (Hg.), Menschenrechte und Menschenwürde, 1987, S. 224 (228 f.); *Gottfried Dietze*, Problematik der Menschenrechte, 1995, S. 11 ff., 29.
113 S. oben RN 35 ff.

3. Grundrechte als positivierte verfassungsmäßige Rechte

51
Fundamentalität, Positivität und Konstitutionalität als Grundrechtsmerkmale

Als Grundrechte sind dagegen diejenigen grundlegenden Rechte zu kennzeichnen, die in den nationalen Verfassungen als Freiheits-, Gleichheits-, politische Rechte und justizielle Garantien verankert sind. Sie sind positivierte verfassungsmäßige Rechte. Ihre Charakteristika sind Fundamentalität, Positivität und Konstitutionalität[114]. Diesen Durchbruch schafften die amerikanischen Verfassungstexte, erstmals wohl die Constitution of Pennsylvania vom 28. September 1776, deren Teil A eine *Declaration of Rights* enthielt und Teil B erst den *Plan of Frame of Government*[115]. Ihr folgten die Unionsverfassung von 1787/89 und die französischen Verfassungen von 1791, 1793 und 1795, die in gleicher Weise kombiniert waren[116]. Art. 16 der Déclaration de l'homme et du citoyen hatte schon 1789 dekretiert: „Eine Gesellschaft, in der die Verbürgung der Rechte nicht gesichert und die Gewaltenteilung nicht festgelegt ist, hat keine Verfassung".

4. Der Grundrechtsbegriff im Europäischen Gemeinschaftsrecht

52
„Grundrecht" als neuerer Sprachgebrauch

Der so verstandene Grundrechtsbegriff hat sich in der Zwischenzeit auch im Bereich des Europäischen Gemeinschaftsrechts durchgesetzt. Zwar spricht die ältere Europäische Menschenrechtskonvention in Anlehnung an die internationalrechtliche Praxis von Menschenrechten, aber im Gemeinschaftsrecht ist jetzt allgemein der Begriff Grundrecht oder seine sprachliche Entsprechung üblich[117]. Demgemäß nennt sich die vom Europäischen Rat in Nizza im Dezember 2000 akzeptierte Deklaration „EU-Charta der Grundrechte".

II. Die Wechselbeziehung zwischen Menschen- und Grundrechten

1. Grundrechte als Ausformung vorstaatlicher, den Menschen zustehender Rechte

53
„Menschenrechte" und „Grundrechte" in Art. 1 GG

Seit der amerikanischen und französischen Revolution ist die Idee der Menschenrechte mit der Idee der Verfassung verknüpft; sie fließen gleichsam ineinander[118]. Das Ergebnis sind verfassungsmäßige Rechte des Menschen,

---

114 *Stern*, Staatsrecht III/1 (Bibl.), S. 43 ff.; *Denninger*, Über das Verhältnis von Menschenrechten zum positiven Recht, JZ 1982, S. 225 (228 ff.).
115 Abgedruckt in: *Wilhelm Altmann*, Ausgewählte Urkunden zur außerdeutschen Verfassungsgeschichte seit 1776, Berlin 1897, S. 3 ff. In gleicher Weise verfuhren die Verfassungen der anderen Neu-England-Staaten, beispielhaft etwa die Constitution of Massachusetts vom 2.3.1780 (abgedruckt ebd., S. 21 ff.).
116 Abdruck bei *Altmann* (FN 115), S. 45 ff.
117 Vgl. *Oppermann* (FN 92), RN 494; *Flauss*, Rapport français, in: Jürgen Schwarze, Die Entstehung einer europäischen Verfassungsordnung, 2000, S. 25 (41 f.); ebenda *Birkinshaw*, British Report, S. 205 (216 f.); *Garcia de Enterria/Alfonso Garcia*, Spanish Report, S. 287 (294 f.); *Beutler*, Die Erklärung des Europäischen Parlaments über Grundrechte und Grundfreiheiten vom 12. April 1989, EuGRZ 1989, S. 185; s. auch *Grabitz* (FN 110).
118 *Stern*, Die Verbindung von Verfassungsidee und Grundrechtsidee zur modernen Verfassung, in: FS Eichenberger, 1982, S. 197 (202 ff.); *Höfling*, in: Sachs, ³GG (LitVerz.), Art. 1 RN 2; *Maurer*, Idee und Wirklichkeit der Grundrechte, JZ 1999, S. 689 ff.

die als Grundrechte auf den Menschenrechten basieren. Am trefflichsten hat dies Art. 1 GG zum Ausdruck gebracht, der, ausgehend von der Menschenwürde in Absatz 1 als „oberstem Konstitutionsprinzip", in Absatz 2 das Bekenntnis des Deutschen Volkes „zu unverletzlichen und unveräußerlichen Menschenrechten als Grundlage jeder menschlichen Gemeinschaft, des Friedens und der Gerechtigkeit in der Welt" enthält. Um diese Rechte mit der nötigen Geltungs- und Bindungskraft zu versehen, ordnet Absatz 3 an, daß die „nachfolgenden Grundrechte" „als unmittelbar geltendes Recht" die gesamte Staatsgewalt „binden". Die Menschenrechte werden in die Verfassungsstaatlichkeit eingebunden und in positivierte Grundrechte umgegossen, um ihre Effektivität und Durchsetzbarkeit zu sichern. Damit löst der Verfassunggeber zugleich das Bekenntnis des Deutschen Volkes zu den Menschenrechten ein. Die Grundrechte sind deshalb keine staatlichen „Geschenke", sondern Gewährleistungen als Ausformung vorstaatlicher, den Menschen zustehender Rechte, die im und gegen den Staat gelten[119].

2. Wechselbezüglichkeit zwischen internationalen Menschen- und nationalen Grundrechten

Das heute in den Verfassungsstaaten geltende Grundrechtssystem hat nach den bisherigen Darlegungen seine Wurzeln in der Hervorbringung der Menschenrechte. Beide haben sich wechselseitig befruchtet. In jüngerer Zeit waren es eher die nationalen Grundrechte, die auf die internationalen Menschenrechtserklärungen eingewirkt haben. Bis zur Zeit der verfassungsrechtlichen Ausformung der Rechte waren es stärker die Menschenrechte in ihren unterschiedlichen Begründungen, die die Grundrechte determinierten. Diese Wechselbezüglichkeit ist auch heute noch feststellbar: So wanderte beispielsweise das Asylrecht der Allgemeinen Menschenrechtserklärung (Art. 14) in Art. 16 (jetzt Art. 16 a) GG oder die Unschuldsvermutung des Art. 6 Abs. 2 EMRK in das Rechtsstaatsprinzip. Umgekehrt haben die nationalen Grundrechtskataloge sowohl die Allgemeine Menschenrechtserklärung als auch die beiden Internationalen Pakte von 1966 beeinflußt. Auf der europäischen Ebene sind Europäische Menschenrechtskonvention und EU-Grundrechtecharta Spiegelbild des Grundrechtsstandards der europäischen nationalen Verfassungen.

54
Wechselseitige Befruchtung

3. Ausweitung von Menschen- und Grundrechten

Faßt man die heutigen Grund- und Menschenrechte ins Auge, so läßt sich eine große begriffliche Ausweitung unter beiden Rechtstiteln erkennen. Vor allem die neueren Verfassungen haben über die klassischen tradierten Freiheits-, Gleichheits- und politischen Rechte hinaus „Grundrechte" kreiert – ein Pro-

55
Gefahr der Inflationierung

---

119 Inwieweit sie auch andere Adressaten als die Staatsgewalt haben, ist an dieser Stelle nicht von Bedeutung. Zur Ausstrahlungswirkung der Grundrechte unten RN 73.

zeß, der sich fortsetzt, wie beispielsweise der Datenschutz zeigt. Grundgedanke ist hier, wie auch allgemein bei der Weiterentwicklung der Menschenrechtsidee, daß die Bedrohungen des Menschen in vielfältiger Weise zunehmen und nach qualifizierten Schutzrechten verlangen. Dennoch sollte einer solchen Inflationierung Einhalt geboten werden. Gleiches gilt für die permanente Erweiterung der Menschenrechte in den internationalen Rechteerklärungen, auch wenn sie nicht in rechtsverbindlicher Form festgelegt werden. Auch hier wäre weniger mehr. Diese Ausweitung der beiden Rechtekategorien wirft Probleme in ihrem Verhältnis zueinander auf.

a) Grundrechte mit und ohne Menschenrechtsgehalt

56
Einander überschneidende Kreise

Knüpft man an die historische, vor allem naturrechtlich motivierte Menschenrechtsidee an, wie sie im 17. Jahrhundert vor allem bei *John Locke* in der Trias von Leben, Freiheit und Eigentum ihren Ausdruck gefunden hat[120], so haben diese Rechtspositionen in den Verfassungen des 18. Jahrhunderts ihren Niederschlag gefunden. Die Trias wurde später allerdings näher ausgeformt und konkretisiert. Zugleich wurde sie vor allem im 20. Jahrhundert um politische Rechte und teilweise auch um soziale Grundrechte erweitert. Menschenrechte und Grundrechte ließen sich danach als zwei mindestens in Teilen deckungsgleiche Kreise darstellen. Es gibt Grundrechte, die Menschenrechte sind oder doch wenigstens Menschenrechtsgehalt besitzen, aber auch solche, denen dieser Gehalt fehlt. Im Grundgesetz spielt diese Frage vor allem bei der Auslegung der Unantastbarkeitsklausel des Art. 79 Abs. 3 eine Rolle[121]. Andererseits gibt es Grundrechte, die nicht zu den angeborenen Menschenrechten zählen, wie etwa der gleiche Zugang zu öffentlichen Ämtern. Freilich gibt es in dieser Abgrenzung zahlreiche Streitfragen, die sich in jüngerer Zeit namentlich beim Asylrecht aufgetan haben[122].

b) Zunehmende Deckungsgleichheit zwischen internationalen Menschenrechten und nationalen Grundrechten

57
Zunehmende Deckungsgleichheit

Internationalrechtliche Besonderheiten

Angesichts der ständigen Ausweitung der Menschenrechte auf der internationalen Ebene verflüchtigt sich allerdings die Divergenz zwischen den beiden Rechtekategorien immer mehr. Vergleicht man den Internationalen Pakt über bürgerliche und politische Rechte von 1966 mit den in den freiheitlich-demokratischen Verfassungsstaaten geltenden Grundrechtskatalogen, so ist im wesentlichen Deckungsgleichheit festzustellen[123]. Freilich sind auch spezifi-

---

120 S. oben RN 19.
121 Vgl. *Stern*, Staatsrecht I (LitVerz.), S. 175, und III/1 (Bibl.), S. 42ff.
122 Einführend *Hans Kreuzberg/Volker Wahrendorf*, Grundrecht auf Asyl, ²1992; zu den Streitfragen BVerfGE 94, 49; 94, 115; 94, 166; *Frowein/Zimmermann*, Die Asylrechtsreform des Jahres 1993 und das Bundesverfassungsgericht, JZ 1996, S. 753; *Lübbe-Wolff*, Das Asylgrundrecht nach den Entscheidungen des Bundesverfassungsgerichts vom 14. Mai 1996, DVBl. 1996, S. 825; *Roeser*, Rechtsprechung des Bundesverfassungsgerichts zum Grundrecht auf Asyl und Ausländerrecht in den Jahren 1998 und 1999, EuGRZ 2000, S. 346.
123 *Gerd Seidel* hat in seinem Handbuch der Grund- und Menschenrechte (FN 34) anhand des deutschen Grundrechtskatalogs die Gleichgerichtetheit festgehalten.

sche, auf eine internationale Dimension abstellende Rechte wie das Selbstbestimmungsrecht der Völker oder das Verfügungsrecht über nationale Ressourcen festgelegt, die für die nationalstaatliche Ebene nicht passen. Der Internationale Pakt über wirtschaftliche, soziale und kulturelle Rechte greift seinerseits weit über die verfassungsstaatlichen Grundrechte hinaus. Das gilt auch für die Verfassungen, die im großen Stil soziale Grundrechte enthalten, wie etwa diejenigen Spaniens, Portugals oder einiger ostmitteleuropäischer Staaten. Dabei ist es allerdings nicht immer zweifelsfrei, ob es sich insoweit um echte subjektive Rechte oder nur um Staatsziele bzw. Programmsätze handelt[124].

Verschwommenheit sozialer „Grundrechte"

4. Notwendigkeit universeller Menschen- und Grundrechtsgeltung

Der Angleichungsprozeß zwischen verfassungsstaatlichen Grundrechten und internationalen Menschenrechten hat eine Entwicklung in Gang gesetzt, die den Konsens in der Weltgemeinschaft über das, was den Menschen zusteht, nachhaltig fördert. Zwar ist auf dem Feld der Menschenrechte die Diskrepanz zwischen Theorie und Praxis, genauer zwischen global proklamierten Rechten und ihrer Verwirklichung auf internationaler bzw. nationaler Ebene groß. Dennoch nimmt weltweit die Erkenntnis zu, daß die Idee der Menschen- und Grundrechte universal zu verstehen ist und alles getan werden muß, um diese Universalität in der Staatenwelt herbeizuführen, unbeschadet des Umstands, daß ein präzise feststehender Kanon von Menschenrechten schwer erreichbar sein wird. Es muß daher bereits als Erfolg angesehen werden, daß heute ein Mindeststandard im allgemeinen Völkerrecht als erreicht gelten kann[125]. Welche Rechte zu diesem Mindeststandard gehören, ist allerdings umstritten. Gemeinhin werden jedoch dazu gezählt: die klassische Trias von Leben, Gesundheit und Freiheit, mittlerweile auch rechtliches Gehör in gerichtlichen und behördlichen Verfahren, die Verbote von Folter, Sklaverei, Rassendiskriminierung und Völkermord[126]. Aber diese Liste scheint noch nicht abgeschlossen zu sein. Die Forderung nach Universalität wird jedenfalls mehr und mehr zum Appell an die Staatengemeinschaft. Darauf ist zurückzukommen[127], wenn die menschen- und grundrechtlichen Inhalte dargelegt werden.

58
Diskrepanz zwischen Theorie und Praxis der Menschenrechte

---

124 Zur Unterscheidung der Arten von Verfassungsrechtssätzen s. *Stern*, Staatsrecht I (LitVerz.), S. 113 ff.
125 S. oben RN 35 ff.
126 *Brugger,* Menschenrechte (Bibl.), S. 537 (543 f.); *Verdross/Simma* (FN 70), S. 824 ff.; *Kimminich/Hobe* (FN 74), S. 344 ff.; *Seidel,* Die Völkerrechtsordnung an der Schwelle zum 21. Jahrhundert, AVR 38 (2000), S. 23 (33).
127 Unten RN 79 ff.

F. Menschen- und grundrechtliche Inhalte

I. Freiheits- und verwandte Rechte als klassische Menschen- und Grundrechte

1. Freiheitsrechte als Abwehrrechte

59
Klassische Freiheitsrechte im status negativus und activus

Analysiert man die Rechteerklärungen des ausgehenden 18. und beginnenden 19. Jahrhunderts, so sind in ihnen ganz überwiegend Rechte verankert, die die Sphären der individuellen Freiheit, der rechtlichen Gleichheit und der politischen Mitwirkung sichern sowie justizielle Garantien gewährleisten. Sie sind die sogenannten klassischen Menschen- und Grundrechte. Im Sinne *Georg Jellineks* sind es die Rechte des status negativus und activus[128]. Soweit sie Freiheitsbereiche schützen, handelt es sich primär um Abwehrrechte gegen die staatliche Gewalt. Diese Rechte dominieren auch in der Allgemeinen Menschenrechtserklärung von 1948 und in der Europäischen Menschenrechtskonvention von 1950. Weithin beherrschen sie auch die EU-Grundrechtecharta. Nicht zuletzt sind sie Bestandteil des Grundgesetzes und der europäischen Verfassungen[129]. Historisch gehören sie damit zum ältesten Rechtsarsenal.

2. Untauglichkeit neuer Definitionsversuche für die Einteilung

60
Untauglichkeit des Begriffs „Generation"

In der Literatur wird, auf dem Systemmodell *Karel Vasaks* aufbauend, bisweilen von Generationen von Menschenrechten gesprochen[130]. Die erste „Generation" soll danach die klassischen Freiheitsrechte, die zweite die Leistungsrechte und die dritte die Rechte auf Solidarität und Entwicklung umfassen. Der Begriff „Generation", auch wenn er so zielgerichtet verwendet wird, ist irreführend, weil er an eine altersmäßige Generationenfolge anknüpft und dabei den Eindruck erweckt, daß Rechte der späteren Generation als jüngere Rechte die älteren ablösen könnten[131]. Davon kann und darf keine Rede sein. Die Menschen- und Grundrechte der sogenannten ersten Generation sind aus vielfältigen Unrechtserfahrungen der Vergangenheit erwachsen, die auch in der Gegenwart fortdauern. Zwar sind sie als erste formuliert, aber keinesfalls überholt; denn Freiheit, Rechtsstaat und Demokratie sind noch nicht weltweit durchgesetzt. Aber auch in demokratischen Rechtsstaaten sind sie notwendiges Rüstzeug, um einen Mißbrauch der Staatsgewalt zu verhindern. Sie zu

---

128 *Georg Jellinek*, Das System der subjektiven öffentlichen Rechte, ²1910, Kap. VIII; *E.R. Huber*, Bedeutungswandel der Grundrechte AöR 62 (1933), S. 1 (80); *R. Thoma*, Grundrechte und Polizeigewalt, in: Festgabe zur Feier des 50jährigen Bestehens des Preußischen OVG, 1925, S. 184, (187 f.); *Carl Schmitt*, Die Grundrechte und Grundpflichten des deutschen Volkes in: Gerhard Anschütz/Richard Thoma (Hg.), Handbuch des Deutschen Staatsrechts, Bd. II, 1932, S. 572 (590 ff.).
129 Die Verfassungen der EU-Mitgliedstaaten sind abgedruckt bei Adolf Kimmel (Hg.), Verfassungen der EU-Mitgliedstaaten, ⁵2000; die neuen oder reformierten Verfassungen Osteuropas bei Herwig Roggemann (Hg.), Die Verfassungen Mittel- und Osteuropas, 1999.
130 Vgl. *K. Vasak*, A 30-year-struggle, in: UNESCO-courier 18 Nr. 1 (1977), S. 29 ff.; *Guido Odendahl*, Das Recht auf Entwicklung – The right of development, 1997, S. 114 f. m.w.N.
131 Vgl. *Riedel*, Menschenrechte (Bibl.), S. 9 (11); *Brugger* (FN 126), S. 537 (539 f.).

erhalten und zu stärken, bleibt daher ein Grundbedürfnis der Zivilisation, der Menschlichkeit und der Domestizierung der Macht.

In Anbetracht der fortdauernden Gefährdungen für die in der historischen Abfolge als erste durch subjektive Rechte höchsten Ranges geschützten Güter und Werte sollte die Zuordnung zu einer Generationenreihung aufgegeben werden. *Eibe H. Riedel* schlägt stattdessen den Begriff „Dimension" vor[132]. Er hat den Nachteil, daß er zumindest in der deutschen Grundrechtsdogmatik für die Charakterisierung der subjektiv- und objektivrechtlichen Seite der Grundrechte verbraucht ist[133]. Auch der Begriff Grundrechts-„Stufen" birgt Mißverständnisse in sich, weil er Höhen und Tiefen andeutet. Man sollte daher bei der rein sachlichen Bezeichnung Freiheitsrechte, Gleichheitsrechte, politische Mitwirkungsrechte und justizielle Garantien bleiben. Dadurch sind diese Rechte hinreichend gekennzeichnet und von später generierten Menschen- und Grundrechten abgrenzbar. Ihrer Erstgeburt und Tradition wegen können sie als „klassische" Menschen- und Grundrechte am überzeugendsten zusammengefaßt werden.

61
Mißverständlichkeit von „Dimension" oder „Stufe"

II. Die sogenannten sozialen Grundrechte

1. Die Solidarité der französischen Revolution

Die großen Losungsworte der französischen Revolution waren „liberté, egalité und fraternité". Daß ihre Verwirklichung nicht durch die bloße Proklamation erreicht werden konnte, sondern auch der „solidarité" zwischen dem Staat und seinen Bürgern bedurfte, wurde erstmalig in der Konventsverfassung (*Déclaration Jacobine*) vom 24. Juni 1793 festgeschrieben. Die Grundbedürfnisse des Menschen wie Arbeit, Wohnung, Unterricht, Unterstützungsleistungen sind mit Solidarität freilich nur unzureichend umschrieben, allerdings gibt es auch kein annähernd prägnantes Sinnbild, wie es für die Grundfreiheiten existiert. Meist spricht man daher von sozialen Grundrechten, Leistungs- oder Teilhaberechten[134], oder – vor allem auf der internationalen Ebene – von wirtschaftlichen, sozialen und kulturellen Rechten[135]. Nicht ausschließlich, aber wesentlich geht es bei diesen Rechten um die sozialen Lebensgrundlagen, deren es bedarf, um die Freiheitsrechte ausüben zu können. Die Sicherung dieses *status socialis* des Menschen wird in der aktuellen Sichtweise noch um besondere wirtschaftliche und kulturelle Rechte angereichert; zeitlich verdichtet sich diese Betrachtung zu den so bezeichneten Rechten der sogenann-

62
status socialis

---

132 *Riedel* (Bibl.) S. 9 (11 f.).
133 Vgl. *Stern*, Staatsrecht III/1 (Bibl.), S. 921; *Merten*, Das Recht auf freie Entfaltung der Persönlichkeit, JuS 1976, S. 345 (346); *Häberle*, Die Freiheit der Wissenschaften im Verfassungsstaat, AöR 110 (1985), S. 329 (357 ff.); *H. Dreier*, Dimensionen (Bibl.), S. 27 ff., 41 ff.; *Alexy*, Grundrechte (Bibl.), S. 447 ff.
134 Vgl. *Murswiek*, HStR V (Bibl.), § 112 RN 13; *Ingo von Münch*, in: ders./Philip Kunig (Hg.) GG Bd. [5]I (LitVerz.), Vorb. Art. 1-19, RN 20; *Sachs*, in: *Stern* (FN 133), S. 697 ff. m.w.N.
135 Vgl. den Internationalen Pakt über wirtschaftliche, soziale und kulturelle Rechte (oben RN 38); ferner *Peter R. Baehr*, Human Rights. Universality in Practice, 1999, S. 32 ff.

ten „zweiten Generation", weil ihre Ausformung vorzugsweise erst im 20. Jahrhundert stattgefunden hat. Ungeachtet einer genaueren zeitlichen Fixierung sind diese Rechte jedenfalls späteren Perioden zuzurechnen als die klassischen Menschen- und Grundrechte.

2. Die „soziale Frage" und der Sozialstaat als Wurzel

63
Spannung von Freiheit und (sozialer) Leistung

Die ideengeschichtliche Wurzel sozialer Grundrechte lag vorwiegend im 18. Jahrhundert, erlangte ihre große Bedeutung aber erst im 19. Jahrhundert. Die in diesem Jahrhundert schnell fortschreitende Industrialisierung brachte große gesellschaftliche Veränderungen mit sich und ließ die „soziale Frage" im Lichte sozialer Sicherheit, sozialen Schutzes und einem Recht auf Arbeit für die wirtschaftlich Schwächeren zum „Prototyp" des sozialen Grundrechts werden[136]. *Karl Marx* wollte diese Problematik durch eine revolutionäre Umgestaltung der kapitalistischen Produktionsverhältnisse lösen[137]. Andere, wie sein Zeitgenosse *Lorenz von Stein*, erstrebten eine sozialstaatliche Lösung[138]. Weitere Rechte mit ähnlicher Stoßrichtung traten hinzu. Die Civil Liberties sollten durch „politische Arbeiterrechte" ergänzt werden. Durchweg ging es dabei nicht um liberale Freiheitsrechte, sondern um soziale Schutz- und Leistungsrechte. Man erkannte aber auch, daß diese in einem Spannungsverhältnis zu den Freiheitsrechten stehen, da sie diese begrenzen und Pflichten erzeugen, die in der Regel vom Gesetzgeber konkretisiert werden müssen. In dieser Hinsicht sind soziale Grundrechte strukturell anders geprägt als Freiheitsrechte[139]. Sie verbieten nicht etwas, sondern sie gebieten etwas. Adressat bleibt freilich auch hier der Staat.

3. Erste positiv-rechtliche Ausformungen

64
Soziale Grundrechte als Folge sozialrevolutionärer Umbrüche

Niederschlag in Verfassungsdokumenten oder Proklamationen fanden soziale Grundrechte vor allem in sozialrevolutionären Umbruchzeiten. So bekundete Art. 21 der französischen Konventsverfassung von 1793: „Die öffentlichen Hilfeleistungen sind eine heilige Verpflichtung. Die Gesellschaft schuldet den ins Elend geratenen Bürgern Unterhalt, sei es, indem sie ihnen Arbeit verschafft, sei es, indem sie denen Existenzmittel sichert, die nicht arbeiten können". 1838 wurde in England von den Chartisten eine „People's Charter" verabschiedet, in der die Forderung nach gerechtem Lohn als natürlichem Recht

---

136 Vgl. *Badura*, Soziale Grundrechte im Recht der Bundesrepublik Deutschland, in: Der Staat 14 (1975), S. 20; *Max Bentele*, Das Recht auf Arbeit in rechtsdogmatischer und ideengeschichtlicher Betrachtung, 1949, S. 15 ff., 57 ff.
137 → *Volkmann*, § 12: Grundrechte und Sozialismus.
138 Vgl. *Lorenz von Stein*, Die Verwaltungslehre Bd. 1/1, Stuttgart ²1869, S. 26 ff.
139 Vgl. *Gerhard Leibholz*, Die Problematik der sozialen Grundrechte, in: ders., Strukturprobleme der modernen Demokratie, 1958, S. 130 f.; *Ernst-Wolfgang Böckenförde*, Die sozialen Grundrechte im Verfassungsgefüge, in: ders. u. a. (Hg.), Soziale Grundrechte, 1981, S. 7 ff.; *Isensee*, Verfassung ohne soziale Grundrechte, in: Der Staat 19 (1980), S. 367 (373 ff.); *Murswiek* (FN 134), § 112; *Stern*, Staatsrecht III/1 (Bibl.), S. 697 ff.

erhoben wurde. Diese und andere Postulate fanden aber in den Verfassungen keinen hinreichenden Ausdruck, auch nicht in der Paulskirchenverfassung, die doch immerhin im Anschluß an die Unruhen von 1848 beschlossen wurde[140]. Noch dominierten zu dieser Zeit die klassischen Menschen- und Grundrechte.

4. Soziale Verheißungen in der Weimarer Reichsverfassung und in anderen Verfassungen

Große Bedeutung erlangten die sozialen Grundrechte erst später, namentlich als in der Weimarer Reichsverfassung nach dem Ersten Weltkrieg das soziale Thema aufgearbeitet wurde[141]. Im Abschnitt über das „Wirtschaftsleben" des zweiten, den „Grundrechten und Grundpflichten der Deutschen" gewidmeten Hauptteils der Verfassung wurden auch etliche soziale Verheißungen untergebracht (Art. 161 ff.), die man zwar schwerlich als subjektive Rechte begreifen konnte, die aber immerhin als soziale Programmsätze an den Gesetzgeber gerichtet waren. In Art. 162 WRV ging man sogar so weit, dem Reich aufzugeben, „für die gesamte arbeitende Klasse der Menschheit ein allgemeines Mindestmaß der sozialen Rechte [zu erstreben]". Ein verfassungsmäßiges Recht auf Arbeit wurde allerdings nicht gewährt (arg. Art. 163 Abs. 2 WRV).

<small>65 Soziale Programmsätze in der WRV</small>

Verfassungen anderer Länder gingen in ähnlicher Weise vor. Auch sie gewährten keine echten sozialen Grundrechte, sondern nur soziale Programmsätze. Die Spanische Verfassung vom 9. Dezember 1931 bestimmte etwa in Artikel 46: „Die Republik wird jedem Arbeiter die notwendigen Bedingungen einer würdigen Existenz zusichern. Ihre Gesetzgebung *soll* regeln: die Kranken-, Unfall-, Arbeitslosigkeits-, Invaliditäts- und Lebensversicherung...". Überwiegend, wie etwa in Artikel 10 der Irischen Verfassung vom 6. Dezember 1921, beschränkten sich die Verfassunggeber dieser Zeit aber noch darauf, den Bürgern eine freie, elementare Schulbildung zuzusichern.

<small>66 Sozialprogramme im ausländischen Verfassungsrecht</small>

Obwohl es sich bei den meisten sozial bezogenen Aussagen in den Verfassungstexten mithin nicht um echte subjektive Rechte handelte, wollte man auch für sie die Bezeichnung Grundrechte nicht missen. Der Grund liegt darin, daß man diesen Verheißungen wenigstens semantisch die gleiche Bedeutung zuerkennen wollte wie den klassischen Grundrechten – zu Unrecht, wie sich bei der Einlösung zeigte. Die Gesetzgeber hielten sich in der Umsetzung spürbar zurück, und so fehlte es weitgehend an gerichtlich durchsetzbaren Ansprüchen.

<small>67 Soziale Verheißungen in semantischer Grundrechtsumkleidung</small>

---

140 Über die Gründe vgl. *Kühne* (FN 66), S. 270 f.; *Kröger* (FN 65), S. 25 f; *Scholler*, Die sozialen Grundrechte in der Paulskirche, in: Der Staat 13 (1974), S. 51 (66ff.); → unten *Kühne*, § 3 RN 22 f.
141 Vgl. *Kröger* (FN 65), S. 49 ff. m.w.N.

5. Die Allgemeine Erklärung der Menschenrechte von 1948

68
Durchbruch sozialer Grundrechte nach dem Zweiten Weltkrieg

Der eigentliche Durchbruch zu sozialen Grundrechten erfolgte dann in der Epoche nach dem Zweiten Weltkrieg. Die in seinem Gefolge eingetretenen Katastrophen in den europäischen, asiatischen und nordafrikanischen Kriegsgebieten sowie die Erschütterungen, die auch die anderen Teile der Welt ergriffen hatten, sensibilisierten die Weltgemeinschaft für die sozialen Verhältnisse stärker als in früheren Zeiten. Die 1945 in San Francisco geschaffenen Vereinten Nationen ließen bereits in der Präambel der Charta anklingen, daß sie entschlossen seien, auch den „sozialen Fortschritt und einen besseren Lebensstandard" zu fördern. Ähnliches wird durch Art. 55 lit.a gefordert, wenn er den Vereinten Nationen aufgibt, neben der Verbesserung des Lebensstandards auch „die Vollbeschäftigung und die Voraussetzungen für wirtschaftlichen und sozialen Fortschritt und Aufstieg (zu fördern)".

69
Aufzählung sozialer Rechte in der Menschenrechtserklärung

Deutlicher wurden dann die Art. 22 bis 27 der Allgemeinen Menschenrechtserklärung. Darin wurden die gemeinhin heute als soziale Grundrechte verstandenen Rechte vollständig aufgezählt. Sie richten sich
– auf soziale Sicherheit,
– auf Arbeit, angemessene und befriedigende Arbeitsbedingungen sowie auf Schutz gegen Arbeitslosigkeit,
– auf gleichen Lohn für gleiche Arbeit, auf angemessene und befriedigende Entlohnung, die dem Arbeitenden und seiner Familie eine der menschlichen Würde entsprechende Existenz sichert,
– auf Erholung, Freizeit und periodischen, bezahlten Urlaub,
– auf eine Lebenshaltung, die des Menschen und seiner Familie Gesundheit und Wohlbefinden einschließlich Nahrung, Kleidung, Wohnung, ärztliche Betreuung und der notwendigen Leistungen der sozialen Fürsorge gewährleistet,
– auf Sicherheit im Falle von Arbeitslosigkeit, Krankheit, Invalidität, Verwitwung, Alter oder von anderweitigem Verlust seiner Unterhaltsmittel durch unverschuldete Umstände.

Besondere Rechte werden für Mutter und Kind gewährt. Erweitert werden die sozialen Rechte noch um das Recht auf Bildung und Ausbildung sowie das Recht der Eltern, die Art der ihren Kindern zuteil werdenden Bildung zu bestimmen. Erstmals leuchten vorsichtig auch kulturelle Rechtspositionen auf (Art. 27 AMRE). Auch wenn die Allgemeine Menschenrechtserklärung nicht bzw. nur begrenzt zu völkerrechtlich verbindlichen Rechtssätzen erstarkt ist[142], so sind doch die in ihr formulierten sozialen Grundrechte richtungweisend für die weitere Diskussion geworden. Das gilt vor allem für die internationale Ebene.

---

142 S. oben RN 36; → Bd. VI: *Nettesheim*, Die Allgemeine Erklärung der Menschenrechte und ihre Rechtsnatur.

6. Der Pakt über wirtschaftliche, soziale und kulturelle Rechte von 1966

1966 wurde von den Vereinten Nationen neben dem Pakt über bürgerliche und politische Rechte auch der Internationale Pakt über wirtschaftliche, soziale und kulturelle Rechte verabschiedet *(IPWSKR)*, der von fast allen Staaten der Vereinten Nationen ratifiziert und damit in geltendes Recht überführt wurde. Er enthält im wesentlichen die genannten Rechte[143]. Aber der Pakt ist nicht self-executing und gewährt daher für den einzelnen unmittelbar keine Rechte. Er verpflichtet nur die Staaten zur Umsetzung und näheren Ausgestaltung der Rechte[144]. Art. 2 Abs. 1 schränkt diese Verpflichtung allerdings dahingehend ein, daß dies nur „unter Ausschöpfung aller seiner [des Staates] Möglichkeiten" zu geschehen hat. „Entwicklungsländern" ist sogar gestattet, Nicht-Staatsangehörige auszuschließen.

70
Zusätzliche Pakte

7. Die Europäische Sozialcharta von 1961

Während die Europäische Konvention zum Schutz der Menschenrechte und Grundfreiheiten vom 4. November 1950, trotz der Anknüpfung an die Allgemeine Menschenrechtserklärung, auf die Gewährleistung sozialer Grundrechte verzichtete, brachte die Europäische Sozialcharta vom 18. Oktober 1961 die umfassendste Festlegung sozialer Grundrechte. Sie war freilich schon im Zusammenhang mit der Erarbeitung der Europäischen Menschenrechtskonvention vom Europarat anvisiert worden[145]. Die in der Europäischen Sozialcharta verankerten Rechte enthalten nicht nur die genannten[146] Positionen als Bestandteil der in der Menschenrechtserklärung aufgezählten Rechte, sondern gehen in Teil II (Art. 1 bis 19) weit darüber hinaus. Außerdem wurden in Teil I weitere Grundsätze und Rechte formuliert, die die Vertragsparteien „gewillt (sind), mit allen zweckdienlichen Mitteln staatlicher und zwischenstaatlicher Art" zu verfolgen. Dabei bemühte man sich, teilweise an die naturrechtlichen Grundsätze der Menschenrechtsidee anzuknüpfen, war sich aber im klaren, lediglich Programme zu verkünden. Demgegenüber kehrt in den Formulierungen der Rechte in Teil II grundsätzlich die Formulierung wieder, daß sich die „Mitgliedstaaten verpflichten", die festgelegten „Rechte zu gewährleisten". Gleichwohl sind die Rechte nicht als subjektive Rechte der Individuen ausgestaltet. Daraus und aus Teil III (Art. 20) dürfte mit der überwiegenden Meinung im Schrifttum zu schließen sein, daß die Charta kein unmittelbar geltendes Recht ist, sondern nur zwischenstaatliche Verpflichtungen der Vertragsparteien zur Umsetzung enthält[147]. Dementsprechend gibt es

71
„Aschenbrödeldasein" der Europäischen Sozialcharta

---

143 S. oben RN 69.
144 Vgl. *Stern*, Staatsrecht III/1 (Bibl.), S. 263 f.; *Partsch*, in: Wolfrum (FN 73), S. 586; *Jörg Künzli*, Zwischen Rigidität und Flexibilität: Der Verpflichtungsgrad internationaler Menschenrechte, 2001, S. 275 f.
145 Vgl. die Botschaft des Ministerkomitees vom 20.5.1954, Doc. Nr. 238, in der erstmals von der Charte Sociale Européenne die Rede war; *Herbert Schambeck*, Grundrechte und Sozialordnung, Gedanken zur Europäischen Sozialcharta, 1969, S. 51.
146 RN 69.
147 Vgl. *Stern* (FN 144), S. 276; *Oppermann* (FN 92), RN 66; *Kreßel*, in: Schwarze (FN 98), § 125, RN 4; *P. Kirchhof*, Verfassungsrechtlicher Schutz und internationaler Schutz der Menschenrechte: Konkurrenz oder Ergänzung?, EuGRZ 1994, S. 16 (17).

§ 1 *Erster Teil: I. Idee und geschichtliche Entwicklung*

auch keine gerichtliche Zuständigkeit zur Durchsetzung von Rechten, vielmehr nur ein Berichtsverfahren mit ineffizienten Kontrollmechanismen (Teil IV). Einen gewissen Fortschritt hat das „Zusatzprotokoll zur Sozialcharta über Kollektivbeschwerden" vom 9. November 1995 gebracht, das internationalen Organisationen ein Beschwerderecht zum Europarat einräumt. Im Vergleich zur Menschenrechtskonvention führt die Europäische Sozialcharta ein Aschenbrödeldasein[148]. Obwohl es 1987 zu einem ergänzenden Zusatzprotokoll gekommen ist, mangelt es der Charta an einer Sicherung der Sozialstandards, die durch die Entwicklung der modernen Informations- und Kommunikationstechnologien sowie der Automatisierung der Arbeitswelt gefährdet sind. Insoweit hat sich beachtlicher Nachholbedarf angehäuft.

8. Zurückhaltung des geltenden deutschen Verfassungsrechts

72
Grundsätzliche Abstinenz bei sozialen Grundrechten in der Nachkriegszeit

Im Vergleich zum internationalen Recht war die Einstellung zu sozialen Grundrechten im Verfassungsrecht der Nachkriegszeit in Deutschland ambivalent. Die Erfolglosigkeit der sozialen Programmatik der Weimarer Reichsverfassung war nicht zur Wiederholung angetan. Lediglich die vorgrundgesetzlichen Verfassunggeber der süddeutschen Länder nahmen soziale Grundrechte in größerem Stil in ihre Verfassungen auf[149]. Ihnen folgten nach der politischen „Wende" von 1989 mehrere Verfassungen der „neuen" Bundesländer, vor allem die Brandenburgs, wenngleich sie diese Rechte weitgehend nur als Staatsziele und nicht als subjektive Rechte ausformten (Art. 45 ff. Verf. Brandenburg)[150].

73
Grundgesetzliche Verweisung des Sozialen auf Staatszielbestimmungen

Anders verfuhr der Parlamentarische Rat 1948/49 bei der Beratung des Grundgesetzes. Zwar wurde auch dort zu Beginn der Grundrechtsdebatte gefragt, ob man neben den verfassungsmäßigen klassischen Grundrechten nicht auch Grundrechte „sozialrechtlicher Art" aufnehmen solle[151]. Aber es setzte sich ganz überwiegend die Auffassung durch, daß man im Grundrechtskatalog nur die klassischen individuellen Freiheitsrechte vorsehen wollte. Regelungen der sogenannten Lebensordnungen sollten nicht getroffen werden[152]. Das Soziale sollte auf die Staatszielbestimmung des „sozialen Bundesstaates" (Art. 20 Abs. 1 GG) bzw. des „sozialen Rechtsstaates" (Art. 28 Abs. 1 Satz 1 GG) konzentriert werden. Die Idee sozialer Grundrechtsgehalte war damit nicht aufgegeben, nur ihre Realisierung war in erster Linie auf den dazu berufenen Gesetzgeber verlagert worden. An dieser zurückhaltenden Grundhaltung hat sich auch in den beiden großen Verfassungsreformkommissionen

---

148 Vgl. *Öhlinger*, Die Europäische Sozialcharta, in: FS Ermacora, 1988, S. 213 (214).
149 Näher *Beutler*, Das Staatsbild in den Länderverfassungen nach 1945, 1973, S. 202 ff.
150 Vgl. *Helmut Simon*, in: ders./Dietrich Franke/Michael Sachs (Hg.), Handbuch der Verfassung des Landes Brandenburg, 1994, § 4 RN 9 ff.
151 Vgl. *Georg August Zinn*, Parl. Rat, Drucks. Nr. 73; ähnlich bereits der Herrenchiemseer Konvent, Bericht, S. 21.
152 Über die Diskussion zu diesem Fragenkreis vgl. zusammenfassend *Stern*, Staatsrecht III/1 (Bibl.), S. 155 ff.

der Jahre 1971 bis 1976 und 1990 bis 1994 nichts geändert[153]. Auch als Überlegungen globaler Wirtschaftssteuerung und ein ökologischer Touch verfassungsrechtliche Aktualität gewannen, ist man auf Staatszielbestimmungen ausgewichen: Art. 109 Abs. 2 GG und Art. 20a GG. Der Grundrechtskatalog selbst blieb, von Art. 6 Abs. 4 und 5 GG abgesehen, auf den klassischen Rechtebestand bezogen. Dies hinderte die Rechtsprechung des Bundesverfassungsgerichts allerdings nicht, über die objektiv-rechtlichen Gehalte der grundrechtlichen Freiheitsrechte hinaus aus diesen auch Leistungs-, Förderungs- und Schutzansprüche abzuleiten[154]. Deren Sozialkomponente harrt freilich noch der Aufarbeitung.

III. Die sogenannten Drittgenerationsrechte

1. Entwicklung und Gegenstand der Menschenrechte der sogenannten Dritten Generation

In den siebziger Jahren des vergangenen Jahrhunderts erhielt die Idee der Menschenrechte – anknüpfend an die „fraternité" der französischen Menschenrechtserklärung – einen neuen Schub dadurch, daß von Rechten auf Frieden, auf eine lebenswerte Umwelt, auf Teilhabe am gemeinsamen Erbe der Menschheit und auf Entwicklung gesprochen wurde. Gemeinhin werden diese Rechte als Menschenrechte der „Dritten Generation" zusammengefaßt[155].

74 Neue Ansätze

Die Argumente für diese Art von Menschenrechten kommen vor allem von Autoren aus den Entwicklungsländern; sie fanden aber auch Anhänger in den damals sozialistischen Ländern[156]. Forum für die Ausbildung dieser Rechte waren vor allem die Vereinten Nationen und ihre Unterorganisation, die UNESCO. Wenn nicht als Entdecker, so jedenfalls als Protagonist dieser Rechte gilt der Senegalese *Kéba M'Baye*, Präsident des Obersten Gerichtshofs seines Landes und später Richter am Internationalen Gerichtshof in Den Haag, der namentlich das Recht auf Entwicklung zur Basis der sogenannten

75 Impulse aus den Entwicklungsländern

---

153 Vgl. zur ersten *Stern*, Staatsrecht I (LitVerz.), S. 155 m.w.N., zur zweiten *H.H. Klein*, HStR VIII, § 198, RN 54, 56 ff. m.w.N., *Friedrich-Adolf Jahn*, Empfehlungen der Gemeinsamen Verfassungskommission zur Änderung und Ergänzung des Grundgesetzes, DVBl. 1994, S. 177.
154 Vgl. *Stern*, Die Grundrechte und ihre Schranken, in: FS 50 Jahre BVerfG, 2001, Bd. II, S. 1 (3 f.); *Hesse* (LitVerz.), RN 279 ff.; *Jeand'Heur*, Grundrechte zwischen subjektiven Freiheitsgarantien und objektiven Grundsatznormen, JZ 1995, S. 161; *BVerfGE 39*, 1 (41); *53*, 30 (57); *57*, 295 (319 f.); *73*, 261 (269); *77*, 170 (214 f.); *80*, 81 (92 f.); *81*, 242 (253); *84*, 192 (195); *96*, 56 (64).
155 Vgl. *Riedel*, Menschenrechtsstandards (Bibl.), S. 210 ff. *dens.* (FN 131), S. 9 ff.; *Odendahl* (FN 130), S. 114 f., 197 ff.; *P. Kirchhof* (FN 147), S. 16 (21 f.); *Armin Barthel*, Die Menschenrechte der 3. Generation, 1991.
156 Vgl. *Vasak* (FN 130), S. 29 ff.; *Haquaní*, Le droit au development: fondements et sources, in: The Right to Development at the International Level, Hague Workshop 1979, 1980, S. 22 ff.; *Drzewicki*, The rights of solidarity – The third revolution of human rights, in: Nordisk Tidsskrift for International Ret 53 (1984), S. 26 ff.; *Alston*, A third generation of solidarity rights: Progressive development or obfuscation of international human rights law?, in: Netherlands International Law Review, 29 (1982), S. 307 (309 ff.); *Kaller-Dietrich*, Zur Dritten Dimension der Menschenrechte, in: Grandner u.a. (Bibl.), S. 292 ff.

Drittgenerationsrechte erklärte: Alle fundamentalen Menschenrechte seien notwendigerweise an das Recht auf Existenz, das heißt an einen steigenden Lebensstandard und deshalb an Entwicklung gebunden. Das Menschenrecht auf Entwicklung müsse anerkannt werden, weil der Mensch ohne Entwicklung nicht existieren könne[157]. Ähnlich definierte etwas später *Zalmaï Haquani*: Bei den Drittgenerationsrechten handele es sich um ein „Ensemble von Regeln und Prinzipien, denen zufolge der Mensch, sei es als Einzelperson oder als Mitglied des Sozialkörpers (Staat, Nation, Volk) soweit wie möglich Anspruch auf freie Entfaltung und Entwicklung seiner Persönlichkeit und Befriedigung seiner für die Würde der menschlichen Person unerläßlichen wirtschaftlichen, sozialen und kulturellen Bedürfnisse hat[158]".

76
„Erbe der Menschheit"

Mit dieser Begründung können sich auch Völker und Staaten, nicht nur Individuen auf diese Rechte berufen. Folgerichtig spielen die Drittgenerationsrechte in Resolutionen der Vereinten Nationen eine nicht unerhebliche Rolle. Teilweise werden sie sogar als „evolving general principle of law" gefeiert[159]. Als Begründung wird ein Bezug auf Art. 55 und 56 UN-Charta, Art. 22 ff. AMRE sowie Rechte des IPWSKR genannt. Neuerdings wird auch Art. 136 Seerechtsübereinkommen der Vereinten Nationen vom 10. Dezember 1982 ins Feld geführt, wo es schlicht heißt: „Das Gebiet (gemeint sind Meeresboden und Meeresuntergrund jenseits der Grenzen des Bereichs nationaler Hoheitsbefugnisse, Art. 1 Abs. 1 Nr. 1 SRÜ) und seine Ressourcen sind das gemeinsame Erbe der Menschheit".

2. Fehlende Qualität als subjektive Rechte

77
Ideologische Aufladung der Menschenrechtsidee

Überprüft man die sogenannten Drittgenerationsrechte auf ihren Inhalt und ihre juristische Qualität, so oszillieren sie um so programmatische Begriffe wie Frieden, Gerechtigkeit, Entwicklung und Menschheitserbe. Die individualrechtliche Komponente der Menschenrechte löst sich bei diesen hohen Zielen fast in Nichts auf. Vielfach wird deshalb in diesen Postulaten eine „einschneidende Abkehr vom klassischen Menschenrechtsbegriff" gesehen[160]. Konsequenz dieser Zielsetzung wäre eine ungeheure politische und ideologische Aufladung der Menschenrechtsidee, mögen auch die anvisierten Ziele billigenswert sein. Die Idee der Menschenrechte wird dadurch jedenfalls erheblich ausgeweitet; sie läuft Gefahr, zu einem Menschenrecht auf alles zu degenerieren. Die Besorgnisse, die mit dieser Ausweitung verbunden sind, sind jedenfalls größer als der Nutzen. Man sollte diese neuen Proklamationen daher nicht den Menschenrechten zuordnen. Keinesfalls dürfen durch sie die klassischen Menschenrechte ins Hintertreffen geraten.

---

157 *Kéba M'Baye*, Le droit au développement comme un droit de l'homme, in: Revue des droits de l'homme, 1972, S. 505 (514 ff.).
158 *Haquaní* (FN 156), S. 29 ff.
159 Vgl. *Kühnhardt* (Bibl.), S. 321, der dies allerdings vehement ablehnt.
160 So *Kühnhardt* aaO.

3. Eigenschaft als soft law

Auch wenn man die Qualität echter Menschenrechte für die sogenannten Drittgenerationsrechte ablehnt, so dürfen die mit ihnen angesprochenen Forderungen nicht einfach beiseitegeschoben werden. Es ist unbestreitbar, daß die Gegensätze zwischen (reichen) Industrieländern und (armen) Schwellen- bzw. Entwicklungsländern überwunden werden müssen, um eine wenigstens annähernd gleichgewichtige wirtschaftliche, soziale und kulturelle Entwicklung herzustellen. Ethische, überhaupt wertbezogene Standards, wie sie in den sogenannten Drittgenerationsrechten enthalten sind, bilden hierfür wichtige Maßstäbe. Um Wirkung zu entfalten, müssen sie aber nicht als subjektive Rechte verankert sein. Dazu fehlt ihnen schon strukturell die Konkretisierungsfähigkeit. Aber sie lassen sich im „vorrechtlichen Raum" ansiedeln und Schritt für Schritt zu Grundsätzen des Völkerrechts entwickeln[161]. Man könnte ihnen die Qualität von *soft law* oder *law in statu nascendi* zusprechen. Das gilt namentlich für das Gebot der Friedenssicherung, aber auch für das Recht auf Entwicklung.

78
Fehlende Rechtsqualität

Ansiedlung im vorrechtlichen Raum

G. Der Anspruch auf Universalität der Menschenrechte

I. Die Universalisierung der Menschenrechte

1. Erste Universalitätsansätze in Frankreich und Amerika

Betrachtet man die mehr als 200jährige Geschichte der Menschenrechte bis zu den internationalen Erklärungen und Pakten nach dem Zweiten Weltkrieg, so läßt sich ein Trend zur Universalisierung nicht leugnen. Die französische Deklaration von 1789 hat in Art. 2 und Art. 16 diese Entwicklung schlicht mit der Aussage eingeleitet: „Der Endzweck *aller* politischer Vereinigung ist die Erhaltung der natürlichen und unabdingbaren Menschenrechte" bzw. „Eine Gesellschaft, in der die Verbürgung der Rechte nicht gesichert ... ist, hat keine Verfassung." Die Präambel der Erklärung erachtet „die Unkenntnis, das Vergessen oder die Verachtung der Menschenrechte [sogar als] die einzigen Ursachen des öffentlichen Unglücks und der Verderbtheit der Regierungen." Daß diese Thesen nicht allein auf Frankreich bezogen waren, ergibt sich schon aus dem Wortlaut. Darüber hinaus war es Bestreben der französischen Autoren, die Erklärung „als weltgeschichtliche Offenbarung", als allgemeine Maxime für die ganze Welt zu verkünden, wie schon *Georg Jellinek* und *Emile Boutmy* erkannten[162].

79
„Weltgeschichtliche Offenbarung" der Franzosen

---

161 *Riedel* (FN 155), S. 227; *K. Ipsen* (FN 79), § 48 RN 38 f.
162 *Georg Jellinek*, Die Erklärung der Menschen- und Bürgerrechte, in: Schnur (Bibl.), S. 1; *Boutmy*, ebd., S. 78 (89).

80
Andere Zielsetzung der Unabhängigkeitserklärung

Im Ergebnis übereinstimmend, aber mit anderer Zielrichtung, nämlich die Trennung von England zu vollziehen, hatte die Amerikanische Unabhängigkeitserklärung von 1776 verkündet: „Folgende Wahrheiten bedürfen für uns keines Beweises (self-evident): „Daß *alle* Menschen gleich geschaffen sind; daß sie von ihrem Schöpfer mit gewissen unveräußerlichen Rechten ausgestattet sind; daß dazu Leben, Freiheit und das Streben nach Glückseligkeit gehören..."

81
Europäisch-nordamerikanische Festlegungen mit universalem Anspruch

Diese bedeutsamen Rechtsdokumente, die an der Spitze der Entstehung der Menschenrechte stehen, haben, wiewohl sie auf Frankreich bzw. die werdenden Vereinigten Staaten von Amerika bezogen waren, von vornherein einen universellen Charakter für sich in Anspruch genommen, soweit es sich dabei um fundamentale Rechte handelte. Diese Rechte waren für alle Verfasser der Dokumente und ihre dahinterstehenden geistigen Väter natürliche Rechte, droits naturels, natural rights, die allen Menschen gleichermaßen zukamen. Für Europa und Teile des amerikanischen Kontinents reichten diese Bezüge auf die dem Menschen kraft seiner Natur zukommende Rechtsposition nebst den religiösen, kulturellen, geistesgeschichtlichen Grundüberzeugungen aus, auch in ihren Verfassungen diese Rechte zu verankern. Aber insgesamt blieb das Bestreben eine vorwiegend europäisch-nordamerikanische Festlegung. Unversalität war damit noch nicht erreicht.

2. Starke Tendenzen zur Universalität nach dem Zweiten Weltkrieg

82
Weite Verbreitung nach 1945

Ansätze zu weltweiter Geltung zeigten sich erst nach dem Zweiten Weltkrieg mit der UN-Charta von 1945 und ihrem Bezug auf die Menschenrechte in der Präambel, in Art. 1 Nr. 3, Art. 55 lit. c, Art. 62 Abs. 2 und Art. 76 lit. c, die ihre Ausfüllung 1948 in der Allgemeinen Erklärung der Menschenrechte fanden[163]. Auch wenn die Menschenrechtserklärung nur in Teilen, nämlich soweit es sich um den menschenrechtlichen Mindeststandard handelt, Bestandteil des verbindlichen völkerrechtlichen Gewohnheitsrechts geworden ist[164], hat sie eine Entwicklung in Gang gesetzt, die die Menschenrechte universalisiert hat. Niederschlag hat dies in zahlreichen internationalen Konventionen gefunden, an deren Spitze die beiden internationalen Pakte von 1966 stehen[165]. Inzwischen sind weitere Verträge zum Schutz von Leib und Leben, der Gleichbehandlung der Menschen, der Gewährleistung eines gesicherten Rechtsstatus und eines

---

163 S. oben RN 36; Stimmenthaltungen kamen bei deren Verabschiedung 1948 von den sozialistischen Staaten, Südafrika und Saudi-Arabien. Jedenfalls die ehemals sozialistischen Staaten und Südafrika haben ihre Haltung zur AMRE revidiert. Aus der zahlreichen Literatur s. *Gudemur Alfredsson und Asbjørn Eide* (Hg.), The Universal Declaration of Human Rights, a Common Standard of Achievement, 1999, und Amnesty International (Hg.), Menschenrechte im Umbruch – 50 Jahre Allgemeine Erklärung der Menschenrechte, 1998.
164 *IGH*-Urteil zur Geiselnahme von US-Diplomaten in Teheran vom 24.5.1980, ICJ Reports, 1980, S. 47; ferner *Verdross/Simma* (FN 70), S. 823 f.; *Kimminich/Hobe* (FN 74)**,** S. 347 ff.; *K. Ipsen* (FN 79), § 50; *Dinstein*, The erga omnes applicability of human rights, AVR 30 (1992), S. 16 ff.; *Tomuschat* (FN 76), S. 5 (7); *Riedel*, Universeller Menschenrechtsschutz – Vom Anspruch zur Durchsetzung, in: Gerhart Baum u. a. (Hg.), Menschenrechtsschutz in der Praxis der Vereinten Nationen, 1998, S. 25 (25 ff.).
165 S. oben RN 38.

Individualschutzes in bewaffneten Konflikten hinzugetreten[166]. Ihnen zur Seite stehen regionenbezogene Schutzinstrumentarien wie die oben[167] dargestellte Europäische Konvention zum Schutze der Menschenrechte und Grundfreiheiten (und die noch nicht rechtsverbindliche EU-Grundrechtecharta) sowie die Amerikanische Konvention zum Schutze von Menschenrechten[168] von 1978 und die 1986 in Kraft getretene Afrikanische Charta der Menschenrechte und Rechte der Völker[169]. Die internationalen Bemühungen zur Respektierung und zur Durchsetzung der Menschenrechte finden auf vielen Ebenen statt; erwähnt seien nur die Organisation für Sicherheit und Zusammenarbeit in Europa (OSZE)[170] und die Errichtung internationaler Strafgerichtshöfe[171]. Das 1993 von den Vereinten Nationen errichtete Amt des Hochkommissars für Menschenrechte ist bedauerlicherweise mit zu geringen Kompetenzen ausgestattet, um effizient arbeiten zu können[172].

3. Fortsetzung des Universalisierungsprozesses in der Gegenwart

Die vorstehend genannten Entwicklungstendenzen zum völkerrechtlichen Schutz der Menschenrechte auf globaler und regionaler Ebene sind noch nicht am Ende angelangt; sie können im Gegenteil als ein Prozeß begriffen werden, der sich weltweit intensiviert und eine Umkehr nicht mehr erlaubt. Gleichwohl bestehen noch immer Zweifel an der Universalität der Menschenrechte[173]. Vor allem „nicht-westliche" Kultur- und Rechtskreise, die insbesondere in afrikanischen und asiatischen Ländern beheimatet sind, erachten bisweilen die „westlichen" Menschenrechte als Anmaßung und Vereinnahmung

83
Probleme der Universalität der Menschenrechte

---

166 Vgl. die Zusammenstellung bei *K. Ipsen* (FN 79), § 48.
167 RN 40f.
168 Text abgedruckt in: EuGRZ 1980, S. 435. Ihr sind allerdings nicht alle Staaten des amerikanischen Kontinents beigetreten.
169 Text abgedruckt in EuGRZ 1986, S. 677. Ihr gehören fast alle afrikanischen Staaten an. Die Verwirklichung liegt jedoch in den meisten Staaten im Argen.
170 1995 aus der 1973 in Helsinki geschaffenen Konferenz für Sicherheit und Zusammenarbeit in Europa entstanden. Zu Rechtsgrundlagen, Organisation und Aufgaben vgl. *Fastenrath* (FN 86), Einführung S. XVII ff.; *Tretter*, Von der KSZE zur OSZE, EuGRZ 1995, S. 296.
171 Die Kriegsverbrechertribunale für das ehemalige Yugoslawien (UN Doc. S/RES/827 vom 25.5.1993) und Ruanda (UN Doc. S/RES/955 vom 8.11.1994), hierzu *Bohlender*, Völkerrecht als Grundlage internationaler Strafverfahren, in: Jana Hasse/Erwin Müller/Patricia Schneider (Hg.), Humanitäres Völkerrecht, 2001, S. 393 ff.; ferner *Stahn*, Zwischen Weltfrieden und materieller Gerechtigkeit: Die Gerichtsbarkeit des Ständigen Internationalen Strafgerichtshofs, EuGRZ 1998, S. 577; *Caflisch* (FN 88), S. 39 ff.
172 Resolution 141 (49) der Generalversammlung 141 (48) vom 20.12.1993. Dazu *Kędzia*, The United Nations High Commissioner for Human Rights, in: FS für R. Bernhard, 1995, S. 435.
173 *Kühnhardt* (Bibl.), S. 135 ff.; *Tomuschat*, Die Menschenrechte – Universaler Anspruch – Vielfalt der Kulturen, in: Hermann Weber (Bibl.), S. 18 (22 ff.); *Riedel*, Universality of human rights and cultural pluralism, in: Christian Starck (Hg.), Constitutionalism, Universalism and Democracy, 1999, S. 25 (46 ff.); *Wolfgang Schmale*, Human Rights and Cultural Diversity, Goldbach 1993; *Alison Dundes Renteln*, International Human Rights. Universalism versus Relativism, Newbury Park u.a. 1990; *Reza Afshari*, An essay on islamic cultural relativism in the discourse of human rights, Human Rights Quarterly, 1994, S. 235 (246 ff.); *Christina M. Cerna*, Universality of human rights and cultural diversity, Human Rights Quarterly, 1994, S. 740 (740 ff.); *Ahmed An-Nahim Abdullahi*, Human Rights and religious Values, Amsterdam 1995; *Robert G. Patman*, Universal Human Rights?, Basingstoke u.a., 2000.

anderer Identitäten oder gar als „Menschenrechtsimperialismus"[174]. Jedenfalls wurden auf den Regionalkonferenzen, die der Weltkonferenz der Vereinten Nationen vom Sommer 1993 in Wien vorgeschaltet waren, Besonderheiten für Afrika, Asien, islamische Länder und Lateinamerika betont[175].

84
Vorbehalte auf Grund religiöser, historischer und kultureller Verschiedenheiten

Für Arabien sowie die asiatischen und australischen Kontinente fehlt ohnehin eine entsprechende regionale Charta. Dies beruht auf religiösen Anschauungen sowie historischen und kulturellen Verschiedenheiten, die immer wieder die Universalität zweifelhaft erscheinen lassen. Um sie zu erreichen, bedarf es bestimmter Grundkategorien, die als verläßliche Basis der Menschenrechtsidee global, wenn nicht akzeptiert, so doch wenigstens respektiert werden. Darum muß es zukünftig in der Weltgemeinschaft gehen. Hierfür tut wissenschaftliche Besinnung not. Auf der politischen Ebene konnte auf der Weltkonferenz 1993 in Wien, an der 171 staatliche Delegationen der damals 182 Mitgliedstaaten der Vereinten Nationen sowie zahlreiche nichtstaatliche Organisationen teilnahmen, immerhin erreicht werden, daß die Widerstände überwunden wurden, die gegen ein universelles Verständnis der Menschenrechte nach dem Muster der Allgemeinen Menschenrechtserklärung vorgebracht wurden[176]. Darin liegt ein beachtlicher Erfolg für die fortschreitende Universalisierung der Menschenrechtsidee, auch wenn in die verabschiedete Erklärung manche Vorbehalte eingefügt wurden.

II. Die Grundlagen für universell geltende Menschenrechte

1. Zu enger naturrechtlicher Begründungsansatz

85
Universalitätsanspruch

Die Menschenrechtsidee beansprucht heute universelle Geltung, wofür auch die Anerkennung grundlegender Menschenrechte als Völkergewohnheitsrecht sowie die zahlreichen internationalen und regionalen Pakte, Konventionen und Deklarationen sprechen. Dieser Anspruch ist aber zweifellos noch nicht durchgesetzt. Weltweit steht er aber auf der politischen Agenda der Vereinten Nationen und ihrer Unterorganisationen. Keine größere Politiker-Konferenz läßt das Thema aus. Ein Staat, der die Menschenrechte nicht achtet, sitzt sowohl aus der Sicht seiner Bürger als auch der Weltgemeinschaft auf der Anklagebank der Öffentlichkeit. Die internationalen Medien stellen ihn mit unterschiedlicher Vehemenz an den Pranger.

86
Erfordernis eines breiten Begründungsansatzes

Universalität versteht sich dabei als eine Zuordnung zu allen Menschen ungeachtet ihrer Nationalität, ihres Glaubens, ihres Geschlechts, ihrer Staatsangehörigkeit, ihrer Tätigkeit, ihres sozialen oder kulturellen Status. In dieser

---

[174] Zu diesen Strömungen und ihrer Gegnerschaft *Stern*, Zur Universalität der Menschenrechte (Bibl.), S. 1064 (1072 f. m.w.N.).
[175] Vgl. *Wolfrum*, Die Entwicklung des internationalen Menschenrechtsschutzes (Bibl.), S. 681 (681 f.); *Cerna* (FN 173), S. 740 (742 ff.); *Lorenz Müller*, Islam und Menschenrechte. Sunnitische Muslime zwischen Islamismus, Säkularismus und Modernismus, 1997; Jaqueline Smith (Hg.), Human Rights: Chinese and Dutch Perspectives, Den Haag u. a. 1996; International Commission of Jurists (Hg.), Human Rights in Islam, Genf 1982.
[176] Wiener Erklärung und Aktionsprogramm vom 25.6.1993, in: EuGRZ 1993, S. 520.

Bewertung läßt sich der europäisch-amerikanische Begründungsansatz nicht leugnen. Dies könnte zur Schlußfolgerung führen, daß die Menschenrechtsidee „eine auf die westliche Geistestradition zugeschnittene Denkfigur" ist[177]. Darin läge die Gefahr, daß sie für andere Kulturkreise nicht oder allenfalls teilweise akzeptabel ist[178]. Zumindest sind Widerstände denkbar, die der Verbreitung der Idee hinderlich sind. Gute Gründe sprechen daher dafür, die Idee auf einen breiteren Begründungszusammenhang zu stellen, ohne den naturrechtlichen Ansatz aufzugeben.

2. Neuere Begründungsansätze

In den vorgenannten internationalen Rechtsdokumenten und in vielen nationalen Verfassungen wird als Basis der Menschen- und Grundrechte die „Würde des Menschen (Menschenwürde)" genannt. Art. 1 Abs. 1 GG sei insoweit nur exemplarisch angeführt[179]. Die Allgemeine Menschenrechtserklärung und die Amerikanische Menschenrechtscharta beziehen sich in den Präambeln ebenfalls auf die Menschenwürde als Basis der nachfolgend gesicherten Rechte. In der Menschenrechtserklärung werden außerdem Freiheit, Gerechtigkeit und Frieden mit den Menschenrechten verwoben. Gleiches gilt für die Europäische Menschenrechtskonvention. Sie nennt darüber hinaus auch noch die Rechtsstaatlichkeit. An die Menschenrechtserklärung anknüpfend erklärt Art. 1 Abs. 2 GG, daß „das Deutsche Volk sich [um des Schutzes der Menschenwürde willen] zu unverletzlichen und unveräußerlichen Menschenrechten als Grundlage jeder menschlichen Gemeinschaft, des Friedens und der Gerechtigkeit in der Welt (bekennt)".

87
Menschenwürde als Basis

In diesen Bezugnahmen und Bekenntnissen sind höchste Werte und Prinzipien als Grundlage der Menschenrechte angesprochen oder mit ihnen jedenfalls in einen engen Zusammenhang gebracht. Dies dürfte zukunftsweisend sein, weil insoweit global konsensfähige Begriffe anvisiert sind. Folgt man dieser Verbindung, so lassen sich konsentierte Legitimationsstränge für die universelle Durchsetzung der Menschenrechtsidee finden. Sie führen zwar im Kern auf Grundwerte des abendländischen Menschenbildes zurück, sind aber heute auch in anderen Kulturkreisen heimisch. Es handelt sich mittlerweile um *contemporary values*, die jenseits von divergenten Kulturauffassungen stehen. In diesem Lichte haben mittlerweile fast alle Staaten die Internationalen Pakte über bürgerliche und politische bzw. über wirtschaftliche, soziale und kulturelle Rechte ratifiziert, in deren Präambel es heißt, daß sie diese vereinbaren in „Anerkennung der allen Mitgliedern der menschlichen Gesellschaft innewohnenden Würde und der Gleichheit und Unveräußerlichkeit ihrer

88
Höchste Werte und Prinzipien als Grundlage der Menschenrechte

---

177 So die Frage bei *Kühnhardt* (Bibl.), S. 39.
178 In der Afrikanischen Charta der Menschenrechte und Rechte der Völker wird beispielsweise in Abs. 4 der Präambel auf die „Kraft ihrer (d. h. der afrikanischen Staaten) Tradition und der Werte der afrikanischen Zivilisation" hingewiesen, die „ihre Einstellung gegenüber den Menschenrechten und Rechten der Völker leiten und für sie charakteristisch sein" sollen.
179 Ferner § 1 S. 3 Grundgesetz Finnland; Art. 10 Abs. 1 Verf. Spanien; Kapitel 1, § 2 Verf. Schweden; Art. 41 Verf. Italien; Art. 23 Verf. Belgien; Art. 2 Abs. 1 Verf. Griechenland.

Rechte, (die) die Grundlage von Freiheit, Gerechtigkeit und Frieden in der Welt bilden, (und) in der Erkenntnis, daß sich diese Rechte aus der dem Menschen innewohnenden Würde herleiten".

III. Die Durchsetzung der Universalität der Menschenrechte

1. Rückzug auf einen menschenrechtlichen Mindeststandard

89
Sicherung fundamentaler Rechtsgüter

Universalität der Menschenrechte auf den vorgenannten Grundlagen kann nicht bedeuten, daß damit alle denkbaren oder gar noch irgendwann irgendwo postulierten Menschenrechte legitimiert werden könnten. Die vor allem in internationalen Dokumenten verbreitete Inflationierung von Rechten, die als Menschenrechte etikettiert werden, ist für die Kernaussagen der Menschenrechte schädlich und muß gestoppt werden. Zwar ist es richtig, daß geschichtlich Menschenrechte im Grundsatz auf „Unrechtserfahrungen"[180] reagieren, aber nicht jede Ungerechtigkeit kann mit der Verankerung eines Menschenrechts beantwortet werden. Es kann nur um die Sicherung fundamentaler Rechtsgüter und -werte gehen, wie Leben und Gesundheit, Würde, individuelle und politische Freiheit, persönliche Sicherheit, Verbot von Diskriminierung aus Gründen von Rasse, Geschlecht und Weltanschauung sowie Sicherung der menschlichen Grundbedürfnisse[181]. Darauf bezogene Menschenrechte haben sich auch im allgemeinen Völkerrecht als menschenrechtlicher Mindeststandard herauskristallisiert. Sie sollten mittlerweile als zwingendes Völkerrecht im Sinne der „von den Kulturvölkern anerkannten allgemeinen Rechtsgrundsätze" (Art. 38 Abs. 1c Statut IGH) verstanden werden, die von jedem Staat gegenüber jedermann eingehalten werden müssen[182].

2. Keine kulturkreisbezogene Relativierung

90
Kulturenübergreifende Universalität der Menschenrechte

Mit dieser Begrenzung auf elementare Grundpositionen läßt sich auch den ideologischen und fundamentalistischen Vereinnahmungen von Rechten entgegenwirken, wie sie in manchen Kulturkreisen praktiziert werden, teils aus politischen, teils aus traditionellen, teils aus antiwestlichen, teils aus religiösen Überzeugungen. Der Grundbestand der Menschenrechte muß jedem Gesellschaftsmodell entsprechen. Eine kulturkreisbezogene Relativierung vermindert ihre Strahlkraft. Das schließt nicht aus, daß Begründungsakzente unterschiedlich gesetzt werden können. Nur darf die allgemeine Geltung nicht aufgeweicht werden. Menschenrechte waren und sind die Gegengewichte zu Unterdrückung von Freiheit, zu Machtmißbrauch, Totalitarismus und Inhu-

---

180 Begriff bei *Brugger*, Stufen der Begründung von Menschenrechten (Bibl.), S. 19 (21).
181 Zu eng heute *Kant*: „Freiheit (Unabhängigkeit von eines Anderen nöthigender Willkür), sofern sie mit jedes Anderen Freiheit nach einem allgemeinen Gesetz zusammen bestehen kann, ist (das) einzige, jedem Menschen kraft seiner Menschheit zustehende Recht" (Die Metaphysik der Sitten, Bd. IV der Preußischen Akademieausgabe, 1968, S. 237).
182 Vgl. *Doehring* (FN 74) RN 986 ff.; *Brugger* (FN 126), S. 537 (543).

manität. Sie sind Hoffnungsschimmer der in Unfreiheit und Diktatur Lebenden überall auf der Welt. Es bleibt wahr, was *Ludger Kühnhardt* in seinem der Universalität der Menschenrechte gewidmeten Werk 1987, auf den damaligen Ost/West-Konflikt bezogen, geschrieben hat: „Die Idee der Menschenrechte untergräbt eo ipso politische Totalansprüche. Vollends sprengt die Verwirklichung der Menschen- und Grundrechte die Strukturen von Regimen, die ihre Bürger als mediatisierte Objekte, nicht aber als zu respektierende, sittlich autonome Einzelwesen behandeln, deren Wohlergehen und Freiheitsschutz gleichermaßen die oberste Verpflichtung einer legitimen Regierung und einer gezähmten Form politischer Herrschaft sind[183]". Daran hat sich nichts geändert – außer daß die Verletzer der Menschenrechte durch die Demokratisierung des europäischen Ostblocks weniger geworden sind. Aber noch immer gibt es menschenrechtsverletzende Despotien; auch Genozid, ethnische und religiöse Verfolgung und Vertreibung sind noch nicht beendet, nicht gerechnet die flagranten Verstöße gegen elementare Menschenrechte im Einzelfall. Sie gilt es zu bekämpfen. Dazu gehört auch, die Universalität der Menschenrechte zu proklamieren, wo immer sie angezweifelt wird. Das ist ein ethischer, politischer und rechtlicher Imperativ. Unverrückbares Ziel aller menschenrechtlichen Bestrebungen muß sein und bleiben, die Idee der Menschen- und Grundrechte allen wie immer begründeten Widerständen zum Trotz weltweit durchzusetzen. Darin liegt der beste Beitrag zur Globalisierung.

---

183 *Kühnhardt* (Bibl.), S. 378.

H. Bibliographie

Alexy, Robert, Theorie der Grundrechte, 1985.
Alston, Philip, Human Rights Law, Dartmouth 1996.
Birtsch, Günter (Hg.), Grund- und Freiheitsrechte im Wandel von Gesellschaft und Geschichte, 1981.
Brugger, Winfried, Menschenrechte im modernen Staat, in: AöR 114 (1989), S. 537 ff.
ders., Stufen der Begründung von Menschenrechten, in: Der Staat Bd. 31 (1992), S. 19 ff.
Buergenthal, Thomas, The Normative and Institutional Evolution of International Human Rights, Human Rights Quarterly 1997, S. 703 ff.
Donnelly, Jack, Universal Human Rights in Theorie & Practice, Ithaca-London, 1989.
Dreier, Horst, Dimensionen der Grundrechte, 1993.
Ermacora, Felix, Menschenrechte in einer sich wandelnden Welt, Bd. I, Historische Entwicklung der Menschenrechte und Grundfreiheiten, 1974.
Forsythe, David P., The Internationalization of Human Rights, Lexington 1991.
Grandner, Margarete/Schmale, Wolfgang/Weinzierl, Michael (Hg.), Grund- und Menschenrechte, Historische Perspektiven – Aktuelle Problematiken, 2002.
Hoffmann, Johannes (Hg.), Symposium: Das eine Menschenrecht für Alle und die vielen Lebensformen, 3 Bde, 1991.
Ignatieff, Michael, Die Politik der Menschenrechte, 2002.
Kälin, Walter, Grundrechte im Kulturkonflikt, 2000.
Kerber, Walter (Hg.), Menschenrechte und kulturelle Identität, 1991.
Kleinheyer, Gerd, Grundrechte – zur Geschichte eines Begriffs, 1977.
Kriele, Martin, Zur Geschichte der Menschen- und Grundrechte, in: FS für H.U. Scupin zum 70. Geburtstag, 1973, S. 187 ff.
Kühnhardt, Ludger, Universalität der Menschenrechte, 1987.
Lawson, Edward (Hg.), Encyclopedia of Human Rights, Washington D.C. u.a., ²1996.
Oestreich, Gerhard, Geschichte der Menschenrechte und Grundfreiheiten im Umriß, ²1978.
Riedel, Eibe H., Theorie der Menschenrechtsstandards, 1986.
ders., Menschenrechte der dritten Dimension, EuGRZ 1989, S. 9 ff.
Schnur, Roman (Hg.), Zur Geschichte der Erklärung der Menschenrechte, 1964.
Stern, Klaus, Das Staatsrecht der Bundesrepublik Deutschland, Bd. III/1, 1988, Bd. III/2, 1994.
ders., Idee der Menschenrechte und Positivität der Grundrechte, HStR V, 1992, § 108.
ders., Idee und Elemente eines Systems der Grundrechte, ebd., § 109.
ders., Zur Universalität der Menschenrechte, in: FS Zacher, 1998, S. 1064 ff.
Weber, Albrecht (Hg.), Fundamental Rights in Europe and North America, Den Haag 2001.
Weber, Hermann (Hg.), Die Menschenrechte – unsere Verantwortung, 1991.
Welzel, Hans, Naturrecht und materiale Gerechtigkeit, ⁴1962.
Wolfrum, Rüdiger, Die Entwicklung des internationalen Menschenrechtsschutzes, Europa-Archiv 1993, S. 68 ff.

§ 2
Von der Aufklärung zum Vormärz

Thomas Würtenberger

Übersicht

	RN		RN
A. Einleitung	1– 4	2. Grundrechte in der konservativen Staatslehre	53
B. Grundrechte in Verfassungstexten	5–25	3. Das Entstehen einer Grundrechtsdogmatik	54
I. Vereinigte Staaten von Amerika	5– 6	4. Die besitzbürgerliche Repräsentation	55–56
II. Französische Revolution	7–10	D. Der Schutz von (grund-)rechtlicher Freiheit	57–81
III. Preußisches Allgemeines Landrecht	11–12	I. Der Schutz von Eigentum und Freiheit im ausgehenden 18. Jahrhundert	58–74
IV. Deutsche Verfassungsentwürfe zu Ende des 18. Jahrhunderts	13–14	1. Durch die Rechtsordnung	58–65
V. Charte constitutionelle von 1814 und von 1830	15	a) Im Privatrecht	58–60
VI. Belgische Verfassung von 1831	16	b) Eigentum und Freiheit als Grenzen der Polizeigewalt	61–65
VII. Deutsche Verfassungen des Vormärz	17–25	2. Durch die Rechtsprechung	66–71
1. Bundesverfassung	18	a) Zur Reichweite des Rechtsschutzes in Polizeisachen	67
2. Landesverfassungen des Vormärz	19–25	b) Der Schutz von Eigentum und Freiheit durch das Reichskammergericht in der zweiten Hälfte des 18. Jahrhunderts	68–71
C. Naturrechtliche und staatstheoretische Grundrechtslehren	26–56	3. Durch Repräsentation	72
I. Die Grundrechte im Naturrecht und in der Staatstheorie der zweiten Hälfte des 18. Jahrhunderts	26–47	4. Würdigung	73–74
1. Die Grundrechtstheorie des emanzipativen Naturrechts ausgangs des 18. Jahrhunderts	27–38	II. Grundrechtsschutz im Vormärz	75–81
2. Grundrechte als Forderung des wirtschaftlichen Frühliberalismus	39–40	1. Kein verfassungsgerichtlicher Schutz	76
3. Die Autonomie der Persönlichkeit und das Gesetz der Freiheit bei Kant	41	2. Grundrechtsschutz durch Mitbestimmung der Kammern	77–79
4. Grundrechte als politische Mitwirkungsrechte	42–45	3. Grundrechtsschutz durch Gerichtsbarkeit und durch Beschwerdeverfahren	80–81
5. Freiheit und Solidarität	46–47	E. Das Entstehen eines bürgerlichen Freiheitsbewußtseins	82–87
II. Grundrechtstheorie im Vormärz	48–56	I. Geistige Prägungen des hohen Beamtentums	83
1. Liberalismus und Vernunftrecht	49–52		

	RN		RN
II. Entwicklung freiheitlichen Bewußtseins im Schutz von Vereinigungen	84–85	IV. Die Rolle der Anwaltschaft als Vermittlerin zwischen Rechtsbewußtsein und Fortentwicklung des Rechts	87
III. Grundrechte als Gegenstand politischer Symbolik und Metaphorik	86	F. Bibliographie	

A. Einleitung

Der verfassungsrechtliche Schutz von Freiheit und Gleichheit entwickelte sich gemeinsam mit der Entstehung der modernen Verfassung in der Zeitspanne zwischen Aufklärung und Vormärz bzw. im Übergang von der ständischen zur bürgerlichen Gesellschaft[1]. Mit der Ablösung der ständischen Gesellschaft verlor der Schutz der ständisch geprägten „iura et libertates" an rechtsverbindlicher Kraft und wurde nach und nach abgebaut. Die anbrechende Ära der bürgerlichen Grundrechte[2] trug einer sich ändernden Gesellschaftsordnung und Gefährdungssituation Rechnung. Grundrechte wurden zu Abwehrrechten einer neuen bürgerlichen Schicht: zunächst gegen den absolutistischen Wohlfahrtsstaat mit seiner ständischen Ordnung und sodann gegen jede staatliche Gewalt, die ohne hinreichenden Grund in die Freiheit zu autonomer Gestaltung im privaten, ökonomischen oder politischen Bereich eingreift.

1 Grundrechte als Abwehrrechte einer neuen bürgerlichen Schicht

Ebenso wie die bürgerliche Gesellschaft in einem langen Emanzipationsprozeß die ständische Gesellschaft ablöst, beruhen die Entwicklung und Durchsetzung von Grundrechten auf einem kontinuierlich verlaufenden langen Prozeß[3] der Veränderung der Verfassungs- und Rechtsordnung. Marksteine und Orientierungspunkte in diesem Prozeß sind zunächst die Verfassungstexte, die Grundrechte kodifizieren (B). Diese Textgeschichte der Grundrechte ist mit der treibenden Kraft der Geschichte der politischen Ideen eng verknüpft. Die Idee der Menschen- und Bürgerrechte wurde zunächst in den Naturrechtslehren der Aufklärung entwickelt, um sodann zu einem geschichtsmächtigen Verfassungsprinzip zu werden (C).

2 Entwicklung der Grundrechte als kontinuierlicher Prozeß

Die Geschichte der Grundrechte ist immer auch eine Geschichte ihres realen Schutzes, also ihrer Durchsetzbarkeit (D). Zum einen können Grundrechtsproklamationen in Verfassungen für die Freiheitlichkeit der sozialen Ordnung zunächst weitgehend folgenlos sein, obwohl sie richtungsweisend für die weitere (Grund-)Rechtsentwicklung sind. Zum anderen kann Freiheitsschutz aber auch ohne verfassungsrechtliche Positivierung gewährt werden. Dies führt zu der Frage nach dem Schutz von positivierter ebenso wie von nicht positivierter Freiheit durch Legislative, Exekutive und Judikative. Auf dem

3 Grundrechtsgeschichte als Geschichte ihrer Durchsetzbarkeit

---

1 *Grimm*, Die Grundrechte im Entstehungszusammenhang der bürgerlichen Gesellschaft, in: Jürgen Kocka (Hg.), Bürgertum im 19. Jahrhundert. Deutschland im europäischen Vergleich, 1981, S. 340 ff. – Die weiter zurückreichenden Theorien des Schutzes von Freiheit bleiben hier weitestgehend ausgeblendet; s. *Hans Maier*, Das Freiheitsproblem in der deutschen Geschichte, 1992, S. 9 ff.; → oben *Stern*, § 1: Die Idee der Menschen- und Grundrechte.

2 Der Terminus „Grundrechte" setzte sich erst Mitte des 19. Jh. durch, wobei ältere Umschreibungen verfassungsrechtlicher Rechtegewährungen in diesem Terminus aufgehen. Mit „Grundrechten" läßt sich daher, soweit es keiner besonderen Differenzierung bedarf, zusammenfassend umschreiben, was in zeitgenössischen Quellen als „Menschenrechte", „Bürgerrechte", „Untertanenrechte" etc. bezeichnet wird.

3 Zu den Auseinandersetzungen um die Kontinuitäts- und Diskontinuitätsthese bereits kurz nach der Verkündung der „Erklärung der Menschen- und Bürgerrechte": *Wolfgang Schmale*, Archäologie der Grund- und Menschenrechte in der Frühen Neuzeit, 1997, S. 33 ff.; allgemein zum Streit um Kontinuität oder Diskontinuität in der Entwicklung des Verfassungsrechts und der politischen Institutionen: *Würtenberger*, Staatsverfassung an der Wende vom 18. zum 19. Jahrhundert, in: Wendemarken der deutschen Verfassungsgeschichte, in: Der Staat, Beiheft 10, 1993, S. 85, 86 m. FN 3.

4
Grundrechtsgeschichte als Teil der Mentalität

Hintergrund solcher Überlegungen wird deutlich, in welchem Umfang Grundrechte zum einen lediglich an einen Stand erreichter rechtlicher Freiheit anknüpfen und diesen unter besonderen Schutz stellen bzw. zum anderen auf eine grundsätzliche Neubestimmung des Freiheitsanspruchs der Bürger im Staat zielen.

Nicht zuletzt ist Grundrechtsgeschichte in die Mentalitätsgeschichte eingebunden (E). Die Konkretisierung und Durchsetzung von Grundrechten bedarf eines Gefährdungsbewußtseins, das sich politisch artikuliert und den Ansporn gibt, sich im Kampf um grundrechtliche Freiheit zu positionieren und zu engagieren. So gesehen ist Grundrechtsgeschichte eine Geschichte des bürgerlichen Freiheitsbewußtseins.

B. Grundrechte in Verfassungstexten

I. Vereinigte Staaten von Amerika

5
Virginia Bill of Rights

In der „Virginia Bill of Rights" vom 12. Juni 1776 wurden Grundrechte erstmals verfassungsrechtlich geregelt. Sie stand in der Tradition der englischen Rechteerklärungen und deren Schutzes von Sicherheit und Freiheit der Person sowie von Eigentum[4], aber auch der Auseinandersetzungen bei Durchsetzung von persönlicher, ökonomischer und politischer Freiheit in den amerikanischen Kolonien. Das Pathos ihrer naturrechtlichen Formulierung verweist auf ihre Verwurzelung in der Theorie vom Gesellschaftsvertrag[5]: Die natürliche Freiheit und Gleichheit wurden zu angeborenen und unveräußerlichen Rechten erklärt: „That all men are by nature equally and free". Die Trias von Leben, Freiheit und Eigentum, wie sie von *Locke* entwickelt war, bestimmte den zentralen Bereich grundrechtlichen Schutzes[6]. Hinzu traten der Schutz des Strebens nach Glückseligkeit und nach Sicherheit, die als Leitziele gesellschaftlicher Ordnung ebenfalls in der europäischen Rechtstradition verwurzelt sind[7]. Diese grundsätzliche Rechtegewährung wurde unter anderem durch Schutz der Pressefreiheit, „one of the great bulworks of liberty" (sect.

---

4 Hierzu *Stourzh*, Grundrechte zwischen Common Law und Verfassung, in: Günter Birtsch (Hg.), Grund- und Freiheitsrechte im Wandel von Gesellschaft und Geschichte, 1981, S. 59 ff.; *Gerhard Ritter*, Ursprung und Wesen der Menschenrechte, in: *ders.*, Lebendige Vergangenheit, 1958, S. 3 ff.; zum folgenden vgl. *Kühne*, Die französische Menschen- und Bürgerrechtserklärung im Rechtsvergleich mit den Vereinigten Staaten und mit Deutschland, JöR N.F. 39 (1990), S. 1 ff.

5 *Willi Paul Adams*, Republikanische Verfassung und bürgerliche Freiheit, 1973, S. 132 ff.; *Oestreich* (Bibl.), S. 57 ff. zur Rezeption von *Pufendorf, Wolff* oder *Mably*; *Dickinson*, The Rights of Man in Britain, in: Günter Birtsch (Hg.), Grund- und Freiheitsrechte von der ständischen zur spätbürgerlichen Gesellschaft, 1987, S. 67 ff.; *Kleinheyer*, Art. Grundrechte, in: Otto Brunner/Werner Conze/Reinhard Koselleck (Hg.), Geschichtliche Grundbegriffe, Bd. 2, 1975, S. 1047, 1066 m. N.; *Nicholas Wahl*, Les déclarations des colonies américaines: Une autre tradition de la liberté, in: La Déclaration (Bibl.), S. 30 ff.

6 Zum Schutzbereich ausführlich: *Alexander Kukk*, Verfassungsgeschichtliche Aspekte zum Grundrecht der allgemeinen Handlungsfreiheit (Art. 2 Abs. 1 GG), 2000, S. 78 ff.

7 *Würtenberger*, Staat und Glück: Die politische Dimension des Wohlfahrtsstaates, in: Manfred Rehbinder/Manfred Usteri (Hg.), Glück als Ziel der Rechtspolitik, 2002, S. 233 ff.

12), und durch detaillierte Prozeßgrundrechte (sect. 8) ergänzt[8]. Der Paradigmenwechsel lag darin, daß grundrechtliche Freiheit allen Menschen zukommt, aber nicht durch den Stand oder rechtliche Regelung des Staates vermittelt wird; damit findet zugleich die (Lehre von der) Parlamentssouveränität ihre grundrechtliche Grenze.

Die amerikanische Unabhängigkeitserklärung vom 4. Juli 1776 – hauptsächlich aus der Feder *Jeffersons*[9] – verwies mit revolutionärem Pathos darauf, daß alle Menschen von Natur aus gleich seien und daß ihnen der Schöpfer gewisse unveräußerliche Rechte mitgegeben habe, zu denen „life, liberty and the pursuit of happiness" zählten. Damit waren zentrale Punkte des Gründungsmythos der amerikanischen Gesellschaft formuliert[10]. Die amerikanische Bundesverfassung von 1787 enthielt zwar zunächst keine Erklärung der Grundrechte, was eine heftige Debatte auslöste[11]. Bereits zwei Jahre später wurden in zehn amendments Grundrechte als Zusatzartikel zur Bundesverfassung in Kraft gesetzt. Diese betrafen unter anderem den Schutz der Privatsphäre, die Gewährleistung eines demokratischen Prozesses und den Schutz vor Willkürakten. Geschützt wurden insbesondere das Eigentum, die Unverletzlichkeit der Wohnung, die Gewissensfreiheit, die Meinungs- und Pressefreiheit, die Versammlungsfreiheit, das Petitionsrecht sowie das Recht auf ein ordnungsgemäßes Gerichtsverfahren.

6
Unabhängigkeitserklärung

II. Französische Revolution

Die „Déclaration des droits de l'homme et du citoyen" vom 26. August 1789 wurde von der französischen Nationalversammlung nach heftigen Debatten[12] verabschiedet und zielte auf einen einschneidenden Wandel der Gesellschaftsverfassung. Sie beruhte nur begrenzt auf dem Naturrecht der Aufklärung[13]. Die amerikanischen Rechteerklärungen waren in Frankreich – anders als in Deutschland bis in die Zeit des Vormärz – Gegenstand der das revolutionäre Bewußtsein bildenden publizistischen Debatte. *Jefferson* und *La Fayette* hatten zudem in maßgeblicher Weise an der französischen Erklärung der Menschen- und Bürgerrechte mitgewirkt, so daß die amerikanische Entwick-

7
Einfluß amerikanischer Entwicklung

---

8 *Jürgen Heideking*, Die Verfassung vor dem Richterstuhl, 1988, S. 794.
9 Zu dessen politischer Theorie: *David N. Mayer*, The constitutional Thought of Thomas Jefferson, 1988, S. 40 ff., 76 ff., 146 ff.
10 *Pauline Maier*, American Scripture, 1997, S. 189 ff., 197 ff. (zum Bruch der Argumentation in der Sklavenfrage).
11 *Heideking* (FN 8), S. 791 ff., 814 ff.
12 Vgl. zu den unterschiedlichen Texten: Christine Fauré (Hg.), Les déclarations des droits de l'homme de 1789, 1988.
13 *Sandweg* (Bibl.), S. 24 ff.; *Oestreich* (Bibl.), S. 67 ff. (zum Einfluß von *Montesquieu, Rousseau* und der Physiokraten); *Troper*, La Déclaration des droits de l'homme et du citoyen en 1789, in: La Déclaration des droits de l'homme et du citoyen et la jurisprudence, 1989, S. 13, 16 ff. (zu den Einflüssen von *Locke* und *Christian Wolff*); *Schmale*, Das Naturrecht in Frankreich zwischen Präarevolution und Terreur, in: Otto Dann/Diethelm Klippel (Hg.), Naturrecht – Spätaufklärung – Revolution, 1995, S. 5, 18 ff. (zur Diskussion des Naturrechts als Grundlage der Rechteerklärung in der Revolutionszeit); *Dippel*, Liberté und Ancien Régime, in: Birtsch (FN 5), S. 229 ff. (zum Freiheitsbegriff der Physiokraten).

Cahiers de doléance lung direkten Einfluß gewann[14]. Eine weitere nicht zu unterschätzende Wurzel der französischen Erklärung waren die „Cahiers de doléance", also die Beschwerden über die politischen Zustände, die das Gefährdungsbewußtsein ebenso wie den Willen zu politischer Reform widerspiegeln. Sie wurden den Abgeordneten von den jeweiligen Wahlkreisen mitgegeben und sollten Leitlinie für die Diskussion in der Ständeversammlung sein. Diese „Cahiers de doléance" waren teilweise noch der alten ständischen Gesellschaft verhaftet, forderten teilweise aber auch Rechtsreform, Pressefreiheit und einen verbesserten Schutz der Rechtsstellung der Bürger[15].

8
Menschenrechtserklärung als politischer Katechismus

Über Sinn und Zweck der Erklärung der Menschen- und Bürgerrechte wurde in der Nationalversammlung heftig debattiert. Bei einer realistischen Sicht der Verhältnisse war klar, daß sie nicht normativ – etwa Abwehrrechte gewährend – verbindlich sein könne, weil sich die Sozialverfassung nur langsam gemäß dem Maßstab dieser Erklärung ändern lasse. Sie wurde zum einen als eine Art politischer Katechismus angesehen, dem die Bevölkerung die ihr zustehenden Rechte entnehmen und an dem sich ein neues politisch-rechtliches Bewußtsein orientieren sollte. Zum anderen sprach die Erklärung von „droits", also von Rechtsprinzipien, und wählte damit eine rechtliche Terminologie[16]. Ihr

Umsetzung durch Gesetzgebung

also auch rechtlich verbindliches Programm sollte durch Gesetzgebung umgesetzt werden[17]. Die Menschen- und Bürgerrechte waren damit nicht – wie in den Vereinigten Staaten von Amerika – Bollwerk gegen die Souveränität des Parlaments, wenngleich dies in den zeitgenössischen Diskussionen immer wieder gefordert wurde. Dafür stritt auch die Theorie von *Rousseau*: Nach ihr kommt es der „volonté générale" und damit dem demokratischen Gemeinwillen zu, die Menschen- und Bürgerrechte durch Gesetzgebung näher zu konkretisieren, – also eine Grundrechteerklärung unter einem sehr weitgehenden Ausgestaltungs- und Einschränkungsvorbehalt[18], der die französische Grundrechtstheorie bis in das letzte Drittel des 20. Jahrhunderts verpflichtet blieb.

9
Inhaltliche Übereinstimmung mit amerikanischen Erklärungen

Inhaltlich bestehen deutliche Übereinstimmungen mit den amerikanischen Erklärungen. Auch nach der französischen Erklärung wurden die Menschen – gemäß der Lehre von den unveräußerlichen Rechten – frei und gleich an Rechten geboren. Nur gemeinsamer Nutzen kann gesellschaftliche Unterschiede begründen (Art. 1). Zu den natürlichen und unabdingbaren Menschenrechten gehörten die Freiheit, das Eigentum, die Sicherheit sowie der

---

14 *Fohlen*, La filiation américaine de la Déclaration des droits de l'homme, in: La Déclaration (Bibl.), S. 21 ff.; *Gilbert Chinard*, La Déclaration des Droits de l'Homme et du Citoyen et ses antécédents américains, 1945; *Sandweg* (Bibl.), S. 52 ff., 184 ff. – Allzu einseitig den amerikanischen Einfluß betonend allerdings *Georg Jellinek*, Die Erklärung der Menschen- und Bürgerrechte, ³1919, S. 12 ff., 32 (kein einziger origineller Rechtsgedanke in der französischen Erklärung); zur Kontroverse um *Jellineks* Deutung vgl. *Wilhelm Rees*, Die Erklärung der Menschen- und Bürgerrechte von 1789, 1912, S. 263 ff.; Roman Schnur (Hg.), Zur Geschichte der Erklärung der Menschenrechte, 1964.
15 *Sandweg* (Bibl.), S. 121 ff.
16 *Olivier Jouanjan*, Le principe d'égalité devant la loi en droit allemand, 1992, S. 30 ff.
17 *Sandweg* (Bibl.), S. 297 ff.; zur Revolutionsgesetzgebung, die die Leitideen der Rechteerklärung einlöste: *Pini*, in: Louis Favoreu (Hg.), Droit des libertés fondamentales, 2000, S. 41.
18 Zu diesem „legicentrisme": *Pini* (FN 17), S. 42; kritisch *Jouanjan* (FN 16), S. 33 ff. (zur Begrenzung des Gesetzgebers durch die Erklärung der Menschen- und Bürgerrechte).

Widerstand gegen Unterdrückung (Art. 2). Die Freiheit des einen wurde – seit den Lehren *Kants* ein Gemeinplatz in der Grundrechtstheorie – durch die Freiheit des anderen begrenzt; eine weitere Grenze bestand darin, nur das tun zu dürfen, was der Gesellschaft nicht schadet. Diese Grenzen der natürlichen Rechte wurden nur durch das vom Parlament beschlossene Gesetz bestimmt (Art. 4)[19]. Besonders geschützt wurden insbesondere die Bekenntnisfreiheit (Art. 10), die freie Meinungsäußerung (Art. 11) und das Eigentum (Art. 17). Die Erklärung der Menschen- und Bürgerrechte von 1789 wurde in die französische Verfassung von 1791 aufgenommen[20], wobei zusätzlich die Freizügigkeit und die Versammlungsfreiheit gewährleistet wurden. In der republikanischen Verfassung von 1793 sowie in der Direktorialverfassung von 1795 erfolgten Modifikationen[21] bzw. Ergänzungen der Erklärung von 1789[22].

10
Unterschiede im sozialen Umfeld

Bei aller Vergleichbarkeit standen die amerikanische und die französische Rechteverbürgung in einem unterschiedlichen sozialen Kontext. War die französische Rechteerklärung revolutionärer Gegensatz zur überkommenen ständischen Ordnung, die durch eine neue Rechtsordnung abzulösen war, so stand die amerikanische Grundrechteverbürgung am Beginn einer sich neu formierenden Gesellschaftsordnung. Dabei läßt sich die amerikanische Grundrechteerklärung auch als Fortsetzung der bereits in England konkret gewährten Freiheiten und Rechte verstehen, während die französische Rechteerklärung in universalistischer Formulierung das Programm für eine politisch-rechtliche Zäsur gegenüber der Zeit des Absolutismus lieferte[23].

III. Preußisches Allgemeines Landrecht

11
Verbindung von Freiheitsschutz und monarchischer Reformpolitik

Anders als in den Vereinigten Staaten oder in Frankreich verband sich der rechtliche Schutz von Freiheit im Preußen des ausgehenden 18. Jahrhunderts mit dem Werk monarchischer Reformpolitik. Das Preußische Allgemeine Landrecht von 1794 war insofern eine Art von Verfassung für den preußischen Staat, als es die rechtsstaatlichen Errungenschaften fast eines Jahrhunderts preußischer Rechtspolitik rechtlich festlegte[24]. Vor allem sollte es die

---

19 Zur Interpretation: *Kukk* (FN 6), S. 96 ff.
20 Zur Garantie der Erklärung der Menschen- und Bürgerrechte durch diese Verfassung: *Dubois*, Déclaration des droits et dispositions fondamentales, in: 1791. La première constitution française, 1993, S. 43 ff.
21 Vgl. *Fortunet*, Des droits et des devoirs, in: La constitution de l'an III, 1998, S. 17 ff.; *Rolland*, La garantie des droits, ebd., S. 29 ff.
22 Zum gerichtlichen Schutz der Erklärung der Menschen- und Bürgerrechte: *Vedel*, La place de la Déclaration de 1789 dans le » bloc de constitutionnalité «, in: La Déclaration (Bibl.), S. 35 ff. (zur Nichtbeachtung der Déclaration durch die Rechtsprechung); *Rivero*, La jurisprudence du Conseil Constitutionnel et le principe de liberté proclamé par la Déclaration de 1789, ebd., S. 75 ff.; vgl. weiter *Schmale*, Frankreich und die Erklärung der Menschen- und Bürgerrechte von 1789 im Lichte der französischen Forschung. 200 Jahre danach, ZHF 1993, S. 345 ff.
23 Zur „tradition française universaliste et abstraite" im Unterschied zur „tradition anglo-saxonne concrète et garantiste": *Pini* (FN 17), S. 41.
24 Zur Kontroverse, ob das ALR von 1794 als Verfassung bezeichnet werden kann: *Hermann Conrad*, Das Allgemeine Landrecht von 1794 als Grundgesetz des friderizianischen Staates, 1965, S. 6 ff.; *Birtsch*, Zum konstitutionellen Charakter des Preußischen Allgemeinen Landrechts von 1794, in: FS Th. Schieder, 1968, S. 97 ff.; *Gerd Kleinheyer*, Das Allgemeine Landrecht für die Preußischen Staaten, 1995, S. 16 f.

Freiheit gegen einen an den jeweiligen Zeitumständen orientierten Gesetzgeber schützen[25]. Zwar blieb das Gesetzbuch der überkommenen ständischen Ordnung verpflichtet. An ihre Seite trat aber in einer bemerkenswerten Verbindung von traditionellem und reformorientiertem Recht[26] eine Reihe von Regelungen, die außerhalb der ständischen Ordnung in einem gleichsam alternativen Sozialmodell dem Freiheitsschutz dienten:

12
Regelungen im Interesse des Freiheitsschutzes

(1.) Nach § 10 Einleitung ALR ist ein Gesetz erst zu dem Zeitpunkt verbindlich, an dem es „gehörig bekannt gemacht worden" ist. Hier wird auch zum Schutz der Freiheit autonomer Gestaltung die rechtsstaatliche Publizität der Gesetze gefordert. Das dem Schutz autonomer Gestaltung dienende Rückwirkungsverbot ist in § 14 Einleitung ALR geregelt: „Neue Gesetze können auf schon vorhin vorgefallene Handlungen und Begebenheiten nicht angewendet werden"[27].

(2.) Die Gleichheit vor dem Gesetz wird in § 22 Einleitung ALR angesprochen: „Die Gesetze des Staates verbinden alle Mitglieder desselben, ohne Unterschied des Standes, Ranges oder Geschlechts". Dabei lag der Rechtsordnung aber weiterhin die ständische Gliederung zugrunde, so daß eine Gleichheit durch Gesetz noch nicht Programm war[28].

(3.) Das Eigentum wird in den §§ 26, 27 I 8 ALR gewährleistet: „Jeder Gebrauch des Eigenthums ist daher erlaubt und rechtmäßig, durch welchen weder wohlerworbne Rechte eines Andern gekränkt, noch die in den Gesetzen des Staats vorgeschriebnen Schranken überschritten werden. Niemand darf sein Eigenthum zur Kränkung oder Beschädigung Andrer mißbrauchen"[29]. Wer Eigentum oder Gesundheit aus Gründen des allgemeinen Wohls aufzuopfern gezwungen ist, muß vom Staat entschädigt werden[30].

(4.) § 76 Einleitung ALR regelt ein Recht auf Sicherheit: „Jeder Einwohner des Staates ist den Schutz desselben für seine Person und sein Vermögen zu fordern berechtigt". Ein derartiger Anspruch liegt der modernen Dogmatik von den grundrechtlichen Schutzpflichten zugrunde.

(5.) Einen Justizgewährungsanspruch, auch gegen den Landesherrn, gewähren die §§ 79, 80 Einleitung ALR.

---

25 Peter Krause (Hg.), *Carl Gottlieb Svarez*. Die Kronprinzenvorlesungen, 1. Teil, 2000, S. 544 ff.; *Conrad* (FN 24), S. 10 f.; *ders.*, Rechtsstaatliche Bestrebungen im Absolutismus Preußens und Österreichs am Ende des 18. Jahrhunderts, 1961, S. 21 ff.; *Dilcher*, Vom ständischen Herrschaftsvertrag zum Verfassungsgesetz, in: Der Staat 27 (1988), S. 176.
26 *Elisabeth Fehrenbach*, Traditionale Gesellschaft und revolutionäres Recht, ²1978.
27 Zur Rückwirkungsdiskussion, in der sich ähnlich wie heute rechtsstaatliche und freiheitsschützende Gesichtspunkte verbinden: *Andreas Schwennicke*, Die Entstehung der Einleitung des Preußischen Allgemeinen Landrechts von 1794, 1993, S. 207 ff.
28 Zur Entwicklung des Prinzips der Gleichheit vor dem Gesetz seit den 70er Jahren des 18. Jh.: *Dann*, Art. Gleichheit, in: Brunner/Conze/Koselleck (FN 5), S. 997, 1014.
29 Ähnliche Formulierungen u.a. bei *Gottfried Achenwall/Johann Stephan Pütter*, Anfangsgründe des Naturrechts (Elementa Iuris Naturae, 1750), hg. von Jan Schröder, 1995, S. 103.
30 Zu den §§ 74, 75 Einleitung ALR als Grundlage des heutigen Rechts der Ersatzleistungen: *von Gerlach*, Das Fortleben des Preußischen Allgemeinen Landrechts in der heutigen Rechtsprechung, in: Jörg Wolff (Hg.), Das Preußische Allgemeine Landrecht, 1995, S. 265, 267 ff.; zur grundrechtlichen Gewährleistung des Eigentums in späteren Verfassungstexten vgl. *Wilfried Peters*, Späte Reichspublizistik und Frühkonstitutionalismus, 1993, S. 127.

(6.) Zwischen einer allgemeinen (grundrechtlichen) Freiheit und einer Einbindung in die Rechtsordnung der Gesellschaft wird differenziert: „Die allgemeinen Rechte des Menschen gründen sich auf die natürliche Freiheit, sein eigenes Wohl, ohne Kränkung der Rechte eines anderen, suchen und befördern zu können" (§ 83 Einleitung ALR). Mit der Formel von den „allgemeinen Rechten des Menschen" verbindet sich die naturrechtliche Idee vorstaatlicher Menschenrechte[31]. Diese allgemeine Handlungsfreiheit wird insofern begrenzt, als der Einzelne rechtlich seinem Stand jeweils zugeordnet ist und die in der Rechtsordnung geregelten „besonderen Rechte und Pflichten" zu beachten hat (§§ 82, 84 Einleitung ALR). Der Verbürgung der natürlichen Freiheit hat man den Garantiegehalt einer Freiheitsgewährleistung „nach Art des heutigen Art. 2 Abs. 1 GG" entnommen[32]. Diese naturrechtlich formulierte Norm blieb nach vielfach vertretener Ansicht aber gleichwohl noch in die absolutistische Theorie eingebunden, so daß sie keine auf Freiheit und Gleichheit gegründete Staatsbürgergesellschaft hätte schaffen wollen oder können[33]. Ging es auch nicht um eine Revolutionierung der gesellschaftlichen Ordnung, so suchte man doch die natürliche Freiheit in einem evolutionär angelegten Reformwerk auf eine neue (grund-)rechtliche Basis zu stellen. *Svarez* als einer der maßgeblichen Autoren entwickelte in Anlehnung an *Kant*, unter welchen Voraussetzungen die natürliche Freiheit eingeschränkt werden könne. Dies ist statthaft, wenn diese Einschränkungen nötig sind, „damit die Freiheit und Sicherheit aller bestehen könne"[34]. Hier finden sich in klassischer Weise jene Schranken grundrechtlicher Freiheit definiert, wie sie auch der modernen Grundrechtstheorie zugrunde liegen[35]. Wenn insoweit die Nähe zur französischen Erklärung der Menschen- und Bürgerrechte vermißt oder eine Nähe zur älteren Naturrechtslehre behauptet wird, so wird der Grundsatz der allgemeinen Grundrechtslehren, daß bei grundrechtlicher Freiheit immer auch deren Grenzen mitzudenken sind, allzu wenig beachtet.

(7.) „Eine vollkommene Glaubens- und Gewissensfreiheit" wird zugesichert (§ 2 II 11 ALR). Die Angabe der Zugehörigkeit zu einer Religionsgemeinschaft kann nur gefordert werden, wenn hiervon die Gültigkeit von rechtlichen Erklärungen abhängt.

(8.) Im personenrechtlichen Teil wird geregelt: „Die allgemeinen Rechte der Menschheit gebühren auch den noch ungeborenen Kindern schon ab der Zeit ihrer Empfängnis" (§ 10 I 1 ALR). Hier wird der Schutz ungeborenen Lebens mit der Idee unveräußerlicher Menschenrechte verknüpft. In der zweiten

---

31 So *Christian Friedrich Koch*, Allgemeines Landrecht für die Preußischen Staaten, Kommentar, Bd. 1, Berlin 1874, S. 63.
32 *Merten*, Die Rechtsstaatsidee im Allgemeinen Landrecht, in: Friedrich Ebel (Hg.), Gemeinwohl – Freiheit – Vernunft – Rechtsstaat, 1995, S. 109, 131; ähnlich *Elisabeth Fehrenbach*, Vom Ancien Regime zum Wiener Kongreß, ⁴2001, S. 55.
33 *Schwennicke* (FN 27), S. 297; *Landau*, Neue Forschungen zum Preußischen Allgemeinen Landrecht, AöR 118 (1993), S. 447 ff.; *Kukk* (FN 6), S. 112 ff.
34 *Krause* (FN 25), S. 115.
35 Zurückhaltender *Klippel/Pahlow*, Freiheit und aufgeklärter Absolutismus, in: Günter Birtsch/Dietmar Willoweit (Hg.), Reformabsolutismus und ständische Gesellschaft. 200 Jahre Preußisches Allgemeines Landrecht, 1998, S. 215, 241 ff. m.N.

Abtreibungsentscheidung hat das Bundesverfassungsgericht mit dieser Vorschrift belegt, daß der Schutz des ungeborenen Kindes in einer langen Rechts- und Verfassungstradition wurzele, die für die Auslegung der das Leben schützenden Artikel des Grundgesetzes herangezogen werden könne[36].

IV. Deutsche Verfassungsentwürfe zu Ende des 18. Jahrhunderts

13
Aachener Entwurf

Zwischen 1790 und 1800 kommt es zu einer Reihe von Verfassungsentwürfen mit einem ausformulierten Grundrechtsteil. Der erste Entwurf, der aus Anlaß der Aachener Unruhen verfaßt wurde und sodann Gegenstand eines Verfahrens um die Verbesserung der Konstitution der Reichsstadt Aachen vor dem Reichskammergericht gewesen ist, stammt von *von Dohm*[37]. Die von ihm formulierten Grundrechte (u.a. Sicherung von Leben, Freiheit der Person und Eigentum; Eingriffe in die Grundrechte nur auf gesetzlicher Grundlage; Gewerbe- und Handelsfreiheit) gehen teils auf die preußische Aufklärung zurück, sind möglicherweise bereits durch die Diskussionen im revolutionären Paris mitbeeinflußt, sind teils aber auch dem nach wie vor ständischen Gefüge der Reichsstadt verhaftet.

14
Jakobinische Entwürfe

Ganz anders verhält es sich bei den Entwürfen von Verfassungstexten[38], die man dem deutschen Jakobinismus, der nicht mit dem französischen gleichgesetzt werden darf, zurechnet. Mit sehr liberaler und für ihre Zeit revolutionärer Akzentsetzung werden Freiheit, Gleichheit und Eigentum, aber auch andere Grundrechte als Rechte der Bürger benannt[39]. Die immer wieder angesprochenen Verbindungslinien zwischen grundrechtlicher und politischer Freiheit waren durch die französischen Revolutionsverfassungen erheblich beeinflußt[40]. An ihrem Vorbild entwickelte man die als jakobinisch geltenden Forderungen nach einer revolutionären politisch-rechtlichen Neuordnung, die zu ihrer Zeit mangels Rückhalts in der Bevölkerung keine Realisierungschance hatte. Die Verfassungsdiskussionen des deutschen Jakobinismus blieben damit eine Randerscheinung, aus heutiger Sicht freilich erscheinen sie als ein Vorgriff auf ein modernes Verständnis von grundrechtlicher Freiheit[41].

---

36 *BVerfGE 88*, 203 (251).
37 *Christian Wilhelm von Dohm*, Entwurf einer verbesserten Konstitution der kaiserlich freyen Reichsstadt Aachen, 1790; zum Grundrechtsteil in diesem Verfassungsentwurf: *Ilsegret Dambacher*, Christian Wilhelm von Dohm. Ein Beitrag zur Geschichte des preußischen aufgeklärten Beamtentums und seiner Reformbestrebungen am Ausgang des 18. Jahrhunderts, 1974, S. 235 ff.
38 Der Text der Verfassungsentwürfe bei Dippel (Bibl.).
39 *Oliver Lamprecht*, Das Streben nach Demokratie, Volkssouveränität und Menschenrechten in Deutschland am Ende des 18. Jahrhunderts, 2001, S. 78 ff.; *Carl Gert Wolfrum*, Christian Sommer 1767 bis 1835, Verfassungs- und Staatsverständnis eines deutschen Jakobiners, 1995, S. 81 ff.
40 Hierzu *Birtsch*, Naturrecht und Menschenrechte. Zur vernunftrechtlichen Argumentation deutscher Jakobiner, in: Dann/Klippel (FN 13), S. 111, 115 ff.
41 *Lamprecht* (FN 39), S. 147 ff. zu den Fortwirkungen des jakobinischen Gedankenguts.

V. Charte constitutionelle von 1814 und von 1830

Es ist ein gemeineuropäisches Phänomen, daß der Grundrechtsenthusiasmus der beginnenden Revolutionszeit nach der Phase der „terreur" sehr rasch in eine tiefe Grundrechtsskepsis umschlug. Im politischen Bewußtsein des ausgehenden 18. und beginnenden 19. Jahrhunderts wurde die Deklaration von 1789 als mitursächlich für die Hinrichtung des französischen Königspaares und für die „terreur" gesehen. Dies verbot ein Anknüpfen an diese Erklärung der Menschen- und Bürgerrechte, ja deren weitere Diskussion überhaupt[42]. Hierzu gegenläufig bestand ein erheblicher Druck der öffentlichen Meinung, die neue soziale Ordnung auf den allerdings moderat zur Anwendung gelangenden Prinzipien bürgerlicher und politischer Freiheit aufzubauen. Die Charte constitutionnelle von 1814 knüpfte daher nicht an vorstaatliche Menschen- und Bürgerrechte an, sondern gewährte in einem einleitenden, mit „Droit public des Français" überschriebenen Abschnitt nur einzelne Freiheitsrechte[43]. Zu diesen gehörte die Gleichheit vor dem Gesetz, die persönliche Freiheit, die Religionsfreiheit für alle, also nicht nur wie im damaligen Deutschland für die christlichen religiösen Bekenntnisse, die Pressefreiheit im Einklang mit den Gesetzen und die Eigentumsfreiheit. Diese Freiheitsgewährleistungen wurden fast unverändert in die Charte von 1830 übernommen. Ihre Bedeutung für die politisch-rechtliche Entwicklung in Frankreich war gering.

15
Grundrechtsskepsis nach der „terreur"

VI. Belgische Verfassung von 1831

Die belgische, auf der Souveränität des Volkes beruhende Verfassung vom 7. Februar 1831 gewährte in Art. 78 dem König, anders als im deutschen Konstitutionalismus, nur jene Rechte, die in der Verfassung ausdrücklich vorgesehen waren. Dieser Begrenzung des monarchischen Prinzips entsprach in dem Abschnitt „Des Belges et de leurs droits" ein sehr liberaler Grundrechtekatalog, der zum Teil an die französische Rechteerklärung, zum Teil an die Entwicklung in Belgien anknüpfte[44]. Die Gleichheit vor dem Gesetz wurde – anders als z.B. in Deutschland – unter Aufhebung ständischer Ordnung gewährleistet (Art. 6). Die individuelle Freiheit wurde durch Richtervorbehalte für Verhaftungen gesichert (Art. 7). Schutz der Wohnung vor Durchsuchungen (Art. 10), Schutz des Eigentums (Art. 11), Meinungsfreiheit (Art. 14) oder Pressefreiheit (Art. 18) wurden mit eng begrenzten Gesetzesvorbehalten garantiert. Dieser Grundrechtekatalog war inhaltlich und sprachlich zukunftsweisend; er gewann auf spätere Grundrechtsgewährleistungen in Europa und in Deutschland unter anderem auf die Paulskirchenverfassung Einfluß.

16
Zukunftsweisender Grundrechtekatalog

---

42 Zur Suspendierung von Grundrechten und zur menschenrechtsfeindlichen Repressionspolitik in England: *Weinzierl*, Grund- und Menschenrechte in Großbritannien, in: Margarete Grandner/Wolfgang Schmale/Michael Weinzierl (Hg.), Grund- und Menschenrechte, 2002, S. 101, 110 ff.

43 Zur geringen Wertschätzung dieser Verfassung in der französischen Verfassungsgeschichtsschreibung: *Pierre Rosanvallon*, La monarchie impossible. Les chartes de 1814 et de 1830, 1994, S. 9 ff.

44 *Gilissen*, Die belgische Verfassung von 1831 – ihr Ursprung und ihr Einfluß, in: Werner Conze (Hg.), Beiträge zur deutschen und belgischen Verfassungsgeschichte im 19. Jahrhundert, 1967, S. 38, 52 ff., 63 ff.

VII. Deutsche Verfassungen des Vormärz

17
Verfassungsverankerung der Grundrechte als Streitfrage

Zu den großen Streitfragen im Vormärz zählte, ob und mit welchem Inhalt Grundrechte in die Verfassungen aufgenommen werden sollten.

1. Bundesverfassung

18
Keine bürgergerichteten Grundrechte in der Bundesakte

Bei den Beratungen der Bundesverfassung wurde ausführlich diskutiert, welche Rechte den Deutschen von den Mitgliedern des Bundes „unverbrüchlich einzuräumen" sind[45]. Hierzu zählten bei *Humboldt* unter anderem die Freizügigkeit, die freie Wahl der Ausbildungsstätte, die gesetzmäßige Freiheit und Sicherheit der Person, die Sicherheit des Eigentums und der Schutz des Urheberrechts sowie der Anspruch auf Justizgewährleistung durch eine unabhängige Gerichtsbarkeit. *Marschall von Bieberstein* forderte unter anderem einen „besonderen Staatsschutz" für „Leib, Leben, Eigentum und persönliche Freiheit", weiterhin Pressefreiheit ohne Vorzensur sowie Gleichberechtigung beim Zugang zum Staatsdienst[46]. Diese Vorschläge konnten sich insgesamt gesehen nicht durchsetzen. So sah Art. 14 der Bundesakte vom 8. Juni 1815 einen weitreichenden Vorbehalt standesherrlicher Rechte vor. Art. 16 der Bundesakte sicherte aber immerhin zu, daß die Verschiedenheit in der Zugehörigkeit zur christlichen Religion keinen Unterschied in dem Genuß der bürgerlichen und politischen Rechte begründe. Die Gleichstellung der Bürger jüdischen Glaubens sollte erst in einem späteren Beschluß der Bundesversammlung erfolgen. Art. 18 der Bundesakte gewährte das Recht, daß die Untertanen der Bundesstaaten Grundeigentum in jedem Bundesstaat erwerben können, sowie das Recht auf Freizügigkeit. Außerdem wurde bestimmt, daß die Bundesversammlung die Pressefreiheit vereinheitlichen solle. An die Bürger gerichtete Grundrechte sind hierin allerdings nicht zu sehen[47]. Art. 53 der Wiener Schlußakte vom 15. Mai 1820 sah lediglich vor, daß die Bundesversammlung die Erfüllung dieser Rechtegewährungen durch die Bundesstaaten bewirken könne[48].

---

45 *Humboldts* „Entwicklung der §§ 11 und 12 der Zwölf Art. von Ende Oktober 1814", abgedr. in: *Eckhardt Treichel* (Bearb.), Die Entstehung des Deutschen Bundes 1813–1815, Bd. 1, 2000, S. 536; ähnlich bereits in *seinem* „Exposé des droits de tout sujet allemand en général", ebd., S. 129 ff.; vgl. weiter *Spiegels* „Entwurf einer deutschen Reichsbundesurkunde" vom 7.10.1814, ebd., S. 319.
46 *Marschalls* „Entwurf der Verfassung eines deutschen Staats" vom 24.9.1814, in: *Treichel* (FN 45), S. 654 ff.; vgl. *Marschalls* „Entwurf einer deutschen Bundesverfassung" von Anfang Dezember 1814, in: *Treichel* (FN 45), Bd. 2, S. 897.
47 *Heinrich Albert Zachariä*, Deutsches Staats- und Bundesrecht, 1. Theil, ²1853, S. 402 f. m.N.
48 *Ernst Eckhardt*, Die Grundrechte vom Wiener Kongreß bis zur Gegenwart, 1913, S. 22 ff.

2. Landesverfassungen des Vormärz

Die Bayerische Verfassung vom 26. Mai 1818[49], die Badische Verfassung vom 22. August 1818 und die Württembergische Verfassung vom 25. September 1819 enthielten weithin übereinstimmende Grundrechtskataloge, die zum Teil einen überkommenen Rechtszustand fortschrieben, zum Teil erst durch Rechtsreform zu verwirklichen waren. Die Verfassungen sprachen hier von staatsbürgerlichen Rechten, um die Assoziation mit den Menschenrechten der Revolutionszeit zu vermeiden. Eine andere Formulierung wäre auch mit dem monarchischen Prinzip des Art. 57 der Wiener Schlußakte nicht vereinbar gewesen. Nach diesem zentralen Grundsatz des konstitutionellen Staatsrechts mußte „die gesamte Staatsgewalt in dem Oberhaupte des Staates vereinigt bleiben". Dies verbot rechtliche Prinzipien oder politische Institutionen, die die souveräne Gewalt des Monarchen einschränken könnten, und damit auch Grundrechte als vorstaatliche oder einklagbare Rechte des Einzelnen. Sie wurden vielmehr als positivrechtliche Schranken der Regierungsgewalt vom Monarchen gewährt[50]. Aus diesen Rechtegewährungen ist insbesondere hervorzuheben:

19 Staatsbürgerliche Rechte als monarchische Gewährleistungen

(1.) Die Freiheit bzw. Sicherheit der Person war gewährleistet (Tit. IV § 8 Verf. Bayern; § 13 Verf. Baden; § 24 Verf. Württemberg)[51]. Willkürliche Verhaftung war verboten, niemand durfte seinem gesetzlichen Richter entzogen werden.
(2.) Das Eigentum war gewährleistet und konnte nur bei zwingendem öffentlichen Interesse gegen vorgängige Entschädigung entzogen werden (Tit. IV § 8 Verf. Bayern; §§ 13, 14 Verf. Baden; §§ 24, 30 Verf. Württemberg).
(3.) Für die äußerst umstrittene Regelung der Pressefreiheit wählte man unterschiedliche Modelle: „Die Preßfreiheit wird nach den künftigen Bestimmungen der Bundesversammlung gehandhabt werden" (§ 17 Verf. Baden). Demgegenüber verweist Art. IV § 11 Verf. Bayern auf das Presse-Edikt von 1818; § 28 Verf. Württemberg gewährt volle Pressefreiheit, stellt diese aber unter Vorbehalt von Gesetzen, die deren Mißbrauch einschränken.
(4.) Die Auswanderungsfreiheit war gewährleistet (Tit. IV § 14 Verf. Bayern: nur in einen anderen Bundesstaat; § 12 Verf. Baden; § 32 Verf. Württemberg)[52].
(5.) Die Freiheit des Gewissens und des religiösen Bekenntnisses waren gewährleistet (Tit. IV § 9 Verf. Bayern; § 18 Verf. Baden; § 27 Verf. Württemberg).

20 Wichtige Rechte

---

49 Zu den die Grundrechte betreffenden Debatten in der bayerischen Verfassungskommission von 1814/1815: *Weis*, Zur Entstehungsgeschichte der Bayerischen Verfassung von 1818, in: Zeitschrift für bayerische Landesgeschichte 39 (1976), S. 414, 425 ff. (zu Pressefreiheit und Freizügigkeit), 432 ff. (zum Wahlrecht).
50 *Dieter Grimm*, Deutsche Verfassungsgeschichte 1776-1866, 1988, S. 129 ff.
51 Zur Auslegung: *Kukk* (FN 6), S. 136 ff.
52 Im Staatsrecht des Alten Reiches war die Auswanderung in andere Territorien des Reiches bereits seit langem anerkannt (*Nicolaus Thaddäus Gönner*, Teutsches Staatsrecht, Landshut 1804, S. 557; vgl. weiter *Graf Ballestrem*, Zur Theorie und Geschichte des Emigrationsrechts, in: Birtsch (FN 4), S. 146 ff.); zur Gewährleistung des „freien Zuges" im Tübinger Vertrag von 1514 vgl. *Gerteis*, Auswanderungsfreiheit und Freizügigkeit in ihrem Verhältnis zur Agrarverfassung, in: Birtsch (FN 4), S. 162, 167 f.; zu den religiösen und ökonomischen Gründen der Gewährleistung von Freizügigkeit vgl. *Gerteis*, ebd., S. 168 ff.

(6.) Die Gleichheit vor dem Gesetz war garantiert. Die in der Verfassung vorgesehenen ständischen Vorrechte blieben freilich von der Ordnung rechtlicher Gleichheit ausgenommen (§ 7 Verf. Baden; § 21 Verf. Württemberg)[53].
(7.) Die Leibeigenschaft wurde abgeschafft (Tit. IV § 6 Verf. Bayern; § 11 Verf. Baden; § 25 Verf. Württemberg)[54].
(8.) Der gleiche Zugang zu allen öffentlichen Ämtern wurde garantiert (Tit. IV § 5 Verf. Bayern).
(9.) Die freie Wahl von Ausbildungsstätte und Gewerbe wurde nur von § 29 Verf. Württemberg gewährt.

21
Zweite deutsche Verfassungswelle im Vormärz

Die Verfassungen der durch die Julirevolution in Frankreich ausgelösten zweiten deutschen Verfassungswelle (Kur-Hessen, 1831; Sachsen, 1831; Braunschweig, 1832[55]; Hannover, 1832) enthielten vergleichbare, teils ausführlichere Grundrechtskataloge. In der Verfassung Kur-Hessens wurden ergänzend unter anderem die Berufsfreiheit (§ 27) und die Meinungsäußerungsfreiheit (§ 39) sowie Rechtsschutz bei verfassungswidrigem Verhalten von Behörden (§ 35) gewährt. Die Versammlungsfreiheit fehlte ebenso in den Verfassungen des Vormärz wie die von der Staatsrechtslehre geforderte Vereinigungsfreiheit[56].

22
Abbau der Privilegien als Ziel der Grundrechte

Die Grundrechte in den vormärzlichen Verfassungen waren zunächst von einer Selbstinterpretation der deutschen politischen Geschichte getragen, nach der die Wahrung von Freiheit eine große Rolle gespielt habe. Ziel sei die Wiederherstellung der alten deutschen Freiheit, die vom Absolutismus vernichtet worden sei[57]. Zudem knüpften diese Grundrechte an den Schutz von Eigentum und Freiheit an, wie er vor allem im Verlauf des 18. Jahrhunderts teils schon durchgesetzt (D I) oder doch mit Nachdruck gefordert war (C I). Diese Brücke zur Theorie und Rechtspraxis im ausgehenden 18. Jahrhundert hat die verfassungsrechtliche Fixierung von Grundrechten sicherlich erleichtert. Vor allem zielten die Grundrechte auf den schon lange geforderten Abbau von Privilegien und ständischen Bindungen, damit das Bürgertum ökonomische Entfaltungsfreiheit gewinnt und zu politischer Mitbestimmung in der Lage ist, ein völliger Bruch mit der tradierten Ordnung war allerdings nicht vollzogen.

---

53 *Ernst Rudolf Huber*, Deutsche Verfassungsgeschichte seit 1789, Bd. 1, ²1975, S. 352 f.; *Grimm* (FN 50), S. 131.
54 Zum schrittweisen Abbau leibherrlicher Rechte und dem sich entwickelnden Freiheitsbewußtsein: *Blickle*, Von der Leibeigenschaft in die Freiheit, in: Birtsch (FN 4), S. 25, 33 f. m.N.; *Dipper*, Naturrecht und persönliche Freiheit im Zeichen der „sozialen Frage", in: Diethelm Klippel (Hg.), Naturrecht im 19. Jahrhundert, 1997, S. 99, 102 ff.; zum naturrechtlichen Hintergrund dieses Emanzipationsprozesses vgl. etwa *Johann Leonhard Hauschild*, Opusculum pro libertate naturali in causis rusticorum, 1738, und zur im 18. Jh. diskutierten praesumptio pro libertate der Bauern vgl. *Schulze*, Der bäuerliche Widerstand und die „Rechte der Menschheit", in: Birtsch (FN 4), S. 41, 54 ff.
55 *Thiele*, Die Qualität der Grundrechte in der braunschweigischen Verfassung, in: Werner Pöls/Klaus Erich Pollmann (Hg.), Moderne Braunschweigische Geschichte, 1982, S. 31, 38 ff.
56 *Hardtwig*, Art. Verein, in: Brunner/Conze/Koselleck (FN 5), Bd. 6, 1990, S. 789, 814 f. m.N.; auch in anderen Staaten, wie etwa in England, wurde zu Beginn des 19. Jh. die Versammlungsfreiheit eingeschränkt: *Weinzierl* (FN 42), S. 113.
57 *Dipper*, Art. Freiheit VII, in: Brunner/Conze/Koselleck (FN 5), S. 497 f. (zur Idee der germanischen Volksfreiheit); *v. Rimscha* (Bibl.), S. 38 ff.

Die vormärzliche Positivierung der Grundrechte war weiterhin der französischen Verfassungsentwicklung verpflichtet. Zwar hat man nicht unmittelbar auf die revolutionäre französische Erklärung der Menschen- und Bürgerrechte von 1789 zurückgegriffen. Ein Begriff wie Menschenrechte war durch die Ereignisse der Französischen Revolution zu stark belastet, so daß er zu Beginn des 19. Jahrhunderts weder in deutschen noch französischen Verfassungen aufgegriffen werden konnte. Bei der Verfassunggebung im Vormärz war aber die Charte Constitutionelle von *Ludwig XVIII.* aus dem Jahre 1814 gegenwärtig. Gerade diese Rechtegewährleistung in einer Verfassung, die der restaurativen Politik im Vormärz verpflichtet war, konnte legitimierend herangezogen werden, um den Einwand zu entkräften, daß Freiheitsrechte in Verfassungen den Zielen der Restaurationspolitik im Vormärz entgegenstehen würden.

23
Belastung der „Menschenrechte" durch Revolutionsterror

Nicht zuletzt war der Grundrechtsteil in den Verfassungen des Vormärz ein Ergebnis des emanzipativen Zeitgeistes, der von der bürgerlichen Gesellschaft getragen sich in zahlreichen politischen Debatten, Flugschriften und anderen Äußerungen zu Beginn des 19. Jahrhunderts Ausdruck verschaffte (hierzu E). Dieser Zeitgeist drängte auf die Gewährung von liberalen Grundrechten[58]. Bei der Verfassunggebung im Vormärz fühlten sich die jeweils zuständigen Organe durch den Druck des Zeitgeistes dazu veranlaßt, die liberalen bürgerlichen Forderungen zu berücksichtigen und in die Verfassungen einen Grundrechtsteil aufzunehmen. Dies wurde auch von monarchischer Seite erkannt, wenn der württembergische König 1815 äußerte, daß die „willkürliche Macht des Regenten den Rechten eines freien und selbständigen Volkes entgegenstehe"[59]. Damit ist die These zu einseitig, die Grundrechte in den Verfassungen des Vormärz seien nicht vom Bürgertum erkämpft und nach eigenen Vorstellungen gestaltet, sondern lediglich vom Monarchen verliehen worden[60]. Die vormärzlichen Grundrechtsverbürgungen waren zwar nicht durch eine Revolution erreicht worden, sie lagen aber auf der Linie eines emanzipativen bzw. revolutionären Zeitgeistes, der Grundrechte in Verfassungen forderte. Ebenso einseitig ist die Behauptung, die staatsbürgerlichen Rechte seien der „tradierten Staatsordnung gleichsam übergestülpt, so daß eine Ausweitung der Freiheitsrechte an fast eherne Grenzen stieß"[61]. Hier wird nicht ausreichend gewürdigt, daß die Zeit des Vormärz auch durch Liberalisierungen geprägt war, die gemeinsam von Monarchie und Bürgertum auf den Weg gebracht wurden[62].

24
Einseitige These der lediglich vom Monarchen verliehenen Grundrechte

---

58 Vgl. *Weis* (FN 49), S. 425 f.; zu den „Staatsbürgerrechten als Konzessionen an den Zeitgeist" v. *Rimscha* (Bibl.), S. 49 ff.; dies verkennt *Brandt*, Urrechte und Bürgerrechte im politischen System vor 1848, in: Birtsch (FN 4), S. 460, 461, der die Kodifizierung von Bürger- und Untertanenrechten „bürokratischem Kalkül" zuweist.
59 Zitiert nach *Wunder*, Grundrechte und Freiheit in den württembergischen Verfassungskämpfen 1815-1819, in: Birtsch (FN 4), S. 435, 438.
60 So *Grimm*, Die Entwicklung der Grundrechtstheorie in der deutschen Staatsrechtslehre des 19. Jahrhunderts, in: Birtsch (FN 5), S. 234, 237; *Klaus Kröger*, Grundrechtsentwicklung in Deutschland, 1998, S. 15.
61 *Kröger* (FN 60), S. 15.
62 Vgl. exemplarisch zur Entwicklung der Gewerbefreiheit in Bayern: *Jan Ziekow*, Freiheit und Bindung des Gewerbes, 1992, S. 435 ff.

25

Fehlendes naturrechtlich-revolutionäres Pathos

Die Grundrechte in den Verfassungen des Vormärz ebenso wie in allen europäischen Verfassungen des 19. Jahrhunderts waren keine naturrechtlichen oder vorstaatlichen, sondern vom Staat bzw. von der Monarchie den Bürgern gewährte Rechte[63]. Wenn hierdurch den Grundrechten die naturrechtlich-revolutionäre Spitze und das in Revolutionszeiten übliche Pathos genommen wird, so steht dies im Kontext einer gemeineuropäischen Grundrechtsentwicklung und ist nicht Kennzeichen einer gerade in Deutschland retardierenden Verfassungsentwicklung.

C. Naturrechtliche und staatstheoretische Grundrechtslehren

I. Die Grundrechte im Naturrecht und in der Staatstheorie der zweiten Hälfte des 18. Jahrhunderts

26

Fehlende Rechtsgarantie eines staatsfreien Raumes bis ins 18. Jahrhundert

In der Staatstheorie und Naturrechtslehre bis weit in das 18. Jahrhundert hatte der Staat bei der Einschränkung der natürlichen Freiheit weitestgehend freie Hand. Dies lag auf der Linie der überkommenen Lehren vom Gesellschafts- und Herrschaftsvertrag, nach denen die Staatsgewalt die natürliche Freiheit zur Erreichung allgemeiner Sicherheit und Wohlfahrt begrenzen und reglementieren durfte[64]. Freiheit wurde von der staatlichen Reglementierung her gedacht: Sie bestand nur dort, wo nicht Recht oder Herkommen das Verhalten der Untertanen bestimmten. Die natürliche Freiheit sollte allerdings – ein oft formulierter Gemeinplatz – nicht über Gebühr und nicht ohne Not eingeschränkt werden[65]. Diesen Rechtfertigungszwang zu beachten, war eine Frage guter Politik durch eine vernünftige Regierung, aber keine rechtsverbindliche Vorgabe mit der Garantie eines staatsfreien Raumes[66]. Diese an sich seit langem geläufige Idee des Freiheitsschutzes orientierte sich noch nicht an einer staatsfreien Sphäre grundrechtlicher Freiheit; sie formulierte jedoch bereits in differenzierter Weise die Ambivalenz von Freiheit und Bindung.

---

63 *Michael Stolleis*, Geschichte des öffentlichen Rechts in Deutschland, Bd. 2, 1992, S. 115.

64 Zur mangelnden Resistenz der libertas naturalis gegen freiheitsaufhebende Verträge: *Klippel*, Art. Freiheit VI, in: Brunner/Conze/Koselleck (FN 5), S. 473 m.N.; *Conrad*, Rechtsstaatliche Bestrebungen (FN 25), S. 32 f.

65 *Johann Stephan Pütter*, Beyträge zum Teutschen Staats- und Fürstenrecht, Bd. 1, Göttingen 1777, S. 354.

66 *Heinrich Gottfried Scheidemantel*, Das allgemeine Staatsrecht überhaupt und nach der Regierungsform, Jena 1775, § 217; *Friedrich Carl v. Moser*, Beherzigungen, Frankfurt ³1762, S. 289 ff.; *Klippel* (FN 64), S. 474 f.

1. Die Grundrechtstheorie des emanzipativen Naturrechts ausgangs des 18. Jahrhunderts

In der zweiten Hälfte des 18. Jahrhunderts entwickelte sich die Vorstellung, daß der Einzelne Freiheitsrechte gegenüber dem Staat geltend machen könne. Die damit angesprochene emanzipative Strömung des Naturrechts des ausgehenden 18. Jahrhunderts war dem deutschen Frühliberalismus verpflichtet[67]; ihr Verfassungskonzept orientierte sich an Gewaltenteilung sowie an bürgerlicher und politischer Freiheit. Dabei stellte man nicht mehr den Staat, sondern die Autonomie des Individuums und die Umgestaltung der ständischen zu einer bürgerlichen Gesellschaft in den Vordergrund. Die Übergänge zwischen den überkommenen und den neueren, emanzipativen Naturrechtslehren waren im Hinblick auf den Freiheitsschutz zum Teil fließend[68]. Hebel für die emanzipative Stoßrichtung sind die „iura connata"[69], die nunmehr eine revolutionäre Sprengkraft entwickeln, das Prinzip, daß der Herrscher sich nicht über jene Regelungen hinwegsetzen dürfe, „was das absolut natürliche Recht gebietet oder verbietet"[70], oder letztendlich, daß das Naturrecht bzw. das Allgemeine Staatsrecht mit seinen Rechtekatalogen als eine Art von Ersatzverfassung zu begreifen sei[71].

Nimmt man die Erklärung der Menschen- und Bürgerrechte von 1789 zum Bezugspunkt, so sind deren Ideen von unveräußerlichen Menschenrechten und grundrechtlicher Freiheit in Deutschland zum Teil schon zuvor entwickelt worden, die Diskussion wird aber nach diesem Zäsurereignis in einer nunmehr breiten Publizistik deutlich radikaler und kontroverser[72]. Dem jetzt in den Vordergrund tretenden individualistischen Menschenbild entsprach ein Urrecht auf Freiheit und Gleichheit als Bollwerk gegen staatliche Reglementierung. Dabei trennte man zwischen bürgerlicher Freiheit als staatsfreier, autonom zu gestaltender Sphäre und politischer Freiheit als Freiheit zu politi-

---

67 Hierzu *Wilhelm* (Bibl.), S. 1 ff. m.N. zur Kontroverse, ab wann von Frühliberalismus in Deutschland gesprochen werden kann.
68 Zu *Justis* Konzept der „Freiheit des Bürgers" als „erste wesentliche Eigenschaft aller bürgerlichen Verfassungen" und zur Gewährleistung von Freiheit als oberstem Staatszweck vgl. *Wilhelm* (Bibl.), S. 130 ff.; zur Freiheit des Gewissens als unveräußerlichem Recht bei Friedrich dem Großen: *Kroll*, Das Problem der Toleranz bei Friedrich dem Großen, in: Forschungen zur brandenburgischen und preußischen Geschichte, N.F. Bd. 10 (2000) S. 53, 63 f.; zusammenfassend *Klippel*, Die Theorie der Freiheitsrechte am Ende des 18. Jahrhunderts in Deutschland, in: Heinz Mohnhaupt (Hg.), Rechtsgeschichte in den beiden deutschen Staaten, 1991, S. 348, 353 ff.
69 Zu der hier nicht weiter zu verfolgenden Streitfrage, ob die „iura connata" bereits bei *Christian Wolff* eine Freiheitssphäre des Individuums umschreiben, die vor Eingriffen des Souveräns schützt: *Klippel*, Persönlichkeit oder Freiheit, in: Birtsch (FN 5), S. 269, 278 ff.; *Wilhelm* (Bibl.), S. 85 f.
70 *Johann Bernhard Christoph Eichmann*, Erklärungen des Bürgerlichen Rechts, 1. Theil, Berlin und Stralsund 1779, S. 46 mit Beispielen.
71 Zum jüngeren Naturrecht als Verfassungsersatz: *Klippel* (Bibl.), S. 113 ff., 184 ff.; zur Verfassungsrechtsqualität des Allgemeinen Staatsrechts: *Robert Schelp*, Das Allgemeine Staatsrecht – Staatsrecht der Aufklärung, 2001, S. 188 ff., 195; *Würtenberger*, An der Schwelle zum Verfassungsstaat, in: Aufklärung 3/2 (1988), S. 53, 80; *Schröder*, „Naturrecht bricht positives Recht" in der Rechtstheorie des 18. Jahrhunderts?, in: FS P. Mikat, 1989, S. 419 ff.
72 Hierzu *Bödeker*, Zur Rezeption der französischen Menschen- und Bürgerrechtserklärung von 1789/1791 in der deutschen Aufklärungsgesellschaft, in: Birtsch (FN 4), S. 258 ff.; *ders.*, „Menschenrechte" im deutschen publizistischen Diskurs vor 1789, in: Birtsch (FN 5), S. 392 ff.

§ 2 Erster Teil: I. Idee und geschichtliche Entwicklung

scher (Mit-)Gestaltung. Zweck des Staates war nicht die Verwirklichung von Gemeinwohl, sondern die Aufrechterhaltung der Freiheit der Menschen[73]. Deren Wahrung wurde zum Bezugspunkt der Gesetzgebung[74].

29
Ablehnung einer Gesellschaft gleicher Bürger

Die Idee der Gleichheit wurde – anders als im Frankreich der Revolutionszeit – nicht bereits im ausgehenden 18. Jahrhundert zum allseits anerkannten Bezugspunkt einer revolutionären Umgestaltung der Gesellschaft. Die revolutionäre Forderung nach einer Gesellschaft gleicher Bürger stieß vor allem bei den deutschen Jakobinern auf Zustimmung[75], sonst aber auf erhebliche Skepsis und dezidierte Ablehnung. Übereinstimmung herrschte lediglich insoweit, als bürgerliche Freiheit, wird sie gewährt, immer nur gleiche Freiheit sein könne[76], – ein Grundsatz, der auch die moderne Grundrechtsdogmatik beherrscht.

30
Unveräußerliche Rechte als Schranken des Gesetzgebers

Das neue Konzept der bürgerlichen Freiheit zielte auf Staatsfreiheit durch Menschenrechte[77]. Die überkommene naturrechtliche Vertragstheorie, wonach die natürliche Freiheit durch den Zusammenschluß zu einer Gesellschaft aufgegeben werde, wurde bestritten: „Dies soll ... in der bürgerlichen Gesellschaft die Hauptabsicht sein, daß ein jeder die vollkommenste Garantie aller seiner Menschenrechte und des Genusses derselben darinnen findet"[78]. *Svarez* nannte als Schranken des Gesetzgebers die „sogenannten unveräußerlichen Rechte der Menschheit", die man „durch ... Übertritt in die bürgerliche Gesellschaft nicht verlieren kann"; dies waren das Leben, die autonome Selbstbestimmung und „das Vermögen, ... seine Glückseligkeit zu befördern"[79].

31
Schutz der Privatsphäre

Eine Ausdifferenzierung dieses Ansatzes betraf den Schutz der Privatsphäre. Bis weit in das 18. Jahrhundert verband sich mit dem ius inspicionis das Recht zur Überwachung und Erhebung von Informationen, soweit dies vom Gemeinwohl gefordert war[80]. Die Naturrechtslehre des ausgehenden 18. Jahrhunderts erkannte demgegenüber eine Privatsphäre in Haus und Familie an, die staatlichen Eingriffen weitgehend entzogen war[81]. Vergleichbare Entwicklungen vollzogen sich im Bereich der Auswanderungsfreiheit, die man teilweise zu den unveräußerlichen Menschenrechten zählte[82], oder im Bereich

---

73 *Ernst Gottlob Morgenbesser*, Beiträge zum republikanischen Gesetzbuche, 1798, hg. von Wolfgang Schild, 2000, S. 19 ff., 33 (der Staat als „die neue bürgerliche Gesellschaft der Menschen zur gemeinsamen Sicherstellung der Freiheit"); *Klippel* (FN 69), S. 282 ff.
74 *Heinrich Würzer*, Revolutionskatechismus, Berlin 1793, S. 71 f., 84 f. 98 ff.; *Anonym*, Darstellung des Fürstenbundes, Frankfurt und Leipzig 1787, S. 11 („Bürgerliche Freiheit ist, was Gesetze einem jeden Menschen wider alle willkürliche Gewalt bei Ehre, Leib und Gut sichern").
75 Nachweise bei *Klippel* (FN 68), S. 372 ff.
76 *Pütter* (FN 65), S. 352: „verhältnismäßige Gleichheit" bei Freiheitsbeschränkungen; *Dann* (FN 28), S. 1019 ff. m.N.
77 *Jörn Garber*, Vom „ius connatum" zum „Menschenrecht". Deutsche Menschenrechtstheorien der Spätaufklärung, in: *ders.*, Spätabsolutismus und bürgerliche Gesellschaft, 1992, S. 158, 166 ff.
78 *Johann August Schlettwein*, Die Rechte der Menschheit oder der einzige wahre Grund aller Gesetze, Ordnungen, Verfassungen, Gießen 1784, S. 451.
79 *Krause* (FN 25), S. 546 f.
80 Zum folgenden *Gisa Austermühle*, Zur Entstehung und Entwicklung eines persönlichen Geheimsphärenschutzes vom Spätabsolutismus bis zur Gesetzgebung des Deutschen Reiches, 2002, S. 28 ff., 36 ff.
81 *Austermühle* (FN 80), S. 42 ff.
82 So etwa von *Svarez*, vgl. *Krause* (FN 25), 2. Teil, S. 593; *Jan Ziekow*, Über Freizügigkeit und Aufenthalt, 1997, S. 90 ff., 103.

der Meinungsfreiheit[83]. Nicht zuletzt sollten die Menschenrechte die Freiheit der privatrechtlich handelnden Bürger schützen. Als angeborene Rechte, die nicht veräußerlich sind, wurden sie zur Grundlage der bürgerlichen Erwerbsgesellschaft.

Damit wurde die Privatrechtsordnung zugleich auch eine nach den Menschenrechten gestaltete bzw. in richtiger Weise zu gestaltende Ordnung. Im natürlichen Privatrecht herrschten Freiheit und Gleichheit bzw. Privatautonomie und das Belieben des Eigentümers[84]. In die Freiheit der privatrechtlichen Gestaltung durfte der Staat nicht ohne dringende Notwendigkeit eingreifen. Die Menschenrechtslehre stand insofern nicht allein an der Nahtstelle zwischen privatem und öffentlichem Recht[85], sondern war ein bedeutsamer Teil des natürlichen Privatrechts[86].

32
Menschenrechtlicher Einfluß auf das Privatrecht

Die durch den Übergang zur privatrechtlichen Vertragsgesellschaft verursachten Konflikte wurden von *Klein* definiert als Widerstreit zwischen der „bürgerlichen Freiheit", die darauf beruht, daß die Einzelnen „ihre eigene Wohlfahrt nach besten Einsichten ... befördern", und dem Eigentumsschutz der Feudalrechte[87]. Er plädierte für eine Evolutionsstrategie, in der sich die bürgerliche Freiheit nach und nach durchsetzt. Derartige evolutionäre Veränderungen lassen sich exemplarisch im Bereich des Schutzes von Privateigentum gegen die Staatsgewalt verfolgen, der zu Ende des 18. Jahrhunderts stärker akzentuiert wird, um schließlich eine revolutionäre Stoßrichtung zu erhalten. Unter vier Voraussetzungen darf vom Staat in das Eigentum eingegriffen werden[88]:

33
Konflikt zwischen bürgerlicher Freiheit und dem Eigentumsschutz der Feudalrechte

(1.) Durch vernünftige Gesetze kann die Nutzung des Eigentums geregelt werden; Ziele dieser Gesetze sind das Wohlergehen des Einzelnen und das öffentliche Wohl. Dies würden wir heute als Sozialbindung des Eigentums bezeichnen, die durch den Gesetzgeber zu regeln ist. Von *Pütter* wird die gemeinwohlorientierte Bindung von Eigentum und Freiheit dahin eingegrenzt, daß „alle Untertanen in verhältnismäßiger Gleichheit" betroffen sein müssen[89].

34
Eigentumsnutzung durch gesetzliche Regelungen

(2.) Der Schutz des Eigentums richtet sich grundsätzlich nicht gegen Steuern und Abgaben – eine Position, die heute kontrovers diskutiert wird. Gleichwohl werden Lehren von den Steuerzwecken und von der Steuergleichheit entwickelt, die ihrerseits der Limitierung von Eigentumseingriffen dienen[90].

35
Eigentumsschutz nicht gegen Abgaben

---

83 Zur Meinungsfreiheit als unverzichtbarem Menschenrecht: *Dieter Grimm*, Soziale Voraussetzungen und verfassungsrechtliche Gewährleistungen der Meinungsfreiheit, in: *ders.*, Recht und Staat (Bibl.), S. 232, 240 ff.
84 *Klippel*, Das „natürliche Privatrecht" im 19. Jahrhundert, in: *ders.* (FN 54), S. 221, 237 ff.
85 *Garber* (FN 77), S. 173.
86 *Klippel* (FN 84), S. 243; zu den Privatrechtskodifikationen unten RN 58 ff.
87 *Ernst Ferdinand Klein*, Freiheit und Eigentum, Berlin und Stettin 1790, S. 93; zu *Klein* als Vordenker des Übergangs zur modernen bürgerlichen Gesellschaft: *Kleensang* (Bibl.), S. 32 ff. und passim; vgl. weiter *Garber* (FN 77), S. 175.
88 So *Samuel von Pufendorf*, Über die Pflicht des Menschen und des Bürgers nach dem Gesetz der Natur (1673), hg. von Klaus Luig, 1994, S. 200 f.; *Jean-Jacques Burlamaqui*, Principes ou éléments du droit politique, Lausanne 1784, S. 264.
89 *Pütter* (FN 65), S. 354.
90 *Pufendorf* (FN 88), S. 200; *Burlamaqui* (FN 88), S. 269 f.; *Pütter* (FN 65), S. 356; *Johann Heinrich Gottlob von Justi*, Der Grundriß einer guten Regierung, Frankfurt und Leipzig 1759, S. 25, 246.

36
Enteignungen nur bei wichtigen Gründen des Gemeinwohls

(3.) Eine Enteignung ist nur aus gewichtigen Gründen des öffentlichen Wohls statthaft[91]. Dem Schutz des Eigentums und damit menschlicher Entfaltungsfreiheit dient, daß der Landesherr nicht willkürlich kraft eines Obereigentums[92] den Untertanen ihr Eigentum entziehen darf, sondern daß nur das Wohl des Staates und der Einzelnen Eingriffe in das Eigentum rechtfertigt. Die Enteignungsvoraussetzungen der Reichspublizistik entsprechen durchaus modernen Maßstäben. So ist nach damaligen Fallgruppen die möglichst geradlinige Anlage einer Chaussee ein die Enteignung rechtfertigender gewichtiger Grund[93].

37
Enteignungen nur gegen angemessene Entschädigung

(4.) Eine derartige Enteignung erfordert eine angemessene Entschädigung[94]. Deren Voraussetzungen wurden bereits im 18. Jahrhundert kontrovers diskutiert. Mit heutigen dogmatischen Positionen vergleichbar konnte situationsbedingt von einer Entschädigung abgesehen werden: Wer z.B. am Festungsgraben ein Haus baut, muß damit rechnen, daß bei Verbesserung der Festungsanlage sein Haus abgerissen wird. Der Entzug derart situationsbelasteten Eigentums wird nicht entschädigt[95].

38
Kein Eigentumsschutz für die Rechte der ständischen Gesellschaft

Der im emanzipativen Naturrecht und im Allgemeinen Staatsrecht entwickelte Eigentumsschutz erhielt seit der Französischen Revolution eine revolutionäre Stoßrichtung. Grundrechtsschutz genoß lediglich das bürgerliche Eigentum. Die Eigentumspositionen der alten ständischen Gesellschaft wurden vom staatlichen Eigentumsschutz ausgenommen[96]. Hinzu kam ein am Gleichheitssatz ausgerichtetes und gegen die Privilegierung des Adels gerichtetes Steuerrecht, das in Konkretisierung der Grundsätze einer „bürgerlichen Verfassung" entwickelt wurde[97]. Das Problem einer revolutionären Umgestaltung der ständischen Eigentumsordnung wurde im vorrevolutionären Deutschland von *Pütter* auf die Frage zugespitzt, „ob [...] privilegierte Zünfte berechtigt seien, es zu verhindern, wenn alle Zünfte abgeschafft, oder überhaupt zum gemeinen Besten eine oder andere Veränderungen darin gemacht werden sollten?"[98]. Im Sinne einer Revolution von oben wies er derartige Regelungen dem Landesherrn zu. Um des allgemeinen Wohls willen müßten

---

91 *Pufendorf* (FN 88), S. 200f.; *Burlamaqui* (FN 88), S. 274f.; *Johann Stephan Pütter*, Kurzer Begriff des teutschen Staatsrechts, Göttingen 1764, S. 120; zu den Differenzierungen bei der Diskussion der Enteignungsvoraussetzungen: *Heinrich de Wall*, Die Staatslehre Johann Friedrich Horns, 1992, S. 185 ff. m.N.; *Christoph Link*, Herrschaftsordnung und bürgerliche Freiheit, 1979, S. 174 ff.
92 Zur Diskussion dieses Instituts vgl. *Schwab*, Art. Eigentum, in: Brunner/Conze/Koselleck (FN 5), S. 65, 96 ff. m.N.
93 *Pütter* (FN 65), S. 358 f. – Wenn *Peters* (FN 30), S. 126, hierin eine relativ niedrig angesetzte Enteignungsgrenze sieht, so fordert er von der Enteignungsdogmatik des 18. Jh. mehr Bestandsschutz des Eigentums, als die grundgesetzliche Enteignungslehre gewährt.
94 *Peters* (FN 30), S. 136 m.N. zur Reichspublizistik; *de Wall* (FN 91), S. 191 f. m.N. zu Differenzierungen in der Entschädigungspflicht (z.B. Leistungsfähigkeit des Staates als Grenze).
95 *Burlamaqui* (FN 88), S. 275; anders *Pütter* (FN 65), S. 358, der eine Entschädigungspflicht des Staates bejaht.
96 Nachweise bei *Schwab* (FN 92), S. 74 ff.; zur Ablehnung von Privilegien und Regalien im Allgemeinen Staatsrecht: *Schelp* (FN 71), S. 230 ff.
97 *Johann Heinrich Gottlob von Justi*, Ausführliche Abhandlung von denen Steuern und Abgaben nach Ächten, aus dem Endzweck der bürgerlichen Gesellschaften abfließenden Grundsätzen, Königsberg und Leipzig 1762, S. 26 ff., 34 ff.
98 *Pütter* (FN 65), S. 360 f.

möglicherweise überkommene und nun funktionslos gewordene Rechte und Privilegien[99] zurückstehen. Nach der Französischen Revolution setzte sich endgültig der Gedanke durch, daß die Integrität eines „verjährten Besitzstandes" eine Reform der Eigentumsordnung nicht blockieren dürfe[100]. *Ernst Ferdinand Klein* brachte die Voraussetzungen der Schutzwürdigkeit von Eigentum auf den Punkt: Eigentum dient der Verwirklichung der Freiheit[101]. Wenn gesellschaftliche Freiheit eine Umgestaltung der Eigentumsordnung erfordert, ist dies eine legitime staatliche Maßnahme[102]. Damit sind die Probleme und die Möglichkeiten einer liberalen Umgestaltung der ständischen Eigentumsordnung angesprochen. Fehlten auch die politische Kraft und der Wagemut, die Eigentumsordnung der Stände- und Zunftverfassung durch eine aus der Gewerbefreiheit hervorgehende Eigentumsordnung rechtlich abzulösen, so suchte man doch, die ständische Eigentums- und Berufsordnung zurückzudrängen und unternehmerischen Initiativen Raum zu geben.

Eigentum als Verwirklichung von Freiheit

2. Grundrechte als Forderung des wirtschaftlichen Frühliberalismus

In diese Richtung zielend setzten sich seit den sechziger Jahren des 18. Jahrhunderts zunehmend wirtschaftsliberale Ideen durch[103]. Die Gewährung von Handels- und Gewerbefreiheit lag nun nicht mehr im wirtschaftspolitischen Gestaltungsermessen des Landesherrn und seiner aufgeklärten Wirtschaftspolitik. Wohl als erster im deutschen Sprachraum plädierte *Justi* für Handels- und Gewerbefreiheit[104], erhoffte von Eigeninitiative wirtschaftliche Prosperität und entwarf das Bild einer freien Wirtschaftsgesellschaft[105]. Zur Maximierung wirtschaftlicher Prosperität riet er der Monarchie, Eigentumsfreiheit und Gewerbefreiheit als „unbewegliche" und „unveränderliche" Grundregeln einzuräumen, da sie die „Arbeitsamkeit des Volkes" steigern würden. Aus dem Kreis der deutschen Physiokraten setzte sich vor allem *Schlettwein* für eine uneingeschränkte Gewerbe- und Handelsfreiheit ein und stritt damit gegen

39

Durchsetzung wirtschaftsliberaler Ideen

---

99 Zum Widerruf von (Exklusiv-)Privilegien, zu ihrem Einsatz zur Wirtschaftssteuerung und zur bloßen Aufsicht bei der Erteilung von Konzessionen: *Willoweit*, Gewerbepriveleg und „natürliche" Gewerbefreiheit, in: Karl Otto Scherner/Dietmar Willoweit (Hg.), Vom Gewerbe zum Unternehmen, 1982, S. 60, 85 ff., 90 ff., 103 ff.
100 *Birtsch*, Freiheit und Eigentum, in: Rudolf Vierhaus (Hg.), Eigentum und Verfassung, 1972, S. 179, 184.
101 Zu dieser historischen Wurzel von BVerfGE 31, 229 (239) vgl. *Kleensang* (Bibl.), S. 82, 90 ff.
102 *Klein* (FN 87), S. 116 f.; *Birtsch* (FN 100), S. 186 f.; zur damit aufgeworfenen Problematik der Entschädigung von Eigentumspositionen des überkommenen Rechts: *Schwab* (FN 92), S. 99 ff.
103 *Klippel* (FN 68), 362 ff.; *Günter E. Krug*, Die Entwicklung ökonomischer Freiheitsrechte in Deutschland im Wandel von Staat, Wirtschaft und Gesellschaft vom Ancien Régime bis zur Reichsgründung (1776-1871), 1995, S. 256 ff.; *Dipper*, Naturrecht und wirtschaftliche Reformen, in: Dann/Klippel (FN 13), S. 164 ff.
104 *Johann Heinrich Gottlob von Justi*, Die Grundfeste zu der Macht und Glückseligkeit der Staaten, Bd 1, Königsberg 1760, §§ 794 ff.: „Von der Freiheit der Commercien und Gewerbe"; zuvor bereits *Veit Ludwig von Seckendorff*, Deutscher Fürstenstaat, Jena 1733, ND 1972, S. 219 f.; *Willoweit*, Dominium und proprietas. Zur Entwicklung des Eigentumsbegriffs in der mittelalterlichen und neuzeitlichen Rechtswissenschaft, in: Historisches Jahrbuch 94 (1974), S. 94; kritisch *Klippel*, „Libertas commerciorum" und „Vermögens-Gesellschaft", in: Birtsch (FN 4), S. 313, 322.
105 *Wilhelm* (Bibl.), S. 143, 145 ff. (zum Fortwirken von *Justis* Konzeption ökonomischer Freiheit), S. 256 (zur Wirtschaftsfreiheit bei *Niklas Vogt*).

Zünfte, Monopole und Preistaxen[106]. Gefordert wurden „Freiheit in dem Gebrauch des Landes", „allgemeine Freiheit des Umsatzes und Verbrauchs der Produkte", „uneingeschränkte Konkurrenz" oder „uneingeschränkte Freiheit der Nahrung, der Gewerbe und des Handels"[107]. Reichs- und Landesgesetzen, die diese Freiheit beschränkten, bestritt man die Gültigkeit. Auch nach den Zäsurjahren der Französischen Revolution wurde auf breiter Front gegen die alte Zunftverfassung polemisiert und eine freie Eigentums- und Wirtschaftsordnung gefordert[108].

40
Grundrechtsforderungen im Gewand aufgeklärter Ökonomie

In der Staatstheorie der zweiten Hälfte des 18. Jahrhunderts wurden Grundrechtsforderungen in das Gewand aufgeklärter politischer Ökonomie gekleidet, um sie auch jenen plausibel zu machen, die nicht der emanzipativen politischen Aufklärungsphilosophie anhingen. Von besonderer Überzeugungskraft war, daß der Zusammenhang von „verfassungsrechtlichen Reformen in liberaler Absicht" – vor allem was die Gewährung von Wirtschaftsfreiheit angeht – und ökonomischer Prosperität des Staates betont wurde. Hier wie auch sonst im Grundrechtsdiskurs des ausgehenden 18. Jahrhunderts fällt auf, daß sich naturrechtliche mit utilitaristischen und gemeinwohlorientierten Argumentationslinien verbinden. Aus dieser Verbindung resultierte für die frühen Formen des Wirtschaftsliberalismus und für die physiokratischen Lehren, die die Gewährung von Grundrechten forderten, eine besondere emanzipative Wirkung[109]. Bezugspunkt dieser Forderungen blieb der Monarch, der zur Umgestaltung der Wirtschaftsordnung aufgerufen wurde; auch im wirtschaftlichen Bereich fehlte den Rechte-Forderungen die revolutionäre Spitze[110].

3. Die Autonomie der Persönlichkeit und das Gesetz der Freiheit bei Kant

41
Einfluß Kants auf die Konzeption von Freiheitsrechten

Die Philosophie *Kants* gewann seit den ausgehenden achtziger Jahren des 18. Jahrhunderts einen wesentlichen Einfluß auf die Neukonzeption von Freiheitsrechten[111]. Daß „der Mensch ... als Zweck an sich selbst, nicht bloß als Mittel zum beliebigen Gebrauch für diesen oder jenen Willen" existiert[112], definierte die Menschenwürde in klassischer Weise und diente als Ausgangspunkt der Begründung einer Sphäre der Freiheit. Der Mensch wurde als ein in seiner sittlichen Autonomie unabhängiges Individuum betrachtet, das sich

---

106 Nachweise bei *Klippel* (FN 68), S. 325 ff.
107 Nachweise bei *Dipper* (FN 103), S. 169; *Isaak Iselin*, Träume eines Menschenfreundes, Bd. 1, Carlsruhe 1784, S. 156 f.
108 *Karl Friedrich Klinckhard*, Ideen zur Philosophie der Gesetzgebung, Carlsruhe 1792, S. 84 ff. (gegen die Luxusverbote), S. 152 ff. (gegen die Zunftverfassung); *Niedzielska*, Zwischen altständischer Kontestation und modernem Konstitutionalismus, in: Bärbel Holtz/Hartwin Spenkuch (Hg.), Preußens Weg in die politische Moderne, 2001, S. 59 ff. (zu den Verbindungslinien wirtschaftsliberalen Denkens in das 19. Jh.).
109 *Klippel* (FN 104), S. 323 ff.; *ders.*, Der Einfluß der Physiokraten auf die Entwicklung der liberalen politischen Theorie in Deutschland, in: Der Staat 23 (1984), S. 205 ff.
110 *Dipper* (FN 103), S. 172 f. m.N.
111 *Klippel* (FN 68), S. 367 f.
112 *Immanuel Kant*, Grundlegung zur Metaphysik der Sitten (1785), in: *ders.*, Werke, hg. von Wilhelm Weischedel, Bd. 4, 1956, S. 59 f.; zum folgenden *Ralph Alexander Lorz*, Modernes Grund- und Menschenrechtsverständnis und die Philosophie der Freiheit Kants, 1993, S. 71 ff.

nach eigenem Willen selbst verwirklicht. Freiheit als „Unabhängigkeit von eines anderen nötigender Willkür ... ist (das) einzige, ursprüngliche, jedem Menschen, kraft seiner Menschheit, zustehende Recht"[113]. Recht und Staat können sich nur aus der Aufgabe der Sicherung dieser menschlichen Würde und Freiheit rechtfertigen. Die dieses Ziel verwirklichende Rechtsordnung ist vernunftrechtlich zu begründen. Durch den Gebrauch seiner Vernunft kann der Mensch eine Rechtsgemeinschaft schaffen, „in welcher Freiheit unter äußeren Gesetzen im größtmöglichen Grade, mit unwiderstehlicher Gewalt verbunden, angetroffen wird"[114]. Demgemäß ist es die häufig aufgegriffene Leitidee einer republikanischen Verfassung, daß nach ihrer Rechtsordnung die Freiheit des einen mit jedermanns Freiheit nach allgemeinen Gesetzen zusammenbestehen kann[115]. Eine solche Rechtsordnung gewährt konsequenterweise eine gleiche Freiheit und verwirklicht Gleichheit in der Freiheit[116]. In einem Paradigmenwechsel gegenüber dem älteren Naturrecht wurden Freiheit und Gleichheit nicht mehr anthropologisch aus menschlichem Freiheitsbedürfnis und gerichtet auf besondere Bereiche des Freiheitsschutzes begründet, sondern auf eine allgemeine Regel bzw. auf ein universelles Prinzip zurückgeführt[117]. Diesem Prinzip war zu folgen, um Freiheit in der Rechtsordnung zu verwirklichen. Es wurde bekanntlich zur festen Basis in zahlreichen naturrechtlichen Werken des ausgehenden 18. und beginnenden 19. Jahrhunderts.

4. Grundrechte als politische Mitwirkungsrechte

Im ausgehenden 18. Jahrhundert entstand eine neue bürgerliche Öffentlichkeit, die Freiheit vom Staat und Teilhabe an der politischen Willensbildung forderte. Pressefreiheit als Voraussetzung einer bürgerlichen Öffentlichkeit trat alsbald in das Zentrum publizistischer Auseinandersetzungen. Als Freiheit zu unabhängiger politischer Berichterstattung wurde sie vom Naturrecht als unveräußerliches und vom Monarchen nicht beschränkbares Menschenrecht gefordert[118]. Pressefreiheit war hier Bestandteil sowohl der Denkfreiheit als auch der Freiheit zur Kommunikation und damit der politischen Freiheit. Die überkommenen Systeme staatlicher Zensur wurden abgelehnt, zugleich betonte man aber auch, daß die Pressefreiheit nicht gänzlich ohne Schranken gewährt werden könne. Daß Rechte anderer durch die Pressefreiheit nicht verletzt werden dürfen, war ein wiederholt geäußerter Gemeinplatz.

42
Pressefreiheit als unveräußerliches Recht

---

113 *Kant*, Die Metaphysik der Sitten (1797) (FN 112), Bd. 7, S. 345.
114 *Kant*, Idee zu einer allgemeinen Geschichte in weltbürgerlicher Absicht, 1784, 5. Satz.
115 *Kant*, Die Metaphysik der Sitten (1797), Rechtslehre, Einleitung, § C; hierzu *Reinhold Zippelius*, Geschichte der Staatsideen, ⁹1994, Kap. 16 d; *Johann Braun*, Freiheit, Gleichheit, Eigentum, 1991, S. 12 (zu *Fichte*); zur Popularisierung dieser Rechtslehre vgl. *Morgenbesser* (FN 73), S. X, 16f.
116 *Bielefeldt*, Sittliche Autonomie und republikanische Freiheit, in: Winfried Brugger (Hg.), Legitimation des Grundgesetzes aus Sicht von Rechtsphilosophie und Gesellschaftstheorie, 1996, S. 47, 54ff.
117 *Luf*, Kant und die Menschenrechte, in: FS G. Winkler, 1997, S 597ff.; *Kersting* (Bibl.), S. 208f.
118 *Kleensang* (Bibl.), S. 369ff. (zu *Ernst Ferdinand Klein*); *Wilke*, Die Entdeckung der Meinungs- und Pressefreiheit als Menschenrecht im Deutschland des späten 18. Jahrhunderts, in: Dann/Klippel (FN 13), S. 120, 124f.; *Schneider*, Art. Presse, Pressefreiheit, Zensur, in: Brunner/Conze/Koselleck (FN 5), Bd. 4, 1978, S. 899, 917f.

43

Selbständigkeit und persönliche Freiheit als Voraussetzungen bürgerlicher Mitwirkung

Ebenso allmählich, wie sich der Übergang von der ständischen zur bürgerlichen Gesellschaft vollzog, entwickelten sich Forderungen bürgerlicher politischer Mitwirkungsrechte, die (auch) dem Schutz von Freiheit dienen sollten[119]. Von einer egalitären staatsbürgerlichen Gleichheit war bis in die Mitte des 19. Jahrhunderts kaum die Rede[120]. Nach *Kant* standen politische Mitwirkungsrechte nur jenen Bürgern zu, die wirtschaftlich selbständig und persönlich frei waren[121]. Keine politischen Teilhaberechte besitzt, wer rechtlich unselbständig und von Dritten ökonomisch abhängig ist. Politische Mitwirkungsrechte hängen damit von der Möglichkeit ab, „zum Staatszweck aus eigenen Kräften und Gütern beizutragen"[122]. Zu diesem Personenkreis gehören zunächst Grundeigentümer[123], aber auch Eigentümer beweglichen Vermögens. Weiter ausgreifend wird von anderen Autoren im letzten Jahrzehnt des 18. Jahrhunderts politische Mündigkeit als Voraussetzung der Ausübung politischer Mitwirkungsrechte gefordert[124].

44

Forderungen nach einer Reform der ständischen Gesellschaft

Daß Deutschland für eine revolutionäre Ablösung der ständischen, an die überkommene Verteilung von Eigentum gebundene durch eine demokratische Repräsentation noch nicht reif war, war den zeitgenössischen Autoren durchaus bewußt. Auch begnügte man sich mit der Feststellung, daß da, wo bürgerliche Freiheit umfassend gewährt sei, man keiner politischen Freiheit bedürfe[125]. Gleichwohl gerieten die Mechanismen der ständischen Repräsentation im ausgehenden 18. Jahrhundert zunehmend unter Legitimationsdruck[126]. Einige Schriften deutscher Jakobiner[127] und die jakobinischen Verfassungsentwürfe aus den letzten Jahren des 18. Jahrhunderts[128] forderten eine grundsätzliche und revolutionäre Neugestaltung des Repräsentationssystems. In gedanklicher Vorwegnahme des Zensuswahlsystems des 19. Jahrhunderts gab es im ausgehenden 18. Jahrhundert aber auch vermittelnde Vorschläge, die alte ständische Repräsentation evolutionär durch eine an Eigentum und Besitz orientierte politische Verfassung zu reformieren. *Christian Wilhelm von Dohms* „Entwurf einer verbesserten Constitution der kaiserlich

---

119 *Moser* (FN 66), S. 620 ff.; zu *Justi* vgl. *Barbara Stollberg-Rilinger*, Vormünder des Volkes? Konzepte landständischer Repräsentation in der Spätphase des Alten Reiches, 1999, S. 206 ff.; zu *Schlözer*, ebd., S. 218 ff.
120 Vgl. aber zum demokratischen Frühliberalismus *Mauvillons*: *Wilhelm* (Bibl.), S. 185 ff.
121 *Kant*, Metaphysik der Sitten (1797), § 46; zum folgenden *Heinz-Jürgen Böhme*, Politische Rechte des Einzelnen in der Naturrechtslehre des 18. Jahrhunderts und in der Staatstheorie des Frühkonstitutionalismus, 1993, S. 52 ff.
122 *Johann Gottlieb Buhle*, Lehrbuch des Naturrechts, Göttingen 1798, § 353.
123 Zur „Repräsentation" der Eigentümer bei *Möser* und anderen Autoren des ausgehenden 18. Jh.: *Stollberg-Rilinger* (FN 119), S. 245 ff., 258 ff.
124 Nachweise bei *Böhme* (FN 121), S. 57 f.
125 Zu derartigen Abwertungen politischer Freiheit bei *Ernst Ferdinand Klein* und anderen Autoren: *Kleensang* (Bibl.), S. 337 ff.
126 *Justi* (FN 90), S. 159 f. forderte bereits 1759 „freie Wahlen" in Städten und Bezirken, an denen auch „die geringste Sorte des Volkes" beteiligt sein solle; vgl. weiter *Christian Schlözer*, Commentatio de iure suffragii in societate aequali, Göttingen 1795, S. 24 ff. (zur Repräsentation reicher und armer Schichten). – Eine umfassende Darstellung der vorrevolutionären Repräsentationsdiskussion findet sich bei *Stollberg-Rilinger* (FN 119), S. 189 ff., 234 ff.
127 Zu *Sommers* Konzeption von Demokratie und Wahlen: *Wolfrum* (FN 39), S. 166 ff., 174 ff. (zur Koppelung des Wahlrechts an das Bürgerrecht).
128 Vgl. *Dippel* (Bibl.).

freien Reichsstadt Aachen"[129] – insofern vom Reichskammergericht im Urteil in Sachen Aachen gegen Aachen vom 17. Februar 1792 übernommen[130] – brach die alte Zunftordnung auf und eröffnete Berufsständen, die sich nicht einer bestimmten Zunfttätigkeit zurechnen ließen, politische Mitwirkungsrechte. Der Kameralist *Johann Friedrich von Pfeiffer* forderte eine Repräsentativkörperschaft, die von „Besitz-Bürgern" zu wählen sei[131].

Derartige Projekte und Vorschläge einer eigentumsorientierten politischen Repräsentation im deutschen politisch-rechtlichen Denken des ausgehenden 18. Jahrhunderts blieben bis zu der verfassungsrechtlichen Neuordnung zu Beginn des 19. Jahrhunderts realitätsfern. Sie scheiterten an dem mit Recht als schwierig angesehenen und damit nicht in Angriff genommenen Umbau der ständischen Ordnung. Auch mag die Konfrontation mit den revolutionären Ereignissen in Paris dazu beigetragen haben, daß sich die Reformideen nicht breiter diskutieren und aus einem neuen emanzipativen politisch-rechtlichen Bewußtsein heraus realisieren ließen.

45
Revolutions-
ereignisse in Paris
hemmen
Reformideen

5. Freiheit und Solidarität

In den Naturrechtslehren bis weit in das 18. Jahrhundert war die „natürliche Freiheit" immer auch sozialstaatlich eingebunden. Recht auf Arbeit, Recht auf Wohnung oder Recht auf eine gesunde Umwelt fanden sich in unterschiedlicher Akzentsetzung entwickelt[132]. Dies hat *Wolff* dahin zusammengefaßt, daß es zu den Rechten und Pflichten des Menschen gehöre, sich das „hinreichend verschaffen (zu) können, was zur Notdurft, Bequemlichkeit und dem Vergnügen, ja zur Glückseligkeit erfordert wird"[133]. Zum „ius connatum" gehörte etwa das Recht, den „Genuß des hinlänglichen Lebensunterhalts" zu sichern.

46
Soziale Bindung
„natürlicher
Freiheit"

Die Trias von „liberté, égalité et fraternité" der Französischen Revolution verweist auf die soziale Freiheit. In der Menschenrechtserklärung von 1789 waren trotz zahlreicher Debatten im Vorfeld keine sozialen Grundrechte geregelt[134]. In Fortführung der naturrechtlichen Theorieansätze und zugleich auch in Auseinandersetzung mit der Französischen Revolution bezogen etwa *Fichte*[135] und der vielfach als frühsozialistisch eingestufte *Bahrdt* Sozialrechte in eine Theorie der „Rechte des Menschen und des Bürgers"

47
Keine sozialen
Rechte in der franz.
Menschenrechts-
erklärung

Fichte bezieht
Sozialrechte ein

---

129 1790. Hierzu *Dambacher* (FN 37), S. 74 ff., 204 ff.
130 Abdruck des in Sachen Aachen contra Aachen publizierten Urteils oder verbesserter Constitution der Reichs-Stadt Aachen, Aachen 1792, S. 4.
131 *Johann Friedrich von Pfeiffer*, Grundsätze der Cameral-Wissenschaft, Bd. 1, 1783, S. 68 f.; ebenso *Christian Friedrich von Ungern-Sternberg*, Blick auf die moralische und politische Welt, Bremen 1785, S. 209; *Johann Georg Schlosser*, Politische Fragmente, in: Kleine Schriften, Bd. 2, 1780, S. 238 f.; *Iselin* (FN 107), Bd. 2, 1784, S. 311 ff.; ähnlich *Friedrich Carl von Moser*, Patriotische Briefe, Frankfurt/Mainz 1767, S. 62 ff.
132 Zur Idee der sozialen Menschenrechte vgl. *Krause*, Die Entwicklung der sozialen Grundrechte, in: Birtsch (FN 4), S. 402 ff.
133 *Christian Wolff*, Grundsätze des Natur- und Völkerrechts, Halle 1754, §§ 103 ff.
134 Einzelheiten zu den Verfassungsentwürfen bei *Krause* (FN 132), S. 408.
135 Zum Recht auf das unentbehrliche Menschenrecht: *Krause* (FN 132), S. 405.

ein[136]. Zwischen einem individuellen und einem gesellschaftsbezogenen Rechtekatalog unterscheidend, formulierte man das Recht auf Dasein, das Recht auf Arbeit zum Nahrungserwerb, das Recht auf physische und moralische Vervollkommnung, das Recht auf Wahrung der Ehre und das Recht auf freie Mitteilung (Publizität). Die Bedürfnisstruktur des Menschen war, wie im Naturrecht üblich, Bezugspunkt der Rechtebestimmung. In diesem Konzept ging es zum einen um eine politische Emanzipation des Bürgertums aus den Bindungen ständischer Ordnung und zum anderen um ein garantiertes Recht für die nichtbesitzenden Schichten auf Arbeit und Subsistenz. In ähnliche Richtung zielten weitere naturrechtliche Ansätze in den neunziger Jahren des 18. Jahrhunderts, die allerdings ohne breitere Resonanz geblieben sind[137].

II. Grundrechtstheorie im Vormärz

48
Anknüpfung an naturrechtliche Ansätze

Die Grundrechtstheorie des Vormärz knüpfte zum einen an die naturrechtlichen Ansätze des ausgehenden 18. Jahrhunderts an[138]; zum anderen war sie Teil der sehr unterschiedlichen und widersprüchlichen staatstheoretischen Ansätze dieser Epoche des Umbruchs. Der Widerstreit von Konservativismus gegen Liberalismus in ihren jeweils sehr unterschiedlichen Ausprägungen oder von Rechtstradition gegen Vernunftrecht markiert jeweils sehr unterschiedliche grundrechtstheoretische Ansätze[139].

1. Liberalismus und Vernunftrecht

49
Vorstaatliche Rechte

In Anknüpfung an die naturrechtlichen Lehren vom Staatsvertrag, aber auch von *Kant*, unterschied eine bedeutsame Strömung zwischen den vorstaatlichen, jedem Menschen eigenen und unveräußerlichen Rechten und jenen Rechten, die in einem Staat in Geltung gesetzt werden[140]. Zu den Urrechten zählten unter anderem das Auswanderungsrecht als Recht der Aufkündigung der Integration in den Staatsverband[141], die Gleichheit vor dem Gesetz, die staatsbürgerliche Gleichheit, das Recht, als Person und Selbstzweck anerkannt zu werden, das Recht auf Ehre und das Recht auf Leben.

---

136 *Carl Friedrich Bahrdt*, Rechte und Obliegenheiten der Regenten und Untertanen in Beziehung auf Staat und Religion, Riga 1792, S. 3 ff.; *Jörn Garber*, Freiheit ohne Eigentum? Deutsche Solidarrechtstheorien im Einflußfeld der Französischen Revolution, in: *ders.* (Hg.), Spätabsolutismus und bürgerliche Gesellschaft, 1992, S. 192, 204 ff.
137 Nachweise bei *Garber* (FN 136), S. 224 ff.
138 Zu dieser Traditionslinie: *Kuriki*, Zum Gebrauch des Wortes „Menschenrechte" in der Geschichte der deutschen Rechts- und Staatsrechtslehre, in: FS A. Hollerbach, 2001, S. 25, 33 ff.; *Klippel*, Naturrecht und Rechtsphilosophie in der ersten Hälfte des 19. Jahrhunderts, in: Dann/Klippel (FN 13), S. 270, 287 m.N.
139 *V. Rimscha* (Bibl.), S. 83 ff.; *Grimm* (Bibl.), S. 308 ff.; *Eisenhardt*, Zur Entwicklung des Grundrechtsverständnisses in Deutschland in der ersten Hälfte des 19. Jahrhunderts, in: FS A. Söllner, 2000, S. 255 ff.
140 *Carl von Rotteck*, Lehrbuch des Vernunftrechts und der Staatswissenschaften, Bd. 2, Stuttgart 1830, S. 130 ff.; *Pfizer*, Art. Urrechte, in: von Rotteck/Welcker (Hg.), Staats-Lexikon, Bd. 15, 1843, S. 610 ff.; *Friedrich Schmitthenner*, Zwölf Bücher vom Staate, Bd. 1, Gießen ²1839, S. 269 ff.; vgl. *Oestreich* (Bibl.), S. 87 f.; *Grimm* (Bibl.), S. 312 ff.
141 S. oben RN 31; → Bd. IV: *Merten*, Freizügigkeit.

Freiheit wurde vernunftrechtlich dahin definiert, alles tun zu dürfen, was „vernunftmäßige Gesetze" gestatten. Diese können durch die Einflußnahme einer freien öffentlichen Meinung sowie durch ein gewaltenteiliges politisches System zustande kommen. Ihr Bezugspunkt ist im Sinne *Kants* „die Aufhebung des Widerspruchs zwischen der äußeren Freiheit des Einen mit der äußeren Freiheit aller Anderen", – und damit die „größtmögliche und gleiche Freiheit aller"[142]. Ist dies garantiert, kann die Herrschaft des Gesetzes zur Herrschaft der Freiheit führen[143]. Gegen die alte ständische Freiheit setzte der Konstitutionalismus allgemeine Freiheit und Gleichheit. Nicht mehr an der Ständeordnung orientierte Rechtsunterschiede, sondern allgemeine Gleichheit vor dem Gesetz war die Losung[144]. Zielrichtung des Gleichheitssatzes war, „jedem frei geborenen Menschen gleichen Anspruch auf die Erwerbung der Rechte zu erteilen, die [...] im Staate erworben werden können"[145]. Gleichheit der Erwerbschancen wurde gefordert, eine materielle Gleichheit paßte aber kaum in das Konzept vormärzlicher Grundrechtstheorie[146]. Von einigen Stimmen wurde allerdings im Sinne einer klassenlosen Bürgerschaft gefordert, daß der Staat die Anhäufung des Reichtums in der Hand einiger weniger zu reglementieren habe, damit nicht die Gleichheit der Bürger gefährdet werde[147].

50 Herrschaft der Freiheit durch Herrschaft des Gesetzes

In der Lehre vom Eigentum wurde ebenfalls eine Frontstellung gegen die ständische Ordnung entwickelt. Privateigentum und Staatsgewalt wurden als eigenständige Bezirke aufgefaßt. Auf das Privateigentum hat der Staat prinzipiell keinen Zugriff; aus Privateigentum dürfen aber auch keine öffentlich-rechtlichen Herrschaftspositionen hergeleitet werden. Demgemäß wurde das alte „herrschaftliche" Eigentum mit Grundherrschaft, Patrimonialgerichtsbarkeit etc. nach und nach auf eine schlichte vermögensrechtliche Größe reduziert[148]. Für bäuerliches, bürgerliches und adeliges Grundeigentum wurde gleicher rechtlicher Status gefordert.

51 Lehre vom Eigentum

Die politische Theorie des Konstitutionalismus sah die Monarchie vielfach als Hort und Schranke grundrechtlicher Freiheit an. In den Worten von *Joseph Görres*: Die Völker haben „aus dem Taumelbecher französischer Freiheit getrunken", die Fürsten „im Schierlingstranke von Napoleons Despotismus sich betäubt und beide in der Anarchie ihre Freiheit zu begründen" geglaubt.

52 Monarchie als Hort und Schranke bürgerlicher Freiheit

---
142 *Carl von Rotteck*, Art. Freiheit, in: ders./Carl Welcker (Hg.), Staatslexikon, Bd. 6, Altona 1838, S. 60, 63, 64; *Friedrich Ancillon*, Über den Geist der Staatsverfassungen, Berlin 1825, S. 26 ff.; *ders.*, Über die Staatswissenschaft, Berlin 1820, S. 6 (Vernunft und Freiheit als die zwei Bedingungen des Gesetzes), S. 10 (Freiheit des einen als die natürliche und notwendige Grenze der Freiheit des anderen); zum vernunftrechtlichen Ansatz *von Rottecks*: *Fenske*, Carl von Rotteck, Jurist, Historiker, Politiker, Freiburger Universitätsblätter H. 158 (2002), S. 31, 45 ff.
143 Vgl. *von Rotteck* (FN 140), Bd. 1, S. 108 f.
144 Zu dieser Antithese: *Friedrich von Gentz*, Über den Unterschied zwischen landständischen und Repräsentativverfassungen, in: G. L. Klüber/K. T. Welcker (Hg.), Wichtige Urkunden über den Rechtszustand der deutschen Nation, ²1845, S. 213, 215.
145 Brockhaus, Bd. 4, ⁵1822, S. 272.
146 Zur „Gleichheit des Rechts" und der „Ungleichheit der Rechte": *Wilhelm Traugott Krug*, Dikäopolitik, Leipzig 1824, S. 137; *Dann* (FN 28), S. 1030 m.N.
147 Nachweise bei *Dipper* (FN 54), S. 115.
148 *Schwab* (FN 96), S. 65 ff., 95, 99 f. m.N.

Beide mögen „die harte Lehre [...] nie wieder vergessen, daß die Freiheit der Völker in der Freiheit der Fürsten ihre Schranke findet" und umgekehrt ebenso[149]. In welchem Umfang grundrechtliche Freiheit vom Staat einzuschränken sei, blieb eine der zentralen Fragen der konstitutionellen Theorie[150]. Deren breites Spektrum kann nur angedeutet werden: Auf der einen Seite steht etwa *Dahlmanns* dezidierte Kritik an verfassungsrechtlichen Grundrechtsgewährleistungen, die sich mit der Hoffnung verbindet, daß die Ständeversammlungen im Bewußtsein ihrer politischen Verantwortung eine gerechte Ordnung gesetzlicher Freiheit verwirklichen[151]. Auf der anderen Seite wurde kompromißlos eine „vollkommene Gleichheit an Rechten" gefordert[152]. Gegen die letztgenannten Tendenzen wurde allerdings betont, daß Sicherheit und Ordnung sowie gewichtige öffentliche Interessen zur Einschränkbarkeit grundrechtlicher Freiheit führen müßten, daß vor allem aber der Staat Hort und Garant der Freiheit sei[153].

2. Grundrechte in der konservativen Staatslehre

53
Ablehnung aufklärerischer Ideen

Die Ideen der Erklärung der Menschen- und Bürgerrechte waren im Werk von *Edmund Burke* und *Joseph de Maistre*, aber auch in deutschen revolutionskritischen Schriften auf eine teils polemische konservative Kritik gestoßen[154]. Im deutschen Sprachraum bekämpfte *Haller* als Hauptvertreter der restaurativen Staatslehre die Ideen der Aufklärung und damit auch einen Freiheitsschutz durch Menschen- und Bürgerrechte[155]. Aber sein Modell eines Patrimonialstaates, in dem der Fürst kraft seines Eigentums und seiner Freiheit herrscht, konnte sich nicht völlig den Forderungen seiner Zeit verschließen.

Auch im Patrimonialstaat Bereiche individueller Freiheit

Auch gegen den Patrimonialherrn „gibt es für jeden noch einen Kreis von Freiheit, wo er sein eigener Herr ist, in welchem ihn niemand verkümmern soll"[156]. Mit einem weitaus deutlicher akzentuierten Freiheitsschutz gelangte *Stahl* zu Ergebnissen, die sich mit der Grundrechtslehre liberaler Staatsrechtler durchaus berühren: Grundlage ist für ihn die Gottesebenbildlichkeit jedes Menschen als Individuum; Bindungen des Monarchen folgen demgemäß nicht aus einer Vertragskonstruktion, sondern beruhen auf theolo-

Bindung des Monarchen wegen Gottesebenbildlichkeit des Menschen

---

149 *Görres*, Die künftige teutsche Verfassung, in: Rheinischer Merkur, Nr. 104 v. 18.8.1814 (zit. nach *Dipper*, Art. Freiheit, in: Conze/Brunner/Koselleck [FN 5], S. 515).
150 Hierzu Johann Gustav Droysen (Hg.), Die Verhandlungen des Verfassungsausschusses der deutschen Nationalversammlung, 1849: „Bei den Besprechungen über die Preßfreiheit, über das Briefgeheimnis, über das Auswanderungsrecht [...] wiederholte sich mit steigender Schärfe der Gegensatz der Forderungen derer, welche aus der größten Freiheit der Einzelnen den besten Staat zu schaffen meinten, und derer, welche in der gesicherten Festigkeit und Ordnung des Ganzen auch die Freiheit des Einzelnen bedingt sahen" (S. 21).
151 *Friedrich Christoph Dahlmann*, Die Politik, Bd. 1, Göttingen 1835, S. 158, 208 f.
152 *Brandt* (FN 58), S. 478 f.; zur Idee der Egalität im vormärzlichen Radikalismus: *E. R. Huber* (FN 53), Bd. 2, ³1988, S. 408 f.
153 *Karl Friedrich Göschel*, Hegel und seine Zeit, 1832, S. 21.
154 *Pini* (FN 17), S. 64 f.; → unten Depenheuer, § 11 RN 8, 29.
155 *Carl Ludwig von Haller*, Restauration der Staats-Wissenschaft, Bd. 1, Winterthur ²1820, S. VII, XIII, XVIII (Sicherung der Freiheit nicht Zweck des Staates).
156 *Haller* (FN 155), Bd. 2, S. 377; vgl. *Burchard Graf von Westerholt*, Patrimonialismus und Konstitutionalismus in der Rechts- und Staatstheorie Carl Ludwig von Hallers, 1999, S. 93 ff.

gischer Grundlage in der Tradition des Protestantismus[157]. Ihm geht es nicht um den Schutz einer Sphäre freier gesellschaftlicher und wirtschaftlicher Entfaltung, weil er insgesamt die Trennung von Staat und Gesellschaft nicht nachvollzieht, sondern um anthropologisch aus der Gottesebenbildlichkeit begründete Garantien für das Individuum: „Der Mensch gehört nicht mit seinem ganzen Daseyn und seiner ganzen Persönlichkeit dem Staate an, und er hat als das Ebenbild Gottes absolute Rechte, die der Staat nicht erst ertheilt, die er nur ihm zu schützen das Gebot hat"[158]. Die Ablehnung derartiger menschlicher Freiheit bezeichnet er als eine „Verletzung seiner göttlichen Natur", wobei allerdings Freiheit immer als sittlich gebunden verstanden wird[159]. Auf das Privatrecht bezogen fordert die gottähnliche Natur des Menschen den Schutz vor allem von Freiheit, Ehre und Vermögen[160]. Hier wurde dem liberalen Modell autonomer Freiheit eine sittlich gebundene Freiheit entgegengesetzt, die mit dem Wandel der Zeit sich ebenfalls wandeln konnte.

3. Das Entstehen einer Grundrechtsdogmatik

Die Positivierung von Grundrechten in den Verfassungen des Vormärz führte zum Entstehen einer Grundrechtsdogmatik[161]. Hier trat die bislang sehr unterschiedlich akzentuierte naturrechtliche Argumentationsweise gegenüber einer Orientierung am Verfassungstext zurück. Der Verfassungstext wurde nunmehr zum Bezugspunkt der Grundrechtsauslegung und -fortentwicklung. Manche Rechtegewährleistungen knüpfen direkt an den Stand einfacher Gesetzgebung an (Tit. IV § 11 Verf. Bayern; § 17 Verf. Baden), so daß die Verfassung gemäß Gesetz galt. Jenseits solcher den Rechtszustand verfestigenden Verfassungsnormen wurde – vielfach auch verfassungsvergleichend – diskutiert, ob der erreichte Stand an rechtlich geschützter Freiheit dem grundrechtlichen Freiheitsschutz entspreche und in welchen Bereichen Regelungsbedarf bestehe[162]. Je nach Standort der Autoren flossen mehr oder weniger deutlich vernunft- oder naturrechtliche Argumente in die Auslegung der Grundrechtsgewährleistungen ein: Während man sich teilweise auf die Wiedergabe der die Grundrechte konkretisierenden Gesetze beschränkte, wurden teilweise aber auch in einer Art von funktionaler ziel- und zweckorientierter Auslegung der Schutzbereich und die Grenzen einzelner Grundrechte diskutiert; gerade letz-

54
Orientierung am Verfassungstext

---
157 → Unten *Robbers*, § 9: Grundrechte aus der Sicht des Protestantismus.
158 *Friedrich Julius Stahl*, Die Philosophie des Rechts, Bd. 2, 2. Abt., Heidelberg 1837, S. 240.
159 *Stahl* (FN 158), Bd. 2, 1. Abt., S. 279 ff.; zur Gleichheit vor dem Gesetz ebd., S. 289 ff.
160 *Stahl* (FN 158), Bd. 2, 1. Abt., S. 225 ff.
161 Zur Verfassungsrechtsdogmatik im Vormärz: *Grimm* (Bibl.), S. 312 ff.; *Reinhard Blänkner*, Der Vorrang der Verfassung, in: ders./Bernhard Jussen (Hg.), Institutionen und Ereignis, 1998, S. 295, 319 ff.
162 Zeitgenössische Kommentierungen bei *Conrad Cucumus*, Lehrbuch des Staatsrechts der konstitutionellen Monarchie Baierns, Würzburg 1825, §§ 92, 165 ff.; *Friedrich Murhard*, Grundlage des jetzigen Staatsrechts des Kurfürstenthums Hessens, 1. Abt., Kassel 1834, S. 267 ff.; *Robert von Mohl*, Das Staatsrecht des Königreichs Württemberg, Bd. 1, Tübingen ²1840, S. 312 ff.; *Karl Eduard Weiß*, System des deutschen Staatsrechts, Regensburg 1843, S. 572; *Heinrich Zoepfl*, Grundsätze des Allgemeinen und des Constitutionell-Monarchischen Staatsrechts, Heidelberg 1841, S. 181 ff.; *Johann Christoph Freiherr von Aretin/Carl von Rotteck*, Staatsrecht der konstitutionellen Monarchie, Bd. 2, 1. Abt., Altenburg 1827, S. 3 ff.

ter Ansatz vermochte naturrechtliche Argumentationslinien in die Auslegung der Grundrechte einzubringen. So führte *Murhard* zu § 31 der Verfassung Hessens („Die Freiheit der Person ... unterliegt keiner anderen Beschränkung, als welche das Recht und die Gesetze bestimmen") aus, daß „die Staatsgewalt sich jedes zwecklosen Eingreifens in den Freiheitskreis (der Staatsbürger) zu enthalten, an die Stelle des Vielregierens eine zarte Scheu vor allen unnötigen Befehlen" zu treten habe; konkret werdend attackierte er den Art. 17 Staatsbedienstetengesetz, der für die Heirat eines Beamten den Konsens der vorgesetzten Stelle erforderte[163]. Die in § 24 der Verfassung Württembergs gewährte Denkfreiheit legte *von Mohl* dahin aus, daß sie auch die Redefreiheit vor Zuhörern und damit auch die (verfassungsrechtlich allerdings nicht gewährleistete) Versammlungsfreiheit umfasse, – die „Zuhörer-Versammlung" als Fortentwicklung in Richtung auf ein Kommunikationsgrundrecht[164].

4. Die besitzbürgerliche Repräsentation

55
Eigentumsgebundene Repräsentation

Eigentumsschutz durch die Regelung politischer Willensbildung war eines der zentralen Themen der amerikanischen verfassungspolitischen Diskussion in der zweiten Hälfte des 18. Jahrhunderts[165] und der europäischen Wahlrechtsentwicklung im 19. Jahrhundert. Würde die nichtbesitzende Klasse an der Repräsentation des politischen Willens beteiligt, so fürchtete man ihren Zugriff auf die bürgerliche Eigentumsordnung und damit letztlich deren Zerstörung. Nur eine an das Eigentum gebundene Repräsentation versprach eine rechtliche Kontinuität im Hinblick auf die überkommene bzw. erst vor kurzem gegen die altständischen Widerstände erstrittene bürgerliche Eigentumsordnung.

56
Egalitäres Wahlrecht als Angriff auf die (besitz-)bürgerliche Ordnug

Das Naturrecht des ausgehenden 18. Jahrhunderts mit seiner Neubestimmung jenes Personenkreises, der zur politischen Mitwirkung berechtigt ist, stand unter dem prägenden Einfluß der Französischen Revolution, die ein egalitäres Wahlrecht nicht dauerhaft durchgesetzt hatte. Es lieferte jene theoretischen Ansätze für die Neubestimmung politischer Mitwirkungsrechte, die im 19. Jahrhundert maßgeblich bleiben sollten. Grundeigentum und Geldvermögen waren auch für die konstitutionelle Staatslehre der ersten Hälfte des 19. Jahrhunderts Voraussetzungen für die Wahrnehmung der politischen Mitwirkungsrechte[166]. Besitz vermittelte das Recht zu politischer Teilhabe; die besitzbürgerliche Repräsentation in der zweiten Kammer widmete sich dementsprechend unter anderem der politischen Durchsetzung der wirtschaftsliberalen Interessen des Besitzbürgertums. Von diesem Standpunkt aus mußten alle Forderungen nach einem egalitären Wahlrecht als Versuche der Revolutionierung der besitzbürgerlichen Ordnung erscheinen.

---

163 *Murhard* (FN 162), S. 309 ff.
164 *V. Mohl* (FN 162), S. 353 f.; zur Dogmatik der Pressefreiheit vgl. *Grimm* (FN 83), S. 250 ff.
165 *Hans-Christoph Schröder*, Das Eigentumsproblem in den Auseinandersetzungen um die Verfassung von Massachusetts, 1775-1787, in: Vierhaus (FN 28), S. 11 ff.
166 *Böhme* (FN 121), S. 77 ff. m.N.

D. Der Schutz von (grund-)rechtlicher Freiheit

Grundrechtsgeschichte thematisiert das Spannungsfeld zwischen – bisweilen pathetischen – verfassungsrechtlichen Freiheitsgewährleistungen oder Grundrechtsforderungen in der politischen Theorie und dem realen Schutz von Freiheit in einer Gesellschaft. So hat in den Vereinigten Staaten von Amerika ebenso wie in Frankreich die Sklaverei über Jahrzehnte hinweg die Gleichheit fordernden Grundrechtserklärungen überdauert[167], und hat die französische Erklärung der Menschen- und Bürgerrechte einen neuen Geist der Freiheit, aber keine verbindliche Grundrechtsverfassung geschaffen[168]. Hier soll für Deutschland der Frage einer Realgeschichte grundrechtlicher Freiheit nachgegangen werden: In welchem Umfang ist eine Sphäre der Freiheit in rechtlich durchsetzbarer Weise verfaßt worden? Sicherlich gab es in Deutschland keine freiheitliche Rechtsordnung im modernen Sinn; aber ebenso einseitig ist die geläufige Annahme[169], das ausgehende 18. und beginnende 19. Jahrhundert sei eine Epoche der Unfreiheit und des Polizeistaates gewesen. Die Koexistenz von Freiheit und Unfreiheit als Paradox dieser Epoche sollte bei aller Würdigung präsent bleiben. Frühliberales Denken beherrschte nicht allein die politische Theorie des letzten Drittels des 18. Jahrhunderts. Es prägte zudem zwischen Aufklärung und Vormärz die rechtliche Praxis des Schutzes von Eigentum und Freiheit.

57
Grundrechtsgeschichte auch als Realgeschichte

Einseitige Sicht als Epoche der Unfreiheit

I. Der Schutz von Eigentum und Freiheit im ausgehenden 18. Jahrhundert

1. Durch die Rechtsordnung

a) Im Privatrecht

In den zivilrechtlichen, naturrechtlichen und kameralistischen Werken wurden Grund und Grenzen des Eigentumsschutzes in bemerkenswerter Übereinstimmung formuliert[170]. In der Reichsstaatsrechtslehre war weitgehend anerkannt, daß die „iura et libertates" nur aufgrund gesetzlicher Regelung beeinträchtigt werden dürfen und daß die „natürliche Freiheit" nur auf rechtlicher Grundlage beschränkt werden dürfe[171]. Der zivilrechtliche, aus dem

58
Beschränkungen „natürlicher Freiheit" nur auf rechtlicher Grundlage

---

167 Bekanntlich erklärte der *Supreme Court* in Sachen Dred Scott v. Sandfort im Jahr 1857 ein Bundesgesetz für verfassungswidrig, das die Sklaverei in gewissen Gebieten verbot, – was wesentlich zum Ausbruch des Bürgerkriegs beitrug. Zu Frankreich vgl. *Fabienne Federini*, L'abolition de l'esclavage de 1848, 1998; *Patricia Motylewski*, La Société française pour l'abolition de l'esclavage, 1998.
168 Zur Declaration als „idéal lointain": *Goedechot*, La Révolution Française et la liberté, in: Birtsch (FN 4), S. 243, 257.
169 Zum Zerrbild eines vor- und nachlandrechtlichen Polizeistaates: *Bodo Pieroth/Bernhard Schlink/Michael Kniesel*, Polizei- und Ordnungsrecht, 2002, § 1 RN 6ff.
170 *Pufendorf* (FN 88), S. 105 ff.; *Burlamaqui* (FN 88), S. 262; *Johann Gottlieb Heineccius*, Elementa Iuris Naturae et Gentium, Halle, ²1742, 2. Buch, §§ 168ff.; *Justus Henning Böhmer*, Introductio in ius publicum universale, Halle ²1726, S. 256 ff.; *Christian Wolff*, Grundsätze des Natur- und Völckerrechts, Halle 1754, §§ 100, 269 ff.; zum folgenden *Würtenberger* (Bibl.).
171 *Justi* (FN 90), S. 247 (Schutz von Freiheit und Eigentum der Untertanen als oberste Regeln guter Regierung, wobei die natürliche Freiheit nur aus Gründen des gemeinen Wohls eingeschränkt werden darf); *Pütter* (FN 65), S. 353 f.

römischen Recht entwickelte Eigentumsschutz entsprach in weitem Umfang den theoretischen Ansätzen[172]. Bereits das Zivilrecht verstand Eigentum als absolutes Recht, andere von seinem Gebrauch auszuschließen und frei über den Eigentumsgegenstand zu verfügen[173]. Dabei umfaßte Eigentumsschutz neben dem Schutz ständischer „iura et libertates"[174] zusätzlich den Schutz privaten und vor allem auch außerhalb der ständischen Ordnung stehenden gewerblichen Eigentums[175]. Hinzu trat in den Aufklärungskodifikationen ein zivilrechtlicher Eigentums- und Freiheitsschutz. So gewährten etwa die Vorschriften des Preußischen Allgemeinen Landrechts einen nicht geringen Schutz von Eigentum. Der Schutz von Freiheit und Eigentum durch ein aufgeklärtes Zivilrecht wurde in § 16 des Österreichischen Allgemeinen Bürgerlichen Gesetzbuches von 1811 auf den Begriff gebracht: „Jeder Mensch hat angeborene, schon durch die Vernunft einleuchtende Rechte ... Sklaverei und Leibeigenschaft wird in diesen Ländern nicht gestattet"[176].

59
Privatrecht als Konstituierung einer freiheitlichen Ordnung

Seit dem beginnenden 19. Jahrhundert konstituierte das Privatrecht zunehmend – wie im französischen Code Civil mit der Freiheit der Person und des Eigentums, der Vertrags- und wirtschaftlichen Betätigungsfreiheit sowie der Rechtsgleichheit der Bürger[177] und der Beseitigung ständischer Privilegien vorbildlich verwirklicht – die freiheitliche Ordnung der bürgerlichen Gesellschaft[178]. Ein liberales Privatrecht entsprach dem Freiheitsanspruch einer sich neu formierenden bürgerlichen Gesellschaft, die ihre Rechtsbeziehungen nach den Freiheitsprinzipien der Autonomie und Gleichheit ohne staatliche Beeinflussung zu gestalten wünschte. Das Privatrecht als Hort der Freiheit war Gegenstand fast aller naturrechtlichen Werke des ausgehenden 18. Jahrhunderts. In diesem naturrechtlichen Privatrecht, aus dem die Aufklärungskodifikationen entstehen, hat der Staat die Aufgabe, die Ausübung der privatrechtlichen Freiheit zu schützen[179]. Um den Staat auf diese Aufgabe zu verpflichten, bedurfte es keiner Grundrechte in einer Verfassung; daß allerdings die Reform des Zivilrechts ohne eine Verfassungsreform kaum möglich war, war allgemein bewußt[180].

---

172 So bereits *Carl von Rotteck*, Art. Eigentum, in: Rotteck/Welcker (FN 142), Bd. 4, 1837, S. 628, 631; vgl. *Willoweit* (FN 104), S. 131 ff.
173 *Achenwall/Pütter* (FN 29), S. 91 ff.; *Johann Christoph Hoffbauer*, Untersuchungen über die wichtigsten Gegenstände des Naturrechts, Halle 1795, S. 158, dessen naturrechtliche Eigentumsdefinition mit dem positiven Recht übereinstimmt; ebenso *Ludwig Julius Friedrich Höpfner*, Naturrecht des einzelnen Menschen, der Gesellschaft und der Völker, Gießen ⁵1790, S. 42; *Christian Wolff*, Institutiones juris naturae et gentium, Halle 1754, S. 108 f.
174 Hierzu *Birtsch*, Eigentum und ständische Gesellschaft im 18. Jahrhundert, in: FS Th. Schieder, 1978, S. 59 ff.
175 Zur hier nicht weiter verfolgten Emanzipation des bäuerlichen Eigentums: *Schwab* (FN 96), S. 89 ff.
176 Hierzu *Conrad*, Rechtsstaatliche Bestrebungen (FN 25), S. 44 f.; vgl. weiter Heinz Barta/Rudolf Palme/ Wolfgang Ingenhalf (Hg.), Naturrecht und Privatrechtskodifikation, 1999.
177 *Fehrenbach* (FN 26), S. 9 ff., 55 ff.
178 Hierzu bereits *Karl Salomo Zachariä*, Das Staatsrecht der Rheinischen Bundesstaaten und das Rheinische Bundesrecht, Heidelberg 1810, S. 82 ff.; vgl. weiter *Grimm*, Grundrechte und Privatrecht in der bürgerlichen Sozialordnung, in: Birtsch (FN 4), S. 359 ff.
179 *Hans Schlosser*, Grundzüge der Neueren Privatrechtsgeschichte, ⁸1996, § 3 m.N.; *Grimm* (FN 178), S. 366 ff. (zum inneren Zusammenhang von Grundrechten und Privatrecht).
180 *Fehrenbach* (FN 26), S. 150.

Für die Verwirklichung von Freiheit durch das Privatrecht im beginnenden 19. Jahrhundert mag hier der Hinweis genügen, daß das Badische Landrecht von 1809 trotz seiner Orientierung am Code Civil weiterhin der traditionalen ständischen Gesellschaft kompromißhaft Rechnung trug[181] und daß die preußischen Rheinprovinzen mit Erfolg ihren Code Civil verteidigten, dessen Freiheitlichkeit man dem Preußischen Allgemeinen Landrecht für überlegen hielt[182]. Solchen Forderungen Rechnung tragend, setzte man bei der österreichischen Kodifikation des Privatrechts eine an der Privatautonomie orientierte Privatrechtsordnung durch[183], die allerdings zumindest in der ersten Hälfte des 19. Jahrhunderts durch ständische Sonderrechte begrenzt blieb[184].

60
Baden, Preußen, Österreich

b) Eigentum und Freiheit als Grenzen der Polizeigewalt

Im ausgehenden 18. Jahrhundert entwickelten sich – allerdings sehr punktuell – einige rechtliche Bindungen der Polizeigewalt und damit der staatlichen Verwaltung. In diese Richtung zielte ein Teil der Rechteverbürgungen des Preußischen Allgemeinen Landrechts[185]. Außerdem wurde die Pressefreiheit wiederholt rechtlich geregelt. Im Zensuredikt *Josephs II.* aus dem Jahre 1781 wurde eine sehr weitreichende – nur durch das Verbot von Schmähschriften – begrenzte Pressefreiheit gewährt[186], die allerdings nicht von langem Bestand war. In der Wahlkapitulative von 1790 sah man sich zu deutlichen Einschränkungen der Pressefreiheit veranlaßt[187].

61
Pressefreiheit

Die in den Jahren vor und nach 1800 entwickelte neue Polizeirechtsdogmatik griff zum einen naturrechtliche Forderungen, zum anderen freiheitliche und rechtsstaatliche Ansätze im positiven Recht auf, um auf dieser Grundlage ein allgemeines Polizeirecht zu formulieren, das die Polizeigewalt durch Eigentum und Freiheit begrenzte. Eine derartige Verbindung von Naturrecht und positivem Recht in den polizeirechtlichen Hand- und Lehrbüchern prägte die Praxis ebenso wie die nachfolgenden Juristengenerationen im Geiste der fortschrittlichen Prinzipien. Insofern verdienen die Lehr- und Handbücher des Polizeirechts für die Entwicklung eines realen Grundrechtsschutzes seit dem ausgehenden 18. Jahrhundert besondere Beachtung[188].

62
Neue Polizeirechtsdogmatik

---

181 Zu dieser Spannungslage, die aus zeitgenössischer Sicht durch eine Fortentwicklung zu einem der Gleichheit verpflichteten Zivilrecht aufgelöst werden sollte: *Wahl*, Rechtliche Wirkungen und Funktionen der Grundrechte im deutschen Konstitutionalismus des 19. Jahrhunderts, in: Der Staat 18 (1979), S. 321 (338).
182 *Hans Hattenhauer*, Die geistesgeschichtlichen Grundlagen des deutschen Rechts, ³1983, RN 18 ff.
183 *Rückert*, Zur Legitimation der Vertragsfreiheit im 19. Jahrhundert, in: Klippel (FN 54), S. 135, 152 ff.
184 *Grimm*, Das Verhältnis von politischer und privater Freiheit bei Zeiller, in: *ders.* (FN 83), S. 212, 222 ff., 228 (zum Legitimationsdruck eines freiheitlichen Privatrechts).
185 Oben RN 11 f.
186 Hierzu *Wilke* (FN 118), S. 123 m.N.; zur Verschärfung der Zensur in Reaktion auf die Französische Revolution ebd., S. 136 f.
187 *Wolfgang Burgdorf*, Reichskonstitution und Nation, 1998, S. 422 m.N. zur zeitgenössischen Kritik.
188 In dieser Traditionslinie steht auch die Polizeirechtswissenschaft der ersten Hälfte des 19. Jh.: *Karl Heinrich Ludwig Pölitz*, Die Staatswissenschaften im Lichte unserer Zeit, 2. Teil, Leipzig 1823, S. 293: Alle die „in der Vernunft begründeten ursprünglichen und erworbenen Rechte jedes einzelnen Staatsbürgers darf und soll die Polizei nie beeinträchtigen und verletzen, vielmehr soll sie ... dieselben aufrecht erhalten und beschützen".

63
Rechtsstaatliches Polizeirecht

Die beiden Begründer eines rechtsstaatlichen Polizeirechts[189], *Günther Heinrich von Berg* und *Johann Friedrich Eusebius Lotz*, setzten der Polizeigewalt „Grenzen ..., die sie nicht überschreiten kann, ohne in Despotismus und Tyrannei auszuarten; Grenzen, die zwar kein Reichsgesetz gezogen, die allein das Recht der Natur und der Vernunft bestimmt, auf deren Beobachtung aber, wie viele Beispiele beweisen, die Reichsjustiz in Ansehung der Landespolizeigewalt alle Zeit mit Nachdruck gehalten hat"[190]. Die Polizeigewalt wurde durch die Zielsetzung des Schutzes der öffentlichen Sicherheit und Ordnung begrenzt. „Ihr erstes Gesetz ist also: Die Polizeigewalt darf nie weiter gehen, als ihr eigentümlicher Zweck erfordert"[191]. Diese Bindung der Polizeigewalt zielt auf Freiheitsschutz. „Die Polizeigewalt darf die natürliche Freiheit der Untertanen einschränken; aber nur insofern, als ihr rechtmäßiger Zweck es erfordert. Dies ist ihr zweites Gesetz"[192]. In diesem Sinne darf nach *Lotz* „der Verbrecher ... in seiner Freiheit nie mehr beschränkt werden, als es die Gefahr erheischt"[193]. Denn der Staat habe den Bürger bei der Ausübung seiner Freiheit zu schützen und dürfe die Freiheit des Bürgers nur begrenzen, wenn es der Sicherheitszweck gebiete.

64
Polizeipflichtigkeit des Eigentums

Mit diesen Prämissen definierte *Berg* die heute geläufige Polizeipflichtigkeit des Eigentums in klassischer Weise: „So ist zwar jeder berechtigt, sein Eigentum nach Gutbefinden zu gebrauchen und sich in seinem Hauswesen nach seinen Einsichten und Zwecken einzurichten. Wenn aber dadurch für seine Mitbürger und Nachbarn, die mit und neben ihm wohnen müssen, Gefahr entsteht, so muß er den zur Verhütung derselben abzweckenden Vorschriften sich unterwerfen, wie dies z. B. bei vielen Anordnungen der Bau- und Feuerpolizei der Fall ist, welche freilich manches, was der natürlichen Freiheit entgegen ist, gebietet oder verbietet"[194]. Daß hierbei der Verhältnismäßigkeitsgrundsatz eine wichtige begrenzende Funktion zu entfalten vermochte, war ebenfalls klar herausgestellt: „Nur muß auch dabei die möglichst größte Mäßigung billig beobachtet werden, weil jeder Staatsbürger natürlicherweise nicht mehr, als gerade notwendig ist, von seiner Freiheit aufzuopfern, schuldig und geneigt ist"[195].

65
Kein Antagonismus von Polizeistaat und Rechtsstaat

Vergegenwärtigt man sich diese Traditionslinien, die in ein rechtsstaatliches Polizeirecht münden, so gab es im Deutschland des ausgehenden 18. Jahrhunderts keinen Antagonismus von Polizeistaat und Rechtsstaat, wie er in populärer Verkürzung behauptet und selbst von den Klassikern des Verwaltungsrechts übernommen wurde[196]. Seit dem ausgehenden 18. Jahrhundert setzte

---

189 *Michael Stolleis*, Geschichte des öffentlichen Rechts in Deutschland, Bd. 1, 1988, S. 383 ff.
190 *Günther Heinrich von Berg*, Handbuch des Teutschen Policeyrechts, 1. Teil, Hannover 1799, S. 87; *Johann Friedrich Eusebius Lotz*, Über den Begriff der Polizei und den Umfang der Staatspolizeigewalt, Hildburghausen 1807, S. 91 ff.
191 *Berg* (FN 190), S. 88; ähnlich *Lotz* (FN 190), S. 96, 99.
192 *Berg* (FN 190), S. 89.
193 *Lotz* (FN 190), S. 118.
194 *Berg* (FN 190), S. 90.
195 Ebd., S. 90.
196 *Stolleis* (FN 63), S. 392 mit Hinweis auf Äußerungen *Georg Beselers* in der Paulskirche und auf die Einleitung *Otto Mayers* in seinem „Deutsches Verwaltungsrecht".

sich vielmehr eine Rechtsbindung und Rechtskontrolle der polizeilichen Tätigkeit durch, die durch die Leistungen der Verwaltungsgerichtsbarkeit in der zweiten Hälfte des 19. Jahrhunderts abgeschlossen wurde.

2. Durch die Rechtsprechung

Inwieweit grundrechtliche Freiheit durch die Rechtsprechung im ausgehenden 18. Jahrhundert geschützt wurde, ist schwer zu beantworten. Systematische Rechtsprechungsanalysen fehlen, und die Repräsentativität einzelner (spektakulärer) Fälle läßt sich kaum beantworten. Außerdem gab es in Deutschland[197] weder einen verfassungsrechtlichen Grundrechtskatalog noch den allgemeinen Auftrag an die Rechtsprechung, die grundrechtliche Freiheit der Bürger zu schützen. Gleichwohl war im ausgehenden 18. Jahrhundert die Ansicht weit verbreitet, „persönliche Freiheit" könne durch eine unparteiliche Rechtspflege gesichert werden[198] und es gebe einen durchaus beachtlichen Freiheitsschutz durch die Gerichte. So konnte man – bei aller Kritik im übrigen – 1792 das Reichskammergericht für seinen Schutz von „Menschenrechten und Bürgerfreiheit" rühmen[199]. Bei den Reichsgerichten „findet der teutsche Bürger Hülfe gegen allen Despotismus, gegen gesetzwidrige Urtheile, gegen Verweigerung oder Verzögerung der Justiz, gegen ungerechte Gesetze, gegen verfassungswidrige Eingriffe in seine Freiheiten, gegen willkürliche Auflagen, gegen jeden Mißbrauch der Regierungsrechte"[200]. Es stellt sich die Frage, ob derart euphorische Einschätzungen des reichsgerichtlichen Rechtsschutzes den realen Rechtsschutzmöglichkeiten des ausgehenden 18. Jahrhunderts entsprachen: Gab es eine Konstitutionalisierung der Freiheit durch die Rechtsprechung?

66
Reichsgerichtlicher Rechtsschutz

a) Zur Reichweite des Rechtsschutzes in Polizeisachen

Beim gerichtlichen Schutz von Eigentum und Freiheit muß im 18. Jahrhundert bekanntlich in doppelter Hinsicht differenziert werden: Ebenso wie heute der ordentlichen Gerichtsbarkeit war der „Civiljustizgewalt" die Schlichtung von Rechtsstreitigkeiten zwischen den Bürgern übertragen. Davon war die Polizeigewalt zu trennen, die ganz allgemein die öffentliche Sicherheit und Ordnung schützte[201]. Streitigkeiten, die aus der Ausübung der Polizeigewalt des Landesherrn entstanden, konnten im Prinzip nicht vor die Gerichte gebracht

67
Rechtliche Bindung der Polizeigewalt des Landesherrn

---

197 Zum Freiheitsschutz durch die Rechtsprechung in den Vereinigten Staaten: *Heideking*, The Law of Nature and Natural Rights, in: Dann/Klippel (FN 13), S. 48, 58 ff.
198 *Ernst Ferdinand Klein*, Von der Würde des richterlichen Amtes, in: Annalen der Gesetzgebung und Rechtsgelehrsamkeit, Bd. 2, 1794, S. 10, 11: „Mitten in der unumschränktesten Monarchie kann die größte persönliche Freiheit herrschen, wenn nur eine weise und unparteiische Rechtspflege zu haben ist".
199 *Danz*, Deutschland, wie es war, wie es ist und wie es vielleicht werden wird, in: Neues patriotisches Archiv für Deutschland, hg. von Friedrich Carl von Moser, Mannheim/Leipzig 1792, S. 142 f., 157 f.
200 *Günther Heinrich von Berg*, Ueber Teutschlands Verfassung und die Erhaltung der öffentlichen Ruhe in Teutschland, Göttingen 1795, S. 61.
201 *Berg* (FN 190), S. 131 ff. (zum Verhältnis von Polizeigewalt zur Justizgewalt).

werden. In Polizeisachen fehlten daher Rechtsschutzmöglichkeiten. Welche Maßnahmen zur Vorbeugung vor Straftaten oder zur Aufrechterhaltung der öffentlichen Sicherheit und Ordnung getroffen wurden, stand im politischen Ermessen des Landesherrn. Die Polizeigewalt des Landesherrn konnte aber trotz dieses weiten politischen Gestaltungsspielraums nicht nach Belieben und damit „polizeistaatlich" realisiert werden, sondern unterlag durchaus auch rechtlicher Bindung, die vor den Gerichten durchgesetzt werden konnte. Dem dienten folgende Grundsätze:

(1.) Wenn streitig ist, ob es sich um eine Justiz-Sache oder eine Polizei-Sache handelt, soll eine Vermutung für die Justiz-Sache und damit für Rechtsschutz streiten[202].

(2.) Wird aufgrund einer Polizeiverordnung in Eigentum und Freiheit eines Bürgers eingegriffen und wendet der Bürger ein, es gebe für diese Eingriffe keine ausreichende rechtliche Grundlage, entscheidet der ordentliche Richter den Rechtsstreit[203].

(3.) Wird von den Polizeibehörden ohne ein ordnungsgemäßes Verfahren und ohne rechtliches Gehör, dem „Palladium der bürgerlichen Freiheit"[204], entschieden, so kann vor den Gerichten gegen diese Entscheidung geklagt werden[205]. Die Idee eines Rechtsschutzes durch Verfahren ist damit bereits angesprochen.

b) Der Schutz von Eigentum und Freiheit durch das Reichskammergericht in der zweiten Hälfte des 18. Jahrhunderts

68
Favor iuris pro libertate personali

Die Verletzung wohlerworbener Rechte, sei ihr Entstehen durch den Landesherrn, durch die ständische Ordnung oder durch privates Rechtsgeschäft bewirkt, konnte seit jeher durch Inanspruchnahme von Rechtsschutz abgewehrt werden[206]. Diesem alten Rechtsgrundsatz fügte man im ausgehenden 18. Jahrhundert hinzu, es bestehe grundsätzlich ein „favor iuris pro libertate personali", solange keine gesetzliche Einschränkung nachgewiesen ist[207]. Die „willkürliche Einschränkung der natürlichen Freiheit" konnte Gegenstand von Klagen sein[208]. Gegen Eingriffe in die natürliche Freiheit, die die Gewerbefreiheit oder die Freiheit der Bauern von nicht gesetzmäßigen Dienstlei-

---

202 *Berg* (FN 190), S. 142 f.; vgl. hierzu *Sydow*, Das Verhältnis von Landes- und Reichsgerichtsbarkeit im Heiligen Römischen Reich, in: Der Staat 41 (2002), S. 263, 276 f.; *Rita Sailer*, Untertanenprozesse vor dem Reichskammergericht, 1999, S. 440 ff.
203 *Berg* (FN 190), S. 146 f.
204 *Klein* (FN 198), S. 18.
205 *Berg* (FN 190), S. 148 f.; allgemein zum Anspruch auf rechtliches Gehör in Prozessen um das Eigentum: *Pütter* (FN 65), S. 361.
206 *Berg* (FN 190), S. 166; zum folgenden *Weitzel*, Das Reichskammergericht und der Schutz von Freiheitsrechten seit der Mitte des 18. Jahrhunderts, in: Bernhard Diestelkamp (Hg.), Die politische Funktion des Reichskammergerichts, 1993, S. 157, 162 ff.; *Würtenberger*, Verfassungsrechtliche Streitigkeiten in der zweiten Hälfte des 18. Jahrhunderts, in: FS E. Benda, 1995, S. 443 ff.
207 Zitiert nach *Weitzel* (FN 206), S. 166.
208 *Weitzel* (FN 206), S. 158 ff.; *Würtenberger* (FN 206), S. 450 ff. mit Beispielen.

stungen umfaßte[209], wurde wiederholt mit Erfolg geklagt. Klagen gegen Eingriffe in das Eigentum waren ebenfalls erfolgreich, wenn der Landesherr nicht aus polizeilichen Zwecken, sondern aus ökonomischen Erwägungen Monopole und „Banneinrichtungen, wie z.B. Bannmühlen oder Bannwirtshäuser" neu errichtete[210]. Eine rechtswidrige Beschränkung der natürlichen Freiheit ist das polizeiliche Verbot der Auswanderung in ein anderes Land oder umgekehrt der Befehl, in einer anderen Gemeinde Wohnsitz zu nehmen[211]. So steht es nach Ansicht des Reichskammergerichts bei der Entscheidung über die berühmte Klage der Frau Heißler gegen den Fürstbischof von Speyer „allem Recht und der Billigkeit, auch deutscher bürgerlicher Freiheit ganz entgegen", wenn der Territorialherr in die Niederlassungsfreiheit seiner Untertanen eingreift. Der Fürstbischof wurde zur Unterlassung und zu 1000 Gulden Schadensersatz verurteilt. In einem anderen berühmten Rechtsstreit hat das Reichskammergericht die Zwangsaushebung der Landeskinder für fremde Kriegsdienste durch den Fürstabt von Corvey für unwirksam erklärt[212]. Hier hatte *Pütter* in einem Rechtsgutachten ausgeführt, die Untertanen seien zu Kriegsdiensten für eine fremde Macht nicht verpflichtet; der Verkauf von Untertanen an eine fremde Kriegsmacht sei ein Verbrechen[213].

Zahlreiche Urteile des Reichskammergerichts zielten auf verfahrensrechtliche Sicherungen. Urteile der Territorialgerichte wurden aufgehoben, wenn die Anforderungen an eine unparteiische Rechtsprechung nicht gewahrt waren[214]. Dabei wurde die „Verweigerung und Verzögerung der Justiz" unterbunden, die Einhaltung des gerichtlichen Verfahrens überprüft und auf die Gewährung rechtlichen Gehörs[215] geachtet. Als Maßstab diente wiederholt die „natürliche Vernunft und Billigkeit"[216]. Inhaltlich wurde unter anderem gefordert, die „Gleichheit in iudicando" zu beachten[217].

69
Sicherungen des gerichtlichen Verfahrens

---

209 *Willoweit* (FN 99), S. 92 f.; *Sailer* (FN 202), S. 463 ff.; *Johann Leonhard Hauschild*, Juristische Abhandlungen von Bauern und deren Frohndiensten, auch der in Rechten gegründeten Vermuthung ihrer natürlichen Freyheit, Dresden, Leipzig 1771, S. 38 ff. mit der Schilderung zahlreicher praktischer Fälle und mit der Begründung der These, daß „eine Vermuthung von der Bauern Freyheit (S. 44, 110) gelte, so daß der Beklagte beweispflichtig sei; hierzu *Winfried Schulze*, Der bäuerliche Widerstand und die „Rechte der Menschheit", in: Oliver Volckart (Hg.), Frühneuzeitliche Obrigkeiten im Wettbewerb, 1997, S. 126, 136 ff.
210 Weitere Beispiele bei *Berg* (FN 190), S. 167: Zu ökonomischen Zwecken ist keine Enteignung statthaft.
211 Vgl. das Urteil des Reichskammergerichts in Sachen Heißler gegen die bischöfliche Regierung zu Speyer, in: A. L. Schlözers Staats-Anzeigen Bd. 11, H. 43 (1787), S. 258 ff.; *Bernhard Diestelkamp*, Rechtsfälle aus dem alten Reich, 1995, S. 194 ff. (zur Durchsetzung des Aufenthaltsrechts vor dem Reichskammergericht); *Bruno Heusinger*, Vom Reichskammergericht, seinen Nachwirkungen und seinem Verhältnis zu den heutigen Zentralgerichten, 1972, S. 10; *Bernd Wulffen*, Richterliches Prüfungsrecht im Heiligen Römischen Reich Deutscher Nation, Diss. iur. Frankfurt 1968, S. 73.
212 *Heusinger* (FN 211), S. 11.
213 *Pütter*, Auserlesene Rechtsfälle, Bd. 3, Göttingen 1785, S. 265 bis 273, 1020 bis 1031.
214 Beispiele bei *Heusinger* (FN 211), S. 10 f.; *Sydow* (FN 202), S. 271 ff.
215 *Bernhard Diestelkamp*, Reichskammergericht und Rechtsstaatsgedanke. Die Kameraljudikatur gegen die Kabinettsjustiz, 1994, S. 15.
216 *Heusinger* (FN 211), S. 16 f. m.N.
217 *Johann Ulrich Freiherr von Cramer*, Wetzlarische Beytträge, Bd. 1, 3. Teil, Wetzlar 1763, S. 160 ff.

70
Richterrechtlicher
Freiheitsschutz

Durch die Rechtsprechung des Reichskammergerichts vor allem des ausgehenden 18. Jahrhunderts ist damit eine frühe Form von richterrechtlichem Freiheitsschutz realisiert[218]. Diese Konstitutionalisierung rechtlicher Freiheit läßt sich verallgemeinern: Auch auf die Spruchtätigkeit der Juristenfakultäten haben naturrechtliche Freiheitslehren einen deutlichen Einfluß gewonnen[219]. In der gerichtlichen Argumentation wurde von den gesetzlichen Regelungen ausgehend sowohl auf die Rechtstraditionen wie auch auf Ansätze des traditionellen und emanzipativen Naturrechts zurückgegriffen. Die emanzipative Stoßrichtung des jüngeren Naturrechts findet sich zwar in der Regel nicht ausdrücklich berücksichtigt[220], seine geistigen Einflüsse lassen sich jedoch nicht übersehen. So konnten in dieser Phase rechtlichen Übergangs sowohl ständische, als auch naturrechtlich begründete „libertates" gerichtlich geschützt werden[221]. Grundrechtsschutz erfolgt nicht mehr allein durch eine naturrechtlich begründete Begrenzung der Staatsgewalt, sondern stellt in seiner richterrechtlichen Rechtsschöpfung eine bedeutsame verfassungsrechtliche Realität dar. Durch Rechtsprechung ist eine – freilich punktuell bleibende – Grundrechtsverfassung geschaffen worden. In der Französischen Revolution wurden die Grundrechte in revolutionärer Distanz zur alten ständischen Ordnung als Rechte des Bürgertums formuliert, sie waren in der Folge zunächst aber als Staatsziele nicht normativ durchsetzbar, sondern bedurften der Umsetzung durch Gesetzgebung. In Deutschland traten demgegenüber neben die wohlerworbenen Rechte der alten ständischen Ordnung auch bürgerliche Rechtspositionen, die richterrechtlich durchsetzbar waren. Hier zeigt sich der deutsche Weg zum Verfassungsstaat, der durch die Leistungen der Rechtsprechung bei der Verwirklichung von Rechtsstaat und Freiheit gekennzeichnet ist.

Französische
Menschenrechte
waren normativ
nicht durchsetzbar

Deutscher Weg zum
Verfassungsstaat

71
Gerichtskontrolle
führt zur
Selbstdisziplinierung
landesherrlicher
Polizeigewalt

Der Schutz von Eigentum und natürlicher Freiheit war allerdings durch Rücksicht auf die Erfordernisse des Gemeinwohls begrenzt und führte nicht zu jener Prozeßflut, die heute vielfach beklagt wird. Der Landesherr hatte eben nach wie vor bei der Definition der polizeilichen Zwecke ein weites politisches Ermessen, das nur im Sinne einer Mißbrauchskontrolle gerichtlich überprüfbar war. Dem Gericht gegenüber war der Landesherr verpflichtet, „seine Gründe ausführlich und vollständig vorzulegen"[222]. Solche Begründungs-

---

218 Zum Schutz von Freiheit und Gleichheit durch die Rechtsprechung des Reichskammergerichts: *Sailer*, Richterliches Selbstverständnis und juristische Ordnungsvorstellungen in der polizeyrechtlichen Judikatur des Reichskammergerichts, in: Bernhard Diestelkamp (Hg.), Das Reichskammergericht am Ende des alten Reiches und sein Fortwirken im 19. Jh., 2002, S. 1, 18 ff. (mit Fallanalysen).
219 *Kischkel*, Das Naturrecht in der Rechtspraxis. Dargestellt am Beispiel der Spruchtätigkeit der Gießener Juristenfakultät, in: Diethelm Klippel (Hg.), Legitimation, Kritik und Reform, 2000, S. 124, 134 ff.
220 Anders aber das Berliner Kammergericht: Es wird als „unter Philosophen und Rechtsgelehrten bekannter Satz" bezeichnet, „daß es unverletzliche Menschenrechte gebe, über welche die Majestätsrechte nicht ausgedehnt werden dürfen" (Zitat nach *Heinrich Philipp Henke*, Beurteilung aller Schriften, welche durch das Königlich Preußische Religionsedikt ... veranlaßt sind, Kiel 1793, S. 99); weitere Beispiele für Freiheitsschutz durch Rechtsprechung in Preußen: *Kleensang* (Bibl.), S. 38 f. (zur Rolle *Ernst Ferdinand Kleins* als Richter am Kammergericht).
221 *Weitzel* (FN 206), S. 176 ff.; zur Durchsetzung von Handels- und Gewerbefreiheit durch das Reichskammergericht: *Sailer* (FN 218), S. 40 f.
222 *Berg* (FN 190), S. 165.

pflichten führten letzten Endes auch zu einer Selbstdisziplinierung der landesherrlichen Polizeigewalt.

3. Durch Repräsentation

Bereits unter dem Regime der überkommenen ständischen Repräsentation stellte sich die Frage eines Vorbehalts des Gesetzes für Eingriffe in Freiheit und Eigentum, die vor allem in Polizeiangelegenheiten von Bedeutung war. Daß die Landstände an der „Polizeigesetzgebung"[223] mitwirken, wurde im ausgehenden 18. Jahrhundert als Prinzip des Reichs- bzw. Landesstaatsrechts zu begründen versucht. *Berg* forderte unter Rückgriff auf die in der späten Reichspublizistik entwickelte Lehre vom Vorbehalt des Gesetzes[224] ein Recht der Landstände, „daß ohne ihre Einwilligung keine neuen Polizeigesetze gemacht werden, [...] welche die wohlerworbenen Rechte der Landstände und Untertanen mitbetreffen"[225]. Damit durften neue polizeirechtliche Eingriffe in Eigentum und Freiheit nur mit ständischer Zustimmung erfolgen. Zur Begründung verwies *Berg* noch nicht auf Grundsätze demokratischer Mitbestimmung, sondern auf die politische Klugheit[226], weil ohne Rechtssetzung in Übereinkunft mit den Landständen erhebliche Widersprüche und Klageverfahren zu erwarten seien, sowie auf die „ganze teutsche Verfassung"[227]. Trotz des Hinweises auf überkommene Gesetzgebungsrechte wurde vorsichtig Neuland beschritten. Ein Mitentscheidungsrecht der Landstände wurde nur anerkannt, wenn wohlerworbene Rechte entzogen oder geschmälert werden sollten und weiterhin über Entschädigungsleistungen zu entscheiden war. Falls jedoch bloß die „natürliche Freiheit der Untertanen eingeschränkt wird"[228], konnte auch ohne Zustimmung der Landstände neues Polizeirecht erlassen werden.

72
Vorbehalt des Gesetzes

4. Würdigung

Die Reichspublizistik der beiden letzten Jahrzehnte des 18. Jahrhunderts hat eine konstitutionell reformierte und unter anderem am Freiheitsschutz orientierte Landes- und Reichsverfassung gefordert[229]. Insgesamt gesehen haben politische Theorie, Reichspublizistik, Rechtsprechung und das Preußische Allgemeine Landrecht einen beachtlichen Schutz von Eigentum und Freiheit zu Ende des 18. Jahrhunderts verwirklicht. Demgegenüber wird zu bedenken gegeben: Der Schutz von Eigentum und Freiheit bleibe vage und versage vor

73
Rückwirkungen des geistigen Klimas

---

223 *Berg* (FN 190), S. 195.
224 *Pütter* (FN 213), Bd. 2, Teil 4, Göttingen 1774, S. 1036, 1044; *Karl F. Häberlin*, Handbuch des Teutschen Staatsrechts, Bd II, Berlin 1794, S. 51 f. m.N. zur zeitgenössischen Literatur, die bei Eingriffen in Rechte und Freiheiten der Untertanen den Konsens der Landstände fordert; *Peters* (FN 30), S. 116 m.N.; → Bd. III: *Lerche*, Vorbehalt des Gesetzes und Wesentlichkeitstheorie.
225 *Berg* (FN 190), S. 195 f.
226 Zum Nutzen der Information des Landesherrn durch die Landstände: ebd., S. 199.
227 Ebd., S. 197.
228 Ebd., S. 199.
229 *Stolleis* (FN 189), S. 319 f.

den Anordnungen eines Obrigkeitsstaates, weil das „bonum publicum" immer wieder zur Eingrenzung und Relativierung der Freiheitssphäre diene[230]. Der postulierte Eigentums- und Freiheitsschutz zöge den staatlichen Aktivitäten keinerlei Grenzen. Auf dieser Linie liegt die Feststellung *Scheuners*: „Eine eigentliche Entfaltung des Gedankens menschlicher Freiheitsrechte, die im Staate fortbestehen, (ist) in der deutschen Literatur vor 1789 nicht zu finden"[231]. Hier ist nicht hinreichend gewürdigt, daß von einem geistigen Klima, in dem Strömungen eines emanzipativen Zeitgeistes das politische Anliegen eines Eigentums- und Freiheitsschutzes betonen, erhebliche Rückwirkungen auf die Staatspraxis und auf die Rechtsordnung ausgehen. Wenn naturrechtlicher Freiheitsgeist zum Zeitgeist wird[232], der die akademische Ausbildung der politischen Elite und den öffentlichen Diskurs über die gute politische Ordnung bestimmt, ist das soziale Klima für eine freiheitliche und das Eigentum sichernde Rechtsordnung geschaffen.

74
Gemeinwohlvorbehalt keine Schwächung der Freiheit

Folgenschwerer ist ein anderes Mißverständnis: Der im 18. Jahrhundert formulierte Gemeinwohlvorbehalt führte zu keiner Schwächung des damaligen Schutzes von Freiheit, sondern stellt auch heute eine grundsätzlich anerkannte Grenze grundrechtlicher Freiheit dar. Daß allgemeine Handlungsfreiheit, Berufsfreiheit oder Eigentum aus legitimen öffentlichen Interessen heraus oder zum Schutz anderer Grundrechtsträger begrenzt werden dürfen, ist ein festes Prinzip vergangener ebenso wie heutiger Grundrechtsdogmatik.

II. Grundrechtsschutz im Vormärz

75
Grundrechte als Orientierungspunkt

Die Durchsetzung grundrechtlicher Freiheit in Deutschland nach den napoleonischen Kriegen und im Vormärz ist zwiespältig. Auf der einen Seite stehen Bauernbefreiung, Gewerbefreiheit und die allmähliche Ausdifferenzierung eines am Wirtschaftsliberalismus orientierten Rechtssystems[233]. Auf der anderen Seite ist die Restaurationszeit eine Epoche der politischen Repression. Hierfür stehen vor allem die Karlsbader Beschlüsse und die Unterdrückungsmechanismen der Restaurationszeit, die allerdings bei realistischer Betrachtung jenen Freiraum nicht in effektiver Weise beschneiden konnten, dessen die konstitutionelle Bewegung[234] zur Formulierung und zur Durchsetzung bedurfte. Die lange Geschichte der Transformation der Rechtsordnung zu einer freiheitlichen Ordnung kann an dieser Stelle nicht verfolgt werden. Die folgenden Überlegungen wenden sich vielmehr der Frage zu, ob und in welchem Umfang die in den vormärzlichen Verfassungen garantierten Freiheits-

---

230 *Eckhart Hellmuth*, Naturrechtsphilosophie und bürokratischer Werthorizont, 1985, S. 70 ff.
231 *Scheuner*, Die Verwirklichung der Bürgerlichen Gleichheit, in: Birtsch (FN 4), S. 376, 383, wobei eine umfassende Würdigung des Schrifttums des 18. Jh. fehlt.
232 Hierzu unten RN 82 ff.
233 *Ulrich Eisenhardt*, Deutsche Rechtsgeschichte, ²1995, S. 290 ff.; Ziekow (FN 62), S. 327 ff. (zu den preußischen Reformen), S. 396 ff. (zur einzelstaatlichen Gewerbegesetzgebung); *Dipper* (FN 54), S. 108 ff. (zu persönlicher Freiheit und Gewerbeverfassung).
234 *Würtenberger*, Der Konstitutionalismus des Vormärz als Verfassungsbewegung, in: Der Staat 37 (1998), S. 165, 181 ff. (zur politischen Mobilisierung des Bürgertums).

rechte rechtlich und politisch durchsetzbar waren. Sicher konnten Grundrechte nicht nach modernem Verständnis eingeklagt werden[235]. Sie wurden jedoch zu einem bedeutsamen Orientierungspunkt bei der Transformation der Rechtsordnung.

1. Kein verfassungsgerichtlicher Schutz

Der Supreme Court der Vereinigten Staaten hatte 1803 im Falle Marbury versus Madison entschieden, daß die Verfassung als „Paramount Law of the Nation" allen Parlamentsgesetzen vorgehe und das Verfassungsgericht eine entsprechende Prüfungskompetenz habe[236]. Diese Entscheidung für einen Vorrang der Verfassung[237] bewirkte erst sehr viel später, daß Gesetze und Hoheitsakte auch an den Grundrechten in der amerikanischen Verfassung überprüft wurden. Ein solcher verfassungsgerichtlich überprüfbarer Vorrang der Verfassung gegenüber dem Gesetz war der Verfassungsentwicklung in Europa zunächst fremd und hat sich auch im Deutschland des 19. Jahrhunderts nicht durchsetzen können[238]. Im Konstitutionalismus des 19. Jahrhunderts duldete die Souveränität des Monarchen keine Verfassungsgerichtsbarkeit neben sich, die den Inhalt der Verfassung in verbindlicher Weise festgelegt und damit einen wesentlichen Beitrag zur Sicherung der grundrechtlichen Freiheit und zur Fortentwicklung der Grundrechte geleistet hätte[239]. Mangels verfassungsgerichtlicher Normenkontrolle als krönendem Schlußstein des Grundrechtsschutzes konnten Grundrechte nur eine begrenzte rechtliche Wirkung entfalten. Dies führte dazu, daß der Streit um den Schutz grundrechtlicher Freiheit politisch anläßlich der Gesetzgebung ausgetragen wurde. Grundrechte in der Verfassung erschöpften sich damit in einer programmatisch-appellativen Funktion. Zu konkretisieren waren sie durch die Politik[240].

76
Kein Vorrang der Verfassung in Europa

Programmatisch-appellative Funktion der Grundrechte

---

235 *Wahl*, Die Entwicklung des deutschen Verfassungsstaates bis 1866, HStR I, ³2003, RN 35.
236 Zum folgenden: *Wahl*, Der Vorrang der Verfassung, in: Der Staat 20 (1981), S. 485, 488ff.
237 Hierzu grundlegend *Gerald Stourzh*, Vom Widerstandsrecht zur Verfassungsgerichtsbarkeit, 1974; zur Gerichtspraxis *Lawrence M. Friedman*, A History of American Law, New York u. a. ²1985, S. 345ff., 666ff.
238 Zu Ausnahmen, die allerdings nicht die Annahme stützen können, es habe im Vormärz eine Verfassungsgerichtsbarkeit im materiellen Sinn gegeben: *Eisenhardt*, Die gerichtliche Überprüfung eines verfassungsmäßig verankerten Rechtes im Jahre 1833, in: Gerhard Köbler (Hg.), Wege europäischer Rechtsgeschichte, 1987, S. 75, 83; *ders.* (FN 139), S. 266ff.; vgl. auch § 91 Verf. Württemberg, wonach alle Gesetze und Verordnungen aufgehoben sind, die mit einer ausdrücklichen Bestimmung der Verfassung im Widerspruch stehen.
239 Ansätze zu einer besonderen Form verfassungsgerichtlicher Kontrolle sind allerdings unverkennbar (vgl. *v. Mohl* [FN 162], S. 776ff.: Auflistung jener verfassungsrechtlichen Rechte, deren Verletzung durch die Ständeversammlung, an die wiederum die Bürger sich wenden konnten, gerügt werden konnte); vgl. weiter *Hoke*, Verfassungsgerichtsbarkeit in den deutschen Ländern in der Tradition der deutschen Staatsgerichtsbarkeit, in: Christian Starck/Klaus Stern (Hg.), Landesverfassungsgerichtsbarkeit, Bd. 1, 1983, S. 25, 64ff.; *Olivier Jouanjan*, Le contrôle incident des normes et les contradictions de l'État monarchique en Allemagne (1815-1860), in: ders. (Hg.), Figures de l'État de droit, 2001, S. 252ff.
240 *Wahl* (FN 236), S. 496; demgegenüber will *Eisenhardt* (FN 139, S. 262ff.) einen Vorrang der vormärzlichen Verfassungen vor Gesetzen bereits darin verwirklicht sehen, daß die Ständeversammlungen auch (verfassungs-)rechtlich argumentierend die Anpassung der Gesetze an die Grundrechte in der Verfassung forderten.

Sie gewannen ihre verbindliche Kraft durch den politischen Konsens und durch den Einsatz des Bürgertums im Vormärz, das für die Realisierung dieser Grundrechte politisch zu kämpfen bereit war.

2. Grundrechtsschutz durch Mitbestimmung der Kammern

77
Grundrechte als „Rechte"

Die Grundrechte in den Verfassungen des Vormärz waren zwar gerichtlich nicht einklagbar, gewährten aber doch „Rechte" und waren damit ein wirkmächtiges politisches Programm zur Veränderung und Modernisierung der Rechtsordnung. In den Landtagen diente diese Ambivalenz von „Recht" und politischer Zielsetzung als argumentative Grundlage unter anderem für den Abbau von Ungleichheit, für die Verbesserung der Pressefreiheit oder für die Fortentwicklung der Religionsfreiheit[241]. So sollen drei Viertel der Gesetze im Vormärz von den Kammermitgliedern „als Einlösung von Grundrechten verstanden" worden sein[242], – etwa die Justizgesetze, die Gewerbegesetze oder die Ablösegesetze. Der Verfassungstext wurde damit zum Programm und zur Legitimationsgrundlage der liberal Denkenden in den Landtagen.

78
Freiheit und Eigentum

Gesetze, die Freiheit oder Eigentum der Bürger betrafen, konnten weder einseitig vom Monarchen noch von der Ständeversammlung erlassen werden, sondern bedurften einer politischen Einigung zwischen monarchischer Exekutive und den Kammern. Leitidee dieser Freiheits- und Eigentumsformel ist, daß das Parlament als Repräsentationsorgan der bürgerlichen Gesellschaft im Prinzip nur Gesetze erlassen werde, die die bürgerliche Freiheit nicht verkürzen. Die politischen Mitwirkungsrechte der Kammern im Bereich der Eigentum und Freiheit betreffenden Gesetzgebung wurden als Palladium der Verwirklichung grundrechtlicher Freiheit betrachtet[243]. Durch die Bindung der Exekutive an die Gesetze, die im 19. Jahrhundert nach und nach durchgesetzt wurde, tritt die Herrschaft des demokratisch legitimierten und damit im Prinzip auch grundrechtliche Freiheit konkretisierenden und schützenden Gesetzes an die Stelle von Herrscher- und Bürokratenwillkür.

79
Ausdehnung der Freiheits- und Eigentumsformel

Die Freiheits- und Eigentumsformel beschränkte die Mitwirkung der Kammern an der Gesetzgebung auf jene Bereiche, die in direkter Form die persönlichen und ökonomischen Interessen des Bürgertums betrafen. So wichtige Fragen wie Verwaltungsorganisation oder Heeresverfassung blieben dem Zugriff der Kammern zunächst verschlossen. Gleichwohl besaß die Freiheits- und Eigentumsformel eine erhebliche politische Dynamik und wurde zum Bezugspunkt tiefgreifender verfassungspolitischer Auseinandersetzungen: Welche Gesetze in Freiheit und Eigentum der Bürger eingreifen, wurde ein zentraler Punkt politischer und publizistischer Kontroversen. In Baden war

---

241 *Stolleis* (FN 63), S. 115 f.; *Brandt* (FN 58), S. 460, 469 ff. (zur bedeutsamen Rolle der Grundrechte in der vormärzlichen Parlamentsgeschichte).
242 *Brandt*, Diskussionsbemerkung, in: Der Staat, Beiheft 2, Gesellschaftliche Strukturen als Verfassungsproblem, 1978, S. 134; zu den Forderungen nach Freiheit und Eigentum im ersten Badischen Landtag: *Wahl* (FN 181), S. 321, 330 f. m.N.
243 Zur diesbezüglichen Landtagsgeschichte im Vormärz: *v. Rimscha* (Bibl.), S. 164 ff.

diese Streitfrage bereits früh entbrannt. Schon 1831 konnte der badischen Regierung das Zugeständnis abgerungen werden, daß es „die Natur und Wichtigkeit der Gegenstände sein werde, welche die Regierung bestimmt, ein Gesetz vorzulegen oder nicht"²⁴⁴. Durch diese Erklärung der Regierung war die Freiheits- und Eigentumsformel der Badischen Verfassung (Titel IV § 65) im Sinne der modernen Wesentlichkeitstheorie auf alle politisch wichtigen Fragen ausgedehnt worden²⁴⁵.

3. Grundrechtsschutz durch Gerichtsbarkeit und durch Beschwerdeverfahren

Der Gesetzesvorbehalt für Eingriffe in Freiheit und Eigentum hatte Konsequenzen für den Rechtsschutz. Zu Justizsachen wurden alle Angelegenheiten erklärt, in denen Rechte eines Privaten durch eine Verwaltungsmaßnahme verletzt wurden, deren Gesetzmäßigkeit bestritten wurde²⁴⁶. Soweit das Privatrecht die Freiheits- und Eigentumssphäre bestimmte, konnte der Grundsatz der Gesetzmäßigkeit der Eingriffsverwaltung vor den ordentlichen Gerichten durchgesetzt werden. Davon abgesehen gab es zum Eigentumsschutz und zur Entschädigungspflicht des Staates eine umfängliche Rechtsprechung des Preußischen Obertribunals²⁴⁷. Dies zeigt, daß der Eigentumsschutz des Art. 14 GG in der Rechtstradition des 17. und 18. Jahrhunderts, in den Regelungen des Preußischen Allgemeinen Landrechts und der nachfolgenden Verfassungen sowie in deren Konkretisierung durch eine fast zweihundertjährige Rechtsprechung wurzelt.

80
Gesetzmäßigkeit der Verwaltung

Die in vielen Verfassungen eingeräumten Möglichkeiten von Rechtsschutz durch Beschwerdeverfahren erlangten im Vormärz eine insgesamt gesehen nur geringe Bedeutung. Dies gilt vor allem für Beschwerdemöglichkeiten an die Ständeversammlung wegen „Verletzung der constitutionellen Rechte" (Art. VII § 21 Verf. Bayern) oder wegen „Kränkung in ihren verfassungsmäßigen Gerechtsamen" (§ 67 Abs. 2 Verf. Baden)²⁴⁸, bei denen die Ständeversammlung die strittige Verfassungssache dem Landesherrn vorlegen konnte.

81
Geringe Bedeutung eines Rechtsschutzes durch Beschwerdeverfahren

---

244 Staatsrat *Nebenius* in einer Rede vor der 2. Kammer, zit. nach *Franz Rosin*, Gesetz und Verordnung nach badischem Staatsrecht, 1911, S. 90; *v. Rimscha* (Bibl.), S. 169f.
245 →Bd. III: *Lerche*, Vorbehalt des Gesetzes und Wesentlichkeitstheorie.
246 *Murhard* (FN 162), S. 357f.; *v. Rimscha* (Bibl.), S. 182 m.N.; *Eisenhardt* (FN 139), S. 269 mit Beispielen; *Gernot Sydow*, Die Verwaltungsgerichtsbarkeit des ausgehenden 19. Jahrhunderts, 2000, S. 16ff. zu den justizstaatlichen Ansätzen im Vormärz.
247 Plenar-Beschluß vom 1. Juli 1850, Amtliche Sammlung (AS), Bd. 20, S. 1ff. mit Hinweis auf die Rechtsentwicklung und auf frühere Entscheidungen.
248 *V. Rimscha* (Bibl.), S. 186ff.; *Oda Müller*, Die Verfassungsbeschwerde nach der Bayerischen Verfassung von 1818, 2000, S. 166ff.; *Eisenhardt* (FN 139), S. 264 (mit Beispielen aus der Praxis in Kur-Hessen nach 1830); weitere Beispiele für solche Beschwerden in der Praxis der Landtage: *Murhard* (FN 162), S. 388f. (Beschwerde zur Durchsetzung der Auswanderungsfreiheit).

E. Das Entstehen eines bürgerlichen Freiheitsbewußtseins

82
Grundrechtsgeschichte auch als Sozialgeschichte

Grundrechtsgeschichte als Sozialgeschichte der Entwicklung des Schutzes von Freiheit gegen den Staat erfährt durch den Wandel von Gefährdungslagen und Gefährdungsbewußtsein ihr eigentliches Agens. Seit Entstehen der bürgerlichen Öffentlichkeit im 18. Jahrhundert wurden Freiheitsgefährdungen und Freiheitsansprüche von immer breiter werdenden Bevölkerungsschichten diskutiert. Es entstand mit dem Gefährdungsbewußtsein und mit dem Verlangen nach (verfassungs-)rechtlicher Sicherung von Freiheit ein neues kollektives politisch-rechtliches Bewußtsein. Allerdings fällt es schwer, Wandlungen im kollektiven und auch im individuellen politisch-rechtlichen Bewußtsein mit der erforderlichen Verläßlichkeit zu belegen. Gleichwohl lassen geistige Prägungen der politischen Elite, das politische Programm von Vereinigungen, die in Diskussionsforen behandelte politische Thematik, die politische Pamphletistik, die politische Symbolik sowie die Reaktionen auf die großen Ereignisse der Zeit auf Entwicklungslinien kollektiven ebenso wie individuellen politisch-rechtlichen Bewußtseins schließen[249].

I. Geistige Prägungen des hohen Beamtentums

83
Rechtsreformen durch Reformbürokratie

Im ausgehenden 18. Jahrhundert trifft man allenthalben auf ein hohes Beamtentum, das ganz wesentlich durch das politische Programm des zeitgenössischen emanzipativen Naturrechts[250] geprägt war. Vor allem in Preußen kann man von einem Reformbeamtentum sprechen, das einen intensiven Dialog über Aufklärung und Staatsverbesserung führte. Hierfür steht in Berlin die „Gesellschaft von Freunden der Aufklärung", kurz Mittwochsgesellschaft genannt. Ihre Mitglieder, unter ihnen *Dohm*, *Klein* oder *Svarez*, waren überwiegend durch *Christian Wolff* und durch die französische Publizistik, später durch die Auseinandersetzungen mit *Kant* geprägt. Die preußische Reformbürokratie, aber auch das hohe Beamtentum in anderen Territorien hatte in aller Regel während ihrer akademischen Ausbildung Zugang zur Geisteswelt des sich entwickelnden Liberalismus gefunden. Viele hatten in Göttingen bei *Pütter*, *Achenwall* oder *Schlözer* ein aufgeklärtes Staatsrecht und fortschrittliches Naturrecht vermittelt bekommen. Vor allem aber hatte das Beamtentum in den Vorlesungen über Kameralwissenschaften und über das Allgemeine Staatsrecht sowie über die entsprechenden Lehrbücher Zugang zur Diskussion des Schutzes bürgerlicher Freiheit gefunden[251]. Auf diese Reformbürokratie hatte die Staatsphilosophie *Kants* einen prägenden Einfluß. Maxime

---

[249] Zur sozialpsychologischen Basis der konstitutionellen Bewegung: *Würtenberger* (FN 234), S. 165, 179 ff.; *Vierhaus*, Politisches Bewußtsein in Deutschland vor 1789, in: Der Staat 6 (1967), S. 175 ff.; zur hier nicht weiter verfolgten Rolle des Naturrechts und des Allgemeinen Staatsrechts in der Fürstenerziehung: *Schelp* (FN 71), S. 196 ff.

[250] S. oben C I 1 bis 5 (RN 26 ff.).

[251] Zum Allgemeinen Staatsrecht als Lehrfach: *Schelp* (FN 71), S. 214 ff. (zur geistigen Prägung der Beamtenschaft).

war die von *Kant* geforderte republikanische Verfassung, die jedem Freiheit und Eigentum gewährt. Nach den Erfahrungen der Französischen Revolution sollte bürgerliche und politische Freiheit nicht durch den Gesetzgeber bestimmt, sondern nach dem Vernunftprinzip verteilt werden. In den Worten *Kants*: „Das Volk (ist) nach Prinzipien zu behandeln, die dem Geist der Freiheitsgesetze (wie ein Volk mit reifer Vernunft sie sich selbst vorschreiben würde) gemäß sind"[252]. Diese Grundsätze *Kant*scher politischer Philosophie waren der Reformbürokratie vertraut und waren Grundlagen von Rechtsreformen[253].

II. Entwicklung freiheitlichen Bewußtseins im Schutz von Vereinigungen

Ein auf Freiheitsschutz drängendes politisch-rechtliches Bewußtsein entwickelte sich in der zweiten Hälfte des 18. Jahrhunderts im Schutz von Organisationen. So gehörte es zu den Zielsetzungen des Freimaurertums, sich für Egalität einzusetzen, Gedanken der Aufklärung zu verbreiten und auf den Abbau ständischer Privilegien hinzuwirken. In ähnliche Richtung zielten die Illuminaten, die nach den Prinzipien des radikalen Flügels der deutschen Aufklärung die bestehende Herrschafts- und Gesellschaftsordnung umgestalten wollten[254]. Sicherlich sollten die realen Einflußmöglichkeiten von Freimaurern und Illuminaten auf die Durchsetzung einer neuen freiheitlichen Ordnung nicht überschätzt werden. Waren doch die Vorstellungen über die konkreten Reformen von Staat und Gesellschaft zu heterogen; zudem mußten sie aus Furcht vor Verfolgung im Schutz der jeweiligen Organisation und damit geheim bleiben. Immerhin aber waren einige Assessoren am Reichskammergericht dem Bund der Illuminaten verbunden und wirkten vor allem seit den achtziger Jahren des 18. Jahrhunderts an Entscheidungen mit, die dem Freiheitsschutz verpflichtet waren[255]. Die Lesegesellschaften, die es fast an allen Orten gab, entfalteten eine größere Breitenwirkung. In ihnen kam ein breites Publikum unter anderem über die politischen Zeitschriften mit der politischen Theorie des jüngeren Naturrechts in Kontakt. Zu ihren Mitgliedern gehörten vielerorts Illuminaten und Freimaurer, die das Diskussionsforum der Lesegesellschaft für die Verbreitung ihrer Ideen nutzten. Um diese Foren der Bildung eines neuen politisch-rechtlichen Bewußtseins versiegen zu lassen, wurden zahlreiche bedeutendere Lesegesellschaften zu Beginn der neunziger Jahre des 18. Jahrhunderts geschlossen[256].

84
Freiheitspolitik
bürgerlicher Kreise

---

252 *Kant*, Der Streit der Fakultäten, 1798, (FN 112), Bd. 11, S. 36.
253 *Burg*, Die Verwirklichung von Grund- und Freiheitsrechten in den Preußischen Reformen und Kants Rechtslehre, in: Birtsch (FN 4), S. 287 ff.
254 Zusammenfassend *Lamprecht* (FN 39), S. 54 f.
255 *Richard van Dülmen*, Der Geheimbund der Illuminaten, 1975, S. 60; *Monika Neugebauer-Wölk*, Reichsjustiz und Aufklärung. Das Reichskammergericht im Netzwerk der Illuminaten, 1993, S. 11, 23, 78; *Troßbach*, Illuminaten am Reichskammergericht, in: Bernhard Diestelkamp (Hg.), Die politische Funktion des Reichskammergerichts, 1993, S. 135 ff.
256 *Lamprecht* (FN 39), S. 59 ff. m.N.; vgl. weiter *Winfried Müller*, Die Aufklärung, 2002, S. 18 ff.

85
Burschenschaften als Vorkämpfer für Freiheit und Einheit

Im Vormärz kam es zu einer breiten konstitutionellen Verfassungsbewegung mit gemeinsamer Aktion und einem bemerkenswerten Netzwerk bürgerlich-liberaler Bewußtseinsbildung[257]. Die studentische Bewegung der Burschenschaften trat für Freiheit und Einigkeit ein; die großen (und kleinen) öffentlichen Feste des Vormärz wie das Wartburgfest von 1817 oder das Hambacher Fest von 1832 setzten u. a. auch die grundrechtliche Freiheit auf ihre Agenda. Nicht zuletzt zielte die vormärzliche Vereinsbildung auf gemeinsame Aktionen zur Durchsetzung eines freiheitlichen politischen Programms.

III. Grundrechte als Gegenstand politischer Symbolik und Metaphorik

86
Verfassung als Gesetzestafel

In einer Zeit, in der die Bevölkerung erst allmählich des Lesens mächtig wird, geschieht die Verbreitung alter und neuer Herrschaftsprinzipien über die politische Symbolik. In Frankreich wurden die revolutionäre Verfassunggebung sowie die Erklärung der Menschen- und Bürgerrechte von 1789 von einer reichen politischen Symbolik begleitet. Die Verfassungssymbolik auf den Münzen und Medaillen sowie auf Flugblättern der Revolutionszeit zeigt die Verfassung in Form einer Gesetzestafel, was an die christliche Symbolik der mosaischen Gesetzestafeln anknüpft. Dabei findet man oft „Droits de l'homme" auf der Verfassungstafel eingraviert[258]. Diese in der Französischen Revolution weit verbreitete Verfassungssymbolik mag Indiz für einen damaligen grundsätzlichen Wandel im politisch-rechtlichen Bewußtsein sein. Dieses kristallisiert sich sodann in der vormärzlichen Freiheitsmetaphorik[259], die weit verbreitet war. Eine Verfassungssymbolik, die die Grundrechte mit einbezieht, findet sich in Deutschland in der Zeit der Revolution von 1848/49.

IV. Die Rolle der Anwaltschaft als Vermittlerin zwischen Rechtsbewußtsein und Fortentwicklung des Rechts

87
„Natürliche Freiheit" als Kampfbegriff

Wichtige Felder eines sich fortentwickelnden Rechtsbewußtseins lassen sich jenen Prozessen entnehmen, in denen mit der Obrigkeit über die Rechtmäßigkeit von Eingriffen in die Freiheit gestritten wird. Hier – vergleichbar der Rolle der Juristen in den Parlamenten[260] – ist die Anwaltschaft ein Transmissionsriemen zwischen den Forderungen der Bürger nach Freiheit einerseits und der staatlichen Ordnung andererseits, der seine Antriebskraft von jenen Individuen erfährt, die sich in ihrer Freiheit beeinträchtigt fühlen und Mühen sowie Kosten einer gerichtlichen Auseinandersetzung nicht scheuen. Zugleich

---

257 *Würtenberger* (FN 234), S. 181 ff.; *Elisabeth Fehrenbach*, Verfassungsstaat und Nationsbildung 1815 – 1871, 1992, S. 10 ff.
258 Nachweise bei *Würtenberger*, Die Verfassung als Gegenstand politischer Symbolik im ausgehenden 18. und beginnenden 19. Jahrhundert, in: FS M. Rehbinder, 2002, S. 617, 624; zur Verknüpfung von Symbol- und Mentalitätsgeschichte: *Fehrenbach* (FN 32), S. 175 ff.
259 *Dipper*, Art. Freiheit VII, in: Brunner/Conze/Koselleck (FN 5), S. 493 ff.; Ottomeyer (Hg.), Biedermeiers Glück und Ende, 1987, S. 698 ff.
260 Zur dominierenden Rolle der Anwälte und Juristen in der französischen Nationalversammlung von 1789: *Sandweg* (Bibl.), S. 162 ff.

läßt sich der anwaltschaftlichen Prozeßführung entnehmen, ob und in welchem Umfang die Anwaltschaft neue Ideen von Freiheit und Gleichheit aufnimmt und diese gerichtlich durchzusetzen versucht. *Wolfgang Schmale* hat für die vorrevolutionäre Anwaltschaft in Frankreich in beeindruckender Weise nachgewiesen, daß naturrechtlich argumentierend ein Freiheitsschutz erreicht werden sollte, der durchaus auf der Linie von grundrechtlicher Freiheit liegt[261]. Am Beispiel der Prozeßakten der Dijoner Anwälte entwickelt er einen „Grundrechtekatalog" der unter anderem Grundfreiheiten, die rechtliche Integrität der Person oder Eigentumsrechte umfaßt. Vergleichbares, allerdings deutlich weniger akzentuiert, findet sich auch bei der deutschen Anwaltschaft[262]. Offenbar durch die Anwälte mit neuem Begriffsinhalt versehen, wurden im ausgehenden 18. Jahrhundert zahlreiche Prozesse vor dem Reichskammergericht unter dem „Kampfbegriff" der natürlichen Freiheit geführt[263], der naturrechtlich aufgeladen war. 1796 sah sich das Reichskammergericht gar veranlaßt, einen Anwalt zu bestrafen, der in seinem Schriftsatz von unveräußerlichen Menschenrechten sprach[264]. Für die Zeit des Vormärz fehlen hinreichend breite Studien der Prozeßakten. Aber auch in dieser Zeit dürfte die Kriminalisierung der politischen Opposition in einer Fülle von mehr oder weniger spektakulären politischen Prozessen zu einer Mobilisierung des Rechtsbewußtseins verschiedenster sozialer Gruppen erheblich beigetragen haben. Vor allem finden wir in der Frankfurter Nationalversammlung etwa ein Drittel Juristen, die die treibende Kraft bei der Formulierung der Grundrechteerklärung waren[265] und die sich auch im Vormärz für die Erweiterung grundrechtlichen Schutzes engagiert einsetzten[266].

---

261 *Schmale* (FN 3), S. 522 ff.
262 *Schmale* (FN 3), S. 438.
263 *Weitzel* (FN 206), S. 160; kritisch zur Berufung auf „Menschenrechte" in Anwaltsschriftsätzen gegen die „landesherrlichen Rechte": *Schlözer*, Aus der Gegend von Wetzlar, in: Schlözers Staatsanzeigen, Heft 61 (1791), S. 92 ff.
264 Nachweise bei *Dipper* (FN 103), S. 174.
265 *Götz von Ohlenhusen*, Die Revolutionen von 1848/49 in Deutschland und Frankreich: Vergleichende Überlegungen zum Wandel kollektiven Rechtsbewußtseins, in: Joseph Jurt/Gerd Krumeich/Thomas Würtenberger (Hg.), Wandel von Recht und Rechtsbewußtsein in Frankreich und Deutschland, 1999, S. 233, 255 ff.
266 Zum Ziel der Anwaltschaft, am „Umbau der Gesellschaft zur liberalen bürgerlichen Gesellschaft" mitzuwirken: *Hannes Sigrist*, Advokat, Bürger und Staat, 1. Halbband, 1996, S. 359 f.

F. Bibliographie

Birtsch Günter (Hg.), Grund- und Freiheitsrechte im Wandel von Gesellschaft und Geschichte, 1981.
ders. (Hg.), Grund- und Freiheitsrechte von der ständischen zur spätbürgerlichen Gesellschaft, 1987.
La Déclaration des droits de l'homme et du citoyen de 1789: ses origines, sa pérennité, Paris 1990.
Dippel, Horst (Hg.), Die Anfänge des Konstitutionalismus in Deutschland. Texte deutscher Verfassungsentwürfe am Ende des 18. Jahrhunderts, 1991.
Grimm, Dieter, Die Entwicklung der Grundrechtstheorie in der deutschen Staatsrechtslehre des 19. Jahrhunderts, in: ders., Recht und Staat der bürgerlichen Gesellschaft, 1987, S. 308 ff.
Kersting, Wolfgang, Wohlgeordnete Freiheit, Immanuel Kants Rechts- und Sozialphilosophie, 1984, Taschenbuchausgabe 1993.
Kleensang, Michael, Das Konzept der bürgerlichen Gesellschaft bei Ernst Ferdinand Klein. Einstellung zu Naturrecht, Eigentum, Staat und Gesetzgebung in Preußen 1780–1810, 1998.
Klippel, Diethelm, Politische Freiheit und Freiheitsrechte im deutschen Naturrecht, 1976.
ders., Die Theorie der Freiheitsrechte am Ende des 18. Jahrhunderts in Deutschland, in: Heinz Mohnhaupt (Hg.), Rechtsgeschichte in den beiden deutschen Staaten, 1991, S. 348 ff.
ders. (Hg.), Naturrecht im 19. Jahrhundert, 1997.
Oestreich, Gerhard, Geschichte der Menschenrechte und Grundfreiheiten im Umriß, ²1978.
Rimscha, Wolfgang von, Die Grundrechte im süddeutschen Konstitutionalismus, 1973.
Sandweg, Jürgen, Rationales Naturrecht als revolutionäre Praxis, 1972.
Wahl, Rainer, Rechtliche Wirkungen und Funktionen der Grundrechte im deutschen Konstitutionalismus des 19. Jahrhunderts, in: Der Staat 18 (1979), S. 321 ff.
ders., Der Vorrang der Verfassung, in: Der Staat 20 (1981), S. 485 ff.
Wilhelm, Uwe, Der deutsche Frühliberalismus. Von den Anfängen bis 1789, 1995.
Würtenberger, Thomas, Der Schutz von Eigentum und Freiheit im ausgehenden 18. Jahrhundert, in: Walther Gose/Thomas Würtenberger (Hg.), Zur Ideen- und Rezeptionsgeschichte des Preußischen Allgemeinen Landrechts, 1999, S. 55 ff.

§ 3
Von der bürgerlichen Revolution bis zum Ersten Weltkrieg

Jörg-Detlef Kühne

Übersicht

	RN		RN
A. Der freiheitsrechtliche Entwicklungsschub der Achtundvierziger-Revolutionen	1– 61	B. Freiheitsrechte im Zeitraum des deutschen Spätkonstitutionalismus	62–103
I. Grundlagen	1– 2	I. Rückschritte während der Reaktionszeit	62– 76
II. Deutschland	3– 47	1. Deutsche Grundrechtsentwertungen und -aufhebungen	62– 69
1. Gesamtstaatliche Frankfurter Grundrechte	3– 15	a) Normativ	62– 65
a) Neuartigkeit des Grundrechtsbegriffs	3– 6	b) Sonstige Rückschritte	66– 69
b) Konzeptionelle Fragen	7– 10	2. Außerdeutscher Raum und europäische Interdependenzen	70– 76
c) Umriß	11– 13	a) Einzelbefunde	70– 74
d) Funktionen	14– 15	b) Europäisches gegen amerikanisches System	75– 76
2. Inkurs zum Modernisierungsgehalt	16– 23	II. Spätere Entwicklungen bis zum Ersten Weltkrieg	77–103
a) Geltungsdimensionen und Menschenwürdeaspekt	16– 18	1. Grundrechtsrealisierungen im Deutschen Reich	77– 92
b) Frühpluralismus	19– 21	a) Parlamentarische Auseinandersetzungen und Gesetzeserträge	77– 81
c) Frühsozialstaatlichkeit	22– 23	b) Restriktionen der Rechtsprechung	82– 87
3. Zeitgebundenheiten	24– 30	c) Wissenschaft	88– 92
a) Gesetzesvorbehalte und Schrankenselbstverständnis	24– 27	2. Der Lichtblick des österreichischen Reichsgerichts als Verfassungsbeschwerdegericht	93– 97
b) Verhältnis zum Staat	28– 30	a) Einrichtungsgründe	93– 94
4. Durchsetzungsabsichten und -realitäten	31– 36	b) Rechtsprechungserträge	95– 97
5. Gliedstaatsebene	37– 47	3. Beispiele aus dem sonstigen Europa	98–103
a) Preußen	37– 39	a) Schweiz	98–100
b) Österreich	40– 43	b) Frankreich	101–103
c) Sonstige Gliedstaaten	44– 47	C. Schlußbemerkungen	104–105
III. Ausländische Beispiele	48– 57	D. Bibliographie	
1. Monarchien: Italien, Niederlande, Dänemark	48– 52		
2. Republiken	53– 57		
a) Schweizerische Septemberverfassung	53– 55		
b) Französische Novemberverfassung	56– 57		
IV. Fortbildungen gegenüber 1789 und 1830	58– 61		

A. Der freiheitsrechtliche Entwicklungsschub der Achtundvierziger-Revolutionen

I. Grundlagen

1
Zusammenwirken revolutionärer Hauptanliegen

Die 150-Jahr-Feiern zu den Achtundvierziger-Revolutionen in Europa haben als gemeinsamen Grundzug stärker als zuvor das Zusammenwirken dreier revolutionärer Hauptanliegen freigelegt[1]. Es handelt sich um eine Verbindung von National-, Verfassungs- und Sozialrevolution mit regional je unterschiedlichen Dominanzen. Dabei verweisen unverträgliche wechselseitige Nationalansprüche (z.B. zwischen Deutschland und Dänemark) ebenso wie ansteigende Sozialprobleme der industriellen Revolution auf europäische Interdependenzen, die schon das kontrapunktische Kommunistische Manifest von 1847/48[2] verdeutlicht. Diese Probleme schlagen auch auf die verschiedenen Verfassungsgebungen einschließlich ihrer freiheitsrechtlichen Teile durch. Kommt die generelle Erkenntnis[3], hier in europaweiter Betonung, hinzu, daß sich Verfassungsgebungen in unterschiedlicher Intensität an Vorbildern orientieren und durch Anlehnungen, Übernahmen u.ä. gewisse Verbindungen aufweisen. Hinsichtlich der seinerzeitigen Freiheitsrechtsgestaltungen in Deutschland hat *Otto Dann*[4] Fragen aufgeworfen, die gleichermaßen für die weiteren europäischen Staaten gelten. Es geht um Entstehungsbedingungen, soziopolitische Hintergründe, begriffliche und definitorische Probleme, Funktionen und Wirkungen. Ferner sind ideengeschichtliche Hintergründe zu beachten, die *Scheuner* wegweisend behandelt hat, sowie die Dimension europäischer Homogenitäten bzw. Interdependenzen[5].

2
Unterschiede der einzelnen Verfassungsgebungen

Darüber hinaus ist auf verfahrensmäßige Unterschiede der Verfassungsgebung in zeitlicher wie bürgerpartizipatorischer Hinsicht zu verweisen. So kennt der freiheitsrechtliche Teil des später zur gesamtitalienischen Verfassung aufgestiegenen Statuto Albertino Sardinien-Piemonts mit circa einer Woche die kürzeste und übrigens rein regierungsinterne Beratungszeit. Die berühmt-berüchtigte Dauer der legendären Grundrechtsdebatten der Paulskirche beträgt demgegenüber als entgegengesetztes Extrem ein Vielfaches, und die schweizerische Verfassungsgebung wird bereits damals der unmittel-

---

[1] Näher *Haupt/Langewiesche*, Die Revolution in Europa 1848, in: Dieter Dowe/Heinz-Gerhardt Haupt/ Dieter Langewiesche (Hg.), Europa 1848. Revolution und Reform, 1998, S. 11 ff.
[2] Wiederabdruck in: Karl Heinrich Peter (Hg.), Proklamationen und Manifeste zur Weltgeschichte, 1964, S. 221 ff.
[3] *Max Fleischmann*, Verfassungserbgut von Reich zu Reich, 1928; speziell zur wichtigen Vorbildverfassung Belgiens: *John Gilissen*, La constitution belge de 1831: ses sources son influence, in: Res Publica, Sonderausgabe 1968, S. 107 ff., mit Einflußquantifizierung, wonach nur 10 v.H. eigenständig (S. 132); zur Paulskirche *Kühne* (Bibl.), S. 148 ff.
[4] *Dann*, Die Proklamation von Grundrechten in den deutschen Revolutionen von 1848/49 in: Günter Birtsch (Hg.), Grund- und Freiheitsrechte im Wandel von Gesellschaft und Geschichte, 1981, S. 515 (516 f.). S.a. *Wahl* (Bibl.), S. 348 FN 18 (S. 362) mit wichtiger praktischer Akzentuierung.
[5] *Scheuner* (Bibl.), S. 663 ff., *Mayer-Tasch* (Bibl.), S. 26 ff.

baren Volksabstimmung unterworfen[6]. Es treten strukturelle Unterschiede der Freiheitsrechtsgewährleistungen hinzu. Sie geschehen teils in Föderalstaaten (Deutschland, Schweiz), teils in republikanischen Staaten (Frankreich, Schweiz). Auch ist zu sehen, daß die seinerzeit entstandenen Verfassungen außerhalb Deutschlands und Frankreichs in etlichen Staaten wie Italien, der Schweiz, den Niederlanden und Dänemark vollen Erfolg haben.

II. Deutschland

1. Gesamtstaatliche Frankfurter Grundrechte

a) Neuartigkeit des Grundrechtsbegriffs

Der heute geläufige Begriff der Grundrechte[7] erreicht erstmals 1848 die Stufe ausdrücklicher Verfassungsnormierung. Ohne auf die allgemeine Wortgeschichte dieses Begriffs näher einzugehen[8], ergab sich die entscheidende Weichenstellung für seine verfassungsrechtliche Verwendung bereits vor Eröffnung der Frankfurter Nationalversammlung (18. Mai 1848). Der von der spontan zusammengetretenen Heidelberger Versammlung Anfang März eingesetzte Siebenerausschuß hatte zunächst dem von ihm eingeladenen sog. Vorparlament (31. März bis 4. April) eine Beschlußempfehlung mit auf den Weg gegeben, die noch sehr allgemein die „Verbürgung nationaler Freiheitsrechte"[9] verlangte und in dessen Debatten zu etlichen Konkretisierungsanträgen führte. Ähnlich den Titulierungen der großen westlichen Freiheitsrechtskataloge von 1789[10] ging es zunächst noch um „Rechte ..." bzw. eine „Rechteerklärung des deutschen Volkes", aber auch schon um „Grundsätze",

3
Von Freiheitsverbürgungen zu „Grundrechten"

---

6 Zur verfahrensmäßigen Seite näher *Kühne*, Verfassungsstiftungen in Europa 1848/49, in: Dieter Langewiesche (Hg.), Demokratiebewegungen und Revolutionen 1847 bis 1849, 1998, S. 52 (54 ff.) und speziell *Hartmut Ullrich*, The Statuto Albertino, in: Horst Dippel (Hg.) Executive and Legislative Powers in the Constitutions of 1848-49, 1999, S. 129 (134 ff.).
7 → Bd. II: *Merten*, Begriff und Abgrenzung der Grundrechte.
8 Dazu nur *Gerd Kleinheyer*, Art. Grundrechte – Menschen- und Bürgerrechte, Volksrechte, in: Otto Brunner/Werner Conze/Reinhart Koselleck (Hg.), Geschichtliche Grundbegriffe, Bd. 2, 1975, S. 1047 (1076). S.a. das Stichwort „Grundrecht", in: Jacob und Wilhelm Grimm (Hg.), Deutsches Wörterbuch, Bd. 9 (1935) ND 1984, Sp. 882, und *Stern*, Staatsrecht III/1 (LitVerz.), S. 111 f., 343 f. mit versehentlicher Fehlangabe im Inhaltsverzeichnis, ebd. S. XVII zu § 59 V 4 a (S. 111), die als erste Begriffsverwendung 1824 angibt.
9 In: Friedrich Siegmund Jucho (Hg.), Verhandlungen des Deutschen Parlaments, 1. Teil 1848, S. 1 Ziff. IV 5.
10 Die französische Deklaration der Menschen- und Bürgerrechte vom 26.8.1789; die amerikanische „Federal Bill of Rights" vom 25.9.1789 trat aufgrund des langwierigen Verfassungsannahmeverfahrens erst 1791 in Kraft. Näher *mein* Beitrag: Die französische Menschen- und Bürgerrechtserklärung im Vergleich mit den Vereinigten Staaten und Deutschland, in: JöR 39 (1990), S. 1 ff. – Das Bewußtsein dieser beiden großen westlichen Freiheitsrechtskataloge war 1848/49 lebendig, s. z.B. – jeweils in Jucho (FN 9) – die Abg. *F.G. Leue*, S. 133, 147, *M. Mohl*, S. 145 und später *G. Beseler*, in: Johann Gustav Droysen (Hg.), Die Verhandlungen des Verfassungsausschusses der deutschen Nationalversammlung, Teil 1, (1849) ND 1987, S. 4 (5. Sitzung v. 1.6.1848).

§ 3   *Erster Teil: I. Idee und geschichtliche Entwicklung*

„Grundlagen" oder „Grundrechte"[11]. Der letztgenannte Vorschlag von *Jacob Venedey* setzte sich durch, freilich dank eines Kompromißbündels konkret zugeordneter Rechte zunächst noch mit der begrifflich doppelnden Überschrift: „Grundrechte und Forderungen des deutschen Volkes"[12].

4
„Grundrechte" als Titelbegriff im Siebzehnerentwurf

Zur Überschriftsreduktion auf den Grundrechtsbegriff allein kam es im sog. Siebzehnerentwurf vom 26. April 1848, der unmittelbar nach dem Vorparlament von einem bundesseitig berufenen, hochkarätig besetzten Ausschuß von siebzehn Vertrauensmännern erarbeitet worden war. Nach dem Muster der amerikanischen Verfassung, Freiheitsrechte *nach* den drei Hauptgewalten zu regeln, lautete die freiheitsrechtliche Titelzeile (Art. VI) nun: „Grundrechte des deutschen Volkes"[13]. Es folgten achtzehn eher stichwortartig aufgeführte Einzelgrundrechte (§ 24 lit. a bis s), mit – wie im Vorparlament – individualrechtlichen bis staatsorganisatorischen Aussagen (lit. a bis d, s).

5
„Grundrechte" als Kontrast zu Untertanen- und Staatsbürgerrechten

Wegen seiner auch im Ausland bemerkten Qualität und nicht unerheblicher Besetzungsidentität mit dem späteren Verfassungsausschuß der Frankfurter Nationalversammlung[14] wurde der Siebzehnerentwurf zur inoffiziellen Vorlage für ihre Verfassungsarbeit. Dabei sprach für den Grundrechtsbegriff im Rahmen des jetzt angestrebten Bundesstaats einmal die an die Gliedstaaten gerichtete Aussage, nur „geringstes Maaß deutscher Volksfreiheit"[15] sein zu wollen, sowie der sprachliche Kontrast, den dieser Begriff gegenüber gliedstaatlichen Verfassungskatalogen über Untertanen- und Staatsbürgerrechte u.ä.[16] bildete.

6
„Grundrechte" als Verfassungsbegriff

Die von der (groß-)deutschen Frankfurter Nationalversammlung in der Paulskirche geschaffene „Verfassung des deutschen Reiches" vom 28. März 1849, auch Frankfurter Reichsverfassung (FRV)[17] genannt, enthält in ihrem

---

11 In der Reihenfolge der Zitate – jeweils in Jucho (FN 9) – 1. *G. v.Struve*, S. 5, *R. Blum*, S. 145; 2. *K. Biedermann*, S. 130, *F. Hecker*, S. 151; 3. *H. Schürenberg*, S. 148, ähnlich *F.G. Leue*, S. 147; 4. *C. Colonius*, S. 144; 5. *J. Venedey*, S. 141. Überdies war auch von Magna Charta die Rede, s. *K. Biedermann* (wie vor) S. 130, *A. v. Soiron*, S. 132, *Leue*, S. 133. – mat. Qualifizierungen von *Leue*, ebd. S. 147, als: „Entscheidung über die wichtigsten und heiligsten Fragen", wobei in der Weimarer Zeit 1921 die Grundrechte „als Heiligtum des Volkes" bezeichnet werden (RGZ 102, 161 [165]); in Österreich spricht der Abg. *A. Fischhof* von „Grundsteinen", Officielle sten. Berichte über die Verh. des österreichischen Reichstages, Bd. 4, Wien 1849, ND 1970, S. 639 (80. Sitzung v. 29.1.1849).
12 In: Jucho (FN 9), S. 173; zu dem Juristen und politischen Schriftsteller *Venedey* näher: *Heinrich Best/ Wilhelm Weege*, Biographisches Handbuch der Abgeordneten der Frankfurter Nationalversammlung 1848/49, ²1998, S. 342.
13 Abgedr. bei Ernst Rudolf Huber (Hg.), Dokumente zur deutschen Verfassungsgeschichte, Bd. 1, ³1978, Nr. 97.
14 Ausländisches Lob vor allem vom amerikanischen Historiker und damaligen Gesandten in London *George Bancroft*, der u.a. in Göttingen studiert hatte und in der Bismarckzeit Gesandter in Berlin werden sollte; Nachweis, bei fehlerhafter Namensangabe, in: *Stern*, Staatsrecht V (LitVerz.), S. 256f. Die wichtigste Personalidentität bestand hinsichtlich des führenden Kopfes des Siebzehnerausschusses *Friedrich Christoph Dahlmann*, näher *Kühne* (Bibl.), S. 44 mit FN 109.
15 Jucho (FN 9), S. 174.
16 Z.B. Untertanenrechte: §§ S. 27ff. Verf. Hannover von 1840; §§ 19ff. Verf. Kurhessen von 1831; §§ 24ff. Verf. Sachsen von 1831; Staatsbürgerrechte: §§ 7ff. Verf. Baden; §§ 19ff. Verf. Württemberg; S.a. *Wolfgang von Rimscha*, Die Grundrechte im süddeutschen Konstitutionalismus 1973, S. 2 FN 10, wonach sein Grundrechtsbegriff eingestandenermaßen „durchgehend unhistorisch", d.h. anachronistisch ist.
17 RGBl. S. 101; die Gültigkeit war de facto gegenüber den monarchischen Großstaaten Preußen und Österreich nicht durchsetzbar.

Abschnitt VI (§§ 130 bis 189) erstmals den Grundrechtsbegriff als rechtsgültigen Verfassungsbegriff. Dabei war dieser Abschnitt Ende Dezember 1848 bereits mit selbständiger Zählung (§§ 1 bis 50) zum größten Teil vorverabschiedet worden, und zwar unter derselben Überschrift: „Grundrechte des deutschen Volkes"[18].

b) Konzeptionelle Fragen

Die Erfassung der Grundrechte von 1848/49 hat lange unter der verbreiteten Herabsetzung der Achtundvierziger-Revolution in der Zeit bis 1918 gelitten[19]. So wurden noch in der Weimarer Zeit Grundrechte in Anlehnung an die großen Freiheitsrechtskataloge des Westens als reine und vorstaatliche Rechte des Individuums verstanden[20]. Indessen hat man damit die Tatsache, daß der Grundrechtsbegriff in Deutschland erstmals 1848/49 verfassungsnormiert worden ist, zugunsten des Rückgriffs auf 1789 übergangen. Verschattet blieben damit das eigentlich Neue gegenüber den älteren Freiheitsrechtskatalogen sowie Kontinuitäten mit den späteren Grundrechtsabschnitten von Weimar und heute. Es ist *Gerhard Ritter*[21], der dazu einen wichtigen legitimatorischen Hinweis gegeben hat. Die französische Charte von 1814 spreche nur noch von ‚Rechten der Franzosen', die belgische Verfassung 1831 ‚von den Belgiern und ihren Rechten'. Das positive Staatsrecht habe das Naturrecht verdrängt, und weiter: „Unter den auf dieser neuen Grundlage ruhenden Rechteerklärungen des bürgerlichen Zeitalters verdient die der *deutschen* Nationalversammlung ... einen hervorragenden Platz. Nicht nur deshalb, weil sie alle Vorgänger an äußerem Umfang übertrifft, sondern vor allem wegen ihrer neuen, streng juristischen Form, ihrer systematischen Vollständigkeit und der Fülle der neuaufgenommenen Gedanken. Jede Erinnerung an die naturrechtliche Freiheitstheorie ist hier geschwunden. Vom Menschen schlechthin und seinen natürlichen Freiheitsansprüchen ist gar keine Rede mehr. Es geht nicht um allgemeine Menschenrechte, sondern um Grundrechte des deutschen Volkes ... auf der Grundlage einer ganz anderen Sozialethik und Staatsordnung als der des Rationalismus und seiner Utilitätsphilosophie, – nämlich der Pflichtenethik Kants, des Idealismus und Historismus deutschen Gepräges".

7 Verdrängung des Naturrechts durch das positive Staatsrecht

Genaueres erschließt sich zunächst aus den Gegenvorschlägen, die sich in Frankfurt nicht durchsetzten. Gegenbegriffe sind im wesentlichen Urrechte und Menschenrechte[22]. Dem ebenfalls gebrauchten, freilich spezieller bürger-

8 Einbeziehung des Begriffs „Volksrechte"

---

18 Vom 27.12.1848 (RGBl. S. 49).
19 Dazu *Franzjörg Baumgart*, Die verdrängte Revolution, 1976.
20 So namentlich *Carl Schmitt*, Verfassungslehre, ⁵1970, S. 164 f., kritisch dazu *Sachs*, in: Stern, Staatsrecht III/1 (LitVerz.), S. 344 ff.; s.a. *Kühne* (Bibl.), S. 163 ff.
21 *Gerhard Ritter*, Ursprung und Wesen der Menschenrechte, 1948, erneut in: Schnur (Bibl.), S. 229 f.; s.a. *Oestreich* (Bibl.), S. 90 f.
22 *G. Beseler* und *K. Th. Welcker*, in: Droysen (FN 10), S. 4 f. (5. Sitzung v. 1.6.1948); die Sitzung ist in der Sache ungekürzt gedruckt, vgl. die Originalaufzeichnungen, in: GStA PK, Familienarchive und Nachlässe, Nachlaß Johann Gustav Droysen, Nr. 129 a, Bl. 4 f.; s.a. *Kleinheyer* (FN 8), S. 1076 ff.

partizipatorischen Begriff der *Volksrechte*, den *Schmitthenner*[23] bereits im Vormärz eingehend erläutert hatte, wurde hingegen durch das in der Abschnittsüberschrift genannte Grundrechtspossessivum „des deutschen Volkes" ebenso wie konkreter durch das Wahlrecht (§ 132 Satz 3) und weitere Grundrechte, die dem Volk Einfluß auf die Staatsleitung eröffnen (§§ 159 f., 184 ff.), Rechnung getragen.

9
Übergang vom naturrechtlichen zum historischen Rechtsdenken

Der Begriff der *Urrechte* war hierzulande seit der zweiten Hälfte des 18. Jahrhunderts[24] lebendig. Mit gewissem historisierend reichspublizistischem Einschlag bildete er eine ursprünglich naturrechtliche Parallele zu den zeitgleichen Freiheitsrechtsdiskussionen im Westen. Wenn sich dieser Begriff 1848/49 nicht durchsetzte, so weil er inzwischen materiell zu eng erschien und legitimatorisch zu weit. Eine Zusammenstellung entsprechender vorstaatlicher Rechte wäre nämlich bei alter Strittigkeit freiheitsrechtlich nicht sonderlich extensiv gewesen[25]. Und weiter wäre damit eine Legitimationsvoraussetzung ins Spiel gekommen, die man nicht mehr für zutreffend hielt. Entgegen der zeitgleichen Naturrechtsgeneigtheit der republikanischen französischen Nationalversammlung[26] folgte die Paulskirche mit breiter Mehrheit einem zwischenzeitlich eingetretenen legitimatorischen Ideenwechsel, und zwar vom naturrechtlichen hin zum historischen Rechtsdenken, das über Göttingen und Kiel auch auf die Niederlande und Dänemark einwirkte[27]. Zugleich gehörte mit *Georg Beseler* ein maßgeblicher Führer dieser Richtung zu den Häuptern des Verfassungsausschusses in Frankfurt[28].

10
Überwindung des Begriffs „Menschenrechte"

Zielte die Urrechtsablehnung auf größere legislatorische Flexibilität hinsichtlich der grundrechtlichen Bewältigung deutscher Spezifika, störte der Begriff der *Menschenrechte* nicht nur wegen seiner ebenfalls naturrechtlichen Wurzeln[29]. Vielmehr wurde er 1848 weiter für zu „doktrinär" bzw. deshalb für

---

23 Zum Begriff *Friedrich Schmidthenner*, Grundlinien des allgemeinen oder ideellen Staatsrechtes, 1845, ND 1966, S. 570; ablehnend *Romeo Maurenbrecher*, Grundzüge des heutigen deutschen Staatsrechts, 1837, S. 80. In der Paulskirchenzeit gebraucht z. B. von *F. Römer*, in: Droysen (FN 10), S. 4; und zuvor – jeweils in: Jucho (FN 9) – *Jaup*, S. 134, 143, *Welcker*, S. 138, *M. Mohl*, S. 146.

24 Grundlegend *Diethelm Klippel*, Politische Freiheit und Freiheitsrechte im deutschen Naturrecht des 18. Jahrhunderts, 1976, insb. S. 121 ff. m.w.N.

25 Siehe die Zusammenstellungen der verschiedenen Autoren bei *Klippel* (FN 24), S. 122 ff., die zum Teil von nur drei Urrechten ausgehen und überdies diese Rechte qualitativ, wie bei *J.G. Fichte* schon 1796, gegenüber westlichem Naturrechtsdenken deutlich weniger individualistisch verstehen; näher dazu *Ulrich Thiele*, Distributive Gerechtigkeit und demokratischer Staat, Fichtes Rechtslehre zwischen vorkantischem und kantischem Naturrecht, 2002, S. 13 ff.; eingehend zur begrifflichen Konturenverwischung im Vormärz *Oestreich* (Bibl.), S. 88 ff.

26 Vgl. den Naturrechtsvorrang vor positivem Recht in Art. III der Präambel der Verf. Frankreichs von 1848 und die zeitgenössische Kritik daran von *Félix Berriat Saint-Prix*, Théorie du droit constitutionnel français. Esprit de la constitution de 1848, Paris 1851, S. 105 ff., S. 115: „étrange illusion"; zweisprachiger Verfassungsabdruck bei *Friedrich Wilhelm Schubert*, Die Verfassungsurkunden und Grundgesetze der Staaten Europas, Bd. II, Königsberg 1850, S. 6 ff.

27 Grundlegend *Wolfram Siemann*, Die Frankfurter Nationalversammlung zwischen demokratischem Liberalismus und konservativer Reform, 1976. Zum Einfluß auf Holland s. u. RN 49, zu Dänemark *J.-D. Kühne*, Der europäische Standort der Deutschen Reichsverfassung von 1849 unter besonderer Berücksichtigung Dänemarks, in: SchlHA 2000, S. 205 (208 FN 47).

28 Zu ihm grundlegend *Bernd-Rüdiger Kern*, Georg Beseler, Leben und Werk, 1982, sowie *meine* Besprechung, in: ZParl. 15 (1984) S. 142 ff.

29 Näher *Klippel* (FN 24), S. 119 ff., und *Kühne*, JöR (FN 10), S. 8 f.

unnötig gehalten, weil man insoweit vom „Gemeingut aller gebildeten Völker" sprach[30]. Hinzu kam, daß man sich des Scheiterns dieses Musters bewußt war. Das galt innerfranzösisch ebenso wie für seine fanfarenhafte, aber uneingelöste weltumspannende Geltungsansage als libertas omnium[31]. Ihr gegenüber hatte man hierzulande – auf das Nächstliegende gerichtet – die Herstellung einer die Gliedstaatsangehörigkeiten überwölbenden einheitlichen deutschen Staatsbürgerschaft für den beabsichtigten Bundesstaat vor Augen. Weiter dürfte ein gewisser Stolz auf die Schöpfung eines eigenen Verfassungsbegriffs auch nach außen mitgespielt haben[32], der übrigens auch im deutschen Umfeld durchaus Karriere machen wird[33]. Im Ergebnis haben die Frankfurter Grundrechte die begriffliche Bindung an die legitimatorische Auflast des Ur- und Menschenrechtskonzepts aufgegeben und zeigen bei historisch-rechtlichem Hintergrund eine beweglichere, positivrechtliche Ausweitung.

c) Umriß

Formal ist es das Konzept der weitgespannten Frankfurter Grundrechte, die in heutiger Diktion individuelle, korporative und (staats)organisatorische Rechte regeln, alles zu erfassen, was nicht schwerpunktmäßig dem Bau des Gesamtstaates zugehört. Dies gilt unbeschadet gewisser Grenzfälle, die sowohl für den Gesamtstaat als auch aus grundrechtlicher Perspektive bedeutsam sind. Zu nennen sind insoweit das Wahlrecht (§§ 94, 132 Satz 2), grundrechtseinschlägige Gesetzgebungskompetenzen des Reiches (§§ 58, 11, 60, 64, 132 Abs. 2, 161 f., 174 ff., 183) sowie für die Gliedstaaten die sich grundrechtlich allein hinsichtlich ihrer Binnenverhältnisse (§ 186 f.), mit ihrem Außenverhältnis zum Gesamtstaat (§§ 86 ff.) jedoch außerhalb geregelt finden[34]. Dem damit erkennbaren hierarchischen Ordnungsschema aus *Grund*rechten und bundesstaatlichen *Dach*organisationsbestimmungen entsprechen die weiteren seinerzeit geschaffenen ergänzenden Grundrechtskataloge der Gliedstaaten. Bei ihnen verkürzt sich die Grundrechtsproblematik auf solche

11
Weitgespanntes Grundrechtskonzept

Gliederung in Grundrechte und Dachorganisationsbestimmungen

---

30 So *G. Beseler*, in: Droysen (FN 10), S. 4.
31 Zu ihrer Nichtgeltung in den französischen Kolonien: *Kühne*, JöR (FN 10), S. 9; im übrigen galten sie wegen ihres innerfranzösischen Scheiterns spätestens im Terreur als „anrüchig", so *Maurenbrecher* (FN 23), S. 80 FN 2. Zur verminderten Kolonialgeltung s.a. Art. 109 Verf. Frankreichs von 1848 (FN 24), Art. 118 Verfassung der Niederlande von 1848 (FN 144).
32 Dem entsprach der seinerzeitige Großmachtanspruch, etwa bei Inkraftsetzung der Frankfurter Reichsverfassung, s. *C.J.A. Mittermaier* als Berichterstatter des Verfassungsausschusses: „Deutschland soll künftig als eine Großmacht dastehen", in: Franz Wigard (Hg.), Sten. Bericht über die Verh. der deutschen constituierenden Nationalversammlung zu Frankfurt a. M., Bd. 8 (1849), ND 1988, S. 6079 (196. Sitzung v. 28.3.1849); näher *Günter Wollstein*, Das „Großdeutschland" der Paulskirche, 1977, S. 266 ff., 298 ff. m.w.N. Zur föderalen Vorteilhaftigkeit des Begriffs nach innen s.o. RN 5.
33 So neben Österreich 1849 und später s. *Josef Ulbrich*, Das Staatsrecht der österreichisch-ungarischen Monarchie, Freiburg i. Br., Tübingen 1884, S. 133, das den Begriff merkwürdigerweise heute verfassungssprachlich nicht verwendet, in der Schweiz, wo ein entsprechender Sprachgebrauch (s. z.B. *Alois von Orelli*, Das Staatsrecht der schweiz. Eidgenossenschaft, Freiburg i. Br., 1885, S. 65 und passim) auch in der dortigen Rechtsprechung bereits im 19. Jh. feststellbar ist, vgl. *G. Jellinek* (Bibl.), S. 98 f. FN 2, bevor der Begriff inzwischen in der dortigen Bundesverfassung und in verschiedenen Kantonalverfassungen verwendet wird. Ebenso in den Niederlanden seit 1984 nach schon früherem fachsprachlichem Gebrauch, z.B. *Levi de Hartog*, Das Staatsrecht des Königreichs der Niederlande, Freiburg i. Br., 1886, S. 15. Zur weiteren Verwendung im Ausland, *Stern* III/1 (LitVerz.), S. 40 f.
34 Im einzelnen *Kühne* (Bibl.), S. 169 ff.

Rechte, die außer- bzw. unterhalb der Organisationsebene des Einzelstaatsverbandes stehen[35].

12
Genossenschaftlicher, nicht individualistischer Ansatz der Grundrechte

Weiter verdeutlicht die thematische Spannweite der Frankfurter Grundrechte, die in diesem Ausmaß weder in Weimar noch in Bonn wiederkehren sollte, materiell, daß man keinen Anschluß an den zu strikt empfundenen Individualismus der französischen Menschenrechte wollte. Es zeigt sich vielmehr ein staatsaufbauender, genossenschaftlicher Erfassungsansatz[36]. Dazu seien zunächst die offiziösen Benennungen der insgesamt vierzehn Grundrechtsartikel angeführt; sie folgen im wesentlichen dem Gliederungsduktus aufsteigender Lebenskreise, die später partiell im Weimarer Grundrechtsteil wiederaufleben[37]: Art. I: Reichs- und Staatsbürgerrecht; Art. II: Gleichheit vor dem Gesetz; Art. III: Unverletzlichkeit der Person; Art. IV: Pressefreiheit; Art. V: Glaubens- und Gewissensfreiheit; Art. VI: Unterricht und Erziehung; Art. VII: Recht der Bitte und Beschwerde; Art. VIII: Vereinigungsfreiheit; Art. IX: Eigentum und Gutsbesitz; Art. X: Gerichtlicher Rechtsschutz; Art. XI: Gemeindewesen; Art. XII: (Gliedstaatliche) Volksvertretung; Art. XIII: Gleichberechtigung der nicht deutsch redenden Stämme; Art. XIV: Schutz deutscher Staatsbürger in der Fremde. Insbesondere die Art. VII und X ff. weisen über eine vorstaatlich denkbare Freiheit hinaus. Sie entziehen sich auch der Möglichkeit, in vollem Umfang – mit einem später entwickelten Begriff – als die individuelle Freiheit flankierende Konnexinstitute bezeichnet zu werden[38].

13
Politisch-pragmatische Zusammenstellung der Grundrechte

Im übrigen läßt die Auswahl der geregelten Materien keine materiellrechtliche Gesamtentscheidung erkennen. Es ist vielmehr eine politisch-pragmatische Zusammenstellung aufgrund historischer Erfahrungen. Dazu gehört auch ihre Lebenskreisgliederung[39]. Sie ließ sich trotz naturrechtlicher Herkunft ebenso wie entsprechend begründbare Freiheitsrechte ohne weiteres historisch-rechtlich übernehmen, ohne sich deswegen mit dessen legitimatorischem Ursprung zu identifizieren. Bleibt noch zu sagen, daß es den Frankfurter Grundrechten um einen bastionsartigen Schutz bestimmter Positionen im Blick auf besondere historische Gefährdungen und Abweichungslagen geht. Ihr Anliegen ist noch nicht ein genereller Freiheitsschutz, wie er heute mit dem Auffanggrundrecht allgemeiner Handlungsfreiheit (Art. 2 Abs. 1 GG) besteht. Denn ein entsprechender Vorschlag im Frankfurter Verfassungsausschuß, wonach „die Freiheit der Menschen ... nur so weit beschränkt sei, als sie durch ausdrückliche Gesetze beschränkt werde", wurde abgelehnt; eine

Fehlender genereller Freiheitsschutz

---

35 Dazu *Kühne* (Bibl.), S. 171.
36 Dazu eingehend *Kühne*, JöR (FN 10), S. 35 ff., und *ders.* (Bibl.), S. 162 ff.
37 Nach Konrad Dietrich Hassler (Hg.), Verhandlungen der deutschen verfassunggebenden Reichsversammlung zu Frankfurt a. M., Bd. 6, 1849, ND 1984, S. V f.
38 Näher *Kühne* (Bibl.), S. 163.
39 S. als ehemaliges Mitglied des Verfassungsausschusses der Paulskirche den Naturrechtler *Heinrich Ahrens*, Art. Freiheit, in: Johann Caspar Bluntschli/Karl Brater (Hg.), Deutsches Staatswörterbuch, Bd. 3, Stuttgart, Leipzig 1858, S. 730 (738 f.); Zur Weimarer Verfassung vgl. vor Art. 109 ff.: „Die Einzelperson"; vor Art. 119 ff.: „Das Gemeinschaftsleben"; vor Art. 135 ff.: „Religion und Religionsgesellschaften"; vor Art. 142 ff.: „Bildung und Schule"; vor Art. 151 ff.: „Das Wirtschaftsleben".

solche Parallele zu Art. 5 der französischen Menschenrechtserklärung von 1789 erschien „als für die Freiheit sehr gefährlich" und als zu abstrakt[40].

d) Funktionen

Dem bereits bemerkten hierarchischen Grundlegungsduktus der Frankfurter Grundrechte entspricht generell ihre – in heutiger Diktion – objektivrechtliche Funktion. Sie sind in der damaligen Debatte u.a.: „Säulen, auf denen das ganze Gebäude des Staates stehen soll" bzw. „Grundprinzipien ... für alle Fächer des Rechts"[41]. Der Bericht[42] des Verfassungsausschusses der Paulskirche zur Vorlage seines Grundrechtsentwurfs im Plenum nennt drei inhaltliche Hauptzwecke: die Einheitsfunktion (z.B. §§ 130ff., 156f., 183ff., 186ff.), die Rechtsstaatsfunktion (z.B. §§ 134, 138ff., 159f., 172, 174ff.) und die Modernisierungsfunktion (z.B. §§ 133, 137, 143, 147, 152, 161ff., 166ff.). Der Frankfurter Grundrechtskatalog ist dabei nicht im Sinne positivrechtlicher Beliebigkeit zu verstehen. Vielmehr geht es um die Verankerung historisch begründbarer, vornehmlich liberaler Gerechtigkeitsvorstellungen mit einem entschiedenen Novum gegenüber den großen Freiheitsrechtskatalogen von 1789: der Entfesselung der Assoziation[43].

14 Einheits-, Rechtsstaats- und Modernisierungsfunktion des Grundrechtskatalogs

Insoweit ist auf die Versammlungs- und Vereinsfreiheit der §§ 161ff. ebenso zu verweisen wie auf die assoziativen Sondergewährleistungen für Religionsgemeinschaften (§ 147), Gemeinden (§ 184f.), Einzelstaaten (§ 186) und ethnische Minderheiten (§ 188). Ursächlich dafür ist die in der Paulskirche dominierende mit dem Liberalismus einhergehende Historische Rechtsschule germanistischer Prägung. Aufgrund der historischen Erfahrungen mit den intermediären Kräften in Deutschland steht sie in diametralem Gegensatz zur rousseauistischen Verbandsphobie Frankreichs von 1789[44]. Dabei soll es nicht irritieren, daß die Vereinsfreiheit bereits seit 1831 in Art. 20 der belgischen Verfassung stand und in ihrem Wortlaut dem späteren § 162 FRV durchaus glich. Hinter dem deutungsoffenen Wortlaut in Belgien versteckte sich nämlich entgegen der Einschätzung von *Friedrich Müller*[45] nur eine erste Distanzierung von der nach französischem Muster dort vorhandenen Verbandsphobie mit strafbewehrtem Präventivsystem. Ansonsten war die Vorschrift „weit entfernt, eine Neuerung darzustellen"[46]. Denn es blieb bei Repressivbeschränkungen, die der Entwurf zu Art. 20 noch verfassungsunmittelbar aufgeführt hatte. Völlig entgegengesetzt zur hierzulande 1848/49 beabsichtigten Entfesselung des Assoziationswesens sollten damit weder Rechtspersönlich-

15 Entfesselung der Assoziation

---

40 So der Vorschlag von *K. Wippermann*, in: Droysen (FN 10), S. 5 (5. Sitzung v. 1.6.1848), dagegen ebd. *F. Wigard* (Zitat) und *J. G. Droysen*.
41 Nachweis bei *Kühne* (Bibl.), S. 179f.
42 So *G. Beseler* als Berichterstatter des Verfassungsausschusses, in: Wigard (FN 32), Bd. 1, 1848, ND 1988, S. 701 (30. Sitzung v. 3.7.1848); erneut in: Hans Fenske (Hg.), Vormärz und Revolution, 1976, S. 315f.
43 Im einzelnen *Kühne* (Bibl.), S. 563ff. m.w.N.
44 Eingehend *Kühne*, JöR (FN 10), S. 21ff.
45 *Friedrich Müller*, Korporation und Assoziation, 1965, S.; im einzelnen *Kühne* (Bibl.), S. 563ff.
46 So *Paul Errera*, Das Staatsrecht des Königreichs Belgien, 1909, S. 391.

§ 3   Erster Teil: I. Idee und geschichtliche Entwicklung

keit noch Handlungs-, geschweige denn Erwerbsfähigkeit ohne Anerkennung durch Gesetz gewährt sein, wobei des weiteren Bürgerliche und Handels-Gesellschaften ausgeklammert wurden[47].

2. Inkurs zum Modernisierungsgehalt

a) Geltungsdimensionen und Menschenwürdeaspekt

16
„Multifunktionalität" der Frankfurter Grundrechte

Der Modernisierungsgehalt der Frankfurter Grundrechte wird faßbarer, wenn man unter Verwendung späterer Fachsprachlichkeiten seine Multifunktionalität beachtet. Wenngleich von *Georg Jellinek*[48] praktisch unerwähnt, weisen sie sämtliche Kategorien von dessen ein Halbjahrhundert später entwickelten Statuslehre auf: Neben dem abwehrrechtlichen status negativus (z.B. §§ 136 Abs. 1, 138 ff., 143 ff., 152, 159, 161, 164) ebenso teilhaberechtlich dem status activus (z.B. §§ 132 Satz 3, 143 Abs. 3, 156 Abs. 2, 179 Abs. 2, 180, 184) sowie dem status passivus mit Aussagen zur Wehr-, Bildungs- und Steuerpflicht (§§ 137 Abs. 7, 155 Abs. 2, 173) und dem status positivus (§§ 136 Abs. 2, 156f., 160, 189).

17
Modernität

Dogmatisch enthalten die Frankfurter Grundrechte des weiteren Regelungen zum besonderen Gewaltverhältnis (§§ 138 Abs. 6, 142 Abs. 2, 143, 156, 159 Abs. 3, 176 Abs. 2) und Frühformen unmittelbarer Drittwirkung (§§ 166 ff.) im Rahmen des bürgerlichen Umbaus der Agrarverfassung. Sie enthalten organisatorische Rechte (§§ 160, 174 ff., 184 ff.), stoßen bis zu Fragen der Grundrechtsmündigkeit vor (§ 158) und regeln die Grundrechtsfähigkeit juristischer Personen (§ 159 Abs. 2). Wenn sich die letztere Regelung nur auf das Petitionsrecht bezog, so war dies keine Ausnahme, sondern wie sich in anderem Zusammenhang erwies, nur klarstellend gemeint[49]. Weiter spricht für Modernität, daß schon die abwehrrechtlichen Individualrechte nicht nur als privatnützig verstanden, sondern zugleich wegen ihrer politischen Bedeutung geregelt werden. Beispielsweise wird die Wichtigkeit des § 138 damit motiviert, daß nach der Erfahrung aller Länder der Despotismus neben der Unterdrückung der Preßfreiheit meist mit willkürlichen Verhaftungen und Anklagen sein Werk beginne[50]. Und mit andauernder Aktualität heißt es zur Presse, daß deren vollständige Freiheit die sicherste Garantie der politischen Freiheit sei[51]. Dem entsprach eine bis dahin unbekannte Absicherung der Preßfreiheit in § 143 Abs. 2 durch etliche sog. Passivsicherungen. Auch ist darauf hinzuweisen,

---

47 Vgl. Art. 25 Verf.-Entwurf Belgien vom 27.10.1830, abgedr. bei Karl Heinrich Pölitz (Hg.), Die europäischen Verfassungen seit dem Jahr 1789, Bd. 2, ²1832, ND 1999, S. 231 f.
48 Soweit ersichtlich wird die Frankfurter Reichsverfassung von ihm nur einmal erwähnt, s. *G. Jellinek* (Bibl.), S. 281; zur Kritik an seiner Statuslehre s.u. FN 275.
49 Ein entsprechender Ergänzungsantrag zu § 164 FRV zugunsten des Gemeindeeigentums wurde zurückgewiesen „als nicht allein überflüssig, sondern auch bedenklich, weil dadurch das Eigentum anderer Corporationen ... nicht mehr garantirt erscheinen könnte". Näher *Kühne* (Bibl.), S. 566.
50 *Theodor Mommsen*, Die Grundrechte des deutschen Volkes mit Belehrungen und Erläuterungen, 1849, ND 1969, S. 34.
51 So *F. G. Leue*, in: Wigard (FN 32), Bd. 2, 1848, ND 1988, S. 1356 (54. Sitzung v. 3.8.1848). Näher *Kühne* (Bibl.), S. 178, 386.

daß die Frankfurter Grundrechte gleichermaßen Entschädigung bei Freiheits- wie Eigentumsentzug vorschreiben (§§ 138 Abs. 5, 164 Abs. 2). Anders als in Weimar und heute[52] ist die *verfassungsunmittelbare* Sicherung von Eigentum und persönlicher Freiheit damit gleichgestellt.

Weiter läßt sich der Zukunftsausgriff der Frankfurter Grundrechte dadurch belegen, daß sie bereits den Begriff der Menschenwürde kennen. Noch nicht wie seit Weimar ausdrücklich normiert[53], gehört sie doch zum argumentativen Hintergrundmaterial und besitzt damit belegbare Grundlagenfunktion. So wird sie gegen grausame Strafen (§ 139) und Feudallasten (§ 169) angeführt und ebenso zur Begrenzung richterlicher Unabhängigkeit (§ 177) wie zur Begründung sozialer Rechte[54], wobei motivlich – soweit ersichtlich – aufklärerische Humanitätsimpulse mit naturrechtlichen (Rest-)Vorstellungen zusammengehen[55]. Daß diese Grundlage auch die Reaktionszeit überdauert, zeigt die Stellungnahme eines durchaus nicht revolutionären Autors[56]; für ihn leitete sich das Maß verfassungsgewährter Individualrechte „aus den ethischen Grundanschauungen über die Würde des Menschen und seine ewige Bestimmung (ab)". Durchaus verwandt hatte der liberale schweizerisch-deutsche Rechtsgelehrte *Bluntschli* bereits zuvor auf dem Höhepunkt der Reaktion in seiner Münchener Zeit ein „Urrecht ... des Einzelnen ... *zu sein*" vertreten und daraus nicht nur eine staatliche Unterstützungsverpflichtung im sozialen Bedürftigkeitsfall abgeleitet, sondern dieses bemerkenswerterweise „sogar auf die noch *ungeborne Leibesfrucht*"[57] erstreckt.

18
Menschenwürde im Hintergrund

---

52 Vgl. die allein garantierten Eigentumsentschädigungen in Art. 153 Abs. 2 WRV, 14 Abs. 3 GG.
53 Vgl. Art. 151 WRV, 1 GG.
54 In der genannten Reihenfolge: *C.A. Spatz*, in: Wigard (FN 30), Bd. 2, S. 1353f. (54. Sitzung v. 3.8.1848) und ebenso *J. Umlauft* im österreichischen Reichstag (FN 11), S. 635; *F.W. Schlöffel*, in: Wigard (FN 32), Bd. 4, S. 2416 (90. Sitzung v. 3.10.1848); Art. 56 GVG-Entwurf von *G.F. Leue*, in: Sammlung sämtlicher Drucksachen der preußischen Ersten Kammer, Nr. 49 v. 19.3.1849; § 2 Antrag *J.M. Mohr*, in: Hassler (FN 37), Bd. 6, S. 4 Nr. 25. Dazu auch *Stern* (FN 8), Bd. III/1, S. 15 f.
55 Das ergibt sich für den Linksliberalen *Leue* aus dessen Bildungsgang, vgl. *Dieter Müller*, Friedrich Gottfr. Leue, 1801-1872, 2000, S. 24 FN 6, 28 und passim, sowie daraus, daß die weiteren Hinweise sämtlich von Abg. der demokratischen Linken (s. FN 54) stammten, die überwiegend vernunftrechtlich orientiert waren; ausdrückliche Humanitätsanführung bei *Umlauft* (FN 54), S. 634 f. Zur Entwicklung und heutigen Fundierung *Stern*, Staatsrecht III/1 (LitVerz.), S. 7 ff.
56 *Hermann Bischof*, Verfassung, Gesetz, Verordnung und richterliches Prüfungsrecht der Verfassungsmäßigkeit landesherrlicher Gesetze und Verordnungen, in: Zeitschrift für Zivilrecht und Prozeß, NF 16 (1859), S. 235(235). Der u. a. öffentl.-rechtlich tätige Autor (1835-1889), der nach jur. und phil. Studium in Tübingen, Gießen und München später Nationalökonom an der Handelsakademie Graz (1864) und auch an der dortigen Univ. (1869) war, ist in Tübingen zugleich Schüler des Philosophen *I. H. Fichte* (*Michael Stolleis*, Geschichte des öffentl. Rechts in Deutschland, Bd. II, 1992, S. 429 f.) gewesen und damit möglicherweise in dessen theistische Richtung gegangen. Zu seiner Kritik durch R. v. Mohl als „reactionär" s. *Christian Hermann Schmidt*, Vorrang der Verfassung und konstitut. Monarchie, 2000, S. 186 FN 512.
57 So *Johann Caspar Bluntschli*, Allgemeines Staatsrecht geschichtlich begründet, München 1852, beide Zitate S. 670 (im Original Sperrung), wobei vorgeburtlicher Schutz wegen des Entwicklungspotentials zur Persönlichkeit gefordert wurde; die Bedürftigkeitsargumentation ebd. S. 671. Beide Auffassungen werden bis zur letzten Auflage vertreten, vgl. dens., Allgemeines Staatsrecht, [6]1885, ND 1965, S. 627 f.

b) Frühpluralismus

19
Aufgeschlossenheit gegenüber genossenschaftlichen Ideen

Eine kaum überschätzbare Fortbildung und Modernität der Frankfurter Grundrechte gegenüber den Freiheitsrechtskatalogen von 1789 besteht darin, daß sie sich gesellschaftlichen Erscheinungen und Befindlichkeiten in einem bis dahin unbekannten Maße widmen. Das geschieht zweifach: durch frühpluralitäre Entfesselung intermediärer Kräfte sowie durch frühsozialstaatliche Grundrechtsanreicherungen. Im Gegensatz zur französischen Nationalversammlung, die jede Verbandlichkeit als „Attentat gegen die Freiheit"[58] bezeichnet hatte, will die Paulskirche die Entfesselung der Assoziation (§§ 161 ff., 147, 184 ff.), wobei sie darunter alle verbandlichen Erscheinungen von der Volksversammlung bis hin zur staatlich anerkannten Korporation versteht[59]. Im Verfassungsausschuß heißt es dazu u. a.[60]: „.... der tiefe germanische Zug der Genossenschaft ... ist das rechte und das volle Gegengewicht gegen die Zersetzung des Lebens in der Gesellschaft, der sich durch die traurige Nachäffung französischer Vorbilder in unser deutsches Wesen eindrängen will. ... Der tiefe konservative Sinn, der in unserem Volke durchaus maßgebend und vorherrschend ist, will ... die Hingabe des Einzelnen an die Gründung und Förderung eines Bleibenden und Gemeinsamen, sieht darin den Zweck und nicht das Mittel egoistischer Zwecke. Hier möge man die lebensvollen Triebe einer wahrhaft sittlichen Neubelebung des Volkes in den ihm nächsten und wichtigsten Kreisen suchen; hier sei die Heilung für die Schäden, die der atomisierende Eifer der Staatsallmacht und der ebenso zersetzende des falschen Liberalismus, namentlich seit der Rheinbundepoche, über Deutschland gebracht, zu finden. ..."

20
Einebnung adliger Vorrechte

Diese Verbandsfreundlichkeit schloß freilich nicht das spezifisch liberale Modernisierungsanliegen aus, politische und administrative ständisch-korporative Vorrechte des Adels einzuebnen. Einmal durch Beseitigung der bis dahin bestehenden Ersten (Adels-)Kammern (§ 137 Abs. 1). Und zum anderen durch das Inkommunalisierungsgebot des § 185, d.h. die Beseitigung gemeindefreier Gutsbezirke, samt ihrer – meist adelig – patriarchalischen Verwaltungsführung zugunsten ihrer Einbeziehung in die kommunale Selbstverwaltung. Daß beides damals keine Petitessen waren, zeigt schon die weitgehende Realisierungsverweigerung bis 1918. Bei letztlicher Abschaffung der Gutsbezirke 1928 bestehen allein in Preußen noch knapp 12000 Einheiten mit einem Staatsflächenanteil von knapp 30 % und ca. 1,5 Mio. Einwohnern, die erst jetzt politischer Beteiligung auf der Ortsebene teilhaftig werden[61].

21
Vereinigungsfreiheit und Minderheitengarantie

Die Frankfurter Grundrechte öffnen sich zwischen Individuum und Staat in später nicht mehr übertroffener Weise für die Fülle gesellschaftlicher Verbindungen mit und ohne Korporationsstatus, d.h. – im heutigen Sprachgebrauch – einschließlich juristischer Personen des öffentlichen Rechts (§§ 184 ff.). –

---

58 Näher *Kühne,* JöR (FN 10), S. 20.
59 Dazu *G. Beseler* und *G. C. Schüler,* in: Droysen (FN 10), S. 25 f. (11. Sitzung v. 6.6.1848).
60 So *G. Beseler,* in: Droysen (FN 10), S. 24 f., 455 (11. Sitzung v. 6.6.1848).
61 Näher *Kühne* (Bibl.), S. 288 ff., 437 f.

Hervorzuheben ist dabei namentlich die Minderheitengarantie, die, aus den spezifischen sprachlichen Gemengelagen Österreichs geboren[62], in etlichen Staaten mit ähnlicher Problematik bis heute ohne Parallele ist (z.B. Frankreich) sowie eine allgemeine Vereinigungsfreiheit, der ebenso politische Parteien wie Arbeiterkoalitionen unterfallen.

c) Frühsozialstaatlichkeit

Die vereinsfreiheitlich mitgeschützte Koalitionsfreiheit[63] gehört zum frühsozialstaatlichen Grundzug der Frankfurter Grundrechte. Er basiert darauf, daß die Achtundvierziger-Revolution in Deutschland nicht nur Elemente einer Verfassungs- und Nationalrevolution aufweist, sondern aufgrund der unvollendeten Bauernbefreiung und des ansteigenden Pauperismusproblems in der Frühzeit der hiesigen industriellen Revolution ähnlich wie in Frankreich zugleich Sozialrevolution ist. Insoweit beredt ist schon der der Nationalversammlung zur Beratung mitgegebene Grundrechtskatalog des Vorparlaments, der bei noch entschiedenerem *Struve*schen Vorschlag für „die eigentlich ... wahre und große Volksfrage der Gegenwart" als „Garantie für die armen Leute"[64] u.a. folgende Sozialforderungen aufstellt[65]: „Ein volksthümliches Creditsystem mit Ackerbau- und Arbeitercassen. Schutz der Arbeit durch Einrichtungen und Maßregeln, um Arbeitsunfähige vor Mangel zu bewahren, Erwerbslosen lohnende Beschäftigung zu verschaffen, die Verfassung des Gewerb- und Fabrikwesens den Bedürfnissen der Zeit anzupassen". – Daß es den hiesigen Achtundvierzigern auch um die innergesellschaftlichen sozialen Befindlichkeiten geht, dafür ist Höhepunkt und weiteres Beispiel die Debatte über ein leistungsrechtliches Grundrecht auf Arbeit Anfang 1849 in der Paulskirche. Wenngleich schon zeitgleiche französische Erfahrungen mit der Einrichtung einschlägiger Arbeiterwerkstätten schreckten, geben für die Ablehnung bis heute gültige Argumente den Ausschlag. Jedes Grundrecht müsse ein solches sein, auf dessen Verwirklichung man klagen könne. Die einschlägigen Anträge aber bezögen sich nicht auf Verhältnisse, welche sich durch Aussprechen eines einfachen Gebotes regeln ließen, sondern „auf Aufgaben der Verwaltung, ... der Gesetzgebung"[66].

22
Sozialforderungen im Grundrechtskatalog

Im übrigen öffnet sich die Paulskirche sozialen Bedürfnissen durchaus. Viele ihrer Grundrechte lassen soziale Teilaussagen oder Aspekte erkennen. So mit leistungsrechtlich monetärem Einschlag – ohne Anspruch auf Vollständigkeit – etwa das klar bedürftigkeitsorientierte Bildungsgrundrecht (§ 157 Abs. 2) oder durch Ausgestaltungsvorschläge bei der Wahrnehmung des Regelungsvorbehalts für die persönliche und wirtschaftliche Freizügigkeit (§ 133 Abs. 2).

23
Grundrechte mit leistungsrechtlichen Akzenten

---

62 Eingehend *Gerald Stourzh*, Die Gleichberechtigung der Nationalitäten in der Verfassung und Verwaltung Österreichs 1848-1918, 1985, S. 17 ff.; s.a. *Kühne* (Bibl.), S. 308 ff.
63 Nachweise bei *Kühne* (Bibl.), S. 242.
64 Der *Struve*sche Antrag bei Jucho (FN 9), S. 6 f., Ziff. 3, 11 f. (1. Sitzung v. 31.3.1848); Zitate in der genannten Reihenfolge: *B. Eisenstuck*, ebd., S. 148, *J. Venedey*, S. 141.
65 Beschluß v. 3.4.1848, in: Jucho (FN 9), S. 174.
66 So der linksliberale Abg. *M. Mohl*, in: Wigard (FN 32), Bd. 7 (1849) ND 1988, S. 5107 (166. Sitzung v. 8.2.1849); näher *Kühne* (Bibl.), S. 270 f., 568 m.w.N.

Dabei geht es um verbesserte Armenfürsorge ebenso wie um sozialversicherungsrechtliche Fortbildungen. Verwiesen sei weiter auch auf die Fürsorgeverpflichtung des Reichs für die Auswanderung (§ 136 Abs. 2), wobei die Ausführungsgesetzgebung bis hin zu Mindestmaßen für Schiffskabinen geht. Zu zusätzlichen Sozialaspekten kommt es bei der Vollendung des Umbaus der Agrarverfassung (§§ 165 ff.), beim Strafverbot der Vermögenseinziehung (§ 172) zugunsten unschuldiger Familienangehöriger sowie mit einer sozial gestuften Besteuerung (§ 173)[67]. Wichtig sind darüber hinaus Gewerberechtsvorstellungen (§ 133 Abs. 2) bis hin zur konstitutionellen Fabrik, mit deren seinerzeitiger Verwirklichung nach einem frühen Wort *Bühlers*[68] sich Deutschland die sozialen Kämpfe zweier Generationen hätte ersparen können. Zu nennen ist weiter die eher pflichtrechtliche Beseitigung sozial privilegierenden Freikaufs von der Wehrpflicht (§ 137 Abs. 7), die Einführung dezidierter passiver Pressesicherungen (§ 143 Abs. 2), die u. a. auch zur Verbilligung der Presseorgane zugunsten politischer Breitenbildung in den Unterschichten führen soll und mit demselben Ziel einer Bildungssteigerung die soziale Absicherung von Lehrenden und Lernenden (§§ 156 f.).

3. Zeitgebundenheiten

a) Gesetzesvorbehalte und Schrankenselbstverständnis

24
Zurückhaltung bei Grundrechtsschranken

Zeitgebunden ist eine auffallend zurückhaltende Schrankenregulierung der Frankfurter Grundrechte. Sie kennen zwar etliche Regelungsvorbehalte, indessen im allgemeinen Gewaltverhältnis nur sehr wenige klare Eingriffsvorbehalte (§§ 140 Abs. 2 Nr. 3, 142 Abs. 2, 165 Abs. 2, 185 Abs. 2)[69]. Wenn dies in deutlichem Gegensatz zur revidierten preußischen Verfassungsurkunde von 1850 steht[70], die den namhaften Auftakt zur gültigen Verfassungsgebung der Reaktionszeit bildet, so nicht nur wegen nun wieder erhöhter monarchischer Ansprüche. Vielmehr erklärt sich die Schrankenzurückhaltung in Frankfurt vor allem aus der harmonisierenden Erwartung eines ‚vernünftigen', positiv aufbauenden Freiheitsgebrauchs[71]. Überdies ging man mit noch unkritischem Vertrauen in den Gesetzgeber von selbstverständlichen und deshalb nicht aus-

---

67 Im einzelnen *Kühne* (Bibl.), S. 567 m. w. N.; ungesehen und deshalb zu eng *Wahl* (Bibl.), S. 346 m.w.N.
68 *Ottmar Bühler*, Arbeitsrecht, Teil 1, 1926, S. 96; näher *Kühne* (Bibl.), S. 239 ff. und auch die vom Abg. C. G. Schwetschke überreichte Petition der ersten Versammlung deutscher Buchdrucker in Mainz, in: Wigard (FN 32), Bd. 2 (1848) ND 1988, S. 1094 Nr. 32, die bereits die Tarifvertragsidee enthielt; Wiederabdruck und Kommentar in: Gerhard Beier (Hg.), Kronberger Bogendruck 8 (1998), Nr. 1, S. 9 ff.
69 Wie hier *Sachs*, in: *Stern*, Staatsrecht III/2 (LitVerz.), S. 376. Zu sonstigen Eingriffsvorbehalten im besonderen Gewaltverhältnis (z. B. §§ 138 VI, 139) und generellen Regelungsvorbehalten (z. B. §§ 133 II, 143 IV, 169 III f.) *Kühne* (Bibl.), S. 515 f.
70 Die erhebliche Ausweitung des Gesetzesvorbehalts wurde zeitgenössisch bereits im österreichischen Reichstag bemerkt, s. Abg. *E. Violand*, in: Alfred Fischel (Bibl.), S. 105 (15.12.1848), dazu s. u. RN 37 ff. Ebenso klar der bedeutende ostpreußische Politiker *Jacoby*, in: *Ernst Silberner*, Johann Jacobys Briefwechsel, 1978, Nr. 3.
71 Hierzu eindrucksvoll die Beiträge über Freiheit (FN 39) und Freiheitsrechte, ebd. S. 739, des Naturrechtlers *Heinrich Ahrens*, der als einziges Mitglied des Verfassungsausschusses der Paulskirche später nochmals dezidiert Grundrechtsfragen erörterte; näher *Kühne* (Bibl.), S. 171 ff., 534 f., und *Stolleis* (FN 56), S. 427 ff.

drücklich zu regelnden Eingriffsvorbehalten aus wie u.a. für Zivilnotstands- und Nothilfefälle[72].

Indessen zeigen sich Selbstverständlichkeiten auch zugunsten stillschweigender Rechtsgewährungen, für die damals anderswo ausdrückliche Regelungen oder Vorbehalte vorgesehen sind[73]. Dies kommt einmal bei der Frage der Geltung von Deutschenrechtsgehalten für Ausländer zur Sprache. Als der Vorschlag, ein solches Grundrecht verfassungsunmittelbar auch auf Ausländer zu erstrecken, abgelehnt wird, geschieht dies andererseits mit dem unterverfassungsrechtlich öffnenden Zusatz, „wenn sie sich irgendwie unseren Gesetzen fügen – dann wird man ihnen in der Religionsausübung nicht hinderlich sein"[74]. Solche Öffnung entspricht dem damals auch europaweit erkennbaren Standard nur einzelner – materieller – Jedermannsrechtsgewährungen. Technisch werden Staatsbürgerrechte dazu teils gesondert für Fremde geöffnet, teils durch Gesetzesvorbehalt mit entsprechender unterverfassungsmäßiger Öffnungsmöglichkeit versehen[75]. Wenn es später zu etlichen Ausweitungen bis heute kommen sollte, so durch stärkere verfassungsunmittelbare Einbeziehung wie auch durch internationale Abkommen.

25
Grundrechtsöffnung für Ausländer

Ambivalent ist schließlich der vom Wortlaut her offene Gesetzesvorbehalt zum Wahlrecht. Stillschweigend eingeschränkt bzw. nicht nutzbar ist er für Frauen (§ 132 Satz 3); sie gelten damals auch bei weiteren politischen Rechten (§ 137 Abs. 6 f.) als noch selbstverständlich ausgenommen[76]. Doch verdient festgehalten zu werden, daß in der Paulskirche – noch erfolglos – versucht wurde, dies wegen der „Bestrebungen der neuern Zeit nach politischer Emancipation der Frauen" auch ausdrücklich zu regeln[77]. Wurden damit doch indirekt Zweifel an der überkommenen Selbstverständlichkeit dieses Ausschlusses sichtbar. Wie sehr sich diese Zweifel bis zum Umschlag 1918 verstärkten, belegt das berühmte, alsbald erschienene Staatsrechtswerk von *Bluntschli*; bis zur letzten Auflage von 1886 sollte sich darin der Begründungsaufwand für den Frauenausschluß mehr als verdoppeln[78].

26
Zweifel am überkommenen Ausschluß des Frauenwahlrechts

Im übrigen wurde der Gesetzesvorbehalt zum Wahlrecht erstaunlich einschränkungslos genutzt. Entgegen restriktiven Ausschöpfungsmöglichkeiten

27
Vorbildliches Wahlrecht

---

72 So *G. Beseler*, in: Wigard (FN 32), Bd. 3, 1848, ND 1988, S. 1576 (61. Sitzung v. 17.8.1848); weiteres bei *Kühne* (Bibl.), S. 575.
73 Z.B. verfassungsunmittelbar: § 21 (österreich.) Pillersdorfsche Verfassung von 1848, der bestimmte Grundrechte auch auf „Fremde" erstreckte, kritisch dazu unten RN 40 ff. Gesetzesvorbehalt für Fremdenerstreckung: Art. 6 II Verf. der Niederlande von 1848.
74 So *G. Beseler*, in: Wigard (FN 32), Bd. 3 (1848) ND 1988, S. 1763 (67. Sitzung v. 28.8.1848), näher *Kühne* (Bibl.), S. 183.
75 S.o. FN 73 sowie Art. 43 II, 52, 57, 74 Nr. 13 Verf. Schweiz (1848); zu Österreich noch § 156 Kremsierer Verf. 1849; zur späteren Zeit s.a. Wahl (Bibl.), S. 360 mit FN 103 (S. 371).
76 So der Abg. *F.E. Scheller* in: Wigard (FN 32), Bd. 7, S. 5329 (174. Sitzung v. 20.2.1849), der zugleich Mitglied des Verfassungsausschusses war, näher *Kühne* (Bibl.), S. 184, 540.
77 So der Abg. und Grazer Rechtswissenschaftler *F. Edlauer*, in: Wigard (FN 32) Bd. 7, S. 5236 (170. Sitzung v. 15.2.1849), näher zu ihm *Best/Weege* (FN 12), S. 131.
78 Vgl. *Bluntschli* (FN 57) in der einbändigen 1. Auflage von 1852, S. 51 ff., in der dreibändigen 6. Auflage von 1886, ND 1965, Bd. 1, S. 228 ff.; zu zeitgleichen Parallelen (1873) in den Vereinigten Staaten *Heiko Schiwek*, Sozialmoral und Verfassungsrecht, dargestellt am Beispiel der Rechtsprechung des amerikanischen Supreme Court ..., 2002, S. 35 ff.

§ 3   *Erster Teil: I. Idee und geschichtliche Entwicklung*

sah die Paulskirche von jeder sozialen Abstufung ab und schuf ein gleiches, unmittelbares und geheimes Männerwahlrecht. Dieses Männerwahlrecht vom 25. Lebensjahr an wurde im damaligen Europa nur von Frankreich und der Schweiz übertroffen[79]. Bekanntermaßen sollte es von *Bismarck* als demokratische Zutat in seinen liberal-konservativen Verfassungskompromiß übernommen werden und im wesentlichen bis 1918 als Reichstagswahlrecht gelten[80].

b) Verhältnis zum Staat

28
Paritätitsche Zweieinheitlichkeit von Fürst und Volk

Grimm[81] hat zum seinerzeitigen Perspektivenwechsel der Grundrechte hinsichtlich ihres Verhältnisses zum Staat gemeint, daß man 1848/49 die Herrschaftsordnung vom Individuum und seiner Freiheit und später vom Staat und seiner Macht her konstruiert habe. Indessen ist diese Auffassung in ihrer – zu strikten – Alternativität abzuschwächen. Denn die in der Paulskirche dominierende Verfassungskonzeption ist die paritätische Zweieinheitlichkeit von Fürst und Volk[82]. Dabei sollten einmal im Sinne der historischen Rechtsschule geschichtlich überkommene Eigenständigkeiten zugunsten des monarchischen Elements gewahrt und assoziativ eingebunden werden. Es ist der von *G. Beseler* angeführte germanistische Zweig dieser Schule, der für diese Sicht durch die von ihm begründete Genossenschaftslehre die passende staatstheoretische Grundlage gibt. Mit ihr wird nämlich ein historisch-rechtlich begründeter Kompromiß angeboten zwischen der Statik konservativ-monarchischer Organismuslehren einerseits und der Dynamik naturrechtlich-vertraglicher Assoziationsvorstellungen zugunsten des Volkes andererseits. Diese Lehre sollte später von *Gierke* und *H. Preuß* ausgebaut, mit der Volldemokratisierung des Staates ab 1918/19 indessen funktionslos werden[83]. 1848/49 erklärt sie freilich, warum das monarchische Element in Frankfurt als historisch vorgegeben bzw. nicht voll verfügbar gilt[84]. Entgegen der Eingangsaussage bleibt die Herrschaftsordnung in der Paulskirche also zunächst noch zum Teil von der geschichtlich überkommenen Staatsmacht her konstruiert. Dem ent-

---

[79] Gesetz betr. die Wahlen der Abgeordneten zum Volkshause vom 12.4.1849 (RGBl. S. 79), das damit zu einem Wahlberechtigtenanteil von ca. 20 v.H. der Bevölkerung gelangte und weit über der berühmten ersten britischen Wahlrechtsreform vom 1832 mit ca. 4,5 v.H. Wahlberechtigtenanteil lag (dazu näher *Hans Fenske*, Der moderne Verfassungsstaat, 2001, S. 236 ff.). Durch Herabsetzung des Wahlalters auf 21 war der Wahlberechtigtenanteil in Frankreich (Art. 25 Verf.) und der Schweiz (Art. 63 Verf.) mit ca. 23 v.H. noch höher. Entsprechendes hatte für Frankreich auch bereits für die Wahl zur dortigen Nationalversammlung gegolten, während der Stimmberechtigtenanteil hinsichtlich der Verfassungsannahme in der Schweiz 1848 aufgrund kantonaler Unterschiede 20 v.H. betrug, vgl. *William E. Rappard*, Die Bundesverfassung der Schweizerischen Eidgenossenschaft 1848-1948, 1948, S. 142.
[80] Näher *Julius Hatschek*, Kommentar zum Wahlgesetz und zur Wahlordnung im deutschen Kaiserreich, 1920 (!), sowie *Kühne* (Bibl.), S. 413 ff. auch zu den Gründen der späteren Abweichung von der ursprünglich administrativen Anpassungspflicht der Wahlkreisgrößen in § 17 Wahlgesetz der Paulskirche (FN 79).
[81] *Grimm* (Bibl.), S. 255; zeitgenössisch auch *Bluntschli* (s. u. FN 86), der freilich hier seine republikanische Schweizer Herkunft nicht verleugnen konnte.
[82] Dazu näher *Kühne* (Bibl.), S. 572 ff.
[83] Vgl. *Stolleis* (FN 56), S. 359 ff., und *Kühne*, Die Bedeutung der Genossenschaftslehre für die moderne Verfassung, in: ZParl. 15 (1984), S. 552 (560 ff.).
[84] Dazu *Kühne* (Bibl.), S. 520 ff.

spricht weiter, daß man zugunsten des Brückenbegriffs der Nationalsouveränität eine Verfassungsansage der Volkssouveränität ablehnt und ebenso ihr de facto zuspielende Grundrechte wie das allgemeine Widerstandsrecht oder dessen Ausprägungen eines individuellen, bzw. – in der Form einer Bürgerwehr – organisierten Waffentragungsrechts[85]. Das republikanische „l'etat c'est l'homme"[86] läßt sich mithin für die Ausrichtung der Paulskirchengrundrechte noch nicht uneingeschränkt zugrunde legen. Sie sind vielmehr auch noch gegen Übergriffe eines überkommenen monarchich-etatistischen Residualbereichs gerichtet. Grundrechte lassen sich mithin, anders als unter demokratischem Vorzeichen ab Weimar, noch nicht vorrangig als Rechte der Minderheit definieren[87].

Die Genossenschaftslehre eröffnet zum anderen mit ihrem volkszugewandten Teil eine Entfesselung der Assoziation, d.h. zugunsten assoziativer Organismen privater, öffentlicher (§ 184f.) und staatlicher Art (§ 186f.). Dies gilt umso mehr, als die Achtundvierziger damit die zu euphemistisch hierarchisierende Vorstellung einer Aufbereitung und Läuterung der Einzelinteressen verbanden. *G. Beseler* gab dem in dezidierter Abgrenzung vom atomisierenden Individualismus Frankreichs fast leidenschaftlich Ausdruck[88]: „Darin suche ich die Garantie für die Dauerhaftigkeit unseres Staatswesens, daß man nicht allein das Einzelne der Gesamtheit gegenüberstelle, sondern die durch den Associationsgeist gebotene Mannigfaltigkeit verschiedener Corporationen sich gestalten läßt, wodurch zumal in der Gemeinde, das Interesse der Einzelnen zusammengenommen und für die engeren Beziehungen des Lebens befriedigt wird. Der Staat sei dann das Höchste, das über allen steht, und wo das Staats-Interesse es fordert, da trete das der einzelnen Corporationen, so wie der einzelnen Privatpersonen zurück."

29
Assoziation als Läuterung der Einzelinteressen

Diese Sicht des Verbandswesens zeigt ein staatsaufbauendes und über Individualgrundrechte hinausgehendes, schon innergesellschaftlich begrenzendes Verständnis der Frankfurter Grundrechte. Überdies klingt gerade in der Grundrechtsaufnahme der §§ 174ff. und 184ff., deren Gehalte heute längst dem organisatorischen Verfassungsteil zugeordnet sind, noch etwas von dem trialistischen Freiheitsbegriff des Alten Reichs und seinen für die Assoziationsfreundlichkeit der historischen Rechtsschule maßgeblichen ständischen Libertäten nach[89].

30
Staatsaufbauender Charakter der Grundrechte

---

85 Nähere Hinweise bei *Kühne* (Bibl.), S. 570f., 577f.
86 So *Bluntschli* (FN 57), 1852, S. 27 FN 2.
87 Grundlegend der Abg. *S. Katzenstein* im Verfassungsausschuß der Weimarer Nationalversammlung, in: Verhandlungen des Deutschen Reichstags, Bd. 336, S. 186 (18. Sitzung v. 31.3.1919).
88 So *G. Beseler*, in: Sten. Ber., Zweite Preußische Kammer, Bd. 2, S. 309f. (38. Sitzung v. 22.10.1849). Gegen die individualistische Atomisierung der Gesellschaft *ders.*, in: Droysen (FN 10), S. 24, und *Ahrens*, Freiheit (FN 39), S. 539.
89 Näher *Kühne*, JöR (FN 10) S. 19f.

4. Durchsetzungsabsichten und -realitäten

31
Bindung des Reichs und der Einzelstaaten

Die Frankfurter Grundrechte binden Reich und Einzelstaaten. Obwohl ersteres in § 130 nicht dezidiert gesagt wird, ist diese Bindung nach amerikanischem Muster genetisch selbstverständlich vorausgesetzt[90] und läßt sich den §§ 53, 126 lit. g ebenso entnehmen wie beispielhaft den §§ 131, 136 und 189. – Die Bindung der Gliedstaaten findet sich demgegenüber in § 130 Satz 2 ausdrücklich, wobei auch die einschlägige Klagebefugnis gemäß § 126 lit. f angeführt sei. Hierdurch wurde § 186 Abs. 1 als einziges Grundrecht bereits verfassungsunmittelbar vor dem Reichsgericht klagbar gestellt, während dies ansonsten der Einfachgesetzgebung überlassen blieb (§ 126 lit. g). Diese Gliedstaatenbindung ging über die damaligen amerikanischen Bundesgrundrechte klar hinaus und sollte deshalb die Bewunderung von seiten dortiger Beobachter finden[91]. Bekanntermaßen hat Art. 1 Abs. 3 GG ein Jahrhundert nach der Paulskirche die unmittelbare Grundrechtsgeltung mit gewissen zeitlichen und regionalen Abstrichen (Art. 117, 141 GG) normiert. Es kam damit zu einer Absage an die grundrechtliche Programmtheorie, die im Früh- und Spätkonstitutionalismus dominant war und noch in Weimar erhebliche Bedeutung besaß[92].

32
Unmittelbare Grundrechtsgeltung aufgrund des Einführungsgesetzes

Weniger bekannt ist indessen, daß die Paulskirche bereits die unmittelbare Geltung ihrer Grundrechte vorschrieb, und zwar in höchst detaillierter Weise. Einschlägig dafür war das Einführungsgesetz zu den Grundrechten: Für jeden Paragraphen des vorab veröffentlichen Grundrechtsteils regelt es das unmittelbare Inkrafttreten teils uneingeschränkt bei rein abwehrrechtlichem Gehalt, teils unter Vorbehalt der in Aussicht gestellten ausführenden Reichs- oder Landesgesetze, wobei es für letztere ein „möglichst bald", „ungesäumt" oder „innerhalb sechs Monaten" vorschrieb[93]. Daß hinsichtlich der Ausführungsgesetze des Reichs an nichts anderes gedacht war, erhellt daraus, daß die entsprechende Gesetzgebung bereits in erheblichen Teilen von der Nationalversammlung neben ihrer Verfassungsarbeit vorbereitet worden war[94] und zum Teil noch vor ihrem Ende in Kraft treten konnte. Bereits erwähntes Beispiel ist das Gesetz betreffend die Wahlen der Abgeordneten zum Volkshause (§ 131), das später für den Reichstag ab 1867 übernommen werden sollte – mit Geltung bis 1918. Daneben sind auf der Reichsebene noch etliche Entwürfe

---

90 Vgl. § 25 des Siebzehnerentwurfs (FN 13) als offiziöse Vorlage, der mit dem Wort „zugleich" die Reichsbindung mittelbar noch deutlicher machte.
91 So *Bancroft* (FN 14) – unmittelbar zu § 24 Siebzehnerentwurf (FN 13), der jedoch die inoffizielle Vorlage für die Frankfurter Reichsverfassung bildete – wegen des in den Vereinigten Staaten noch nicht vorhandenen Grundrechtsdurchgriffs auf die Gliedstaaten und deren weiterer zeitgleicher Sonderrechtsbestrebungen. Dazu zuletzt *Michael Ronellenfitsch*, John C. Calhoun und die Europäische Staatengemeinschaft. Notifikation und Sezession im Bundesstaat, in: Liber amicorum Th. Oppermann, 2001, S. 60ff.
92 Vgl. *Gerhard Anschütz*, Die Verfassung des Deutschen Reichs, [14]1933, S. 514ff., und ebenso eingehend wie kritisch *Rainer Wahl*, Der Vorrang der Verfassung, in: Der Staat 20 (1981), S. 485 (495ff.).
93 In der Reihenfolge der Zitate Art. 3f., 8 Einführungs-Gesetz betr. die Grundrechte des deutschen Volkes vom 27.12.1848 (RGBl. S. 49); Wiederabdruck bei *Mommsen* (FN 50), S. 76ff.
94 Vollständige Übersicht über die Ausführungsgesetze und -gesetzentwürfe bei *Kühne* (Bibl.), S. 594f. m.w.N.

greifbar: So etwa die für die Armenfürsorge (Heimathgesetz) und für eine Gewerbeordnung (§ 133 Abs. 2), für Gesetze betr. Klagen gegen öffentliche Beamte (§ 160) sowie über die Grundlagen des Geschworenengerichts in Kriminalsachen (§ 179).

In ähnlicher Weise zeigt sich die gliedstaatliche Gesetzgebung aktiv. Das gilt nicht nur für einschlägig reformierte und neue Verfassungen, in denen durchweg die Adelskammern beseitigt werden (§ 137 Abs. 1 f.) und hinsichtlich der Staatsleitung § 187 entsprochen wird[95]. Es gilt vielmehr auch für die dortige Einfachgesetzgebung. Als bekanntere Ausführungsbeispiele seien nur zu § 184f. die *Schwickerath*sche Gemeindeordnung für Preußen und die *Stüve*sche Städteordnung für Hannover angeführt, die von der Reaktion dann sistiert bzw. revidiert werden sollten[96]. Daß darüber hinaus auch auf der Gliedstaatsebene etliches im Entwurfsstadium stecken bleibt, dafür sei nur die durch die Reaktion unterbundene Vollendung der Verfassungsreform in Württemberg angeführt[97].

33
Gesetzgebungsaktivität der Gliedstaaten

Weiter ist überliefert, daß es zu ersten Gerichtsentscheidungen entsprechend der neuen Rechtslage kam[98] und daß von einem allgemeinen richterlichen Prüfungsrecht ausgegangen wurde, was sich indessen erst ab 1925 dauerhaft durchsetzen sollte[99]. Anders als heute aufgrund von Art. 100 Abs. 1 GG hätte das damals vorgesehene Reichsgericht (§§ 125 ff.) in solchen Fällen freilich kein konzentriertes Verwerfungsrecht, sondern nur einen letztinstanzlichen Zugriff besessen[100]. Überdies war in § 126 lit. g ein Jahrhundert vor der Verfassungsbeschwerde-Einführung im (klein-)deutschen Raum eine Verfassungsindividualklage vorgesehen. Ihre Einzelheiten blieben der Einfachgesetzgebung des Reiches überlassen, ohne daß insoweit mehr als gewisse Gestaltungsvarianten überliefert wären[101].

34
Richterliches Prüfungsrecht und Verfassungsindividualklage

Wenngleich die unmittelbare Durchsetzung mit der Macht der Paulskirche steht und fällt, so bleibt doch eine hohe ideelle Weiterwirkung der in ihren Grundrechten verkörperten Wertvorstellungen. Das beruht einmal auf ihrem liberal-demokratischen Kompromißcharakter, womit politische Kräfte genannt seien, die auch künftig trotz aller Zurückdrängungsversuche im Spiel bleiben. Es beruht aber vor allem auf der grundrechtlichen Durchschlagskraft

35
Ideelle Weiterwirkung der Frankfurter Grundrechte

---

95 Näher *Manfred Botzenhart*, Deutscher Parlamentarismus 1848–1850, 1977, S. 193 ff., und *Kühne* (Bibl.), S. 288 ff.
96 Preußische Gemeindeordnung vom 11.3.1850 (GS S. 213), dazu *Kurt Utermann*, Der Kampf um die preußische Selbstverwaltung im Jahre 1848, 1937 (ND 1970), Hannoversche Städteordnung vom 1.5.1851 (GS S.64), dazu *Elisabeth Siebert*, Die hannoversche Städteordnung von 1851/58 und die Städte im Königreich Hannover, Diss. phil. Hannover 1975.
97 Näher *Botzenhart* (FN 93), S. 733 ff.
98 So der württembergische Ministerpräsident und Abg. *F. Römer* im Verfassungsausschuß der Paulskirche, in: Rudolf Hübner (Hg.), Aktenstücke und Aufzeichnungen zur Geschichte der Frankfurter Nationalversammlung aus dem Nachlaß von Johann Gustav Droysen, 1924, ND 1967, S. 438 (143. Sitzung v. 31.1.1849).
99 Näher *Kühne* (Bibl.), S. 191 FN 227, und *RGZ 111*, 320 – Entscheidung vom 4. 11. 1925. Zur weiteren Entwicklung auf der Glied- und Gesamtstaatsebene *Schmidt* (FN 56), S. 193 ff., und *Christoph Gusy*, Richterliches Prüfungsrecht, 1985, S. 25 ff.
100 *Kühne* (Bibl.), S. 197 ff.
101 Vgl. *Kühne* (Bibl.), S 198 ff.

im Sinne zukunftsweisender gesellschaftlicher und staatlicher Modernisierung. Insoweit ist auch von ausländischer Seite mehrfach zugestanden worden, daß die Paulskirche bei vollem Gelingen den modernsten Staat in Europa geschaffen hätte[102]. Der Modernisierungsimpuls und weite Zukunftsausgriff der Frankfurter Grundrechtsaussagen erhellt näherhin aus nachfolgender Übersicht über das zum Teil erst sehr viel spätere Umsetzungsgelingen[103].

36
Spätere Realisierung

Realisierung Frankfurter Grundrechtsaussagen auf der kleindeutschen Gesamtstaatsebene bzw. in Preußen (Auswahl)

§ 126 g	Verfassungsbeschwerde	**1951**	§ 165	Freiteilbarkeit	**~ 1900**
§ 131	Wahlrecht	**1866/67**	§§ 167/ 174	Abbau Patrimonialgerichtsbarkeit	**1877**
§ 133	Gewerbefreiheit	**1869/1920**	§ 168	Lasten-Ablösbarkeit	**~ / 1918**
§ 136	Auswanderungsfreiheit	**1898**	§ 170	Fideikommiß-Abbau	**~ / 1939/46**
§ 137	Adelsprivilegien-Abbau	**1918**	§ 173	Soziale Besteuerung	**1891**
§ 143	Pressefreiheit	**~ 1874**	§ 175	Voller Justizausbau	**1919**
§ 147	Konfessionelle Parität	**~ 1919**	§ 179	Echte Schwurgerichte	**bis 1924/~**
§ 150	Zivilehe	**1875**	§ 185	Inkommunalisierung	**1928**
§ 157	Schulgeldfreiheit	**1919**	§ 186 f.	Landesverfassungsvorgaben	**1919**
§ 161 f	Vereins- und Versammlungsrecht	**~ 1908**	§ 188	Ethnischer Minderheitenschutz	**1919**

5. Gliedstaatsebene

a) Preußen

37
Anlehnung an die belgische Verfassung

In Preußen geht es zunächst um die „kleine" Lösung einer weitgehenden Anlehnung an die Verfassung Belgiens, die für den vormärzlichen Liberalismus ein konstitutionelles Musterbeispiel bildet. So schließen sich der Regierungsentwurf in seiner Urfassung vom 15. Mai wie in seiner Endfassung vom 20. Mai 1848, d.h. der *Hansemann*sche Entwurf hinsichtlich ihrer Freiheitsrechte bekanntermaßen dem belgischen Vorbild „genau, oft wortgetreu nach-

---

[102] So der Schweizer *Hans Fehr*, Deutsche Rechtsgeschichte, ⁶1962, S. 287; ähnlich der Brite *John A. Hawgood*, Modern Constitutions since 1787, 1939, S. 198: Vorzüge vor der amerikanischen Verf.
[103] Im einzelnen *Kühne* (Bibl.), insb. S. 203 ff. und passim. Tilde heißt: teilweise, ungefähr.

gebildet"[104] an. Dem entspricht nicht nur die Überschrift des einschlägigen Titels „Von den Rechten der preußischen Staatsbürger" bzw. „Preußen", die durch alle Stufen der Verfassungsgebung hindurch bis zur preußischen revidierten Verfassung von 1850 beibehalten werden wird. Wenn also anders als in anderen Gliedstaaten der Begriff der Grundrechte nicht verfassungssprachlich übernommen wird, so mochte sich darin anfangs ein gewisser Eigenständigkeitsanspruch spiegeln, wie er ebenfalls in der Bezeichnung der preußischen Konstituante als Nationalversammlung zum Ausdruck kam. Später ist dieser Begriff indessen in klarer föderaler Einordnung zugunsten besserer Unterscheidbarkeit vermieden worden. Es gab jedenfalls keinen einschlägigen Änderungsvorschlag, obwohl man parlamentarisch wie auch sonst durchaus von preußischen Grundrechten sprach[105].

Hinsichtlich der einzelnen Rechte kam es ab Juni 1848 in den Beratungen der Verfassungskommission, den Abteilungen und schließlich dem Plenum der preußischen Nationalversammlung zu etlichen föderalen Anlehnungen an die Paulskirche, wodurch das belgische Vorbild überlagert wurde. So hob der Bericht[106] der Zentralabteilung an das Plenum im Herbst 1848 hervor, man habe bei keinem Artikel der preußischen Rechteerklärung das Verhältnis zu den betreffenden Mindeststandards der Frankfurter Grundrechte außer Acht gelassen, damit nicht ein Widerspruch zu ihnen eintrete. Diese deutliche, föderale Einpassung hätte die Frankfurter Vorgaben freilich ergänzen und freiheitlich überbieten können. Dies umso mehr, als die preußische Nationalversammlung gegenüber Frankfurt einen weit höheren Anteil von Landwirten und Handwerkern aufwies und damit den sozialen Nöten der Zeit erheblich näher und bei einem um ein Drittel höheren Anteil der Linken insgesamt sozial bewußter und demokratischer orientiert war[107]. Doch bedeutete dies für die Verfassungsarbeit zugleich ein damals bildungsmäßiges Abmaß[108], das das weitgehende Fehlen wichtiger freiheitsrechtlicher Ausweitungen verständlicher machen kann.

38
Übernahme von Mindeststandards der Frankfurter Grundrechte

Feststellbar ist beispielsweise, daß zwei Anträge, die auf Schutz und Förderung der Arbeit gerichtet waren, bis hin zur Schaffung öffentlicher Arbeiten und der Sicherstellung der Arbeiter, keine Mehrheit in der Kommission fanden. Diese entschied sich vielmehr und fraglos nicht unbeeinflußt von den zeitgleichen dramatischen Negativerfahrungen mit Nationalwerkstätten in Frankreich dafür, keine Bestimmung über die Organisation der Arbeit aufzu-

39
Keine Regelung über Schutz und Förderung der Arbeit

---

104 *Anschütz* (Bibl.), S. 37.
105 So z.B. die Abg. *K. d'Ester* und *Schulz*, in: Verhandlungen der Versammlung zur Vereinbarung der Preußischen Staatsverfassung, Bd. II, 1848, ND 1986, S. 563 f. (68. Sitzung v. 6.10.1848); in der Literatur nur *Anschütz* (Bibl.), S. 93 f.
106 So als Berichterstatter der Abg. *H. Pilet*, in: Verhandlungen (FN 105) Bd. III, S. 206 f. (86. Sitzung v. 26.10.1848), s.a. *Rudolf Roske*, Die Entwicklung der Grundrechte des deutschen Volkes vom Jahre 1848 und des Titels II der preußischen Verfassung „Von den Rechten der Preußen", Diss. phil. Greifswald 1910, S. 99 f., und *Anschütz* (Bibl.), S. 92.
107 Näher *Botzenhart* (FN 95), S. 516 f., insgesamt ca. 15 v.H. statt knapp 5 v.H. in Frankfurt (Übersicht ebd., S. 157).
108 *Botzenhart* (FN 95), S. 516, hält insoweit ein bewußtes Wahlverhalten zugunsten der größeren Verfassungsaufgaben in Frankfurt für möglich.

Keine Anerkennung
von
Adelsprädikaten

nehmen[109]. Demokratisch-egalitärer als in der Paulskirche war man indessen gegenüber dem Adel. Denn das Plenum der Nationalversammlung entschied sich gegenüber § 137 FRV für die Verschärfung: „Der Adel ist abgeschafft. Der Gebrauch adliger Titel und Prädikate ist in öffentlichen Urkunden untersagt". Wie die Debatten dazu ergaben[110], sollte damit nicht für den privaten Bereich, wohl aber für den Staat verpflichtend jede Anerkennung von Adelsprädikaten etwa in Korrespondenzen usw. untersagt sein, was im Folgesatz noch für das Beispiel öffentlicher Urkunden ergänzt wurde. Stärker demokratisch orientiert war man weiter insoweit, als das individuelle Waffentragungsrecht ebenso verankert wurde wie seine organisierte Form der Volkswehr. An amerikanische Vorbilder erinnernd, bekam sie im Sinne eines Milizsystems in betonter Weise die Aufgabe des Verfassungsschutzes zugewiesen[111]. Indessen vermochten sich diese interessanten Anreicherungen nicht dauerhaft durchzusetzen, wurden sie doch von der oktroyierten und revidierten Verfassung Preußens wieder beseitigt. Fragt man schließlich noch nach einer eventuellen eigenen Grundrechtssystematik gegenüber Frankfurt, so ist hier wenig erkennbar. Abgesehen von leicht betonter Pflichtenaufnahme[112] ist der preußische Rechtekatalog mit der Verschiebung von Gemeinderegelungen und Steuerprivilegierungsabsagen in gesonderte Titel[113] dem belgischen Vorbild verhaftet. Tendenziell folgte man damit dessen etwas stärker individualrechtlichen Ausrichtung, wenngleich auch sie, wie *Anschütz*[114] später bemerkt hat, durchaus keine einheitliche Erfaßbarkeit der preußischen Rechte ergab.

b) Österreich

40
Pillersdorfsche
Verfassung

Noch deutlich vor dem Zusammentritt der deutschen Nationalversammlung kommt es zum regierungsseitigen Oktroi der sog. Pillersdorfschen Verfassung vom 25. April 1848. Er folgt wie der wenig spätere preußische Regierungsentwurf der ‚kleinen' Lösung, indem er sich an bis dahin bestehende Verfassungen und namentlich die belgische anlehnt[115].

41
Grundrechtekatalog
mit personeller
Schutzbereichs-
ausweitung

Das geschieht hinsichtlich seiner freiheitsrechtlichen Aussagen indessen weniger wortlautgetreu, denn durch eher stichwortartig bleibende Aufführungen, wobei ähnlich der französischen Verfassung ansonsten getrennt normierte

---

109 Vgl. die Anträge von Alterspräsident *K.J.Ullrich* und Abg. *J. Behrends* vom 10. bzw. 13.7.1848, in: Karl Gottl. Rauer (Hg.), Protokolle der Vers. zur Vereinbarung der Preuß. Verf. ernannt gewesenen Verfassungs-Kommission, Berlin 1849, S. 55f. Zum Antragsschicksal näher *Susanne Böhr*, Die Verfassungsarbeit der preußischen Nationalversammlung 1848, 1992, S. 62 f.; die französischen Nationalwerkstätten waren in der sog. Junischlacht v. 23.-26.6. niedergekämpft worden.
110 Text bei *Anschütz* (Bibl.), S. 108 (Art. 4 Anm. 1); näher die Abg. *Schulz* und *J. Behrends*, Verhandlungen (FN 105) Bd. III, S. 259 f., 271 (89. Sitzung vom 30.10.1848). Vgl. demgegenüber heute abweichend *BGHZ 140*, 118 (1998) – Hohenzollerntestament.
111 Art. 26 Abs. 1 – individuelles Waffentragungsrecht; Art. 29 S. 2 Kommissionsentwurf, abgedr. bei *Anschütz* (Bibl.), S. 116.
112 Das gilt gegenüber Frankfurt ausdrücklich hinsichtlich der Bildungspflicht des Art. 22 S. 3 Kommissionsentwurf, abgedr. bei *Anschütz* (Bibl.), S. 615; s.a. *Kühne* (FN 3), S. 491 f.
113 Vgl. Titel 8f. Kommissionsentwurf sowie die oktroyierte und revidierte Verfassung bei *Anschütz* (Bibl.), S. 121 ff.
114 *Anschütz* (Bibl.), S. 94 Anm. 2.
115 Näher *Botzenhart* (FN 95), S. 631.

Rechtsgewährungen formal zusammengefaßt werden[116]. Materiell bemerkenswert ist indessen, daß der Katalog im Einklang mit der an die „Staatseinwohner" (!) gerichteten Titelüberschrift insoweit über das seinerzeit übliche Gewährungsniveau hinausgeht, als er die personalen Grundrechte samt der Glaubensfreiheit sowie die Meinungs- und Pressefreiheit als Jedermann-Rechte anerkennt (§ 21). Man wird diese menschenrechtliche Ausweitung jedoch nicht überschätzen dürfen[117]. Denn vom Wortlaut her: („... welche noch keine staatsbürgerlichen Rechte erworben haben") ließ sich dies sehr wohl nur auf Staatsbürgerschaftsanwärter beschränken und hatte überdies keinen eigentlich aktuellen Revolutionshintergrund, stellte vielmehr auf die Möglichkeit der Einbeziehung weiterer Landstriche in den österreichischen Staatsverband ab. Aktuell höchst bedeutsam wären indessen soziale oder gegen das Adelswesen gerichtete egalitäre Rechte gewesen, die indessen völlig fehlen.

Das sollte sich mit der Arbeit des konstituierenden Reichstags ab Ende Juli 1848 ändern. Denn der Anteil der durch die Agrarverfassungsfrage unmittelbar Betroffenen war hier mit einem klaren Abgeordnetendrittel gegenüber Preußen nochmals verdoppelt[118]. Überdies war von der Bezeichnung als ‚Reichstag' her sowie aufgrund der widerstrebenden Nationalitäten in ihm deutlich, daß man sich von vornherein mit den Bundesstaatsvorstellungen der Paulskirche schwer tat und statt dessen eher einen Kurs der Ebenbürtigkeit verfolgte[119]. Insofern läßt sich der Konstituantenentwurf mit seiner Übernahme des Grundrechtsbegriffs, den man in Preußen vermieden hatte, weniger für als gegen eine Einpassung in das Frankfurter Föderalkonzept gerichtet verstehen. Dem entspricht weiter, daß die Frankfurter Grundrechte in der Verfassungsarbeit des Reichstags und seiner zuständigen Kommission nur als Materialien unter verschiedenen anderen genutzt werden[120].

42
Konstituierender Reichstag

In der Sache kommt es, ohne über Frankfurt hinauszugehen, zur Abschaffung der Adelsvorrechte (§ 3) sowie zu sozialen Rechten hinsichtlich der Schulbildung (§ 19 Abs. 2), des Abbaus von Steuerprivilegien (§ 24) und dank bedeutender einfachgesetzlicher Durchführung zur Vollendung der Bauernbefreiung durch Herstellung bürgerlichen Eigentums auf dem Lande (§ 23)[121]. Sucht man nach Rechten, die über die Paulskirche hinausgehen, so zeigt sich folgendes: eine gegenüber der Pillersdorfschen Verfassung unmißverständlichere Gewährung von Jedermann-Rechten, weiter eine gegen die überkommenen

43
Volkssouveränitätsansage als Frucht der Wiener Oktoberrevolution

---

116 § 17 Glaubens- und persönliche Freiheit; § 22 Petitions- und Vereinsbildungsfreiheit, abgedr. bei Ilse Reiter (Hg.), Texte zur österreichischen Verfassungsentwicklung, 1997, S. 33ff. Vgl. Art. 8 Verf. Frankreichs (FN 26): Assoziations-, Petitions- und Pressefreiheit.
117 So aber tendenziell *Wilhelm Brauneder*, Österreichische Verfassungsgeschichte, [7]1998, S. 117.
118 Näher *Botzenhart* (FN 95), S. 632f.: insges. 34,2 v.H.
119 Näher *Kühne* (Bibl.), S. 79.
120 So *Fischel* (Bibl.), S. 3; s.a. *Kühne* (Bibl.), S. 78f.
121 Es handelt sich um das auf den berühmten Antrag von *Hans Kudlich* ergangene Gesetz, betr. die Aufhebung des Untertans-Verbandes und die Entlastung des Grund und Bodens vom 7.9.1848 (GS S. 285); dazu näher *Ernst-Rudolf Huber*, Deutsche Verfassungsgeschichte seit 1789, Bd. II, [2]1975, S. 559. – Formal interessant ist, daß § 25 Kremsierer Grundrechtsentwurf die kommunale Selbstverwaltung grundrechtsintern, § 130 Kremsierer Verfassungsentwurf hingegen grundrechtsextern regelte.

monarchischen Kräfte gerichtete Wehrorganisation, die ähnlich wie in Preußen „zum Schutze des Staats und der Konstitution" (§ 26) gedacht ist, und nicht zuletzt, freilich nur zwischenzeitlich, als eigentliche antimonarchische Brandfackel der grundrechtliche Eingangssatz: „Alle Staatsgewalten gehen vom Volke aus und werden auf die von der Konstitution festgesetzte Weise ausgeübt." Diese Volkssouveränitätsansage, die Frucht der Wiener Oktoberrevolution war, sollte in Frankfurt stets bewußt vermieden werden[122]. Wenn dieser Kommissionstext Anfang 1849 im Reichstagsplenum fallengelassen wurde, so nicht nur in nüchterner Einschätzung der realen Machtverhältnisse, sondern auch deswegen, weil diese Ansage – übrigens in Übereinstimmung mit dem Schema der Frankfurter Reichsverfassung – nicht eigentlich Grundrechtsmaterie sei, sondern dem staatsorganisatorischen Regelungsbereich zugehöre[123]. Bleibende grundrechtliche Weiterentwicklung des Reichstages war indessen seine territoriale Konkretisierung des Nationalitätenschutzes in ethnischen Gemengelagen. Er wurde organisatorisch kantonal in Angriff genommen und übertraf § 188 FRV damit deutlich[124]. Dieser „Glanzpunkt"[125] des Entwurfs bildete den Auftakt für eine Entwicklung des ethnischen Minderheitenschutzes in Österreich, mit dem dieses Land einen unverlierbaren Beitrag zur modernen Freiheitsrechtsentwicklung leisten sollte[126]. Ähnlich wie in Preußen wird der österreichische Verfassungsoktroi vom März 1849[127] die Reichstagsentwürfe zurückschneiden und damit die dortige Reaktion einleiten.

c) Sonstige Gliedstaaten

44
Einfachgesetzliche Umsetzung wichtiger Frankfurter Grundrechte

Blickt man auf die übrigen deutschen Einzelstaaten, so ist zunächst für die bestehenden Mittelstaaten zu sagen, daß sie anders als Preußen und Österreich bereits Verfassungen und darin Kataloge über Staatsbürger- oder Untertanenrechte besaßen[128]. Auch wenn sie sich gegen Ende der Paulskirche im Zeichen preußisch-österreichischer Widerstände gegenüber einer offiziellen Anerkennung der Paulskirchengrundrechte zieren sollten[129], zeigten sie sich

---

122 Vorbild für § 1 des Kremsierer Grundrechtsentwurfs war – so auch der Abg. *K. Mayer*, in: Fischel (FN 70), S. 77 – § 25 Verf. Belgien, der freilich den dortigen organisatorischen Verfassungsteil einleitete und überdies wesentlich vermittelnder die Staatsgewalten von „der Nation" ausgehen ließ. – Zur Vermeidung von Volkssouveränitätsaussagen in der Paulskirche, s. *Kühne* (Bibl.), S. 577.
123 Näher *Botzenhart* (FN 95), S. 639 mit FN 43.
124 S. die kantonale, „mit möglichster Rücksicht auf Nationalität" vorgesehene Kreiseinteilung der §§ 3, 112f. Kremsierer Verfassungsentwurf; kritisch dazu *Botzenhart* (FN 95), S. 637.
125 So *Anton Springer*, zit. nach *Botzenhart* (FN 95), S. 637.
126 Dazu eingehend Karl Hugelmann (Hg.), Das Nationalitätenrecht des alten Österreich, 1934, und *Gerald Stourzh*, Die Gleichberechtigung der Nationalitäten in der Verfassung und Verwaltung Österreichs 1848-1918, 1985.
127 Dazu *E.R. Huber*, Verfassungsgeschichte (FN 121), Bd. III, ²1978, S. 29f.; Texte bei Reiter (FN 116), S. 33ff..
128 §§ 7ff. Verf. Baden von 1818; Tit. IV Verf. Bayern (1818); §§ 27ff. Verf. Hannover von 1840; §§ 24ff. Verf. Sachsen von 1831; §§ 19ff. Verf. Württemberg von 1819.
129 Die Anerkennung der Frankfurter Grundrechte in der hannoverschen und preußischen Zweiten Kammer führte zu deren jeweiliger Auflösung. Zeitgenössisch im gouvernementalen Sinne etwa *Georg Fried. v. Pape*, Über die verbindende Kraft der im Reichsgesetzblatte verkündigten Reichsgesetze für das Königreich Hannover, 1849.

doch sämtlich um eine einfachgesetzliche Umsetzung deren wichtigerer Grundrechte bemüht. Was die Anpassung ihrer Verfassungen angeht, dominiert freilich ein Abwarten. Lediglich in Hannover kommt man bereits im September 1848 mit einer durchgreifenden liberal-konservativen Verfassungsreform der Frankfurter Reichsverfassung zeitlich zuvor. Dabei werden einmal alte Rechnungen beglichen, indem etwa mit der Pressefreiheit bereits die ursprüngliche Verfassung von 1833 wieder hergestellt wird, die zwischenzeitlich verfassungswidrig verändert worden war. Darüber hinaus paßt man sich an die absehbaren Frankfurter Grundrechte an, ohne daß ihnen freilich stets voll entsprochen worden wäre[130].

45 *Zurückhaltung bei der Verfassungsgebung*

Die übrigen Mittelstaaten stellten die Verfassungsgebung – sei es im Wege einer Revision oder völligen Neuschaffung – zurück. Hintergrund dafür sind zwei ineinandergehende Motive. Einmal die möglichst lange Schonung monarchischer Souveränitätsvorstellungen und zum anderen die taktische Hoffnung auf ein vereinfachtes Verfahren nach voller Durchsetzung der Frankfurter Reichsverfassung. Der reale Ablauf läßt es freilich nur noch in Baden und Württemberg zu entsprechenden Anläufen der Verfassungsumgestaltung kommen[131]. Auch wenn sie an der Reaktion scheitern, ist eine Anpassung an die Frankfurter Grundrechte klar erkennbar[132].

46 *Neue Verfassungen der Klein- und Kleinststaaten*

Die Klein- und Kleinststaaten des gedachten Reiches gelangen demgegenüber weitgehend zu neuen Verfassungen. Dabei fällt hinsichtlich der Titel ihrer Freiheitskataloge auf, daß nunmehr überall davon Abstand genommen wird, von *Untertanen*rechten zu sprechen. Statt dessen kommt es, soweit ersichtlich, zu drei verschiedenen Benennungsvarianten. Einmal wird der Begriff der Grundrechte zum Teil mit Staatsbürgerzusatz übernommen, zum anderen in etwa gleicher Größenordnung von Staatsbürgerrechten oder „Rechte(n) der Staatsgenossen" gesprochen, während ein weiterer, kleinerer Teil übrigens nicht nur bei demokratischer Dominanz die schon im Vorparlament virulente Überschrift der „Volksrechte" wählt[133]. Der Grundrechtsbegriff ist damit lediglich von einem guten Drittel der gliedstaatlichen Verfassungen übernommen, obwohl er sich andererseits in den Verfassungsdebatten

Verfassungssprachliche Absetzung von den Frankfurter Grundrechten

---

130 Vgl. hannoversches Verfassungsänderungsgesetz vom 5.9.1848 (GS 261), das § 137 FRV durch Beibehalt gewisser adeliger Landstandschaften nicht voll entsprach.
131 Zu Baden: *Sonja-Maria Bauer*, Die Verfassungsgebende Versammlung in der badischen Revolution von 1849, 1991, S. 246, 250 und passim, die 1849 bis zur Niederlage Badens in der sog. Reichsverfassungskampagne nur noch zur Einsetzung eines Verfassungausschusses gelangte. Zu Württemberg: *Botzenhart* (FN 95), S. 733.
132 Vgl. Regierungs-Entwurf einer revidierten Verfassung vom Oktober 1849 (HStA Stgt. E 33 Bü. 234) mit individuellem Waffentragungsrecht unter Gesetzesvorbehalt (Art. 25 II) und Berufswahl- und Ausbildungsfreiheit (Art. 32). S.a. Entwurf (der demokratischen Opposition) einer bereinigten Landes-Verfassung für Württemberg vom 17.12.1849, in: Verh. 1. Landesversammlung, Beilage, S. 113 ff.), der die Frankfurter Grundrechte weitgehend übernahm (§§ 24 ff.).
133 *Grundrechte*: Anhalt-Bernburg, Hamburg, Mecklenburg-Schwerin, Oldenburg, Waldeck, Württemberg (Oppositions-Entwurf, FN 132). *Staatsbürgerrechte*: Bremen (Zitat), Luxemburg, Preußen, Reuß j. L., Schleswig-Holstein, Württemberg (Reg.-Entwurf, FN 132). *Volksrechte*: Anhalt-Dessau/Köthen, Sachsen-Gotha, Schaumburg-Lippe; Nachweise soweit nicht besonders vermerkt bei *Erich Zantopf* (Bibl.) und *Rolf Michael Havliza*, Die Verfassungsentwicklung im Fürstentum Schaumburg-Lippe, Diss. jur. Kiel 1975 S. 118.

wie in Preußen ohne weiteres für die einschlägigen gliedstaatlichen Freiheitsrechte verwandt findet[134]. Wegen besserer föderaler Abschichtung bestand mit anderen Worten eine Vorliebe dafür, eine von den Frankfurter Grundrechten verfassungssprachlich abgesetzte Bezeichnung zu verwenden.

47
Frankfurter Grundrechte als „geringstes Maß deutscher Volksfreiheit"

Was die freiheitsrechtlichen Einzelaussagen auf der Gliedstaatsebene angeht, so werden die Frankfurter Grundrechte als „geringstes Maß deutscher Volksfreiheit"[135] im wesentlichen nur konkretisierend ergänzt. Insoweit läßt sich das Resümee von *Erich Zantopf*[136], wonach die Frankfurter Grundrechte „für die einzelnen deutschen Verfassungen in äußerst starkem Maße verbindlich gewesen", auch über den von ihm berücksichtigten Kreis hinaus bestätigen. Zu weitergehenden thematischen Zusätzen kommt es nennenswert nur in folgender Hinsicht: wie in Preußen bei stärkerem demokratischem Einfluß zu schärferen Einschränkungen des Adels und zur Gewähr des Waffentragungsrechts sei es in individueller, sei es in organisierter (Bürgerwehr-)Form[137] und gleichermaßen, wie auch in Österreich ermöglicht, zum Verbot katholischer Orden[138]. Unter stärker konservativem Einfluß kommt es andererseits zu spürbaren Abstrichen gegenüber der in Frankfurt geregelten weitgehenden Notstandsfestigkeit der Grundrechte[139].

III. Ausländische Beispiele

1. Monarchien: Italien, Niederlande, Dänemark

48
Oktroi des Statuto Albertino

Im Königreich Sardinien-Piemont, der Keimzelle für das später geeinte *Italien*, geht es 1848 primär um eine präventive National- und Verfassungsrevolution von oben[140]. Unter Vorantritt des Königs kommt es im Februar zu einer regierungsinternen Verfassungsberatung, die binnen kürzester Frist in den monarchischen Oktroi des sog. Statuto Albertino vom 8. März 1848 mündet[141]. Darin werden in überlieferter Anlehnung an die französische und belgische Verfassung von 1830 bzw. 1831[142] auch die „Rechte und Pflichten der Bürger"

---

134 S.o. (FN 105) und *Zantopf* (Bibl.). Insoweit berechtigte Kritik von *Sachs*, in: Stern (FN 8) Bd. III/1, 1988, S. 333 FN 106 nur hinsichtlich der verfassungstextlichen Verwendung, nicht aber hinsichtlich der Verwendung in den Verfassungsberatungen.
135 S.o. (FN 15).
136 *Zantopf* (Bibl.), S. 146.
137 Zur preußischen Adelsbehandlung s.o. FN 110, ähnlich Art. 31 V 2 Württ. Oppositionsentwurf (FN 132). Zur Bürgerwehr Art. 25 II Württembergischen Reg.-Entwurf (FN 132); Art. 26, 29 Kommissionsentwurf Preußische Verf. (FN 112).
138 Vgl. § 23 Verf. Anhalt-Dessau/Köthen; § 15 Kremsierer Grundrechts-Entwurf und zuvor Art. 58 Verf. Schweiz.
139 Zur militärischen. und zivilen Notstandsfestigkeit der Frankfurter Reichsverfassung § 197, kritisch dazu *Theodor Mommsen* (anonym erschienen), Die beiden deutschen Reichsverfassungen, Leipzig 1849, S. 218; weitergehend etwa: Art. 33 II Verf. Schaumburg-Lippe, dazu *Havliza* (FN 133) S. 120; Art. 140 preuß. oktr. Verf.; Österreich: gesetzesvorbehaltlich in Art. 157 Kremsierer Verf.-Entwurf.
140 Dazu *Rudolf Lill*, Italien im Zeitalter des Risorgimento, in: Theodor Schieder (Hg.), Handbuch der Europäischen Geschichte, Bd. 5, 1983, S. 829 (848ff.), und speziell *Dieter Schidor*, Entwicklung und Bedeutung des Statuto Albertino in der italienischen Verfassungsgeschichte, Diss. jur. 1977.
141 Abdruck bei *Schidor* (FN 140), S. 213ff.
142 *Kühne* (FN 6), S. 56; *Ullrich* (FN 6), S. 130ff.

(Art. 24 bis 32) geregelt. Diese Anpassung an den Juli-Konstitutionalismus geschieht jedoch nur mit Abstrichen. Zurückhaltender bleibt das Statut durch Normierung einer Staatsreligion (Art. 1), durch gegen die Presse gerichtete Verankerung religiöser Zensur (Art. 28 Abs. 2), eine Adelsgarantie (Art. 79) und eine Assoziationsfreiheit, die sich auf die bloße Versammlungsfreiheit beschränkt (Art. 32). Insgesamt geht es also um einen nur teilweisen Anschluß[143], der freiheitsrechtlich keine weiterführenden Beiträge erkennen läßt.

49 Niederländisches Grundgesetz von 1848

Ähnlich wie in Italien beruht das Grundgesetz für das Königreich der *Niederlande* vom 14. Oktober 1848[144] auf einer vorbeugenden Verfassungsrevolution von oben. Sie ist auf eine Ablösung des Grundgesetzes von 1815 gerichtet, wozu regierungsseitig eine fünfköpfige Kommission eingesetzt wird (17. März). Ihr gelingt das Kunststück, in weniger als einem Monat bereits am 11. April einen ausgefeilten Entwurf nebst Begründung vorzulegen. Dies vor allem deswegen, weil sie von dem bedeutenden holländischen Liberalen und politischen Professor *J. R. Thorbecke*[145] dominiert wird, der sich seit langem um eine Verfassungsreform bemüht hatte. Als Anhänger der in Deutschland entwickelten Historischen Rechtsschule und Kenner der englischen Verfassungsentwicklung ging es ihm um Evolution statt Revolution. So wundert es nicht, daß der gemäßigt-liberale Entwurf sowohl formal wie in der Sache keine völlige Neuschöpfung denn eine durchgreifende Revision der Verfassung von 1815 war[146].

50 Aufschluß zur belgischen Verfassung

Dabei stehen freiheitsrechtliche Fragen weniger im Vordergrund. Die innerholländischen Hauptprobleme, die nun verfassungsrechtlich gelöst werden, sind vielmehr der Ausgleich zwischen Provinz und Gesamtstaat, die Entscheidung zwischen Zwei- und Ein-Kammer-System sowie zwischen direktem und indirektem Wahlrecht, die beidemal zugunsten erstgenannter Position fällt[147]. Gegenüber dem Grundgesetz von 1815 zeigt sich keine sonderlich mutige freiheitsrechtliche Bilanz, sondern im wesentlichen nur ein Aufschluß zur belgischen Verfassung. So durch Einfügung zentraler politischer Rechte wie der Preß-, Petitions- und Assoziationsfreiheit (Art. 8 bis 10). Allerdings fällt die

---

143 Eingehend *Calamandrei/Barile* (Bibl.), S. 683 ff.; weitere einfachgesetzliche oder dekretierte Anpassungen erfolgten alsbald, z. B. die Ausweitung zur Vereinsfreiheit und breitere Religionsfreiheit, die eine Vorzugsstellung der katholische Kirche „fast zum toten Buchstaben" machte, im einzelnen *Emilio Brusa*, Das Staatsrecht des Königreichs Italien, 1892, S. 58 FN 3 und S. 67 FN 1 (Zitat). Näher s. u. RN 72.
144 Zweisprachiger Abdruck bei *Schubert* (FN 26), S. 228 ff.; zum historischen Hintergrund *Franz Petri*, Belgien, Niederlande, Luxemburg von der Französischen Zeit bis zu Beginn der Deutschen Einigung, in; T. Schieder (FN 140), S. 930 (960 f.) und speziell verfassungshistorisch: *Siep Stuurman*, 1848: Revolutionary Reform in the Netherlands, in: EHQ 21 (1991) S. 445 ff.
145 Zu diesem politischen Professor und bedeutendsten niederländischen Staatsmann des 19. Jh., der u. a. in Göttingen bei *K. F. Eichhorn* studiert hatte und seither der Historischen Rechtsschule verbunden war, zuletzt *Arend H. Huussen*, Constitutional Reform in the Netherlands, 1847-1848, in: Dippel (FN 6), S. 107 (114 ff.). Nach *Combertus W. van der Pot*, Geschiedenis van de Wetenschap van het Nederlandse Staatsrecht sedert 1813, Amsterdam 1957, S. 172, auch Naturrechtseinfluß von *K. Ch. F. Krause* – zu ihm *Stolleis* (FN 56), S. 426 ff. –, mit dem *Thorbecke* in Göttingen freundschaftlich verkehrte.
146 Grundgesetz für die Vereinigten Niederlande vom 24.8.1815, abgedr. bei *Pölitz* (FN 47), S. 205 ff.
147 Dazu näher *Kühne* (FN 6), S. 60, und zeitgenössisch *Johannes Miquel*, Verfassung und Verwaltung der Provinzen und Gemeinden des Königreichs der Niederlande, in: Preuß. Jb. 24 (1869), S. 312 ff.

Ausweitung frühsozialstaatlicher Unterstützung (Art. 194f.) gegenüber 1815 (Art. 226f.) auf und im Vergleich mit den Frankfurter Grundrechten die etwas deutlichere Beschäftigung mit Gemeindeverhältnissen (Art. 138ff.) und Bürgerwehr (Art. 188f.). Auf der anderen Seite wird das Wahlrecht indessen mit einem Berechtigtenanteil von nur 2,5 v.H. der Bevölkerung ähnlich scharf wie in Belgien und Italien restringiert. Insofern unterbleibt eine breitere Legitimation der Verfassung, wobei allerdings ihre Annahme in den bestehenden Altkammern 1848 erst nach Androhung volksunmittelbarer Abstimmung gelingt[148].

51
Langes Verfassungsgebungsverfahren

Das Grundgesetz für das Königreich *Dänemark* vom 5. Juni 1849[149] steht am Ende eines langgestreckten Verfassungsgebungsverfahrens, das bereits vor der Märzrevolution begonnen hatte. Unterbrochen durch die von Nationalliberalen bewirkte Verfassungsrevolution in Kopenhagen (21. März 1848) verzögert es sich weiter durch die kriegerischen deutsch-dänischen Auseinandersetzungen um Schleswig-Holstein, die bereits Ende März anheben. Erst im Herbst 1848 kommt es deshalb zur Wahl einer verfassungsgebenden Versammlung, deren Verhandlungen sich bis zum Mai 1849 hinziehen sollten. Die Wahlberechtigung hierzu, die auch die spätere Verfassung übernehmen wird (§ 35), belief sich auf 14,5 v.H. der Bevölkerung[150]. Das war eine Mittelposition zwischen den damaligen Wahlrechtsrestriktionen und -ausweitungen, wobei der König ein Viertel der Versammlungssitze zur Mäßigung[151] besetzte.

52
Moderate freiheitsrechtliche Linie

Freiheitsrechtlich bewegte sich das dänische Grundgesetz ähnlich wie bei der Wahlberechtigung auf einer moderaten mittleren Linie. Blieb sie mit gewissen staatskirchlichen Elementen (§§ 6, 80ff.) teilweise darunter, enthielt sie andererseits aufgrund der durch die Wahlrechtsöffnung bewirkten Erfolge der stärker sozial orientierten Bauernbewegung[152] einen selten klaren, verfassungsunmittelbaren Unterstützungsanspruch (§ 89): „Wer sich oder die Seinen nicht ernähren kann, und dessen Versorgung keinem anderen obliegt, ist berechtigt, Hilfe vom Staat zu erhalten ....". Insgesamt zeigen sich die vorgenannten Verfassungsgebungen gegenüber der ebenfalls erbmonarchischen Frankfurter Reichsverfassung freiheitsrechtlich spürbar zurückhaltender. Der Grund dafür ist die wesentlich höhere monarchische Mitsteuerung wie die deutlich geringere demokratische Öffnung der dortigen konstituierenden Gremien.

---

148 Zu Verfahren und Wahlberechtigung *Kühne* (FN 6), S. 56 m.w.N.; die Volksabstimmung war daraufhin entbehrlich.
149 Deutsche Übersetzung in: RPT 5 (1849) 250ff.; zum historischen Hintergrund *Walther Hubatsch*, Die skandinavischen Staaten, in: T. Schieder (FN 140), S. 746 (770ff.) und speziell *Steen Bo Frandsen*, 1848 in Dänemark, in: Dowe/Haupt/Langewiesche (FN 1), S. 389 (413ff.). Verfassungsvergleichend *Kühne* (FN 27), S. 205ff.
150 *Kühne* (FN 27), S. 207 FN 33.
151 *Frandsen* (FN 149), S. 414.
152 *Frandsen* (FN 149), S. 402f., ebd. auch soziale Handwerkerforderungen und S. 415 zu den Wahlerfolgen.

2. Republiken

a) Schweizerische Septemberverfassung

Wie die deutsche Bundesakte war der schweizerische Bundesvertrag von 1815 ein Kind des Wiener Kongresses. Die seit der Juli-Revolution von 1830 angestrebte liberale Totalrevision kam erst ab 1847 nach dem kurzen, erfolgreichen Sonderbundskrieg gegen die blockierenden konservativ-katholischen Kantone zustande[153]. Wenn trotz dieses frühen Beginns darauf einzugehen ist, so, weil die schweizerische Verfassungsrevision durch die Revolution von 1848 entscheidend beflügelt wurde[154]. Denn erst damit entfällt die Gefahr der äußeren Intervention aufgrund des Wiener Vertragswerks – mit Folgen für die Entschiedenheit der Revisionsdebatten und Verfassung vom 12. September 1848[155]. Im einzelnen folgte man hierbei dem aufwendigeren Duktus von Beratungen in der maßgeblich prägenden Revisionskommission, im Plenum des Zentralparlaments (Tagsatzung), der Einholung kantonaler Zustimmung sowie dem Volksentscheid auf breiter Stimmrechtsgrundlage[156].

53 Beeinflussung durch die Revolution von 1848

Freiheitsrechtlich geht es ähnlich wie in Frankfurt um Rechtsgewährungen im Bundesstaat, allerdings bei völlig unstrittiger republikanischer Staatsform. Hauptkontroverse unter den praktisch erfahrenen Beteiligten[157] ist dabei der Ausgleich zwischen kantonal-föderalisierenden und liberal-zentralisierenden Auffassungen. Dies hat mit dazu geführt, daß man nicht zu einem geschlossenen, geschweige denn besonders titulierten Freiheitsrechtskatalog gelangt. Vielmehr finden sich einschlägige Rechte über die ganze Verfassung verbreitet, was schweizerischerseits als formal chaotisch[158] kritisiert worden ist. Doch ist demgegenüber zu sagen, daß sich die fraglichen Rechte weitestgehend außerhalb des Abschnitts über die Organisation der Gesamtstaatsbehörden unter den ‚allgemeinen Bestimmungen' finden, die sich maßgeblich mit der Machtverteilung zwischen Bund und Kantonen befassen. Die fraglichen Rechte zeigen sich mithin entsprechend dem dortigen „vorsichtige(n) Liberalismus"[159] für den Einzelnen auch hinsichtlich sozialer Komponenten eher zurückhaltend. Dem entspricht, daß man anders als später in Frankfurt die

54 Kein Katalog, sondern Verteilung der Freiheitsrechte

---

153 Näher *Erich Gruner*, Die Schweizerische Eidgenossenschaft von der Französischen Revolution bis zur Reform der Verfassung, in: T. Schieder (FN 140), S. 968 (976 ff.); verfassungsgeschichtlich detailliert *Rappard* (FN 79), insb. S. 93 ff.
154 So *Rappard* (FN 79), S. 132.
155 Synoptischer Abdruck mit den späteren Verfassungsrevisionen bis 1948 bei *Rappard* (FN 79), S. 435 ff.; Teilsynopsen mit der Frankfurter Reichsverfassung bei *Karl Megerle*, Die Bundesverfassung der Schweiz vom 12. September 1848 und die Verfassung der Paulskirche, Diss. phil. Tübingen 1922, S. 22 ff. und S. 63 ff. zu den Grundrechten.
156 Genauer Verlauf einschließlich der Stimmrechtszahlen bei *Rappard* (FN 79) S. 133 ff.; S. 139 f. zur Abstimmungsbeteiligung, S. 142 zur Abstimmungsberechtigung.
157 Eingehend dazu *Rappard* (FN 79), S. 123 ff.; wonach sich im Gegensatz zu Frankfurt unter den durchweg politischen Praktikern allenfalls ein ausgesprochener Intellektueller (S. 126) befand. Zu sonstigen Verfassungsabläufen im damaligen Europa *Kühne* (FN 6), S. 54 ff.
158 So *Rappard* (FN 79), S. 146.; zu den Gründen *H. Huber* (Bibl.), S. 164 f.
159 Vgl. *Rappard* (FN 79), S. 134; zur schwach ausgebildeten sozialen Seite vgl. Art. 56, 74 Nr. 13 betr. Vermeidung von Heimatlosen (Fürsorgefällen). Entschiedene Fortbildung erst durch Verfassungsrevision 1890 (Art. 34 bis), vgl. *Rappard*, S. 339 f.

verfassungsmäßige Verankerung einer einschlägigen gerichtlichen Individualbeschwerde zugunsten justizförmiger Exekutivbefassung verwirft[160].

55
Religionsfreiheitliche Abstriche

Neben den politischen Freiheitsrechten der Presse-, Assoziations- und Petitionsfreiheit (Art. 45 bis 47) seien als weitere Rechte mit spezifischen Verbesserungen gegenüber der bisherigen gesamtschweizerischen Rechtslage genannt: die Gleichheit vor dem Gesetz (Art. 4) und die Niederlassungsfreiheit (Art. 41), die trotz erheblicher Widerstände auf Schweizer christlicher Konfession beschränkt wurde[161]. Hinter der späteren Frankfurter Reichsverfassung blieb dies ebenso zurück wie zwei weitere religionsfreiheitliche Abstriche: ein Aufenthaltsverbot für bestimmte katholische Orden (Art. 58) und die Versagung des passiven Wahlrechts für Bürger geistlichen Standes (Art. 64). Beides beruhte auf spezifischen Negativverfahren, die zur Geschichte des Sonderbundskrieges gehören[162]. Andererseits sollten die nun normierten Freiheitsrechte über die amerikanische Bundesrestriktion hinaus vor allem die Kantone verpflichten. Und über Frankfurt gingen sie mit grundsätzlicher Notstandsfestigkeit und einem Wahlrecht schon für 21-jährige hinaus[163].

b) Französische Novemberverfassung

56
Bewältigung einer Sozialrevolution

Gegenüber der Schweiz geht es nach der französischen Februar-Revolution nicht nur um die Herstellung republikanischer Verhältnisse, sondern zugleich um die verfassungsmäßige Bewältigung einer Sozialrevolution. Dies führt einmal zur umgehenden Einrichtung von Nationalwerkstätten, womit regierungsseitig das Recht auf Arbeit realisiert wird[164]. Dazu kommt weiter eine massive Öffnung des Wahlrechts zur Konstituante. Es wird von bisher 0,7 v.H. der Bevölkerung auf 23,1 v.H. ausgeweitet, liegt also weit über der berühmten ersten britischen Wahlrechtsreform von 1832 und erreicht ein für einen europäischen Großstaat bis dahin unbekanntes Ausmaß[165]. Wenn die Wahl (23. April) dennoch eine klare Mehrheit für die Gemäßigten und nur 11 v.H. für die sozialistischen Republikaner ergab, so spiegelte sich darin bereits die Beunruhigung über die außerordentliche Politik der Arbeitslosigkeitsbe-

---

160 Vgl. *Rappard* (FN 79), S. 181 ff.; es blieb bei einer staatenbündischen gubernativen Streitschlichtung (Art. 90 Nr. 2). Sie ließ dem Bundesrat zwar die Möglichkeit (austrägal-)gerichtlicher Überweisung (Art. 103), wovon indessen bis 1874 nur einmal Gebrauch gemacht werden sollte, vgl. *Zacharia Giacometti*, Die Verfassungsgerichtsbarkeit des Schweizerischen Bundesgerichts, 1933, S. 36.
161 Diese primär gegen Schweizer jüdischer Konfession gerichtete Klausel sollte durch Verfassungsrevision von 1864 gestrichen werden, näher *Rappard* (FN 79), S. 193 ff., 312 ff.
162 Dabei ging es insb. um den antiliberalen Einsatz des Jesuitenordens, näher s.o. FN 153.
163 Zur grundsätzlichen Notstandsfestigkeit trotz Art. 74 Nr. 6 f. und 89 Nr. 11 *Zacharia Giacometti*, Schweizerisches Bundesstaatsrecht, 1949, ND 1978, S. 780: an Notstand nicht gedacht bzw. offen gelassen; zum Wahlrecht Art. 63.
164 Dazu *Ziebura*, Frankreich von der Großen Revolution bis zum Sturz Napoleons III, in: T. Schieder (FN 140), S. 187 (287 ff.); eingehend *Dieter Langewiesche*, Europa zwischen Restauration und Revolution 1815 bis 1849, ³1993, S. 74 ff.
165 Genaueste Angaben bei *Medzeg/Nohlen*, Frankreich, in: Dolf Sternberger/Bernhard Vogel (Hg.), Die Wahl der Parlamente, Bd. I/1, 1969, S. 441 (458). Vergleichend *Kühne* (FN 6), S. 60 f.; zur ersten britischen Wahlreform (FN 79). Zur Zusammensetzung der französischen Nationalversammlung im Vergleich zur Frankfurter im einzelnen *Heinrich Best*, Die Männer von Besitz und Bildung, 1990, S. 58 ff.

kämpfung mitsamt dazu eingeführtem hohen Steuerzuschlag[166]. Auch entwickelten sich die staatlich finanzierten Nationalwerkstätten mehr und mehr zu einem sozialen Unruheherd, den die Regierung in der sog. Juni-Schlacht blutig beseitigen ließ[167]. Parallel dazu hatte der wegen sozialer Vordringlichkeit erst am 18. Mai eingesetzte Verfassungsausschuß das ursprünglich aufgenommene Recht auf Arbeit wieder gestrichen, was das Plenum Mitte September mit Zweidrittelmehrheit bestätigte[168]. Statt dessen kam es in der Präambel (Art. VIII) der Verfassung vom 4. November 1848[169] abgeschwächt zur brüderlichen Unterstützungsansage „im Rahmen des Möglichen", die Art. 13 Abs. 2 rechtlich näher ausformte: „La société favorise et encourage le développement du travail par l'enseignement primaire gratuit, l'éducation professionnelle, l'égalité des rapports entre le patron et l'ouvrier, les institutions de prévoyance et de crédit, les institutions agricoles, les associations volontaires, et l'établissement, par l'Etat, les départements et les communes, de travaux publics propres à employer les bras inoccupés; elle fournit l'assistance aux enfants abandonnés, aux infirmes et aux vieillards sans ressources, à qui leurs familles ne peuvent secourir."

Trotz der vergleichsweise ausgreifendsten sozialen Freiheitsansage handelte es sich nur um die Vorgabe eines Prinzips für den Gesetzgeber[170] und damit um eine klare Abweichung vom ursprünglichen Recht auf Arbeit. Darüber hinaus war der Verfassungsausschuß, dessen Fähigkeiten sein Mitglied *Tocqueville* später scharf kritisieren sollte, hinsichtlich der Bürgerrechte der Verfassung (Art. 2 bis 17) ohne sonderliche Konzeption; man griff auf frühere französische Verfassungstexte und ebenso deutlich auf die belgische Verfassung zurück[171]. Ersteres etwa mit dem republikanisch-egalitären Verbot von Adelstiteln (Art. 10 Abs. 2) und letzteres mit der Übernahme der Assoziationsfreiheit (Art. 8), die überdies von Art. 13 Abs. 2 noch koalitionsfreiheitlich konkretisiert wurde. Diese Abkehr von der seit 1789 konstanten rousseauistischen Verbandsphobie wäre innerfranzösisch eine Sensation gewesen, wenn auch die entgegenstehende Einfachgesetzgebung angepaßt worden wäre. Dazu sollte es indessen trotz der bemerkenswert unmißverständlichen Durchsetzungsvorschrift in Art. 112 durch das baldige Scheitern der Verfassung nicht mehr kommen. Statt dessen sollte ihre Ansage der Verbandsfreiheit noch lange Episode bleiben[172].

57
Übernahme früherer Verfassungstexte

Ankündigung der Verbandsfreiheit bleibt Episode

---

166 Wahlergebnis bei *Peter Claus Hartmann*, Französische Verfassungsgeschichte der Neuzeit, 1985, S. 89; zur Negativwirkung des 45 %igen Steuerzuschlags *Langewiesche* (FN 164), S. 77.
167 Zeitgenössisch dazu *Lorenz (v.) Stein*, Geschichte der sozialen Bewegungen in Frankreich, Bd. III, 1850, ND 1959, S. 383.
168 *Hartmann* (FN 166), S. 90; Abstimmung vom 14.9.1848 bei *Best* (FN 165), S. 540. Zu den Ursprüngen dieses Rechts *Eibe H. Riedel*, Theorie der Menschenrechtsstandards, 1986, S. 29 ff.
169 Zweisprachiger Abdruck bei *Schubert* (FN 26).
170 Dazu zeitgenössisch *Berriat* (FN 26), S. 183 und 310, der dezidiert ein Klagerecht verneinte.
171 *Alexis de Tocqueville*, Erinnerungen, 1954, S. 242 ff., sowie die französische Verf. von 1830 und Art. 7, 10–12, 17–21 belg. Verf. Zeitgenössische Behandlung bei *Berriat* (FN 26), S. 189 ff.
172 Näher zur Vereinsfreiheit 1848/49 *Berriat* (FN 26), S. 250 ff. und *Duguit* (Bibl.), S. 620; zu ihrer Gewährung erst 1901 s. u. B II 3 b, RN 102.

IV. Fortbildungen gegenüber 1789 und 1830

58
Gesellschaftliche Dimension der Freiheitsrechte

Vergleicht man die freiheitsrechtliche Verfassungsgebung von 1848/49 mit den großen einschlägigen Katalogen der amerikanischen und französischen Revolution sowie mit dem Juli-Konstitutionalismus ab 1830, so zeigt sich, daß sie ein Feld besetzt, das nach den früheren Regelungen noch thematische Leerstelle geblieben war: die gesellschaftliche Dimension. Die Öffnung dafür geht 1848/49 einmal in die Tiefe, wofür vor allem der durchgängige Sieg der Assoziationsfreiheit angeführt sei. Neben dieser frühpluralistischen Entfaltung geht sie weiterhin in die Breite, indem die sozialen Voraussetzungen von Freiheit bedacht werden bis hin zum verbreiteten frühsozialstaatlichen Unterstützungsanspruch. Ursächlich für beides ist der Aufstieg der sozialen Frage wie die zum Teil deutlich verbreitete Legitimationsbasis der Achtundvierzigerverfassungen durch Wahlen[173]. Auch über die deutschen Grenzen hinaus trifft deshalb das Wort des Historikers *Vossler*[174] zu, daß damals die Politik in das Volk und das Volk in die Politik gekommen sei.

59
Freiheitsrechte der 2. Generation

Überdies ist 1848/49 mit der sozialen Erweiterung der Freiheitsrechte der thematische Kanon erreicht, der bis heute für verfassungsnormierte Freiheitsrechtskataloge gilt. Deshalb ist deutlicher als bisher die breitere Ausbildung sog. Freiheitsrechte der zweiten Generation[175], d. h. sozialer Grundrechte von 1918/19 vorzuverlegen und richtigerweise mit 1848/49 anzusetzen. Geht es damals doch nicht nur um altliberale Regelungen, sondern wie in Frankreich, Deutschland und Dänemark schon um etliche Kompromisse mit demokratisch-sozialen Strömungen.

60
Vergleich

Sozialer Grundfreiheitsausbau in den Verfassungen von 1848/49[176]

	Italien (S.-P.)	Schweiz	Niederlande	Frankreich	Dt. Reich	Dänemark
Gleiches Männerwahlrecht	–	63	–	25 ff.	(132)	–
Gleicher Grunderwerb	–	41 Nr. 4	erl.	bereits erl.	133 I	88
Gewerbefreiheit	–	41 Nr. 4	–	bereits erl.	(133 II)	88
Unterstützungsanspruch	–	(56, 74 Nr. 13)	195	Einl. VIII, 13 II	(133 II)	89

---

173 Das gilt namentlich für Dänemark, Deutschland, Frankreich und die Schweiz, in der sich allerdings die soziale Frage noch eher schwach stellte.
174 *Otto Vossler*, Die Revolution von 1848 in Deutschland, ²1969, S. 151.
175 Zu sehr auf 1789 fixiert etwa *E.R. Huber*, Verfassungsgeschichte (FN 121), S. 776 f.; zu der von *Karel Vasak* entwickelten Generationeneinteilung nur *Riedel*, Menschenrechte der dritten Dimension, in: EuGRZ 1989, S. 9 (11 ff.).
176 Zusammenstellung ihrer einschlägigen Artikel bzw. Paragraphen anhand der vorstehend behandelten, hier in zeitlicher Reihung gebrachten Verfassungen; in Klammern: ansatzweise oder gesetzesvorbehaltlich ermöglichte Regelungen.

	Italien (S.-P.)	Schweiz	Niederlande	Frankreich	Dt. Reich	Dänemark
Auswanderungsschutz	–	(52)	–	–	136	–
Gleiche Ämterzugänglichkeit	24 II	84 I	6	10	137 VI	–
Wehrgleichheit	(75)	18	(177 ff.)	(102)	137 VII	95
Konfessionelle Parität	–	(44)	166	7	146	(84)
Schulgeldfreiheit	–	–	194	13 II	157	90
Assoziationsfreiheit	32	46	10	8	147 III, 161 ff.	81, 92
Bodenreform	–	bereits erl.	bereits erl.	bereits erl.	165 ff.	75, 98
Steuergerechtigkeit	–	(29 II, 41 Nr. 2, 3)	172	15	173	–
Ethnischer Minderheitenschutz	–	109	–	–	188	–
Kommunale Selbstverwaltung	(74)	–	138 ff.	–	184 f.	96

Freilich ist einschränkend zu sagen, daß 1848/49 unter freiheitsrechtlichem Vorzeichen noch etliches unausgereift bleibt. Das gilt einmal für eine nur selten stringente Schrankenausbildung namentlich im Notstandsfall[177], der gegenüber der liberale Glaube an allgemein anerkannte ‚vernünftige' Notwendigkeiten inzwischen als zu harmonisierend erscheint. Dies gilt weiter dafür, daß hinsichtlich möglicher Antinomien im Bürger-Staat-Verhältnis insbesondere in Deutschland die Vorstellung besteht, sie verbandlich überbrücken zu können. Das harmonisierte ebenfalls zu stark, mußte freilich nicht aufgegeben, sondern nur ernüchtert werden, was alsbald die Reaktion bewirkte. Indessen war der von ihr bewirkte Kontrast zwischen Staat und Gesellschaft zu einschneidend[178]. Denn er beruhte auf einer letztlich vergeblichen, zu intransigenten Blockade der wiedererstarkten monarchischen Kräfte namentlich gegenüber bürgerpartizipatorischen Ansprüchen.

61
Unausgereifte Freiheit

---

177 Vgl. verfassungsrechtlich radiziert: § 197 FRV, Art. 110 oktr. Preuß. Verf.; Offenhaltung: § 157 österreichischer Kremsierer Verfassungsentwurf, Art. 106 Verf. Frankreich; Partialberücksichtigung: Art. 147 IV, 187 II Verf. der Niederlande
178 Zu dieser Ernüchterung vgl. *Kühne* (Bibl.), S. 567; zum Auseinandergehen von Staat und Gesellschaft in der Reaktionszeit *Wahl* (Bibl.), S. 358 f., und zeitgenössisch *L. (v.) Stein* (FN 167), S. 383 ff.

B. Freiheitsrechte im Zeitraum des deutschen Spätkonstitutionalismus

I. Rückschnitte während der Reaktionszeit

1. Deutsche Grundrechtsentwertungen und -aufhebungen

a) Normativ

62
Freiheitsrestriktionen in Preußen und Österreich

Die Reaktionszeit ist durch das Wiedererstarken der monarchisch-konservativen Kräfte bestimmt. Dies beginnt bereits mit dem Oktroi der preußischen (5. Dezember 1848) und österreichischen Verfassung (4. März 1849)[179]. Dabei wird ein Restriktionsvorgehen sichtbar, das über den Triumph des Gesetzesvorbehalts hinaus noch etliche Varianten aufweist. Es geht um Grundrechtsstreichungen wie beim individuellen oder organisierten Waffentragungsrecht oder – mit heutigen Begriffen – um Schutzbereichseinkürzungen etwa beim Adelsabbau oder den politisch wichtigen Grundrechten der Presse-, Vereins- und Petitionsfreiheit und danach zusätzlich um die Vervielfältigung von Gesetzesvorbehalten bei gleichzeitiger Entsperrung grundrechtlicher Notstandsfestigkeiten sowie über die bekannte, grundrechtsbezügliche Programmtheorie hinaus bis hin zum völligen Verlust der formellen Verfassungsdimension[180]. Wie sehr dies bereits zeitgenössisch bewußt ist, zeigt sich nach dem preußischen Oktroi im österreichischen Reichstag. Wird doch in seinem Grundrechtsausschuß unmittelbar anschließend vor Anlehnungen gewarnt, „da dort unzählige Berufungen auf das Gesetz vorkommen und dies die Hintertür ist, durch welche man die Freiheit sehr beschränken kann"[181].

63
Unionsverfassungsentwurf als Gegenkonzept

Ein entsprechender Abbau wird wenig später von Berlin aus auch hinsichtlich der Frankfurter Grundrechte versucht, und zwar im Zuge der kleindeutschen Unionspläne Preußens nach seiner definitiven Blockierung der Vollziehung der Frankfurter Reichsverfassung[182]. Damit verbindet sich Mitte 1849 die Vorlage eines monarchisch-konservativen Gegenkonzepts in Form des sog. Unionsverfassungsentwurfs (UV), der die Frankfurter Grundrechte in vielem zurückstutzt[183]. Ein Eingehen darauf kann wegen der glänzenden Kritik des jungen Leipziger Rechtsgelehrten *Theodor Mommsen*[184] knapp geschehen.

---

179 Abdruck: oktr. Preuß. Verf. vom 5.12.1848, bei *Anschütz* (Bibl.), S. 623 ff., und *E.H. Huber*, Dokumente (FN 13), Nr. 188; oktr. Österreichische Verf. vom 4.3.1849, zu der noch ein oktr. Grundrechtspatent vom selben Tage gehört, bei Reiter (FN 127), S. 33 ff.

180 Z.B. Preußen – zunächst Kommissionsentwurf (FN 112): Art. 26/- (Waffentragungsrechte), Art. 4/4 (eingekürzter Adelsabbau); Art. 13/27 II (Vereinsrecht); Art. 110/110 (Notstandserweiterung); teilweise Synopse bei *Roske* (FN 127), S. 105 ff.; zur späteren programmtheoretischen Abschwächung der Verfassungsdimension RN 64 ff., und zu ihrer später generellen, auch außergrundrechtlichen Einebnung *Schmidt* (FN 56), S. 220 ff.

181 So *E. Violand* (demokratische Linke) in: Fischel (FN 70), S. 105 (15.12.1848); ebenso *J. Jacoby* (FN 70).

182 Zu den preußischen Unionsverfassungsbestrebungen und zu ihrem Schicksal s. Gunther Mai (Hg.), Die Erfurter Union und das Unionsparlament 1850, 2000, und *Kühne* (Bibl.), S. 85 ff.

183 Abdruck dieses Entwurfs vom 28.5.1849 zusammen mit der Frankfurter Reichsverfassung bei *E.R. Huber*, Dokumente (FN 13), Nr. 209.

184 *Mommsen*, Reichsverfassungen (FN 139).

Seiner populärwissenschaftlichen Erläuterung der Frankfurter Grundrechte folgte nämlich ein weniger bekannter, umfangreicher Vergleich, in dem er die Frankfurter Reichsverfassung gegenüber dem sie rückwärts revidierenden Unionsverfassungsentwurf verteidigte. – Erwähnt sei daraus nur sein bissiger Kommentar[185] zur Einkürzung des Adelsabbaus durch Streichung von § 137 Abs. 2 Satz 2 FRV: „Die hohen Herren kommen zurück auf ihre angestammten Rechte, und Deutschland kommt auch zurück – an Macht und Freiheit". Weitere Schutzbereichseinkürzungen zeigen sich darin, daß Vereine aus dem Kreis der Petitionsberechtigten (§ 159 Abs. 2 FRV) gestrichen werden und ebenso – bis auf das Zensurverbot – die wichtigen passiven Pressesicherungen des § 143 Abs. 2 FRV. Überdies werden Presse- und Assoziationsfreiheit unter den Vorbehalt der öffentlichen Sicherheitswahrung gestellt (§ 141 Abs. 2 Satz 2 UV) und Notstandseingriffe auch auf Presse- und Gerichtsstand ausgeweitet (§ 195 UV).

Hinzu kommt eine Abschwächung der unitarisierenden Wirkungen. An die Stelle des Verbots für die Gliedstaaten, ein Grundrecht aufzuheben oder zu beschränken, tritt die Anpassungspflicht unter Berücksichtigung der einzelstaatlich „besondere(n) Verhältnisse" (§§ 130 Satz 2 FRV /128 Satz 2 UV). Die offizielle Erklärung belehrte dazu weiter abschwächend, daß eine Grundrechtsgeltung, soweit nicht ausdrücklich der Reichsgesetzgebung vorbehalten, „erst durch einen Act (der Landesgesetzgebung) ins Leben zu rufen ist"[186]. Gegen Frankfurter Absichten wurde damit nur wenig verklausuliert die Programmtheorie etabliert, auch wenn sich beschwichtigend anschloß, es sei Aufgabe der Reichsgewalt und des Reichsgerichts, für Übereinstimmung der Landesgesetzgebung mit der Reichsverfassung zu sorgen. Überdies findet sich die einzelstaatliche Regelungskompetenz zum Teil noch dadurch verstärkt, daß das Reich nun auf eine „allgemeine (Rahmen-)Gesetzgebung" beschränkt wurde, etwa hinsichtlich der sozial wichtigen Gewerbeordnung und des heimatgesetzlichen Fürsorgerechts (§§ 133 Abs. 2 FRV /131 Abs. 2 UV). – Als verfahrensmäßige Vorwirkung der Unionsverfassung wird diese letztlich ebenfalls gescheiterte[187] Verfassung bereits vor ihrer Verabschiedung im Erfurter Parlament Mitte 1850 zum normenhierarchischen Standardargument zugunsten gliedstaatlicher Anpassung. So im Zuge der preußischen, aber auch sonstiger gliedstaatlicher Verfassungsrevisionen, wobei diese parlamentarischen Revisionen durchweg zuvor mittels Oktroi von einschränkenden bzw. repräsentationsverzerrenden Wahlrechten, wie dem preußischen Dreiklassenwahlrecht, unterstützt werden[188]. Zum Kaleidoskop normativen Abbaus gehören weiter: die Abschwächung der Grundrechtsgeltungsansage (Art. 108 f. oktr. preuß. Verf.), die überdies ohne konkret geregelten Grundrechts-

64
Abschwächung unitarisierender Wirkungen

---

185 *Mommsen* (FN 139), S. 204 FN 21.
186 So in: Denkschrift vom 11.6.1849, abgedr. bei *Mommsen* (FN 139), S. 169 (201); sein treffender Kommentar dazu S. 108 f.
187 Näher s.o. FN 182.
188 Zur vorweggenommenen gliedstaatlichen Anpassung insb. am Beispiel Preußens *Kühne* (Bibl.), S. 83 f., wobei diese Argumentation zum Teil auch zur Absicherung vor weiteren Rückschnitten diente. Zum Wahlrecht nur *Botzenhart* (FN 95), S. 747 ff.

schutz bleibt[189], oder von Einkürzungen ablenkende ‚Ausgleichs'-Grundrechte, wie die praktisch irrelevante Sklavereiaufhebung durch Betreten österreichischen Bodens (§ 26 Abs. 2 oktr. Verf. 1849).

65
Aufhebung der Frankfurter Grundrechte

Schließlicher Höhepunkt der Rückwärtsrevision ist nach Wiedereinsetzung des Deutschen Bundes die formelle Aufhebung der Frankfurter Grundrechte (23. August 1851) mit der weiteren Maßgabe, einschlägige Übereinstimmungen in der gliedstaatlichen Verfassungs- und Einfachgesetzgebung zu beseitigen. Dies hat etliche weitere Revisionen zur Folge[190].

b) Sonstige Rückschnitte

66
Exekutive Rückschnitte von Grundrechten

Das Wiedererstarken monarchisch-konservativer Exekutiven zeigt sich prägnant in der rhetorischen Frage des österreichischen Ministerpräsidenten *Schwarzenberg*[191] an ein ehemaliges Mitglied der Frankfurter Reichszentralgewalt: „Sie sind selbst Minister gewesen, sagen Sie mir, ob es möglich ist, mit diesen Grundrechten zu regieren?". Der unmittelbar anschließende Verfassungsoktroi wird dann im Gegensatz zur dortigen Konstituantenverfassung bereits den Grundrechtbegriff weitestgehend vermeiden. Für alle weiteren exekutiven Rückschnitte seien hier nur einige herausragende Fälle genannt. So kam es etwa trotz weitgehender Religionsparität zu Wahlrechtsbeeinträchtigungen und zur Verfolgung von Sekten bzw. ihrer Mitglieder, zur Sistierung der sog. *Schwickerath*schen Gemeindeordnung in Preußen, die im wesentlichen § 184 FRV entsprach, in Österreich zur konkordatären Wiedereinführung der Zensur religiöser Schriften und bundesseitig zu Verboten und Beschränkungen des sozialen und des politischen Vereinswesens[192].

67
Marginale Rolle der Grundrechte

Auch ist aus der Judikative zu berichten, daß der Bayerische Obergerichtshof[193] bereits Mitte April 1849 gegen die Gültigkeit der Grundrechte in Bayern entscheidet. Und selbst da, wo sie, wie in der revidierten Preußischen Verfassung (30. Januar 1850) auf vermindertem Standard verbleiben, ist wenig gewonnen. Ihre Rolle ist, folgt man der umfassenden Rechtsprechungsüberprüfung von *Michael Kotulla*[194], „marginal". Die klare Geltungsvorgabe in Art. 109 Halbsatz 2 der revidierten Verfassung wird nämlich argumentativ

---

189 Zur oktr. Österreichischen Verf. s. o. FN 179; zu Preußen s. Vergleich mit Art. 108 Kommissionsentwurf (FN 112): „Alle den Bestimmungen der Verfassungs-Urkunde entgegenstehenden gesetzlichen Vorschriften treten sofort außer Kraft".
190 Abdruck des Bundesbeschlusses über die Aufhebung der Grundrechte des deutschen Volkes vom 23.8.1851 bei *E. R. Huber*, Dokumente (FN 13), Bd. 2, 1986, Nr. 2; zu den Revisionsbeispielen Württembergs und Oldenburgs *Kühne* (Bibl.), S. 90 ff. und 92 ff.
191 Zitiert nach *Veit Valentin*, Geschichte der Deutschen Revolution von 1848-1849, Bd. II, 1931, ND 1970, S. 369 (Anfang März 1849) wobei Gesprächspartner der ehemalige Reichsjustiz- und -außenminister *J.G. Heckscher* war. S.a. die offizielle österreichische Haltung bei *Oestreich* (Bibl.), S. 99.
192 In der genannten Reihenfolge: 1. *Kühne* (Bibl.), S. 303 (Sektenbehandlung); 2. Zur Schwickerathschen GO (FN 96); 3. Zu Österreich *E. R. Huber*, Verfassungsgeschichte (FN 121), Bd. III, 1978, S. 158 f.; 4. Der Bundesbeschluß über Maßregeln zur Aufrechterhaltung der öffentlichen Ordnung und Ruhe im Deutschen Bunde insb. das Vereinswesen betr. vom 13.7.1854, bei *E.R. Huber* (FN 190), Nr. 4.
193 BayOGH Erk. vom 14.4.1849 in: J.A. Seuffert (Hg.), Blätter f. Rechtsanwendung 14 (1849) S. 55.
194 *Kotulla* (Bibl.), S. 62; zur Breite seiner Materialberücksichtigung s. die Zahlen auf S. 194 mit FN 2 u. 3.

durch die Programmtheorie sowie die dadurch bewirkte weitgehende grundrechtliche Geltungsbeschränkung gegenüber vorkonstitutionellen Gesetzen überspielt[195].

Und der Beitrag der Wissenschaft kulminiert in der bekannten Schrift von *Gerber*[196] über öffentliche Rechte. Darin übertrifft er die offizielle Grundrechtsaufhebung wenig später noch dadurch, daß er diese – in seiner Diktion – Rechte der Untertanen, „allein als negative Kompetenzschranke" für den Gesetzgeber deutet. Sie werden auf „objektive, abstrakte Rechtssätze über die Ausübung der Staatsgewalt" reduziert. In schroffer Abkehr von 1848/49 ist ihre unmittelbare subjektiv-rechtliche Bedeutung damit beseitigt. Gleichzeitig hielt er zwar „unter Voraussetzung eines bestimmten Tatbestandes"[197], d.h. durch einfachgesetzliche Vermittlung verwaltungsrechtlich negatorische Ansprüche für denkbar. Eine unmittelbare Grundrechtsgeltung ohne einfachgesetzliche Positivierung schied damit indessen aus. Wie *Grimm*[198] zutreffend festgestellt hat, war den Grundrechten dadurch ihr status quo überschreitendes Potential genommen. Zuzugestehen ist jedoch, daß durch diese – nach heutiger Diktion – eingeschränkt objektivrechtliche Deutung der Grundrechte die ansonsten rein politisch wirkende Programmtheorie immerhin eine partiell materialisierende Juridifizierung erfuhr.

68
Grundrechte als „negative Kompetenzschranke"

Es ist hervorzuheben, daß dies auch im außerdeutschen Raum bemerkt und als maßgebliche Grundrechtsdogmatik übernommen werden sollte[199], was etwa mit Italien und den Niederlanden selbst für Fälle erfolgreich durchgesetzter Revolutionsverfassungen gilt. Im übrigen greift es, wie oben dargetan, zu weit, in der rechtlichen Abschwächung der 1848/49 gewollten Staats- und Freiheitsvorstellung eine *volle* Umkehr zu sehen. Richtig ist allerdings, daß nun die verfassungsnormierte Herrschaftsordnung zu Lasten des Individuums zu einseitig „vom Staat und seiner Macht her konstruiert wird" und Grundrechte damit, wie es später im Ausland heißt, „nicht ... als ... in sich begründete ... Freiheiten" gelten[200]. – Bleibt noch zu sagen, daß angesichts der wenig klaren, skizzenhaften *Gerber*schen Ausführungen sein dogmatischer Argumentationshintergrund nicht einfach auszumachen ist. Richtigerweise geht es um eine ältere Freiheitskonzeption, die, ohne ihre naturrechtlichen Wurzeln zu nennen, inzwischen nur noch ergebnishaft und im Vormärz vor allem von *Maurenbrecher* vertreten wird. Ausgehend von einer – im Gegensatz zum Westen – maßgeblich obrigkeitlichen Staats(zweck)bestimmung unterscheidet sie zwischen staatszweckrelevanter und deshalb mitgeregelter bürgerli-

69
Einfluß auf das Ausland

---

195 Näher *Kotulla* (Bibl.), S. 205 ff., Ausnahmen S. 211 ff.
196 *Carl Friedrich Gerber*, Über öffentliche Rechte (1852), ND 1913, S. 62 ff.; kritisch dazu *Grimm* (Bibl.), S. 249 ff.
197 Beide vorstehenden Zitate bei *Gerber* (FN 196), S. 65.
198 *Grimm* (Bibl.), S. 255.
199 S. *Brusa* (FN 143), S. 57 FN 4, *de Hartog* (FN 33), S. 15, wobei nach *van der Pot* (FN 145), S. 229, *Laband* maßgeblich beeinflußt haben dürfte, zu letzterem RN 88 ff.
200 In der Reihenfolge der Zitate *Grimm* (Bibl.), S. 255 und *Brusa*, wie vorige FN; s.a. RN 28 ff.

cher Freiheit und einem ungeregelten Restbereich natürlicher Freiheit[201]. Gegenüber der Grundrechtskonzeption von 1848/49, die beide Bereiche aus gesellschaftlicher Perspektive zusammenfaßt, verharren *Gerber* und in seiner Folge später *Laband* bei dieser älteren, nun etatisierten Freiheitskonzeption, womit ihnen, ungeachtet ihrer bekannten Verneinung subjektiver Rechte, im Ergebnis der Verweis auf die außerrechtliche, natürliche Freiheit bleibt[202].

Etatisierte Freiheitskonzeption

2. Außerdeutscher Raum und europäische Interdependenzen

a) Einzelbefunde

70
Durchsetzung revolutionärer Verfassungsgebung

Es wäre nicht schwer, Parallelen zum deutschen Raum in Staaten zu finden, in denen die Revolutionsverlangen ebenfalls scheiterten wie in Frankreich und Ungarn[203]. Freiheitsrechtlich interessanter erscheint es indessen, die Entwicklung dort zu verfolgen, wo sich die Verfassungsgebung der Revolutionszeit dauerhaft durchzusetzen vermochte.

71
Dänemark

Beginnt man dabei mit *Dänemark*, ist zunächst zu berichten, daß die dortige verfassunggebende Versammlung eine Bestimmung über das Außerkrafttreten des verfassungswidrigen Altrechts ablehnt[204]. Man bekennt sich damit zu einer organischen Anpassung, was im Klartext – wie in Deutschland – die Entscheidung für die Programmtheorie bedeutet. Die freiheitsrechtlichen Bestimmungen werden deshalb als „Zusicherungsparagraphen"[205] bezeichnet, und zwar ohne jede Fristvorgabe. Auf diese Weise werden etwa zu § 83 der Verfassung religionsfreiheitliche Beschränkungen für Juden 1850 und für katholische Ordensmitglieder 1866 aufgehoben. Und hinsichtlich des Pressegesetzes von 1851 zu § 91 der Verfassung wird mit klarer europäischer Interdependenz den vormärzlichen Bestimmungen Belgiens gefolgt[206]. Andere freiheitsrechtlich einschlägige Verfassungsaussagen werden von vornherein abgeschwächt nur als Staatszweckbestimmungen gesehen[207]. So gelingen zur Gewerbefreiheit (§ 88) auf dem Lande zunächst nur sehr zage Schritte – unter Vorbehalt radizierter Gewerbeberechtigungen der Städte; und die Armenansprüche werden erst 1891 vereinheitlicht, während es zur Abschaffung der Adelsgüter (§ 98) erst nach dem Ersten Weltkrieg kommt[208].

---

201 Vgl. *Maurenbrecher* (FN 23), S. 79 f., ähnlich *Schmitthenner* (FN 23), S. 556 ff., mit Unterscheidung zwischen juristischer (S. 557) und natürlicher Freiheit, wobei die naturrechtlichen Wurzeln dieser Sicht – dazu eingehend *Klippel* (FN 29), S. 31 ff. – bereits bei den vorgenannten Autoren nicht mehr genannt sind. S.a. *Scheuner* (Bibl.), S. 637 ff. Bei *Gerber* (FN 196) findet sich die Unterscheidung zwischen staatsrechtlicher Unterworfenheit (S. 65 f.) und Nicht-Unterworfenheit mit der Folge natürlicher Freiheit (S. 64 f.). Unterschiede auch, allerdings rein deskriptiv, bei *Bluntschli,* 1852 (FN 57), S. 666 ff.
202 Zu *Laband* s. u. RN 88 ff. Zu seinem praktischen Freiheitseinsatz in Elsaß-Lothringen *Schlink*, Laband als Politiker, in: Der Staat 31 (1992), S. 553 (559 f.).
203 Zu Frankreich: *Stein* (FN 167); zu Ungarn: *Heinrich Marczali*, Ungarische Verfassungsgeschichte, 1910, S. 140 ff., und *János Zlinszky*, The First Hungarian Civil Constitution (1848), in: Dippel (FN 6), S. 35 (46 ff.).
204 *Carl Goos/Henrik Hansen*, Das Staatsrecht des Königreichs Dänemark, 1913, S. 34.
205 *Inger Dübeck*, Einführung in das Dänische Recht, 1996, S. 46.
206 In der genannten Reihenfolge s. *Goos/Hansen* (FN 204) S. 39, 42.
207 *Goos/Hansen* (FN 204), S. 188 ff.
208 In der genannten Reihenfolge s. *Goos/Hansen* (FN 204), S. 209 (Gewerbegesetz 1857), S. 216 (Armenhilfe), S. 30 (Adelsgüter).

Ein ähnlicher Befund einfachgesetzlicher Positivierung gilt für *Italien*. Dabei kommt es im Sinne der dortigen Verfassungs- und Nationalrevolution von oben noch zu etlichen weiteren liberalen Modernisierungen, die über den Verfassungstext hinausgehen und Anschluß an sonstige europäische Standards suchen. So wird die im Statuto unerwähnte Vereinsfreiheit per „decreto legislativo" bereits im Herbst 1848 ergänzt[209]. Weitere Modernisierungen fallen dadurch auf, daß sie zum Teil dem Verfassungstext zuwiderlaufen. Das gilt insbesondere für die anerkannte katholische Staatsreligion in Art. 1 durch Aufhebung für rückständig gehaltener Vorrechte ab 1850, der bereits 1848 das Verbot des Jesuitenordens vorausgegangen war[210]. Die Bindung an die Verfassung zeigt sich also wie anderswo ebenfalls gelockert, freilich um der moralischen Eroberung und nationalen Einigung Italiens willen im Gegensatz zu Deutschland und Dänemark nicht durch Zurückbleiben hinter den Verfassungsaussagen, sondern durch ein Darüberhinausgehen.

72
Italien

In den *Niederlanden* regelt die Verfassung 1848 vergleichsweise am ausgeprägtesten den organischen Fortbestand altrechtlicher Gesetze, Verordnungen und Beschlüsse; sie gelten bis sie durch andere ersetzt werden (Zusatzartikel 3). Die Verfassung wurde damit in toto zur reinen Programmansage, während in Italien (Art. 81) wie in Frankreich bis 1851 (Art. 112) und Preußen (Art. 109 rev. Verf.) wenigstens widersprechendes Altrecht als aufgehoben gelten sollte. Einschlägige Positivierungen fallen in der Folgezeit eher durch den Ausbau der Staats- und Provinzialverwaltung auf als durch den individueller Grundfreiheiten[211]. In letzterem Bereich sind überdies zunächst noch Akzeptanzschwierigkeiten zu überwinden, was namentlich hinsichtlich der kirchlichen Freiheitsnutzung zu erheblichen Schwierigkeiten führt – bis hin zur gegen die katholische Kirche gerichteten gesellschaftlichen Reaktion der sog. Aprilbewegung von 1853[212]. Weiter stellen sich alle Kirchen gegen die ab 1852 virulente staatliche Realisierung der Armenverwaltung (Art. 195), wären dadurch doch 3700 ihrer karitativen Einrichtungen betroffen worden, und suchen weiter die gegenüber Belgien nur beschränkte Unterrichtsfreiheit (Art. 194) auszuweiten[213].

73
Niederlande

Die dichteste Verfassungsbeachtung läßt sich vergleichsweise in der republikanischen *Schweiz* feststellen. Allerdings zeigen sich die einschlägigen, nichtgerichtlichen Beschwerdeentscheide des Bundesrats (Art. 90 Nr. 2 Verf.)

74
Schweiz

---

209 S.o. (FN 143) und *Calamandrei/Barile* (Bibl.), S. 703.
210 Eingehend *Calamandrei/Barile* (Bibl.), S. 692ff., 699. Zum weiteren politischen Hintergrund der moralischen wie militärischen Eroberung Gesamtitaliens s. *Lill* (FN 140), S. 861ff.
211 Zum Ausbau der Provinzialverwaltung *Miquel* (FN 147); hinsichtlich der Grundrechte dürfte das Vereinsgesetz von 1853 am bedeutendsten gewesen sein; s.a. *Jeronimo de Bosch Kemper*, Handleiding tot de kennis van het Nederlandsche staatsregt en staatsbestuur, 1. und 2. Lieferung, Amsterdam 1850/53, S. 80f. (§ 36). Die Koalitionsfreiheit wurde freilich erst 1872 gewährt, s. *de Hartog* (FN 33), S. 16f.
212 Dazu *Hubertus Petrus Henricus Jansen*, Het herstel van de kerkelijke hiërarchie, in: Algemene Geschiedenis der Nederlanden, Bd. 10, 1955, S. 96ff., wobei der damalige Schlachtruf mit seiner gegenüber heute noch theoretischen Alternative: „Liever Turks dan Paaps" (S. 109), daraus resultierte, daß die katholische Kirche in der belgischen Revolution aktiv die Spaltung der Vereinigten Niederlande mitbetrieben hatte und nun die Kirchenfreiheitsgarantie der Verfassung der Niederlande sogleich bis an die Belastungsgrenze zu nutzen suchte.
213 *Hajo Hendrik Zwager*, Een nieuw fundament in het Noorden, in: Algemene Geschiedenis (FN 212), S. 69 (93).

zwecks Schonung kantonaler Souveränität weitgehend vorsichtig. So etwa bei der Interpretation der Niederlassungsfreiheit (Art. 41), die weder Kostenlosigkeit noch absolute Gewerbefreiheit bedeute[214], oder bei der Kultusfreiheit (Art. 44). Sie stehe weder kantonalem Taufzwang für Sektenmitglieder entgegen noch der Einbeziehung einer widerspenstigen Privatkirche in eine gesetzlich geordnete kirchliche Korporation[215]. Weiter werden anders als in § 143 FRV zur Pressefreiheit Kautionen und Stempeltaxen gebilligt, „insofern sie vernünftige Grenzen nicht überschreiten" bzw. keine pressefeindliche Tendenz aufweisen[216]. Die Petitionsfreiheit (Art. 47) wird interpretativ auf ein Beschwerderecht reduziert[217]. – Herausragend ist indes in einer Zeit, in der ansonsten in Europa gegen Vereine mit kommunistisch-sozialistischer Tendenz vorgegangen wird, die Entscheidung gegen das Berner Verbot des Grütli-Vereins. Sie wird entgegen kantonalem Vorbringen als Kollektivbeschwerde für zulässig erklärt und gibt in bis heute gültiger Weise Verhältnismäßigkeitserwägungen Raum, die letztlich eine Verbotsaufhebung bewirken[218]. Weiter bleibt noch auf die interpretative Moderation der nach dem Sonderbundskrieg besonders heiklen Konfessionsstreitigkeiten aufmerksam zu machen. So werden – wie in den Niederlanden – katholische Kirchenfreiheitsvorstellungen ebenso in die Schranken gewiesen wie übersteigerter Kantonalschutz katholischer Feiertage[219].

b) Europäisches gegen amerikanisches System

75
Rechtsvergleichung

Im amerikanischen Bundesstaat gilt im fraglichen Zeitraum die unmittelbare Freiheitsrechtsbindung nur für Bundesakte[220]. Stellt man zunächst auf die Überprüfung exekutiver Einzelmaßnahmen ab, so ist selbst im Blick auf die föderale Schweiz insoweit von einer Abweichung zu sprechen, als dort de facto nur kantonale, nicht aber Bundes-Akte Prüfungsgegenstand sind[221]. Parallelen bestehen indessen im Blick auf die zum Teil sehr zurückhaltende, kantonsfreundliche Verfassungsinterpretation; Ähnliches gilt, wie etwa im Dred Scott-Fall 1858, für die Vereinigten Staaten und ist als generelle Restriktion auch ansonsten in Europa festzustellen[222].

---

214 In: *Rudolf Eduard Ullmer*, Die staatsrechtliche Praxis der schweizerischen Bundesbehörden aus den Jahren 1848–1860, Bd. 1, Zürich 1862, Nr. 103 (S. 91) 1851.
215 In: *Ullmer* (FN 214), Nr. 176 (1860) und 174 (1855); zur Verkündung der Glaubens- und Gewissensfreiheit kam es erst 1874 (Art. 49), s. *Rappard* (FN 79), S. 470.
216 In: *Ullmer* (FN 214), Nr. 191 (1860), ebenso Nr. 192 (1862), Nr. 193 (1858).
217 In: *Ullmer* (FN 214), Bd. 2, Zürich 1866, Nr. 839 (1849).
218 In: *Ullmer* (FN 214), Nr. 194 (1853/54), freilich noch ohne ausdrücklich von Verhältnismäßigkeit zu sprechen; anders aufgrund bloß staatsbürgerlicher Fassung der Vereinsfreiheit bei entsprechendem Ausländerverein s. *von Orelli* (FN 33), S. 78.
219 In: *Ullmer* (FN 217), Nr. 830 (1856) Kanzelmißbrauch; ebd. Nr. 832-834 (1863): der überwiegend katholische Kanton Freiburg ging damit gegen Andersgläubige vor.
220 *Kühne*, JöR (FN 10), S. 10.
221 S. *Giacometti* (FN 160), S. 43 „fast ausschließlich" gegen Kantone.
222 Zur für den Ausbruch des Bürgerkriegs wichtigen Dred Scott-Entscheidung (1858), die bei Herbert Schambeck/Helmut Widder u. a. (Hg.), Dokumente zur Geschichte der Vereinigten Staaten von Amerika, 1993, S. 355 f. abgedruckt ist, kritisch *Schiwek* (FN 78), S. 31 ff.; zur restriktiven Interpretation der Grundrechte in Preußen nach 1850 *Kotulla* (Bibl.), z. B. S. 231 „belanglos". Zur Restriktion in Italien und den Niederlanden s. o. RN 69.

Was die Gesetzesprüfung anhand verfassungsmäßiger Freiheitsrechte angeht, ergibt sich aus der in Europa weithin vertretenen Programmtheorie, daß für eine richterliche Normenkontrolle eigentlich kein Platz blieb. Mochte letztere jedenfalls in Deutschland 1848/49 gewollt gewesen sein[223], für die anschließende Zeit stellte man[224] um 1860 anhand der homogenen Praxis zutreffend das europäische dem amerikanischen System gegenüber. Anders als dort war es in Europa für den Richter ausgeschlossen, Legislativgesetze anhand der grundfreiheitlichen Verfassungsteile materiell zu überprüfen. Wenngleich dies in Belgien und Frankreich im fraglichen Zeitraum – erfolglos – diskutiert wird[225], bleibt entscheidendes Gegenargument die monarchische (Mit-)Souveränität. Und was die republikanische Schweiz betrifft, so wird bis 1874 ein richterliches Kontrollrecht aus Gründen kantonaler (Volks-)Souveränität abgelehnt[226] und anschließend nach Einführung bundesgerichtlicher Zuständigkeit jedenfalls für Bundesgesetze ausdrücklich (Art. 113 Abs. 3) untersagt.

76 Keine Gesetzesprüfung anhand der Freiheitsrechte in Europa

II. Spätere Entwicklungen bis zum Ersten Weltkrieg

1. Grundrechtsrealisierungen im Deutschen Reich

a) Parlamentarische Auseinandersetzungen und Gesetzeserträge

Grundrechtsfragen stellen sich im verstärkten Maße wieder mit der Verfassunggebung des Norddeutschen Bundes (1866/67). So hatte sich *Bismarck* bereits in seinen Grundzügen zur Bundesreform, die dem Deutschen Krieg von 1866 vorausgingen, an die Kompetenzvorgaben zu Grundrechtsmaterien der Frankfurter Reichsverfassung angelehnt[227]. Wichtige Grundrechtsthemen sind damit dem Gesamtstaat zur einfachgesetzlichen Regelung, also ohne Verfassungsrang, aufgegeben. Das entsprach im Ergebnis der Programmtheorie zu den hiesigen gliedstaatlichen Freiheitsrechten – wie etwa in Preußen – und des weiteren ihrer verbreiteten Geltung im übrigen Europa. Parlamentarische Anträge im konstituierenden Reichstag (1867) sind zwar in unterschiedlicher Weise für eine dezidierte Verfassungsaufnahme von Grundrechten[228], nicht

77 Grundrechtsthemen in einfachgesetzlicher Form

---

223 S.o. FN 99; man beachte auch den Umkehrschluß aus den späteren ausdrücklichen verfassungsrechtlichen Verbotsbestimmungen, so die h.M. zu Art. 106 Preuß. Verf. (1850), a.A. *Friedrich Schack*, Die Prüfung der Rechtmäßigkeit von Gesetz und Verordnung, 1918, S. 224 ff.; § 141 rev. Verf. Oldenburg (1852), § 94 Verf. Waldeck, 1857, abgedr. bei Felix Stoerck/Friedrich Wilhelm v. Rauchhaupt (Hg.), Handbuch der Deutschen Verfassungen, ²1913.
224 So etwa *Bischof* (FN 56), S. 287 unter Ausblendung des Märzkonstitutionalismus von 1848/49; weitere entsprechende Einteilungsnachweise bei *Schmidt* (FN 56), S. 192, 204. Zur hier nicht näher behandelten Verordnungsebene, deren richterliche Verfassungskontrolle die Art. 107 Belg. Verf. (1831) und Art. 115 II/121 Verfassung der Niederlande (1848/1887) noch vollständig untersagten, *Schack* (FN 223), S. 232 ff., und *G. Jellinek*, Gesetz und Verordnung, 1887, ND 1964.
225 *Bischof* (FN 56), S. 287 f.
226 Das galt auch für die innerkantonale Normenkontrolle, s. *Bischof* (FN 56) NF 16,385 (409) am Beispiel Luzerns (1850). Auf Bundesebene wurde die bundesrätliche Exekutivkontrolle nicht im Sinne einer Verwerfungskompetenz, sondern als aufsichtliches Beanstandungsrecht genutzt, z.B. *Ullmer* (FN 214), Nr. 191 (1860) und *ders.* (FN 217), Nr. 840 (1851).
227 Grundzüge vom 10.6.1866, bei *E.R. Huber*, Dokumente (FN 13), Bd. II, Nr. 173 und Vergleich mit der Frankfurter Reichsverfassung bei *Kühne* (Bibl.), S. 106 ff.
228 Zusammenstellung bei *Kühne* (Bibl.), S. 114 ff.

unbezeichnend freilich ohne die Programmtheorie klar auszuschließen. Wenn diese Anträge erfolglos bleiben, so einmal wegen der bis heute gängigen Paulskirchenschelte, damit zu viel entscheidende Zeit verschwendet zu haben, weiter aus föderaler Rücksichtnahme auf die gliedstaatlichen Freiheitsrechtskataloge und schließlich, weil inzwischen die grundrechtliche Ausführungsgesetzgebung als eigentliche Leistung und Aufgabe gesehen wird[229].

78
Ansatzweise Aufnahme von Grundrechten in die Reichsverfassung von 1871

Auf diese Weise gelingt bei der Verfassungsüberarbeitung von 1870/71 nicht mehr als – auf Drängen Württembergs[230] – die Ergänzung einer Reichszuständigkeit zum politisch zentralen liberalen Thema: „Über die Presse und das Vereinswesen" (Art. 4 Nr. 16). Immerhin werden, wenngleich etwas versteckt, einige Grundrechte zumindest ansatzweise aufgenommen wie das Indigenat (Art. 3/§§ 134, 189 FRV), das Petitionsrecht (Art. 23, 77/§ 159), die Wehrgleichheit (Art. 57/§ 137 Abs. 7) und über die Frankfurter Reichsverfassung hinausgehend ein konkretisiertes Wahlrecht (Art. 22/§ 132 Satz 3). Ansonsten aber kommt es in Art. 4 zur kompetentiellen Zuweisung grundrechtlich einschlägiger Themenfelder, die ziffernmäßig der Frankfurter Reichsverfassung vorangestellt seien:

Nr. 1 /§§ 133 ff., 136   Nr. 11 /§ 183
Nr. 5 f. /§ 164 Abs. 3   Nr. 13 /§§ 135, 139, 174
Nr. 10 /§ 142   Nr. 16 /§§ 143, 161 ff.

79
Elan in der Wahrnehmung von Kompetenzen

Kennzeichnend für den Elan der anschließenden Kompetenzwahrnehmungen durch die damals mit *Bismarck* zusammengehenden Nationalliberalen ist ein Wort des bedeutenden Parlamentariers *E. Lasker*[231]. Im Rückblick auf die Dekade ab 1866/67 urteilte er, sie gehöre zu den großartigsten Erscheinungen der Reformgeschichte Preußens und Deutschlands, wie überhaupt der Reformgeschichte irgendeiner zivilisierten Nation. Und vergleichend meinte ein anderer wichtiger Liberaler bereits Mitte der siebziger Jahre: „Alle wesentlichen Normen, welche in den deutschen Grundrechten von 1848 enthalten ... waren, ... (sind) inzwischen zum Gesetz erhoben worden"[232]. Zusätzlich wird später noch der frühsozialstaatliche Impuls der Paulskirche durch die *Bismarck*sche Sozialgesetzgebung aufgegriffen und übertroffen, während das Reichsauswanderungsgesetz von 1897 dahinter zurückbleibt[233]. Überdies zeigt sich bei letzterem auch ein gewisses ideenmäßiges Abmaß. Denn 1848/49 ist zugleich der Gedanke einer verstärkten Binnenkolonisation virulent, der auf einen Verbleib auswanderungswilliger (Unter-)Schichten durch höhere

---

229 Näher *Kühne* (Bibl.), S. 114 f.
230 Näher *Kühne* (Bibl.), S. 115.
231 *Eduard Lasker*, Fünfzehn Jahre parlamentarischer Geschichte 1866–1880, hg. von Friedrich Hartneck, 1926, S. 58.
232 So der nationalliberale Politiker – u. a. Mitglied des Reichstags und Bürgermeister von Danzig – *Karl Baumbach*, Die Verwirklichung der deutschen Grundrechte in der Gegenwart, in: Grenzboten 1866, 2. Sem. 1. Bd., S. 361-371; 453 (364); ähnlich später *Ernst Eckhardt*, Die Grundrechte vom Wiener Kongreß bis zur Gegenwart, 1913, S. 203. Genauer Abgleich bei *Kühne* (Bibl.), insb. S. 157 ff.; ohne spezifischen Vergleich *Stolleis* (FN 56), S. 371 ff. m.w.N.
233 Zur *Bismarck*schen Sozialgesetzgebung *E.R. Huber*, Verfassungsgeschichte (FN 121), Bd. IV, 1969, S. 1191 ff., für die Frankfurter Reichsverfassung näher *Kühne* (Bibl.), S. 238 f.; zu Abstrichen des Auswanderungsgesetzes von 1897 hinter dem von 1849 ebd., S. 223 f.

Freiheitsgewährung zielte[234]. Er ist nunmehr von der zwischenzeitlichen Emigrationsentwicklung praktisch überholt.

Insgesamt läßt sich die seinerzeitige Realisierungsthese noch weiter kritisieren. Die Ausführungsgesetzgebung gehorcht nämlich der Devise, daß die gesetzmäßige Verwirklichung zusammen mit dem Bundesrat umso eher gelingt, je weniger es um politisch-bürgerpartizipatorische Fragen geht[235]. Beispielhaft seien nur die fehlende Gleichheitsansage gegenüber Adelskammern auf der Gliedstaatsebene genannt[236] sowie ständische Überreste der Agrarverfassung, eine Pressefreiheit, deren gesetzliche Regelung ab 1874 bereits normativ Notstandsfestigkeit und Schwurgerichtszuständigkeit vermissen läßt und eine Vereinsgesetzgebung, die durch das Sozialistengesetz und weiter bis 1899 bzw. 1908 politische Partei- und Gewerkschaftsarbeit drangsaliert und auch später noch Koalitionsfreiheit auf dem Lande verhindert[237]. Daß auch das Wahlrecht unter zunehmenden Gleichheitsverzerrungen litt, ist bekannt. Weniger indessen, daß dies auf einer Abweichung von dem ansonsten übernommen Wahlgesetz der Paulskirche beruhte; und der ethnische Minderheitenschutz (§ 188 FRV) ist ab 1870 praktisch aufgegeben[238].

80
Kritik der Realisierungsthese

Insoweit blockieren ganz bewußt monarchisch-konservative Gegenströmungen mittels des Bundesrats. Dies macht ein leidenschaftlicher Ausfall *Bismarcks* gegen das liberale Verlangen von „Volksrechten" im Blick auf ein Presse- und Vereinsgesetz deutlich. So wie sich bereits Jahre zuvor *Maurenbrecher* und *Gerber*[239] geweigert hatten, dem Volksrechtsbegriff staatliche Aktivitäten gegenüberzustellen, verwahrte sich *Bismarck*[240] 1873 im Reichstag gegen solche „Reden aus vergangener Zeit", da auch die Regierung zum Volk gehöre. Volksrechte als überkommene Begriffsparaphrase[241] zu den Grundrechten sollten auf diese ahistorische wie vorjuristische Weise hinwegargumentiert werden. Die Debatte darüber zeigte aber schlaglichtartig, daß die freiheitsrechtliche Zielrichtung gegen den Staat und seine Organe und

81
Absage an „Volksrechte"

---

234 Zur Binnenkolonisation Beispiele bei Hans Fenske (Hg.), Vormärz und Revolution 1840-1849, 1976, Nr. 29 (S. 169), Nr. 67 (S. 342). S.a. Antrag *Struve*, in: Jucho (FN 9), S. 7, Ziff. 11 (31.3.1848). Zu den Gründen des Scheiterns vor allem mangels freiheitlicher Anreize *Georg Smolka*, Die Auswanderung als politisches Problem in der Ära des Deutschen Bundes, 1993, insb. S. 215.
235 Dazu *Kühne* (Bibl.), insb. S. 382ff. und 530.
236 Übersehen etwa bei *Eckhardt* (FN 232), S. 137.
237 Vgl. §§ 143 III, 197 FRV; zur Koalitionsfreiheit und zum Sozialistengesetz näher *E.R. Huber*, Verfassungsgeschichte (FN 121), Bd. IV, 1969, S. 1140f., 1157ff. sowie – auch zu Parteien – *Hans Tillmann*, Staat und Vereinigungsfreiheit im 19. Jh., Diss. jur. Gießen 1976, S. 121ff., ebd. S. 143 zum materiellen Grundrechtsbewußtsein im Reichstag.
238 Zum Wahlrecht *Kühne* (Bibl.), S. 413ff.; zur Abkehr vom Minderheitenschutz bereits *Eckhardt* (FN 232), S. 158, und im einzelnen *Kühne* (Bibl.), S. 308ff.
239 *Maurenbrecher* (FN 23), S. 82, *Gerber* (FN 196), S. 62.
240 *Bismarck*, in: Verhandlungen des Deutschen Reichstags, Bd. 28, S. 1178 und 1181, 1183 (53. Sitzung v. 16.6.1873), gegen die Volksrechtsvorstellungen *E. Laskers* ebd., S. 1178, wobei man unter dem Begriff vor allem Presse- und Vereinsfreiheit verstand, s. ebd. *L. Windthorst*, S. 1179 und *F. Duncker*, S. 1180, nachdem das Petitionsrecht verfassungsgewährt (Art. 23, 77) war und in der frühen Reichstagspraxis auch sehr wichtig genommen wurde, s. *Oestreich* (Bibl.), S. 101.
241 S. bereits vormärzlich *Schmitthenner* (FN 23), S. 570 FN 3, und zum Vorparlament *Eckhardt* (FN 232), S. 31.

mithin die Entgegensetzung von „man versus state" durchaus lebendig geblieben war.

b) Restriktionen der Rechtsprechung

82
Fehlende formelle Verfassungsdimension der Grundrechte

Der weitgehende Verzicht der Reichsverfassung auf Grundrechte führt zum Verlust der formellen Verfassungsdimension[242]. Dabei kommen hinsichtlich ihrer einfachgesetzlichen (Teil-)Normierungen inhaltliche Abstriche hinzu. Diese geschehen durch eine Rechtsprechung, die jede interpretative Anknüpfung an ursprüngliche Verfassungsvorprägungen unterläßt und insgesamt „von der Ausdünnung bürgerlichen Freiheitsdenkens geprägt (ist)"[243]. Beispielhaft sei dazu auf den im Rahmen der Reichsjustizgesetze normierten Wohnungsschutz verwiesen. Er hatte in § 105 StPO das bereits in § 140 FRV vorgesehene Regel-Ausnahme-Verhältnis von Richtervorbehalt und Notkompetenz übernommen. Ohne auf diese ursprüngliche Verfassungsdimension einzugehen, urteilte das Reichsgericht entgegen der Vorinstanz knapp[244], „daß nur derjenige, dem die Anordnung bei Gefahr im Verzuge anvertraut ist, ermessen kann, ob der durch Anrufung des Richters herbeigeführte Zeitverlust das Resultat der Maßregel beeinflussen könnte". Im Ergebnis war damit der Vorrang des Richtervorbehalts überspielt, mit Folgen bis in unsere Zeit[245].

83
Kein Rügerecht der Presse

Zu weiteren Restriktionen kommt es bei stärker politisch genutzten Rechten. Heißt es 1848/49 inner- wie außerhalb der Nationalversammlung, die vollständige Freiheit der Presse sei die wichtigste Garantie der politischen Freiheit, lautet die ständige Rüge-Rechtsprechung[246] anders: „Ein allgemeines Recht der Tagespresse, vermeintliche Übelstände öffentlich zu rügen, und jedes Vorkommnis ... in die Öffentlichkeit zu bringen, existiert nicht." Ein solches Recht wurde der Presse vielmehr nur bei besonderer Betroffenheit des Presseverantwortlichen zugestanden.

84
Restriktionen der Vereinsfreiheit

Und hinsichtlich reichsgerichtlicher Restriktionen der Vereinsfreiheit sei zunächst ein Beispiel zu der ihr zugehörigen, in § 152 GewO geregelten Koalitionsfreiheit gegeben. Koalitionen haben sich danach nur und unmittelbar mit ganz konkreten Arbeitsverträgen zu beschäftigen; „sobald sie die *Organe* und *Thätigkeit* des Staates für sich in Anspruch nehmen, ... wandeln (sie) sich in *politische* Vereine um." Sie unterfallen dann, vorliegend ging es um eine Kollektivpetition zum Arbeitsrecht, den strengen Beschränkungen des partikularen Vereinsrechts[247]. Zwar sollte sich insoweit die Rechtslage mit dem Reichs-

---

[242] Wer mit *Wahl* (FN 92), S. 492 f., dem zeitgenössisch angenommenen Bestandskraftverlust der Reichsverfassung wegen grundsätzlicher Gleichstellung mit der einfachen Gesetzgebung, dazu nachdrückl. *Schmidt* (FN 56), S. 220 ff., die Sperrminorität von vierzehn Stimmen (ca. 23,5 v.H.) im Bundesrat (Art. 78 BRV) entgegenzuhalten sucht, ist auf deren einebnende Deutung als partielle Minderheitsbefugnis zu verweisen.
[243] So treffend *Amelung*, Die Entscheidung des BVerfG zur „Gefahr im Verzug" im Sinne des Art 13 II GG, in: NStZ 2001, S. 337 (337); weitere Rechtsprechungsbeispiele bei *Schmidt* (FN 56), S. 222 f.
[244] *RGSt 23*, 234 (1892), st. Rechtsprechung
[245] Näher *Amelung* (FN 243) S. 338.
[246] Seit *RGSt 5*, 239 (240) – 1881 – st. Rechtsprechung, wobei im Harden-Prozeß *RGSt 41*, 277 (285) – 1908 – modal etwas freundlicher, in der Sache aber unverändert geurteilt wurde.
[247] *RGSt 16*, 383 (385 – im Original Sperrung) – 1887 – st. Rechtsprechung.

Vereinsgesetz von 1908[248] verbessern. Doch wird auch dieses Gesetz vom Reichsgericht restringiert. So einmal dadurch, daß es zugunsten des strengeren Partikularrechts mit erheblichem Aufwand und unter höchst fragwürdiger Heranziehung altrechtlicher Auslegungen auf Versammlungen beschränkt wird, die *öffentliche* Angelegenheiten erörtern. Und zum andern dadurch, daß selbst die evidente Fehlannahme von *Öffentlichkeit* einer Versammlung durch die Polizei deren daran anknüpfende weite Eingriffe nicht rechtswidrig macht[249].

Die aufgezeigten Restriktionen der Presse- und Assoziationsfreiheit setzten die bereits bemerkten normativen Vorbehalte gegenüber politischen (Grund-) Rechtsnutzungen fort. Sie behinderten überdies in kaum überschätzbarer Weise die Entfaltung der öffentlichen Meinung im Kaiserreich mit erheblichen Folgen für deren Anstoß-, Kritik- und Erziehungsfunktion in der Bevölkerung wie für ihre Repräsentanten in den gesetzgebenden Körperschaften[250].

85 Behinderung der öffentlichen Meinung

Blickt man danach noch kurz auf die richterliche Grundrechtsinterpretation in den Gliedstaaten, so zeigen die Rechtsprechungsbefunde kein anderes Bild. So bestätigt das preußische Oberverwaltungsgericht[251] 1904 aufgrund des dortigen frauenfeindlichen Vereinsgesetzes von 1850 das Verbot eines Frauenwahlvereins. Da dies indessen dem Wortlaut der Assoziationsfreiheit in Art. 29 der preußischen Verfassung („alle Preußen ...") eindeutig widersprach, hieß es zugleich noch: „Die Verfassungsmäßigkeit des Vereinsrechts hat der Verwaltungsrichter nicht zu prüfen." Dabei war die von der h.M. einer Schlußbestimmung der preußischen Verfassung entnommene Untersagung richterlicher Normenkontrolle massiven Zweifeln ausgesetzt[252]. Überdies machte die restriktive Heranziehung dieser Norm die Fragwürdigkeit einer programmtheoretischen Verfassungsauslegung klar, die nur bei extensiver Textdeutbarkeit als vorrangig galt.

86 Rechtsprechung

Es spiegelt die etwas grundrechtsfreundlicher werdende Diskussion am Ende des hiesigen Berichtszeitraums, wenn das Sächsische Oberverwaltungsgericht 1913 näher auf die Gewissensfreiheit der dortigen Verfassung (§ 32) einging. Im Ergebnis wurde die Programmtheorie zwar bestätigt. Doch hieß es nun etwas offener und mit bemerkenswerten rechtsvergleichenden Ansätzen[253]: „Die Gewissensfreiheit gehört zu den sog. Grund- oder Freiheitsrechten. ...

87 Offenere Interpretation in Sachsen

---

248 Gesetz vom 19.4.1908 (RGBl. S. 151), abgedr. bei *E.R. Huber*, Dokumente (FN 13) Bd. 3, ³1990, Nr. 10.
249 In der genannten Reihenfolge: *RGSt* 47, 389 (391) – 1913 – und *44*, 132 (135f.) – 1910 –; s.a. *Tillmann* (FN 237), S. 230ff.
250 Vgl. in der Weimarer Nationalversammlung die rückblickende Klage von *H. Preuß*, in: Verhandlungen des Deutschen Reichstags, Bd. 328, S. 2072 (69. Sitzung v. 29.7.1919) und eingehend zum Problem *Llanque*, Massendemokratie zwischen Kaiserreich und westlicher Demokratie, in: Christoph Gusy (Hg.), Demokratisches Denken in der Weimarer Republik, 2000, S. 38 (51 ff.).
251 *PrOVGE* 44, 434 – 1904.
252 Massive Bedenken bei *Schack* (FN 223), S. 214ff.
253 *Jb. Sächs. OVG* 20 (1914), 151 (153f. – Sperrung im Original), u.a. wird nach dem Einfluß nordamerikanischer Gliedstaatsverfassungen auf den der französischen Menschen- und Bürgerrechtserklärung verwiesen, nach deren Muster die meisten europäischen Verfassungen Freiheitsrechte formuliert hätten.

§ 3   *Erster Teil: I. Idee und geschichtliche Entwicklung*

Wenn... eine Verfassungsurkunde nach dem Vorgange der französischen Verfassung vom 3. September 1791 ein Grundrecht verkündigt, so will sie im Zweifel nicht eine *verfassungsrechtliche* Schranke für die künftige Gesetzgebung aufrichten, sondern ihr durch einen sog. Programmsatz eine allgemeine, der näheren Bestimmung bedürfende Richtlinie geben. ... Mitunter wird aber auch den Verwaltungsbehörden, wiederum ausdrücklich oder stillschweigend untersagt, ohne besondere ihnen durch die Rechtsordnung gegebene Ermächtigung in die verkündigten Freiheits- oder Grundrechte der Untertanen einzugreifen." Dabei ließen die Ansagen ‚im Zweifel' wie ‚mitunter' sowie ein anschließendes Literaturzitat[254] erkennen, daß man neuere Strömungen in der Wissenschaft zumindest mitgesehen haben wollte.

c) Wissenschaft

88
Kontroverse um den Rechtscharakter der Grundrechte

Angesichts der einschlägigen Zusammenstellungen bei *F. Giese, O. Bühler* und *Meyer/Anschütz*[255] ist es entbehrlich, die Einzelheiten der seinerzeitigen Kontroversen hinsichtlich der Grundrechtsdeutung zu wiederholen. Hervorgehoben seien nur gewisse Grundlinien sowie bemerkenswerte Eigentümlichkeiten und Defizite, die die damalige Diskussion kennzeichneten. Der Hauptstreit bestand darüber, „ob die – teils in den Verfassungen der Einzelstaaten, teils in einfachen (Reichs- und Landes-)Gesetzen enthaltenen – Bestimmungen ... wirklich subjekt(iv)e Rechte ... begründen oder ob sie *lediglich objektives* Recht, Beschränkungen der Staatsgewalt darstellen ..."[256]. Dabei war die erste Ansicht u.a. mit Namen wie *Gierke* und *Georg Meyer* verbunden, d.h. zwei ausgewiesenen Liberalen, während die objektivrechtliche Richtung von den Konservativen *Gerber* und *Laband* angeführt wurde – mit erfolgreicher Rezeption im Ausland[257].

89
Divergenzen

Beiden Ansichten gemein ist die lange, auffällige Nichtberücksichtigung von Rechtsprechungsrealitäten, was u.a. erklärt, weshalb seinerzeit offener Widerspruch darüber bestand, welche der beiden Auffassungen hierzulande vorherrschend sei[258]. Beiden gemeinsam ist weiter der hingenommene Verlust der Verfassungsdimension. Die Subjektivrechtler sahen Grundrechte auch in

---

254 Wie vor S. 154, wo zuerst *Georg Meyer/Gerhard Anschütz*, Lehrbuch des Deutschen Staatsrechts, [6]1905, S. 799 angeführt sind, die die Kontroversen zusammenfaßten; s. u. RN 88 ff.
255 *Friedrich Giese*, Die Grundrechte, 1905, S. 27 ff.; *Ottmar Bühler*, Die subjektiven öffentlichen Rechte und ihr Schutz in der Verwaltungsrechtsprechung, 1914, S. 61 ff.; *Georg Meyer/Gerhard Anschütz*, Lehrbuch des Deutschen Staatsrechts, [7]1919, S. 37 ff., 953 ff.; zuletzt dazu *Grimm* (Bibl.), S. 245 ff., und *Stolleis* (FN 56), S. 374 f.
256 So *Meyer/Anschütz* (FN 255), S. 953 f. FN 2 – im Original Sperrung.
257 Nachweise in voriger FN; zur politischen Bedeutung ist zu sagen, daß *Gierke* der nationalliberalen Partei nahestand und *Georg Meyer* nationalliberales Mitglied des Reichstags war. *Gerber* als fraktionsloses Mitglied des Reichstags, sächsischer Kultusminister und Ministerpräsident und *Laband* als konservatives Mitglied des Staatsrats und später der Ersten Kammer von Elsaß-Lothringen waren monarchisch-gouvernemental. Näher *Bärsch*, Der Gerber-Labandsche Positivismus, in: Martin J. Sattler (Hg.), Staat und Recht. Die deutsche Staatslehre im 19. und 20. Jh., 1972, S. 43 (55 ff.), und *Schlink* (FN 202), S. 566 ff. – Zur Rezeption in Italien und den Niederlanden s.o. RN 69.
258 Vgl. einerseits *Giese* (FN 255), S. 35, wonach die subjektiv-rechtliche Auffassung herrschend, a.A. *Bühler* (FN 255), S. 61 FN 77, der dabei die Rechtsprechung einbezogen hat.

der Einfachgesetzgebung „statuiert"[259], während die Objektivrechtler solche Individualaussagen auf der bereits behandelten Linie von *Maurenbrecher* und *Gerber* grundsätzlich nur als natürliche (Residual-)Freiheit zu sehen vermochten und deshalb aus dem Staatsrecht verdrängten – vorbehaltlich verwaltungsrechtlicher Ausgestaltbarkeiten[260]. Weitere Gemeinsamkeit freilich nur im Ergebnis ist die Anerkennung der Programmtheorie. Während die erstgenannte Ansicht mit *Anschütz* immerhin erwog, ob insoweit Rechtspflichten für den Gesetzgeber bestehen könnten, sahen die Objektivrechtler darin eine rein politische Manifestation[261].

Beide Meinungsströme trafen sich auch darin, daß sie rechtlich mit der vermittelnden, namentlich von *Otto Mayer* vertretenen Auffassung übereinstimmten, daß sich Grundrechten und genauer deren Gesetzesvorbehalten das Prinzip der Gesetzmäßigkeit der Verwaltung entnehmen lasse[262]. Insoweit arbeitete *Bühler* für die Verwaltungsebene weiter, während es *Thoma*[263] zukommt, die Diskussion zuletzt wieder auf der Verfassungsebene im subjektivrechtlichen Sinne vorgeschoben zu haben. Unter genetischem Rückgriff auf 1848/49 hielt er der wichtigen Kommentierung der preußischen Grundrechte von *Anschütz* eine zu „harmonische Konkordanz ... zwischen dem ... Polizeirecht und ... dem ursprünglichen Sinn der ... Freiheitsverbürgungen" vor. Er verlangte über den Gedanken der Gesetzmäßigkeit der Verwaltung hinaus im Sinne stärkerer Freiheitsrechtsentfaltung eine vertiefte Befassung mit den unterschiedlich verbürgten – weil mit verschiedenen Gesetzesvorbehalten versehenen – Grundrechten. Wenn er hierzu mitten im Ersten Weltkrieg zugleich auf den darin „so herrlich bewährten deutschen Volkskörper"[264] verwies, so wiederholte sich hier eine Belohnungs-Argumentation, mit der sich bereits der Abgeordnete *Windthorst*[265] nach dem deutsch-französischen Krieg zugunsten einer freiheitlichen Pressegesetzgebung im Reichstag eingesetzt hatte. Das Wesen des am Ende des Untersuchungszeitraums politisch umstrittenen Obrigkeitsstaates[266] schien damit wie in einem Brennglas auf: Das Volk hatte sich der Obrigkeit gegenüber eine Freiheitsgewährung zu verdienen.

90
Ableitung der Gesetzmäßigkeit der Verwaltung aus grundrechtlichen Gesetzesvorbehalten

---

259 So etwa *Otto Gierke*, Labands Staatsrecht und die deutsche Rechtswissenschaft, 1883, ²1961, S. 38; ebenso *Bühler* (FN 255), S. 62 FN 79.
260 Zu *Maurenbrecher* und *Gerber* s. o. RN 68 f.; Berufung auf *Gerber* bei *Paul Laband*, Das Staatsrecht des Deutschen Reiches, Bd. 1, ⁵1911, ND 1964, S. 151 FN 2, wo er zugleich die – objektlose – „natürliche Handlungsfreiheit" anführt. Durch diese Abbreviatur läßt sich ursprünglich naturrechtlichen Freiheitskonzeption läßt sich das „Rätsel" – so *Sachs* (FN 20), S. 516 – der Objektlosigkeitsbehauptung lösen, und zwar im Sinne einer Freiheit, die mit der Obrigkeit bzw. dem Staat absolut nichts zu tun hat (s. o. FN 201). Sehr kursorisch später noch *Anschütz* (Bibl.), S. 133 f.
261 Vgl. einerseits *Anschütz* (Bibl.), S. 94; andererseits *Gerber* (FN 196), S. 64. Zur anfänglichen Ungeschiedenheit von Recht und Rechtspolitik treffend *Wahl* (FN 92), S. 497.
262 Näherer Nachweis bei *Bühler* (FN 255), S. 76 ff., S. 87 und S. 155 für außerpreußische Gliedstaaten; Zustimmung bei *Laband* (FN 260), S. 151 f. FN 2.
263 *Richard Thoma*, Der Vorbehalt des Gesetzes im preußischen Verfassungsrecht, in: Festgabe Otto Mayer, 1916, ND 1964, S. 165 (214 f.); ähnliche Argumentation rückblickend bei *Wahl* (Bibl.), S. 350.
264 Zitat bei *Thoma* wie vor, S. 221.
265 MdR *L. Windthorst* (FN 240) am 16.6.1873.
266 Dazu zeitgenössisch nur *Hugo Preuß*, Vom Obrigkeitsstaat zum Volksstaat, in: Handbuch der Politik, Bd. 3, ³1921, S. 116 ff.

91

Historische und rechtsvergleichende Abstinenz der Wissenschaft

Darüber hinaus fällt an der Diskussion aus heutiger Sicht zweierlei auf. Einmal, daß neben der (Grund-)Pflichten-Betonung, die *Gierke*[267] u.a. den Gesetzesvorbehalten mit deutlicher Nachwirkung in Weimar entnahm, der einzige nennenswerte Anstoß für eine materielle Ergänzung der bisher behandelten Grund*rechts*themen nicht aus der Wissenschaft, sondern aus der Politik kam. Es war der liberale Parlamentarier *Friedrich Naumann*[268], der die Macht der damals entstehenden Großverbände gegenüber dem Einzelnen als Verfassungsfrage erkannte und einer freiheitsrechtlichen Lösung zugeführt wissen wollte, ohne daß dies indessen bis 1918 aufgegriffen worden wäre. – Weiter fällt hinsichtlich der Wissenschaft eine eigentümliche historische und rechtsvergleichende Abstinenz auf. Es entspricht dem seinerzeitigen Positivismus, die für die Grundrechtsentstehung zentrale Zeit von 1848/49 praktisch nicht oder nur indirekt etwa über die preußische Verfassung zu berücksichtigen[269]. Und stärker noch gilt solche Fehlanzeige, mit rühmlicher Ausnahme *G. Jellineks* und trotz damals hervorragender Zugänglichmachung dortigen Verfassungsrechts[270], für die Freiheitsrechtsentwicklung im Ausland. Wenn *Laband* in seiner im wesentlichen nur fußnotenmäßigen Grundrechtsbehandlung meinte, Grundrechte erinnerten ihn an ehemalige staatliche Eingriffe, die inzwischen „nicht mehr oder nicht mehr in demselben Umfang wie früher"[271] mit den inzwischen erreichten Rechtszuständen vereinbar seien, so war das ein Argument, das ein Jahrhundert zuvor in der amerikanischen Verfassungsdiskussion eine gewisse Parallele besaß. War doch auch dort vertreten worden, daß Grundrechte an sich überflüssig seien, nachdem man mit der organisatorischen Verfassung die Macht der Staatsgewalt bestens zerniert und damit indirekt die Freiheit gesichert habe. Anders als bei den hiesigen Objektivrechtlern war man dort indessen alsbald – unter dem Einfluß von *Jefferson* – weiter geschritten und hatte mit dem Argument einer Zusatzsicherung die „Federal Bill of Rights" mit ihren subjektivrechtlich nutzbaren Freiheitsrechten durchgesetzt[272].

92

Keine Rechtsvergleichung innerhalb des deutschen Sprachraums

Eine auffällige nationale Verengung zeigt darüber hinaus das weitgehende Fehlen von Rechtsvergleichung schon innerhalb des deutschen Sprachraums,

---

267 So auf der Linie der den Individualismus mäßigenden Genossenschaftslehre *Otto Gierke*, Die Genossenschaftstheorie und die deutsche Rechtsprechung, 1887, ND 1983, S. 191 mit FN 3, und *ders.*, Die soziale Aufgabe des Privatrechts, 1889, ND 1948, S. 14 ff., am Beispiel des Eigentums. Zu Weimar nur der Hinweis auf die Grundpflichtenaufnahme im 2. Hauptteil der Weimarer Reichsverfassung.
268 *Friedrich Naumann*, Die Umwandlung der Reichsverfassung, in: Patria, Jb. der Hilfe, 8 (1908), S. 81 (87 f.); dazu näher *Kühne* (FN 83), S. 567; der Vorstoß ist bis heute nur partiell etwa zu Art. 21 I 3 GG aufgegriffen.
269 Vgl. nur *Thoma* (FN 263), S. 220; im übrigen nur ganz gelegentlicher Rückgriff auf die Frankfurter Reichsverfassung, z. B. *Gierke* (FN 267), S. 797 FN 2, *Jellinek* (Bibl.), S. 189, *Bühler* (FN 255), S. 68 FN 97.
270 Insbesondere seine Schrift, Die Erklärung der Menschen- und Bürgerrechte (^{1}1895; hier: ^{2}1904), erneut in: *Schnur* (Bibl.), S. 1 ff., und die außerordentl. Edition ausländischer Verfassungsrechtskompendien in der Reihe „Handbuch des öffentlichen Rechts der Gegenwart", bzw. später „Das öffentliche Recht der Gegenwart"; z. B. *Brusa* (FN 143), *Errera* (FN 46), *Goos* (FN 204), *de Hartog* (FN 33), *André Lebon*, Das Verfassungsrecht der französischen Republik ^{2}1909, *von Orelli* (FN 33) und *Ulbrich* (FN 33).
271 *Laband* (FN 260), S. 151 FN 2.
272 Näher *Kühne*, JöR (FN 10), S. 28.

d.h. mit zeitgleichen Freiheitsrechtsentwicklungen in Österreich und der Schweiz. Beide Staaten hatten ab 1869 bzw. 1874 eine gerichtliche Verfassungsbeschwerde eingeführt und damit die subjektivrechtliche Bedeutung von Freiheitsrechten auch praktisch anerkannt. Die deutschen, nur politisch verstehbaren Wahrnehmungsdefizite dieser Entwicklung erklären, weshalb *Meyer/Anschütz* die bedeutenden einschlägigen Monographien österreichischer Provenienz von *Th. Dantscher* und *G. Jellinek*[273] gegenüber der rein (klein)deutschen Diskussion als „eigenartig"[274] bezeichneten. Denn anhand auch rechtsvergleichend herangezogenen Materials gelangte hier namentlich *Jellinek* über seine berühmte – wenn auch aus heutiger Sicht anfechtbare – Statuslehre[275] hinaus zu etlichen Weiterführungen. So erklärte er die in der damaligen Zeit auffällige wissenschaftliche Enthaltsamkeit gegenüber der seinerzeitigen Rechtsprechung, ohne allerdings auf innere Souveränitätsaspekte einzugehen. Der Richter habe nicht die freieren Funktionen des adjuvere, supplere und corrigere, er sei nicht Schöpfer, sondern Bewahrer des geschaffenen Rechts[276]. Im besten Sinne rechtsvergleichend bezog er weiter die Rechtsprechung des fortgeschritteneren österreichischen und schweizerischen Rechtsraums ein[277], über die im folgenden berichtet sei.

2. Der Lichtblick des österreichischen Reichsgerichts als Verfassungsbeschwerdegericht

a) Einrichtungsgründe

In freiheitsrechtlicher Hinsicht ist das seit 1869 amtierende österreichische Reichsgericht (RG) ein Lichtblick, den *G. Jellinek* zutreffend als „einzig unter allen monarchischen Staaten"[278] würdigte. Die Tätigkeit dieses Gerichts mit insgesamt siebzehn Entscheidungsbänden bis 1919 und den archivalisch erhaltenen Voten und Beratungsprotokollen[279] hat bislang nur partiell angemessene Aufarbeitung gefunden und ist deshalb sehr zu Unrecht weithin unbeachtet geblieben[280]. – Dabei gehört die Einrichtung des österreichischen Reichsgerichts mit zu den bekannteren Verfassungsimpulsen nach der Nieder-

93
Österr. Reichsgericht als Lichtblick

---

273 *Theodor Dantscher von Kollesberg* (Bibl.); *G. Jellinek* (Bibl.), zu seiner Tätigkeit in Wien und kurzeitig auch Basel s. Österreichisches Biographisches Lexikon, Bd. 3, ²1993, S. 101 f.
274 *Meyer/Anschütz* (FN 255), S. 953 FN 2.
275 *Jellinek* (Bibl.), S. 94 ff.; kritisch dazu *Hesse*, Grundzüge des Verfassungsrechts (LitVerz.), S. 128 f.; *Sachs*, in: Stern (FN 8) III/1, S. 426 ff. Im übrigen Vorformen der Statuslehre bereits bei *Dantscher* (Bibl.) Lieferung II, S. 1 ff.
276 *Jellinek* (Bibl.), S. 98; sehr prononciert zur monarchischen Souveränität *Wahl* (FN 92), S. 495.
277 Berücksichtigung des österreichischen RG bei *Jellinek* (Bibl.), z. B. S. 63, 99 f., 123 f., 160 f. und passim, des schweiz. BG ebd., z. B. S. 62, 98, 176 und passim. Weiter ebd. S. 202: Frankreich, S. 230: Großbritannien, S. 101: USA.
278 *G. Jellinek*, Ein Verfassungsgerichtshof für Österreich, Wien 1885, S. 66.
279 Sammlung der ... Erkenntnisse des K.K. Reichsgerichts (= ERG), hg. von Anton Hye Freiherr von Gluneck und (ab Bd. 10) Karl Hugelmann, 1874 ff. Die Archivalien dazu finden sich im Österreichischen Staatsarchiv Wien: Allgem. Verwaltungsarchiv (AVA).
280 Fehlanzeige z. B. bei *Alexander v. Brünneck*, Verfassungsgerichtsbarkeit in den westlichen Demokratien, 1992, S. 15.

§ 3   Erster Teil: I. Idee und geschichtliche Entwicklung

lage Österreichs im Deutschen Krieg von 1866. Sie wird im Zuge der aus mehreren Gesetzen bestehenden sog. Dezemberverfassung von 1867 realisiert, um nach der kurz zuvor konstituierten Doppelmonarchie den Zusammenhalt der cisleithanischen bzw. österreichischen Reichshälfte auch bürgerschaftlich zu festigen. Materielle Grundlage der Entscheidungstätigkeit bildete dabei vornehmlich das ebenfalls der Dezemberverfassung zugehörende, und – vorbehaltlich territorialer Abstriche – bis heute gültige Staatsgrundgesetz (StGG) „über die allgemeinen Rechte der Staatsbürger"[281]. Es lehnte sich an den Kremsierer Grundrechtsentwurf von 1848 und vor allem an das darauf fußende wenig später oktroyierte Grundrechtspatent[282] an.

94
Beschwerde wegen Verletzung politischer Rechte

Das gleichzeitig ergangene Staatsgrundgesetz „über die Einsetzung des Reichsgerichts"[283] schuf laut seinem Art. 3 lit. b die Zuständigkeit „für Beschwerden der Staatsbürger wegen Verletzung der ihnen durch die Verfassung gewährleisteten politischen Rechte" und erinnerte nicht nur von seinem Namen her an Vorgängereinrichtungen von 1848/49[284]. Denn bei identischer Gerichtsbezeichnung hatten bereits die Frankfurter Reichsverfassung (§ 126 lit. g) sowie die oktroyierte österreichische Märzverfassung (§ 106 Abs. 2) eine ähnliche Kompetenz vorgesehen. Kam hinzu, daß der erste Präsident des österreichischen Reichsgerichts „Veteran der Märzrevolution ... und ... aktivster Geist" des neuen Gerichts war und sich in besonderer Weise den liberalen Rechtsvorstellungen von 1848/49 verpflichtet fühlte[285]. Dem entsprach, daß das österreichische Reichsgericht die Deutung des für seine Zuständigkeit entscheidenden Begriffs der politischen Rechte maßgeblich anhand der legaldefinierten Umreißung durch das oktroyierte Grundrechtspatent „über die ... politischen Rechte" vom 4. März 1849[286] vornahm. Wenn das Gericht seine Zuständigkeit durchaus extensiv noch auf die zusätzlichen Verbürgungen des Staatsgrundgesetzes über die allgemeinen Rechte der Staatsbürger von 1867 erstreckte und weiter auch die Wahlrechte zu den gebietskörperschaftlichen Vertretungen einbezog[287], so blieb diese Zuständigkeitsausweitung innerösterreichisch sehr umstritten [288]. Bezeichnend ist indessen, daß sie nirgends den Rahmen der Frankfurter Grundrechte von 1848/49 überschritt.

---

[281] Vom 21.12.1867 (RGBl. 1867/142), abgedr. bei Reiter (FN 127), Nr. 42. Zur Verfassungsqualität der sog. Dezembergesetze s. § 15 (Basis)Gesetz vom 21.12.1867, wodurch das Grundgesetz über die Reichsvertretung vom 26.2.1861 abgeändert wird (RGBl. 1867/141), abgedr. bei Reiter (FN 127), Nr. 41.
[282] Dazu s. o. RN 40 ff.
[283] Vom 21.12.1867 (RGBl. 1867/143), abgedr. bei Reiter (FN 127), Nr. 43. Zu seiner Verfassungsqualität s. o. FN 280.
[284] Vgl. § 126 lit. g FRV und § 106 oktr. österreichische Märzverfassung 1849.
[285] Dazu *Stourzh* (FN 62), S. 67 f.; zum Gerichtspräsidenten *Anton Hye Freiherr von Glunek* näher Österreichisches Biographisches Lexikon, Bd. 3, ²1993, S. 22.
[286] *ERG 3*, Nr. 129 (1877), s. a. Nachweis bei *Manfred Nowak*, Politische Grundrechte, 1988 S. 220 f.
[287] Vgl. *A. Hye*, in: *ERG 2*, S. XV.
[288] Dazu nur zeitgenössisch *Dantscher* (Bibl.), Lieferung I (1888), S. 76 ff., und eingehend *Nowak* (FN 286), S. 211 ff.

b) Rechtsprechungserträge

Auch hinsichtlich der materiellen Rechtsprechungserträge sind etliche Anknüpfungen an die Rechtsvorstellungen von 1848/49 erkennbar, so daß sich die Tätigkeit des österreichischen Reichsgerichts als das praktische Bindeglied zwischen dem Beginn der Grundrechtsnormierung in der Paulskirchenzeit und ihrer Fortsetzung ab 1918/19 vor allem in Weimar bezeichnen läßt. – Mit allgemeiner Grundrechtsbedeutung seien dabei als Erträge stichwortartig genannt: die Grundrechtsfähigkeit juristischer Personen des Privat- und öffentlichen Rechts wie namentlich der Gemeinden[289], die völlig unproblematische Grundrechtsgeltung im besonderen Gewaltverhältnis[290], der Vorstoß bis hin zu Fragen der Grundrechtsmündigkeit[291] und als moderne Fortentwicklung eine Eingriffserweiterung, die schon Warnungen erfaßt[292] und auf dem Feld der Grundrechtskonkurrenzen bereits beachtliche Ansätze aufweist[293].

95 Anknüpfung an 1848/49

Und einzelgrundrechtlich ist insbesondere die Rechtsprechung zum ethnischen Minderheitenschutz in volklichen Gemengelagen zu nennen, womit Altösterreich seinen bedeutendsten Beitrag zur modernen Verfassungsentwicklung auch gerichtlich entfaltete. Dies ist mit *Stourzh*[294] nicht nur wegen hochgradiger Differenzierungsleistungen zu würdigen, sondern auch deswegen, weil das Gericht hier in modernster Weise zu rechtsschöpferischer Fortbildung schritt und damit die interpretative Richterrolle, ungeachtet damaliger Kompetenzzweifel von *G. Jellinek*[295], deutlich erweiterte. Die volklichen Fragmentierungen der altösterreichischen Gesellschaft in der Hochblüte der europäischen Nationalismen bilden auch den Hintergrund für etliche weitere Entscheidungen namentlich zu den zentralen politischen Rechten wie: Meinungs-, Presse-, Assoziations- und Petitionsfreiheit[296]. Wenn dabei anders als zum Nationalitätenschutz und vielleicht noch zum Frauenwahlrecht[297] keine sensationellen oder bahnbrechenden Entfaltungen zu verzeichnen sind[298], so ist das im Vergleich selbst mit der damaligen Freiheitsrechtsprechung des

96 Richterliche Rechtsfortbildung

---

289 Z.B. *ERG 3*, Nr. 129 (1877), Gemeinden s.a. *Stourzh* (FN 62), S. 189 ff.; *ERG 4*, Nr. 176 (1878), S. 803 – Bischöfl. Konsistorium; *ERG 6*, Nr. 259 (1882), S. 82 – Deutsch-politischer Verein; *ERG 8*, Nr. 404 und 412, – Bezirksausschüsse (1888).
290 So *ERG 10*, Nr. 772 (1896) S. 399 – Beamtenkoalition, die nicht als solche, sondern speziell wegen „Lockerung der Disziplin" untersagt wurde.
291 *ERG 5*, Nr. 212 (1880), S. 975; Nr. 214 (1880), S. 982 – religiöse Geschäftsfähigkeit von Kindern.
292 *ERG 10*, Nr. 684 (1895), S. 179 ff. – Verwarnung als Eingriff in Meinungsfreiheit.
293 Z.B. *ERG 8*, Nr. 428 (1888) S. 152 f. – Verhältnis Versammlungsrecht zu Meinungsfreiheit; s.a. bereits *ERG 5*, Nr. 214 und 215 (1880), S. 981, 984, 986 f. – Freiheit der Person und Handlungsfreiheit.
294 *Stourzh* (FN 62), S. 74 ff.
295 *Ders.*, System (FN 23), S. 99 f.; zur Problematik eingehend *Stourzh* (FN 62), S. 58 ff.
296 Vgl. zur Vereinsfreiheit *Stourzh* (FN 62), S. 11; zur Pressefreiheit *ERG 9*, Nr. 530 (1891); zum Petitionsrecht etwa *ERG 10*, Nr. 730 (1896) Gemeinde Salzburg gegen Schul(sprach)entscheid in slowenischer Gemeinde.
297 Vgl. *ERG 10*, Nr. 785 (1897) S. 428 f. – steiermärkische Landtagswahl.
298 Näher *Erwin Melichar*, Die Freiheitsrechte der Dezember-Verfassung 1867 und ihre Entwicklung in der reichsgerichtlichen Judikatur, in: ÖZÖR NF 16 (1966) S. 256 ff. sowie *Raoul F. Kneucker*, Die Vereins- und Versammlungsfreiheit in der Judikatur des österreichischen RG, wie vor S. 392 ff.

Oberten Gerichtshofs der Vereinigten Staaten keine Besonderheit[299]. Man wird dem österreichischen Reichsgericht indessen auch auf diesen Feldern bescheinigen können, sich durch ebenso grundlegende wie bemerkenswert behutsame Beiträge zur Rechtsfriedensbildung hervorgetan zu haben – trotz immer wieder hineinspielender nationaler Leidenschaften[300].

97
Zulassung von Verfassungsbeschwerden

Bleibt zur *prozessualen* Seite zu sagen, daß das Gericht bereits die Sofort(verfassungs)beschwerde zuließ, andererseits indessen staatsgrundgesetzlich keine Gesetzesprüfung, wohl aber die Verordnungsprüfung vorzunehmen berechtigt war[301]. Auch stand ihm in seiner freiheitsrechtlichen Pilotrolle für Europa aufgrund heikler Fragen innerer Souveränitätswahrung nur die feststellende Interpretationshoheit zu, d.h. noch keine Aufhebungsbefugnis[302].

3. Beispiele aus dem sonstigen Europa

a) Schweiz

98
Individuelle Beschwerdebefugnis bei Verletzung verfassungsmäßiger Rechte

Die Bundesverfassungsrevision von 1874 führte mit Art. 113 Nr. 3 Abs. 1 die individuelle Beschwerdebefugnis „betreffend Verletzung verfassungsmäßiger Rechte der Bürger" beim dortigen Bundesgericht (BG) ein. Die bis dahin bestehende auch als Kabinettsjustiz gerügte[303] einschlägige Spruchtätigkeit des Bundesrates wurde dadurch ersetzt. Daß die Folge indessen keine spektakuläre richterliche Freiheitsrechtsentfaltung war, ergab sich aus mehreren Beschränkungen: einmal aus dem verfassungsrechtlichen Verbot, Bundesgesetze (Art. 103 Nr. 3 Abs. 3 Verf.) sowie Kantonalverfassungen (Umkehrschluß aus Art. 5, 11, 85 Nr. 7 Verf.)[304] anhand bundesverfassungsrechtlicher Bestimmungen zu prüfen, und weiter aus einer laut *Fleiner*[305] verfassungswidrigen organgesetzlichen Beschränkung bundesgerichtlicher Prüfungsgegenstände auf kantonale Akte. Die föderale Schweiz zeigte damit die bemerkenswerte Umkehr des amerikanischen Modells, wonach die dortigen Freiheitsrechte ursprünglich nur den Bund, nicht aber die Gliedstaaten banden[306]. Kam in der Sache die seinerzeit führende restriktive Sicht gerichtlicher Spruchtätigkeit hinzu, wonach der Richter nicht zur Rechtsschöpfung geeignet sei[307].

---

299 Dazu s.o. FN 222 und eingehend *Harold M. Hyman*, Der 14. Verfassungszusatz und Bürgerrechte 1866, in: Hermann Wellenreuther/Claudia Schnurmann (Hg.), Die amerikanische Verfassung und deutsch-amerikanisches Verfassungsdenken, 1990, S. 207 ff., sowie *Schiwek* (FN 78), S. 37 ff.
300 Z.B. *ERG 10*, Nr. 665 (1893) – Kaiserempfang Brünn; 9, Nr. 501 (1890) – Verein Triester „Lega nazionale"; 9, Nr. 524 (1891) – Krakauer Jahrhundertfeier der polnischen Konstitution. S.a. *Tretter*, Das Staatsgrundgesetz 1867 in der Rechtsprechung des österreichischen RG, in: Dilcher u.a. (Bibl.), S. 163 (165 ff.).
301 Vgl. Art. 7 StGG über die richterliche Gewalt v. 21.12.1867 (RGBl. 1867/144), abgedr. bei Reiter (FN 127), Nr. 44.
302 Zur Souveränität s.o. FN 276; zur Verwirklichungsrealität *W. Svoboda*, Die tatsächliche Wirkung der Erkenntnisse des österreichischen Reichsgerichts (1869–1918), in: ÖZÖR NF 21 (1971), S. 183 ff.
303 So *Giacometti* (FN 160), S. 37.
304 Vgl. *Eugen Curti*, Sämtliche Entscheidungen des schweizerischen Bundesgerichts, Bd. 1, 1901, Nr. 48 (1896), S. 18.
305 *Fritz Fleiner*, Schweizerisches Bundesstaatsrecht, 1923, S. 276 f.
306 S.o. A I 4, RN 31 mit FN 91.
307 *Giacometti* (FN 160), S. 40.

Demgegenüber gelingen freilich wichtige Freiheitsrechtsfortbildungen durch den (Volks-)Gesetzgeber. So etwa bereits 1866 durch Aufhebung konfessioneller Einschränkungen der Niederlassungsfreiheit, 1890 durch Einführung einer sozialversicherungsrechtlichen Bundeszuständigkeit und 1908 durch die Bundeskompetenz für bislang kantonal unterschiedliche Beschränkungsmöglichkeiten der 1874 eingeführten Gewerbefreiheit[308].

99 Freiheitsfortbildung durch Volksgesetzgebung

Angesichts guter Überblicke über die einschlägige Rechtsprechung des Bundesgerichts[309] sei hier nur auf einige, aus deutscher Sicht bemerkenswerte Judikate eingegangen. So sah sich das Gericht bereits 1882[310] dazu veranlaßt, seine spezifisch verfassungsrechtliche Rolle gegenüber eingehenden Beschwerden zu betonen: Um „nur Staatsgerichtshof und nicht Appellations- oder Kassationsinstanz" zu sein, wird in concreto die Prüfung darauf beschränkt, „ob grundsätzlich gegen die Pressefreiheit verstoßen worden bzw. eine offenbar berechtigte, kein Rechtsgut verletzende Meinungsäußerung als unerlaubt reprobiert worden sei". Und von bleibender Bedeutung ist weiter, daß es schon 1888[311] nüchtern zur Pressefreiheit heißt: Sie „will die besonders in der Republik wichtige freie Kritik von Mißbräuchen im Staatsleben beschützen". Andererseits bleibt das Bundesgericht hinsichtlich des Schutzbereiches der Pressefreiheit insofern strikt altliberal geistesfreiheitlich, als es ihn nicht auch auf Prospekte und Zeitungsartikel zu gewerblichen Zwecken erstreckte[312].

100 Judikatur des Bundesgerichts

b) Frankreich

Die Grundgesetze der französischen Dritten Republik sahen wie die hiesige Reichsverfassung von der Regelung eines Freiheitsrechtskataloges ab[313]. Wie auch in anderen Staaten des damaligen Europa fanden sich für einschlägige Rechte spezielle, unterverfassungsrechtliche Positivierungen. Der Unterschied bestand allerdings in dem offiziellen Stolz auf die im Ergebnis programmtheoretischen Menschen- und Bürgerrechtskataloge seit der Französischen Revolution, die deshalb französischerseits auch als Fassade oder „formules pompeuses" kritisiert wurden[314]. Insofern traf es im Zeitalter überbor-

101 Keine Grundrechtskataloge in den Grundgesetzen

---

308 Art 31 (1874),näher *Rappard* (FN 79), S. 312f., 389f., 363.
309 Vgl. *Curti* (FN 304), mit Ergänzungsband 1910; *Fleiner* (FN 305), S. 274ff.
310 *Curti* (FN 304), Nr. 383 (1882), S. 128; zum Vergleich: BVerfGE *1*, 418 (420) – 1952; *18*, 85 (92) – 1964.
311 *Curti* (FN 304), Nr. 386 (1888), S. 129, wobei freilich im einzelnen noch restriktive die „Grenzen der Wahrheit und Anständigkeit" einzuhalten waren, so *Affolter* (Bibl.), S. 74 m.w.N. in FN 2. Vgl. demgegenüber die abweichende Rechtsprechung des deutschen Reichsgerichts (s.o. RN 82f.), und nicht ohne Pathos die 70 Jahre später, bekannte Dauerformel seit BVerfGE *10*, 118 (121) – 1959: „schlechthin konstituierend".
312 Nachweis und Kritik der Entscheidungen von 1909/10 und 1916 bei *Fleiner* (FN 305), S. 373 FN 5.
313 Abgedr. bei *Lebon* (FN 270), S. 197ff.
314 Zit. nach *Duguit* (Bibl.), S. 32; Kritiker war der Pariser Strafrechtler *É.-A. Garçon* – über ihn Dictionnaire de Biographie Française 15 (1982), Sp. 392f. –,der damit auf die praktisch nur programmtheoretische Wirkung zielte. Denn nach 1875 hatten die früheren freiheitsrechtlichen Verfassungsansagen lt. *Lebon* (FN 270) in der 1. Aufl. von 1886, S.23f., bestenfalls „nur noch die Bedeutung einfacher Gesetze", so daß ein späterer gesetzlicher Widerspruch gegen sie unbedenklich war mit entsprechenden Folgen für das Administrativverhalten; vorsichtig positiver aber *ders.* in der 2. Aufl. (FN 270), S. 14f. und 174.

dender nationaler Rivalitäten, die bis in den Wissenschaftsbereich hineinreichten, durchaus empfindlich, als *G. Jellinek*[315] die freiheitsrechtlichen Leistungen der Französischen Revolution zugunsten der Reformation und englisch-amerikanischer Impulse – zu kräftig – relativierte und damit eine berühmte Kontroverse auslöste[316].

102
Späte Regelung der Assoziationsfreiheit

Die einzelnen freiheitsrechtlichen Positivierungen bis 1918 hat *Duguit*[317] zusammengestellt, worauf verwiesen sei. Erwähnenswert ist dabei vor allem die seit der Verfassungsansage von 1848 überfällige Assoziationsfreiheit. Sie in vollem Umfang zu regeln, gelingt erst 1901[318], nachdem vorab bereits die Versammlungs- (1881) und Koalitionsfreiheit (1884) normiert worden waren[319]. Daß der vollen Gewährung über dreißig vergebliche Gesetzgebungsanläufe[320] in der Dritten Republik vorausgehen, hat mehrere verfassungspolitische Gründe. Hemmend ist einmal die Tradition der französischen Revolutionserrungenschaft der Loi Chapelier, die 1791 in klarem Rousseauismus die Assoziation als Attentat gegen die Freiheit[321] bezeichnet hatte, und weiter die Hochphase des französischen Kulturkampfes. In ihm lehnt der Staat eine Vereinsfreiheit katholischer Orden ab und behält dies ebenso 1901 wie 1905 bei grundsätzlicher Fixierung des Laizismus bei[322]. Positiv beflügelte indessen die *Dreyfuss*-Affäre mit ihren faktischen Vereinsbildungen[323] sowie im Zeitalter des Nationalismus der Aufschluß zu den höheren – und etwa wirtschaftlich denkbar erfolgreichen – Rechtsstandards im europäischen Umfeld.

103
Unterschiedliche Sicht deutscher Freiheitsrechte

Bleibt noch ein zeitgenössischer Rechtsvergleich. In seiner Studie über vergleichendes Staatsrecht ließ *A. Esmein*[324] Deutschland deswegen unberücksichtigt, weil er sich auf freiheitliche Verfassungen beschränken wollte, d.h. solche „qui ont la liberté publique pour objecte directe". Ohne auf seine föderalen Ausblendungen und eventuelle nationale Ranküne einzugehen, überging dies jedenfalls die deutsch-französische Gemeinsamkeit einfachgesetzlicher Freiheitsrechtspositivierung. Es ließ sich aber halten, wenn man auf den offiziellen dortigen Revolutionskult mitsamt seiner Bejahung freiheitlicher Errungenschaften[325] und neben dem Regierungssystem auf Entfaltungsunterschiede bei politischen Grundfreiheiten abgestellte. Daß Deutschland indessen freiheitsrechtlich weniger negativ gesehen werden konnte, machte

---

315 *Ders.* (FN 270), S. 1 ff.
316 Hierzu der Sammelband Schnurs (Bibl.).
317 Vgl. *Lebon* (FN 314), S. 172 ff. und *Duguit* (Bibl.), S. 60 ff.
318 Gesetz vom 1.7.1901, zweisprachiger Abdr. bei *Christian Weisbrod*, Europäisches Vereinsrecht, 1993, S. 293 ff.
319 Im einzelnen *Lebon* (FN 314), S. 189 und *Duguit* (Bibl.), S. 615 ff.; umfassend *Paul Nourrisson*, Histoire de la liberté d'association en France depuis 1789, 2 Bde., 1920.
320 *Gérard Sousi*, Le fonctionnement des associations, 1980, Nr. 12.
321 S.o. FN 58.
322 *Duguit* (Bibl.), S. 635, und *Georges Fardis/Johann Prost*, Die Trennung von Staat und Kirche in Frankreich, in: JöR 2 (1908) S. 178 (192 ff.).
323 *Nourrisson* (FN 319) Bd. 2, S. 260.
324 Vgl. *Adhémar Esmein*, Éléments de droit constitutionnel français et comparé, Paris ²1898, S. 10.
325 Vgl. demgegenüber die Verdrängung der Revolution von 1848/49 im damaligen Deutschland, dazu *Baumgart* (FN 19), S. 119 ff.; *Kühne* (Bibl.), S. 68, 415.

ein anderer französischer Autor 1914 deutlich. Er[326] würdigte die Frankfurter Grundrechte als bleibendes „monument essentiel" des deutschen Liberalismus, das in erheblichen Teilen von der preußischen wie der Reichsverfassung übernommen worden sei.

C. Schlußbemerkungen

Die vorstehende Untersuchung läßt europäische Interdependenzen erkennen. Dies gilt einmal für das seinerzeitige Richterbild. Es ist weithin von einer Normbindung beherrscht, die deutlichere Rechtsschöpfungsanteile der Gerichte ausschließt. Hinzu kommt der programmtheoretische Eskapismus für alle über den rechtlichen status quo hinausgehenden Fragen[327]. Die Brauchbarkeit von Freiheitsrechten hängt damit von einfachgesetzlichen Verwirklichungen ab, deren zeitliche Ungebundenheit zum Teil noch durch Fortbestandsansagen für das Altrecht untermauert wird[328]. Für den Parlamentsgesetzgeber, der aus Gründen monarchischer (Mit-)Souveränität oder der Volkssouveränität nach 1848/49 nirgends materieller richterlicher Normenkontrolle unterliegt, besteht also keine *rechtliche* Anpassungspflicht[329]. Das heißt: Generell ist die Programmtheorie staatsformunabhängig, wie sich vor allem am Beispiel der französischen Dritten Republik zeigt. Zu einschlägigen Unterschieden kommt es allerdings dadurch, daß insbesondere deutsche Positivierungen politischer Grundrechte[330] vergleichsweise zurückhaltend bleiben.

104
Europäische Interdependenzen

Damit geraten zum Schluß zwei hiesige Hemmschuhe in den Blick, die erst 1918/19 wegfallen sollten[331]. Zum einen ist es die staatsformbedingte Mitentscheidung geburts- und besitzständischer Erster Kammern, die hierzulande besonders zähe Vetogremien gegenüber politischen, sozialen und egalitären Freiheitsrechtsentfaltungen sind. Und zum anderen ist es eine erstaunlich unkritische Hinnahme der Programmtheorie hinsichtlich ihrer rechtlichen Wirkung über den status quo hinaus. Während zu ihrer Restriktion in Holland bereits 1886 eine unmittelbare Schrankenwirkung gegenüber bestehenden, schlechthin unvereinbaren Rechtsnormen diskutiert wurde, geschieht das hierzulande erst am Ende der Weimarer Zeit[332].

105
Bestimmte Hemmnisse entfallen erst 1918/19

---

326 *Jean de Grandvilliers*, Essai sur le libéralisme allemand, 1914, S. 40; über diesen französischen Deutschlandkenner und Publizisten Dictionnaire de Biographie Française 16 (1985), Sp. 1003 f.
327 *Anschütz* (Bibl.), S. 95.
328 Z.B. Zusatzart. 3 Verfassung der Niederlande von 1848, Art. 109 Verf. Preußen (1850).
329 Näher Julius Magnus (Hg.), Die höchsten Gerichte der Welt, 1929, ebd.: Belgien (S. 187), Italien (S. 248 f.), Niederlande (S. 285); zur Schweiz jedenfalls nicht gesamtstaatlich s. o. RN 98 ff; zu Dänemark (S. 156 und *Goos/Hansen*, FN 204), S. 265 wurde ein solches Recht behauptet, aber nicht praktiziert.
330 Gerichtsoffiziell wird hierzulande bis zum Ende des monarchischen Konstitutionalismus von Untertanenrechten gesprochen, vgl. *RGSt 16*, 383 (384) 1887 und *Jb. Sächs. OVG 20*, 115 (154) – 1913. Zum Untertanenbegriff näher *Wahl* (Bibl.), S. 347 FN 11 (S. 361).
331 S.o. RN 31 ff.; zur Sperrwirkung der Adelskammern nur *Wahl* (Bibl.), S. 352.
332 Näher *de Hartog* (FN 33), S. 53 f.; entsprechende Kritik in Weimar bei *Heinrich Lehmann*, Art. 151 Abs. 1. Ordnung des Wirtschaftslebens, in: Hans Carl Nipperdey (Hg.), Die Grundrechte und Grundpflichten der Reichsverfassung, Bd. 3 (1930), ND 1975, S. 125 (128 f.); zu sonstigen Weimarer Überlegungen nur *Sachs* (FN 20), S. 485 f.

D. Bibliographie

Affolter, Albert, Die individuellen Rechte nach der bundesgerichtlichen Praxis, 1911.
Anschütz, Gerhard, Die Verfassungs-Urkunde für den Preußischen Staat vom 31. Januar 1850, Bd. 1: Einleitung. Die Titel. Vom Staatsgebiete und Von den Rechten der Preußen, 1912, ND 1974.
Calamandrei, Piero/Barile, Paolo, Die Grundfreiheiten in Italien, in: Karl August Bettermann/Franz Leopold Neumann/Hans Carl Nipperdey, Die Grundrechte. Handbuch der Theorie und Praxis der Grundrechte, Bd. 1, 2. Halbbd., 1967, S. 659ff.
Dantscher von Kollesberg, Theodor, Die politischen Rechte der Unterthanen, I.-III. Lieferung, 1888-94, ND 1970.
Dilcher, Gerhard/Hoke, Rudolf/ Vidari, Gran Saviono Pene/Winterberg, Hans (Hg.), Grundrechte im 19. Jahrhundert, 1982.
Duguit, Léon, Traité de droit constitutionnel, Bd. V: Les libertés publiques, Paris ²1925.
Fischel, Alfred (Hg.), Die Protokolle des Verfassungsausschusses über die Grundrechte. Ein Beitrag zur Geschichte des österreichischen Reichstags vom Jahre 1848, 1912.
Grimm, Dieter, Die Entwicklung der Grundrechtstheorie in der deutschen Staatslehre des 19. Jahrhunderst, in: Günther Birtsch (Hg.), Grund- und Freiheitsrechte von der ständischen zur spätbürgerlichen Gesellschaft, 1987, S. 234ff.
Huber, Hans, Die Grundrechte in der Schweiz, in: Karl August Bettermann/Franz Leopold Neumann/Hans Carl Nipperdey, Die Grundrechte. Handbuch der Theorie und Praxis der Grundrechte Bd. 1, 1. Halbbd., 1966, S. 175ff.
Jellinek, Georg, System der subjektiv-öffentlichen Rechte, ²1905, ND 1979.
Kotulla, Michael, Die Tragweite der Grundrechte in der revidierten preußischen Verfassung vom 31.1.1850, 1992.
Kühne, Jörg-Detlef, Die Reichsverfassung der Paulskirche. Vorbild und Verwirklichung im späteren deutschen Rechtsleben, ²1998.
Mayer-Tasch, Peter Cornelius, Europäische Verfassungshomogenität als politisches Erbe, in: ders. (Hg.), Die Verfassungen Europas, ²1975, S. 1ff.
Oestreich, Gerhard, Geschichte der Menschenrechte und Grundfreiheiten im Umriß, ²1978.
Scheuner, Ulrich, Die rechtliche Tragweite der Grundrechte in der deutschen Verfassungsentwicklung des 19. Jahrhunderts, 1973, erneut in: ders., Staatstheorie und Staatsrecht, 1978, S. 663ff.
Schnur, Roman (Hg.), Zur Geschichte der Erklärung der Menschenrechte, 1974.
Wahl, Rainer, Rechtliche Wirkungen und Funktionen der Grundrechte im deutschen Konstitutionalismus des 19. Jahrhunderts, 1979, erneut in: Ernst-Wolfgang Böckenförde (Hg.), Moderne deutsche Verfassungsgeschichte, 1815-1914, ²1981, S. 346ff.
Zantopf, Erich, Die Entwicklung der Grundrechte in den Verfassungsurkunden der deutschen Einzelstaaten seit 1848 im Zusammenhange mit den „Grundrechten des deutschen Volkes" vom Jahre 1848, Diss. phil. Greifswald 1913.

§ 4
Die Zwischenkriegszeit

Horst Dreier

Übersicht

	RN		RN
A. Europa zwischen den Kriegen: Krise des Liberalismus	1– 5	3. Bindung der Gerichte, insbesondere richterliches Prüfungsrecht	46–48
B. Die Weimarer Reichsverfassung	6– 7	4. Entwicklungspotentiale?	49–51
C. Die Grundrechte in der Weimarer Reichsverfassung	8–51	D. Weimars Untergang	52–53
I. Entstehung und Normenbestand	8–11	E. Grundrechtsvernichtung in der Zeit des Nationalsozialismus	54–58
II. Rechtscharakter und Wirkungskraft der Grundrechte in Weimar	12–35	F. Zur Grundrechtsentwicklung in Österreich	59–63
1. Programmsätze oder unmittelbar geltendes Recht?	13–19	I. Kontinuität der Grundrechtsgewährleistungen	60
2. Gesetzesvorbehalt und „leerlaufende" Grundrechte	20–27	II. Etablierung einer Verfassungsgerichtsbarkeit	61–62
3. Grenzen der Grundrechtseinschränkung?	28–35	III. Abbruch der Entwicklung	63
III. Wirkungskraft der Gesetzgebungsaufträge und sozialen Grundrechte	36	G. Zur Grundrechtsentwicklung in der Schweiz	64–70
IV. Die Grundpflichten	37	I. Kontinuität der Grundrechtsgewährleistungen	65
V. Fazit: Zur juristischen Bedeutung der Grundrechte in Weimar	38–51	II. Verfassungsgerichtsbarkeit durch das Bundesgericht	66–67
1. Bindung des Gesetzgebers	39–43	III. Herausforderungen in der Zwischenkriegszeit	68–70
		1. Revisionsbestrebungen	68–69
		2. Grundrechtsdogmatik	70
		H. Europaweite Entwicklungslinien?	71–74
2. Bindung der Exekutive	44–45	J. Schluß	75
		K. Bibliographie	

A. Europa zwischen den Kriegen: Krise des Liberalismus

1
Experimentiercharakter neuer politischer Formen

Mit dem Ersten Weltkrieg geht das lange 19. Jahrhundert zu Ende[1]. In Rußland wurde das Zarenreich schon ein Jahr zuvor von der bolschewistischen Revolution hinweggefegt, die ihren „lähmenden Schatten" auf die bürgerliche Welt legt[2]. In Deutschland bricht mit der Novemberrevolution 1918 nicht nur das Kaiserreich zusammen; innerhalb kürzester Frist treten auch die regierenden Fürstenhäuser ohne nennenswerte Gegenwehr ab[3]. Der 9. November 1918 markiert die definitive „Erledigungserklärung für die deutsche Monarchie"[4] – und das letztlich flächendeckend im gesamten Deutschen Reich, wo (wie es in den Verfassungsberatungen hieß) „die Monarchie in ihren zwanzig und mehr Kronenträgern stärker verankert schien als in irgend einem Lande der Welt"[5]. Nicht von ungefähr lautete der erste Satz des ersten Artikels der Weimarer Verfassung: „Das Deutsche Reich ist eine Republik". Damit war der wichtigste neue verfassungsrechtliche Tatbestand fixiert und das Faktum der Revolution normativ anerkannt[6]. In der Doppelmonarchie Österreich-Ungarn bot sich ein ähnliches Bild. Hier wie dort war, wie wir wissen, den neuen Staatsordnungen danach weder eine kontinuierliche Entwicklung noch eine lange Lebensdauer vergönnt. Überhaupt kennzeichnet die Zwischenkriegszeit[7], also die Spanne zwischen 1918 und 1939, nahezu europaweit eine nervöse Unruhe, ein rasches Kommen und Gehen von Regierungen[8], ein Experimentiercharakter der neuen politischen Formen: Von *Mussolini*s höchst erfolgreichem und international bewundertem Marsch auf Rom, dessen klägliches Ab- und Nachbild, der Marsch auf die Feldherrnhalle, im Fiasko endete, über sozialistische Experimente in Frankreich, dem Versuch des Aufbaus eines Ständestaates in Österreich, dem Sieg der Falangisten im spanischen Bürgerkrieg und viele andere mehr. Nicht Parlamentarismus und Demokratie, nicht Grundrechte und Verfassungsstaat bildeten das Signum

---

1 In Anlehnung an eine bei Historikern verbreitete Einstufung. Vgl. *Michael Stolleis,* Der lange Abschied vom 19. Jahrhundert: Die Zäsur von 1914 aus rechtshistorischer Perspektive, 1997.
2 *Stürmer* (Bibl.), S. 13 ff. (15). Die Furcht des Bürgertums vor revolutionären Umbrüchen nach Art Sowjetrußlands gehört zweifelsohne zu den stärksten Handlungsmotiven in der Zwischenkriegszeit.
3 Zu den Vorgängen im Detail *E. R. Huber,* Verfassungsgeschichte Bd. V (Bibl.), S. 673 ff.; vgl. auch *Mario Rainer Lepsius,* Machtübernahme und Machtübergabe. Zur Strategie des Regimewechsels 1918/19 und 1932/33 (1971), in: ders., Demokratie in Deutschland, 1993, S. 80 ff.
4 *Rolf Grawert,* Reich und Republik – Die Form des Staates von Weimar, in: Der Staat 28 (1989), S. 481 (481). Eingehende Analyse: *Ernst-Wolfgang Böckenförde,* Der Zusammenbruch der Monarchie und die Entstehung der Weimarer Republik, in: Karl Dietrich Bracher/Manfred Funke/Hans-Adolf Jacobsen (Hg.), Die Weimarer Republik 1918-1933. Politik, Wirtschaft, Gesellschaft, 1987, S. 17 ff.
5 Reichsinnenminister *David,* zit. nach Grawert (FN 4), S. 486. Zu den Vorgängen im einzelnen *Helmut Neuhaus,* Das Ende der Monarchien in Deutschland 1918, in: Historisches Jahrbuch 111 (1991), S. 102 (109 ff.).
6 Wobei unerheblich ist, ob man seinerzeit den Republikbegriff noch mit anderen Konnotationen und Bedeutungsgehalten verknüpfte: dazu Grawert (FN 4), S. 490 ff.; *Rolf Gröschner,* HStR ³II, § 23 RN 5 ff.
7 Zu dieser Umschreibung und ihrer Tauglichkeit *Möller* (Bibl.), S. 1 ff., 14, 117 ff., 132. Dabei ist klar, daß nicht für alle europäischen Staaten die genannten Daten von gleich einschneidender Bedeutung waren: ders., Diktatur- und Demokratieforschung im 20. Jahrhundert, in: Vierteljahrshefte für Zeitgeschichte 51 (2003), S. 29 (33 f.).
8 Was nicht ausschloß, daß in *einem* Land relativ lange Zeit stabile Verhältnisse herrschten, wie in Italien oder Portugal.

der Epoche, sondern ein Schwanken zwischen Extremen, massiven Gewißheitsverlusten, verbunden mit dem verbreiteten Glauben an etwas Neues, Anderes, Besseres. So traten neben den politischen Parteien herkömmlicher Art neue politische Akteure auf den Plan: Bewegungen, *movementos*, Brigaden, Bünde[9], denen die „antidemokratische Stoßrichtung"[10] gemein war. Weder Parlamentarismus noch Grundrechte galten als unverrückbare Grundlagen oder doch Zielpunkte der Entwicklung. Die Zwischenkriegszeit markiert, insgesamt betrachtet und knapp gesagt, die Epoche des Niedergangs und der Krise des Liberalismus[11] – und Deutschland befand sich nicht auf einem Sonderweg, sondern im „mainstream".

Nur für eine kurze Zeitspanne nach dem Ende des Ersten Weltkriegs und der 14 Punkte-Proklamation des amerikanischen Präsidenten *Woodrow Wilson* wollte es scheinen, als ob Demokratie, Parlamentarismus, Grundrechte und Rechtsstaatlichkeit das Signum der folgenden Epoche bilden sollten. Das Ende des Krieges galt als „große Stunde der Demokratie", die parlamentarische Demokratie als „der eigentliche Sieger des Krieges"[12] – doch schon nach anderthalb Jahrzehnten hatte sich das Bild umgekehrt. In diese freiheitlich-demokratische Aufbruchphase gehört auch die Weimarer Republik mit ihrer Ausrichtung am Modell westlicher Demokratien, das geradezu als „Zauberformel der Welt"[13] angesehen wurde. Immerhin hielt die Verfassung trotz mannigfacher Krisen politischer wie wirtschaftlicher Art vierzehn Jahre stand. Andernorts zeigten sich rascher fundamentale Veränderungen[14].

2
Weimarer Republik als freiheitlich-demokratische Aufbruchphase

Den Anfang macht *Mussolini*s Marsch auf Rom im Jahre 1922 und die Eroberung des Staates durch die italienischen Faschisten, gefolgt von der ersten Militärdiktatur in Spanien und einer insgesamt restaurativen Entwicklung in Ungarn; eine zweite Welle läßt sich Mitte der zwanziger Jahre registrieren mit den Staatsstreichen von *Pilsudski* in Polen und *Smetonas* in Litauen sowie dem Militärputsch in Portugal, aus dem die längste Diktatur Europas, diejenige *Salazars*, resultieren sollte. Ende der zwanziger Jahre folgt die Königsdiktatur in Jugoslawien. Die dritte Welle wird eingeleitet durch die Machtübernahme der Nationalsozialisten in Deutschland, gefolgt von Staatsstreichen in Lettland, Litauen, Estland, Bulgarien und Griechenland im folgenden Jahr; 1936 beginnt der Bürgerkrieg in Spanien, aus dem *Franco* als Sieger hervorgehen und bis zu seinem Tod die Macht nicht abgeben wird. Als relativ immun gegen diese antiliberalen Entwicklungen erwiesen sich letztlich nur die alten Demokratien wie England, Frankreich, die Schweiz sowie die Beneluxstaaten

3
Antiliberale Entwicklungen

---

9 Vgl. *Stefan Breuer*, Der Staat. Entstehung, Typen, Organisationsstadien, 1998, S. 261 ff., zu den „charismatischen Patronageparteien" im Faschismus.
10 *Bracher* (Bibl.), S. 156.
11 *Schieder* (Bibl.); *Eric Hobsbawm*, Das Zeitalter der Extreme. Weltgeschichte des 20. Jahrhunderts, 1998, S. 143 ff.; zeitgenössische Betrachtungen bei *Moritz Julius Bonn*, Die Krisis der europäischen Demokratie, 1925, der insbesondere die aus dem Ersten Weltkrieg rührende Tendenz zur Verherrlichung der Gewalt und ihrer Anerkennung als eines Mittels der Politik betont (S. 127 ff., 144 ff.).
12 Zitate bei *Bracher* (Bibl.), S. 20 und 33.
13 *Eschenburg* (Bibl.), S. 78.
14 Zum folgenden die Überblicke bei *Eschenburg* (Bibl.), S. 82 ff.; *Schieder* (Bibl.), S. 203 ff., 210 ff.; *Möller* (Bibl.), S. 8 ff.

und Skandinavien, die allesamt in der Epoche vor Kriegsbeginn eine relativ gefestigte Entwicklung genommen hatten[15]. Auf eine grobe Formel gebracht, bewahren in der Zwischenkriegszeit nur „diejenigen Staaten ihre demokratische Ordnung, die sie schon vor dem Ersten Weltkrieg besessen hatten"[16].

4
Unterscheidung zwischen totalitären und autoritären Herrschaftsformen

Weder kann noch soll es Aufgabe dieses Beitrags sein, in umfassender Weise Klassifikationen und Systematisierungen der bunten Staatenwelt Europas zwischen Erstem und Zweitem Weltkrieg vorzunehmen, zumal Voraussetzungen und Einflußfaktoren in jedem Einzelfall Besonderheiten aufweisen. Doch weist wohl in die richtige Richtung, wenn man insgesamt zwischen eindeutig totalitären Herrschaftsformen (wie im Sowjetkommunismus und Nationalsozialismus, mit Abstrichen auch im italienischen Faschismus) und eher autoritären Regimen unterscheidet[17], die man als „Nachahmung des Totalitarismus unter einschränkenden Bedingungen"[18] beschrieben oder als „funktionale Diktaturen"[19] bezeichnet hat[20]. Bei einigen nicht-totalitären Systemen fällt auf, daß hier – neben anderen Merkmalen – der ständestaatliche, korporative Zug dominiert. Das gilt auch und gerade für die sog. austrofaschistische Diktatur unter *Dollfuß* und *Schuschnigg*, aber nicht minder für Spanien, Portugal und mit Abstrichen wohl insofern auch für Italien. Nicht der vereinzelte Einzelne, sondern eine größere Gesamtheit, ein Stand, eine Korporation, ein Verband dominiert hier als zentraler Baustein gesellschaftlicher Ordnung, in der auch der Konflikt zwischen Kapital und Arbeit gehegt oder institutionell gebändigt werden sollte. *Schieder* weist wohl nicht zu Unrecht darauf hin, daß entsprechende Rechtfertigungen für die autoritären Regime „meist aus ständisch-korporativem Ideengut oder katholischen Sozialllehren hergeleitet" wurden und überhaupt die Idee der Gründung der Gesellschaft auf ständische Grundsätze „auf gemeinsame Wurzeln in der katholischen Sozialllehre"[21] rückführbar sei. Das deckt sich mit der Einschätzung *Eschenburgs* von den „katholischen Diktaturen"[22], zu denen er Portugal, Spanien und Österreich zählt.

5
Vielzahl von Entwicklungen

Schon angesichts der Vielzahl europäischer Staaten und ihrer je besonderen und oft bewegten Entwicklung in der Zeit zwischen Erstem und Zweitem Weltkrieg versteht es sich von selbst, daß im folgenden nicht in gleichmäßiger Dichte und Ausführlichkeit die Grundrechtsentwicklung der Zwischenkriegs-

---

15 *Schieder* (Bibl.), S. 214. Vgl. *Eschenburg* (Bibl.), S. 82 ff., der auf die Sonderfälle Finnland und Tschechoslowakei hinweist.
16 *Eschenburg* (Bibl.), S. 96. Ähnlich *Möller* (Bibl.), S. 10, 13 mit dem Hinweis, daß es sich insofern mit Ausnahme von Frankreich und der Schweiz um parlamentarische Monarchien gehandelt habe (S. 10).
17 Grundlegend zur Differenz von autoritären und totalitären Herrschaftsformen *Hannah Arendt*, Elemente und Ursprünge totaler Herrschaft, 1955; zu autoritären Regimen als eigener, dritter Kategorie zwischen liberalen und totalitären Systemen eingehend *Juan Linz*, Totalitäre und autoritäre Regime, 2000, S. 20 ff., 129 ff.; siehe auch *Möller* (Bibl.), S. 137 ff.
18 *Schieder* (Bibl.), S. 234.
19 *Eschenburg* (Bibl.), S. 83.
20 Die schwierige Frage einer treffenden politischen Begriffsbildung und Analyserichtung, insbesondere das Problem der Anwendung des Totalitarismusmodells auf den Nationalsozialismus, kann hier nicht annähernd adäquat behandelt werden; zur Orientierung vgl. die Hinweise in FN 17.
21 *Schieder* (Bibl.), S. 234.
22 *Eschenburg* (Bibl.), S. 91.

zeit in Deutschland und Europa geschildert werden kann. Daher konzentrieren sich die folgenden Ausführungen zunächst auf die Weimarer Reichsverfassung (B.–C.), während für das auf den Untergang der ersten deutschen Republik (D.) folgende „Dritte Reich" insofern nur die flächendeckende Vernichtung des Grundrechtsgedankens zu konstatieren ist (E.). Kleine Streiflichter auf die Grundrechtsentwicklung in Österreich (F.) und der Schweiz (G.) schließen sich an. Vor die Schlußbemerkung (J.) sind noch wenige und stark kursorische Anmerkungen zur gesamteuropäischen Entwicklung in der Zwischenkriegszeit gesetzt (H.).

B. Die Weimarer Reichsverfassung

In einen größeren historischen Kontext eingebettet, wirkt die Weimarer Verfassung weniger wie ein revolutionärer Aufbruch denn eine evolutionäre Weiterentwicklung rechts- und verfassungsstaatlicher Elemente, die gerade in Deutschland auf gewichtige Traditionslinien zurückblicken konnten[23]. Gegenüber anfangs konkurrierenden Modellen einer Räterepublik setzte sich nach den Wahlen zur verfassunggebenden Nationalversammlung in den dortigen Verfassungsberatungen rasch das Konzept einer konstitutionellen Demokratie durch. Ihre Merkmale: Anerkennung des föderalen Prinzips; repräsentative Volksvertretung auf der Basis eines allgemeinen, nun auch die Frauen einschließenden Wahlrechts; parlamentarisches Regierungssystem; relativ starke Stellung eines ebenfalls volksgewählten Präsidenten, der die Rolle eines „Ersatzmonarchen" einnehmen sollte und wegen dessen Kompetenzen bei der Regierungsbildung die Parlamentarisierung der Regierung gleichsam nur zur Hälfte gelang[24]; schließlich und endlich Bewahrung und Ausbau von Grundrechtsgewährleistungen in der Tradition des süddeutschen Konstitutionalismus, der Verfassung Preußens und vor allem derjenigen der Paulskirche[25]. Echt sozialistische Inhalte oder Forderungen fanden sich nurmehr als „Spurenelemente" wieder, so daß die Verfassung insgesamt sehr viel stärker der „Tradition der bürgerlichen deutschen Verfassungsbewegung" als sozialistischer oder revolutionärer Neugestaltung verpflichtet war[26]: Weiterbildung der bisherigen konstitutionellen Entwicklung, nicht revolutionärer Bruch[27]. Getragen wurde ihre Verabschiedung von den politischen Kräften der Friedensmehrheit von 1917, also nunmehr von Mehrheitssozialdemokraten, DDP

6
Konzept einer konstitutionellen Demokratie

---

23 *Hermann Mosler,* Nachwort, in: ders. (Hg.), Die Verfassung des Deutschen Reichs vom 11. August 1919, 1988, S. 65 ff. (66); *Horst Dreier,* Kontexte des Grundgesetzes, DVBl. 1999, S. 667 (671 f.).
24 Siehe statt aller *Jörg-Detlef Kühne,* Art. Weimarer (Reichs-)Verfassung, in: Ergänzbares Lexikon des Rechts 5/850, 1996, S. 3: „Semiparlamentarismus" (ein von *Karl Dietrich Bracher* geprägter Begriff).
25 Zu ihrer Vorbildfunktion *Jörg-Detlef Kühne,* Die Reichsverfassung der Paulskirche, ²1998, S. 131 ff.; ders., 150 Jahre Revolution von 1848/49 – ihre Bedeutung für den deutschen Verfassungsstaat, NJW 1998, S. 1513 (1515).
26 *Christoph Gusy,* Die Entstehung der Weimarer Reichsverfassung, JZ 1994, S. 753 (763). Kritischer zur Unentschiedenheit *Stürmer* (Bibl.), S. 15.
27 *Karl Dietrich Erdmann,* Die Weimarer Republik, 1980, S. 120.

und Zentrum (sog. „Weimarer Koalition"). Doch diese verfassungstragende bürgerlich-sozialdemokratische Mehrheit erwies sich als rasch vergänglich, überlebte schon die ersten Reichstagswahlen 1920 nicht und konnte bis zum Ende der Republik auch nie wieder errungen werden.

7
Musterbeispiel einer modernen Verfassung

Ob dieses Ende auch nur partiell der Verfassung anzulasten ist, scheint bei nüchterner Betrachtung und hinlänglicher Einsicht in die komplexen nichtrechtlichen Voraussetzungen gelingender Verfassungsstaatlichkeit mehr als fraglich[28]. Vor allem kann ex-post-Kritik ebensowenig wie die Entdeckung vermeintlicher Konstruktionsfehler der Weimarer Verfassung darüber hinwegtäuschen, daß die Weimarer Reichsverfassung bei ihrer Verabschiedung auch und gerade im internationalen Vergleich „als Muster einer modernen, auf die Bedürfnisse des zwanzigsten Jahrhunderts zugeschnittenen demokratischen Verfassung"[29] und somit als „eine der fortschrittlichsten Schöpfungen ihrer Zeit"[30] gelten konnte[31]. Diese Modernität und Fortschrittlichkeit schloß auch und gerade die Grundrechtsgewährleistungen ein, denen im folgenden unser zentrales Augenmerk gilt.

C. Die Grundrechte in der Weimarer Reichsverfassung

I. Entstehung und Normenbestand

8
Fehlen einer Bestimmung über Grundrechtsbindung der Gewalten

In den ersten beiden Entwürfen zur neuen Verfassung[32], die der Nationalversammlung vorgelegt wurden, war ein Grundrechtskatalog überhaupt nicht vorgesehen; vielleicht auch in der Annahme, daß es in der Demokratie der Sicherung gegen die Staatsgewalt mit Hilfe von Abwehrrechten des Bürgers nicht bedürfe[33]. Doch nachdem sich u.a. *Ebert* für eine Aufnahme ausgesprochen hatte, lag im sog. Entwurf 3 ein ausführlicher Katalog vor, der in den Beratungen der Nationalversammlung als solcher nicht mehr zur Disposition gestellt wurde. Konkret ausgeformt wurde der Grundrechtsteil sodann vom 28köpfigen Verfassungsausschuß der Nationalversammlung. Hier war mit Art. 107 des Entwurfes als statusqualifizierender Einleitungssatz eine in gewisser Weise an Art. 1 Abs. 3 GG („Die nachfolgenden Grundrechte binden Gesetzgebung, vollziehende Gewalt und Rechtsprechung als unmittelbar geltendes Recht") erinnernde Bestimmung vorgesehen. Sie lautete: „Die Grund-

---

28 Dazu noch in RN 52 ff. einige Notizen.
29 *Dieter Grimm*, Mißglückt oder glücklos?, in: Bilder und Zeiten, Beilage zur FAZ Nr. 187 v. 14.8.1999, S. III.
30 *Mosler* (FN 23), S. 77.
31 Zeitgenössisch *Ottmar Bühler*, Die Reichsverfassung vom 11. August 1919, [1]1922, S. 85: „Spiegelbild der staatlichen und wirtschaftlichen Strömungen".
32 Knapper Überblick über die verschiedenen Entwürfe und die Entwicklung der Verfassungsberatungen bei *Hans Schneider*, HStR I, [3]2003, § 3 RN 9 ff., 13 ff.; siehe auch *Anschütz* (Bibl.), S. 16 ff.; ausführlich und detailreich E. R. *Huber*, Verfassungsgeschichte Bd. V (Bibl.), S. 1178 ff. sowie *Gusy* (Bibl.), S. 272 ff.
33 Dazu *Gerd Kleinheyer*, Art. Grundrechte. Menschen- und Bürgerrechte, Volksrechte, in: Otto Brunner/Werner Conze/Reinhart Koselleck (Hg.), Geschichtliche Grundbegriffe, Bd. II, 1975, S. 1047 ff. (1081). Siehe auch *Bühler* (FN 31), S. 85.

rechte und Grundpflichten bilden Richtschnur und Schranke für die Gesetzgebung, die Verwaltung und die Rechtspflege im Reich und in den Ländern"[34]. Im weiteren Verlaufe der Beratungen wurde sie freilich wieder entfernt, und zwar mit der Begründung, sie sei überflüssig. So wenig dieses Argument (zumindest aus heutiger Sicht) zu überzeugen vermag, so fraglich ist andererseits, ob damit die später vermißten bzw. dem Meinungsstreit anheimgegebenen verfassungsrechtsdogmatischen und -theoretischen Fragen nach Rang, Wirkungskraft und Bindungswirkung der Grundrechte gleichsam vorab gelöst worden wären[35], insbesondere ob die Formulierung der „Schranke" für den Gesetzgeber dessen Bindung unzweifelhaft sichergestellt hätte. Angesichts der übermächtig scheinenden Tradition, derzufolge dies nicht der Fall war, wird man insoweit skeptisch sein dürfen, zumal die letztlich wieder gestrichene Aussage zuweilen auch so betrachtet wurde, als ob mit ihr den Grundrechten der Charakter als unmittelbar geltendes Recht gerade abgesprochen worden wäre[36].

Der Zweite Hauptteil der Weimarer Verfassung war überschrieben: „Grundrechte und Grundpflichten der Deutschen". Das bedeutete weder, daß nicht auch im Ersten Hauptteil grundrechtliche Verbürgungen wie das Wahlrecht oder die Garantie des gesetzlichen Richters zu finden waren (vgl. Art. 22, 105 Abs. 1 Satz 2 WRV)[37], noch war damit (nach jedenfalls überwiegender Auffassung) gesagt, daß Ausländern Grundrechte nicht zustanden[38]. In der Sache war entscheidend und das herausstechendste Merkmal, daß man den Katalog der klassisch-liberalen Grundrechte um eine Vielzahl von sozialen Grundrechten und anderen Bestimmungen mit Bezug zum Gemeinschafts- und Wirtschaftsleben erweiterte[39]. Neben die aus den Verfassungsdokumenten des 19. Jahrhunderts bekannten, besonders in der Paulskirchenverfassung prototypisch ausgeformten Grundrechte[40] (etwa der Freizügigkeit, der Auswanderungsfreiheit, der Freiheit der Person, des Schutzes der Wohnung, des Brief-, Post- und Fernmeldegeheimnisses, der Meinungsfreiheit u. a. m.) traten so Bestimmungen über die Reinerhaltung, Gesundung und soziale Förderung der Familie, über den Schutz der Jugend gegen Ausbeutung sowie gegen sittliche, geistige und körperliche Verwahrlosung, das Berufsbeamtentum, über Schulwesen und Lehrerbildung, gesunde Wohnungen, Nutzung der Boden-

9
Erweiterung des Katalogs klassisch-liberaler Grundrechte

---

34 Wiedergegeben bei *Friedrich Giese,* Die Verfassung des Deutschen Reiches, ⁸1931, S. 242 f.; *Gebhard* (Bibl.), S. 442.
35 So *Grawert* (FN 4), S. 502 f. Skeptisch *Anschütz* (Bibl.), S. 514 f.
36 Siehe *Gebhard* (Bibl.), S. 442. Vgl. *Gusy,* WRV (Bibl.), S. 274, 277.
37 Die Situation ähnelt der unter dem Grundgesetz, wo sich außerhalb des „Die Grundrechte" überschriebenen Ersten Abschnitts weitere grundrechtsgleiche Rechte finden, darunter ebenfalls Wahlrecht und Recht auf den gesetzlichen Richter. → Bd. II: *Merten,* Begriff und Abgrenzung der Grundrechte.
38 Nach herrschender Meinung standen zwar nicht alle (vgl. etwa Art. 111, 112 Abs. 2, 3 WRV), aber doch die meisten nicht nur deutschen Staatsangehörigen, sondern auch Ausländern zu. Vgl. *Anschütz* (Bibl.), S. 511 ff. (wegen des Aufgehens im Prinzip der Gesetzmäßigkeit der Verwaltung); ohne diese einschränkende Begründung *Bühler* (FN 31), S. 86; *Gebhard* (Bibl.), S. 444. Die Rechtsprechung des Reichsgerichts war uneinheitlich: vgl. *Hensel* (Bibl.), S. 13 f.
39 *Dieter Grimm,* Die Bedeutung der Weimarer Verfassung in der deutschen Verfassungsgeschichte, 1990, S. 17.
40 Viele Grundrechte der Weimarer Reichsverfassung waren praktisch wortgleich mit solchen der Paulskirchenverfassung.

schätze, Sozialversicherungswesen, Schutz des Mittelstands und Arbeiter- und Wirtschaftsräte. Ein eigener Abschnitt war der Religion und den Religionsgesellschaften gewidmet[41]. Insgesamt war der Katalog von Normen „größer, die Regelung eingehender als je zuvor"[42]. Ein in seinem Urteil abgewogener Verfassungshistoriker hat den Grundrechtsteil der Weimarer Reichsverfassung als „Zeugnis eines ernsten und sittlich hohen Strebens nach einer gerechten Sozialordnung"[43] bezeichnet.

10
Soziale Frage auf Verfassungsebene

Doch hat man den Grundrechtsteil nicht immer als „ganz moderne Neuschöpfung"[44] zu würdigen gewußt, sondern gerade die programmatischen Passagen später oft belächelt oder mit nachsichtiger Milde kritisiert, nicht selten unter Hinweis auf das Wort vom „interfraktionellen Parteiprogramm", welches nicht von *Carl Schmitt* stammt, sondern im Verfassungsausschuß der Nationalversammlung selbst geprägt worden ist[45]. Eine sich auch der Zeitumstände und der gewaltigen Herausforderung bewußt werdende Würdigung dieser „Weiterentwicklung der liberal-individualistischen Freiheitsrechte"[46] wird aber zu erkennen haben, daß hier nicht geschwätzige Sozialromantik oder sozialistische Regelungswut obwaltete, sondern damit ein „bemerkenswerter Versuch zeitgemäßer Fortschreibung des Grundrechtskatalogs"[47] vorlag. Die Aussagen zum Schutze der Jugend, der Mütter und der Arbeiter, die Vorkehrungen zur Sozialversicherung, ja selbst die vorgesehenen Arbeiter- und Wirtschaftsräte[48] signalisieren eines klar und deutlich: Die soziale Frage des 19. Jahrhunderts hatte in Weimar die Ebene des Verfassungsrechts erreicht[49].

---

41 Art. 136, 137, 138, 139 und 141 WRV sind kraft Inkorporation vom Grundgesetz (Art. 140 GG) übernommen worden.
42 Zeitgenössisch *Bühler* (FN 31), S. 85. Siehe auch *Rückert* (Bibl.), S. 217: „Nie zuvor und selten danach hat sich eine Verfassung so tief mit Rechts-Sätzen auf dieses Thema eingelassen" (scil. zu Arbeitsbeziehungen und sozialen Grundrechten).
43 *Robert Scheyhing,* Deutsche Verfassungsgeschichte der Neuzeit, 1968, S. 226.
44 *Giese* (FN 34), S. 243. Anerkennende Würdigung im Rückblick auch durch *Mosler* (FN 23), S. 76: „Man muß Achtung vor dem Mut haben, mit dem die neue Gesellschaftsordnung in verfassungsrechtliche Formen gekleidet wurde". Vgl. noch *Alfred Voigt,* Geschichte der Grundrechte, 1948, S. 135 f.; *Erdmann* (FN 27), S. 128.
45 Vgl. *Giese* (FN 34), S. 243; *Albrecht Buschke,* Die Grundrechte der Weimarer Verfassung in der Rechtsprechung des Reichsgerichts, 1930, S. 7.
46 *Mosler* (FN 23), S. 70. Differenziert-kritische Analyse speziell zum Arbeitsrecht bei *Rückert* (Bibl.), S. 220 ff., 228 ff., 233 ff.
47 *Pieroth/Schlink,* Grundrechte (LitVerz.), RN 38. Siehe auch *Kühne* (FN 24), S. 4: „der betonte Ausbau sozialer Grundrechtsbestimmungen" verlieh den Grundrechten „eine auch gegen nichtstaatliche Abhängigkeiten gerichtete wirtschaftlich-soziale Zielsetzung von bis dahin unbekannter Stärke".
48 Praktische Bedeutung erlangten sie in Weimar nicht, wie überhaupt die sozialistischen Spurenelemente in den nächsten 14 Jahren nicht zur Entfaltung kamen. Und wenn auch sicher richtig ist, daß bei ihnen der vielfach zu beobachtende Kompromißcharakter zwischen linken und rechten Kräften besonders deutlich zutage tritt (*Werner Frotscher/Bodo Pieroth,* Verfassungsgeschichte, [4]2003, RN 496), so wird man doch auch nicht verkennen dürfen, daß „dieses Projekt getragen (war) von der schon seit langem zu beobachtenden Tendenz, die liberale Gesellschaft der autonomen Wirtschaftssubjekte in einem System sozialer Bindungen aufzufangen" (*Dietmar Willoweit,* Deutsche Verfassungsgeschichte, [4]2001, § 37 IV 2).
49 Man wird freilich nicht sagen können, daß die Weimarer Verfassung es unternommen hätte, die soziale Frage „auf der Verfassungsebene zu lösen" (so *Grimm* [FN 39], S. 17). Denn darüber, daß es mannigfacher gesetzlicher Umsetzungen und sonstiger fördernder Umstände bedurfte bzw. bedurft hätte, das anspruchsvolle Programm einzulösen, ließ der Text der Verfassung keinen Zweifel; deren Schöpfer hatten sich insofern keine Illusionen gemacht. Die Lösung war nicht gefunden, aber sie war dem Gesetzgeber von Verfassungs wegen aufgegeben. Treffend *E. R. Huber,* Verfassungsgeschichte Bd. VI (Bibl.), S. 95: „Manifest gegen die soziale Revolution, aber für die soziale Reform".

Bemerkenswert ist neben dieser Erweiterung des Spektrums an Regelungen auch die Aufteilung der Grundrechte[50]. Der zweite Hauptteil war in fünf Abschnitte unterteilt: 1. Die Einzelperson, 2. Das Gemeinschaftsleben, 3. Religion und Religionsgesellschaften, 4. Bildung und Schule, 5. Das Wirtschaftsleben. Dahinter verbarg sich keine systematische Klassifizierung[51]; es handelte sich um fünf thematisch nur sehr grob ab- und eingrenzbare Sachkomplexe. Auf den ersten Blick mag es so scheinen und durch die Überschriften nahegelegt werden, daß in den ersten Abschnitten die klassischen Freiheitsrechte dominierten, im vierten und fünften dann stärker die sozialgestaltenden, programmatischen Regelungen[52]. Aber klassische liberale Grundrechte und solche eher sozialen Charakters wurden nicht streng voneinander geschieden: Man beachte etwa, daß sich im fünften Abschnitt („Das Wirtschaftsleben") Handels- und Gewerbefreiheit (Art. 151 Abs. 3), Vertragsfreiheit (Art. 152 Abs. 1), Eigentumsgarantie (Art. 153 Abs. 1), Erbrecht (Art. 154 Abs. 1) und Koalitionsfreiheit (Art. 159) finden. Die Glaubensfreiheit wiederum begegnet in dem gesonderten Abschnitt über Religion und Religionsgesellschaften, die Ehefreiheit, die Versammlungsfreiheit und die Vereinsfreiheit im Abschnitt über das Gemeinschaftsleben, die Freiheit von Wissenschaft und Kunst im Abschnitt über Bildung und Schule. Dem Weimarer Verfassungsgeber mag vor Augen gestanden haben, daß nicht wenige Grundrechte auf Kontaktnahme und Kooperation mit anderen Personen angewiesen (Vereinigungs-, Koalitions- und Religionsfreiheit) oder doch regelmäßig in soziale Handlungskomplexe eingebettet (Wissenschaftsfreiheit/Universitäten) sind. Zwar geht ein solches Konzept ersichtlich nicht ohne Rest auf. Aber wichtiger als die Erfüllung formaler Rubrizierungsbedürfnisse dürfte sein, daß dem Verfassungsgeber die Einordnung der grundrechtlichen Regelungen in größere Sachkomplexe ein Anliegen gewesen zu sein scheint: „Die Grundrechte der Einzelperson sind, wo es irgend angängig ist, nicht isoliert gesehen, sondern in den Zusammenhang gesellschaftspolitischer Ordnungsgedanken gestellt"[53]. Der heutzutage möglicherweise verstärkt in Erinnerung zu rufende Sozialbezug der Grundrechtsausübung und der „sozialstaatliche Grundton"[54] fand in den fünf besagten Abschnitten der Weimarer Reichsverfassung sprechenden Ausdruck.

11
Aufteilung der Grundrechte in fünf Abschnitte

---

50 Von den Grundpflichten (zu ihnen *Hasso Hofmann*, HStR V, § 114 RN 15 f.) wird zunächst abgesehen; siehe unter RN 37. → Bd. II: *Randelzhofer*, Grundrechte und Grundpflichten.
51 Sehr kritisch *Gebhard* (Bibl.), S. 445: „Irgendeinen allgemeinen Einteilungsgrund wird man in dieser Zusammenstellung vergeblich suchen".
52 So *Pieroth/Schlink*, Grundrechte (LitVerz.), RN 37.
53 *Mosler* (FN 23), S. 75. Ähnlich *Hartmut Bauer*, Geschichtliche Grundlagen der Lehre vom subjektiven öffentlichen Recht, 1986, S. 86 f.: Die Weimarer Reichsverfassung „erfaßte die Rechtsstellung des Einzelnen also nicht unter dem einseitig verabsolutierten Aspekt der individuellen ‚Freiheit vom Staat'. Vielmehr erschien der Einzelne als Träger von breitgefächerten, abgestuften Grundrechten und Grundpflichten, die Ausdruck seiner menschlichen Grundbefindlichkeit im Gemeinwesen sind".
54 *Kühne* (FN 24), S. 2.

II. Rechtscharakter und Wirkungskraft der Grundrechte in Weimar

12
Undifferenzierte Betrachtung in der staatsrechtlichen Literatur

In der staatsrechtlichen Literatur der Bundesrepublik Deutschland ist seit jeher die Auffassung verbreitet, im Unterschied zur Geltung der Grundrechte des Grundgesetzes als „unmittelbar geltendes Recht" (Art. 1 Abs. 3 GG)[55] hätten die Grundrechtsbestimmungen der Weimarer Reichsverfassung nur als Programmsätze und Gesetzgebungsaufträge gegolten[56]. Bereits ein oberflächlicher Blick in die zeitgenössische Literatur und Judikatur belehrt eines besseren: Zwar sind natürlich nicht alle, aber doch zahlreiche der den Zweiten Hauptteil der Verfassung ausmachenden Normen als aktuelles, unmittelbar anwendbares, nicht lediglich als potentielles und für künftige Rechtssetzung als Auftrag und Richtlinie fungierendes Recht angesehen worden (dazu 1.). Undifferenziert und irreführend ist auch die Rede von den leerlaufenden Grundrechten (2.), zumal in der Lehre erste Bemühungen sichtbar wurden, dem grundrechtseinschränkenden Gesetzgeber wiederum Grenzen zu ziehen (3.). Ohnehin bedarf die Frage nach der Bindung der Staatsgewalten an die Grundrechte einer differenzierenden Betrachtung: Auch hier greift die vielfach wiederholte Auffassung, es habe in Weimar keine Bindung „des" Gesetzgebers gegeben, angesichts der unisono bejahten Bindung des *Landes*gesetzgebers und des Streites um die Geltung des Vorrangs der Verfassung auch gegenüber der *Reichs*legislative sowie der vielfachen Stufung der Einschränkungs- und Ausgestaltungsmöglichkeiten zu kurz (V.).

1. Programmsätze oder unmittelbar geltendes Recht?

13
Heterogenität der Normen

Die Heterogenität der Bestimmungen des Zweiten Hauptteils der Weimarer Reichsverfassung schloß von vornherein aus, alle hier versammelten Artikel mit ihren einzelnen Absätzen durchweg und ausnahmslos als unmittelbar geltendes, aktuelles Recht und womöglich auch und zugleich als subjektive Rechte einzuordnen. Die neben den klassischen Abwehrrechten anzutreffenden Programmsätze, Gesetzgebungsaufträge, Zielperspektiven und Absichtserklärungen standen einem solchen Vorgehen entgegen. Umgekehrt war es gerade wegen der Artenvielfalt an Rechtssätzen ganz ausgeschlossen, in nicht minder pauschaler Weise alle Bestimmungen des Zweiten Hauptteils als bloße Programmsätze und Leitlinien für eine künftige Gesetzgebung zu rubrizieren. Das war ganz undenkbar für den Bestand an „klassischen" Freiheitsrechten, bei denen sich als zentrales Problem nicht ihre Charakterisierung als aktuelles Recht (die war unstreitig) darstellte, sondern der Gesetzesvorbehalt, der zu ihrem „Leerlaufen" führte[57]. Doch blieb genug an Normenmaterial übrig, bei dem sich die Rubrizierung als aktuelles, unmittelbar anwendbares Recht als klärungsbedürftig erwies.

---

[55] Dazu *H. Dreier*, GG (LitVerz.), Bd. [2]I, Art. 1 Abs. 3 RN 32 ff.
[56] So noch *Alfred Katz*, Staatsrecht, [15]2002, RN 91, 551 sowie *Dieter Schmalz*, Grundrechte, [3]1997, RN 4, der den Grundrechtskatalog zudem umstandslos wie folgt bewertet: „Eine größere praktische Bedeutung hat er nicht erlangt". Differenzierter *Sachs*, Grundrechte (LitVerz.), RN A. 19 f.
[57] Dazu näher in RN 20 ff.

a) So war denn in der verfassungsdogmatisch arbeitenden Staatsrechtsliteratur, in Sonderheit den Kommentaren, als erste und vornehmste Aufgabe erkannt, hier in differenzierender und klassifizierender Weise vorzugehen. Im führenden Kommentar von *Gerhard Anschütz* heißt es: „Es handelt sich, wie bemerkt, darum, diejenigen Sätze, die unmittelbar anwendbares Recht darstellen, die schon jetzt für Behörden und Bürger rechtsverbindlich sind, als solche zu erkennen und sie zu unterscheiden von denen, welche ihren Inhalt im einzelnen und damit ihre verbindliche Kraft einschließlich der derogatorischen Wirkung gegenüber dem alten Recht erst noch durch besondere Gesetze empfangen sollen. Es gilt, anders ausgedrückt, die Bestimmungen, welche bereits gegebene Gesetze sind, zu sondern von denen, welche nur Richtlinien für künftig zu gebende Gesetze enthalten und daher der aktuellen Geltung und Anwendbarkeit entbehren"[58]. Es war dies im übrigen keine Einsicht aus den letzten Jahren der Republik, sondern von Anbeginn verbreitete und allgemein geteilte Auffassung. So konstatierte *Bühler* im Jahre 1922: „An wichtigen rechtlichen Fragen bezüglich der Grundrechte ergibt sich namentlich die, wie weit sie unmittelbar geltendes Recht, wie weit sie nur Programmsätze sein wollen, die positives Recht erst durch ein ausführendes Reichs- oder Landesgesetz werden. Bestimmungen wie von der Freiheit der Person, des Eigentums usw. sind unmittelbar gültige Rechtssätze. Umgekehrt verlangen Vorschriften wie die, daß Standesvorrechte aufzuheben sind und dergleichen, offenbar noch ausführende Gesetze. Für eine Reihe von Bestimmungen ist die Frage aber zweifelhaft und muß nach dem Wortlaut des betreffenden Artikels geprüft werden"[59]. Beide Kernaussagen: Notwendigkeit der Klassifizierung und Durchführung dieser Aufgabe von Fall zu Fall, von Norm zu Norm, bildeten die ganz herrschende Meinung in der Literatur[60].

14
Herrschende Meinung in der Weimarer Staatsrechtslehre

Hier wurde von gewichtigen Stimmen noch eine allgemeine Vermutungsregel zur Beantwortung der Frage, ob aktuelles oder potentielles Recht vorliege, aufgestellt. Denn dies – und nur dies![61] – ist Gegenstand und Ziel der von *Richard Thoma* geprägten Maxime, wonach die Jurisprudenz „von mehreren, mit Wortlaut, Dogmengeschichte und Entstehungsgeschichte vereinbaren Auslegungen einer Grundrechtsnorm allemal derjenigen den Vorzug zu geben hat, die die juristische Wirkungskraft der betreffenden Norm am stärksten entfaltet"[62]. Es sei aber ein „grober Irrtum", so *Thoma* ausdrücklich, diese

15
Vermutungsregel Richard Thoma

---

58 *Anschütz* (Bibl.), S. 514. Zur Notwendigkeit der Einzelfallprüfung ebd., S. 515. Diese grundsätzliche Position hatte *Anschütz* schon in den ersten Auflagen bezogen: *Voigt* (FN 44), S. 138.
59 *Bühler* (FN 31), S. 85.
60 Vgl. *Giese* (FN 34), S. 243; *Fritz Stier-Somlo*, Deutsches Reichs- und Landesstaatsrecht, Bd. I, 1924, S. 436 ff. (mit engem Begriff der Grundrechte); *Gebhard* (Bibl.), S. 442 f. Noch weitergehend *Carl Hermann Ule*, Über die Auslegung der Grundrechte, AöR 21 (1932), S. 37 (92): Rechtssätze des Zweiten Hauptteils seien „sämtlich positives Recht und nicht zum Teil Rechtsgrundsätze, die noch der Positivierung bedürfen".
61 In der bundesrepublikanischen Staatsrechtsliteratur und auch der bundesverfassungsgerichtlichen Judikatur wird hingegen die *Thoma*sche Sentenz als Vermutung für eine inhaltlich besonders weite Auslegung verstanden, zumeist bezogen auf den sachlichen oder personalen Schutzbereich einer Norm. Für eine solche Betrachtungsweise mag es Gründe geben, sie kann sich freilich nicht auf *Richard Thoma* stützen. Treffend *Manfred Friedrich*, Geschichte der deutschen Staatsrechtswissenschaft, 1997, S. 379.
62 *Thoma* (Bibl.), S. 9. Zum „Postulat der Grundrechtsoptimierung" noch *Gusy*, WRV (Bibl.), S. 277.

Auslegungsregel auf die Streitigkeiten über den speziellen Inhalt einer bestimmten Grundrechtsnorm zu erstrecken[63]. Es kommt ihm lediglich darauf an, als Regelfall (der nur durch Begründung im Einzelfall widerlegt oder durchbrochen werden kann) den Charakter der Grundrechte als verbindlichen Rechtssatz und nicht lediglich als „politisch-ethische Empfehlung"[64] auszuweisen.

16
Grundrechtsfreundliche Reichsgerichtsjudikatur

b) Nicht anders als die Literatur sah man die Dinge in der Judikatur. In einer ausführlichen und materialreichen Analyse der Rechtsprechung des Reichsgerichts kommt *Hensel* zu dem Ergebnis, daß man dort sogar des öfteren dazu neigte, „sich bei erheblichen Zweifeln bewußt auf die Seite der Auffassung des Grundrechtes als unmittelbar geltender Norm" zu schlagen[65]. In ausdrücklichem Widerspruch zu *Smend*s vielfach aufgegriffenem Diktum von der „sehr geringen wirklichen Bedeutung" der Grundrechte[66] weist er darauf hin, daß zu jenem Zeitpunkt (1927) „weit mehr als Hundert oberstgerichtliche Urteile vor(lagen), in deren Rechtsbereich die Grundrechtssätze eine die Entscheidung oft tragende Rolle spielten"[67].

17
Unmittelbare Geltung von Verfassungsnormen außerhalb des klassischen Grundrechtskanons

Nimmt man einmal die zentralen Stellungnahmen in der rechtswissenschaftlichen Literatur (namentlich die Kommentare) und die Auswertung *Hensel*s zusammen, so ergibt sich, daß folgende Normaussagen des Zweiten Hauptteils der Weimarer Reichsverfassung, bei denen das wegen ihrer fehlenden Zugehörigkeit zum klassischen Kanon an verfassungsrechtlich verbürgten Freiheitsrechten (bei denen die aktuelle Geltung unstreitig war) als fraglich angesehen werden konnte, als unmittelbar geltendes, aktuelles Recht eingestuft wurden: Art. 109 Abs. 3 Satz 2 (keine Verleihung von Adelstiteln)[68], Art. 110 Abs. 1 (Staatsangehörigkeit), Art. 110 Abs. 2 (Indigenat), Art. 114 Abs. 2 (Freiheitsentziehung)[69], Art. 116 (nulla poena sine lege), Art. 118 Abs. 2 (Zensurverbot)[70], Art. 128 Abs. 2 (Ausnahmebestimmungen gegen weibliche Beamte)[71], Art. 129 Abs. 1 Satz 3 (wohlerworbene Beamtenrechte)[72], Art. 131 Abs. 1 Satz 3 (Amtshaftung)[73], Art. 137 Abs. 3 Satz 1 (Selbstbestimmungsrecht

---

63 *Thoma* (Bibl.), S. 13. Ihm zustimmend *Hensel* (Bibl.), S. 4; *Anschütz* (Bibl.), S. 516.
64 *Thoma* (Bibl.), S. 12.
65 *Hensel* (Bibl.), S. 24; siehe auch *Buschke* (FN 45), S. 42 ff., 56 ff.
66 *Rudolf Smend,* Das Recht der freien Meinungsäußerung, in: VVDStRL 4 (1927), S. 44 ff. (44).
67 *Hensel* (Bibl.), S. 3.
68 *Gebhard* (Bibl.), S. 450.
69 *Anschütz* (Bibl.), Art. 114 Nr. 5 (S. 545) vermerkt: „Abs. 2 (aktuelles Recht, nicht bloßes Programm!) enthält Schutzvorschriften von wesentlich formalem Charakter".
70 *Anschütz* (Bibl.), S. 515, sieht hier wie bei Art. 110 Abs. 2 WRV „unmittelbar geltendes, anwendungspflichtiges Recht gesetzt, welches entgegenstehende Bestimmungen älteren Datums aufhebt"; hier war im übrigen die Frage des Leerlaufens streitig: vgl. *Anschütz* (Bibl.), Art. 118 Nr. 1 ff. (S. 551 ff.).
71 Hier hatte *Anschütz* zunächst die Eigenschaft als aktuelles Recht und damit auch die derogatorische Wirkung verneint, unter dem Eindruck der anderslautenden reichsgerichtlichen Judikatur, die Abs. 2 als sofort geltendes Recht und als mit sofortiger, unmittelbarer Wirkung ausgestattetes Verbot von Ausnahmebestimmungen gegen weibliche Beamte einstufte, seine Meinung aber geändert und sich dem Reichsgericht angeschlossen: *Anschütz* (Bibl.), Art. 128 Nr. 4 (S. 585 ff.).
72 *Anschütz* (Bibl.), Art. 129 Nr. 3 (S. 592): „nicht nur eine Richtschnur für die künftige Gesetzgebung, sondern unmittelbar geltendes Recht".
73 Hier gibt *Anschütz* (Bibl.), Art. 131 Nr. 1 (S. 608) wiederum seine frühere Auffassung (nur Programm, kein aktuelles Recht) unter dem Eindruck der entgegengesetzten Judikatur des Reichsgerichts auf. Greifbare Folge: die Norm entfaltet derogatorische Wirkung gegenüber dem vorkonstitutionellen Recht.

der Religionsgesellschaften)⁷⁴, Art. 153 Abs. 2 Satz 3 (Rechtsweg bei Enteignungsentschädigung) und Art. 159 (Koalitionsfreiheit)⁷⁵.

Umgekehrt kam zahlreichen Normen des Zweiten Hauptteils keine unmittelbare Aktualität und Geltungskraft zu; sie trugen den Charakter von Richtlinien für eine zukünftige Gesetzgebung. Dabei handelte es sich unter anderem um folgende Bestimmungen: Art. 109 Abs. 3 Satz 1 (Aufhebung von Standesrechten), Art. 121 (Gleichstellung unehelicher Kinder), Art. 128 Abs. 3 (Regelung der Beamtenverhältnisse), Art. 142 Satz 2 (staatliche Pflege von Kunst und Wissenschaft), Art. 143 Abs. 2 (Lehrerbildung), Art. 155 Abs. 1 (Bodennutzung und Wohnungsversorgung), Art. 157 Abs. 2 (Schaffung eines einheitlichen Arbeitsrechts) und Art. 165 (Arbeiterräte).

18 Richtliniencharakter anderer Normen

c) Zusammenfassend läßt sich also feststellen, daß der Grund für die im Verhältnis zur Bundesrepublik in der Tat geringere Wirkkraft der Grundrechte nicht darin liegt, daß es sich bei jenen durchweg lediglich um Programmsätze ohne unmittelbare Anwendungsfähigkeit und Geltungskraft gehandelt hätte. Der Grund ist anderswo zu suchen: bei den Gesetzesvorbehalten.

19 Geringe Wirkkraft der Grundrechte infolge von Gesetzesvorbehalten

2. Gesetzesvorbehalt und „leerlaufende" Grundrechte

a) Zahlreiche Grundrechtsbestimmungen, namentlich die klassischen Grundrechte, waren mit Gesetzesvorbehalten versehen. Ihnen zufolge konnte das jeweilige Grundrecht „eingeschränkt", „beschränkt", „beeinträchtigt" oder „entzogen" oder es konnten Ausnahmen „zugelassen" werden. Schon diese Formulierungen zeigen, daß an der Rechtssatzqualität jener Grundrechtsgewährleistungen kein Zweifel bestand. Es wäre niemandem in den Sinn gekommen, beispielsweise das Grundrecht der Freizügigkeit, der Auswanderungsfreiheit, der Freiheit der Person, die Versammlungsfreiheit, die Unverletzlichkeit der Wohnung oder die Meinungsfreiheit als bloß programmatische Sätze zu behandeln, die erst einer zukünftigen Ausgestaltung oder Konkretisierung durch den Gesetzgeber bedurft hätten. Der Gesetzgeber kam hier auf eine ganz andere Weise ins Spiel, nämlich über den Gesetzesvorbehalt. Diese (oft so begriffene und titulierte) „Relativierung" der Grundrechte beruhte aber auf anderen Mechanismen und setzte die Geltung als unmittelbares Recht gerade voraus. Denn wenn die herrschende Meinung annahm, daß die mit einem (einfachen) Gesetzesvorbehalt versehenen Grundrechte nichts anderes bewirkten, als den allgemeinen und der Doktrin der konstitutionellen Monarchie entstammenden Grundsatz der Gesetzmäßigkeit der Verwaltung zu wiederholen und „kasuistisch" aufzufächern⁷⁶, so war damit die Antwort auf die hier in Frage stehende Alternative (aktuell geltendes oder nur potentielles Recht?) schon gegeben. Einem bloßen Programmsatz kam

20 Implikation der Rechtssatzqualität durch Gesetzesvorbehalt

---

⁷⁴ Vgl. zur Judikatur *Hensel* (Bibl.), S. 11; *Buschke* (FN 45), S. 96 ff.
⁷⁵ *Anschütz* (Bibl.), Art. 159 Nr. 1 (S. 731): „kein bloßer Programmsatz, sondern aktuelles Recht mit derogatorischer Kraft". Siehe *Buschke* (FN 45), S. 130.
⁷⁶ Vgl. dazu bei und in FN 82.

nicht die Macht zu, die Exekutive in dieser Weise zu beschränken. Das vermochte nur ein aktuell geltender, unmittelbar anwendbarer Rechtsbefehl zu leisten. Die gerade in der Kommentierung *Anschütz'* immer wieder anzutreffende Formulierung, dieses oder jenes Grundrecht sei nicht an den Gesetzgeber, sondern nur an die Exekutive bzw. die Judikative adressiert, verweist auf die Zugriffsmöglichkeiten des Gesetzgebers, anerkennt aber bereits implizit die Rechtssatzqualität der entsprechenden Bestimmung. Konkret: Liegt eine gesetzliche Eingriffsermächtigung nicht vor, erweist sich ein Zugriff der Exekutive als ungesetzlich und damit zugleich als verfassungswidrig.

21
Leerlaufen der Grundrechte?

b) In der Weimarer Debatte und danach war oft von einem „Leerlaufen" der Grundrechte[77] die Rede, was ihrer vermeintlichen Bedeutungslosigkeit oder Geltungsschwäche besonders plastischen Ausdruck verlieh. Man verstand darunter den Umstand, daß bei (weitgehendem und nicht weiter eingeschränktem) Gesetzesvorbehalt die Rechtslage eigentlich gar keine andere war als ohne die verfassungsrechtliche Gewährleistung. So befand *Anschütz* etwa bei Art. 114 WRV in Aufnahme einer Wendung von *Richard Thoma*[78] kurz und bündig, dessen erster Absatz sei „leerlaufend und überflüssig ..., indem er nichts sagt, was nicht ohnehin gilt"[79]. Was aber galt ohnehin?

22
Gesetzmäßigkeit der Verwaltung

Was ohnehin galt, war ein allgemeiner Rechtsgrundsatz aus der konstitutionellen Epoche, demzufolge staatliche Eingriffe in Freiheit und Eigentum der gesetzlichen Ermächtigung bedurften[80]. *Georg Jellinek* hatte die Lage auf den Punkt gebracht: „Das Individuum soll vom Staate zu keiner gesetzwidrigen Leistung herangezogen werden und hat demnach einen auf Anerkennung seiner Freiheit beruhenden Anspruch auf Unterlassung und Aufhebung der diese Norm überschreitenden Befehle. Alle Freiheit ist einfach Freiheit von gesetzwidrigem Zwange"[81]. Konsequenterweise kannte er dann auch im Grunde nicht viele einzelne Freiheitsrechte, sondern nur einen (umfassenden) Freiheitsanspruch. Diesen Gedanken aufgreifend und auf die Lage unter der Weimarer Reichsverfassung anwendend, gelangte *Anschütz* dann zu seiner nicht minder berühmten Formulierung, wonach die Grundrechte „eine kasuistisch gefaßte Darlegung jenes allgemeinen formalen Prinzips (sind), wonach die Verwaltungsorgane, dem Leitgedanken des Rechtsstaats entsprechend, in Freiheit und Eigentum des einzelnen nur auf Grund und innerhalb der Schranken des Gesetzes eingreifen dürfen (Prinzip der Gesetzmäßigkeit der Verwaltung)"[82].

23
Stärke tradierter rechtsstaatlicher Doktrin

Das heißt aber: Wenn Grundrechte als leerlaufend bezeichnet wurden, weil die Freiheitsverbürgung auf einen allgemeinen Rechtssatz gestützt werden konnte, so spricht das weniger gegen die Weimarer Grundrechte (im Sinne

---

77 Die Wendung geht wohl zurück auf *Richard Thoma*, Grundrechte und Polizeigewalt, in: FG 50 Jahre Preußisches Oberverwaltungsgericht, 1925, S. 183 ff. (195, 196).
78 *Thoma* (FN 77), S. 196.
79 *Anschütz* (Bibl.), Art. 114 Nr. 7 (S. 546). Die Beispiele ließen sich vermehren.
80 Grundlegende Darstellung bei *Dietrich Jesch*, Gesetz und Verwaltung, 1961.
81 *Georg Jellinek*, System der subjektiven öffentlichen Rechte, ²1905, S. 103.
82 *Anschütz* (Bibl.), S. 511. Er ergänzt hier übrigens: „anderseits enthalten sie materiellrechtliche Grundsätze, welche als Richtlinien spezialgesetzlicher Ausgestaltung gedacht sind".

ihrer vermeintlichen Überflüssigkeit) als für die Durchsetzungskraft jenes allgemeinen rechtsstaatlichen Prinzips und die Annahme seiner ungebrochenen Weitergeltung unter gänzlich anderen verfassungsstrukturellen Vorzeichen. Nicht die Schwäche der Weimarer Grundrechte spiegelt sich hier, sondern die Stärke der tradierten rechtsstaatlichen Doktrin. Das Leerlaufen wurde, anders gesagt, nur möglich, weil gleichsam über und außerhalb der konkreten Grundrechtsgewährleistungen der allgemeine Gedanke der Freiheit des Einzelnen vor gesetzwidrigem Zwange als fest etabliert angesehen wurde, so daß man die Grundrechte dann als „Hervorhebungen einzelner Anwendungsfälle des allgemeinen Anspruchs auf Unterlassung ungesetzlicher Handhabung der öffentlichen Gewalt"[83] anzusehen vermochte. Grundrechte konnten leerlaufen, weil der Freiheitsschutz gegen den Zugriff der Exekutive über den allgemeinen Freiheitsgedanken bzw. dessen Ausprägung im Grundsatz der Gesetzmäßigkeit der Verwaltung gesichert war.

c) Freilich: Das alles galt in bezug auf die Exekutive. Gegen *gesetzwidrigen* Zwang war man geschützt – was aber war mit *gesetzmäßigem* Zwang? An Schutzpotentiale der Grundrechte gegen die Legislative, also an Garantien der Verfassung gegen den Gesetzgeber nach dem Modell Österreichs[84] war offenbar nicht gedacht.

24
Zulässigkeit gesetzmäßigen Zwangs?

Damit ist die Bindung des Gesetzgebers angesprochen. Auch hier ist allerdings wieder Differenzierung geboten. Denn entgegen den teils schon in Weimar, teils erst später entwickelten formelhaften Umschreibungen erfaßt man die Lage eben nicht richtig und vollständig, wenn man für Weimar konstatiert, daß hier Grundrechte „nur im Rahmen der Gesetze" gegolten hätten[85]. Denn „den" (einen) Gesetzgeber als identifizierungsfähiges Organ im Singular gab es nicht. Vielmehr war von einer Pluralität von Legislativorganen mit durchaus unterschiedlicher Eingriffsreichweite und -tiefe auszugehen. Schon die normtextlich durchaus differenzierten Gesetzesvorbehalte machten klar, daß man insofern eine Hierarchie von Gesetzgebern und demgemäß Stufungen der Geltungskraft der Grundrechte in Rechnung zu stellen hatte: Je nachdem, ob etwa jedes Landes- und Reichsgesetz oder nur ein reichsverfassungsänderndes Gesetz den Zugriff auf das Grundrecht gestattete. Den Stufungen des Gesetzgebers entsprachen Stufungen der Sicherung des jeweiligen Grundrechtes. Dafür gab es in der vorangegangenen Verfassungsepoche nun keine Parallele.

25
Pluralität von Legislativorganen

Richard Thoma nahm auf der Grundlage dieses Normbefunds eine Klassifizierung der Grundrechte nach ihrer Festigkeit gegenüber dem Zugriff des (jeweiligen) Gesetzgebers vor, die überwiegend auf Zustimmung stieß[86]. Läßt man hier die sog. Polizeifestigkeit und die Ausnahmebestimmungen kraft

26
Klassifizierung der Grundrechte nach Zugriffsfestigkeit

---

83 Nochmals *Anschütz* (Bibl.), S. 511.
84 Dazu unten RN 59 ff.
85 *Herbert Krüger*, Grundgesetz und Kartellgesetzgebung, 1950, S. 12; kritisch dazu auch *Stern*, Staatsrecht (LitVerz.), Bd. III/1, S. 124 sowie *Gusy*, WRV (Bibl.), S. 285.
86 Zuerst *Thoma* (FN 77), S. 183 ff.; ausgebaut und verfeinert bei *dems.* (Bibl.), S. 33 ff.; Zustimmung etwa bei *Hensel* (Bibl.), S. 31; *Anschütz* (Bibl.), S. 517 ff.; *Gebhard* (Bibl.), S. 443 f.

Diktaturgewalt des Reichspräsidenten einmal fort, so ergeben sich im wesentlichen drei Wirkungsgrade grundrechtlicher Garantien, gemessen an der Eingriffs- und Zugriffsmöglichkeiten des Gesetzgebers. Den höchsten Rang nehmen dabei die *reichsverfassungskräftigen Grundrechte* ein, „die gegen jeden Eingriff außer dem durch verfassungsänderndes Reichsgesetz gesichert sind"[87], beispielsweise Art. 109, 110 Abs. 2, 112 Abs. 2, 3, 116, 135, 136 und andere mehr. Es folgen die *reichsgesetzkräftigen* Grundrechte, bei denen dem Landesgesetzgeber (insbesondere auch aufgrund der Landesgesetze über die Polizeigewalt) der Zugriff versagt ist und nur durch Reichsgesetze Einschränkungen möglich sind, beispielsweise Art. 111, 112 Abs. 1, 117, 123 Abs. 2, 151 Abs. 3 und andere mehr. Die dritte und *unterste Stufe* markierte dann jene Grundrechte, die durch Reichs- und Landesgesetze (formeller wie materieller Art) einschränkbar waren. Hier – und nur auf dieser Stufe! – konnte von einem Leerlaufen der Grundrechte in dem oben angesprochenen Sinne die Rede sein, weil wegen der Geltung des rechtsstaatlichen Prinzips der Gesetzmäßigkeit der Verwaltung die Rechtslage mit oder ohne explizite grundrechtliche Regelung die gleiche war. Einschlägig sind insofern Art. 114 Abs. 1, 115, 122 Abs. 2, 153 Abs. 1, 154 WRV.

27
Leerlaufen der Grundrechte nur auf dritter Stufe

Im Ergebnis heißt das also, daß nicht jedes Grundrecht jedem Gesetzgeber gegenüber schutzlos ausgeliefert war. Eine gewisse und nicht gering zu schätzende Sicherungs- und Schutzfunktion entfalteten jedenfalls bestimmte Grundrechte zum einen gegen den Landesgesetzgeber, zum anderen gegenüber dem einfachen Reichsgesetzgeber. Hier war es, wie sich auch in der Einzelkommentierung durch *Anschütz* jeweils genau niederschlägt, mit dem Hinweis auf das Leerlaufen nicht getan. Zuweilen war, etwa wegen des Merkmals „allgemein" in Art. 118 Abs. 1 Satz 1 WRV, die Rubrizierung eines Grundrechts in die untere Stufe problematisch und mußte letztlich aufgegeben werden, weil eben nicht jedes, sondern nur ein in bestimmter Weise ausgezeichnetes, „allgemeines" Gesetz zur Schrankenziehung tauglich war[88]. Und wenn ein Grundrecht nicht zur dritten und untersten Stufe gehörte, so zog es eben nicht nur der Verwaltung, sondern auch der Gesetzgebung (im Falle der reichsverfassungskräftigen Grundrechte sogar der Reichsgesetzgebung) Schranken[89]. Vor allem aber war es der Landesgesetzgeber, der den Bestimmungen der Reichsverfassung und damit auch denen des Grundrechtsteils unterlag, die entgegenstehendes Recht nicht nur nach der *lex posterior*-Regel brachen, son-

---

[87] *Anschütz* (Bibl.), S. 517. Die Unterscheidung dieser in solche ersten und zweiten Grades stellt auf die (hier beiseite gelassene) Diktaturfestigkeit ab.
[88] Eingehend *Anschütz* (Bibl.), Art. 118 Nr. 1 ff. (S. 551 ff.). Auch im Falle von Art. 142 WRV (Freiheit von Kunst und Wissenschaft) nimmt er, in Abwendung von seiner früheren Einschätzung, nicht mehr ein leerlaufendes Grundrecht an, sondern verlangt ein allgemeines Gesetz: Art. 142 „bindet nicht nur die Verwaltung an das Gesetz, sondern auch das Gesetz selbst. Nicht so weit, daß Gesetze, welche die Kunst und Wissenschaft beschränken, überhaupt nicht erlassen werden dürfen, aber doch so, daß, wie in den Fällen der Art. 118 und 135, nur allgemeine Gesetze zugelassen sind, besondere dagegen, Sondergesetze, nicht".
[89] Deutlich *Anschütz* (Bibl.), Art. 135 Nr. 4 mit FN 4 (S. 619), Art. 136 Nr. 4 (S. 625 ff.), Art. 142 Nr. 3 (S. 660).

dern ihm auch als *lex superior* vorgingen. Die Judikatur des Reichsgerichts bot dafür hinlängliches Anschauungsmaterial[90].

3. Grenzen der Grundrechtseinschränkung?

a) Insbesondere die reichsverfassungskräftigen Grundrechte waren angesichts der politischen Situation, in der für Verfassungsänderungen häufig die notwendigen Mehrheiten fehlten, in ihrem Sicherungseffekt nicht zu unterschätzen. Auch bleibt zu berücksichtigen, daß die Grundrechte am Verfassungsrang partizipierten und von daher nicht einfach ignoriert werden konnten[91]. Das hatte dann durchaus relevante Folgen für ihre Veränderbarkeit und die Frage, wer im Einzelfall ändern, abschaffen oder auch nur eingreifende Regelungen erlassen durfte[92].

28 Sicherungseffekt reichsverfassungskräftiger Grundrechte

Diese prozeduralen Schutzwirkungen konnten aber nichts daran ändern, daß nach herrschender Meinung in materieller Hinsicht die Einschränkungsmöglichkeiten durch den je nach Stufung befugten Gesetzgeber ihrerseits inhaltlich nicht beschränkt waren, es also für die Grundrechte keinen „absoluten Schutz" und keinen unantastbaren Kernbereich gab. Zumindest der Reichsverfassungsänderungsgesetzgeber konnte die Grundrechte allesamt abschaffen, der Reichsgesetzgeber die ihm anheimgegebenen Grundrechte bis zur Bedeutungslosigkeit einschränken, desgleichen der zuständige Landesgesetzgeber den grundrechtlichen Freiheitsgehalt bis auf Null reduzieren. *Carl Schmitt* formulierte drastisch, aber angesichts der herrschenden Meinung sachlich keineswegs unzutreffend: „Durch verfassungsänderndes Gesetz aber können nach der in Deutschland, insbesondere in den führenden Kommentaren von Anschütz, Giese und Poetzsch-Heffter vertretenen Auffassung auch diejenigen Bestimmungen des zweiten Hauptteils, die nicht leerlaufend sind, sowohl einzeln, wie überhaupt mit dem ganzen Grundrechtsteil in toto, ohne weiteres und unterschiedslos geändert, durchbrochen, aufgehoben, vertilgt und vernichtet werden. Dem Art. 76 wäre danach die ganze Reichsverfassung unterworfen"[93].

29 Fehlen eines unantastbaren Kernbereichs

Freilich ist auch hier erneut Differenzierung geboten. Denn wenn hier implizit Unantastbarkeitszonen für den *verfassungsändernden Gesetzgeber* eingeklagt wurden, so betraf das nur eine Seite des Problems – und noch nicht einmal die praktisch wichtigste (dazu b). Von weitaus größerer Bedeutung auch und

30 Grenzen für Grundrechtsbeschränkungen durch den einfachen Gesetzgeber?

---

90 *Hensel* (Bibl.), S. 8 ff. (z. B. Verstoß von sächsischen bzw. preußischen Altersgrenzengesetzen gegen Art. 137 Abs. 3 S. 1 bzw. 129 Abs. 1 S. 3 WRV). – Die „Grundrechtswirkung kraft Derogation" unterstreicht auch *Gusy*, WRV (Bibl.), S. 281.
91 Vgl. *Giese* (FN 34), S. 243: „Die Grundrechtssätze sind zunächst für die gesetzgebenden Faktoren verbindlich, die sich ihnen, da sie verfassungsmäßig verankert sind, nur durch verfassungsänderndes Gesetz dauernd oder einmalig entziehen können". Siehe auch *Stier-Somlo* (FN 60), S. 437; *Gebhard* (Bibl.), S. 443.
92 Zu den Art. 129-131 heißt es bei *Anschütz* (Bibl.), Art. 129 Nr. 2 (S. 591): „Die Bedeutung dieser Artikel liegt darin, daß die in ihnen enthaltenen Sätze Reichsverfassungsrecht darstellen, infolgedessen jeder Änderung durch Landesgesetz, ja selbst durch einfaches Reichsgesetz entrückt sind".
93 *C. Schmitt* (Bibl.), S. 587.

gerade für den Rechtsalltag war die Frage, ob es nicht gleichsam eine Stufe zuvor Grenzen für den grenzenziehenden *einfachen Gesetzgeber* (auf Reichs- oder Landesebene) geben müßte, gleichsam eine Art von Aushöhlungs- oder Kernbestandsschutz gegen den einfachen (nicht zwingend auch und zugleich den verfassungsändernden) Gesetzgeber (dazu c). Hier spielen auch die institutionellen Garantien eine Rolle (d).

31
Fehlende Ewigkeitsgarantie als Ausdruck kollektiver Selbstherrschaft

b) Was zunächst die von der herrschenden Meinung postulierte Grenzenlosigkeit der Verfassungsänderung gemäß Art. 76 WRV betrifft, so bot weder der Verfassungstext noch die deutsche konstitutionelle Verfassungsgeschichte Anhaltspunkte für eine andere Deutung; auch in der Wissenschaft war ein anderes Verständnis bis zum Ende des Ersten Weltkrieges nicht eingefordert worden[94]. Demgemäß ging man von einer „plenitudo potestatis der Verfassungsänderung"[95] auch in Weimar aus. *Anschütz* formulierte unmißverständlich: Verfassungsänderungen seien möglich „ohne Unterschied des Inhalts und der politischen Tragweite. Auf dem durch Art. 76 geregelten Gesetzgebungswege können (...) Verfassungsrechtsänderungen jeder Art bewirkt werden: Nicht nur minder bedeutsame, mehr durch technische als durch politische Erwägungen bedingte, sondern auch bedeutsame, einschließlich solcher, die sich auf die rechtliche Natur des Reichsganzen (Bundesstaat), die Zuständigkeitsverteilung zwischen Reich und Ländern, die Staats- und Regierungsform des Reichs und der Länder (Republik, Demokratie, Wahlrecht, Parlamentarismus, Volksentscheid, Volksbegehren) und andere prinzipielle Fragen (Grundrechte!) beziehen. Die ... verfassungsändernde Gewalt ist gegenständlich unbeschränkt"[96]. Wenn vor dem Hintergrund der Ewigkeitsgarantie des Art. 79 Abs. 3 GG heutzutage jene grenzenlose Verfügbarkeit mit dem Selbstmord-Argument[97] für absurd erklärt und ein unantastbarer Verfassungskern für geradezu alternativlos erklärt wird, so sollte man bedenken, daß auch die Ewigkeitsgarantien nicht ganz unproblematisch sind und mit ihren eigenen Problemen zu kämpfen haben, insbesondere mit der Grundidee demokratischer Selbstherrschaft nicht ohne weiteres zu vereinbaren sind und ein Grenzproblem verfassungsstaatlicher Ordnung offenbaren[98]. Von daher ist es kein Zufall, daß sich in den Gründungsdokumenten moderner Verfassungsstaatlichkeit, den Verfassungen der amerikanischen und der französischen Revolution, dergleichen Sicherungen nicht finden[99]. Nun war die Lage in Weimar insofern anders, als hier für die Verfassungsänderung mit dem Zweidrittelerfordernis zwar angesichts der parteipolitischen Entwicklung faktisch, nicht aber normativ besonders hohe Hürden gesetzt waren. Aber auch insofern galt, daß die Propagandisten der herrschenden Meinung diese Offenheit zu

---

94 Vgl. *H. Dreier*, GG (LitVerz.), Bd. II, Art. 79 Abs. 3 RN 1 m.w.N.
95 *Richard Thoma*, Grundbegriffe und Grundsätze, in: Anschütz/ders.(Hg.), Handbuch des Deutschen Staatsrechts, Bd. II, 1932, § 71, S. 108 ff. (154).
96 *Anschütz* (Bibl.), Art. 76 Nr. 3 (S. 403).
97 Zahlreiche Belege dafür bei *Horst Meier*, Parteiverbot und demokratische Republik, 1993, S. 146 ff.
98 *H. Dreier*, GG (LitVerz.), Bd. II, Art. 79 Abs. 3 RN 14.
99 Dazu und dem frühen, aber punktuell gebliebenen norwegischen Vorläufer *H. Dreier*, GG (LitVerz.), Bd. II, Art. 79 Abs. 3 RN 1.

umfassender Um- und Neugestaltung mit einem ausdrücklichen Bekenntnis zur Demokratie als Form kollektiver Selbstherrschaft verbanden und insofern als bewußt eingegangenes Freiheitswagnis begriffen. Man betrachtete den in der Legislative kondensierten Volkswillen als entscheidende und alternativlose letzte Zurechnungsgröße.

Schließlich: Die in der Diskussion der Weimarer Staatsrechtslehre insbesondere von *Carl Schmitt* vertretene Gegenposition bewirkte mit ihrer Unterscheidung zwischen Verfassung und Verfassungsgesetz[100] und ihrer Herleitung immanenter Schranken der Verfassungsänderung „eine quasinaturrechtliche Aushebelung des positiven Rechts (...), methodisch ganz ungesichert und in ihren praktischen Folgerungen unabsehbar"[101]. Diese Unwägbarkeit dokumentierte sich nicht zuletzt darin, daß *Schmitt* einen „Katalog von Unantastbarkeiten", wie ihn Art. 79 Abs. 3 GG aufstellt, ablehnte und ihn spöttisch mit den unpfändbaren Sachen bei der Zwangsvollstreckung verglich[102]. Überhaupt darf man nicht vergessen, daß Intention und Stoßrichtung jener Argumentationsfigur keineswegs zur Stabilisierung der gefährdeten jungen Republik gedacht waren. Hellsichtig hatte *Richard Thoma* das erkannt und angemerkt, *Schmitts* Lehre laufe „nicht auf eine besondere Heiligung, sondern auf eine Entwertung der geschriebenen Verfassungen hinaus, denen eine Härte angedichtet wird, an der sie unter Umständen zerspringen müssen"[103]. Insgesamt ergab sich so die jedenfalls aus heutiger Sicht durchaus paradoxe Lage, daß überzeugte Republikaner und Demokraten wie *Anschütz* und *Thoma*, „die die Republik in ihrer verfassungsmäßigen Form erhalten wollten, gegen eine Beschränkung der Verfassungsänderung auftraten, während ein Großteil derjenigen, denen die Republik wenig erhaltenswert erschien, die ‚Grenzen der Verfassungsänderung' betonten"[104].

32
Herleitung immanenter Schranken der Verfassungsänderung

c) Nun war es, das einigermaßen leidliche Funktionieren der Republik vorausgesetzt, politisch außerordentlich unwahrscheinlich, daß es zu einer flächendeckenden Gesamtbeseitigung des Grundrechtskataloges oder auch nur der punktuellen Auslöschung eines Grundrechts auf dem dafür vorgesehenen verfassungsmäßigen Weg expliziter Verfassungsänderung kommen würde[105]. Die *Grenzen der Verfassungsänderung* blieben so ein eher theoretisches Problem. Für die reale Reichweite und Wirkungskraft der Grundrechte in der Rechtsordnung ist von erheblich größerer Bedeutung, ob es für den zur Einschränkung befugten Gesetzgeber seinerseits irgendwelche Schranken gibt oder ob das Gebrauchmachen vom Gesetzesvorbehalt – ganz unabhängig von und ohne die Notwendigkeit einer Verfassungsänderung – bis zur totalen Aushöhlung der grundrechtlich gewährleisteten Freiheitsräume führen kann. Leer-

33
Ansätze zur Begründung von Grenzen des Gesetzesvorbehalts

---

100 *Carl Schmitt,* Verfassungslehre, 1928, S. 11 ff., 25 f., 102 ff.; dazu und zu ähnlichen Positionen *Horst Ehmke,* Grenzen der Verfassungsänderung, 1953, S. 33 ff., 53 ff.
101 *Stolleis* (Bibl.), S. 114. Zeitgenössisch *Ule* (FN 60), S. 87 ff., mit dem Vorwurf der Begriffsjurisprudenz.
102 *Carl Schmitt,* Zehn Jahre Reichsverfassung, JW 1929, S. 2313 (2314).
103 *Thoma* (Bibl.), S. 45. Nähere Analyse zu *Schmitt* bei *Hasso Hofmann,* Legitimität gegen Legalität (1964), ³1995, S. XIII ff., 124 ff., 157 f.; w.N. bei *H. Dreier,* Staatsrechtslehre (Bibl.), S. 13 m. FN 19.
104 *Stolleis* (Bibl.), S. 114.
105 Und dazu ist es ja auch, was hier festgehalten sei, 1933 nicht gekommen: vgl. *Stolleis* (Bibl.), S. 113 f.

laufen der Grundrechte bedeutete insofern nicht ihr Überflüssigsein im Sinne einer auch ansonsten gegebenen Rechtslage, sondern die Möglichkeit ihrer vollständigen Aushöhlung und Vernichtung ihres freiheitsgewährenden Gehalts. Hier ging es sehr viel praxisrelevanter und folgenreicher um *Grenzen des Gesetzesvorbehalts*. Derartige „Schranken-Schranken", von denen heute dem unter dem Grundgesetz entwickelten (in ihm aber normtextlich nicht verankerten) Grundsatz der Verhältnismäßigkeit überragende Bedeutung zukommt[106], waren in Judikatur und Literatur der Weimarer Zeit noch weitgehend unbekannt[107]. Doch ist bemerkenswert, daß gegen Ende der 20er Jahre erste Überlegungen Platz griffen, die in die angedeutete Richtung wiesen. Es war vor allem *Albert Hensel*, der erstmals in seiner Analyse zur Grundrechtsjudikatur des Reichsgerichts die Frage nach dem Zweck (und implizit nach den Grenzen) des Gesetzesvorbehalts aufwarf und anmerkte: „Vielleicht könnte aber doch eine vertiefte Einsicht aus dem Charakter der ‚Ausnahmen', die der Gesetzesvorbehalt zuläßt, zum mindesten eine *Schranke für den Gesetzgeber selbst* gewonnen werden, denn in der Rechtsstaatsordnung ist ‚Ausnahme' und namentlich Gesetzesausnahme nicht ein Formalbegriff, sondern ein Begriff mit ganz bestimmten normlogischen Inhalten"[108]. Und an anderer Stelle den Faden wieder aufnehmend, deutet *Hensel* die Richtung an, in die eine solche Begrenzung des grundrechtsbegrenzenden Gesetzgebers gedanklich gehen müßte. Nach Rekapitulation der *Thoma*schen Stufenlehre schreibt er: „Eine Ergänzung dieser – nur die formalen Rangordnungsunterschiede treffsicher erfassenden – Vorbehaltstheorie aus dem den Grundrechten innewohnenden Wertgedanken heraus fehlt bisher. Sie müßte etwa dahingehend formuliert werden, daß der Gesetzgeber, wenn er von dem Vorbehalt Gebrauch macht, den Wert der grundrechtlichen Entscheidung unangetastet lassen muß; die Ausnahme hat die Regel zu bestätigen, hat sich dem in ihr beschlossenen Werte gegenüber selbst als werthaft, ja als höherwertig zu rechtfertigen. Die werthafte Einheit, welche die Verfassung darstellt, zum mindesten darstellen soll, darf auch durch Ausübung des Vorbehaltsrechts nicht gesprengt werden. (...) Durch eine solche materiell begründete Theorie vom Gesetzesvorbehalt werden viele der angeblich leerlaufenden Grundrechte auf eine ihrer verfassungsrechtlichen Bedeutung entsprechende Rang- und Wertstufe erhoben"[109]. Und in einer kurz vor dem Ende der Republik erschienenen kleinen Abhandlung protestiert *Hensel* noch einmal gegen die Vorstellung, daß sich mit den Gesetzesvorbehalten die Grund-

---

106 Statt aller *Bernhard Schlink,* Der Grundsatz der Verhältnismäßigkeit, in: Peter Badura/Horst Dreier (Hg.), FS 50 Jahre Bundesverfassungsgericht, Bd. II, 2001, S. 445 ff.
107 Zum Beleg siehe nur *Hans Kelsen,* Allgemeine Staatslehre, 1925, S. 155 f.
108 *Hensel* (Bibl.), S. 31 (Hervorhebung von mir, H.D.). In eine ähnliche Richtung geht das rechtsstaatliche Verteilungsprinzip bei *Carl Schmitt,* für das der Gedanke tragend ist, daß die grundrechtliche Freiheit des einzelnen die (prinzipiell grenzenlose) Regel, der staatliche Eingriff aber immer die begründungsbedürftige und aus sich heraus begrenzte, meßbare Ausnahme sein müsse; vgl. etwa *C. Schmitt* (FN 100), S. 166 f.
109 *Albert Hensel,* Die Rangordnung der Rechtsquellen, insbesondere das Verhältnis von Reichs- und Landesgesetzgebung, in: Anschütz/Thoma (FN 95), § 84, S. 313 (316 FN 2).

rechtsverbürgungen aus den Angeln heben ließen, da dies bedeute, „daß die Ausnahme die Regel beseitigt, anstatt sie zu bestätigen"[110].

Natürlich war damit noch nicht das Verhältnismäßigkeitsprinzip, wie wir es heute kennen, aus der Taufe gehoben. Dessen überragende Bedeutung, die es in der Judikatur des Bundesverfassungsgerichts und weit darüber hinaus entfaltet, beruht ja auf einer dreigliedrigen Prüfungsstruktur, in der Zweck-Mittel-Relationen und Güterabwägungen in eine nachvollziehbare und insofern rationalitätsverbürgende Struktur gebracht sind. So differenziert waren die Überlegungen *Hensels* zweifelsohne noch nicht. Sie gingen eher in Richtung eines etwas pauschaleren Wesensgehaltsschutzes nach Art des Art. 19 Abs. 2 GG[111], der in der Verfassungsordnung der Bundesrepublik freilich auch und gerade deswegen kaum Bedeutung erlangt hat, weil die feindosierte Schranken-Schranke der Verhältnismäßigkeit als eine weit vorgeschobene Sicherungslinie fungiert, die den grundrechtlich geschützten Freiraum abschirmt, lange bevor die sehr viel höhere Hürde des Wesensgehaltes erreicht ist[112]. Dennoch waren *Hensels* Überlegungen zweifelsohne erste Schritte auf dem Weg vom Vorbehalt des Gesetzes, der Grundrechtseingriffe der Exekutive ohne gesetzliche Grundlage abwehrt, hin zum Vorbehalt des verhältnismäßigen Gesetzes, der auch und gerade vor zu weitgehenden Grundrechtseingriffen des Gesetzgebers schützt[113].

34
Vom Vorbehalt des Gesetzes zum Vorbehalt des verhältnismäßigen Gesetzes

d) Eine ähnliche Stoßrichtung zur Sicherung der Grundrechte gegenüber einem sie qua Gesetzesvorbehalt gleichsam aushöhlenden Gesetzgeber kennzeichnet die namentlich von *Carl Schmitt*[114] in Anknüpfung an einschlägige Überlegungen von *Martin Wolff*[115] entwickelte Lehre von den institutionellen Garantien[116]. Auch hier war der – zuweilen offen antiparlamentarisch ausgerichtete[117] – Grundgedanke, daß der Gesetzgeber den Kernkomplex des jeweiligen Instituts nicht zerstören oder bis zur Bedeutungslosigkeit aushöhlen dürfe, sondern zu bewahren und auszugestalten habe. Der Zweck der verfassungsgesetzlichen Regelungen wurde gerade darin gesehen, „eine Beseiti-

35
Lehre von den institutionellen Garantien

---

110 *Albert Hensel,* Grundrechte und Verfassungsreform, DJZ 1933, Sp. 42 (44f.).
111 Siehe *Peter Häberle,* Die Wesensgehaltgarantie des Art. 19 Abs. 2 Grundgesetz, ³1982, S. 203 ff. m. FN 445; *Ekkehart Reimer/Christian Waldhoff,* Einleitung, in: Albert Hensel, System des Familiensteuerrechts, eingeleitet und hg. v. Ekkehart Reimer/Christian Waldhoff, 2000, S. 1 (115, 117, 123).
112 *H. Dreier,* GG (LitVerz.), Bd. ²I, Art. 19 Abs. 2 RN 17.
113 *Bernhard Schlink,* Freiheit durch Eingriffsabwehr – Rekonstruktion der klassischen Grundrechtsfunktion, EuGRZ 1984, S. 457 (459f.).
114 *C. Schmitt* (FN 100), S. 170 ff. Zu Entstehung und Entfaltung akribisch *Ute Mager,* Einrichtungsgarantien. Entstehung, Wurzeln, Wandlungen und grundgesetzgemäße Neubestimmung einer dogmatischen Grundfigur des Verfassungsrechts, 2003, S. 21 ff.; knapper *Gusy,* WRV (Bibl.), S. 277f.
115 *Martin Wolff,* Reichsverfassung und Eigentum, in: FG Kahl, 1923, Teil IV, S. 5f.
116 *C. Schmitt* (Bibl.), S. 595f., führte später eine begriffliche Unterscheidung zwischen institutionellen Garantien und Institutsgarantien ein und verstand unter „institutionellen" Garantien solche des öffentlichen Rechts (kommunale Selbstverwaltung, Berufsbeamtentum), unter Institutsgarantien solche des privaten Rechts (Eigentum, Erbrecht, Ehe). *Anschütz* (Bibl.), S. 520 FN 2, charakterisiert diese Differenzierung als „wohl etwas zu subtil"; → Bd. II: *Kloepfer,* Einrichtungsgarantien.
117 Auf diese antiparlamentarische Stoßrichtung weist treffend hin *Stolleis* (Bibl.), S. 111. Daß einige Protagonisten entsprechende Intentionen eines Bollwerks gegen den Marxismus verfolgten, zeigt *Mager* (FN 114), S. 23 f.

gung im Wege der einfachen Gesetzgebung unmöglich zu machen"[118]. Diese Überlegungen fanden auch bei Positivisten wie *Thoma* und *Anschütz* Anklang[119]. *Thoma* qualifizierte die entsprechenden Verfassungsbestimmungen als „rechtswirksame, an die Legislative gerichtete Verbote, in der Ausgestaltung des Instituts diejenigen äußersten Grenzen zu überschreiten, jenseits deren das Institut als solches vernichtet oder denaturiert wäre"[120]. Und *Anschütz* faßte die Wirkung der entsprechenden Garantien dahin, daß das Institut „gegen völlige Abschaffung" oder auch nur Verletzung seines Wesensminimums mit Reichsverfassungskraft geschützt „und der einfachen Gesetzgebung nur gestattet ist, innerhalb der hiermit bezeichneten Schranken die Einzelheiten des Instituts zu regeln"[121]. Wiederum ergibt sich hier in auffälligem Gegensatz zur sonst gern pauschal genommenen Maxime, derzufolge sich die Grundrechte in Weimar nicht an den Gesetzgeber richteten, ein anderes Bild, wie es sich etwa in *Anschütz'* Kommentierungen der Eigentumsgarantie[122] oder von Ehe und elterlicher Erziehungspflicht[123] niederschlägt. Auf der konkreten Ebene dogmatischer Kommentierungsarbeit offenbarte sich so, daß die neue Lehre von den Institutsgarantien die Grundrechtsbindung des Gesetzgebers geradezu voraussetzte[124].

III. Wirkungskraft der Gesetzgebungsaufträge und sozialen Grundrechte

36
Soziale Grundrechte zur Förderung gesellschaftlichen Fortschritts

Die dem Sozial- und Wirtschaftsleben gewidmeten Regelungen des Zweiten Hauptteils konnten unmittelbare Geltung wie die klassischen Grundrechte nicht für sich reklamieren. Bei den sozialen Grundrechten und Gesetzgebungsaufträgen handelte es sich nun wirklich nicht um schon geltendes, sondern erst noch zu schaffendes Recht, und die Bestimmungen legten dem Gesetzgeber nicht Schranken auf, sondern gaben ihm Handlungsaufträge. Gleichwohl kam eine gewisse „Bindung" für den Gesetzgeber dabei insofern in Frage, als diesem durch die Aufträge, Direktiven und Staatsziele gleichsam Objekt und Richtung seiner Realisierungs- und Ausgestaltungsaufgabe vorgegeben waren. Man kann insofern mit einem vielleicht gewöhnungsbedürftigen Ausdruck von „Grundrechtspolitik" sprechen[125] und damit vor allem den Ver-

---

118 *C. Schmitt* (FN 100), S. 170.
119 Freilich gab es auch Kritik und Ablehnung. Zum Meinungsstand umfassend *Friedrich Klein,* Institutionelle Garantien und Rechtsinstitutsgarantien, 1934, S. 50ff. Zur raschen Ausbreitung der Lehre noch *Gusy,* Grundrechte (Bibl.), S. 165 f.; aus heutiger Sicht *Kay Waechter,* Einrichtungsgarantien als dogmatische Fossilien, in: Die Verwaltung 29 (1996), S. 47 ff.
120 *Thoma* (Bibl.), S. 30.
121 *Anschütz* (Bibl.), S. 520.
122 *Anschütz* (Bibl.), Art. 153 Nr. 5 (S. 706): „Doch ist die Gewalt des Gesetzgebers ihrerseits keine unbeschränkte, und insoweit kann man ... sagen, daß die Eigentumsgarantie des Art. 153 nicht nur der Verwaltung, sondern auch der Gesetzgebung, und zwar nicht nur der Landesgesetzgebung, sondern auch der Reichsgesetzgebung gegenüber gelte". Nach Verweis auf die Rechtsinstitutsgarantie fährt er fort (S. 707): „Hier liegt eine grundsätzlich bedeutsame Schranke des Gesetzgebers".
123 *Anschütz* (Bibl.), Art. 119 Nr. 1 (S. 559f.), Art. 120 Nr. 3 (S. 563).
124 *Gusy,* Grundrechte (Bibl.), S. 167.
125 So *Gusy,* Grundrechte (Bibl.), S. 171 ff. Der Terminus begegnet früh bei *Peter Häberle,* Grundrechte im Leistungsstaat, in: VVDStRL 30 (1972), S. 43 (75); ausführlicher *René A. Rhinow,* Grundrechtstheorie, Grundrechtspolitik und Freiheitspolitik, in: FS Hans Huber, 1981, S. 427 ff.

such umschreiben, gesellschaftlichen Fortschritt mit den Mitteln des Rechts zu bewirken oder doch zumindest zu befördern[126]. Es machten sich im Laufe der Jahre starke Tendenzen in Judikatur und Literatur bemerkbar, sich von der ursprünglich dominierenden Vorstellung zu entfernen, wonach jenen Verfassungsbestimmungen jedweder faßbarer juristischer Gehalt abzusprechen und in ihnen nur unverbindliche ethische Maximen zu sehen seien. So leitet etwa *Hensel* seinen umfänglichen Bericht über die Grundrechte in der reichsgerichtlichen Entscheidungspraxis mit dem Hinweis ein, „auch den als ‚bloße Programmsätze, Richtlinien, Auslegungsgrundsätze' gekennzeichneten Grundrechten" könne „Rechtswirklichkeit insoweit zugesprochen werden, als die Rechtsprechung ihren immanenten Rechtsgehalt zu erfassen und zu verwenden versteht". Und er wagt sogar die These, „daß den bisher als Programmsätzen oder gar Proklamationen disqualifizierten Grundsätzen zum Teil wenigstens eine erhebliche Kraft der Rechtswirksamkeit zugesprochen" worden sei[127]. Mehr noch klang in bezug auf solche Normen, die nicht als aktuelles Recht gelten konnten, der Sache nach bereits so etwas wie die verfassungsorientierte Auslegung an[128]. Doch auch ganz unabhängig hiervon muß zur Ehrenrettung insbesondere der sozialen Grundrechte und Programmsätze gesagt werden, daß mit ihrer Aufnahme in die Verfassung Weimar der internationalen Menschenrechtsentwicklung namentlich der Zeit nach dem Zweiten Weltkrieg und ihren zentralen Dokumenten (UN-Deklaration über die Allgemeine Erklärung der Menschenrechte von 1948, Internationaler Pakt über wirtschaftliche, soziale und kulturelle Rechte von 1966) näher steht als das bundesdeutsche Grundgesetz, das mit seiner rigiden Insistenz auf justitiable, klassisch-liberale Grundrechte und seiner weitgehenden Abstinenz gegenüber sozialen und gesellschaftlichen Fragen auch im internationalen (und interföderalen) Verfassungsvergleich eher einen Ausnahmefall darstellt[129]. Bezeichnenderweise hat auch der Entwurf der Charta der Grundrechte der Europäischen Union vom Dezember 2000 nicht auf ein mit „Solidarität" überschriebenes Kapitel verzichtet, der u. a. von Arbeitnehmerrechten, sozialer Sicherheit und Gesundheitsschutz handelt. Daß und wie Verfassungsnormen nach Art der Programmsätze und Gesetzgebungsaufträge Funktionen erfüllen können, die eine nur auf Justitiabilität und unmittelbare Durchsetzbarkeit fixierte Betrachtung vernachlässigt, hat *Roman Herzog* in einem Rück- und Ausblick nach zwanzig Jahren Grundgesetz angedeutet. Das Grundgesetz, so der spätere Bundespräsident, habe auf ein Programm nach Weimarer Vorbild bewußt verzichtet, „freilich um den Preis, daß den gewaltigen Leistungen des Wiederaufbaus und des ‚Wirtschaftswunders' jener verfassungsrechtliche Leitstern fehlte, als der sich die Weimarer Verfassung zu günstigerer Stunde hätte erweisen können"[130].

---

[126] Zu den Ambivalenzen dieser Vorstellung *Rückert* (Bibl.), S. 228 ff.: „Ruhmesblatt und Danaergeschenk".
[127] *Hensel* (Bibl.), S. 1.
[128] *Hensel* (Bibl.), S. 4, 15 f. Zur verfassungsorientierten Auslegung heute *Horst Dreier*, Grundrechtsdurchgriff contra Gesetzesbindung?, in: Die Verwaltung 36 (2003), S. 105 (111 ff.).
[129] Wie hier *Albert Bleckmann*, Staatsrecht II – Die Grundrechte, ⁴1997, RN 7 f.
[130] *Roman Herzog*, Der demokratische Verfassungsstaat in Deutschland – Entwicklung und Ausblick, JuS 1969, S. 397 (398).

IV. Die Grundpflichten

37
Keine unmittelbaren Rechtspflichten

Der Zweite Hauptteil der Weimarer Reichsverfassung handelte nicht nur von den Grundrechten, sondern auch von den Grundpflichten der Deutschen. Konkret wurden im einzelnen genannt die Erziehungspflicht der Eltern (Art. 120), die Pflicht zur Übernahme ehrenamtlicher Tätigkeiten (Art. 132), persönliche Dienstleistungspflichten (Art. 133), die Sachleistungspflicht (Art. 134), die Schulpflicht (Art. 145) sowie die Sozialpflicht des Eigentümers im allgemeinen (Art. 153 Abs. 3) und die Bodennutzungspflicht der Grundbesitzer (Art. 155 Abs. 1), ferner die sittliche Pflicht der Betätigung der geistigen und körperlichen Kräfte zum Wohl der Allgemeinheit (Art. 163)[131]. Grundpflichten stellten verfassungsgeschichtlich kein absolutes Novum dar[132], doch war diese konkrete Ausprägung durchaus ungewöhnlich, geprägt wiederum durch den „sozialstaatliche(n) Grundton"[133] der Verfassung[134]. Aus den genannten Normen konkrete rechtliche Fixierungen abzuleiten, fiel der zeitgenössischen Staatsrechtslehre aus durchaus nachvollziehbaren Gründen[135] nicht leicht. Doch wurden die Grundpflichten in ihrer verfassungsrechtlichen Dimension[136] nicht von allen so brüsk zurückgewiesen wie von *Hans Nawiasky*, der sie aus der Verfassung sogleich in ein „System der Staatsbürgerkunde" abdrängen wollte[137]. *Thoma* sah zwar in der Tat die verschiedenen Grundpflichten in der Sache reduziert auf die einzige (auch Nichtdeutsche treffende) Pflicht des Gesetzesgehorsams[138]. Damit war vor allem zum Ausdruck gebracht, daß eine unmittelbare Rechtspflicht kraft Verfassungsrangs und ohne gesetzliche Modifikations- und Konkretisierungsarbeit nicht anzunehmen war[139]. Das hielt ihn aber weder davon ab, in den entsprechenden Normen doch „vortreffliche Maximen" zu sehen noch – darüber hinausgehend – ihnen rechtlichen Gehalt zuzusprechen. Jeder einschlägige Artikel enthalte, so *Thoma*, „irgendeine rechtserhebliche Norm", die nur nicht an den einzelnen Bürger adressiert war, sondern im Sinne „eines, den Richter bindenden, richtungweisenden Werturteils" gefaßt wurde[140].

---

131 Die Liste der unter „Grundpflichten" rubrizierten Bestimmungen variierte; vgl. *Hofmann* (FN 50), § 114 RN 15.
132 Zur Vorgeschichte statt aller *Hofmann* (FN 50), § 114 RN 4 ff., 10 ff.
133 *Kühne* (FN 24), S. 2.
134 *Wilhelm Hofacker*, Grundrechte und Grundpflichten der Deutschen, 1926, S. 62, erschien die Aufführung der Grundpflichten „ziemlich wahllos".
135 So war etwa überdeutlich, daß die „sittliche Pflicht", von der Art. 163 Abs. 1 WRV sprach, eben keine Rechtspflicht sein konnte und wollte.
136 Dazu grundlegend *Hasso Hofmann*, Grundpflichten als verfassungsrechtliche Dimension, in: VVDStRL 41 (1983), S. 42 ff.
137 *Hans Nawiasky*, Die Grundgedanken der Reichsverfassung, 1920, S. 124. Zu verschiedenen weiteren Stimmen und Deutungen der Weimarer Grundpflichten *Klaus Stern*, Idee und Herkunft des Grundpflichtendenkens (1989), in: *ders.*, Der Staat des Grundgesetzes, 1992, S. 293 (300 ff.).
138 *Thoma* (Bibl.), S. 2.
139 So auch *Gebhard* (Bibl.), S. 445: „Keine dieser Grundpflichten aber ist in der RV. so bestimmt formuliert, daß sie unmittelbar anwendbares Recht schaffen würden; alle angeführten Bestimmungen bedürfen zu ihrer Durchführung besonderer gesetzlicher Maßnahmen, die die allgemeinen Rechtspflichten der RV näher konkretisieren und vollziehbar machen". Das war ganz h.M., wie sich etwa auch bei *C. Schmitt* (Bibl.), S. 597 zeigt.
140 *Thoma* (Bibl.), S. 29. Ähnlich *C. Schmitt* (Bibl.), S. 597: „Die Bedeutung dieser Verfassungsbestimmungen liegt in ihrer interpretatorischen, einen konsequenten Liberalismus mildernden Wirkung".

V. Fazit: Zur juristischen Bedeutung der Grundrechte in Weimar

Versucht man vor dem Hintergrund der bisherigen Darlegungen ein Resümee zur Geltungskraft und juristischen Bedeutung der Grundrechte in der Weimarer Reichsverfassung, so ist zunächst die Irrigkeit der verbreiteten These in Erinnerung zu rufen, bei jenen habe es sich lediglich um Programmsätze und nicht um unmittelbar geltendes, aktuelles Recht gehandelt[141]. Doch erweist sich letztlich als nicht minder irreführend die Auffassung, es habe durchweg an der Bindung des Gesetzgebers an die Grundrechte gemangelt. Überhaupt kann man sagen, daß sich als Schlüsselfrage nach der Wirkkraft der Weimarer Grundrechtsbestimmungen diejenige nach der Bindung namentlich des Gesetzgebers, aber auch der beiden anderen Gewalten stellt. Das sei im folgenden kursorisch erläutert (1. bis 3.), um am Ende nach Entwicklungspotentialen zu fragen (4.).

38
Geltungskraft der Weimarer Grundrechtsbestimmungen

1. Bindung des Gesetzgebers

a) Die These von der fehlenden Bindung „des" Gesetzgebers geht schon deswegen in die Irre, weil sie zu unspezifisch ist. Denn für den Landesgesetzgeber wirkten die Grundrechte der Weimarer Reichsverfassung, soweit sie aktuelles, unmittelbar geltendes Recht waren, sowohl als lex superior wie auch (sofern das Landesrecht vorkonstitutionell war) als lex posterior. Hier war Bindung im Sinne einer derogatorischen Kraft der Grundrechtsbestimmungen bei diesen zuwiderlaufenden Regelungen des Landesrechts zu verstehen. Gleiches galt für Rechtsverordnungen (vgl. unter RN 46). Als lex posterior wirkten die Grundrechtsbestimmungen der Weimarer Reichsverfassung auch im Verhältnis zu älteren Reichsgesetzen, ohne daß es hier auf das umstrittene Rangverhältnis zwischen Verfassung und Gesetz angekommen wäre. Ein herauszuhebendes Beispiel ist etwa die reichsgerichtliche Anerkennung der Derogation von § 152 Abs. 2 GewO 1869 durch Art. 159 WRV[142].

39
Derogatorische Wirkung unmittelbar geltender Grundrechtsbestimmungen

b) Für den *einfachen* Reichsgesetzgeber wiederum stellten diejenigen Grundrechte eine unüberwindbare Sperre auf, die in der systembildenden Terminologie *Thomas* (vgl. oben unter RN 26) reichsverfassungskräftig garantiert waren und für deren Abschaffung, Beschränkung oder Außerkraftsetzung (abgesehen von Notstandsbefugnissen) es eines verfassungsändernden Reichsgesetzes bedurft hätte. Bindung hieß hier Nichtverfügbarkeit. Ein bemerkenswertes Beispiel bildete Art. 134 WRV („Alle Staatsbürger ohne Unterschied tragen im Verhältnis ihrer Mittel zu allen öffentlichen Lasten nach Maßgabe der Gesetze bei"), die nach der überwiegenden Meinung im speziell steuerrechtlichen Schrifttum Bindungswirkung für den Gesetzgeber entfaltete[143]. *Anschütz* sah dies genauso[144].

40
Reichsverfassungskräftig garantierte Grundrechte

---

141 Vgl. oben II, RN 12 ff.
142 *RGZ 111*, 199 (200 ff.); anders noch *RGZ 104*, 327 (328 f.); vgl. dazu *Rückert* (Bibl.), S. 220 f.
143 Darstellung und Nachweise bei *Reimer/Waldhoff* (FN 111), S. 100 ff.
144 *Anschütz* (Bibl.), Art. 134 Nr. 4 (S. 617): der Artikel binde „nicht nur die Verwaltung, insbes. die Steuerverwaltung an das Gesetz, er bindet auch, reichsverfassungskräftig, den Gesetzgeber selbst".

41
Gestaltungsmacht des verfassungsändernden Reichsgesetzgebers

c) Der *verfassungsändernde* Reichsgesetzgeber war nun allerdings, woran die herrschende Meinung gegen den wachsenden Widerspruch aus Kreisen der Staatsrechtslehre festhielt, gemäß Art. 76 WRV in seiner Gestaltungsmacht unbeschränkt und durch eine Art. 79 Abs. 3 GG vergleichbare Bestimmung nicht eingeengt. Insofern – aber eben nur in bezug auf den verfassungsändernden Reichsgesetzgeber – galt die vielzitierte Sentenz von *Gerhard Anschütz*, wonach die Verfassung nicht über der Legislative, sondern zu deren Disposition stehe[145]. *Carl Schmitts* These von der Unverfügbarkeit bestimmter essentieller Verfassungssätze war dogmatisch-methodisch kaum ableitbar und weder verfassungshistorisch noch verfassungsvergleichend plausibel[146], während umgekehrt auch *Anschütz*, *Thoma* und andere eher positivistisch argumentierende Staatsrechtslehrer am erschwerenden Zweidrittelerfordernis des Art. 76 WRV weder deuten wollten noch konnten. Ohnehin fehlte es an einer solchen konstruktiven verfassungsändernden Mehrheit und damit an der Praxisrelevanz der Kontroverse im Laufe der Jahre zunehmend.

42
Einschränkungsbefugnis des einfachen Gesetzgebers

d) Der einfache Gesetzgeber (teils nur auf Reichs-, teils auch auf Landesebene) wiederum war bei vielen Grundrechten zur Einschränkung derselben befugt. Auch hier waren ursprünglich letzte Schranken, die das Grundrecht vor seiner Aushöhlung bewahrt hätten, unbekannt. Doch gewannen gegen Ende der 20er Jahre in der Wissenschaft Überlegungen Gestalt, die im Grunde die spätere Wesensgehaltgarantie des Art. 19 Abs. 2 GG vorwegnahmen[147]. In die gleiche Richtung einer Bindung des Gesetzgebers an den Kerngehalt der jeweiligen Grundrechtsnorm ging die Lehre von den institutionellen Garantien, wobei ausdrückliche Hervorhebung verdient, daß die positivistische Linie die einschlägigen Überlegungen namentlich von *Carl Schmitt* nicht ablehnte, sondern ausdrücklich aufgriff und in die konkrete dogmatische Auslegungs- und Kommentierungsarbeit umsetzte (vgl. oben RN 35).

43
Unrichtigkeit der These fehlendender Grundrechtsbindung des Gesetzgebers

e) Insgesamt läßt sich also bezüglich der Legislative sagen, daß die verbreitete Rede von der durchgängig fehlenden Grundrechtsbindung „des" Gesetzgebers in Weimar teils falsch, teils ungenau, teils irreführend ist. Zutreffend ist allein, daß dem verfassungsändernden Reichsgesetzgeber der herrschenden Meinung gemäß keine normativen Schranken gesetzt waren.

2. Bindung der Exekutive

44
Objektive Bindungen

Was nun die Bindung der Exekutive an die Grundrechte angeht, so war diese in aller Regel durch den Gesetzgeber mediatisiert. Freilich ist dies auch heute nicht viel anders: Auch unter dem Grundgesetz gilt der Anwendungsvorrang

---

145 *Anschütz* (Bibl.), Art. 76 Nr. 1 (S. 401).
146 Vgl. die zeitgenössische scharfe Kritik von *Ule* (FN 60), S. 86 ff., der die Ableitung der Unveränderlichkeit der „echten" Grundrechte aus dem Typus des bürgerlichen Rechtsstaats im Sinne *Schmitts* als „methodische(n) Fehler ersten Ranges" (ebd., S. 89) bezeichnet. Siehe dazu auch oben bei und in FN 100 ff.
147 Vgl. oben RN 33 ff.

des Gesetzes[148]. Gleichwohl wäre es ein Irrtum anzunehmen, daß die Bestimmungen des Zweiten Hauptteils der Weimarer Reichsverfassung stets und ausnahmslos der Mediatisierung durch den Gesetzgeber bedurft hätten. *Gebhard* machte auf Bindungen objektiver Art ganz unabhängig von der Gewährung subjektiver Rechte aufmerksam: „Befehle, die die RV. an die Reichs- oder Landesgesetzgebung oder an die Verwaltung richtet, entbehren nicht der rechtlichen Wirkung, auch wenn sie den Staatsbürgern gegenüber nicht unmittelbare Kraft haben, und können mindestens dazu führen, daß Gesetzesbeschlüsse oder Verwaltungsmaßnahmen, die dem Inhalt dieser Befehle widersprechen, als v.-widrig bezeichnet werden müssen"[149].

Ein besonders lehrreiches und von *Gebhard* auch erwähntes Beispiel lieferte die Entscheidung des Staatsgerichtshofs vom 11. Juli 1930[150], die von der nationalsozialistischen Regierung des Landes Thüringen vorgeschriebene „deutsche" Schulgebete mißbilligte und sich dabei zentral auf Art. 148 Abs. 2 WRV stützte. Das war ersichtlich kein subjektives Recht, aber ebensowenig ein bloßer Gesetzgebungsauftrag. Das Gericht verlieh der Norm unmittelbare Geltungskraft und sah als ihren Adressaten außer den Lehrern „auch ... die staatlichen Organe der Länder, deren Aufsicht in Art. 144 RVerf. das gesamte Schulwesen unterstellt ist", an. In durchaus verallgemeinerungsfähiger Weise heißt es in der Entscheidung weiter: „Aus dem Wortlaut der Vorschrift in Verbindung mit ihrer Entstehungsgeschichte ergibt sich, daß sie die allgemeine Toleranz als Richtschnur für die Erteilung des Unterrichts in den öffentlichen Schulen festlegt. ... Sie ist auch nicht etwa nur eine unverbindliche Mahnung, sie begründet vielmehr eine Rechtspflicht, die den mit dem Unterricht an öffentlichen Schulen befaßten Stellen unmittelbar mit dem Inkrafttreten der Reichsverfassung auferlegt worden ist. ... Es ist nicht verwehrt, in einer öffentlichen Schule Fragen der Religion, der Geschichte, der Politik usw. sachlich zu erörtern und eine bestimmte Stellung zu ihnen einzunehmen, es ist aber verwehrt, dies in einer Weise zu tun, die die Andersdenkenden kränkt, ihnen als eine Herabwürdigung ihrer eigenen Anschauungen erscheint und peinliche und schmerzliche Empfindungen bei ihnen erweckt. ... In diesem Umfange schützt Art. 148 Abs. 2 RVerf. die Empfindungen Andersdenkender ohne Rücksicht darauf, ob ihre Auffassungen objektiv berechtigt sind oder dem, der Unterricht erteilt, subjektiv als berechtigt erscheinen"[151].

45
Staatliche Organe als Adressaten des Art. 148 Abs. 2 WRV

---

148 Zu Voraussetzungen und Folgen bei der Feststellung eines Widerspruchs zwischen verfassungsrechtlicher Regelung und gesetzlicher Bestimmung *H. Dreier* (FN 128), S. 105 ff.; speziell zum Fragenkreis einer „Verwerfungskompetenz der Exekutive" vgl. *Matthias Wehr*, Inzidente Normverwerfung durch die Exekutive, 1998, S. 87 ff.; *Helmuth Schulze-Fielitz*, in: Dreier, GG (LitVerz.), Bd. II, Art. 20 (Rechtsstaat) RN 89 ff.
149 *Gebhard* (Bibl.), S. 443.
150 *RGZ 129*, 9* ff.
151 *RGZ 129*, 9* (21 f.*).

3. Bindung der Gerichte, insbesondere richterliches Prüfungsrecht

46
Richterliches Prüfungs- und Verwerfungsrecht bei Verstößen von Landesgesetzen gegen Reichsrecht

a) Bei der Frage nach der Bindung der Gerichte an die Grundrechte der Weimarer Reichsverfassung konzentriert man sich üblicherweise sogleich auf das Problem des richterlichen Prüfungsrechts (dazu sogleich unter b). Dabei gerät aus dem Blickfeld, daß es eine folgenreiche Bindung der Judikative an die Grundrechte weit unterhalb jener spektakulären Frage nach einem umfangreichen, diffusen Prüfungs- und Verwerfungsrecht für alle Gerichte gegenüber Reichsgesetzen gab, die in vielen Entscheidungen aktuelle Relevanz entfaltete. Ähnlich wie bei der Bindung der Legislative betraf dies in erster Linie die Landesgesetze und das Verordnungsrecht. Gegenüber beiden war das richterliche Prüfungs- *und Verwerfungs*recht nämlich traditionellerweise anerkannt[152]. Daher blieb die kontrollierbare normenhierarchische Überordnung des Reichsgesetzgebers gegenüber dem Landesgesetzgeber und die des Gesetzgebers gegenüber dem Verordnungsgeber in Weimar unbestritten[153]. Lapidar heißt es bei *Stier-Somlo*, der Richter könne Landesgesetzen und Verordnungen, die mit den Grundrechten der Reichsverfassung in Widerspruch stünden, die Anerkennung versagen[154]. Er konnte sich dabei auf die reichsgerichtliche Judikatur beziehen, die nicht nur eine Prüfungspflicht gegenüber den Landesgesetzen aus Art. 13 WRV folgerte, sondern auch die einzelne Prozeßpartei – ungeachtet eines etwaigen Verfahrens nach Art. 13 Abs. 2 WRV – für befugt ansah, die Ungültigkeit einer landesrechtlichen Norm geltend zu machen[155]. Demgemäß erklärte, um nur einige Beispiele zu nennen, das Reichsgericht bereits 1920 Landesgesetze über den Fortfall des Religionsunterrichts wegen Verstoßes gegen Art. 146, 149, 174 WRV für nichtig[156]. Ebenso verfuhr es drei Jahre später mit einer Braunschweiger Regelung der „vorläufigen Kirchengewalt", die vor Art. 137 Abs. 3 WRV keinen Bestand hatte[157]. Das OVG Hamburg verwarf im Jahre 1925 ein Hamburger Gehaltsummensteuergesetz (wegen Verstoßes gegen Art. 134 WRV)[158]. Das Reichsgericht erblickte in einem gothaischen Gesetz einen Widerspruch zur Reichsverfassung, weil es eine entschädigungslose Enteignung darstellte[159]; ebenfalls an Art. 153 Abs. 2 WRV scheiterte eine thüringische Landesregelung zum staatlichen Vorkaufsrecht[160]. Nicht mehr zur gerichtlichen Entscheidung

---

152 Statt aller *Lübbe-Wolff* (Bibl.), S. 417f., 427, mit Nachweisen aus Literatur und Judikatur.
153 *Anschütz* (Bibl.), Art. 102 Nr. 3 (S. 476) u. Nr. 5 (S. 478); Überblick zur Lage im Kaiserreich bei *Ernst Rudolf Huber*, Deutsche Verfassungsgeschichte seit 1789, Bd. III, ³1988, S. 1062ff.
154 *Stier-Somlo* (FN 60), S. 437.
155 *RGZ 103*, 200 – Lippisches Gesetz über Ansprüche von Seitenlinien des ehemaligen Fürstenhauses (Art. 153 WRV); *104*, 58 – Preußisches Altersgrenzengesetz (Art. 129 Abs. 1 S. 3 WRV); *109*, 310 – Anhaltisches Berggesetz (Art. 153 WRV).
156 *RG* RGBl. 1920 S. 2016 (betr. Bremen, Hamburg und Sachsen).
157 *RGZ 103*, 91 (94); vgl. dazu *Wilhelm Kahl*, Das Reichsgericht und der braunschweigische Kirchenverfassungsstreit, AöR 43/N.F. 4 (1922), S. 115ff.
158 *OVG Hamburg* StuW 1925, Sp. 1469 (1470f.).
159 *RGZ 111*, 123 (129ff.).
160 *RGZ 111*, 67 (70f.). Weitere Fälle aus der Judikatur des Reichsgerichts (darunter auch solche, in denen die Prüfung keinen Verfassungsverstoß ergibt), bei *Hensel* (Bibl.), S. 5ff., 15ff. sowie *Gusy*, WRV (Bibl.), S. 284f.; vgl. auch das Verzeichnis der für die einzelnen Länder ergangenen Leitentscheidungen bei Fabian Wittreck (Hg.), Die Weimarer Landesverfassungen, 2003, i.E.

gelangte der Streit um die Vereinbarkeit der Arbeiter- und Angestelltenkammern in Bremen mit der dem Grundrechtsteil zugeordneten Vorschrift des Art. 165 Abs. 6 WRV[161]. Insofern ergibt sich also ein unstreitiges Prüfungs- und Verwerfungsrecht der Gerichte bei Verstößen von Landesgesetzen gegen Reichsrecht (die Reichsverfassung eingeschlossen) und von Verordnungen gegen Gesetzesrecht.

b) Umstritten blieb aber von Beginn der Weimarer Republik bis zu ihrem Ende das richterliche Prüfungsrecht gegenüber Reichsgesetzen. Die Diskussion wogte hier hin und her und ergab ebensowenig wie die Judikatur ein geschlossenes und in sich stimmiges Bild[162]. Die Ablehnung eines richterlichen Prüfungsrechtes im „eminenten Sinne"[163], also: Die Kompetenz eines jeden Richters zur Prüfung und Verwerfung auch von Reichsgesetzen gründete sich bei *Anschütz* und anderen zunächst auf die Ablehnung eines Vorranges der Verfassung nach amerikanischem Vorbild[164]. In der Tradition des Konstitutionalismus wurde ein höheres *superior law* in Gestalt der Regelungen der Verfassung abgelehnt – dies mit der Begründung, daß dem Willen des Volkes nicht Schranken durch ein Verfassungsgesetz gezogen werden könnten, welches ebenfalls nur als legitimer Ausdruck des Volkswillens zu gelten vermochte. Darin lag keine Abwertung oder Geringschätzung der Verfassung, sondern eher die Abwehr einer für verfassungswidrig gehaltenen „Erhöhung des Richters über den Gesetzgeber"[165]. Schon dieser Hinweis zeigt, daß es hier letztlich weniger um Fragen streng juristischer Logik als um den Primat zwischen bestimmten Staatsorganen ging: Vertrauen in den parlamentarischen Prozeß oder Richterkönigtum, so ließen sich die Positionen wohl schlagwortartig kennzeichnen. Angesichts von Herkunft und Gesinnung der durchweg hochkonservativen und monarchistisch eingestellten Richterschaft war die Gefahr der Desavouierung des parlamentarischen Gesetzgebers sicher nicht von der Hand zu weisen. Daß dies der entscheidende Punkt war, wird auch daran deutlich, daß sich *Anschütz* auf dem 34. Deutschen Juristentag 1926 explizit für die gesetzliche Schaffung weiterer Kompetenzen für den Staatsgerichtshof aussprach, bei dem die Verwerfung von verfassungswidrigen

47
Problematik des Prüfungsrechts von Reichsgesetzen

---

161 Dazu einerseits *George A. Löning,* Verfassungswidrigkeit der bremischen Arbeitnehmerkammern, in: HansRGZ 1930, Sp. 607ff., andererseits *Erwin Jacobi,* Die Arbeiter- und die Angestelltenkammer in Bremen und die Reichsverfassung, in: VerwArch 38 (1933), S. 1ff.
162 Eingehende Darstellung, auf die hier verzichtet werden muß, bei *E. R. Huber,* Verfassungsgeschichte Bd. VI (Bibl.), S. 560ff.; *Helge Wendenburg,* Die Debatte um die Verfassungsgerichtsbarkeit und der Methodenstreit der Staatsrechtslehre in der Weimarer Republik, 1984, S. 43ff.; *Christoph Gusy,* Richterliches Prüfungsrecht, 1985, S. 74ff.; *Lübbe-Wolff* (Bibl.), S. 418ff.; *Markus Klemmer,* Gesetzesbindung und Richterfreiheit, 1996, S. 251ff. u. passim; *Stolleis* (Bibl.), S. 117f. Zeitgenössisch *Richard Thoma,* Das richterliche Prüfungsrecht, AöR 43 (1922), S. 267ff.; *Otto Koellreutter,* Art. Richterliches Prüfungsrecht, in: Fritz Stier-Somlo/Alexander Elster (Hg.), Handwörterbuch der Rechtswissenschaft, 1928, Bd. V, S. 146ff.; *Max Sonderland,* Das richterliche Prüfungsrecht gegenüber Gesetzen und Verordnungen nach Reichs- und preußischem Staatsrecht, Diss. iur. Köln 1932, S. 27ff.
163 So die Ausdrucksweise bei *Anschütz* (Bibl.), Art. 70 Nr. 5 (S. 372), der darunter folgendes verstand: „das Recht jedes Richters, jedes, auch jedes vorschriftsmäßig verkündete Reichsgesetz auf seine Verfassungsmäßigkeit zu prüfen und ihm im Falle des Nichtbestehens der Prüfung die Anwendung zu versagen".
164 Hierzu und zum folgenden sei verwiesen auf *H. Dreier,* Gerhard Anschütz (Bibl.), S. 38ff.
165 *Anschütz* (Bibl.), Art. 102 Nr. 4 (S. 477f.). Wie hier auch *Gusy,* WRV (Bibl.), S. 285.

§ 4　　Erster Teil: I. Idee und geschichtliche Entwicklung

Reichsgesetzen monopolisiert werden sollte[166]. Sein Plädoyer für die Monopolisierung in der Hand des Staatsgerichtshofs implizierte die Entscheidung gegen das diffuse richterliche Prüfungsrecht im Sinne einer Prüfungs- und Verwerfungskompetenz durch jeden Richter. Die Vorlage durch die Gerichte war Ersatz des richterlichen Prüfungsrechts. Eine entsprechende Besetzung des Staatsgerichtshofs vorausgesetzt, konnte so einer breiten Mißachtung des parlamentarischen Gesetzgebers entgegengewirkt werden. Das von *Anschütz* favorisierte Modell: Verwerfungsmonopol für Reichsgesetze beim Staatsgerichtshof, dem die Fachgerichte für verfassungswidrig erachtete Normen zur verbindlichen Entscheidung vorlegen müssen, entspricht im Kern der Regelung der konkreten Normenkontrolle in Art. 100 Abs. 1 GG.

48
Zurückhaltung bei der Ausübung des Prüfungsrechts

Freilich blieb den Vorschlägen und Gesetzentwürfen in Weimar die Umsetzung versagt, die Rechtslage weiterhin umstritten. Eine Klärung führte auch nicht das berühmte Urteil des Reichsgerichts in der Aufwertungsfrage vom 4. November 1925[167] herbei. Zwar war hier ebenso knapp wie eindeutig und unter Bezug auf eine so nicht existente Tradition das richterliche Prüfungsrecht auch in bezug auf Reichsgesetze bejaht worden[168]. Doch zum einen erklärte das Gericht in concreto das Aufwertungsgesetz für verfassungsgemäß; zum zweiten ließ es die allgemein höchst umstrittene Frage nach der Adressierung des Art. 109 WRV an den Gesetzgeber offen. Vor allem eröffnete es nicht etwa eine lange Reihe vergleichbarer Judikate, schon gar nicht mit dem Ergebnis der Verwerfung reichsgesetzlicher Normen[169]. Zutreffend hat man diesen auf den ersten Blick vielleicht erstaunlichen Tatbestand mit einer letztlich angemessenen Zurückhaltung erklärt: „In dieser wissenschaftlich ungesicherten Situation reagierten die Gerichte, wie es häufiger der Fall ist; sie verbanden eine entschiedene Bejahung der Grundsatzfrage mit praktischer Zurückhaltung bei der Ausübung des Prüfungsrechts: Der spektakulären Inanspruchnahme durch das Aufwertungsurteil des Reichsgerichts folgte keine Kette spektakulärer Entscheidungen, in denen Gesetze für unwirksam erklärt worden wären; das Prüfungsrecht blieb sozusagen in Wartestellung"[170].

---

166 Genauer *H. Dreier,* Gerhard Anschütz (Bibl.), S. 42 ff.
167 *RGZ 111,* 320.
168 Zur fehlenden Tradition *Walter Jellinek,* Das Märchen von der Überprüfung verfassungswidriger Reichsgesetze durch das Reichsgericht, JW 1925, S. 454 f. Vgl. *Lübbe-Wolff* (Bibl.), S. 418 ff.; dort auf S. 420 der Hinweis auf zwei weniger bekannte und auch (weil nicht vom Reichsgericht stammend) weniger relevante Judikate des Reichsfinanzhofes (*E 5,* 333) und des Reichsversorgungsgerichts (*E 4,* 168 [181 ff.]), die das richterliche Prüfungsrecht gegenüber Reichsgesetzen beansprucht und im Falle des Reichsversorgungsgerichts eine Verfassungsverletzung bejaht hatten.
169 Vgl. *Lübbe-Wolff* (Bibl.), S. 433 f., derzufolge in der Judikatur der Reichsgerichts ganze zwei oder drei (wenn man einen Fall, in dem das Reichsgericht als Schiedsgericht fungierte, hinzuzählt) Fälle der Erstreckung des richterlichen Prüfungsrechtes auf reichsgesetzliche Bestimmungen *einschließlich deren Verwerfung* nachzuweisen sind, wobei der schiedsgerichtliche Fall die Verletzung des gesetzlichen Richters (Art. 105 WRV) betraf (*RGZ 126,* 161), die anderen beiden Garantien zugunsten der Beamten, nämlich einmal die wohlerworbenen Rechte (*RGZ 120,* 321 [324]: Art. 129 Abs. 1 S. 3 WRV), einmal den Rechtsweg zu den ordentlichen Gerichten (*RGZ 124,* 173 [176]: Art. 129 Abs. 1 S. 4 WRV).
170 *Rainer Wahl/Frank Rottmann,* Die Bedeutung der Verfassung und der Verfassungsgerichtsbarkeit in der Bundesrepublik – im Vergleich zum 19. Jahrhundert und zu Weimar, in: Werner Conze/Mario Rainer Lepsius (Hg.), Sozialgeschichte der Bundesrepublik Deutschland. Beiträge zum Kontinuitätsproblem, 1983, S. 339 (356); in der Sache ähnlich *Lübbe-Wolff* (Bibl.), S. 422 f.; *Joachim Rückert,* Richterrecht seit Weimar?, in: FS Gagnér, 1996, S. 203 (219 ff.).

4. Entwicklungspotentiale?

Wenn also nach dem Ergebnis der bisherigen Betrachtungen das Entwicklungspotential und in mancherlei Hinsicht auch die tatsächliche Entwicklung der Grundrechte in der Weimarer Republik deutlich positiver und gewichtiger einzuschätzen ist, als dies die gängigen Pauschalurteile vermuten ließen, so ist doch umgekehrt nicht zu leugnen, daß ihre Bedeutung als Faktor im Staatsleben und in der Gesellschaftsentwicklung weit geringer war, als dies etwa unter dem Grundgesetz der Fall ist. In der Literatur gilt als wichtigstes Entwicklungshindernis für die Konkretisierung und Durchsetzung der in den Grundrechten enthaltenen „Entwicklungspotentiale" das Fehlen eines dem heutigen Bundesverfassungsgericht oder dem seinerzeitigen österreichischen Verfassungsgericht entsprechendes Verfassungsgerichtshofs[171]. Das ist, gerade mit Blick auf die Entwicklung in den genannten Ländern oder auch den USA, eine durchaus plausible Annahme. Freilich ist auch hier sogleich eine Relativierung in dreifacher Hinsicht geboten. Denn einerseits hätte auch eine solche Verfassungsinstitution nur dann unangefochten eine gestaltende Tätigkeit entfalten und durchsetzen können, wenn diese auf einem entsprechenden politisch-gesamtgesellschaftlichen Konsens hätte aufruhen können. Zweitens ist die geringe Zeitdauer zu bedenken, die in Weimar Judikatur und Literatur verblieb: Man mache den gedanklichen Gegenversuch und führe sich die Lage der Grundrechtsdogmatik sowie der allgemeinen Durchsetzungskraft und Anerkennung der Grundrechte (auch und gerade in den traditionellen Zweigen von Judikative und Exekutive) gute zehn Jahre nach Inkrafttreten des Grundgesetzes vor Augen! Vieles, was heute als sichere Verbürgung und absolut gefestigte Doktrin außerhalb jeden legitimen verfassungsrechtlichen Zweifels begriffen wird, war es bis weit in die 60er Jahre hinein mitnichten. Umgekehrt ist natürlich nicht auszuschließen, daß sich in Weimar, eine längere und vor allem weniger krisenhafte Entwicklung vorausgesetzt, sukzessiv bestimmte dogmatische Figuren auch und gerade grundrechtssichernder Art durchgesetzt hätten[172].

49 Fehlen eines Verfassungsgerichtshofs als Entwicklungshemmnis

Drittens schließlich ist das heutige Ver- und Zutrauen zu (verfassungs-)gerichtlichen Institutionen ja keine a- und überhistorische Größe, sondern beruht auf bestimmten, evolutionär ziemlich „unwahrscheinlichen" (*N. Luhmann*) und auf jeden Fall hochkomplexen Voraussetzungen. Es war ja weder Zufall noch Laune der Nationalversammlung, daß die Weimarer Verfassung eher auf das Parlament, weniger auf die Judikative (als Letztinstanz) baute: Eine angesichts der sozialen Herkunft und politischen Orientierung von Richter- und Professorenschaft nach dem Ersten Weltkrieg durchaus nachvollziehbare Option. Man denke nur an das berühmte Wort von *Ernst Fraenkel*, wonach es sich bei den Richtern in Weimar ganz überwiegend um „Monarchi-

50 „Monarchistische Befangenheit"

---

171 *Michael Stolleis*, Art. Weimarer Reichsverfassung (öffentlich-rechtlich), in: Adalbert Erler u.a. (Hg.), Handwörterbuch zur Deutschen Rechtsgeschichte, Bd. V, 1998, Sp. 1218 (1221); *Rückert* (Bibl.), S. 227.
172 Letztlich verbleibt das aber zwangsläufig im Bereich der Spekulation.

sten aus innerer Notwendigkeit" gehandelt habe[173], oder an *Merkl*s Diktum von der „monarchistischen Befangenheit"[174] der Staatsrechtslehre.

51
Wissenschaftliche Auseinandersetzung ohne Schwächung durch dominante Verfassungsjudikatur

Das Fehlen einer starken und gestaltungsmächtigen Verfassungsgerichtsbarkeit führte im übrigen nicht zu einer Schwäche der Verfassungs- und Grundrechtstheorie. Im Gegenteil. Auf diesen Gebieten (wie im übrigen darüber hinaus für weite Gebiete von Wissenschaft und Kunst) war die kurzlebige Weimarer Republik eine „Inkubationszeit"[175], ein „Laboratorium der Moderne" (*F. Jameson*), in der viele Gedanken erprobt, neue Wege beschritten, Unerhörtes oder doch zumindest bislang nicht Gehörtes gedacht, geschrieben und zur Diskussion gestellt werden konnte. Es ist diese insbesondere im oft geschilderten Methoden- und Richtungsstreit der Weimarer Staatsrechtslehre[176] zutage tretende Lebendigkeit, Frische, zugleich Tiefe und gedankliche Radikalität, die gerade den Kontroversen und Entwürfen jener Epoche noch heute ihre intellektuelle Attraktivität sichert. Und alle diese Eigenschaften konnte sie nur deshalb in Reinkultur entwickeln, weil es sich dabei eben um intellektuelle Debatten ohne direkte Folgewirkungen für (und ohne Relativierung durch) eine mächtige oder gar übermächtige Verfassungsjudikatur handelte[177]. Was heute als Entthronung der Staatsrechtswissenschaft beklagt wird[178], ist zum nicht geringen Teil der Preis dafür, daß staatsrechtliche und grundrechtstheoretische Auffassungen qua Aufnahme in die Judikatur des die Verfassungswirklichkeit prägenden Bundesverfassungsgerichts praktische Bedeutung erlangen können[179].

---

[173] *Ernst Fraenkel*, Zur Soziologie der Klassenjustiz (1927), in: *ders.*, Zur Soziologie der Klassenjustiz und Aufsätze zur Verfassungskrise 1931-1932, 1968, S. 1 ff. (8). An einer unbesehenen Übernahme dieser zugespitzten These werden freilich zunehmend Zweifel geäußert: statt aller *Joachim Rückert*, Richtertum als Organ des Rechtsgeistes: Die Weimarer Erfüllung einer alten Versuchung, in: Knut Wolfgang Nörr/Bertram Schefold/Friedrich Tenbruck (Hg.), Geisteswissenschaften zwischen Kaiserreich und Republik, 1994, S. 267 (294, 296f., 309f.); *ders.* (FN 170), S. 207f., 209ff., 216f.

[174] *Adolf Merkl*, Die monarchistische Befangenheit der deutschen Staatsrechtslehre, SJZ 16 (1920), S. 378 ff.

[175] *Wahl/Rottmann* (FN 170), S. 356.

[176] Zusammenfassend zu dieser in den letzten Jahrzehnten oft und breit dargestellten Grundsatzkontroverse *Stolleis* (Bibl.), S. 90 ff., 153 ff. m.N.; ausführlich zu einigen Protagonisten *Christoph Möllers*, Staat als Argument, 2000, S. 36 ff., 58 ff., 84 ff., 100 ff. Bei dieser Debatte ging es im übrigen, anders als deren gängige Bezeichnung erwarten läßt, im Kern weder um juristische Methodenfragen noch um politische Richtungskämpfe, sondern um eine staatstheoretische Grundsatzkontroverse: vgl. *Horst Dreier*, Positivisten, Antipositivisten und Österreicher, in: Rechtshistorisches Journal 19 (2000), S. 82 (88 ff.).

[177] Um nur ein Beispiel zu nennen: So innovativ, anregend und Gegenkritik herausfordernd die Schriften *Smend*s auch ohne Zweifel waren; sie führten nicht nur zu einer die Normativität der Verfassungsurkunde in gefährlicher Weise relativierenden Sicht (vgl. *Horst Dreier*, Dimensionen der Grundrechte, 1993, S. 14 ff. m.w.N.), sondern waren auch dogmatisch kaum greifbar und in ihren möglichen Folgen schwerlich prognostizierbar (*Gusy*, WRV [Bibl.], S. 444 f.), wie dies selbst der *Smend*-Schüler *Albert Hensel* ohne weiteres einräumte.

[178] *Bernhard Schlink*, Die Entthronung der Staatsrechtswissenschaft durch die Verfassungsgerichtsbarkeit, Der Staat 28 (1989), S. 161 ff.

[179] *Peter Lerche*, Versuche der Aushebelung von Verfassungsgerichten – ausländische Erfahrungen, inländische Konsequenzen, BayVBl. 2003, S. 1 ff.

D. Weimars Untergang

Die Weimarer Republik ist nicht an irgendwelchen Konstruktionsfehlern ihrer Verfassung gescheitert[180]. Sie war aber von Anbeginn mit schwersten Hypotheken außen- wie innenpolitischer Art belastet und wurde stoßwellenartig von immer neuen ökonomischen Krisen und politischen Unruhen, die das Land phasenweise bis an den Rand des Bürgerkrieges führten, geschüttelt. Eine äußerlich ruhige Entwicklung mit entsprechenden Entfaltungsmöglichkeiten der neuen politischen Ordnung war ihr von vornherein nicht vergönnt. Vor allem aber fehlte es dieser ersten deutschen Republik mit ihrer modernen, westlich-liberalen Verfassung am nötigen Rückhalt in der Gesellschaft, auch und gerade an einer Verankerung in den politisch führenden Schichten. Denn gerade hier, in Industrie- und Gewerkschaftskreisen, in Kirchen und Verbänden, in den Spitzen der Exekutive und auch der Judikative, stand man den neuen Verfassungsprinzipien allzu oft fremd, wenn nicht ablehnend oder gar feindlich gegenüber. Das reichte bis weit in die künstlerische und wissenschaftliche Intelligenz. Die politischen Parteien verstanden sich ebenfalls weniger als Integrationsfaktoren, sondern trugen aufgrund ihrer expliziten Klientelorientierung zur politischen Desintegration bei. Gänzlich zerrieben wurde die Republik schließlich von den totalitären Bewegungen rechter wie linker Provenienz, deren Attraktivität durch die europaweite Ausbreitung nichtdemokratischer Staats- und Regierungsformen noch gestärkt wurde, während das schwache Weimar einem Wort *Brachers* zufolge unter jedermanns Vorbehalt stand[181]. Es gab keinen Wurzelgrund für die freiheitliche, demokratische und soziale Verfassung, keinen Grundkonsens, auf dem sie aufruhen konnte.

52 Fehlender Grundkonsens

Angesichts dieser allgemeinen Lage wird man Grundrechtsfragen und -kontroversen für das Scheitern Weimars als vernachlässigenswerte Größen einstufen können. Die historische Entwicklung wäre vermutlich keinen Deut anders verlaufen, wenn man sich in Theorie und Praxis etwa einmütig *für* die Adressierung des Gleichheitssatzes an den Gesetzgeber ausgesprochen hätte. Da eine verfassungsändernde Mehrheit gerade in der krisenhaften Endzeit der Republik nicht in Sicht war, hätte auch die allgemeine Bejahung eines unveränderlichen Verfassungskerns nach Art des Art. 79 Abs. 3 GG nichts Konstruktives bewirkt. Die durchaus ernst zu nehmenden Staatsstreichpläne aus der Weimarer Endphase zeigen, daß solche normativen Zwirnsfäden dem politisch-militärischen Willen ohnehin nichts entgegengesetzt hätten. Und auch das Ermächtigungsgesetz ist ja entgegen der wirksamen Eigenpropaganda der Nationalsozialisten keineswegs legal zustande gekommen[182]. Schließlich hätte ein von der Wissenschaft unisono bejahtes und der Praxis

53 Grundrechtskontroversen ohne Bedeutung für das Scheitern der Weimarer Republik

---

180 *Mosler* (FN 23), S. 77; *Stolleis* (FN 171), Sp. 1219; zahlreiche w.N. hierzu bei *H. Dreier*, Staatsrechtslehre (Bibl.), S. 10 ff. (dort auch ausführlicher zur folgenden Passage). Zu den verschiedenen Krisenfaktoren noch *Andreas Wirsching*, Deutsche Geschichte im 20. Jahrhundert, 2001, S. 43 ff.
181 *Karl Dietrich Bracher*, Demokratie und Machtvakuum: Zum Problem des Parteienstaates in der Auflösung der Weimarer Republik, in: Erdmann/Schulze (Bibl.), S. 109 (123).
182 *H. Dreier*, Staatsrechtslehre (Bibl.), S. 20 ff.

expansiver wahrgenommenes richterliches Prüfungsrecht die Auflösung der Weimarer Republik sicher nicht aufgehalten, ihn aber wohl genausowenig sonderlich beschleunigt[183].

E. Grundrechtsvernichtung in der Zeit des Nationalsozialismus

54
Abkehr vom tradierten Grundrechtsverständnis

Mit der sog. Machtergreifung, die in manchen ihrer Aspekte besser als Machtübergabe zu qualifizieren ist, geht die Weimarer Republik mit ihrer liberaldemokratisch-sozialstaatlichen Verfassung unter. Obwohl die Verfassungsurkunde als solche niemals förmlich aufgehoben oder durch eine andere ersetzt wurde, war doch klar, daß sie nicht die normative Grundordnung des Dritten Reiches bilden konnte[184]. Insbesondere die Grundrechte waren bereits durch *Hindenburgs* Notverordnung zum „Schutz von Volk und Staat" Ende Februar 1933[185] formell temporär suspendiert, faktisch aber dauerhaft außer Kraft gesetzt[186]. Diese Verordnung wurde bis zum Ende des Krieges immer wieder als Rechtsgrundlage für die Erweiterung staatlicher Handlungsbefugnisse herangezogen[187]. Hinzu traten in rascher Folge Einzelregelungen, die die Abkehr vom tradierten Grundrechtsverständnis deutlich werden ließen: So legte sich das Gesetz über die Verhängung und den Vollzug der Todesstrafe vom 29. März 1933 (lex *van der Lubbe*) ausdrücklich Rückwirkung bei[188], wurde 1935 durch eine Änderung des Strafgesetzbuches das Analogieverbot beseitigt[189] und setzte das sogenannte „Gesetz zur Wiederherstellung des Berufsbeamtentums" vom 7. April 1933[190] an die Stelle staatsbürgerlicher Gleichheit die Kriterien politischer Zuverlässigkeit und rassischer Zugehörigkeit.

55
Systemkonforme Staatsrechtslehre

Anders als bei der Entföderalisierung, die in der Zerschlagung der Länder durch einschlägige Reichsgesetze ihren unmißverständlichen Rechtsgrund fand, haben wir es freilich bei den Grundrechtsgarantien im speziellen wie der Weimarer Reichsverfassung im allgemeinen nicht mit einer förmlichen Aufhebung, sondern eher mit einer impliziten Aushöhlung und expliziten Negation

---

183 *Willibalt Apelt,* Geschichte der Weimarer Verfassung, ²1964, S. 286 ff., stellt die These auf, daß die Anerkennung des Prüfungsrechts der „Autorität des Weimarer Staates abträglich" gewesen sei (S. 288) und „dem demokratischen Staatsgedanken schwere Wunden geschlagen" worden sein; zu Recht relativierend aber (zur identischen Erstauflage von 1946) die Rezension von *Richard Thoma,* in: AöR 74 (1948), S. 106 (109 ff.).
184 Dazu *H. Dreier,* Staatsrechtslehre (Bibl.), S. 20 ff. Die folgenden Passagen sind weitgehend übernommen aus: *Horst Dreier,* Rechtszerfall und Kontinuität. Zur asynchronen Entwicklung von Staatsrecht und Wirtschaftssystem in der Zeit des Nationalsozialismus, in: Der Staat 43 (2004), i.E.
185 Verordnung des Reichspräsidenten zum Schutz von Volk und Staat vom 28.2.1933 (RGBl. I S. 83).
186 Ausführlicher zu ihren Wirkungen *Karl Dietrich Bracher,* Stufen der Machtergreifung, 1979, S. 130 ff.
187 Siehe nur *Theodor Maunz,* Gestalt und Recht der Polizei, in: Ernst Rudolf Huber (Hg.), Idee und Ordnung des Reiches, Bd. II, 1943, S. 3 (22 ff., 25, 49).
188 Gesetz über Verhängung und Vollzug der Todesstrafe vom 29.3.1933 (RGBl. I S. 151).
189 Gesetz zur Änderung des Strafgesetzbuchs vom 28.6.1935 (RGBl. I S. 839).
190 RGBl. I S. 175. *Carl Schmitt,* Ein Jahr nationalsozialistischer Verfassungsstaat, in: Deutsches Recht 1934, S. 27 ff. erläuterte (S. 29): „Seine besondere Bedeutung liegt darin, daß es die artfremden Elemente aus der Beamtenschaft beseitigt".

zu tun. Für die Rechtspraxis und für die veröffentlichte systemkonforme Staatsrechtslehre[191] war aber überdeutlich, daß das neue System – so unklar dessen positive Rechtsvorstellungen auch blieben – in scharfem Gegensatz zur Idee individualistischer Grundrechte mit ihrem egalitär-freiheitlichen Geist stand. Autoren, die das neue Regime begrüßten, konnten hier zu einem Gutteil auf ihre Systemkritik der Weimarer Zeit zurückgreifen und nun, gleichsam von der Warte des historischen Siegers aus, nochmals den vorgeblich staatsfeindlichen Kern des Liberalismus geißeln und Individualismus, Pluralismus sowie Gewaltenteilung als typische Erscheinungsformen liberaler Zerreißungen verdammen. An die Stelle des Satzes *nulla poena sine lege* trat nun die Forderung *nullum crimen sine poena*[192]; das Verbot von Individualgesetzen fand keine Anerkennung mehr[193]; der Rechtsstaat als Inbegriff von Sicherungsmechanismen des Einzelnen gegen die Staatsgewalt galt als erledigt und glücklich überwunden[194]. *Ernst Rudolf Huber* formulierte 1935 mit der für ihn typischen Klarheit und Entschiedenheit: „Die Vorschriften der Weimarer Verfassung über die Unabhängigkeit der Gerichte, das Verbot der Entziehung des gesetzlichen Richters, das Verbot rückwirkender Strafgesetze waren ein deutliches Zeichen für diese Tendenz, Staat und Rechtspflege zu trennen und damit eine Kluft aufzureißen zwischen der politischen Gemeinschaft und der Rechtsgemeinschaft"[195].

Daß für Grundrechte insgesamt kein Platz mehr war, daß sie als tot und erledigt galten, der Geschichte angehörten, entbehrlich und überflüssig waren – das brachten die seinerzeit führenden Vertreter des Staatsrechts seit 1933 mit solchen und ähnlichen Formulierungen immer wieder mit großer Deutlichkeit zum Ausdruck[196]. Schon die einschlägigen Aufsatztitel sprachen hier eine deutliche Sprache: „Volksgemeinschaft statt subjektiver Rechte"[197] oder „Das Ende des subjektiven öffentlichen Rechts"[198]. Die Überschrift in *Huber*s Werk über das Verfassungsrecht des Großdeutschen Reiches zum Komplex der Grundrechte („Von den Grundrechten zur volksgenössischen Rechtsstel-

56
Volksgenössische Rechtsstellung anstelle subjektiver Rechte

---

191 Zur Neuformation der Staatsrechtslehre Anfang 1933 *H. Dreier*, Staatsrechtslehre (Bibl.), S. 15 ff.; zum Anti-Liberalismus mit weiteren Nachweisen ebd., S. 25 ff.
192 *Carl Schmitt*, Nationalsozialismus und Rechtsstaat, JW 1934, S. 713 (714); ders., Der Rechtsstaat, in: Hans Frank (Hg.), Nationalsozialistisches Handbuch für Recht und Gesetzgebung, 1935, S. 3 (9).
193 Sie wurden ausdrücklich für zulässig erklärt von *Ernst Rudolf Huber,* Wesen und Inhalt der politischen Verfassung, 1935, S. 90 f.
194 Er begegnete jetzt im Gewand von gewundenen oder decouvrierenden Formeln wie „der deutsche Rechtsstaat Adolf Hitlers" (so der Präzisierungsvorschlag von *Hans Frank*, dem sich *C. Schmitt*, Rechtsstaat [FN 192], S. 10 anschloß). Der nationalsozialistische Rechtsstaat hatte, auch wo am Wort noch festgehalten wurde, mit dem überkommenen liberalen Rechtsstaat natürlich nichts gemein. Vgl. zum „Streit" um den Rechtsstaat Stolleis (Bibl.), S. 330 ff.; eingehend *Ulrich Schellenberg*, Die Rechtsstaatskritik. Vom liberalen zum nationalen und nationalsozialistischen Rechtsstaat, in: Ernst-Wolfgang Böckenförde (Hg.), Staatsrecht und Staatsrechtslehre im Dritten Reich, 1985, S. 71 ff.
195 *E. R. Huber* (FN 193), S. 90. Repräsentativ für die Bereitschaft, selbst altbewährte Rechtsgarantien aufzugeben, auch *Ernst Forsthoff,* Der totale Staat, 1933, S. 17.
196 Nachweise bei *H. Dreier*, Staatsrechtslehre (Bibl.), S. 25 f. mit Anm. 77 u. 78. Zu ergänzen aus der juristischen Alltagsliteratur jenseits der großen Namen, aber repräsentativ: *R. Knubben*, Der nationalsozialistische Führer- und Totalstaat in seiner Stellung zu den Weimarer Grundrechten und den individualistischen Menschenrechten, RVBl. 1934, S. 772 ff.
197 *Herbert Krüger*, Volksgemeinschaft statt subjektiver Rechte, Deutsche Verwaltung 12 (1935), S. 37 ff.
198 *Maunz* (Bibl.).

lung"¹⁹⁹) deutete die Alternative bzw. das Gegenkonzept an, das für den nationalsozialistischen Staat als tragend und konstitutiv angesehen wurde²⁰⁰. Denn die Idee der Volksgemeinschaft und des völkischen Rechts gebar die Vorstellung, daß der Einzelne der Hoheitsgewalt nicht getrennt gegenüber-, sondern ‚organisch' und ‚lebensgesetzlich' in ihr stand. In dieser gliedhaften Rechtsstellung flossen Rechte und Pflichten ununterscheidbar ineinander bzw. wurden Rechte und Pflichten tendenziell identisch. *Theodor Maunz* schrieb 1936: „In einer konkrete Wirklichkeit gewordenen Gemeinschaft sind Recht und Pflicht zusammengeflossen zur Gliedpersönlichkeitsstellung"²⁰¹. Mit der liberalen Grundrechtsidee samt ihrer strukturellen Asymmetrie von Rechten und Pflichten und einem entsprechenden Vorrang des Individuums hatte diese volksgenössische Rechts- oder Gliedstellung nichts gemein. Erneut drückte es *Huber* mit großer Deutlichkeit aus: „Insbesondere die Freiheitsrechte des Individuums gegenüber der Staatsgewalt mußten verschwinden; sie sind mit dem Prinzip des völkischen Reiches nicht vereinbar"²⁰².

57
Ersetzung des Gleichheitsgedankens durch die Idee völkischer Artgleichheit

Unvereinbar mit dem neuen System war aber nicht allein die Idee individueller Freiheitsrechte, sondern auch der nicht minder zentrale Gleichheitsgedanke. Er wurde ins Mark getroffen durch die „Nürnberger Gesetze"²⁰³. Das Gesetz zum Schutze des deutschen Blutes und der deutschen Ehre bezeichnete *Huber* als ein „Grundgesetz der neuen völkischen Ordnung"²⁰⁴. Das „Reichsbürgergesetz", das zwischen bloßen Staatsangehörigen und vollwertigen Reichsbürgern unterschied, habe den Unterschied zwischen der Zugehörigkeit zum Staat und der Zugehörigkeit zum Volk wieder bewußt gemacht²⁰⁵. Die Selbstverständlichkeit, mit der an die Stelle der Gleichheit aller Bürger die Idee völkischer Artgleichheit gesetzt wurde, wurzelte in der Anerkennung des völkischen Denkens und des Glaubens an die Lebensmächte von Blut und Boden. Die völkische Gemeinschaft der artgleichen Deutschen bildete nun das Staatsvolk, nicht mehr die Summe der Staatsangehörigen, in die – wie *Koellreutter* kritisch anmerkte – auch der „Bluts- und Heimatfremde" eingereiht werden konnte²⁰⁶. Der Gleichheitsgedanke des nationalsozialistischen Rechts ermöglichte hingegen fundamentale Differenzierungen zwischen diesen und den „Artfremden". Als geradezu abwegig, weil den Rassegedanken verneinend, erschien *Günther Küchenhoff* der Satz „Mensch sei gleich

---

199 *E. R. Huber*, Verfassungsrecht (Bibl.), S. 359 ff.
200 Zum folgenden näher *H. Dreier*, Staatsrechtslehre (Bibl.), S. 35 ff.
201 *Maunz* (Bibl.), S. 104.
202 *E. R. Huber*, Verfassungsrecht (Bibl.), S. 361; → unten *Pauly*, § 15 RN 17.
203 Es waren dies die folgenden drei, am selben Tage (15.9.1935) vom – in Nürnberg einberufenen – Reichstag verabschiedeten Gesetze: Flaggengesetz, Reichsbürgergesetz und Gesetz zum Schutze des deutschen Blutes und der deutschen Ehre (alle RGBl. I S. 1145 bzw. 1146). Für unser Thema kommt es nur auf die beiden letztgenannten an, die zumeist allein gemeint sind, wenn man von den „Nürnberger Gesetzen" spricht. Zur situationsverhafteten Genese der Gesetze und ihrer chaotischen Vorbereitung siehe *Ian Kershaw*, Hitler 1889-1936, 1998, S. 702 ff., insb. S. 712 ff.
204 *E. R. Huber*, Verfassungsrecht (Bibl.), S. 369.
205 *E. R. Huber* Verfassungsrecht (Bibl.), S. 168.
206 *Otto Koellreutter*, Der Aufbau des deutschen Führerstaates, in: Hans-Heinrich Lammers/Hans Pfundtner (Hg.), Grundlagen, Aufbau und Wirtschaftsordnung des nationalsozialistischen Staates, Bd. I, 1936, S. 1 (3).

Mensch"²⁰⁷. Die „differentielle Rechtsbehandlung", von der etwas weniger grob *Ulrich Scheuner* sprach, resultierte für ihn geradezu zwangsläufig „aus der völkischen Grundlage des heutigen deutschen Rechts"; dieses verlange „notwendig die Absonderung der artfremden Elemente, insbesondere der Juden, aus dem deutschen Volkskörper"²⁰⁸. Und in gewisser Weise die herrschende veröffentlichte Meinung der zeitgenössischen Staatsrechtslehre zusammenfassend, fuhr er fort: „Der Gleichheitsgedanke des nationalsozialistischen Staates findet seine Substanz in der rassisch begründeten Artgleichheit der deutschen Volksgenossen. Er hat seine Rechtfertigung also in der Tatsache der blutmäßigen Gemeinschaft des deutschen Volkes. Gleich ist, wer ... deutschen oder artverwandten Blutes ist"²⁰⁹.

Von diesem Standpunkt aus war es systematisch unmöglich, der voranschreitenden Diskriminierung und Stigmatisierung der Juden und anderer Minderheiten irgendwelche Grenzen zu ziehen. Die Staatsrechtslehre nahm bei den weiteren Maßnahmen nur mehr die Rolle eines bloßen Protokollanten ein, der diese auf- und nachzeichnete. Freilich: Nirgends in der staatsrechtlichen Literatur ist die Rede von der Judenvernichtung oder findet sich gar eine explizite Rechtfertigung für diese²¹⁰. Der gegenteilige Eindruck, den ein Beitrag von *Bernd Rüthers* erwecken könnte, beruht auf einem schlichten Fehlzitat²¹¹. Und wenn *Ernst Rudolf Huber* 1941 von einem „Sonderstatus" spricht, den man in Zukunft einheitlich für die Juden vorsehen müsse²¹², dann kann dies nicht wie selbstverständlich als „Sonderbehandlung" und als implizite Vorwegnahme des Holocaust gelesen werden. Die deutsche Staatsrechtslehre hat von den vier Stationen²¹³ auf dem Weg zur Vernichtung des europäischen Judentums (erstens Definition, zweitens Isolation, drittens Konzentration, viertens Deportation und Liquidation) „nur" die ersten beiden beschreibend und erläuternd begleitet. Schon zur Konzentration in den Lagern und Ghettos findet sich im Schrifttum praktisch nichts. Bei Deportationen und dem fabrikmäßig organisierten Mord in den Vernichtungslagern verzichtete das Regime von vornherein auf jegliche rechtliche Verbrämung. Den Endpunkt des völkischen Rechtsdenkens, dem unverfügbare Rechte des und *jedes* Einzelnen fremd waren, markierte die maß- und normlose Untat. Hier schritt das Regime von der Vernichtung der Grundrechte zur physischen Vernichtung zahlloser Individuen.

58
Von der Grundrechtsvernichtung zur physischen Vernichtung

---

207 *Günther Küchenhoff,* Art. Führergrundsatz, Führertum, in: Erich Volkmar/Alexander Elster/Günther Küchenhoff (Hg.), Handwörterbuch der Staatswissenschaft, Bd. VIII, 1937, S. 197 (200).
208 *Ulrich Scheuner,* Der Gleichheitsgedanke in der völkischen Verfassungsordnung, ZStW 99 (1939), S. 245 (267).
209 *Schenner* (FN 208), S. 272; → unten *Pauly,* § 15 RN 34.
210 Zu Zweifelsfällen siehe *H. Dreier,* Staatsrechtslehre (Bibl.), S. 39 f.
211 *Bernd Rüthers,* Reinhard Höhn, Carl Schmitt und andere – Geschichten und Legenden aus der NS-Zeit, NJW 2000, S. 2866 (2867 Anm. 5), hatte eine Stelle aus *Wilhelm Stuckart/Rolf Schiedermair,* Rassen- und Erbpflege in der Gesetzgebung des Dritten Reiches, 1942, S. 12 wie folgt zitiert: „Die Judenvernichtung findet ihre Rechtfertigung daher nicht nur in der Andersartigkeit, sondern in der Anderswertigkeit des Judentums". Tatsächlich lautet die Stelle aber: „Die Juden*vorschriften* finden ihre Rechtfertigung ...". (Hervorhebungen von mir, H. D.).
212 *Ernst Rudolf Huber,* Bau und Gefüge des Reiches, in: ders. (Hg.), Idee und Ordnung des Reiches, Bd. I, 1941, S. 5 (30).
213 In Anlehnung an *Raul Hilberg,* Die Vernichtung der europäischen Juden, Bd. I, 1990, S. 56 ff.

F. Zur Grundrechtsentwicklung in Österreich

59
Verschiedenheit von deutscher und österreichischer Grundrechtsentwicklung

In mehrfacher Hinsicht anders als die deutsche verlief die österreichische Grundrechtsentwicklung in der Zwischenkriegszeit[214]. Diese Verschiedenheit zeigte sich einerseits in der Kontinuität des Normenbestandes und seines engeren, liberalen Zuschnitts (I.), zum anderen in deren stärkerer justizieller Absicherung bzw. Durchsetzbarkeit, vor allem auch gegenüber dem Gesetzgeber (II.). In zeitlicher Parallele mit den Vorgängen in Deutschland fand diese Entwicklung aber in den 30er Jahren ihr (vorläufiges) Ende (III.).

I. Kontinuität der Grundrechtsgewährleistungen

60
Integration der Grundrechte in das B-VG von 1920

Die Kontinuität ergab sich daraus, daß in Österreich nach Ende des Ersten Weltkriegs die Grundrechte aus der Dezemberverfassung von 1867 weitgehend unverändert übernommen und in das Bundesverfassungsgesetz 1920 integriert wurden[215]. Es kam also im Unterschied zu Weimar nicht zu einem „kühnen" Neuentwurf[216]. Vielmehr beschränkten sich die Grundrechte kraft ihres Herkommens aus der liberalen Epoche Mitte des 19. Jahrhunderts im Kern auf einen Kranz abwehrrechtlicher Verbürgungen gegen den Staat: Von der staatsbürgerlichen Gleichheit über Freizügigkeit, Eigentumsgarantie, Berufs- und Niederlassungsfreiheit, Briefgeheimnis und Petitionsrecht bis hin zu Versammlungs-, Vereins-, Meinungs-, Glaubens-, Gewissens- und Wissenschaftsfreiheit.

II. Etablierung einer Verfassungsgerichtsbarkeit

61
Institutionelle Absicherung der Grundrechte

Der im Vergleich zur Weimarer Reichsverfassung engere Kreis der Grundrechte war nun aber – dies der wesentliche Differenzpunkt – institutionell besser und stärker abgesichert. Denn Österreich kannte als wesentliche Neuerung des Verfassungswerkes von 1920, das unter maßgeblicher Mitwirkung *Hans Kelsens* entstanden war[217], etwas, was ansonsten nicht nur den Staaten Europas, sondern (wegen der besonderen Verselbständigung als Verfassungs-

---

214 Dazu und zum folgenden aus der nicht gerade überbordenden Literatur: *Felix Ermacora,* Die Grundrechte in Österreich, in: GR I/1, S. 125 ff.; *Walter* (Bibl.); *Wilhelm Brauneder,* Die Gesetzgebungsgeschichte der österreichischen Grundrechte, in: Rudolf Machacek (Hg.), Grund- und Menschenrechte in Österreich, Bd. I, 1991, S. 189 ff.; *Neschwara,* Verfassungsentwicklung 1920-1938, in: Österreichische Parlamentarische Gesellschaft (Hg.), 75 Jahre Bundesverfassung, 1995, S. 109 ff.
215 Dazu knapp *Walter Berka,* Die Grundrechte, 1999, RN 63 sowie *Robert Walter/Heinz Mayer,* Bundesverfassungsrecht, ⁹2000, RN 54 ff. m.w.N. Zeitgenössisch *Kelsen* (Bibl.), S. 147 ff.; zu Modifikationen eingehend *Brauneder* (FN 214), S. 322 ff.
216 *Walter* (Bibl.), S. 5.
217 *Kelsen* war nicht alleiniger „Schöpfer", aber doch wesentlicher Mitgestalter der Verfassung von 1920. Im einzelnen vgl. *Georg Schmitz,* Die Vorentwürfe Hans Kelsens für die österreichische Bundesverfassung, 1981; *Felix Ermacora,* Die österreichische Bundesverfassung und Hans Kelsen, 1982; *Gerald Stourzh,* Hans Kelsen, die österreichische Bundesverfassung und die rechtsstaatliche Demokratie, in: Die Reine Rechtslehre in wissenschaftlicher Diskussion, 1982, S. 7 ff.; *Norber Leser,* Hans Kelsen und die österreichische Bundesverfassung, in: Parlamentarische Gesellschaft (FN 214), S. 789 ff.

gericht²¹⁸) auch der Welt bis dato unbekannt war: Einen auf die Prüfung von Verfassungsverstößen spezialisierten Gerichtshof, der über die explizite Kompetenz verfügte, auch und gerade förmliche Bundesgesetze wegen Verfassungswidrigkeit mit genereller Wirkung und nicht nur für den Einzelfall aufzuheben (Art. 140 B-VG). Damit war die Bindung des Gesetzgebers an die Grundrechte eindeutig normatives Programm und prinzipiell praktisch durchsetzbar geworden. Freilich hatte die Kompetenz des Verfassungsgerichtshofes zur Gesetzesprüfung zunächst (1920) eine primär auf Kompetenzstreitigkeiten zwischen dem Bund und den Ländern hin orientierte Funktion. Erst die Novelle 1929 ermöglichte eine Vorlage durch die beiden anderen Höchstgerichte (Verwaltungsgerichtshof und Oberster Gerichtshof), und erst seit 1975 kann der Einzelne im direkten Weg eine derartige Überprüfung erzwingen. Die österreichische Verfassung von 1920 enthielt also von Anbeginn Garantien „nicht nur für die Gesetzmäßigkeit der Verwaltung, sondern auch für die Verfassungsmäßigkeit der Gesetzgebung"²¹⁹.

In einem gewissen, vielleicht fast paradox zu nennenden Kontrast stand die hohe Intensität der grundrechtstheoretischen Diskussion in Weimar (bei Fehlen einer institutionalisierten Verfassungsgerichtsbarkeit und einer allgemein anerkannten wie praktizierten flächendeckenden Prüfungskompetenz der Gerichte in bezug auf förmliche Reichsgesetze) zur weitgehenden Abwesenheit entsprechender Debatten in Österreich²²⁰, obwohl hier die Verfassungsgerichtsbarkeit ausdrücklich zur Verwerfung von Gesetzen wegen Verfassungswidrigkeit (und damit auch wegen Verstößen gegen die verfassungsrechtlich garantierten Grundrechte) befugt war und eine entsprechende Judikatur sich zu entfalten begann. Umgekehrt „vermißt der österreichische Betrachter ein dem großangelegten Grundrechtskatalog angemessenes Rechtsschutzsystem"²²¹ in Weimar.

62
Fehlende grundrechtstheoretische Diskussion in Österreich

III. Abbruch der Entwicklung

Die „Ausschaltung" des Verfassungsgerichtshofes im Mai 1933 läutet das Ende der freiheitlich-liberalen Phase der Republik ein. Sie wird mit Inkrafttreten der neuen Verfassung vom 1. Juli 1934 durch eine ständestaatliche Ordnung abgelöst²²².

63
Verfassung vom 1. Juli 1934

---

218 Darin lag und liegt der Unterschied zum amerikanischen Supreme Court, der stets auch und zugleich höchstes Instanzgericht war und ist. Zu diesen unterschiedlichen Typologien und Konstruktionsprinzipien von Verfassungsgerichten (spezielle Verfassungsgerichtshöfe einerseits, ordentliche Revisionsgerichte andererseits), die freilich über deren Rang und tatsächliche Bedeutung nichts aussagen, statt aller *Klaus Schlaich/Stefan Korioth*, Das Bundesverfassungsgericht. Stellung, Entscheidungen, Verfahren, ⁵2001, RN 2; *Alexander v. Brünneck*, Verfassungsgerichtsbarkeit in den westlichen Demokratien, 1992, S. 28 ff.
219 *Kelsen* (Bibl.), S. 158.
220 Einige Hinweise zur Erklärung bei *Walter* (Bibl.), S. 2 ff., 17 ff.
221 *Walter* (Bibl.), S. 5.
222 Dazu zeitgenössisch *Adolf Merkl*, Die ständisch-autoritäre Verfassung Österreichs. Ein kritisch-systematischer Grundriß, 1935 (und dazu wiederum *Norbert Leser*, Merkls Analyse der ständisch-autoritären Verfassung 1934, in: Robert Walter [Hg.], Adolf J. Merkl. Werk und Wirksamkeit, 1990, S. 213 ff.). Vgl. auch *Norbert Gürke*, Die Verfassung Österreichs, JöR 22 (1935), S. 339 ff.; *ders.*, Die österreichische „Verfassung 1934", in: AöR 25 (1934), S. 178 ff. *Gürke* war Assistent und Schwiegersohn *Otto Koellreutters* und schon 1933 in der Landesleitung der österreichischen NSDAP tätig (dies nach *Stolleis* [Bibl.], S. 386).

Die im Zweiten Hauptstück der neuen Verfassung aufgeführten „Allgemeinen Rechte der Staatsbürger" zeichnen sich durch eine im Vergleich zur Vorgängerverfassung flexiblere Fassung und geringere Schutzintensität aus. Größere Bedeutung haben sie schon aufgrund der turbulenten politischen Entwicklung der folgenden Jahre nicht entfalten können.

G. Zur Grundrechtsentwicklung in der Schweiz

64
Kontinuierliche Grundrechtsgewährleistung

Die zumindest formale Kontinuität der Grundrechte ist in der Schweiz noch stärker ausgeprägt als in Österreich, da die maßgeblichen Rechtsgrundlagen der Verfassung von 1874 die Zwischenkriegszeit unbeschadet überstehen und auch der Erste Weltkrieg keine maßgebliche Zäsur setzt (I.). Die Judikatur des Bundesgerichts trägt ungeachtet der engeren Kompetenzbegrenzung zur Entfaltung der Grundrechte bei (II.). Freilich hat es in den dreißiger Jahren auch in der Schweiz Versuche zur Transformation der freiheitlichen Republik in eine ständestaatliche Ordnung oder andersartige autoritäre Staatsform gegeben (III.).

I. Kontinuität der Grundrechtsgewährleistungen

65
Geschriebene und ungeschriebene Freiheitsrechte

In der Zwischenkriegszeit galt in der Schweiz die Verfassung vom 29. Mai 1874, die ihrerseits aus der Bundesverfassung von 1848 hervorgegangen war. Zwar spricht die Verfassung nicht von Grundrechten, sondern von „verfassungsmäßigen Rechten", was die „Summe von Rechtsstellungen der Rechtsunterworfenen, bei deren Verletzung das Bundesgericht als Verfassungsgericht angerufen werden kann"[223], meint. Der Sache nach haben wir es aber unzweideutig mit Gewährleistungen zu tun, die man gemeinhin als Grundrechte umschreibt: So etwa die Gleichheit vor dem Gesetz, Handels- und Gewerbefreiheit, Post- und Telegraphen-Geheimnis, Niederlassungs-, Glaubens-, Gewissens- und Kultusfreiheit, ferner Ehe-, Presse-, Vereins- und Petitionsfreiheit. Es handelt sich also ganz überwiegend um Freiheitsrechte liberalen Charakters[224]. Wenig überraschend ist vor diesem Hintergrund, daß man Grundrechtsverbürgungen sozialen Charakters wie in Weimar nicht kannte[225]; gleiches gilt für Grundpflichten. Hingegen erscheint bemerkenswert, daß normtextlich weder die Meinungsäußerungsfreiheit noch die Eigen-

---

[223] *Otto K. Kaufmann,* Bestand und Bedeutung der Grundrechte in der Schweiz, EuGRZ 1978, S. 475 (475).
[224] Wenn *Alfred Kölz,* Geschichtliche Grundlagen, in: Daniel Thürer/Jean-François Aubert/Jörg Paul Müller (Hg.), Verfassungsrecht der Schweiz, 2001, § 7, S. 111 (125) schreibt, bis zum Zweiten Weltkrieg seien die liberal-rechtsstaatlichen Elemente in der Schweiz „verhältnismäßig schwach entwickelt" gewesen, so kann sich dies nicht auf den verfassungsrechtlichen Normenbestand beziehen.
[225] Das konnte andererseits natürlich gewisse wohlfahrtsstaatliche Entwicklungen auf gesetzlicher Ebene mit entsprechender Einschränkung der Gewerbefreiheit nicht verhindern. Vgl. *Zaccaria Giacometti,* Das Verfassungsleben der Schweizerischen Eidgenossenschaft in den Jahren 1914-1921, in: JöR 11 (1922), S. 330 ff.

tumsgarantie oder die persönliche Freiheit in der Verfassung verankert waren. Derartige Lücken boten Anlaß für die Lehre von den ungeschriebenen Freiheitsrechten, die in Literatur und Judikatur des Bundesgerichtes entfaltet wurde[226].

II. Verfassungsgerichtsbarkeit durch das Bundesgericht

Anders als in Österreich war das schweizerische Bundesgericht von jeher oberstes Gericht in Zivilsachen, Strafsachen und bundesverwaltungsrechtlichen Streitigkeiten, zugleich aber auch Verfassungsgerichtshof. Es konnte auch die Verletzung der Grundrechte („verfassungsmäßigen Rechte") prüfen. Hier klaffte aber seit jeher im Vergleich zur Lage in Österreich (und heute dem deutschen Grundgesetz) eine empfindliche Lücke[227]. Denn zwar waren alle kantonalen Gesetze, Verordnungen, letztinstanzlichen Gerichtsurteile und letztinstanzlichen Verwaltungsentscheidungen vor dem Bundesgericht auf die Einhaltung der Verfassung hin überprüfbar. Auch konnte jeder, der aufgrund einer Verfassungsverletzung eine Rechtsverletzung erlitten hat, staatsrechtliche Beschwerde einlegen. Ausgenommen waren und sind freilich Bundesgesetze. Der (verfassungs-)gerichtlich durchsetzbare Vorrang der Verfassung auch gegenüber dem förmlichen Gesetzgeber auf der Ebene des Bundes, der in Weimar umstritten war und in Österreich 1920 eindeutig realisiert wurde, hat in der Schweiz bis heute keine Anerkennung gefunden.

66
Bundesgericht als Verfassungsgerichtshof

Ungeachtet der Ausklammerung der Bundesgesetze entwickelte das Gericht auf der Basis seiner sonstigen weiten Kompetenzen eine „schöpferische Verfassungsrechtsprechung, wie sie in Europa bis zum Zweiten Weltkrieg ihresgleichen suchte"[228]. Äußerliches Indiz dafür ist der signifikante Anstieg der Rekurse (staatsrechtlichen Beschwerden) von 140 im Jahre 1880 über 291 im Jahre 1900 bis zu 597 im Jahre 1932[229]. Freilich kam es aufgrund der Zugriffsmöglichkeit auf kantonale Gesetze und des gleichzeitigen Ausschlusses der Prüfung und Verwerfung von Bundesgesetzen zu durchaus paradox anmutenden Situationen. Denn die vergleichsweise liberale Judikatur des Bundesgerichts, die an Eingriffe in die Handels- und Gewerbefreiheit recht strenge Maßstäbe anlegte, kontrastierte mit der eher interventionistischen Politiklinie, wie sie in Bundesgesetzen Gestalt gewann. So konnte nach der Beurteilung eines zeitnahen Beobachters den Kantonen beinahe „täglich untersagt werden, was der Bund sich unter der gleichen Verfassung fast täglich erlaubt, z.B. Bedürfnisklauseln in freien Berufen einzuführen"[230].

67
Verwerfungskompetenz nur für kantonale Gesetze

---

226 Vgl. *Peter Saladin*, Grundrechte im Wandel, ³1982, S. 74f., 91. Eingehend *Zaccaria Giacometti*, Die Freiheitsrechtskataloge als Kodifikation der Freiheit, in: ZSR 74 (1955), S. 149 (153ff.).
227 Die Rechtslage hat sich insofern bis heute nicht geändert.
228 *Kölz* (FN 224), S. 125.
229 *Zaccaria Giacometti*, Die Verfassungsgerichtsbarkeit des Schweizerischen Bundesgerichts (die staatsrechtliche Beschwerde), 1931, S. 266f.; *Giacometti* weist auch darauf hin, daß in der Mehrheit der Fälle Verletzungen des Gleichheitssatzes geltend gemacht wurden, und erklärt die geringe Anzahl von Beschwerden wegen der Verletzung ‚ideeller' Rechte (z.B. Religionsfreiheit) damit, diese seien „eben so sehr in das allgemeine Kulturbewußtsein gedrungen, daß ihr Bestand kaum noch in Frage gestellt" werde (ebd., S. 268).
230 *H. Huber* (Bibl.), S. 190 a.

III. Herausforderungen in der Zwischenkriegszeit

1. Revisionsbestrebungen

68
Zwanziger Jahre

Auch in der Schweiz war die Zwischenkriegszeit eine Phase der Unruhe und der Gärung. Das schlägt sich auch und nicht zuletzt in einer Vielzahl von Volksinitiativen zur Revision der Verfassung nieder[231]. Der erste intensive Versuch einer Totalrevision wird im Anschluß an den Ersten Weltkrieg unternommen[232]; diesem Vorstoß hat man eine „Wendung zur Sozialprogrammatik" attestiert[233]. Mehrere Initiativen mit Grundrechtsbezug aus den zwanziger Jahren wurden verworfen: Eine zur Aufhebung der Militärjustiz (1921), gleich zwei auf verschärfte Einbürgerungs- und erleichterte Ausweisungsregelungen drängende zur „Lösung der Fremdenfrage" (1922), eine weitere zur Einführung der Schutzhaft (1923)[234]. Lediglich die Verpflichtung des Bundes zur Sicherstellung der Getreideversorgung des Landes wurde angenommen[235].

69
Dreißiger Jahre

In den dreißiger Jahren waren es vor allem konservative, ständestaatlich orientierte Kreise, die auf eine (Total-)Revision der Verfassung drängten[236]. Korporatistische Ordnungsvorstellungen waren auch hier im Vordringen begriffen[237]. Der Kanton Freiburg schien 1933/34 nah daran, sich eine korporative Ordnung zu geben[238]. Der im Anschluß an die „Märzkrise" 1934 von rechten Kreisen („Nationale Tatgemeinschaft") unterbreitete Vorschlag für eine Totalrevision mit dem Ziel der Abschaffung der Gewerbefreiheit und dem Aufbau einer berufsständisch organisierten Wirtschaft nach österreichischem Muster wurde in der Volksabstimmung 1935 mit über 70 % Nein-Stimmen abgelehnt[239]; vom Volk verworfen wurde im gleichen Jahr ebenfalls ein von der Sozialdemokratie unterstützter Gegenentwurf der Gewerkschaften, auch wenn dieser mehr Stimmen gewinnen konnte[240]. Reformvorstellungen der Konservativen Partei, die in einem umfänglichen Entwurf aus dem Jahre 1934 vorgelegt wurden, zielten auf eine deutliche Einschränkung der Grundrechte (namentlich Presse- und Vereinsrecht) und eine stärkere Verkirchlichung des Schulwesens[241]. Letztlich vermochte es aber keine der rivalisierenden Initiativgruppen und Kreise, für ihre Vorstellungen die erforderliche Mehrheit im Volk zu erringen.

---

231 Vgl. *William E. Rappard,* Die Bundesverfassung der Schweizerischen Eidgenossenschaft 1848-1948. Vorgeschichte, Ausarbeitung, Weiterentwicklung, 1948, S. 369 ff.
232 *Felix Hafner,* Die neue Bundesverfassung im Kontext der Verfassungen, Entwürfe und Reformversuche, in: ZSR 120 I (2001), S. 11.
233 *Peter Stadler,* Die Diskussion um eine Totalrevision der Schweizerischen Bundesverfassung 1933-1935, in: Schweizerische Zeitschrift für Geschichte 19 (1969), S. 75 (78).
234 Vgl. zum Vorstehenden die Dokumentation bei *Alfred Kölz,* Quellenbuch zur neueren schweizerischen Verfassungsgeschichte. Von 1848 bis in die Gegenwart, 1996, Nr. 59, 63, 64 und 67.
235 *Kölz aaO.,* Nr. 77.
236 Näher *Stadler* (FN 233), S. 81 ff.
237 Vgl. *Georg Klemperer,* Konzepte zum korporativen Staat – Herkunft und Wiederaufleben in der Schweiz um 1930, 1993.
238 *Stadler* (FN 233), S. 98.
239 *Kölz* (FN 234), Nr. 88; vgl. *Stadler* (FN 233), S. 164 f.; *Kölz* (FN 224), S. 124.
240 *Kölz* (FN 234), Nr. 84; vgl. *Hans Nef,* Die Fortbildung der Schweizerischen Bundesverfassung in den Jahren 1929 bis 1953, in: JöR 4 (1955), S. 355 (372 f.); *Stadler* (FN 233), S. 123 f.
241 Näher *Stadler* (FN 233), S. 152 ff.

2. Grundrechtsdogmatik

Doch auch wenn somit der Buchstabe der Verfassung und der in ihr garantierten Grundrechte gleich blieb, so konnte sich doch womöglich ihr Sinn und ihr Verständnis nur schwer den überwältigenden Tendenzen der Zwischenkriegszeit entziehen. Diesen Eindruck vermittelt zumindest ein ausführlicher Beitrag von *Hans Huber* aus der Mitte der 30er Jahre, in der er nicht nur – in der Sache völlig richtig[242] – feststellt, daß es sich bei den Grundrechten wie bei allen Rechtsnormen zunächst einmal um objektives Recht handelt[243]. Denn er sieht, darüber weit hinausgehend, auch das tradierte Grundrechtsverständnis, wonach aus diesen Normen des objektiven Rechts subjektive Ansprüche des Einzelnen (vor allem auf Unterlassung staatlicher Eingriffe in die Grundrechtssphäre) entspringen, aufgrund der geänderten Gesamtverhältnisse nicht länger als eine tragfähige Vorstellung an. *Huber* schreibt: „Die Grundrechte als subjektive Rechte sind der Überwindung der subjektiven Rechte ebenfalls zum Opfer gefallen, sie sind dogmengeschichtlich betrachtet nicht nur positiviert, sondern auch objektiviert worden. Sie sind nur noch objektive Schranke der Staatsgewalt. Ihre Bedeutung hat sich gewandelt, weil die Ideologie des Liberalismus gefallen ist und damit auch die Spiegelung dieser Ideologie im theoretischen Unterbau praktischer Forderungen"[244]. Freilich versteht man die Reflexwirkung, die die solcherart objektiv gefaßten Grundrechte zugunsten des einzelnen entfalten, immerhin als so weit bzw. intensiv, daß sie diesen zur Einklagbarkeit der Grundrechtsgewährleistungen („seiner" Grundrechte kann man ja kaum noch sagen) berechtigt. Man kann sich diese Konstruktion, die aus heutiger Sicht nur schwer nachvollziehbar erscheint und in gewisser Weise einerseits wie ein Rückfall in das späte 19. Jahrhundert, andererseits wie ein gewaltiger Tribut an den individualismusfeindlichen Zeitgeist anmutet, wohl nur durch die Annahme einigermaßen plausibel erklären, daß die verfassungsmäßigen Rechte primär dem Allgemeinwohl zu dienen bestimmt sind und dem einzelnen die Rechtsmacht zu ihrer Geltendmachung nicht um seinetwillen, sondern primär um dieses Allgemeinwohls willen eingeräumt ist. Auf jeden Fall wird man vor diesem noch näher aufzuhellenden Hintergrund die Aussage, daß die schweizerische Staatsrechtswissenschaft in der Zeit des Nationalsozialismus „die Fahne der Grundrechtsdogmatik hochhalten konnte"[245], in gebührender Differenzierung zu konkretisieren haben[246].

70
Verfassungsmäßige Rechte um des Allgemeinwohls willen

---

242 Vgl. dazu und zum folgenden Punkt *H. Dreier*, GG (LitVerz.), Bd. I, Vorb. RN 30, 55.
243 *H. Huber* (Bibl.), S. 61 a.
244 *H. Huber* (Bibl.), S. 61 a; siehe noch ebd., S. 47 a, 120 a f., 193 a.
245 *Klaus Stern*, Die Grundrechte und ihre Schranken, in: Peter Badura/Horst Dreier (Hg.), FS 50 Jahre Bundesverfassungsgericht, Bd. II, 2001, S. 1 (5).
246 Erste Hinweise jetzt bei *Jean-François Aubert*, La science juridique suisse et le régime national-socialiste (1933-1945), in: Unabhängige Expertenkommission Schweiz – Zweiter Weltkrieg (Hg.), Die Schweiz, der Nationalsozialismus und das Recht, Bd. I, 2001, S. 17 (24 ff., 68 ff.); *Daniel Thürer*, Im Schatten des Un-Rechts-Staates: Reaktionen auf den Nationalsozialismus im schweizerischen Rechtssystem, in: Zeitschrift des Bernischen Juristenvereins (Hg.), Die Haltung der schweizerischen Richter und Rechtslehrer zur Zeit des Nazi-Regimes (Sonderband 137bis), 2002, S. 179 (186 ff.).

H. Europaweite Entwicklungslinien?

71
Phasen freiheitlicher Entwicklung in anderen europäischen Staaten

Die Zwischenkriegszeit in Europa war, insgesamt betrachtet, nicht die große Zeit der Grundrechtsentwicklung, wie man dies in Sonderheit für die letzten Jahrzehnte des 20. Jahrhunderts behaupten könnte. Doch sollte die Dominanz der autoritären und totalitären Staaten nicht den Blick dafür verstellen, daß in jenen gut zwanzig Jahren längst nicht alle bedeutenden Nationen vom Pfad parlamentarisch-demokratischer Verfassung abwichen und es auch in den anderen Staaten Phasen freiheitlicher Entwicklung gegeben hat[247]. Auch sollte man durchaus auch jenen Ländern stärkere Beachtung schenken, die gemeinhin nicht im Mittelpunkt der Aufmerksamkeit stehen, wenn es um staats- und grundrechtliche Fragen geht, die aber durchaus interessante und zuweilen vorwärtsweisende Entwicklungen verzeichnen, wie z.B. Irland, Schweden oder Litauen.

72
Gemeinsamkeiten in der Grundrechtsentwicklung

Fragt man aus dieser – gleichsam „positiven" – Perspektive einmal nach Existenz und Bedeutung von Grundrechten, so ergibt ein kursorischer Überblick, daß in der Zwischenkriegszeit praktisch alle Staaten über einen Grundrechtskatalog verfügten, der zumeist in der Verfassung selbst verankert war. Dabei ist die Begrifflichkeit weder einheitlich noch immer ganz klar; häufig wird zudem zur Bestimmung des eigentlichen Grundrechtsgehaltes auf das einfache Recht verwiesen. Bei der inhaltlichen Durchmusterung fällt des weiteren die verhältnismäßig starke Betonung sozialer Grundrechte auf, während unter den klassisch-liberalen Grundrechten die Religionsfreiheit sehr häufig einen hervorgehobenen Platz einnimmt, was sich schon im schieren Regelungsumfang niederschlägt. Eine weitere gleichsam durchlaufende Entwicklungslinie betrifft die politischen Grundrechte, insbesondere das Wahlrecht. Von der prominenten Ausnahme der Schweiz abgesehen, wird so gut wie überall im Laufe der Jahre das Frauenwahlrecht eingeführt, auch wenn es in mancherlei Hinsicht noch Modifikationen unterliegt. Des weiteren senkt man das Wahlalter und beseitigt zensitäre Beschränkungen.

73
Fehlende institutionelle Absicherung der Grundrechte

Was systematische Sicherungen und institutionelle Durchsetzungsmöglichkeiten der Grundrechte angeht, so ist vor allem nach der Existenz von Verfassungsgerichten zu fragen. Sie gab es nur selten; wo es sie gab, waren – verglichen mit heutigen Standards – die Kompetenzen stark eingeschränkt und auch der Kreis der Antragsteller enger begrenzt. Die in Österreich vorgesehene Möglichkeit der Überprüfung von Parlamentsgesetzen auf ihre Verfassungsmäßigkeit und ihre Kassation im Falle der Feststellung eines Verstoßes blieb die große Ausnahme. Sie ist im übrigen auch heute weder außer- noch innereuropäisch eine verfassungsstaatliche Selbstverständlichkeit.

---

247 Einige Hinweise zu den Grundrechten in der Zwischenkriegszeit bei *Eduard Westphalen Fürstenberg*, Das Problem der Grundrechte im Verfassungsleben Europas, 1935, dessen leider sehr unübersichtlich kompiliertes und auch nicht fehlerfreies Buch sich stark auf die deutschsprachigen Länder (und als Kontrastprogramm jeweils auf die Sowjetunion) bezieht und auf die Herausarbeitung durchlaufender Entwicklungslinien weitgehend verzichtet. Aussagekräftiger der kursorische Überblick bei *Voigt* (FN 44), S. 145 ff.

Mit der vergleichsweise geringen Grundrechtsjudikatur dürfte zusammenhängen, daß auch in der staatsrechtlichen Literatur die Grundrechte zumeist keineswegs den größten Raum einnahmen, sondern eher ein Randgebiet bildeten. Theoretische Debatten nach Art des Weimarer Methoden- und Richtungsstreites schienen eine deutsche Besonderheit zu sein. Relativ einzigartig stehen insofern auch die ersten Versuche zur Ausformulierung einer Art von Wesensgehaltgarantie dar, wie sie gegen Ende der Weimarer Republik unternommen wurden (vgl. oben RN 33, 34). Keine Verfassung der Zwischenkriegszeit kannte im übrigen eine explizite verfassungsrechtliche Sicherung des Grundrechtskerns gegenüber dem Zugriff des Gesetzgebers nach Art des Art. 19 Abs. 2 GG.

74
Fehlende Grundrechtsdebatten außerhalb Deutschlands

J. Schluß

Versucht man einen resümierenden Blick auf die Zwischenkriegszeit insgesamt, so sieht man gerade am Schicksal Deutschlands, aber auch anhand der Entwicklung vieler anderer europäischer Staaten eines sehr deutlich: Den sowohl in seiner Schnelligkeit als auch in seinem Ausmaß erschreckenden Zerfall politisch-kultureller Bestände der Aufklärung und verfassungsstaatlicher Errungenschaften des 18. und 19. Jahrhunderts, die man wohl noch im Kaiserreich als absolute Verbürgungen eines niemals mehr hintergehbaren Zivilisationsniveaus angesehen hätte. Einmal mehr rücken die 14 Jahre der Weimarer Republik in das Zentrum der Analysen und Verstehensprozesse, nämlich als Paradefall eines allgemeineren und eben nicht nur auf Deutschland beschränkbaren Vorgangs. Weimar bildet den exemplarischen Fall der Krise der europäischen Staatenwelt. „Entstehung und Verfall der Weimarer Republik sind dann nichts als eine die Deutschen besonders interessierende Variation über ein europäisches Thema, dessen welthistorische Folgen unübersehbar sind: Die Pathologie des freiheitlichen Rechtsstaates im 20. Jahrhundert"[248]. Die Erinnerung an diese pathologische Phase sollte zugleich Mahnung sein, daß vermeintlich ewige oder doch unverlierbare rechts- und verfassungsstaatliche Errungenschaften wieder verloren gehen können. Auch die entwickelte und stabil scheinende Grundrechtsdemokratie unserer Tage darf nicht für eine letztlich selbsttragende Größe gehalten werden; gerade der moderne Verfassungsstaat bedarf der Annahme und der fortdauernden Aneignung durch die Bürger in einer lebendigen politischen Kultur.

75
Zerfall verfassungsstaatlicher Errungenschaften in der Zwischenkriegszeit

---

248 *Stürmer* (Bibl.), S. 29. Nach der weltpolitischen Zäsur des Zusammenbruchs des Sowjetimperiums mit allen seinen Folgen würde man diese Krisenzeit besser auf die Epoche zwischen den Kriegen eingrenzen.

K. Bibliographie

Anschütz, Gerhard, Die Verfassung des Deutschen Reichs vom 11. August 1919, ¹⁴1933 (ND 1960).
Bracher, Karl Dietrich, Europa in der Krise. Innengeschichte und Weltpolitik seit 1917, 1979.
Dreier, Horst, Ein Staatsrechtslehrer in Zeiten des Umbruchs: Gerhard Anschütz (1867-1948), in: ZNR 20 (1998), S. 28–48.
ders., Die deutsche *Staatsrechtslehre* in der Zeit des Nationalsozialismus, in: VVDStRL 60 (2001), S. 9–72.
Erdmann, Karl Dietrich/Schulze, Hagen (Hg.), Weimar. Selbstpreisgabe einer Demokratie. Eine Bilanz heute, 1980.
Eschenburg, Theodor, Die europäischen Demokratien zwischen den Weltkriegen, in: ders., Die improvisierte Demokratie. Gesammelte Aufsätze zur Weimarer Republik, 1964, S. 73–96.
Gebhard, Ludwig, Handkommentar zur Verfassung des Deutschen Reichs vom 11. August 1919, 1932.
Gusy, Christoph, Die Grundrechte in der Weimarer Republik, in: ZNR 15 (1993), S. 163–183.
ders., Die Weimarer Reichsverfassung, 1997.
Hensel, Albert, Grundrechte und Rechtsprechung, in: Otto Schreiber (Hg.), Die Reichsgerichtspraxis im deutschen Rechtsleben. Festgabe zum 50jährigen Bestehen des Reichsgerichts, Bd. I, 1929, S. 1–32.
Huber, Ernst Rudolf, Verfassungsrecht des Großdeutschen Reiches, 1939.
ders., Deutsche Verfassungsgeschichte seit 1789, Bd. V, 1978; Bd. VI, 1981.
Huber, Hans, Die Garantie der individuellen Verfassungsrechte. Verhandlungen des Schweizerischen Juristenvereins, in: ZSR 55 (1936), S. 1a–200a.
Kelsen, Hans, Die Entwicklung des Staatsrechts in Oesterreich seit dem Jahre 1918, in: Gerhard Anschütz/Richard Thoma (Hg.), Handbuch des Deutschen Staatsrechts, Bd. I, 1930, S. 147–165.
Lübbe-Wolff, Gertrude, Der Schutz verfassungsrechtlich verbürgter Individualrechte: Die Rolle des Reichsgerichts, in: Hermann Wellenreuther/Claudia Schnurmann (Hg.), Die amerikanische Verfassung und deutsch-amerikanisches Verfassungsdenken, 1990, S. 411–434.
Maunz, Theodor, Das Ende des subjektiven öffentlichen Rechts, in: ZStW 96 (1936), S. 71–111.
Möller, Horst, Europa zwischen den Weltkriegen, 1998.
Rückert, Joachim, Weimars Verfassung zum Gedenken, in: Rechtshistorisches Journal 18 (1999), S. 215–244.
Schieder, Theodor, Der liberale Staat und seine Krise. Antiliberale Systeme: Nationaltotalitarismus, Faschismus, autoritäre Staaten, kommunistische Staaten, in: ders. (Hg.), Handbuch der Europäischen Geschichte, Bd. VII/1, 1979, S. 201–240.
Schmitt, Carl, Inhalt und Bedeutung des zweiten Hauptteils der Reichsverfassung, in: Gerhard Anschütz/Richard Thoma (Hg.), Handbuch des Deutschen Staatsrechts, Bd. II, 1932, S. 572–606.
Stolleis, Michael, Geschichte des öffentlichen Rechts in Deutschland, Dritter Band: Staats- und Verwaltungsrechtswissenschaft in Republik und Diktatur 1914–1945, 1999.

Stürmer, Michael (Hg.), Die Weimarer Republik. Belagerte Civitas, 1980.
Thoma, Richard, Die juristische Bedeutung der grundrechtlichen Sätze der deutschen Reichsverfassung im allgemeinen, in: Hans Carl Nipperdey (Hg.), Die Grundrechte und Grundpflichten der Reichsverfassung, Bd. I, 1929, S. 1–53.
Walter, Robert, Grundrechtsverständnis und Normenkontrolle in Österreich, in: Klaus Vogel (Hg.), Grundrechtsverständnis und Normenkontrolle, 1979, S. 1–23.

§ 5
Von der Spaltung zur Einigung Europas

Eckart Klein

Übersicht

	RN		RN
A. Ausgangslage und Grundsatzfragen	1– 44	II. Wiederbewaffnung	69– 75
I. Zeithorizont	1– 3	III. Europarat und Europäische Gemeinschaften	76– 81
II. Grundrechtsdebatte im Parlamentarischen Rat	4– 13	D. Notstandsverfassung und -gesetzgebung	82– 90
III. Faktoren der Weiterentwicklung	14– 28	I. Der politische Hintergrund	82– 84
1. Bedeutung gesellschaftlichen Wandels	14	II. Grundrechtsrelevanz der Notstandsverfassungen	85– 90
2. Verfassungsänderungen	15– 17	E. Innere Sicherheit, Terrorismusbekämpfung	91– 97
3. Gesetzgebung	18– 20	I. Bedrohung des gesellschaftlichen Konsenses	91– 92
4. Gerichtsbarkeit	21– 23	II. Die terroristische Herausforderung	93– 97
5. Rechtswissenschaft	24		
6. Internationale und europäische Einbindung	25– 28	F. Soziales Staatsziel und Grundrechte	98–104
IV. Grundrechte der Landesverfassungen	29– 34	G. Bildungspolitik und Grundrechte	105–111
V. Sowjetisch besetzte Zone (SBZ) und Deutsche Demokratische Republik (DDR)	35– 38	I. Prognose der Bildungskatastrophe	105
VI. Europäisches Ausland	39– 44	II. Schulbereich	106–108
		III. Hochschulen	109–111
B. Territoriale Festigung und Ausweitung des grundrechtlichen Grundrechtsschutzes	45– 67	H. Emanzipation der Frau und sexuelle Revolution	112–126
I. Abbau des Besatzungsregimes	45– 46	I. Herstellung der Gleichberechtigung der Frau	112–117
II. Berlin	47– 54	II. Sexuelle Revolution	118–121
III. Saarland	55– 58	I. Zusammenfassende Betrachtung	122–126
IV. Überwindung der Teilung Deutschlands	59– 67		
C. Grundrechtliche Auswirkungen der Westintegration	68– 81	K. Bibliographie	
I. Politik der Westintegration	68		

§ 5 Erster Teil: I. Idee und geschichtliche Entwicklung

A. Ausgangslage und Grundsatzfragen

I. Zeithorizont

1
Devastierung Deutschlands

Am 8. Mai 1945 endete nicht nur der Zweite Weltkrieg mit der vollständigen Niederlage des Deutschen Reiches[1]. Zu ihrem Ende kam auch die zwölf Jahre währende tyrannische Herrschaft des Nationalsozialismus, die aus rassischen und machtpolitischen Gründen sowohl gegen unzählige Nichtdeutsche erbarmungslos vorgegangen war als auch große Teile des eigenen Volkes entrechtet hatte[2]. Deutschland war 1945 gleicherweise militärisch, politisch und moralisch devastiert[3].

2
Staatliche Reorganisation beginnt bei den Gemeinden

Eine Erhebung aus dieser Verwüstung war angesichts der Gesamtsituation – die Vier Mächte hatten am 5. Juni 1945 die oberste Regierungsgewalt hinsichtlich Deutschlands übernommen[4] – aus eigener Kraft zunächst nicht möglich. Neben der von den Alliierten in die Hand genommenen Aburteilung der Hauptkriegsverbrecher[5] bedurfte die Reorganisation deutscher Staatsgewalt und ihre Bindung an Grundrechte der Initiative der Besatzungsmächte. Der Beginn dieser Reorganisation wurde mit der Einräumung von Hoheitsbefugnissen an die Gemeinden, dann auch an die Verwaltungen der wiedererrichteten Länder gemacht[6].

3
Aufteilung Deutschlands als Rahmenbedingung

Schrecken der Vertreibung

Die – zuerst vorläufige – Unterstellung der deutschen Ostprovinzen unter sowjetische und polnische Verwaltung einerseits[7], die Aufteilung des übrigen Deutschland in vier Besatzungszonen andererseits[8] erwiesen sich sehr schnell als die maßgeblichen politischen Rahmenbedingungen für die Rekonstruktion einer freiheitlichen, grundrechtsgebundenen Ordnung. Aus den Ostgebieten des deutschen Reiches und den sudetendeutschen Gebieten der Tschechoslowakei wurden zwölf Millionen Deutsche vertrieben, viele verloren bei diesem „Bevölkerungstransfer", der weithin den Charakter eines Rachefeld-

---

1 Die bedingungslose Kapitulation der deutschen Streitkräfte wurde am 7. Mai 1945 in Reims und am 8. Mai 1945 in Berlin-Karlshorst mit Wirkung vom 8. Mai 1945, 23.01 Uhr vollzogen; Wortlaut der Urkunden bei Ingo v. *Münch* (Hg.), Dokumente des geteilten Deutschland, 1968, S. 17.
2 Vgl. dazu *Wolfgang Benz*, Der Holocaust, ³1997; *Michael Zimmermann*, Rassenutopie und Genozid – die nationalsozialistische „Lösung der Zigeunerfrage", 1996; *Peter Longerich* (Hg.), Die Ermordung der europäischen Juden. Eine umfassende Dokumentation des Holocaust 1941-1945, ²1990; *Martin Schumacher* (Hg.), M.d.R., die Reichstagsabgeordneten der Weimarer Republik in der Zeit des Nationalsozialismus. Politische Verfolgung, Emigration und Ausbürgerung 1933-1945, ³1994.
3 *Friedrich Meinecke*, Die deutsche Katastrophe, 1946.
4 Berliner Deklaration in Anbetracht der Niederlage Deutschlands und der Übernahme der obersten Regierungsgewalt hinsichtlich Deutschlands vom 5. Juni 1945; Textnachweis bei *v. Münch* (FN 1), S. 19.
5 Vgl. hierzu das Vier-Mächte-Abkommen über die Verfolgung und Bestrafung der Hauptkriegsverbrecher der Achsenmächte vom 8.8.1945 und das Statut für den Internationalen Militärgerichtshof in Nürnberg vom 8.8.1945; Texte bei *v. Münch* (FN 1), S. 43. Als Straftatbestände galten im Statut (Art. 6) neben den Kriegsverbrechen im eigentlichen Sinn auch Verbrechen gegen den Frieden und Verbrechen gegen die Menschlichkeit.
6 *Eschenburg*, Geschichte der Bundesrepublik Deutschland, Bd. 1 (Bibl.), 1983, S. 77 ff.
7 Vgl. hierzu Teile VI und IX des Report on the Tripartied Conference of Berlin (sog. Potsdamer Abkommen) vom 2.8.1945; Text bei *v. Münch* (FN 1), S. 32.
8 Zu Grunde lag das Londoner Protokoll betreffend die Besatzungszonen in Deutschland und die Verwaltung von Groß-Berlin vom 12.9.1944, Text bei *v. Münch* (FN 1), S. 25.

zugs annahm, ihr Leben[9]. In der sowjetisch besetzten Zone (SBZ) etablierte sich schnell der kommunistische, stalinistisch gefärbte Terror[10]. Ausdruck hierfür waren unter anderem die Weiternutzung nationalsozialistischer Konzentrationslager wie Buchenwald und Oranienburg nun für Gegner der sowjetischen Besatzungsmacht und des sich etablierenden kommunistischen Regimes. Demgegenüber entwickelten sich relativ schnell in den westlichen Besatzungszonen – nachdem es auch hier besatzungsrechtliche Willkürmaßnahmen gegeben hatte[11] – rechtsstaatliche und demokratische Strukturen, auf deren Aufbau vor allem die Vereinigten Staaten von Amerika drängten[12]. Die sich seit 1946 ständig verschärfenden deutschland- und weltpolitischen Gegensätze zwischen den Westmächten und der Sowjetunion führten schließlich zu der fünfundvierzig Jahre anhaltenden Spaltung Deutschlands und Europas. Der den Westteil und den Ostteil Deutschlands und Europas trennende „Eiserne Vorhang"[13] markierte nicht nur die Grenzlinie zwischen zwei um die Vormachtstellung rivalisierenden Großmächten, sondern bezeichnete zugleich die Grenze zwischen zwei Rechtssystemen, die primär durch ihre diametral entgegengesetzte Sichtweise der Stellung des einzelnen zum Staat, also durch ihre unterschiedliche grundrechtliche Perspektive zu charakterisieren sind. Es bedurfte des Umbruchs der Jahre 1989 und 1990[14], um – jedenfalls im Grundsätzlichen – gemeinsamen, die Würde, Freiheit und Gleichheit des Individuums betonenden Auffassungen Raum zu schaffen. Am augenfälligsten kommt diese Entwicklung in den den Grundrechtsschutz seit 1989 normierenden Verfassungen der osteuropäischen Staaten unter Einschluß der Nachfolgestaaten der Sowjetunion zum Ausdruck, vor allem aber in der die „Einigung Europas" in besonderer Weise spiegelnden Geltung der Europäischen Menschenrechtskonvention (EMRK) für heute vierundvierzig europäische Staaten[15].

Weiternutzung der Konzentrationslager in der SBZ

Eiserner Vorhang

Umbruch 1989/90

---

9 Bundesministerium für Vertriebene, Flüchtlinge und Kriegsgeschädigte (Hg.), Dokumentation der Vertreibung der Deutschen aus Ost-Mitteleuropa, bearbeitet von Theodor Schieder, 1957, ND 1984.
10 *Gerhard Finn*, Mauern, Gitter, Stacheldraht: Beispiele politischer Verfolgung in der sowjetischen Besatzungszone und in der DDR, 1996.
11 Vgl. *James Bacque*, Verschwiegene Schuld. Die alliierte Besatzungspolitik in Deutschland nach 1945, 1995; *dens.*, Der geplante Tod. Deutsche Kriegsgefangene in amerikanischen und französischen Lagern 1945-1946, ^{4}1995; *dens.*, Crimes and mercies. The fate of German civilians under allied occupation 1944-1950, 1998; *Heiner Wember*, Umerziehung im Lager. Internierung und Bestrafung von Nationalsozialisten in der britischen Besatzungszone Deutschlands, ^{2}1992, S. 91 ff.
12 *Prowe*, Demokratisierung in Deutschland nach 1945, in: Dietrich Papenfuß/Wolfgang Schieder (Hg.), Deutsche Umbrüche im 20. Jahrhundert, 2000, S. 447 ff.; *Kröger* (Bibl.), S. 78 ff.
13 Zum Begriff *Erdmann*, Die Zeit der Weltkriege, in: Bruno Gebhardt, Handbuch der deutschen Geschichte, Bd. 4/2, ^{9}1976, S. 610.
14 *W. Schieder*, Die Umbrüche von 1918, 1933, 1945 und 1989 als Wendepunkte deutscher Geschichte, in: Papenfuß/Schieder (FN 12), S. 3 ff.
15 Der Geltungsbereich der EMRK von 1950 (heute in der Fassung von 1998) hat sich zwischen 1989 und 2002 von zweiundzwanzig auf vierundvierzig Vertragsparteien verdoppelt. Zuletzt sind beigetreten: Rußland, Georgien, Aserbaidjan, Armenien und Bosnien-Herzegowina.

II. Grundrechtsdebatte im Parlamentarischen Rat

4
Grundgesetz als Weichenstellung

Die entscheidende Weichenstellung für die grundrechtliche Prägung der Bundesrepublik Deutschland erfolgte durch das Grundgesetz, das vom Parlamentarischen Rat vom September 1948 bis Mai 1949 beraten, am 8. Mai 1949 in dritter Lesung beschlossen und am 23. Mai 1949 feierlich verkündet wurde[16].

5
Grundrechte als Antwort auf Vergangenheit und Gegenwart

Nur kurz wurde im Rat darüber diskutiert, ob das Grundgesetz, insoweit der *Bismarck*schen Reichsverfassung von 1871 folgend, die grundrechtlichen Gewährleistungen den Landesverfassungen überlassen sollte oder ob gar der deutschlandpolitisch motivierte provisorische Charakter des Grundgesetzes durch den Verzicht auf einen Grundrechtskatalog zu unterstreichen sei[17]. Schnell setzte sich die Auffassung durch, daß das Grundgesetz eine Antwort auf die Vergangenheit ebenso wie die Gegenwart bereithalten müsse[18]. Vor allem die Grundrechtsgarantien waren geeignet, den im Parlamentarischen Rat ganz vorherrschenden antitotalitären Konsens[19] zum Ausdruck zu bringen.

Absage an Nationalsozialismus und Kommunismus

Die Absage an den nationalsozialistischen Unrechtsstaat sollte ebenso entschieden vollzogen werden wie an das sich in Osteuropa und vor allem in der sowjetisch besetzten Zone etablierende kommunistische Herrschaftssystem[20]. Die Stellung des einzelnen zum Staat mußte daher eindeutig im Sinne individueller Freiheit definiert werden. Bereits der von Experten angefertigte, dem Parlamentarischen Rat zur Beratung vorliegende Herrenchiemseer Entwurf hatte diesen Gedanken in Art. 1 Abs. 1 klassisch formuliert: „Der Staat ist um des Menschen willen da, nicht der Mensch um des Staates willen"[21]. Auch wenn der Parlamentarische Rat die Formulierung selbst nicht aufgegriffen hat[22], hat er doch diese Antithese zum totalitären Staat unübersehbar in den Grundrechtsbestimmungen des Grundgesetzes realisiert.

6
Anknüpfung an rechtsstaatliche Errungenschaften

Hierbei brauchte der Parlamentarische Rat nicht bei Null zu beginnen[23], erforderlich war vielmehr nur die Anknüpfung an die rechtsstaatlichen und demokratischen Errungenschaften, wie sie sich vor allem in den westeuropäi-

---

16 BGBl. S. 1.
17 *Mußgnug*, Zustandekommen des Grundgesetzes und Entstehen der Bundesrepublik Deutschland, HStR ³I, § 8 RN 55 m.w.N.
18 Vgl. die Hinweise in: *v. Doemming/Füßlein/Matz* (Bearb.), Entstehungsgeschichte der Artikel des Grundgesetzes, JöR NF 1 (1951), S. 42; *Hermann v. Mangoldt*, Die Grundrechte, DÖV 1949, S. 261. – Allgemein zum „Antwortcharakter" der Grundrechte *Bethge*, Aktuelle Probleme der Grundrechtsdogmatik (Bibl.), S. 351 ff. (353).
19 Hierzu *Rolf-Ulrich Kunze*, Reconsidered: „Der Mensch ist nicht für den Staat, sondern der Staat für den Menschen da.", in: Der Staat 40 (2001), S. 383 (394): „Konrad Adenauer, Theodor Heuss und Carlo Schmid waren Verkörperungen politischer Existenz, deren Zusammenarbeit trotz aller Verschiedenheiten der Persönlichkeit und der politischen Sozialisation in Grundfragen problemlos auf einen Nenner zu bringen war: den fundamentalen antitotalitären Konsens."
20 Vgl. *Hans Maier*, 40 Jahre Grundgesetz – Eine Bestandsaufnahme, Speyerer Vorträge Heft 13, 1989, S. 10.
21 Zu den (geistes-) geschichtlichen Wurzeln dieser Aussage *H. Hofmann*, Die Grundrechte 1789 – 1949 – 1989, NJW 1989, S. 3177 (3180). Art. 5 Abs. 2 Landesverfassung Mecklenburg-Vorpommern von 1993 lautet: „Das Land Mecklenburg-Vorpommern ist um des Menschen willen da; es hat die Würde aller in diesem Land lebenden oder sich hier aufhaltenden Menschen zu achten und zu schützen".
22 Dazu JöR NF 1 (1951), S. 45.
23 Ebenso *Hufen* (Bibl.), S. 1504 (1505).

schen Staaten²⁴ und den Vereinigten Staaten von Amerika²⁵ fast zweihundert Jahre lang entwickelt hatten und wie sie auch Deutschland keineswegs fremd waren, wie die Paulskirchenverfassung von 1848/49, die Weimarer Reichsverfassung und viele liberale Landesverfassungen des 19. und 20. Jahrhunderts beweisen²⁶. Vor allem die Paulskirchenverfassung – von ihr trennten gerade hundert Jahre – war, wie sich bis in einzelne Formulierungen hinein zeigt, gegenwärtig²⁷. Entsprechendes gilt für manche Garantien der Weimarer Reichsverfassung²⁸, auch wenn es sich der Parlamentarische Rat angelegen sein ließ, die Sicherung der Grundrechte gegen staatliche Eingriffe erheblich zu verstärken.

Hermann von Mangoldt, der Vorsitzende des Ausschusses für Grundsatzfragen und Grundrechte, hat berichtet, daß dem Ausschuß und dem Parlamentarischen Rat insgesamt auch der Entwurf der Allgemeinen Erklärung der Menschenrechte – sie wurde am 10. Dezember 1948 von der Generalversammlung der Vereinten Nationen angenommen – stets präsent gewesen sei²⁹. Sowohl in Vorarbeiten als auch in den Debatten ist der Entwurf als „Referenztext" vielfach herangezogen worden³⁰; angesichts des Versuchs der Wiedereingliederung in die internationale Gemeinschaft wäre es in der Tat generell, erst recht aber bei der gegebenen zeitlichen Koinzidenz der Textentstehung völlig unverständlich gewesen, diesen, wenn auch nicht rechtlich verbindlichen, neuesten, in Anlehnung an berühmte Vorbilder formulierten Menschenrechtskatalog nicht zur Kenntnis zu nehmen. Die internationale Einordnung der Bundesrepublik Deutschland, ein von Anfang an charakteristisches Merkmal ihrer Verfassung, ist evidentermaßen auch auf den Grundrechtsschutz erstreckt worden³¹.

7
Heranziehung der Menschenrechtserklärung von 1948

Diese „Wiedergeburt grundrechtlichen Denkens"³², die sich im und durch das Grundgesetz vollzog, darf getrost als genuine, freiwillige Entscheidung des Parlamentarischen Rats bezeichnet werden. Zwar hatten die drei westlichen Militärgouverneure in Nr. 1 der Frankfurter Dokumente vorgegeben, eine Verfassung auszuarbeiten, die „Garantien der individuellen Rechte und Freiheiten enthält"³³. Angesichts der gerade mehr schlecht als recht überstande-

8
Freie Entscheidung für Grundrechte

---

24 Vgl. *Schröder* (Bibl.), S. 49 (51).
25 *Ehrlich*, Einfluß des angelsächsischen Verfassungsdenkens auf die Entstehung des Grundgesetzes, in: Klaus Stern (Hg.), 40 Jahre Grundgesetz, Entstehung, Bewährung und internationale Ausstrahlung, 1990, S. 23 ff.
26 Dazu *Löw*, Mentalitätswandel des Grundgesetzes 1949: 1933, 1919, 1999, in: Eckhard Jesse/Konrad Löw (Hg.), 50 Jahre Bundesrepublik Deutschland, 1999, S. 65 (70).
27 Zum Vorbildcharakter der Paulskirchenverfassung *Radbruch*, Die Frankfurter Grundrechte, in: Wilhelm Keil (Hg.), Deutschland 1848 – 1948, 1948, S. 80 ff.; → oben *Kühne*, § 3 RN 3 ff.
28 *H. Hofmann* (FN 21), S. 3179.
29 *V. Mangoldt* (FN 18), S. 261.
30 Näher hierzu *H. Dreier* (Bibl.), S. 667 ff. (672 ff.).
31 Hierauf weist auch Art. 1 Abs. 2 GG hin; dazu *Schröder* (Bibl.), S. 51 f.
32 Allgemein spricht *Hans Huber*, Die Bedeutung der Grundrechte für die sozialen Beziehungen unter den Rechtsgenossen (1955), in: *ders.*, Rechtstheorie, Verfassungsrecht, Völkerrecht, 1971, S. 139 (157 f.) von der „Wiedergeburt und Läuterung der Grundrechte und des grundrechtlichen Denkens nach dem Zweiten Weltkrieg".
33 Abdruck des Dokuments in JöR NF 1 (1951), S. 2 f.

9
Unmittelbare Bindungskraft der Grundrechte im Vordergrund

nen, in einem Teil Deutschlands erneut zur Wirklichkeit werdenden totalitären Herausforderung war aber ein Verfassungswerk ohne Betonung staatsgerichteter Freiheits- und Abwehrrechte schwerlich vorstellbar.

Obgleich man die Grundrechte als „vorstaatlich" begriff, die vom Staat daher nicht zu gewähren, sondern zu gewährleisten waren[34], mußte ihnen eine zeitgemäße und so konkrete Gestalt gegeben werden, daß ihnen sowohl unmittelbare Bindungskraft gegenüber aller staatlichen Gewalt (Art. 1 Abs. 3 GG) als auch – als subjektiven Rechten – Einklagbarkeit zukommen konnte[35]. Dieser sich von Weimar deutlich unterscheidende Ansatz reduzierte den grundgesetzlichen Grundrechtskatalog erheblich. Einbezogen wurden nahezu ausschließlich die klassischen – staatsabwehrenden – Freiheitsrechte, während man um die sogenannten sozialen Grundrechte einen Bogen schlug[36]. Diese Selbstbeschränkung hatte ihren Grund in der gegebenen wirtschaftspolitischen Situation, in der es „leichtfertig und hoffärtig" gewesen wäre, eine baldige Wendung zum Guten anzunehmen[37], aber wohl auch in der rechtlich zutreffenden Einschätzung, daß andernfalls die unmittelbare Bindungswirkung der Grundrechte leiden und man wieder bei den „Deklamationen, Deklarationen oder Direktiven" von Weimar landen würde[38]. So wurde die Sozialgestaltung dem einfachen Gesetzgeber überlassen, dem allerdings mit der Sozialstaatsklausel (Art. 20 Abs. 1 GG) eine Zielvorgabe gesetzt war. Begrenzte Abstriche vom Konzept der Beschränkung auf Freiheitsrechte wurden freilich im Bereich der kulturellen Lebensordnung gemacht, so bei Ehe, Familie (Art. 6 GG) und Schule (Art. 7 GG). Es ist nicht verwunderlich, daß in diesem Rahmen die heftigsten Debatten des Parlamentarischen Rats über Grundrechtsfragen stattfanden[39]. Die Normierung von Grundpflichten erschien mit der Grundkonzeption gleichermaßen nicht vereinbar; sie werden daher im Grundgesetz nicht kategorial angesprochen, sondern tauchen nur, eher verschämt, im Text an einzelnen Stellen (z. B. Art. 7 Abs. 1, 14 Abs. 2 GG) auf[40]. Demgegenüber wurde gegen die mögliche Gefährdung der freiheitlichen demokratischen Grundordnung, die man zu errichten im Begriffe war, entschieden Vorsorge getroffen[41].

---

34 Hermann v. Mangoldt (Bibl.), S. 273 (275); Starck, Das Grundgesetz nach fünfzig Jahren: bewährt und herausgefordert, JZ 1999, S. 473 (474); Hufen (Bibl.), S. 1506; dabei blieb die Grundlage der vorstaatlichen Geltung – christliches Naturrecht, Vernunftrecht – offen. Zu Art. 1 Abs. 2 GG vgl. oben FN 31.
35 Abg. Dr. Carlo Schmid (SPD): „Diese Grundrechte sollen nicht bloß Deklamationen, Deklarationen oder Direktiven sein, nicht nur Anforderungen an die Länderverfassungen, nicht nur eine Garantie der Ländergrundrechte, sondern unmittelbar geltendes Bundesrecht, auf Grund dessen jeder einzelne Deutsche, jeder einzelne Bewohner unseres Landes vor den Gerichten soll Klage erheben können"; zitiert nach JöR NF 1 (1951), S. 43.
36 Das Gleichheitsrecht (Art. 3 GG) ist auch ein Freiheitsrecht, da es „gleiche Freiheit" verbürgen will; hierzu E. Klein, The principle of equality and its protection in the Federal Republic of Germany, in: Thijmen Koopmans (ed.), Constitutional Protection of Equality, 1975, S. 69 (102 f.).
37 So der Abg. Dr. Heuss (FDP), zitiert nach JöR NF 1 (1951), S. 43.
38 So Isensee, Verfassung ohne soziale Grundrechte, in: Der Staat 19 (1980), S. 367 (369 f.).
39 Hierzu Eschenburg, Geschichte der Bundesrepublik Deutschland, Bd. 1 (Bibl.), S. 503.
40 Vgl. v. Mangoldt (Bibl.), S. 278; eher kritisch H. Hofmann, Grundpflichten und Grundrechte, HStR V, § 114 RN 1 ff.; 17 ff.
41 V. Mangoldt (FN 18), S. 262.

Trotz des bewußt gewählten liberal-individualistischen Ansatzes können Grundrechte nicht im Sinne völliger Selbstherrlichkeit verstanden werden, sollen sie nicht eine permanente Gefahrenquelle für die staatliche Gemeinschaft und die Rechte anderer darstellen. Daß Einschränkungsmöglichkeiten für die Grundrechtsausübung vorgesehen werden mußten, war daher – nicht zuletzt um der Glaubwürdigkeit der Grundrechtsgarantien selbst willen – nicht in Frage gestellt. Es wurde aber darauf geachtet, daß nicht nur der Gesetzesvorbehalt zur notwendigen Voraussetzung eines Grundrechtseingriffs wurde, sondern daß – im Unterschied zu Weimar – Grundrechtseingriffe der beliebigen gesetzgeberischen Entscheidung entzogen und, soweit möglich, an verfassungsrechtlich determinierte materielle Vorgaben geknüpft wurden[42]. Darüber hinaus wurde dem einfachen Gesetzgeber mit Art. 19 Abs. 2 GG (Wesensgehaltsgarantie)[43] und dem verfassungsändernden Gesetzgeber mit Art. 79 Abs. 3 GG[44] eine äußerste Eingriffsgrenze gezogen[45].

10
Absage an grundrechtliche Selbstherrlichkeit

Die Gesamtkomposition des Grundgesetzes und die Anordnung der Grundrechtsgarantien selbst enthalten bewußte Hinweise auf die zentrale Stellung, die den Grundrechten im Rahmen der Neuorganisation deutscher Staatsgewalt auf dem Boden der westlichen Besatzungszonen zukommen sollte: „Das Grundgesetz selbst beginnt mit dem Abschnitt über die Grundrechte. Diese Grundrechte werden im Gegensatz zur Weimarer Verfassung an den Anfang des Ganzen gestellt, weil klar zum Ausdruck kommen sollte, daß die Rechte, deren der Einzelmensch bedarf, wenn anders er in Würde und Selbstachtung soll leben können, die Verfassungswirklichkeit bestimmen müssen. Letztlich ist der Staat dazu da, die äußere Ordnung zu schaffen, deren die Menschen zu einem auf der Freiheit des Einzelnen beruhenden Zusammenleben bedürfen. Aus diesem Auftrag allein stammt letztlich die Legitimität seiner Machtausübung"[46]. Ebenso bewußt wurde die Entscheidung getroffen, das Bekenntnis zur Menschenwürde an den Anfang des Grundrechtsteils zu stellen: „Damit soll einerseits der Geist des neuen Staatswesens in seiner ganzen Gegensätzlichkeit zu dem System der im Mai 1945 vernichteten Staatsordnung gekennzeichnet werden. Andererseits wird damit für den ganzen Grundrechtsteil auch ein neuer Leitsatz aufgestellt, der bei der Auslegung oft ganz andere Wege als unter der Weimarer Verfassung bedingen wird"[47].

11
Stellung der Grundrechte an den Anfang

Menschenwürde als Leitsatz

Die grundrechtlichen Aussagen führten im Gegensatz zu anderen Bestimmungen des Grundgesetzes nicht zu Kontroversen mit den Besatzungsmächten. Auch das Genehmigungsschreiben der drei Militärgouverneure vom 12. Mai 1949 ging auf den Grundrechtskatalog nicht ein; nur allgemein hieß es, daß das Grundgesetz „happily combines German democratic tradition with the concepts of representative government and a rule of law which the world

12
Keine Beanstandungen des Grundrechtsteils durch die Besatzungsmächte

---
42 V. *Mangoldt* (Bibl.), S. 276 f.
43 → Bd. III: *Leisner-Egensperger*, Wesensgehaltsgarantie.
44 → Bd. II: *Murswiek*, Zur Abänderbarkeit von Grundrechtsbestimmungen.
45 *Hufen* (Bibl.), S. 1506 f.
46 So der Abg. Dr. *Carlo Schmid* (SPD) in seinem Generalbericht vom 6.5.1949, zitiert nach JöR NF 1 (1951), S. 47.
47 V. *Mangoldt* (Bibl.), S. 279.

has come to recognize as requisite to the life of a free people"[48]. Allerdings ergaben sich aus dem Schreiben der Sache nach zwei nicht unwesentliche Beschränkungen für den Anwendungsbereich der Grundrechte. Die erste Begrenzung folgte aus dem Vorbehalt des mit der Etablierung der Bundesregierung in Kraft tretenden Besatzungsstatuts, welches das Besatzungsrecht dem Anwendungsbereich des Grundgesetzes – und damit der Grundrechte – entzog; immerhin sah das Statut (Ziff. 6) die freiwillige Respektierung der „civil rights" jeder Person vor, soweit nicht die Sicherheit der Besatzungsmächte anderes erforderte[49]. Nur allmählich konnte diese Beschränkung abgebaut werden[50]. Die zweite, bis zur Wiederherstellung der staatlichen Einheit aktuell gebliebene Einschränkung betraf Berlin. Das Grundgesetz (Art. 23) bezog Groß-Berlin – hingegen nicht die sowjetisch besetzte Zone und das Saargebiet – ausdrücklich in seinen Geltungsbereich ein. Der einschlägige Vorbehalt des Genehmigungsschreibens beschränkte nun zwar nicht die Anwendung der Grundrechte in Berlin, verfügte aber den prinzipiellen Ausschluß der unmittelbaren Tätigkeit von Bundesorganen, einschließlich von Bundesgerichten, in „Berliner Sachen"[51]. Insoweit waren der bundesrechtlichen Beschränkung ebenso wie der Durchsetzung von Grundrechtspositionen Grenzen gesetzt[52].

13

Mit dem Grundgesetz wurde 1949 nicht nur die „Rückkehr an die sicheren Gestade deutscher und gemeineuropäischer Verfassungstradition" vollzogen[53]. Über diesen formalen Aspekt der Wiederanknüpfung hinaus ging die „Materialisierung" des Verfassungsrechts, die durch die Gründung der gesamten staatlichen Ordnung auf die Grundrechte, insonderheit die Menschenwürde, gestützt wurde[54]. Demokratische Verfahren (Mehrheitsentscheidungen) allein konnten nach der Überzeugung des Parlamentarischen Rats keine ausreichende Sicherheit bieten[55]. Vielmehr sollten die Grundrechte das Grundgesetz „regieren"[56]. Sie sind die „raison d'être" des modernen Verfassungsstaates geworden, seine Legitimationsgrundlage schlechthin, und demgemäß empfangen auch die Staatsaufgaben durch sie ihre wesentlichen Konturen[57]. Mit der grundgesetzlichen Formatierung der Grundrechte ist schließlich ihre Durchsetzbarkeit als unmittelbar wirksame subjektive Rechte erreicht worden. Damit wurde zugleich den insofern letztlich verantwortlichen Gerichtsinstanzen, an ihrer Spitze dem Bundesverfassungsgericht, eine

---

48 Text bei *v. Münch* (FN 1), S. 130 f.
49 Text bei *v. Münch* (FN 1), S. 71 ff. – Das Statut trat am 21.9.1949 in Kraft.
50 S. unten RN 45 ff.
51 Ziff. 4 des Genehmigungsschreibens: „... Berlin may not be ... governed by the Federation ...".
52 S. unten RN 47 ff.
53 *K. Hesse*, Die Verfassungsentwicklung seit 1945, in: Ernst Benda/Werner Maihofer/Hans-Jochen Vogel (Hg.), Handbuch des Verfassungsrechts, ²1995, § 3 RN 16.
54 *Grimm*, Das Grundgesetz nach 40 Jahren, NJW 1989, S. 1305 (1306) spricht von „Rematerialisierung der Verfassung", aber tatsächlich vollzog erst das Grundgesetz diesen weitgehenden Schritt.
55 Vgl. die Äußerung des Abg. Süsterhenn (CDU), JöR NF 1 (1951), S. 42.
56 Abg. Dr. *Carlo Schmid* (SPD): „Die Grundrechte müssen das Grundgesetz regieren"; Zitatnachweis: Der Parlamentarische Rat 1948–1949. Akten und Protokolle, Bd. 9: Plenum (bearbeitet von Wolfram Werner), 1996, S. 37.
57 *Bethge*, Staatszwecke im Verfassungsstaat – 40 Jahre Grundgesetz –, DVBl. 1989, S. 841 (843).

bislang nicht bekannte Bedeutung gegeben[58]. Von den Grundrechten des Grundgesetzes führt eine direkte Linie zu der Juridifizierung der gesamten res publica und der Bedeutungssteigerung der Gerichte[59]. Auf deren Bindung an Gesetz und Recht (Art. 20 Abs. 3 GG) sowie auf deren Unabhängigkeit von den anderen Staatsgewalten und gesellschaftlichen Kräften (Art. 97 GG) ruht das ganze System.

III. Faktoren der Weiterentwicklung

1. Bedeutung gesellschaftlichen Wandels

Mit ihrer Entstehung setzt der Entwicklungsprozeß einer Verfassung ein. Dies gilt nicht nur im Hinblick auf den Kampf um ihre rechtliche Deutung, der alle Normen unterliegen, sondern vor allem darauf, daß ihr Verständnis auch abhängig ist von dem Wandel ihrer Umwelt – national und international[60]. *Lorenz von Stein* hat festgestellt, „daß die Geschichte der Gesellschaft die Grundlage der Geschichte der Verfassungen ist, und zwar so, daß die Umgestaltungen der Gesellschaft den Umgestaltungen der Verfassung vorausgehen und daß sie, wenn sie vollendet sind, die letzteren bedingen und erzeugen"[61]. In diesem Sinn haben zweifellos die gesellschaftlichen Veränderungen der nachfolgenden Jahre auf das Grundgesetz eingewirkt[62]. Dies ist in diesem Abschnitt nur anzudeuten, wird aber dann am Beispiel der wichtigsten Ereignisse der Zeitgeschichte näher erläutert. Indes gilt auch, daß die Verfassung nicht nur variable Funktion des Lebensgefühls und des Zeitgeistes ist, sondern jedenfalls hin und wieder ihrerseits Lebensgefühl und Zeitgeist prägende, sie jedenfalls im Zaum haltende Kraft haben kann[63]. Allerdings wird die Abhängigkeit gerade der Grundrechte, die das Verhältnis des einzelnen zum Staat definieren, von den gesellschaftlichen Entwicklungen stärker sein als der Bestimmungen über Struktur und Organisation des Staates. So ist zu erwarten, daß sich die sozialen Veränderungen, insbesondere der seit Mitte der fünfziger Jahre mit dem Wirtschaftswunder einsetzende Wertewandel, die Studentenrevolte 1968, die terroristischen Anschläge auf Repräsentanten des

14
Abhängigkeit der Grundrechte von der gesellschaftlichen Entwicklung

---

58 *Scheuner*, Das Grundgesetz in der Entwicklung zweier Jahrzehnte, AöR 95 (1970), S. 353 (363); *H. Schäfer*, Zehn Jahre Grundgesetz, DVBl. 1959, S. 341 (345).
59 Vgl. *N. Johnson*, Fünfzig Jahre Grundgesetz: Die Wechselwirkung von Werten und Interessen bei seiner Konsolidierung, DÖV 1989, S. 499 (501).
60 In diesem Sinn versteht *Hermann Huba*, Theorie der Verfassungskritik, 1996, S. 140, Verfassungsänderungen „als Bewegungen der Verfassung bei Umweltveränderungen". Zur „Verfassungsentwicklung" *Brun-Otto Bryde*, Verfassungsentwicklung, 1982; *Dieter Grimm*, Das Grundgesetz nach vierzig Jahren, in: ders., Die Zukunft der Verfassung, 1991, S. 372 (376ff.); *E.-W. Böckenförde*, Anmerkungen zum Begriff des Verfassungswandels, in: FS Lerche, 1993, S. 3ff. Vgl. auch *Ernst Forsthoff*, Der Staat der Industriegesellschaft, 1971, S. 21 ff.
61 *Lorenz von Stein*, Der Sozialismus und Kommunismus des heutigen Frankreichs, 1848, S. 63, zitiert nach *Rudolf Smend*, Staatsrechtliche Abhandlungen, ²1968, S. 26.
62 Vgl. etwa *Vorländer*, Identität des Grundgesetzes nach 30 Jahren?, JuS 1979, S. 313 (315ff.).
63 Ein Beispiel ist das Festhalten am Ziel der Wiedervereinigung Deutschlands, das ohne Grundgesetz und Hilfe des Bundesverfassungsgerichts (*E 5*, 85 [126ff.]; *36*, 1 [17ff.]; *77*, 137 [149]) längst aus den Augen verloren worden wäre. Vgl. auch *K. Hesse* (FN 53), § 3 RN 26ff.

Staats- und Wirtschaftslebens und die weitausgreifenden Protestbewegungen in den siebziger und achtziger Jahren ihren Niederschlag in Grundrechtsbestand und Grundrechtsverständnis gefunden haben. Für die abschließende Beurteilung der hier untersuchten Epoche (1945 – 1990) ist eine Gesamtbilanz aufzumachen und zu fragen, ob die prinzipielle Grundrechtsanschauung, die das Grundgesetz zu Beginn zum Ausdruck brachte, erhalten geblieben ist[64].

2. Verfassungsänderungen

15
Wehr- und Notstandsverfassung sowie Einigungsvertrag

Die unmittelbarsten Einwirkungen auf die Grundrechte sind durch Verfassungsänderungen zu erwarten[65]. In der Zeit bis zur Wiedervereinigung im Jahr 1990 gab es sechsunddreißig Grundgesetzänderungen, in den folgenden Jahren bis Ende 2002 schlossen sich weitere fünfzehn an[66]. Der überwiegende Teil der Veränderungen betrifft nicht die Grundrechte. Auch aus heutiger Sicht ist richtig, daß die Geschichte der Verfassungsänderungen „wesentlich die Geschichte der Veränderungen des Verhältnisses von Bund und Ländern" ist[67]. Gerade für die Zeit bis zur Wiedervereinigung gab es (von sechsunddreißig) nur drei Änderungen, die Grundrechte tangierten. Sie waren allerdings gewichtig[68]. Das 7. Gesetz zur Ergänzung des Grundgesetzes (Wehrverfassung)[69] betraf die Artikel 1 Abs. 3, 12 Abs. 2 und 3 und 17a, das 17. Gesetz zur Ergänzung des Grundgesetzes (Notstandsverfassung)[70] – soweit es die Grundrechte angeht – die Artikel 9, 10, 11, 12, 12a, 19 Abs. 4 und 20 Abs. 4 GG. Beide Änderungen fügten jedoch Bestimmungen ein, die angesichts der besatzungsrechtlichen Situation der Jahre 1948/49 noch nicht Gegenstand der Verfassunggebung sein konnten; man kann daher von „nachgeholter Verfassunggebung" sprechen[71]. *Insoweit* waren die Zugriffe auf die Grundrechte eher akzidentieller Art, und auch in materieller Hinsicht (Eingriffsintensität) hielten sie sich in Grenzen, was ihre Kritiker nicht davon abhielt, den Untergang des Rechtsstaates zu prognostizieren[72]. Das 36. Änderungsgesetz (Einigungsvertrag)[73] gestattete in Artikel 143 Abs. 1 und 2 GG für eine Übergangszeit nicht unwesentliche Verfassungsdurchbrechungen auch im Grundrechtsbereich[74]; in Absatz 3 wurde die Nichtrückgängigmachung (konfiszierender)

---

64 S. unten RN 122 f.
65 Allgemein: *Alexander Roßnagel*, Die Änderungen des Grundgesetzes, 1981; *Badura*, Verfassungsänderung, Verfassungswandel, Verfassungsgewohnheitsrecht, HStR VII, § 160 RN 30 ff.
66 Wertvolle Übersichten und Kategorisierungen finden sich bei *Angela Bauer/Matthias Jestaedt*, Das Grundgesetz im Wortlaut, 1997, S. 53 ff. *Denninger*, in: Kommentar zum Grundgesetz für die Bundesrepublik Deutschland, Reihe Alternativkommentare, 3. Aufl. (seit 1990), Einleitung I RN 54 ff.
67 *Robbers*, Die Änderungen des Grundgesetzes, JuS 1989, S. 1325 (1330); vgl. auch *H.H. Klein* (Bibl.), S. 5 (10).
68 Vgl. *H. Hofmann* (Bibl.) RN 44 ff., 52 ff.; 66 ff.
69 V. 19.3.1956 (BGBl. I S. 111).
70 V. 24.6.1968 (BGBl. I S. 709).
71 *Bauer/Jestaedt* (FN 66) unter Hinweis auf *H. Hofmann* (Bibl.), RN 38.
72 Etwa *Sterzel*, 20 Jahre Grundgesetz – zur verfassungsrechtlichen Entwicklung der Bundesrepublik seit 1949, Kritische Justiz 1969, S. 244.
73 V. 23.9.1990 (BGBl. II S. 885, 890).
74 Betroffen war der Schutz des ungeborenen Lebens (Abtreibungsproblematik); vgl. näher *BVerfGE* 86, 390; *88*, 83; *88*, 203, und unten RN 64.

Eigentumseingriffe in der sowjetisch besetzten Zone und der DDR nach
Maßgabe von Art. 41 Einigungsvertrag verfassungsrechtlich abgesichert[75].

In den späteren Verfassungsänderungen ging es weniger um die Bewältigung
ganzer Sachkomplexe wie Wehrverfassung, Notstand und Wiedervereinigung.
Eher wurde auf konkrete Herausforderungen reagiert: Zu nennen sind an
erster Stelle die Neuordnung des Asylrechts (Art. 16, 16a und 18 GG) durch
das 39. Änderungsgesetz[76] und die Legitimierung technischer Überwachungsmittel (Art. 13: Lausch- und Späheingriff) durch das 45. Änderungsgesetz[77],
das zur Bekämpfung des zunehmenden organisierten Verbrechens für notwendig erachtet wurde. Mit dem 47. Änderungsgesetz[78] wurde Art. 16 Abs. 2
Satz 2 GG geändert und damit das strikte Verbot der Auslieferung Deutscher[79] gelockert; generell hängt dies mit der zunehmend intensiven Einbindung der Bundesrepublik Deutschland in internationale Zusammenhänge
zusammen, die es nicht mehr zulassen, den notwendigen rechtsstaatlichen
Schutz allein in der Bundesrepublik Deutschland vorauszusetzen. Daher wird
der Gesetzgeber jetzt auch die Auslieferung Deutscher an einen internationalen Strafgerichtshof oder an einen Mitgliedstaat der Europäischen Union
ermöglichen können[80]. Zwei weitere Verfassungsänderungen belegen die
Bedeutung, die der Europäischen Union für den Grundrechtsschutz zukommt. Mit dem 38. Änderungsgesetz[81] wurde der Gründung der Europäischen Union und damit der Vertiefung der europäischen Integration (Maastricht) eine (neue) verfassungsrechtliche Grundlage gegeben. Ausdruck der
zwischen nationaler und Integrationsebene stattfindenden rechtlichen Wechselwirkung[82] ist Art. 23 Abs. 1 GG, der die Mitwirkung der Bundesrepublik
Deutschland bei der Entwicklung der Europäischen Union an das Gewährleistetsein unter anderem eines dem Grundgesetz im wesentlichen vergleichbaren Grundrechtsschutzes bindet. Das 48. Änderungsgesetz[83] zog mit der
Änderung des Art. 12 a Abs. 4 Satz 2 GG die Konsequenz aus einer Entscheidung des Europäischen Gerichtshofs in Luxemburg, mit welcher der generelle
Ausschluß der Frauen vom Zugang zum Dienst mit der Waffe in der Bundeswehr gemeinschaftsrechtlich beanstandet worden war[84]. Zu erwähnen bleibt
die 42. Änderung[85], mit der die grundrechtsrelevanten Vorschläge der Gemeinsamen Verfassungskommission von Bundestag und Bundesrat von 1993
durch Einfügung von Art. 3 Abs. 2 Satz 2 (Frauenförderungsklausel) und Art. 3

16
Weitere Verfassungsänderungen

---

75 *BVerfGE 84*, 90 (125 ff.): kein Widerspruch zu Art. 79 Abs. 3 GG; zustimmend etwa *Papier*, Die Entwicklung des Verfassungsrechts seit der Einigung und seit Maastricht, NJW 1997, S. 2841 (2844 ff.); zu Recht kritischer *Wendt*, in: Sachs, GG (LitVerz.), Art. 143 RN 26 ff.
76 V. 28.6.1993 (BGBl. I S. 1002); dazu *BVerfGE 94*, 49; *94*, 115; *94*, 166.
77 V. 26.3.1998 (BGBl. I S. 610); nach *Kühne*, in: Sachs, GG (LitVerz.), Art. 13 RN 39: eine „Orwellsche Dimension".
78 V. 29.11.2000 (BGBl. I S. 1633).
79 → Bd. V: *Schmalenbach*, Verbot der Auslieferung und des Entzugs der Staatsangehörigkeit.
80 Vgl. *Kokott*, in: Sachs aaO., Art. 16 RN 37 f.
81 V. 21.12.1992 (BGBl. I S. 2086).
82 Das europarechtliche Gegenstück zu Art. 23 GG ist Art. 6 EU.
83 V. 19.12.2000 (BGBl. I S. 1755).
84 *EuGH*, Urt. v. 11.1.2000, Rs. C-285/98 (Tanja Kreil ./. Bundesrepublik Deutschland), Slg. 2000, I-69.
85 Durch das Gesetz zur Änderung des Grundgesetzes vom 27.10.1994 (BGBl. I S. 3146).

Abs. 3 Satz 2 (Benachteiligungsverbot für Behinderte) in das Grundgesetz umgesetzt wurden[86].

17
Keine Mehrheit für einen Minderheitenschutzartikel

Eine weitere einschlägige Empfehlung der Verfassungskommission ist demgegenüber vom verfassungsändernden Gesetzgeber nicht aufgegriffen worden. Mit Art. 20b sollte ein Minderheitenschutzartikel in das Grundgesetz aufgenommen werden: „Der Staat achtet die Identität der ethnischen, kulturellen und sprachlichen Minderheiten"[87]. Die Klausel – als Staatsziel, nicht als Grundrecht ausgewiesen – sollte keinen individualrechtlichen Charakter haben, aber einen Gruppenschutz erreichen. Gewollt war „eine besondere Ausprägung des Gebots der Achtung der Menschenwürde mit Bezug auf Minderheiten"[88]. Im Bundestag erhielt dieser Vorschlag jedoch nicht die notwendige Zweidrittelmehrheit. Wie schon die vom Deutschen Bundestag eingesetzte Enquête-Kommission Verfassungsreform (1976) empfahl auch die Gemeinsame Verfassungskommission keine Änderungen im Bereich der politischen Mitwirkungsrechte der Bürger auf Bundesebene (Volksinitiative, Volksbegehren, Volksentscheid)[89].

3. Gesetzgebung

18
Konkretisierende Normsetzung

Für die Entfaltung und Aktualitätssicherung der Grundrechte und der in ihnen enthaltenen Prinzipien ist konkretisierende Normsetzung meist unvermeidbar[90]. Dies gilt primär da, wo der Grundrechtstext selbst auf die notwendige rechtliche Ausgestaltung durch den Gesetzgeber verweist, sei es durch „Inhaltsbestimmung" (Art. 14 Abs. 1 S. 2 GG), sei es durch anwendungsnotwendige Definition („Familie", Art. 6 Abs. 1 GG) oder organisatorische Umhegung (Rundfunkfreiheit; Freiheit von Forschung und Lehre, Art. 5 Abs. 3 GG)[91]. Aber auch darüber hinaus wirkt sich die Hand des Gesetzgebers bei der näheren Gestaltung des grundrechtlich ausgeformten Freiheitsbereichs aus[92]. Exemplarisch sei auf das Versammlungsgesetz[93] hingewiesen, das einerseits – in Übereinstimmung mit internationalen Verpflichtungen[94] – den persönlichen Schutzbereich des Art. 8 GG über Deutsche hinaus erweitert (§ 1),

---

86 Vgl. Bericht der Gemeinsamen Verfassungs-Kommission, BT-Drucks. 12/6000 (5.11.1993), S. 49 und 52. Für die gleichfalls diskutierten Bereiche „Ehe, Familie, Kinder", „Datenschutz", „Asylrecht" und „Unverletzlichkeit der Wohnung" hatte die Kommission keine Empfehlungen abgegeben; ebd., S. 54, 60, 63, 64.
87 Ebd., S. 71.
88 Ebd., S. 74.
89 Ebd., S. 83 ff.; Schlußbericht der Enquête-Kommission Verfassungsreform, BT-Drucks. 7/5924 (9.12.1976), S. 9 ff.
90 Vgl. *Matthias Jestaedt*, Grundrechtsentfaltung im Gesetz, 1999; *K. Hesse*, Grundzüge des Verfassungsrechts (LitVerz.), RN 303 ff.
91 Hierzu *Borchardt*, Bundesrepublik Deutschland, in: Eberhard Grabitz (Hg.), Grundrechte in Europa und USA, Bd. I, 1986, S. 115 (162 ff.); *Jarass*, Grundrechte als Wertentscheidungen bzw. objektivrechtliche Prinzipien in der Rechtsprechung des Bundesverfassungsgerichts, AöR 110 (1985), S. 363 (390 ff.).
92 Eindrucksvoll *Lerche*, Grundrechtlicher Schutzbereich, Grundrechtsprägung und Grundrechtseingriff, HStR V, § 121 RN 1 ff.
93 Gesetz über Versammlungen und Aufzüge (Versammlungsgesetz) i.d.F. der Bekanntmachung vom 15.11.1978 (BGBl. I S. 1790), später mehrfach geändert.
94 Art. 11 EMRK; Art. 21 IPbürgR.

das andererseits gewisse organisationsrechtliche Vorkehrungen (z.B. Versammlungsleitung, §§ 7, 14 Abs. 2) trifft, um einen reibungslosen Ablauf der Versammlung und damit ihre praktische Durchführbarkeit zu gewährleisten. Der Gesetzgeber formt also die Grundrechte aus, ist bei dieser Konkretisierungsaufgabe aber zugleich an die grundrechtliche Aussage rückgebunden[95] – ein dogmatisches wie praktisches Dilemma, dessen Lösung (rechtlich) nur in der Anerkennung der Verfassungsmäßigkeit der Gesetze und nicht der Gesetzmäßigkeit der Verfassung liegen kann[96] und aus dem – letztlich – nur die verbindliche Entscheidung des Bundesverfassungsgerichts heraushilft.

Da Grundrechtsbeschränkungen aus rechtsstaatlichen und demokratischen Erwägungen einer gesetzlichen Grundlage bedürfen, eine schrankenlose Grundrechtsausübung aber sowohl dem Gemeinwohl als auch den Rechten anderer schädlich wäre, ist auf der Grundlage verfassungsrechtlicher Ermächtigung, die in der Regel den Grundrechtsbestimmungen selbst beigegeben ist, die gesetzliche Grundrechtsbegrenzung vorzunehmen[97]. Die Bedeutung legislativer Tätigkeit für die Grundrechtsausübung liegt daher auch aus diesem Grund auf der Hand.

19 Vorbehalt des Gesetzes

Eine kaum zu überschätzende grundrechtsrelevante Aufgabe obliegt dem Gesetzgeber bei der Schaffung privatrechtlicher Normen[98]. Sie gestalten den täglichen Freiheitsraum der einzelnen in besonders intensiver Weise. Das Aufeinandertreffen von Freiheitssphären vieler muß vom Gesetzgeber geordnet und zu einem Ausgleich gebracht werden[99]. Die den Grundrechten zugrundeliegende objektive Wertentscheidung und die sich hieraus ergebende staatliche Schutzpflicht sind in aller erster Linie dem Gesetzgeber zur Realisierung aufgegeben[100].

20 Gesetzlicher Ausgleich aufeinandertreffender Freiheiten

4. Gerichtsbarkeit

Bereits in einem Rückblick auf zehn Jahre Grundgesetz wurde darauf aufmerksam gemacht, daß die zwischenzeitliche „Ausprägung und Festigung" des Verfassungswerks vor allem durch das Bundesverfassungsgericht erfolgt sei[101]. Die Entscheidung des Grundgesetzes zur Verfassungsgerichtsbarkeit ist

21 Bedeutung der Verfassungsgerichtsbarkeit

---

95 Hierzu *Bethge* (Bibl.), S. 365 f.; *Lerche* (FN 92), § 121 RN 4 ff.
96 *Walter Leisner*, Von der Verfassungsmäßigkeit der Gesetze zur Gesetzmäßigkeit der Verfassung, 1964; *Ossenbühl*, Versammlungsfreiheit und Spontandemonstration, in: Der Staat 10 (1971), S. 53 (73) spricht von „der wechselseitigen Osmose zwischen Verfassungsrecht und Gesetzesrecht".
97 Vgl. *Ossenbühl*, Vorrang und Vorbehalt des Gesetzes, HStR III, § 62 RN 16.
98 Insbesondere *Hallstein*, Wiederherstellung des Privatrechts, SJZ 1946, S. 1; vgl. auch *H. Hofmann* (FN 21), S. 3181.
99 Zur Ausgleichsfunktion *Lerche*, Grundrechtsschranken, HStR V, § 122 RN 3 ff.
100 *Jarass* (FN 91), S. 377; *E. Klein*, Grundrechtliche Schutzpflicht des Staates, NJW 1989, S. 1633 (1640); → Bd. II: *Calliess*, Schutzpflichten.
101 *Eicher*, Zehn Jahre Grundgesetz, DÖV 1959, S. 367 (371). Fünf Jahre früher zitierte *H. Schneider*, Fünf Jahre Grundgesetz, NJW 1954, S. 937, noch keine einzige Entscheidung des Bundesverfassungsgerichts; allerdings ist das Gericht auch erst 1951 errichtet worden. Eine Würdigung der Verfassung und insbesondere des Grundrechtsteils ohne Hinweise auf die bundesverfassungsgerichtliche Rechtsprechung wäre später nicht mehr möglich gewesen.

auch und gerade für die Grundrechte von größter Bedeutung geworden. Dies nachzuweisen ist im einzelnen nicht nötig. Hierüber belehrt jeder Blick in die Entscheidungssammlung des Bundesverfassungsgerichts und in jede grundrechtliche Abhandlung, in der regelmäßig die Darstellung und Kommentierung der Grundrechtsrechtsprechung dieses Gerichts im Vordergrund steht. Dies betrifft die Auslegung und Konturierung einzelner Grundrechte[102], aber auch sich daraus ergebende allgemeine, für die Grundrechtsdogmatik insgesamt bestimmend gewordene Aussagen. Erinnert sei insofern nur an die Elfes-Rechtsprechung (1957)[103], die Lüth-Rechtsprechung (1958)[104] und die Entfaltung des Grundsatzes der Verhältnismäßigkeit[105].

22
„Aufwertung" der Grundrechte durch das Bundesverfassungsgericht

Das Bundesverfassungsgericht hat ernst mit der vom Parlamentarischen Rat vertretenen Auffassung[106] gemacht, daß die Grundrechte das Grundgesetz „regieren" sollen: „Die Grundrechte ... sind der eigentliche Kern der freiheitlich-demokratischen Ordnung des staatlichen Lebens im Grundgesetz"[107]. Das Gericht hat darüber sogar hinausgehend mit seiner Lüth-Entscheidung[108], in der es die Grundrechte als objektive Wertentscheidungen, als Grundsatznormen verstanden hat – „Dieses Wertsystem ... muß als verfassungsrechtliche Grundentscheidung für alle Bereiche des Rechts gelten"[109] –, die Grundrechte „in eine wirkungsmächtige Richtschnur der gesamten Rechtsordnung *verwandelt*"[110]. Die hier erkennbare „Aufwertung" der Grundrechte[111], die neue Qualität liegt in der Herauslösung der Grundrechte aus dem unmittelbaren Staat-Bürger-Verhältnis[112]. Auch wenn – schon angesichts der historischen Situation, in die der Parlamentarische Rat gestellt war – schwerlich gesagt werden kann, daß diese Ausweitung des Grundrechtsverständnisses mit seiner Anschauung unvereinbar sei, war dieser Schritt vom Grundgesetz nicht vorherbestimmt: Es handelt sich „um eine Entwicklung unter dem Grundgesetz,

---

102 Beispielhaft sei nur auf die Rechtsprechung zu Art. 12 GG, vor allem einsetzend mit der Apotheken-Entscheidung von 1958 (*BVerfGE* 7, 377), hingewiesen.
103 *BVerfGE 6*, 32 (36 ff., 41) zum weiten Verständnis der „freien Entfaltung der Persönlichkeit" im Sinne umfassender Handlungsfreiheit und der verfahrensrechtlichen – inzwischen auf alle Grundrechte erstreckten – Ausdeutung, daß jedermann im Wege der Verfassungsbeschwerde geltend machen kann, „ein seine Handlungsfreiheit beschränkendes Gesetz gehöre nicht zur verfassungsmäßigen Ordnung, weil es (formell oder inhaltlich) gegen einzelne Verfassungsbestimmungen oder allgemeine Verfassungsgrundsätze verstoße"; zu den geschichtlichen Grundlagen näher *Alexander Kukk*, Verfassungsgeschichtliche Aspekte zum Grundrecht der allgemeinen Handlungsfreiheit (Art. 2 Abs. 1 GG), 2000.
104 *BVerfGE* 7, 198; Vorläufer war die Entscheidung zur Ehegattenbesteuerung, *BVerfGE 6*, 55 (72).
105 Im Parlamentarischen Rat war von diesem Grundsatz nicht die Rede. Seine Entfaltung zeigt eine sehr wichtige Weiterentwicklung an (s. unten bei FN 114). Zugleich läßt sie die im Parlamentarischen Rat als besonders wichtig angesehene Wesensgehaltsgarantie (Art. 19 Abs. 2 GG) in den Hintergrund treten; *Hufen* (Bibl.), S. 1506 f.; *Grimm* (FN 54), S. 1308. Kritisch *Schlink*, Der Grundsatz der Verhältnismäßigkeit in: Peter Badura/Horst Dreier (Hg.), FS 50 Jahre BVerfG, 2001, Bd. II, S. 445 ff.; → Bd. III: *Leisner-Egensperger*, Wesensgehaltsgarantie.
106 S. oben RN 13.
107 *BVerfGE 31*, 58 (73) – Spanierentscheidung 1971.
108 Näher zu den (geistesgeschichtlichen) Grundlagen E.-W. *Böckenförde* (Bibl.), S. 1 (3 ff.); auch *Jarass* (FN 91), S. 364 ff.
109 *BVerfGE* 7, 198 (205).
110 *Badura*, 50 Jahre Grundgesetz, KritV 82 (1999), S. 428 (429); Hervorhebung von mir.
111 *Grimm* (FN 54), S. 1311.
112 *E.-W. Böckenförde* (Bibl.), S. 7.

nicht um eine Vorgabe des Grundgesetzes"[113]. Sie hat weitreichende Folgen für die Grundrechtsdogmatik, zugleich aber auch für die Verfassungsstruktur insgesamt gehabt, da sie den Gesetzgeber über den subordinationsrechtlich geprägten Bereich hinaus an die grundrechtlichen Wertentscheidungen gebunden und damit der Kontrolle durch das Bundesverfassungsgericht geöffnet hat. Materiell (Lüth) und prozessual (Elfes) hat das Bundesverfassungsgericht seine Rolle als Hüter der Verfassung verfestigt und ausgeweitet. Hinzu tritt die „Waffe" des Verhältnismäßigkeitsgrundsatzes, der primär, aber nicht ausschließlich im Grundrechtsbereich als Rechtmäßigkeitsmaßstab dient[114]. Bei aller insoweit möglichen Skepsis[115] muß aus der Sicht der Grundrechte und ihrer Träger gesagt werden, daß der Freiheitsgewinn beträchtlich ist und für die Aufgabe des Gesetzgebers, einander widerstreitende Rechte und Interessen auszugleichen, vertretbare Entscheidungsmaßstäbe bereitgestellt werden.

Neben der maßgeblichen Rolle, die das Bundesverfassungsgericht bei der Grundrechtsentwicklung einnimmt[116], darf die Leistung der anderen Gerichte nicht vergessen werden. Dies gilt für die Landesverfassungsgerichte, aber auch für die sogenannten Fachgerichte, die in aller Regel ja zunächst mit der Auslegung und Anwendung eines Grundrechts und seiner Ausstrahlung auf das einschlägige Rechtsgebiet befaßt sind. Noch weniger als im Fall des Bundesverfassungsgerichts kann diese Aufbau- und Aktualisierungsleistung hier näher dargestellt werden[117]. Auch wenn die Grundrechtsrelevanz einfachrechtlicher Fragen dem Bundesverfassungsgericht letztlich nicht entzogen ist, ist doch der Gesichtspunkt der Subsidiarität klarer Beleg dafür, daß die eingehende Prüfung durch die Fachgerichte nicht nur das Bundesverfassungsgericht entlastende Funktion hat, sondern daß auch auf die Sachkompetenz der Fachgerichte bei der Ausdeutung der Grundrechte in einem konkreten tatsächlichen und rechtlichen Zusammenhang sinnvollerweise nicht verzichtet werden kann[118].

23
Bedeutung der Fachgerichtsbarkeit

5. Rechtswissenschaft

Niemand, am wenigsten der Rechtswissenschaftler selbst, wird den Einfluß der literarischen Äußerungen auf die Verfassungs-, hier: die Grundrechtsentwicklung geringschätzen wollen, messen freilich läßt er sich kaum. Obwohl

24
Einfluß auf die Rechtsprechung

---

113 *E.-W. Böckenförde* aaO., S. 2.
114 BVerfGE 19, 342 (348 f.) – Haftverschonung: „In der Bundesrepublik Deutschland hat der Grundsatz der Verhältnismäßigkeit verfassungsrechtlichen Rang. Er ergibt sich aus dem Rechtsstaatsprinzip, im Grunde bereits aus dem Wesen der Grundrechte selbst ...". Zur Erweiterung über die Rolle als Eingriffsmaßstab hinaus *Schmidt-Aßmann*, Der Rechtsstaat, HStR ²I, § 24 RN 87. Kritisch *Ernst Forsthoff*, Der Staat der Industriegesellschaft, 1971, S. 137 ff.; → Bd. III: *Merten*, Verhältnismäßigkeitsgrundsatz.
115 Sie wird u. a. gerade von prominenten ehemaligen Verfassungsrichtern geäußert; etwa *K. Hesse* (Bibl.), RN 22, und *E.-W. Böckenförde* (Bibl.), S. 21 ff.
116 Übrigens nicht nur in Verfassungsbeschwerdeverfahren.
117 Vgl. aber Bundesministerium der Justiz (Hg.), Vierzig Jahre Grundrechte in ihrer Verwirklichung durch die Gerichte – Göttinger Kolloquium, 1990, passim; jüngst: *E. Klein*, Schutz der Grund- und Menschenrechte durch die Verwaltungsgerichtsbarkeit, LKV 2003, S. 74.
118 Eingehend hierzu *Ernst Benda/Eckart Klein*, Verfassungsprozeßrecht, ²2001, RN 523 ff., 659 ff.

die überquellende Literatur sich heute vielfach mit der Nachzeichnung und Ordnung der abundanten Grundrechtsrechtsprechung begnügt, ist doch richtig, daß wichtige Argumentationen von der Wissenschaft vorgedacht waren, bevor sie Eingang in die Grundrechtsrechtsprechung fanden[119]. Aber auch eine bloße Systematisierung der Kasuistik kann den weiteren Weg bahnen und Verfassungsauslegung berechenbarer machen. Wer je Einsicht in (bundes-)verfassungsgerichtliche der Entscheidung vorausgehende Voten der Berichterstatter hatte, weiß, wie sorgfältig dort die Literatur gesammelt und ausgewertet wird. Die – übrigens zu Recht – sehr zurückhaltende und selektive Zitierweise des Bundesverfassungsgerichts in der veröffentlichten Entscheidung gibt keineswegs den ganzen Blick frei für das Gespräch, das mit der rechtswissenschaftlichen Literatur während der Entscheidungsbildung gepflegt wurde. Gerade im Hinblick auf das weichenstellende Lüth-Urteil wurde auf den stattgefundenen Diskurs mit einschlägigen verfassungsrechtlichen Beiträgen hingewiesen[120]. Die Wechselwirkung zwischen Rechtsprechung und Rechtswissenschaft ist um der Überzeugungskraft und friedensstiftenden Wirkung der Entscheidungen willen unverzichtbar. Sie bestätigt sich dabei keineswegs nur in der reziproken Bejahung, sondern auch in distanzierter oder ablehnender Kritik. Beide, Richter und Rechtswissenschaftler, sind nämlich, nehmen sie ihre Aufgabe ernst, für neue Erkenntnisse offen. Auch das Bundesverfassungsgericht, mag es andere binden können (§ 31 BVerfGG), ist an die eigenen Entscheidungen nicht gebunden, kann also späterer Einsicht nachgeben[121].

6. Internationale und europäische Einbindung

25
Normative Verfestigung von Menschenrechten

Eine der bemerkenswertesten, weil die Souveränität der Staaten revolutionierenden Entwicklungen ist mit der normativen Verfestigung von Menschenrechten auf der internationalen Ebene verbunden[122]. Mit der völkerrechtlichen Verpflichtung der Achtung von Menschenrechten öffnen sich die Staaten der Kontrolle durch andere Staaten und die gegebenenfalls vereinbarten Überwachungsmechanismen. Quelle dieser Verpflichtungen sind vor allem völkerrechtliche Verträge, nur zu einem kleinen Teil auch Völkergewohnheitsrecht[123]. Nach 1945 sind, beginnend mit der Konvention über die Verhütung und Bestrafung des Völkermords vom 9. Dezember 1948, eine Fülle solcher Verträge auf der universellen und regionalen Ebene erarbeitet und von vielen Staaten, darunter die Bundesrepublik Deutschland, ratifiziert worden[124].

---

119 *Hufen* (Bibl.), S. 1505, mit leicht ironischem Hinweis auf das Urheberrecht. Zum Akteur Wissenschaft *Bryde* (FN 60), S. 206 ff.
120 *E.-W. Böckenförde* (Bibl.), S. 5 f.
121 *BVerfGE* 4, 31 (38); 85, 117 (121).
122 Vgl. *Eckart Klein*, Menschenrechte. Stille Revolution des Völkerrechts und Auswirkungen auf die innerstaatliche Rechtsanwendung, 1997.
123 Dazu The American Law Institute, Restatement of the Law 3rd, The Foreign Relations Law of the United States, Bd. 2, 1987, § 702 (z. B. Genozid, Sklaverei, Folter, systematische rassische Diskriminierung).
124 Überblick über die von der Bundesrepublik ratifizierten Menschenrechtskonventionen im Bundesgesetzblatt II, Fundstellennachweis B.

Mit der damit geschaffenen völkerrechtlichen Verpflichtung, deren Verletzung den Staat international verantwortlich macht, ist die unmittelbare Anwendbarkeit der Menschenrechte im Sinne subjektiver Berechtigung und objektiver Verpflichtung im innerstaatlichen Recht noch nicht festgelegt. Allerdings kann erwartet werden, daß Staaten, die Menschenrechtsverträge ratifizieren, ihr nationales Recht mit den völkerrechtlichen Pflichten in Einklang bringen werden[125]. Schon von daher werden sich Einwirkungen des internationalen Menschenrechtsschutzes auf die innerstaatliche Situation ergeben. Dies gilt insbesondere dann, wenn die Vertragsparteien konkrete Überwachungsgremien geschaffen und diesen die Aufgabe übertragen haben, über behauptete Verletzungen der menschenrechtlichen Verpflichtungen – unter Umständen sogar mit rechtlicher Verbindlichkeit – zu entscheiden[126]. Eine gesteigerte Bedeutung erhalten die menschenrechtlichen Garantien aber dann, wenn – wie in der Bundesrepublik Deutschland – den völkerrechtlichen Verträgen durch das Vertragsgesetz (Art. 59 Abs. 2 GG) der innerstaatliche Anwendungsbefehl erteilt wird, so daß sie, soweit ihre Bestimmungen nach ihrer Qualität und nach dem Willen der Vertragsparteien zum unmittelbaren Vollzug geeignet sind, von den Rechtsanwendungsorganen als Normen im Range einfacher Bundesgesetze zu beachten sind[127]. Handelt es sich um völkergewohnheitsrechtlich abgesicherte Menschenrechte, haben sie sogar Übergesetzesrang (Art. 25 Satz 1 und 2 GG)[128]. Insgesamt gesehen konnte die Ausweitung menschenrechtlicher Verpflichtungen, auch wenn sie innerstaatlich im Rang unter dem Grundgesetz angesiedelt sind, für die dort garantierten Grundrechte nicht folgenlos bleiben[129].

26
Einwirkungen auf innerstaatliches Recht

Die Grundrechtslage hat sich schließlich für die Einwohner der Bundesrepublik Deutschland (wie für die der übrigen Mitgliedstaaten) durch die sich ständig intensivierende europäische Integration erheblich verändert. Mit der Öffnung der Bundesrepublik Deutschland für nichtdeutsche – supranationale – Hoheitsakte sind Freiheitseingriffe möglich geworden, deren Erfassung und rechtliche Prüfung mit dem Raster der nationalen Grundrechtsgewährleistungen problematisch ist. Entsprechende Probleme treten auf, wo Gemeinschaftsrecht innerstaatlich vollzogen oder Gemeinschaftsrecht in innerstaatliches Recht umgesetzt wird. Die Charta der Grundrechte der Europäischen Union[130] erstreckt ihren Anwendungsbereich nach Art. 51 auf beide Konstellationen; auch bereits nach geltendem Recht sind die Gemeinschaftsgrundrechte insoweit anwendbar. Zu sehen ist aber auch, daß der auf der Integrationsebene bestehende (gemeinschaftsrechtliche) Grundrechtsschutz sich neben der Europäischen Menschenrechtskonvention „aus den gemeinsamen

27
Veränderung der Grundrechtslage infolge europäischer Integration

---

125 Mit Hilfe von Vorbehalten kann allerdings, soweit zulässig, die Übernahme der völkerrechtlichen Verpflichtungen ausgeschlossen oder reduziert werden.
126 Beispiele sind der Europäische Gerichtshof für Menschenrechte einerseits, der Menschenrechtsausschuß nach dem Internationalen Pakt über bürgerliche und politische Rechte andererseits.
127 *Bernhardt*, Verfassungsrecht und völkerrechtliche Verträge, HStR VII, § 174 RN 28.
128 Dazu *Steinberger*, Allgemeine Regeln des Völkerrechts, HStR VII, § 173 RN 49 ff.
129 S. unten RN 76 ff.
130 ABl. EG Nr. C 364/2000, S. 1.

Verfassungsüberlieferungen der Mitgliedstaaten" speist (Art. 6 Abs. 2 EU), den mitgliedstaatlichen Grundrechtsvorstellungen damit ein weit über das übliche Maß hinausgehender grenzüberschreitender Einfluß eingeräumt ist. Zugleich ist zu bedenken, daß sich die EU-Mitgliedstaaten ihrer völkerrechtlichen Verpflichtungen aus Menschenrechtsverträgen nicht durch „Übertragung von Hoheitsrechten" entledigen können. Sie bleiben daher nach diesen Verträgen für einen diesen Verpflichtungen entsprechenden adäquaten Grundrechtsschutz verantwortlich[131].

28
Stabilisierung des Gesamtsystems

Die grundrechtspolitisch wohl wichtigste Konsequenz, die aus der europäischen Integration zu ziehen ist, besteht – neben der grundrechtsbezogenen normativen und verfahrensrechtlichen Verflechtung – in der Stabilisierung des Gesamtsystems mit Hilfe einer wechselseitig erfolgenden Stabilisierung der Teilsysteme. So wie die Integrationsebene durch die Verfassungsüberlieferungen der Mitgliedstaaten und deren völkerrechtliche Verpflichtungen geprägt und gefestigt wird, so wirken eben diese Grundsätze als unionsrechtliche Verpflichtungen auf die Mitgliedstaaten zurück, halten sie hieran fest und ermöglichen es, gegen einen „ausbrechenden" Mitgliedstaat Sanktionen zu verhängen (Art. 6 Abs. 1, 7 EU)[132]. Die Gewährleistung der „Achtung der Menschenrechte" hat damit für die EU-Mitgliedstaaten eine über die im übrigen bestehenden internationalen Schutzmechanismen erheblich hinausreichende Verstärkung erfahren.

IV. Grundrechte der Landesverfassungen

29
Grundrechtspluralismus

Der bundesstaatliche Aufbau der Bundesrepublik Deutschland führt zu einer Vielzahl von Verfassungsräumen, die auch Raum lassen für grundrechtlichen Pluralismus[133]. Für die Zeit nach 1945 lassen sich drei Entwicklungsphasen ausmachen.

30
Vorkonstitutionelle Landesverfassungen

Die erste Phase betrifft die vor dem Zusammentreten des Parlamentarischen Rates geschaffenen (westzonalen) Landesverfassungen[134]. Sie enthalten alle

---

131 Vgl. *EGMR* EuGRZ 1999, S. 207 (212 f.) – Waite und Kennedy.
132 *T. Stein*, Die rechtlichen Reaktionsmöglichkeiten der Europäischen Union bei schwerwiegender und anhaltender Verletzung der demokratischen und rechtsstaatlichen Grundsätze in einem Mitgliedstaat, in: Liber amicorum G. Jaenicke, 1998, S. 871 ff.; zum inakzeptablen Vorgehen der übrigen EU-Mitgliedstaaten gegen Österreich nach einer zwischen ÖVP und FPÖ vereinbarten Regierungsbildung im Jahr 2000 vgl. nur *Stefanie Schmahl*, Die Reaktionen auf den Einzug der Freiheitlichen Partei Österreichs in das Österreichische Regierungskabinett – Eine europa- und völkerrechtliche Analyse, EuR 2000, S. 819 ff.; *Frank Schorkopf*, Verletzt Österreich die Homogenität in der Europäischen Union? – Zur Zulässigkeit der bilateralen „Sanktionen" gegen Österreich, DVBl. 2000, S. 1036 ff. Die unselige Affäre wurde durch den Bericht der „Drei Weisen" vom 8.9.2000 zum Abschluß gebracht, EuGRZ 2000, S. 404 ff.
133 *E. Klein*, Landesverfassung und Landesverfassungsbeschwerde, DVBl. 1993, S. 1329 (1331); → Bd. III: *Grawert*, Wechselwirkungen zwischen Bundesverfassung und Landesverfassungen im Bereich der Grundrechte.
134 Hierzu *Diestelkamp*, Die Verfassungsentwicklung in den Westzonen bis zum Zusammentreten des Parlamentarischen Rates (1945 – 1948), NJW 1989, S. 1312 (1317 ff.); *Stern*, Staatsrecht V (LitVerz.), S. 1046 ff.; *Stolleis*, Besatzungsherrschaft und Wiederaufbau deutscher Staatlichkeit 1945 – 1949, HStR ^{3}I, § 7 RN 59 ff.

zum Teil sehr weitreichende Grundrechtskataloge und sind offenkundig darauf angelegt, die erwartete gesamtstaatliche Verfassung vorzuprägen[135]. Die leitmotivische Betonung der Menschenwürde, der Rückgriff auf vorstaatliche, zum Teil explizit naturrechtliche Vorstellungen, die Ausformulierung eines Katalogs der klassischen Freiheitsrechte und deren Bestandssicherung gehörten zweifellos zu dem Fundament, auf dem der Parlamentarische Rat seine Beratungen aufnahm[136]. Der Schwerpunkt dieser frühen Grundrechtsüberlegungen in den neu errichteten Ländern lag allerdings auf den sozialen Grundrechten und dem Versuch, das soziale und wirtschaftliche Leben insgesamt zu ordnen[137]; Wirtschaftslenkung, Vergesellschaftung und Mitbestimmung waren die bevorzugten Themen, welche die Landesverfassunggeber verschiedentlich auch in Konflikt mit ihrer (vor allem der amerikanischen) Besatzungsmacht brachten[138].

31
Nachkonstitutionelle Landesverfassungen

Mit der Schaffung des Grundgesetzes (zweite Phase) zeigte sich ungeachtet des Art. 142 GG schnell, daß die Landesgrundrechte gegenüber den Bundesgrundrechten „nahezu gänzlich in den Hintergrund"[139] traten. Man kann jedenfalls nicht sagen, daß sie die allgemeine Grundrechtsdiskussion wesentlich belebt haben, sieht man von der Kontroverse um das Aussperrungsverbot in der hessischen Landesverfassung ab[140]. Es liegt ganz auf dieser Linie, daß die nach dem Grundgesetz geschaffenen (westdeutschen) Landesverfassungen keine eigenen Grundrechtskataloge enthalten, sondern die Grundrechte des Grundgesetzes schlicht zu ihrem Bestandteil erklären, zum Teil sogar selbst hierauf verzichten (Schleswig-Holstein)[141]. Da die Grundrechte des Grundgesetzes auch von der Landesstaatsgewalt in vollem Umfang zu beachten sind, ergeben sich hieraus für die einzelnen keine Defizite.

32
Verfassungen der „neuen" Länder

Nach der Wiederherstellung der staatlichen Einheit im Jahr 1990 (dritte Phase) haben die auf dem Territorium der ehemaligen DDR liegenden Länder jedoch einen anderen Weg eingeschlagen[142]. Vier Verfassungen (Brandenburg, Sachsen, Sachsen-Anhalt, Thüringen) enthalten eigenständige Grundrechtskataloge. Mecklenburg-Vorpommern hat die im Grundgesetz festgelegten Grundrechte zum Bestandteil seiner Verfassung erklärt (Art. 5 Abs. 3) und im übrigen Konkretisierungen zum Persönlichkeitsschutz, zur Wissenschaftsfreiheit, Chancengleichheit im Bildungswesen und zum Petitionsrecht vorgenommen. Solche Konkretisierungen, die sich auch in den anderen neuen Landesverfassungen finden, zeichnen allerdings zum Teil nur die Rechtspre-

---

135 *Graf Vitzthum*, Die Bedeutung gliedstaatlichen Verfassungsrechts in der Gegenwart, VVDStRL 46 (1988), S. 7 (21).
136 *Erdmann* (FN 13), S. 716 ff.; *Kröger* (Bibl.), S. 79 f.; *Stern* (FN 134), S. 1079 f., 1083 f.
137 *Brill*, Die Grundrechte als Rechtsproblem, DÖV 1948, S. 54.
138 Dazu *Eschenburg* (FN 39), S. 252 ff.
139 *Hesse* (FN 53), § 3 RN 8; → Bd. III: *Maurer*, Landesgrundrechte im Bundesstaat.
140 Art. 29 Abs. 5 Verf. Hessen. Vgl. etwa *Joseph H. Kaiser*, Die Parität der Sozialpartner, 1973, S. 45 ff.; → Bd. III: *Lange*, Grundrechtliche Besonderheiten in den Landesverfassungen.
141 Vgl. *Starck*, Die Verfassungen der neuen Länder, HStR IX, § 208 RN 55.
142 *Starck* (FN 141), RN 56 ff.; *Hans von Mangoldt*, Die Verfassungen der neuen Bundesländer, 1993, S. 42 ff.

chung des Bundesverfassungsgerichts (etwa zum Petitionsrecht) nach[143] oder entsprechen internationalen Vorgaben[144]. Auf Kollisionskurs mit dem Grundgesetz gehen die neuen Grundrechtsformulierungen jedenfalls nicht, könnten sich dabei auch nicht durchsetzen. Eher besteht die Gefahr, daß die nicht ausreichend klare Trennung der Grundrechte als subjektive Rechte von Staatszielbestimmungen[145] oder nicht einlösbaren sozialen Versprechen Enttäuschung bei den Betroffenen hervorruft.

33
Zentrale Rolle der Bundesgrundrechte

Es ist auch nach der normativen Vermehrung von Grundrechtsgarantien unterhalb der Bundesebene durch die Landesverfassungen nicht zu erwarten, daß die Grundrechte des Grundgesetzes ihre zentrale Rolle bei der Sicherung der Freiheit und Gleichheit der hier lebenden Menschen verlieren werden. Es ist nicht zu sehen, daß die Landesgrundrechte ein das Verständnis der grundgesetzlichen Grundrechte prägendes Auslegungspotential zu entwickeln in Begriff sind[146]. Anders als eine Beeinflussung „von oben" – insbesondere durch die Europäische Menschenrechtskonvention[147] – sind Einwirkungen durch Einflüsse „von unten" nicht erkennbar. Eine Wechselwirkung findet insoweit bislang nicht statt.

34
Mögliche Erweiterung des Freiheitsraumes

Dies heißt nicht, daß die Grundrechtsgarantien der Länder nicht das Potential hätten, den realen Freiheitsraum der einzelnen zu erweitern. Die Verdoppelung der materiellen Gewährleistungen und, soweit der einzelne das Landesverfassungsgericht anrufen kann, des verfassungsgerichtlichen Schutzes können die Position des Grundrechtsinhabers verbessern; Parallelverfahren mit unterschiedlichem Ausgang sind möglich[148]. Die eigentliche Problematik ist kompetenzrechtlicher Art und geht dahin, ob und gegebenenfalls wie weit Landesverfassungsgerichte Landesstaatsakte, inklusive landesgerichtliche Entscheidungen, die materielles Bundesrecht (z.B. Strafrecht) anwenden oder verfahrensrechtlich von Bundesrecht determiniert sind (z.B. StPO), am Maßstab von Landesgrundrechten überprüfen und damit die Anwendung von Bundesrecht unter einen Landesverfassungs- hier: Landesgrundrechtsvorbehalt stellen können[149]. Die – wohl auch von Entlastungserwägungen motivierte – recht weitgehende Rechtsprechung des Bundesverfassungsgerichts

---

143 *BVerfGE* 2, 225 (230).
144 Etwa wo das Vereinigungs-, Versammlungs- und Freizügigkeitsrecht „jedermann" zugewiesen wird. Die Bedenken von *Starck* (FN 141), RN 69, sind nicht recht verständlich, da auch die internationalen Verbürgungen Einschränkungen zulassen, wovon der zuständige Bundesgesetzgeber Gebrauch gemacht hat.
145 Vgl. die unterschiedliche Einstufung der beiden Absätze von Art. 47 Verf. Brandenburg durch das *VerfG Brandenburg LVerfGE* 2, 105 (111). Zu Art. 25 Verf. Brandenburg (Schutz der Sorben/Wenden) vgl. *LVerfGE* 8, 97 (120ff.); vgl. auch *Merten*, Die Staatszieldebatte, in: Eckart Klein (Hg.), Verfassungsentwicklung in Deutschland nach der Wiedervereinigung, 1994, S. 65ff.
146 Ein Rückgriff des Bundesverfassungsgerichts auf Grundrechte der Landesverfassungen oder auf einschlägige Rechtsprechung der Landesverfassungsgerichte hat soweit ersichtlich nicht stattgefunden.
147 Vgl. *BVerfGE* 74, 358 (370) und RN 76ff.
148 *BVerfGE* 69, 112 (116f.).
149 Die Debatte nahm ihren Ausgangspunkt von der Honecker-Entscheidung des *VerfGH Berlin* NJW 1993, S. 515. Neuestens *Christian v. Coelln*, Anwendung von Bundesrecht nach Maßgabe der Landesgrundrechte?, 2001; → Bd. III: *Rozek*, Landesgrundrechte als Kontrollmaßstab für die Anwendung von Bundesrecht.

eröffnet der Landesverfassungsgerichtsbarkeit jedenfalls erheblichen Spielraum[150]. Aus der Sicht des einzelnen werden freilich zusätzliche Schutzmöglichkeiten erschlossen.

V. Sowjetisch besetzte Zone (SBZ) und Deutsche Demokratische Republik (DDR)

Im sowjetisch besetzten Teil Deutschlands und später (seit 1949) in der DDR verlief die Grundrechtsentwicklung gänzlich anders[151]. Zwar knüpften die 1947 geschaffenen Verfassungen der Länder (Brandenburg, Mecklenburg, Sachsen, Sachsen-Anhalt und Thüringen) verbal an die grundrechtlichen Aussagen der Weimarer Reichsverfassung an, und entsprechendes gilt weitgehend für die ja noch gesamtdeutsch orientierte – und daher gemäßigt daherkommende – erste Verfassung der DDR vom 7. Oktober 1949[152]. Die in diesen Verfassungen enthaltenen Gewährleistungen prägten jedoch die Wirklichkeit von Anfang an nicht. In gleicher Weise gilt dies für die spätere, 1974 revidierte Verfassung von 1968, die einen umfangreichen Katalog der „Grundrechte und Grundpflichten der Bürger" (Art. 19 bis 40) enthielt. Auch die von der DDR akzeptierten internationalen Verpflichtungen (insbesondere die beiden UN-Pakte von 1966) änderten hieran nichts[153]. Im wesentlichen gab es hierfür zwei Gründe.

35
Keine Grundrechtsprägung der Verfassungswirklichkeit

Der erste Grund lag in dem Führungsanspruch der SED[154]. Er wurde zwar erst in der Verfassung vom 6. April 1968 in der Verfassung verankert, lag aber bereits der Verfassung von 1949 zugrunde und wurde aus dem Prinzip der Volkssouveränität und seiner Verwirklichung durch die Herrschaft der Arbeiterklasse hergeleitet[155]. Damit standen das Recht insgesamt und folgerichtig auch die „Rechte der Bürger" zur Disposition der marxistisch-leninistischen Partei, der letztlich die maßgebliche Interpretationsmacht zukam. Mit Hilfe des Instruments des „demokratischen Zentralismus"[156] wurden auch die Gerichte angeleitet, die allerdings fast bis zum Untergang der DDR ohnedies nicht gegen staatliche Maßnahmen angerufen werden konnten[157].

36
Grundrechte standen zur Disposition der SED

Der zweite Grund lag in dem gänzlich anderen Grundrechtsverständnis. Die Grundrechte, ungeachtet ihrer an historischen Vorbildern ausgerichteten Formulierungen, wurden als Freiheit verstanden, sich zur sozialistischen Persön-

37
„Anachronismus" staatsfreier Sphären

---

150 BVerfGE 96, 345 (364 ff.); kritisch Benda/Klein (FN 118), RN 48 ff.; vgl. auch BVerfGE 103, 332 (349 ff.).
151 Dazu Kröger (Bibl.), S. 99 ff.
152 Vgl. hierzu Brunner, Das Staatsrecht der Deutschen Demokratischen Republik, HStR ³I, § 11 RN 1 ff.; → unten Brunner, § 13 RN 48.
153 Die Pakte traten – wie für die Bundesrepublik Deutschland – 1976 in Kraft.
154 Dazu Brunner (FN 152), § 11 RN 19 ff.
155 Näher Eckart Klein/Sieghart Lörler, Überlegungen zur Verfassungsreform in der DDR, Jakob-Kaiser-Stiftung e. V., 1990, S. 6.
156 E. Klein, Stichwort: Demokratischer Zentralismus, in: Lexikon des DDR-Sozialismus, 1996, S. 157 f.
157 Vgl. Brunner, Rechtsschutz gegen Maßnahmen der öffentlichen Gewalt, in: Bundesministerium für innerdeutsche Beziehungen (Hg.), Bürger und Staat. Materialien zur Lage der Nation, 1990, S. 292 ff.

lichkeit zu entwickeln[158]. Aus der These, daß im sozialistischen Staat das gesamte Volk die Macht im Staat habe und sie in Übereinstimmung mit den objektiven Gesetzmäßigkeiten gesellschaftlicher Entwicklung ausübe, wurde gefolgert, daß der Gegensatz zwischen Bürger und Staat aufgehoben sei: Die Herstellung einer staatsfreien Sphäre durch Grundrechte wurde als „Anachronismus" bezeichnet: „Der sozialistische Staat ist das Machtinstrument der Werktätigen, die nicht vor der Macht abgeschirmt und geschützt werden müssen, die sie selbst revolutionär geschaffen haben und ausüben"[159]. Die gleichwohl als „subjektive Rechte" anerkannten Grundrechte dienten als Instrumente einer Verhaltensorientierung für die staatlichen und gesellschaftlichen Organe und Funktionäre und für die Bürger als sozialistische Persönlichkeiten selbst. Die Grundrechte „erfahren als subjektive Rechte eine umfassende und dynamische Ausgestaltung in allen Rechtszweigen: im Verwaltungsrecht, Arbeitsrecht, Zivilrecht, Familienrecht, Strafrecht, Prozeßrecht und anderen"[160]. Ihre eigentliche Kontur erhielten die Grundrechte daher ohnedies erst durch die sozialistische Gesetzgebung.

38
Politische Isolierung der DDR

Die trotz aller versuchten ideologischen Überhöhung der von den einzelnen immer stärker empfundenen Beschränkung ihrer Freiheit, insbesondere der Ausreisefreiheit[161], führte zu einer wachsenden Unzufriedenheit, der das SED-Regime wohl in der richtigen Annahme, sonst die Basis seiner Macht zu verlieren, nicht oder doch nur marginal nachgeben konnte. Die Grenzen wurden daher hermetisch geschlossen und bewacht, selbst die Ausreise in das „sozialistische Ausland" wurde zunehmend erschwert. An ihrem Ende war die DDR politisch isoliert. Die Versuche, zunächst mit wenigen Veränderungen der Verfassung einen überlebensfähigen Staat zu schaffen[162], scheiterten ebenso wie der Versuch, am „Runden Tisch" eine Verfassung zu schaffen, die sich als „dritter Weg" zwischen Kapitalismus und Sozialismus verstehen wollte[163]. Am Ende siegte das Angebot des Grundgesetzes (Art. 23 a. F.), seinem Geltungsbereich beizutreten, das nicht nur politische Freiheit brachte, sondern auch wirtschaftliche Chancen eröffnete[164].

---

158 Der Begriff findet sich in Art. 25 Abs. 3 DDR-Verfassung 1968/74. – Näher zur Konzeption *Brunner* (FN 152), § 11 RN 77 ff.; *E. Klein*, Stichwort: Bürger und SED-Staat, Lexikon des DDR-Sozialismus, 1996, S. 135 ff.
159 Autorenkollektiv, Staatsrecht der DDR, ²1984, S. 181.
160 Ebd..
161 Die insbesondere mit dem Mauerbau am 13.8.1961 praktisch unmöglich gemacht wurde; → Bd. IV: *Merten*, Freizügigkeit.
162 Hierzu *E. Klein/Lörler* (FN 155).
163 Vgl. den von der Arbeitsgruppe „Neue Verfassung der DDR" des Zentralen Runden Tisches am 4.4.1990 vorgelegten Entwurf; Text in: Verfassungen in der DDR, Textsammlung mit einer Einführung von Erich Fischer, 1990, S. 15 ff.; hierzu *Würtenberger*, Die Verfassung der DDR zwischen Revolution und Beitritt, HStR VIII, § 187 RN 52 ff.
164 Zum Beitrittsprozeß vgl. *Lerche*, Der Beitritt der DDR – Voraussetzungen, Realisierung, Wirkungen, HStR VII, § 194.

VI. Europäisches Ausland

In fast allen europäischen Staaten haben sich nach dem Zweiten Weltkrieg bis in unsere Tag hinein bedeutsame grundrechtliche Entwicklungen vollzogen[165]. Dies gilt zuletzt natürlich in besonderem Maß für die nach dem Umbruch 1989/90 zum großen Teil neugebildeten Staaten in Ost- und Südosteuropa, die sich sämtlich Verfassungen mit ausführlichen Grundrechtskatalogen gegeben haben[166]. Aber schon vor diesem Zeitpunkt ist im westlichen Europa – soweit vom Europarat erfaßt – die Grundrechtsszene kräftig in Bewegung geraten. Hierauf kann im einzelnen nicht eingegangen werden; nur einige Akzente sind zu setzen.

39 Bedeutsame Grundrechtsentwicklungen nach dem Umbruch

Wie nach der Niederlage und dem damit verbundenen Sturz der faschistischen und nationalsozialistischen Regime die Verfassungslage unter Betonung der Grundrechte in Italien (1947) und der Bundesrepublik Deutschland (1949) neu gestaltet wurde, so wurden auch die Grundrechte in den neuen Verfassungen Spaniens (1978) und Portugals (1982/1989) nach der Beendigung der Diktaturen *Francos* und *Salazars* deutlich aufgewertet[167]. In beiden Verfassungen wird als leitender Gedanke die Menschenwürde hervorgehoben[168]. Entsprechendes gilt für die Grundrechtsgarantien, die sich in der nach dem Zusammenbruch der Militärdiktatur verabschiedeten Verfassung Griechenlands von 1975 finden und im übrigen den starken, bis in zahlreiche Formulierungen hinein nachweisbaren Einfluß des deutschen Grundgesetzes erkennen lassen[169].

40 Aufwertung der Grundrechte nach dem Ende von Diktaturen

Einfluß des Grundgesetzes

Unabhängig von solchen revolutionären Ereignissen ist es in zahlreichen westeuropäischen Ländern zu einer pointierten normativen Verstärkung des Grundrechtsschutzes gekommen. In den Jahren 1974 und 1976 wurde in der Verfassung Schwedens ein bislang fehlender Grundrechtskatalog verankert, der kurze Zeit darauf (1979/80) nochmals ergänzt wurde[170]. In den Niederlanden wurde 1983 der alte Verfassungstext von 1848 abgelöst. Die neue Verfassung stellt die Grundrechte, die in dreiundzwanzig Artikeln garantiert werden, bewußt an den Anfang; Artikel 1 enthält den allgemeinen Gleichheitssatz und spezielle Diskriminierungsverbote[171]. Umfassende, die Grundrechtsgewährleistung (mit-) betreffende wichtige Änderungen haben sich auch in

41 Verstärkung des Grundrechtsschutzes in westeuropäischen Ländern

---

165 Eine bis 1985 reichende Übersicht in *Eberhard Grabitz* (Hg.), Grundrechte in Europa und USA, Bd. I: Strukturen nationaler Systeme, 1986. Vgl. auch die laufenden Berichte im Jahrbuch des öffentlichen Rechts.
166 Vgl. *Brunner*, Verfassunggebung in Osteuropa, OstEuR 1995, S. 258 ff.; *Herwig Roggemann*, Verfassungsentwicklung und Verfassungsrecht in Osteuropa, ROW 1996, S. 177 ff.; ders. (Hg.), Die Verfassungen Mittel- und Osteuropas, 1999.
167 *Cruz Villalón*, Zehn Jahre spanische Verfassung, JöR NF 37 (1988), S. 87 ff. (102 ff.); *Prats-Canut*, Spanien, in: Grabitz (FN 165), S. 651 ff.; *Thomashausen*, Portugal, in: Grabitz (FN 165), S. 591 ff.
168 Art. 1 Verf. Portugal 1982; Art. 10 Verf. Spanien.
169 *Illiopoulos-Strangas*, Grundrechtsschutz in Griechenland, JöR NF 32 (1983), S. 395 ff.; *Papadimitriou*, Die Grundrechte der neuen griechischen Verfassung vom 11. Juni 1975, EuGRZ 1976, S. 150 ff.
170 *Hahn*, Die Grundrechte der schwedischen Regierungsform in der Verfassung der Grundrechtsnovelle von 1976, AöR 102 (1977), S. 576 ff.; *ders.*, Verstärkter Grundrechtsschutz und andere Neuerungen im schwedischen Verfassungsrecht, AöR 105 (1980), S. 400 ff.
171 *Matthijs de Blois/Aalt Willem Heringar*, Niederlande, in: Grabitz (FN 165), S. 511 ff.

jüngster Zeit vollzogen; zu erwähnen sind vor allem die Schweiz (1999)[172] und Finnland (2000)[173].

42
Bedeutung der EMRK

Für den Grundrechtsschutz der europäischen Staaten insgesamt hat sich die Europäische Menschenrechtskonvention von erheblicher Bedeutung erwiesen. Die Konvention ist vor allem da von besonderer Aktualität, wo nationale Grundrechtskataloge fehlen oder wo sie wenig ausgeprägt oder veraltet sind. Dies gilt etwa für Österreich, wo die Garantien der Europäischen Menschenrechtskonvention sogar im Verfassungsrang gelten[174], für Norwegen, wo die Europäische Menschenrechtskonvention zwar innerstaatlich nicht gilt, aber eine erhebliche Rolle für die Auslegung des innerstaatlichen Rechts spielt[175], und für Irland, wo die Konvention für die Identifizierung von im irischen Verfassungsrecht noch unaufgedeckten Freiheitsbereichen herangezogen wird[176]. Im Vereinigten Königreich, das über keinen modernen Grundrechtskatalog verfügt, sondern Grundrechte auf der Basis des common law und von Parlamentsgesetzen schützt, ist mit dem Human Rights Act von 1998 die Berufung auf die Rechte der Europäischen Menschenrechtskonvention innerstaatlich eröffnet worden[177]. Eine nicht so deutlich nachvollziehbare Einflußnahme auf den nationalen Grundrechtsschutz ist hingegen den beiden UN-Pakten über bürgerliche und politische Rechte und über wirtschaftliche, soziale und kulturelle Rechte von 1966 beschieden gewesen, wohl mit Ausnahme Spaniens, das kurz nach dem Tod *Francos* den beiden Pakten beitrat. Hiervon gingen wichtige Impulse auf die Verfassung von 1978 aus[178].

43
Resümee

Im Rückblick auf die Zeit nach 1945 läßt sich zusammenfassend folgendes konstatieren:

(1) Die Garantie der Grundrechte ist in den europäischen Staaten verstärkt worden. Das Netz der normativen Verbürgungen ist dichter geknüpft worden. Dies hängt mit innerstaatlichen Ereignissen ebenso zusammen wie mit Entwicklungen auf der regionalen und universellen Ebene.

(2) Im Bereich der Freiheitsrechte ist eine Konvergenz der Formulierungen erkennbar. Sie ergibt sich vor allem aus dem Vorbildcharakter einzelner gelungener Verfassungen, darunter des Grundgesetzes, vor allem aber aus gemeinsamen völkerrechtlichen Verpflichtungen von Staaten, wie sie insbesondere die Europäische Menschenrechtskonvention enthält.

(3) Unabhängig hiervon – aber gleichfalls nicht ohne internationale Anleitung[179] – enthalten zahlreiche Verfassungen wirtschaftliche, soziale und kultu-

---

172 AS 1999, 2556.
173 Die den Grundrechtsschutz weitgehend vorwegnehmende Reform erfolgte bereits 1995. Dazu *Jyränki*, Die neue Verfassung Finnlands, ZÖR 56 (2001), S. 113 (120); ferner *Pellonpää*, Nationaler Individualrechtsschutz und europäischer Menschenrechtsstandard in Finnland, EuGRZ 1993, S. 590.
174 *Öhlinger*, Die Grundrechte in Österreich, EuGRZ 1982, S. 216 ff.
175 *Ryssdal*, Bestand und Bedeutung der Grundrechte in Norwegen, EuGRZ 1978, S. 458 ff.
176 *Grehan*, Irland, in: Grabitz (FN 165), S. 259 ff.
177 *Schieren*, Der Human Rights Act 1998 und seine Bedeutung für Großbritanniens Verfassung, ZParl. 1999, S. 999; *Rivers*, Menschenrechtsschutz im Vereinigten Königreich, JZ 2001, S. 127.
178 *Sánchez Morón*, Le Système de Protection des Droits Fondamentaux et Libertés Publiques en Espagne, JöR NF 35 (1986), S. 143 (144).
179 Vor allem durch die Europäische Sozialcharta von 1961 (BGBl. 1964 II S. 1262) und den Internationalen Pakt über wirtschaftliche, soziale und kulturelle Rechte von 1966.

relle Rechte, die freilich überwiegend als Programmsätze formuliert sind[180]. Mit ihrer Aufnahme in den Grundrechtskatalog gehen diese Verfassungen einen anderen Weg als das Grundgesetz.

(4) Im Rechtsverständnis aller europäischer Staaten ist indes ein einseitiges, ausschließlich negatorisches Grundrechtsverständnis überholt. Neben ihrer Funktion als Abwehrrechte werden die Freiheitsrechte auch als inhaltliche Maßstäbe staatlichen Handelns und als objektive Prinzipien der Rechtsordnung begriffen.

(5) Der gerichtliche Schutz der Grundrechte gegen Exekutivakte hat sich überall durchgesetzt. In den meisten Staaten hat sich auch eine Verfassungsgerichtsbarkeit etabliert, deren Reichweite aber verschieden konzipiert ist und nicht immer die volle Kontrolle des Gesetzgebers umfaßt. Die demokratietheoretisch gespeiste Furcht vor einem „gouvernement des juges" verliert aber mit der – obligatorischen – Anerkennung der Individualbeschwerdemöglichkeit einzelner Personen zum Europäischen Gerichtshof für Menschenrechte an Überzeugungskraft, da aus dessen verbindlichen Entscheidungen die Pflicht zur Beseitigung konventionswidriger Gesetzesvorschriften folgen kann[181]. Auch mit der Jurisdiktionsbefugnis des Europäischen Gerichtshofs in Luxemburg kann nationales Recht auf den Prüfstand gestellt werden.

Die inhaltliche Konvergenz der Grundrechtsaussagen, die Zugänglichkeit der Verfassungstexte und wichtiger grundrechtsrelevanter Gerichtsentscheidungen ausländischer (Verfassungs-) Gerichte sowie der auf der Ebene der obersten, vor allem der Verfassungsgerichte (einschließlich des Europäischen Gerichtshofs für Menschenrechte und des Europäischen Gerichtshofs) gepflegte Gedankenaustausch[182] lassen eine gemeinsame europäische Verfassungs- und Grundrechtskultur entstehen[183], die den effektiven Schutz des einzelnen auf Dauer und intensiver als manche Einzelentscheidung gewährleisten kann, da sie das Ausscheren und den Rückfall eines Staates in eine andere, vorrechtsstaatliche Sicht des Verhältnisses des einzelnen zum Staat zu verhindern vermag. Die Umgebung der Bundesrepublik Deutschland mit grundrechtsachtenden Staaten stärkt die grundrechtliche Sicherheit, die die Menschen in Deutschland genießen.

44 Europäische Grundrechtskultur

---

180 Etwa Spanien, Portugal, Griechenland und Niederlande.
181 *Dieter Kilian*, Die Bindungswirkungen der Entscheidungen des Europäischen Gerichtshofs für Menschenrechte, 1994, S. 201 ff.
182 Zu den Konferenzen der Europäischen Verfassungsgerichte vgl. *Zierlein*, Entwicklung und Möglichkeiten einer Union: Die Konferenz der Europäischen Verfassungsgerichte, in: FS Wolfgang Zeidler, 1987, Bd. I, S. 315 ff.
183 → Unten *Häberle*, § 7 RN 21 ff.

B. Territoriale Festigung und Ausweitung des grundrechtlichen Grundrechtsschutzes

I. Abbau des Besatzungsregimes

45
Grundrechte nicht „besatzungsfest"

Obgleich das Grundgesetz für seinen Geltungsbereich die volle Hoheit einforderte (Art. 122, 130 GG), stellte das Genehmigungsschreiben der Militärgouverneure vom 12. Mai 1949 die Ausübung der deutschen Hoheitsgewalt unter den Vorbehalt des Besatzungsstatuts, das gleichzeitig mit der Konstituierung der Bundesregierung am 21. September 1949 in Kraft trat[184]. Danach waren die Akte der Besatzungsmächte den Anforderungen des Grundgesetzes entzogen, die Grundrechte des Grundgesetzes also „nicht besatzungsfest"[185]. Auch die Gesetzgebung in Bund und Ländern konnte von den Militärgouverneuren inhibiert werden; der Eingriff in die Rechtsprechung war gleicherweise möglich. Mit der durch das Petersberger Abkommen[186] vorbereiteten Revision des Besatzungsstatuts (6. März 1951)[187] wurden zwar Gesetzgebung und Rechtsprechung der laufenden alliierten Kontrolle entzogen, aber es blieb die Möglichkeit der nachträglichen Aufhebung. Besatzungsrecht selbst blieb in Kraft und konnte nur von den Besatzungsmächten oder mit deren Zustimmung aufgehoben werden.

46
Aufhebung des Besatzungsstatuts

Die Aufhebung des Besatzungsstatuts und die Auflösung der Alliierten Hohen Kommission erfolgte durch Proklamation der Hohen Kommissare am 5. Mai 1955, 12.00 Uhr mittags[188]. Vorausgegangen waren Unterzeichnung und Ratifikation des Deutschlandvertrages vom 26. Mai 1952 in der Fassung vom 23. Oktober 1954[189], des Vertrags zur Regelung der aus Krieg und Besatzung entstandenen Fragen (Überleitungsvertrag) vom selben Tag[190] und des auch zum selben Datum unterzeichneten Protokolls über die Beendigung des Besatzungsregimes in der Bundesrepublik Deutschland[191]. Auch wenn Art. 1 Abs. 2 des Deutschlandvertrags der Bundesrepublik „die volle Macht eines souveränen Staates über ihre inneren und äußeren Angelegenheiten" einräumte, behielten sich die drei Mächte im Hinblick auf die internationale Lage ihre Rechte und Verantwortlichkeiten in bezug auf Berlin und Deutschland als Ganzes vor (Art. 2 DV). Insoweit blieben für das tägliche Leben nicht sehr spürbare, aber politisch höchst wichtige Interventionsrechte bestehen[192].

---

184 Text bei *v. Münch* (FN 1), S. 71.
185 *H.P. Ipsen,* Über das Grundgesetz – nach 25 Jahren, DÖV 1974, S. 289 (290).
186 Text bei *v. Münch* (FN 1), S. 226; vgl. auch *BVerfGE 1,* 351.
187 Text bei *v. Münch* (FN 1), S. 73.
188 Text bei *v. Münch* (FN 1), S. 249.
189 Text bei *v. Münch* (FN 1), S. 229.
190 Text bei *v. Münch* aaO., S. 235.
191 Text bei *v. Münch* aaO., S. 247.
192 Sie waren neben dem Selbstbestimmungsrecht des deutschen Volkes das entscheidende völkerrechtliche Argument, das ein rechtlich wirksames Ausscheiden der DDR aus dem gesamtdeutschen Staatsverband verhinderte und den beiden deutschen Staaten die alleinige Verfügungsbefugnis nahm; dazu *BVerfGE 36,* 1 (19 und 32); *40,* 141 (172); ferner *Ress,* Die Rechtslage Deutschlands nach dem Grundlagenvertrag vom 21. Dezember 1972, 1978, S. 223 ff.

Konkrete Überwachungsrechte blieben auch zum Schutz der in der Bundesrepublik stationierten westalliierten Truppen erhalten (Art. 5 Abs. 2) und konnten erst mit der Einfügung der sogenannten Notstandsverfassung in das Grundgesetz 1968 beseitigt werden[193]. Die Stationierung der Truppen selbst wurde entsprechend der wiedererlangten Souveränität vertraglich geregelt[194], wobei es offen blieb, inwieweit sich die Alliierten von diesen vertraglichen Regelungen unter Berufung auf ihre Vorbehaltsrechte nach Art. 2 DV einseitig dispensieren konnten; dies betraf insbesondere Zahl und Art der Bewaffnung ihrer Streitkräfte[195]. Von den Vorbehalten abgesehen war die Grundrechtsherrschaft des Grundgesetzes damit hergestellt. Demgemäß konnten die verbliebenen besatzungsrechtlichen Rechtsvorschriften im Einklang mit dem Grundgesetz aufgehoben oder abgeändert werden. Dies wurde alsbald auch in Angriff genommen[196].

II. Berlin

Angesichts der komplexen Rechtslage Berlins, die bis zur Wiedervereinigung bestand[197], ergab sich eine Fülle schwieriger Probleme im Hinblick auf den materiellen und prozessualen Grundrechtsschutz der dort lebenden Personen. Zwar erstreckte das Grundgesetz seinen Geltungsbereich nach Art. 23 a. F. auf Groß-Berlin[198], doch wurde durch Ziff. 4 des Genehmigungsschreibens der Militärgouverneure festgelegt, daß Berlin vom Bund nicht regiert werden dürfe[199]. Dieser Vorbehalt ist auch mit dem Ende des Besatzungsregimes in der Bundesrepublik Deutschland im Jahr 1955 nicht entfallen[200]; Berlin blieb unter Besatzungsrecht. Das Vier-Mächte-Abkommen über Berlin von 1971 bestätigte diesen Status. Es bestimmte, daß die Westsektoren Berlins „continue not to be a constituent part of the Federal Republic of Germany and not be governed by it"[201].

47
Groß-Berlin als Teil des grundgesetzlichen Geltungsbereichs

Die nur für die Westsektoren in Kraft getretene Berliner Verfassung vom 1. September 1950[202] vertrat, im Gegensatz zur provisorischen Verfassung von 1946, explizite Rechtsauffassungen zum staatsrechtlichen Status Berlins. Während Art. 1 Abs. 1 Berlin als „deutsches Land" definierte, wurde in Absatz 2 diese Aussage dahin konkretisiert, daß Berlin „ein Land der Bundesrepublik

48
Berliner Verfassung von 1950

---

193 S. unten RN 83.
194 Vertrag über den Aufenthalt ausländischer Streitkräfte in der Bundesrepublik Deutschland vom 23.10.1954, Text bei *v. Münch* (FN 1), S. 271.
195 Vgl. *BVerfGE 68*, 1 (110f.) – Nachrüstung.
196 Vgl. etwa BGBl. 1956 I S. 437 und 446.
197 Eingehend *Scholz*, Der Status Berlins, HStR ²I, § 9.
198 Mit dem Auszug der Sowjetunion aus der Alliierten Kommandatura und der sich hieraus ergebenden Spaltung Berlins reduzierte sich die Inanspruchnahme Berlins durch das Grundgesetz auf die Westsektoren Berlins.
199 S. RN 49.
200 Vgl. das Schreiben der drei Hohen Kommissare an den Bundeskanzler in der Fassung des Briefes X vom 23.10.1954, in: *v. Münch* (FN 1), S. 176f.
201 Näher dazu *Hartmut Schiedermair*, Der völkerrechtliche Status Berlins nach dem Viermächte-Abkommen vom 3. September 1971, 1975, S. 90ff.
202 VOBl. I S. 433.

Deutschland" ist. In Absatz 3 wurden das Grundgesetz und die Gesetze der Bundesrepublik Deutschland als für Berlin bindend erklärt. Allerdings wurde in Art. 87 auf Wunsch der Besatzungsmächte festgelegt, daß Absätze 2 und 3 des Art. 1 erst dann in Kraft treten, wenn die Anwendung des Grundgesetzes in Berlin keinen Beschränkungen mehr unterliegt. In Art. 6 bis 24 wurde ein Grundrechtskatalog aufgestellt, der neben den klassischen Freiheitsrechten auch einige soziale und wirtschaftliche Rechte enthielt. Art. 64 Abs. 2 schloß das Prüfungsrecht Berliner Gerichte im Hinblick auf vom Abgeordnetenhaus beschlossene Gesetze und Verordnungen aus. Mit dem Genehmigungsschreiben der Alliierten Kommandatura vom 29. August 1950 wurde Art. 1 Abs. 2 und 3 „zurückgestellt". Art. 87 wurde dahin aufgefaßt, daß während der Übergangsperiode Berlin „keine der Eigenschaften" eines Landes der Bundesrepublik Deutschland besitzen wird[203].

49
Grundrechte der Berliner Verfassung

Auf dieser Grundlage mußte der Grundrechtsschutz der in Berlin ansässigen Personen geklärt werden. Sicher konnten die Grundrechte der Berliner Verfassung der Berliner Staatsgewalt – nicht den Besatzungsmächten – gegenüber geltend gemacht werden. Allerdings konnte erst mit der 17. Änderung der Verfassung von 1974 durch Aufhebung des Art. 64 Abs. 2 das richterliche Prüfungsrecht ausgeübt werden[204]. Die Errichtung eines Verfassungsgerichtshofs scheiterte indessen; er wurde erst nach der Wiedervereinigung konstituiert (1992)[205].

50
Unklarheiten bei der Anwendung von Bundesgrundrechten

Unklarheiten gab es hingegen hinsichtlich der Anwendbarkeit der Bundesgrundrechte und der Zuständigkeiten der Bundesgerichte, insbesondere des Bundesverfassungsgerichts. Von Anfang an wurde deutlich, daß die Rechtsprechung bestrebt war, eine grundrechtliche Abkoppelung Berlins soweit wie möglich zu vermeiden, auch wenn dies Konflikte mit den Besatzungsmächten provozieren würde. Dabei fiel dem Bundesverfassungsgericht die führende Rolle zu, was um so bemerkenswerter war, als das Bundesverfassungsgerichtsgesetz wegen des Einspruchs der Alliierten nicht nach Berlin übernommen werden konnte[206].

51
Restriktive Interpretation des Berlin-Vorbehalts durch das BVerfG

Als Bundesorgan hielt sich das Bundesverfassungsgericht an die einschränkende Interpretation, die im Genehmigungsschreiben zur Berliner Verfassung zum Ausdruck kam, nicht gebunden[207]. Maßgeblich konnte insoweit nur das Genehmigungsschreiben zum Grundgesetz sein. Der darin enthaltene Berlin-Vorbehalt wurde einer restriktiven Auslegung unterworfen. Sein Sinn bestehe darin, so wurde bereits in einer Entscheidung aus dem Jahr 1951 ausgeführt, „eine unmittelbare organisatorische Einbeziehung Berlins in die westdeut-

---

203 Text bei *v. Münch* (FN 1), S. 172.
204 GVBl. S. 2741. Eine Nichtigerklärung erfolgte nicht, die Gerichte ließen Berliner Recht bei Verstoß gegen höherrangiges Recht unangewendet; dazu *Christian Pestalozza*, Verfassungsprozeßrecht, ³1991, S. 492, 494.
205 Vgl. *Pestalozza* (FN 204), S. 470 ff.; *Helge Sodan*, Vorgeschichte der Entstehung des Verfassungsgerichtshofs des Landes Berlin, in: ders. (Hg.), Zehn Jahre Berliner Verfassungsgerichtsbarkeit, 2002, S. 35 ff.
206 *Pestalozza* (FN 204), S. 482 f.; *BVerfGE* 7, 1 (13 f.).
207 *BVerfGE* 7, 1 (11 f.).

sche Bundesrepublik" wegen der internationalen Lage „vorerst aufzuschieben". Daraus aber könne nicht folgen, „dem Grundrechtsteil des Bonner Grundgesetzes die Geltung für Berlin zu versagen"[208]. Auch später wurde die grundsätzliche, freilich nicht unbeschränkte Geltung des Grundgesetzes in Berlin vom Bundesverfassungsgericht bestätigt[209]. Der Berlin-Vorbehalt enthalte ein „kurz formuliertes prinzipielles Verbot politisch bedeutsamer Einwirkung der Bundesrepublik auf die Berliner Landesgewalt"[210]. Daraus ergebe sich nur, daß von Bundesseite gegen Berliner Organe nicht vorgegangen und daß der Bund, eingeschlossen das Bundesverfassungsgericht, den Berliner Gesetzgeber nicht kontrollieren dürfe[211]. Damit waren Normenkontrollen gegenüber Berliner Gesetzen ebenso unzulässig wie eine gegen Berliner Rechtsakte gerichtete Verfassungsbeschwerde[212]. Freilich ist diese Grundregel später eingeschränkt worden: Es wurden Verfassungsbeschwerden gegen Beschlüsse des Kammergerichts für zulässig erklärt, mit denen vorausgegangene Bescheide des Bundeskartellamtes bestätigt wurden, da hier die Zuständigkeit des Kammergerichts auf einem Bundesgesetz (GWB) beruhe, das ohne Einschränkung durch das Land Berlin übernommen worden sei[213]. Dies gelte auch dann, wenn es ausschließlich um Kostenentscheidungen des Kammergerichts gehe, da diese als Nebenentscheidungen „im Zusammenhang mit einem Ausspruch in der Hauptsache (stehen), der seinerseits vom Berlin-Vorbehalt nicht betroffen ist"[214].

Soweit Bundesgerichte (Art. 95 GG) als oberste Instanzgerichte in „Berliner Sachen" tätig wurden, d.h. in Verfahren, die ihren Ursprung bei Berliner Gerichten hatten, war gegen ihre Entscheidungen Verfassungsbeschwerde nach den allgemeinen Grundsätzen möglich, da sie ja Bundesgewalt ausübten. Die zulässige Auswirkung auf Berliner Gerichtsentscheidungen ergab sich aus Bundesgesetzen, die von Berlin übernommen waren (z.B. Gerichtsverfassungsgesetz, Prozeßgesetze)[215]. Dabei hielt sich das Bundesverfassungsgericht nicht darauf beschränkt, bloße grundrechtsrelevante Verfahrensfehler (Art. 101, 103 GG) zu untersuchen, sondern die bundesgerichtliche Entscheidung wurde auch darauf geprüft, ob sie auf einem grundrechtswidrigen Bundesgesetz beruhte. Dies setzte allerdings die Bejahung der sehr umstrittenen Frage voraus, ob nach Berlin übernommene Bundesgesetze ihre Rechtsnatur als Bundesgesetze beibehielten, was das Bundesverfassungsgericht in ständiger Rechtsprechung annahm[216]; die Vorfrage, ob Berlin ein Land der Bundesrepublik Deutschland sei, wurde gleichfalls bejaht[217]. In beiden Punkten stieß

52
Meinungsverschiedenheiten zwischen BVerfG und Westmächten

---

208 *BVerfGE 1*, 70 (72).
209 *BVerfGE 7*, 1 (10, 15).
210 *BVerfGE 19*, 377 (385) – Ernst Niekisch.
211 Natürlich fiel darunter auch die Durchsetzung von nicht nach Berlin übernommenen Gesetzen wie das Wehrpflichtgesetz; vgl. hierzu *Türke*, Wehrpflicht in Berlin, JR 1979, S. 141 ff.
212 Vgl. *BVerfGE 19*, 377 (385); *55*, 349 (363 f.).
213 *BVerfGE 20*, 257 (266 ff.).
214 *BVerfGE 74*, 78 (88 ff.).
215 *BVerfGE 19*, 377 (390 ff.).
216 *BVerfGE 19*, 377 (388); *37*, 57 (62).
217 *BVerfGE 7*, 1 (7 ff.); *19*, 377 (388).

diese Rechtsansicht freilich auf den entschiedenen Widerstand der drei Westmächte, ohne daß sich hieraus aber größere praktische Schwierigkeiten ergaben[218]. Aus der Rechtsauffassung des Bundesverfassungsgerichts folgte, daß sowohl die in „Berliner Sachen" tätigen Bundesgerichte als auch die Berliner Gerichte selbst bezüglich des anzuwendenden *Bundes*rechtes nach Art. 100 Abs. 1 GG vorlageberechtigt, gegebenenfalls sogar verpflichtet waren[219]. Allerdings folgten die Berliner Gerichte in aller Regel den Vorstellungen der Alliierten, auch die Bundesgerichte hielten sich in der Praxis zurück[220]. Häufig wurde das Verfahren ausgesetzt und der Ausgang paralleler Vorlageverfahren westdeutscher Gerichte abgewartet.

53
Brückmann-Entscheidung

Mit der Brückmann-Entscheidung von 1974 ging das Bundesverfassungsgericht noch einen Schritt weiter. Das Kammergericht hatte die Entscheidung des Berliner Generalstaatsanwalts bestätigt, die Beschwerdeführerin auf der Grundlage des innerdeutschen Rechtshilfegesetzes den DDR-Strafverfolgungsbehörden „zuzuliefern"[221]. Zwar hielt das Bundesverfassungsgericht die unmittelbar gegen die Entscheidung des Kammergerichts gerichtete Verfassungsbeschwerde wegen des Berlin-Vorbehalts für unzulässig[222]. Für zulässig wurde aber die Verfassungsbeschwerde gegen das dem Kammergerichtsbeschluß zugrundeliegende Bundesgesetz gehalten; denn „die im Land Berlin geltenden Gesetze des Bundes (unterliegen) uneingeschränkt der Kontrolle des Bundesverfassungsgerichts"; an ihrer Rechtsqualität als Bundesgesetze wurde ausdrücklich festgehalten[223]. Zwar erwies sich die Verfassungsbeschwerde als unbegründet, doch wurde die Zulieferung in verfassungskonformer Auslegung des Gesetzes an so strenge Voraussetzungen geknüpft, daß sie praktisch nicht mehr zur Anwendung gelangen konnte.

54
Ausgleich des Grundrechtsschutzdefizits durch das BVerfG

Die Rückschau zeigt, wie sehr das Bundesverfassungsgericht darauf bedacht war, das durch den besonderen Status Berlins gegebene Grundrechtsschutzdefizit auszugleichen. Dies ist in hohem Maße und in einer die Rechtseinheit weitgehend garantierenden Weise gelungen. Hierbei half auch die konsequente Staatspraxis, wonach die Nichtigerklärung eines Bundesgesetzes durch das Bundesverfassungsgericht der Übernahme durch Berlin die Grundlage entzog, so daß das Gesetz automatisch auch in Berlin in Wegfall kam[224]. Die unbeschränkte Erstreckung des prozessualen Schutzes auf Berlin ist allerdings erst mit dem 3. Oktober 1990 erreicht worden.

---

218 Das Schreiben der Alliierten Kommandatura an den Regierenden Bürgermeister und den Präsidenten des Abgeordnetenhauses vom 24.5.1967 enthielt eine klare Zurückweisung der Rechtsauffassung von *BVerfGE 19*, 377 (388); Text bei *v. Münch* (FN 1), S. 200. Weiterungen ergaben sich nicht, da Niekisch seine Verfassungsbeschwerde zurückgenommen hatte.
219 *Benda/Klein* (FN 118), RN 743, 746.
220 Näher *Pestalozza* (FN 204), S. 492.
221 Da die DDR nicht „Ausland" war, griff die Garantie des Auslieferungsverbots (Art. 16 Abs. 2 GG) nicht ein; → Bd. V: *Schmalenbach*, Verbot der Auslieferung und des Entzugs der Staatsangehörigkeit.
222 *BVerfGE 37*, 57 (60); auf die Argumentation in *BVerfGE 19*, 377 wurde nicht eingegangen, vielleicht wegen des Schreibens der Alliierten Kommandatura (FN 218). Das Gericht fand jedoch einen anderen Weg, zum Ziel zu gelangen; dazu weiter im Text.
223 *BVerfGE 37*, 57 (62).
224 *BVerfGE 19*, 377 (389).

III. Saarland

Der Grund, weshalb das Saargebiet/Saarland „zunächst" nicht in den Geltungsbereich des Grundgesetzes einbezogen war, lag darin, daß Frankreich das anfänglich in seiner Besatzungszone liegende Gebiet administrativ herausgelöst hatte, so daß es nicht mehr den Westzonen angehörte[225]. Demgemäß nahmen seine Vertreter nicht an den Beratungen des Parlamentarischen Rates teil. Für die Abtrennung waren politische (Mißtrauen gegen Deutschland) und wirtschaftliche Gründe (Steinkohle) maßgebend. Eine auf Anordnung der französischen Besatzungsmacht gewählte Gesetzgebende Versammlung hatte dem Saargebiet bereits 1947 eine eigene Verfassung gegeben, die das Ziel der wirtschaftlichen Integration mit Frankreich durch Errichtung einer Währungs- und Zolleinheit und die politische Unabhängigkeit von Deutschland unterstrich[226]. Die Verfassung enthielt zwar einen Grundrechtskatalog, doch war freie politische Betätigung nur insoweit möglich, als sie mit den Zielvorgaben der Verfassung in Einklang stand. Mit Inkrafttreten der Verfassung am 15. Dezember 1947 galt zwar das Besatzungsregime als beendet, doch gab es neben der Landesregierung weiterhin einen Hohen Kommissar, der die Interessen Frankreichs wahrnahm und über weitreichende Kompetenzen gerade im Sicherheitsbereich verfügte[227]. Dieser Zustand wurde in den folgenden Jahren durch den Abschluß von Konventionen zwischen dem Saarland und Frankreich verfestigt[228]. In der Bundesrepublik Deutschland führte diese „Protektoratslösung" zu heftigen politischen Auseinandersetzungen. Die Bundesregierung unter Kanzler *Adenauer*, die bestrebt war, den Konflikt mit Frankreich nicht eskalieren zu lassen, betonte demgegenüber, daß dieser Rechtszustand unter Friedensvorbehalt stehe, also nur vorläufiger Natur sei. Nach außen hin schien die Entwicklung dadurch zementiert zu werden, daß das Saarland neben der Bundesrepublik Deutschland als assoziiertes Mitglied 1953 in den Europarat aufgenommen wurde[229]. Vom Europarat ging dann jedoch die Initiative zu einer „Europäisierung" des Saargebiets aus, die schließlich im Kontext der Pariser Verträge zum Abkommen zwischen der Bundesrepublik Deutschland und Frankreich vom 23. Oktober 1954 über das Statut der Saar führte[230]. Beide Vertragsparteien verpflichteten sich darin, das Statut nach erfolgter Annahme durch eine Volksabstimmung im Saargebiet bis zu einem Friedensvertrag nicht in Frage zu stellen sowie sich aller Einmischung in die inneren Verhältnisse des Gebiets zu enthalten.

55
„Protektoratslösung"

Versuche einer „Europäisierung" des Saarlandes

---

225 Vgl. hierzu *Hans-Peter Schwarz*, Geschichte der Bundesrepublik Deutschland, Bd. 2 (Bibl.), S. 88 ff. Neben dem Saargebiet hatte Frankreich auch 95 angrenzende Gemeinden von Rheinland-Pfalz der neuen Einheit zugeordnet. Die Maßnahmen fanden die stillschweigende Billigung der beiden anderen Westmächte, während die Sowjetunion protestierte; vgl. *BVerfGE 4*, 157 (159).
226 Näher dazu *Rudolph Brosig*, Die Verfassung des Saarlandes – Entstehung und Entwicklung, 2001, S. 177 ff.
227 *Brosig* (FN 226), S. 197 ff.
228 Hierzu *Schwarz* (Bibl.), S. 91 ff.
229 Die Bundesrepublik ratifizierte die Satzung des Europarats (Dezember 1952) kurz vor dem Saarland (Januar 1953). Für beide trat sie am 3.9.1953 in Kraft.
230 BGBl. 1955 II S. 295.

56
Die „Näher beim Grundgesetz"-Formel

Der in der Bundesrepublik Deutschland stark umstrittene Vertrag erhielt am 27. Februar 1955 die Zustimmung des Bundestags[231]. Das von einem Drittel der Mitglieder des Bundestages initiierte Normenkontrollverfahren blieb erfolglos. Das unter anderem vorgebrachte Argument, der Vertrag verstoße gegen die Grundrechte, wurde am 4. Mai 1955, einen Tag vor Beendigung des Besatzungsregimes, zurückgewiesen[232]. Das Statut enthalte weder Individuen unmittelbar berührende Vorschriften noch Bestimmungen, welche die Bundesrepublik verpflichteten, zur Durchführung des Abkommens innerstaatliche Maßnahmen zur Einschränkung der Grundrechte zu treffen; dies wurde insbesondere im Hinblick auf die Meinungsäußerungsfreiheit, das Eigentumsrecht und die deutsche Staatsangehörigkeit der Saarländer betont. Vor allem fiel ins Gewicht, daß das Statut nur nach Billigung der Bevölkerung des Saargebiets durch Volksentscheid in Kraft treten konnte. Im übrigen wurde der provisorische, da unter Friedensvertragsvorbehalt stehende Charakter des Statuts hervorgehoben[233]. Auf eine solche Lösung durfte die Bundesrepublik sich einlassen, weil dies ein gangbarer und nach Einschätzung der Bundesregierung sinnvoller Weg war, zu einer Verbesserung der Gesamtsituation des Saargebietes zu kommen, die angestrebte rechtliche Lage also „näher beim Grundgesetz" stand als die bisherige Situation[234].

57
Überwältigende Ablehnung des Saarstatuts

Bei der am 23. Oktober 1955 erfolgten Volksabstimmung, die übrigens auf Verlangen Frankreichs durchzuführen war[235], sprachen sich bei einer Teilnahme von 96 v.H. der Abstimmungsberechtigten über 67 v.H. gegen das Saarstatut aus. Die im Dezember 1955 erfolgte Landtagswahl ergab einen klaren Sieg der politischen Kräfte, die zu Deutschland zurückstrebten. Frankreich akzeptierte diese Entwicklung[236]. Ein neues Saarabkommen wurde am 27. Oktober 1956 unterzeichnet und trat am 1. Januar 1957 in Kraft[237]. In Art. 1 erklärte sich Frankreich damit einverstanden, „daß sich der Anwendungsbereich des Grundgesetzes der Bundesrepublik Deutschland vom 1. Januar 1957 ab auf das Saarland erstreckt", wobei für die Einführung der Rechtsvorschriften der Bundesrepublik eine Übergangszeit nach näherer Maßgabe des Vertrags vereinbart wurde. Art. 51 bezog das Saarland in den Anwendungsbereich des Deutschlandvertrages ein.

58
Beitritt des Saarlandes zum Grundgesetz

Obgleich die Verfassung von 1947 „die politische Unabhängigkeit des Saarlandes vom Deutschen Reich" postulierte und diese Grundentscheidung mit der Volksabstimmung von 1955 für obsolet angesehen wurde, wurde die Ver-

---

231 Abstimmungsergebnis: 264:201:9; dazu *Schwarz* (Bibl.), S. 262.
232 *BVerfGE 4*, 157 (165f., 176ff.).
233 *BVerfGE 4*, 157 (175).
234 *BVerfGE 4*, 157 (168ff.).
235 Zur politischen Fehlkalkulation Frankreichs, das zunächst, wie auch deutsche Beobachter, mit einer großen Mehrheit für das Statut rechnete, vgl. *Schwarz* (Bibl.), S. 256.
236 *Schwarz* (Bibl.), S. 285, spricht vom „Wunder an der Saar"; ebd. aber auch zu den politischen Gründen der französischen Neuorientierung, die wesentlich auf wachsende pro-europäische Auffassungen zurückgingen, aber auch wirtschaftliche Gründe hatte. Vgl. auch *Fiedler*, Die Rückgliederungen des Saarlandes an Deutschland – Erfahrungen für das Verhältnis zwischen Bundesrepublik Deutschland und DDR?, JZ 1990, S. 668 (669ff.).
237 BGBl. 1956 II S. 1587; BGBl. 1957 II S. 1.

fassung doch noch formal der neuen Lage angepaßt, allerdings erst, nachdem der saarländische Landtag am 13. Dezember 1956 den Beitritt zum Grundgesetz gemäß Art. 23 Satz 2 erklärt hatte[238]. Am 1. Januar 1957 galt das Grundgesetz, ohne daß Art. 23 Satz 1 geändert wurde, auch im Saarland. Der Grundrechtsschutz des Grundgesetzes erstreckte sich damit auch auf die dort lebenden Personen.

IV. Überwindung der Teilung Deutschlands

Ebenso wie den Saardeutschen war es auch den Deutschen in der sowjetisch besetzten Zone versagt, an der Schaffung des Grundgesetzes mitzuwirken; sie konnten auch nicht in den Geltungsbereich des Grundgesetzes einbezogen werden[239]. Die weltpolitische (Kalter Krieg) und innerdeutsche (sich verstärkende, im Mauerbau und der Verminung der innerdeutschen Grenze kulminierende Abtrennungspolitik der DDR) Entwicklung[240] ließen die Hoffnung auf einen Beitritt weiterer Teile Deutschlands zum Grundgesetz (Art. 23 Satz 2 a. F.) oder auf die Erarbeitung einer gemeinsamen Verfassung (Art. 146 a.F.) schwinden. Gleichwohl galt es, das grundgesetzliche Wiedervereinigungsgebot zu beachten. Aus ihm hat das Bundesverfassungsgericht nicht nur statusrechtliche[241], sondern auch grundrechtlich relevante Folgerungen gezogen.

59
Grundgesetzliches Wiedervereinigungsgebot

Die insoweit wichtigste Konsequenz war das Verbot, die deutsche Staatsangehörigkeit der DDR-Deutschen in Frage zu stellen, was eine der sog. Geraer Forderungen *Honeckers* war[242]. In seinem Urteil zum Grundlagenvertrag zwischen der Bundesrepublik Deutschland und der DDR von 1972 stellte das Bundesverfassungsgericht fest, daß jeder Bürger der DDR, der in den Schutzbereich des Grundgesetzes gerate, als Bürger der Bundesrepublik Deutschland zu behandeln sei: „Er genießt deshalb, soweit er in den Geltungsbereich des Grundgesetzes gerät, auch den vollen Schutz der Gerichte der Bundesrepublik und alle Garantien der Grundrechte des Grundgesetzes, einschließlich des Grundrechts aus Art. 14 GG. Jede Verkürzung des verfassungsrechtlichen Schutzes, den das Grundgesetz gewährt, durch den Vertrag oder eine Vereinbarung zur Ausfüllung des Vertrags, wäre grundgesetzwidrig"[243]. An dieser Haltung hat das Bundesverfassungsgericht gegenüber sich vielfach breitmachender Resignation im politischen Raum bis zuletzt festgehalten[244].

60
Feste Haltung des Bundesverfassungsgerichts

---

238 Näher hierzu *Wolfgang Widhofer*, Die Eingliederung des Saarlandes in die Bundesrepublik Deutschland, 1960, S. 120 ff.
239 Vgl. Präambel und Art. 23 GG a.F.
240 *Ress*, Grundlagen und Entwicklung der innerdeutschen Beziehungen, HStR ²I, § 11.
241 Vor allem die Folgerung des Fortbestandes Deutschlands, der Nicht-Auslandseigenschaft der DDR und des Verbots, darauf bezogene Rechtstitel preiszugeben; *BVerfGE 36*, 1 (15 ff., 27 f.).
242 *Ress* (FN 240), § 11 RN 82 f.
243 *BVerfGE 36*, 1 (31); ebd. ist auch die Verpflichtung zum Auslandsschutz einbezogen.
244 *BVerfGE 77*, 137 (Teso). – Vom „resignativen Grundzug der westdeutschen DDR-Politik" spricht *Michael Salewski*, Geschichte Europas, 2000, S. 1099. Verschiedentlich war es freilich mehr als Resignation, nämlich bewußte und gewollte Akzeptierung der Teilung; hierzu etwa W. *Schieder* (FN 14), S. 16 f.; *Jens Hacker*, Deutsche Irrtümer, ²1992, S. 179 ff.

61 Territorial beschränkte Grundrechtssicherung für DDR-Deutsche	Das Grundgesetz konnte freilich unmittelbar nur in seinem eigenen Geltungsbereich die Grundrechte der DDR-Deutschen sichern. Eine Verbesserung der Situation in der DDR selbst war nur mittelbar und in kleinen Schritten möglich, etwa durch stille Diplomatie (z.B. Häftlingsfreikäufe) oder durch die Vereinbarung von Reiseerleichterungen, insbesondere bei der Familienzusammenführung und Familienbesuchen[245]. Schwere Menschenrechtsverletzungen wurden, soweit sie strafrechtlich relevant waren, in der Zentralen Erfassungsstelle der Landesjustizverwaltungen in Salzgitter dokumentiert[246]. Die nach der Wiedervereinigung durchgeführten Strafprozesse zur Ahndung des SED-Unrechts, vor allem der Todesschüsse an der Grenze („Mauerschützenfälle"), basieren auch auf den dort gesammelten Erkenntnissen.
62 Grundrechtliche Aspekte des Staatsvertrags	Mit dem politischen und wirtschaftlichen Zusammenbruch des SED-Regimes im Herbst 1989[247] wurden schnell die Weichen in eine freiheitliche Ordnung gestellt. Irreversibel wurde die Entwicklung mit den ersten freien Wahlen zur Volkskammer am 18. März 1990, die den Kräften zum Sieg verhalf, welche die Wiedervereinigung herbeiführen wollten[248]. Demgemäß konnte der „Vertrag über die Schaffung einer Währungs-, Wirtschafts- und Sozialunion zwischen der Bundesrepublik Deutschland und der Deutschen Demokratischen Republik"[249], mit dessen Vorbereitung bereits im Februar 1990 begonnen worden war, am 18. Mai 1990 in Bonn unterzeichnet werden; er trat mit Ablauf des 30. Juni 1990 in Kraft. Der Vertrag ist unter grundrechtlichen Aspekten nicht nur deshalb bedeutsam gewesen, weil er sich als wichtiger Schritt zur Herstellung der staatlichen Einheit verstand[250], sondern weil er konkret in Angriff nahm, die „Soziale Marktwirtschaft als Grundlage für die weitere wirtschaftliche und gesellschaftliche Entwicklung mit sozialem Ausgleich und sozialer Absicherung und Verantwortung gegenüber der Umwelt" (Präambel) auch in der DDR einzuführen. In Art. 2 bekannten sich die Vertragsparteien gemeinsam „zur freiheitlichen, demokratischen, föderativen, rechtsstaatlichen und sozialen Grundordnung". Insbesondere sollten garantiert werden die Vertragsfreiheit, Gewerbe-, Niederlassungs- und Berufsfreiheit, die Freizügigkeit im gesamten Währungsgebiet, die Vereinigungsfreiheit und das Eigentum privater Investoren an Immobilien und Produktionsmitteln; zugleich wurde die Nichtweiteranwendung entgegenstehender Vorschriften der DDR-Verfassung festgelegt. Nach Art. 6 wurde der Rechtsweg zu den Gerichten bezüglich

---

245 Näher *Brunner*, Freizügigkeit, in: *ders.*, Menschenrechte in der DDR, 1989, S. 129 ff.; *E. Klein*, Ehe und Familie, ebd., S. 153 ff. (172 ff.).
246 Die Stelle wurde im November 1961 errichtet und 1992 aufgelöst; die Aktenbestände sind in eine Dokumentationsstelle umgewandelt worden. Zur Tätigkeit vgl. *Heiner Sauer/Hans-Otto Plumeyer*, Der Salzgitter Report, 1991.
247 Näher *Fiedler*, Die deutsche Revolution von 1989 – Ursachen, Verlauf, Folgen, HStR VIII, S. 184.
248 *Luchterhandt*, Der Aufbau des parlamentarischen Regierungssystems der DDR, HStR VIII, § 185 RN 5 ff.
249 BGBl. 1990 II S. 537.
250 Demgemäß wurde der Staatsvertrag als „Verfassungsvertrag" gewürdigt von *Stern*, Einführung, in: Klaus Stern/Bruno Schmidt-Bleibtreu (Hg.), Verträge und Rechtsakte zur Deutschen Einheit, Bd. 1, 1990, S. 43; zustimmend *Badura*, Die innerdeutschen Verträge, insbesondere der Einigungsvertrag, HStR VIII, § 171 RN 9.

jeder Verletzung von Rechten, die durch den Vertrag oder in Ausübung des Vertrags gewährleistet waren, garantiert. Angesichts des Umfangs der Gewährleistungen und der unmittelbaren Wirkung der Rechte bedeutete der Vertrag bereits einen großen Schritt hin auf die Garantie eines umfassenden Rechtsschutzes im Sinne von Art. 19 Abs. 4 GG[251].

63
Einigungsvertrag

Die prinzipiell vollständige Einbeziehung der Bevölkerung der DDR in den Grundrechtsschutz des Grundgesetzes erfolgte am 3. Oktober 1990 mit dem Wirksamwerden des Beitritts der DDR zum Grundgesetz gemäß Art. 23 Satz 2 GG a. F. Der Beitritt wurde von der Volkskammer am 23. August 1990 erklärt[252]; der Beschluß erfolgte mit 294 Ja-Stimmen, 62 Nein-Stimmen und 7 Enthaltungen. Grundlage dieses Beschlusses war die sich abzeichnende Einigung über den „Vertrag zwischen der Bundesrepublik Deutschland und der DDR über die Herstellung der Einheit Deutschlands vom 31. August 1990" (Einigungsvertrag)[253]. Der Vertrag wurde von den gesetzgebenden Körperschaften der Bundesrepublik Deutschland am 20./21. September und der DDR-Volkskammer am 20. September 1990 gebilligt[254]. Art. 3 Einigungsvertrag setzte das Grundgesetz mit dem Wirksamwerden des Beitritts in den Ländern Brandenburg, Mecklenburg-Vorpommern, Sachsen, Sachsen-Anhalt und Thüringen in der nach Art. 4 des Vertrags geltenden Fassung in Kraft[255].

64
Grundrechtsrelevante Grundgesetzänderungen

Die in Art. 4 Einigungsvertrag aufgeführten beitrittsbedingten Grundgesetzänderungen[256] beziehen sich auch auf Grundrechte (Nr. 5). Der neue Art. 143 Abs. 1 GG bestimmt, daß in Fällen, in denen infolge der unterschiedlichen Verhältnisse die Rechtsanpassung an die grundgesetzliche Ordnung nicht gleich erreicht werden konnte, das in den genannten Ländern geltende Recht von den Bestimmungen des Grundgesetzes, was die Grundrechte einschloß, abweichen durfte, allerdings längstens bis zum 31. Dezember 1992. Zudem durften die Abweichungen nicht gegen Art. 19 Abs. 2 GG (Wesensgehaltsgarantie) verstoßen und mußten mit den in Art. 79 Abs. 3 GG genannten Grundsätzen vereinbar sein[257]. Eine Sonderregelung enthielt jedoch Art. 31 Abs. 4 EV. Er sah vor, daß das über das bundesdeutsche Recht erheblich hinausreichende (DDR-) Gesetz über die Unterbrechung der Schwangerschaft[258] über den 31. Dezember 1992 hinaus fortgelten sollte, wenn es dem gesamtdeutschen Gesetzgeber nicht gelänge, bis zu diesem Zeitpunkt eine Regelung zu treffen, die den Schutz vorgeburtlichen Lebens und die verfassungskonforme Bewältigung von Konfliktsituationen schwangerer Frauen vor allem durch

Sonderregelung für Schwangerschaftsabbruch

---

251 In vollem Umfang konnte ein solcher Rechtsschutz angesichts der bestehenden Verhältnisse jedoch noch nicht eingefordert werden und war auch vom Vertrag nicht unmittelbar veranlaßt; vgl. Begründung zum Gesetzentwurf (Denkschrift zum Staatsvertrag), BT-Drucks. 11/7350, S. 97 ff.
252 GBl. DDR I S. 1324.
253 BGBl. 1990 II S. 889.
254 Zu dem Stimmverhalten im Bundestag und in der Volkskammer vgl. *Badura* (FN 250), RN 17.
255 Im selben Augenblick ist die DDR untergegangen; BVerfGE 88, 384 (405).
256 Insgesamt *Matthias Herdegen*, Die Verfassungsänderungen im Einigungsvertrag, 1991; *H.H. Klein*, Kontinuität des Grundgesetzes und seine Änderung im Zuge der Wiedervereinigung, HStR VIII, § 198 RN 23 ff.
257 Vgl. *Katharina Harms*, Verfassungsrecht in Umbruchsituationen, 1999, S. 73 ff., 205 f.
258 V. 9.3.1972 (GBl. DDR I S. 89 und II S. 149).

Ansprüche auf Beratung und Hilfe besser gewährleistete, als es derzeit in Deutschland der Fall sei. Angesichts der Entscheidung des Bundesverfassungsgerichts zum Schwangerschaftsabbruch aus dem Jahr 1975[259], in der das Recht auf Leben und die staatliche Schutzpflicht auch durch Einsatz des Strafrechts akzentuiert worden waren, war die politische und rechtliche Brisanz dieses Problems evident[260]. Das fristgerecht ergangene Schwangeren- und Familienhilfegesetz[261], nun ganz auf das Beratungskonzept setzend, hielt jedoch den verfassungsrechtlichen Anforderungen nicht in vollem Umfang stand[262]. Die durch die Nichtigerklärung einzelner Bestimmungen dieses Gesetzes entstandene, die Rechtseinheit erneut gefährdende Situation wurde bis zu der im Jahr 1995 erfolgten Neuregelung[263] durch eine für das ganze Bundesgebiet geltende, im Wege der einstweiligen Anordnung vom Bundesverfassungsgericht erlassene Regelung (§ 35 BVerfGG) aufgefangen[264]. Insgesamt gesehen hat sich, nicht zuletzt unter dem Druck der innerdeutschen Rechtsvereinheitlichung, die Auffassung durchgesetzt, das Leben des ungeborenen Kindes sei nur in Kooperation mit der Mutter zu schützen, was es in letzter Konsequenz freilich auch deren Willen anheim gibt. Die Weiterungen dieser Entscheidung auf neue Formen der Abtötung von Embryonen wie z. B. im Verfahren der Präimplantationsdiagnostik (PID) liegen auf der Hand[265].

65
Sonderverfassungsrecht für frühere Enteignungen

Sicher entsprach es dem Wunsch der DDR, aber es kam auch den öffentlichen Händen des gesamtdeutschen Staates (Bund sowie Ländern und Gemeinden der neuen Länder) zugute, daß entsprechend der in den Einigungsvertrag (Art. 41 Abs. 1) übernommenen „Gemeinsamen Erklärung der Regierungen der Bundesrepublik Deutschland und der Deutschen Demokratischen Republik zur Regelung offener Vermögensfragen" vom 15. Juni 1990 die „Enteignungen auf besatzungsrechtlicher bzw. besatzungshoheitlicher Grundlage (1945 – 1949) ... nicht mehr rückgängig zu machen sind"[266]. In der nicht unberechtigten Sorge, daß die Akzeptierung dieser Regelung gegen Art. 14 GG verstoßen könnte, entzieht der durch Art. 4 Abs. 5 EV eingefügte Art. 143 Abs. 3 GG den Art. 41 EV und die zu seiner Durchführung ergehenden Regelungen insoweit dem eigentumsrechtlichen Maßstab des Art. 14 GG, als sie vorsehen, daß die bezeichneten Eigentumseingriffe nicht mehr rückgängig gemacht werden. Das Bundesverfassungsgericht hat die Verfassungsmäßigkeit dieser Regelung bestätigt, zwar im Ergebnis zutreffend, aber mit einer

---

259 *BVerfGE* 39, 1 (36 ff., 42 ff.).
260 *E. Klein*, Der Einigungsvertrag, DÖV 1991, S. 569 ff. (573 f.).
261 V. 27.7.1992 (BGBl. I S. 1398).
262 *BVerfGE* 88, 203.
263 Durch das Schwangeren- und Familienhilfeänderungsgesetz v. 21.8.1995 (BGBl. I S. 1050); zu den Mängeln *Starck*, Verfassungsrechtliche Probleme der deutschen Abtreibungsregelung, in: FS Schiedermair, 2001, S. 377 ff.
264 *BVerfGE* 88, 203 (209 f., 336 f.) i. V. m. *BVerfGE* 86, 390.
265 Vgl. *Kloepfer*, Humangentechnik als Verfassungsfrage, JZ 2002, S. 417; *Herdegen*, Die Menschenwürde im Fluß des bioethischen Diskurses, JZ 2001, S. 773.
266 Anlage III zum Einigungsvertrag.

der Eigentumsordnung abträglichen Begründung²⁶⁷. Die Notwendigkeit einer Entschädigung hat das Bundesverfassungsgericht allerdings erkannt; dem Gesetzgeber war danach das „Ob" einer solchen Ausgleichszahlung nicht freigestellt²⁶⁸. Ähnliche Probleme mußten im Hinblick auf Konfiskationen unter DDR-Verantwortung (ab 1949) gelöst werden. Soweit eine Rückübertragung ausgeschlossen wurde, war eine Entschädigung vorzusehen. Die entsprechenden Regelungen für beide Fälle, die vor und nach 1949 vollzogenen Enteignungen, wurden im Entschädigungs- und Ausgleichsleistungsgesetz (EALG) von 1994 vorgenommen²⁶⁹. Hiergegen erhobene Verfassungsbeschwerden wies das Bundesverfassungsgericht im Jahr 2000 zurück²⁷⁰.

In einer Vielzahl anderer Konstellationen sind im Zuge der juristischen Bewältigung der durch die Wiedervereinigung zwangsläufig aufgetauchten Probleme Grundrechtsfragen aufgeworfen worden, die neben Art. 14 GG vor allem Art. 12 GG und bezüglich der Mauerschützen und ihrer Befehlsgeber Art. 103 Abs. 2 GG betreffen²⁷¹. Die Rechtsprechung hierzu kann an dieser Stelle nicht analysiert werden²⁷². Hinzuweisen ist nur auf das vom Bundesverfassungsgericht oft herangezogene Argument der „singulären Situation" oder der „historischen Einmaligkeit der zu bewältigenden Aufgabe", mit der verschiedene im Wiedervereinigungszusammenhang ergriffene Maßnahmen gerechtfertigt wurden²⁷³. Generell gesehen darf dieses Argument aber nicht dazu benutzt werden, um neue Rechtsfiguren zu kreieren; vielmehr werden damit Bewältigungsspielräume durch der Situation angemessene Verhältnismäßigkeitserwägungen geschaffen. Im wesentlichen ist dies ohne Verlust an rechtsstaatlicher Glaubwürdigkeit geschehen.

66 Grundrechtsprobleme angesichts „singulärer Situation" und „historischer Einmaligkeit"

Im Einigungsvertrag enthaltene weitere Verfassungsänderungen – Neufassung der Präambel, Aufhebung von Art. 23 a. F., Neufassung von Art. 146 – machen deutlich, daß die Bundesrepublik Deutschland sich seit dem 3. Oktober 1990 nicht mehr länger als „gebietlich unvollständig"²⁷⁴, als „unvollendeter Nationalstaat"²⁷⁵ versteht, das Grundgesetz vielmehr nun „für das gesamte

67 Territorialer Schlußstrich

---

267 *BVerfGE 84*, 90 (122 ff.); *94*, 12 (46 ff.); kritisch dazu *E. Klein*, Probleme verfassungsrechtlicher Aufarbeitung der SED-Diktatur und ihrer Folgen, in: Enquête-Kommission „Überwindung der Folgen der SED-Diktatur im Prozeß der deutschen Einheit", Bd. 2, 1999, S. 929 (973 ff.); *Theodor Schweisfurth*, SBZ-Konfiskationen privaten Eigentums 1945 – 1949, 2000. Hingegen im Sinn der Rechtsprechung *Ossenbühl*, Eigentumsfragen, HStR IX, § 212 RN 54 ff. Eigenartig *BVerfG* (Kammer), v. 9.1.2001, NJ 2001, S. 197 f.
268 *BVerfGE 84*, 90 (128 ff.); *E. Klein* (FN 260), S. 574 f.
269 BGBl. I S. 2624; vgl. dazu *Papier*, Vergangenheitsbewältigung: Abwicklung, Ahndung, Entschädigung, HStR IX, § 213 RN 46 ff.
270 *BVerfGE 102*, 254 (299 ff., 321 ff.); dazu *Doehring*, Die Entscheidung des Bundesverfassungsgerichts zur Entschädigung von Opfern der Bodenreform im Lichte der EMRK – Rechtssicherheit oder mit Sicherheit Unrecht?, NJW 2001, S. 640; ferner *BVerfGE 104*, 74.
271 *Papier* (FN 269), RN 51 ff. Zu den Mauerschützenprozessen neben den dort genannten Nachweisen noch *BGHSt 40*, 241; *BVerfGE 95*, 96 und *EGMR* EuGRZ 2000, S. 210. → Bd. V: *H.A. Wolff*, Nulla poena sine lege. – Zu weiteren Grundrechtsfragen vgl. *Detlef Merten*, Verfassungsprobleme der Versorgungsüberleitung, ²1994, S. 25 ff. (68 ff.).
272 Vgl. aber *E. Klein* (FN 267), S. 939 ff.
273 *E. Klein* (FN 267), S. 993 ff.; vgl. auch *Harms* (FN 257), S. 259 ff.
274 *BVerfGE 36*, 1 (28).
275 *W. Schieder* (FN 14), S. 16.

Deutsche Volk" gilt[276]. Dies bedeutet zugleich die verfassungsrechtliche Anerkennung des Verlusts großer Territorien im Osten durch Gesamtdeutschland; völkerrechtlich ist er durch die Ratifikation des Zwei-plus-Vier-Vertrags von 1990 und des deutsch-polnischen Grenzvertrags von 1991 durch den gesamtdeutschen Gesetzgeber[277] vollzogen worden. Eine Erstreckung des Grundgesetzes und seines Grundrechtsschutzes über den gegenwärtigen Gebietsbestand hinaus ist nach dem Wegfall des Wiedervereinigungsgebots und der Beitrittsregelung nicht mehr intendiert[278]. Die verfassungsrechtliche Neuordnung in Polen und Rußland, ihr Beitritt zur Europäischen Menschenrechtskonvention und der zu erwartende Beitritt Polens zur Europäischen Union haben im übrigen eine prinzipielle Verbesserung des Grundrechtsschutzes für die in den ehemaligen deutschen Gebieten lebenden Menschen gebracht. Soweit diese, was heute tägliche Routine ist, in den Geltungsbereich des Grundgesetzes gelangen, nehmen sie an allen seinen Schutzwirkungen teil. Soweit es sich um Deutsche im Sinne des Grundgesetzes handelt, ist ihnen diese Eigenschaft durch die neue Entwicklung nicht verlorengegangen[279]. Auch eine Verschlechterung der rechtlichen Position der Vertriebenen oder ihrer Erben im Hinblick auf die ihnen widerfahrenen Vermögenskonfiskationen haben die genannten Verträge nicht bewirkt. Insoweit kann auf die Ausführungen verwiesen werden, mit denen das Bundesverfassungsgericht im Jahr 1975 Verfassungsbeschwerden gegen die Ratifikationsgesetze zu den Verträgen von Moskau (1970) und Warschau (1970) zurückgewiesen hat[280].

Situation der Volksdeutschen und Vertriebenen

C. Grundrechtliche Auswirkungen der Westintegration

I. Politik der Westintegration

68

Freiheitssicherung und Wiedererlangung der Selbstbestimmung

Die entschiedene Einordnung der Bundesrepublik Deutschland in die westliche Wertegemeinschaft, die von der Regierung *Adenauer* von Beginn an zielbewußt betrieben wurde[281], konnte sich vor allem auf zwei wichtige Argumente berufen. Zum einen erschien sie geeignet, die wiedergewonnene demokratische, rechtsstaatliche Freiheit zu sichern, zum andern half sie mit, die Selbstbestimmung der Deutschen über die eigenen Angelegenheiten soweit wie möglich wiederzuerlangen. Die Integrationspolitik, dies legte der sich ständig verschärfende Ost-West-Konflikt nahe, mußte partiell auch in einem

---

276 Dazu *E. Klein*, Das Grundgesetz als gesamtstaatliche Verfassung, in: FS Schiedermair, 2001, S. 125 ff.
277 Vgl. *E. Klein*, Zum Geltungs- und Wirkungsbereich des Grundgesetzes, in: FS K. Vogel, 2000, S. 277 (282).
278 Sie wäre auch unzulässig; vgl. *Merten*, Räumlicher Geltungsbereich von Grundrechtsbestimmungen, in: FS Schiedermair, 2001, S. 331 (337 f.).
279 Zum Schutz deutscher Minderheiten im Ausland durch die Bundesrepublik Deutschland vgl. *E. Klein*, Der Status des deutschen Volkszugehörigen und die Minderheiten im Ausland, HStR VIII, § 200 RN 81 ff.
280 *BVerfGE 40*, 141 (166 ff.).
281 *H. Hofmann* (Bibl.), RN 39 ff., 44 ff.; *Salewski* (FN 244), S. 1071 f.

deutschen Verteidigungsbeitrag bestehen. Hierauf bezogen sich die Versuche, entsprechend den *Schuman-Monnet*-Plänen neben der Vergemeinschaftung kriegswichtiger Güter (Kohle und Stahl) eine Europäische Verteidigungsgemeinschaft und – überwölbend – eine Europäische Politische Gemeinschaft zu schaffen[282]. Nach dem Scheitern des EVG/EPG-Projekts wurde ein anderer Weg beschritten: Deutschland wurde einerseits Mitglied der Westeuropäischen Union (WEU) und der Nordatlantikpakt-Organisation (NATO), andererseits wurden die Römischen Verträge zur Gründung der Europäischen Wirtschaftsgemeinschaft und Europäischen Atomgemeinschaft abgeschlossen, welche die Integration zunächst unter wirtschaftlichen Aspekten vorantrieben.

II. Wiederbewaffnung

Nicht nur die Politik der entschiedenen Westintegration überhaupt war höchst umstritten, da sie die deutsche Spaltung zu vertiefen drohte, vor allem kontrovers – nicht unverständlich nach dem verlorenen Krieg – wurde die Debatte über die Aufstellung eigener deutscher Streitkräfte geführt[283]. Das Grundgesetz traf keine ausdrückliche Entscheidung in die eine oder andere Richtung, angesichts der Situation im Jahr 1949 wäre dies auch ganz unrealistisch gewesen. Freilich bestimmte Art. 4 Abs. 3 GG, der auf einen Antrag der SPD im Parlamentarischen Rat zurückging, daß niemand gegen sein Gewissen zum Kriegsdienst mit der Waffe gezwungen werden darf; die Streichung der Vorschrift war übrigens vom Abg. Dr. *Heuss* (FDP) erfolglos mit dem Argument gefordert worden, es werde andernfalls zu einem „Massenverschleiß des Gewissens" kommen[284]. Doch weder aus Art. 4 Abs. 3 GG noch aus anderen Vorschriften[285] konnte eine klare Entscheidung des Grundgesetzes zu Pro oder Contra der Zulässigkeit der Wiederbewaffnung deduziert werden[286]. Es kam auch nicht zu einer verfassungsgerichtlichen Klärung[287]. Der „Kampf um den Wehrbeitrag" wurde schließlich dadurch entschieden, daß die Parteien der Regierungskoalition nach den Bundestagswahlen 1953 über die notwendige verfassungsändernde Mehrheit verfügten[288]. So konnte mit der Grundgesetzänderung vom 26. März 1954[289] in Art. 73 Nr. 1 GG die ausschließliche Kompetenz des Bundes auch bezüglich der „Verteidigung einschließlich der Wehrpflicht für Männer vom vollendeten 18. Lebensjahr an" festgelegt werden. Da die Planung Streitkräfte im Umfang von 485 000 Mann vorsah, war

69
„Kampf um den Wehrbeitrag"

---

282 *Thomas Oppermann*, Europarecht, ²1999, RN 12 ff.
283 *Schwarz* (Bibl.), S. 135 ff.
284 JÖR NF 1 (1951), S. 77.
285 Vgl. Art. 26 und 140 GG i. V. m. Art. 141 WRV.
286 Dem Gesamtstaat generell die Zuständigkeit zu bestreiten, war in der Tat „krähwinkelig"; so zu Recht *Schüle*, Oberbefehl, Personalausschuß, Staatsnotstand, JZ 1955, S. 465 (468).
287 Im einzelnen dokumentiert in der vom Institut für Staatslehre und Politik herausgegebenen Publikation „Der Kampf um den Wehrbeitrag", 2 Bände 1952/53, Ergänzungsband 1958.
288 *Stern*, Staatsrecht II (LitVerz.), S. 855 f.
289 BGBl. I S. 45.

ohne eine allgemeine Wehrpflicht nicht auszukommen[290]; einer Wehrpflichtarmee wurden auch viel weniger politische Bedenken entgegengebracht als einer Berufsarmee. Das Wehrpflichtgesetz setzte diese Entscheidung um[291]. Zuvor erwies sich aber eine weitere Verfassungsänderung als notwendig. Mit ihr wurde die eigentliche „Wehrverfassung" im Grundgesetz verankert[292].

70
Grundrechtliche Vorkehrungen für die Wehrpflicht

Neben den erforderlichen organisationsrechtlichen Bestimmungen[293] mußten grundrechtliche Vorkehrungen getroffen werden. Sie betrafen in erster Linie die Konsequenzen, die aus der Garantie des Art. 4 Abs. 3 GG (Kriegsdienstverweigerung aus Gewissensgründen) zu ziehen waren. Art. 12 Abs. 2 GG eröffnete dem Gesetzgeber die Möglichkeit, Kriegsdienstverweigerer zu einem die Dauer des Wehrdienstes nicht übersteigenden Ersatzdienst zu verpflichten. Eine Verpflichtung von Frauen im Verband der Streitkräfte wurde ausgeschlossen, ohne daß jedoch ihre freiwillige Dienstleistung verboten wurde. Untersagt allerdings war jeder, auch freiwillige, Dienst mit der Waffe (Art. 12 Abs. 3 GG). Diese Regelungen sind im Zuge der zweiten umfangreichen Grundgesetzänderung durch die Einfügung der sogenannten Notstandsverfassung modifiziert und erweitert worden[294]. Eingefügt wurde insbesondere Art. 12a GG. Zunächst wurde die Möglichkeit, Männer zum Dienst in den Streitkräften, Bundesgrenzschutz oder Zivilschutzverband zu verpflichten, in Absatz 1 niedergelegt. Die Begründung einer eigentlichen Grundpflicht wird man hierin nicht sehen können, da es Sache des Gesetzgebers ist, diese Pflicht zu aktivieren[295]. In den Absatz 2 wurde im wesentlichen die Ersatzdienstregelung aus Art. 12 Abs. 2 überführt. Absätze 3 und 5 sehen die Heranziehung von Wehrpflichtigen, die nicht bereits zum Dienst nach den Absätzen 1 und 2 verpflichtet sind, zu sonstigen Dienstleistungen im Verteidigungs- und Spannungsfall vor, Absatz 4 betrifft die Heranziehung von Frauen im Verteidigungsfall; es blieb jeder Dienst mit der Waffe untersagt[296]. Absatz 6 läßt im Verteidigungs- oder Spannungsfall Einschränkungen der Berufsfreiheit (bezüglich der Aufgabe von Beruf oder Arbeitsplatz) zu.

71
Art. 17a GG

Der im Verteidigungs- oder Spannungsfall (Art. 12a Abs. 3 bis 6 GG), aber auch schon zuvor (Abs. 1 und 2) mögliche intensive staatliche Zugriff auf einzelne kommt auch in dem bereits 1956 eingefügten Art. 17a GG zum Ausdruck, der den Gesetzgeber zu spezifischen Einschränkungen der Meinungsfreiheit, der Versammlungsfreiheit und des Petitionsrechts von Angehörigen der Streitkräfte und des Ersatzdienstes für die Zeit ihres Dienstes ermächtigt[297]. Andererseits belegt diese Bestimmung die heute ohnedies unbestrit-

---

[290] Die ersten Soldaten wurden noch aufgrund des Freiwilligengesetzes von 1955 (BGBl. I S. 449) rekrutiert.
[291] V. 21.7.1956 (BGBl. I S. 651).
[292] V. 19.3.1956 (BGBl. I S. 111).
[293] Vgl. vor allem Art. 59 a, 65 a, 87 a, 87 b GG.
[294] Durch das 17. Gesetz zur Ergänzung des Grundgesetzes v. 24.6.1968 (BGBl. I S. 709); → unten *T. Stein*, § 24 RN 60 ff.
[295] *Merten*, Grundpflichten im Verfassungssystem der Bundesrepublik Deutschland, BayVBl. 1978, S. 554 (558).
[296] S. dazu unten RN 116.
[297] *R. Jaeger*, Die wehrrechtlichen Vorschriften des Grundgesetzes, BayVBl. 1956, S. 289 (290 f.).

tene Auffassung, daß auch Wehrpflichtige Grundrechtsschutz genießen[298]. Um insoweit jeden Zweifel auszuschließen, wurde auch schon im Jahr 1956 Art. 1 Abs. 3 GG dahin geändert, daß die Grundrechte als unmittelbar geltendes Recht die „vollziehende Gewalt" (statt die „Verwaltung") – dies bezieht die Wehrgewalt zweifellos ein – binden. Zusätzlich wurde durch Art. 45b GG die Institution des Wehrbeauftragten zum Schutz der Grundrechte und als Hilfsorgan des Bundestages bei der Ausübung der parlamentarischen Kontrolle geschaffen; diese skandinavischen Ombudsman-Vorstellungen nachgebildete Funktion war eine wesentliche Voraussetzung gewesen, um auch die Zustimmung der Opposition zur Verfassungsänderung (1956) zu erreichen[299]. Weniger als Arm des Bundestages denn als Schutz der Soldatengrundrechte hat sich die Institution bewährt[300].

Wehrbeauftragter

In der Tat markierte die Einfügung der Wehrverfassung in das Grundgesetz (1954, 1956, 1968) eine „Wende in der Entwicklung der Bundesrepublik"[301], aber doch nicht in Richtung einer Bedrohung der freiheitlichen Ordnung, sondern im Sinne eines Abschieds von dem naiven Glauben, man könne sich aus der Geschichte verabschieden und den Schutz der Freiheit anderen überlassen – eine die Deutschen immer wieder heimsuchende Vorstellung. Ein weiterer Schritt in diese Richtung wurde nach Lösung der nationalen Frage und der damit verbundenen Beendigung des Kalten Krieges fällig, als die deutschen Streitkräfte vor neue über die eigentliche Verteidigung hinausgehende Aufgaben gestellt wurden[302]. Die Wehrverfassung ist im Grundgesetz kein Fremdkörper; sie stimmt mit den Anforderungen einer freiheitlichen demokratischen Grundordnung überein[303].

72
Wehrverfassung als realistischer Teil einer freiheitlichen demokratischen Grundordnung

Dies bedeutet nicht, daß sich nicht einzelne Fragen gestellt haben, die verfassungsrechtlicher Klärung bedurften. Ein wichtiges Problem stellte vor allem die Kriegsdienstverweigerung mit der Waffe aus Gewissensgründen dar. Das im Wehrpflichtgesetz vorgesehene Anerkennungsverfahren, wonach Prüfungsausschüsse über den Antrag auf Kriegsdienstverweigerung zu entscheiden haben, wurde vom Bundesverfassungsgericht als mit Art. 4 Abs. 3 GG vereinbar angesehen[304]. Zugleich wurde anhand dieser Bestimmung die wichtige Erkenntnis formuliert, daß nach dem Wortlaut uneinschränkbare Grundrechte ausnahmsweise in einzelnen Beziehungen begrenzt werden können, wenn sie mit Grundrechten Dritter oder anderen mit Verfassungsrang ausgestatteten Rechtswerten kollidieren; der Grund wurde in der notwendigen Rücksicht auf die Einheit der Verfassung gesehen. Konkret wurde die Funk-

73
Beschränkungsmöglichkeit der Gewissensfreiheit

---

298 Allgemein zur „Freiheitssicherung in der Sonderbindung" *Wolfgang Loschelder*, Vom besonderen Gewaltverhältnis zur öffentlich-rechtlichen Sonderbindung, 1982, S. 399 ff.; → Bd. III: *Peine*, Grundrechtsbeschränkungen in Sonderstatusverhältnissen.
299 *Schwarz* (Bibl.), S. 297.
300 Ganz überzogene Kritik bei *Seifert* (Bibl.), S. 36 f.
301 So *H. Hofmann* (Bibl.), RN 51.
302 Vgl. die Sachverhalte, die *BVerfGE 90*, 286 und *104*, 151 zugrundeliegen.
303 *H.H. Klein* (Bibl.), S. 8; *Stern* (FN 288), S. 858.
304 *BVerfGE 28*, 243. Vgl. bereits auch *BVerfGE 12*, 45 zur situationsbedingten Kriegsdienstverweigerung.

tionsfähigkeit der Bundeswehr als im Einzelfall kollidierender Verfassungswert akzeptiert[305].

74
Mißbrauch der Gewissensfreiheit

Seit 1968 – der Zeitpunkt ist nicht zufällig[306] – stieg die Zahl der Kriegsdienstverweigerer plötzlich stark an[307]. Kritik an der Praxis der Prüfungsausschüsse veranlaßte den Gesetzgeber zu einem Kurswechsel. Das am 1. August 1977 in Kraft getretene Wehrpflichtänderungsgesetz[308] ersetzte das bisherige Anerkennungsverfahren. Für ungediente und weder einberufene noch vorbenachrichtigte Wehrpflichtige sollte nunmehr eine schriftliche Erklärung gegenüber dem Kreiswehrersatzamt (sogenannte Postkartenlösung) genügen. Das Bundesverfassungsgericht sah 1978 in dieser Lösung einen Verstoß gegen Art. 3 Abs. 1 in Verbindung mit Art. 4 Abs. 3, Art. 12a Abs. 1 und 2 GG; diese Vorschriften ließen es nicht zu, „daß die bloße Erklärung, man sei aus Gründen des Gewissens gegen den Kriegsdienst mit der Waffe, die Freistellung von dem an sich gesetzlich von jedermann geforderten Wehrdienst bewirkt". Der mißbräuchlichen Berufung werde hierdurch Tür und Tor geöffnet[309]. Der befürchtete „Massenverschleiß des Gewissens" (*Heuss*) war Wirklichkeit geworden.

„Massenverschleiß des Gewissens"

75
„Probe auf das Gewissen"

Einen neuen Anlauf unternahm im Jahr 1983 das Kriegsdienstverweigerungs-Neuordnungsgesetz[310]. Danach ist über den Antrag in der Regel im schriftlichen Verfahren aufgrund der eingereichten Unterlagen zu entscheiden. Die „Probe auf das Gewissen" findet neben der Prüfung des Antrags vor allem dadurch statt, daß der Zivildienst, der zunächst um ein Drittel länger als der aktive Wehrdienst angesetzt war, als eine dazu „lästige Alternative" angesehen werden konnte[311]; dies erlaube, so das Bundesverfassungsgericht, „die hinreichend sichere Feststellung, daß eine Gewissensentscheidung vorliegt"[312]. Diese Grundsätze sind bis heute im wesentlichen unverändert geblieben. Allerdings ist die Alternative weniger lästig geworden (neun Monate Grundwehrdienst, zehn Monate Zivildienst)[313]. Antrags- und Anerkennungsquote haben indes neue Höchststände erreicht[314].

---

305 *BVerfGE 28*, 243 (259ff.); bestätigt von *BVerfGE 32*, 40 (46); → Bd. III: *Papier*, Beschränkungen vorbehaltlos gewährleisteter Grundrechte.
306 S. unten RN 91 ff.
307 Während es 5.963 Antragsteller im Jahr 1967 gab, wurden 1968 insgesamt 11.952 Anträge gestellt, vgl. *BVerfGE 28*, 243 (247). Die Zahlen stiegen kontinuierlich an, bis sie 1977 einen ersten Höhepunkt mit 69.969 erreichten; s. auch unten FN 314.
308 BGBl. I S. 1229.
309 *BVerfGE 48*, 127 (169).
310 BGBl. I S. 203.
311 Vgl. dazu *Luhmann*, Die Gewissensfreiheit und das Gewissen, AöR 90 (1965), S. 257 (284f.).
312 *BVerfGE 69*, 1 (28).
313 § 5 Abs. 1 a WPflG; § 24 Abs. 2 ZDG.
314 1989: 77.398; 1991: 150.722; 1999: 155.929; die Angaben aus dem Bundesamt für den Zivildienst und bei *Klaus Fröbe*, Beck-Rechtsberater: Zivildienstrecht von A – Z, ²1996, S. 159 f., stimmen nicht völlig überein.

III. Europarat und Europäische Gemeinschaften

Der bereits 1950 erfolgte Beitritt der Bundesrepublik Deutschland zum Europarat[315] war ein erster wichtiger Schritt der Reintegration Deutschlands in die Staatengemeinschaft. Nach Art. 3 der Satzung des Europarats erkennt jedes Mitglied „den Grundsatz der Vorherrschaft des Rechts und den Grundsatz an, daß jeder, der seiner Hoheitsgewalt unterliegt, der Menschenrechte und Grundfreiheiten teilhaftig werden soll". Die Gewährleistung grundrechtlicher Freiheit ist damit zur völkerrechtlichen Pflicht geworden und innerstaatlicher Beliebigkeit entzogen. Es gehörte in den Folgejahren zu den vornehmsten Pflichten des Europarates, diese Grundsätze zu konkretisieren. Demgemäß sind in dieser Organisation eine Fülle menschenrechtsrelevanter Übereinkommen erarbeitet worden; sie machen Europa zu dem Kontinent, in dem das Netz menschenrechtlicher Verbürgungen am dichtesten geknüpft ist[316]. Besonders interessant sind die Konventionen im Bereich des Minderheitenschutzes, weil es hier eine besondere Zurückhaltung vieler Staaten in ihrem eigenen Verfassungsrecht gibt[317]. Diese Lücke wird jedenfalls partiell durch diese vertraglichen Verpflichtungen gefüllt. Auch die Europäische Sozialcharta von 1961 demonstriert, daß es gelingen kann, soziale Rechte durch die Schaffung geeigneter Vorkehrungen zu etablieren, zeigt aber zugleich die Vorsicht, mit der die Staaten hierbei zu Werk gegangen sind[318]. Die Einlösung der übernommenen Verpflichtungen jedenfalls führt – wenn auch auf einfachgesetzlicher Grundlage – zu einem bestimmten Plafond sozialer Absicherung.

76
Freiheitsgewähr als völkerrechtliche Pflicht

Vorsichtige Etablierung sozialer Rechte

Von besonderer Bedeutung sind die Europäische Menschenrechtskonvention (EMRK) von 1950 und ihre Zusatzprotokolle geworden, das Kernstück der Europaratsleistung überhaupt. Sie können hier nicht im einzelnen dargestellt werden[319]. Entscheidend ist, daß ihre materiellen Garantien nicht nur im Rang von einfachem Bundesrecht unmittelbar anwendbar sind, sondern daß sie die Interpretation der parallelen nationalen Grundrechte beeinflussen: „Bei der Auslegung des Grundgesetzes sind auch Inhalt und Entwicklungsstand der Europäischen Menschenrechtskonvention in Betracht zu ziehen, sofern dies nicht zu einer Einschränkung oder Minderung des Grundrechtsschutzes nach dem Grundgesetz führt, eine Wirkung, die die Konvention indes selbst ausgeschlossen wissen will"[320]. So war es dem Bundesverfassungsgericht etwa möglich, die im Grundgesetz selbst nicht ausdrücklich verankerte Unschuldsvermutung nach Maßgabe des Art. 6 Abs. 2 der Europäischen Men-

77
Bedeutung der EMRK

---

315 BGBl. 1950 S. 263.
316 *E. Klein*, Fünfzig Jahre Europarat, AVR 39 (2001), S. 121 ff.
317 Europäische Charta der Regional- und Minderheitensprachen vom 5.11.1992 (BGBl. 1998 II S. 1314); Rahmenübereinkommen zum Schutz nationaler Minderheiten vom 1.2.1995 (BGBl. 1997 II S. 1406). Zur Schutzlage in Deutschland *Murswiek*, Schutz der Minderheiten in Deutschland, HStR VIII, § 201; s. auch oben RN 17.
318 BGBl. 1964 II S. 1261.
319 Näher *Jochen Abr. Frowein/Wolfgang Peukert*, Europäische Menschen-Rechts-Konvention, EMRK-Kommentar, ²1996; → Bd. VI, 2. Kap. 1. Abschnitt: Europäische Menschenrechtskonvention (nebst Zusatzprotokollen).
320 *BVerfGE* 74, 358 (370); ferner *BVerfGE* 81, 119 (128).

schenrechtskonvention durch Art. 2 Abs. 1 GG in Verbindung mit dem Rechtsstaatsprinzip grundrechtlich abzusichern[321]. Damit werden auch partiell die Nachteile ausgeglichen, die sich daraus ergeben, daß die Verletzung von EMRK-Garantien als solchen nicht im Wege der Verfassungsbeschwerde gerügt, sondern nur „verfremdet"-interpretativ in einem nationalen Grundrecht mit berücksichtigt werden kann[322]. Angesichts der Bedeutung der Europäischen Menschenrechtskonvention als des ganz Europa überwölbenden Menschenrechtsdokumentes ist zu überlegen, ob diese Konvention nicht unmittelbar Prüfungsmaßstab des Bundesverfassungsgerichts im Beschwerdeverfahren werden sollte.

78
Ergänzung nationalen Grundrechtsschutzes

Eine Differenz in der Beurteilung, ob Bestimmungen der Europäischen Menschenrechtskonvention verletzt sind oder nicht, ist allerdings nicht auszuschließen, solange es, was durchaus sinnvoll ist, einen konventionseigenen Kontrollmechanismus gibt. Der Europäische Gerichtshof für Menschenrechte[323] kann an die rechtliche Bewertung eines nationalen Gerichts nicht gebunden und er muß auch in der Lage sein, unmittelbare Verstöße selbst der höchsten Gerichte einer Vertragspartei gegen die Europäische Menschenrechtskonvention (z.B. Verstöße gegen die Anforderungen eines fairen Verfahrens, überlange Verfahrensdauer) zu rügen. Die Einordnung in ein derartiges Kontrollsystem hat somit den Grundrechtsschutz in zweierlei Hinsicht wesentlich verändert und geprägt: Materiell werden die nationalen Grundrechtsgewährleistungen ergänzt. Prozessual setzt sich die verbindliche, am Maßstab der Europäischen Menschenrechtskonvention getroffene Feststellung einer Menschenrechtsverletzung durch den Europäischen Gerichtshof für Menschenrechte[324] gegenüber der Rechtsauffassung der nationalen Instanzen durch, so daß Abhilfe für die Beschwer geschaffen werden muß[325].

79
Grundrechtliche Dimension der EG

Während die generelle Bedeutung der Schaffung der Europäischen Gemeinschaften, beginnend mit der Montanunion 1952, für das deutsche Verfassungsrecht schnell erkannt wurde[326], blieb die grundrechtliche Dimension lange im Dunkeln. Die zunehmende Auswirkung gemeinschaftsrechtlicher Akte auf die in den Mitgliedstaaten lebenden Personen mußte zum Aufbau eines gemeinschaftsrechtsspezifischen Grundrechtsschutzes führen[327], der nicht zuletzt durch die Grundrechtssensibilität deutscher Gerichte, an ihrer Spitze das Bundesverfassungsgericht[328], und der Rechtswissenschaft[329] ins Werk gesetzt wurde. Nach der durch die Frage nach den heranzuziehenden Rechts-

---

321 *BVerfGE 74*, 358 (369f.); *82*, 106 (114f.).
322 Näher *Benda/Klein* (FN 118), RN 68ff.
323 Bis 1998 stand dem Europäischen Gerichtshof für Menschenrechte noch die Europäische Menschenrechtskommission zur Seite.
324 Art. 46 EMRK sieht die Endgültigkeit und Verbindlichkeit der Urteile vor.
325 Näher *Kilian* (FN 181); *Jörg Polakiewicz*, Die Verpflichtungen der Staaten aus den Urteilen des Europäischen Gerichtshofes für Menschenrechte, 1993.
326 *H. Schneider* (FN 101), S. 939.
327 Der Prozeß wird etwa dargestellt bei *Oppermann* (FN 282), RN 489ff.
328 Etwa *BVerfGE 37*, 271 – Solange I.
329 Vgl. nur Hermann Mosler/Rudolf Bernhardt/Meinhard Hilf (Hg.), Grundrechtsschutz in Europa, 1977.

quellen geprägten Phase ausschließlich prätorischer Entwicklung dieses Grundrechtsschutzes auf Gemeinschaftsebene legt heute Art. 6 Abs. 2 des Vertrags über die Europäische Union (EU) die normativen Grundlagen hierfür fest. Selbst der vom Bundesverfassungsgericht früher angemahnte Grundrechtskatalog[330] ist in Gestalt der Charta der Grundrechte der Europäischen Union nunmehr vorhanden[331]. Zunächst nur als politische Erklärung verabschiedet (Nizza 2000), wird er Teil des Europäischen Verfassungsvertrags werden und rechtliche Verbindlichkeit erhalten[331a].

Die bisherige Rechtsprechung des Europäischen Gerichtshofs und der ihr entsprechende Art. 6 Abs. 2 EU machen klar, daß der Grundrechtsschutz auf der gemeinschaftlichen und der auf der nationalen Ebene nicht beziehungslos nebeneinander steht, sondern auf das engste miteinander verzahnt ist[332]. Die staatliche und die europäische Rechtsordnung bezeichnen nicht mehr streng getrennte Bereiche; die dem Individuum entgegentretende Hoheitsgewalt ist oft nicht mehr aus einem Guß[333]. Dies verstärkt zwangsläufig die Bedeutung der die einzelnen Staaten übergreifenden, ihnen gemeinsamen Rechtsgarantien (z.B. der Europäischen Menschenrechtskonvention), entläßt die Mitgliedstaaten aber nicht aus ihrer Verantwortung gegenüber den Auswirkungen der gemeinschaftlichen Hoheitsgewalt auf ihrem Territorium[334]. Nationale Grundrechtsgarantien wirken sich als allgemeine Rechtsgrundsätze auf der Gemeinschaftsebene aus, Gemeinschaftsgrundrechte auf die den Mitgliedstaaten obliegende Durchführung und Anwendung des Gemeinschaftsrechts[335]. Daß die materielle Verklammerung Probleme bei der gerichtlichen Schutzgewährung aufwirft, liegt nahe[336]. Der vom Bundesverfassungsgericht gefundene, diese Problematik umschreibende Begriff des zwischen ihm und dem Europäischen Gerichtshof bestehenden „Kooperationsverhältnisses"[337] ist treffend, indiziert jedoch nicht, wie die Zuständigkeiten verteilt sind. Der Rückzug, den das Bundesverfassungsgericht im Hinblick auf die Kontrolle von Gemeinschaftsrecht angetreten hat, ist berechtigt; seine Reservefunktion als „Hüter der Grundrechte" wird nur aktuell, wenn der Nachweis geführt werden könnte, daß die Rechtsprechung des Europäischen Gerichtshofs generell hinter das erreichte Schutzniveau zurückfällt[338].

80
Verzahnung des Grundrechtsschutzes

---

330 *BVerfGE 37*, 271 (280f., 285); anders *BVerfGE 73*, 339 (378) – Solange II.
331 ABl. EG Nr. C 364/1 (2000). Vgl. auch *M. Schröder*, Wirkungen der Grundrechtscharta in der Europäischen Rechtsordnung, JZ 2002, S. 849.
331a S. Teil II des EU-Verfassungsvertrags (Entwurf i.d.F. von Thessaloniki – [ONV 820/03]): Die Charta der Grundrechte der Union, abgedr. in: EuGRZ 2003, S. 357 (369ff.).
332 *Rudolf Streinz*, Europarecht, ⁵2001, RN 175ff.
333 Vgl. *Walter*, Die Europäische Menschenrechtskonvention als Konstituierungsprozeß, ZaöRV 59 (1999), S. 961 (966ff.).
334 Sie müßten z.B. gegen ihrer Ansicht nach EMRK-widrige Gemeinschaftsrechtsakte gemäß Art. 230 EG Klage erheben.
335 Art. 6 Abs. 2 EU; Art. 51 Abs. 1 Europäische Grundrechtecharta; näher *Johannes Cirkel*, Die Bindung der Mitgliedstaaten an die Gemeinschaftsgrundrechte, 2000.
336 Vgl. dazu *Benda/Klein* (FN 118), RN 83ff.
337 *BVerfGE 89*, 155 (174f.).
338 *BVerfGE 102*, 147 (164); *J. Limbach*, Die Kooperation der Gerichte in der zukünftigen europäischen Grundrechtsarchitektur, EuGRZ 2000, S. 417 (420).

81
Wandel im Grundrechtsschutz

Der tiefgreifende – verfassungsrechtlich von Art. 24 Abs. 1, jetzt Art. 23 Abs. 1 GG legitimierte – Wandel ist dreifacher Art: Zunächst wirkt sich im Gebiet der Bundesrepublik Deutschland nichtdeutsche Hoheitsgewalt aus. Der grundrechtliche Schutz hiergegen wird nicht mehr unmittelbar (oder allenfalls in einem sehr zurückgenommenen Raum) von nationalen Grundrechtsgarantien gewährleistet. Schließlich sind bei der Realisierung dieses Schutzes die nationalen Gerichte zwar beteiligt, haben aber nicht mehr das letzte Wort. Diese ganze Entwicklung markiert die sachlich bedeutsamste Veränderung im Grundrechtsschutz der Nachkriegszeit.

D. Notstandsverfassung und -gesetzgebung

I. Der politische Hintergrund

82
Heftige Auseinandersetzungen mit außerparlamentarischen Gruppen

Die Auseinandersetzung um die Einfügung notstandsrechtlicher Vorschriften in das Grundgesetz vollzog sich, insbesondere seit den 1960er Jahren, in einem zunehmend spannungsgeladenen gesellschaftspolitischen Kontext[339]. Mit Bildung der Großen Koalition zwischen Union und SPD (1966), welche die parlamentarische Opposition (FDP) marginalisierte, etablierte sich eine außerparlamentarische Protestbewegung (APO), die aber auch in einer neuen, „die Nazivergangenheit der Vätergeneration"[340] zum Thema machenden Form des Generationenkonflikts aus der Universität heraus Gesellschaft und Staat einer gründlichen Reform unterziehen wollte und sich dabei vom „Establishment" gehindert sah. Dabei vermischten sich punktuelle Reformansätze mit prinzipieller Systemkritik[341], als deren Speerspitze sich der „Sozialistische Deutsche Studentenbund" (SDS) verstand[342]. Seinen Anhängern kam gelegen, daß gerade in dieser Zeit auch von der extremen rechten Seite eine politische Gruppierung heranwuchs, die Nationaldemokratische Partei Deutschlands (NPD), der es sogar seit 1966 gelungen war, mit teilweise über sieben Prozent der Stimmen in einzelne Landtage einzuziehen. Überlegungen, die NPD durch das Bundesverfassungsgericht verbieten zu lassen,

---

339 Vgl. auch zum folgenden *Klaus Hildebrand*, Geschichte der Bundesrepublik Deutschland, Bd. 4 (Bibl.), S. 365 ff.
340 Aufmerksamkeit verdient dabei nicht nur, daß die Kritiker dieselbe Unduldsamkeit und Verachtung für Andersdenkende, die sie den „Vätern" vorwarfen, an den Tag legten, sondern auch, daß sie in eigenartiger Weise den Antisemitismus der Älteren in ihrer eigenen ausgeprägten antizionistischen Haltung reflektierten; dazu *Julius H. Schoeps*, Deutsch-jüdische Symbiose oder Die mißglückte Emanzipation, 1996, S. 389. Zum „linken Faschismus" der Achtundsechziger vgl. *Habermas*, in: Bernward Vesper (Hg.), Bedingungen und Organisation des Widerstandes, Der Kongreß in Hannover, Voltaire Flugschrift Nr. 12, 1967, S. 101.
341 Dazu Erwin K. Scheuch (Hg.), Die Wiedertäufer der Wohlstandsgesellschaft, 1968.
342 Vgl. aus diesem Milieu *Rudi Dutschke*, Ausgewählte und kommentierte Bibliographie des revolutionären Sozialismus von K. Marx bis in die Gegenwart, Kleine Agitationsbroschüre Nr. 1, 1969.

wurden nicht realisiert³⁴³. Die schon damals einsetzenden Auseinandersetzungen der außerparlamentarischen Gruppen mit der Polizei, deren Heftigkeit sich noch in den Jahren der sozialliberalen Koalition (ab 1969) steigerte, trug zu der Befürchtung bei, daß sich der Staat mit der Schaffung von Notstandskompetenzen ein leicht einsetzbares Instrument zur Bekämpfung oppositioneller Kräfte bereitstellen wollte.

Im politisch-rechtlichen Raum hatte sich aber längst die Erkenntnis Bahn gebrochen, daß auf Notstandsrecht nicht länger verzichtet werden sollte. Schon 1960 wurde von maßgeblicher Seite festgestellt: „An der Notwendigkeit, das GG durch Einfügung einer Notstandsklausel sozusagen wetterfest zu machen, kann heute kein Zweifel mehr bestehen. Eine Verfassung, die in Notzeiten nicht gehalten werden kann, verfehlt ihren Sinn"³⁴⁴. Auch außen- und souveränitätspolitische Gründe sprachen dafür, insbesondere der in Art. 5 Abs. 2 Deutschland-Vertrag enthaltene Vorbehalt, der den drei Westmächten solange Kontrollrechte (insbesondere Abhörrechte) zum Schutz der Sicherheit ihrer in der Bundesrepublik stationierten Streitkräfte einräumte, als die deutschen Behörden nicht selbst über die Ermächtigung zur Durchführung entsprechender Sicherheitsmaßnahmen verfügten³⁴⁵. Nach zahlreichen Diskussionen und Entwürfen³⁴⁶ wurde schließlich von den Fraktionen der Großen Koalition im Bundestag am 30. Mai 1968 die Verfassungsänderung mit 384 Ja- gegen 100 Nein-Stimmen verabschiedet³⁴⁷.

83
Notwendige „Wetterfestigkeit" der Verfassung

Auf die grundsätzliche Problematik der Normierung von Notstandsrecht kann hier nicht näher eingegangen werden³⁴⁸. Daß jede Notstandssituation, unabhängig ob auf geschriebenes oder ungeschriebenes Notstandsrecht zurückgegriffen wird, für die Freiheit der Bürger – neben der Chance des effektiven Schutzes – auch Einschränkungen mit sich bringen kann, liegt auf der Hand. Die gründliche Diskussion war daher gewiß geboten. Überflüssig war der hohe Grad an Hysterie, der sie begleitete. Ein „Kuratorium Notstand der Demokratie" war ebenso aktiv wie eine „Kampagne für Demokratie und Abrüstung". Die Notstandsgesetze wurden als „NS-Gesetze" diffamiert. Um so erstaunlicher war es, daß die Diskussion der Notstandsverfassung, nachdem diese in Kraft getreten war, nahezu völlig verebbte³⁴⁹ und auch heute in Wissenschaft und Ausbildung ein – durchaus problematisches – Schattendasein führt. Der Grund hierfür liegt freilich in erheblichem Umfang an den schließlich angenommenen Regelungen selbst, die den demokratischen Rechtsstaat schwerlich in Gefahr bringen können.

84
Hysterie der Diskussion

Diffamierung als „NS-Gesetze"

---

343 Vgl. dazu *Benda/Klein* (FN 118), RN 1132. Nach den vorangegangen Verboten von SRP (*BVerfGE* 2, 1) und KPD (*BVerfGE* 5, 85) wurde erst wieder im Jahr 2000 ein Verbotsantrag (gegen die NPD) gestellt. Das Verfahren ist inzwischen eingestellt worden, *BVerfG* NJW 2003, S. 1577.
344 *K. Hesse*, Grundfragen einer verfassungsmäßigen Normierung des Ausnahmezustandes, JZ 1960, S. 105 (108 sub IV).
345 Dazu *H. Schäfer*, Zur Problematik einer Notstandsregelung, NJW 1960, S. 1129 (1130); *Rode*, Notstandsgesetzgebung und alliierte Vorbehaltsrechte, DÖV 1966, S. 117 ff.
346 Überblick bei *Stern*, Staatsrecht II (LitVerz.), S. 1323 ff.
347 17. Gesetz zur Änderung des Grundgesetzes vom 24.6.1968 (BGBl. I S. 709).
348 Hierzu mit weiteren Nachweisen *E. Klein*, Der innere Notstand, HStR VII, § 109 RN 1 ff. und 61 ff.; → unten *T. Stein*, § 24 RN 4 ff.
349 Zutreffend *Stern* (FN 346), S. 1322.

II. Grundrechtsrelevanz der Notstandsverfassungen

85
Einschränkungen des Art. 10 Abs. 1 und 19 Abs. 4 GG

Aus grundrechtlicher Sicht ist außer dem bereits behandelten Art. 12a GG[350] vor allem auf die in Art. 10 Abs. 2 GG vorgenommene Ergänzung hinzuweisen[351]. Der dort eingefügte Satz 2 erlaubt in Fällen, in denen die Beschränkung des Brief-, Post- und Fernmeldegeheimnisses dem Schutz der freiheitlichen demokratischen Grundordnung oder des Bestandes oder der Sicherung des Bundes oder eines Landes dient, daß diese Beschränkung dem Betroffenen nicht mitgeteilt wird und daß anstelle des gerichtlichen Rechtsschutzes eine Prüfung durch vom Parlament bestellte Organe und Hilfsorgane tritt. Art. 19 Abs. 4 GG, die grundlegende Gerichtsschutzgarantie gegen Eingriffe der öffentlichen Gewalt, wurde entsprechend durch Einfügung eines Satzes eingeschränkt. Mit dem Erlaß des Gesetzes zu Art. 10 GG machte der Gesetzgeber von dieser Ermächtigung Gebrauch[352]. Das Bundesverfassungsgericht wies die gegen diese Regelung erhobenen Einwände zurück[353]. Es erachtete dabei, und dies ist durchaus problematisch, die Kontrolle durch die parlamentarischen Organe (Kontrollgremium und Kommission) als der gerichtlichen Kontrolle gleichwertig. Art. 79 Abs. 3 GG, der eine Änderung des Grundgesetzes ausschließt, die unter anderem das Rechtsstaatsprinzip „berührt", wurde einschränkend dahin ausgelegt, daß er zwar eine prinzipielle Preisgabe der genannten Grundsätze verbiete, aber den verfassungsändernden Gesetzgeber nicht hindere, diese Verfassungsgrundsätze „systemimmanent" zu modifizieren[354]. Diese parlamentarische Kontrollregelung ist bis heute beibehalten worden[355].

86
Art. 11 Abs. 2 GG

Die Ergänzung von Art. 11 Abs. 2 GG[356] läßt zusätzliche Einschränkungen über die bereits genannten Fälle hinaus dann zu, wenn dies zur Abwehr einer drohenden Gefahr für den Bestand oder die freiheitliche demokratische Grundordnung des Bundes oder eines Landes oder zur Bekämpfung von Naturkatastrophen oder besonders schweren Unglücksfällen erforderlich ist. Soweit ersichtlich hat der Gesetzgeber von dieser Ermächtigung noch keinen Gebrauch gemacht.

87
Art. 9 Abs. 3 S. 2 GG als Zugeständnis an Gewerkschaften

Der während der Notstandsdebatte vor allem von den Gewerkschaften immer wieder geäußerten Sorge, im inneren oder äußeren Notstand könne gegen das Koalitionsrecht vorgegangen werden, trägt der in Art. 9 Abs. 3 GG eingefügte

---

350 Oben RN 70.
351 Genau genommen handelt es sich hierbei nicht um eine Notstandsmaßnahme, sondern um eine Vorschrift, die zur Anwendung kommt, um Zustände zu verhindern, die zu Notstandsmaßnahmen führen könnten.
352 Gesetz zur Beschränkung des Brief-, Post- und Fernmeldegeheimnisses (Gesetz zu Artikel 10 Grundgesetz) (G 10) v. 13.8.1968 (BGBl. I S. 949).
353 *BVerfGE 30*, 1 – Abhörentscheidung; bezüglich der Benachrichtigung eines Abgehörten wurde das Gesetz verfassungskonform ausgelegt. Vgl. auch *BVerfGE 67*, 157 zur Verhältnismäßigkeit der strategischen Überwachung. Auch der *EGMR* hat einen Verstoß gegen die EMRK verneint, NJW 1979, S. 1755.
354 *BVerfGE 30*, 1 (24 f.).
355 Vgl. §§ 14–16 des Gesetzes zur Neuregelung von Beschränkungen des Brief-, Post- und Fernmeldegeheimnisses v. 26.6.2001 (BGBl. I S. 1254).
356 → Bd. IV: *Merten*, Freizügigkeit.

Satz 3 Rechnung, wonach Notstandsmaßnahmen sich „nicht gegen Arbeitskämpfe richten (dürfen), die zur Wahrung und Förderung der Arbeits- und Wirtschaftsbedingungen geführt werden". Diese kategorische Schrankenschranke sichert das Grundrecht zwar nicht gegen Reglementierung auf der Basis von kollidierendem Verfassungsrecht[357], verhindert aber jede Schlechterstellung im Vergleich zur Normallage. Ob etwa die Führung eines Arbeitskampfes von Metallarbeitern zur Durchsetzung von höheren Löhnen oder mehr Urlaub im Verteidigungsfall nicht eine Absurdität darstellt, steht dahin[358]; politisch war jedenfalls ohne diese Vorschrift die parlamentarische Zustimmung des Gewerkschaftsflügels der Sozialdemokratie nicht zu erreichen.

Eine weitere Sicherung gegen verfassungswidrige staatliche Machtusurpation in Notstandszeiten wurde mit Art. 20 Abs. 4 GG festgelegt[359]. Das Widerstandsrecht, das das Bundesverfassungsgericht auch schon vor seiner Kodifizierung im Grundgesetz grundsätzlich anerkannt hatte[360], ist allein zum Schutz der Verfassungsordnung eingeräumt, nicht zu deren Bekämpfung und nur, soweit andere Abhilfe – politischer oder rechtlicher Art, was Gerichtsschutz einschließt – nicht möglich ist[361]. In diesem Zusammenhang ist bedeutsam, daß die verfassungsmäßigen Aufgaben des Bundesverfassungsgerichts im Notstand nicht beeinträchtigt werden dürfen[362]. Dies erfaßt auch die Zuständigkeit zur Entscheidung über Verfassungsbeschwerden, die kurze Zeit später durch Einfügung des Art. 83 Abs. 1 Nr. 4a GG verfassungsrechtlich verankert wurde[363]. Aber auch im übrigen wird, von Art. 10 Abs. 2 GG abgesehen, die Zuständigkeit der Gerichte nicht beschränkt.

88
Widerstandsrecht zum Schutz der Verfassungsordnung

Gewichtiger jedoch als Einzelvorschriften ist für die Grundrechtssituation im Notstand, daß bei der Beurteilung der Verhältnismäßigkeit des Grundrechtseingriffs die Einschätzung des Gesetzgebers, gegebenenfalls auch der Regierung, bezüglich der Geeignetheit und Erforderlichkeit einer Maßnahme schwerer zu widerlegen ist und auch das Maß des dem einzelnen Zumutbaren ein anderes sein wird als in Normalzeiten[364]. Dies reduziert die gerichtliche Kontrolle zu einer Mißbrauchskontrolle. Indes bleibt als mäßigendes Element entscheidend, daß die Letztbeurteilung nicht in der Hand von Parlament und Regierung, sondern in der unabhängiger Gerichte liegt[365].

89
Letztkontrolle der Gerichte

---

357 Zur Koalitionsfreiheit als „vorbehaltlos gewährleistetes Grundrecht" vgl. *BVerfGE 92,* 26 (41); *94,* 268 (284).
358 *Karl Doehring,* Staatsrecht der Bundesrepublik Deutschland, ³1984, S. 328 ff., der zugleich darauf hinweist, daß mit Art. 9 Abs. 2 Satz 3 GG „Arbeitskämpfe" nunmehr ausdrücklich verfassungsrechtlich legitimiert wurden.
359 Zur Entstehung im einzelnen *Chr. Böckenförde,* Die Kodifizierung des Widerstandsrechts im Grundgesetz, JZ 1970, S. 168 ff.; *H. H. Klein,* Der Gesetzgeber und das Widerstandsrecht, DÖV 1968, S. 865 ff.; → Bd. V: *Höfling,* Widerstand im Rechtsstaat.
360 *BVerfGE 5,* 85 (376 ff.). – KPD.
361 Näher *Dolzer,* Der Widerstandsfall, HStR VII, § 171 RN 22 ff.
362 Ausdrücklich für den Verteidigungsfall (aber verallgemeinerungsfähig) Art. 115 g GG.
363 19. Gesetz zur Änderung des Grundgesetzes vom 29.1.1969 (BGBl. I S. 97). Zugleich wurde Art. 20 Abs. 4 GG zum rügefähigen Recht erklärt; zur Ungereimtheit *Dolzer* (FN 361), § 171 RN 19.
364 → Bd. III: *Merten,* Verhältnismäßigkeitsgrundsatz.
365 *E. Klein* (FN 348), RN 46 ff., 56 ff.

90
Keine Grundrechtssuspension im Notstand

Mit dem Einbau der Notstandsverfassung in das Grundgesetz war die Bundesrepublik Deutschland ein weiteres Stück „erwachsen" geworden, vor allem im Sinne der Übernahme von Verantwortung. Es gibt keine Anzeichen, daß damit nicht pfleglich umgegangen würde[366]. Auch die internationalen menschenrechtlichen Verpflichtungen sind dabei nicht verletzt. Die maßgeblichen Konventionen erlauben in öffentlichen Notständen, die das Leben der Nation bedrohen, sogar die einstweilige Außerkraftsetzung menschenrechtlicher Garantien, allerdings sind einzelne Rechte von der Derogation ausdrücklich ausgenommen[367]. Demgegenüber sieht das Grundgesetz zu Recht in keinem Fall die auch nur zeitlich begrenzte Suspendierung von Grundrechten vor.

E. Innere Sicherheit, Terrorismusbekämpfung

I. Bedrohung des gesellschaftlichen Konsenses

91
Zunehmende Gewaltbereitschaft

Die leidenschaftlich geführte Notstandsdebatte markierte nur einen, allerdings wichtigen Punkt, an dem sich der Konsens über die Bedeutung und den Wert der freiheitlichen demokratischen Grundordnung bedroht zeigte; bald wurde sie im Kürzel „fdGO" zum Objekt des Spotts und haßerfüllter Verachtung[368]. Zahlreiche neue Konfliktfelder traten hinzu[369]: Koloniale Befreiungskämpfe, der Krieg in Vietnam, der persische Schah als Symbol überholter Gesellschaftsstrukturen, Emanzipation der Frau und Abtreibungsdebatte, Bildungs- und Universitätsreform, später Atomkraftwerke und Umweltschutz. So sehr das Aufgreifen all dieser Themen als berechtigt erscheinen konnte, so bedenklich war die sich plötzlich ausbreitende Gewaltbereitschaft, der es nicht mehr oder nur noch am Rande auf diskursive Auseinandersetzung ankam[370]. 1968/69 stieg der prozentuale Anteil „unfriedlicher" Demonstrationen plötzlich markant an (25,9 v.H. bzw. 36,1 v.H.), ging dann zwar wieder deutlich zurück, verblieb aber in den siebziger Jahren auf relativ hohem Niveau (Durchschnitt 6,5 v.H. bis 8,7 v.H.)[371].

92
Demonstration als Kultform

Ungeachtet des Rückgangs der Gewalt, die sich vor allem in den Kampagnen gegen Atomreaktoren und Flugbahnerweiterungen (von links) und gegen

---

366 Demgegenüber wird die Notstandsverfassung als „eine besonders krasse Form des legalisierten Mißtrauens gegenüber dem Souverän" beurteilt; „das Mißtrauen verwandelt sich hier in die legalisierte Form der Repression", so *Sterzel*, Zwanzig Jahre Grundgesetz – Zur verfassungsrechtlichen Entwicklung der Bundesrepublik seit 1949, Kritische Justiz 1969, S. 244 (250); ähnlich *Seifert* (Bibl.), S. 38 ff.
367 Art. 15 Abs. 2 EMRK; Art. 4 Abs. 2 IPbürgR.
368 *E. Klein*, Nation und Demokratie, in: FS Mampel, 1983, S. 345 (356 f.).
369 Vgl. *Neidhardt/Ruch*, Protestgeschichte der Bundesrepublik Deutschland 1950 – 1994, in: Max Kaase/ Günther Schmid (Hg.), Eine lernende Demokratie – 50 Jahre Bundesrepublik Deutschland, 1999, S. 129 (135 ff.).
370 Ebd., S. 130.
371 Nachweise bei *Thees Burfeind*, Polizeiliche Maßnahmen gegen gewalttätige Demonstranten, 1993, S. 74 ff.

Ausländer (von rechts) erhielt[372], ist seit diesen Jahren die Demonstration als Protestausdruck – schon nahezu als Kultform („Demo") – neu entdeckt worden[373]. Das Bundesverfassungsgericht hat dieses Gebrauchmachen eines Grundrechts (Art. 8 GG) positiv gewürdigt, ja geradezu hymnisch beschrieben[374]. Problematisch jedoch ist, daß dabei nicht nur größte Zurückhaltung bezüglich der Friedlichkeitsvoraussetzung geübt wird[375], sondern daß ein (vorbeugendes) Verbot einer Demonstration dann nicht erlaubt sein soll, wenn mit Ausschreitungen nur durch einzelne oder eine Minderheit zu rechnen ist[376]. Man muß sich fragen, ob in diese Überlegungen der dem Staat obliegende Schutz seiner Polizeibeamten angemessen eingegangen ist[377].

Problematische Demonstrations-Rechtsprechung

II. Die terroristische Herausforderung

Ende der 1960er Jahre kam es in Teilen der allgemeinen Protestszene zu einer über die beschriebene Gewaltbereitschaft bei Demonstrationen weit hinausgehenden Wendung[378], als einzelne Aktionsgruppen – angefangen mit den von *Andreas Baader* und *Gudrun Ensslin* 1970 verübten Kaufhausbränden in Frankfurt am Main – zum offenen Terrorismus übergingen[379]. Beteiligt waren Gruppen wie das Heidelberger „Sozialistische Patientenkollektiv" (SPK), die „Bewegung 2. Juni", vor allem die „Rote Armee Fraktion" (RAF), die straff organisiert war. Die kompromißlose Bekämpfung der staatlichen und gesellschaftlichen Ordnung wurde mit der Behauptung ihres „faschistoiden Charakters" und der von ihr ausgehenden „strukturellen Gewalt" gerechtfertigt, die Gegengewalt notwendig mache[380]. Dabei wurde mit brutaler Gewalt gegen Repräsentanten des öffentlichen Lebens vorgegangen. Charakteristisch war der Ausspruch von *Ulrike Meinhof*: „... wir sagen, der Typ in der Uniform ist ein Schwein, das ist kein Mensch, und so haben wir uns mit ihm auseinanderzusetzen ... es ist falsch, überhaupt mit diesen Leuten zu reden, und natürlich kann geschossen werden ..."[381]. Die terroristischen Gewalttaten gingen in zwei Wellen über die Bundesrepublik hinweg. Die erste dauerte von 1970 bis zur Verhaftung von *Baader* und *Meinhof* 1972, die zweite Phase, die sich

93
Kompromißlose Bekämpfung der Staatsordnung

---

372 *Neidhardt/Rucht* (FN 369), S. 154 f.; *Uwe Backes/Eckhard Jesse*, Politischer Extremismus in der Bundesrepublik Deutschland, [4]1989, S. 250.
373 *Ossenbühl*, Versammlungsfreiheit und Spontandemonstration, in: Der Staat 10 (1971), S. 53 (54).
374 *BVerfGE 69*, 315 (342 – 347) – Brokdorf (1985).
375 *BVerfGE 73*, 206 (248): „Sitzblockaden fallen nicht schon deshalb aus dem Geltungsbereich dieses Grundrechts heraus, weil ihnen eine mit dem Mittel der Gewalt begangene Nötigung zur Last gelegt wird"; ebenso *BVerfGE 87*, 399 (406).
376 *BVerfGE 69*, 315 (358 ff.); kritisch *H. Schneider*, Urteilsanmerkung, DÖV 1985, S. 783.
377 Bei unfriedlich verlaufenen Demonstrationen wurden verletzt 1985: 237, 1986: 818, 1989: 805 Polizeibeamte, 1987 wurden zwei Beamte an der Startbahn West (Frankfurt a. M.) getötet; vgl. *Burfeind* (FN 371), S. 79 f.
378 Dazu *Karl Dietrich Bracher/Wolfgang Jäger/Werner Link*, Geschichte der Bundesrepublik Deutschland, Bd. 5/I (Bibl.), S. 77 ff.
379 Zur Definition *Backes*, Art. Terrorismus, in: Staatslexikon der Görres-Gesellschaft, Bd. 5, [7]1995, Sp. 439: Systematischer Einsatz massiver Gewaltakte zur Destabilisierung und Beseitigung politischer Herrschaft.
380 *Johan Galtung*, Strukturelle Gewalt, 1977.
381 *Bracher/Jäger/Link* (FN 378), S. 79.

durch noch größere Brutalität auszeichnete, von 1974 bis 1978, um dann langsam Anfang der 1980er Jahre zu verebben[382].

94
„Sicherheitspaket"

Die Frage war, wie ein freiheitlicher Staat auf solche Herausforderungen reagieren sollte. Die ursprüngliche Aufgabe des Staates, seinen Bürgern Schutz zu gewähren, bekam wieder eine existentielle Bedeutung, wobei der Rechtsstaat aber zugleich seinen eigenen Maximen nicht untreu werden durfte[383]. Das bislang nur in den beiden Parteiverboten der fünfziger Jahre[384] aktualisierte Prinzip der „wehrhaften Demokratie" erhielt in dieser Zeit neue Akzente[385]. Mit dem „Sicherheitspaket" von 1972 wurden mehrere Gesetze erlassen oder ergänzt, um dem gestiegenen Sicherheitsbedürfnis organisatorisch Rechnung zu tragen[386].

95
Extremisten-Beschluß

Zu den schweren Kontroversen dieser Zeit und nur vor ihrem Hintergrund verständlich gehört die Auseinandersetzung um den Extremistenbeschluß, auf den sich Bundeskanzler *Brandt* und die Ministerpräsidenten der Länder am 28. Januar 1972 einigten[387]. Darin wurde festgestellt, daß die Beamtengesetze von Bund und Ländern alle Angehörigen des öffentlichen Dienstes verpflichten, sich zur freiheitlichen demokratischen Grundordnung positiv zu bekennen und für deren Erhaltung einzutreten. Die Mitgliedschaft in Organisationen, die diese Grundordnung bekämpfen, führe in aller Regel zu einem Loyalitätskonflikt. Ein Bewerber für den öffentlichen Dienst müsse die Gewähr dafür bieten, jederzeit für die freiheitliche demokratische Grundordnung im Sinne des Grundgesetzes einzutreten. Bei begründeten Zweifeln sei regelmäßig ein Ablehnungsgrund gegeben. Diese zunächst von allen im Bundestag vertretenen politischen Kräften weithin akzeptierten Grundsätze, deren Anwendung Unterwanderungsversuche des durch den Terrorismus ohnehin bedrohten Staates von rechts (NPD) und links (DKP, seit 1969) unterbinden sollte, hielten auch vor dem Bundesverfassungsgericht stand[388]. Dies galt auch für den umstrittensten Teil des Beschlusses, wonach bereits die Mitgliedschaft in einer politischen Partei, die wenngleich nicht verboten, doch verfassungsfeindliche Ziele verfolgt, zur Ablehnung der Einstellung ausreichen konnte[389]. Ungeachtet dieser Bestätigung kehrten sich die sozialliberal zusammengesetzten Regierungen in Bund und Ländern bereits im Jahr 1976 von dieser Praxis wieder ab, nachdem der Versuch einer gesetzlichen Regelung gescheitert war. Die bloße Mitgliedschaft in einer verfassungsfeindlichen Organisation führte von nun an in weiten Teilen Deutschlands nicht mehr zur Ablehnung.

---

382 Der Höhepunkt des Terrorismus wurde 1977 erreicht; s. unten RN 96.
383 Grundlegend *Helmut Steinberger*, Konzeption und Grenzen freiheitlicher Demokratie, 1974, S. 181 ff.
384 *BVerfGE* 2, 1 (SRP); 5, 85 (KPD).
385 *Becker*, Die wehrhafte Demokratie des Grundgesetzes, HStR VII, § 167 RN 27 ff.; ferner *Denninger* und *H.H. Klein*, Verfassungstreue und Schutz der Verfassung, VVDStRL 37 (1979), S. 7 ff.; 53 ff.
386 Näher *H. Hofmann* (Bibl.), RN 59 ff. Zu verweisen ist auch auf die Grundgesetzänderung vom 28.7.1972 (BGBl. I S. 1305).
387 Bulletin der Bundesregierung Nr. 15 vom 3.2.1972, S. 142; näher *Bracher/Jäger/Link* (Bibl.), S. 83 ff.
388 *BVerfGE* 39, 334.
389 *BVerfGE* 39, 334 (357, 388 ff.); kritisch u.a. *Vorländer*, Identität des Grundgesetzes nach 30 Jahren?, JuS 1979, S. 313 (319 ff.).

Dabei stand die größte Herausforderung durch extremistische Gewalttaten noch bevor[390]. 1977 wurden mit dem Generalbundesanwalt *Buback*, dem Bankpräsidenten *Ponto* und dem Präsidenten des Bundesverbands der Deutschen Industrie *Schleyer* drei zentrale Repräsentanten von Staat und Gesellschaft ermordet. Da offenbar diese terroristischen Gewaltakte aus den Haftanstalten gesteuert wurden, in denen die Köpfe der „Rote Armee Fraktion" einsaßen, wurden auf Bitten des Bundesministers der Justiz von den Landesjustizministern Maßnahmen getroffen, um eine umfassende Kontaktsperre dieses Personenkreises, was auch die Verteidiger einbezog, zu gewährleisten; in verschiedenen Fällen wurden diese Maßnahmen auch nach Ergehen aufhebender Gerichtsentscheidungen aufrechterhalten[391]. Hierzu stützte man sich als Rechtsgrundlage zunächst auf den „übergesetzlichen Notstand", bis nach einem außergewöhnlich raschen, knapp zwei Tage dauernden Gesetzgebungsverfahren eine gesetzliche Grundlage geschaffen war[392]. Das Bundesverfassungsgericht[393] wies hiergegen erhobene Verfassungsbeschwerden unter Hervorhebung des hohen Wertes des Rechts auf Leben zurück, zu dessen Schutz das Gesetz ergangen sei. Diesem Schutz dürfe unter Umständen der Vorrang gegenüber der Wahrung solcher Grundrechte Gefangener eingeräumt werden, die auf den Kontakt mit anderen Gefangenen oder mit der Außenwelt gerichtet sind. „Es wäre eine Sinnverkehrung des Grundgesetzes, wollte man dem Staat verbieten, terroristischen Bestrebungen, die erklärtermaßen die Zerstörung der freiheitlichen demokratischen Grundordnung zum Ziel haben und die planmäßige Vernichtung von Menschenleben als Mittel zur Verwirklichung dieses Vorhabens einsetzen, mit den erforderlichen rechtsstaatlichen Mitteln wirksam entgegenzutreten"[394]. Weniger die in dieser Situation als notwendig erkannten konkreten Maßnahmen als vielmehr die Normierung in einem generell geltenden (wenngleich natürlich an bestimmte Voraussetzungen gebundenen) Gesetz, also die fehlende rechtliche Trennung von Ausnahme- und Normallage, bot Anlaß zur Kritik[395].

96
Höhepunkt extremistischer Gewalttaten

BVerfG: Legitimität der Bekämpfung des Terrorismus

War hier die grundrechtliche Schutzpflicht des Staates der rechtliche Ausgangspunkt einer Grundrechtseinschränkung, zeigte sich auf der anderen Seite gerade im Fall des zunächst von den Terroristen entführten *Hanns Martin Schleyer*, daß die Wahrnehmung dieser Schutzpflicht – angesichts der Notwendigkeit, die erforderlichen Maßnahmen am Einzelfall zu orientieren, und angesichts des auch der Gesamtheit der Bürger geschuldeten Schutzes – der verfassungsgerichtlichen Kontrolle kaum zugänglich sein kann. Daher lehnte es das Bundesverfassungsgericht ab, die Bundesregierung zur Erfüllung der

97
Schleyer-Urteil

---

390 Wolfgang Jäger/Werner Link, Geschichte der Bundesrepublik Deutschland, Bd. 5/II (Bibl.), S. 74 ff.
391 Vgl. hierzu die vom Presse- und Informationsamt der Bundesregierung herausgegebene Dokumentation zu den Ereignissen und Entscheidungen im Zusammenhang mit der Entführung von *Hanns Martin Schleyer*, 1977.
392 Gesetz zur Änderung des Einführungsgesetzes zum Gerichtsverfassungsgesetz vom 30.9.1977 (BGBl. I S. 1877) – Kontaktsperregesetz.
393 *BVerfGE 49*, 24.
394 *BVerfGE 49*, 24 (56).
395 E.-W. Böckenförde, Der verdrängte Ausnahmezustand, NJW 1978, S. 1881 (1888 ff.).

Forderung der Entführer – Freilassung von elf gefangenen Terroristen – zu verpflichten, um das Leben *Schleyers* zu retten[396].

F. Soziales Staatsziel und Grundrechte

98
Wechselwirkung

Überhaupt nicht zu überschätzen sind die Auswirkungen, die sich aus der Realisierung des sozialen Staatsziels (Art. 20 Abs. 1, 28 Abs. 1 GG) für die Grundrechte ergeben[397]. Die Wechselwirkung ist evident und unabhängig davon, daß das Grundgesetz sich gegen soziale Grundrechte entschieden hat[398]. Sie ergibt sich daraus, daß der Sozialstaat mit seinem Anliegen, „für einen Ausgleich der sozialen Gegensätze und damit für eine gerechte Sozialordnung zu sorgen"[399], darauf abzielt, die „richtige Befindlichkeit der Gesellschaft selbst" abzubilden[400], die nicht nur die Gesamtheit, sondern auch die einzelnen einbezieht[401]. Ihre Rechte und Freiheiten müssen nicht nur wegen dieser in einem richtig verstandenen Sozialstaatsbegriff selbst enthaltenen Vorstellung Beachtung finden, sondern auch deshalb, weil die Grundrechte, ungeachtet ihres abwehrrechtlichen Charakters, auf die Ermöglichung ihrer tatsächlichen Inanspruchnahme drängen. In der Sicherung der Entstehung und gegebenenfalls Wiederherstellung menschlicher Freiheit treffen sich grundrechtliche und sozialstaatliche Intention[402].

99
Gegenseitige Bedingtheit von Sozial- und Wirtschaftspolitik

Die Verwirklichung dieser Ziele bedarf des Gesetzgebers[403]. Das Sozialstaatsprinzip erweist sich daher als Generator individueller (einfachgesetzlicher) Rechte[404]. In der Tat hat der Gesetzgeber von diesem Mandat zur Sozialgestaltung in ausgiebiger Weise Gebrauch gemacht. Schon 1953 lag die Gesamtheit der öffentlichen Sozialleistungen bei 19,4 v.H. des Volkseinkommens. Der Vergleich zu den – damals – bekanntesten Wohlfahrtsstaaten Schweden (13,5 v.H.) und Großbritannien (12,5 v.H.) zeigt, daß die Bundesrepublik „schon in der ersten Hälfte der fünfziger Jahre ein ausgeprägter Sozialstaat" war[405]. Zugleich weist dieser sich in den kommenden Jahren weiter verstärkende Befund auf den engen Zusammenhang hin, der zwischen Sozialpolitik einer-

---

396 *BVerfGE 46*, 160 (164 f.); vgl. auch *BVerfGE 46*, 214 (223 f.) – Pohle –: Wo sich der Staat entscheidet, der Erpressung nachzugeben und Häftlinge freizulassen, bleibt er „verpflichtet, alle zumutbaren Anstrengungen zu unternehmen, um der freigepreßten Personen wieder habhaft zu werden".
397 Dazu *Bieback*, Sozialstaatsprinzip und Grundrechte, EuGRZ 1985, S. 657; *Hans F. Zacher*, Sozialpolitik und Menschenrechte in der Bundesrepublik Deutschland, 1968.
398 S. oben RN 9.
399 *BVerfGE 22*, 180 (204) – JWG.
400 *Zacher*, Das soziale Staatsziel, HStR ²I, § 25 RN 2.
401 *Ernst Benda*, Die verfassungsrechtliche Relevanz des Sozialrechts, Schriftenreihe des Deutschen Sozialgerichtsverbandes, Bd. XIV, 1975, S. 32 (49).
402 Vgl. *H.H. Rupp*, Vom Wandel der Grundrechte, AöR 101 (1976), S. 161 (176); *Bethge* (Bibl.), S. 376 f.
403 *BVerfGE 65*, 182 (193); *W. Martens*, Grundrechte im Leistungsstaat, VVDStRL 30 (1972), S. 7 (31).
404 *Gernot Wiedenbrüg*, Der Einfluß des Sozialstaatsprinzips auf die Zuerkennung subjektiver öffentlicher Rechte, 1978.
405 *Schwarz* (Bibl.), S. 327 ff. Vgl. ferner Reinhart Bartholomäi u.a. (Hg.), Sozialpolitik nach 1945. Geschichte und Analysen, 1977.

seits und Wirtschafts- und Finanzpolitik andererseits besteht. Zu Recht wird im Bericht der Sozial-Enquête-Kommission von 1966 auf diesen auch heute überaus aktuellen Kontext verwiesen: „Die Sozialpolitik kann aber ihre Hauptaufgabe – nämlich die Sicherung eines menschenwürdigen sozialen Status für alle Menschen, soweit sie dieser Sicherung bedürfen – nicht erfüllen, wenn sie sich im Gegensatz zu den wirtschaftlichen Zielvorstellungen befindlich versteht und wenn die auch sozialpolitisch bedeutsamen Aufgaben der Wirtschaftspolitik – insbesondere die Sicherung von Preisniveaustabilität und Vollbeschäftigung – nicht gelöst werden"[406].

100
Keine sozialen Rechte ohne gesetzliche Gewährung

Die Abhängigkeit ausgestaltender Sozialpolitik von dem Vorhandensein finanzieller Ressourcen – die neben dem in sich konkretisierungsbedürftigen Sozialstaatsziel der weitere maßgebliche Grund für die Transformationskompetenz des Gesetzgebers ist – schließt es weitgehend aus, soziale Ansprüche unmittelbar der Verfassung, sei es dem sozialen Staatsziel, sei es einer sozial inspirierten Grundrechtsinterpretation, zu entnehmen. Ohne gesetzliche Gewährung bestehen sie entweder nicht oder doch nur nach Maßgabe des Gleichheitssatzes im Rahmen des Vorhandenen[407]. Insoweit also ermöglichen die Gleichheitssätze, die das fundierende Gleichheitspostulat des Sozialprinzips aufgreifen, als subjektive öffentliche Rechte dessen Durchsetzung[408].

101
Bedeutung des Verfahrens zur Grundrechtsdurchsetzung

Nicht nur die Entstehung vom Gleichheitssatz geprägter, unter dem Vorbehalt des Möglichen stehender Teilhaberechte ist eine Frucht des Sozialstaats. Wo es nicht um originäre, regelmäßig einfachgesetzliche Leistungsrechte, sondern um – nur – gleiche Teilhabe geht, kommt der grundrechtssichernden Ausgestaltung des Verfahrens zur Durchsetzung des betreffenden Grundrechts (z. B. Art. 12 in Verbindung mit Art. 3 GG) eine entscheidende Funktion zu. Die Bedeutungserweiterung, die Grundrechte in diese Richtung erfahren haben[409], hat ihre Quelle auch, freilich keineswegs ausschließlich, in dem Bestreben, das soziale Staatsziel zu realisieren.

102
Gesetzgeberischer Spielraum und dessen Grenzen

Der weite Spielraum, den der Gesetzgeber bei der Sozialgestaltung, das heißt auch der Prioritätensetzung im sozialen Bereich selbst, hat, ist allerdings nicht unbegrenzt. Der Gesetzgeber ist verpflichtet, einen Minimalstandard notwendiger staatlicher Stützung für den Bestand grundrechtlicher Freiheit bereitzustellen[410]. Hierzu gehört heute jedenfalls der Anspruch auf Sozialhilfe (vgl. § 4 Abs. 1 Satz 1 BSHG, § 9 SGB-AT)[411]. Kommt der Gesetzgeber seiner Verpflichtung nicht nach, ist ein entsprechender (Sicherung des Minimalstan-

---

406 Soziale Sicherung in der Bundesrepublik Deutschland. Bericht der Sozialenquête-Kommission, o. J., S. 141.
407 Berühmt *BVerfGE 33*, 303 (331 ff.); *Murswiek*, Grundrechte als Teilhaberechte, soziale Grundrechte, HStR V, § 112 RN 57 ff.; *Häberle*, Grundrechte im Leistungsstaat, VVDStRL 30 (1972), S. 43 (91).
408 *Zacher* (FN 400), § 25 RN 100.
409 Allgemein dazu *Denninger*, Staatliche Hilfe zur Grundrechtsausübung durch Verfahren, Organisation und Finanzierung, HStR V, § 113.
410 *Breuer*, Grundrechte als Anspruchsnormen, in: FG aus Anlaß des 25jährigen Bestehens des Bundesverwaltungsgerichts, 1978, S. 89 (93 f.); *Sendler*, Teilhaberechte in der Rechtsprechung des Bundesverwaltungsgerichts, DÖV 1978, S. 581 (589).
411 *Rüfner*, Daseinsvorsorge und soziale Sicherheit, HStR III, § 80 RN 101 ff.; → Bd. II: *Papier*, Grundrechte und Sozialordnung.

dards) Anspruch unmittelbar der Verfassung zu entnehmen, dem der dargestellte Zusammenhang von Freiheit und Sozialziel zugrundeliegt: „Aus Art. 1 Abs. 1 GG in Verbindung mit dem Sozialstaatsprinzip ist ... die Verpflichtung des Staates herzuleiten, jenes Existenzminimum zu gewähren, das ein menschenwürdiges Dasein überhaupt erst ausmacht"[412]. Gerade wegen der Würde des Menschen und der Anerkennung seiner personalen Autonomie muß aber an erster Stelle seine Selbstverantwortung stehen; staatliche Hilfe ist subsidiär[413]. Die hieraus folgende Dialektik von individueller und staatlicher Verantwortung ist ein prägendes Merkmal der Sozialstaatlichkeit[414] und weist erneut auf den Gesetzgeber zurück. Nur im Einzelfall wird der richterliche Durchgriff auf die Verfassung erforderlich und möglich sein.

103
Dialektik von Individualfreiheit und Sozialbindung

Die genannte Dialektik wird am Eigentumsrecht besonders plastisch. Die Gewährleistung des Eigentumsrechts (Art. 14 Abs. 1 GG) dient der individuellen Freiheit und Lebensgestaltung, soll seinem Träger Schutz bieten, ihn aus Abhängigkeit so gut wie möglich befreien[415]. Auf der anderen Seite ist das Eigentum sozial belastet; es verpflichtet und soll zugleich dem Wohl der Allgemeinheit dienen (Art. 14 Abs. 2 GG). Die hier angesprochene „Sozialbindung" eines Freiheitsrechts darf sich nur in der gesetzgeberischen Entfaltung der für dieses Recht bestehenden Einschränkungsmöglichkeiten zum Ausdruck bringen, nicht in einer schon zuvor sozialstaatlich entleerten Inhaltsbestimmung des verfassungsrechtlichen Eigentumsbegriffs[416]. Nur dies ermöglicht es nämlich, sozialstaatlich legitimierte Beschränkungen auch im Licht der Freiheitsgarantie zu sehen und an der „Schrankenschranke" des Übermaßverbots zu messen[417].

104
Realisierung des Sozialstaats nur innerhalb grundrechtlicher Beschränkungsmöglichkeiten

Auch ohne explizite Sozialbindung (wie in Art. 14 Abs. 2 GG enthalten) legitimiert das soziale Staatsziel zu Grundrechtseingriffen über das Eigentumsrecht hinaus. Seine Realisierung muß aber auch hier – erst recht! – durch das Gebrauchmachen der Beschränkungsmöglichkeiten erfolgen, die das Grundrecht zur Verfügung stellt oder ihm immanent sind. Das Grundrecht in seiner strukturellen Gänze – Schutzbereich plus Schranken – erweist sich damit als das entscheidende Element[418], mit dessen Hilfe die Abwehr eines ungehemmten Individualismus ebenso wie einer ungebremsten staatlichen Inpflichtnahme ermöglicht wird und der erforderliche Ausgleich einer disziplinierenden Diskussion zugeführt werden kann.

---

412 *BVerfGE 45*, 187 (228); bereits auch der Sache nach *BVerfGE 40*, 121 (133).
413 *Zacher* (FN 400), § 25 RN 28; vgl. auch *Benda* (FN 401), S. 47f., unter Hinweis auf *BVerfGE 29*, 221 (242), wonach das Versorgungsprinzip nicht zu einem faktischen Ausschluß möglicher Selbstvorsorge führen darf. Weil diese Maxime jahrzehntelang mißachtet wurde, bricht das soziale Sicherungssystem nun ein.
414 Vgl. *BVerfGE 10*, 354 (371), wo von der „unaufhebbaren und grundsätzlichen Spannungslage zwischen dem Schutz der Freiheit des Einzelnen und den Anforderungen einer sozialstaatlichen Ordnung" die Rede ist.
415 Vgl. *BVerfGE 30*, 292 (334); *51*, 193 (218); ausführlich *Stern*, Staatsrecht ²I (LitVerz.), S. 926f.
416 Zutreffend *W. Leisner*, Eigentum, HStR VI, § 149 RN 133ff.
417 Hierzu *Lerche*, Grundrechtsschranken, HStR V, § 122 RN 4 und 16ff.; → Bd. III: *Merten*, Verhältnismäßigkeitsgrundsatz.
418 *Zacher* (FN 400), § 25 RN 98, wonach die Grundrechte eine „Schlüsselrolle im Verhältnis von Sozial- und Rechtsstaat spielen".

G. Bildungspolitik und Grundrechte

I. Prognose der Bildungskatastrophe

Besteht das Ziel von Bildung und Ausbildung ganz wesentlich darin, ein selbstbestimmtes Leben in Freiheit zu führen[419], ist es richtig, Bildung und Ausbildung vermittelnde Institutionen zu öffnen und den Zugang hierzu im Sinne der Chancengleichheit zu gestalten[420]. Dies darf allerdings Differenzierung am Maßstab der Begabung und Leistung nicht ausschließen. Die vom Pädagogen und Religionsphilosophen *Georg Picht* 1964 „menetekelhaft an die Wand gemalte Bildungskatastrophe"[421] ist zwar später eingetreten, aber nicht weil zu wenige Menschen höhere Bildung und Ausbildung genossen, sondern weil die Umstände zwangsläufig zu einer Niveauabsenkung führen mußten. Die prophezeite Bildungskatastrophe bildete nämlich die willkommene Grundlage zu einem Feldzug gegen die „Milieusperre" im Schul- und Hochschulwesen[422], dessen ideologische Fixierung sich mit den Aufgeregtheiten und Protestaktionen der zweiten Hälfte der sechziger Jahre verband[423] und den Ruf nach Reformen erschallen ließ, die seitdem als Wert an sich die Bildungspolitik in Atem halten, im Ergebnis freilich weithin erfolglos blieben, wenn Verbesserung der Bildung das Ziel sein sollte. Als Fehlschlag erwies sich auch der zentralistisch angelegte und am Bedarf vorbei operierende „Bildungsgesamtplan"[424]: „Eine vom Bedarf abgekoppelte Bildungsplanung erwies sich als unsinnig, eine bedarfsorientierte Bildungsplanung als unmöglich"[425]. Positiv zu werten war im Grundsatz freilich die Aufmerksamkeit, die Bildung und Wissenschaft in der Politik und Gesellschaft der siebziger Jahre fanden, und daß sich diese Thematisierung auch in der Erkenntnis niederschlug, es sei nötig, hierfür ausreichende finanzielle Mittel zur Verfügung zu stellen[426]. Hervorzuheben ist insoweit etwa das Bundesausbildungsförderungsgesetz (BAFöG) von 1971[427].

105
Niveausenkung als Ergebnis aufgeregter Bildungspolitik

II. Schulbereich

Nicht die Reformbereitschaft, wohl aber der zum Teil ganz offene Versuch, Bildungsreformen zum Vehikel gesellschaftlicher Veränderungen, ja des Systemumbaus zu machen, haben seit Ende der 1960er Jahre Schulen und Hochschulen für lange Zeit in den Strudel der scharfen parteipolitischen Kon-

106
Bildungsreformen als Vehikel gesellschaftlicher Veränderungen

---

419 *Oppermann*, Schule und berufliche Ausbildung, HStR VI, § 135 RN 34.
420 Zum Gesamtkomplex *Ramm*, Bildung, Erziehung und Ausbildung als Gegenstand von Grundrechten, in: FS E. Stein, 1983, S. 239.
421 *Hildebrand* (Bibl.), S. 122, zu *Georg Picht*, Die deutsche Bildungskatastrophe, 1964.
422 *Hildebrand* aaO., S. 81.
423 Dazu oben RN 91 ff.
424 Bund-Länder-Kommission für Bildungsplanung, Bildungsgesamtplan, 2 Bande, 1973.
425 *Bracher/Jäger/ Link* (FN 378), S. 137.
426 Zwischen 1965 und 1980 stieg der Anteil der Ausgaben für Bildung von 11,2 v.H. auf 15,2 v.H. des Gesamtbudgets.
427 BGBl. I S. 1409, nunmehr i.d.F. der Bekanntmachung vom 6.6.1983 (BGBl. I S. 645).

frontation dieser Zeit hineingezogen. In den Schulen sind daher die Themen Gesamtschulen, Orientierungsstufen, Förderstufen und Lehrinhalte – Stichworte: Hessische Rahmenrichtlinien mit ihrer Propagierung der Konfliktgesellschaft[428], Sexualkundeunterricht – zu Bereichen heftiger Auseinandersetzung geworden. Sie haben schwerlich dazu beigetragen, die teils schwelende, teils offene Kulturkrise zu überwinden.

107
Elterliches und schulisches Erziehungsrecht

Aus grundrechtlicher Sicht ist die Bilanz allerdings nicht so negativ, weil es in zahlreichen Verfahren, die oft auch das Bundesverfassungsgericht erreichen, gelungen ist, elterliches (Art. 6 Abs. 1 GG) und schulisches Erziehungsrecht (Art. 7 Abs. 1 GG) in ein abgewogenes, sich sinnvoll ergänzendes Verhältnis zu bringen[429]. So kann es dem Staat grundsätzlich nicht verboten sein, neue Fächer und Lehrinhalte zum Gegenstand des Schulunterrichts zu machen. Generell grundrechtsdogmatisch wichtig wurde dabei die sich im Schul- und Hochschulbereich entwickelnde „Wesentlichkeitstheorie" des Bundesverfassungsgerichts, die besagt, „daß der Vorbehalt des Gesetzes von seiner Bindung an überholte Formeln (Eingriff in Freiheit und Eigentum) gelöst und von seiner demokratisch-rechtsstaatlichen Funktion her auf ein neues Fundament gestellt wird, auf dem aufbauend Umfang und Reichweite dieses Rechtsinstituts neu bestimmt werden können"[430]. Ungeachtet der an dieser Formulierung zu Recht geäußerten Kritik[431] ist die Erweiterung des gesetzgeberischen Aufgabenfeldes weitgehend akzeptiert, da sie in wichtigen gesellschaftlichen Feldern die Entscheidungsverantwortung auf die Volksvertretung selbst zurückführt. Dies war vom damaligen Meinungsstand her gesehen auch bezogen auf die Einführung des Sexualkundeunterrichts wichtig und notwendig. Richtlinien der Schulbehörden allein durften diesen „Tabubruch" nicht bewirken. Die Gefahr – und sie war damals keineswegs von der Hand zu weisen -, daß auch dieser Unterricht zur Untergrabung traditioneller Familienstrukturen benutzt, sogar zur Ausforschung des elterlichen Sexualverhaltens mißbraucht würde, konnte zwar als Argument gegen die gesetzliche Zulassung des Sexualkundeunterrichts nicht ins Feld geführt werden. Immerhin sah sich das Bundesverfassungsgericht veranlaßt, darauf hinzuweisen, daß die Mitteilung der biologischen Fakten aus dem Sexualbereich des Menschen „ideologisch tolerant" bleiben und eine „Indoktrinierung der Kinder" verhindert werden müsse[432].

108
Gestärktes Elternrecht

Aus den Auseinandersetzungen jener Jahre ist das Elternrecht (Art. 6 Abs. 1 GG) im Ergebnis wohl gekräftigt hervorgegangen. Dies gilt nicht nur im Hinblick auf rechtlich-gerichtliche Erfolge[433], sondern auch solche politischer Art

---

428 Der hessische Kulturminister (Hg.), Rahmenrichtlinien 1972.
429 *BVerfGE 34*, 165 (181 ff., 196 ff.) – Hessische Förderstufe; *BVerfGE 47*, 46 (71 ff.) – Sexualkunde; näher *Zacher*, Elternrecht, HStR VI, § 134 RN 86.
430 *BVerfGE 47*, 46 (78 f.); vgl. auch *BVerfGE 33*, 303 (339 f.) – Numerus Clausus; *41*, 251 (259 f.) – Speyer Kolleg; *45*, 400 (417 ff.) – Hessische Oberstufe; → Bd. III: *Lerche*, Vorbehalt des Gesetzes und Wesentlichkeitstheorie.
431 Vgl. *Ossenbühl*, Vorrang und Vorbehalt des Gesetzes, HStR III, § 62 RN 41 ff.
432 *BVerfGE 47*, 46 (84).
433 Etwa *Hessischer StGH*, Urt. v. 30.12.1981, NJW 1982, S. 1381 – Reform der gymnasialen Oberstufe/ Geschichtsunterricht.

wie 1978 in Nordrhein-Westfalen, wo der sozial-liberale Gesetzentwurf über die kooperative Gesamtschule plebiszitär zu Fall gebracht wurde[434]. Einen vermehrten Zuspruch konnten auch Privatschulen (Art. 7 Abs. 4 und 5 GG) verzeichnen, die vielen Eltern als „Gegengewicht zu Exzessen öffentlicher Bildungsreformen" willkommen waren[435].

III. Hochschulen

Bereits zwischen 1952 und 1967 war die Zahl der Studierenden an wissenschaftlichen Hochschulen um mehr als das Doppelte, nämlich 270000 gestiegen[436]. 1969 betrug sie bereits 458000[437]. Diesem Anstieg erwiesen sich die Hochschulen als nicht gewappnet. Vor allem ab 1968 wurden daher für viele Studienfächer, insbesondere im medizinischen und naturwissenschaftlichen Bereich, später nahezu flächendeckend, Studienbeschränkungen auf gesetzlicher Grundlage eingeführt. Die grundrechtliche Problematik ist bereits oben im Zusammenhang mit dem Sozialstaatsprinzip erörtert worden[438]. Nicht eigentlich bedenklich ist die „Mutation einer Freiheitsverbürgung zur staatlichen Zuteilungsverantwortung", die das Bundesverfassungsgericht in der Numerus-clausus-Entscheidung statuiert hat[439]; angesichts der fehlenden Ausbildungsplätze mußte der Staat eine akzeptable, grundrechtsschonende Verwaltung des Mangels etablieren. Höchst unbefriedigend war jedoch die mit dem Numerus clausus-System verbundene Fehlsteuerung von Begabung und Ressourcen.

109
Numerus clausus

Der aufkommenden Massenuniversität schien die bisherige Organisation der Universität nicht mehr gewachsen. Der allgemeine Ruf nach „Demokratisierung" erreichte auch die Universitäten, die zunehmend in den Fokus einer sich radikalisierenden studentischen Protestszene gerieten. „Der Zeitgeist riß die Bildungspolitiker aller Schattierungen mit"[440]. Bei den seit 1968 immer häufigeren Störungen und gewaltsamen Sprengungen von Vorlesungen, die es politisch unliebsamen, oft als „faschistoid" verdächtigten Dozenten über geraume Zeit unmöglich machten, ihre Lehrveranstaltungen durchzuführen, blieben die Betroffenen häufig von Hochschulleitung und Politik allein gelassen[441]. Verschiedentlich konnten linksextreme Hochschulgruppen, wie das Sozialistische Patientenkollektiv (SPK) in Heidelberg, sich sogar auf politi-

110
Störungen des Universitätsbetriebs

---

434 Vgl. *Bracher/Jäger/Link* (FN 378), S. 137.
435 *Oppermann* (FN 419), RN 22.
436 Vgl. *BVerfGE 33*, 303 (305 f.).
437 Zwischen 1965 und 1980 stieg die Zahl der Studierenden von 384.000 auf 1,04 Mio.
438 S. oben RN 100.
439 So aber *H.P. Ipsen* (FN 185), S. 289 (294).
440 *Bracher/Jäger/Link* (FN 378), S. 130.
441 In völliger, meist freilich sehr bewußter Verkennung der staatlichen Schutzpflicht (*BVerfGE 35*, 79 [115]) verweigerten die zuständigen Minister oder Senatoren häufig den attackierten Professoren unter Hinweis auf den Grundsatz der Verhältnismäßigkeit die rechtliche und politische Unterstützung; vgl. etwa zu entsprechenden Vorgängen in Berlin *Axel Schützsack*, Mäßigkeit eines Senats, als Verhältnismäßigkeit getarnt, in: Die Welt vom 12.1.1977.

sche und finanzielle Hilfe der Hochschulleitung stützen[442]. Zur Verteidigung der Rechte der Universität und der dort Lehrenden und Forschenden gründete sich 1970 der „Bund Freiheit der Wissenschaft", der vor dem Verlust an wissenschaftlicher Leistung durch zunehmende Politisierung und Ideologisierung der Universität warnte und sich in den folgenden Jahren zu einem durchaus erfolgreichen Instrument gegen politische und rechtliche Einschüchterungsversuche entwickelte[443].

111
„Demokratisierung" der Universitäten als Verletzung von Art. 5 Abs. 3 GG

Die Überlegungen zur Hochschulreform richteten sich in dieser Zeit unter dem Aspekt der Demokratisierung[444] vor allem auf die Abschaffung der sogenannten „Ordinarienuniversität" und ihrer Ersetzung durch die „Gruppenuniversität". Intensiv wurde dabei vor allem das der Entmachtung der Professoren dienende Konzept der Drittelparität propagiert, wonach in den Kollegialorganen der Universität Professoren, wissenschaftlichen Mitarbeitern und Studenten je ein Drittel des Stimmengewichts zukommen sollte. In den Regelungen des Vorschaltgesetzes für ein Niedersächsisches Gesamthochschulgesetz von 1971[445] war die Stimmengewichtung – unter Hinzufügung der nichtwissenschaftlichen Mitarbeiter – zwar etwas differenzierter vorgenommen worden, dennoch stellte das Bundesverfassungsgericht in einer Grundsatzentscheidung aus dem Jahr 1973 eine Verletzung von Art. 5 Abs. 3 GG fest[446]. Die Organisationshoheit des Staates über seine Hochschule wurde allerdings bekräftigt und die Vereinbarkeit der Gruppenuniversität mit dem Grundgesetz festgestellt[447]. Das Bundesverfassungsgericht erkannte aber zugleich dahin, daß der Gesetzgeber die besondere Stellung der Hochschullehrergruppe zu berücksichtigen hat und die Vorkehrungen treffen muß, die zum Schutz der wissenschaftlichen Betätigung der Hochschullehrer erforderlich sind. Für die Verteilung der prozentualen Stimmkapazität der verschiedenen Gruppen ist folgerichtig darauf abzustellen, ob „allgemeine Verwaltungsangelegenheiten" erledigt werden sollen oder ob es sich um „wissenschaftsrelevante Angelegenheiten" handelt[448]. Bei letzteren muß der Gruppe der Professoren der „ausschlaggebende Einfluß" eingeräumt sein[449]. Die Entscheidung hat wesentlich dazu beigetragen, die hochschulpolitische Szene zu beruhigen und zu entpolitisieren. Spätere Streitigkeiten sind freilich nicht ausgeblieben[450]. Sie setzen sich bis in die Gegenwart fort, in der in einer neuen Volte der Hochschulreformpolitik das Konzept der Gruppenuniversität durch das Wissenschaftsmanagementmodell, das auf eine entschiedene Hierarchisierung der internen Hochschulstruktur und externe Einflußnahme (Hochschulräte) setzt, tiefgehend modifiziert wird. Ökonomisierung (quantifizierte

Verfassungsgebotene Privilegierung der Hochschullehrer

Ökonomisierung und Hierarchisierung als neue Gefahren

---
442 Vgl. Rhein-Neckar-Zeitung vom 7.7.1970, Nr. 152, S. 3.
443 Vgl. die jährlichen Dokumentationen (1970 – 1975) des Bundes Freiheit der Wissenschaft e. V. – Sektion Heidelberg.
444 Zu den Forderungen *H.H. Klein*, „Demokratisierung" der Universität?, 1968.
445 GVBl. S. 317.
446 *BVerfGE 35*, 79.
447 *BVerfGE 35*, 79 (116ff.; 124ff.); *BVerfGE 47*, 327 (386ff.).
448 *BVerfGE 35*, 79 (123).
449 *BVerfGE 35*, 79 (141ff.).
450 Etwa *BVerfGE 43*, 242; *47*, 327; *88*, 129.

Input-/Output-Vorstellungen) und Hierarchisierung der Hochschulen stellen neue Gefahren für ihre wissenschaftliche Leistungsfähigkeit und die Forschungsfreiheit der dort Tätigen dar[451].

H. Emanzipation der Frau und sexuelle Revolution

I. Herstellung der Gleichberechtigung der Frau

Mit der eindeutigen Entscheidung des Grundgesetzes (Art. 3 Abs. 2 GG) für die Gleichberechtigung von Mann und Frau standen große Teile des 1949 bestehenden deutschen Rechts, weit über das Familienrecht hinaus, nicht in Einklang. Dieses Recht hätte deshalb nach 123 Abs. 1 GG nicht weiter gelten können. Art. 117 Abs. 1 GG gestattete jedoch die Fortgeltung der Art. 3 Abs. 2 GG widersprechenden Rechtsnormen, bis sie vom neuen Gesetzgeber dem Grundgesetz angepaßt wurden, längstens jedoch bis zum 31. März 1953. Grund hierfür war, daß von der sofortigen Außerkraftsetzung der gleichheitswidrigen Vorschriften eine „nicht wieder gutzumachende Verwirrung" befürchtet wurde[452]. Von dieser Ausnahmeregelung war nur das vorkonstitutionelle Recht erfaßt; neues Recht mußte fraglos sofort mit Art. 3 Abs. 2 GG in Einklang stehen[453].

112
Sonderregelung des Art. 117 Abs. 1 GG

Wie schon im Parlamentarischen Rat vorausgesehen wurde, war der Verfassungsauftrag bis zum Fristablauf vom Gesetzgeber nicht in dem erforderlichen Umfang erfüllt worden. Der Umgang mit dieser Situation oblag ab diesem Zeitpunkt den Fachgerichten[454]. Das Bundesverfassungsgericht hielt Art. 3 Abs. 2 GG für eine der unmittelbaren Anwendung auf konkrete Streitfälle fähige Rechtsnorm[455]. Auf dieser Grundlage wurde die Gleichberechtigung Stück um Stück, notwendig kasuistisch, durchgesetzt[456]. Das erst 1957 ergangene Gesetz über die Gleichberechtigung von Mann und Frau auf dem Gebiet des Bürgerlichen Rechts[457] erfaßte nur Teile des reformbedürftigen Rechts und hielt selbst nicht in jeder Hinsicht den Anforderungen der Verfassung stand. So wurde dem Vater die Vertretung des Kindes (§ 1629 Abs. 1

113
Kasuistische Durchsetzung der Gleichberechtigung

---

451 *Löwer*, „Starke Männer" oder „Starke Frauen" an der Spitze der Universität? – Zur Verfassungsmäßigkeit der „neuen Leitungsstrukturen", in: Recht und Organisation, Symposion 60. Geburtstag M. Schröder, 2003, S. 25 ff.
452 *V. Mangoldt* (Bibl.), S. 282.
453 *Sachs*, in: ders., GG (LitVerz.), Art. 117 RN 11.
454 BVerfGE 10, 129 (131 ff.). – Auch die Erfüllung des Verfassungsauftrags nach Art. 6 Abs. 5 GG (nichteheliche Kinder) hat der Gesetzgeber lange nicht erfüllt, bis BVerfGE 25, 167 (188) die unmittelbare Rechtsdurchsetzung durch die Gerichte androhte; danach erging das Gesetz über die rechtliche Stellung des nichtehelichen Kindes von 1969 (BGBl. I S. 1243).
455 BVerfGE 3, 225 (239); zugleich wurde die Qualifizierung von Art. 117 Abs. 1 GG als verfassungswidrige Verfassungsnorm zurückgewiesen.
456 Dazu *Jan Kropholler*, Gleichberechtigung durch Richterrecht, 1975; *Vera Slupik*, Die Entscheidung des Grundgesetzes für Parität im Geschlechterverhältnis, 1988, S. 45 ff.
457 BGBl. I S. 609.

§ 5 Erster Teil: I. Idee und geschichtliche Entwicklung

BGB) übertragen, auch stand ihm mangels Einigung der Eltern der Stichentscheid in Fragen der elterlichen Gewalt zu (§ 1628 BGB). Das Bundesverfassungsgericht erklärte beide Vorschriften für nichtig[458].

114
Familienname

Wie hartnäckig sich überkommene Vorstellungen zum Nachteil der Frau erhalten haben, zeigt der lange Weg zur jetzigen Regelung des gemeinsamen Familiennamens (Ehenamens) durch § 1355 BGB, die erst am 1. April 1994 in Kraft getreten ist[459]. Verschiedentliche Anläufe des Gesetzgebers boten nur stufenweise Verbesserungen (Gleichberechtigungsgesetz 1957: Befugnis der Frau zur Hinzufügung ihres Mädchennamens; Erstes Gesetz zur Reform des Ehe- und Familienrechts von 1976[460]: Wahlrecht für Ehenamen, bei fehlender Einigung Mannesname), fanden auch zunächst unter dem Aspekt der Einheitlichkeit des Familiennamens die Billigung des Bundesverfassungsgerichts[461], bis dieses auch die letztgenannte Regelung verwarf[462], was schließlich die Tür zur jetzigen Lösung (freie Wahl des Namens) öffnete[463].

115
Staatsangehörigkeit

Ein Beispiel für die Durchsetzung des Unterscheidungsverbots aufgrund des Geschlechts außerhalb des Privatrechts ist das Staatsangehörigkeitsrecht. § 4 Abs. 1 RuStAG sah vor, daß das eheliche Kind eines deutschen Vaters und einer ausländischen Mutter immer, das eheliche Kind einer deutschen Mutter und eines ausländischen Vaters nur dann die deutsche Staatsangehörigkeit erwirbt, wenn es sonst staatenlos sein würde. In Frage gestellt wurde diese Regel durch verwaltungsgerichtliche Vorlagebeschlüsse erst 1971/72. Das Bundesverfassungsgericht erklärte die im Sinn von Art. 100 Abs. 1 GG als nachkonstitutionell eingestufte Regelung für verfassungswidrig und verpflichtete den Gesetzgeber, allen seit dem 1. April 1953 geborenen ehelichen Kindern deutscher Mütter, die bislang die deutsche Staatsangehörigkeit nicht erworben hatten, Wege zum Erwerb der deutschen Staatsangehörigkeit zu eröffnen[464].

116
Schutzvorschriften als Benachteiligungen

Aus heutiger Sicht dürfte die „Rechtsbereinigung" zur Herstellung der vollen Gleichberechtigung der Frau weitgehend abgeschlossen sein. Freilich treten, vor allem durch die Aufgabe geschlechtsgebundener Rollenverständnisse[465], neue Probleme auf. Schutzvorschriften zugunsten der Frau stellen sich als Hindernisse und Benachteiligung dar, wenn sie diesen Schutz nicht will. Beispiele sind das Nachtarbeitsverbot für Arbeiterinnen und das Verbot für Frauen, bei den Streitkräften Dienst mit der Waffe zu leisten. Das Bundesverfassungsgericht erklärte das in § 19 Arbeitszeitordnung enthaltene Nachtarbeitsverbot für verfassungswidrig; weder die immer noch überwiegend der Frau zufallende Hausarbeit noch ihre Gefährdung beim nächtlichen Gang zur

---

458 *BVerfGE 10*, 59 (66 ff.).
459 BGBl. I 1993, S. 2054.
460 BGBl. I 1976, S. 1421.
461 *BVerfGE 17*, 168 und *78*, 38; vgl. aber auch *BVerfGE 48*, 327.
462 *BVerfGE 84*, 9.
463 Zu weiteren Konstellationen vgl. *Sachs*, Besondere Gleichheitsgarantien, HStR V, § 126 RN 92 ff.
464 *BVerfGE 37*, 217 (244 ff.).
465 Zur Aufgabe des Leitbilds der sog. Hausfrauenehe bereits durch das Erste Eherechtsreformgesetz von 1976 vgl. *BVerfGE 81*, 1 (2).

Arbeit seien hinreichende Gründe, diese nach dem Geschlecht differenzierende Regelung für zulässig zu halten[466]. Die Öffnung der Tür zum Dienst mit der Waffe in den Streitkräften für Frauen, die das Grundgesetz nach herrschender Meinung verriegelte, ist durch eine Entscheidung des Europäischen Gerichtshofs erfolgt[467]; Art. 12a Abs. 4 Satz 2 GG ist demgemäß noch im selben Jahr geändert worden[468].

Nachdem dem an das Geschlecht anknüpfenden Unterscheidungsverbot normativ sehr weitgehend entsprochen ist, stellen sich nunmehr überwiegend Fragen der tatsächlichen Gleichstellung, die etwa durch besondere Förderung erreicht werden soll. Das Bundesverfassungsgericht hat den über Art. 3 Abs. 3 (Diskriminierungsverbot) hinausgehenden Sinn des Art. 3 Abs. 2 GG darin gesehen, daß das dort enthaltene Gleichberechtigungsgebot sich auch „auf die gesellschaftliche Wirklichkeit" erstrecke; die Vorschrift wende sich gegen die Verfestigung überkommener Rollenverteilungen und ziele auf die „Angleichung der Lebensverhältnisse". Faktische Nachteile, die typischerweise Frauen treffen, dürfen deshalb ausgeglichen werden[469]. Diesem Ziel ist durch die Einfügung des nicht sehr klaren und in seinen Konsequenzen, beispielsweise hinsichtlich der Quotenfrage, umstrittenen Art. 3 Abs. 2 Satz 2 GG im Jahr 1994 Rechnung getragen worden[470].

117
Probleme tatsächlicher Gleichstellung

II. Sexuelle Revolution

Wohl eine der wichtigsten gesellschaftlichen Veränderungen seit Ende des Krieges betrifft die Sexualmoral. Es ist ein langer Weg, der vom Skandalfall des Films „Die Sünderin"[471] über den Minirock, *Oswald Kolles* Aufklärungsfilme („Das Wunder der Liebe"), die Freigabe der Antibabypille[472], den Sexualkundeunterricht[473], Oben-ohne-Baden bis zu den Sex- und Pornofilmen im Kino und Fernsehen, an denen heute nur noch wenige Anstoß nehmen, zurückgelegt wurde. Entsprechendes gilt für die Entwicklung vom Verbot bis zu der Straflosstellung homosexueller Handlungen, ja sogar der rechtlichen

118
Sexuelle Libertinage

---

466 *BVerfGE 85*, 191 (207 ff.). – Vgl. zuvor schon *EuGH*, Urt. v. 25.7.1991, Rs. C-345/89 (Strafverfahren gegen Alfred Stoeckel), Slg. 1991, I-40047 (4065 ff.).
467 *EuGH*, Urt. v. 11.1.2000, Rs. C-285/98 (Tanja Kreil ./. Bundesrepublik Deutschland), Slg. 2000, I-69.
468 BGBl. 2000 I S. 1755. Ob die alte Fassung tatsächlich den Dienst mit der Waffe verbot, ist streitig, vgl. *Kokott*, in: Sachs, GG (LitVerz.), Art. 12 a RN 5. An der ausschließlichen Wehrpflicht für Männer hält das Grundgesetz jedoch fest; vgl. *BVerfG (Kammer)* v. 27.3.2002, EuGRZ 2002, S. 204; vgl. auch *EuGH*, Urt. v. 11.3.2003, Rs. C-186/01, NJW 2003, S. 1379.
469 *BVerfGE 85*, 191 (207).
470 BGBl. 1994 I S. 3146; dazu *Sannwald*, Die Reform des Grundgesetzes, NJW 1994, S. 3313 (3314). Zum „dunklen Sinn" der neuen Formulierung *H.H. Klein*, Kontinuität des Grundgesetzes und seine Änderung im Zuge der Wiedervereinigung, HStR VIII, § 198 RN 69. Zu den Konsequenzen im Öffentlichen Dienst vgl. *B. Franke*, Das Gesetz zur Durchsetzung der Gleichstellung von Frauen und Männern, NVwZ 2002, S. 779; weitreichende Konsequenzen zieht *BVerwG*, Urt. v. 18.7.2002, DÖV 2003, S. 288.
471 Dazu *BVerwGE 1*, 303.
472 Ab 1968 machte sich der „Pillenknick" in der demographischen Entwicklung, die heute zu den größten Problemen rechnet, bemerkbar.
473 S. oben RN 107.

§ 5   *Erster Teil: I. Idee und geschichtliche Entwicklung*

Anerkennung der sogenannten Lebenspartnerschaft[474]. Die sexuelle Libertinage wird heute fast unbestritten als Teil des sich auf Art. 2 Abs. 1 in Verbindung mit Art. 1 Abs. 1 GG gründenden Persönlichkeitsrechts betrachtet. Der Wandel wird rechtlich auch in der sich geänderten Interpretation der „Gefahr für die öffentliche Ordnung" im Polizeirecht faßbar[475].

119
Instrumentalisierung der Permissivität

Der Umbruch in der Sexualmoral und bewußt zur Schau gestellte Permissivität fielen zusammen und verbanden sich Mitte der sechziger Jahre mit der allgemeinen Gärung in der Gesellschaft[476]. Der eher erst spielerisch-provozierend gewollte Tabubruch wurde schnell zur Waffe gegen das „Establishment", also gegen das „System", gegen das die linke Studentenbewegung, unterstützt von zahlreichen Sympathisanten in Intelligenz und Politik, bald schon mit offener Gewalt anrannte: „Daß Sex und Politik, Vietnamprotest und Antibabypille, Liebe und politischer Kampf, gegen die Notstandsgesetze beispielsweise, sich keineswegs ausschließen, sondern sehr gut zusammenpassen (‚Liebe ist besser als Krieg') hat sich seit einigen Jahren auch in Deutschland herumgesprochen. Neue, ganz neue Formen des politischen Widerstands sind im Entstehen"[477]. Es ist diese Instrumentalisierung gewesen, die bei vielen Zweifel am Tabubruch selbst, der an sich mehr Freiheit versprach, aufkommen ließ.

120
Sexualstrafrecht

Aus der Rückschau ist allerdings offenkundig, daß diese Veränderungen ihre rechtlichen Spuren, insbesondere im Sexualstrafrecht, hinterlassen haben. Dies wird am Beispiel der Homosexualität zwischen Männern besonders deutlich. Die aus der Vorkriegszeit stammende Strafbarkeit der einfachen (§ 175 StGB) und schweren Unzucht (§ 175 a StGB: Gewalt, Minderjährige, Abhängige, Gewerbsmäßigkeit) unter Männern wurde vom Bundesverfassungsgericht im Jahr 1970 mit ausführlicher Begründung für verfassungsmäßig gehalten; dies galt sowohl im Hinblick auf Art. 3 Abs. 2 und 3 GG (Vergleich mit Homosexualität zwischen Frauen) als auch im Hinblick auf das allgemeine Persönlichkeitsrecht (Art. 2 Abs. 1 GG)[478]. Im Jahr 1969 wurde zwar die Strafbarkeit der einfachen Homosexualität aufgehoben, der neue § 175 StGB sah aber weiterhin die Strafbarkeit homosexueller Handlungen in Abhängigkeitsverhältnissen, bei Gewerbsmäßigkeit und von Männern über achtzehn Jahren mit Männern unter einundzwanzig Jahren vor[479]. Das Bundesverfassungsgericht bestätigte 1973 – fallabhängig – die Verfassungsmäßigkeit der letzten Alternative jedenfalls insoweit, als es um die Strafbarkeit homosexueller Handlungen von Männern über achtzehn Jahren mit Männern unter achtzehn

---

474 Gesetz zur Beendigung der Diskriminierung gleichgeschlechtlicher Gemeinschaften: Lebenspartnerschaften v. 16.2.2001 (BGBl. I S. 266), und *BVerfGE 105*, 313.
475 Etwa *Volkmar Götz*, Allgemeines Polizei- und Ordnungsrecht, [13]2001, RN 128 ff.
476 Dazu *Hildebrand* (Bibl.), S. 376 ff., 435.
477 *Klaus Rainer Röhl*, Fünf Finger sind keine Faust, zitiert nach *Hildebrand* (Bibl.), S. 377.
478 *BVerfGE 6*, 389 (422 ff., 432 ff.); im Hinblick auf das Persönlichkeitsrecht verbleibe § 175 StGB „noch" im Bereich der verfassungsmäßigen Ordnung (S. 439). Von der fehlenden Konsensfähigkeit dieser Entscheidung aus späterer Sicht *Schmitt Glaeser*, Die grundrechtliche Freiheit des Bürgers zur Mitwirkung an der Willensbildung, HStR [2]I, § 31 RN 37.
479 BGBl. 1969 I S. 645.

Jahren ging; das Gericht knüpfte dabei bezüglich der Unterscheidung zwischen männlicher und weiblicher Sexualität ausdrücklich an die Vorgängerentscheidung an[480]. Eine weitere Liberalisierung erfolgte zunächst nicht. Mit der Wiedervereinigung stellte sich das Problem der Rechtsvereinheitlichung, da das Recht der DDR (§ 149 StGB) vom bundesdeutschen Recht – es war teils enger, teils weiter – abwich. Erst Mitte 1994 – nach Ablauf der Frist von Art. 143 Abs. 1 GG – erging eine Neuregelung, mit der § 175 StGB und § 149 DDR-StGB aufgehoben wurden[481]. Es blieb eine Strafvorschrift, mit der Jugendliche beiderlei Geschlechts unter 16 Jahren gegen sexuellen Mißbrauch geschützt werden (§ 182). Die Änderung der Haltung gegenüber der Strafbarkeit spiegelt sich auch in der Rechtsprechung der Straßburger Menschenrechtsschutzorgane. Erst im Jahr 1983 qualifizierte der Europäische Gerichtshof für Menschenrechte die Bestrafung homosexueller Handlungen zwischen erwachsenen Männern als Verstoß gegen die von Art. 8 EMRK geschützte Privatsphäre[482].

121
Schwangerschaftsabbruch

Besondere Emotionen und Agitationen hat immer wieder das strafrechtliche Verbot des Schwangerschaftsabbruchs hervorgerufen, da es als im Widerspruch zum Selbstbestimmungsrecht der Frau stehend und als Instrument zur Verhinderung ihrer Emanzipation betrachtet wurde[483]. Da das noch nicht geborene Leben nach dem Grundgesetz jedoch am Lebensschutz nach Art. 2 Abs. 2 Satz 1 GG teilhat, kann es schwerlich eine vom Recht gebilligte vollständige Entscheidungsfreiheit der Frau geben[484]. Gleichwohl zeigt sich auch an dieser Stelle der Wandel gesellschaftlicher Auffassung, der die Strafbarkeit als Mittel des Lebensschutzes immer stärker hat in den Hintergrund treten lassen. Im Jahr 1975 hat das Bundesverfassungsgericht die Regelung des Fünften Strafrechtsreformgesetzes von 1974, die den mit Einwilligung der Schwangeren innerhalb von zwölf Wochen seit der Empfängnis vorgenommenen Schwangerschaftsabbruch nicht mehr unter Strafe stellte („Fristenlösung"), als mit Art. 2 Abs. 2 Satz 1 in Verbindung mit Art. 1 Abs. 1 GG für unvereinbar und nichtig erklärt; dabei hatte es die Pflicht des Staates, das ungeborene Leben zu schützen, stark herausgestellt[485]. Die Neuregelung von 1976 trug den Vorgaben des Bundesverfassungsgerichts keineswegs vollständig Rechnung, blieb aber bis 1992 unverändert, wenn auch umstritten[486]. Die nach der Wiedervereinigung für Gesamtdeutschland notwendig gewordene Neuregelung[487] wurde partiell erneut beanstandet[488] und im Jahr 1995 durch die derzeit geltende Regelung, die gleichfalls auf der sogenannten Beratungslösung

---
480 *BVerfGE* 36, 41 (45 f.).
481 *Brunner*, Fortgeltung des Rechts der bisherigen DDR, HStR IX, § 210 RN 25.
482 *EGMR* EuGRZ 1983, S. 488 – Dudgeon.
483 Vgl. *Jürgen Gerhards/Friedhelm Neidhardt/Dieter Rucht*, Zwischen Palaver und Diskurs. Strukturen öffentlicher Meinungsbildung am Beispiel der deutschen Diskussion zur Abtreibung, 1998.
484 Zuletzt *BVerfGE* 88, 203 (255): „Grundrechte der Frau greifen gegenüber dem grundsätzlichen Verbot des Schwangerschaftsabbruchs nicht durch."
485 *BVerfGE* 39, 1 (36 ff., 42 ff.).
486 BGBl. 1976 I S. 1213; dazu *Brunner* (FN 481), § 210 RN 24.
487 BGBl. 1992 I S. 1398.
488 *BVerfGE* 88, 203.

beruht, ersetzt[489]. Den konzeptionellen Übergang von der Strafe zur Beratung hat das Bundesverfassungsgericht grundsätzlich akzeptiert, aber den Gesetzgeber angehalten, die Auswirkungen seines neuen Schutzkonzepts im Auge zu behalten[490]. Die seit der Entscheidung des Bundesverfassungsgerichts (1993) wachsende Zahl der ohne Indikation nach Beratung vorgenommenen Schwangerschaftsabbrüche (1993: 111 236; 2000: 134 609)[491] müßte den Gesetzgeber umgehend zur Überprüfung veranlassen[492]. Danach sieht es jedoch nicht aus, da die politischen Kräfte die gewiß zwangsläufige Welle hochemotionalisierter Auseinandersetzung scheuen. Auch in solchen Überlegungen spiegelt sich Grundrechts-(Schutz-) Realität.

I. Zusammenfassende Betrachtung

122
Divergierende Grundrechtsauffassungen

Das Europa der Nachkriegszeit (1945–1990) war durch eine scharfe Auseinanderentwicklung in der Konzeption und der Sicherung der Grundrechte gekennzeichnet. Der Riß ging mitten durch Deutschland und wurde erst mit der Wiedervereinigung überwunden.

123
Erweiterung und Vertiefung des Grundrechtsschutzes

In der Bundesrepublik Deutschland wurde der Grundrechtsschutz erweitert und vertieft. Alle Akteure, an ihrer Spitze Gesetzgeber, Rechtsprechung und Wissenschaft, haben die Grundrechte entfaltet und ihnen Wirkung verschafft. Als besonders wichtige Instrumente dieser Effektivierung diente das Verständnis der Grundrechte als objektive Normen und Grundsatzentscheidungen, die das ganze Recht durchdringen und damit eine Art „übergeordnete Schicht des Rechts" bilden[493], an der alles (untergeordnete) Recht teilhat. Dies bezieht alle, Rechtsetzer und Rechtsanwender, in die Bemühung, den Grundrechten Geltung zu geben, mit ein und hat dadurch ein früher nicht vorhandenes Grundrechtsbewußtsein geschaffen, das seinerseits wieder eine wesentliche Bestands- und Durchsetzungsgarantie darstellt. Die alle staatliche Gewalt erfassende Bindung durch die Grundrechte (Art. 1 Abs. 3 GG) macht die Bundesrepublik Deutschland zu einem „Staat des Maßes"[494]. Es ist offenkundig, daß dies eine wichtige Voraussetzung dafür ist, daß der Staat als potentieller Freiheitsgefährder zugleich seine Rolle als Freiheitsgarant wahrnehmen kann.

124
Internationale Einbindung

Ein entscheidendes Element der Grundrechtsentwicklung der Bundesrepublik Deutschland in den letzten fünfzig Jahren ist ihre internationale universelle und regionale Einbindung. Die hierdurch ermöglichte Wechselwirkung

---

489 BGBl. 1995 I S. 1050; s. auch oben bei FN 263.
490 *BVerfGE 88*, 203 (258 ff., 264 ff., 269).
491 Zahlen nach dem Statistischen Bundesamt.
492 *Tettinger*, Schutz des werdenden Lebens in Deutschland, in: FS K. Ipsen, 2000, S. 767 (778): „gesellschafts- wie verfassungsrechtspolitischer Skandal"; *Starck*, Verfassungsrechtliche Probleme der deutschen Abtreibungsgesetzgebung, in: FS H. Schiedermair, 2001, S. 377 (382 ff.).
493 *Scheuner*, Das Grundgesetz in der Entwicklung zweier Jahrzehnte, AöR 95 (1970), S. 353 (364). – In Art. 35 Abs. 1 der Schweizerischen Verfassung von 1999 heißt es: „Die Grundrechte müssen in der ganzen Rechtsordnung zur Geltung kommen."
494 *Kurt Eichenberger*, Freiheit als Verfassungsprinzip: Der Staat des Maßes, in: ders. (Hg.), Der Staat der Gegenwart, 1980, S. 165 ff.

zwischen nationaler und internationaler Ebene hat zusammen mit der Tatsache, daß das ganze Deutschland seit 1990 von freiheitlichen Staaten umgeben ist, zu einem Gesamtraum „der Freiheit, der Sicherheit und des Rechts" geführt[495], in dem Deutschland eine bislang unbekannte Stabilisierung erfahren hat.

Die Geschichte zeigt, daß trotz Vorliegens guter Voraussetzungen die Zukunft verspielt werden kann, wenn die Erfolgsbedingungen mißachtet werden. Ihre wichtigste ist das Festhalten an der Einordnung in die westliche Wertegemeinschaft. Die Anerkennung der Würde des Menschen als oberster Rechtswert ist die Basis dieser Gemeinschaft, in die der einzelne eingeordnet bleibt[496]. Die Achtung der Grundrechte durch den Staat wie ihre Inanspruchnahme durch den einzelnen schwächt den Staat nicht, sondern macht ihn stärker[497], jedenfalls solange Grundrechte nicht als staatsfeindliche Veranstaltung[498] begriffen werden, mit deren Hilfe der Staat beschädigt, unter Umständen sogar umgewälzt werden soll. Die Bundesrepublik Deutschland hat eine derartige Krise ohne rechtsstaatlichen oder demokratischen Substanzverlust gemeistert.

125 Achtung der Grundrechte als Stärkung des Staates

Das positive Gesamtergebnis darf nicht darüber hinwegtäuschen, daß es defizitäre Bereiche gibt. Sie finden sich insbesondere da, wo es keine ausreichend starken gesellschaftlichen Kräfte gibt, die sich ihrer annehmen. Da Grundrechte zu einem Gutteil Schutz der Schwachen und jeweiligen Minderheiten sind, ist dieser Befund zwar nicht verwunderlich, muß aber die besondere Aufmerksamkeit der politisch Verantwortlichen finden.

126 Defizitäre Bereiche

---

495 Vgl. Art. 29 EU.
496 Zum Menschenbild des Grundgesetzes *BVerfGE 4*, 7 (15 f.) – Investitionshilfe.
497 *Hesse* (Bibl.), § 5 RN 80.
498 Vgl. *Bethge* (Bibl.), S. 374.

K. Bibliographie

Bethge, Herbert, Aktuelle Probleme der Grundrechtsdogmatik, in: Der Staat 24 (1985), S. 351 ff.
Böckenförde, Ernst-Wolfgang, Grundrechte als Grundsatznormen. Zur gegenwärtigen Lage der Grundrechtsdogmatik, in: Der Staat 29 (1990), S. 1 ff.
Dreier, Horst, Kontexte des Grundgesetzes, DVBl. 1999, S. 667 ff.
Geschichte der Bundesrepublik Deutschland: Bd. 1: *Theodor Eschenburg*, Jahre der Besatzung 1945–1949, 1983; Bd. 2: *Hans-Peter Schwarz*, Die Ära Adenauer 1949–1957, 1981; Bd. 3: *Hans-Peter Schwarz*, Die Ära Adenauer 1957–1963, 1983; Bd. 4: *Klaus Hildebrand*, Von Erhard zur Großen Koalition 1963–1969, 1984; Bd. 5/1: *Karl Dietrich Bracher/Wolfgang Jäger/Werner Link*, Republik im Wandel 1969–1974, Die Ära Brandt, 1986; Bd. 5/2: *Wolfgang Jäger/Werner Link*, Republik im Wandel 1974–1982, Die Ära Schmidt, 1987.
Hesse, Konrad, Bedeutung der Grundrechte, in: Ernst Benda/Werner Maihofer/Hans-Jochen Vogel (Hg.), Handbuch des Verfassungsrechts, ^{2}1995, § 5, S. 127 ff.
Hofmann, Hasso, Die Entwicklung des Grundgesetzes nach 1949, in: Josef Isensee/Paul Kirchhof (Hg.), Handbuch des Staatsrechts I, ^{3}2003, § 9, S. 355 ff.
Hufen, Friedhelm, Entstehung und Entwicklung der Grundrechte, NJW 1999, S. 1504 ff.
Klein, Hans H., Das Grundgesetz der Bundesrepublik Deutschland – Kontinuität und Wandel, in: Jörn Ipsen/Edzard Schmidt-Jortzig (Hg.), Festschrift für Dietrich Rauschning, 2001, S. 5 ff.
Kröger, Klaus, Grundrechtsentwicklung in Deutschland – von ihren Anfängen bis zur Gegenwart, 1998.
v. Mangoldt, Hermann, Grundrechte und Grundsatzfragen des Bonner Grundgesetzes, AöR 75 (1949), S. 273 ff.
Mosler, Hermann/Bernhardt, Rudolf/Hilf, Meinhard (Hg.), Grundrechtsschutz in Europa, 1977.
Schröder, Meinhard, Die Bedeutung der Grundrechte für den Wiedereintritt in die westliche Wertewelt nach 1945, Thüringer Verwaltungsblätter 2000, S. 49 ff.
Seifert, Jürgen, Grundgesetz und Restauration, ^{3}1977.

§ 6
Grundrechte am Beginn des 21. Jahrhunderts

Hans Hugo Klein

Übersicht

		RN
A.	Einleitung	1–6
B.	Grundrechtsbestand	7–44
	I. Deutschland	7–17
	1. Grundgesetz	7–11
	2. Landesverfassungen	12–17
	II. Blick auf ausländische Verfassungen	18–26
	1. Westeuropa	19–20
	2. Mittel- und Osteuropa	21–26
	III. Völkerrecht und europäisches Gemeinschaftsrecht	27–40
	1. Revolution des Völkerrechts	28–29
	2. Bestandsaufnahme	30–32
	3. Durchsetzungsschwäche	33–37
	4. Gemeinschaftsrecht	38–40
	IV. Exkurs: Grundpflichten	41–44
C.	Grundrechtswirkung	45–68
	I. Bindungswirkung und Bindungsgewähr	45–53
	1. Verbindlichkeit der Grundrechte	45–46
	2. Lückenlosigkeit der Grundrechtsbindung	47–51
	a) Gesetzgebung	
	b) Vollziehende Gewalt	48–50
	c) Rechtsprechung	51
	3. Weitgehende Unantastbarkeit der Grundrechte	52
	4. Durchsetzbarkeit der Grundrechte	53
	II. Grundrechtsschutz	54–61
	1. Lückenlosigkeit des Schutzes	54
	2. Grundrechtseffektivität	55–58
	a) Bestimmung des Schutzbereichs	56–57
	b) Grundrechtseingriffe	58
	3. Grundrechtsschranken und Schrankenschranken	59–61
	III. Grundrechtsdimensionen	62–68
	1. Grundrechte als Abwehrrechte	63
	2. Grundrechte als Leistungsrechte	64
	3. Ausstrahlungswirkung; Organisation und Verfahren	65
	4. Schutzpflichten und Schutzrechte	66–68
D.	Grundrechtskritik	69–80
	I. Expandierende Grundrechtsauslegung	70–74
	1. Stringenzeinbußen und ihre Folgen	70–72
	2. Dilemma: wirksamer Grundrechtsschutz und politischer Entscheidungsspielraum	73–74
	II. Grundrechtsgemenge	75–80
	1. Bundes- und Landesgrundrechte	76
	2. Internationaler und nationaler Grundrechtsschutz	77
	3. Grundrechtsschutz im Gemeinschafts- und im deutschen Recht	78–80
E.	Bibliographie	

A. Einleitung

1
Fundamentale Bedeutung der Grundrechte

Die Grundrechte „sind der eigentliche Kern der freiheitlich-demokratischen Ordnung des staatlichen Lebens im Grundgesetz"[1]. Jedenfalls sind sie ihre raison d'être[2]. Aber die Grundrechte sind auch, wie das Bundesverfassungsgericht – ausdrücklich für die Meinungsfreiheit, aber pars pro toto – festgestellt hat[3], für den demokratischen Verfassungsstaat „schlechthin konstituierend". Die Grundrechte markieren Bereiche, vor denen die Staatsgewalt prinzipiell Halt zu machen hat[4]. Sie statten den Menschen mit den rechtsnormativen Garantien selbstverantwortlicher Lebensführung und -gestaltung aus und setzen ihn eben dadurch in den Stand, in Freiheit am politischen Leben des Gemeinwesens teilzunehmen. Sie schützen den bourgeois und ermöglichen ihm dadurch, citoyen zu sein[5]. Die Fähigkeit des Staates, individuelle Freiheit mit den Erfordernissen des Gemeinwohls in Übereinstimmung zu halten, d.h. die Freiheit eines jeden der jedes anderen in gemeinverträglicher Weise zuzuordnen[6], wird dadurch ebenso wenig in Frage gestellt wie seine nicht zuletzt im Prinzip des Sozialstaats wurzelnde Verpflichtung, jedenfalls in einem Mindestmaß auch die realen Voraussetzungen für die Inanspruchnahme der Grundrechte zu schaffen[7].

2
Verbindung von grundrechtlicher und demokratischer Freiheitsidee

Grundrechte bestimmen Grenzen staatlichen Handelns und sind zugleich Grundlagen des Gemeinwesens[8]. Sie sind Ausdruck und Gewähr sowohl persönlicher als auch politischer Freiheit. Grundrechtliche und demokratische Freiheitsidee sind im demokratischen Verfassungsstaat eine Verbindung eingegangen, deren Auflösung zu seiner Preisgabe führen würde[9]. Aus beiden Quellen speist sich – nicht allein, aber wesentlich – die Legitimität des vom Grundgesetz verfaßten Staates.

---

1 *BVerfGE 31*, 58 (73); *43*, 154 (167).
2 *Bethge* (Bibl.), S. 351. Grundlegend: Art. 2 der Erklärung der Menschen- und Bürgerrechte von 1789.
3 *BVerfGE 20*, 56 (97); st. Rspr. Das BVerfG ist, zumindest in seinen Formulierungen, allerdings mitunter der Gefahr erlegen, einzelnen, insbesondere den Kommunikations-Grundrechten, soweit von ihnen zum Zwecke der Einwirkung auf den öffentlichen Diskurs Gebrauch gemacht wird, einen objektiven Mehr-Wert (preferred freedom) beizulegen, also eine Grundrechtshierarchie zu errichten; vgl. insb. die Rechtsprechung zum Verhältnis Meinungsfreiheit und Recht der persönlichen Ehre – dazu m.N. *Starck*, in: v. Mangoldt/Klein/Starck, GG, Bd. [4]I, Art. 5 RN 192 ff. – Zur Gleichwertigkeit und Gleichrangigkeit aller Grundrechte s. nur *P. Kirchhof*, HStR IX, § 221 RN 192 ff.; → Bd. II: *Merten*, Das Prinzip Freiheit im Gefüge der Staatsfundamentalbestimmungen.
4 Vgl. *Ernst Forsthoff*, Begriff und Wesen des sozialen Rechtsstaats, VVDStRL 12 (1954), S. 8 ff. (18), auch in: *ders.*, Rechtsstaat im Wandel, [2]1976, S. 65 ff. (74).
5 Vgl. *Rudolf Smend*, Bürger und Bourgois im deutschen Staatsrecht, in: *ders.*, Staatsrechtliche Abhandlungen, [2]1968, S. 309 ff.
6 Dazu die berühmte Formel des Bundesverfassungsgerichts vom „Menschenbild des Grundgesetzes", in: *BVerfGE 4*, 7 (15 f.). S. auch *Christian Starck*, Frieden als Staatsziel, in: Bodo Börner u.a. (Hg.), Einigkeit und Recht und Freiheit, FS Carstens, 1984, S. 167 ff., auch, in: *ders.*, Der demokratische Verfassungsstaat, 1995, S. 231 ff.
7 Dazu etwa: *Isensee*, HStR V, § 115 RN 1 ff., 153 ff., 158 ff.
8 Ebd., RN 3.
9 *Josef Isensee*, Grundrechte und Demokratie – Die polare Legitimität im grundgesetzlichen Gemeinwesen, 1981; *Starck*, HStR II, § 29, auch in: *ders.*, Verfassungsstaat (FN 6), S. 161 ff. – S. ferner: *Walter Berka*, Die Grundrechte. Grundfreiheiten und Menschenrechte in Österreich, 1999, S. 1 ff.

Unter dem verheerenden Eindruck des Umgangs der Diktaturen des 20. Jahrhunderts mit den Menschenrechten vereinigten sich seit dem Ende des Zweiten Weltkriegs auf nationaler wie auf internationaler Ebene die Kräfte von Politik und Wissenschaft in dem Bemühen, den Menschenrechten nicht nur verläßliche Grundlagen im positiven Recht zu verschaffen und ihnen zu tatsächlicher Anerkennung durch die Staaten zu verhelfen, auch ihre dogmatische Aufbereitung und Durchdringung in Rechtsprechung und Schrifttum ist seither weit vorangeschritten. Von einer „Grundrechtsrevolution" ist die Rede[10] und von „Grundrechtsinflation"[11]. Das zeigt sich äußerlich an einer außerordentlichen Vermehrung der Grundrechtstexte, in Deutschland in Gestalt der Verfassungen zahlreicher Länder sowie in einer Vielzahl ausländischer Verfassungen. Im europäischen Bereich ist einerseits auf die nach der Beseitigung rechtsautoritärer Systeme entstandenen Verfassungen Griechenlands, Portugals und Spaniens, andererseits auf die im mittel-, ost- und südeuropäischen Raum nach dem Ende der sowjetischen Gewaltherrschaft seit 1989 entstandenen Verfassungen sowie die Verfassungen der aus dem ehemaligen Jugoslawien hervorgegangenen Staaten zu verweisen; im Recht der Europäischen Union auf die zum großen Teil vom Europäischen Gerichtshof prätorisch entwickelten Grundrechte der Unionsbürger, deren kodifikatorische Erfassung bis zu dem Entwurf einer Europäischen Charta der Grundrechte gediehen ist, und schließlich auf eine beachtliche Anzahl vor allem multilateraler völkerrechtlicher Verträge mit teils weltweiter Verbreitungstendenz, teils regionalem Geltungsanspruch, wobei Dokumente, die die Menschenrechte allgemein und möglichst vollständig zu erfassen suchen, neben solchen stehen, die spezifische Erscheinungsformen menschenrechtswidriger Verhaltensweisen wie z.B. Frauenhandel oder rassische Diskriminierung zu unterbinden bestrebt sind.

3
„Grundrechtsrevolution" und „Grundrechtsinflation"

Eindrucksvoller noch als die Vervielfachung der Textgrundlagen ist – vor allem, aber nicht nur im Geltungsbereich des Grundgesetzes – die Ausweitung der Grundrechtsgeltung im Sinne einer umfassenden, alle Äußerungen hoheitlicher Gewalt ergreifenden Bindungswirkung, einer vollständigen, in die Hand des Grundrechtsberechtigten gegebenen Durchsetzungsgewähr, flankiert von staatsgerichteten Grundrechtsverwirklichungsbefehlen, der extensiven Interpretation der Grundrechtstatbestände, schließlich der Entfaltung neuer Grundrechtsdimensionen, insbesondere durch die „Entdeckung" der objektivrechtlichen Grundrechtsgehalte und deren „Resubjektivierung".

4
Ausweitung der Grundrechtsgeltung

Die Bilanz ist imponierend, weist aber auch Erscheinungen auf, die zur Vorsicht mahnen. Die Erstreckung der Bindungswirkung der Grundrechte auf den Gesetzgeber in Verbindung mit einer zur Normenkontrolle befugten (Verfassungs-)Gerichtsbarkeit verlagert politische Steuerungskraft vom Gesetz auf die Verfassung, vom Gesetzgeber auf die Organe der Rechtsprechung. Innerhalb derselben schwindet die Selbständigkeit der Fachgerichts-

5
Gefahren dieser Ausweitung

---

10 *Jestaedt* (Bibl.), S. 65.
11 *Bethge* (Bibl.), S. 352.

barkeit in dem Maß, in dem die „Ausstrahlung" der Grundrechtsjudikatur der Verfassungsgerichtsbarkeit auf das „einfache" Recht an Dichte gewinnt. Die Ausweitung der Grundrechtstatbestände zwingt zur Dehnung der Grundrechtsschranken, vervielfacht die Fälle von Grundrechtskollisionen und zwingt den Interpreten zur Herstellung „praktischer Konkordanz" (*Konrad Hesse*) und zu „schonendem Ausgleich" (*Peter Lerche*); Grundrechtsanwendung wird zur schwer konturierbaren Ab- und Auswägung konkurrierender Verfassungsrechtsgüter. Grundrechtskonkurrenz gibt es aber auch noch in anderem Betracht: Grundrechtsverbürgungen unterschiedlicher Normebenen, nach Tatbestand und Schranken meist nicht vollständig deckungsgleich, erheischen Anwendung auf den gleichen Sachverhalt; der Grundrechtsträger läuft Gefahr, sich im Grundrechtsdschungel zu verlaufen.

6
Fragmentarischer Überblick infolge Materialfülle

Die Fülle des Materials ließ *Günter Dürig* schon im Jahre 1973 allein für den allgemeinen Gleichheitssatz (im Anschluß an *Hans Huber*) über einen „irrsinnigen" Ausstoß von Fachliteratur klagen; für die Rechtsprechung gilt Gleiches. Die nachfolgende Bestandsaufnahme kann unter diesen Umständen nicht mehr als einen fragmentarischen Einblick in das gegebene Thema vermitteln. Sie beschreibt den vorhandenen Grundrechtsbestand (B.) und versucht, vorzugsweise am deutschen Beispiel, den zu Beginn des 21. Jahrhunderts erreichten Stand der Grundrechtswirkung zu umreißen (C.). Abschließend wird knapp auf die zuvor schon angedeuteten kritischen Punkte eingegangen (D.).

B. Grundrechtsbestand

I. Deutschland

1. Grundgesetz

7
Klassischer Grundrechtsbestand in prägnanter Form

Gemessen am Gesamtumfang des Grundgesetzes beanspruchen die Grundrechte – trotz des Wortreichtums späterer Ergänzungen (Art. 12a, 13, 16a) – auch unter Einrechnung der „grundrechtsgleichen Rechte" (s. Art. 93 Abs. 1 Nr. 4a GG) nur geringen Raum. Im Unterschied zu nicht wenigen Verfassungen der Länder und vielen ausländischen Verfassungen ist die Textgrundlage „nicht gerade üppig"[12]. Die einzelnen Grundrechtsnormen sind – sieht man von den genannten Ausnahmen ab – von katechismusartiger Kürze[13]. Der Grundrechtskatalog des Grundgesetzes enthält die klassischen Freiheits- und Gleichheitsrechte, die sich in ähnlicher Form schon in früheren deutschen Verfassungen fanden. Auf Erfahrungen mit dem Leerlauf entsprechender Vorschriften der Weimarer Reichsverfassung beruhte der weitgehende Ver-

---
12 *Jestaedt* (Bibl.), S. 65.
13 *Klaus Kröger*, Grundrechtstheorie als Verfassungsproblem, 1978, S. 10. – Zur Erläuterung dieses Befundes *Bethge* (Bibl.), S. 356 ff.

zicht auf soziale Ankündigungen und Versprechungen in Grundrechtsform. Der Verfassungsgeber hielt es nicht für notwendig, „alle irgendwie als Grundrechte bezeichneten Institutionen" in den Grundrechtskatalog einzufügen, es müsse genügen und werde zugleich eindrucksvoller sein, nur die wichtigsten Menschen- und Freiheitsrechte der einzelnen aufzunehmen[14]. In Reaktion auf den Mißbrauch der Staatsgewalt in der Zeit des nationalsozialistischen Unrechtsstaats wurden die Grundrechte an die Spitze der Verfassung gestellt, erhielten Glaubens- und Gewissensfreiheit einen aus dem institutionellen Zusammenhang des Staatskirchenrechts (Art. 140 GG) gerückten prominenten Ort (Art. 4 Abs. 1 und 2 GG), fanden das Recht auf Kriegsdienstverweigerung (Art. 4 Abs. 3 GG)[15], Ausbürgerungsverbot und Asylrecht (Art. 16 GG a.F.) und schließlich auch das Verbot der Todesstrafe (Art. 102 GG) Eingang in das Grundgesetz.

Reaktion auf das „Dritte Reich"

Von den bisher 51 Änderungen des Grundgesetzes[16] waren die Grundrechte nur in relativ wenigen Fällen, zum Teil freilich nachhaltig, betroffen. Einen ersten Eingriff brachte die Einfügung der Wehrverfassung[17]: Wehr- und Ersatzdienstpflicht wurden in Art. 12 GG verankert, später[18] in Art. 12a GG verselbständigt; ein spezieller Eingriffsvorbehalt wurde in Art. 17a GG begründet. In Art. 1 Abs. 3 GG wurde der Begriff „Verwaltung" durch „vollziehende Gewalt" ersetzt, um jeden Zweifel daran auszuschließen, daß auch die Ausübung der Wehrhoheit grundrechtsgebunden ist. – Umfängliche Korrekturen bewirkte die Ergänzung des Grundgesetzes um die sog. Notstandsverfassung[19]. Zwar blieben die Grundrechte im wesentlichen notstandsfest – eine dem Art. 48 Abs. 2 WRV entsprechende Grundrechtssuspendierungsklausel enthält das Grundgesetz nicht. Es wurden aber in einer Reihe von Fällen die Eingriffsmöglichkeiten erweitert: Art. 10 Abs. 2 Satz 2[20], 11 Abs. 2, 12a Abs. 3 bis 6, 19 Abs. 4 Satz 3, 115c Abs. 2 GG, nicht zuletzt, um die in Art. 5 Abs. 2 des Deutschlandvertrags[21] vorbehaltenen alliierten Rechte abzulösen[22]. Bei dieser Gelegenheit geriet auch das Widerstandsrecht in den Text der Verfassung (Art. 20 Abs. 4 GG), eine Vorschrift, die „eher geeignet (ist), Verwirrung zu stiften als Klarheit zu bringen"[23]. – Zu Beginn der siebziger Jahre wurde das Wahlalter herabgesetzt und damit die Möglichkeit bürgerschaftlicher Teilhabe am Gemeinwesen erweitert (Art. 38 Abs. 2 GG)[24].

8
Grundgesetzänderungen

---

14 Dieser Auffassung des Konvents von Herrenchiemsee (vgl. dessen Bericht, S. 21) hat sich der Parlamentarische Rat angeschlossen.
15 Das ist umso bemerkenswerter, als zur Zeit der Entstehung des Grundgesetzes nicht daran zu denken war, daß die Bundesrepublik schon bald über eine bewaffnete Macht verfügen werde.
16 Übersichten: *Angela Bauer/Matthias Jestaedt*, Das Grundgesetz im Wortlaut, 1997; *dies.*, in: Bonner Kommentar, Stand: 98. Lieferung 2001, GG-Änderungen; *H. Hofmann*, HStR ³I, § 9.
17 Gesetz zur Ergänzung des Grundgesetzes vom 19.3.1956 (BGBl. I S. 111).
18 17. Gesetz zur Ergänzung des Grundgesetzes vom 24.6.1968 (BGBl. I S. 709).
19 Wie FN 18; → § 24: *T. Stein*, Grundrechte im Ausnahmezustand.
20 Dazu: *BVerfGE 30*, 1.
21 Vertrag über die Beziehungen zwischen der Bundesrepublik Deutschland und den Drei Mächten vom 26.5.1952 (BGBl. II S. 305).
22 Näher: *H. Hofmann* (FN 16), RN 44; → oben *E. Klein*, § 5 RN 83.
23 *Schnapp*, in: v. Münch/Kunig (Hg.), GG, Bd. ⁵II, Art. 20 RN 58; s. auch *Dolzer*, HStR VII, § 171; → Bd. V: *Höfling*, Widerstand im Rechtsstaat.
24 27. Gesetz zur Änderung des Grundgesetzes vom 31.7.1970 (BGBl. I S. 1161).

9
Grundrechtliche Folgen der Wiedervereinigung

Am 3. Oktober 1990 trat die DDR gemäß Art. 23 Satz 2 GG a.F. dem Geltungsbereich des Grundgesetzes bei. Art. 143 Abs. 1 GG i.d.F. des Art. 4 Nr. 5 des Einigungsvertrages[25] erlaubte die zeitweise Fortgeltung mit dem Grundgesetz (auch mit den Grundrechten) nicht vereinbaren Rechts der ehemaligen DDR. Dabei hat insbesondere die Aufrechterhaltung der Regelung über den Schwangerschaftsabbruch Aufsehen erregt und auch das Bundesverfassungsgericht beschäftigt[26]. Nachhaltige Unruhe erzeugte Art. 143 Abs. 3 GG, der die in Art. 41 EinigungsV getroffene Regelung verfassungsrechtlich sanktionierte, wonach in der Sowjetisch Besetzten Zone auf besatzungsrechtlicher bzw. besatzungshoheitlicher Grundlage zwischen 1945 und 1949 erfolgte Enteignungen nicht rückgängig gemacht werden dürfen[27]. Auch Art. 135 Abs. 2 GG bewirkt Modifikationen des Grundrechts auf Eigentum[28].

10
Grundrechtsreformen in den neunziger Jahren

Der außerordentliche Zustrom Asylsuchender zu Beginn der neunziger Jahre zwang zu einer Änderung des Asylrechts; Art. 16 Abs. 2 Satz 2 wurde durch Art. 16a GG ersetzt[29]. Durch verfassungsänderndes Gesetz[30] wurde Art. 3 Abs. 2 und 3 GG jeweils um einen zweiten Satz ergänzt, der dem Staat die Förderung der Gleichberechtigung von Frauen und Männern aufgibt[31] und ihm die Benachteiligung Behinderter wegen ihrer Behinderung verbietet. Art. 13 GG wurde 1998 um die Absätze 3 bis 6 ergänzt, der bisherige Absatz 3 wurde Absatz 7[32]; die neuen Vorschriften legitimieren den Einsatz technischer Mittel bei der Überwachung von Wohnungen zum Zwecke der Gefahrenabwehr; sie sind nicht unumstritten[33].

11
Änderungen infolge Völker- und Europarechts

Die beiden jüngsten die Grundrechte betreffenden Änderungen des Grundgesetzes sind völker- und europarechtlich indiziert: Art. 16 Abs. 2 Satz 2 GG stellt das Auslieferungsverbot unter einen qualifizierten Gesetzesvorbehalt, um die justitielle Zusammenarbeit in Strafsachen innerhalb der Europäischen Union (vgl. Art. 29ff. EU) zu fördern, aber auch um Deutschland die Erfüllung von Verpflichtungen aus dem Statut des Internationalen Strafgerichtshofs[34] zu

---

25 Gesetz zu dem Vertrag vom 31. August 1990 zwischen der Bundesrepublik Deutschland und der Deutschen Demokratischen Republik über die Herstellung der Einheit Deutschlands – Einigungsvertragsgesetz – und zu der Vereinbarung vom 18. September 1990 vom 23.9.1990 (BGBl. II S. 885).
26 *BVerfGE 86*, 390; *88*, 203. – Vgl. *H. H. Klein*, HStR VIII, § 198 RN 37 f.
27 Das BVerfG hat die Gültigkeit des Art. 143 Abs. 3 GG bestätigt: *BVerfGE 84*, 90; *94*, 12. S. auch *H. H. Klein* (wie FN 26), RN 39 ff.; *Ossenbühl*, HStR IX, § 212 RN 54 ff.; *Papier*, ebd., § 213 RN 29.
28 Vgl. *H. H. Klein* (wie FN 26), RN 44; *Ossenbühl* (FN 27), RN 51 ff.; *Papier* (FN 27), RN 29.
29 Gesetz zur Änderung des Grundgesetzes vom 28.6.1993 (BGBl. I S. 1002). – Dazu: *BVerfGE 94*, 49; *94*, 115; *94*, 166. S. auch *H. H. Klein*, Art. 16a GG: Ein mißglücktes Gesetz?, in: Uwe Diederichsen/Ralf Dreier (Hg.), Das mißglückte Gesetz, 1997, S. 96 ff.
30 Vom 27.10.1994 (BGBl. I S. 3146).
31 Art. 3 Abs. 2 GG in der seither geltenden Fassung liefert selbst ein Lehrstück wohlverstandener Gleichberechtigung, indem er in Satz 1 die Männer vor den Frauen, in Satz 2 die Frauen vor den Männern nennt.
32 Gesetz zur Änderung des Grundgesetzes vom 26.3.1998 (BGBl. I S. 610).
33 Beispielhaft sei hingewiesen auf die Kommentierungen von *Kühne*, in: Sachs, ³GG (LitVerz.), Art. 13 RN 38 ff.; *Kunig*, in: v. Münch/Kunig, ⁵GG, Art. 13 RN 36 ff.; *Papier*, in: Maunz/Dürig, GG, Art. 13 RN 47 ff., 73 ff., 89 ff., 109 ff., 117 f.
34 Deutsche Übersetzung: EuGRZ 1998, S. 618 ff.

ermöglichen³⁵. Art. 12a Abs. 4 Satz 2 GG, der Frauen vom Wehrdienst mit der Waffe ausschloß, mußte geändert werden, um eine aus Sicht des Europäischen Gerichtshofs³⁶ bestehende Unvereinbarkeit der Vorschrift mit der Gleichbehandlungsrichtlinie 76/207/EWG des Rates³⁷ zu beseitigen³⁸. Nunmehr wird lediglich bestimmt, daß Frauen nicht zu einem Dienst mit der Waffe verpflichtet werden dürfen.

2. Landesverfassungen

Die vor dem Inkrafttreten des Grundgesetzes entstandenen und noch geltenden Verfassungen der deutschen Länder (Bayern, Bremen, Hessen, Rheinland-Pfalz, Saarland) enthalten Grundrechtskataloge, die nach Umfang und Charakter der Weimarer Reichsverfassung weitgehend nachgebildet sind, einschließlich eines reichhaltigen Angebots an Vorschriften über die Ordnung des Gemeinschaftslebens. Zurückhaltender zeigten sich die Verfassungen der Länder Baden-Württemberg, Hamburg, Niedersachsen und Schleswig-Holstein, die nach dem Inkrafttreten des Grundgesetzes entstanden sind. Auf Landesgrundrechte glaubte man wegen der bundesverfassungsrechtlichen Grundrechtsgarantien verzichten zu können³⁹. Demgegenüber gaben sich Berlin und Nordrhein-Westfalen „Vollverfassungen", also einschließlich eines Grundrechtsteils. Im zeitlichen Zusammenhang mit der Wiedervereinigung Deutschlands sind in den „alten" Ländern Berlin (das freilich durch den Ostteil der Stadt erweitert wurde), Niedersachsen und Schleswig-Holstein neue Verfassungen erlassen worden, von denen nur diejenige Berlins (die mit der Verfassung von 1950 weitgehend übereinstimmt) einen eigenen Grundrechtskatalog enthält. Die Verfassungen der „neuen" Länder Brandenburg, Mecklenburg-Vorpommern, Sachsen, Sachsen-Anhalt und Thüringen sind hingegen mit der Ausnahme Mecklenburg-Vorpommerns als Vollverfassungen konzipiert. Mit der Gewährleistung von sozialen Grundrechten und der Normierung von Staatszielen geizen sie im Allgemeinen nicht⁴⁰, wofür neben dem Bedürfnis, Profil zu gewinnen, auch das Bestreben maßgeblich war, vermeint-

12
Unterschiedliche Grundrechtskataloge in den Landesverfassungen

Betonung sozialer Grundrechte in den neuen Ländern

---

35 Gesetz zur Änderung des Grundgesetzes vom 29.11.2000 (BGBl. I S. 1633). – Zum Hintergrund: *Hailbronner*, in: Wolfgang Graf Vitzthum (Hg.), Völkerrecht, ²2001, S. 257 (RN 324 ff). *M. Schröder*, ebd., S. 565f. (RN 34), 575f. (RN 49f.) – jeweils m.N.; → Bd. V: *Schmalenbach*, Verbot der Auslieferung und des Entzugs der Staatsangehörigkeit.
36 Urt. vom 11.1.2000, Rs. C-285/98 (Tanja Kreil ./. Deutschland), Slg. 2000, I-95, sowie EuGRZ 2000, S. 144/155; s. auch *EuGH*, Urt. vom 26.10.1999, Rs. C-273/97 (Sirdar ./. The Army Board), Slg. 1999, I-7432, sowie EuGRZ 1999, S. 678. Dazu: *Stahn*, Streitkräfte im Wandel – Zu den Auswirkungen der EuGH-Urteile Sirdar und Kreil auf das deutsche Recht, EuGRZ 2000, S. 121 ff. S. auch *R. Scholz*, in: Maunz/Dürig, GG, Art. 12a RN 188 ff.
37 Vom 9.2.1976 (ABl. Nr. L 39/40).
38 Gesetz zur Änderung des Grundgesetzes vom 19.12.2000 (BGBl. I S. 1755).
39 In Art. 2 Abs. 1 Verf. Baden-Württemberg werden die Grundrechte des Grundgesetzes zu „Bestandteilen dieser Verfassung" erklärt; ebenso jetzt Art. 5 Abs. 3 Verf. Mecklenburg-Vorpommern, Art. 3 Abs. 2 Satz 1 der neuen Verf. Niedersachsen (dynamische Verweisungen). Dazu: *Dietlein*, Die Rezeption von Bundesgrundrechten durch Landesverfassungsrecht, AöR 120 (1995), S. 1 ff.; *Stern*, Staatsrecht, Bd. III/2, S. 1439 ff. (§ 93 III 4).
40 Dazu Näheres bei: *Johannes Dietlein*, Die Grundrechte in den Verfassungen der neuen Bundesländer, 1993; *Starck*, HStR IX, § 208 insb. RN 51 ff; *Stern*, Staatsrecht, Bd. III/2, S. 1445 ff. (§ 93 IV).

liche „Errungenschaften" des Verfassungsrechts der DDR in die neue Zeit hinüberzuretten. Freilich wird dabei auch auf die deutsche Verfassungstradition zurückgegriffen, die, wie gezeigt, sich auch in den frühen Verfassungen der „alten" Länder niedergeschlagen hatte.

13
Problem vertikaler Grundrechtskonkurrenz

Abgesehen von dem allgemeinen Problem der vertikalen Konkurrenz von Bundes- und Landesgrundrechten[41] stellt sich in einer Reihe von Fällen die Frage der Vereinbarkeit der landesverfassungsrechtlichen Grundrechtsgarantien mit denen des Grundgesetzes, aber auch mit einfachem Bundesrecht, das abweichendes Landesverfassungsrecht zwar nicht „bricht", aber unanwendbar macht. Macht sich also der Landesverfassungsgeber anheischig, den Gewährleistungsbereich eines Grundrechts im Vergleich zu dem entsprechenden Bundesgrundrecht zu erweitern[42] oder staatliche Eingriffe durch eine engere Fassung des Gesetzesvorbehalts zu erschweren[43], so hindert dies den Bundesgesetzgeber nicht, mit bindender Wirkung für das Land die entsprechenden landesverfassungsrechtlichen Vorschriften zu verdrängen[44]. Verlangen aus Bundesgrundrechten abgeleitete Schutzpflichten oder bundesgesetzliche Regelungen ein Tätigwerden der Landesstaatsgewalt, so ist auch sie insoweit an der Beachtung des Landesverfassungsrechts gehindert. Irritierend wirkt, daß Art. 23 der Verfassung Brandenburgs die Versammlungsfreiheit unter die „politischen Gestaltungsrechte" einreiht, was als Einengung des von Art. 8 GG gewährleisteten Schutzbereichs verstanden werden kann[45].

14
Überholte Verfassungssystematik bei Vermengung von Grundrechten mit Staatszielen

Aus verfassungsrechtssystematischer Sicht ist es zu bedauern, daß die Verfassungsgeber in den „neuen" Ländern unter Vernachlässigung der längst Gemeingut gewordenen Erkenntnisse der modernen Grundrechtsdogmatik vor allem in Brandenburg und Thüringen keine klare Unterscheidung von Grundrechten und Staatszielbestimmungen getroffen haben[46]. Diese sind nicht selten als subjektive Rechte formuliert[47], was den irrigen Eindruck erweckt, es handele sich um einklagbare Ansprüche, also beispielsweise um ein gerichtlich durchsetzbares Recht auf Arbeitsbeschaffung durch den Staat. Selbst eine das Land zur Arbeitsbeschaffung verpflichtende Staatszielbestimmung ist schon aus Rechtsgründen nicht umsetzbar, wo sie auf ausländer-

---

41 Dazu unten RN 76.
42 Beispiele: Art. 17, 49 Verf. Brandenburg gestalten Freizügigkeit und Berufsfreiheit, Art. 28 und 29 Verf. Sachsen und Art. 35 Verf. Thüringen die Berufsfreiheit als Jedermann- und nicht wie das Grundgesetz als Deutschenrechte aus.
43 Art. 16 Abs. 2 Verf. Brandenburg erhöht die Schwelle für Eingriffe in das Brief-, Post- und Fernmeldegeheimnis im Vergleich zu Art. 10 Abs. 2 GG deutlich. Das auf der Grundlage der letztgenannten Vorschrift erlassene G 10 (Gesetz zur Beschränkung des Brief-, Post- und Fernmeldegeheimnisses vom 26.6.2001 [BGBl. I S. 1254, ber. S. 2298]) läßt die landesverfassungsrechtliche Norm leerlaufen. – Die in Art. 17 Abs. 4 Verf. Sachsen-Anhalt enthaltene Ermächtigung zur optischen und akustischen Ausspähung von Wohnungen mit technischen Mitteln bleibt hinter Art. 13 Abs. 3 ff. GG zurück und kommt daher nicht zum Tragen, soweit bundesrechtliche Regelungen die ihnen eröffneten Möglichkeiten ausschöpfen.
44 Ein Beispiel sind die in Art. 47 Abs. 2 Verf. Brandenburg enthaltenen Räumungsschutzbestimmungen. Sie sind unvereinbar mit § 885 in Verb. mit §§ 721, 765a ZPO.
45 Ebenso *Dietlein* (FN 40), S. 98 ff.; *Stern*, Staatsrecht, Bd. III/2, S. 1451 (§ 93 IV 5).
46 S. insb. *Starck* (FN 40), RN 57 ff.
47 Z. B. Recht auf Arbeit: Art. 48 Abs. 1 Verf. Brandenburg; Recht auf Bildung: Art. 29 Abs. 1 Verf. Brandenburg, Art. 7 Abs. 1 Verf. Sachsen; Recht auf soziale Sicherheit: Art. 45 Abs. 1 Verf. Brandenburg.

oder asylrechtliche Arbeitsverbote des Bundesrechts stößt. Wortlaut und Systematik provozieren also Mißverständnisse, insofern sie Verpflichtungen des Landes statuieren oder doch zu statuieren scheinen, die dieses schon aus Rechtsgründen nicht zu erfüllen vermag. Das Bundesverfassungsrecht läßt dem Landesverfassungsgesetzgeber – im Rahmen der Homogenitätsanforderungen des Art. 28 Abs. 1 Satz 1 GG – weiten Spielraum, die normative Wirkung sozialer und wirtschaftlicher Verheißungen und Selbstverpflichtungen im Landesverfassungsrecht tendiert jedoch gegen Null. Wo dies nicht schon aus rechtlichen Gründen der Fall ist, wegen des Vorrangs des Bundesrechts oder mangels einschlägiger Landeskompetenz, stoßen soziale „Grundrechte" und Staatszielbestimmungen auch deshalb rasch an Grenzen, weil sie alle die gleichen materiellen Ressourcen in Anspruch nehmen. Die „Diskrepanz zwischen Norminhalt und Normsuggestion"[48] ist augenfällig. Das heißt nicht, daß das neue Landesverfassungsrecht nicht auch im Grundrechtsbereich einige innovative Anstöße enthielte, etwa bei der ausdrücklichen Gewährleistung des Datenschutzes[49], der Einräumung eines Informationsanspruchs[50], dem Schutz des ungeborenen Lebens[51].

Fällt die Verfassung Brandenburgs schon durch den erwähnten, obschon untauglichen Versuch aus dem Rahmen, die Versammlungsfreiheit funktional-demokratisch zu instrumentalisieren und damit ihres primär individualrechtsschützenden Charakters zu entkleiden, so auch dadurch, daß sie „Bürgerbewegungen, die sich öffentlichen Aufgaben widmen und auf die öffentliche Meinungsbildung einwirken", Parteien gleichstellt: sie müssen wie diese in ihrer inneren Ordnung demokratischen Grundsätzen entsprechen (Art. 20 Abs. 3 Satz 1). Das ist nicht vereinbar mit dem vorrangigen Grundrecht der Vereinigungsfreiheit nach Art. 9 Abs. 1 GG, dessen Schutzbereich sich auch auf Bürgerbewegungen erstreckt; es garantiert Vereinigungen „die Selbstbestimmung über die Organisation, das Verfahren ihrer Willensbildung und die Führung ihrer Geschäfte"[52]. Zwar ist nicht jede staatliche Regelung dieser Gegenstände ausgeschlossen, sie ist aber durch das Vereins- und Gesellschaftsrecht des Bundes erschöpfend erfolgt, für landesrechtliche Extratouren ist dabei kein Raum[53]. Bedenklich ist auch die Vorschrift des Art. 20 Abs. 3 Satz 2 Verf. Brandenburg, die bestimmt, daß Personen und Bürgerbewegungen die Freiheit ihrer Mitwirkung an der politischen Willensbildung zu gewährleisten ist. Diese Freiheit gilt nach dem Grundgesetz für jedermann, sie ist kein Privileg politischer Organisationen. Aus dem gleichen Grunde ist das „Bürgerinitiativen und Verbänden" zuerkannte Informationsprivileg (Art. 21 Abs. 3 Satz 1 Verf. Brandenburg) verfassungsrechtlichen Bedenken ausgesetzt.

15
Grundrechtliche Extratouren Brandenburgs

---

48 *Stern*, Staatsrecht, Bd. III/2, S. 1493 (§ 93 VI 5 c).
49 Art. 11 Verf. Brandenburg; Art. 6 Verf. Mecklenburg-Vorpommern; Art. 33 Verf. Sachsen; Art. 6 Verf. Sachsen-Anhalt; Art. 6 Verf. Thüringen; → Bd. IV: *Rudolf*, Das Recht auf informationelle Selbstbestimmung.
50 Art. 21 Abs. 4 Verf. Brandenburg.
51 Art. 8 Abs. 2 Verf. Brandenburg.
52 *BVerfGE 50*, 290 (354); s. auch Art. 20 Abs. 1 Satz 2 Verf. Brandenburg.
53 S. auch *Dietlein* (FN 40), S. 98 ff.

16
Delegitimierung infolge mangelnder Grundrechtsverträglichkeit

Zweierlei sei abschließend bemerkt: Auch wenn Art. 28 Abs. 1 Satz 1 GG der konstitutionellen Gestaltungsfreiheit der Länder weiten Spielraum läßt (Homogenität, nicht Uniformität wird verlangt), erscheint es auch innerhalb der Grenzen der Grundgesetzverträglichkeit wenig sinnvoll, in der Landesverfassung grundsätzliche Widersprüche gegen die Konzeption der Rechtsordnung des Bundes zu manifestieren. Denn der Widerspruch bleibt wirkungslos, und er ist geeignet, die Verfassung sowohl des Bundes als auch die des Landes zu delegitimieren.

17
Soziale Grundrechte als Verfassungslyrik

Im Verfassungsstaat, in dem die Wirksamkeit der Grundrechte wie der Verfassung insgesamt durch die Gewährleistung effektiven Rechtsschutzes bis hin zur Verfassungsbeschwerde gesichert ist, steht der Verfassungsgesetzgeber, wenn er sich entschließt, soziale Grundrechte und Staatszielbestimmungen in den Verfassungstext aufzunehmen, vor einem Dilemma[54]. Im Maße, in dem er ihnen normative Kraft verleiht, spielt er der Justiz zu Lasten des Gesetzgebers Entscheidungskompetenzen zu. Will er dies vermeiden – und er muß es zu vermeiden suchen, um die Politik handlungsfähig zu erhalten –, muß er diese Verfassungsbestimmungen entweder mit weitreichenden Vorbehalten versehen, die sie de facto zur Disposition des Gesetzgebers stellen – ein Beispiel bietet Art. 20a GG – oder sie durch einen Vorbehalt des Möglichen[55] ausdrücklich ihrer normativen Wirkung berauben, also der Kategorie der Verfassungslyrik zuordnen. Die Verfassungen der deutschen Länder können diesem Dilemma nur scheinbar entgehen, weil das vorrangige Bundesrecht die Länder davor bewahrt, zu ihren Versprechungen stehen zu müssen: die Verfassungslyrik bleibt ihr Schicksal.

II. Blick auf ausländische Verfassungen

18
Überblick

Grundrechte haben auch im ausländischen Verfassungsrecht Konjunktur. Hier können nur höchst fragmentarische Einblicke gegeben werden[56].

1. Westeuropa

19
Neuere Verfassungen in Europa

In Westeuropa erhielten Portugal (1976) und Spanien (1978) nach dem Ende der Diktatur neue Verfassungen. In der Schweiz mündeten die langjährigen Bemühungen um eine Totalrevision der Verfassung von 1874 in die erneuerte Schweizer Bundesverfassung vom 18. April 1999. Neue Verfassungen gaben sich auch Belgien (1994), Griechenland (1975), die Niederlande (1983) und

---

54 → Bd. II: *Merten*, Begriff und Abgrenzung der Grundrechte.
55 Vgl. Art. 65 der Verfassung der Türkei: „The State shall fulfill its duties as laid down in the Constitution in the social and economic fields within the limits of its financial resources, taking into consideration the maintenance of economic stability."
56 Zu den Wechselwirkungen zwischen deutschem und ausländischem Verfassungsrecht vgl. *Christian Starck* (Hg.), Grundgesetz und deutsche Verfassungsrechtsprechung im Spiegel ausländischer Verfassungsentwicklung, 1990; → § 7: *Häberle*, Wechselwirkungen zwischen deutschen und ausländischen Verfassungen.

Schweden (1975). Sie alle verfügen über umfangreiche Grundrechtskataloge und garantieren umfassend die klassischen Freiheits-, Gleichheits- und politischen Rechte. Einige Verfassungen wie die portugiesische[57] und die spanische[58] enthalten auch gesellschaftspolitische Festlegungen, etwa bezüglich der Arbeits- und Wirtschaftsverfassung oder der Kultur, wobei auch hier zwischen subjektiven Rechten und Staatszielbestimmungen nicht immer klar genug differenziert wird[59]. Aufmerksamkeit verdienen Grundrechtsverwirklichungsklauseln[60], die den Staat in Pflicht nehmen wollen, die realen Voraussetzungen dafür zu schaffen, daß die Menschen die ihnen gewährten Rechte auch tatsächlich in Anspruch nehmen können. Auch hierbei handelt es sich allerdings um Verfassungsaufträge, die der politischen Prioritätensetzung nahezu unbegrenzten Spielraum lassen, bei deren Erfüllung die tatsächlichen Möglichkeiten zu berücksichtigen sind. Zu übersehen ist auch nicht, daß der Auftrag sich auf *alle* Grundrechte *aller* Grundrechtsberechtigten gleichermaßen bezieht, also im Grunde nicht mehr besagt als ein Gebot zur Herstellung „praktischer Konkordanz", welches dem Verfassungsrecht ohnehin innewohnt. Solche Klauseln sind, was auch für die sozialen Grundrechte und viele Staatszielbestimmungen gilt, „weiches" Verfassungsrecht im Unterschied zu denjenigen Verfassungsnormen, die wie die Freiheits- und Gleichheitsrechte gerichtlich durchsetzbar sind.

Grundrechtsverwirklichungsklauseln als „weiches" Verfassungsrecht

Besondere Klarheit eignet in den hier interessierenden Punkten der neuen Verfassung der Schweiz[61]. Sie formuliert Staatsziele in Art. 2, kodifiziert die Grundrechte in Art. 7 bis 36 (vgl. auch Art. 119 Abs. 2) und statuiert programmatisch (nur ausnahmsweise finden sich soziale Gewährleistungen, die aber nicht immer als „Rechte" formuliert sind[62]) in Art. 41 Sozialziele von Bund und Kantonen. Die Drittwirkungsproblematik ist in Art. 35 einer zurückhaltenden Lösung zugeführt. Die Verfassung verzichtet auf grundrechtsspezifische Schranken und enthält statt dessen in Art. 36 eine allgemeine Schrankenklausel, deren praktische Bewährung abzuwarten bleibt[63].

20
Grundrechtsdogmatische Klarheit der Schweizer Verfassung

---

57 → Bd. VIII: Grundrechte in Portugal.
58 → Bd. VIII: Grundrechte in Spanien.
59 So garantiert die spanische Verfassung in Art. 35 Abs. 1 das Recht auf Arbeit, in Art. 38 die Unternehmensfreiheit im Rahmen der Marktwirtschaft und verpflichtet in Art. 40 Abs. 1 Satz 2 den Staat auf eine Vollbeschäftigungspolitik. Art. 53 macht dann deutlich, daß diese Rechte gerichtlich nicht durchsetzbar sind oder doch nur in dem Umfang, den sie durch einfachgesetzliche Ausgestaltung erhalten. Dazu: *Starck*, Europas Grundrechte im neuesten Gewand, in: *ders.*, Verfassungsstaat (FN 6), S. 204 ff. (215).
60 Vgl. z. B. Art. 3 Satz 2 Verf. Italien, Art. 9 Abs. 2 Verf. Spanien; Art. 35 Abs. 2 BV Schweiz 1999. Dazu: *Starck*, ebd., S. 218. – S. auch Art. 45 Abs. 1 Verf. Russ. Föderation; → *Häberle*, § 7 RN 38f.
61 *R. J. Schweizer,* Die erneuerte Schweizer Bundesverfassung vom 18. April 1999, JöR 48 (2000), S. 263 ff. mit zahlr. N; → Bd. VII: 12. Teil, Die Grundrechte in der Schweiz.
62 Vgl. Art. 8 Abs. 4, 11 Abs. 1, 12, 19, 29 Abs. 3, 62 Abs. 2, 124.
63 Die Vorschrift lautet: „(1) Einschränkungen von Grundrechten bedürfen einer gesetzlichen Grundlage. Schwerwiegende Einschränkungen müssen im Gesetz selbst vorgesehen sein. Ausgenommen sind Fälle ernster, unmittelbarer und nicht anders abwendbarer Gefahr. (2) Einschränkungen von Grundrechten müssen durch ein öffentliches Interesse oder durch den Schutz von Grundrechten Dritter gerechtfertigt sein. (3) Einschränkungen von Grundrechten müssen verhältnismäßig sein. (4) Der Kerngehalt der Grundrechte ist unantastbar."

2. Mittel- und Osteuropa

21
Tradition westlicher Verfassungskultur

Nach *Peter Häberle* sind Verfassungen „Ausdruck eines kulturellen Entwicklungszustandes, Mittel der kulturellen Selbstdarstellung eines Volkes, Spiegel seines kulturellen Erbes und Fundament seiner Hoffnungen"[64]. Vom Joch des Kommunismus befreit, haben sich die mittel- und osteuropäischen Staaten durch ihre neuen oder erneuerten[65] Verfassungen entschlossen der westlichen, durch die Tradition der amerikanischen und der französischen Revolutionen geprägten Verfassungskultur zugewandt[66], für die meisten eine Rückkehr auf (mehr oder weniger) vertrautes Gelände. Von einer „Weltstunde des Verfassungsstaats" spricht *Häberle*[67]. Die klassischen Grundrechte werden vollständig und überwiegend als Menschen-, nicht nur als Bürgerrechte gewährleistet, ebenso widmen sich die Verfassungen aber auch den „Lebensordnungen" wie Familie, Arbeit und Wirtschaft, Bildung und Wissenschaft sowie der sozialen Sicherheit und dem Schutz der Gesundheit, sei es, indem sie großzügig „Rechte" formulieren[68], sei es, indem sie sich damit begnügen, den Staat auf die Verfolgung bestimmter Ziele zu verpflichten.

22
Erwartungshaltung gegenüber dem Staat

Es mag dahinstehen, inwieweit sich darin Erinnerungen an die staatssozialistische Vergangenheit spiegeln oder Anlehnungen an internationale Menschenrechtsdokumente (die freilich ihrerseits unter dem Einfluß der ehedem kommunistischen Staaten zustande gekommen sind), insbesondere den Internationalen Pakt über wirtschaftliche, soziale und kulturelle Rechte (IPWSKR), zur Geltung kommen. Jedenfalls drückt sich hier eine weitgehende Erwartungshaltung gegenüber dem Staat aus, die bekanntlich auch im „Westen" häufig anzutreffen ist, obgleich die Erfahrung lehrt, daß die Leistungsfähigkeit des Staates umso höher zu sein pflegt, je mehr der einzelne gefordert ist. Soziale Leistungsrechte sind allerdings regelmäßig unter Gesetzesvorbehalt gestellt[69]. Dem Minderheitenschutz wird vielfach Aufmerksamkeit zuteil[70]. Dabei ist nicht nur an Vorschriften zum Schutz von Sprache und Kultur der Minderheit(en) zu denken oder an die Gewährung kultureller Autonomie, sondern auch und vor allem an deren Gleichstellung in Ansehung ihrer (auch der staatsbürgerlichen) Rechte und Pflichten. Auffällig sind Vorschriften, die Nichtstaatsangehörigen nicht nur politische, sondern auch bürgerliche Rechte

---

64 Die Entwicklungsstufe des heutigen Verfassungsstaates, Rechtstheorie 22 (1991), S. 438.
65 In Lettland wurde die Verfassung von 1922 als fortgeltend erachtet und 1991 durch ein Verfassungsgesetz über die Rechte und Pflichten der Bürger und Einwohner ergänzt; durch Gesetz vom 23.10.1998 wurden die Grundrechte dem Text der Verfassung eingefügt; → Bd. IX: Die Grundrechte in Lettland.
66 Überblick: Herwig Roggemann (Hg.), Die Verfassungen Mittel- und Osteuropas, 1999. Ferner: *Wolfgang Kahl*, Das Grundrechtsverständnis der postsozialistischen Verfassungen Osteuropas, 1994.
67 Rechtsvergleichung im Kraftfeld des Verfassungsstaates, 1992, S. 105.
68 Allerdings finden sich auch klassische Freiheitsrechte wie die Berufs- und Eigentumsfreiheit im Kontext solcher Regelungskomplexe. – Soziale Rechte werden meist nur nach Maßgabe des Gesetzes gewährt, z. B. Art. 51 Verf. Slowakei.
69 Beispiele: Art. 37 Abs. 5 (Recht auf Erholung), 39 (Recht auf soziale Sicherheit), 40 (Recht auf Wohnung) Verf. Russ. Föderation; Art. 70/B bis 70/F Verf. Ungarn; Art. 66 Verf. Polen.
70 Ethnische Minderheiten sind in den Staaten des mittel- und osteuropäischen Raums vielfach anzutreffen. Beispiele: In den baltischen Staaten hat das Mehrheitsvolk einen Anteil von 54 v.H. in Lettland, von 65 v.H. in Estland und von 80 v.H. in Litauen. – Beispiele: Art. 35 Verf. Polen; Art. 68 Verf. Ungarn; Art. 26 Verf. Russ. Föderation.

vorenthalten[71]. Der Schutz der Umwelt ist ein viel genanntes Staatsziel[72]. Von wesentlicher Bedeutung ist die Garantie eines wirksamen Schutzes der Grundrechte durch eine unabhängige Justiz[73]. Ihr und den Justizgrundrechten sind jeweils umfangreiche Verfassungsbestimmungen gewidmet. In einigen Verfassungen[74] ist die Institution eines Beauftragten der Bürgerrechte (Ombudsmann) vorgesehen. Die politischen Rechte des status activus bis hin zum Recht auf Parteibildung[75] sind garantiert.

Auf einige Neuerungen und Besonderheiten ist hinzuweisen: Die Tschechische Republik inkorporiert die Europäische Menschenrechtskonvention (EMRK) und verzichtet auf einen eigenen Grundrechtskatalog. Art. 11 der Verfassung der slowakischen Republik und Art. 20 der Verfassung Rumäniens statuieren eine Art Meistbegünstigungsklausel: Soweit internationale Verträge, denen diese Staaten beigetreten sind, weitergehende Rechte garantieren als die eigene Verfassung, haben die dort getroffenen Regelungen Vorrang.

23
Besonderheiten

Die einschlägigen Grundrechtsnormen (Kommunikationsfreiheiten; Brief-, Post- und Fernmeldegeheimnis) beziehen moderne Kommunikationsmittel in ihren Schutz ein[76]. Datenschutz wird grundrechtlich garantiert[77]. Wie in Deutschland die ausdrückliche Gewährleistung der Informationsfreiheit (Art. 5 Abs. 1 Satz 1 GG)[78] auf spezifischen Erfahrungen mit dem nationalsozialistischen Regime beruht[79], so war die Behinderung des free flow of information im ehemaligen Ostblock Anlaß für entsprechende Garantien[80]. Art. 19 der estnischen Verfassung garantiert jedermann das Recht auf Selbstverwirklichung[81], nicht ohne hinzuzufügen, daß dabei die Rechte anderer und das Gesetz zu beachten sind. Das Streikrecht wird überall anerkannt, steht aber etwa nach Art. 37 Abs. 4 der slowakischen Verfassung unter Gesetzesvorbe-

24
Moderne Grundrechte

---

71 Art. 9 VerfG Lettland behielt das Recht, in Lettland Grundeigentum zu haben, den eigenen Staatsangehörigen vor (Art. 105 Verf. Lettland i.d.F. von 1998 kennt diese Einschränkung nicht mehr); ähnlich Art. 47 Abs. 1 Verf. Litauen. Nach Art. 32 Abs. 3 Satz 2 Verf. Estland ist der Gesetzgeber ermächtigt, eine entsprechende Regelung zu treffen; vgl. auch Art. 20 Abs. 2 Satz 2 Verf. Slowakei; ferner: Art. 22 Verf. Bulgarien, Art. 68 Verf. Slowenien.
72 Beispiele: Art. 43 und Art. 115 Verf. Lettland, Art. 53 Abs. 3 Verf. Litauen – teils mit der interessanten Variante, daß nicht nur der Staat, sondern jedermann in die Verantwortung genommen wird; Art. 7 Verf. Tschechien, Art. 44f. Verf. Slowakei, Art. 15 Verf. Bulgarien; Art. 72 Verf. Slowenien; Art. 42 Verf. Russ. Föderation, Art. 18 Verf. Ungarn.
73 Musterhaft: Art. 15 Verf. Estland. S. auch Art. 92 Verf. Lettland, Art. 4 Verf. Tschechien, Art. 46 Verf. Slowakei, Art. 21 Verf. Rumänien, Art. 15 Abs. 4, 23 Verf. Slowenien, Art. 18, 45, 46, 125 Abs. 4 Verf. Russ. Föderation, Art. 70/K Verf. Ungarn.
74 Art. 80, 208ff. Verf. Polen, Art. 32/B Verf. Ungarn.
75 Bemerkenswert: Art. 48 Abs. 1 Satz 2 Verf. Estland bestimmt, daß nur eigene Staatsangehörige Mitglieder von Parteien sein können; ebenso Art. 29 Abs. 2 Verf. Slowakei; Art. 11 Abs. 1 Satz 2 Verf. Polen.
76 Beispiele: Art. 22 Verf. Litauen, Art. 28 Verf. Rumänien, Art. 37 Abs. 1 Verf. Slowenien.
77 Beispiele: Art. 42, 44 Abs. 3 Verf. Lettland, Art. 19 Abs. 3, 22 Abs. 1 Verf. Slowakei, Art. 38 Verf. Slowenien, Art. 24 Verf. Russ. Föderation, Art. 59ff. Verf. Ungarn.
78 → Bd. IV: *Dörr*, Informationsfreiheit.
79 Vgl. auch Art. 37 Abs. 1 Verf. Portugal, Art. 20 Abs. 1 lit. d Verf. Spanien.
80 Beispiele: Art. 17 Verf. Lettland, Art. 22 Abs. 2 Verf. Litauen, Art. 26 Abs. 1 Verf. Slowakei, Art. 41 Verf. Bulgarien, Art. 39 Abs. 1 Satz 2 Verf. Slowenien, Art. 29 Abs. 4 Verf. Russ. Föderation.
81 Art. 2 Verf. Lettland gibt jedermann das Recht, alles zu tun, was die Gesetze nicht verbieten (vgl. Art. 2 Abs. 2 des Entwurfs des Verfassungskonvents von Herrenchiemsee).

halt und wird dort Richtern, Staatsanwälten, Militär, Polizei und Feuerwehr vorenthalten[82]. Schwangeren wird nicht selten der besondere Schutz des Staates zugesagt[83], Seltenheitswert hat jedoch eine Vorschrift wie Art. 15 Abs. 1 Satz 2 der slowakischen Verfassung, nach der auch das ungeborene Leben „Schutz verdient". Demgegenüber garantiert Art. 55 der slowenischen Verfassung die freie Entscheidung über die Geburt eigener Kinder. Die Gewissensfreiheit ist verfassungsrechtlich garantiert, Art. 46 der slowenischen Verfassung beugt damit verbundenen Gefahren vor, indem er bestimmt, daß die Weigerung aus Gewissensgründen nur in den gesetzlich festgelegten Fällen zulässig ist.

25
Marktwirtschaft

Eine ausdrückliche Garantie der Marktwirtschaft findet sich – allerdings mit Vorbehalten – in der slowakischen (Art. 5), der polnischen (Art. 20) und ebenso der ungarischen Verfassung (Art. 9 und 10). Nach Art. 19 der Verfassung Bulgariens ist die Wirtschaft des Landes gegründet auf die freie wirtschaftliche Initiative. Die Verfassung der Russischen Föderation garantiert wirtschaftliche Handlungsfreiheit, verbietet Monopolbildung und unlauteren Wettbewerb und schützt das Privateigentum (Art. 34 bis 36)[84].

26
Schranken und Schrankenschranken

Einige Verfassungen enthalten – neben spezifischen, den Einzelgrundrechten beigegebenen Schranken – allgemeine Schrankenklauseln, in denen der allgemeine Gesetzesvorbehalt formuliert und die Zwecke angegeben werden, um deretwillen eine Einschränkung der Grundrechte erfolgen darf[85]. Zugleich wird die Schrankenschranke der Verhältnismäßigkeit[86] festgelegt[87]. Daneben finden sich allerdings Ermächtigungen zu sehr viel weitergehenden Grundrechtseinschränkungen in Notstandsfällen (Krieg, Ausnahmezustand, Naturkatastrophen)[88], wobei notstandsfeste Grundrechte enumerativ benannt werden; das entspricht dem Vorbild völkerrechtlicher Menschenrechtsverträge[89].

Abschließend sind Normen zu nennen, die die Bürger zu Verfassungsloyalität und Gesetzesgehorsam verpflichten[90].

---

82 Gemäß Art. 77 Abs. 2 Verf. Slowenien steht das Streikrecht unter Gesetzesvorbehalt; ebenso Art. 70/C Abs. 2 und 3 Verf. Ungarn.
83 Beispiele: Art. 41 Abs. 2 Verf. Slowakei, Art. 14 Verf. Bulgarien.
84 Vgl. etwa noch: Art. 46 Verf. Litauen, Art. 31 Verf. Estland. – Diese Vorschriften müssen freilich im Zusammenhang mit den zahlreichen sozialen Staatszielbestimmungen gelesen werden! S. auch Roggemann (FN 66), S. 102 ff.
85 → § 22: *Kokott*, Grundrechtliche Schranken und Schrankenschranken.
86 → Bd. III: *Merten*, Verhältnismäßigkeitsgrundsatz.
87 Beispiele: Art. 55 Verf. Russ. Föderation – dazu: *Schweisfurth*, Die Verfassung Rußlands vom 12. Dezember 1993, EuGRZ 1994, S. 473 ff. (486 f.). – S. auch Art. 11 Verf. Estland, Art. 49 Verf. Rumänien, Art. 13 Verf. Slowakei.
88 Beispiele: Art. 56 Verf. Russ. Föderation – den in der Verfassung nicht näher definierten Ausnahmezustand verhängt nach Art. 85 der Präsident der Russischen Föderation auf der Grundlage eines Föderationsverfassungsgesetzes, das die Voraussetzungen dafür festzulegen hat. S. auch Art. 57 Verf. Bulgarien, Art. 8 Abs. 4 Verf. Ungarn.
89 Vgl. Art. 15 EMRK in Verb. mit Art. 3 des 6. und Art. 4 Abs. 3 des 7. Zusatzprotokolls (Todesstrafe; ne bis in idem); Art. 4 IPbürgR; → unten *T. Stein*, § 24 RN 105.
90 Beispiele: Art. 19 Abs. 2, 54 Abs. 1 Verf. Estland, Art. 28 Verf. Litauen, Art. 50, 51 Verf. Rumänien.

III. Völkerrecht und europäisches Gemeinschaftsrecht

Auch im Völkerrecht hat die Idee der Menschenrechte vor allem im Verlauf der zweiten Hälfte des 20. Jahrhunderts einen Siegeszug angetreten[91] – sowenig zu Beginn des 21. Jahrhunderts in einer Vielzahl von Staaten die Realisierung dieser Idee als zufriedenstellend angesehen werden kann. Der Reichhaltigkeit des im Völkergewohnheitsrecht und allgemeinen Rechtsgrundsätzen[92] sowie in vielen multi-, aber auch bilateralen Verträgen enthaltenen, von zahlreichen Entschließungen internationaler Organisationen, vorab der Generalversammlung der Vereinten Nationen, ergänzten völkerrechtlichen Normenbestandes, der die Staaten zur Achtung der Menschenrechte verpflichtet, kontrastiert, aufs Ganze gesehen, noch immer deren augenfällige Durchsetzungsschwäche.

27
Siegeszug der Menschenrechte, aber Durchsetzungsschwäche

1. Revolution des Völkerrechts

Der Einzug des Schutzes der Menschenrechte in das Völkerrecht bedeutete „eine fast revolutionäre Entwicklung der internationalen Beziehungen"[93], steht er doch in einem unübersehbaren Spannungsverhältnis zum Grundsatz der staatlichen Souveränität, der prinzipiell die inneren Angelegenheiten der Staaten, also auch die Gewährung von Grund- und Menschenrechten, deren ausschließlicher Zuständigkeit vorbehält[94]. Im Maße, in dem der Schutz der Menschenrechte zum Gegenstand des Völkerrechts wird, werden die Staaten für Verletzungen der Menschenrechte der ihrer Hoheitsgewalt unterworfenen Menschen sei es gegenüber der Gemeinschaft der Staaten, sei es gegenüber denjenigen Staaten verantwortlich, mit denen sie vertraglich über den Schutz dieser Rechte übereingekommen sind. Es sind vor allem die in der ersten Hälfte des 20. Jahrhunderts, aber auch noch später gesammelten Erfahrungen, nicht zuletzt der greifbare Zusammenhang zwischen dem Schutz der Menschenrechte und der Bewahrung des Friedens[95], die die Völkerrechtsgemeinschaft, einsetzend mit der von der Generalversammlung der Vereinten Nationen am 10. Dezember 1948 beschlossenen Allgemeinen Erklärung der Menschenrechte (AEMR), veranlaßt hat, sich in einem seither dynamisch fortschreitenden Prozeß um die Sicherung der Menschenrechte zu bemühen.

28
Menschenrechtsschutz versus Staatssouveränität

Die Beweggründe, die die einzelnen Staaten dazu vermögen, sich völkerrechtsvertraglich zu einer menschenrechtskonformen Gestaltung ihrer Rechtsordnung zu verpflichten, sind unterschiedlicher Art[96]; nicht immer steht dahinter der politische Wille, solchen Verpflichtungen auch zu genügen. Nicht nur die

29
Mitunter ungewollte Folgen menschenrechtlicher Verpflichtungen

---

91 *E. Klein*, Menschenrechte (Bibl.), S. 7. S. auch *Ermacora*, Menschenrechte II (Bibl.), S. 33 ff.
92 Vgl. Art. 38 Abs. 1 lit. c des Statuts des Internationalen Gerichtshofs (BGBl. 1973 II S. 505).
93 *Karl Doehring*, Völkerrecht, 1999, S. 413.
94 Vgl. die in Art. 2 Nrn. 1 und 7 der Satzung der Vereinten Nationen niedergelegten Grundsätze. – Das völkerrechtliche Fremdenrecht bot allerdings dem Ausländer insofern Schutz, als eine Verletzung der ihm auf völkerrechtlicher Ebene garantierten Rechte diplomatische Schutzansprüche seines Heimatstaates auslöste. Dazu etwa: *Doehring* (FN 93), S. 362 ff; *Hailbronner* (FN 35), S. 249 ff.
95 Dieser Zusammenhang liegt auch der Satzung der Vereinten Nationen (Art. 1) und der EMRK (Präambel, 4. Erwägungsgrund) zu Grunde.
96 S. *E. Klein*, Menschenrechte (Bibl.), S. 12.

politische Entwicklung, die durch die Schlußakte der Konferenz für die Sicherheit und Zusammenarbeit in Europa (KSZE) vom 1. August 1975 mit dem in ihr enthaltenen, die Menschenrechte betreffenden Korb III[97] ausgelöst worden ist, hat allerdings, ungeachtet ihrer rechtlichen Unverbindlichkeit, gezeigt, daß schon die bloße Ankündigung eines Staates, Menschenrechte beachten zu wollen, unter Umständen zu für ihn weitreichenden, keineswegs in seiner ursprünglichen Absicht gelegenen Folgen führen kann[98]. Denn andere Staaten erhalten so die Möglichkeit, den bei der Einlösung seiner Ankündigungen säumigen Staat an diese zu erinnern, und auch die Bürger dieses Staates werden sich, wenn sie können, darauf berufen. In diesem Zusammenhang ist an die Entscheidung des Bundesverfassungsgerichts vom 24. Oktober 1996[99] zu erinnern. Danach gilt, daß ein Staat, der die Strafbarkeit schwersten kriminellen Unrechts durch Rechtfertigungsgründe ausschließt, indem er über die geschriebenen Normen hinaus zu solchem Unrecht auffordert, es begünstigt und so die in der Völkerrechtsgemeinschaft allgemein anerkannten Menschenrechte in schwerwiegender Weise mißachtet, eine Freistellung der Täter von Strafe letztlich nicht erreicht, weil insoweit der durch Art. 103 Abs. 2 GG (nullum crimen, nulla poena sine lege) gewährleistete Vertrauensschutz zurückzutreten hat.

2. Bestandsaufnahme

30
Überblick über völkerrechtliche Instrumente zur Sicherung der Menschenrechte

Nicht alle völkerrechtlichen Instrumente, die das Bemühen um eine Absicherung der Menschenrechte auf der Ebene des internationalen Rechts bis jetzt hervorgebracht hat, können hier dargestellt oder auch nur aufgezählt werden. Wenige Hinweise müssen genügen[100]. Während die Allgemeine Menschenrechtserklärung politisch-programmatischen Charakter hat[101], werden durch die Menschenrechtspakte, den Internationalen Pakt über bürgerliche und politische Rechte (IPbürgR) und den IPWSKR[102], völkerrechtliche Verbindlichkeiten der Vertragsparteien[103] begründet. Neben diesen Verträgen mit weltweiter Verbreitungstendenz stehen die Verträge mit regionalem Geltungsbereich: die Europäische Menschenrechtskonvention[104] nebst einer

---

97 Text: Bulletin der Bundesregierung vom 15.8.1975, S. 96 ff. – Zusammenfassend: *Stern,* Staatsrecht, Bd. III/2, S. 1582 ff., 1585 ff. (§ 94 III 5 und 6).
98 Der KSZE-Prozeß und die Resonanz, die er innerhalb des damaligen Ostblocks fand, hatte keinen geringen Anteil an den Veränderungen, die sich in Ost- und Südeuropa 1989 und danach vollzogen. Dokumentation: Bundeszentrale für politische Bildung (Hg.), Menschenrechte. Dokumente und Deklarationen, 1995.
99 *BVerfGE 95,* 96 (Leitsatz 3, 133).
100 Überblicke bei: *Stern,* Staatsrecht, Bd. III/1, § 62; *Gloria,* in: Knut Ipsen, Völkerrecht, [4]1999, 11. Kapitel (S. 668 ff.); *Doehring* (FN 93), § 20; *Hailbronner* (FN 35), S. 229 ff.
101 Mitunter wird allerdings auch ihre Rechtsverbindlichkeit behauptet – s. *Hailbronner* (FN 35), S. 236 m.N. (FN 346); *Stern,* Staatsrecht, Bd. III/1, S. 255 ff. (§ 62 II 4 b).
102 BGBl. 1973 II S. 1534, 1570.
103 Nach dem Stand vom 31.12.2001 waren dem IPbürgR 148, dem IPWSKR 146 Staaten beigetreten (BGBl. II 2002 Fundstellennachweis B, S. 492, 495).
104 Europäische Konvention zum Schutze der Menschenrechte und Grundfreiheiten (EMRK) vom 4.11.1950 (BGBl. 1952 II S. 685, 953) mit späteren Änderungen.

Reihe von Zusatzprotokollen[105], die Europäische Sozialcharta[106], die Amerikanische Menschenrechtskonvention vom 22. November 1969 (American Convention on Human Rights)[107] sowie die Afrikanische Charta der Menschenrechte und Rechte der Völker (auch: Banjul-Charta)[108]. Die durch Resolution Nr. 5437 des Rates der Arabischen Liga angenommene Arabische Charta der Menschenrechte[109] ist bisher nicht in Kraft getreten. Wichtige Übereinkommen wie diejenige gegen Folter und andere grausame, unmenschliche oder erniedrigende Behandlung oder Strafe[110] (UN-Folterkonvention) oder die schon älteren Übereinkommen zur Bekämpfung des Handels mit Frauen und Kindern und über die Sklaverei[111] kommen hinzu.

In inhaltlicher Hinsicht finden sich im Völkervertragsrecht fast alle aus dem nationalen Recht bekannten menschenrechtlichen Verbürgungen wieder[112]. Neben den „klassischen" liberalen Freiheitsrechten und den politischen Teilhaberechten nehmen dabei die sozialen und wirtschaftlichen Rechte wie das Recht auf Arbeit (Art. 6 IPWSKR; Art. 1 Europ. Sozialcharta), das Recht auf Gesundheit (Art. 12 IPWSKR; Art. 11 Europ. Sozialcharta) oder das Recht auf Bildung (Art. 13 IPWSKR; Art. 14 EU-Grundrechtecharta) breiten Raum ein. Bestimmend ist dabei die prinzipiell richtige Einsicht, daß eine effektive Nutzung der bürgerlichen Rechte ohne eine gewisse Mindestausstattung mit geistigen und materiellen Gütern nicht möglich ist[113]. Andererseits spiegelt sich – wie im staatlichen Recht – in weitreichenden Vorbehalten die Erkenntnis, daß Wunsch und Wirklichkeit in bezug auf diese „Rechte" weit auseinander liegen (vgl. nur Art. 2 Abs. 1 und für das Recht auf Arbeit Art. 6 IPWSKR); sie lösen sich bei näherem Zusehen in bloße Programmsätze auf[114]. Schließlich finden sich in einer Reihe völkerrechtlicher Deklarationen und

31
Klassischer Grundrechtsbestand im Völkervertragsrecht

Aber auch Diskrepanz von Wunsch und Wirklichkeit

---

105 Schrifttumshinweis: *Jochen A. Frowein/Wolfgang Peukert,* Europäische Menschenrechtskonvention – EMRK – Kommentar, ²1996.
106 Vom 18.10.1961 (BGBl. 1964 II S. 1262).
107 Deutsche Übersetzung: EuGRZ 1980, S. 435. – Schrifttumshinweis: *Juliane Kokott,* Das interamerikanische System zum Schutz der Menschenrechte, 1986.
108 Vom 27.6.1981; deutsche Übersetzung: EuGRZ 1990, S. 348. – Schrifttumshinweis: *Uwe Tonndorf,* Menschenrechte in Afrika. Konzeption, Verletzung und Rechtsschutz im Rahmen der OAU, 1997.
109 Vom 15.9.1994; deutsche Übersetzung: *Bruno Simma/Ulrich Fastenrath,* Menschenrechte – Ihr internationaler Schutz, ²1985, Nr. 59.
110 Vom 10.12.1984 (BGBl. 1990 II S. 246).
111 S. die Angaben bei K. Ipsen (FN 100), S. 673 f.
112 Übersicht: *Gerd Seidel,* Handbuch der Grund- und Menschenrechte auf staatlicher, europäischer und universeller Ebene, 1996. – Besondere Probleme bereitet der völkerrechtliche Eigentumsschutz; die Eigentumsgarantie ist in die beiden Menschenrechtspakte nicht aufgenommen worden. Dazu etwa: *Rudolf Dolzer,* Eigentum, Enteignung und Entschädigung im geltenden Völkerrecht, 1985; *ders.,* in: Graf Vitzthum (Hg.), Völkerrecht (FN 35), S. 493 ff.; *Gloria,* in: K. Ipsen, Völkerrecht (FN 100), § 47. S. auch Art. 1 des 1. Zusatzprotokolls zur EMRK vom 20.3.1952 (BGBl. 1956 II S. 1880).
113 Erinnert sei an die ironische Bemerkung von *Anatole France,* Die rote Lilie: „Das Gesetz in seiner erhabenen Gleichheit verbietet Armen und Reichen, unter den Brücken zu schlafen".
114 So für das Recht auf Arbeit gemäß Art. 6 IPWSKR, *Gloria,* in: K. Ipsen (FN 100), S. 687 (§ 48 RN 44). – Eine andere Frage ist es, ob aus den sozialen Gewährleistungen des Völkerrechts in ähnlicher Weise Schutzpflichten des Staates abgeleitet werden können, wie dies (s. u.) bei den Freiheitsrechten der Fall ist. Praktisch dürfte das allerdings keine Rolle spielen, weil jedenfalls in Deutschland diese Pflichten den Grundrechten des Grundgesetzes entnommen werden und also anders als die im Range einfachen Bundesrechts geltenden Vorschriften der Internationalen Menschenrechtspakte auch den Gesetzgeber binden.

§ 6 Erster Teil: I. Idee und geschichtliche Entwicklung

Fehlende normative Stringenz der Menschenrechte der 2. und 3. Generation

Verträge Menschenrechte der sog. dritten Generation (oder Dimension)[115] wie das Recht auf Selbstbestimmung, das Recht auf Entwicklung, das Recht auf Teilhabe am gemeinsamen Menschheitserbe oder das Recht auf Frieden[116], deren Rechtsnatur überaus streitig ist[117]. So gewiß die „Rechte" der zweiten und dritten Generation Probleme bezeichnen, die national wie international einer politischen Lösung harren, so wenig sind zumal die Kollektiv- oder Staatenrechte nach normativer Struktur und Durchsetzungsfähigkeit den Rechten der ersten Generation vergleichbar.

32

Völkerrechtlicher Mindeststandard menschenrechtlicher Gewährleistungen

Verträge binden nur die Vertragsparteien, und sie bieten diesen überdies die Möglichkeit, sich durch Vorbehalte den darin enthaltenen Verbindlichkeiten teilweise zu entziehen (vgl. Art. 2 Abs. 1 lit. d, Art. 19 ff. der Wiener Vertragsrechtskonvention)[118]. Deshalb stellt sich die Frage nach dem völkerrechtlichen Mindeststandard menschenrechtlicher Gewährleistungen[119]. Anerkannt ist neben gewissen Verpflichtungen der Staaten gegenüber den auf ihrem Hoheitsgebiet befindlichen Ausländern[120] ein harter Kern dem ius cogens zuzurechnender, gegenüber allen anderen Staaten bestehender menschenrechtlicher Verpflichtungen des Staates gegenüber allen, die seiner Hoheitsgewalt unterworfen sind. Zu ihm gehören: die Anerkennung der Rechtspersönlichkeit des Menschen sowie die Verbote von Völkermord, Folter, rassischer Diskriminierung, willkürlicher Verhaftung, völliger Rechtsschutzverweigerung und der Diskriminierung aus Glaubensgründen[121].

---

115 *Riedel*, Menschenrechte der dritten Dimension, EuGRZ 1999, S. 9 ff.; *Stern*, Staatsrecht, Bd. III/2, S. 1550 ff. (§ 94 II 4).
116 Vgl. aber auch die gleichlautenden Art. 1 Abs. 2 der beiden Menschenrechtspakte. Reich bestückt mit solchen Kollektivrechten ist vor allem die Afrikanische Charta der Menschenrechte und Rechte der Völker.
117 Näheres bei *Riedel* (FN 115).
118 Dazu: *Giegerich*, Vorbehalte zu Menschenrechtsabkommen. Zulässigkeit, Gültigkeit und Prüfungskompetenzen von Vertragsgremien, ZaöRVR 55 (1995), S. 713 ff.; *Stahn*, Vorbehalte zu Menschenrechtsverträgen, EuGRZ 2000, S. 607 ff.; Beispiele bei: *E. Klein*, Universeller Menschenrechtsschutz – Realität oder Utopie?, EuGRZ 1999, S. 109 ff. (110 f.). Jüngst: *Lorz*, Menschenrechte unter Vorbehalt, Der Staat 41 (2002), S. 29 ff.
119 Dessen Rechtsgrund meist im Völkergewohnheitsrecht, mitunter aber auch in den allgemeinen Rechtsgrundsätzen gesehen wird.
120 Zum völkerrechtlichen Fremdenrecht s. die Nachweise in FN 94. Es berechtigt nach herkömmlicher Auffassung im Unterschied zu den Menschenrechten freilich nur den Heimatstaat, nicht den Ausländer selbst; verhält sich der Aufenthaltsstaat völkerrechtswidrig, verletzt er den Heimatstaat, nicht den Ausländer in seinen Rechten. Differenzierende Sicht bei *Doehring* (FN 93), S. 371 f. (§ 18 RN 870), der von einer doppelten Rechtsverletzung ausgeht, soweit fremden- und menschenrechtliche Gewährleistungen konvergieren.
121 So *E. Klein*, Menschenrechte (Bibl.), S. 15; *Gloria*, in: K. Ipsen (FN 100), S. 706 (§ 50 RN 6 und 11), geht von der Identität des fremden- und des völkergewohnheitsrechtlichen Mindeststandards aus und nennt die Rechte auf Rechtssubjektivität, auf Leben, körperliche Unverletzlichkeit und Sicherheit der Person sowie die Gleichheit vor Gesetz und Gericht einschließlich eines geordneten Verfahrens und rechtlichen Gehörs. S. auch *Doehring* (FN 93), S. 421 f. (§ 20 RN 986 ff.); *Stern*, Staatsrecht, Bd. III/1, S. 267 f. (§ 62 II 7). Auch das BVerfG schreibt dem allgemeinen Völkerrecht einen menschenrechtlichen Mindeststandard zu: BVerfGE 46, 342 (362).

3. Durchsetzungsschwäche

Im Zuge der modernen Entwicklung des Völkerrechts hat der Mensch eine partielle Völkerrechtssubjektivität erlangt: er kann Träger im Völkerrecht begründeter Rechte und Pflichten sein[122], und er ist es, soweit es um die dem völkerrechtlichen Mindeststandard zugehörenden Rechte geht, unmittelbar kraft Völkerrechts. Regelungsgegenstand Menschenrechte verbürgender völkerrechtlicher Verträge ist hingegen das Verhalten der Vertragsparteien gegenüber den Menschen als den Subjekten der staatlichen Rechtsordnung[123]. Innerstaatlich erlangen die völkervertraglich vereinbarten Menschenrechte Geltung nach Maßgabe der im nationalen Recht dafür vorgesehenen Regeln, in Deutschland kraft des Vertragsgesetzes nach Art. 59 Abs. 2 GG: Durch den mit diesem Gesetz erteilten „Rechtsanwendungsbefehl" wird das jeweilige Vertragsrecht in seiner Eigenschaft als Völkerrecht in die deutsche Rechtsordnung rezipiert[124].

33 Rechte kraft Völkerrechts und nationaler Transformationsgesetze

Läßt die Fülle der in multilateralen Verträgen weltweiten oder regionalen Zuschnitts niedergelegten Menschenrechtsgewährleistungen kaum Wünsche offen (auf die Ausnahme des Eigentumsschutzes wurde hingewiesen), ist, wie schon der Augenschein lehrt, deren Durchsetzbarkeit nicht selten defizitär. Sie leidet nur dann nicht Not, wenn der individuelle Grundrechtsträger im Falle einer vermeintlichen Verletzung nicht nur vor nationalen Gerichten, sondern auch vor einer unabhängigen internationalen Instanz effektiven Rechtsschutz gegenüber dem Hoheitsträger, von dem die Maßnahme ausgeht, erlangen kann. Letzteres ist namentlich im Geltungsbereich der Europäischen Menschenrechtskonvention, aber auch der Amerikanischen Menschenrechtskonvention (AMRK) und des Internationalen Pakts über bürgerliche und politische Rechte der Fall[125], die sämtlich neben dem selten aktivierten Institut der Staatenbeschwerde[126] auch eine Individualbeschwerde[127] vorsehen. Die auf vertraglicher Grundlage errichteten Gerichtshöfe, so der Europäische Gerichtshof für Menschenrechte (Art. 19 ff. EMRK) und der Interamerikanische Gerichtshof für Menschenrechte (Art. 33 AMRK) und ebenso der UN-Ausschuß für Menschenrechte (Art. 28 ff. IPbürgR), sind allerdings im Falle der Begründetheit der Beschwerde nicht befugt, den streitbefangenen Hoheitsakt aufzuheben. Die Verträge statuieren vielmehr nur eine Verpflichtung der Staaten, die abschließende Entscheidung zu befolgen (Art. 46 EMRK, Art. 68 AMRK)[128].

34 Defizitäre Durchsetzbarkeit der Menschenrechte

---

122 Vgl. nur: *Epping*, in: K. Ipsen, Völkerrecht (FN 100), S. 79 ff. (§ 7).
123 *Gloria*, ebd., S. 669 f. (RN 2 f.).
124 *Steinberger*, HStR VII, § 173 RN 42, unter Hinweis auf BVerfGE 75, 223 (244); 85, 191 (204).
125 Überblick bei *Stern*, Staatsrecht, Bd. III/2, S. 1592 ff., 1605 ff. (§ 94 IV 2 und V).
126 Art. 24 EMRK, Art. 44 AMRK, Art. 41 IPbürgR.
127 Art. 34 ff. EMRK, Art. 44 AMRK, Fakultativprotokoll zum IPbürgR vom 19.12.1966 (BGBl. 1992 II S. 1247).
128 Das Fakultativprotokoll zum IPbürgR kennt eine entsprechende Verpflichtung der Vertragsstaaten nicht. Der Menschenrechtsausschuß der Vereinten Nationen ist darauf beschränkt, seine Auffassung dem betroffenen Vertragsstaat mitzuteilen (Art. 5 Abs. 4 des Protokolls). Ob und wie dieser reagiert, bleibt ihm überlassen. Dazu: *E. Klein*, Menschenrechte (Bibl.), S. 18 f.; *ders.* (FN 118), S. 112 f.; *ders.*, Stichworte „Menschenrechtsausschuß", „Menschenrechtskommission", „Menschenrechtskonventionen/Internationaler Pakt über bürgerliche und politische Rechte", „Menschenrechtskonventionen/Internationaler Pakt über wirtschaftliche, soziale und kulturelle Rechte", in: H. Volger (Hg.), Lexikon der Vereinten Nationen, 2000, S. 343, 347, 354, 358.

35
Weitere Kontrollinstrumente

Ein weiter verbreitetes, aber auch erheblich schwächeres Kontrollinstrument ist die Verpflichtung der Vertragsstaaten, in Abständen über die Einhaltung der ihnen aus dem Vertrag obliegenden Pflichten zu berichten[129]. Für eine effektivere Durchsetzung dieser Pflichten ist die Einsicht grundlegend, daß die Vertragsparteien einander wechselseitig ihre Beachtung schulden[130]. Daraus wiederum folgt die Frage, ob und gegebenenfalls unter welchen Voraussetzungen ein Staat gegenüber einem anderen Staat, insbesondere bei einer Verletzung des menschenrechtlichen Mindeststandards, zu völkerrechtlich zulässigen Gegenmaßnahmen, insbesondere Repressalien[131], greifen darf – bis hin zur humanitären Intervention[132]. Steigern sich Menschenrechtsverletzungen bis zu einem Punkt, wo sie eine Bedrohung des Friedens darstellen, kommt ein Eingreifen der Vereinten Nationen in Betracht (Art. 39 ff. SVN). – Hingewiesen sei schließlich darauf, daß in den neunziger Jahren des 20. Jahrhunderts die Organisation für Sicherheit und Zusammenarbeit in Europa (OSZE), die Vereinten Nationen und der Rat der Ostseestaaten Hochkommissare bestellt haben, die im Sinne eines präventiven Schutzes der Menschenrechte und der Rechte von Minderheiten wirken sollen[133].

36
Unterschiedliche Rechtsstrukturen

Die weltweite Durchsetzung der Menschenrechte leidet nicht zuletzt unter tiefgreifenden, oft ideologisch oder religiös bedingten Unterschieden der Rechtskulturen. Unbeschadet etwa der Zugehörigkeit von Staaten des ehemals von der Sowjetunion beherrschten Ostblocks[134] oder von Staaten islamischer Prägung[135] zum Kreis der Vertragsparteien der beiden Menschenrechtspakte, also des gemeinsamen verbalen Bekenntnisses zu den darin niedergelegten Rechten, gehen die Auffassungen über das für das jeweilige Verständnis der Menschenrechte grundlegende Verhältnis von Individuum

---

129 Vgl. z. B. Art. 40 IPbürgR, Art. 16 IPWSKR.
130 Das ist nicht ganz unstreitig, vgl. *E. Klein,* Die Verantwortung der Vertragsparteien, in: H.-J. Cremer u. a. (Hg.), Tradition und Weltoffenheit des Rechts, FS Steinberger, 2002, S. 243 ff. (246 ff., 255 ff.).
131 Die Suspendierung der eigenen Vertragspflichten, gemäß Art. 60 WVRK grundsätzlich zulässig, wäre im Falle eines auf den Schutz der Menschenrechte zielenden Vertrags allerdings widersinnig und scheidet deshalb aus.
132 Zu diesem – wegen der damit verbundenen Durchbrechung des für das moderne Völkerrecht grundlegenden Gewaltverbots – höchst umstrittenen, derzeit wohl überwiegend als unzulässig angesehenen Instrument vgl. etwa: *Doehring* (FN 93), S. 431 ff. (RN 1008 ff.); *Hailbronner* (FN 35), S. 230 ff.; *H. Fischer,* in: K. Ipsen, Völkerrecht (FN 100), S. 942 f. (§ 59 RN 26); *Randelzhofer,* in: Bruno Simma (Hg.), Charta der Vereinten Nationen, Kommentar, 1991, Art. 2 Nr. 4 RN 49 ff. – jeweils m.N. Die Diskussion hat durch den Kosovo-Konflikt erheblichen Auftrieb erhalten; vgl. etwa die Beiträge, in: R. Merkel (Hg.), Der Kosovo-Konflikt und das Völkerrecht, 2000, sowie *E. Klein,* Keine innere Angelegenheit, FAZ vom 21. Juni 1999, S. 15.
133 Dazu: *Eckart Klein* (ed.), The Institution of a Commissioner for Human Rights and Minorities and the Prevention of Human Rights Violation, 1995.
134 Dazu: *G. Brunner,* HStR ³I, § 11 RN 75 ff.; *Hans v. Mangoldt,* Die kommunistische Konzeption der Bürgerrechte und die Menschenrechte des Völkerrechts in den Staaten des Warschauer Paktes, 1988, S. 34; *Otto Luchterhandt,* Der verstaatlichte Mensch, 1985; *Stern,* Staatsrecht, Bd. III/1, S. 224 ff. (§ 62 I 4 b); *H. H. Klein,* Vom sozialistischen Machtstaat zum demokratischen Rechtsstaat, JZ 1990, S. 53 ff. (56 f.).
135 Dazu: Essener Gespräche zum Thema Staat und Kirche 20, Der Islam in der Bundesrepublik Deutschland, 1986, mit Beiträgen von *Johansen, Albrecht* und *Loschelder. Riedel,* University of Human Rights and Cultural Pluralism, in: Christian Starck (Hg.), Constitutionalism, Universalism and Democracy – a comparative analysis, 1999, S. 25 ff. Weitere Nachweise bei *E. Klein* (FN 118), S. 113 FN 60.

und Gemeinschaft weit auseinander. Daraus folgt beispielsweise eine unterschiedliche Einschätzung des Rangverhältnisses der Menschenrechte der drei „Generationen".

Die Staaten des „westlichen" Kulturkreises, aus deren Zivilisation die Menschenrechte in der Form, die ihnen in den internationalen Verträgen gegeben worden ist, hervorgegangen sind, stoßen zumal bei den Staaten der „Dritten Welt" auch auf den Vorwurf, mit der Durchsetzung ihres Verständnisses der Menschenrechte ihre alten imperialistischen Ziele in anderem Gewande weiterverfolgen zu wollen. Darauf ist dreierlei zu erwidern: Erstens war es auch in den Staaten des christlich-abendländischen Kulturkreises ein langer, bis in die Gegenwart von zum Teil herben Rückschlägen gekennzeichneter Weg bis zur Anerkennung der Menschenrechte, allgemeiner: des Menschen als des Subjekts der staatlichen Gemeinschaft. Zweitens ist auch hier die Überzeugung verbreitet, daß es die rechte Mitte zwischen individuellem Vorteilsstreben („Selbstverwirklichung") und Gemeinschaftsbindung immer wieder neu zu finden gilt. Das „Menschenbild des Grundgesetzes"[136] bezeichnet nur den Rahmen, innerhalb dessen dieses Gleichgewicht zu finden ist. Drittens ist daran festzuhalten, daß ein wirtschaftlicher Rückstand nicht durch die Verletzung von Menschenrechten aufgeholt werden kann und daß keine Religion, Ideologie oder kulturelle Tradition die Verletzung insbesondere derjenigen Menschenrechte zu rechtfertigen vermag, die zum völkerrechtlichen Mindeststandard gehören[137].

37 Unzutreffender Vorwurf „imperialistischer" Grundrechtsdurchsetzung

4. Gemeinschaftsrecht

Neben den in den Gemeinschaftsverträgen verbürgten Grundfreiheiten (freier Waren-, Personen-, Dienstleistungs- und Kapitalverkehr), die unabdingbar sind für die angestrebte Errichtung und Aufrechterhaltung eines Gemeinsamen Marktes (Art. 3 Abs. 1 lit. c, Art. 14 Abs. 2 EG), hat der Europäische Gerichtshof in einer beeindruckenden Fülle von Entscheidungen eine Reihe von auf die Zuständigkeiten der Gemeinschaften zugeschnittenen Gemeinschaftsgrundrechten und damit einen Grundrechtsstandard entwickelt, den das Bundesverfassungsgericht[138] (aus der Sicht des deutschen Verfassungsrechts, vgl. Art. 23 Abs. 1 Satz 1 GG) als „gefestigt und zureichend gewährleistet" bezeichnet hat. Die Grundlage dieser Rechtsprechung bildet seit seinem Inkrafttreten der Vertrag über die Europäische Union, der sich schon in seiner Präambel zur Achtung der Menschenrechte bekennt und in Art. 6 Abs. 2 bestimmt, daß die Union die Grundrechte achtet, wie sie in der Europäischen Menschenrechtskonvention garantiert sind und wie sie sich aus den gemeinsamen Verfassungsüberlieferungen der Mitgliedstaaten als allge-

38 Vom EuGH geschaffener europäischer Grundrechtsstandard

---
136 Vgl. *BVerfGE 4*, 7 (15 f.); st. Rspr.
137 Zum Ganzen: *Kühnhardt,* Menschenrechte, politisches Denken und politische Systeme, EuGRZ 1986, S. 665 ff.; *Eckart Klein,* Universalität der Menschenrechte, Vortrag vor dem Industrie-Club Düsseldorf e.V., 1996; *ders.* (FN 118), S. 113 ff.
138 *E 73,* 339 (378 ff.) – Solange II.

§ 6   *Erster Teil: I. Idee und geschichtliche Entwicklung*

meine Grundsätze des Gemeinschaftsrechts ergeben[139]. Art. 12 EG untersagt jede Diskriminierung aus Gründen der Staatsangehörigkeit – berechtigt sind allerdings nur die Staatsangehörigen der Mitgliedstaaten[140].

39
Keine Verbindlichkeit der Gemeinschaftscharta der sozialen Grundrechte

Die 1989 von elf Staats- und Regierungschefs der damals zwölf Mitgliedstaaten (ohne Großbritannien) beschlossene Gemeinschaftscharta der Sozialen Grundrechte der Arbeitnehmer ist nicht unmittelbar rechtsverbindlich; sie ist eine politische Absichtserklärung. Jedoch nimmt Art. 136 Abs. 1 EG ausdrücklich auf sie Bezug. Obgleich diese Vorschrift ihrerseits programmatischen Charakter hat, ist es doch nicht ausgeschlossen, daß sie im Rahmen der Auslegung anderer Vorschriften des Vertrags, auch vom Europäischen Gerichtshof, als Rechtserkenntnisquelle herangezogen wird[141]. Entgegen der Rede von sozialen Grund*rechten* will die Gemeinschaftscharta außer dem Recht auf Freizügigkeit, freie Berufswahl, der Koalitionsfreiheit und der Gleichbehandlung der Geschlechter, die bereits an anderer Stelle im Gemeinschaftsrecht gewährleistet sind, keine subjektiven Rechte gewähren. Vielmehr begnügt sie sich mit wohlgemeinten sozialpolitischen Zielvorgaben, für deren Umsetzung „die Mitgliedstaaten entsprechend den einzelstaatlichen Gepflogenheiten, insbesondere von Rechtsvorschriften und Tarifverträgen, zuständig" sind (Nr. 27).

40
EU-Grundrechtecharta noch kein Vertragsbestandteil

Nach Beschlüssen des Europäischen Rates (Art. 4 EU), die 1999 auf dessen Tagungen in Köln und Tampere gefaßt wurden, soll die Europäische Union eines Tages über einen eigenen Grundrechtskatalog verfügen. Ein zu diesem Zweck eingesetzter „Konvent" unter dem Vorsitz des früheren Bundespräsidenten *Roman Herzog* hat daraufhin den Entwurf einer Charta der Grundrechte der Europäischen Union[142] ausgearbeitet. Auf der Tagung des Europäischen Rates in Nizza im Dezember 2000 wurde die Charta „begrüßt". Rechtsverbindlichkeit hat sie dadurch nicht erlangt. Sie könnte ihr nur durch ein Verfahren nach Maßgabe des Art. 48 EU zuwachsen, also durch einen Vertrag zwischen den Mitgliedstaaten[143].

---

139 Vgl. *Hans-Werner Rengeling*, Grundrechtsschutz in der Europäischen Gemeinschaft, 1993. Übersicht etwa bei: *Thomas Oppermann*, Europarecht, ²1999, S. 188 ff. (RN 489 ff.); *Rudolf Streinz*, Europarecht, ⁵2001, S. 130 ff. (RN 354 ff.) – jeweils m.w.N.
140 *Carl Otto Lenz*, in: ders. (Hg.), EG-Vertrag, Kommentar, ²1999, Art. 12 RN 1.
141 *Coen*, in: Lenz (FN 140), Art. 136 RN 5.
142 Text mit Erläuterungen: EuGRZ 2000, S. 554 ff.
143 Schrifttumshinweise: *Alber/Widmaier*, Die EU-Charta der Grundrechte und ihre Auswirkungen auf die Rechtsprechung, EuGRZ 2000, S. 497 ff.; *Zuleeg*, Zum Verhältnis nationaler und europäischer Grundrechte, ebd., S. 511 ff.; *Alber*, Die Selbstbindung der europäischen Organe an die EU-Charta der Grundrechte, EuGRZ 2001, S. 349 ff.; *Grabenwarter*, Die Charta der Grundrechte für die Europäische Union, DVBl. 2001, S. 95 ff.; *Rengeling*, Eine Europäische Charta der Grundrechte, in: Jörn Ipsen/Edzard Schmidt-Jortzig (Hg.), Recht-Staat-Gemeinwohl, FS Rauschning, 2001, S. 225 ff.; *Th. Schmitz*, Die EU-Grundrechtecharta aus grundrechtsdogmatischer und grundrechtstheoretischer Sicht, JZ 2001, S. 833 ff; *Stefano Rodotà*, The Charter of Fundamental Rights, in: 1. Europäischer Juristentag. Nürnberg 2001, ²2002, S. 7 ff.; *R. Scholz*, Zur Europäischen Grundrechtecharta, in: Max-Emanuel Geis/Dieter Lorenz (Hg.), Staat. Kirche. Verwaltung, FS Maurer, 2001, S. 993 ff. m.w.N. in FN 3; *Nettesheim*, Die Charta der Grundrechte der Europäischen Union: eine verfassungstheoretische Kritik, integration 25 (2002), S. 35 ff.

IV. Exkurs: Grundpflichten

Die Weimarer Reichsverfassung proklamierte in ihrem zweiten Hauptteil „Grundrechte und Grundpflichten der Deutschen"[144]. Einige der vor dem Grundgesetz entstandenen Landesverfassungen sind diesem Beispiel in ähnlicher Weise gefolgt: Baden, Bayern, Hessen, Rheinland-Pfalz, das Saarland und Württemberg-Hohenzollern. Das Grundgesetz vermeidet den Begriff der Grundpflichten. Man wollte sich, wie *Stern* hervorhebt, einerseits von dem Mißbrauch des Pflichtgedankens in der Zeit des Nationalsozialismus[145] distanzieren und sich andererseits von dem kommunistischen Verständnis der Einheit von Recht und Pflicht unterscheiden[146].

41 Grundsätzliche Absage an Grundpflichten im GG

Gleichwohl ist die Sache „Grundpflichten"[147] dem Grundgesetz nicht völlig fremd[148]. Grundpflichten in einem strikten Sinne sind diejenigen in der Verfassung begründeten Pflichten, die ohne den Zwischenschritt eines sie konkretisierenden Gesetzes – dessen es wegen des rechtsstaatlichen Gesetzesvorbehalts zur Einschränkung von Grundrechten stets bedarf – Handlungspflichten auslösen[149]. In diesem Sinne enthält das Grundgesetz allenfalls zwei Grundpflichten: die in Art. 6 Abs. 2 Satz 1 GG den Eltern auferlegte Pflicht zur Pflege und Erziehung der Kinder und die Pflicht zur Verfassungstreue, die nach Art. 5 Abs. 3 Satz 2 GG die Freiheit der Lehre begrenzt. Zur ersten Vorschrift hat das Bundesverfassungsgericht[150] ausgeführt, im Elternrecht seien Recht und Pflicht von vornherein unlöslich miteinander verknüpft, die Pflicht sei nicht eine Schranke des Rechts, sondern dessen wesensbestimmender Bestandteil, es sei deshalb treffender als Elternverantwortung zu bezeichnen. Zu Art. 5 Abs. 3 Satz 2 GG mag eine ähnliche Konstruktion vertretbar sein[151].

42 Nur zwei strikte Grundpflichten

---

144 Zum Folgenden: *Stern,* Staatsrecht, Bd. III/2, S. 985 ff. (§ 88); *Maunz/Zippelius,* Staatsrecht, § 22; *Götz* und *H. Hofmann,* Grundpflichten als verfassungsrechtliche Dimension, VVDStRL 41 (1984), S. 7 ff., 42 ff.; zum gleichen Thema die Begleitaufsätze von *Badura,* DVBl. 1982, S. 861 ff.; *Bethge,* NJW 1982, S. 2145 ff.; *Gusy,* JZ 1982, S. 657 ff.; *Isensee,* DÖV 1982, S. 609 ff.; *Stober,* NVwZ 1982, S. 473 ff.; ferner: *Merten,* Grundpflichten im Verfassungssystem der Bundesrepublik Deutschland, BayVBl. 1978, S. 554 ff.; *Otto Luchterhandt,* Grundpflichten als Verfassungsproblem in Deutschland, 1988; *Thorsten I. Schmidt,* Grundpflichten, 1999; *H. Hofmann,* HStR V, § 114; *H. H. Klein,* Über Grundpflichten, Der Staat 14 (1975), S. 153 ff.
145 → *Pauly,* § 14 RN 24.
146 *Stern,* Staatsrecht III/2, S. 1016 f. (§ 88 II 5); s. auch *H. H. Klein* (FN 144), S. 158; → *G. Brunner,* § 13 RN 59 ff..
147 → Bd. II: *Randelzhofer,* Grundrechte und Grundpflichten.
148 Über den Umfang der im Grundgesetz vorfindlichen Grundpflichten besteht keine Einigkeit. Katalog: *Rolf Stober,* Grundpflichten und Grundgesetz, 1979, S. 23 ff.; s. auch *Starck,* in: v. Mangoldt/Klein/Starck, ⁴GG, Bd. I, Art. 1 RN 161.
149 Viel umfassender: *Th. Schmidt* (FN 144), S. 299.
150 *BVerfGE 24,* 119 (143).
151 Der Hochschullehrer unterliegt zwar keinem Denkverbot, trägt aber Verantwortung für seine Denkergebnisse – so *Bethge,* in: Sachs, ³GG (LitVerz.), Art. 5 RN 226 f.; eingehend auch *Stern,* Staatsrecht, Bd. III/2, S. 1058 ff. (§ 88 IV 2 c). – Zu der zu Art. 6 Abs. 2 GG vertretenen Auffassung kritisch: *Pieroth/Schlink,* Grundrechte, S. 49 (RN 192 ff.); wie hier dagegen *Isensee,* Die verdrängten Grundpflichten des Bürgers, DÖV 1982, S. 609 ff. (614), der von einer grundrechtlichen Anomalie spricht.

43

Erfordernis gesetzlicher Pflichtenkonkretisierung

In allen anderen Fällen[152], einschließlich des Art. 14 Abs. 2 GG[153], ist eine gesetzliche Pflichtenkonkretisierung erforderlich. Das gilt namentlich für die allgemeine Friedens- oder Gesetzesgehorsams- und die Steuerpflicht. Zu Recht sieht man in ihnen apriorische Bedingungen der Verfassungsstaatlichkeit[154], aber schon aus Gründen der Logik ist das Vorhandensein eines Gesetzes die notwendige Voraussetzung der Pflicht, ihm Gehorsam zu leisten, und für die Steuerpflicht gilt Gleiches. Für noch allgemeiner gehaltene „Grundpflichten" wie etwa die Pflicht, an den öffentlichen Angelegenheiten Anteil zu nehmen und die eigenen körperlichen und geistigen Kräfte zu betätigen, wie es das Wohl der Gesamtheit erfordert, liegt das erst recht auf der Hand[155].

44

Grundpflichten als Grundrechtsbeschränkungen

Die Inpflichtnahme des einzelnen für das Gemeinwesen gründet „in der Notwendigkeit, den Staat der Freiheit zu organisieren und zu erhalten"[156]. Im Rechtsstaat, für den die individuelle Freiheit den „eigentlichen Kern" seiner Verfassung bildet[157], kann der Pflichtenstatus des einzelnen nicht wie seine Freiheit etwas prinzipiell Unbegrenztes sein[158]. „Grundpflichten" sind, wie es der Abg. *Hermann von Mangoldt* im Parlamentarischen Rat unwidersprochen formulierte, „Ausdruck" gesetzlicher (!) Freiheitsbeschränkungen[159]. Anders gewendet: Grundpflichten in rechtsstaatlichen Verfassungen sind spezielle Gesetzesvorbehalte. Macht der Gesetzgeber von ihnen Gebrauch, werden Grundrechtsschranken begründet. Grundpflichten sind ein Teil der Lehre von den Grundrechtsbegrenzungen[160]. Darüber hinaus kommt ihnen nur die – freilich nicht gering zu schätzende – Funktion eines sozialethischen Appells,

---

152 Vgl. die Aufzählung bei *Stern,* Staatsrecht, Bd. III/2, S. 1025 ff. (§ 88 III 3 d). Zum „Pflichtrecht" mutiert das Grundrecht auch, wenn es als „dienende" Freiheit interpretiert wird; vgl. etwa *Joachim Burmeister,* „Dienende" Freiheitsgewährleistungen – Struktur und Gehalt eines besonderen Grundrechtstypus, in: ders. u. a. (Hg.), Verfassungsstaatlichkeit, FS Stern, 1997, S. 835 ff. S. auch unten FN 239.
153 A.M. u. a. *H. Hofmann,* HStR V, § 114 RN 18 m.N.; *Wieland,* in: H. Dreier (Hg.), GG, Bd. I, 1996, Art. 14 RN 82; wie hier etwa: *Stern,* Staatsrecht, Bd. III/2, S. 1043 ff. (§ 88 III 4 c); *Papier,* in: Maunz/Dürig, GG, Art. 14 RN 298 f.; *BVerfGE 80,* 137 (150 f.).
154 *H. Hofmann,* HStR V, § 114 RN 20.
155 Vgl. Art. 117 Verf. Bayern, Art. 9 Verf. Bremen, Art. 20 Verf. Rheinland-Pfalz.
156 *H. Hofmann,* HStR V, § 114 RN 36; zust. *Stern,* Staatsrecht, Bd. III/2, S. 1024 (§ 88 III 3 b).
157 *BVerfGE 31,* 58 (73); *43,* 154 (167).
158 Vgl. die Umschreibung des „rechtsstaatlichen Verteilungsprinzips" bei *Carl Schmitt,* Verfassungslehre, ³1957, S. 126, s. auch S. 174 f.; *dens.,* Grundrechte und Grundpflichten, in: *ders.,* Verfassungsrechtliche Aufsätze, 1958, S. 181 ff. (208 f.).
159 Grundsatzausschuß, Prot. der 4. Sitzung am 23.9.1948, S. 67.
160 Über das Für und Wider dieser These ausführlich *Stern,* Staatsrecht, Bd. III/2, S. 1051 ff. (§ 88 IV), der selbst „abgestuftere Farbtöne" (S. 1056) bevorzugt, aber (S. 1063) auch feststellt: „Grundrechte sind ein Essential der Freiheit, Grundpflichten ein Korrektiv derselben." – Die verfassungsrechtliche Verankerung einer vom Gesetzgeber zu aktualisierenden Pflicht (Beispiel: die Ermächtigung zur Einführung der Wehrpflicht in Art. 12a Abs. 1 GG) kann allerdings bedeuten, daß der Gesetzgeber, wenn er von der verfassungsrechtlichen Ermächtigung Gebrauch macht, insoweit nicht an den Grundsatz der Verhältnismäßigkeit gebunden ist. Diesen Standpunkt hat für den genannten Beispielsfall das BVerfG eingenommen: *BVerfGE 12,* 45 (50 f.); *28,* 243 (261); *38,* 154 (167); *48,* 127 (161); im Schrifttum wird dieser Standpunkt geteilt – Nachweise in *BVerfGE 105,* 61 (71).

einer Erinnerung an die Unentbehrlichkeit staatsbürgerlicher Tugenden, zu[161]. Sie formulieren „Verfassungserwartungen"[162].

C. Grundrechtswirkung

I. Bindungswirkung und Bindungsgewähr

1. Verbindlichkeit der Grundrechte

Im Verfassungsstaat haben die Grundrechte in vollem Umfang Teil am Vorrang der Verfassung. Das ist zwingend, weil und insoweit das Grundgesetz die Menschenrechte nicht etwa nur *gewährt,* sondern sich zu ihnen als der „Grundlage jeder menschlichen Gemeinschaft", also auch der von ihm verfaßten, „bekennt" (Art. 1 Abs. 2 GG) und sie deshalb *gewährleistet*[163]. Gemeint ist nicht ein Bekenntnis zu einer bestimmten Naturrechtslehre, wohl aber eine zustimmende Anknüpfung an die der europäisch-amerikanischen Naturrechtstradition entstammende Annahme, „that all men are by nature equally free and independent and have certain inherent rights..."[164]. Gewollt ist eine Bekräftigung der schon in Art. 1 Abs. 1 GG erfolgten Inpflichtnahme des Staates für die Menschenwürde als das ihn tragende Konstitutionsprinzip[165].

45
Grundrechtsvorrang als Verfassungsvorrang

Der nachfolgende Absatz 3 macht mit dem in Art. 1 Abs. 2 GG ausgesprochenen Bekenntnis verfassungsrechtlichen Ernst. Die Vorschrift „kennzeichnet nicht nur grundsätzlich die Bestimmungen des Grundrechtsteiles als unmittelbar geltendes Recht, sondern bringt zugleich den Willen des Verfassungsgebers zum Ausdruck, daß der einzelne sich der öffentlichen Gewalt gegenüber auf diese Normen als auf Grundrechte im Zweifel soll berufen können"[166].

46
Grundrechtssubjektivität und Grundrechtsdurchsetzung

---

161 Ob es einer solchen Erinnerung in der Verfassungsurkunde bedarf, wird freilich unterschiedlich eingeschätzt. Ablehnend z.B. die „Expertenkommission für die Vorbereitung einer Totalrevision der Bundesverfassung" der Schweiz, vgl. deren Bericht, 1977, S. 34; s. aber die Präambel und Art. 6 der erneuerten Bundesverfassung 1999. Zum Problem auch: *Helmut Schmidt,* in: ders. (Hg.), Allgemeine Erklärung der Menschenpflichten. Ein Vorschlag, 1997, S. 13 ff.; Einzelheiten bei *Th. Schmidt* (FN 144), S. 302 ff. – Einen Überblick über die in ausländischen Verfassungen vielfach anzutreffenden Grundpflichten gibt *Stern,* Staatsrecht, Bd. III/2, S. 1002 (§ 88 II 2). S. ergänzend Art. 82 ff. Verf. Polen. – Für das Völkerrecht ist insbesondere hinzuweisen auf Art. 29 AEMR, die Europäische Sozialcharta, den IPWSKR, die Amerikanische Erklärung der Menschenrechte sowie die Afrikanische Charta der Menschenrechte und Rechte der Völker; s. auch *Simma,* Soziale Grundrechte und das Völkerrecht, in: Peter Badura/Rupert Scholz (Hg.), Wege und Verfahren des Verfassungslebens, FS Lerche, 1993, S. 83 ff, besonders zum IPWSKR.
162 *Herbert Krüger,* Verfassungsvoraussetzungen und Verfassungserwartungen, in: Horst Ehmke (Hg.), FS Scheuner, 1973, S. 285; *Isensee,* HStR V, § 115 RN 222 ff.
163 Dazu: *Starck* (FN 148), RN 110, mit Hinweisen auf die Diskussion dieser Frage im Parlamentarischen Rat.
164 Abschnitt 1 der Virginia Bill of Rights (1776).
165 Vgl. *BVerfGE* 6, 32 (36); st. Rspr., zuletzt *BVerfGE* 96, 375 (398).
166 *BVerfGE* 6, 386 (387). – Die Grundrechte, so formulierte es der Abg. *Carlo Schmid* im Parlamentarischen Rat, sollen „nicht bloß Deklamationen, Deklarationen oder Direktiven sein, ... sondern unmittelbar geltendes Bundesrecht, auf Grund dessen jeder einzelne Deutsche, jeder einzelne Bewohner unseres Landes vor den Gerichten soll Klage erheben können" (JöR 1 [1951], S. 43).

Grundrechte haben nicht nur keinen bloßen Programmcharakter, sie sollen als subjektive Rechte auch geltend gemacht und durchgesetzt werden können.

2. Lückenlosigkeit der Grundrechtsbindung

47
Bindung aller Staatsfunktionen

Die Bindung des Staates an die Grundrechte ist lückenlos. Sie erfaßt die „staatliche Gewalt" (Art. 1 Abs. 1 Satz 2 GG) in allen ihren Erscheinungsformen – und *nur* sie! –, mithin nicht nur die staatlichen Organe, sondern alle, die staatliche Funktionen ausüben[167], also etwa auch Beliehene[168]. Das positive Tun des Staates unterliegt der Bindung an die Grundrechte ebenso wie das Unterlassen. Die Bindung erstreckt sich auf alle Staatsfunktionen.

a) Gesetzgebung

„Gesetzgebung" meint jede Form staatlicher oder auf Grund staatlicher Ermächtigung ausgeübter Rechtsetzung[169], unabhängig von ihrem Gegenstand; insbesondere unterliegt auch der Privatrechtsgesetzgeber dieser Bindung[170].

b) Vollziehende Gewalt

48
Bindung ungeachtet einer „Flucht ins Privatrecht"

Bindungsadressat ist ferner die „vollziehende Gewalt". Sie kann der Grundrechtsbindung nicht etwa dadurch entgehen, daß sie die „Flucht ins Privatrecht" antritt, also statt öffentlich-rechtlicher privatrechtliche Handlungsformen wählt. Das ist für das „Verwaltungsprivatrecht", die Erledigung von Verwaltungsaufgaben in Privatrechtsform, unstreitig[171], für die Vergabe von Aufträgen, die Bedarfsdeckung (fiskalische Hilfsgeschäfte) und die erwerbswirtschaftliche Betätigung des Staates hingegen umstritten[172]. Das Bundesverfassungsgericht hat sich dahin geäußert, „daß staatliche Stellen sich auch bei privatrechtlicher Betätigung prinzipiell an der grundrechtlichen Ordnung auszurichten haben"[173]. Das läßt die Frage nach der Bindung vom Staat beherrschter privatrechtlich organisierter Unternehmen bei der Teilnahme am wirtschaftlichen Wettbewerb noch offen, weil sie schwerlich als „staatliche Stellen" bezeichnet werden können. Zu Recht macht *Starck*[174] darauf aufmerksam, daß die praktische Bedeutung dieser rechtsdogmatischen Kontroverse nicht überschätzt werden darf. Denn das (grundrechtsdirigierte) Privatrecht stellt Instrumente zur Verfügung, die regelmäßig ausreichen, den Staat, wo er als Privatrechtssubjekt auftritt, daran zu hindern, seine überlegene

Problematische Bindung staatlich beherrschter privatrechtlich organisierter Unternehmen

---

167 Dazu *Stern*, Staatsrecht, Bd. III/1, S. 1204f. (§ 72 III 3 m.N.).
168 Ebd., S. 1334f. (§ 74 I 5 a); *Starck* (FN 148), RN 200. – *BVerfGE 10*, 302 (327).
169 Zum Problem der Grundrechtsbindung der Tarifvertragsparteien: *Stern*, Staatsrecht, Bd. III/1, S. 1274ff. (§ 73 III 6).
170 Seit *BVerfGE 7*, 198 (205), st. Rspr.; zuletzt *BVerfGE 98*, 365 (395).
171 S. nur *Höfling*, in: Sachs, ³GG (LitVerz.), Art. 1 RN 94 m.N.
172 Darstellung der Kontroverse bei *Stern*, Staatsrecht, Bd. III/1, S. 1394ff. (§ 74 IV).
173 *BVerfGE 98*, 365 (395).
174 (FN 148), RN 196ff. m.w.N.

Macht zum Nachteil der privaten Konkurrenz oder des Verbrauchers ins Spiel zu bringen[175].

Auch dadurch kann sich der Staat seiner Bindung an die Grundrechte nicht entziehen, daß er gegenüber den Trägern der Grundrechte Sonderstatusverhältnisse begründet, sei es, daß er sie (wie z. B. Untersuchungs- oder Strafgefangene) gegen ihren Willen in ein solches Rechtsverhältnis zwingt, sei es, daß sie (wie z. B. die Beamten) sich freiwillig hineinbegeben. Nicht die Geltung der Grundrechte im „besonderen Gewaltverhältnis" ist zweifelhaft, fraglich ist nur das jeweilige Maß ihrer Einschränkbarkeit im Blick auf den verfassungsrechtlich legitimierten Zweck des Sonderstatus[176].

49
Grundrechtsbindung in Sonderstatusverhältnissen

Grundrechtlich exemt ist auch nicht die „auswärtige Gewalt". Die „unionswärtige Gewalt"[177] des Bundes hat sicherzustellen, daß die Europäische Union bei der Ausübung der ihr „übertragenen" Hoheitsrechte einer Grundrechtsbindung unterliegt, deren Standard dem des Grundgesetzes „im wesentlichen vergleichbar" ist (Art. 23 Abs. 1 Satz 1 GG)[178].

50
Vergleichbare Grundrechtsbindung „unionswärtiger Gewalt"

c) Rechtsprechung

Schließlich bestimmt Art. 1 Abs. 3 GG, daß auch die „Rechtsprechung" an die Grundrechte gebunden ist, in allen Verfahrensarten und ungeachtet des Verfahrensgegenstandes. Die Bindung gilt für das Verfahren der Gerichte – hier kommt den sog. Justizgrundrechten (Art. 19 Abs. 4, 101, 103, 104 GG) besondere Bedeutung zu – und für den Inhalt ihrer Entscheidungen[179], und zwar auch dann, wenn es um die Entscheidung von Rechtsstreitigkeiten zwischen Privaten geht. Das folgt nicht so sehr daraus, daß die Gerichte wie die Organe der Legislative und der Exekutive stets hoheitliche Gewalt ausüben[180]. Es ergibt sich aber zwingend daraus, daß die Gerichte an die Gesetze gebunden sind (Art. 97 Abs. 1 GG) und diese ihrerseits mit den Grundrechten vereinbar sein müssen (Art. 1 Abs. 3, 20 Abs. 3 GG), was die Verpflichtung der Gerichte einschließt, die Gesetze so auszulegen und anzuwenden, daß sie mit der Verfassung vereinbar sind (Prinzip der verfassungskonformen Auslegung)[181]. Es

51
Verfassungskonforme Interpretation als Folge judikativer Grundrechtsbindung

---

175 Speziell zu den sog. gemischt-wirtschaftlichen Unternehmen ebd., RN 199; *Höfling* (FN 171), RN 96. – Wenn schon, wie das BVerfG wiederholt entschieden hat (*BVerfGE 81*, 242 [254 f.]; *89*, 214 [234]), der Staat gehalten ist einzuschreiten, wo die Privatautonomie sich nicht zu entfalten vermag, weil ein (privater) Vertragspartner kraft seines Übergewichts Vertragsbestimmungen einseitig setzen kann, so gilt erst recht, daß der Staat, wo er selbst am Privatrechtsverkehr teilnimmt, sein spezifisches Übergewicht nicht zur Geltung bringen darf.

176 Grundlegend: *BVerfGE 33*, 1. Aus dem Schrifttum: *Wolfgang Loschelder*, Vom besonderen Gewaltverhältnis zur öffentlich-rechtlichen Sonderbindung, 1982; *ders.*, HStR V, § 123; Detlef Merten (Hg.), Das besondere Gewaltverhältnis, 1985; *Stern*, Staatsrecht, Bd. III/1, S. 1376 ff. (§ 74 III); *Hans J. Wolff/Otto Bachof/Rolf Stober*, Verwaltungsrecht I, ¹¹1999, § 32 IV 4; *Hartmut Maurer*, Allgemeines Verwaltungsrecht, ¹⁴2002, § 8 III; → Bd. III: *Peine*, Grundrechtsbeschränkungen in Sonderstatusverhältnissen.

177 Zum Begriff: *Christian Rath*, Entscheidungspotentiale des Deutschen Bundestages in EU-Angelegenheiten, 2001, S. 19 ff.

178 Dazu: *BVerfGE 73*, 339 (376); *89*, 155 (174 f.).

179 Eingehend *Stern*, Staatsrecht, Bd. III/1, S. 1425 ff (§ 75); *Rüfner*, HStR V, § 117 RN 26 ff.

180 Diesen Gesichtspunkt betont *Jürgen Schwabe*, Die sog. Drittwirkung der Grundrechte, 1971; ebenso *BVerfGE 52*, 203 (207).

181 *Stern*, Staatsrecht, Bd. III/1, S. 1445; *Rüfner* (FN 179), RN 30, 59; *Höfling* (FN 171), RN 100.

steht auf einem anderen Blatt, wie die Grundrechte auf das Privatrecht einwirken; daß es von ihnen unbeeinflußt bleibe, wird heute nicht mehr vertreten[182].

3. Weitgehende Unantastbarkeit der Grundrechte

52
Grundrechtliches Schutzniveau aus Art. 79 Abs. 3

Die außerordentliche Bedeutung, die das Grundgesetz der Wirksamkeit der Grundrechte beimißt, ist ferner daraus ersichtlich, daß sich auch inländische juristische Personen auf die Grundrechte berufen können (Art. 19 Abs. 3 GG) und daß Art. 79 Abs. 3 GG sie dem Grundsatz nach und entsprechend dem in Art. 1 Abs. 2 GG abgelegten Bekenntnis sogar dem Zugriff des verfassungsändernden Gesetzgebers entzieht. Unabänderlich sind „die in Art. 1 und 20 niedergelegten Grundsätze", ihre jeweiligen Konkretisierungen nicht oder doch nur insoweit, als sie von diesen Grundsätzen unabdingbar gefordert werden. Unantastbar ist der „Menschenwürdegehalt" der Grundrechte[183], das von der Garantie der Menschenwürde geforderte grundrechtliche Schutzniveau, wie schwierig es im Einzelfall auch zu bestimmen sein mag[184]. Zu diesem Schutzniveau gehört allerdings auch die in Art. 1 Abs. 3 GG festgelegte Bindungswirkung der Grundrechte (oben 2.) und ihre Durchsetzbarkeit[185].

4. Durchsetzbarkeit der Grundrechte

53
Instrumentarium zur Sicherung der Grundrechtsbeachtung

Der „Sicherung der Beachtung von Verfassungsrecht"[186] dient ein umfangreiches Instrumentarium[187]. Zu ihm gehört auch das selbst als Grundrecht garantierte Petitionsrecht (Art. 17 GG), das den freien Zugang zu Parlament und Verwaltung umfassend schützt[188]. Ausschlaggebend für die Effektivität der Grundrechte ist aber, daß das Grundgesetz den Inhabern dieser Rechte selbst die Befugnis verleiht, sie auf dem Rechtsweg geltend zu machen, grundrechtswidrige, das sind wegen der Auslegung des Art. 2 Abs. 1 GG als Garantie der allgemeinen Handlungsfreiheit[189] alle verfassungswidrigen, Eingriffe des Staates in ihre grundrechtlich geschützte Freiheit abzuwehren, mindestens aber Folgenbeseitigung und Schadensersatz (Art. 34 GG in Verb. mit § 839 BGB) zu verlangen. Jedermann, der durch die öffentliche Gewalt (gemeint ist

---

182 So zutr. *Rüfner* (FN 179), RN 58.
183 *Dürig*, in: Maunz/Dürig, GG, Art. 1 RN 79ff., Art. 79 RN 42. – Grundlegend: *BVerfGE 30*, 1, mit abw. Meinung der Richter *Geller, von Schlabrendorff* und *Rupp;* ferner: *BVerfGE 94*, 49 (103f.). – Neueste umfassende Behandlung der Problematik: *Karl-E. Hain*, Die Grundsätze des Grundgesetzes, 1999; *ders.*, in: v. Mangoldt/Klein/Starck, ⁴GG, Bd. III, Art. 79 RN 43ff.
184 Mit dem Menschenwürdegehalt der Grundrechte nicht identisch ist deren durch Art. 19 Abs. 2 GG vor dem Zugriff des (einfachen) Gesetzgebers geschützter Wesensgehalt. Dieser Schutz gilt jedem von der Verfassung in ihrer jeweiligen Gestalt gewährleisteten Grundrecht, selbst wenn dieses einen Menschenwürdegehalt nicht aufweisen sollte; zutr. *Bryde*, in: v. Münch/Kunig, GG, Bd. ⁵III, Art. 79 RN 36; → Bd. III: *Leisner-Egensperger*, Wesensgehaltsgarantie.
185 *Lücke*, in: Sachs, ³GG (LitVerz.), Art. 79 RN 34.
186 Titel der Schrift von *Dietrich Rauschning*, 1969.
187 Überblick: *Stern*, Staatsrecht, Bd. III/2, S. 1137 ff. (§ 90).
188 *Burmeister*, HStR II, § 32.
189 Leitentscheidung: *BVerfGE 6*, 32; s. auch *BVerfGE 80*, 137, mit abw. Meinung des Richters *Grimm*. Neueste Kommentierung: *Di Fabio*, in: Maunz/Dürig, GG, 2001.

hier freilich nur die vollziehende Gewalt[190]) in seinen Rechten, in erster Linie in seinen Grundrechten, verletzt wird (d. h. die Möglichkeit einer solchen Verletzung darzutun vermag[191]), steht der Rechtsweg offen – mit der einzigen in Art. 19 Abs. 4 Satz 3 in Verb. mit Art. 10 Abs. 2 Satz 2 GG bezeichneten Ausnahme. Umfassender ist der Rechtsbehelf der Verfassungsbeschwerde[192]: Jedermann kann, obschon regelmäßig erst nach Erschöpfung des Rechtswegs, Verfassungsbeschwerde zum Bundesverfassungsgericht erheben, wenn er substantiiert behauptet, durch die öffentliche Gewalt in seinen Grundrechten verletzt worden zu sein – öffentliche Gewalt meint hier Akte der Gesetzgebung, der vollziehenden Gewalt und der Rechtsprechung, wie es Art. 1 Abs. 3 GG entspricht[193]. Die Grundrechtsrechtsprechung des Bundesverfassungsgerichts ist nicht arm an spektakulären Entscheidungen[194], die zu einer weitreichenden Durchdringung des gesamten Rechtsstoffs mit dem Gedankengut der Grundrechte, in Einzelfällen sogar zur Entwicklung im Grundgesetz nicht ausdrücklich benannter Grundrechte geführt haben.

II. Grundrechtsschutz

1. Lückenlosigkeit des Schutzes

Der Grundrechtsschutz ist lückenlos nicht nur in Ansehung der Normadressaten, sondern auch für die Normbegünstigten, die Grundrechtsinhaber. Es mag offen bleiben, ob die Grundrechte ein System bilden oder ob ihnen ein System zugrunde liegt[195]. Richtig ist jedenfalls, daß es sich bei ihnen grundsätzlich um

54
Grundrechte als „punktuelle Gewährleistungen"

---

190 Nicht die Gesetzgebung: *BVerfGE 24*, 33 (49); *31*, 364 (367f.), und nicht die Rechtsprechung: *BVerfGE 15*, 275 (280); *49*, 329 (340).
191 „Klagebefugnis"; zur Möglichkeitstheorie: *Ferdinand O. Kopp/Rüdiger Schenke,* VwGO, [12]2000, § 42 RN 60f., 66.
192 Art. 93 Abs. 1 Nr. 4a GG, eingefügt durch das 19. Gesetz zur Änderung des Grundgesetzes vom 29.1.1969 (BGBl. I S. 97); zuvor schon: §§ 90ff. BVerfGG vom 12.3.1951 (BGBl. I S. 243). – Aus dem Schrifttum: *Ernst Benda/Eckart Klein,* Verfassungsprozeßrecht, [2]2001, S. 147ff. (§ 19).
193 Grundsätzlich kommen als Beschwerdegegenstände nur Akte der *deutschen* öffentlichen Gewalt in Betracht. Das BVerfG hat sich jedoch eine „Reservekompetenz" für die Überprüfung von Rechtsakten der Europäischen Gemeinschaften vorbehalten, um die „generelle Gewährleistung" des unabdingbaren Grundrechtsstandards sicherzustellen: *BVerfGE 89*, 155 (175); *102*, 147 (161ff.); *BVerfG (Kammer)* vom 9.1.2001, EuGRZ 2001, 150 (152). Dazu: *Benda* (FN 192), RN 472; ausführlich und mit zahlr. N. auch: *Klaus Schlaich/Stefan Korioth,* Das Bundesverfassungsgericht, [5]2001, RN 347ff.
194 Beispiele: *BVerfGE 4*, 7 (Investitionshilfe); *6*, 32 (Elfes: allgemeine Handlungsfreiheit); *7*, 198 (Lüth: mittelbare Drittwirkung); *7*, 377 (Apothekenurteil: Berufsfreiheit); *20*, 150 (Sammlungsgesetz: Schrankenvorbehalt); *20*, 162 (Spiegel: Pressefreiheit); *24*, 367 (Hamburger Deichurteil: Eigentumsschutz); *30*, 173 (Mephisto: Kunstfreiheit); *33*, 1 (Grundrechtsgeltung im Sonderstatusverhältnis); *35*, 79 (Hochschulurteil: Grundrechtsschutz durch Organisation); *50*, 290 (Mitbestimmung); *58*, 300 (Naßauskiesung: Eigentumsschutz); *65*, 1 (Volkszählung: Grundrecht auf informationelle Selbstbestimmung); *69*, 315 (Brokdorf: Versammlungsfreiheit); *87*, 399 (Versammlungsfreiheit); *39*, 1 und *88*, 203 (Schwangerschaftsabbruch: Grundrecht auf Leben); *91*, 1 (Kruzifix: Religionsfreiheit); *96*, 27 und 44 (Durchsuchung); *97*, 125 und 157 (Gegendarstellungsrecht); *99*, 216, 246, 268 und 273 (steuerrechtlich zu berücksichtigendes Existenzminimum für Kinder). – Umfangreich ist die Rechtsprechung zum allgemeinen Persönlichkeitsrecht, vgl. nur: *BVerfGE 54*, 148; *101*, 361, jeweils mit Rückverweisungen.
195 Dazu mit vielen N.: *Stern,* Staatsrecht, Bd. III/2, § 96; *ders.,* HStR V, § 109; kritisch zum Systemgedanken, wie er vor allem von *Dürig* entwickelt worden ist (Der Grundrechtssatz von der Menschenwürde, AöR 81 [1956], S. 117ff.; Maunz/Dürig, GG, Art. 1 RN 1ff.), *Scheuner,* Pressefreiheit, VVDStRL 22 (1965), S. 1ff. (42ff.).

„punktuelle Gewährleistungen"[196] bestimmter Lebensbereiche handelt, die auf konkrete historische Erfahrungen und Bedrohungen reagieren. Im vorliegenden Zusammenhang ist es jedoch wichtiger, daß das Bundesverfassungsgericht in ständiger Rechtsprechung das Hauptfreiheitsrecht des Art. 2 Abs. 1 Satz 1 GG als „Auffanggrundrecht" interpretiert[197], das sich zu den anderen Grundrechten wie die lex generalis zu den leges speciales verhält: Ist durch einen Eingriff der öffentlichen Gewalt der Schutzbereich keines der speziellen (benannten) Grundrechte berührt, kann sich der von dem Eingriff in seiner Freiheit Betroffene auf Art. 2 Abs. 1 GG berufen. Dem kommt nicht zuletzt für Ausländer und Staatenlose Bedeutung zu, wenn der Eingriff Grundrechte berührt, die den Deutschen vorbehalten sind[198]; die Rechtsschutzgarantie des Art. 19 Abs. 4 Satz 1 GG und die Verfassungsbeschwerdebefugnis stehen auch Nichtdeutschen zu.

Art. 2 I als Auffanggrundrecht

2. Grundrechtseffektivität

55
Verstärkung der Schutzwirkung als Interpretationsziel

Die Grundrechtsauslegung in Rechtsprechung und Lehre ist auch anderweitig von dem von *Richard Thoma*[199] schon zur Zeit der Weimarer Republik aufgestellten Grundsatz der Grundrechtseffektivität beherrscht. Er besagt, daß stets derjenigen Auslegung der Grundrechte der Vorzug zu geben sei, „die die juristische Wirkkraft der betreffenden Norm am stärksten entfaltet". Das Bundesverfassungsgericht hat sich früh dazu bekannt[200]. Die Tendenz zu einer ihre Schutzwirkung verstärkenden Interpretation der Grundrechte wird insbesondere bei der Bestimmung ihres Schutzbereichs und des Begriffs des Eingriffs spürbar[201].

a) Bestimmung des Schutzbereichs

56
Maßgeblichkeit des Schutzbereichs für Eingriffsrechtfertigung und Rechtsschutz

Der Schutzbereich oder Grundrechtstatbestand bezeichnet den thematischen Einzugsbereich des jeweiligen Grundrechts[202], seinen „Gewährleistungsgehalt"[203]. Die Eröffnung des Schutzbereichs hat materiell zur Folge, daß der staatliche Eingriff der Rechtfertigung bedarf, und formell, daß der Betroffene dagegen Rechtsschutz vor Gericht in Anspruch nehmen kann. Die Restriktion des Schutzbereichs minimiert also den Rechtfertigungsbedarf für staatli-

---

196 *K. Hesse,* Grundzüge (LitVerz.), RN 300; s. aber *Bethge* (Bibl.), S. 361: „eher flächendeckende Garantien".
197 *BVerfGE* 6, 32; *80,* 137 mit abw. Meinung des Richters *Grimm.*
198 *BVerfGE* 78, 179 (196 f.); *104,* 337 (346). – Grundlegend: *Isensee,* Die staatsrechtliche Stellung des Ausländers in der Bundesrepublik Deutschland, VVDStRL 32 (1974), S. 49 ff. (76 ff.); *Quaritsch,* HStR V, § 120. Zur Frage, ob sich Unionsbürger unmittelbar auf die sog. Deutschen-Grundrechte berufen können: *Bauer/Kahl,* Europäische Unionsbürger als Träger von Deutschen-Grundrechten, JZ 1995, S. 1077 ff.
199 Die juristische Bedeutung der grundrechtlichen Sätze der Reichsverfassung im allgemeinen, in: Hans Carl Nipperdey (Hg.), Die Grundrechte und Grundpflichten der Reichsverfassung, Bd. I, 1929, S. 1 ff. (9).
200 *BVerfGE* 6, 55 (72).
201 Zum Folgenden umfassend: *Sachs,* in: Stern, Staatsrecht, Bd. III/2, §§ 77 und 78; *Lerche,* HStR V, § 121.
202 *H. Dreier,* in: ders. (Hg.), GG, Bd. I, 1996, Vorbem. vor Art. 1 RN 78 m.N.
203 *Sachs* (FN 201), § 77; *ders.,* in: Sachs, ³GG (LitVerz.), Vor Art. 1 RN 77.

che Eingriffe und verkürzt den Rechtsschutz. Das Bundesverfassungsgericht ist deshalb Versuchen entgegengetreten, grundrechtliche Schutzbereiche nach Eingriffsnotwendigkeiten zuzuschneiden[204]. Wie weit aber der Schutzbereich eines Grundrechts auch immer gezogen werden mag, ihn zu definieren bleibt Aufgabe des die Grundrechtsnorm interpretierenden staatlichen Rechtsanwenders, letztlich des Bundesverfassungsgerichts. Kunst (Art. 5 Abs. 3 Satz 1 GG) ist nicht, was der Inhaber der Kunstfreiheit in Ausübung des Grundrechts dafür erklärt, sondern was die Verfassung damit meint[205].

Das Selbstverständnis[206] des Grundrechtsträgers mag als Orientierungs- und Interpretations*hilfe* bei der Bestimmung der thematischen Reichweite des Grundrechtstatbestandes taugen, als Interpretations*maßstab* ließe es die verschiedenen und in unterschiedlicher Weise einschränkbaren Grundrechte ineinander verschwimmen, das differenzierte Schrankensystem des Grundrechtskatalogs also leerlaufen[207]. Die Definitionskompetenz liegt letztlich beim Staat; denn: „Was der Staat nicht definieren kann, das kann er auch nicht schützen"[208]. Fazit: Aus materieller wie aus formeller Sicht liegt um der Wirksamkeit des Grundrechtsschutzes willen bei der Interpretation des Grundrechtstatbestandes der Akzent auf den „individualbegünstigenden Aspekten"[209]; die Grundrechte verbindlich auszulegen und damit über ihren Inhalt zu entscheiden, bleibt aber in der Zuständigkeit des Staates.

57
Staat als Inhaber der Definitionskompetenz

b) Grundrechtseingriffe

Die moderne Grundrechtsdogmatik geht von einem weiten Begriff des Eingriffs aus. Eingriff ist danach jedes staatliche „Handeln, das dem einzelnen ein Verhalten, das in den Schutzbereich eines Grundrechts fällt, ganz oder teilweise unmöglich macht, gleichgültig ob diese Wirkung final oder unbeabsichtigt, unmittelbar oder mittelbar, rechtlich oder tatsächlich (faktisch, informal), mit oder ohne Befehl und Zwang erfolgt"[210]. Lediglich unterhalb der Baga-

58
Weiter Eingriffsbegriff

---

204 *BVerfGE 85*, 386 (397 f.); s. schon *BVerfGE 32*, 54 (72).
205 Vgl. *R. Scholz* in Maunz/Dürig, GG, Art. 5 Abs. 3 RN 25 ff.
206 *Martin Morlok,* Selbstverständnis als Rechtskriterium, 1993, bes. S. 375 ff.; *Wolfram Höfling,* Offene Grundrechtsinterpretation, 1987.
207 Eindringlich: *Lerche,* Grundrechtsverständnis und Normenkontrolle in Deutschland, in: Klaus Vogel (Hg.), Grundrechtsverständnis und Normenkontrolle, 1979, S. 24 ff. (33).
208 *Josef Isensee,* Wer definiert die Freiheitsrechte?, 1980, S. 35, unter Bezugnahme auf *A. Arndt,* Die Kunst im Recht, NJW 1966, S. 25 ff. (28); s. auch *Isensee,* HStR V, § 111 RN 57. – Das BVerfG hat sich, wie *Isensee,* aaO. gezeigt hat, in dieser Frage nicht immer eindeutig artikuliert, u. a. nicht in seinen Entscheidungen zur Kirchenfreiheit: *BVerfGE 24*, 236 (247 f.); *46*, 73 (85 f.); *53*, 366 (400); *57*, 220 (242); *66*, 1 (21 f.); *70*, 138 (167); *72*, 278 (289) – kritisch dazu: *Wieland,* Die Angelegenheiten der Religionsgesellschaften, Der Staat 25 (1986), S. 321 ff. ; s. auch *Morlok* (FN 206), S. 431 ff. Zum parallelen Problem bei der Gewissensfreiheit: *H. H. Klein,* Gewissensfreiheit und Rechtsgehorsam, in: Kay Hailbronner u. a. (Hg.), Staat und Völkerrechtsordnung, FS Doehring, 1989, S. 479 ff. (485 ff., 491 ff.).
209 *Kloepfer,* Grundrechtstatbestand und Grundrechtsschranken in der Rechtsprechung des Bundesverfassungsgerichts, in: Christian Starck (Hg.), BVerfG und Grundgesetz, 1976, Bd. II, S. 405 ff. (407).
210 *Pieroth/Schlink,* Grundrechte, RN 240. Erste und wegweisende Untersuchung: *Hans-Ulrich Gallwas,* Faktische Beeinträchtigungen im Bereich der Grundrechte, 1970. S. auch *Lübbe-Wolff* (Bibl.), bes. S. 69 ff.; *Isensee,* HStR V, § 111 RN 58 ff.; *Rolf Eckhoff,* Der Grundrechtseingriff, 1992; *Eberhard Schmidt-Aßmann,* Das allgemeine Verwaltungsrecht als Ordnungsidee, 1998, S. 64 ff.; *Bethge* und *Weber-Dürler,* Der Grundrechtseingriff, VVDStRL 57 (1998), S. 7 ff., 57 ff. – Aus der Rechtsprechung: *BVerwGE 71*, 183 (191); *90*, 112 (121 ff.); → Bd. III: *Holoubek,* Der Grundrechtseingriff.

tellgrenze liegende Belästigungen bleiben außer Betracht: sie erreichen die Eingriffsschwelle nicht[211]. Hingegen können unter Umständen schon bloße Grundrechtsgefährdungen grundrechtliche Abwehransprüche auslösen[212]. Zu achten ist allerdings darauf, daß nur dem Staat zurechenbares Verhalten die Qualität eines Grundrechtseingriffs haben kann; es besteht keine allgemeine Einstandspflicht des Staates für privates Verhalten, das sich außerhalb seiner Verantwortlichkeit ereignet[213].

3. Grundrechtsschranken und Schrankenschranken

59
Rechtfertigungsbedürfnis für Freiheitseingriffe

Greift der Staat in den Schutzbereich eines Grundrechts ein, so bedarf dies der Rechtfertigung. Denn die Freiheit des Bürgers ist prinzipiell unbeschränkt, die Staatsgewalt ist prinzipiell beschränkt, für ihr Handeln also begründungspflichtig[214]. Anders gewendet: Nicht jeder staatliche Eingriff ist verboten, er ist es vielmehr nur dann, wenn er sich nicht tragfähig begründen läßt. Die Wirkkraft der Grundrechte hängt mithin entscheidend auch davon ab, nach welchen Maßstäben eine Beschränkung der Grundrechte erfolgen darf, mit anderen Worten, welcher Begründungsaufwand zu ihrer Rechtfertigung erforderlich ist. Daß die Grundrechte (ohne Ausnahme!) gewissen Schranken unterworfen sein müssen, folgt daraus, daß die Freiheit eines jeden mit der jedes anderen zusammen bestehen können und daß zudem jeder, der von seiner Freiheit Gebrauch macht, die sich zum Teil schon aus der Verfassung ergebenden, zum Teil vom Gesetzgeber zu definierenden Gemeinwohlbelange achten muß. Diese Koordinierungsaufgabe obliegt primär dem parlamentarischen Gesetzgeber[215], der „in grundlegenden normativen Bereichen, zumal im Bereich der Grundrechtsausübung, alle wesentlichen Entscheidungen selbst zu treffen" hat[216]. Dabei hat er sich an dem überaus komplexen[217] System der teils explizit geschriebenen, teils im Wege der Auslegung, nicht zuletzt im Blick auf die gebotene Einheit der Verfassung[218], zu gewinnenden Grundrechtsschranken zu orientieren[219].

Freiheitskoordinierung durch den Gesetzgeber

60
Schrankenschranken

Wo der Gesetzgeber die Grundrechte einzuschränken ermächtigt und unter Umständen sogar verpflichtet ist, kann er dies gleichwohl nicht in beliebigem Umfang tun. Seine Befugnis, der Grundrechtsausübung Grenzen zu setzen,

---

211 Auch das ist umstritten, vgl. *Stern,* Staatsrecht, Bd. III/2, S. 204 ff. (§ 78 IV 1).
212 Vgl. etwa *Stern,* ebd., S. 210 ff (§ 78 IV 2).
213 *Schmidt-Aßmann* (FN 210), S. 67; *Sachs,* in: ders. (Hg.), GG, Vor Art. 1 RN 89 f.
214 „Rechtsstaatliches Verteilungsprinzip": *Carl Schmitt,* Verfassungslehre (FN 158), S. 158; *Bethge* (FN 210), S. 11.
215 *H. Dreier* (FN 202), RN 32.
216 „Wesentlichkeitstheorie": *BVerfGE 49,* 89 (126 f.); *53,* 30 (56); *88,* 103 (116); → Bd. III: *Lerche,* Vorbehalt des Gesetzes und Wesentlichkeitstheorie.
217 Diese Komplexität aufzulösen, ist der Sinn allgemeiner Schrankenklauseln nach Art des Art. 36 der erneuerten Schweizer Bundesverfassung 1999 (s. o. FN 63).
218 Allgemein: *BVerfGE 15,* 167 (194 f.); zu den Grundrechten: *BVerfGE 28,* 243 (260 f.); st. Rspr.
219 Darstellungen (statt vieler): *Pieroth/Schlink,* Grundrechte, RN 252 ff.; *Sachs,* in: Stern, Staatsrecht, Bd. III/2, §§ 79 ff.; *Lerche,* HStR V, § 122. Klassisch: *Karl August Bettermann,* Grenzen der Grundrechte, 1968, ²1976; auch in: *ders.,* Staatsrecht, Verfahrensrecht, Zivilrecht, Schriften aus vier Jahrzehnten, hg. von Merten/Papier/K. Schmidt/Zeuner, 1988, S. 68 ff.

stößt ihrerseits auf Grenzen: sog. Schrankenschranken[220]. Einige von ihnen ergeben sich aus dem Grundgesetz selbst: das Verbot des Einzelfallgesetzes[221], das Zitiergebot[222], die Wesensgehaltsgarantie[223] (Art. 19 Abs. 1 und 2 GG). Wichtiger sind der Bestimmtheitsgrundsatz[224], der Grundsatz des Vertrauensschutzes[225], der insbesondere einer Rückwirkung von Gesetzen Grenzen zieht[226], vor allem aber der Grundsatz der Verhältnismäßigkeit[227]. Ursprünglich im Verwaltungsrecht verortet, aber aus tief reichenden Wurzeln entwickelt[228], ist das Übermaßverbot längst zu einer übergreifenden Leitregel allen staatlichen Handelns geworden, die sich zwingend aus dem Rechtsstaatsprinzip ergibt und deshalb Verfassungsrang hat[229]. Der Grundsatz der Verhältnismäßigkeit bindet den Gesetzgeber nicht nur, wenn er Eingriffe in Freiheitsrechte vornimmt oder zuläßt, sondern auch, wenn er vergleichbare Sachverhalte, vor allem aber Personengruppen, unterschiedlich behandelt. Die ihm aus dem Gleichheitssatz erwachsende Bindung reicht „je nach Regelungsgegenstand und Differenzierungsmerkmalen ... vom bloßen Willkürverbot bis zu einer strengen Bindung an Verhältnismäßigkeitserfordernisse"[230]. Das Proportionalitätsprinzip hat mittlerweile auch im geschriebenen Verfassungsrecht[231] und im europäischen Gemeinschaftsrecht[232] ebenso wie im Völkerrecht[233] Anerkennung gefunden.

Die Prüfung der Verhältnismäßigkeit des Eingriffs, die sowohl auf der Ebene der Norm als auch auf der Ebene ihrer Anwendung stattzufinden hat, verläuft in drei Stufen: Zu fragen ist nach der Geeignetheit, der Erforderlichkeit und der Zumutbarkeit (auch: Verhältnismäßigkeit im engeren Sinne, Proportionalität) des Eingriffs. Namentlich auf der letzten Stufe werden Abwägungen,

61
Stufen der Verhältnismäßigkeitsprüfung

---

220 Umfassend: *Stern,* Staatsrecht, Bd. III/2, §§ 83 bis 85.
221 → Bd. III: *Lege,* Verbot des Einzelfallgesetzes.
222 → Bd. III: *Axer,* Zitiergebot.
223 → Bd. III: *Leisner-Egensperger,* Wesensgehaltsgarantie.
224 Vgl. nur: *BVerfGE 17,* 306 (314 f.); *56,* 1 (12) – zuletzt im Blick auf Strafgesetze: *BVerfGE 96,* 68 (97 f.); *105,* 135 mit abw. M. der Richter *Jentsch, Di Fabio* und *Mellinghof* (Vermögensstrafe).
225 *Maurer,* HStR V, § 60 RN 10 bis 64; neueste Darstellung: *Kyrill-Alexander Schwarz,* Vertrauensschutz als Verfassungsprinzip, 2002.
226 → Bd. III: *Kunig,* Rechtsstaatliches Rückwirkungsverbot.
227 Grundlegend: *Peter Lerche,* Übermaß und Verfassungsrecht, ²1999; ferner etwa: *Lothar Hirschberg,* Der Grundsatz der Verhältnismäßigkeit, 1981; *Lerche,* HStR V, § 122 RN 3 bis 24; *Stern,* Staatsrecht, Bd. III/2, § 84; *Ossenbühl,* Maßhalten mit dem Übermaßverbot, in: FS Lerche (FN 161), S. 151 ff.; zuletzt: *Schlink,* Der Grundsatz der Verhältnismäßigkeit, in: Peter Badura/Horst Dreier (Hg.), FS 50 Jahre BVerfG, 2001, Bd. II, S. 445 ff.; → Bd. III: *Merten,* Verhältnismäßigkeitsgrundsatz
228 Dazu: *Stern,* Zur Entstehung und Ableitung des Übermaßverbots, in: FS Lerche (FN 161), S. 115 ff.
229 So *BVerfGE 23,* 127 (133); *76,* 1 (50 f.); st. Rspr. – s. die N. bei: *H. Dreier* (FN 202), RN 91 FN 360. Die Ableitung des Grundsatzes der Verhältnismäßigkeit aus dem Rechtsstaatsprinzip ist nicht ganz unumstritten; dazu: *Merten,* Zur verfassungsrechtlichen Herleitung des Verhältnismäßigkeitsprinzips, in: J. Hengstschläger u. a. (Hg.), Für Staat und Recht, FS Schambeck, 1994, S. 349 ff.
230 *BVerfGE 88,* 87 (96 f.); *95,* 267 (316 f.); *101,* 54 (101).
231 Vgl. Art. 5 Abs. 2 Satz 1, 23 Abs. 2 Verf. Brandenburg; Art. 14 Abs. 2 Satz 1 Verf. Sachsen-Anhalt; Art. 16 Abs. 4 Satz 1 Verf. Thüringen; Art. 36 Abs. 3 BV Schweiz 1999.
232 Im Gemeinschaftsrecht wirkt der Grundsatz der Verhältnismäßigkeit einerseits als Kompetenzausübungsschranke gegenüber den Mitgliedstaaten (Art. 5 Abs. 3 EG), andererseits wie im nationalen Verfassungsrecht als Schrankenschranke bei der Einschränkung von Gemeinschaftsgrundrechten – dazu *Borchardt,* in: Lenz, EG-Vertrag (FN 140), Art. 220 RN 64. S. auch Art. 52 Abs. 1 Satz 2 EU-Charta der Grundrechte. Ferner: *Pache,* Der Grundsatz der Verhältnismäßigkeit in der Rechtsprechung der Gerichte der Europäischen Gemeinschaften, NVwZ 1999, S. 1033 ff.
233 Art. 18 EMRK – *Frowein/Peukert* (FN 105), Vorbem. zu Art. 8 bis 11 RN 14 ff.

wird angemessener und schonender Ausgleich[234] erforderlich, wofür es vielfach an festen Maßstäben mangelt[235]. Der Blick hat zwischen der Grundrechtsschranke und zu begrenzendem Grundrecht hin und her zu wandern; „Wechselwirkungen" stellen sich ein, die Gesetzgeber, Rechtsanwender und Grundrechtsinhaber gleichermaßen zu verunsichern geeignet sein können. Die Rechtsprechung des Bundesverfassungsgerichts trägt dem – und damit der Entscheidungsprärogative vor allem des Gesetzgebers, aber auch der Exekutive und der Fachgerichtsbarkeit – dadurch Rechnung, daß sie die Kontrolldichte nach Maßgabe der Intensität des Eingriffs variabel bemißt.

III. Grundrechtsdimensionen

62
Multifunktionalität der Grundrechte

Die Auslegung der Grundrechte war in den vergangenen Jahrzehnten einem tiefgreifenden Wandel unterworfen[236]. Sie ist im Zuge dieses Wandels in neue Dimensionen[237] vorgestoßen, vor allem indem sie neben ihren subjektivrechtlichen Gehalten weitere objektivrechtliche Elemente entwickelt hat, die die Wirkkraft der Grundrechte erheblich gestärkt haben. Allerdings haben sich dabei auch Auswirkungen auf die Struktur des demokratischen Verfassungsstaates eingestellt, die Beachtung erheischen[238]. Grundrechte sind nach heute allgemein vertretener Auffassung „multifunktional"[239], sie sind allgegenwärtig und virtuell allbezüglich[240]. Sie sind Abwehrrechte mit negatorischer Funktion, vermitteln im Einzelfall Leistungsansprüche auf ein bestimmtes positives Tun, strahlen aus auf die gesamte Rechtsordnung, entfalten Wirkungen auf Organisation und Verfahren staatlicher Einrichtungen und sind Grundlage staatlicher Schutzpflichten[241]. Grundrechte werden als Prinzipien gedeutet –

---

234 Dazu insb. *Lerche,* HStR V, § 122 RN 3 ff.
235 Zusammenfassend: *Sachs,* ³GG (LitVerz.), Art. 20 RN 154 ff. – Kritisch: *Stern,* Staatsrecht, Bd. III/2, S. 828 ff. (§ 84 IV 6 c). Vgl. auch *Alexy* (Bibl.), S. 100 ff.; *Bernhard Schlink,* Abwägung im Verfassungsrecht, 1976; *dens.* (FN 227), insb. S. 455 ff.
236 Vgl. nur: *Friesenhahn,* Der Wandel des Grundrechtsverständnisses, Verhandlungen des 50. Deutschen Juristentages, 2. Bd., 1974, S. G 1 ff.; *H. H. Rupp,* Vom Wandel der Grundrechte, AöR 101 (1976), S. 161 ff.; *Peter Saladin,* Grundrechte im Wandel, ²1975.
237 Vgl. insb.: *H. Dreier* (Bibl.); zusammenfassend: *ders.* (FN 202), RN 43 bis 69. Aus österreichischer Sicht grundlegend: *Michael Holoubek,* Grundrechtliche Gewährleistungspflichten, 1997; *ders.,* in: Dimensionen des modernen Verfassungsstaates, Korinek-Symposion, 2002, S. 31 ff.
238 Etwa: *Böckenförde,* Zur Lage (Bibl.); *Kriele,* HStR V, § 110. S. auch unten RN 73 f.
239 So erstmals *Niklas Luhmann,* Grundrechte als Institution, 1965, S. 80, 134.
240 Vgl. *Isensee,* HStR V, § 162 RN 42.
241 Die Frage nach der „richtigen" Grundrechtstheorie ist demgegenüber in den Hintergrund getreten; → *Ossenbühl,* § 15 RN 39 ff.; grundlegend: *Böckenförde,* Grundrechtstheorie und Grundrechtsinterpretation, NJW 1974, S. 1529 ff., auch in: *ders.,* Staat, Verfassung, Demokratie, 1991, S. 115 ff.; ferner: *Klaus Kröger,* Grundrechtstheorie als Verfassungsproblem, 1978; *H.H. Klein,* Grundrechte (Bibl.); *Alexy* (Bibl.), S. 508 ff.; *Stern,* Bemerkungen zur Grundrechtsauslegung, in: FS Schambeck (FN 229), S. 381 ff. (396 ff.); *Christine Steinbeiß-Winkelmann,* Grundrechtliche Freiheit und staatliche Freiheitsordnung, 1986. Die Frage behält aber ihre Wichtigkeit. Denn hier entscheidet sich, welchem Zweck die Verfassung Grundrechte gewährleistet. Sind sie Mittel selbstbestimmter Freiheit des einzelnen oder dienen sie einem außerhalb des Grundrechtsinhabers liegenden fremdbestimmten Gemeinwohlzweck („dienende Freiheit", s. etwa *BVerfGE* 57, 295 [320], zuletzt *BVerfGE* 97, 228 [257] zur Rundfunkfreiheit). Zur Kategorie des „dienenden Grundrechts" s. *Burmeister* (FN 152); sie versetzt den Staat zurück in die Rolle des (mehr oder weniger aufgeklärten) Monarchen, der kraft seines Amtes stets besser wußte als seine Untertanen, was deren Nutz und Frommen dienlich sei. Dazu *Oliver Klein,* Fremdnützige Freiheitsgrundrechte. Analyse eines vermeintlich besonderen Grundrechtstypus, 2003.

„Normen ..., die gebieten, daß etwas in einem relativ auf die rechtlichen und tatsächlichen Möglichkeiten möglichst hohen Maße realisiert wird" (Optimierungsgebote)[242].

1. Grundrechte als Abwehrrechte

In erster Linie sind und bleiben die Grundrechte individuelle Rechte, „die den Schutz konkreter, besonders gefährdeter Bereiche menschlicher Freiheit zum Gegenstand haben. Die Funktion der Grundrechte als objektive Prinzipien besteht in der prinzipiellen Verstärkung ihrer Geltungskraft ..., hat jedoch ihre Wurzel in dieser primären Bedeutung"[243]. Indem sie Freiräume für individuelles Denken und Handeln schaffen, eröffnen sie nicht zuletzt auch die Möglichkeit bürgerschaftlicher Mitwirkung am politischen Prozeß[244]. Die Abwehrfunktion der Grundrechte ist Ausdruck jener „Grundidee der bürgerlichen Freiheit", die *Carl Schmitt* als rechtsstaatliches Verteilungsprinzip beschrieben hat[245].

63 Grundrechtliche Abwehrfunktion als Grundidee bürgerlicher Freiheit

2. Grundrechte als Leistungsrechte

Im Einzelfall lassen sich aus grundrechtlichen Normen individuelle Ansprüche auf ein konkretes positives Tun des Staates ableiten. Solche originären Leistungsrechte werden sich aus den Freiheitsrechten allerdings nur ganz ausnahmsweise gewinnen lassen, weil sie – wie die „sozialen Grundrechte" – unter dem Vorbehalt des Möglichen stehen[246]. Derivative Leistungsrechte sind demgegenüber als Ansprüche auf positive Gleichbehandlung, etwa auf Teilhabe an Begünstigungen, die anderen zuteil werden, aus dem Gleichheitssatz (Art. 3 Abs. 1 GG) ableitbar[247].

64 Originäre Leistungsrechte als Ausnahme

3. Ausstrahlungswirkung; Organisation und Verfahren

Die eigentliche „Neuentdeckung" der jüngeren Grundrechtsdogmatik sind indessen die meist so genannten[248] objektivrechtlichen Grundrechtsgehalte[249], die sich freilich schon in der Weimarer Lehre zu den verfassungsrechtlichen

65 Grundrechtlicher Flankenschutz durch objektivrechtliche Gehalte

---

242 *Alexy* (Bibl.), S. 71 ff. (Zitat: S. 75); kritisch etwa: *Stern*, Staatsrecht, Bd. III/1, S. 504 f. (§ 65 I 4 c).
243 *BVerfGE 50*, 290 (337); s. auch *Bethge* (FN 210), S. 14.
244 *K. Hesse* (Bibl.), RN 16.
245 Verfassungslehre, ³1954 (unverändert), S. 126. Das bleibt unbeschadet der Einwände *Baduras,* HStR VII, § 163 RN 19 ff., richtig.
246 Vgl. nur *BVerfGE 33*, 303 (333) – numerus clausus.
247 Gesetzliche Ausgestaltung: § 5 PartG. Aus dem Schrifttum: *Martens*, Grundrechte im Leistungsstaat (Bibl.), S. 21 ff.; *Sachs*, in: Stern, Staatsrecht, Bd. III/1, S. 700 ff. (§ 67 II 1 c); *Murswiek*, HStR V, § 112 RN 68 bis 85. – Beispiele aus der Rechtsprechung des BVerfG bei *H. Dreier* (FN 202), RN 54 FN 224, 226.
248 Kritisch: *Jarass* (Bibl.), S. 50; *Karl-E. Hain*, Ockham's Razor – ein Instrument zur Rationalisierung der Grundrechtsdogmatik?, JZ 2002, S. 1036 f.
249 Zusammenfassende Darstellung: *Stern*, Staatsrecht, Bd. III/1, §§ 68, 69; *Michael Dolderer*, Objektive Grundrechtsgehalte, 2000; *H. Dreier* (FN 202), RN 55 ff.; *Pieroth/Schlink*, Grundrechte, RN 73 ff.; *Sachs*, ³GG (LitVerz.), Vor Art. 1 RN 30 ff.; *Jarass* (Bibl.), S. 35 ff. Kritisch vor allem zum Aspekt der Grundrechte als Schutzpflichten: *Christian Starck*, Praxis der Verfassungsauslegung, 1994, S. 21 ff., 46 ff.; → Bd. II: *Jarass*, Funktionen und Dimensionen der Grundrechte.

Einrichtungs-, insbesondere den Institutsgarantien[250] abzuzeichnen begannen[251]. Zu voller Entfaltung gebracht wurden die objektivrechtlichen Grundrechtsgehalte der Grundrechte in der Rechtsprechung des Bundesverfassungsgerichts, die die Grundrechte durchgehend als „objektive Grundsatznormen" qualifiziert[252]. Es entwickelte zunächst die Lehre von der „Ausstrahlungswirkung" der Grundrechte auf alle Teile der Rechtsordnung[253], womit das Gericht – in enger Anlehnung an *Günter Dürig*[254] – das nach dem Inkrafttreten des Grundgesetzes zunächst heiß umstrittene Thema der „Drittwirkung" der Grundrechte in einer zumindest die Praxis zufriedenstellenden Weise löste[255]. Die Ausstrahlungswirkung der Grundrechte führt zu einer weitreichenden grundrechtlichen Überformung des „einfachen" Rechts, die der Rechtsprechung des Bundesverfassungsgerichts mannigfache Einwirkungsmöglichkeiten auf dessen legislatorische Ausgestaltung und richterliche Handhabung eröffnet[256]. Dem folgte die Erkenntnis, daß „die Grundrechte nicht nur die Ausgestaltung des materiellen Rechts beeinflussen, sondern zugleich Maßstäbe für eine den Grundrechtsschutz effektuierende Organisations- und Verfahrensgestaltung sowie für eine grundrechtsfreundliche Anwendung vorhandener Verfahrensvorschriften setzen"[257]. Die objektivrechtlichen Gehalte der Grundrechte stützen deren Geltungskraft als subjektive Gewährleistungen individueller Freiheit[258]; ihnen bieten sie Flankenschutz.

4. Schutzpflichten und Schutzrechte

66
Schutzpflichten im Interesse des status libertatis

In einem weiteren und letzten, sich freilich früh schon abzeichnenden[259] Schritt hat das Bundesverfassungsgericht den Grundrechten die Pflicht des Staates entnommen, sich „schützend und fördernd"[260] vor die grundrechtlich geschützten Rechtsgüter zu stellen und ihrer Verletzung oder Gefährdung durch Dritte vorzubeugen[261]. Diese Schutzpflicht besteht nach heute herr-

---

250 Vgl. die Darstellung bei *Stern,* Staatsrecht, Bd. III/1, S. 754 ff. (§ 68 I).
251 → Bd. II: *Kloepfer,* Einrichtungsgarantien.
252 Zur variierenden Terminologie: *Jarass* (Bibl.), S. 36 f.
253 Grundlegend: *BVerfGE 7,* 198 (205).
254 Grundrechte und Zivilrechtsprechung, in: Theodor Maunz (Hg.), Vom Bonner Grundgesetz zur gesamtdeutschen Verfassung, FS Nawiasky, 1956, S. 157 ff.
255 Mißverständlich ist die für diese Lösung oft gebrauchte Wendung „mittelbare Drittwirkung"; denn gebunden ist nicht der private Dritte, sondern der Staat; → Bd. II: *Papier,* Drittwirkung.
256 Für das Verwaltungsrecht s. *Schmidt-Aßmann,* Grundrechtswirkungen im Verwaltungsrecht, in: Bernd Bender u.a. (Hg.), Rechtsstaat zwischen Sozialgestaltung und Rechtsschutz, FS Redeker, 1993, S. 225 ff.
257 *BVerfGE 69,* 315 (355) m.N. aus der früheren Rspr. – Zum Ganzen: *Bethge,* Grundrechtsverwirklichung und Grundrechtssicherung durch Organisation und Verfahren, NJW 1982, S. 1 ff.; *Denninger,* HStR V, § 113; → Bd. II: *Schmidt-Aßmann,* Grundrechte als Organisations- und Verfahrensgarantien.
258 Vgl. *BVerfGE 50,* 290 (337).
259 Vgl. *BVerfGE 1,* 97 (104).
260 Formulierung: *BVerfGE 35,* 79 (114); s. aus jüngerer Zeit: *BVerfGE 90,* 1 (11); *92,* 26 (46); *96,* 56 (64).
261 Eine Übersicht über die Rechtsprechung des BVerfG zur Schutzpflicht gibt *Georg Hermes,* Das Grundrecht auf Schutz von Leben und Gesundheit, 1987, S. 43 ff. Rechtsprechungsnachweise: *Sachs,* ³GG (LitVerz.), Vor Art. 1 RN 35 FN 69.

schender Lehre²⁶² nicht nur dort, wo die Verfassung sie ausdrücklich erwähnt (Art. 1 Abs. 1 Satz 2, Art. 6 Abs. 1 und 4 GG), sondern gegenüber allen Freiheiten, die die Verfassung garantiert, weil sie erst in ihrer Summe jenen status libertatis ausmachen, den die durch das Grundgesetz errichtete freiheitliche demokratische Grundordnung den unter dieser Ordnung lebenden Menschen zuweist und verbürgt²⁶³. Die zunächst Freiheitsrechte gewährleistenden Grundrechtsnormen werden also zur Grundlage von Forderungen an die Staatsgewalt²⁶⁴, primär (aber keineswegs nur) an den Gesetzgeber²⁶⁵, die Freiheitssphären der Menschen einander so zuzuordnen, daß es zu einem „schonenden Ausgleich der kollidierenden Rechtsgüter"²⁶⁶ kommt²⁶⁷.

Die mannigfaltigen objektivrechtlichen Gehalte der grundrechtsgewährleistenden Normen des Grundgesetzes folgen aus einem einheitlichen Prinzip: Der Staat schuldet den Inhabern der den Grundrechtsnormen entfließenden Rechte die Bereitstellung derjenigen *rechtlichen* Voraussetzungen, auf die sie für ihre Entfaltung notwendig angewiesen sind. Grundrechte erfordern – in allerdings von Grundrecht zu Grundrecht und von Regelungsbereich zu Regelungsbereich höchst unterschiedlicher Dichte und Weise – ihre Umhegung durch im Range unter der Verfassung stehendes Recht. Damit findet auch die Frage nach der „Drittwirkung" der Grundrechte im Privatrecht eine dogmatisch befriedigende Antwort: sie wird „zum Unterfall der allgemeinen Grundrechtsfunktion staatlicher Schutzpflicht"²⁶⁸.

67
Drittwirkung als Unterfall staatlicher Schutzpflicht

Den aus den objektivrechtlichen Gehalten der Grundrechte folgenden Pflichten des Staates sind die entsprechenden Rechte der Träger der Grundrechte zugeordnet²⁶⁹. Das ist auch in der Rechtsprechung des Bundesverfassungsgerichts anerkannt, wie die Entscheidungen zur Zulässigkeit und gegebenenfalls auch zur Begründetheit von Verfassungsbeschwerden zeigen, die die Verletzung einer grundrechtlichen Schutzpflicht rügen²⁷⁰. Inhaltlich entspricht der Anspruch des Grundrechtsträgers auf Schutz dem Inhalt der Schutzpflicht des

68
Subjektivierung objektivrechtlicher Schutzpflichten

---

262 Sie ist auch außerhalb des deutschen Rechtsraums auf Zustimmung gestoßen: *Classen,* Die Ableitung von Schutzpflichten des Gesetzgebers aus Freiheitsrechten, JöR 36 (1987), S. 29 ff.; s. auch *Stern,* Die Grundrechte und ihre Schranken, in: FS 50 Jahre BVerfG (FN 227), 2001, Bd. II, S. 3 ff.; zum Völkerrecht: *Katja Wiesbrock,* Internationaler Schutz der Menschenrechte vor Verletzungen durch Private, 1999, S. 84 ff. – Zurückhaltung gegenüber dem Schutzpflichtgedanken etwa bei: *Enders,* in: Friauf/ Höfling (Hg.), Berliner Kommentar, Vor Art. 1 RN 135 ff.
263 Vgl. *H. H. Klein,* Schutzpflicht (Bibl.), S. 491, 492 f.; *Jarass* (Bibl.), S. 37 ff. – zu den Gleichheitsrechten S. 51 f.; → Bd. II: *Chr. Calliess,* Schutzpflichten.
264 Vgl. *Isensee,* HStR V, § 111 RN 3.
265 Wegen des Gesetzesvorbehalts sind die grundrechtlichen Schutzpflichten regelmäßig „gesetzesmediatisiert" – so *H. Dreier* (FN 202), RN 63, unter Bezugnahme auf *Isensee* (Bibl.), S. 44.
266 BVerfGE 93, 266 (291).
267 Ausführlich dazu: *Rüfner,* HStR V, § 117 RN 54 bis 79; s. auch *E. Klein,* Schutzpflicht (Bibl.), S. 1639 f.
268 Zitat: *Stern,* Staatsrecht, Bd. III/1, S. 1560 (§ 76 III 4 b), s. auch S. 1572 ff (§ 76 IV 5). – Beispiele: BVerfGE 81, 242 (254 ff.) – Handelsvertreter; 89, 214 (232 f.) – Bürgschaft; 103, 89 (100 ff.) – ehevertragliche Abreden; in diesen Fällen zeigt sich übrigens mit Deutlichkeit, daß die Schutzpflicht auch den Rechtsanwender, hier den Richter, bindet.
269 *E. Klein,* Schutzpflicht (Bibl.), S. 1637; *Stern,* Staatsrecht, Bd. III/1, § 69 VI; *Isensee,* HStR V, § 111 RN 83 ff.; *Alexy* (Bibl.), S. 60 f.; *Pieroth/Schlink,* Grundrechte, RN 84; *Gerrit Manssen,* Staatsrecht II, Grundrechte, ²2002, RN 39.
270 Beispiele: die in FN 260 genannten Entscheidungen; der Sache nach aber schon *BVerfGE* 7, 198. Wie hier: *Jarass* (Bibl.), S. 47 f.

Grundrechtsadressaten[271]. Der Berechtigte kann einfordern, was der Verpflichtete schuldet. Denn die Versagung *gebotenen* Schutzes verletzt den Grundrechtsinhaber ebenso in seinem Recht wie der *verbotene* staatliche Eingriff, mag auch, zumal soweit die Schutzpflicht den Gesetzgeber bindet, das, was ihm die Schutzpflicht zu tun aufgibt, oft schwieriger zu bestimmen sein als der Eingriff, den der Staat vorgenommen hat, aber hätte unterlassen müssen[272].

D. Grundrechtskritik

69
Besorgnis der „Grundrechtsinflation"

Die vor allem seit dem Ende des zweiten Weltkriegs Schritt um Schritt expandierende Positivierung von Grundrechten auf unterschiedlichen Rechtsebenen und die gleichzeitige Erweiterung ihrer normativen Gehalte im Wege der Auslegung haben auch kritische Stimmen auf den Plan gerufen. Von „Grundrechtsinflation" und der daraus resultierenden Gefahr einer „Grundrechtsmüdigkeit" ist schon länger die Rede[273]. Bei der Beschreibung Deutschlands als „Grundrechtsrepublik"[274] schwingen auch auf Bedenken hinweisende Untertöne mit[275].

I. Expandierende Grundrechtsauslegung

1. Stringenzeinbußen und ihre Folgen

70
Tatbestandsdehnung bedingt Schrankenausweitung

Die – notabene: im Interesse eines wirksamen Rechtsschutzes liegende – extensive Auslegung der Grundrechtstatbestände führt unvermeidlich zu einer Ausweitung der Grundrechtsschranken. Meint, um das bekannteste Beispiel zu nennen, „freie Entfaltung der Persönlichkeit" in Art. 2 Abs. 1 GG die „allgemeine menschliche Handlungsfreiheit", so kann unter dem Begriff der „verfassungsmäßigen Ordnung" nur die allgemeine Rechtsordnung verstanden werden, soweit sie „eine verfassungsmäßige Rechtsordnung" ist[276]. Wird der Gewährleistungsbereich der Freiheit weit verstanden, ergibt sich die Notwendigkeit der Kompensation durch eine Ausweitung der Schranken[277]. Ein anderes Beispiel: Nimmt man, wie es in Rechtsprechung und Lehre geschieht, das Grundgesetz beim Wort, wo es einzelnen Grundrechtsgarantien keinen ausdrücklichen Schrankenvorbehalt beigegeben hat (z. B. Art. 4 Abs. 1 und 2,

---

271 Näher: *H.H. Klein,* Schutzpflicht (Bibl.), S. 495.
272 Ebd., S. 496 f. – Deutlich: *BVerfGE* 77, 170 (214 f.); 96, 56 (64).
273 *Bethge* (Bibl.), S. 352.
274 *Hufen,* Entstehung und Entwicklung der Grundrechte, NJW 1999, S. 1504 ff. (1504).
275 So bei *Jestaedt,* Die Grundrechtsrevolution frißt ihre Kinder, JRP 2000, S. 99 ff. (101): „Der Rechtsstaat avanciert zum Grundrechtsstaat"; *ders.,* Grundrechtsentfaltung (Bibl.), S. 65 ff. S. auch *Karl August Bettermann,* Der totale Rechtsstaat, 1986.
276 *BVerfGE* 6, 32 (36, 37 f.).
277 *Di Fabio,* in: Maunz/Dürig, GG, Art. 2 Abs. 1 RN 39.

Art. 5 Abs. 3 GG)[278], verwirft man also die Möglichkeit eines interpretatorischen Rückgriffs auf die allgemeinen Schrankenklauseln der Art. 2 Abs. 1 oder Art. 5 Abs. 2 GG, so bleibt nur übrig, Grundrechtsschranken aus kollidierendem Verfassungsrecht, vorzugsweise, aber nicht nur, aus kollidierenden Grundrechten zu entwickeln[279]. Der Vorrat im Grundgesetz auffindbarer, also mit Verfassungsrang ausgestatteter, Rechtsgüter ist allerdings nahezu unerschöpflich[280].

Die auf diese Weise erzeugte Ungewißheit über den Umfang der Einschränkbarkeit der Grundrechte wird nicht gemindert durch die für die Auflösung der Kollision von Verfassungsrechtsgütern und des Gegeneinanders von Grundrechtsschranken und Schrankenschranken zur Verfügung stehende Methode: die Abwägung mit dem Ziel der Herstellung praktischer Konkordanz und verhältnismäßigen Ausgleichs[281]. Die Gefahr einer dezisionistischen, voluntaristischen und kasuistischen Anwendungspraxis[282] ist dieser Methode immanent[283]. *Matthias Jestaedt* stellt zutreffend fest: Die „Extensivierung des Grundrechtsschutzes wird um den Preis der Herrschaft des Güterabwägungsprinzips erkauft ..., die Entscheidungsautonomie des Grundrechtsanwenders steigt"[284].

71 Güterabwägung als Preis der Schutzextensivierung

Aus dieser Gefahr aber erwächst im Rechtswegestaat (Art. 19 Abs. 4, Art. 93 Abs. 1 Nr. 4a GG) unvermeidlich eine andere, die des gleitenden Übergangs „vom parlamentarischen Gesetzgebungsstaat zum verfassungsgerichtlichen Jurisdiktionsstaat"[285].

72 Gefahr des Jurisdiktionsstaates

---

278 → Bd. III: *Papier*, Beschränkungen vorbehaltlos gewährleisteter Grundrechte.
279 Umfassende Darstellung: *Sachs*, in: Stern, Staatsrecht, Bd. III/2, S. 513 ff., 571 ff (§ 81 IV und V).
280 Die abweichende Meinung der Richter *Mahrenholz* und *Böckenförde* zu BVerfGE 69, 1, wendet sich deshalb dagegen, Begrenzungen und Schranken der Grundrechte aus bundesstaatlichen Kompetenzvorschriften, bloßen Ermächtigungsnormen oder Organisationsregelungen zu entnehmen (S. 57 ff.). Dazu: *Sachs*, in: Stern, Staatsrecht, Bd. III/2, S. 582 ff. (§ 81 V 4); → *Ossenbühl*, § 15 RN 17 ff.; → Bd. III: *Merten*, Immanente Grenzen und verfassungsunmittelbare Schranken.
281 Nachweise aus der Rechtsprechung des BVerfG und aus dem Schrifttum: *Sachs*, ³GG (LitVerz.), Vor Art. 1 RN 124 FN 287 bis 289. – Speziell zu Grundrechtskollisionen: *Herbert Bethge*, Zur Problematik von Grundrechtskollisionen, 1977; Stern, Staatsrecht, Bd. III/2, § 82; → Bd. III: *Bethge*, Grundrechtskollisionen.
282 Vgl. *Bethge*, HStR V, § 137 RN 33.
283 Kritisch: *Walter Leisner*, Der Abwägungsstaat, 1997; *Jestaedt* (Bibl.), S. 49 ff.: „Die unbegrenzte Abwägung"; s. auch schon *Bernhard Schlink*, Abwägung im Verfassungsrecht, 1976, S. 152.
284 Ebd., Grundrechtsrevolution (FN 275), S. 108, 109. S. auch *Böckenförde*, Grundrechtsdogmatik (Bibl.), S. 52 ff.
285 *Böckenförde*, ebd., S. 61 f.; *Ossenbühl* (FN 227), S. 157: „Machtverschiebung im Gefüge der Staatsfunktionen"; *Jestaedt*, Grundrechtsrevolution (FN 275), S. 109 ff., konstatiert eine „Bedeutungseinbuße des Gesetzesrechts als Preis des Bedeutungsaufstiegs der Grundrechte"; ders., Grundrechtsentfaltung (Bibl.), S. 54 ff.; ebenso *Hufen* (FN 274), S. 1508. Zum Ganzen auch: *H. H. Klein*, Der demokratische Grundrechtsstaat, in: Gesellschaft für Rechtspolitik Trier, Bitburger Gespräche, Jahrbuch 1995/I, 1995, S. 81 ff.

2. Dilemma: wirksamer Grundrechtsschutz und politischer Entscheidungsspielraum

73
Rückkehr zum liberalen Grundrechtsverständnis unmöglich

Diesen Gefahren wäre allenfalls und auch das nicht vollständig durch eine „Rückkehr zum liberalen Grundrechtsverständnis"[286] und durch einen (weitgehenden) Verzicht auf die Prüfung der Verhältnismäßigkeit, dieses „Gleich- und Weichmacher(s) der Verfassungsmaßstäbe"[287], zu begegnen. Im einen wie im anderen Falle handelt es sich nicht um eine realistische Option – zum einen weil die Grundrechtsinterpretation in Deutschland damit einen Weg einschlüge, der dem von ihr selbst maßgeblich beeinflußten Gang der Entwicklung im ausländischen, im Gemeinschafts- und im Völkerrecht entgegengesetzt verliefe[288], zum anderen weil mit den objektivrechtlichen Grundrechtsgehalten, insbesondere mit dem Schutzpflichtgedanken, auf Bedrohungen der Freiheitsrechte reagiert wird, die in dieser Intensität eine Folge gesellschaftlicher Veränderungen sind: des dichter gewordenen Netzes staatlicher Normierungen und der Entstehung neuer Bedrohungslagen im Raum der Gesellschaft[289].

74
Labiles Gleichgewicht zwischen Legislative und Judikative

Das Dilemma zwischen der Notwendigkeit ausreichenden Freiheitsschutzes und dem Gebot der „Wahrung ausreichenden Bewegungsraumes für Gesetzgebung und Regierung"[290] ist also „unausweichlich"[291]. Praktische Auswege aus diesem Dilemma zu finden, ist eine stetige, sich sowohl der Rechtslehre als auch Politik und Verfassungsgerichtsbarkeit stellende Aufgabe. An Orientierungen für diese Gratwanderung fehlt es nicht[292]. Nimmt man die Leistungen von Rechtsprechung und Rechtswissenschaft aus der Sicht des beginnenden 21. Jahrhunderts in den Blick, läßt sich feststellen, daß ein Absturz bisher vermieden werden konnte. Aber das Gleichgewicht zwischen Gesetzgebung und Rechtsprechung bleibt labil[293]. Auch hier zeigt sich, daß sich die Legitimität des Verfassungsstaates aus zwei Wurzeln speist: dem Prinzip politischer und dem Prinzip individueller Freiheit; beide sind nicht stets konvergent.

---

286 Dies (mit Fragezeichen) der Titel der Abhandlung von *Dieter Grimm* (Bibl.).
287 *Ossenbühl,* VVDStRL 39 (1981), S. 189 (Diskussionsbeitrag).
288 Vgl. etwa zur Auslegung der Konventionsrechte durch die Straßburger Menschenrechtsgerichtsbarkeit: *Holoubek* (FN 237), S. 45 ff., 78 ff.
289 Dazu: *Grimm* (FN 286), passim; s. auch *H. Dreier,* Subjektiv-rechtliche und objektiv-rechtliche Grundrechtsgehalte, Jura 1994, S. 505 ff. (513).
290 *Lerche,* Die Verfassung als Quelle von Optimierungsgeboten?, in: J. Burmeister u. a. (Hg.), Verfassungsstaatlichkeit, FS Stern, 1997, S. 197 ff. (199).
291 *H. Dreier* (FN 289), S. 513. – Schwerlich werden sich Rechtsprechung und Schrifttum auch in Zukunft damit begnügen, bei der Auslegung der Grundrechte ausschließlich „nach dem Inhalt der konkreten historischen Rechtsetzungsleistung des Verfassung(sgesetz)gebers zu fragen", wie *Jestaedt* (Bibl.), S. 361, empfiehlt.
292 Näheres bei *H. H. Klein,* Verfassungsgerichtsbarkeit und Verfassungsstruktur, in: P. Kirchhof u. a. (Hg.), Steuerrecht-Verfassungsrecht-Finanzpolitik, FS F. Klein, 1994, S. 511 ff (515 ff.); *ders.,* Verfassungsgerichtsbarkeit und Gesetzgebung, Lerche Symposion, hg. von P. Badura und R. Scholz, 1998, S. 49 ff.; *Ossenbühl,* ebd., S. 75 ff.; *ders.* (FN 227), S. 156 ff. – *Ossenbühl* plädiert dafür, die Anwendungsfelder des Grundsatzes der Verhältnismäßigkeit deutlicher abzustecken, das Übermaßverbot auf Eingriffskonstellationen zu beschränken.
293 *Badura,* HStR VII, § 163 RN 35.

II. Grundrechtsgemenge

Für zusätzliche Verwirrung bei Grundrechtsträgern und Grundrechtsadressaten sorgt die unübersichtliche „Gemengelage unterschiedlicher Grundrechtsverbürgungen"[294], die, wie gezeigt, auf glied- und gesamtstaatlicher Ebene, im Völker- und im europäischen Gemeinschaftsrecht angesiedelt sind.

75 Unterschiedliche Gemengelagen

1. Bundes- und Landesgrundrechte

Insoweit Bestimmungen der Landesverfassungen in Übereinstimmung mit den Art. 1 bis 18 GG Grundrechte gewährleisten, bleiben sie ungeachtet der Vorschrift des Art. 31 GG in Kraft (Art. 142 GG)[295]. Das gilt unstreitig für parallele, nach nunmehr vorherrschender Auffassung aber auch für Mindergewährleistungen der Landesverfassungen[296]; auch überschießende oder sog. aliud-Garantien der Landesverfassungen haben nach herrschender Meinung Bestand[297]. Die Frage freilich ist, was dies dem Grundrechtsträger nützt, der sich sowohl auf die Grundrechte des Grundgesetzes wie auf diejenigen der Landesverfassungen berufen kann. Die Antwort lautet: Die Staatsgewalt des Bundes ist an Landesgrundrechte nicht gebunden. Die Staatsgewalt der Länder unterliegt der Bindung an die Grundrechte sowohl des Grundgesetzes wie der Landesverfassungen. Bleiben die landesverfassungsrechtlichen Gewährleistungen hinter denen des Grundgesetzes zurück, hat der Grundrechtsträger davon keinen Schaden, da er sich auf die weitergehenden Bundesgrundrechte berufen kann[298]. Gewährt ein Landesgrundrecht mehr Schutz als das Grundgesetz, wirkt sich das nur dann zugunsten des Grundrechtsträgers aus, wenn und soweit die Betätigung der Landesstaatsgewalt, gegen die er sich zur Wehr zu setzen beabsichtigt, nicht bundesrechtlich geregelt, also formal wie inhaltlich nicht determiniert ist[299].

76 Interessenlage bei konkurrierenden Bundes- und Landesgrundrechten

2. Internationaler und nationaler Grundrechtsschutz

Neben den (bundes- und landes-)verfassungsrechtlichen Grundrechtsgarantien stehen die völkerrechtlichen Gewährleistungen, die entweder als allgemeine Regeln des Völkerrechts kraft des Art. 25 GG Bestandteil des Bundesrechts sind, den Gesetzen vorgehen und für die Bewohner des Bundesgebiets

77 Völkerrechtsfreundliche Auslegung grundgesetzlicher Grundrechte

---

294 *Stanislaw Tillich,* Nicht mehr und nicht weniger, FAZ vom 25.9.2000, S. 9, in bezug auf die EU-Charta der Grundrechte.
295 Die Frage, wann Übereinstimmung besteht, bereitet „große und letztlich abstrakt kaum lösbare Probleme": *H. Dreier,* in: ders. (Hg.), GG, Bd. III, Art. 142 RN 42; → Bd. III: *Maurer,* Landesgrundrechte im Bundesstaat.
296 *BVerfGE* 96, 345 (366); anders noch *BVerfGE* 42, 312 (325). Weitere Nachweise bei *H. Dreier* (FN 295), Art. 142 RN 47 FN 118 bis 120.
297 *BVerfGE* 96, 345 (366); kritisch: *H. Dreier* (FN 295), RN 49 ff. m.N.
298 Dazu: *BVerfGE* 97, 298 (314 f.).
299 Vgl. *BVerfGE* 96, 345 (365). – Zu den kompetenzrechtlichen Folgen für die Verfassungsgerichtsbarkeit des Bundes und der Länder: Ernst Benda/*Eckart Klein,* Verfassungsprozeßrecht, ²2001, RN 41 ff.; *Klaus Schlaich/Stefan Korioth,* Das BVerfG, ⁵2001, RN 336 bis 346.

unmittelbar Rechte (und Pflichten) erzeugen oder kraft des Vertragsgesetzes (Art. 59 Abs. 2 Satz 1 GG) im Range von Bundesgesetzesrecht Rechtswirkung entfalten. Im einen wie im anderen Falle gewährleisten die Grundrechte des Grundgesetzes regelmäßig einen weiterreichenden Schutz als die völker(vertrags-)rechtlichen Garantien. Für die durch sie Berechtigten und Verpflichteten sind sie gleichwohl von Bedeutung, da diese sie zu beachten haben, jene sich auf sie berufen, insbesondere, soweit dies vorgesehen ist, internationale Einrichtungen und Gerichte anrufen und ihren Staat vor ihnen zur Verantwortung ziehen können. So kann insbesondere der Europäische Gerichtshof für Menschenrechte im Wege einer Individualbeschwerde nach Erschöpfung des innerstaatlichen Rechtswegs mit der Behauptung angerufen werden, durch das Verhalten eines Mitgliedstaats der Europäischen Menschenrechtskonvention in einem Konventionsrecht verletzt worden zu sein (Art. 34, 35 EMRK)[300]. Um solche Konflikte tunlichst zu vermeiden, gilt der Grundsatz völkerrechtsfreundlicher Auslegung der vom Grundgesetz gewährleisteten Grundrechte[301].

3. Grundrechtsschutz im Gemeinschafts- und im deutschen Recht

78
Reservefunktion deutscher Grundrechte gegenüber der Gemeinschaftsgewalt

Wesentlich schwieriger ist die Frage des grundrechtlichen Schutzes gegenüber Sekundärrechtsakten der Europäischen Gemeinschaften und solchen Rechtsakten der Mitgliedstaaten, die der Durchführung des Gemeinschaftsrechts dienen[302]. Sie ist für den Grundrechtsberechtigten deshalb von Interesse, weil das grundrechtliche Schutzniveau auf der Ebene des Gemeinschaftsrechts hinter dem des Grundgesetzes, wenn auch nur punktuell, zurückbleiben kann[303]. Die Rechtsakte der Gemeinschaften sind an die auf der Ebene des Gemeinschaftsrechts bestehenden Gewährleistungen gebunden. Die Grundrechte des Grundgesetzes stehen nach der Rechtsprechung des Bundesverfassungsgerichts – wie dieses selbst – gewissermaßen in Reserve[304]. Der Bürger kann sich also gegenüber der Gemeinschaftsgewalt auf die Grundrechte des Grundgesetzes nur berufen, wenn und soweit ihm das Gemeinschaftsrecht selbst nicht „einen wirksamen Schutz der Grundrechte (bietet), der dem vom Grundgesetz als unabdingbar gebotenen Schutz im wesentlichen gleich zu achten ist"[305].

---

300 *E. Klein* (FN 299), RN 72 ff.; *Schlaich/Korioth* (FN 299), RN 355 ff. – S. auch *H.-Chr. Krüger/ Polakiewicz*, Vorschläge für ein kohärentes System des Menschenrechtsschutzes in Europa, EuGRZ 2001, S. 92 ff.
301 Vgl. *BVerfGE 74*, 358 (370), speziell zur EMRK. Allgemein: *Eckart Klein*, Preferred-Freedoms-Doktrin und deutsches Verfassungsrecht, in: ders. u. a. (Hg.), Grundrechte, soziale Ordnung und Verfassungsgerichtsbarkeit, FS Benda, 1995, S. 135 ff. (151 f.). – Eine andere Frage ist es, ob die Grundrechte der EMRK Prüfungsmaßstab des BVerfG sein können; so mehrfach *Frowein*, zuletzt, in: FS 50 Jahre BVerfG (RN 223), Bd. I, S. 209 ff. (218); zust. *Limbach*, Die Kooperation der Gerichte in der zukünftigen deutschen Grundrechtsarchitektur, EuGRZ 2000, S. 417 ff. (418).
302 Vgl. Art. 51 Abs. 1 Satz 1 EU-Grundrechtecharta.
303 Von dieser Möglichkeit geht Art. 23 Abs. 1 Satz 1 GG ersichtlich aus; s. auch *BVerfG 102*, 147 (163 f.). Kritisch zum Grundrechtsschutz auf Gemeinschaftsebene etwa: *T. Stein*, „Gut gemeint ..." – Bemerkungen zur Charta der Grundrechte der Europäischen Union, in: FS Steinberger (FN 130), S. 1424 ff. (1431). S. auch *Nettesheim* (FN 143), passim.
304 Vgl. *BVerfGE 89*, 155 (175); *102*, 147 (164). Dazu: *E. Klein* (FN 299), RN 83 ff.
305 *BVerfGE 73*, 339 (373).

Deutsche Hoheitsakte, die auf der Grundlage und zur Durchführung von Gemeinschaftsrecht ergehen, sind nicht am Maßstab der deutschen Grundrechte zu prüfen; sie unterliegen dem auf der Ebene des Gemeinschaftsrechts gewährleisteten Grundrechtsschutz[306]. Das gilt allerdings nur, soweit die gemeinschaftsrechtliche Regelung den deutschen Hoheitsakt *zwingend* vorgibt. Soweit also der nationale Rechtsakt ihm gemeinschaftsrechtlich belassene Regelungsspielräume selbständig ausfüllt, greift der Grundrechtsschutz des Grundgesetzes[307]. Deutsche Staatsorgane haben also unterschiedliche Grundrechte und Grundrechtsstandards zugrundezulegen je nachdem, ob sie Gemeinschaftsrecht vollziehen, das ihnen Spielraum zu eigener Entscheidung läßt, oder solches, bei dem sie einen solchen Spielraum nicht haben. Beides auseinanderzuhalten, ist für die Grundrechtsverpflichteten mitunter schwierig, für die Grundrechtsberechtigten verwirrend, jedenfalls gewöhnungsbedürftig.

79 Grundrechtsbindung deutscher Staatsgewalt bei Entscheidungsspielräumen

Nicht leicht durchschaubar ist schließlich auch das Verhältnis des Grundrechtsschutzes durch Gemeinschaftsrecht einerseits und durch die Europäische Menschenrechtskonvention andererseits[308]. Möglich ist etwa, daß der gemeinschaftsrechtlich gewährleistete Grundrechtsschutz gegen Rechtsakte der Gemeinschaften – wie der Grundrechtsschutz gegen nationale Rechtsakte – hinter dem durch die Europäische Menschenrechtskonvention garantierten zurückbleibt. Der Europäische Gerichtshof für Menschenrechte vertritt für diesen Fall den Standpunkt, daß die Vertragsstaaten der Konvention auch insoweit für die Beachtung der in ihr verbürgten Grundrechte verantwortlich bleiben, als sie Hoheitsrechte auf zwischenstaatliche Einrichtungen übertragen[309].

80 Vorrang der EMRK vor dem Grundrechtsschutz des Gemeinschaftsrechts

---

306 *BVerfGE 102*, 147 (163); *BVerfG (Kammer)*, EuGRZ 2001, S. 150 (152).
307 Dazu (wohl zurückhaltender) *T. Stein* (FN 303), S. 1434, unter Bezugnahme auf *Zuleeg*, Zum Verhältnis nationaler und europäischer Grundrechte, EuGRZ 2000, S. 511 ff.
308 Dazu: *Grabenwarter*, Die Menschenrechtskonvention und Grundrechtecharta in der europäischen Verfassungsentwicklung, in: FS Steinberger (FN 130), S. 1129 ff.
309 *EGMR*, Urt. vom 18.2.1999, Nr. 24833/94 (Matthews ./. Vereinigtes Königreich), Slg. 1999-I, 251, 265 (Nr. 32) sowie EuGRZ 1999, S. 200 ff (201 unter Nr. 32); Zustellungsentscheidung vom 4.7.2000, (Senator Lines GmbH ./. die 15 EU-Staaten), EuGRZ 2000, S. 334 ff. (335).

E. Bibliographie

Alexy, Robert, Theorie der Grundrechte, 1985.
ders., Grundrechte als subjektive Rechte und objektive Normen, Der Staat 29 (1990), S. 49 ff.
Bethge, Herbert, Aktuelle Probleme der Grundrechtsdogmatik, Der Staat 24 (1985), S. 351 ff.
Böckenförde, Ernst-Wolfgang, Zur Lage der Grundrechtsdogmatik nach 40 Jahren Grundgesetz, 1989.
ders., Grundrechte als Grundsatznormen. Zur gegenwärtigen Lage der Grundrechtsdogmatik, in: *ders.*, Staat, Verfassung, Demokratie, 1991, S. 159 ff.
Dietlein, Johannes, Die Lehre von den grundrechtlichen Schutzpflichten, 1992.
Dreier, Horst, Grundrechtsdimensionen, 1993.
Ermacora, Felix, Menschenrechte in der sich wandelnden Welt, 3 Bände, 1974, 1983, 1994.
Grabitz, Eberhard, Freiheit und Verfassungsrecht, 1976.
Grimm, Dieter, Rückkehr zum liberalen Grundrechtsverständnis?, in: Recht. Zeitschrift für Ausbildung und Praxis, 1988, S. 41 ff; auch in: *ders.*, Die Zukunft der Verfassung, 1991, S. 221 ff.
Hesse, Konrad, Bedeutung der Grundrechte, in: Ernst Benda u. a. (Hg.), Handbuch des Verfassungsrechts, ²1995, S. 127 ff.
Isensee, Josef, Das Grundrecht auf Sicherheit. Zu den Schutzpflichten des freiheitlichen Verfassungsstaats, 1983.
Jarass, Hans Dieter, Die Grundrechte: Abwehrrechte und objektive Grundrechtsgehalte, insbesondere Schutzpflicht und privatrechtsgestaltende Wirkung, in: Peter Badura/Horst Dreier (Hg.), Festschrift 50 Jahre Bundesverfassungsgericht, 2001, 2. Band, S. 35 ff.
Jestaedt, Matthias, Grundrechtsentfaltung im Gesetz, 1999.
Klein, Eckart, Grundrechtliche Schutzpflicht des Staates, NJW 1989, S. 1633 ff.
ders., Menschenrechte, 1997.
Klein, Hans Hugo, Die Grundrechte im demokratischen Staat, 1972.
ders., Die grundrechtliche Schutzpflicht, DVBl. 1994, S. 489 ff.
Kröger, Klaus, Grundrechtsentwicklung in Deutschland – von ihren Anfängen bis zur Gegenwart, 1998.
Lübbe-Wolff, Gertrude, Die Grundrechte als Eingriffsabwehrrechte, 1988.
Martens, Wolfgang und *Peter Häberle,* Grundrechte im Leistungsstaat, VVDStRL 30 (1972), S. 7 ff., 43 ff.
Rupp, Hans Heinrich, Vom Wandel der Grundrechte, AöR 101 (1976), S. 161 ff.
Unruh, Peter, Zur Dogmatik der grundrechtlichen Schutzpflichten, 1996.

§ 7
Wechselwirkungen zwischen deutschen und ausländischen Verfassungen

Peter Häberle

Übersicht

		RN			RN
A.	Problem	1– 6	C.	Beispiele in Auswahl	30–72
B.	Ein Theorierahmen	7–29		I. Vorbemerkung	30
	I. Vorbemerkung	7– 8		II. Allgemeine Grundrechtstexte, Lehren und Judikate	31–41
	II. Gegenstände (Inhalte) von Produktions- und Rezeptionsprozessen (Wechselwirkungen)	9–20		1. (Mittelbare) Drittwirkung	32
				2. Sonderstatus	33
				3. Schutzpflichten	34
	1. Verfassungstexte	9–13		4. Grundrechtsträger-Normen	35–36
	2. Wissenschaftliche Theorien (einschließlich „Klassikertexten") – „Verfassungsberatung"	14–15		6. Rechtsschutzgarantien	37
				7. Grundrechtsverwirklichungs- bzw. Grundrechtsentwicklungsklauseln	38–39
	3. Verfassungsrechtsprechung	16–17		8. Grundpflichten	40–41
	4. Rezeptionstypologie, Gemengelagen	18–20		III. Einzelgrundrechte	42–50
				1. Die Menschenwürde	42–43
	III. Beteiligte in der europa-, ja weltweit offenen Gesellschaft der Verfassunggeber bzw. Verfassungsinterpreten – Rezeptionsmittler	21–25		2. Das Grundrecht auf informationelle Selbstbestimmung – Datenschutz	44
				3. Die Medienfreiheit und ihre Direktive des Pluralismus-Prinzips	45–46
	1. Verfassunggeber und die in ihnen bzw. hinter ihnen stehenden Gruppierungen, auch Einzelpersönlichkeiten	22		4. Sonstige Grundrechte	47–50
				IV. Staatszielbestimmungen	51–53
				V. Demokratienormen	54–57
	2. Nationale und übernationale Wissenschaftlergemeinschaften	23		1. Demokratienormen allgemeiner Art	55
				2. Oppositions-Garantien	56
	3. Verfassungsgerichte	24		3. Parteien-Artikel	57
	4. Informelle Austauschwege: Medien, Internet, Weltöffentlichkeit	25		VI. Gewaltenteilungs-Artikel	58–60
				VII. Föderalismus und Regionalismus – subsidiaritätsbezogene Formen vertikaler Gewaltenteilung	61–62
	IV. Kulturelle Verfassungsvergleichung und „Kontextualisierung"	26–29		VIII. Weitere Verfassungsthemen bzw. Normenbelege und Rechtsgedanken	63–72
	1. Möglichkeiten und Grenzen der Verfassungsvergleichung: (relativ) „beste" Lösungen für Verfassungsinterpretation wie Verfassungspolitik	26–27		1. Präambeln	63–65
				2. Erziehungsziele mit Grundrechtsbezügen	66–68
				3. Religionsverfassungsrecht	69–70
	2. Insbesondere: Grundrechts- bzw. Verfassungsvergleichung als Kulturvergleichung	28		4. Verfassungs- bzw. grundrechtsschützende Gerichtsbarkeit	71–72
	3. Kontextualistisches Verfassungsverständnis	29	D.	Ausblick	73–75
			E.	Bibliographie	

§ 7   Erster Teil: I. Idee und geschichtliche Entwicklung

A. Problem

1
Entwicklung des Verfassungsstaates

Das Thema verlangt in nuce eine in Raum und Zeit vergleichende Entwicklungsgeschichte des Verfassungsstaates. Diese kann viele Produktions- und Rezeptionsprozesse „nachschreiben", muß sie aber im folgenden an schon klassischen äußeren Daten festmachen. Genannt seien Jahreszahlen wie 1787 (US-Bundesverfassung) bzw. ihre sie prägenden Klassikertexte der Federalist Papers, 1789 (Französische Erklärung), 1831 (Verfassung Belgiens), 1848 (Schweizer Bundesverfassung) und 1848/49 (Deutsche Paulskirchenverfassung), die Jahre nach 1945 (Nachkriegsverfassungen in Europa) und vor allem 1989 als „annus mirabilis", als Weltstunde des Verfassungsstaates. Solche Daten markieren Gipfelpunkte, auch „Wenden" in der Entwicklungsgeschichte des Verfassungsstaates als *Typus*, und sie sind gelegentlich mit Klassikertexten bzw. Namen von Staatsgründern verbunden (z.B. *Jay/Hamilton/Madison* in den USA, *N. Mandela* in Südafrika, *Montesquieu* und *J.-J. Rousseau* über Frankreich hinaus).

2
Wechselwirkungen der Rezeption

Sonderfälle

Freilich: Oft sind die Rezeptionswege der großen Texte, Theorien und Judikate in ihrer Kausalität nicht im einzelnen nachweisbar. Es kann auch vorkommen, daß es sich nicht um eine Primärrezeption handelt, sondern um parallele, einander kongeniale Ausdrucksformen des „Zeitgeistes". Auch ist oft nur auf den ersten Blick eine einfache Rezeption beweisbar, bei näherer Betrachtung zeigt sich jedoch, daß der „nehmende" Verfassungsstaat *aktiv* rezipiert und das Übernommene schöpferisch in seine Verfassungskultur einschmilzt. Auch darum sollte das Denken in „Einbahnstraßen" gleich eingangs in Frage gestellt werden. Mittelfristig wird der Begriff „Wechselwirkung" oft angemessener sein. Sonderfälle dürften in manchem die Entwicklungsländer und Reformstaaten in Osteuropa sein. Sie stehen oft unter Zeitdruck und übernehmen in ihren „Transformationsprozessen" gerne sogleich und scheinbar „fertig" ganze Textensembles; bei ihnen „zuhause" wächst dann erst mittelfristig das „Eigene" nach. Angesichts der weltweiten Austauschverhältnisse in Sachen Verfassungsstaat, auch via Internet, ist gleich vorweg auf die vielen *Konkurrenz*verhältnisse zu verweisen: In Osteuropa rivalisieren nach 1989 z.B. deutsche mit französischen und US-amerikanischen Verfassungsgehalten. Es kommt bisweilen zu schwer aufzudeckenden Gemengelagen. Mitunter darf man von einem weltweit geführten „Verfassungsgespräch" ausgehen, an dem viele nationale und supranationale Verfassunggeber potentiell und aktuell, real und ideell beteiligt sind. Von „Macht" zu sprechen, verbietet die in Frage stehende Kultur.

3
Das GG in internationalem Wirkungszusammenhang

Wenn hier zwischen deutschen (d.h. dem Grundgesetz und den Landesverfassungen) und ausländischen Verfassungen unterschieden wird, so darf dies nicht mißverstanden werden. Das deutsche Grundgesetz ist in der (Verfassungs-)Wirklichkeit seiner Texte, Theorien und Judikate des Bundesverfassungsgerichts gewiß von großer „Ausstrahlungswirkung", indes scheidet sich an ihm nicht „die Welt". Die „Welt des Verfassungsstaates" ist vielseitig, plural, in großer Bewegung. Das gelebte Grundgesetz ist gewiß eine wichtige Stimme, ein wirkmächtiger Akteur, doch all dies im „Konzert", wenn man will: einem kulturellen Wettbewerb in dem weltweiten „internationalen Wirkungszusammenhang der Verfassungen". Bescheidenheit bleibt angesagt.

Speziell in Europa und zwar in Europa im engeren Sinne der Europäischen Union und im weiteren Sinne des Europarates und der OSZE relativiert sich das stolze Grundgesetz überdies zu einer bloßen „*Teil*verfassung": im Ensemble von vielen anderen Teilverfassungen[1]. Es gibt kein nationales (deutsches) Staatsrecht mehr. Das Geben und Nehmen im Rahmen der Trias von Texten, Theorien und Judikaten ist allseits und besonders intensiv. Das Europa der Europäischen Menschenrechtskonvention ist bis nach Osteuropa „mittelbar Verfassunggeber", die Mitgliedsländer der Europäischen Union sind einander nicht mehr Ausland, sie sind „Freundesland", und alle Erscheinungsformen von Herrenideologien im Sinne von Staaten als „Herren der Verträge" sind ideologischer Ballast. Die neue Grundrechtecharta der Europäischen Union gibt ein Beispiel für besonders intensive europäische Austauschprozesse. Mit anderen Worten: Die Verfassungs- und Grundrechtsentwicklung ist in Europa ein *allseitiger,* „osmotischer"[2], denkbar intensiver Prozeß, der das Denken in statischen Räumen und traditionellen Hierarchievorstellungen (auch im Rechtsquellenbereich) nicht mehr zuläßt.

4 Europäische Grundrechtsentwicklung als allseitiger Prozeß

Neben regionalen Verantwortungsgemeinschaften wie dem durch den Europarat konstituierten sind auch die weltweiten in den Blick zu nehmen: Internationale Menschenrechtstexte wie die beiden der Vereinten Nationen von 1966 vermitteln ihre Impulse in viele Länder. Die Weltgemeinschaft ist auf dem Weg, eine „Verfassungsgemeinschaft" zu werden[3], wenn auch nicht so tief- und weitgreifend wie in Europa, aber doch auch in der sich entwickelnden internationalen Strafgerichtsbarkeit in Den Haag und Rom fast revolutionär greifbar[4].

5 Weltgemeinschaft auf dem Weg zur „Verfassungsgemeinschaft"

Im folgenden seien die Konturen eines Theorierahmens der zu behandelnden „Wechselwirkungen" entworfen (B); der folgende Teil (C) gilt der Systematisierung der Beispielsvielfalt, dies ohne jeden Anspruch auf Vollständigkeit.

6 Gliederung

---

1 Zu dieser Sicht *mein* Beitrag: Das Grundgesetz als Teilverfassung im Kontext der EU/EG, in: Die Macht des Geistes, FS Hartmut Schiedermair, 2001, S. 81 ff.; jetzt auch *meine* Europäische Verfassungslehre, 2001/2002, S. 4, 35 ff., 220 ff. und passim.
2 Die Idee „osmotischer Rezeption" findet sich auch bei *Frankenberg*, Stichworte zur „Drittwirkung" der Rechtsphilosophie im Verfassungsrecht, in: Rolf Gröschner/Martin Morlok (Hg.), Rechtsphilosophie und Rechtsdogmatik in Zeiten des Umbruchs, 1997, S. 105 ff., 110.
3 In *Alfred Verdross* (Die Einheit des rechtlichen Weltbildes auf Grundlage der Völkerrechtsverfassung, 1923, sowie *ders.*, Die Verfassung der Völkerrechtsgemeinschaft, 1926) hat diese Idee ihren heute schon klassischen Vordenker.
4 Aus der Literatur: *Kotzur* (Bibl.), S. 223 m.w.N., sowie *Tomuschat*, Das Statut von Rom für den internationalen Strafgerichtshof, Friedens-Warte 73 (1998), S. 335 ff.; *Zimmermann*, Die Schaffung eines ständigen internationalen Strafgerichtshofs, ZaöRV 58 (1998), S. 47 ff.; *Stahn*, Zwischen Weltfrieden und materieller Gerechtigkeit: Die Gerichtsbarkeit des Ständigen Internationalen Strafgerichtshofs (IntStGH), EuGRZ 1998, S. 577 ff., 590 f.; *Fastenrath*, Der Internationale Strafgerichtshof, JuS 1999, S. 632 ff.; *Ambos*, Der neue Internationale Strafgerichtshof – ein Überblick, NJW 1998, S. 3743 ff., 3746; *ders.*, „Verbrechenselemente" sowie Verfahrens- und Beweisregeln des Internationalen Strafgerichtshofs, NJW 2001, S. 405 ff.

B. Ein Theorierahmen

I. Vorbemerkung

7
Verfassung als Kultur

Es geht um größere oder kleinere Teile dessen, was den Verfassungsstaat als *Typus* bis heute ausmacht. Verfassung meint dabei die geschriebene wie die richterlich und durch sog. Staatspraxis „ungeschrieben" entwickelte bzw. gelebte Verfassung eines Landes oder – wie in Europa – übergreifend einer regionalen (Teil-)Verfassungsgemeinschaft. Verfassung ist – im Zeithorizont betrachtet – das Werk vieler Verfassunggeber und -interpreten. Das Verständnis der „Verfassung als Kultur" besagt: *Verfassung* ist nicht nur rechtliche Ordnung für Juristen und von diesen nach alten und neuen Kunstregeln zu interpretieren – sie wirkt wesentlich auch als Leitfaden für Nichtjuristen: für den Bürger. *Verfassung* ist nicht nur juristischer Text oder normatives „*Regelwerk*", sondern auch Ausdruck eines kulturellen Entwicklungszustandes, Mittel der kulturellen Selbstdarstellung des Volkes, Spiegel seines kulturellen Erbes und Fundament seiner Hoffnungen.

8
Verfassungsverständnis im Kontext

Mit diesem kulturwissenschaftlichen Ansatz aus dem Jahre 1982[5] rücken zum einen die Texte (von Verfassunggebern wie „Klassikern" und Gerichten) ins Blickfeld. Auf dem Hintergrund des kontextualistischen Verfassungsverständnisses werden aber auch Kontexte relevant. Kontextualisierung meint Verständnis bzw. Auslegen durch Hinzudenken[6]. Kontexte in diesem Sinne können auch Staatshymnen (in Europa *Beethovens* „Neunte") oder Klassikertexte wie in den USA die Federalist Papers sein, ebenso Leitentscheidungen eines Verfassungsgerichts wie des Bundesverfassungsgerichts[7]. Dieser ebenso weite wie in kulturelle Tiefenschichten eines Volkes reichende Verfassungsbegriff ist das Forum, auf dem im folgenden gearbeitet wird. Bezugsgröße bleibt der Verfassungsstaat als Ergebnis jahrhundertelanger Entwicklungsprozesse.

In einem Dreischritt von Gegenständen, Beteiligten (Akteuren) und Erkenntniswegen sei dies unternommen.

II. Gegenstände (Inhalte) von Produktions- und Rezeptionsprozessen (Wechselwirkungen)

1. Verfassungstexte

9
Verfassungstexte als Erscheinungsformen der Rezeption

Geschriebene Verfassungstexte sind die am ehesten greifbaren Erscheinungsformen des Gebens und Nehmens in Sachen Verfassungsstaat. So fragmentarisch, mitunter punktuell, zugleich aber auch prinzipiell und offen geschriebene (positive) Verfassungstexte sind, so leicht ist es im Vergleich zu erkennen, was originale Texterfindung und zunächst eher passive Rezeption ist.

---

[5] Verfassungslehre als Kulturwissenschaft, ¹1982, S. 1 ff. (bes. S. 19), ²1998, S. 1 ff.
[6] Dazu *Häberle*, Verfassung „im Kontext", in: Thürer/Aubert/J.P. Müller (Bibl.), S. 17 ff.
[7] Z. B. *E* 7, 198 – Lüth; *12*, 205 – Erstes Fernsehurteil.

„Textereignisse" wie manche neueren und älteren Präambeln, etwa die der Verfassung Südafrikas (1996/97), des deutschen Grundgesetzes (1949) oder der Bundesverfassung der Schweiz (2000)[8], entfalten ebenso faszinierende Kraft bzw. Ausstrahlungswirkung, wie die lapidaren Artikel der französichen Menschenrechtserklärung bürgernah geglückt sind (1789). Positive Verfassungstexte, die sprachlich gelungen sind, werden von in Raum und Zeit benachbarten Verfassunggebern gerne übernommen, auch wenn sie sich und anderen dieses „Abschreiben" nicht gerne eingestehen.

Es sind jedoch nicht nur Texte, die „Karriere" machen. Unter ihrer sprachlichen Oberfläche wirken auch bestimmte Inhalte, eine bestimmte Verfassungs*wirklichkeit*, die das „Textstufenparadigma" namhaft macht. So hat das Bundesverfassungsgericht in seiner Fernsehrechtsprechung[9] das Pluralismus-Prinzip geschaffen, ein Vorgang punktueller materieller Verfassunggebung, und diese Judikatur wurde später von so mancher Verfassung in Gestalt einer formellen Revision auf prägnante Begriffe gebracht[10]. Die Quintessenz von Judikatur wurde so zum späteren Verfassungsinhalt anderwärts. Dasselbe läßt sich auch im Blick auf das Medienverfassungsrecht in Portugal[11] und Spanien[12] nachweisen. Freilich gibt es auch Belege dafür, daß Prinzipien zwar äußerlich rezipiert, aber nicht mit Leben erfüllt werden. In Rußland mag manche verfassungsstaatliche Textierung noch „semantisch" sein, doch gibt es auch Beispiele dafür, daß sich Verfassungstexte aus der Idealität, wenn auch erst nach Jahren, dann doch in Aktualität wandeln. Manche Norm der Verfassungen der alten Bundesländer Deutschlands nach 1945 erfuhr viel später eine konstitutionelle „Renaissance" bzw. Wiederentdeckung (etwa der Kanon der Erziehungsziele)[13].

10 Einflüsse der Verfassungsgerichtsbarkeit

Mitunter bloße äußerliche Rezeption

Ein eigenes Problem ist die Frage der *Periodisierung*. Sie läßt sich nur gelegentlich klar vornehmen. So entfaltet das deutsche Grundgesetz etwa greifbare textlich belegbare Ausstrahlung auf die Verfassunggebungsprozesse im Europa der siebziger Jahre: ein Blick auf Griechenland[14] (z.B. in Sachen Menschenwürde[15]), Portugal[16] (z.B. in Sachen Verfassungsgerichtsbarkeit[17]) oder Spanien[18] (z.B. Bundestreue als Solidaritätsprinzip im Kontext der Autono-

11 Schwierige Periodisierung der Ausstrahlung

---

8 Bundesverfassung der Schweizerischen Eidgenossenschaft (BV) vom 18.4.1999 (SR 101).
9 Seit *BVerfGE 12*, 205.
10 Vgl. Art. 111a bayer. Verf., 1984.
11 Art. 38 Abs. 4 bis 6 der Verfassung von 1976.
12 Art. 20 Abs. 3 der Verfassung von 1978.
13 Dazu *Peter Häberle*, Erziehungsziele und Orientierungswerte im Verfassungsstaat, 1981; *Bothe* und *Dittmann*, Erziehungsauftrag und Erziehungsmaßstab der Schule im freiheitlichen Verfassungsstaat, VVDStRL 54 (1995), S. 7ff., 47ff.; zur heute so wichtigen Diskussion über die Menschenrechte als Erziehungsziele: *Ramachan*, Strategies for the International Protection of Human Rights in the 1990s, in: Human Rights Quarterly, Vol. 13 (1991), S. 155 ff., 163; *Seck*, Plädoyer für eine Erziehung auf dem Gebiet der Menschenrechte in Afrika, EuGRZ 1990, S. 311 ff.
14 → Bd. VIII: Die Grundrechte in Griechenland.
15 Art. 2 Abs. 1 der Verfassung von 1975.
16 → Bd. VIII: Die Grundrechte in Portugal.
17 Art. 221 ff. der Verfassung von 1976.
18 → Bd. VIII: Die Grundrechte in Spanien.

men Gebietskörperschaften[19]) zeigt dies. Dabei wird die Rechtsquellenhierarchie durchbrochen. So schuf Spanien textlich auf *Verfassungs*höhe das Institut des verfassungsrichterlichen Sondervotums (Art. 164 Satz 1), was acht Jahre zuvor das deutsche Bundesverfassungsgericht praktiziert und der einfache Gesetzgeber in § 30 Abs. 2 BVerfGG novelliert hatte[20]. Die „Wandlung" von Texten kann sich quer durch die Rechtsquellenpyramide vollziehen.

12
Zweite Ausstrahlungswirkung des GG nach 1989 auf Osteuropa

„Wellenbewegungen" gleich entfaltet das deutsche Grundgesetz seit dem annus mirabilis 1989 eine zweite Ausstrahlungswirkung bzw. -periode, vor allem nach Osteuropa hin. Und auch hier sind es nicht nur formelle Verfassungstexte, sondern die Judikatur des Bundesverfassungsgerichts oder Lehrmeinungen der deutschen Staatsrechtslehre, die Wirkung entfalten. Der Parteien-Artikel in Art. 4 der *de Gaulle*-Verfassung Frankreichs (1958) ist ein frühes Beispiel für eine Textrezeption. Manche Klauseln in schweizerischen Kantonsverfassungen und der neuen Bundesverfassung (2000) belegen auch, wie die Rezeption „verbesserter" Texte stattfindet (z. B. beim grundrechtlichen Wesensgehaltschutz in Art. 36 Abs. 4 nBV Schweiz). Die schon erwähnte „Gemengelage" von Texten, Theorien und Judikatur und ihre oft produktive „Osmose" bestätigt sich hier einmal mehr.

13
Grundrechtsentwicklungsklausel

Daß Verfassungstexte Räume und Zeiten weltweit durch Rezeptionsprozesse überwinden bzw. verbinden, zeigt die Weltkarriere der Idee einer Grundrechtsentwicklungsklausel. In Gestalt des Amendments zur Bundesverfassung[21] geboren, findet sie sich als verbesserte Variante jetzt in § 10 der Verfassung Estlands (1992)[22] sowie in Art. 14 der Verfassung Äquatorial-Guineas (1991).

2. Wissenschaftliche Theorien (einschließlich „Klassikertexten") – „Verfassungsberatung"

14
Wissenschaftliche Vorarbeit für Verfassungstexte

Die Verfassungstexte fallen nicht vom Himmel, sie sind Ergebnis harter, oft langwieriger wissenschaftlicher Vorarbeit, (partei)politischer Kontroversen und praktischer Durchsetzung. Im Verfassungsstaat aus einem Kräfteparallelogramm der an Verfassunggebung beteiligten pluralistischen Gruppen und einzelnen Persönlichkeiten (wie *N. Mandela* oder *Carlo Schmid*) herausgefiltert[23], oft erst nach einem Durchgang durch viele Varianten, Vorentwürfe und Alternativen, wofür die in der Schweiz blühende Kunst der Verfassunggebung beispielhaft ist, sind es Wissenschaftler, die die Texte in Form bringen und beratend im politischen Prozeß tätig werden. Wissenschaftliche Theorien und Konzepte, Vorverständnisse und Erkenntnisse liefern Materialien für das, was

---

19 Art. 2 der Verfassung von 1978.
20 Art. 1 Nr. 11 des Vierten Gesetzes zur Änderung des Gesetzes über das Bundesverfassungsgericht vom 21.12.1970 (BGBl. I S. 1765).
21 Zusatzartikel 9 zur Verfassung der USA von 1787.
22 Abgedruckt in: JöR 43 (1995), S. 306 ff.; dazu *mein* Beitrag ebd. S. 170 (177).
23 Für die Schweiz fortlaufend dokumentiert in: JöR 34 (1985), S. 303 ff.; 47 (1999), S. 149 ff.; 48 (2000), S. 263 ff.

auf Verfassungstexte und -begriffe gebracht wird. „Erfindungen" einzelner kreativer Köpfe wie die Lehre von den Instituts- und institutionellen Garantien (*C. Schmitt*), die Bundestreue (*R. Smend*) oder der „soziale Rechtsstaat" (*H. Heller*) – Riesen, auf deren Schultern das Grundgesetz steht – sind einschlägige Beispiele. Vor allem aber leisten Klassikertexte dirigierende Arbeit. „Klassiker des Verfassungsstaates", ihre Texte als Erfolgs- und Wertbegriff verstanden[24], werden oft mittelbar und wörtlich, oft indirekt, aber der Sache nach in positive Verfassungstexte umgesetzt. *Montesquieus* Gewaltenteilung (1748) und *Rousseaus* „Alle Staatsgewalt geht vom Volk aus" (1762) sind schlagende Beispiele in der Entwicklungsgeschichte des Verfassungsstaates, wobei auch ihre Prinzipien bzw. Texte Wandlungen und Variationen offenstehen, was eben ihre Lebenskraft ausmacht. So wird das Prinzip der (horizontalen) Gewaltenteilung durch die Idee der *vertikalen* Gewaltenteilung im Sinne von Föderalismus und Regionalismus fortentwickelt, auch als Gewaltenteilung im weiteren Sinne durch gewaltenteilende Strukturen in den Bereich der Gesellschaft hinein (Gewaltenteilung zwischen den Tarifpartnern, sodann „Ombudsmänner") oder durch stärkere Betonung der Kooperation (vor allem in Afrika[25]).

Klassikertexte

15

„Prinzip Verantwortung" als Beispiel einer Metamorphose

Der vielleicht aktuellste Beleg für die Metamorphose eines Klassikertextes zum positiven Verfassungstext zeigt sich am Beispiel des Umweltschutzes. Das „Prinzip Verantwortung" (*H. Jonas*) ist Pate vieler neuer Verfassungsnormen (z.B. Art. 20a GG von 1994[26], zuvor Art. 3a der Verfassung Bayerns von 1984)[27]. Gerade hier zeigt sich aber auch, daß das Verhältnis von potentiellem Klassikertext und positiv-aktuellem Verfassungssatz nicht einseitig ist. Nicht zuletzt durch die *Positivierung* des „Prinzips Veranwortung" in Gestalt von Umweltschutzklauseln reift eine wissenschaftliche Idee zum Klassikertext, wobei sich der Klassikertext auch später als Innovationsreservoir für weitere textliche Ausformungen erweisen bzw. bewähren kann. Da die wissenschaftlichen Theorien bzw. die Verfassungstexte nicht ihrerseits „für sich" stehen, sondern im Austausch, in Kritik und Widerrede wirken, öffnet sich auch der Blick auf die Judikatur, vor allem der Verfassungsgerichte. Während die Verfassungsberatung als Forum für die Beteiligung ihrer „Ergebnisse" beim Prozeß pluralistischer Verfassunggebung und Fortentwicklung der Verfassung ohne weiteres erkennbar ist, ist das Verhältnis zur Judikatur und ihren „Texten" schwieriger.

---

24 Dazu *Peter Häberle*, Klassikertexte im Verfassungsleben, 1981, S. 15ff.; daran anknüpfend *Kotzur*, Die Wirkungsweise von Klassikertexten im Völkerrecht, JöR 49 (2001), S. 329ff., 332ff.

25 Vgl. Art. 54 lit. c Verf. Angola (1992): „Trennung und wechselseitige Abhängigkeit der Hoheitsorgane" (zitiert nach Baumann/Ebert [Bibl.], S. 45); Präambel Verf. Madagaskar (1995): „Teilung und Ausgeglichenheit der Gewalten", ebd. S. 509; ferner Art. 40 und 41 Verf. Republik Südafrika (1996): „Co-operative Government".

26 Dazu *Jörg Schubert*, Das „Prinzip Verantwortung" als verfassungsstaatliches Rechtsprinzip, 1998; *Tobias Brönneke*, Umweltverfassungsrecht, 1999. Verwaltungswissenschaftlich aufbereitet ist das Verantwortungsdenken bei *Gunnar Folke Schuppert*, Verwaltungswissenschaft, 2000, S. 400ff., staats- bzw. verfassungstheoretisch früh bei *Peter Saladin*, Verantwortung als Staatsprinzip, 1984.

27 Siehe auch die analogen Normen in der Schweiz, z.B. die Präambel der Bundesverfassung von 2000.

3. Verfassungsrechtsprechung

16
Judikate als „ungeschriebene" Texte

Schon bisher kam es immer wieder zu Bezugnahmen auf große Urteile von Verfassungsgerichten. Diese Judikate wirken als „ungeschriebene" Texte oft nicht minder prägend auf das Verfassungsleben wie Texte der formellen Verfassungsurkunde selbst. Man denke nur an nicht wenige Urteile des US-Supreme Court oder des Bundesverfassungsgerichts, zunehmend der Verfassungsgerichte in Rom und Madrid, in Osteuropa besonders an das ungarische Verfassungsgericht in seiner großen frühen Pionierzeit[28]. Mit anderen Worten: Ein wesentlicher Gegenstand von Rezeptionen sind die Texte der Verfassungsrichter, z.B. in Sachen Übermaßverbot, weit über das Grundgesetz hinaus[29], auch im Blick auf den Datenschutz (Grundrecht auf sog. „informationelle Selbstbestimmung"[30]). Leitsätze eines Urteils, mitunter aber auch bloße obiter dicta können allseits Wirkungen entfalten, die spätere Verfassungstexte prägen.

17
Beispiele

In Europa, in der Verfassungsgemeinschaft der Europäischen Union gilt dies z.B. für die Doktrin von den Grundrechten als allgemeinen Rechtsgrundsätzen (Rezeptionsprozeß vom Europäischen Gerichtshof hin zu Art. 6 Abs. 2 EU-Vertrag). Die von Land zu Land unterschiedlich schöpferische Verfassungsgerichtsbarkeit liefert „Gegenstände", die das Geben und Nehmen zwischen der im Kraftfeld der Verfassung operierenden Wissenschaftlergemeinschaft ebenso beeinflussen wie spätere Verfassungsnovellen. Besonders deutlich wird dies in der „Werkstatt Bundesstaat" im Blick auf die Landes- bzw. Kantonsverfassungen (in Deutschland bzw. der Schweiz)[31]. Aber auch in den regionalen Verantwortungsgemeinschaften und sogar weltweit können einzelne verfassungsrichterliche „Kreationen" Ausstrahlungswirkung auf andere Verfassungsgerichte, Wissenschaftlerkreise oder Verfassunggeber entfalten. Nicht so gerne zur Sprache gebracht wird etwa die Wirkung deutscher Texte, Judikate und Theorien auf die Schweiz[32]. Festzuhalten bleibt, daß die Verfassungsgerichtsbarkeit vitaler Akteur des „Projekts Verfassungsstaat" ist und daß ihre „Werke" Gegenstand der weiteren Verarbeitung durch andere sind.

4. Rezeptionstypologie, Gemengelagen

18
Rezeptionstypologie

Nach der Kennzeichnung der drei Gegenstandsformen, die zur Entwicklungsgeschichte des Verfassungsstaates beitragen (Texte, Theorien und Judikate – nach einer Benennung derjenigen Akteure, die diese „Materialien" auch her-

---

[28] Dazu *Sólyom*, Diskussionsbeitrag, in: Frowein/Marauhn (Bibl.), S. 554ff.
[29] Vgl. jetzt *Laura Clérico*, Die Struktur der Verhältnismäßigkeit, 2001, mit Blick auf Österreich und die Judikatur des EuGH; vorher schon *Christiana Pollak*, Verhältnismäßigkeitsprinzip und Grundrechtsschutz in der Judikatur des Europäischen Gerichtshofs und des österreichischen Verfassungsgerichtshofes, 1991.
[30] BVerfGE 65, 1 ff.; → Bd. IV: *Rudolf*, Das Grundrecht auf informationelle Selbstbestimmung.
[31] Aus der Literatur: *Häberle*, JöR 34 (1985), S. 303 (368ff.); *ders.*, Ausstrahlungswirkungen des deutschen Grundgesetzes auf die Schweiz, in: Battis/Mahrenholz/Tsatsos (Bibl.), S. 17ff.
[32] Dazu *Häberle*, Neuere Verfassungen und Verfassungsvorhaben in der Schweiz, insbesondere auf kantonaler Ebene, JöR 34 (1985), S. 303ff. mit Textanhang S. 424ff.

vorbringen bzw. rezipieren – respektive formelle und informelle Verfassunggeber und -interpreten sind), wird es Zeit, eine Produktions- und Rezeptionstypologie zu entwerfen. In Ansätzen wurde sie bereits aus der bisherigen Materialverarbeitung bzw. dem dargestellten Theorieraster erkennbar[33]. Jetzt sei sie wenigstens in Stichworten umrissen.

Die Texte, Theorien und Judikate werden regional (z. B. europaweit) oder universal nicht fein säuberlich von „gleich zu gleich" übertragen, d. h. die Wechselwirkung vollzieht sich nicht immer auf derselben Ebene bzw. durch dieselbe Funktion. Der deutsche Verfassunggeber etwa gibt nicht nur an den benachbarten oder ferneren, jüngeren Verfassunggeber weiter, er kann auch fremde Verfassungsgerichte oder Gesetzgeber beeinflussen. Umgekehrt kann ein ausländischer Verfassunggeber auch ein fremdes, z. B. deutsches Verfassungsgericht bereichern. Überdies kann eine wissenschaftliche Theorie etwa auf dem Felde der Grundrechte den Verfassunggeber und dessen Texte beeinflussen, so wie sich eine deutsche Theorie von der Verfassungsentwicklung im Ausland z. B. inspirieren lassen kann. Mit anderen Worten: Es gibt „Überkreuzrezeptionen": ein Geben und Nehmen „über Kreuz".

19
Vielfalt der Ebenen und Funktionen

Auch ist denkbar, daß in einem Verfassungsstaat nur auf *Gesetzes*ebene normiert ist, was der andere jüngere *verfassungs*textlich regelt. Beispielsfall ist das Sondervotum in Art. 164 Abs. 1 der Verfassung Spaniens. An diesem Beispiel wird auch sichtbar, daß der Verfassungsbegriff, d. h. der Themenkanon des Verfassungsstaates begrenzt offen ist. Das verfassungsrichterliche Sondervotum ist als Institut nicht notwendig Bestandteil der formellen Verfassungsurkunde. Auch hier zeigt sich, daß die Produktions- und Rezeptionsprozesse quer zur Rechtsquellenhierarchie verlaufen können. Der Verfassungsstaat ist als Typus eher ein bewegliches Ganzes, das aus nationaler Beispielsvielfalt lebt, indes Kernfelder wie Menschenwürde, pluralistische Demokratie und Gewaltenteilung hat. Das produktive Geben und Nehmen gleicht einem heute weltweiten, offenen Prozeß mit vielen Schichtungen. Pluralität und Homogenität, Typusidentität und Beispielsvielfalt machen die Entwicklungsfähigkeit des Verfassungsstaates in Raum und Zeit aus. Dieselbe Idee, dasselbe Prinzip kann bald in Textform, bald nur in Gestalt einer dogmatischen Figur der Wissenschaft, teils allein in Form eines Judikats auftreten. Dabei gehen geschriebene und ungeschriebene Elemente eine schwer entwirrbare Verbindung ein, zumal der Unterschied zwischen schöpferischer Verfassunggebung und materieller Verfassunggebung bzw. -revision im Einzelfall kaum definierbar ist.

20
„Überkreuzrezeptionen"

---

33 *Häberle*, Theorieelemente eines allgemeinen juristischen Rezeptionsmodells, JZ 1992, S. 1033 ff.

III. Beteiligte in der europa-, ja weltweit offenen Gesellschaft der Verfassunggeber bzw. Verfassungsinterpreten – Rezeptionsmittler

21
„Offene Gesellschaft der Verfassungsinterpreten"

Stand bisher eher der sachliche Gegenstand, das Objekt der Prozesse des Gebens und Nehmens im Vordergrund, so sei im folgenden die Beteiligtenfrage gestellt. Im Grundsatz sei auch hier das „Tableau" verwendet, das 1975 die „offene Gesellschaft der Verfassungsinterpreten" zu strukturieren versuchte[34]. Die personell Beteiligten oder Akteure in Sachen Geben und Nehmen sind viele formell charakterisierbare und noch mehr informell wirkende Akteure.

1. Verfassunggeber und die in ihnen bzw. hinter ihnen stehenden Gruppierungen, auch Einzelpersönlichkeiten

22
Verfassung des Pluralismus

Die Träger der Kompetenz zur Total- und Partialrevision von Verfassungen sind an erster Stelle zu nennen. Sie „positivieren" den Kampf der Interessen und Ideen, die Verfassung im ganzen und einzelnen. Sie bringen auf Texte und Begriffe, was eine geschriebene Verfassung enthält. Freilich sind die hier wirkenden Pluralgruppen aller Art beim Namen zu nennen: politische Parteien, Gewerkschaften, in Spanien vor 1978 z. B. auch die Kirchen, sodann Verbände und Interessengruppen. Hinzu kommen Einzelpersönlichkeiten, die einem Prozeß des „nation building"[35] und „constitution making"[36] die Richtung geben, in Südafrika etwa *N. Mandela*[37]. Dabei kommt es meist zu Kompromissen zwischen verschiedenen ideologischen Richtungen, sie sind für eine Verfassung des Pluralismus sogar charakteristisch. In Europa ist freilich an die Stelle des numerus clausus der herkömmlichen nationalen Verfassunggeber das Europa im engeren Sinne der Europäischen Union und im weiteren Sinne des Europarates als *„mittelbarer* Verfassunggeber" auf die Bühne getreten, greifbar in den von der Europäischen Union gestalteten Beitrittsbedingungen oder in Gestalt der Prinzipien der Europäischen Menschenrechtskonvention. Mit anderen Worten: In Europa läßt sich nationale Verfassunggebung nicht mehr nur national betreiben. Beteiligt sind auch supranationale bzw. sog. ausländische Instanzen.

Europa als mittelbarer Verfassunggeber

2. Nationale und übernationale Wissenschaftlergemeinschaften

23
Wissenschaftlergemeinschaften als „Rezeptionsmittler"

Sie können das Geben und Nehmen in Sachen Texte, Theorien und Judikate des Verfassungsstaates begrenzt steuern, können „Alternativen" formulieren, den politischen Willen einer verfassunggebenden Nationalversammlung auf

---

34 *Mein* Beitrag: Die offene Gesellschaft der Verfassungsinterpreten, JZ 1975, S. 297 ff.
35 Zum Begriff siehe *Juan Carlos Mercado*, Building a Nation, 1996.
36 *Edward MacWhinney*, Constitution Making. Principles, Process, Practice, 1981.
37 Aus der Literatur zur Verfassung Südafrikas: *Levin Holle*, Das Verfassungsgericht der Republik Südafrika, 1997. Allgemein zu „nation building", „constitution making" oder „capacity building" vgl. noch *Ginther*, Zivilgesellschaft und Entwicklung, VRÜ 1997, S. 137 ff., 149 ff.

Begriffe bringen und in Texte umgießen. Sie sind typische „*Rezeptionsmittler*" in bezug auf die vielen Mosaiksteine, die einen Verfassungsstaat ausmachen. In Glücksfällen zum „Klassiker" reifend, kann der einzelne Wissenschaftler als Gutachter und Berater wirkmächtig werden, etwa *Hugo Preuß* in Weimar[38]. Es kommt indes auch vor, daß sich der Verfassunggeber durch ein Verfassungsgericht beraten läßt, so geschehen seitens Südafrikas bei einer Reise zum Bundesverfassungsgericht in Karlsruhe (1996). Osteuropa hat sich seit 1989 vielfältig in Form von Seminaren und Kolloquien, auch Gutachten beraten lassen[39]. Dabei ist die Rechtsvergleichung, auch der Vergleich des *Ungleichen*, ein Hauptinstrument (dazu unten). Freilich tut der beratene Verfassunggeber gut daran, sich nicht ausschließlich auf *eine* von Professorenseite angepriesene wissenschaftliche Theorie absolut festzulegen, es geht auch hier um eine „pragmatische Integration von Theorieelementen".

3. *Verfassungsgerichte*

Sie sind ein wirkmächtiger Akteur in den Prozessen des Gebens und Nehmens, die sich in den Dienst des Verfassungsstaates stellen. Zu vermuten ist, daß sich heute in Europa jedes Verfassungsgericht vor einer Grundsatzentscheidung rechtsvergleichend informiert und Texte, Theorien und Judikate anderer Länder vor Augen führt bzw. durch seine wissenschaftlichen Dienste vor Augen führen läßt. Mag das Verfassungsgericht in Madrid auch *nicht* ausdrücklich sagen, daß es sich an eine Entscheidung aus Rom oder Karlsruhe anlehnt oder daß es eine Verfassungsreform in der Schweiz berücksichtigt, in der Sache sind solche unausgesprochenen „Anleihen" immer wieder nachweisbar. Mitunter greift das Bundesverfassungsgericht seinerseits auf ausländische Klassikertexte zurück, so in Sachen *I.B. Talmon* bzw. *Popper*[40] oder in Sachen *J. Rawls*[41], es orientiert sich an inländischen schon klassischen Werken wie *K. Hesses* „Grundzügen"[42], oder es kann auch auf eigene Sondervoten zurückgreifen und sie in das Mehrheitsvotum integrieren[43], z.B. in Sachen Eigentumsschutz öffentlich-rechtlicher Positionen[44]. Heute, da die Verfassungsgerichtsbarkeit, ausgehend von Österreich, weltweit den Siegeszug angetreten hat, kommt den Verfassungsgerichten auch eine hervorragende, oft primäre Rolle in der grenzüberschreitenden Entwicklung des Verfassungs-

24
Verfassungsgerichtliche Rolle bei der grenzüberschreitenden Entwicklung des Verfassungsstaates

---

38 Dazu die Arbeit von *Günther Gillessen*, Hugo Preuß. Studien zur Ideen- und Verfassungsgeschichte der Weimarer Republik, 2000.
39 Auch „Sonderhefte" juristischer Zeitschriften geben bereits Zeugnis solcher Austauschprozesse, jüngst etwa das „Sonderheft Estland", Rechtstheorie 31 (2000), Hefte 3 und 4, hg. von Werner Krawietz und Raul Narits. Thema des dort dokumentierten Internationalen Symposions der Estnischen Fakultät in Tartu war „Gesetzgebung und Rechtspolitik". Vgl. allgemein *Wyrzykowski*, Die neuen osteuropäischen Verfassungen – eine neue Verfassungskultur, in: Morlok (Bibl.), S. 107 ff.
40 *BVerfGE 5*, 85 (135).
41 *BVerfGE 101*, 158 (218).
42 Z.B. *E 93*, 1 (21).
43 So in bezug auf das von Frau *Rupp-von Brünneck*: *E 32*, 129 (142).
44 *E 53*, 257 (289).

staates zu⁴⁵. Das geschieht nicht nur in formalisierten Judikaten, es kann auch informell vorbereitet sein, etwa durch Verfassungsrichterkonferenzen wie in Lateinamerika und Europa⁴⁶.

4. Informelle Austauschwege: Medien, Internet, Weltöffentlichkeit

25
Informelle Wege der Rezeption

Die Vorgänge der Produktion und Rezeption in Sachen Verfassungsstaat verlaufen nicht nur in formalisierten Bahnen von Texten, Theorien, Judikaten bzw. Total- oder Partialrevision, Wissenschaftlergemeinschaften und Verfassungsgerichtsbarkeit. Auch die informellen Wege, die schwer greifbaren Rezeptionsmittler müssen beim Namen genannt werden. Einflüsse auf die Verfassungsentwicklung in allen Teilen der Skala vom Verfassunggeber über die Verfassungsrevision, den einfachen Gesetzgeber, sogar die Exekutive und nicht zuletzt die Rechtsprechung als Verfassungsinterpreten werden heute durch die Medien, besonders das weltweit agierende Internet, die jeweils regionale und Weltöffentlichkeit ausgeübt⁴⁷. Die offene Gesellschaft der Verfassunggeber und -interpreten agiert auch informell. Die klassische Presse ist ebenso tätig wie „neue Medien" und Techniken. Diese Wirkbahnen in Sachen Verfassungsstaat sind schwer zu greifen, Austauschprozesse selten ganz nachvollziehbar, das Geben und Nehmen läßt sich kaum exakt beschreiben⁴⁸. So sei dieser Aspekt der Beteiligten-Typologie auch eher Merkposten denn ausgearbeitete Darstellung.

IV. Kulturelle Verfassungsvergleichung und „Kontextualisierung"

1. Möglichkeiten und Grenzen der Verfassungsvergleichung: (relativ) „beste" Lösungen für Verfassungsinterpretation wie Verfassungspolitik

26
Verfassungsrechtliche Rechtsvergleichung

Nachdem das Zivilrecht sich seit langem der Kunst der Rechtsvergleichung bedient, in Namen wie *G. Radbruch, M. Rheinstein* und *K. Zweigert*, auch *H. Coing* geläufig, beginnt das (deutsche) Verfassungsrecht erst in den letzten Jahren die Möglichkeiten der Rechtsvergleichung⁴⁹ verstärkt zu erproben und

---

45 Aus der Literatur etwa: *v. Brünneck* (Bibl.); Christian Starck/Klaus Stern (Hg.), Landesverfassungsgerichtsbarkeit, 1983; *Walter Kälin*, Chancen und Grenzen kantonaler Verfassungsgerichtsbarkeit, 1986; Peter Häberle (Hg.), Verfassungsgerichtsbarkeit, 1976; *G. Brunner*, Der Zugang des Einzelnen zur Verfassungsgerichtsbarkeit im europäischen Raum, JöR 50 (2002), S. 191 ff.; Frowein/Marauhn (Bibl.); *Maia Nanova*, Verfassungsgerichtsbarkeit in Bulgarien, 2002.
46 Dazu z.B. Referate, etwa *K. Hesse*, Bestand und Bedeutung der Grundrechte in der Bundesrepublik Deutschland, EuGRZ 1978, S. 427 ff.; *Bernhardt u.a.*, Die EMRK und die deutsche Rechtsordnung, EuGRZ 1996, S. 337 ff.
47 Aus der Literatur: *Jürgen Habermas*, Strukturwandel der Öffentlichkeit, ³1990; *Niklas Luhmann*, Die Realität der Massenmedien, ²1996; klassisch schon *Ernst Fraenkel*, Öffentliche Meinung und internationale Politik, Recht und Staat, Heft 255/251, 1962; in menschenrechtlichem Kontext: *Kotzur* (Bibl.), S. 180 ff.; s. auch *meinen* Beitrag in dem von Gerd Winter zu Ehren von *A. Rinken* herausgegebenen Band: „Das Öffentliche heute", 2002, S. 157 ff.
48 Zur Problematik der Rechtsvergleichung auch *Sommermann* (Bibl.).
49 → § 16: *Sommermann*, Funktionen und Methoden der Grundrechtsvergleichung.

selbst zum Thema zu machen⁵⁰. Im Kraftfeld des Verfassungsstaates sind es vor allem die vom Verfassunggeber, Verfassungswissenschaftler und Verfassungsrichter hervorgebrachten bzw. rezipierten Texte, Theorien und Judikate, die die Materialien für den Vorgang der Verfassungsrechtsprechung bilden. Dabei ist an das 1989 vorgeschlagene Textstufenparadigma zu erinnern: spätere Texte nehmen auch bisherige Verfassungs*wirklichkeit* aus Staatspraxis, Wissenschaft und Judikaten des eigenen oder „fremden" Verfassungsstaates *verarbeitend* und *verarbeitet* in sich auf; ebenso sei die These von der Rechtsvergleichung als „fünfter" Auslegungsmethode (1989) wiederholt. Schärfer als bisher muß an die funktionellrechtlichen *Grenzen* der Rechtsvergleichung einerseits und die Aufgabe der Erkenntnis auch des *Un*gleichen andererseits erinnert werden. Die Verfassungs*politik* kann die vergleichende Umschau freier und offener handhaben als die „bloße" Verfassungs*interpretation*. Verfassungspolitik verfügt aber auch über engere Gestaltungsräume, etwa im Sinne der Schweizer „Nachführung" in bezug auf die neue Bundesverfassung von 2000⁵¹ praktiziert, als die klassische „souveräne" Verfassunggebung, die im Europa von heute nur eine Verfassunggebung innerhalb des Typus Verfassungsstaat und des europäischen Kontextes ist. Die These von der Rechtsvergleichung als „fünfter" Auslegungsmethode darf diesen Unterschied zwischen Verfassunggebung und Verfassungsinterpretation nicht aufgeben, so schwer die Grenzziehung bleibt. Wohl darf sie die Rechtsvergleichung in den Kanon der vier klassischen Auslegungsmethoden integrieren, der, wegen seiner Offenheit im Einzelfall, auch einmal die fünfte zur „ersten" Auslegungsmethode machen kann. Der Pluralismus der Auslegungsmethoden und ihr sich am Gerechtigkeitsmaßstab orientierendes Zusammenspiel im Einzelfall prägt das „Geschäft" der Verfassungsinterpretation. Der sich durch Vergleich bereichern wollende Verfassungsinterpret muß aber auch bereit sein, gerade das *Un*gleiche im Vorgang des Vergleichens zu erkennen. Es wird vor allem durch kontextorientiert erschlossene Differenz und die damit zusammenhängende Bewußtmachung der (unterschiedlichen) „Kultur" konstituiert.

Rechtsvergleichung als fünfte Auslegungsmethode

Im Ganzen wäre der hier verwendete Begriff der (relativ) „besten Lösung" zu erläutern. Er deutet Gerechtigkeitsmaßstäbe ebenso an wie Konsensanforderungen und Akzeptanzgesichtspunkte und wäre im einzelnen durch die Teilelemente des Verfassungsstaates als Typus wie in seiner konkreten Beispielhaftigkeit anzureichern. Genannt seien Menschenwürde und Demokratie, aber auch der vertikal wie horizontal gemeinte gewaltenteilende Pluralismus. In Gestalt der zu erreichenden „Grundrechtsoptimierung" ist das (relativ) Beste ein schon geläufiger, freilich auch in Frage gestellter Begriff⁵².

27
(Relativ) „beste Lösungen"

---

50 *Peter Häberle*, Rechtsvergleichung im Kraftfeld des Verfassungsstaates, 1992; *Bernhard Großfeld*, Kernfragen der Rechtsvergleichung, 1996. Siehe noch FN 53 und 54.
51 Dazu aus der Literatur: *René Rhinow*, Die Bundesverfassung 2000, 2000; *Häberle*, Die „total" revidierte Bundesverfassung der Schweiz von 1999/2000, in: Staat-Kirche-Verwaltung, FS Maurer, 2001, S. 935 ff.; *Koller/Biaggini*, Die neue schweizerische Bundesverfassung ..., EuGRZ 2000, S. 337 ff.
52 Aus der Literatur: *Robert Alexy*, Theorie der Grundrechte, 1985, S. 71 ff., 75 ff.; *ders.*, Diskussionsbeitrag, in: VVDStRL 58 (1995), S. 226 ff. und die nachfolgende Aussprache. Der Optimierungsgedanke prägt auch die verwaltungswissenschaftliche Diskussion um funktionsgerechte Organstrukturen, dazu *Schuppert* (FN 26), S. 961 ff.

2. Insbesondere: Grundrechts- bzw. Verfassungsvergleichung als Kulturvergleichung

28
Kultur des Verfassungsstaats und nationale Kulturen

Dieses Konzept wurde 1983 bzw. 1982 entwickelt[53]. Mittlerweile sind manche Ausprägungen dieses Ansatzes rezipiert, auch weiterentwickelt worden[54], und es ist anzunehmen, daß das Jahr 1989, die einsetzende Globalisierung bzw. die Europäisierung, aber auch die Einsicht in die Unverzichtbarkeit des – eben nur *kulturell* erschließbaren – „Besonderen" der Aufnahme dieser Theorien im Zeichen des Verfassungsstaates günstig waren und nach wie vor sind. Für den vorliegenden Zusammenhang bedeutet dies: Texte, Theorien und Judikate stehen nicht „für sich", können in ihrem Bedeutungsgehalt nicht ohne den Kontext erschlossen werden. Dessen Rolle erwächst aber aus der *Kultur*. Dabei gibt es die allgemeine Kultur des „Verfassungsstaates" als Kultur und kulturelle Errungenschaft und die besondere Individualität des je nationalen Verfassungsstaates als konkretes Beispiel. Begriffe wie „Bundesstaat", „Region", aber auch einzelne Grundrechte wie die Pressefreiheit in ihrem Gewicht im Verhältnis zum Persönlichkeitsschutz lassen sich erst aus der jeweiligen nationalen Verfassungs- bzw. Grundrechtskultur erschließen. Die 1979 bzw. 1982 erarbeiteten Begriffe „Grundrechtskultur" sowie Verfassungs- und Verwaltungskultur[55] wollen das Gesagte zum Ausdruck bringen. Dasselbe gilt für das 2001 vorgeschlagene Verfahren der „Kontextualisierung".

3. Kontextualistisches Verfassungsverständnis

29
Text und Kontext

Die Kontext-These von 1979 wurde mittlerweile ausgebaut: zum kontextualistischen Verfassungsverständnis unter dem Stichwort „Verfassung im Kontext"[56]. Es besagt: Der Text ist nicht alles, es kommt auch auf die *Kon*-Texte an. Es geht um Verstehen „durch Hinzudenken". Gefordert ist es für Verfassungstexte, zugehörige wissenschaftliche Theorien (einschließlich der Dogma-

---

53 Dazu *Peter Häberle*, Die Wesensgehaltgarantie des Art. 19 Abs. 2 GG, ³1983, S. 407 ff.: „Grundrechtsvergleichung und bzw. als Kulturvergleichung" sowie *ders.*, Verfassungslehre als Kulturwissenschaft, ¹1982, S. 33 ff.: „Kulturelle Verfassungsvergleichung".
54 Z.B. von *Wahl*, Verfassungsvergleichung als Kulturvergleichung, in: Staat-Souveränität-Verfassung, FS Quaritsch, 2001, S. 163 ff. Allgemein zur Bedeutung außerrechtlicher Strukturen und Faktoren bei der Rechtsvergleichung schon *Strebel*, Vergleichung und vergleichende Methode im öffentlichen Recht, ZaöRV 24 (1963), S. 405 ff., 409 ff.
55 *Peter Häberle*, Kommentierte Verfassungsrechtsprechung, 1979, S. 88 ff., bzw. Verfassungslehre als Kulturwissenschaft, ¹1982, S. 20, ²1998, S. 90. Vgl. aus der umfangreichen Literatur zum Thema „Verwaltungskultur" neben dem gleichnamigen, von Winfried Kluth herausgegebenen Sammelband (2001) auch noch: *Thieme*, Über Verwaltungskultur, Die Verwaltung 20 (1987), S. 277 ff., 278 ff.; *Czybulka*, Verwaltungsreform und Verwaltungskultur, in: Der Verwaltungsstaat im Wandel, FS F. Knöpfle, 1996, S. 79 ff., 91 f., unter Hinweis auf ältere, heute klassische US-amerikanische Forschungsarbeiten von *Almond* und *Verba* zur politischen Kultur, sowie *Kroeber/Kluckhohn* zum Kulturbegriff allgemein (den Zusammenhang von Kultur und Organisation im Sinne einer „Organisationskultur" betont *C. Kluckhohn* selbst in seinem Beitrag über „The Concept of Culture", in: Edgar A. Schuler and others (ed.), Readings in Sociology, ⁴1971, S. 74 ff., 83: „Every culture has organization as well as content."); *Jann*, Verwaltungskulturen im internationalen Vergleich, Die Verwaltung 33 (2000), S. 325 ff., 329; *S. Fisch*, Verwaltungskulturen – Geronnene Geschichte?, Die Verwaltung 33 (2000), S. 303 ff., insbes. 303 f., 309 ff.
56 So der *Verf.* in: Thürer/Aubert/J.P. Müller (Bibl.), § 2.

tik) und (verfassungs)richterliche Urteile. Über den Kontext kommt es auch zum Gespräch mit anderen Kulturwissenschaften wie Politik und Wirtschaftswissenschaft.

C. Beispiele in Auswahl

I. Vorbemerkung

Schon bei der Schaffung des Theorierahmens mußte zur Veranschaulichung mit Beispielen, wenn auch nur punktueller Art, gearbeitet werden. Im folgenden sei die die Theorie unterfütternde Beispielsvielfalt *systematisiert*, auch dies allerdings nur in Auswahl. Damit mag der wesentliche Verfassungsinhalt des Typus Verfassungsstaat der heutigen Entwicklungsstufe ins Bild kommen; doch muß auch vieles ausgelassen werden, zu überreich ist das gewaltige Verfassungsmaterial aus Texten, Theorien und Judikaten bzw. ihrer Legierungen. Erkenntnisinteresse bleibt es, die vielfältigen Wechselwirkungen zwischen deutschen (Grundgesetz und Verfassungen der sechzehn Bundesländer) und ausländischen Verfassungen in ihren geschriebenen wie ungeschriebenen, meist richterlichen Ausdrucksformen sichtbar zu machen. Doch dürfte klar werden, daß in der Darstellung der besagten Wechselwirkungen auch ein Stück europäischer Verfassungslehre, in Teilen auch einer weitgreifenden Verfassungslehre in „weltbürgerlicher Absicht" zum Ausdruck gelangt[57].

30
Systematisierung der Beispiele

II. Allgemeine Grundrechtstexte, Lehren und Judikate

Begonnen sei mit dem, was Lehrbücher unter der Kategorie „Allgemeine Grundrechtslehren" behandeln. So sehr bei einem solchen „Allgemeinen Teil" stets die stoffliche Konkretheit der Einzelgrundrechte mitzubedenken ist und so selten und nur begrenzt der Verfassunggeber systematisch arbeitet: im ersten Zugriff erscheint die gängige Systematisierung vertretbar, sofern der angedeutete Vorbehalt präsent bleibt. Der heutige Verfassungsstaat versteht sich primär als „Grundrechtsstaat"[58]. Die Grundrechte möglichst nach vielen Seiten in möglichst vielen Dimensionen „verwirklicht" zu sehen, d.h. auch zu schützen, ist ein Grund seiner Existenz: Klassikertext ist dabei Art. 2 der Französischen Erklärung von 1789.

31
Verfassungsstaat als „Grundrechtsstaat"

---

57 Vgl. *meine* Europäische Verfassungslehre, 2001/2002, S. 27, 71, 110f. und passim. Beispiele für die Vorbildwirkung des Grundgesetzes auch bei *Klaus Stern*, 50 Jahre deutsches Grundgesetz und die europäische Verfassungsentwicklung, 1999, S. 18ff.; *ders.* (Bibl.), S. 12ff.
58 → Bd. II: *Merten*, Das Prinzip Freiheit im Gefüge der Staatsfundamentalbestimmungen.

1. (Mittelbare) Drittwirkung

32
Grundrechtsgeltung unter Privaten

Diese deutsche Begriffsschöpfung (*H.P. Ipsen*), in der Judikatur des Bundesverfassungsgerichts[59] praktiziert, findet zunehmend ihren Niederschlag in ausdrücklichen Verfassungstexten, besonders in der Schweiz[60]. Beispiele sind Art. 27 Abs. 1 der Verfassung Berns (1993): „Die Grundrechte müssen in der ganzen Rechtsordnung zum Ausdruck kommen" und ebenso Art. 35 Abs. 1 der neuen Bundesverfassung der Schweiz[61]. Dessen Absatz 3 ergänzt: „Die Behörden sorgen dafür, daß die Grundrechte, soweit sie sich dazu eignen, auch unter Privaten wirksam werden". § 9 der Verfassung des Kantons Thurgau (1987) lautet: „Drittwirkung": „Die Grundrechte gelten sinngemäß auch unter Privaten".

2. Sonderstatus

33
Absage an grundrechtsfreie besondere Gewaltverhältnisse

Auch hier war es die Wissenschaft, Hand in Hand mit dem Bundesverfassungsgericht[62], die die alte Lehre von den prinzipiell „grundrechtsfreien" besonderen Gewaltverhältnissen[63] Schritt für Schritt relativiert und so aufbereitet hat, daß neuere Verfassunggeber daran anknüpfen konnten: ein Rezeptionsprozeß, der von der deutschen Dogmatik in die Kunst der Schweizer Verfassunggebung führt. Beispiele finden sich in Art. 21 Abs. 3 der Verfassung Solothurns (1986): „Grundrechte von Personen, die in einem besonderen Abhängigkeitsverhältnis zum Kanton stehen, dürfen nur so weit zusätzlich eingeschränkt werden, als das besondere öffentliche Interesse erfordert, das diesem Verhältnis zugrunde liegt"[64].

Diese „Überkreuzrezeption" kann dazu führen, daß die deutsche Dogmatik ihrerseits auf die verbesserten Schweizer Verfassungstexte verweisen kann und beides zusammen Vorbildwirkung nach Osteuropa hinein zu entfalten vermag; greifbar in dortigen Regelungen wie § 11 der Verfassung Estlands (1992) und in Sachen Grundrechtsbeschränkung und Wesensgehaltsschutz[65].

---

59 *E 7*, 198 (206); *73*, 261 (269); *81*, 40 (52); *84*, 192 (194 f.); → Bd. II: *Papier,* Drittwirkung.
60 Die Schweizer Verfassungstexte sind zitiert nach der Dokumentation in: JöR 34 (1985), S. 425 ff. sowie JöR 47 (1999), S. 171 ff. und JöR 48 (2000), S. 281 ff.
61 Aus der neueren Literatur zur Drittwirkungsproblematik: *van der Walt,* Drittwirkung in Südafrika und Deutschland. Ein Forschungsbericht, DÖV 2001, S. 805 ff.; *Jarass,* Die Grundrechte: Abwehrrechte und objektive Grundsatznormen, in: Badura/Dreier (Bibl.), Bd. II, S. 35 (41 ff.).
62 *E 33*, 1 (9 ff.).
63 → Bd. III: *Peine,* Grundrechtsbeschränkungen in Sonderstatusverhältnissen.
64 Ebenso § 8 Abs. 2 KV Thurgau (1987), zuvor § 8 Abs. 2 KV Aargau von 1980; Art. 14 Abs. 3 KV Uri von 1984; § 15 Abs. 3 KV Basel-Landschaft von 1984. Aus der Literatur zum „Sonderstatus": *Hesse,* Grundzüge (LitVerz.), S. 144 ff.; *Wolfgang Loschelder,* Vom besonderen Gewaltverhältnis zur öffentlich-rechtlichen Sonderbindung, 1982.
65 Vgl. auch Art. 17 Verf. Albanien (1998) und die Rezeption der Europäischen Menschenrechtskonvention. Die osteuropäischen Texte sind zitiert nach Roggemann (Bibl.).

3. Schutzpflichten

Die Schutzpflichten-Theorie, vor allem eine prätorische Meisterleistung des deutschen Bundesverfassungsgerichts[66], hätte sich von Anfang an vergleichend an Verfassungstexten orientieren können, schon im Grundgesetz selbst (Art. 6 Abs. 4; s. auch Art. 1 Abs. 2 der Verfassung Baden-Württembergs von 1953), aber auch an anderen Verfassungstexten fremder Nationen (z. B. Griechenland und später Spanien; siehe auch Art. 2 der Verfassung von Guatemala von 1985). Die Dimension der Schutzpflichten läßt aber auch erkennen, daß Grundrechte „mehrdimensional" zu verstehen sind[67] und daß die grundrechtliche Statuslehre ein bewegliches Ganzes ist, das z. B. in Form des „status activus processualis" weiterzuentwickeln war und weiterhin ist[68].

34 Mehrdimensionalität der Grundrechte

4. Grundrechtsträger-Normen

Die geläufige Unterscheidung zwischen „Deutschen-" und „Jedermann-" bzw. „Menschenrechten"[69], die übrigens in Spanien im Blick auf lateinamerikanische Länder vorbildlich relativiert wird (Art. 13 Abs. 1 und 2) und auch in Verfassungen der neuen Bundesländer neu konzipiert ist[70], wird in manchen neueren Verfassungstexten, im weltweiten Vergleich betrachtet, angereichert bzw. ergänzt[71]. Nach dem Vorbild wohl von Art. 19 Abs. 3 GG[72] dehnt Art. 3 der alten Verfasssung Perus (1975) die Grundrechte auch auf bestimmte Gemeinschaften („juristische Personen") aus; eine analoge Ausstrahlung findet sich in § 9 Abs. 2 der Verfassung Estlands; identisch ist Art. 37 Abs. 3 der Verfassung Sachsens von 1992.

35 Ausdehnung der Bürgerrechte

5. Wesensgehaltsklauseln

Sie sind vielleicht der erfolgreichste grundrechtliche „Export-Artikel" des deutschen Grundgesetzes von 1949 (vgl. zuletzt Art. 52 Abs. 1 EU-Grundrechtecharta). In vielen späteren Verfassungen fast weltweit nachgeahmt[73], sind sie eben auch Gegenstand und/bzw. „Produkt" schöpferischer Verfassungs-

36 Wesensgehaltsgarantie als „Export-Artikel"

---

66 Seit *E 39*, 1 (42 ff.), zuletzt etwa *E 99*, 145 (157); *101*, 275 (289 f.); → Bd. II: *Chr. Calliess*, Schutzpflichten.
67 Dazu *Häberle*, Wesensgehaltgarantie, aaO., S. 370 m. w. N.
68 Dazu vom *Verf.*: Grundrechte im Leistungsstaat, VVDStRL 30 (1972), S. 43 (86 ff., 121 ff.); zuletzt: *ders.*, Europäische Verfassungslehre, 2001/2002, S. 257, 354.
69 Aus der Literatur: *Angelika Siehr*, Die Deutschenrechte des Grundgesetzes, 2001.
70 Vgl. etwa Art. 3 Abs. 3 Verf. Brandenburg von 1992.
71 Z. B. Art. 26 Abs. 2 Verf. Bulgariens; besonders § 9 Abs. 1 Verf. Estland.
72 Aus der deutschen Literatur zuletzt: *Rüfner*, Der personale Grundzug der Grundrechte und der Grundrechtsschutz juristischer Personen, in: Badura/Dreier (Bibl.), Bd. II, S. 56 ff.
73 Z. B. Art. 18 Abs. 3 der Verfassung Portugals; Art. 53 Abs. 1 der Verfassung Spaniens; in Osteuropa z. B. in Art. 31 Abs. 3 S. 2 Verfassung Polens; § 8 Abs. 2 der Verfassung Ungarns; Art. 17 Abs. 2 der Verfassung Albaniens; Art. 4 Abs. 4 Tschechische Grundrechtecharta von 1992; § 11 der Verfassung Estlands; Art. 54 Abs. 2 der Verfassung Moldaus; Art. 2 der Verfassung Rumäniens; Art. 13 Abs. 4 der Verfassung der Slowakischen Republik; ferner in Chile (1981) und Südkorea (1980); zuletzt in Südafrika (Kap. 2 Art. 30 Abs. 4 der Verfassung Kwazulu Natals [1996], zit. nach JöR 47 [1999], S. 514 ff.).

Rezeption in der Schweiz	rechtsprechung, so in Österreich[74] und so auf der Europarechtsebene durch den Europäischen Gerichtshof und den Europäischen Gerichtshof für Menschenrechte[75]. Eine besondere Analyse verdient die Rezeptionsgeschichte der „deutschen" Wesensgehaltsklausel[76] in der Schweiz. Denn hier fand eine höchst schöpferische, weil verbessernde Rezeption vor allem durch das Beispielsmaterial und die Einbindung des Grundsatzes der Verhältnismäßigkeit statt. Prototyp für diese kreative Rezeption von alten Verfassungstexten über die Judikatur und Lehre wieder zu einem neuen Verfassungstext in einem anderen Land ist Art. 28 Abs. 1 bis 4 der Kantonsverfassung Berns (1993)[77] und Art. 36 Abs. 1 bis 4 der Bundesverfassung der Schweiz (1998/2000). Der vor allem vom Bundesverfassungsgericht verfeinerte Grundsatz der Verhältnismäßigkeit[78] ist vielfach Text geworden[79].

6. Rechtsschutzgarantien

37 Gemeineuropäischer Verfassungsbestandteil	Sie sind zum wesentlichen Bestandteil vieler neuerer Verfassungen geworden, und Art. 19 Abs. 4 GG, in der Gestalt, die ihm Lehre und Judikatur gegeben haben[80], ist heute wohl gemeineuropäischer Bestandteil fast jeder Verfassung auf unserem Kontinent (z.B. Art. 20 Abs. 1 der Verfassung Griechenlands von 1975; § 21 des Grundgesetzes Finnlands von 2000). „Fernwirkungen" zeigen sich aber auch in andere Kontinente hinüber. Mag hier der angelsächsische due process-Gedanke mitwirken, mag die vor allem in Lateinamerika lebendige Habeas Corpus-Idee kräftig ausstrahlen[81]: Die Textgestalt des Art. 19
Sonderrolle des „Ombudsmanns"	Abs. 4 GG dürfte viel Ausstrahlungswirkung entfalten. Die „Ombudsmänner", ein skandinavischer Beitrag zum Rechtsschutz im weiteren Sinne, verdanken sich in ihrem fast weltweiten Erfolg (z.B. Art. 208 bis 212 der Verfassung Polens; Art. 142 bis 144 der Verfassung Angolas) gerade nicht dem deutschen Grundgesetz, auch wenn in manchen deutschen Landesverfassungen später dieses Institut Textgestalt gewinnt[82].

---

74 Dazu die Nachweise vor allem in *meiner* Wesensgehaltgarantie, ³1983, S. 264 ff., und seitdem aus der Literatur: *Walter Berka*, Lehrbuch Grundrechte, 2000, S. 59; *Manfred Stelzer*, Das Wesensgehaltsargument und der Grundsatz der Verhältnismäßigkeit, 1991.
75 Dazu *Klaus W. Weidmann*, Der Europäische Gerichtshof für Menschenrechte auf dem Weg zu einem europäischen Verfassungsgerichtshof, 1985, S. 81 ff.; s. auch *meine* Wesensgehaltgarantie, aaO., S. 266 ff.
76 → Bd. III: *Leisner-Egensperger*, Wesensgehaltsgarantie.
77 Zuvor Art. 14 KV Uri (1984), § 15 Abs. 1 KV Basel-Landschaft (1984).
78 Zum Verhältnismäßigkeitsgrundsatz in der Rechtsprechung des Bundesverfassungsgerichts zuletzt: *Stern*, Die Grundrechte und ihre Schranken, in: Badura/Dreier (Bibl.), Bd. II, S. 1 (30 ff.); → Bd. III: *Merten*, Verhältnismäßigkeitsgrundsatz.
79 Z.B. Art. 17 Abs. 1 der Verfassung Albaniens; Art. 54 Abs. 2 der Verfassung Moldaus; auch in der Schweiz: z.B. Art. 23 Abs. 2 lit. e KV Appenzell A.Rh. (1995); Art. 17 KV Glarus (1988); Art. 28 Abs. 3 KV Bern; Art. 25 Abs. 1 n.F. der Verfassung Griechenlands (2001); Art. 30 Abs. 3 der Verfassung Guinea-Bissaus (1993); zuletzt Art. 52 Abs. 1 EU-Grundrechtecharta.
80 Dazu *Maurer*, Rechtsstaatliches Prozeßrecht, in: Badura/Dreier (Bibl.), Bd. II, S. 467 (471 ff.).
81 Aus der Literatur: *Belaunde*, Latin American Habeas Corpus, JöR 49 (2001), S. 513 ff. Allgemeiner *Norbert Lösing*, Die Verfassungsgerichtsbarkeit in Lateinamerika, 2001.
82 Z.B. Art. 36 Verf. Mecklenburg-Vorpommern von 1993; s. jetzt Art. 43 EU-Grundrechtecharta.

7. Grundrechtsverwirklichungs- bzw. Grundrechtsentwicklungsklauseln

Die Idee der (optimalen) Grundrechts*verwirklichung* hat sehr früh in der italienischen Verfassung von 1947 (Art. 3 Satz 2) und in Art. 9 Abs. 2 der spanischen Verfassung von 1978 (hier verbessert) Ausdruck gefunden. Was spätere deutsche Grundrechtswissenschaftler kräftig ausgebaut haben[83], hat hier eine textlich vorwegnehmende Gestalt gefunden (vgl. auch § 22 GG Finnland 2000: „Das Gemeinwesen trägt Sorge, daß die Grundfreiheiten und Grundrechte ... beachtet werden"; Art. 50 der Verfassung Angolas von 1992: Verpflichtung des Staates, „die notwendigen ... Bedingungen zu schaffen, damit die Bürger ihre Rechte effektiv nutzen können.").

38
Frühe Verfassungsgestalt einer Grundrechtsverwirklichungsklausel

Die „Weltkarriere" der Grundrechts*entwicklungs*klausel ist noch verblüffender. Der Bogen spannt sich von der „Produktion" im 9. US-Amendment bis zu § 10 der Verfassung Estlands (1992), Art. 39 der Verfassung Georgiens (1995) und Art. 55 Abs. 1 der Verfassung der Russischen Föderation (1993), zum Teil in einer verbesserten Fassung, und in diesem Rezeptionsbogen haben auch sog. Entwicklungsländer einen respektablen Platz erobert[84]. Mag die Wissenschaft sich mit der Aktualisierung hier wie dort noch schwer tun, der Sache nach arbeitet das Bundesverfassungsgericht bei der Kreation neuer Grundrechte wie der „informationellen Selbstbestimmung"[85] ganz im Geist der Klausel dieser Art. Sie richtet sich an die Staatsfunktionen, an den Verfassungsinterpreten wie den Verfassunggeber und sollte vor allem von der Wissenschaft stärker beachtet werden als bisher[86].

39
„Weltkarriere" der Grundrechtsentwicklungsklausel

8. Grundpflichten

Als letztes Thema verfassungsstaatlicher Verfassungen seien aus dem „Allgemeinen Teil" der Grundrechte die Kategorie der Grundpflichten genannt. Sie, die in manchen regionalen und universalen Menschenrechtspakten durchaus zum textlichen Ausdruck kommen (z.B. Präambel der allgemeinen Menschenrechtserklärung von 1948, ebd. Art. 1, Art. 29 Nr. 1; Präambel des Internationalen Pakts über bürgerliche und politische Rechte[87]; Art. 17 EMRK; Art. 32 American Convention on Human Rights; Präambel sowie Art. 27-29 der African Charter on Human and Peoples Rights), sind bis heute ein Stiefkind der deutschen Bundesverfassung geblieben[88]; in den Ländern finden sie sich durchaus (z.B. Art. 117 der Verfassung Bayerns von 1946; Art. 20 bis 22 der Verfassung von Rheinland-Pfalz von 1947). Dieses Defizit hat nicht ein-

40
Grundpflichten als Stiefkind des GG

---

83 Nachweise: *Hesse*, Grundzüge (LitVerz.), S. 128, 131: „Aktualisierung"; *Häberle*, Wesensgehaltgarantie, aaO., S. 45 ff.: „stetige Aktualisierung".
84 Z.B. Art. 14 der Verfassung Äquatorial-Guineas von 1991; Art. 44 der Verfassung Guatemalas von 1985; Art. 4 der alten Verfassung Perus von 1979.
85 *BVerfGE* 65, 1.
86 Aus der Literatur: *Häberle*, Dokumentation von Verfassungsentwürfen und Verfassungen ehemals sozialistischer Staaten in (Süd)Osteuropa und Asien, JöR 43 (1995), S. 105 (117 ff.).
87 Vom 19.12.1966 (BGBl. 1973 II, S. 1534).
88 → Bd. II: *Randelzhofer*, Grundrechte und Grundpflichten.

mal eine deutsche Staatsrechtslehrertagung beheben können[89], und selbst der Vorstoß von Altbundeskanzler *H. Schmidt* hat in Sachen „Menschenpflichten" (1994) an diesem Befund in Deutschland nichts geändert. Umso sorgfältiger sollte man die Weimarer Verfassung und die neuen Texte in der Schweiz (z.B. Art. 6 und 7 der Verfassung St. Gallens von 2001, Art. 6 nBV) sowie in Osteuropa zur Kenntnis nehmen. Daß hier einmal das deutsche Grundgesetz *keine* Vorbildwirkung entfaltet hat, lohnt der Erwähnung. Beispiele finden sich in Art. 82 bis 84 der Verfassung Polens; §§ 53, 54 der Verfassung Estlands; Art. 58 bis 61 der Verfassung Bulgariens (1991); Art. 54 bis 59 der Verfassung Moldaus.

41
Gemeineuropäisches Grundrechte-Recht

Nach diesem Überblick über Themen der Grundrechte, die zum Teil vielfach auch „gemeineuropäisches Grundrechte-Recht" umschreiben[90] – besonders greifbar in der EU-Grundrechtecharta (2000) – wird es Zeit, das Beispielsmaterial für das Geben und Nehmen zwischen deutschen und ausländischen Verfassungen auf dem Felde der Einzelgrundrechte aufzulisten.

III. Einzelgrundrechte

1. Die Menschenwürde

42
Menschenwürde als Basis des Verfassungsstaats

Die Menschenwürde ist nach dem hier vertretenen kulturwissenschaftlichen Konzept „kulturanthropologische Basis" des Verfassungsstaates mit der pluralistischen Demokratie als „organisatorischer *Konsequenz*"[91]. Gerade hier formen Verfassungstexte, Klassikertexte und Grundsatzjudikatur ein normatives Ensemble, das nicht nur den Rang eines gemeineuropäischen Prinzips, sondern vielleicht sogar universale Geltung beanspruchen kann. Das Grundgesetz entfaltet hier sowohl in Form seiner Texterung in Art. 1 als auch in seiner kontextuellen Judikatur des Bundesverfassungsgerichts, die vor allem die Auslegungsarbeit von *G. Dürig* rezipiert hat, große Ausstrahlungswirkung[92].

---

89 Die Konstanzer: Grundpflichten als verfassungsrechtliche Dimension, VVDStRL 41 (1983), S. 7 ff. mit Referaten von *Götz* und *H. Hofmann*. Aus der Literatur auch: *Thorsten Ingo Schmidt*, Grundpflichten, 1999; ferner *Badura*, Grundpflichten als verfassungsrechtliche Dimension, DVBl. 1982, S. 861 ff.; *Isensee*, Die verdrängten Grundpflichten des Bürgers, DÖV 1982, S. 609 ff.; *Luchterhandt*, Grundpflichten als Verfassungsproblem in Deutschland, 1988; *Stern*, Idee und Herkunft des Grundpflichtendenkens, in: Staat und Völkerrechtsordnung, FS Doehring, 1989, S. 969 ff.; *Häberle*, Das Konzept der Grundrechte, in: *ders.*, Europäische Rechtskultur 1994 (TB 1997), S. 279 ff., 311 ff.; *Gräfin Dönhoff*, Vom Recht auf Würde, in: Die Zeit vom 27.12.1997, S. 1; *Waechter*, Kooperationsprinzip, gesellschaftliche Eigenverantwortung und Grundpflichten, Der Staat 38 (1999), S. 279 ff., 304 ff.; *Luchterhandt*, Die „Allgemeine Erklärung der Menschenpflichten" ..., FS Listl, 1999, S. 967 ff.

90 Dazu vom *Verf.*: Europa in kulturverfassungsrechtlicher Perspektive, JöR 32 (1983), S. 9 (16 f.) und zuletzt in: Europäische Verfassungslehre, 2001/2002, S. 52.

91 *Häberle*, Die Menschenwürde als Grundlage der staatlichen Gemeinschaft, HStR, Bd. I, ²1995, S. 815 ff.; vgl. zur Menschenwürde allgemein: *Christoph Enders*, Die Menschenwürde in der Verfassungsordnung, 1997; *Graf Vitzthum*, Die Menschenwürde als Verfassungsbegriff, JZ 1985, S. 201 ff.; *Dürig*, Der Grundrechtssatz von der Menschenwürde, AöR 81 (1956), S. 117 ff. Rechtsphilosophisch ausgerichtet ist der Beitrag von *H. Hofmann*, Menschenwürde und Naturverständnis in europäischer Perspektive, Der Staat 37 (1998), S. 349 ff.; vergleichend: *Wilms*, Der Menschenwürdebegriff in der neuen schweizerischen Bundesverfassung im Vergleich zu Deutschland und den Vereinigten Staaten, in: Tradition und Weltoffenheit des Rechts, FS Steinberger, 2002, S. 1015 ff.

92 → Bd. IV: *Isensee*, Der Schutz der Menschenwürde.

Das zeigt sich in Art. 2 Abs. 1 der Verfassung Griechenlands (1975) ebenso wie in anderen Verfassungen, etwa Art. 1 der Verfassung Portugals (1976) oder Art. 10 Abs. 1 der Verfassung Spaniens (1978).

Ein besonderer Blick hat der Schweiz einerseits, Osteuropa andererseits zu gelten. Die neuen Schweizer Verfassungen schaffen ein Zugleich von Rezeption und verbesserter „fortschreibender" Produktion (als schöpferischer Rezeption). Als Beispiele seien genannt: Art. 7 nBV, Art. 2 lit. a der Verfassung St. Gallens von 2001, Art. 9 der Kantonsverfassung Berns von 1993. Oft nachgeahmt ist auch die textliche Vorwegplazierung der Menschenwürdeklausel des deutschen Grundgesetzes (z. B. Art. 2 Abs. 1 der Verfassung Griechenlands von 1975, zuletzt Art. 1 EU-Grundrechtecharta [2000]). In *Osteuropa* haben sich ebenfalls viele Verfassungen an dem Vorbild von Art. 1 Abs. 1 GG orientiert: vgl. etwa Präambel und Art. 3 der Verfassung Albaniens, Art. 30 der Verfassung Polens, Art. 3 Abs. 1 der Verfassung der Ukraine von 1996. Unter den Verfassungen der neuen Bundesländer darf Art. 7 Abs. 2 der Verfassung Brandenburgs besondere Aufmerksamkeit beanspruchen. Denn er erstreckt die Menschenwürde in die horizontale Dimension und rezipiert bzw. positiviert klassische Philosophie von *I. Kant*, direkt erkennbar in dem Satz: „Jeder schuldet jedem die Anerkennung seiner Würde".

43
Schweiz

Mittel- und Osteuropa

2. Das Grundrecht auf informationelle Selbstbestimmung – Datenschutz

Dieses Grundrecht wurde vom Grundgesetz textlich nicht einmal „angedacht". Es ist in Existenz und Ausformung ein prätorischer Beitrag des Bundesverfassungsgerichts[93]. Spätere deutsche Verfassungen haben diese Judikatur, die hier materielle Verfassunggebung ist, auf Texte und Begriffe gebracht, vor allem die neuen Bundesländer, meist unter dem Stichwort „Datenschutz"[94]. Es kann jedoch nicht bei der Erwähnung dieser innerdeutschen Ausstrahlung bleiben. Auch in ausländischen Verfassungen dürfte das deutsche Vorbild wenn nicht allein, so doch gemeinsam mit parallelen Konzepten wirksam geworden sein (Beispiele etwa: Art. 13 nBV Schweiz[95]; Art. 2 lit. g der Verfassung St. Gallens von 2001). Vor allem Osteuropa hat hier „Textschübe" geleistet (z. B. Art. 51 der Verfassung Polens, §§ 42, 44 der Verfassung Estlands). Der Datenschutz ist als ein gemeinschaftliches Werk von Texten, Judikatur und Literatur heute wohl schon als gemeineuropäisches Prinzip

44
Vom ungeschriebenen zum geschriebenen Grundrecht

---

93 *E* 65, 1. Aus der Literatur: *Dreier*, in: ders. (Hg.), GG, Bd. I, 1996, Art. 2 Abs. 1, RN 52; *Schmitt Glaeser*, Schutz der Privatsphäre, HStR, Bd. VI, 1989, § 129, RN 76 ff.; *Schlink*, Das Recht der informationellen Selbstbestimmung, Der Staat 25 (1986), S. 233 ff.; *Hufen*, Schutz der Persönlichkeit und Recht auf informationelle Selbstbestimmung, in: Badura/Dreier (Bibl.), Bd. II, S. 105 (116 ff.); *Rudolf*, Datenschutz – ein Grundrecht, in: Staat-Kirche-Verwaltung, FS Maurer, 2001, S. 269 ff.
94 Vgl. als Beispiele Art. 33, 57 der Verfassung des Saarlands von 1992; Art. 11 der Verfassung Brandenburgs von 1992; Art. 33, 47 der Verfassung von Berlin von 1995; Art. 11, 74 der Verfassung Brandenburgs von 1992; s. schon Art. 62 der Verfassung Niedersachsens von 1993.
95 Aus der Literatur: *R.J. Schweizer*, Verfassungsrechtlicher Persönlichkeitsschutz, in: Thürer/Aubert/J.P. Müller (Bibl.), S. 691 (704 f.).

3. Die Medienfreiheit und ihre Direktive des Pluralismus-Prinzips

45
Rezeption des Pluralismus-Prinzips

Auf diesem Felde leistet nicht das Grundgesetz von 1949, sondern die Judikatur des Bundesverfassungsgerichts seit 1961 Pionierarbeit mit viel intensiver und extensiver Ausstrahlungswirkung[97]. Seit dem Ersten Fernsehurteil[98] hat sich eine „ständige Rechtsprechung" entwickelt und fallbezogen, aber verallgemeinerungsfähig ausdifferenziert[99], so daß vielfältige Rezeptionsvorgänge nach ausländischen Verfassungen hin, vereinzelt aber auch in die Judikatur fremder Verfassungsgerichte hinein (so in bezug auf Italien und die Corte in Rom), aber auch die einfache Gesetzgebung stattfinden konnten.

46
Beispiele

Im einzelnen: An erster Stelle ist Art. 38 Abs. 4 bis 7 der Verfassung Portugals von 1976 zu nennen, sodann Art. 20 Abs. 3 und 4 der Verfassung Spaniens. An die „Wechselwirkungslehre" des Bundesverfassungsgerichts[100] erinnert fast wörtlich ein Passus in Kap. 2 § 13 Abs. 2 der Verfassung Schwedens von 1975/95. In Westeuropa hat zuletzt der verfassungsändernde Gesetzgeber in Griechenland (Art. 15 Abs. 2) vom deutschen Vorbild profitiert[101]. Art. 44 Abs. 2 der Verfassung Litauens (1992) verbietet die Monopolisierung der „Masseninformationsmittel". Verfassungstheoretisch ist der Zusammenhang zwischen dem Konzept der „Verfassung des Pluralismus"[102] und der speziellen Ausdifferenzierung des Pluralismus in der Medienlandschaft festzuhalten. Das Bundesverfassungsgericht leistet hier „Pluralismusrechtsprechung" par excellence. Übrigens haben die Verfassunggeber in den alten und neuen deutschen Bundesländern früh reagiert und z. B. in Bayern schon die Rechtsprechung des Bundesverfassungsgerichts rezipiert (Art. 111a BayVerf.), was freilich auch die Gefahr einer „Versteinerung" eigener Art erkennen läßt („öffentlich-rechtlicher Trägerschaft", besser: Art. 19 Abs. 2, 4 der Verfassung Brandenburgs).

---

96 Die Fülle relevanter Vorschriften belegt die von Spiros Simitis/Anne Arendt herausgegebene Gesetzessammlung „Datenschutz in der Europäischen Gemeinschaft". Aus der verfassungsrechtlichen Literatur: *Michael Kloepfer*, Datenschutz als Grundrecht, 1980; mit Blick auf die neuen Medien *Helmut Bäumler*, E-Privacy – Datenschutz im Internet, 2000, sowie *Peter Schaar*, Datenschutz im Internet, 2002.
97 → Bd. IV: *Degenhart*, Rundfunkfreiheit.
98 *E 12*, 205.
99 Zuletzt *E 90*, 241. Aus der deutschen Literatur zuletzt: *Bullinger*, Medien, Pressefreiheit, Rundfunkverfassung, in: Badura/Dreier (Bibl.), Bd. II, S. 193 ff.
100 *E 7*, 198 (205 ff.).
101 Dazu *Chryssogonos/Hansmann*, Die umfassende griechische Verfassungsänderung von 2001, JöR 50 (2001), S. 433 ff. (mit Textanhang).
102 So *mein* gleichnamiges Buch von 1980.

4. Sonstige Grundrechte

Im folgenden sei sozusagen als „Auffangtitel" das eine oder andere Grundrecht erwähnt, bei dem das Grundgesetz wenn nicht Vorbild, so jedenfalls Mitbeteiligter oder „Wahlverwandter" im europa- oder weltweiten Rezeptionsprozeß war bzw. gewesen sein könnte. Auch sollen „umgekehrte" Rezeptionen zu Wort kommen: Wo übernahm das deutsche lebende Verfassungsrecht eine spezielle Grundrechtsidee aus fremden Verfassungsentwicklungen? Hier darf im Rahmen der *Gleichheitsrechte* auf die bereichsspezifisch neuen Ausformungen des Diskriminierungsverbots bzw. der Chancengleichheit verwiesen werden. Der Behindertenschutz wurde erst 1994 zum Thema auch des Grundgesetzes (vgl. Art. 3 Abs. 3 Satz 2); vorausgegangen waren andere Verfassungen wie Art. 71 der Verfassung Portugals (1976), Art. 49 der Verfassung Spaniens (1978), Art. 7 Abs. 2 der Verfassung Sachsens von 1992, Art. 38 der Verfassung Sachsen-Anhalts von 1992, § 28 Abs. 4 der Verfassung Estlands (1992), Art. 17 Abs. 2 der Verfassung Mecklenburg-Vorpommerns von 1993, Art. 30 Abs. 1 lit. g der Kantonsverfassung Berns (1993).

In Sachen Gleichberechtigung von Mann und Frau mußte sich das Grundgesetz vom Europäischen Gerichtshof „belehren" lassen (Fall Kreil)[103]. Der „danach" verfassungsändernde „nachziehende" Gesetzgeber (2000: Art. 12a Abs. 4 Satz 2 GG) hat die Verfassungsrechtsprechung aus Luxemburg „nachführend" auf den Begriff gebracht, um nicht zu sagen nur „rezipiert", was von Europarechts wegen materiell schon galt!

Auch in einigen anderen Grundrechtsthemen ist Deutschland eher „Nachzügler", etwa in Sachen Kinderrechte oder bei der – begrenzten – Gleichstellung der Lebenspartnerschaften mit Ehe und Familie. Während einige deutsche Landesverfassungen nach 1989 hier vorausgegangen waren[104], mußte sich das deutsche Bundesverfassungsgericht in einer Leitentscheidung um das Thema „Lebenspartnerschaft" mühen[105]. In Sachen Minderheitenschutz ist das deutsche Grundgesetz Schlußlicht (vgl. aber vorbildlich Art. 35 der Verfassung Polens; Art. 24, 25 der Tschechischen Charta der Grundrechte und -freiheiten; § 68 der Verfassung Ungarns; Art. 37 der Verfassung Sachsen-Anhalts von 1992).

Im ganzen läßt sich wohl sagen, daß der Grundrechtsteil geschriebener und ungeschriebener Verfassungen in den „Allgemeinen Lehren" wie in den Einzelgrundrechten *offen* sein muß. Es gibt im Verfassungsstaat keinen numerus clausus: weder in seinen Inhalten (Schutzbereich) und Dimensionen, noch bei den Grenzen (z. B. Umweltschutz als neue Sozialpflichtigkeit des Eigentums) noch sonst. Die Idee der „Grundrechtsentwicklungsklausel" (z. B. in Estland)

---

103 Dazu aus der Literatur: *Streinz*, Frauen an die Front, DVBl. 2000, S. 185 ff.; *Scholz*, Frauen an die Waffen kraft Europarechts?, DÖV 2000, S. 417 ff.
104 Z. B. Art. 26 Abs. 2 und 3 der Verfassung Brandenburgs, Art. 12 Abs. 2 der Verfassung von Berlin (1999).
105 *BVerfGE 105*, 313; aus der Literatur: *Zimmermann*, Gleichgeschlechtliche Lebenspartnerschaften und das Grundgesetz, in: Tradition und Weltoffenheit des Rechts, FS Steinberger, 2002, S. 645 ff.

sollte hier auch in Zukunft wirken, selbst wenn dies nicht erklärtermaßen geschieht. Vor allem sollten die deutschen Verfassunggeber bzw. Verfassungsänderer in Bund und Ländern bereit sein, grundrechtsvergleichend zu arbeiten und zu beobachten, wo und wie in anderen Ländern neue Grundrechte teils textlich entstehen, teils richterrechtlich „erfunden" werden.

IV. Staatszielbestimmungen

51
Grundrechtsgehalte in Staatszielbestimmungen

Eigentlich müßten die Demokratie-Normen das nächste Thema dieser vergleichenden Umschau bilden. Denn der Wichtigkeit nach rangieren sie als „Konsequenz" der Grundrechte systematisch an zweiter Stelle. Indes spricht vieles dafür, im Kontext der Beschreibung der Wechselwirkungen zwischen den deutschen und ausländischen Verfassungen auf dem Felde der Grundrechte unmittelbar an diese die Staatszielbestimmungen anzuschließen. Denn in ihnen „verbergen" sich Grundrechtsaspekte. 1971 wurde versucht, dies auf den Begriff der „Grundrechtspolitik" zu bringen – heute ein Gemeinplatz – bzw. von „Grundrechtsaufgaben" des Verfassungsstaates zu sprechen[106]. Es sind sowohl objektivrechtliche Gehalte als auch verfahrens- und organisatorische Grundrechtsgehalte, die sich im Gewand von Staatszielbestimmungen

Kultur, Wirtschaft, Umwelt

textlich oder prätorisch präsentieren. Dabei sei nach den Feldern *Kultur*, *Wirtschaft* und *Umwelt* unterschieden. Die meisten neuen Verfassungen normieren reiche Staatszielkataloge, und viele haben schon prima facie erkennbaren Grundrechtsbezug[107]. An den Erfolg des deutschen Begriffs „Rechtsstaat", auch „sozialer Rechtsstaat" sei erinnert[108].

52
Einzelne Staatsziele

Im einzelnen: Prägnant wirkt Kapitel 1 § 2 Abs. 2 der Verfassung Schwedens (1975/1995): „Die persönliche, wirtschaftliche und kulturelle Wohlfahrt des einzelnen hat das primäre Ziel der öffentlichen Tätigkeit zu sein". Auch beruft sich die Verfassung Irlands (1937/1999) mehrfach auf den Staat als „Hüter des Gemeinwohls" – mit Grundrechtsbezug (Art. 42 Abs. 3, 5: Kindererziehung). Im übrigen seien folgende Beispiele zitiert:

– zu *Kultur*: Art. 73 bis 79 der Verfassung Portugals; Art. 46 der Verfassung Spaniens; Art. 6, 70 der Verfassung Polens
– *Recht auf soziale Sicherheit*: Art. 50 der Verfassung Sloweniens; auch Art. 67 der Verfassung Polens; Art. 20 der Verfassung der Niederlande; § 19 GG Finnland
– zu *Wirtschaft*: Art. 2 Abs. 2 nBV Schweiz (Förderung der „gemeinsamen Wohlfahrt"); Art. 20 der Verfassung Polens: „soziale Marktwirtschaft";

---

106 So der *Verf.* auf der Regensburger Tagung der Staatsrechtslehrer in dem Koreferat „Grundrechte im Leistungsstaat", VVDStRL 30 (1972), S. 43 (71 ff.); später *Rhinow*, Grundrechtstheorie, Grundrechtspolitik und Freiheitspolitik, in: Recht als Prozeß und Gefüge, FS H. Huber, 1981, S. 427 ff.
107 Aus der Literatur: *Karl-Peter Sommermann*, Staatsziele und Staatszielbestimmungen, 1997; *René Wiederkehr*, Die Kerngehaltsgarantie am Beispiel kantonaler Grundrechte, 2000, S. 156 ff.
108 Z.B. Art. 4 der Verfassung Bulgariens; Präambel der Verfassung Albaniens; Präambel der Verfassung Georgiens; Art. 2 der Verfassung Polens; Art. 2 der Verfassung Sloweniens; Art. 1 Abs. 1 der Verfassung Paraguays (1992); Präambel der Verfassung Madagaskars (1992/95); Art. 8 der Verfassung Nigers (1996).

Art. 31 der Verfassung Georgiens von 1995: Sorge für die „gleichmäßige sozialökonomische Entwicklung"
– zu *Umwelt*: Art. 45 der Verfassung Spaniens; Präambel nBV Schweiz von 2000: „Verantwortung gegenüber den künftigen Generationen"; weitgehend: Art. 74 der Verfassung Polens von 1997; eindrucksvoll normiert Art. 24 nF. der Verfassung Griechenlands (2001): „Der Schutz der natürlichen und kulturellen Umwelt ist eine Pflicht des Staates und ein Recht für jeden". (Ebenso: die Präambel der Kantonsverfassung Appenzell Ausserrhodens (1995): „die Schöpfung in ihrer Vielfalt achten".)

Das Grundgesetz ist auf diesen Feldern der grundrechtsrelevanten Staatsziele, sieht man von der Sozialstaatsklausel (Art. 20 Abs. 1, 28 Abs. 1) einmal ab, im weltweiten Geben und Nehmen gerade *nicht* „federführend" geworden. Gewiß, das Bundesverfassungsgericht hat diese bewußte Entscheidung, d.h. die Enthaltsamkeit von 1949 da und dort korrigiert, so etwa für die Kultur in Gestalt einer von ihm angedeuteten Kulturstaatsklausel[109]. Und es ist bezeichnend, daß das Grundgesetz bzw. der verfassungsändernde Gesetzgeber erst sehr spät auf dem Felde des Umweltschutzes aktiv geworden sind (Art. 20a)[110]. Gewiß, die Normierung eines Grundrechts auf gesunde Umwelt, wie sie manche Verfassungen wagen (z.B. Art. 66 Abs. 1 der Verfassung Portugals, Art. 55 der Verfassung Bulgariens), ähnelt einer Utopie und sollte nicht nachgeahmt werden. Doch ist auch klarzustellen, daß objektivrechtliche Umweltschutzklauseln dem Grundrechtsträger z.B. in Sachen Gesundheit zugute kommen. In Deutschland sind vor allem die neuen Bundesländer ergiebig, ja „gesprächig"; auch hat manche Verfassung der alten Bundesländer früher oder später grundrechtsbezogene Staatszielklauseln gewagt. Beispiele sind Bayern von 1946 in bezug auf die Menschenwürde (Art. 100), den Schutz der Arbeitskraft (Art. 167) und Hessen (1946): Art. 35 Abs. 3 – Gesundheitswesen.

53
Keine deutsche Federführung bei grundrechtsrelevanten Staatszielen

V. Demokratienormen

Sie seien in diesem Handbuch der Grundrechte in Deutschland und Europa nur ein „Merkposten", – indes muß bewußt bleiben, daß Demokratie-Klauseln zutiefst bzw. im letzten auch grundrechtsbezogen sind. Die Lehre von den Grundrechten als „funktioneller Grundlage der Demokratie"[111] versuchte dies herauszuarbeiten. Der in der deutschen Literatur geläufig gewordene Begriff der „demokratischen Grundrechte" leistet dies auf seine Weise[112]. Auch deshalb sollen im folgenden einige Aspekte des Demokratieprinzips Revue passieren, auch ist an innovative aktivbürgerliche Konzeptionen (z.B.

54
Grundrechtsbezogenheit von Demokratie-Klauseln

---

109 *E 36*, 321 (331). Dazu aus der Literatur: *Peter Häberle*, Kulturverfassungsrecht im Bundesstaat, 1980, S. 35, 49.
110 Aus der Literatur zuletzt: *H. Hofmann*, Umweltstaat ..., in: Badura/Dreier (Bibl.), Bd. II, S. 873 ff.
111 *Peter Häberle*, Die Wesensgehaltgarantie des Art. 19 Abs. 2 GG, 1962, S. 17 ff. (³1983, S. 335 ff., 363 f.). Aus der allgemeinen Literatur zuletzt: *Morlok*, Demokratie und Wahlen, in: Badura/Dreier (Bibl.), Bd. II, S. 559 ff.
112 Aus der Literatur: *Höfling*, Demokratische Grundrechte – Zu Bedeutungsgehalt und Erklärungswert einer dogmatischen Kategorie, Der Staat 33 (1994), S. 493 ff.

in Art. 21 der Verfassung Brandenburgs: Recht auf politische Mitgestaltung) zu erinnern[113], an klassische, wie die „Volksrechte" in der Schweiz (vgl. Art. 136 der Bundesverfassung der Schweiz 2000)[114], an neue, wie in Art. 33 der Verfassung Litauens (1992).

1. Demokratienormen allgemeiner Art

55
Brücke zwischen Menschenwürde und Staatsform

Das Grundgesetz ist prinzipiell auf die repräsentative Demokratie festgelegt, die Schweiz normiert *und lebt* die sog. halbdirekte Demokratie. Leitet man, wie der Verf., aus der Menschenwürdeklausel des Art. 1 ein „Maßgabegrundrecht auf Demokratie" ab, so ist damit die Brücke zwischen der sog. Staatsform und der Menschenwürde geschlagen, nicht aber wird etwa behauptet, daß sich aus der Menschenwürde zwingend eine *bestimmte* Demokratievariante ergibt[115]. *Rousseaus* „Alle Staatsgewalt geht vom Volk aus" hat in einer neuen deutschen Landesverfassung als „Gegenklassiker" freilich Konkurrenz erhalten („Wir, die Bürgerinnen und Bürger des Landes Brandenburg .....": Präambel von 1992). Auch wenn es bis heute niemandem gelungen ist, im Rahmen der Bürgerdemokratie das Verhältnis von nationalem Volk und dem einzelnen Bürger auf eine bündige Formel zu bringen: Wichtig bleibt es, daß die Verfassungstexte um ein neues Konzept ringen, von dem das Grundgesetz freilich mittelfristig lernen könnte, ja sollte. Die „Bürgergesellschaft" (vgl. Präambel der Verfassung Tschechiens von 1992) braucht kein bloßes Wort zu sein (siehe auch die Präambel der Verfassung Kasachstans [1995]: „Selbstverständnis einer friedliebenden Zivilgesellschaft"[116]).

2. Oppositions-Garantien

56
Die Opposition in Verfassungstexten

Die Opposition[117] ist in einer demokratischen Bürgergesellschaft immer entschlossener auf Texte und Begriffe der Verfassungen gebracht worden. Prägnante Beispiele finden sich (nach dem Vorlauf von Art. 23a der Verfassung von Hamburg [1971]]) in Niedersachsen (Art. 19 der Verfassung von 1993) und in den neuen Bundesländern (z. B. Art. 55 Abs. 2 der Verfassung Brandenburgs von 1992; Art. 59 der Verfassung Thüringens von 1993; s. auch Art. 16a der Verfassung Bayerns von 1998). Das Grundgesetz schweigt noch.

---

113 Aktivbürgertum und Bürgergesellschaft sind heute vor allem auch ein auf europäischer Ebene diskutierter Topos. Dazu *Gohl*, Bürgergesellschaft und politische Zielperspektive, in: Aus Politik und Zeitgeschichte, B 6-7/2001, S. 5 ff.; der Terminus von der *„europäischen Bürgergesellschaft"* (Hervorhebung im Original) findet sich auch bei *Denninger*, Menschenrechte und Staatsaufgaben – ein „europäisches" Thema, JZ 1996, S. 585 ff., 586.
114 Dazu *Yvo Hangartner/Andreas Kley*, Die demokratischen Rechte in Bund und Kantonen der Schweizerischen Eidgenossenschaft, 2000.
115 Dazu vom *Verf.*: Die Menschenwürde, in: HStR, Bd. I (1987), S. 815 (845 ff.).
116 Zitiert nach JöR 47 (1999), S. 634.
117 Aus der Literatur zuletzt *H.-P. Schneider*, Das Parlamentsrecht im Spannungsfeld von Mehrheitsentscheidung und Minderheitenschutz, in: Badura/Dreier (Bibl.), Bd. II, S. 627 (657 ff.); *Poscher*, Die Opposition als Rechtsbegriff, AöR 122 (1997), S. 444 ff.

3. Parteien-Artikel

Ebenfalls als „Merkposten" für ein auf die *ganze* Verfassung und nicht nur die Grundrechte bezogenes Bild vom „Geben und Nehmen" zwischen deutschen und ausländischen Verfassungen figuriert das Problem der politischen Parteien[118]. Der eher karge Art. 21 des Grundgesetzes (zuletzt Art. 137 Abs. 3 nBV Schweiz: „Die politischen Parteien wirken an der Meinungs- und Willensbildung des Volkes mit"), damals fast eine „Novität", wurde durch viel prätorische Judikatur des Bundesverfassungsgerichts ausgeformt und ausdifferenziert. Auch manches aus der Rechtsprechung zur Parteienfinanzierung[119] sucht sich jetzt seinen Weg in einer Neuregelung der griechischen Verfassung[120] (Art. 29 Abs. 2). Prinzipien wie „Transparenz", „Chancengleichheit" lieferten auch dem fernen Verfassunggeber Stichworte. Das deutsche Bundesverfassungsgericht hat dem vorgearbeitet (s. auch Art. 6 der Verfassung Spaniens). Art. 21 GG strahlte z. B. auf Art. 4 der Verfassung Frankreichs (1958) aus, in Sachen Öffentlichkeit der Finanzen z. B. auf Art. 9 Abs. 3 der Verfassung Albaniens oder Art. 11 Abs. 2 der Verfassung Polens. Der Begriff „politischer Pluralismus" als Hinweis auf das Mehrparteiensystem[121] ist eine geglückte Textstufe. Das Parteispendenrecht sollte durch den „Wahrheits"-Begriff bereichert werden.

57
Ausformung des Art. 21 GG durch die Literatur

VI. Gewaltenteilungs-Artikel

Dieses Themenfeld sei ebenfalls nur eher als „Merkposten" dargestellt. Ausgehend vom Klassikertext eines *Montesquieu* ist dieses Prinzip in immer neuen Varianten von vielen älteren und neueren Verfassungstexten normiert worden (zuletzt § 3 GG Finnland von 2000; s. auch Art. 8 der Verfassung Bulgariens; Art. 5 der Verfassung Montenegros [1992]) und gehört heute gewiß zum Ensemble jener fundamentalen Rechtsprinzipien, aus denen sich das gemeineuropäische Verfassungsrecht speist[122].

58
Gewaltenteilung als fundamentales Rechtsprinzip

---

118 Aus der deutschen Literatur zuletzt: *P.M. Huber*, Parteien in der Demokratie, in: Badura/Dreier (Bibl.), Bd. II, S. 609 ff.; → Bd. V: *Chr. Hillgruber*, Parteienfreiheit; *M. Schröder*, Stellung der Parteien.
119 Z. B. *BVerfGE 85*, 264. Aus der Literatur: *Morlok*, in: Dreier (Hg.), GG, Bd. II, 1998, Art. 21 RN 65 ff., 96 ff.
120 Dazu der Text bei: *Chryssogonos/Hansmann* (FN 101), S. 433 ff. (445).
121 Vgl. Art. 11 Abs. 1 der Verfassung Bulgariens; Art. 53 der Verfassung Burundis (1992); Präambel der Verfassung Ungarns; s. schon Art. 1 Abs. 1 der Verfassung Spaniens: „politischer Pluralismus"; Art. 159 lit. c der Verfassung Angolas: „parteienpluralistische Demokratie".
122 *Häberle*, Gemeineuropäisches Verfassungsrecht, EuGRZ 1991, S. 261 ff.; mit spezifischem Blick auf das Prinzip der Gewaltenteilung aus der späteren Literatur: *Michael Brenner*, Der Gestaltungsauftrag der Verwaltung in der Europäischen Union, 1996, S. 157 ff. („Gewaltenteilungsprinzip als gemeineuropäisches Verfassungsprinzip"); *Lorz*, Der gemeineuropäische Bestand von Verfassungsprinzipien zur Begrenzung der Ausübung von Hoheitsgewalt – Gewaltenteilung, Föderalismus, Rechtsbindung, in: Peter-Christian Müller-Graff/Eibe Riedel (Hg.), Gemeinsames Verfassungsrecht in der Europäischen Union, 1998, S. 99 ff.; *H.-D. Horn*, Über den Grundsatz der Gewaltenteilung in Deutschland und Europa, JöR 49 (2001), S. 287 ff., 288; *H.-P. Schneider*, Föderative Gewaltenteilung in Europa, in: Tradition und Weltoffenheit des Rechts, FS Steinberger, 2002, S. 1401 ff.

59
Gewaltenteilung als Kooperation

Das deutsche Grundgesetz bleibt hier in den klassischen Bahnen (Art. 1 Abs. 3 und 20 Abs. 3). Es nimmt wie viele andere europäische Verfassungen auch noch nicht die in Europa und vor allem in anderen Kontinenten gewagte Fortentwicklung auf: den Aspekt der *Kooperation* (vgl. etwa Art. 288 lit. j der Verfassung Portugals: „Teilung und Verschränkung der Gewalten der Hoheitsorgane"; Präambel der Verfassung Madagaskars (1995): „Teilung und die Ausgeglichenheit der Gewalten"; aus Osteuropa: Art. 7 der Verfassung Albaniens: „Trennung und Gleichgewicht"; Art. 10 Abs. 1 der Verfassung Polens: „Teilung und Gleichgewicht"; Art. 6 der Verfassung Moldaus: „Trennung und Zusammenarbeit").

60
Freiheitsbezug der Gewaltenteilung

In ihrem „telos" Verhinderung von Machtmißbrauch besitzt die horizontale Gewaltenteilung unzweifelhaft einen Freiheitsbezug[123]. Das zeigt sich auch in neueren Fortentwicklungen: Gewaltenteilung im *weiteren*, die Gesellschaft einbeziehenden Sinne, etwa in Gestalt der „Waffengleichheit" der Tarifpartner, einer korporativen Grundrechtsgarantie (in Art. 9 Abs. 3 GG greifbar), ist ebenfalls mittelbarer Freiheitsschutz.

VII. Föderalismus und Regionalismus – subsidiaritätsbezogene Formen vertikaler Gewaltenteilung

61
Freiheitsbezug des Föderalismus und Regionalismus

Im Grundrechtsstaat von heute gehören auch die „Staatsformen" des Föderalismus[124] und Regionalismus[125] ins Bild. Ihre Normenensembles finden sich in vielen neueren und älteren Verfassungen, wobei der Regionalismus eine eigenständige Struktur darstellt: als „kleiner Bruder des Föderalismus". So wichtig es ist, eine allgemeine Bundesstaatslehre zu entwickeln und so sehr es noch an „Regionalistic Papers" fehlt: der Freiheitsbezug im Geiste des Subsidiaritätsprinzips bleibt unverkennbar. Erst für eine kulturelle Bundesstaats- und Regionalismus-Sicht[126] ist dies erkennbar. Föderalismus und Regionalismus eröffnen Wirkungsmöglichkeiten für die Freiheit vor Ort, im überschaubaren, z.B. „landsmannschaftlichen Raum". Die kulturelle Freiheit des Bürgers findet in der Region bzw. im Kanton ein erlebbares „Gehäuse"[127].

---

123 → Bd. II: *Merten*, Das Prinzip Freiheit im Gefüge der Staatsfundamentalbestimmungen.
124 Aus der deutschen Literatur zuletzt: *Isensee*, Der Bundesstaat – Bestand und Entwicklung, in: Badura/Dreier (Bibl.), Bd. II, S. 719 ff.; *Kotzur*, Föderalisierung, Regionalisierung und Kommunalisierung ..., JöR 50 (2002), S. 257 ff.
125 Aus der Literatur: *Jens Woelk*, Konfliktregelung und Kooperation im italienischen und deutschen Verfassungsrecht, 1999; Rudolf Streinz (Hg.), 50 Jahre Europarat: Der Beitrag des Europarates zum Regionalismus, 2000; klassisch: *Fried Esterbauer*, Regionalismus, 1978; Antonio D'Atena (Hg.), Federalismo e Regionalismo in Europa, 1994; *ders.*, L'Italia verso il „Federalismo", 2001.
126 Dazu *Peter Häberle*, Kulturverfassungsrecht im Bundesstaat, 1980; zuletzt *meine* Verfassungslehre als Kulturwissenschaft, ²1998, S. 432 f. bzw. S. 803 ff.
127 Zur Idee bürgernaher Entscheidungen *Christian Calliess*, in: ders./Matthias Ruffert (Hg.), Kommentar zu EU-Vertrag und EG-Vertrag, ²2002, Art. 1 EUV, RN 32; siehe auch *Streinz*, Die Abgrenzung der Kompetenzen zwischen der Europäischen Union und den Mitgliedstaaten unter besonderer Berücksichtigung der Regionen, BayVBl. 2001, S. 481 ff., 481; *Anne Peters*, Elemente einer Theorie der Verfassung Europas, 2001, S. 133 ff. Eine ähnliche freiheitsbezogene Rolle spielen auch die Gemeinden, siehe dazu Peter Blickle (Hg.), Theorien kommunaler Ordnung in Europa, 1996.

Nimmt man den im Blick auf Europa oft nachweisbaren ausdrücklichen Subsidiaritätsgrundsatz hinzu[128] (z. B. Art. 23 Abs. 1 Satz 1 GG; Art. 7 Abs. 6 der Verfassung Portugals; aus der Schweiz: die Verfassung Appenzell Ausserrhodens und Art. 25 Abs. 1 der Verfassung St. Gallens von 2001), und auch er steht im Dienst grundrechtlicher Freiheit, so liegt auf der Hand, daß die Prozesse der Rezeption und Produktion auch hinsichtlich der Verfassungsthemen Bundesstaat, Regionalstaat und Subsidiarität dargestellt werden müssen. An dieser Stelle muß jedoch die Erörterung des Prinzips der Subsidiarität genügen. Es findet sich in Art. 2, 138 Abs. 1 der Verfassung Spaniens und wird in der Judikatur des Bundesverfassungsgerichts gerade jüngst wieder verfeinert[129]. Das Beispiel für fast spektakuläre Produktions- und Rezeptionsprozesse aber ist das hierher gehörende Prinzip der „Bundestreue". Denn an ihm zeigt sich, wie ein Stück „Staatsrechtslehre als Literatur" (R. Smend[130]) zur „Judikatur als Literatur" bzw. zum Text geworden ist[131], um dann zu positivem Verfassungsrecht zu gerinnen bzw. die Verfassungsrechtsprechung z. B. des Verfassungsgerichts in Madrid mitzuprägen. Schließlich wird die Idee der „Bundestreue" mittlerweile auch in Italien diskutiert[132], und im europäischen Verfassungsrecht macht derselbe Gedanke Karriere als Wissenschaft bzw. Literatur[133].

62
Subsidiaritätsprinzip

Bundestreue

VIII. Weitere Verfassungsthemen bzw. Normenbelege und Rechtsgedanken

1. Präambeln

An späterer Stelle sei hier die verfassungsstaatliche Präambel erörtert, dies obwohl sie „anfänglich" Grundlegung und Bekenntnis und eine besondere Art der „Verfassung der Verfassung" bildet. Präambeln sind zwar nicht ein „juristisches Weltenei", aus dem sozusagen alles hervorgeht. Doch finden sich in ihnen die Grundwerte einer Verfassung, und dazu gehören Menschenwürde und Menschenrechte bzw. Freiheitsgarantien. Die Präambelstrukturen weisen

63
Parallelität der Präambeln

---

128 Aus der schlechterdings nicht mehr überschaubaren Fülle der Literatur: *Heintzen*, Subsidiaritätsprinzip und Europäische Gemeinschaft, JZ 1991, S. 317 ff.; *Pipkorn*, Das Subsidiaritätsprinzip im Vertrag über die Europäische Union, EuZW 1992, S. 677 ff.; *Helmut Lecheler*, Das Subsidiaritätsprinzip. Strukturprinzip einer europäische Union, 1993; *Häberle*, Das Prinzip der Subsidiarität aus der Sicht der vergleichenden Verfassungslehre, AöR 119 (1994), S. 169 ff. m. zahlreichen w. N. in FN 1; *Herzog*, Subsidiaritätsprinzip, in: Joachim Ritter/Karlfried Gründer (Hg.), Historisches Wörterbuch der Philosophie, Bd. 10, 1998; *J.P. Müller*, Föderalismus – Subsidiarität – Demokratie, in: Max Vollkommer (Hg.), Föderalismus – Prinzip und Wirklichkeit, 1998, S. 41 ff.; *ders.*, Subsidiarität und Menschenrechtsschutz, in: Morlok (Bibl.), S. 35 ff. (35 f.); *Kenntner*, Das Subsidiaritätsprotokoll des Amsterdamer Vertrages, NJW 1998, S. 2871 ff. Eine kritische Stellungnahme findet sich bei *Pescatore*, Mit der Subsidiarität leben. Gedanken zu einer drohenden Balkanisierung der Europäischen Union, FS U. Everling, Bd. II, 1995, S. 1071 ff. (1071): „Verfehlte Maxime der gesellschaftlichen Ordnung."
129 *E 101*, 158 (221 f.).
130 Ungeschriebenes Verfassungsrecht im monarchischen Bundesstaat, in: Festgabe für O. Mayer, 1916, S. 245 ff.
131 *BVerfGE 6*, 309 (361 f.); *12*, 205 (255 f.).
132 Dazu *Adele Anzon*, La „Bundestreue" e il systema federale tedesco, 1995.
133 Dazu *Michael Lück*, Die Gemeinschaftstreue als allgemeines Rechtsprinzip im Recht der Europäischen Gemeinschaft, 1992.

weltweit viele Parallelen auf. Kulturwissenschaftlich verstanden, ähneln sie Prologen und Ouvertüren[134], sie verarbeiten den Zeitfaktor und entwerfen oft „Verfassungs-Zukunft". Einige Beispiele müssen genügen, auch wenn Wechselwirkungen im Sinne dieses Beitrags schwer nachweisbar sind und es sich bei den Präambelstrukturen eher um ein gemeinverfassungsstaatliches Institut handeln dürfte, an dem alle Verfassungsstaaten in Raum und Zeit teils unabhängig voneinander, teils gemeinsam arbeiten.

64
Grundrechtsbezogene Präambeln

Hier eine Auswahl prägnanter grundrechtsbezogener Präambeln: aus deutschen Verfassungen: Präambel der Verfassung Brandenburgs („Würde und Freiheit"); Präambel der Verfassung Baden-Württembergs (1953): „Bekenntnis zu den Menschenrechten"; aus der Schweiz: Bundesverfassung 2000: „um Freiheit und Demokratie ... zu stärken"; Kantonsverfassung Bern 1993: „Freiheit und Recht zu schützen"; aus westeuropäischen Verfassungen: etwa Präambel der Verfassung Irlands von 1937/1999 („das allgemeine Wohl zu fördern, daß die Würde und Freiheit des Individuums gewährleistet ... werde ..."); aus Osteuropa: Präambel der Verfassung Bulgariens (1991): „Rechte der Persönlichkeit als oberste Werte"; Präambel der Verfassung der Tschechischen Republik: „Werte der Menschenwürde und der Freiheit"; Präambel der Verfassung Albaniens (1998): „um die Grundrechte und -freiheiten des Menschen zu gewährleisten"; aus anderen Kontinenten: Verfassungspräambel Südafrikas sowie Präambel der Verfassung Kwazulu Natals (1996): „fundamental rights"[135]; aus dem übrigen Afrika: Präambel der Verfassung Madagaskars (1992/95): Menschenrechte; ebenso Präambel der Verfassung Senegals (1992); aus Lateinamerika: vgl. Präambel der Verfassung Paraguays (1992): „Human dignity".

65
EU-Grundrechtecharta

In all dem wird wohl weniger voneinander „abgeschrieben" als vielmehr analog *grundsätzlich* gedacht: im Blick auf den Typus Verfassungsstaat und die jeweils individuelle Nation. Einen beachtlichen Beitrag leistet hier zuletzt die EU-Grundrechtecharta (2000) in den Worten: „....unteilbare und universelle Werte der Würde des Menschen, der Freiheit, der Gleichheit .... Sie stellt die Person in den Mittelpunkt ihres Handelns".

---

134 Zu „Präambeln im Text und Kontext von Verfassungen" schon *meine* Bayreuther Antrittsvorlesung, abgedr. in: Demokratie in Anfechtung und Bewährung, FS Broermann, 1982, S. 211 ff. – Zu Präambeldefinitionen und -theorien aus der älteren und neueren Literatur: *Paul You*, Le préambule des traités internationaux, 1941, S. 1; er wählt folgende einleitende Definition: „Le préambule d'un traité international est la partie initiale du traité ou sont énoncées des indications d'un caractère général". Allgemein zum Begriff der Präambel vgl. die weitgehend übereinstimmenden Definitionsansätze in: Brockhaus Enzyklopädie, 17. Bd., [19]1992, S. 431; *Badura*, in: Evangelisches Staatslexikon, Bd. II, [3]1987, Sp. 3743; Deutsches Rechts-Lexikon, Bd. 2, 1992, S. 1429. Aus dem anglo-amerikanischen Rechtskreis die Definition bei *James A. Ballentine*, Ballentines Law Dictionary, [3]1969, S. 975: „A prefatory statement most aptly illustrated by the fifty-two words at the beginning of the Constitution of the United States. A clause in a statute, following the title and preceeding the enacting clause, explanatory of the reasons for the enactment and the objects sought to be accomplished." Aus europarechtlicher Perspektive: *Arnd-Christian Kulow*, Inhalte und Funktionen der Präambel des EG-Vertrages, 1997; aus völkerrechtlicher Sicht *Kotzur* (Bibl.), S. 60 ff.
135 Zitiert nach JöR 47 (1999), S. 514.

2. Erziehungsziele mit Grundrechtsbezügen

Dieses Themenfeld ist in einigen älteren und neueren Verfassungen ausgestaltet worden. So heißt es im verfassungsgeschichtlich betrachtet als Leit-Artikel wirkenden 148 WRV: „ist sittliche Bildung, staatsbürgerliche Gesinnung ... im Geiste ... der Völkerversöhnung zu erstreben". Auch in Verfassungen deutscher Bundesländer finden sich Erziehungsziele, die grundrechtsorientierte Grundwerte umschreiben, so früh in Sachen Menschenwürde in Bayern (Art. 131, 1984 novelliert); vgl. auch Art. 26 der Verfassung von Bremen, 1986 um das „Verantwortungsbewußtsein für Natur und Umwelt" ergänzt. Aus der deutschen Beispielsvielfalt seien überdies zitiert: Art. 28 der Verfassung Brandenburgs (1992): „Entwicklung der Persönlichkeit", „Achtung vor der Würde, dem Glauben ... anderer", „Anerkennung der Demokratie und Freiheit"; aus der Schweiz: Art. 42 Abs. 1 der Kantonsverfassung Berns (1993): „Verantwortungsbewußtsein gegenüber der Umwelt".

66 Erziehungsziele in Landesverfassungen

Blickt man nach Lateinamerika, so fallen die wohl von Unesco-Texten inspirierten Art. 32 Abs. 2 der alten Verfassung von Peru (1979) und Art. 72 der Verfassung Guatemalas (1985) auf. Sie lassen sich unter das Stichwort „*Grundrechte bzw. Menschenrechte als Erziehungsziele*" einordnen[136]. Vor allem der Respekt vor den gleichen Grundrechten anderer, als „Grundrechtsschranken" hard law, muß im kulturellen Sozialisationsprozeß des Menschen vor allem in der Schule als soft law „trainiert" werden. Toleranz als Verfassungsprinzip hat diesen sozialethisch aufgeladenen Grundrechtsbezug. Die deutschen Landesverfassungen dürften hier als Vorbildmaterial für fremde ausländische Verfassungen bereitstehen. Für das Grundgesetz aber sollte über die Idee der „Grundrechte als Erziehungsziele" nachgedacht werden.

67 Respekt vor den Grundrechten anderer

Diese Aufforderung will nicht zuletzt zum Ausdruck bringen, daß der vorliegende Beitrag nicht bei einer bloßen Beschreibung tatsächlich zu beobachtender Wechselwirkungen stehen bleiben will, sondern sich mitunter auch erlaubt, mögliche empfehlenswerte Prozesse des wechselseitigen Lernens der Verfassungsstaaten untereinander in der *Zukunft* anzudeuten. Die Bestandsaufnahme wird hier zum Reservoir möglicher Verfassungs- bzw. „Grundrechtspolitik" – für eine vergleichende Verfassungslehre als Kulturwissenschaft eine Selbstverständlichkeit[137].

68 Verfassungsvergleichung als Grundrechtspolitik

---

136 Allgemein zu Erziehungszielen in Verfassungstexten: Peter *Häberle*, Erziehungsziele und Orientierungswerte im Verfassungsstaat, 1981, S. 37 ff., 46 ff.; *ders.*, Verfassungslehre als Kulturwissenschaft, ²1998, S. 758 ff.; *Bothe*, Erziehungsauftrag und Erziehungsmaßstab der Schule im freiheitlichen Verfassungsstaat, in: VVDStRL 54 (1995), S. 7 ff., 21 ff.; mit spezifischem Blick auf den afrikanischen Kontinent *Seck*, Plädoyer für eine Erziehung auf dem Gebiet der Menschenrechte in Afrika, EuGRZ 1990, S. 311 ff. Zitiert sei noch ein Urteil des US-Supreme Court (*Meyer v. State of Nebraska*, 262 U.S. 390, at 400), das belegen kann, welch nachhaltigen Einfluß das aufklärerische europäische Erziehungsideal auch auf die amerikanische Verfassungstheorie hatte respektive noch heute hat: „The American people have always regarded education and acquisition of knowledge as matters of supreme importance which should be diligently promoted. The Ordinance of 1787 declares: 'Religion, morality and knowledge being necessary to good government and the happiness of mankind, schools and the means of education shall forever be encouraged.'"

137 Zu diesem Programm *meine* Verfassungslehre als Kulturwissenschaft, ²1998, z. B. S. 620 ff.; ebd. auch zum „Möglichkeitsdenken".

3. Religionsverfassungsrecht

69
Blickfeld

Ein eigener Blick gelte den Entwicklungen auf dem Felde des Religionsverfassungsrechts. Es ist eine spezielle Form von Kulturverfassungsrecht und gruppiert sich um die Problemkreise der individuellen und korporativen Religionsfreiheit mit ihren Grenzen und dem etwaigen „besonderen" Verhältnis zum Staat. Auch hier lassen sich „Wanderungen" einzelner Verfassungstexte und Judikatur, auch Theorien beobachten, gerade weil die Vielfalt des Religionsverfassungsrechts so groß ist. Aus der Modellvielfalt seien erwähnt: die Rezeption oder etwaige Wahlverwandtschaft des Aspekts des „Selbstverständnisses" im Sinne der Judikatur des Bundesverfassungsgerichts in einer Schweizer Kantonsverfassung (Obwalden)[138]. Ein weiteres Problemfeld ist die textliche oder richterliche Ausformung bzw. „Darstellung" des Prinzips der weltanschaulich-konfessionellen Neutralität des Staates. Vom Bundesverfassungsgericht wohl im Anschluß an *H. Krüger* auf ein Prinzip bzw. eine Formel gebracht[139], finden wir es jetzt in eigener Textgestalt in Art. 25 Abs. 1 der Verfassung Polens (1996): „Unparteilichkeit" wieder (s. auch Art. 10 Abs. 2 der Verfassung Albaniens von 1998; speziell Art. 43 Abs. 1 der Kantonsverfassung Berns (1993): „Der Unterricht ist konfessionell und politisch neutral").

70
Dimensionen religionsfreiheitlichen Handelns

Zuletzt ein Blick auf die inhaltlichen Dimensionen, in denen die Religionsfreiheit getextet ist, und auf den Problemkreis, wie andere Texte im Prozeß einer rezipierenden und produzierenden Textverarbeitung aussehen. Die Europäische Menschenrechtskonvention[140], nicht aber das Grundgesetz, denkt an die verschiedenen Dimensionen religionsfreiheitlichen Handelns schon im Schutzbereich: Art. 9 Abs. 1: „einzeln oder in Gemeinschaft mit anderen" (vgl. Art. 24 Abs. 2 der Verfassung Albaniens: „individuell oder kollektiv, in der Öffentlichkeit oder im Privatleben"). Zu fragen ist, wo sonst in Europa diese Leittexte der Europäischen Menschenrechtskonvention „Schule" gemacht haben könnten. Fündig wird man in Osteuropa: für die korporative Seite z. B. Art. 35 Abs. 2 der Verfassung Polens (Schutz religiöser Identität von Minderheiten), für die gemeinschaftliche Glaubensausübung in Art. 19 Abs. 2 der Verfassung Makedoniens (1991).

4. Verfassungs- bzw. grundrechtsschützende Gerichtsbarkeit

71

Das deutsche Grundgesetz hat in Sachen Verfassungsgerichtsbarkeit fast eine „Weltkarriere" begonnen[141], wobei Österreich das Verdienst des großen

---

138 Aus der Literatur zur Relevanz des Selbstverständnisses der Religions- und Weltanschauungsgemeinschaften: *Häberle*, Grenzen aktiver Glaubensfreiheit, DÖV 1969, S. 385 ff., im Anschluß an *BVerfGE 24*, 236 (247 f.); sodann *Martin Morlok*, Selbstverständnis als Rechtskriterium, 1993. Siehe aber auch *BVerfGE 83*, 341.
139 *BVerfGE 12*, 1 (4); *18*, 385 (386 f.); *19*, 206 (216); *93*, 1 (16 f.). Aus der Literatur zuletzt: *M. Heckel*, Religionsfreiheit und Staatskirchenrecht, in: Badura/Dreier (Bibl.), Bd. II, S. 379 (418 ff.).
140 Aus der Literatur: *Robbers*, Religionsfreiheit in Europa, in: Dem Staate, was des Staates – der Kirche, was der Kirche ist, FS Listl, 1999, S. 201 (208 ff.); *Marcel Vachek*, Das Religionsrecht der EU im Spannungsfeld zwischen mitgliedstaatlichen Kompetenzreservaten und Art. 9 EMRK, 2000.
141 → Bd. III: *Papier*, Das Bundesverfassungsgericht als Hüter der Grundrechte.

Schöpfungsaktes zukommt. Im folgenden seien nicht die Strukturen und Funktionen der Verfassungsgerichtsbarkeit (z. B. der Normenkontrolle), das Prozeßrecht, das Wahlverfahren etc. dargestellt[142]. Vielmehr geht es nur um die spezifisch grundrechtsschützenden Leistungen der Verfassungsgerichtsbarkeit, vor allem die *Verfassungsbeschwerde*. Ursprünglich nicht im Grundgesetz von 1949 verankert, sondern nur einfach-gesetzlich ausgestaltet, wurde sie 1969 in den Rang der formellen Verfassung erhoben (Art. 93 Abs. 1 Nr. 4a).

Grundrechtsschützende Funktion der Verfassungsgerichtsbarkeit

Als Institut von hoher bürgerintegrierender Kraft ist die Verfassungsbeschwerde[143] heute in vielen neueren Verfassungen geregelt: in Osteuropa z. B. in Polen (Art. 79 Abs. 1 Verfassung von 1997; Art. 87 Abs. 1. lit. d der Verfassung der Tschechischen Republik (1992); Art. 160 Abs. 1 und 3 der Verfassung Sloweniens). Zuvor hat sie Spanien gewagt (Art. 162 Abs. 1 lit. b der Verfassung von 1978), in anderen Ländern wie Italien wird sie derzeit diskutiert. Wurde an anderer Stelle der Rechtsschutz im Sinne auch des „effektiven Rechtsschutzes" gemäß der Judikatur des Bundesverfassungsgerichts[144] dargestellt, so geht es hier um die Erkenntnis, daß der spezifische konstitutionelle Rechtsschutz von und in der Verfassungsbeschwerde geleistet wird. Darum sei sie aus der Fülle möglicher Beispiele am Ende dieser Studie aufgeführt. Das System der Verfassungsbeschwerde, innerdeutsch auch in den neuen Bundesländern nachgeahmt (z. B. Art. 80 Abs. 1 Nr. 1 der Verfassung Thüringens), ist auf eine Weise eine Krönung des Grundrechtsschutzes im Verfassungsstaat. Die „Bürgerbeschwerde" ist als solche auch weltweit im Gespräch, in manchem dürfte sie sich mit Habeas-Corpus-Prinzipien treffen[145].

72
Verfassungsbeschwerde als Krönung des Grundrechtsschutzes

---

142 Dazu aus der Literatur vergleichend zuletzt *mein* Beitrag: Das Bundesverfassungsgericht als Muster einer selbständigen Verfassungsgerichtsbarkeit, in: Badura/Dreier (Bibl.), Bd. I, S. 311 ff.; *Tomuschat*, Das Bundesverfassungsgericht im Kreise anderer nationaler Verfassungsgerichte, ebd. S. 245 ff.
143 Dazu *mein* Beitrag: Die Verfassungsbeschwerde im System der bundesdeutschen Verfassungsgerichtsbarkeit, JöR 45 (1997), S. 89 ff.; *Gusy*, Die Verfassungsbeschwerde, in: Badura/Dreier (Bibl.), Bd. I, S. 641 ff.; vergleichend: *G. Brunner*, Der Zugang des Einzelnen zur Verfassungsgerichtsbarkeit im europäischen Raum, JöR 50 (2002), S. 191 (206 ff.).
144 *E* 88, 118 (123 ff.).
145 Ein „Merkposten" in Fußnotenform sei das Verfassungsthema einer nationenübergreifenden *Integration*. Im Grundgesetz als neuer Europa-Artikel 23 bekannt (1990), gibt es viele Parallelen, wenn nicht umgekehrte Ausstrahlungen. So normiert Art. 7 Abs. 5 Verf. Portugal (1989) einen weit gegliederten Europa-Artikel, der von „europäischer Identität" spricht, und in den neuen Bundesländern finden sich auf denkbar glückliche Weise kleine Europa-Artikel, z. B. Art. 11 Verf. Mecklenburg-Vorpommern, zuvor schon pionierhaft Art. 60 Abs. 2 Verf. Saarland. Verwiesen sei auch auf den Europa-Artikel in der Verf. Berns (Art. 54 Abs. 1). – Blickt man nach *Afrika*, so finden sich auch hier auf das Staatsziel „afrikanische Einheit" bezogene Normensembles. Genannt sei Präambel Verf. Burkina Faso (1991/1997): „Errichtung einer föderativen Einheit Afrikas"; s. auch Präambel Verf. Niger (1996): „Bekenntnis zur afrikanischen Einheit", ebenso schon Präambel Verf. Mali (1992). Weitgehend: Art. 117 Verf. Mali (1992): Souveränitätsverzicht. – Die im Juli 2002 gegründete „Afrikanische Union" dürfte zu neuen Verfassungstexten inspirieren.

D. Ausblick

73
Wechselwirkungen als Nah- und Fernwirkung

Schon angesichts der höchst fragmentarisch bleibenden Auswahl von Beispielen für „Wechselwirkungen" ist Selbstbescheidung in bezug auf die Erkenntnismöglichkeiten der beschriebenen wirklichen oder vermuteten Produktions- und Rezeptionsprozesse in Sachen Verfassungsstaat angezeigt. Liegen Austauschvorgänge in Sachen Verfassungstexte, wissenschaftliche Theorien und Judikate in engeren, d. h. regional begründeten „Verfassungsgemeinschaften" wie in Europa, Lateinamerika, künftig vielleicht auch in Afrika und Asien auf der Hand, so bleiben interkontinental kulturelle „Fernwirkungen" wie im Verhältnis Deutschland/(Süd-)Korea[146] hier schwer greifbar und verdeckt. Die denkbaren Rezeptionsmittler in Politik und Wissenschaft wirken oft informell, aber doch nachhaltig. Auch deshalb blieb vieles Fragment bzw. Ausschnitt. Immerhin gibt das vom Verfasser 1987 entwickelte „Textstufenparadigma" ein Erkenntnisinstrument an die Hand, um Wechselwirkungen dingfest zu machen. Bei all dem ist dem „Eurozentrismus" ebenso abzusagen wie einer Fixiertheit auf die USA als einzig verbliebener „Weltmacht". Die Welt des Verfassungsstaates ist von einer oder mehreren „Weltmächten" nicht abhängig, schon gar nicht von den viel berufenen „Märkten", denn es geht um primär kulturelle, nicht wirtschaftliche Vorgänge. Gefordert bleiben Geduld und Sensibilität, um das wahrzunehmen, was jenseits aller Wechselwirkungen an Eigenem, Originärem vor Ort heranwächst, ja heranreift. Jeder Verfassungsstaat ist eine Individualität bei aller Typuskonformität. Originäre Leistungen in der Konkretheit eines einzelnen Verfassungsstaates müssen, kulturwissenschaftlich abgesichert, anerkannt werden. „Wechselwirkungen" schaffen keine Beliebigkeit, sondern Vielfalt in der Einheit.

74
Wettbewerbsverhältnisse

Wettbewerbsverhältnisse gibt es, aber sie sind nicht das Primäre. Innerhalb eines lebendigen Bundesstaates wie der Schweiz finden sich nachweisbar höchst vitale, innovationsreiche Konkurrenzverhältnisse, aber auch ein Geben und Nehmen. Auch in der Verantwortungsgemeinschaft „Europa" konkurrieren manche konstitutionelle Modelle miteinander (etwa bei der Frage Föderalismus? oder welcher (?) Regionalismus?, beim Wieviel an direkten Demokratieelementen?, auch im Verfassungsrecht der Wirtschaft und Umwelt sowie der Sozialsysteme). All dies geschieht im Kraftfeld des Verfassungsstaates als universaler Kultur und je nationaler bzw. regionaler Statur.

75
Synthese der Prinzipien „Hoffnung" und „Verantwortung"

Die „letzten" Antriebskräfte der Wachstumsprozesse des Verfassungsstaates als Typus dürften wissenschaftlich kaum erkennbar sein. Die pluralistische bürgerbegründete Demokratie und ihre sie mitkonstituierenden Wissenschaften wollen sie in der ewigen Gerechtigkeits- und Wahrheitssuche sehen: einer

---

146 Dazu *mein* Beitrag: Aspekte einer kulturwissenschaftlich-rechtsvergleichenden Verfassungslehre in „weltbürgerlicher Absicht", JöR 45 (1997), S. 555 (564 f.).

Menschheitsaufgabe. Das „Prinzip Hoffnung" und das „Prinzip Verantwortung" gehen hier eine der Menschenwürde gemäße Synthese ein. An ihr muß immer neu gearbeitet werden, auch und gerade mit den Methoden und Erkenntniswegen einer vergleichenden, kulturwissenschaftlich konzipierten Verfassungslehre.

E. Bibliographie

Badura, Peter/Dreier, Horst (Hg.), Festschrift 50 Jahre Bundesverfassungsgericht, Bd. I und II, 2001.
Battis, Ulrich/Mahrenholz, Ernst Gottfried/Tsatsos, Dimitris T. (Hg.), Das Grundgesetz im internationalen Wirkungszusammenhang der Verfassungen, 1990.
Baumann, Herbert/Ebert, Matthias (Hg.), Die Verfassungen der francophonen und lusophonen Staaten des subsaharischen Afrika, 1997.
v. Brünneck, Alexander, Verfassungsgerichtsbarkeit in den westlichen Demokratien, 1992.
Frowein, Jochen Abr./Marauhn, Thilo (Hg.), Grundfragen der Verfassungsgerichtsbarkeit in Mittel- und Osteuropa, 1998.
Häberle, Peter, Rechtsvergleichung im Kraftfeld des Verfassungsstaates, 1992.
ders., Verfassungslehre als Kulturwissenschaft, ²1998.
ders., Europäische Verfassungslehre, 2001/2002.
ders., Theorieelemente eines allgemeinen juristischen Rezeptionsmodells, JZ 1992, S. 1033 ff.
Kotzur, Markus, Theorieelemente des internationalen Menschenrechtsschutzes, Diss. Bayreuth, 2001.
Morlok, Martin (Hg.), Die Welt des Verfassungsstaates, 2001.
Roggemann, Herwig (Hg.), Die Verfassungen Mittel- und Osteuropas, 1999.
Sommermann, Karl-Peter, Die Bedeutung der Rechtsvergleichung für die Fortentwicklung des Staats- und Verwaltungsrechts in Europa, DÖV 1999, S. 1017 ff.
Stern, Klaus, Das Grundgesetz im europäischen Verfassungsvergleich, Schriftenreihe der Juristischen Gesellschaft zu Berlin, H. 164, 2000.
Thürer, Daniel/Aubert, Jean-François/Müller, Jörg Paul (Hg.), Verfassungsrecht der Schweiz, 2001.

II. Geistesgeschichtliche Strömungen

1. Grundrechte aus der Sicht der Religionen

§ 8
Grundrechte in der Lehre der katholischen Kirche

Herbert Schambeck

Übersicht

		RN
A.	Grundrechte im christlichen Weltbild	1– 7
	I. Grundrechte im Verfassungsstaat	1– 4
	II. Glaube und politisches System	5– 7
B.	Menschenwürde und Menschenrechte in der geschichtlichen Entwicklung	8–15
	I. Die Idee der Menschenwürde in der Antike	8–10
	II. Metaphysische Begründung der Menschenwürde durch das Christentum	11–15
C.	Die Haltung der Kirche zu den Grundrechten	16–61
	I. Frühere Kritik am Liberalismus und Demokratismus	16–20
	II. Das kirchliche Verständnis von Demokratie und Menschenwürde	21–29
	III. Päpstliche Lehre der Grund- und Menschenrechte seit Johannes XXIII.	30–35
IV.	Grundrechte und Verfassungsrecht	36–61
	1. Priorität des Menschen gegenüber dem Staat	37–39
	2. Instrumentaler Charakter des Staates	40–41
	3. Subjektstellung des Menschen und Gefahren des Totalitarismus	42–43
	4. Die Demokratie und deren Grundrechtsbezogenheit	44–48
	5. Das Grundrecht auf Leben	49–51
	6. Freiheit und Verantwortung	52–53
	7. Grundwerte und Grundrechte	54–61
D.	Zum Rang kirchlicher Lehräußerungen	62–69
E.	Christliche Verantwortung für die Menschenrechte	70–76
F.	Bibliographie	

A. Grundrechte im christlichen Weltbild

I. Grundrechte im Verfassungsstaat

1
Präpositiver Charakter der Grundrechte

Grundrechte[1] bestimmen die *Beziehungen des Einzelnen zum Staat*. Sie sind der positivrechtlich gewordene Ausdruck der Anerkennung der Würde des Menschen[2], seiner Personenhaftigkeit[3] und eines bestimmten Verhältnisses des Einzelmenschen zum Staat. Die Grundrechte stellen einen im Menschen personifizierten Wert dar, der präpositiv ist, weil er dem Staat und seiner Rechtsordnung vorangeht. Er ist vom Staat und Recht nicht zu schaffen, sondern vielmehr durch das positive Recht als vorgegeben[4] anzuerkennen. In den Grundrechten zeigt sich eine Rechtsetzung, die deklaratorischen Charakter hat. Ein vorhandener Wert findet Anerkennung. Dieser Charakter äußert sich auch mit dem Wort „anerkennen" in der Formulierung von Grundrechten[5] in Verfassungsrechtssätzen, so z.B. „Die Freiheit und Würde des Menschen wird anerkannt".

2
Unterschiedliche Verortung der Grundrechte

Je nach der Kultur- und Rechtsentwicklung finden Grundrechte in unterschiedlicher Weise Aufnahme in der Rechtsordnung[6] und – da das Verfassungsrecht im Stufenbau der Rechtsordnung[7] die normative Grundlage[8] eines Staates bildet – in dieser. Unabhängig davon, in welcher Formulierung, Rechtsform oder in welchem Teil der Konstitution Grundrechte in dem Verfassungsrecht eines Staates Aufnahme finden, drücken sie eine Werteinsicht und eine bestimmte Beziehung des Einzelnen zum Staat aus.

3
Grundrechte als Teil des Verfassungsrechts

Grundrechte sind ein wesentlicher Teil des Verfassungsstaates der Neuzeit[9] geworden, in dem neben den Staatsorganisationsvorschriften der Grundrechtsteil prägend ist. Er läßt die Bedeutung des Einzelnen im Staat und gegenüber diesem erkennen sowie damit auch die Grenzen, welche den Zielen, Zwecken und Handlungen des Staates gesetzt sind. Positivrechtlich aner-

---

1 Näher *Schambeck*, Die Grundrechte im demokratischen Verfassungsstaat, in: Alfred Klose u.a. (Hg.),Ordnung im sozialen Wandel, FS Messner, 1976, S. 445ff., und *Martin Kriele*, Einführung in die Staatslehre, [5]1994, S. 328ff.
2 S. *Verdross*, Die Würde des Menschen in der abendländischen Rechtsphilosophie, in: Joseph Höffner u.a. (Hg.), Naturordnung in Gesellschaft, Staat, Wirtschaft, FS Messner, 1961, S. 353ff.; *Johannes Messner*, Die Idee der Menschenwürde im Rechtsstaat der pluralistischen Gesellschaft, in: Gerhard Leibholz u.a. (Hg.), Menschenwürde und freiheitliche Rechtsordnung, FS Geiger, 1974, S. 221ff., und *Ruiz Miguel*, Human Dignity: History of an Idea, in: JöR, N.F. 50 (2002), S. 281ff.
3 Beachte *Helmut Coing*, Der Rechtsbegriff der menschlichen Person und die Theorie der Menschenrechte, 1950, und *Harry Westermann*, Person und Persönlichkeit als Wert im Zivilrecht, 1957.
4 Dazu *Böckenförde* (Bibl.), S. 42ff., bes. S. 60f.
5 Ausführlich *Gottfried Dietze*, Über die Formulierung der Menschenrechte, 1956.
6 Dazu am Beispiel sozialer Grundrechte *Theodor Tomandl*, Der Einbau sozialer Grundrechte in das positive Recht, 1967, bes. S. 24ff., und *Schambeck*, Gedanken zur europäischen Sozialcharta, 1969, bes. S. 95ff.
7 S. *Merkl*, Prolegomena einer Theorie des rechtlichen Stufenbaues, in: Alfred Verdross (Hg.), Gesellschaft, Staat und Recht, FS Kelsen, 1931, S. 252ff.
8 Grundlegend *Werner Kägi*, Die Verfassung als rechtliche Grundordnung des Staates, Untersuchungen über die Entwicklungstendenzen im modernen Verfassungsrecht, 1945, Neudruck 1971.
9 Hierzu *Carl Joachim Friedrich*, Der Verfassungsstaat der Neuzeit, 1953, sowie *Peter Häberle*, Europäische Rechtskultur, 1994; *ders.*, Europäische Verfassungslehre, 2001/2002.

kannte Grundrechte verbinden die Sicherung der Würde des Einzelmenschen auch mit einer Begrenzung der Staatstätigkeit.

Ihrer Ideengeschichte nach sind *Grundrechte* wesentlicher Teil des abendländischen Rechtsdenkens[10] und innerhalb derer eine *Säkularisation christlichen Gedankengutes*[11].

4
Grundrechte als Säkularisation christlichen Gedankenguts

II. Glaube und politisches System

Recht und Staat[12] sind für die katholische Kirche nicht eigentliche Lehrinhalte, wie es in den Rechts- und Staatswissenschaften der Fall ist. Sie haben ja auch keine Seele und sind nicht zur Heilsfindung fähig, wie es bei Menschen der Fall ist. Man darf aber dabei nicht vergessen und übersehen, daß Recht und Staat wesentliche Voraussetzungen, nämlich Rahmenbedingungen für die pastoralen Aufgaben der Kirche enthalten können, aber nicht müssen. Dies hat der jeweilige Staat in seiner Rechtsordnung insbesondere auf Grund seines Verfassungsrechtes zu entscheiden. Sie bestimmen daher auch den Rechtsschutz des Menschen und anerkennen damit seine Individual- und Sozialnatur. In dieser Sicht berühren Gedanken über Grundrechte in der Lehre der katholischen Kirche auch die Beziehung von Glaube und politischem System[13].

5
Grundrechte als Berührung von Glauben und politischem System

Diese Beziehung ergibt sich daraus, daß zwar keine Kirche, auch nicht die katholische Kirche, ein politisches Programm vertritt, sondern eine auf dem Glauben an *Jesus Christus* begründete Lehre zum Heil des Menschen, der aber wieder selbst sowohl am religiösen wie am politischen Leben teilnimmt. Für den gläubigen Menschen und für die katholische Kirche sind daher der Staat und seine Rechtsordnung und vor allem mit diesen die Grundrechte von zweifacher Bedeutung: zum einen dadurch, daß Recht und Staat das Ausmaß der Bekenntnisfreiheit des Einzelmenschen, also seine Rechtsstellung, bestimmen und zum anderen, daß sie die gesamten „politischen Umweltbedingungen" des Menschen prägen. Aufgabe der katholischen Kirche war es daher auch nie, eine eigene Lehre von Recht und Staat zu entwickeln, sondern vielmehr in ihrer Heilslehre soweit auf den Staat und seine Ordnung Bezug zu nehmen, als dies pastoral erforderlich ist[14]. In dieser Sicht gibt es daher auch *keine eigene katholische Staatslehre*, sondern vielmehr staats- und rechtsrelevante Bezüge in der auf das soziale Leben der Menschen bezogenen Lehre der katholischen Kirche.

6
Kein politisches Programm der Kirche

---

10 Näher *Alfred Verdross*, Abendländische Rechtsphilosophie, ²1963, und *Punt* (Bibl.).
11 S. z. B. in Bezug auf die Gleichheit vor dem Gesetz und die Gleichheit vor Gott *Erich Kaufmann*, Die Gleichheit vor dem Gesetz im Sinne des Art. 109 der Reichsverfassung, in: VVDStRL 3 (1927), S. 4 ff., und *Putz* (Bibl.).
12 S. *Starck*, Staat und Religion, JZ 2000, S. 1 ff.
13 *Ernst Wolfgang Böckenförde* und *Robert Spaemann*, Menschenrechte und Menschenwürde, Historische Voraussetzungen – saekulare Gestalt – christliches Verständnis, 1997.
14 Näher *Herbert Schambeck*, Kirche, Staat, Gesellschaft (Bibl.), und *ders.*, Kirche, Staat und Demokratie (Bibl.); *Ratzinger* (Bibl.), Neue Versuche zur Ekklesiologie, 1987, bes. S. 137 ff.; *ders.* (Bibl.), Grundorientierungen, 1997, bes. S. 219 ff. und 231 ff., *K. Korinek* (Bibl.) sowie *Depenheuer* (Bibl.).

7
dignitas humana

Die Verkündigung des Christentums von der dignitas humana des Menschen, die in der Lehre von der Gottesebenbildlichkeit der Menschen begründet ist, sucht den Menschen eine Rechtsbegründung mit der Religion und damit mit dem Glauben sowie einen Rechtsschutz zu geben, die ihn vor der Willkür der Politik und des Staates bewahren soll.

B. Menschenwürde und Menschenrechte in der geschichtlichen Entwicklung

I. Die Idee der Menschenwürde in der Antike

8
Menschenwürde als Gegenstand abendländischer Rechtsphilosophie

Die Idee der Würde des Menschen begleitet die abendländische Rechtsphilosophie seit ihren Anfängen. Schon *Hesiod* hat die Bezogenheit des Menschen auf Dike, das Recht, zum Unterschied von der Bia, der Gewalt des Tieres in der unvernünftigen Natur hervorgehoben[15]. Nach *Heraklit* wiederum eignet dem Menschen die Fähigkeit, den göttlichen Logos zu erkennen, der in der Tiefe seiner Psyche wohnt[16] und den er durch Selbsterkenntnis erfassen kann. Dieser Logos stiftet eine allumfassende Gemeinschaft des Seins, des Denkens und des Handelns[17]. Eine Verdeutlichung dieser Ordnungsbezogenheit der Menschen nahm *Protagoras* vor, nach dem Zeus die Menschen mit „Aidos kai Dike", sittlichen Empfindungen und Rechtsbewußtsein ausstattete[18] und eine Gemeinschaft begründete. Eine Art naturrechtlicher Begründung der Stellung des Menschen versuchten kosmopolitisch die Sophisten *Lykrophon*[19], der alle Standesunterschiede ablehnte, und *Alkidamas*[20], nach dem Gott alle frei geschaffen und niemanden zum Sklaven gemacht habe.

9
Sokrates, Plato, Aristoteles

Für eine Bezogenheit von Ethos und Recht durch den Menschen auf dem Weg der Selbsterkenntnis setzt sich *Sokrates*[21] ein, und *Plato*[22] sucht in einer eigenen philosophischen Anthropologie[23] die Grundlage für seine Rechts- und Staatslehre zu finden, in der er die Möglichkeit der Ideenschau darstellte. *Plato* hob auch hervor, daß sich niemand einer Staatsordnung einfügen darf, die darauf gerichtet ist, die Menschen sittlich zu schädigen[24]. Trotz dieser Ansätze ist *Plato* nicht zur Aufstellung eigener Menschenrechte gekommen, was sich auch daraus verdeutlichte, daß er sich für die Verweigerung ärztlicher

---

15 S. z. B. *Hesiod*, Werke und Tage, Vers 274 ff.
16 Etwa *Heraklit*, Vers 115.
17 *Verdross*, Rechtsphilosophie (FN 10), S. 12.
18 *Plato*, Protagoras, 319 A.
19 *Verdross* aaO., S. 24.
20 *Aristoteles*, Rhetorik, I 1373 b.
21 *Plato*, Gorgias und Protagoras.
22 *Plato*, Politeia.
23 *Verdross*, Rechtsphilosophie (FN 10), S. 31 f.
24 *Plato*, Politeia, IV 770.

Hilfe an gebrechliche Personen aussprach[25], die Aussetzung schwächlicher Kinder[26] forderte und an der Sklaverei festhielt[27]. Auch *Aristoteles* findet, daß der Mensch als zoon politikon[28] auf die Gemeinschaft ausgerichtet ist, hält aber noch an der Auffassung, daß es von Natur aus Sklaven gibt[29], fest.

Einen wesentlichen Ansatz zur Begründung dessen, was später als die Würde des Menschen bezeichnet wurde, leistete die Stoa[30] mit ihrer Lehre von dem Anteil aller Menschen am Logos, der Weltvernunft, die den ganzen Kosmos durchwaltet und an der auch die Menschen Anteil haben, wodurch die Menschen in ihrer vernünftigen Natur auch das moralisch-rechtliche Gesetz vorfinden. Mit dieser Lehre vom Logos suchte die Stoa die Enge des Nomos der Polis zu sprengen und den Weg zur Kosmopolis zu beschreiten.

10
Lehre der Stoa

II. Metaphysische Begründung der Menschenwürde durch das Christentum

Zu einer metaphysischen Begründung der Würde des Menschen ist es erst durch die Lehre des Christentums von der Gottesebenbildlichkeit aller Menschen gekommen[31]. *Johannes Messner* hat auf die Bedeutung dieser Imago Dei-Lehre für die Begründung und Sicherung der Menschenwürde hingewiesen, nämlich „daß dem Menschen seine Würde in ihrem höchsten Glanz in der Uroffenbarung vor Tausenden von Jahren kundgetan wurde, daß davon jedoch bis zum Eintritt des Christentums in die Geschichte überhaupt keine Wirkung auf die gesellschaftlichen Verhältnisse ausging"[32]. Das Christentum hat aber mit seiner Lehre von der Teilnahme der Menschen am Reich Gottes dem Menschen bestimmte Rechte begründet, „die ihm keine irdische Gemeinschaft entziehen kann"[33]. Diese Lehre von der dignitas humana fand ihre Ausführung besonders durch die Kirchenväter[34].

11
Lehre von der Gottesebenbildlichkeit des Menschen

Die besondere Stellung des Menschen in der Seinsordnung hat schon in der Heiligen Schrift ihren Beginn genommen. Dreimal drückt die Genesis die Gottesebenbildlichkeit des Menschen aus. In der Gen 1, 26–27 steht bereits: „Gott sprach: ‚Lasset uns den Menschen machen nach unserem Ebenbilde, uns ähnlich. Er soll herrschen über die Fische des Meeres und über die Vögel des Himmels, über das Vieh und über alles Wild des Feldes und über alles

12
Stellung des Menschen in der Seinsordnung

---
25 *Plato* aaO., III 407 e.
26 *Plato* aaO., V 460 c.
27 *Plato* aaO., IX 577 c und 588 c.
28 *Aristoteles*, Politik I 1253 a.
29 *Aristoteles* aaO., 254 b.
30 *Verdross*, Rechtsphilosophie (FN 10), S. 46 ff.
31 So auch schon *Aristoteles*, Ethica Nicomachea, 10, 7; 1177 b 26 – 1178 a 8; s. weiters *Verdross*, Die Würde des Menschen (FN 2), S. 354.
32 *Messner*, Die Idee der Menschenwürde (FN 2), S. 227 f.
33 *Verdross*, Die Würde des Menschen (FN 2), S. 355.
34 Dazu *Verdross*, Rechtsphilosophie (FN 10), S. 55 ff.; *Felix Flückinger*, Geschichte des Naturrechts, Bd. I, Altertum und Frühmittelalter, 1954, S. 284 ff.; *Hugo Rahner*, Kirche und Staat im frühen Christentum, 1961; *Hans Ulrich Instinsky*, Die alte Kirche und das Heil des Staates, 1963; Alte Kirche II, hg. von Martin Greschat, 1984, und Walther Tritsch (Hg.), Die Kirchenväter in Quellen und Zeugnissen, 1990.

Gewürm, das auf dem Erdboden kriecht.' Und Gott schuf den Menschen nach seinem Bilde, nach dem Bilde Gottes schuf er ihn, als Mann und Frau schuf er sie". Die zweite Stelle findet sich in Genesis 5, 3, an der von *Adam* gesagt wird, er zeugte einen Sohn, „ihm gleich nach seinem Bild", und die dritte Stelle in Genesis 9, 6, wo es heißt: „Wer Menschenblut vergießt, des Blut soll durch Menschen vergossen werden! Denn nach seinem Blut hat Gott den Menschen gemacht". Nicht unerwähnt sei auch Psalm 8, 5-7: „Was ist der Mensch, daß Du seiner gedenkst, oder des Menschen Sohn, da Du ihn heimsuchst? Wenig geringer als einen Engel hast Du ihn gemacht, mit Ehre und Herrlichkeit ihn gekrönt, und Du hast ihn über die Werke Deiner Hände gesetzt. Alles legtest Du ihm zu Füßen".

13
Grundrechtsansätze

Es wäre falsch anzunehmen, daß bereits in der Heiligen Schrift und hernach in der Patristik Grundrechtsformulierungen anzutreffen sind; das war nicht der Fall. Es sind vielmehr Ansätze für die im katholischen Glauben fußende, besondere Stellung des Menschen festzustellen. So verweist *Gregor von Nyssa* in seiner Schrift „De hominis opificio" darauf, daß alle Menschen als Ebenbild Gottes dieselbe Würde besitzen, er spricht von der „königlichen Würde[35]". *Lactantius* stellte fest, daß der Zwang zum Glauben der menschlichen Freiheit widerspricht und betont die Religionsfreiheit: „... religio sola est, in qua libertas domicilium collocavit[36]". Trotz dieser Grundrechtshinweise gilt es, die Feststellung *Johannes Messners*[37] zu beachten: „Noch aber wird im Zusammenhang mit dieser Auszeichnung des Menschen nicht ausdrücklich von der Würde des Menschen und dem Wert der menschlichen Person gesprochen, noch weniger von dem Begründetsein der Rechte des Menschen auf Wert und Würde der menschlichen Person. Wohl ist bei *Augustin* und im Anschluß an ihn in den nächsten Jahrhunderten der Eigenwert des Menschen gesehen, hauptsächlich aber wegen seiner Bestimmung zur geistigen Gemeinschaft mit Gott und zum ewigen Leben mit ihm, weshalb das irdische Leben des Menschen als Weg zur Vollwirklichkeit dieser Gemeinschaft gesehen wird[38]. Erst *Thomas von Aquin* stellt den Menschen vollends in die irdische Welt, in der er die ihm von Gott zugewiesenen Aufgaben zu erfüllen hat. Der Mensch erkenne diese Aufgabe aus den in seiner und der äußeren Natur durch den Schöpferwillen vorgezeichneten Zwecken".

14
Menschenrechte bei Thomas von Aquin

Der entscheidende Schritt von *Thomas* liegt darin, daß diese Zwecke auch Eigenzwecke des Menschen sind, durch deren Verwirklichung er, wie wir heute sagen würden, seine Selbstverwirklichung findet. Auf diesem Eigenzweck beruhe die dignitas humana. Wie nebenher kommt *Thomas* zu dieser überraschenden Umschreibung der Würde des Menschen, nämlich bei der Behandlung der Frage der Berechtigung der Todesstrafe; diese werde im Verbrechen durch den Abfall von der Menschenwürde verschuldet[39]. Kennzeich-

---

35 *Verdross,* Rechtsphilosophie (FN 10), S. 60.
36 Epitome divinarum institutionum, 53 und 54.
37 *Johannes Messner,* Die Idee der Menschenwürde (FN 2), S. 229 f.
38 *Joseph Mausbach,* Die Ethik des Heiligen Augustin, Bd. I, 1929, S. 155 ff.
39 2. II. 64. 2.

nend für die Langsamkeit der Entwicklung des menschlichen Rechtsbewußtseins und des wissenschaftlichen Verständnisses der Menschenrechte ist es, daß es *Thomas*, wie *Utz* mit Recht hervorhebt, nie eingefallen wäre, „auf Grund der Menschenwürde ein Freiheitsrecht für den einzelnen zu behaupten"[40]. Auch von der Personwürde des Menschen zu sprechen, lag ihm fern; Person und Persönlichkeit sind ihm metaphysische Begriffe (entwickelt vor allem im Zusammenhang mit der Trinitätslehre). Wenn er trotzdem von Menschenrechten spricht, geschieht es unter Berufung auf die dem Menschen vom Schöpfergott in seiner Natur, der Gemeinschaft und der äußeren Natur vorgezeichneten Zwecke.

Einen starken Einfluß auf die Grundrechtsentwicklung hat die christliche Idee vom *Gemeinwohl*[41], und zwar in nationaler und internationaler Sicht, nämlich im Hinblick auf das bonum commune humanitatis ausgeübt. Aus dieser Sicht kam es zu einem Überdenken der Rechte der menschlichen Person und der menschlichen Gemeinschaften, wie Staat und Völkergemeinschaft. Hier gilt es, vor allem auf die Spanischen Moraltheologen des 15. und 16. Jahrhunderts, besonders auf die Schule von Salamanca[42] hinzuweisen und die Namen *Francisco De Vitoria* und *Francisco Suarez* zu nennen. In dieser Zeit finden wir zwar noch keine vollständige Liste der Menschenrechte, wohl ist aber der innere Gehalt jener Grundrechte bereits entwickelt worden, die spätere Verfassungsurkunden prägten, wie: das Recht auf Leben, die Unverletzlichkeit des Körpers, das Recht auf Ehe und Familie, auf gesellschaftliche und politische Freiheit, wobei gewisse Zugeständnisse der staatlichen Autorität zugunsten der bürgerlichen Freiheit vorgesehen waren, weiters bestimmte Formen der Gleichheit vor dem Gesetz und des Rechtsschutzes, das Recht auf Privateigentum und der Vereinigung sowie das Recht, auszuwandern und das Recht, in jedem Land der Erde sich niederzulassen.

15
Das Gemeinwohl

C. Die Haltung der Kirche zu den Grundrechten

I: Frühere Kritik an Liberalismus und Demokratismus

Man kann nicht davon ausgehen, daß all das, was katholische Professoren der Moral in ihrem Wissensgebiet geschrieben haben, auch in dieser Zeit von den offiziellen Repräsentanten der Kirche immer und überall mit allen Mitteln verlangt worden wäre. In einem 1976 herausgegebenen Arbeitspapier der Päpstlichen Kommission Iustitia et Pax über „Die Kirche und die Menschenrechte" wurde schon festgestellt: „Es gab jedoch Zeiten in der Geschichte der Kirche, in denen die Menschenrechte in Wort und Tat nicht mit genügender

16
Offizielle Haltung der Kirche in der Vergangenheit

---

40 *Arthur Fridolin Utz*, Recht und Gerechtigkeit, Deutsche Thomas-Ausgabe, Bd. 18, 1953, S. 494.
41 *Johannes Messner*, Das Gemeinwohl, Idee, Wirklichkeit, Aufgaben, ²1968.
42 S. *Verdross,* Rechtsphilosophie (FN 10), S. 92 ff., und *Heribert Franz Köck,* Der Beitrag der Schule von Salamanca zur Entwicklung der Lehre von den Grundrechten, 1987.

§ 8   Erster Teil: II. Geistesgeschichtliche Strömungen

Klarheit und Energie gefördert und verteidigt wurden. Heute stellt die Kirche durch ihr Lehramt und ihre Tätigkeit einen wichtigen Faktor auf dem Gebiet der Menschenrechte dar"[43].

17
Kritik der Kirche an Demokratie und Liberalismus

Den Weg hierzu hat besonders die *Soziallehre der Päpste*[44], vor allem beginnend mit Papst *Leo XIII.*, gewiesen. Ihre Entwicklung war vorher unterschiedlich[45], da die katholische Kirche im Laufe der Geschichte lange unter dem Einfluß der monarchisch absolutistischen Staatsform stand und manche Forderungen, die später der Demokratismus und Liberalismus erhoben hatten, in einer radikalisierten Form erlebte. Am deutlichsten ist letztgenannter Umstand im Zusammenhang mit der französischen Revolution 1789 erkennbar, deren Forderung nach Freiheit, Gleichheit und Brüderlichkeit eine Säkularisation alten christlichen Gedankengutes darstellte, das sich aber in jakobinisierter Form so präsentierte und aktualisierte, daß die katholische Kirche dies nicht akzeptierte[46]. Man darf nicht übersehen, daß die Monarchie, gegen die sich die revolutionären Bewegungen, beginnend vor allem mit Frankreich, richteten, die Staatsform war, in der sich die katholische Kirche seit ihrer Entstehung zurechtzufinden hatte. Eine mehr liberale, nicht jakobinisierte Form der Demokratie[47] wie in den aus den früheren nordamerikanischen Kolonien hervorgegangenen Vereinigten Staaten[48] mit ihrem Nebeneinander von frame of Government für die Staatsorganisation und bill or declaration of rights[49] für die Grundrechte in der Verfassung hat die katholische Kirche anfangs nicht selbst miterlebt, sondern erst später in einer bisher in dieser Weise nicht gekannten Form dank der Trennung von Kirche und Staat erlebt. Die Lehre der katholischen Kirche vom Staat formte die Monarchie nahezu zu einem Modell gottgewollter Staatsform, zumal die Monarchie gelegentlich, z. B. im späteren Römischen Reich, sogar theokratische Züge angenommen hatte. Andererseits ist die Abneigung katholischer Amtsträger und kirchlicher Lehräußerungen gegenüber demokratischen und konstitutionellen Bewegungen auf die Kirchenfeindlichkeit jener Kreise zurückzuführen, von denen diese Bestrebungen ursprünglich ihren Ausgang nahmen.

18
Ablehnung der Beschlüsse der franz. Nationalversammlung

In diesem Zusammenhang gilt es, die gegen die katholische Kirche gerichteten Beschlüsse der damaligen französischen Nationalversammlung, beginnend mit der Revolution, zu nennen. 1791 hat daher auch Papst *Pius VI.* in

---

43 Die Kirche und die Menschenrechte, hg. von der Päpstlichen Kommission „Iustitia et Pax", 1976, S. 8.; beachte auch: Päpstlicher Rat Iustitia et Pax (Hg.), Die Kirche und die Menschenrechte, historische und theologische Reflexionen, 1991.
44 Utz/Galen (Hg.), Die katholische Sozialdoktrin in ihrer geschichtlichen Entfaltung (Bibl.), sowie: Texte zur katholischen Soziallehre. Die sozialen Rundschreiben der Päpste und andere kirchliche Dokumente mit Einführungen von *Oswald von Nell-Breuning* SJ. und *Johannes Schasching* SJ., 1992.
45 Beachte *Isensee* (Bibl.) und *dens.*, Die katholische Kirche und das verfassungsstaatliche Erbe der Aufklärung, in: Johannes Hengstschläger u. a. (Hg.), Für Staat und Recht, FS Schambeck, 1994, S. 213 ff.
46 Dazu *H. Maier* Kirche und Demokratie (Bibl.), und *ders.*, Die Kirche und die Menschenrechte (Bibl.), S. 501 ff., sowie *Isensee* (Bibl.), S. 214 f.
47 S. *Hans Maier*, Revolution und Kirche, ³1973.
48 Näher: Dokumente zur Geschichte der Vereinigten Staaten von Amerika, hg. von Herbert Schambeck, Helmut Widder und Marcus Bergmann, 1993.
49 Dazu *Georg Jellinek*, Allgemeine Staatslehre, ³1959, S. 517 ff.

seinem Breve „Quod aliquantum" die Constitution civile du clergé verurteilt und sich dabei auch gegen Freiheit, Gleichheit und die aus ihnen abgeleitete Religionsfreiheit des Individuums gerichtet; sie werden als unvereinbar mit Vernunft und Offenbarung erklärt. *Pius VI.* spricht sogar von einer absurden Freiheitslehre (absurdissimum ejus libertatis commentum)[50].

Nach der Wiedererrichtung des bourbonischen Königreichs hat sich Papst *Pius VII.*[51] in seinem Apostolischen Schreiben „Post Tam Diuturnas" 1814 an den Bischof von Troyes, Monsignore *De Boulogne*, gegen die allgemeine Gewissens- und Kulturfreiheit sowie gegen die Pressefreiheit gewandt. 1821 sprach sich Papst *Pius VII.* in „Ecclesiam a Jesu Christo" für die Einheit von „Thron und Altar" und damit für Autorität und Gehorsam aus. In der Enzyklika „Mirari vos" 1832 und „Singulari nos" 1834 setzte sich Papst *Gregor XVI.*[52] kritisch mit dem Freiheitsbegriff und den Demokratievorstellungen von *Robert De Lamennais* auseinander, den er verurteilte. In diese Phase kritischer Auseinandersetzung mit den Tendenzen des Demokratismus und Liberalismus gehört noch der Apostolische Brief „Quanta cura" Papst *Pius' IX.*[53] von 1864 mit dem Anhang „Syllabus complectens praecipuos nostrae aetatis errores", welcher die wichtigsten Zeitirrtümer auflistet. Trotz der notwendigen Bedenken, die gegen falsch verstandene Demokratie- und Freiheitsvorstellungen vorgebracht wurden, wäre es besser und richtiger gewesen, den erwachenden demokratischen Gedanken und den beginnenden Freiheitsvorstellungen gerade in Staaten und Nationen mit katholischer Bevölkerung mehr und ausreichende Beachtung zu schenken[54].

19 Kritik an Freiheitsbegriff und Demokratievorstellungen

Eine Wende trat mit Papst *Leo XIII.* ein. Er setzte sich noch kritisch mit liberalen Demokratieauffassungen auseinander, geht aber bereits auf Distanz zu der bisher akzeptierten Staatsform der Monarchie und bekennt sich in seiner Lehre vom Staat, weitgehend auch von *Thomas von Aquin* beeinflußt, zur Zulässigkeit einer „gesunden Demokratie"[55]. In seiner Enzyklika „Immortale Dei" 1885 erklärt Papst *Leo XIII.* bezüglich der Staatsform: „Das Befehlsrecht ist freilich an und für sich mit keiner Staatsform notwendigerweise verbunden. Es darf sich diese oder jene dienstbar machen, wenn sie nur imstande ist, Nutzen zu stiften und das Gemeinwohl tatkräftig zu fördern"[56]. Durch die Lehrvorschriften der katholischen Kirche über Verfassung und Verwaltung werden, „wenn man unvoreingenommen urteilt, keine der verschiedenen Staatsformen an und für sich verworfen, falls sie nichts an sich haben, was der katholischen Lehre widerspricht ...; auch das ist an sich durchaus nicht zu tadeln, daß das Volk mehr oder weniger teilnimmt am staatlichen Leben; zu gewissen Zeiten und auf Grund bestimmter Gesetze kann das nicht nur den

20 Wende der Einstellung zur Demokratie

---

50 *Utz/Galen* (Bibl.), Bd. III, S. 2665 f. Nr. 13, und *Minnerath* (Bibl.).
51 *Utz/Galen*, Bd. I, S. 463 ff. Nr. 57 ff.
52 *Utz/Galen*, Bd. I, S. 137 ff. Nr. 1 ff.
53 *Utz/Galen*, Bd. I, S. 161 ff. Nr. 26 ff.
54 *Peter Tischleder*, Die Staatslehre Leos XIII, ²1927, S. 11. Zur Hermeneutik des Syllabus, s. *Roland Minnerath*, Le Syllabus de Pie IX, Paris 2000, S. 71 ff.
55 *Tischleder* aaO., insbes. S. 243 ff.
56 Emil Marmy (Hg.), Mensch und Gemeinschaft in christlicher Schau, Dokumente, 1945, N. 841.

Bürgern zum Vorteil gereichen, sondern auch zu ihrer Pflicht gehören"[57]. Die gleiche Ansicht hat Papst *Leo XIII.* auch schon in seiner Enzyklika über die Staatsgewalt „Diuturnum illud" 1881 vertreten: „Es liegt ja keinerlei Grund vor, warum die Kirche die Herrschaft eines einzigen oder mehrerer nicht billigen sollte, sofern sie nur gerecht ist und Sorge trägt für das Gemeinwohl. Wenn daher die Gerechtigkeit gewahrt bleibt, ist es den Völkern freigestellt, sich jene Staatsform zu wählen, die ihrer Veranlagung oder den Einrichtungen und Gebräuchen ihrer Vorfahren besser entspricht"[58]. In der Enzyklika „Libertas praestantissimum" von 1888 betont Papst *Leo XIII.* bereits deutlicher die Zulässigkeit der Demokratie: „Auch ist es keine Pflichtverletzung, eine Staatsverfassung anzustreben, welche durch eine Volksvertretung gemäßigt ist, solange dabei die katholische Lehre von dem Ursprung der Anwendung der Staatsgewalt gewahrt bleibt. ... Es ist gut, sich am öffentlichen Leben zu beteiligen, ... ja, die Kirche billigt es sehr, daß die einzelnen ihre Kräfte in den Dienst des Gesamtwohles stellen"[59].

Zulässigkeit der Demokratie

II. Das kirchliche Verständnis von Demokratie und Menschenwürde

21

Demokratie- und Freiheitsverständnis der Kirche

Dieser Hinweis auf das Demokratie- und Freiheitsverständnis der katholischen Kirche ist deshalb so wichtig, weil es im Zusammenhang mit der Haltung der katholischen Kirche zu den Grundrechten steht, zu welchen die liberalen und demokratischen Grundrechte geradezu klassische Beiträge leisten. Die Einsicht in die Bedeutung und Notwendigkeit von Grundrechten hat sich in dem Maße für die katholische Kirche aktualisiert, als politische Entwicklungen, hervorgerufen insbesondere durch menschenunwürdige Ideologien wie Kommunismus und Nationalsozialismus, autoritäre und totalitäre Herrschaftssysteme entstehen ließen. Bei solchen Fällen ist es auch in Demokratien, unabhängig von der Staatsform Monarchie oder Republik, zu Unmenschlichkeiten mit Verletzungen der Freiheit und Würde des Menschen gekommen. Die Demokratie wurde daher zwar nicht mehr wie bis in das 19. Jahrhundert von der katholischen Kirche abgelehnt, sondern sie setzte sich mit ihr kritisch auseinander, wobei sie sich stets gegen jede jakobinisierte Form von Demokratie aussprach und die Verantwortung der demokratischen Staatswillensbildung für Freiheit und Würde des Menschen in Wahrung der Grundrechte betonte. Gerade durch diese Gefährdungen und Verletzungen der Menschenwürde hat sich für die katholische Kirche das Erfordernis ergeben, mit einer zunehmenden Breite und in einer auch vom Grundsätzlichen ins Einzelne gehenden Auseinandersetzung mit Politik, Recht und Staat vom katholischen Standpunkt her eine Lehre von den Grundrechten zu entwickeln. Dabei kann man rückblickend feststellen, daß die Menschenwürde als Idee älter ist als die Menschenrechte und damit als die Grundrechte als Rechtseinrichtung.

Verantwortung demokratischer Staatswillensbildung für die Wahrung der Grundrechte

---

[57] Marmy aaO., Nr. 890f.
[58] Marmy aaO., Nr. 808.
[59] Marmy aaO., Nr. 137.

Für diese Menschenwürde, nämlich für das Recht auf Leben, Freiheit, Eigentum auch der Eingeborenen haben sich die Päpste schon zu einer Zeit eingesetzt, als sie gegenüber Demokratie und Freiheitsrechten noch ablehnend waren; so Papst *Eugen IV.* 1435 in seiner Bulle „Dudum Nostras" über den Sklavenhandel[60], Papst *Paul III.* in seiner Bulle „Veritas ipsa" 1537 über die menschliche Würde der Heiden[61], Papst *Urban VIII.* in seiner Bulle „Commissum nobis" 1639 mit dem Auftrag, jedweder Person zu verbieten, die Bewohner West- und Südindiens zu verkaufen, zu versklaven oder ihrer Frauen, Kinder und Besitztümer zu berauben[62], Papst *Benedikt XIV.* in seiner Bulle „Immensa Pastorum" 1741 betreffend die Brüderlichkeit über alle Rassenunterschiede hinweg[63] und Papst *Gregor XVI.* in seinem Apostolischen Brief „In Supremo" gegen die Sklaverei in Afrika und Indien und gegen den Negerhandel 1839[64].

Frühes Bemühen der Päpste um Menschenwürde

Josef Isensee hat es auch hervorgehoben: Es „wurden viele Gebote der Menschlichkeit, die heute unter der Flagge der Menschenrechte segeln, vom Papsttum schon in Jahrhunderten vertreten, in denen die Menschenrechte als säkulare Kategorie noch nicht existierten. Beispielhaft seien genannt die Verwerfung der Folter und der Sklaverei, die Würde der Menschen aller Rassen, die Anerkennung unterschiedlicher Kulturen, die Ablehnung von Zwangsbekehrungen. Ein Menschenrecht, das seiner Substanz nach liberal ist, wurde im 19. Jahrhundert vom politischen Katholizismus eingefordert und im 20. Jahrhundert erfolgreich durchgesetzt: das Elternrecht. Von einer pauschalen Absage an die Menschenrechte kann also nicht die Rede sein. Objekt der Kritik... ist der liberale Freiheitsentwurf in seiner ideologischen Dimension und in jenen Rechten der geistigen Freiheit, die für die hergebrachten Ordnungen der Religion, der Sittlichkeit und des Staates bedrohlich erscheinen"[65].

Gebote der Menschlichkeit als Vorläufer der Menschenrechte

Die katholische Kirche ist bereit, jeden Staat unabhängig von der Staatsform, dem Staatsaufbau und seinem politischen Ordnungssystem anzuerkennen, so lange er dem Gemeinwohl dient und nicht Grundrechte verletzt, d.h. die Freiheit und Würde des Menschen wahrt. Die katholische Kirche lehnt nämlich jeden Anspruch von Omnipotenz und Totalität im Bereich des Rechtes, des Staates und der Politik ab. Sie sind unvereinbar mit der Freiheit und Würde des Menschen und den Aufgaben sowie der Lehre der katholischen Kirche. Dies zeigt sich auch in dem Prinzip der Subsidiarität, welches Papst *Pius XI.* in seiner Enzyklika „Quadragesimo anno" (Nr. 79)[66] 1931 statuiert hatte und

Kirche und Staatsformen

---

60 Utz/Galen (Bibl.), Bd. I, S. 398 ff. Nr. 15 ff.
61 Utz/Groner (Bibl.), Bd. I, S. 381 Nr. 1.
62 Utz/Groner aaO., S. 382 ff.
63 Utz/Groner aaO., S. 389 ff Nr. 6 ff.
64 Utz/Groner aaO., Bd. I, S. 406 ff Nr. 18 ff.
65 *Isensee*, Katholische Kirche und Menschenrechte (Bibl.), S. 301 f.
66 Marmy aaO., S. 443 ff., bes. 478 f. Dieser Grundsatz der Subsidiarität ist von Bedeutung besonders für den Föderalismus, s. *Schambeck*, Österreichs Föderalismus und das Subsidiaritätsprinzip, in FS Kolb, 1971, S. 309 ff., und im Rahmen der Integration Europas für die Europäische Union, näher *Helmut Lecheler*, Das Subsidiaritätsprinzip, Strukturprinzip einer europäischen Union, 1993, und Detlef Merten (Hg.), Die Subsidiarität Europas, 1993, sowie *Schambeck*, Föderalismus und Subsidiarität in der Republik Österreich – Bestandteil nationaler Identität und europapolitischer Programmatik, in: *ders.* Recht – Glaube – Staat, 1997, S. 161 ff.

das den „Grundsatz der ergänzenden Hilfeleistung"[67] darstellt. Er schützt die kleinere Einheit vor der größeren und begründet abgestufte Eigenverantwortungen, die sich in einem wechselseitig bedingenden Zusammenhang verbinden. In diesem Grundsatz der Subsidiarität berührt sich die Einstellung der katholischen Kirche mit der des Liberalismus, allerdings nicht aus den gleichen Beweggründen; für die katholische Kirche liegen diese Beschränkungen der Staatsgewalt in der Anerkennung der den Staat und seiner Ordnung vorangehenden Menschenwürde begründet, d. h. sie ist präpositiv, während für den Liberalismus die Schranken der Staatsgewalt „nicht in subjektiven Rechten der Individuen, sondern in objektiven Ordnungsgesetzen"[68] liegen.

25
Kirche im Zweiten Weltkrieg

Die Konfrontation der katholischen Kirche mit menschenunwürdigen Zeitumständen erfolgte besonders während des Zweiten Weltkriegs. Damals hatte auch die katholische Kirche mit Priestern und Laien in verschiedenen Staaten und Nationen unzählige Opfer zu erbringen; von ihnen seien nur beispielhaft *Edith Stein*, *Rupert Mayer* und *Maximilian Kolbe* genannt.

26
Pius XII. und die Demokratie

In dieser Zeit erfolgte die umfassendste Lehräußerung der katholischen Kirche zur Demokratie, und zwar in der Rundfunkansprache „Benignitas" Papst *Pius' XII.*[69] über die „wahre Demokratie" zu Weihnachten 1944. Erschüttert von der Grausamkeit des Krieges, der von der nationalsozialistischen Diktatur des Deutschen Reiches entfesselt worden war, begrüßt Papst *Pius XII.* die Neigung der Völker zur Demokratie: „Ist es bei einer solchen Verfassung der Gemüter vielleicht zu verwundern, wenn die Neigung zur Demokratie die Völker ergreift und weithin die Unterstützung und Zustimmung derer findet, die wirksam mitarbeiten möchten an den Geschicken der einzelnen und der Gemeinschaft"[70]? Gleichzeitig erteilt Papst *Pius XII.* empfehlende Richtlinien zur Gestaltung der Demokratie. Die zwei Grundprobleme der Demokratie, die in der Monarchie wie in der Republik verwirklicht werden können, sieht er einerseits in der Frage nach den Eigenschaften der Menschen, die unter einer demokratischen Regierungsform leben, und andererseits in der Frage nach den Eigenschaften jener Männer, die in der Demokratie die öffentliche Gewalt in Händen haben. Die Demokratie fordert als Glieder Persönlichkeiten. „Die Masse ... ist der Hauptfeind der wahren Demokratie und ihres Ideals von Freiheit und Gleichheit"[71], die aus der Freiheit einen „tyrannischen Anspruch auf ungehemmte Befriedigung menschlicher Gier und menschlicher Triebe zum Schaden für die andern" macht. „Die Gleichheit entartet in geistlose Gleichmacherei, in eine eintönige Gleichschaltung"[72]. Jeder Staatsbürger muß die Möglichkeit haben, sich eine eigene Meinung zu

---

67 *Johann Baptist Schuster*, Die Sozialehre nach Leo XIII. und Pius XI. unter besonderer Berücksichtigung der Beziehungen zwischen Einzelmensch und Gemeinschaft, 1935, S. 7.
68 *Isensee* aaO., S. 325.
69 S. näher *Herbert Schambeck*, Der rechts- und staatsphilosophische Gehalt der Lehre Pius XII., in: ders. (Hg.), Pius XII. (Bibl.), S. 447, und ders., Pius XII. und der Weg der Kirche, in: ders. (Hg.), Pius XII. – Friede durch Gerechtigkeit, 1986, S. 192 ff.
70 Marmy aaO., Nr. 1056.
71 Marmy aaO., Nr. 1062.
72 Marmy aaO., Nr. 1063.

bilden, ihr Ausdruck zu verleihen und in einer dem Gemeinwohl entsprechenden Weise Geltung zu verschaffen. Auch der demokratische Staat muß, wie jede andere Regierungsform mit wirksamer Autorität, ohne die er nicht bestehen kann, ausgestattet sein. Papst *Pius XII.* sieht sie von Gott abgeleitet. Die Träger der öffentlichen Gewalt werden durch das Bemühen, die von Gott gewollte Ordnung zu verwirklichen, befähigt, ihre Pflichten in Gesetzgebung, Rechtsprechung und Verwaltung „mit jenem Bewußtsein der eigenen Verantwortung, mit jener Sachlichkeit, mit jener Unparteilichkeit, mit jener Rechtschaffenheit, mit jener Vornehmheit der Gesinnung, mit jener Unbestechlichkeit zu erfüllen, ohne die eine demokratische Regierung schwerlich die Achtung, das Vertrauen und die Zustimmung des besseren Teiles des Volkes gewinnen könnte"[73].

Eine Überlebensfrage und eine Frage des Gedeihens der Demokratie ist die geistige und sittliche Qualität der Volksvertreter, von denen die höchsten politischen Entscheidungen im demokratischen Staat getroffen werden. Papst *Pius XII.* erkennt, daß nur eine Auslese von geistig hervorragenden und charakterfesten Männern als Vertreter des gesamten Volkes wirken dürften. „Wo solche Männer fehlen, nehmen andere ihren Platz ein und machen aus der politischen Tätigkeit einen Kampfplatz für ihren Ehrgeiz, ein Rennen nach Gewinn für sich selbst, für ihre Kaste oder Klasse, wobei sie die Jagd nach Sondervorteilen das wahre Gemeinwohl aus dem Auge verlieren und der Gefahr überantworten läßt"[74]. Wird der staatlichen Gesetzgebung eine zügel- und grenzenlose Macht zuteil, verkehrt sich nach Papst *Pius XII.* die demokratische Staatsform, die dann nicht mehr auf den unveränderlichen Grundgesetzen des Naturgesetzes und den geoffenbarten Wahrheiten beruht, trotz des gegenteiligen trügerischen Scheins in ein absolutistisches System. Eindringlich ermahnt Papst *Pius XII.* die Christen, von ihrem Wahlrecht Gebrauch zu machen. Dies sei ein Akt schwerer sittlicher Verantwortung, dessen Vernachlässigung die Gefährdung der Demokratie und dort, wo religiöse Dinge auf dem Spiele stehen, eine schwere, verhängnisvolle Unterlassungssünde bedeute.

27
Qualität der Volksvertreter

Wahlrecht als Verantwortung

Wie Papst *Gregor XVI.* 1832 in seiner Enzyklika „Mirari vos" die Freiheitsrechte und mit ihnen die Demokratie verurteilt hat[75], Papst *Leo XIII.* 1888 in seiner Enzyklika „Libertas praestantissimum" die Zulässigkeit der Demokratie herausstrich[76], Papst *Pius X.* 1906 in seiner Enzyklika „Vehementer vos" die Christen vor der einseitigen Zuneigung zur demokratischen Staatsform warnte[77] und Papst *Pius XI.* 1922 in seiner Enzyklika „Ubi arcano" auf die Gefahren für die Demokratie durch Parteienhader hinwies[78], hat neben Papst *Pius XII.* Papst *Johannes XXIII.* die Demokratie als politisches Ordnungs-

28
Akzeptierung der Demokratie

---
73 Marmy aaO., Nr. 1065; s. dazu auch *Schasching* (Bibl.), S. 231 ff..
74 Marmy aaO., Nr. 1067.
75 Marmy aaO., Nr. 1 ff.
76 Marmy aaO., Nr. 137; s. auch *Tischleder* aaO., Nr. 1 ff.
77 Marmy aaO., Nr. 968 ff.
78 Marmy aaO., Nr. 1102.

29
Bleibende Akzente durch Johannes XXIII.

system als durchgesetzt akzeptiert und sich in seinen Lehräußerungen mit ihren Grundsätzen und Konsequenzen für die Christen auseinandergesetzt.

In seinem verhältnismäßig kurzen Pontifikat von fünf Jahren hat Papst *Johannes XXIII.* Akzente gesetzt, die über seine Zeit hinaus für die katholische Kirche wirksam wurden; dazu zählen neben der Einberufung eines II. Vatikanischen Konzils seine zwei Enzykliken, nämlich 1961 „Mater et Magistra" und 1963 „Pacem in terris". Während er zum Jubiläum der Sozialenzyklika „Rerum novarum" in „Mater et Magistra" die katholische Kirche in ihrer Weltverantwortung im Hinblick auf „die jüngsten Entwicklungen des gesellschaftlichen Lebens und seine Gestaltung im Licht der christlichen Lehre"[79] auch mit zeitorientierten Sozialgestaltungsempfehlungen vorstellt, bemüht er sich in „Pacem in terris" um „den Frieden unter allen Völkern in Wahrheit, Gerechtigkeit, Liebe und Freiheit"[80]. In seiner Friedensenzyklika „Pacem in terris" 1963 legt er ein Bekenntnis für die Demokratie ab: „52. Jedoch daraus, daß die Autorität aus Gott stammt, ist durchaus nicht zu folgern, daß die Menschen keine Möglichkeit hätten, diejenigen zu wählen, die an der Spitze des Staates stehen sollen, die Staatsform zu bestimmen und den Umfang sowie die Art und Weise der Gewaltausübung abzugrenzen. Daher kann diese Lehre mit jeder demokratischen Regierungsform in Einklang gebracht werden, die diesen Namen wirklich verdient"[81]. Für die Bestimmung der Struktur und Funktion der staatlichen Gewalt empfiehlt er, den nach Zeit und Art verschiedenen Zustand und die Lage eines jeden Volkes ins Kalkül zu ziehen. Damit betont er mit der Neutralitätshaltung der Kirche ihre Achtung vor der Selbständigkeit der Staaten und ruft zur bestmöglichen Gestaltung der konkreten Regierungsform auf. Er sieht auch mit der Würde der menschlichen Person das Recht verknüpft, am öffentlichen Leben aktiv teilzunehmen und zum Gemeinwohl beizutragen.

Neutralität der Kirche in Achtung staatlicher Souveränität

III. Päpstliche Lehre der Grund- und Menschenrechte seit Johannes XXIII.

30
Johannes XXIII. und die Grundrechte

Papst *Johannes XXIII.* hat in „Pacem in terris" die päpstliche Lehre von Staat und Politik mit einer systematischen *Darlegung der Grundrechte des Menschen* bereichert. „Pacem in terris" kommt deshalb eine besondere Bedeutung zu, weil in allen übrigen katholischen Lehräußerungen zwar punktuell Bezug auf Grundrechte genommen wird, aber in keinem einzigen Dokument ein derartig umfassender Katalog an Grundrechten der Menschen enthalten ist. Diese umfassende Darstellung der Rechte der Menschen findet sich im 1. Teil des Rundschreibens „Pacem in terris" Papst *Johannes' XXIII.* unter dem Titel „Die Ordnung unter den Menschen". In diesem Text steht die grundlegende Feststellung: „9. Jedem menschlichen Zusammenleben, das gut geordnet und fruchtbar sein soll, muß das Prinzip zugrundeliegen, daß jeder Mensch seinem

---

79 Texte zur katholischen Soziallehre (FN 44), S. 171.
80 Texte aaO., S. 241.
81 Texte aaO., S. 256.

Wesen nach Person ist. Er hat eine Natur, die mit Vernunft und Willensfreiheit ausgestattet ist; er hat daher aus sich Rechte und Pflichten, die unmittelbar und gleichzeitig aus seiner Natur hervorgehen. Wie sie allgemein gültig und unverletzlich sind, können sie auch in keiner Weise veräußert werden"[82].

Ausdrücklich wird neben der Personenhaftigkeit des Menschen die Würde der menschlichen Person nach den Offenbarungswahrheiten betrachtet und betont, wenn wir dies tun, „müssen wir sie noch viel höher einschätzen. Denn die Menschen sind ja durch das Blut Jesu Christi erlöst, durch die himmlische Gnade Kinder und Freunde Gottes geworden und zu Erben der ewigen Herrlichkeit eingesetzt"[83]. In „unauflöslicher Beziehung" werden Rechte und Pflichten in derselben Person gesehen; zu den Rechten werden gezählt: „das Recht auf Leben und Lebensunterhalt (11)"[84], „moralische und kulturelle Rechte (12, 13)"[85], „das Recht auf Gottesverehrung (14)"[86], „das Recht auf freie Wahl des Lebensstandes (15, 16, 17)"[87], „Rechte in wirtschaftlicher Hinsicht (18, 19, 20, 21, 22)"[88], „Recht auf Gemeinschaftsbildung (23, 24)"[89], „Recht auf Auswanderung und Einwanderung (25)"[90] und „Rechte politischen Inhalts (26, 27)"[91]; bezüglich dieser letztgenannten Rechte wird in „Pacem in terris" betont, „daß mit der Würde der menschlichen Person das Recht verknüpft ist, am öffentlichen Leben aktiv teilzunehmen, um zum Gemeinwohl beizutragen (26, 27)"[92]. Zur menschlichen Person gehört „auch der gesetzliche Schutz ihrer Rechte, der wirksam und unparteiisch sein muß in Übereinstimmung mit den wahren Normen der Gerechtigkeit"[93]. Neben den Rechten wird die „unauflösliche Beziehung zwischen Rechten und Pflichten in derselben Person (28)"[94] betont, u.a. das Verantwortungsbewußtsein und das Zusammenleben in Wahrheit, Gerechtigkeit, Liebe und Freiheit (35, 36)[95] gefordert.

31 Anerkennung von Rechten als Ausfluß der Personenhaftigkeit des Menschen und der Menschenwürde

Betrachtet man diese auf die Stellung des Einzelmenschen bezogenen Aussagen, so sind diese weniger normativrechtlich formuliert, sondern mehr von sozialethischer Bedeutung, aber in dieser Weise präpositive Werte betonend und Ansprüche postulierend, welche den deklaratorischen Charakter von Grundrechtsformulierungen in Verfassungsrechtsordnungen erklären läßt.

32 Sozialethischer Charakter der Aussagen

Daneben enthält „Pacem in terris" auch Hinweise auf die Möglichkeit der näheren Ausführung dieser Grundrechte. So betonte Papst *Johannes XXIII.*

33

---

82 Texte aaO., S. 243.
83 Texte aaO., S. 243.
84 Texte aaO., S. 243 f.
85 Texte aaO., S. 244.
86 Texte aaO., S. 244 f.
87 Texte aaO., S. 245.
88 Texte aaO., S. 245 f.
89 Texte aaO., S. 246 f.
90 Texte aaO., S. 247.
91 Texte aaO., S. 247 f.
92 Texte aaO., S. 247.
93 Texte aaO., S. 248.
94 Texte aaO., S. 248.
95 Texte aaO., S. 249 f.

Normative Grundrechte als Verfassungsbestandteil

in bezug auf die „Teilnahme der Bürger am öffentlichen Leben": „(73) Daß es den Menschen gestattet ist, am öffentlichen Leben aktiv teilzunehmen, ist ein Vorrecht ihrer Würde als Person, auch wenn sie die Teilnahme nur in den Formen ausüben können, die dem Zustande des Staatswesens entsprechen, dessen Glieder sie sind"[96]! Er erkannte, daß „(74) aus der Teilnahme am öffentlichen Leben ... sich neue, sehr weitgehende und nützliche Möglichkeiten"[97] ergeben und erklärt, konkreter werdend, in bezug auf „Zeichen der Zeit": „(75) In der heutigen Zeit begegnet man bei der rechtlichen Organisation der politischen Gemeinschaften in erster Linie der Forderung, daß in klaren und bestimmten Sätzen eine Zusammenfassung der den Menschen eigenen Grundrechten ausgearbeitet wird, die nicht selten in die Staatsverfassung selber aufgenommen wird. (76) Ferner wird gefordert, daß in exakter juristischer Form die Verfassung eines jeden Staates festgelegt wird. Darin soll angegeben werden, in welcher Weise die staatlichen Behörden bestimmt werden, durch welches Band diese untereinander verknüpft sind, wofür sie zuständig sind, und schließlich, auf welche Art und Weise sie zu handeln verpflichtet sind. (77) Schließlich wird gefordert, daß im Hinblick auf Rechte und Pflichten die Beziehungen festgelegt werden, die zwischen den Bürgern und den Staatsbehörden gelten sollen; daß deutlich als Hauptaufgabe der Behörden betont werde, die Rechte und Obliegenheiten der Bürger anzuerkennen, zu achten, harmonisch miteinander in Einklang zu bringen, zu schützen und zu fördern"[98].

34
Schutz durch internationale Anerkennung der Grundrechte

Papst *Johannes XXIII.* hat mit seiner Friedensenzyklika „Pacem in terris" nicht nur den umfangreichsten Katalog an Grundrechten angegeben, sondern auch für deren Aufnahme in einer Staatsrechtsordnung Detailregelungen den Weg gewiesen, wie dies in päpstlichen Lehräußerungen noch nicht der Fall war. Papst *Johannes XXIII.* wußte, daß heute der Schutz der Grundrechte über den Staat hinaus auch die internationale Anerkennung verlangt und zählte zu den „Zeichen der Zeit" (Nr. 142)[99] als „(Nr. 143) ein Akt von höchster Bedeutung ... die allgemeine Erklärung der Menschenrechte" 1948[100], die „gleichsam als Stufe und als Zugang zu der zu schaffenden rechtlichen und politischen Ordnung aller Völker auf der Welt zu betrachten" (Nr. 144)[101] ist. Die Bedeutung der UNO konnte Papst *Johannes XXIII.* zwar nicht mehr selbst durch seinen Besuch in dieser Weltorganisation unterstreichen, wohl aber seine Nachfolger Papst *Paul VI.* und Papst *Johannes Paul II.*[102].

35

Die katholische Kirche erkennt, daß sittliche Postulate alleine nicht genügen, daß es vielmehr darauf ankommt, mittels der Exaktheit positiven Rechts

---

96 Texte aaO., S. 262.
97 Texte aaO., S. 262.
98 Texte aaO., S. 262 f.
99 Texte aaO., S. 280.
100 Texte aaO., S. 280.
101 Texte aaO., S. 281; s. dazu *Verdross* (FN 2).
102 Beachte: Permanent Observer Mission of the Holy See to the United Nations, Path to Peace. A Contribution, Documents of the Holy See to the International Community, 1987; The Visit of Holiness Pope John Paul II. to the United Nations, 1996, und Permanent Observer Mission of the Holy See to the United Nations, Serving the Human Family, the Holy See at the Major United Nations Conferences, 1997.

Rechtssicherheit zu gewähren, da nicht alle Ordnungsbezüge präpositiv bedingt sind. Papst *Pius XII.* hat schon am 13. Oktober 1955 in einer Ansprache über „Koexistenz und Zusammenleben der Völker in der Wahrheit und in der Liebe" festgestellt, daß es nicht weniger lehrreich sei, zu sehen, „wie man immer das Bedürfnis erkannt hat, durch internationale Verträge und Vereinbarungen das festzulegen, was nach den Grundsätzen der Natur nicht mit Sicherheit feststand, und das zu ergänzen, worüber die Natur schwieg"[103]. Damit hat Papst *Pius XII.* mit einmaliger, oft viel zu wenig beachteter Deutlichkeit festgestellt, daß es für das positive Recht Bereiche gibt, die nicht durch ein naturrechtlich begründetes, präpositives Recht vorherbestimmt sind; hier ist auch nach Papst *Pius XII.* ein Bereich der politischen Entscheidung eröffnet. In diesem Zusammenhang sei nicht übersehen, daß bereits Papst *Leo XIII.* in seiner Enzyklika „Libertas praestantissimum" 1988 betonte, daß sich im übrigen nicht jede positivrechtliche Vorschrift auf einen Naturrechtssatz zurückführen läßt[104].

Neben präpositiven Festlegungen Raum für naturrechtlich nicht vorbestimmtes positives Recht

IV. Grundrechte und Verfassungsrecht

Die höchstrangige politische Entscheidung in einem Staat ist die des Verfassungsrechtes; die katholische Kirche weiß, daß diese auch durch den noch so allgemein anerkannten Satz der Ethik nicht ersetzt werden kann. Die präpositiv bedingten Postulate an dieses zur Rechtssicherheit erforderliche Verfassungsdenken hat die katholische Kirche in ihrer Lehre formuliert. Es wäre aber falsch anzunehmen, daß die katholische Kirche zu diesem Zweck eine eigene Verfassungslehre entwickelt hätte. Die Lehre vom Staat und von den Grundrechten ist Teil der Soziallehre der katholischen Kirche, in der sie seit *Ambrosius* neben der Individualethik eine Sozialethik entwickelt, d.h. neben der Sittenordnung für das private Leben des Einzelmenschen eine Sittenordnung für das öffentliche Leben des Einzelnen, von Staat und Gesellschaft, die ja beide für den Einzelmenschen, an den sich die Glaubenswahrheit der Kirche richtet, schicksalhaft sind. Die katholische Kirche hat in bezug auf die Verschiedenheit der Staatsformen und der politischen Systeme immer einen Standpunkt der Neutralität bezogen[105]; die Pastoralkonstitution des II. Vatikanischen Konzils „Gaudium et spes" hat dazu festgestellt: Die Kirche „selbst hat keinen dringlicheren Wunsch, als sich selbst im Dienste des Wohles aller frei entfalten zu können unter jeglicher Regierungsform, die die Grundrechte der Person und der Familie und die Erfordernisse des Gemeinwohls anerkennt" (Nr. 42). Papst *Pius XII.* hat dazu schon in seiner berühmt gewordenen und vielzitierten Weihnachtsansprache 1944 der Demokratie, die ja in ver-

36
Katholische Kirche und Verfassungsrecht

---

103 Papst *Pius XII.*, Der Weg zu Sicherheit und Frieden, Weihnachtsbotschaft vom 24.12.1955, in: Aufbau und Entfaltung des gesellschaftlichen Lebens, Soziale Summe Pius' XII., hg. von Arthur Fridolin Utz und Joseph-Fulko Groner, 3. Bd., 1961, Nr. 6349.
104 *Utz/Galen* (Bibl.), I., S. 190f., RN 47.
105 Beachte schon Papst *Leo XIII.*, „Diuturnum illud", 1881, „Immortale Dei", 1885, und „Libertas praestantissimum", 1888.

schiedenen Staatsformen und politischen Systemen verwirklichbar ist, einen Vorzug eingeräumt, weil sie den einzelnen Menschen ein Mitwirken in der Bestimmung seines Schicksals ermöglicht.

1. Priorität des Menschen gegenüber dem Staat

37
Priorität des Menschen gegenüber dem Staat

Die katholische Kirche betont die Priorität des Menschen gegenüber dem Staat. Papst *Leo XIII.* sprach es 1891 in „Rerum novarum" aus: „Der Mensch ist älter als der Staat, und darum besaß er das Recht auf Erhaltung seines körperlichen Daseins, ehe es einen Staat gegeben" (6). Der Mensch wird auch in diesem Dokument als geselliges Wesen und in seiner Beziehung zur Familie anerkannt: „Denn da das häusliche Zusammenleben sowohl der Idee als der Sache nach früher ist als die bürgerliche Gemeinschaft, so haben auch seine Rechte und Pflichten den Vortritt, weil sie der Natur näher stehen" (10).

38
Wohlfahrtszweck des Staates

Zu diesen Rechten, die jedem zustehen und unentziehbar sind, zählt nach Papst *Leos XIII.* Enzyklika „Rerum novarum" das Koalitionsrecht[106]. Papst *Johannes XXIII.* betonte in seiner Enzyklika „Populorum Progressio" 1967 (in der er die „Entwicklung, der neue Name für Friede" (Nr. 76)[107] bezeichnet), den Wohlfahrtszweck des Staates[108], den Papst *Pius XI.* in „Quadragesimo anno"[109], Papst *Pius XII.* in vielen Ansprachen, besonders in der Pfingstbotschaft 1941[110], Papst *Johannes XXIII.* in „Mater et Magistra"[111], Papst *Paul VI.* besonders in seiner Ansprache vor der Internationalen Arbeitsorganisation 1969[112] und Papst *Johannes Paul II.* in „Laborem exercens" hervorgehoben haben. Papst *Johannes Paul II.* hat ja in dieser letztgenannten Sozialenzyklika 1981[113] unter erneuter Betonung der Personhaftigkeit des Menschen die Arbeit als Mittel der Persönlichkeitsentfaltung dargestellt, den Vorrang der Arbeit vor dem Kapital betont und die Sozialrechte in den Zusammenhang mit den allgemeinen Menschenrechten gestellt und somit die katholische Lehre der Menschenrechte, wie sie Papst *Johannes XXIII.* in „Pacem in terris" besonders entfaltet hat, weiterentwickelt[114]. Der katholischen Kirche geht es darum, wie es in dem Konzilsdokument „Gaudium et spes" festgehalten ist, daß „die Ordnung der Dinge ... der Ordnung der Personen dienstbar werden und nicht umgekehrt" (26)[115]. Hierzu geben die katholische Kirche in ihrer Soziallehre im allgemeinen und die Päpste in ihren Lehräußerungen besondere Sozialgestaltungsempfehlungen. Die Sozialverantwortung des Staates, aber auch der Völkergemeinschaft, wird im zunehmenden Maße betont.

Zusammenhang von Sozialrechten mit Menschenrechten

---

106 Texte aaO., S. 30f.
107 Texte aaO., S. 433.
108 Texte aaO., S. 418.
109 Texte aaO., S. 88ff.
110 Texte aaO., S. 123ff.
111 Texte aaO., S. 171ff.
112 Texte aaO., S. 441ff.
113 Texte aaO., S. 529ff.
114 Texte aaO., S. 241ff.
115 Texte aaO., S. 314.

Einen Beitrag leisten hierzu, beginnend 1968 mit Papst *Pauls VI.*, die Weltfriedensbotschaften, welche der Nachfolger Petri jeweils zum Jahresanfang zu aktuellen Themen erläßt[116]. 1969 war diese Weltfriedensbotschaft Papst *Pauls VI.* dem Anliegen „Die Förderung der Menschenrechte, der Weg zum Frieden"[117] gewidmet: „Um dem Menschen das Recht auf Leben, Freiheit, Gleichheit, Kultur, auf die Segnungen der Zivilisation, auf die personale und soziale Würde zu gewährleisten, ist der Friede notwendig. Wo er sein Gleichgewicht und seinen Einfluß verliert, dort werden die Menschenrechte unsicher und in Frage gestellt. Wo der Friede nicht ist, verliert das Recht sein menschliches Antlitz. Wo die Menschenrechte nicht beachtet, verteidigt und gefördert werden, wo man mit Gewalttätigkeit oder Betrug gegen die unveräußerliche Freiheit des Menschen verstößt, wo seine Persönlichkeit ignoriert oder herabgesetzt wird, wo Diskriminierung, Sklaverei und Intoleranz herrschen, dort kann kein wahrer Friede sein. Friede und Recht sind sich gegenseitig Ursache und Wirkung: der Friede fördert das Recht und das Recht seinerseits fördert den Frieden"[118]. *Alfred Verdross* hat schon in seinem Kommentar hierzu gefordert: „Dazu genügt aber ein bloß staatlicher Schutz[119] nicht, er muß vielmehr durch einen völkerrechtlichen Schutz ergänzt werden, da auch das Wohl der Menschheit nicht ohne Rücksicht auf die menschliche Person bestehen kann[120]. Daher muß auch die Staatengemeinschaft die Menschenrechte schützen"[121].

39
Weltfriedensbotschaften

2. Instrumentaler Charakter des Staates

Der Staat ist für die Kirche nicht Selbstzweck, sondern hat helfende Funktion. Papst *Johannes Paul II.* hat dies in „Centesimus annus" besonders hervorgehoben: „Der Staat hat instrumentalen Charakter, da der Einzelne, die Familie und die Gesellschaft vor ihm bestehen und der Staat dazu da ist, die Rechte des einen und der anderen zu schützen, nicht aber zu unterdrücken" (Nr. 11)[122]. Die Kirche nimmt den Staat nicht mehr in einer Neutralität an Ordnungsvorstellungen hin, sondern verlangt seine sozialgestaltende Kraft; auch hier zeigt die katholische Soziallehre Stadien ihrer Entwicklung. *Johannes Schasching* hat es bereits betont: „In der vorindustriellen bäuerlich-handwerklich und ständisch verfaßten Gesellschaft lag in der kirchlichen Praxis der

40
Centesimus annus: Instrumentaler Charakter des Staates

---

116 S. jeweils Donato Squicciarini (Hg.), Die Weltfriedensbotschaften Papst Pauls VI. (Bibl.), Die Weltfriedensbotschaften Papst Johannes Pauls II. (Bibl.), und Die Weltfriedensbotschaften Papst Johannes Pauls II. 1993–2000 (Bibl.).
117 Die Weltfriedensbotschaften Papst Pauls VI., S. 45 ff. Zur Thematik der katholischen Friedenslehre s. *Minnerath*, L'Eglise catholique et ses efforts pour la paix, in: J.P. Ribaut & J.F. Collange (Hg.), Recevoir et construire la paix. Les religions et la paix (Travaux de la Faculté de Théologie Protestante, 5), 1994, S. 49 ff.
118 Die Weltfriedensbotschaften Papst Pauls VI., S. 48.
119 Darüber *Schambeck*, Die Grundrechte im demokratischen Verfassungsstaat (FN 1), S. 445 ff.
120 So die Enzyklika Papst *Johannes' XXIII.*, „Pacem in terris", Herder-Bücherei, Nr. 157, 1965, S. 129.
121 *Alfred Verdross*, Die Menschenrechte, der Weg zum Frieden, in: Die Weltfriedensbotschaften Papst Pauls VI., S. 57.
122 Texte zur katholischen Soziallehre (FN 44), S. 701.

pastorale Hauptakzent auf der Betonung der Zufriedenheit mit dem vorgegebenen Lebensstandard, auf der Einschärfung der Mildtätigkeit gegenüber den Armen und auf einer Sinndeutung des Leidens im Blick auf das Jenseits. Mit ‚Rerum novarum' setzt dagegen die Kritik an den gesellschaftlichen Verhältnissen ein. ... Damit ist die Soziallehre der Kirche notwendig auch gesellschaftskritisch und gesellschaftsverändernd ..."[123]; ist das Vorherrschen der Überzeugung, daß der Glaube nicht nur dazu verhilft, gesellschaftliche Zustände zu erleiden, sondern sie zu verändern"[124].

41
Rechtsstaatlichkeit und Gewaltenteilung

Diese Sozialgestaltung im Sinne der auf Gesellschaftsverbesserung ausgerichteten katholischen Soziallehre[125] der Kirche bekommt in „Centesimus annus" durch Papst *Johannes Paul II.* außerordentliche Deutlichkeit. Die Verwirklichung der auf die Sozial- und Wirtschaftsordnung bezogenen Gestaltungsempfehlungen setzt eine bestimmte Ordnung des Staates voraus. In diesem Zusammenhang wird die Wichtigkeit der Teilung der drei Gewalten des Staates, nämlich der Gesetzgebung, der Verwaltung und der Gerichtsbarkeit, deren Bedeutung an wechselseitiger Kontrolle für den Schutz der Freiheit aller sowie das Prinzip des „Rechtsstaates" genannt, „in dem das Gesetz und nicht die Willkür der Menschen herrscht" (Nr. 44)[126].

3. Subjektstellung des Menschen und Gefahren des Totalitarismus

42
Subjektstellung des Menschen

Der Staat und seine Einrichtungen sind auch in „Centesimus annus" nicht Selbstzweck, sondern stehen im Dienste des Menschen. In der Einstellung zum Menschen und seiner Würde liegt der Grund für die Beurteilung und damit der Unterscheidung der Staaten. Papst *Johannes Paul II.* bedauert es, daß die Menschen nur so weit respektiert werden, „als sie als Werkzeug für egoistische Ziele dienen". „Die Wurzel des modernen Totalitarismus liegt also in der Verneinung der transzendenten Würde des Menschen, der ein sichtbares Abbild des unsichtbaren Gottes ist" (Nr. 44)[127]. Papst *Johannes Paul II.* bezeichnet den Menschen als „Subjekt von Rechten, die niemand verletzen darf: weder der einzelne, noch die Gruppe, die Klasse, die Nation oder der Staat" (Nr. 44)[128]. Papst *Johannes Paul II.* geht damit von absolut geltenden Grundrechten des Einzelmenschen aus, die dem Staat und seiner Gesetzesordnung vorgegeben sind und deren Außerachtlassung unzulässig ist. Papst *Johannes Paul II.* geht sogar so weit, diese Grundrechte zu einem starren Teil des Verfassungsrechtes zu zählen, denn er erklärt: „Auch die gesellschaftliche Mehrheit darf das nicht tun, indem sie gegen eine Minderheit vorgeht, sie ausgrenzt, unterdrückt, ausbeutet oder sie zu vernichten sucht" (Nr. 44)[129]. Papst

---

123 *Schasching*, Kommentar (Bibl.), S. 19 f.
124 *Schasching* aaO., S. 20.
125 Beachte *Alfred Klose*, Die katholische Soziallehre, 1979; *Rudolf Weiler*, Einführung in die katholische Soziallehre, 1991, und *Arthur F. Utz*, Zum Begriff „Katholische Soziallehre", in: Die katholische Soziallehre und die Wirtschaftsordnung, 1991, S. 6 ff.
126 Texte zur katholischen Soziallehre (FN 44), S. 742.
127 Texte aaO., S. 742.
128 Texte aaO., S. 742.
129 Texte aaO., S. 742, vgl. Papst *Leo XIII.*, Enzyklika „Libertas praestantissimum", 10: a.a.O., S. 224-226.

Johannes Paul II. geht es um die Anerkennung und den Schutz der Stellung des Einzelmenschen, der Familie, der Gesellschaft und der Religionsgemeinschaft. Er lehnt jede Form des Totalitarismus ab und verlangt die Anerkennung der Eigenständigkeit nichtstaatlicher Gebilde.

Man geht sicher nicht fehl, wenn man die in „Centesimus annus" aufgezeigten Gefahren des Totalitarismus auch auf die verschiedenen ethnischen Gruppen bezieht – findet sich doch auch in „Centesimus annus" der Begriff der Nation verwendet – und den Minderheitenschutz ins Auge faßt. Dies zeigt sich auch 1991 in dem Schlußdokument der Europäischen Bischofssynode, welches eine konkrete Warnung beinhaltet: „Nachdem aber das marxistische Herrschaftssystem zugrundegegangen ist, welches mit erzwungener Gleichförmigkeit der Völker und Unterdrückung kleiner Nationen gekoppelt war, taucht nun nicht selten die Gefahr auf, daß die Völker Europas in Ost und West wiederum zu alten nationalistischen Konstellationen zurückkehren"[130]. Sehr klar wird jede Form der Uniformierung und Nivellierung und damit auch jeder Fanatismus und Fundamentalismus abgelehnt. Die Kirche verlangt vielmehr die Achtung der Freiheit und der Unterschiedlichkeit, sofern sie mit der Würde des Menschen vereinbar ist. „Der christliche Glaube, der keine Ideologie ist, maßt sich nicht an, die bunte soziopolitische Wirklichkeit in ein strenges Schema zu zwängen (Nr. 46)"[131].

43
Gegen Totalitarismus

4. Die Demokratie und deren Grundrechtsbezogenheit

Die Anerkennung der Vielfalt gilt natürlich besonders auch für die Politik, in diesem Bereich besonders für die Demokratie. Schon das II. Vatikanische Konzil hat in der Pastoralkonstitution „Gaudium et spes" (Nr. 36) „die richtige Autonomie der irdischen Wirklichkeiten" anerkannt: „Durch ihr Geschaffensein selber nämlich haben alle Einzelwirklichkeiten ihren festen Eigenstand, ihre eigene Wahrheit, ihre eigene Gutheit sowie ihre Eigengesetzlichkeit und ihre eigenen Ordnungen, die der Mensch unter Anerkennung der den einzelnen Wissenschaften und Techniken eigenen Methoden achten muß"[132].

44
Autonomie irdischer Wirklichkeiten

In „Centesimus annus" geht Papst *Johannes Paul II.* auf „die berechtigte Autonomie der demokratischen Ordnung" (Nr. 47)[133] ein. Die Hervorhebung der Demokratie gegenüber anderen politischen Systemen liegt darin, daß „die Kirche das System der Demokratie zu schätzen" weiß, „insoweit es die Beteiligung der Bürger an den politischen Entscheidungen sicherstellt und den Regierten die Möglichkeit garantiert, sowohl ihre Regierungen zu wählen und zu kontrollieren als auch dort, wo es sich als notwendig erweist, sie auf friedli-

45
Demokratie als Beteiligung der Bürger an politischen Entscheidungen

---

130 Schlußdokument der Europäischen Bischofssynode, verabschiedet am 13. 12. 1991, deutsche Ausgabe, S. 19; s. auch *Herbert Schambeck*, Ethnische Strukturen und nationale Demokratie, in: Democracy, Reality and Responsibility, 2001, S. 277 ff.
131 Texte zur katholischen Soziallehre (FN 44), S. 744.
132 Texte aaO., S. 322.
133 Texte aaO., S. 745.

che Weise zu ersetzen (Nr. 46)"¹³⁴. Papst *Johannes Paul II.* weiß um die Gefahren der Mißbilligung und des Mißbrauches der Demokratie, weshalb er in „Centesimus annus" feststellt: „Die Kirche kann daher die Bildung geschlossener Führungseliten, die aus Sonderinteressen oder aus ideologischen Absichten die Staatsmacht an sich reißen, nicht billigen. Die wahre Demokratie ist nur in einem Rechtsstaat und auf der Grundlage einer richtigen Auffassung vom Menschen möglich (Nr. 46)"¹³⁵. Für Papst *Johannes Paul II.* ist diese positive Wertung der Demokratie abhängig vom Dienst der Demokratie am Gemeinwohl und den Grundrechten der Menschen.

Diese grundsätzliche Bejahung der Demokratie unter der Voraussetzung ihrer Gemeinwohl- und Grundrechtsbezogenheit verbindet Papst *Johannes Paul II.* insofern mit der sonstigen Neutralität der Kirche gegenüber den Formen und Systemen des Staates, als er bezüglich der Kirche feststellte: „Es steht ihr nicht zu, sich zugunsten der einen oder anderen institutionellen oder verfassungsmäßigen Lösung zu äußern (Nr. 47)"¹³⁶. Papst *Johannes Paul II.* weiß anscheinend um die Weite der Möglichkeiten, gemeinwohl- und grundrechtsorientiert die Demokratie in verschiedenen Einrichtungen der Rechtsstaatlichkeit zu verwirklichen. Klar und deutlich zeigt sich aber die Empfehlung der Verbundenheit von Demokratie und Rechtsstaat¹³⁷.

Den Ausführungen von „Centesimus annus" kann entnommen werden, daß Papst *Johannes Paul II.* nicht einem bloßen rechtspositivistischen Rechtswegestaat das Wort redete, sondern einem demokratischen Rechtsstaat, der seine Rechtswege in den Dienst von Rechtszielen stellt, die im Dienst von Werten stehen, denn: „Eine Demokratie ohne Werte verwandelt sich, wie die Geschichte beweist, leicht in einen offenen oder hinterhältigen Totalitarismus (Nr. 46)"¹³⁸. Papst *Johannes Paul II.* sieht eine wechselseitige Bezogenheit von Werten, Freiheit und Wahrheit, denn er hebt hervor: „Die Freiheit aber erhält erst durch die Annahme der Wahrheit ihren vollen Wert. In einer Welt ohne Wahrheit verliert die Freiheit ihre Grundlage und der Mensch ist der Gewalt der Leidenschaften und offenen oder verborgenen Manipulationen ausgesetzt (Nr. 46)"¹³⁹.

Diese Wertbezogenheit der Demokratie erfährt durch die Grundrechte ihre besondere Begründung. „Centesimus annus" beinhaltet zwar keine taxative Aufzählung der Grundrechte, sondern bloß eine demonstrative, die aber eine bestimmte Rangordnung erkennen läßt: „Unter den vorrangigsten Rechten sind zu erwähnen: das Recht auf Leben, zu dem wesentlich das Recht gehört, nach der Zeugung im Mutterschoß heranzuwachsen; das Recht, in einer geeinten Familie und in einem sittlichen Milieu zu leben, das für die Entwicklung und Entfaltung der eigenen Persönlichkeit geeignet ist; das Recht, seinen

---

134 Texte aaO., S. 743.
135 Texte aaO., S. 743.
136 Texte aaO., S. 745.
137 Texte aaO., S. 743 f.
138 Texte aaO., S. 743.
139 Texte aaO., S. 744.

Verstand und seine Freiheit in der Suche und Erkenntnis der Wahrheit zur Reife zu bringen; das Recht, an der Arbeit zur Erschließung der Güter der Erde teilzunehmen und daraus den Lebensunterhalt für sich und die Seinen zu gewinnen; das Recht auf freie Gründung einer Familie und auf Empfang und Erziehung der Kinder durch verantwortungsvollen Gebrauch der eigenen Sexualität. Quelle und Synthese dieser Rechte ist in gewissem Sinne die Religionsfreiheit, verstanden als Recht, in der Wahrheit des eigenen Glaubens und in Übereinstimmung mit der transzendenten Würde der eigenen Person zu leben (Nr. 47)"[140].

5. Das Grundrecht auf Leben

Das Grundrecht auf Leben ist während seines ganzen Pontifikates ein besonderes und ständiges Anliegen Papst *Johannes Pauls II.* gewesen. Dieses Grundrecht hebt er 1995 in seiner Enzyklika „Evangelium vitae" und 1999 in seiner Botschaft zum Weltfriedenstag hervor. „In der Achtung der Menschenrechte liegt das Geheimnis des wahren Friedens" war das Motto dieses Weltfriedenstages, und das Lebensrecht stand dabei im Zentrum. Papst *Johannes Paul II.* betonte: „4. Das erste ist das Grundrecht auf Leben. Das menschliche Leben ist heilig und unantastbar vom ersten Augenblick seiner Empfängnis an bis zu seinem natürlichen Ende. ... Die Entwicklung einer in diesem Sinne ausgerichteten Kultur erstreckt sich auf alle Lebensumstände und gewährleistet die Förderung der Menschenwürde in jeder Lage. Eine wahre Kultur des Lebens sichert dem Ungeborenen das Recht, auf die Welt zu kommen und schützt die Ungeborenen, insbesondere die Mädchen davor, dem Verbrechen des Kindesmordes zum Opfer zu fallen. In gleicher Weise garantiert es den Behinderten die Entwicklung ihrer Fähigkeiten sowie den Kranken und alten Menschen angemessene Pflege.

Die jüngste Entwicklung im Bereich der Gentechnik bringt eine Gefahr mit sich, die tiefe Besorgnis erregt. Wenn die wissenschaftliche Forschung in diesem Bereich der Person dienen soll, muß sie auf jeder Stufe von wachsamer ethischer Reflexion begleitet sein, die sich in entsprechenden gesetzlichen Normen zum Schutz der Unversehrtheit des menschlichen Lebens niederschlägt. Nie darf das Leben zum Objekt degradiert werden. In jeder Situation muß das Recht auf Leben durch entsprechende gesetzliche und politische Sicherungen gefordert und geschützt werden, denn keine Verletzung des Rechtes auf Leben, die der Würde der Einzelperson entgegensteht, darf dabei außer Acht gelassen werden"[141]. In seiner Ansprache vom 4. Februar 2002 hat Papst *Johannes Paul II.* zusätzlich einen besonderen Schutz für die Unverletzlichkeit von Embryonen gefordert. Er führte aus, die Anerkennung des Grundwertes des Lebens bringe auch rechtliche Konsequenzen mit sich. Die

---

140 Texte aaO., S. 744 f.; s. *Minnerath* (Bibl.).
141 Papst *Johannes Paul II.*, Botschaft zum Weltfriedenstag 1999, in: Squicciarini (Hg.), Die Weltfriedensbotschaften Papst Johannes Paul II. 1993 – 2002 (Bibl.), S. 197 f.; s. dazu auch *K. Korinek* aaO., S. 209 ff.

Wissenschaft habe nachgewiesen, daß es sich bei einem menschlichen Embryo um ein Individuum handle, das ab dem Moment der Zeugung eine eigene Identität besitze. Es sei eine logische Forderung, daß diese Identität auch rechtlich anerkannt werden müsse, vor allem, was das Recht auf Leben betreffe[142].

51
Unveräußerliches Recht auf Leben von der Empfängnis bis zum natürlichen Tod

In seiner Ansprache vom 27. Februar 2002 an die Mitglieder der Päpstlichen Akademie für das Leben hat Papst *Johannes Paul II.* „das Recht auf Leben von der Empfängnis bis zum natürlichen Tod" ausdrücklich mit dem Naturrecht verbunden und damit eine geradezu klassische Position der katholischen Lehre fortgesetzt[143]. Papst *Johannes Paul II.* betont die Notwendigkeit neuer Erkenntnisse, „um die anthropologische und ethische Bedeutung des Naturgesetzes und des mit ihm verbundenen Begriffs des Naturrechts von Grund auf und in all seiner Tiefe und seinem Wesen neu zu erfassen. ... Die Kirche macht das Recht auf Leben jedes einzelnen unschuldigen Menschen in jedem Augenblick seines Lebens geltend. Die gelegentlich in einigen Dokumenten zum Ausdruck gebrachte Unterscheidung zwischen menschlichem Wesen und menschlicher Person, die dazu dient, das Recht auf Leben und physische Unversehrtheit allen bereits geborenen Person zuzusprechen, ist eine künstliche Unterscheidung ohne jede wissenschaftliche oder philosophische Grundlage: Jeder Mensch besitzt von seiner Empfängnis an und bis zu seinem Tod das unveräußerliche Recht auf Leben und verdient jede der menschlichen Person gebührende Achtung (vgl. Donum vitae 1)"[144].

6. Freiheit und Verantwortung

52
Aktive Gesellschaftspolitik des Staates in Sozialverantwortung

Papst *Johannes Paul II.* sieht es als Aufgabe der katholischen Soziallehre an, dem Einzelmenschen nicht bloß Freiheit zu sichern, sondern ihm die Verantwortung für die Nutzung der Freiheit sowie aller ihm auch durch die Wissenschaft, wie z. B. der Medizin im Zusammenhang mit dem Recht auf Leben, eröffneten Möglichkeiten vor Augen zu halten und zu deren Nutzung im Sinne einer Persönlichkeitsentfaltung die erforderlichen sozialen und wirtschaftlichen Voraussetzungen zu vermitteln. Er erwartet daher vom Staat eine aktive Gesellschaftspolitik mit Sicherheit des Lebens, des Arbeitsplatzes, des Eigentums in seiner *Sozialverantwortung* sowie des Arbeitslohnes. Ausdrücklich erklärte Papst *Johannes Paul II.* es als Hauptaufgabe des Staates, die „Sicherheit zu garantieren, so daß jene, die arbeiten und produzieren, die

---

142 Kathpress Nr. 29, 4./5.2.2002, S. 9.
143 S. u. a. *Messner* (Bibl.).
144 Ansprache von Papst *Johannes Paul II.* am 27.2.2002 „Recht auf Leben von der Empfängnis bis zum natürlichen Tod". L'Osservatore Romano, Wochenausgabe in deutscher Sprache, Dokumentation, 32. Jahrgang, Nr. 12, 22.3.2002, S. 7; dazu auch *Heribert Berger*, Die Heimatlosigkeit des Menschen, 1974; *Schambeck* (FN 1), S. 480 ff.; *Wolfgang Waldstein*, Das Menschenrecht zum Leben (Bibl.); *ders.*, Natural Law and the Defense of Life in Evangelium vitae, in: Evangelium vitae five years of Confrontation with society, 2001, S. 223 ff., sowie *Paul Kirchhof*, Genforschung und die Freiheit der Wissenschaft, S. 9 ff., und *Isensee*, Der grundrechtliche Status des Embryos – Menschenwürde und Recht auf Leben als Determinanten der Gentechnik, S. 37 ff., in: Gentechnik und Menschenwürde, an den Grenzen von Ethik und Recht, 2002.

Früchte ihrer Arbeit genießen können und sich angespornt fühlen, ihre Arbeit effizient und redlich zu vollbringen ... Eine andere Aufgabe des Staates besteht darin, die Ausübung der Menschenrechte im wirtschaftlichen Bereich zu überwachen und zu garantieren (Nr. 48)"[145]. Somit sieht Papst *Johannes Paul II.* den Staat verantwortlich, bei der Arbeitsplatzbeschaffung aktiv zu sein.

Alle auch aus Gründen der sozialen Gerechtigkeit und des Gemeinwohles in „Centesimus annus" an den Staat gerichteten Forderungen stehen unter der Beachtung des Prinzips der Subsidiarität. Papst *Johannes Paul II.* weist in „Centesimus annus" besonders auf die Bedeutung aller Gebilde im intermediären Bereich zwischen dem Einzelmenschen und dem Staat hin. Deshalb stellte Papst *Johannes Paul II.* in „Centesimus annus" fest: „Nach ‚Rerum novarum' und der ganzen Soziallehre der Kirche erfüllt sich die gesellschaftliche Natur des Menschen nicht im Staat, sondern verwirklicht sich in verschiedenen Zwischengruppen, angefangen von der Familie bis hin zu den wirtschaftlichen, sozialen, politischen und kulturellen Gruppen, die in derselben menschlichen Natur ihren Ursprung haben und daher – immer innerhalb des Gemeinwohls – ihre eigene Autonomie besitzen" (Nr. 13)[146]. Papst *Johannes Paul II.* spricht sich in Erfüllung des Subsidiaritätsprinzips für spezifische Solidaritätsnetze aus. Er will mittels der Prinzipien des Gemeinwohles und der Subsidiarität verhindern, daß einerseits der Staat gleich dem libertinistischen Nachtwächterstaat seine Sozialverantwortung übersieht und andererseits ein Versorgungsstaat mit einem aufgeblähten Machtapparat entsteht. Auf diese Weise gibt er in „Centesimus annus", ohne auch nur im geringsten bei der Pluralität der Staaten mit ihren vielfältigen Gesellschaften ein orts- und zeitgebundenes „Patentrezept" an Staats- und Gesellschaftsordnung vorstellen zu wollen, den Demokratien unserer Tage mit ihrem Instrumentarium an Rechts- und Verfassungsstaatlichkeit eine an der Freiheit und Würde der Menschen orientierte Sozialgestaltungsempfehlung, welche die Rechtslehre durch eine Rechts- und Sozialethik ergänzen läßt. Die Grundrechte haben dabei eine wegweisende Mittlerfunktion!

53
Subsidiarität

7. Grundwerte und Grundrechte

Die Verkündigung von „Centesimus annus" zur Hundertjahrfeier der Enzyklika „Rerum novarum" war für Papst *Johannes Paul II.* Anlaß, sich für das Studium, die Vertiefung und Verbreitung der christlichen Soziallehre einzusetzen (Nr. 56)[147]. Er nutzte sie daher auch, um einerseits die in den Grundrechten gelegten Fundamente der Demokratie zu verdeutlichen und andererseits ebenso eindeutig die ethischen Voraussetzungen und Funktionsbedingungen zur Demokratie klarzustellen. Anlaß hierzu waren ihm die Empfeh-

54
Die christliche Soziallehre

---
145 Texte zur katholischen Soziallehre (FN 44), S. 746.
146 Texte aaO., S. 704.
147 Texte aaO., S. 754.

lung weiterer Maßnahmen zu einer zeitgemäßen Sozialgestaltung und nach der politischen Wende der Jahre 1989/90[148] die entstandenen Möglichkeiten in Mittel- und Osteuropa zu einer neuen Staatsordnung[149]. Dazu konnte Papst *Johannes Paul II.* auch die Erfahrung mit den Entwicklungstendenzen der Demokratie nutzen, die sich schon in dem sogenannten freien, nämlich nicht kommunistischen Teil Europas bisher gezeigt hatten.

55
Erfahrung Johannes Pauls II. mit totalitären Regimen

Auf seinem Lebensweg hatte Papst *Johannes Paul II.* wie kaum ein anderer seiner Vorgänger in der Nachfolge Petri diese Konfrontation auch mit autoritären und totalitären Regimen, vor allem des Nationalsozialismus und Kommunismus, persönlich erlebt. Seine Beurteilung beruht daher auf Lebenserfahrung. Er sieht, daß „aus diesem historischen Prozeß ... neue Formen der Demokratie hervorgegangen (Nr. 22)"[150] sind, und betont: „Diese Verantwortung trifft nicht nur die Bürger jener Länder, sondern alle Christen und Menschen guten Willens (Nr. 22)"[151]. Mit Recht betont er im Zusammenhang mit der von ihm geforderten Hilfe für Mittel- und Osteuropa: „Für einige Länder Europas beginnt in gewissem Sinne die eigentliche Nachkriegszeit"[152].

56
Staat und Kultur

In diesem Zusammenhang verlangt Papst *Johannes Paul II.* eine Kultur des Staates[153] und betont die „Subjektivität" der Gesellschaft, er verlangt „die Schaffung von Strukturen der Beteiligung und Mitverantwortung" (Nr. 46)[154] sowie besonders die Anerkennung von Werten, die präpositiv dem Staat und seinem Gesetzgeber vorgegeben sind. Die Lehre Papst *Johannes Pauls II.* ist auf die Anerkennung von Werten in der Demokratie und durch die Demokratie gerichtet, welche die Freiheit des Menschen mit der des Mitmenschen vereinbaren läßt und lehnt, wie er schon 1995 in seiner Enzyklika „Evangelium Vitae" betonte, „die Förderung des eigenen Ich als absolute Autonomie"[155] ab, denn dadurch gelangt „man unvermeidlich zur Verneinung des anderen, der als Feind empfunden wird, gegen den man sich verteidigen muß ... so schwindet jeder Bezug zu gemeinsamen Werten und zu einer für alle geltenden absoluten Wahrheit: das gesellschaftliche Leben läuft Gefahr, in einen vollkommenen Relativismus abzudriften. Da läßt sich alles vereinbaren, über alles verhandeln. ..."[156]. Papst *Johannes Paul II.* sieht dies als „das unheilvolle Ergebnis eines unangefochten herrschenden Relativismus: das ‚Recht' hört auf, Recht zu sein, weil es sich nicht mehr fest auf die unantastbare Würde der Person gründet, sondern dem Willen des Stärkeren unterworfen wird". Er

---

148 „Centesimus annus", III. Kapitel, Nr. 22 ff.
149 S. näher *Herbert Schambeck*, Das staatliche Ordnungsbild in „Centesimus Annus", in: *ders.*, Kirche, Staat und Demokratie (Bibl.), S. 127 ff., und *ders.*, „Centesimus Annus" und die neue Ordnung in Europa, Gedanken unter besonderer Bezugnahme auf das III. Kapitel der Enzyklika, L'Osservatore Romano vom 20. Dezember 1991, S. 7 f.
150 Texte zur katholischen Soziallehre, S. 714.
151 Texte aaO., S. 714.
152 Texte aaO., S. 720.
153 S. „Centesimus annus", V. Kapitel: Staat und Kultur, aaO., S. 741 ff.
154 AaO., S. 743.
155 *Johannes Paul II.*, Evangelium Vitae, 1995, Nr. 20.
156 „Evangelium Vitae", 1995, Nr. 20.

spricht von einem „tragischen Schein von Legalität ... und das demokratische Ideal, das es tatsächlich ist, wenn es denn die Würde jeder menschlichen Person anerkennt und schützt, wird in seinen Grundlagen selbst verraten"[157] und warnt vor einem „ethischen Relativismus"[158]. „Aber der Wert der Demokratie steht und fällt mit den Werten, die sie verkörpert und fördert ... Im Hinblick auf die Zukunft der Gesellschaft und die Entwicklung einer gesunden Demokratie ist es daher dringend notwendig, das Vorhandensein wesentlicher, angestammter, menschlicher und sittlicher Werte wieder zu entdecken, die der Wahrheit des menschlichen Seins selbst entspringen und die Würde der Person zum Ausdruck bringen und schützen: Werte also, die kein Individuum, keine Mehrheit und kein Staat je werden hervorbringen, verändern oder zerstören können, sondern die sie nur anerkennen, achten und fördern werden müssen"[159].

Mit einem Blick für die Wirklichkeiten des politischen und staatlichen Lebens hat Papst *Johannes Paul II.* erkannt, daß „auch in den Ländern mit demokratischen Regierungsformen ... diese Rechte nicht immer voll respektiert (Nr. 47)"[160] werden und bezieht sich auf „den Skandal der Abtreibung (Nr. 47)"[161] und auf den Umstand, daß „die Anliegen der Gesellschaft ...nicht nach den Kriterien der Gerechtigkeit und Billigkeit verwirklicht" werden, „sondern mehr nach der Zahl der Wählerstimmen oder der Finanzkraft der Gruppen, die sie unterstützen (Nr. 47)"[162]. Er weist als Konsequenz dieser Entwicklung, die er als „Entartungen des politischen Verhaltens"[163] bezeichnet, auf „Mißtrauen und Gleichgültigkeit und in der Folge" auf „eine Abnahme der politischen Beteiligung und des Gemeinsinnes in der Bevölkerung"[164] sowie auf die Mißbräuche des Wohlfahrtsstaates hin[165]. Wenngleich Papst *Johannes Paul II.* auf diese im Hinblick auf die Demokratie wichtigen Entwicklungstendenzen kritisch hingewiesen und dabei aus religiöser sowie sittlicher Verantwortung unbedingt notwendige Forderungen erhoben hat, so hat er doch gleichzeitig auch in dieser seiner letzten Sozialenzyklika betont: „Die Kirche achtet die berechtigte Autonomie der demokratischen Ordnung. Es steht ihr nicht zu, sich zugunsten der einen oder anderen institutionellen oder verfassungsmäßigen Lösung zu äußern. Der Beitrag, den sie zu dieser Ordnung anbietet, ist die

57
„Skandal der Abtreibung"

---

157 „Evangelium Vitae", 1995, Nr. 20.
158 „Evangelium Vitae", Nr. 70.
159 „Evangelium Vitae", Nr. 70f.
160 Texte zur katholischen Soziallehre, S. 745.
161 „Centesimus annus", Nr. 47; s. *Herbert Schambeck*, Die Verantwortung des Gesetzgebers und der Schutz des ungeborenen Lebens, Arzt und Christ, 27. Jg., Heft 2/1981, S. 98ff., und *ders.*, The Politican's Responsibility for the Defense of the Rights of the Family, in: La Famiglia: Dono e Impegno Speranza dell'Umanità, Atti del Congresso Internazionale Rio de Janeiro, 1-3 ottobre 1997, Pontificio Consiglio per la Famiglia, Cittá del Vaticano 1998, S. 135ff.; *Köck*, Der erste Staatszweck in einer pluralistischen Gesellschaft, in: Herbert Miehsler u.a. (Hg.), Ius humanitatis, FS Verdross, 1980, S. 98ff., und *Joachim Kardinal Meissner*, Den ungeborenen Kindern eine hörbare Stimme verleihen, Frankfurter Allgemeine Zeitung vom 14.1.1999, Nr. 13, S. 9.
162 „Centesimus annus", Nr. 47.
163 „Centesimus annus" aaO.
164 „Centesimus annus", Nr. 47.
165 „Centesimus annus", Nr. 48.

Sicht von der Würde der Person, die sich im Geheimnis des Mensch gewordenen Wortes in ihrer ganzen Fülle offenbart (Nr. 47)"[166].

58
Grundwerte und Grundrechte

Gleich der bisherigen katholischen Soziallehre hat Papst *Johannes Paul II.* in seinen Lehräußerungen in bezug auf das öffentliche Leben die Grundwerte und Grundrechte für den Schutz des Menschen aus pastoralen Gründen für Gesellschaft und Staat herausgestellt sowie ihre Achtung und ihren Schutz verlangt. Die Voraussetzungen hierzu mögen jeweils aufgrund kultureller, sozialer, wirtschaftlicher und örtlicher Gegebenheiten verschieden sein, die Zielsetzungen sind aber gleich. Im Rahmen seiner Reisen, regionalen Bischofssynoden auch im Vatikan selbst, Ansprachen, insbesondere anläßlich von Audienzen, z. B. bei Adliminabesuchen von Bischöfen, und auf spezifische Erdteile bezogenen Schreiben[167] war dazu mannigfach Gelegenheit, so als er in bezug auf Amerika in Erinnerung rief: „Die Herrschaft des Rechts ist notwendige Voraussetzung, um wahre Demokratie aufzubauen und zu erhalten"[168].

59
Keine Freiheit ohne Wahrheit

„Es kann keine Herrschaft des Rechts geben, solange die Bürger und insbesondere die Verantwortlichen im Staat nicht überzeugt sind, daß es keine Freiheit ohne Wahrheit gibt. Daher werfen die ersten Probleme, die die Würde der menschlichen Person, die Familie, Ehe, Erziehung, die Wirtschafts- und Arbeitsbedingungen, die Lebensqualität und das Leben selbst bedrohen, die Frage nach der Herrschaft des Rechts auf[169]. Die Synodenväter haben richtigerweise betont, daß die fundamentalen Rechte der menschlichen Person sich aus der menschlichen Natur selbst ergeben; sie sind gottgewollt und stellen daher einen Ruf nach allgemeiner Beachtung und Anerkennung dar. Keine menschliche Befehlsgewalt kann sie verletzen, indem sie sich unter dem Vorwand des Respekts von Pluralismus und Demokratie auf die Meinung der Mehrheit oder politische Übereinstimmung beruft. Deshalb muß die Kirche der Aufgabe verpflichtet sein, Laien, die in der Gesetzgebung, Regierung und Vollziehung des Rechts tätig sind, auszubilden und zu unterstützen, so daß die Gesetze immer diese Grundsätze und moralischen Werte widerspiegeln, die sich in Einheit mit der Lehre vom Menschen befinden und das allgemeine Wohl erweitern"[170]. Er bezeichnet daher auch die Einbindung in die Politik als „klaren Bestandteil der Berufung und Aktivität der Laiengläubigen"[171] und weist auf „soziale Gründe hin, die zum Himmel schreien", wie Drogenhandel, Korruption, Terror, Rassendiskriminierung[172], und warnt vor dem als „Neoliberalismus" bezeichneten System: „Basierend auf einem rein wirtschaftlichen Konzept des Menschen, berücksichtigt dieses System nur Profit

---

166 Texte zur katholischen Soziallehre, S. 745.
167 Vgl. z. B. von Papst *Johannes Paul II.* das nachsynodale Apostolische Schreiben „Ecclesia in Africa", 1995, und das nachsynodale Apostolische Schreiben „Ecclesia in America", 1999.
168 Propositio 72; vgl. *Johannes Paul II.*, Enzyklika „Centesimus annus" (1. Mai 1991), 46: A.A.S. 83 (1991), S. 850.
169 Propositio 72.
170 Ecclesia in America, Nr. 19.
171 Ecclesia in America, Nr. 27.
172 Ecclesia in America, Nr. 56.

und das Gesetz des Marktes als einzige Parameter, zum Nachteil der Würde und des Respekts vor Individuen und Völkern. Zur Zeit ist dieses System die ideologische Rechtfertigung für gewisse Einstellungen und Verhaltensweisen in sozialen und politischen Bereichen geworden, was zu einer Vernachlässigung schwächerer Mitglieder der Gesellschaft führt. Und tatsächlich werden die Armen immer zahlreicher; sie sind Opfer bestimmter Politiken und Strukturen, die oft ungerecht sind".

Die beste Antwort auf diese tragische Situation auf der Grundlage des Evangeliums ist die Förderung der Solidarität und des Friedens mit dem Ziel, zuverlässige Gerechtigkeit zu erreichen. Damit dies geschieht, muß all jenen Ermutigung und Unterstützung zukommen, die Beispiele für Ehrlichkeit in der Verwaltung der öffentlichen Finanzen und der Justiz sind. So besteht auch ein Bedarf, den gegenwärtigen Prozeß der Demokratisierung in Amerika zu unterstützen, da ein demokratisches System mehr Kontrolle über potentiellen Mißbrauch ermöglicht.

60 Evangelium als Grundlage

„Die Herrschaft des Rechts ist die notwendige Voraussetzung für die Errichtung einer zuverlässigen Demokratie"[173]. Um Demokratie zu entwickeln, bedarf es der Bürgerkunde und der Förderung von öffentlicher Ordnung und Frieden. Tatsächlich „gibt es keine zuverlässige und stabile Demokratie ohne soziale Gerechtigkeit. Daher muß die Kirche mehr auf Formung des menschlichen Gewissens achten, das die Anführer der Gesellschaft für das öffentliche Leben auf allen Ebenen vorbereiten wird, die Bürgerkunde sowie Respekt vor Gesetz und Menschenrechten zu fördern und mehr Bemühungen in die ethische Ausbildung politisch Verantwortlicher zu erwecken"[174]. Papst *Johannes Paul II.* und der katholischen Kirche geht es mit ihrer katholischen Soziallehre im allgemeinen und ihrer Lehre von den Grundrechten im besonderen um eine menschenwürdige Ordnung des Staates, zu der sie Sozialgestaltungsempfehlungen geben.

61 Menschenwürdige Ordnung des Staates als Ziel der katholischen Soziallehre

D. Zum Rang kirchlicher Lehräußerungen

Welche Bedeutung und welcher Rang kommt diesen Lehräußerungen im kirchlichen Lehrgebäude zu? Wenn dies aus dem Wortlaut der betreffenden Lehräußerung nicht klar hervorgeht, wollen sie kein eigentliches Dogma verkünden. In diesem Fall stehen sie als theologische Erkenntnisquellen an Ansehen und Geltungskraft hinter der Heiligen Schrift und der Tradition, die für sie normgebend sind, zurück. Sie werden von *Melchior Cano* in seinem im 16. Jahrhundert verfaßten Werk „De locis theologicis" unter den zehn von ihm aufgezählten Erkenntnismitteln der Theologie an Bedeutung dem Consensus ecclesiae und den Entscheidungen allgemeiner Konzilien nachgeord-

62 Der Rang der Lehräußerungen im kirchlichen Lehrgebäude

---
173 Propositio 72.
174 „Ecclesia in America", Nr. 56; siehe auch FN 168.

net. Als weitere eigentliche theologische Erkenntnisquellen folgen der Consensus Patrum und die übereinstimmende Lehre von Theologen der Scholastik oder von Kanonisten. Ein geringerer Grad von Beweiskraft kommt rein menschlichen Erkenntnisquellen, wie der natürlichen menschlichen Vernunft, und den Profanwissenschaften, wie etwa der Geschichte, zu. Der Inhalt der Offenbarung tritt den Menschen in verschiedenen Formen entgegen. Das in Schrift und Tradition hinterlegte Glaubensgut hat Gott nach der Lehre der Kirche einer lebendigen Autorität, nämlich dem kirchlichen Lehramt anvertraut, zur sicheren Aufbewahrung, zur authentischen Auslegung und zur verpflichtenden Verkündigung an die folgenden Geschlechter. Aufgabe des kirchlichen Lehramtes ist es, die Offenbarungswahrheiten nicht bloß präzis zu formulieren, sondern ihnen auch eine der Zeit verständliche Klarheit zu geben, das gilt besonders für die päpstlichen Lehräußerungen. Man muß daher die Lehren der Päpste stets mittels der historischen Methode studieren! Jede dieser päpstlichen Lehräußerungen muß aus den entsprechenden geschichtlichen Ereignissen heraus verstanden und ausgelegt werden, auf die sie sich beziehen.

63
Die Lehrautorität des Papstes

Es handelt sich bei diesen gegenständlichen Lehräußerungen um die Konfrontation der ewigen Heilsbotschaft mit der Situation des öffentlichen Lebens einer bestimmten Zeit. Dabei ist der Papst oberste Lehrautorität, zu der auch mit den Bischöfen das Konzil, wie z. B. das II. Vatikanische Konzil treten kann. Zum Inhalt des Lehramtes zählt primär der katholische Glaube, und die Lehräußerungen gehen auf religiöse Fragestellungen zurück. Da sich der Glaube zeit- und ortsgebunden in der Welt zu bewähren hat, verlangt die Befolgung des Glaubens geradezu die Anschauung der Welt. Die katholische Soziallehre im allgemeinen und die päpstlichen Lehräußerungen im besonderen tragen daher in Verwirklichung christlichen Apostolats zur christlichen, in diesem Fall zur katholischen Weltanschauung bei, und diese bezieht sich im Bereich der Lehre der katholischen Kirche auf die Individual- und Sozialmoral sowie auf letzterem Gebiet auf die Rechts-, Staats-, Wirtschafts- und Sozialordnung mit der für sie jeweils erforderlichen Ethik. Die Grundrechte zählen dabei die Stellung des Einzelmenschen in und zu dem Staat zu den Grundanliegen der Lehre der katholischen Kirche, welche die in der Gottesebenbildlichkeit der Menschen begründete Menschenwürde stets anerkennt, hingegen in bezug auf die Anerkennung der Menschenrechte in ihrer Weite und Tiefe ihre eigene Entwicklung durchgemacht hat. *Arthur Fridolin Utz* hat rückblickend auf diese Geschichte der katholischen Kirche bemerkt: „Die katholische Kirche hat nun durch alle Jahrhunderte hindurch an naturhaften Prinzipien des menschlichen Handelns festgehalten, ob das kirchliche Lehramt in der konkreten Bestimmung dieser absoluten Normen sich immer glücklich ausgedrückt hat, ist ein andere Frage. Tatsächlich mischten sich in den meisten Fällen aus der Kulturschöpfung des Menschen stammende Elemente in die Formulierung, so daß es schwer wird, das Naturhafte aus der kulturbedingten Umhüllung zu lösen ... Den Theologen obliegt die Aufgabe, in den einzelnen kirchlichen Aussagen, die nicht klar den absolut geltenden Normengehalt zum Ausdruck bringen, sondern ein Mixtum von Lehre und hirtenamtlicher Mahnung bedeuten, den hintergründigen normativen Sinn herauszuheben"[175].

Die päpstlichen Enunziationen können Kundgebungen des ordentlichen oder außerordentlichen Lehramtes des Heiligen Stuhles sein. Vor allem das außerordentliche Lehramt äußert sich in endgültigen und unabänderlichen Urteilen über Glaubens- und Sittensachen, die in Form von Dogmen verkündet werden. Träger des kirchlichen Lehramtes ist vor allem der Papst, dessen ex cathedra gefällte Entscheidungen den Charakter der Unfehlbarkeit haben, z.B. das 1854 von Papst *Pius XI.* verkündete Dogma von der Unbefleckten Empfängnis oder die 1950 von Papst *Pius XII.* kundgemachte Lehre von der leiblichen Aufnahme der Gottesmutter Maria in den Himmel. Auch dem ordentlichen Lehramt steht ein solcher Wahrheitsanspruch in Glaubens- und Sittenlehren zu. Es beschäftigt sich aber neben der Verkündigung der eigentlichen göttlichen Offenbarung auch mit allen jenen Gegenständen, die dieser bloß, wenn auch „innerlich und notwendig verbunden"[176], zugeordnet sind.

64
Ordentliches und außerordentliches Lehramt

Zu diesen zugeordneten Gegenständen des päpstlichen Lehramtes (objecta secundaria) gehört auch die Soziallehre der Päpste. Sehen sich doch die Päpste verpflichtet, sich auf Grund ihres obersten kirchlichen Lehramtes auch mit den sozialen Fragen im weitesten Sinne auseinanderzusetzen. So betont Papst *Pius XII.* in Würdigung Papst *Leos XIII.* und der Enzyklika „Rerum novarum", „daß die Kirche nicht nur das Recht, sondern auch die Pflicht hat, zu den Fragen des menschlichen Zusammenlebens autoritativ Stellung zu nehmen. Nicht als ob er die gewissermaßen technische, rein fachliche Seite des gesellschaftlichen Lebens hätte regeln wollen. Er wußte sehr wohl und es war ihm auch eine selbstverständliche Wahrheit, daß die Kirche dafür keine eigentliche göttliche Sendung beansprucht. ... Zum unanfechtbaren Geltungsbereich der Kirche aber gehört es, in denjenigen Belangen des sozialen Lebens, die an die Gebiete der Sittlichkeit heranreichen oder sie schon berühren, darüber zu finden, ob die Grundlagen der jeweiligen gesellschaftlichen Ordnung mit der ewig gültigen Ordnung übereinstimmen, die Gott, der Schöpfer und Erlöser, durch Naturrecht und Offenbarung kundgetan hat"[177]. Um diese Anwendung des kirchlichen Lehrgutes auf die jeweiligen gesellschaftlichen Verhältnisse bemühten sich vor allem die Päpste in ihren Aussagen über Recht, Staat, Völkergemeinschaft und über soziale Fragen.

65
Die Soziallehre der Päpste

Die Päpste haben das ordentliche Lehramt in einer Vielzahl von Formen ausgeübt. Sie haben die sich ihnen bei den verschiedenen Anlässen bietenden Gelegenheiten, so etwa bei Jubiläen, Empfängen oder besonderen Feiertagen,

66
Formen des ordentlichen Lehramtes

---

175 *Arthur F. Utz*, Geistesgeschichtlicher Überblick über die Entwicklung der katholischen Soziallehre, in: Die katholische Sozialdoktrin, Bd. I, S. XVII f.
176 *Fidelis Maria Gallati* (Bibl.), S. 22. Über das ordentliche päpstliche Lehramt beachte das Rundschreiben *Pius' XII.* „Humani generis" vom 12.8.1950, und Päpstliche Verlautbarungen zu Staat und Gesellschaft, hg. und eingeleitet von *Helmut Schnatz*, 1973, S. IX ff.
177 Papst *Pius XII.*, Die soziale Frage heute, Radiobotschaft vom 1.6.1941; *Utz/Groner* (Bibl.), Bd. 1, 1954, Nr. 497 f.

67
Die Enzyklika

dazu benutzt, um in Form von Enzykliken, Botschaften, apostolischen Briefen, schlichten Schreiben, bloßen Ansprachen, Radio- und Fernsehreden Stellungnahmen zu Zeitfragen abzugeben.

Die bedeutendste unter diesen Dokumentationsformen ist die der *Enzyklika*. Eine Enzyklika ist ein an die Kirche oder an die Gesamtheit der Bischöfe gerichtetes Rundschreiben, in dem der Papst zu wichtigen Zeitfragen Stellung nimmt. Enzykliken sind authentische Erklärungen des ordentlichen Lehramtes. Die beste Charakteristik gab wohl 1891 die Revue bénédictine: Eine Enzyklika ist „keine unfehlbare Lehrentscheidung, weder inhaltlich noch formell, aber eine lehramtliche Kundgebung von höchster Autorität, überzeitlich in ihren aus dem Glaubensgut der Kirche geschöpften theoretischen Grundlagen, zeitgebunden und zeitbedingt in ihren praktischen Vorschlägen und Folgerungen"[178]. Die Päpste haben aber auch die Möglichkeit, denselben Inhalt in Briefen, Ansprachen und Erlässen wiederzugeben. Der Unterschied der Enzyklika zu diesen Dokumentationsformen ist kein inhaltlicher, sondern ein solcher der Aussageweise. Diese päpstlichen Lehräußerungen haben zwar nicht den Wahrheits- und Autoritätscharakter von Dogmen, wohl aber können sie vom Papst mit einer bis zur Verpflichtung im Gewissen möglichen Verbindlichkeit ausgestattet werden.

68
Abgestufte Geltungskraft päpstlicher Enunziationen

Wie *Gallati*[179] hervorhebt, steht dem Heiligen Stuhl aus der Natur des apostolischen Primates die Befugnis zu, bei der einen oder anderen Lehrkundgebung die Zustimmung, die im Gewissen verpflichtet, von allen Gläubigen zu fordern. Es kann demnach der Papst „im Gewissen verpflichtende Urteile erlassen, obwohl diese nicht die Bürgschaft der Unfehlbarkeit besitzen"[180]. Eine Möglichkeit, von der die Päpste in jeder ihrer Lehräußerungen Gebrauch machen können, aber es nicht immer tun. Der Grad der verpflichtenden Bindung des Gläubigen richtet sich ganz nach der vom Papst gewählten Form bzw. dem Ausdruck der Eindringlichkeit, ob es sich um eine bloße Empfehlung, eine Warnung oder gar um eine Verurteilung handelt. Es ist dies aus dem Inhalt bzw. aus dem Wortlaut der betreffenden Lehräußerung zu ersehen. Die päpstlichen Enunziationen haben daher eine nach Form, Thema und Adressatenkreis verschieden abgestufte Geltungskraft. Dieser Umstand möge aber nicht in der Weise mißdeutet werden, als handle es sich bei den gegenständlichen Kundgebungen des ordentlichen Lehramtes um bloße Gelegenheitsfeststellungen; dies wäre eine grundlegend falsche Auffassung. Wohl mag sich manche wirtschafts-, sozial- und staatspolitisch wichtige Äußerung auf eine Zeiterscheinung beziehen, weshalb sich diese auch nur mittels der historischen Methode aus dem konkreten Anlaß heraus richtig erfassen lassen kann. Für dieses Ereignis ist sie verbindlich. Es bleibt daher keinesfalls dem Belieben des einzelnen Gläubigen überlassen, ob er einer solchen päpstlichen Lehräußerung Beachtung schenken will oder nicht. Sind doch alle päpstlichen Lehräußerungen Empfehlungen jener Lehrgewalt der Päpste, die auf

---

178 Abgedruckt in: *Emil Muhler*, Die Soziallehre der Päpste, 1958, S. 28.
179 *Gallati* aaO., S. 37.
180 *Gallati* aaO., S. 39.

Christus zurückgeht, der sagt: „Mir ist alle Gewalt gegeben im Himmel und auf Erden, darum gehet hin und lehret alle Völker ... lehret sie alles halten, was ich euch geboten habe" (Markus 28, 19-20) und „Wer euch hört, der hört mich; wer euch verwirft, der verwirft mich; wer aber mich verwirft, der verwirft den, der mich gesandt hat" (Lukas 10, 16).

Wenn daher auch nicht alle Äußerungen des ordentlichen Lehramtes einen Glaubensakt verlangen, so bedürfen sie doch des Aktes religiöser Zustimmung (assensus religiosus). Darunter ist aber, wie *Gallati*[181] bemerkt, nicht bloß ein ehrfurchtsvolles Schweigen (silentium obsequiosum) zu verstehen, sondern die innere Annahme, die in einem positiven Akt besteht. Das päpstliche Lehramt, das ja ein Bestandteil der Jurisdiktion ist, die mit dem Primat des apostolischen Stuhles verbunden ist[182], würde ja sonst wirkungslos sein. Der einzelne Grad der Zustimmung wird sich nach dem Grad der theologischen Beweiskraft richten, die der einzelnen päpstlichen Enunziation zugrunde liegt. Den päpstlichen Lehräußerungen kommt, je nachdem ob sie sich mehr oder weniger auf die Glaubens- oder Sittenordnung beziehen, ein größerer oder geringerer Grad theologischer Beweiskraft zu. Je enger die Themen der Lehräußerung mit der Heiligen Schrift zusammenhängen, desto stärker wird die verpflichtende Glaubenskraft sein und umgekehrt abnehmen, je enger der Kontakt mit profanen, zeitbedingten Problemen ist. Als weiteres Bestimmungsmoment gilt es auch zu beachten, ob eine Lehrentscheidung vom Papst selbst oder von einer römischen Kongregation erlassen wurde, bloß an das Bistum Rom oder an alle Bischöfe des Erdkreises gerichtet ist[183]. In welcher Form aber immer diese päpstlichen Lehren verkündet und an wen immer sie gerichtet sein mögen, so steht fest, daß diese Kundgebungen des ordentlichen Lehramtes eine Beweisquelle für theologische Behauptungen, somit ein locus theologicus[184] und damit eine Sozialgestaltungsempfehlung für Priester und vor allem für Laien sind, die für Katholiken ein besonderer Gewissensauftrag ist.

69
assensus religiosus

Unterschiedliche Grade theologischer Beweiskraft

E. Christliche Verantwortung für die Menschenrechte

Durch die Lehre von den Grundrechten sucht die katholische Kirche zur Vermenschlichung in unserer Zeit beizutragen. Es geht ihr dabei nicht um Rechtsfragen allgemeiner Art, z. B. auch nicht um die Rechtsform, in der diese fundamentalen Rechte des Menschen positiviert werden könnten oder sollten, etwa als subjektiv-öffentliches Recht, als Programmsatz, Einrichtungsgarantie oder als Organisationsvorschrift. Es geht ihr dabei um den Schutz der Menschenwürde des Einzelnen. Es wird daher von der katholischen Kirche in

70
Grundrechte als Beitrag zur Vermenschlichung

---
181 *Gallati* aaO., S. 167.
182 *Gallati* aaO., S. 41.
183 *Gallati* aaO., S. 109 f.
184 *Gallati* aaO., S. 105.

diesem Zusammenhang auch mehr der Ausdruck Menschen- als Grundrechte verwendet! *Karl Korinek* stellte schon fest: „Menschenrechte in diesem umfassenden Sinn sind als naturrechtlich begründete (gesellschaftspolitische) Postulate zu verstehen, die über ‚Rechte' im juristischen Sinn hinausgehen, aber im modernen Staat der ‚Umsetzung' durch die staatliche Rechtsordnung in der ihnen je und je adäquaten Form bedürfen"[185]. Die katholische Kirche gab durch ihr Eintreten für die Menschenwürde, welche in der Lehre von der Gottesebenbildlichkeit der Menschen begründet ist, dem Staat ein Maß an Menschlichkeit[186], welche die Verbundenheit von Humanität und Legalität zum Ziel und die Spiritualität der Religion als Wirkgrund hat[187].

71
Idee der Menschenwürde älter als Menschenrechte

Wie bereits betont, ist in der katholischen Kirche das Bekenntnis zu der Menschenwürde älter als zu den Menschenrechten. In Auseinandersetzung mit Zeitströmungen, die auch gegen die katholische Kirche gerichtet waren, hat diese eine Entwicklung durchgemacht, welche sie in unserer Zeit zu einer Kämpferin für Menschenrechte und zu einem weltweiten Gewissen der Menschen werden ließ. Papst *Johannes Paul II.* hat selbst auf seinem Lebensweg in seiner polnischen Heimat die Gefährdungen des Menschseins durch autoritäre und totalitäre Regime, wie Nationalsozialismus und Kommunismus erfahren, erlebt und erlitten. Er hat sich daher auch schon in seiner ersten Enzyklika „Redemptor hominis" 1979 zur Würde des Menschen bekannt: „Dieses tiefe Staunen über den Wert und die Würde des Menschen nennt sich Evangelium, Frohe Botschaft"[188] und weist in diesem Rundschreiben besonders auf den „Auftrag der Kirche und die Freiheit der Menschen"[189] hin. *Johannes Paul II.* kann an eine Tradition des Einsatzes der katholischen Kirche für Menschenrechte in unserer Zeit anknüpfen, die bereits von *Leo XIII.* vorbereitet und von *Pius XII.* mit seiner deutlichen Anerkennung der Demokratie eine Erweiterung, bei *Johannes XXIII.* in seiner Enzyklika „Pacem in terris" 1963 eine nähere Ausführung und durch das II. Vatikanische Konzil ein weithin motivierendes Bekenntnis, besonders in der Pastoralkonstitution über die Kirche in der Welt von heute „Gaudium et spes" und der Erklärung über die Religionsfreiheit „Dignitas humanae" erfuhr. Sie beginnt mit der aktuellen Feststellung: „Die Würde der menschlichen Person kommt den Menschen unserer Zeit immer mehr zum Bewußtsein, und es wächst die Zahl derer, die den Anspruch erheben, daß die Menschen in ihrem Tun ihr eigenes Urteil und

---

[185] *K. Korinek* (Bibl.), S. 77.
[186] Beachte in: Der Einfluß des katholischen Denkens auf das positive Recht, hg. von Theodor Tomandl, 1970; *Alfred Verdross*, Die Entstehung der christlichen Völkerrechtslehre und ihre Entfaltung durch die Päpste sowie durch das Zweite Vatikanische Konzil, S. 9 ff.; *Theodor Mayer-Maly*, Christentum und Privatrechtsentwicklung, S. 39 ff.; *Theodor Tomandl*, Der Aufruf der katholischen Soziallehre an das Arbeitsrecht, und *Vital Schwander*, Entwicklungstendenzen des heutigen Strafrechts. Ein Beispiel gegenseitiger Einflußnahme christlichen und zeitgenössischen Gedankengutes, S. 105 ff.
[187] Dazu *Joseph Joblin* S.J., Die Kirche und die Menschenrechte – Historischer Abriß und Zukunftsperspektive, in: Päpstlicher Rat Iustitia et Pax (Hg.), Die Kirche und die Menschenrechte, historische und theologische Reflexionen, 1991, S. 13 ff.; *Walter Kasper*, Die theologische Begründung der Menschenrechte, S. 46 ff.
[188] *Johannes Paul II.*, „Redemptor hominis", 1979, Nr. 10.
[189] *Johannes Paul II.* aaO., Nr. 12.

verantwortliche Freiheit besitzen und davon Gebrauch machen sollen, nicht unter Zwang, sondern vom Bewußtsein der Pflicht geleitet"[190]. Die Lehräußerungen zu den Menschenrechten der katholischen Kirche sind in dieser Sicht nicht abstrakt auf den Menschen, sondern konkret auf die existentielle Situation des Einzelnen bezogen, seine Freiheit und Würde gilt es zu schützen, ihm demokratische Mitbestimmung zu eröffnen und Anteil an dem kulturellen Fortschritt, dem wirtschaftlichen Wachstum und der sozialen Sicherheit zu ermöglichen.

Mit ihren Lehräußerungen, die vom Grundsätzlichen ausgehend zeitbezogen sind und deshalb, es sei wiederholt, auch mit der historischen Methode zu beachten sind, gibt die katholische Kirche in den Päpstlichen Lehräußerungen Sozialgestaltungsempfehlungen für die Politik. Dabei weiß die katholische Kirche mit ihrer Anerkennung der Demokratie, daß dieser eine Pluralität eignet, die selbst in verschiedener Hinsicht mannigfach ist.

72
Päpstliche Lehräußerungen als Sozialgestaltungsempfehlungen

Die Menschenrechte gehen zwar von religiösen Voraussetzungen aus, die in der Lehre von der in der Gottesebenbildlichkeit begründeten Menschenwürde fußt, sie haben sich aber im Saekularen der Politik, des Rechtes und des Staates zu bewähren[191]. In diesem weltlichen Bereich gibt es aber nun verschiedene Wege zur Erreichung einer menschenwürdigen Ordnung. Sie alle sind ab- und ausgewogen zu beachten und zu beurteilen. In diesem Zusammenhang stellte schon die Pastoralkonstitution fest: „Oftmals wird gerade eine christliche Schau der Dinge ihnen eine bestimmte Lösung einer konkreten Situation nahelegen. Aber andere Christen werden vielleicht, wie es häufiger und zwar legitim, der Fall ist, bei gleicher Gewissenhaftigkeit in der gleichen Frage zu einem anderen Urteil kommen. Wenn dann beiderseitige Lösungen, auch gegen den Willen der Parteien, von vielen anderen sehr leicht als eindeutige Folgerung aus der Botschaft des Evangeliums betrachtet werden, so müßte doch klar bleiben, daß in solchen Fällen niemand das Recht hat, die Autorität der Kirche ausschließlich für sich und seine eigene Meinung in Anspruch zu nehmen"[192].

73
Bewährung der Menschenrechte

Die Pluralität in der Sozialdimension der zu gestaltenden Demokratie setzt sich fort in der Vielfalt der Meinungen innerhalb der Katholiken, die nach ihrer Meinungs-, Urteils- und Willensbildung sich mit der Auffassung der übrigen Menschen in einem Staat auseinanderzusetzen haben. Je größer der Anteil der Katholiken und mit ihnen der Christen in der Pluralität der Demokratie eines Staates ist, desto größer ist die Chance, daß die auf die Menschenwürde und Grundrechte bezogenen Sozialgestaltungsempfehlungen der katholischen Kirche in ökumenischer Verbundenheit beachtet werden. *Arthur Fridolin Utz* hat es schon zum Ausklang seiner Einleitung zu seiner Sammlung

74
Verantwortung der Christen für die Beachtung der Sozialgestaltungsempfehlungen

---

190 Erklärung des II. Vatikanischen Konzils über die Religionsfreiheit „Dignitas humanae", Nr. 1.
191 S. in: Staatsethik, hg. von Walter Leisner, 1977; *Joseph Kardinal Höffner*, Die Würde des Menschen als höchster Wert, S. 19 ff., und *Leo Scheffcjyk/Walter Leisner*, Das Ebenbild Gottes im Menschen – Würde und Freiheit, S. 77 ff. und 81 ff.
192 Pastoralkonstitution des II. Vatikanischen Konzils über die Kirche in der Welt von heute „Gaudium et spes", Nr. 43.

päpstlicher Dokumente vom 15. Jahrhundert bis in die Gegenwart betont: „Mit dieser Dynamisierung des Denkens über die Kirche in der Welt ist zugleich der Boden bereitet zum Dialog mit den evangelischen Sozialethikern, die insgesamt sich bemühen, aus der Substanz christlicher Wertvorstellung die je verschiedene geschichtliche Situation, zu der nicht nur die äußeren Umstände, sondern auch die psychologisch zu beurteilenden Verhaltensweisen gehören, zu meistern"[193].

75
Ökumenische Brüderlichkeit

So kann in einer durch die Grundrechte die Menschenwürde des Einzelnen schützenden Weise über die Grenzen der Kirchen und Religionsgemeinschaften in einem Miteinander ein notwendiges Wertdenken in der Demokratie erreicht werden. In seiner letzten Sozialenzyklika „Centesimus annus" hat Papst *Johannes Paul II.* gerade auf diese Verantwortung in der Demokratie hingewiesen. Diese Werte werden nicht vom Staat erzeugt, sondern entstammen der Wertschätzung der vielfach gegliederten Gesellschaft. In der Erkenntnis dieser Werte kommt den Kirchen und Religionsgesellschaften eine, wenn auch nicht ausschließliche, aber doch besondere Bedeutung zu. Papst *Johannes Paul II.* hat daher auch in seinen Enzykliken „Sollicitudo rei socialis" von 1987 (Nr. 47), „Centesimus annus" von 1991 (Nr. 60) und „Fides et ratio" von 1988 (Nr. 104) auf die Bedeutung der christlichen Religionen, des Judentums, der großen Weltreligionen und aller Menschen guten Willens für die Erkenntnis und Verwirklichung der Wertegrundlagen und damit auch auf die Möglichkeit der Bewahrung der Demokratie vor Deformierungen hingewiesen. Papst *Johannes Paul II.* weist auf diese Weise auch den Weg zu einer ökumenischen Brüderlichkeit.

76
Vorbildfunktion christlich-abendländischer Kultur

Gerade durch die Grundrechte kann im Rechtsleben und der Politik der Weg zu einem neuen Miteinander in Europa, wo die abendländische Kultur als erstes die Grundrechte erkannte, gefunden werden und mit einer wiedergefundenen Vorbildfunktion ein Beitrag zu einer Völkergemeinschaft als Weltrechtsstaat geleistet werden. Von den Grundrechten kann nämlich eine wertestiftende Kraft ausgehen, welche zur Vermenschlichung der Politik und des Rechtes eines Staates beizutragen vermag. Die Stellung des Einzelnen im Staat und die Grenzen der Staatsgewalt werden verdeutlicht. Da das Christentum und daher auch die katholische Kirche mit ihrer Lehre von den Grundrechten auf Werte hinführen, die als präpositives Recht dem Staat vorgegeben sind, leisten sie für den Staat einen unersetzbaren Dienst, sie vermitteln nämlich Werte, geben religiöse und sittliche Maßstäbe an und rufen Menschen auf, sich über dieses ihr Wissen auch ein Gewissen zu machen[194].

---

[193] *Utz*, in: Utz/Galen (Bibl.), Bd. I, S. XXXI.; beachte dazu *Alfred Reber*, Katholische und protestantische Rechtsbegründung heute, 1962, und *Verdross*, Rechtsphilosophie (FN 10), S. 56 f.
[194] In diesem Sinne auch *Isensee*, FS Schambeck (Bibl.), S. 245 f.

E. Bibliographie

Böckenförde, Ernst-Wolfgang, Staat, Gesellschaft, Freiheit, 1976.
Depenheuer, Otto, Religion als ethische Reserve der säkularen Gesellschaft.
  Zur staatstheoretischen Bedeutung der Kirche in nachchristlicher Zeit, in:
  Otto Depenheuer/Markus Heintzen/Matthias Jestaedt/Peter Axer (Hg.),
  Nomos und Ethos. Hommage an Josef Isensee zum 65. Geburtstag, 2002, S. 3 ff.
Gallati, Fidelis Maria, Wenn die Päpste sprechen, 1960.
Filibeck, Giorgio, Human Rights in the Teaching of the Church: from John XXIII.
  to John Paul II., 1994.
Höffe, Ottfried/Homefelder, Ludger/Isensee, Josef/Kirchhof, Paul, Gentechnik und
  Menschenwürde, 2002.
Höffner, Joseph Kardinal, In der Kraft des Glaubens, 2 Bände, 1986.
Isensee, Josef, Keine Freiheit für den Irrtum, Die Kritik der katholischen Kirche des
  19. Jahrhunderts an den Menschenrechten als staatsphilosophisches Paradigma,
  Zeitschrift der Savigny-Stiftung für Rechtsgeschichte, Band 104 (1987), S. 296 ff.
ders., Die katholische Kirche und das verfassungsstaatliche Erbe der Aufklärung,
  in: Für Staat und Recht, Festschrift für Herbert Schambeck, 1994, S. 213 ff.
Kirchhof, Paul, Der Beitrag der Kirchen zur Verfassungskultur der Freiheit, in:
  Karl-Hermann Kästner/Knut Wolfgang Nörr/Klaus Schlaich (Hg.), Festschrift für
  Martin Heckel zum siebzigsten Geburtstag, 1999, S. 755 ff.
ders., Die Wertgebundenheit des Rechts, ihr Fundament und die Rationalität der
  Rechtsfortbildung, in: Eilert Herms (Hg.), Menschenbild und Menschenwürde,
  2001, S. 156 ff.
Korinek, Karl, Die Gottesebenbildlichkeit des Menschen als Grundlage moderner
  Grundsrechtskataloge, in: Diplomatie im Dienste der Seelsorge, Festschrift für
  Donato Squicciarini, 2002, S. 76 ff.
Maier, Hans, Kirche und Demokratie, 1979.
ders., Die Kirche und die Menschenrechte – eine Leidensgeschichte, IKZ
  (Communio) 10 (1981), S. 501 ff.
Messner, Johannes, Das Naturrecht, Handbuch der Gesellschaftsethik, Staatsethik
  und Wirtschaftsethik, ^{5}1966.
ders., Ethik und Gesellschaft, 1975.
Minnerath, Roland, La démocratie dans la vision de l'Eglise catholique, in:
  Revue de droit canonique 49/1 (1999), S. 39 ff.
ders., La liberté religieuse et les libertés démocratiques, in: L'Eglise et la démocratie.
  Actes du XVe colloque national de la confédération des juristes catholiques de
  France, 1999, S. 131 ff.
Päpstliche Kommission „Iustitia et Pax" (Hg.), Die Kirche und die Menschenrechte,
  1976 und 1991.
Punt, Jozef, Die Idee der Menschenrechte. Ihre geschichtliche Entwicklung und ihre
  Rezeption durch die moderne katholische Sozialverkündigung, 1987.
Putz, Gertraud, Christentum und Menschenrechte, 1991.
Ratzinger, Joseph Kardinal, Die Kirche, Ökumene und Politik, 1987.
ders., Vom Wiederauffinden der Mitte, 1997.
Rauscher, Anton, Kirche in der Welt, 3 Bände, 1988 und 1998.
Schambeck, Herbert, Kirche, Staat, Gesellschaft, Probleme von Heute und Morgen,
  1967.

ders., Grundrechte und Sozialordnung, 1969.
ders. (Hg.), Pius XII. zum Gedächtnis, 1977.
ders., Kirche, Staat und Demokratie: ein Grundthema der katholischen Soziallehre, 1992.
Schasching, Johannes, Die soziale Botschaft der Kirche, 1963.
ders., Unterwegs mit den Menschen, Kommentar zur Enzyklika „Centesimus annus" von Johannes Paul II., 1991.
Squicciarini, Donato (Hg.), Die Weltfriedensbotschaften Papst Pauls VI., 1979.
ders., Die Weltfriedensbotschaften Papst Johannes Pauls II., 1992.
ders., Die Weltfriedensbotschaften Papst Johannes Pauls II., 1993–2000, Beiträge zur katholischen Soziallehre, 2001.
Utz, Arthur Fridolin, Ethik des Gemeinwohls, hg. von Wolfgang Ockenfels, 1998.
ders./von Galen, Brigitta Gräfin (Hg.), Die katholische Sozialdoktrin in ihrer geschichtlichen Entfaltung, eine Sammlung päpstlicher Dokumente vom 15. Jahrhundert bis in die Gegenwart, Band I–IV, 1976.
ders./Groner, Joseph Fulko (Hg.), Aufbau und Entfaltung des gesellschaftlichen Lebens – Soziale Summe Pius XII., 3 Bände, 1954 und 1961.
Waldstein, Wolfgang, Das Menschenrecht zum Leben, 1982.
Weiler, Rudolf, Herausforderung Naturrecht, 1996.

§ 9
Menschenrechte aus der Sicht des Protestantismus

Gerhard Robbers

Übersicht

	RN		RN
A. Strukturelemente des Protestantismus	1– 4	D. Menschenrechte im Protestantismus der Gegenwart	41–54
B. Die Reformation und die Menschenrechte	5–26	I. Theologische Begründungen	42–52
I. Grundlegung bei den Reformatoren	5–13	II. Ausfaltung und umfassender Begriff	53
II. Protestantische Staatsphilosophie und faktische Existenz	14–26	III. Praktisches Engagement	54
C. Protestantische Distanz und Annäherung	27–40	E. Menschenrechte im evangelischen Kirchenrecht	55–57
I. Skepsis und Ablehnung	27–29	F. Bibliographie	
II. Annäherung und Bejahung	30–40		

§ 9   *Erster Teil: II. Geistesgeschichtliche Strömungen*

A. Strukturelemente des Protestantismus

1
Menschenrechte im Zentrum protestantischer Ethik

Die Menschenrechte bilden heute ein Zentrum der protestantischen Ethik[1]. Das gesellschaftliche Engagement der protestantischen Kirchen bezieht sich regelmäßig auf Entwicklung und Durchsetzung der Menschenrechte, in ihnen findet es eine weithin akzeptierte argumentative Grundlage. Gleichwohl macht die Vielfalt reformatorischer Kirchen es schwer, eine spezifisch protestantische Sicht der Menschenrechte zu identifizieren.

2
Protestantismus als Sammelbegriff

Der Protestantismus[2] existiert in einer großen Zahl einzelner, organisatorisch selbständiger Kirchen. Protestantismus ist nicht viel mehr als ein Sammelbegriff, der diejenige geschichtliche Gestalt des Christentums bezeichnet, deren Ursprünge grundsätzlich auf die Reformation des 16. Jahrhunderts zurückführen; die ihm zugehörigen Kirchen werden deshalb oft auch reformatorische Kirchen genannt. Zu ihnen zählen nicht nur die lutherischen und die auf *Calvin* zurückgehenden reformierten sowie die aus der Zusammenführung beider Bekenntnisse hervorgegangenen unierten Kirchen, sondern auch die vorreformatorischen Gemeinschaften der Waldenser und der Böhmischen Brüder sowie die erst nach der Reformation entstandenen Quäker, Baptisten und Kongregationalisten, die Methodisten und viele andere. Die Zuordnung der Pfingstkirchen und der charismatischen Bewegungen ist offen; die Anglikanische Kirchengemeinschaft kann als Brücke zwischen Protestantismus und Katholizismus gelten.

3
Unterschiedliche theologische Grundkonzeption reformatorischer Kirchen

Hinzu tritt, daß die reformatorischen Kirchen über die ganze Welt verstreut leben, in unterschiedlichen Kulturen, ökonomischen Verhältnissen und politischen Zusammenhängen geprägt sind, ohne daß diese Vielfalt in einem institutionellen Zentrum zusammengebracht und aufgehoben würde. Von ihrem jeweiligen Beginn an haben diese Kirchen tiefgreifend unterschiedliche historische Erfahrungen durchlebt. Während einzelne meist calvinistisch geprägte Gemeinschaften – außerhalb der Schweiz – häufig als Minderheit verfolgt wurden, oft ihr Überleben in der Emigration suchten und einen existentiellen Neuanfang fanden, entwickelte sich das Luthertum im deutschen und im skandinavischen Raum in der Sicherheit des staatstragenden Landeskirchentums. Auch bestehen bis heute wesentliche, wenngleich weithin zusammenwachsende Unterschiede zwischen den einzelnen reformatorischen Bekenntnissen. Die unterschiedlichen theologischen Grundkonzeptionen, denen diese Kirchen folgen, führen dabei zu im einzelnen unterschiedlichen Wahrnehmungen der Menschenrechte.

---

1 Vgl. statt vieler *Wolfgang Vögele*, Menschenwürde zwischen Recht und Theologie (Bibl.); *Trutz Rendtorff*, Kirche in der Demokratie – Die Politische Kraft des Protestantismus, Evangelische Kommentare 1999, S. 39 (40); *Ulrich H. J. Körtner*, Evangelische Sozialethik, 1999, S. 141 ff.; *Dietz Lange*, Ethik in evangelischer Perspektive, 1993; *Luck*, Neutestamentliche Perspektiven, in: J. Baur (Bibl.), S. 19 f.; *W. Huber/Tödt*, Menschenrechte (Bibl.), S. 54 f.; *Martin Honecker*, Grundriß der Sozialethik, 1995, S. 342 ff.; *ders.*, Einführung in die theologische Ethik, Berlin, New York 1990, S. 192 ff.; *Christopher Frey*, Theologische Ethik, 1990, S. 138 f., 209 f.; *Heinz Eduard Tödt*, Perspektiven theologischer Ethik, 1988, S. 131 ff.; vgl. auch aus kirchlicher Sicht in der DDR: Menschenrechte in christlicher Verantwortung, hg. im Auftrag des Sekretariats des Bundes der Evangelischen Kirchen in der DDR, 1981, S. 3 ff.
2 Zum Begriff *K. Raiser*, Protestantismus, in: Evangelisches Kirchenlexikon, 1992, Sp. 1351 ff.

Nicht nur die reformatorische Kirchenvielfalt, vor allem auch die Existenzweise reformatorischer Lehre erschwert die Identifizierung einer spezifisch protestantischen Sicht der Menschenrechte. Die reformatorischen Kirchen kennen kein verbindliches Lehramt, wie es der Papst für die Katholische Kirche ausüben kann. Reformatorische Lehre entwickelt sich im Pluralismus der Auffassungen, oft im Modus der Frage, der die Entscheidung für die richtige Antwort in die Verantwortung des Einzelnen stellt[3]. Hierin drückt sich ein positives Verhältnis zur geschichtlichen Vielfalt aus, das der Entwicklung von Pluralismus und Menschenrechten günstig ist. Es gründet in Skepsis gegenüber der institutionellen Kontinuität der Kirche, gegenüber der Gültigkeit heiliger Ordnung und unwandelbarer Wahrheit kirchlicher Lehre[4]. Gleichwohl lassen sich Grundzüge protestantischer Lehre auch im Blick auf die Menschenrechte ausmachen. Bei aller Vielfalt der Auffassungen im einzelnen bestehen Grundsätze und Gemeinsamkeiten, die jedenfalls Strukturen protestantischer Menschenrechtslehre sichtbar werden lassen.

4
Reformatorische Lehre im Pluralismus der Auffassungen

B. Die Reformation und die Menschenrechte

I. Grundlegung bei den Reformatoren

Die Reformatoren wie *Luther* und *Calvin* haben noch nicht in den Begriffen der Menschenrechte gedacht. Diese Kategorien haben sich erst später gebildet. Ursprüngliche reformatorische Lehre richtet sich schon deshalb keineswegs unmittelbar und geradlinig auf die Menschenrechte. Es wäre angesichts der Geschichte der Menschenrechte auch gänzlich verfehlt, sie ohne weiteres ausschließlich als Frucht des Christentums oder gar der Reformation zu vereinnahmen. Die Menschenrechte haben einerseits weiter zurückliegende Wurzeln, andererseits haben sie nur allzu oft gegen den Widerstand von Theologie und Kirchen durchgesetzt werden müssen[5]. Immerhin haben die Reformatoren selbst durchaus Kataloge elementarer menschlicher Rechte formuliert[6]. So spricht etwa *Luther* vom „groben menschlichen Recht", zu dem er neben anderen Geld, Gut, Leib, Ehre, Weib, Kind und Freund zählt[7], bis hin zu den höchsten Gütern des Glaubens und des Evangeliums[8]. Im Zentrum reformatorischen Denkens aber stand die Wahrheit Gottes, nicht die weltlich-immanente Freiheit des Menschen[9]. Freiheit ist diesem Denken in erster Linie

5
Menschenrechte keine Kategorie der Reformatoren

Freiheit als Freiheit vor Gott

---
3 Vgl. *Ulrich Mann*, Vom Wesen des Protestantismus, 1964, S. 218 f.
4 Vgl. *K. Raiser* (FN 2), Sp. 1355.
5 Vgl. *Martin Honecker*, Aporien in der Menschenrechtsdiskussion, in: *ders.*, Sozialethik zwischen Tradition und Vernunft, 1977, S. 140.
6 Vgl. *W. Huber*, Art. Menschenrechte/Menschenwürde (Bibl.), S. 580.
7 Vgl. *Luther*, Das Magnificat verdeutscht und ausgelegt (1521), in: D. Luthers Werke, Weimarer Ausgabe, Bd. 7 (1966), S. 538, 580.
8 Vgl. *Luther* (FN 7), S. 578, 585.
9 Vgl. hierzu und zum folgenden *Heckel*, Die Menschenrechte im Spiegel der reformatorischen Theologie (Bibl.), S. 1129.

Freiheit vor Gott, ebenso wie Gleichheit der Menschen ihre Gleichheit vor Gott meint.

6
Prägung der reformatorischen Theologie der Menschenrechte durch die Rechtfertigungslehre

Im Zentrum dieser Theologie steht die Rechtfertigungslehre *Luthers*. Sie prägt jedenfalls für den lutherischen Zweig der Reformation die Lehre über Freiheit, Gleichheit und Gerechtigkeit. Gerechtigkeit ist Gerechtigkeit des Menschen gegenüber Gott, in ihr ist der einzelne, sündige Mensch gerechtfertigt vor Gott. Solche Rechtfertigung erlangt der Mensch nicht durch das eigene Tun, durch die eigenen guten Werke, weil er sich aus eigener Kraft niemals vollständig von seiner Sünde befreien kann; er ist stets simul iustus et peccator, gerecht und Sünder zugleich. Rechtfertigung findet der Mensch nur in Christus, also allein durch Gottes Gnade im Glauben an Christus, offenbart in der Heiligen Schrift. Dieses solus Christus, entfaltet in den drei Elementen sola gratia, sola fide und sola scriptura, richtet sich zwar zunächst und vor allem auf die Beziehung des einzelnen Menschen zu Gott. In der Rechtfertigungslehre erscheint gleichwohl ein Menschenbild, das große geistesgeschichtliche und politische Wirksamkeit besitzt und heute die reformatorische Theologie der Menschenrechte weithin prägt. Sie sieht den Menschen als Person nicht durch seine eigenen Leistungen definiert, sondern allein durch seine Gottesrelation konstituiert, durch die Gnade Gottes[10]. Der Mensch ist deshalb weder bloßes Resultat gegebener Bedingungen noch das seiner eigenen Taten oder Verdienste. Er verdient sich seine Würde und seine Menschenrechte nicht erst durch sein Tun, noch findet er sie in seinen spezifischen menschlichen Eigenschaften wie Selbstbewußtsein oder Vernunft. Menschenwürde und Menschrechte sind dem Menschen vielmehr vor jedem Tun und vor jeder Eigenschaft zuerkannt.

7
Beitrag protestantischen Denkens zur Idee der Menschenrechte

Das Fehlen ausdrücklicher Äußerungen oder Bekenntnisse zu den Menschenrechten bei den Reformatoren entspringt deshalb nicht einer Gegnerschaft oder Skepsis gegenüber dieser Idee. Im Gegenteil, protestantisches Denken hat in erheblichem Maße zur Entwicklung der Idee der Menschenrechte beigetragen. Es steht in diesem Beitrag neben katholischem, humanistischem und aufklärerischem Denken ebenso wie neben anderen Strömungen der Geistesgeschichte. Überhaupt wäre es verfehlt und der tatsächlichen Entwicklung nicht angemessen, hier in einzelnen Kategorien wie Katholizismus, Aufklärung, Humanismus oder Protestantismus ab- und ausgrenzend verabsolutierend zu denken.

8
Glaubensfreiheit als Kern der Menschenrechte

In dieser pluralen Gemeinsamkeit leistet reformatorische Theologie wesentliche Beiträge zur späteren Formulierung der Menschenrechte. Die Rechtfertigungslehre *Luthers* steht heute im Zentrum reformatorischer Menschenrechtsdeutung. Seine Bestimmung durch göttliche Gnade erfährt der Mensch im Glauben, der nur als freier Glaube wirklich ein Akt der Antwort auf die Gnade sein kann. Der Rechtfertigung allein aus Gnade korrespondiert so die Freiheit des Glaubens und des Gewissens. In diesem prinzipiellen Sinn wird

---

10 Vgl. *W. Huber* (Bibl.), S. 579; *Luther*, Die Disputation de Homine (1536), in: Weimarer Ausgabe (1964), Bd. 39 I (FN 7), S. 175 ff.

heute die Religionsfreiheit für ein reformatorisches Verständnis als der Kern der Menschenrechte angesehen[11]. Nicht zuletzt ist in der Anerkennung von Glauben und Evangelium als höchsten Rechtsgütern bei *Luther* die besondere Bedeutung der Religionsfreiheit zumindest angelegt; sie gründet hier darin, daß für *Luther* die Pflicht zum Gehorsam gegenüber weltlicher Herrschaft an Eingriffen in die Freiheit des Glaubens und des Gewissens ihre Grenze findet[12].

Zudem hat die Reformation die im Christentum überkommene Idee der Gleichheit der Menschen aufgenommen und verschärft. Ausdruck hiervon ist die reformatorische Lehre vom Priestertum aller Gläubigen und die daraus folgende Leugnung der heilsvermittelnden Funktion des priesterlichen Amtes. Diese Lehre stellt jeden Gläubigen, in ihren Voraussetzungen und Konsequenzen aber auch jeden einzelnen Menschen in eine unvermittelte Verantwortung vor Gott. Damit ist der Einzelpersönlichkeit eine religiöse Selbständigkeit und Selbstverantwortlichkeit zuerkannt, die in Glaubensfragen letztlich auch gegenüber der weltlichen Obrigkeit in Erscheinung treten mußte[13]. Zugleich fördert diese Behauptung der Unmittelbarkeit des Einzelnen zu Gott die Idee des Individuums als einer Voraussetzung der modernen Menschenrechte. In der Kirche im wahren Glauben vereint ist jeder einzelne Gläubige gleich und frei zu Gott.

9 Idee des Individuums als Voraussetzung moderner Menschenrechte

Allerdings gilt dies für *Luther* nur innerhalb der Kirche, für den Bereich des Geistlichen. Eine Übertragung dieser geistlichen Freiheit und Gleichheit auf den weltlichen Bereich lehnte er wie im übrigen auch *Calvin* ab[14]. Sie hätte die Verwechslung und Vermengung von Geistlichem und Weltlichem bedeutet, hätte das Evangelium zum Gesetz, das Gesetz zum Evangelium gemacht und hätte endlich die Gerechtigkeit im Glauben zur Gerechtigkeit durch Werke verfälscht und damit die lutherische Rechtfertigungslehre im Kern getroffen[15]. *Luthers* Zwei-Reiche-Lehre kann als Grundlage für diese Unterscheidungen gelten mit entschiedenen Konsequenzen auch für die Entwicklung der Menschenrechtsidee in der späteren lutherischen Theologie. *Luther* hat mit ihrer Hilfe zunächst die Unabhängigkeit der weltlichen von der geistlichen Gewalt begründet. Die Autorität der weltlichen Obrigkeit ist nicht von der geistlichen Gewalt verliehen, also nicht von Papst oder Bischöfen, vielmehr unabhängig davon von Gott selbst eingesetzt.

10 Freiheit und Gleichheit nur im geistlichen Bereich

Dabei ist zugleich festgehalten am entschiedenen Gegensatz zu anderen Konfessionen. Eine Gleichheit der Konfessionen ist zur Zeit der Reformation noch nicht gedacht. Vielmehr halten die Reformatoren am jeweils alleinigen Wahrheitsanspruch fest, zugleich am Anspruch auf Einheit des Glaubens und

11 Religionsfreiheit als Konsequenz, nicht als Leitidee der Reformation

---

11 Vgl. *W. Huber* (Bibl.), S. 579.
12 Vgl. *Luther*, Von weltlicher Obrigkeit, wie man ihr Gehorsam schuldig sei (1523), in: Weimarer Ausgabe (FN 7), Bd. 11, 1966, S. 245, 262; *W. Huber*, Gerechtigkeit und Recht, 1996, S. 231.
13 Vgl. *Gerhard Oestreich*, Geschichte der Menschenrechte und Grundfreiheiten im Umriß, 1978, S. 31.
14 Vgl. *Honecker* (Bibl.), S. 69 f.
15 Vgl. auch *Martin Honecker*, Grundwerte und christlicher Ethos, in: ders., Sozialethik zwischen Tradition und Vernunft, 1977, S. 155.

der Absolutheit der eigenen Lehre. Nicht die Spaltung oder gar Pluralisierung des christlichen Glaubens, sondern die Vereinigung in der als allein wahr erkannten Lehre bleibt das Ziel. Es ist dieser Totalitätsanspruch, der auf Seiten der Konfessionen in die religiösen Bürgerkriege des 16. und 17. Jahrhunderts geführt hat. Die Reformatoren selbst brachten noch keine Religionsfreiheit, auch wenn diese als spätere Frucht und Konsequenz der Reformation gelten kann. Immerhin verlangt *Luther*, man solle die Ketzer mit Schriften, nicht mit dem Feuer überwinden[16], *Calvin* aber hat *Servet* 1554 wegen Seelenmordes als Ketzer verbrennen lassen[17].

12
Calvins Bundestheologie als Beitrag zur Menschenrechtsidee

Als ein spezifischer Beitrag des Calvinismus zur menschenrechtsorientierten modernen Staatsidee kann die reformierte Bundestheologie gelten. Die Lehre vom Bund Gottes mit seinem Volk hat der aus dem Mittelalter überkommenen Herrschaftsvertragslehre entscheidenden Auftrieb gegeben. In der Ausfaltung von Gesellschafts- und Herrschaftsvertrag konnte weltliche Herrschaft an die Bevollmächtigung durch das Volk ebenso gebunden werden wie an die Bewahrung und Verstärkung der natürlichen Menschenrechte. *Calvin* begriff das Verhältnis zwischen Obrigkeit und Untertanen in Parallele zur Lehre vom Bund Gottes mit dem Volk Gottes, worin die gegenseitige Bindung von Haupt und Gliedern der politischen Gemeinschaft mit wechselseitigen Rechten und Pflichten begründet liegt. Um das Wohl des Volkes zu fördern, hat die Obrigkeit die Pflicht, die Freiheitsrechte zu wahren. Die Rechte auf Leben und auf Eigentum gelten als Naturrechte, die durch das Recht auf Widerstand geschützt sind[18]. Durch seine presbyterial-synodale Kirchenordnung hat besonders der Calvinismus die Entwicklung des staatlichen Parlamentarismus angeregt und so zu politischen Wahl- und Teilhaberechten beigetragen und zur Bildung von politischen Organisationsstrukturen, die zugleich Voraussetzung wie Folge der Wahrnehmung von Menschenrechten sind[19].

Obrigkeitliche Pflicht zur Wahrung der Freiheitsrechte

13
Bewährung in der Welt als Zeichen göttlicher Gnade

Bei *Calvin* und im Calvinismus tritt zudem die besondere Betonung der Heiligung hervor, das „praktische Funktionieren christlicher Existenz und wahren Gottesdienstes"[20], in der schon die Forderung nach Religionsfreiheit Gewicht erlangt, besonders aber auch die Wertschätzung beruflicher Tätigkeit. Die Bewährung in weltlichen Unternehmungen gilt als Zeichen göttlicher Gnade. Die Zwei-Reiche-Lehre *Luthers* führt in diesem Zusammenhang zudem zu einer Entklerikalisierung der Welt und gibt zugleich dem weltlichen Leben, dem alltäglichen Beruf Legitimität gegenüber mönchischer und priesterlicher Zurückgezogenheit von der Welt[21]. Auch wirtschaftliche Menschenrechte wie die Eigentumsfreiheit und die Berufsfreiheit erhalten so theologische Rückbindung in reformatorischer Lehre.

---

16 *Luther*, An den christlichen Adel deutscher Nation von des christlichen Standes Besserung (1520), in: Weimarer Ausgabe (FN 7), Bd. 6, 1966, S. 381, 455; *Honecker* (Bibl.), S. 87.
17 Vgl. Defensio Orthodoxae fidei, 1554; *Honecker* (Bibl.), S. 88.
18 Vgl. *Oestreich* (FN 13), S. 32.
19 Vgl. W. *Huber* (Bibl.), S. 580.
20 *Dietrich Ritschl*, Der Beitrag des Calvinismus für die Entwicklung des Menschenrechtsgedankens in Europa und Nordamerika, in: *ders.*, Konzepte: Ökumene, Medizin und Ethik, 1986, S. 311.
21 *Honecker* (Bibl.), S. 156.

II. Protestantische Staatsphilosophie und faktische Existenz

Es kann als Folge allgemeiner Säkularisierung im Sinne des allmählichen Übergangs theologischer in politische Ideen angesehen werden, daß reformatorische Theologumena in politische Theorien Eingang fanden. Dabei ist unverkennbar, daß die Entwicklung der Menschenrechtsidee im 17. und 18. Jahrhundert besonders auch von Philosophen protestantischer Konfession vorangetrieben wurden. *Samuel von Pufendorf* leitet in seinem Naturrechtssystem aus der Menschenwürde den Gedanken der Gleichheit der Menschen ab, eine Lehre, die durch Vermittlung von *John Wise* in die amerikanischen Menschrechtserklärungen des 18. Jahrhunderts Eingang fand. *Immanuel Kants* immens wirkkräftige Deutung der Menschenwürde prägt heute auch viele Kirchenverlautbarungen zu Menschenrechtsfragen. *John Locke, Johannes Althusius, Hugo Grotius, John Milton* und die vornehmlich protestantischen Monarchomachen sind hier nur weitere prominente Beispiele protestantisch geprägter Menschenrechtstheorie; sie gehören fast alle dem Calvinismus zu und bilden wesentliche Stationen auf dem Weg zur Entwicklung der Menschenrechte aus naturrechtlichen Lehren[22].

14 Protestantische Staatsphilosophen als Protagonisten der Menschenrechtsentwicklung

Es entspricht radikaler calvinistischer Tradition, wenn *John Milton* aus der imago-dei Lehre weitgehende politische Konsequenzen bis hin zur Rechtfertigung der Hinrichtung von König *Charles I.* 1649 folgerte. Aus der Gottesebenbildlichkeit des Menschen folge nicht nur, daß alle Menschen von Natur aus frei und alle zum Herrschen, also auch zum Urteilen über den Herrscher geboren seien. Aus dieser Gottesebenbildlichkeit folgt auch die Glaubens-, Gewissens- und Meinungsfreiheit als wichtigstes Recht der Menschen[23].

15 Menschenrechte als Konsequenz der Gottesebenbildlichkeit

Die enge Verzahnung zwischen Theologie und Theorie der Menschenrechte wird nicht zuletzt besonders bei *John Locke* deutlich, indem er alle Menschenrechte an das Grundverhältnis des Menschen zu Gott bindet: Jeder einzelne ist gegenüber Gott zur Selbsterhaltung verpflichtet. Die Menschenrechte auf Leben, Freiheit und Vermögen besitzen ihre Wurzel in dieser Pflicht zur Selbsterhaltung, weil die Pflicht gegenüber Gott ein Recht gegenüber den Mitmenschen begründet, sich seiner Pflicht gegenüber Gott gemäß zu verhalten, was ohne diese Rechte nicht möglich wäre[24].

16 Pflicht zur Selbsterhaltung als Wurzel der Menschenrechte

Betrachtet man die allmähliche Übertragung der ursprünglich religiös gedachten Würde, Freiheit und Gleichheit in den weltlich-staatlichen Bereich als heilige, unverfügbare Menschenrechte, so kann man viel eher statt von einer Säkularisierung des Sakralen von einer Sakralisierung des Säkularen sprechen. In der reformatorischen Theologie lagen jedenfalls Motive vor, die modellhaft für die Bildung moderner menschenrechtsorientierter Staatslehre wirken konnten. Mit ihrer Betonung der unmittelbaren Beziehung jedes Einzelnen zu Gott beförderte sie den neuzeitlichen Individualismus, der der Men-

17 „Freiheit eines Christenmenschen" als zentraler Freiheitstopos

---

22 Vgl. *Oestreich* (FN 13), S. 35; *Jean Baubérot*, La laïcité, quel héritage?, Genf 1990, S. 13.
23 Vgl. dazu *Hasso Hofmann*, Die Entdeckung der Menschenrechte, 1999, S. 13.
24 Vgl. *John Locke*, Zwei Abhandlungen über die Regierung, hg. von Walter Euchner, 1977, S. 203.

schenrechtsidee eigen ist. *Luthers* Lehre von der Freiheit eines Christenmenschen läßt die Freiheit eines jeden zu einem zentralen Topos werden. Die früher besonders von *Georg Jellinek* vertretene These von der vor allem auf protestantische Denkmuster zurückgehenden Entstehung der Menschenrechte aus der Religionsfreiheit[25] wird heute allerdings auch in der protestantischen Ethik mit Zurückhaltung gesehen, weil die protestantischen Kirchen und ihre Theologen keineswegs führend in der Rezeption und Ausarbeitung der Menschenrechte gewesen seien[26].

18
Beitrag des Protestantismus zum neuzeitlichen Pluralismus

Das Auftreten des Protestantismus als historisches Faktum mit dem Gegeneinander mehrerer Konfessionen trägt jedenfalls zur Herausbildung des neuzeitlichen Pluralismus entscheidend bei. Es befördert die europäische und nordamerikanische Staatenbildung und ist so selbst Strukturelement einer Wirklichkeit, die die Entwicklung der Menschenrechte bedingt.

19
Widerstandsrecht im Calvinismus

Die Verfolgung besonders calvinistischer Minderheiten in Europa zeitigte zudem als Gegenbewegung eine intensive Zuspitzung und Individualisierung der überkommenen Idee vom Widerstandsrecht in der politischen Theorie der Calvinisten. Hier war es vielleicht als erster der schottische Dichter und Philosoph *George Buchanan*, der den Königsmord aus einem individualistisch gedachten Widerstandsrecht begründete, wenn der Herrscher die wahre Religion unterdrückte[27].

20
Bedeutung der Religionsfreiheit

Ius emigrandi

Mit dem Auftreten des Protestantismus stellte sich die Frage nach der faktischen Religionsfreiheit in besonders scharfer Form. Wenn der Westfälische Friede[28] ausdrücklich Religionsfreiheit gewährleistete, erstreckte sich dies zwar lediglich auf die katholische und die lutherische Konfession, schloß andere Konfessionen und Religionen aus und galt in vielfacher Weise bedingt und begrenzt. Sie war aber so doch in der Welt. Ihre Erstreckung auf die Reformierten, wenngleich lange verfassungsrechtliches Skandalon, zeigte das universale Potential, das in ihr lag. Das mit ihr verbundene ius emigrandi, das Auswanderungsrecht Andersgläubiger, das dem Grundsatz des cuius regio eius religio die Spitze nahm, kann ebenfalls als ein erstes Grundrecht gelten, das in einem deutschen Verfassungstext gewährleistet war. In der religiös heterogenen und oft engräumigen territorialen Vielfalt des Heiligen Römischen Reiches Deutscher Nation liegt damit eine Vorform religiösen Pluralismus[29]. Die verfassungsrechtlichen Kompromisse des Augsburger Religionsfriedens von 1555 oder des Edikts von Nantes von 1598 entstanden zwar noch nicht aus dem Geist der Toleranz oder gar der Religionsfreiheit, sondern waren Eingeständnis vorläufiger politisch-konfessioneller Resignation. Immer-

---

25 Vgl. *G. Jellinek*, Die Erklärung der Menschen- und Bürgerrechte, in: Roman Schnur (Hg.), Zur Geschichte der Erklärung der Menschenrechte, 1964, S. XVI.
26 Vgl. statt vieler *Frey* (FN 1), S. 138.
27 Vgl. *George Buchanan*, De iure regni apud scotos, Edinburgh 1579, Neudruck Amsterdam 1969, S. 62 f., 97.
28 Vgl. *Heckel* (Bibl.), S. 1146; *Blaschke*, Die Bedeutung der Reformationstheologie für die Ausbildung der Menschen- und Freiheitsrechte, in: Peter Blickle u.a. (Hg.), Zwingli und Europa, Zürich 1984, S. 251.
29 Vgl. *Hans Hattenhauer*, Europäische Rechtsgeschichte, 1994, S. 364 f.

hin war mit ihnen aber nicht mehr zu bestreiten, daß auch die Anhänger der jeweils anderen Konfession rechtsfähig waren – ein erster Schritt zu Gewissensfreiheit und Gleichheit[30]. In Deutschland bot so die dauernde Koexistenz zweier gleich starker Konfessionen zumindest auf Reichsebene und in vielen Städten eine langandauernde Erfahrung der relativ freien Religionsausübung und der Gleichberechtigung der Konfessionen. In den Regelungen zur Besetzung wichtiger Reichsinstitutionen und politischer Ämter trat zudem die Idee gruppenorientierter Gleichbehandlung hervor.

Koexistenz der Konfessionen

Von entscheidender Bedeutung für die Entwicklung der Menschenrechte war damit das Faktum der dauernden Existenz unterschiedlicher Konfessionen. Es verstärkte andere Triebfedern politischer Entwicklung, wie das Streben nach Territorialhoheit gegenüber dem Reich und nationaler Behauptung in Europa, die ihrerseits den Bestand der unterschiedlichen Konfessionen sicherten. Kleinere protestantische Gemeinschaften, die in ihren Heimatländern in Europa kaum eine Überlebenschance sahen, konnten die Emigrationsmöglichkeiten nach Amerika und in andere überseeische Gebiete nutzen. Besonders in Amerika entstand aus diesen Verfolgungs-, Freiheits- und Gleichheitserfahrungen ein neuer Nukleus für die Entwicklung der Menschenrechte. Gerade die Gesellschaftsvertragslehre und die damit verbundene Begründung staatlicher Herrschaft aus der Verpflichtung, die natürlichen Menschenrechte zu sichern, besaß in der faktischen Situation der Kolonien unmittelbare Überzeugungskraft aus den Lebensumständen[31]. Persönlichkeiten wie *John Wise* oder *Roger Williams* haben hierbei eine Bedeutung erlangt, der bis heute besondere Aufmerksamkeit gilt und die stellvertretend für viele, besonders für einen allgemein herrschenden Geist und für weithin ungebrochenes Selbstbewußtsein stehen[32].

21
Bedeutung unterschiedlicher Konfessionen für die Entwicklung der Menschenrechte

Zu den wesentlichen Kristallisationspunkten protestantischer Menschenrechtsbewegung in den Vereinigten Staaten von Amerika gehörte im 19. Jahrhundert der Kampf gegen die Sklaverei[33]. So entscheidend die Entwicklung der Menschenrechte mit dem amerikanischen Protestantismus verbunden erscheint, so deutlich ist zugleich, daß in dieser Auseinandersetzung auf beiden Seiten Protestanten gestanden haben. Immerhin kamen viele der führenden Persönlichkeiten in dem Kampf gegen die Sklaverei aus dem Milieu der Theologen und Pfarrer; die gesamte Bewegung berief sich auf die Forderungen der Menschenrechte und auf ein auf den letzten Prinzipien der Moral gegründetes höheres Gesetz.

22
Kampf gegen die Sklaverei in Amerika

Diese Verbindung findet sich auch später in der Bürgerrechtsbewegung um *Martin Luther King*, dessen Überzeugungen zu Sozialethik und Politik beson-

23
Bürgerrechtsbewegung

---

30 Vgl. *Hattenhauer* (FN 29), S. 363.
31 Vgl. zu den theologischen Hintergründen *Vögele* (Bibl.), S. 55 ff., 173 ff. m.w.N.; *Per Sundman*, Human Rights, Justification, and Christian Ethics, Acta Universitatis Upsaliensis, Uppsala Studies in Social Ethics 18, Uppsala 1996, S. 84 ff.; *Brecht*, Die Menschenrechte in der Geschichte der Kirche, in: J. Baur (Bibl.), S. 70 ff.
32 Vgl. aus einer protestantisch geprägten Sicht *Brecht* (FN 31), S. 70 ff.
33 Vgl. *William E. Nelson*, The Impact of the Antislavery Movement upon Styles of Judicial Reasoning in Nineteenth Century America, Harvard Law Review 87, 1974, S. 513, 525 ff.; *Vögele* (Bibl.), S. 174 ff.

ders von *Walter Rauschenbusch* und *Reinhold Niebuhr* beeinflußt waren. Gottesebenbildlichkeit des Menschen, Rückbezug auf Christus und die Gebote der amerikanischen Verfassung verschmelzen hier in der Forderung nach einer in Menschenwürde und Freiheit gegründeten Gesellschaft ohne Rassentrennung[34].

24
Protestantismus und Emanzipationsstreben

In England und in den Niederlanden verband sich der Protestantismus mit politischem und nationalem Emanzipationsstreben. In England richtete er sich gegen die katholischen Stuarts und brachte besonders die Idee der Wahlrechte hervor[35]. Heute hat die Gemeinschaft der anglikanischen Kirchen die Menschenrechte umfassend anerkannt. Sie werden als fundamental, von größter und universaler Bedeutung und in der Gleichheit aller Menschen begründet angesehen[36]. Die Anglikanische Kirche im Vereinigten Königreich hat die Inkorporierung der Europäischen Menschenrechtskonvention durch den Human Rights Act von 1998 weithin begrüßt[37].

25
Protestantische Einflüsse auf die Menschenrechtserklärung von 1789

In Frankreich war zwar nach der Vertreibung der Hugenotten der Protestantismus weitgehend zurückgedrängt. In der gegenwärtigen französischen Auseinandersetzung mit den Menschenrechten finden sich gleichwohl die protestantischen Einflüsse auf die Formulierung der Menschenrechtserklärung von 1789 anerkannt[38]. Der heutige französische Protestantismus lebt in voller Anerkennung der Menschenrechte[39].

26
Neubesinnung auf die Menschenrechte

Erhebliche Bedeutung für die Neubesinnung des deutschen Protestantismus auf die Menschenrechte in den siebziger Jahren hat die Erfahrung des Kampfes gegen die Rassendiskriminierung in Südafrika erlangt. Einerseits hat hier protestantischer Widerstand gegen den Nationalsozialismus in Deutschland Leitbildfunktion ausüben können[40], andererseits hat die Unterdrückung der Menschenrechte in der Apartheid das Gewissen des deutschen Protestantismus geschärft, wie dies etwa in der einflußreichen Diskussion um das Anti-Rassismus-Programm des Ökumenischen Rates der Kirchen zum Ausdruck gekommen ist[41].

---

34 Vgl. *Martin Luther King*, A Christmas Sermon on Peace (1967), in: *ders.*, The Trumpet of Conscience, New York/Evanston/London 1968, S. 67, 72.
35 Vgl. *Gerhard Robbers*, Sicherheit als Menschenrecht, 1987, S. 36 ff. m.w.N.
36 Vgl. *Norman Doe*, Canonical Approaches to Human Rights in Anglican Churches, in: Mark Hill (Hg.), Religious Liberty and Human Rights, Cardiff 2002, S. 185.
37 Vgl. *Peter Cumper*, The Protection of Religious Rights under Section 13 of the Human Rights Act 1998, in: Public Law 2000, S. 254 ff.; *Julian Rivers*, From Toleration to Pluralism: Religious Liberty and Religious Establishment under the United Kingdom's Human Rights Act, in: Rex J. Ahdar (Hg.), Law and Religion, 2000, S. 133 ff.; *Peter Cumper*, Religious Organizations and the Human Rights Act 1998, in: Peter W. Edge/Graham Harvey (Hg.), Law and Religion in Contemporary Society 2000, S. 69 ff.; *Mark Hill*, The Impact for the Church of England of the Human Rights Act 1998, in: Ecclesiastical Law Journal 2000, S. 431 ff.
38 Vgl. auch *Guy Haarscher*, Philosophie des droits de l'homme, Bruxelles 1987, S. 74 ff.; *Jean Baubérot*, Vers un nouveau pacte laïque? Paris 1990, S. 115; *Roger Mehl*, La tradition et les droits de l'homme, Revue d'histoire et de philosophie religieuses 1978, S. 367 ff.; *Marc Lienhard*, Luther et les droits de l'homme, Revue d'histoire et de philosophie religieuses 1974, S. 15 ff.
39 Vgl. *Jean-François Collange*, Théologie des droits de l'homme, Paris 1989, passim.
40 Vgl. *Eberhard und Renate Bethge*, in: John W. de Gruchy, Bonhoeffer and South Africa, Grand Rapids 1984, Foreword, S. VII.
41 *Martin Honecker*, Der politische Auftrag der Kirchen, in: Handbuch der christlichen Ethik, hg. von Anselm Hertz u. a., Bd. 2, 1978, S. 253 ff.

C. Protestantische Distanz und Annäherung

I. Skepsis und Ablehnung

So deutlich der Beitrag protestantischer Theorie und Existenz zur Entwicklung der Menschenrechte ist, so unübersehbar ist die Skepsis und Ablehnung protestantischer Kirchen und weiter protestantischer Kreise gegenüber den Menschenrechten bis weit in das 20. Jahrhundert, jedenfalls in Deutschland[42]. Diese Distanz hat viele Gründe.

27
Distanz protestantischer Kirchen

Die Idee der Menschenrechte verbindet sich besonders mit der Aufklärung. Die Aufklärung aber löst die Begründung des Rechts und damit auch die Begründung der sich entwickelnden Menschenrechte aus Offenbarung und Schöpfung, die Vernunft wird zum wesentlichen Begründungsmotiv des Rechts. In der zentralen Stellung der Vernunft spiegelt sich der in der Aufklärung vorherrschende Fortschrittsglaube und ihr entschieden optimistisches Menschenbild. In Kontrast hierzu stand die reformatorische Lehre von der Erbsünde, dem nur in der Gnade Gottes durch den Glauben überwindbaren Gefallensein des Menschen, mit ihrem weithin pessimistischen Bild vom Menschen.

28
Diskrepanz zwischen Aufklärung und reformatorischer Lehre

Besonders aber auch die tatsächliche Existenzweise der reformatorischen Kirchen jedenfalls in Deutschland stellte ein Hindernis gegenüber der ungebrochenen Durchsetzung der Menschenrechtsidee in der Theologie dar. Menschenrechte stellen Forderungen an Herrschaft, Forderungen der Begrenzung von Macht, Forderungen der Teilhabe an und der Leistung von ihr. Die Entstehungsgeschichte des Protestantismus hat die reformatorischen Kirchen aber von Beginn an aufs engste mit staatlicher Herrschaft verknüpft. In den lutherischen Territorien des Reiches war der weltliche Herrscher regelmäßig zugleich oberster Bischof seiner Landeskirche. In der Schweiz bestand weitgehende Identität von Bürgergemeinde und calvinistischer Kirchengemeinde. In Schweden und Dänemark war die lutherische Kirche als Nationalkirche etabliert, die Anglikanische Kirche bildete die Established Church von England und Wales. Reformatorisches Kirchentum war in Europa tendenziell und wesentlich Staatskirchentum. Diese staatliche Beherrschung und Durchdringung reformatorischen Kirchentums hinderte die Entfaltung der Menschenrechtsidee im etablierten Protestantismus Europas. Als Teil staatlicher Herrschaft waren reformatorische Kirchen in Europa überwiegend und der Grundtendenz nach gegenüber der den Menschenrechten immanenten Abwehr, Begrenzung und Verpflichtung der Staatsmacht kritisch eingestellt. Hinzu kam für weite Teile Europas, daß die mit den Menschenrechten ver-

29
Protestantisches Staatskirchentum als Hindernis der Menschenrechtsdurchsetzung

---

[42] Vgl. *Martin Heckel*, Die Menschenrechte im Spiegel der reformatorischen Theologie, Heidelberger Akademie der Wissenschaften, 1987, S. 40ff., auch in: *ders.*, Gesammelte Schriften (Bibl.); *Eberhard Jüngel*, Meine Zeit steht in deinen Händen (Psalm 31,16), Heidelberger Universitätsreden 13, 1998, S. 17; *Honecker* (Bibl.), S. 70f., 120; vgl. auch *Ulrich Scheuner*, Menschenrechte und christliche Existenz (1967), in: *ders.*, Schriften zum Staatskirchenrecht, 1973, S. 423ff.

bundenen Ideen der Volkssouveränität und Demokratie einem kirchlich-obrigkeitsstaatlichen Denken entgegengesetzt waren[43]. Nach der Französischen Revolution taten die nationale Abwehr gegen französische Eroberung, die Erfahrung des Terrorismus und des anti-christlichen Affektes der Revolution im Namen der Menschenrechte ein Übriges. Die Nationalisierung im 19. Jahrhundert definierte die Menschenrechte zudem um in Untertanenrechte, in Grundrechte der Menschen im Untertanenverbund. Die im 19. Jahrhundert durchgängig wirksame Distanzierung gegenüber den Menschenrechten ergriff auch den Protestantismus in Europa.

II. Annäherung und Bejahung

30
Notwendigkeit differenzierter Sicht

Aber weder die Behauptung allgemeiner protestantischer Ablehnung der Menschenrechte wird der Komplexität protestantischen Denkens gerecht noch die Behauptung ihrer ungebrochenen Bejahung. So viel Skeptizismus und Ablehnung gegenüber den Menschenrechten herrschten, so intensiv haben gerade auch Protestanten für deren Anerkennung und Verwirklichung gekämpft. Immerhin waren viele, ja die meisten und gerade die führenden der Mitglieder des Verfassungsausschusses der Paulskirchenversammlung evangelisch, darunter *Georg Beseler, Friedrich Dahlmann, Gustav Droysen, Maximilian von Gagern, Heinrich Simon, Karl Theodor Welcker*, auch *Robert Mohl* und *Paul Pfizer*[44].

31
Ambivalentes Verhältnis zu den Frankfurter Grundrechten

Als typisch für die konservativen protestantischen Kreise, aber auch für die reformatorische Menschenrechtskritik insgesamt wird heute bisweilen die Kritik an der Paulskirchenverfassung mit ihrem Grundrechtsteil angesehen, die *Friedrich Julius Stahl* 1849 formulierte: Die Grundrechte des deutschen Volkes, so wie von der Nationalversammlung aufgestellt, seien die feierliche Lossagung des Staates vom christlichen Glauben zugunsten einer allgemeinen Vernunftreligion[45]. Aber auch *Friedrich Julius Stahl* billigte doch, daß die Grundrechte in der Verfassung urkundlich verbrieft wurden[46] und fand, daß die politische Freiheit, die der Revolution vorschwebte, ein schätzenswertes Gut sei, verwerflich nur, daß sie im Bruch der alten Ordnung angestrebt werde[47]. Predigten, kirchliche Presse und Kirchentagsprotokolle der Revolutionsjahre 1848/49 zeigen neben einem protestantischen Konservativismus, der den Menschenrechten kritisch gegenübertritt, durchaus auch einen liberalen, vor allem freikirchlichen Protestantismus und eine zwischen diesen vermittelnde Theologie, die die Menschenrechte begrüßt und im Sinne des Evangeliums zu verstehen sucht[48].

---

43 Vgl. dazu *Honecker* (Bibl.), S. 71.
44 Vgl. *Jörg-Detlef Kühne*, Die Reichsverfassung der Paulskirche, ²1998, S. 533 ff.
45 Vgl. *W. Huber*, Grundrechte in der Kirche (Bibl.), S. 519; *Friedrich Julius Stahl*, Die deutsche Reichsverfassung nach den Beschlüssen der deutschen Nationalversammlung und nach dem Entwurf der drei königlichen Regierungen, Berlin 1849, S. 68, 62.
46 *Stahl* (FN 45), S. 62.
47 Vgl. *Friedrich Julius Stahl*, Was ist die Revolution, Berlin 1852, S. 10 f.
48 Vgl. *Gottfried Hütter*, Die Beurteilung der Menschenrechte bei Richard Rothe und Friedrich Julius Stahl, 1976, S. 18 f.

Viele protestantisch geprägte Persönlichkeiten haben Einfluß auf die Menschenrechtsentwicklung genommen. Auch wenn der von *Friedrich Naumann* entworfene Grundrechtskatalog für die Weimarer Reichsverfassung keinen dauerhaften Widerhall fand, lebt doch dieser Entwurf aus protestantischer Überzeugung[49] in dem Bemühen um ein umfassendes Grundrechtsverständnis, das die tradierten Freiheitsrechte mit sozialen Erfordernissen zu verbinden suchte[50]. Protestantisch verwurzelt war auch *Theodor Heuss*, ohne dessen intensiven Einfluß der Katalog der Grundrechte des Grundgesetzes nicht seine heutige Gestalt hätte. Sehr dezidiert begründet *Gustav Heinemann* die Grund- und Menschenrechte christologisch: Alles Daseins- und Lebensrecht des Menschen verstehe sich christlicherseits von der Güte Gottes aus. Nur dadurch, daß dem Menschen dieses so geartete Recht zugesprochen sei, besitze er es wirklich[51]. Der Beitrag, den der prononçiert evangelische *Rudolf Smend* für die Sicherung und dogmatische Entwicklung der Grundrechte in der Weimarer Republik geleistet hat, kann gar nicht hoch genug geschätzt werden. Er prägt, weiter vertieft und tradiert vom ebenfalls evangelischen *Konrad Hesse*, die Grundrechtstheorie in Deutschlands bis heute.

32
Einfluß protestantisch geprägter Persönlichkeiten

Es ist gewiß schwierig, den Einfluß persönlichen evangelischen Glaubens auf das menschenrechtsgerichtete Handeln dieser und vieler weiterer Persönlichkeiten im einzelnen und konkreten aufzuzeigen; wenn es solchen Einfluß tatsächlich gab, wird er oft unbewußt und undeutlich geblieben sein. In vielem unterscheiden sich solche Persönlichkeiten dabei nicht von denen, die aus anderen konfessionellen und religiösen Quellen schöpften. Es bleibt dennoch festzuhalten, daß viele intensiv protestantisch geprägte Politiker und Juristen die Menschenrechtsidee aktiv und oft unter Inkaufnahme persönlicher Gefährdung befördert haben.

33
Schwieriger Nachweis des Einflusses

Reformatorische Theologie im eigentlichen Sinne hat sich allerdings erst spät ausdrücklich der Menschenrechte angenommen. Es verwundert nicht, daß Menschenrechte in der reformatorischen Theologie des ausgehenden 19. und des beginnenden 20. Jahrhunderts keine oder nur sehr untergeordnete Beachtung fanden. Es war eine der Menschenrechtstheorie allgemein wenig günstige Zeit[52]. Protestantische Ethik nimmt in dieser Zeit im Allgemeinen und in weitgehender Übereinstimmung mit anderen Strömungen kaum Stellung zur Idee der Menschenrechte. Wenn dies dennoch geschieht, überwiegt Kritik und Skepsis. *Paul Althaus* schreibt in seiner Auseinandersetzung mit der Haltung *Luthers* im Bauernkrieg: „Ist es nicht eine erlösende Erkenntnis, daß es wohl christliche Bruderpflichten, aber keine christlich für sich selbst zu

34
Skepsis gegenüber Menschenrecht im 19./20. Jahrhundert

---

49 Vgl. *Theodor Heuss*, Friedrich Naumann zum Gedächtnis, in: Ralf Dahrendorf/Martin Vogt (Hg.), Theodor Heuss. Politiker und Publizist. Aufsätze und Reden, 1984, S. 110 f.
50 Vgl. *Ernst Rudolf Huber*, Deutsche Verfassungsgeschichte seit 1789, Bd. 5, 1978, S. 1198 f.
51 *Gustav W. Heinemann*, Der demokratische Rechtsstaat als theologisches Problem (1967), in: *ders.*, Glaubensfreiheit – Bürgerfreiheit, Reden und Aufsätze zu Kirche – Staat – Gesellschaft 1945-1975, Bd. 2: Reden und Schriften, hg. von Dieter Koch, 1976, S. 268, 277 f.
52 Vgl. *Hisao Kuriki*, Zum Gebrauch des Wortes „Menschenrechte" in der Geschichte der deutschen Rechts- und Staatslehre, in: Joachim Bohnert u. a. (Hg.), Verfassung – Philosophie – Kirche, FS Hollerbach, 2001, S. 25 f.

behauptenden Menschenrechte gibt?"⁵³. *Gogartens* politische Ethik von 1932 spricht immerhin von der Freiheit, die der Staat dem Menschen garantieren müsse. Aber diese Freiheit ist in keinen Bezug zu den Menschenrechten gesetzt, und sie gilt *Gogarten* auch ohne unmittelbare Relevanz für das politische und soziale Leben als Freiheit „von der Macht des Bösen", vor der der Staat schützen müsse⁵⁴. Der Blick über den deutschen Protestantismus hinaus zeigt aber etwa in Schweden mit *Gustaf Aulén* eine protestantische Ethik, die den Gedanken der Menschenrechte begrüßt und ihn dabei als ein menschliches Produkt sieht, das der Relativität und dem Wandel geschichtlicher Normbildung ausgesetzt ist⁵⁵.

35
Hinwendung reformatorischer Theologie zu den Menschenrechten im 20. Jahrhundert

Unter dem Eindruck von Terror und Krieg im 20. Jahrhundert setzt ein deutliches Umdenken und eine Hinwendung reformatorischer Theologie zu den Menschenrechten ein, zunächst freilich zurückhaltend und unter Betonung höherer, den Menschenrechten vorausliegender Bindungen und Verpflichtungen. So schreibt der Schweizer *Karl Barth*, daß die christliche Sicht politischer Freiheit und also das dem einzelnen Bürger zu garantierende Grundrecht nie anders als im Sinn der von ihm geforderten Grundpflicht der Verantwortlichkeit verstanden und interpretiert werden könne. In den klassischen Proklamationen der „sogenannten 'Menschenrechte'" sowohl in Amerika als auch in Frankreich sei dies undeutlich geblieben. Verantwortlich sei der Bürger also sowohl in der politischen wie in der nichtpolitischen Sphäre, im ganzen Bereich seiner Freiheit. So überbiete die christliche Haltung sowohl den Individualismus als auch den Kollektivismus⁵⁶. Trotz aller Verwurzelung in einer Pflichtethik öffnet *Karl Barth* aber den Blick für die Menschenrechte, auch etwa in der Behauptung von Analogien wie der zwischen der Freiheit religiöser Verkündigung zur Meinungsfreiheit. Unverstellt positiv äußert sich *Dietrich Bonhoeffer* unmittelbar aus den Erfahrungen des Kirchenkampfes zu Inhalt und Funktion der Menschenrechte⁵⁷. *Ernst Wolf* begrüßt die Menschenrechte ohne jeden Vorbehalt als Ausdruck des christlichen Freiheitsverständnisses, mit dem zugleich die Würde des Menschen verbunden sei⁵⁸.

36
Christliche Bruderliebe, christliche Gleichheit und christliche Freiheit

Deutlich skeptischer äußern sich andere: Der Bibel sei nicht nur der Begriff, sondern auch die Sache natürlicher, allgemeiner, heiliger und unveräußerlicher Rechte des Menschen schlechterdings unbekannt. Wo sie in der Bibel begegnen könnten, stünden vielmehr die zehn Gebote. Menschenrechte gelten hier noch als verwerfliches Zeichen menschlichen Autonomiestrebens und eines unkirchlichen Rationalismus; Christen hätten nicht Menschenrechte zu

---

53 *Paul Althaus*, Luthers Haltung im Bauernkrieg, 1952, S. 23.
54 Vgl. *Friedrich Gogarten*, Politische Ethik, 1932, S. 195 f.
55 Vgl. *Gustaf Aulén*, Church, Law and Society, New York 1948, S. 80-83; *Dietz Lange*, Ethik in evangelischer Perspektive, 1992, S. 142 f.
56 Vgl. *Karl Barth*, Christengemeinde und Bürgergemeinde, Theologische Studien Heft 20, Zollikon 1947, S. 28.
57 Vgl. *Dietrich Bonhoeffer*, Ethik, 1988, S. 59.
58 Vgl. *Ernst Wolf*, Die Freiheit und Würde des Menschen, in: Hermann Wandersleb (Hg.), Recht, Staat, Wirtschaft, Bd. 4, 1953, S. 33 ff.

beanspruchen, sondern Pflichten gegenüber den Menschen wahrzunehmen[59]. Bei *Johannes Heckel*[60] liegt die Betonung in der Interpretation der Zwei-Reiche-Lehre *Luthers* noch auf der Gleichheit des Christenstandes, auf der Freiheit des Christenmenschen. Christliche Bruderliebe, christliche Gleichheit und christliche Freiheit gelten hier als die drei göttlichen Grundrechte des gläubigen Christen im äußeren Leben, im Vergleich zu denen die Grundrechte in weltlichen Herrschaften bloß verzerrte Schattenbilder seien.

Bis weit in die Nachkriegszeit hinein nahm so protestantische Theologie in Deutschland trotz mancher Annäherungen von den Menschenrechten nur eher zurückhaltend Kenntnis. *Helmut Thielicke* zählt sie zu dem „Vorletzten", den gemeinsamen Werten, zu denen er die Menschenwürde, die Grundrechte und „verwandte Axiome" der Humanität rechnet[61]. In ihrer Allgemeinheit seien sie oft „verblasen", dürften aber dennoch nicht verachtet werden. Menschenrechte beschrieben das verbliebene Minimum eines allgemeinen Wertbewußtseins[62] und vollzögen eine notwendige Machtbegrenzung[63]. Ähnliche Ambivalenz zwischen Zurückhaltung und Annäherung zeigt die Beschreibung bei *Walter Künneth*, der von den „überaus variablen und problematischen Menschenrechten" spricht, aber nicht weil er sie ablehnt, sondern weil eine politische Ethik sich nicht auf die Menschenrechte begründen ließe: die Rede von ihnen sei nicht die Voraussetzung der Ethik, sondern die ethische Folge der Offenbarungserkenntnis[64]; gleichwohl erscheinen die Menschenrechte als Bedingung für Humanität, Gerechtigkeit und Frieden. Besonders auch *Paul Tillich*[65] hat jedenfalls für den deutschen Bereich die in der reformatorischen Rechtfertigungslehre wurzelnde Verpflichtung zu Kritik und Protest gegenüber jeder sich absolut setzenden Machtstruktur[66] betont. Wenngleich die Menschenrechte so nicht ins Zentrum theologischer Ethik gestellt wurden, fanden sie doch positiven Eingang in ihre Lehrgebäude.

37
Ambivalenz zwischen Zurückhaltung und Annäherung

An der Erarbeitung der Allgemeinen Erklärung der Menschenrechte der Vereinten Nationen waren die Kirchen intensiv beteiligt. Der im Aufbau begriffene Ökumenische Rat der Kirchen wirkte besonders durch die Kommission der Kirchen für Internationale Angelegenheiten und deren Direktor *Frederick Nolde* mit, wobei er vor allem Einfluß auf die Formulierung der Religionsfreiheit nahm[67]. In einer Stellungnahme der Evangelischen Kirche in Deutschland von 1950 für die UN-Konvention für Menschenrechte zur Kon-

38
Einfluß auf die Allgemeine Erklärung der Menschenrechte

---

59 Vgl. *Heinrich Vogel*, Die Menschenrechte als theologisches Problem, in: Werner Schmauch (Hg.), In memoriam Ernst Lohmeyer, 1951, S. 347f.
60 *Johannes Heckel*, Lex charitatis, Abhandlungen der Bayerischen Akademie der Wissenschaften, Neue Folge Heft 36, 1953, S. 40, 136f., 138.
61 *Helmut Thielicke*, Theologische Ethik, Bd. 3, 1964, S. 64f.
62 *Thielicke* aaO., Bd. 2, 1958, S. 82ff.
63 Vgl. *Thielicke* (FN 62), S. 284f.; vgl. auch *Wolfgang Trillhaas*, Ethik, 1970, S. 463.
64 Vgl. *Walter Künneth*, Politik zwischen Dämon und Gott, 1954, S. 133.
65 *Paul Tillich*, Der Protestantismus als Kritik und Gestaltung, 1962, S. 7.
66 Vgl. *K. Raiser* (FN 2), Sp. 1353.
67 Vgl. Ökumenischer Rat der Kirchen, Erklärung zu den Menschenrechten vom 14.12.1948; *W. Huber*, Grundrechte in der Kirche (Bibl.), S. 585; *Lienemann*, Menschenrechte in der Entwicklung, Ökumenische Rundschau 25 (1976), S. 72ff.

kretisierung der Allgemeinen Erklärung der Menschenrechte heißt es, daß die Menschenrechte nach evangelischer Erkenntnis in der Gnade Gottes gründen; darum gehe es bei der Anerkennung von Menschenrechten um das Recht, in dem jeder den anderen in seiner ihm von Gott verliehenen Würde zu respektieren habe[68]. Auf seiner Gründungsversammlung 1949 bekannte sich der Ökumenische Rat auf der Grundlage des „Konzepts der verantwortlichen Gesellschaft" zu Meinungsfreiheit, Toleranz und Kontrolle politischer und wirtschaftlicher Macht. Auf seiner Tagung in Uppsala 1968 hob der Ökumenische Rat der Kirchen hervor: „Die volle Anwendung der Religionsfreiheit auf einzelne und Organisationen und das freie Recht für alle Menschen, gleich welchen Glaubens und welcher Weltanschauung, dem eigenen Gewissen zu folgen, ist von grundlegender Bedeutung für alle menschlichen Freiheiten"[69].

39
Göttlicher Ursprung der Menschenrechte

Die siebziger Jahre des 20. Jahrhunderts brachten einen entscheidenden Durchbruch für die Stellung der Menschenrechte in den reformatorischen Kirchen. Aus dieser Zeit stammen auch die meisten größeren Entwürfe für die heutige theologische Begründung der Menschenrechte. Der Lutherische Weltbund gab auf seiner Vollversammlung von 1970 eine Menschenrechtserklärung ab, die den göttlichen Ursprung der Menschenrechte betonte[70]. Im selben Jahr forderte der Reformierte Weltbund die verstärkte Beschäftigung mit den Menschenrechten[71].

40
Theologische Durchdringung der Menschenrechte

Als ein zentrales Ereignis gilt allgemein die Konsultation des Ökumenischen Rates der Kirchen zur Frage der Menschenrechte von St. Pölten von 1974[72]. Hier wurde ein Katalog von sechs im einzelnen näher beschriebenen und ausgefalteten Menschenrechten formuliert: das Recht auf Leben, kulturelle Identität, demokratische Teilhabe, Meinungsfreiheit, persönliche Würde und endlich freie Entscheidung für eine Religion oder einen Glauben. Solche Versuche zur eigenständigen Formulierung von Menschenrechtskatalogen jenseits bestehender völkerrechtlicher Abkommen wurden in der Folge allerdings alsbald aufgegeben, weil sie zu den bestehenden Menschenrechtserklärungen und Menschenrechtsabkommen nicht wirklich Neues oder Eigenständiges beitragen konnten. Vielmehr legten sich die Bemühungen auf die theologische Durchdringung und Begründung, Auslegung und Weiterentwicklung der Menschenrechte, wie es in der Erklärung zu den Menschenrechten des Ökumenischen Rates der Kirchen von 1998 zum Tragen kommt[73].

---

68 Vgl. Stellungnahme im Auftrag des Außenamtes der EKD von Januar 1950, bei: *Ernst Wolf* (FN 58), S. 29.
69 Vgl. N. Godall (Hg.) Bericht aus Uppsala, 1968, S. 67; *Honecker* (Bibl.), S. 94; vgl. auch Wilhelm Menn (Hg.), Die Ordnung Gottes und die Unordnung der Welt, Tübingen 1948.
70 Vgl. Resolution zur Frage der Menschenrechte, epd-Dokumentation EVIAN 1970, Hans-Wolfgang Heßler (Hg.), Bd. 3, S. 192 f.; vgl. dazu auch *Honecker* (Bibl.), S. 50 f.; *Lienemann* (FN 67).
71 Vgl. *Oestreich* (FN 13), S. 126.
72 Vgl. Thesenreihe der EKD, epd-Dokumentation 44 a, 1975, S. 8 f; epd-Dokumentation 5/1975, S. 44; *Honecker* (FN 5), *ders.* (FN 14), S. 51 f.
73 Vgl. Ökumenischer Rat der Kirchen, Erklärung zu den Menschenrechten, in: Martin Breidert/Jochen Motte (Hg.), Schafft Recht und Gerechtigkeit, 1999, S. 87 ff.

D. Menschenrechte im Protestantismus der Gegenwart

Heute erscheinen die Menschenrechte als ein Kerngehalt evangelischer Sozialethik. Dabei lassen sich drei Hauptfelder der Aufmerksamkeit unterscheiden: die theologische Begründung der Menschenrechte, ihre Durchdringung und Ausfaltung und endlich das praktische menschenrechtliche Engagement.

41
Menschenrechte als Kerngehalt evangelischer Sozialethik

I. Theologische Begründungen

Protestantische Begründungen der Menschenrechte divergieren nicht unerheblich[74]. Die Menschenrechte werden einerseits aus der Schöpfung begründet, andererseits aus Erlösung und Eschatologie, aus Vernunft und Offenbarung, aus theologischer Anthropologie oder aus christologischer Theologie[75], besonders aber aus der reformatorischen Rechtfertigungslehre. Naturrechtliche Herleitungen finden sich dagegen trotz einzelner Annäherungen[76] weithin abgelehnt, statt dessen wird das historische Gewordensein der Menschenrechte und ihre Wandelbarkeit betont[77]. Grund- und Menschenrechte gelten als nicht vom Staat gewährt, sondern den Menschen vorstaatlich unveräußerlich zu eigen. Wenn so Menschenrechte heute kirchlich und theologisch im Protestantismus durchgängig anerkannt sind, bleibt die Differenz zwischen Freisein im Glauben und den Freiheiten in der Gesellschaft betont[78].

42
Divergierende Begründungen für Menschenrechte

Als Grundlage der Menschenrechte gilt in den gegenwärtigen protestantischen Interpretationen regelmäßig die Menschenwürde, die jedem Menschen zukommt[79]. Mit der Rechtfertigungslehre wird die These ins Zentrum gerückt, daß die Würde des Menschen nicht durch – moralische – menschliche Tätigkeiten erzeugt wird[80]. Menschen werden nicht erst durch ihre Leistungen menschlich, denn ihre Rechtfertigung vor Gott allein durch Gnade bedeutet, daß der Mensch in seinem Menschsein vor Gott anerkannt ist, ohne dafür etwas tun zu müssen oder auch nur tun zu können[81]. Der Mensch kann seine Würde deshalb auch nicht verlieren, gleichgültig was er tut oder ist. Der Satz: Die Würde des Menschen ist unantastbar, gewinnt so über seinen präskriptiv-

43
Menschenwürde als Grundlage der Menschenrechte

---

74 Vgl. *Huber/Tödt* (Bibl.), S. 64 ff., 158 ff.; *Honecker* (Bibl.), S. 23 ff., S. 128 ff.
75 Vgl. *Heckel* (Bibl.), S. 1187.
76 Vgl. *Martin Honecker*, Einführung in die theologische Ethik, Berlin/New York 1990, S. 193.
77 Vgl. *Lange* (FN 55), S. 316; *Honecker* (Bibl.), S. 103, 106 f.
78 Vgl. Hans Christian Knuth (Hg.), Von der Freiheit – Besinnung auf einen Grundbegriff des Christentums, 2001, S. 9, 106.
79 Vgl. etwa Christentum und politische Kultur, Eine Erklärung des Rates der Evangelischen Kirchen in Deutschland, EKD-Texte 63, 1997, S. 7; Evangelische Kirche und freiheitliche Demokratie. Der Staat des Grundgesetzes als Angebot und Aufgabe, Eine Denkschrift der Evangelischen Kirche in Deutschland, hg. vom Kirchenamt im Auftrag des Rates der Evangelischen Kirche in Deutschland, Gütersloh 1985, S. 26 ff.; *Ernst Wolf*, Sozialethik, 1988, S. 324 ff.; *Hans Richard Reuter*, Menschenrechte zwischen Universalismus und Relativismus, Zeitschrift für Evangelische Ethik 40, (1996), S. 146.
80 Vgl. *Jüngel* (FN 42), S. 22.
81 *Eberhard Jüngel*, Der alte Mensch – als Kriterium der Lebensqualität, in: Der Wirklichkeitsanspruch von Theologie und Religion. Ernst Steinbach zum 70. Geburtstag, hg. von Dieter Henke u. a., Tübingen 1976, S. 129 (131).

normativen Sinn hinaus zusätzlich Bedeutung. Er erfährt seine Begründung in reformatorisch-paulinischer Rechtfertigungstheologie und erweist sich als im Kern deskriptiv, betont die faktische Unverlierbarkeit der Würde und begründet so die Freiheit des Menschen jenseits aller Angriffe auf seine Würde. Menschenrechte finden sich hier im Wege einer analogia relationis verstanden: Der vor Gott freie Mensch soll auch vor den Menschen frei sein können[82].

44
Transzendierender Charakter der Menschenwürde

Einflußreich ist das theologische Modell einer Analogie[83], es verweist auf Entsprechung und Differenz der Menschenrechte mit christlichen Grundanliegen. Auch für diese Lehre gründen die einzelnen Menschenrechte in der Menschenwürde. Die Würde des Menschen wird darin gesehen, daß der Mensch ein Wesen sei, das in keiner vorfindlichen Gestalt aufgehe, sondern über alle gegebenen Bedingungen, Definitionen und Leistungen seiner selbst hinausweise. Dieser transzendierende Charakter verbinde die Würde des Menschen mit der Würde aller Geschöpfe, denn die Schöpfung im Ganzen verweise auf den Schöpfer, dem sie sich verdanke. Der Mensch sei jedoch das Wesen, daß sich zu seiner Selbsttranszendenz reflexiv verhalten, ihr entsprechen oder widersprechen könne. Es gehöre zum Besonderen menschlicher Würde, daß der Mensch seine eigene Würde verfehlen könne. Gleichwohl habe keine weltliche Instanz das Recht, einem Menschen seine Würde abzusprechen. Vielmehr gewinne gerade im Blick auf die Menschenwürde die reformatorische Unterscheidung zwischen den Personen und ihren Taten praktisches Gewicht. Auch aus würdelosem Handeln könne kein Rechtstitel darauf hergeleitet werden, einen Menschen für würdelos zu erklären[84].

45
Menschenrechte zwischen säkularer Eigenständigkeit und theologischer Ableitung

In der Suche nach (bloßen) Analogien zwischen der neuzeitlichen Gestalt der Menschenrechte und Grundinhalten des christlichen Glaubens will diese Lehre den säkularen Charakter der Menschenrechte gegenüber Versuchen theologischer Ableitung ernstnehmen. Aus der geschichtlichen Entwicklung der Menschenrechte folge, daß sich hinter ihren kontroversen Auslegungen die Aufgabe der Menschenrechte zeige, die Stellung der Einzelperson im Gemeinwesen zu bestimmen und zu sichern. Freiheit, Gleichheit und Teilhabe zusammen machten die Grundfigur der Menschenrechte aus. Diese Grundfigur besitze säkulare Eigenständigkeit und stehe doch zugleich in Entsprechung zu Grundinhalten des christlichen Glaubens[85]. Der Einsatz für die Menschenrechte gilt insofern als Frucht des Glaubens und also als Konsequenz des Evangeliums[86].

---

82 Vgl. *Eberhard Jüngel*, Freiheitsrechte und Gerechtigkeit, in: *ders.*, Unterwegs zur Sache, 2000, S. 252 f.
83 *Heinz Eduard Tödt*, Die Antinomie von Freiheit und Gleichheit, in: *ders.*, Perspektiven theologischer Ethik, 1988, S. 192 ff.; *Huber/Tödt* (Bibl.), S. 158 ff., *Wolfgang Huber*, Gerechtigkeit und Recht, 1996, S. 226 ff.; vgl. auch *dens.*, Human Rights and Biblical Legal Thought, in: John Witte/Johan D. van der Vyver (Hg.), Religious Human Rights in Global Perspective. Religious Perspectives, The Hague 1996, S. 47 ff.
84 Vgl. *W. Huber* (FN 83), S. 233.
85 Vgl. *W. Huber* (Bibl.), S. 525 f.
86 Vgl. *Ulrich H. J. Körtner*, Menschenrecht und Gottesrecht, in: Martin Breidert/Jochen Motte (Hg.), Schaffet Recht und Gerechtigkeit, 1999, S. 19.

Zum anderen wird die Menschenwürde aus der Gottesebenbildlichkeit des Menschen begründet[87]. Dabei bleibt für manche Theologen der Würdebegriff notwendig an den Begründungszusammenhang der christlich-abendländischen Überlieferung gebunden[88]. Bisweilen finden sich dabei indirekte Beziehungen zwischen den Menschenrechten und Aussagen des Alten Testamentes herausgearbeitet[89]. Die Würde des Menschen sei in seinem Geschaffensein durch Gott begründet. Lebensrecht habe darüber hinaus alle Kreatur, weil die außermenschliche Schöpfung dem Menschen anvertraut sei. Die komplexe Beschreibung der Menschenschöpfung, wonach zum Geschaffensein des Menschen der Lebensraum (der Garten), die Arbeit (bebauen und bewahren) und die Gemeinschaft (Mann und Frau) gehöre[90], komme dem neuzeitlichen Verständnis der Menschenrechte insofern nahe, als auch hier die Lebensrechte des Menschen diese Grundanliegen mit umfassen. Selbst Anzeichen einzelner Entsprechungen werden geltend gemacht, so etwa für das Recht auf rechtliches Gehör in der Erzählung von *Adam*, der vor Gott Rede und Antwort stehen darf, nachdem er vom verbotenen Baum der Erkenntnis gegessen hat. Ähnlich wird zur Geschichte von *Kain* argumentiert, der nach dem Mord an seinem Bruder *Abel* von Gott angehört wird. Und auch die biblischen Parteinahmen für den Schutz von Sklaven[91], seltene Annäherungen an die freie Wahl der Religion[92], besonders die sozialen Gebote, sich der Schwachen und Armen anzunehmen, Menschen nicht bloßzustellen und die Natur zu schonen[93], werden in Beziehung zu Menschenwürde und Menschenrechten gesetzt. Die biblische Freistellung vom Kriegsdienst für den jungen Mann, der gerade geheiratet, ein Haus gebaut oder einen Weinberg gepflanzt hat[94], sieht sich in Richtung auf ein Menschenrecht auf Glück interpretiert. Prophetische, wirksame Anklagen gegen ungerechte Herrscher, wie die des Propheten *Elias* gegen den des Justizmordes schuldigen König[95], und Anklagen wegen Unrechts im Krieg[96] gelten als menschenrechtsgerichtet. Endlich wird auch der Universalismus der Menschenrechte im Alten Testament aufgespürt, etwa bei der Weisung und Verheißung Gottes an Abraham, ein Segen für alle Völker der Erde zu sein[97].

46
Begründung der Menschenrechte aus der Gottesebenbildlichkeit

---

87 Vgl. statt vieler: Evangelische Kirche und freiheitliche Demokratie, Der Staat des Grundgesetzes als Angebot und Aufgabe, Eine Denkschrift der Evangelischen Kirche in Deutschland, 1985, S. 13; *Traugott Koch*, Menschenwürde als das Menschenrecht – Zur Grundlegung eines theologischen Begriffs des Rechts, Zeitschrift für evangelische Ethik 35(1991), S. 101.
88 *Wolfhart Pannenberg*, Christliche Wurzeln des Gedankens der Menschenwürde, in: W. Kerber (Hg.), Menschenrechte und kulturelle Identität, München 1991, S. 75.
89 Vgl. *Claus Westermann*, Das Alte Testament und die Menschenrechte, in: J. Baur (Bibl.), S. 6 ff.
90 Genesis 1, 26-30.
91 Exodus 21, 2-6.
92 Josua 24, 15; Deuteronomium 30, 15-19.
93 Deuteronomium 15, 1-3; 7-11; 22, 1-4; 23, 19-20; 24, 6, 10-11,13,14-15,19-22; 25, 3.
94 Deuteronomium 20, 5-9.
95 1 Könige 21.
96 Amos 1-2; 1, 6; Jesaja 15 f.; Jeremia 48, Jesaja 19.
97 Genesis 12, 1-3.

47
Protestantismus als „Religion der Freiheit"

In einer reformierter Tradition verpflichteten Auslegung[98] folgen die Menschenrechte und ihre Universalität aus dem Bund Gottes mit den Menschen, aus der Botschaft der Befreiung und Rechtfertigung und aus dem Recht Gottes auf den Menschen. Weil die Bundestreue Gottes allen Menschen gelte, sei auch allen eine unveräußerliche Menschenwürde zuerkannt, die sich in den Menschenrechten konkretisiere. Zugleich wird versucht, einzelne Menschenrechte unmittelbar schöpfungstheologisch zu begründen. Der Protestantismus erscheint so als „Religion der Freiheit" in den Krisen der Moderne[99]. Mit dem Symbol der Gottesebenbildlichkeit sieht diese Auffassung das Ziel, daß der Mensch in die Entsprechung zu Gott kommen soll und betont damit das Prozeßhafte, Historische, ein Recht auf Selbstbestimmung und Zukunft, endlich die Verantwortung für spätere Generationen.

48
Menschenrechte gründen in der Menschenwürde

Hier werden drei Gruppen von Menschenrechten formuliert: die Freiheitsrechte der Person, die sozialen Rechte der Gemeinschaft und das Existenzrecht als Recht auf Leben. Die vielfältigen Menschenrechte gründen alle in der einen Würde des Menschen und bedingen ihrerseits Pflichten. Aus der Gottesebenbildlichkeit jedes Menschen wird die prinzipielle Demokratisierung jeglicher Herrschaft von Menschen über Menschen gefolgert, das Widerstandsrecht und die Widerstandspflicht gegen Unrecht. Aus der Schöpfungsgeschichte, wonach der Mensch als Mann und Frau geschaffen ist, ergibt sich hier das Leben in Gemeinschaft, und daraus folgen soziale Grundrechte; aus dem Gebot, sich die Erde untertan zu machen, erschließen sich Umweltverantwortung und Rechte auf Leben, Arbeit, Schutz und Eigentum[100].

49
Gleiche Würde aller Menschen

In anderen theologischen Entwürfen[101] folgen die Menschenrechte aus dem natürlichen Ethos und der weltlichen Vernunft, so daß die universale Geltung der Menschenrechte nicht durch partikulare religiöse Begründungen gefährdet werde. Allerdings ergibt sich auch in dieser Sichtweise aus der Gottesebenbildlichkeit die gleiche Würde aller Menschen[102]. Auf dem Schöpfungsgedanken beruht die Unverfügbarkeit der Person, die Gleichheit aller Menschen vor Gott, die Respektierung der Würde, Verantwortung und Freiheit des Menschen[103]. Weil aber die Menschenrechte rechtlich verpflichtender Ausdruck des Humanum sein könnten, sei Aufgabe christlicher Ethik nicht die Erarbeitung einer Theorie der Menschenrechte etwa durch Herleitung aus Schrift oder Offenbarung, sondern die Einweisung in den Umgang mit den Menschenrechten aus der Motivation des Glaubens[104].

---

98 Vgl. *Jürgen Moltmann*, Wer vertritt die Zukunft des Menschen?, Fragen zur theologischen Basis der Menschenrechte, Evangelische Kommentare 1972, S. 399 ff.; *dens.,* Theologische Erklärung zu den Menschenrechten, in: Jan Miliĉ Lochman/Jürgen Moltmann (Hg.), Gottesrechte und Menschenrechte, Studien und Empfehlungen des Reformierten Weltbundes, 1997, S. 44 ff.
99 Vgl. *K. Raiser* (FN 2), Sp. 1354.
100 *Moltmann* (Bibl.), S. 26.
101 Vgl. *Honecker* (Bibl.), S. 50 ff.; *dens.* (FN 5), S. 122 ff.
102 Vgl. *Honecker* (Bibl.), S. 69; *dens.,* Einführung in die Theologische Ethik, Berlin/New York 1990, S. 192; *dens.,* Das reformatorische Freiheitsverständnis und das neuzeitliche Verständnis der „Würde des Menschen", in: Johannes Schwartländer (Hg.), Modernes Freiheitsethos und christlicher Glaube 1981, S. 266 ff.; kritisch demgegenüber *Michael Welker,* Kirche im Pluralismus, 1995, S. 49.
103 *Honecker* (Bibl.), S. 70.
104 *Honecker* (Bibl.), S. 154.

In Entwürfen der politischen Theologie endlich steht die Eschatologie als Lehre vom Ziel und Ende der Welt im Zentrum der Argumentation. Hier werden in befreiungstheologischer Absicht die Menschenrechte durchaus vorausgesetzt und Profitstreben, Ausbeutung der Armen und unterlassene Hilfeleistung im Blick auf die armen Länder der Welt als elementare Menschenrechtsverletzungen gebrandmarkt, deren sich die Bürger der reichen Länder schuldig machten[105].

50 Befreiungstheologie

Eine funktionale theologische Theorie der Menschenrechte[106] stellt vor allem auf die Funktion der Menschenrechte ab und vermeidet ebenfalls eine unmittelbare theologische Begründung. Hier erscheint die strukturelle Parallelität, die Korrespondenz[107] der Menschenrechte mit theologischen Denkformen, besonders der Rechtfertigungslehre, im Vordergrund. Diese Deutung zielt darauf ab, die funktionalen Entsprechungen zwischen dem Appell an die Unverfügbarkeit der menschlichen Würde, der in den Menschenrechten zum Ausdruck komme, und dem Gedanken der Rechtfertigung vor Gott allein durch Gnade deutlich zu machen. Daraus folgt wie aus den Menschenrechten ein Recht auf Teilhabe an der politischen Lebenswirklichkeit[108].

51 Funktionale theologische Theorie

Stärkere theologische und juristische Zurückhaltung klingt an, wenn in den Menschenrechten ausdrücklich keine Heilsbotschaft, sondern ein weltlich Ding zum irdischen Wohl der Welt gesehen wird[109]. Die Menschlichkeit der Menschenrechte verwehre die Instrumentalisierung des Menschen und seiner Freiheit in ein transpersonales System von Ideologie und überindividuellen Strukturen. Die Menschenrechte seien geschichtlich entstanden, um weltlichen Nöten abzuhelfen. Nicht die Erlösungsordnung sei der theologische Ort der Menschenrechte, sondern die Schöpfungs- und Erhaltungsordnung. Die Menschenrechte dienten der Erhaltung der Welt und der Menschen in ihr. Deshalb entfalten die Menschenrechte in dieser Deutung das Gesetz und nicht das Evangelium, sie betreffen die weltliche äußere Gerechtigkeit in Recht und Staat, nicht die innere, geistliche Gerechtigkeit vor Gott. Die Freiheit der Menschenrechte ist danach weltliche Freiheit im irdischen Sozialverband, nicht die geistliche Freiheit aus der Rechtfertigung und der Gnade vor Gott. Die Gleichheitsrechte der Menschenrechte sind nach dieser Sicht aus der Gleichheit vor Gott nicht zu deduzieren, sie erscheinen als Sache der Vernunft, nicht der Offenbarung. Die Universalität der Menschenrechte ist in dieser Auffassung weltlich, eine Auffassung, der in der protestantischen Ethik aber auch biblische Begründungen der Universalität ethischer Gebote entge-

52 Unterscheidung zwischen weltlicher und geistlicher Freiheit

---

105 Vgl. *Dorothee Sölle*, Politische Theologie, 1982, S. 214.
106 *Rendtorff*, Freiheit und Recht des Menschen, Theologische Überlegungen zur Menschenrechtserklärung, Lutherische Rundschau 1968, S. 215 (216); *ders.*, Menschenrechte und Justificatio, Lutherische Monatshefte 1972, S. 175 ff.
107 *Rendtorff*, Menschenrechte als Bürgerrechte. Protestantische Aspekte ihrer Begründung, in: Ernst-Wolfgang Böckenförde/Robert Spaemann (Hg.), Menschenrechte und Menschenwürde, 1987, S. 115.
108 Vgl. *Rendtorff*, Menschenrechte und Rechtfertigungen, in: Der Wirklichkeitsanspruch von Theologie und Religion. Ernst Steinbach zum 70. Geburtstag, 1976, S. 161 (169).
109 *Heckel* (Bibl.), S. 1189 ff.

gengesetzt werden[110]. In der Diskussion wird nicht verkannt, daß die Idee der Universalität der Menschenrechte nicht in geistigen Kolonialismus oder Kulturimperialismus münde, mit diesen aber auch nicht verwechselt werden dürfe[111].

II. Ausfaltung und umfassender Begriff

53
Breites Spektrum theologischer Argumentationsmöglichkeiten

Wird so ein breites Spektrum theologischer Argumentationsmöglichkeiten für die Begründung der Menschenrechte fruchtbar gemacht, zeigt sich der Versuch umfassenden Zugriffs besonders bei der näheren Ausfaltung und Bestimmung von Menschenwürde und Menschenrechten. Dabei stellen manche Autoren ausdrücklich und besonders auf die menschenrechtliche Begrenzung und Verpflichtung nicht nur politischer, sondern auch wirtschaftlicher Macht ab[112]. Das bei vielen deutliche Bemühen, die Konfrontation zwischen liberalen Abwehrrechten und sozialen Leistungsrechten zu überwinden[113], zeugt von dem Versuch, in einer konkreten kulturellen und politischen Situation eigenständiges christliches Profil in der Menschenrechtsdebatte zu gewinnen. Die im einzelnen unterschiedlich akzentuierenden Triasbildungen wie Freiheit, Gleichheit und Teilhabe[114] zum einen, Freiheit, Gerechtigkeit und Solidarität[115] zum anderen oder endlich Freiheitsrechte, soziale Rechte und das Existenzrecht[116] zeigen stets das Bedürfnis nach ganzheitlicher Erfassung der Menschenrechtsidee, regelmäßig unter Einbeziehung ihrer Pflichtendimension[117] und häufig unter Betonung der zentralen Funktion der Religionsfreiheit[118]. Diese ganzheitliche Sicht führt in der Konsequenz zur Betonung der Überzeugung, daß derjenige, der die Menschenwürde anderer verletzt, damit zugleich auch seine eigene Menschenwürde verfehlt und sich so selbst schadet[119]. Es liegt nahe, daß in diesem Bemühen umfassenden Zugriffs das Eintreten für weltweite Durchsetzung der Menschenrechte gründet[120], für die Respektierung der Bedürfnisse der Umwelt[121] und für zukünftige Generationen[122], auch für ein Verständnis von Menschenrechten im Sinne von Freiheit,

---

110 Vgl. *Frey* (FN 1), S. 210; zur Universalität vgl. auch *Lange* (FN 55), S. 500.
111 Vgl. Menschenrechte im Nord-Süd-Verhältnis. Erklärung der Kammer der EKD für Kirchlichen Entwicklungsdienst, EKD-Texte 46, 1993.
112 Vgl. Die Menschenrechte im ökumenischen Gespräch, Beiträge der Kammer der Evangelischen Kirche in Deutschland für öffentliche Verantwortung, 1979, S. 16; *Honecker* (Bibl.), S. 73.
113 Vgl. *Honecker* (Bibl.), S. 73 ff.
114 *Huber/Tödt* (Bibl.), S. 80; *Tödt* (FN 1), S. 146 ff.
115 *Honecker* (Bibl.), S. 171 ff.
116 *Moltmann* (Bibl.), S. 17.
117 *Moltmann* (Bibl.), S. 18 f.
118 Vgl. Die Menschenrechte im ökumenischen Gespräch, Beiträge der Kammer der Evangelischen Kirche in Deutschland für öffentliche Verantwortung, 1979, S. 12 f.; *Lange* (FN 55), S. 453.
119 Vgl. auch *Sölle* (FN 105), S. 214.
120 Vgl. Menschenrechte im Nord-Süd-Verhältnis, Erklärung der Kammer der EKD für kirchlichen Entwicklungsdienst, EKD-Texte 46, 1993.
121 Vgl. etwa *Wolfgang Huber*, Konflikte und Konsens, 1990, S. 222 f.
122 *Moltmann* (Bibl.), S. 26 ff.

Selbstbestimmung und Lebensrecht der Völker und Staaten[123]. Kirchliche Stellungnahmen zu gesellschaftlichen Fragen argumentieren akzentuiert aus der Perspektive der Menschenrechte, oft unter Verdeckung unmittelbar theologischer Begründung. Theologisch umstritten erweist sich heute angesichts des medizinisch-technischen Fortschritts die Bedeutung und Definition des Trägers der Menschenrechte, der Begriff des Menschen in der Debatte besonders um gentechnologische Entwicklungen[124].

III. Praktisches Engagement

Reformatorisches Christentum zeigt sich heute in ökumenischer Einigkeit besonders dem praktischen Eintreten für die Durchsetzung der Menschenrechte verpflichtet[125]. Hier vor allem wie in der Aufforderung zu politischem Engagement drückt sich die Überzeugung vom politischen Gestaltungsauftrag aus, der den Menschenrechten innewohne.

54 Durchsetzung der Menschenrechte

E. Menschenrechte im evangelischen Kirchenrecht

Die theologische Anerkennung der Menschenrechte hat zu einer verstärkten Diskussion darüber geführt, ob und wie Grundrechte in der Kirche selbst verwirklicht werden können. Diese Diskussion ist durchaus neu. Einer Kirchenrechtslehre, wie die von *Rudolf Sohm*, die einen positivistischen Rechtsbegriff voraussetzte und von daher sagen konnte, daß das Recht dem Wesen der Kirche fremd sei[126], mußte auch die Idee von Menschenrechten in der Kirche weitgehend fremd bleiben. Jedenfalls lag es nahe, sie aus dem Horizont der engeren Beschäftigung auszuklammern. Auch die lange Zeit herrschenden Lehren vom dualistischen Rechtsbegriff waren nicht geeignet, der Idee der Menschenrechte innerkirchliche und theologische Bedeutung zuzuweisen. Die Auffassung, daß der Rechtsbegriff des Kirchenrechts dem des weltlichen Rechts inkommensurabel sei, weil dieser das geschwisterliche Miteinander repräsentiere, jener dagegen Zwang und Sanktion, ließ innerkirchlich Menschenrechte als dem weltlichen Recht zugehörig erscheinen.

55 Grundrechtsverwirklichung in der Kirche

Neuere Ansätze haben zur Entwicklung innerkirchlicher Rechtekataloge geführt[127]. Innerkirchliche Religionsfreiheit findet freilich allgemeine Ablehnung: Die Kirche könne nicht, wie der Staat, religiös neutral sein[128]. In Analo-

56 Menschenrechte und Christenrechte

---

123 Vgl. Die Menschenrechte im ökumenischen Gespräch, Beiträge der Kammer der Evangelischen Kirche in Deutschland für öffentliche Verantwortung, 1979, S. 17 ff.
124 Vgl. Im Geist der Liebe mit dem Leben umgehen, EKD-Texte 71, 2002.
125 Vgl. statt vieler The Lutheran World Federation, Public Statements and Letters in the Area of International Affairs and Human Rights, June 2001-July 2002.
126 Vgl. *Rudolf Sohm*, Kirchenrecht, Bd. 1, 1970, S. 700.
127 Vgl. *Herbert Ehnes*, Grundrechte in der Kirche, in: Gerhard Rau/Hans-Richard Reuter/Klaus Schlaich (Hg.), Das Recht der Kirche, Bd. 1, 1997, S. 545 ff.
128 Vgl. *Honecker* (Bibl.), S. 93.

gie zum staatlichen Bereich werden in den innerkirchlichen Grundrechten Menschenrechte und Christenrechte unterschieden[129]. Besondere Gruppengrundrechte finden sich abgelehnt, weil eine Differenzierung in verschiedenen Gruppen im evangelischen Kirchenrecht dem Gedanken der Gleichheit aller Glieder der Kirche widersprechen würde. Technische Grundrechte könnten lediglich als regulative Prinzipien dienen, aus denen sich rechtliche Regeln und praktische Modelle nicht einfach ableiten ließen. Vor diesem Hintergrund werden ein Recht auf Zugang zum Glauben vorgeschlagen, das Recht auf Würde und Integrität der Person, auf freie Entfaltung der Persönlichkeit, auf Gewissens- und Meinungsfreiheit, endlich auf Gleichheit, Teilhabe an kirchlichen Entscheidungen und das Recht auf Vereinigungs- und Versammlungsfreiheit.

57
Kirchenrechtlicher Grundrechtskatalog

Diese Diskussion hat in der Evangelisch-reformierten Kirche dazu geführt, daß in die Verfassung von 1988 ein eigener kirchenrechtlicher Grundrechtskatalog aufgenommen wurde[130]. Solche Positivierung innerkirchlicher Grundrechte ist bisher jedoch vereinzelt geblieben. Die Menschenrechte bleiben aus protestantischer Sicht eine unverzichtbare Grundkategorie der allgemeinen Rechtsordnung.

---

129 Vgl. *W. Huber*, Grundrechte in der Kirche (Bibl.), S. 536 ff.; vgl. auch *Dietrich Pirson*, Grundrechte in der Kirche, ZevKR 1972, S. 358 ff.; *Winfried Stolz*, Menschenrechte und Grundrechte im evangelischen Kirchenrecht, ZevKR 1989, S. 238 ff.
130 Vgl. Art. 2 Verfassung der Evangelisch-reformierten Kirche (Synode evangelisch-reformierter Kirchen in Bayern und Nordwest-Deutschland) vom 9. Juni 1988, in: Dieter Kraus (Hg.), Evangelische Kirchenverfassungen in Deutschland, 2001, S. 587 ff.

F. Bibliographie

Baur, Jörg (Hg.), Zum Thema Menschenrechte, 1977.
Heckel, Martin, Die Menschenrechte im Spiegel der reformatorischen Theologie (1987), in: *ders.*, Gesammelte Schriften, hg. von Klaus Schlaich, Bd. 2, 1989, S. 1129 ff.
Honecker, Martin, Das Recht des Menschen, 1978.
Huber, Wolfgang, Art. Menschenrechte/Menschenwürde, Theologische Realenzyklopädie, Bd. XXII, 1992.
ders., Grundrechte in der Kirche, in: Gerhard Rau/Hans-Richard Reuter/Klaus Schlaich (Hg.), Das Recht der Kirche, Bd. 1, S. 519 ff.
Huber, Wolfgang/Tödt, Heinz Eduard, Menschenrechte, 1977.
Moltmann, Jürgen, Menschenwürde, Recht und Freiheit, 1979.
Rendtorff, Trutz, Menschenrechte als Bürgerrechte. Protestantische Aspekte ihrer Begründung, in: Ernst-Wolfgang Böckenförde/Robert Spaemann (Hg.), Menschenrechte und Menschenwürde, 1987, S. 115 ff.
Vögele, Wolfgang, Menschenwürde zwischen Recht und Theologie, 2000.

2. Grundrechte im politischen Denken der Neuzeit

§ 10
Grundrechte und Liberalismus

Edzard Schmidt-Jortzig

Übersicht

	RN		RN
A. Einleitung	1– 2	2. Die Grundrechte im deutschen März	32–34
B. Die theoretisch-programmatische Dimension	3–18	3. Die Grundrechte in der nachfolgenden Entwicklung	35–37
I. Die Erweckung des Menschen aus der Unmündigkeit	4– 9	D. Die modern-sozialgestalterische Dimension	38–55
II. Der Einzelne als „Maß aller Dinge"	10–13	I. Konformitätsdruck und Selbstbestimmung	40–42
III. Menschenrechte	14–15	II. Reduzierter Staat und Privatinitiative	43–45
IV. Die freiheitsbegrenzenden Zwänge	16–18	III. Sicherheit und Freiheit	46–48
C. Die historisch-genetische Dimension	19–37	IV. Erdrückendes Mittelmaß und wettbewerbliche Leistungsanfachung	49–52
I. Der Kampf um die Verfassung	20–24		
II. Wahlrecht, Budgetrecht, Partizipation	25–27	V. Humanismus und wissenschaftlicher Fortschritt	53–55
III. Rechtliche Grundausstattung: Leben, Freiheit und Eigentum	28–37	E. Bibliographie	
1. Grundrechte in den süddeutschen Verfassungen	30–31		

A. Einleitung

1
Wechselbeziehung zwischen Grundrechten und Liberalismus

Das Vorhandensein einer Wechselbeziehung zwischen Grundrechten und Liberalismus bedarf – zumindestens in Deutschland – kaum besonderer Unterstreichung. Zu untrennbar ist die Idee der Grundrechte mit Erkämpfung und Gewähr eines Freiraums für den Einzelnen im Staat verknüpft. Zu unübersehbar haben geschichtlich danach Liberale dieses Konzept in Verfassung und Staatswirklichkeit durchgesetzt. Und zu offenkundig spielen diese Ansätze auch im gegenwärtigen Grundrechtsverständnis und der darauf gerichteten Staatspolitik eine dominierende Rolle. Die nachfolgenden Begründungen und Darlegungen erfordern aber noch einige Vorbemerkungen. Vonnöten sind Erklärungen des Begriffsverständnisses. Und auch die thematische Begrenzung auf die Grundrechte muß erläutert werden.

2
Politische Theorie des Liberalismus

Freiheitlichkeit der Person als unveräußerliches Attribut

Zur Begrifflichkeit nur auf die etymologische Wurzel „libertas" = Freiheit, Freilassung, Freiheitssinn[1] zu verweisen, wäre zu banal, wenngleich sich daraus sehr wohl Entscheidendes schon erschließt. Unter „Liberalismus" soll hier vielmehr jene (eine) politische Theorie verstanden werden, welche auf die Freiheit des Einzelnen abstellt, in ihr den Hauptantrieb des Menschen auf dieser Welt sieht und alle sozialen Bedingtheiten an ihrer Wahrung und Förderung mißt[2]. Die Freiheitlichkeit der Person – so die feste Überzeugung – ist dabei ein angeborenes und unveräußerliches Attribut des Menschen, auf dessen Entfaltung er angewiesen ist und ein fundamentales Recht hat. Überindividuelle Bindungen werden nur hingenommen und anerkannt, solange sie die Grundsätzlichkeit der Einzelfreiheit und ihren Eigenwert nicht antasten. Auf die nähere gedankliche Herleitung dieser Überzeugung wird noch einzugehen sein. Wichtig ist allerdings, daß die betreffende theoretische und staatsrechtliche Entwicklung hier nur im Bereich Deutschlands beleuchtet werden soll (wobei der Blick natürlich vergleichend auch über die Grenzen hinausgleiten darf) und ihre spezielle Ausformung allein für die Grundrechte dargestellt werden soll. Andere politische Zielsegmente und Verfassungsformen, die in Deutschland eng mit dem Liberalismus verbunden sind, bleiben mithin außen vor oder kommen allenfalls marginal zur Sprache. Das bezieht sich ebenso auf die radikalliberale Forderung nach der Herrschaft der Gesellschaft über den Staat, nach Demokratie also, wie auf alle Bestrebungen nach nationaler Einheit, d. h. nach Freiheitsverwirklichung in einem eigenen Nationalstaat[3].

---

1 S. auch die adjektivische Bedeutung von „liberalis" = die Freiheit betreffend, eines freien Mannes würdig, von edler Gesinnung u. a. (Langenscheidts Taschenwörterbuch, [10]1969).
2 Dazu vorerst nur der Hinweis auf *Lothar Döhn*, Liberalismus, in: Franz Neumann (Hg.), Politische Theorien und Ideologien, 1974, S. 1 ff.; *George Watson*, The idea of liberalism, 1985; Dieter Langewiesche (Hg.), Liberalismus im 19. Jahrhundert, 1988, und dort insb. der Beitrag von *Wolfang Kaschuba*, Zwischen Deutscher Nation und Deutscher Provinz. Politische Horizonte und soziale Milieus im frühen Liberalismus, S. 83 ff.
3 Zu beidem zuletzt *Christian Jansen*, Einheit, Macht und Freiheit. Die Paulskirchenlinke und die deutsche Politik in der nachrevolutionären Umbruchsphase des deutschen Liberalismus (1849-1867), 2000, zum einen S. 270 ff., 545 ff., 579 ff., zum anderen S. 329 ff., 346 ff., 378 ff. Zur Demokratieforderung näher noch unten RN 25 ff.

Aber auch Konstitutionalismus und Rechtsstaatlichkeit[4] kommen nicht als eigene liberale Ziele in den Blick, sondern nur als Realisierungsform und strategische Zwischenstation für die Grundrechtsentwicklung.

B. Die theoretisch-programmatische Dimension

Das Freisein von Zwängen für den Menschen als Ausgangspunkt aller weltanschaulichen Betrachtungen zu machen, setzt Viererlei voraus. Zum einen muß überhaupt der Mensch als Einzelperson „entdeckt" werden. Hier geht es um die personale Emanzipation aus der Anonymität, aus der obrigkeitlichen Untergebenenmasse oder wie man heute vielleicht sagen würde, heraus aus dem bloßen „Humankapital". Zum zweiten muß begründet werden, daß nun der einzelne Mensch mit all seinen Bedürfnissen und Unzulänglichkeiten das Maß (auch) aller verbandlich-organisatorischen Dinge sein soll, d. h. selbst für alle hoheitlichen Formierungen eines Gemeinwesens die bestimmende Grundlage abzugeben hat. Aus den beiden vorangehenden Erkenntnissen ist – drittens – sodann wohl auch die Einsicht in die Universalität dieses Ansatzes zu ziehen. In den Blick rückt also die Menschenrechtsdimension der Freiheitsansprüche. Und zum vierten schließlich ist zu klären, ob es nicht doch Einbindungen beim Menschen gibt, die gerade um seiner Selbstheit willen vorhanden sind, bzw. was die unvereinbaren, von außen gesetzten Zwänge von den verträglichen, selbst eingegangenen abgrenzt.

3
Vier Voraussetzungen für das Freisein von Zwang:

Personale Emanzipation

Mensch als Maß aller Dinge

Menschenrechtsdimension der Freiheit

Autonome Bindungen

I. Die Erweckung des Menschen aus der Unmündigkeit

Daß Freiheitsdrang und Freiheitsbedarf des Menschen, ja, seine Freiheitseigenschaft, zum Ausgangspunkt einer ganzen Philosophie werden kann, setzt voraus, daß man ihm und seinen Besonderheiten überhaupt entscheidende Aufmerksamkeit schenkt. Diesen Erkenntnisgewinn verdankt das Abendland der Aufklärung[5]. Seit man ausgangs des 17. Jahrhunderts staunend und mit zunehmender Begeisterung die rationalen Anlagen und Fähigkeiten des Menschen bemerkte und sich damit gewissermaßen selbst befreite, erhielt das allgemeine Weltbild und die Vorstellung von den bewegenden Kräften des täglichen, realen Lebens einen ganz neuen Zuschnitt. Fast schwärmerisch wurde die Vernunft des Menschen überhöht, ihr traute man nahezu alles zu, und sie stellte alle überkommenen und institutionellen Abhängigkeiten in Frage. Mit Hilfe der Vernunft konnte und wollte sich der Mensch zum „Ausgang aus seiner selbst verschuldeten Unmündigkeit verhelfen"[6].

4
Selbstbefreiung des Menschen in der Aufklärung

---

4 Dazu unten RN 20 ff.
5 Zum Nachfolgenden zunächst allgemein *Ernst Cassirer*, Die Philosophie der Aufklärung, ³1973; *Peter Pütz*, Die deutsche Aufklärung, ⁴1991, oder *Jürgen Mittelstrass*, Neuzeit und Aufklärung, 1970.
6 *Immanuel Kant*, Was ist Aufklärung?, in: Berlinische Monatsschrift 1784 (Gesammelte Schriften, hg. von der Preuß. Akademie der Wissenschaften, Bd. 8, Abt. 1), S. 35.

5
Vernunftoptimismus

Das starke Abstellen auf die Geistigkeit und Rationalität des Menschen verleitete allerdings auch zu Euphorie. Die Vernunft als einzige und letzte Instanz befähigte ja, sogar über Wahrheit und Falschheit von Erkenntnissen zu entscheiden und die in ihrer Gesamtheit vernünftig angelegte Welt zu durchschauen (Vernunftoptimismus). Das Rütteln an überkommenen Strukturen, die Infragestellung aller Standpunkte und Überzeugungen, die von höheren Instanzen oder Wahrheiten vorgegeben schienen, war die Folge. Nicht die verstandesmäßige, soziale oder leistungsbezogene Begrenztheit des Menschen zeigte sich als Ursache für alle Befangenheiten, sondern seine Abhängigkeit von Faktizitäten, von Hingenommenem, Einschüchterungen und Fremdbestimmung. Die Besinnung auf seine geistigen Fähigkeiten verhieß deshalb nicht nur Befreiung des Menschen, sondern auch Wiederentdeckung seiner eigentlichen Natur.

6
Gesetzmäßigkeiten der menschlichen Natur

Großen Einfluß auf die deutsche Aufklärungsphilosophie hatten deshalb sowohl die Naturrechtslehre *Hugo Grotius'* als auch die frühen englischen Empiristen[7]. Ihnen zufolge können ja nur die Gesetzmäßigkeiten, die in der Natur des Menschen angelegt sind, Maßgeblichkeit beanspruchen, und nur das, was die menschlichen Vernunftgesetze verletzt, ist wirklich Unrecht. Die Vernunfteingaben, welche den Menschen zu einem Ordnungsaufbau befähigen, schöpft er aus seinen Erfahrungen, aus den Bewußtseinsinhalten, die er mit wachen Augen aus dem Geschehen ringsum aufnimmt und durch rational-kritische Abschätzung bewerten kann.

7
Betonung menschlicher Vernunftbegabung als epochaler Schritt

Keine Frage, daß mit solcher Hochschätzung, ja Verabsolutierung menschlicher Vernunftbegabung auch Versteigungen einhergingen, die man heute nach all den Ernüchterungen, die uns das 20. Jahrhundert beschert hat, eher dämpfen möchte. Die Schöpfung des Richtigen und Guten aus der Natur des Menschen selbst, die Möglichkeit unbestrittener Herrschaft der Vernunft über alle Gefühlsabhängigkeiten, wesensmäßigen Obsessionen und Bosheiten sowie physische Bedingungen, das Vertrauen in die unbedingte Konsensfähigkeit des Gemeinnützigen, ja, überhaupt dessen Eindeutigkeit (um nur einige Punkte zu nennen), wären sicherlich zu relativieren. Aber die Einsicht in die naturgegebene irdische Unzulänglichkeit des Menschen, die wir heute eher hegen, darf keinesfalls verdecken, daß das Achtgeben, Betonen und Ernstnehmen der ureigenen Fähigkeiten des Menschen – und darunter sind seine Vernunftbegabung, seine Geisteskraft und Einsichtsfähigkeit eben mit das Wichtigste – ein epochaler Schritt in der geistesgeschichtlichen Entwicklung war.

8
Sensualismus

Nicht ausgeblendet werden darf freilich auch, daß gleichfalls die eher diagnostisch in sich hineinhorchenden Denker viele Ansätze fanden, die den Menschen und seine Befreiung durch Einsatz kritischen Verstandes in den Mittelpunkt rücken mußten. Die Aufklärung hat durch jene sinnliche Registrierung

---

[7] *John Locke*, bspsw.: Ein Brief über Toleranz, 1689 (dt. Übers. v. J. Ebbinghaus), 1957, S. 13 ff.; *Thomas Hobbes* (1651), Leviathan, deutsch hg. v. P.C. Mayer-Tasch, 1965, Kap. 17 und 18; *David Hume*, Traktat über die menschliche Natur, 1739 (dt. Übers. v. Th. Lipps, 1973), insb. S. 227 ff.

der menschlichen Fähigkeiten und Bedürfnisse (Sensualismus) und den *Rousseau*schen Naturalismus, der die Tugenden mehr als Ansporn, denn schon als reale Eigenschaften sah, aber keine Aufhaltung erfahren, sondern Abrundung und Verbreiterung[8]. Davon zehrt heute noch immer die politische Anthropologie, welche den Menschen gerade auch in seinen Schwächen auf Erziehung und Gemeinschaft, auf Schutz und normative Lenkung angewiesen sieht und von daher die Hervorbringungen gemeinwohlorientierter, menschlicher Vernunft für legitimiert und notwendig hält.

Der Keim für die Entwicklung des Liberalismus liegt dabei speziell in der Erkenntnis, daß für die Natur des rationalen, die Dinge vernunftmäßig selbst entwickelnden Menschen Freiheit eine unverzichtbare Conditio darstellt. Dies nicht nur als Ergebnis der aufklärerischen Emanzipation von den überkommenen Einbindungen und Abhängigkeiten. Vielmehr wird Freiheit auch als existentielles Bedürfnis gesehen, als unerläßliche Voraussetzung für Vernunftentfaltung und menschliches Selbst-sein-Können[9]. Im Bild des idealen Menschen, unabhängig und geistig-kritisch, verwächst dies schließlich zu einer genuinen Eigenschaft. Auslösung und Ertrag bedingen sich. Der aufgeklärte Mensch und sein Freisein für rationale Entfaltung sind untrennbar miteinander verbunden.

9
Freiheit als existentielles Bedürfnis

II. Der Einzelne als „Maß aller Dinge"

Daß der Mensch als Person und Individuum mit all seinen Möglichkeiten so in den Blick rückt, läßt es geradezu selbstverständlich erscheinen, ihn und seine Bedingungen auch für alle gesellschaftlichen Formierungen als Bezugs- und Ausgangspunkt zu sehen[10]. Schließlich sind jenseits der als natürlich erachteten Gesellungen in Ehe und Familie die Bündelungen und Zusammenfindungen ja vernunftgesteuerte, hinzuorganisierte Gemeinschaftsformen, die dann auch unbedingt menschenverträglich aufgebaut sein müßten. Gedanken, wie sie später im „Subsidiaritätsprinzip" formuliert wurden, liegen schon nahe. Aber ebenso auch die Vorstellung, der Staat und alle überindividuellen Verbände müßten sich ganz ähnlich der menschlichen Natur zusammenfügen.

10
Individuum als Ausgangspunkt gesellschaftlicher Formierungen

Immerhin war der Staat als eine natürliche Ausprägung des menschlichen Seins bei den aus der Aufklärung hervorgehenden Liberalen unumstritten. Er verstand sich eben nicht als etwas menschenfremdes, sondern war nach libera-

11
Staat als menschengemäße Gemeinschaftsform

---

8 *Etienne Bonnot de Condillac*, Essai sur l'origine des connaissances humaines, 1746; *Jean-Jaques Rousseau*, bspsw. in: Discours sur les sciences et les arts, 1750.
9 S. nur immer wieder *Rousseau*, Du contrat social ou principes du droit politique, 1762 (übers. v. H. Brockard, 1977), I. Buch 2. Kap.: „Die allen gemeinsame Freiheit ist eine Folge der Natur des Menschen"; 4. Kap.: „Auf seine Freiheit verzichten heißt auf seine Eigenschaft als Mensch, auf seine Menschenrechte, sogar auf seine Pflichten verzichten"; 8. Kap. usw.; oder wenig später *Kant*, Grundlegung zur Metaphysik der Sitten, Einleitung in die Rechtslehre, 1785 (Akademieausgabe d. Ges. Schriften [FN 6] Bd. 6, 1913), S. 230 ff.
10 Vgl. ebenso *Stern*, Idee der Menschenrechte und Positivität der Grundrechte, in: HStR V, § 108 RN 3 ff.; → oben *Stern*, § 1: Die Idee der Menschen- und Grundrechte.

§ 10   Erster Teil: II. Geistesgeschichtliche Strömungen

Mensch als Zoon politikon

ler Sicht die absolut menschengemäße Gemeinschaftsform[11]. Die politische Anthropologie hatte zu deutlich gelehrt, daß der Mensch nicht nur auf Freiheit, sondern auch auf Gesellung mit Seinesgleichen angewiesen sei. Die Natur hat ihn als „Zoon politikon" geformt, und wie die Freiheit ist auch die Sozialität eine Existenzvoraussetzung und spezifische Eigenschaft des Menschen. Allerdings sei nicht verschwiegen, daß es unter den aufklärerischen Liberalen auch jene gab, die den Individualismus des befreiten Menschen radikal zu Ende dachten und deshalb den Staat nur als vertraglich vereinbarte Schöpfung zur Wahrnehmung der gemeinsamen Interessen anerkennen wollten (mit all seiner darunter auch schlummernden pluralistischen Vielfalt)[12]. Durchgesetzt aber hat sich diese Sichtweise im deutschen Kontext nicht. Hier dominierte denn doch mehr das Bild vom vertrauten und als wesensmäßig richtig erkannten Ist-Zustand der Gemeinschaft.

12 Organische Staatslehre für die Grundrechtsidee wirkungslos

Die staatstheoretische Variante einer Menschenähnlichkeit der Staatsperson hat für die Entwicklung der Grundrechtsidee weniger erbracht. Aus der natürlichen Sozialität des Menschen im staatlichen Gemeinwesen entwickelte sich zwar die Vorstellung des Staates als einer „leiblich und geistig geeinigten Persönlichkeit" (*Friedrich Christoph Dahlmann*)[13] fast von selbst. Ihr verdankt die Rechtslehre den Tatbestand des Staates als juristische Person. Und Staatlichkeit blieb damit auf jeden Fall etwas von Menschen Entwickeltes und Getragenes. Rein instrumentale Staatsauffassungen blieben fremd. Aber die Vorstellung, daß die in den Staat als Glieder, als „Organe" eingeordneten Menschen ihm gegenüber auch Freiheitsansprüche entwickeln könnten, kam nicht in den Blick. Der Begriff des „Gemeinwesens" war durchaus gegenständlich gemeint. Dieser überindividuelle Lebenscorpus sollte ein „höheres, allgemeines Gesamtinteresse bilden". Und manche Übersteigerung differenzierte dies gar soweit aus, daß bestimmte Staatsfunktionen der geistig geeinigten, juristischen Person wie beim Menschen als Wirksamkeit bestimmter Extremitäten oder Organe zu erklären versucht wurden, die Verwaltung beispielweise als der Magen oder das Außenministerium als die Nase der Staatsperson[14].

13 Staatlichkeit vom Konsens der Menschen abhängig

Für die Grundrechtsidee wesentlich fruchtbarer war die Forderung nach einem vom Menschen her zu denkenden Staatsaufbau. Staatlichkeit erscheint

---

11 *Samuel v. Pufendorf*, De iure naturae et gentium, 1672, Kap. VII §§ 2, 7 und 8; *Edmund Burke*, Betrachtungen über die Französische Revolution, 1790 (übers. v. Fr. v. Gentz, hg. v. D. Hewich, 1967), S. 100ff.; *Wilhelm v. Humboldt*, Ideen zu einem Versuch, die Grenzen der Wirksamkeit des Staates zu bestimmen, 1792 (hg. v. R. Haerdter, 1967), S. 22ff. Enuntiativ *Merten*, Das Verhältnis des Staatsbürgers zum Staat, in: Deutsche Verwaltungsgeschichte, Bd. V, 1987, § 3, S. 53 (56f., 59ff.).
12 *Rousseau*, Contrat social (FN 9), Buch I Kap. 6f. sowie Buch II Kap. 4; *Locke* (FN 7); sowie *ders.*, Two Treatises of Government, 1690, II §§ 100ff., 134ff.
13 *Friedrich Christoph Dahlmann*, Politik, ²1847, S. 3ff. Vgl. auch etwa *Heinrich Ahrens*, Cours de droit naturel, 1839, oder: Organische Staatslehre auf philosophisch-anthropologischer Grundlage, 1850. Zum ganzen *Ernst Rudolf Huber*, Deutsche Verfassungsgeschichte, Bd. II, ³1988, S. 374ff.
14 Anknüpfungspunkt für solchen „Organizismus" („Staatsbiologie") war allenthalben die berühmte Fabel des *Menenius Agrippa* (494 v. Chr.), wie sie *Livius* berichtet hat; und bereits *Johann Gottlieb Fichte* hatte diesen Gedanken aufgenommen. Vgl. auch *Friedrich Wilhelm Joseph Schelling*, Ideen zu einer Philosophie der Natur, ²1803; *Adam Müller*, Die Elemente der Staatskunst, 1809, oder *Albert Schaeffle*, Bau und Leben des sozialen Körpers, Bd. I, 1875. Zum ganzen *Otto Kimminich*, Der Staat als Organismus – Ein romantischer Irrglaube, in: FS Gasser, 1983, S. 319ff.

nur akzeptabel, wo sie vom Konsens der Menschen getragen wird[15]. Hier bricht sich die elementare menschliche Rationalität und Freiheitlichkeit wieder Bahn. Staat darf nicht so weit gehen, daß es der Einzelne für seinen Einflußbereich nicht mehr akzeptiert. Die Nähe zur Demokratieforderung ist deutlich spürbar. Staat wäre danach nur dort überhaupt hinzunehmen, wo die in ihm sich zusammenschließenden Menschen die Verhältnisse so wollen. Die konstitutive Legitimation und der begleitende, spätere Konsens werden zu Wirkungsgesetzen des Staates. Freiheit und Demokratie gehören zusammen. Der Selbstbestimmungsanspruch der Menschen und die Akzeptanz staatlicher Ordnungsmacht bündeln sich im Letztentscheid des Einzelnen[16]. – Die Demokratieschiene soll hier aber nicht weiter verfolgt werden. Das Augenmerk gilt vielmehr der Freiheitsdurchsetzung im staatlichen Gemeinwesen.

Letztentscheid des Einzelnen

III. Menschenrechte

Eine gegenseitige Befruchtung des Liberalismus erfolgte auch mit der Idee und Proklamation von Menschenrechten, und beides brachte in Deutschland die Forderung nach bürgerlichen Grundrechten im Staat voran. Die Betonung und Stilisierung des Menschen als Mittelpunkt aller hoheitlichen Kristallisationen in Verbänden und Gemeinwesen führte natürlich zu der Einsicht, daß Freiheitsbedarf und Sozialität den Menschen überall in der Welt eigen seien[17]. Schließlich machen sie ja spezifische Wesensmerkmale, unveräußerliche Attribute der Person aus. Insofern sind alle Menschen gleich, und der Siegeszug des Gleichheitssatzes ist nur aus dieser anthropologischen und aufklärerischen Wurzel zu erklären. Die Geschichte der bürgerlichen Bewegung in Europa und Deutschland verbindet sich eben unauflösbar auch mit der Vorstellung, daß die angeborenen, unveräußerlichen Freiheitsbelange und -rechte der Menschen überall auf der Welt gleichermaßen bestehen und einzufordern sein müssen.

14
Gegenseitige Befruchtung von Liberalismus und Menschenrechtsidee

Das aufkeimende Pflänzchen vorstaatlicher Freiheitsansprüche der Menschen erhielt dadurch nicht nur politikgeschichtlich-real Bestärkung, sondern gewann auch übernationale, internationale Dimensionen. Der Einzelstaat erschien noch bedingter, begrenzter, und die Freiheitsbewegung bekam den weiten Atem einer Menschheitsaufgabe. Zugleich freilich geriet die radikale, anarchische oder rein individualistische Variante der Freiheitsforderung noch mehr ins Hintertreffen, weil im globalen Ringen um verbriefte Rechte die Staaten als maßgebliche Handlungseinheiten unbestritten sein mußten[18]. Die

15
Internationale Dimension vorstaatlicher Freiheitsansprüche

---

15 *Burke* (FN 11); *Humboldt* (FN 11); *Locke* (FN 12).
16 Deutlich und idealisierend *Rousseau* (FN 9), I. Buch 8. Kap. (S. 23): Allein „die sittliche Freiheit...(macht) den Menschen zum wirklichen Herrn seiner selbst; denn der Antrieb des reinen Begehrens ist Sklaverei, und (nur) der Gehorsam gegen das selbstgegebene Gesetz ist Freiheit".
17 Vor allem *Locke*, Two Treatises (FN 12), II § 4; und für den deutschen Rechtsraum *Christian Wolff*, Institutiones iuris naturae et gentium, 1752, §§ 70, 74, 77, 95. S. auch oben mit FN 9.
18 Vgl. *E.R. Huber*, Verfassungsgeschichte (FN 13), S. 374.

moderne Entwicklung, auch Einzelpersonen oder (nichtstaatliche) Personengruppen als völkerrechtliche Rechtssubjekte anzuerkennen, war damals ja noch völlig undenkbar.

IV. Die freiheitsbegrenzenden Zwänge

16
Akzeptanz der für die menschliche Entfaltung erforderlichen Gemeinschaftsbedingungen

Die Linie grundsätzlicher Akzeptanz des Staates wurde auch bei der Frage bestätigt, von welchen Abhängigkeiten und Einbindungen die menschliche Freiheit unbelastet sein müsse. Bei der Gründung aller Freiheitsansprüche auf die Rationalität des Menschen war eines ja von vornherein klar: Als unannehmbar konnten nur solche Inpflichtnahmen gelten, die nicht a priori dem menschlichen Wesen immanent sind und (gleichwohl) vom Einzelnen auch nicht bewußt hingenommen, d.h. für sich bejaht werden. Schon die Einsicht in die humane Zoon-politikon-Natur konnte deshalb den Staat nicht mehr prinzipiell ausblenden. Zwar mußte übermäßige, überbordende Staatlichkeit, die die Freiheit der Staats-Angehörigen grundsätzlich erdrückte, eindeutig abzulehnen und zu bekämpfen sein. Aber die zur Entfaltung der eigenen Persönlichkeit notwendige soziale Basis mit all ihren Gemeinschaftsbedingungen war sicherlich schadlos hinzunehmen[19]. Und die Vorstellung *Pufendorfs*, daß der Mensch in all seiner existentiellen Einzelschwäche auf die Gemeinschaft sogar regelrecht angewiesen sei („imbecilitas")[20], unterstrich diese Einsicht noch. In der zweiten Hälfte des 20. Jahrhunderts aufkommende Vorstellungen von der Bekämpfung solcher Einbindungen als „strukturelle Gewalt" wären jedenfalls mit dem gewissermaßen ‚kultivierten' Liberalismus einhundertfünfzig Jahre vorher kaum vereinbar gewesen.

17
Gesellschaftsvertragstheorie als Ausfluß liberalen Gedankenguts

Auch die Vorstellung eines freiwilligen Eingehens der Pflichten staatlicher Zugehörigkeit ließ die grundsätzliche Existenz des Staates unangetastet. Dazu brauchte man ihn noch gar nicht als vertraglich gegründet zu erklären. Natürlich war die Lehre vom Gesellschaftsvertrag sehr wohl dem liberalen Gedankengut entsprungen[21]. Aber zur Hinnahme des Staates als einer zwar zu domestizierenden, aber prinzipiell anerkannten Bedingung des bürgerlichen Lebens befähigte eben auch, sein Vorhandensein einfach vernunftmäßig zu akzeptieren und die Folgen also auf diesem Wege für sich zu tragen bereit zu sein. Hier liegt der Ursprung aller Konsenslehren, die jenseits von Forderungen nach demokratischer Legitimierung und Durchdringung des Staates allemal die Festigkeit des politischen Systems von solch stillschweigender, unwägbarer Zustimmung abhängen sehen.

18
Recht als Legitimation des Staates

Die Hinnahme arteigener und/oder selbstgewollter Einbindungen impliziert allerdings auch, daß man sich über die Maßgabe für solche Vorgaben Gedanken macht. Und diese Begrenzung, ja, überhaupt Grundlage und Legitimation

---

19 Schlüsselbegriff bzw. Kerneinsicht war die „Gemeinschaft", die „Gemeinschaftlichkeit" der Menschen.
20 *Pufendorf* (FN 11), II. Buch 1 § 8, §§ 14ff.. Dazu *Hans Welzel*, Die Naturrechtslehre Samuel Pufendorfs, 1958, S. 43f., oder *Edzard Schmidt-Jortzig*, Verfassungsmäßige und soziologische Legitimation gemeindlicher Selbstverwaltung, 1980, S. 15ff.
21 Darauf wird noch zurückzukommen sein (unten RN 23 nach FN 28).

des Staates bildet das Recht. „Recht ist die Einschränkung der Freiheit eines jeden auf die Bedingung ihrer Zusammenstimmung mit der Freiheit von jedermann, insofern diese nach einem allgemeinen Gesetz möglich ist"[22]. Daß derartige Einschränkungen überhaupt erforderlich sein müssen und gegenüber der menschlichen Freiheit dann ihre Verhältnismäßigkeit zu erweisen haben, erscheint zunächst als Gebot schlichter Vernunft. Wo anders her sollte sonst Rechtfertigung kommen, wenn man die Freiheit als das Primäre und die staatlich konkretisierte Sozialpflichtigkeit als das Sekundäre ansieht? *Peter Lerche* hat bekanntlich das Übermaßverbot – als begriffliche Klammer um Erforderlichkeit und Verhältnismäßigkeit – als Moderierungsprinzip der entwickelten, rechtsstaatlichen Verfassung, der von ihm so genannten „dirigierenden Verfassung", angesehen[23]. Das ist operativ sicherlich eine zutreffende Beschreibung. Eine philosophische Begründung, die ja nicht zwingend mit dem verfassungsrechtlichen Verankerungssinn übereinstimmen muß, wird aber doch anders ansetzen, nicht zuletzt im liberalen Kontext. Ob es das skizzierte Vernunftgesetz ist, welches das Übermaßverbot (oder sein extremes Pendant, das Willkürverbot) alleine trägt, mag vielleicht bezweifelt werden, denn immerhin sind Menschenzentralität und Freiheitsanspruch zutiefst substantielle, materielle, auch emotionale Ansatzpunkte. Hier bietet aber offenbar wieder die Besinnung auf das aufklärerische Menschenbild den maßgebenden Ausgangspunkt. Es widerspricht einfach dem spezifischen Eigenwert und Achtungsanspruch des Menschen, heute würde man sagen: seiner Würde, wenn er mit seiner Freiheit zum disponiblen Objekt gemacht würde, oder – um es mit *Günter Dürig* zu sagen –, wenn er „mit härteren Mitteln belegt (würde), als sie vom zu erreichenden Gemeinwohlzweck gefordert werden"[24].

Primat der Freiheit als Grund der Verhältnismäßigkeit

C. Die historisch-genetische Dimension

Die Idee universeller Menschenbezogenheit aller hoheitlichen Veranstaltungen wäre reine Theorie, wäre ein bloßer Philosophenansatz geblieben, hätte nicht von Anfang an das Streben bestanden, sie auch praktisch umzusetzen. Die ganze Strömung war ja aus dem politischen Getriebensein entstanden, die Dinge zu verändern. Der emanzipierte Bürger meldete sich selbstbewußt zu Wort, er wollte mittun, gestalten, Einfluß nehmen. Bestätigung und Verwirklichung der idealen Vorstellungen konnten aber eben nur erreicht werden, wenn man sie auch im konkreten Bürgeralltag und in der einen real betreffenden Staatlichkeit anzuwenden versuchte, d.h. wirklich erprobte und durchsetzte.

19
Politische Durchsetzung der Menschenrechtsidee

---

22 *Kant*, Über den Gemeinspruch: Das mag in der Theorie richtig sein, taugt aber nicht für die Praxis, 1793 (Akademieausgabe [FN 6] Bd. 8), S. 289 f. Ausführlich zu diesem Punkt *Georg Kohler*, Philosophische Grundlagen der liberalen Rechtsstaatsidee, in: Daniel Thürer/Jean-François Aubert/Jörg Paul Müller (Hg.), Verfassungsrecht der Schweiz, 2001, S. 247 (253 ff.).
23 *Lerche*, Übermaß und Verfassungsrecht, 1961, ²1999, insb. S. 61 ff.; → Bd. III: *Merten*, Verhältnismäßigkeitsgrundsatz.
24 *Dürig*, Der Grundrechtssatz von der Menschenwürde, in: AöR 81 (1956), S. 117 (146).

I. Der Kampf um die Verfassung

20
Unterwerfung des Staates unter verbindliche Regeln

In den Strukturen der überkommenen Herrschaftsgebilde die Ernstnahmeansprüche und Freiheitsforderungen der Menschen anzumelden, zu erstreiten und abzusichern, ging naturgemäß nur über ein In-die-Pflicht-Zwingen des Staates. So wie sich dieser in der Neuzeit herausgebildet hatte, mit fester Ordnung, allumfassender Obrigkeit und unbezweifelbarem Herrscher, waren jene Vorgaben indes nur zu realisieren, wenn es gelang, den Staat verbindlichen Regelungen zu unterwerfen. Und bei diesem Regelwerk mußten dann Stück für Stück die staatsbürgerlichen Respektierungswünsche festgezurrt werden.

21
Überwindung des Absolutismus als Ziel des politischen Liberalismus

Konstitutionalismus

Gegenstand, Medium und Ziel dieser Bestrebungen war die Verfassung (Konstitution), mit der die Staatsgewalt an Normen gebunden und kanalisiert würde. Hauptziel des politischen Liberalismus war deshalb die Überwindung des Absolutismus durch den Verfassungsstaat. Um welche Verankerungsziele es dabei vor allem ging – natürlich speziell die Grundrechte –, wird nachfolgend noch besonders ausgebreitet. Instrumentell jedenfalls stand zunächst die Abtrotzung einer Verfassung an, und dieses Ziel hat der entsprechenden Bemühung bekanntlich die Einordnung als „Konstitutionalismus" eingebracht[25]. Die alte Streitfrage, ob der Konstitutionalismus eine selbständige politische Form, eine ernstzunehmende, eigenständige, „in sich selbst ruhende" Ordnung sei oder nicht doch nur ein Kompromiß zwischen Absolutismus und Parlamentarismus, eine Übergangserscheinung oder matte Verlegenheitslösung[26], kann von dorther nur mit einem „Weder-Noch" beantwortet werden. Beim Konstitutionalismus ging es vorrangig nicht um Inhalte, sondern um die Form. Auf welche substantiellen politischen Ordnungen sich ein Staatswesen durch seine Verfassung festlegt, ist im eigentlichen nicht sein Thema, sondern nur, daß dies – Absolutismus oder Parlamentarismus – eben durch Verfassung, also rechtsgrundsätzlich und rechtsverbindlich geschieht.

22
Konstitutionalisierung zur Verwirklichung inhaltlicher Ziele

Natürlich haben die Altliberalen, welche die Konstitutionalisierung vorantrieben, inhaltlich jeweils ganz eigene Zielsetzungen mit der normativen Einbindung der Herrschaftsgewalt verfolgt. Und in diesen Gehalten – bzw. den jeweiligen Schwerpunktsetzungen wie taktischen Zwischenschritten – war der Liberalismus sich auch keineswegs einig. Strebten die einen Protagonisten von vornherein vorwiegend nach parlamentarischer Mitsprache der Bürger, wollten andere vor allem die private, grundrechtliche Sphäre der Menschen und deren staatliche Unverfügbarkeit verbrieft wissen. Konstitutionalismus ist deshalb geschichtlich konkret gewiß nie als bloße Formerstreitung (also in reiner Gestalt), sondern immer zugleich als Mittel für darüber hinausgehende inhaltliche Ziele in Erscheinung getreten. Erst die Wissenschaft hat die

---

25 Zu dieser Zeitströmung s. vor allem *Würtenberger*, Der Konstitutionalismus des Vormärz als Verfassungsbewegung, in: Der Staat 37 (1998), S. 165 ff. Außerdem *v. Held*, Zur Lehre vom Constitutionalismus, in: AöR 7 (1892), S. 98 ff.; *Smend*, Die politische Gewalt im Verfassungsstaat und das Problem der Staatsform, in: Festgabe für Kahl, 1923, Beiträge III; *Helmut Quaritsch*, Staat und Souveränität, 1970, S. 182 ff., oder Ernst-Wolfgang Böckenförde (Hg.), Probleme des Konstitutionalismus im 19. Jahrhundert, in: Der Staat, Beiheft 1 (1975).
26 Dazu *E.R. Huber*, Deutsche Verfassungsgeschichte, Bd. III, ³1988, S. 4.

Grundbewegung abstrahiert und als solche identifiziert. Eine historisch-genetische Betrachtung liberaler Strukturformungen jedenfalls hat dies immer zu beachten, wenn berichtend und zusammenfassend einzelne politisch-praktische Fortschrittsgewinnungen ausgeleuchtet werden sollen.

Ohne Frage ist der Kampf um die – besser: eine – Verfassung in den verschiedenen Staaten deutscher Nation auch von Theorie und Geschehen im Ausland beeinflußt und angestoßen worden. Namentlich die Vorgänge in Frankreich mit der Charte Constitutionelle vom 4. Juni 1814 haben den deutschen Frühkonstitutionalismus stimuliert[27]. In den deutschen Staaten – auf die sich vorliegend der Fokus beschränken soll – stand danach der Typ der oktroyierten Verfassung, d.h. der freiwilligen konstitutionellen Selbstbindung des Herrschers, im Vordergrund. Den Verfassungen der drei süddeutschen Monarchien Bayern (26. Mai 1818), Baden (22. August 1818) und Württemberg (25. September 1819) kam nämlich ebenso wie den weiteren sich bindenden Staaten in der ersten Phase des Konstitutionalismus zugute, daß die liberale, gewissermaßen „von unten" ansetzende Verfassungsbewegung „von oben", von Seiten der Herrscher, auf rationale Gebote dynastischer Selbstbehauptung und Staatsräson sowie gewisse aufklärerische Eigenüberzeugungen stieß[28]. Deshalb blieb der liberale Impetus trotz vorzuweisender Erfolgsfakten irgendwie unbefriedigt. Denn das Ideal eines Verfassungsvertrages, in welchem die Bürger selber mit dem Monarchen die Grundordnung ihres Gemeinwesens aushandelten und (mit)bestimmten, kam damals in deutschen Landen eben nicht zustande. Es führte daher der demokratische Druck im 48er März schließlich zur Eruption, und der Hochkonstitutionalismus, vor allem in der preußischen Verfassung von 1850, war dann schon über die reine Verfassungsbewegung hinaus gediehen und auf Gestalt und Details der parlamentarischen Repräsentation ausgerichtet.

23
Ausländischer Einfluß

Einige maßgebliche Männer des frühen, süddeutschen und eben „eigentlichen" Konstitutionalismus in Deutschland seien aber schon noch erwähnt, denn Geschichte verwirklicht sich nun einmal nur über handelnde, durchsetzungsbewußte, etwas bewegende Menschen. *Georg Graf zu Waldeck und Pyrmont* aus dem württembergischen Verfassungsstreit ist hier zu nennen. *Dahlmann* und seine sechs Göttinger Mitstreiter wirkten mit ihrem Vorbild. *Ludwig Uhland* und *Friedrich List* setzten sich ein, und von außerhalb der Landesgrenzen spielte *Karl Reichsfreiherr vom und zum Stein* eine nicht unbedeutende Rolle. In der bürgerlich-liberalen Verfassungsbewegung wurden diese Namen rasch durch die Leitfiguren des Vormärz und der Märzrevolution überlagert bzw. treten eher auf anderen, weiteren Feldern hervor. An sie (auch) in diesem Zusammenhang gesondert zu erinnern, ist also sehr wohl

24
Maßgebliche Persönlichkeiten des frühen Konstitutionalismus

---

27 Die englische Bill of Rights von 1689 oder die US-amerikanische Verfassung von 1787 (diese zudem ohne monarchischen Hintergrund) lagen denn doch zeitlich oder geographisch zu weit entfernt.
28 Neben *Würtenberger* (FN 25) und *Quaritsch* (FN 25), S. 183 f., auch *E.R. Huber*, Deutsche Verfassungsgeschichte, Bd. I, ²1975, S. 317, oder *Reinhold Zippelius*, Allgemeine Staatslehre, ¹⁴2003, § 21 I 2; *ders.*, Die rechtsstaatliche parlamentarische Demokratie als Ergebnis geschichtlicher Lehren, in: JuS 1987, S. 687 (690).

Anlaß. Denn überwiegend wurden die Auseinandersetzungen ohnehin im Herrschaftsapparat selber geführt, innerhalb der Dynastien und mit sowie in den Staatsministerien.

II. Wahlrecht, Budgetrecht, Partizipation

25
Legitimation des Staates von den Bürgern her

Das politisch und geschichtlich auffallendste Ziel, das der liberale Konstitutionalismus verfolgte, war sicherlich die verbriefte Mitwirkung und maßgebliche Beeinflussung der öffentlichen, hoheitlichen Dinge. Staat sollte sich legitimatorisch von seinen Bürgern her aufbauen und begründen, mindestens entschieden auf sie bezogen sein, was durch deren wie immer gestaltete Beteiligung an den Regelungen und Maßnahmen zu sichern sei. Nur so – jedenfalls strukturell und prozedural – war die Zentralität der Menschen mit ihren Bedürfnissen und Ansprüchen für alle Herrschaftsanstrengungen verwirklicht. Das bedeutete im Maximalziel und verschlagwortet die Forderung nach Demokratie[29], und zwar damals ernsthaft denkbar nur in der Form des Parlamentarismus. Plebiszitäre Demokratiebestrebungen wären in der Vorstellung der Menschen mit Rebellion und Anarchie verbunden gewesen und fanden deshalb bei den deutschen Liberalen – von einigen Heißspornen abgesehen – keinen Widerhall.

26
Bemühungen um den Parlamentarismus als Korrelat zum Kampf um die Grundrechte

Wo es vorliegend um die Grundrechte gehen soll, sei dieser Bereich indes nur gestreift. Dies freilich nicht überhaupt, um irgendeine historische oder programmatische Vollständigkeit zu suggerieren. Dazu wären ja die Facetten noch viel mannigfacher auszumalen. Vielmehr sind Wahlrecht, Budgetrecht und Partizipation, also die Bemühungen um Verankerung des Parlamentarismus, ein inhaltliches wie strategisches Korrelat zum Kampf um die Grundrechte. Strategisch, weil mit Hilfe der parlamentarischen Mitsprache (auch) die Grundrechtsverankerung und -beachtung durchzusetzen war; und inhaltlich, weil dem status activus der Menschen im Staate ihr status negativus entsprach, mit dem sie sich in ihrem Individualbereich grundrechtlich gegen Zugriffe der Staatsmacht abschirmen konnten. Beides war Kernanliegen des politischen Liberalismus, für beides wurde mit gleich heißem Herzen gestritten, und beides ist auch institutionengeschichtlich in Deutschland untrennbar mit den Liberalen verbunden. Andere Politikfelder wie Kulturpolitik, Kirche und Religion, Selbstverwaltung, Wirtschaftsverfassung und vor allem das Nationalprinzip verblassen dahinter oder sind thematisch auch disparater.

27
Inspiration durch französisches Parlamentsverständnis

Als markante Namen parlamentarisch-liberaler Streiter, oft auch als „Liberale Linke" bezeichnet, seien etwa *Karl R. v. Rotteck*, *Sylvester Jordan* oder

---

29 Dazu etwa *Gerhard Schilfert*, Sieg und Niederlage des demokratischen Wahlrechts in der deutschen Revolution 1848/49, 1952; *Walter Gagel*, Die Wahlrechtsfrage in der Geschichte der liberalen Parteien in Preußen und Deutschland 1848-1918, 1958, S. 7 ff., 26 ff.; *Hartwig Brandt*, Landständische Repräsentation im deutschen Vormärz, 1968, S. 160 ff; *Rudolf Vierhaus*, Von der altständischen zur Repräsentativverfassung, in: Karl Bosl (Hg.), Der moderne Parlamentarismus und seine Grundlagen in der ständischen Repräsentation, 1977, S. 177 ff., oder *Badura*, Die parlamentarische Demokratie, in: HStR ²I, § 23, insb. RN 23-26.

Robert v. Mohl genannt, aber auch (erneut) *Ludwig Uhland* oder *Karl Mittermaier* spielten eine Rolle. Und es war für sie eher das idealistisch, grundsätzlich angelegte französische Parlamentsverständnis inspirierend, auf *Montesquieu*, *Rousseau* und *Constant* zurückgehend, als das geschichtlich gewachsene, mit monarchischen Vorgaben sich arrangierende englische Modell.

III. Rechtliche Grundausstattung: Leben, Freiheit und Eigentum

Verfassung und bürgerlich-parlamentarische Mitsprache hatten aber im Grunde nur einen Sinn: die Sicherung des Selbstwerts der Menschen in Individualität wie in Gemeinschaft. Für letzteres steht der demokratische Ansatz, der die Einzelperson als Staatsbürger erfaßt und in der Bindung an das Höhere allgemeine Pflichten begründet, aber vor allem auch Rechte, Mitbestimmungs- und Teilhabeansprüche reklamiert. Für ersteres indessen steht der grundrechtliche Ansatz. Er thematisiert die Bereiche von Autonomie und Staatsfreiheit des Einzelnen, die ihm um seiner selbst willen zustehen und nur zugunsten anderer Individuen Einschränkungen unterliegen können[30]. Schon frühzeitig hatten sich die deutschen Liberalen die Deklarierung, den Ausbau und die Absicherung gerade dieses Komplexes auf ihre Fahnen geschrieben. Es war eine Hauptforderung des politischen Liberalismus, einen entsprechenden Katalog von Grundrechten verfassungsrechtlich zu verankern, die den Schutz der angeborenen und vorstaatlichen Individualität des Einzelnen und damit die Begrenzung der Staatsgewalt zum Gegenstand hatten.

28 Verfassungsrechtliche Verankerung von Grundrechten als Hauptforderung des politischen Liberalismus

Auch hier waren naturgemäß ausländische Stimulanzien von großer Bedeutung. Die in England erstrittenen Dokumente der Magna Charta Libertatum von 1215, der Petition of Right von 1628 und der Habeas Corpus Akte von 1679 ebenso wie die Bill of Rights von 1689 wirkten dabei allerdings weniger als Stationen politischer Erfolge als durch ihre theoretische Untermauerung und Propagierung durch *John Locke*. Und ähnliches galt für die amerikanischen Marksteine grundrechtlicher Konstituierung von der Virginia Bill of Rights vom Juni 1776 und der Unabhängigkeitserklärung einen Monat später bis zur Bundesverfassung von 1787 und dem grundrechtlichen Amendment von 1789/91, von denen vor allem der idealistische Wind herüberwehte. Auf die deutsche grundrechtliche Bewegung hatte hingegen ganz unmittelbar die Entwicklung in Frankreich Einfluß. Die Erklärung der Menschen- und Bürgerrechte vom 26. August 1789 und ihre Aufnahme sowie Anreicherung in den Verfassungen von 1791, 1793 und 1795 galten allseits den Liberalen als Vorbild und Ansporn.

29 Einfluß ausländischer Grundrechtserklärungen

---

30 Die liberale Vorstellung von der Doppelnatur des Einzelnen hat am markantesten *Wilhelm Eduard Albrecht* dargestellt in seiner berühmten Rezension von *Romeo Maurenbrechers* „Grundsätze(n) des heutigen deutschen Staatsrechts", in: Göttingische gelehrte Anzeigen 1837, S. 1491 ff.

1. Grundrechte in den süddeutschen Verfassungen[31]

30
Grundrechte süddeutscher Verfassungen als Maßstab

Der deutsche Konstitutionalismus in seiner frühen Phase hatte nicht nur bürgerliche und Volksvertretungsrechte verankert, sondern in liberalem, aufklärerischem Geiste auch Grundrechte der Menschen im Staate kodifiziert. Die Verfassungen von Bayern (1818), Baden (1818) und Württemberg (1819), zu denen noch die des Großherzogtums Hessen von 1820 trat, gewährten zwar auch manch ständische Privilegien und institutionelle Gesellschaftsstrukturierung in ihren Grundrechten[32], boten jedoch vor allem Freiheits- und Gleichheitsrechte, die für die deutsche Grundrechtsentwicklung Maßstäbe setzten und sich auch heute noch eindringlich und bemerkenswert lesen.

31
Politisch bedeutsame Grundrechte als liberales Ziel

Für die liberale Grundrechtsbewegung waren dabei vor allem jene Freiheitsrechte ein Anliegen, die in der historischen Auseinandersetzung zwischen Bürger und Staatsgewalt ihre praktischen Auswirkungen, also im wahrsten Sinne politische Bedeutung haben mußten. Dazu gehören etwa die personalen Freiheitsrechte, die den Schutz vor willkürlicher Verhaftung und Verfolgung (einschließlich der Garantie des gesetzlichen Richters) versprachen, aber auch die Freiheit der Auswanderung[33], in der damaligen Emigrationswilligkeit für viele von existentieller Wichtigkeit. Aber nicht zuletzt die Glaubens- und Gewissensfreiheit, die Meinungs- und Pressefreiheit waren politische Errungenschaften von kaum zu überschätzender Bedeutung für das weitere Ringen. Und die prinzipielle Gewährleistung des Privateigentums mit Sicherung gegen Enteignung und Abschaffung der Eigentumskonfiskation legte (endlich) den Boden für eine eigenverantwortliche, individuelle wirtschaftliche Entfaltung und damit eine wettbewerbliche Wirtschaftsordnung.

2. Die Grundrechte im deutschen März

32
Liberale im Vormärz

Das Ringen im Vormärz, den Kampf um die Einsetzung einer gesamtdeutschen Volksvertretung, den Streit um das Wahlrecht und schließlich die revolutionären, kriegerischen Auseinandersetzungen in dieser unruhigen Zeit nachzuzeichnen, ist hier nicht der Platz. Natürlich haben dabei Liberale aller Provenienzen und Ausrichtungen entscheidend mitgewirkt, und all die Anstrengungen und Faktenschaffungen haben auch das ihre zur Paulskirchen-Verfassung beigetragen. Aber diese politikgeschichtlichen Abläufe sind für die Durchleuchtung des spezifischen Zusammenhanges von Grundrechten und Liberalismus doch nur eine Nebenschiene, spielten nur eine Zubringerrolle.

33
Vorherrschaft der Liberalen in der deutschen Nationalversammlung

Im neu besetzten Bundestag, im Siebzehnerausschuß, im Frankfurter Vorparlament und erst recht dann in der deutschen Nationalversammlung, die am 18. Mai 1848 zusammentrat, gaben jedenfalls Liberale den Ton an. Dies war

---

31 Ausführlich *E.R. Huber* (FN 28), S. 350 ff.
32 Beispielsweise Staatsangehörigkeitsgarantien oder Gestaltungen des Staatskirchenrechts.
33 Interessanterweise war diese Verbürgung (inklusive der Freiheit von Nachsteuer) bereits eine, die sich im kargen Grundrechtskatalog der deutschen Bundesakte von 1815 wiederfand, dort freilich noch auf die rein interdeutsche Migration bezogen: Art. 18 Abs. b (1) und c; → Bd. IV: *Merten*, Freizügigkeit.

schon daran abzulesen, daß ihr Führer, *Heinrich v. Gagern*, zum Präsidenten der Nationalversammlung gewählt wurde und die liberale Mitte die stärkste der drei Hauptrichtungen im Parlament war[34]. Freilich zerfielen die Liberalen durchaus in unterschiedliche Strömungen und Lager. Aber in ihrem Grundrechtsanliegen stimmten sie allemal überein. *Ernst-Moritz Arndt* und *Karl Theodor Welcker* sind insoweit zu nennen, neben erneut *Albrecht* und *Dahlmann*, aber namentlich auch *Georg Beseler, Gustav Droysen, Georg Waitz, Eduard v. Simson* (als Nachfolger *Gagerns* später seinerseits Präsident des Nationalparlaments), *Friedrich Bassermann, Georg Gottfried Gervinus, Max v. Gagern*, der jüngere Bruder des Präsidenten, oder *Johann Gustav Heckscher*, und auf der eher fortschrittlichen Seite, parlamentarisch und großdeutsch eingestellt, taten sich neben den schon genannten *Mohl* und *Mittermaier* noch etwa *Gustav Rümelin, Friedrich Theodor Vischer* oder *Karl Biedermann* hervor. Besonders aber *Beseler* war es, der die Aufnahme der Grundrechte in die Reichsverfassung durchsetzte. Er war u. a. zusammen mit *Dahlmann, Droysen, Waitz, Welcker, Mittermaier* und *v. Mohl* Mitglied des ständigen Verfassungsausschusses der Nationalversammlung und erarbeitete mit *Droysen* den Entwurf, welchen der Verfassungsausschuß dann dem Plenum des Frankfurter Nationalparlaments zuleitete. Die zähen Verhandlungen über dieses Dokument haben über ein halbes Jahr die Kräfte gebunden. Am 20. Dezember 1848 jedoch verabschiedete die Nationalversammlung schließlich den Grundrechtsteil der Reichsverfassung. Und daß dieser dann als (einfaches) „Gesetz betreffend die Grundrechte des deutschen Volkes" vom 27. Dezember 1848[35] in Kraft trat und deshalb unabhängig vom nachmaligen Scheitern der Reichsverfassung unmittelbare Verbindlichkeit für das Reich und in allen deutschen Einzelstaaten erlangte[36], ist ja bekannt.

Verabschiedung des Grundrechtsteils der Reichsverfassung

Die damit erstmalig für den gesamten deutschen Staatsraum konstituierten Grundrechte formulierten viele der bürgerlich-liberalen Forderungen mutig, beispielgebend und zukunftweisend. Ob es die Freiheit der Person, die Unverletzlichkeit der Wohnung oder das Briefgeheimnis war (Art. III §§ 138–142), die Meinungs- und Pressefreiheit, die Glaubens- und Gewissensfreiheit oder die Religions-, Wissenschafts- und Lehrfreiheit (Art. IV–VI §§ 143–152), überall haben diese Gedanken auch in den Zeiten fortgewirkt, als sie förmlich wieder suspendiert waren. Und gleiches gilt für die Berufsfreiheit, die Versammlungs- und Vereinigungsfreiheit oder speziell die umfassende Eigentumsgarantie (Art. VI–IX §§ 158, 161 f., 164 ff.). Aber die Frankfurter Grundrechte waren gleichwohl noch statisch, d. h. in der Vorstellung eines Gegensat-

34
Fortwirkung der Grundrechte trotz Suspension

---

34 Neben der konservativen Rechten und der demokratischen Linken. Zu den „Fraktionen" im Paulskirchenparlament s. *E.R. Huber* (FN 10), S. 615 ff.
35 RGBl. (der provisorischen Centralgewalt), S. 49. Die dortigen Paragraphen (§§ 1–59) entsprachen den in Abschnitt VI der Reichsverfassung zusammengefaßten Art. I–XIV, §§ 131–189. Das Einführungsgesetz vom selben Tag (RGBl. S. 57) führte die Grundrechte ausdrücklich „im ganzen Umfange des deutschen Reiches" ein.
36 Freilich bestritten verschiedene Staaten die Gültigkeit des Grundrechtsgesetzes für sich (so insb. Österreich und Preußen), weil sie es landesrechtlich nicht verkündet hatten, dies aber nach den staatsrechtlichen Gegebenheiten erforderlich gewesen wäre.

zes von Staat und Gesellschaft behaftet und also in prinzipieller Ausgrenzung der Hoheitsbelange und Gemeinwohlaspekte aus dem grundrechtlich abgeschirmten, umhegten Privatbereich der Menschen. Vor allem aber gaben sie keine Antwort auf die immer deutlicher sich stellende „soziale Frage"[37]. Die Vorstellung, die allgemeine Freiheit, Chanceneröffnung und Wettbewerblichkeit böten jedem leistungsfähigen Mitglied des Volkes die Möglichkeit zur Verbesserung seiner wirtschaftlichen Lage und zum sozialen Aufstieg, stimmte eben mit den Realitäten der heraufziehenden arbeitsteiligen, industriellen Massengesellschaft immer weniger überein.

Aufkommen der „sozialen Frage"

3. Die Grundrechte in der nachfolgenden Entwicklung

35

Abnehmende Dominanz des Liberalismus

Die beschriebenen Schwächen mußten sich in den weiteren Stationen der Grundrechtsgeschichte ausgleichen, sollte das zugrundeliegende Ideal nicht scheitern. Es ist dieser notwendige Anpassungsprozeß aber auch wohl gelungen, denn die Grundrechtsidee war und ist viel zu menschennah und vital, um nicht in allen Wandlungen des Geschehens zu bestehen. Der Liberalismus freilich hat bei dieser Fortentwicklung nicht mehr so dominant gewirkt wie bei der Hervorbringung und den ersten Verfassungsverankerungen der Grundrechte. Immer wieder haben Liberale zwar auch in späteren Zeiten sich Verdienste um Kodifizierung und praktische Umsetzung der Menschenfreiheiten erworben, so beispielsweise mit und unter der Weimarer Reichsverfassung. Aber die vorwärtsdrängende und innovative Kraft für das moderne Bild der Grundrechte haben doch andere Strömungen stärker geliefert. Der Liberalismus hat sich vermehrt als Mahner und Verteidiger der klassischen Freiheiten bewiesen und beharrlich deren Glanz wieder freizulegen und zu festigen gesucht.

Liberalismus als Verteidiger der klassischen Freiheiten

36

Aufhebung des Grundrechtsteils

Reichsverfassung ohne Grundrechtskatalog

Institutionengeschichtlich gab es für die Grundrechte in Deutschland nach dem Markstein der Paulskirche zunächst eine Phase des Rückschritts. Im Druck der Restauration jedenfalls hob der nach dem Scheitern der Nationalversammlung wieder erstarkende Bundestag am 23. August 1851 den reichsgesetzlichen Grundrechtsteil der Verfassungsbemühungen auf. Und die Reichsverfassung von 1871, mit der die deutschen Staaten sich ohne Österreich vereinigten, verzichtete ganz auf einen Grundrechtskatalog[38]. Das wurde zwar auch damit begründet, daß die Grundrechte bereits Gemeingut geworden seien und in den einzelstaatlichen Verfassungen oder besonderen Gesetzen hinreichend Verankerung gefunden hätten. Dies war aber doch mehr ein Wunschdenken, denn die Restauration hat tatsächlich alle Anstrengungen darauf verwandt, die Grundrechte in ihrem Bestand wieder zurückzuschneiden[39].

---

[37] Dazu deutlich *E.R. Huber* (FN 13), S. 776 f.
[38] Hauptsächlich wohl deshalb, weil Grundrechte zu statuieren, nach dem föderativen Aufbau des Reiches zur Kompetenz der Länder gehöre.
[39] Immerhin waren bis zur Reichsgründung durch Bundesgesetz die Freizügigkeit (1867), die Gewerbefreiheit (1869) und das Verbot rückwirkender Strafbarkeit (1870) gewährleistet worden. Und nachfolgend fanden noch etwa die Pressefreiheit (1874) oder die Vereins- und Versammlungsfreiheit (1908) durch ein Reichsgesetz Anerkennung.

Erst in der Weimarer Reichsverfassung vom 11. August 1919 erhielten die Grundrechte – in einem eigenen Hauptteil – in Deutschland über die Gründungszeit hinausreichende, unangefochtene Verbindlichkeit. Neben anderen hatten sich dafür auch Liberale eingesetzt. *Hugo Preuß* etwa kamen die entscheidenden Verdienste um die institutionelle Verankerung zu, und *Friedrich Naumann* hatte sich um eine zeitgemäßere Fassung der überkommenen Gedanken bemüht. Daß die Weimarer Grundrechte sich dann allerdings juristisch als praktisch „leerlaufend", d.h. regelrecht „bedeutungslos" herausstellten[40], weil sie unter umfassendem Gesetzesvorbehalt bzw. legislativer Rahmensetzung standen, systematische Aushöhlungssperren wie Wesensgehaltsschranke, Übermaßverbot oder vorrangige Verfassungsgerichtsbarkeit fehlten, ja, selbst Verfassungsänderungen grenzenlos möglich waren (ein Ausdrücklichkeitsgebot oder die Statuierung eines verfassungsfesten Minimums gab es nicht), braucht hier nicht noch einmal ausgeführt zu werden[41]. Unter der nationalsozialistischen Diktatur mußten die Weimarer Grundrechte jedenfalls gar nicht mehr förmlich aufgehoben werden, weil sie unproblematisch durchbrochen und denaturiert werden konnten. Die Lehren, die wir daraus für das Grundgesetz gezogen haben, sind nunmehr hoffentlich dauerhafter.

37
Verdienste der Liberalen um die Weimarer Grundrechte

D. Die modern-sozialgestalterische Dimension

So entscheidend der Liberalismus bei der theoretisch-programmatischen Anlegung der Grundrechte und ihrer historisch-genetischen Verankerung gewirkt hat, so stark sieht er sich heute in Konkurrenz mit anderen politisch-geistigen Strömungen, welche das moderne Grundrechtsverständnis fortentwickeln wollen und prägen. Dabei verlangen ja die aktuellen Herausforderungen und Probleme überall ihre Antworten und Lösungen von der Politik. „Politik" ist bekanntlich die aktive, tätige Suche nach dem Gemeinwohl bzw. nach den Gestaltungen, Problemlösungen und Ansätzen, die jeweils für gemeinwohldienlich gehalten werden[42]. Aber damit kommt man eben unweigerlich auch in den Bannkreis der Grundrechte. Dies freilich nicht immer bewußt und womöglich mit ausgeprägter Absicht. Allenthalben aber sind die Grundrechte betroffen, weil und soweit sich Einzelne von den betreffenden Maßnahmen berührt oder beeinträchtigt fühlen. Rein tatsächlich aber wirken

38
Grundrechte im Wandel

---

40 So schon die eindeutigen zeitgenössischen Urteile: *Thoma*, Grundrechte und Polizeigewalt, in: Verwaltungsrechtliche Abhandlungen. Festgabe zur Feier des 50jährigen Bestehens des PrOVG, 1925, S. 183 (191 ff., 195); *Gerhard Anschütz*, Die Verfassung des Deutschen Reiches, Kommentar (2. Bearb.), [9]1929, Erl. zu Art. 127 (S. 334 f.), oder etwa *Friedrich Giese*, Die Verfassung des Deutschen Reiches, [6]1925, Art. 127 Erl. 3, oder *Stier-Somlo*, Die neueste Entwicklung des Gemeindeverfassungsrechts in Deutschland, in: VVDStRL 2 (1925), S. 122 (130).
41 Dazu nur *Edzard Schmidt-Jortzig*, Die Einrichtungsgarantien der Verfassung, 1979, S. 13 ff. m.w.N.
42 *Schmidt-Jortzig*, Rechtswissenschaft und praktische Politik, in: Gedächtnisschrift für J. Sonnenschein, 2002, S. 861 (863).

auch die veränderten Lebensverhältnisse systematisch und methodisch auf Normbereich, Normverständnis und Richtung wie Dichte der ansetzenden Eingriffe oder die Beurteilung ihrer Angemessenheit ein. Mehr oder weniger unbemerkt befinden sich deshalb die Grundrechte in einem steten Wandel, den die herrschenden politischen Strömungen artikulieren, anfachen und/ oder sich zunutze machen.

39
Liberalismus als Gegner einer Ideologisierung der Grundrechte

Der moderne Liberalismus ist hierbei – so scheint es – vorwiegend auf zwei Rollen eingeschworen. Zum einen bemüht er sich, die Freiheitsrechte immer wieder von ideologischem, funktionalisierendem Ballast zu befreien[43]. Allzu oft werden ja bestimmte weltanschauliche und politische Vorverständnisse in die Grundrechte hineinprojiziert und gewinnen damit je nach input auch ganz subjektive, einseitige Aussagen. Die Zirkelhaftigkeit solchen Vorgehens immer wieder deutlich zu machen bzw. den wirklichen Kern der geschützten Freiheiten im Bewußtsein zu halten, zu propagieren und zu verteidigen, ist deshalb steter Inhalt der Bemühung. Zum anderen findet sich der Liberale allenthalben als Wächter der Verhältnismäßigkeit, als „ehrlicher Makler" aller notwendigen Abwägungen wieder[44]. Daß für die komplexen Probleme der kleinen und großen Politik die Verfassung nie ausdrückliche, eindeutige Antworten bereit hält, sondern Antinomien, Normkonkurrenzen und Interessenkonflikte auftut, ist ja eine Binsenweisheit. Die konkrete verfassungsrechtliche Antwort stellt sich deshalb immer als eine Aufgabe praktischer Konkordanz dar, d.h. als Gewinnung verhältnismäßigen Ausgleichs zwischen unterschiedlichen Rechtsgütern, Normbefehlen oder Lebensbelangen. Liberale tun sich hier als Rationalisten, aber auch entscheidungsfreudig und verantwortungsbereit hervor. Der freie Geist ist nun einmal der Feind aller Irrationalismen, aller Scheinbegründungen und intellektuellen Aufplusterungen. Das bringt dem Liberalismus heute mitunter den Vorwurf der medialen „Blutleere" ein, in den vielen künstlichen Aufgeregtheiten unserer Zeit ist das aber wohl eher ein Zeichen von Stärke.

Liberalismus als Wächter der Verhältnismäßigkeit

I. Konformitätsdruck und Selbstbestimmung

40
Grundrechte unter dem Druck öffentlicher Meinung und „political correctness"

In vielfältiger Weise sind so heute Grundrechte etwa unter den Druck programmatischer Verfügbarkeit geraten. Latent besteht die Gefahr einer Verzweckung der Freiheitsrechte, d.h. einer Zumessung nach bestimmten inhaltlichen Nützlichkeiten für ein gedeihliches Funktionieren der Ordnung[45], und dieser Maßstab wird natürlich von der Mehrheit, von der öffentlichen Meinung und gegebenenfalls der „political correctness" bestimmt. Da geht es bei-

---

43 Vgl. *Schmidt-Jortzig*, Liberalität und Ethik in der Mediengesellschaft, in: Medienethik – Freiheit und Verantwortung, FS M. Kock, 2001, S. 53 ff.
44 *Schmidt-Jortzig* (FN 42), S. 869. S. auch *Thürer*, Das Dogma und der Liberale, in: Rechtskollisionen. FS A. Heini, 1995, S. 455 (460 ff.).
45 Vgl. zu dieser von ihm so genannten „demokratiestaatlichen Funktionalisierung" der Grundrechte (dort: der Meinungsfreiheit) nur etwa *Christian Starck*, in: v. Mangoldt/Klein/Starck, GG, Bd. 1, ³1985, Art. 5 RN 2; *ders.*, Grundrechte und demokratische Freiheitsidee, in: HStR II, § 29 RN 38 f.

spielsweise um die Frage, ob bei den Kommunikationsfreiheiten die demokratieförderlichen Meinungskundgaben oder Informationsbegehren gegenüber gänzlich unpolitischen, rein individuell bezogenen Äußerungsformen privilegiert werden dürfen. Bei der Versammlungs- und Demonstrationsfreiheit wird u.U. politisch unerwünschten Manifestationsanliegen weniger grundrechtlicher Schutz zugemessen als demokratisch förderlichen[46]. In Art. 6 Abs. 2 GG werden bezüglich Kindern herkömmliche Familiensozialisierungen oder Erziehungsformen gegenüber fortschrittlichen, sozialstaatlich genehmeren benachteiligt. Oder im Zuge der Koalitionsfreiheit nach Art. 9 Abs. 3 GG gerät die geschützte Rechtsmöglichkeit, sich „zur Wahrung und Förderung der Arbeits- und Wirtschaftsbedingungen" zu Kollektiven zusammenzuschließen und verbindlichen Tarifordnungen zu unterwerfen, im Zuge sozialpolitischen und verbandlichen Druckes zur gesellschaftlichen Norm, unter welcher der Nichtkollektivierungswillige seinen grundrechtlichen Schutz schwinden sieht.

Grundrechtsschutz nach Maßgabe politischer Wünschbarkeit

Hier gilt es im liberalen Sinne, darauf zu bestehen, daß die Grundrechte bei allen objektiv-institutionellen Nebenwirkungen zuallererst subjektive Freiheitsrechte vermitteln[47]. Die grundrechtliche Freiheit ist die des autonomen, unabhängigen Individuums, das erst in einem zweiten Abstraktionsschritt seine Einbindung in einen Sozialzusammenhang erfährt. Sie ist nicht die des von vornherein auf die Gemeinschaft und das verfassungsgemäße Funktionieren ihrer politischen Organisation ausgerichteten Bürgers. Der Einzelne wird also zuerst als ein vorrechtlicher, vorstaatlicher Eigenwert, ein Tatbestand per se gesehen und nicht zugleich als Teil eines Sozialsystems oder als verantwortlicher Träger des verfaßten Gemeinwesens. Die Gefährdungen dieser Freiheit können deshalb von *jeder* Form heterogener Einflußnahme herrühren und nicht nur von solchen Zugriffen, die von außerhalb des sozial Geforderten kommen.

41
Subjektiv-rechtlicher Primat der Grundrechte

Der Mensch muß von der Verfassung in seiner Selbstheit geachtet werden, mit all seinen individuellen Eigenarten und seiner womöglich „eckigen" Autonomie. Daß andere verfassungsmäßige Grundlagenbestimmungen diesen Ausgangspunkt modifizieren mögen, ändert an dem Fundament nichts. Es gilt zwar als gesichert, daß der Mensch von der Verfassung nicht als unverpflichtetes souveränes Einzelwesen, „sondern als verantwortliches Glied der Gemeinschaft" aufgefaßt wird. Aber diese Bezugnahme auf andere Menschen, auf soziale und staatliche Notwendigkeiten haben immer nur freiheitsbegrenzende Funktion, nicht substanzausrichtenden, mobilisierenden Sinn. Die Grundfreiheiten kann jedermann also nach seinem eigenen Gusto einset-

42
Individualität als Substanz der Grundrechte

---

46 Deshalb kategorisch *BVerfG*, NVwZ 1998, S. 834; NVwZ-RR 2000, S. 21; NJW 2001, S. 1409, 2069, 2072, 2075, 2076; gegen *OVG Münster* DVBl. 2001, S. 584; NJW 2001, S. 2111, 2113, 2114, 2986. Zur Kritik an dieser Kontroverse: *Battis/Grigoleit*, Die Entwicklung des versammlungsrechtlichen Eilrechtsschutzes, in: NJW 2001, S. 2051 (2052 f.); *Benda*, Kammermusik, schrill, in: NJW 2001, S. 2947 f.; *Dieter Wiefelspütz*, Versammlungsrecht und öffentliche Ordnung, in: KritV 85 (2002), S. 19 (24 ff.), oder *Hoffmann-Riem*, Neuere Rechtsprechung des BVerfG zur Versammlungsfreiheit, in: NVwZ 2002, S. 257 (260 ff.); → Bd. IV: *Hoffmann-Riem*, Versammlungsfreiheit.
47 Zum Folgenden *Schmidt-Jortzig*, Meinungs- und Informationsfreiheit, in: HStR ²VI, § 141 RN 2 ff.;

II. Reduzierter Staat und Privatinitiative

43
Schwerfälligkeit moderner Gemeinwesen infolge Überregulierung

Die entwickelten, modernen Gemeinwesen sind durch Überregulierung und Bürokratie schwerfällig geworden. Das bissige Wort von *Rüdiger Altmann*, der Staat gleiche immer mehr einem kastrierten Kater, er nehme an Umfang zu und an Potenz ab[49], ist zwar polemisch gemeint, aber nicht ohne Wahrheitsgehalt. Hinzu kommt nämlich sein ständiges Finanzdilemma. Der wachsende Apparat, das immer dichter angelegte soziale Sicherungsprogramm und die ausfernde Subventionslandschaft verschlingen die größten Teile des Etats, und die erzeugte Knebelung der produzierenden Wirtschaft läßt die Einnahmen nicht in gleichem Maße steigen. Tatsächlich wird also der Staat immer weniger leistungsfähig, obwohl zugleich die Anforderungen an ihn wachsen und Hand in Hand damit die gesellschaftlichen Erwartungen[50]. Als Ausweg bietet sich dann zunehmend eine Symbolpolitik an, mit der dem Publikum große Aktivität und Entscheidungsfreude vorgeführt wird, sich aber in der Praxis wenig bewegt, geschweige denn ein wirklicher Vollzug der Anordnungen erfolgt.

Gefahr einer Symbolpolitik

44
Vermehrung der Staatsaufgaben als Freiheitsverlust

Der Liberalismus wird solchen Lähmungserscheinungen allenthalben entgegentreten, um so mehr dort, wo die Grundfreiheiten darunter leiden. Insofern ist etwa die Senkung der Staatsquote und der Steuerbelastung eine Strategie, die individuelle, eigene Initiative wiederzubeleben. Privatisierung – natürlich mit Augenmaß, aber auch mit Entschiedenheit betrieben – verspricht eine Verbreiterung privater Bewirtschaftungsmöglichkeiten und erbringt zugleich Staatsentlastung. Es ist danach richtig, jederzeit zu prüfen, „inwieweit staatliche Aufgaben oder öffentlichen Zwecken dienende wirtschaftliche Tätigkeiten durch Ausgliederung und Entstaatlichung oder Privatisierung erfüllt werden können"[51]. Auch ist wieder mehr Raum zu geben für eigene Entscheidungen in der Lebensplanung, sei es durch individuelle Vorsorge für die eigene Altersfinanzierung, sei es durch Beteiligung, Auswahl und Mitprüfung

---

48 → Bd. II: *Merten*, Negative Grundrechte.
49 Zitiert nach *Malte Buschbeck*, Der Leviathan im Schafspelz, in: Süddeutsche Zeitung v. 18.10.1980, S. 14.
50 Zum ganzen *Schuppert*, Zur Neubelebung der Staatsdiskussion. Entzauberung des Staates oder „bringing the state back in"?, in: Der Staat 29 (1989), S. 91 ff. m. umfangr. N.
51 So der 1993 in § 7 Abs. 1 BHO angefügte Satz 2 (Art. 11 Nr. 1 des Ersten Gesetzes zur Umsetzung des Spar-, Konsolidierungs- und Wachstumsprogramms v. 21.12.1993 [BGBl. I S. 2353]).

bei Gesundheitskosten und Krankenversicherung. Mehr Eigenverantwortung, was die Wagnisse und Gefährdungen des täglichen Lebens angeht, müßte hinzutreten. Die immer weitergreifende Übernahme der Risiken durch den Staat bedeutet jedenfalls unmittelbaren Freiheitsverlust, und der Bequemlichkeit, möglichst viel in die öffentliche Verantwortlichkeit abzugeben, wird sich deshalb ein Liberaler immer widersetzen. Man kann die Grundfreiheiten nicht nur da beanspruchen, wo sie Vorteil, Annehmlichkeiten und Gewinn versprechen, sondern muß sie auch dort annehmen, wo damit Lasten verbunden sind, selbst eingegangene Bindungen nötig werden und Pflichten rufen.

Andererseits wird sich Liberalismus niemals damit abfinden, daß der Staat, wo die Freiheit seiner Bürger wirklich gefährdet ist, nur durch Wegducken und Unverbindlichkeit auffällt. Rechtliche Instrumente wie Untätigkeitsklage, Haftung wegen Organisationsverschuldens oder pflichtwidrigen Unterlassens sind die richtigen Antworten. Auch daß die Verfassungsrechtswissenschaft das Instrument des Untermaßverbotes entwickelt hat[52], mit dem der Staat in Gestalt des Gesetzgebers zu den gebotenen Schutzvorkehrungen gegen eine Grundrechtsgefährdung gezwungen werden kann bzw. ihm solche (Schein)Maßnahmen nicht durchgehen gelassen werden, die zur Gefahrenabwehr offensichtlich ungeeignet oder unzureichend sind, ist für Liberale ein Gewinn. Wo hoheitliches Eingreifen unerläßlich ist und im übrigen seiner ureigenen Zwecksetzung entspricht, muß der Staat machtvoll und entschieden auftreten und vor allem effektiv handeln.

45
Gebotene Staatseffektivität bei Freiheitsgefährdung

III. Sicherheit und Freiheit

Es ist ein Grundbedürfnis der Menschen, sich physisch sicher zu fühlen. Schon die Kinder Israels zogen aus, um ein Land zu finden, wo sie „sicher wohnen" könnten[53]. Das ist für den Menschen in seiner Verletzlichkeit und Schwäche offenbar eine Ursehnsucht. Von dort bezieht nach wie vor der konkrete Staat, in dem sich die Menschen zusammenfinden, seinen vorrangigen Zweck. Im Grundgesetz ist die Sorge für die Sicherheit der Menschen Staatsziel[54]. Und Gesetzgebung wie Verwaltung haben daraus umfängliche Staatsaufgaben konturiert.

46
Sicherheit als menschliches Grundbedürfnis

Vorkehrungen zur Sicherheitsvorsorge und zur Gefahrenbekämpfung gehen indessen immer einher mit Einschränkungen der Freiheit. Deutschland hat dies zuletzt in drei Schüben erlebt. Die Antwort des Staates gegen die Gewalttaten der Rote-Armee-Fraktion in der zweiten Hälfte der siebziger Jahre hat zu Einschränkungen des Verhaftungsschutzes, gewisser Verfahrensrechte und

47
Sicherheitsvorsorge durch Freiheitseinschränkung

---

52 *BVerfGE 88*, 203 (254 mit Ls. 6, 257 mit Ls. 8, 262, 304). Zum Ansatz *Götz*, Innere Sicherheit, in: HStR III, § 79 RN 30f.; *Isensee*, Das Grundrecht als Abwehrrecht und als staatliche Schutzpflicht, in: HStR V, § 111 RN 165f. Der Begriff geht wohl zurück auf *Canaris*, Grundrechte und Privatrecht, in: AcP 184 (1984), S. 201 (228).
53 Mose 3. Buch 25, 18f.; 26, 5; 5. Buch 12, 10; 33, 28.
54 Vgl. *Götz* (FN 52), RN 2f., 7ff.; *Schmidt-Jortzig*, Grenzen der staatlichen Strafgewalt, in: FS 50 Jahre Bundesverfassungsgericht, 2001, Bd. II, S. 505f. m.w.N. aus der Rspr. des BVerfG.

vor allem der Vertraulichkeit zwischen Anwalt und Mandanten geführt[55]. Die bessere Wappnung gegen organisierte Kriminalität brachte u. a. Verkürzungen der Unverletzlichkeit der Wohnung („großer Lauschangriff") und eine Ausweitung der (sonstigen) technischen Personenüberwachung bei der Strafermittlung mit sich[56]. Und die Verbesserung der Terrorismusbekämpfung nach dem 11. September 2001 wurde durch Beschneidungen vor allem des Grundrechts auf informationelle Selbstbestimmung zu erreichen versucht[57].

48
Empfindliche Balance von Freiheit und Sicherheit

Im Wunsch der Menschen sind Sicherheit und Freiheit eigentlich keine Gegensätze. Beide stellen gleichermaßen ein Ideal dar und machen deshalb einen staatlichen Gewährleistungszweck aus. Beide werden denn auch in den Menschenrechtskodifikationen schiedlich miteinander vereint und gemeinsam verbürgt[58]. Aber bei ihrer Verwirklichung, bei der jeweiligen Optimierung geraten die beiden Grundwerte in Gegensatz zueinander. Sie verhalten sich nun wie kommunizierende Röhren: Wird in der empfindlichen Balance zwischen beiden eines stärker aktiviert oder mit größerem Gewicht versehen, sind beim anderen Einschränkung und Begrenzung die Folge. Aber wo das natürliche Gleichgewicht gestört wird, egal durch welche Faktenveränderung, muß eben der Staat tätig werden. Erneut wird dann eine subtile Harmonisierung notwendig, ein verhältnismäßiger Ausgleich zwischen beiden, und der Liberale ist hier mit ganzem Einsatz und rationaler Entscheidung gefordert. Dabei hat er vor allem jede Einseitigkeit zu unterbinden. Freiheit ist eben kein Solitär in den menschlichen Urwünschen und Bedürfnissen. „Der Mensch ist frei geboren und doch überall in Fesseln" wußte schon *Rousseau*[59]. Freiheit braucht zu ihrem realen Erlebtwerdenkönnen allemal Bindung und Sicherheit: Ohne Sicherheit keine Freiheit.

IV. Erdrückendes Mittelmaß und wettbewerbliche Leistungsanfachung

49
Gleichmaß infolge von Solidaritätsbeschwörung und Harmoniebedürfnis

Im modernen Staat drängt Vieles, häufig Übermächtiges auf Gleichmaß, Konkurrenzferne und den gut vermittelbaren gemeinsamen Nenner. Harmoniebedürfnis mag ein Beweggrund sein, aber auch die relative Einfachheit, sich mit gegenseitigen Solidaritätsbeschwörungen auf eine gemeinsame, allgemeinverträgliche Linie zusammenzufinden. Für die Grundrechte scheint diese Tendenz allemal deutlich zu sein. Aber auch der deutsche Föderalismus leistet offenbar – mindestens atmosphärisch – Vorschub, wenn er die Länder einerseits gegenüber dem Bund, andererseits für übergreifende Parteiinteressen unter Einigungszwang stellt. Und das Richtmaß einer Wahrung der „Einheit-

---

55 Gesetze v. 18.8.1976 (BGBl. I S. 2181), v. 30.9.1977 (BGBl. I S. 1877), v. 14.4.1978 (BGBl. I S. 497) und v. 5.10.1978 (BGBl. I S. 1645).
56 Gesetz zur Änd. des GG (Art. 13) v. 26.3.1998 (BGBl. I S. 610) sowie Gesetz v. 4.5.1998 (BGBl. I S. 845).
57 Terrorismusbekämpfungsgesetz v. 9.1.2002 (BGBl. I S. 361).
58 Art. 3 AEMR v. 10.12.1948, Art. 5 Abs. 1 Satz 1 EMRK v. 4.11.1950 oder Art. 6 EU-Grundrechtecharta v. 7.12.2000.
59 (FN 9), I. Buch 1. Kap. (S. 5).

lichkeit der Lebensverhältnisse im Bundesgebiet"[60] tut ein Übriges. Potentielles Hervortun eines einzelnen Landes durch bessere Politik, konsequenteres Handeln oder eben mehr Wohlstandsertrag wird jedenfalls als unsolidarisch angesehen und stört die Routine.

Diese föderative Erstarrung, die nur durch eine Neubelebung des Wettbewerbs unter den Ländern aufgelöst werden könnte[61], setzt sich über die nationalen Abschottungstendenzen gegenüber dem Globalisierungszug fort bis hinein in den Grundrechtsbereich. In unvoreingenommener Sicht bedeutet Globalisierung ja nur ein Niederreißen der engen, nationalen Wettbewerbsgrenzen und damit eine Weitung der individuellen Entfaltungsmöglichkeiten. Zugleich wird das jahrhundertealte Kartell aus Vorurteilen, Diskriminierung und getrennter Entwicklung gründlich aufgebrochen. Die Gefahren einer (weiteren) Spreizung der Wohlstandsverteilung auf der Welt oder auch größerer Konzernierungen und Mißbrauchsmöglichkeiten sind freilich offen ins Auge zu fassen. Aber wenn man es nur energisch genug in Angriff nimmt, erscheinen sie immerhin beherrschbar. Liberalismus jedenfalls setzt auch hier auf die Kraft, den Antrieb und die Leistungsfreude des tätigen Menschen und schätzt also in seiner Grundhaltung von Optimismus, Selbstvertrauen und Zuversicht die Chancen der Globalisierung allemal höher ein als ihre Risiken[62].

50
Föderative Erstarrung

Vertrauen des Liberalismus auf Leistungsfreude

Im engeren Grundrechtskreis machen sich die steten Amalgamierungskräfte heute vor allem bei Bildung und Lernen, bei der beruflichen Arbeit und beim wirtschaftlich-eigentumsmäßigen Ertrag bemerkbar. In der Schule werden besondere Strebsamkeit und Aufmerksamkeit, erhöhte Aufnahmebereitschaft oder einfach bessere Leistung immer scheeler angeschaut[63]. Begabtenförderung in eigenen Anstalten oder Klassen gilt als elitär und deshalb unsozial. Die Privatschulgarantie für Gründung und Bestand von Einheiten spezieller, unkonventioneller Bildungsausrichtung wird bürokratisch, finanziell immer weiter zugeschüttet oder ausgehöhlt. Das Anrecht auf Bildungschance nach individuellem Höchstmaß[64] läuft zunehmend leer. Gleiches setzt sich

51
Gesellschaftliche Diskriminierung des Grundrechtsgebrauchs

---

60 Art. 106 Abs. 3 Satz 4 Nr. 2 GG, vor allem aber auch Art. 72 Abs. 2 GG („Gleichwertigkeit" der Lebensverhältnisse). Prompt wird dies immer wieder als gesetzgeberische Verpflichtung, als mittelbarer Verfassungsauftrag, als politische Zielvorstellung, Harmonisierungsgebot oder gar als Staatszielbestimmung verstanden; s. etwa *Hettlage*, Diskussionsbeitrag, in: VVDStRL 31 (1973), S. 99 (100); *Maunz* (1984), in: Maunz/Dürig/Herzog, GG, [6]1983 ff., Art. 72 RN 23; *Liesegang*, in: v. Münch/Kunig (Hg.), GG, Bd. 3, [2]1983, Art. 91a RN 2; *Bothe*, in: Alternativkommentar zum GG, 1989, Art. 72 RN 14, oder *Hohmann*, Der Verfassungsgrundsatz der Herstellung einheitlicher Lebensverhältnisse im Bundesgebiet, in: DÖV 1991, S. 191 (194, 196). Zur Kritik nur *Stern*, Staatsrecht, Bd. II, 1980, S. 598, 1167 f. m.w.N.
61 Dazu nur etwa die drei Denkschriften der Friedrich-Naumann-Stiftung „Wider die Erstarrung in unserem Staat – Für eine Erneuerung des Föderalismus" (4.2.1998), „Für eine Neuordnung der Finanzverantwortung von Bund und Ländern" (21.8.1998) und „Für eine neue Aufgabenverteilung zwischen Bund, Ländern und Gemeinden" (29.10.1999).
62 S. nur *Annemie Neyts-Uyttebroeck*, Das Einzigartige des Liberalismus – Der Kampf gegen die Globalisierung trifft auch die Anliegen des Liberalismus, in: Neue Zürcher Zeitung v. 17./18.11.2001, oder *Jürgen Jeske*, Die Gefährdungen der Freiheit, in: Frankfurter Allgemeine Zeitung v. 27.7.2002, S. 11.
63 Beim alarmierenden Pisa-Ergebnis für die deutschen Schulen trat das unlängst deutlich zutage. Ein Mangel an staatlichen Einsatzanreizen für die Lehrer – finanzieller, rechtlicher oder curricularer Art – tritt hinzu.
64 Grundrechtlich aus dem Anspruch auf freie Entfaltung der Persönlichkeit (Art. 2 Abs. 1, 1 Abs. 1 GG) i.V.m. Art. 7 Abs. 1 und 4 GG zu entnehmen.

dann bei der beruflichen Arbeit fort. Wer eigenverantwortlich seine wirtschaftliche Existenz in die Hand nehmen will, sich selbständig macht, Arbeitsplätze für andere schafft oder auch nur zusätzliche Arbeiten übernehmen bzw. außertariflich seine Arbeitskraft anbieten möchte, stößt allenthalben auf Behinderung und Diskriminierung. Absicherungsforderungen an den Staat ersetzen dann Eigeninitiative und Selbstverantwortung. Und was schließlich die Nutzung, Mehrung oder schlichte Konsumtion des Erwirtschafteten (bzw. Ererbten) angeht, erscheint die Lage gleichermaßen besorgniserregend. Das Zueigenhaben wirtschaftlicher Ressourcen, von der Verfassung als Grundrecht und Institutsgarantie geschützt, wird gesellschaftlich, steuerlich und administrativ allenthalben verleidet. Rechtspolitisch gilt Eigentum immer weniger, was sich nicht zuletzt an den Bedingungen von Entzug, gemeinnütziger Inhaltsbestimmung, Entschädigung oder Wiedergutmachung zeigt. Mit dem Niedergang einer Wertschätzung von Privateigentum gehen zudem wirtschaftliche Stagnation und Rezession einher.

Abnehmende Wertschätzung des Privateigentums

52

Individualität, Leistungsfreude und Selbstverantwortung als liberale Ideale

Den grundrechtlichen Idealen des Liberalismus laufen solche Entwicklungen diametral zuwider. Dies nicht nur gegenständlich-konkret, in jedem einschlägigen Gestaltungsschritt oder Unterlassen, sondern auch gedanklich und perspektivisch. Denn Freiheit ist die mentale Luft zum Leben, und Freiheit lebt von Individualität, Leistungsfreude und Selbstverantwortung[65]. Wer sich daran versündigt, versündigt sich auch an der Gemeinschaft der Menschen, dem Staat also: Die Bildung der Jugend ist das kulturelle, soziale und ökonomische Kapital der Zukunft; die berufliche Arbeit macht das Fundament der gesamten Vorsorgesysteme aus und bildet einen Hauptfaktor des sozialen Friedens; und Eigentum schließlich ist die wirtschaftliche Grundlage aller realen Freiheit sowie Garantie der sozialen Marktwirtschaft[66]. Gerade beim Eigentum wird die Verknüpfung ja besonders deutlich. Denn „Freiheit strebt nach Eigentum und sie bedarf seiner, der Erwerb ist das Ziel, das Haben die Grundlage, die Nutzung der Inhalt von Freiheit"[67]. Liberales Wirken hat heute also ganz grundsätzliche Funktion – nicht nur für die eigene konzeptionelle Schlüssigkeit, sondern für die gemeinschaftsbezogene übergreifende Zukunftsverantwortung.

„Freiheit strebt nach Eigentum"

Bedeutung des Liberalismus für die Zukunftsverantwortung

---

65 Das liberale Leistungsprinzip ist am schönsten (aber auch am artifiziellsten) in Art. 1 der französischen Erklärung der Menschen- und Bürgerrechte v. 26.8.1789 formuliert: „Die sozialen Unterschiede können sich nur auf den gemeinsamen Nutzen gründen".
66 Vgl. nur *Ulrich Scheuner*, Die Garantie des Eigentums in der Geschichte der Grund- und Freiheitsrechte, in: *ders.*, Staatstheorie und Staatsrecht, 1978, S. 775 (780ff.), oder zuletzt *Otto Depenheuer*, Entwicklungslinien des verfassungsrechtlichen Eigentumsschutzes in Deutschland 1949–2001, in: Thomas v. Danwitz/ders./Christoph Engel, Bericht zur Lage des Eigentums, 2002, S. 109 (114ff., 118ff.); → Bd. V: *P. Kirchhof*, Gewährleistung des Eigentums.
67 *Josef Isensee*, (Hg.) Vorwort, in: *Walter Leisner*, Eigentum – Schriften zu Eigentumsgrundrecht und Wirtschaftsverfassung, 1996. Und elementar *Kant* (FN 9), § 5.

V. Humanismus und wissenschaftlicher Fortschritt

Einen besonders empfindlichen Bereich moderner Gefährdungslagen von Freiheit stellt schließlich das breite politische Bemühen um Kontrolle und Einbindung des naturwissenschaftlichen Erkenntnisfortschritts dar. Der Freiheitsbedarf von Wissenschaft und Forschung ist naturgemäß ein besonderes Fürsorgeanliegen des Liberalismus. Hier liegt eine Wurzel seiner Ideengeschichte[68], und dies beruht auf der Überzeugung, daß die Anlage des Menschen zu Geistigkeit und Rationalität nicht nur seinen spezifischen Eigenwert ausmacht, sondern ihm auch potentiell alles (Gutes wie Böses) ermöglichen kann. Art. 5 Abs. 3 GG ist deshalb eine liberale Fundamentalnorm. Allerdings sieht man auch, daß die Erkenntnisgewinne der modernen Wissenschaft Grundfesten und Selbstverständnis des Menschen in Frage stellen können; und nirgends wird dies deutlicher als in der Biomedizin. Die Entschlüsselung des humanen Genoms, Möglichkeiten des Klonens, Techniken genetischer Selektion wie Prädisponierung oder Ansätze zum Keimbahneingriff – um nur einige zu nennen – machen den Domestizierungsbedarf unübersehbar.

53 Wissenschaftsfreiheit als Anliegen des Liberalismus

Für den theoretischen Liberalismus sind solche Endlichkeiten im Grunde nicht neu, nur werden sie jetzt eben ganz konkret. In seinem Realitätssinn liegt dem Liberalen zwar jede Wissenschaftsgläubigkeit fern, zu oft haben sich forscherische Ergebnisse schon als fehlsam oder schädlich erwiesen. Aber virtuell und perspektivisch schien der Erkenntnisdrang des Menschen im Grunde grenzenlos und auch unbegrenzbar. „Die Gedanken sind frei", die Phantasie, der Erfindungsreichtum ebenso, und die intellektuelle Kapazität entzieht sich schon der Sache nach jeder Kartierung. Nun aber erschüttert diese Fähigkeit des Menschen offenbar seine eigenen Grundlagen, droht sie womöglich zu zerstören und würde sich damit selbst in Frage stellen. Da der Mensch in all seiner „Einsamkeit (Weltweite und Würde) und Gemeinsamkeit (Nähe und Liebe)"[69] liberaliter das Maß aller Dinge bedeutet[70], müssen von dorther gegebenenfalls auch Forschung und Wissenschaft ihre Grenzen finden. Diese Kollisionslage kann im Grunde nicht zweifelhaft sein. Nur ihre existentielle Nähe ist neu. Auch im Grundgesetz läßt sich diese Konstellation ja erkennen. Die Freiheit von Wissenschaft und Forschung (neben Kunst und Lehre) wird in Art. 5 Abs. 3 GG zwar nominell einschränkungslos garantiert, mit anderen, ebenbürtigen Verfassungspositionen kann sie aber gleichwohl in Konflikt geraten und muß mit ihnen dann verhältnismäßigen Ausgleich finden[71]; über allem, „unantastbar", jedoch stehen die Belange der Menschenwürde (Art. 1 Abs. 1 GG) und setzen jedem noch so elementaren Freiheitsgebrauch definitive Grenzen.

54 Ablehnung jeder Wissenschaftsgläubigkeit

Der Mensch und seine Würde als Grenzen des Freiheitsgebrauchs

---

68 S. oben RN 4 ff.
69 Treffend *Günter Küchenhoff*, Staatsverfassung und Subsidiarität, in: Arthur Fridolin Utz/Eugen Bongras (Hg.), Das Subsidiaritätsprinzip, Bd. II, 1953, S. 67 (89).
70 S. oben RN 10 ff.
71 Abstrakt *BVerfGE* 28, 243 (261); st. Rspr., bspw. *BVerfGE* 32, 98 (107 f.); *39*, 1 (43); *44*, 59 (67). Konkret bezüglich Art. 5 Abs. 3 GG: *BVerfGE 35*, 79 (112 f., 122); *67*, 213 (228); *83*, 130 (139).

55
Jedoch keine weltanschauliche Aufladung der Menschenwürde

Das konkrete politische Ringen um eine Begrenzung der biomedizinischen Fortschritte ist also ein Ausloten dieser letzten, endgültigen Schranken. Dabei verleiten offenbar Horrorszenarien, Weltuntergangsängste, allgemeine Kulturkritik oder auch nur gutgemeinte Fürsorglichkeit dazu, den Menschenwürdebegriff, also jenes höchste, spezifische Humanum, mit viel subjektiver Dogmatik und Weltanschauung aufzuladen und so die unüberschreitbare Grenze schon möglichst „weit vorne" auszumachen, ja, vielleicht gar nur prophylaktisch anzusetzen. Menschenwürde entzieht sich eben auch einer verbindlichen Definition, weil es letztlich jeder Mensch selber ist, der sie für sich bestimmt, und die Allgemeinheit nur gewisse Verletzungsszenarien allgemein gültig beschreiben (und ächten) kann[72]. Außerdem ist ja nicht zu verkennen, daß auf Seiten der medizinischen Forschung ihrerseits Menschenwürdeargumente für den Fortschritt streiten. Die Wißbegier der Forscher ist ein Teil ihrer eigenen Identität, und die Heilungs- wie Therapieerwartungen, die sich mit den möglichen wissenschaftlichen Entdeckungen verbinden, sind Teil der Würde der Kranken[73].

Nüchternheit, nicht Voreingenommenheit bei der Abwägung

Alles, was einem auf diesem Felde nicht gut erscheint oder den höchstpersönlichen Wertvorstellungen widerspricht, kurzerhand mit dem großen Ausweis des Menschenwürdeverstoßes zu versehen und damit generell und unabdingbar als Verbotszone für die wissenschaftliche Forschung auszugeben, ist deshalb für liberales Denken sicher nicht zustimmungsfähig. Ihm muß es um eine ganz nüchterne, methodisch ehrliche Identifizierung jener letzten, allen Menschen gemeinsamen Einzigartigkeit gehen. Und es kommt auf Ernstnahme der individuellen Würde- und Freiheitsansprüche auch der anders eingestimmten Menschen an. Das ist eine mühsame Arbeit an jedem einzelnen Fall und ein nie endendes Bemühen um Einsicht und Nachempfindenkönnen.

---

72 *Schmidt-Jortzig*, Systematische Bedingungen der Garantie unbedingten Schutzes der Menschenwürde in Art. 1 GG, in: DÖV 2001, S. 925 (927 ff. m.w.N.).

73 Vgl. *Schmidt-Jortzig*, Rechtliche und rechtsphilosophische Grenzen des Erlaubten in der Forschung, in: Soziale, ethische und praktische Probleme bei der Beurteilung und Durchführung von Versuchen mit Mensch und Tier, ALTEX Sonderband 2, 2002, S. 79 ff.

E. Bibliographie

Bergsträsser, Ludwig, Geschichte der politischen Parteien in Deutschland, [11]1965, insb. S. 35 ff., 77 ff. 121 ff.
Ermacora, Felix, Menschenrechte in der sich wandelnden Welt, Bd. I 1974, Bd. II 1983.
Goetz, Walter, Der deutsche Liberalismus im 19. Jahrhundert, 1922.
Klein-Hattingen, Oskar, Geschichte des deutschen Liberalismus, 2 Bde. 1911/12.
Kröger, Klaus, Grundrechtsentwicklung in Deutschland – von ihren Anfängen bis zur Gegenwart, 1998.
Leibholz, Gerhard, Die Auflösung der liberalen Demokratie in Deutschland und das autoritäre Staatsbild, 1933.
Oestreich, Gerhard, Geschichte der Menschenrechte und Grundfreiheiten, [2]1978.
v. Rimscha, Wolfgang, Die Grundrechte im süddeutschen Konstitutionalismus, 1973.
de Ruggiero, Guido, Geschichte des Liberalismus in Europa, 1930 (Neudruck 1964).
Sell, Friedrich C., Die Tragödie des deutschen Liberalismus, 1953.
Starck, Christian, Entwicklung der Grundrechte in Deutschland, in: Gedächtnisschrift für Christoph Sasse, 1989, S. 777 ff.
Stillich, Oscar, Die politischen Parteien in Deutschland, Bd. 2: Der Liberalismus, 1911.
Wahl, Rainer, Rechtliche Wirkungen und Funktionen der Grundrechte im deutschen Konstitutionalismus des 19. Jahrhunderts, in: Der Staat 19 (1978), S. 321 ff.

§ 11
Grundrechte und Konservativismus

Otto Depenheuer

Übersicht

	RN		RN
A. Zum Problem einer konservativen Grundrechtstheorie	1–3	I. Das Fundament: Grundrechte als Quelle von Rechtspflichten	33–34
B. Konservativismus als politische Kraft und theoretische Idee	4–13	II. Materielle Bestimmungsgründe der Freiheitsausübung	35–50
I. Konservativismus als historisch konkrete Bewegung	6–9	1. Die natürliche Ordnung	35
		2. Die hierarchischen „Gestaltungen" der Gesellschaft	36–44
II. Konservativismus als ideologisches Phänomen der Neuzeit	10	3. Der Staat	45–46
III. Konservativismus als geistige Disposition	11	4. Vergangenheit und Zukunft der Gestaltungen – die Idee der Nachhaltigkeit	47–50
IV. Das Dilemma des Konservativismus	12–13	a) Freiheit als Erbe	47–48
C. Konservative Staatslehre	14–17	b) „Edle" Freiheit	49–50
D. Voraussetzungen und Inhalt des konservativen Freiheitsbegriffs	18–31	III. Kompetenz	51–59
I. Menschenbild und Vernunftskepsis	20	1. Symmetrie von Recht und Pflicht	52–56
II. Unverfügbarkeit der gesellschaftlichen Ordnung: der Staat als Organismus	21–23	a) „Kein Recht ohne Pflicht"	52–53
		b) Ethische Implikationen der Grundrechtsausübung	54
III. Einheit von Staat und Kirche	24–25	c) Grundpflichten	55
IV. Freiheitsbegriff	26–31	d) Das erkenntnistheoretische Defizit	56
1. Ablehnung des liberalen Freiheitsverständnisses	27–28	2. Gesetzliche Ausgestaltungskompetenz	57–59
2. Die „wahre" Freiheit in der organischen Ordnung von Staat und Gesellschaft	29–31	F. Zur Zukunftsfähigkeit konservativer Grundrechtstheorie	60–61
E. Elemente konservativer Grundrechtstheorie und aktuelle Wirksamkeit	32–59	G. Bibliographie	

A. Zum Problem einer konservativen Grundrechtstheorie

1
Konservative Staatstheorie ohne Hoffnungsideale und Aufbruchssignale

Als historisches Phänomen, politisches Programm und theoretischer Entwurf ist Konservativismus deutlich unschärfer konturiert als sein politischer Widerpart. Im Unterschied zur politischen Theorie des Liberalismus[1] und der daraus stringent ableitbaren liberalen Grundrechtstheorie verfügt der Konservativismus nicht über eine vergleichbare Tradition und Wirkungsgeschichte seiner staats- und grundrechtstheoretischen Schriften. Von den rationalistischen Staatsvertragslehren über die Postulierung vorstaatlicher und natürlicher Freiheitsrechte des Menschen bis hin zur Ausbildung konkreter Grundrechtsgarantien führt eine klare, ungebrochene und wirkmächtige ideengeschichtliche Linie; demgegenüber gilt der philosophisch gegen den neuzeitlichen Rationalismus, verfassungsrechtlich gegen den grundrechtlichen Individualismus und politisch gegen die demokratische Revolution in Frankreich auf den Plan tretende Konservativismus als rein reaktive, traditionsverhaftete und bloß occasionalistische Abwehrhaltung gegenüber liberalen Emanzipations- und Selbstentfaltungsentwürfen, weniger aber als theoriegesättigte Reflexionstheorie oder als Basis konsistenter Gesellschaftstheorie und Rechtsdogmatik. Die insbesondere von Konservativen selbst immer wieder beschworene demonstrative Theorielosigkeit des Konservativismus sowie *John Stuart Mills* klassisches Diktum von den Konservativen als der „dümmsten Partei" unterstreichen dieses – allerdings weithin unzutreffende[2] – Vorurteil. Tatsächlich fehlt der konservativen Staatstheorie nicht theoretische Fundierung, wohl aber jene visionäre Kraft ihrer politischen Botschaft, jenes Hoffnungsideal für ihre politischen Ziele, jene Aufbruchsstimmung in eine neue Zeit, wie sie die Verfassungsbewegung des Liberalismus mit ihren Zielen nach „Freiheit, Gleichheit und Brüderlichkeit" im 19. Jahrhundert auszeichnete.

2
Konservativismus als situative Theorie

Der politische wie staatsrechtliche Konservativismus formierte sich nicht zu einer einheitlichen ideengeschichtlichen Schule. Weit schwieriger als im Falle von Liberalismus oder Sozialismus[3] ist beim Konservativismus ein ideologischer Kern im Sinne eines artikulierbaren und in gewissem Maße kohärenten Zusammenhangs von Begriffen, Inhalten und Werten auszumachen. Von seiner Genese als reaktive Bewegung her zeigt sich der Konservativismus inhaltlich im Unterschied zu seinen ideologischen Konkurrenten vornehmlich als relative, mehr auf die jeweiligen historischen Umstände bezogene Theorie. Als eine „philosophische Anti-Philosophie" muß konservative Theorie darüber hinaus auch das logische Paradox einer Rationalisierung des wesentlich Irrationalen bewältigen. Fehlt es daher an einer Programmatik konservativer Grundrechtstheorie, so kann diese andererseits aber unschwer rekonstruiert werden, zumal diese geprägt wurde durch eine Fülle vorgegebenen Gedan-

---

1 → Oben *Schmidt-Jortzig*, § 10: Grundrechte und Liberalismus.
2 Vgl. dazu vorerst nur *Kondylis* (Bibl.), S. 16f.
3 → Unten *Volkmann*, § 12: Grundrechte und Sozialismus.

kenguts[4], das im Kampf der alten Gesellschaft gegen die Revolution schnell fruchtbar gemacht und auf die neuen Bedürfnisse zugeschnitten werden konnte. Dies galt namentlich nicht zuletzt auch und gerade für den die konservative Grundrechtstheorie fundierenden Freiheitsbegriff.

Schlüsseljahr für die Notwendigkeit einer systematischen Rekonstruktion konservativen Gedankenguts zum Zweck der theoretischen Erfassung der Grundrechte war das Jahr 1830: Der Sturz des Bourbonenkönigs in Frankreich im Zuge der Julirevolution machte auch dem letzten Traditionalisten und Konservativen deutlich, daß die Ideen von 1793 nicht mehr rückgängig gemacht werden konnten[5]: „Das Tote kann nicht wieder aufleben", hatte *Hegel* bereits 1817 in der Landständeschrift formuliert[6]. Töricht wäre es deshalb, „daß die Gegenwart zur Vergangenheit [...] werden solle"[7]. Vielmehr müsse man anerkennen, daß „der Geist des Volkes auf eine höhere Stufe getreten [ist]" und deshalb „die Verfassungsmomente, die sich auf frühere Stufen bezogen, keinen Halt mehr [sc. haben]. Sie müssen zusammenstürzen, und keine Macht vermag sie zu halten"[8]. Die konservative Intelligenz sah sich daher der Aufgabe gegenüber, die eigenen Vorstellungen in ein Theoriekonzept überführen zu müssen, um es dem Liberalismus – politisch, philosophisch und juristisch – entgegenstellen und die neue Zeit nach ihren konservativen Vorstellungen mitgestalten zu können. Als Schlüsselbegriff der neuen Zeit galt dabei auch den Konservativen der Begriff der „Freiheit" als grundlegend, wenn auch mit deutlich abweichendem Inhalt: nicht im liberalen Sinne als eine negatorische Freiheit zur Beliebigkeit, sondern im Sinne einer positiven „wahren" Freiheit. Ihn in den Grundzügen seiner historischen Herausbildung nachzuzeichnen, seine Theorieelemente und Implikationen herauszuarbeiten, seinem Fortwirken in der modernen Grundrechtsdogmatik nachzuspüren und seine bleibenden Einsichten für die moderne Grundrechtsentwicklung fruchtbar zu machen, ist vor diesem Hintergrund die Aufgabe nachfolgender Überlegungen. Die Schwierigkeiten eines derartigen Unterfangens beginnen freilich schon beim Begriff des Konservativismus.

3
1830 als Schlüsseljahr

„Wahre" Freiheit als Schlüsselbegriff

B. Konservativismus als politische Kraft und theoretische Idee

Eine konservative Grundrechtstheorie bedarf einer Vorstellung dessen, was konservativ ist. Über Begriffskonnotationen, Inhalte und Strukturen konservativen Denkens herrscht allerdings wie bei kaum einem anderen Begriff der

4
Entwicklungsoffener Begriff

---
4 Darin besteht die überzeugende These *Kondylis'* (Bibl.), S. 11 ff.
5 *Vierhaus* (Bibl.), S. 531 (542).
6 In: Nürnberger und Heidelberger Schriften, in: Theorie Werkausgabe, Bd. 4, 1975, S. 496.
7 Ebd. S. 493.
8 Philosophie des Rechts, hg. v. Karl-Heinz Ilting, 1983, S. 272.

politischen Ideengeschichte Unsicherheit[9]. Als Begriff der politischen Ideengeschichte kann eine prägnante inhaltliche Bestimmung in einem ersten Zugriff allerdings bei der politischen Bewegung des 19. Jahrhunderts ihren Anfang nehmen. Hier wurden konkrete politische Zielsetzungen formuliert, die freilich auf tiefere Sinnstrukturen und letztlich auf anthropologische Dispositionen verweisen. Nimmt man die vielfältigen Dimensionen des Begriffs auf, dann zeigt sich, daß konservatives Denken als elementare Geisteshaltung zwar konkretisierungsbedürftig und -fähig, trotz habitueller Wertschätzung und tendenzieller Wahrung des Überkommenen aber insgesamt entwicklungsoffen ist. Inhaltlich ist er um einen strukturellen Kern zentriert, der sich wechselnden historischen Herausforderungen flexibel anzupassen vermag.

5
Begriffsschöpfung in Auseinandersetzung mit der franz. Revolution

In die politische Sprache fand der Begriff „Konservativismus" im frühen 19. Jahrhundert Eingang. Zwar reicht die Tradition des lateinischen Wortes in einem wertakzentuierten Sinne des Bewahrens bis in die Antike zurück, und das allgemeine Fremdwort wurde in den europäischen Sprachen seit dem Frühmittelalter in einem juristisch-administrativen Sinne verwendet[10]. Politisch prägnante Bedeutung gewann der Begriff aber erst während und auf Grund der politischen Auseinandersetzung mit der Französischen Revolution, ihrem Freiheitspathos und ihren tiefgreifenden politischen Umwälzungen für Staat und Gesellschaft[11]. Läßt sich die historische Entstehung des politischen Begriffs „Konservativismus" demnach recht klar eingrenzen, so erschöpft die Genese des Konservativismusbegriffs dessen Semantik nicht[12]: zu unscharf, changierend, instrumentell und inhaltlich kontingent erweisen sich historisch-konkrete Verwendungen und Bedeutungsgehalte. Tatsächlich ist Konservativismus denn auch mehr als ein konkret-historisches Phänomen: In diesem wird vielmehr eine allgemein-überzeitliche Ideologie ebenso wirksam wie eine typische Struktur des „Denkstils"[13]. Zumindest vier Bedeutungsebenen lassen sich abschichten:

Konservativismus als überzeitliches Phänomen

---

9 Vgl. zum Folgenden vor allem: *Vierhaus* (Bibl.); *Kondylis* (Bibl.); *Mannheim*, Altkonservatismus (Bibl.); dens., Das konservative Denken (Bibl.), S. 68 ff., 470 ff.; *Andreas Rödder*, Die radikale Herausforderung, 2002, S. 41 ff. Vgl. auch *Haverkate*, Was heißt konservativ?, in: FS Kriele, 1997, S. 123 ff.
10 Vgl. *Vierhaus* (Bibl.), S. 537.
11 *Edmund Burke* sprach in seinen 1790 erschienen Betrachtungen über die Französische Revolution (hg. von Hermann Klenner, 1991, S. 76) vom Erhaltungsprinzip („principle of conservation"). Als Bezeichnung einer bestimmten politischen Richtung kamen das Nomen „Konservativismus" und das Adjektiv „konservativ" erst 1818 mit *François René de Chateaubriands* royalistischer Zeitschrift „Le Conservateur" auf. Dazu und zum folgenden Satz *Vierhaus* (Bibl.), S. 538 f.
12 Der weithin als geistiger Vater des Konservativismus erachtete *Edmund Burke* steuerte mit seinen Reflexionen über die Französische Revolution (FN 11) zwar archetypische Argumente über Epistemologie und Menschenbild, Ordnung und Tradition, Wandel und Reform, Freiheit und Eigentum, Staat und Gesellschaft bei, vermochte damit aber eine kohärente Theorie des Konservativismus nicht vorzulegen. Zu *Burke* vgl. *Franz Schneider*, Das Rechts- und Staatsdenken Edmund Burkes, 1965; *Hans-Gerd Schumann*, Edmund Burkes Anschauungen vom Gleichgewicht in Staat und Staatensystem, 1964.
13 *Mannheim*, Altkonservatismus (Bibl.), S. 52.

I. Konservativismus als historisch konkrete Bewegung

Dem Namen wie der Sache nach entstand der politische Konservativismus in der Auseinandersetzung mit und im Widerspruch zur französischen Revolution. Diese war freilich nur der signifikanteste Ausdruck des gesellschaftlichen Wandels, der – geistesgeschichtlich beginnend mit Reformation und Renaissance, Rationalismus und Individualismus – in den Ländern Europas um die Mitte des 18. Jahrhunderts einsetzte und im Zuge der Aufklärung zunehmend alle Lebensbereiche erfaßte. Im Kern bedeutete dieser Wandel das Auseinandertreten von gesicherter Erfahrung und möglicher Erwartung, d.h. die schwindende Berechenbarkeit der Zukunft aus den Erfahrungen der Vergangenheit[14]. Ausdruck dessen war ein neuartiges Verständnis von Änderungen: nicht mehr die Wiederherstellung des korrumpierten Alten, sondern vernunftgeleitete, autonome Errichtung von etwas nie zuvor Dagewesenem[15]. In der Aufklärung realisierte sich der hegemonielle Anspruch des neuzeitlichen Individualismus und Rationalismus, der dadurch zwei politisch bedeutsame gegenläufige Entwicklungen auslöste, die die Menschen einerseits zu „Herren der Geschichte" machten, ihnen andererseits die sinnstiftende Orientierung am Hergebrachten nahmen: Sie vereinheitlichte einerseits die Vielfalt überkommener Lebenswelten und legte andererseits eben dadurch den Grund für eine neue Pluralität und Ausdifferenzierung[16]. Gegen beide Entwicklungen stemmte sich die konservative Reaktion.

6
Konservativismus als Reaktion auf Individualismus und Orientierungslosigkeit

Das Doppelgesicht der Aufklärung – rationale Vereinheitlichung und individuelle Differenzierung – zeigte sich erstmals und exemplarisch am Beispiel der Französischen Revolution – ihrem ersten großen politischen Triumph. Nach dem Sturz des *ancien régime* versuchten die Revolutionäre, die Welt im Geiste der Aufklärung nach Maßgabe rationaler Vernunft neu zu konstruieren. Historisch gewachsene Einrichtungen wurden ersetzt durch rationale Konstrukte: Die Vielfalt der nahen Lokalwelten ging unter und wurde durch die Gleichmäßigkeit der Departements, der Kreise und Bezirke sowie durch die Gleichmäßigkeit der Rechts-, Steuer-, der Gewerbe- und Schulordnungen ersetzt; die vielen konkreten, überschaubaren Gemeinschaften durch die eine abstrakte Gesellschaft; die vielfältig gegliederte Zeit des Sonnenstandes und des Glockengeläutes durch die einheitliche Uhr. Die Gewährleistungen rechtlicher Freiheit und Gleichheit lösten Eigentum und Erbe, Berufs- und Bildungschancen sowie Lebensstile aus ihren Einbindungen in die Ständegesellschaft heraus und stellten den einzelnen vereinheitlichend auf sich selbst,

7
Rationalismus statt Vielfalt

---

14 Vgl. *Reinhart Koselleck*: „Erfahrungsraum" und „Erwartungshorizont" – zwei historische Kategorien, in: *ders.*, Vergangenheit und Zukunft, 1979, S. 349 ff., 358 f., 365 ff.
15 Vgl. dazu *Koselleck*, Revolution, in: Otto Brunner/Werner Conze/Reinhard Kosellek (Hg.), Geschichtliche Grundbegriffe. Historisches Lexikon zur politisch-sozialen Sprache in Deutschland, Bd. 5, S. 717 ff.; dies gilt grundsätzlich auch für den Begriff Reform, vgl. *Vierhaus* (Bibl.), S. 533. Vgl. auch *G. Schulz*, Zum historischen Wandel von Revolutionsbegriff und Revolutionsverständnis, in: Dieter Langewiesche (Hg.), Revolution und Krieg. Zur Dynamik historischen Wandels seit dem 18. Jahrhundert, 1989, S. 189-209.
16 Zum nachfolgenden vgl. insbes. *Th. Nipperdey*, Wo aber Einheit ist, wächst das Spaltende auch, in: FAZ v. 29.10.1990, S. 35.

seine Vernunft und seine Autonomie. Die Vielfalt, Ungleichheit und Unfreiheiten der Ständegesellschaft wichen gleichsam über Nacht der Idee des einen Menschengeschlechts. „Alle Menschen werden Brüder" preist *Schiller* die Vereinheitlichung der neuen Zeit. Das Projekt des modernen Rationalismus war geboren: Einheitlichkeit, Übersichtlichkeit, Berechenbarkeit, Machbarkeit.

8
Konservativismus als Gegenbewegung des Bewahrens

Das neue Denken stößt nicht überall auf Begeisterung. Die Kritik an den Umwälzungen der Epoche im allgemeinen und den Exzessen der französischen Revolution im besonderen gebiert den politischen Konservativismus. *Justus Möser*[17] wie *Edmund Burke*[18] stimmen einen bis heute nachwirkenden Klagegesang über den Untergang der Vielfalt und Buntheit des gesellschaftlichen Lebens an, über die Nivellierung und ihre Grautöne, über die Ersetzung der vielen kleinen Freiheiten durch die eine große Freiheit. Unter dem Eindruck des Neuen und des Fortschritts, des fundamentalen sozio-ökonomischen, politischen und kulturellen Wandels konnte und mußte die Gegenbewegung des Bewahrens aufkommen, als deren Sprachrohr sich der politische Konservativismus verstand. In geistesgeschichtlicher Hinsicht entstand er als Opposition zum Rationalismus der Aufklärung[19], in politischer als Widerstand gegen die Bedrohung der bestehenden Ordnung durch den revolutionären Radikalismus von Liberalen, Demokraten und (später) Sozialisten[20]. Im Konservativismus nahm die gegenläufige – die irrationalen, unbewußten und traditionalistischen Elemente aufnehmende und reflektierende – Lebenshaltung reaktiv und selbstbewußt Gestalt an[21].

9
Konsens der Tradition

Die rationalistische Rekonstruktion der Welt hatte noch ein zweites Gesicht: Sie ersetzt nicht nur Vielfalt durch Einheit, sondern entbindet neue, unübersichtliche Vielfalt. *Bonald*[22], *Novalis*[23], *Jarcke*[24] und viele andere beklagen die Zerstörung überkommener Einheit. Sie werfen der rationalistisch-individualistischen Geisteshaltung vor, die Welt künstlich aufzuspalten. Mittelalter und mythische Urzeiten werden demgegenüber nostalgisch als Zeiten der Einheit angerufen, in denen die Welt noch ganz und heil war, allem seine Notwendigkeit zukam und den Menschen Orientierung verschaffte. Reformation, Renaissance und Revolution, Subjektivismus und Rationalismus hingegen hätten die Einheit der Christenheit wie Europas zerspalten und Kälte und Entfremdung in die Welt gebracht. Der Konsens der Tradition sei durch den Dissens der isolierten Individuen und ihres selbstherrlichen Verstandes abgelöst. Tatsächlich traf diese Kritik einen Wesenszug der Moderne. Der in recht-

---

17 *Justus Möser*, Patriotische Phantasien, in: *ders.*, Sämtliche Werke, hg. von der Akademie der Wissenschaften zu Göttingen, Bd. 4ff., 1943ff.
18 *Burke* (FN 11), S. 115ff., 166ff.
19 *Mannheim*, Das konservative Denken (Bibl.), S. 71ff., 105f.
20 Vgl. *Epstein* (Bibl.), S. 14f.; vgl. auch *Vierhaus* (Bibl.), S. 531f.
21 Vgl. *Franz Schnabel*, Deutsche Geschichte im neunzehnten Jahrhundert, Bd. 2, 1949, S. 18f.; *Mannheim*, Altkonservatismus (Bibl.), S. 71, 79ff., 105f.
22 *Vicomte de Bonald*, Théorie du pouvoir, 1794. – Zu ihm vgl. *Carl Schmitt* (Bibl.), S. 88ff., 153ff..
23 *Novalis*, Die Christenheit oder Europa, in: *ders.*, Schriften, 1907, Bd. 2, S. 22ff.
24 Vgl. dazu: *Depenheuer*, Auf der Suche nach der verlorenen Einheit. Carl-Ernst Jarcke und die religiöse Fundierung von Staat und Recht, in: FS Rüfner, 2003, S. 111ff.

liche Freiheit und auf sich gestellte einzelne konnte sich allein oder im Verbund mit anderen in so vielfältiger Weise differenzieren, eigene Lebensstile aufbauen, von Religion und überkommener Kultur befreite Lebenspläne entwerfen, so daß das Leben in Europa seit der Renaissance individueller, vielfältiger, aber auch unsicherer und unüberschaubarer geworden war. Im Widerstand und Widerspruch zu dieser Entwicklung setzte Konservativismus Verantwortung gegen Emanzipation, korporative Bindungen gegen Individualismus, Konsens gegen Differenz, Einheit gegen Vielfalt. Die jeweils konkreten politischen Inhalte in dieser Auseinandersetzung des antirevolutionären Konservativismus mit den Inhalten der Revolution sind heute nur noch von historischem Interesse[25], nicht aber der Geist, der sich darin manifestierte: Er offenbart den Konservativismus als eine überzeitliche Ideologie.

II. Konservativismus als ideologisches Phänomen der Neuzeit

Über die konkret-politische Dimension des Konservativismus hinausgehend hat *Panajotis Kondylis* dessen historische Tiefenschicht zu ergründen gesucht und ihn in einem größeren historischen Zeitrahmen als konkrete „sozial- und geistesgeschichtliche Erscheinung" charakterisiert, die er historisch im „Übergang von der *societas civilis* zum Dualismus von Staat und Gesellschaft" in der (frühen) Neuzeit verortet[26]. Konservativismus entstand dieser Interpretation zufolge nicht erst als Reaktion auf Aufklärung und Französische Revolution, sondern bereits mit dem Konflikt zwischen der traditionellen mittelalterlichen Auffassung vom „guten alten Recht" und dem Rationalismus der modernen Souveränitätslehre im 16. Jahrhundert. Nach 1789 trat die liberale oder demokratische Revolution an die Stelle des Absolutismus und leitete damit nur die zweite Phase des Konservativismus ein, die indessen nur noch, je nach Land mehr oder weniger tief, ins 19. Jahrhundert hineinragte. Da die Geschichte des Konservativismus weitgehend deckungsgleich mit der des Adels war, verlor der Konservativismus mit seinem Ideal der ländlich-agrarischen, aristokratisch dominierten Gesellschaft im Zuge der Etablierung der bürgerlich-industriellen Gesellschaft seine eigenständige politische Bedeutung[27] und ging allmählich im 19. Jahrhundert im moderaten Liberalismus auf[28].

10
Konservativismus als sozial- und geistesgeschichtliche Erscheinung

III. Konservativismus als geistige Disposition

Der in historischer Perspektive erkennbare responsive Charakter des Konservativismus erklärt, daß dieser in erster Linie nicht als inhaltliche Position, sondern als geistige Disposition innerhalb der neuzeitlichen Welt qualifiziert werden muß. Als unideologischer „natürlicher Konservativismus" entspricht er

11
Responsiver Charakter des Konservativismus

---

25 Vgl. etwa *Bernhard Ruetz*, Der preußische Konservatismus im Kampf gegen Einheit und Freiheit, 2001.
26 Vgl. *Kondylis* (Bibl.), S. 11, 14 f., 29.
27 Vgl. *Kondylis* aaO., S. 23 ff., 66 ff., 208.
28 *Rödder* (FN 9), S. 48 f.

Karl Mannheims Begriff der allgemeinmenschlichen Eigenschaft und „formalpsychologische(n)" Kategorie des „Traditionalismus", der sich durch Selbstbewußtwerdung und „Sich-Funktionalisieren" zum „Kernpunkte" des spezifisch modernen Phänomens des „Konservativismus" entwickelte[29]. Der Konservativismusbegriff bezeichnet demnach Zusammengehörigkeiten politischer, allgemein weltanschaulicher und gefühlsmäßiger Art bis hin zur Konstituierung einer bestimmten Handlungs- und Denkweise im Sinne des aristotelischen gemäßigten Realismus. Konservatives Denken ist demzufolge konkret statt abstrakt, es ist vom Sein aus zum Sollen gerichtet (und nicht umgekehrt), es faßt die Gegenwart als letzte Etappe der Vergangenheit, nicht als erste Etappe der Zukunft auf, es erkennt das Substrat der Geschichte im Grundbesitz, nicht im Individuum, und es geht allgemein „von jenen Erlebniszentren aus (...), deren Entstehungsursprung in vergangenen Konstellationen des historischen Geschehens verankert ist", die bis zur Entstehung des Konservativismus von der Moderne noch nicht erfaßt worden waren[30]. Konservatives Denken betont demgemäß Tradition, Irrationalität und Singularität der Phänomene statt Vernunft und Deduktion aus Prinzipien, Universalität und Individualismus[31]; es baut auf Erfahrung und Pragmatismus, Realismus und Induktion, Instinkt und Gefühl, Brauchtum und Vorurteil. Es zielt im Sinne *Edmund Burkes* auf „Weisheit ohne tiefes Nachdenken", auf Vereinigung von Gefühl und Verstand[32], qualifiziert statt zu quantifizieren und bevorzugt das Konkrete vor dem Abstrakten, das Besondere vor dem Allgemeinen. In größerem abendländisch-philosophischem Zusammenhang steht es in der Tradition der aristotelisch (-thomistischen) Epistemologie[33]: *universalia sunt in rem*. Sechs auf *Burke* zurückgehende zentrale inhaltliche Komponenten prägen seither die phänomenologische Erscheinung des politischen Konservativismus: Die religiöse Dimension der Welt; die Gesellschaft als Produkt historischen Wachstums; die Anerkennung der Bedeutung von Intuition, Emotion und Erfahrung; der Vorrang der Gemeinschaft vor dem Individuum; die natürliche Ungleichheit der Menschen und die Hierarchie der Gesellschaft; die Präferenz für das Bestehende gegenüber dem Unerprobten[34].

Ungleichheit der Menschen

IV. Das Dilemma des Konservativismus

12

Keine überzeitliche Ideologie mit festem Programm

Der Konservativismusbegriff bereitet trotz dieser historischen und inhaltlichen Annäherungen unüberwindbar semantische Schwierigkeiten, weil er Widersprüchlichkeiten, Paradoxien und logische Aporien in sich trägt. Als Theorie muß Konservativismus das Irrationale des Lebens rational zu erfassen suchen, als Bewegung der Bewahrung muß er den Wandel voraussetzen.

---

29 Vgl. *Mannheim*, Altkonservatismus (Bibl.), S. 71, 92 ff., 105.
30 Ebd., S. 94 ff., 111 ff.
31 Ebd., S. 133.
32 *Burke* (FN 11), S. 93, 158 ff., 163.
33 Vgl. *Mannheim*, Altkonservatismus (Bibl.), S. 79 f., 95 f., 111 f.
34 Zu den Kriterien konservativen Denkens im Anschluß an *Burke* vgl. *Rödder* (FN 9), S. 52 ff.

Der Konservativismus wendet sich gegen gewillkürte Eingriffe in den Gang der Geschichte aus dem Geiste rationaler Hybris, nicht aber gegen den natürlichen Wandel, dem er sich gerade unterwirft: „Indem wir diese göttliche Methodik der Natur nachahmen, sind wir in dem, was wir an unsrer Staatsverfassung bessern, nie gänzlich neu, in dem, was wir beibehalten, nie gänzlich veraltet"[35]. Unabhängig davon aber muß er den Wandel inhaltlicher Überzeugungen als logisches Problem thematisieren und bewältigen, weil und insoweit der Konservativismus inhaltlich oftmals die Positionen des Radikalismus von gestern vertritt, die frühere Häresie heute im Namen der Tradition kanonisiert[36]. In dieser reaktiven, occasionalistischen Struktur des konservativen Denkens dürfte der tiefere Grund dafür liegen, daß Konservativismus nicht als überzeitliche Ideologie mit festem Programm auftreten kann.

Das konservative Dilemma hat eine weitere Dimension[37]. Der politische Zwang zur theoretischen Durchdringung der eigenen Position führt zur paradoxen Notwendigkeit der Rationalisierung des Irrationalen. Die philosophische Anti-Philosophie[38] des Konservativismus verweist auf die in seinem Wesenskern liegende logische Aporie, daß das Antitheoretische nicht theoriefähig sein kann und will, eine Theorie des Konservativismus einer Quadratur des Kreises gleichkäme. Demgemäß sind kohärente Theorie und deduzierende Ratio weithin nicht die Sache des Konservativismus, der sich demgegenüber mehr durch empirischen Pragmatismus und induktiven Instinkt auszeichnet. Jedenfalls ist eine konservative Theorie in einem besonderen Maße anspruchsvoll, muß sie sich doch rationalistischen Simplifikationen verweigern und doch eine rational fundierte theoretische Reflexion des organisch Gewordenen vorlegen. Insbesondere in der Staatsphilosophie *Hegels* hat das konservative Denken insoweit eine überragende, unübertroffene, wenn auch zeitgeschichtlich geprägte theoretischen Ausformung gefunden.

13
Empirischer Pragmatismus

C. Konservative Staatslehre

Als Aufklärungskritik entstand der Konservativismus zeitgleich mit dem Prozeß der neuzeitlichen Emanzipation des Individuums. In der Zeit der italienischen Renaissance und deutschen Reformation wurde der Individualismus sowohl als Lebenseinstellung wie als Typus eines Denkens für die politische Theorie dominant. Während der mittelalterliche Mensch sich „nur als Rasse, Volk, Partei, Korporation, Familie oder sonst in irgendeiner Form des Allge-

14
Revolutionserfahrung führt zur Offensive des Konservativismus

---

35 *Burke* (FN 11), S. 94; vgl. auch. *Kissinger*, The Conservative Dilemma, in: American Political Science Review 48 (1954), S. 1017 ff., 1024 f.
36 Vgl. das Diktum: „Ich hasse Revolutionen – wegen der Reaktionäre, die folgen", *Haverkate* (FN 9), S. 123 f.
37 Vgl. *Rödder* (FN 9), S. 49 ff.
38 Vgl. *Greiffenhagen* (Bibl.), S. 157 f.; *Ottmann*, Konservativismus, in: Staatslexikon der Görres-Gesellschaft, Bd. 3, ⁷1987, Sp. 640: Konservativismus als „Kritik und Apologie der Moderne zugleich".

meinen" kannte, erwachte jetzt das Bewußtsein seiner Persönlichkeit als einer von allen anderen unterschiedenen und besonderen. Gegenüber Schranken und Gesetzen aller Art hat der neuzeitliche Mensch „das Gefühl eigener Souveränität"[39]. Dieser Umwälzung des Denkens folgte die konservative Aufklärungskritik des 18. Jahrhunderts auf dem Fuße; entscheidend für die politische und juristische Formierung des Konservativismus aber war die Revolutionserfahrung. Eine breite Stimmung, die sich nach Jahren unaufhörlicher Veränderungen, politischer Umwälzungen und Kriege nach nichts mehr als Ruhe sehnte, bereitete den Boden, auf dem der Konservativismus politisch und ideengeschichtlich in die Offensive gehen konnte und seine politischen Botschaften und staatsrechtlichen Ideen fruchtbar werden konnten[40].

15
Konservativismus als dritte politische Kraft im 19. Jahrhundert

So wurde der politische Konservativismus neben dem Liberalismus und dem Nationalismus die dritte große politische Kraft in der ersten Hälfte des 19. Jahrhunderts. Liest man heute die Werke konservativer Staatsrechtslehrer[41], so erscheinen sie im Rückblick in ihren konkreten Inhalten als teilweise hoffnungslos veraltet und reaktionär, kämpften sie doch um Privilegien, Einrichtungen und politische Strukturen, für deren Restaurierung schon seinerzeit die Grundlage fehlte, für die heute niemand eintreten würde, und bekämpften sie Errungenschaften, die heute allseits konsentiert sind. Während die konkreten Inhalte konservativer Staatslehre heute nur noch von historischem Wert sind, wird erst aus strukturhistorischer Perspektive erklärlich, warum sich der Konservativismus sowohl politisch wie staatsrechtlich bis in die Gegenwart als eigenständige Kraft behauptet hat. Und nicht ohne Ironie ist es, wenn gegenwärtig seine Vorstellungen von der guten Ordnung des Gemeinwesens in anderer Terminologie wieder politische Urständ feiern. Manch sich progressiv wähnende Grundrechtstheorie erweist sich ihrer Denkstruktur und ihren Prämissen nach als zutiefst konservativ[42].

16
Geburt des modernen staatsrechtlichen Konservativismus

Konservative Staatsdenker hatten in Individualismus und Liberalismus ihren Gegner, in der französischen Revolution ihr Feindbild, im 19. Jahrhundert aber in der Regel noch die politische Macht an ihrer Seite. Gleichwohl mußte der naive Traditionalismus, dem das Erhalten und Bewahren der alten Ordnung selbstverständliches Lebensprinzip war, spätestens nach der Juli-Revolution zur reflektierten Theorie werden, um sich behaupten zu können. In dieser Notwendigkeit liegt die Geburt des modernen staatsrechtlichen Konservativismus, dessen rechtspolitische Bedeutung vor allem in der Überwindung von Starrheit und Verweigerung durch Aufnahme und theoretische Integration wesentlicher Positionen der liberalen Verfassungsbewegung bestand: Verfassungsbindung des Monarchen, Mitwirkung der Volksvertretung, Repräsentationsprinzip, freies Mandat des Abgeordneten, Rechtsstaat und Grundrechte[43].

---

39 *Jakob Burckhardt*, Die Kultur der Renaissance in Italien, 1859, 1976, S. 123 ff., 128 ff.
40 Vgl. *Oestreich*, Die Entwicklung der Menschenrechte und Grundfreiheiten, in: Bettermann/Neumann/ Nipperdey, Die Grundrechte (LitVerz.), Bd. I/1, S. 64 f.
41 Überblick: *Michael Stolleis*, Geschichte des öffentlichen Rechts in Deutschland, Bd. 2, 1992, S. 121 ff.
42 Näher unten RN 47 ff.
43 *Stolleis* (FN 41), S. 153 f.

In Deutschland kamen insoweit zahlreiche Strömungen zusammen, die den staatsrechtlichen Konservativismus in seinen vielfältigen Schattierungen prägten[44]. Der Widerstand gegen die rationalistische Staatsmechanik wurde getragen von der allgemeinen Stimmung gegen die Aufklärung, wie sie vor allem in den Werken von *Justus Möser*[45] und *Adam Müller*[46] ihren Niederschlag fand. Positiv suchte das konservative Denken inhaltliche Orientierung durch einen idealisierenden Rückgriff auf das heile Mittelalter wie bei *Novalis*[47], *Schlegel*[48] und *Carl Ernst Jarcke*[49] oder in dem Versuch der integrierenden Einheit aller Widersprüche bei *Schelling*[50], *Adam Müller* und *G.W.F. Hegel*[51]. Konservatives Staatsdenken mündete entweder in eine politische Romantik[52] wie bei *Adam Müller* oder entfaltete sich als restaurative Staatslehre wie bei *Haller*[53], *Gentz*[54], *Ancillon*[55], *Radowitz*[56] und *Jarcke*. Intellektuellen Höhepunkt konservativer Staatswissenschaft aber bilden die Werke *Hegels*[57] und *Friedrich Julius Stahls*[58], die den staatsrechtlichen Konservativismus zum philosophischen und juristischen System entfalteten.

17
Vielfältige Schattierungen des Konservativismus

D. Voraussetzungen und Inhalt des konservativen Freiheitsbegriffs

Das Freiheits- und Grundrechtsverständnis des Konservativismus ist wesentlich voraussetzungsreicher als das des Liberalismus. Geht dieser von der natürlichen, vorstaatlichen Freiheit aller Individuen aus, vor der sich jede

18
Freiheit entfaltet sich in der jeweiligen Ordnung

---

44 Überblick: *Stolleis* (FN 41), S. 124 ff., 132 ff., 139 ff. Nachfolgende Ausführungen können die konservative Staatslehre naturgemäß nicht in ihrer ganzen Bandbreite dokumentieren, konservative Grundrechtstheorie nicht in ihrer Differenziertheit aufbereiten, sondern nur exemplarisch und typologisch die zentralen Elemente einer konservativen Theorie der Grundrechte rekonstruieren. Die Bezugnahme beschränkt sich daher insb. auf die Klassiker konservativer Staatslehre wie *Edmund Burke*, *Adam Müller*, *Georg Wilhelm Friedrich Hegel* und *Friedrich Julius Stahl*.
45 *Justus Möser*, Patriotische Phantasien, in: Sämtliche Werke (FN 17).
46 *Adam Müller*, Die Elemente der Staatskunst. Öffentliche Vorlesungen 1809; Schriften zur Staatsphilosophie, hg. v. Rudolf Kohler, o.J. (1923).
47 *Novalis*, Das Christentum und Europa, 1799, in: *ders.*, Schriften, Bd. 2, 1907, S. 22 ff.
48 *Friedrich Schlegel*, Concordia. Eine Zeitschrift, I.-VI. Heft, Wien 1823, S. 337 ff.
49 Aus dem verstreuten Werk von *Carl-Ernst Jarcke* vgl. insbes.: Die rechtliche Freiheit, in: *ders.*, Vermischte Schriften I (1839), S. 114 ff., Die Naturlehre des Staates, in: ebd. III, S. 20 ff. Zu ihm: *Robert v. Mohl*, Zwölf deutsche Staatsgelehrte: *Jarcke*: in: Die Geschichte und Literatur der Staatswissenschaften, Bd. 2, 1856, S. 578 ff.; *Depenheuer* (FN 24).
50 *Friedrich Wilhelm Joseph von Schelling*, Ideen zu einer Philosophie der Natur, 1797.
51 Vor allem: Grundlinien der Philosophie des Rechts, 1821, in: Theorie Werkausgabe Bd. 7, 1986.
52 Näher zu Begriff und Erscheinungsweisen *C. Schmitt* (Bibl.), S. 77 ff., 115 ff.
53 *Carl Ludwig von Haller*, Restauration der Staatswissenschaft in 6 Bänden, 1820.
54 *Friedrich Gentz*, Abhandlungen zur französischen Revolution, 1793, hg. von Hermann Klenner, 1991, S. 401 ff.
55 *Friedrich Ancillon*, Über Souveränität und Staats-Verfassungen, 1815.
56 *Joseph Maria von Radowitz*, Gespräche aus der Gegenwart über Staat und Kirche, in: *ders.*, Ausgewählte Schriften, Bd. 1, o.J. – Zu seiner Bedeutung für die Staatslehre vgl. *Friedrich Meinecke* in seiner Einleitung zu den Ausgewählten Schriften und Reden, 1921, S. VII ff.
57 Insb. Grundlinien der Philosophie des Rechts (FN 51).
58 Philosophie des Rechts, 3 Bände, ^{5}1878. Zu ihm: *Wilhelm Füssl*, Professor in der Politik: Friedrich Julius Stahl (1802-1861), 1988.

Ordnung zu rechtfertigen habe, so jener von der je gegebenen Ordnung, in der allein Freiheit sich entfalten und aus der Freiheit handlungsleitende Direktiven beziehen kann. Die Elemente, die diese Ordnung konstituieren, gehen auseinander hervor und ineinander über, bedingen einander und verschmelzen miteinander. Sie bilden eine selbstverständliche Prämisse des reflektierenden Denkens, lassen sich aber nur schwer systematisch entfalten. Weil in ihnen die Wirklichkeit in ihrer Totalität und Komplexität zur Sprache gebracht werden muß, führen diese Bemühungen nicht selten an die Grenzen sprachlichen Ausdrucksvermögens[59]. *Hegel* wird diese Prämisse auf ihren Begriff bringen und damit zugleich die rechts- und staatsphilosophische Aufgabe formulieren: „Die Wirklichkeit ist vernünftig"[60].

19
Komplexe Wirklichkeit steht schlichtem Freiheitsbegriff entgegen

Auf dieser ordnungsgeprägten Basis konnte der konservative Freiheitsbegriff freilich nicht jene idealistische Begeisterung und politische Durchschlagskraft auslösen wie der liberale. Denn die Wirklichkeit, wird sie als hermeneutisches Problem ernst genommen, ist historisch kontingent und so komplex, daß der darin verwobene konservative Freiheitsbegriff in der politischen Debatte gegen den schlichten Freiheitsbegriff des emanzipatorischen Liberalismus sich kaum zu behaupten vermochte. Schon *Burke* bemerkte in seinen Betrachtungen, daß „die einfachen Formen [sc. des liberalen Freiheitsbegriffs] etwas Unendlich-Anziehendes" haben, mit dem sein konservativer Gegenentwurf nicht konkurrieren konnte und um der Wahrheit willen auch nicht konkurrieren wollte: Denn „die Gegenstände des gesellschaftlichen Lebens sind unendlich zusammengesetzt"[61]. Sucht man die Grundelemente konservativen Staatsdenkens zu systematisieren und damit die Grundlage einer konservativen Grundrechtstheorie zu rekonstruieren, lassen sich nachfolgende Elemente abschichten, die einander ergänzen, wechselseitig voraussetzen und bedingen.

I. Menschenbild und Vernunftskepsis

20
Unvollkommenheit des Menschen

Das konservative Menschenbild steht in einem fundamentalen Gegensatz zur Vernunftgläubigkeit der Aufklärung, die auf den Reißbrettern der Rationalität den „neuen und freien Menschen" entwirft, den „Not- und Verstandesstaat" konstruiert und auf einen idealen Endzustand sich selbst bestimmender Bürger zielt. Der Mensch wird als freies, auf sich gestelltes Individuum gedacht, das historisch, jedenfalls aber logisch[62] allen sozialen und sonstigen

---

59 Hier liegt denn auch der tiefere Grund für die teilweise schwülstige Begriffsakrobatik konservativ-romantischer Denker, denen konkrete Anschaulichkeit fehlt: vgl. etwa *Müllers* Definition des Staates bei FN 79. Schon *Edmund Burkes* Betrachtungen über die französische Revolution stellen sich als unsystematischer ungegliederter „rhapsodistisch-fortlaufender" (*Gentz*) Großessay dar. Die verbreiteten begrifflichen Schwierigkeiten im Werk *Hegels* sind ohnehin legendär.
60 *Georg Wilhelm Friedrich Hegel*, Grundlinien der Philosophie des Rechts (FN 51), S. 24. Vgl. dazu: *Pawlik*, Hegel und die Vernünftigkeit des Wirklichen, in: Der Staat 41 (2002), S. 183 ff.
61 *Burke* (FN 11), S. 137.
62 Vgl. *Carl Gottlieb Svarez*: Der Gedanke des Staatsvertrages sei zwar nicht „historisch richtig", wohl aber „philosophisch wahr" (zitiert nach *Adolf Stölzel*, Carl Gottlieb Svarez, 1895, S. 384).

Gemeinschaftsbeziehungen vorausliegt[63]. Beziehungen und Bindungen sind nicht vorgegeben, sondern können nur aus dem freien Willensentschluß der einzelnen hervorgehend konstruiert werden. Dieses Bild vom Menschen stand im bewußten Gegensatz zum überkommenen Bild des von Natur und ursprunghaft in soziale und politische Gemeinschaften eingebundenen und an das von ihnen auferlegte Recht gebundenen Menschen. Diese Vorstellung bewahrend geht konservatives Denken bewußt von der Unvollkommenheit des Menschen in biologischer, emotionaler, kognitiver und moralischer Hinsicht aus[64], der deshalb vor den Gefahren eigener Fehlbarkeit geschützt und zum ethisch-guten und nützlichen Leben geführt werden muß. Weil der menschliche Verstand die Welt in ihrer immer schon geordneten Komplexität nur unzureichend zu erkennen vermöge, erweise sich der Rationalismus und seine spezifischen Denkformen – apriorische Theoriebildung, Individualismus und Universalismus, Deduktion aus abstrakten Prinzipien – der Welt als im Ansatz unangemessen. Dem Vorrang der Vernunft stellt der Konservativismus das Recht des konkreten Lebens gegenüber: „Alles, was existiert, ist wert, daß es existiert". Immer wieder betont der Konservativismus vor diesem Hintergrund die destruktiven Potentiale des sich souverän glaubenden menschlichen Verstandes, der das Vorhandene, ohne es in seinem Wert zureichend zu erkennen, nach abstrakten Prinzipien verändere und die Dinge dabei letztlich verschlechtere, statt sie zu verbessern[65]. Die Wahrheit liege demgegenüber nicht abstrakt und außerhalb der Welt, sondern könne nur konkret aus ihr selbst kommen, weshalb gelte: „Das Wirkliche ist vernünftig"[66]. In Umkehrung der elften Feuerbachthese von *Karl Marx* könnte der Konservativismus idealtypisch proklamieren: „Die Aufklärer haben die Welt verändert, es kommt aber darauf an, sie in ihrer immanenten Vernunft zu erkennen und sich ihr anzuverwandeln". Die Begrenztheit menschlicher Wissens- und Erkenntnisfähigkeit muß konservativem Verständnis nach den Horizont für die Anschauung der Welt und die Möglichkeiten ihrer Ordnung bilden. Der Vernunft wird dabei nicht ihre Bedeutung abgesprochen, ihr aber die Souveränität des „Hier stehe ich, ich kann nicht anders" abgesprochen und eine bescheidenere Rolle zugewiesen[67]. „Denn die rationalistische Hybris besteht darin, daß Vernunft nicht mehr Mittel und Organ, sondern Quelle der Erkenntnis ist, die ihren vollständigen Inhalt nicht außer ihr, sondern allein in ihrem eigenen Wesen findet"[68].

---

63 Systematisch entwickelt wurde dieses Menschenbild von *Thomas Hobbes* in seinen Werken „Vom Bürger", 1647 und „Leviathan", 1651, sowie von *John Locke* in seinen „Abhandlungen über die Regierung", 1689; aufgenommen und weiterentwickelt wurde es dann in den rationalistischen Lehren vom Gesellschafts- und Staatsvertrag.
64 Zur imbecillitas, der Bedürftigkeit des Menschen, die ihn auf das Leben in Gemeinschaft angewiesen sein läßt: *Samuel von Pufendorf*, Über die Pflicht des Menschen und Bürgers nach dem Gesetz der Natur, 1673, Buch I Kap. 8; vgl. auch *Burke*, Betrachtungen (FN 11), S. 175.
65 Vgl. *Burke*, Betrachtungen (FN 11), S. 112; vgl. auch *Rödder* (FN 9), S. 59 f.
66 Zum entsprechenden Diktum *Hegels* vgl. oben FN 60.
67 *Stahl*, Rechtsphilosophie (FN 58), Bd. I, S. 458 ff., 464 f., 483 ff.
68 Ebd. S. 92. Vgl. auch *Kondylis* (Bibl.), S. 326 ff.

II. Unverfügbarkeit der gesellschaftlichen Ordnung: der Staat als Organismus

21
Bändigung durch Ordnung

Die für den Konservativismus typische Wertschätzung der immer wiederkehrenden Leitbegriffe „Ordnung", „Tradition", „Stabilität", „Bewahrung" und „Unantastbarkeit"[69] ergibt sich aus diesem Menschenbild. Die sündige Menschennatur samt ihren Leidenschaften bedarf der Bändigung durch eine Ordnung. Diese bezieht ihre Stabilität aus Tradition und Transzendenz[70]. Als eine „Art praestabilierter Harmonie" kann die Ordnung selbst in den bestehenden Verhältnissen nur entdeckt werden, wenn auch nicht in all ihren Zusammenhängen erkannt werden[71], denn „die Gegenstände des gesellschaftlichen Lebens sind unendlich zusammengesetzt"[72], sie erforschen kann der schärfste und unermüdlichste Beobachter in seinem ganzen Leben nicht. Menschliche Eingriffe in diesen Organismus drohen ihn vielmehr unabsehbar zu schädigen[73].

22
Staat beruht auf der Familie

Insbesondere der Staat kann nicht als von Menschenhand gemacht und erst recht nicht als durch einen Vertrag beschlossen angesehen, sondern nur als Organismus verstanden werden[74]. Die Lehre vom Staatsvertrag unterliegt daher einem kategorischen Verdikt der Konservativen. Nur „der falsche Staat ist atomistisch aus Individuen zusammengesetzt; der wahre organische Staat beruht auf der Familie"[75]. Der Staat wird als eine überindividuelle, organische Einheit gedacht, denn „es liegt nicht in der Willkür der Individuen, sich vom Staate zu trennen, da man schon Bürger desselben nach der Naturseite hin ist"[76]. In diesem Sinne erhebt *Schelling* gegen *Kant* den Vorwurf, den Staat „ersinnen" zu wollen und nur einen endlosen Mechanismus zu schaffen. Polemisch wendet er sich mit *Schlegel* gegen die Herabwürdigung des Staates zum notwendigen Übel und bloßen Maschinenwerk[77]. Vielmehr bestehe der Staat unabhängig und vor den Menschen[78]. Dieser sei „nicht bloß eine Manufactur, Meierei, Assekuranzanstalt oder merkantilistische Sozietät: er ist die innige Verbindung der gesamten physischen und geistigen Bedürfnisse, des gesamten physischen und geistigen Reichtums, des gesamten inneren und äußeren Lebens einer Nation zu einem großen, energischen, unendlich bewegten und

---

69 *Thomas Nipperdey*, Deutsche Geschichte. 1800 – 1866: Bürgerwelt und starker Staat, ⁵1991, S. 314.
70 Vgl. *Kondylis* (Bibl.), S. 261 ff.; *Huntington*, Conservatism as an Ideology, in: American Political Science Review 51 (1957), S. 454 ff., 457 ff.; *Kissinger* (FN 35), S. 1027 f.
71 Vgl. *Mannheim*, Altkonservatismus (Bibl.), S. 117.
72 *Burke*, Betrachtungen (FN 11), S. 137.
73 Ebd.
74 Zur organischen Staatslehre vgl. *Walter Melchior*, Der Vergleich des Staates mit einem Organismus, 1935; *Ernst Wolfgang Böckenförde*, Der Staat als Organismus, in: *ders.*, Recht, Staat, Freiheit, 1991, S. 263 ff.; *Jakob Baxa*, Einführung in die romantische Staatswissenschaft, ²1931; *Kimminich*, Der Staat als Organismus: Ein romantischer Irrglaube, in: FS A. Gasser, 1983, S. 319 ff.
75 *Friedrich Schlegel*, Kritische Ausgabe, Bd. XXII, 1979, Fragmente zur Geschichte und Politik, 1827, S. 353; vgl. auch *Vicomte de Bonald*, De la Souveraineté, in: Oeuvres I, S. 90 ff.; zum Ganzen: *Kondylis* (Bibl.), S. 264 ff.
76 *Georg Wilhelm Friedrich Hegel*, Philosophie des Rechts, § 75 Zusatz (in: *ders.*, Werke, Bd. 7 [1975], S. 159); vgl. auch *Müller* (FN 46), S. 26 ff.
77 Zitiert nach: *Carl Schmitt* (Bibl.), S. 156.
78 *Stahl* (FN 58) II 2, S. 140 f.

lebendigen Ganzen"[79]. Legitimiert ist dieser Staat nicht durch Willensakte, sondern durch Tradition und Transzendenz. In ihm wird die Weisheit vieler Generationen transportiert und die religiöse Sittlichkeit Wirklichkeit. Die daher gebotene Ehrfurcht vor der Wirklichkeit verbietet vorschnelle menschliche Eingriffe. Achtung vor dem Existierenden („Alles, was existiert, ist wert, daß es existiert"), Absage an rationale Souveränitätsanmaßungen des Individuums und Gelassenheit in Ansehung von unaufhaltsamen Entwicklungen („Alles könnte anders sein, aber fast nichts läßt sich ändern") sind Kennzeichen konservativen Staatsdenkens, das sich Änderungen nicht verschließt, sie aber unter hohen Rechtfertigungsdruck setzt. „Da also die wahre Staatskunst eine an sich so praktische, so ganz auf praktische Zwecke gerichtete Wissenschaft ist, da sie Erfahrung und so viel Erfahrung erfordert, als der schärfste und unermüdlichste Beobachter im Laufe seines ganzen Lebens nicht erwerben kann: So sollte wohl niemand ohne unendliche Behutsamkeit ein Staatsgebäude niederzureißen wagen, das jahrhundertelang den Zwecken der gesellschaftlichen Verbindung auch nur leidlich entsprochen hat, oder es neu zu bauen, ohne Grundrisse und Muster von entschiedner Vollkommenheit vor Augen zu haben"[80].

23 *Anerkennung sozialer Ungleichheit*

In diesem komplexen lebendigen Organismus und harmonischen Ganzen hat alles seinen Platz. Dies bedeutet zugleich eine unumwundene Anerkennung sozialer Ungleichheit, die allein schon aus der konservativen Überzeugung erwächst, daß die Menschen zwar moralisch und vor Gott sowie dem Gesetz gleich, ansonsten aber von Natur aus ungleich sind[81]. Die historisch vorgegebene Ordnung der Gesellschaft nach Ständen und Klassen wird daher als ebenso legitim wie zwangsläufig angesehen, da die Ordnung Vorrang vor den Individuen besitzt, denen keine sittliche Autonomie zukommt[82]. Die hierarchische Verfassung der Gesellschaft hat zugleich ihren funktionalen Sinn, der sie zu einer „grundlegenden moralischen und realen Notwendigkeit"[83] macht. Die sündige und fehlbare Gesellschaft bedarf der Führung zum ethisch guten Leben, und zwar der „Führung durch die besten, in der hellenischen und ursprünglichen Bedeutung" einer „natürlichen Aristokratie"[84].

III. Einheit von Staat und Kirche

24 *Religiöse Legitimation staatlicher Macht*

Konstitutiv für das konservative Staats- und Freiheitsverständnis ist schließlich die religiöse Legitimation der staatlichen Macht. Die Achtung vor der Wirklichkeit wird getragen und gestützt durch den christlichen Glauben an

---

79 *A. Müller* (FN 46), S. 37.
80 *Burke*, Betrachtungen (FN 11), S. 136 f.
81 Vgl. *Burke*, Betrachtungen (FN 11), S. 98, 115, 277, 323; *H.-Chr. Kraus*, Deutscher Konservatismus, in: Caspar von Schrenck-Notzing (Hg.), Lexikon des Konservatismus, Graz 1996, S. 120; ders., Politische Romantik, in: ebd., S. 467; *Mannheim*, Altkonservatismus (Bibl.), S. 114 ff.
82 Vgl. *Kraus* (FN 81), S. 120; *Vierhaus* (Bibl.), S. 547.
83 Vgl. *Epstein* (Bibl.), S. 34.
84 Vgl. *Rödder* (FN 9), S. 56 m.N. der Zitate. Auch über die spezifisch sozialgeschichtliche Verortung *Kondylis'* hinaus liegt hier die enge Verbindung von Konservatismus und Adel offen zutage, die allerdings bereits im Laufe des 19. Jahrhunderts wesentliche Wandlungen erfuhr.

einen persönlichen Gott, der die Geschichte lenkt; denn der Mensch ist „ein zur Religion geschaffnes Wesen"[85]. Erst der christliche Glaube verleiht der gegebenen Ordnung ihre „Heiligkeit", Unantastbarkeit und damit Stabilität. *Stahl* legte unter dem Einfluß von *Schelling* und *Hegel* dieses religiöse Fundament seiner Philosophie des Rechts als Basis zugrunde: „Der Staat ist eine göttliche Institution"[86] und „muß die göttliche Idee in sich ausdrücken"[87]. „Seine ganze legitime Ordnung – Gesetz, Verfassung, Obrigkeit – bezieht daraus ihre bindende Macht"[88]. Himmlische und irdische Ordnung konvergieren harmonisch: „Die Weltordnung Gottes im Menschengeschlecht [...] ist die Gestalt und Ordnung, welche Gott für das gesamte Menschengeschlecht in seinem Zusammenleben, seiner gemeinsam einheitlichen Existenz bestimmt, der Bau der gesellligen Verhältnisse ..., der Plan der sittlichen Welt. [...] Auf diesem beruhen die Institutionen (Schutz des Lebens, Eigenthum, Ehe, elterliches Ansehen, Obrigkeit); beides in Wechseldurchdringung und Einheit". In dieser von Gott gelenkten Welt entfaltet sich im religiös-sittlichen Bereich die ‚Persönlichkeit' als Einzelwesen, als Gläubiger in der Kirchengemeinde und als Bürger in der bürgerlichen Ordnung der sittlichen Welt, überwölbt vom Staat, dem sittlichen Reich, das vom Christentum normativ bestimmt wird[89].

25
Union von Staat und Kirche

In dieser transzendent-religiösen Grundlegung der Gesellschaft und des Politischen findet die Union von Staat und Kirche ihren inneren Grund und ihre sachliche Rechtfertigung. Indem diese Union Staat und Politik in eine transzendente Dimension einordnet, verweist sie zugleich auf eine höhere Ordnung der Dinge. Historisch-konkret kämpfte der Konservativismus daher entschieden gegen den Prozeß der Trennung von Staat und Kirche und für die Einheit von Staat und christlicher Religion; aus systematisch-abstrakter Perspektive aber lag in dem Versuch, die religiöse Wahrheit erneut zur Basis von Staat und Recht zu machen, das hoffnungslos vergebliche Aufbäumen gegen den Prozeß der Ausdifferenzierung des neuzeitlichen Gemeinwesens[90]. Bei dem Versuch, die Einheit der Wirklichkeit zu denken[91], fungierte die „Heiligkeit der Einheit" als Chiffre für die radikale Antithese zur Ausdifferenzierung der heraufziehenden modernen Welt – ein Versuch, der scheitern mußte.

---

85 *Burke*, Betrachtungen (FN 11), S. 185, 197 f.
86 *Stahl* (FN 58) II 2, S. 176 ff.; *Hegel*, Grundlinien (FN 51) , § 258 Z, S. 403: es ist „der Gang Gottes in der Welt, daß der Staat ist".
87 *Georg Wilhelm Friedrich Hegel*, Philosophie des Rechts, Nachschrift der Vorlesung von 1822/23 von *Karl W. L. Heyse*, hg. v. Erich Schilbach, 1999, S. 67.
88 *Stahl* (FN 58) II 2, S. 176.
89 *Stahl* (FN 58) II. 1, S. 191.
90 Zu diesem Prozeß grundlegend: *Niklas Luhmann*, Gesellschaftliche Struktur und semantische Tradition, in: *ders.*, Gesellschaftsstruktur und Semantik, Bd. 1, 1980, S. 9/27 ff.; *ders.*, Staat und Staatsräson im Übergang von traditionaler Herrschaft zu moderner Politik, in: ebd. Bd. 3, 1989, S. 65 ff.. Weitere N.: *Otto Depenheuer*, Bürgerverantwortung im demokratischen Verfassungsstaat, VVDStRL 55 (1996), S. 95 f.
91 Historische Fallstudie am Beispiel des Wirkens von Carl-Ernst Jarcke: *Depenheuer* (FN 24).

IV. Freiheitsbegriff

Die vorgenannten Prämissen konservativen Staatsdenkens fundieren die dezidierte Ablehnung des liberalen Freiheitsbegriffs ebenso unmittelbar, wie sie die Grundlegung eines alternativen und höheren Begriffs von „wahrer" Freiheit ermöglichen.

26

„Wahre" Freiheit

1. Ablehnung des liberalen Freiheitsverständnisses

Der liberale Freiheitsbegriff hatte seine politische Sprengkraft aus der Antinomie zur ständischen Gesellschaftsordnung bezogen. Mit dem Verweis auf die natürlichen Rechte aller Menschen forderte das Bürgertum die alte Ordnung heraus, bekämpfte und entlegitimierte sie schließlich politisch, zunächst durch die Revolution in Frankreich und im Verlaufe des 19. Jahrhunderts allmählich flächendeckend in Europa. Im Zentrum der konservativen Kritik an Revolution und Verfassungsbewegung stand der liberale Freiheitsbegriff. Die Lehre der Revolution sei – so der Tenor –, daß ungezügelte Freiheit zu Terror und Chaos führe. Das war aus konservativer Sicht nicht historischer Zufall, sondern logische Konsequenz einer Freiheit zur Beliebigkeit. Die Revolution bedrohte dieser Sicht zufolge nicht nur als historisches Ereignis, sondern als Prinzip den Bestand der überkommenen Welt. In der Folge konnte die manichäische Alternative formuliert werden: Ordnung oder Freiheit, Stabilität oder Revolution. Um das Chaos der Revolution zu verhindern, entwickelte der Konservativismus seine politische Stoßrichtung gegen alle Derivate der liberalen Freiheitsidee. Grundrechte, Gewaltenteilung und Verfassung mündeten seiner Ansicht nach notwendig alle in den Radikalismus von Volkssouveränität, Demokratie und Anarchie.

27

Terror und Chaos als Ergebnis zügelloser Freiheit

In der theoretischen Reflexion des Konservativismus wird der liberale Freiheitsbegriff als abstrakt, unterkomplex und zerstörerisch gebrandmarkt: „Die Philosophie des wahrhaft erleuchteten Kopfs kann dem Menschen kein Recht auf das, was seine Vernunft verwirft, auf das, was seine Glückseligkeit zerstört, einräumen"[92]. Das Generalfreiheitsrecht, alles tun zu dürfen, wird als „hohle und dazu verkehrte naturrechtliche Deduktion" abqualifiziert[93], die Idee liberaler Freiheit als „Phantom" disqualifiziert, als bloßes „Hirngespinst, abstrakt, trügerisch, lebensfremd"[94]. „Die eingebildeten Rechte dieser Theoretiker sind lauter Extreme: Und je mehr sie im metaphysischen Sinne wahr sind, desto mehr sind sie im moralischen und politischen falsch"[95]. Und selbst die Grundrechte der Paulskirche verfallen noch prominenter Kritik, da sie „sowohl an Ausdehnung als zum Theil an zersetzender Wirkung alles überbieten, was in dieser Art bis dahin in der Geschichte vorhanden war"[96].

28

Liberale Freiheit als „Phantom"

---

[92] *Burke* (FN 11), S. 140.
[93] *Stahl* (FN 55), II 2, S. 524.
[94] Zitate nach *Dipper*, Art. Freiheit, in: Otto Brunner/Werner Conze/Reinhard Kosellek (Hg.), Geschichtliche Grundbegriffe, Historisches Lexikon zur politisch-sozialen Sprache in Deutschland, Bd. 2, 1975, S. 526 f.
[95] *Burke* (FN 11), S. 138.
[96] *Stahl* (FN 58), II 2., S. 525.

2. Die „wahre" Freiheit in der organischen Ordnung von Staat und Gesellschaft

29
Freiheit nach Maßgabe der Gesetze

Der sachliche Widerspruch zum Freiheitsbegriff der Revolution führte die konservative Seite zunächst in das semantische Dilemma, sich zum Wort „Freiheit" – der suggestiven Botschaft der Aufklärung – in irgendeiner Weise verhalten zu müssen. Nach einer ersten Phase nur beiläufiger Thematisierung erfolgte schon bald ein Einschwenken auf den semantischen Erfolg des Freiheitsbegriffs, indem die „Erklärung der Rechte" in den Interpretationshorizont der alten Landfreiheiten gestellt wurde[97]. Auf dieser Grundlage konnte der liberale Freiheitsbegriff konservativ umgedeutet und die „wahre" Freiheit der falschen gegenübergestellt werden. „Ich bin weit entfernt," – so bereits *Burke*[98] – „die wahren Rechte des Menschen in der Theorie abzuleugnen, ebensoweit entfernt, sie in der Ausübung zu verwerfen [...]. Ich widersetze mich eben darum den falschen Ideen von diesen Rechten, weil sie gerade auf die Zerstörung der wahren abzielen"[99]. Diese wahre, ethisch bestimmte Freiheit widersetzt sich der Ausdifferenzierung von Staat und Gesellschaft, kann Freiheit gegen den Staat nicht anerkennen, sondern nur Freiheit im Staat nach Maßgabe der Gesetze.

30
Staat als „Wirklichkeit der sittlichen Idee"

Die theoretisch anspruchsvollste Begründung des konservativen Freiheitsverständnisses hat *Hegel* vorgelegt. Durch die französische Revolution und ihre Folgen sei das Prinzip, „daß der Mensch als Mensch Rechte habe"[100], wie unvollkommen auch immer, zum ersten Mal zu prinzipieller politischer Anerkennung gelangt. In der Institutionalisierung bürgerlicher Freiheit sieht *Hegel* die spezifische Vernünftigkeit des Staates[101]: Die Wirklichkeit der konkreten Freiheit aber ist der Staat[102]. Der Staat wird nicht funktional als unverzichtbarer Garant fundamentaler Rechte oder existentieller Interessen begründet[103], sondern ontologisch. Innerhalb der Sphäre der Endlichkeit verkörpert der Staat die absolute Idee und hat teil an deren Wirklichkeit. Deshalb ist der Staat die „Wirklichkeit der sittlichen Idee"[104], der in das Dasein getretene freie Wille, „das Vernünftige in Ansehung des Willens als Wirklichkeit"[105]. Er ist der Repräsentant des absoluten Geistes unter den Bedingungen der Endlichkeit.

---

97 *Stahl* (FN 58), II 2, S. 523; Zur Unterscheidung von „Freiheiten" und „Freiheit", die allerdings im 19. Jahrhundert an Bedeutung verlor, vgl. auch *Dipper* (FN 94), S. 488 ff.; *Oestreich* (FN 40), S. 18 ff.
98 Betrachtungen (FN 11), S. 131 f. 4.
99 *Burke*, Betrachtungen (FN 11), S. 131 f.; *Metternich*: „Indem ich zu allen Zeiten, in allen Lagen stets ein Mann der ‚Ordnung' gewesen bin, war mein Streben der wahren und nicht der trügerischen ‚Freiheit' zugewendet", in: Politisches Testament, Nachgelassene Papiere, Bd. 7, 1883, S. 636 f.
100 *Georg Wilhelm Friedrich Hegel*, Vorlesungen über Rechtsphilosophie 1818-1831, hg. von Karl-Heinz Ilting, 1974, Bd. 3, S. 97.
101 *Pawlik* (FN 60), S. 201.
102 *Hegel*, Grundlinien (FN 51), § 260, S. 406.
103 *Pauly*, Hegel und die Frage nach dem Staat, in: Der Staat 39 (2000), S. 381 ff.; *Petersen*, Die Freiheit des Einzelnen und die Notwendigkeit des Staates, in: Christel Fricke u. a. (Hg.), Das Recht der Vernunft, 1995, S. 333 ff.
104 *Hegel*, Grundlinien (FN 51), § 257, S. 398.
105 *Hegel*, Vorlesungen über Rechtsphilosophie (FN 100), Bd. 4, S. 82.

Wahre Freiheit kann in der politischen wie juristischen Konsequenz dieses Ansatzes nur aus konkreter Ordnung erwachsen, sich nur in ihr entfalten. Freiheit besitzt keinen autonomen Wert, der gegen die Ordnung Geltung beanspruchen könnte[106]. Vorstaatliche Grund- und Menschenrechte – ohnehin eine „schlechte Abstraktion" – sind auf der konzeptuellen Basis *Hegels* und der Konservativen nicht denkbar; denn es ist immer der Staat selbst, der bewirkt, daß etwas sich ohne ihn, ja gegen ihn, realisieren kann[107]. Freiheit kann daher ebensowenig wie Recht eine Ordnung schaffen; beide haben vielmehr nur auf dem Boden und im Rahmen der je gegebenen Ordnung eine gewisse regulierende Funktion mit einem relativ kleinen Maß in sich selbständigen, von der Lage der Sache unabhängigen Geltens[108] mit der Folge, daß „die Vollkommenheit der bürgerlichen [sc. Freiheit] in ihren Schranken [liegt]"[109]. Die dogmatische Konsequenz hat *Fürst Metternich* exemplarisch formuliert: „Das Wort ‚Freiheit' hat für mich nicht den Wert eines Ausgangs-, sondern des eines tatsächlichen Auskunftspunktes. Den Ausgangspunkt bezeichnet das Wort ‚Ordnung'. Nur auf dem Begriff von ‚Ordnung' kann jener der ‚Freiheit' ruhen. Ohne die Grundlage der ‚Ordnung' ist der Ruf nach ‚Freiheit' nichts weiter als das Streben irgendeiner Partei nach einem ihr vorschwebenden Zweck"[110]. Nicht Freiheit also kann konservativer Ansicht nach Ausgangspunkt einer Grundrechtstheorie sein, sondern Ordnung. Nur sie verhütet Chaos, ermöglicht „wahre" Freiheit.

31
Ordnung ermöglicht „wahre" Freiheit

E. Elemente konservativer Grundrechtstheorie und aktuelle Wirksamkeit

Der konservative Freiheitsbegriff – auf eine Ordnung bezogen, aus einer Ordnung seine positive Inhaltsbestimmung beziehend – hat rechtspraktische und dogmatische Konsequenzen: (Grund-) Rechte sind danach apriorisch gebunden und beinhalten in erster Linie Pflichten[111]; ihre materielle Ausrichtung beziehen sie aus ihrer Einbindung in die natürliche Ordnung, in die sozialen Gestaltungen der Gesellschaft und in die Existenz des Staates[112]; aus Freiheit

32
Symmetrie von Rechten und Pflichten

---

106 Vgl. *Friedrich Gentz*, Abhandlungen zur Französischen Revolution, 1793, hg. von Hermann Klenner, 1991, S. 425 f.
107 Zutreffend *Bernard Bourgeois*, Der Begriff des Staates, in: Ludwig Siep (Hg.); *G.W.F. Hegel*, Grundlinien der Philosophie des Rechts, 1997, 219 ff., 230; *Lübbe-Wolff*, Über das Fehlen von Grundrechten in Hegels Rechtsphilosophie, in: Hans-Christian Lucas/Otto Pöggeler (Hg.), Hegels Rechtsphilosophie im Zusammenhang der europäischen Verfassungsgeschichte, 1986, S. 425 ff.
108 Zum dahinterstehenden juristischen Denktypus: *Carl Schmitt*, Über die drei Arten des rechtswissenschaftlichen Denkens, 1934, S. 13.
109 *Gentz* (FN 106), S. 411; ähnlich *Burke*, Betrachtungen (FN 11), S. 135: „gehören die Einschränkungen des Menschen so gut als seine Freiheiten unter seine Rechte".
110 *Metternich* (FN 99), S. 636.
111 RN 33 ff.
112 RN 35 ff.

folgt Verantwortung auch für Vergangenheit und Zukunft[113]. Die apriorische Einbindung der Freiheit in Ordnungen bedingt eine notwendige Symmetrie von Rechten und Pflichten, die teils als ethische Herausforderung des Grundrechtsträgers thematisiert[114], teils als Grundpflichten den Grundrechten unmittelbar zur Seite gestellt[115], teils aber auch gesetzlicher Ausgestaltungskompetenz überantwortet werden[116].

I. Das Fundament: Grundrechte als Quelle von Rechtspflichten

33
Keine Freiheit zur Beliebigkeit

Der negatorische, staatsabwehrende liberale Freiheitsbegriff verfällt dem Verdikt des Konservativismus, weil er Beliebigkeit freisetze, zur Auflösung der staatlichen wie jeder anderen Ordnung beitrage, rein negativ ausgrenze, aber nichts positiv zu Erhalt und Weiterentwicklung der je konkreten Ordnung beitrage, im Abstrakten verbleibe, ohne sich zum Konkreten hin zu verdichten und wirklich zu werden. Grundrechte dürften aber auch dem Begriff nach nicht die Möglichkeit der Zersetzung der Ordnung beinhalten, auf der sie beruhten, sondern müßten notwendig auch deren Erhaltung dienen[117]. Daher entspricht es konservativer Grundüberzeugung, daß Freiheit nur in Ordnungen konkret werden könne, weil ihr Gebrauch nur unter dieser Voraussetzung das Allgemeininteresse in sich aufnehmen könne. Denn „konkrete Freiheit", deren Wirklichkeit und Bezugspunkt letztlich der Staat ist, besteht nach *Hegel* darin, „daß die persönliche Einzelheit und deren besonderes Interesse sowohl ihre vollständige Entwicklung und die Anerkennung ihres Rechts für sich [...] haben, als sie durch sich selbst in das Interesse des Allgemeinen teils übergehen, teils mit Wissen und Willen dasselbe [...] als ihren eigenen substantiellen Geist ansehen und für dasselbe als ihren Endzweck tätig sind"[118]. Nicht also um die Abschaffung des Privatinteresses geht es, sondern lediglich darum, das Privatinteresse nicht zum alleinigen Bestimmungsgrund des Handelns werden zu lassen. Die Individuen sollen „nicht bloß für ihre besonderen Interessen leben, sondern zugleich auch das Allgemeine wollen und eine dieses Zwecks bewußte Wirksamkeit haben"[119].

34
Grundrechte als „Rechts-Pflichten"

Rechte sind dem Bürger auf dieser Grundlage nicht gegeben als autonome Freiheitsräume zur Selbstentfaltung, sondern – jedenfalls auch – um ihrer ethisch richtigen und gemeinnützlichen Ausübung willen. „So liegt in dem stolzen Gefühl eigener Freiheit, wofern es nur consequent ist und sich wahrhaft zu behaupten strebt, zugleich eine tiefe Demuth, eine liebevolle Hingebung an das Ganze, eine Gerechtigkeit"[120]. Die Rechte des Individuums sind daher vor allem „Rechts-Pflichten", deren inhaltliche Bestimmung aber auch

---

113 RN 47-50.
114 RN 54.
115 RN 55.
116 RN 57 ff.
117 *Stahl* (FN 58) II 2, S. 528.
118 Grundlinien (FN 51) § 260, S. 406 f.
119 Ebd. S. 407.
120 *A. Müller*, Elemente (FN 46), 7. Vorlesung, S. 153.

in der Möglichkeit zur Entfaltung seiner eigenen Anlagen liegt. Der Mensch soll seine Grenzen „im richtigen Verhältnis und vollkommen Ebenmaß mit der Ordnung der Welt" finden[121]. Die Gemeinwohlverträglichkeit des Freiheitsgebrauchs dürfe nicht erst über rechtfertigungsbedürftige Beschränkungen der Freiheit durch das staatliche Gesetz sichergestellt werden müssen; vielmehr trage jede Freiheit ihre Schranken bereits in ihrem Begriff[122]. Damit stellt sich für die konservative Grundrechtstheorie auf der Tatbestandsebene die erkenntnistheoretische Frage nach dem Maßstab für die Beurteilung der inhaltlichen Richtigkeit der Grundrechtsausübung. Wenn es jedenfalls nicht die schrankenlose Freiheit des einzelnen sein darf, woher sollen die inhaltlichen Bestimmungsgründe des wahren Freiheitsgebrauchs fließen? Die Antworten sind nach Ansicht des Konservativismus in den jeweiligen Ordnungen selbst zu suchen, die im Maße ihrer Konkretheit die Richtung des Freiheitsgebrauchs vorgeben.

II. Materielle Bestimmungsgründe der Freiheitsausübung

1. Die natürliche Ordnung

Der staatsrechtliche Konservativismus unterscheidet die wahre Freiheit von der falschen im Hinblick auf die gegebene Ordnung. Deren natürlichen Bewegungsgesetzen habe sich der einzelne in Ausübung seiner Rechte anzupassen. Nicht abstrakt gegen die Ordnung, sondern konkret aus der Ordnung könne Freiheit ihre natürliche Bestimmung erfahren: „Indem wir unsre Rechte und Freiheiten lieber unsrer Natur als unsern Spekulationen anvertrauen wollten und sie in unsern Herzen sicherer als in spitzfindigen Grübeleien bewahrt glauben"[123]. Die damit gewahrte und fortgeschriebene organische Ordnung des Gemeinwesens „ist der glückliche Lohn derer, die im Wege der Natur wandeln, auf welchem Weisheit ohne tiefes Nachdenken und höher als alles Nachdenken liegt"[124]. Dieser tendenziell romantische, unreflektierte und inhaltlich noch ziemlich unbestimmte Rekurs auf die gegebene, unbefragte, natürliche Ordnung gibt freilich nur die Quelle an, aus der Freiheit die Maßstäbe für ihren richtigen Gebrauch ziehen kann. Mit der Pflichtenlehre *Hegels* läßt sie sich freilich theoretisch entfalten und praktisch konkretisieren. Pflichten basieren danach auf den gegebenen Institutionen der jeweiligen konkreten Ordnungen – des Staates und sonstiger gesellschaftlicher „Gestaltungen" – und deren jeweiligem historischen Ausgreifen in Vergangenheit und Gegenwart.

35
Unterscheidung „wahrer" von „falscher" Freiheit

---

121 Vgl. *Burkes* Katalog der „wahren Menschenrechte", Betrachtungen (FN 11), S. 132 ff.
122 Vgl. *Gentz* (FN 106), S. 407 ff.
123 *Burke*, Betrachtungen (FN 11), S. 95.
124 *Burke* aaO., S. 93.

2. Die hierarchischen „Gestaltungen" der Gesellschaft

36
Ontologisch fundierte Pflichtenlehre

a) Nach *Hegel* gibt sich der Wille im Prozeß der Selbstobjektivierung zahlreiche Gestaltungen[125]. Beginnend mit dem abstrakten Recht und endend mit dem sittlichen Staat unterscheidet *Hegel* eine Vielzahl institutioneller Gestaltungen der Idee des Rechts, die – entsprechend dem Maß ihrer begrifflichen Adäquatheit – in einer hierarchischen Ordnung stehen. Hierzu zählen z.B. Familie, Eigentum, Vertrag, Korporationen, Kirche, Staat[126]. Jede dieser natürlichen Gestaltungen vermag innerhalb ihrer Sphäre Pflichten zu begründen. Die auf der Basis der jeweigen Institutionen formulierten Rechte können aber nur als von vorneherein beschränkte gedacht werden, weil „die Sphäre und Stufe des Geistes, in welcher er die weiteren in seiner Idee enthaltenen Momente zur Bestimmung und Wirklichkeit in sich gebracht hat, als die konkretere, in sich reichere und wahrhafter allgemeine, eben damit auch ein höheres Recht" hat[127]. Diese ontologisch fundierte Pflichtenlehre vermag die Pflichten zwar nur in der Rolle und der Bedeutung zu thematisieren, die ihnen aus der Innensicht der einzelnen Gestaltungen der Rechtsidee zukommt. Aber Freiheit kann auch nur in dieser Beschränkung wirklich werden und die Bedingungen ihrer selbst reflektieren.

37
Gebundene Freiheit vermittelt Orientierung

b) Die natürlichen Ordnungen stehen idealtypisch jedem Versuch normativer Regulierung entgegen, da gesetzliche Normierungen die gegebene konkrete Gestaltung in ihrer autonomen Entwicklung zerstören. Die Freiheitsrechte können und dürfen daher diese Ordnungen nicht in Abhängigkeit von der subjektiven Willensmacht des einzelnen bringen, sondern sollen dem Bürger in erster Linie und vor allem die Möglichkeit geben, seinen Platz in der vielfältig gegliederten Gemeinschaft zu finden. Denn nur an konkrete Ordnung gebundene Freiheit vermittelt dem Bürger Orientierung und Entfaltung[128]. Daher die konservative Betonung und Wertschätzung von Institutionen, modern gesprochen zivilgesellschaftlichen Selbstorganisationen: Ehe und Familie, Eigentum, Religion, Gemeinde, Stand. „Sie bilden zusammen die Natureinrichtung zur Erhaltung des Menschengeschlechts und die sittliche Gestalt seines gemeinsamen Lebens. Sie sind der Plan der sittlichen Welt. Deswegen ist ihre Ordnung Aufgabe der Gemeinschaft, sohin des Rechts"[129].

Liberale Freiheit als „System der Auflösung"

Die liberalen Freiheitsrechte erfahren deswegen so entschiedene Ablehnung, weil sie ihrer Wirkrichtung nach gerade auf „Abschaffung [sc. dieser Verhältnisse, d.h.] der Pairie, der Zünfte, Korporationen, Lehnsrechte u.s.w."[130] zielen. Sie stellen also ein „System der Auflösung" dar, das genau jene Institutionen in Frage stellt, aus denen sich konkrete Pflichten für den einzelnen, d.h. die positive Bestimmung seiner Freiheit, ableiten lassen. Wahre Freiheits-

---

[125] Systematische Entfaltung: Grundlinien (FN 51), § 32 A, S. 85 ff.
[126] Der Aufbau der Hegelschen Rechtsphilosophie folgt diesen Gestaltungen. Vgl. auch *Stahl* (FN 58), II. 1., S. 197 f.
[127] *Hegel*, Grundlinien (FN 51), § 30, S. 83.
[128] Vgl. auch: *Depenheuer* (FN 90), S. 96 ff., 109 ff.
[129] *Stahl* (FN 58) II. 1, S. 198; Vgl. auch *Burke*, Betrachtungen (FN 11), S. 194.
[130] *Stahl* (FN 58), II 2, S. 524.

rechte dürften aber gerade nicht der Zersetzung, sondern müßten umgekehrt der Erhaltung eben dieser Ordnungen dienen[131]. Am Beispiel der Grundrechtsgarantien von Ehe und Familie einerseits und der Eigentumsgarantie andererseits läßt sich diese institutionelle Wirkweise des positiven Freiheitsrechts exemplifizieren.

c) Die Familie, nicht das Individuum, bildet nach konservativer Sozialtheorie den elementaren Baustein des Gemeinwesens[132]. Sie ist dem Staat als Institution vorgegeben. Zwar könne die Familie auch ohne den Staat, nicht aber der Staat ohne die Familie existieren[133]. Auch die Ehe als Kern der Familie wird im konservativen Sinne als überindividuelle Institution und konkrete Ordnung begriffen. „Will einer heiraten [...], so ist der Erfolg nur für dieses Individuum wichtig; das wahrhaft Göttliche ist die Institution [...], die Ehe, gesetzliche Einrichtungen"[134]. Sind Ehe und Familie daher etwas objektiv Vorgegebenes, Unverfügbares, dann sind die Ehegatten aus sich heraus und vorab Bindungen und Pflichten unterworfen. Insbesondere ist ihnen die Verfügbarkeit über den Bestand von Ehe und Familie entzogen[135]. Der einzelne ist unauflöslich mit der Familie verwachsen, Ansprüchen individueller Vernunft und Autonomie ist damit von vornherein der Boden entzogen, wechselseitige solidarische Verpflichtungen hingegen apriori begründet. Als liberales Freiheitsrecht interpretiert ist die Ehe hingegen mit *Kant*[136] selbstzweckhafte und willensgetragene Vereinigung zweier Personen, die derart notwendig zum frei gestaltbaren und auch prinzipiell jederzeit auflösbaren Vertrag tendiert – aus konservativer Sicht eine pure „Schändlichkeit"[137]. Kurz: Nur als Institution verpflichtet die Ehe, als liberales Freiheitsrecht verstanden verpflichtet die Ehe hingegen zu nichts.

38
Familie als Baustein des Gemeinwesens

d) Vergleichbares gilt für den Eigentumsbegriff der Konservativen. Dieser orientierte sich ursprünglich ausschließlich am agrarisch-feudalen Grundeigentum[138]. Das Grundeigentum garantierte Dauerhaftigkeit und Beständigkeit und vermittelte schon dadurch dem Staat Stabilität und Ordnung. Denn „der Landbau ist seiner Natur nach konservativ, er haftet an der Scholle, er lehrt die Geduld, das langsame Wachsen und Reifen; er pflanzt, was oft erst kommende Geschlechter erben können; er bringt zum Bewußtsein, daß die Macht des Menschen begrenzt ist und die Bäume nicht in den Himmel wachsen"[139]. Für den Konservativismus besitzt das Eigentum daher umfassende lebensweltliche Bedeutung jenseits bloßer materieller Bedürfnisbefriedigung. Vielmehr sind Gesellschaftsordnung, Tradition und Freiheit im konservativen

39
Eigentum als Treuhandeigentum

---

131 *Stahl* aaO., II 2, S. 528.
132 Vgl. oben bei FN 75.
133 Vgl. *Kondylis* (Bibl.), S. 264 f.
134 *Hegel*, zitiert nach *C. Schmitt* (FN 108), S. 46.
135 *Ernst-Wolfgang Böckenförde*, Vom Wandel des Menschenbildes im Recht, 2001, S. 20 f. m.w.N.
136 Metaphysik der Sitten, Rechtslehre, § 24.
137 *Hegel*, Grundlinien (FN 51), § 75, S. 157.
138 Zum folgenden vgl. *Kondylis* (Bibl.), S. 358 ff.
139 *Schnabel* (FN 21), S. 19.

Verständnis eng mit dem Eigentum[140] verknüpft. Da es als Treuhandeigentum betrachtet wurde, war es mit bestimmten sozialen Pflichten verbunden und der freien ökonomischen Verfügbarkeit entzogen.

40 **Pflichtgebundenes Treuhandeigentum**

Dieses „alte echte" Eigentum umfaßte auch gutsherrliche Rechte, war konkret mit „Patronat, Polizei und Gerichtsbarkeit", d. h. mit Herrschaft verbunden. Dadurch bildete es zugleich ein „sittlich-religiöses Princip", da seine menschlichen Aspekte, d. h. die damit verbundenen patriarchalischen zwischenmenschlichen Beziehungen, durch „Liebe" jenen Egoismus beseitigen helfen, der jedem Eigentum als Produkt des Sündenfalls anhaftet[141]. Als ethisch aufgeladener Begriff wird „Eigentum selbst ein politischer Begriff, ein Amt von Gott gestiftet, um Sein Gesetz und das Reich Seines Gesetzes dem Staat zu erhalten"[142]. In der Sprache der Konservativen beinhaltete die Herrschaft des Eigentümers daher zuallererst die „Pflicht", die der Eigentümer als Statthalter Gottes gegenüber den von ihm Abhängigen zu ihrem recht verstandenen Wohl mit strenger und gerechter Liebe zu erfüllen hatte[143]. Das Grundeigentum wurde also als Inbegriff fester zwischenmenschlicher hierarchischer Beziehungen verstanden. In diesem „lebendigen" Eigentum verdichtete sich und lebte eine geschichtlich herausgebildete Beziehung zwischen Menschen und Sachen weiter, aufgrund derer sich der Eigentümer seiner Verantwortung gegenüber Vor- und Nachfahren bewußt ist. Der Eigentümer besitzt dieser Ansicht nach keine „toten Sachen", sondern im Vordergrund stehen die mit dem Besitz der Sachen einhergehenden Beziehungen zwischen Menschen, wie sie sich zum Beispiel an Lehen und Dienst konkretisieren; ökonomische und ethisch-soziale Gesichtspunkte sind bei diesem Eigentumsbegriff nicht voneinander zu trennen. Das konservative Beharren auf diesem zwischenmenschlichen, „lebendigen" Aspekt des Eigentums entsprang daher keiner sentimentalen Neigung, sondern vielmehr der Vorstellung von der zu bewahrenden Einheit, die der Grundbesitz und die unter der patriarchalischen Herrschaft des Eigentümers stehenden Leute traditionell bildeten. Dieses konkrete, pflichtgebundene Grundeigentum geht also nicht abstrakt der Wirklichkeit als Idee voraus, sondern wächst umgekehrt in seiner konkreten Fülle aus dem Leben selbst hervor[144] und beinhaltet mit dem jeweils konkreten Inhalt an Herrschaftsmacht die entsprechenden Pflichten. Die Forderung nach Aufrechterhaltung der Patrimonialrechte bedeutet also in der Sache die Forderung nach Bindung des Eigentums an Pflichten.

41 **Konservativer Eigentumsbegriff als Widerlager gegen Materialismus**

Diese Eigentumsform war in typischer Weise als permanenter Familienbesitz überkommen und drohte im Zuge der Industrialisierung überrollt zu werden. Der konservative Eigentumsbegriff bildete damit das ideelle Widerlager gegen den aufkommenden Kommerzialismus der aufsteigenden bürgerlich-

---

140 Vgl. *Mannheim*, Altkonservatismus (Bibl.), S. 112 ff.
141 *Jarcke* (FN 49), III, S. 181 ff, 193.
142 *Ernst Ludwig von Gerlach*, Aufzeichnungen aus seinem Leben und Wirken, Bd. I, 1903, S. 541.
143 In diesem Zusammenhang liegt der ideengeschichtliche Hintergrund der Formulierung des Art. 14 Abs. 2 GG: „Eigentum verpflichtet".
144 Zum folgenden m.w.N. *Depenheuer*, in: v. Mangoldt/Klein/Starck, GG, (LitVerz.), Art. 14 RN 41.

industriellen Mittelschichten[145]. Deren Materialismus stand im diametralen Gegensatz zur ländlich-aristokratischen Werteordnung, der es um den Erhalt und nicht um den wirtschaftlichen Wert des Eigentums ging. Aus dieser Einschätzung resultierte die konservative Skepsis gegenüber der gesamten Industrialisierung, die der Trennung von Eigentum und sozialer Verpflichtung, der moralischen Atomisierung und der sozialen Zersetzung beschuldigt wurde[146]. Denn der liberale Eigentumsbegriff befreite das Ökonomische von der Politik und stellte die Berufs- und Eigentumsfreiheit dem Politischen gegenüber, dessen Träger der säkulare Staat ist. Eigentum erscheint nunmehr als bloß noch äußere und beliebig änderbare Beziehung eines juristischen Subjekts zu einer Sache.

Grundeigentum und mobiles Eigentum verkörperten demnach zwei ganz entgegengesetzte soziale Wirklichkeiten und darüber hinaus zwei unversöhnliche Lebenseinstellungen und Lebensweisen: „Lebendiges" und „totes" Eigentum konnten als Antagonismen gegenübergestellt werden[147]. Im Grundeigentum verdinglicht sich das konservative Prinzip der Dauer; dieses Eigentum befindet sich in den Händen einer im Wechsel der Generationen gleichbleibenden und weiterlebenden Familie, die im Bewußtsein der Kontinuität und der von der Tradition auferlegten Pflichten ihr Handeln nicht von materiellen Interessen, sondern von einer höheren Verantwortung Gott und den Menschen gegenüber bestimmen läßt; Grundeigentum bedeutet also eo ipso feste ethische und materielle Verwurzelung, die der zügellosen und opportunistischen Gewinnsucht abhold ist. Im Gegensatz dazu steht das mobile, „tote" Eigentum in der freien Disposition des individuellen Eigentümers. Das Eigentum ist nur Anhängsel von isolierten Personen und frei von ethisch-sozialen Rücksichten, kann also beliebig gekauft und verkauft werden. Damit einher geht nach konservativer Auffassung die Auflösung aller ständischen überindividuellen Bezugs- und Orientierungspunkte des Eigentums, die Nivellierung von Traditionen und die Unterwerfung aller ethischen Gesichtspunkte unter das Vulgär-Materielle. In der fieberhaften sozialen Atmosphäre, die die Mobilität des Eigentums und der parallel dazu wachsende Durst nach neuem „wurzellosem" Eigentum schaffen, bleibt keine Zeit für ethische Überlegungen. Alles wird durch das je aktuelle Streben nach materiellem Erwerb bedingt.

42
Gegensatz von Grundeigentum und mobilem Eigentum

Mit dem zunehmenden Übergewicht des kurzfristigen und wurzellosen „Geldreichtums" gegenüber dem dauerhaften „Landeigentum", allgemein mit der Ausdifferenzierung von Wirtschaft, Politik und Moral mußte also mit der Zeitdimension auch die Pflichtendimension des Eigentums verloren gehen. Dieser Vorgang beinhaltete konservativer Ansicht nach erhebliche politische Implikationen: Die „unbegrenzte Mobilität aller moralischen Verhältnisse [sc. ist] nur dem Despotismus zuträglich"[148]. Die mit der Zersetzung

43
Verlust der Pflichtendimension des Eigentums

---

145 Vgl. *Burke*, Betrachtungen (FN 11), S. 118 f.
146 Vgl. *Mannheim*, Altkonservatismus (Bibl.), S. 112 ff.
147 *Kondylis* (Bibl.), S. 359 ff.
148 *August Wilhelm Rehberg*, Über den Code Napoleon und dessen Einführung in Deutschland, 1814, S. 242.

der Korporationen einhergehende Auflösung des stabilen Eigentums ende also bei der Abschaffung der geistigen und bürgerlichen Freiheit. Im abstrakten bürgerlichen Eigentumsbegriff verschaffe sich nur der „Haß gegen jede Vermenschlichung des Rechts an einer Sache, gegen jede Unterordnung und Verbindung zweier Personen" Ausdruck[149]. Dies müsse aber notwendig zur kommunistischen Abstraktion eines allen gehörenden, also bis auf das Äußerste geteilten Eigentums führen, weshalb polemisch formuliert werden konnte: Gegenüber einem „Eigentum ohne Pflichten (sc. hat selbst) der Kommunismus Recht"[150].

44
Organisches Eigentum als Staatseigentum

Dieser Despotie des zersplitterten und dem Menschen entfremdeten Eigentums stellen die Konservativen die Idee des organischen Eigentums gegenüber. Wie der organische Staat als Einheit von ethisch orientierter Politik und Ökonomie zu verstehen sei, so das organische Eigentum als Kristallisation von menschlichen Beziehungen zu bestimmten Sachen. Von dieser Voraussetzung aus konnte Eigentum als Staatseigentum betrachtet werden, da es einen Dienst an den vom Staate verkörperten höheren Prinzipien darstellte. Staatseigentum sei das organische Eigentum schon deswegen, weil darüber – als Dienst – nicht nach der Willkür jedes zufälligen Einzelnen verfügt werden könne. In diesem Sinne meint *Möser*, daß die Erde dem Staat gehöre und ihr Eigentümer über sie nicht „nach Willkür schalten" dürfe; denn ihm gehöre nur der „Nießbrauch"[151]. Damit wird die Pflicht des Eigentümers angesprochen, nicht als freies Subjekt im bürgerlichen Sinne, sondern so zu handeln, wie es für das Fortbestehen der Gemeinschaft angemessen ist[152]. Als liberales Freiheitsrecht verstanden war der Eigentumsbegriff dagegen von allen ethischen Pflichten und Bindungen befreit. Die fundamentale Bedeutung der Trennung und Verselbständigung des wirtschaftlichen und ethischen Aspekts des Eigentumsbegriffs ist von den Konservativen sofort bemerkt und bekämpft worden[153]. Darin lag mehr als nur ein Kampf um alte Vorrechte, sondern vor allem auch der Versuch, die Einheit von Ökonomie und Ethik unter allen Umständen zu wahren[154]. Doch die Entpolitisierung der Wirtschaft war nicht aufzuhalten. „Befreit" von Herrschaftsrechten und -pflichten mutierte die konservative Eigentumsvorstellung, emanzipierte sich zum bürgerlichen Eigentum und bildete die Grundlage für die Entfaltung wirtschaftlicher Prosperität im 19. Jahrhundert[155] – freilich um den Preis des Heraufziehens der sozialen Frage und der Vergesellschaftung der sozialen Pflichten.

---

149 *Leopold von Gerlach*, Denkwürdigkeiten, Bd. II, 1891, S. 298.
150 Ebd.; vgl. auch *Franz v. Baader*, Schriften zur Gesellschaftsphilosophie, 1925, S. 303 f.
151 *Justus Möser*, Sämtliche Werke, Bd. 9, 1958, S. 352 ff.
152 Aufgrund des so verstandenen Staatscharakters des Eigentums dürfe z. B. ein Vater das Familieneigentum nicht durch beliebige Testamentsverfügungen zerstückeln.
153 *Justus Möser*, Patriotische Phantasien, in: *ders.*, Sämtliche Werke, Bd. 7, 1954, S. 140.
154 Ausführlich dazu *Kondylis* (Bibl.), S. 355 ff.
155 Vgl. *Roellecke*, Zur Unterscheidung und Kopplung von Recht und Wirtschaft, in: Rechtstheorie 31 (2000), S. 1 ff, 6 ff.

3. Der Staat

Im Staat finden die institutionellen Gestaltungen ihre natürliche Vollendung: Erst im Staat geschieht dem einzelnen Bürger in einem umfassenden Sinn sein Recht, denn dieser Staat ist das vollendete Dasein der Freiheit aller und damit zugleich Inbegriff des vernünftigen Wollens eines jeden einzelnen. Deshalb fallen erst im Staat Recht und Pflicht zusammen[156]. Diese Pflichten – wie immer sie rechtspraktisch konstruiert werden – haben auch einen klar umrissenen inhaltlichen Bezugspunkt. Sie haben dem Bestand des Gemeinwesens zu dienen. Alle Freiheiten wie Eigentum, Ehe etc. haben den Charakter einer Wirksamkeit auf das Ganze, ihr Gebrauch darf nicht die Gemeingüter der Nation gefährden. Ihre Geltung folgt auch nicht „aus den Menschenrechten", sondern „aus der Gewährung des Staates". Die anderen Verfassungsbestimmungen „stehen als gleich fundamental neben, ja über ihnen". „Es ist eine Verirrung, wenn die Rechte des Staatsbürgers als das Fundament des Staates selbst verkündet werden .... Die Erklärung der Rechte soll ein Schutz des Menschen gegen den Staat, aber nicht eine Preisgabe des Staates an die Menschen seyn"[157]. Wahre Freiheit kann deshalb immer nur rechtlich anerkannte Autonomie innerhalb einer gewissen Sphäre sein. Die Reichweite dieser Sphäre folgt aus der Schutzbedürftigkeit des einzelnen und der daraus folgenden Verpflichtung gegenüber anderen[158].

45 Freiheit als „Gewährung des Staates"

Im Kontext des freiheitlich-demokratischen Gemeinwesens folgt aus diesen Prämissen, daß der Staat auf Dauer nur durch die politische Praxis der Bürger zusammengehalten wird, die ihre in der Verfassung verbürgten demokratischen Teilnahme- und Kommunikationsrechte als „plébiscite de tous les jours" auszuüben verpflichtet sind[159]. Staatlichkeit gründet dann auf der unmittelbaren, allgegenwärtigen, gemeinwohlorientierten Praxis der Bürger. Der Staat lebt nur in fortgesetzter Selbstverständigung der Bürger, an der diese aus Bürgerverantwortung teilzunehmen haben: Staat durch Bürgeraktivität, Einheit durch Bewegung. Der Staat geht im Bürger auf und die Bürger im Staat. Im Ergebnis zielt diese Vision auf die Wiederherstellung der verlorenen Einheit der societas perfecta durch Allkompetenz des Bürgers. Von diesem Ausgangspunkt mutieren die Grundrechte zu staatsbürgerlichen Grundpflichten für die Wahrnehmung öffentlicher Interessen. In dieser Form ermöglicht der konservative Freiheitsbegriff auch die Formulierung einer Verantwortlichkeit des einzelnen für die Vergangenheit und Zukunft des Staates.

46 Freiheit als Verantwortung für den Staat

---

156 *Hegel*, Grundlinien (FN 51), § 261 A, S. 408; *Gentz* (FN 106), S. 422; *Pawlik* (FN 60), S. 196.
157 Alle Zitate: *Stahl* (FN 58) II 2, S. 526 ff.
158 *Jarcke*, Vermischte Schriften (FN 49), I., S. 117 f.
159 Zum folgenden m.z.N.: *Depenheuer* (FN 90), S. 100 ff.

4. Vergangenheit und Zukunft der Gestaltungen – die Idee der Nachhaltigkeit

a) Freiheit als Erbe

47
Freiheit als Fideikommiß

Indem der konservative Freiheitsbegriff die ihn hervorbringende und tragende Ordnung in den Begriff integriert, die konkrete Freiheit also immer teilhat am Schicksal der jeweiligen Gestaltungen, ist ihm die Zeitdimension jeder Freiheitsentfaltung immanent. Freiheit vollzieht sich nicht in abstrakter Zeitlosigkeit, sondern muß an das Vergangene anknüpfen und setzt für die Zukunft Daten. Freiheit muß daher nicht nur in Rücksicht auf die im Staat verbundene Gemeinschaft wahrgenommen werden, sondern auch deren Vergangenheit und Zukunft in Rechnung stellen. Denn – so wiederum wegweisend *Burke* – der Staat ist „eine Gemeinschaft zwischen denen, welche leben, denen, welche gelebt haben, und denen, welche noch leben sollen"[160]. In diesem Geiste wird Freiheit als Erbe interpretiert: „Unsre Freiheiten [sc. sind] als ein großes Fideikommiß anzusehen, welches von unsern Vorfahren auf uns gekommen ist, und welches wir wieder auf unsere Nachfahren fortpflanzen sollen als ein besondres Eigenthum der Bürger"[161]. Unter Hinweis auf die Petition of Rights von 1628 zitiert *Burke* das englische Parlament mit dem Satz: „Ihre Untertanen haben diese Freiheit geerbt"[162].

48
Individuelle Verantwortung als Generationenverantwortung

Indem der Staat derart viele Generationen miteinander verbindet, vermittelt er dem Bürger die Dimensionen, die er – in liberal-individualistischer Manier gedacht als isoliertes, autarkes, von jeder Gemeinschaftsbindung freies Individuum – niemals erfahren könnte: Die über ihn als Individuum hinausweisende Vergangenheit und Zukunft der Gemeinschaft. Nur als Angehöriger konkreter Gestaltungen hat der einzelne Geschichte, nur durch Geschichte Vergangenheit und Zukunft. Individuelle Verantwortung für das Schicksal des Volkes in beiden Zeitdimensionen, insbesondere die Verantwortung für künftige Generationen, kann nur von dem übernommen werden, der sich als Angehöriger einer Gemeinschaft dieser und ihrem künftigen Schicksal verpflichtet weiß. „Leute, die nie hinter sich auf ihre Vorfahren blickten, werden auch nie vor sich auf ihre Nachkommen sehen"[163].

b) „Edle" Freiheit

49
Freiheit als Element der Ordnung

Indem der konservative Freiheitsbegriff begriffliche Nähe zur Ordnung wahrt, innerhalb derer er sich entfaltet, nimmt er teil an dem unwandelbaren Gesetze des Werdens und Vergehens der Ordnungen[164]. „Das Ganze [sc. unseres politischen Systems ist] in jedem Augenblick weder jung noch reif noch alt, sondern [lebt] unter den ewig-wechselnden Gestalten von Verfall und Untergang, Erneuerung und Wachstum, in einem Zustande unwandelbarer Gleichförmigkeit fort [...]. Indem wir dieser göttlichen Methodik der

---

160 *Burke*, Betrachtungen (FN 11), S. 193.
161 *Burke* aaO., S. 93.
162 *Burke* aaO., S. 92.
163 *Burke* aaO., S. 93
164 *Burke* aaO., S. 194.

Natur nachahmen, sind wir in dem, was wir an unsrer Staatsverfassung bessern, nie gänzlich neu, in dem, was wir beibehalten, nie gänzlich veraltet"[165].

Dieses Freiheitsverständnis erweist sich als tragfähige Grundlage einer Ethik und Tugend, die Verantwortung für das Schicksal der Ordnung übernimmt und den – alten und derzeit wieder neu erfundenen, modernen – Begriff der „Nachhaltigkeit" zur Geltung und in seinen notwendigen Bedingungen zum Ausdruck bringt. Erst die Zeitdimension des zu verantwortenden Freiheitsgebrauchs hindert die „Mehrheit der Lebenden" und den „Triumph des Jetzt", deren Ausdruck die Verantwortungslosigkeit für die Zukunft der Gemeinschaft ist nach dem Motto „Nach mir die Sintflut"[166]. Als Erbe betrachtet kann Freiheit nicht ausschweifend und zu übermütiger Aufgeblasenheit geraten, sondern wird zur „edlen" Freiheit[167]. Es ist dieser, die Zeitdimension aufnehmende Freiheitsbegriff des Konservativismus, der erklärt, warum Religion, Eigentum und Familie als zentrale Einrichtungen der staatlichen Existenz immer wieder thematisiert werden[168]. Denn ihre Bedeutung für den Staat liegt darin, ihm Dauer, Stabilität und damit erst seine Realität zu geben[169]. Der konservativen Grundrechtstheorie gelingt es damit, Dauerhaftigkeit und Nachhaltigkeit nicht nur als lebenspraktische Maxime, sondern systematisch zur theoretischen Grundlage grundrechtlicher Berechtigungen zu erkennen. Und vor diesem Hintergrund wird auch verständlich, warum das Grundgesetz gerade bei den Freiheitsgewährleistungen des Eigentums und der Familie gleichzeitig das Pflichtenmoment ausdrücklich statuiert.

50
Dauerhaftigkeit und Nachhaltigkeit als Elemente konservativer Grundrechtstheorie

III. Kompetenz

Konservatives Grundrechtsdenken geht aus von einem ethisch-materialen Begriff von Freiheit und zielt auf Realisierung „wahren" Freiheitsgebrauchs. Ist Freiheit aber begriffsimmanent schon immer begrenzt, kann die Frage nach Möglichkeit und Legitimation von Freiheitsbeschränkungen dem theoretischen Ansatz nach gar nicht gestellt werden. Die apriorische Symmetrie von Recht und Pflicht führt der Idee nach zu einer Art prästabilisierten Harmonie, die ein theoretisches Auseinandertreten von Rechten und Pflichten nicht denken kann[170]; allenfalls stehen Inhalt und Umfang rechtlicher Freiheit nachzeichnender gesetzlicher Ausgestaltung offen[171]. In der strukturellen Blindheit der konservativen Grundrechtstheorie für den Schutz der Freiheit durch demokratisch legitimierte Beschränkungen liegt eine historische und rechtspraktische Schwäche, die aber überwunden werden kann[172].

51
Begriffsimmanente Begrenzung der Freiheit

---

165 Burke aaO., S. 94.
166 Näher: *Otto Depenheuer*, Solidarität im Verfassungsstaat, 1993, S. 351 f.
167 *Burke*, Betrachtungen (FN 11), S. 95.
168 *Burke* aaO., S. 193 ff.
169 Vgl. *Carl Schmitt* (Bibl.), S. 92 ff. m.z.H.
170 Nachfolgend RN 52 ff.
171 Nachfolgend RN 57 ff.
172 Aabschließend RN 60 f.

1. Symmetrie von Recht und Pflicht

a) „Kein Recht ohne Pflicht"

52
Keine dem Staat vorausliegende Freiheit

Konservatives Grundrechtsdenken geht aus von einer apriorischen Symmetrie von Rechten und Pflichten, die den Gedanken an eine „an sich schrankenlose", nur durch Gesetz beschränkbare Freiheit nicht zuläßt; hier wittert es die Gefahr von Auflösung, Unordnung und Chaos. Repräsentativ formulierte *Otto von Gierke* die konservative Idee der Freiheit am Beispiel des Eigentums: „Das deutsche Eigentum trägt Schranken in seinem Begriff. Es ist daher nicht ein im Gegensatz zu anderen Rechten unumschränktes (absolutes) Recht"[173]. Ausgehend von dem Satz „Kein Recht ohne Pflicht" kritisierte er die liberalen Eigentumsbestimmungen des Bürgerlichen Gesetzbuchs und glaubte 1889 prophezeien zu können, daß die Idee eines pflichtlosen Eigentums keine Zukunft habe[174]. Tatsächlich judizierte das Reichsgericht bereits 1916 ganz im Sinne des deutschen Eigentumsbegriffs: „Das Eigentum berechtigt nicht nur, sondern verpflichtet ebenso den Eigentümer"[175]. Dieser Gedanke hat dann bis in die Formulierung hinein Eingang in die Eigentumsgewährleistung des Art. 14 Abs. 2 GG gefunden[176], liegt aber konservativer Anschauung nach jeder grundrechtlichen Freiheitsgewährleistung immanent zugrunde. Dem konservativen Rechtsdenken ist damit die asymmetrische Konstruktion von verfassungsrechtlich verbürgter Freiheit und gesetzlicher Bindung, wie sie dem grundgesetzlichen Regelungssystem zugrundeliegt[177], fremd. Dem rechtsstaatlichen Verteilungsprinzip, wonach die Freiheitssphäre des einzelnen als etwas dem Staat Gegebenes vorausgesetzt und damit prinzipiell unbegrenzt ist, während die Befugnis des Staates zu Eingriffen in diese Sphäre prinzipiell begrenzt ist[178], fehlt aus konservativer Perspektive die Grundlage: Weder kann Freiheit als dem Staat vorausliegend[179] noch Freiheit als „an sich" unbeschränkt gedacht werden. Denn die verfassungsrechtliche Ordnung, die die Grundrechte bereitstellt und ihre praktische Durchsetzung effektiv gewährleistet, kann nicht selbst zur Disposition eben jener grundrechtlichen Freiheitsausübung stehen.

53
Keine Rechtfertigung staatlicher Ordnung vor den Grundrechten

Daher erscheint konservatives Freiheitsdenken unvereinbar mit liberalrechtsstaatlicher Grundrechtsdogmatik. Umgekehrt sieht sich die konsequent liberale Grundrechtsdogmatik der paradoxen Aufgabe gegenüber, die Bedingungen der Möglichkeit liberaler Freiheitsgewährleistung erst mit erhebli-

---

173 *Otto von Gierke*, Deutsches Privatrecht II: Sachenrecht, 1905, S. 358. Dazu: *Depenheuer* (FN 144), RN 38.
174 *Otto von Gierke*, Die soziale Aufgabe des Privatrechts (1889), abgedruckt in: Erik Wolf (Hg.), Quellenbuch zur Geschichte der deutschen Rechtswissenschaft, 1949, S. 479 ff.
175 *RGZ 89*, 120 (122).
176 Im liberalen Kontext ist Art. 14 Abs. 2 GG Fremdkörper, normativ leerlaufend und notwendig auf gesetzliche Vermittlung angewiesen, systematisch plausibel hingegen nur in konservativem Kontext. Zur Frage der unmittelbaren Verpflichtungswirkung: *Depenheuer* (FN 144), RN 204 ff.
177 Vgl. *Schlink*, Freiheit durch Eingriffsabwehr – Rekonstruktion der klassischen Grundrechtsfunktion, EuGRZ 84, 457 ff.
178 *Carl Schmitt*, Verfassungslehre, ⁵1928, S. 126 f.
179 S. oben RN 29 f.

chem Begründungsaufwand konstruieren zu müssen, etwa in Gestalt von „überragend wichtigen Gemeinschaftsgütern" als Schranke auch vorbehaltlos gewährleisteter Grundrechte[180]. Mag im Ergebnis damit auch Integrität und Effektivität der verfassungsstaatlichen Ordnung im allgemeinen sichergestellt werden können[181], so ist aus konservativer Perspektive bereits die Vorstellung, daß sich die staatliche Ordnung selbst in ihren elementaren Prinzipien vor den Grundrechten rechtfertigen muß, untragbar. In der Praxis der Grundrechtsdogmatik haben sich zwei Strategien herausgebildet, die dem konservativen Anliegen Rechnung zu tragen versuchen: Der Verweis auf die ethischen Implikationen jeder Grundrechtsausübung sowie der Rückgriff auf die Kategorie der Grundpflichten.

b) Ethische Implikationen der Grundrechtsausübung

Der Prozeß der Asymmetrierung von Recht und Pflicht, wie er in der Logik liberalen Grundrechtsdenkens angelegt war, konnte in der historischen Entwicklung der Grundrechte in Deutschland lange Zeit verborgen bleiben. Die Grundrechte als subjektive öffentliche Rechte gewähren dem Einzelnen einen freien, autonomen Freiheitsbereich. Mit dieser Formalisierung der Freiheit wurde das Grundrecht rechtlich nicht mehr von den Lebenszwecken und natürlichen Pflichten des Menschen her konstruiert, sondern als Bedingung der Möglichkeit, diesen Pflichten nach Maßgabe sittlicher Selbstbindung Rechnung zu tragen: „Das Recht dient der Sittlichkeit, aber nicht indem es ihr Gebot vollzieht, sondern indem es die freye Entfaltung ihrer, jedem einzelnen Willen inwohnenden, Kraft, sichert"[182]. Die prinzipielle Scheidung von Recht und Sittlichkeit überantwortet die Verantwortung für das Gemeinwesen der ethischen Selbstbindung der Grundrechtsträger. Damit aber wird der Bestand der Ordnung an den fragilen Zustand der staatsbürgerlichen Gesinnung geknüpft. *Böckenförde* hat diesen Befund auf die Formel gebracht, daß „der freiheitliche, säkularisierte Staat [...] von Voraussetzungen [sc. lebt], die er selbst nicht garantieren kann"[183]. Mehr als ein Appell zur ethisch gebundenen Freiheitsausübung verbleibt dem Staat also im Regelfall nicht mit der fatalen Konsequenz, daß, wenn die Voraussetzungen ethisch gebundener Freiheitsausübung realiter wegfallen, der Staat nicht nur sein grundrechtliches Freiheitsversprechen nicht mehr einlösen kann, sondern, will er seinem eigenen Untergang ausweichen, er sein in den Grundrechten gegebenes Freiheitsversprechen zurücknehmen müßte. Im Ergebnis erweist sich die Asymmetrie als regulatives dogmatisches Prinzip der liberalen Grundrechtsidee also zwar als weithin nützlich, als absolutes Prinzip genommen aber in ihren möglichen Fol-

54
Appell zu ethisch gebundener Freiheit

---

[180] Vgl. *Lerche*, Grundrechtlicher Schutzbereich, Grundrechtsprägung und Grundrechtseingriff, HStR V, § 121 RN 23 ff; → Bd. III: *Papier*, Beschränkungen vorbehaltlos gewährleisteter Grundrechte.
[181] Zweifel daran sind in jüngster Zeit erhoben worden in Ansehung einer Reihe von Entscheidungen des Bundesverfassungsgerichts zur Meinungsfreiheit, vgl. statt aller: *Starck* (FN 144), Art. 5 RN 195 ff. m.w.N.
[182] *Friedrich Carl von Savigny*, System des heutigen römischen Rechts, Berlin 1840, ND 1981, § 52, S. 332.
[183] Die Entstehung des Staates als Vorgang der Säkularisation, in: *ders.*, Recht, Staat, Freiheit, 1991, S. 112.

gen als fragwürdig. Hier thematisiert das konservative Grundrechtsdenken mit den Bedingungen der Möglichkeit von rechtspraktischer Freiheit im und durch den Staat die Achillesferse des liberalen. Ein „konservativer Einbruch" in die Logik der liberalen Grundrechtstheorie aber kann inzwischen in Gestalt der Grundpflichtendogmatik festgestellt werden.

c) Grundpflichten

55
Grundpflichtendogmatik als konservativer Einbruch in liberale Grundrechtstheorie

In der dogmatischen Gestalt der Grundpflichten ist das rechtsstaatliche Verteilungsprinzip konservativ modifiziert worden. Nach der Lehre von den Grundpflichten stehen den Grundrechten jedenfalls partiell auch Grundpflichten des Bürgers gegenüber, die apriorisch gelten, vom Bürger ohne gesetzliche Verpflichtung zu erfüllen sind und vom Staat jederzeit eingefordert werden können[184]. Bei allen Unsicherheiten des Begriffs und allen Schattierungen der juristischen Konsequenzen: Wenn Grundpflichten auf die Existenzvoraussetzungen des Staates beschränkt werden[185] – Grundpflicht zur Friedenswahrung, zum Gehorsam gegenüber dem Gesetz und zur gemeinschaftlichen Tragung der Lasten des Gemeinwesens –, liegt darin eine substantielle Modifikation der liberalen Grundrechtstheorie, die dem konservativen Petitum im wesentlichen Rechnung trägt. In Wahrheit aber erinnert sich die liberale Theorie damit nur an eine alte Wahrheit[186], denn das Bewußtsein der Grundpflichtigkeit des Bürgers war zu Beginn des neuzeitlichen Verfassungsstaates noch aktuell bewußt. So enthielt Art. 3 der französischen Menschenrechtserklärung von 1791 bereits die „Magna Charta" der Grundpflichten: „Die Verpflichtungen eines jeden gegenüber der Gesellschaft bestehen darin, sie zu verteidigen, ihr zu dienen, im Gehorsam gegenüber den Gesetzen zu leben und die zu achten, die dessen Organe sind"[187].

d) Das erkenntnistheoretische Defizit

56
Die Achillesferse konservativer Grundrechtstheorie

Der konservative Begriff von apriorisch gebundener, die Pflichten beinhaltender Freiheit beruht freilich auf einer fragwürdigen erkenntnistheoretischen Prämisse, daß nämlich die Erkenntnis jenes zutreffenden Freiheitsgebrauchs jedem erkenntnisfähigen und -willigen Subjekt zugänglich ist. Just darin spiegelt sich eine erkenntnistheoretische Naivität, die zur rechtspraktischen Gefahr für die Freiheit führen kann. Es wäre dies nämlich jene Freiheit, die auch der *Herzog von Alba* dem Ruf *Egmonts* nach Freiheit der Niederländer von der spanischen Krone zu gewähren bereit war: „Freiheit? Ein schönes

---

[184] Vgl. *Josef Isensee*, Das Grundrecht auf Sicherheit, 1982, S. 3 ff., 53 ff.; *Depenheuer* (FN 166), S. 202 ff. Allgemein auch: *Götz* und *H. Hofmann*, Grundpflichten als verfassungsrechtliche Dimension, VVDStRL 41 (1983), S. 7 ff., 42 ff.; → Bd. II: *Randelzhofer*, Grundrechte und Grundpflichten.

[185] Vgl. *Depenheuer* (FN 166), S. 203 ff. m.w.N.

[186] Zur Geschichte der Grundpflichten vgl. *H. Hofmann* (FN 184), S. 58 ff.

[187] Zu den neun Pflichtenartikeln der Verfassung von 1795 vgl. *Otto Luchterhandt*, Grundpflichten als Verfassungsproblem in Deutschland, 1988, S. 78. Noch im August 1789 hatte die französische Nationalversammlung eine eigene Pflichtenerklärung mit der Begründung abgelehnt, in einem freiheitlichen Gemeinwesen seien die Pflichten mit den Grenzen der Rechte identisch, vgl. *H. Hofmann* (FN 178), S. 60 m.w.N.

Wort, wer's recht verstände! Was wollen sie für Freiheit? Was ist des Freiesten Freiheit? – Recht zu tun! – und daran wird sie der König nicht hindern". Zum Prinzip erhoben könnte die Idee einer „Freiheit für das Richtige" nur überzeugen, wenn es einen intersubjektiv überprüfbaren Maßstab für die „Richtigkeit" des Grundrechtsgebrauchs gäbe. Wenn auch Art. 18 GG ex negativo die Ahnung einer derartigen Richtigkeit impliziert, so ist die Entscheidung darüber jenseits des Mißbrauchs elementarer Freiheitsbedingungen gerade grundrechtlicher Selbstbestimmung überlassen und gegebenenfalls im demokratischen Diskurs mit Mehrheit zu entscheiden. Hier liegt denn auch die Achillesferse der konservativen Grundrechtstheorie, die auf der Grundlage der Gewißheit des richtigen Freiheitsgebrauchs den Wert einer Prozeduralisierung des Erkenntnisvorgangs, der Zuweisung von Begründungslasten, des Zusammenspiels von Freiheit und Begrenzung nicht ins Auge fassen kann. Dies zeigt sich exemplarisch an der Frage, wie denn gesetzliche Regelungen des Freiheitsgebrauchs systematisch-konstruktiv erfaßt werden können. Diese kann konservative Grundrechtstheorie nicht als Beschränkungen, sondern nur als Ausgestaltungen der Freiheit begreifen.

2. Gesetzliche Ausgestaltungskompetenz

57 *Gesetz als Ermöglichung konkreter Freiheit*

Das konservative Ordnungsdenken kennt nur einen ethischen, von den Aufgaben und Pflichten her bestimmten Freiheits- und Rechtsbegriff[188]. Diese dem Freiheitsrecht immanente Pflichtigkeit und damit die Ausübung der Freiheit im einzelnen rechtlich vorzuschreiben, bereitet ihm daher keine theoretischen Probleme. Im Gegenteil: Aus konservativer Perspektive ermöglicht das Gesetz konkrete, beschränkt aber nicht abstrakte Freiheit. Denn Freiheit stellt keine abstrakte Größe dar[189], die sich mit einer Theorie der Natur- oder Menschenrechte verbände, sondern vielmehr ein Ensemble konkreter Freiheiten, die zugleich und notwendig an Pflichten und Mäßigung gebunden sind[190]. „Bürgerliche Gesellschaft ist ein Institut, dessen Essenz Wohltätigkeit ist, und das Gesetz selbst ist nichts anderes als Wohltätigkeit nach einer Regel. Es ist des Menschen Recht, unter dieser Regel zu leben, es ist sein Recht, immer nach Gesetzen behandelt zu werden"[191]. Das Gesetz zeichnet dieser Ansicht zufolge also nur nach, was der Bürger vernünftigerweise selbst wollen müßte; dies ist keine rechtfertigungsbedürftige Beschränkung seiner Freiheit, sondern eine in sich gerechtfertigte Ermöglichung von konkreter Freiheit.

58 *Grundrechtsausgestaltung als gesetzliche Freiheitsregelung*

Diese konservative Idee gesetzlicher Freiheitsregelungen hat in moderner Fassung Ausdruck gefunden in der dogmatisch unklaren Kategorie der Grundrechtsausgestaltung und -prägung, die den Grundrechtsbeschränkungen gegenübergestellt wird[192]. Die Logik dieser „Ausgestaltungsdogmatik"

---
188 *Böckenförde* (FN 135), S. 12.
189 *Burke*, Betrachtungen (FN 11), S. 134 f.
190 Vgl. oben RN 35 ff.
191 *Burke*, Betrachtungen (FN 11), S. 132.
192 Vgl. *Lerche* (FN 177), S. 739 ff., 775 ff. – Ähnlich auch das Konzept der „dienenden Grundrechte" (dazu: *Burmeister*, Dienende Freiheitsgewährleistungen, FS Stern, 1997, S. 835 ff. m.z.N.).

hat exemplarischen Ausdruck gefunden in der Idee des konkreten, pflichtgebundenen Eigentums[193]. Nach ihr obliegt die Ausgestaltung der Eigentumsordnung dem parlamentarischen Gesetzgeber. Das „Wir", d. h. die Rücksichtnahme auf die Belange der Allgemeinheit, welches durch die Normen des öffentlichen Rechts zu verwirklichen sei, gehöre von vorneherein zum Eigentumsbegriff. Das Grundgesetz kenne in Art. 14 GG folglich kein an sich unbeschränktes Eigentum. Der Gesetzgeber habe daher zuallererst die Schaffung eines Ausgleichs von Eigentümerinteressen und Allgemeinheit zur Aufgabe, und darin liege schon begrifflich kein Eigentumseingriff. Indem die Verfassung dem Eigentumsbegriff das „Wir" hinzugefügt habe, habe sie sich für das „sozial gebundene Privateigentum" entschieden und eine Absage erteilt an eine Eigentumsordnung, in der das Individualinteresse den unbedingten Vorrang vor den Interessen der Gemeinschaft habe.

59
Pflicht zur Freiheit

Diese Auffassung vom apriorisch gebundenen Eigentum zeigt die offene Flanke konservativer Grundrechtstheorie mit aller Deutlichkeit[194]. Denn danach gibt es konsequenterweise überhaupt keine Freiheit jenseits der Pflicht. Deutlicher formuliert: Es gibt nur noch die Pflicht, und in der Pflichterfüllung wird die Freiheit wirklich. In Anlehnung an eine berühmte Formulierung *Hegels* gilt: Die Pflicht ist die Wirklichkeit der sittlichen Freiheit. *Otto von Gierke* hat diese freiheitsgefährdende Konsequenz durchaus gesehen und sie konsequent positiv eingefordert: „Die Rechtsordnung (darf) nicht davor zurückscheuen, nicht bloß den Mißbrauch des Eigenthums zu verbieten, sondern auch die Pflicht des rechten Gebrauchs in dem social gebotenen Umfange zur Rechtspflicht zu stempeln"[195]. Dem Bürger bleibt danach also allein die Freiheit, seine „recht verstandene" Freiheit, d. h. seine Pflichten, zu erfüllen. Aus der zutreffenden Erkenntnis heraus, daß Rechte und Pflichten einander korrelieren müssen, resultiert, was in liberaler Terminologie „Unfreiheit" heißt. Der Grund für diesen Umschlag liegt allein in der Struktur konservativen Rechtsdenkens, das Recht und Freiheit nur symmetrisch zu denken weiß. Die Kompetenz des Gesetzgebers verwandelt sich aus der Befugnis, individueller Freiheit Schranken zu setzen, in die unumschränkte Macht, positiv zu bestimmen, was Freiheit ist. An die Stelle punktueller Eigentumsbeschränkungen zur Mißbrauchsverhütung tritt die positive Bestimmung des rechten Freiheitsgebrauchs. In der Folge kann zwischen Freiheit und Pflicht inhaltlich nicht mehr unterschieden werden: Es gibt nur noch die Pflicht zur Freiheit bzw. die Freiheit zur Pflicht.

---

193 *Böhmer*, Eigentum aus verfassungsrechtlicher Sicht, in: Jürgen E. Baur (Hg.), Das Eigentum, 1989, S. 39 ff., 61 ff, 76 f..
194 Vgl. *Depenheuer* (FN 144), RN 35 ff., 39 f.
195 *Otto von Gierke*, Die soziale Aufgabe des Privatrechts, abgedruckt in: E. Wolf, Quellenbuch (FN 171), S. 491.

F. Zur Zukunftsfähigkeit konservativer Grundrechtstheorie

Die moderne, liberal geprägte Grundrechtsdogmatik verdankt dem konservativen Grundrechtsdenken mehr, als sie es sich selbst eingestehen will. Diese Einsicht wird verdeckt durch den prinzipiell gegensätzlichen Zugang auf die Freiheitsproblematik: An sich unbeschränkte („absolute") Freiheit des autonomen Individuums einerseits, durch die je konkreten Lebensbereiche immer schon beschränkte Freiheit andererseits; rechtfertigungsbedürftige gesetzliche Freiheitsbeschränkungen auf der einen, gesetzliche Ausgestaltungskompetenz auf der anderen Seite. Insgesamt liegt in der Thematisierung der Bedingtheit rechtspraktischer Freiheit durch eine diese hervorbringende und tragende Ordnung die fortwirkende und unbestreitbare Leistung konservativen Grundrechtsdenkens. Die liberale Grundrechtsdogmatik hat dieser Einsicht in vielfacher, wenn auch nur zum Teil überzeugender Weise dogmatisch Rechnung zu tragen versucht. Die Einrichtungsgarantien[196] haben den von ihnen geschützten Lebensbereichen nur in sehr engen Grenzen die Möglichkeit autonomer, von rechtlichen Ingerenzen unbeeinflußter Entwicklung zu geben vermocht. Die Kategorie der Grundrechtserwartungen einschließlich der zweifelhaften Kategorie des „dienenden Grundrechts" vermögen den Einseitigkeiten liberaler Grundrechtstheorie nur mit sehr begrenzter Wirkung entgegenzuwirken. Insbesondere in der Dogmatik der Grundpflichten aber kann der blinde Fleck der liberalen Grundrechtsdogmatik thematisiert und kompensiert werden.

60
Blinder Fleck liberaler Grundrechtsdogmatik

Die Schwäche der konservativen Grundrechtstheorie liegt demgegenüber in der Unmöglichkeit erkenntnistheoretischer Fundierung des wahren Freiheitsgebrauchs jenseits der Evidenz. Für die „Richtigkeit" der Grundrechtsausübung vermag sie keine intersubjektiv vermittelbaren Kriterien zu liefern. Doch eines kann das konservative Grundrechtsdenken: Es kann sich und sein Anliegen in die dogmatischen Strukturen des rechtsstaatlichen Verteilungsprinzips einbringen. Wenn und insoweit weder liberales noch konservatives Grundrechtsdenken einem prinzipiellen Absolutheitsanspruch und dogmatischen Konsequentialismus huldigen, können sie ihre wechselseitige Leistungsfähigkeit – rechtspraktische Gewährleistung liberaler Freiheit einerseits, Berücksichtigung der institutionellen Bedingungen dieser Freiheitsgewährleistung andererseits – zum Wohl des Gemeinwesens einbringen. Auf diese Weise vermag die liberale Theorie die kontrafaktische Erwartung des freien, autonomen selbstbestimmungsfähigen Bürgers pragmatisch abzufangen, die konservative Theorie ihre erkenntnistheoretische Blindheit zu reflektieren und zu überwinden.

61
Wechselseitige Leistungsfähigkeit konservativen und liberalen Grundrechtsdenkens

---

196 Vgl. dazu *Stern*, Idee und Elemente eines Systems der Grundrechte, in: HStR V (FN 167), RN 50 ff.; → Bd. II: *Kloepfer*, Einrichtungsgarantien.

G. Bibliographie

Epstein, Klaus, Ursprünge des Konservativismus in Deutschland. Der Ausgangspunkt: Die Herausforderung durch die französische Revolution 1770–1806, 1973, S. 14 ff.
Greiffenhagen, Martin, Das Dilemma des Konservativismus in Deutschland, 1971, S. 157 ff.
Kondylis, Panajotis, Konservativismus. Geschichtlicher Gehalt und Untergang, 1986, S. 16 f.
Mannheim, Karl, Altkonservativismus, 1925.
ders., Das konservative Denken, in: Archiv für Sozialwissenschaft und Sozialpolitik 57 (1927), S. 68 ff.
Rödder, Andreas, Der preußische Konservativismus im Kampf gegen Einheit und Freiheit, 2001.
Schmitt, Carl, Politische Romantik, ²1925, S. 88 ff., 92 ff. mit zahlreichen Hinweisen, S. 153 ff.
Vierhaus, Rudolf, Art. Konservativ, Konservativismus, in: Otto Brunner/Werner Conze/Reinhard Koselleck (Hg.), Geschichtliche Grundbegriffe. Historisches Lexikon zur Politisch-sozialen Sprache in Deutschland, Bd. 3, 1982, S. 531 (542).

§ 12
Grundrechte und Sozialismus

Uwe Volkmann

Übersicht

	RN		RN
A. Theorie- und Forschungsdefizite	1– 4	D. Entfaltung der Kritik	27–52
B. Das bürgerlich-liberale Grundrechtsmodell als Bezugsrahmen	5– 7	I. Grundrechtsdenken im Frühsozialismus	29–33
C. Die sozialistische Kritik	8–26	II. Grundrechtsdenken in der organisierten Arbeiterbewegung	34–41
I. Kritik des Individualismus	9–11	III. Grundrechtsdenken nach der Spaltung des Sozialismus	42–47
II. Kritik des Privatismus	12–14		
III. Kritik des Formalismus	15–18	IV. Grundrechtsdenken in der Zeit der Ost-West-Konfrontation	48–52
IV. Kritik der Ungleichheit	19–22		
V. Kritik des Eigentums	23–26	E. Bilanz und Perspektiven	53–57
		F. Bibliographie	

A. Theorie- und Forschungsdefizite

1
Mangelnde wissenschaftliche Aufarbeitung

Das Verhältnis des Sozialismus zu den Grundrechten ist bis heute undeutlich geblieben, die Geschichte dieses Verhältnisses noch nicht geschrieben. Wohl finden sich in den einschlägigen Darstellungen der Grund- und Menschenrechtsgeschichte regelmäßig auch einzelne Abschnitte, die sich mit der Rolle der Grundrechte in sozialistischen Theorien oder umgekehrt dem Einfluß dieser Ideen auf die Entwicklung der Grundrechte befassen[1]. Auch das Grund- und Menschenrechtsverständnis des doktrinären Marxismus-Leninismus mitsamt seiner späteren Entfaltung im real existierenden Sozialismus sowjetischer Prägung, der gelegentlich von Menschenrechten sprach, aber damit eine andere Sache bezeichnete, ist verhältnismäßig gut aufgearbeitet[2]. Aber nach umfangreicheren Gesamtdarstellungen oder gar monographischen Behandlungen des Themas sucht man bis heute vergebens; wo es sie gibt, beschränken sie sich auf einzelne Teilaspekte oder einen mehr oder weniger eng gefaßten Ausschnitt des Gesamtphänomens[3]. Es sind dann nicht zuletzt diese Zurückhaltung der Forschung und der Mangel an wissenschaftlicher Aufarbeitung, die dazu geführt haben, daß die nähere Beziehung zwischen den Grundrechten und dem politischen Programm des Sozialismus bis heute von unklaren Zuschreibungen, politisch-dogmatischen Vereinseitigungen und ganz gegensätzlichen Wahrnehmungen bestimmt wird.

2
Unterschiedliche Strömungen im Sozialismus

Zum größeren Teil dürften die Schwierigkeiten aber in dem Gegenstand selbst begründet und darauf zurückzuführen sein, daß man zwar mit einigem Recht von einer liberalen, demokratischen oder auch sozialstaatlichen Grundrechtstheorie[4], nicht dagegen von einer im eigentlichen Sinne sozialistischen sprechen kann. Eine solche kann es schon deshalb nicht geben, weil es auch „den" Sozialismus als einheitliches Theorielager nicht gibt, sondern statt dessen nur verschiedene und teils stark voneinander abweichende Strömungen, die sich lediglich unter diesem Banner als einem sehr allgemeinen Oberbegriff versammeln. So kann man unter Sozialismus ebensowohl „eine Lehre und eine ... Bewegung" verstehen, „die sich eine Neuordnung des menschlichen Zusammenlebens auf der Basis des Gemeineigentums zum Ziel gesetzt hat",

---

1 Vgl. *Gerhard Oestreich*, Geschichte der Menschenrechte und Grundfreiheiten im Umriß, ²1978, S. 105 ff.; *Felix Ermacora*, Menschenrechte in der sich wandelnden Welt, Bd. 1: Historische Entwicklung der Menschenrechte und Grundfreiheiten, 1974; die m.E. immer noch differenzierteste Behandlung bei *Strzelewicz*, Menschenrechte (Bibl.), S. 114 ff., 127 ff., 167 ff.
2 Vgl. *Georg Brunner*, Die Grundrechte im Sowjetsystem, 1963; *Martin Kriele*, Die Menschenrechte zwischen Ost und West, 1977; *Ernst-Wolfgang Böckenförde*, Die Rechtsauffassung im kommunistischen Staat, 1967, S. 43 ff.; *Otto Luchterhandt*, Der verstaatlichte Mensch, 1985. Aus DDR-Sicht, freilich die tatsächliche Menschenrechtssituation völlig ausblendend, *Herrmann Klenner*, Marxismus und Menschenrechte, 1982; *Eberhard Poppe* (Red.), Grundrechte des Bürgers in der sozialistischen Gesellschaft, 1980; → unten *Brunner*, § 13: Grundrechtstheorie im Marxismus-Leninismus.
3 So etwa – für den von ihr behandelten Ausschnitt der sozialdemokratischen Programmatik von *Lassalle* bis zum Revisionismusstreit immer noch grundlegend – *Miller*, Problem der Freiheit (Bibl.); ferner *Steinbach*, Sozialdemokratie (Bibl.); zuletzt etwa *Stangl*, Sozialismus (Bibl.), und *Welskopp*, Brüderlichkeit (Bibl.).
4 Vgl. *Ernst-Wolfgang Böckenförde*, Staat – Verfassung – Demokratie, ²1992, S. 115 (119 ff.).

ihn also nur als ein Durchgangsstadium auf dem Weg zum an sich angestrebten Kommunismus betrachtet[5], wie man ihn auch allgemeiner als die Gesamtheit der Theorien und Programme fassen kann, die eine auf Gleichheit der Lebenschancen, Solidarität und sozialer Gerechtigkeit beruhende Gesellschaft verwirklichen wollen[6]; und je nach dem hier bezogenen Ausgangspunkt lassen sich ganz unterschiedliche und zudem unterschiedlich viele Strömungen dem Begriff des Sozialismus zuordnen. Entsprechend variiert aber auch die Einstellung zu den Grundrechten, für die schon nach diesen sehr oberflächlichen Beschreibungen unter dem vergleichsweise abstrakten Primat einer bloßen Gleichheit der Lebenschancen deutlich mehr Raum zu sein scheint als unter dem einer umfassenden Neuordnung der Gesellschaft im Zeichen des Gemeineigentums.

Darüber hinaus fehlt es aber auch innerhalb der sozialistischen Theorie gleich welchen Lagers an einer eingehenden Beschäftigung mit den Grundrechten und ist ihnen nie jene Aufmerksamkeit gewidmet worden, die man etwa auf die Analyse der Bewegungs- und Entwicklungsgesetze der marktwirtschaftlich-kapitalistischen Ökonomie verwendete. Von den maßgeblichen Vordenkern hat lediglich *Karl Marx* in seiner Frühschrift „Zur Judenfrage"[7] den Grund- und Menschenrechten eine zusammenhängende, wenn auch ihrerseits eher gedrängte Behandlung zuteil werden lassen, mit der es freilich auch schon sein Bewenden hatte; in seinen späteren Schriften kommt *Marx* auf die Problematik eher beiläufig und oft nur aus Gründen der tagespolitischen Notwendigkeit zurück[8]. Bei anderen Autoren findet sich von vornherein wenig, was es mit dem *Marx*schen Frühwerk an Luzidität, analytischer Schärfe und gedanklicher Tiefe aufnehmen könnte; wo es philosophisch-vertiefte Auseinandersetzungen mit den Grund- und Menschenrechten oder auch nur dem Freiheitsprinzip gibt, verweisen sie entweder nur mehr oder weniger auf jenes zurück oder sind selbst von der Zerrissenheit geprägt, die für das sozialistische Lager insbesondere im 20. Jahrhundert kennzeichnend ist[9].

3 Auseinandersetzung mit Grundrechten nur bei Marx

Im übrigen fallen die Stellungnahmen zur Grund- und Menschenrechtsproblematik eher kursorisch aus, und dies gerade in jenem pragmatischen, gemäßigten oder demokratischen Zweig der sozialistischen Bewegung, der sachlich von Anfang an die größte Affinität zur Idee der Menschenrechte aufwies und nicht zuletzt infolge dieser Affinität am Übergang zum 21. Jahrhundert als einzig ernstzunehmende Kraft der ehedem umfassenderen Gesamtbewegung übriggeblieben ist. Aus all diesen Gründen hat sich lange keine feste sozialisti-

4 Primäres Erkenntnisinteresse für gemäßigte Versionen des Sozialismus

---

5 *Iring Fetscher*, Sozialismus, in: Sowjetsystem und demokratische Gesellschaft, Bd. 5, 1972, Sp. 977f.
6 In diesem Sinne etwa *Quesel*, Art. Sozialismus, in: Gerlinde Sommer/Raban Graf von Westphalen (Hg.), Staatsbürgerlexikon, 1999, S. 822; ähnlich allgemein *G. Schwan*, Art. Sozialismus, in: Staatslexikon, hg. von der Görres-Gesellschaft, 1995, Bd. V, Sp. 10.
7 *Marx*, Judenfrage (Bibl.), S. 361 ff.
8 So etwa in der Kritik des Gothaer Programms, in: *Karl Marx/Friedrich Engels*, Werke, hg. vom Institut für Marxismus-Leninismus beim ZK der SED (im folgenden: MEW), Bd. 19, 1973, S. 11 (31 ff.)
9 Zu nennen wären etwa *Georg Lukács*, Geschichte und Klassenbewußtsein, 1923, insb. S. 317 ff., mit deutlich orthodox-totalitären Zügen; ferner *Ernst Bloch*, Naturrecht und menschliche Würde, 1961, mit emphatischem Bekenntnis zur Idee angeborener Menschenrechte.

sche Position zu den Grundrechten ausmachen lassen und blieb diese auch in sich selbst von jenen Unschärfen und Unentschiedenheiten bestimmt, von denen eingangs schon die Rede war und die nun ihrerseits die systematische Aufbereitung erschweren. Gleichwohl soll im folgenden der Versuch einer solchen Aufbereitung unternommen werden, wobei das primäre Erkenntnisinteresse den gemäßigten und demokratischen Versionen des Sozialismus gilt[10]. Wegen des geringen Maßes an theoretischer Durchdringung, das die Grundrechte in diesem Teil der Bewegung erfahren haben, läßt sich freilich gerade deren Verhältnis zu den Grundrechten nicht unter Loslösung von den radikaleren, revolutionären oder auch marxistischen Strömungen behandeln, von denen sie vor allem am Anfang der Entwicklung viele Impulse empfangen. Denn hinter allem, was die verschiedenen Lager trennen mag, steht auf der anderen Seite ein durchaus beachtlicher Vorrat an Prämissen, Prinzipien und Beweggründen, den sie miteinander gemein haben und der vor allem in den frühen Phasen das Trennende oft noch überwiegt. Dieses Gemeinsame wirkt sich auch auf die Position in der Grund- und Menschenrechtsfrage aus, und es ist dann nicht zuletzt dieses Nebeneinander von einigen gemeinsamen Prämissen und ganz disparaten Folgerungen, das für die unklare theoretische Ausgangslage nicht weniger verantwortlich ist als das insgesamt eher niedrige Reflexionsniveau innerhalb des Sozialismus selbst.

B. Das bürgerlich-liberale Grundrechtsmodell als Bezugsrahmen

5
Grundrechtssystem vom Sozialismus vorgefunden

Die wesentliche Gemeinsamkeit aller sozialistischen Befassungen mit der Grundrechtsfrage liegt zunächst in ihrem Gegenstand, also den Grundrechten selbst. Diese hat der Sozialismus bei seinem Auftritt auf der historischen und politischen Bühne nicht erfunden, sondern weitgehend vorgefunden. Als mit Beginn des 19. Jahrhunderts erstmals von einer sozialistischen Bewegung in einem spezifischen, sich auch durch ihre Bezeichnung von älteren Vorläufern abhebenden Sinne die Rede sein kann[11], lagen die wesentlichen Elemente eines Grundrechtssystems bereits vor: Die bürgerlichen Revolutionen in Frankreich und Nordamerika hatten die Grundrechte eingefordert, *John Locke* und andere deren theoretische Grundierung geliefert, die verschiedenen Menschenrechtserklärungen – namentlich die Virginia Bill of Rights von 1776 und die französische „Déclaration des droits de l'homme et du citoyen" von 1789 – ihre Gestalt für jedermann sichtbar werden lassen. Die Grundrechte erschienen danach als ein in sich zusammenhängendes Gefüge von

---

10 Speziell zum Marxismus-Leninismus und namentlich dem Stellenwert der Grundrechte in den Staaten des ehemaligen Ostblocks → *Brunner*, § 13: Grundrechtstheorie im Marxismus-Leninismus.
11 Zur Begriffsgeschichte s. W. *Schieder*, Art. Sozialismus, in: Otto Brunner/Werner Conze/Reinhart Koselleck (Hg.), Geschichtliche Grundbegriffe, Bd. 5, 1984, S. 923 ff.

Rechten, die im Unterschied zu den älteren ständischen Freiheitsgewährleistungen, die dem einzelnen nur als Mitglied einer Gruppe oder Korporation zustanden, um die Idee einer universalen, gleichen und im Kern angeborenen Freiheit gruppiert waren, die jedem Menschen als solchem und kraft seines Menschseins zukamen. Sie waren daher auch nicht durch den Herrscher verliehen oder mit ihm vereinbart, sondern galten als von ihm lediglich anerkannt. Darüber hinaus gingen die Grundrechte kraft ihrer menschen- und alsdann auch verfassungsrechtlichen Fundierung allem anderen Recht vor und wuchsen, indem sie in das Zentrum der Verfassungen gerückt wurden, allmählich zu Gestaltungsprinzipien der Sozialordnung schlechthin heran.

Auch vom Inhalt her waren wesentliche Bestandteile des Grundrechtssystems bereits ausgebildet, als der Sozialismus sich erst zu finden und als gesellschaftliche und politische Bewegung auszudifferenzieren begann: Die Grundrechte sicherten Leib, Leben und die unmittelbare Privatsphäre vor Übergriffen, garantierten die freie Entfaltung der eigenen Persönlichkeit, schützten den einzelnen in seinen kommunikativen Beziehungen sowie – als Eigentums-, Berufs- und Vertragsfreiheit – in seinen wirtschaftlichen Interessen, und dies alles jeweils gegen den Staat, den man als den zentralen Widersacher der Freiheit ausgemacht hatte. Mit alldem erschienen die Grundrechte als ein bereits weitgehend fertiges und theoretisch durchgebildetes Programm, von dem sich der Sozialismus nicht vollständig lösen konnte, sondern zu dem er sich zunächst zu verhalten hatte. Zwar wurden die Grundrechte nicht überall sogleich umgesetzt und blieb vor allem in Deutschland die Einlösung grundrechtlicher Forderungen lange hinter dem ursprünglichen Programm zurück. Aber das betraf dann nur die Verwirklichung, die von Land zu Land unterschiedlich sein konnte, nicht dagegen das Programm selbst, das in seinen Konturen immer einigermaßen erkennbar blieb und als mögliche Vorlage für seine Verwirklichung bereitlag. Was immer dann von sozialistischer Seite aus zu den Grundrechten zu sagen war, es nahm und mußte seinen Ausgang nehmen von dieser Vorlage[12]. Es blieb dann eine Frage der näheren Ausrichtung, ob man sich in deren Tradition stellte oder sich von ihr zu distanzieren versuchte. Ignorieren ließ sie sich nicht.

6
Konfrontation des Sozialismus mit Grundrechten als fertigem Programm

Die Grundrechte in ihrer historisch vorgefundenen Gestalt bilden danach den gemeinsamen Bezugsrahmen allen sozialistischen Nachdenkens über die Grundrechte an sich. Von seinem konzeptionellen Ansatz her ist dieses Nachdenken insoweit weniger innovativ als vielmehr reaktiv. Allerdings nahm die sozialistische Reaktion dadurch innovative Züge an, daß sie sich mit den Grundrechten in der Ausprägung oder besser Engführung, die sie in den verschiedenen Menschenrechtserklärungen des 18. Jahrhunderts erhalten hatten, nicht abfand. Die Grundrechte erschienen danach als ein Produkt spezifisch bürgerlicher Interessenlagen, ebenso wie sie sich vom historischen Ablauf her

7
Bürgertum als Nutznießer der Grundrechte

---

12 Eine Ausnahme von dieser Feststellung mag für einige früh- oder vorsozialistische Gesellschaftsentwürfe angebracht sein, die sich stärker um eine originäre Position bemühen; freilich sind auch sie durchsetzt mit Bezugnahmen auf die je vorhandene Vorlage. S. dazu im einzelnen noch unten RN 29 ff.

als Errungenschaft der bürgerlichen Revolutionen darstellten[13]. Auch konzeptionell gehören sie in den Zusammenhang des ökonomischen und politischen Liberalismus, in dem das aufstrebende und sich im Verlauf des 18. Jahrhunderts innerhalb des früheren dritten Standes allmählich ausdifferenzierende Bürgertum sein maßgebliches Programm fand[14]. Es war denn auch wesentlich das Bürgertum, das von der gleichen Freiheit aller, die im Zentrum der Grundrechtsidee stand, begünstigt wurde. Demgegenüber kostete diese die einstmals bevorrechtigten Stände Adel und Klerus ihre früheren Privilegien. Den unteren Gesellschaftsschichten, die in Abgrenzung zum prosperierenden Bürgertum alsbald unter der informellen Bezeichnung „vierter Stand" geführt wurden, fehlten hingegen teils die materiellen, teils die intellektuellen Voraussetzungen, um von den neuen Freiheiten Gebrauch zu machen. Als Nutznießer blieb dann im wesentlichen nur das Bürgertum, das durch die sozialen, ökonomischen und rechtlichen Schranken der Ständegesellschaft und des merkantilistischen Wirtschaftssystems am stärksten in seiner Entfaltung gehindert war[15]. Vom Bürgertum wurden die Grundrechte dementsprechend eingefordert, in ihm sind sie vorformuliert worden, auf seine Bedürfnisse sind sie zugeschnitten. Demgegenüber artikulierte der Sozialismus die Interessen derjenigen, die in diesem System nicht repräsentiert waren. Dies waren vor allem die Lohnarbeiter und das aus ihnen mit der industriellen Revolution entstehende Industrieproletariat, das im Liberalismus vorerst nur vereinzelte Fürsprecher fand und sich mit seinen Anliegen in den Grundrechten nicht aufgehoben sah. Der Sozialismus geriet darüber in eine Gegenposition zum Liberalismus insgesamt wie auch zu den Grundrechten, in denen das politische Programm des Liberalismus seinen deutlichsten Ausdruck gefunden hatte[16]. Die Kritik daran konnte sich dann auf einzelne Aspekte beschränken oder sich gegen das Konzept der Grundrechte als Ganzes richten, und es sind nicht zuletzt Grad, Intensität und Schärfe dieser Kritik, anhand derer sich die verschiedenen Strömungen des Sozialismus von einem späteren Zeitpunkt an gruppieren lassen. So oder so bildete aber das bürgerlich-liberale Grundrechtsmodell die gemeinsame Folie, die aller sozialistischen Befassung mit den Grundrechten im Ausgang zugrunde lag.

C. Die sozialistische Kritik

8
Zwei Richtungen der sozialistischen Kritik

Innerhalb der Kritik jenes Modells lassen sich dabei in einer freilich sehr stark idealtypischen Betrachtung, die sich aus der Vielfalt der sozialistischen Strömungen, Gruppierungen und Lager so vorerst nur begrenzt herauslesen läßt,

---
13 *Dieter Grimm*, Die Zukunft der Verfassung, ²1994, S. 67 ff.
14 → *Schmidt-Jortzig*, § 10: Grundrechte und Liberalismus.
15 *Grimm* (FN 13), S. 71 ff.; *ders.*, Recht und Staat der bürgerlichen Gesellschaft, 1987, S. 16 ff.; knapper *Oestreich* (FN 1), S. 105.
16 → Oben *Schmidt-Jortzig*, § 10: Grundrechte und Liberalismus.

zwei verschiedene Richtungen unterscheiden, die man als die konstruktive und die prinzipielle Kritik bezeichnen kann[17]. Die konstruktive griff den liberalen Universalismus und die Vorstellung der gleichen Freiheit aller auf, versuchte sie aber so zu interpretieren, umzuformen oder weiterzuentwickeln, daß am Ende auch die sozial deklassierten Schichten und speziell die Arbeiterschaft davon profitieren sollten. Das konnte dann durchaus Zuspitzung oder sogar Radikalisierung bedeuten und sich als aggressive Polemik gegen das Bürgertum als bisherigen Nutznießer der Grundrechtsidee wenden. Die Kritik blieb aber insgesamt weitgehend punktuell und akzeptierte das liberale Grundrechtsmodell als Prämisse, die lediglich an verschiedenen Stellen korrekturbedürftig, aber grundsätzlich auch korrigierbar erschien. Demgegenüber kennzeichnet es die prinzipielle Kritik, daß sie bereits die Prämisse verwarf und den gesamten Ansatz für verfehlt hielt. Dies war der Weg der Fundamentalopposition, der später vor allem von den Vertretern des orthodoxen Marxismus beschritten wurde, und lief am Ende auf nicht weniger als die vollständige Umkehrung der bestehenden Ordnung hinaus. Beide Richtungen unterscheiden sich damit ganz erheblich voneinander, und es ist nicht zuletzt diese Differenz, die neben der Einstellung zur liberalen Demokratie im 20. Jahrhundert für die Spaltung des Sozialismus in ein sozialdemokratisches und ein marxistisch-leninistisches Lager verantwortlich zeichnen sollte. Allerdings betreffen die Unterschiede zunächst im wesentlichen nur den gedanklichen Ausgangspunkt und die Konsequenzen, die aus der Kritik zu ziehen waren. Demgegenüber bestand weitgehende Kongruenz in deren Gegenständen und den Bestandteilen des liberalen Grundrechtsmodells, gegen die sich die Kritik richtete. Insoweit lassen sich fünf zentrale und in allen sozialistischen Stellungnahmen zum Thema immer wieder durchschimmernde Angriffspunkte unterscheiden.

I. Kritik des Individualismus

Die erste und zugleich bereits wesentliche Kritik, auf der alle anderen mehr oder weniger aufbauten, galt dem personalen Substrat der Grundrechte und dem Bild vom Menschen, das sich damit verband. Dieses Bild war das des einzelnen, auf sich gestellten Individuums, das von den Grundrechten zum Zwecke der Entfaltung seiner Individualität rechtlich in Freiheit gesetzt wird und dem der andere Mensch oder Mitmensch auf der Ebene des Rechts weniger als Bedingung des eigenen Menschseins als vielmehr als Grenze und Beschränkung der eigenen rechtlichen Freiheit begegnet[18]. Der junge *Karl Marx* hat diesen individualistischen Grundzug des liberalen Sozialmodells bei aller polemischen Überzeichnung im Kern wohl zutreffend erkannt und die „sogenannten Menschenrechte" von hier aus als Rechte „des egoistischen Menschen, des vom Menschen und vom Gemeinwesen getrennten Menschen" charakterisiert[19]. Seine Einschätzung gründete sich auf die Texte der frühen

> 9
> Marx kritisiert menschenrechtliche Freiheit als auf „Absonderung", nicht auf „Verbindung des Menschen" gerichtet

---
17 Vgl. *Strzelewicz*, Menschenrechte (Bibl.), S. 127f.
18 *Ernst-Wolfgang Böckenförde*, Recht, Staat, Freiheit, ²1992, S. 58ff.
19 *Marx*, Judenfrage (Bibl.), S. 364.

Menschenrechtserklärungen, die die Freiheit des einzelnen in ihr Zentrum stellten und sie regelmäßig als das Recht definierten, nach näherer Maßgabe der Gesetze alles zu tun, was einem anderen nicht schadet[20]. Die Grenze dieser Freiheit war dann, wie *Marx* schrieb, „durch das Gesetz bestimmt, wie die Grenze zweier Felder durch den Zaunpfahl bestimmt ist", während spiegelbildlich dazu die Freiheit selbst dem Menschen nur „als isolierte(r) auf sich zurückgezogene(r) Monade" zukam. *Marx* schloß daraus, daß das „Menschenrecht der Freiheit ... nicht auf der Verbindung des Menschen mit dem Menschen, sondern vielmehr auf der Absonderung des Menschen von den Menschen" basiere; es sei „das Recht dieser Absonderung, das Recht des beschränkten, auf sich beschränkten Individuums"[21].

10
Assoziationsfeindliche Haltung des Liberalismus

Das mochte insofern einseitig oder auch verzerrend erscheinen, als die grundrechtliche Freiheit in ihrem Ausgang umfassend gedacht war und von daher nicht nur das Recht gewährte, sich von anderen abzusondern, sondern an sich auch die Möglichkeit einschloß, sich mit ihnen zu verbinden; gerade im Deutschland des 19. Jahrhunderts konnte sich etwa auf dieser Grundlage ein reges bürgerliches Vereinsleben entfalten[22]. Aber die Verbindung mit anderen ist dabei jeweils nur die Folge einer individuellen Wahl, die auch anders ausfallen konnte. Sie widerlegt damit den individualistischen Grundzug des liberalen Grundrechtsmodells nicht, sondern setzt ihn im Gegenteil voraus. Dieser entsprach im übrigen auch dem Selbstverständnis einer Bewegung, die sich wie der Liberalismus wesentlich aus der Opposition gegen die ständischen Korporations- und Zunftzwänge definiert hatte und ihr Credo in dem Satz fand, daß dem allgemeinen Wohl dann am besten gedient sei, wenn jeder seinem Eigennutz frönen könne. Vor diesem Hintergrund war der Liberalismus vor allem in seinen Anfängen ausgesprochen assoziationsfeindlich eingestellt und fehlte die Vereinigungsfreiheit bezeichnenderweise gerade in den klassischen Menschenrechtsdokumenten wie der Virginia Bill of Rights und der französischen Déclaration völlig[23]. Im Gegenteil waren Zusammenschlüsse jeder Art oft ausdrücklich untersagt oder sogar unter Strafe gestellt, wie es für die liberale Frühphase der Französischen Revolution die berühmte Loi Le Chapelier und für weite Strecken des 19. Jahrhunderts die speziell gegen die Arbeiterbewegung gewendeten Koalitionsverbote bezeugen. Als Grundeinheit der Rechtsordnung im allgemeinen und der Grundrechte insbesondere konnte man deshalb in der Tat, wie *Karl Marx* mit nur gelinder Überspitzung formulierte, „den egoistischen Menschen" als das „auf sich, auf sein Privatinteresse und seine Privatwillkür zurückgezogene und vom Gemeinwesen abgesonderte Individuum" sehen[24].

---

20 So Art. 4 der „Déclaration des droits de l'homme et du citoyen" von 1789, die zum Bestandteil der ersten Revolutionsverfassung von 1791 wurde; ebenso Art. 6 der Verfassung von 1793.
21 *Marx*, Judenfrage (Bibl.), S. 364 (ohne die Hervorhebungen des Originals).
22 Vgl. dazu *Dieter Langewiesche*, Liberalismus in Deutschland, 1988, S. 111 ff.
23 Zu dieser prinzipiellen Assoziationsfeindlichkeit *Gerald Stourzh*, Wege zur Grundrechtsdemokratie, 1989, S. 342 ff.; *Ernst-Rudolf Huber*, Deutsche Verfassungsgeschichte, Bd. 4, ²1982, S. 988 f.
24 *Marx*, Judenfrage (Bibl.), S. 366.

Dem setzte der Sozialismus seinerseits und über all seine verschiedenen Schattierungen hinweg ein Verständnis des Menschen als Ensemble seiner sozialen Beziehungen und als Gattungswesen gegenüber, das zu seiner Entfaltung gerade des anderen bedarf[25]. Zum Teil ließ sich dafür auf ältere Traditionen des wohlfahrtsstaatlichen Natur- und Vernunftrechts zurückgreifen, dessen Theoreme meist auf der Annahme einer natürlichen „socialitas" oder „imbecillitas", also einer existentiellen Hilfsbedürftigkeit des Menschen, gegründet waren[26]. Ähnlich ließ sich auch die sozialistische Anthropologie, so disparat die aus ihr gewonnenen Sozialentwürfe dann im einzelnen ausfallen mochten, von der Vorstellung einer prinzipiellen Zusammengehörigkeit, des wechselseitigen Aufeinanderangewiesenseins und der harmonischen Zuordnung aller Menschen leiten. Im Unterschied zum wohlfahrtsstaatlichen Vernunftrecht, das die Verwirklichung des gesellschaftlichen Ideals prinzipiell auch im autoritären Staat für möglich hielt, trug die sozialistische Grundrechtskritik aber stärker sozialemanzipative Züge und zielte schließlich, wie es im kommunistischen Manifest hieß, auf „eine Assoziation, worin die freie Entwicklung eines jeden die Bedingung für die freie Entwicklung aller ist"[27]. Von dem ebenfalls auf soziale Emanzipation zielenden Liberalismus hob sich diese Freiheit demgegenüber dadurch ab, daß sie stärker auf ein Kollektiv bezogen war und die Freiheit des einzelnen eher als Reflex dieser kollektiven Freiheit erschien. Der Freiheitsanspruch des einzelnen war dann mit dem Loyalitätsanspruch der Gesamtheit konfrontiert und im Ergebnis nur noch unter diesem Vorbehalt gültig. Im gedanklichen Ausgangspunkt entsprach dem eine Sicht des Menschen, der den eigentlichen Grund seiner Selbstverwirklichung nicht in sich selbst, sondern in gegenseitiger Empathie und der Gemeinschaft mit anderen findet: „Einer für alle und alle für einen" hieß in Deutschland die zentrale Losung aller Organisationen der Arbeiterbewegung, die sich – wie etwa die 1848 gegründete „Allgemeine deutsche Arbeiter-Verbrüderung" – oft schon durch ihre Bezeichnung zu den Prinzipien von Gegenseitigkeit, Solidarität oder eben auch der Brüderlichkeit, der vernachlässigten dritten Parole der Französischen Revolution, bekannten[28]. In der praktischen Konsequenz resultierte daraus dann regelmäßig eine Vorordnung der kollektiven vor den individuellen Freiheiten: Unter den tagespolitischen Forderungen der Arbeiterbewegung spielte das gesamte 19. Jahrhundert hindurch die Forderung nach Organisations-, Vereinigungs- und vor allem Koalitionsfrei-

---

25 Vgl. die berühmte, freilich für sich gesehen eher materialistische bzw. deterministische als antiindividualistische Charakterisierung des Menschen bei *Karl Marx*, Thesen über Feuerbach, MEW (FN 8), Bd. 3, 1973, S. 534: Mensch als „Ensemble der gesellschaftlichen Verhältnisse". Zur Bestimmung als „Gattungswesen" *ders.*, Judenfrage (Bibl.), S. 370.
26 Zu den hier bestehenden Verbindungslinien etwa zu *Hugo Grotius, Samuel Pufendorf* und *Christian Wolff* s. *W. Schieder* (FN 11), S. 924 ff.
27 *Karl Marx/Friedrich Engels*, Manifest der kommunistischen Partei, in: MEW (FN 8), Bd. 4, 1972, S. 459 ff. (482); zur Bedeutung von Assoziation für den sozialdemokratischen Flügel *Welskopp*, Brüderlichkeit (Bibl.), S. 566 ff.
28 Vgl. § 1 des Organisationsstatuts, abgedruckt bei *Balser*, Sozial-Demokratie, Quellenband (Bibl.), S. 508; zum Wahlspruch der Verbrüderung *dies.*, Bd. 1, S. 152. Kritisch zur Idee der Brüderlichkeit demgegenüber *Friedrich Engels*, Brief vom 23.10.1846, MEW (FN 8), Bd. 27, 1963, S. 63: „Gestöhn von der Brüderlichkeit".

heit eine dominierende Rolle, und selbst klassische Individualfreiheiten wie jene der Kunst und Wissenschaft wurden häufig als kollektive, gemeinsam mit anderen auszuübende Freiheiten interpretiert[29]. Mit alldem rückten die Sozialisten auf Distanz zum liberalen Individualismus, wie er in den Grundrechten abgebildet war.

II. Kritik des Privatismus

12
Verhältnis von privater und politischer Freiheit

Der normative Individualismus, wie er dem bürgerlichen Grundrechtsmodell zugrunde liegt, hatte darüber hinaus eine Reihe weiterer Konsequenzen für den allgemeinen Charakter der Grundrechte insgesamt wie auch für das innere Verhältnis der einzelnen Grundrechte zueinander, die dann beide ebenfalls zur Zielscheibe der sozialistischen Kritik wurden. Eine erste dieser Konsequenzen, auf die wiederum *Karl Marx* aufmerksam gemacht hatte, betraf das Verhältnis von privater und politischer Freiheit, also der Rechte zur Entfaltung im persönlichen Bereich auf der einen und der demokratischen Mitwirkungsrechte auf der anderen Seite. Bei *Jean-Jacques Rousseau* war dieses Verhältnis noch im Sinne eines nahezu unbeschränkten Vorrangs der politischen gegenüber der privaten Freiheit gelöst: Im Modell seines Gesellschaftsvertrages gaben die Vertragschließenden ihre individuelle Freiheit aus dem Naturzustand zugunsten der Teilhabe an einem allgemeinen Willen auf, der sich gegenüber der individuellen Freiheit jederzeit durchsetzen konnte und ihr gegenüber im Zweifel immer im Recht war[30]. Das bedeutete in der Konsequenz eine umfassende Politisierung aller Lebensbereiche, bei der die private Freiheit nur nach Maßgabe und in den Grenzen des Politischen bestand. Demgegenüber schlugen die Grundrechte von ihrem Ausgangspunkt eines normativen Individualismus den entgegengesetzten Weg ein und definierten die Belange der Allgemeinheit wie die staatlichen Handlungsbefugnisse wesentlich von der persönlichen Entfaltung und der Freiheit des einzelnen her. Die politische Freiheit als das Recht demokratischer Teilhabe war damit weder geleugnet noch gegenstandslos. Im Gegenteil konnte, wie auch der Liberalismus sah, von persönlicher Freiheit im Sinne der Selbstbestimmung nur dort die Rede sein, wo dem einzelnen auch die äußeren Bindungen seines Handelns in Gestalt der staatlichen Rechtsbefehle nicht einseitig von oben auferlegt, sondern von ihm selbst mitverantwortet waren. Die allgemeine Idee der individuellen Freiheit schloß damit sowohl die private als auch die politische Freiheit ein. Beide tauchen daher in den klassischen Grund- und Menschenrechtstexten wie selbstverständlich nebeneinander auf: die politische Freiheit als Recht des Staatsbürgers („citoyen"), die persönliche oder private dagegen als Freiheit des allgemeinen Menschen („l'homme"). Allerdings war schon in der Declaration von 1789, die jene Differenzierung durchgängig verwendete, ebenso wie zuvor etwa in der amerikanischen Unabhän-

Nebeneinander von privater und politischer Freiheit in den klassischen Menschenrechtstexten

---

29 Vgl. *Karl Kautsky*, Die soziale Revolution, 1907, S. 42 ff.
30 Vgl. *Jean-Jacques Rousseau*, Du Contrat social, Amsterdam 1762, dt. Ausgabe in: *ders.*, Politische Schriften, hg. und übers. von Ludwig Schmidt, ²1995, I 6, II 3.

gigkeitserklärung die Ausübung politischer Herrschaft ausdrücklich auf die Sicherung der persönlichen Freiheit bezogen und nur zu diesem Zweck für zulässig erklärt worden. Entsprechend begrenzt war dann zwangsläufig auch die politische Freiheit, der die private nun nicht mehr wie bei *Rousseau* zur Disposition stand, sondern die sich umgekehrt aus jener ableitete. Dies entsprach ganz dem individualistischen Zuschnitt der Grundrechte und wurde von *Karl Marx* mit ebenfalls nur gelinder Überspitzung auf die Formel gebracht, „daß also der citoyen zum Diener des egoistischen homme erklärt, die Sphäre, in welcher der Mensch sich als Gemeinwesen verhält, unter die Sphäre, in welcher er sich als Teilewesen verhält, degradiert, endlich nicht der Mensch als citoyen, sondern der Mensch als bourgeois für den *eigentlichen* und *wahren* Menschen genommen wird"[31].

Das bürgerliche Grundrechtsmodell erhielt über diese Zuordnung von politischer und privater Freiheit insgesamt eine leichte Schlagseite ins Private und konnte dann gegebenenfalls auch ohne seinen politischen Teil verwirklicht werden, wenn es die Umstände erforderlich machten oder die persönliche Entfaltung auf andere Weise gewährleistet schien. Diese Situation trat im 19. Jahrhundert in Deutschland ein, in dem das Bürgertum angesichts der bestehenden Kräfteverhältnisse in seiner Mehrheit auf die „Teilhabe am Staat" weitgehend verzichtete und sich statt dessen mit der „Freiheit vom Staat" zufrieden gab[32]. Eine solche Haltung widersprach zwar der ursprünglichen Einheit der Freiheitsidee, konnte aber für sich gesehen durchaus an den instrumentellen Charakter der politischen gegenüber der privaten Freiheit anknüpfen und war insoweit nicht ohne innere Logik. Sie spaltete freilich das Bürgertum in einen größeren gemäßigten, die Halbierung der Freiheitsidee akzeptierenden und einen kleineren radikalen Teil, der unverändert auf voller Einlösung der politischen Freiheit bestand und sich überdies zur sich allmählich formierenden Arbeiterbewegung dadurch anschlußfähig hielt, daß er deren soziale Forderungen aufnahm[33]. Dies ermöglichte es dann seinerseits einem starken Flügel der frühen Arbeiterbewegung, die grundrechtliche Freiheitsidee und speziell deren politisch-demokratischen Teil aufzugreifen und an ihn anzuknüpfen.

13 Halbierung der Freiheit im Bürgertum

Ganz generell läßt sich indessen namentlich im 19. Jahrhundert für das gesamte sozialistische Lager eine durchweg stärkere Gewichtung der politischen Freiheit feststellen, die etwa *Ferdinand Lassalle* anläßlich einer Rede in

14 Stärkere Gewichtung der politischen Freiheit im sozialistischen Lager

---

31 *Marx*, Judenfrage (Bibl.), S. 366.
32 So die Formulierung von *Ernst Forsthoff*, Deutsche Verfassungsgeschichte, [4]1973, S. 117 f.
33 Exemplarisch für diese Verbindung das Offenburger Programm der Radikaldemokraten vom 12.9.1847, abgedruckt bei *Ernst-Rudolf Huber*, Dokumente zur deutschen Verfassungsgeschichte, Bd. 1, [3]1978, Nr. 71, das neben demokratischen Forderungen in Artikel 10 etwa auch „Ausgleichung des Mißverhältnisses zwischen Arbeit und Kapital" verlangte. Die beiden Wortführer der Demokraten, *Gustav von Struve* und *Friedrich Hecker*, bezeichneten diese Verbindung sogar ausdrücklich als „sozial-demokratisch", wohl die erstmalige Verwendung des Begriffs, vgl. W. Schieder, Frühe Arbeiterbewegung und Menschenrechte im deutschen Vormärz, in: Kolloquium für Hans Mommsen: Freiheit und Sozialismus, Mitteilungsblatt des Instituts zur Erforschung der deutschen und europäischen Arbeiterbewegung, Heft 18 (1997), S. 10 (12). Zum Scheitern dieses Programms s. die Wiedergabe der Diskussion im Frankfurter Vorparlament bei *Heinrich Scholler*, Die Grundrechtsdiskussion in der Paulskirche, 1973, S. 48 f.

Frankfurt in dem Ausruf zusammenfaßte: „Das Banner, das ich erhoben, ist das demokratische Banner überhaupt"[34]. Auch in den ersten Parteiprogrammen der sich formierenden Sozialdemokratie nahm die politische Freiheit regelmäßig den zentralen Rang ein[35]. Im Ergebnis rückten die Sozialisten damit freilich auf Distanz zu jener Zuordnung von privater und politischer Freiheit, wie sie im liberalen Grundrechtsmodell vorgenommen war, und verkehrten sie, wenn auch auf unterschiedliche Weise, in ihr Gegenteil. Bei *Karl Marx*, der sich dafür ausdrücklich auf *Rousseau* beruft, tritt etwa die private Existenz des Menschen gegenüber seiner gesellschaftlichen völlig zurück[36]. Das bedeutet dann erneut umfassende Politisierung und bildet den vollständigen Gegensatz zum bürgerlich-liberalen Grundrechtsmodell, so daß die Kritik an ihm darüber einen harten und von vornherein unversöhnlichen Ton erhält. Demgegenüber läßt sich die Einstellung des gemäßigten Teils der Arbeiterbewegung zur politischen Freiheit mit deren nur relativer Gewicht in den liberalen Menschenrechtserklärungen insoweit vergleichen, als auch für ihn die politische Freiheit nicht Zweck an sich, sondern lediglich „Mittel zum Zweck"[37] ist und insoweit funktionalen oder instrumentellen Charakter hat. Allerdings ist ihr maßgeblicher Bezugspunkt ausgewechselt worden, der nun nicht mehr wie im Liberalismus in der Sicherung der klassischen privaten Freiheiten, sondern umgekehrt in der Lösung der sozialen Frage und der Herstellung der ökonomischen Gleichheit liegt[38].

III. Kritik des Formalismus

15
Beliebigkeit der Freiheit im normativen Individualismus

Die Zuordnung von politischer und privater Freiheit war freilich nur die eine Konsequenz des normativen Individualismus, die zur Zielscheibe der sozialistischen Angriffe wurde. Eine zweite und nicht weniger grundlegende betraf demgegenüber den maßgeblichen Freiheitsbegriff selbst, der durch diesen Individualismus inhaltlich geprägt und vorstrukturiert wurde. Geht der einzelne in die Rechtsordnung nicht als Mitglied einer Gemeinschaft oder eines Kollektivs ein, sondern als ein in die Freiheit gesetztes Selbst, das seine Ziele autonom setzen kann und insofern vor diesen Zielen da ist[39], muß die Freiheit zwangsläufig eine Ermächtigung zu beliebigem Gebrauch enthalten. Die Freiheit, wie sie von den Grundrechten gewährleistet ist, erscheint dann als

---

34 *Ferdinand Lassalle*, Rede vom 19.5.1863, in: *ders.*, Gesammelte Reden und Schriften, hg. v. Eduard Bernstein, 1919, Bd. III, S. 286.
35 Vgl. etwa Ziff. 4 von Programm und Statuten der sozialdemokratischen Arbeiterpartei, beschlossen auf dem Kongreß in Eisenach 1869 (Eisenacher Programm), abgedruckt bei *Dowe/Klotzbach*, Dokumente (Bibl.), S. 171 (172), dort Ziff. I 4.
36 *Marx*, Judenfrage (Bibl.), S. 370.
37 *August Bebel*, Unsere Ziele, 1869, S. 17.
38 Vgl. erneut Ziff. 4 des Eisenacher Programms (FN 35): „Die politische Freiheit ist die unentbehrlichste Vorbedingung zur ökonomischen Befreiung der arbeitenden Klasse. Die soziale Frage ist mithin untrennbar von der politischen, ihre Lösung durch diese bedingt und nur möglich im demokratischen Staat." Zusammenfassend *Welskopp*, Brüderlichkeit (Bibl.), S. 644 f.
39 „Self prior to its ends": *John Rawls*, A Theory of Justice, Oxford 1972, S. 560; dt. Eine Theorie der Gerechtigkeit, 1979, dort S. 607.

Freiheit schlechthin, nicht als Freiheit zu bestimmten Zielen oder Zwecken[40]. Aus der vorausgesetzten Individualität des Menschen folgt so die grundsätzliche Formalität seiner Freiheit, wie sie von *Kant* in dem berühmten Satz zum Ausdruck gebracht wurde, daß kraft ihrer ein jeder „seine Glückseligkeit auf dem Wege suchen (darf), welcher ihm selbst gut dünkt"[41]. Die Freiheit schloß daher weder die Orientierung auf ein materiales und a priori formuliertes Tugendideal noch eine Verpflichtung zum gemeinwohlverträglichen Gebrauch ein. Das Gemeinwohl sollte sich vielmehr, wie der Liberalismus annahm, gerade dadurch herstellen, daß jeder möglichst ungehindert seine eigenen Interessen verfolgen konnte. Es war dann ebenso formal bestimmt wie die Freiheit selbst und fiel im praktischen Ergebnis mit ihr zusammen.

16 Kommunistisches Manifest: „Gewissenlose" Freiheit als Instrument der Ausbeutung

Dagegen richtete sich die sozialistische Kritik, die sich zunächst an den überall zu beobachtenden Auswirkungen der namentlich im wirtschaftlichen Bereich rapide voranschreitenden Liberalisierung entzündete. Diese bestanden zu Beginn des 19. Jahrhunderts in einer so noch nicht gekannten Verelendung weiter Bevölkerungskreise und wurden als ebenso einseitige wie rücksichtslose Durchsetzung der Interessen einer sozialen Gruppe auf dem Rücken einer anderen wahrgenommen. Von hier aus griff die Kritik folgerichtig alsbald auch auf die Prämissen selbst und hier gerade auf die Vorstellung einer Freiheit über, die wie die liberal-grundrechtliche im gedanklichen Ausgangspunkt von jeder Rücksichtnahme auf andere wie auf die Gesamtheit entlastet war. Diese erschien nun, wie *Marx* und *Engels*, insoweit wiederum durchaus repräsentativ für die verschiedenen Richtungen des Sozialismus, im Kommunistischen Manifest formulierten, als eine „gewissenlose" Freiheit, mit deren Hilfe „an die Stelle der mit religiösen und politischen Illusionen verhüllten Ausbeutung die offene, unverschämte, direkte, dürre Ausbeutung gesetzt" wurde[42].

17 Einheit von Recht und Pflicht

Die Sozialisten selbst setzten dieser liberalen Vorstellung einer prinzipiell ungebundenen Freiheit, die lediglich durch das Gesetz gleichsam von außen beschränkt werden konnte, ihre eigene Idee einer verantworteten, altruistischen oder gemeinwohlorientierten Freiheit entgegen, die deren Gebrauch bereits von innen heraus anleitete und beschränkte. Das mußte nicht zwingend, wie im *Marx-/Engels*schen Determinismus, auf eine Neu- oder Umdeutung der Freiheit als „Einsicht in die Notwendigkeit" und damit zuletzt auf ihre vollständige Negation hinauslaufen[43]. Häufiger nahm es die Form einer moralischen Rückbindung an das Gemeinwohl oder einer stärkeren Verkoppelung von Recht und Pflicht an. Als Grundregeln des Verhaltens der Individuen zueinander galten dann etwa, wie es in den Allgemeinen Statuten der Internationalen Arbeiterassoziation von 1864/66 hieß, „Wahrheit, Gerechtig-

---

40 Vgl. *Böckenförde* (FN 4), S. 120; *Grimm* (FN 13), S. 69; *Enders*, in: Friauf/ Höfling, Berliner Kommentar (LitVerz.), vor Art. 1 RN 44 ff.
41 *Immanuel Kant*, Über den Gemeinspruch: Das mag in der Theorie richtig sein, taugt aber nicht für die Praxis, in: Theorie-Werk-Ausgabe, hg. von Wilhelm Weischedel, 1968, Bd. XI, S. 145.
42 *Marx/Engels* (FN 27), S. 465.
43 *Friedrich Engels*, Herrn Eugen Dührings Umwälzung der Wissenschaft (Anti-Dühring), MEW (FN 8), Bd. 20, S. 106; dazu → unten *Brunner*, § 13 RN 6.

keit und Sittlichkeit", und die „Menschen- und Bürgerrechte" sollten sich dementsprechend erstrecken, aber auch beschränken auf „jedermann, der seine Pflicht tut". Freiheit und Bindung, Recht und Pflicht verschmolzen auf diese Weise zur Einheit: „Keine Pflichten ohne Rechte, keine Rechte ohne Pflichten"[44]. In eine ähnliche, freilich stärker etatistische Richtung zielten *Ferdinand Lassalles* Vorstellungen von der pädagogischen Funktion des Staates, der die Menschen zum verantwortungsvollen Gebrauch der Freiheit erziehen solle. Auch damit war freilich, so sehr es sich zunächst vom *Marx-/Engels*-schen Determinismus abhob, auf je unterschiedliche Weise eine Antithese zum formalen Freiheitsbegriff des Liberalismus formuliert, die näher an der paternalistischen Ordnungsidee des Wohlfahrtsstaats als an den Grundrechten liegt und aus sich heraus nicht erkennen läßt, was bei ihr am Ende überhaupt noch von der Idee der Freiheit übrigbleibt.

18
Sozialistische Kritik an „wertloser" Freiheit mangels materieller Ausstattung

Ebenso wie gegen diese inhaltliche Formalität der Freiheit und mit womöglich noch größerer Verve wandten sich die Sozialisten aber auch gegen den Formalcharakter ihrer grundrechtlichen Absicherung. Die liberalen Verfassungen des ausgehenden 18. und frühen 19. Jahrhunderts hatten insoweit die verschiedenen Freiheiten zwar rechtlich garantiert, dabei aber den Umstand ausgeblendet, daß ihr Gebrauch von bestimmten tatsächlichen Voraussetzungen, insbesondere einer hinreichenden materiellen Ausstattung, abhing. Wo diese Ausstattung fehlte, war die Freiheit für den einzelnen entweder von vornherein wertlos oder mußte – wie es auf dem Arbeitsmarkt unter dem Deckmantel des formal freien Arbeitsvertrags geschah – im Tausch gegen eine zumindest notdürftige soziale Absicherung hingegeben werden. Die Freiheit war dann nur noch das Mittel, um sich dem Direktionsrecht eines anderen zu unterwerfen. So oder so wurde sie zur leeren Form und provozierte gerade dadurch die sozialistische Kritik: „Schöne Freiheit", schrieb *Friedrich Engels*, „wo dem Proletarier keine andere Wahl bleibt, als die Bedingungen, die ihm die Bourgeoisie stellt, zu unterschreiben oder – zu verhungern, zu erfrieren, sich nackt bei den Tieren des Waldes zu betten"[45]!

IV. Kritik der Ungleichheit

19
Formalität der Freiheit und Gleichheit im Liberalismus

Für den Liberalismus hatte sich diese spezielle Formalität der Freiheit, also deren Ablösung von den tatsächlichen Voraussetzungen ihrer Inanspruchnahme, als Problem nicht gestellt, weil in der alten wohlfahrtsstaatlich-ständischen Ordnung, gegen die er einst angetreten war, die Schranken der Entfaltung im privaten wie im ökonomischen Bereich nicht erst tatsächlicher, sondern schon rechtlicher Art waren und die Grundrechte sich vor allem gegen

---

44 Inauguraladresse und Statuten der Internationalen Arbeiterassoziation, hier zitiert nach: *Karl Marx*, Politische Schriften, Bd. 2, 1960, S. 866 (878). Zur Geschichte dieses Passus s. noch unten RN 35 in und zu FN 86; zu Entsprechungen im Programm der Sozialdemokratie *Welskopp*, Brüderlichkeit (Bibl.), S. 566 ff.
45 *Friedrich Engels*, Die Lage der arbeitenden Klasse in England, in: MEW (FN 8), Bd. 2, 1972, S. 225 ff. (307).

diese rechtlichen Schranken wendeten. Waren diese erst einmal gefallen, hatte dann der Idee nach jeder die Chance, sein Schicksal selbst in die Hand zu nehmen. Wer diese nicht nutzte oder zu einem früheren Zeitpunkt nicht genutzt hatte, hatte jedoch umgekehrt selbst für die Konsequenzen aufzukommen. Die soziale Stellung oder sogar das Los tiefster Armut erschienen unter diesen Voraussetzungen als Folge einer individuellen Wahl, für die die Gesellschaft nicht verantwortlich zu machen war. In diesen Annahmen war freilich verkannt, daß die Chancen auf ein gesellschaftliches Fortkommen oder gar zum Erwerb von Eigentum und Besitz von Anfang an ungleich verteilt waren und einem großen Teil der Gesellschaft beim Eintritt in das bürgerliche Zeitalter von Anfang an fehlten[46]. Auch dies konnte dem Liberalismus nicht in den Blick fallen, weil er zwar gegen die Ungleichheit der Ständegesellschaft das Prinzip der Gleichheit gesetzt hatte, die Gleichheit selbst aber nur auf das Recht und damit auf die Freiheit als neuen Mittelpunkt der Rechtsordnung bezogen hatte. Die Freiheit wurde darüber zur gleichen Freiheit, während die Gleichheit auf diese Weise ebenso formal blieb wie die Freiheit, von der sie sich ableitete. Sie kontrastierte dann freilich mehr und mehr mit der realen, sozialen und faktischen Ungleichheit, die die frühbürgerliche Gesellschaft durchzog und ab den vierziger Jahren des 19. Jahrhunderts zunächst unter dem Etikett des Pauperismus, danach dann unter dem der sozialen Frage diskutiert wurde. Breite Bevölkerungsschichten waren dadurch deklassiert und oft dem bittersten Elend überantwortet. Als Massenelend war es auch nicht durch eigene Leistung überwindbar, wie der Liberalismus angenommen hatte, sondern erschien vielmehr strukturell bedingt. Darüber hinaus entschärfte es sich entgegen allen Hoffungen mit der beginnenden Industrialisierung nicht, sondern spitzte sich vorerst nur weiter zu. Die gleiche Freiheit aller stand dann nur noch auf dem Papier und hatte in der praktischen Konsequenz lediglich zu einer neuartigen Spaltung der Gesellschaft in Privilegierte und Nichtprivilegierte geführt. Diese trat an die Stelle der früheren ständischen Gliederung, von der sie sich, wie bereits *Lorenz von Stein* scharfsinnig diagnostizierte, im wesentlichen nur dadurch unterschied, daß ihre Grenzen nicht durch Geburt und rechtliche Zuschreibung bestimmt waren, sondern entlang von Einkommen und Besitz verliefen[47]. Sie war aber in ihren Folgen kaum weniger gravierend und erwies sich zuletzt als ebenso hartnäckig wie diese. Die bürgerliche Gesellschaft, die sich programmatisch dem Prinzip der Gleichheit aller ihrer Mitglieder verschrieben hatte, nahm so die Züge einer Klassengesellschaft, die Grundrechtsordnung, mit der jenes Prinzip juristisch eingelöst werden sollte, de facto den Charakter von Klassenrecht an[48].

Grundrechtsordnung als Klassenrecht

Besonders flagrant war dieser Charakterzug freilich dort, wo das Gleichheitsversprechen bereits im Recht zurückgenommen war. Dies war vor allem im Bereich der politischen Willensbildung der Fall und zeigte sich hier an hervor-

20
Eingeschränkte Rechtsgleichheit im Wahlrecht

---

46 Statt vieler *Jürgen Habermas*, Strukturwandel der Öffentlichkeit, ³1993, S. 158.
47 Vgl. *Lorenz von Stein*, Geschichte der socialen Bewegung in Frankreich von 1789 bis auf unsere Tage, 1850, neu hg. von Gottfried Salomon, 1921, insb. Bd. 1, S. 446 ff.
48 Vgl. *Grimm* (FN 15), Recht und Staat, S. 48.

ragender Stelle im individuellen Wahlrecht, das das gesamte 19. Jahrhundert hindurch vielfach an Selbständigkeit, Eigentum oder Steueraufkommen geknüpft war[49]. Vor allem den Arbeitern blieb es damit lange vorenthalten, so daß beispielsweise in Staaten wie Frankreich oder England im Jahre 1830 überhaupt nur 0,5 bzw. 2,1 v.H. der erwachsenen männlichen Bevölkerung wahlberechtigt waren; auch später blieben die Arbeiter durch die Ausgestaltung des Wahlsystems oft benachteiligt[50]. In ihrem Kern angelegt war, worauf schon *Marx* in der „Judenfrage" hingewiesen hatte, diese Ausgrenzung indes bereits in den Menschenrechtserklärungen selbst, die wie die Déclaration von 1789 nicht zuletzt zu diesem Zweck zwischen den jedermann zustehenden Menschen- und den davon zu unterscheidenden Bürgerrechten differenziert hatten[51]. Diskriminiert waren die Arbeiter darüber hinaus auch dadurch, daß ihnen die Koalitionsbildung untersagt war, und zwar – wie in den Einzelstaaten des Deutschen Bundes – infolge der fortbestehenden Koalitionsverbote selbst dort, wo die Vereinigungsfreiheit im übrigen verfassungsrechtlich oder zumindest einfachgesetzlich gewährleistet war[52]. Neben den Arbeitern wurden schließlich auch die Frauen rechtlich ungleich behandelt, denen ebenso wie jenen das Wahlrecht nicht zustand und die darüber hinaus schon durch die Ausgestaltung des Familienrechts auf den häuslichen Bereich zurückgedrängt wurden. Zur sozialen Deklassierung weiter Bevölkerungskreise, die in der Reduktion der Gleichheit auf rechtliche Gleichheit nicht von vornherein angelegt war, sondern sich zunächst nur daraus ergab, daß man diese auf die bestehende faktische Ungleichheit unverändert anwendete, gesellte sich so die förmliche Entrechtung hinzu.

21
Forderung allgemeinen, gleichen und direkten Wahlrechts

Von einem großen Teil der Arbeiterbewegung wurde daher zunächst diese Entrechtung zum Thema gemacht und in der Folge vor allem die Ausdehnung des Wahlrechts auf die Arbeiterschaft gefordert. So verfolgte etwa der von *Ferdinand Lassalle* 1863 gegründete Allgemeine deutsche Arbeiterverein (ADAV), ein maßgeblicher Vorläufer der heutigen Sozialdemokratie, nach seiner Satzung den ausschließlichen Zweck, „auf friedlichem und legalem Wege, insbesondere durch das Gewinnen der öffentlichen Überzeugung, für die Herstellung des allgemeinen, gleichen und direkten Wahlrechts zu wirken"[53]. Auch die Gleichberechtigung der Frau wurde immer wieder gefordert, wenngleich sie bisweilen etwas in den Hintergrund geriet und aufs Ganze gesehen doch eher ein Seitenthema des sozialistischen Grundrechtsdiskurses

---

49 Die theoretische Erklärung schon bei *Kant* (FN 41), S. 151: „Die dazu (i.e. für das Stimmrecht, U.V.) erforderliche Qualität ist, außer der natürlichen (daß es kein Kind, kein Weib sei), die einzige: daß er sein eigener Herr (sui iuris) sei, mithin irgend ein Eigentum haben …"
50 S. dazu im einzelnen und mit weiteren Zahlen *Wolfgang Reinhard*, Geschichte der Staatsgewalt, 1999, S. 431. Speziell zu gleichheitswidrigen Beschränkungen des Wahlrechts in Deutschland *Werner Frotscher/Bodo Pieroth*, Verfassungsgeschichte, ⁴2003, RN 346ff., 400ff.
51 *Marx*, Judenfrage (Bibl.), S. 363f.
52 Zu weiteren, speziell auf die Sozialdemokratie gemünzten Ausnahmen von der Rechtsgleichheit *Steinbach*, Sozialdemokratie (Bibl.), S. 18.
53 § 1 der Statuten des Allgemeinen deutschen Arbeitervereins, beschlossen auf der Gründungsversammlung in Leipzig 1863, abgedruckt in: *Dowe/Klotzbach*, Dokumente (Bibl.), S. 143 (144).

blieb⁵⁴. Die Angriffe richteten sich aber ebensosehr wie gegen die offene Diskriminierung im Recht gegen die faktische Zementierung der sozialen Ungleichheit trotz oder gerade infolge des formal gleichen Rechts. Insbesondere die liberale Reduktion der Gleichheit auf Gleichheit im Recht und Gleichheit in der Freiheit erschien den Sozialisten vielfach nicht als Basis, von der aus die sozialen Probleme zu lösen waren, sondern selbst als deren wesentliche Ursache. Sie für sich stellten dem die Vorstellung einer realen und insbesondere ökonomischen Gleichheit entgegen, und oft war der Ruf nach dem allgemeinen Wahlrecht nur der Hebel, um diese Art von Gleichheit zu verwirklichen und die notwendigen Veränderungen ins Werk zu setzen⁵⁵. Über „eine genügende Vertretung der sozialen Interessen des deutschen Arbeiterstandes" in den Parlamenten sollte dann, wie es in der Satzung des Allgemeinen deutschen Arbeitervereins hieß, „eine wahrhafte Beseitigung der Klassengegensätze in der Gesellschaft herbeigeführt werden"⁵⁶.

Forderung realer Freiheit

Dabei bestand freilich zwischen den verschiedenen Lagern keine hinreichende Klarheit darüber, wie und bis zu welchem Grade die reale Gleichheit herzustellen war. Wo sich die Forderungen auf die Ergänzungen des Grundrechtskataloges um bestimmte soziale Rechte – Rechte auf Bildung, Arbeit, angemessenen Wohnraum, soziale Sicherheit – oder auch nur auf eine aktivere staatliche Sozialpolitik beschränkten, sollte die liberale Rechtsgleichheit im Kern zu einer Gleichheit der Ausgangsbedingungen oder Startchancen transformiert werden. Dies zielte in der Konsequenz auf die Verbesserung der sozialen Situation der Arbeiterschaft innerhalb der bestehenden Ordnung und fügte dem überkommenen Grundrechtssystem zwar ein neues Element hinzu, war mit ihm aber nicht von vornherein unvereinbar. Wo demgegenüber die vollständige Beseitigung jeder Art von Klassenherrschaft oder auch nur Klassenbildung gefordert wurde, bedeutete reale Gleichheit die vollständige Einebnung aller sozialen Unterschiede. Diese war auf der Basis der bestehenden Ordnung nicht mehr zu verwirklichen, sondern setzte deren – zur Not gewaltsame – Überwindung voraus. An der Art und Weise, wie mit der vorgefundenen gesellschaftlichen Ungleichheit umgegangen werden sollte, schied sich daher die konstruktive von der prinzipiellen Kritik, die darüber ihrerseits zusehends fundamentalistische Züge annahm.

22
Unterschiedliche Vorstellungen über die Herstellung realer Gleichheit

V. Kritik des Eigentums

Mit alledem zielte die sozialistische Kritik, wie sie bis hierher referiert ist, zunächst weniger auf einzelne oder bestimmte Grundrechte als vielmehr auf die konzeptionelle Ausrichtung der Grundrechte insgesamt und die Prinzi-

23
Fokussierung der Kritik

---

54 S. als Stellungnahme eines Frühsozialisten: *François-Noël Babeuf*, Œuvres de *Babeuf*, hg. von Viktor M. Daline/Armand Saitta/Albert Soboul, Bd. 1, Paris 1977, S. 97ff. Klassischer Text schließlich: *August Bebel*, Die Frau und der Sozialismus, in: *ders.*, Ausgewählte Reden und Schriften, Bd. 10, 1996, hier insbes. Bd. 10/1, S. 5ff., Bd. 10/2, insbes. S. 243ff., 318ff.
55 S. schon Text und Nachweise zu FN 37 und 38.
56 § 1 der Statuten des ADAV (FN 53).

pien, von denen diese bestimmt war. Sie erfaßte dementsprechend tendenziell alle Grundrechte, insofern diese nur als spezielle und bereichsbezogene Anwendungsfälle dieser allgemeinen Prinzipien erschienen. Die Agitation konzentrierte sich aber schließlich auf die ökonomischen Freiheiten und hier vornehmlich auf die Eigentumsfreiheit, die von Sozialisten aller Couleur bis weit über das 19. Jahrhundert hinaus als innerer Kern des Grundrechtssystems ausgemacht wurde, von dem seinerseits alle anderen Grundrechte abgeleitet und auf den sie modal bezogen waren. Den Grund für diese Einschätzung hatten maßgebliche Theoretiker der Grundrechte wie *John Locke* selbst geliefert, als sie die verschiedenen Einzelfreiheiten unter dem Oberbegriff des Eigentums versammelt und in ihm die Grundlage für alle anderen Freiheiten gesehen hatten[57]. In der Konsequenz erschien dann auch das Individuum primär als Eigentümer seiner eigenen Person und Fähigkeiten, für die es folgerichtig der Gesellschaft nichts schuldete[58]. Das Eigentum bildete auf diese Weise die Matrix für alle anderen Rechte und die zentrale „praktische Nutzanwendung des Menschenrechtes der Freiheit"[59].

24
Eigentum als Grund gesellschaftlicher Ungleichheit

In dieser Funktion konnte es auf sich die meisten der Vorwürfe vereinigen, die von sozialistischer Seite gegen das Grundrechtssystem insgesamt erhoben wurden: Zunächst war es das Eigentum, das die Gesellschaft in Besitzende und Nichtbesitzende teilte und zu deren zentralem Gliederungsprinzip erwuchs. Insofern lag im Eigentum der eigentliche Grund der gesellschaftlichen Ungleichheit. Sodann war das neuere grundrechtliche Eigentum im Unterschied zu den älteren Formen des Feudaleigentums, mit dem immer auch einzelne Schutz- und Fürsorgepflichten für Abhängige sowie eine gewisse Verantwortung gegenüber der Gesamtheit verbunden waren, nicht mit einer Pflicht zu rücksichtsvollem oder gemeinwohlverträglichem Gebrauch belastet, sondern gewährte im Gegenteil das Recht, mit einer Sache nach Belieben zu verfahren, wie es Art. 544 des Code Napoléon oder später § 903 BGB prägnant formulierten[60]. Insofern verkörperte sich gerade im Eigentum, so wie es sich das gesamte 19. Jahrhundert hindurch präsentierte, exemplarisch der Formalcharakter der Grundrechte. Darüber hinaus lag es für die Sozialisten „im Wesen des Privateigentums, daß der einzelne nie genug von demselben erhalten kann und mit allen Mitteln auf seine Vermehrung bedacht ist"[61]. Es bildete damit auch die Triebfeder des marktwirtschaftlichen Konkurrenzprinzips, bei dem jeder seine Interessen nicht im Verein mit, sondern im Gegenteil auf Kosten von anderen durchsetzt. Insofern erschien das Eigentum als Inbegriff und Sinnbild des liberalen Individualismus, der von den Sozialisten für die soziale Schieflage hauptsächlich verantwortlich gemacht wurde.

---

57 Vgl. *John Locke*, Two Treatises of Government (1690), dt.: Zwei Abhandlungen über die Regierung, übers. und hg. von Hans-Jörn Hoffmann, 1977, II §§ 25 ff.
58 So die Charakterisierung von *Crawford B. Macpherson*, Die politische Theorie des Besitzindividualismus, 1967, S. 295.
59 *Marx*, Judenfrage (Bibl.), S. 364.
60 Zu diesen Veränderungen in der Sozialethik des Eigentums *E.R. Huber* (FN 23), Bd. 2, ³1988, S. 416 f.
61 *Bebel* (FN 54), Bd. 10/2, S. 510.

Seine eigentliche und zentrale Stoßrichtung bezog der sozialistische Aufstand gegen das Eigentum indes aus den besonderen Befugnissen, die es gewährte, und den Gegenständen, auf die es sich erstreckte. Als umfassende Herrschaft über Sachen jedweder Art schloß das Eigentum danach auch die Verfügungsgewalt einzelner Privater über die Produktionsmittel ein. Die unteren Gesellschaftsschichten waren dagegen von dieser Verfügungsgewalt ausgeschlossen und zum Bestreiten ihres Lebensunterhalts statt dessen auf den Verkauf ihrer Arbeitskraft an deren Inhaber, die Unternehmer und Industriellen, angewiesen. Die explosionsartige Bevölkerungsvermehrung in der ersten Hälfte des 19. Jahrhunderts führte dabei zu einer enormen Nachfrage nach Arbeitsplätzen, mit der das Angebot in jener Frühphase der Industrialisierung bei weitem nicht Schritt hielt. Den Inhabern der Produktionsmittel verschaffte dies auf dem Arbeitsmarkt ein Übergewicht, das es ihnen ermöglichte, die Arbeitsbedingungen nach Belieben zu diktieren. Die Folgen wurden in der Realität der Fabrikarbeit für jedermann sichtbar und bestanden unter anderem in sklavenähnlichen Arbeitszeiten, Hungerlöhnen, täglicher Kündbarkeit des Arbeitsverhältnisses oder Frondiensten von Kindern. Unter solchen Voraussetzungen stellte sich das Eigentum nur für einige Privilegierte als die notwendige Grundlage persönlicher Entfaltung und Selbstverwirklichung dar. Aus der Sicht der Masse der Bevölkerung war es demgegenüber das Vehikel, mit dessen Hilfe eine Gruppe von Menschen der Verfügungsgewalt einer anderen unterworfen wurde. Rechtlich als Herrschaft über Sachen konzipiert, ermöglichte es unter dem zusätzlichen Schild des freien Vertrages faktisch auch die Herrschaft über Personen. Diese griff oft sogar auf die Lebensführung im privaten Bereich über und schloß dann die patriarchalische Bevormundung der Arbeiter durch die Arbeitgeber ein[62]. Schon den Frühsozialisten wie den Anhängern *Saint-Simons* galt deshalb „die Beziehung des Eigentümers zum Lohnempfänger" als „die letzte Wandlung, die die Sklaverei erfahren hat", und das Eigentum selbst als die „unmittelbare Ursache" der „Ausbeutung des Menschen durch seinen Mitmenschen"[63].

25
Eigentum als Ursache für die „Ausbeutung des Menschen" in der Sicht der Frühsozialisten

Die Eigentumsverfassung blieb daher bis weit in das 20. Jahrhundert hinein die zentrale Zielscheibe der sozialistischen Kritik, die in ihrer radikalen Variante meist auf die vollständige Abschaffung des Privateigentums in seiner bisherigen Form hinauslief. In ihrer gemäßigten zielte sie dagegen etwa – wie die *Lassalle*sche Forderung nach staatlich geförderten „Produktivassoziationen"[64] – auf die Einrichtung genossenschaftlicher Organisationsformen neben den bisherigen kapitalistischen oder auf eine Beschränkung der Eigentümer-

26
Differenzen innerhalb der sozialistischen Grundrechtskritik bei der Eigentumsfrage

---

62 Aufschlußreich insoweit eine Ansprache von *Alfred Krupp* an seine Belegschaft, abgedruckt bei *Ernst Schraepler*, Quellen zur Geschichte der sozialen Frage in Deutschland, Bd. 2, 1957, S. 90 ff.: „Genießet, was Euch beschieden ist. Nach getaner Arbeit verbleibt im Kreise der Eurigen, bei den Eltern, bei der Frau und den Kindern. Das sei Eure Politik, dabei werdet Ihr frohe Stunden erleben. Aber für die große Landespolitik erspart Euch die Aufregung. Höhere Politik treiben erfordert mehr freie Zeit, als dem Arbeiter verliehen ist ..." Ähnlich eine Ansprache von *Karl Ferdinand Freiherr von Stumm-Halberg*, ebd., S. 93.
63 Zitiert nach Gottfried von Salomon-Delatour (Hg.), Die Lehre Saint-Simons, 1962, S. 103 (105, 108).
64 *Ferdinand Lassalle*, Offenes Antwortschreiben an das Zentralkomitee zur Berufung eines allgemeinen deutschen Arbeiterkongresses zu Leipzig, in: *ders.*, Gesammelte Reden (FN 34), S. 38 ff.

befugnisse durch eine mehr oder weniger weitgehende Mitbestimmung der Arbeitnehmer im Rahmen einer „Wirtschaftsdemokratie"[65]. In einem weitergehenden Sinne lassen sich auch die Forderungen nach Koalitionsfreiheit, gewerkschaftlicher Betätigung und tarifvertraglicher Regelung der Arbeits- und Wirtschaftsbedingungen als Bemühungen um eine solche Beschränkung verstehen: Je größer die Einfluß- und Einwirkungsmöglichkeiten der Gewerkschaften als zentraler Organisationen der Arbeiterbewegung auf die Gestaltung der Arbeitsbeziehungen wurde, desto weniger ließ sich der Standpunkt vom „Herrn im eigenen Hause" halten, den namentlich die deutsche Industrie bis über das Ende des 19. Jahrhunderts hinaus einnahm. Gemessen an dem Ruf nach „Expropriation der Expropriateure", wie er vom radikalen Flügel erhoben wurde[66], lief dies für sich gesehen freilich auf nur eine Art Domestizierung des Eigentums und damit auf einen im Ansatz noch konstruktiven Umgang mit ihm hinaus. Es ist daher nicht zuletzt die Haltung in der Eigentumsfrage, anhand derer sich die Differenz zwischen der konstruktiven und der fundamentalen Variante der sozialistischen Grundrechtskritik markieren läßt.

D. Entfaltung der Kritik

27
Systematisierung aus retrospektiver Sicht

Allerdings darf die hier vorgenommene Systematisierung der Kritik nach verschiedenen Ordnungsgesichtspunkten nicht mit einer entsprechenden dogmatischen Durchdringung der Grundrechte im Sozialismus selbst oder gar einer einheitlichen sozialistischen Anschauung von Wesen und Funktion der Grundrechte verwechselt werden. Sie ist vielmehr aus der retrospektiven, arrangierenden und modellierenden Zusammenführung von einzelnen Theoriesplittern, tagespolitischen Forderungen und verstreuten Äußerungen führender Repräsentanten des Sozialismus gewonnen und insofern das Produkt einer methodischen Abstraktion. Ebensowenig kann die Unterscheidung zwischen den beiden Varianten der Kritik, wie sie hier vorgestellt ist, so verstanden werden, als wäre sie in dieser Form in der geschichtlichen Wirklichkeit von Anfang an aufweisbar. Vielmehr kennzeichnet es die relative Unschärfe und oft auch Oberflächlichkeit des sozialistischen Grundrechtsdiskurses, daß sich Zuordnungen dieser Art erst von späteren Phasen der Entwicklung an klarer vornehmen lassen und die Kritik lange ohne festen Ort ist. Für den Zeitraum davor hat die Differenzierung dementsprechend primär einen heuristischen und weniger den Sinn, die Trennlinie zu benennen, anhand derer sich die verschiedenen Exponenten und Flügel des Sozialismus in Gute und Böse, nämlich in prinzipielle Grundrechtsbefürworter und prinzipielle Grundrechtsgegner, voneinander scheiden lassen.

---

65 Etwa Fritz Naphtali (Hg.), Wirtschaftsdemokratie – Ihr Wesen, Weg und Ziel, 1928.
66 Nach *Karl Marx*, Das Kapital, Erster Band, in: MEW (FN 8), 1972, Bd. 23, S. 790 f.

Für das 19. Jahrhundert, von dem bislang überwiegend die Rede war, läßt sich eine solche Trennlinie noch kaum ziehen. Sie verläuft jedenfalls nicht entlang der vielbenutzten Unterscheidung zwischen einem revolutionären und einem reformistischen Sozialismus, die nur etwas über die Mittel zur Überwindung der bestehenden Ordnung – Revolution oder Reform – besagt, dagegen wenig über die letztendlich verfolgten Ziele, auf die es für die innere Einstellung zu den Grundrechten zuallererst ankäme. Aber auch die Kategorisierung nach diesen Endzielen oder den grundsätzlichen Orientierungen – also etwa: utopischer Sozialismus, demokratischer Sozialismus, radikaler Sozialismus, anarchistischer Sozialismus, Staatssozialismus, christlicher Sozialismus, genossenschaftlicher Sozialismus, Syndikalismus, Marxismus, Kommunismus – erlaubt kaum klarere Zuordnungen, zumal sie dazu tendiert, die zahlreichen Gemeinsamkeiten zwischen den Lagern zu überspielen, und in sich selbst von Überschneidungen nicht frei ist. Vor allem der Einfluß von *Marx* und *Engels* erweist sich lange Zeit als übermächtig und reicht bis weit in die gemäßigteren Flügel der Arbeiterbewegung hinein, so daß auch deren Kritik an den Grundrechten von prinzipieller Geringschätzung oder sogar sprödester Abwehr nicht frei ist. Umgekehrt nehmen auch die marxistischen, utopistischen oder anarchistischen Versionen des Sozialismus bei aller Kritik an den bürgerlichen Grundrechtsvorstellungen ihrerseits von einem durchaus menschenrechtlichen Grundimpuls ihren Ausgang, der die Unterscheidung zwischen einer konstruktiven und einer prinzipiellen oder sogar fundamentalistischen Variante der Grundrechtskritik weiter relativiert. Diese bringt von daher für lange Zeit weniger eine äußerliche Entzweiung der Lager als vielmehr eine innere Ambivalenz in der Einstellung zu den Grundrechten selbst zum Ausdruck, die die verschiedenen Lager durchaus übergreift und nicht selten durch sie hindurchgeht. Zur besseren Anschauung mag man von zwei Fäden sprechen, die teils nebeneinander herlaufen, sich dann aber auch immer wieder überdecken und im Grunde erst im weiteren Verlauf des 20. Jahrhunderts deutlicher auseinandertreten. Die sozialistische Grundrechtskritik läßt sich dann aber nur in ihrer historischen Entfaltung angemessen beschreiben, innerhalb derer sich ähnlich wie in der Geschichte des Sozialismus überhaupt im wesentlichen vier Phasen unterscheiden lassen.

28
Vier Phasen sozialistischer Grundrechtskritik

I. Grundrechtsdenken im Frühsozialismus

Die erste Phase, die – ohne Anspruch auf eine trennscharfe Grenze – in etwa den Zeitraum von der Französischen Revolution bis zur Mitte des 19. Jahrhunderts umfaßt, ist dabei durch ein weitgehend ungeordnetes Nebeneinander von utopischen Phantasien und sozialen Experimenten, tastender Identitätsfindung und ersten organisatorischen Zusammenschlüssen bestimmt[67]. Von einer irgendwie zusammengehörigen Bewegung mit hinreichendem poli-

29
Zwiespältigkeit im Grundrechtsdenken des Frühsozialismus

---

[67] S. dazu *Albert Soboul*, in: Jacques Droz (Hg.), Geschichte (Bibl.), Bd. I, S. 260 ff.; *François Bédarida* und *Jean Bruhat*, aaO., Bd. II, S. 10 ff. und 106 ff.

tischem Gewicht läßt sich dabei noch kaum sprechen; die verschiedenen Bestrebungen sind oft spontan, alles in allem noch wenig geformt und ergeben kaum ein zusammenhängendes Bild. Gleichwohl schimmert schon hier jene innere Zwiespältigkeit in der Einstellung zu den Grundrechten auf, die auch viele der ihr nachfolgenden sozialistischen Stellungnahmen zum Thema durchzieht. So rekurrieren, um mit diesen zu beginnen, gerade die utopischen Entwürfe einer kommenden Gesellschaft häufig auf naturrechtliches Gedankengut und die aufklärerische Vorstellung angeborener Rechte des Menschen, wie sie an sich auch den Grundrechten zugrunde liegt, nur daß nun deren soziale und egalitäre Elemente stärker betont werden: *François („Gracchus") Babeuf*, der Namenspatron des späteren Babouvismus, postulierte ein natürliches Recht jedes Menschen zu leben, das neben den elementaren Freiheiten auch den gleichen Genuß des gemeinsamen Erbes der Menschheit einschloß[68]; *Charles Fourier* wollte die Gesellschaft der Zukunft, von der er träumte, auf mehrere von ihm angenommene Urrechte des Menschen gründen[69]; der Fabrikant und Sozialreformer *Robert Owen*, der mit dem Versuch des Aufbaus einer sozialistischen Mustersiedlung scheiterte, skizzierte die Grundlinien einer Verfassung, die mit den Gesetzen der menschlichen Natur übereinstimmen sollte und neben Ansprüchen auf öffentliche Versorgung auch Garantien einer umfassenden Glaubens-, Meinungs- und Gewissensfreiheit enthielt[70].

30
Verknüpfung von naturrechtlicher Freiheit mit Gleichheit und gesellschaftlicher Teilhabe

Ähnliche, freilich auf den Sozialismus oft noch eher vorausweisende als ihm unmittelbar zuzuordnende Verknüpfungen zwischen naturrechtlicher Freiheits- und Gleichheitsidee mit gesellschaftlichen Teilhaberechten finden sich auch in der deutschen Rechts- und Sozialphilosophie – angefangen bei dem heute weithin vergessenen *Carl Friedrich Bahrdt*, für den nach der Natur „*Alle* Menschen freye Leute (sind), welche auf dem Erdboden, den sie bewohnen, und auf den Besitz und Genuß seiner Produkte *gleiche* Ansprüche haben"[71], bis hin zu *Johann Gottlieb Fichte*, der das Recht, leben zu können, als „das absolute unveräußerliche Eigenthum aller Menschen" ansah und das individuelle „Bürgereigenthum" jedem nur „insofern und auf die Bedingung" zugestehen wollte, „daß alle Staatsbürger von dem Ihrigen leben können"[72]. Konzentriert und zugleich weiter ausgearbeitet findet sich ein entsprechendes

---

68 *Babeuf* (FN 54), S. 106 ff.; dort auch emphatisches Bekenntnis zur „liberté de penser, liberté de vouloir, liberté d'émettre sa pensée, liberté d'agir", S. 113.
69 Vor allem in *Charles Fourier*, Théorie des Quatres Mouvements, ²1841, deutsche Ausgabe hg. von Theodor W. Adorno, 1966.
70 *Robert Owen*, An Outline of the Rational System of Society, 1832, auszugsweise wiedergegeben bei *Ramm*, Die großen Sozialisten (Bibl.), S. 427 f.; s. auch die Verfassung der Mustersiedlung „New Harmony", ebd., S. 422 ff.
71 *Carl Friedrich Bahrdt*, Rechte und Obliegenheiten der Regenten und Unterthanen in Beziehung auf Staat und Religion, Riga 1792, Nachdruck 1975. Zu diesen und anderen „Solidarrechtstheorien" *Jörn Garber*, Spätabsolutismus und bürgerliche Gesellschaft, 1992, S. 192 ff.
72 *Johann Gottlieb Fichte*, Grundlage des Naturrechts nach Principien der Wissenschaftslehre, in: Fichtes Werke, hg. von Immanuel H. Fichte, 1971, Bd. III, S. 212 f., auch dies im übrigen unter Berufung auf das Konstrukt eines Gesellschaftsvertrags; sinngemäß später *ders.*, System der Rechtslehre, ebd., Bd. X, S. 533 f. Zu den sozialistisch zu nennenden Gehalten des *Fichte*schen Werks s. schon *Max Weber*, Fichtes Sozialismus, 1925, dort auch zum Einfluß der Ideen *Babeufs*, S. 18 ff.

Programm dann bei *Wilhelm Weitling*, dem vor *Karl Marx* insgesamt führenden Theoretiker der sozialistischen Bewegung in Deutschland. Für seinen christlich inspirierten „Handwerksburschensozialismus" stellte er insgesamt zehn Grundsätze auf, an deren Spitze das „Gesetz der Natur und christlichen Liebe" als „Basis aller für die Gesellschaft zu machender Gesetze" steht (Ziff. 1); von hier aus reichen seine Regeln über die „Allgemeine Vereinigung der ganzen Menschheit in einem großen Familienbunde" über „Gleiche Verteilung der Arbeit und gleichen Genuß der Lebensgüter" (Ziff. 3) bis hinunter zur Geschlechtergleichheit (Ziff. 4) oder dem Verbot der Todesstrafe (Ziff. 10). Aber ähnlich wie in Artikel 4 der Déclaration von 1789 soll jeder eben auch „außerhalb des Rechts anderer die größtmögliche Freiheit seiner Handlungen und Reden" besitzen (Ziff. 8) und wird ihm zudem die Entfaltung seiner persönlichen Anlagen garantiert (Ziff. 9)[73].

In solchen Parallelen lassen sich die frühsozialistischen Gesellschaftsentwürfe durchaus als konstruktive Aneignungen und Fortführungen der klassischen Grund- und Menschenrechtstexte lesen, deren ursprünglicher Furor oft noch bis in ihre Wortwahl hinein zu spüren ist. Allerdings nahmen sie, wie man sehen muß, in ihrer näheren Ausformulierung fast stets eine entschieden antiliberale Wendung und verkehrten die naturrechtlich-personalen Prämissen, von denen sie an sich ausgingen, in ihr Gegenteil, sobald sie die künftige und neu zu schaffende Gesellschaft im einzelnen vorstellten. In dieser überwog regelmäßig das kollektive das individuelle, das egalitäre das freiheitliche Element. Dementsprechend lagen die erklärten Ziele meist in der weitgehenden Abschaffung des Privateigentums und der mehr oder weniger vollständigen Nivellierung aller sozialen Unterschiede, die nun ihrerseits gerade unter verklärendem Rückgriff auf die Verhältnisse in der vorstaatlichen Urgesellschaft und also naturrechtlich begründet wurden. Die Herrschaft konnte dabei durchaus in die Hand einer kleinen Elite gelegt werden, die im Unterschied zur unwissenden Masse über die wahre Erkenntnis der menschlichen Natur und ihrer Bestimmung verfügte. Mit alledem erhalten die verschiedenen Entwürfe schließlich – und dies um so mehr, je weiter sie gedanklich vorangetrieben werden – etwas Messianisches oder Totalitäres, das schon die Klassiker des Genres von *Platon* bis *Morus* oder *Campanella* durchweht, den späteren Kommunismus eines *Lenin* oder *Stalin* vorwegzunehmen scheint und die grundrechtliche Freiheitsidee, so sehr sie äußerlich hochgehalten wird, unter sich erdrückt: *Babeuf* etwa zielte mit seiner „Verschwörung der Gleichen" auf einen Umbau der Gesellschaft im Zeichen einer strikten Gleichheit, bei der jedem einzelnen sein Platz und seine Pflichten autoritativ zugeteilt werden[74]; *Fourier*, der die liberalen Grundrechte jenseits der von ihm selbst angenommenen Urrechte mit beißendem Hohn überzog, wollte am Ende die ganze Welt in etwa dreitausend von ihm so genannten „Phalansterien" organisieren, in denen das Leben des einzelnen bis in Details durchorganisiert und die Pri-

31
Antiliberale und kollektiv-egalitäre Ziele frühsozialistischer Gesellschaftsentwürfe

Erlösungs- und Heilsphantasien

---
73 *Wilhelm Weitling*, Die Menschheit, wie sie ist und wie sie sein sollte, 1838, Neuausgabe 1895, S. 19f.
74 Vgl. zur näheren Organisation *Babeuf* (FN 54), insb. S. 85 ff.; speziell zur „Verschwörung" ferner die deutsche Neuausgabe *dess.*, Die Verschwörung für die Gleichheit, 1988.

vatsphäre aufgehoben ist[75]; *Weitling* projektierte ein neues goldenes Zeitalter in Gestalt einer kommunistischen Gütergemeinschaft, in der das Eigentum als „Ursache allen Übels" ebenso abgeschafft ist wie – allerdings – auch das allgemeine Wahlrecht[76]. In solchen Erlösungs- und Heilsphantasien demaskieren sich die an ihrem Ausgang stehenden Bekenntnisse zur menschenrechtlichen Freiheit zuletzt oft selbst, indem sie das darin angelegte Prinzip der Selbstbestimmung durch das ihm entgegengesetzte der Fremdbestimmung ersetzen: Durch „die Vorkehrungen, die wir treffen, die Freiheit zu schützen, sehen wir", notierte hellsichtig zum Ende seines Lebens schon *Fichte*, zuletzt „das Gegentheil erfolgen, ihre Vernichtung"[77]. Schon die ersten Vorentwürfe der sozialistischen Zukunftsgesellschaft vermitteln auf diese Weise eine Ahnung davon, wie der menschenrechtliche und durchaus auch freiheitliche Ausgangsimpuls des Sozialismus zugunsten anderer und als primär empfundener Prinzipien auf der Strecke bleiben kann.

32
Ausdehnung von Grundrechtsverheißungen auf alle Mitglieder der Gesellschaft

Ob man den Sozialismus demgegenüber dort, wo er erstmals zur Bewegung wird oder sich bereits in politischen Vereinigungen zu formieren versucht, von diesem Verdacht freisprechen kann, ist nicht ganz sicher. Dem äußeren Anschein nach stellt er sich gerade hier, also in seinem auf den unmittelbaren politischen und praktischen Ertrag zielenden Teil, ausdrücklich in die Tradition der liberalen Emanzipationsbestrebungen, deren Grundrechtsrhetorik er oft genug nur für bare Münze zu nehmen scheint, wenn er nicht weniger als die Ausdehnung der grundrechtlichen Verheißungen auf alle Mitglieder der Gesellschaft verlangt. So versammelt sich etwa der englische Chartismus, die erste große sozialistische Massenbewegung, in der „People's Charter" von 1838, die ihm den Namen gab, um die Forderung nach dem allgemeinen und gleichen Wahlrecht und aktualisiert damit den demokratischen Gehalt der Menschenrechtsidee[78]. Noch deutlicher tritt die Anknüpfung in dem Programm hervor, das 1834 vom „Bund der Geächteten" – einer in den dreißiger Jahren im Pariser Exil entstandenen Vorläuferorganisation der politischen Arbeiterbewegung, der auch *Weitling* eine Zeitlang angehörte – herausgegeben wurde und als Flugschrift zunächst in Frankreich, dann auch in Deutschland kursierte. Nach Art. 1 dieses Programms war der höchste und einzige Zweck der Gesellschaft „das Glück aller ihrer Glieder"; um dieses Glück zu sichern, mußte die Gesellschaft nach Art. 2 „einem jeden verbürgen: Sicherheit der Person; die Mittel, sich auf eine leichte Weise ein Auskommen zu verschaffen, welches ihm nicht nur die Bedürfnisse des Lebens, sondern auch eine menschenwürdige Stellung in der Gesellschaft sichert; Entwicklung sei-

---

75 S. *Fourier* (FN 69); ferner *ders.*, Traité de l'association domestique-agricole, 2 Bde., Paris 1822, jeweils so wirr und ungeordnet, daß sich kaum eine aufschlußreiche Belegstelle angeben läßt. Ein knapper Überblick über die Organisation der Phalansterien bei *Iring Fetscher*, Charles Fourier, in: Walter Euchner (Hg.), Klassiker des Sozialismus, 1991, Bd. 1, S. 58 (67 ff.). Zur Polemik *Fouriers* gegen die traditionellen liberalen Grundrechte *Ramm*, Die großen Sozialisten (Bibl.), S. 338 f.
76 *Wilhelm Weitling*, Garantien der Harmonie und Freiheit, 1842, Neuausgabe 1908, insb. S. 26, 79 ff., 134 ff.; die „Abschaffung allen Erbrechtes und Besitztums der Einzelnen" auch schon in Ziff. 5 der oben (FN 73) angeführten Grundsätze.
77 *Fichte*, Rechtslehre (FN 72), S. 535.
78 Vgl. dazu *Droz*, Geschichte (Bibl.), Bd. 2, S. 93 ff.

ner Anlagen; Freiheit; Widerstand gegen Unterdrückung"; auf diese Zusicherung sollten sodann nach Art. 3 alle Bürger „ein gleiches Recht ... haben"[79].

Man hat darin oft ein erstes Manifest oder auch eine Art Gründungsdokument eines freiheitlichen Sozialismus sehen wollen, der aus dem Geist der bürgerlichen Revolutionen geboren ist und letztlich nur auf die volle Einlösung ihrer emphatischen Menschenrechtsversprechen drängt[80]. Andere wollen von hier aus eine mehr oder weniger direkte Linie zur modernen Sozialdemokratie ziehen, die sich gerade durch ihre strikte Ausrichtung an den Menschenrechten von den doktrinären Zweigen der Arbeiterbewegung abhebt[81]. Das mag vom Text der Erklärung her, in dem eben auch die Freiheit als Grundwert hervorgehoben wird und eine Reihe von Einzelfreiheiten eingefordert wird, durchaus seine Berechtigung haben. Aber der Text dieser und anderer vergleichbarer Erklärungen ist das eine, ihr Kontext ein anderes. Blickt man auf diesen, so tritt doch auch hier wieder das Zweideutig-Unentschiedene, oft genug auch Unbestimmte in der Einstellung zu den Grundrechten hervor, das für den Sozialismus insgesamt lange Zeit kennzeichnend ist. Der Bund der Geächteten etwa, von dem jene Erklärung stammt, war – seinem Charakter als Geheimbund entsprechend, aber durchaus in gewissem Gegensatz zu dem in der Erklärung enthaltenen Bekenntnis zur Freiheit – in sich selbst diktatorisch und straff zentralistisch organisiert[82]. In programmatischer Hinsicht war er darüber hinaus von utopischen Vorstellungen wie denen des Babouvismus beeinflußt[83], in deren Lichte auch seine Erklärung der Menschen- und Bürgerrechte anders gelesen werden kann. So ist auch sie bei genauerer Lektüre einem radikalen Gleichheitsbegriff verhaftet, von dem aus es nur noch ein kleiner Schritt zu jenem Gütergemeinschafts-Sozialismus war, zu dem *Wilhelm Weitling* das Programm der deutschen Exilvereine später umformte[84]. Und auch die an den Eingangsartikel der Jakobinerverfassung von 1793 angelehnte Inpflichtnahme der Gesellschaft für „das Glück aller ihrer Glieder", die in Art. 1 und 2 programmatisch an die Spitze der Erklärung gestellt ist, dürfte sich bei prinzipieller Identität der Begriffe im konzeptionellen Ausgangspunkt durchaus von jener Verfolgung des Glücks („pursuit of happiness") unterscheiden, von der etwa in der amerikanischen Unabhängigkeitserklärung des Jahres 1776 die Rede war: Dort war jeder für sein eigenes Glück zuständig und konnte seine persönliche Vorstellung von Glück

33
Unentschiedenheit und Unbestimmtheit gegenüber den Grundrechten als Kennzeichen des Sozialismus

Bedrohung individueller Freiheit durch sozialistische Gesellschaftsordnung

---

79 Abgedruckt bei *W. Schieder*, Anfänge (Bibl.), S. 316 ff. Es handelte sich um die Transkription einer entsprechenden Erklärung der radikaldemokratischen „Société des Droits de l'Homme et du Citoyen", mit der der „Bund der Geächteten" kooperierte.
80 In diesem Sinne etwa *Strzelewicz*, Menschenrechte (Bibl.), S. 117; *Tenfelde*, Menschenrechte (Bibl.), S. 60; ähnlich auch *Oestreich* (FN 1), S. 106.
81 In diesem Sinne *Miller*, Sozialdemokratie (Bibl.), S. 28 ff., 60 f.
82 Vgl. *Stangl*, Sozialismus (Bibl.), S. 64 ff.
83 *Ramm*, Die großen Sozialisten (Bibl.), S. 481.
84 Zu dieser Nähe *W. Schieder*, Anfänge (Bibl.), S. 174 ff.; *ders.* (FN 33), S. 13. Zum Ausdruck kommt dieser radikale Gleichheitsbegriff etwa in dem Satz, es müsse Aufgabe einer künftigen Gesellschaft sein, „die Güter der Bürger der Gleichheit näherzubringen" (Art. 15); ferner etwa in der Begründung einer generellen Arbeitspflicht (Art. 14), s. den Abdruck der Erklärung bei *W. Schieder*, Anfänge (Bibl.), S. 317.

selbst definieren; hier, in der Erklärung des „Bundes der Geächteten", liegen Zuständigkeiten und Definitionskompetenz zumindest auch bei der Gesellschaft. Gewiß mag man dem naiven Pathos, das jeden der einzelnen Artikel – es sind ihrer insgesamt immerhin dreiundfünfzig – durchzieht und das durchaus auch ein Pathos der Freiheit ist, Unrecht tun, wenn man es mit staatlichem Paternalismus, jakobinischer Tugend- und Schreckensherrschaft oder den Endzeitvisionen eines *Babeuf, Fourier* oder *Weitling* zusammenliest. Aber das Menschenrecht der Freiheit, wie es dem liberalen Grundrechtsmodell zugrunde lag, könnte doch auch hier am Ende mutieren zum Menschenrecht auf Einführung einer sozialistischen Gesellschaftsordnung, bei der nicht ganz klar wäre, ob die Freiheit darin überhaupt noch einen Ort hätte.

II. Grundrechtsdenken in der organisierten Arbeiterbewegung

34
Revolutionär-kommunistischer und gemäßigt-reformistischer Flügel

An dieser eigenartigen Ambivalenz in der sozialistischen Haltung zu den Grundrechten, wie sie in alledem schon aufklingt, ändert sich vorderhand auch wenig in einer zweiten Phase der Entwicklung, die zeitlich in etwa den Abschnitt von der Mitte des 19. Jahrhunderts bis zum Ersten Weltkrieg umfaßt und äußerlich durch die Verbreiterung des Sozialismus zur Massenbewegung sowie den zunehmenden Organisationsgrad gekennzeichnet ist[85]. Auch hier lassen sich die verschiedenen Stränge der Grundrechtskritik den jeweiligen Lagern, Strömungen und Gruppierungen nur selten klar zuordnen, gehen die einzelnen Aspekte der Kritik vielfach ineinander über, ist oft nur schwer zu entscheiden, was noch Modifikation, Fortspinnen und Weiterentwicklung des menschenrechtlichen Projekts, was bereits seine totale Verneinung oder Verwerfung ist und wo das eine in das andere umschlägt. Daß sich die Wege des Sozialismus in dieser Phase zu trennen begannen und sich die Arbeiterbewegung spaltete in einen revolutionär-kommunistischen, um *Karl Marx* und *Friedrich Engels* versammelten und einen gemäßigt-reformistischen bzw. sozialdemokratischen Flügel, für den zunächst der Name *Ferdinand Lassalles* aufleuchtet, steht damit nur scheinbar in Widerspruch. Die Spaltung bestand in erster Linie auf der organisatorischen, strategischen oder auch taktischen, weniger auf der programmatisch-weltanschaulichen Ebene. Was diese anbelangt, so blieb, von nur wenigen Ausnahmen abgesehen, namentlich der gemäßigte Flügel lange Zeit den wesentlichen Bestandteilen der *Marx*schen Gesellschaftsanalyse verhaftet und reichte der geistige Einfluß von *Marx* und *Engels* bis weit in die Sozialdemokratie hinein.

35
Vielfach Distanz des radikalen Flügels zu Grund- und Menschenrechten

Auch auf die Einstellung zu den Grund- und Menschenrechten wirkte sich die Spaltung daher nur bedingt aus, und wo sie das tat, betrafen die Unterschiede wie jene eher die Oberfläche und waren dann oft nur strategischer oder taktischer Natur. Zudem wäre auch die Haltung des radikalen, um die Ideen von

---

85 Zur Entwicklung im einzelnen *Jacques Droz, Jean Bruhat, François Bédarida, Annie Kriegel* und *Madeleine Rebériou,* in: Jacques Droz, Geschichte (Bibl.), Bd. III, S. 11 ff. (Deutschland), 64 ff. (Frankreich), 116 ff. (Großbritannien), 185 ff. (Internationale Arbeiterassoziation), Bd. 4, S. 27 ff. (Deutschland), 92 ff. (Österreich-Ungarn) Bd. 9, S. 7 ff. (II. Internationale).

Marx und *Engels* versammelten Flügels verkürzt wiedergegeben, wenn man sie auf die einfache Ablehnung von Grund- und Menschenrechten in jeder Form reduzierte. Gewiß findet sich sowohl im Theoriegebäude als auch im äußeren Auftreten und in der tagespolitischen Arbeit dieses Flügels vieles, was auf eine solche Ablehnung hindeutet: die schon mehrfach angesprochene Polemik gegen die Menschenrechte in der „Judenfrage" etwa; deren spätere Zuordnung zu den Bewußtseinsformen und Institutionengeflechten des „Überbaus", mittels dessen nur die bürgerliche Klassenherrschaft verschleiert werden soll; die Denkweise des dialektischen Materialismus, nach dem die Geschichte von einer inneren Gesetzmäßigkeit durchwaltet wird und für den einzelnen nur die Unterwerfung unter diese Gesetzmäßigkeit möglich ist. Auch die bekannte These vom Absterben des Staates läuft letztlich auf eine Negierung wenn nicht der vorstaatlichen Menschen-, so doch der Grundrechte zu, weil diese gerade als Rechte des einzelnen gegen den Staat konzipiert sind und insofern nicht nur die Unterscheidung von Staat und Gesellschaft, sondern die Existenz des Staates überhaupt gedanklich voraussetzen. Folgerichtig rückt man auch in der unmittelbaren politischen Arbeit zu den Grund- und Menschenrechten nicht selten auf Distanz: Der aus dem „Bund der Gerechten", seinerseits eine Abspaltung des „Bundes der Geächteten", 1847 hervorgegangene, maßgeblich von *Marx* und *Engels* gelenkte „Bund der Kommunisten" hat sich zu ihnen nie in irgendeiner Form bekannt; aus der Inauguraladresse und den Statuten der Ersten Internationale, der 1864 in London gegründeten Internationalen Arbeiterassoziation, in der verschiedene radikale Strömungen des Sozialismus zusammenkamen, wurde sogar auf Betreiben von *Marx* nach 1866 jener Passus gestrichen, der es zur „Pflicht eines jeden" erklärte, „die Menschen- und Bürgerrechte nicht bloß für sich zu verlangen, sondern für jedermann, der seine Pflicht tut"[86].

Auf der anderen Seite bleibt aber doch der genuin menschenrechtliche Impuls nicht zu übersehen, der bei allem, was daraus dann später geworden sein mag, auch dem Sozialismus in seinen radikaleren Varianten zugrunde lag. So bekannte sich etwa auch *Marx* in seiner Einleitung zur „Kritik der Hegelschen Rechtsphilosophie" zu der „Lehre, daß der Mensch das höchste Wesen für den Menschen sei", und dem „kategorischen Imperativ, alle Verhältnisse umzuwerfen, in denen der Mensch ein erniedrigtes, ein geknechtetes, ein verlassenes, ein verächtliches Wesen ist"[87]. Ähnlich mag man auch im Anrennen gegen die „Entfremdung" des Menschen von sich selbst und seiner Arbeit – ein Schlüsselthema der *Marx*schen Kapitalismuskritik – durchaus ein menschenrechtliches Motiv erblicken, wie es etwa in der Hoffnung zum Ausdruck kommt, die künftige Gesellschaft werde es jedem einzelnen ermöglichen, „heute dies, morgen jenes zu tun, morgens zu jagen, nachmittags zu fischen, abends Viehzucht zu treiben, nach dem Essen zu kritisieren", je nachdem wie

36
Humanes Anliegen im Hintergrund von Gesellschaftsutopien

---

86 Nachweis s. FN 44; zur Geschichte dieses Passus s. ebd. die Anmerkung von *Karl Kautsky*, S. 878; ferner *Oestreich* (FN 1), S. 110.
87 *Karl Marx*, Zur Kritik der Hegelschen Rechtsphilosophie. Einleitung, in: MEW (FN 8), Bd. 1, 1973, S. 378 (385).

man gerade Lust habe[88]. Auch wenn nicht zu sehen ist, wie diese an vorindustriellen Leitbildern orientierte Utopie unter den Bedingungen höherstufiger Gesellschaften je realisiert werden könnte, so läßt sich dahinter doch ein humanes Anliegen erkennen, das dem der Menschenrechte nicht ganz fern steht[89]. Die Ablehnung gilt insoweit weniger der Idee der Menschenrechte an sich als vielmehr der Lesart, die sie im bürgerlichen Sozialmodell erfahren hat, und nur insofern mag man dann von Fundamentalopposition sprechen.

37
Keine eindeutige Grundrechtsposition des sozialdemokratischen Zweigs

Zugleich sind es solche Sätze und die in ihnen steckenden Verheißungen eines künftigen, besseren und auch menschlicheren Zeitalters, die belegen und verständlich machen, warum auch der pragmatische und spätere sozialdemokratische Zweig der Arbeiterbewegung lange Zeit von *Karl Marx* inspiriert wird und sich exakte Trennlinien daher auch nach dieser Seite hin nur schwer ziehen lassen. Bezogen auf die Grund- und Menschenrechte findet jedenfalls auch er vorerst nicht zu einer einheitlichen, geschweige denn eindeutigen Position und betreffen die Differenzen zwischen den Lagern eher den praktischen Umgang mit den Grundrechten als die innere Einstellung zu ihnen, die über die einzelnen Organisationen hinweg bis auf weiteres von den Axiomen der marxistischen Gesellschaftsanalyse einerseits und elysäischen Zukunftsträumereien andererseits bestimmt bleibt. Das Grundrechtskonzept des demokratischen Sozialismus, wenn man von einem solchen angesichts des niedrigen Reflexionsniveaus überhaupt sprechen mag, wurde auf diese Weise gleichsam aufgespalten in einen praktischen und einen theoretischen Teil: Während die Grundrechte in der unmittelbaren politischen Praxis einen hohen Stellenwert hatten und gerade die deutsche Sozialdemokratie viel für ihre Verwirklichung getan hat, wurden sie als Bestandteil des Wertekatalogs der bürgerlichen Gesellschaft auf der Ebene der theoretischen Reflexion nicht selten unter Ideologieverdacht gestellt[90]. Die Aufwertung der Grundrechte im praktischen Teil ergab sich dabei aus dem einmal eingeschlagenen Weg der Sozialreform ebenso wie aus den während der Repressionszeit ständig zu gewärtigenden Beschränkungen der eigenen Tätigkeit, die die Notwendigkeit eines Mindestmaßes an grundrechtsgesicherter Handlungs- und Bewegungsfreiheit beinahe täglich neu vor Augen führten. Nahezu alle programmatischen Dokumente der deutschen Sozialdemokratie und ihrer Vorläufer sind dementsprechend durchtränkt mit Forderungen nach politischen und privaten Freiheitsrechten, zu denen sich dann oft Forderungen nach sozialen Teilhaberechten hinzugesellten. So trat etwa die von dem früheren Schriftsetzer *Stephan Born* 1848 gegründete „Allgemeine deutsche Arbeiterverbrüderung", die in neueren Forschungen oft als Keim- und Gründungszelle der deutschen Sozialdemokratie angesehen wird, in ihren Statuten für das allgemeine Wahlrecht, Freizügigkeit, Eheschließungsfreiheit sowie stärkeren Arbeitnehmerschutz ein[91]. Ihre Gründungsversammlung,

Aufspaltung in praktischen und theoretischen Teil des Grundrechtskonzepts

---

88 *Marx/Engels*, Die deutsche Ideologie, in: MEW (FN 8), Bd. 3, 1973, S. 34f.
89 Vgl. etwa die Einschätzung bei *Ritter*, Arbeiter (Bibl.), S. 35; *Miller*, Sozialdemokratie (Bibl.), S. 352f.
90 *Tenfelde*, Menschenrechte (Bibl.), S. 62; ähnlich *Miller*, Problem der Freiheit (Bibl.), S. 294f.
91 Beschlüsse des Gründungskongresses der Arbeiterverbrüderung in Berlin, Dritter Teil „Hilfe des Staates", abgedruckt in: *Dowe/Klotzbach*, Dokumente (Bibl.), S. 91 (103ff.).

der Berliner Arbeiterkongreß, wandte sich während der Revolution am 2. September 1848 mit einer Adresse an die Nationalversammlung, um mit seinen Anliegen im Prozeß der Verfassunggebung gehört zu werden[92]. Man suchte so ersichtlich den Anschluß an den radikaldemokratischen Flügel der liberalen Emanzipationsbewegung und identifizierte sich dann auch weitgehend mit dessen Grundrechtsprogramm[93].

Aber auch nach dem Bruch des Bündnisses zwischen Liberalismus und Arbeiterbewegung im Zuge der nachrevolutionären Reaktion blieben die Grundrechte, wenn auch in je unterschiedlicher Akzentuierung, in den Schlüsseltexten der Sozialdemokratie präsent. Das Eisenacher Programm, auf dessen Grundlage die Sozialdemokratische Arbeiterpartei (SDAP) sich 1869 konstituierte, enthielt insgesamt zehn Punkte, die „als die nächsten Forderungen in der Agitation" geltend zu machen waren: unter anderem das allgemeine Wahlrecht für alle Männer; direkte Gesetzgebung durch das Volk; Aufhebung aller Vorrechte des Standes, des Besitzes, der Geburt und Konfession; Trennung von Staat und Kirche; obligatorischer und unentgeltlicher Schulunterricht; Unabhängigkeit der Gerichte; Abschaffung aller Presse-, Vereins- und Koalitionsgesetze; Einführung des Normalarbeitstages; Einschränkung der Frauen- und Verbot der Kinderarbeit; ferner staatliche Hilfen für das Genossenschaftswesen[94]. Das Gothaer Programm von 1875, das auf dem Vereinigungskongreß von „Eisenachern" und „Lassalleanern", also von Sozialdemokratischer Arbeiterpartei und Allgemeinem deutschen Arbeiterverein beschlossen wurde, nahm diese Forderungen weitgehend auf und begnügte sich damit, die eine oder andere zu ergänzen oder schärfer zu konturieren – etwa in der Ausdehnung des Wahlrechts von den Männern auf alle Staatsangehörigen, im Aufruf nach Abschaffung „überhaupt aller Gesetze, welche die freie Meinungsäußerung, das freie Denken und Forschen beschränken", sowie im ausdrücklichen Bekenntnis zur „Erklärung der Religion für Privatsache"; selbständige Bedeutung bekam nunmehr die Forderung nach unbeschränktem Koalitionsrecht[95]. Auch der praktische, von *Eduard Bernstein* formulierte Teil des Erfurter Programms von 1891, mit dem sich die Partei nun wie heute Sozialdemokratische Partei Deutschland (SPD) nannte, blieb grundsätzlich auf dieser Linie, nahm hier die plebiszitäre Komponente der früheren Programme etwas zurück, fügte dort etwa die ausdrückliche Forderung nach Gleichberechtigung der Frau hinzu[96].

38
Unterschiedliche Akzentuierung von Grundrechtsforderungen in sozialdemokratischen Schlüsseltexten

---

92 Abgedruckt bei *E.R. Huber* (FN 33), Nr. 159.
93 Vgl. *Balser*, Sozial-Demokratie (Bibl.), S. 234 f., mit entsprechenden Belegen aus der Vereinszeitschrift.
94 Eisenacher Programm (FN 35), Abschnitt III 1-10, S. 172 f. Verbunden war damit freilich nicht unbedingt die Forderung nach Verankerung dieser Rechte auf Verfassungsebene; es ging eher um die Gewährleistung dieser Rechte überhaupt.
95 Programm und Organisationsstatuten der Sozialistischen Arbeiterpartei Deutschlands, Gotha 1875, abgedruckt in: *Dowe/Klotzbach*, Dokumente (Bibl.), S. 177 (179). Speziell die Koalitionsfreiheit wollte die Sozialdemokratie später ausdrücklich im BGB verankern, vgl. *Martiny*, Integration (Bibl.), S. 62.
96 Programm der Sozialdemokratischen Partei Deutschlands, Erfurt 1891, abgedruckt in: *Dowe/Klotzbach*, Dokumente (Bibl.), S. 185 (188 f.).

39
Grundrechte als Übergangsphänomen

Allerdings waren diese Forderungen von ihrem Anwendungssinn her zumeist auf die unmittelbare politische Auseinandersetzung innerhalb der bestehenden Ordnung bezogen und – wie das häufige Auftauchen von Zusätzen wie „zunächst" oder „innerhalb der heutigen Gesellschaft" belegt – in ihrer Geltung oft auf den Zeitpunkt bis zur Erringung der politischen Macht durch die Sozialdemokratie selbst beschränkt[97]. Dagegen besagen sie wenig über das Danach, hinsichtlich dessen meist nur allgemein von der „Errichtung des freien Volksstaats"[98], der „Zerbrechung des ehernen Lohngesetzes durch Abschaffung des Systems der Lohnarbeit", der „Beseitigung aller sozialen und politischen Ungleichheit" in der sozialistischen Gesellschaft[99] oder auch den „gleiche(n) Rechten und gleiche(n) Pflichten aller ohne Unterschied des Geschlechts und der Abstammung"[100], aber nur ansatzweise von privater Freiheit die Rede war. Die Grundrechte fanden sich auf diese Weise in ein eigenartiges Zwischenreich verwiesen, jenseits dessen immer die Hoffnung auf eine um alle inneren Gegensätze bereinigte, Staat und Gesellschaft übergreifende, gesamthafte Freiheitsordnung aufglänzte, in der sich das Problem, auf das die Grundrechte ursprünglich die Antwort sein sollten, erst gar nicht mehr stellte. Sie bekamen dadurch etwas Vorläufiges und eher die Bedeutung von Übergangsphänomenen. Besonders hervor tritt dieser Grundzug im Erfurter Programm von 1891, mit dem der Marxismus wieder zur offiziellen Parteidoktrin der deutschen Sozialdemokratie wurde. Es enthielt neben seinem praktischen, den Grundrechten zugewandten, einen grundsätzlichen, von *Karl Kautsky* formulierten Teil, der nur die Paraphrase eines Kapitels aus dem „Kapital" darstellte und neben der Forderung nach gleichen Rechten und Pflichten für alle am Ende auf die „Abschaffung der Klassenherrschaft und der Klassen selbst" zulief[101]. Damit war der entsprechende Teil des Gothaer Programms, das sich noch am entschiedensten zu Grundrechten wie der Meinungs-, Religions- oder Pressefreiheit als „Grundlagen des Staates" bekannt hatte[102], revidiert und der *Marx*schen Kritik an diesem Programm, wie *Friedrich Engels* nicht zu Unrecht notierte, weitgehend Rechnung getragen[103].

40
Gespaltenes Verhältnis der sozialdemokratischen Bewegung zu den Grundrechten

Zu den Grundrechten ergibt sich auf diese Weise ein eher gespaltenes Verhältnis, wie es für den sozialdemokratischen Zweig der Arbeiterbewegung während dieser gesamten Phase kennzeichnend ist und das im Erfurter Programm nur deshalb so deutlich zutage tritt, weil dort der Gegensatz in einem einzigen Dokument zusammengedrängt ist. Er ist aber nicht auf dieses oder

---

97 Vgl. die Programme von Eisenach (FN 35), Gotha (FN 95), Erfurt (FN 96). Eine klarere Differenzierung enthielt insoweit nur das Gothaer Programm, das die möglichste Ausdehnung der politischen Rechte und Freiheiten sowie das unbeschränkte Koalitionsrecht innerhalb der bestehenden Gesellschaft, die Abschaffung aller gegen die freie Meinungsäußerung, das freie Denken und Forschen gerichteter Gesetze dagegen als „Grundlagen" des Staates forderte; s. dazu noch unten im Text.
98 Ziff. I des Eisenacher Programms (FN 35), S. 172.
99 Ziff. II des Gothaer Programms (FN 95), S. 178.
100 Erfurter Programm (FN 96), S. 187.
101 Erfurter Programm (FN 96), S. 187.
102 Gothaer Programm (FN 95), S. 178 f.; s. dazu bereits oben FN 97.
103 *Friedrich Engels*, Brief an Friedrich Adolph Sorge vom 24.10.1891, in: MEW (FN 8), Bd. 38, 1968, S. 182 (183): „Wir haben die Satisfaktion, daß die Marxsche Kritik komplett durchgeschlagen hat."

jenes Parteiprogramm beschränkt, sondern durchzieht auch sonst viele Äußerungen der Protagonisten jenes Zweiges, und zwar insbesondere dort, wo diese stärker theoretisch angelegt sind. So findet sich etwa in *August Bebels* „Die Frau und der Sozialismus", dem populärsten Buch der deutschen Sozialdemokratie überhaupt, das von seinem erstmaligen Erscheinen im Jahr 1879 bis 1913 allein in Deutschland insgesamt dreiundfünfzig Auflagen erlebte und in rund zwanzig Sprachen übersetzt wurde[104], neben dem titelgebenden Plädoyer für die volle Gleichberechtigung der Frau auch die Vision einer sozialistischen Zukunftsgesellschaft, die das Denken und die Anschauungen der Arbeiterbewegung lange Zeit beeinflußte wie sonst nur noch die beiden zentralen programmatischen Schriften *Ferdinand Lassalles*. *Bebel*, der in seiner praktischen Politik neben der Geschlechtergleichheit immer wieder für Meinungs- und Pressefreiheit, die Rechte der polnischen Minderheit, eine menschenwürdige Behandlung der Bevölkerung in den deutschen Überseekolonien ebenso eintrat wie gegen antisemitische Diskriminierung oder die Mißhandlung von Soldaten[105], skizzierte diese Gesellschaft darin als ein Gemeinwesen, in dem jeder nur noch soviel arbeitet, wie für das Gesamtwohl erforderlich ist, die „proletarische Lebensweise der großen Mehrzahl der Menschen" abgeschafft ist, die „Verhältnisse vollkommen geordnete" sind, sich das ganze Leben „nach Plan und Ordnung" vollzieht, alle „gegenseitig für einander arbeiten", der „Gegensatz der Interessen beseitigt" ist, „Befriedigung des persönlichen Egoismus und Förderung des Gemeinwohls ... miteinander in Harmonie" stehen, die Produktivität der Arbeit „mächtig" wächst, der Staat und seine Repräsentanten verschwunden sind und schließlich auch gar nicht mehr gebraucht werden, weil aus der sozialisierten Gesellschaft mit dem Privateigentum auch die Kriminalität verschwunden ist[106]. Arbeitspflicht für alle, Unterordnung des Individuums unter das Kollektiv, Homogenitäts- und Konformitätszwänge, weitgehende Aufhebung der Privatsphäre und rigoroses Plandiktat sind freilich die Kehrseite dieses „goldenen Zeitalters[107]", das darüber nicht weniger totalitäre Züge annimmt als die frühsozialistischen Utopien, von denen es auch ansonsten in vieler Hinsicht beeinflußt ist[108]. Bei *Karl Kautsky*, der später zu den schärfsten Kritikern des bolschewistischen Meinungsterrors zählen sollte[109], ist dies dahin zugespitzt, daß in einer klassenlosen Gesellschaft das „Individuum ... der Gesellschaft gegenüber so nichtig (ist), daß es gar nicht die Kraft hat, ihrer einmütigen Stimme zu trotzen", und jene damit „völlig erdrückend" wirkt[110]. Damit ist die grundrechtliche Zuordnung von Individuum und Gemeinschaft am Ende auf den Kopf gestellt und schlägt die Kritik an den Grundrechten in eine Fundamentalkritik um, die zum praktischen Handeln der Sozialdemokra-

Homogenitäts- und Konformitätszwänge in der Gesellschaft der Zukunft

---

104 *Bebel* (FN 54), Bd. 10/2, Editorische Anmerkungen, S. 729 ff.
105 Dazu *Ritter*, August Bebel, Freiheit und Emanzipation. Menschenrechte und Arbeiterbewegung im Kaiserreich, in: Kolloquium für H. Mommsen, Freiheit und Sozialismus, Mitteilungsblatt des Instituts zur Erforschung der deutschen und europäischen Arbeiterbewegung, Heft 18 (1997), S. 15 ff.
106 *Bebel* (FN 54), Bd. 10/2, S. 565 ff., 622 ff.
107 *Bebel* (FN 54), Bd. 10/2, S. 657.
108 Zu diesem Zusammenhang – insb. zu *Fourier* – *Ritter* (FN 105), S. 16 f.
109 S. insb. *Karl Kautsky*, Terrorismus und Kommunismus, 1919, S. 119 ff.
110 *Karl Kautsky*, Ethik und materialistische Geschichtsauffassung, 1910, S. 131.

tie letztlich in einem unbewältigten Gegensatz steht und die Feststellung rechtfertigt, daß die Sozialdemokraten auf der Ebene der Theorie das eigentliche Problem der Freiheit völlig verkannt haben[111].

41
Lassallescher Freiheitsbegriff kollektiv-, nicht individualbezogen

Nicht weniger dürfte dieser Vorwurf auch auf *Ferdinand Lassalle* zutreffen, den eigentlichen Gründungsvater des Reformsozialismus. *Lassalle* unterschied sich von den Marxisten, aber eben auch von den späteren Utopien eines *Bebel* oder *Kautsky* vor allem durch seine prinzipiell positive Einstellung zum Staat, von dem er sich sogar Unterstützung für die von ihm vorgeschlagenen „Produktivassoziationen" – genossenschaftlich organisierte Handwerks- und Industrietriebe – erwartete und dessen Umwandlung in einen demokratischen Staat er prinzipiell für möglich hielt. Zu diesen Voraussetzungen hätte dann auch die Anwendung der Grundrechte in ihrem traditionellen Sinne gepaßt, insofern diese gerade im Staat ihren Adressaten fanden. Tatsächlich weist *Lassalle* dem Staat gerade die Funktion zu, die „Entwicklung der Freiheit" als die „Entwicklung des Menschengeschlechts zur Freiheit zu vollbringen"[112]. Dazu fügen sich seine zahlreichen Bekenntnisse zu einer rechtlich verfaßten Demokratie[113] ebenso wie die Einforderung des allgemeinen und gleichen Wahlrechts oder die, wenn auch beiläufige und insgesamt schon eher abschätzige, Anerkennung von Freizügigkeit und Gewerbefreiheit[114]. Aber der *Lassalle*sche Freiheitsbegriff ist ein *Hegel*scher und wie bei *Hegel* nicht auf das Individuum, sondern auf ein Kollektivsubjekt bezogen. Dessen Freiheit ist dann prinzipiell unbegrenzt, während die individuelle Willkür prinzipiell begrenzt ist[115]. Als maßgebliches Kollektivsubjekt erscheint dabei zuletzt der Staat selbst, den *Lassalle* so, wie ihn *Hegel* als „substantielle Einheit" und „Wirklichkeit der sittlichen Idee" anlegte[116], „als Einheit der Individuen in einem sittlichen Ganzen" beschrieb. Der Zweck des Staates bestand unter diesen Prämissen für *Lassalle* nicht darin, „dem einzelnen nur die persönliche Freiheit und das Eigentum zu schützen" – der *Hegel*sche Not- und Verstandesstaat –, sondern wesentlich in der sittlichen Vervollkommnung und der Aufhebung der Einzelexistenz auf einer höheren „Stufe des Daseins"[117]. Diesem Zweck entsprach dann seine nähere Aufgabenbestimmung als plebiszitär geführte Erziehungsanstalt, deren Mitglieder sich ebenso wie die des von *Lassalle* geführten Allgemeinen deutschen Arbeitervereins einer „Diktatur der Einsicht" unterwerfen sollten[118]. Zur „Krankheit des indi-

Lassalle: „Diktatur der Einsicht"

---

111 *Miller*, Problem der Freiheit (Bibl.), S. 295.
112 *Lassalle*, Arbeiterprogramm. Über den besonderen Zusammenhang der gegenwärtigen Geschichtsperiode mit der Idee des Arbeiterstandes, in: *ders.*, Gesammelte Reden (FN 34), Bd. II, S. 139 (197).
113 Vor allem *Lassalle*, Macht und Recht, in: *ders.*, Gesammelte Reden (FN 34), Bd. II, S. 131 ff.
114 Vgl. *Lassalle*, Offenes Antwortschreiben, in: *ders.*, Gesammelte Reden (FN 34), Bd. III, S. 39 (48); zur Wissenschaftsfreiheit s. *ders.*, Die Wissenschaft und die Arbeiter, ebd., S. 203 ff.
115 *Lassalle*, System der erworbenen Rechte, in: *ders.*, Gesammelte Reden (FN 34), Bd. IX, S. 304 f.
116 *Georg Wilhelm Friedrich Hegel*, Grundlinien der Philosophie des Rechts, erstmals 1821, § 257 f.
117 *Lassalle*, Arbeiterprogramm (FN 112), S. 197 f.
118 *Lassalle*, Die Agitation des Allgemeinen Deutschen Arbeitervereins und das Versprechen des Königs von Preußen, in: *ders.*, Ausgewählte Reden und Schriften, 1991, S. 340 f. *Lassalle* sah sich dabei durchaus selbst als der „Gott der Vernunft", so *Shlomo Na'man*, Lassalle, 1970, S. 734 f. Zu *Lassalles* autoritärem Herrschaftsverständnis auch *Stangl*, Sozialismus (Bibl.), S. 169 ff.

viduellen Meinens und Nörgelns"[119] wie auch zum „negativen, ätzenden Individualismus"[120] der liberalen Bourgeoisie insgesamt bildet dies den äußersten Gegensatz. Von hier aus erscheinen dann freilich auch die liberalen Grundrechte und das allgemeine und gleiche Wahlrecht, das *Lassalle* in das Zentrum seiner politischen Agitation gestellt hatte, in einem anderen Licht und stellen offenbar weniger die Strukturprinzipien einer künftigen Gesellschaft als vielmehr in erster Linie Kampfinstrumente zur Überwindung der bestehenden dar. Insoweit tritt schon bei *Lassalle* die innere Ambivalenz in der Einstellung zu den Grundrechten hervor, wie sie für die sozialistische Programmatik in der Phase bis zum Ende des Kaiserreichs insgesamt kennzeichnend ist[121].

III. Grundrechtsdenken nach der Spaltung des Sozialismus

Klarer auseinander treten die unterschiedlichen Stränge der sozialistischen Grundrechtskritik erst in einer dritten Phase der Entwicklung des Sozialismus, deren Beginn äußerlich durch die russische Oktoberrevolution von 1917 und die deutsche Novemberrevolution von 1918 markiert wird. Sie führen zur endgültigen Spaltung der sozialistischen Bewegung, deren einer, von *Wladimir Iljitsch Lenin* geführter Teil das kommunistische Projekt eines radikalen Umbaus der Gesamtgesellschaft ins Werk zu setzen versucht, während der andere sich zusehends mit den liberalen Institutionen aussöhnt und nach und nach auch mit den Grundrechten seinen inneren Frieden macht. Diese Aussöhnung vollzog sich freilich ebenfalls nicht einfach linear oder von einem Tag auf den andern, sondern stand am Ende eines langen, von vielfältigen Widerständen begleiteten und von gegenläufigen Entwicklungen unterbrochenen, oft schmerzlichen Prozesses. Sie erforderte zunächst den Abschied von der Verheißung eines sozialistischen Ikarien oder Arkadien, wie ihn früher bereits *Eduard Bernstein* mit seinem berühmten Bekenntnis eingefordert hatte, er „habe für das, was man gemeinhin unter ‚Endziel des Sozialismus' versteht, außerordentlich wenig Sinn und Interesse. Dieses Ziel, was immer es sei, ist mir gar nichts, die Bewegung alles"[122]. *Bernstein* selbst hielt zentrale Annahmen der marxistischen Geschichts- und Gesellschaftsanalyse – wie etwa die Thesen vom notwendigen Zusammenbruch des Kapitalismus und der immer weiter voranschreitenden Verelendung der Arbeiter – schon früh für empirisch widerlegt und hatte von hier aus die deutsche Sozialdemokratie zu einer Revision ihres Erfurter Programms von 1891 aufgerufen. Er selbst suchte demgegenüber wieder die Verbindung zum Liberalismus, der für ihn mit dem Sozialismus insoweit zusammenhing, als beide von dem Prinzip der gleichen

42
Bernstein: Sozialistisches Menschenrechtsverständnis als „organisatorischer Liberalismus"

---
119 *Lassalle* aaO.
120 *Lassalle*, Die an den „Bastiat-Schulze" anknüpfenden Kontroversen, in: *ders.*, Gesammelte Reden (FN 34), Bd. V, S. 380.
121 S. auch die Einschätzung bei *Steinbach*, Sozialdemokratie (Bibl.), S. 20, daß bei *Lassalle* die „Bedeutung normierter Schutzbereiche" völlig vernachlässigt ist.
122 *Eduard Bernstein*, Zur Theorie und Geschichte des Sozialismus, 1901, S. 234.

Freiheit ihren Ausgang nahmen. Auch hinsichtlich des Pluralismus und der staatlichen Garantie der Menschenrechte sah er weitgehende Übereinstimmungen. Während allerdings, wie *Bernstein* meinte, der Liberalismus diese Prämissen zugunsten einer einseitigen Orientierung an besitzbürgerlichen Interessen aufgegeben habe, halte der Sozialismus nur konsequent an ihnen fest. Sozialismus bedeute dann „in letzter Instanz Demokratie, Selbstverwaltung", also gleiche Freiheit aller in allen gesellschaftlichen Bereichen und sei insoweit nichts anderes als eine Art „organisatorischer Liberalismus"[123].

43
Möglichkeit eigenständiger Grundrechtspolitik

Mit dieser Zusammenführung von Sozialismus und Liberalismus bei gleichzeitiger Verabschiedung des utopischen Zukunftsideals wäre an sich der Weg frei gewesen für eine eigenständige Grundrechtspolitik der Sozialdemokraten, insofern nun der liberale Staat, der seine Legitimation aus der Sicherung der Rechte des einzelnen bezieht, nicht mehr als die zugunsten der endgültigen Lösung der sozialen Frage überwindungsbedürftige Ordnung erschien, sondern selber schon als der unhintergehbare Rahmen, innerhalb dessen diese Lösung zu finden war. Allerdings war *Bernstein* mit seinen Forderungen zunächst in der Minderheit geblieben und hatte im „Revisionismusstreit", den sie auslösten, zeitweilig sogar am Rande des Parteiausschlusses gestanden. Auch andernorts wirkte sich die Absetzbewegung des demokratischen oder gemäßigten Flügels der Arbeiterbewegung von ihren marxistischen Wurzeln vorerst nur bedingt auf die Grund- oder Menschenrechte aus. So hatten sich

Austromarxismus

etwa die Austromarxisten, ein Kreis österreichischer Sozialisten um *Otto Bauer, Max Adler, Rudolf Hilferding* und *Karl Renner*, ab 1904 um eine zeitangemessene Reformulierung des Marxismus bemüht, die diesen unter anderem mit den Prinzipien der *Kant*schen Ethik in Zusammenhang brachte[124]. Die praktischen Folgerungen lagen aber primär auf anderem Gebiet wie etwa der Nationalitätenfrage im Habsburgerreich und betrafen die Grundrechte dann eher beiläufig: etwa wenn – wie von *Bauer* – zur Lösung der Nationalitätenfrage die verstärkte kulturelle Autonomie der verschiedenen Teilnationen gefordert wurde[125] oder – wie von *Renner* – die Kritik des Eigentums dadurch verfeinert wurde, daß auf die seit den *Marx*schen Tagen eingetretene Trennung von Eigentum und Verfügungsmacht hingewiesen wurde[126]. Anderer-

Politische Rechte für den Gegner als Zweckmäßigkeitsfrage

seits schien mit dieser österreichischen Lesart des Marxismus auch eine Auffassung kompatibel, die an der Notwendigkeit der Diktatur des Proletariats festhielt und dann die Gewährung politischer Grundrechte für deren Gegner zu einer Sache bloßer „Zweckmäßigkeitsgründe" erklären konnte[127].

---

123 *Eduard Bernstein*, Die Voraussetzungen des Sozialismus und die Aufgaben der Sozialdemokratie, erstmals 1899, ⁵1973, S. 8, 188.
124 Dazu zusammenfassend *Droz*, Geschichte (Bibl.), Bd. 4, S. 121 ff..
125 *Otto Bauer*, Die Nationalitätenfrage und die Sozialdemokratie, erstmals 1907, jetzt in: *ders*., Werkausgabe, 9 Bde., Wien 1975-1980, Bd. 1, S. 49 ff.
126 So *Karl Renner* (unter dem Pseudonym *J. Karner*), Die soziale Funktion der Rechtsinstitute, besonders des Eigentums, Wien 1904, Neuausgabe Stuttgart 1965 unter dem Titel: Die Rechtsinstitute des Privatrechts und ihre soziale Funktion.
127 So *Max Adler*, Politische oder soziale Demokratie, 1926, S. 101 f.

Äußerungen dieser Art konnten freilich zu der Zeit, als sie fielen – Mitte der zwanziger Jahre –, weder für den Austromarxismus noch für den demokratischen Sozialismus überhaupt als repräsentativ gelten. Insgesamt leiteten vor allem in Deutschland die Ereignisse des Ersten Weltkriegs einerseits und die Auseinandersetzung mit der russischen Revolution andererseits auf seiten der Sozialdemokratie den allmählichen Durchbruch zu einer inneren Anerkennung der Grundrechte ein, die nur noch sehr bedingt unter dem Mentalvorbehalt ihrer späteren Aufhebbarkeit im sozialistischen Paradies steht. Selbst eine radikale Linke wie *Rosa Luxemburg* hatte sich, wenn auch von einem eher internen Standpunkt aus und selber nicht frei von Widersprüchen, vom *Lenin*schen Jakobinismus distanziert und ihm ihr berühmtes Diktum von der „Freiheit des anders Denkenden" entgegengehalten[128]. Während sie und andere, die sich 1917 von der SPD abspalteten und zur „Unabhängigen Sozialdemokratischen Partei Deutschlands" (USPD) zusammenschlossen, freilich in wirtschaftlicher Hinsicht weiterhin für die „Umwandlung der kapitalistischen Wirtschaftsanarchie in die planmäßige sozialistische Wirtschaft" und in politischer für die Errichtung der Räterepublik als „Herrschaftsorganisation des Proletariats", jeweils unter weitgehender Aussparung der Grundrechte, eintraten[129], bekannte sich die große Mehrheit der SPD, seit der Abspaltung der USPD und zur Unterscheidung von dieser kurzzeitig Mehrheits-SPD oder MSPD genannt, nun endgültig zur parlamentarischen Demokratie auf grundrechtlichem Unterbau, und zwar nicht nur aus taktischem Kalkül, sondern im Sinne eines prinzipiellen und primären Ziels. Sie vollzog damit auch endgültig den Schwenk zu einer grundrechtsbezogenen Rechtspolitik. So bestand eine der ersten Maßnahmen des aus der Novemberrevolution von 1918 hervorgegangenen Rates der Volksbeauftragten, der sich aus drei Vertretern der Mehrheits-SPD und weiteren drei der USPD zusammensetzte, in der Aufhebung aller Zensurmaßnahmen und der vollständigen Wiederherstellung der Vereinigungs-, Versammlungs-, Meinungs- und Religionsfreiheit[130]. Gegenüber dem ersten, von *Hugo Preuß* erstellten Entwurf der Weimarer Reichsverfassung, der ebenso wie die Reichsverfassung von 1871 keine Grundrechte enthielt, war es dann vor allem *Friedrich Ebert*, der gegenüber *Preuß* erklärte, er vermisse „in der Vorlage die scharfe, ins Auge fallende Betonung gewisser demokratischer Gesichtspunkte: persönliche Freiheit, Freiheit der Wissenschaft in ihrer Lehre, Gewerbefreiheit, Pressefreiheit, Versammlungsfreiheit,

44
Allmähliche Anerkennung der Grundrechte

Keine Grundrechte im Preußschen Verfassungsentwurf

---

128 *Rosa Luxemburg*, Die russische Revolution, jetzt in: *dies.*, Politische Schriften, hg. von Ossip K. Flechtheim, 1987, S. 536 (564): „Freiheit nur für die Anhänger der Regierung, nur für Mitglieder einer Partei – mögen sie noch so zahlreich sein – ist keine Freiheit. Freiheit ist immer nur Freiheit des anders Denkenden."
129 S. das Aktionsprogramm der Unabhängigen Sozialdemokratischen Partei Deutschlands, beschlossen auf dem außerordentlichen Parteitag in Leipzig 1919, abgedruckt in: *Dowe/Klotzbach*, Dokumente (Bibl.), S. 197 (198 f.). Grundrechtlichen Charakter haben demgegenüber lediglich die Forderung nach „Erklärung der Religion zur Privatsache" (Ziff. 8) und zur Gleichberechtigung von Mann und Frau (Ziff. 10).
130 RGBl. 1918, S. 1313 f.

Koalitionsfreiheit usw.", und auf Aufnahme der Grundrechte in die Verfassung insistierte[131].

45
Wandlung der SPD zur staatstragenden Partei

Die Sozialdemokratie stellte sich so endgültig in die Tradition des Liberalismus und trieb auf dieser Basis die Grundrechtsentwicklung in Deutschland entscheidend voran. Sowohl die Sozialdemokratie als politische Strömung als auch die Grundrechte als juristisches Programm werden darüber aber in ihrem Kern verändert und erhalten gleichsam ein neues Gesicht. Die Sozialdemokratie wandelt sich über das entschiedene Bekenntnis zu den Grundrechten und zur parlamentarischen Demokratie von der staatsfeindlichen und durch das Sozialistengesetz zeitweilig illegalisierten Organisation, die sie im Kaiserreich war, zu einer staatstragenden Partei, die sich in ihrem Görlitzer Programm von 1921 unwiderruflich zur demokratischen Republik bekennt und sich „entschlossen" erklärt, „zum Schutze der errungenen Freiheit das Letzte einzusetzen"[132].

Soziale Dimension der Grundrechte

Die Grundrechte ihrerseits nehmen verschiedene Elemente der sozialistischen Kritik in sich auf und werden um eine entschieden soziale Dimension angereichert: Gegen den liberalen Individualismus betont die Weimarer Reichsverfassung die Verpflichtungen des einzelnen gegenüber der Gemeinschaft, indem sie den Grundrechten schon in der Überschrift des zweiten Hauptteils gleichberechtigt die Grundpflichten entgegensetzt[133]; der Formalcharakter der grundrechtlichen Garantien ist relativiert durch soziale Grundrechte, die dem einzelnen die zur Ausübung der verschiedenen Freiheiten erforderliche materielle Ausstattung sichern sollen[134]; der Kritik des Eigentums ist allgemein durch dessen Sozialpflichtigkeit (Art. 153 Abs. 3 WRV) und bezüglich des Unternehmenseigentums durch den Gegenpol der Koalitionsfreiheit (Art. 159 WRV) sowie durch die Eröffnung weitreichender Mitbestimmungsmöglichkeiten (Art. 165 WRV) Rechnung getragen; gegen die gesellschaftliche Ungleichheit ist eine Zielbestimmung gesetzt, nach der die Ordnung des Wirtschaftslebens den „Grundsätzen der Gerechtigkeit mit dem Ziele der Gewährleistung eines menschenwürdigen Daseins für alle" entsprechen soll (Art. 151 Abs. 1 WRV) – dies alles nicht zuletzt auf Betreiben der sozialistischen oder sozialdemokratischen Kräfte hin und zur Abwehr noch weitergehender Veränderungen, wie sie von der radikalen Linken nach dem Sturz der alten Ordnung in der Novemberrevolution von 1918 eingefordert worden waren. Die Grundrechte entfernen sich dadurch von ihren ursprünglichen Prämissen und geraten in eine stärkere Schwebelage zwischen liberalem Freiheitsanspruch und sozialistischen Bindungspostulaten, die es dann ihrerseits den Sozialisten erleichtert, sich nicht nur mit einzelnen Grundrechten wie den politischen Freiheiten, sondern mit dem Grundrechtssystem als solchem und in seiner Gesamtheit zu identifizieren.

---

[131] Wiedergegeben und zitiert nach *Miller*, Sozialdemokratie (Bibl.), S. 46.
[132] Programm der Sozialdemokratischen Partei Deutschlands, beschlossen auf dem Parteitag in Görlitz 1921, abgedruckt in: *Dowe/Klotzbach*, Dokumente (Bibl.), S. 203 (205); s. zusammenfassend *Steinbach*, Sozialdemokratie (Bibl.), S. 49 ff.
[133] Vgl. Art. 132 bis 134, 163 Abs. 1 WRV.
[134] Vgl. Art. 119 Abs. 2, 145 Satz 3, 146 Abs. 3, 155, 161, 163 Abs. 2, 164 WRV.

Insoweit läßt sich also durchaus von einer wechselseitigen Annäherung von Grundrechten einerseits und Sozialismus andererseits wie auch von einem gegenseitigen Wandel infolge dieser Annäherung sprechen. Sie geht allerdings noch nicht so weit, daß mit ihr die innere Ambivalenz, die die sozialistische Einstellung zu den Grundrechten bis dahin auszeichnete, schon vollständig überwunden wäre. Diese verschiebt sich vielmehr nur um eine Ebene nach unten und betrifft nicht mehr die Grundrechtsordnung an sich, sondern nur einen der grundrechtlich geregelten Lebensbereiche, nämlich die Ordnung der Wirtschaft und hier insbesondere die Eigentumsfrage. Im ursprünglichen, von *Hugo Sinzheimer* und *Max Quarck* erstellten Verfassungsentwurf der Sozialdemokraten hatte ein Eigentumsartikel bezeichnenderweise noch völlig gefehlt[135]. In ihren Parteiprogrammen hielt die SPD weiterhin am Ziel der Vergesellschaftung der Produktionsmittel und der fortschreitenden „Umformung der gesamten kapitalistischen Wirtschaft zur sozialistischen, zum Wohl der Gesamtheit betriebenen Wirtschaft" fest, die als das notwendige Mittel angesehen wurden, „um das schaffende Volk aus den Fesseln der Kapitalherrschaft zu befreien, die Produktionserträge zu steigern, die Menschheit zu höheren Formen wirtschaftlicher und sittlicher Gemeinschaft emporzuführen"[136]. Damit wurde ausdrücklich an den grundsätzlichen, marxistischen Teil des Erfurter Programms von 1891 angeknüpft, dessen Bekenntnis zur „Abschaffung der Klassenherrschaft und der Klassen selbst" im Görlitzer Programm erneuert wurde[137]. Allerdings entsprach der klassenkämpferischen und antikapitalistischen Rhetorik keine praktische Politik. Gerade während ihrer Regierungsbeteiligung unternahmen die Sozialdemokraten kaum einen Schritt, um jenes Ziel seiner Verwirklichung näherzubringen. Auch das Konzept einer Wirtschaftsdemokratie, das in der Zeit von 1925 bis 1928 von verschiedenen Gewerkschaftern und Sozialdemokraten unter Federführung von *Fritz Naphtali* entwickelt worden war und neben der betrieblichen Mitbestimmung auf eine Unterordnung der Wirtschaft unter das Gemeininteresse durch paritätisch besetzte Selbstverwaltungsorganisationen zielte[138], wurde nicht ernsthaft verfolgt.

Die Haltung der Sozialdemokratie blieb insoweit insgesamt schwankend oder unentschieden[139]. Unentschieden war aber auch die Verfassung selbst, die zwar das Eigentum einerseits nun gewährleistete, andererseits aber auch insbesondere über ihren Art. 165 einen Hebel zur Umgestaltung der Wirtschaft in eine sozialistische Gemeinwirtschaft bereitstellte[140]. Diese Regelung ent-

---

135 Verhandlungen der verfassunggebenden Deutschen Nationalversammlung, Sten. Ber., 1919ff., Bd. 336, S. 173ff. Zu den Hintergründen *Martiny*, Integration (Bibl.), 1976, S. 93ff.
136 Görlitzer Programm (FN 132), S. 205; ähnlich das Heidelberger Programm von 1925, abgedruckt bei: *Dowe/Klotzbach*, Dokumente (Bibl.), S. 211 (212ff.).
137 AaO.
138 S. FN 65.
139 Vgl. *Steinbach*, Sozialdemokratie (Bibl.), S. 47f., 49ff.; *Harrer*, Die Sozialdemokratie in Novemberrevolution und Weimarer Republik, in: Jutta von Freyberg u.a. (Hg.), Geschichte der deutschen Sozialdemokratie, ³1989, S. 68 (101f.).
140 Die Regelung ging maßgeblich auf *Sinzheimer* zurück, vgl. dazu *Ritter*, Arbeiter (Bibl.), S. 227ff.; *Martiny*, Integration (Bibl.), S. 85ff.

sprach dem Kompromißcharakter der Weimarer Verfassung, die aus dem Ringen ganz entgegengesetzter Kräfte hervorgegangen war und insofern wesentliche Fragen des politischen Zusammenlebens nicht entschied, sondern ihre Lösung der weiteren Entwicklung überließ. Die Offenheit betraf dann aber nicht nur die Anwendung oder nähere Ausgestaltung bestimmter und als solcher allgemein konsentierter Prinzipien. Sie war vielmehr eine Unentschiedenheit in diesen Prinzipien und Ordnungsideen selbst[141], und gerade in der Eigentumsfrage tritt sie am deutlichsten hervor. Auch die Ambivalenz der Sozialdemokratie zu dieser Frage ist damit nicht beseitigt, sondern in diesem Punkt in die von ihr getragene Verfassung selbst eingegangen.

IV. Grundrechtsdenken in der Zeit der Ost-West-Konfrontation

48
Klärung des Grundrechtsdenkens in der vierten Phase

Eine weitere Klärung des sozialistischen – oder jetzt: sozialdemokratischen – Verhältnisses zu den Grundrechten erfolgt erst in einer vierten Phase der Entwicklung des Sozialismus, die über den schon bisher bestehenden Gegensatz der politischen Systeme hinaus durch die Konfrontation der militärischen Blöcke gekennzeichnet ist, die sich nach 1945 entlang der Systemgrenzen rasch zu formieren begannen. Davor lagen die zwölf Jahre der nationalsozialistischen Gewaltherrschaft, die die Sozialdemokraten ins Exil trieben und sie im „Prager Manifest" von 1934 zum revolutionären Kampf gegen die Diktatur zurückkehren ließen[142]. Nach dem Zusammenbruch dieser Diktatur stellte sich die SPD, wie es *Kurt Schumacher* auf einer Parteitagsrede 1946 beschrieb, dann schnell wieder in die Tradition der „deutschen klassischen Philosophie" und der liberalen Grund- und Menschenrechte, an die der Sozialismus nur anknüpfe. Diese seien, so *Schumacher*, weder besondere Bürger- noch besondere Arbeiterrechte, sondern enthielten als die Rechte „der Freiheit, der Gleichheit, der Brüderlichkeit, der Menschlichkeit" in sich bereits „auch alle Klassenrechte und Klassenforderungen der Arbeiterschaft"[143].

49
Eigentum als neuralgischer Punkt

Weiterhin ausgenommen von diesen Rechten blieb aber das Eigentum und hier insbesondere das Eigentum an den Produktionsmitteln, hinsichtlich dessen die Sozialdemokraten die klassische sozialistische Kritik teils fortführten, teils erneuerten. Diese hatte aus der Unterstützung der Nationalsozialisten durch weite Kreise der deutschen Industrie, wie sie in den Nürnberger Prozessen unmittelbar anschaulich geworden war, neue Nahrung erhalten und wurde von führenden sozialistischen Theoretikern oft noch zu der These zugespitzt, daß der Faschismus ebenso wie der Imperialismus nur eine Sonderform oder Entartung des Kapitalismus, von ihm aber nicht prinzipiell unterschieden

---

141 *Böckenförde*, Der Zusammenbruch der Monarchie und die Entstehung der Weimarer Republik, in: Karl-Dietrich Bracher/Manfred Funke/Hans-Adolf Jacobsen (Hg.), Die Weimarer Republik 1918-1933, ²1988, S. 17 (39).
142 Prager Manifest der Sopade 1934: Kampf und Ziel des revolutionären Sozialismus/Die Politik der Sozialdemokratischen Partei Deutschlands, abgedruckt bei: *Dowe/Klotzbach*, Dokumente (Bibl.), S. 221 ff.
143 *Kurt Schumacher*, Reden – Schriften – Korrespondenzen 1945-1952, hg. v. Willy Albrecht, 1985, S. 414.

sei[144]. Daraus resultierte dann in der praktischen Konsequenz erneut die Forderung nach Vergesellschaftung der Produktionsmittel und Sozialisierung der Wirtschaft, die freilich nicht auf die SPD beschränkt war, sondern etwa auch in das Ahlener Programm der CDU von 1947 Eingang fand. Das Grundgesetz blieb dementsprechend vorerst „wirtschaftspolitisch neutral"[145] und hielt in seinem Artikel 15 die Vergesellschaftungsoption ausdrücklich offen. Dies geschah nicht zuletzt auf Betreiben der SPD, der dadurch ihrerseits die Zustimmung zum Grundgesetz wesentlich erleichtert wurde[146]. Allerdings konnte auch den Sozialdemokraten nicht verborgen bleiben, daß diese Option um so theoretischer wurde, je länger von ihr kein Gebrauch gemacht wurde und sich statt der sozialistischen Gemeinwirtschaft mit fortschreitender Entwicklung die soziale Marktwirtschaft institutionell verfestigte. Zudem ließen auch die Verschärfung der Ost-West-Konfrontation zum Kalten Krieg und der wenig attraktive Verlauf des sozialistischen Experiments im anderen Teil Deutschlands eine zügige Distanzierung vom Modell einer sozialistischen Kommandowirtschaft ratsam erscheinen.

All dies machte eine Anpassung der wirtschaftspolitischen Konzeption der SPD erforderlich, wie sie schließlich mit dem Godesberger Programm von 1959 vollzogen wurde. In ihm arrangiert sich die SPD mit der sozialen Marktwirtschaft und erkennt nun auch das „private Eigentum an Produktionsmitteln" ausdrücklich an, dem sogar „Anspruch auf Schutz und Förderung" zugebilligt wird, „soweit es nicht den Aufbau einer gerechten Sozialordnung hindert". Demgegenüber werden die Vergesellschaftung und die Begründung von Gemeineigentum auf die Fälle beschränkt, wo „mit anderen Mitteln eine gesunde Ordnung der wirtschaftlichen Machtverhältnisse nicht gewährleistet werden kann", während im übrigen eine stärkere soziale Verantwortung, gewerkschaftliche Mitbestimmung der Arbeitnehmer entsprechend dem Montanmodell sowie eine gerechtere Einkommens- und Vermögensverteilung eingefordert werden[147]. Auch in der Einstellung zum Eigentum deutet sich damit jener Wandel an, wie er sich ganz ähnlich, wenn auch zeitlich wesentlich früher, für die Grundrechte insgesamt beobachten ließ: Von dem übergangsweise erforderlichen und überhaupt nur in einem bestimmten Stadium der gesellschaftlichen Entwicklung zu tolerierenden Phänomen aus, als das es sich für die Sozialdemokraten lange darstellte, wird es allmählich als ein wesentliches Bauprinzip der Sozialordnung anerkannt, das für die individuelle Freiheit als Grundlage dieser Ordnung eine beinahe ebenso große Rolle spielt wie andere grundrechtliche Gewährleistungen auch. Das Eigentum muß dann zwar in

50
Anerkennung des Privateigentums auch an Produktionsmitteln

---

144 Eingang fand diese These etwa in die Prinzipienerklärung der Sozialistischen Internationale, beschlossen auf dem 1. Kongreß in Frankfurt 1951: Ziele und Aufgaben des demokratischen Sozialismus, Ziff. 1, abgedruckt in: *Dowe/Klotzbach* (Bibl.), S. 287 (288).
145 BVerfGE 4, 7 (17f.); s. dazu zusammenfassend *Werner Frotscher*, Wirtschaftsverfassungs- und Wirtschaftsverwaltungsrecht, ³1999; gegen eine solche Offenheit etwa *Hans Heinrich Rupp*, Grundgesetz und „Wirtschaftsverfassung", 1974.
146 *Wieland*, in: Dreier, GG, Bd. I (LitVerz.), Art. 15 Rn. 10.
147 Grundsatzprogramm der Sozialdemokratischen Partei Deutschlands, beschlossen auf dem außerordentlichen Parteitag in Bad Godesberg 1959, abgedruckt bei: *Dowe/Klotzbach*, Dokumente (Bibl.), S. 349 (358ff.).

sozialdemokratischer Perspektive wegen seiner besonderen gesellschaftlichen Relevanz enger mit Gemeinwohlbelangen verzahnt werden als jene, ist aber darum nicht schon von vornherein weniger wert.

51
Godesberger Programm: Freiheit statt Solidarität an erster Stelle

Die sozialistische Kritik an den Grundrechten ist damit auch hier endgültig konstruktiv geworden und zielt nur noch auf die Sicherung der Sozialverträglichkeit des Freiheitsgebrauchs, die Begrenzung wirtschaftlicher Übermacht oder eine ausreichende soziale Abfederung der verschiedenen Freiheitsgarantien. In der Trias der sozialdemokratischen Grundwerte Freiheit, Gerechtigkeit und Solidarität rückt dementsprechend seit Godesberg die Freiheit nun auch optisch an die erste Stelle, während der klassische Grundwert der Sozialisten, die Solidarität, auf den dritten Platz verwiesen ist. Die SPD bricht darüber mit ihren marxistischen Wurzeln ebenso wie mit ihrem bisherigen Charakter als Klassenpartei und zielt, wie es im Godesberger Programm heißt, nur noch allgemein auf „eine Gesellschaft, in der jeder Mensch seine Persönlichkeit in Freiheit entfalten und als dienendes Glied der Gemeinschaft verantwortlich am politischen, wirtschaftlichen und kulturellen Leben der Menschheit mitwirken kann"[148]. Auch die Vorstellung von einem a priori festliegenden sozialistischen Endziel wird in diesem Sinne zugunsten eines freiheitlichen, grundwerteorientierten und pluralistischen Verständnisses von Sozialismus aufgegeben, das diesen nicht mehr als fertiges Programm, sondern nur noch als „dauernde Aufgabe" definiert[149]. Darin ausdrücklich eingeschlossen ist der Abschied von der Verkündung der „letzten Wahrheiten", denen nun das Prinzip der „Achtung vor den Glaubensentscheidungen des Menschen, über deren Inhalt weder eine politische Partei noch der Staat zu bestimmen haben", gegenübergestellt wird[150]. Im gewandelten Verhältnis zu Religion und Kirche, denen nun ausdrücklich Schutz und Unterstützung zugesagt werden[151], spiegelt sich diese Aussage.

52
Anverwandlung von demokratischem Sozialismus und Grundrechten

Mit alldem ist die Sozialdemokratie nun vollständig in der liberalen Grundrechtsgesellschaft angekommen. Spätere Parteiprogramme können dann auf der durch Godesberg vorgezeichneten Linie bleiben und schreiben den Trend oft nur noch stärker fort, wobei sie gegenüber früheren Programmen weniger an Tiefe als vielmehr an Länge gewinnen. Vor allem das Bekenntnis zur Marktwirtschaft wie überhaupt zu den Prinzipien von Markt und Wettbewerb festigt sich zusehends und wird nur noch flankiert durch die Einforderung von sozialen Teilhabe- und Mitbestimmungsrechten, die weiterhin ein Thema bleiben. Veränderungen des Grundrechtskatalogs sind damit freilich schon nicht mehr verbunden. So kann etwa das Recht auf Arbeit ebenso wie jenes auf menschenwürdiges Wohnen als natürliches Menschenrecht postuliert werden, ohne daß es darum in das Grundgesetz aufgenommen und den dort vorhandenen Grundrechten zu Seite gestellt werden müßte. Auch die weiterhin ange-

---

148 Godesberger Programm (FN 147), Abschnitt „Grundwerte des Sozialismus", aaO., S. 351.
149 Vgl. Godesberger Programm (FN 147), aaO.; ferner *Peter Lösche/Franz Walter*, Die SPD: Klassenpartei – Volkspartei – Quotenpartei, 1992, S. 114f.
150 Godesberger Programm (FN 147), aaO.
151 Vgl. den entsprechenden Abschnitt Religion und Kirche, Godesberger Programm (FN 147), S. 364.

strebte Demokratisierung der Wirtschaft, die überwiegend in der Reform des Betriebsverfassungsrechts sowie der flächendeckenden Einführung der Unternehmensmitbestimmung Anfang der siebziger Jahre aufgegangen ist, erscheint nicht mehr als prinzipieller Gegenentwurf zur bestehenden Gesellschaft, sondern nur als Aktualisierung der ohnehin in Art. 14 Abs. 2 GG formulierten Sozialbindung, wie das Berliner Programm von 1989 lapidar feststellt[152]. Die Grundrechte werden auf diese Weise mit dem berühmten Tropfen „sozialen Öls" angereichert, sind aber als solche der Kritik entzogen, die damit ihrerseits an ihr vorläufiges Ende gekommen zu sein scheint. Der demokratische Sozialismus hat sich den Grundrechten damit anverwandelt, so wie diese sich ihm im Laufe ihrer Entwicklung ein Stück anverwandelt haben. Im Zuge dieser wechselseitigen Anverwandlung wandelt aber auch der demokratische Sozialismus selbst seinen Charakter und nähert sich in der praktischen Konsequenz mehr und mehr einem ins Soziale gewendeten Liberalismus an, dessen Programm dann umgekehrt nicht mehr auf die sozialdemokratischen Parteien im engeren Sinne beschränkt, sondern allgemein geworden ist und mit seinen zentralen Grundwerten auch die anderen Parteien erreicht hat[153].

E. Bilanz und Perspektiven

Blickt man von hier aus zurück auf die Resonanz der sozialistischen Grundrechtskritik und den Niederschlag, den sie schließlich in den Grundrechten gefunden hat, so fällt die Bilanz nicht eben schlecht aus. Vieles von dem, was die Kritik eingefordert hat, findet sich heute im Grundgesetz oder zumindest in der Auslegung, die man ihm mittlerweile gegeben hat, wieder: Das Menschenbild hinter den Grundrechten ist nicht mehr das des auf sich selbst gestellten, egoistischen Individuums, das *Karl Marx* aus den frühen Menschenrechtserklärungen herausgelesen hat, sondern zielt, wie das Bundesverfassungsgericht formuliert hat, auf die „in der Gemeinschaft stehende und ihr vielfältig verpflichtete Persönlichkeit"[154]. Die Privatautonomie schließt mitt-

53
Wandlung der Grundrechtstexte und -auslegung

---

152 Grundsatzprogramm der Sozialdemokratischen Partei Deutschlands, beschlossen vom Programmparteitag in Berlin 1989, abgedruckt in: *Dowe/Klotzbach*, Dokumente (Bibl.), S. 371 (429).
153 Vgl. Kapitel 1, Ziff. 12 ff. des Grundsatzprogramms der CDU vom 21. bis 23. Februar 1994, in dem – nun aus der Tradition der christlichen Sozialethik – Freiheit, Solidarität und Gerechtigkeit als Grundwerte postuliert werden (Ziff. 12 ff.), die Verantwortung auch für die Gemeinschaft betont und einem „falsch verstandenen Individualismus auf Kosten anderer" eine Absage erteilt wird; statt dessen soll der „Sinn für Verantwortung und Gemeinwohl, für Pflichten und Bürgertugenden" gestärkt werden (Ziff. 14). Auch die FDP hatte sich in den „Freiburger Thesen" vom Oktober 1971 zeitweise einem „sozialen Liberalismus" zugewendet, der „für die Ergänzung der bisherigen liberalen Freiheitsrechte und Menschenrechte durch soziale Teilhaberechte und Mitbestimmungsrechte" eintrat, und zwar nicht nur an der verfassungsmäßigen Organisation des Staates, sondern an der arbeitsteiligen Organisation der Gesellschaft", vgl. *Karl Herrmann Flach/Werner Maihofer/Walter Scheel*, Die Freiburger Thesen der Liberalen, 1972, S. 58.
154 *BVerfGE 45*, 187 (227 f.); s. ferner *BVerfGE 4*, 7 (15 f.); *33*, 1 (10 f.); st. Rspr.

lerweile ein Mindestmaß an Rücksichtnahme auf die Belange der unterlegenen Vertragspartei ein[155]. Das Eigentum gewährt nur mehr bedingt das Recht auf ein freies Belieben, als das es in § 903 BGB noch erscheint, sondern ist generell durch Art. 14 Abs. 2 GG und speziell durch eine Vielfalt eigentumsbeschränkender Gesetze sozial gebunden. Koalitionsfreiheit, Streikrecht und Tarifautonomie sind durch das Grundgesetz ebenso gewährleistet wie unter der Weimarer Reichsverfassung. Das allgemeine und gleiche, auf alle Volksschichten einschließlich der Arbeiter ausgedehnte Wahlrecht ist selbstverständliches Hausgut jeder parlamentarischen Demokratie geworden. Demgegenüber enthält zwar der Grundrechtskatalog des Grundgesetzes anders als die Weimarer Reichsverfassung keine nennenswerten sozialen Rechte oder eigenständige Ansprüche auf staatliche Leistungen. Diese sind aber mittlerweile auf der Ebene des einfachen Rechts flächendeckend eingerichtet und finden zudem im Sozialstaatsprinzip eine hinreichende verfassungsrechtliche Rückendeckung, die nun ihrerseits die klassischen liberalen Freiheitsrechte überformt. Den ursprünglich nur als Freiheitsrechten konzipierten Grundrechten kann auf diese Weise selbst ein teilhaberechtlicher Charakter entnommen werden, kraft dessen der Staat unter dem „Vorbehalt des Möglichen" die zu ihrer Ausübung erforderlichen Voraussetzungen bereitzustellen hat[156].

54
Kritik an einseitiger Grundrechtsausrichtung in vielen Lagern

Gewiß läßt sich nicht alles davon als Erfolg der Sozialisten oder Sozialdemokraten verbuchen, zumal die Kritik an der zunächst einseitig bürgerlichen Ausrichtung der Grundrechte auch nicht nur von ihnen, sondern oft und nicht weniger deutlich auch von anderen geistigen und politischen Strömungen – namentlich den sozialen Flügeln des Liberalismus und Konservatismus oder der katholischen Soziallehre – formuliert wurde. Auch läßt sich hinsichtlich der Auswirkungen der Kritik ebensowenig zwischen der konstruktiven und der fundamentalen Variante unterscheiden, wie es schon für ihre nähere Entfaltung der Fall war: Nicht zuletzt dürfte es gerade die Furcht vor einer weiteren Ausbreitung der Fundamentalkritik gewesen sein, die den Staat für die Belange der Arbeiter sensibilisierte, von hier aus etwa die Abkehr vom liberalen Laissez-faire-Prinzip in der Sozialpolitik beförderte und schließlich auch zu einzelnen Revisionen des ursprünglichen Grundrechtsmodells Anlaß gab. Die Kritik an den Grundrechten konnte sich dann ihrerseits nach und nach in dem Maße abmildern, wie diese sich selbst ein Stück für sie öffneten und einzelne ihrer Elemente in sich aufnahmen. Von daher läßt sich die Geschichte der sozialistischen Grundrechtskritik durchaus als eine Art Erfolgsgeschichte lesen. Vergleicht man die ursprüngliche und die heutige Gestalt der Grundrechte miteinander und hält man andererseits dagegen, was gerade der demokratische Sozialismus an ideologischem Ballast über Bord geworfen hat, um schließlich bei den Grundrechten anzukommen, so mögen sich diese Erfolge insgesamt eher bescheiden ausnehmen; die weitaus größeren Opfer hat jeden-

Erfolgsgeschichte sozialistischer Grundrechtskritik

---

155 S. vor allem *BVerfGE 89*, 214 (230 ff.) – Bürgschaft.
156 So *BVerfGE 33*, 303 (329 ff.) – Numerus clausus.

falls der Sozialismus erbringen müssen. Aber unter dem Strich bleibt doch festzuhalten, daß sich das Grundrechtssystem nicht zuletzt infolge der vielfältigen Kritik von seinen ursprünglichen liberalen Prämissen in vielen Teilen entfernt und im Laufe der Zeit eine spürbar soziale Einfärbung bekommen hat.

Indessen läßt sich seit einiger Zeit beobachten, daß gerade diese Einfärbung, die bis weit in die achtziger Jahre noch weithin konsentiert schien, aus verschiedenen Gründen unter Druck geraten ist und zentrale Errungenschaften sozialistischer Grundrechtspolitik heute erneut in Frage gestellt werden. Die Gegenbewegung tritt dabei wieder im Namen der individuellen Freiheit und Eigenverantwortung auf und zielt auf Ab- bzw. Rückbau der Beschränkungen, die dieser Freiheit vor allem auf ökonomischem Gebiet entgegenstehen. Insbesondere die hohe Regelungsdichte des modernen Präventions- und Interventionsstaats wird zusehends als Produktivitätsbremse empfunden, unter der sich die unternehmerische Tätigkeit nicht mehr angemessen entfalten kann. Dazu sagen sich viele Unternehmen von sich aus von ihrer sozialen Verantwortung los und orientieren ihr Handeln unter dem neuen Leitbild des „shareholder value" vermehrt nur noch am eigenen Börsenwert, in den sich vor allem kurzfristige Gewinnerwartungen, Effizienzkalküle und Rationalisierungseffekte positiv einstellen lassen. Statt durch sozialstaatliche Regulierung und solidarisches Handeln soll das Gemeinwohl dann wieder stärker durch Markt und Wettbewerb hergestellt werden, so wie es den ursprünglichen Annahmen der liberalen Theorie entsprach. Ihre Argumente bezieht diese Gegenbewegung derzeit vor allem aus der seit Jahren anhaltenden wirtschaftlichen Krise einerseits und den verschärften Rahmenbedingungen des globalen Wettbewerbs andererseits, die je für sich den Konkurrenzdruck innerhalb der Wirtschaft erhöhen und für klassische sozialistische Grundwerte wie Solidarität oder soziale Gerechtigkeit zusehends weniger Raum lassen. Über diese schieben sich vielmehr zusehends ökonomische Imperative, deren Gewicht dann noch dadurch verstärkt wird, daß die marktwirtschaftlich-kapitalistische Ordnung weithin konkurrenzlos geworden ist und spätestens seit dem Zusammenbruch des Staatssozialismus sowjetischer Prägung ohne jede glaubwürdige Alternative dasteht. Dazu stößt mit der sich ebenfalls zuspitzenden Krise der sozialen Sicherungssysteme auch die bisherige Strategie der Entschärfung und Abfederung dieser Imperative durch den wohlfahrtsstaatlichen Regulierungsapparat an ihre Leistungsgrenzen und erscheint vielfach nicht mehr als sinnvolle Therapie zur Behandlung der ökonomischen und gesellschaftlichen Probleme, sondern selber als das Krankheitssymptom, dem die Therapie vor allem zu gelten hat.

55
Gegenbewegung infolge Wirtschaftskrise

Leistungsgrenzen sozialer Sicherungssysteme

Diese Entwicklung trifft den demokratischen Sozialismus an seinem Nerv und hat ihn vor die Frage gestellt, wie er auf sie reagieren kann, ohne auf der einen Seite in den obsoleten Antikapitalismus der Vergangenheit zurückzufallen oder sich zur anderen Seite hin dem Marktprinzip so weit anzuschmiegen, daß die Unterscheidung zu anderen politischen Strömungen vollends verlorengeht. Dieses Dilemma hat zu verschiedenen Versuchen einer Neubestimmung

56
Ungewisse Zukunft sozialistischen Grundrechtsdenkens

der sozialistischen Position angeregt, die freilich noch kaum zu einem klaren Ergebnis geführt haben und sich vorerst in wenig scharfen Ankündigungen eines „Dritten Weges" oder eines Kurses „jenseits von Links und Rechts" erschöpfen[157]. Die Folgen treffen freilich auch die zu positivem Verfassungsrecht geronnenen Residuen sozialistischen Grundrechtsdenkens, deren weitere Zukunft ebenso ungewiß erscheint wie die des demokratischen Sozialismus selbst. Vor allem den sozialpolitisch motivierten Beschränkungen der unternehmerischen Freiheit, die sich je für sich als Aktualisierung der von den Sozialisten eingeforderten Sozialbindung des Eigentums lesen lassen, bläst der Wind der öffentlichen oder veröffentlichten Meinung derzeit heftig ins Gesicht, gleich ob sie nun Arbeitnehmermitbestimmung, Kündigungsschutz oder Sozialabgaben heißen. Dasselbe gilt für das von der Arbeiterbewegung erkämpfte und unter dem Grundgesetz durch Art. 9 Abs. 3 gewährleistete Recht auf kollektive Aushandlung der Arbeits- und Wirtschaftsbedingungen, dessen zentraler Bestandteil, die Tarifautonomie, nach Auffassung führender Ökonomen eines der entscheidenden Hindernisse auf dem Weg zur Überwindung der gegenwärtigen Wirtschaftskrise bildet und nach einer keineswegs nur vereinzelt anzutreffenden Forderung demnächst aus Art. 9 Abs. 3 GG im Wege der Interpretation wieder herausoperiert werden soll[158]. Darüber könnte mit der Zeit auch das grundgesetzliche Menschenbild, in dem auch die Gemeinschaftsgebundenheit des Individuums ihren Ausdruck gefunden hat, über kurz oder lang wieder stärker zugunsten der Reißbrettkonstruktion des rationalen Nutzenmaximierers oder homo oeconomicus verschoben werden, wie sie in den Wirtschaftswissenschaften nun schon seit längerem dominiert. Die wirtschaftspolitische Offenheit des Grundgesetzes, wie sie in Art. 15 GG zum Ausdruck kommt, ist ohnehin durch Zeitablauf obsolet geworden und wird in ihrer Wirkung überdies durch das europarechtliche Bekenntnis zu einer „offenen Marktwirtschaft mit freiem Wettbewerb" (Art. 4 EG) überlagert. Statt wie von den Sozialisten früher angestrebt zu Vergesellschaftung oder Verstaatlichung geht die Tendenz dementsprechend nahezu überall in Richtung Privatisierung, die längst auch nicht mehr nur die früheren großen Staatsunternehmen und Versorgungsbetriebe wie Bahn oder Post erfaßt, sondern nicht einmal vor den klassischen Aufgabenbereichen des Staates selbst Halt macht.

57
Folgen von Globalisierung und Ökonomisierung

All dies trifft das sozialdemokratisierte Grundrechtsmodell wie auch seinen gesellschaftlichen Bezugsrahmen in seinem Kern und könnte langfristig auf eine Rückkehr zu jenem einseitig liberalen Verständnis der Grundrechte hinauslaufen, an dem sich die sozialistische Kritik einst entzündete. Das ist freilich deshalb nicht unproblematisch, weil durchaus Anzeichen dafür zu erkennen sind, daß mit der zunehmenden Globalisierung und Ökonomisierung die

---

157 So der Titel zweier Bücher von *Anthony Giddens*, Der Dritte Weg, 1999; *ders.*, Jenseits von Links und Rechts, ²1997, speziell zum Sozialismus s. dort S. 84 ff.
158 In diesem Sinne etwa *Chr. Engel*, Arbeitsmarkt und staatliche Lenkung, VVDStRL 59 (2000), S. 56 (83 f.); ihm folgend *Isensee*, Diskussionsbeitrag, ebd. (150 ff.); dagegen *Böckenförde*, Diskussionsbeitrag, ebd. (148 ff.).

Schere zwischen Arm und Reich nicht nur im Vergleich der Staaten zueinander, sondern auch innerhalb der staatlichen Gesellschaften selbst wieder weiter auseinanderklafft und die Zahl derer steigt, die der Entwicklung nicht zu folgen vermögen und schließlich als ihre Verlierer auf der Strecke bleiben. Noch läßt sich nicht sicher sagen, ob es sich dabei nur um einzelne vorübergehende Nebenwirkungen des gesellschaftlichen Wandels oder doch schon um einen langfristigen Trend handelt, wie er mit dem Schlagwort von der Zwei-Drittel-Gesellschaft beschrieben wird. Aber es könnte damit doch, wenngleich in anderen Größenordnungen und bis auf weiteres noch abgemildert durch die sozialen Sicherungssysteme, am Horizont in etwa jene Situation wieder aufscheinen, die das Ungenügen des bürgerlich-liberalen Grundrechtsverständnisses einst augenfällig gemacht hatte. Der demokratische Sozialismus steht dieser Entwicklung freilich schon seit längerem eher hilf-, jedenfalls orientierungslos gegenüber, wie er überhaupt Schwierigkeiten hat, seine Identität nach der Zeitenwende von 1989/90 neu zu definieren. Insofern kann die Krise der sozialdemokratischen Grundrechtskonzeption durchaus als ein Sinn- und Abbild jener Krise gelten, in die der demokratische Sozialismus überhaupt geraten ist und in der nicht weniger auf dem Spiel steht als seine Existenzberechtigung in einer sich rapide wandelnden Welt.

Krise sozialdemokratischer Grundrechtskonzeption

E. Bibliographie

Balser, Frolinde, Sozial-Demokratie 1848/49 bis 1863, Text- und Quellenband, 1962.
Dowe, Dieter/Klotzbach, Kurt (Hg.), Programmatische Dokumente der deutschen Sozialdemokratie, ³1990.
Droz, Jacques, Geschichte des Sozialismus, 15 Bde., 1974 ff.
Marx, Karl, Zur Judenfrage, in: Karl Marx/Friedrich Engels, Werke, hg. vom Institut für Marxismus-Leninismus beim ZK der SED, Bd. 1, 1972, S. 347.
Martiny, Martin, Integration oder Konfrontation. Studien zur Geschichte der sozialdemokratischen Rechts- und Verfassungspolitik, 1976.
Miller, Susanne, Das Problem der Freiheit im Sozialismus, ²1977.
dies., Sozialdemokratie als Lebenssinn, 1995.
Ramm, Thilo, Die großen Sozialisten als Rechts- und Sozialphilosophen, 1955.
Ritter, Gerhard A., Arbeiter, Arbeiterbewegung und soziale Ideen in Deutschland, 1996.
Strzelewicz, Willy, Der Kampf um die Menschenrechte, 1968.
Schieder, Wolfgang, Anfänge der deutschen Arbeiterbewegung, 1963.
Stangl, Christine, Sozialismus zwischen Partizipation und Führung, 2002.
Steinbach, Peter, Sozialdemokratie und Verfassungsordnung, 1983.
Tenfelde, Klaus, Menschenrechte in Deutschland bis zum Zusammenbruch der Monarchie 1918, in: Franz-Joseph Hutter/Carsten Tessmer (Hg.), Die Menschenrechte in Deutschland, 1997, S. 48 ff.
Welskopp, Thomas, Das Banner der Brüderlichkeit, 2000.

3. Grundrechte in totalitären Theorien

§ 13
Grundrechtstheorie im Marxismus-Leninismus

Georg Brunner †

Übersicht

		RN			RN
A.	Einleitung	1–2		2. Grundrechtstheoretische Diskussionen	29–35
B.	Historische Schichten des Grundrechtsverständnisses	3–40		3. Die neuen Verfassungen	36–40
	I. Marxismus	3–7	C.	Elemente der marxistisch-leninistischen Grundrechtstheorie	41–75
	II. Leninismus	8–13		I. Begründung der Grundrechte	42–48
	1. Lenin und die Grundrechte	8–9		II. Rechtsnatur der Grundrechte	49–51
	2. Die ersten Sowjetverfassungen	10–13		III. Einteilung und Wertigkeit	52–58
	III. Stalinismus	14–24		IV. Einheitsthese	59–65
	1. Die Rechtfertigung des sozialistischen Rechts	14–16		V. Immanente Grundrechtsschranken	66–68
	2. Die Grundrechte der Stalinschen Verfassung von 1936	17–21		VI. Grundrechtsgarantien	69–75
	3. Stalinistische Verfassunggebung in den osteuropäischen Volksdemokratien	22–24	D.	Reale Funktionen der Grundrechte	76–86
	IV. Poststalinistische Entwicklungen	25–40		I. Propagandistische Hauptfunktion	77–80
	1. Politische Rahmenbedingungen	25–28		II. Juristische Nebenfunktion	81–82
				III. Grundrechtswirklichkeit	83–86
			E.	Bibliographie	

A. Einleitung

1
Grundrechtstheorie der „sozialistischen" Staatengemeinschaft

In diesem Beitrag soll die Grundrechtstheorie behandelt werden, die in den totalitär-kommunistischen Einparteidiktaturen Europas bis zur politischen Wende von 1989/90 vertreten und praktiziert wurde. Diese Grundrechtstheorie war Bestandteil der marxistisch-leninistischen Systemideologie sowjetischer Prägung, die in den Ländern des sowjetischen Hegemonialbereichs, der sog. „sozialistischen Staatengemeinschaft", verbindlich war. Zu dieser Staatengruppe gehörten außer der Sowjetunion Polen, die DDR, die Tschechoslowakei, Ungarn, Rumänien und Bulgarien. Jugoslawien und Albanien waren aus dem sowjetischen Hegemonialbereich frühzeitig ausgeschieden und zählten zum weiteren Kreis des sog. „sozialistischen Weltsystems".

2
Sonderrolle Jugoslawiens und Albaniens

Jugoslawien beschritt seit dem Bruch mit Moskau im Juni 1948 einen Sonderweg des Selbstverwaltungssozialismus, dessen ideologisches Konzept sich von der Sowjetideologie immer mehr entfernte und auf einer eigenständigen, wenn auch diffusen und wandelbaren Interpretation des Marxismus beruhte. Albanien setzte sich um 1960 von der Sowjetunion ab, weil sein Diktator, *Enver Hoxha*, nicht bereit war, die Reformen *Chruščëvs* nachzuvollziehen. In diesem rückständigen Land blieb eine nationalistische Variante des Stalinismus bis zum Schluß die offizielle Ideologie.

B. Historische Schichten des Grundrechtsverständnisses

Der Marxismus-Leninismus trat zwar mit einem absoluten Wahrheitsanspruch auf, machte aber im Laufe seiner Geschichte erhebliche Wandlungen durch.

I. Marxismus

3
Irrelevanz der Menschenrechte für Marx und Engels

Die historische Ausgangsposition der Systemideologie der kommunistischen Diktaturen stellten die Lehren von *Karl Marx* (1818–1883) und *Friedrich Engels* (1820–1895) dar, die sehr viel kritische, wenn auch meist zusammenhanglose und polemische Äußerungen zum „Kapitalismus" des 19. Jahrhunderts, aber recht wenige substantielle Aussagen zum „Kommunismus" enthielten, der ihrer Ansicht nach bald nach der siegreichen proletarischen Weltrevolution die Befreiung des Menschen von jedweder Ausbeutung mit sich bringen sollte. *Marx* und *Engels* konnten mit der Idee der Menschen- oder Grundrechte eigentlich nicht viel anfangen, was insofern auch nicht verwunderlich ist, als es nach ihrer Auffassung derartige Rechte im Kapitalismus wegen der Unterdrückung der breiten Volksmassen und im Kommunismus wegen der Entbehrlichkeit jeglichen Rechts letztlich gar nicht geben konnte.

Aus diesem Grunde befindet sich derjenige, der heute nach Elementen einer marxistischen Grundrechtstheorie sucht[1], in einer mißlichen Situation. Einigermaßen zusammenhängend behandelte *Marx* diese Thematik nur in seiner Jugendschrift „Zur Judenfrage" (1844), wo er sich im Rahmen seiner Forderung nach Emanzipation des Staates von der Religion auch mit den Menschen- und Bürgerrechten beschäftigte, wie diese in den großen nordamerikanischen und französischen Erklärungen sowie den Verfassungen des ausgehenden 18. Jahrhunderts eine erste Gestalt angenommen hatten[2]. In seiner polemischen Auseinandersetzung ging es *Marx* vor allem um die Entlarvung der Menschenrechte als „Rechte des Mitglieds der bürgerlichen Gesellschaft, d. h. des egoistischen, des vom Menschen und vom Gemeinwesen getrennten Menschen"[3], unter dessen Freiheit das – verdammungswürdige – Privateigentum verstanden werde. Schon in diesem kurzen Zitat sind die beiden wesentlichen Elemente des *Marx*schen Menschenbildes enthalten, mit denen die überkommene abendländische Konzeption der Menschenrechte nicht zu vereinbaren ist. Es handelt sich um die Geschichtlichkeit und die Gesellschaftlichkeit des Menschen. Mit der Geschichtlichkeit wird die durch die jeweiligen Klassenverhältnisse determinierte Wandelbarkeit der menschlichen Natur behauptet und jedwede Universalität der Menschenrechte geleugnet. Die Gesellschaftlichkeit wiederum bedeutet eine Absage an den Individualismus und ein Bekenntnis zum Kollektivismus. In diesem Sinne denunzierte *Marx* den Träger der bürgerlichen Menschenrechte als „isolierte, auf sich zurückgezogene Monade"[4], und begriff er später die wahre Natur des Menschen als „das Ensemble der gesellschaftlichen Verhältnisse"[5]. Indem *Marx* die Menschenrechte als eine Erfindung der bürgerlichen Revolution hinstellte, sprach er ihnen auch eine dauerhafte Existenzberechtigung ab. Mit dem nach seiner Meinung notwendigen Untergang der bürgerlichen Gesellschaft sollten auch die Menschenrechte im Strudel der proletarischen Revolution untergehen.

Aus dieser negativen Einstellung des Marxismus zu den Menschen- und Bürgerrechten, die sich übrigens auch auf die sozialen Grundrechte erstreckte[6], ergibt sich allerdings noch nicht zwangsläufig, daß es in der kommunistischen Gesellschaft nicht qualitativ anders geartete Grundrechte oder Grundrechtsäquivalente geben könnte. Ausdrückliche Aussagen sind hierzu weder bei *Marx* noch bei *Engels* zu finden. Unter diesen Umständen kann es nur darum gehen, die theoretischen Prämissen herauszuarbeiten, in deren Rahmen eine Grundrechtstheorie entwickelt werden könnte.

Zu den wichtigsten Vorgaben des Marxismus gehört ein materialistischer Determinismus, der namentlich in der Basis-Überbau-Lehre zum Ausdruck

---

1 So etwa *Müller-Römer* (Bibl.), S. 68 ff.; *Brunner*, Karl Marx und die Grundrechte (Bibl.), S. 49 ff.; *Ludger Kühnhardt*, Die Universalität der Menschenrechte, 1987, S. 119 ff.
2 Abgedruckt in: *Karl Marx/Friedrich Engels*, Werke (hg. vom Institut für Marxismus-Leninismus beim ZK der SED), 1964 ff. (fortan: MEW), Bd. 1, S. 347–377; zu den Menschen- und Bürgerrechten: S. 362 ff.
3 AaO., S. 364.
4 Ebd.
5 „Thesen über Feuerbach" (1845), MEW Bd. 3, S. 534.
6 So despektierlich zum Recht auf Arbeit *Marx*, MEW Bd. 7, S. 42, und *Engels*, MEW Bd. 21, S. 498 f.

Freiheit als bloße „Einsicht in die Notwendigkeit"

kommt. *Marx* hat diese Lehre in dem oft zitierten Vorwort zur „Kritik der politischen Ökonomie" (1859) formuliert[7]. Hiernach bestimmen die Produktivkräfte und die willensunabhängigen Produktionsverhältnisse als die ökonomische Basis den aus Institutionen und Ideen bestehenden Überbau einer Gesellschaft. „Es ist nicht das Bewußtsein der Menschen, das ihr Sein, sondern umgekehrt ihr gesellschaftliches Sein, das ihr Bewußtsein bestimmt[8]." Die Triebkraft der gesellschaftlichen Entwicklung sei der Widerspruch zwischen den Produktivkräften und den Produktionsverhältnissen, der entsprechende Veränderungen im Überbau bewirke. Dieser Vorgang wurde von *Marx* in einer einseitig deterministischen Weise gedeutet, was die Leugnung der menschlichen Willensfreiheit zur notwendigen Folge hat[9]. Denn der Wille des Menschen wird durch dessen Stellung in den Produktionsverhältnissen bestimmt, und seine Freiheit kann höchstens darin bestehen, dies und die künftige Richtung der gesellschaftlichen Entwicklung zu erkennen. *Engels* hat dies auf die berühmte Formel gebracht: „Freiheit ist die Einsicht in die Notwendigkeit"[10].

7
Begriffliche Unmöglichkeit von Grundrechten im Kommunismus

Sollte in dieser Sicht vernünftigerweise Raum für Grundrechte verbleiben, so sicherlich nicht zu dem Zweck, der Autonomie des Individuums Geltung zu verschaffen. Vorstellbar wäre eine Grundrechtsgestaltung allein zu dem Zweck, die Erkenntnis eigener Fremdbestimmtheit zu fördern und in den Dienst der objektiven Gesetzmäßigkeiten der gesellschaftlichen Entwicklung zu stellen. Denkbar wäre eine derartige Grundrechtsgestaltung allerdings nur dann, wenn das Recht im postkapitalistischen Kommunismus eine Rolle spielen würde. Aber genau dies haben *Marx* und *Engels* entschieden geleugnet. Sie haben zwar keine Gedanken vorgetragen, die den Namen einer „Rechtstheorie" verdienen würden. Ein größeres Interesse hat vor allem *Engels* nur dem Staat entgegengebracht, der das Recht setzt. Der Staat sollte nach seinen pseudohistorischen Forschungen mit der Spaltung der Gesellschaft in antagonistische Klassen als ein Zwangsapparat der herrschenden Klasse entstanden sein[11] und folglich mit der Aufhebung der Klassengegensätze seine Existenzgrundlage verlieren. Nach dem Sieg der proletarischen Revolution soll der Staat und mit ihm das Recht absterben[12]. Der Kommunismus ist vom Marxismus als eine staaten- und rechtlose Gesellschaft konzipiert, in der Grundrechte als rechtliche Phänomene schon begrifflich nicht existieren können.

---

7 MEW Bd. 13, S. 7-11.
8 MEW Bd. 13, S. 9.
9 Zum Freiheitsverständnis von *Marx/Engels* vgl. *Arens*, Die andere Freiheit (Bibl.), S. 19 ff.
10 „Anti-Dühring" (1878), MEW Bd. 20, S. 106.
11 „Der Ursprung der Familie, des Privateigentums und des Staats" (1884), MEW Bd. 21, S. 25-173.
12 „Anti-Dühring", MEW Bd. 20, S. 261 f.

II. Leninismus

1. Lenin und die Grundrechte

Im Gegensatz zu den Stubengelehrten *Marx* und *Engels* war *V. I. Lenin* (1870–1924) Berufsrevolutionär, der die proletarische Revolution in seinem rückständigen Rußland durchführen wollte, obwohl deren nach dem Marxismus erforderliche ökonomische und soziale Voraussetzungen gar nicht gegeben waren, und der in und nach dem Bürgerkrieg eine diktatorische Gewaltherrschaft aufrichtete, von deren Dimensionen *Marx* kaum etwas geahnt hatte. *Lenin* ging es deshalb in erster Linie um eine Abwandlung des Marxismus zu diesen Zwecken. Dem revolutionären Vorhaben dienten die voluntaristische Auflockerung der Basis-Überbau-Lehre im Sinne einer Aktivierung des Überbaus zur bewußten Gestaltung der sozialen und ökonomischen Verhältnisse[13] und die Entwicklung der Parteilehre, durch die die Konzentration der aktiv-revolutionären Rolle des Überbaus bei der kommunistischen Partei als einer über das fortschrittlichste gesellschaftliche Bewußtsein verfügenden Elitetruppe bewerkstelligt wurde[14]. Dieser theoretische Beitrag wurde im wesentlichen in der Schrift „Was tun?" (1902) geleistet[15]. Später kam die Imperialismus-Theorie hinzu, mit deren Hilfe nachgewiesen werden sollte, daß der Kapitalismus in seiner Gesamtheit reif für die proletarische Revolution sei und diese wegen der besonders zugespitzten Widersprüche in Rußland ausbrechen könnte[16]. Nachdem die revolutionäre Tat 1917 ins Werk gesetzt worden war, rückte das im Marxismus angelegte, aber wenig ausgebildete Konzept der Diktatur des Proletariats in den Vordergrund[17], die *Lenin* als „die durch nichts eingeschränkte, durch keinerlei Gesetze, absolut durch keinerlei Regeln eingeengte, sich unmittelbar auf Gewalt stützende Macht" begriff[18].

8
„Diktatur des Proletariats" als ungeregelte, auf Gewalt gestützte Macht

Es ist nicht weiter verwunderlich, daß *Lenin* bei dieser Ausrichtung seiner theoretischen Bemühungen den Grundrechten praktisch keine Aufmerksamkeit geschenkt hat. Sie tauchen im Gesamtwerk nur in wenigen Nebensätzen und in einem tagespolitisch-instrumentellen Sinne auf. So wirkte *Lenin* – in heftigem Streit mit *Plechanov* – am 1903 angenommenen Programm der Sozialdemokratischen Arbeiterpartei Rußlands (SDAPR) mit[19], das einen aus

9
Politische Instrumentalisierung der Grundrechte durch Lenin

---
13 Vgl. hierzu *Gustav A. Wetter*, Sowjetideologie heute I: Dialektischer und historischer Materialismus, 1962, S. 172 ff.; *Valentin Petev*, Kritik der marxistisch-sozialistischen Rechts- und Staatsphilosophie, 1989, S. 22 ff.
14 Vgl. hierzu *Alfred G. Meyer*, Leninism, New York 1957, S. 19 ff.; *Wolfgang Leonhard*, Sowjetideologie heute II: Die politischen Lehren, 1962, S. 33 ff.
15 Abgedruckt in: *Lenin*, Werke (hg. vom Institut für Marxismus-Leninismus beim ZK der KPdSU, deutsche Ausgabe besorgt vom Institut für Marxismus-Leninismus beim ZK der SED), 1963/64, Bd. 5, S. 355-551.
16 „Der Imperialismus als höchstes Stadium des Kapitalismus" (1916), abgedruckt in: *Lenin*, Werke, Bd. 22, S. 189-309. Vgl. hierzu *Wetter* (FN 13), S. 300 ff.; *Leonhard* (FN 14), S. 109 ff.
17 Insbesondere „Staat und Revolution" (1917), abgedruckt in: *Lenin*, Werke, Bd. 25, S 393-507. Vgl. hierzu *Leonhard* (FN 14), S. 162 ff.
18 „Geschichtliches zur Frage der Diktatur" (1920), in: *Lenin*, Werke, Bd. 31, S. 332-353 (345).
19 „Entwurf des Programms der Sozialdemokratischen Arbeiterpartei Rußlands" (1902); abgedruckt in: *Lenin*, Werke, Bd. 6, S. 12-19 (15).

vierzehn Punkten bestehenden Grundrechtskatalog enthielt, der in die Verfassung einer „demokratischen Republik" Eingang finden sollte, die auf den „Sturz der zaristischen Selbstherrschaft" folgen und der „Diktatur des Proletariats" offenbar vorangehen sollte[20]. Als dann die praktische Umsetzung des Forderungskatalogs in der russischen Revolution hätte aktuell werden können, spielten die Grundrechte für *Lenin* nur eine geringe und der Unterdrückung des potentiellen Widerstandes der Ausbeuter dienende Rolle[21]. Er war sich zwar der symbolischen Bedeutung einer mit der französischen Erklärung der Menschen- und Bürgerrechte von 1789 konkurrierenden Verewigung der Oktoberrevolution bewußt und entwarf aus diesem Grunde eine „Deklaration der Rechte des werktätigen und ausgebeuteten Volkes", die vom 3. Allrussischen Sowjetkongreß am 25. Januar 1918 auch angenommen wurde. In der Deklaration ging es aber ausschließlich um ein Grundsatzprogramm zur Beseitigung der Ausbeutung der Werktätigen. Von individuellen oder kollektiven Grundrechten war in ihr keine Rede, es sei denn, daß man die Aufhebung des privaten Grundeigentums und die Verstaatlichung aller Unternehmen, Produktionsmittel, Verkehrsmittel und Banken (Ziff. 3) als eine Absage an das Eigentumsgrundrecht wertet.

2. Die ersten Sowjetverfassungen

10 Die erste Verfassung des sowjetischen Typs wurde am 10. Juli 1918 vom 5. Allrussischen Sowjetkongreß für die „Russische Sozialistische Föderative Sowjetrepublik" (RSFSR) verabschiedet[22], die im Kernland des Russischen Reiches errichtet worden war. *Lenin* – wie die meisten führenden Bolschewiken – beteiligte sich nicht an der Ausarbeitung des Verfassungsentwurfs und interessierte sich auch nicht für die Arbeiten der Verfassungskommission[23].

11 Die sowjetrussische Verfassung von 1918 bestand aus drei Abschnitten, wobei als Abschnitt I die „Deklaration der Rechte des werktätigen und ausgebeuteten Volkes" übernommen wurde und Abschnitt III das Staatsorganisationsrecht enthielt. Dazwischen befand sich Abschnitt II mit der blassen Überschrift „Allgemeine Bestimmungen", unter denen auch Grundrechtsbestimmungen zu finden waren. Im Vergleich zum Katalog im SDAPR-Programm von 1903[24] waren die Grundrechte geringer an der Zahl und inhaltlich vollständig von der Staatszielbestimmung der „Diktatur des Proletariats" (Ziff. 9) geprägt[25]. Träger der „wirklichen" Grundrechte, wie dies jeweils offenbar im

---

20 Abgedruckt in: *Boris Meissner*, Das Parteiprogramm der KPdSU 1903 bis 1961, 1962, S. 115-120 (117f.).
21 So zahlreiche, aber nur nebenbei hingeworfene Bemerkungen, z. B. in: *Lenin*, Werke, Bd. 25, S. 473 f.; Bd. 27, S. 142 f.; Bd. 28, S. 97 f.
22 Deutscher Text vielfach abgedruckt, etwa in: *Michael Eljaschoff*, Die Grundzüge der Sowjetverfassung, 1925, S. 74 ff.; Bodo Dennewitz (Hg.), Die Verfassungen der modernen Staaten, Bd. 1, 1947, S. 164 ff.; *Norbert Henke/Willy Wirantaprawira*, Verfassung (Grundgesetz) der Union der Sozialistischen Sowjetrepubliken vom 7.10.1977, 1981, S. 105 ff.
23 *Aryeh L. Unger*, Constitutional Development in the USSR, London 1981, S. 10 f.
24 S. RN 9.
25 Für eine Analyse des Grundrechtskatalogs vgl. *Eljaschoff* (FN 22), S. 58 ff.; *Brunner*, Grundrechte im Sowjetsystem (Bibl.), S. 12 ff.; *Unger* (FN 23), S. 12 ff.

Gegensatz zu den „bürgerlichen" Grundrechten betont wurde, waren meistens nur die „Werktätigen". Dies war der Fall bei der Gewissensfreiheit (Ziff. 13), der Freiheit der Meinungsäußerung (Ziff. 14), der Vereinigungsfreiheit (Ziff. 16) und dem neuartigen „Zugang zum Wissen" (Ziff. 17). Die Versammlungsfreiheit wurde nach dem Wortlaut der Ziff. 15 den „Bürgern" der RSFSR gewährleistet, allerdings nur zum Zwecke einer „wirklichen Versammlungsfreiheit für die Werktätigen", d.h. daß eine unterschiedslose Grundrechtssubjektivität nur dem Schein nach gegeben war. Ohne eine derartige Einschränkung wurde nur das Recht der religiösen und der antireligiösen Propaganda allen Bürgern zuerkannt (Ziff. 13). Das im Staatsorganisationsrecht geregelte Wahlrecht knüpfte formell ebenfalls an den Begriff des Bürgers an, doch wurde die Wahlbürgerschaft durch positive Qualifikationsmerkmale (Ziff. 64) wie durch umfangreiche Ausschließungsgründe (Ziff. 65) letztlich auf Werktätige beschränkt. Unter diesen Umständen verstand es sich von selbst, daß der allgemeine Gleichheitsgrundsatz, der nur im Hinblick auf die rassische und nationale Zugehörigkeit ein ausdrückliches Diskriminierungsverbot enthielt (Ziff. 22), trotz seines Wortlauts nicht für alle Bürger, sondern nur für deren werktätige Exemplare gelten konnte. Auf der anderen Seite wurden die genannten Grundrechte im Zeichen der internationalen Solidarität auf alle in der RSFSR wohnhaften ausländischen Werktätigen ausgedehnt (Ziff. 21).

<small>Grundrechtssubjektivität nur für „Werktätige"</small>

Die Grundrechte wurden durch zwei Grundpflichten ergänzt: die nach dem Motto „Wer nicht arbeitet, soll auch nicht essen!" für alle Bürger geltende Arbeitspflicht (Ziff. 18) und die Wehrpflicht, bei deren Erfüllung der Dienst mit der Waffe als „ehrenvolles Recht" den Werktätigen vorbehalten wurde, während den „nicht werktätigen Elementen" andere militärische Pflichten in Aussicht gestellt wurden (Ziff. 19). Der revolutionäre Klassencharakter aller Grundrechte kam in der abschließenden Verwirkungsklausel besonders drastisch zum Ausdruck, nach der Einzelpersonen wie ganzen Menschengruppen die Grundrechte entzogen waren, die von ihnen „zum Nachteil der Interessen der sozialistischen Revolution ausgenutzt" wurden (Ziff. 23). Auch wenn dies dem Verfassungstext nicht ausdrücklich zu entnehmen war, mußte es nach der leninistischen Parteilehre jedermann klar sein, daß die jeweiligen Interessen der Revolution kraft ihres Erkenntnismonopols von der kommunistischen Partei zu bestimmen waren.

<small>12
Arbeitspflicht und Wehrpflicht als Grundpflichten

Grundrechtsverwirkung bei Zuwiderhandlung gegen die sozialistischen Interessen</small>

Die sowjetrussische Verfassung von 1918 diente der Verfassunggebung in den übrigen Sowjetrepubliken als Vorbild, und so wurde in die Verfassungen Weißrußlands (3.2.1919), der Ukraine (10.3.1919), Aserbaidschans (19.5.1921), Armeniens (2.2.1922) und Georgiens (28.2.1922) ein fast gleichlautender Grundrechtskatalog aufgenommen[26]. Durch einen Zusammenschluß dieser

<small>13
Übernahme des Grundrechtskatalogs durch die Sowjetrepubliken</small>

<small>26 Der russische Text dieser und der noch zu nennenden Verfassungen ist abgedruckt in: Istorija sovetskoj konstitucii (v dokumentach) 1917-1956 [Geschichte der sowjetischen Verfassung (in Dokumenten) 1917–1956], Moskau 1957.</small>

Republiken²⁷ entstand 1922/24 die Sowjetunion, deren am 31. Januar 1924 vom 2. Allunionistischen Sowjetkongreß gebilligte Verfassung keine Grundrechte enthielt. Sie bestand aus einer Gründungserklärung und einem Bundesvertrag, der die organisatorischen Fragen des Bundesstaates regelte. Die Aufnahme von Grundrechten hielt man offenbar wegen ihrer Regelung in den gliedstaatlichen Verfassungen für überflüssig. Die gliedstaatlichen Verfassungen mußten wiederum der Unionsverfassung angepaßt werden, was in der Ukraine (10.5.1925), Rußland (11.5.1925) und Weißrußland (11.4.1927) durch die Verabschiedung neuer Verfassungen geschah. Von den später hinzugekommenen Unionsrepubliken verabschiedeten Turkmenien am 30. März 1927 und Usbekistan am 20. Februar 1931 ihre ersten Verfassungen als „souveräner" Staat. All diese Verfassungen wiederholten mit geringfügigen Variationen die sowjetrussischen Grundrechte von 1918 und enthielten ein unmißverständliches Bekenntnis zur freiheitsfeindlichen Diktatur des Proletariats²⁸.

III. Stalinismus

1. Die Rechtfertigung des sozialistischen Rechts

Marx und *Engels* gingen davon aus, daß die proletarische Revolution als eine Weltrevolution stattfinden und im Anschluß daran die klassenlose und deshalb staaten- und rechtslose kommunistischen Gesellschaft nach einer kurzen Übergangszeit der Diktatur des Proletariats verwirklicht werden würde. *Lenin* behauptete, daß die sozialistische Revolution auch in *einem* (rückständigen) Land ausbrechen könnte, hoffte aber darauf, daß es nach einer etwas längeren und wesentlich brutaleren Diktatur des Proletariats doch noch zur Weltrevolution kommen würde. Zur ideologischen Stabilisierung der Übergangsperiode, in der Staat und Recht als Unterdrückungsinstrumente eingesetzt würden, knüpfte *Lenin* an eine Stelle in *Marx'* „Kritik des Gothaer Programms" (1875) an, wo von zwei Phasen des Kommunismus die Rede war²⁹, und bezeichnete die erste Phase als „Sozialismus", die erst dann in die höhere Phase des „Kommunismus" übergehen würde, „wenn *alle* gelernt haben werden, selbständig die gesellschaftliche Produktion zu leiten", und „die *Notwendigkeit* zur Einhaltung der unkomplizierten Grundregeln für jedes Zusammenleben von Menschen sehr bald zur *Gewohnheit* werden wird"³⁰. Erst

---

27 Genauer gesagt: Die drei transkaukasischen Republiken wurden im Dezember 1922 zur „Transkaukasischen Sozialistischen Föderativen Sowjetrepublik" zusammengefaßt, und nur diese trat förmlich der Sowjetunion bei.
28 So besonders eindrucksvoll Ziff. 5 der armenischen Verfassung v. 2.2.1922:
„5. Zur Verwirklichung der revolutionären Diktatur der Arbeiter und werktätigen Bauern
a) wird die Macht ganz und gar und ausschließlich den Arbeitern und Bauern und den von ihnen gewählten Organen vorbehalten,
b) verlieren die Ausbeuterklassen die politischen Rechte ganz allgemein und insbesondere das Recht, politische Posten zu bekleiden".
29 MEW Bd. 19, S. 21.
30 „Staat und Revolution" (1917), in: *Lenin*, Werke, Bd. 25, S. 489.

danach könnten Staat und Recht endgültig verschwinden. In der Hoffnung, daß dies nicht allzu lange auf sich warten lassen würde, verstarb *Lenin* im Januar 1924.

I. V. Stalin (1879–1953), der die Nachfolge *Lenins* als Sowjetdiktator antrat und in der Sowjetunion eine totalitäre Gewaltherrschaft ungeheuerlicher Dimension aufrichtete, mußte den dauerhaften Fortbestand von Staat und Recht anerkennen und ideologisch rechtfertigen, wollte er nicht das Versagen des Marxismus-Leninismus eingestehen und auf die Herrschaft verzichten. Zu diesem Zweck erfand er die „Einkreisungstheorie", nach der der Aufbau des Sozialismus auch ohne Weltrevolution in einem von kapitalistischen Mächten eingekreisten Land möglich ist, in dem dann die Diktatur des Proletariats zur Bekämpfung der nach Vernichtung der Kapitalisten im Inneren nunmehr von außen drohenden Gefahren aufrechterhalten werden muß[31]. Deshalb müssen Staat und Recht auch im Sozialismus erhalten bleiben: „Das Absterben des Staates wird nicht durch Abschwächung der Staatsmacht kommen, sondern durch ihre maximale Verstärkung, die notwendig ist, um die Überreste der sterbenden Klassen zu vernichten und die Verteidigung gegen die kapitalistische Umkreisung zu organisieren, die noch bei weitem nicht vernichtet ist und noch nicht so bald vernichtet sein wird"[32]. Neben der in diesem Zitat angesprochenen inneren Unterdrückungs- und äußeren Verteidigungsfunktion schrieb *Stalin* dem Staat auch eine kulturell-erzieherische und eine wirtschaftlich-organisatorische Funktion zu[33].

15
Ideologische Rechtfertigung von Staat und Recht durch Stalin

Damit Staat und Recht als Phänomene des Überbaus diese gestaltenden Funktionen wahrnehmen können, mußte die Basis-Überbau-Lehre im Sinne der von *Lenin* unternommenen Aktivierung des Überbaus weiter modifiziert werden. So verkündete *Stalin* 1938 die „Revolution von oben", die er am Beispiel der Kollektivierung der Landwirtschaft und der Liquidierung des Kulakentums in den Jahren 1930/33 illustrierte[34], die etwa 10 Millionen Menschen das Leben kostete. Er baute diese Thesen in den sog. „Linguistikbriefen" („Der Marxismus und die Fragen der Sprachwissenschaft", 1950) und in seiner letzten Schrift „Ökonomische Probleme des Sozialismus in der UdSSR" (1952) weiter aus, wo er die gewaltige aktive Rolle des Überbaus bei der Gestaltung der Basis hervorhob. Auf diese Weise konnten die schrankenlose Ausübung der Diktatur des Proletariats durch die kommunistische Partei und/oder ihren Führer zu beliebigen Zwecken und der instrumentale Einsatz von Staat und Recht zu diesen Zwecken unter sozialistischen Bedingungen auf Dauer legitimiert werden.

16
„Revolution von oben" kostete ca. 10 Mio. Menschen das Leben

---

31 So insbesondere in: „Zu den Fragen des Leninismus" (1926), abgedruckt in: *J. Stalin*, Fragen des Leninismus, 1951, S. 134-192 (169 ff.). Vgl. hierzu *Klaus Westen*, Die rechtstheoretischen und rechtsphilosophischen Ansichten Josef Stalins, 1959, S. 120 ff.
32 „Die Ergebnisse des ersten Fünfjahrplans" (1933), in: *Stalin* (FN 31), S. 439-480 (477). Ähnlich deutlich im „Rechenschaftsbericht an den XVIII. Parteitag der KPdSU(B)" (1939), aaO., S. 680-733 (723 ff.).
33 AaO., S. 728.
34 Geschichte der Kommunistischen Partei der Sowjetunion (Bolschewiki). Kurzer Lehrgang, 1952, S. 380.

2. Die Grundrechte der Stalinschen Verfassung von 1936

17
Vordergründige Aufwertung der Grundrechte in der Unionsverfassung von 1936

Die etatistische und rechtspositivistische Grundeinstellung *Stalins* hat den Grundrechten – auf dem Papier – eine unerwartete Renaissance beschert. Auf dem Höhepunkt des Massenterrors der „großen Säuberung" ließ *Stalin* offenkundig in außen- wie innenpolitischer Täuschungsabsicht den Entwurf einer neuen Unionsverfassung ausarbeiten und am 5. Dezember 1936 vom VIII. Sowjetkongreß verabschieden[35]. Zur allgemeinen Beruhigung legte *Stalin* großen Wert darauf, daß es sich um die „Verfassung des siegreichen Sozialismus" handele, deren Wesenszug ein „sozialistischer Demokratismus" sei. Die eher konventionell angelegte Verfassung erhielt einen eigenen Grundrechtskatalog, der als Kapitel X „Die Grundrechte und Grundpflichten der Bürger" hinter dem Staatsorganisationsrecht zwar einen wenig vornehmen Platz eingeräumt bekam, aber im Vergleich zur Verfassunggebung von 1918/24 eine unverhoffte Aufwertung erfuhr[36].

18
Grundrechtssubjektivität aller Staatsangehörigen nach Ausrottung der Klassenfeinde

Die Grundrechte standen nunmehr allen Sowjetbürgern zu, was *Stalin* in seiner Begründung des Verfassungsentwurfs als einen Beweis für den „konsequenten und restlos durchgeführten Demokratismus" hervorhob[37]. Die Beschränkung der Grundrechtssubjektivität auf Werktätige entfiel, und der allgemeine Gleichheitssatz (Art. 123 Abs. 1) konnte nunmehr tatsächlich auf alle sowjetischen Staatsangehörigen bezogen werden. Ermöglicht wurde dieser Fortschritt durch die Ausrottung der Bevölkerungsgruppen, die von den Kommunisten als Ausbeuter und/oder Feinde eingestuft worden waren. Seine Kehrseite bildete der Wegfall der grundrechtlichen Gleichstellung der ausländischen Werktätigen.

19
„Sozialökonomische Rechte" im Vordergrund

Unterschied zwischen „bürgerlichen" und „sozialistischen" Grundrechten

Der Stalinsche Grundrechtskatalog wies neben manchen Ähnlichkeiten bemerkenswerte Abweichungen sowohl von der sowjetrussischen Verfassung von 1918 als auch von den überkommenen „bürgerlichen" Grundrechtskatalogen auf. Im Vordergrund standen ganz eindeutig die sog. „sozial-ökonomischen Rechte" (Arbeit, Erholung, materielle Versorgung, Bildung; Art. 118–121), bei denen auch die strukturelle Besonderheit am auffälligsten hervortrat, die nach *Stalin* die „sozialistischen" von den „bürgerlichen" Grundrechten fundamental unterscheiden sollte: die „bürgerlichen" Verfassungen würden sich auf die formale Verkündung der Grundrechte beschränken, während die Stalinsche Verfassung den Schwerpunkt auf deren materielle Garantien legen würde[38]. So wurde typischerweise in Absatz 1 das jeweilige Grundrecht verkündet, und in Absatz 2 wurden seine materiellen Garantien aufgeführt[39].

---

35 Deutscher Text vielfach abgedruckt, etwa in: Dennewitz (FN 22), S. 191 ff.; *Reinhart Maurach*, Handbuch der Sowjetverfassung, 1955, passim; *Henke/Wirantaprawira* (FN 22), S. 121 ff.
36 Für eine Analyse des Grundrechtskatalogs vgl. *Maurach* (FN 35), S. 326 ff.; *Westen* (FN 31), S. 196 ff.; *Brunner*, Grundrechte im Sowjetsystem (Bibl.), S. 15 ff.; *Unger* (FN 23), S. 115 ff.
37 „Über den Entwurf der Verfassung der Union der SSR" (1936), in: *Stalin* (FN 31), S. 613-646 (625).
38 AaO., S. 626.
39 Vgl. z. B. Art. 119:
„(1) Die Bürger der UdSSR haben das Recht auf Erholung.
(2) Das Recht auf Erholung wird gewährleistet durch Festsetzung eines siebenstündigen Arbeitstages für Arbeiter und Angestellte und die Verkürzung des Arbeitstages auf sechs Stunden für eine Reihe

Die an zweiter Stelle folgenden Freiheitsrechte wurden wesentlich knapper behandelt und häufig unter einen Gesetzesvorbehalt gestellt: Gewissensfreiheit mit Freiheit der antireligiösen Propaganda und der Ausübung religiöser Kulthandlungen (also nicht mehr der religiösen Propaganda; Art. 124), Meinungs- und Versammlungsfreiheit (Art. 125), Vereinigungsfreiheit (Art. 126), Unverletzlichkeit der Person (Art. 127), der Wohnung und das Briefgeheimnis (Art. 128). Das Bestreben nach materiellen Garantien äußerte sich bei der Meinungs- und Versammlungsfreiheit beispielsweise in der Gewährleistung, „daß den Werktätigen und ihren Organisationen die Druckereien, Papiervorräte, öffentlichen Gebäude, Straßen, das Post- und Fernmeldewesen und andere materielle Bedingungen, die zur Ausübung dieser Rechte erforderlich sind, zur Verfügung gestellt werden" (Art. 125 Abs. 2).

Freiheitsrechte häufig unter Gesetzesvorbehalt

Besondere Aufmerksamkeit verdiente die langatmige Gewährleistung der Vereinigungsfreiheit in Art. 126 deshalb, weil an dieser versteckten Stelle die leninistische Parteilehre untergebracht wurde, durch die die Normativität der Verfassung aufgehoben wurde[40]. Das Wahlrecht wurde in einem besonderen Kapitel im Anschluß an das Grundrechtskapitel sehr ausführlich geregelt und nunmehr allen Bürgern zugesprochen (Art. 134–142). Die abschließenden Grundpflichten wurden über die Arbeitspflicht (Art. 12) und die allgemeine Wehrpflicht hinaus auf eine sehr weit gefaßte Gehorsamspflicht und die Pflicht, das sozialistische Eigentum zu schützen, erweitert (Art. 130–133).

20
Versteckte Aufhebung der Verfassungsnormativität

In Vollzug der *Stalin*schen Vorgaben verabschiedeten die Unionsrepubliken, deren Zahl inzwischen auf elf angewachsen war, im Januar/März 1937 gleichlautende Verfassungen, und diesem Vorbild mußten in den im Zweiten Weltkrieg annektierten Gebieten die drei baltischen Republiken im August 1940 und die aus dem Kerngebiet Bessarabien geschaffene Moldau-Republik im Februar 1941 folgen[41].

21
Verfassungen der Unionsrepubliken nach Stalins Vorgaben

3. Stalinistische Verfassunggebung in den osteuropäischen Volksdemokratien

Nach der sowjetischen Eroberung Osteuropas wurde von der Besatzungsmacht der „volksdemokratische", d.h. der prozeßhafte Weg der kommunistischen Machtergreifung angeordnet, der über die Liquidierung der anfänglichen

22

---

von Berufen mit schweren Arbeitsbedingungen und auf vier Stunden an Arbeitsstätten mit besonders schweren Arbeitsbedingungen; durch Festsetzung eines vollbezahlten Jahresurlaubs für Arbeiter und Angestellte; durch Bereitstellung eines weiten Netzes von Sanatorien, Erholungsheimen und Klubs zur Betreuung der Werktätigen".

40 „...; die aktivsten und bewußtesten Bürger aus den Reihen der Arbeiterklasse, der werktätigen Bauernschaft und der schaffenden Intelligenz vereinigen sich freiwillig in der Kommunistischen Partei der Sowjetunion, die der Vortrupp der Werktätigen in ihrem Kampf für den Aufbau der kommunistischen Gesellschaft ist und den leitenden Kern aller Organisationen der Werktätigen, sowohl der gesellschaftlichen als auch der staatlichen, bildet".

41 Russische Texte abgedruckt in: Konstitucija (Osnovnoj Zakon) SSSR. Konstitucii (osnovnye zakony) Sojuznych Sovetskich Socialističeskich Respublik [Verfassung (Grundgesetz) der UdSSR. Verfassungen (Grundgesetze) der Sozialistischen Sowjetischen Unionsrepubliken], Moskau 1951; Konstitucija (Osnovnoj Zakon) SSSR. Konstitucii (osnovnye zakony) Sojuznych i Avtonomnych Sovetskich Socialističeskich Respublik [Verfassung (Grundgesetz) der UdSSR. Verfassungen (Grundgesetze) der Sozialistischen Sowjetischen Unions- und Autonomen Republiken], Moskau 1960.

Liquidierung „antifaschistischer" Koalitionspartner auf dem Weg zur Einparteidiktatur

„antifaschistischen" Koalitionspartner zur totalitären Einparteidiktatur führte. Der Wendepunkt zur Errichtung der Diktatur des Proletariats, der in den einzelnen Ländern zu geringfügig variierenden Zeitpunkten erreicht wurde, wurde durch eine Verfassunggebung markiert: Bulgarien (4.12.1947), Rumänien (13.4.1948 und 24.9.1952), Tschechoslowakei (9.5.1948), Ungarn (18.8.1949), DDR (7.10.1949), Albanien (4.7.1950) und Polen (22.7.1952)[42, 43].

Sonderweg Jugoslawiens und der DDR

Allein die jugoslawischen Kommunisten, die sich die Diktatur aus eigener Kraft erkämpft hatten, wollten die volksdemokratische Wartezeit nicht erfüllen und schritten bereits am 31. Januar 1946 zur Verfassunggebung. Bis auf die DDR mußten die osteuropäischen Staaten des sowjetischen Hegemonialbereichs ihre Verfassungen am Modell der *Stalin*schen Verfassung ausrichten, wobei sie in unwesentlichen Fragen „nationale Besonderheiten" berücksichtigen und insofern vom sowjetischen Vorbild abweichen durften, als dies durch den gebührenden ideologischen Abstand von dem in der Sowjetunion erreichten Entwicklungsstand zu rechtfertigen war. Nach der ideologisch maßgebenden Sprachregelung befanden sich die osteuropäischen Volksdemokratien im Stadium des Aufbaus des Sozialismus, den die Sowjetunion bereits 1936 in Angriff genommen hatte.

23

Grundrechtskataloge nach sowjetischem Vorbild

Dies galt auch für die Grundrechte, deren Kataloge nur geringe Unterschiede zum sowjetischen Vorbild aufwiesen[44]. Sie waren meistens am Schluß der Verfassung geregelt; nur in der Tschechoslowakei und Albanien wurde ihnen ein vornehmerer Platz nach den Grundlagenbestimmungen und vor dem Staatsorganisationsrecht zugewiesen. Grundrechtssubjekte waren die Bürger. Al-

Differenzierung zwischen „Werktätigen" und „Bürgern" in Ungarn

lein die ungarische Verfassung differenzierte zwischen Werktätigen und Bürgern. Nach ihr kamen die Rechte auf Erholung, staatlichen Gesundheitsschutz und Bildung nur den Werktätigen zu; die politischen Freiheitsrechte wurden im Interesse der Werktätigen gewährt, während das Recht auf Arbeit und die persönlichen Freiheiten allen Bürgern zugestanden wurden. Die Ausgestaltung der einzelnen Grundrechte folgte der sowjetischen Gewichtung, war aber etwas ausführlicher und großzügiger. Für die Institute der Ehe und Familie, für die Jugend, die Wissenschaft und die Kunst wurden einige freundliche Worte gefunden. Von den in der *Stalin*schen Verfassung fehlenden Grundrechten fand das Petitionsrecht durchgehend Erwähnung, während die Freizügigkeit ausschließlich in der tschechoslowakischen Verfassung auftauchte (§7). Bemerkenswert war die Nennung der Amtshaftung in einigen südosteuropäischen Verfassungen[45]. Schließlich ist im Kreise der Grundpflichten auf die häufige Verankerung der Steuerpflicht hinzuweisen.

---

42 In Polen wurde bereits am 19.2.1947 eine sog. „Kleine Verfassung" verabschiedet, die aber nur ein provisorisches Organisationsstatut darstellte. Am 22.12.1947 beschloß der Sejm eine Grundrechtserklärung, der aber nicht die Eigenschaft einer Rechtsnorm zukam.
43 Deutsche Verfassungstexte abgedruckt in: Die Verfassungen der europäischen Länder der Volksdemokratie (1954).
44 Für eine vergleichende Analyse vgl. *Brunner*, Grundrechte im Sowjetsystem (Bibl.), S. 30ff.
45 Jugoslawien (Art. 41), Bulgarien (Art. 89 Abs. 3), Albanien (Art. 34).

Die jugoslawische Verfassung von 1946 konnte mit einigen Besonderheiten aufwarten[46], aber aus dem stalinistischen Rahmen fiel allein die Gründungsverfassung der DDR von 1949[47]. Grund hierfür war die deutsche Frage, die *Stalin* damals noch in der Hoffnung auf eine Vereinigung unter sowjetischer Hegemonie offenhalten wollte. Zu diesem Zweck und um nicht unnötig zu provozieren, wurde die DDR-Verfassung an die Weimarer Verfassung angelehnt. So wurden die am Anfang der Verfassung ausführlich geregelten und mit einzelnen Lebensbereichen verwobenen Bürgerrechte weitgehend konventionell ausgestaltet, wenn auch stark sozialstaatlich akzentuiert.

24
Stalins Hoffnung auf sowjetische Hegemonie in Deutschland

IV. Poststalinistische Entwicklungen

1. Politische Rahmenbedingungen

Zur Zeit des stalinistischen Totalitarismus wurden die Grundrechte in den Ländern des sowjetischen Hegemonialbereichs im Zeichen des systematischen Massenterrors praktisch beseitigt und theoretisch nur gelegentlich in apologetisch-oberflächlicher Weise gestreift. Jugoslawien war bereits 1948 aus dem sowjetischen Hegemonialbereich ausgeschieden und beschritt seit den 1950er Jahren einen eigenen Weg des „Selbstverwaltungssozialismus", der von der totalitären zur autoritären Einparteidiktatur führte und Möglichkeiten zu einer eigentümlichen, aber jedenfalls liberaleren Grundrechtsinterpretation eröffnete. Im sowjetischen Hegemonialbereich bewirkten der Tod *Stalins* im März 1953, der XX. Parteikongreß der KPdSU vom Februar 1956, mit dem eine partielle Entstalinisierung und der Übergang vom systematischen zum selektiven Terror eingeleitet wurden, und der größere Handlungsspielraum, den *Chruščëv* seinen Satelliten zubilligte, tiefgreifende Veränderungen im politischen System. Die kommunistische Einparteidiktatur blieb zwar meistens in ihrer totalitären Variante aufrechterhalten, und alle freiheitlich inspirierten Manifestationen des Volkswillens, wie der Arbeiteraufstand vom 17. Juni 1953 in der DDR, die ungarische Revolution vom 23. Oktober 1956, der „Prager Frühling" von 1968 in der Tschechoslowakei und die ständig wiederkehrenden Unruhen in Polen (1956, 1970, 1980/81), wurden gewaltsam unterdrückt; aber insgesamt vollzog sich eine zunehmende Differenzierung der Regierungssysteme der einzelnen Länder, die auch durch den restriktiveren Führungskurs in der *Brežnev*-Ära nicht wieder rückgängig gemacht werden konnte. Den Systemwandel von der totalitären zur autoritären Einparteidiktatur schafften nur Ungarn (kontinuierlich seit den 1960er Jahren) und Polen (diskontinuierlich seit 1956).

25
Keine praktische Bedeutung der Grundrechte im Stalinschen Massenterror

Wandel von totalitärer zu autoritärer Einparteidiktatur in Ungarn und Polen

Die im vorgegebenen Rahmen der kommunistischen Einparteidiktatur bestehenden Spielräume wurden von den einzelnen Ländern in unterschiedlicher Weise genutzt und machten sich auch in einer unterschiedlichen Grundrechts-

26

---

46 Einzelheiten bei *Brunner*, Grundrechte im Sowjetsystem (Bibl.), S. 39 ff.
47 Einzelheiten bei *Siegfried Mampel*, Die volksdemokratische Ordnung in Mitteldeutschland, 1963, S. 45 ff.; *Müller-Römer* (Bibl.), S. 104 ff.

wirklichkeit bemerkbar[48]. Auf der wissenschaftlichen Ebene wurde vor allem in den 1960er Jahren eine Grundrechtsdiskussion divergierender Intensität geführt[49], deren Ergebnisse in die Welle poststalinistischer Verfassunggebung Eingang fanden, die den kommunistischen Machtbereich zwischen 1960 und 1977 erfaßte[50].

Unterschiedliche Grundrechtswirklichkeit in den einzelnen Staaten des Ostblocks

27

Ideologiewidrige Ratifizierung der beiden großen Internationalen Menschenrechtspakte

Eine besondere grundrechtliche Herausforderung für die kommunistischen Regime brachte die Internationalisierung der Menschenrechtsfrage mit sich. Am 16. Dezember 1966 verabschiedete die UN-Generalversammlung die beiden großen Menschenrechtspakte, den Internationalen Pakt über wirtschaftliche, soziale und kulturelle Rechte (IPWSKR) und den Internationalen Pakt über bürgerliche und politische Rechte (IPbürgR), die am 3. Januar bzw. 23. März 1976 völkerrechtlich in Kraft traten. Beiden Pakten lag die überkommene westliche und mit der Sowjetideologie unvereinbare Konzeption der angeborenen und unveräußerlichen Menschenrechte zugrunde. Trotzdem wurden sie – bis auf Albanien – von allen osteuropäischen Staaten in ideologiewidriger Weise ratifiziert, wenn auch – mit der Ausnahme Ungarns – nicht in innerstaatliches Recht transformiert[51]. Um größeren Unannehmlichkeiten zu entgehen, akzeptierten die osteuropäischen Staaten bei Ratifizierung des Pakts über bürgerliche und politische Rechte weder die Staatenbeschwerde (Art. 41) noch die Individualbeschwerde (Fakultativprotokoll), aber einer kritischen Befragung durch den Menschenrechtsausschuß des Pakts im Rahmen eines regelmäßigen Berichtsverfahrens konnten sie sich nicht entziehen.

Ablehnung der Staaten- und der Individualbeschwerde

28

Große Bedeutung des KSZE-Prozesses

Eine noch größere praktische Bedeutung erlangte der juristisch schwächere KSZE-Prozeß, dessen Helsinki-Schlußakte vom 1. August 1975 in ihrer Prinzipienerklärung und ihrem der „Zusammenarbeit in humanitären und anderen Bereichen" gewidmeten Teil (sog. „Korb 3") den Menschenrechten große Bedeutung beimaß. Die Lage der Menschenrechte wurde auch auf verschiedenen Folgekonferenzen thematisiert. Das Thema wurde in der Sowjetunion von der seit Mitte der 1960er Jahre existierenden und seit 1972 zunehmend verfolgten Bürgerrechtsbewegung aufgegriffen, die dadurch einen neuen Auftrieb erhielt, bis sie zu Beginn der 1980er Jahre endgültig zerschlagen wurde. Die Bewegung griff auf andere Länder Osteuropas über, wo sich vornehmlich in Polen [„Komitee zur Verteidigung der Arbeiter" (KOR) 1976, ab 1977 „Komitee zur gesellschaftlichen Selbstverteidigung" (KSS), Gewerkschaft „Solidarność" 1980] und der Tschechoslowakei („Charta '77"), aber auch in der DDR vergleichbare Gruppierungen bildeten. Das Menschenrechtsverständnis, das sich in diesen Bewegungen offenbarte, bewegte sich in den traditionellen Bahnen gemeineuropäischen, liberal-demokratischen Gedanken-

---

48 Ausführlich hierzu für die DDR: *Müller-Römer* (Bibl.), S. 107 ff.; *Brunner*, Menschenrechte in der DDR (Bibl.); für die Sowjetunion: *Luchterhandt*, UN-Menschenrechtskonventionen (Bibl.); vergleichend für den sowjetischen Hegemonialbereich: Menschenrechte in den Staaten des Warschauer Pakts (Bibl.).
49 Vgl. unten RN 29 ff.
50 Vgl. unten RN 36 ff.
51 Nachweise zu dieser umstrittenen Frage bei *H. v. Mangoldt*, Die kommunistische Konzeption der Bürgerrechte und die Menschenrechte des Völkerrechts, in: Menschenrechte in den Staaten des Warschauer Pakts (Bibl.), S. 34 ff. (39 ff.).

guts und konfrontierte die kommunistischen Parteiführungen in schmerzlicher Weise mit der Vergeblichkeit ihrer propagandistischen Bemühungen, ein neues Menschenbild zu verbreiten. Somit gerieten die diktatorischen Systeme unter den doppelten menschenrechtlichen Druck der internationalen Öffentlichkeit und der Völkerrechtsgemeinschaft von außen sowie einer gesellschaftlichen Opposition von innen. Sie reagierten darauf teils apologetisch und teils repressiv. Jedenfalls waren sie gezwungen, sich mit der Menschenrechtsfrage in der einen oder anderen Weise auseinanderzusetzen.

2. Grundrechtstheoretische Diskussionen

Die lebhafteste rechtstheoretische Diskussion über das Wesen der Grundrechte wurde in den relativ liberalen 1960er Jahren in der Sowjetunion und der DDR geführt.

29
Grundrechtstheoretische Diskussion

Sie erwuchs in der Sowjetunion aus der Anerkennung der zuvor verpönten subjektiven Rechte in der zweiten Hälfte der 1950er Jahre[52] und bezog eine ideologische Legitimation aus dem vom XXII. Parteitag der KPdSU im November 1961 angenommenen Parteiprogramm, in dem für die Sowjetunion das Ende der Diktatur des Proletariats bei fortbestehendem „Staat des gesamten Volkes" und der Eintritt in die Periode des „umfassenden Aufbaus des Kommunismus" verkündet wurden. Die damit in Aussicht gestellten glänzenden Zukunftsperspektiven beinhalteten u.a. „die allseitige Entwicklung der Freiheit der Persönlichkeit und der Rechte der Sowjetbürger"[53]. Für die rechtstheoretische Diskussion erbrachte das neue Parteiprogramm zunächst die Frage, ob die Grundrechte subjektive Rechte seien. Das Juristische Institut von Saratow machte sie 1962 zum Gegenstand einer wissenschaftlichen Konferenz, auf der sie von den einzelnen Referenten in differenzierter Weise bejaht wurde[54]. Nunmehr setzte in der sowjetischen Fachliteratur eine ausgedehnte Diskussion ein, in der es neben der rechtstheoretischen Begründung der subjektiven Rechtsqualität der Grundrechte und den sich daraus ergebenden Konsequenzen vornehmlich um die Verstärkung der juristischen Garantien der persönlichen Freiheitsrechte, also um institutionelle Vorkehrungen für mehr Rechtssicherheit ging[55].

30
Erörterung des subjektiv-rechtlichen Charakters der Grundrechte

Die sowjetische Grundrechtsdiskussion ging an Ostmitteleuropa nicht spurlos vorüber. Das eindrucksvollste Werk legte das Staats- und Rechtswissenschaft-

31

---

52 Vgl. hierzu *Andreas Bilinsky*, Zur Problematik des subjektiven Rechts in der sowjetischen Rechtslehre, in: Jahrbuch für Ostrecht I/2 (1960), S. 137 ff.; *Brunner*, Grundrechte im Sowjetsystem (Bibl.), S. 54 ff.; *Luchterhandt*, Entwicklung (Bibl.), S. 6 ff.
53 *Meissner* (FN 20), S. 217.
54 Razvitie prav graždan SSSR i usilenie ich ochrany na sovremennom ètape kommunističeskogo stroitel'stva (Entwicklung der Rechte der Bürger der UdSSR und Stärkung ihres Schutzes in der gegenwärtigen Etappe des kommunistischen Aufbaus), Saratow 1962.
55 Aus der monographischen Literatur dieser Zeit nennenswert: *N. I. Matuzov*, Sub"ektivnye prava graždan SSSR (Subjektive Rechte der Bürger der UdSSR), Saratow 1966; *G. V. Mal'cev*, Socialističeskoe pravo i svoboda ličnosti (Das sozialistische Recht und die Freiheit der Persönlichkeit), Moskau 1968; *V. A. Kučinskij*, Ličnost', svoboda, pravo (Persönlichkeit, Freiheit, Recht), Minsk 1969. Zum Diskussionsverlauf im übrigen vgl. *Luchterhandt*, Entwicklung (Bibl.), S. 8 ff.

§ 13   *Erster Teil: II. Geistesgeschichtliche Strömungen*

Ungarisches Grundlagenwerk über Grundrechte

liche Institut der Ungarischen Akademie der Wissenschaften im Jahre 1965 in Gestalt eines über 600 Seiten umfassenden Grundlagenwerkes über die Grundrechte in historischer, rechtstheoretischer und staatsrechtlicher Sicht vor[56]. Das Erscheinen dieses Werkes konnte auch als ein Zeichen für die Ernsthaftigkeit der *Kádár*-Führung gewertet werden, die Verfolgungen wegen der Beteiligung an der Revolution von 1956 einzustellen und rechtsstaatlich orientierte Reformen einzuleiten. Weniger spektakulär waren die Beiträge der Rechtswissenschaft in Polen[57], wo die ursprünglich liberalen Ansätze der *Gomułka*-Ära inzwischen repressiveren Tendenzen weichen mußten. Die im sowjetischen und ungarischen Schrifttum zutage getretenen progressiven Tendenzen wurden 1967 in der Tschechoslowakei in Aufsätzen aufgegriffen und in eine liberal-demokratische Richtung fortentwickelt[58].

32
Betonung der Integrationsfunktion der Grundrechte in der DDR

In eine andere Richtung verlief die Grundrechtsdiskussion in der DDR, die im Juni 1961 mit einer Arbeitstagung der Sektion Staatstheorie und Staatsrecht der Babelsberger Akademie für Staats- und Rechtswissenschaft unter dem Stichwort der „sozialistischen Persönlichkeitsrechte" begonnen hatte[59] und mit der Kodifizierung der Grundrechte in der Verfassung von 1968 zu einem Abschluß kam. Zwar erfuhren die Grundrechte im Ergebnis der Diskussion auch hier eine gewisse Aufwertung, aber im Vergleich zu den übrigen kommunistisch regierten Ländern setzte sich die Erkenntnis von der subjektiven Rechtsnatur der Grundrechte nur sehr mühsam durch; die immanenten Grundrechtsschranken wurden nachdrücklich hervorgehoben, und die Frage der juristischen Garantien wurde tunlichst heruntergespielt. Im Mittelpunkt der Bemühungen stand die Nutzbarmachung der Grundrechte für die Zwecke der politischen Führung im Rahmen einer Rationalisierung des Herrschaftssystems, indem ihre soziale und politische Integrationsfunktion in den Vordergrund gerückt wurde[60]. Wenige Monate nach Verabschiedung der DDR-Verfassung im April 1968 erfolgte die Okkupation der Tschechoslowakei im August, die zu einer Verhärtung des innenpolitischen Kurses in der DDR und zu einer rein propagandistischen Instrumentalisierung der Grundrechte führte.

---

56 Az állampolgárok alapjogai és kötelességei (Grundrechte und Pflichten der Staatsbürger) (Red.: József Halász, István Kovács, Imre Szabó), Budapest 1965; gekürzte englische Ausgabe: Socialist Concept of Human Rights, Budapest 1966. Vgl. des weiteren die rechtstheoretische Monographie von *Imre Szabó*, Az emberi jogok (Die Menschenrechte), Budapest 1968, ²1978.
57 Podstawowe prawa i obowiązki obywateli PRL (Grundrechte und -pflichten der Bürger der VRP) (Red.: Adam Łopatka), Warschau 1968; *Kazimierz Kąkol*, Prawa i obowiązki obywatelskie w PRL (Bürgerrechte und -pflichten in der VRP), Warschau 1969; → Bd. IX: Grundrechte in Polen.
58 *Zdeněk Jičínský*, K vývoji socialistického pojetí občanských práv (Zur Entwicklung der sozialistischen Auffassung der Bürgerrechte), in: Právník 106 (1967), S. 216 ff.; *ders.*, K aktuálním teoretickým otázkám občanských práv (Zu aktuellen theoretischen Fragen der Bürgerrechte), in: Pravník 106 (1967), S. 313 ff.; *Pavel Peška*, K ústavní problematice politických práv, zejména práva spolčovacího (Zur Verfassungsproblematik der politischen Rechte, namentlich des Vereinigungsrechts), in: Právník 106 (1967), S. 585 ff.
59 *Krüger/Poppe*, Bürgerliche Grundrechte und sozialistische Persönlichkeitsrechte, in: Staat und Recht 10 (1961), S. 1921 ff.
60 Von den Buchpublikationen ist besonders hinzuweisen auf die Monographien von *Hermann Klenner*, Studien über die Grundrechte, 1964, und *Gerhard Haney*, Sozialistisches Recht und Persönlichkeit, 1967, sowie den Tagungsband „Demokratie und Grundrechte", 1967. Zum Verlauf der Diskussion vgl. *Kaschkat*, Die sozialistischen Grundrechte (Bibl.), S. 206 ff.; *Brunner*, Karl Marx (Bibl.), S. 60 ff.

Trotz der allgemeinen Abkühlung des politischen Klimas im ganzen sowjetischen Machtbereich wurde die Grundrechtsdiskussion in der Sowjetunion nur vorübergehend unterbrochen. Anfang 1971 wurde mit einem Grundsatzartikel des Direktors des Instituts für Staat und Recht an der Akademie der Wissenschaften der UdSSR eine zweite Runde der sowjetischen Grundrechtsdiskussion eingeläutet[61], die um die Mitte der 1970er Jahre einen Höhepunkt erreichte, als 1973 die Sowjetunion die beiden UN-Menschenrechtspakte ratifizierte und die KSZE-Konferenzphase eröffnet wurde, 1975 die Helsinki-Schlußakte beschlossen wurde und 1976 die UN-Menschenrechtspakte in Kraft und die Dissidenten verstärkt in Erscheinung traten. Den heterogenen Anlässen entsprechend verlief die Diskussion ambivalent: Teilweise wurden die liberalen Ansätze fortgeführt und die Bemühungen um eine quasi-naturrechtliche Absicherung der Grundrechte[62] vorangetrieben, zugleich wurden aber eine propagandistische Verherrlichung der sowjetischen Grundrechtswirklichkeit am Maßstab des völkerrechtlichen Menschenrechtsstandards nach außen und eine ideologische Bekämpfung der gleichen Menschenrechtsvorstellungen der Dissidentenbewegung nach innen betrieben[63]. Als neuer Akzent kam die Betonung der engen Verbindung der Grundrechte mit der „sozialistischen Demokratie" hinzu, womit die in der DDR favorisierten partizipatorisch-integrativen Aspekte aufgegriffen wurden. Nach der Verabschiedung der *Brežnev*-Verfassung im Oktober 1977 verflachte die Grundrechtsdiskussion zunehmend zu einer rein propagandistischen Veranstaltung[64].

33

Erneute sowjetische Grundrechtsdiskussion in den 70er Jahren

Verherrlichung sowjetischer Grundrechtswirklichkeit nach außen

---

61 *V. M. Čchikvadze*, Ličnost' i gosudarstvo: vzaimnaja otvetstvennost' (Persönlichkeit und Staat: gegenseitige Verantwortung), in: Sovetskoe Gosudarstvo i Pravo 1971, Nr. 1, S. 19 ff.
62 Vgl. unten RN 42 ff.
63 Aus dem umfangreichen Schrifttum mögen nur die Monographien hervorgehoben werden: *V. M. Goršenev*, Teoretičeskie voprosy ličnych konstitucionnych prav sovetskich graždan (Theoretische Fragen der verfassungsmäßigen Persönlichkeitsrechte der Sowjetbürger), Saratow 1972; *N.I. Matuzov*, Ličnost'. Prava. Demokratija (Persönlichkeit. Rechte. Demokratie), Saratow 1972; *L. D. Voevodin*, Konstitucionnye prava i objazannosti sovetskich graždan (Verfassungsmäßige Rechte und Pflichten der Sowjetbürger), Moskau 1972; *I. E. Farber*, Svoboda i prava čeloveka v Sovetskom gosudarstve (Freiheit und Rechte des Menschen im Sowjetstaat), Saratow 1974; *V. A. Patjulin*, Gosudarstvo i ličnost' v SSSR (Staat und Persönlichkeit in der UdSSR), Moskau 1974; *M. F. Orzich*, Ličnost' i pravo (Persönlichkeit und Recht), Moskau 1975; *G. Z. Anaškin*, Prava i objazannosti graždan SSSR (Rechte und Pflichten der Bürger der UdSSR), Moskau 1977; *V. M. Čchikvadze*, Socialističeskij gumanizm i prava čeloveka (Sozialistischer Humanismus und Menschenrechte), Moskau 1978; ders.; Sovetskoe gosudarstvo i ličnost' (Sowjetstaat und Persönlichkeit), Moskau 1978; *V. S. Ševcov*, Sovetskoe gosudarstvo i ličnost' (Sowjetstaat und Persönlichkeit), Moskau 1978; *V. A. Maslennikov*, Konstitucionnye prava i objazannosti (Verfassungsmäßige Rechte und Pflichten), Moskau 1979; *N. V. Vitruk*, Osnovy teorii pravovogo položenija ličnosti v socialisitičeskom obščestve (Grundlagen der Theorie der Rechtsstellung der Persönlichkeit in der sozialistischen Gesellschaft), Moskau 1979. Zum Diskussionsverlauf im übrigen vgl. *Luchterhandt*, Entwicklung (Bibl.), S. 16ff.; *F. J. M. Feldbrugge*, Grundrechte in zweierlei Sicht. Die Grundrechtsdiskussion zwischen Staatsrechtlern und Dissidenten in der Sowjetunion, in: Friedrich-Christian Schroeder/Boris Meissner (Hg.), Verfassungs- und Verwaltungsreformen in den sozialistischen Staaten, 1978, S. 101 ff.
64 Exemplarisch: Konstitucionnyj status ličnosti v SSSR (Der verfassungsmäßige Status der Persönlichkeit in der UdSSR) (Red.: N. V. Vitruk, V. A. Maslennikov, B. N. Topornin), Moskau 1980; Prava ličnosti v socialističeskom obščestve (Rechte der Persönlichkeit in der sozialistischen Gesellschaft) (Red.: V. N. Kudrjavcev, M. S. Strogovič), Moskau 1981; *V. G. Sokurenko/A. N. Savickaja*, Pravo. Svoboda. Ravenstvo (Recht. Freiheit. Gleichheit), Lwow 1981; Realizacija prav graždan v uslovijach razvitogo socializma (Realisierung der Bürgerrechte unter den Bedingungen des entwickelten Sozialismus) (Red.: E. A. Lukaševa), Moskau 1983; *V. E. Guliev/F. M. Rudinskij*, Socialističeskaja demokratija i ličnye prava (Sozialistische Demokratie und Persönlichkeitsrechte), Moskau 1984; Demokratija i ličnost' v uslovi-

§ 13 *Erster Teil: II. Geistesgeschichtliche Strömungen*

34
Aktualität der Menschenrechte auch in den übrigen Ostblockstaaten

Die internationale Aktualität der Menschenrechte um die Mitte der 1970er Jahre machte sich auch in den übrigen Ländern des sowjetischen Hegemonialbereichs bemerkbar, die die UN-Menschenrechtspakte ebenfalls um diese Zeit ratifizierten (Bulgarien 1970, DDR 1973, Ungarn und Rumänien 1974, Tschechoslowakei 1975, Polen 1977). Die DDR schlug dabei einen vorwiegend defensiv-apologetischen Ton an[65], obgleich sich mit einem Büchlein des Wirtschaftshistorikers *J. Kuczynski* auch eine atypische, klassisch-marxistische Stimme erhob[66]. Ansonsten trat diesmal weniger die ungarische[67] als die polnische Rechtswissenschaft besonders in Erscheinung, und zwar mit einem größeren Grundlagenwerk[68] und anderen Publikationen[69], deren Grundton als gemäßigt fortschrittlich bezeichnet werden konnte. Auch Rumänien meldete sich mit einer Monographie zu Wort[70].

35
Letzte Zeugnisse einer marxistisch-leninistischen Grundrechtstheorie in der CSSR und Ungarn

In den 1980er Jahren schien das wissenschaftliche Interesse an den Grundrechten erschöpft. Wohl waren auch die Grenzen hinlänglich ausgelotet, die unter den Bedingungen einer kommunistischen Einparteidiktatur nicht überschritten werden konnten. Die letzten bemerkenswerten Zeugnisse einer marxistisch-leninistischen Grundrechtstheorie in der Reform- und Verfallsperiode der *Gorbačëv*-Ära stammten aus der Tschechoslowakei und Ungarn. Ihre Intentionen waren so unterschiedlich wie die politischen Systeme, in denen sie entstanden. In der Tschechoslowakei erschienen 1987/88 drei größere Werke mit der Zielsetzung, die totalitäre Einparteidiktatur gegen die Gefahren des zeitgenössischen Reformgeistes grundrechtstheoretisch abzusichern[71]. Auf

---

jach razvitogo socializma (Demokratie und Persönlichkeit unter den Bedingungen des entwickelten Sozialismus) (Red.: B. I. Kožočin), Leningrad 1985; *N. V. Vitruk*, Pravovoj statuts ličnosti v SSSR (Rechtsstellung der Persönlichkeit in der UdSSR), Moskau 1985; Socialističeskaja koncepcija prav čeloveka (Die sozialistische Konzeption der Menschenrechte) (Red.: V. M. Čchikvadze, E. A. Lukaševa), Moskau 1986; Demokratija i pravovoj status ličnosti v socialističeskom obščestve (Demokratie und Rechtsstellung der Persönlichkeit in der sozialistischen Gesellschaft) (Red.: V. M . Čchikvadze), Moskau 1987; *E. A. Lukaševa*, Socialističeskoe pravo i ličnost' (Sozialistisches Recht und Persönlichkeit), Moskau 1987.
65 Zum Diskussionsverlauf vgl. *Brunner*, Karl Marx (Bibl.), S. 63ff.; *Luchterhandt*, Der verstaatlichte Mensch (Bibl.), S. 60ff. Einen repräsentativen Ausdruck fand diese Richtung in der später erschienenen Grundrechtsmonographie von *Hermann Klenner*, Marxismus und Menschenrechte, 1982.
66 *Jürgen Kuczynski*, Menschenrechte und Klassenrechte, 1978.
67 Hinzuweisen ist nur auf eine kleinere Monographie: *András Holló*, Állampolgári jogok Magyarországon (Staatsbürgerliche Rechte in Ungarn), Budapest 1979.
68 Prawa i obowiązki obywatelskie w Polsce i świecie (Bürgerrechte und -pflichten in Polen und der Welt) (Red.: Marian Szczepaniak), Warschau 1974, 1978.
69 Podstawowe prawa i obowiązki obywateli PRL w okresie budowy rozwiniętego społeczeństwa socjalistycznego (Die Grundrechte und -pflichten der Bürger der VRP in der Zeit des Aufbaus der entwickelten sozialistischen Gesellschaft) (Red.: Adam Łopatka, Roman Wieruszewski), Warschau 1976; *Anna Michalska*, Podstawowe prawa człowieka w prawie wewnętrznym a pakty praw człowieka (Grundrechte des Menschen im innerstaatlichen Recht und die Menschenrechtspakte), Warschau 1976; *Bogda Dobkowski*, Konstytucyjne prawa i obowiązki obywateli PRL (Verfassungsmäßige Rechte und Pflichten der Bürger der VRP), Warschau 1979; *Feliks Siemieński*, Podstawowe wolności, prawa i obowiązki obywateli PRL (Grundfreiheiten, Rechte und Pflichten der Bürger der VRP), Warschau 1979; Prawa człowieka w Polsce (Menschenrechte in Polen) (Red.; Adam Łopatka), Warschau 1980.
70 *Nistor Prisca*, Drepturile şi îndatoririle fundamentale ale cetăţenilor în Republica Socialistă România (Grundrechte und -pflichten der Bürger in der Sozialistischen Republik Rumänien), Bukarest 1978.
71 Základní práva, svobody a povinnosti občanů ČSSR a jejich ochrana v právním řádu (Grundrechte, -freiheiten und -pflichten der Bürger der ČSSR und ihr Schutz im rechtlichen Verfahren) (Red.: Z. Češka, S. Zdobinský), Prag 1987; *Josef Blahož* u.a., Občan, jeho práva a povinnosti v současném světě (Der Bürger, seine Rechte und Pflichten in der gegenwärtigen Welt), Prag 1987; *Igor Palúš*, Základné práva a povinnosti občanov ČSSR (Grundrechte und -pflichten der Bürger der ČSSR), Bratislava 1988.

der anderen Seite erschien 1988 in Ungarn ein systematischer Sammelband, der als das letzte Denkmal reformkommunistischer Grundrechtskonzeption angesehen werden kann[72]. Eine Monographie aus dem nächsten Jahr wandte sich bereits von diesem Denkmal ab und den traditionell europäischen Menschenrechtsvorstellungen zu[73], die nach der alsbald erfolgten politischen Systemwende ganz Osteuropa erfassen sollten.

3. Die neuen Verfassungen

Nachdem *Chruščëv* mit dem Parteiprogramm von 1961 für die Sowjetunion den Übergang vom Sozialismus zum Kommunismus angepeilt hatte, eröffnete sich für die Staaten des sowjetischen Hegemonialbereichs die Möglichkeit, unter Wahrung des gebührenden Abstandes zum Entwicklungsstand des Hegemons eine höhere Stufe des sozialistischen Aufbaus zu erklimmen. Sie wurde gemeinhin als „entwickelte sozialistische Gesellschaft" bezeichnet und durch die Verabschiedung einer neuen Verfassung besiegelt, für die das *Stalin*sche Vorbild von 1936 nicht mehr galt[74]. Die Tschechoslowakei war bereits am 11. Juli 1960 mit einer „sozialistischen" Verfassung vorgeprescht, die nach der Okkupation im August 1968 weitgehend aufgehoben und durch neue Verfassungsgesetze ersetzt wurde; der Grundrechtskatalog blieb allerdings von diesen Änderungen weitgehend unberührt. Es folgten Jugoslawien (7.4.1963; neue Verfassung: 21.2.1974), Rumänien (20.8.1965; Totalrevision: 8.4.1974), die DDR (6.4.1968; Totalrevision: 7.10.1974), Bulgarien (16.5.1971) und Albanien (28.12.1976). Die Reformländer Ungarn und Polen begnügten sich am 19. April 1972 bzw. am 16. Februar 1976 mit einer Totalrevision ihrer stalinistischen Verfassung, um sich den ideologischen Zwängen zu entziehen, die sich aus einer ehrgeizigeren Erfolgsmeldung beim Aufbau des Sozialismus ergeben hätten. Das Schlußlicht bildete die Sowjetunion mit ihrer Verfassunggebung vom 7. Oktober 1977, die schon aus diesem zeitlichen Grunde keine Vorbildwirkung mehr entfalten konnte.

36 Neue Verfassungen als Ausdruck einer „entwickelten sozialistischen Gesellschaft"

Die neuen Grundrechtskataloge wiesen innerhalb einer ideologisch vorgegebenen Bandbreite nunmehr einige Unterschiede auf[75]. Gemeinsam war ihnen eine systematische Aufwertung, indem sie vor das Staatsorganisationsrecht gezogen wurden. Die ungarische und die polnische Verfassung bildeten nur scheinbare Ausnahmen, da hier nur die alte Verfassung neugefaßt und an der überkommenen Systematik folglich nichts geändert wurde. Als ein gemeinsa-

37 Geringe praktische Bedeutung der Grundrechte

---

72 Emberi jogok hazánkban (Menschenrechte in unserer Heimat) (Red.: Márta Katonáné Soltész), Budapest 1988; englische Ausgabe: Human Rights in Today's Hungary, Budapest 1990.
73 *Tamás Földesi*, Emberi jogok (Menschenrechte), Budapest 1989.
74 Deutsche Verfassungstexte abgedruckt in: Georg Brunner/Boris Meissner (Hg.), Verfassungen der kommunistischen Staaten, 1979; Verfassungen ausländischer sozialistischer Staaten, 1982. Für eine Bestandsaufnahme vgl. *Brunner*, Die Funktion der Verfassung in den sozialistischen Staaten im Spiegel der neueren Verfassunggebung, in: Schroeder/Meissner (FN 63), S. 11 ff.
75 Für einen Vergleich vgl. *Brunner* (FN 74), S. 29 ff.; *Wim Albert Timmermans*, Human Rights in Socialist Constitutions: A Comparative Study, in: F. J. M. Feldbrugge (Hg.), The Distinctiveness of Soviet Law, Dordrecht u. a. 1987, S. 35 ff.

mer Zug der Verfassunggebung konnte auch die größere Ehrlichkeit im Umgang mit den Grundrechten registriert werden. Die offenere Sprache trug dazu bei, die Kluft zwischen Grundrechtsproklamation und Grundrechtswirklichkeit in der Weise zu verringern, daß ein verständiger Leser schon nach der Lektüre des Verfassungstextes keine allzu hohen Erwartungen bezüglich der praktischen Bedeutung der Grundrechte hegen konnte.

38
Betonung politischer Mitwirkungsrechte

Der materielle Grundrechtsstatus der Staatsangehörigen wurde überall eingehender geregelt. Gegenüber der überkommenen Anordnung der Grundrechtsgruppen ergaben sich nur insofern Unterschiede, als der allgemeine Gleichheitssatz den übrigen Grundrechten vorangestellt wurde und die politischen Mitwirkungsrechte stärker betont wurden. Ansonsten blieb es im wesentlichen beim stalinistischen Wertungsschema, nach dem der Hauptakzent auf den sozial-ökonomischen Grundrechten lag. Diese wurden inhaltlich umfassender formuliert und gelegentlich durch ein Grundrecht auf Wohnraum ergänzt (Art. 37 Abs. 1 Verf. DDR, Art. 44 Verf. UdSSR). Den persönlichen Freiheitsrechten wurde weiterhin ein geringes, aber leicht erhöhtes Gewicht beigemessen, wobei die innerstaatliche Freizügigkeit nunmehr nicht nur in der Verfassung der Tschechoslowakei (Art. 31), sondern auch im Grundgesetz der DDR (Art. 32) und Jugoslawiens (Art. 183) auftauchte. In negativer Hinsicht tat sich die albanische Verfassung durch ein ausdrückliches Religionsverbot hervor (Art. 37, 55). In allen Ländern, in denen eine Veranlassung dazu bestand, wurde den nationalen Minderheiten ein besonderer Verfassungsartikel gewidmet. In formeller Hinsicht war die Verankerung der Staatshaftung über den traditionellen Kreis der südosteuropäischen Länder hinaus bemerkenswert[76], während sich die Diskussionen um eine Stärkung der juristischen Garantien nur gelegentlich in einer verfassungsrechtlichen Gewährleistung des gerichtlichen Verwaltungsrechtsschutzes unter Gesetzesvorbehalt niederschlugen[77]. Die Grundpflichten erfuhren keine nennenswerten Änderungen. Der Umweltschutz wurde häufig als Grundrecht, Grundpflicht und/oder Staatsaufgabe thematisiert.

Religionsverbot in Albanien

39
Mitbestimmungsrecht als Muttergrundrecht in der DDR

Mit prinzipiellen Besonderheiten der Grundrechtssystematik konnten erneut die mitteldeutsche[78] und jugoslawische[79] Verfassung aufwarten. Der DDR ging es im Ergebnis der Grundrechtsdiskussion der 1960er Jahre um die Herausstellung des status activus im Zusammenhang mit der „sozialistischen Demokratie". Dieses Ziel wurde erreicht, indem an die Spitze des Grund-

---

76 Art. 59 Abs. 2 Verf. Albanien, Art. 56 Abs. 1 u. 3 Verf. Bulgarien, Art. 104 Verf. DDR, Art. 199 Verf. Jugoslawien, Art. 35 Verf. Rumänien, Art. 58 Abs. 3 Verf. UdSSR.
77 Eindeutig nur in Art. 203 Abs. 4, 216 Verf. Jugoslawien und Art. 58 Abs. 2 Verf. UdSSR, während die vergleichbaren Aussagen in Art. 125 Abs. 3 Verf. Bulgarien und Art. 35 Verf. Rumänien mehrdeutig waren.
78 Vgl. hierzu *Siegfried Mampel*, Die sozialistische Verfassung der Deutschen Demokratischen Republik. Kommentar, ²1982, RN 6 ff. zu Art. 21; *Brunner*, Das Staatsrecht der Deutschen Demokratischen Republik, in: HStR I, ³2003, § 11 RN 77 ff.
79 Vgl. hierzu *Krbek*, Die Verfassung der Sozialistischen Föderativen Republik Jugoslawien vom 7.4.1963, in: JöR NF 13 (1964), S. 243 ff. (254 ff.); *Reichel*, Die neue jugoslawische Bundesverfassung, in: Osteuropa-Recht 20 (1974), S. 165 ff. (189 ff.); *Roggemann*, Die neuere Verfassungsentwicklung in Jugoslawien, in: Schroeder/Meissner (FN 63), S. 257 ff. (314 ff.).

rechtskatalogs ein allgemeines Mitbestimmungs- und Mitgestaltungsrecht gestellt wurde (Art. 21), aus dem als einer Art Muttergrundrecht alle Spezialgrundrechte abgeleitet werden konnten. Im Mittelpunkt des weitschweifigen Grundrechtskatalogs der jugoslawischen Verfassung, die bewußt zwischen Menschen- und Bürgerrechten differenzierte, stand der seinerzeit maßgebenden Konzeption des Selbstverwaltungssozialismus entsprechend das Bürgerrecht auf Selbstverwaltung in Wirtschaft, Gesellschaft und Politik (Art. 155-158). Weitere Originalitäten kamen hinzu, unter denen das Recht, über die Zeugung von Kindern frei zu beschließen, besonders ins Auge stach.

„Zeugungsfreiheit" in Jugoslawien

Sorgfältiger und einschneidender wurden in allen Verfassungen der zweiten Generation die Grundrechtsschranken ausformuliert. In Gestalt von allgemeinen Gesetzesvorbehalten oder des Verfassungsvorbehalts politischer Zweckmäßigkeit waren sie vornehmlich bei den politischen Freiheitsrechten anzutreffen. Darüber hinaus stellten die meisten Verfassungen – und dies war eine echte Neuerung – alle Grundrechte unter einen unterschiedlich ausgestalteten allgemeinen Verfassungsvorbehalt. In der tschechoslowakischen (Art. 19 Abs. 1) und der DDR-Verfassung (Art. 19 Abs. 3) wurde eine allgemeine Funktionsbeschreibung der Grundrechte gegeben, die im Zeichen der Harmonie von gesellschaftlichen und individuellen Interessen auf eine Entwicklung der Persönlichkeit zum Wohle der Gesellschaft hinauslief. Die gesellschaftlichen Interessen wurden – in unterschiedlichen Wendungen – in der bulgarischen (Art. 9 Abs. 2), ungarischen (§ 54 Abs. 2), jugoslawischen (Grundsätze Abschn. V), albanischen (Art. 39 Abs. 1) und sowjetischen (Art. 39 Abs. 2) Verfassung als immanente Grundrechtsschranke vorgegeben. Des weiteren wurden teilweise die Einheit von Rechten und Pflichten (§ 54 Abs. 2 Verf. Ungarn, Art. 39 Abs. 2 Verf. Albanien, Art. 59 Abs. 1 Verf. UdSSR), die sozialistische Ordnung (Art. 39 Abs. 2 Verf. Albanien) und die staatlichen Interessen (Art. 39 Abs. 2 Verf. UdSSR) genannt. Zuständig für die Auslegung dieser unbestimmten Rechtsbegriffe war letztlich die kommunistische Partei, deren Erkenntnis- und Führungsmonopol in allen Verfassungen unmißverständlich verankert wurde[80]. Anklänge an einen rechtsstaatlichen Verfassungsvorbehalt enthielt allein Art. 153 Abs. 2 der jugoslawischen Verfassung von 1974, wo als Grundrechtsschranken die Rechte anderer und die Interessen der sozialistischen Gemeinschaft nur insofern vorgesehen waren, als letztere in der Verfassung festgelegt waren.

40
Sorgfältigere Formulierung der Grundrechtsschranken in den Verfassungen der zweiten Generation

Gesellschaftliche Interessen als immanente Grundrechtsschranke

Einheit von Rechten und Pflichten

---

80 Zu den Nuancen unterschiedlicher Formulierungen vgl. *Brunner* (FN 74), S. 20f.

C. Elemente der marxistisch-leninistischen Grundrechtstheorie

41
Elemente einer marxistisch-leninistischen Grundrechtstheorie

Eine in sich geschlossene Grundrechtstheorie des Marxismus-Leninismus hat es zwar nie gegeben, aber es können bestimmte Elemente festgestellt werden, die im Verlaufe der ideologischen Entwicklung in unterschiedlicher Akzentuierung immer wieder aufgetaucht sind und deshalb als konstante, wenn auch nicht unumstrittene Elemente einer marxistisch-leninistischen Grundrechtstheorie bezeichnet werden können.

I. Begründung der Grundrechte

42
Ablehnung angeborener Menschenrechte

Nach gängiger Auffassung hat die marxistisch-leninistische Grundrechtstheorie die Vorstellung angeborener, unveräußerlicher Menschenrechte abgelehnt und nur staatlich gewährte Bürgerrechte anerkannt[81]. Diese These entsprach der in den kommunistisch regierten Ländern vorherrschenden Meinung in der Tat, bedarf aber trotzdem der Differenzierung.

43
Von den Rechten der „Werktätigen" zu Bürgerrechten

In terminologischer Hinsicht ist es zunächst richtig, daß die Verfassungstexte kommunistischer Staaten nach Überwindung der klassenmäßigen Beschränkung der Grundrechtssubjektivität auf „Werktätige" fast durchweg von Bürgerrechten sprachen und damit die staatliche Zuweisung der Grundrechte im Rahmen des allgemeinen staatsbürgerlichen Subordinationsverhältnisses zum Ausdruck bringen wollten. Der Terminus „Menschenrechte" wurde seit der Internationalisierung des Problems um die Mitte der 1960er Jahre allmählich gebräuchlich, blieb aber auf den völkerrechtlichen und außenpropagandistischen Sprachgebrauch beschränkt[82]. Folgerichtig wurde in der sowjetischen Verfassung von 1977 der Ausdruck „Menschenrechte" an einer einzigen Stelle, bei der Aufzählung der völkerrechtlichen Prinzipien, nach denen sich die Beziehungen der UdSSR zu anderen Staaten richten sollten, verwendet (Art. 29), während in dem für den innerstaatlichen Gebrauch gedachten Grundrechtsteil von „Rechten der Bürger der UdSSR" die Rede war. Im sowjetischen Hegemonialbereich führte allein die ungarische Verfassungsrevision von 1972 die „Menschenrechte" in Gestalt einer Achtungsklausel in den Grundrechtsteil ein (§ 54 Abs. 1). Im Schrifttum wurde dieser ideologiewidrige Sprachgebrauch so erklärt, daß Ungarn seine völkerrechtlichen Menschenrechtsverpflichtungen inhaltlich in innerstaatliches Recht transformiert habe[83]. Eine echte Ausnahme stellte allein die jugoslawische Verfassung von

---

81 So z.B. *Stern*, Das Staatsrecht der Bundesrepublik Deutschland, Bd. III/1, S. 226.
82 Zur Trennung von Völkerrecht und Staatsrecht in der Grundrechtsdiskussion vgl. *Brunner*, Neuere Entwicklungen in der sowjetischen Konzeption der Menschenrechte, in: Brunner (Hg.), Grundrechte und Rechtssicherheit (Bibl.), S. 9ff.
83 *Szabó* (FN 57), ²1978, S. 106; *Ottó Bihari*, Államjog (Staatsrecht), Budapest 1984, S. 138. Für eine strikte Trennung des völkerrechtlichen und des staatsrechtlichen Sprachgebrauchs demgegenüber *Holló* (FN 67), S. 15.

1974 dar, die in ihren Art. 153 ff. – wie schon ihre Vorgängerin im Jahre 1963 – in dem im Westen geläufigen Sinne zwischen Menschen- und Bürgerrechten unterschied.

Die Ablehnung der Menschenrechte ist rechtstheoretisch konsequent, wenn man sich auf den Standpunkt stellt, daß die marxistisch-leninistische Rechtslehre eine Variante des Rechtspositivismus gewesen sei, was sie in stalinistischer Zeit auch ohne Zweifel war. Aus den – auch in poststalinistischer Zeit maßgebenden – ideologischen Versatzstücken des Primats des Staates gegenüber dem Recht und dem Primat des objektiven gegenüber dem subjektiven Recht kann man ohne weiteres die positivistische These ableiten, alle subjektiven Rechte und so auch die Grundrechte würden vom Staat gewährt, der sie folglich auch jederzeit wieder entziehen könne.

44
Ablehnung von Menschenrechten aus positivistischer Sicht

Allerdings muß man hierbei – anders als es das rechtstheoretische Schrifttum in den kommunistisch regierten Ländern überwiegend getan hat – nicht stehenbleiben. Denkt man etwas weiter, kann man im Marxismus eine naturrechtliche Reserve entdecken, zu der einige sowjetische Juristen zuerst in den 1920er Jahren und dann wieder in der poststalinistischen Ära, schwerpunktmäßig in den 1960er Jahren, in der Tat vorstießen[84]. Auf diesen Umstand ist bereits *Hans Kelsen* aufmerksam geworden, der die sowjetmarxistische Rechtsauffassung als eine Naturrechtslehre einstufte[85]. Diese Einschätzung wird durch die dem Marxismus ursprünglich innewohnende deterministische Deutung der materialistischen Basis-Überbau-Lehre ermöglicht, nach der Staat und Recht als Erscheinungen des Überbaus durch die gesellschaftlich-ökonomische Basis bestimmt werden. Von diesem Ansatz aus könnte die These vertreten werden, daß die Grundrechte durch die jeweilige materielle Basis der Gesellschaft vorgegeben seien und vom Staat nur erkannt, nicht aber geschaffen werden könnten.

45
Einstufung der sowjetmarxistischen Auffassung als Naturrechtslehre

Es waren vor allem zwei sowjetische Rechtstheoretiker, die den Mut aufbrachten, in diese Tiefen eines „unterpositiven Naturrechts der Materie" einzutauchen. Im Jahre 1967 legte Professor *Farber* aus Saratow in einem Aufsatz seine Auffassung, die er in seiner 1974 erschienen Monographie in unveränderter Form wiederholte, dar, nach der die elementaren Rechte des Menschen – wie das Recht auf Leben, Nahrung, Kleidung, Wohnung, Arbeit, Erholung und Bildung, aber auch die Unverletzlichkeit der Person sowie die Meinungs- und Gewissensfreiheit – in den gesellschaftlich-politischen Beziehungen der Menschen wurzelten[86]. „Diese Grundrechte des Menschen existieren unabhängig von ihrer staatlichen Anerkennung als Ergebnis der gesellschaftlichen

46
Theorien Farbers und Nedbajlos

---

84 Zur Naturrechtsdiskussion vgl. *Brunner*, Naturrecht und Sowjetideologie, in: Recht in Ost und West 10 (1966), S. 229 ff.; *Blankenagel*, Funktion der Grundrechte (Bibl.), S. 102 ff.; *Luchterhandt*, Entwicklung (Bibl.), S. 37 ff.; *Zajadło*, Marxismus und Naturrecht?, in: Osteuropa-Recht 32 (1986), S. 68 ff.
85 *Hans Kelsen*, The Communist Theory of Law, New York u. a. 1955, S. 20 ff., 118 ff. Näheres hierzu bei *Brunner*, Gedanken über Hans Kelsen und das Ostrecht, in: Festschrift der Rechtswissenschaftlichen Fakultät zur 600-Jahr-Feier der Universität zu Köln, 1988, S. 647 ff. (654 ff.).
86 *I. E. Farber*, Prava čeloveka, graždanina i lica v socialističeskom obščestve (Recht des Menschen, des Bürgers und der Persönlichkeit in der sozialistischen Gesellschaft), in: Pravovedenie 1967, Nr. 1, S. 39 ff. (42 f.); *ders.* (FN 63), S. 35 ff.

Entwicklung, als soziale Möglichkeiten des Menschen, über bestimmte materielle und kulturelle Güter zu verfügen"[87]. Durch ihre staatliche Anerkennung würden sich die Menschenrechte in Bürgerrechte verwandeln. *Farber* war vorsichtig zu betonen, daß die Menschenrechte eine soziologische und keine juristische Kategorie seien. Sein Ende 1974 verstorbener ukrainischer Kollege *Nedbajlo* tat – soweit ersichtlich – als einziger den weiteren Schritt und bekannte sich zu den Menschenrechten als einer „echten" Rechtsposition. Er stimmte der neuen Lehre *Farber*s schon 1968 als erster ausdrücklich zu, ging aber über die „sozialen Möglichkeiten" insofern hinaus, als er von „moralisch-politischen Rechten des Menschen" sprach, die wohl vom Staat in „formal-juristische Rechte" umgewandelt würden, „aber nicht der Staat dient als Quelle der verfassungsmäßigen und sonstigen juristischen Rechte des Menschen: sie wurzeln in den Bedingungen des gesellschaftlichen Lebens, in den gesellschaftlichen Verhältnissen[88]". Kurz vor seinem Tode bezeichnete *Nedbajlo* die Auffassung als fehlerhaft, nach der der Mensch lediglich deshalb Rechte besitze, weil sie ihm vom Staat zugesprochen worden seien, und meinte, daß man die Rechte nicht ausschließlich mit dem Begriff „Bürger" verbinden dürfe. Der Marxismus schließe die Existenz unveräußerlicher Menschenrechte nicht aus, nur müsse ihnen eine materialistische Begründung gegeben werden[89].

47
Staatswille als unmittelbarer Grund der Rechtsgeltung nach systemimmanenter Auffassung

Damit waren offenbar die Grenzen des politisch Zulässigen erreicht. Rechtstheoretisch ist es höchst zweifelhaft, ob sich die Auffassung *Nedbajlo*s systemimmanent halten läßt. Denn auch wenn man das Verhältnis von Basis und Überbau – mit *Marx* und gegen *Lenin* und *Stalin* – deterministisch deutet, kommt man um die ideologische Vorgabe kaum herum, daß die Basis das Recht nicht unmittelbar erzeugt und eine Verhaltensregel vom Staat gesetzt oder zumindest anerkannt werden muß, um als Rechtsnorm zu gelten. Ist aber der Staatswille der unmittelbare Geltungsgrund der Rechtsnorm, so können „naturrechtlich" begründete Forderungen an den staatlichen Gesetzgeber gestellt werden; man mag sogar von naturrechtlichen Rechtsetzungspflichten des Staates sprechen; aber wenn der Staat ihnen nicht nachkommt, wird eine „Ersatzvornahme" kaum möglich sein.

48
Kommunistische Partei als Inhaberin des Erkenntnismonopols

Im übrigen bleibt die Frage zu beantworten, wer die grundrechtlichen Anforderungen der Basis jeweils erkennen kann. Unter den Bedingungen einer kommunistischen Einparteidiktatur wird das kaum jemand anders sein können als die kommunistische Partei, die per definitionem im Besitze des Erkenntnismonopols ist. Insofern wird man dem ungarischen Autor zustimmen müssen, der ein Element der sozialistischen Grundrechtskonzeption folgendermaßen beschrieben hat: „Unter sozialistischen Verhältnissen bestimmt die politische Macht, genauer: die führende politische Organisation der sozia-

---

[87] AaO., S. 43 bzw. S 37 f.
[88] *P. E. Nedbajlo*, Meždunarodnaja zaščita prav čeloveka (Internationaler Schutz der Menschenrechte), in: Sovetskij Ežegodnik Meždunarodnogo Prava, 1968, S. 35 f. (36).
[89] Konferenzbericht von *N. I. Kozjubra/V. K. Zabigajlo*, Obsuždenie kursa marksistsko-leninskoj obščej teorii gosudarstva i prava, in: Sovetskoe Gosudarstvo i Pravo, 1973, Nr. 10, S. 133 f. (134).

listischen Gesellschaft (die kommunistische Partei) diejenige Pflicht des Staates, welche Rechte er dem Staatsbürger gewährleisten soll, um so der Staatsgewalt rechtliche Schranken zu setzen"[90].

II. Rechtsnatur der Grundrechte

Die in der Verfassung niedergelegten Grundrechte sind zunächst objektive Rechtssätze. Diese Selbstverständlichkeit war in der marxistisch-leninistischen Rechtslehre niemals umstritten, blieb aber praktisch folgenlos.

49
Objektive Rechtssätze

Problematischer war die subjektive Rechtsnatur der Grundrechte. Sie wurde in Osteuropa erst im Ergebnis der Grundrechtsdiskussion der 1960er Jahre allgemein anerkannt, obgleich sich die DDR mit dieser Erkenntnis bis zum Schluß schwertat. *G. Haney* vermochte sich zwar mit seiner bedingungslosen Ablehnung der subjektiven Rechtsqualität der Grundrechte[91] nicht durchzusetzen, aber die herrschende Lehre in der DDR pervertierte die Subjektivität der Grundrechte mit deren Deutung als „staatliche Leitungsinstrumente" in ihr Gegenteil[92].

50
Grundrechte als „staatliche Leitungsinstrumente" in der DDR

In der Sowjetunion fand eine derartige Denaturierung der Grundrechte erst in den 1980er Jahren der späten *Brežnev*-Ära Befürworter. Zuvor wurde darüber gestritten, was die subjektive Rechtsnatur der Grundrechte bedeute. Die hierzu vertretenen Ansichten konnten im wesentlichen in zwei Gruppen eingeteilt werden[93]. Nach einer Mindermeinung sollten die Grundrechte außerhalb eines Rechtsverhältnisses, also ohne eine korrespondierende Erfüllungspflicht des Staates oder seiner Organe bestehen. Diese Konstruktion wurde von der Mehrheit als eine logische Unmöglichkeit verworfen. Überwiegend wurde ein zwischen Staat und Bürger bestehendes „allgemeines Rechtsverhältnis" angenommen, dessen Rechtsgrundlage die Verfassung sei. Aus dem Umstand, daß die Grundrechte auf der höchsten Ebene der Normenhierarchie angesiedelt seien, wurde dann gefolgert, daß sie erst einer sondergesetzlichen Konkretisierung bedürften, damit aus ihnen konkrete Ansprüche hergeleitet werden könnten. Indem das Verhältnis der Grundrechte zu den einfachgesetzlich gewährten Einzelberechtigungen als eine Beziehung Allgemeines-Besonderes gedeutet wurde, bewirkten die in unterschiedlichen Spielarten vertretenen Lehren vom „allgemeinen Rechtsverhältnis" eine Entrückung der Grundrechte von den subjektiven Berechtigungen und ihre rechtsdogmatische Umformung zu allgemeinen Rechtsgrundsätzen, deren praktische Bedeutung sich höchstens als Auslegungsrichtlinien bemerkbar machen konnte. Theoretisch konnte aus den Grundrechten allenfalls ein Appell an den Gesetzgeber abgeleitet werden: „Die verfassungsmäßigen Rechte der

51
Dogmatische Umformung der Grundrechte zu allgemeinen Rechtsgrundsätzen

---

90 *Holló* (FN 67), S. 41 ff.
91 *Haney* (FN 60), S. 259 ff.
92 Näheres hierzu bei *Luchterhandt*, Der verstaatlichte Mensch (Bibl.), S. 67 ff.; *Brunner*, Das Staatsrecht der Deutschen Demokratischen Republik, in: HStR I, ³2003, § 11 RN 76; jeweils m.w.N.
93 Vgl. hierzu *Blankenagel*, Funktion der Grundrechte (Bibl.), S. 89 ff.; *Luchterhandt*, Entwicklung (Bibl.), S. 32 ff.

Bürger sind existente subjektive Rechte, unabhängig davon, wie weit sie entwickelt und durch juristische Mittel in der einfachen Gesetzgebung konkretisiert sind. Mit anderen Worten, der allgemeine Charakter der verfassungsmäßigen Rechte darf nicht zur Negierung ihres subjektiv-rechtlichen Charakters, sondern muß zur Ausarbeitung rechtlicher Mittel führen, die für ihre Verwirklichung, ihren Schutz und ihre Verteidigung noch größere praktische Möglichkeiten schaffen"[94].

III. Einteilung und Wertigkeit

52
Systematisierung

In der marxistisch-leninistischen Grundrechtstheorie bestand weitgehendes Einverständnis über die Systematisierung der einzelnen Grundrechte.

53
Priorität der „sozial-ökonomischen" Rechte

Den ersten Platz von höchster Wertigkeit nahmen lange Zeit unangefochten die sog. „sozial-ökonomischen" Rechte ein, denen die „kulturellen" Rechte meistens hinzugefügt wurden. Ihre besondere Wertschätzung ergab sich an sich folgerichtig aus der materialistischen Gesellschaftslehre des Marxismus, wurde aber verfassungsrechtlich erst durch die *Stalin*sche Verfassunggebung von 1936 begründet. Seither wurde als ein besonderer Vorzug der „sozialistischen" Grundrechte im Vergleich zu ihren „kapitalistischen" Vorgängern und Konkurrenten unablässig ihre materiell-wirtschaftliche Ausrichtung hervorgehoben. Die kapitalistischen Grundrechte seien formaler Natur, da sie bloß verkündet würden, tatsächlich aber nur von den Reichen wahrgenommen werden könnten. Im Gegensatz dazu sollten im Sozialismus mit Hilfe der Grundrechte die ökonomischen und sozialen Grundlagen für ein menschenwürdiges Dasein gesichert werden. Zur Gruppe dieser für den Sozialismus typischen Grundrechte wurden die Rechte auf Arbeit, Erholung, soziale Sicherheit, Gesundheitsvorsorge und Bildung in unterschiedlicher Auffächerung gezählt; später kam teilweise das Recht auf Wohnraum dazu.

54
Propagandistische Aufwertung „politischer" Rechte

Die an zweiter Stelle stehenden „politischen" Rechte erfuhren seit der Verschärfung des innenpolitischen Kurses ab 1968 im Zeichen der „sozialistischen Demokratie" eine propagandistische Aufwertung. Traditionell wurden in dieser Gruppe die Versammlungs-, die Vereinigungs-, die Meinungs- und Pressefreiheit zusammengefaßt, während das Wahlrecht außerhalb der Grundrechte behandelt wurde. Ein allgemeines politisches Mitwirkungsrecht wurde 1968 in der DDR (Art. 21) und 1977 in der Sowjetunion (Art. 48) in die Verfassung aufgenommen und in der DDR sogar den sozial-ökonomischen Rechten vorangestellt.

55
Geringe Bedeutung „persönlicher" Freiheitsrechte

Die vergleichsweise geringste Bedeutung wurde den „persönlichen Freiheitsrechten" beigemessen, als welche gewöhnlich die Unverletzlichkeit der Person, die Unverletzlichkeit der Wohnung, das Briefgeheimnis, die Gewissens- und die Religionsfreiheit genannt wurden.

---

94 *V. A. Patjulin,* in: Marxistisch-leninistische allgemeine Theorie des Staates und des Rechts (Red.: V. M. Čchikvadze), Bd. 3, 1975, S. 287 f.

Das Eigentum wurde nicht als Grundrecht angesehen. Dies ist insofern einleuchtend, als die marxistisch-leninistische Systemideologie im Privateigentum die Wurzel aller Übel dieser Welt erblickte und seine Beseitigung anstrebte. Allerdings galt die Kampfansage nur dem privaten Produktionsmitteleigentum als Grundlage der Ausbeutung. Das aus Arbeitseinkommen und sonstigen legalen Einkommensquellen (Renten, Stipendien, Erbschaft) stammende sog. „persönliche Eigentum" an Konsumgütern wurde von der Ideologie mit mäßigem Wohlwollen betrachtet und in der Verfassung im Grundlagenteil – zusammen mit dem Erbrecht – institutionell gewährleistet. Die Eigenschaft eines Grundrechts wurde ihm in der Regel indes nicht zugesprochen. Auf der völkerrechtlichen Ebene konnten die kommunistisch regierten Länder ihre Ablehnung dieses klassischen Menschenrechts durchsetzen und verhindern, daß das Eigentum in die UN-Menschenrechtspakte aufgenommen wurde.

56 Kampfansage an das Privateigentum

Institutionelle Gewährleistung „persönlichen Eigentums"

Die Gleichheit wurde in der osteuropäischen Rechtswissenschaft überwiegend als ein Verfassungsgrundsatz und nur von einer Mindermeinung als ein eigenes Grundrecht angesehen. Ihre Bedeutung als Zielvorstellung stand außer Frage, wenn auch immer wieder betont wurde, daß der Inhalt der Gleichheit relativ und durch den jeweiligen Entwicklungsstand der gesellschaftlichen Verhältnisse bedingt sei. In der Tat lag der marxistisch-leninistischen Klassentheorie die Vorstellung von der fundamentalen Ungleichheit der Menschen zugrunde. Die durch die Klassenzugehörigkeit bestimmte Ungleichheit sollte zwar aufgehoben werden, aber erst allmählich und um einen hohen Preis. Den höchsten Preis sollten die „Kapitalisten" und Großgrundbesitzer zahlen, die in der sowjetischen Variante der sozialistischen Revolution umzubringen und auf dem milderen Wege der volksdemokratischen Machtergreifung zu enteignen und politisch zu verfolgen waren. Im Sozialismus wurde eine Ungleichbehandlung je nach Zugehörigkeit zur Arbeiterklasse, zu den Genossenschaftsbauern, der Intelligenz und den sonstigen Schichten (Handwerker, Einzelhändler, Einzelbauern u.ä.) praktiziert, was ideologisch durchaus folgerichtig war, aber wegen offenkundigen Verstoßes gegen die im Volk lebendigen europäischen Wertvorstellungen in der Sowjetunion seit 1936 und in den Volksdemokratien mehr oder minder von Anfang an verfassungsrechtlich kaschiert wurde. Nur das Fehlen der Merkmale der sozialen Herkunft und gesellschaftlichen Stellung unter den verfassungsrechtlichen Differenzierungsverboten deutete auf die Praxis klassenbedingter Diskriminierungen hin. In die nach dem Parteiprogramm der KPdSU von 1961 verabschiedeten Verfassungen wurden dann auch diese Differenzierungsverbote aufgenommen, obwohl dies ideologisch strenggenommen erst in der nie erreichten Phase der klassenlosen kommunistischen Gesellschaft gerechtfertigt gewesen wäre.

57 Relativität der Gleichheit

Liquidierung bzw. Verfolgung von „Kapitalisten" und „Großgrundbesitzern"

Nach marxistisch-leninistischer Auffassung wurde der Grundrechtsstatus durch Grundpflichten ergänzt. Der Pflichtenkatalog war länderweise unterschiedlich ausgestaltet, wurde aber im Laufe der Zeit überall ausgeweitet, um den Bürger unter möglichst vielen Gesichtspunkten zum Schutz und Ausbau

58 Ergänzung der Grundrechte durch Grundpflichten

IV. Einheitsthese

59
Einheit von Rechten und Pflichten

Die These von der Einheit der Grundrechte und Grundpflichten gehörte zu den Kernbestandteilen der marxistisch-leninistischen Grundrechtstheorie[95]. Sie stützte sich auf den locus classicus bei *Marx* „Keine Rechte ohne Pflichten, keine Pflichten ohne Rechte"[96] und fand in den 1970er Jahren explizit Eingang in einige Verfassungen[97]. Die routinemäßig und meist floskelhaft ständig wiederholte These war einer mehrfachen Auslegung zugänglich[98].

60
„Wer nicht arbeitet, soll auch nicht essen"

Sie konnte einmal so gedeutet werden, daß ein einzelnes Grundrecht immer dann zugleich auch eine Grundpflicht darstellen sollte, wenn dies in der Verfassung ausdrücklich vorgesehen war[99]. Klassisches Beispiel hierfür war das Recht auf Arbeit, das nach allen Verfassungstexten auch der zweiten Generation zugleich als eine Pflicht zur Arbeit ausgestaltet war. Die *Stalin*sche Verfassung von 1936 brachte diesen Zusammenhang auf die drastische Formel „Wer nicht arbeitet, soll auch nicht essen"[100]! Daß in derartigen Fällen Recht und Pflicht zusammenfielen, war unbestreitbar, doch konnten diese speziellen Anordnungen von einem allgemeinen Verfassungsgrundsatz nicht gemeint gewesen sein.

61
Umdeutung von Betätigungsmöglichkeiten in Betätigungszwänge

Die Einheitsthese konnte deshalb so gedeutet werden, daß jedes Grundrecht kraft des allgemeinen Verfassungsgrundsatzes – ohne Rücksicht auf eine konkrete verfassungsrechtliche Normierung – stets eine Grundpflicht darstellte. Diese Denaturierung der Grundrechte durch Umdeutung von Betätigungsmöglichkeiten in Betätigungszwänge wurde in allen Ländern von einzelnen Autoren vertreten, aber der herrschenden Lehre entsprach sie nur in der DDR. Hier konnte man im einzigen Verfassungskommentar lesen: „Aus den umfassenden Rechten, die die sozialistische Verfassung dem Bürger gewährleistet, erwächst ihm die Verpflichtung, von diesen Rechten aktiv Gebrauch zu machen, um zur Stärkung der sozialistischen Staatsmacht, zur Mehrung des gesellschaftlichen Reichtums, zur Höherentwicklung der Gesellschaft beizutragen. Die sozialistischen Grundrechte schließen die Verpflichtung zu ihrer aktiven Ausübung ein, weil das allen ihre Realität und ihre Entfaltung verbürgt[101]".

---

95 Zur Einheit von Rechten und Pflichten in der nationalsozialistischen Theorie → *Pauly*, § 14 RN 24.
96 „Provisorisches Statut der Internationalen Arbeiterassoziation" (1864), MEW Bd. 16, S. 15.
97 § 54 Abs. 2 Verf. Ungarn 1949/72, Art. 39 Abs. 2 Verf. Albanien 1976, Art. 59 Verf. UdSSR 1997.
98 Vgl. hierzu *Müller-Römer* (Bibl.), S. 90 ff.; *Blankenagel*, Funktion der Grundrechte (Bibl.), S. 46 ff.; *Luchterhandt*, Ergebnisse (Bibl.), S. 46 ff.; dens., Der verstaatlichte Mensch (Bibl.), S. 60 ff.
99 Art. 44 Abs. 1 u. 2 Verf. Albanien, Art. 40 u. 59 Verf. Bulgarien, Art. 24 Abs. 1 u. 2 Verf. DDR, Art. 19 Abs. 1 Verf. Polen, Art. 5 Abs. 3 u. 18 Verf. Rumänien, Art. 40 u. 60 Verf. UdSSR, § 14 Abs. 2 Verf. Ungarn.
100 Art. 12 Abs. 1. So auch Art. 13 Abs. 2 Verf. Albanien 1950 und Art. 15 Verf. Rumänien 1952.
101 Klaus Sorgenicht/Wolfgang Weichelt/Tord Riemann/Hans-Joachim Semler (Hg.), Verfassung der Deutschen Demokratischen Republik. Dokumente. Kommentar, 1969, Bd. II, S. 13.

In bezug auf die Freiheit der Meinungsäußerung nahm sich die so interpretierte Einheitsthese folgendermaßen aus: „Für antisozialistische Hetze und Propaganda, im besonderen für die vom imperialistischen Gegner betriebene ideologische Diversion, kann es in der sozialistischen Gesellschaft keine Freiheit geben, sind diese doch gegen die Freiheit gerichtet, die sich die Werktätigen im Sozialismus errungen haben. Angesichts der verstärkten Versuche der imperialistischen Kräfte, durch ideologische 'Aufweichung' die sozialistische Ordnung zu untergraben, ist es *verfassungsmäßige Pflicht*, allen solchen Versuchen entschieden entgegenzutreten. Das gilt für die Verbreitung antisozialistischer Ideologie, die angeblich im Namen der 'Freiheit', 'Demokratie' oder 'Menschlichkeit' betrieben wird[102]".

62 Keine Freiheit für „antisozialistische Hetze und Propaganda"

In diesem Zitat wurde die dem Recht entsprechende Pflicht als eine nicht sanktionsbewehrte Rechtspflicht gedeutet, wie dies die namhaftesten Grundrechtstheoretiker der DDR taten[103]. Nach anderer Meinung sollte die Einheitsthese nur eine moralische Pflicht zur richtigen Grundrechtsausübung begründen und eine Rechtspflicht nur im Falle einer ausdrücklichen verfassungsrechtlichen Normierung vorliegen[104].

63 Pflichten als Rechtspflichten in der DDR

In der Sowjetunion[105] und ihren anderen Gefolgsstaaten[106] wurde die Einheit von Rechten und Pflichten demgegenüber meistens im Sinne eines allgemeinen gegenseitigen Bedingungszusammenhangs gesehen: es bestünde ein Junktim dergestalt, daß die Grundrechte nur unter der Bedingung gewährt würden, daß der Bürger seine Grundpflichten erfülle. Was geschehen sollte, wenn die Bedingung nicht erfüllt wird, wurde zwar in der Regel nicht gesagt, aber man konnte den Eindruck gewinnen, daß nicht eine automatische Grundrechtsverwirkung, wohl aber eine Ermächtigung zur individuellen Grundrechtseinschränkung durch staatliche Einzelmaßnahmen als Lösung erwogen werden sollte. Es gab aber auch Stimmen, die diese Möglichkeit einer individuellen Sanktionierung ablehnten und meinten, daß der Staat die materiellen Voraussetzungen der Grundrechtsausübung auf Dauer nur gewährleisten könne, wenn auch die Bürger ihre sozial-ökonomischen Pflichten erfüllten.

64 In den übrigen Ostblockstaaten: Bedingungszusammenhang von Rechten und Pflichten

Schließlich war aus der Sowjetunion vereinzelt die Meinung zu vernehmen, die Einheit von Rechten und Pflichten bedeute, daß jedem Grundrecht des

65 Liberale Interpretationsversuche

---

102 AaO., Bd. II, S. 107; wörtlich übernommen noch in: Staatsrecht der DDR. Lehrbuch (hg. von der Akademie für Staats- und Rechtswissenschaft der DDR, Potsdam-Babelsberg), ²1984, S. 194.
103 *Klenner* (FN 60), S. 92 ff.; *Haney* (FN 60), S. 214.
104 *Willi Büchner-Uhder/Eberhard Poppe/Rolf Schüsseler*, Probleme und Aufgaben bei der Erforschung und Verwirklichung der Grundrechte und Grundpflichten der Bürger in der DDR beim umfassenden Aufbau des Sozialismus, in: Demokratie und Grundrechte, 1967, S. 40 ff.; Marxistisch-leninistische Staats- und Rechtstheorie. Lehrbuch (hg. vom Institut für Theorie des Staates und des Rechts der Akademie der Wissenschaften der DDR), 1975, S. 258. So in Polen *Sokolewicz*, Über die sozialistische Auffassung von den Grundrechten und -pflichten, in: Jahrbuch für Ostrecht XIX/2 (1978), S. 111 f. (129).
105 Literaturnachweise bei *Blankenagel*, Funktion der Grundrechte (Bibl.), S. 51 f.
106 So z.B. *Ferenc Toldi* in: Az állampolgárok... (FN 56), S. 528; *Bihari* (FN 83), S. 145; *Blahož* (FN 71), S. 56; *Marian Szczepaniak* in: Prawa ... (FN 68), S. 381; *Prisca* (FN 70), S. 308 f.

Bürgers eine Erfüllungspflicht des Staates entspreche[107]. Hier wurde die Einheitsthese auf das zwischen Bürger und Staat bestehende „allgemeine Rechtsverhältnis" bezogen, was im Hinblick auf die Klarstellung der subjektiven Rechtsnatur der Grundrechte sicherlich begrüßenswert war, aber nichts mit der überkommenen Einheitsthese zu tun hatte, die immer die gleichzeitige Rechts- und Pflichtensubjektivität des Bürgers betraf. Diese letztlich auf ein Paradigmenwechsel abzielende liberale Ansicht vermochte sich anläßlich der sowjetischen Verfassunggebung von 1977 nicht durchzusetzen[108]. Art. 59 Abs. 1 der *Brežnev*-Verfassung lautete unmißverständlich: „Die Wahrnehmung der Rechte und Freiheiten ist untrennbar verbunden mit der Erfüllung der Bürgerpflichten".

V. Immanente Grundrechtsschranken

66
Gesellschaftliche Interessen als allgemeine Grundrechtsschranke

Als immanente Schranke aller Grundrechte wurden in der marxistisch-leninistischen Systemideologie die gesellschaftlichen Interessen angesehen. Dieser Annahme, die in den Verfassungen Bulgariens (Art. 9 Abs. 2), Ungarns (§ 54 Abs. 2), Albaniens (Art. 39 Abs. 1) und der Sowjetunion (Art. 39 Abs. 2) in den 1970er Jahren ausdrücklich verankert wurde, lag die ideologische Bewertung des Verhältnisses von gesellschaftlichen und persönlichen Interessen zugrunde[109]. In der *Stalin*-Ära wurde die Identität beider Interessen behauptet und damit die Möglichkeit eines Konflikts zwischen ihnen schlechthin geleugnet. Nach dem Tode *Stalins* wurde das absolute Identitätsdogma durch die These von der Interessenharmonie abgelöst, nach der unter sozialistischen Bedingungen nur eine grundsätzliche Harmonie gesellschaftlicher und persönlicher Interessen vorherrscht, die Konflikte im Einzelfall nicht ausschließt. Die Gründe für mögliche Konflikte wurden teils in subjektiven, teils in objektiven Faktoren erblickt. In subjektiver Hinsicht wies man auf kapitalistische Überbleibsel im Bewußtsein der Menschen und überhaupt auf einen noch unzureichend entwickelten individuellen Bewußtseinsstand hin. An objektiven Ursachen wurden die nicht antagonistischen Widersprüche im Sozialismus genannt, so namentlich die Geltung des Leistungsprinzips, das noch nicht die Befriedigung aller menschlichen Bedürfnisse gestatte. Gelegentlich wurde auch die Verletzung von Führungsgrundsätzen des sozialistischen Aufbaus für möglich gehalten. Jedenfalls wurde es als eine dauernde Aufgabe des Staates angesehen, auf eine Herstellung der Interessenübereinstimmung auch im Rahmen der Grundrechte hinzuwirken und dem Einzelnen bei der Erkennt-

---

107 *V. A. Patjulin*, Interesy gosudarstva i graždan pri socializme (Interessen des Staates und der Bürger im Sozialismus), in: Sovetskoe Gosudarstvo i Pravo 1972, Nr. 5, S. 20 ff. (26 ff); *ders.*, Gosudarstvo i ličnost' (FN 63), S. 111 ff. So auch *Matuzov* (FN 63), S. 179; *B. V. Ščetinin*, Graždanin i socialističeskoe gosudarstvo (Der Bürger und der sozialistische Staat), in: Sovetskoe Gosudarstvo i Pravo 1975, Nr. 2, S. 3 ff. (8).
108 Vgl. *Brunner*, Die Grundrechte, in: Osteuropa-Recht 24 (1978), S. 70 ff. (77).
109 Vgl. hierzu *Gralla*, „Sozialistische Grundrechte" – eine neue Kategorie der Menschenrechte?, in: Jahrbuch für Ostrecht XIX/2 (1978), S. 143 ff. (147 ff.); *Luchterhandt*, Entwicklung (Bibl.), S. 31 f.; *dens.*, Der verstaatlichte Mensch (Bibl.), S. 64 ff.

nis seiner wohlverstandenen, d.h. gesellschaftskonform interpretierten Interessen behilflich zu sein. Sollten aber alle staatlichen Bemühungen nichts fruchten, so wurde kein Zweifel daran gelassen, daß eine Konfliktlösung im Zeichen des uneingeschränkten Vorrangs der gesellschaftlichen Interessen zu erfolgen hatte[110].

Der Vorrang der gesellschaftlichen Interessen war im Grunde eine unausweichliche Folge der kollektivistischen Anthropologie des Marxismus-Leninismus, mit der weder die Seins- noch die Wertautonomie des Menschen vereinbar waren[111]. In den liberalen 1960er Jahren gab es zwar bemerkenswerte philosophische Bemühungen, der Personalität des Menschen eine begrenzte Eigenständigkeit gegenüber dem Kollektiv einzuräumen. Sie wurden namentlich von *V. P. Tugarinov*[112] in der Sowjetunion, *Adam Schaff*[113] und *Leszek Kołakowski*[114] in Polen sowie *Karel Kosík*[115] in der Tschechoslowakei unternommen, blieben aber letztlich erfolglos[116]. Parallel hierzu war in der Rechtswissenschaft von „relativ autonomen Räumen", in die der Staat nur bei „antigesellschaftlichen Exzessen" eingreifen dürfe[117], nach der Niederwalzung des Prager Frühlings keine Rede mehr.

67
Bemühungen um begrenzte Eigenständigkeit des Einzelnen gegenüber dem Kollektiv

Der Begriff der „gesellschaftlichen Interessen" ist freilich eine äußerst vage Kategorie und würde unter freiheitlichen Bedingungen kaum lösbare Interpretationsprobleme aufwerfen. Diese gab es im kommunistischen Osteuropa allerdings nicht, da das bereits des öfteren erwähnte Erkenntnismonopol der kommunistischen Partei eine eindeutige Lösung ermöglichte: „Letzten Endes bestimmt die Partei die ... Grenzen der Grundrechte, indem sie darüber entscheidet, was antisozialistisch oder nicht als gegen den Sozialismus gerichtet zu betrachten ist[118]". Kraft ihres Erkenntnismonopols war die kommunistische Partei der autoritative Interpret der jeweiligen Grundrechtsinhalte. Grundrechte galten nur insofern, als sie durch die parteibestimmte Zweckmäßigkeit gedeckt waren. Eine Wesensgehaltssperre[119] war mit dieser Betrachtungsweise natürlich unvereinbar.

68
Kommunistische Partei als autoritativer Grundrechtsinterpret

---

110 Literaturnachweise bei *Brunner*, Die östliche Menschenrechtskonzeption (Bibl.), S. 105, FN 27; *Luchterhandt*, Entwicklungen (Bibl.), S. 76, Anm. 174.
111 Nähere Begründung bei *Brunner*, Grundrechte im Sowjetsystem (Bibl.), S. 71 ff.
112 O cennostjach žizni i kul'tury (Über die Werte des Lebens und der Kultur), Leningrad 1960; O smysle žizni (Über den Sinn des Lebens), Leningrad 1961; Ličnost' i obščestvo (Persönlichkeit und Gesellschaft), Moskau 1965; Kommnunizm i ličnost' (Kommunismus und Persönlichkeit), Leningrad 1966; Teorija cennostej v marksizme (Die Theorie der Werte im Marxismus), Leningrad 1968.
113 Filozofia człowieka – Marksizm a egzystencjalizm (Philosophie des Menschen – Marxismus und Existenzialismus), Warschau 1961; Marksizm a jednostka ludzka (Marxismus und Einzelmensch), Warschau 1965.
114 Świadomość religijna i więź kościelna (Religiöses Bewußtsein und kirchliche Bindung), Warschau 1965; Kultura i fetysze (Kultur und Götzenbilder), Warschau 1967.
115 Dialektika konkrétního (Die Dialektik des Konkreten), Prag 1961, ³1965, insb. S. 149 ff.
116 Zu Aufstieg und Fall philosophischer Emanzipationsbestrebungen im Kommunismus grundlegend *Helmut Dahm*, Der gescheiterte Ausbruch. Entideologisierung und ideologische Gegenreformation in Osteuropa (1960-1980), 1982.
117 *Peška* (FN 58), S. 585 f.
118 *Sokolewicz* (FN 104), S. 122.
119 → Bd. III: *Leisner-Egensperger*, Wesensgehaltsgarantie.

VI. Grundrechtsgarantien

69
Kommunistisches Herrschaftssystem als Garant der Grundrechtsrealität

Die Verwirklichung und Durchsetzung der Grundrechte sollte durch verschiedene Garantien gesichert werden. Die Grundrechtslehre der kommunistischen Staaten unterschied zwischen ideologischen, politischen, ökonomischen und juristischen Garantien. Hierbei verstand man in der „sozialistischen Staatengemeinschaft" unter ideologischen Garantien die Verbindlichkeit des Marxismus-Leninismus sowjetischer Prägung, unter politischen Garantien die kommunistische Einparteiherrschaft und unter ökonomischen Garantien die zentrale Planwirtschaft auf der Basis des gesellschaftlich-staatlichen Eigentums an den Produktionsmitteln. Mit anderen Worten: Das bestehende Herrschaftssystem bürgte durch seine schiere Existenz für die Realität der Grundrechte. Den juristischen Garantien des Rechtsschutzes maß man daneben nur eine ergänzende Funktion bei, aber seit den 1960er Jahren wurde in den meisten Ländern ihre wachsende Bedeutung betont und ihr Ausbau befürwortet[120]. Nur die DDR blieb gegenüber der „prozessualen Betrachtungsweise", die die subjektiven Rechte am Maßstab ihrer gerichtlichen Durchsetzbarkeit mißt, sehr reserviert eingestellt.

70
Versuche der Einführung einer Verfassungsgerichtsbarkeit

Die Einzelheiten der juristischen Garantien waren länderweise recht unterschiedlich ausgestaltet[121]. Einen spezifischen Grundrechtsschutz gab es nirgends. In den 1970er Jahren starben sogar seine bescheidenen Ansätze aus den 1960er Jahren ab. In Jugoslawien, das als erstes kommunistisch regiertes Land Anfang 1964 die Verfassungsgerichtsbarkeit einführte, war in der Verfassung von 1963 die Möglichkeit einer Verfassungsbeschwerde zwar vorgesehen, aber in der Praxis war sie durch eine Übergangsregelung versperrt und fiel anläßlich der erneuten Verfassunggebung von 1974 vollends unter den Tisch[122]. Dem jugoslawischen Beispiel einer Verfassungsgerichtsbarkeit schien die Tschechoslowakei noch nach der Niederwalzung des Prager Frühlings folgen zu wollen, als ein Verfassungsgesetz[123] die Errichtung eines Verfassungsgerichts vorsah, das subsidiär auch für den Schutz der Grundrechte gegen staatliche Eingriffsakte zuständig sein sollte (Art. 92). Ernst gemeint war dies indes nicht. Ein Verfassungsgericht wurde in der Folgezeit nicht errichtet, und an eine Verfassungsbeschwerde soll im nachhinein gar nicht gedacht worden sein[124]. In kommunistischer Zeit nahm dann Anfang 1986 nur noch in Polen ein Verfassungsgericht seine Tätigkeit auf, aber die Entscheidung über Verfassungsbeschwerden gehörte nicht zu seiner Zuständigkeit.

Verfassungsgerichtsbarkeit seit 1986 in Polen

71

In Anbetracht dieser Rechtslage verschob sich die Problematik des Grundrechtsschutzes auf die Ebene des allgemeinen Verwaltungsrechtsschutzes. Die

---

120 Nachweise bei *Luchterhandt*, Entwicklung (Bibl.), S. 50 ff.
121 Vgl. *Brunner*, Rechtsschutz gegenüber der öffentlichen Gewalt, in: Menschenrechte in den Staaten des Warschauer Pakts (Bibl.), S. 367 ff.
122 Einzelheiten bei *Brunner*, Grundrechtsschutz durch Verfassungsgerichtsbarkeit, in: Verfassungsstaatlichkeit, FS Stern, 1997, S. 1041 ff. (1044).
123 Sb. 143/1968 „über die Föderation".
124 *Josef Blahož*, Několi námětů k modelu ústavního soudnictví ČSSR a ČSR (Einige Bemerkungen zum Modell der Verfassungsgerichtsbarkeit der ČSSR und der ČSR), in: Právník 108 (1969), S. 352 ff. (363).

Grundrechte wurden hier zwar nicht als Grundrechte besonders geschützt, aber sie konnten unter Umständen am Rechtsschutz partizipieren, der dem Bürger gegenüber der Exekutive eingeräumt war. Dabei ergaben sich drei Möglichkeiten eines indirekten Grundrechtsschutzes.

Verlagerung des Grundrechtsschutzes auf die Ebene des Verwaltungsrechtsschutzes

Erstens gab es in allen kommunistisch regierten Ländern einen verwaltungsinternen Rechtsschutz, und zwar überall in Gestalt eines leicht formalisierten Eingabenrechts und teilweise durch eine förmliche Verwaltungsbeschwerde. Natürlich war dieser Rechtsschutz wenig effektiv, da die Verwaltung in eigener Sache entschied.

72
Verwaltungsinterner Rechtsschutz

Wesentlich mehr konnte man von einem gerichtlichen Verwaltungsrechtsschutz erwarten, der in den einzelnen Ländern in sehr unterschiedlichem Maße gewährt wurde[125]. In Jugoslawien war er am weitesten entwickelt. Hier wurde die verwaltungsgerichtliche Generalklausel bereits 1952 eingeführt und die gerichtliche Anfechtbarkeit von Verwaltungsakten nur in wenigen Ausnahmefällen und aus einsichtigen Gründen ausgeschlossen. Diesem Beispiel schlossen sich 1967 Rumänien und 1970 Bulgarien an, doch erstreckte sich der Negativkatalog, der in Rumänien zudem besonders extensiv ausgelegt wurde, auf die neuralgischen Bereiche der Eingriffsverwaltung (Landesverteidigung, Staatssicherheit, Polizeirecht, Abgaben usw.). Die praktische Bedeutung des gerichtlichen Verwaltungsrechtsschutzes war in Polen, Ungarn und sogar der Sowjetunion (seit 1.1.1988 Generalklausel) größer, wo das Enumerationsprinzip galt und zu den wichtigsten Fallgruppen die Wohnungs-, Steuer-, Verwaltungsstraf- und Sozialversicherungssachen gehörten. Am restriktivsten verhielten sich die beiden orthodox-kommunistischen Diktaturen Mitteleuropas. In der Tschechoslowakei blieb der gerichtliche Verwaltungsrechtsschutz auf Sozialversicherungssachen beschränkt, und die DDR verweigerte bis Mitte 1989 jeglichen Rechtsweg.

73
Verwaltungsgerichtlicher Rechtsschutz in den einzelnen Staaten

Als dritte Möglichkeit kam die Anrufung der Staatsanwaltschaft in Betracht, die nach sowjetischem Vorbild in allen Ländern als eine allgemeine Rechtsaufsichtsbehörde konzipiert war. Eine Ausnahme bildete seit 1968 Rumänien. Die Staatsanwaltschaft sollte über die Einhaltung der „sozialistischen Gesetzlichkeit" in allen Lebensbereichen wachen und im Rahmen der sog. „allgemeinen Gesetzlichkeitsaufsicht" insbesondere die staatliche Verwaltungstätigkeit kontrollieren. Sie war befugt, jede Verwaltungsmaßnahme mit der Maßgabe zu beanstanden, daß auf ihren Einspruch hin die übergeordnete Verwaltungsbehörde die Rechtmäßigkeit der beanstandeten Maßnahme überprüfen und gegebenenfalls aufheben mußte. So konnte die Staatsanwaltschaft auch zum Schutze individueller Rechtspositionen einschreiten und die Lückenhaftigkeit des Verwaltungsrechtsschutzes kompensieren. Sie tat dies in der Praxis allerdings nur, wenn sich die obrigkeitlichen und die persönlichen Interessen im konkreten Einzelfall deckten, was erfahrungsgemäß hauptsächlich auf dem Gebiet des Arbeitsrechts vorkam. Tatsächlich war die Staatsanwaltschaft mit der Aufgabe der kontinuierlichen Verwaltungs- und Wirt-

74
Staatsanwaltschaft als Hüterin „sozialistischer Gesetzlichkeit"

---

[125] Umfassend hierzu *Klaus-Jürgen Kuss,* Gerichtliche Verwaltungskontrolle in Osteuropa, 1990.

schaftsaufsicht sachlich und personell hoffnungslos überfordert, so daß der Bürger schon aus diesem Grunde relativ wenig von dieser „typisch sozialistischen" Einrichtung profitieren konnte[126].

75
„Anwalt der Bürgerrechte" in Polen

Schließlich ist zu erwähnen, daß in Polen am 1. Januar 1988 der erste „Anwalt der Bürgerrechte" sein Amt antrat, der in Nachahmung des Ombudsmannes skandinavischen Ursprungs über die Achtung der Bürgerrechte und -freiheiten durch die öffentliche Gewalt zu wachen hatte. Die erste Amtsinhaberin, Frau *Ewa Łętowska*, hat maßgeblich dazu beigetragen, daß diese neue Institution ihre rechtsstaatliche Bewährungsprobe bereits in kommunistischer Zeit bestanden hat[127].

D. Reale Funktionen der Grundrechte

76
Bloße Propagandafunktion der Grundrechte

Aus der obigen Skizze der marxistisch-leninistischen Grundrechtstheorie ergibt sich, daß die Grundrechte nicht dazu berufen waren, eine staatsfreie Individualsphäre zu sichern. Die Grundrechte waren ihrer herkömmlichen, in ihrer europäischen Entstehungsgeschichte verwurzelten Funktion entkleidet. Daraus folgte allerdings nicht, daß sie vollkommen funktionslos waren. Ihre Funktion wurde aber radikal verändert und auf das Gebiet der Agitation und Propaganda verlagert.

I. Propagandistische Hauptfunktion

77
Propaganda- und Agitationsabteilungen des ZK

Agitation und Propaganda im Sinne einer permanenten und systematischen Beeinflussung und Steuerung des Denkens und Handelns des jeweiligen Adressatenkreises war eine der wichtigsten politischen Funktionen im kommunistischen Herrschaftssystem. Für ihre Wahrnehmung war in oberster Instanz die kommunistische Parteiführung zuständig, in deren Apparat normalerweise zwei Abteilungen des Zentralkomitees, nämlich für Propaganda (anspruchsvollere Bewußtseinsgestaltung) und für Agitation (primitive Massenwerbung), für das operative Geschäft zur Verfügung standen.

78
Verschleierung der mörderischen Natur des Sowjetsystems

Daß eine kommunistische Verfassung und namentlich ihre Grundrechte in erster Linie eine propagandistische Funktion zu erfüllen hatten, wurde im ideologischen Schrifttum gar nicht geleugnet und war offenkundig ein zentrales Motiv bei der Entscheidung für den formalen Konstitutionalismus in der Periode der Diktatur des Proletariats. Die *Stalin*sche Verfassung von 1936 wurde während einer kurzen Atempause der „Großen Säuberung" verab-

---

126 Näheres hierzu bei *Glenn G. Morgan*, The Protests and Representations lodged by the Procuracy against the Legality of Governmental Enactments 1937-1964, Leiden 1966, S. 103 ff.; *Gordon B. Smith*, The Soviet Procuracy and the Supervision of Administration, Alphen aan den Rijn 1978; *Detlef Stenda*, Die Gesetzlichkeitsaufsicht der Staatsanwaltschaft in der DDR, Diss. Würzburg 1978.
127 Zu den Einzelheiten vgl. *Georg Jaster*, Der polnische Beauftragte für Bürgerrechte, 1994.

schiedet, um die westliche Welt über die mörderische Natur des Sowjetsystems zu täuschen und die blauäugigen Linksintellektuellen in ihrer Sympathie für den Kommunismus zu bestärken, aber auch um bei breiten Kreisen der Sowjetbevölkerung die Illusion zu wecken, daß der blutigste Teil des Massenterrors bereits vorüber sei[128].

Die somit begründete Tradition kommunistischer Grundrechtspropaganda wurde in der Folgezeit mit zeitbedingten Akzentverlagerungen fortgeführt. Im Stalinismus gedieh sie über eine primitive Grundrechtsagitation kaum hinaus. In der chaotisch-reformerischen *Chruščëv*-Ära und einige Jahre danach, als die substantiellste Grundrechtsdiskussion geführt werden konnte, spielte sie eine vergleichsweise harmlose Rolle. Nach der Niederschlagung des Prager Frühlings 1968 und seit der Internationalisierung der Menschenrechtsfrage Mitte der 1970er Jahre wurde sie in länderweise unterschiedlichem Maße intensiviert, wobei sich die DDR mit einer pseudowissenschaftlichen Grundrechtspropaganda, zu der die Staats- und Rechtswissenschaft durch ihre Leitorgane in detaillierter Weise verpflichtet wurde, besonders hervortat[129]. Mit der Verschärfung des innenpolitischen Klimas zu Beginn der 1980er Jahre schlossen sich namentlich die Sowjetunion und die Tschechoslowakei dem Vorbild der DDR an, wobei die Maßstäbe in der Hitze des ideologischen Abwehrkampfes so sehr gesenkt wurden, daß man systemimmanent sachgerecht wiederum von einer Grundrechtsagitation sprechen mußte.

79
Stadien kommunistischer Grundrechtspropaganda

Je nach Adressatenkreis war stets zwischen Außen- und Binnenpropaganda bzw. -agitation zu unterscheiden. Die Außenpropaganda richtete sich auf die Täuschung des Auslandes, indem einerseits die tatsächliche menschenrechtliche Situation beschönigt und andererseits die konzeptionelle Überlegenheit der „sozialistischen Menschenrechte" propagiert wurde. In diesem Sinne hieß es noch in einem 1986, also zu Beginn der *Gorbačëv*-Ära erschienenen, vom Institut für Staat und Recht der Akademie der Wissenschaften der UdSSR herausgegebenen, international besetzten Propagandawerk: „Der Titel des Buches – 'Die sozialistische Konzeption der Menschenrechte' – ist durch das Bestreben des Autorenkollektivs bestimmt, zu zeigen, daß die Möglichkeit einer kardinalen Entscheidung der Fragen der Menschenrechte und -freiheiten nur auf der Grundlage des Sieges der sozialistischen Revolution gegeben ist, und die Mutmaßungen unserer ideellen Gegner über die angebliche Geringschätzung und verächtliche Einstellung zu den Menschenrechten und -freiheiten in den Ländern des Sozialismus zu entlarven"[130]. Die Binnenpropaganda hatte die Integration des Einzelnen in das politische System zum Ziel, indem ihm eingeredet werden sollte, daß er über ein weltweites Höchstmaß an Rechten verfüge und deshalb allen Grund habe, am Aufbau des Sozialismus/Kommunismus nach den Vorgaben der kommunistischen Partei tatkräftig mitzuarbeiten. Am radikalsten und mit theoretischem Anspruch

80
Außen- und Binnenagitation

---

128 *Leonard Schapiro*, The Communist Party of the Soviet Union, London 1960, S. 407f.; *Unger* (FN 23), S. 83.
129 Vgl. *Brunner*, Karl Marx (Bibl.), S. 63ff. m.w.N.
130 Socialističeskaja koncepcija... (FN 64), S. 10f.

wurde diese propagandistische Zielsetzung in der DDR in die Tat umgesetzt[131], wo die Grundrechte als „Leitungsinstrumente" konzipiert wurden, mit deren Hilfe die „Vergesellschaftung des Menschen" vorangetrieben[132] und die „historische Mission der Arbeiterklasse realisiert"[133] werden sollte.

II. Juristische Nebenfunktion

81
Praktische Bedeutungslosigkeit der Grundrechte

Daß die juristische Bedeutung der Grundrechte neben ihrer propagandistischen Hauptfunktion nur gering sein konnte, ergibt sich bereits aus ihrer theoretischen Konzeption und der praktischen Abwesenheit eines effektiven Rechtsschutzes. In der Tat spielten die Grundrechte in der Rechtsprechung der kommunistisch regierten Länder grundsätzlich keine Rolle, d.h. Grundrechtsartikel der Verfassung wurden in Urteilsbegründungen gelegentlich in Klammern zitiert, aber eine die Sachentscheidung beeinflussende Bedeutung kam ihnen nicht einmal als Auslegungsrichtlinie zu[134]. Das gleiche gilt für die Praxis der staatsanwaltschaftlichen Gesetzlichkeitsaufsicht, die in gewisser Weise einen Ersatz für die fehlende Verwaltungsgerichtsbarkeit darstellen sollte. In empirischer Hinsicht kann in diesem Zusammenhang auf die Ergebnisse einer amerikanischen Untersuchung der allgemeinen Gesetzlichkeitsaufsicht der sowjetischen Staatsanwaltschaft in den Jahren 1937 bis 1964 hingewiesen werden. In den 242 veröffentlichten und analysierten Fällen, in denen die Staatsanwaltschaft gegen eine Verwaltungsmaßnahme Protest erhob, wurde die Beanstandung in acht Fällen unmittelbar auf einen Grundrechtsartikel der Verfassung gestützt, und zwar fünfmal auf das Recht auf Arbeit und je einmal auf das Recht auf Erholung, das Recht auf Bildung und den Gleichheitsgrundsatz[135]. Angesichts der praktischen Bedeutungslosigkeit der Grundrechte ist es nicht weiter verwunderlich, daß die kommunistische Rechtswissenschaft keine Grundrechtsdogmatik hervorgebracht hat; sie betätigte sich immer nur auf der unverbindlichen Ebene der Grundrechtstheorie.

82
Grundrechte als Instrument der Sowjetisierung in der DDR

Von diesem durchgehend negativen Befund gibt es nur – soweit ersichtlich – eine Ausnahme, die aus westlicher Sicht allerdings den staatlichen Mißbrauch der Grundrechte illustriert. Die Ausnahme betrifft die DDR der 1950er Jahre, wo die Grundrechte von der Justiz zum Zwecke der Sowjetisierung der damals noch weitgehend „bürgerlichen" positiven Rechtsordnung umfunktioniert wurden[136]. Dies geschah vor allem auf drei Rechtsgebieten. Im Straf-

---

131 *Brunner* (FN 92), RN 86.
132 *Günter Baranowski*, Der Schutz der Rechte der Bürger und die Formung der sozialistischen Persönlichkeit, Diss. Jena 1965, S. 93, 185.
133 *Zschiedrich*, Zum objektiv begründeten Interesse der Arbeiterklasse an der Realisierung der sozialistischen Grundrechte, in: Staat und Recht 24 (1975), S. 1466 ff. (1468).
134 Systematisch ist dieses Negativum nicht erforscht worden, aber Verfasser kann diese Aussage auf Grund seiner langjährigen, regelmäßigen Verfolgung der sowjetischen, mitteldeutschen und ungarischen Rechtsprechung wagen.
135 *Morgan* (FN 126), S. 113.
136 Eingehend hierzu *Kaschkat*, Die sozialistischen Grundrechte (Bibl.), S. 166 ff.; *Brunner*, Karl Marx (Bibl.), S. 56 ff.

recht wurde die als Einschränkung des Gleichheitssatzes formulierte Kriminalisierung der „Boykott-, Mord- und Kriegshetze" (Art. 6 Abs. 2 der Verfassung von 1949) als Grundlage für eine hemmungslose politische Strafjustiz benutzt[137]. Auf dem Gebiete des Arbeitsrechts wurden das Recht auf Arbeit (Art. 15) und das Mitbestimmungsrecht der Gewerkschaften (Art. 17) bemüht, um die angestrebte Ungleichbehandlung öffentlicher und privater Arbeitgeber zu rechtfertigen[138]. Schließlich diente der Gleichberechtigungsgrundsatz (Art. 7, 30) dazu, die Gleichberechtigung der Frau im Familienrecht durchzusetzen, um sie vollständig und gegen ihren Willen in den Produktionsprozeß einzubeziehen[139]. Die letztgenannte Zielsetzung unterschied die Entwicklung in der DDR von der späteren Parallelentwicklung in der Bundesrepublik.

III. Grundrechtswirklichkeit

Von einer Grundrechtswirklichkeit in den ehemals kommunistischen Staaten Osteuropas kann sinnvollerweise nur gesprochen werden, wenn ihr ein anderer Maßstab zugrunde gelegt wird als die eigene Systemideologie. Die Legitimität dieses Verfahrens wurde früher in der DDR-Forschung unter dem Einfluß des von *Peter Christian Ludz* entwickelten Ansatzes der „systemimmanenten Deskription" für den Systemvergleich in Frage gestellt[140]. Dieser Ansatz hat seinerzeit einer Fehleinschätzung der Grundrechtswirklichkeit in der DDR sogar halbamtlich Vorschub geleistet[141]. Ungeachtet der damals im milden Lichte der Entspannungspolitik geführten methodologischen Streitigkeiten konnte jedenfalls seit Mitte der 1970er Jahre die Legitimität einer Bewertung der Grundrechtswirklichkeit in Osteuropa anhand traditionelleuropäischer Menschenrechtsvorstellungen schon deshalb nicht angezweifelt werden, weil die kommunistischen Staaten den auf diesen Vorstellungen beruhenden internationalen Menschenrechtspakten beigetreten waren und sich somit des Einwandes einer abweichenden Menschenrechtskonzeption gegenüber völkerrechtlich begründeter Kritik begaben[142].

83
Fehleinschätzung der Grundrechtswirklichkeit in der DDR durch die Bundesrepublik

---

137 Erstmals: *OGSt 1*, 33. Zur Rechtsprechung im einzelnen vgl. *Karl Wilhelm Fricke*, Politik und Justiz in der DDR, 1979, insb. S. 239 ff.; *Wolfgang Schuller*, Geschichte und Struktur des politischen Strafrechts der DDR bis 1968, 1980, insb. S. 35 ff., 110 ff., 162, 246 ff., 264 f.
138 Grundlegend: *OGZ* 2,142 bzw. *OGArb* 1,119.
139 *OGZ* 2, 50 (51): „Die Tatsache der Ehescheidung, auch wegen alleinigen Verschuldens des Klägers, ist kein Freibrief für die geschiedene Frau, ein Faulenzerleben zu führen... Ein Vergleich, welcher der Frau ein arbeitsloses Einkommen sichert und sie davon abhält, durch ihre Beteiligung an der Arbeit die Grundlage ihrer in Art. 7 der Verfassung gegebenen Gleichberechtigung zu schaffen, ist zugleich auch ein Verstoß gegen das dem Art. 7 zu entnehmende Verbot von Handlungen, die sich in ihrer Auswirkung gegen die Gleichberechtigung richten."
140 *Peter Christian Ludz*, Parteielite im Wandel, 1968. Kritisch hierzu im Rückblick *Jens Hacker*, Deutsche Irrtümer, 1992, S. 422 ff.
141 Bericht der Bundesregierung und Materialien zur Lage der Nation 1972, S. 77 ff.; Materialien zum Bericht zur Lage der Nation 1974, S. 161 ff. Ausgewogen demgegenüber: Materialien zur Lage der Nation. Bürger und Staat, 1990.
142 Vgl. oben RN 25 ff.

84
Kein völkerrechtsverbindlicher Menschenrechtsstandard in den kommunistischen Staaten

Auf diese Weise sind in den 1980er Jahren einige größere Untersuchungen zur Völkerrechtskonformität der menschenrechtlichen Situation in der Sowjetunion[143], der DDR[144] und im sowjetischen Hegemonialbereich[145] entstanden. Sie förderten ein im zeitlichen Ablauf und länderweise differenziertes Bild zutage, das aber seine unterschiedlichen Farben im Rahmen des Generalverdikts entfaltete, daß der völkerrechtlich verbindliche Menschenrechtsstandard in keinem kommunistisch regierten Land gewahrt wurde. Am wenigsten von der völkerrechtlich gebotenen menschenrechtlichen Lage entfernt waren wohl die Verhältnisse in Ungarn und – mit einem gewissen Abstand – in Polen. Auf der anderen Seite war es am übelsten in Albanien um die Menschenrechte bestellt.

85
Bloße formale Bedeutung des status activus, insbesondere des Wahlrechts

Was die einzelnen Menschenrechte angeht, so konnte man generalisierend feststellen, daß die Völkerrechtsverstöße um so stärker zunahmen, je mehr die freie Ausübung des jeweiligen Menschenrechts den Bestand der kommunistischen Einparteidiktatur und deren Systemideologie zu gefährden geeignet war[146]. Deshalb ist es verständlich, daß das Wahlrecht, das in seiner Bedeutung einer Auswahl zwischen verschiedenen politischen Programmen die Negation der Diktatur bedeutet, nur formal ausgeübt werden konnte (und mußte), seines materiellen Inhalts aber überall ebenso entkleidet war wie der gesamte status activus[147]. Eine personelle Alternative gab es nur bei den ungarischen Wahlen von 1985, während die im Rahmen des eigentümlichen jugoslawischen Delegationssystems bestehende Möglichkeit mehrerer Kandidaten für ein Mandat in den 1980er Jahren wieder abgebaut wurde. Die klassischen Freiheitsrechte des status negativus wurden um so mehr vorenthalten, je mehr sie zu politischen Zwecken hätten gebraucht werden können. Betroffen waren hauptsächlich die Informations-, Meinungs-, Versammlungs- und Vereinigungsfreiheit. Insgesamt positiver, wenn auch sehr unterschiedlich, stellte sich die Lage der dem persönlichen Lebensbereich zuzuordnenden Freiheitsrechte dar. Kritische Anwendungsbereiche waren hier vor allem das Polizeirecht, das Strafverfahren und der Strafvollzug. Die innerstaatliche Freizügigkeit war namentlich in der Sowjetunion beseitigt (System der sog. „Inlandspässe")[148], während die Handhabung der Ausreise- und Auswanderungsfreiheit generell nicht den völkerrechtlichen Anforderungen entsprach[149]. Große Unterschiede waren auf dem Gebiet der Religionsfreiheit festzustellen, wo die Lage der Religionsgemeinschaften in der DDR, Polen

Vorenthaltung klassischer Freiheitsrechte in politisch relevanten Bereichen

Beseitigung bzw. Erschwerung der Freizügigkeit

---

143 *Luchterhandt*, UN-Menschenrechtskonventionen (Bibl.).
144 *Brunner*, Menschenrechte in der DDR. (Bibl.).
145 Menschenrechte in den Staaten des Warschauer Paktes (Bibl.).
146 *Brunner* in: Menschenrechte in den Staaten des Warschauer Paktes (Bibl.), S. 394.
147 Vgl. hierzu auch *Robert K. Furtak* (Hg.), Elections in Socialist Staates, New York u.a. 1990.
148 Vgl. *Luchterhandt*, UN-Menschenrechtskonventionen (Bibl.), S. 255 ff.; dens., Das Menschenrecht auf Freizügigkeit im Sowjetstaat, in: Osteuropa-Recht 26 (1980), S. 83 ff.; *Brunner*, Das Menschenrecht auf Freizügigkeit im Sowjetrecht, in: Law in the Gorbachev Era. Essays in Honor of Dietrich André Loeber, Dordrecht u.a. 1988, S. 205 ff.
149 Vgl. *Kuss*, Das Recht auf Ausreise und Auswanderung in der Gesetzgebung sozialistischer Staaten, in: EuGRZ 14 (1987), S. 305 ff.; *Brunner* in: Menschenrechte in den Staaten des Warschauer Paktes (Bibl.), S. 178 ff.

und Ungarn zuletzt als erträglich bezeichnet werden konnte, während in Albanien eine brutale Religionsverfolgung praktiziert wurde[150].

Auf dem Feld der sozialen Grundrechte, die den Kommunisten zumindest verbal besonders am Herzen lagen, erschwerten der Mangel an handfesten völkerrechtlichen Vorgaben und die naturbedingte inhaltliche Unbestimmtheit der Rechtspositionen eine sachgerechte Würdigung. Untersuchungen des status positivus auf komparativer Basis wurden auch nicht in Angriff genommen[151]. Ungeachtet aller methodologischen Schwierigkeiten ließ sich bei einem Ost-West-Vergleich wohl die Aussage treffen, daß die Unterschiede innerhalb beider Ländergruppen beträchtlich waren. Im Durchschnitt war die soziale Leistungsbereitschaft westlicher Sozialstaaten und östlicher sozialistischer Staaten etwa gleich stark ausgeprägt, wohingegen die Leistungsfähigkeit im Westen wesentlich größer war[152]. Im Ergebnis führte dies dazu, daß der Sozialstandard im Kapitalismus höher war als im Sozialismus. Im Wettbewerb der Systeme erwies sich der Marxismus-Leninismus auch auf dem Gebiet als unterlegen, auf dem er sich besonders überlegen fühlte. Da der Mangel an Freiheit und Demokratie auch nicht durch einen größeren Wohlstand kompensiert werden konnte, war der Untergang der kommunistischen Einparteidiktaturen wohl unvermeidlich und jedenfalls verdient.

86
Höherer Sozialstandard im „Kapitalismus" als im Sozialismus

---

150 Vgl. *Luchterhandt*, Die Religionsfreiheit im Verständnis der sozialistischen Staaten, in: Eugen Voss (Hg.), Die Religionsfreiheit in Osteuropa, 1984, S. 45 ff.; *dens.* in: Menschenrechte in den Staaten des Warschauer Paktes (Bibl.), S. 239 ff.
151 Wohl aber in Gestalt von Länderstudien; so für die Sowjetunion *Luchterhandt*, UN-Menschenrechtskonventionen (Bibl.), S. 33 ff.; für die DDR *Funke*, Die sozialökonomische Rechtsstellung (Bibl.).
152 *Brunner*, Zur Wirksamkeit der Grundrechte in Osteuropa, in: Der Staat 9 (1970), S. 187 ff. (208 ff.).

E. Bibliographie

Arens, Uwe, Die andere Freiheit. Die Freiheit in Theorie und Praxis der Sozialistischen Einheitspartei Deutschlands, 1976.
Blankenagel, Alexander, Zur Funktion der Grundrechte in der UdSSR. Eine Darstellung am Beispiel des Rechts auf Arbeit und des Rechts auf freie Meinungsäußerung, Diss. München 1975.
ders., Sowjetische Grundrechtstheorie im Fluß, in: Jahrbuch für Ostrecht XVII/2 (1976), S. 27 ff.
Brunner, Georg, Die Grundrechte im Sowjetsystem, 1963.
ders., Zur Wirksamkeit der Grundrechte in Osteuropa, in: Der Staat 9 (1970), S. 187 ff.
ders., Die östliche Menschenrechtskonzeption, in: Die KSZE und die Menschenrechte (hg. vom Göttinger Arbeitskreis), 1977, S. 95 ff.
ders. (Hg.), Grundrechte und Rechtssicherheit im sowjetischen Machtbereich. Ausgewählte Beiträge zum 2. Weltkongreß für Sowjet- und Osteuropastudien, 1982.
ders., Karl Marx und die Grundrechte in der DDR, in: Konrad Löw (Hg.), Karl Marx und das politische System der DDR, 1982, S. 49 ff.
ders. (Hg.), Menschenrechte in der DDR, 1989.
Funke, Dietmar, Die sozialökonomische Rechtsstellung des Bürgers in der DDR, 1991.
Kaschkat, Hannes, Die sozialistischen Grundrechte in der DDR – Ihre Funktion und Entwicklung –, Diss. Würzburg 1976.
Lavroff, Dmitri-Georges, Les Libertés publiques en Union Soviétique, Paris ²1963.
Luchterhand, Otto, Entwicklung und Schwerpunkte der sowjetischen Grundrechtsdiskussion, Bericht Nr. 54/1977 des Bundesinstituts für ostwissenschaftliche und internationale Studien.
ders., UN-Menschenrechtskonvention – Sowjetrecht – Sowjetwirklichkeit. Ein kritischer Vergleich, 1980.
ders., Der verstaatlichte Mensch. Die Grundpflichten des Bürgers in der DDR, 1985.
Menschenrechte in den Staaten des Warschauer Paktes. Bericht der unabhängigen Wissenschaftlerkommission, 1988 = *Georg Brunner et al.*, Before Reforms. Human Rights in the Warsaw Pact States 1971-1988, London 1990.
Müller-Römer, Dietrich, Die Grundrechte in Mitteldeutschland, 1965.
Westen, Klaus, Die Rolle der Grundrechte im Sowjetstaat, in: Reinhart Maurach/ Boris Meissner (Hg.), 50 Jahre Sowjetrecht, 1969, S. 78 ff.

§ 14
Grundrechtstheorien in der Zeit des Nationalsozialismus und Faschismus

Walter Pauly

Übersicht

	RN		RN
A. Nationalsozialismus und Faschismus als konkrete historische Phänomene	1– 2	II. Literarischer Abwehrkampf gegen die liberale Grundrechtstradition	15–20
B. Grundrechtstheorien im Faschismus	3–13	1. Ablehnung der liberalen Rechtsauffassung	15–17
I. Action Française	3– 4	2. Der Streit um die Fortexistenz der Grundrechte	18–20
II. Italienischer Faschismus	5–10	III. Die „volksgenössische Rechtsstellung"	21–32
1. Vom Statuto Albertino zum totalitären Stato Corporativo	5– 6	1. Begriff und Inhalt	21–24
2. Das Verhältnis von Staat und Individuum nach der faschistischen Ideologie	7– 8	2. Rechtswirkungen und Verwirkung	25–26
3. Das Grundrechtsverständnis der italienischen Staatsrechtswissenschaft im Faschismus	9–10	3. Konkretisierung in „Lebensordnungen"	27–32
		a) Ehe und Familie	27
III. Falange und Franquismus in Spanien	11–13	b) Arbeit und ständische Ordnung	28–30
		c) Eigentum	31–32
C. Grundrechtstheorien im Nationalsozialismus	14–35	IV. Grundrechtstheoretische Negativbilanz	33–35
I. Die Zerschlagung der Weimarer Grundrechtsordnung	14	D. Schlußbetrachtung	36–38
		E. Bibliographie	

A. Nationalsozialismus und Faschismus als konkrete historische Phänomene

1
Notwendige Unterscheidung von Nationalsozialismus und Faschismus

Der deutsche Nationalsozialismus und die verschiedenen europäischen Faschismen bilden trotz gewisser Gleichförmigkeiten und Wechselwirkungen kein einheitliches Phänomen. Der Sondercharakter der jeweiligen Bewegungen und Regimes beruhte auf unterschiedlichen nationalen Voraussetzungen, eigengearteten Ursprüngen, Zielsetzungen und politischen Erscheinungsformen, wie sie insbesondere im Kontrast von staatszentriertem italienischem Faschismus und völkisch orientiertem „Drittem Reich" hervortraten[1]. Ebenso wie die ideologischen Grundlagen und realen historischen Ausformungen differierten auch die theoretischen wie praktischen Konzepte zu Grundrechten des einzelnen von Land zu Land. Innerhalb der jeweiligen Binnenräume sorgen zeitlich abschichtbare Phasen und inhaltliche Kontroversen für weitere historiographische Verästelungen. Angesichts einer uneinheitlichen verfassungsrechtlichen Lage und komplexen Theorielandschaft können makrohistorische Deutungsansätze dessen, was Nationalsozialismus und Faschismus eigentlich gewesen sind[2], nur Orientierungen liefern, die konkrete Aufarbeitung der einzelnen Verfassungslagen und Verfassungstheorien aber nicht ersparen. Wenn hierbei in Überschrift und Text von Grundrechtstheorien in der Zeit des Nationalsozialismus und Faschismus gesprochen wird, dann nicht im Sinne einer aufwertenden Diktion, sondern zur Erfassung eines Schrifttums, das sich in meist abschätziger Weise mit den liberalen Grundrechten beschäftigte, entweder um diese gänzlich abzuschaffen oder durch keineswegs äquivalente Rechtspositionen zu ersetzen. Unverkennbar stehen sowohl der Nationalsozialismus als auch mit einzelnen Abstrichen die europäischen Faschismen in einem antagonistischen Verhältnis zur europäischen Grundrechtstradition.

„Grundrechtstheorie" nicht als Aufwertung

2
Chronologische Darstellung

Obgleich der Nationalsozialismus auf der Folie einer negativen Geschichte der Grundrechte durch die gravierendsten Mißachtungen und gröbsten Pervertierungen hervorsticht, folgt die Darstellung im wesentlichen der Chronologie. Der erste Schwerpunkt liegt deswegen auf dem italienischen Faschismus, wobei diesem ein kurzer Blick auf die zeitlich frühere „Action Française", die abgesehen vom „État Français" (1940–1944) allerdings auf dem Status politischer Doktrin verharrte, vorangestellt und ein Seitenblick auf die

---

1 *Karl Dietrich Bracher*, Der Nationalsozialismus in Deutschland. Probleme der Interpretation, in: ders./Leo Valiani (Hg.), Faschismus und Nationalsozialismus, 1991, S. 25 ff.; *Renzo De Felice*, Die Deutungen des Faschismus, 1969, S. 15 f.; obgleich *Ernst Nolte*, Der Faschismus in seiner Epoche, [6]1984, S. 23 ff., anders als *Bracher* den Faschismus als Epochencharakter bezeichnet und unter diesen Oberbegriff auch den deutschen Nationalsozialismus zieht, zielt sein Werk gleichwohl auf eine akribische Beschreibung der nationalen Spezifika. Siehe auch RN 7, 38.
2 Hierzu zusammenfassend *Wolfgang Wippermann*, Faschismustheorien, [7]1997; *Richard Saage*, Faschismustheorien, [4]1997, S. 22 ff.; *Ernst Nolte*, Faschismus, in: Otto Brunner/Werner Conze/Reinhart Koselleck (Hg.), Geschichtliche Grundbegriffe, Bd. 2, 1979, S. 329 ff.; *De Felice* (FN 1), S. 23 ff.; *Karl Dietrich Bracher*, Zeitgeschichtliche Kontroversen um Faschismus, Totalitarismus, Demokratie, 1976, S. 13 ff.

spanische Falange angehängt wird³. Den zweiten und eigentlichen Schwerpunkt bildet der deutsche Nationalsozialismus, in dem sich eine breite verfassungstheoretische Debatte zur Abschaffung der Grundrechte und ihrer allfälligen Ersetzung durch eine sogenannte „volksgenössische Rechtsstellung" findet.

B. Grundrechtstheorien im Faschismus

I. Action Française

Die von *Maurice Pujo* (1872–1955) 1898 initiierte und entscheidend von *Charles Maurras* (1868–1952) ausgeformte „Action Française" gilt als frühe und spezifisch französische Spielart des europäischen Faschismus. Obgleich mit den Gruppierungen „Le Faisceau", „Francisme", „Parti Populaire Français" und mit Abstrichen „Croix de Feau" sowie „Ligue des Jeunesses Patriotes" in den zwanziger und dreißiger Jahren weitere faschistische Bewegungen in Frankreich existierten⁴, nimmt die Action Française schon wegen der vielfältigen ideologischen und personellen Verbindungen keine bloße Vorläuferrolle, sondern die zentrale Stelle ein. Diese im Kontext der Dreyfus-Affäre entstandene und auf die Niederschlagung der Dritten Republik gerichtete „Denkschule"⁵, die allerdings mit den „Camelots du Roi" über eine aggressive Sturmtruppe verfügte, kennzeichnete neben einem übersteigerten Nationalismus ein antiindividualistisches Ordnungsdenken⁶, ein autoritätsorientierter Antiparlamentarismus, ein dem Syndikalismus durchaus verwandter Korporatismus⁷ sowie eine xenophobisch antisemitische Zurückweisung humanistischer Gleichheitsideale. Angestrebt wurde ein der „Naturordnung" entsprechender gesellschaftlicher Zustand der Ungleichheit und Unterordnung, der im wesentlichen auf die Nation, die Monarchie und mit erheblichen Brüchen auf die Tradition setzte, aus der Aufklärung und Revolution ausgeklammert bleiben sollten. Während *Maurras* den italienischen Faschismus begrüßte, erschien ihm der deutsche Nationalsozialismus hingegen als gefahrbringender

3 Zentrale Bedeutung der Action Française

---

3 Übersicht über weitere nationale, grundrechtstheoretisch aber vergleichsweise unergiebige faschistische Richtungen bei *Ernst Nolte*, Die faschistischen Bewegungen, 1966, S. 189 ff., und *Wolfgang Wippermann*, Europäischer Faschismus im Vergleich, 1983, S. 80 ff.
4 Im einzelnen *Wippermann* (FN 3), S. 129 ff.; *Klaus-Jürgen Müller*, Die französische Rechte und der Faschismus in Frankreich 1924 – 1932, in: Dirk Stegmann/Bernd-Jürgen Wendt/Peter-Christian Witt (Hg.), Industrielle Gesellschaft und politisches System, 1978, S. 413 ff; zu *Georges Valois*, der die Action Française verließ und nach Mussolinis Vorbild „Le Faisceau" gründete, *Yves Guchet/Georges Valois*, L'Action Française – Le Faisceau – La République syndicale, Nanterre 1975.
5 So *Patrick Moreau*, Charles Maurras und die Action Française: Eine französische faschistische Versuchung, in: Iring Fetscher/Herfried Münkler (Hg.), Pipers Handbuch der politischen Ideen, Bd. 5, 1987, S. 341 (343); ähnlich *Armin Mohler*, Im Schatten des Jakobinismus. Die „Konservative" und die „Rechte" in Frankreich, in: Gerd-Klaus Kaltenbrunner (Hg.), Konservativismus in Europa, 1972, S. 273 (279).
6 *Waldemar Gurian*, Der integrale Nationalismus in Frankreich, 1931, S. 37 ff.
7 *Zeev Sternhell*, Die Entstehung der faschistischen Ideologie, 1999, S. 141.

„Islam des Nordens"⁸. So unterstützte *Maurras* 1940 zwar enthusiastisch die Machtübernahme durch Marschall *Pétain*, hatte dieser samt Umfeld seinen politischen Ideen doch immer nahegestanden und ihn „le plus français des Français" genannt, aber Vichy blieb für *Maurras* gleichwohl eine Niederlage der französischen Nation und die Kollaboration mit den Deutschen ein Desaster⁹.

4
Ablehnung individueller Grundrechte

Individuellen Grundrechten stand die Action Française ablehnend gegenüber, wie überhaupt aus den Schriften *Maurras'* ein stark antiindividualistischer Grundzug hervortritt¹⁰. Dem einzelnen sieht *Maurras* einen Platz innerhalb einer ihm schicksalhaft und unveränderlich vorgegebenen Ordnung zugewiesen. Die Formel „les libertés en bas" verweist auf eine zutiefst antiliberale gruppenbezogene Verortung von Selbstentfaltung in Verbänden wie Familie, Gemeinde und Region¹¹, die der Staat nicht zu schaffen, sondern lediglich mit „Lebensraum" auszustatten habe. Innerhalb dieser Ordnungen plädiert *Maurras* für eine vergleichsweise unantastbare Stellung des einzelnen, insbesondere für den Schutz des Privateigentums und des Erbrechts. Statt auf staatliche Interventionen in den Bereich der Ökonomie setzt er auf ein Modell von Korporationen, insbesondere auf Berufsverbände. Darin liegt zugleich eine Absage an den prinzipiellen Gleichheitsgedanken, auch in Form der weiblichen Emanzipation. Reaktionäre Eliten, die sich zum Teil aus der alten Aristokratie speisen sollten, galten ihm als Garanten des Fortschritts. Radikal ausgrenzend wirkte seine Feinderklärung gegenüber den sogenannten Metöken, worunter *Maurras* Juden, Protestanten und Freimaurer faßte, wie darüber hinaus den Deutschen, insbesonders in Form der von ihm bekämpften „jüdisch-deutschen Finanz"¹². Grundrechtstheoretisch blieben diese Phrasen schemenhaft. Das antiliberale Programm fand sich in der Beschneidung und Abschaffung der Freiheitsrechte zur Zeit des Vichy-Regimes¹³, für das *Maurras* ideologische Schützenhilfe leistete, weitgehend umgesetzt¹⁴.

---

8 Zu *Maurras'* nationalistisch gespeister antideutscher Position *E. Nolte* (FN 1), S. 118f. m.w.N.
9 Hierzu *E. Nolte* (FN 1), S. 119ff.
10 Vgl. insbesondere *Charles Maurras*, Enquête sur la Monarchie, Paris ⁶1914; L'Action Française, in: *ders.*, Mes idées politiques, Paris 1937; L'ordre et le disordre, Paris 1948. Zum Werk: *Roger Joseph/Jean Forges*, Biblio-iconographie générale de Charles Maurras, 2 Bde., Roanne 1953.
11 *Charles Maurras*, Dictateur et Roi (1899), en appendice à l'Enquête sur la Monarchie (FN 10); hierzu *Eddy Alger*, Vom „Nationalisme républicain" zum „Nationalisme intégral" als ideelle Staatsauffassung der „Action française", Diss. iur., Heidelberg, 1936, S. 50.
12 Näher *E. Nolte* (FN 1), S. 165ff.
13 → Bd. VIII, Die Grundrechte in Frankreich.
14 *Gilles Lebreton*, Libertés Publiques & Droits de L'Hommes, Paris ²1996, S. 86f.; zu Beschränkungen politischer Freiheiten in den Krisenjahren zuvor, insbesondere während der Zeit der „Volksfront", *Maurice Duverger/Lucien Sfez*, Die staatsbürgerlichen Freiheitsrechte in Frankreich und in der Union Française, in: GR I/2, S. 543 (567).

II. Italienischer Faschismus

1. Vom Statuto Albertino zum totalitären Stato Corporativo

Nach dem „Marsch auf Rom" vom 28. Oktober 1922 berief König *Viktor Emanuel III. Benito Mussolini* zum italienischen Ministerpräsidenten, obgleich lediglich knapp sieben Prozent der Parlamentsabgeordneten seiner „Partito Nazionale Fascista" angehörten. Insbesondere durch das „Gesetz über die Befugnisse und Vorrechte des Regierungschefs" gewann *Mussolini* Ende 1925 als „Duce del Fascismo" und „Capo del governo" die uneingeschränkte Führungsgewalt. De lege lata nur noch dem König als „Capo dello stato", politisch-praktisch niemandem mehr verantwortlich, verwandelte *Mussolini* Italien entgegen der geltenden Verfassung in eine Diktatur, in der seiner Exekutive auch die Befugnis, sogenannte Dekretgesetze zu erlassen, zufiel[15]. Dabei blieb das „Statuto Albertino" aus dem Jahre 1848, seit 1861 die Verfassung des geeinten Königreichs Italien, formell unangetastet, wurde allerdings durch eine Vielzahl von Einzelgesetzen inhaltlich ausgehöhlt und unterlaufen.

5
Verwandlung in eine Diktatur

Dies galt auch für den Grundrechtsteil, der, nach französischem und belgischem Vorbild gestaltet, in den Artikeln 24–32 unter der Überschrift „Dei diritti e dei doveri dei cittadini" die elementaren liberalen Freiheitsverbürgungen enthielt[16]. Namentlich „Polizeigesetze", aber auch ein Strauß weiterer Einzelgesetze bis hin zu den späteren antisemitischen Rassegesetzen unterdrückten die überbrachten bürgerlichen Freiheiten und zerstörten das zuvor in der Dogmatik des italienischen Öffentlichen Rechts zentrale Gleichheitsprinzip[17]. Das „Gesetz über die Wahrung der öffentlichen Sicherheit" vom 6. November 1926 ermächtigte etwa die Präfekten, frei nach dem jeweiligen Interesse des faschistischen Staates jegliche Maßnahmen zum Erhalt der öffentlichen Ordnung und Sicherheit zu ergreifen, was massive Eingriffe in die Freiheiten der Person umschloß[18]. Freizügigkeit, Versammlungs-, Vereinigungs-, Koalitions-, Meinungsäußerungs- und Pressefreiheit sowie Garantien der persönlichen Freiheit, des gesetzlichen Richters und des gleichen Wahlrechts blieben angesichts weitgefaßter und ins exekutivische Ermessen gestellter Befugnisse zu Sonderüberwachungen, Sistierungen, Entlassungen,

6
Grundrechtsbeschränkungen durch Maßnahmegesetze

---

15 Zur Umbildung der italienischen Verfassungsordnung *Gerhard Leibholz*, Zu den Problemen des faschistischen Verfassungsrechts, 1928, S. 23 ff. und passim; insbesondere *Costantino Mortati* sah im „Staat der Moderne" die Regierung als übergreifende und einheitsbildende Gewalt neben, eigentlich sogar oberhalb der drei traditionalen Staatsgewalten; vgl. *Costantino Mortati*, L'ordinamento del governo nel nuovo diritto pubblico italiano, Rom 1931; vgl. auch dens., La costituzione in senso materiale, Mailand 1940; zur Entwicklung seiner Lehren *Ilse Staff*, Staatsdenken im Italien des 20. Jahrhunderts – Ein Beitrag zur Carl Schmitt-Rezeption, 1991, S. 73 ff.
16 → Bd. VIII, Die Grundrechte in Italien.
17 Auflistung der freiheits- und gleichheitszerstörenden Gesetze bei *Calamandrei/Barile* (Bibl.), S. 659 (711 ff.); zur Technik der Einzelgesetze auch *Luciano Monaco*, Italien, in: Eberhard Grabitz (Hg.), Grundrechte in Europa und USA, Bd. I: Strukturen nationaler Systeme, 1986, S. 363 (371 ff.).
18 Näherhin *Manfredi Siotto-Pintòr*, Die obrigkeitliche Rechtsentwicklung in Italien in den Jahren 1926 bis 1928, JöR Bd. 17 (1929), S. 201 (219 ff.); *Hubertus Prinz zu Löwenstein-Wertheim-Freudenberg*, Umrisse der Idee des faschistischen Staates, Diss. iur., Hamburg 1931, S. 84 ff.

Enteignungen und Ausbürgerungen sowie der Einrichtung von Sondergerichten und manipulativen Wahlgesetzen weitgehend auf der Strecke[19]. Zur Zerschlagung liberaler Staatlichkeit rechnete schließlich auch die Herausbildung des „Stato Corporativo", der mittels eines Systems berufsständisch-syndikalistischer Organisationen die „Gesamtheit der Produktion", wie sich die „Carta del Lavoro" aus dem Jahre 1927 ausdrückte (Art. II), zu erfassen und den Interessengegensatz zwischen Arbeitgebern und frei gewerkschaftlich organisierten Arbeitnehmern durch staatliche Bevormundung und Kontrolle zu überspielen suchte[20].

2. Das Verhältnis von Staat und Individuum nach der faschistischen Ideologie

7
Der Staat als „Angelpunkt"

Das staatstheoretische Konzept des Faschismus findet sich bei *Mussolini* auf den Satz reduziert, „alles für den Staat, nichts außerhalb des Staates, nichts gegen den Staat"[21]. Im Gegensatz zum deutschen Nationalsozialismus bildete der Staat für den italienischen Faschismus den „Angelpunkt" seiner Doktrin, „ein Absolutum, demgegenüber die Individuen und die Gruppen das Relative sind"[22]. Anders als in Deutschland stand der totale Staat über Volk, Rasse und Nation, während der Nationalsozialismus den Staat tendenziell zum Apparat degradierte. Dieses „neue" Staatsverständnis hielt sich selbst für die Antwort auf die „Krise des modernen Staates" und für das Gegenkonzept zu einer liberalistischen und individualistischen Staatsauffassung[23], die der Faschismus ebenso wie der Nationalsozialismus bekämpfte. Den staatstheoretischen Grundstock lieferten unter anderem der Staatsrechtslehrer und Justizminister (1925–32) *Alfredo Rocco*, der unter Rekurs auf „uritalienisches" Gedankengut den starken Staat zu begründen suchte[24], sowie der Neohegelianer *Giovanni Gentile*, der nach der „Vergiftung der italienischen Seele" durch die Ideen von 1789 im Faschismus eine „Wiedergeburt" der ethischen Gehalte der Nation erblickte[25].

Zusammenfassung der Bürger in der Nation

Der „Stato Etico" faßte hiernach die Bürger in eine nationale Einheit zusammen und verkörperte eine ewige Einheit von unbegrenzten Generationen, wobei das vergängliche Individuum nur auf die Gemeinschaft hin existieren sollte. Deswegen habe der einzelne auch nur

---

19 Frühe Negativbilanz bei *Hermann Heller*, Europa und der Faschismus, ²1931, S. 85 ff.
20 Frühe Bestandsaufnahme bei *Erwin v. Beckerath*, Wesen und Werden des faschistischen Staates, 1927, S. 96 ff.
21 *Benito Mussolini*, Discorsi del 1925, zit. nach *Leibholz* (FN 15), S. 18.
22 *Mussolini*, Die Lehre des Faschismus, in: Ernst Nolte (Hg.), Theorien über den Faschismus, 1984, S. 205 (217). Daß im italienischen Faschismus „nicht Blut und Boden" die Leitbegriffe bilden, betonen aus zeitgenössischer deutscher Sicht etwa *Roger Diener/Horst Horstmann*, Faschistisches Verwaltungsrecht, in: Reinhard Höhn (Hg.), Das ausländische Verwaltungsrecht der Gegenwart, 1940, S. 83 (139); zum faschistischen Volksbegriff *Hermann Raschhofer*, Der politische Volksbegriff im modernen Italien, 1936, S. 189 ff.
23 *Carlo Costamagna*, Faschismus – Entwicklung und Lehre, 1939, S. 1 f.; *Vincenzo Zangara*, Die Krise des modernen Staates und ihre Lösung im faschistischen Staat, Europäische Revue 1932, S. 682 ff.; *Edgar L. R. Rosen*, Der Faschismus und seine Staatsidee, 1933, S. 83 ff.
24 Vgl. *Alfredo Rocco*, La trasformazione dello stato: dallo stato liberale allo stato fascista, Rom 1927; *ders.*, La dottrina politica del fascismo, Rom 1925.
25 *Giovanni Gentile*, Che cosa è il fascismo, Florenz 1925; *ders.*, Origini e dottrina del fascismo, Rom 1929.

soweit Rechte, als sie der Natur des souveränen omnipotenten Staates entsprächen, sei aber ihm gegenüber unbegrenzt verpflichtet[26]. Entsprechend formulierte die „Carta del Lavoro", das Grundgesetz der faschistischen Wirtschaftsverfassung aus dem Jahre 1927, in ihrem ersten Absatz, die im neuen Staat umfassenden Ausdruck findende italienische Nation sei „ein Organismus, dessen Zwecke, Leben und Wirkungsmöglichkeiten an Macht und Dauer denen seiner einzelnen und zu Gruppen vereinten Glieder übergeordnet sind". Wenn sich trotz Antiindividualismus und Antiliberalismus gleichwohl schon in *Mussolinis* Schriften ein Bekenntnis zur Freiheit des Menschen finden läßt, so meinte dies ausschließlich ein „Recht des realen Menschen" im Staat als der „einzig wahren Realität des Individuums"[27].

Zur Schließung der Lücke zwischen Staat und Individuum, deren Überbrückung dem Liberalismus auf Grund seiner polaren Entgegensetzung beider Seiten nicht gelungen sei, entwickelten unter anderem *Enrico Corradini*[28] und *Sergio Pannunzio*[29] die theoretischen Grundlagen einer (berufs)ständischen Organisation der italienischen Gesellschaft, wie sie die Faschisten in die gesellschaftliche Wirklichkeit umzusetzen suchten. Im Kontrast zum atomisierenden, individualistischen Staat sollte der syndikal-korporative Staat nicht nur eine gesellschaftliche Interessenvertretung und -einigung ermöglichen, sondern darüber hinaus dem „Gesetz der Produktion" gehorchen. Solchermaßen in den Staat eingebunden, sollte der maßgeblich zunächst durch *Georges Sorel* geprägte revolutionäre Syndikalismus, dem *Mussolini* noch 1919 anhing[30], seine klassenkämpferische Dimension einbüßen. Ob sich die elitärkorporatistische Variante angesichts ihrer effektiven hierarchischen Vereinnahmung durch den Staat zutreffend als „Bluff" oder „Mythos" charakterisieren läßt, beschäftigt die Faschismusforschung bis heute[31].

8
Einbindung der Individuen in einen syndikal-korporativen Staat

3. Das Grundrechtsverständnis der italienischen Staatsrechtswissenschaft im Faschismus

Den Ausgangspunkt bildete der im ausgehenden 19. und beginnenden 20. Jahrhundert erreichte Stand eines rechtsstaatlichen Staats- und Verwaltungsrechts, das neben der strikten Gesetzesbindung der öffentlichen Gewalt die Figur der subjektiven öffentlichen Rechte, hergeleitet auch aus Grundrechten, kannte. Insbesondere *Vittorio Emanuele Orlando* hatte hierfür die deutsche Dogmatik, wie sie unter anderem von *Otto Mayer* und *Georg Jellinek*

9
Rezeption der subjektiven öffentlichen Rechte im präfaschistischen Italien

---

26 *Rocco*, La dottrina politica del fascismo (FN 24), S. 15 f.
27 *Mussolini* (FN 22), S. 207; vgl. auch *Giovanni Gentile*, Grundlagen des Faschismus, 1936, S. 47, zur Ablehnung „nur" des Systems der „abstrakten und falschen Freiheit".
28 *Enrico Corradini*, Il regime della borghesia produttiva, Rom 1918; ders., La marcia dei produttori, Rom 1916.
29 *Sergio Panunzio*, Teoria generale dello Stato fascista, Padua 1937; ders., La Camera di Fasci e delle Corporazioni, Rom 1939; vgl. weiter *Giuseppe Bottai*, Grundprinzipien des korporativen Aufbaus in Italien, 1933.
30 Zu dieser Wendung „um 180 Grad" *Mayer-Tasch* (Bibl.), S. 87.
31 *Mayer-Tasch* (Bibl.), S. 146; *Luminati*, Die Wiederentdeckung des Corporativismo, ZNR 1987, S. 184 ff.

entwickelt worden war, rezipiert und fortgeschrieben³². Die in der Staatsrechtswissenschaft des präfaschistischen Italien ausgeprägten Grundbegriffe des Öffentlichen Rechts sollten in der Zeit des Faschismus entweder entfallen oder eine neue Gestalt gewinnen. Dies galt zunächst für den Begriff des Rechtsstaates, den die faschistische Bewegung in ihrer Anfangsphase unter dem Einfluß *Sorel*scher Gewaltlehren gänzlich verwarf, dann aber zur Konservierung der „revolutionär" geschaffenen Ordnung reaktivierte. Zur Absicherung des „stato legale" übernahm der Faschismus sogar die Institution der Verwaltungsgerichtsbarkeit, um die objektive Rechtsbindung durchzusetzen³³.

Umwandlung des Rechtsstaats in einen „Legalitätsstaat"

Zum Teil wurde der „Legalitätsstaat" allerdings vom Rechtsstaat ausdrücklich abgesetzt, um klarzustellen, daß es bei der objektiven Gesetzlichkeit nicht um den Schutz individueller Rechte, sondern um das Interesse des Staates selbst, eben an einer klaren und geordneten Organisation, Kompetenzstruktur und Handlungsweise, ging³⁴. Dagegen hielt die traditionelle italienische Rechtswissenschaft auch in der Zeit des Faschismus grundsätzlich am Begriff des Rechtsstaates fest, wenn auch die subjektiven Rechte des einzelnen nunmehr vergleichsweise schwächer bestimmt wurden und sich der individuelle Schutz stärker als das Produkt einer strikten Rechtswahrung präsentierte.

10
Uminterpretation der individuellen Grundrechte

Versuche, das individuelle Grundrechtssystem unbeeindruckt von der neuen politischen Lage fortzuschreiben, konnten, wie im Fall von *Francesco Ruffini*, in der Entziehung der Lehrbefugnis enden³⁵. Den Gegenpol bildete die gänzliche Leugnung der Möglichkeit subjektiver Grundrechte sowie die Forderung nach ihrer Verabschiedung³⁶. Die Hauptströmung suchte sich einen Mittelweg, so die wichtigsten Lehrbücher, die die sich aus dem „Statuto Albertino" ergebenden Grundrechte zwar ansprachen, aber nicht mehr im individualistischen Sinne interpretierten³⁷. Statt dessen wurde nun die Bedeutung der jeweiligen Rechte in den Kontext nationaler Zwecke gerückt, deretwegen sie überhaupt nur formell belassen worden seien. Eine Abtötung der individuellen Persönlichkeit wurde auch von faschistischen Autoren abgelehnt, weil eine solche keineswegs im Interesse des Staates liegen könne³⁸. Diese eigentümliche Synthese von Freiheit und staatlicher Autorität war prinzipiell außerstande, eine selbstzweckhafte individualschützende Komponente der Grundrechte anzuerkennen. Während im Bereich der „diritti politici" dem Teilhaberecht noch eine subjektive Seite der Mitwirkung zugebilligt wurde,

---

32 *Vittorio Emanuele Orlando*, Primo trattato completo di diritto amministrativo, 1900; vgl. weiter *Oreste Ranelletti*, Principii di diritto amministrativo, Bd. I, Neapel 1912; *Santi Romano*, Principi di diritto amministrativo italiano, Mailand 1902.
33 Hierzu *Diener/Horstmann* (FN 22), S. 145 f.
34 *Costamagna* (FN 23), S. 153 ff.
35 Auslöser war *Francesco Ruffini*, Diritti di Libertà, Turin 1926; das Werk wurde schon kurz nach Erscheinen vom Markt genommen. Unter den systemkritischen Stimmen hervorzuheben ist auch das Werk des Emigranten *Silvio Trentin*, Les transformations récentes du droit public italien, Paris 1929.
36 Zu entsprechenden Positionen *Diener/Horstmann* (FN 22), S. 144 m.w.N.
37 Vgl. etwa *Pietro Chimienti*, Manuale di Diritto Costituzionale Fascista, Turin 1934, S. 371 ff.; *Santi Romano*, Corso di diritto costituzionale, Padua ⁶1941, S. 409 ff.; vgl. weiter *Guido Zanobini*, Pubblici Diritti, in: Enciclopedia Italiana di Science, Lettere ed Arti, Bd. XXVIII, Rom 1935, S. 480 f.
38 Vgl. *Rosen* (FN 23), S. 84 m.w.N.

überwog im Bereich der „diritti di personalità" die Ablehnung jeder Subjektivierung[39]. Die Grundrechte sollten vielmehr nur ein Wertsystem mit Achtungsanspruch gegenüber dem Gesetzgeber begründen. Das Individuum blieb auf den ihm nützlichen Rechtsreflex verwiesen, und ein einklagbares subjektives Recht wurde verneint[40]. Angesichts ihrer staatsorientierten Funktionalität verwandelten sich die Grundrechte in Pflichten. Alles Recht, formulierte schließlich *Alfonso Sermonti*, sei für den Faschismus nur noch die Funktion einer nationalen Pflicht[41], gerichtet auf die Funktionen des einzelnen innerhalb des geistigen und ökonomischen Lebens der Nation[42].

Rechtsreflexe statt subjektiver Rechte

III. Falange und Franquismus in Spanien

Der zu Beginn des Spanischen Bürgerkrieges (1936–1939) auf Grund eines Militäraufstandes zunächst im „nationalen Lager" zum Staatschef ernannte *Francisco Franco Bahamonde* (1892–1975) regiert das Land bis zu seinem Tode diktatorisch. Sein Regime stützte sich auf die „Falange Española Tradicionalista y de las Juntas de Ofensiva Nacional-Sindicalista", die 1937 unter seiner Führung als „Caudillo" aus einem Zusammenschluß der Falangisten und Traditionalisten hervorgegangen war. Die politisch maßgebliche „Falange Española" hatte *José Antonio Primo de Rivera* (1903–1936), Sohn des von 1923 bis 1930 regierenden Diktators *Miguel Primo de Rivera*, 1933 gegründet und schon im Folgejahr mit den „Juntas de Ofensiva Nacional-Sindicalista" des Hitlerbewunderers *Ledesma Ramos* vereinigt. Die Verfassungsordnung des franquistischen Staates beruhte auf sieben sogenannten Grundgesetzen, die zwischen den Jahren 1938 und 1967 erlassen und anschließend durch Dekret als „Leyes Fundamentales del Reino" zusammengefaßt wurden. Insbesondere der „Fuero del Trabajo" (1938), der „Fuero de los Españoles" (1945) sowie die „Ley de Principios del Movimiento Nacional" (1958) enthalten die maßgeblichen Bestimmungen zum grundrechtlichen Verfassungssystem[43]. Trotz der hierin geübten Verfassungsrhetorik kann nicht übersehen werden, daß die franquistische Militärdiktatur eine „völlige Mißachtung der Grundrechte" kennzeichnete[44].

11
„Leyes Fundamentales del Reino" als Grundlage der Diktatur Francos

„Achtung der Würde, der Unverletzlichkeit und der Freiheit der menschlichen Person" garantierte der „Fuero de los Españoles" in seinem ersten Artikel, indem er den Menschen zwar als „Träger ewiger Werte" anerkannte, ihn dann aber sogleich zum „Glied einer nationalen Gemeinschaft" sowie zum

12
Unterordnung des Individuums unter das Gemeinwohl

---

39 So etwa *Zanobini* (FN 37), S. 480, dem zufolge subjektive Rechte nur noch zivilrechtlich begründet werden konnten.
40 Hierzu auch *Giuliano Amato*, Libertà: diritto costituzionale, in: Enciclopedia del Diritto, Bd. XXIV, Mailand 1974, S. 272 ff.
41 *Alfonso Sermonti*, Il diritto sindacale italiano, Bd. 1, Rom 1929, S. 265; ähnlich *Corrado Petrone*, L'essenza dello Stato fascista, Rom 1927, S. 66.
42 So *Giuseppe Ferri*, Il Rapporto tra Stato, individui e forze associate nel Diritto fascista, Mantua 1934, S. 31.
43 Näherhin *Sommermann* (Bibl.), S. 50 f. u. 55 ff.
44 *José Miguel Prats-Canut*, Spanien, in: Grabitz (FN 17), S. 651 (658); → Bd. VIII, Die Grundrechte in Spanien.

"Träger von Pflichten und Rechten, deren Ausübung er für das Gemeinwohl gewährleistet", erklärte[45]. Ähnlich ambivalent formulierte Punkt V Satz 1 der „Ley de Principios del Movimiento Nacional" die Gründung der nationalen Gemeinschaft „auf den Menschen als den Träger ewiger Werte und auf die Familie als der Grundlage des gesellschaftlichen Lebens", um dann anzuschließen, „die individuellen und kollektiven Interessen müssen jedoch stets dem Gemeinwohl der Nation, welche aus den vergangenen, gegenwärtigen und zukünftigen Geschlechtern gebildet ist, untergeordnet bleiben." Der dem spanischen Naturrecht entlehnte, aber zugleich verzerrte Personbegriff zielte auf den „hombre íntegro-total" und damit auf einen Gegenentwurf zu den liberal-individualistischen Kategorien eines Rechts- und Wirtschaftssubjekts[46]. Danach ermöglichten überhaupt erst die nationalsyndikalistischen Institutionen ein moralisches Leben, das auf einer Identifikation von Individuum und Nationalstaat beruhte[47]. Die angesprochene Ambivalenz findet sich schon in den Schriften des ideologischen Vordenkers der Falange, *José Antonio Primo de Rivera*, demzufolge der Mensch zwar als „körperliche Hülle einer Seele" geachtet werden sollte, der aber zugleich wirkliche Freiheit nur in einem „sinnvollen Ganzen" gestaltbar sah, in dem „Autorität, Hierarchie und Ordnung" herrschten[48]. Während der Liberalismus Freiheit verspreche, jedoch hierfür nicht die notwendigen Voraussetzungen schaffe, binde der starke Staat den einzelnen (wieder) in eine vollständige menschliche Einheit, bestehend aus Familie, Gemeinde, Syndikat und Nationalstaat zurück[49].

13
Einschränkbarkeit und Aufhebbarkeit der Grundrechte

Entsprechend diesen ideologischen Vorgaben unterstellte der franquistische „Fuero de los Españoles" die gewährleisteten Rechte des Menschen nicht nur dem schon zitierten Gemeinwohlvorbehalt in Art. 1, sondern darüber hinaus in Art. 34 einer einfachrechtlichen Ausgestaltung[50] sowie in Art. 33 der Anforderung, die Ausübung der gewährten Rechte dürfe „die geistige, nationale und soziale Einheit Spaniens nicht antasten". Schließlich konnten die kommunikativen Freiheitsrechte wie auch die Freiheit der Person und Wohnung, gegebenenfalls durch gesetzesvertretendes Dekret, gemäß Art. 34 dieses Grundgesetzes zeitweilig aufgehoben werden. Das konkrete Erschei-

---

45 Deutsche Übersetzung der spanischen Verfassungstexte bei Peter Cornelius Mayer-Tasch/Ion Contiades (Hg.), Die Verfassungen der nicht-kommunistischen Staaten Europas, 1975, S. 681 ff.
46 Vgl. *José Antonio López Garcia*, Estado y derecho en el franquismo, Madrid 1996, S. 141; zum naturrechtlichen Charakter des Person- und Würdebegriffs *Sánchez Agesta*, Die Entwicklung der spanischen Verfassung seit 1936, JöR Bd. 10 N.F. (1961), S. 397 (419); zur Funktionalisierung des klassischen Naturrechts im Franquismus *Antonio-Enrique Pérez Luno*, Die klassische spanische Naturrechtslehre in 5 Jahrhunderten, 1994, S. 70 ff.
47 *López Garcia* (FN 46), S. 144 ff., unter Hinweis auf *Legaz Lacambra*, Contrato y Persona, Rivista de Derecho Privado, núm. 280 (1940), S. 96.
48 *José Antonio Primo de Rivera*, Sämtliche Werke, Bd. 1, Berlin 1941, S. 15; zur allmählichen Abschwächung des politischen Einflusses der Falange vgl. *Bothe/Hailbronner*, Die neuere verfassungsrechtliche Entwicklung in Spanien, JöR Bd. 21 N.F. (1972), S. 193 (195 ff.).
49 *Primo de Rivera*, (FN 48), S. 27 u. 95; zu der entsprechend starken Betonung sozialer Rechte, insbesondere im „Fuero del Trabajo", vgl. *Sánchez Agesta* (FN 46), S. 425 ff.
50 Zu deren freiheitsvernichtenden Auswirkungen *Jorge de Esteban*, Desarrollo político y constitución española, Barcelona 1973, S. 415 u. 422 ff.; *Ramón Tamames*, La República. La Era de Franco, Madrid ⁶1977, S. 563 ff.

nungsbild der einfachrechtlich ausgestalteten Grundrechte läßt den diktatorischen Kontext allzu deutlich erkennen[51]. Hinzu kommt die fast gänzlich fehlende gerichtliche Absicherung des Grundrechtsschutzes[52]. Die verwaltungsgerichtliche Generalklausel fand sich durch Ausnahmevorschriften nachhaltig perforiert. Eine Verfassungsgerichtsbarkeit existierte in Spanien vor der Verfassung von 1978 nicht. Über Normenkontrollen, für die jedoch Bürger nicht antragsberechtigt waren, entschied gemäß Art. 59 ff. der „Ley Orgánica del Estado" von 1967 „el Jefe del Estado".

Fehlender gerichtlicher Rechtsschutz

C. Grundrechtstheorien im Nationalsozialismus

I. Die Zerschlagung der Weimarer Grundrechtsordnung

Unmittelbar nach der sogenannten „Machtergreifung" sorgten entsprechend der Strategie der „legalen Revolution" auf Grund von Art. 48 Abs. 2 WRV erlassene Notverordnungen für eine Außerkraftsetzung weiter Teile der verfassungsmäßig garantierten Grundrechte[53]. Schon fünf Tage nach der Ernennung *Adolf Hitlers* zum Reichskanzler am 30. Januar 1933 beseitigte die Verordnung des Reichspräsidenten „zum Schutze des deutschen Volkes"[54] de facto die Versammlungs- und Pressefreiheit. Mit der „Verordnung des Reichspräsidenten zum Schutz von Volk und Staat" vom 28. Februar 1933[55], auch genannt „Reichstagsbrandverordnung", fanden sich die Weimarer Verfassungsnormen, die die Freiheit der Person, die Unverletzlichkeit der Wohnung, das Briefgeheimnis, die Meinungsfreiheit, die Versammlungs-, Vereinigungs- sowie Eigentumsfreiheit garantierten, „bis auf weiteres außer Kraft gesetzt." Diese Verordnung diente als Grundlage für Verhaftungen, Konzentrationslager, Zeitungsverbote und Beschlagnahmen[56]. Nachdem das „Gesetz zur Behebung der Not von Volk und Reich" vom 24. März 1933[57] die Gesetzgebungsbefugnis auf die Reichsregierung ausgeweitet hatte („Ermächtigungsgesetz"), wurden bislang noch anerkannte Grundrechtspositionen Schlag auf Schlag auf dem Gesetzeswege zertrümmert. Nur exemplarisch genannt seien die sogenannte „Lex van der Lubbe"[58], die das strafrechtliche Rückwirkungs-

14
Außerkraftsetzung und Durchbrechung der Weimarer Grundrechte

---

51 Im einzelnen *Sommermann* (Bibl.), S. 57 ff., der auch das vom Obersten Gerichtshof zurückhaltend angenommene und praktizierte gerichtliche Prüfungsrecht hinsichtlich der Verfassungsmäßigkeit von Gesetzen anspricht (S. 64 f.). Vgl. weiter *Raimund Beck*, Das Regierungssystem Francos, 1979, S. 281 ff.
52 Hierzu *Sommermann* (Bibl.), S. 62 ff.
53 Abdruck der einschlägigen Verordnungen bei Martin Hirsch/Diemut Majer/Jürgen Meinck (Hg.), Recht, Verwaltung und Justiz im Nationalsozialismus, ²1997, S. 87 ff.
54 Vom 4.2.1933 (RGBl. I S. 35).
55 RGBl. I S. 83.
56 Hierzu *Alfred Voigt*, Geschichte der Grundrechte, 1948, auch in: ders., Schriften zur Rechts- und Verfassungsgeschichte, 1993, S. 13 (117). Die Darstellung von *Gerhard Oestreich*, Geschichte der Menschenrechte und Grundfreiheiten im Umriß, ²1978, läßt die Zeit zwischen 1933 und 1945 außer Betracht.
57 RGBl. I S. 141.
58 Gesetz über Verhängung und Vollzug der Todesstrafe vom 29.3.1933 (RGBl. I S. 151).

verbot durchbrach, das „Gesetz über Maßnahmen der Staatsnotwehr"[59], das die Ermordung der SA-Führung und anderer vermeintlicher oder tatsächlicher Gegner im Rahmen des sogenannten „Röhm-Putsches" rechtfertigte, wie das „Heimtückegesetz"[60], das schon die Aufstellung der NSDAP abträglicher Behauptungen mit Strafe bewehrte. Prozeßrechtlich flankierend wirkte die Bildung von Ausnahme- und Sondergerichten. In besonderem Maße menschenverachtend angelegt waren dann die Rassengesetze, die schon vor den „Nürnberger Gesetzen" ein dichtes Netz rechtlicher Diskriminierung gespannt hatten, wobei dann sowohl das „Reichsbürgergesetz" als auch das „Gesetz zum Schutz des deutschen Blutes und der deutschen Ehre", beide vom 15. September 1935[61], ohne Nutzung des „Ermächtigungsgesetzes" durch Beschluß des Reichstages zustande kamen[62]. Zeigten einzelne Gerichte in der Anfangszeit noch hier und da eine gewisse Renitenz gegenüber der völligen Beseitigung der Weimarer Grundrechtsordnung, so schwenkte die Rechtspraxis doch schnell auf die neue Linie[63]. Von politischer Seite war auch ohne die formelle Aufhebung der Weimarer Reichsverfassung eine Ausgangslage geschaffen worden, die in Rechtsprechung und Schrifttum nahezu vorbehaltlos Akzeptanz fand.

II. Literarischer Abwehrkampf gegen die liberale Grundrechtstradition

1. Ablehnung der liberalen Rechtsauffassung

15
Unterschiedliche Strömungen innerhalb nationalsozialistischer Etikettierung

Grundrechtstheoretisch bestimmend wirkte die massive antiliberale Front, die schon in den ersten Monaten des „Dritten Reiches" die Veröffentlichungslandschaft durchzog. Die Vertreter des bürgerlichen Liberalismus verstummten, entweder weil sie beruflich kaltgestellt wurden, emigrierten oder einfach schwiegen[64]. Die Gegenseite einte zuvörderst die Ablehnung des liberaldemokratischen Weimarer Verfassungsstaates, des gescheiterten Parlamentarismus und des die staatliche Einheit gefährdenden Pluralismus, der vorwiegend als Parteiengezänk auf Kosten des Gemeinwohls erlebt wurde. Keineswegs fällt in diesem Schrifttum aber alles in eins, was sich selbst als nationalsozialistisch etikettierte, sei es um den Kurs aktiv zu bestimmen, jedenfalls rechtlich zu formieren, sei es um Traditionsbestände unter neuem Namen in die neue Zeit hinüberzuretten oder um sich einfach nur anzupassen. Im breiten Spektrum der systemkonformen Stimmen lassen sich Äußerungen, die auf einen radikalen Umbau der Staatsrechtswissenschaft zielten, von solchen Standpunkten abschichten, die an den bestehenden wissenschaftlichen

---

59 Vom 3.7.1934 (RGBl. I S. 529).
60 Gesetz gegen heimtückische Angriffe auf Staat und Partei und zum Schutz der Parteiuniformen vom 20.12.1934 (RGBl. I S. 1209).
61 RGBl. I S. 1146.
62 Im einzelnen *Martin Tarrab-Maslaton*, Rechtliche Strukturen der Diskriminierung der Juden im Dritten Reich, 1993, S. 25 ff. m.w.N.
63 Hierzu *Rudolf Echterhölter*, Das öffentliche Recht im nationalsozialistischen Staat, 1970, S. 166 ff.
64 Übersicht bei *Stolleis* (Bibl.), S. 254 ff.

Grundlagen festzuhalten gedachten und lediglich einzelne Veränderungen der Staatswirklichkeit lege artis einarbeiten wollten[65]. So blieben in der zeitgenössischen wissenschaftlichen Diskussion gerade auch solche Begriffe der alten Staatsrechtsdogmatik präsent, die eng mit der liberal-rechtsstaatlichen Tradition verbunden waren.

Exemplarisch ist die Debatte um den Rechtsstaatsbegriff, den einzelne beibehalten und umformen, andere aber aufgeben und gegebenenfalls ersetzen wollten. Wer an dem Begriff festhielt, war jedoch bemüht, die vorliberalen Wurzeln zu betonen und die liberalen Konnotationen abzuschütteln, wie es etwa *Otto Koellreutter* in seinem Konzept des „nationalen Rechtsstaates" versuchte[66]. *Ernst Forsthoff* bezichtigte *Koellreutter* gleichwohl liberaler Reminiszenzen, weil der Rechtsstaat keinen „Ewigkeitswert" darstelle, sondern untrennbar mit seiner liberalen Genese verbunden sei[67]. Allenfalls in der Formel „der deutsche Rechtsstaat *Adolf Hitlers*", die Reichsminister *Hans Frank* vorgegeben hatte, sollte das Wort *Carl Schmitt* zufolge fortgeführt und schließlich überwunden werden können[68]. Jenseits solcher Meinungsverschiedenheiten, die die Beschreibung und Ausgestaltung der neuen Ordnung betrafen, bestand jedenfalls in der Ablehnung von Individualismus und Liberalismus Einigkeit[69]. Der bürgerliche Liberalismus fand sich in einer Unzahl von Schriften wieder und wieder widerlegt und überwunden. Erst auf der Basis dieses negativen Bekenntnisses schienen eigene Konstruktionsversuche legitim. In der Art und Weise, wie die antiliberale Position begründet und umgesetzt wurde, unterschieden sich die einzelnen Elaborate jedoch erheblich. In der Staatsrechtswissenschaft gehörte es keineswegs zum Standard, platte ideologische Parolen wie „Du bist nichts, Dein Volk ist alles" oder „Gemeinnutz geht vor Eigennutz", letztere formuliert im Parteiprogramm der NSDAP vom Februar 1920[70], in juristische Argumentationszusammenhänge einzufügen[71].

Die Position des Antiliberalismus fand in der zeitgenössischen Literatur vornehmlich zwei Begründungsansätze. Eher etatistisch ausgerichtete Autoren, wie vor allem *Ernst Rudolf Huber*, bestritten dem liberalen Staatsmodell die Fähigkeit, angesichts des ihm eigenen Primats einer staatsfreien, wenn nicht gar staatsfeindlichen Privatsphäre zu einer stabilen Staatsbildung gelangen zu können: „die unpolitische Freiheit kann nicht die Grundlage einer politischen Ordnung sein"[72]. In diesem Sinne hatte zuvor schon *Carl Schmitt* die liberale

---

65 Hierzu *Pauly* (Bibl.), S. 76 ff.
66 *Otto Koellreutter*, Grundriß der Allgemeinen Staatslehre, 1933, S. 106 ff. m.w.N.
67 *Ernst Forsthoff*, Schrifttum, JW 1934, S. 538.
68 *Carl Schmitt*, Der Rechtsstaat, in: Hans Frank (Hg.), Nationalsozialistisches Handbuch für Recht und Gesetzgebung, 1935, S. 3 (10).
69 Zu diesem „Negativkonsens" auch *H. Dreier* (Bibl.), S. 24 ff.
70 Parteiprogramm der NSDAP vom 24.2.1920, Punkt 24, abgedruckt bei Walther Hofer (Hg.), Der Nationalsozialismus. Dokumente, 1994, S. 31.
71 So etwa bei *Eberhard Kraiss*, Das klagbare subjektive öffentliche Recht im deutschen Führerstaat, Diss. iur. Tübingen, 1935, S. 13.
72 *Ernst Rudolf Huber*, Wesen und Inhalt der politischen Verfassung, 1935, S. 35; zu den staatsorientierten Konzeptionen der Schmitt-Schüler *E.R. Huber* und *Forsthoff*, vgl. *Pauly* (Bibl.), S. 80 ff.

Antithetik zwischen freiheitssicherndem Recht und freiheitsgefährdender Politik verworfen[73]. Hiernach gründete der Antiliberalismus in einem politischen Ordnungsdenken, das der individuellen Freiheit die Basisfunktion bestritt und auf der prinzipiellen Vorordnung institutionalisierter politischer Herrschaft insistierte. Den zweiten Begründungsansatz lieferte ein völkisches Gemeinschaftsdenken, demzufolge das liberal-individualistische Zeitalter nunmehr auf Grund der „Geltung" des „Prinzips der Gemeinschaft" abgelöst werden würde[74]. Die „individualistische Welt" halte zwar noch den Vorteil eines voll ausgearbeiteten juristischen Begriffssystems, während die „neue Welt", wie *Reinhard Höhn* betonte, erst noch ausgehend vom „Erlebnis der Gemeinschaft" rechtsdogmatisch aufgebaut werden müsse[75]. Der einzelne wurde hierbei als der immer schon „in Ordnungen lebende Mensch" eingeführt und das „Prinzip der Volksgemeinschaft" zum „Grund- und Eckstein" des neuen Rechtsdenkens erklärt[76]. Der erforderliche Gemeinschaftsgeist entstehe allerdings nur bei gleichem Blut und gleicher Rasse[77]. Die „Ichpersönlichkeit" des Individuums verschwinde hierbei im Gemeinschaftserlebnis, das seine zeitwirksame Vorformung im Frontsoldatentum des ersten Weltkrieges erhalten habe[78]. Als Gemeinschaftsglied erscheint der einzelne aus seiner künstlichen Autonomie und Isolation befreit. Selbst für den Staat wird der Gedanke juristischer Persönlichkeit zurückgewiesen. Der Staat, dessen sich die nationalsozialistische Bewegung bemächtigt habe, fungierte in diesem Konzept lediglich als Behördenapparat im Dienste der Volksgemeinschaft „in der Hand des Führers"[79]. Seiner Rechtspersönlichkeit entkleidet sollte der Staat hiernach weder eigene Herrschaftspersönlichkeit innehaben noch die maßgebliche Rechtsquelle abgeben[80]. An die Stelle staatlicher Allmacht sei die „Allmacht des Volkstums" getreten[81], weshalb *Höhn* konsequent dafür plädierte, „das deutsche öffentliche Recht als ‚Volksrecht' und nicht als ‚Staatsrecht' zu betrachten"[82]. Dieser Antiliberalismus beruhte auf einem Gemeinschaftsdenken, das gerade nicht auf eine staatliche Überformung abzielte. Für einen von der Gemeinschaft bzw. der politischen Ordnung unabhängigen selbständigen Eigenwert des Individuums oder eine gemeinschafts- bzw. staatsfreie Gesellschaftssphäre bestand nach beiden geschilderten Begründungsansätzen kein Raum.

Degradierung des Staates zum „Behördenapparat"

---

73 *Carl Schmitt*, Staat, Bewegung, Volk, 1933, S. 37.
74 *Reinhard Höhn*, Die Wandlung im staatsrechtlichen Denken, 1934, S. 12.
75 *Höhn* aaO., S. 45.
76 *Höhn* aaO., S. 12 u. 33.
77 *Reinhard Höhn*, Vom Wesen der Gemeinschaft, 1934, S. 9.
78 *Höhn* (FN 77), S. 15 u. 17.
79 *Reinhard Höhn*, Volk, Staat und Recht, in: *ders./Theodor Maunz/Ernst Swoboda*, Grundfragen der Rechtsauffassung, 1938, S. 1 (22).
80 *Reinhard Höhn*, Der individualistische Staatsbegriff und die juristische Staatsperson, 1935, S. 227 f. u. passim.
81 *Höhn* (FN 77), S. 24.
82 *Höhn* (FN 79), S. 26 f.

2. Der Streit um die Fortexistenz der Grundrechte

Die Frage, ob und in welcher Form Grundrechte in der neuen Rechtsordnung fortgelten sollten, fand in der zeitgenössischen Literatur keine einheitliche Antwort. Daß „es liberale Grundrechte, also in diesem Sinne ‚echte' Grundrechte, im deutschen Führerstaat nicht mehr geben" könne, galt mit den Worten *Otto Koellreutters* als „selbstverständlich"[83]. Gleichwohl war dieser Autor bemüht, aus dem Grundrechtsteil der Weimarer Reichsverfassung einzelne Rechtssätze in die „Rechtsordnung des nationalsozialistischen Rechtsstaates" zu übernehmen[84]. Gewiß müsse jeder der in Betracht kommenden Artikel „aus den Grundwerten des Nationalsozialismus daraufhin geprüft werden, welcher politische Sinn ihm im deutschen Führerstaat noch zukommt"[85]. Weil sich aber auch die „völkische Gemeinschaft" dem Denken und Wirken „völkischer Persönlichkeiten" verdanke, bedürfe es des Schutzes solcher „Persönlichkeitswerte", insbesondere der „richtig verstandenen Freiheit der Persönlichkeit"[86]. Zu den fortgeltenden Grundrechten sollte angesichts der vorgeblichen religiösen Toleranz der nationalsozialistischen Weltanschauung auch die Glaubens- und Gewissensfreiheit gehören. Unbeschadet der Suspension des Art. 153 WRV durch die sog. „Reichstagsbrandverordnung" unterstellte *Koellreutter* sogar den Fortbestand der Eigentumsgarantie, wenn auch mit Hinweis auf einen gemeinschaftsbezogenen „Bedeutungswandel des Art. 153"[87]. Trotz der kräftigen Formulierung, „die ‚Grundrechte' sind tot"[88], gelangte auch *Edgar Tatarin-Tarnheyden* zu einer partiellen Gewährleistung personaler Rechtsgüter. Die im zweiten Hauptteil der Weimarer Reichsverfassung enthaltenen subjektiven öffentlichen Rechte sollten hiernach jedoch zu bloßen Reflexrechten zurückgestuft werden[89]. Durch einen hinter die fortgeltenden Normen getretenen „neuen staatlichen Ur-Nomos" würden die alten Vorschriften „mit neuem Sinn, mit neuem Inhalt" gefüllt[90]. Da der neue Staat „keine Knechte brauchen" könne, wollte *Tatarin-Tarnheyden* der „aufrechten, gesinnungstüchtigen, selbstverantwortlichen Persönlichkeit" bestimmte nationale Gemeinschaftswerte „auch individuell" garantieren[91]. Ihm zufolge sollten hierzu „vor allem das altgermanische Dreigestirn persönlicher Werthaftigkeit: Ehre, Freiheit, Eigentum" gehören sowie darüber hinaus die „nationalen persönlichen Nebengüter" der „Heiligkeit des häuslichen Herdes"

18
Versuche einer Uminterpretation der Grundrechte

---

83 *Koellreutter* (Bibl.), S. 83.
84 *Koellreutter* aaO., S. 84.
85 *Koellreutter* aaO.
86 *Koellreutter* aaO., S. 83.
87 *Koellreutter* aaO., S. 86.
88 *Edgar Tatarin-Tarnheyen* (Bibl.), S. 152.
89 *Edgar Tatarin-Tarnheyden*, Grundlagen des Verwaltungsrechts im neuen Staat, AöR Bd. 24 N.F. (1934), S. 345 (353).
90 *Tatarin-Tarnheyden* (Bibl.), S. 8; *ders.* (FN 89), S. 349, beschreibt diesen Urnomos als „einheitlichen, totalen, völkisch-deutschen und sozialen Volksstaat, organischen, herrschaftlich-genossenschaftlichen Gepräges und christlicher Art." Dank dieses „festen alles soziale Leben erfassenden staatlichen Ur-Nomos" könne der „Rechtsstaat in Zukunft vielfach auf einen Paragraphenpluralismus verzichten".
91 *Tatarin-Tarnheyden* (FN 89), S. 354.

und der „Sicherstellung persönlicher Vertrauensverhältnisse"[92]. Solche Neu- und Uminterpretationen der zwar teilweise suspendierten, formal aber nicht aufgehobenen Grundrechte der Weimarer Reichsverfassung erwiesen sich jedoch bereits schnell als ebensowenig durchsetzungsfähig wie ihre Ergänzung durch germanische Rechtsgrundsätze.

19
Ablehnung einer partiellen Fortgeltung der Grundrechte

Von der überwiegenden Auffassung fand sich die Konstruktion einer partiellen Fortgeltung der modifizierten Weimarer Grundrechte verworfen. *Ernst Rudolf Huber*, der selbst in der Endphase der Weimarer Republik auf dem Boden von *Carl Schmitts* institutioneller Grundrechtstheorie[93] eine weitgreifende Uminterpretation und Verobjektivierung der Grundrechte der Weimarer Reichsverfassung hatte anstoßen wollen[94], erklärte nun unmißverständlich: „Freiheitsrechte, Institutsgarantien und institutionelle Garantien fallen in der völkischen Verfassung dahin"[95]. Grund dafür war weniger die von *Huber* mit der herrschenden Lehre angenommene Beseitigung der Weimarer Reichsverfassung, denn ihm zufolge konnten deren Einzelbestimmungen durchaus „durch die nationalsozialistische Verfassung neue Geltung erhalten"[96], sondern im wesentlichen die geforderte Überwindung des „Prinzips der Garantie", das mittels eines Systems der Sicherungen und Gewährleistungen eine vor- und außerstaatliche Sphäre des einzelnen vor der Staatsgewalt abzuschirmen versuchte[97]. Aus diesem Grund erschöpfte sich für ihn die Wirkung der „nationalsozialistischen Revolution" auf die Weimarer Grundrechte auch nicht in der „Suspension", die wesentliche Freiheitsrechte auf Grund der sogenannten „Reichstagsbrandverordnung" erfahren hatten. Entgegen einem Urteil des Reichsgerichts, das noch auf Suspension statt Aufhebung erkannt hatte, stellte *Huber* fest, die Weimarer Freiheitsrechte seien „als Verfassungsbestandteile endgültig beseitigt worden, weil sie mit den Grundsätzen der völkischen Weltanschauung nicht vereinbar sind"[98].

Aufhebung statt Suspension der Grundrechte

20
Verwerfung subjektiver öffentlicher Rechte

Jedwede Form von Grundrechtsgeltung findet sich insbesondere bei solchen Autoren verworfen, die das Ende der subjektiven öffentlichen Rechte verkündeten. Auch noch so rigide Einschränkungen subjektiver öffentlicher Rechte erschienen ihnen unzureichend, weil ihnen das Grundprinzip widerstrebte. Wie könne man ein subjektives öffentliches Recht „etwa anders als individualistisch auffassen"[99], fragte *Reinhard Höhn* und verwies auf das neue Konzept der gemeinschaftsgebundenen Persönlichkeit. Daraus folgte für *Höhn*: „Die

---

92 *Tatarin-Tarnheyden* aaO.
93 → Bd. II: *Kloepfer*, Einrichtungsgarantien.
94 E.R. *Huber*, Bedeutungswandel der Grundrechte, AöR Bd. 23 N.F. (1933), S. 1 ff.
95 E.R. *Huber*, Verfassungsrecht (Bibl.), S. 363. Ähnlich *Ernst Forsthoff*, Die Verwaltung als Leistungsträger, 1938, S. 1: „Die Grundrechte gehören der Geschichte an", und *Scheuner* (Bibl.), S. 89: „In der deutschen Volksgemeinschaft, wie sie der Nationalsozialismus geformt hat, ist kein Raum mehr für Grundrechte des einzelnen gegen Volk und Staat. Überwunden ist die Vorstellung eines für sich stehenden, von der Gemeinschaft unabhängigen Individuums."
96 E.R. *Huber* aaO., S. 53; zur Beseitigung der Weimarer Reichsverfassung im Wege rechtsschöpfender Revolution vgl. *Scheuner*, Die nationale Revolution, AöR Bd. 24 N.F. (1934), S. 166 u. 261 (293 u. 301 f.).
97 E.R. *Huber* aaO., S. 363.
98 E.R. *Huber* aaO., S. 361 unter Hinweis auf *RGZ 145*, 369 (373).
99 *Höhn* (Bibl.), S. 49 (64).

Grundlagen, auf denen das subjektive öffentliche Recht ruhte, sind zusammengebrochen"[100]. Immanent folgerichtig äußerte ein Autor, die „Volksgemeinschaft" sei „an die Stelle der subjektiven öffentlichen Rechte getreten"[101]! Eine speziell dem Verhältnis von Grundrechten und Nationalsozialismus gewidmete Monographie faßte entsprechend zusammen: „Die Verfassung als die Lebensordnung der Volksgemeinschaft ... schließt begrifflich jedes Grundrecht im Sinne der individualistischen Epoche aus"[102]. Diffiziler gestaltete sich demgegenüber die Position von *Theodor Maunz*, der zwar auch die Rechtsfigur des subjektiven öffentlichen Rechts aus Wortschatz und Vorstellungswelt verabschieden wollte[103], hierunter aber nicht die Grundrechte faßte. Während es sich bei den Grundrechten um „vorstaatliche, überstaatliche, absolute Rechte" handele, hätten subjektive öffentliche Rechte doch immer schon und nur nach Maßgabe der bestehenden Gesetze bestanden[104]. Das Verhältnis der bei *Maunz* an die Stelle der subjektiven öffentlichen Rechte tretenden „Rechtsstellung des Volksgenossen innerhalb einer konkreten Gemeinschaft"[105] zu den Grundrechten blieb eigentümlich dunkel. Weil die in konkrete Ordnungen eingebaute Persönlichkeit ihre Rechtsposition abschließend einer aus Recht und Pflicht zusammengeflossenen volksgenössischen „Gliedpersönlichkeitsstellung" zu entnehmen habe, entfalteten Grundrechte jedenfalls auch bei *Maunz* keine eigene juristische Bedeutung mehr[106]. Zugleich wurden seit Mitte der dreißiger Jahre nicht nur bei *Maunz* Alternativkonzeptionen sichtbar, die an die Stelle von Grundrechten wie subjektiven öffentlichen Rechten überhaupt treten sollten.

Differenzierende Auffassung von Maunz

III. Die „volksgenössische Rechtsstellung"

1. Begriff und Inhalt

Der auf *Ernst Rudolf Huber* zurückzuführende Terminus der „volksgenössischen Rechtsstellung" bezeichnete die „Gliedstellung des Volksgenossen in der Gemeinschaft" als eine „Stellung ‚im Recht'", wobei unter Recht kein abstraktes Normensystem, sondern die lebendige Ordnung der Gemeinschaft verstanden" wurde[107]. *Huber* stützte sich hierbei auf Vorarbeiten von *Karl Larenz*, in denen dieser den Begriff der „Rechtsfähigkeit" aus seiner abstrak-

21
„Gliedstellung" statt Rechtssubjektivität

---

100 *Höhn* aaO., S.57; Begriffsfortführung mit „neuem Ethos" etwa bei *Gerhard Brings*, Das subjektiv-öffentliche Recht und die Verwaltungsgerichtsbarkeit in ihrer Bedeutung für den nationalsozialistischen Staat, Diss. iur. Heidelberg, 1938, S.57. Zum Schicksal des subjektiven öffentlichen Rechts im Verwaltungsrecht *Bauer* (Bibl.), S.114ff., der auch auf Versuche hinweist, ähnlich wie im Falle des Rechtsstaatsbegriffs, am Terminus des subjektiven öffentlichen Rechts festzuhalten, dieses aber inhaltlich auf das nationalsozialistische Rechtsdenken auszurichten (S.107).
101 *Heinrich Krüger*, Volksgemeinschaft statt subjektiver Rechte, DtVerw. 12 (1935), S.37 (41).
102 *Vocke* (Bibl.), S.115.
103 *Maunz* (Bibl.), S.71ff.
104 *Maunz* aaO., S.72.
105 *Maunz* aaO., S.97.
106 In der von *Maunz* betreuten Dissertation von *Carl Prestele*, Das „subjektive öffentliche Recht" im Wandel der Staats- und Rechtsidee, Diss. iur. München, 1936, S.48ff., verschmelzen die im völkischen Sinne erfaßten Grundrechte mit der Rechtsposition der Gemeinschaftsglieder.
107 *E.R. Huber*, Die Rechtsstellung des Volksgenossen (Bibl.), S.438 (445f.).

ten Fassung einer „Fähigkeit, Subjekt aller nur denkbaren Pflichten und Rechte zu sein", gelöst und im Sinne einer „Fähigkeit zu bestimmten Gliedstellungen innerhalb der Volksgemeinschaft" definiert hatte[108]. Die jeweiligen konkreten „Rechtsstellungen" dürften nicht im Sinne eines Inbegriffs von subjektiven Rechten mißverstanden werden, sondern beschrieben vom Standpunkt des objektiven Rechts den „Ort" des einzelnen Rechtsgenossen in der Gemeinschaft[109]. Wer „außerhalb der Volksgemeinschaft" stehe, stehe auch nicht im Recht und sei folglich auch kein Rechtsgenosse[110]. Unter Abwendung vom Gleichheitsgedanken als weltanschaulichem „A priori des abstrakten Personbegriffs"[111] setzte *Larenz* an die Stelle von § 1 BGB das Regelschema: „Rechtsgenosse ist nur, wer Volksgenosse ist; Volksgenosse ist, wer deutschen Blutes ist"[112]. Entsprechend diesen Vorgaben blieb die „volksgenössische Rechtsstellung" ganz im Sinne der nationalsozialistischen Rassenlehre ebenfalls auf „artgleiche" Glieder beschränkt[113].

22
„Volksgenössische Rechtsstellung" statt subjektiver Rechte

Weil jedem Volksgenossen in der „weiteren oder engeren Gemeinschaft, in der er lebt und wirkt, eine konkrete Gliedstellung" zukomme, nahm er *Huber* zufolge verfassungsrechtlich weder die Stellung eines „Untertans" noch sonst eines „Objekts in einer reinen Befehlsordnung" ein. Der Volksgenosse erschien hiernach vielmehr als „ein lebendiges Glied der Ordnung, in der er den Wirkungsraum erhält, den er nach seinen Anlagen und Kräften, nach seiner Einsatzbereitschaft und nach seinen Leistungen verdient"[114]. In der von ihm näher ausgeformten Figur der „volksgenössischen Rechtsstellung" sah *Huber* gewissermaßen ein Surrogat für das „subjektive Recht", mit dessen Vernichtung durch scharfsinnige Argumente „noch nichts Entscheidendes gewonnen" sei[115]. Die schöpferische Kraft einer „weltanschaulich-politischen Revolution" bewähre sich erst darin, „daß sie nicht nur alte Einrichtungen und Vorstellungen zerstört, sondern daß sie darüber hinaus an der Stelle des Toten neue Formen und Begriffe zu entwickeln vermag"[116].

23
„Volksgenosse" als Oberbegriff

Die „volksgenössische Rechtsstellung" faßte *Huber*, wiederum auf den Spuren von *Karl Larenz*, im Sinne eines „konkreten Allgemeinbegriffs", weil mit ihr eine „verschiedenen Rechtsgebieten gemeinsame Wirklichkeit" hervorgehoben werde[117]. Um dem „unbedingten Vorrang des Volksganzen" Ausdruck

---

108 *Larenz* (Bibl.), S. 225 (243).
109 *Larenz* aaO., S. 245.
110 *Larenz* aaO., S. 241.
111 *Larenz* aaO., S. 227.
112 *Larenz* aaO., S. 241.
113 Vgl. *Vocke* (Bibl.), S. 84. Zur Ausrichtung des Gleichheitsgedankens auf „blutmäßige Artgleichheit" mit der Konsequenz der „Absonderung der artfremden Elemente, insbesondere der Juden", vgl. *Scheuner*, Der Gleichheitsgedanke in der völkischen Verfassungsordnung, ZgS Bd. 99 (1939), S. 245 (267); vgl. weiter *Gustav Adolf Walz*, Artgleichheit gegen Gleichartigkeit, 1938, S. 9 ff.
114 *E.R. Huber*, Verfassungsrecht (Bibl.), S. 365.
115 *E.R. Huber* aaO., S. 364.
116 *E.R. Huber* aaO.
117 *E.R. Huber*, Die volksgenössische Rechtsstellung in der Verwaltung, ZAkDR 1937, S. 323 (324); zu der mit dem Denken in Gliedstellungen verbundenen Konkretion schon *Larenz* (Bibl.), S. 226 ff.; zum konkret-allgemeinen Begriffskonzept *Karl Larenz*, Über Gegenstand und Methode des völkischen Rechtsdenkens, 1938, S. 29 ff. u. 43 ff., sowie *ders.*, Rechts- und Staatsphilosophie der Gegenwart, ²1935, S. 167 u. passim, der sich dabei auf den Boden des von *Carl Schmitt*, Über die drei Arten des rechtswissenschaftlichen Denkens, 1934, S. 10 ff., entwickelten „konkreten Ordnungsdenkens" stellt.

zu verleihen[118], sollte die Stellung als „Volksgenosse" übergreifend wirken und sich die Auffächerung in konkrete Gliedstellungen in konkreten Einzelordnungen erst daran anschließen[119]. Für den Fall eines Primats der engeren Gemeinschaften befürchtete man den Zerfall der Rechtseinheit und damit die Gefahr eines Rechtspluralismus sowie einer Fragmentierung der Volksgemeinschaft in „eine Vielheit von Standesgemeinschaften"[120]. Das nachgeordnete Netz der konkreten Einzelordnungen erfaßte den einzelnen nahezu lückenlos in den Rollen des Eigentümers, Mieters, Arbeiters, Bauern, Familienvaters, Konzessionsinhabers, Arbeitsdienstpflichtigen, Beamten, Soldaten, Parteimitglieds und Reichsbürgers[121]. Zu den „Kernstellungen der volksgenössischen Ordnung" sollten Familie, Eigentum und Arbeitsverhältnis gehören, weil sie das „eigentliche Gerippe" abgeben würden, um das sich der „Körper der neuen Lebensordnung" schloß[122]. Verklärend wirken Umschreibungen, es handele sich hierbei um „natürlich gegebene Ordnungen des Lebens", in denen jeder nach Abstammung, Heimat, Beruf und politischem Dienst „darinnensteht"[123].

24
Pflichtbindung von Rechtsstellungen

Aus der Rückbeziehung der „volksgenössischen Rechtsstellung" auf die Gemeinschaft erwuchsen ihrem Inhaber immanente Pflichten, die sich aus den jeweiligen Anforderungen der konkreten Gemeinschaft und den inneren Gesetzmäßigkeiten der betreffenden Ordnung ergeben sollten. Auf diese Weise konnten nationalsozialistische Anschauungen ungefiltert in die Rechtsanwendung einfließen. Jedes Glied traf die Pflicht, „von seiner Rechtsstellung den Gebrauch zu machen, der dem gesunden und ersprießlichen Zusammenleben der Volksgenossen in der Gemeinschaft entspricht"[124]. Aufgrund der „Einheit des Gemeinschaftsrechts" wurden die ordnungsimmanenten Restriktionen auch auf privatrechtliche Positionen erstreckt[125]. Dem „Prinzip der Pflicht" zufolge war jede Rechtsstellung generell pflichtgebunden, d.h. „zunächst einmal eine Pflichtenstellung" und dem Inhaber „um der Leistung für die Gemeinschaft willen anvertraut"[126]. Entsprechend existierten Befugnisse lediglich zum Zweck, Pflichten erfüllen zu können. Separate Auskopplungen und Verfestigungen von Rechtsmacht hielt man angesichts der untrennbaren Einheit von Rechten und Pflichten für ausgeschlossen[127]. Der prinzipielle Pflichtbezug verdeutlichte den fundamentalen Unterschied zum

Einheit von Rechten und Pflichten

---

118 *Scheuner* (Bibl.), S. 89.
119 Die Gliedstellungen in den Einzelordnungen erscheinen bei *E.R. Huber* (FN 107), S. 448, daher als „Ausstrahlungen der übergreifenden Rechtsstellung des Volksgenossen".
120 *E.R. Huber*, Verfassungsrecht (Bibl.), S. 365.
121 *Klaus Kröger*, Grundrechtsentwicklung in Deutschland – von ihren Anfängen bis zur Gegenwart, 1998, S. 71, weist zu Recht auf die totale Erfassung des einzelnen hin, die den „gesamten leiblichen und geistigen Lebensbereich" umfaßte.
122 *E.R. Huber* aaO., S. 368.
123 *Scheuner* aaO., S. 84 u. 89.
124 *E.R. Huber* (FN 107), S. 447.
125 *E.R. Huber*, Neue Grundbegriffe des hoheitlichen Rechts, in: Karl Larenz (Hg.), Grundfragen der neuen Rechtswissenschaft, 1935, S. 143 (150f.).
126 *E.R. Huber* (FN 117), S. 324.
127 Zum Vorrang der Pflicht auch *Scheuner* (Bibl.), S. 83; *Arnold Köttgen*, Deutsche Verwaltung, ³1944, S. 190, sprach denn auch in bezug auf das Verwaltungsrecht davon, dieses sei „mehr denn je eine Pflichtenordnung geworden". Zur Einheit von Grundrechten und Grundpflichten in der marxistisch-leninistischen Grundrechtstheorie → *G. Brunner*, § 13 RN 59 ff.

subjektiven Recht und die Eigentümlichkeit des „nationalsozialistischen Freiheitsbegriffs"[128]. Weil die Gliedstellung in der Gemeinschaft konkret „auf die Person, die Leistung und Eigenschaften einer Persönlichkeit" zugeschnitten sei, eignete der „volksgenössischen Rechtsstellung" schließlich ein höchstpersönlicher Charakter. Aus diesem Grund waren entsprechende Rechts- und Pflichtenpositionen im Bereich des Verfassungs- und Verwaltungsrechts grundsätzlich unübertragbar und unverzichtbar[129].

2. Rechtswirkungen und Verwirkung

25

Schutz „völkischer Grundwerte"

Obschon dem Individuum keine Rechte um seiner selbst willen zustehen sollten, wurde „keine Rechtlosigkeit" des einzelnen „nach absolutistischer Weise" erstrebt[130]. Aus der „Teilhabe des Genossen an der völkischen Gemeinschaft" konnten von daher durchaus einzelne pflichtgebundene Berechtigungen erwachsen[131]. Die damit verbundene Sicherung der Rechtsstellung des einzelnen wurde dogmatisch mit dem eigentlich verfolgten „Schutz der gesamten völkischen Rechtsordnung" gerechtfertigt[132]. Galt der Schutz der Rechtsordnung auch nicht den Rechten des einzelnen, sondern den „Lebensgütern der Nation, Ehre, Volksgesundheit, Volkstum", so bedingte die Pflege der „völkischen Grundwerte" doch zugleich eine gewisse Absicherung individueller Rechtsstellungen[133]. Im Ergebnis konnte der „Volksgenosse" somit staatliches Handeln einer Nachprüfung durch die Verwaltung und in begrenztem Umfange sogar einer gerichtlichen Kontrolle zuführen. Da namentlich die Verwaltungsgerichtsbarkeit hierbei als „Hüterin der objektiven Ordnung" fungierte[134], bedurfte es nach Beseitigung des subjektiven öffentlichen Rechts eines klagebegrenzenden Äquivalents, das etwa über die Berührung von „Lebenskreisen" gefunden wurde[135]. Begehren auf „Einräumung einer neuen Stellung", etwa im Bereich des Gewerberechts, wurden dem Einverständnis der politischen Führung unterworfen[136]. Vorgeschlagen wurde sogar eine gänzliche Einstellung

Die Rolle der Verwaltungsgerichtsbarkeit

---

128 Daß trotz der totalen Inpflichtnahme ein persönlicher Handlungsspielraum zur verantwortlichen Pflichterfüllung postuliert wurde, belegt *Herwig Schäfer*, Die Rechtsstellung des Einzelnen – Von den Grundrechten zur volksgenössischen Gliedstellung, in: Ernst-Wolfgang Böckenförde (Hg.), Staatsrecht und Staatsrechtslehre im Dritten Reich, 1985, S. 106 (116), mit Hinweis auf *Siegmund Dannbeck*, Freiheit der Persönlichkeit im nationalsozialistischen Gemeinschaftsstaat, in: Hans Frank (Hg.), Nationalsozialistisches Handbuch für Recht und Gesetzgebung, 1935, S. 427 (432).
129 *Scheuner* (Bibl.), S. 97, mit Hinweis auf verschiedene Ausnahmen, insbesondere auf dem Gebiet des Gewerberechts.
130 *E.R. Huber* (FN 107), S. 449.
131 *E.R. Huber* aaO., S. 446; *ders.* (FN 117), S. 325.
132 *Scheuner* (Bibl.), S. 96; *E.R. Huber* (FN 107), S. 450.
133 *Scheuner* aaO., S. 92 und 96; in diesem Sinne wollte *Scheuner* auch die „schöpferische Kraft des einzelnen", insbesondere im Bereich der Wissenschaftsfreiheit, zugunsten des auf diese Weise erzielbaren Gemeinschaftsprofits geschützt sehen (S. 92 mit Anm. 39). Der so eröffnete „Raum freien Wirkens" war mithin vollständig funktionalisiert.
134 *Scheuner* aaO., S. 96; *Franz W. Jerusalem*, Das Verwaltungsrecht und der neue Staat, FS Rudolf Hübner, 1935, S. 124 (148).
135 *SächsOVG*, RVerwBl. 1935, S. 117 ff.; *Köttgen* (FN 127), S. 241, hob darauf ab, ob „der Gang der Verwaltung individuelle Lebensverhältnisse schneidet."
136 *Maunz* (Bibl.), S. 101 ff.

der Verwaltungsgerichtsbarkeit[137], daneben aber auch eine „Arbeitsteilung" zwischen Verwaltung und Verwaltungsgerichtsbarkeit, wonach die Gerichte nicht länger „aufheben" und „verurteilen", sondern nur noch Feststellungen treffen sollten[138]. Überdies forderte man von der anfangs zum Teil noch renitenten Verwaltungsgerichtsbarkeit eine Zurücknahme der Nachprüfung politischer Akte in einem weiteren Umfange, als es für den Bereich der Gestapo seit 1936 für Preußen gesetzlich angeordnet war[139].

_{Gerichtsfreiheit für „politische Akte"}

Aus dem prinzipiellen Pflichtbezug der „volksgenössischen Rechtsstellung" resultierte schließlich die Möglichkeit ihrer „Verwirkung", wie sie etwa in Form der „Abmeierung" eines Bauern, der Entziehung einer „Betriebsführereigenschaft", des Ausschlusses aus der „Reichskulturkammer" oder der Beamtenentlassung auftreten konnte[140]. Dabei sollte die Verwirkung keinen Eingriff „von außen", sondern eine wesensnotwendige Folge der a priori bestehenden Gemeinschaftsbindung darstellen[141]. Entweder ergab sich die Verwirkung von Gesetzes wegen oder sie folgte aus dem ungeschriebenen Grundsatz, demzufolge jede Rechtsstellung nur unter der konstitutiven Voraussetzung der Pflichterfüllung gewährt sei. Auch den gesetzlichen Verwirkungsfällen liege der „allgemeine Rechtsgedanke" zugrunde, wonach jedem Inhaber einer Rechtsstellung diese „nur solange zukommt, als er die Bindungen an die Gemeinschaft nicht verletzt"[142]. Sogar der Entzug der „volksgenössischen Rechtsstellung" insgesamt, auch in Form der Aberkennung der Reichsangehörigkeit, kam als „ultima ratio" in Betracht[143]. Da die „volksgenössische Ehre" des einzelnen als Folge und Produkt seiner Rechtsstellungen verstanden wurde[144], sollte der Entzug jedenfalls nicht treuwidrig erfolgen dürfen[145].

26
_{Rechtsminderung bei Verstoß gegen Gemeinschaftsbindung}

---

137 *Höhn* (Bibl.), S. 61 f.
138 *Maunz*, Die Zukunft der Verwaltungsgerichtsbarkeit, DR 1935, S. 478 (480 f.); zur Einordnung *Michael Stolleis*, Die Verwaltungsgerichtsbarkeit im Nationalsozialismus, in: *ders.*, Recht im Unrecht, 1994, S. 190 ff.; Gesamtdarstellung der Entwicklung der Verwaltungsgerichtsbarkeit im „Dritten Reich" bei *Wolfgang Kohl*, Das Reichsverwaltungsgericht, 1991, S. 399 ff.
139 *Scheuner*, Die Gerichte und die Prüfung politischer Staatshandlungen, RVerwBl. 1936, S. 437 (441); vgl. weiter *Hans Peter Ipsen*, Politik und Justiz. Das Problem der justizlosen Hoheitsakte, 1937; *E.R. Huber*, „Politik und Justiz", ZgS Bd. 98 (1938), S. 193 ff., demzufolge „diejenigen Hoheitsakte der direkten oder indirekten richterlichen Nachprüfung entzogen werden müssen, die die Lebensordnung des deutschen Volkes, einschließlich der Partei- und Staatsverfassung, gegen existentielle Gefährdung (insbesondere Verrat und Zersetzung, offenen oder verdeckten Angriff, aber auch gegen wirtschaftliche Not) verteidigen" (S. 200).
140 Beispiele nach *E.R. Huber*, Die Verwirkung der volksgenössischen Rechtsstellung im Verwaltungsrecht, ZAkDR 1937, S. 366 (367); Rechtsverlust durch Verwirkung sollte nur bei schweren und im Verwaltungswege festzustellenden Pflichtverstößen eintreten, ansonsten dagegen lediglich eine „Rechtsminderung".
141 *E.R. Huber* (FN 107), S. 447.
142 *E.R. Huber* aaO., S. 474.
143 *E.R. Huber* (FN 140), S. 367; zur Aberkennung der Reichs- und Staatsangehörigkeit vgl. *dens.*, Verfassungsrecht (Bibl.), S. 174 f.
144 Zur Einheit von „Recht und Ehre des Volksgenossen" *Larenz* (Bibl.), S. 240.
145 Hierzu *Schäfer* (FN 128), S. 115 m.w.N.

3. Konkretisierung in „Lebensordnungen"

a) Ehe und Familie

27
Ehe und Familie als Kernelemente „völkischer Verfassung"

Als „Zellen der völkischen Lebensordnung" gehörten Ehe und Familie nicht nur zu den „Kernstellungen der volksgenössischen Ordnung", sondern waren darüber hinaus „Elemente der völkischen Verfassung"[146]. Jener „innere Wert von Ehe und Familie für die völkische Ordnung" beruhte auf ihrer Bedeutung für die „Fortpflanzung" und damit für die Existenz der völkischen Gemeinschaft[147]. Entsprechend deklarierte man zum Ziel des sog. „Blutschutzgesetzes", seinerseits apostrophiert als „Verfassungsgesetz des Dritten Reiches", die „Reinheit des deutschen Blutes als die Voraussetzung für den Fortbestand des deutschen Volkes"[148]. Auch das insoweit zielverwandte „Erbgesundheitsgesetz"[149] und das „Gesetz zur Verhütung erbkranken Nachwuchses"[150] erklärte die Literatur letztlich mit der Funktion von Ehe und Familie als „naturhafte Grundlage der Volksgemeinschaft"[151]. Die Bedeutung dieser „volksgenössischen Rechtsstellung" war demzufolge in naturalistischer Weise sowohl mit dem Rasse- als auch dem völkischen Prinzip verknüpft.

b) Arbeit und ständische Ordnung

28
„Gemeinschaftsbestimmtheit" des Arbeitsverhältnisses

Eine weitere „Kernstellung" des Gemeinschaftslebens bildete das Arbeitsverhältnis, das eine „gemeinschaftsgebundene Rechtsstellung" verlieh, die den Arbeiter in eine „volksgenössische Rechtsstellung" rückte[152]. Eingeordnet war die Figur des „gemeinschaftsbestimmten Arbeitsverhältnisses" in die „Ordnung der wirtschaftlichen Kräfte", die wiederum zur „politischen Grundordnung" gehörte[153]. In Abkehr vom bürgerlichen Arbeitsrecht und kapitalistischen System einer „sozialen und rechtlichen Unterwerfung des Arbeiters unter den organisierten Herrschaftswillen der klassenkämpferischen Interessengruppen" erstrebte der neue Arbeitsbegriff ein ganzheitliches Verständnis des Arbeiters als „Glied der im Betrieb vereinten Leistungsgemeinschaft im Dienst des völkischen Ganzen"[154]. Zunächst bedeutete dies die Verabschiedung der Vorstellung, das Arbeitsverhältnis bilde einen bürgerlich-rechtlichen Individualvertrag, der ein schuldrechtliches Austauschverhältnis mit gegenseitigen Pflichten und subjektiven Rechten etabliere[155]. Für selbstzweckhafte

---

146 *E.R. Huber*, Verfassungsrecht (Bibl.), S. 368 f.
147 *E.R. Huber* aaO., S. 370 f.
148 *E.R. Huber* aaO., S. 369. Ehe definierte sich damit u.a. als „dauernde Lebensgemeinschaft zweier rassegleicher, erbgesunder Personen verschiedenen Geschlechts ... zum Zweck der Erzeugung rassegleicher, erbgesunder Kinder"; vgl. *Schäfer* (FN 128), S. 118 m.w.N.
149 Gesetz zum Schutz der Erbgesundheit des deutschen Volkes vom 18.10.1935 (RGBl. I S. 1246).
150 Vom 14.7.1933 (RGBl. I S. 529).
151 *E.R. Huber* aaO., S. 369.
152 *E.R. Huber* aaO., S. 394 ff. Zur Auffassung der Arbeit als „Dienst an Staat und Volk" in der zeitgenössischen Arbeitsrechtswissenschaft vgl. *Roderich Wahsner*, Faschismus und Arbeitsrecht, in: Udo Reifner (Hg.), Das Recht des Unrechtsstaates, 1981, S. 86 (114 ff.) m.w.N.
153 *E.R. Huber* aaO., S. 392 ff.
154 *E.R. Huber* aaO., S. 397.
155 Grundlegend hierfür *Wolfgang Siebert*, Das Arbeitsverhältnis in der Ordnung der nationalen Arbeit, 1935; vgl. weiter *dens.*, Die deutsche Arbeitsverfassung, ²1942.

individuelle Rechtspositionen bestand angesichts eines Verständnisses der gesamten Wirtschaft als eine dem deutschen Volke „dienende Leistungsgemeinschaft" kein Raum. Vielmehr nahm angesichts des Grundprinzips einer „gemeinschaftlichen Leistung im Dienst am deutschen Volk" die überindividuelle Gesamtordnung den Vorrang ein, aus der sich lediglich als „Ausstrahlung" einzelne Rechte ergeben konnten[156]. Die übergreifende völkische Arbeitsverfassung ließ damit nicht nur die Unterscheidung von Individual- und Kollektivarbeitsrecht hinter sich, sondern stand zugleich auch über den einzelnen Arbeitsgesetzen, die ihr, wie stets das geschriebene Recht den durch ungeschriebene Grundsätze konstituierten Ordnungen, nur einen annähernden Ausdruck verleihen können sollten.

Auswirkungen hatte diese Sichtweise schon auf die Begründung des Arbeitsverhältnisses, die sich nicht länger aus einer Individualabrede ergeben konnte. Statt dessen erforderte die Entstehung eines Arbeitsverhältnisses neben einer „volksgenössischen Einigung" die „Aufnahme" und „Eingliederung" des einzelnen in die „Betriebsgemeinschaft"[157]. Durch die Einigung unterschied sich das Arbeitsverhältnis von öffentlichen Dienstverhältnissen wie Beamten-, Wehr- und Arbeitsdienst, die nur durch hoheitlichen Akt begründet werden konnten und nicht notwendig das Einverständnis des Betroffenen voraussetzten[158]. Obgleich dem Betriebsführer eine „Führerstellung" zukam, sollte angesichts dessen Bindung durch eine auch gegenüber den Arbeitern wirkende „Treue- und Fürsorgepflicht" die „Gleichwertigkeit" der Rechtsstellung des Arbeiters mit der des Unternehmers gewahrt werden[159]. Dem einzelnen erwuchs aus der völkischen Arbeitsverfassung sowohl eine Pflicht zur Arbeit als auch ein Recht auf Arbeit; allerdings konnte der Volksgenosse seines Arbeitsplatzes ebenso wie seiner Betriebsführereigenschaft und damit zugleich der „Arbeitsehre" im Wege der Verwirkung verlustig gehen[160]. Von Berufsfreiheit liberaler Provenienz war demnach keine Rede mehr.

29
Wesen des Arbeitsverhältnisses

Pflicht zur Arbeit

Für Koalitions- und Tariffreiheit bestand angesichts der Rückbindung in „Wirtschaftsstände" ebenfalls kein Raum. An die Stelle des Weimarer Systems korporativen Pluralismus sah insbesondere *Huber*, der auf diese Weise seinem System des „deutschen Sozialismus" Gestalt zu verleihen suchte[161], eine ständische, aber gerade nicht ständestaatliche Ordnung getreten, die sich aus der „Kulturordnung" und „Wirtschaftsständen" zusammensetzen sollte. Zu letzterer rechneten neben der im „Reichsnährstand" verfaßten „bäuerlichen Ordnung" die „Arbeits-" und „Unternehmerordnung", wobei trotz aller Proklamation „echter ständischer Selbstverwaltung" im Sinne eines „kraftvollen Eigenlebens" die primäre Qualifikation der „völki-

30
Ständische, statt korporativer Ordnung

---
156 *E.R. Huber*, Verfassungsrecht (Bibl.), S. 395 f.
157 *E.R. Huber* aaO., S. 398 f.
158 Antrag, Meldung und Bewerbung sollten hierbei nur eine „Vorstufe der Aufnahme" abgeben; vgl. *E.R. Huber* aaO., S. 400.
159 *E.R. Huber* aaO., S. 400 f.
160 *E.R. Huber* aaO., S. 402 f.
161 Grundlegend hierfür *Ernst Rudolf Huber*, Die Gestalt des deutschen Sozialismus, 1934, S. 5 ff.

schen Wirtschaft" als „Führungswirtschaft" außer Frage stand[162]. Die Charakterisierung der Stände als „öffentliche, sich selbstverwaltende Körperschaften" änderte nichts am Primat des „Bewegungsstaates"[163]. Zum Träger der „Arbeitsordnung" avancierte nach Zerschlagung der Gewerkschaften und Arbeitgeberverbände die „Deutsche Arbeitsfront"[164], die allerdings nicht einmal primär über die Arbeitsbedingungen zu entscheiden hatte, was den jeweiligen Betriebsführern oblag[165]. Mit den „bezirklichen Wirtschaftskammern", die in der „Reichswirtschaftskammer" gipfelten, zusammen bildete die Deutsche Arbeitsfront „Arbeits- und Wirtschaftsräte", als deren Spitze der dem „Reichswirtschaftsminister" unterstellte „Reichsarbeits- und -wirtschaftsrat" fungierte, was eine hierarchische Steuerung ermöglichte. Die vormals „freien", nunmehr „ständisch gebundenen Berufe" des Rechts- und Gesundheitswesens[166] waren angesichts ihrer „öffentlichen Aufgabe" ebenfalls zentralen Kammern unterstellt, welche neben der für die „Gesamtordnung des deutschen Kulturschaffens" zuständigen „Reichskulturkammer" die Spitze der „Kulturordnung" abgaben[167]. Folge hiervon war ebenso der anwaltliche Treueeid auf den „Führer" wie auch die Ausscheidung in „rassischer" oder anderweitiger Beziehung „ungeeigneter Elemente"[168]. Gewiß vollzog die Lehre von der „volksgenössischen Rechtsstellung" hiermit im wesentlichen lediglich tatsächliche Rechtsentwicklungen nach, versuchte aber diese Vorgaben ihrem Systementwurf entsprechend zu verarbeiten und wissenschaftlich aufzubereiten.

c) Eigentum

31
Rechtsnatur des Eigentums

Trotz des verfassungsrechtlichen Postulats „echten Eigentums in der völkischen Gemeinschaft"[169] unterfielen Begriff und Rechtsfigur des „Privateigentums" der Ablehnung[170]. Das als „weitere Kernstellung der völkischen Lebens-

---

162 *E.R. Huber*, Verfassungsrecht (Bibl.), S. 460 u. 470 f.; aus diesem Grund wies *Huber* auch die Charakterisierung als „Ständestaat" zurück, weil der Staat eben nicht „aus den Ständen" erwachse (S. 461). Gegen die von *Huber* (FN 161), S. 12, vertretene Konzeption des „totalen Wirtschaftsstaates", dem sich die Wirtschaft unterzuordnen habe, dezidiert *Franz W. Jerusalem*, Der Staat, 1935, S. 317 ff., der auf größere Freiräume für die von ihm in der gesellschaftlichen Sphäre angesiedelten Stände pochte. Wenig Gefolgschaft fand das von *Tatarin-Tarnheyden* (FN 88), S. 128 ff., favorisierte Modell eines ständestaatlichen Staatsaufbaus; hierzu *Dahlheimer*, Ständische Ordnung statt pluralistischer Gesellschaft, in: Böckenförde (FN 128), S. 122 (131), und *Pauly* (Bibl.), S. 86 f.
163 *E.R. Huber*, Verfassungsrecht (Bibl.), S. 460 f.; auch die „Gemeindeordnung" findet sich unter der „Selbstverwaltung der Stände" behandelt (S. 465 ff.). Daß gleichwohl alle Stände „nach dem Führerprinzip verfaßt" seien, betonte *Herbert Krüger*, Das korporative Element im modernen Staatsgefüge, in: Ernst Heymann (Hg.), Deutsche Landesreferate zum II. Internationalen Kongreß für Rechtsvergleichung im Haag 1937, 1937, S. 427 (432).
164 Hierzu schon *Koellreutter* (Bibl.), S. 185 ff.
165 *E.R. Huber*, aaO., S. 474 f.
166 Hierzu auch *Scheuner* (Bibl.), S. 94 f., u. *ders.*, Die freien Berufe im ständischen Aufbau, FS Justus Wilhelm Hedemann, 1938, S. 424 ff.; zur generellen Ablehnung auch von Gewerbefreiheit *E.R. Huber*, Verfassungsrecht (Bibl.), S. 391, und *Tatarin-Tarnheyden* (FN 88), S. 169.
167 *E.R. Huber* aaO., S. 481 ff.
168 *Schäfer* (FN 128), S. 117 m.w.N.
169 *Theodor Maunz*, Die Enteignung im Wandel der Staatsauffassung, 1936, S. 15.
170 *E.R. Huber* (FN 161), S. 22 ff.; Verwerfung des auf § 903 BGB gegründeten liberalen Eigentumsbegriffs auch bei *Wieacker*, Zum Wandel der Eigentumsverfassung, DJZ 1934, Sp. 1446 ff. Dagegen hatte *Koellreutter* (Bibl.), S. 86, noch für einen Fortbestand des Privateigentums plädiert, wenn auch mit betont starker Gemeinwohlbindung.

ordnung" bezeichnete Eigentum wurde statt dessen als „Gemeingut" aufgefaßt, zu dessen „verantwortlicher Verwaltung" der Eigentümer gegenüber Volk und Reich verpflichtet sei[171]. Während *Huber* für die neue Eigentumsverfassung angesichts des „unverwendbaren" Art. 153 WRV ausschließlich „neue ungeschriebene Grundsätze" heranzuziehen gedachte[172], erkannte immerhin *Werner Weber* in der Weimarer Verfassungsbestimmung noch „eine Art Ausgangsregelung" für die Eigentumsgesetzgebung seit dem Jahre 1933[173]. Als Regelungsvorbild bemühte *Huber* die im „Reichserbhofgesetz" vom 29. September 1933[174] ausgestaltete bäuerliche Eigentumsordnung in Form von „Erbhöfen", die durch eine besondere Pflichtbindung, hohe Anforderungen an „Bauernfähigkeit", „Rasse", „Ehrbarkeit" und „Wirtschaftsführung" und einen Ausschluß individueller Verfügungsmacht gekennzeichnet war[175]. Das „neue" Eigentum verglich man mit „Lehen", erklärte den Eigentümer zum „Treuhänder" und prägte den Begriff des „Eigen"[176]. Weil die „Gemeinschaftsbindung" des Eigentums schon in den Begriff des Eigentums einbezogen wurde, erschien sie nicht als „Eingriff von außen" oder gar „Enteignung", sondern als ein dem Eigentum „immanenter Gedanke des Dienstes und der Pflicht"[177]. Als die drei Typen solcher Eigentumsbindung unterschied *Huber* die Verstärkungen des Pflichtcharakters durch staatliche Maßnahmen, etwa in Form von Duldungspflichten zugunsten des „Luftschutzes", die wirtschaftliche Verwertung von Gütern im Marktverkehr auf Grund staatlicher oder ständischer Anordnungen, beispielsweise in Form von Import- und Exportverboten oder Festsetzungen verbindlicher Preise, sowie die Statuierung von Ablieferungspflichten, etwa hinsichtlich von Devisen oder ernährungswirtschaftlicher Güter[178]. Im letzteren Fall würden die Güter lediglich „planmäßig ihrer natürlichen Verwendung zugeführt", weshalb kein „Zwangskauf" vorliege, was allerdings im Rahmen bestimmungsgemäßer Verwendung die Gewährung einer angemessenen Vergütung umschließen sollte[179].

Eigentümer als „Treuhänder"

Demgegenüber umfaßte die Enteignung nur noch Umgestaltungen „personengebundener Ordnungslagen"[180], durch die Vermögensobjekte der „bisherigen Zweckbestimmung entzogen und einer neuen Aufgabe zugewiesen werden", wie etwa im Fall der Entziehung von Boden zugunsten von Autobahnbau oder militärischen Zwecken[181]. In diesen Fällen einer objektbezogenen

32
Enteignung und Entschädigung

---

171 *E.R. Huber*, Verfassungsrecht (Bibl.), S. 372 f.
172 *E.R Huber* aaO., S. 376; *ders.* (FN 161), S. 24, hatte dagegen noch in Art. 153 WRV Andeutungen zu einem „Gemeineigentum" erblickt, die die liberale Staatsrechtslehre nicht ernstgenommen habe.
173 *Werner Weber*, Der Weg zum neuen Enteignungsrecht, in: *ders./Franz Wieacker*, Eigentum und Enteignung, 1935, S. 9 (10); allerdings sei der Artikel als „Grundrechtssatz" ausgelöscht (S. 9).
174 RGBl. I S. 685.
175 *E.R. Huber* (FN 107), S. 456; vom Erbhof als „Blutquelle und Ernährungsgrundlage der Volksgemeinschaft" sprach *Vocke* (Bibl.), S. 97.
176 *Wieacker*, Eigentum und Enteignung, in: *W. Weber/ders.* (FN 173), S. 34 (50 ff.); hierzu *Martin Brandt*, Eigentum und Eigentumsordnung, in: Böckenförde (FN 128), S. 212 (220 f.) m.w.N.
177 *E.R. Huber*, Verfassungsrecht (Bibl.), S. 376.
178 *E.R. Huber* aaO., S. 376 ff.
179 *E.R. Huber* (FN 107) S. 462 f.
180 *Wieacker* (FN 176), S. 55.
181 *E.R. Huber*, Verfassungsrecht (Bibl.), S. 380 f.

„Zweckentfremdung" und „Überweisung zu neuer Bestimmung", deren Gründe „ausschließlich in der Sache liegen, ohne daß das Verhalten des Betroffenen irgendeinen Anlaß gegeben hätte"[182], sollte eine angemessene Abfindung in Land oder Geld „dem Neuaufbau der volksgenössischen Gliedschaftsstellung" und damit zugleich der „gesamtvölkischen Ordnung" dienen[183]. Aus dem „Vorbehalt des Gesetzes", der nach zeitgenössischem Verständnis allerdings keine parlamentsgesetzliche Grundlage verlangte, suchte *Maunz* eine Garantie des Gemeinwohlerfordernisses von Enteignungen zu gewinnen[184]. Insgesamt zeigt das Neuverständnis der Eigentumsordnung eine Rückführung von Freiheit auf ein Pflichtmoment, das letztlich einer autoritätsgebundenen Konkretisierung unterworfen war[185].

IV. Grundrechtstheoretische Negativbilanz

33
Absage an eine „individualistische Epoche"

Die Geschichte der Grundrechte und ihrer theoretischen Erörterung im Nationalsozialismus ist eine Verfallsgeschichte, die auch mit der Figur der „volksgenössischen Rechtsstellung" nicht zu einem veritablen Äquivalent führte. Kategorisch ausgeschlossen war, jedenfalls in der Literatur nach Konsolidierung des nationalsozialistischen Herrschaftssystems, „jedes Grundrecht im Sinne der individualistischen Epoche", und man attestierte nur solchen Autoren „zu der eigentlichen Fragestellung" vorzudringen, die dies erkannten und befolgten[186]. Auf diese Weise entstand eine klare Negativbilanz nicht nur für die Grundrechte selbst, die in der Rechtswirklichkeit des „Dritten Reiches" mit Füßen getreten wurden, sondern auch für die grundrechtstheoretische Beschäftigung, die aus der ideologischen Demontage ihres Gegenstandes keinen Ertrag ziehen konnte. Daß diese Literatur nicht nur einen denkbar tiefen Bruch der Tradition europäischer Rechtskultur bedeutete[187], sondern darüber hinaus Diskriminierungen und Verbrechen größten Ausmaßes mit juristischer Argumentation und Rechtfertigung begleitete, katapultiert sie letztlich aber doch nicht aus der Geschichte des Nachdenkens über das Verhältnis von Staat, Gemeinschaft und einzelnem hinaus.

34
Gleichheit als Artgleichheit

Einen wesentlichen Bestandteil der Negativbilanz bildet die angestrebte Deklassierung jedweder Gleichheit alles dessen, was Menschenantlitz trägt,

---

182 *E.R. Huber* (FN 107), S. 463.
183 *Vocke* aaO., S. 100, die allerdings erheblich unspezifischer als *E.R. Huber* Enteignung überall dort annahm, wo „Gesetze über die Pflichtbindungen hinausgehen und die volksgenössische Gliedschaftsstellung des Einzelnen vernichten, erschüttern oder sonst erheblich beeinträchtigen bzw. dem Einzelnen ein besonders großes Opfer auferlegen" (S. 99). Weiterungen des Enteignungsbegriffs und der Entschädigungspflicht auch bei *W. Weber* (FN 173), S. 13 ff.
184 *Maunz* (FN 169), S. 17 ff., mit insoweit kritischer Besprechung durch *Diener*, DR 1936, S. 295.
185 Bezeichnend die Formulierung des entscheidungsbedürftigen „Widerstreits" zwischen den „öffentlichen Aufgaben, die im Rahmen der volksgenössischen Ordnung erfüllt werden, und öffentlichen Zwecken, die die staatlichen Stellen verfolgen" bei *E.R. Huber*, Verfassungsrecht (Bibl.), S. 383, der auf besondere „Reichsstellen" verweist.
186 *Vocke* (Bibl.), S. 18 u. 115.
187 So zu Recht *Kröger* (FN 121), S. 74; zur Frage der Kontinuität und Diskontinuität in Ansehung der Staatsrechtswissenschaft im Nationalsozialismus sowie der Notwendigkeit einer Historisierung vgl. *Pauly* (Bibl.), S. 73 ff.

die als „abstrakt" und „voraussetzungslos" abgetan wurde[188]. Die statt dessen favorisierte „konkrete Gleichheit der artgleichen, ehrenhaften, treuen und einsatzbereiten Volksgenossen" basierte auf einem Verständnis der „Volksgemeinschaft" als einer „geschichtlich gewachsenen Blutsgemeinschaft"[189], in der nach „Leistung" und „Bewährung" seiner Treue „Jedem das Seine" widerfahren sollte[190].

Ausschlaggebend für die grundrechtstheoretische Negativbilanz wirkte weiterhin das Konzept gebundener Freiheit, das auf einem Pflichtprimat beruhte, der sich inhaltlich aus weitgehend beliebig interpretierbaren konkreten Ordnungen speiste. Die als Rückkehr zum „germanischen Freiheitsbegriff" gefeierte „nationalsozialistische Freiheit" erschöpfte sich in einer „Eingliederung" in die „Volksgemeinschaft" und ihre jeweiligen Untergliederungen[191], ohne dem einzelnen einen selbstzweckhaften, eben nicht funktionalisierten Freiraum zu belassen. Als „lebendiges Glied der Ordnung" sollte der einzelne lediglich den „Wirkungsraum" erhalten, den er „nach seinen Anlagen und Kräften, nach seiner Einsatzbereitschaft und nach seinen Leistungen" verdiente[192]. Entsprechend hielt *Ulrich Scheuner* etwa die Freiheit der Wissenschaft um ihres Ertrags zugunsten des „völkischen Lebens" willen für geschützt[193]. Auf diese Weise schrumpften beispielsweise auch die herkömmlichen Freiheiten auf den Gebieten von Kunst und Kultur zu bloßen „Mitteln der geistigen Führung bei der Wesensgestaltung der Nation"[194]. Insbesondere die vormalige Pressefreiheit wurde gänzlich im Sinne der „völkischen Gemeinschaft" instrumentalisiert und zum „verantwortungsvollen Einsatz für die Volksgemeinschaft" stilisiert; Positionen von ehemals Grundrechtsträgern verwandelten sich in Stellen von „Sachwaltern"[195]. Auch die Unabhängigkeit des Richters wurde ihrer hergebrachten Bedeutung entkleidet und der Richter zum „Gehilfen des Führers" degradiert[196]. Angesichts des Organisationsmonopols der NSDAP und ihrer Untergliederungen entfiel die politische Vereinigungsfreiheit gänzlich. Wahlen verkamen zu „Volksabstimmungen", bei denen sich die Auswahl auf die Alternative „Ja" oder „Nein" beschränkte, wobei das „Nein" die „Selbstausschaltung aus dem politischen Leben bedeutet"[197]. Volksabstimmungen vermochten generell den „Führer" nicht zu binden, da dieser die „objektive Sendung des Volkes" verkörpern sollte[198]. Auf der Ebene des persönlichen Freiraums entsprach schließlich einer erheblichen Ausdehnung der Aufgaben der Polizei, auch über den Bereich der Gefahrenabwehr hinaus, eine „erweiterte Pflicht zur Unterordnung unter ihre Maßnah-

35
Freiheit als Pflichtbindung

Grundrechtsträger als „Sachwalter"

---

188 Vgl. nur *Vocke* (Bibl.), S. 83.
189 *Vocke* aaO., S. 59 u. 88; vgl. weiter *Walz* (FN 113), S. 48 f., und *Scheuner* (FN 113), S. 267 u. 272 f.
190 *Vocke* aaO., S. 86 ff.
191 *Vocke* aaO., S. 89.
192 *E.R. Huber*, Verfassungsrecht (Bibl.), S. 365.
193 *Scheuner* (Bibl.), S. 92 mit Anm. 39.
194 *Karl-Friedrich Schrieber*, Überschau über das geltende Reichskulturrecht, DR 1935, S. 343 (344).
195 *Vocke* (Bibl.), S. 93.
196 *Helmut Seydel*, Der Richter, Volk im Werden, 1936, S. 68 (70).
197 *E.R. Huber*, aaO., S. 203; vgl. auch *Koellreutter* (FN 66), S. 138, mit Hinweis auf die gemäß dem „Führerprinzip" reduzierte Rolle der „Volksvertretung".
198 *E.R. Huber* aaO., S. 202.

men auf seiten der Volksgenossen"[199]. Von gesetzlichen Formerfordernissen befreit, regierte hier der „Wille des Führers", dessen Kundmachung auch in „sehr allgemeinen Umrissen" genügte, etwa auch um eine „Schutzhaft" zu begründen[200]. Selbst die religiösen Freiheiten, die viele zunächst durch das „Reichskonkordat" mit der katholischen Kirche vom 20. Juli 1933 gesichert sahen[201], fanden sich in der Literatur paßförmig zurechtgestutzt und unter die Voraussetzung gestellt, „daß das Bekenntnis das Sittlichkeits- und Moralgefühl der germanischen Rasse nicht verletzt und den Bestand des Reichs nicht gefährdet"[202]. An diesen, immer demselben einfachen Schema folgenden Destruktionen kann lediglich ein historisches Interesse bestehen, das für eine systematisch arbeitende Grundrechtstheorie keinen anderen Gewinn verspricht als die Warnung vor ideologischen Gefährdungen.

D. Schlußbetrachtung

36
„Grundrechtstheorie" als Antagonismus

Nach dem Ergebnis der Untersuchung haben sich die „Grundrechtstheorien" der einzelnen Faschismen und des Nationalsozialismus als Beschreibungen für die bewußte Abschaffung traditioneller, mit der Idee der Grundrechte unlösbar verbundener Rechtsprinzipien und -vorstellungen erwiesen. Die Bezeichnung als „Grundrechtstheorien" verweist von daher auf eine ideologische Funktionalisierung von Rechtswissenschaft, geprägt von einem antagonistischen Verhältnis zum eigenen Gegenstand und der mit ihm verbundenen Denktradition.

37
Primat des Pflichtcharakters

Den behandelten „Theorien" gemeinsam ist die betonte Einbindung des einzelnen in ihm radikal übergeordnete Gemeinschaftsordnungen. Dabei bestanden hinsichtlich der jeweiligen nationalen Ausformungen jedoch wesentliche Unterschiede hinsichtlich der fortbestehenden Freiräume. Die umfassendste Instrumentalisierung jedweder menschlicher Freiheit kennzeichnet die Doktrin der Rechtslehre im Nationalsozialismus. Auch die insbesondere von *E.R. Huber* entwickelte Figur der „volksgenössischen Rechtsstellung" lieferte kein veritables Äquivalent für die als Erbe eines „liberalistischen" Systems verabschiedeten Grundrechte. Auch im italienischen und spanischen Faschismus bewirkte trotz geschriebener Grundrechte der Primat des Pflichtcharakters eine Umkehrung und Zersetzung von deren Wirkkraft. Grundrechte im Sinne

---

199 *Scheuner* (Bibl.), S. 95.
200 *Theodor Maunz*, Gestalt und Recht der Polizei, 1943, S. 27, 43 ff. u. 49 ff. Zum damaligen Gesetzesbegriff und allfälligen Formerfordernissen sowie zur zeitgenössischen Debatte um die Ersetzung der Gesetzes- durch eine Rechtsbindung der Verwaltung vgl. *Pauly* (Bibl.), S. 92 ff. m.w.N.
201 Etwa *Tatarin-Tarnheyden* (FN 88), S. 172; vgl. auch *Voigt* (FN 56), S. 118, der rückblickend von einer „gewissen Festigkeit" spricht.
202 *E.R. Huber* aaO., S. 495. Wenn *Ernst Forsthoff*, Recht und Sprache, 1940, S. 6, Anm. 2, äußerte, daß religiöse „Verkündung nur in der Freiheit" möglich sei, dann mit der Klarstellung, es handele sich dabei nicht um ein „liberales Postulat" oder um „subjektive Rechte und persönliche Freiheiten des Seelsorgers", sondern um die überindividuell zu sehenden Voraussetzungen kirchlicher Verkündigung".

individueller Garantien und Berechtigungen wichen im italienischen Faschismus gänzlich objektiven Begünstigungen und Reflexrechten, während im Laufe des Franquismus immerhin ein Fundus „nationaler Menschenrechte" literarisch proklamiert wurde. Diese Unterschiede wirkten sich allerdings kaum auf die durch stetige Rechtsunsicherheit gekennzeichnete Rechtspraxis dieser Regimes aus, in der jederzeit ebenso gravierende wie willkürliche Freiheitsbeschränkungen drohten. Eine Sonderstellung nahm in diesem Zusammenhang die Religionsfreiheit ein, weil in den südeuropäischen Faschismen zum Teil ein Nationalkatholizismus propagiert, in Spanien sogar zur staatstragenden Lehre erhoben wurde. Sofern staatliche Interessen betroffen waren, konnten jedoch auch hier glaubensgeleitete Handlungen ohne weiteres mit Repressionen bedacht werden.

Gründeten die theoretischen Entwürfe sowohl der „Action Française" als auch des italienischen Faschismus und spanischen Franquismus auf dem Konzept eines korporatistisch aufgebauten Staates als maßgeblicher, einheits- und gemeinschaftsspendender Größe, so lag die Besonderheit des Nationalsozialismus demgegenüber in einem Primat des Völkischen, während der Staat zu einem Behördenapparat herabgestuft wurde, der, seiner juristischen Persönlichkeit entkleidet, nur noch der Volksgemeinschaft dienen sollte. Auch eher etatistische Positionen in der deutschen Staatsrechtslehre im Nationalsozialismus erblickten in der „Volksgemeinschaft" eine wesentliche Bezugsgröße, jedenfalls zur Bestimmung der Rechtsstellung des einzelnen. Die rassentheoretische Ausformung des „völkischen Prinzips" implizierte dabei den Ausschluß „artfremder" Personen von jedweder schützenden Rechtsstellung. Trotz rassistischer Elemente in den genannten Faschismen, die im wesentlichen auf einem übersteigerten Nationalismus beruhten, blieb der genuin nationalsozialistische Rassismus, dessen Auswirkungen Millionen Menschen das Leben kostete, singulär.

38 Unterschiede der Faschismen im Verhältnis zum Staat

E. Bibliographie

Bauer, Hartmut, Geschichtliche Grundlagen der Lehre vom subjektiven öffentlichen Recht, 1986.
Calamandrei, Piero / Barile, Paolo, Die Grundfreiheiten in Italien, in: Karl August Bettermann/Franz L. Neumann/Hans Carl Nipperdey (Hg.), Die Grundrechte, Bd. 1, Halbband 2, 1967, S. 659 ff.
Dreier, Horst, Die deutsche Staatsrechtslehre in der Zeit des Nationalsozialismus, VVDStRL Bd. 60 (2001), S. 9 ff.
Höhn, Reinhard, Das subjektive öffentliche Recht und der neue Staat, in: Deutsche Rechtswissenschaft, 1. Bd. (1936), S. 49 ff.
Huber, Ernst Rudolf, Die Rechtsstellung des Volksgenossen, ZgS Bd. 96 (1936), S. 438 ff.
ders., Verfassungsrecht des Großdeutschen Reiches, 1939.
Koellreutter, Otto, Deutsches Verfassungsrecht, 1935.
Larenz, Karl, Rechtsperson und subjektives Recht. Zur Wandlung der Rechtsgrundbegriffe, in: *ders.* (Hg.), Grundfragen der neuen Rechtswissenschaft, 1935, S. 225 ff.
Maunz, Theodor, Das Ende des subjektiven öffentlichen Rechts, ZgS Bd. 96 (1936), S. 71 ff.
Mayer-Tasch, Peter Cornelius, Korporativismus und Autoritarismus, 1971.
Pauly, Walter, Die deutsche Staatsrechtslehre in der Zeit des Nationalsozialismus, VVDStRL Bd. 60 (2001), S. 73 ff.
Scheuner, Ulrich, Die Rechtsstellung der Persönlichkeit in der Gemeinschaft, in: Hans Frank (Hg.), Deutsches Verwaltungsrecht, 1937, S. 82 ff.
Sommermann, Karl-Peter, Der Schutz der Grundrechte in Spanien nach der Verfassung von 1978: Ursprünge, Dogmatik, Praxis, 1984.
Stolleis, Michael, Geschichte des öffentlichen Rechts in Deutschland. Dritter Band: 1914-1945, 1999.
Tatarin-Tarnheyden, Edgar, Werdendes Staatsrecht. Gedanken zu einem organischen und deutschen Verfassungsneubau, 1934.
Vocke, Annemarie, Grundrechte und Nationalsozialismus, Diss. iur. Heidelberg, 1938.

Zweiter Teil
Grundlagen der Grundrechte

I. Methodik und Interpretation

§ 15
Grundsätze der Grundrechtsinterpretation

Fritz Ossenbühl

Übersicht

		RN
A.	Begriffliches	1– 5
	I. Grundrechtsinterpretation	2– 4
	II. Grundsätze der Interpretation	5
B.	Die klassischen Auslegungsregeln	6–13
	I. Der überkommene Auslegungskanon	7– 8
	II. Die verfassungsgerichtliche Praxis	9
	III. Ungenügen der klassisch-hermeneutischen Methode für die Auslegung von Grundrechten	10–13
C.	Verfassungsimmanente und grundrechtsspezifische Auslegungselemente	14–36
	I. Vorbemerkung zur Methodik	14–15
	II. Einheit der Verfassung	16
	III. Grundrechte und Kompetenzen	17–19
	IV. Effektivität der Grundrechte	20–22
	V. In dubio pro libertate	23–24
	VI. Grundrechte und einfaches Gesetz	25–26
	VII. Ausstrahlungswirkung	27
	VIII. Güterabwägung	28–29
	IX. Praktische Konkordanz	30
	X. Rechtsvergleichung	31–33

		RN
	XI. Funktionellrechtliche Grenzen der Auslegung	34–35
	XII. Folgenerwägungen	36
D.	Grundrechtstheorien und Grundrechtsfunktionen	37–62
	I. Grundsätzliche Aspekte	37–42
	II. Genereller Befund	43–44
	III. Einzelne Grundrechtsfunktionen	45–62
	1. Klassische Grundrechtsfunktionen	45–47
	a) Grundrechte als Abwehrrechte	45
	b) Institutsgarantien	46–47
	2. Objektiv-rechtliche Grundrechtsfunktionen	48–57
	a) Wertentscheidende Grundsatznormen (objektive Wertentscheidungen)	49–52
	b) Institutionelle Deutungen	53–57
	3. Grundrechte als Leistungsansprüche	58–62
E.	Grundrechtsinterpretation und Verfassungsgerichtsbarkeit	63–66
F.	Bibliographie	

A. Begriffliches

1
Fehlender Konsens der Grundrechtsinterpreten

Mögen die in der Themenfassung verwendeten Begriffe auch zum alltäglich benutzten Standardvokabular der Verfassungsjuristen gehören, so ist doch unbestritten, daß schon sie selbst viele Streit- und Verständnisprobleme aufwerfen. Interpretation bedeutet Verstehen. Verstehensprobleme werden aber nicht dadurch in ihrer Komplexität reduziert, daß sie sich auf geschriebene Texte beziehen. Die Antworten auf solche Verstehensprobleme hängen nicht nur von gesicherten und absicherbaren erkenntnistheoretischen Resultaten ab, sondern auch von den Erfahrungen des Einzelnen, und sehen deshalb bei einem Theoretiker anders aus als bei einem Praktiker[1]. Was am Schluß noch des Näheren resümiert wird, sei hier schon in einem Satz vorweggenommen: Trotz einer über viele Jahrzehnte geführten intensiven Diskussion über die Erfordernisse einer richtigen Grundrechtsinterpretation haben sich kaum Erkenntnisse gezeigt, über die Konsens besteht und die die Praxis der Rechtsanwendung übereinstimmend anleiten. Auffällig ist vielmehr eine eher zunehmende Kluft zwischen theoretischer Reflexion einerseits und grundrechtsanwendender Praxis andererseits[2].

Kluft zwischen Reflexion und Praxis der Grundrechtsanwendung

I. Grundrechtsinterpretation

2
Problematik plakativer Grundrechtsbestimmungen

Mit Stolz wird gelegentlich darauf verwiesen, daß die Grundrechtsgewährleistungen des Grundgesetzes in ihren Urfassungen ohne Umschweife und Kompromißförmelei Freiheiten bezeichnen und gewährleisten. So überbringt der Satz des Art. 5 Abs. 3 GG: „Kunst ist frei" eine ebenso einprägsame wie beeindruckende Botschaft, die jeder Bürger versteht. Aber diese aus der Sicht der Verfassungsrhetorik[3] begrüßenswert erscheinende plakative Kürze des Ausdrucks wird sofort problematisch, wenn sie als Regel für die Entscheidung eines konkreten Konflikts angewendet werden soll. Mit den genannten drei spärlichen Worten muß beispielsweise der Richter entscheiden, ob die Darstellung von *Franz-Josef Strauß* als kopulierendes Schwein grundrechtlich geschützt ist oder nicht[4]. Grundrechtsinterpretation ist unter der Geltung des Grundgesetzes keine schöngeistige Beschäftigung, sondern ein Vorgang mit

---

[1] Vgl. beispielhaft: *Sendler*, Die Methoden der Verfassungsinterpretation – Rationalisierung der Entscheidungsfindung oder Camouflage der Dezision?, in: FS Kriele, 1997, S. 457 ff.
[2] Vgl. schon *Roellecke*, Prinzipien der Verfassungsinterpretation in der Rechtsprechung des Bundesverfassungsgerichts, in: Festgabe zum 25jährigen Bestehen des BVerfG, Bd. II, 1976, S. 22 ff. (48 f.); ferner *Sendler* (FN 1) S. 463 m.w.N.; zuletzt: *M. Hochhuth*, Methodenlehre zwischen Staatsrecht und Rechtsphilosophie – zugleich eine Verschleierung des Theorie-Praxis-Bruchs?, in: Rechtstheorie, Sonderheft Juristische Methodenlehre, „Vom Scheitern und der Wiederbelebung juristischer Methodik im Rechtsalltag – ein Bruch zwischen Theorie und Praxis?" 2001, Heft 2/3, S. 227 ff.
[3] *Josef Isensee*, Vom Stil der Verfassung. Eine typologische Studie zu Sprache, Thematik und Sinn des Verfassungsgesetzes, 1999, S. 15 unter Hinweis auf *BVerfGE 32*, 54 (72): „Die sprachliche Einkleidung des Grundrechts (scil. der Wohnungsfreiheit des Art. 13 Abs. 1 GG) hat seit jeher die juristische Präzision zugunsten des feierlichen Pathos einer einprägsamen Kurzformel zurücktreten lassen."
[4] *BVerfGE 75*, 369.

unter Umständen ganz erheblichen, womöglich gesellschaftlich umwälzenden Konsequenzen. Diese Konsequenzen werden durch zwei verfassungsrechtliche Vorgaben bewirkt. Zum einen durch Art. 1 Abs. 3 GG, der die Grundrechte als „unmittelbar geltendes Recht" in Kraft gesetzt hat, und zum anderen durch die Institutionalisierung des Bundesverfassungsgerichts als der Instanz, die letztverbindlich Grundrechte interpretiert[5]. Auf diesem Hintergrund wird Grundrechtsinterpretation zu einer existentiellen Aufgabe der Jurisprudenz und des Verfassungsrechts[6].

<small>Letztverbindliche Grundrechtsinterpretation durch das BVerfG</small>

Die spezifische Problematik der Grundrechtsinterpretation besteht in der rational nicht vollkommen überbrückbaren Kluft zwischen Normtext einerseits und zu entscheidendem Sachverhalt andererseits. Selbstredend ist diese Kluft auch bei einfachen Gesetzen nicht durchweg auf ausschließlich rationalem Weg zu überwinden; auch dort bedarf es vielfach ergänzender dezisionärer Elemente. Aber bei den Grundrechten haben wir eine andere Normqualität vor uns. Grundrechte sind von vornherein nicht auf Freiheitskodifikationen angelegt, auf abschließende und vollständige Regelungen, die der Intention nach dem Rechtsanwender praktikable Entscheidungsmaßstäbe liefern sollen. Im Kontext der Verfassung haben sie der Form nach eher programmatischen und appellativen Charakter. Die ihnen trotz dieser Form verliehene aktuelle Normativität, das Auseinanderfallen zwischen Form und Verbindlichkeit ist gerade die Ursache für die Gefahren und Schwierigkeiten der Grundrechtsinterpretation[7].

3
<small>Programmatischer, nicht kodifikatorischer Charakter der Grundrechtsbestimmungen</small>

Denn die Grundrechtsverbürgungen sind bewußt keine Detailregelungen, sondern offene Normen, die der Ausfüllung und Konkretisierung bedürfen, und zwar nicht erst auf der Ebene der konkreten Fallanwendung, sondern auch auf einer zwischen Grundrechtstext und Fallentscheidung angesiedelten Ebene mittlerer Generalität, manifestiert durch abstrakte Zwischensätze und vermittelnde Entscheidungsmaßstäbe. Die Ausprägung der Grundrechte als „lapidare Generalklauseln"[8], als „Agglomerationen von Generalklauseln und Plastilinbegriffen"[9], die sie als „Regelwerk mit geringster Regelungsdichte"[10]

4
<small>Grundrechtsverbürgungen als „offene" Normen</small>

<small>5 Vgl. *Püttner*, in: FS zum 125jährigen Bestehen der Juristischen Gesellschaft zu Berlin, 1984, S. 573 („Souverän ist, wer über die Verfassungsinterpretation entscheidet"); andere sprechen von „Kompetenz-Kompetenz": so z.B. *K. Hesse*, Funktionelle Grenzen der Verfassungsgerichtsbarkeit, in: FS Hans Huber, 1981, S. 261 (263); *Brenner*, Die neuartige Technizität des Verfassungsrechts und die Aufgabe der Verfassungsrechtsprechung, AöR 120 (1995), S. 248 (257); *Klaus Schlaich/Stefan Korioth*, Das Bundesverfassungsgericht, ⁵2001, RN 13; *Lerche*, Die Verfassung in der Hand der Verfassungsgerichtsbarkeit?, BayVBl. 1997, Beiheft zu Heft 17, S. VI f.; *Isensee*, Die Verfassungsgerichtsbarkeit zwischen Recht und Politik, in: Michael Piazolo (Hg.), Das Bundesverfassungsgericht, 1995, S. 49 (57). – Gegen eine solche Begriffssprache: *Stern*, Verfassungsgerichtsbarkeit und Gesetzgebung, in: FS Kriele, 1997, S. 411 (417 FN 28).
6 Vgl. *Böckenförde*, Zur Lage der Grundrechtsdogmatik (Bibl.), S. 70 ff.; *Knies*, Auf dem Weg in den „verfassungsgerichtlichen Jurisdiktionsstaat"?, in: FS Stern, 1997, S. 1155 ff.; *R. Scholz*, Karlsruhe im Zwielicht – Anmerkungen zu den wachsenden Zweifeln am BVerfG, in: FS Stern, 1997, S. 1201 ff; *W. Schmitt Glaeser*, Das Bundesverfassungsgericht als „Gegengewalt" zum verfassungsändernden Gesetzgeber? – Lehren aus dem Diäten-Streit 1995, in: FS Stern, 1997, S. 1183 ff.
7 *Isensee* (FN 3), S. 15 f.
8 *Böckenförde*, Die Methoden der Verfassungsinterpretation, NJW 1976, S. 2091; *Bethge* (Bibl.), S. 355.
9 *Ralf Dreier*, Recht-Moral-Ideologie, 1981, S. 112.
10 *Bachof*, VVDStRL 39 (1981), S. 175.</small>

erscheinen lassen, ist nicht ein Defekt der Verfassungsgebung, sondern absichtsvolles Normsetzungsprogramm. Grundrechtsverbürgungen sind bewußt unvollständig gelassene, offene Normen, die erhebliche Ergänzungsspielräume enthalten und für ihre Anwendung auch erfordern. Inwieweit diese Ergänzungen der unvollständigen Grundrechtsverbürgungen zu anwendbaren Normen dem Gesetzgeber obliegen oder dem Bundesverfassungsgericht, ist eine ewige und nicht generell zu beantwortende Frage der Gewaltenteilung[11]. Der Vorgang, durch den die Grundrechtsverbürgungen erst ihre anwendbare Gestalt gewinnen und der hier als „Ergänzung" apostrophiert worden ist, übersteigt den Begriff der Interpretation nicht nur quantitativ, sondern qualitativ. Dies drückt sich in der Verwendung der Formulierung von der „Konkretisierung der Grundrechte"[12] auch semantisch aus. Die Interpretationsmacht, die mit dieser Konkretisierung verbunden ist, wirft in besonderem Maße die Frage nach dem Mandatsträger auf. Denn schon der Konkretisierungsspielraum, dieser obendrein angereichert und ausgeweitet durch ein extensives Wertedenken[13], eröffnet nicht nur Raum für Irrtümer, sondern – was viel schlimmer ist – auch für Ideologen und Sozialingenieure, die bequem die Grenze zwischen Grundrechtsinterpretation und Verfassungswandlung überschreiten und die Verfassung um ihre Identität bringen können. Das Bemühen einer Lehre von der Grundrechtsinterpretation geht deshalb dahin, einen Kanon von Methoden und Regeln sowie ein Entscheidungsverfahren zu entwickeln, welches in der Lage ist, als anerkannter und soweit möglich zuverlässiger Kompaß auf dem Wege zur richtigen Grundrechtserfassung und -anwendung zu gelangen.

II. Grundsätze der Interpretation

5

Die Grundsätze der Grundrechtsinterpretation, die hier im Vordergrund stehen sollen, sind jene soeben genannten canones. Sie werden vielfach auch als Interpretationsprinzipien[14] bezeichnet. Der Sache nach sind sie Rechtsfin-

---

11 *Ossenbühl*, Bundesverfassungsgericht und Gesetzgebung, in: FS 50 Jahre BVerfG, Bd. I, 2001, S. 33 ff.
12 Vgl. *Stern*, Staatsrecht III/2 (Bibl.), S. 1716 ff.; *Höfling* (Bibl.), S. 38 ff.; *Ossenbühl*, Die Interpretation der Grundrechte in der Rechtsprechung des Bundesverfassungsgerichts, NJW 1976, S. 2100 (2105); *Friedrich Müller*, Juristische Methodik, [5]1993, S. 168 ff.; *Hesse* (Bibl.), § 2 RN 60 ff. („Verfassungsinterpretation ist Konkretisierung") Die von *Hesse* vorgenommene Gleichsetzung von Verfassungsinterpretation und Konkretisierung ist allerdings widersprüchlich, wenn, wie *Hesse* selbst schreibt, Interpretation an „etwas Gesetztes gebunden ist" und aus diesem Grunde der Normtext zur unübersteigbaren Schranke der Interpretation erklärt wird (RN 77). Anderseits wird das Problem der Interpretation aber gerade darin erblickt, daß die Verfassung „keine eindeutigen Maßstäbe enthält, ... sondern nur mehr oder weniger zahlreiche unvollständige Anhaltspunkte für die Entscheidung gegeben" sind. „Wo nichts Eindeutiges gewollt ist, kann kein wirklicher, sondern allenfalls ein vermuteter oder fiktiver Wille ermittelt werden..." (RN 56). Wenn aber der (objektive oder subjektive) „Wille" (zur Normsetzung) fehlt, woher soll dann das „Gesetzte" kommen, an das die Interpretation gebunden ist? – Vgl. *Hans Huber*, Die Bedeutung der Grundrechte und die sozialen Beziehungen der Rechtsgenossen, in: *ders.*, Rechtstheorie, Verfassungsrecht, Völkerrecht, 1971, S. 161, der betont, daß „Auslegung" mit „Konkretisierung" nicht verwechselt werden darf: „Und zwar ist Konkretisierung gleichsam ein Inhaltgeben ‚von außen her'. Darin liegt auch der Grund, weshalb die ein Grundrecht konkretisierenden Entscheidungen des Verfassungsrichters mehr einem ‚case law' als einer Auslegungspraxis vergleichbar sind".
13 Vgl. dazu unten RN 49.
14 *Hesse* (Bibl.), RN 71; *P. Schneider* und *Ehmke*, Prinzipien der Verfassungsinterpretation, VVDStRL 20 (1963) S. 1 ff., 53 ff.

dungsregeln[15], die dem Rechtsanwender Anhaltspunkte dafür liefern sollen, wie er mit dem anzuwendenden Normtext lege artis umzugehen hat, um zu einem richtigen Ergebnis zu kommen. Zu den Interpretationsprinzipien gehören höchst heterogene Kategorien, nicht nur solche, die man als „Grundsätze" im üblichen Sinne bezeichnen könnte. Gemeint sind zum einen bestimmte Methoden, d. h. Erkenntnisverfahren, die dazu führen sollen, den Inhalt eines Normtextes zu bestimmen. Die erkenntnisleitende Bedeutung kann aber auch von bloßen Topoi, von Problemgesichtspunkten ausgehen, die sich aus dem jeweiligen Regelungsbereich (Norm und zugeordneter Sachbereich) ergeben[16]. Letztlich geht es bei den hier in Rede stehenden „Grundsätzen der Grundrechtsinterpretation" um Auslegungselemente, um „Hilfsgesichtspunkte"[17], die im Prozeß der Rechtsfindung als Wegweiser dienen können.

B. Die klassischen Auslegungsregeln

Die Verfassung ist „Gesetz", das Grund-Gesetz des Gemeinwesens. Als solches hat es dieselben Eigenschaften wie jedes andere Gesetz auch[18]: Die Verfassung ist unmittelbar geltendes Recht, und sie hat Verbindlichkeit. Die durch die Institution der Verfassungsgerichtsbarkeit effektuierte Normativität der Verfassung ist gerade die besondere Errungenschaft des Verfassungsstaates. Ist die Verfassung aber ihrem Charakter nach ein Gesetz, so liegt es nahe, bei der Verfassungsinterpretation auch jene Regeln anzuwenden, die seit langem für die Auslegung von (einfachen) Gesetzen praktiziert werden. Allerdings drängt sich sogleich die weitere Frage auf, ob die überkommenen canones der Gesetzesauslegung wegen der besonderen Eigenart des Verfassungsrechts der Modifizierung oder/und Ergänzung durch spezifische Rechtsfindungsregeln für Verfassungsrecht bedürfen.

6
Verfassung als (Grund-)Gesetz

Eigenart des Verfassungsrechts

I. Der überkommene Auslegungskanon

Nach dem gegenwärtigen Stand kennt die Methodenlehre je nach Zählung mindestens sieben Elemente (Methoden, canones, Regeln) der Gesetzesauslegung[19]:
– Die *grammatische* Auslegung (Verbalauslegung), die von der Wortfassung des Normtextes ausgeht und das Spektrum des Wortsinns zu erfassen sucht.
– Die *logische* Interpretation, die durch eine Begriffsanalyse den Textsinn feststellen soll.

7
Elemente der Gesetzesinterpretation

---
15 *Josef Esser*, Vorverständnis und Methodenwahl in der Rechtsfindung, 1972.
16 Dazu unten RN 14 ff.
17 *F. Müller* (FN 12), S. 83.
18 *Isensee* (FN 3), S. 51 f.
19 Vgl. *Stern*, Staatsrecht I (LitVerz.), S. 125 f.; *Ralf Dreier*, in: ders./Friedrich Schwegmann (Hg.), Probleme der Verfassungsinterpretation, 1976, S. 25.

- Die *systematische* Interpretation, die Schlüsse aus dem Gesamtzusammenhang und der Stellung der Norm im Regelungskontext zieht.
- Die *historische* Interpretation, die den Inhalt einer Norm aus deren entwicklungsgeschichtlichen Zusammenhängen zu erschließen sucht.
- Die *genetische* Interpretation, die nach Auslegungshilfen aus der Entstehungsgeschichte der Norm (Gesetzesmaterialien) forscht.
- Die *komparative* Interpretation, die aus Parallelvorschriften und rechtsvergleichenden Beobachtungen und Überlegungen zu Auslegungshilfen zu kommen sucht.
- Die *teleologische* Auslegung, die nach Sinn und Zweck eines Gesetzes fragt, sich am telos der Norm orientiert und die ratio legis zu erkunden sucht.

8
Fehlende Rangfolge der canones

Das Problem besteht darin, daß es eine anerkannte Rangfolge unter den verschiedenen canones nicht gibt. Dies führt dazu, daß die canones wahlweise oder auch kombiniert angewendet werden. Dabei können unterschiedliche Auslegungsmethoden auch zu differierenden, ja konträren Ergebnissen führen. In solchen Fällen muß die prioritäre Methode aus der Angemessenheit im Hinblick auf Norm und Sachverhalt gefunden werden. Bei neuen Gesetzen beispielsweise hat die Entstehungsgeschichte, die sich aus den Berichten und Protokollen des Gesetzgebungsverfahrens ergibt, eine oft – aber keineswegs immer – hilfreiche Bedeutung. Zuweilen wird der Wortlaut eines Gesetzes als unübersteigbare Schranke der Auslegung betont, aber andererseits auch wieder *gegen* den Gesetzeswortlaut entschieden. Überwiegend wird dem Wortlaut und der Entstehungsgeschichte nur ein geringer hermeneutischer Wert beigemessen und das Schwergewicht bei der teleologischen Auslegung gesehen, obwohl auch für deren Überzeugungskraft die Entstehungsgeschichte von großer Bedeutung sein kann. Alles in allem besteht ein vielbeklagter Methodenpluralismus, von dem von maßgeblicher Seite resigniert festgestellt wird, daß er der richterlichen Praxis keine hinreichende Hilfe zu bieten vermöge[20]. Diese Bewertung ist vielleicht etwas zu streng. Denn die canones stehen nicht zur freien, willkürlichen Auswahl. Vielmehr bedarf wiederum der Begründung, warum im konkreten Einzelfall die gewählte und nicht eine andere Auslegungsmethode zum richtigen Ergebnis führen soll. Schon dieser Begründungszwang, der allerdings in der Rechtsprechung nicht durchgehend befolgt wird, erzeugt ein hohes Maß an Nachvollziehbarkeit und Plausibilität der Entscheidung.

Methodenpluralismus

Begründungszwang führt zur Nachvollziehbarkeit und Plausibilität

II. Die verfassungsgerichtliche Praxis

9
Beachtung herkömmlicher Regeln der Gesetzesinterpretation durch das BVerfG

Im Schrifttum wird bemerkt, das Bundesverfassungsgericht habe sich ausdrücklich auf den Boden der soeben dargestellten herkömmlichen Interpretationsregeln gestellt, sich aber entgegen seinen Bekundungen von diesen Auslegungsregeln oft weit entfernt[21]. Diese Feststellung ist nicht ganz zutreffend.

---
20 *Esser* (FN 15), S. 124 ff.; noch krasser *v. Pestalozza* (Bibl.), S. 217 (Methode als nachträgliche „Rationalisierung" von Vor-Urteilen).
21 *Hesse* (Bibl.), § 2 RN 54, 58; *Roellecke* (FN 2).

Das Bundesverfassungsgericht interpretiert in seiner Rechtsprechung nicht nur das Grundgesetz. Im Zusammenhang mit der Anwendung verfassungsrechtlicher Maßstäbe bedarf es vielmehr häufig auch der Auslegung einfacher Gesetze, um beurteilen zu können, ob sie ihrem Inhalt nach mit der Verfassung in Einklang stehen oder ihr widersprechen. Die ausdrücklichen Bekundungen des Bundesverfassungsgerichts, nach welchen die herkömmlichen Auslegungsmethoden Anwendung finden sollen, beziehen sich lediglich auf die Auslegung einfacher Gesetze, die in einem verfassungsgerichtlichen Verfahren zur Überprüfung anstanden[22]. Es gibt keine Aussage dahin, daß die Auslegung des Grundgesetzes selbst ausschließlich nach den herkömmlichen canones zu erfolgen habe. Insoweit hat das Gericht sich vielmehr sowohl der herkömmlichen Auslegungsregeln bedient wie auch zusätzliche Auslegungselemente und Auslegungsargumente verwendet, die speziell dem Charakter des Verfassungsrechts entnommen worden sind. Diese Kombination von herkömmlichen Auslegungsregeln und verfassungsspezifischen (grundrechtsspezifischen) Auslegungsargumenten entspricht der in der herrschenden Staatsrechtslehre vertretenen Position zur Verfassungsauslegung[23]. Die Notwendigkeit ergänzender verfassungsspezifischer (grundrechtsspezifischer) Auslegungsargumente folgt aus dem Ungenügen der klassischen, an (einfachen) Gesetzen orientierten Auslegungscanones.

Ergänzende verfassungsspezifische Auslegungselemente

III. Ungenügen der klassisch-hermeneutischen Methode für die Auslegung von Grundrechten

Die Anwendung der klassischen Auslegungsregeln auf die Interpretation der Verfassung beruht auf der Überlegung, daß die Verfassung ein „Gesetz" ist und alle Eigenschaften der Normativität aufweist. Indessen wird ein Ungenügen der auf einfache Gesetze bezogenen canones damit begründet, daß sich die Normstruktur im Verfassungsrecht sachbedingt von der Normstruktur einfachgesetzlicher Normen unterscheide. Ob ein solcher Unterschied der Normstruktur aus grundsätzlicher Sicht besteht, erscheint problematisch. Die Unterschiede sollen darin liegen, daß den einfachen Gesetzen ein hohes Maß an inhaltlicher Bestimmtheit, Sinnentschiedenheit und normativ-begrifflicher Durchbildung der Gesetzesregeln zukomme. Kennzeichnend sei auch die Einfügung des Gesetzes in einen Kosmos schon bestehender strukturgleicher Regelungen, d.h. in den Zusammenhang einer ausgeformten gesetzlichen Rechtsordnung, von dem aus das einzelne Gesetz seinerseits inhaltlich weiter bestimmt werden könne. Demgegenüber sei die Verfassung fragmentarisch und bruchstückhaft. Die Verfassungsbestimmungen seien im wesentlichen Lapidarformeln und Formelkompromisse. Die Verfassung als Rahmenord-

10
Normstruktur von Verfassungs- und Gesetzesnormen

---

[22] Vgl. die insoweit immer wieder zitierte Entscheidung *BVerfGE 11*, 126 (129f.); ferner etwa *BVerfGE 62*, 1 (45); *Bleckmann*, Zu den Methoden der Gesetzesauslegung in der Rechtsprechung des BVerfG, JuS 2002, S. 942 ff.
[23] Vgl. *Starck*, Verfassungsauslegung, HStR VII, § 164.

nung enthalte keine schon vollzugsfähigen Entscheidungen. Die behauptete Strukturgleichheit von Verfassung und Gesetz erweise sich deshalb als eine Fiktion[24].

11
Strukturunterschiede zwischen privatrechtlichen und öffentlich-rechtlichen Gesetzen

Der so beschriebene Befund hat, soweit man als einfaches Gesetzesrecht die klassischen Partien des durch lange Traditionen inhaltlich gefestigten *Privatrechts* in den Blick nimmt, ein gewisses Maß an Plausibilität, was aber keineswegs für alle Bereiche des Privatrechts gilt. Die einfachen Gesetze des *öffentlichen Rechts* hingegen haben weitgehend eine andere Struktur. Sie enthalten teils nur Zielformeln von hoher Abstraktion, die in ihrer Unbestimmtheit nicht hinter grundrechtlichen Verbürgungen zurückstehen. Sie enthalten auch nicht nur die für das Zivilrecht typischen Konditionalprogramme, sondern auch bloße Zielprogrammierungen[25], wie man sie als für das Verfassungsrecht typisch erachtet. Insoweit, dies sei hier schon eingefügt, ist aber andererseits auch bemerkenswert, daß sich die Auslegung solcher Normen keineswegs mit einem Rückgriff auf die klassischen Auslegungsregeln begnügen kann, sondern in schwierige Abwägungen einmündet, die ihrerseits dann wiederum mangels gesetzlicher Vorgaben nur beschränkt der Gerichtskontrolle unterworfen werden[26]. Konkret: Was unterscheidet normstrukturell etwa die einfachgesetzliche polizeiliche Generalklausel (§ 14 PrPVG) von den Grundrechtsgewährleistungen? Handelt es sich nicht in beiden Fällen um Leerformeln, die beide in gleicher Weise der „Konkretisierung" bedürfen, um auf Einzelsachverhalte anwendbar zu sein? Für die Normstruktur von Grundrechten kann man immerhin auf einige Unterschiede hinweisen. Bei ihnen geht es nicht allein darum, den oft nur mit einem einzigen Wort (Kunst, Wohnung) bezeichneten Schutzbereich anwendbar zu umreißen, sondern auch darum, das Grundrecht gegenüber anderen Grundrechten und gegenüber Gemeinwohlgütern und -interessen abzugrenzen, seine Schranken aufzuzeigen und Rechtfertigungsgründe für Grundrechtseingriffe zu definieren, wobei insbesondere zu den Schranken und Rechtfertigungsgründen im Verfassungstext nur selten überhaupt Aussagen getroffen werden.

12
Klassische Auslegungsregeln nicht als abschließender Kanon

Nach dem Vorgesagten bedarf aber diese Strukturfrage im hier interessierenden Zusammenhang keiner weiteren Vertiefung. Denn schon für die Auslegung und Anwendung einfachen Rechts wird deutlich, daß die herkömmlichen klassischen Auslegungsregeln keineswegs einen *abschließenden* Kanon von Interpretationsregeln bilden, die ihrerseits einen festen Bestand zulässiger Kunstregeln für die Gesetzesauslegung umreißen. Vielmehr hat sich auch schon bei der Auslegung einfachgesetzlicher Normen in der Praxis gezeigt, daß je nach Normstruktur über die klassischen Regeln hinausgegangen wird, wie dies beispielsweise bei gesetzlichen Zielbestimmungen und Planungsnormen der Fall ist.

---

24 *Böckenförde*, NJW 1976, S. 2091.
25 Vgl. *Hoppe*, Zur Struktur von Normen des Planungsrechts, DVBl. 1974, S. 641 ff.; *Di Fabio*, Die Struktur von Planungsnormen, in: FS W. Hoppe, 2000, S. 75 ff.
26 *Schulze-Fielitz*, Verwaltungsgerichtliche Kontrolle der Planung im Wandel, ebd. S. 997 ff.

Deshalb bedarf es keiner besonderen Begründung oder Rechtfertigung, wenn die Auslegung von Grundrechtsbestimmungen entsprechend ihrer besonderen Normstruktur über die klassischen Auslegungsregeln hinausgehend mit zusätzlichen grundrechtsspezifischen Auslegungsargumenten angereichert und insoweit ergänzt wird. Mit anderen Worten: Die klassischen Auslegungscanones finden selbstredend auch bei der Auslegung der Grundrechte Anwendung. Manchmal fördern bereits sie allein ein plausibles Auslegungsergebnis zutage. Es kann aber auch sein, daß die klassischen Auslegungsregeln nicht zu einem befriedigenden Ergebnis führen und weitere Auslegungsargumente herangezogen werden müssen.

13
Grundrechtliche Normstruktur erfordert ggf. weitere Auslegungsargumente

C. Verfassungsimmanente und grundrechtsspezifische Auslegungselemente

I. Vorbemerkung zur Methodik

In der Methodenlehre sind unterschiedliche Ansätze für eine spezifische Verfassungsinterpretation entwickelt worden, die die überkommenen canones der Gesetzesauslegung ersetzen oder ergänzen sollen. Die insoweit schon im Jahre 1976 von *Ernst-Wolfgang Böckenförde*[27] vorgenommene eindringliche Bestandsaufnahme beschreibt nach wie vor den geltenden Zustand der Methodik. Danach werden neben der herkömmlichen klassisch-hermeneutischen Methode als weitere diese teils ersetzende, teils ergänzende Methoden genannt: die topisch-problemorientierte Methode[28], die wirklichkeitswissenschaftlich orientierte[29] und die hermeneutisch-konkretisierende Verfassungsinterpretation[30]. Hierzu wird festgestellt, daß in der verfassungsgerichtlichen Praxis die topisch-problemorientierte Auslegungsmethode zunehmend praktiziert wird[31]. Diese aus der Perspektive des Jahres 1976 getroffene Feststellung kann auch für die seither ergangene Rechtsprechung durchweg bestätigt werden. Die verfassungsgerichtliche Rechtsprechung sieht im Ganzen so aus, daß für jeden zu entscheidenden Fall der Prüfungs- und Interpretationsansatz in spezifischer Weise, d.h. orientiert am Sachverhalt und dem jeweils anzuwendenden engeren normativen Kontext gesucht wird. Die Festlegung auf eine bestimmte spezifische Auslegungsmethode ist nicht erkennbar[32]. Es lassen sich lediglich einzelne immer wieder verwendete Denk- und Argumenta-

14
Bestandsaufnahme der Methodik im Jahre 1976

Spezifischer Interpretationsansatz je nach Einzelfall

---

27 Die Methoden der Verfassungsinterpretation – Bestandsaufnahme und Kritik, NJW 1976, S. 2089ff.; aus neuerer Zeit: *F. Müller* (FN 12).
28 Einflußreich insoweit insbesondere *Ehmke* (FN 14), S. 53 ff.; vgl. auch *Scheuner*, VVDStRL 22 (1965), S. 61 f.; ferner *Martin Kriele*, Theorie der Rechtsgewinnung, 1967, S. 132 ff. und *F. Müller* (FN 12).
29 Vgl. *Rudolf Smend*, Verfassung und Verfassungswirklichkeit, in: *ders.*, Staatsrechtliche Abhandlungen, ²1968, S. 188 ff.
30 *Hesse* (FN 12); vgl. auch *F. Müller* (FN 12), 154ff.
31 *Böckenförde*, NJW 1976, S. 2091 f.; *Stern* (Bibl.), S. 1654.
32 Vgl. auch *F. Müller* (FN 12), S. 118.

tionsfiguren ausmachen, die die Auslegung von Grundrechten dominierend leiten und dirigieren. Diese Argumentationsfiguren sollen im folgenden vor allem zur Darstellung kommen.

15
Gestaltungsspielraum bei Distanz zur Normbindung

Was die soeben genannten unterschiedlichen Auslegungsmethoden anbetrifft, so ist ihnen gemeinsam, daß sie sich von der strengen Bindung an den Normtext entfernen, insofern von den klassischen Auslegungscanones bewußt abweichen und damit erhebliche Auslegungs- und Gestaltungsspielräume für den Verfassungsanwender, speziell die Verfassungsgerichtsbarkeit eröffnen. „Im praktischen Vollzug bedeutet dies, daß dem Interpreten eine beinahe unbegrenzte Offenheit der Argumentation zugestanden wird, um seine (wie gewonnene?) Vorstellung von der Angemessenheit der Fall-/Problemlösung zur Geltung zu bringen"[33].

Verfassungswandlung unter der Flagge der Verfassungsauslegung

Die auf diese Weise methodisch unterfangene Interpretationsmacht, die unter der Flagge der Verfassungsauslegung bemerkt oder unbemerkt grundlegende stille Verfassungswandlungen ermöglicht, ist solange hinreichend gezähmt und nicht explosiv, wie sie von einem breiten Konsens über die Grundaussagen der Verfassung getragen und durch eine allgemein anerkannte Verfassungstheorie (Grundrechtstheorie) fundiert wird[34]. Da dieser Konsens mehr denn je ins Wanken geraten ist, können auch Grundrechtsentscheidungen der Verfassungsgerichte dazu führen, daß sie von der ganz überwiegenden Mehrheit der Bevölkerung abgelehnt werden und erhebliche Unruhe verursachen, wofür der Kruzifix-Beschluß[35] des Bundesverfassungsgerichts ein lehrreiches Beispiel bildet.

Extensive Kompetenznutzung durch Hoheitsträger

Erfahrungsgemäß nimmt sich jeder so viel Macht, wie ihm ungehindert zugestanden wird. Insbesondere neigen hoheitliche Kompetenzträger zur extensiven Auslegung ihrer Kompetenzen. Dementsprechend kann nicht damit gerechnet werden, daß die Verfassungsgerichte sich in ihrer Entscheidungsfreiheit methodisch zügeln lassen. Die pragmatisch verfahrende, eher vom Ergebnis her denkende Verfassungsgerichtsbarkeit[36] kann deshalb nur auf die Weise auf dem Boden einer möglichst rationalen Grundrechtsauslegung und -anwendung gehalten werden, daß der Grundrechtsauslegung gleichsam einzelne Korsettstangen in Gestalt von legitimen und durchstrukturierten Auslegungsargumenten eingezogen werden. Vor allem in diesem Sinne sind die nachfolgenden Ausführungen zu verstehen.

II. Einheit der Verfassung

16
„Einheit der Verfassung" als Harmonisierungsgebot

Von den hier darzustellenden „Hilfsgrundsätzen", die die Auslegung und Konkretisierung von Grundrechten anleiten und dirigieren können, ist an erster Stelle zu nennen das „Prinzip der Interpretation der Verfassung als

---

33 *Böckenförde*, NJW 1976, S. 2092.
34 *Böckenförde* aaO.
35 BVerfGE 93, 1; dazu *Starck*, in: von Mangoldt/Klein/Starck, GG, Bd. [4]I, Art. 4 RN 26 ff.; *Heckel*, DVBl. 1996, S. 453 ff.; *Badura*, BayVBl. 1996, S. 33 ff., 71 ff.; *Isensee*, Bildersturm durch Grundrechtsinterpretation, ZRP 1996, S. 10; *Merten*, in: FS Stern, 1997, S. 987 ff.; zur Resonanz in der Bevölkerung: *Michael Brenner*, Das gefährdete Grundgesetz, 1997, S. 21.
36 Vgl. *F. Müller* (FN 12), S. 118.

einer Einheit"[37]. Es gilt für die Verfassung als Ganzes und für die Interpretation von Grundrechten in besonderer Weise. „Einheit der Verfassung" bedeutet nicht, daß das Grundgesetz als in sich ruhendes, spannungsloses Ganzes vorausgesetzt wird. „Einheit" in diesem Sinne meint auch nicht systematische oder werthierarchische Geschlossenheit[38]. Vielmehr sind Spannungslagen und Antinomien für das Verfassungsrecht geradezu typisch[39]. Namentlich im Grundrechtsbereich gehören kollidierende Freiheitsrechte, die beispielsweise in dem Gegeneinander von positiver und negativer Religionsfreiheit[40] (Schulgebet, Kruzifix) ihre äußerste Zuspitzung erfahren, zu den seit jeher zu bewältigenden Verfassungskonflikten. „Einheit der Verfassung" heißt also nicht prästabilierte Harmonie, sondern ist Aufgabe der Interpretation. „Einheit der Verfassung" ist das Ziel, nicht der Maßstab der Interpretation und Konkretisierung von Grundrechten. Es geht um nichts anderes als um das Gebot der Harmonisierung[41] bei der Verfassungsauslegung, namentlich der Grundrechtsinterpretation. Die einzelne Verfassungsvorschrift darf nicht isoliert betrachtet, sondern muß im Zusammenhang der gesamten Verfassung gesehen und so ausgelegt werden, daß das Auslegungsergebnis nicht mit anderen thematisch verwandten Bestimmungen in Widerspruch steht. „Einheit der Verfassung" ist also das Ziel und Leitbild, auf welches die Interpretation ausgerichtet sein muß. Antinomien, Spannungslagen und Grundrechtskollisionen, die nach dem Verfassungstext vorgegeben sind, müssen im Wege der Interpretation im Sinne praktischer Konkordanz aufgelöst werden. Diese Harmonisierung kann freilich, was die Grundrechte betrifft, nur zu einem Teil schon auf der Ebene der Interpretation gelingen. Wie das Beispiel des Schulgebetes, welches viele Jahre lang die Gerichte beschäftigt hat[42], zeigt, sind oftmals Kollisionslösungen im Sinne praktischer Konkordanz nur auf der Ebene der konkreten Grundrechtsanwendung erreichbar. Die „Einheit der Verfassung" ist also nicht mehr und nicht weniger als eine Interpretationsrichtlinie, der die Funktion zukommt, die verfassungsrechtlich vorgegebenen Spannungsverhältnisse in das richtige Maß zu bringen, also widerstreitende Prinzipien und Normen des Grundgesetzes zu erkennen und die sich überlagernden Wirkungsbereiche nach beiden Seiten einzuengen und zur Konkordanz zu bringen.

> „Einheit der Verfassung" als Interpretationsziel, nicht als Interpretationsmaßstab

---

37 Vgl. *v. Pestalozza* (Bibl.), S. 438; auch in: Dreier/Schwegmann (FN 19), S. 224; *Ehmke* (FN 14), S. 77 ff.; *Scheuner*; VVDStRL 22 (1965), S. 53; *Ossenbühl*, Probleme und Wege der Verfassungsauslegung, DÖV 1965, S. 649 ff.; auch in: *ders.*, Freiheit, Verantwortung, Kompetenz, Gesammelte Abhandlungen, 1994, S. 3 ff. (15); *Hesse* (Bibl.) RN 71; *Dagmar Felix*, Einheit der Rechtsordnung, 1998, S. 181 ff.; *Stern* (Bibl.), S. 1742 ff.; kritisch die ausführliche Monographie von *Friedrich Müller*, Die Einheit der Verfassung, 1979.
38 *Ehmke* (FN 14), S. 77.
39 Vgl. etwa *Achterberg*, Antinomien verfassungsgestaltender Grundentscheidungen, in: Der Staat 8 (1969), S. 159 ff.; ferner beispielhaft das Verhältnis von Art. 38 Abs. 2 GG (freies Mandat) zu Art. 21 GG (Institutionsgarantie der Parteien).
40 Vgl. *Starck* (FN 35) RN 22 ff.; *Ossenbühl*, Erziehung und Bildung. Ein Bericht über die Bedeutung und Interpretation kultureller Grundrechte in der Rechtsprechung der Oberverwaltungsgerichte, AöR 98 (1973), S. 361 ff. (375 ff.); → Bd. II: *Merten*, Negative Grundrechte.
41 *V. Pestalozza* (FN 37); *Isensee*, Verfassungsrecht als „politisches Recht", HStR VII, § 162 RN 41.
42 Vgl. die N. in FN 40.

III. Grundrechte und Kompetenzen

17
Harmonisierungsprobleme bei Kompetenz- und Organisationsvorschriften

Das Gebot der Harmonisierung als Interpretationsrichtlinie erscheint für Grundrechtskollisionen als Selbstverständlichkeit. Nicht ebenso selbstverständlich ist jedoch die Frage, ob die Grundrechte auch mit den Kompetenz- und Organisationsvorschriften des Grundgesetzes thematisch in Berührung kommen können und von diesen sowohl ihrem Inhalt wie ihrer Schrankenbestimmung nach ausgelegt und definiert werden können.

18
Extrempositionen

Die Extrempositionen bestehen darin, zum einen Grundrechte und Kompetenzvorschriften der Verfassung in einen Topf zu werfen, wie dies *Ehmke* im Anschluß an amerikanische Vorbilder tut[43]; zum andern darin, Grundrechte und Organisationsrecht der Verfassung streng voneinander zu trennen[44]. Demgegenüber wird man daran festhalten müssen, daß Grundrechte und Kompetenzbestimmungen zwar etwas grundsätzlich Verschiedenes sind, aber beide andererseits keineswegs gegeneinander streng abgeschottet werden dürfen. Vielmehr können sachlich-thematische Verbindungen zwischen Grundrechten und Kompetenzvorschriften bestehen, die auch bei der Grundrechtsinterpretation berücksichtigt werden müssen. Insoweit stellt sich die Frage, ob aus dem Regelungsinhalt einer Kompetenzvorschrift Rückschlüsse auf den Gewährleistungsinhalt und die Schranken von Grundrechten gezogen werden

Grundrechtsbeeinflussung durch Kompetenznormen

können oder auch umgekehrt. Insoweit hat das Bundesverfassungsgericht beispielsweise aus Art. 73 Nr. 1 GG, der in der Fassung von 1954 dem Bund die ausschließliche Gesetzgebung über „die Verteidigung einschließlich der Wehrpflicht für Männer vom vollendeten 18. Lebensjahr an" zuwies, gefolgert, daß grundrechtliche Einwendungen gegen den Grundsatz der allgemeinen Wehrpflicht unbegründet seien, denn Art. 73 Nr. 1 GG sei „mehr als eine bloße Kompetenzbestimmung". Die Verfassung selbst stelle klar, daß ein Bundesgesetz, das die allgemeine Wehrpflicht einführt, ihr insoweit auch materiell nicht widerspreche[45]. Der in Rede stehenden Kompetenzbestimmung wird also eine über die Zuständigkeitszuweisung hinausgehende inhaltliche Aussage entnommen, die ihrerseits als gleichrangiger Verfassungsinhalt den Grundrechten entgegengehalten wird. In ähnlicher Weise sieht das Bundesverfassungsgericht den Grundrechts-Kompetenz-Zusammenhang in seinen Urteilen zur Kriegsdienstverweigerung[46]. Dort wird den Vorschriften der Art. 12 a, 73 Nr. 1, 87 a und 115 b GG „eine verfassungsrechtliche Grundentscheidung für eine wirksame militärische Landesverteidigung" entnommen und der „Einrichtung und Funktionsfähigkeit der Bundeswehr" „verfassungsrechtlicher Rang" zugesprochen. Diese aus Kompetenznormen abgeleitete „verfassungsrechtliche Grundentscheidung" wird sodann als Schranke auch vorbehaltloser Grundrechte eingesetzt[47].

---

43 (FN 14) S. 89 ff.; ebenso *v. Pestalozza* (FN 37), S. 225 ff.; kritisch *Roellecke* (FN 2), S. 47.
44 In diese Richtung das Sondervotum von *Böckenförde* und *Mahrenholz* in: *BVerfGE* 69, 59 ff.
45 *BVerfGE* 12, 45 (50).
46 *BVerfGE* 28, 243; 69, 1 (21).
47 → Bd. III: *Papier*, Beschränkungen vorbehaltlos gewährleisteter Grundrechte.

Ungeachtet dessen, wie man diese Entscheidungen im einzelnen zu würdigen hat, weisen sie doch in die richtige Richtung. Immer dann, wenn Kompetenz- oder Organisationsnormen einen „überschießenden" materiellen normativen Gehalt haben, ist dieser Gehalt, da mit Verfassungsrang ausgestattet, in der Lage, im Wege der harmonisierenden Verfassungsauslegung auf den Inhalt oder die Schranken der Grundrechte einzuwirken[48]. Die große Preisfrage ist dann allerdings zum einen, wo solche „überschießenden" Normgehalte aufgewiesen werden können[49], und zum andern, ob sie „kräftig" genug sind, um auf den Gewährleistungsinhalt des jeweiligen Grundrechts einzuwirken[50].

19
„Überschießende" Gehalte von Kompetenz- und Organisationsnormen als Grundrechtsschranken

IV. Effektivität der Grundrechte

Im Frühstadium seiner Rechtsprechung hat das Bundesverfassungsgericht noch vor dem Lüth-Urteil am Beispiel des Art. 6 Abs. 1 GG seine später mehrfach entfaltete These von der Multifunktionalität der Grundrechte kreiert, nach welcher Art. 6 Abs. 1 GG mehrere Funktionen erfüllt und nicht nur als „eine Bestimmung im Sinne der klassischen Grundrechte", sondern auch als „Instituts- und Einrichtungsgarantie" sowie als „wertentscheidende Grundsatznorm" zu verstehen ist. Aufgabe der Verfassungsrechtsprechung sei es, die verschiedenen Funktionen eines Grundrechts zu erschließen. Dabei sei – so stellt das Bundesverfassungsgericht unter Berufung auf *Thoma* fest – derjenigen Auslegung der Vorzug zu geben, „die die juristische Wirkungskraft der betreffenden Norm am besten entfaltet"[51]. Der damit beschworene Grundsatz der Effektivität der Grundrechte wird in den nachfolgenden Entscheidungen häufiger als Auslegungsargument verwendet[52]. Bemerkenswerterweise wird er aber seit den achtziger Jahren nicht mehr erwähnt[53]. Das Gericht hat ihn nach etwa drei Jahrzehnten zu den Akten gelegt. Nachdem die Ausdehnung der Grundrechte ein beängstigendes Maß angenommen hatte, hat der Grundsatz der Effektivität der Grundrechte als Auslegungsregel inzwischen seinen Zweck offenbar erfüllt.

20
Grundrechtseffektivität als Auslegungsargument

Inaktivierung des Arguments

Das besagt nicht, daß das Gericht die extensive Deutung der Grundrechtsverbürgungen aufgegeben hätte. Die Neuschöpfungen und Erweiterungen bewegen sich allerdings in eine umgekehrte Richtung, indem den Grundrechten nicht mehr nur Freiheit gegenüber dem Staat, sondern auch Schutz durch den

21
Auslegungsextension in umgekehrter Richtung

---

48 In diesem Sinne: *Stern* (Bibl.), S. 582 ff.
49 Vgl. insoweit den inzwischen durch Ergänzung des Art. 20a GG (durch Gesetz zur Änderung des Grundgesetzes [Staatsziel Tierschutz] vom 26.7.2002 [BGBl. I S. 2862]) überholten Streit darum, ob aus der Erwähnung des Tierschutzes in Art. 74 Abs. 1 Nr. 20 GG auf eine Anerkennung des Tierschutzes als Verfassungsgut geschlossen werden kann; dazu *Ossenbühl*, Wissenschaftsfreiheit und Gesetzgebung, in: FS Schiedermair, 2001, S. 505 (518) m.N.
50 Vgl. insoweit zum Verhältnis von „Einrichtung und Funktionsfähigkeit der Bundeswehr" als Verfassungsgut einerseits und Art. 4 GG andererseits: BVerfGE 69, 1 (22 f.) sowie das Sondervotum *Mahrenholz/Böckenförde*, ebd. S. 65.
51 *BVerfGE* 6, 55 (72).
52 Vgl. *BVerfGE* 32, 54 (71); *39*, 1 (38); *43*, 154 (167); *51*, 97 (110); *57*, 70 (99); *59*, 231 (265).
53 *BVerfGE* 76, 49; *80*, 93.

Staat entnommen wird[54], wobei allerdings die extensiven Auslegungstendenzen hier infolge der sachlichen Beschränkungen des möglichen Schutzes schnell an ihre Grenzen stoßen[55]. In der Theorie wird die Grundrechtseffektivität von der Auslegung in das Stadium der Anwendung verlagert, indem die Grundrechte als Optimierungsgebote gedeutet und im Prozeß der Abwägung zugunsten der Freiheitsgewährleistung eingesetzt werden[56].

Effektivität als Optimierungsgebot in der Grundrechtsanwendung

22

Grundrechtseffektivität als Scheinbegründung

Bei Lichte betrachtet ist der Grundsatz der Grundrechtseffektivität aber keine Interpretationsrichtlinie, die geeignet wäre, die Erkenntnis über den Inhalt einer vorgegebenen Norm zu fördern, vielmehr handelt es sich ganz so wie bei der vom Europäischen Gerichtshof praktizierten integrationsfreundlichen Auslegung, wonach die Auslegung europäischer Normen am Maßstab ihrer „nützlichen Wirksamkeit" (effet utile) zu orientieren ist, nicht um ein Prinzip der Erkenntnis, sondern um eine Scheinbegründung für die Durchsetzbarkeit erwünschter Entwicklungen. Deshalb ist es folgerichtig, ihn von der Liste der legitimen Auslegungselemente zu streichen.

V. In dubio pro libertate

23

Freiheitsvermutung eher Abwägungsgesichtspunkt als Auslegungsregel

Als eine Variante der Grundrechtseffektivität erscheint vielen der Auslegungsgrundsatz in dubio pro libertate. Diese Freiheitsvermutung hat vielfach Zustimmung, aber auch ebenso energische Kritiker gefunden[57]. Fest steht zunächst, daß es eine Freiheitsvermutung als allgemeine oder grundsätzliche Auslegungsregel nicht geben kann, weil sie Gemeinschaftswerte per se in den Nachrang verweisen würde[58]. Die Freiheitsvermutung würde einseitig individualistische Deutungen der Grundrechte favorisieren, die dem gemeinschaftsbezogenen Menschenbild des Grundgesetzes[59] nicht entsprechen würden. Andererseits ist ungeachtet der Frage, ob Vermutungen nur im Tatsachenbereich, nicht aber im Rechtsbereich anwendbar sind[60], nicht zu leugnen, daß das non liquet-Problem auch im verfassungsgerichtlichen Verfahren auftauchen kann[61] und sich die Frage ergibt, wohin sich die Waagschale der Entscheidung neigen soll. In diesem Falle kann möglicherweise aus dem engeren Kontext folgen, daß sich bei einer Abwägung eine Ausgangsvermutung für das Gemeinwohl oder für die Freiheitsposition des Bürgers ergibt. Der in dubio pro libertate-Satz erhält damit im Auslegungsprozeß eher die Funktion eines Abwägungsgesichtspunktes als einer Auslegungsregel.

---

54 → Bd. II: *Calliess*, Schutzpflichten.
55 Vgl. zu den Schutzpflichten: *Martin Gellermann*, Grundrechte im einfachrechtlichen Gewande, 2000, S. 236 ff.
56 *Alexy* (Bibl.), S. 75 ff.; *ders.*, Grundrechte als subjektive Rechte und als objektive Normen, in: Der Staat 29 (1990), S. 49 ff.; kritisch *Gellermann* (FN 55), S. 66 ff.
57 Vgl. *Ossenbühl* (FN 37), FN 115; *Stern* (Bibl.), S. 1653 jeweils m.N.; ferner *Marius Raabe*, Grundrechte und Erkenntnis, 1998, S. 252 ff.
58 *Stern* (Bibl.), S. 1653.
59 Vgl. BVerfGE 4, 7 (15); 12, 51.
60 Vgl. *Ehmke* (FN 14), S. 87.
61 *Roellecke* (FN 2), S. 45.

So hat das Bundesverfassungsgericht beispielsweise im Kontext des Grundrechts der Meinungsfreiheit die Regel aufgestellt, daß eine grundsätzliche Vermutung zugunsten der freien Rede in einer die Öffentlichkeit wesentlich berührenden Frage gilt[62]. Diese Vermutung wird aus dem „Wertgehalt der Meinungsfreiheit in der freiheitlichen Demokratie" abgeleitet. Sie führt zu einer deutlichen Privilegierung der Medien und einer kaum noch nachvollziehbaren Minimierung des Ehrenschutzes, die vielfach kritisiert worden ist[63].

Begünstigung der freien Rede als Minimierung des Ehrenschutzes — **24**

V. Grundrechte und einfaches Gesetz

Die in Art. 1 Abs. 3 GG vorgesehene Bindung des Gesetzgebers an die Grundrechte gilt als eine besondere Errungenschaft des Grundgesetzes gegenüber der Weimarer Verfassung. Grundrechte gelten nicht mehr nach Maßgabe der Gesetze, sondern umgekehrt Gesetze nach Maßgabe der Grundrechte. Aus dieser Sicht erscheint auch die Frage beantwortet, ob Grundrechte in ihrem Inhalt wenigstens partiell auch durch das einfache Gesetzesrecht bestimmt werden und solche Gesetze zur Interpretation der Grundrechte herangezogen werden müssen. Indessen ist das Problem erheblich komplizierter, wie gleich mehrere Habilitationsschriften aus der jüngsten Zeit zeigen[64]. Grundrechte fallen nicht vom Himmel, und sie fallen vor allem nicht in ein „raum-zeitloses, empirisch-politisch-soziales Vakuum"[65]. Vielmehr sind Grundrechte normative Antworten auf Bedrohungen der menschlichen Selbstbestimmung, die in unterschiedlichen historischen Epochen hervorgetreten sind und gegen die der Schutz der Grundrechte erkämpft worden ist. Gegenstand dieses Grundrechtsschutzes war und ist nicht nur die im liberalen Sinne verstandene vorstaatliche Freiheit, sondern es sind auch überkommene, gewachsene, rechtlich geordnete Institute und Besitzstände, die es gegen staatliche Eingriffe zu erhalten und zu verteidigen gilt. Die einleuchtendsten Beispiele hierfür sind Ehe und Familie sowie das Eigentum. Bei beiden Instituten handelt es sich um rechtlich vorgeprägte historisch gewachsene Lebensformen resp. Rechtsgüter, die mit Hilfe der grundrechtlichen Verbürgungen im Kern auf Dauer erhalten bleiben sollen, weil sie vom Verfassungsgeber als für das Gemeinwesen besonders wertvoll und unentbehrlich eingeschätzt worden sind[66]. Was hier also grundrechtlich geschützt werden soll, ist nicht vorstaatliche unreglementierte Freiheit, sondern ein überkommener Bestand an Rechtsgütern, der im Laufe der Zeit durch den einfachen Gesetzgeber ausgeformt und geprägt worden ist. Die grundrechtlichen Sicherungen und Verbürgungen sollen Ehe und Familie sowie Eigentum selbstredend nicht

Kompliziertes Verhältnis von Grundrecht und einfachem Gesetz — **25**

Grundrechte schützen nicht nur Freiheit, sondern auch überkommene Rechtsgüter

---

62 *BVerfGE* 7, 198 (208); *61*, 1 (11); *30*, 241 (249); *Grimm*, NJW 1995, S. 1697 (1703); *Scholz/Konrad*, AöR 123 (1998), S. 60 (102).
63 Vgl. *Kriele*, NJW 1994, S. 1898; *Isensee*, in: FS Kriele, 1997, S. 5 ff.; *Peter J. Tettinger*, Ehre – ein ungeschütztes Verfassungsgut?, 1995; *Ossenbühl*, Medienfreiheit und Persönlichkeitsschutz, in: Bitburger Gespräche, Jahrbuch 1999/I, S. 73 ff.
64 *Matthias Jestaedt*, Grundrechtsentfaltung im Gesetz, 1999; *Gellermann* (FN 55).
65 *Jestaedt* aaO. S. 27.
66 → Bd. II: *Kloepfer*, Einrichtungsgarantien.

einer Fortentwicklung und Modifizierung durch den Gesetzgeber entziehen, den historischen und rechtlichen Entwicklungszustand nicht zementieren und auf ein bestimmtes Datum fixieren. Andererseits soll der Gesetzgeber aber auch nicht befugt sein, die grundrechtlich geschützten Grundrechtsbereiche und Grundrechtsgüter zu beseitigen oder auch nur in ihrem Kern und Wesen zu verändern. Insoweit ist in der Tat der Wesensgehalt der Grundrechte[67] inhaltlich durch einfache Gesetze vorgegeben, so daß die Vorstellung von „Grundrechten aus der Hand des Gesetzgebers"[68] jedenfalls nicht mehr widersprüchlich, sondern im Gegenteil naheliegend erscheint.

26 *Problematische Differenzierung zwischen „Ausgestaltung" und „Einschränkung"*

Zugleich aber scheint man sich einem Zirkel zu nähern und im Kreise zu drehen, wenn man danach fragt, was der Gesetzgeber denn nun noch regeln kann und bei welchen Regelungen ihm grundrechtlich die Hände gebunden sind. Hier wird mit allerlei Begriffen versucht, des Problems Herr zu werden. Vor allem beruft man sich, wenn es darum geht, dem Gesetzgeber Regelungsbefugnisse zu erschließen, darauf, daß eine „Ausgestaltung" von Grundrechten notwendig sei, um ihnen überhaupt eine greifbare Substanz zu geben; „Ausgestaltung" sei etwas qualitativ anderes als „Einschränkung". Andererseits besteht die Gefahr, daß unter dem „harmlosen Etikett"[69] der Ausgestaltung dem Gesetzgeber Zugang zum geschützten Kernbereich des Grundrechts eröffnet wird. Des weiteren muß aber auch bedacht werden, daß das Bundesverfassungsgericht, welches das Grundgesetz letztverbindlich interpretiert, *seine* „Kernvorstellungen" von einem Grundrecht als Verfassungsinhalt dem Gesetzgeber entgegenhält und ihn so in seiner Gestaltungsfreiheit einengt.

„Wer definiert die Grundrechte?"

Beide Seiten wollen und sollen zu ihrem Recht kommen: der Gesetzgeber mit der ihm zukommenden Befugnis zur Fortentwicklung und Gestaltung grundrechtlich geschützter Lebensbereiche und Rechtsgüter auf der einen und das Bundesverfassungsgericht, welches den Selbststand der Verfassung[70] und die Schutzwirkung der Grundrechte zu bewahren hat, auf der anderen Seite.

Unmöglichkeit pauschaler Antworten

Also: „Wer definiert die Grundrechte[71]?" Die Antwort kann selbstredend nicht pauschal lauten. Sie muß für jedes Grundrecht individuell beantwortet werden. Von vornherein rechtsgeprägte Grundrechte, wie Art. 6 Abs. 1 oder Art. 14 GG, unterliegen einer größeren Regelungsmöglichkeit durch den Gesetzgeber als Grundrechte, die eher einen vorstaatlichen Freiheitsbereich umreißen, wie beispielsweise die Kunstfreiheit oder die Wissenschaftsfreiheit. Im übrigen müssen für jedes Grundrecht Kriterien entwickelt werden, die über die allgemeinen verfassungsrechtlichen Prüfmaßstäbe wie Grundsatz der Verhältnismäßigkeit[72] und Prinzip des Vertrauensschutzes sowie Gleichheits-

---

67 → Bd. III: *Leisner-Egensperger*, Wesensgehaltsgarantie.
68 *Herzog*, Grundrechte aus der Hand des Gesetzgebers, in: FS W. Zeidler, 1987, S. 1415 ff.; *Nierhaus*, Grundrechte aus der Hand des Gesetzgebers?, AöR 116 (1999), S. 72 ff.
69 *Gellermann* (FN 55), S. 10; → Bd. III: *Degenhart*, Grundrechtsausgestaltung und Grundrechtbeschränkung.
70 Vgl. *Isensee* (FN 41), RN 49 ff.; *Walter Leisner*, Von der Verfassungsmäßigkeit der Gesetze zur Gesetzmäßigkeit der Verfassung, 1963; *dens.*, Die Gesetzmäßigkeit der Verfassung, JZ 1964, S. 201.
71 So die Schrift von *Josef Isensee*, Wer definiert die Grundrechte?, 1980.
72 → Bd. III: *Merten*, Verhältnismäßigkeitsgrundsatz.

satz⁷³ hinaus grundrechtsspezifische Gehalte zutage fördern, wie beispielsweise die Kriterien der „Privatnützigkeit" und der „Verfügungsbefugnis", die vom Bundesverfassungsgericht als prägende Kriterien des Eigentums angewendet werden[74].

VII. Ausstrahlungswirkung

Unter der Rubrik „Interpretationsprinzipien" wird auch der Topos der „Ausstrahlungswirkung" von Grundrechten aufgeführt[75]. Die Ausstrahlungswirkung steht im sachlichen Kontext der Multifunktionalität von Grundrechten. Diese wird darin gesehen, daß Grundrechtsverbürgungen nicht nur der Abwehr staatlicher Eingriffe in den Freiheitsbereich des Bürgers dienen sollen, sondern überdies auch als wertentscheidende Grundsatznormen zu verstehen sind und des weiteren Leistungs- und Schutzansprüche implizieren. Darauf wird noch an späterer Stelle des Näheren einzugehen sein. Die „Ausstrahlungswirkung" von Grundrechten ist eine Folge ihrer Deutung als „wertentscheidende Grundsatznormen" („verbindliche Wertentscheidungen"). Mit dieser Deutung wird den Grundrechten über die subjektiv-rechtliche Abwehrkomponente hinaus eine objektiv-rechtliche Dimension hinzugefügt, die kraft des Vorrangs der Verfassung geeignet ist, Auslegung und Anwendung des einfachen Rechts zu beeinflussen. Ursprünglich hat die Ausstrahlungswirkung dazu gedient, die Anwendung der Grundrechte im Privatrechtsbereich zu ermöglichen[76]. In der Folgezeit ist die Ausstrahlungswirkung auf die gesamte Rechtsordnung ausgedehnt worden. Ein „strahlensicheres Rechtsgebiet"[77] ist nicht mehr denkbar. Hermeneutisch folgen aus der Ausstrahlungswirkung der Grundrechte gravierende Konsequenzen für die Auslegung und Anwendung des einfachen Rechts, nicht aber der Grundrechte selbst. Die Ausstrahlungswirkung betrifft den Geltungs- und Anwendungsbereich und den Rechtscharakter der Grundrechte[78], vermittelt aber keinen Aufschluß über ihren Gewährleistungsinhalt. Die Ausstrahlungswirkung ist deshalb für die Auslegung von Grundrechten keine Interpretationshilfe.

27
Ausstrahlungswirkung als Erscheinungsform grundrechtlicher Multifunktionalität

Ausstrahlungswirkung für Grundrechtsauslegung nicht bedeutsam

VIII. Güterabwägung

Ein weiterer Schlüsselbegriff der Auslegung und Anwendung von Grundrechten ist die „Güterabwägung". Sie betrifft den Entscheidungsprozeß bei Kollisionslagen (Spannungsverhältnissen), die sich innerhalb der Verfassung in unterschiedlichen Varianten ergeben können: Grundrechte gegen Grund-

28
Hermeneutischer Stellenwert der Güterabwägung

---

73 → Bd. V: *Pietzcker*, Der allgemeine Gleichheitssatz.
74 *BVerfGE* 52, 1 (30); *82*, 6 (16); *83*, 209 (210f.); *84*, 382 (384); *88*, 366 (384); *89*, 1 (6).
75 Vgl. *Roellecke* (FN 2), S. 34.
76 *BVerfGE* 7, 198 (205ff.) – Lüth –.
77 *Roellecke* (FN 2), S. 36.
78 Vgl. *BVerfGE* 7, 198 (205): „prinzipielle Verstärkung der Geltungskraft der Grundrechte".

rechte (Schulgebet[79], Lebachfall[80]); Grundrechte gegen Gemeinschaftsgüter (Art. 12 Abs. 1 GG: z. B. Volksgesundheit, Verbraucherschutz etc.[81]), Gemeinwohlgüter gegen andere Gemeinwohlgüter[82]. Der hermeneutische Stellenwert der Güterabwägung ist merkwürdig: Einerseits wird im Falle einer Grundrechtskollision[83] durch die Güterabwägung dem Grundrecht letztlich eine bestimmte inhaltliche und normative Bedeutung zugewiesen, andererseits ist die Güterabwägung ein „Rechtsfindungsvorgang ohne Maßstäbe" und deshalb letztlich doch wieder kein Auslegungselement, weil sich aus dem Vorgang allein keine Erkenntnisse über den Gewährleistungsgehalt von Grundrechten gewinnen lassen. Die Notwendigkeit einer Güterabwägung ist die Konsequenz einer Deutung von Grundrechten als objektiven Wertentscheidungen. Für diese Wertentscheidungen bestehen aber keine Rangordnungen, Hierarchien oder Rangabstufungen[84]. Eine Wertrangordnung der Grundrechte, an der man sich orientieren könnte, fehlt. Wenn das Bundesverfassungsgericht einige Grundrechte als „preferred freedoms" behandelt, wie insbesondere das Grundrecht der Meinungsfreiheit, liegt dem ein Verfassungsverständnis zugrunde, welches im Grundrechtskatalog keine Stütze findet[85]. Mangels entsprechender Wertmaßstäbe kann eine Güterabwägung auf der Prinzipienebene, also in abstrakt-genereller Gegenüberstellung von Grundrechten, nicht stattfinden. Die Abwägungsebene ist die alle Umstände umfassende konkrete Situation des Einzelfalles[86]. Ob etwa öffentliche Interessen oder Gemeinwohlgüter oder überwiegende Interessen anderer eine Grundrechtsposition zurückdrängen, „ist auf Grund aller Umstände zu ermitteln[87]", die sich im Einzelfall ergeben. Abwägung bedeutet also Einzelfallabwägung. Die Abwägungskriterien müssen hier aus der spezifischen Sachnähe gewonnen werden. Sie lassen sich günstigenfalls in einem längeren Abklärungsprozeß auf einer mittleren Abstraktionsebene durch abstrakt formulierte, falltypische Entscheidungsmuster in einer Weise bestimmen, daß der Vorgang der Grundrechtsanwendung rationaler und rechtssicherer gestaltet werden kann[88].

29 Güterabwägungen sind das gebotene Mittel bei Kollisionen zwischen ranggleichen Verfassungsgütern. Sie bewegen sich auf der horizontalen Ebene des Verfassungsrechts. Umso bemerkenswerter ist die im Kontext des Art. 5 Abs. 2 GG in vertikaler Richtung vorgenommene Güterabwägung, die unter

---

79 Vgl. FN 39.
80 *BVerfGE 35*, 202.
81 Vgl. die Rechtsprechung des BVerfG zu Art. 12 GG (Drei-Stufen-Theorie).
82 Vgl. etwa *BVerfGE 92*, 277 (Amnestie für DDR-Spione).
83 → Bd. III: *Bethge*, Grundrechtskollisionen.
84 Vgl. *Ossenbühl*, in: Der Staat 10 (1971), S. 53 (77 ff.).
85 Vgl. *Ossenbühl*, Medienfreiheit und Persönlichkeitsschutz. Die Entscheidungsstruktur des Bundesverfassungsgerichts in kritischer Perspektive, in: Bitburger Gespräche, Jahrbuch 1999/I, S. 73 ff.
86 Vgl. *Stern* (Bibl.), S. 818; *Ossenbühl*, Abwägung im Verfassungsrecht, in: Wilfried Erbguth u. a. (Hg.), Abwägung im Recht, 1996, S. 25 f. (30) = DVBl. 1995, 904 ff.; zur Rechtsprechung des BVerfG insbes. *Harald Schneider*, Die Güterabwägung des Bundesverfassungsgerichts bei Grundrechtskonflikten, 1979, S. 176 ff.
87 *BVerfGE 7*, 198 (210 f.).
88 Vgl. *Ossenbühl* (FN 84), S. 77 ff., 80; *Alexy* (Bibl.), S. 80 ff. („Vorrangregel").

dem Topos der Wechselwirkungstheorie bekannt und methodisch berüchtigt ist[89]. Nach der Rechtsprechung des Bundesverfassungsgerichts sollen danach die „allgemeinen Gesetze" im Sinne des Art. 5 Abs. 2 GG, die dem Grundrecht der Meinungsfreiheit Schranken ziehen, „in ihrer das Grundrecht beschränkenden Wirkung ... im Lichte dieses Grundrechts gesehen" und so interpretiert werden, daß der besondere Wertgehalt dieses Rechts, der in der freiheitlichen Demokratie zu einer Vermutung für die Freiheit der Rede in allen Bereichen, namentlich aber im öffentlichen Leben, führen muß, auf jeden Fall gewahrt bleibt. Die gegenseitige Beziehung zwischen Grundrecht und „allgemeinem Gesetz" ist also nicht als einseitige Beschränkung der Geltungskraft des Grundrechts durch die „allgemeinen Gesetze" aufzufassen; es findet vielmehr eine Wechselwirkung in dem Sinne statt, daß die „allgemeinen Gesetze" zwar dem Wortlaut nach dem Grundrecht Schranken setzen, ihrerseits aber aus der Erkenntnis der wertsetzenden Bedeutung dieses Grundrechts im freiheitlich-demokratischen Staat ausgelegt und so in ihrer das Grundrecht begrenzenden Wirkung selbst wieder eingeschränkt werden müssen. Nach dieser als „Schaukeltheorie" apostrophierten Methode, die an das „Hin- und Herwandern des Blicks"[90] in der Hermeneutik erinnert, wird also die Bedeutung des jeweiligen Grundrechts in Beziehung gesetzt zu dem durch das schrankenziehende Gesetz bevorzugten Gemeinwohlinteresse oder Individualschutzgut (z.B. Ehre), um aus dieser Gegenüberstellung Maßstäbe für die Auslegung der Enge und Weite des einfachen Gesetzes und damit reflektierend für den Gewährleistungsgehalt des betreffenden Grundrechts zu gewinnen.

IX. Praktische Konkordanz

Praktische Konkordanz ist das Leitmotiv und Ziel der Güterabwägung. Sie ergibt sich auch aus dem Gedanken der Einheit der Verfassung, der im Konkordanzgedanken seine weitere Ausprägung findet. Bei Kollisionslagen darf grundsätzlich kein Verfassungsgut dem andern absolut vorgezogen, also eines von beiden geopfert werden. Vielmehr sind beide zueinander so in Beziehung zu setzen und abzugrenzen, daß sie zu „optimaler" Wirksamkeit gelangen[91], nach anderer Formulierung zu einem „schonendsten Ausgleich[92]" kommen können. Ein eindrückliches Beispiel dafür, wie bei Grundrechtskollisionen praktische Konkordanz durch Abwägung im Einzelfall erreicht werden kann, bilden die unterschiedlichen Lösungen im Falle des Streits um das Schulgebet[93]. Das extreme Gegenstück bildet demgegenüber der grobe Keil des Kruzifix-Beschlusses[94], welches das feinsinnige Gespür anderer einschlägiger Urteile zu Art. 4 GG vollends vermissen läßt.

30
„Praktische Konkordanz" und „schonendster Ausgleich"

---
89 *Stern* (Bibl.), S. 1744; *Ossenbühl* (FN 84), S. 71 ff.
90 *Karl Engisch*, Logische Studien zur Gesetzesanwendung, ²1960, S. 15; zum hermeneutischen Zirkel: *Karl Larenz*, Methodenlehre der Rechtswissenschaft, ⁶1991, S. 206 ff.
91 *Hesse* (Bibl.), RN 72.
92 *Lerche*, Grundrechtsschranken, HStR V, § 122 RN 6.
93 Vgl. die N. in FN 40.
94 Vgl. die N. in FN 35.

X. Rechtsvergleichung

31
Rechtsvergleichung als fünfte Auslegungsmethode

Eine bisher eher im Hintergrund stehende Auslegungshilfe bei der Interpretation von (nationalen) Grundrechten bildet die Rechtsvergleichung mit anderen Verfassungsstaaten[95]. *Häberle* hat die Grundrechtsvergleichung als „fünfte" Auslegungsmethode im Verfassungsstaat empfohlen[96]. Angesichts der Internationalisierung der Grundrechte und ihrer zunehmenden Bedeutung im Prozeß der europäischen Integration braucht man kein Prophet zu sein um festzustellen, daß die komparative Methode der Auslegung des Grundrechtskataloges des Grundgesetzes zunehmend an Bedeutung gewinnen wird. Zarte Ansätze hierfür sind bereits in der bisherigen Rechtsprechung sowohl des Bundesverfassungsgerichts als auch anderer Gerichte zu verzeichnen[97]. In einer Entscheidung des Bundesverfassungsgerichts heißt es generalisierend: „Bei der Auslegung des Grundgesetzes sind auch Inhalt und Entwicklungsstand der Europäischen Menschenrechtskonvention in Betracht zu ziehen, sofern dies nicht zu einer Einschränkung oder Minderung des Grundrechtsschutzes nach dem Grundgesetz führt, eine Wirkung, die die Konvention indes selbst ausgeschlossen wissen will (Art. 60 EMRK). Deshalb dient insoweit auch die Rechtsprechung des Europäischen Gerichtshofs für Menschenrechte als Auslegungshilfe für die Bestimmung von Inhalt und Reichweite von Grundrechten und rechtsstaatlichen Grundsätzen des Grundgesetzes"[98]. – Orientierung bei der Verfassungsauslegung hat das Bundesverfassungsgericht auch bei den „Kulturstaaten" und den „führenden Demokratien der westlichen Welt" gesucht[99]. In einigen Verfassungen europäischer Staaten ist die Auslegung der national verbürgten Grundrechte „in Übereinstimmung" mit über- und internationalen Menschenrechtserklärungen und -kodifikationen ausdrückliches Verfassungsgebot[100].

32
Rechtsvergleichung als Erweiterung nationaler Problemhorizonte

Auch ohne ein solches Verfassungsgebot erscheint die komparative Methode für die Auslegung der Grundrechte nicht nur nützlich, sondern unausweichlich. Zum einen tragen Rechtsvergleiche innerhalb der „Familie" verwandter „Verfassungsstaaten"[101], die durch gemeinsame staatsrechtliche Grundlagen getragen werden und damit auch vergleichbar sind, dazu bei, den nationalen

---

95 → *Sommermann*, § 16: Funktionen und Methoden der Grundrechtsvergleichung.
96 *Peter Häberle*, Grundrechtsgeltung und Grundrechtsinterpretation im Verfassungsstaat, 1989, S. 913; *ders.*, Gemeineuropäisches Verfassungsrecht, in: *ders.*, Rechtsvergleichung im Kraftfeld des Verfassungsstaates, 1992, S. 71 ff. (98 ff.); *Hesse* (Bibl.), RN 71: „unentbehrlicher Bestandteil moderner Verfassungsinterpretation".
97 Vgl. BVerfGE 32, 54 (70) (Grundrecht der Unverletzlichkeit der Wohnung in anderen Verfassungsordnungen); 18, 112 (118) (Todesstrafe und Menschenwürde); 28, 243 (258 f.) (Kriegsdienstverweigerung); 74, 358 (370) (Unschuldsvermutung); *Mössner*, Rechtsvergleichung und Verfassungsrechtsprechung, AöR 99 (1974), S. 193 ff.; *Albert Bleckmann*, Staatsrecht II, Die Grundrechte, ³1989, S. 85 ff.
98 BVerfGE 74, 358 (370).
99 BVerfGE 18, 112 (118).
100 Art. 16 Abs. 2 Verf. Portugal („in Übereinstimmung mit der Allgemeinen Menschenrechtserklärung"); Art. 10 Abs. 2 Verf. Spanien („in Übereinstimmung mit der Allgemeinen Erklärung der Menschenrechte und den von Spanien ratifizierten internationalen Verträgen und Abkommen über diese Materien").
101 *Häberle* (FN 96).

Problemhorizont durch ausländische Erfahrungen und dort bereits vorhandene oder parallel geführte Diskussionen über das zu lösende Problem zu erweitern und damit durch bereits gesammelte Erfahrungen und Erkenntnisse eigene Fehler oder Irrtümer zu vermeiden. Die komparative Methode ist deshalb in der Lage, die argumentativen Möglichkeiten entscheidend zu bereichern und die Plausibilität von Auslegungsergebnissen zu verstärken[102]. Solche Rechtsvergleichungen brauchen sich keineswegs auf die Auslegung einzelner Grundrechtsverbürgungen zu beschränken, sie können und müssen auch die Methodendiskussion als Ganzes erfassen und können auch insoweit neue Erkenntnisse bringen oder zumindest eigene Positionen bestätigen und bekräftigen[103].

Der zweite, aus europäischer Sicht vielleicht wichtigere Grund für eine zunehmende Rechtsvergleichung bei der Grundrechtsauslegung ergibt sich aus dem Prozeß der europäischen Integration. Schon allein der Anwendungsvorrang des Europarechts hat dazu geführt, daß der Schutzbereich der mitgliedstaatlich verbürgten Grundrechte nach dem Maß des Fortschreitens des sekundären Europarechts zurückgedrängt wird, was für die Bundesrepublik Deutschland bedeutet, daß der nationale Grundrechtsschutz auf einen „unabdingbaren Grundrechtsstandard" zurückgestutzt worden ist[104], was man auch immer darunter verstehen mag. Dies bedeutet, daß die mit der europäischen Integration fortschreitende Rechtsvereinheitlichung selbstredend nicht vor den Grundrechten halt macht. Nachdem sich eine nennenswerte Grundrechtsjudikatur des Europäischen Gerichtshofes bisher nicht entfaltet hat[105] und die Europäische Grundrechtecharta[106] der Normativität (noch) ermangelt[107], liegt die Führungsrolle bei der Europäischen Menschenrechtskonvention und dem Europäischen Gerichtshof für Menschenrechte in Straßburg, dem vorausgesagt wird, daß er die Qualität eines europäischen Super-Verfassungsgerichts gewinnen wird[108].

33
Bedeutung der Rechtsvergleichung für die europäische Integration

XI. Funktionellrechtliche Grenzen der Auslegung[109]

Die funktionellrechtliche Betrachtungsweise will eine Entscheidungshilfe insofern bieten, als in Zweifelsfällen (auch) danach gefragt wird, welches Organ resp. welcher hoheitliche Entscheidungsträger nach seiner Organisa-

34
Grundrechtsinterpretation aus Sicht des Kontrollaspekts

---

102 *Mössner* (FN 97), S. 242.
103 Vgl. *Häberle* (FN 96), S. 99; *Heun*, Original Intent und Wille des historischen Verfassungsgebers, AöR 116 (1991), S. 185 ff.; *Hiesel*, Neue Wege in der Grundrechtsinterpretation?, Reflexionen zu methodologischen Positionen von US Supreme Court Justice Antonin Scalia, ZfRV 2000, S. 53 ff.
104 BVerfGE 73, 339 (376, 386) – Solange II –; *89*, 155 (174f.) – Maastricht –; *102*, 147 (162f.) – Bananenmarktordnung –; → Bd. VI: *Skouris*, Nationale Grundrechte und Europäisches Gemeinschaftsrecht.
105 Vgl. *Peter Selmer*, Die Gewährleistung des unabdingbaren Grundrechtsstandards durch den Europäischen Gerichtshof, 1998, S. 122 m.w.N.
106 Vgl. *Grabenwarter*, Die Charta der Grundrechte der Europäischen Union, DVBl. 2001, S. 1 ff..
107 → Bd. VI: *Niedobitek*, Entwicklung und allgemeine Grundsätze der Grundrechtecharta.
108 *Tomuschat*, Das Bundesverfassungsgericht im Kreise anderer nationaler Verfassungsgerichte, in: FS 50 Jahre BVerfG, Bd. I, 2001, S. 245 (283).
109 *Gunnar Folke Schuppert*, Funktionell-rechtliche Grenzen der Verfassungsinterpretation, 1980; *Werner Heun*, Funktionell-rechtliche Schranken der Verfassungsgerichtsbarkeit, 1992; ausführlich und kritisch *Raabe* (FN 57), S. 262 ff.

tion, Zusammensetzung, Funktion und Verfahrensweise über die besten Voraussetzungen verfügt, um die in Betracht stehende Entscheidung richtig zu treffen. Mit diesen Erwägungen wird die Auslegung von Grundrechten nicht von ihrer inhaltlichen Seite, sondern vom Kontrollaspekt her gesehen. Der Blickwinkel, unter dem das Problem der Auslegung von Grundrechten in Erscheinung tritt, ist die Gewaltenteilung[110]. Es geht also nicht dominierend um den Inhalt der Grundrechtsgewährleistungen, sondern um die Frage, wem Mandat und Befugnis zustehen, die Grundrechte letztverbindlich zu interpretieren und zu konkretisieren. Insoweit stellt die funktionellrechtliche Betrachtungsweise nicht nur ein Problem der Grundrechtsauslegung und -anwendung, sondern auch des Verwaltungsrechts dar[111]. Auf der Ebene der Verfassung geht es schlicht um die Frage, wieviel das Bundesverfassungsgericht an grundrechtsverwirklichenden und grundrechtsberührenden Gesetzen kontrollieren darf und inwieweit es die Grundrechtskonkretisierung dem Gesetzgeber überlassen muß, sei es, weil das Parlament auf eine stärkere Legitimation und ein damit verbundenes Mandat verweisen kann, sei es, weil die Maßstäbe der Verfassung zu weich oder zu unsicher sind, um *schon* eine Verfassungswidrigkeit des Gesetzes mit der notwendigen Plausibilität feststellen zu können. Zum anderen geht es mit derselben Fragestellung um die Kontrolle von Entscheidungen der Fachgerichte. Im Raketenstationierungs-Urteil hat das Bundesverfassungsgericht funktionell-rechtliche Überlegungen angestellt, um die Grenze zwischen den Kompetenzen von Parlament und Regierung in der Außenpolitik zu ziehen[112]. Im Zusammenhang der Auslegung und Anwendung von unbestimmten Rechtsbegriffen ist davon die Rede, daß die gerichtliche Kontrolle an die „Funktionsgrenzen der Rechtsprechung" stoßen könne[113].

35 Um die funktionellen Grenzen zu markieren, müssen *spezifische funktionelle Kriterien* entwickelt werden, die auf Profil und Leistungsfähigkeit der jeweiligen Entscheidungsträger abstellen. Formeln wie etwa die vom „spezifischen Verfassungsrecht", welche das Bundesverfassungsgericht bei der Kontrolle von Entscheidungen der Fachgerichte verwendet, sind völlig wertlos. Im Einzelfall sollte man fragen, welche Entscheidung welches Gericht besser treffen kann. Insoweit liegt es beispielsweise auf der Hand, daß ein Fachsenat eines Obersten Bundesgerichts mit fünf erfahrenen Berufsrichtern eine in sein Fachgebiet fallende Sachverhaltsfrage (z.B.: Ist eine Äußerung oder eine Abbildung schon Schmähkritik und sittenwidrig oder nicht?) besser und glaubwürdiger beurteilen kann als eine aus drei Richtern bestehende Kammer des Bundesverfassungsgerichts[114].

---

110 Vgl. *Hesse*, Funktionelle Grenzen der Verfassungsgerichtsbarkeit, in: FS Hans Huber, 1981, S. 261 ff.; *Ossenbühl*, Aktuelle Probleme der Gewaltenteilung, DÖV 1980, S. 545 (548); *Raabe* (FN 57), S. 263.
111 Vgl. *Ossenbühl*, Gedanken zur Kontrolldichte in der verwaltungsgerichtlichen Rechtsprechung, in: FS Redeker, 1993, S. 55 ff. (64 ff.).
112 BVerfGE 68, 1 (86); vgl. zu zwei anderen Entscheidungen: *Rudolf Dolzer*, Verfassungskonkretisierung durch das Bundesverfassungsgericht und durch politische Verfassungsorgane, 1982, S. 56 (Resümee).
113 BVerfGE 84, 34 (50).
114 Vgl. *Ossenbühl*, Medien zwischen Macht und Recht, JZ 1995, S. 633 (640); *Haas*, Sondervotum, in: BVerfGE 93, 266 m.w.N.

XII. Folgenerwägungen

Ein Mittel, um gefundene Auslegungsergebnisse möglicherweise zu korrigieren oder ganz zu verwerfen, ist die Ergebniskontrolle. Ziel der Auslegung ist es, ein Ergebnis zu finden, welches sich in die gesamte Rechtsordnung einfügt. „Ungereimte"[115] oder absurde Ergebnisse wird niemand akzeptieren können, mögen sie methodisch auch noch so „gut" begründet sein. Das richterliche Urteil, namentlich die Auslegung von Grundrechten ist nicht nur für den Einzelfall gedacht; sie soll den Gewährleistungsgehalt auch für die Zukunft festlegen, eine Orientierung für die übrige Rechtspraxis sein, auch für den Gesetzgeber. Deshalb sind Folgenerwägungen nicht nur legitim, sondern notwendig. Sie sind insofern Auslegungshilfen, als sie neben andern Kriterien, das Auslegungsergebnis bestätigend oder korrigierend, letztlich den Gewährleistungsinhalt eines Grundrechts mitbestimmen. Die Rechtsprechung zu Art. 12 Abs. 1 GG, mit dem Apotheken-Urteil am Anfang, zeigt dies in aller Deutlichkeit[116]. Soll eine gesetzlich vorgesehene Zulassungsvoraussetzung zu einem Beruf oder Gewerbe für verfassungswidrig erklärt werden, muß sich das Bundesverfassungsgericht schon genau überlegen, welche praktischen Konsequenzen dieses Urteil für einen Berufs- oder Gewerbezweig hat.

36
Notwendigkeit einer Ergebniskontrolle

D. Grundrechtstheorien und Grundrechtsfunktionen

I. Grundsätzliche Aspekte

Die bisher dargestellte Vielfalt denkbarer und in der Praxis angewendeter Auslegungsargumente, die in topisch-problemorientierter Manier eingesetzt werden, hinterlassen ein Bild, welches aus methodischer Sicht eher Resignation hervorzurufen geeignet ist. Geboten werden unterschiedliche Auslegungsmethoden und Auslegungselemente, die unter sich nicht kompatibel sind, sondern im Gegenteil zu durchaus unterschiedlichen, ja konträren Auslegungsergebnissen führen können. Es fehlt überdies eine Rangordnung der Methoden und Auslegungselemente. Ihre Anwendbarkeit soll von dem jeweils zu entscheidenden Fall abhängen. Die Auswahl der Auslegungsargumente, die ihrerseits das Auslegungsergebnis präjudiziert oder präjudizieren kann, wird in die Hände des Interpreten gelegt und der Auslegungsvorgang damit wieder subjektiviert.

37
Subjektivierung der Auslegung wegen fehlender Rangordnung der Methoden

Andererseits ist das Bemühen offenkundig, den Interpretationsvorgang rational einzuzäunen und möglichst objektiv zu strukturieren. Die dargestellten

38

---

115 *BVerfGE 1*, 190.
116 *BVerfGE 7*, 377 (409 ff.); *Lerche*, Stil und Methode der verfassungsgerichtlichen Entscheidungspraxis, in: FS 50 Jahre BVerfG, Bd. I, 2001, S. 359 weist darauf hin, daß damit erhebliche prozedurale Konsequenzen hinsichtlich Tatsachenfeststellungen und Prognosen verbunden sind; vgl. dazu *Raabe* (FN 57), S. 28 ff.

Auslegungselemente tun aus dieser Sicht insofern ihren Dienst, als sie den Interpreten zur sachlichen und rationalen Argumentation zwingen, sowohl bei der Wahl der Auslegungsargumente wie auch seiner konkreten Verwendung. Dies geschieht unter den kritisch begleitenden Augen der Fachöffentlichkeit, die mangelnde Plausibilität der Argumentation offen legt. Damit ist, dies sei festgehalten, für den Prozeß möglichst objektiver Auslegung schon viel gewonnen. *Mehr* kann nur erreicht werden, wenn die Interpretation auf eine gemeinsame Basis über das grundsätzliche Verständnis des Auslegungsgegenstandes eingeschworen werden kann. In diesem Sinne wird auf der einen Seite festgestellt, daß die Rechtsprechungspraxis der topisch-problemorientierten Methode folgt, aber andererseits aus theoretischer Sicht hinzugefügt, daß diese Art der Auslegung eine gemeinsame Verfassungstheorie resp. Grundrechtstheorie[117] erfordere, die hermeneutisch auch als „Vorverständnis"[118] des Interpreten apostrophiert wird.

39

Ernst-Wolfgang Böckenförde hat solche Grundrechtstheorien aufgeschlüsselt und ihren Zusammenhang mit den Ergebnissen der Grundrechtsinterpretation aufgezeigt[119]. Er unterscheidet folgende Grundrechtstheorien:
– die liberale (bürgerlich-rechtsstaatliche) Grundrechtstheorie,
– die institutionelle Grundrechtstheorie,
– die Werttheorie der Grundrechte,
– die demokratisch-funktionale Grundrechtstheorie,
– die soziale Grundrechtstheorie.

40

Diesen Theorien werden unterschiedliche Grundrechtsfunktionen und Grundrechtsdimensionen zugeordnet: die Abwehrfunktion der Grundrechte, ihre Bedeutung als institutionelle Gewährleistungen und objektive Wertentscheidungen (Grundsatznormen) und der Gehalt der Grundrechte, der sich auf staatliche Leistungen bezieht. Die Erörterung dieser Zusammenhänge hat einen hohen Wert für das Verständnis der Grundrechtsinterpretation und der Grundrechtsentwicklung. Aber es ist nicht zu sehen, auf welche Weise die vorgenommene Systematisierung den Auslegungsprozeß weiter als bisher rationalisieren soll, wenn wiederum offen bleibt, welche Grundrechtstheorie zugrunde zu legen ist.

41

Auch ist ungeachtet des nicht unproblematischen Theoriebegriffs nicht erkennbar, daß die aufgezeigten „Theorien" die ihnen zugeordneten Grundrechtsfunktionen sozusagen hervorgebracht haben, d.h. aus den entsprechenden Theorien „abgeleitet" worden sind. Vielmehr dürfte es so sein, daß die Auslegungsergebnisse, auf topische Weise gewonnen, sozusagen *zuerst* da waren und ihnen erst später eine „Theorie" zugeordnet worden ist. Die „Grundrechtstheorien" von *Böckenförde* erweisen sich damit letztlich als Systematisierungen vorgegebener Auslegungsresultate der Verfassungsrecht-

---

117 Vgl. z.B. *R. Dreier* (FN 19), S. 40; *Böckenförde*, NJW 1974, S. 1537.
118 *V. Pestalozza* (FN 37), S. 218.
119 Grundrechtstheorie und Grundrechtsinterpretation, NJW 1974, S. 1529; vgl. ferner die Bestandsaufnahme bei *Höfling* (Bibl.), S. 50 ff.

sprechung. Insofern sind sie nichts weiter als Klassifikationskategorien, die keine eigene interpretationsleitende Bedeutung haben. Im Schrifttum ist deshalb das Bemühen *Böckenfördes* ohne Widerhall geblieben und auch als „Kästchendenken" verworfen worden[120]. *Böckenförde* selbst ist in späteren Arbeiten nicht mehr auf seinen Theorie-Entwurf von 1976 zurückgekommen[121]. Man muß also das Bestreben, die Grundrechtsauslegung durch eine konsentierte Grundrechtstheorie zu unterfangen, als gescheitert betrachten. Es bleibt dabei, daß das Höchstmaß an rationaler Rechtsfindung nur mittels einer rationalen Begründung der Ergebnisse erreicht werden kann, nicht aber durch Verabsolutierung irgendwelcher Theorien oder Methoden.

Gefahr des „Kästchendenkens" und der Verabsolutierung von Theorien

Im folgenden kann es also nur darum gehen, welche Funktionen und Dimensionen die Verfassungsrechtsprechung, begleitet durch das staatsrechtliche Schrifttum, den Grundrechtsverbürgungen entnommen und erschlossen hat. Des weiteren kann darüber gestritten werden, mit welchem Maß an Rationalität und Plausibilität diese Ableitungen getroffen worden sind. Bei dieser Bewertung ist selbstredend der Kreis der Argumente ebenfalls nicht beschränkt oder hierarchisch geordnet.

42
Ableitung einzelner Dimensionen aus den Grundrechtsverbürgungen

II. Genereller Befund

Bevor auf Einzelfragen eingegangen wird, seien einige Anmerkungen zu einem generellen Befund vorangeschickt. Die Gesamtentwicklung ist dadurch gekennzeichnet, daß den wortkargen Grundrechtsverbürgungen des Grundgesetzes über die klassische Abwehrfunktion hinausgehend in erheblichem Umfange neue Dimensionen und Funktionen entnommen worden sind, die die Mütter und Väter des Grundgesetzes sich nicht vorgestellt haben. Die Multifunktionalität der Grundrechte ist heute feststehende Überzeugung[122]. Die „Konstitutionalisierung"[123] der gesamten Rechtsordnung, von der oft warnend gesprochen wird, die Überflutung der gesamten Rechtsordnung durch Grundrechtsgehalte hat inzwischen ein Maß erreicht, welches nicht nur die Gefahr in sich birgt, daß Grundrechte zu kleiner Münze verkommen; sie hat auch dazu geführt, daß das Bundesverfassungsgericht durch immer weitere Anreicherung der Grundrechtsgehalte sich in die Rolle einer Superrevisionsinstanz „hineinjudiziert" hat.

43
„Konstitutionalisierung" der Rechtsordnung und Multifunktionalität der Grundrechte

Die Abwehrfunktion der Grundrechte wird zwar immer noch „in erster Linie" genannt, ist aber praktisch durch andere Dimensionen in den Hintergrund gedrängt. Die primäre praktische Bedeutung der Grundrechte dürfte heute in ihrer Funktion als objektive Wertentscheidungen (Grundsatznormen) bestehen[124]. Die Ausdeutung der Grundrechte als Leistungs- oder Teil-

44
Funktionen der Grundrechte

---

120 So *Häberle*, JZ 1989, S. 913 (918); vgl. auch *Stern* (Bibl.), S. 1680 ff.
121 Vgl. *Böckenförde*, Zur Lage der Grundrechtsdogmatik (Bibl.).
122 *Niklas Luhmann*, Grundrechte als Institution, 1965, S. 80; *Stern* (Bibl.), S. 1729.
123 *Ossenbühl*, Abwägung (FN 86), S. 37; *Gunnar Folke Schuppert/Christian Bumke*, Die Konstitutionalisierung der Rechtsordnung, 2000.
124 Vgl. zuletzt *BVerfGE* 105, 313 (342 ff.) – Lebenspartnerschaftsgesetz –.

haberechte erscheint aus heutiger Sicht eher als eine überwundene Modeerscheinung der siebziger Jahre des vorigen Jahrhunderts[125]. Die Deutung der Grundrechte als Verfahrensgarantien hatte in den achtziger Jahren Hochkonjunktur[126] und ist gegenwärtig ebenfalls abgeebt. Was die sozialen Grundrechte anbetrifft, gilt Ähnliches[127]. Das die Rechtsprechung begleitende Schrifttum hat in akribischer Form die Auslegungsergebnisse der Rechtsprechung katalogisiert und kommt zu langen Aufzählungen[128]. Die im folgenden aufgeführten Grundrechtsfunktionen geben im wesentlichen die bleibenden Aspekte wieder.

III. Einzelne Grundrechtsfunktionen

1. Klassische Grundrechtsfunktionen

a) Grundrechte als Abwehrrechte

45
Grundrechte als Umhegung eines Freiheitsraums

Als Abwehrrechte des Bürgers gegen den Staat sollen die Grundrechte dem einzelnen einen Raum freier eigener Lebensgestaltung garantieren und ihn deshalb vor staatlichen Eingriffen und Einengungen bewahren, die das bürgerliche Selbstbestimmungsrecht unverhältnismäßig einschränken oder aufheben. In dieser klassischen liberalen Funktion erscheinen die Grundrechte als Umhegungen vorstaatlicher, natürlicher Freiheit, die als „staatsfreie Sphäre" des Individuums gegen den Raum staatlicher Herrschaft abgehoben wird[129]. Der bürgerlichen Freiheit als vorstaatlichem Zustand, als Negation des Staates korrespondiert der durch die Freiheitsrechte konstituierte status negativus, der Grundrechte rechtstechnisch als (negatorische) Unterlassungsansprüche gegen staatliche Einwirkungen in den bürgerlichen Freiheitsbereich erscheinen läßt. Auf diese Weise sind die klassischen Grundrechte „Ausgrenzungen" aus der Staatsmacht, Markierung von Bereichen, „vor denen die Staatsgewalt halt macht"[130]. Diese klassische Funktion der Grundrechte ist nach wie vor ihr unaufhebbares zeitloses Fundament, mag auch das pointiert individualistische Menschenbild dieser Abwehrfunktion inzwischen durch eine die Gemeinschaftsgebundenheit und Gemeinschaftsbezogenheit stärker betonende Sicht gewandelt sein[131]. In der Rechtsprechung des Bundesverfassungsgerichts rangiert die Abwehrfunktion nach wie vor an erster Stelle der verschiedenen Grundrechtsdimensionen[132].

---

125 Es geht im wesentlichen um das Numerus clausus-Urteil des Bundesverfassungsgerichts aus dem Jahre 1972 (*BVerfGE 33*, 303), das vereinzelt geblieben ist und gezeigt hat, daß richterrechtliche Rechtsschöpfung im Leistungsbereich schnell an der Grenze des (finanziell) „Möglichen" endet.
126 Vgl. *Ossenbühl*, Grundrechtsschutz im und durch Verfahrensrecht, in: FS Eichenberger, 1981, S. 183 ff.; *Helmut Goerlich*, Grundrechte als Verfahrensgarantien, 1981; *Peter Lerche/Walter Schmitt Glaeser/ Eberhard Schmidt-Aßmann*, Verfahren als staats- und verwaltungsrechtliche Garantie, 1984.
127 *Hans H. Klein*, Die Grundrechte im demokratischen Staat, 1972.
128 Vgl. *Bleckmann* (FN 97), S. 197 ff.
129 Vgl. die Darstellung von *Eberhard Grabitz*, Freiheit und Verfassungsrecht, 1976, S. 3 ff.; *Isensee*, Das Grundrecht als Abwehrrecht und staatliche Schutzpflicht, HStR V, § 111 RN 21 ff.; *Stern*, Staatsrecht III/1 (LitVerz.), S. 619 ff.
130 *Forsthoff*, VVDStRL 12 (1954), S. 18.
131 Vgl. schon *BVerfGE 4*, 7 (15).
132 Vgl. zuletzt *BVerfGE 105*, 313 (342 ff.) – Lebenspartnerschaftsgesetz – .

b) Institutsgarantien

In ihrer klassischen liberalen Funktion sind die Grundrechte als Abwehrrechte rechtstechnisch als subjektiv-öffentliche Unterlassungsansprüche zu verstehen. Schon in der Weimarer Zeit sind den Grundrechtsverbürgungen aber nicht nur subjektiv-öffentliche Rechte, sondern auch bereits objektiv-rechtliche Gehalte entnommen worden. In ihrer ältesten Form bestehen solche objektiv-rechtlichen Gehalte der Grundrechtsnormen in Gestalt von Institutsgarantien[133]. Durch Institutsgarantien werden bestimmte Einrichtungen und Lebensbereiche, die mit den Grundfreiheiten sachlich verknüpft sind, unter den Schutz der Verfassung gestellt und damit in ihren strukturbildenden Merkmalen gegen Veränderungen abgesichert. Die bekanntesten Beispiele sind die Institutsgarantien der Ehe und Familie und des Eigentums. Wenn Art. 6 Abs. 1 GG Ehe und Familie dem „besonderen Schutz der staatlichen Ordnung" unterstellt, dann enthält diese Grundrechtsnorm mehrere Gewährleistungen zugleich, nämlich sowohl Abwehrrechte des Einzelnen gegen Eingriffe in die Freiheit, eine Ehe mit einem selbst gewählten Partner einzugehen, als auch eine Institutsgarantie der Ehe und Familie und – worauf noch zurückzukommen ist – eine wertentscheidende Grundsatznorm[134].

46 Schutz für grundrechtlich verknüpfte Einrichtungen und Lebensbereiche

Der Sinn der Institutsgarantie besteht darin, die betreffende Einrichtung in ihren strukturbildenden Merkmalen zu erhalten und auch gegen einfachgesetzliche Veränderungen zu schützen. Ob dieser Schutz auch die Unzulässigkeit „konkurrierender vergleichbarer Institute" einschließt, wie die einfachgesetzliche Einführung einer Lebenspartnerschaft zwischen gleichgeschlechtlichen Paaren, ist umstritten[135]. Der Sache nach dienen Institutsgarantien der Verstärkung des Grundrechtsschutzes, indem sie das institutionelle Ambiente der subjektiven Abwehrrechte ebenfalls mit dem Schutz der Verfassung umhegen und stützen. Zugleich bedeuten Institutsgarantien aber auch, daß bestimmte Lebens- und Ordnungsbereiche unabhängig von den subjektiven Abwehrrechten vom Verfassungsgeber als so wertvoll und nützlich für das Gemeinwesen angesehen werden, daß sie nicht durch wechselnde einfache politische Mehrheiten abgeschafft oder strukturell in ihrem Wesen verändert werden sollen. Deshalb genießen sie den Stabilitätsschutz der Verfassung.

47 Institutsgarantien als Verstärkungen des Grundrechtsschutzes

2. Objektiv-rechtliche Grundrechtsfunktionen

Grundrechte sind ihrer historischen Abkunft nach Menschenrechte. Sie sollen dem einzelnen Menschen durch rechtliche Verbürgungen durchsetzbare Ansprüche vermitteln. Insofern sind Grundrechte subjektive Rechte, auf den Einzelnen unmittelbar bezogen und ohne seine Person nicht denkbar. Mit der

48 Konvergenz subjektiv-rechtlicher und objektiv-rechtlicher Schutzgehalte

---

[133] Entwickelt von *Carl Schmitt*, Verfassungslehre, 1928, S. 170 ff.; *ders.*, Freiheitsrechte und institutionelle Garantien der Reichsverfassung (1931), in: *ders.*, Verfassungsrechtliche Aufsätze, 1958, S. 140 ff.; → Bd. II: *Kloepfer*, Einrichtungsgarantien.
[134] *BVerfGE 71*, 1 (42); zuletzt *BVerfGE 105*, 313 (342 ff.).
[135] Vgl. *BVerfGE 105*, 313 mit Sondervoten von *Papier* und *Haas* aaO., S. 357 ff. und 359 ff.

Einbeziehung der Institutsgarantien hat der *Begriff der Grundrechte*[136] schon eine gewisse Verfälschung erfahren[137]. Denn Institutsgarantien selbst sind keine Grundrechte, sondern (nur) Gewährleistungsgehalte von Grundrechtsbestimmungen, die damit bei Licht betrachtet nicht nur Grundrechte verbürgen, sondern auch Schutzgehalte implizieren, die vom Schutzziel her mit dem subjektivrechtlichen Grundrechtsschutz konvergieren. Subjektiv-rechtliche und objektiv-rechtliche Schutzgehalte sind deshalb nicht streng zu trennen, sondern aufeinander bezogen und miteinander verknüpft[138]. Vor allem ist im Laufe der Zeit den Grundrechtsbestimmungen bei unverändertem Wortlaut eine bunte Palette von objektiv-rechtlichen Gehalten mit ganz unterschiedlicher normativer Substanz entnommen worden[139], von denen hier zwei Varianten erwähnt seien: die objektiven Wertentscheidungen (Grundsatznormen) und die institutionellen Gewährleistungen.

a) Wertentscheidende Grundsatznormen (objektive Wertentscheidungen)

49

Grundgesetzliche Wertordnung als geistiges und ethisches Fundament der res publica

Die Figur der „wertentscheidenden Grundsatznorm" oder, was gleichbedeutend ist, der „objektiven Wertentscheidung" ist in der Rechtsprechung des Bundesverfassungsgerichts insbesondere im Lüth-Urteil[140] entwickelt worden. Dort heißt es: „Ebenso richtig ist aber, daß das Grundgesetz, das keine wertneutrale Ordnung sein will, in seinem Grundrechtsabschnitt auch eine objektive Wertordnung aufgerichtet hat und daß gerade hierin eine prinzipielle Verstärkung der Geltungskraft zum Ausdruck kommt[141]". Die Charakterisierung der Grundrechte als „objektive Wertordnung" zeigt, daß die mit ihr verbundene Grundrechtsinterpretation auf einem Verfassungsverständnis beruht, welches die Verfassung nicht nur als Rahmenordnung[142] bestimmt, die Kompetenz- und Machtsphären abgrenzt, im übrigen aber alles dem freien Spiel der politischen Kräfte überläßt, sondern auch als ein „Grund-Gesetz" in dem Sinne, daß in ihm die materiellen Grundsätze niedergelegt werden, die als geistiges und ethisches Fundament dem gesamten Gemeinwesen zugrunde liegen und das politische Leben dirigieren und determinieren sollen. Die Verfassung ist danach nicht nur Rahmenordnung, sondern auch objektive Wertordnung. So plausibel dieses Verfassungsverständnis auch sein mag, so brisant sind seine verfassungsrechtlichen Konsequenzen. Denn die fundamentalen objektiv-rechtlichen Grundsätze, die die Wertordnung konstituieren und den Grundrechtsbestimmungen entnommen werden, sind der letztverbindlichen Interpretationsbefugnis der Gerichte, letztlich dem Bundesverfassungsgericht zugewiesen. Aus dieser Sicht ist die Deutung der Verfassung als aus den Grundrechtsbestimmungen gespeiste und konstituierte Wertordnung mit

Gefahr des Jurisdiktionsstaates

---
136 → Bd. II: *Merten*, Begriff und Abgrenzung der Grundrechte.
137 *Carl Schmitt* hat sie deshalb streng von den Grundrechten getrennt (vgl. die N. in FN 133); vgl. auch *Stern* (FN 129), S. 793.
138 *Stern* (FN 129), § 68.
139 Vgl. *Stern* aaO.
140 *BVerfGE* 7, 198; dazu *Böckenförde*, Grundrechte als Grundsatznormen, in: Der Staat 29 (1990), S. 1 ff.
141 *BVerfGE* 7, 198 (205).
142 In diesem Sinne *Böckenförde*, NJW 1976, S. 2091.

erheblichen Konsequenzen und auch Gefahren für die gesamte Rechtsordnung verbunden, weil das Bundesverfassungsgericht nahezu jederzeit den Vorrang der Verfassung in „seiner" Auslegung dem Gesetzgeber und allen übrigen Gerichten entgegenhalten und durchsetzen kann, wodurch der viel kritisierte Weg in einen „Jurisdiktionsstaat"[143] eröffnet ist.

Die Argumentationsfigur, welche diese Tendenz in besonderem Maße zu fördern geeignet ist, ist die sog. „Ausstrahlungswirkung"[144] der Grundrechtsbestimmungen in ihrer Dimension als objektive Wertentscheidungen. Sind die Grundrechte auch als objektiv-rechtliche Wertentscheidungen „unmittelbar geltendes Recht" und binden sie die gesamte Staatsgewalt (Art. 1 Abs. 3 GG), so ist die „Allgegenwart"[145] der Grundrechte und ihre „Allbezüglichkeit"[146] innerhalb der gesamten Rechtsordnung programmiert und unvermeidlich. Ein „strahlensicheres Rechtsgebiet"[147] kann es dann nicht mehr geben; die Frage kann nur noch sein, wer die Dosisgrenzwerte der Radioaktivität der Grundrechte bestimmt, die der einfachen Rechtsordnung noch bekömmlich sind, und wo sie überschritten werden und zu Deformierungen und Umbildungen führen, die das System als Ganzes verändern. Sind die Grundrechte als objektive Wertentscheidungen bei der Auslegung und Anwendung einfachen Rechts von der Verwaltung und von den Fachgerichten zu berücksichtigen, wird nahezu jeder „einfachrechtliche" Rechtsfall zu einem Verfassungsproblem, welches in dem Maße der Kontrolle durch das Bundesverfassungsgericht zugeführt werden kann, in dem objektiv-rechtliche Gehalte der Verfassung von eben diesem Gericht zutage gefördert werden. Die Abgrenzungen zwischen einfachem Gesetzesrecht und Verfassungsrecht werden ebenso unsicher wie die Kompetenztrennung zwischen Fachgerichtsbarkeit und Verfassungsgerichtsbarkeit, die bei allem Bemühen bis heute ungelöst ist und letztlich in der Kompetenz-Kompetenz des Bundesverfassungsgerichts steht[148]. Dasselbe gilt vice versa für das Verhältnis zwischen Verfassungsgerichtsbarkeit und Gesetzgebung[149].

50
„Ausstrahlungswirkung" als grundrechtliche Allgegenwart

Eine weitere andere Gefahr erhebt sich dann, wenn man unter Wert- und Wertungsgesichtspunkten schließlich eine *Relativierung der Freiheiten* anpeilt, mit anderen Worten das Handeln der Bürger als „wert"-voll und „wert"-los zu beurteilen sich anschickt. Freiheit im Sinne der Grundrechtsverbürgungen bedeutet „Freiheit zur Beliebigkeit"[150]. Dem Staat ist es prinzipiell untersagt, bürgerliches Handeln inhaltlich zu bestimmen oder zu bewerten. Spaziergänger und Demonstranten genießen denselben Grundrechtsschutz. Das Reiten

51
„Wertordnung" als Instrument zur Relativierung von Freiheiten

---

143 Vgl. die N. in FN 6.
144 Vgl. oben RN 27.
145 *Häberle*, JZ 1989, S. 915.
146 *Hollerbach*, Ideologie und Verfassung, in: Werner Maihofer (Hg.), Ideologie und Verfassung, 1969, S. 51 ff.; *Isensee* (FN 41), § 162 RN 41.
147 *Roellecke* (FN 2), S. 36.
148 Vgl. zuletzt *Korioth*, Bundesverfassungsgericht und Rechtsprechung („Fachgerichte"), in: FS 50 Jahre BVerfG, Bd. I, 2001, S. 55 ff.
149 *Ossenbühl*, ebd., S. 33 ff.
150 *H.H. Klein* (FN 127), S. 11.

im Walde[151] und das Taubenfüttern[152] sind grundrechtlich ebenso geschützt wie die Teilnahme an politischen Umzügen oder Wahlveranstaltungen. Diese Gleichordnung wird gefährdet, wenn Grundrechtsbetätigungen nach Maßgabe von Handlungszielen bewertet werden: das Spaziergehen und Reiten im Walde als minder-„wertig", die Teilnahme an Demonstrationen als „wert"-voll. Solche Einschätzungen und Bewertungen legt die sog. funktional-demokratische Interpretation der Grundrechte nahe. In den siebziger Jahren war auf diese Weise die Demonstrationsfreiheit zu einem „königlichen" Grundrecht stilisiert und anderen Grundrechten vorgeordnet worden (z.B. mehrstündige Sperrung der Autobahn um Bonn durch die Polizei mit erheblichen Behinderungen für den normalen Geschäftsbetrieb, weil eine Demonstration durch Lastwagen (!) auf der Autobahn stattfand). Als „demokratisches Grundrecht" wurde es zu einem Grundrecht auf gewaltsame Bekehrung und Erzwingung der Diskussion umfunktioniert und zur verfassungsrechtlichen Grundlage für Nötigungen, Sachbeschädigungen und Störungen der freien Gewerbeausübung pervertiert[153]. In ruhigeren Zeiten ist dies alles kaum mehr nachvollziehbar. Aber dies muß nicht so bleiben.

Gefahren „demokratischer Freiheiten"

52

Übergewichtung der Meinungsfreiheit durch das BVerfG

Das Bundesverfassungsgericht hat sich solchen funktional-demokratischen Grundrechtsdeutungen verschlossen, aber einer Relativierung der Grundrechte im Bereich der Meinungsfreiheit Raum gegeben, in dem es die Meinungsfreiheit nach US-amerikanischem Vorbild als „preferred freedom" anderen Grundrechtspositionen vorgeordnet hat[154].

b) Institutionelle Deutungen

53

Institutionelle Deutung als Gewährleistung freiheitlicher Lebensbereiche

Weitere objektiv-rechtliche Gehalte der Grundrechte werden bei institutionellen Deutungen zutage gefördert. Die institutionelle Deutung von Grundrechten hat trotz der terminologischen Verwandtschaft keine sachliche Berührung mit den schon genannten Institutsgarantien. Bei der institutionellen Interpretation von Grundrechten geht es darum, daß bislang einhellig als individualrechtliche Garantien aufgefaßte Grundrechte wie die Presse- und Rundfunkfreiheit, die Freiheit von Kunst und Wissenschaft sowie die Freiheit der Privatschulen institutionellen Charakter annehmen. Presse, Rundfunk, Kunst und Schule werden *als Lebensbereiche* Gegenstand freiheitlicher Gewährleistungen. Die Freiheitsgarantien bestehen nicht mehr nur in individuellen subjektiv-öffentlichen Rechten, sondern in objektiv-rechtlichen Regelungen der Organisation, des Zusammenwirkens und des Schutzes gemeinsamer Tätigkeiten, wobei dieser Schutz wiederum den in diesem Lebensbereich Tätigen zugute kommen soll.

54

Die Ausdeutung der Grundrechte als institutionelle Gewährleistungen führt in eine höchst umstrittene Zone der Grundrechtsinterpretation. In der Recht-

---

151 *BVerfGE 80*, 137.
152 *BVerfGE 55*, 159 (165).
153 *Tiedemann*, Bemerkungen zur Rechtsprechung in den sog. Demonstrationsprozessen, JZ 1969, S. 717 ff.
154 Vgl. oben RN 24.

sprechung des Bundesverfassungsgerichts stand zu Zeiten des öffentlich-rechtlichen Rundfunkmonopols die institutionelle Deutung der Rundfunkfreiheit völlig außer Streit. Rundfunkfreiheit galt als ein Problem der inneren Organisation der öffentlich-rechtlichen Rundfunkanstalten („Binnenpluralismus"), die ihrerseits so beschaffen sein mußte, daß das „Konzert der vielen Stimmen" gewährleistet war[155]. Rundfunkfreiheit ist in diesem Sinne als „dienendes Grundrecht" apostrophiert worden[156]. Nach Etablierung des dualen Rundfunks hat sich an dieser Grundkonzeption nicht viel geändert[157].

Umstrittene institutionelle Deutung

Das strittige Anwendungsfeld der institutionellen Deutung bildet die Pressefreiheit. In vergleichbarer Weise wie bei der Rundfunkfreiheit wurde der verfassungsrechtliche Gehalt der Pressefreiheit dominierend vom Blickpunkt der „Funktion der freien Presse im demokratischen Staat" erschlossen[158]. Aus der Stellung als „Verbindungs- und Kontrollorgan zwischen dem Volk und seinen gewählten Vertretern" wird eine der Presse zufallende „öffentliche Aufgabe" abgeleitet, zu deren Erfüllung die Verfassung das Institut „Freie Presse" garantiert[159]. In einer späteren Entscheidung wird sodann aus dem Institut „Freie Presse", die „Institution einer freien Presse überhaupt"[160]. Neben der Pressefreiheit als subjektiv-öffentlichem Recht, als Abwehrrecht im klassischen Sinne einerseits besteht andererseits die institutionelle Deutung der Pressefreiheit, aus deren Sicht der Sach- und Wirkbereich der Presse durch ein Arsenal von Schutzvorkehrungen abgesichert wird, wie Schutz des Redaktionsgeheimnisses, Ausschluß zensurähnlicher Beschlagnahmen und anderer Privilegien, die darauf gerichtet sind, daß eine „freie Presse" sich tatsächlich entfalten und im Sinne der ihr zugedachten „öffentlichen Aufgabe" wirken kann. Auf diese Weise verbindet sich die institutionelle Sicht der Grundrechte mit der schon beschriebenen funktional-demokratischen Grundrechtstheorie.

55

Umdeutung der Pressefreiheit als Institution „freie Presse"

In vergleichbarer Weise ist im Zusammenhang mit Art. 5 Abs. 3 GG von einer „Institution ‚freie Wissenschaft'" die Rede, eine institutionelle Deutung der Wissenschaftsfreiheit, mit deren Hilfe das Bundesverfassungsgericht Normen der inneren Hochschulorganisation einer grundrechtlichen Kontrolle unterwirft[161].

56

Institution „freie Wissenschaft"

Die institutionelle Interpretation der Grundrechte findet auch auf die Kunstfreiheit Anwendung, wobei der terminus „Institution" hier nicht explizit verwendet wird. Die institutionelle Deutung ermöglicht es, die Kunstfreiheit über das künstlerische Schaffen („Werkbereich") hinaus auf die Darbietung und Verbreitung des Kunstwerks („Wirkbereich") auszudehnen und damit künstlerisches Schaffen zu effektuieren[162]. Bei institutioneller Deutung erscheinen Grundrechte also neben ihrem Charakter als persönliche Freiheitsrechte als

57

Freiheitliche Lebensbereiche als Verstärkung individueller Freiheit

---

155 *BVerfGE 74*, 297 (323f.).
156 *BVerfGE 95*, 220 (236); *Bethge*, in: Sachs, ³GG (LitVerz.), Art. 5 RN 92 ff.
157 *Bethge* aaO. RN 104.
158 *BVerfGE 20*, 162 (175); *Ossenbühl*, Medien zwischen Macht und Recht, JZ 1995, S. 633 (634).
159 Wie vorige FN.
160 *BVerfGE 85*, 1 (12f.).
161 *BVerfGE 30*, 173 (188); *35*, 79 (120); *61*, 260 (278ff.); *61*, 210 (239f.).
162 *BVerfGE 30*, 173 (188ff.); *77*, 240 (253f.).

"Verbürgungen freiheitlich geordneter Lebensbereiche"[163], wobei diese Deutung darauf angelegt ist, die individuelle Freiheitskomponente zu verstärken.

3. Grundrechte als Leistungsansprüche

58
Kontrast von Freiheit und Leistung

Nach der klassisch liberalen Vorstellung schützen die Grundrechte einen dem Staat vorgegebenen bürgerlichen Freiheitsraum, für den das grundrechtliche Motto gilt: „Zutritt grundsätzlich verboten!" Aus dieser Sicht verleihen die Grundrechte den geschützten Bürgern Unterlassungsansprüche gegen den Staat. Die diesem Freiheitsmodell konträr gegenüberstehende Konstellation ist das Verständnis der Grundrechte als Leistungsansprüche gegen den Staat. Ein solches Verständnis weist schon deswegen eine besondere Struktur und Problematik auf, weil vom Staat eine Leistung, im Regelfall Geld, verlangt wird, solche Leistungen aber entweder nicht oder allenfalls beschränkt zur Verfügung stehen.

59
Vorverständnis von Freiheit als *realer* Freiheit

„Grundrechtsvoraussetzungen" als Ermöglichung der Freiheitsausübung

Umfang der Sozialstaatlichkeit als Parlamentsentscheidung

Die leistungsrechtliche Deutung der Grundrechte hat mehrere unterschiedliche Facetten und Varianten. Leitend sind insoweit erneut Vorverständnisse über Wesen und Aufgabe des Staates und der Grundrechte. So wird die Freiheit als Gegenstand des Grundrechtsschutzes im „Kontext der sozialen Demokratie" nicht mehr nur als rechtliche Freiheit, sondern als *reale* Freiheit verstanden[164]. Damit werden die realen Grundlagen und Mittel zur Freiheitsausübung in den Freiheitsbegriff einbezogen und als Gegenstand des Grundrechtsschutzes mit geschützt. Geschützt ist nicht mehr nur die Freiheit, die jeder Bürger sozusagen „von sich aus" hat, sondern geschützt sind auch die „Grundrechtsvoraussetzungen"[165] tatsächlicher Art, welche Freiheitsausübung erst ermöglichen. Mit einer solchen Deutung gerät man unversehens und unmittelbar in den Themenkreis der sozialen Grundrechte[166] mit den ihnen eigenen Verwirklichungsproblemen, von denen hier nicht weiter die Rede sein kann. Auffällig ist bei dieser Deutung die Hereinnahme des Sozialstaatsprinzips in den Grundrechtsschutz, wodurch unausweichlich das Demokratieprinzip im Kern betroffen wird. Denn wieviel Sozialstaat existieren kann und soll, bedarf der demokratischen Mehrheitsentscheidung und kann nicht durch Interpretation den Grundrechten entnommen werden[167].

60
„Teilhaberechte" an staatlichen Leistungseinrichtungen

Eine andere Variante der Leistungsrechte im Kontext der Grundrechte wird unter dem Topos der „Teilhaberechte" diskutiert. In Betracht stehen staatliche Leistungseinrichtungen, deren Nutzung für die Freiheitsausübung unentbehrlich ist, wie beispielsweise die Universitäten. Eine zentrale Rolle spielt in

---

163 *Rupp* AöR 101 (1976), S. 172.
164 Dazu ausführlich *H.H. Klein* (FN 127).
165 Vgl. zum Begriff *Isensee*, Grundrechtsvoraussetzungen und Grundrechtserwartungen, HStR V, § 115 RN 7 ff.
166 S. dazu nur *Scheuner*, Die Funktion der Grundrechte im Sozialstaat, DÖV 1971, S. 505 ff.; *Martens* und *Häberle*, Grundrechte im Leistungsstaat, VVDStRL 30 (1972), S. 7 ff., S. 43 ff.; *Friedrich Müller/Bodo Pieroth/Lothar Fohmann*, Leistungsrechte im Normbereich einer Freiheitsgarantie, 1982; *Bethge* (Bibl.), S. 375 ff.
167 Vgl. BVerfGE 59, 231 (263); → Bd. II: *Papier*, Grundrechte und Sozialordnung.

diesem Zusammenhang das Numerus clausus-Urteil des Bundesverfassungsgerichts[168]. Der Zugang zu staatlichen Einrichtungen ist nach dem Maß der Kapazität eine Frage der Gleichbehandlung gemäß Art. 3 Abs. 1 GG. Einen grundrechtlichen Anspruch auf Bereitstellung von Studienplätzen kann es nicht geben. Der Ausbau der Universitäten und Hochschulen ist eine Frage der Verteilung prinzipiell knapper Ressourcen, die der Gesetzgeber beantworten muß und in dessen politische Gestaltungsfreiheit nicht durch eine weit hergeholte Grundrechtsdeutung eingegriffen werden darf, sonst würde das Demokratieprinzip mittels Grundrechtsinterpretation ausgehöhlt.

Keine Aushöhlung der Demokratie durch Grundrechtsdeutung

61

Allerdings hat das Bundesverwaltungsgericht dem Art. 7 Abs. 4 GG einen verfassungsrechtlich fundierten Anspruch auf finanzielle Subventionierung von Privatschulen abgeleitet[169]. Kollisionen mit der Gestaltungsfreiheit und dem Budgetrecht des Parlaments waren hier aber nicht zu befürchten, weil die Privatschulen nach geltendem Recht ohnehin bis nahe hundert Prozent vom Staat finanziert werden und die Herleitung eines verfassungsrechtlichen Anspruchs die gegebene Rechtslage sozusagen (nur) stabilisiert hat, aber ohne praktische Wirkung geblieben ist.

Verfassungsanspruch auf Privatschulsubventionierung

62

Während die Ableitung von Leistungsrechten aus den Grundrechten in den Hintergrund getreten ist, kommt aktuellere Bedeutung einer neuen Schutzschicht der Grundrechte zu, die unter dem Topos der staatlichen Schutzpflicht erörtert wird[170] und bereits mehrfach das Bundesverfassungsgericht beschäftigt hat[171]. Der Gedanke einer den Grundrechten entspringenden staatlichen Schutzpflicht ist im ersten Abtreibungsurteil[172] entwickelt worden und hat sich dann sehr schnell auf andere Felder und Gefährdungslagen ausgeweitet, namentlich auf terroristische Bedrohungen, Gefahren neuer Technologien und gefährliche Immissionen (Flug- und Straßenverkehrslärm, chemische Verseuchung und Schädigung der Luft). Das Bundesverfassungsgericht ist bei der Ableitung solcher staatlichen Schutzpflichten aus den Grundrechten mit Recht zurückhaltend, weil wie bei allen Leistungsbegehren gegen den Staat sich immer die Frage stellt, wo und in welchem Maße dauerhaft knappe Ressourcen eingesetzt werden sollen. Die Beantwortung dieser Frage kann das Bundesverfassungsgericht dem Gesetzgeber nicht abnehmen und auch nicht vorschreiben. Nach der Rechtsprechung ist die staatliche Schutzpflicht nur dann verletzt, „wenn die öffentliche Gewalt Schutzvorkehrungen entweder überhaupt nicht getroffen hat oder die getroffenen Regelungen und Maßnahmen gänzlich ungeeignet oder völlig unzulänglich sind, das gebotene Schutzziel zu erreichen, oder erheblich dahinter zurückzubleiben"[173].

Aktuelle Bedeutung staatlicher Schutzpflichten

---

168 *BVerfGE 33*, 303 (329f.).
169 *BVerwGE 23*, 347 (350); *27*, 360 (362ff.).
170 Dazu *Isensee,* Das Grundrecht als Abwehrrecht und als staatliche Schutzpflicht, HStR V, § 111 RN 86ff.; → Bd. II: *Calliess,* Schutzpflichten.
171 *BVerfGE 39*, 1 (42); *46*, 160; *49*, 89 (140f.); *53*, 30 (57ff.); *56*, 4; *79*, 174 (201f.); *88*, 203 (251ff.); *96*, 54 (64).
172 *BVerfGE 39*, 1 (42).
173 *BVerfGE 92*, 26 (46).

E. Grundrechtsinterpretation und Verfassungsgerichtsbarkeit

63
Kluft zwischen Theorie und Praxis als Resümee

Zieht man aus den bisherigen Darlegungen ein Resümee, so ergibt sich ein schillerndes Bild. Es ist gekennzeichnet durch eine gewisse Kluft zwischen Theorie und Praxis. Vorab zwei Feststellungen, die für die Beurteilung der Situation maßgeblich sind.

64
„Fortschreibung" des Grundgesetzes durch das Bundesverfassungsgericht

Zum einen hat das Grundgesetz nach einem halben Jahrhundert Bundesverfassungsgerichtsbarkeit selbstverständlich eine andere Gestalt gewonnen. Zumindest hat es seine schlanke Figur eingebüßt und ist fülliger geworden. Denn zu den knappen Verfassungssätzen müssen heute Bundesverfassungsgerichtsentscheidungen in mehr als hundert Bänden mit über vierzigtausend Seiten hinzugelesen werden, von den inzwischen überbordenden Grundgesetzkommentaren ganz abgesehen. Das Bundesverfassungsgericht hat das Grundgesetz des Jahres 1949 in fünf Jahrzehnten maßgeblich „fortgeschrieben". Solche Fortschreibungen sind selbstredend immer auch ein Stück Verfassungsinhaltsgebung, die das Gericht in Konkurrenz oder besser Kooperation mit dem (verfassungsändernden) Gesetzgeber vornimmt und die die fortwährende Frage nach der Legitimation des Gerichts aktuell hält. Diese Legitimation folgt aus der Logik des Verfassungsstaates. Es gehört zum Wesen und zur Eigentümlichkeit des Verfassungsstaates, die Politik an die ratio der Verfassung zu binden und eine Instanz einzusetzen, die diese ratio der Verfassung in einem justizförmig geordneten und spezifischen Rechtsfindungsverfahren bewahrt und durchsetzt.

65
Rationalität der Grundrechtsinterpretation als Legitimationsfrage der Verfassungsgerichtsbarkeit

Die Rationalität der Rechtsfindung ist damit die tragende Legitimationsgrundlage des Bundesverfassungsgerichts. Von ihr hängt nicht nur das Ansehen dieser Institution, sondern auch die Berechtigung ihrer Existenz ab. In dem Maße, in dem die Rationalität den Verfassungsgerichtsentscheidungen verloren geht, wird die Verfassungsgerichtsbarkeit selbst in Frage gestellt. Die Rationalität der Grundrechtsinterpretation gerinnt damit zur Legitimationsfrage der Verfassungsgerichtsbarkeit. Eine Krise der Grundrechtsinterpretation bedeutet eine Krise der Verfassungsgerichtsbarkeit.

66
Fehlender Konsens über eine *maßgebliche* Grundrechtstheorie

Vor diesem Hintergrund steht der Befund über den Zustand von Theorie und Praxis der Grundrechtsinterpretation in einem besonderen Licht, um nicht zu sagen Zwielicht. Es gibt keinen Kanon von Auslegungsregeln oder Auslegungsargumenten, über deren Legitimität und Rangverhältnis zueinander Konsens bestünde. Die Auslegungspraxis folgt im Grundsatz der topisch-problemorientierten Vorgehensweise. Die Auslegungsargumente wechseln, stehen aber nicht zur willkürlichen Auswahl des Interpreten, sondern sind ihrerseits vom Normbereich und der Sachnähe her als sachgerechte Auslegungsargumente zu begründen. In vielen Fällen zeigt sich deutlich die Maßgeblichkeit des Vorverständnisses des Interpreten in Gestalt einer bestimmten Grundrechtstheorie (z.B. demokratisch-funktionales Grundrechtsverständnis). Über eine *maßgebliche* Grundrechtstheorie besteht aber ebenfalls kein Konsens, so daß also schon vom Vorverständnis her die Auslegungsergebnisse notwendigerweise erheblich differieren können. Im Ergebnis gilt die alte amerikanische Weisheit: The constitution is what the judges say it is. Was bleibt dann aber von der Rationalität und der mit ihr verknüpften Legitimation der Verfassungsgerichtsbarkeit zur Grundrechtsinterpretation? Hierauf gibt es keine pauschale und klare Antwort. Besser gesagt: Eine solche Antwort versucht niemand; statt dessen wird in ameisenhafter Emsigkeit immer wieder an rationalen Kriterien und Verfahren gearbeitet, wohl wissend, daß der praktische Ertrag gering ist. Aber es bleibt ein ganz wesentlicher Nutzeffekt: Wer einen grundrechtlichen Gewährleistungsgehalt behauptet, muß hierfür rationale plausible Gründe nennen, die überzeugen. Der Zwang zur rationalen Begründung allein ist heilsam und letztlich die tragende Legitimationsgrundlage der Verfassungsgerichtsbarkeit. Ein solches Begründen und Rechtsprechen setzt allerdings Erfahrung und verfassungsrechtliche Fachkunde voraus. Das personelle Moment der Verfassungsgerichte gewinnt damit ein dominierendes Gewicht. Deshalb wird ein unbefangener Betrachter kaum verstehen können, daß für den Zugang zum Amt des Bundesverfassungsrichters gründliche Kenntnis des Verfassungsrechts leider immer noch nicht gefordert wird.

Zwang zu rationaler Begründung

F. Bibliographie

Alexy, Robert, Theorie der Grundrechte, 1985.
Bethge, Herbert, Aktuelle Probleme der Grundrechtsdogmatik, in: Der Staat 24 (1985), S. 351 ff.
Böckenförde, Ernst-Wolfgang, Zur Lage der Grundrechtsdogmatik nach 40 Jahren Grundgesetz, 1989.
ders., Die Methoden der Verfassungsinterpretation – Bestandsaufnahme und Kritik, NJW 1976, S. 2091 ff.
ders., Grundrechtstheorie und Grundrechtsinterpretation, NJW 1974, S. 1529 ff.
Dreier, Ralf/Schwegmann, Friedrich (Hg.), Probleme der Verfassungsinterpretation, 1976.
Ehmke, Horst, Prinzipien der Verfassungsinterpretation, VVDStRL 20 (1963), S. 53 ff.
Häberle, Peter, Grundrechtsgeltung und Grundrechtsinterpretation im Verfassungsstaat, JZ 1989, S. 913 ff.
Hesse, Konrad, Grundzüge des Verfassungsrechts der Bundesrepublik Deutschland, ^{20}1995, § 2.
Höfling, Wolfram, Offene Grundrechtsinterpretation, 1987.
Klein, Hans H., Die Grundrechte im demokratischen Staat, 1972.
Koch, Hans-Joachim, Die Begründung von Grundrechtsinterpretationen, EuGRZ 1986, S. 345 ff.
Kriele, Martin, Theorie der Rechtsgewinnung, 1967.
Lerche, Peter, Stil und Methode der verfassungsgerichtlichen Entscheidungspraxis, in: FS 50 Jahre Bundesverfassungsgericht, Band I, 2002, S. 333 ff.
Müller, Friedrich, Juristische Methodik, ^{5}1993.
Ossenbühl, Fritz, Die Interpretation der Grundrechte in der Rechtsprechung des Bundesverfassungsgerichts, NJW 1976, S. 2100 ff.
ders., Probleme und Wege der Verfassungsauslegung, DÖV 1965, S. 649 ff.
Pestalozza, Christian Graf von, Kritische Bemerkungen zu Methoden und Prinzipien der Grundrechtsauslegung in der Bundesrepublik Deutschland, in: Der Staat 2 (1963), S. 425 ff.
Roellecke, Gerd, Prinzipien der Verfassungsinterpretation in der Rechtsprechung des Bundesverfassungsgerichts, in: Festgabe zum 25jährigen Bestehen des Bundesverfassungsgerichts, Bd. II, 1976, S. 22 ff.
Scheuner, Ulrich, Zur Systematik und Auslegung der Grundrechte, in: *ders.*, Staatstheorie und Staatsrecht, Gesammelte Schriften, 1978, S. 709 ff.
Starck, Christian, Verfassungsauslegung, HStR VII, 1992, § 164.
ders., Über Auslegung und Wirkungen der Grundrechte, in: *ders.*, Praxis der Verfassungsauslegung, 1994, S. 21 ff.
Stern, Klaus, Das Staatsrecht der Bundesrepublik Deutschland, Band III/2, 1994, § 95.

§ 16
Funktionen und Methoden der Grundrechtsvergleichung

Karl-Peter Sommermann

Übersicht

	RN		RN
A. Vorbemerkung	1	III. Rechtspolitische Funktion	43–49
B. Begriff und Einordnung der Grundrechtsvergleichung	2–14	1. Orientierung im verfassunggebenden Prozeß	44–45
I. Die Grundrechtsvergleichung als Teilgebiet der Rechtsvergleichung	2–8	2. Rahmen für staatenübergreifende Kodifikationen	46
		3. Argumentationsreservoir für Reformpolitik	47–49
II. Die besondere Vergleichseignung der Grundrechte	9–10	D. Methoden der Grundrechtsvergleichung	50–80
III. Die Einbeziehung inter- und supranationaler Rechtsinstrumente in die Grundrechtsvergleichung	11–14	I. Rechtsvergleichung als Methode	50–52
		II. Vergleich und Rechtsvergleich	53–70
C. Funktionen der Grundrechtsvergleichung	15–49	1. Grundelemente des Vergleichs	54–64
I. Funktionszuschreibung und grundrechtliches Vorverständnis	15–25	2. Textbezogener und kontextbezogener Vergleich	65–67
1. Der grundrechtliche „Universalienstreit"	16–21	3. Symmetrischer und asymmetrischer Vergleich	68–70
2. Grundrechtsvergleichung im Grundrechtsverbund	22–25	III. Die Sprachwelt der Grundrechtsvergleichung	71–74
II. Erkenntnisfunktion	26–42	IV. Die „wertende" Grundrechtsvergleichung	75–77
1. Erkenntnisse für die Grundrechts-, Staats- und Verfassungstheorie	27–30	V. Zieladäquate Methodenwahl	78–80
		E. Die Anwendung der Grundrechtsvergleichung in der Praxis	81–87
2. Erkenntnisse für die Grundrechtsinterpretation und -konkretisierung	31–40	I. Rechtssetzung	82–85
		II. Grundrechtsinterpretation	86–87
3. Ermittlung allgemeiner Rechtsgrundsätze	41–42	F. Die Zukunft der Grundrechtsvergleichung	88–91
		G. Bibliographie	

A. Vorbemerkung

1
Einleitung

Nach Funktionen und Methoden der Grundrechtsvergleichung zu fragen, heißt ein erst ansatzweise erschlossenes Gebiet der Grundrechtslehre in den Blick zu nehmen. Zwar zeugen die im 18. Jahrhundert in Nordamerika verabschiedeten Rechtekataloge davon, daß jedenfalls die praktische Grundrechtsvergleichung fast so alt ist wie die Kodifizierung von Grundrechten überhaupt. Auch hat sich die Darstellung und Analyse ausländischer Grundrechtsordnungen längst zu einer wohletablierten Literaturgattung des Verfassungsrechts entwickelt, und sind Verweise auf die Rechtslage im Ausland zur Stützung rechtspolitischer oder auch rechtlicher Positionen im Grundrechtsdiskurs nichts Ungewöhnliches. Indes scheint die Erörterung der Frage, welche Funktionen der Grundrechtsvergleich erfüllen kann und bereits erfüllt, vor allem aber welche methodischen Kriterien dabei zu beachten sind, noch in den Anfängen zu stecken. Als Vorzug der derzeitigen Lage mag man es betrachten, daß grundrechtsvergleichende Argumentationsansätze sich nur in geringem Maße methodenkritischen Zweifeln ausgesetzt sehen und so für manchen, der gern seiner Intuition vertraut, an Attraktivität gewinnen. Das Gewicht der vergleichenden Argumentation ist indes letztlich an seiner Plausibilität zu messen. Um Plausibilität im Sinne rationaler Argumentation feststellen zu können, bedarf es dabei bestimmter qualitativer Kriterien, die beim Grundrechtsvergleich zu beachten sind. Wenn in jüngerer Zeit der Vergleich namentlich im europäischen Kontext immer häufiger systematisch zur Gewinnung bestimmter Erkenntnisse eingesetzt wird, so unterstreicht dies die Notwendigkeit, den Erkenntnisvorgang methodisch abzusichern. Die Grundrechtsvergleichung kann dabei an ein teilweise erheblich weiter entwickeltes komparatistisches Umfeld anknüpfen.

B. Begriff und Einordnung der Grundrechtsvergleichung

I. Die Grundrechtsvergleichung als Teilgebiet der Rechtsvergleichung

2
Gegenstand der Grundrechtsvergleichung

Die Grundrechtsvergleichung ist Teil der Rechtsvergleichung. In diesem spezifischen Sinne bezeichnet sie den Vergleich von Grundrechten oder auf sie bezogener Schutzinstrumente mehrerer, mindestens zweier Rechts- oder Teilrechtsordnungen. Nicht erfaßt wird mithin die Gegenüberstellung von Rechten derselben Rechtsordnung, wie sie zu Zwecken der Grundrechtsinterpretation, namentlich unter systematischen Gesichtspunkten in Übereinstimmung mit der allgemeinen rechtswissenschaftlichen Methode üblich ist. Grundrechtsvergleichung liegt hingegen vor, wenn innerhalb einer Rechtsordnung eigenständige Teilordnungen bestehen, deren Grundrechte miteinander verglichen werden.

Bezogen auf Bundesstaaten kann man insoweit von intranationalem im Unterschied zu internationalem Grundrechtsvergleich sprechen. Der intranationale Grundrechtsvergleich umfaßt im weiteren Sinne neben dem auf Teilordnungen bezogenen Vergleich, im deutschen Recht z.B. einem Vergleich von Grundrechten zweier Länderverfassungen (horizontaler Vergleich) oder der Grundrechte des Grundgesetzes mit Landesgrundrechten (vertikaler Vergleich), auch den unterschiedliche Grundrechtsordnungen in der Geschichte eines Landes in den Blick nehmenden intertemporalen Vergleich[1], wie beispielsweise den Vergleich zwischen dem Grundrechtsteil des Grundgesetzes und dem der Weimarer Reichsverfassung. Der internationale Vergleich kann ebenfalls auf das geltende Recht bezogen (synchroner Vergleich) oder intertemporal angelegt sein (diachroner Vergleich)[2].

3 Intranationaler und internationaler Vergleich

Grundrechte sind verfassungsrechtliche Gewährleistungen, durch die der Status der Bürger in einem Gemeinwesen bestimmt wird[3]. Grundrechtsvergleichung ist daher Bestandteil der Verfassungsrechtsvergleichung. Diese gehört ihrerseits zur Rechtsvergleichung im öffentlichen Recht, die sich im Verhältnis zur Zivilrechtsvergleichung, mit der sie die methodischen Grundlagen teilt, als selbständiges und ebenbürtiges Fachgebiet der Rechtsvergleichung etabliert[4].

4 Grundrechtsvergleichung als Teil der Verfassungsrechtsvergleichung

---

1 A. A. im Hinblick auf die „Identität des Objekts mit zeitlicher Abwandlung" *Strebel* (Bibl.), S. 406. Im Falle der Weimarer Reichsverfassung und des Grundgesetzes ist wegen der verfassungsrechtlichen Diskontinuität eben keine Objektidentität gegeben, so daß man sie trotz verfassungspolitischer und verfassungsrechtsdogmatischer Folgewirkungen der erstgenannten Verfassung als jeweils eigenständige Ordnungen zum Gegenstand des Vergleichs machen kann.

2 Anstelle des Begriffspaars „synchron" und „diachron" ist in der Rechtsvergleichung die synonyme Verwendung der Ausdrücke „horizontal" und „vertikal" verbreitet, vgl. nur *Zweigert*, Rechtsvergleichung, in: Karl Strupp/Hans-Jürgen Schlochauer, Wörterbuch des Völkerrechts, Bd. III, 1962, S. 79, 80; *Léontin-Jean Constantinesco*, Rechtsvergleichung, Bd. II: Die rechtsvergleichende Methode, 1972, S. 51 f. Im folgenden soll das letztgenannte Begriffspaar nur auf Rechtsordnungen bezogen werden, die entweder – wie beispielsweise nationale Verfassungen – auf einer Ebene stehen (horizontaler Vergleich) oder – wie etwa eine europäische Verfassung im Verhältnis zu den nationalen Verfassungen – innerhalb einer Mehrebenenordnung auf verschiedenen Stufen angesiedelt sind (vertikaler Vergleich).

3 Der Begriff der Grundrechte wird im folgenden in Übereinstimmung mit einer auch in anderen europäischen Ländern verbreiteten Sprachregelung für grundlegende, in der Regel in einer geschriebenen Verfassung verankerte Gewährleistungen in staatlichen oder staatsähnlichen Rechtsordnungen verwandt, der Begriff der Menschenrechte für die in völkerrechtlichen Verträgen niedergelegten Verbürgungen. Zur begrifflichen Unterscheidung von Menschenrechten und Grundrechten vgl. im übrigen nur *Stern*, Staatsrecht (LitVerz.), Bd. III/1, § 58 IV 3 (S. 42 ff.); *Antonio Enrique Pérez Luño*, Derechos humanos, Estado de Derecho y Constitucion, Madrid 1984, S. 30 f.; → oben *Stern*, § 1 RN 46 ff.; → Bd. II: *Merten*, Begriff und Abgrenzung der Grundrechte.

4 Vgl. etwa *Kaiser* (Bibl.); *Strebel* (Bibl.); *Bernhardt* (Bibl.), S. 431 ff.; *Jürgen Schwarze*, Europäisches Verwaltungsrecht, Bd. I, 1988, S. 83 ff.; *H. Krüger*, Eigenart, Methode und Funktion der Rechtsvergleichung im öffentlichen Recht, in: FS Kriele, 1997, S. 1393 ff.; *Starck* (Bibl.) ; *Trantas* (Bibl.); *Sommermann* (Bibl.); *Pegoraro/Rinella*, Concepto del Derecho constitucional comparado, in: Diego López Garrido/ Marcos F. Massó Garrote/Lucio Pegorado (Hg.), Nuevo Derecho constitucional comparado, Valencia 2000, S. 27 (32 ff.). Vgl. auch *Grote*, Rechtskreise im öffentlichen Recht, in: AöR 126 (2001), S. 10 ff. Zur Geschichte der Rechtsvergleichung im öffentlichen Recht vgl. *Michael Stolleis*, Nationalität und Internationalität: Rechtsvergleichung im öffentlichen Recht des 19. Jahrhundert, 1998.

5
Verfassungsrechtsvergleichung und Verfassungsvergleichung

Für die Verfassungsrechtsvergleichung hat sich auch der Begriff der Verfassungsvergleichung eingebürgert[5], der den Vorzug hat, bereits vom Wortsinn her die Verfassung im materiellen Sinn mit zu umfassen und damit dem wirklichkeitswissenschaftlichen Anspruch der Rechtsvergleichung Rechnung tragen zu können, auch empirisch-sozialwissenschaftliche Methoden und Erkenntnisse einzubeziehen. Der deutsche Ausdruck „Verfassungsvergleichung" findet am ehesten in dem englischen Begriff „constitutional comparitivism"[6] eine Entsprechung. Überwiegend spricht man indes im angelsächsischen Sprachraum, semantisch in größerer Nähe zum deutschen Begriff der Verfassungs*rechts*vergleichung, von *comparative constitutional law*[7] (vergleichendem Verfassungsrecht). Die Verknüpfung von Verfassung und Recht ist auch in den Begriffen *droit constitutionnel comparé*[8], *diritto costituzionale comparato*[9] und *Derecho constitucional comparado*[10] des romanischen Sprachraums präsent, wo durch die Verwendung eines Partizips Perfekt das Vergleichsergebnis begriffsprägend wird („verglichenes Verfassungsrecht")[11]. Bei einer Sichtung der verfassungsvergleichenden Literatur lassen sich Unterschiede der methodischen Herangehensweise, die mit der nicht deckungsgleichen Begrifflichkeit verbunden wären, nicht ohne weiteres feststellen[12]. Unterschiede ergeben sich eher aus der jeweiligen Rechts- und Wissenschaftskultur[13].

---

5 Vgl. etwa *F. Münch*, Einführung in die Verfassungsvergleichung, in: ZaöRV 33 (1973), S. 126 ff.; *H. Krüger*, Zur Einführung: Überseeische Verfassungsvergleichung, JuS 1976, S. 213 ff. (vgl. aber auch *dens.*, Stand und Selbstverständnis der Verfassungsrechtsvergleichung heute, VRÜ 5 [1972], S. 5 ff.); *Wahl*, Verfassungsvergleichung als Kulturvergleichung, in: Dietrich Murswiek/Ulrich Storost/Heinrich Amadeus Wolff (Hg.), Staat – Souveränität – Verfassung, FS Quaritsch, 2000, S. 163 ff. Sowohl den Begriff „Verfassungsrechtsvergleich" als auch den Ausdruck „Verfassungsvergleich" verwendet *Häberle* (Bibl.) in seinen rechtsvergleichenden Beiträgen, wobei der letztgenannte Begriff vor allem im Kontext der vergleichenden Verfassungslehre Verwendung findet. Als „strukturbegriffliche Verfassungsvergleichung" bezeichnete bereits *Karl Löwenstein* im Vorwort seiner im Jahre 1958 in deutscher Sprache erschienenen „Verfassungslehre" (Originaltitel: „Political Power and the Governmental Process", Chicago 1957), die der vergleichenden Regierungslehre als Zweig der Politikwissenschaft wichtige Impulse gab, seinen methodischen Ansatz.

6 Diesen Begriff verwendet z. B. *Weinrib*, Constitutional Conceptions and Constitutional Comparativism, in: Vicki C. Jackson/Mark Tushnet (Hg.), Defining the Field of Comparative Constitutional Law, Westport (Connecticut)/London 2002, S. 3 ff.

7 Vgl. neben dem Titel des in FN 6 zitierten Bandes auch *Jackson/Tushnet* (Bibl.).

8 Vgl. bereits *Adhémar Esmein*, Éléments de droit constitutionnel français et comparé, Paris ⁶1914 (¹1895); aus jüngerer Zeit z. B. *Zoller*, Qu'est-ce que faire du droit constitutionnel comparé?, in: Droits 2000, Nr. 32, S. 123 ff.

9 Vgl. nur *Paolo Biscaretti di Ruffia*, Introduzione al diritto costituzionale comparato, Mailand ⁶1988; *Vergottini* (Bibl.).

10 Vgl. etwa *Luis Sánchez Agesta*, Curso de Derecho constitucional comparado, Madrid ⁵1973; *García-Pelayo* (Bibl.); López Garrido/Massó Garrote/Pegorado (FN 4).

11 Ein wörtliches Verständnis des Begriffs „droit comparé" hat vorübergehend zu einer Kritik an dem (vermeintlichen) Anspruch der Rechtsvergleichung Anlaß gegeben, aus dem Vergleich Rechtsregeln zu gewinnen, die ein eigenes Rechtsgebiet, eben das „droit comparé", bildeten, vgl. hierzu nur *Léontin-Jean Constantinesco*, Rechtsvergleichung, Bd. I: Einführung in die Rechtsvergleichung, 1971, S. 226 ff.

12 Wegen der inhaltlichen Übereinstimmung vgl. nur *Izorche*, Propositions méthodologiques pour la comparaison, in: Revue Internationale de Droit comparé 2001, S. 289: „L'expression ‚le droit comparé' ne désigne pas ‚du' droit, mais renvoie à une démarche intellectuelle consistant à comparer entre eux des systèmes juridiques ou des éléments de ces systèmes ...".

13 Nach *Glenn*, Vers un droit comparé intégré?, in: Revue Internationale de Droit Comparé 1999, S. 841, ist die Herausbildung des Begriffs der Rechtsvergleichung (droit comparé) auf die Rechtstraditionen der westlichen Welt beschränkt. Diese Aussage erscheint freilich, soweit sie sich auf die heutige Lage bezieht, zu pauschal.

Neben der Grundrechtsvergleichung widmet sich die Verfassungsvergleichung dem Vergleich der Staatsziele sowie dem Vergleich der Strukturen oder einzelner Elemente der Institutionen und Verfahren des Verfassungslebens. Zwischen der Staatszielvergleichung und der Grundrechtsvergleichung sind, sieht man von der verfassungsnormtheoretisch zu treffenden Unterscheidung ab, die Grenzen fließend, da der Grundrechtsteil zahlreicher Verfassungen mit sozialen Rechten und damit der Sache nach meist Staatszielbestimmungen[14] angereichert ist. Solche Bestimmungen verpflichten die Staatsorgane auf die Verfolgung eines bestimmten Ziels. Wenngleich sie nicht (unmittelbar) subjektive Rechte gewähren, üben sie unmittelbaren Einfluß auf die Grundrechtsinterpretation aus, weshalb ihre Einbeziehung in die Grundrechtsvergleichung in der Regel nicht nur unter dem Gesichtspunkt ihrer Verortung in einem Grundrechtsteil sinnvoll ist. Der staatsorganisationsrechtliche oder institutionelle Vergleich geht mit der Grundrechtsvergleichung insbesondere dann eine Verbindung ein, wenn es um die Organe und Verfahren zur Durchsetzung der Grundrechte geht.

6 Weitere Gebiete der Verfassungsvergleichung

Die rechtswissenschaftliche Verfassungsvergleichung besitzt zahlreiche Berührungspunkte und überschneidet sich mit vergleichenden Untersuchungen in anderen Wissenschaftsdisziplinen, namentlich der Geschichtswissenschaft und der Politikwissenschaft. Die (vergleichende) Geschichtswissenschaft[15] kann zu dem Grundrechtsvergleich vor allem Erkenntnisse über Entstehungsbedingungen, Rezeptionswege und Entwicklungsstufen der Grundrechte beitragen. Besondere Bedeutung gewinnt sie für den intertemporalen Vergleich. Treffend hat man Rechtsgeschichte und Rechtsvergleichung als „Holz vom gleichen Stamm" bezeichnet[16]. Man kann auch von einem Komplementärverhältnis sprechen. In diesem Sinne arbeiten nicht zuletzt Verfassungshistoriker überwiegend vergleichend[17].

7 Berührungspunkte mit anderen wissenschaftlichen Disziplinen

---

14 Zum Staatszielcharakter der meisten sozialen Rechte in vergleichender Perspektive *Karl-Peter Sommermann*, Staatsziele und Staatszielbestimmungen, 1997, S. 371 f.; *Iliopoulos-Strangas*, Der Schutz sozialer Grundrechte in der Charta der Grundrechte der Europäischen Union vor dem Hintergrund des Schutzes sozialer Grundrechte in den Verfassungsordnungen der Mitgliedstaaten, in: Dieter H. Scheuing (Hg.), Europäische Verfassungsordnung, 2003, S. 133, 165 f.

15 Grundlegend der Beitrag von *Marc Bloch*, Pour une histoire comparée des sociétés européennes, 1928, enthalten in: *dems.*, Mélanges historiques, Bd. I, Paris 1983, S. 16 ff. Aus dem jüngeren deutschen Schrifttum vgl. insbesondere *Heinz-Gerhard Haupt/Jürgen Kocka*, Historischer Vergleich: Methoden, Aufgaben, Probleme, in: dies. (Hg.), Geschichte und Vergleich. Ansätze und Ergebnisse international vergleichender Geschichtsschreibung, 1996, S. 9 ff.; *Kocka*, Historische Komparatistik in Deutschland, ebd., S. 47 ff.

16 So *Kötz*, Was erwartet die Rechtsvergleichung von der Rechtsgeschichte?, JZ 1992, S. 20; vgl. auch *Lupoi*, Comparazione giuridica e storia del diritto, in: Paolo Cendon (Hg.), Che cos'è il diritto comparato?, Mailand 1992, S. 23 ff.; und *Esin Örücü*, Unde venit, quo tendit comparative law, in: Andrew Harding/ders. (Hg.), Comparative Law in the 21st Century, London u.a. 2002, S. 1, 3.

17 So etwa *Oestreich*, Die Entwicklung der Menschenrechte und Grundfreiheiten, GR I/1, S. 1 ff. Als Beispiele historischen Verfassungsvergleichs vgl. auch *Hans Fenske*, Der moderne Verfassungsstaat. Eine vergleichende Geschichte von der Entstehung bis zum 20. Jahrhundert, 2001; *Wolfgang Reinhard*, Geschichte der Staatsgewalt. Eine vergleichende Verfassungsgeschichte Europas von den Anfängen bis zur Gegenwart, 1999.

8
Vergleichende Politikwissenschaft

Die vergleichende Politikwissenschaft[18] kann je nach methodischem Ansatz dem Grundrechtsvergleich durch vergleichende Analysen der politischen Strukturen, Akteure und Prozesse[19], der Politikfelder[20] oder auch der politischen Kultur[21] eine zusätzliche Tiefendimension geben[22]. Wichtige Erkenntnisse über die Wirklichkeit der Grundrechtsgewährung und -ausübung im Verhältnis zwischen Staat und Bürger sowie zur Verwaltungskultur[23] liefert im übrigen die empirisch arbeitende vergleichende Verwaltungswissenschaft[24]. Eine Befassung mit den thematisch verwandten vergleichenden Wissenschaften überhaupt ist für den Grundrechts- wie allgemein für den Rechtsvergleicher nicht nur unter dem Gesichtspunkt der Vermittlung erhellenden Kontextwissens, sondern auch zur Befruchtung und Schärfung seines methodischen Verständnisses von großem Wert[25]. Die Rechtsvergleichung entfaltet ihr Erkenntnispotential letztlich im interdisziplinären Zugriff.

II. Die besondere Vergleichseignung der Grundrechte

9
Gemeinsame Grundlagen freiheitlicher Verfassungsstaaten

Innerhalb der Verfassungsvergleichung kommt der Grundrechtsvergleichung jedenfalls in der Familie der freiheitlichen Verfassungsstaaten deshalb ein besonderer Stellenwert zu, weil sie sich auf Rechtssätze bezieht, die im Kern

---

18 Dazu *Klaus von Beyme*, Der Vergleich in der Politikwissenschaft, 1988; *Betrand Badie/Ouy Hermet*, Politique comparée, Paris 1990; *Jan-Erik Lane/Svante Ersson*, Comparative Politics, Cambridge 1994; *Berg-Schlosser*, Vergleichende europäische Politikwissenschaft – Ansätze einer Bestandsaufnahme, in: PVS 39 (1998), S. 829 ff.

19 Vgl. etwa den auf Strukturen, Akteure und Prozesse abhebenden Vergleich westlicher Demokratien bei *Yves Mény*, Politique comparée. Les démocraties Allemagne, États-Unis, France, Grande-Bretagne, Italie, Paris ^{5}1996, und die Darstellung der vergleichenden Demokratieforschung bei *Manfred G. Schmidt*, Demokratietheorien, ^{2}1997, S. 217 ff.; vgl. demgegenüber unter methodischen Gesichtspunkten die thematisch überschneidende verfassungs*rechts*vergleichende Studie von *Grewe/Ruiz Fabri* (Bibl.).

20 Vgl. z. B. Hans-Jürgen Bieling (Hg.), Arbeitslosigkeit und Wohlfahrtsstaat in Westeuropa: neun Länder im Vergleich, 1997; einen verfassungsrechtlichen Ausgangspunkt nimmt demgegenüber beispielsweise der von Rainer Hofmann/Pavel Holländer/Franz Merli/Ewald Wiederin hg. Sammelband „Armut und Verfassung. Sozialstaatlichkeit im europäischen Vergleich", 1998.

21 Vgl. *Gabriel A. Almond/G. Bingham Powell*, Comparative Politics. System, Process, and Policy, Boston/Toronto ^{2}1978, S. 25 ff.

22 Von den „drei Dimensionen des Politikbegriffs", die *Carl Böhret/Werner Jann/Eva Kronenwett*, Innenpolitik und politische Theorie, ^{3}1988, S. 7, ansprechen, sind für die Verfassungsvergleichung eben nicht nur die institutionelle und rechtliche Ordnung (polity) von Interesse, sondern je nach Vergleichstiefe auch die inhaltlichen Ziele und Programme der Politik und ihrer Umsetzung (policy) sowie die Austragung von Konflikten um Macht und um Inhalte (politics).

23 Zu den verschiedenen Schichten der Verwaltungskultur vgl. *Werner Jann*, Staatliche Programme und „Verwaltungskultur": Bekämpfung des Drogenmißbrauchs und der Jugendarbeitslosigkeit in Schweden, Großbritannien und der Bundesrepublik Deutschland im Vergleich, 1983, S. 11 ff.; von einem engeren Verständnis der Verwaltungskultur als „Teil der politischen Kultur" geht aus: *Wallerath*, Reformmanagement als verwaltungskultureller Änderungsprozeß, in: Winfried Kluth (Hg.), Verwaltungskultur, 2001, S. 9, 28 f. (auf S. 10 ff. zum Zusammenhang von politischer Kultur und Verwaltungskultur).

24 Zur vergleichenden Verwaltungswissenschaft vgl. *Schnur*, Über vergleichende Verwaltungswissenschaft, in: VerwArch 52 (1961), S. 1 ff.; *Siedentopf*, Vergleichende Verwaltungswissenschaft: Wissenschaft oder Kunst?, in: Die Verwaltung 28 (1992), S. 427 ff.; *Pitschas*, Vom Wandel der Verwaltungszusammenarbeit: Herausforderungen an die vergleichende Verwaltungswissenschaft, in: Die Verwaltung 28 (1992), S. 477 ff.; kritisch zum erreichten Stand *Derlien*, Observations on the State of Comparative Administration Research in Europe – Rather Comparable than Comparative, in: Governance 5 (1992), S. 279 ff.

25 Vgl. bereits *Langrod*, Quelques réflexions méthodologiques sur la comparaison en science juridique, in: Revue Internationale de droit comparé 1957, S. 353 (361).

auf übereinstimmenden Wertvorstellungen beruhen[26]. Diese wurzeln letztlich in der Anerkennung der Menschenwürde[27]. Nachdem sich bereits seit den Menschenrechtserklärungen der nordamerikanischen und der französischen Revolution im letzten Viertel des 18. Jahrhunderts teilweise offensichtliche, teilweise verschlungene Rezeptionswege grundrechtlicher Normen und Konzepte verfolgen lassen, hat seit dem Ende des Zweiten Weltkrieges der Grundrechtsvergleich im Verhältnis zur Verfassungsvergleichung im übrigen nochmals erheblich an Bedeutung gewonnen. Dafür gibt es vor allem zwei Gründe: Erstens hatten die Unrechtserfahrungen mit Diktatur, Totalitarismus und Krieg in vielen Staaten die effektive Gewährleistung individueller Rechte ins Zentrum der Rechtspolitik gerückt, wobei nicht zuletzt mit Hilfe des Vergleichs nach schutzintensiven verfassungsrechtlichen Lösungen gesucht wurde. Zweitens setzte eine Internationalisierung des Grund- und Menschenrechtsschutzes ein, die sich vor allem in der Schaffung regionaler und universeller Vertragssysteme zum Schutz der Menschenrechte mit jeweils eigenem Durchsetzungsmechanismus manifestierte.

In Europa wurde die Herausbildung einer Grundrechtsgemeinschaft insbesondere durch die im Rahmen des Europarates verabschiedete Europäische Menschenrechtskonvention[28] gefördert. Im Zentrum des in Stufen gewachsenen Vertragssystems[29] steht eine Gerichtsbarkeit, deren Urteile für die jeweils verklagten Mitgliedstaaten verbindlich sind[30]. Die Wirkung dieser Rechtsprechung reicht freilich weit über den Einzelfall hinaus[31]. Durch die Richter des Europäischen Gerichtshofs für Menschenrechte fließen Grundrechtskonzeptionen verschiedener Staaten in die europäische Rechtsprechung ein, die ihrerseits grundrechtsmodifizierende und -prägende Wirkung in den einzelnen Mitgliedstaaten entfaltet. Über die erkennbare Rezeption konventionsrechtlicher Maßstäbe und Formulierungen in verschiedenen nationalen Verfassungen sind im Gefolge der rasch zunehmenden Dynamik der europäischen Rechtsprechung seit den siebziger Jahren deutliche Angleichungstendenzen in den nationalen Schutzstandards festzustellen. Dies gilt namentlich für diejenigen Staaten, die die Konventionsrechte konstitutionalisiert oder zum verbindlichen Auslegungskriterium der innerstaatlichen Rechtsordnung

10
Angleichungstendenzen in den Europaratsstaaten

---

26 Vgl. auch *Weinrib* (FN 6), S. 3, 15.
27 In diesem Sinne wurde die Anerkennung der Menschenwürde an die Spitze der Allgemeinen Erklärung der Menschenrechte vom 10.12.1948 (Resolution 217 [III] A, GAOR 3rd session, Resolutions, S. 71) und beispielsweise auch des deutschen Grundgesetzes vom 23.5.1949 sowie der EU-Grundrechtecharta v. 7.12.2000 (ABl. 2000 Nr. C 364/1) gesetzt. Zur Allgemeinen Erklärung und zur Grundrechtecharta als Instrumenten der Positivierung gemeinsamer Werte vgl. *Tomuschat*, The Universal Declaration of Human Rights and the Place of the Charter in Europe: Common Values, in: Sabine von Schorlemer (Hg.), Praxishandbuch UNO, 2003, S. 319 ff.
28 Konvention zum Schutze der Menschenrechte und Grundfreiheiten vom 4.11.1950 (BGBl. 1952 II S. 686), neugefaßt durch das Protokoll Nr. 11 vom 11.5.1994 (BGBl. 1995 II S. 579), in Kraft seit dem 1.11.1998. Zur Entstehungsgeschichte eingehend *Partsch*, Die Entstehung der europäischen Menschenrechtskonvention, in: ZaöRV 15 (1953/54), S. 631 ff.
29 Vgl. dazu nur *Walter*, Geschichte und Entwicklung der Europäischen Grundrechte und Grundfreiheiten, in: Dirk Ehlers (Hg.), Europäische Grundrechte und Grundfreiheiten, 2003, S. 1 (2 ff.).
30 Vgl. Art. 46 EMRK.
31 Zur „Orientierungswirkung" der Rechtsprechung näher *Christoph Grabenwarter*, Europäische Menschenrechtskonvention, 2003, § 16 II (S. 117 f.) m.w.N.

§ 16   Zweiter Teil: I. Methodik und Interpretation

erhoben haben[32]. Die Rechtsprechung des Straßburger Gerichtshofs, in der sich wegen der Zulässigkeitsvoraussetzung der vorherigen Erschöpfung des innerstaatlichen Rechtsweges jedenfalls im Rahmen der Sachverhaltsschilderung häufig auch Ausführungen zum nationalen Recht, insbesondere der nationalen Verfassungsrechtsprechung finden, fördern den Grundrechtsvergleich ebenso wie die durch die Judikate offengelegte Vergleichbarkeit grundrechtlicher Fragestellungen in den Konventionsstaaten[33]. Nicht zuletzt die Grundrechtsprüfung in den Stufen Grundrechtstatbestand, Grundrechtsschranken und Schrankenschranken, die die Zweckrationalität des Freiheitsschutzes[34] sowie der Text mehrerer Konventionsrechte nahelegen[35], ist der Sache nach sowohl in der Rechtsprechung des Europäischen Gerichtshofs für Menschenrechte[36] als auch in der Rechtsprechung der nationalen Verfassungsgerichte[37] gegenwärtig. Das Gleiche gilt für die Interpretationsmethoden und die Abwägungstechnik bei Grundrechtskollisionen. Diese strukturelle Vergleichbarkeit erleichtert dem Grundrechtsinterpreten, ausländische Verfassungsjudikate als Argumentationsreservoir oder weitergehend als Rechtserkenntnisquelle heranzuziehen. Im übrigen begünstigt die sprachliche Offenheit[38] oder, wie ein französischer Autor formuliert hat, die „strukturelle Dunkelheit"[39] der meisten Grundrechtsbestimmungen einen argumentativ offenen Diskurs.

---

32 Dazu näher *Sommermann*, Völkerrechtlich garantierte Menschenrechte als Maßstab der Verfassungskonkretisierung, in: AöR 114 (1989), S. 391 (399 ff.).
33 Vgl. jüngst das Urteil im Fall „Odièvre v. France" vom 13.2.2003, abrufbar im Internet unter „http://www.echr.coe.int".
34 Vgl. *Kloepfer*, in: Bundesverfassungsgericht und Grundgesetz, Bd. II, 1976, S. 404 (407); der Sache nach ebenso *v. Münch*, in: ders./Kunig, GG (LitVerz.), Bd. I, Vorb. Art. 1-19 RN 48 ff.; *Pieroth/Schlink*, Grundrechte (LitVerz.), § 6 RN 195 ff.; *Mélin-Soucramanien*, in: Louis Favoreu (Coord.), Droit des libertés fondamentales, Paris 2000, S. 185 ff.; *Gregorio Peces-Barba Martínez*, Curso de derechos fundamentales. Teoría general, Madrid 1999, S. 587 ff.; *José Carlos Vieira de Andrade*, Os direitos fundamentais na Constituição portuguesa de 1976, Coimbra 1987, S. 213 ff.
35 Vgl. etwa Art. 10 EMRK, der in Abs. 1 den Schutzbereich der Meinungsäußerungsfreiheit umreißt (Grundrechtstatbestand) und in Abs. 2 die Einschränkbarkeit auf gesetzlicher Grundlage (Grundrechtsschranken) in den Grenzen des in einer demokratischen Gesellschaft zum Schutz bestimmten Rechtsgüter Notwendigen (Grenzen der Einschränkbarkeit) vorsieht.
36 Vgl. zur Prüfung im Rahmen des Art. 10 EMRK nur die Urteile in den Fällen „Handyside" und „Sunday Times", Publications de la Cour européenne des Droits de l'Homme, Série A, Nr. 24 und 30, deutsche Übersetzung in EuGRZ 1977, S. 38 ff., bzw. EuGRZ 1979, S. 386 ff.
37 Vgl. die Länderberichte in: Weber (Bibl.), jeweils Chapter 4. Einschränkungen sind insbesondere für den Conseil Constitutionnel zu machen, vgl. *Arnold*, Ausgestaltung und Begrenzungen von Grundrechten im französischen Verfassungsrecht, in: JöR N.F. Bd. 38 (1989), S. 197, 208 ff.
38 Vgl. *Wolfram Höfling*, Offene Grundrechtsinterpretation. Grundrechtsauslegung zwischen amtlichem Interpretationsmonopol und privater Konkretisierungskompetenz, 1987, insb. S. 80 ff.
39 *Aguila*, Cinq questions sur l'interprétation constitutionnelle, in: Revue française de droit constitutionnel 1995, Nr. 21, S. 9 (16 f.). Die traditionelle Unterscheidung zwischen „textes clairs" und „textes obscurs" ist unter anderem auch von der Rechtsprechung des Conseil d'Etat her bekannt, vgl. dazu nur *Genevois*, Le Conseil d'Etat et l'interprétation de la loi, in: Revue française de droit administratif 2002, S. 877 (879).

III. Die Einbeziehung inter- und supranationaler Rechtsinstrumente in die Grundrechtsvergleichung

Das Beispiel der Europäischen Menschenrechtskonvention macht zugleich deutlich, daß Grundrechtsvergleichung nicht auf den Vergleich nationaler Grundrechte begrenzt werden kann. Wegen der grundrechtsbildenden, grundrechtskonkretisierenden und grundrechtsergänzenden Wirkung, die den internationalen Menschenrechtsabkommen auf nationaler Ebene zukommt, ist der (vertikale) Vergleich zwischen nationalen Grundrechten und völkerrechtlich garantierten Menschenrechten eine wichtige Option der Grundrechtsvergleichung. Mit ihr verbindet sich freilich meist eine andere Zielsetzung als mit dem herkömmlichen, auf die Grundrechte zweier oder mehrerer Staaten bezogenen Vergleich. Häufig wird der vertikale Vergleich die Sicherstellung oder Klärung der Frage der Völkerrechtskonformität der nationalen Grundrechte zum Ziel haben und insoweit jedenfalls strukturell der für den Rechtsvergleich eher unspezifischen Frage der Interpretation oder Anwendung von Rechtsnormen im Hinblick auf ihre Stellung in der Normenhierarchie gleichen.

11 Nationale Grundrechte und völkerrechtlich garantierte Menschenrechte

In der Völkerrechtspraxis deutet sich darüber hinaus eine Tendenz zur vergleichenden Interpretation der Menschenrechtsabkommen an, womit ein Anwendungsfeld des horizontalen Menschenrechtsvergleichs benannt ist. Man betont in einzelnen Fällen weniger die Notwendigkeit, jeden Vertrag eigenständig zu interpretieren, bezieht in die Interpretation vielmehr verwandte Bestimmungen anderer Verträge und deren Auslegung ein. Der Europäische Gerichtshof für Menschenrechte hat sich bei der Interpretation der Europäischen Menschenrechtskonvention in diesem Sinne nicht nur auf andere menschenrechtliche Verträge aus der Familie des Europarats, sondern auch auf Verträge der universellen Ebene, wie z.B. auf im Rahmen der Internationalen Arbeitsorganisation geschlossene Konventionen[40], bezogen[41].

12 Horizontaler Menschenrechtsvergleich

Wenngleich die internationalen Menschenrechtsabkommen abgesehen von allgemeinen Rechtsschutzforderungen und der Garantie unabhängiger Gerichte[42] keine organisationsrechtlichen Vorgaben enthalten, üben sie einen nicht zu unterschätzenden indirekten Einfluß auf die institutionellen Arrangements zur Durchsetzung der menschenrechtlichen Standards auf nationaler Ebene aus. Die Ausbreitung institutioneller Konzepte wie Verfassungsge-

13 Einfluß des Völkerrechts auf nationales Organisationsrecht

---

40 Vgl. die Urteile „Van der Mussele" v. 23.11.1983, Publications de la Cour européenne des Droits de l'Homme, Série A, Nr. 70, und „Sigurdur A. Sigurjonsson" v. 30.6.1993, Publications de la Cour européenne des Droits de l'Homme, Série A, Nr. 254.
41 Näher *Jean-Francois Flauss*, Du droit international comparé des droits de l'homme dans la jurisprudence de la Cour européenne des droits de l'homme, in: Le rôle du droit comparé dans l'avènement du droit européen / The Role of Comparative Law in the Emergence of European Law (Publications de l'Institut suisse de droit comparé, Bd. 43), Zürich 2002, S. 159 ff.
42 Vgl. Art. 6 u. 13 EMRK und Art. 14 IPbürgR (BGBl. 1973 II S. 1534).

richtsbarkeit[43] oder Ombudsmann[44] kann zwar weithin auf die Rezeption von Modellen, die auf nationaler Ebene gewachsen sind, zurückgeführt werden; doch sie beruht nicht zuletzt auch auf Internationalisierungstendenzen im Grundrechtsschutz, die die Staaten zur Verbesserung der Schutzstandards, wenn nicht zum Wettbewerb bei der Schaffung wirksamer Implementierungsmechanismen drängen. Umgekehrt wird etwa die Diskussion über die Reform des Europäischen Menschenrechtsgerichtshofs, der wegen des steilen Anstiegs der Menschenrechtsbeschwerden[45] an die Grenze seiner Funktionsfähigkeit stößt, vergleichend unter Rückgriff auf die Erfahrungen und Verfahrenslösungen der nationalen Verfassungsgerichtsbarkeit geführt[46]. Im übrigen bietet das Völkerrecht für entsprechende Vergleichsansätze im staatsorganisationsrechtlichen Bereich wenige Anhaltspunkte. Immerhin kennt das Vertragsvölkerrecht das menschenrechtliche Gebot der Abhaltung demokratischer Wahlen[47]. In anderen Verträgen wird die Staatsorganisation punktuell zum Gegenstand völkerrechtlicher Verträge gemacht, so die Gewährleistung kommunaler Selbstverwaltung[48] oder auch bestimmte Organisationskriterien der Staatsaufsicht[49].

---

43 Die Verbreitung der Verfassungsgerichtsbarkeit hat namentlich in den achtziger Jahren zu berichtenden bzw. vergleichenden Studien Anlaß gegeben, die ihrerseits die Reformdiskussion in weiteren Ländern, etwa auch den osteuropäischen Transformationsländern, förderten. Aus dem umfangreichen Schrifttum vgl. nur Louis Favoreu (Hg.), Cours constitutionnelles européennes et droits fondamentaux, Paris/Aix-en-Provence 1982; ders., Les cours constitutionnelles, Paris 1986; Christian Starck/Albrecht Weber (Hg.), Verfassungsgerichtsbarkeit in Westeuropa, 2 Bde, 1986 (Bd. II enthält in Loseblattform die Übersetzung der Rechtsgrundlagen, letzte Nachlieferung 1990); Christine Landfried (Hg.), Constitutional Review and Legislation. An International Comparison, 1988; Hans-Rudolf Horn/Albrecht Weber (Hg.), Richterliche Verfassungskontrolle in Lateinamerika, Spanien und Portugal, 1989; den Versuch eines weltumspannenden Strukturvergleichs der Durchsetzung der Grund- und Menschenrechte vor den nationalen Gerichten hat der spätere Richter und Präsident des Interamerikanischen Gerichtshofs für Menschenrechte *Héctor Fix Zamudio* unternommen, vgl. *dens.*, La protección procesal de los derechos humanos ante las jurisdicciones nacionales, Madrid 1982.
44 Zur Verbreitung der in skandinavischen Vorbildern wurzelnden Ombudsman-Idee, die häufig mit verwandten institutionellen Traditionen der rezipierenden Rechtsordnungen eine Verbindung einging, vgl. etwa (chronologisch) Donald C. Rowat (Hg.), The Ombudsman. Citizen's Defender, London 1965; *Walter Gellhorn*, Ombudsmen and Others. Citizen's Protectors in Nine Countries, Cambridge (Mass.) 1967; *Jürgen Hansen*, Die Institution des Ombudsman, 1972; *Constantino Mortati* u. a., L'Ombudsman (Il difensore civico), Torino 1974; *Frank Stacey*, Ombudsmen compared, Oxford 1978; *Alvaro Gil-Robles y Gil-Delgado*, El control parlamentario de la Administración (El Ombudsman), Madrid ²1981; *Victor Fairén Guillén*, El Defensor del Pueblo. Ombudsman, 2 Bde., Madrid 1982/86; *Sonia Venegas Alvarez*, Origen y devenir del Ombudsman. ¿Una institución encomiable?, México 1988; Epaminondas A. Marias (Hg.), The European Ombudsman, Maastricht 1994; Stefan Matscher (Hg.), Ombudsmann in Europa. Institutioneller Vergleich, 1994.
45 Die Zahl der registrierten Individualbeschwerden stieg von 404 im Jahre 1981 auf 4.750 im Jahr 1997 und auf 13.858 im Jahr 2001 (Quelle: Internetinformation des Gerichtshofs unter „http://www.echr.coe.int", Abfrage Juli 2003).
46 Vgl. die Beiträge zu dem am 7./8.2.2003 in Graz abgehaltenen Symposium „Die Zukunft des Europäischen Gerichtshofs für Menschenrechte", abgedruckt in EuGRZ 2003, S. 93 ff.
47 Siehe insbesondere Art. 3 des Ersten Zusatzprotokolls zur EMRK (BGBl. 1956 II S. 1880); Art. 25 IPbürgR (BGBl. 1973 II S. 1534); vgl. auch bereits Art. 21 der Allgemeinen Erklärung der Menschenrechte von 1948, Resolution 217 (III) A, GAOR 3rd session, Resolutions, S. 71, und Yearbook of the United Nations 1948-49, S. 535. Näher zum Thema *Barbara Bauer*, Der völkerrechtliche Anspruch auf Demokratie, 1998.
48 Vgl. die Europäische Charta der kommunalen Selbstverwaltung vom 15.10.1985 (BGBl. 1986 II S. 66).
49 Vgl. etwa Art. 8 des Übereinkommens über nukleare Sicherheit vom 20.9.1994 (BGBl. 1997 II S. 131).

Erstreckt sich der Grundrechtsvergleich optional auf völkerrechtliche Texte und Systeme, so ist er erst recht auf Grundrechtsverbürgungen supranationaler Gemeinwesen zu erstrecken, die – wenngleich sie keine Staatsqualität aufweisen – eine Rechtsgemeinschaft bilden. Spätestens seit der Verfassungsdiskussion im Rahmen der Europäischen Union wird deutlich, daß die Grundrechtsdemokratien[50] ab einem bestimmten Integrationsgrad auf einen gemeinsamen Grundrechtskatalog Wert legen, der, insoweit den nationalen Grundrechten vergleichbar, der supranationalen Eingriffsmacht Grenzen setzt und so die Errungenschaften des modernen Verfassungsstaats auf die Unionsebene transportiert. Namentlich soweit Grundrechtsfragen die institutionelle Ordnung berühren, muß freilich besonderer Wert auf die Vergleichsparameter gelegt werden. Im übrigen gilt das, was zur prägenden Wirkung der Europäischen Menschenrechtskonvention für den nationalen Grundrechtsschutz gesagt wurde in besonderem Maße für die Unionsgrundrechte, zumal die Standards der Europäischen Menschenrechtskonvention Bestandteil der Gemeinschaftsrechtsordnung sind[51]. Wird die Europäische Grundrechtecharta[52] in den Verfassungsvertrag der Europäischen Union einbezogen, so könnte sie eine weitere Stufe der Europäisierung und Angleichung des Grundrechtsschutzes einleiten, wobei der Rechtsprechung des Europäischen Gerichtshofes wiederum die treibende Rolle zukäme[53]. Auch wenn die Charta der Grundrechte gemäß Art. 51 vorerst nur für die Organe der Europäischen Union und für die Behörden der Mitgliedstaaten bei der Durchführung des Gemeinschaftsrechts gilt, könnte allein wegen der Schwierigkeit der Abgrenzung des Anwendungsbereichs der jeweiligen nationalen Grundrechte einerseits und der Unionsgrundrechte andererseits der Harmonisierungsdruck und die Notwendigkeit eines kontinuierlichen Abgleichs beider Grundrechtsebenen erheblich wachsen.

14
Nationaler und supranationaler Grundrechtsschutz

C. Funktionen der Grundrechtsvergleichung

I. Funktionszuschreibung und grundrechtliches Vorverständnis

Die Funktionen, die man der Grundrechtsvergleichung zuschreiben kann, hängen in hohem Maße davon ab, inwieweit man eine vor- oder überstaatliche Abhängigkeit oder Prägung der nationalen Grundrechte anerkennt. Betont

15
Bezugsrahmen der nationalen Grundrechte

---

50 Begriff von *Wolfgang Fikentscher*, Methoden des Rechts, Bd. IV, 1977, insb. S. 614 ff., der durch *Gerald Stourzh* Verbreitung gefunden hat, vgl. nur *dens.*, Wege zur Grundrechtsdemokratie. Studien zur Begriffs- und Institutionengeschichte des liberalen Verfassungsstaates, 1989, zum Begriff auf S. XI f. mit FN 2; → Bd. II: *Merten*, Das Prinzip Freiheit im Gefüge der Staatsfundamentalbestimmungen.
51 Vgl. Art. 6 Abs. 2 EU.
52 Zur Grundrechtecharta in rechtsvergleichender Sicht *Weber*, La Carta Europea de los Derechos Fundamentales desde la perspectiva comparada, in: M. Carbonell (Coord.), Derechos fundamentales y Estado. Memoria del VII Congreso Iberoamericano de Derecho constitucional, México 2002, S. 729 ff.
53 Zurückhaltender, solange die Charta unverbindlich bleibt, *Wallrabenstein*, Die Grundrechte, der EuGH und die Charta, in: Kritische Justiz 35 (2002), S. 381 ff.

man die Besonderheit und Abgeschlossenheit eines jeden nationalen Systems, wird man den Kreis möglicher Funktionen des Vergleichs erheblich enger ziehen, als wenn man die nationalen Grundrechte als in eine internationale Entwicklung eingebettet oder zu einem überstaatlichen Grundrechtsverbund gehörig versteht.

1. Der grundrechtliche „Universalienstreit"

16
Frage der Vergleichbarkeit der Grundrechtsordnungen

Die der Grundrechtsvergleichung vorgelagerte Frage nach der grundsätzlichen Vergleichbarkeit der Grundrechtsgewährleistungen wird vor allem bei der Gegenüberstellung von Verfassungsordnungen sehr unterschiedlicher kultureller Prägung virulent. In der Debatte sind Positionen bestimmend, die von der Diskussion über die Natur und Reichweite der Menschenrechte her bekannt sind.

17
1. Position: Universalität der Menschenrechte

Die erste Position betont die Universalität der Menschenrechte und betrachtet daher die in den nationalen Grundrechtskatalogen enthaltenen Verbürgungen als Konkretisierungen einer universellen Idee, die im Abgleich mit den Grundrechten anderer Staaten und internationalen Rechtekatalogen immer wieder überprüft und fortgeschrieben werden müssen[54]. Wenngleich die die Universalität der Menschenrechte betonende Position mit naturrechtlichen Postulaten übereinstimmt, ist sie keineswegs auf rein naturrechtliche Argumentation angewiesen. Angesichts eines hohen Ratifikationsstands bei den grundlegenden universellen Menschenrechtsverträgen und einer immer stärkeren Ausdifferenzierung der Menschenrechtsinstrumente kann sich diese Position, jedenfalls in den Kernbereichen des Menschenrechtsschutzes, auf einen weitreichenden Konsens der Staaten berufen. Selbst die Staaten, in denen Menschenrechtsverletzungen notorisch sind, erkennen menschenrechtliche Standards an, indem sie menschenrechtsverletzende Handlungen abstreiten oder als Ausnahmen rechtfertigen.

18
Allgemeine Erklärung der Menschenrechte

Art. 1 Abs. 2 GG

Der Standpunkt des Universalismus kommt deutlich in der Präambel der Allgemeinen Erklärung der Menschenrechte von 1948[55] zum Ausdruck, die eingangs betont, daß „die Anerkennung der allen Mitgliedern der menschlichen Familie innewohnenden Würde und ihre gleichen und unveräußerlichen Rechte die Grundlage der Freiheit, der Gerechtigkeit und des Friedens in der Welt bildet" – eine Formulierung, an die sich der Grundgesetzgeber von 1948/49 in Art. 1 Abs. 2 GG angelehnt hat – und wo im letzten Erwägungsgrund der Präambel festgestellt wird, daß „eine gemeinsame Auffassung über diese Rechte und Freiheiten von größter Wichtigkeit für die volle Erfüllung dieser Verpflichtung ist".

---

54 Vgl. zu dieser Position und den Einwänden, denen sie sich gegenübersieht, *Tomuschat*, Is Universality of Human Rights Standards an Outdated and Utopian Concept, in: Das Europa der zweiten Generation. GS Sasse, Bd. II, 1981, S. 585 ff.; *Ludger Kühnhardt*, Die Universalität der Menschenrechte, 1987; *Stern*, Zur Universalität der Menschenrechte, in: Franz Ruland/Bernd Baron von Maydell/Hans-Jürgen Papier (Hg.), Verfassung, Theorie und Praxis des Sozialstaats. FS Zacher, 1998, S. 1063 ff.
55 Fundstelle oben in FN 27.

19
2. Position: Eigenständigkeit der jeweiligen Grundrechtsordnung

Der universalistischen Haltung steht eine nominalistische Position gegenüber[56], die kulturalistisch, positivistisch oder auch nationalistisch geprägt sein kann. Die kulturalistische Sicht betont die Abhängigkeit des Rechts von den historischen, sozialen und kulturellen Voraussetzungen des jeweiligen Gemeinwesens, was für Funktionen der Rechtsvergleichung über die Feststellung von Unterschieden und – in sehr viel geringerem Maße – Gemeinsamkeiten hinaus kaum Raum lasse[57]. Kulturalistisch im weiteren Sinne (von der Basis des dialektischen Materialismus aus) argumentierten auch die sozialistischen Staaten, wenn sie die Auslegung der völkerrechtlich anerkannten Menschenrechte als vom Gesellschaftssystem abhängig und daher als letztlich innere Angelegenheit der Staaten bezeichneten[58]. Diese Auffassung stand freilich im Widerspruch zur Völkerrechtslehre der westlichen Staaten, die, rechtspositivistisch argumentierend, gerade die Notwendigkeit einer einheitlichen Interpretation der völkerrechtlichen Verbürgungen und damit die Notwendigkeit der Wahrung eines für alle Staaten gleichen Mindeststandards betonten[59].

20
Rechtspositivistische Begründung

Ein national ausgerichteter Rechtspositivismus wird häufig im Ergebnis mit dem Kulturalismus übereinstimmen. Als Beispiel mag die Haltung des US-amerikanischen Supreme Court-Richters *Antonin Scalia* dienen, der sich wiederholt gegen die Heranziehung der Rechtsvergleichung und daraus zu gewinnender staatenübergreifender Standards ausgesprochen hat. Deutlich kommt dies in der folgenden Erklärung zum Ausdruck[60]:

Beispiel Vereinigte Staaten

„... we judges of the American democracies are servants of our peoples, sworn to apply, without fear or favor, the laws that those peoples deem appropriate. We are not some international priesthood empowered to impose upon our free and independent citizens supra-national values that contradict their own. If 'international norms' had controlled our forefathers, democracy would never have been born here in the Americas".

21
Widerspruch zu naturrechtlich begründeten Werten

Die Berufung auf die Gründerväter der Vereinigten Staaten ist freilich insofern wenig überzeugend, als diese sich gerade auf naturrechtlich begründete universelle Werte berufen hatten, wie in der Unabhängigkeitserklärung und den Rechteerklärungen der Einzelstaaten[61] nachzulesen ist. Auch waren es die Vereinigten Staaten gewesen, die während und nach dem Zweiten Welt-

---

56 Mit dem Rekurs auf die Begriffe des mittelalterlichen Universalienstreits soll der grundsätzliche Unterschied der beiden Grundrechtskonzeptionen idealtypisch verdeutlicht werden. In dem damaligen Gelehrtenstreit vertraten bekanntlich die sog. Realisten die Auffassung, die allgemeinen Ideen (Universalien) existierten vor den Einzeldingen (universalia ante res), während die sog. Nominalisten betonten, in der Welt existierten nur die Einzeldinge, für die Allgemeinbegriffe nur Namen (voces, nomina) seien. Vgl. dazu nur *Johannes Hirschberger*, Geschichte der Philosophie, Bd. I, [12]1981, S. 410 ff., 560 ff.
57 Diese kulturalistische Sicht stimmt weitgehend mit den Positionen überein, die man unter dem Begriff *expressivism* zusammengefaßt hat; zu diesem näher *Tushnet*, The Possibilities of Comparative Constitutional Law, in: The Yale Law Journal 108 (1999), S. 1225 (1269 ff.).
58 Vgl. etwa *Gregorij I. Tunkin*, Völkerrechtstheorie, 1972 (Originalausgabe in Russisch: Moskau 1970), S. 105 ff.
59 *Tomuschat*, Human Rights in a World-Wide Framework. Some Current Issues, in: ZaöRV 45 (1985), S. 547 (553 ff).
60 *Antonin Scalia*, Commentary, 40 St. Louis U.L.J. 1119, 1122 (1996), zitiert bei *Weinrib* (FN 6), S. 23.
61 Abgedruckt in *Bernard Schwartz*, The Bill of Rights: A Documentary History, Bd. I, New York u.a. 1971, S. 231 ff.

krieg die Idee universeller Menschenrechte, wie sie nachdrücklich in der Allgemeinen Erklärung der Menschenrechte von 1948 Ausdruck fand, vorangetrieben hatten[62]. Daher findet die von Supreme Court-Richter *Scalia* gleichsam idealtypisch vertretene Auffassung weder im Supreme Court selbst noch in der amerikanischen Rechtslehre ungeteilte Zustimmung[63].

2. Grundrechtsvergleichung im Grundrechtsverbund

22
Vergleichsoffenheit in Europa

Der Streit um die Universalität der Menschenrechte tritt zugunsten eines pragmatisch offenen Grundrechtsdiskurses dort zurück, wo eine so enge völkerrechtliche bzw. supranationale Verknüpfung der nationalen Grundrechtsordnungen erreicht ist, daß man – wie im Falle der Europaratsstaaten, mehr noch der Mitgliedstaaten der Europäischen Union – von einer Grundrechtsgemeinschaft[64], einem Grundrechteraum[65] oder von einem Grundrechtsverbund[66] sprechen kann. Dieser entfaltet sich nicht nur vertikal, d. h. in der Wechselbeziehung zwischen supranationaler und nationaler Ebene, sondern zunehmend auch horizontal, d.h. im Austausch der nationalen Grundrechtsordnungen untereinander. Im Kreis der europäischen Staaten der Grundrechtsvergleichung wichtige Funktionen einzuräumen, liegt nicht nur wegen gemeinsamer Wertvorstellungen, sondern auch wegen gemeinsamer Rechtsgrundlagen und Implementationssysteme nahe[67], die von einer Integration der nationalen Grundrechtsvorstellungen sachlich (durch wertende Zusammenschau nationaler Grundrechtsstandards[68]) wie personell (namentlich durch in verschiedenen Rechtssystemen ausgebildete europäische Richter) leben.

---

62 Vgl. dazu *Åshild Samnøy*, Human Rights as International Consensus: The Making of the Universal Declaration of Human Rights 1945-1948, Bergen 1993; Kurzfassung: *ders.*, The Origins of the Universal Declaration of Human Rights, in: Gudmundur Alfredsson/Asbjorn Eide (Hg.), The Universal Declaration of Human Rights. A Common Standard of Achievement, The Hague/Boston/London 1999, S. 3 ff.

63 Deutlich treten die unterschiedlichen Auffassungen z.B. im Urteil des Supreme Court im Fall „Printz v. United States" vom 27.6.1997 (521 U.S. 98) zutage, in dem es um die Frage ging, ob ein bestimmtes Bundesgesetz aus dem Jahre 1993 (Änderungsgesetz zum Gun Control Act von 1968) die bundesstaatliche Kompetenzordnung verletzt: In seiner Dissenting Opinion bezieht sich Justice *Breyer* zur Untermauerung seiner Position auf ein entsprechendes Prinzip in einzelnen föderalen Systemen Europas (Schweiz, Deutschland, Europäische Union). In seinem Mehrheitsvotum betont Justice *Scalia* demgegenüber erneut (FN 11 seines Votums), daß eine Betrachtung ausländischer Systeme ungeeignet sei, zur Interpretation der amerikanischen Verfassung einen Beitrag zu leisten. Wegen einer Kritik in der Rechtslehre vgl. *Jackson/Tushnet* (Bibl.), S. 145 ff. und die dort abgedruckten Texte; *Weinrib* (FN 6), S. 22 ff.

64 *Hirsch*, Die Europäische Union als Grundrechtsgemeinschaft, in: Gil Carlos Rodríguez Iglesias (Ole Due/Romain Schintgen/Charles Elsen (Hg.), Mélanges en hommage à Fernand Schockweiler, 1999, S. 177 ff., Kritisch gegenüber einem Konzept, welches die Grundrechtsgemeinschaft zum Integrationsparadigma erhebt, v. *Bogdandy*, Grundrechtsgemeinschaft als Integrationsziel? Grundrechte und das Wesen der Europäischen Union, JZ 2001, S. 157 ff.

65 *Callewaert*, Die EMRK und die EU-Grundrechtecharta. Bestandsaufnahme einer Harmonisierung auf halbem Weg, EuGRZ 2003, S. 198 (206).

66 Anknüpfend an den Begriff des „Verfassungsverbundes", vgl. zu diesem nur *Pernice* und *P. M. Huber*, Europäisches und nationales Verfassungsrecht, in: VVDStRL 60 (2001), S. 148 (163 ff.) und S. 193 (199 ff.). Dieser Ausdruck knüpft seinerseits an die vom Bundesverfassungsgericht (Berichterstatter: *Paul Kirchhof*) vorgenommene Charakterisierung der Europäischen Union als „Staatenverbund" an (*BVerfGE 89*, 155 [184 ff.]).

67 Zur europäischen Wertegemeinschaft vgl. *Speer*, Die Europäische Union als Wertegemeinschaft, DÖV 2001, S. 980 ff.; *Mehde*, Die europäische Wertegemeinschaft, Grundrechte und die irische Abtreibungsdebatte, in: KritV 85 (2002), S. 438 (439 ff.).

68 Siehe unten D IV, RN 75 ff.

Von der Lebendigkeit der europäischen Grundrechtsgemeinschaft zeugen zahlreiche Periodika, die eben nicht nur die völker- und europarechtliche Ebene und ihre Wechselwirkung mit dem Recht der Mitgliedstaaten, sondern auch das nationale Recht selbst in den Blick nehmen, um den transnationalen Grundrechtsdiskurs zu fördern. Nachdem im deutschen Sprachraum das bereits im Jahr 1907 gegründete *Jahrbuch des öffentlichen Rechts* seine grundlegende Bedeutung für den Dialog mit der ausländischen Staatsrechtslehre und die Vermittlung von Kenntnissen über die ausländische Rechtsentwicklung, auch durch Abdruck von Verfassungstexten im Original oder in Übersetzung, immer wieder eindrucksvoll unter Beweis gestellt hat[69], leistet für die systematische Beobachtung der Grundrechtsentwicklung im Spiegel ausgewählter Judikate die im Jahr 1973 gegründete *Europäische Grundrechtezeitung*[70] Pionierarbeit. Ihr wurden im Jahre 1979 das *Human Rights Law Journal* und im Jahre 1989 die *Revue universelle des droits de l'homme* zur Seite gestellt. Namentlich die letztgenannte Zeitschrift greift dabei über den Kreis der westlichen Staaten hinaus. Einen wichtigen Beitrag zur Analyse der Verfassungs- und damit auch Grundrechtsentwicklung in den europäischen und ausgewählten außereuropäischen Staaten durch Studien und systematische Berichte leistet ferner das zuerst 1984 erschienene *Annuaire International de Justice Constitutionnelle*[71]. Als Periodikum, das die Verfassungsrechtsprechung und damit namentlich Grundrechtsentwicklung der Mitgliedstaaten des Europarats dokumentiert, kommt schließlich dem von der Commission de Venise (offizieller Name: „Commission européenne pour la démocratie par le droit") herausgegebenen *Bulletin de jurisprudence constitutionnelle* besondere Bedeutung zu. Die im Jahre 1990 nach dem Fall der Berliner Mauer im Rahmen des Europarates gegründete Kommission wurde mit der Aufgabe betraut, das Verständnis des gemeinsamen demokratischen Verfassungserbes zu fördern und die osteuropäischen Transformationsländer in diesem Sinne bei der Verfassunggebung zu unterstützen.

23 Transnationaler Grundrechtsdiskurs

Die Intensivierung des transnationalen Verfassungs-, insbesondere Grundrechtsdiskurses in Europa, der sich auch in ehrgeizigen, auf internationale Wissenschaftlerkooperation gestützte Vorhaben zur Erfassung der Grundlagen, Interpretation und Ausgestaltung der Grundrechte manifestiert[72], scheint Gravitationskräfte auf andere Erdteile auszuüben, nicht zuletzt auf den amerikanischen Kontinent. Während die Verfassungsentwicklung in den USA

24 Dialog zwischen Europa und Amerika

---

69 Unter den mittlerweile „klassischen" Fachzeitschriften des öffentlichen Rechts, die immer wieder auch Beiträge zum ausländischen öffentlichen Recht in ihr Redaktionsprogramm aufgenommen haben, sind die Vierteljahresschriften „Archiv des öffentlichen Rechts", „Zeitschrift für ausländisches öffentliches Recht und Völkerrecht" und „Der Staat" besonders zu erwähnen.
70 Hg. von Norbert Paul Engel; Schriftleitung Erika Engel.
71 Veröffentlicht von dem von *Louis Favoreu* geleiteten Groupe d'Etudes et de Recherches sur la Justice Constitutionnelle (Universität Aix-Marseille), Paris/Aix-en-Provence.
72 22 Länder bezieht das von *Albrecht Weber* geleitete Vorhaben „Fundamental Rights in Europe and North America" (Bibl.) ein. Die thematisch und nach Ländern gestaffelten Ergebnisse werden schrittweise in Loseblattform veröffentlicht; die bisherigen Texte füllen einen umfangreichen Ordner. Rund eintausend Seiten umfaßt der 1986 erschienene erste Band des von *Eberhard Grabitz* hg. Werkes „Grundrechte in Europa und USA", der nach einem einheitlichen Gliederungsplan abgefaßte Berichte aus zwölf Ländern enthält.

§ 16   *Zweiter Teil: I. Methodik und Interpretation*

schon immer von der europäischen Staatsrechtslehre verfolgt wurde[73], war dies im umgekehrten Verhältnis nicht in gleichem Maße der Fall[74]. Für die jedenfalls in der Wissenschaft wachsende Tendenz eines beiderseitigen Austauschs ist die mit der New York University's School of Law verbundene Vierteljahresschrift *I·CON – International Journal of Constitutional Law* repräsentativ, deren erstes Heft im Januar 2003 erschienen ist. Die Zusammensetzung ihres Herausgeberrats und Beirats deutet den Schwerpunkt des Austauschs an: Nord-, Mittel- und Südamerika sowie Europa. Als Beispiel eines Publikationsorgans, das den seit der Demokratisierung Spaniens wieder verstärkten Dialog zwischen Europa und Lateinamerika fördern soll, sei nur das seit 1996 in Madrid erscheinende Jahrbuch *Anuario Iberoamericano de Justicia Constitucional* genannt[75].

25
Zurückhaltung in der Praxis

Die Indizien für die wachsende Bedeutung des transnationalen Grundrechtsdiskurses dürfen indes nicht über die Tatsache hinwegtäuschen, daß in der Praxis, selbst in der Verfassungsjudikatur, Grundrechtsvergleichung bisher als Erkenntnismethode erst selten angewendet oder jedenfalls offengelegt wird[76]. Diese Zurückhaltung ist nicht nur mit den Schwierigkeiten zu erklären, Erkenntnisse aus anderen Rechtsordnungen kontextangemessen und entsprechend differenziert für die eigene Rechtsfindung nutzbar zu machen, sondern auch durch ein Methodenverständnis, das die Selbständigkeit und unterschiedliche Systemlogik der verschiedenen Rechtsordnungen betont.

II. Erkenntnisfunktion

26
Multifunktionalität der Grundrechtsvergleichung

Der Grundrechtsvergleich eröffnet ein breites Spektrum an Erkenntnismöglichkeiten. Er kann sowohl Ziel als auch Mittel der Erkenntnis sein. Als eigenständiges Ziel beschränkt er sich auf die (zunächst) zweckfreie Erlangung von Kenntnissen über Gemeinsamkeiten und Unterschiede zwischen den verglichenen Grundrechtsordnungen oder einzelner Elemente derselben. In der

---

73 Für die deutsche Staatsrechtslehre vgl. insb. die Arbeiten von *Winfried Brugger*, Grundrechte und Verfassungsgerichtsbarkeit in den Vereinigten Staaten von Amerika, 1987; *dens.*, Einführung in das öffentliche Recht der USA, ²2001.
74 Damit sollen die rechtsvergleichenden Verdienste der Studien amerikanischer Verfassungsrechtler über das Verfassungsrecht europäischer Staaten nicht in Abrede gestellt werden. Zur Verbreitung der Rechtsprechung des Bundesverfassungsgerichts in den USA trug wesentlich das Werk „The Constitutional Jurisprudence of the Federal Republic of Germany" von *Donald P. Kommers* (Durham/London 1989) bei. Das Buch enthält in englischer Übersetzung Auszüge aus Leitentscheidungen des Bundesverfassungsgerichts und kommentiert diese (Grundrechtsprechung auf S. 245 ff.). Das Werk wurde auch bereits zur Grundlage rechtsvergleichender Betrachtungen in der Rechtsprechungspraxis, vgl. die Concurring Opinion des Richters *Calabresi* in der Entscheidung des United States Court of Appeals vom 5.6.1995 im Fall „United States v. Then", 56 Federal Reporter, 3rd Series, S. 464, 466, 468 f., der Judikatur des Bundesverfassungsgerichts nach *Kommers* (und *Christian Pestalozza*, Verfassungsprozeßrecht, ³1991) zitiert.
75 Hg. vom Centro de Estudios Constitucionales. Auf den lateinamerikanisch-europäischen Dialog angelegt ist auch, wie die Beiträge zeigen, die seit 1999 halbjährlich erscheinende und vom Instituto de Investigaciones Jurídicas der Universidad Nacional Autónoma de México hg. Zeitschrift *Cuestiones Constitucionales – Revista Mexicana de Derecho Constitucional*. Ihrem Herausgeberrat gehören mehrere europäische Verfassungsrechtler an.
76 Vgl. unten unter E, RN 81 ff.

Regel wird die Grundrechtsvergleichung indes der Gewinnung normativempirischer Daten als Grundlage für Theoriebildung, der Vervollständigung von Argumenten bei der Grundrechtsinterpretation oder der Feststellung allgemeiner Rechtsgrundsätze dienen.

1. Erkenntnisse für die Grundrechts-, Staats- und Verfassungstheorie

Staats- und Verfassungstheorie leben von der Anschauung verschiedener Staats- und Verfassungsordnungen, die sie systematisierend und typisierend zu erfassen und nach bestimmten Leitgesichtspunkten zueinander ins Verhältnis zu setzen suchen. Dasselbe gilt für die Grundrechtstheorie, die ein Teilgebiet der vorgenannten Disziplinen bildet. So lassen sich etwa die Entwicklungsstufen der Grundrechte umfassend nur durch einen Vergleich erkennen, der intertemporal wie international ausgerichtet ist. Textstufenanalysen[77] bilden dabei wichtige Erkenntnismittel, die durch empirische Untersuchungen der Grundrechtswirklichkeit zu ergänzen sind. Den Grundrechtstheoretiker können dabei Themen wie die sich entfaltende Normativität der Grundrechte, die Ausbildung verschiedener Grundrechtskategorien und die Entwicklung komplementärer Implementationsmechanismen interessieren. Gegenstand einer vergleichenden Analyse können etwa Fragen zu den Auswirkungen der Verankerung sozialer Rechte auf die normative Reichweite der Freiheitsrechte oder zur funktionalen Äquivalenz bestimmter Handhabungen der verfassungsgerichtlichen Normenkontrolle im Verhältnis zu speziellen Verfahrensarten, wie einem Verfahren zur Feststellung einer Verfassungswidrigkeit durch Unterlassen[78], sein.

27
Textstufenanalysen

Anhand der Grundrechtsbestimmungen und der dazu ergangenen Rechtsprechung kann im Vergleichswege ferner gezeigt werden, inwieweit der Grundrechtsinterpretation unterschiedliche Grundrechtskonzeptionen zugrunde liegen[79]. Daß etwa die in den vierziger Jahren vom Supreme Court der Vereinigten Staaten vertretene *preferred freedoms doctrine*[80] in Europa beispielsweise in der Rechtsprechung des Bundesverfassungsgerichts[81], des Europäischen Gerichtshofs für Menschenrechte[82] und des spanischen Verfassungsge-

28
Demokratischfunktionales Grundrechtsverständnis und Wertordnungslehre

---

77 Vgl. dazu *Häberle* (Bibl.), S. 3 ff.
78 Vgl. insbesondere Art. 283 der portugiesischen Verfassung (abgedruckt bei Adolf Kimmel [Hg.], Die Verfassungen der EG-Mitgliedstaaten, ⁵2000, S. 401 ff.); näher zu dieser Verfahrensart *Sommermann* (FN 14), S. 442 ff.
79 Zum Verhältnis beider Ebenen grundlegend *Böckenförde*, Grundrechtstheorie und Grundrechtsinterpretation, NJW 1974, S. 1529 ff.
80 Vgl. dazu *Ronald D. Rotunda/John E. Nowak*, Treatise on Constitutional Law, Bd. IV, St. Paul (MN) ³1999, § 20.7 (S. 256 ff.); aus dem deutschen Schrifttum *Kriele*, Der Supreme Court im Verfassungssystem der USA, in: Der Staat 4 (1965), S. 195 (210 f.); *Christoph Stalder*, „Preferred Freedoms". Das Verhältnis der Meinungsäußerungsfreiheit zu den anderen Grundrechten, 1977, insb. S. 71 ff.
81 Vgl. nur BVerfGE 7, 198 (208); 27, 71 (81); zusammenfassend zur Diskussion und Kritik aus jüngerer Zeit *Hoffmann-Riem*, Nachvollziehende Grundrechtskontrolle, in: AöR 128 (2003), S. 173 (196 ff.).
82 Die einschlägige Rechtsprechung des Gerichtshofes, etwa im Fall „Handyside" (vgl. FN 36), kann freilich an die in Art. 10 Abs. 2 EMRK ausdrücklich angeordnete Begrenzung von Freiheitsbeschränkungen durch das Kriterium „in einer demokratischen Gesellschaft ... unentbehrlich" anknüpfen. Vgl. auch *Hoffmeister*, Art. 10 EMRK in der Rechtsprechung des Europäischen Gerichtshofs für Menschenrechte 1994-1999, EuGRZ 2000, S. 358 ff.

richts[83] Widerhall gefunden hat, zeugt von der prägenden Kraft eines demokratisch-funktionalen Grundrechtsverständnisses. Als besonders einflußreich hat sich auch das Verständnis der Grundrechte als Wertordnung erwiesen, das das Bundesverfassungsgericht in Anknüpfung an die Weimarer Staatsrechtslehre besonders deutlich formuliert hat[84]. In den iberischen Staaten fand sie nach der Demokratisierung in die Interpretation des neuen Verfassungsrechts Eingang[85]; die Europäische Grundrechtecharta[86] hebt in Absatz 2 der Präambel auf einer höheren Abstraktionsstufe „die unteilbaren und universellen Werte der Würde des Menschen, der Freiheit, der Gleichheit und der Solidarität" hervor.

29
Erkenntnisse für die Staats- und Regierungslehre

Für die angewandte Staats- und Regierungslehre kann die Grundrechtsvergleichung Parameter liefern, denen Indizien für die Freiheitlichkeit oder den autoritären Charakter eines Regimes zu entnehmen sind. Aufschlußreich kann sein, ob ein Vorbehalt des Gesetzes sich auf Eingriffe des Staates in die individuelle Freiheit bezieht (rechtsstaatlicher Vorbehalt des Gesetzes) oder ob er die Grundlage für die Freiheitsbetätigung des einzelnen benennt[87]. Zu fragen ist etwa auch nach den Schrankenregelungen und nach den zur Durchsetzung der Grundrechte bereitgestellten Verfahren. Um im Einzelfall ein sicheres Urteil abzugeben, bedarf es freilich einer Gesamtschau der kritischen Parameter und letztlich einer empirischen Untersuchung der Verfassungswirklichkeit.

30
Wirkungsforschung und methodische Grenzen

Die Grundrechtsvergleichung kann schließlich auch zu Zwecken der Wirkungsforschung eingesetzt werden. Wenn versucht wurde, die amerikanische Verfassung ökonomisch zu interpretieren[88], so kann umgekehrt gefragt werden, ob und gegebenenfalls wie die wirtschaftliche und soziale Entwicklung durch Verfassungsrecht gesteuert werden kann. Zu untersuchen wäre etwa, ob die Hinzufügung bestimmter Grundrechte oder die Einführung von Grundrechtsschranken oder Staatszielbestimmungen nachweisbare Auswirkungen auf die wirtschaftliche Entwicklung haben. Daß eine derart komplexe Frage nicht allein durch einen Blick auf die materielle Verfassungsordnung und in zeitlichem Abstand auf statistisch verfügbare Wirtschaftsdaten zu beantworten ist, liegt freilich auf der Hand. Die in diesem Beispielsfall evi-

---

83 Vgl. die Urteile 159/1986 und 20/1990 des spanischen Verfassungsgerichts; das letztgenannte Urteil findet sich in deutscher Übersetzung in EuGRZ 1991, S. 173 ff. (mit Anm. *Sommermann*).
84 *BVerfGE* 7, 198 (205 ff.); → Bd. II: *Di Fabio*, Zur Theorie eines grundrechtlichen Wertsystems.
85 Vgl. für Spanien bereits das Urteil 25/1981 des Verfassungsgerichts vom 14.7.1981, aus der späteren Rechtsprechung etwa das Urteil 81/1998 vom 2.4.1998 (Boletín de Jurisprudencia Constitucional 1981, S. 324 ff., bzw. 1998, S. 88 ff.). Eine Wertordnungslehre auf der Grundlage der spanischen Verfassung entwickelt *Francisco Javier Díaz Revorio*, Valores superiores e interpretación constitucional, Madrid 1997.
86 ABl. C 364/1 vom 18.12.2000.
87 So lautet Art. 34 des Fuero de los Españoles vom 17.7.1945, eines der sieben „Grundgesetze", die die franquistische Verfassungsordnung prägten (zusammengefaßt durch Dekret 779/1967, Boletín Oficial del Estado Nr. 95 vom 21.4.1967): „Las Cortes votarán la Leyes necesarias para el ejercicio de los derechos reconocidos en este Fuero". Zur Praxis näher *Karl-Peter Sommermann*, Der Schutz der Grundrechte in Spanien nach der Verfassung von 1978, 1984, S. 57 ff.
88 *Charles A. Beard*, An Economic Interpretation of the Constitution of the United States, New York 1913; dt.: Eine ökonomische Interpretation der amerikanischen Verfassung, 1974.

dente Vielzahl denkbarer außerrechtlicher Einflußfaktoren verdeutlicht zugleich die Schwierigkeiten und Grenzen der Erkenntnissuche sozialwissenschaftlich motivierter Grundrechtsvergleichung. Wissenschaftlich angreifbar wegen der Anwendung von Untersuchungsmethoden, die der Komplexität des Untersuchungsgegenstandes nicht angemessen sind, ist daher auch eine jüngst veröffentlichte empirische Studie[89], die zu dem Ergebnis kommt, daß die Ratifikation von internationalen Menschenrechtsabkommen im allgemeinen eine Zunahme von Menschenrechtsverletzungen in den betreffenden Staaten zur Folge habe[90]. Die Veränderung der sozialen und wirtschaftlichen Realität durch Recht, jedenfalls zu dieser Erkenntnis führt der Rechtsvergleich rasch, kann nicht ohne weiteres durch die programmatische Konstitutionalisierung eines in einem anderen Kontext erfolgreichen Modells (Beispiel: „Soziale Marktwirtschaft"[91]) erreicht werden. Hierzu bedarf es im übrigen nicht nur rechtlicher Transformationsinstrumente.

2. Erkenntnisse für die Grundrechtsinterpretation und -konkretisierung

Es wurde bereits angesprochen[92], daß die Zweckrationalität der Grundrechte in den verschiedenen europäischen Staaten zu strukturell vergleichbaren Prüfungsschritten führt. Methodische Übereinstimmungen in der Grundrechtsinterpretation erleichtern zusätzlich die Verwertung rechtsvergleichender Erkenntnisse. Dennoch kann die Rechtsvergleichung nicht ohne weiteres als konstitutive Interpretationsmethode anerkannt werden.

31
Strukturelle und methodische Übereinstimmungen als Grundlage der Vergleichbarkeit

a) Die Verständigung über die Grundrechtsinterpretation wird im Ausgangspunkt dadurch erleichtert, daß der Kanon der „klassischen" Auslegungsmethoden, nicht zuletzt wegen gemeinsamer römisch-rechtlicher Wurzeln[93], in seinem Kern Gemeingut ist. Art. 31 der Wiener Vertragsrechtskonvention[94] spiegelt insoweit nicht nur einen Konsens über die völkerrechtlichen Auslegungsmethoden wider, sondern eine Übereinstimmung des juristischen Methodenverständnisses überhaupt. Die grammatische, die systematische und die teleologische Auslegung als Hauptelemente einer auf strikte Rechtsbindung abzielenden gemeinsamen Methodenlehre sind in mehreren europäischen Zivilgesetzbüchern positiviert, darunter in dem österreichischen Allgemeinen Bürgerlichen Gesetzbuch von 1811[95], dem spanischen Zivilgesetzbuch

32
Gemeinsamkeiten bei den Interpretationsmethoden

---

89 *Hathaway*, Do Human Rights Treaties make a Difference?, in: Yale Law Journal 111 (2002), S. 1935 ff.
90 Wegen einer Kritik siehe *Goodman/Jinks*, Measuring the Effects of Human Rights Treaties, in: European Journal of International Law 14 (2003), S. 171 ff.; dazu die Erwiderung von *Hathaway*, Testing Conventional Wisdom, ebd., S. 185 ff.
91 Art. 115 der peruanischen Verfassung von 1979 verankerte das Prinzip der sozialen Marktwirtschaft (economía social de mercado); dt. Übersetzung der Verfassung in JöR N.F. 36 (1987), S. 641 ff.
92 Oben B II, RN 9 ff.
93 Vgl. *Peter Raisch*, Juristische Methoden. Vom antiken Rom bis zur Gegenwart, 1995, S. 219.
94 BGBl. 1985 II S. 927.
95 Vgl. § 6 (aktueller Text des ABGB abgedruckt in: Franz Bydlinski [Hg.], Österreichische Gesetze, 1981 ff., Stand: 2003): „Einem Gesetz darf in der Anwendung kein anderer Verstand beigelegt werden, als welcher aus der eigentlichen Bedeutung der Worte in ihrem Zusammenhange und aus der klaren Absicht des Gesetzgebers hervorleuchtet".

von 1889⁹⁶ und dem italienischen Zivilgesetzbuch von 1942⁹⁷. Bereits das Preußische Allgemeine Landrecht von 1794 bestimmte, daß der Richter den Gesetzen keinen anderen Sinn beilegen dürfe, „als welcher aus den Worten, und dem Zusammenhange derselben, in Beziehung auf den streitigen Gegenstand, oder aus dem nächsten unzweifelhaften Grunde des Gesetzes, deutlich erhellet"⁹⁸; die „Kanonisierung" von vier Auslegungsmethoden unter Einbeziehung der historischen Auslegungsmethode neben der grammatischen, „logischen" und systematischen erfolgte in Deutschland bekanntlich erst nahezu ein halbes Jahrhundert später durch *Friedrich Carl von Savigny*⁹⁹. Im Bereich des *Common Law*, wo große Unterschiede zur kontinentalen Methodenlehre zu erwarten sind und dem Wortlaut stets ein besonderes Gewicht beigemessen wurde¹⁰⁰, ist in jüngerer Zeit eine stärkere Einbeziehung teleologischer Elemente zu beobachten¹⁰¹. Hier wie bei den genannten Texten zeigen sich freilich Unterschiede in der Gewichtung der Auslegungsregeln, die durch historische, aber auch aktuell divergente Rechtskonzeptionen zu erklären sind.

33
Anwendbarkeit auf das Verfassungsrecht

An einfachgesetzlich normierte Auslegungsgrundsätze ist der Verfassungsrichter entgegen einer im Schrifttum vertretenen Ansicht¹⁰² zwar rechtlich nicht gebunden. Doch wenden die Verfassungsgerichte im Rahmen einer an Rationalität und Nachvollziehbarkeit orientierten Interpretation (auch) die klassischen Methoden an¹⁰³, wobei deren Anwendbarkeit auf das Verfassungsrecht von einzelnen Gerichten ausdrücklich bestätigt wurde¹⁰⁴. Darin mag man mit einem französischen Autor eine „rechtliche Banalisierung der Verfassung"¹⁰⁵ sehen, wird jedoch anerkennen müssen, daß man dadurch die

---

96 Vgl. Art. 3 Abs. 1 des Código Civil (span.-dt. Textausgabe hg. v. Witold Peuster, 2002): „Las normas se interpretarán según el sentido propio de sus palabras, en relación con el contexto, los antecedentes históricos y legislativos, y la realidad social del tiempo en que han de ser aplicadas, atendiendo fundamentalmente al espíritu y finalidad de aquellas".
97 Vgl. Art. 12 Abs. 1 der „Disposizioni sulla legge in generale" (abgedruckt z.B. in: Giorgio DeNova [Hg.], Codice civile e leggi collegate, Bologna 1989): „Nell'applicare la legge non si può ad essa attribuire altro senso che quello fatto palese dal significato proprio delle parole secondo la connessione di esse, e dalla intenzione del legislatore".
98 § 45 Einleitung ALR, Textausgabe mit einer Einführung von *Hattenhauer*, ²1994, S. 58.
99 *Friedrich Carl von Savigny*, System des heutigen römischen Rechts, Bd. I, Berlin 1840, S. 121 ff. Zur bleibenden Bedeutung *U. Huber*, Savignys Lehre von der Auslegung der Gesetze in heutiger Sicht, JZ 2003, S. 1 ff. *Huber* betont (S. 8 f., 17), daß nach *Savigny* der Rückgriff auf die *ratio legis* als Hilfsmittel zur Behebung der Unbestimmtheit des Gesetzes zulässig ist, damit aber der Bereich der Auslegung im strengen Sinne bereits verlassen werde.
100 Vgl. *Peter de Cruz*, Comparative Law in a Changing World, London 1995, S. 262 f., 267 f.
101 Programmatisch bereits *Lord Denning* im Fall "Engineering Industry Training Board v. Samuel Talbot (Engineers) Ltd"(1969) 2 QB 270, 274 (zit. bei *Cruz*, FN 100, S. 271 f.): "... we no longer construe Acts of Parliament according to their literal meaning. We construe them according to their object and intent". Zum Wandel in der jüngeren englischen Rechtsprechung vgl. im übrigen *E. A. Kramer*, Konvergenz und Internationalisierung der juristischen Methode, in: Christian J. Meier-Schatz u.a.(Hg.), Die Zukunft des Rechts: Zum Forschungsgespräch der Rechtswissenschaftlichen Abteilung anlässlich des 100-Jahr-Jubiläums der Universität St. Gallen im Juni 1998, 1999, S. 71 (74 ff.).
102 So für Spanien *Enrique Alonso García*, La interpretación de la Constitución, Madrid 1984, S. 79 f.
103 Aus der Rechtsprechung des spanischen Verfassungsgerichts vgl. etwa die Urteile 9/1982 und 173/1998 (Boletín de Jurisprudencia Constitucional 1982, S. 200, 203, und 1998, S. 30, 51).
104 Aus der Rechtsprechung der italienischen Corte Costituzionale vgl. nur das Urteil 106/2002 (Gazzetta Ufficiale v. 17.4.2002, S. 16, 2. Entscheidungsgrund); wegen der Rechtsprechung des Bundesverfassungsgerichts vgl. unten FN 109.
105 *Aguila* (FN 39), S. 13 („banalisation juridique de la Constitution").

Verfassung aus einem dem einfachen Richter unzugänglichen Arkanum hebt und die Voraussetzungen für die gerichtliche Durchsetzbarkeit (an der der einfache Richter in Frankreich freilich auch nicht durch ein Vorlageverfahren mitwirken kann) verbessert. Über die Bewertung des rechtlichen und des politischen Gehalts von Verfassungen und den daraus zu ziehenden Schlußfolgerungen für die Verfassungsinterpretation herrscht allerdings nach wie vor keine Einigkeit in Europa, auch nicht innerhalb der einzelnen Staaten selbst.

Nicht alle Verfassungsgerichte haben sich explizit zu den methodologischen Grundlagen ihrer Rechtsprechung geäußert. Einzelne Gerichte, wie etwa der französische Conseil Constitutionnel[106], üben in ihren Ausführungen methodologische Zurückhaltung[107]. Die grundsätzliche Anerkennung bestimmter Interpretationsmethoden ist im übrigen, wie bereits angedeutet, keinesfalls mit einer einheitlichen Interpretationspraxis gleichzusetzen[108]. Während etwa die Entstehungsgeschichte vom deutschen Bundesverfassungsgericht tendenziell nur bestätigend oder zur Ausräumung von Zweifeln, die nach Anwendung der wörtlichen und systematisch-teleologischen Auslegung bleiben, herangezogen wird[109], kann sie in einem anderen Kontext überragende Bedeutung für die Interpretation gewinnen, so etwa im Rahmen des in den USA einflußreichen Interpretationsansatzes des *original intent*[110]. Auch sonst setzt die Rechtsprechung europäischer Staaten bei der Interpretation des Verfassungsrechts je nach Verfassungsverständnis unterschiedliche Akzente. Der Zusammenhang zwischen sich wandelnden rechtstheoretischen Vorstellungen, die sich auch innerhalb Europas keineswegs synchron entwickeln, und den Interpretationsgrundsätzen ist vielfach beschrieben worden[111].

34 Divergenzen bei der Anwendung der Interpretationsmethoden

---

106 Bei ihm ist freilich sein generell „prätorischer Entscheidungsstil" (*Tomuschat*, Das Bundesverfassungsgericht im Kreise anderer nationaler Verfassungsgerichte, in: Peter Badura/Horst Dreier [Hg.], FS 50 Jahre Bundesverfassungsgericht, Bd. I, 2001, S. 245 [286]) zu berücksichtigen, vgl. unten FN 115.

107 Zu dem durch Aktivismus einerseits und strenge Zurückhaltung in methodologischen Fragen andererseits markierten Spektrum europäischer Verfassungsrechtsprechung vgl. *Sommermann*, Interprétation de la Constitution par le juge constitutionnel – normativité, in: Annuaire International de Justice Constitutionnelle XVII (2001), Paris/Aix-en-Provence 2002, S. 371 (380).

108 Allgemein hierzu *Constantinesco* (FN 2), S. 216 ff.

109 Vgl. *BVerfGE 1*, 299 (312). In einer Reihe von Entscheidungen hat das Bundesverfassungsgericht der Entstehungsgeschichte dessen ungeachtet durchaus eine maßgebliche Rolle zugemessen, vgl. etwa *BVerfGE 74*, 102 (116); näher *Sachs*, Die Entstehungsgeschichte des Grundgesetzes als Mittel der Verfassungsauslegung in der Rechtsprechung des Bundesverfassungsgerichts, DVBl. 1984, S. 73 (76 ff.).

110 Zu diesem Ansatz näher *Cass R. Sunstein*; Legal Reasoning and Political Conflict, New York/Oxford 1996, S. 171 ff. (auch zur Unterscheidung zwischen „hard and soft originalism"); *Gregg Ivers*, Civil Rights and Liberties, Boston/New York 2002, S. 16 ff. (zum „originalism" als Spielart eines „legal formalism", der dem Recht als Produkt sozialer und wirtschaftlicher Umstände begreifenden „legal realism" widerstreitet); *Pablo de Lora Deltoro*, La interpretación originalista de la Constitución, Madrid 1998; unter den jüngeren europäischen Autoren, die originalistische bzw. intentionalistische Positionen entwickeln, vgl. etwa *Andrei Marmor*, Interpretation and Legal Theory, Oxford 1992; *von Arnauld*, Möglichkeiten und Grenzen dynamischer Interpretation von Rechtsnormen. Ein Beitrag zur Rekonstruktion autor-subjektiver Normauslegung, in: Rechtstheorie 32 (2001), S. 465 ff.; für eine stärkere Berücksichtigung „historisch-genetischer" Gesichtspunkte bei der Ermittlung des (vom herrschenden weiten Schutzbereichsverständnis zu unterscheidenden) „Gewährleistungsinhalts" der Grundrechte hat sich jüngst auch *Böckenförde* ausgesprochen, vgl. dens., Schutzbereich, Eingriff, verfassungsimmanente Schranken, in: Der Staat 42 (2003), S. 165 (174 f., 182, 184, 191).

111 Vgl. unter den jüngeren Veröffentlichungen nur *Peter Raisch*, Juristische Methoden. Vom antiken Rom bis zur Gegenwart, 1995; *Juan Berchmans Vallet de Goytisolo*, Metodología de la determinación del Derecho, Madrid 1994; *Isabel Lifante Vidal*, La interpretación jurídica en la teoría del Derecho contemporánea, Madrid 1999.

35
Topische
Vorgehensweise

Angesichts der Offenheit der Grundrechtsbestimmungen werden die klassischen Auslegungsmethoden zudem in großem Maße modifiziert bzw. durch zusätzliche Gesichtspunkte ergänzt, die sich aus den allgemeinen Grundsätzen und der Struktur der Verfassung ergeben[112]. In der Staatsrechtslehre ist demgemäß eine methodologische Offenheit oder Unbestimmtheit verbreitet[113]. Die in der deutschen Dogmatik als topische Verfassungsinterpretation bekannte Vorgehensweise[114] ist in der Rechtsprechung aller Verfassungsgerichte zu beobachten[115]. Freilich lassen sich die vorzugsweise verwandten Topoi wie (der Sache nach) das „Prinzip der Einheit der Verfassung" oder das „Prinzip der funktionellen Richtigkeit" streng genommen den klassischen Auslegungsmethoden, insbesondere einer systematisch-teleologischen Interpretation zuordnen.

36
Effektivitätsgrundsatz

Verbreitet ist in der europäischen Verfassungsjudikatur auch die Anwendung des Effektivitätsgrundsatzes, den man als eine Ausprägung der teleologischen Interpretation begreifen kann. In Deutschland für die Grundrechte grundlegend von *Richard Thoma* formuliert[116], ist der Effektivitätsgrundsatz fester Bestandteil beispielsweise der Rechtsprechung des spanischen Verfassungsgerichts[117]. Nichts anderes bedeutet im Kern der Gesichtspunkt des *effet utile*, der, obwohl dem allgemeinen Völkerrecht nicht unbekannt[118], vor allem durch die dynamische Rechtsprechung des Europäischen Gerichtshofs Promi-

---

112 Gegen die teilweise erhobene weitergehende Forderung einer „autonomen Theorie der Verfassungsinterpretation" *Tomás Requena López*, Sobre la función, los medios y los límites de la interpretación de la Constitución, Granada 2001, S. 58 ff.
113 Symptomatisch etwa die Feststellung in dem führenden belgischen Verfassungsrechtslehrbuch in französischer Sprache, die verfassungsrechtliche Prüfung sei „délicate à formuler, tant sont diverses les méthodes d'interprétation utilisées", siehe *Francis Delpérée*, Le droit constitutionnel de la Belgique, Bruxelles/Paris 2000, S. 36.
114 Vgl. insbesondere *Ehmke*, Prinzipien der Verfassungsinterpretation, in: VVDStRL 20 (1963), S. 53 ff.; *K. Hesse*, Grundzüge (LitVerz.), § 2 III (S. 24 ff.).
115 Vgl. für Spanien die Analyse von *José Maria Lafuente Balle*, La Judicialización de la interpretación constitucional, Madrid 2000, S. 109 ff.; von einem „razonamiento tópico" hat das spanische Verfassungsgericht in seinem Urteil 237/1997 (BJC 1998, S. 107 ff.) billigend mit Blick auch auf das einfache Recht gesprochen. Als topisch ist selbst das Vorgehen des Conseil Constitutionnel zu qualifizieren, obwohl die einzelnen Gesichtspunkte wegen der auf Stringenz und Kürze ausgerichteten Begründungstechnik („Considérant que ...") kaum ausgeführt werden; der topische Ansatz tritt beispielsweise deutlich in dem 43 Entscheidungsgründe umfassenden Urteil vom 20.1.1984 zu den universitären Freiheiten hervor: Décision 83-165 DC, RJC I-171; Text mit Kommentierung in: *Louis Favoreu/Loïc Philip*, Les grandes décisions du Conseil constitutionnel, Paris [11]2001, S. 571 ff.; kritisch zu dem vom Schweizer Bundesgericht für sich in Anspruch genommenen „Methodenpluralismus" *Biaggini*, „Ratio legis" und richterliche Rechtsfortbildung, in: Juristische Fakultät der Universität Basel (Hg.), Die Bedeutung der „Ratio legis" – Kolloquium zu Ehren von Bundesgerichtsdezernenten Prof. M. Schubarth, 2001, S. 51 ff.
116 *Thoma*, Die juristische Bedeutung der grundrechtlichen Sätze der deutschen Reichsverfassung im allgemeinen, in: Hans Carl Nipperdey (Hg.), Die Grundrechte und Grundpflichten der Reichsverfassung. Kommentar zum zweiten Teil der Reichsverfassung, Bd. I, 1929, S. 1 (9), forderte, „daß die Jurisprudenz, wenn nicht Treu und Glauben verletzt werden sollen, *von mehreren*, mit Wortlaut, Dogmengeschichte und Entstehungsgeschichte vereinbaren *Auslegungen* einer Grundrechtsnorm allemal derjenigen den Vorzug zu geben hat, die die juristische Wirkungskraft der betreffenden Norm am stärksten entfaltet". Die Formulierung griff später das Bundesverfassungsgericht auf, siehe *BVerfGE* 6, 55 (72).
117 Vgl. *Lafuente Balle* (FN 115), S. 113 ff. m.N.
118 Vgl. *Matthias Herdegen*, Völkerrecht, 2000, S. 123 f. (RN 32).

nenz erlangte[119]. Er wurzelt in der französischen Rechtstradition: Art. 1157 des Code Civil[120] bestimmt für die Auslegung von Verträgen, daß Vertragsklauseln im Zweifel so auszulegen sind, daß sie eine Rechtswirkung entfalten[121].

Hinzuweisen ist schließlich auf die in den europäischen Verfassungsordnungen anerkannte Multifunktionalität der Grundrechte, die für die Grundrechtsinterpretation und -konkretisierung eine wesentliche Rolle spielt. Neben ihrer Funktion als subjektive Rechte wird den Grundrechten weithin eine spezifisch objektivrechtliche Funktion zugesprochen. Namentlich die bereits angesprochene Werttheorie[122], die die Grundrechte als konstituierende Elemente einer die gesamte Rechtsordnung leitenden objektiven Wertordnung konzipiert, und das institutionelle Grundrechtsverständnis waren hier einflußreich[123]. Allgemein läßt sich sagen, daß das jeweilige Grundrechtsverständnis die Grundrechtsinterpretation stärker prägt als die für das jeweilige Land spezifische Rechtslehre[124].

37
Multifunktionalität der Grundrechte und Interpretation

b) Übereinstimmungen im Grundrechtsverständnis, in der Auslegungsmethode und in der Struktur der Grundrechtsprüfung bedeuten wie dargelegt selbst bei nahezu gleicher Fassung der Grundrechtsbestimmungen noch nicht, daß die Subsumtions- bzw. Konkretisierungsvorgänge gleichlaufen müßten[125]. Immerhin können Fragestellungen herausgearbeitet werden, bei denen das argumentative Für und Wider in wesentlichen Teilen übertragbar ist. Dies gilt etwa für die konkrete Auflösung von Grundrechtskollisionen[126] (z.B. die verhältnismäßige Zuordnung von Meinungsfreiheit und dem Schutz der Persönlichkeit[127]) oder die dogmatische Frage der Drittwirkung der Grundrechte[128], wenn die verglichenen Verfassungstexte insoweit keine ausdrückliche Anordnung enthalten[129].

38
Herausarbeitung gemeinsamer Fragestellungen

---

119 Vgl. *Schilling*, Die Auslegung nach dem effet utile in der Rechtsprechung des EuGH – dargestellt am Beispiel der Richtlinie über die Umweltverträglichkeitsprüfung, in: Jahrbuch des Umwelt- und Technikrechts 2002, S. 37 (60ff.).
120 Aktuelle Ausgabe: *Jacob*, Code civil. Texte du code, textes complémentaires, jurisprudence, annotations (ed. Dalloz), Paris [10]2002.
121 „Lorsqu'une clause est susceptible de deux sens, on doit plutôt l'entendre dans celui avec lequel elle peut avoir quelque effet, que dans le sens avec lequel elle n'en pourrait produire aucun". Zur Anwendung des Grundsatzes des *effet utile* durch den Conseil d'Etat vgl. *Genevois* (FN 39), S. 881.
122 Siehe oben C II 1, RN 27 ff.
123 Vgl. die Länderberichte in: Weber (Bibl.), jeweils Chapter 8; vgl. auch *Pérez Luño* (FN 3), S. 295 ff.
124 Ähnlich für die Verfassungsinterpretation generell *Raz*, On the Authority and Interpretation of Constitutions: Some Preliminaries, in: Larry Alexander (Hg.), Constitutionalism. Philosphical Foundations, Cambridge u.a. 1998, S. 152 (180): "Ultimately an account of constitutional interpretation has more to do with understanding legal or constitutional reasoning than with understanding any legal doctrine specific to this or that country".
125 Zur Auslegungsproblematik im Rahmen der Rechtsvergleichung allgemein *Constantinesco* (FN 2), S. 216 ff.
126 → Bd. III: *Bethge*, Grundrechtskollisionen.
127 Vgl. z.B. die Zusammenführung der deutschen und US-amerikanischen Debatte unter Einbeziehung der sozialphilosophischen Grundlagen bei *Brugger*, Schutz oder Verbot aggressiver Rede?, in: Der Staat 42 (2003), S. 77 ff.
128 → Bd. II: *Papier*, Drittwirkung.
129 Das Thema hat schon wiederholt zu rechtsvergleichenden Betrachtungen Anlaß gegeben; aus jüngster Zeit vgl. beispielsweise *Pedro de Vega García*, La eficacia frente a particulares de los derechos fundamentales (la problemática de la Drittwirkung der Grundrechte), in: M. Carbonell (Coord.), Derechos fundamentales y Estado, México 2002, S. 687 ff.; eher kontextanalytisch *Tushnet*, The issue of state action / horizontal effect in comparative law, in: I.CON 1 (2003), S. 79 ff.

39
Verfassungs-
vergleichung als
Auslegungshilfe

Im Ergebnis wird man die Verfassungsvergleichung zwar nicht als „fünfte Auslegungsmethode"[130], jedoch durchaus als Auslegungshilfe verstehen können[131]. Sie beruht zwar auf einem eigenständigen Methodenverständnis[132]; ihr kommt aber bei der Interpretation nicht konstitutive Bedeutung zu[133]. Die im Wege des Verfassungsvergleichs gewonnenen Erkenntnisse können entweder in die Erörterung nach den klassischen Auslegungsmethoden einbezogen oder im Rahmen eines problembezogenen, topischen Vorgehens[134] zur Geltung gebracht werden. So kann die im Vergleich zum ausländischen Verfassungstext unterschiedliche Wortwahl in einer Grundrechtsbestimmung die inhaltliche Abgrenzung erleichtern oder können aus einem intertemporalen Vergleich historische Argumente für eine bestimmte Grundrechtsinterpretation gestärkt werden. Der die systematische und teleologische Interpretationsmethode anwendende Rechtswissenschaftler kann durch einschlägige Gesichtspunkte, die er einem parallel gelagerten ausländischen Diskurs entnehmen kann, seine Argumentation vervollständigen. Namentlich die offene Argumentationsmethode der meisten Verfassungsgerichte[135] bietet hier Spielräume.

40
Unterschied zur
menschenrechts-
konformen
Auslegung

Die Grundrechtsvergleichung kann auch deshalb nicht als den klassischen Auslegungsmethoden ebenbürtige Auslegungsmethode anerkannt werden, weil ausländisches Recht selbst im Grundrechtsverbund allenfalls indirekt, über seinen Einfluß auf die supranationale Ebene, Rechtswirkungen für andere Staaten entfalten kann. Sie unterscheidet sich in diesem Punkt auch von dem in mehreren Verfassungen[136] ausdrücklich anerkannten Grundsatz der völkerrechts- bzw. menschenrechtskonformen Auslegung[137]. Während dieser Auslegungsgrundsatz an völkerrechtliche Verträge anknüpft, an die sich der Staat, dessen Recht zu interpretieren ist, durch Ratifikation gebunden hat, leitet die Rechtsvergleichung ihre Maßstäbe nicht aus Rechtssätzen her, an die der Staat gebunden wäre. Die soweit ersichtlich bisher einzige Verfassung, die auf die Rechtsvergleichung als eine Methode der Grundrechtsinterpretation ausdrücklich Bezug nimmt, die südafrikanische Verfassung von 1996[138], unter-

---

130 So *Häberle*, Grundrechtsgeltung und Grundrechtsinterpretation im Verfassungsstaat, JZ 1989, S. 913 (916), enthalten auch in: *ders.*, Rechtsvergleichung im Kraftfeld des Verfassungsstaates, 1994, S. 27 (36 ff.).
131 *Sommermann* (FN 14), S. 409 f.; *Starck* (Bibl.), S. 1024; zu weiteren Positionen vgl. *Mössner* (Bibl.), S. 202 ff., der selbst die Frage nicht generell entscheiden will (S. 209).
132 Siehe unten D, RN 50 ff.
133 Vgl. auch *Stern*, Staatsrecht I (LitVerz.), § 4 III 1 a (S. 126): „Die komparative Interpretation ... ist freilich im Staatsrecht nur vorsichtig anzuwenden und allenfalls in der Lage, eine gewisse Kontrollfunktion auszuüben".
134 Zum topischen Vorgehen bei der Verfassungskonkretisierung vgl. die Nachweise oben in FN 114. Die von *Hesse* benannten Topoi finden sich nicht nur in der Rechtsprechung des Bundesverfassungsgerichts, sondern auch in der Judikatur des spanischen Verfassungsgerichts wieder, vgl. dazu *Lafuente Balle* (FN 115), S. 109 ff.
135 Von „Methodensynkretismus" spricht kritisch *Roellecke*, Prinzipien der Verfassungsinterpretation in der Rechtsprechung des Bundesverfassungsgerichts, in: Christian Starck (Hg.), Bundesverfassungsgericht und Grundgesetz, Bd. II, 1976, S. 22 (48).
136 Vgl. insbesondere Art. 10 Abs. 2 Verf. Spanien von 1978 und Art. 20 Verf. Rumänien von 1991.
137 Vgl. den Nachweis oben in FN 32.
138 Abgedruckt in Gisbert H. Flanz (Hg.), Constitutions of the Countries of the World, Binder XVI, New York 1997 (Stand der Sammlung: Nov. 2002).

scheidet in diesem Sinne deutlich zwischen der dirigierenden Rolle des Völkerrechts einerseits und des ausländischen Rechts andererseits: Die Berücksichtigung des Völkerrechts wird zwingend vorgeschrieben, während die Berücksichtigung ausländischen Rechts in das Ermessen des Grundrechtsinterpreten gestellt wird[139].

3. Ermittlung allgemeiner Rechtsgrundsätze

Für die Ermittlung allgemeiner Rechtsgrundsätze spielt der Rechtsvergleich bereits definitionsgemäß eine Rolle. Dies gilt traditionell für die in Art. 38 Abs. 1 lit. c des Statuts des Internationalen Gerichtshofs[140] als Rechtsquellen aufgeführten „von den Kulturvölkern anerkannten allgemeinen Rechtsgrundsätze"[141]. In der Völkerrechtspraxis und -lehre wird freilich betont, daß der Vergleich kein abschließendes Urteil erlaube, da letztlich die Frage entscheidend sei, ob im innerstaatlichen Kontext gewachsene Grundsätze auf die Völkerrechtsordnung mit ihren Besonderheiten übertragbar sind[142].

41 Universelle Ebene

Im Bereich der Europäischen Union sind die Voraussetzungen für die Herausarbeitung allgemeiner Rechtsgrundsätze wegen der engen Verzahnung des Gemeinschaftsrechts mit dem Recht der Mitgliedstaaten besonders günstig. So hat der Europäische Gerichtshof aus den gemeinsamen Verfassungsüberlieferungen der Mitgliedstaaten (in Verbindung mit den in der Europäischen Menschenrechtskonvention verankerten Rechten) in großem Umfang Grundrechtsverbürgungen hergeleitet, die als allgemeine Rechtsgrundsätze des Gemeinschaftsrechts Bestandteil des Primärrechts sind. Die große hermeneutische Leistung des Europäischen Gerichtshofes, in einer Zwischenbilanz durch das Bundesverfassungsgericht in seinem sogenannten „Solange II-Beschluß" vom 22. Oktober 1986 gewürdigt[143], kann zwar nicht stets als Produkt eines systematischen Grundrechtsvergleichs betrachtet werden[144]; sie

42 Ebene der Europäischen Union

---

139 Section 39 Abs. 1 der Verfassung lautet: "When interpreting the Bill of Rights, a court, tribunal or forum – must promote the values that underlie an open and democratic society based on human dignity, equality and freedom; must consider international law; and may consider foreign law".
140 BGBl. 1973 II S. 505.
141 *René David*, Les grands systèmes de droit contemporains, Paris [7]1978, Ziff. 6 (S. 11); *Zweigert* (FN 2), S. 79.
142 Vgl. *Hermann Mosler*, General Principles of Law, in: Encyclopedia of Public International Law, Inst. 7, Amsterdam/New York/Oxford 1984, S. 89 (97). Ein systematischer Vergleich ist bei der Ermittlung allgemeiner Rechtsgrundsätze im übrigen in der Praxis eher die Ausnahme, vgl. *Georges J. Perrin*, Droit international public. Sources, sujets, caractéristiques, Zürich 1999, S. 372 ff. Kritisch zu den Möglichkeiten der Ermittlung allgemeiner Rechtsgrundsätze im Völkerrecht *Constantinesco* (FN 2), S. 396 ff.
143 *BVerfGE* 73, 339 (379 ff.). Ein aktueller Überblick über die vom EuGH herausgearbeiteten Gemeinschaftsgrundrechte findet sich in: Dirk Ehlers (Hg.), Europäische Grundrechte und Grundfreiheiten, 2003, S. 319–446.
144 Auf einen systematischen Vergleich der nationalen Regelungen zur Vertraulichkeit zwischen Anwalt und Mandant weist hingegen z.B. das Urteil des EuGH vom 18.5.1982, Rs. 155/79 (AM & S Europe Limited), Slg. 1982, S. 1574 (1610 ff.), mit näheren Ausführungen in den Schlußanträgen des Generalanwalts, ebd., S. 1619 (1648 ff.), hin. Vgl. zu diesem Urteil auch den Kommentar des Präsidenten des EuGH *Gil Carlos Rodríguez Iglesias*, Gedanken zum Entstehen einer Europäischen Rechtsordnung, NJW 1999, S. 1 ff., der allgemein darauf hinweist (S. 8), daß der EuGH über wissenschaftliche Dienste verfügt, deren Aufgabe es u.a. sei, rechtsvergleichende Untersuchungen durchzuführen.

stellt indes unter Beweis, daß der Abgleich von Grundrechtshorizonten in der praktischen Arbeit von Richtern, die in unterschiedlichen Rechtsordnungen juristisch sozialisiert wurden, im Rahmen eines funktionsbedingt offenen Diskurses zu beeindruckenden Ergebnissen gelangen kann. Auf die vom Gerichtshof angewandte Methode ist noch zurückzukommen[145].

III. Rechtspolitische Funktion

43
Orientierungshilfe im Rahmen der Rechtssetzung

Der Blick auf das ausländische Recht hat auf die Verfassunggebung wie die Rechtssetzung überhaupt seit jeher inspirierend gewirkt. Reformpolitiker berufen sich gern auf das Vorbild fremder Rechtsordnungen, vor allem, wenn es sich dabei um in der öffentlichen Meinung angesehene und erfolgreiche Nationen handelt. Dies gilt auch für den Bereich der Grundrechte.

1. Orientierung im verfassunggebenden Prozeß

44
Leitverfassungen

Die Herausbildung der Grundrechtsdemokratien ist wie die Entfaltung der zugrunde liegenden politischen Ideen ohne Rezeptions- und Austauschprozesse nicht zu erklären. Die Entwicklungsstufen des Konstitutionalismus sind dabei durch „Leitverfassungen" geprägt, welche mehreren Verfassunggebern als Vorbild oder Anhaltspunkt dienten. Dabei sind nicht nur die revolutionären Verfassungen in den Blick zu nehmen, sondern auch restaurative oder den Status quo kodifizierende Verfassungen. Die Charte constitutionnelle von 1814 zum Beispiel, mit der versucht wurde, Prinzipien des Ancien régime mit solchen der bürgerlichen Revolution zum Ausgleich zu bringen, entfaltete namentlich hinsichtlich der Rechtsverbürgungen erhebliche Vorbildwirkung für den deutschen Frühkonstitutionalismus[146]. Für die Grundrechtsentwicklung im 20. Jahrhundert spielten beispielsweise die Weimarer Verfassung[147], das Bonner Grundgesetz[148] und in jüngerer Zeit die spanische Verfassung von 1978[149] eine wichtige Rolle.

45
Introvertierter Verfassungsdiskurs

Introvertierte Verfassungsdiskurse, die die Verfassungsentwicklung in anderen Staaten nicht gebührend berücksichtigen, führen leicht zu Ergebnissen, die nicht auf der Höhe der Zeit sind. Werden Grundrechtskataloge, wie heute ganz überwiegend üblich, als umfassender materieller Ordnungsrahmen konzipiert, d.h. neben Freiheitsrechten auch soziale, wirtschaftliche und kultu-

---

145 Unten D IV, RN 75 ff.
146 Vgl. *Sommermann* (FN 14), S. 106, 112.
147 Zum Einfluß der Weimarer Verfassung (neben der mexikanischen Verfassung von 1917) auf die spanische Verfassung von 1931 vgl. *Sommermann* (FN 87), S. 42 ff.; ein Textvergleich offenbart z.B. auch einen erheblichen Einfluß auf die italienische Verfassung von 1947 sowie auf die vor der Ausarbeitung des Grundgesetzes erlassenen deutschen Länderverfassungen.
148 Dazu *Klaus Stern*, 50 Jahre deutsches Grundgesetz und die europäische Verfassungsentwicklung (Speyerer Vorträge, Heft 50), 1999, S. 18 ff.; *Hans-Peter Schneider*, Das Grundgesetz als Vorbild? Sein Einfluß auf ausländische Verfassungen, in: ders. (Hg.), Das Grundgesetz in interdisziplinärer Betrachtung, 2001, S. 159 ff.
149 Dazu *Häberle*, Die Vorbildlichkeit der Spanischen Verfassung von 1978 aus gemeineuropäischer Sicht, in: JöR N.F. 51 (2003), S. 587 (591 ff.).

relle Rechte oder Leitprinzipien verankert, so ist der Rückgriff auf eine rein thematische Gliederung, wie sie bereits in der Weimarer Verfassung getroffen wurde, unzureichend. Will man Rechtssicherheit hinsichtlich der normativen Wirkungsweise der unterschiedlichen Grundrechte und Prinzipien herstellen, erscheint es aus historischer Erfahrung nicht unproblematisch, dies allein der Rechtsprechung zu überlassen. Werden Rechte unterschiedlicher Kategorien im Text gemischt, kann dies insbesondere zu ungewollten Relativierungen der Freiheitsrechte führen. Hier hat sich eine an der Normativkraft der Bestimmungen ausgerichtete Gliederung des Grundrechtsteils, verbunden mit ausdrücklichen Normativitätsdistinktionen, als geeignete Regelungstechnik im Sinne des Effektivitätsgrundsatzes[150] erwiesen. Exemplarisch trifft insoweit die spanische Verfassung Normativitätsdistinktionen, die mit einem abgestuften Schutzsystem verknüpft werden[151]. Bei der Verfassunggebung in den neuen deutschen Ländern Anfang der 90er Jahre des 20. Jahrhunderts wurden die Vorzüge dieser neuen Regelungstechnik nicht immer gebührend beachtet. Vorbildlich hat die sachsen-anhaltinische Verfassung von 1992[152] von den Vorteilen einer Verknüpfung der Systematik des Grundrechtsteils (vgl. die Gliederung des 2. Hauptteils) mit Normativitätsdistinktionen (vgl. Art. 3 der Verfassung) Gebrauch gemacht[153].

2. Rahmen für staatenübergreifende Kodifikationen

Bei der Ausarbeitung von Menschenrechts- bzw. Grundrechtskatalogen, die für eine Staatengemeinschaft gelten sollen, ist der Grundrechtsvergleich das Mittel erster Wahl zur Feststellung übereinstimmender Standards. Doch sind es in der Regel nicht nur die übereinstimmenden Standards, die in der späteren Kodifikation festgeschrieben werden, sondern häufig auch durch den Vergleich zutage getretene Gewährleistungen, die überzeugende Weiterentwicklungen der Idee der Grund- und Menschenrechte darstellen. Bestimmungen in internationalen Rechtsinstrumenten, die sich erkennbar an bestimmte Formulierungen nationaler Verfassungen anlehnen, gewinnen im neuen Kontext zudem einen veränderten Inhalt. Das gemeinsame Verfassungserbe Europas, zu dem auch das menschenrechtliche Vertragswerk des Europarates gehört, spiegelt sich deutlich in der Europäischen Grundrechtecharta wider. Die Vorbildwirkung bestimmter Formulierungen oder Prinzipien ist z. B. bei Art. 1 der Charta (Art. 1 Abs. 1 GG), Art. 3 der Charta (Standards der Biomedizinkonvention[154] und ihres Zusatzprotokolls[155], aber auch der französischen Gesetzgebung zur Bioethik[156]),

46
Feststellung gemeinsamer Standards

---

150 Siehe oben C II 2 a, RN 32 ff.
151 Dazu und zu entsprechenden Regelungsansätzen in früheren Verfassungen *Sommermann* (FN 14), S. 336 ff.
152 GVBl. 1992, S. 600.
153 Zu den Verfassungen der neuen Länder insoweit näher *Sommermann* (FN 14), S. 353 ff.
154 European Treaty Series No. 164.
155 European Treaty Series No. 168.
156 Vgl. *Borowsky*, in: Jürgen Meyer (Hg.), Kommentar zur Charta der Grundrechte der Europäischen Union, 2003, Art. 3 RN 1.

Art. 4 der Charta (Art. 3 EMRK) und Art. 41 (§ 16/21 der finnischen Verfassung[157]) leicht zu identifizieren[158].

3. Argumentationsreservoir für Reformpolitik

47
Erfolge ausländischer Reformen als Argument geringer Reichweite

Der Rechtsvergleich kann insbesondere dann wirksam als argumentative Untermauerung einer Reformforderung herangezogen werden, wenn plausibel gemacht werden kann, daß die favorisierte ausländische Lösung Ursache dafür ist, daß bestimmte Probleme, die in der eigenen Rechtsordnung zu Reformbestrebungen Anlaß geben, dort nicht bestehen oder mit der ins Auge gefaßten Regelung beseitigt werden konnten. Soweit nicht eingehende vergleichende Studien vorausgingen, greift der Hinweis auf ausländische Vorbilder freilich meist zu kurz, wobei der Rationalitätsgehalt des Vergleichs vor allem durch monokausale Deutungsmuster verringert wird. Angemessen ist es hingegen, die argumentativen Schlüsse an der Intensität und Reichweite des Vergleichs auszurichten. So kann es etwa legitim sein, das ausländische Recht ohne intensivere Vergleichsstudien lediglich als Beispiel einer Regelungstechnik heranzuziehen oder, soweit empirische Kenntnisse vorliegen, diese gegebenenfalls lediglich als Anhaltspunkte für eine bestimmte Wirkung der Regelungen anzuführen. Der Sache nach geht es hier freilich häufig nur um die Heranziehung von Informationen aus einer anderen Rechtsordnung und nicht um Rechtsvergleichung.

48
Vergleichbare Wertentscheidungen

Die Lage im Grundrechtsbereich ist dadurch gekennzeichnet, daß sich das Erkenntnisziel auf bestimmte Wertentscheidungen zuspitzt. Es geht häufig um grundlegende Fragen des menschlichen Zusammenlebens, die jedenfalls in den verwandten Verfassungsordnungen der Grundrechtsdemokratien in hohem Maße vergleichbar sind. Die Grundsatzdebatten etwa über Fragen des Schwangerschaftsabbruchs und über die Grenzen biomedizinischer Forschung wurzeln staatenübergreifend in vergleichbaren Wertkonflikten[159]. Daher sind beispielsweise in der deutschen Debatte über biomedizinische Fragen die in anderen Staaten gewählten Lösungen und geführten Diskussionen sehr präsent, wobei man die vergleichenden Erkenntnisse zu Recht nur zur Vervollständigung der Argumentation heranzieht und nicht als Ersatz für eine eigenständige verfassungsrechtliche und ethische Auseinandersetzung begreift, in der nicht zuletzt die eigenen historischen Erfahrungen eine Rolle spielen[160].

---

157 § 16 Verf. Finnland von 1919 i.d.F. von 1995; seit 1.3.2000 § 21 der neuen Verfassung (in dt. Übersetzung abgedruckt bei Kimmel [FN 78], S. 111 ff.); unter den in § 16 bzw. § 21 genannten Prinzipien findet sich auch das Recht auf „gute Verwaltung". Für die entsprechende Bestimmung in der Grundrechtecharta hat sich der seinerzeitige Europäische Bürgerbeauftragte *Jacob Södermann*, ein Finne, eingesetzt.
158 Einen Gesamtüberblick über die Bestimmungen der Charta und ihre jeweiligen Vorbilder gibt *Stefan Barriga*, Die Entstehung der Charta der Grundrechte der Europäischen Union, 2003.
159 Vgl. aber die Zurückweisung rechtsvergleichender Schlußfolgerungen für den verfassungsrechtlichen Schutz des Embryo in *BVerfGE* 39, 1 (66ff.).
160 Vgl. die Dokumentation in: Deutscher Bundestag (Hg.), Enquete-Kommission Recht und Ethik der modernen Medizin – Stammzellforschung und die Debatte des Deutschen Bundestages zum Import von menschlichen embryonalen Stammzellen (Zur Sache 1/2002), 2002, mit rechtsvergleichender Skizze in Anhang II (S. 167 ff.), sowie Wiedergabe des Plenarprotokolls 14/214 der Schlußdebatte im Deutschen Bundestag vom 30.1.2002 zum Entwurf des Stammzellgesetzes (S. 225 ff.).

Die Funktion der Rechtsvergleichung als Argumentationsreservoir im rechtspolitischen Prozeß kann somit gerade bei wesentlichen Fragen der materiellen Ordnung des Gemeinwesens erhebliche Bedeutung gewinnen. Eine Gefahr liegt darin, daß Vergleichsargumente mißbräuchlich verwandt werden. Dies kann zum einen dadurch geschehen, daß auf Regelungen im Ausland verwiesen wird, die nicht hinreichend belegt sind und in der öffentlichen Debatte nicht ohne weiteres nachgeprüft werden können, oder daß Schlußfolgerungen gezogen werden, die der Vergleich nicht hergibt. Um so wichtiger ist es, in der Wissenschaft die Rationalitätsmaßstäbe des Vergleichs herauszuarbeiten.

49
Mißbrauchsgefahr

D. Methoden der Grundrechtsvergleichung

I. Rechtsvergleichung als Methode

Wenn von der Methode der Rechtsvergleichung die Rede ist, wird im allgemeinen sofort darauf hingewiesen, daß ein Konsens über die Methodik nicht bestehe[161] und daß eine systematische Herausarbeitung derselben noch ausstehe[162], sofern dies überhaupt möglich sei[163]. Über die Rechtsvergleichung im öffentlichen Recht wird gesagt, sie sei „älter als das Bewußtsein ihrer Methode"[164], wobei man – wenn nicht Staatsdenker der Antike – jedenfalls Autoren des 18. Jahrhunderts, namentlich *Montesquieu*, zu den Begründern der „modernen Rechtsvergleichung" rechnet[165]. In der Theoriediskussion der vergleichenden Geschichtswissenschaft, die wegen der strukturellen Verwandtschaft mit der vergleichenden Rechtswissenschaft deren Aufmerksamkeit verdient, wurde betont, der Vergleich sei „keine Methode im strengen Sinn, sondern eher eine Perspektive, ein Verfahren, ein Ansatz"[166].

50
Kein Konsens über Methodik

Versteht man unter Methode einen planmäßigen, bestimmten Regeln folgenden Untersuchungsansatz zur Gewinnung von Erkenntnissen, so läßt eine Betrachtung der meisten rechtsvergleichenden Arbeiten in der Tat Zweifel am Methodencharakter der Rechtsvergleichung aufkommen. In der Zivilrechtsvergleichung rechnet man es zu einer „der gesicherten Erfahrungen des Rechtsvergleiches, daß seine Methode nicht von vornherein in allen Einzelheiten festgelegt, sondern allenfalls als Hypothese formuliert werden kann, die sich dann an den Ergebnissen rechtsvergleichender Arbeit als brauchbar

51
Topische Vorgehensweise

---

161 *Picard*, L'état du droit comparé en France, en 1999, in: Revue internationale de droit comparé 1999, S. 885 (888).
162 Die Klage untermalt gleichsam als *basso continuo* die rechtsvergleichende Literatur seit dem 19. Jahrhundert, vgl. die Wiedergabe entsprechender Aussagen bei *Constantinesco* (FN 2), S. 24 ff.
163 So etwa *Konrad Zweigert/Hein Kötz*, Einführung in die Rechtsvergleichung, ³1996, § 3 I (S. 31 f.).
164 *Kaiser* (Bibl.), S. 391; zitiert auch bei *Krüger* (FN 4), S. 1393.
165 Statt vieler *Kaiser* (Bibl.), S. 399.
166 *Haupt/Kocka* (FN 15), S. 12.

oder unbrauchbar, als praktisch oder unpraktisch herausstellen muß"[167]. Auch bei den besonders ertragreichen Arbeiten handelt es sich meist um ein fall- bzw. problembezogenes Vorgehen. Ein solches ist dem Juristen freilich nicht fremd. Wie dargelegt[168], ist gerade die Verfassungsrechtsprechung in Europa durch ein topisches Vorgehen gekennzeichnet, ohne daß deshalb der Anspruch einer rechtswissenschaftlichen Methodik in Frage gestellt würde[169].

52
Methodenpluralismus

Bei aller Offenheit der problemorientierten Vorgehensweise läßt sich indes ähnlich wie bei der Verfassungsinterpretation auch bei der Verfassungsvergleichung ein Kernbestand methodischer Regeln identifizieren, durch die der Vorgang des Rechtsvergleichs rationalisiert und strukturiert wird. Die Methode ist somit nicht völlig in das Belieben des jeweiligen Rechtsvergleichers gestellt[170]. Neben Grundregeln, die bei jedem Rechtsvergleich zu beachten sind, gibt es eine Reihe weiterer Regeln, die in Abhängigkeit von Erkenntnisgegenstand und Erkenntnisziel hinzutreten. Anders als die Verfassungsinterpretation kann die Verfassungsvergleichung wie dargelegt sehr unterschiedliche Ziele verfolgen. Das methodische Instrumentarium ist daher entsprechend auszudifferenzieren. Der Multifunktionalität der Rechtsvergleichung wird nur ein Methodenpluralismus gerecht. In diesem Sinne empfiehlt es sich, von den Methoden der Rechtsvergleichung in der Mehrzahl zu sprechen.

II. Vergleich und Rechtsvergleich

53
Vergleichslogik als Ausgangspunkt

Der Rechtsvergleich knüpft notwendig an die allgemeine Vergleichslogik an. Seine Spezifika sind letztlich abhängig von Gegenstand und Erkenntnisziel des Vergleichs.

1. Grundelemente des Vergleichs

54
Triadische Grundstruktur des Vergleichs

Ein Vergleich zweier oder mehrerer Phänomene setzt die Identifizierung eines gemeinsamen Elements, eines *tertium comparationis*, voraus. Für den normativen Vergleich (a ist gemessen an × besser als b), der jedenfalls in der grundlagenorientierten Rechtsvergleichung die Ausnahme bleiben wird, ist weitergehend ein Vergleichs*maßstab* zu bestimmen. Im Bereich der Grundrechte ist in diesem Sinne vorstellbar, daß funktional vergleichbare Grundrechtsbestimmungen zweier Rechtsordnungen im Hinblick auf die Effektivität der Verwirklichung von Zielen einer übergeordneten Rechtsordnung

---

[167] *Zweigert/Kötz* (FN 163), § 3 I (S. 32). Im gleichen Sinne stellt *Picard* (FN 161), S. 889, fest, daß es eine allgemeine Antwort auf die Fragen nach dem Ziel und der Methode der Rechtsvergleichung nicht gebe, so daß gelte: „... chaqu'un les résout un peu cas par cas, selon l'inspiration du moment, et souvent sans trop y penser".
[168] Oben C II 2 a, RN 32 ff.
[169] Kritik erfährt die Anwendung sehr unterschiedlicher Interpretationsmaximen indes durchaus, wofür Verdikte wie „Methodenchaos" (zitiert bei *Ehmke* [FN 114], S. 59), oder „Methodensynkretismus" (*Roellecke* [FN 135]) Beispiele sind.
[170] Dieser Eindruck von der rechtsvergleichenden Arbeit war indes und scheint immer noch verbreitet, vgl. dazu *Langrod* (FN 25), S. 355; *Picard* (FN 161), S. 889.

bewertet werden. In jedem Falle stellt sich die Frage, wie das Vergleichsverfahren zu strukturieren ist.

a) Die Bestimmung des *tertium comparationis* wirft methodische Probleme auf. Wenn das Vorliegen eines gemeinsamen Elements Voraussetzung für den Vergleich ist, werden Erkenntnisse zum Ausgangspunkt genommen, die ihrerseits nur im Vergleich ermittelt werden können. Diesem Dilemma entgeht auch nicht, wer das *tertium comparationis* nicht als „gemeinsames Element", sondern als „Vergleichbarkeit" im Sinne einer strukturellen bzw. funktionellen Parallelität der zu vergleichenden Gegenstände umschreibt[171]. Auch die Vergleichbarkeit, verstanden als Parallelität, kann nur aufgrund einer vergleichenden (Vor-)Untersuchung festgestellt werden. Allerdings ist die Präzisierung hilfreich, daß es beim Vergleich nicht auf begriffliche Gemeinsamkeiten ankommt, sondern auf die funktionale Gleichwertigkeit[172]. Allgemeiner ist davon die Rede, daß die verglichenen Objekte eine ausreichende Nähe aufweisen müßten[173] oder zwischen den Vergleichsobjekten „eine gewisse Homogenität oder Affinität" bestehen müsse[174].

55
tertium comparationis

Die Tatsache, daß die Vergleichbarkeit letztlich nur im Vergleichswege festgestellt werden kann, bedeutet für den Rechtsvergleicher, daß er entweder an bereits bekannte Strukturähnlichkeiten oder funktionale Äquivalenzen anknüpfen oder – wie in den empirischen Wissenschaften üblich – mit Vergleichbarkeitshypothesen arbeiten muß. Diese können sich in der Vergleichsarbeit dann gegebenenfalls als unhaltbar erweisen, so daß der Vergleich abzubrechen ist. Je mehr Kenntnisse der Rechtsvergleicher über die zu vergleichenden Rechtsordnungen besitzt oder sich vorher verschafft und je größer der rechtsvergleichende Erfahrungsschatz ist, auf den er zurückgreifen kann, desto seltener wird es zu solchen Abbrüchen kommen müssen.

56
Feststellung der Vergleichbarkeit

Die Grundrechtsvergleichung wirft im Unterschied zu anderen Rechtsmaterien, etwa dem strukturell noch sehr viel stärker national geprägten Staatsorganisationrecht, geringere Vergleichbarkeitsprobleme auf. In diesem Sinne wurde bereits die besondere Vergleichseignung der Grundrechte dargelegt[175]. Dennoch kann es auch hier leicht zu Fehlschlüssen kommen. An zwei Beispielen sei dies demonstriert:

57
Gefahr von Fehlschlüssen trotz grundsätzlicher Vergleichbarkeit

– Bei der Auslegung der Menschenwürdegarantie und des Rechts auf freie Entfaltung der Persönlichkeit in Art. 1 Abs. 1 und Art. 2 Abs. 1 GG sollen für die Bestimmung der subjektivrechtlichen Dimension rechtsvergleichende Gesichtspunkte berücksichtigt werden. Eine Lektüre der europäischen Verfassungstexte ergibt, daß die Eingangsbestimmung des Grundrechtsteils der

58
Beispiel 1: Nichtbeachtung der Verfassungssystematik

---

171 So in Abgrenzung zu anderen Autoren namentlich *Constantinesco* (FN 2), S. 88 ff.
172 *Constantinesco*, ebd., S. 90; vgl. auch *Zweigert/Kötz* (FN 163), S. 33.
173 *Izorche* (FN 12), S. 292: „...il faut que les deux objets soient suffisamment proches, mais suffisamment distincts pour que la comparaison soit utile".
174 *González-Varas Ibañez*, El derecho comparado, in: Revista Vasca de Administración Pública 1998, Nr. 50, S. 129 (153): "... para que pueda originarse un *tertium comparationis* es preciso que se presente una cierta homogeneidad o affinidad entre el derecho del *comparatum* y el del *comparandum*".
175 Oben B II, RN 9 f.

spanischen Verfassung[176] (Art. 10 Abs. 1) bei wörtlicher Übersetzung die größten Übereinstimmungen mit den in Frage stehenden deutschen Verfassungsbestimmungen aufweist. Es ist dort von der Würde der Person (*la dignidad de la persona*) und von der freien Entfaltung der Persönlichkeit (*el libre desarrollo de la personalidad*) die Rede, eine erkennbare Anlehnung an das Vorbild des Bonner Grundgesetzes. Daß man indes keine für den Vergleich fruchtbare Verfassungsrechtsprechung zu der textlich verwandten Verfassungsbestimmung findet, erhellt eine systematischen Betrachtung des Grundrechtsteils: Art. 10 der spanischen Verfassung zählt nicht zu den Verbürgungen, die gemäß Art. 53 Abs. 1 und 2 der Verfassung mit unmittelbarer Bindungswirkung und Einklagbarkeit ausgestattet sind[177]. Eine Vergleichbarkeit ist somit jedenfalls bei der vom Wortlaut her nächsten Bestimmung im Hinblick auf das Erkenntnisziel nicht gegeben. Fruchtbar kann hingegen bezüglich des allgemeinen Persönlichkeitsrechts (Art. 2 Abs. 1 i.V.m. Art. 1 Abs. 1 GG) ein Vergleich mit den Bestimmungen des Art. 18 Abs. 1 und 4 der spanischen Verfassung sein, die ein subjektives Recht auf Ehre, auf die persönliche und familiäre Intimsphäre und auf das eigene Bild sowie darauf bezogenen Datenschutz statuieren. Das Gleiche gilt etwa für die Meinungsäußerungsfreiheit (Art. 20 der spanischen Verfassung) oder das Recht auf effektiven Rechtsschutz (Art. 24 Abs. 1 der spanischen Verfassung).

59
Beispiel 2: Außerachtlassung des zugrundeliegenden Grundrechtsverständnisses

– Zu Fehlschlüssen können Textvergleiche vor allem dann verleiten, wenn die den Verfassungen zugrunde liegenden Grundrechtskonzeptionen grundsätzlich verschieden sind. Die ausländischen Grundrechte sind dann mangels Vergleichbarkeit als Auslegungshilfe ungeeignet. Trotz verfassungstextlicher Übereinstimmungen war dies früher offensichtlich bei den Grundrechten der demokratischen Verfassungsstaaten im Verhältnis zu denen der sozialistischen Staaten der Fall. Die Kommunikationsgrundrechte etwa dienten in den sozialistischen Staaten nicht der Gewährleistung eines offenen Prozesses demokratischer Willensbildung und dem Schutz der freien Entfaltung des einzelnen, sondern der Stärkung der sozialistischen Gesellschaftsordnung, was sich in einer entsprechenden funktionellen Begrenzung und einer fehlenden gerichtlichen Durchsetzbarkeit manifestierte[178].

60
Voraussetzungen für produktiven Vergleich

Die Beispiele veranschaulichen zugleich den Grundsatz, daß die Vergleichung „innerhalb verwandter Ordnungen am fruchtbarsten"[179] ist. Selbst bei Verfassungen, denen in hohem Maße vergleichbare Grundrechtskonzeptionen zugrundeliegen, darf allerdings von Übereinstimmungen im Wortlaut nicht voreilig auf eine parallele normative Wirkung geschlossen werden.

61
Explorative Untersuchung zur Vergleichbarkeit

b) Ein produktiver Vergleich setzt wie dargelegt übergreifende Kenntnisse der zu vergleichenden Rechtsordnungen voraus. Häufig führt erst die grundla-

---
176 Boletín Oficial del Estado núm. 311.1 vom 29.12.1978; dt. Übersetzung in: Kimmel (FN 78), S. 519 ff.
177 Näher dazu *Sommermann* (FN 87), S. 132 (142 ff.).
178 Zum entsprechenden Grundrechtsverständnis der DDR vgl. nur *Brunner*, HStR ³I, § 11, S. 531 (580 ff.) RN 75 ff.); *Konrad Löw*, Die Grundrechte: Verständnis und Wirklichkeit in beiden Teilen Deutschlands, 1977; zum Grundrechtsverständnis in der Sowjetunion in historischer Perspektive *Sommermann* (FN 14), S. 118 ff.; → oben *Brunner*, § 13: Grundrechtstheorie im Marxismus-Leninismus.
179 *Krüger* (FN 4), S. 1404.

genorientierte Untersuchung einer fremden Rechtsordnung zur Aufdeckung einer strukturellen oder funktionalen Vergleichbarkeit, die einen näheren Vergleich unter speziellen Gesichtspunkten nahelegt. In der anwendungsorientierten Rechtsvergleichung ist Ausgangspunkt hingegen meist eine konkrete Frage, zu der im ausländischen Recht Lösungsgesichtspunkte gesucht werden. Hier muß zunächst mit Hilfe rechtsvergleichender Literatur bzw. eigener explorativer Untersuchungen geklärt werden, ob es Rechtssätze, Rechtsinstitute, Regelungskomplexe oder Institutionen gibt, die wegen vergleichbarer Strukturen oder Funktionen für den Vergleich fruchtbar gemacht werden können. Gegebenenfalls ist aufgrund erster Anhaltspunkte zunächst von der Vergleichbarkeit als (im konkreten Vergleich noch zu verifizierender) Hypothese auszugehen.

62
Drei-Phasen-Modell

Für die weiteren Vergleichsschritte kann ein Drei-Phasen-Modell als Orientierung dienen, welches *Léontin-Jean Constantinesco* mit Anspruch für alle Zweige der Rechtsvergleichung postuliert hat. Mit dem dreiphasigen Verfahren, das er für jede Phase mit einer Reihe methodologischer Regeln verbindet[180], werden aus seiner Sicht Mindestanforderungen an den rechtsvergleichenden Prozeß formuliert. Diese sollen mithin für systematische Rechtsvergleichung konstitutiv sein; insbesondere lasse sich so die Rechtsvergleichung von lediglich „vergleichenden Informationen" abgrenzen[181]. Die drei Phasen betreffen erstens die Gewinnung von Kenntnis der zu vergleichenden Elemente (nach den Quellen und Erkenntnisregeln der betrachteten Rechtsordnung), zweitens das Verständnis des zu vergleichenden Elementes (im Kontext der Gesamtrechtsordnung und unter Berücksichtigung des Einflusses außerrechtlicher Faktoren) sowie drittens die Vergleichung selbst (unter Einbeziehung der Gründe für Ähnlichkeiten und Unterschiede).

63
Kein schematisches Vorgehen

Wenngleich dem Dreiphasenmodell durchaus eine Orientierung an der Zweckrationalität einer auf konkrete Rechtsfragen bezogenen Rechtsvergleichung zu bescheinigen ist[182], würde seine schematische Anwendung den Zwang in ein methodologisches Korsett bedeuten, das die in jeder Wissenschaft notwendige Herstellung der Adäquanz zwischen Erkenntnisziel und methodischen Mitteln in Frage stellen würde[183]. Insbesondere kann es sich anbieten, die Phasen im Sinne eines eher deduktiven Ansatzes umzukehren. Im obigen Beispiel aus dem spanischen Verfassungsrecht wäre es beispielsweise sinnvoll, sich der Vergleichsfrage nicht über Einzelbestimmungen zu nähern, sondern zunächst über die Systematik des Grundrechtsteils, die Aufschluß über die aus Normativitätsgründen überhaupt in Frage kommenden Bestimmungen gibt.

---

180 *Constantinesco* (FN 2), S. 137 ff.
181 *Constantinesco* aaO., S. 34, passim.
182 Dasselbe gilt beispielsweise auch für die Strukturierung des vergleichenden Vorgehens in fünf Stufen bei *Eser*, Funktionen, Methoden und Grenzen der Strafrechtsvergleichung, in: Hans-Jörg Albrecht u.a. (Hg.), Internationale Perspektiven in Kriminologie und Strafrecht, FS Kaiser, 2. Halbbd., 1998, S. 1499 (1520ff.).
183 Vgl. auch die Kritik von *Mössner* (Bibl.), S. 224f.

64
Besonderheiten der Verfassungsvergleichung

Als Entwurf einer Methodologie der Rechtsvergleichung enthält das Drei-Phasen-Modell vor allem in den damit verbundenen und hier nicht im einzelnen zu referierenden „methodologischen Regeln" ein Rationalisierungspotential, das flexibel für die Untersuchungsschritte genutzt werden kann, auch wenn „Phasenverschiebungen" stattfinden. Allerdings ist zu beachten, daß im Rahmen der öffentlich-rechtlichen Rechtsvergleichung die mit dem Modell verbundenen Regeln zum Teil anders zu gewichten oder zu modifizieren und vor allem durch weitere Gesichtspunkte zu ergänzen sind. Insbesondere berücksichtigen die aufgestellten Regeln nur bedingt die Erfordernisse bei der Untersuchung institutioneller und prozeduraler Zusammenhänge sowie die Wechselwirkung zwischen der Ebene des nationalen Verfassungsrechts und der supra- bzw. völkerrechtlichen Ebene.

2. Textbezogener und kontextbezogener Vergleich

65
Textbezogener Ansatz

Für das Vorgehen beim Grundrechtsvergleich ist wie beim Rechtsvergleich überhaupt letztlich die Vergleichstiefe entscheidend. Anknüpfungspunkt wird angesichts der umfassenden Kodifizierung des Rechts in den modernen Rechtsstaaten in der Regel der Verfassungstext sein. Ein rein textbezogener Ansatz ist allerdings wie gezeigt von sehr begrenztem Erkenntniswert. Die Schwierigkeiten beginnen mit der Übertragung der Begriffe auf eine gemeinsame Sprachebene. Dies gilt selbst und erst recht dann, wenn für die Begriffe beider Rechtsordnungen leicht semantische Äquivalente, ja wegen einer gemeinsamen Sprache dieselben Begriffe zu finden sind[184]. So ist der Schweizer Bundesrat als oberstes Vollzugsorgan des Bundes nicht mit dem deutschen oder dem österreichischen Bundesrat vergleichbar. Auch dogmatische Begriffe oder Rechtsinstitute, die nach allgemeinen Sprachregeln den gleichen Namen tragen (Paradebeispiel: der *acte administratif* im französischen Recht und der Verwaltungsakt im deutschen Recht), können große inhaltliche und funktionale Differenzen aufweisen.

66
Kontextbezogener Ansatz

Dieser dem Rechtsvergleicher geläufige Gemeinplatz verweist auf die Notwendigkeit, den Inhalt und die Funktion der verglichenen Rechtsinstitute und Rechtssätze im Kontext der Gesamtrechtsordnung und ihrer Auslegung und Anwendung durch die Gerichte und Vollzugsorgane zu ermitteln (*kontextualistischer Ansatz im engeren Sinne*). Selbst diese Vorgehensweise reicht jedoch in der Regel nicht aus, gesicherte Aussagen über die Funktion der betrachteten Rechtsobjekte im kulturellen, sozialen und wirtschaftlichen Zusammenhang zu treffen. Hierzu bedarf es vielmehr genauerer Erkenntnisse über die Rolle und die Wirkung des Rechts in der gesellschaftlichen Wirklichkeit (*kontextualistischer Ansatz im weiteren Sinne*). Der Rechtsvergleicher muß sich dazu namentlich rechtssoziologischer Erkenntnisse und Methoden bedienen[185]. In

---
[184] Vgl. *Pfersmann*, Le droit comparé comme interprétation et comme théorie du droit, in: Revue internationale de droit comparé 2001, S. 275 (283 ff.).

[185] Zu Aufgaben und Methoden der Rechtssoziologie vgl. etwa *Manfred Rehbinder*, Rechtssoziologie, ³1993, insb. S. 9, 67 ff.; *Klaus F. Röhl*, Rechtssoziologie, 1987, insb. S. 1 ff., 105 ff.; *Hubert Rottleuthner*, Einführung in die Rechtssoziologie, 1987, der die Rechtssoziologie von der bloßen „Rechtstatsachenforschung" abgrenzt (S. 4).

der klassischen Unterscheidung von *Roscoe Pound*[186] gilt es mithin, den Schritt vom *law in the books* zu dem *law in action* zu vollziehen. Ähnlich dem hier skizzierten und bereits an anderer Stelle ausgeführten[187] Stufenverhältnis von text- und kontextbezogener Rechtsvergleichung unterscheidet *Rainer Wahl* in seinem „Vier-Ebenen-Konzept" mehrere Schichten der Verfassungsvergleichung[188]: erstens die „Texte und ihre Auslegung", zweitens den „Systemzusammenhang der jeweiligen Verfassung", drittens das „Staats- und Verfassungsverständnis" und viertens die „Rechtsvergleichung als Kulturvergleichung". Im Sinne *Peter Häberles*[189] erweist sich die Verfassungsvergleichung damit jedenfalls in ihrer höchsten Stufe übereinstimmend als ein integraler Bestandteil der Kulturwissenschaft.

Wollte man allerdings die Rechtsvergleichung nur dann als solche anerkennen, wenn der Vergleich auf eine umfassende Kontextanalyse gestützt wird, so würde man Forderungen aufstellen, die, streng genommen, in den seltensten Fällen erfüllt werden könnten. Die Rechtsvergleicher müßten sich selbst bei sehr begrenzten Fragestellungen Antworten und Hilfestellungen versagen, wenn ihnen nicht zuvor Gelegenheit gegeben wurde, umfassende text- und kontextbezogene Untersuchungen vorzunehmen. Daß die Rechtsvergleichung dadurch als Lieferant von Erkenntnissen in aktuellen Fragen weitgehend untauglich würde, liegt auf der Hand. Der Rechtsvergleicher muß vielmehr sein methodisches Instrumentarium an dem Erkenntnisziel ausrichten. Ein kontextualistischer Ansatz im weiten Sinne mit Einsatz seines juristischen wie sozialwissenschaftlichen Instrumentariums kann nur dann gefordert werden, wenn entsprechende belastbare Aussagen über die Funktion der untersuchten Rechtsobjekte gefordert werden. Wichtige Erkenntnisse können häufig bereits durch einen kontextualistischen Ansatz im engeren Sinne gewonnen werden. Aus methodologischer Sicht ist entscheidend, daß nicht über die Erkenntnisgrundlage hinausgehende Schlüsse gezogen werden. Gerade im Bereich der besonders vergleichsgeeigneten Fragen der Grundrechtsdogmatik, wie die Ermittlung von Argumenten für die Auflösung von Grundrechtskollisionen durch Vergleich, wird für die Auffüllung des Argumentationsreservoirs häufig dieser begrenzte Ansatz genügen.

67
Differenzierte Anwendung des Vergleichsinstrumentariums

3. Symmetrischer und asymmetrischer Vergleich

Es entspricht allgemeiner wissenschaftlicher Methode, verschiedene Phänomene dadurch ins Verhältnis zu setzen, zu ordnen und zu systematisieren, daß zunächst Gemeinsamkeiten und Unterschiede herausgearbeitet werden. Die klassische Unterscheidung von *John Stuart Mill* zwischen der „method of

68
Gemeinsamkeiten und Unterschiede

---

186 *Roscoe Pound*, Law in books and law in action, in: American Law Review 44 (1910), S. 12 ff.; *ders.*, The spirit of Common Law, 1921, Neuausgabe New Brunswick (USA) 1999, S. 212.
187 *Sommermann* (Bibl.), S. 1021 ff.
188 *Wahl* (FN 5), S. 166 ff.
189 Vgl. insbesondere *Peter Häberle*, Verfassungslehre als Kulturwissenschaft, ²1998, insb. S. 312 ff.

agreement" und der „method of difference"[190] ist in diesem Sinne auf die zwei Grundformen empirischer Untersuchung bezogen. Auch der Rechtsvergleicher konzentriert seine Untersuchung je nach Erkenntnisziel auf die Gemeinsamkeiten oder Unterschiede zweier Rechtsordnungen bzw. Elemente derselben. Soll beispielsweise ein allgemeiner Rechtsgrundsatz oder auch nur die Vergleichbarkeit bestimmter Rechtsinstitute festgestellt werden, so wird die Herausarbeitung der Gemeinsamkeiten im Vordergrund stehen; soll hingegen das Einzigartige oder Unvergleichbare gezeigt werden, so werden die Unterschiede im Mittelpunkt stehen. Es handelt sich dabei freilich nur um eine unterschiedliche Akzent- oder Zielsetzung, da im Vergleich stets beide Ansätze präsent sein werden: Gemeinsamkeiten lassen sich nur aufgrund der Abschichtung der Unterschiede ermitteln, Unterschiede nur, wenn sie von Gemeinsamkeiten abgegrenzt werden.

69
Leitbild der Äquidistanz

Der Rechtsvergleich setzt idealerweise voraus, daß der Vergleicher die verglichenen Rechtsordnungen gleichermaßen gut kennt und ihnen gegenüber als externer Beobachter eine Position gleicher Distanz einnehmen kann. Diese Voraussetzungen werden indes selten vorliegen. Das Fehlen des Kriteriums der Äquidistanz wird häufig bereits in dem Erkenntnisziel oder der wissenschaftlichen Fragestellung begründet sein. Dient etwa die Betrachtung des ausländischen Rechts dazu, die eigene Rechtsordnung besser zu verstehen oder auch die Vorbildwirkung der eigenen Rechtsordnung im ausländischen Recht nachzuweisen[191], so dient die fremde Rechtsordnung letztlich nur als Folie, auf der sich um so deutlicher die Konturen der eigenen abzeichnen. Ein solcher asymmetrischer Vergleich liegt auch dann vor, wenn der Rechtsvergleich konkret als Auslegungshilfe eingesetzt wird. Ausgangspunkt ist hier beispielsweise eine Frage der Grundrechtsinterpretation oder Grundrechtsdogmatik. Hier wird der Rechtsvergleicher nach einer im fremden Recht vergleichbaren Konstellation suchen, wozu er Gemeinsamkeiten und Unterschiede der zum Vergleich herangezogenen Normen und darauf bezogenen Rechtsdiskurse herauspräparieren muß.

70
Koordinierte Länderberichte

Wie schwierig es ist, auch im Rahmen rechtsvergleichender Grundlagenforschung einen symmetrischen Rechtsvergleich zu verwirklichen, zeigt das verbreitete Verfahren, eine möglichst gleichwertige Vergleichsgrundlage dadurch zu schaffen, daß zunächst zu den zu untersuchenden Rechtskomplexen Län-

---

190 *John Stuart Mill*, A System of Logic, New York [8]1881, Book III, Chapt. 8 (Neuausgabe des Werkes: John Stuart Mill's Philosophy of Scientific Method, hg. und eingeleitet von Ernest Nagel, New York/London 1950, Book III, Chapt. 8, dort auf S. 211 ff.).
191 Vgl. aus französischer Perspektive den vom Conseil d'Etat herausgegebenen Band „L'influence internationale du droit française", Paris 2001; aus deutscher Perspektive beispielsweise *Schiemann*, Aktuelle Einflüsse des deutschen Rechts auf die richterliche Fortbildung des englischen Rechts, in: EuR 38 (2003), S. 17 ff., sowie die in FN 148 genannten Aufsätze. Auch die umgekehrte Betrachtung kann aus der Perspektive der eigenen Rechtsordnung erfolgen, vgl. die Erörterung der Frage, ob und inwieweit das französische Recht überfremdet ist, bei *Bernard Audit u. a.*, L'américanisation du droit, Paris 2001, oder die Untersuchung der Entstehungsgeschichte des Grundgesetzes im Hinblick auf Nachweise für ausländische Einflüsse bei *Heinrich Wilms*, Ausländische Einwirkungen auf die Entstehung des Grundgesetzes, 1999; *ders.*, Der Einfluß europäisch-amerikanischer Verfassungsideen auf die Entstehung des Grundgesetzes, ZRph 2002, S. 106 ff.

derberichte erstellt werden. Um die Vergleichbarkeit der Darstellungen zu erhöhen, werden den Berichterstattern in der Regel thematische Gliederungen oder Fragenkataloge an die Hand gegeben. Diese spiegeln indes oft ein rechtliches Vorverständnis wider, das besondere Affinitäten zu einer bestimmten Rechtordnung aufweist. So werden nicht selten Fragen ausgeblendet, die für die anderen Rechtsordnungen erhebliche Bedeutung besitzen, oder Fragen zur Beantwortung vorgesehen, die den anderen Rechtsordnungen fremd oder unverständlich bleiben müssen. Ein derartiges Vorgehen ist durchaus legitim, wenn bewußt aus der Perspektive eines Landes nach vergleichbaren Gesichtspunkten gesucht wird und nicht voreilig Schlußfolgerungen gezogen werden, die dem begrenzten Erkenntniswert eines darauf aufbauenden Vergleichs, etwa auch der Einsicht, daß bestimmte funktionale Äquivalente möglicherweise nicht erfaßt sind, nicht Rechnung tragen. Der Erkenntniswert derartiger Untersuchungen kann erheblich dadurch gesteigert werden, daß bereits der Fragenkatalog in einem entsprechend qualifizierten Verfahren, insbesondere unter Beteiligung von Vertretern der zu vergleichenden Rechtsordnungen, ausgearbeitet wird[192].

III. Die Sprachwelt der Grundrechtsvergleichung

Fragt man nach den Voraussetzungen, die erfüllt sein müssen, damit der Rechtsvergleicher eine Äquidistanz zu den verglichenen Rechtsordnungen wahren und einen symmetrischen Vergleich vornehmen kann, so rückt die Sprache, in der der Vergleich vorgenommen werden soll, ins Zentrum des Interesses. Da Recht durch Sprache vermittelt wird und die in einer Sprache vorhandenen Rechtsbegriffe notwendig durch das in ihr zum Ausdruck gebrachte Recht geprägt sind, ist die Schlußfolgerung nicht von der Hand zu weisen, daß ein methodisch seriöser Rechtsvergleich gleichsam einer Metasprache bedürfe, durch die das Recht unterschiedlicher Länder unverfälscht zum Ausdruck gebracht werden kann[193].

71 Sprachliche Vorprägungen

Gegen die Schaffung einer Metasprache als Kunstsprache spricht nicht nur der damit verbundene Aufwand, der wohl kaum Aussicht auf Realisierung hätte, zumal – wie dargelegt – die Rechtsvergleichung zu einem erheblichen Teil bewußt aus der Perspektive eines bestimmten Landes betrieben werden wird, sondern auch die Fehleranfälligkeit einer solchen Sprachlösung, die notwendig auf einer Vermittlung unterschiedlichen Rechtsdenkens aufbauen müßte. Eher ist der Weg gangbar, im Rahmen der Rechtsvergleichung die (näher definierten) Originalbegriffe zu verwenden – gegebenenfalls in einer wörtlichen Übersetzung, soweit man sich dabei nicht bereits eindeutig besetzter Ausdrücke bedienen muß – oder für funktionale Äquivalente übergreifende Begriffe zu entwickeln, die in die verschiedenen Sprachen übertragen

72 Möglichkeiten rechtssprachlicher Distanzierung

---

192 So das Verfahren bei der Vorbereitung des von *Albrecht Weber* hg. Werkes „Fundamental Rights in Europe and North America" (Bibl.), vgl. dazu die allgemeine Einführung *dess.*, S. 1 f.
193 Vgl. *C. Grewe*, Entre la tour de Babel et l'esperanto: Les problèmes du (des) langage(s) du droit comparé, in: Mélanges Jean-Claude Escarras (im Erscheinen).

werden[194]. Diese Vorgehensweise haben Rechtsvergleicher schon in der Vergangenheit immer wieder, wenn auch nicht systematisch, angewandt.

73
Rechtssprachliche Eigenständigkeit jeder Rechtsordnung

Eine Annäherung an das Ideal eines symmetrischen Rechtsvergleichs kann neben entsprechenden Kenntnissen in verschiedenen Sprachen und Rechtsordnungen letztlich nur durch eine fortschreitende Sensibilisierung des Rechtsvergleichers für die Relativität von Begriffen in Abhängigkeit vom jeweiligen rechtlichen und rechtskulturellen Kontext erfolgen. Es handelt sich dabei um eine Anforderung, die für Rechtswissenschaftler überhaupt an Bedeutung gewinnt. Dem Juristen, der mit europäischem Gemeinschaftsrecht und Völkerrecht arbeitet, ist wohl bewußt, daß die Auslegung des supranationalen bzw. internationalen Rechts jeweils autonom, d. h. nicht nach den Maßstäben und Begriffsinhalten des jeweiligen nationalen Rechts, sondern unter Zugrundelegung der verschiedenen verbindlichen Sprachfassungen, gegebenenfalls im Wege wertender Rechtsvergleichung[195] zu erfolgen hat[196]. So umfaßt beispielsweise der Begriff der „zivilrechtlichen Ansprüche" in Art. 6 Abs. 1 EMRK auch Positionen, die im deutschen Recht als subjektiv öffentliche Rechte zu qualifizieren wären[197], oder kann der Begriff der „öffentlichen Verwaltung" in Art. 39 Abs. 4 EG nicht ohne weiteres mit dem Sprachgebrauch im deutschen Recht gleichgesetzt werden[198], wenngleich in den zurückliegenden Jahren Divergenzen durch gemeinschaftsrechtsinduzierte Privatisierungen in Deutschland, etwa von Post und Bahn, abgebaut wurden.

74
Europäisierung der Rechtssprache

Auch in der Sprachenfrage besitzt im übrigen der Grundrechtsvergleich gegenüber anderen Gebieten der Rechtsvergleichung durch die dargelegte intensive Europäisierung des Grundrechtsschutzes erhebliche Vorteile[199]. Der inhaltliche Konformitätszwang bleibt nicht ohne Auswirkung auf die Sprache. Nicht nur mit der Benennung bestimmter Freiheiten verknüpfte Schutzbereichsdefinitionen, sondern auch Regulative, wie beispielsweise der Verhältnismäßigkeitsgrundsatz[200], weisen heute in den europäischen Staaten einen hohen Grad an Konkordanz auf[201]. Zugleich geht die Erkenntnis rechtsordnungsspezifischen Verständnisses von Begriffen in das allgemeine methodische Bewußtsein über, deutschen Juristen durch die eigenständigen Rechtsordnungen von Bund und Ländern bereits seit längerem vertraut. Wenn der

---

194 *C. Grewe* (FN 193); *Pfersmann* (FN 184), S. 285 f. Vgl. auch *Pierre Legrand*, Le droit comparé, Paris 1999, S. 23 ff.; *Pegoraro/Rinella* (FN 4), S. 41.
195 Dazu sogleich unter IV.
196 Für die EMRK vgl. nur *Grabenwarter*, Europäische Menschenrechtskonvention (FN 31), § 5 III 2 und 3 (S. 46 ff.).
197 *Grabenwarter* aaO., § 24 I 1 (S. 327 ff.) m.w.N.
198 Vgl. *Brechmann*, in: Christian Calliess/Matthias Ruffert (Hg.), Kommentar des Vertrages über die Europäische Union und des Vertrages zur Gründung der Europäischen Gemeinschaft: EUV/EGV, ²2002, Art. 39 RN 99 ff.
199 Vgl. auch *C. Grewe* (FN 193).
200 → Bd. III: *Merten*, Verhältnismäßigkeitsgrundsatz.
201 Die mehrstufige Verhältnismäßigkeitsprüfung hat durch den Europäischen Gerichtshof für Menschenrechte, vor allem aber durch die stark von der deutschen Dogmatik beeinflußte Rechtsprechung des EuGH (dazu umfassend *Oliver Koch*, Der Grundsatz der Verhältnismäßigkeit in der Rechtsprechung des Gerichtshofs der Europäischen Gemeinschaften, 2003) große Verbreitung gefunden.

Völker- und Europarechtler seit jeher den Sinn der Rechtssätze im Zweifel aus einer Zusammenschau der verschiedenen Vertrags- bzw. Amtssprachen ermittelte, so gilt für den Rechtsvergleicher, daß er, will er gesicherte Kenntnisse über eine Rechtsordnung erlangen, mit den Originalquellen arbeiten muß.

IV. Die „wertende" Grundrechtsvergleichung

Als eine spezielle Methode der Rechtsvergleichung hat sich die sogenannte „wertende Rechtsvergleichung"[202] etabliert, die eng mit der Herausarbeitung allgemeiner Rechtsgrundsätze verknüpft ist. Bekannt wurde diese Methode vor allem durch den Europäischen Gerichtshof in Luxemburg. Sie tritt nicht an die Stelle der vorgenannten Grundsätze der Rechtsvergleichung, sondern trifft eine Aussage darüber, wie die durch den Vergleich gewonnenen Befunde unter dem Gesichtspunkt der Anerkennung allgemeiner Rechtsgrundsätze zu bewerten sind. Die wertende Rechtsvergleichung hat neben dem Rückgriff auf die Europäische Menschenrechtskonvention eine entscheidende Rolle bei der Herausbildung der europäischen Grundrechte, wie sie durch die Rechtsprechung des Europäischen Gerichtshofs anerkannt wurden, gespielt[203]. Durch die Europäische Grundrechtecharta dürfte – jedenfalls sofern sie zu verbindlichem Recht wird – die rechtsschöpferische Rolle des Gerichtshofs insoweit eingeschränkt werden[204].

75 Vergleichende Methode des EuGH

Das Attribut „wertend" deutet bereits an, daß nicht notwendig nur diejenigen Rechte als „allgemeine Rechtsgrundsätze" anerkannt werden, die gleichsam als kleinster gemeinsamer Nenner in den Rechtsordnungen aller Mitgliedstaaten anerkannt sind[205]. Auch bedeutet es nicht, daß Rechtssätze pauschal dann in den Fundus der allgemeinen Rechtsgrundsätze aufgenommen werden, wenn sie in einer Mehrheit der Mitgliedstaaten nachweisbar sind[206]. Der Rechtsprechung des Europäischen Gerichtshofs ist vielmehr zu entnehmen, daß als allgemeine Rechtsgrundsätze solche Prinzipien oder Regeln anerkannt werden, die im Recht mehrerer Mitgliedstaaten nachweisbar sind, den

76 Einpassung in die Gemeinschaftsrechtsordnung

---

202 So wohl zuerst *Fuss*, Rechtssatz und Einzelakt im Europäischen Gemeinschaftsrecht, NJW 1964, S. 945 (946, FN 11), und *Konrad Zweigert*, Der Einfluss des europäischen Gemeinschaftsrechts auf die Rechtsordnungen der Mitgliedstaaten, in: RabelsZ 28 (1964), S. 601 (611), der in seinem Beitrag zum Wörterbuch des Völkerrechts (oben FN 2) bereits allgemein die Notwendigkeit einer „kritische[n] Wertung der verglichenen Lösungen" betonte (S. 81).
203 Vgl. dazu aus der umfangreichen Literatur nur den vierten Teil des von *Dirk Ehlers* hg. Werkes „Europäische Grundrechte und Grundfreiheiten", 2003.
204 *Mario P. Chiti*, La Carta Europea dei diritti fondamentali: Una Carta di carattere funzionale?, in: Rivista trimestrale di diritto pubblico 52 (2002), S. 1 (26).
205 Vgl. *Zweigert*, Der Einfluß des europäischen Gemeinschaftsrechts (FN 202), S. 611; *Thomas Giegerich*, Europäische Verfassung und deutsche Verfassung im transnationalen Konstitutionalisierungsprozeß: Wechselseitige Rezeption, konstitutionelle Evolution und föderale Verflechtung, 2003, S. 907; *Lais*, Das Recht auf gute Verwaltung unter besonderer Berücksichtigung der Rechtsprechung des Europäischen Gerichtshofes, ZEuS 2002, S. 447 (453).
206 Vgl. *Zweigert*, Der Einfluß des europäischen Gemeinschaftsrechts (FN 202), S. 611; *Daig*, Zu Rechtsvergleichung und Methodenlehre im Europäischen Gemeinschaftsrecht, in: Herbert Bernstein/Ulrich Drobnig/Hein Kötz (Hg.), FS Zweigert, 1981, S. 395 (409).

grundlegenden Prinzipien eines Mitgliedstaats nicht zuwiderlaufen und sich gut in die Gemeinschaftsrechtsordnung einpassen[207].

77
Fortbildung der Vergleichsergebnisse

Die wertende Rechtsvergleichung ermöglicht die Übernahme auch innovativer Prinzipien in das Gemeinschaftsrecht, soweit sie an Entwicklungslinien in den verschiedenen Mitgliedstaaten anknüpfen und letztlich an den von allen Staaten konsentierten Zielen des Gemeinschaftsrechts[208] orientiert sind. Insbesondere die Positivierung des aus den mitgliedstaatlichen Traditionen des Rechtsstaats und der *rule of law* übernommenen Ziels der Rechtsstaatlichkeit in Art. 6 Abs. 1 EU bietet einen deutlichen Kristallisationspunkt für die Herausbildung weiterer grundrechtsschützender Prinzipien[209]. Wie der Rechtserkenntnisprozeß des Europäischen Gerichtshofs im einzelnen verläuft, kann nur vermutet und aus Aussagen der Richter geschlossen werden. Wenngleich die Parteien des Rechtsstreits nicht selten rechtsvergleichende Gutachten vorlegen und der Gerichtshof selbst über Infrastruktur zur Erstellung vorbereitender rechtsvergleichender Untersuchungen verfügt[210], dürfte ein die Beratungen tragender systematischer Rechtsvergleich eher die Ausnahme zu sein, wofür jedenfalls die Zurückhaltung hinsichtlich rechtsvergleichender Ausführungen in den Urteilen spricht[211]. Vielmehr scheinen in der Beratung zutage tretende Gemeinsamkeiten sowie die dort gelingende, schon aus sprachlichen Gründen nicht immer einfache[212] Zusammenführung und Verschmelzung der durch die Richter vermittelten Rechtshorizonte entscheidend zu sein[213].

V. Zieladäquate Methodenwahl

78
Unterschiede in der Vergleichstiefe

Der Rechtsvergleich kann wie gezeigt in recht unterschiedliche Tiefendimensionen vorstoßen. Geht es etwa um die Reichweite des verfassungsrechtlichen Schutzes der Familie in zwei oder mehreren Verfassungen, so werden zunächst Verfassungsbestimmungen zu identifizieren, ihre systematische Stellung zu ermitteln und schließlich ihre Interpretation durch die Gerichtsbarkeit, insbesondere Verfassungsgerichtsbarkeit, und die Verfassungsrechtslehre zu betrachten sein. Zieht man den Kontext weiter, so wandert der Blick

---

207 Näher dazu *Albert Bleckmann*, Die Rechtsvergleichung im Europäischen Gemeinschaftsrecht (1978), in: *ders.*, Studien zum Europäischen Gemeinschaftsrecht, 1986, S. 105 ff.; *ders.*, Europarecht, ⁶1997, § 8 IV (S. 213 ff.); *Lenaerts*, Le droit comparé dans le travail du juge communautaire, in: Revue trimestrielle de droit européen 37 (2001), S. 487 (495 ff.); *Dirk Bornemann*, Die Bedeutung der Grundrechtsquellen für den Grundrechtsschutz und für Grundrechtskollisionen in der Rechtsprechung des Europäischen Gerichtshofs, 2002, S. 104 ff.
208 Zur „Wechselbeziehung zwischen Verbandszweck und Rechtsvergleichung" vgl. *Ress*, die Bedeutung der Rechtsvergleichung für das Recht internationaler Organisationen, in: ZaöRV 36 (1976), S. 227 (231 ff., 274 f.).
209 Vgl. dazu *Merten*, Rule of Law am Scheideweg von der nationalen zur internationalen Ebene, in: ZÖR 58 (2003), S. 1 (10 ff.).
210 Vgl. oben FN 144.
211 Zu relativieren ist dieses Indiz allerdings vor dem Hintergrund der im Vergleich zur deutschen Rechtsprechungspraxis ohnehin kürzeren Begründung der Urteile des EuGH, vgl. dazu *Ulrich Everling*, Zur Begründung der Urteile des Gerichtshofs der Europäischen Gemeinschaften, in: EuR 29 (1994), S. 127 (136 ff.).
212 Dazu *Everling*, ebd., S. 139 ff.
213 So ist wohl auch die Beschreibung von *Rodríguez Iglesias* (FN 144), S. 8, zu deuten.

auf die Gesamtrechtsordnung, insbesondere auf das einfache Recht, welches bereits näher an den Schutz der Familie in der Praxis, etwa auch im Daseinsvorsorge-, Steuer- und Sozialrecht, heranführt. Eine weitere Stufe der Kontextberücksichtigung würde schließlich nach der sozialen Funktion der verfassungsrechtlichen Verbürgung des Schutzes der Familie unter wirtschaftlichen, sozialen und kulturellen Gesichtspunkten fragen. Man würde hier schließlich zur Tiefenstruktur der Gesellschaft und ihrer Geschichte vorstoßen.

Rechtsvergleichung grundsätzlich nur dann anzuerkennen, wenn diese Tiefendimension erreicht wird, hieße Untersuchungsmethoden der Grundlagenforschung, wie sie unter Idealbedingungen stattfinden kann, zu verabsolutieren[214]. Im Bereich der anwendungsorientierten Rechtsvergleichung, die begrenzte Erkenntnisziele verfolgt, muß es indes zulässig sein, die Untersuchungsschritte und -methoden auf das für die Erreichung des Ziels Notwendige zu beschränken. Wenn, um ein Beispiel aus der Mikrovergleichung zu geben, nach möglichen Gesichtspunkten für die Auflösung einer konkreten Grundrechtskollision gefragt wird, so kann eine zu einem Parallelfall im Ausland ergangene Verfassungsgerichtsentscheidung, jedenfalls wenn sie mit näheren Gründen versehen ist, durchaus Anhaltspunkte für die eigene Diskussion liefern. Freilich erlaubt ein derart punktueller Blick nur sehr bedingt Aussagen über grundrechtsdogmatische Hintergründe. Der Sache nach handelt es sich hier im übrigen zunächst nur um Hinweise auf ausländisches Recht; der Vergleich setzt erst ein, wenn gefragt wird, ob die dem ausländischen Judikat zu entnehmenden Argumentationslinien überhaupt Anknüpfungspunkte im eigenen Recht fänden[215]. Von begrenzter Reichweite können auch Ziele der Makrovergleichung sein, etwa wenn der Grundrechtsteil einer fremden Verfassung in seiner äußeren Struktur mit dem der eigenen Verfassung kontrastiert wird. Auch hier bedarf es, wenn es etwa um Regelungstechniken oder eine thematische Gliederung geht, nicht ohne weiteres einer kontextualistischen Untersuchung im weiteren Sinne.

79
Grundlagen- und anwendungsorientierter Vergleich

Für die wissenschaftliche Rechtsvergleichung bleiben bei aller Flexibilisierung des einzusetzenden Instrumentariums Mindestanforderungen, die nicht unterschritten werden dürfen. Diese betreffen zum einen die Erkenntnis, daß die Bedeutung und Funktion von Rechtssätzen und Institutionen nicht aus der Perspektive der eigenen Rechtsordnung erfaßt werden kann, der Vergleicher vielmehr so weit wie möglich von den begrifflichen und dogmatischen Vorprägungen seiner eigenen Rechtsordnung abstrahieren muß, zum anderen die methodische Regel, daß die Reichweite rechtsvergleichender Aussagen an der Vergleichstiefe, insbesondere an dem Grad der Einbeziehung kontextueller Erklärungen und Analysen, auszurichten ist[216].

80
Mindestanforderungen

---

214 Siehe bereits oben D II 2, RN 65 ff.
215 Die verbreitete Gleichsetzung von Studien ausländischen Rechts mit Rechtsvergleichung („confusion des études de droit étranger et de droit comparé") kritisierte bereits *Georges Sauser-Hall*, Fonction et méthode de droit comparé, Genève 1913, S. 39 ff.
216 Vgl. unter diesem Gesichtspunkt z.B. die methodischen Vorbemerkungen bei *C. Grewe/Ruiz Fabri* (Bibl.), S. 10 f.

E. Die Anwendung der Grundrechtsvergleichung in der Praxis

81
Fehlende Studien über Praxisrelevanz der Grundrechtsvergleichung

Zur Anwendung der Grundrechtsvergleichung in der Praxis gibt es nur für einige wenige Teilbereiche systematische Untersuchungen. Es fehlen insbesondere Studien, die tragfähige Aussagen über eine Veränderung der Rolle der Rechtsvergleichung für die Rechtsentwicklung erlaubten. Die folgenden Aussagen zur Rechtssetzung und Rechtsprechung in Deutschland stützen sich auf Beobachtungen, die im Falle der Rechtssetzung nicht flächendeckend und daher im Hinblick auf eine Gesamtbewertung entsprechend zu relativieren sind.

I. Rechtssetzung

82
Wechselseitiger Einfluß in der Verfassunggebung

Die Tendenz, Lösungen anderer Rechtsordnungen für das eigene Recht fruchtbar zu machen, ist naturgemäß größer, wenn es um weitreichende Rechtssetzungsvorhaben geht. Es wurde bereits darauf hingewiesen, daß die europäische Verfassunggebung seit jeher und verstärkt seit Ende des Zweiten Weltkrieges von der wechselseitigen Rezeption verfassungsrechtlicher Errungenschaften geprägt ist. Die Verfassunggebung in den neuen Ländern nach der deutschen Wiedervereinigung[217], aber auch die Verfassungsdiskussion auf Bundesebene Anfang der neunziger Jahre[218] bieten insofern eher Beispiele vergleichsweise introvertierter Beratungen.

83
Kein systematischer Vergleich bei der Vorbereitung von Gesetzen

Von der Bundesgesetzgebung im allgemeinen gewinnt man einen ambivalenten Eindruck. Bei größeren Gesetzesvorhaben scheint eine wachsende Neigung zu bestehen, eigene Vorhaben durch Einbeziehung ausländischer Erfahrungen und Konzepte abzusichern und gegebenenfalls neu zu justieren[219]. Von einem vorbereitenden systematischen Rechtsvergleich kann allerdings erst in wenigen Fällen die Rede sein. Tendenziell war dies etwa bei der Ausarbeitung des Lebenspartnerschaftsgesetzes[220] sowie den Vorarbeiten zum Stammzellgesetz[221] der Fall. Die Enquete-Kommission „Recht und Ethik der modernen Medizin" fügte ihren Arbeiten[222] einen detaillierten Überblick über die Regelungen in ausgewählten Staaten zur Forschung an humanen embryonalen Stammzellen, zum therapeutischen Klonen sowie zur Gewinnung von Zellmaterial aus Feten bei; dieser ermöglicht freilich nur einen Ergebnisvergleich,

---

217 Vgl. aber die Differenzierung oben unter C III 1, RN 44 f.
218 Zusammenfassend der Bericht der Gemeinsamen Verfassungskommission, BT-Drucks. 12/6000 vom 5.11.1993.
219 Vgl. bereits oben unter C III 3, RN 47 ff.
220 Gesetz über die Eingetragene Lebenspartnerschaft vom 16.2.2001 (BGBl. I S. 266); vgl. die zusammenfassende Bezugnahme auf das ausländische Recht in der Gesetzesbegründung, BT-Drucks. 14/3751, S. 33.
221 Gesetz zur Sicherstellung des Embryonenschutzes im Zusammenhang mit Einfuhr und Verwendung menschlicher embryonaler Stammzellen vom 28.6.2002 (BGBl. I S. 2277).
222 Vgl. oben FN 160.

erleichtert aber die Einordnung der deutschen Diskussion in den internationalen Kontext erheblich. Hinweise auf ausländisches Recht begleiteten auch die Beratungen zur Neuregelung des Staatsangehörigkeitsrechts[223]. Von einem tragfähigen systematischen Rechtsvergleich kann hier indes nicht die Rede sein[224].

Zu beobachten ist auch, daß bei grundlegender Gesetzgebung zunehmend vergleichende Arbeiten von Wissenschaftlern die Ausarbeitung in der Praxis begleiten. Dies ist beispielsweise auch bei dem seit längerem auf der politischen Agenda stehenden Vorhaben eines Informationsfreiheitsgesetzes des Bundes der Fall[225]. Hier war es freilich nicht zuletzt das europäische Gemeinschaftsrecht, das den Anstoß zu einer vergleichenden Umschau gab: Die Diskussion im Vorfeld der neuen Informationszugangsregelungen für die Gemeinschaftsorgane[226] offenbarten, daß recht unterschiedliche Konzepte zur Informationsfreiheit existieren, wobei das in Deutschland traditionell herrschende Prinzip der beschränkten Aktenöffentlichkeit jedenfalls *prima facie* eine Minderheitsposition darstellt. Um zu belastbaren Aussagen zu kommen, bliebe freilich im einzelnen zu prüfen, inwieweit der Kreis der Zugangsrechte, die in Ländern unter dem Leitprinzip der Informationsfreiheit gewährt werden, im Ergebnis, insbesondere unter Berücksichtigung der Ausnahmen, tatsächlich größer ist als der der in Deutschland in Abweichung vom Prinzip des Aktengeheimnisses eingeräumten Rechte.

84
Wissenschaftliche Begleitung

Ob und in welchem Umfange in den Fachministerien bei der Ausarbeitung von Gesetzentwürfen der Bundesregierung rechtsvergleichende Vorarbeiten geleistet werden, ist schwierig festzustellen. In der Gemeinsamen Geschäftsordnung der Bundesministerien ist in dem Kapitel über Rechtssetzung[227] die Berücksichtigung von Erkenntnissen aus dem ausländischen Recht nicht ausdrücklich vorgesehen. Auch das vom Bundesministerium des Innern herausgegebene „Handbuch zur Vorbereitung von Rechts- und Verwaltungsvorschriften", welches nach § 42 Abs. 3 der Gemeinsamen Geschäftsordnung das Verfahren der Vorbereitung von Gesetzentwürfen weiter konkretisiert, trifft dazu keine Aussagen. So wird die Einbeziehung ausländischer Erfahrungen sich weiterhin weniger nach konsentierten Rationalitätskriterien, denn nach Umständen politischer Opportunität richten.

85
Keine vorgeschriebene Berücksichtigung der Rechtsvergleichung in legistischen Regelwerken

---

223 Gesetz zur Reform des Staatsangehörigkeitsrechts vom 15.7.1999 (BGBl. I S. 1618).
224 Vgl. die Hinweise bei *Sommermann* (Bibl.), S. 1023 (mit Anm. 73).
225 Vgl. die Schrifttumsnachweise bei *Bull*, Informationsfreiheitsgesetze – wozu und wie?, in: ZG 17 (2002), S. 201 (205 f.), sowie für einen vertikalen Vergleichsansatz (Gemeinschaftsrecht/nationales Recht) *Jochen Strohmeyer*, Das europäische Umweltinformationsrecht als Vorbild eines nationalen Rechts der Aktenöffentlichkeit, 2003 (Einbeziehung nationaler Erfahrungen auf S. 210 ff.).
226 Vgl. Art. 255 EG und die Verordnung (EG) Nr. 1049/2001 des Europäischen Parlaments und des Rates vom 30.5.2001 über den Zugang der Öffentlichkeit zu Dokumenten des Europäischen Parlaments, des Rates und der Kommission, Abl. L 145 vom 31.5.2001, S. 43, sowie Art. 42 der Europäischen Grundrechtecharta (oben FN 27).
227 Vgl. §§ 40 f. der Gemeinsamen Geschäftsordnung der Bundesministerien i.d.F. der Bekanntmachung vom 9.8.2000 (GMBl. S. 526).

II. Grundrechtsinterpretation

86
Praxis des Bundesverfassungsgerichts

Erheblich besser als der Gebrauch der Rechtsvergleichung durch den Gesetzgeber ist die Nutzung rechtsvergleichender Erkenntnisse in der Rechtsprechung untersucht[228]. Ein Vergleich aus jüngerer Zeit, der 14 Länder einbezieht, offenbart die Tendenz, daß Gerichte rechtsvergleichenden Betrachtungen dann seltener Raum geben, wenn in der jeweiligen Rechtsordnung eine gefestigte, über viele Jahre gewachsene reiche Rechtsprechung vorliegt, die aus der Sicht der Richter genügend Anschauungs- und Argumentationsmaterial bietet[229]. Dieses Phänomen läßt sich auch an der Rechtsprechung des Bundesverfassungsgerichts beobachten. Trotz einer exponentiell gewachsenen Verfassungsjudikatur in den europäischen Staaten und einer weit vorangeschrittenen europäischen Integration macht es im Vergleich zu den ersten beiden Jahrzehnten seines Bestehens[230] (noch) seltener von der Verfassungsvergleichung Gebrauch. Am ehesten werden Verfassungsprinzipien anderer europäischer Länder dort reflektiert, wo der europäische Bezug – wie etwa bei der Überprüfung des Europawahlgesetzes[231] – dies nahelegt[232]. Immer wieder dient auch die gleichsam als gemeineuropäisches Erbe verstandene französische Erklärung der Menschen- und Bürgerrechte von 1789 (seit 1971 vom Conseil constitutionnel wiederum als geltendes Verfassungsrecht anerkannt[233]) als Beleg für traditionelle Verfassungsgrundsätze, die auch der Grundgesetzgeber vorausgesetzt habe[234]. In einzelnen Entscheidungen hat das Bundesverfassungsgericht die Untauglichkeit rechtsvergleichender Argumente im konkreten Fall ausdrücklich betont, so etwa in seinem ersten Urteil zum Schwangerschaftsabbruch, wo es die Besonderheit der Wertordnung des Grundgesetzes vor dem Hintergrund der historischen Entwicklung in Deutschland zur Geltung brachte[235]. Als Hauptanwendungsgebiet der Rechtsvergleichung lassen sich im übrigen Fragen ausmachen, die mit der Auslegung des Völker- und Europarechts zusammenhängen. Soweit das Bundesverfas-

---

228 Symptomatisch für die Schwierigkeiten, die Rolle der Rechtsvergleichung bei der Rechtssetzung zu beurteilen, mag die Tatsache sein, daß die Beiträge zum 11. Kongreß der International Academy of comparative law zum Thema "News of comparative law by the legislature" niemals gesammelt mit einem Generalbericht veröffentlicht wurden. Die Ergebnisse des 14. Kongresses der Akademie, der an den 11. Kongreß in Caracas von 1982 anknüpfte, liegen hingegen vor: Ulrich Drobnig/Sjevl van Erp (Hg.), The use of comparative law by courts, The Hague/London/Boston 1999.
229 Vgl. die Schlußfolgerung von *Drobnig*, The use of comparative law by courts, in: ders./van Erp (aaO.), S. 3 (21).
230 Zur Rolle der Rechtsvergleichung in der frühen Zeit des Bundesverfassungsgerichts vgl. *Mössner* (Bibl.), S. 228 ff.
231 Vgl. *BVerfGE 51*, 222 (250 ff.) zur Vereinbarkeit des Prinzips der Wahlrechtsgleichheit mit Sperrklauseln.
232 Vgl. etwa auch *BVerfGE 89*, 155 (189) unter Bezug auf den neu eingefügten Art. 88-1 der französischen Verfassung zur Bestärkung eines nicht etatistischen Verständnisses des Unionsziels.
233 In seiner Entscheidung vom 16.7.1971 zur Vereinigungsfreiheit (71-44 DC; RJC I-24; mit Kommentierung abgedruckt auch bei *Favoreu/Philip* [FN 115], S. 238 ff.) erkannte der Conseil constitutionnel die Bindungswirkung der Präambel der Verfassung von 1958 und damit zugleich die der dort in Bezug genommenen Erklärung von 1789 an.
234 Vgl. *BVerfGE 19*, 342 (348) – Unschuldsvermutung (Art. 11 Abs. 1 i.V.m. Art. 9 der Erklärung); *E 84*, 239 (269) – Grundsatz steuerlicher Lastengleichheit (Art. 13 der Erklärung).
235 *BVerfGE 39*, 1 (66 ff.).

sungsgericht im Rahmen des Art. 100 Abs. 2 GG allgemeine Regeln des Völkerrechts zu verifizieren hat, muß es hier freilich bereits aus methodischen Gründen die für den Nachweis von Gewohnheitsrecht notwendige Praxis verschiedener Staaten berücksichtigen[236].

Insgesamt hat das Bundesverfassungsgericht von der Rechtsvergleichung bisher nur zurückhaltend Gebrauch gemacht[237]. Man darf allerdings vermuten, daß bei der Vorbereitung der Entscheidungen vergleichende Betrachtungen eine größere Rolle spielen, als nach außen deutlich wird. Angesichts des stetig wachsenden Vergleichsmaterials wird es freilich auch immer schwerer, eine Auswahl und eine Auswertung der ausländischen Judikate zu treffen, die bei vergleichenden Erwägungen in den Entscheidungsgründen eines Urteils berücksichtigt werden könnten, ohne daß der Vorwurf einer zu selektiven Auswahl oder eines zu oberflächlichen Vergleichs erhoben würde. Dieses Dilemma, die wünschenswerte Erweiterung der Begründung durch rechtsvergleichende Überlegungen nur durch eine tendenziell angreifbare Auswahl und Erörterung rechtsvergleichender Aspekte ins Werk setzen zu können, mag einer der Gründe dafür sein, warum eine auf Stringenz und Ausgewogenheit bedachte Verfassungsrechtsprechung im Zweifel Ausführungen zur Rechtsvergleichung meidet. Methodisch sind die wenigen in der Judikatur des Bundesverfassungsgerichts anzutreffenden vergleichenden Betrachtungen eher als Hinweise auf Lösungen des ausländischen Rechts oder auf historische Traditionslinien des Verfassungsstaates denn als methodischer Rechtsvergleich zu qualifizieren.

87
Methodische Probleme rechtsvergleichender Hinweise in Entscheidungsgründen

F. Die Zukunft der Grundrechtsvergleichung

Bereits *Rudolf von Ihering* prophezeite[238]: „Die vergleichende Jurisprudenz ist die Methode der Rechtswissenschaft der Zukunft". Seitdem sind weit mehr als hundert Jahre vergangen und die Prophezeiung wird, ohne daß man sie bisher offenbar für eingelöst hielte, gerade in jüngerer Zeit wieder erneuert. Die Rechtsvergleichung wird in diesem Sinne als Hobby von gestern bezeichnet, dessen Bestimmung es sei, die Wissenschaft von morgen zu werden[239]. Kurz vor der Jahrtausendwende attestierte man ihr einen „flavour of the next century"[240], ja man verkündete, daß das 21. Jahrhundert das Jahrhundert der

88
Kontinuität der Zukunftsprognosen

---

236 Vgl. aus dem grundrechtsrelevanten Bereich *BVerfGE* 75, 1 (21 ff.) – Grundsatz des *ne bis in idem*; *BVerfG* (Kammer) NJW 1988, S. 1462 (1463 f.) – Anspruch auf Zuziehung eines Dolmetschers; aus dem Bereich der Staatenimmunität *BVerfGE* 46, 342 (364 ff.); 64, 1 (23 ff.).
237 Weitere Beispiele bei *Sommermann* (Bibl.), S. 1025.
238 Zitiert bei *Constantinesco* (FN 2), S. 24; *Ihering* hat seine Prophezeiung bzw. Forderung im einzelnen im ersten Band seines Werkes „Geist des römischen Rechts auf den verschiedenen Stufen seiner Entwicklung" (^{6}1907, S. 12 ff.; die erste Aufl. erschien 1852) begründet.
239 *Lord Goff of Chiveley*, The future of the Common Law, in: International and Comparative Law Quarterly 46 (1997), S. 745 (748).
240 *Lord Goff* bei anderer Gelegenheit, zit. im Vorwort von Harding/Örücü (FN 16), S. VIII.

vergleichenden Wissenschaften, insbesondere der Rechtsvergleichung sein werde[241].

89
Errungenschaften der Grundrechtsvergleichung

Für die Grundrechtsvergleichung läßt sich sagen, daß sie bereits im 20. Jahrhundert in der Praxis eine große Bedeutung entfaltet hat. Die europäischen Systeme der Menschenrechtskonvention wie des Gemeinschaftsrechts bauen auf der Zusammenführung, Koordinierung und Verschmelzung nationaler Standards und Lösungen auf, was ohne rechtsvergleichende Anstrengungen nicht vorstellbar gewesen wäre und ist. Die Europäische Grundrechtecharta liest sich in diesem Sinne wie eine Zwischenbilanz der Annäherung und Synthese der nationalen Rechtshorizonte. Ihre im Vergleich zum nationalen Verfassungsrecht indes nur rudimentäre Ausbildung einer Schrankensystematik und das Fehlen klarer Normativitätsdistinktionen[242] offenbaren zugleich, daß das Instrumentarium einer kritischen, systematischen Rechtsvergleichung selbst bei großen gemeinsamen Vorhaben nur begrenzt eingesetzt wird und so seine rationalitätssteigernde Wirkung im Prozeß der Rechtssetzung nur bedingt entfalten kann. Dies gilt um so mehr für die nationalen Gesetzgeber. Hier sollten nicht zuletzt im Interesse der Effektivität der nationalen Regelungen jedenfalls bei Materien, die durch Europäisierungs- und Globalisierungsphänomene geprägt sind und bei denen eine Koordinierung oder Harmonisierung durch Völker- oder Europarecht (noch) nicht vorgesehen ist, regelmäßig rechtsvergleichende Analysen in den Beratungen herangezogen werden. Es sind insbesondere grundrechtsrelevante Regelungsmaterien, welche im Hinblick auf die entgrenzten sozialen und wirtschaftlichen Beziehungen letztlich nur in transnationalen Kategorien rechtlich erfaßt werden können[243]. Das Telekommunikationsrecht und die Biotechnologie bilden aktuelle Beispiele.

90
Rechtsvergleichung in der juristischen Ausbildung

Der wachsende Bedarf an vergleichenden Erkenntnissen fordert die Weiterentwicklung der wissenschaftlichen Rechtsvergleichung heraus. Diese hat ihr großes Potential durch schrittweise Verfeinerung ihres methodischen Instrumentariums sowie Ausdehnung und Vertiefung ihrer vergleichenden Analysen erst ansatzweise entfaltet. Eine nachhaltige Förderung kann nur dadurch erreicht werden, daß die Rechtsvergleichung in der juristischen Ausbildung einen höheren Stellenwert erlangt. Dies ist vielfach angemahnt worden[244] und heute dringender denn je[245], soll die Rechtswissenschaft nicht ihren Anspruch

---

241 *Koopmans*, Comparative Law and the Courts, in: International and Comparative Law Quarterly 45 (1996), S. 545 (555 f.).
242 Kritisch in diesem Sinne auch *Rubio Llorente*, A Charter of Dubious Utility, in: I·CON – International Journal of Constitutional Law Bd. 1 (2003), S. 405, 418 ff.
243 Vgl. dazu *Sommermann*, Der entgrenzte Verfassungsstaat, in: KritV 81 (1998), S. 404 ff.
244 Vgl. bereits die Mahnungen *Iherings* (oben FN 238) sowie zuvor *Anselm von Feuerbach*, Vorrede zu Unterholzners juristischen Abhandlungen, München 1810, enthalten in *ders.*, Kleine Schriften, 1833 (Neudruck 1966), S. 152, 161 ff.; für Frankreich vgl. namentlich *David*, Le droit comparé – enseignement de culture générale, in: Revue internationale de droit comparé 1950, S. 682 ff.; siehe ferner die Nachweise bei *Sommermann* (Bibl.), S. 1029 FN 109; speziell für das öffentliche Recht vgl. *Arnold*, Le droit administratif comparé dans l'enseignement et la recherche en Allemagne, in: Revue internationale de droit comparé 1989, S. 853 ff.
245 Vgl. auch *Kötz*, Alte und neue Aufgaben der Rechtsvergleichung, JZ 2002, S. 257 ff.

aufgeben, gerade auch die neuen Entwicklungen zu reflektieren und der Rechtspraxis methodisch abgesicherte Hilfestellung zu leisten.

So wie die Rechtsvergleichung insgesamt nicht an die Stelle von Rechtstheorie und Rechtsdogmatik treten kann[246], wird auch die Grundrechtsvergleichung nicht die Weiterentwicklung der Grundrechtstheorie ersetzen. Sie kann ihr aber wichtige Impulse geben, indem sie offenlegt, inwieweit die Staaten in ihrem Recht und mit ihrer Rechtsdogmatik spezifische Erfahrungen, Ziele und kulturell geprägte Werthaltungen verarbeiten und in welchen Fragen diese Unterschiede eine nur noch untergeordnete Rolle spielen. Die Rechtsvergleichung wird die entscheidende Grundlage für die Herausbildung einer den zunehmenden sozialen und wirtschaftlichen Verflechtungen entsprechenden transnationalen Rechtswissenschaft bilden. Gerade im Bereich der Grundrechte bestehen dafür bereits heute günstige Voraussetzungen.

91
Pionierrolle der Grundrechtsvergleichung

---

246 Vgl. entsprechend zur vergleichenden Methode in der Politikwissenschaft *von Beyme* (FN 18), S. 67, und zum Vergleich in der Geschichtswissenschaft *Welskopp*, Die Theoriefähigkeit der Geschichtswissenschaft, in: Renate Mayntz (Hg.), Akteure – Mechanismen – Modelle. Zur Theoriefähigkeit makrosozialer Analysen, S. 61 (71).

F. Bibliographie

Bernhardt, Rudolf, Eigenheiten und Ziele der Rechtsvergleichung im öffentlichen Recht, in: ZaöRV 24, S. 431 ff.
García-Pelayo, Manuel, Derecho constitucional comparado, Madrid 1984.
Grewe, Constance/ Ruiz Fabri, Hélène, Droits constitutionnels européens, Paris 1995.
Häberle, Peter, Rechtsvergleichung im Kraftfeld des Verfassungsstaates, 1992.
Jackson, Vicki C./Tushnet, Mark, Comparative Constitutional Law, New York 1999.
Kaiser, Joseph, H., Vergleichung im öffentlichen Recht, in: ZaöRV 24 (1964), S. 391 ff.
Mössner, Manfred, Rechtsvergleichung und Verfassungsrechtsprechung, in: AöR 99 (1974), S. 193 ff.
Sommermann, Karl-Peter, Die Bedeutung der Rechtsvergleichung für die Fortentwicklung des Staats- und Verwaltungsrechts in Europa, DÖV 1999, S. 1017 ff.
Starck, Christian, Rechtsvergleichung im öffentlichen Recht, JZ 1997, S. 1021 ff.
Strebel, Helmut, Vergleichung und vergleichende Methode im öffentlichen Recht, in: ZaöRV 24 (1964), S. 405 ff.
Trantas, Georgios, Die Anwendung der Rechtsvergleichung bei der Untersuchung des öffentlichen Rechts, 1998.
Vergottini, Giuseppe de, Diritto costituzionale comparato, Padova ^{5}1999.
Weber, Albrecht (Hg.), Fundamental Rights in Europe and North America, Teil A, The Hague/London/New York 2001 ff.

II. Strukturen

§ 17
Programmatik und Normativität der Grundrechte

Brun-Otto Bryde

Übersicht

	RN		RN
A. Problemstellung	1–3	II. Stärkung der Grundrechte durch Rezeption der Weimarer Verfassungstheorie	28–34
B. Von programmatischen zu normativen Grundrechten	4–11	III. Objektive Grundrechtsdimensionen als Verstärkung der Abwehrfunktion	35–38
C. Programmatik und Normativität als Idealtypen	12–23	E. Programmatische Grundrechtsfunktionen in einer justitiablen Verfassung	39–70
I. „Bloß" programmatische Grundrechte ohne gerichtliche Kontrolle	13–21	I. Grundrechte als Programm zur Konstitutionalisierung der Rechtsordnung	45–53
II. „Bloß" normative Grundrechte ohne Programmatik	22–23	II. Grundrechte als Programm zur Grundrechtspolitik	54–62
D. Die Aufhebung des Gegensatzes von Programmatik und Normativität in den objektiven Grundrechtsfunktionen	24–38	III. Bürgerverfassung	63–70
I. Menschenwürde als Programm	25–27	F. Bibliographie	

A. Problemstellung

1
Unzulässiger Gegensatz von Programmatik und Normativität

Das Thema der Programmatik und Normativität der Grundrechte ist in Deutschland durch den Begriff des „bloßen" Programmsatzes belastet, wie er verkürzt zur Kennzeichnung des Weimarer Grundrechtsverständnisses[1] verwandt wird. Diesem wird dann die Normativität der Grundrechte als unmittelbar geltendes, alle Staatsgewalten bindendes Recht gegenübergestellt, wie sie der Parlamentarische Rat in deutlicher Wendung gegen diese Vergangenheit in Art. 1 Abs. 3 GG normiert hat. Das kann dazu verführen, einen unzulässigen Gegensatz zwischen Programmatik und Normativität von Grundrechten aufzubauen.

2
Unterschiedliche Verständnismöglichkeiten des Programmatischen

Im Begriff des „bloß" Programmatischen steht die negative Vorstellung einer fehlenden oder abgeschwächten rechtlichen Durchsetzbarkeit im Vordergrund[2]. Dabei kann mit der Kennzeichnung als „bloßem" Programmsatz eine fehlende rechtliche Verbindlichkeit (im Sinne einer bloß „ethischen" Bindung), die Nichtvollziehbarkeit wegen zu geringer Konkretisierung oder fehlende beziehungsweise eingeschränkte Justitiabilität gemeint sein, wobei der letzte Gesichtspunkt inzwischen ganz im Vordergrund steht.

3
Programmatik kann aber auch inhaltlich auf die Funktion von Grundrechten bezogen werden. In diesem Sinn wirken Grundrechte immer dann programmatisch, wenn ihr Gehalt über die Abwehr von Eingriffen in bestehende Rechte hinausgeht, sie vielmehr in die Zukunft weisen und Ziele vorgeben, die verwirklicht werden sollen, also ein Programm zur Grundrechtspolitik enthalten. Beide Begriffsverwendungen berühren sich, sind jedoch nicht identisch. Auch Verfassungssätze, die ein Programm aufstellen, werden heute in den meisten Rechtsordnungen als rechtlich verbindliche Rechtssätze angesehen. Allerdings sind programmatische Funktionen in diesem inhaltlichen Sinne in der Tat regelmäßig mit geringerer normativer Dichte normiert. Je anspruchsvollere Programme Grundrechte aufstellen, desto weniger lassen sie sich rechtsförmiger Kontrolle unterwerfen, und je weniger sie einklagbar sind, desto mehr Zielvorgaben können sie enthalten. Dabei ist ein spezifisch deutscher Beitrag zur internationalen Grundrechtsentwicklung der Versuch, den Gegensatz von Normativität und Programmatik in den objektiven Grundrechtsfunktionen aufzuheben.

---

1 → Oben *H. Dreier*, § 4: Die Zwischenkriegszeit.
2 Diese nur negative Sicht wird karikiert von: *C. Schmitt* (Bibl.), S. 585, FN 46, mit Verweis auf das „reichhaltige Vokabularium mehr oder weniger ironischer Bezeichnungen: bloßes Programm, Proklamationen, moralische Ermahnungen, fromme Wünsche usw".

B. Von programmatischen zu normativen Grundrechten

Die Überschrift „Des Libertés-Programmes aux Libertés-Normes"³ in einem französischen Lehrbuch der (europäischen) Verfassungsvergleichung umschreibt die kontinentaleuropäische Entwicklung – zunächst einmal einleuchtend – als historischen Fortschritt.

4
Normativität als historischer Fortschritt

Die französische Erklärung der Menschenrechte setzt nach ihrer Präambel Bürgern und staatlichen Gewalten ein Programm: „damit diese Erklärung, indem sie allen Mitgliedern des gesellschaftlichen Verbandes ständig gegenwärtig ist, diese unablässig an ihre Rechte und Pflichten erinnern möge; damit die Handlungen der gesetzgebenden wie der vollziehenden Gewalt, indem sie in jedem Augenblick mit dem Ziel einer jeden politischen Einrichtung verglichen werden können, mehr geachtet werden mögen; damit ferner die Ansprüche der Bürger, indem sie in Zukunft auf einfache und unbestreitbare Grundsätze gegründet werden, sich immer auf die Wahrung der Verfassung und auf das Wohl aller richten mögen"⁴. Gerichtlich einklagbar waren diese Rechte nicht. Erst die grundlegende Entscheidung des Conseil Constitutionnel vom 16. Juli 1971⁵ machte die in die Präambel der V. Republik übernommene Menschenrechtserklärung zur Kontrollnorm für die Überprüfung von Gesetzen⁶.

5
Entwicklung in Frankreich

In Deutschland waren die Grundrechte im 19. Jahrhundert in erster Linie Programm zum Abbau ständischer Privilegien und zur Sozialreform⁷. Während Freiheit und Eigentum mit der Lehre vom Gesetzesvorbehalt⁸ gegen die Exekutive gesichert wurden, blieben die Grundrechte, soweit es sie im konstitutionellen monarchischen Staat überhaupt gab, dem Gesetzgeber gegenüber Programmsätze. Die Lehre von den Grundrechten als Konkretisierung des Prinzips der Gesetzmäßigkeit der Verwaltung einerseits sowie als Programmsätze für den Gesetzgeber andererseits wurde in der Weimarer Republik zunächst von der herrschenden Lehre übernommen⁹. Ein solches Grundrechtsverständnis erleichterte die bahnbrechende Ausweitung des klassischen Grundrechtskanons auf wirtschaftliche und soziale Grundrechte. Versuche, die Grundrechte auch zur richterlich überprüfbaren Grenze für den Gesetzgeber zu machen, hatten zwar mit der Behauptung eines richterlichen Prüfungs-

6
Entwicklung in Deutschland

---

3 *Constance Grewe/Hélène Ruiz Fabri*, Droits constitutionnels européens, Paris 1995, S. 159.
4 Zweisprachige synoptische Ausgabe der Verfassung der Französischen Republik vom 4. Oktober 1958, hg. von Christian Autexier <http://www.jura.uni-sb.de/BIJUS/constitution58/decl1789.htm>.
5 CC-71-44 DC v. 16.7.1971, in: *Louis Favoreu*, Recueil de jurisprudence constitutionnelle, 1994, S. 24.
6 Zur französischen Entwicklung vgl. *C. Grewe*, Die Grundrechte und ihre richterliche Kontrolle in Frankreich, EuGRZ 2002, S. 209 ff.
7 *Wahl* (Bibl.), S. 328 ff.; *H. Dreier* (Bibl.), S. 28 ff.; *Sommermann* (Bibl.), S. 328 ff.
8 → Bd. III: *Lerche*, Vorbehalt des Gesetzes und Wesentlichkeitstheorie.
9 Vgl. zur Entwicklung von einem zunächst „bloß" programmatischen zu einem zunehmend juristischen Verständnis *Thoma* (Bibl.), S. 15 ff.; klassisch: *Gerhard Anschütz*, Die Verfassung des Deutschen Reichs, ¹⁴1933, Vor Art. 109, insb. S. 508 ff.; vgl. auch die Nachweise bei *Sommermann* (Bibl.), S. 333 ff.; *Stern*, Staatsrecht, Bd. III/1 (LitVerz.), S. 123 ff.; zur Ausdifferenzierung dieser Diskussion: *Michael Stolleis*, Geschichte des öffentlichen Rechts in Deutschland, Bd. 3: Staats- und Verwaltungsrechtswissenschaft in Republik und Diktatur 1914-1945, 1999, S. 109 ff., 117 f.

rechts durch das Reichsgericht[10], der Erfindung der Institutsgarantie[11] und der von *Thoma* aufgestellten Auslegungsregel zugunsten einer normativen Verbindlichkeit[12] einigen Erfolg, die meisten und wichtigsten Grundrechte wurden aber bis zum Ende der Weimarer Republik als Programmsätze angesehen, was – über den Schulenstreit hinweg – vor allem mit ihrer fehlenden Konkretisierung begründet wurde[13]. Der Parlamentarische Rat entschied sich demgegenüber 1949 für unmittelbar geltende Grundrechte und gegen die Aufnahme von sozialen Grundrechten, die in der Perspektive von 1949 in erster Linie Programmsätze gewesen wären.

7
Vorrang der Normativität im anglo-amerikanischen Rechtskreis

Weniger eindeutig ist das historische Verhältnis von Programmatik und Normativität, wenn man den anglo-amerikanischen Rechtskreis einbezieht. Die französische Menschenrechtsdeklaration ist ihrerseits von der Menschenrechtserklärung von Virginia beeinflußt[14]. Auch diese stammt aus dem Geist der Aufklärung und ist ein Programm für die politische Umgestaltung[15]. Aber die Grundrechtsvorschriften des Textes, insbesondere die für die Grundrechtsentwicklung zentralen Garantien für den Bürger vor Gericht, sind nicht philosophisch-deduktiv entwickelt worden, sondern beruhen auf jahrhundertelanger englischer Rechtspraxis[16]. Die Normativität geht also der programmatischen Deklaration, die die Verfassungen der Einzelstaaten und der Union zweifellos auch sind[17], voraus. Die Grundrechte sind daher in Amerika von vornherein gerichtlich geschützt, prinzipiell auch gegen den Gesetzgeber[18]. Da sie aus dem common law entwickelt worden sind, sind sie sehr viel weniger auf Umgestaltung einer bestehenden Rechtsordnung gerichtet, haben also auch inhaltlich sehr viel weniger programmatischen Charakter[19].

8
Konstitutionalistisches Konzept nach dem 2. Weltkrieg

Erst nach dem Zweiten Weltkrieg breitet sich dann, vor allem als Reaktion auf massivste Menschenrechtsverletzungen, das konstitutionalistische Konzept des Menschen- und Grundrechtsschutzes durch Gerichte weltweit aus[20].

---

10 *RGZ 111*, 320 – Aufwertungsgesetzgebung. Die Absicht, beschlossene Gesetze außer Kraft zu setzen, wenn sie gegen Treu und Glauben verstießen, hatte kurz davor bereits der „Richterverein beim Reichsgericht" in einer Stellungnahme postuliert, dazu *Hoffmann-Riem*, Das Ringen um die verfassungsgerichtliche Normenkontrolle, JZ 2003, S. 269 (270), m.w.N.
11 *M. Wolff*, Reichsverfassung und Eigentum, in: FG Kahl, 1923, S. 5, 6; *Carl Schmitt*, Verfassungslehre, 1928 (zit. nach ⁶1983), S. 170 ff.
12 *Thoma* (Bibl.), S. 9.
13 Zusammenfassend: *Stern* (FN 9), S. 125 f.
14 Grundlegend: *G. Jellinek* (Bibl.), S. 8 ff.; *Stern* (FN 9), S. 84 ff.
15 *H. Dreier* (Bibl.), S. 30 f.
16 Vgl. *Martin Kriele*, Einführung in die Staatslehre, 1975, S. 156 ff.; zu einzelnen Common Law-Doktrinen s. *Heun*, Verfassungsrecht und einfaches Recht – Verfassungsgerichtsbarkeit und Fachgerichtsbarkeit, in: VVDStRL 61 (2002), S. 80 (88 ff.).
17 *James Madison*, zitiert bei: *Tushnet* (Bibl.), S. 167; vgl. auch: *Günter Frankenberg*, Die Verfassung der Republik, 1996, S. 15 ff.
18 Allerdings auf Bundesebene nur vorsichtig und mit nicht sehr überzeugenden Beispielsfällen wie dem Dredd Scott-Fall: *Heun* (FN 16), S. 88, FN 40.
19 Vgl. *Heun* (FN 16), S. 88 ff.
20 In Europa setzt sich nur in Norwegen schon im 19. Jahrhundert eine richterliche Verfassungskontrolle durch: *Slagstad*, The Breakthrough of Judicial Review in the Norwegian System, in: Eivind Smith (ed.), Constitutional Justice under Old Constitutions, The Hague 1995, S. 81 ff. In anderen Staaten ist ein richterliches Prüfungsrecht theoretisch anerkannt, wird aber nicht ausgeübt; für Dänemark: *Wolff-Michael Mors*, Verfassungsgerichtsbarkeit in Dänemark, 2002, S. 42 ff.; das *Kelsen*sche Modell einer Verfassungs-

Erheblichen Einfluß auf diese Entwicklung haben auch die internationalen Menschenrechte[21].

Für den neuen Versuch einer Friedensordnung, der nach 1945 begann, steht der Zusammenhang einer weltweiten friedlichen Ordnung mit der Verwirklichung der Menschrechte fest[22]. Auf internationaler Ebene ist die erste Stufe der Konkretisierung dieses in der Präambel sowie in Art. 1 und 55 festgeschriebenen Ziels der UN-Satzung die Menschenrechtserklärung von 1948, die als Resolution der UN-Generalversammlung zunächst noch keinen rechtlich bindenden Charakter hat[23]. Seit diesem Zeitpunkt ist die prinzipielle Gleichwertigkeit von Freiheitsrechten, Gleichheitsrechten – auf völkerrechtlicher Ebene meist in der Form von Diskriminierungsverboten – und sozialen Rechten anerkannt[24]. Damit werden nicht nur Freiheit und Gleichheit, sondern auch Solidarität und soziale Gerechtigkeit – als moderne Übersetzung von Brüderlichkeit – in die Form von Menschenrechten gebracht. Dieses Programm ist auf universeller Ebene durch die parallelen Pakte von 1966[25] in rechtlich verbindliche Verträge umgesetzt worden, die durch Schutzvorschriften für die Mitglieder besonders gefährdeter Gruppen[26] und durch Verträge zum Schutz gegen besonders schwerwiegende Angriffe auf die Menschenrechte[27] ergänzt werden. Während sich diese Menschenrechtsverträge zunächst nur an die Staaten richten, sich allerdings schon vorsichtig für Individualbeschwerden öffnen[28], betreten regionale Menschrechtssysteme, bahnbrechend die Europäische Menschenrechtskonvention von 1950, völkerrechtliches Neuland, indem sie den Menschen das Recht geben, ihre eigenen Staa-

9
Entwicklung zu normativen Menschenrechten im internationalen Recht

---

gerichtsbarkeit für Österreich und die CSR betraf Verfassungen ohne Grundrechtsteil; außerhalb Europas kennen neben den USA nur einige lateinamerikanische Staaten ein richterliches Prüfungsrecht, *Brewer-Carias*, La jurisdiccion constitucional en America latina, in: Domingo Garcia Belaunde/Francisco Fernandez Segado (ed.), La jurisdiccion constitucional en Iberoamerica, 1997, S. 121 (126 ff.); umfangreiche Nachweise auch bei *Norbert Lösing*, Die Verfassungsgerichtsbarkeit in Lateinamerika, 2000.

21 *Bryde*, Konstitutionalisierung des Völkerrechts und Internationalisierung des Verfassungsrechts, in: Der Staat 42 (2003), S. 61 (62 f.).
22 *Alfred Verdross/Bruno Simma*, Universelles Völkerrecht, ³1984, S. 72 f.
23 Inzwischen dürfte sie allerdings im Kern völkergewohnheitsrechtlich verbindlich sein: *Verdross/Simma* (FN 22), S. 822 f.
24 *Marauhn* (Bibl.), S. 176 ff. Zur Unteilbarkeit der Menschenrechte: UN Vienna Declaration and Programme of Action, World Conference on Human Rights 23.6.1993 (UNDocA/CONF/157/23).
25 Internationaler Pakt über bürgerliche und politische Rechte: General Assembly Resolution (GA Res.) 2200A (XXI) (BGBl. 1973 II S. 1534); Internationaler Pakt über wirtschaftliche, soziale und kulturelle Rechte: GA Res. 2200A (XXI) (BGBl. 1973 II S. 1570).
26 Tatsächlich beginnt diese Entwicklung mit dem Übereinkommen zur Beseitigung jeder Form von Rassendiskriminierung von 1965, GA Res. 2106 (XX) (BGBl. 1969 II S. 962), das bereits die wesentlichen Instrumente des UN-Menschenrechtssystems enthält: *Bryde*, Die Tätigkeit des Ausschusses gegen jede Form von Rassendiskriminierung, in: Eckardt Klein (Hg.), Rassische Diskriminierung – Erscheinungsformen und Bekämpfungsmöglichkeiten, 2002, S. 61 ff. Später folgen noch das Übereinkommen über die Beseitigung jeder Form der Diskriminierung der Frau von 1979, GA Res. 34/180 (BGBl. 1985 II S. 647) und das Übereinkommen über die Rechte des Kindes von 1989, GA Res. 44/25 (BGBl. 1992 II S. 121).
27 Übereinkommen gegen Folter und andere grausame, unmenschliche oder erniedrigende Behandlung oder Strafe von 1984, GA Res. 39/46 (BGBl. 1990 II S. 246, geändert BGBl. 1996 II S. 284).
28 Wiederum zuerst die Rassendiskriminierungskonvention (FN 26), s. Art. 14, sowie das Fakultativprotokoll zum Internationalen Pakt über bürgerliche und politische Rechte (FN 25).

ten vor einen internationalen Richter zu bringen[29]. Damit läßt sich auch im internationalen Recht eine Entwicklung von programmatischen zu normativen Menschenrechten feststellen. Allerdings umfaßt der internationale Menschenrechtskatalog von vornherein auch Menschenrechte, die sich in erster Linie an den Gesetzgeber richten und auf Umgestaltung einer den menschenrechtlichen Vorgaben nicht entsprechenden Wirklichkeit abzielen, inhaltlich also programmatischen Charakter haben, aber auch mit schwächeren Durchsetzungsmechanismen ausgestattet sind. Im Menschenrechtssystem der Vereinten Nationen ist dieser Unterschied nicht so deutlich, weil sich im Ansatz alle Menschenrechtspakte zunächst einmal an die Staaten richten und diese zur Verwirklichung der Menschenrechte verpflichten. Hauptkontrollmechanismus ist daher für alle Pakte die Überprüfung von Staatenverhalten durch ein Berichtssystem, das von unabhängigen Ausschüssen überwacht wird[30]. Aber für den Pakt über wirtschaftliche, soziale und kulturelle Rechte ist dieses Verfahren erst nachträglich eingeführt worden, und er kennt die Individualbeschwerde nicht einmal als Option[31]. Schließlich wirken die sogenannten Rechte der dritten Generation wie das Recht auf Entwicklung, jedenfalls bisher nur programmatisch, auch wenn sie entgegen der herrschenden Lehre im Norden über bloßes „soft law" hinausgehen[32]. Im europäischen Menschenrechtsraum ist die unterschiedliche Qualität der Kontrollmechanismen von Europäischer Menschenrechtskonvention einerseits und Sozialcharta andererseits noch deutlicher[33].

10
Internationale Vereinheitlichung der Grundrechtskataloge

Auf staatlicher Ebene haben (fast) alle Verfassungen heute mehr oder weniger ausführliche Grundrechtskataloge[34]. Unter dem Einfluß internationaler Menschenrechtsdokumente und der durch sie ausgelösten Rezeptionsprozesse[35] erfolgt dabei eine zunehmende Vereinheitlichung dieser Kataloge[36].

---

29 Die Europäische Menschenrechtskonvention hatte wesentlichen Einfluß auf die anderen regionalen Menschenrechtssysteme, vgl. *Wittinger*, Die drei regionalen Menschenrechtssysteme: Ein vergleichender Überblick über die Europäische Menschenrechtskonvention, die Amerikanische Menschenrechtskonvention und die Afrikanische Charta der Menschenrechte und Rechte der Völker, in: Jura 1999, S. 405 ff.; zur Amerikanischen Menschenrechtskonvention (Pakt von San José) von 1969 vgl. auch *Thomas Buergenthal/Dinah Shelton*, Protecting Human Rights in the Americas, Kehl et al. 1995; *Juliane Kokott*, Das interamerikanische System zum Schutz der Menschenrechte, 1986; zur afrikanischen Charta der Rechte der Menschen und Völker (Banjul Charter) von 1981 vgl. *U. Oje Umozurike*, The African Charter on Human and People's rights, The Hague 1997; *Kunig/Benedek/Mahalu*, Regional Protection of Human Rights by International Law: The Emerging African System, in: Beiheft VRÜ 12 (1985); *Wittinger*, Afrikanischer Menschrechtsschutz, VRÜ 2001, S. 474 ff.
30 Zum Berichtssystem s. die Beiträge in Eckardt Klein (ed.), The Monitoring System of Human Rights Treaty Obligations, 1998.
31 Trotzdem ist die Kontrolle nicht ineffektiv: *Simma*, Der Schutz wirtschaftlicher und sozialer Rechte durch die Vereinten Nationen, VRÜ 1992, S. 382 ff.
32 *Bryde*, Menschenrechte und Entwicklung, in: FS Ridder, 1989, S. 73 (77 ff.).
33 *Marauhn* (Bibl.), S. 184 ff.
34 Guter Überblick für Europa bei *C. Grewe/Fabri* (FN 3), S. 140 ff.; älterer universeller Überblick bei *Henc Marseveen/Ger van der Tang*, Written Constitutions, New York/Alphen 1978, der die post-sozialistischen Systeme noch nicht umfaßt. Einen weltweiten Überblick bietet auch das International constitutional law project: <http://www.oefre.unibe.ch/law/icl> mit seiner Model Constitution.
35 Dazu *Bryde* (FN 21), S. 68 ff.
36 Die Grundrechtskataloge sind daher nur noch sehr bedingt als Umschreibung einer spezifisch nationalen Identität brauchbar, wie sie es bei *Rudolf Smend*, Verfassung und Verfassungsrecht (1928), zitiert nach: *ders.*, Staatsrechtliche Abhandlungen, ³1994, S. 119, insb. 264 ff., als Programm nationaler Integration noch waren.

Vor allem der Kern der Freiheitsrechte ist international mit großer Ähnlichkeit formuliert, Gleichheit ist jedenfalls in der Form von Diskriminierungsverboten weltweit garantiert. Aber das völkerrechtliche Prinzip der Gleichwertigkeit der verschiedenen Grundrechte ist nicht in gleichem Maße akzeptiert[37]. Die größten Unterschiede finden sich daher im Umfang, in dem soziale Grundrechte in die Verfassung aufgenommen worden sind, und in der Art, wie sie rechtlich verbindlich gemacht werden[38]. In einer Reihe von Verfassungen nehmen programmatische Leitsätze (Staatszielbestimmungen, Verfassungsdirektiven) ihren Platz ein[39].

Die wichtigste Entwicklung der letzten Jahrzehnte ist aber nicht die quasi-universelle Verbreitung von Grundrechtskatalogen, sondern deren zunehmender Schutz durch Gerichte, und vor allem das ist mit der einleitenden Beobachtung einer Entwicklung von programmatischen zu normativen Grundrechten gemeint. Zwar gibt es immer noch verfassungsstaatliche Demokratien – auch solche mit guter Menschenrechtsbilanz –, die auf eine gerichtliche Kontrolle jedenfalls des Gesetzgebers am Maßstab der Grundrechte verzichten, z.B. Finnland, die Niederlande, die Schweiz für den Bundesgesetzgeber[40]. Die Zahl dieser Staaten nimmt jedoch ab. Irgendeine Form gerichtlichen Grundrechtsschutzes ist heute in demokratischen Verfassungsstaaten die Regel[41]. Auch hier war die internationale Entwicklung einflußreich: Einerseits hat die Tatsache, daß die Bürger ein internationales Forum anrufen können, die Entwicklung nationaler Kontrolle befördert[42], in anderen werden fehlende oder lückenhafte Grundrechtskataloge durch internationale Menschenrechte ersetzt[43], oder die Justitiabilität internationaler Menschenrechte tritt an die Stelle fehlender Justitiabilität nationaler Grundrechte[44]. Verbreitet bleibt allerdings eine Differenzierung nach einerseits gerichtlich durchsetzbaren, andererseits nur programmatisch wirkenden Grundrechten. Besonders deutliche Normativitätsdistinktionen finden sich z.B. in den Verfassungen Irlands (Art. 45), Spaniens (Art. 53) und Portugals (Art. 17f.)[45]. Auch in dieser Hin-

11
Zunehmender gerichtlicher Schutz der Grundrechte

---

37 Kritisch *Van Bueren*, Including the Excluded: the Case for an Economic, Social and Cultural Human Rights Act, in: Public Law 2002, S. 457.
38 Überblick für Europa bei *Marauhn* (Bibl.), S. 215 ff.; *Pieters*, Soziale Grundrechte in den Mitgliedstaaten der EG, in: Bernd von Maydell (Hg.), Soziale Rechte in der EG, 1990, S. 21 ff.; für einen universellen Überblick s. *Marseveen/van der Tang* (FN 34) und das International constitutional law project (FN 34).
39 *Marauhn* (Bibl.), S. 215 ff.; *Sommermann* (Bibl.), S. 336 ff.
40 Vgl. aber FN 44.
41 *Bryde*, Constitutional Courts, International Encyclopedia of the Social and Behavioral Sciences, Vol 4, Amsterdam et al. 2001, S. 2637 ff.; für Lateinamerika *Lösing* (FN 20), S. 25 ff.
42 *Bryde* (FN 21), S. 70 f.; *Mors* (FN 20), S. 98 ff.
43 *Öhlinger*, Das Grundrechtsverständnis in Österreich – Entwicklungen bis 1982, in: Rudolf Machacek/ Willibald P. Pahr/Gerhard Stadler (Hg.), 70 Jahre Republik, Grund- und Menschenrechte in Österreich, 1991, S. 29 (35 ff.); *Korinek/Gutknecht*, Der Grundrechtsschutz, in: Herbert Schambeck (Hg.), Das österreichische Bundesverfassungsgesetz und seine Entwicklung, 1980, S. 291 (296 ff.).
44 Für die Schweiz: *Kälin*, Verfassungsgerichtsbarkeit, in: Daniel Thürer (Hg.), Verfassungsrecht in der Schweiz, 2001, RN 22 ff.; für die Niederlande: *Alkema*, Constitutional Law, in: Jeroen Chorus/Piet Hein Gerver/Ewoud Hondius/Alis Koekoek (ed.), Introduction to Dutch Law, The Hague 1999, S. 322; für Frankreich: *C. Grewe* (FN 6), S. 212.
45 *C. Grewe/Fabri* (FN 3), S. 168 f.; *Sommermann* (Bibl.), S. 336 ff.; zu Spanien und Portugal: *Polakiewicz*, ZaöRV 54 (1994), S. 340 (346 ff.).

C. Programmatik und Normativität als Idealtypen

12
„Bloß" programmatische und „bloß" normative Grundrechte als Idealtypen

Trotz der eingangs erwähnten Verkürzung, die die Verwendung des Begriffs „bloßer" Programmatik regelmäßig in sich trägt, stellen „bloß" programmatische – im Sinne nicht justitiabler – Grundrechte nach wie vor einen Idealtypus dar, dem sich das Gegenbild der „bloß" normativen Grundrechte gegenüberstellen läßt.

I. „Bloß" programmatische Grundrechte ohne gerichtliche Kontrolle

13
„Bloß" programmatische Grundrechte als verfassungspolitische Alternative

Trotz des weltweiten Siegeszugs des richterlichen Prüfungsrechts bleiben „bloß" programmatische (im Sinne nicht justitiabler) Grundrechte eine verfassungspolitische Alternative. Wie gezeigt, gibt es noch immer rechtsstaatliche Demokratien, die die Einhaltung der Verfassung der politischen Kultur und dem politischen System und nicht den Richtern anvertrauen. Außerdem ist die verfassungspolitische Grundsatzkritik an einer gerichtlichen Verfassungskontrolle zwar – vielleicht nur vorübergehend – schwächer geworden, aber noch immer eine wichtige Position in der internationalen verfassungsrechtlichen und verfassungspolitischen Diskussion[46]. Vor allem aber gibt es sowohl auf internationaler Ebene wie in vielen Verfassungsstaaten einzelne Grundrechte oder Grundrechtsdimensionen, die nicht oder nur eingeschränkt gerichtlich durchsetzbar sind, weshalb die Dogmatik nicht justitiabler Grundrechte von genereller Bedeutung ist.

14
Achtung vor dem demokratischen Gesetzgeber

Wichtigstes Argument gegen eine gerichtliche Kontrolle der Grundrechtsbindung des Gesetzgebers ist in der Regel die Achtung vor dem demokratischen Gesetzgeber[47]. Auch in der Weimarer Republik stand bei den Verteidigern der überkommenen Lehre die Achtung vor der Entscheidung des parlamentarischen Gesetzgebers und die Ablehnung des Jurisdiktionsstaates im Vordergrund[48]. Daneben wird aber auch eine Verengung des von der Verfassung

---

46 Aus neuerer Zeit die viel beachtete Kampfschrift von *Tushnet* (Bibl.); Grundsatzkritik des richterlichen Prüfungsrechts auch bei *Robert A. Dahl,* Democracy and its Critics, New Haven 1989, S. 187 ff.: „quasi-guardianship".

47 Vgl. die Nachweise zur internationalen Diskussion bei *Walter Kälin*, Verfassungsgerichtsbarkeit in der Demokratie, Bern 1987, S. 77; *C. Grewe/Fabri* (FN 3), S. 73 f.; *Heinz Klug*, Constituting Democracy, Law, Globalism and South Africa's Political Reconstruction, Cambridge 2000, S. 18 ff.; *Laurence H. Tribe*, American Constitutional Law, New York 2000, S. 24 ff.; zur Diskussion in der Italienischen Konstituante: *Jörg Luther*, Die italienische Verfassungsgerichtsbarkeit, 1990, S. 54 ff.; zu Skandinavien: *Mors* (FN 20); zur niederländischen Reformdiskussion: *Alkema* (FN 44), S. 323.

48 *Willbalt Apelt*, Geschichte der Weimarer Reichsverfassung, ^{1}1946, S. 300, 343 f.; *F. Neumann*, Gegen ein Gesetz über die Nachprüfung der Verfassungsmäßigkeit von Reichsgesetzen, in: Die Gesellschaft 6 (1929), S. 517 ff. Anliegen gerade auch der verfassungsloyalen Minderheit der Staatsrechtler war es, den Spielraum des neuen republikanischen Gesetzgebers nicht gegenüber dem des monarchischen zu verkleinern; s. hierzu auch *Thoma* (Bibl.), S. 12 f.

eröffneten Diskurses über die Verwirklichung der Grundrechte auf das, was die Gerichte der Verfassung entnehmen, beklagt[49].

Zweifel an der Förderung der Wirkkraft von Grundrechten durch Verrechtlichung können an eine lange Tradition anknüpfen. *Emile Boutmy* hat dem Stolz gerade auf nicht justitiable Menschenrechte in der Gegenüberstellung von französischem und amerikanischem Menschenrechtsverständnis klassischen Ausdruck gegeben: „Alle Deklarationen der Vereinigten Staaten sind in der Weise verfaßt, daß man sich vor Gericht auf sie berufen kann. .... Für die Franzosen ist die Menschenrechtserklärung nur ein oratorisches Meisterstück, die Artikel stehen da in abstrakter Reinheit, allein im Glanz ihrer Majestät und der Herrschaft der Wahrheit über die Menschen. Kein Gericht kann sie als Rechtsmittel verwenden oder sie zur Urteilsbegründung heranziehen. Zur Belehrung der ganzen Welt schrieben die Franzosen; die amerikanischen Verfassunggeber dagegen haben die Artikel ihrer Deklaration zum Nutzen und zur Annehmlichkeit ihrer Mitbürger verfaßt"[50].

15
Grundrechte als „Belehrung der ganzen Welt" (Boutmy)

Diese Gegenüberstellung erinnert nicht ohne Zufall an *Smends* Gegenüberstellung von Bürger und Bourgeois[51]. Es wäre nämlich verkürzt, im Weimarer Verständnis der Grundrechte als Programm nur die Negation rechtlicher Bindung zu sehen. Auch hier gab es nicht nur die – eher von Gegnern der neuen Ordnung kommenden – Versuche, die „bloß" programmatische Natur der Grundrechte durch Ausbau des richterlichen Prüfungsrechts[52] und die Erfindung von Figuren wie der Institutsgarantie[53] zu überwinden, sondern es gab auch Ansätze, die Programmatik nicht justitiabler Grundrechte mit einem positiven Inhalt zu versehen[54]. Ausgangspunkt ist die vielzitierte[55] Äußerung des Abgeordneten *Düringer* in der Weimarer Nationalversammlung, der den Grundrechtsteil als „Niederschlag der gegenwärtigen deutschen Rechtskultur und zugleich in mehrfacher Hinsicht als ein Programm künftiger Rechtsentwicklung" bezeichnete. Für *Smend* sind Grundrechte Programm und Grundsätze der nationalen Integration: „In der Kompromißlinie dieses Programms und dieser Grundsätze fand sich das deutsche Volk in der Weimarer Verfassung zusammen – in der Durchführung dieses Programms soll der Staat der Weimarer Verfassung dauernd seinen Inhalt finden, sich verwirklichen"[56].

16
Weimarer Grundrechte als Programm für Rechtsentwicklung und Integration

---

49 *Tushnet* (Bibl.), S. 57 ff.
50 *Emile Boutmy*, Die Erklärung der Menschen- und Bürgerrechte und Georg Jellinek (1902), zitiert nach: Roman Schnur (Hg.), Zur Geschichte der Erklärung der Menschenrechte, 1964, S. 78, 88 f.
51 *Rudolf Smend*, Bürger und Bourgeois im deutschen Staatsrecht (1933), zitiert nach: *ders.*, Staatsrechtliche Abhandlungen, ³1994, S. 309 ff.
52 *Ernst Rudolf Huber*, Deutsche Verfassungsgeschichte seit 1789, Bd. VI: Die Weimarer Reichsverfassung, 1981, S. 560 ff.
53 S. oben FN 11.
54 Diese beiden sehr unterschiedlichen Angriffe auf die h.L. sollten nicht vermischt werden (wie bei *Enders*, in: Bonner Kommentar, GG [LitVerz.] Vor Art. 1, RN 29 ff., insb. 32): Der eine war vergangenheitsorientiert, indem er gegen Gesellschaftsgestaltung durch den Gesetzgeber schützte, der andere potentiell zukunftsorientiert, weil er auf Durchsetzung der Verfassungswerte gerichtet war.
55 Vgl. *Anschütz* (FN 9), S. 510; *C. Schmitt* (Bibl.), S. 581.
56 *Rudolf Smend*, Einleitung zur Textausgabe der Verfassung des Deutschen Reichs vom 11.8.1919, 1929, S. XXIV.

Das, was die Grundrechte in damals verbreiteter Sicht zu nicht-rechtlichen Normen macht[57], der Mangel an Konkretisierung und die fehlende unmittelbare Vollziehbarkeit, macht ihren besonderen Wert aus, der eine „geisteswissenschaftliche" Behandlung erfordert, aber auch ermöglicht[58]. *Heller* betont, daß „Rechtsgrundsätze", denen für normgemäßes Verhalten ermöglichende Individualisierung oder Positivität fehlt, nicht als „bloße Tiraden" abgetan werden dürfen[59]. Rechtsgrundsätze und Programmsätze verbinden geringere Durchsetzbarkeit mit höherer verfassungsrechtlicher Dignität.

17
Verfassungstheoretische Fruchtbarkeit nicht justitiabler Grundrechte

Eine solche theoretische Aufwertung der nicht justitiablen Dimensionen einer Verfassung ist in einer verfassungsvergleichenden Perspektive nicht erstaunlich: In der Bundesrepublik wird die Fruchtbarkeit von Verfassungstheorie in Systemen ohne justitiable Verfassung oft unterschätzt. Wissenschaftssoziologisch dürfte die bis heute nachwirkende verfassungstheoretische Fruchtbarkeit der kurzen Weimarer Republik auch auf der Herausforderung der Wissenschaft beruhen, Verfassungsrecht trotz Nicht-Justitiabilität Relevanz zu geben. Gerade weil Verfassungsrecht sich nicht in der gerichtlichen Praxis bewähren mußte, konnte es viel konsequenter als andere Rechtsgebiete methodisch innovativ sein, nämlich als nach unten und oben offen[60] gedacht und damit zur Kontaktstelle für Sozialwissenschaften (bei *Heller*) und Philosophie (bei *Kaufmann*[61] und *Smend*) werden. *Smends* Forderung nach einer „elastischen, ergänzenden, von aller sonstigen Rechtsauffassung weit abweichenden Auslegung"[62] ist nicht auf eine justitiable Verfassung bezogen. Die später in der Bundesrepublik in der Grundrechtstheorie wichtig gewordenen Ansätze wären in einer Rechtskultur mit justitiabler Verfassung wahrscheinlich nie erfunden worden.

18
Fehlende Grundrechtsakzeptanz in Weimar

Daß die Grundrechte in Weimar trotz solcher Bemühungen ohne Relevanz für das Rechtsleben blieben, liegt nicht so sehr an ihrer normativen Konstruktion als „bloße" Programmsätze, sondern vor allem daran, daß die gesellschaftlichen Voraussetzungen für die Akzeptanz dieses Programms durch Gesetzgeber und juristische Eliten fehlte. Die Grundrechte der Weimarer Verfassung waren also nicht „bloß" Programmsätze, sondern in der Verfassungswirklichkeit eben nicht einmal Programmsätze. Nicht nur angesichts der Erfahrungen mit einem menschenrechtsverletzenden Gesetzgeber im Nationalsozialismus, sondern auch vor diesem Weimarer Hintergrund war es daher nicht nur verständlich, sondern auch richtig, daß der Parlamentarische Rat nicht allein auf eine programmatische Wirkung der Grundrechte setzte. Das

---

57 Programmatisch schon der Titel von *Smends* Schrift „Verfassung und Verfassungsrecht" (FN 36), vgl. *Hennis*, Integration durch Verfassung?, in: Hans Vorländer (Hg.), Integration durch Verfassung, 2002, S. 267.
58 *Smend* (FN 36), S. 117; *ders.*, Das Recht der freien Meinungsäußerung (in: VVDStRL 4 [1928] S. 44 ff.), zitiert nach: *ders.*, Staatsrechtliche Abhandlungen, ³1994, S. 89 ff.
59 *Hermann Heller*, Der Begriff des Gesetzes in der Reichsverfassung (1928), zitiert nach: *ders.*, Gesammelte Schriften, Bd. II, ²1992, S. 201, 228 f.
60 *Richard Bäumlin,* Staat, Recht und Geschichte, 1961, S. 30.
61 *Erich Kaufmann*, Die Gleichheit vor dem Gesetz im Sinne des Art. 109 der Reichsverfassung, in: VVDStRL 3 (1927), S. 2 ff.; s. dazu auch *Lehnert*, Desintegration durch Verfassung?, in: Hans Vorländer (Hg.), Integration durch Verfassung, 2001, S. 237 (245 ff.).
62 *Smend* (FN 36), S. 190.

dürfte generell für Transformationssituationen gelten, in denen eine verfassungsstaatliche Verfassung auf ein vordemokratisches Erbe trifft[63]. Daß sich hier bloß programmatische Grundrechte ohne effektive Kontrollmechanismen, wie ein der neuen Verfassung verpflichtetes Verfassungsgericht, gegen eine vorkonstitutionelle Rechtskultur durchsetzen, ist unwahrscheinlich.

Eine Diskussion darüber, ob nur an den Gesetzgeber gerichtete und gerichtlich nicht durchsetzbare Grundrechte auch heute noch eine denkbare Alternative wären, dürfte sich also nicht an Erfahrungen aus Weimar oder gar aus Nicht-Demokratien wie den ehemaligen realsozialistischen Systemen orientieren, sondern müßte die verbleibenden verfassungsstaatlichen Demokratien mit guter Menschenrechtsbilanz ohne – oder mit in der Praxis kaum ausgeübtem[64] – richterliches Prüfungsrecht in den Blick nehmen. Dann wird jedenfalls sichtbar, daß in einem solchen System Grundrechte nicht nur auf dem Papier stehen, sondern auch ohne richterliche Kontrolle ernst genommen werden. So verdankt die deutschsprachige Grundrechtstheorie der Schweiz trotz (oder wegen) einer fehlenden Verfassungsgerichtsbarkeit wichtige Impulse[65]. Erleichtert wird das sicher dadurch, daß es sich häufig um alte Demokratien handelt, in denen die in den verfassungsrechtlichen Grundrechten niedergelegten Prinzipien auch in der Rechtskultur fest verankert sind, also sehr viel weniger gegen die „einfache" Rechtspraxis durchgesetzt werden müssen.

19
Beispiele einer Respektierung der Grundrechte ohne gerichtliche Kontrolle

Auch Verfassungsstaaten ohne richterliches Prüfungsrecht haben häufig institutionalisierte Verfahren zur Effektivierung der Grundrechtsbindung, z.B. ein präventives Begutachtungsverfahren. In Finnland z.B. überprüft der Parlamentsausschuß für Verfassungsrecht die Gesetzesvorhaben, gegen die verfassungsrechtliche Bedenken vorgetragen werden, und bedient sich dabei des Sachverstandes externer Gutachter (in der Regel Rechtsprofessoren)[66]. Es fragt sich allerdings, wieweit solche Beispiele sich verallgemeinern lassen. Daß ein parlamentarischer Verfassungsausschuß sich in überparteilichem Konsens mit der Verfassungsmäßigkeit von Gesetzentwürfen befaßt und sich dabei dem Gutachten unabhängiger Verfassungsexperten beugt, ist nicht in vielen Gesellschaften vorstellbar.

20
Verfahrensmäßige Sicherung der Grundrechte ohne richterliches Prüfungsrechr

Ein funktional gut auf programmatische Rechte zugeschnittenes Kontrollregime hat auch der völkerrechtliche Menschenrechtsschutz geschaffen. Die Überwachung von Menschenrechtsverträgen durch Expertenausschüsse stellt ein flexibles Instrumentarium zur Verfügung. Dieses System beachtet die programmatische Bindung der Staaten, ohne die Staaten aus ihrer Verpflichtung, das Programm auch tatsächlich zu verfolgen, zu entlassen[67]. Die Ausschüsse

21
Völkerrechtlicher Menschenrechtsschutz durch Expertenausschüsse

---

63 *Bryde*, Die Rolle der Verfassungsgerichtsbarkeit in Umbruchsituationen, in: Joachim Jens Hesse/Gunnar Folke Schuppert/Katharina Harms (Hg.), Verfassungsrecht und Verfassungspolitik in Umbruchsituationen, 1999, S. 197 (200ff.).
64 Dänemark, vgl. *Mors* (FN 20), dort auch zu Schweden, S. 17, FN 14.
65 *Jörg Paul Müller*, Elemente einer schweizerischen Grundrechtstheorie, 1982; *Peter Saladin*, Grundrechte im Wandel – die Rechtsprechung des Schweizerischen Bundesgerichts zu den Grundrechten in einer sich ändernden Umwelt, 1982.
66 *Scheinin*, Constitutional Law and Human Rights, in: Juha Pöyhönen (ed.), An Introduction to Finnish Law, Helsinki 1993, S. 40ff.
67 Vgl. *Simma* (FN 31), S. 382, 387ff., und die Beiträge in: E. Klein (FN 30).

haben eine eigene Sprache gefunden, dieser programmatischen Bindung gerecht zu werden. Sie stellen in ihren Kommentaren zu den Staatenberichten nicht nur Verletzungen fest, sondern drücken Bedenken aus, weisen auf Fortschritte und Rückschritte hin, verlangen Rechenschaft für ungenügende Zielerfüllung. Sie treten in einen kontinuierlichen Dialog mit den Staaten ein, der gleichzeitig als Implementierungsprozeß verstanden werden kann. Das Ausschußsystem hat also eine spezifische Leistungsfähigkeit.

II. „Bloß" normative Grundrechte ohne Programmatik

22
Grundrechte als Schutz eines gesellschaftlichen Freiraums

Wie Verfassungen mit „bloß" programmatischen Grundrechten nicht mehr häufig sind, ist auch das Gegenbeispiel einer Verfassung mit „bloß" normativen Grundrechten selten, aber als verfassungspolitisches Ideal und verfassungstheoretische Position verbreitet. Zwar haben Verfassungen, jedenfalls wenn sie nicht reine Organisationsstatute sind[68], immer auch Programmcharakter[69]. Aber man kann diese Programmfunktion anderen Teilen der Verfassung zuordnen (Präambeln, Staatszielbestimmungen) und die Grundrechte auf den Schutz eines dem Staat vorgegebenen gesellschaftlichen Freiraums beschränken, eine Position, die in der Bundesrepublik von einer strikt liberal-rechtsstaatlichen Grundrechtstheorie vertreten wird[70].

23
Richterrechtlich geprägtes System der USA

In der Verfassungsvergleichung entspricht das richterrechtlich geprägte amerikanische System diesem Modell am besten. Es bestehen keinerlei Skrupel, den Vorteil, der dem einzelnen Bürger in den Grundrechten als Rechtsposition gegenüber dem Staat zuwächst, als Kern des Grundrechtssystems zu denken[71]. Denn genau – und im amerikanischen System der Verfassungskontrolle durch die allgemeinen Gerichte, d.h. ohne abstrakte Normenkontrolle, sogar ausschließlich – auf dem Wege der Mobilisierung der Grundrechte durch den Bürger vor Gericht wird das Grundrechtssystem entfaltet. Verfassungsrecht besteht ganz wesentlich aus Präzedenzfällen, in denen sich bestimmte Bürger durchsetzen, deren Name angesichts der angelsächsischen Zitierweise damit auf Dauer zum Teil der Verfassungsrechtsgeschichte wird. Von daher liegt es nicht nur am Fehlen einer Sozialstaatstradition, daß das amerikanische Verfassungssystem keine sozialen Grundrechte und auch kaum programmatische und objektiv-rechtliche Grundrechtsfunktionen entwickelt hat[72].

---

68 In Deutschland war ein Grenzfall die Reichsverfassung von 1871, dazu: *Brun-Otto Bryde*, Verfassungsentwicklung, 1982, S. 62ff.; *Karl Loewenstein*, Verfassungslehre, ²1969, S. 147: „Bismarcks Föderativverfassung von 1871 [ist] nichts weiter als die Aufstellung von Statuten, wie etwa bei einem Verein ... Ihr ideologischer Gehalt entspricht dem eines Telefonbuches".
69 *Frankenberg* (FN 17), S. 15ff.
70 *Böckenförde* (Bibl.); besonders konsequent *Enders* (FN 54), RN 135ff.
71 Nochmals *Boutmy* (FN 50), S. 88: „Die Amerikaner dachten immer daran, daß sie [scil. die Deklarationen] bei mehr als einem Verfahren vor dem obersten Gericht ihres Staates als Grundlage dienen würden, und sie haben sich ausschließlich damit beschäftigt, juristische Argumente vorzubereiten, Rechtsmittel, auf die man sich bei einem Verfahren würde berufen können".
72 *Heun* (FN 16), S. 88ff.; allerdings zeigt die Rechtsprechung des Supreme Court von Indien z.B. zum Umweltschutz (Nachweise bei *Bryde*, Überseeische Verfassungsvergleichung nach 30 Jahren, VRÜ 1997, S. 452 [461ff.]), und die des Constitutional Court von Südafrika zu den sozialen Grundrechten (s. *H. Klug*, Access to Health Care: Judging implementation in the context of AIDS, South African Journal on Human Rights 18 [2002], S. 114), daß auch in common law-Jurisdiktionen eine solche Abstinenz nicht nötig ist.

D. Die Aufhebung des Gegensatzes von Programmatik und Normativität in den objektiven Grundrechtsfunktionen

Die meisten Verfassungsordnungen liegen zwischen diesen Idealtypen. Die wenigsten wollen sich angesichts historischer Erfahrung auf den Grundrechtsschutz durch die Politik verlassen. Auf der anderen Seite enthalten viele Verfassungen, schon unter dem Einfluß der umfassenden völkerrechtlichen Menschenrechtsgewährleistungen, Grundrechte und Grundrechtsfunktionen, die sich in erster Linie als Gestaltungsaufträge an den Gesetzgeber richten und nicht als gerichtlicher Kontrollmaßstab verstanden werden. Teilweise wird dieser Pluralismus von Grundrechtsfunktionen durch ausdrückliche Normativitätsdistinktionen geordnet[73]. Teilweise – und dafür ist die deutsche Rechtsentwicklung paradigmatisch – wird er in die Grundrechtsdogmatik hineinverlegt.

24
Kombination von Programmatik und Normativität in den existierenden Verfassungsordnungen

I. Menschenwürde als Programm

In der Bundesrepublik war die Entscheidung des Parlamentarischen Rates für unmittelbar geltende, justitiable Grundrechte in erster Linie Abkehr von den „bloßen" Programmsätzen der Weimarer Verfassung[74]. Auch der weitgehende Verzicht auf soziale Grundrechte beruhte auf der Absicht, keine Grundrechte einzuführen, die im wesentlichen einen programmatischen Gehalt gehabt hätten[75]. Daß die Grundrechte keine „bloßen" Programmsätze sind, bedeutet allerdings nicht, daß sie nicht auch Teil eines verfassungsrechtlichen Programms sind. So formuliert *Carlo Schmid*, die Grundrechte seien die „Entscheidung, das staatliche Leben nach einer gewissen Richtung zu formen"[76].

25
Grundrechte als Teil eines verfassungsrechtlichen Programms

Kern dieser Richtungsentscheidung ist das Bekenntnis zur Menschenwürde in Art. 1[77]. Dieses Programm wird vor allem dadurch umgesetzt, daß die Grundrechte nach Art. 1 Abs. 3 GG als unmittelbar geltendes und alle Staatsgewalt bindendes Recht eine in der deutschen Verfassungsgeschichte neue normative Qualität erhalten. Das Grundgesetz verpflichtet also, noch bevor es in Art. 1 Abs. 3 die neue normative Qualität der Grundrechte formuliert, in Abs. 1 desselben Artikels das neukonstituierte Gemeinwesen programmatisch auf das Ziel der Menschenwürde und in Abs. 2 auf die Menschenrechte[78]. Das Programm geht dabei über die Konkretisierung in den „nachfolgenden Grundrechten" schon deshalb hinaus, weil Art. 1 Abs. 1 GG als oberstes Konstitu-

26
Menschenwürde und Menschenrechte als Programm des GG

---

73 Vgl. FN 45.
74 *V. Doemming/Füßlein/Matz*, Entstehungsgeschichte der Artikel des Grundgesetzes, JöR N.F. 1 (1951), S. 1 (42 f., 44).
75 *Carlo Schmid*, Erinnerungen, 1979, S. 373 f.
76 *Carlo Schmid* in der 4. Sitzung des Grundsatzausschusses, Parlamentarischer Rat 1948-1949, Akten und Protokolle, Bd. 5 I, 1993, S. 66.
77 BVerfGE 30, 173 (194) – Mephisto; 93, 266 (293) – „Soldaten sind Mörder".
78 *Denninger* (Bibl.), S. 20 f.: „offene Verfassungsfinalität"; *Marauhn* (Bibl.), S. 78, 125.

tionsprinzip[79] auch Grundlage der Verfassungsprinzipien und Staatszielbestimmungen ist[80]. Da die Menschen nicht Objekt, sondern Subjekt sind, muß politische Herrschaft in der Demokratie als freie Selbstbestimmung aller organisiert sein[81], die Menschen müssen ihre Rechte im Rechtsstaat wirksam verteidigen können, und der Sozialstaat muß die soziale und materielle Grundlage ihres Lebens sichern und damit verhindern, daß sie zum bloßen Objekt der Verhältnisse werden.

27
Kein zwingender Rückschluß auf die Notwendigkeit programmatischer Grundrechtsfunktionen

Gerade weil das Programm des Art. 1 GG nicht nur in den Grundrechten, sondern auch in den Verfassungsdirektiven umgesetzt wird, kann man allerdings aus der Programmatik des Art. 1 GG nicht zwingend auf die Notwendigkeit programmatischer Grundrechtsfunktionen schließen. Daß die programmatischen Elemente, die sich im Völkerrecht und anderen Verfassungsordnungen in sozialen Grund- und Menschenrechten finden, allein den Verfassungsdirektiven, insbesondere dem Sozialstaatsprinzip, anvertraut wären, ist jedenfalls nicht ausgeschlossen und kommt dem ursprünglichen Konzept des Parlamentarischen Rates sogar besonders nahe.

II. Stärkung der Grundrechte durch Rezeption der Weimarer Verfassungstheorie

28
Doppelte Auswirkung der Weimarer Vorgeschichte

Die verfassunggebende Grundentscheidung des Parlamentarischen Rats gegen die Vergangenheit koexistierte allerdings mit einer verfassungsdogmatischen Prägung der Akteure in der neuen Bundesrepublik durch die Vergangenheit[82]. Die spezifische Entwicklung deutscher Grundrechtstheorie läßt sich gerade aus der Verbindung der verfassungspolitischen Wendung gegen Weimar mit der Rezeption Weimarer Verfassungstheorie erklären. Für die Bundesrepublik hatte die Weimarer Vorgeschichte nämlich eine faszinierende Auswirkung. Einerseits führte sie, als (übertrieben horrifiziertes) Gegenbild zur effektiven Aufwertung der Grundrechte als unmittelbar anwendbares und justitiables Recht. Gleichzeitig aber bewirkte die Rezeption Weimarer Verfassungstheorie die verfassungsgerichtliche Mobilisierung von Argumentationsmustern, die unter den Bedingungen einer justitiablen Verfassung kaum entstanden wären.

29
Bindung des Gesetzgebers in der Perspektive von 1949

Trotz der Ablehnung eines „bloß" programmatischen Verständnisses der Grundrechte war die Bindung des Gesetzgebers vom Parlamentarischen Rat zunächst einmal nicht so umfassend gedacht, wie sie Bundesverfassungs-

---

79 *Dürig*, in: Maunz/Dürig, GG (LitVerz.), Art. 1 RN 4; *Stern* (FN 9), S. 20 ff.
80 *BVerfGE* 7, 198 (205) – Lüth: Das Wertsystem des Grundgesetzes finde „seinen Mittelpunkt in der innerhalb der sozialen Gemeinschaft sich frei entfaltenden menschlichen Persönlichkeit und ihrer Würde".
81 *BVerfGE 44*, 125 – Öffentlichkeitsarbeit; *Häberle*, HStR ²I, § 20, RN 61 ff.; *Werner Maihofer*, in: Ernst Benda/ders./Bernhard Vogel, Handbuch des Verfassungsrechts, ¹1983, S. 195 ff.; *Bryde*, Die bundesrepublikanische Volksdemokratie als Irrweg der Demokratietheorie, StWiStPr 1994, S. 305 (321 f.); *Astrid Wallrabenstein*, Das Verfassungsrecht der Staatsangehörigkeit, 1999, S. 90 ff.
82 Zur Koexistenz neuer Verfassungswerte mit einer juristischen Sozialisation im alten System in Situationen von Verfassungstransformation: *Bryde* (FN 63).

gericht und Lehre dann in der Bundesrepublik ausgebaut haben. Die Schutzbereiche der Grundrechte wurden wohl durchgehend enger gesehen. Vor allem aber standen die Grundrechte nach ihrem Wortlaut so umfassend zur Disposition des Gesetzgebers, daß ausländische Beobachter, die sich nur auf den Text des Grundgesetzes verlassen, sie für leerlaufend halten können[83]. Von der hohen Hürde des Wesensgehaltes des Art. 19 Abs. 2 GG abgesehen, gab es bis zur Erfindung des Verhältnismäßigkeitsprinzips noch keine Schranken-Schranken, die Berufsausübung stand z.B. umfassend unter Regelungsvorbehalt, das Eigentum unter Ausgestaltungsvorbehalt[84]. Nimmt man hinzu, daß das Grundgesetz die wichtigste institutionelle Voraussetzung für eine umfassende Mobilisierung der Grundrechte, die Verfassungsbeschwerde – bewußt[85] – nicht einführte, wird deutlich, daß eine Verfassungsentwicklung, die den Gesetzgeber zwar auf die Grundrechte als geltendes Recht verpflichtet, ihm aber einen nur wenig begrenzten Spielraum bei der Definition dieser Verpflichtung gelassen hätte, denkbar gewesen wäre[86].

Daß die Entwicklung ganz anders verlief, ist nun, und das ist die Pointe, nicht zuletzt der Rezeption Weimarer Verfassungsvorstellungen durch das Bundesverfassungsgericht zu danken. **30**

Im Lüth-Urteil, dem mit Recht in der Darstellung der Grundrechtsentwicklung der Bundesrepublik ein besonderer Platz eingeräumt wird[87], übernahm das Bundesverfassungsgericht von *Smend*[88] die für nicht justitiable Grundrechte entwickelte Lehre von den Grundrechten als objektiver Wertordnung. Die Kernsätze machen die Herkunft aus einem Verfassungssystem mit programmatischen Grundrechten deutlich: **31** Smend – Rezeption im Lüth-Urteil

„Ebenso richtig ist aber, daß das Grundgesetz, das keine wertneutrale Ordnung sein will (BVerfGE 2, 1 [12]; 5, 85 [134ff., 197ff.]; 6, 32 [40f.]), in seinem Grundrechtsabschnitt auch eine objektive Wertordnung aufgerichtet hat und daß gerade hierin eine prinzipielle Verstärkung der Geltungskraft der Grundrechte zum Ausdruck kommt (Klein-v. Mangoldt, Das Bonner Grundgesetz, Vorbem. B III 4 vor Art. 1 S. 93). Dieses Wertsystem, das seinen Mittelpunkt in der innerhalb der sozialen Gemeinschaft sich frei entfaltenden menschlichen Persönlichkeit und ihrer Würde findet, muß als verfassungsrechtliche **32** Grundrechtliche Werte als Richtlinien und Impulse für alle Gewalten (BVerfG)

---

83 *Leslie Wolf-Phillips*, Comparative Constitutions, London 1972, S. 41 mit FN 19.
84 So noch konsequent: *Helmut Ridder*, Die soziale Ordnung des Grundgesetzes, 1975, S. 107ff., 123ff.; für Art. 14 GG nunmehr wieder *Enders* (FN 54) RN 147: der eigentumsgestaltende Gesetzgeber ist nicht an Art. 14 gebunden.
85 *V. Doemming/Füßlein/Matz* (FN 74), S. 671 mit FN 25.
86 Später und erfolgloser Versuch, die Uhr zurückzudrehen: *Karl August Bettermann*, Hypertrophie der Grundrechte, 1984.
87 Vgl. *Henne* (Bibl.); *Alexy*, Verfassungsrecht und einfaches Recht -Verfassungsgerichtsbarkeit und Fachgerichtsbarkeit, in: VVDStRL 61 (2002), S. 7 (9); *Hermes*, Verfassungsrecht und einfaches Recht – Verfassungsgerichtsbarkeit und Fachgerichtsbarkeit, in: VVDStRL 61 (2002), S. 119 (121) mit Verweis auf *Wahl*, Die Reformfrage, in: FS Bundesverfassungsgericht I, 2001, S. 461 (487); *H. Dreier* (Bibl.), S. 10ff. m.w.N.; *Böckenförde* (Bibl.), S. 4; diese Judikatur ist natürlich nicht aus dem Nichts entstanden: zur Vorbereitung in den Parteiverbotsverfahren vgl. *H. Dreier* (Bibl.), S. 10; zu weiteren Vorläufern: *Gertrude Lübbe-Wolff*, Die Grundrechte als Eingriffsabwehrrechte, 1988, S. 283ff.
88 Das ist verfassungshistorisch gut belegt: *Dieter Gosewinkel*, Adolf Arndt, 1991, S. 495ff.; *Henne* (Bibl.); *Böckenförde* (Bibl.), S. 3.

Grundentscheidung für alle Bereiche des Rechts gelten; Gesetzgebung, Verwaltung und Rechtsprechung empfangen von ihm Richtlinien und Impulse"[89].

33
Programmatik in der Terminologie des BVerfG

Das Gericht vermeidet den mit der Tradition des „bloßen" Programmsatzes belasteten Begriff des Programms und spricht von „Richtlinien und Impulsen", im Beschluß zur Ehegattenbesteuerung ein Jahr vorher hatte es von einer Wertentscheidung gesprochen[90], aber in der Sache setzt das Gericht mit dieser Formulierung allen Organen der jungen Republik nicht nur Grenzen, sondern auch ein Programm.

34
Doppelcharakter der Grundrechte

Trotz zunächst harscher[91] und nie ganz nachlassender Kritik[92] hat sich das Gericht mit diesem Grundrechtsverständnis durchgesetzt[93]. Grundrechten kommt danach ein Doppelcharakter zu. Sie sind einerseits Abwehrrechte, andererseits aber Grundsatznormen mit objektiv-rechtlichen Dimensionen[94]. Dabei ist weniger entscheidend, ob man die den abwehrrechtlichen Gehalt überschießende Qualität als Wert(entscheidung)[95], Institution[96] oder Prinzip[97] versteht[98], weshalb die berechtigte Kritik an der ursprünglichen Wertordnungslehre heute keine große Rolle mehr spielt[99].

III. Objektive Grundrechtsdimensionen als Verstärkung der Abwehrfunktion

35
Stärkung der abwehrrechtlichen Normativität

In der Regel wird diese Entwicklung mit den Grundrechtsdimensionen in Verbindung gebracht, die über die Abwehrfunktion hinausgehen (Drittwirkung, Schutzpflichten, Leistungsgrundrechte). Aber die Grundrechte verdanken gerade auch die abwehrrechtliche Normativität, die sie heute haben, dem Verständnis der Grundrechte als Grundsatznormen.

36
Verhältnismäßigkeitsprinzip und Wechselwirkungslehre

Die entscheidende Verstärkung der Abwehrdimension erfolgte nämlich durch Verhältnismäßigkeitsprinzip[100] und Wechselwirkungslehre[101] auf der Schrankenseite. An Stelle der unbenannten und bis zur Wesensgehaltsgrenze unbe-

---

89 *BVerfGE* 7, 198 (205).
90 *BVerfGE* 6, 55 (72).
91 *E. Forsthoff*, Die Umbildung des Verfassungsgesetzes, in: FS Carl Schmitt, 1959, S. 35 ff.
92 *Böckenförde* (Bibl.); *Schlink*, Freiheit durch Eingriffsabwehr – Rekonstruktion der klassischen Grundrechtsfunktion, EuGRZ 84, S. 457 ff.; *Enders* (FN 54) RN 135 ff.
93 Zusammenfassend: *H. Dreier* (Bibl.), S. 50; *Enders* (FN 54) RN 62 ff.
94 *Konrad Hesse*, Grundzüge des Verfassungsrechts der Bundesrepublik Deutschland, 1995, RN 279 ff.; *Stern* (FN 9), S. 890 ff.; *Enders* (FN 54) RN 62 ff.; *H. Dreier* (Bibl.), S. 38 ff.
95 *BVerfGE* 5, 85 (204 ff.); *6*, 55 (72); *7*, 198 (204 ff.); *10*, 59 (81); *39*, 1 (41); *49*, 89 (141 f.); *50*, 290 (397); *68*, 193 (205); *97*, 125 (145); *99*, 185 (196).
96 *Peter Häberle*, Die Wesensgehaltsgarantie des Art. 19 Abs. 2 Grundgesetz – Zugleich ein Beitrag zum institutionellen Verständnis der Grundrechte und zur Lehre vom Gesetzesvorbehalt, 1962, S. 70 ff.
97 Zur Prinzipienlehre als „von unhaltbaren Annahmen gereinigter Wertlehre": *Robert Alexy*, Theorie der Grundrechte, 1985, S. 71 ff. (insbes. S. 133); *ders.* (Bibl.), S. 55.
98 Insofern richtig *Enders* (FN 54) RN 43 ff., der nur zwei Grundrechtstheorien unterscheidet: liberale und materiale.
99 *H. Dreier* (Bibl.), S. 23 ff.
100 So gut wie gleichzeitig mit dem Lüth-Urteil vom 15.1.1958 im Apothekenurteil vom 11.6.1958: *BVerfGE* 7, 377 (397 ff.).
101 *BVerfGE* 7, 198 (212) – Lüth.

schränkten Regelungskompetenz des Gesetzgebers, die er nach der Formulierung der meisten Gesetzesvorbehalte hat, tritt die Befugnis nur zu einer Einschränkung, die ihrerseits den im Grundrecht niedergelegten Wert oder das Prinzip beachten muß und deshalb verhältnismäßig unter Abwägung gegenläufiger Prinzipien zu sein hat. Noch vor der Ausdifferenzierung weiterer Grundrechtsfunktionen ist das Verständnis der Grundrechte als Wertentscheidungen also gerade auch für die abwehrrechtliche Dimension wichtig. Die Grundrechte können dann auch Belange zur Rechtfertigung von Grundrechtseinschränkungen anderer sein, aber dafür werden sie nur deshalb gebraucht, weil die Abwehrdimension der Grundrechte zunächst einmal ausgebaut worden ist. Eine Rückkehr zu einem (strikt) liberalen Grundrechtsverständnis müßte daher auch den Gesetzgeber wieder in das Recht einsetzen, beliebige Gemeinwohlziele bis an die Grenze des Wesensgehalts der Grundrechte zu verfolgen.

Auch der Gewährleistungsgehalt der Grundrechte muß in einem System, in dem die Grundrechte durch Abwägung geschützt werden, stärker in seinem materialen wie funktionalen Gehalt in den Blick kommen. Im Lüth-Urteil ist es nicht die Drittwirkung, sondern die Wechselwirkungslehre, d.h. die Weigerung des Gerichts, die Rechtfertigungsprüfung mit dem Auffinden eines „allgemeinen Gesetzes" schlicht zu beenden, die zur Betonung der Bedeutung des Grundrechts für den demokratischen Staat führt[102]. An diese kann dann später die Entfaltung objektiv-rechtlicher Funktionen gerade dieses Grundrechts anknüpfen. Und im Apothekenurteil wird ebenfalls wegen der Vorverlegung des Grundrechtsschutzes gegen den zur Regelung ermächtigten Gesetzgeber die Bedeutung des „Berufs" in einer Weise ausgedeutet[103], die über das Unterlassen von Eingriffen hinausgehende Verpflichtungen des Staates nahelegt.

37
Abwägung und materialer Gehalt der Grundrechte

Es ist also nicht so sehr die Abkehr von einem abwehrrechtlichen Verständnis der Grundrechte als vielmehr dessen Verstärkung, die gleichzeitig ein „bloß" abwehrrechtliches Verständnis der Grundrechte aufhebt. Auch das an sich gut begründete entstehungsgeschichtliche Argument[104] stößt hier an eine Grenze. Der Grundgesetzgeber wollte sich auf liberale Abwehrrechte beschränken, weil er fürchtete, in ihrer Normativität prekäre soziale Grundrechte könnten den effektiven Schutz der Grundrechte insgesamt beeinträchtigen. Aber tatsächlich führt dann gerade die in der Logik dieser Entscheidung liegende Stärkung der Grundrechte dazu, daß sich um ihren abwehrrechtlichen Kern zusätzliche Dimensionen anlagerten, die in vielem an Grundrechtstypen erinnern, die der Parlamentarische Rat eigentlich nicht einführen wollte.

38
Neue Grundrechtsdimensionen durch Stärkung der Abwehrfunktion

---
102 *BVerfGE* 7, 198 (208).
103 *BVerfGE* 7, 377 (397): „Wohl zielt das Grundrecht auf den Schutz der – wirtschaftlich sinnvollen – Arbeit, aber es sieht sie als ‚Beruf', d.h. in ihrer Beziehung zur Persönlichkeit des Menschen im ganzen, die sich erst darin voll ausformt und vollendet, daß der Einzelne sich einer Tätigkeit widmet, die für ihn Lebensaufgabe und Lebensgrundlage ist und durch die er zugleich seinen Beitrag zur gesellschaftlichen Gesamtleistung erbringt. Das Grundrecht gewinnt so Bedeutung für alle sozialen Schichten; die Arbeit als ‚Beruf' hat für alle gleichen Wert und gleiche Würde".
104 *Enders* (FN 54) RN 136 ff.

E. Programmatische Grundrechtsfunktionen in einer justitiablen Verfassung

39
Justitiable Verfassung bei Kelsen und Smend

Alexy hat die Lüth-Entscheidung (wohl lobend) mit einem plastischen Bild dahin charakterisiert, daß sie „*Smend Kelsen*sche Zähne" einsetzt[105]. Man kann fragen, ob diese Kombination zuträglich ist. Dem ursprünglichen Ansatz beider dürfte sie widersprechen. Für *Kelsen* als Erfinder der Verfassungsgerichtsbarkeit durfte eine justitiable Verfassung keine offenen und auslegungsbedürftigen Grundsätze enthalten[106]. *Smend* hat die Übernahme seiner Lehre durch das Bundesverfassungsgericht in der Bundesrepublik zwar gebilligt[107], aber bei ihrer Begründung war seine Wertlehre nicht für eine justitiable Verfassung, sondern als Alternative zu ihr entworfen worden, nicht für den seine Eigeninteressen vor Gericht verfolgenden Bourgeois, sondern den Bürger, der sich mit ihrer Hilfe in den Staat integriert. Aus *Kelsen*scher Sicht müßte man also eine „höchst unangebrachte Machtverschiebung vom Parlament" zum Verfassungsgericht befürchten[108], aus *Smend*scher Sicht einen Substanzverlust durch Verrechtlichung[109].

40
Problematik einer zu weitreichenden verfassungsgerichtlichen Kontrolle

Damit ist die Problematik von programmatischen Grundrechtsfunktionen in einer Rechtsordnung mit Verfassungsgerichtsbarkeit gut umschrieben. Bei einem Verständnis von Grundrechten als Grundsatznormen haben sie weitreichende programmatische Funktionen im inhaltlichen Sinne. Grundrechte schützen nicht nur bestehende Rechte gegen staatliche Eingriffe, sondern enthalten auch Politikprogramme. In einer normativen und justitiablen Verfassungsordnung entsteht damit die Gefahr, daß programmatische Funktionen zu umfassend unter Kontrolle des Verfassungsgerichts geraten und der Streit um Verfassungspositionen die nicht-juristischen Funktionen der Verfassung gefährdet.

41
Funktionell-rechtliche Bewältigung des Problems

Will man auf ein programmatisches Verständnis der Grundrechte als Grundsatznormen nicht verzichten, und dafür gibt es zwingende Gründe, dann muß vor allem funktionell-rechtlich sichergestellt werden, daß der umfassenden Richtlinienfunktion der Grundrechte nicht eine ebenso umfassende Kontrollkompetenz des Verfassungsgerichts folgt.

42
Lüth-Entscheidung und Umgestaltung der Rechtsordnung

Vielleicht das wichtigste Programm, das die Lüth-Entscheidung enthält, ist, daß die Grundrechte als Richtlinien und Impulse eine grundlegende Umgestaltung der Rechtsordnung gefordert (und bewirkt) haben. Daß sich die Überwältigung der Weimarer Verfassung durch eine überkommene obrig-

---

105 *Alexy* (FN 87), S. 10.
106 *Kelsen*, Wesen und Entwicklung der Staatsgerichtsbarkeit, in: VVDStRL 5 (1929), S. 30 (69 f.); die Verfassungsgerichtsbarkeit hat er in Österreich für eine Verfassung ohne Grundrechte und Staatszielbestimmungen erfunden.
107 Vgl. *Smend*, Festvortrag zur Feier des zehnjährigen Bestehens des Bundesverfassungsgerichts am 26.1.1962, in: Bundesverfassungsgericht 1951–1971, 1971, S. 15 ff.
108 *Kelsen* (FN 106), S. 70.
109 So die Smendschüler *Hennis* (FN 57) und *Herbert Krüger*, Allgemeine Staatslehre, 1964, S. 708 f.; *ders.*, Verfassungswandlung und Verfassungsgerichtsbarkeit, in: FG Smend, 1962, S. 151, 160 ff.

keitsstaatliche Rechtskultur in der Bundesrepublik nicht wiederholt hat, ist auch dem Verständnis der Grundrechte als Grundsatznormen zu verdanken. Diese für die Rechtsordnung der Bundesrepublik grundlegende Leistung muß allerdings die Eigenständigkeit von Fachdogmatik und Fachgerichtsbarkeit gegenüber Verfassungsrecht und Verfassungsgericht wahren (unten RN 45ff.).

Als Grundsatznormen sind die Grundrechte auch deshalb Programm, weil sie vom Gesetzgeber Grundrechtspolitik verlangen[110]. Gerade für diese Grundrechtsfunktion muß der Entscheidungsspielraum des Gesetzgebers unter den Bedingungen der parlamentarischen Demokratie zur Vermeidung des Jurisdiktionsstaates auch in einer justiziablen Ordnung geachtet werden (unten RN 54ff.).

43
Grundrechte und Grundrechtspolitik

Schließlich behalten auch in einer durchnormierten und justiziablen Verfassungsordnung Grundrechte „bloß" appellative Funktionen, weil das Grundgesetz auch Verfassung für Bürgerinnen und Bürger ist (unten RN 63).

44
Appellative Grundrechtsfunktionen

I. Grundrechte als Programm zur Konstitutionalisierung der Rechtsordnung

Mit der Aussage des Lüth-Urteils, daß das Grundgesetz Richtlinien und Impulse für die gesamte Rechtsordnung ausstrahle, ist ein Programm zu einer grundlegenden Umgestaltung des deutschen Rechtssystems aufgestellt worden[111]. In allen Rechtsordnungen werden Auslegung und Rechtsfortbildung auch durch grundlegende Rechtsprinzipien gesteuert[112]. Die Konsequenz der bundesverfassungsgerichtlichen Rechtsprechung ist, diese Grundlagen in der Verfassung zu finden. Das war einerseits anti-positivistisch gegen die Bestimmung solcher Prinzipien durch die Traditionen des einfachen Rechts. Es war aber gleichzeitig positivistisch in der Abwehr einer naturrechtlichen Begründung des Rechts, zu der der Bundesgerichtshof mit großen Teilen der Literatur neigte[113], und insofern der Versuch, die prinzipielle Begründung des Rechts und seinen Zusammenhalt im positiven Verfassungsrecht zu finden.

45
Positives Verfassungsrecht als Grundlage für Auslegung und Rechtsfortbildung

In Weimar ist es nie gelungen, die Verfassung gegen die überkommenen Rechtstraditionen durchzusetzen, obwohl die Bedeutung auch bloß programmatischer Rechtssätze als Auslegungsmaximen für alle Bereiche des Rechts durchaus anerkannt war. Den selbstbewußten Satz des Verwaltungsrechtlers *Otto Mayer*, „Verfassungsrecht vergeht, Verwaltungsrecht besteht"[114], hätten die Vertreter aller Rechtsdisziplinen wiederholen können. Allenfalls das junge Arbeitsrecht griff die Anregungen der ebenso jungen Verfassung

46
Verfassung contra Rechtstradition

---
110 In der Schweiz, wo die historische Belastung des Begriffes fehlt, wird diese Funktion der Grundrechte zwanglos als „programmatisch" bezeichnet: *J. P. Müller*, Allgemeine Bemerkungen zu den Grundrechten, in: Daniel Thürer (Hg.), Verfassungsrecht der Schweiz, 2001, RN 30ff.
111 *Hermes* (FN 87), S. 121.
112 Grundlegend: *Josef Esser*, Grundsatz und Norm in der richterlichen Rechtsfortbildung des Privatrechts, 1956.
113 *Henne* (Bibl.).
114 *Otto Mayer*, Deutsches Verwaltungsrecht, Bd. I., Vorwort zur dritten Auflage (1924), 1969.

auf[115]. Soweit erfolgreich versucht wurde, die Grundrechte trotz der herrschenden Lehre von der nur programmatischen Bindung des Gesetzgebers gegen den Gesetzgeber in Stellung zu bringen, geschah dies nicht im Dienst der neuen Verfassung, sondern zum Beispiel mit der Lehre von der Institutsgarantie ganz im Gegenteil im Interesse des überkommenen einfachen Rechts, das in die Verfassung hineingelesen und als Schranke für den demokratischen Gesetzgeber aufgebaut wurde. Daß sich dieser Vorgang in der Bundesrepublik wiederholen würde, war nicht ausgeschlossen[116]. Aber anders als in Weimar gelang es tatsächlich, alle Rechtsgebiete auf die Verfassung zu verpflichten. Darin liegt eine bleibende Rechtfertigung der Lüth-Rechtsprechung des Bundesverfassungsgerichts.

47
Konstitutionalisierung der Rechtsordnung in Staaten mit diktatorischer Vergangenheit

Eine solche Konstitutionalisierung der Rechtsordnung[117] ist daher insbesondere in Transformationssituationen von Bedeutung, in denen eine neue Verfassung auf eine Rechtskultur trifft, die nicht von den Werten der neuen Verfassung geprägt ist. In einer solchen Situation ist die Überwältigung einer neuen Verfassung durch eine alte Rechtskultur rechtssoziologisch schon deshalb nicht unwahrscheinlich, weil die juristischen Akteure in der alten Rechtskultur sozialisiert worden sind[118]. Es ist daher nicht erstaunlich, daß sich eine vergleichbare Entwicklung der Grundrechtsdogmatik gerade in Verfassungsordnungen findet, die ebenfalls eine diktatorische Vergangenheit ablösen, wie in Italien, Spanien, Portugal[119]. In alten Verfassungsordnungen, in denen Verfassungsrecht und einfaches Recht sich gemeinsam entwickelt haben, ist eine solche programmatische, auf die Umgestaltung der Rechtsordnung gerichtete Funktion der Grundrechte viel weniger wahrscheinlich (und wichtig).

48
Verfassungsgerichtliche Erziehungsdiktatur

Durchaus diskussionsbedürftig ist hingegen, ob nach erfolgreicher Konstitutionalisierung die verfassungsgerichtliche Erziehungsdiktatur gegenüber den Fachdogmatiken zurückgefahren werden kann und werden sollte.

49
Konkretisierung der Verfassung durch Fachgerichte

In dieser programmatischen Funktion richten sich die Grundrechte nämlich in erster Linie an Gerichte (und Wissenschaft), und zwar die zuständigen Fachgerichte und die Fachdogmatik. Deren Aufgabe ist es, die Verfassung in ihren jeweiligen Rechtsgebieten zu konkretisieren[120]. Tatsächlich haben die anderen Gerichte das Programm durchaus auch selbst aufgegriffen[121].

---

115 *Heinz Potthoff*, Die Einwirkung der Reichsverfassung auf das Arbeitsrecht (1925), auch in: Thilo Ramm (Hg.), Arbeitsrecht und Politik – Quellentexte 1918-1933, 1966.
116 Belege bei *Adolf Arndt*, Das nichterfüllte Grundgesetz, 1960.
117 *Schuppert/Bumke* (Bibl.).
118 *Bryde* (FN 63).
119 *C. Grewe/Fabri* (FN 3), S. 176 ff.; für Italien: *Astuti*, Bestand und Bedeutung der Grundrechte in Italien, EuGRZ 1981, S. 77 (82 f.); für Spanien: *Nicola Grau*, Der Tribunal Constitucional und die Kontrolle des Gesetzgebers – eine Analyse unter besonderer Berücksichtigung der Rechtsprechung des spanischen Verfassungsgerichts, 2002, S. 92 m.w.N. zur Rechtsprechung des spanischen Verfassungstribunals, insb. der Entscheidungen SSTC 9/81/3; 18/81/2.
120 *Bryde* (FN 68), S. 313 ff.
121 *Kunig*, Verfassungsrecht und einfaches Recht – Verfassungsgerichtsbarkeit und Fachgerichtsbarkeit, in: VVDStRL 61 (2002), S. 34 (45 ff.); *Bryde* (FN 68), S. 324 ff.

Das gilt zum Beispiel für die Arbeitsgerichtsbarkeit, in der nicht nur die Lehre von der Drittwirkung der Grundrechte erfunden wurde[122], sondern die große Bereiche des Arbeitsrechts richterrechtlich aus Grundgesetznormen entwickelt hat. Auch die Verwaltungsgerichtsbarkeit hat sich früh bemüht, das Verwaltungsrecht als „konkretisiertes Verfassungsrecht"[123] zu verstehen, und das Bundesverwaltungsgericht hat schon 1954 mit Hilfe des Grundgesetzes die Abkehr vom rein obrigkeitsstaatlichen Fürsorgerecht eingeleitet, indem es einen Rechtsanspruch auf Sozialleistungen begründete[124].

50
Arbeits- und Verwaltungsgerichte

Ordentliche Gerichtsbarkeit und Zivil- und Strafrechtslehre haben den Prozeß der Konstitutionalisierung insgesamt wohl stärker als verfassungsgerichtliche Einmischung erlitten. Insbesondere die Zivilrechtslehre kann sich aus historischen Gründen nur schwer damit abfinden, daß Grundlage des Rechts- und Gerechtigkeitsdenkens nicht mehr die in der Zivilrechtsdogmatik entwickelten Grundprinzipien sind, wie dies jahrhundertelang der Fall war[125]. Aber auch hier gibt es Beispiele für das Aufgreifen des grundgesetzlichen Programms ohne verfassungsgerichtliche Anleitung. Am bekanntesten ist die Zubilligung einer billigen Entschädigung in Geld für den in seinem Persönlichkeitsrecht Verletzten wegen des nichtvermögensrechtlichen Schadens gegen den ausdrücklichen Wortlaut des BGB unter Berufung auf Art. 1 und 2 GG im Herrenreiterurteil[126].

51
Ordentliche Gerichte

Solche Beispiele belegen zugleich, daß die programmatische Bindung der Gerichte zur Konstitutionalisierung ihrer Fachdogmatiken weiter reicht als die verfassungsgerichtliche Kontrolle. Die verfassungsrechtlichen Prinzipien beeinflussen die Auslegung und Fortbildung einfachen Rechts richtigerweise über das vor dem Bundesverfassungsgericht Einklagbare hinaus. Die Schwierigkeit, die das Bundesverfassungsgericht sich im Soraya-Beschluß mit der Prüfung macht, ob der Bundesgerichtshof sich in den Grenzen richterlicher Rechtsfortbildung gehalten hat[127], läßt es ganz unwahrscheinlich erscheinen, daß das Bundesverfassungsgericht die gegenteilige Entscheidung verfassungsrechtlich beanstandet hätte, und auch das Bundesverwaltungsgericht ging 1954 über das hinaus, was das Bundesverfassungsgericht seinerzeit (noch) als sozialen Mindeststandard aus den Grundrechten zu entnehmen bereit war[128].

52
Fachgerichtlicher Grundrechtsschutz und verfassungsgerichtliche Kontrolle

Während Konstitutionalisierung im Sinne einer Verpflichtung der gesamten Rechtsordnung auf die Verfassung ein unbestreitbarer Erfolg des Bundesverfassungsgerichts ist, löst sie für das ohnehin schwierige Verhältnis von Bun-

53
Verhältnis von Verfassungsgerichtsbarkeit und Fachgerichten

---

122 *H. C. Nipperdey*, Grundrechte und Privatrecht, in: FS Molitor, 1962, S. 17 ff.
123 *F. Werner*, Verwaltungsrecht als konkretisiertes Verfassungsrecht, DVBl. 1959, S. 527 ff.
124 *BVerwGE 1*, 159 (161).
125 *Adomeit*, Die gestörte Vertragsparität – ein Trugbild, NJW 1994, S. 2467 ff.; *Diederichsen*, Das Bundesverfassungsgericht als oberstes Zivilgericht – ein Lehrstück der juristischen Methodenlehre, AcP 198 (1998), S. 171 ff.; *Schapp*, Grundrechte als Werteordnung, JZ 1998, S. 913 m.w.N.; s. auch die Nachweise bei *Kunig* (FN 121), S. 35 ff.; weitere Nachweise zur Auffassung von der Zivilrechtsakzessorietät der Verfassung bei *Michael Bäuerle*, Vertragsfreiheit und Grundgesetz, 2001, S. 163 ff.
126 *BGHZ 26*, 349.
127 *BVerfGE 34*, 269 (279 ff.).
128 Vgl. *BVerfGE 1*, 97 – Hinterbliebenenversorgung.

desverfassungsgericht und Fachgerichten Probleme aus. Diese wären nur vorübergehend, wenn man die Einmischung des Verfassungsgerichts in die Fachdogmatik als eine initiierende und edukative Rolle[129] ansehen könnte, nach deren Erfüllung das Verfassungsgericht den anderen Gerichten den Schutz der nunmehr in die Fachdogmatik integrierten Grundrechte überlassen kann. Die Konstitutionalisierung einfachen Rechts hat in der Praxis allerdings nicht unbedingt diesen die Eigenständigkeit der Fachdogmatik schonenden Effekt. Gleichzeitig wird in diesem Prozeß nämlich die Distanz zwischen Verfassungsrecht und einfachem Recht eingeebnet[130]. Immer mehr Recht ist gleichzeitig und in identischer Form sowohl Verfassungsrecht wie einfaches Recht. Mit der Konstitutionalisierung des einfachen Rechts wird die verfassungsgerichtliche Kontrolle daher gleichzeitig weniger notwendig und leichter, da nunmehr die Fachgerichte spezifisches Verfassungsrecht anwenden. Die vom Bundesverfassungsgericht entwickelten Grenzziehungen zwischen Verfassungsgericht und anderen Gerichten müssen daher auch dann gelten, wenn diese „konstitutionalisiertes" einfaches Recht anwenden und weiterentwickeln. Auch bei der Konkretisierung von Verfassungsrecht in der Fachdogmatik muß den Gerichten, obwohl es sich um „spezifisches Verfassungsrecht" handelt, ein Interpretationsprimat vor dem Bundesverfassungsgericht gesichert werden[131].

II. Grundrechte als Programm zur Grundrechtspolitik

54
Schutzpflichten, Grundrechtsvoraussetzungsschutz und Leistungsdimension der Grundrechte

Als Grundsatznormen setzen Grundrechte dem Gesetzgeber auch ein Programm zur Grundrechtspolitik. Unter gesellschaftlichen Bedingungen, in denen Gefährdungen der Grundrechte nicht nur und bei manchen Grundrechten nicht einmal in erster Linie vom Staat ausgehen[132], reicht es nicht, daß der Gesetzgeber die Grundrechte nicht verletzt, er muß sie vielmehr auch gegen private Angriffe schützen[133]. Ebenso ist der Gesetzgeber gefordert, wenn die Grundrechtsausübung von der Schaffung von Voraussetzungen, z.B. der Organisation und des Verfahrens, abhängig ist[134]. Sind die Grundrechte als Grundsatznormen anerkannt, dann kann es nicht gleichgültig sein, ob die Bürgerinnen sie ausüben können. Entgegen verbreiteter Vorbehalte sind die Konsequenzen dieses Grundrechtsverständnisses auch in der Anerkennung

---

129 *Berkemann*, Das Bundesverfassungsgericht und „seine" Fachgerichtsbarkeiten: auf der Suche nach Funktion und Methodik, DVBl. 1996, S. 1028 (1040).
130 *Robbers*, Für ein neues Verhältnis zwischen Bundesverfassungsgericht und Fachgerichtsbarkeit – Möglichkeit und Inhalt von „Formeln" zur Bestimmung von verfassungsgerichtlicher Kompetenzweite, NJW 1998, S. 935 (insb. 937).
131 *Bryde* (FN 68), S. 321 ff.; *ders.*, Einfaches Recht und Verfassungsrecht, in: FS Röhl, 2003, S. 228 ff.
132 *K. Hesse*, Bemerkungen zur heutigen Problematik und Tragweite der Unterscheidung von Staat und Gesellschaft, DÖV 1975, 437 ff.; vgl. schon für die Weimarer Verfassung zur Pressefreiheit: *Thoma* (Bibl.), S. 7.
133 *BVerfGE 39*, 1 – Schwangerschaftsabbruch I; *46*, 160 (165) – Schleyer; *49*, 89 (140 ff.) – Kalkar; *77*, 170 (214 f.) – C-Waffen; *79*, 174 (201 f.) – Verkehrslärm.
134 Zur Organisationspflicht: *BVerfGE 35*, 79 – Hochschulurteil; *57*, 295 – Rundfunkurteil III; *83*, 238 – Rundfunkurteil VI; zum Grundrechtsschutz durch Verfahren: *BVerfGE 53*, 30 (57 ff.) – Mühlheim-Kärlich; *65*, 1 (44) – Volkszählung.

der Leistungsdimension von Grundrechten zu ziehen[135]. Wenn der Schutz des Berufs deshalb wichtig ist, weil sich die „Persönlichkeit des Menschen ... erst darin voll ausformt und vollendet, daß der Einzelne sich einer Tätigkeit widmet, die für ihn Lebensaufgabe und Lebensgrundlage ist und durch die er zugleich seinen Beitrag zur gesellschaftlichen Gesamtleistung erbringt"[136], ist es konsequent, den Staat zur Schaffung der Möglichkeit zu verpflichten, dieses Grundrecht auch verwirklichen zu können[137], ob man diese Verpflichtung nun mit dem Begriff des Rechts auf Arbeit belegt oder nicht[138].

Durch das Verständnis von Grundrechten als Grundsatznormen wird die herkömmliche Unterscheidung von Grundrechten und Staatszielbestimmungen[139] eingeebnet[140]. Versteht man Staatszielbestimmungen als „Verfassungsnormen, welche die Staatsgewalt auf die Verfolgung eines bestimmten Ziels hin rechtsverbindlich verpflichten"[141], dann sind solche Gebote auch den Grundrechten zu entnehmen[142]. Die dogmatische Herausforderung ist, daß diese unterschiedlichen Dimensionen nicht unterschiedlichen Typen von Verfassungsbestimmungen zugeordnet sind, wie in anderen Verfassungsordnungen, sondern innerhalb der Grundrechtsdogmatik bewältigt werden müssen. Trotzdem ist der Hinweis auf die Dogmatik der Staatszielbestimmungen fruchtbar. Sie hilft viele Mißverständnisse, die mit dem Begriff des „bloßen" Programmsatzes verbunden waren, zu vermeiden, da auch bei Staatszielbestimmungen die Vorstellung bloßer Programmsätze längst durch eine differenzierte Bindungswirkung, von der bloßen Bemühenspflicht bis zum unmittelbaren Durchgriff im Einzelfall, ersetzt ist[143]. Andererseits ist die Offenheit von Zielbestimmungen und die Entscheidungsprärogative des Gesetzgebers für ihre Verwirklichung anerkannt[144]. Ebenso dürfen programmatische Funktionen von Grundrechten in ihrer normativen Stärke einerseits nicht hinter Staatszielbestimmungen zurückbleiben, müssen andererseits aber auch den gesetzgeberischen Entscheidungsspielraum achten.

55
Grundrechte und Staatszielbestimmungen

---

135 *BVerfGE 33*, 303 – Numerus clausus; vgl. aus der Literatur: *Marauhn* (Bibl.), S. 155 ff.; zur Gegenauffassung: *Murswiek*, HStR V, § 112, RN 1 ff.
136 *BVerfGE 7*, 377 (397) – Apothekenurteil.
137 *BVerfGE 103*, 293 (307) – Bundesurlaubsgesetz.
138 *Bryde*, Art. 12 Grundgesetz – Freiheit des Berufs und Grundrecht der Arbeit, NJW 1984, S. 2177 ff. m.w.N.
139 Vgl. die Darstellung der Diskussion bei *Marauhn* (Bibl.), S. 24 ff.
140 Zur Verwandtschaft der Grundsatzfunktion mit Verfassungsaufträgen vgl. bereits das Sondervotum von *Rupp-von Brünneck* und *Simon*, BVerfGE 39, 1, 68 (71 f.) – Abtreibung I: „Die notwendig allgemein gehaltenen Wertentscheidungen könnten insoweit etwa als Verfassungsaufträge charakterisiert werden, die zwar für alles staatliche Handeln richtungweisend, aber notwendig auf eine Umsetzung in verbindliche Regelungen angewiesen sind. Je nach der Beurteilung der tatsächlichen Verhältnisse, der konkreten Zielsetzungen und ihrer Priorität, der Eignung der denkbaren Mittel und Wege sind sehr verschiedene Lösungen möglich. Die Entscheidung, die häufig Kompromisse voraussetzt und sich im Verfahren des trial and error vollzieht, gehört nach dem Grundsatz der Gewaltenteilung und dem demokratischen Prinzip in die Verantwortung des vom Volk unmittelbar legitimierten Gesetzgebers".
141 *Marauhn* (Bibl.), S. 24 ff.
142 *Denninger*, Menschenrechte und Staatsaufgaben – ein europäisches Thema, JZ 1996, S. 585 (587).
143 *Sommermann* (Bibl.), S. 377 ff.; Der Bundesminister des Innern/Der Bundesminister der Justiz (Hg.), Staatszielbestimmungen, Gesetzgebungsaufträge. Bericht der Sachverständigenkommission, 1983, S. 21.
144 *Marauhn* (Bibl.), S. 24 ff.

56
Differenz zwischen Handlungs- und Kontrollnorm

Dies bedeutet für die Grundrechtsdogmatik eine nach Grundrechtsfunktionen unterschiedliche Bestimmung der Differenz zwischen Handlungsnorm und Kontrollnorm. Grundrechte reichen als Handlungsnorm weiter denn als Kontrollnorm[145].

57
Abstufung der Kontrolldichte nach Grundrechtsdimensionen

Daß die Bindung des Handelnden weiter reicht als die Kontrolle des Kontrollierenden, gilt zwar für alles Verfassungsrecht – auch für Grundrechte als Abwehrrechte – und darüber hinaus für die gesamte Rechtsordnung, da der umfassenden Rechtsbindung eines Akteurs nur begrenzte Kontrollmöglichkeiten der Kontrollinstanz gegenüberstehen. In dem Ausmaß, in dem das bei den einzelnen Grundrechtsdimensionen der Fall ist, kann man bloß an den Gesetzgeber gerichtete Verfassungsaufträge von in vollem Umfang kontrollierbaren Grundrechtswirkungen unterscheiden: Insofern sind Grundrechte nicht nur inhaltlich, sondern auch im Hinblick auf ihre geringere normative Dichte programmatisch.

58
Objektive Grundrechtsfunktionen als Maßstab gerichtlicher Kontrolle

Für die sogenannten objektiven Grundrechtsdimensionen ist die Distanz zwischen Handlungsnorm und Kontrollnorm regelmäßig besonders groß. Allerdings sind auch objektive Grundrechtsfunktionen nicht nur Auslegungshilfe, sondern möglicher Kontrollmaßstab für die Überprüfung des Gesetzgebers. Zumindest als Abwägungselement, z.B. auf der Schrankenseite, dürfte alles, was man den Grundrechten lege artis als „Ausstrahlung" entnehmen kann, auch für die gerichtliche Kontrolle von Bedeutung sein.

59
Handlungsfreiraum des Gesetzgebers und Kontrolldichte

Man kann die Distanz zwischen Handlungsnorm und Kontrollnorm dadurch verringern, daß man die aus den objektiv-rechtlichen Dimensionen folgenden Pflichten von vornherein eng faßt. Das ist im Ansatz richtig. Wo das Grundgesetz nur ein Ziel vorgibt, hat der Gesetzgeber tatsächlich ein Recht zur Wahl des Mittels, nicht nur einen Konkretisierungsprimat gegenüber dem Verfassungsgericht. Aber selbst bei einer zutreffend großen Öffnung des gesetzgeberischen Freiraums reicht die Verpflichtung aus der Handlungsnorm weiter als die Kontrolle. Dafür genügt die schlichte Überlegung, daß die Verpflichtung des Gesetzgebers nicht auf die Formeln zurückgenommen werden kann, die Verfassungsgerichte – nicht nur in Deutschland – zur Kontrolle des Gesetzgebers einsetzen[146]. Die Verpflichtung des Gesetzgebers beschränkt sich z.B. nicht darauf, nicht völlig ungeeignete Mittel anzuwenden.

60
Funktionellrechtliche Bewältigung

Der Konflikt zwischen umfassendem Geltungsanspruch der Verfassung und der in einer gewaltenteilenden Demokratie notwendig nur begrenzten Kontrollkompetenz des Verfassungsgerichts muß daher auch funktionell-rechtlich bewältigt werden.

61
Zurückhaltungsgebot bei der Überprüfung von Schutz- und Förderpflichten

Das entspricht der Rechtsprechung des Bundesverfassungsgerichts, die nur in den Abtreibungsentscheidungen mit ihren konkreten und ausdifferenzierten Handlungsanweisungen an den Gesetzgeber verlassen wird, die als Sonderfall

---

145 *Hesse* (Bibl.), S. 542; *Bryde* (FN 68), S. 306 ff. m.w.N.
146 Ausführlich zur Ungeeignetheit gerichtlicher Kontrollnormen als Handlungsnorm für die Politik: *Tushnet* (Bibl.), S. 60 f.; vgl. auch *Hesse* (Bibl.), S. 557 f.

nicht verallgemeinert werden sollten[147]. Wenn man den Grundrechten – richtigerweise – auch Schutz- und Förderpflichten für die Grundrechte entnimmt, dann ist das ein Gebot, das sich primär an den Gesetzgeber richtet, und bei dessen Kontrolle das Gericht einem gesteigerten Zurückhaltungsgebot unterliegt. Vor allem die Formel vom Untermaßverbot, die das Bundesverfassungsgericht im zweiten Abtreibungsurteil übernimmt[148], weckt mit ihrer Analogie zum Übermaßverbot die Vorstellung von einer Kontrolldichte, die weder geleistet werden kann noch darf. Sonst wäre der Gesetzgeber tatsächlich zwischen Übermaßverbot und Untermaßverbot eingeklemmt[149] und Politik durch Verfassungsgerichtsbarkeit ersetzt.

Wenn funktionell-rechtlich dafür gesorgt wird, daß das Verständnis der Grundrechte als Grundsatznormen nicht zur Überwältigung des politischen Prozesses durch Verfassungsrecht und damit auch nicht zum Jurisdiktionsstaat führt, gibt es aber keinen Grund, den Gesetzgeber aus seiner programmatischen Bindung zu entlassen.

62
Bleibende programmatische Bindung des Gesetzgebers

III. Bürgerverfassung

Auch eine so weitgehende Verrechtlichung programmatischer Funktionen bedeutet nicht, daß die Bedeutung der Verfassung und hier insbesondere der Grundrechte ihre juristische Verbindlichkeit nicht transzendieren würde. Der Verfassung kommt auch die Funktion zu, den Grundkonsens der Bürgerinnen und Bürger über ihr Zusammenleben ständig neu herzustellen[150]. Das kann sie aber nur, wenn sie nicht ausschließlich in der Hand von Juristen liegt. Gerade Grund- und Menschenrechte haben eine zentrale Funktion in der Schaffung von Verfassungspatriotismus. Das zitierte Ziel der Deklaration von 1789, alle Mitglieder des gesellschaftlichen Verbandes ständig an ihre Rechte und Pflichten zu erinnern, bleibt auch dann bestehen, wenn eine Verfassung diese Rechte gerichtlich durchsetzbar macht. Verfassungen sind nicht nur für Juristen geschrieben. Über den Satz „Die Menschenwürde ist unantastbar" kann eine Pastorin predigen, ein Philosoph kann eine Sozialethik auf ihn bauen, eine Künstlerin ihn kritisch mit der Realität konfrontieren und ein Lehrer ihn zum Gegenstand von Menschenrechtserziehung machen. Diese Aufzählung ist unvollständig. Grundrechte haben „(sozial) ethische"[151], kulturelle[152] oder edukatorische[153] Wirkung, ohne daß sich solche Kennzeichnungen ausschließen.

63
Verfassung als Grundkonsens über das Zusammenleben der Bürger

---

147 *Hesse* (Bibl.), S. 553.
148 *BVerfGE* 88, 203 (254 ff.).
149 *Denninger*, Vom Elend des Gesetzgebers zwischen Übermaßverbot und Untermaßverbot, in: FS Mahrenholz, 1994, S. 561 ff.
150 *Denninger* (FN 78), S. 29: Verfassungsgebung als zukunftsoffener, kontinuierlicher kollektiver Reflexions- und Lernprozeß; umfassend *Frankenberg* (FN 17).
151 *Denninger* (FN 78), S. 35: das vom Menschenwürde-Schutzgebot geforderte Leistungsniveau werde „nicht nur rechtlich, sondern auch *sozialethisch* als unabdingbar anerkannt" (Hervorhebung im Original).
152 Vgl. *Peter Häberle*, Europäische Rechtskultur, 1994, S. 299 ff., zum kulturwissenschaftlichen Grundrechtskonzept.
153 *Denninger* (FN 78), S. 27.

64 Offene Gesellschaft der Verfassungsinterpreten	In einer pluralistischen Demokratie muß der verfassungsjuristische Diskurs sowohl gegenüber nicht-juristischen Fachdiskursen, z. B. der Sozialethik und der normativen Politikwissenschaft, wie dem der Öffentlichkeit auch über die Verfassungsprinzipien geöffnet sein, nur dann kann die Verfassung plebiscite de tous les jours[154] der Bürger bleiben. Eine „geschlossene" Gesellschaft der Verfassungsinterpreten[155] kann diese Aufgabe nicht erfüllen, nur eine „offene"[156].
65 Bedeutsamkeit des nichtjuristischen Verfassungsdiskurses	Ein solcher nichtjuristischer Verfassungsdiskurs erfolgt neben dem juristischen, aber nicht ohne Beziehung zu ihm. Wenn eine Verfassung sich so weit für die Rezeption sozialethischer Maximen öffnet, wie das Grundgesetz es gerade in den Grundrechten tut, beeinflussen die gesellschaftlichen Vorstellungen darüber, was Menschenwürde, Freiheit und Gleichheit ist, auch das juristische Verständnis solcher Prinzipien im Verfassungsrecht. Da der nichtjuristische Diskurs offener ist, trägt er damit auch zur Öffnung des juristischen bei. Das ist schon deshalb wichtig, weil der juristische auf vielfache Weise – durch das Herstellen herrschender Lehren, durch die Bedeutung von Präzedenzentscheidungen – zur Schließung neigt.
66 Verfassung der Bürger	Die Verfassung der Bürger ist mit der der Juristen nicht identisch, obwohl sich beide auf den Kern der Verfassung, Menschenwürde, Freiheit und Gleichheit ohne weiteres verständigen können[157]. Aber Bürgerinnen bestehen auf Gleichheit vor dem Gesetz, die „neue Formel" interessiert sie nicht, und daß die Kontrolle des Gesetzgebers am allgemeinen Gleichheitssatz in vielen Fällen aus guten Gründen auf Willkür zurückgenommen wird, führt ihre Forderung nach Gleichbehandlung nicht auf den Anspruch zurück, nicht grob unsachlich behandelt zu werden.
67 Überlagerung der bürgerlichen Kernverfassung durch die Juristenverfassung	Auch wenn eine solche zusätzliche integrierende und appellative Funktion der Verfassung ihrer juristischen Normativität nicht widerspricht, sondern zu ihr hinzutritt, steht sie daher doch in Spannung zu ihr. Man kann die Rhetorik einer nicht justitiablen Verfassung nicht bruchlos in eine justitiable überführen. Jedenfalls in Deutschland wird ein Interpretationsvorsprung des Verfassungsrechtssystems unter Führung des Bundesverfassungsgerichts nicht nur von Juristen, sondern auch der Gesellschaft akzeptiert[158] und die bürgerliche Kernverfassung daher von der ausdifferenzierten Juristenverfassung überlagert.
68 Verfassungsrhetorik und juridische Verarbeitung	Nachdem ein Gericht in einem strittigen Fall einer Grundrechtsbestimmung eine bestimmte Auslegung gegeben hat, steht sie eben nicht mehr „in abstrakter Reinheit, allein im Glanz ihrer Majestät und der Herrschaft der Wahrheit über die Menschen" da. Der Satz, auf den sich im Sinne eines Grundkonsenses alle einigen konnten (Jeder hat ein Recht auf Leben), trennt in der kon-

---

154 *Ernest Renan*, Qu'est-ce qu'une nation? (1882), Paris 1934, S. 88.
155 *Blankenburg/Treiber*, Die geschlossene Gesellschaft der Verfassungsinterpreten, JZ 1982, S. 543 ff.
156 *Häberle* (Bibl.).
157 *Tushnet* (Bibl.), S. 9 ff., bezeichnet diese Kernverfassung als „thin constitution", der er die „thick constitution" der Juristen gegenüberstellt.
158 *Blankenburg/Treiber* (FN 155), S. 459.

kreten Auslegung (z. B. in der Entscheidung über Abtreibung) Sieger und Verlierer. Auch wird in einer justitiablen Verfassungsordnung die große Rhetorik der Verfassung immer mit ihrer nüchternen juridischen Verarbeitung konfrontiert, der Gleichheitssatz etwa mit gerichtlichen Formeln zu seiner Konkretisierung. Eine Fülle von Verfassungsbeschwerden, die man querulatorisch zu nennen geneigt ist, haben ihren Grund auch in einem zu großen Vertrauen auf die Verheißungen des Verfassungstextes, die ein Verfassungsgericht nicht erfüllen kann – was dann im Extremfall tatsächlich in einen krankhaften Querulatorenwahn führt.

Die normative Aufwertung von Grundrechten durch ihre gerichtliche Durchsetzbarkeit ist also nicht ohne Kosten für symbolische und Integrationsfunktion der Verfassung zu haben. Daher bleiben auch Befürworter einer betont bürgerpolitischen Verfassung trotz des internationalen Siegeszuges des Konstitutionalismus häufig Gegner des richterlichen Prüfungsrechts[159].

69
Gerichtliche Kontrolle zu Lasten der Integrationsfunktion von Grundrechten

Andererseits ist aus konstitutionalistischer Sicht ohne gesicherte Normativität auch die programmatische Funktion in Gefahr. In der Diskussion über die symbolische Funktion von Recht[160] ist deutlich, daß eine symbolische Funktion bei ständig erlebter Nichteinhaltung der Norm nicht auf Dauer durchzuhalten ist. In dieser Sicht kann daher gerade die Tatsache, daß im Streitfall ein unabhängiges Gericht die Verfassung durchsetzen kann, zu deren Integrationskraft beitragen. Das erfordert dann aber einen Umgang mit der justitiablen Verfassung, die die Offenheit des gesellschaftlichen Diskurses über die Verfassung wahrt.

70
Sicherung der programmatischen Verfassungsfunktion durch gerichtliche Kontrolle

---

159 *Tushnet* (Bibl.), S. 177 ff: „populist constitutional law".
160 *Brun-Otto Bryde*, Die Effektivität von Recht als Rechtsproblem, 1993, genauer ab S. 12.

E. Bibliographie

Alexy, Robert, Grundrechte als subjektive Rechte und als objektive Normen, in: Der Staat 29 (1990), S. 51 ff.
Böckenförde, Ernst-Wolfgang, Grundrechte als Grundsatznormen, in: Der Staat 29 (1990), S. 1 ff.
Denninger, Erhard, Menschenrechte und Grundgesetz, 1994.
Dreier, Horst, Dimensionen der Grundrechte, 1993, S. 28 ff.
Häberle, Peter, Die offene Gesellschaft der Verfassungsinterpreten, JZ 1975, S. 297 ff.
Henne, Thomas, Von 0 auf Lüth in 6 1/2 Jahren. Thesen zur Rechtsgeschichte der bundesdeutschen Grundrechtsjudikatur in den 1950er Jahren, in: ders./Arne Riedlinger (Hg.), Das „Lüth"-Urteil in (rechts)historischer Sicht. Die Grundlegung der Grundrechtsjudikatur in den 1950er Jahren, 2003 (im Erscheinen, zitiert nach Manuskript).
Hesse, Konrad, Die verfassungsgerichtliche Kontrolle der Wahrnehmung grundrechtlicher Schutzpflichten des Gesetzgebers, in: Festschrift für Ernst Gottfried Mahrenholz, 1994, S. 541 ff.
Jellinek, Georg, Die Erklärung der Menschen- und Bürgerrechte (^{3}1919), auch in: Roman Schnur (Hg.), Zur Geschichte der Erklärung der Menschenrechte, 1964, S. 1 ff.
Marauhn, Thilo, Rekonstruktion sozialer Grundrechte als Normkategorie, Habil. 1999 (im Erscheinen, zitiert nach Manuskript).
Schmitt, Carl, Die Grundrechte und Grundpflichten des deutschen Volkes, in: Gerhard Anschütz/Richard Thoma (Hg.), Handbuch des Deutschen Staatsrechts, Bd. II, 1932, S. 572 ff.
Schuppert, Gunnar Folke/Bumke, Christian, Die Konstitutionalisierung der Rechtsordnung, 2000.
Sommermann, Karl-Peter, Staatsziele und Staatszielbestimmungen, 1997.
Thoma, Richard, Die juristische Bedeutung der grundrechtlichen Sätze der deutschen Reichsverfassung im Allgemeinen, in: Hans Carl Nipperdey (Hg.), Die Grundrechte und Grundpflichten der Reichsverfassung, 1929, S. 1 ff.
Tushnet, Mark, Taking The Constitution Away From The Courts, Princeton, New Jersey 1999.
Wahl, Rainer, Rechtliche Wirkungen und Funktionen der Grundrechte im deutschen Konstitutionalismus, in: Der Staat 18 (1979), S. 321 ff.

§ 18
Grundrechte und Verfassungsdirektiven

Hans-Peter Schneider

Übersicht

	RN		RN
A. Die Leitfunktion der Verfassung	1–10	E. Verfassungsdirektiven in Grundrechten (Grundrechtsdirektiven)	79–95
I. Dirigierende Verfassung	1–3	I. Grundrechtsbindung der öffentlichen Gewalt (Art. 1 Abs. 3 GG)	80–83
II. Einwände und Kritik	4–6	II. Sozialstaatsprinzip als Auslegungsregel	84–87
III. Verfassung als Verhaltensentwurf	7–10	III. Normative Rahmenbedingungen zur Grundrechtsverwirklichung	88–91
B. Verfassungsdirektiven: Begriff und Eigenart	11–32	IV. Faktischer oder rechtlicher Grundrechtsvoraussetzungsschutz?	92–95
I. Begriffsvarianten	11–21	F. Das Gebot der „Grundrechtstreue"	96–99
II. Elemente und Wirkungsweise	22–32	I. Grundrechtsfreundliches Verhalten	97
C. Verfassungsdirektiven und Grundrechte	33–48	II. Pflicht zur Rücksichtnahme und Kooperation	98
I. Staatszielbestimmungen	33–39	III. Gemeinverträgliche Grundrechtsausübung	99
II. Grundpflichten	40–43	G. Direktivgrundrechte und Grundrechtsdirektiven im Verfassungsprozeß	100–106
III. Schutzpflichten	44–48	I. Justitiabilität der Direktivgrundrechte	101–103
D. Grundrechte als Verfassungsdirektiven (Direktivgrundrechte)	49–78	II. Grundrechtsdirektiven als Weisungen und Auslegungshilfen	104–106
I. Explizite Direktivgrundrechte (Art. 6 Abs. 5, 3 Abs. 2 Satz 2 GG)	49–61	H. Bibliographie	
II. Implizite Direktivgrundrechte (Art. 5 Abs. 1 Satz 2, 7 Abs. 3 Satz 2, 16a Abs. 3 Satz 1 GG)	62–65		
III. Soziale Grundrechte	66–78		

A. Die Leitfunktion der Verfassung

I. Dirigierende Verfassung

1
Aufgaben einer Verfassung

Von den drei Aufgaben einer Verfassung: die Gesellschaft zu integrieren, den Staat zu organisieren und die Politik zu dirigieren[1], bedarf letztere besonderer Begründung. Denn als „Leitwerk" gibt sie dem Gemeinwesen nicht nur Stabilität, sondern seinem Flug durch die Geschichte auch die Richtung vor.

2
Programmatischer Normgehalt von Verfassungen

1. Zwar besteht schon seit langem Einigkeit darüber, daß Verfassungen nicht nur als „Grundbuch der Nation" Auskunft darüber geben, wie die Macht im Staate verteilt ist, sondern mit ihren programmatischen Normgehalten auch eine Art „Weisbuch" darstellen, das den politischen Gewalten Maß und Ziel setzt. Dies gilt namentlich unter den Bedingungen des modernen Planungs- und Leistungsstaates, in dem die Freiheit und Gleichheit des Einzelnen nicht mehr gewissermaßen „naturwüchsig" schon dadurch gesichert ist, daß eine Verfassung staatlichen Organen die Grenzen ihrer Wirksamkeit aufzeigt, sondern gerade die Grundrechte und ihre Realisierung im gesellschaftlichen Leben vielfältiger staatlicher Mitwirkung in Form aktiver Unterstützung und Förderung bedürfen. Wem keine Wohnung zur Verfügung steht, nützt die Sicherung ihrer Unverletzlichkeit nichts. Wer keine Arbeits- oder Ausbildungsstätte findet, kann mit dem Grundrecht ihrer freien Wahl wenig anfangen. Wem keine Kinder geboren werden, hat vom staatlichen Schutz der Familie nichts. Und wer kein nennenswertes Eigentum besitzt, wird kaum Anlaß finden, sich der Eigentumsgarantie zu erfreuen.

3
Faktische Voraussetzungen des Grundrechtsgebrauchs

2. Damit soll nicht gesagt sein, daß Verfassungen im Sozialstaat, sofern sie Rechte verleihen, darüber hinaus auch noch die Bedingungen ihrer Verwirklichung schaffen müssen. Sie wären damit zweifellos überfordert. Aber sie können der Politik Instrumente an die Hand geben und Wege aufzeigen, über die für jeden zumindest die Möglichkeit eines mehr oder weniger chancengleichen Zugangs zu den faktischen Voraussetzungen für den Gebrauch seiner Rechte eröffnet wird. Darin liegt das Wesen dessen, was man gemeinhin „soziale Gerechtigkeit" nennt. *Erhard Denninger* spricht hier zutreffend vom „Bereich der dirigierenden Verfassung", die für staatliches Handeln bindende Richtsätze enthalte, ohne einerseits zugleich schon bestimmte Rechtspositionen zu begründen oder sich andererseits in der Allgemeinheit elementarer Verfassungsgrundsätze zu verlieren[2].

---

[1] Vgl. dazu *K. Hesse*, Verfassung und Verfassungsrecht (Bibl.), S. 3 (5 ff.).
[2] *Denninger*, Verfassungsauftrag (Bibl.), S. 767 (771), unter Hinweis auf *Peter Lerche*, Übermaß und Verfassungsrecht, 1961, S. 73.

II. Einwände und Kritik

Selbst gegen dieses „moderate" Verständnis der Leitfunktion einer Verfassung werden in vieler Hinsicht Einwände erhoben:

4
Kritik

1. Es lege der Politik zu enge Zügel an, gefährde die wirtschafts- und gesellschaftspolitische Offenheit des Grundgesetzes und führe letztlich, sofern daraus verbindliche Weisungen abgeleitet würden, zu einer Delegation der Definitions- und Entscheidungsmacht in Fragen des Gemeinwohls an die Verfassungsgerichtsbarkeit. Ursache jener ideologischen „Auflagung" des Verfassungsrechts sei eine verbreitete Neigung zur Materialisierung normativer Verteilungs- und Zuordnungsregeln in der Absicht, aus angeblichen „Staatszielen", „Programmsätzen", „Gesetzgebungsaufträgen" oder „Verfassungsdirektiven" eine Fülle von Befehlen an Parlament und Regierung mit dem Argument herzuleiten, sie dienten der Konkretisierung oder Aktualisierung des sozialen Rechtsstaats oder der Menschenwürde, während in Wahrheit ein Füllhorn von Wohltaten über die Welt ausgegossen werden solle.

5
Delegation der Entscheidungsmacht an die Verfassungsgerichtsbarkeit

2. Da aber die Verfassung nicht selbst über jene Ressourcen verfüge, die auf diese Weise unter Berufung auf sie als „verfassungsrechtlich geboten" verteilt würden, verkümmere sie praktisch zu einer Art „sozialem und geistigem Eisenbahnfahrplan", bei dem sich mangels Erfüllung stets der Eindruck aufdrängen müsse, daß die politische Wirklichkeit hinter den normativen Anforderungen zurückbleibe. Damit werde aber gerade der Verfassung ein schlechter Dienst erwiesen, weil eine solche Sicht letzten Endes eher den Glauben an ihre normative Kraft als das Vertrauen in die Politik schwäche. Wolle man aber der Norm gegenüber ihrer defizitären Ausführung Geltung verschaffen, bleibe jeweils nur der Gang nach Karlsruhe und, falls sich die Richter dort zur Entscheidung berufen fühlten oder verleiten ließen, der direkte Weg in den Richterstaat[3].

6
Politische Realität und normative Anforderungen

III. Verfassung als Verhaltensentwurf

Solche Einwände lassen sich nicht einfach mit dem Argument abtun, daß alles Recht (und mithin auch das Verfassungsrecht) dank seines normativen Geltungsanspruchs bereits eo ipso dirigierende Kraft entfaltet.

7
Direktivwirkung kraft normativen Geltungsanspruchs

1. Richtig an dieser Kritik ist zweifellos der Hinweis, daß eine Überfrachtung der Verfassung mit sozialen Teilhaberechten, staatlichen Schutz- und Förderpflichten oder gar mit allerlei großherzigen „Verheißungen" dem politischen Gestaltungsauftrag des parlamentarischen Gesetzgebers kaum noch Spielraum eröffne. Wichtige, in Wahrheit politisch zu verantwortende Maßnahmen ließen sich als bloßer „Verfassungsvollzug" kaschieren. Dadurch würde ein Prozeß der Verrechtlichung des öffentlichen Lebens in Gang gesetzt, in dem jeder Eingriff in Besitzstände oder zementierte Interessen als „verfassungs-

8
Gefahren eines Verfassungsfundamentalismus

---

3 So etwa (statt anderer) *Hennis* (Bibl.), S.19ff.; vgl. dazu die Rezension von *K. Hesse*, AöR 96 (1971), S.137ff.

widrig" ausgegeben werden könnte, bis schließlich unter der Last eines solchen „Verfassungsfundamentalismus" die Demokratie selbst Schaden nähme.

9
Grundgesetzliches Handlungsmandat

2. Andererseits kollidiert indes jede kategorische Ablehnung solcher zielgerichteter und zukunftsoffener Verfassungsnormen bereits mit dem geltenden Text des Grundgesetzes. Wenn der Staat etwa in Art. 3 Abs. 2 Satz 2 GG verpflichtet wird, die Gleichberechtigung von Männern und Frauen auch tatsächlich durchzusetzen, nach Art. 6 Abs. 1 GG die Aufgabe hat, Ehe und Familie besonders zu schützen, gemäß Art. 20a GG den Schutz der natürlichen Lebensgrundlagen und Tiere bewerkstelligen muß, oder wenn die Gesetzgebung von Art. 6 Abs. 5 GG aufgetragen bekommt, den unehelichen Kindern die gleiche gesellschaftliche Stellung einzuräumen wie ehelichen Kindern, wenn sie nach Art. 95 Abs. 3 GG nähere Regelungen zur Bildung eines Gemeinsamen Senats der obersten Gerichtshöfe des Bundes treffen soll – in all diesen Fällen wird den staatlichen Gewalten durch das Grundgesetz ein bestimmtes Mandat zu positivem Handeln erteilt, das als verfassungsrechtlich geboten gilt und gegebenenfalls auch verfassungsgerichtlich durchsetzbar ist.

10
Entwurfscharakter der Verfassung

3. An der prinzipiellen Tauglichkeit von Verfassungen nicht nur zu prohibitiver, sondern auch zu direktiver und programmatischer Regelung kann also kein Zweifel bestehen. Vielfach ist deshalb auch vom „Entwurfscharakter der Verfassung"[4] die Rede. Zu fragen ist lediglich: Welche Gegenstände eignen sich für derartige Normgehalte, wer kommt als Adressat in Betracht und in welche Formen oder Verfahren sind solche Gestaltungsmandate zu kleiden, damit ihnen ein Höchstmaß an tatsächlicher Wirkkraft verliehen wird? Die Antwort darauf setzt zunächst einen Überblick über die verschiedenen Textstufen und Sinnvarianten voraus, deren sich das Grundgesetz bei der Normierung jener politischen Gestaltungsmandate bedient.

B. Verfassungsdirektiven: Begriff und Eigenart

I. Begriffsvarianten

11
Begriff der Verfassungsdirektive

Im Zentrum der Debatte über die politischen Gestaltungsmandate des Grundgesetzes stehen die sog. *Verfassungsdirektiven*. Bei der Verwendung dieses Begriffs im Schrifttum herrscht jedoch viel Unklarheit. Er geht wohl zurück auf den Beitrag von *Peter Lerche* über „Das Bundesverfassungsgericht und die Verfassungsdirektiven" aus dem Jahre 1965[5]. Aber schon der Untertitel „Zu den ‚nicht erfüllten Gesetzgebungsaufträgen'" läßt offenbar auf einen synonymen Gebrauch der Begriffe „Verfassungsdirektiven" und „Gesetzgebungsaufträge" schließen.

---

4 Vgl. statt anderer *Schulze-Fielitz* (Bibl.), S. 228, unter Hinweis auf *Bäumlin* (Bibl.), S. 21, 24, 26; *A. Arndt* (Bibl.), S. 141 (155); *Peter Häberle*, Verfassung als öffentlicher Prozeß, 1978, S. 303 (316). *H.-P. Schneider* (Bibl.), S. 64 (77), spricht sogar von der „programmatischen Struktur" des Verfassungsrechts insgesamt und entnimmt ihm als „politischer Gestaltungsordnung" insoweit auch „ein Stück konkreter Utopie".
5 (Bibl.), S. 341 ff.

1. Nach genauerer Lektüre stellt man jedoch fest, daß *Lerche* zwischen vier verschiedenen Kategorien von Verfassungsdirektiven differenziert:

a) Die erste werde durch den herkömmlichen Begriff der Programmsätze umschrieben, deren Eigenart darin bestehe, „daß hier dem Gesetzgeber eine bestimmte Richtung für seine Aktivität zwecks Annäherung an bestimmte Sachziele vorgeschrieben wird". Denn bei „Programmen" gehe es „nicht um einmalige Verfassungsbefehle, sondern um eine in die Zeit hineinwirkende, sich kontinuierlich erprobende Linie, also eine ‚Richtung' ... Die Verfassungsnormen dieser Art sind daher im Grunde nur Anstoß-Normen"[6].

b) Eine zweite Gruppe von Verfassungsdirektiven sieht *Lerche* in den „Verfassungsbefehlen", welche den Gesetzgeber für eine einmalige Sache in Anspruch nehmen, die danach erledigt ist. Dazu rechnet er etwa die Anpassung des Familienrechts an das Grundrecht der Gleichberechtigung von Männern und Frauen (Art. 117 Abs. 1 GG) oder die Regelung der Rechtsverhältnisse von ehemaligen NS-belasteten Beschäftigten im öffentlichen Dienst nach 1945 (Art. 131 GG)[7].

c) Eine dritte, noch wenig bearbeitete Kategorie von Verfassungsdirektiven nennt *Lerche* „Aufträge zur Verfassungsbildung", die zwar ebenfalls alle Merkmale von Programmsätzen oder Verfassungsbefehlen aufwiesen, aber zusätzlich mit der Eigentümlichkeit ausgestattet seien, daß ihr Auftrag nicht nur in der Realisation der Verfassung, sondern in ihrer Vervollständigung bestehe, sei es „in Gestalt einer nachholenden Verfassungsgebung" oder mit dem Ziel einer „Verfassungsvervollkommnung". Dazu gehöre etwa das Gebot der Neugliederung des Bundesgebietes (Art. 29 GG a.F.)[8].

d) Den „Kern einer wirklich ‚dirigierenden' Verfassung" bilde jedoch ein vierter Typus, der, obwohl als Gesetzgebungsauftrag gar nicht offen in Erscheinung tretend, inzwischen zu den täglichen Bestandteilen des Verfassungsdenkens gehöre. Es handele sich um allgemeine „formale Richtsätze" für den Gesetzgeber, die – aus dem Rechtsstaatsprinzip abgeleitet – als Gestaltungsrichtlinien anzusehen seien, wie etwa „die Gebote formaler Berechenbarkeit und Bestimmtheit, der Verhältnismäßigkeit, Erforderlichkeit und Zwecktauglichkeit, aber auch etwa das Gebot der nicht nur an einzelne Sachgebiete gebundenen Chancengleichheit"[9].

e) Vor allem mit diesem letzten Verständnis von „Verfassungsdirektiven" hatte *Lerche* einen Bereich erschlossen, der bisher durch die Begriffe „Verfassungsgrundsätze" oder „Verfassungsprinzipien" besetzt war. Indem er ihnen nunmehr zugleich direktive Wirkungen beimaß, befreite er sie aus dem engen Korsett bloßer Schranken staatlichen Handelns und stärkte dadurch nicht nur insgesamt ihre normative Kraft, sondern ermöglichte auch die Übertragung des Direktionsgedankens in andere Bezirke der Verfassung, beispielsweise

---

6 Ebd., S. 346 ff.
7 Ebd., S. 354 ff.
8 Ebd., S. 364 ff.
9 Ebd., S. 369 ff.

in die föderative Ordnung (mit dem Gebot der Bundestreue) oder sogar die Grundrechte.

18
Verfassungsdirektiven im weiteren Sinn bei Stern

2. Im weitesten Sinne von „Verfassungsdirektiven, die zwar nicht ausdrücklich einen Auftrag zum Erlaß eines Gesetzes vorsehen, dem Gesetzgeber also freie Hand in der Gesetzesinitiative erteilen, aber sein gesetzgeberisches Programm beeinflussen", spricht auch *Klaus Stern* und findet sie vor allem „in Staatsstrukturbestimmungen, in Art. 3 Abs. 1 GG, im Wiedervereinigungsgebot der Präambel, des Art. 23 Abs. 2 und des Art. 146 GG, im Neugliederungsauftrag des Art. 29 (a.F. bis zur Änderung im Jahre 1976)"[10].

19
Verfassungsdirektiven als Plan bei Denninger

3. Das übrige Schrifttum ist *Lerche* nicht so weit gefolgt. Zwar stellt wenig später auch *Denninger* fest, daß die Begriffe „Dirigieren" und „Direktive" zweideutig seien. Er zählt zu den „Verfassungsaufträgen der dirigierenden Verfassung" jedoch nur jene „stetig bindenden Richtsätze für gesetzgeberisches Handeln, die nicht von vornherein an bestimmte institutionalisierte Positionen gebunden sind, sich ebensowenig aber in der Allgemeinheit elementarer Verfassungsrichtpunkte erschöpfen". Solchen Verfassungsdirektiven gehe es „nicht primär um Bewahrung gegebener Ordnungen, sondern um die aktive Umgestaltung eines Wirklichkeitsbereichs auf ein vielleicht fernes Endziel hin, um eine Aktion also gemäß einem Plan"[11].

20
Weiteres Schrifttum

4. Andere Autoren wie *Ulrich Scheuner* bringen die Verfassungsdirektiven in engen dogmatischen Zusammenhang mit den sog. Staatszielbestimmungen als Unterfall der allgemeinen Verfassungsprinzipien und grenzen sie sowohl von den Grundrechten und institutionellen Gewährleistungen als auch von den Gesetzgebungsaufträgen ab[12]. Wieder andere halten gerade die Gesetzgebungsaufträge gewissermaßen für den Prototyp der Verfassungsdirektiven[13].

21
Problem der terminologischen Unschärfe

5. Zwar muß die Unbestimmtheit und Vieldeutigkeit eines von der Verfassungsrechtslehre verwendeten Terminus nicht unbedingt nur von Nachteil sein, weil sich hinter einer solchen Unschärfe zugleich sachliche Probleme (etwa der Justitiabilität) verbergen können. Für eine Antwort auf die Frage, ob und inwieweit auch Grundrechte direktiven Charakter besitzen, bedarf es jedoch zumindest einer näheren Umschreibung dessen, was im Folgenden unter „Verfassungsdirektiven" verstanden werden soll.

---

10 *Stern*, Staatsrecht I (LitVerz.), S. 66. Die Zitate der Präambel sowie der Art. 23 Abs. 2 und 146 GG beziehen sich jeweils auf die alte Fassung von vor 1994. Vgl. auch *Fritz Ossenbühl*, Grenzen der Mitbestimmung im öffentlichen Dienst, 1986, S. 65 f., der aus dem Demokratiegebot als einem Wesenselement der Selbstverwaltung „strukturelle Verfassungsdirektiven" auch für die innere Struktur der kommunalen Selbstverwaltung ableitet.

11 *Denninger*, Verfassungsauftrag (Bibl.), S. 771. Ähnlich unterscheidet *Nicolai Müller-Bromley* (Staatszielbestimmung Umweltschutz im Grundgesetz, 1990, S. 38 ff.) bei den „primäre(n) verbindliche(n) Aufgabennormen für alle Staatsorgane" zwischen Staatszielbestimmungen, Programmsätzen (des Grundgesetzes), verfassungsrechtlichen Leitgrundsätzen und Verfassungsdirektiven, die jedoch einen so heterogenen Kreis von Verfassungsnormen beträfen, daß der Begriff mangels klarer Konturen für seine Untersuchung unbehrlich sei.

12 *Scheuner* (Bibl.), S. 325 (330 ff.).

13 Vgl. *Wienholtz* (Bibl.), S. 7 ff.

II. Elemente und Wirkungsweise

Geht man vom Wortlaut aus, so lassen sich dem Begriff „Verfassungsdirektiven" fünf Sinnbestandteile zuordnen:

1. Als integrierende Elemente des Verfassungsrechts sind Verfassungsdirektiven verbindliche Normen, die den staatlichen Gewalten für ihr Handeln konkrete Ziele vorgeben und/oder es in eine bestimmte Richtung lenken. In dieser Eigenschaft haben sie die Kraft von *Weisungen*, *Richtlinien* oder *Leitsätzen*, die ein faktisches Verhalten als „gesollt" verlangen und daher an dieses Tun oder Unterlassen nicht nur formelle Anforderungen stellen, sondern auch an materiellen Kriterien auszurichten sind. Adressaten dieser „Orientierungsmarken" können sowohl die Gesetzgebung als auch unmittelbar die vollziehende oder rechtsprechende Gewalt sein.

2. Gegenstand der Verfassungsdirektiven ist stets die Aktualisierung oder Konkretisierung des Verfassungsrechts, genauer: die *Verwirklichung der Verfassung* unter den jeweils sich wandelnden geschichtlichen und gesellschaftlichen Bedingungen. Zwar ist richtig, daß eine Verfassung die Voraussetzungen ihrer tatsächlichen Geltung nur sehr begrenzt gewährleisten kann. Dennoch sollen namentlich die Verfassungsdirektiven die staatlichen Gewalten dazu anleiten, den integrierenden und legitimierenden Sachgehalten einer Verfassung zu realer Wirksamkeit zu verhelfen und auf diese Weise ihre Durchsetzung gerade auch gegen politische Widerstände zu erleichtern.

3. In dieser gleichsam „verfassungspädagogischen" Funktion dienen Verfassungsdirektiven vor allem der *Pflege* und *Förderung* von tatsächlichen Umständen, unter denen bestimmte Verfassungsnormen überhaupt erst reale Wirksamkeit gewinnen können. So gesehen besteht ihre Eigenart wesentlich in einem sachverhaltsfördernden Verfassungsvoraussetzungsschutz, der sich sowohl auf Sachverhaltsermöglichung als auch auf Sachverhaltsherstellung erstreckt. Verfassungsdirektiven bringen also immer bestimmte „Erwartungen" einer Verfassung zum Ausdruck, die an das Verhalten der staatlichen Organe gerichtet sind.

4. Trotz ihrer richtungweisenden und insoweit durchaus „materialen" Normgehalte sind die Verfassungsdirektiven stets von einer gewissen *Inhaltsarmut* gekennzeichnet[14]. Sie sollen nur Orientierungspunkte und Wegmarken für einen im Ergebnis noch offen politischen Prozeß sein. Daher könnte man sie geradezu als „Kronzeugen" der strukturellen wie funktionellen Weite, Unbestimmtheit und Offenheit des gesamten Verfassungsrechts bezeichnen.

5. In prozeduraler Hinsicht erschöpfen sich die Verfassungsdirektiven nicht (wie die Verfassungsimperative) in einer Anweisung, der durch einmaliges Agieren oder Reagieren entsprochen werden kann oder die sich mit ihrem Vollzug erledigt. Vielmehr erweisen sich Verfassungsdirektiven als *ständige Herausforderungen* an den Staat, sich um eine immer bessere Verwirklichung

---

14 Vgl. auch *J. P. Müller* (Bibl.), S. 133 ff. Für *Müller* enthalten „materielle Verfassungsdirektiven" vor allem „Gemeinwohlforderungen" als „Gegengewicht zu ‚Sachzwängen' und organisierten Interessen".

der Verfassung zu bemühen. Dahinter verbirgt sich die Vorstellung, daß die mehr oder weniger große Diskrepanz zwischen dem Verfassungsrecht und der politischen Realität zumindest tendenziell überwunden und letztere in eine normgerechte Verfassungswirklichkeit überführt werden kann, die diesen Namen auch verdient. Folglich zeugen Verfassungsdirektiven eo ipso von einem Stück „nicht erfüllten Grundgesetzes".

28
Kurzformel

6. Im Sinne einer Kurzformel sollen unter „Verfassungsdirektiven" Weisungen, Richtlinien oder Leitsätze im Grundgesetz verstanden werden, welche die staatlichen Gewalten zur Verwirklichung der Verfassung anregen oder verpflichten, indem sie ihnen die Pflege, Begünstigung oder Förderung von tatsächlichen Umständen oder Bedingungen auftragen, unter denen in einem offenen Rahmen die Diskrepanz zwischen Verfassungsrecht und politischer Realität verringert und effektive „Verfassungswirklichkeit" hergestellt werden kann.

29
Abgrenzung zu Staatszielbestimmungen und Gesetzgebungsaufträgen

7. Aus dieser Sicht unterscheiden sich die Verfassungsdirektiven sowohl von den Staatszielbestimmungen als auch von den Gesetzgebungsaufträgen, mit denen sie allerdings insoweit „teilidentisch" sind, als die von ihnen angestrebte Verwirklichung der Verfassung allein durch die Gesetzgebung zu bewerkstelligen ist[15].

30
Staatszielbestimmungen als Kennzeichen dynamischer Entwicklung des Gemeinwesens

a) Unter „*Staatszielbestimmungen*" sind in erster Linie Verfassungsnormen zu verstehen, die den Staat verpflichten, sein Handeln an bestimmten, verfassungsrechtlich vorgegebenen Grundsätzen oder Maßstäben auszurichten. Dies betrifft entweder sehr allgemeine Prinzipien wie das Sozialstaatsgebot[16] oder bezieht sich auf die grundsätzliche Behandlung ganzer Sachgebiete, wie dies beim Umweltschutz (Art. 20a GG), bei der Mitwirkung am Prozeß der europäischen Einigung (Art. 23 Abs. 1 GG), beim Verbot des Angriffskrieges (Art. 26 Abs. 1 GG) oder bei der Ausrichtung der staatlichen Haushaltsführung an den Erfordernissen des gesamtwirtschaftlichen Gleichgewichts (Art. 109 Abs. 2 GG) der Fall ist. Kennzeichnend für solche Staatszielbestimmungen ist der Umstand, daß sie ihr materielles Substrat wesentlich durch Normen außerhalb der Verfassung erhalten. Gleichwohl sind sie unverwechselbare Kennzeichen eines bestimmten politischen Gemeinwesens, machen also einen Gutteil seiner Verfassungsidentität aus. Aus überzeugenden Gründen spricht man daher auch vom sozialen, ökologischen[17], völkerrechtsfreundlichen, europäischen, friedfertigen oder ökonomischen Verfassungsstaat. Obwohl nicht direkt einklagbar, begründen jene Staatsziele für alle drei Gewalten die Pflicht, sie nach Kräften anzustreben und ihr Handeln danach auszurichten. Dabei geht es weniger um Verwirklichung (Aktualisierung und Konkretisierung) bestimmter Verfassungsnormen als vielmehr um dynamische Entwicklungen oder Veränderungen des politischen Gemeinwesens als Ganzen.

---

15 Im einzelnen dazu *Wienholtz* (Bibl.), S. 44 ff.
16 So *Hans Peter Ipsen*, der schon früh die Formel vom sozialen Rechtsstaat als Staatszielbestimmung bezeichnet hat (in: Über das Grundgesetz, 1950, S. 14).
17 Vgl. *Rudolf Steinberg*, Der ökologische Verfassungsstaat, 1998.

b) *„Gesetzgebungsaufträge"* hingegen sind – wie der Name schon sagt – Anweisungen der Verfassung, die ausschließlich an den Gesetzgeber gerichtet sind[18]. Darunter fallen in erster Linie die expliziten Legislativmandate, die eine konkrete Änderung des geltenden Rechts ausdrücklich vom Gesetzgeber selbst verlangen (wie Art. 6 Abs. 5 GG mit der Gleichstellung unehelicher Kinder), aber auch die impliziten Gesetzgebungsaufträge, welche entweder zur Herstellung eines bestimmten Zustandes das Instrument der Gesetzgebung anbieten (sog. „Kann"-Regelungsvorbehalte)[19] oder mit der Formel „Das Nähere regelt ein (Bundes-)Gesetz" die Ausgestaltung eines von der Verfassung offen gelassenen Normbereichs der einfachen Gesetzgebung überlassen (sog. Ausgestaltungsvorbehalte)[20]. Im weiteren Sinne können zu den Gesetzgebungsaufträgen auch diejenigen Kompetenzvorschriften gerechnet werden, die im Rahmen der allgemeinen Gesetzgebungszuständigkeit des Bundes (Art. 70 ff. GG) dem Staat die Wahrnehmung bestimmter, unabweisbarer Schutz- und Vorsorgeaufgaben übertragen (sog. Kompetenzzuweisungsnormen)[21].

31
Gesetzgebungsaufträge

Diese Unterscheidungen sind für den Fortgang der Untersuchung insofern bedeutsam, als die Frage, ob und inwieweit Grundrechte zugleich auch Verfassungsdirektiven darstellen können oder direktive Elemente in ihnen enthalten sind, nur zu beantworten ist, wenn dabei nicht irgendeine unscharfe, mehrdeutige Vorstellung, sondern ein möglichst präziser Begriff dessen zugrunde gelegt wird, was nachfolgend näher geprüft werden soll.

32
Notwendigkeit der Differenzierung

C. Verfassungsdirektiven und Grundrechte

I. Staatszielbestimmungen

Grundrechte sind in Verfassungen verankerte Gewährleistungen von sozialen Handlungs- und Lebensbereichen, die sich aufgrund historischer oder politischer Erfahrung als von Seiten des Staates besonders eingriffsgeneigt oder störanfällig erwiesen haben und deshalb eines besonderen Schutzes auch gegenüber demokratischen Mehrheitsentscheidungen oder darauf beruhenden Akten der öffentlichen Gewalt bedürfen. Als Rechte des Einzelnen (Individualrechte) oder von Personenverbindungen (Gruppenrechte) grenzen sie deren Verfassungspositionen gegenüber der öffentlichen Gewalt ab (limitierende Funktion) und ermächtigen zugleich die Inhaber, von ihren Gewährleistungen auch tatsächlich Gebrauch zu machen, ohne vom Staat daran gehindert werden zu können (legitimierende Funktion). Weniger einleuchtend erscheint dagegen auf den ersten Blick eine objektiv-rechtliche Eigenschaft von Grundrechten, das staatliche Handeln nicht nur einzugrenzen, sondern

33
Funktion der Grundrechte

---

[18] Dazu statt anderer *Kalkbrenner* (Bibl.), S. 41 ff.; ferner *Wienholtz* (Bibl.), S. 40 ff.
[19] Vgl. Art. 29 Abs. 2 GG für die Neugliederung des Bundesgebietes.
[20] Vgl. Art. 21 Abs. 3 GG für das Parteienrecht oder Art. 38 Abs. 3 GG für das Bundestagswahlrecht.
[21] Einem solchen „positiven Kompetenzverständnis" neigt *Scheuner* (Bibl.), S. 337 f., zu.

zur Schaffung von „grundrechtsgünstigen" gesellschaftlichen Bedingungen auch anzuleiten (dirigierende Funktion). Deshalb werden Grundrechte und Verfassungsdirektiven nicht selten voneinander geschieden, obwohl sie sich eigentlich wechselseitig ergänzen und – wie noch zu zeigen sein wird – praktisch aufeinander angewiesen sind.

34
Trennung von Direktivnormen und Grundrechten bei Scheuner

1. Folgt man *Scheuner* in der weitgehenden Gleichsetzung von Verfassungsdirektiven und Staatszielbestimmungen, so findet sich bei ihm auch die überzeugendste Begründung für eine klare Trennung zwischen Direktivnormen und Grundrechten. Selbst wenn das Verständnis der Grundrechte heute über deren Abwehrfunktion hinaus in objektiv-rechtliche Dimensionen geführt habe, bleibe doch ihr Grundprinzip die Gewährleistung bestimmter individueller oder kollektiver Rechtspositionen und Lebensbereiche. „Ihre Bestimmung ist es indessen nicht, Aufgaben und Richtung für das staatliche Handeln festzulegen, sondern sie dienen eher dessen Begrenzung". Eine Ausnahme hiervon vermag *Scheuner* lediglich „bei einer im Grundgesetz nur gering vertretenen Gruppe von Grundrechten" zu erkennen: „den sozialen Zusagen. In ihnen werden, im Unterschied zu den Freiheitsrechten, künftige Entwicklungen angesprochen und nicht selten auch in der Tat – freilich immer vom Individuum her gesehen – Aufgaben der Verbesserung des Lebensraumes der Bürger gestellt". Im übrigen würden mit den Grundrechten keine für die staatliche Wirksamkeit maßgeblichen Leitsätze und Ziele entwickelt, sondern in der Sicherung eines staatspolitischen Rechtsstandes der Individuen und der Verbürgung bestimmter Rechtseinrichtungen (Eigentum, Familie) diese Bereiche gerade der politischen Verfügung entzogen und ein übergeordneter Bestand sachlicher Gehalte festgelegt[22]. Man spürt bei dieser Argumentation deutlich, wie stark hier noch die Vorstellung vom überstaatlichen (naturrechtlichen) Charakter der Grundrechte dominiert und wie wenig der Umstand berücksichtigt wird, daß sie zum großen Teil überhaupt erst durch staatliches Handeln, nämlich kraft Ausgestaltung durch den Gesetzgeber, reale Wirksamkeit erlangen können.

35
Herrschende Ansicht

2. Demgegenüber wird inzwischen allerdings wohl mehrheitlich die Ansicht vertreten, daß Grundrechte und Verfassungsdirektiven als dogmatische Denkfiguren einander keineswegs zwingend ausschließen.

36
Grundrechte mit Gesetzesvorbehalt

a) Dabei weisen einige Autoren auf die prinzipielle „Offenheit" der Grundrechte hin sowie auf deren generelle Ausgestaltungsfähigkeit und -bedürftigkeit zumindest insoweit, als sie mit einem Gesetzesvorbehalt versehen sind[23]. Wer in diesem Sinne die legislativen Schranken- und Ausgestaltungsvorbehalte im Grundrechtsteil nur für zwei Seiten der gleichen Medaille hält[24], kann in der Tat aus Art. 1 Abs. 3 GG den allgemeinen Schluß ziehen, daß die Aufgabe eines optimalen Grundrechtsschutzes vom Gesetzgeber verlange, bei

---

22 Vgl. *Scheuner* (Bibl.), S. 330 f., unter Hinweis auf Art. 6 Abs. 4 GG sowie auf die UN-Konvention über wirtschaftliche, soziale und kulturelle Rechte vom 16. Dezember 1966. Näheres dazu unten RN 66 ff.
23 So etwa *Wienholtz* (Bibl.), S. 44 m.w.N.
24 Vgl. *Peter Häberle*, Die Wesensgehaltgarantie des Art. 19 Abs. 2 GG, ²1976, S. 126 ff., 180 ff.

der Konkretisierung und Aktualisierung eines bestimmten Grundrechts dessen materialen Sachgehalt möglichst gut und wirksam zum Ausdruck zu bringen (Prinzip der Grundrechtseffektivität).

b) Aus moderner Sicht erschließt sich mit der inzwischen allgemein anerkannten objektiv-rechtlichen Dimension der Grundrechte[25] ein neuer Bereich von Leistungs- und Zugangsansprüchen, die durch staatliche Organisations-, Verfahrens- und Teilhabegarantien zu sichern sind[26]. Auch für diese grundrechtstheoretische Konstruktion ist die Annahme direktiver, an den Staat adressierter Normgehalte nicht nur in Gleichheits-, sondern auch in Freiheitsrechten unverzichtbar.

37
Objektiv-rechtliche Dimension der Grundrechte

c) Das gilt erst recht für ein Grundrechtsmodell, bei dem sich der jeweilige Grundrechtsstatus des Einzelnen nicht als „eratischer Block" darstellt, welcher gleichsam nachträglich erst „behauen" und vermittels staatlicher Eingriffe in Form gebracht werden muß, sondern von vornherein als Rechtsverhältnis (Relation), das nicht nur durch Schranken (Rechte Dritter, staatliche Vorgaben etc.), sondern auch durch Prinzipien bestimmt wird, die im Rahmen eines komplexen Zuordnungsvorgangs miteinander in Beziehung zu setzen sind[27].

38
Grundrechtsstatus als Rechtsverhältnis

Somit bleibt festzuhalten, daß Verfassungsdirektiven und Grundrechte jedenfalls keine unvereinbaren Gegensätze darstellen, vielmehr ein Grundrecht nicht nur selbst schon seinem Wortlaut nach „direktiv" gefaßt sein kann, sondern mit seinem praktischen Geltungsanspruch auch verdeckte „direktive Normgehalte" aufzuweisen vermag.

39
Fazit

II. Grundpflichten

Ähnliches gilt für die sog. *Grundpflichten*, also für die Gesamtheit derjenigen Vorschriften im Grundgesetz, „welche in Korrelation zu den Grundrechten den einzelnen zur Erhaltung der gemeinsamen politischen Existenz für den Staat in Anspruch nehmen, quasi Grundrechte der staatlichen Gemeinschaft gegenüber dem Individuum statuieren und so nächst den individuellen grundrechtlichen Ansprüchen auch einen *status passivus* der Rechtsgenossen verfassungsrechtlich definieren oder wenigstens vorsehen"[28]. Auch ihnen wird seit einiger Zeit eine gewisse Leitfunktion zuerkannt.

40
Begriff und Funktion der Grundpflichten

---

25 → Bd. II: *Jarass*, Funktionen und Dimensionen der Grundrechte.
26 Vgl. *H. Dreier* (Bibl.), S. 43 ff.
27 In diesem Sinne *Alexy* (Bibl.), S. 1177 ff. et passim.
28 So *H. Hofmann*, Grundpflichten als verfassungsrechtliche Dimension, in: VVDStRL 41 (1983), S. 42 (47); *Götz* (ebd., S. 8 [12]) erblickt das Wesen der Grundpflichten darin, „daß die Verfassung vom Bürger bestimmte Beiträge zum Gemeinwohl nicht nur erwartet, sondern rechtlich fordert, die dieser aus der Fülle seiner Freiheiten und Rechte heraus erbringen soll"; seine Definition lautet daher: „Grundpflichten sind verfassungsrechtlich geforderte Pflichtbeiträge zum Gemeinwohl. Sie sind zu begreifen als verfassungsrechtlich verbindlich gemachte Aktivierung und Mobilisierung der den Grundrechtsinhabern zustehenden Freiheiten und Vermögenspotentiale für die Zwecke des Gemeinwohls". → Bd. II: *Randelzhofer*, Grundrechte und Grundpflichten.

41
Unterschied von „Grundpflichten" und „Gesetzgebungspflichten"

1. Zwar ist richtig, daß solche Grundpflichten einerseits und legislative Verfassungsaufträge andererseits einander ausschließen. Zutreffend weist daher *Detlef Merten* darauf hin, daß der Begriff „Grundpflicht" für Gesetzgebungspflichten jeden Sinns entbehre, „da nur die Verfassung als lex superior den Handlungsspielraum des Gesetzgebers beschränken und ihm eine Pflicht auferlegen kann, die als ‚Grund'-Pflicht zu bezeichnen völlig unnötig ist"[29]. Den Gesetzgeber selbst können also niemals Grundpflichten treffen.

42
Programmatik der Grundpflichten

2. Andererseits läßt sich aber auch nicht leugnen, daß die Grundpflichten gleichsam von Natur aus programmatischen Charakter besitzen. Denn erzwingbar sind sie nur vermittels eines sie konkretisierenden Gesetzes. Somit wohnt den Grundpflichten stets ein – im Zweifel ungeschriebener – Ausgestaltungsvorbehalt inne. Daher hat auch *Hasso Hofmann* mit seinem Hinweis Recht, daß die Realisierung der verfassungsrechtlichen Grundpflichtenprogrammatik ausschließlich dem Gesetzgeber übertragen ist. Gewiß seien Grundpflichten, insofern sie Gemeinschaftsinteressen institutionalisierten, auch Richtlinien der Rechtsauslegung und -anwendung, zumal im Grundrechtsbereich. Das bedeute aber nicht, daß Verwaltungsbehörden und Gerichte die Grundpflichten unmittelbar in rechtsverbindliche Anordnungen umsetzen dürften.[30]

43
Grundpflichten als privat-gerichtete Verfassungsdirektiven

3. Offenkundig beruht der scheinbare Widerspruch zwischen den Aussagen von *Merten* und *Hofmann* auf einem Mißverständnis: Der programmatische oder besser: direktive Charakter von Grundpflichten wäre fehlgedeutet, wenn man ihm einen konkreten Gesetzgebungsauftrag entnehmen wollte. Der Gesetzgeber ist grundsätzlich frei, darüber zu entscheiden, ob er einer bestimmten Grundpflicht reale Geltung verschaffen will. Wenn er dies aber tut, muß er das einer Grundpflicht immanente Gemeinwohlinteresse als Leitprinzip seines Handelns anerkennen. Man könnte die Grundpflichten daher auch als privat-gerichtete Verfassungsdirektiven bezeichnen. Der Einzelne wird zu einem bestimmten aktiven Tun aufgefordert, das vor allem dadurch gekennzeichnet ist, daß der Staat es von ihm verlangen kann[31]. Zwar könnten derartige Verhaltenspflichten auch im Wege einfacher Gesetzgebung begründet werden. Das Wesen einer Grundpflicht besteht demgegenüber aber gerade darin, daß die Verfassung sie statuiert. Daraus ist zu schließen, daß ihre Erfüllung im Interesse des Gemeinwohls für so wichtig erachtet wird, daß der Gesetzgeber angehalten ist, auch die einfach-rechtlichen Voraussetzungen für deren Durchsetzung zu schaffen. Nur in diesem Sinne wirken auch die Grundpflichten richtungweisend und politikleitend.

---

29 *Merten*, Grundpflichten im Verfassungssystem der Bundesrepublik Deutschland, BayVBl. 1978, S. 554 (555); vgl. hierzu auch *seinen* Diskussionsbeitrag auf der Staatsrechtslehrertagung 1976 in Heidelberg, in: VVDStRL 35 (1977), S. 135.
30 So *H. Hofmann* (FN 28), S. 78 f.
31 Vgl. *Rolf Stober*, Grundpflichten und Grundgesetz, 1979, S. 12 ff.

III. Schutzpflichten

Zu den Verfassungsdirektiven im weiteren Sinn könnte man auf den ersten Blick auch die sog. *Schutzpflichten* rechnen, die neuerdings in der Grundrechtsdogmatik vor allem auf den Gebieten des Lebens- und Umweltschutzes Karriere gemacht haben. Unter „Schutzpflichten" versteht man im wesentlichen Pflichten des Staates, grundrechtsbewehrte Rechtsgüter seiner Bürger zu schützen, die weniger durch staatliche Eingriffe als durch private Störungen und Übergriffe oder durch natürliche Gefahren bedroht sind[32].

44
Definition der Schutzpflichten

1. Gemeinsam mit den Verfassungsdirektiven ist den staatlichen Schutzpflichten zunächst der Adressatenkreis: Sie richten sich nicht nur an den Gesetzgeber, sondern an alle drei Gewalten, also auch an die Exekutive, welche die Schutzgesetze vollziehen muß, und sogar an die Rechtsprechung als Kontrollmaßstäbe für ein mögliches Zurückbleiben des Gesetzgebers hinter den verfassungsrechtlichen Anforderungen. Darüber hinaus wird der Staat wie bei den Verfassungsdirektiven zu positivem Tun verpflichtet, das geeignet ist, Grundrechtsstörungen aus dem privaten oder gesellschaftlichen Bereich abzuwehren. Insofern stellen Schutzpflichten gleichsam die Umkehrung oder besser: eine Art staatliches Korrelat zu den Grundrechten als subjektiven Abwehrrechten gegen staatliche Eingriffe dar. Schließlich folgt daraus, daß die dogmatische Figur der Schutzpflicht praktische Bedeutung zwar vor allem bei den persönlichen Freiheiten (Recht auf Leben, körperliche Unversehrtheit, informationelle Selbstbestimmung, Freiheit der Person) und bei dem der individuellen Lebensgestaltung dienenden Sachgüterschutz (Eigentumsgarantie, Erbrecht, Berufsfreiheit) erlangt, jedoch im Prinzip Geltung für alle Freiheitsrechte erheischt[33]. Inzwischen scheint allerdings die Lehre von den Schutzpflichten, einst als „Motor der schöpferischen Grundrechtsrechtsprechung" gepriesen[34], ihren Kulminationspunkt überschritten zu haben. Dank zahlreicher kritischer Stimmen, die in den Schutzpflichten geradezu eine Perversion der Freiheitsrechte zu erkennen glauben[35], scheint auch die Judikatur allmählich davon abzurücken und sich auf die Kategorie des sog. *Untermaßverbots* zu beschränken, das nur bei evidenter Verletzung konkrete Handlungs- oder Nachbesserungspflichten des Gesetzgebers begründen soll[36].

45
Gemeinsamkeiten mit den Verfassungsdirektiven

---

[32] Näheres bei *Peter Unruh*, Zur Dogmatik grundrechtlicher Schutzpflichten, 1996, S. 20 ff. Vgl. aus der Fülle des einschlägigen Schrifttums auch schon *Josef Isensee*, Das Grundrecht auf Sicherheit: Zu den Schutzpflichten des freiheitlichen Verfassungsstaates, 1983; *ders.*, Das Grundrecht als Abwehrrecht, HStR V, § 111; *E. Klein*, Grundrechtliche Schutzpflicht des Staates, NJW 1989, S. 1633 ff.; *Christian Starck*, Grundrechtliche Schutzpflichten, 1993, in: *ders.*, Praxis der Verfassungsauslegung, 1994, S. 46 ff.; *H. H. Klein*, Die grundrechtliche Schutzpflicht, DVBl. 1994, S. 489 ff.; *Dietlein* (Bibl.). Aus der Judikatur vgl. vor allem *BVerfGE 39*, 1 (44 ff.); *46*, 160 (164); *49*, 304 (319 f.); *53*, 30 (60 ff.); *56*, 54 (80 f.); *76*, 1 (51); *77*, 170 (214 f.); 381 (405); *88*, 203 ff.; → Bd. II: *Calliess*, Schutzpflichten.
[33] So auch *Isensee*, Das Grundrecht als Abwehrrecht, HStR V, § 111 RN 86.
[34] So *Stern*, HStR V, § 109 RN 7 ff.
[35] So vor allem *Böckenförde*, Grundrechte als Grundsatznormen (Bibl.), S. 159 ff. „Antikritische Betrachtungen" dazu stellt *H. Dreier* (Bibl., S. 53 ff.) an.
[36] So *BVerfGE 88*, 203 (254 f.). Vgl. dazu auch *Unruh* (FN 32), S. 79 ff.: „Die Reichweite der Schutzpflicht und das Untermaßverbot".

46
Unterschiede

2. Andererseits bestehen zwischen den Schutzpflichten und den Verfassungsdirektiven so gravierende *Unterschiede*, daß sie eher als Gegensätze denn als komplementäre Kategorien aufzufassen sind.

47
Präventive Eingriffsabwehr durch Schutzpflichten

a) Das Schutzpflichtkonzept basiert im Prinzip auf der „klassischen" Abwehrfunktion von Grundrechten, hat also eigentlich nichts mit deren Objektivierung zu tun, und setzt in tatbestandlicher Hinsicht sowohl eine spezifische Gefährdungslage als auch einen drohenden oder gegenwärtigen Eingriff voraus. Mit dem Ziel einer „präventiven Eingriffsabwehr" gibt die Schutzpflicht den staatlichen Gewalten auf, geeignete Maßnahmen zu ergreifen, die verhindern sollen, daß es durch private oder natürliche Einwirkungen auf den jeweiligen Grundrechtsträger, vielfach auch als „Opfer" bezeichnet, zu Verletzungen von (Grund-) Rechtsgütern kommt. Insofern weist das Schutzpflichtkonzept gewisse Parallelen zum Polizeirecht auf[37], bei dessen Generalklausel auch die Frage diskutiert wird, ob und inwieweit Ordnungsbehörden zum Schutz privater Rechte befugt oder sogar verpflichtet sind.

48
Positiver Grundrechtsschutz durch Verfassungsdirektiven

b) Ganz anders die Verfassungsdirektiven: Sie reagieren nicht auf drohende Eingriffe Dritter (Privater) in Fällen einer Grundrechtsgefährdung, sondern dienen gerade umgekehrt der „Grundrechtsförderung" im Sinne eines positiven Grundrechtsschutzes, dessen Ziel die Schaffung möglichst günstiger Rahmenbedingungen für eine optimale Verwirklichung von Grundrechten ist. Insofern stehen – wie noch darzulegen ist – die Verfassungsdirektiven den Grundrechten in ihrer Teilhabe- oder Leistungsdimension sehr viel näher als den aus ihnen abgeleiteten Schutzpflichten. Das wird von denen übersehen, die das Schutzpflichtkonzept auch auf staatliche Hilfs- und Förderpflichten beziehen und damit erheblich überdehnen[38]. Grundrechtliche Schutzpflichten und Verfassungsdirektiven schließen somit einander aus. Dies erhellt insbesondere ein Blick auf die eigentlichen Direktivgrundrechte im engeren Sinn.

D. Grundrechte als Verfassungsdirektiven (Direktivgrundrechte)

I. Explizite Direktivgrundrechte (Art. 6 Abs. 5, 3 Abs. 2 Satz 2 GG)

49
Ausrichtung des Grundrechtskatalogs auf Freiheitsrechte

Da die meisten Grundrechte als individuelle „Freiheitsrechte" formuliert sind, enthält der Erste Abschnitt des Grundgesetzes nur wenige Normen, die schon von ihrem Wortlaut her den Charakter einer Verfassungsdirektive besitzen. Solche ausdrücklich normierten, *expliziten Direktivgrundrechte* finden sich in Art. 6 Abs. 5 GG, in Art. 3 Abs. 2 Satz 2 GG und – mit gewissen Einschränkungen – auch in Art. 3 Abs. 1 GG.

---

[37] Vgl. *Dietrich Murswiek*, Die staatliche Verantwortung für die Risiken der Technik, 1985, S. 80 ff.; *Isensee*, Das Grundrecht als Abwehrrecht, HStR V, § 111 RN 88 ff.; dagegen *Unruh* (FN 32), S. 76 ff.
[38] Dazu neigt etwa *H. Dreier* (Bibl.), S. 47.

1. Nach Art. 6 Abs. 5 GG ist der Gesetzgeber verpflichtet, den unehelichen Kindern die gleichen Bedingungen für ihre leibliche und seelische Entwicklung und ihre Stellung in der Gesellschaft zu schaffen wie den ehelichen Kindern.

50
Gleichstellung unehelicher Kinder

a) Auf den ersten Blick könnte man annehmen, daß es sich hier lediglich um einen Gesetzgebungsauftrag handelt, der die Legislative dazu verpflichtet, die unehelichen Kinder den ehelichen Kindern *rechtlich* gleichzustellen. Darin erschöpft sich freilich nach allgemeiner Ansicht der Regelungsgehalt des Art. 6 Abs. 5 GG nicht. Denn er weist dem Gesetzgeber eine sehr viel weiterreichende Aufgabe zu: Er soll den unehelichen Kindern durch positive Maßnahmen die gleichen Bedingungen erstens für ihre leibliche und seelische Entwicklung und zweitens für ihre Stellung in der Gesellschaft verschaffen. Somit kann es sich hier nur um gleiche *faktische* Bedingungen für die reale Persönlichkeitsentwicklung dieser Kinder und um deren *wirkliche* soziale Stellung handeln.

51
Erfordernis faktischer Gleichstellung

b) Nach Meinung des Bundesverfassungsgerichts geht es dabei weniger um eine schematische Gleichstellung unehelicher Kinder. Mit Rücksicht auf deren soziale Lage könne eine Differenzierung sogar erforderlich sein, damit tatsächlich gleiche Bedingungen erreicht werden. Der Gesetzgeber dürfe sich also nicht „mit einer Annäherung der Stellung des nichtehelichen Kindes an die des ehelichen Kindes zufrieden geben. Das Ziel – die Schaffung wirklich gleicher Bedingungen – ist ihm vielmehr im Grundgesetz verbindlich vorgegeben. Gestaltungsfreiheit kommt ihm nur bei der Entscheidung über den einzuschlagenden Weg zu, soweit verschiedene verfassungsmäßige Lösungsmöglichkeiten zur Verfügung stehen". Sind irgendwo sonst noch zulässige Diskriminierungen nichtehelicher Kinder als unabänderlich hinzunehmen, müssen diese „möglichst anderweitig so ausgeglichen werden, daß materielle Gleichwertigkeit erreicht wird"[39].

52
Rechtsprechung des Bundesverfassungsgerichts

c) Damit erfüllt dieses spezielle Gleichstellungsgebot alle – oben beschriebenen[40] – Merkmale einer Verfassungsdirektive: Der Gesetzgeber ist angewiesen, die Gleichstellung unehelicher Kinder durch Herstellung tatsächlicher Gleichheit in ihren Entwicklungsbedingungen ebenso wie in ihrem gesellschaftlichen Status zu bewirken. Daß dies mit rechtlichen Mitteln allein nur begrenzt möglich ist, wird vom Grundgesetz in Kauf genommen. So gesehen findet sich in Art. 6 Abs. 5 GG ein Gesetzgebungsauftrag, der zugleich als Direktivgrundrecht gefaßt ist, mithin eine Kombination beider Kategorien. Das Beispiel zeigt, wie Gesetzgebungsaufträge und Direktivgrundrechte auch einander überschneiden und ergänzen können.

53
Kombination von Gesetzgebungsauftrag und Direktivgrundrecht

2. Allgemeiner gefaßt ist dagegen das Direktivgrundrecht des Art. 3 Abs. 2 Satz 2 GG: Danach hat der Staat die tatsächliche Durchsetzung der Gleichberechtigung von Frauen und Männern zu fördern und auf die Beseitigung

54
Staat als Adressat des Art. 3 Abs. 2 Satz 2 GG

---

39 So *BVerfGE 85*, 80 (87 ff.) unter Hinweis auf *E 58*, 377 (389). Vgl. *auch E 21*, 329 (343); *25*, 167 (174); *44*, 1 (18); *74*, 33 (38).
40 Vgl. oben RN 28.

bestehender Nachteile hinzuwirken. Es wendet sich nicht nur an alle drei Gewalten, sondern ganz generell an den „Staat", worunter neben Bund und Ländern auch die Kommunen fallen.

55
Positive und negative Komponente des Förderauftrags

a) Dieser Gleichstellungsauftrag bezüglich der Geschlechter – eingefügt aufgrund eines Vorschlags der Gemeinsamen Verfassungskommission von Bundestag und Bundesrat[41] – enthält zwei Komponenten: erstens die Förderung der tatsächlichen Durchsetzung des Gleichberechtigungsgebots aus Art. 3 Abs. 2 Satz 1 GG und zweitens das Hinwirken auf die Beseitigung bestehender Nachteile. Man kann daher von einer positiven und einer negativen Zielrichtung des Art. 3 Abs. 2 Satz 2 GG sprechen. In positiver Hinsicht bezieht sich der Förderungsauftrag vorrangig auf die faktische Gleichstellung von Männern und Frauen in allen Lebensbereichen, namentlich im Berufs- und Erwerbsleben. Während Satz 1 für Männer und Frauen nur gleiches Recht verlangt, fügt Satz 2 die Pflicht aller öffentlichen Gewalt hinzu, die Realisierung dieses Rechts durch unterstützende Maßnahmen zu bewirken oder wenigstens zu erleichtern. In negativer Hinsicht sollen bestehende Nachteile für das eine oder andere Geschlecht beseitigt werden, wodurch nach allgemeiner Ansicht mit Rücksicht auf die Entstehungsgeschichte in erster Linie ein individuelles Recht der Frauen auf Chancengleichheit begründet wird[42] und der mittelbaren (faktischen) Diskriminierung (bei formal gleichem Recht) ein Riegel vorgeschoben werden soll[43].

56
Ablehnung starrer Quoten

b) Umstritten ist dagegen, ob und inwieweit damit auch ein Recht auf Ergebnisgleichheit geschaffen worden ist. Abgelehnt werden überwiegend starre Quoten (etwa zur Auffüllung bestimmter Berufe, Einrichtungen, Ausbildungsstätten oder des öffentlichen Dienstes mit Frauen bis zur Höhe des entsprechenden Männeranteils)[44]. Dagegen erscheinen eignungs-, befähigungs- und leistungsbezogene Quoten zugunsten von Frauen nunmehr zulässig, weil sonst Satz 2 des Art. 2 Abs. 2 GG gegenüber Satz 1 kaum eigenständige Bedeutung erlangen würde[45]. Darüber hinaus erfaßt das Gleichstellungsgebot in Satz 2 auch soziale und kulturelle Faktoren, die zur Benachteiligung von Frauen führen können (wie Einstellungen, Verhaltensmuster, gesellschaftli-

---

41 Durch Art. 1 Nr. 1a des Gesetzes zur Änderung des Grundgesetzes vom 27.10.1994 (BGBl. I S. 3146). Vgl. auch „Abschlußbericht und Empfehlungen der Gemeinsamen Verfassungskommission" (BT-Drucks. 12/6000 und BR-Drucks. 800/93). Näheres bei *H.-J. Vogel*, Verfassungsreform und Geschlechterverhältnis, in: FS Benda, 1995, S. 395 (398ff.).
42 Vgl. *Rüfner*, in: Bonner Kommentar (LitVerz.), Art. 3 Abs. 2 und 3 GG, RN 694ff. Ebenso *Scholz*, in: Maunz/Dürig, GG (LitVerz.), Art. 3 RN 61: „In seiner Gewährleistungsreichweite bezieht sich Art. 3 Abs. 2 Satz 2 auf den Tatbestand einer (höchstmöglichen) Chancengleichheit von Mann und Frau, nicht dagegen auf die (tatsächliche) Ergebnisgleichheit".
43 Dazu *Heun*, in: H. Dreier, GG (LitVerz.), Art. 3 RN 96.
44 So *Scholz* (FN 42) RN 65.
45 Vgl. *Matthias Döring*, Frauenquoten und Verfassungsrecht, 1996; *Heide M. Pfarr*, Quoten und Grundgesetz. Notwendigkeit und Verfassungsmäßigkeit von Frauenförderung, 1988; Kritisch: *Björn Gerd Schubert*, Affirmative Action und Reverse Discrimination. Zur Problematik von Frauenquoten im öffentlichen Dienst am Beispiel der Bundesrepublik Deutschland unter Einbeziehung des Rechts der Europäischen Gemeinschaft, der Vereinigten Staaten von Amerika und der Republik Südafrika, 2003. Zum Ganzen: *Ute Sacksofsky*, Das Grundrecht auf Gleichberechtigung. Eine rechtsdogmatische Untersuchung zu Art. 3 Abs. 2 des Grundgesetzes, 1991. Vgl. auch *Heun* (FN 43) RN 87 (m.w.N.).

che Rollenverteilungen, bürgerliche Konventionen), und enthält insoweit „eine verfassungsrechtliche Fundierung zur strukturellen Veränderung der Gesellschaft"[46].

b) Dieser normative Regelungsgehalt von Art. 3 Abs. 2 Satz 2 GG war in der Vergangenheit bereits von der Rechtsprechung des Bundesverfassungsgerichts zu Satz 1 vorbereitet worden. Während das Gericht in seiner Altersruhegeldentscheidung noch offengelassen hatte, „ob und inwieweit der Gesetzgeber aus Art. 3 Abs. 2 GG in Verbindung mit dem Sozialstaatsprinzip verpflichtet sein könnte, die Voraussetzungen für eine faktische Gleichberechtigung zwischen Männern und Frauen zu schaffen"[47], wird schon wenig später der Satz, „Männer und Frauen sind gleichberechtigt", so gedeutet, daß er nicht nur diskriminierende Rechtsnormen beseitigen, „sondern für die Zukunft die Gleichberechtigung der Geschlechter durchsetzen" wolle. Er ziele auf die Angleichung der Lebensverhältnisse, etwa auf gleiche Erwerbschancen für Frauen und Männer. Überkommene Rollenverteilungen, die zu einer höheren Belastung oder zu sonstigen Nachteilen für Frauen führten, dürften durch staatliche Maßnahmen nicht nur nicht verfestigt werden; vielmehr könnten faktische Nachteile, die typischerweise Frauen träfen, sogar durch begünstigende Regelungen ausgeglichen werden[48]. Deshalb erblickt das Gericht in Art. 3 Abs. 2 Satz 2 GG seit seinem Inkrafttreten praktisch nur eine Klarstellung oder Bestätigung dessen, was sich bereits aus Satz 1 ergibt[49].

57
Klarstellung des Art. 3 Abs. 2 S. 1 GG durch das BVerfG

c) Während also das Bundesverfassungsgericht dem Art. 3 Abs. 2 Satz 2 GG lediglich ein „grundrechtliches Schutzgebot"[50] rein deklaratorischer Art zu entnehmen scheint, gehen im Schrifttum die Meinungen über dessen Rechtsnatur weit auseinander. Überwiegend wird angenommen, daß es sich hier um eine „Staatszielbestimmung" handele[51]. Diese Charakterisierung ist zumindest ungenau, wenn nicht gar irreführend. Denn der Verfassungsauftrag, die Gleichberechtigung von Männern und Frauen zu realisieren und bestehende Hindernisse zu beseitigen, läßt sich keineswegs auf ein allgemeines Staatsziel reduzieren, das den drei Gewalten zwar eine bestimmte Aufgabe stellt, aber insoweit lediglich eine Kompetenz zuweist, von der Gebrauch zu machen mehr oder weniger im Belieben des Staates steht (wie dies beim Umwelt-

58
Musterbeispiel eines Direktivgrundrechts

---

46 So *Eckertz-Höfer*, in: Alternativkommentar, GG (LitVerz.), Art. 3 Abs. 2 und 3 RN 80.
47 BVerfGE 74, 163 (179 f.).
48 BVerfGE 85, 191 (206 f.). So muß beispielsweise der Gesetzgeber nach BVerfGE 97, 332 (348) „dafür sorgen, daß Familientätigkeit und Erwerbstätigkeit aufeinander abgestimmt werden können und die Wahrnehmung der familiären Erziehungsaufgabe nicht zu beruflichen Nachteilen führt (vgl. BVerfGE 39, 1 [44 f.]; 88, 203 [260])".
49 So BVerfGE 92, 91 (109): „Art. 3 Abs. 2 GG enthält daneben keine weitergehenden oder speziellen Anforderungen. Sein über das Diskriminierungsverbot des Art. 3 Abs. 3 GG hinausreichender Regelungsgehalt besteht darin, daß er ein Gleichberechtigungsgebot aufstellt und dieses auch auf die gesellschaftliche Wirklichkeit erstreckt. ... Das ist inzwischen durch die Anfügung von Satz 2 in Art. 3 Abs. 2 GG ausdrücklich klargestellt worden". Ebenso BVerfGE 104, 373 (393).
50 BVerfGE 97, 332 (348).
51 So *Scholz* (FN 42) RN 60 f.; *Rüfner* (FN 42) RN 686 ff.; *Starck*, in: v. Mangoldt/Klein/Starck, GG (LitVerz.), Art. 3 Abs. 2 RN 286 f.

schutz nach Art. 20a GG der Fall ist)⁵², sondern enthält nicht mehr und nicht weniger als eine klare Verpflichtung zur Grundrechtsverwirklichung, die an der Bindungswirkung der Grundrechte nach Art. 1 Abs. 3 GG teilhat. Insofern bildet Art. 3 Abs. 2 Satz 2 GG geradezu das Musterbeispiel für ein *Direktivgrundrecht*⁵³, dessen besondere Eigenart unter anderem darin besteht, daß es zur Auslegung anderer, auch widerstreitender Grundrechte herangezogen werden muß. Hier führt Art. 3 Abs. 2 Satz 2 GG nach Maßgabe „praktischer Konkordanz" beispielsweise zu einer Modifikation des strikten Differenzierungsverbots wegen des Geschlechts in Art. 3 Abs. 3 GG⁵⁴.

59
Allgemeiner Gleichheitssatz

3. Als „Verfassungsdirektive" im Grundrechtsbereich wird gelegentlich auch der allgemeine Gleichheitssatz selbst angesehen⁵⁵. Denn Art. 3 Abs. 1 GG schreibe den staatlichen Gewalten vor, Gleiches gleich und Ungleiches ungleich zu behandeln.

60
Fehlender konkreter Realisierungsauftrag in Art. 3 Abs. 1 GG

a) Dieses Verhaltensgebot allein erfüllt jedoch noch nicht die Begriffsmerkmale eines Direktivgrundrechts, weil es ihm an einem konkreten Realisierungsauftrag fehlt⁵⁶. Allenfalls könnte man in der Begründungs- und Rechtfertigungspflicht des Gesetzgebers für Abweichungen von einer strikt schematischen (arithmetischen) Gleichbehandlung ein Leitprinzip des Gleichheitssatzes erblicken. Denn diese Pflicht erstreckt sich nicht nur auf die Gründe für eine Ungleichbehandlung von Gleichem (oder umgekehrt), welche Willkür auszuschließen geeignet sind, sowie auf Art, Umfang und Ausmaß der jeweiligen Differenzierung, gemessen am Grundsatz der Verhältnismäßigkeit, sondern auch auf die Auswahl der Vergleichsmerkmale und deren Gewichtung. Bisweilen werden in diesem Zusammenhang auch das Konsequenzgebot und das Postulat der Systemgerechtigkeit genannt.

61
Art. 3 Abs. 1 GG als subjektives Grundrecht

b) Zweifellos handelt es sich hier um unmittelbar aus Art. 3 Abs. 1 GG ableitbare, verbindliche Handlungsanweisungen zuvörderst an den Gesetzgeber. Anders als bei einer bloßen Grundrechtsdirektive hat jedoch der von einer Benachteiligung Betroffene auf die Erfüllung dieser Begründungs- und Rechtfertigungspflicht im Einzelfall einen einklagbaren und letztlich mit der Verfassungsbeschwerde verfolgbaren (Grund-)Rechtsanspruch, während diejenigen, die aus Art. 3 Abs. 1 GG ein „Prinzip der faktischen Gleichheit" entnehmen zu können glauben, einräumen müssen, daß dieses Prinzip „als eine nicht gerichtlich durchsetzbare, den Gesetzgeber aber dennoch bindende Norm interpretiert werden" muß⁵⁷. Zu einem Direktivgrundrecht gehört aber

---

52 Statt anderer *Heun* (FN 43) RN 92: „Ermächtigung zu Fördermaßnahmen" (unter Hinweis auf *Sacksofsky* [FN 45], S. 344: „Je stärker ... der bloße Zielcharakter des Verfassungsauftrags betont wird, ... desto geringere praktische Auswirkungen wird [der Verfassungsauftrag] entfalten können"). Ähnlich auch *Starck* (FN 51) RN 287: „Staatsziele werden unter Beachtung der Grenzen verwirklicht, die die Verfassung durch Kompetenzregeln, Grundrechte und sonstige Bestimmungen zieht".
53 *Eckertz-Höfer* ([FN 46] RN 74) scheint dieses Problem erkannt zu haben, wenn sie immerhin von einem „Staatsziel in Form eines rechtlich verbindlichen Auftrags" spricht.
54 So *Rüfner* (FN 42) RN 710 ff.; *L. Osterloh*, in: Sachs, GG (LitVerz.), Art. 3 RN 266; a.A. *Starck* (FN 51) RN 288 (m.w.N.).
55 So *Stern* (FN 10), S. 66.
56 Skeptisch daher auch *Lerche* (Bibl.), S. 361 ff.
57 So *Alexy* (Bibl.), S. 380.

gerade auch seine Justitiabilität, die, wenn auch nicht als Anspruch auf ein bestimmtes Handeln, so doch auf ein die Verwirklichung des jeweiligen Grundrechts ermöglichendes und förderndes Verhalten des Staates gerichtet ist[58].

II. Implizite Direktivgrundrechte
(Art. 5 Abs. 1 Satz 2, 7 Abs. 3 Satz 2, 16a Abs. 3 Satz 1 GG)

Anders als bei den Grundrechten mit expliziter Zielsetzung sieht man den *impliziten Direktivgrundrechten* ihre richtungweisende Funktion auf den ersten Blick nicht an. Sie ist vielmehr verborgen und entweder von der Rechtsprechung des Bundesverfassungsgerichts herausgearbeitet worden oder ergibt sich mittelbar aus konkreten außerrechtlichen Bedingungen, auf die der Staat „direktiv" verwiesen wird und die von ihm beachtet werden müssen, damit das jeweilige Grundrecht sachgerecht verwirklicht werden kann. Dazu drei Beispiele:

62
Verborgene richtungweisende Funktion

1. Mit der Feststellung, die *Rundfunkfreiheit* (Art. 5 Abs. 1 Satz 2 GG) bedürfe zur Gewährleistung freier, individueller und öffentlicher Meinungsbildung einer gesetzlichen Ausgestaltung, verband das Bundesverfassungsgericht zugleich den Auftrag an die Legislative, die technischen, organisatorischen, personellen und finanziellen Vorbedingungen dafür zu schaffen, daß der öffentlich-rechtliche Rundfunk, dem wegen seines umfassenden Programmangebots und hohen Verbreitungsgrades die Aufgabe der „Grundversorgung" der Bevölkerung zufalle, diese Funktion auch tatsächlich wahrnehmen und erfüllen könne[59]. Deshalb müsse der Gesetzgeber, wenn er sich für ein Nebeneinander von öffentlich-rechtlichem und privatem Rundfunk („duales System") entschieden habe, auch sicherstellen, daß der öffentlich-rechtliche Rundfunk in programmlicher, finanzieller und technischer Hinsicht nicht auf den gegenwärtigen Entwicklungsstand beschränkt bleibe. Aus Art. 5 Abs. 1 Satz 2 GG lasse sich daher eine „Bestands- und Entwicklungsgarantie" für den öffentlich-rechtlichen Rundfunk herleiten, die sich auch auf die neuen Informationsdienste erstrecke, welche mittels neuer Techniken künftig Funktionen des herkömmlichen Rundfunks übernehmen könnten[60]. Diese Aussagen reichen weit über den normalen Grundrechtsschutz durch Organisation und Verfahren hinaus. Denn sie verpflichten den Staat, den kulturellen und technischen Fortschritt im Bereich des gesamten Telekommunikations- und -informationswesens nicht nur zu beobachten, sondern den öffentlich-rechtlichen Rundfunk auch daran teilhaben zu lassen und mit den erforderlichen Finanzmitteln auszustatten. Damit erweist sich die Rundfunkfreiheit praktisch als Direktivgrundrecht, das den an seiner Konkretisierung und Aktualisierung beteiligten staatlichen Organen implizit die Richtung ihrer künftigen Aktivitäten vorgibt.

63
Bestands- und Entwicklungsgarantie für den öffentlich-rechtlichen Rundfunk

---
58 Vgl. dazu unten RN 100 ff.
59 So *BVerfGE 73*, 118 (152 ff.) unter Hinweis auf *E 57*, 295 (319 f.) und *59*, 231 (257 f.).
60 *BVerfGE 83*, 238 (297 f.) unter Hinweis auf *E 74*, 297 (350 f.).

64

Achtung der Gestaltung des Religionsunterrichts durch die Religionsgemeinschaften

2. An außerstaatliche Sachverhalte und Lebensordnungen knüpft auch die Regelung über den konfessionsgebundenen *Religionsunterricht* als ordentliches Lehrfach in Art. 7 Abs. 3 Satz 2 GG an. Danach wird unbeschadet des staatlichen Aufsichtsrechts der Religionsunterricht „in Übereinstimmung mit den Grundsätzen der Religionsgemeinschaften" erteilt. Demzufolge bestimmen über die Inhalte und die Methoden der religiösen Unterweisung in den Schulen ebenso wie über die Ausbildung der Religionslehrer nicht etwa staatliche Stellen, sondern die Religionsgemeinschaften selbst. Diese Befugnisse sind nach geltendem Staatskirchenrecht in Deutschland zugleich Bestandteil der kollektiven Religionsfreiheit, wie sie nach Art. 4 Abs. 1 und 2 GG auch von den Kirchen und Religionsgemeinschaften in Anspruch genommen werden kann. Auch hier birgt Art. 7 Abs. 3 Satz 2 GG implizit eine direktive Komponente, die den Staat auf die ihm von den Religionsgemeinschaften vorgegebenen Grundsätze über die Gestaltung des Religionsunterrichts verweist, die er zu beachten und bei Ausgestaltung dieses Lehrfachs zu befolgen hat. Sogar die Zulassung von Schülern anderer Bekenntnisse am Religionsunterricht obliegt der für den Unterricht verantwortlichen Religionsgemeinschaft; der Staat hat dieser Entscheidung Rechnung zu tragen. Ändern sich die Vorstellungen einer Kirche oder Religionsgemeinschaft über Inhalt und Ziel des Religionsunterrichts, so muß der weltanschaulich neutrale Staat dies hinnehmen[61]. Das Grundrecht auf strikt konfessionelle Unterweisung in staatlichen Schulen, welches sogar dem Elternrecht (Art. 6 Abs. 2 GG) und der Religionsfreiheit andersgläubiger Schüler (Art. 7 Abs. 2 i.V.m. Art. 4 Abs. 1 und 2 GG) vorgeht, hat danach eine unmittelbar direktive Wirkung, indem es den Staat verpflichtet, den von ihm zu organisierenden Religionsunterricht an den Vorgaben der verantwortlichen Religionsgemeinschaft auszurichten, und ihn so auf deren sich wandelndes Selbstverständnis verweist.

65

Sorgfaltspflicht des Gesetzgebers bei der Bestimmung sicherer Herkunftsländer

3. Ein drittes Beispiel für implizite Direktivgrundrechte bietet das *Asylrecht* (Art. 16a GG). Nach Art. 16a Abs. 3 GG können durch Gesetz mit Zustimmung des Bundesrates Staaten bestimmt werden, bei denen aufgrund der Rechtslage, der Rechtsanwendung und der allgemeinen politischen Verhältnisse gewährleistet erscheint, daß dort weder politische Verfolgung noch unmenschliche oder erniedrigende Bestrafung oder Behandlung stattfindet. Bei einem Ausländer aus solchen Staaten wird vermutet, daß er dort nicht verfolgt wird, solange er jene Vermutung nicht widerlegt. Dieses Gesetz ist ein grundrechtsausfüllendes Gesetz, das keine Beschränkung des Schutzbereichs von Art. 16a Abs. 1 GG bezweckt, sondern lediglich einer Straffung des Verfahrens dient, indem es Entscheidungen der Behörden und Gerichte auf den Gesetzgeber verlagert. Damit verpflichtet das Grundrecht auf Asyl den Gesetzgeber zugleich, seinen Katalog verfolgungsfreier Herkunftsländer an deren jeweiligem Rechtszustand zu orientieren sowie diese Liste permanent zu überprüfen und erforderlichenfalls anzupassen oder nachzubessern[62].

---

61 So *BVerfGE 74*, 244 (250 ff.).
62 Vgl. im einzelnen *BVerfGE 94*, 115 (132 ff.) sowie LS 3: „Für die Bestimmung eines Staates zum sicheren Herkunftsland hat sich der Gesetzgeber anhand von Rechtslage, Rechtsanwendung und allgemeinen politischen Verhältnissen aus einer Vielzahl von einzelnen Fakten ein Gesamturteil über die für politische Verfolgung bedeutsamen Verhältnisse in dem jeweiligen Staat zu bilden".

Zwar verfügt der Gesetzgeber bei der Beurteilung bestehender Verfolgungsfreiheit in einem bestimmten Staat und bei einer Prognose über dessen weitere Entwicklung innerhalb eines überschaubaren Zeitraums über einen Einschätzungs- und Wertungsspielraum. Der einzelne Asylbewerber kann jedoch, abgesehen vom Gegenbeweis im konkreten Fall, zugleich auch das Gesetz selbst mit der Begründung anfechten, die vom Gesetzgeber getroffenen Entscheidungen seien unvertretbar, weil eine Gesamtwürdigung ergebe, daß der Gesetzgeber sich bei seiner Entscheidung nicht von „guten Gründen" habe leiten lassen[63]. Somit besteht der dirigierende Normgehalt des Asylgrundrechts implizit darin, den Gesetzgeber bei der Bestimmung sicherer Herkunftsländer auf äußerste Sorgfalt in der Prüfung und Feststellung eines verfolgungsfreien Gesamtzustands zu verpflichten, so daß seine Auswahl zumindest vertretbar und mithin auch für Gerichte nachvollziehbar erscheint.

III. Soziale Grundrechte

Eine dritte Kategorie von Direktivgrundrechten bilden die sog. *sozialen Grundrechte*, die sich zwar nicht im Grundgesetz, dafür aber umso zahlreicher in den Landesverfassungen und in inter- oder supranationalen Verträgen oder Dokumenten finden. Sie geben dem staatlichen Handeln nicht nur eine bestimmte Richtung vor, sondern sind auch auf Verwirklichung ihres Normgehalts hin angelegt[64]. Während inzwischen über mögliche Gegenstände und Inhalte sozialer Grundrechte weitgehend Einigkeit besteht, herrscht über deren Rechtsnatur und demgemäß auch über ihre Rechtswirkungen und ihre verfassungsprozessuale Behandlung weiterhin Streit.

66 Soziale Grundrechte als Direktivgrundrechte

1. Zu den sozialen Grundrechten gehören im wesentlichen objektivierte Rechtspositionen aus fünf verschiedenen persönlichen Lebensbereichen[65]:

67 Unterschiedliche Lebensbereiche

a) Garantien der *„Arbeit"*, allen voran das „Recht auf Arbeit", ergänzt durch Rechte auf humane Arbeitsbedingungen, gerechten Lohn, Sicherheit am Arbeitsplatz, Arbeitspausen, bezahlten Urlaub, effektive Arbeitsvermittlung, fachlich qualifizierte Berufsberatung und Berufsausbildung, Schutz der Arbeitskraft, Verbot der Kinderarbeit, Schutz von Behinderten und Frauen[66];

68 Arbeit

b) Garantien der *„sozialen Sicherheit"*, allen voran das „Recht auf soziale Sicherung", ergänzt durch Rechte auf Bereitstellung staatlicher Sicherungssysteme (Alters-, Unfall-, Kranken-, Arbeitslosen- und Pflegeversicherung), auf

69 Soziale Sicherheit

---

63 Ebd., S. 144 (und LS 4 d).
64 Vgl. aus dem umfangreichen Schrifttum *Brunner* (Bibl.); *Wildhaber* (Bibl.), S. 371 ff.; *Badura* (Bibl.), S. 17 ff.; *Isensee*, Verfassung ohne soziale Grundrechte (Bibl.), S. 367 ff.; *Müller* (Bibl.); *Lange* (Bibl.); *Lücke* (Bibl.), S. 15 ff.; *Böckenförde*, Soziale Grundrechte (Bibl.), S.146 ff.; *Murswiek*, HStR V, § 112; *Brohm* (Bibl.), S. 213 ff.; *Wu* (Bibl.); *Arango* (Bibl.).
65 Ähnlich *Murswiek*, HStR V, § 112 RN 41 f.
66 Vgl. in den Landesverfassungen: Art. 166, 167, 173, 174 Verf. Bayern; Art. 18 Verf. Berlin; Art. 48 Verf. Brandenburg; Art. 8, 37, 49, 50, 52, 53, 54, 56 Verf. Bremen; Art. 28 Abs. 1 und 2, 30, 33, 34 Verf. Hessen; Art. 6 a Verf. Niedersachsen; Art. 17 Verf. Mecklenburg-Vorpommern; Art. 24 Verf. Nordrhein-Westfalen; Art. 53, 54, 55, 56, 57 Verf. Rheinland-Pfalz; Art. 45 Verf. Saarland; Art. 38, 39 Verf. Sachsen-Anhalt; Art. 36 Verf. Thüringen; in internationalen Dokumenten: Art. 6 IPWSKR; Art. 1 Sozialcharta; Art. 15 EU-Grundrechtecharta.

Fürsorge und Betreuung, auf Inanspruchnahme sozialer Dienste, auf ärztliche Versorgung, auf Mutterschutz sowie auf Förderung von Familien und Behinderten[67];

70
Geistige und kulturelle Entwicklung

c) Garantien der *„geistigen und kulturellen Entwicklung"*, allen voran das „Recht auf Bildung", ergänzt durch Rechte auf Schul-, Hochschul- und Weiterbildungsangebote, auf Durchlässigkeit der Bildungswege, auf Chancengleichheit im Bildungswesen, auf schichtenneutrale, bedürftigkeitsabhängige Bildungsförderung; auf Teilhabe an Kulturgütern, Kunst- und Geistesprodukten sowie am wissenschaftlichen und technischen Fortschritt[68];

71
Menschenwürdige Daseinsbedingungen

d) Garantien *„menschenwürdiger Daseinsbedingungen"*, allen voran das „Recht auf ein Existenzminimum", ergänzt durch Rechte auf angemessene Wohnung, passende Kleidung und ausreichende Nahrung, auf Teilhabe an der Steigerung des allgemeinen Lebensstandards, im weiteren Sinn auch durch Rechte auf Gesundheit, auf Beseitigung von Krankheitsursachen sowie auf vorbeugenden Gesundheitsschutz[69];

72
Natürliche Lebensgrundlagen

e) Garantien der *„natürlichen Lebensgrundlagen"*, allen voran das „Recht auf intakte Umwelt", ergänzt durch Rechte auf nachhaltige Entwicklung, ungestörten Naturgenuß, Naturschutz, Tierschutz, auf sparsamen Umgang mit natürlichen Ressourcen, Versorgung mit regenerierbarer Energie, auf Reinhaltung von Wasser, Luft und Boden sowie auf gesunde Nahrung[70].

73
Rechtsnatur sozialer Grundrechte

2. Während die meisten Verfassungen und Dokumente in diesen Fällen von sozialen oder wirtschaftlichen „Rechten" sprechen (vgl. Bayern, Brandenburg, Bremen, Hessen, Nordrhein-Westfalen, Saarland) und nur wenige von „Staatszielen" (Berlin, Mecklenburg-Vorpommern, Sachsen-Anhalt, Thüringen), herrscht im Schrifttum über die rechtliche Qualifizierung und dogmatische Einordnung dieser Verfassungsnormen trotz angestrengter Klärungsversuche[71] nach wie vor heillose Verwirrung.

---

67 Vgl. in den Landesverfassungen: Art. 125, 168, 171 Verf. Bayern; Art. 22 Verf. Berlin; Art. 26 Abs. 3 Verf. Brandenburg; Art. 57 Verf. Bremen; Art. 28 Abs. 3, 35 Abs. 1 Verf. Hessen; Art. 14 Verf. Mecklenburg-Vorpommern; Art. 5 Verf. Nordrhein-Westfalen; Art. 24 Verf. Rheinland-Pfalz; Art. 46 Verf. Saarland; Art. 7 Abs. 2, 9 Abs. 3 Verf. Sachsen; Art. 2 Abs. 4 Verf. Thüringen; in internationalen Dokumenten: Art. 9 IPWSKR; Art. 12 Sozialcharta; Art. 34 EU-Grundrechtecharta.
68 Vgl. in den Landesverfassungen: Art. 3 c, 22 Verf. Baden-Württemberg; Art. 128, 139, 141 Verf. Bayern; Art. 20, 32 Verf. Berlin; Art. 29, 33 Abs. 2, 34 Abs. 2 und 3 Verf. Brandenburg; Art. 12, 27 Verf. Bremen; Art. 59 Abs. 2 Verf. Hessen; Art. 15 Abs. 3 Verf. Mecklenburg-Vorpommern; Art. 4 Verf. Niedersachsen; Art. 8 Abs. 1, 17 Verf. Nordrhein-Westfalen; Art. 31 Verf. Rheinland-Pfalz; Art. 36 Verf. Sachsen-Anhalt; Art. 20 Verf. Thüringen; in internationalen Dokumenten: Art. 13 IPWSKR; Art. 2 Zusatzprotokoll zur Konvention zum Schutz der Menschenrechte und Grundfreiheiten; Art. 14, 22 EU-Grundrechtecharta.
69 Vgl. in den Landesverfassungen: Art. 106 Abs. 2, 152 Verf. Bayern; Art. 28 Verf. Berlin; Art. 39 Abs. 2, 47 Verf. Brandenburg; Art. 14, 58 Verf. Bremen; Art. 35 Abs. 2 Verf. Hessen; Art. 6 a Verf. Niedersachsen; Art. 7 Abs. 1 Verf. Sachsen; Art. 40 Verf. Sachsen-Anhalt; Art. 15, 16 Verf. Thüringen; in internationalen Dokumenten: Art. 8, 12 IPWSKR; Art. 11 Sozialcharta; Art. 15, 35 EU-Grundrechtecharta.
70 Vgl. in den Landesverfassungen: Art. 3a, b Verf. Baden-Württemberg; Art. 141 Verf. Bayern; Art. 31 Verf. Berlin; Art. 39 Abs. 1, 40 Verf. Brandenburg; Art. 11a,b Verf. Bremen; Präambel Verf. Hessen; Art. 12 Verf. Mecklenburg-Vorpommern; Art. 6 b Verf. Niedersachsen; Art. 29a Verf. Nordrhein-Westfalen; Art. 7 Abs. 1 Verf. Sachsen; Art. 69, 70 Verf. Rheinland-Pfalz; Art. 59a Verf. Saarland; Art. 10 Verf. Sachsen; Art. 35 Verf. Sachsen-Anhalt; Art. 7 Verf. Schleswig-Holstein, Art. 32 Verf. Thüringen; in internationalen Dokumenten: Art. 37 EU-Grundrechtecharta.
71 Dazu die in FN 64 genannten Schriften von *Müller, Lücke* und *Arango*.

a) Die Skala der Meinungen reicht von „Programmsätzen" über „Verfassungsaufträge", „Gesetzgebungsaufträge", „Staatszielbestimmungen", „Staatsaufgabennormen" und „Leitprinzipien" bis hin zu „Teilhabe-" und „Leistungsrechten"[72]. Ebenso oft werden jene Kategorien aber auch ausdrücklich als „Alternativen" zu den sozialen Rechten bezeichnet[73]. Einig ist man sich lediglich darin, daß die sozialen Grundrechte im Unterschied zu den „klassischen" Freiheits- und Gleichheitsrechten auf staatliche Aktivitäten überwiegend politischer Natur gerichtet und daher nur begrenzt justitiabel sind.

74
Begrenzte Justitiabilität

b) Andererseits wird aber auch ihre fundamentale Bedeutung für ein menschenwürdiges Dasein und damit zugleich ihre integrierende wie konstituierende Wirkung als Voraussetzung für die Inanspruchnahme der herkömmlichen Menschen- und Bürgerrechte betont. Da frei nur ist, wer seine Freiheit gebraucht[74], müsse dem Einzelnen auch das materielle Substrat der jeweiligen Freiheit zu Gebote stehen oder ihm zumindest die Möglichkeit eröffnet werden, es sich zu verschaffen. Der Sache nach geht es hier um Fragen von Schutz und Förderung der sog. Grundrechtsvoraussetzungen, auf die unten noch näher einzugehen ist[75].

75
Voraussetzung für die Inanspruchnahme von Menschen- und Bürgerrechten

3. Der Sache nach handelt es sich damit – ohne hier auf weitere Einzelheiten eingehen zu können – bei den sozialen Rechten um Normen zwischen Recht und Politik, um Richtlinien nicht nur für den Gesetzgeber, sondern auch für administratives Handeln und nicht zuletzt auch für die Anwendung und Auslegung einfachen Rechts durch die Gerichte. Adressaten der sozialen Grundrechte sind daher alle drei Gewalten.

76
Normen zwischen Recht und Politik

a) Gleichwohl sind den sozialen Rechten keine unmittelbar gerichtlich einklagbaren, subjektiv-rechtlichen Leistungsansprüche zu entnehmen. Der Einzelne kann also beispielsweise aus den Rechten „auf Arbeit" oder „auf Bildung" nicht ableiten, vom Staat einen bestimmten Arbeitsplatz zugewiesen zu bekommen oder eine gewünschte Ausbildung zu erhalten. Dennoch laufen damit die sozialen Rechte nicht leer, sind also keineswegs funktionslos. Als „Direktivgrundrechte" verpflichten sie den Staat, sich nach Kräften um die Schaffung von Rahmenbedingungen zu bemühen, unter denen die in den sozialen Rechten verbrieften Normgehalte Wirklichkeit werden können, und alles zu unterlassen, was diese „Realisierung" verhindern oder erschweren könnte[76]. So gesehen können soziale Grundrechte durchaus auch „verletzt" werden, und zwar auf zweierlei Weise: erstens durch staatliches Handeln, das evident einem solchen Recht diametral zuwiderläuft und es damit zugleich um

77
Fehlender subjektiv-rechtlicher Charakter

---

72 Nachweise bei *Lücke* (Bibl.), S. 26 ff.; vgl. auch *Murswiek*, HStR V, § 112 RN 40 ff.
73 Vgl. etwa *Müller* (Bibl.), S. 239 ff.
74 So die Präambel der neuen schweizerischen Bundesverfassung vom 18.4.1999 (BBl. 1997 I S. 1).
75 Vgl. unten RN 79 ff.
76 Ähnlich für soziale Rechte, die als „Staatsziele" gefasst sind z. B. Art. 13 Verf. Sachsen: „Das Land hat die Pflicht, nach seinen Kräften die in dieser Verfassung niedergelegten Staatsziele anzustreben und sein Handeln danach auszurichten", oder Art. 43 Verf. Thüringen: „Der Freistaat hat die Pflicht, nach seinen Kräften und im Rahmen seiner Zuständigkeiten die Verwirklichung der in dieser Verfassung niedergelegten Staatsziele anzustreben und sein Handeln danach auszurichten".

seine dirigierende, richtungweisende und leitende Funktion bringt; zweitens durch absolute Untätigkeit des Staates oder durch ein Unterlassen von Maßnahmen, die ebenso offenkundig ohne besondere Hürden in rechtlicher oder ökonomischer Hinsicht leicht hätten ergriffen werden können, um dem jeweiligen sozialen Recht tatsächliche Geltung zu verschaffen[77].

78
Durchsetzung sozialer Grundrechte als Abwägungsprozeß

b) Der so umrissene Normgehalt sozialer Rechte im Sinne von „Direktivgrundrechten" entspricht weitgehend dem von *Alexy* entworfenen Modell „leistungsrechtlicher Positionen", die er „jedenfalls bei den minimalen sozialen Grundrechten erfüllt" sieht: „Definitiv grundrechtlich" seien sie garantiert, „wenn (1) das Prinzip der faktischen Freiheit sie sehr dringend fordert und (2) das Gewaltenteilungs- und das Demokratieprinzip (das das der Haushaltskompetenz des Parlaments einschließt) ebenso wie (3) gegenläufige materielle Prinzipien (insbesondere solche, die auf die rechtliche Freiheit anderer abstellen) durch die grundrechtliche Garantie der leistungsrechtlichen Position in relativ geringem Maße beeinträchtigt werden"[78]. Damit mündet die Durchsetzung der sozialen Rechte allerdings in einen äußerst komplexen Bewertungs- und Abwägungsvorgang, der noch dazu an normative Bedingungen geknüpft wird, die ihrerseits kaum hinreichend eindeutige und trennscharfe Entscheidungskriterien bieten. Immerhin ist damit aber ein Prüfprogramm vorgegeben, das möglicherweise auch für direktive Dimensionen in allen übrigen Grundrechten Bedeutung erlangen kann.

E. Verfassungsdirektiven in Grundrechten (Grundrechtsdirektiven)

79
Direktivgrundrechte und Grundrechtsdirektiven

Während die bisher als „Direktivgrundrechte" behandelten Verfassungsnormen dadurch gekennzeichnet sind, daß ihr materieller Regelungsgehalt insgesamt richtungweisenden, zielorientierten Charakter hat und daher auch in vollem Umfang justitiabel ist, stellt sich nunmehr die Frage, ob und inwieweit in allen Grundrechten normative Dimensionen enthalten sind, die man weniger als vorgegeben, denn als aufgegeben zu verstehen hat und die als „Grundrechtsdirektiven" sowohl subjektiv- wie objektiv-rechtliche Komponenten in sich vereinen.

I. Grundrechtsbindung der öffentlichen Gewalt (Art. 1 Abs. 3 GG)

80
Art. 1 Abs. 3 GG als formelle Hauptdirektive

Ausgangspunkt solcher Überlegungen ist Art. 1 Abs. 3 GG, wonach die Grundrechte alle drei Gewalten: Gesetzgebung, Vollziehung und Rechtsprechung als unmittelbar geltendes Recht binden. Mit seiner wegweisenden, an

---
77 Vgl. auch *Arango* (Bibl.), S. 142 ff.
78 So *Alexy* (Bibl.), S. 466.

den Staat adressierten Verpflichtungswirkung stellt er im Grundrechtsbereich eine Art „formeller Hauptdirektive" dar, die die gesamte Staatstätigkeit den Grundrechten unterwirft und ihr durch sie Legitimität, Stabilität und Rationalität verleiht[79].

1. Unabhängig sowohl vom Inhalt als auch von den Funktionen einzelner Grundrechte, d.h. gleichgültig, ob es sich um Freiheits- oder Gleichheitsrechte, um Abwehr- oder Leistungsrechte, um Normen objektiver Ordnung oder um Organisations- und Verfahrensgarantien handelt, ob ihnen Schutzpflichten oder Teilhabeansprüche zu entnehmen sind, in jedem Fall sind sie nach Art. 1 Abs. 3 GG „unmittelbar geltendes Recht" und somit wie Ge- oder Verbotsnormen des einfachen Rechts für alles staatliche Handeln maßgeblich. Diese Bindungswirkung der Grundrechte kehrt das Verhältnis von Staat und Bürgern in gewisser Weise um: An die Stelle der Gehorsamspflicht der Bürger gegenüber dem Staat tritt gleichsam eine „Gehorsamspflicht" des Staates gegenüber den Bürgern und ihren Rechten. Dem Gewaltmonopol des Staates setzt das „Gewaltoligopol" der Grundrechte Grenzen. Soweit sie als Direktivgrundrechte dem Staat „die Aufgabe stellen, einen ihrem Inhalt gemäßen Rechtszustand erst zu schaffen, sind sie nicht nur ein Programm, dessen Verwirklichung in das Ermessen des Gesetzgebers gestellt ist, sondern sie verpflichten ihn, diesem Auftrag in angemessener Frist nachzukommen"[80].

81
Grundrechte und staatliche „Gehorsamspflicht"

2. Insofern begründet Art. 1 Abs. 3 GG nicht nur eine (negative) Verpflichtung des Staates, alles zu unterlassen, was der Ausübung von Grundrechten hinderlich sein könnte, sondern auch eine (positive) Pflicht, „alles zu tun, um Grundrechte zu verwirklichen, auch wenn hierauf ein subjektiver Anspruch des Bürgers nicht besteht"[81]. Dies gilt nach Meinung des Bundesverfassungsgerichts nicht nur für den Gesetzgeber, sondern für alle drei Gewalten; insgesamt empfingen sie von dem Wertsystem, auf dem die Grundrechte beruhen, „Richtlinien und Impulse"[82]. Überall da, wo grundrechtliche Freiheiten ohne die Schaffung der zu ihrer Realisierung notwendigen Voraussetzungen leerlaufen würden, führt die Bindungswirkung der Grundrechte nach Art. 1 Abs. 3 GG zu der unausweichlichen Konsequenz, alle denkbaren Anstrengungen zu unternehmen, um diese Voraussetzungen zu schaffen. Das kann durch Bereitstellung von Organisation und Verfahren, aber auch durch andere Fördermaßnahmen und nicht zuletzt durch finanzielle Hilfen geschehen. Dabei kommt es nicht auf Erfolgsquoten quantitativer Art an, sondern auf die reale

82
Grundrechte als Richtlinien und Impulse

---

79 Vgl. *Christian Rotta*, Nachrichtensperre und Recht auf Information, 1986, S. 89: „In Verbindung mit Art. 1 Abs. 3 GG enthalten die Grundrechtsverbürgungen Verfassungsdirektiven, die insbesondere der Gesetzgeber – bei aller Gestaltungsfreiheit im einzelnen – nicht unberücksichtigt lassen darf".
80 *K. Hesse*, Bestand und Bedeutung der Grundrechte (Bibl.), S. 283 (286 f.). Ähnlich bereits *Hamel* (Bibl.), S. 21: „Hinsichtlich der Grundrechte ist die unmittelbare Geltung ausdrücklich bestimmt (Art. 1 Abs. 3 GG). Auch wenn ein Grundrecht nur Pflichten der Planung für den Gesetzgeber festsetzt – weil das Institut in erster Linie Planung erfordert – handelt es sich nicht um Richtlinien, deren Positivierung dem Willen des Gesetzgebers überlassen wäre (also z.B. Art. 6 Abs. 5 GG); es können unmittelbar Rechte und Pflichten für den Einzelnen daraus entstehen, wenn der Gesetzgeber offensichtlich seine Pflicht zur Planung verletzt."
81 *K. Hesse*, Bestand und Bedeutung der Grundrechte (Bibl.), S. 296.
82 BVerfGE 7, 198 (205).

Möglichkeit chancengleicher Inanspruchnahme von Grundrechten im täglichen Leben.

83
Von Programmsätzen zu subjektiv-öffentlichen Rechten

3. Dies führt zu der Einsicht, daß nicht nur Art. 1 Abs. 3 GG, sondern alle Grundrechte zielgerichtete, programmatische Elemente aufweisen. Eigentlich kommt darin noch heute ein Stück ihres historischen Ursprungs zum Ausdruck. Denn die Grundrechte wurden zur Zeit ihrer Entstehung im 17. und 18. Jahrhundert zunächst sämtlich nur als Programme, Appelle oder Proklamationen verstanden, mit ausnahmslos direktiven Funktionen, denen sich erst im 19. Jahrhundert das Konzept vom subjektiv-öffentlichen Recht hinzugesellte. *Hasso Hofmann* schließt daraus: „Als programmatische Grundsätze beweisen die Grundrechte ihre schier unerschöpfliche Konkretisierungsfähigkeit und Aktualisierbarkeit bis auf den heutigen Tag"[83]. Neu ist freilich ihre durch Art. 1 Abs. 3 GG bewirkte Metamorphose zu zwingendem Recht. Was bisher über Jahrhunderte hinweg lediglich Programm oder Appell war und vom Gesetzgeber erst in geltendes Recht transformiert werden mußte, ist inzwischen selbst nicht nur zum integrierten Bestandteil der Gesamtrechtsordnung geworden, sondern fungiert für weite Teile dieser Ordnung auch als deren Fundament und Wegweiser.

II. Sozialstaatsprinzip als Auslegungsregel

84
Direktive Dimension des Sozialstaatsprinzips

Einem älteren Ansatz zufolge wird diese direktive Dimension der Grundrechte aus dem *Sozialstaatsprinzip* (Art. 20 Abs. 1, 28 Abs. 1 GG) entnommen, wobei das jeweils im konkreten Fall maßgebliche Grundrecht „in Verbindung mit dem Sozialstaatsprinzip" zur Anwendung gelangen soll.

85
Sozialstaatliche Ausrichtung des Gleichheitssatzes

1. Die enge Wesensverwandtschaft zwischen einem Grundrecht und dem Sozialstaatsprinzip liegt zunächst bei Art. 3 Abs. 1 GG auf der Hand[84]. Denn das Ausmaß der Differenzierung, das der allgemeine *Gleichheitssatz* dem Gesetzgeber gestattet, richtet sich zwar nach dem in Frage stehenden Lebens- und Sachbereich; dabei ist jedoch stets „das aus Art. 20 Abs. 1 GG folgende Sozialstaatsgebot zu berücksichtigen"[85]. Das Sozialstaatsprinzip verlange staatliche Vor- und Fürsorge für Einzelne oder für Gruppen der Gesellschaft, die aufgrund persönlicher Lebensumstände oder gesellschaftlicher Benachteiligung in ihrer persönlichen und sozialen Entfaltung gehindert sind[86]. Darüber hinaus gebietet Art. 3 Abs. 1 GG im Lichte des Sozialstaatsprinzips statt schematischer Gleichbehandlung die Wahrung „sozialer Gleichheit" sowie die Herstellung „sozialer Gerechtigkeit". So gesehen vermag das Gebot des sozialen Rechtsstaats im Einzelfall auch bei wesentlich gleichen Tatbeständen Differenzierungen zu rechtfertigen. Wenn dabei dem Gesetzgeber auch ein

---

83 So *H. Hofmann* ([FN 28], S. 80) über Art. 1 Abs. 3 GG: „selbst eher ein Programmsatz".
84 *Herzog* bezeichnet das Verhältnis des Sozialstaatsprinzips zu Art. 3 Abs. 1 GG im Vergleich zu anderen Grundrechtsverbürgungen als „am wenigsten belastet" (in: Maunz/Dürig, GG [LitVerz.], Art. 20 [Sozialstaatlichkeit] RN 36).
85 *BVerfGE 45*, 376 (387) unter Hinweis auf *E 38*, 187 (197f.); *39*, 316 (327).
86 So bereits *BVerfGE 35*, 202 (235f.); später *BVerfGE 40*, 276 (283f.); *45*, 187 (239); *100*, 271 (284).

weiter Gestaltungsspielraum zugebilligt wird und dem Einzelnen daraus keine subjektiven Ansprüche auf eine bestimmte Leistung (Teilhaberechte) erwachsen, so besteht doch weitgehend Einigkeit darüber, daß die sozialstaatliche Ausrichtung des Gleichheitssatzes zumindest auf ein Mehr an „faktischer Chancengleichheit" oder Chancengerechtigkeit abzielt[87].

2. Als Auslegungsregel[88] kann das Sozialstaatsprinzip dazu dienen, auch aus *Freiheitsrechten* soziale Rechtspositionen abzuleiten. So hat das Bundesverfassungsgericht im sog. Numerus-clausus-Urteil aus dem Jahre 1972 dem Grundrecht der freien Wahl des Berufs und der Ausbildungsstätte (Art. 12 Abs. 1 Satz 1 GG) in Verbindung mit dem allgemeinen Gleichheitssatz und dem Sozialstaatsprinzip ein Recht auf Zulassung zum Hochschulstudium entnommen. Je stärker der moderne Staat sich der sozialen Sicherung und kulturellen Förderung seiner Bürger zuwende, desto mehr trete im Verhältnis zwischen Bürger und Staat neben das ursprüngliche Postulat grundrechtlicher Freiheitssicherung vor dem Staat die komplementäre Forderung nach grundrechtlicher Verbürgung der Teilhabe an staatlichen Leistungen[89]. Man sollte sich hüten, diese bereits länger zurückliegende Entscheidung als vereinzelt und überspitzt zu bezeichnen. Erst vor kurzem hat das Bundesverfassungsgericht unter Hinweis auf die Menschenwürde und das allgemeine Persönlichkeitsrecht (Art. 1 Abs. 1, 2 Abs. 1 GG) sowie auf das Sozialstaatsgebot (Art. 20 Abs. 1 GG) dem „Ziel, Massenarbeitslosigkeit durch Förderung von zusätzlich bereitgestellten Arbeitsplätzen zu bekämpfen, ... Verfassungsrang" zugebilligt. Die staatliche Fürsorge bei Arbeitslosigkeit sei nicht auf finanzielle Unterstützung der Arbeitslosen beschränkt. Sie könne auch darauf gerichtet sein, die Zahl der Arbeitsplätze durch eine Mitfinanzierung der Lohnkosten zu vermehren und auf diese Weise die Arbeitslosigkeit selbst zu bekämpfen. „Solchen Bemühungen verleiht das Sozialstaatsprinzip legitimierendes Gewicht, das auch einschränkende Auswirkungen auf die Tarifautonomie zu rechtfertigen vermag"[90].

86
Auslegungsregel für Freiheitsrechte

3. Diese Beispiele zeigen, daß mit der Heranziehung des Sozialstaatsprinzips nicht nur dem allgemeinen Gleichheitssatz, sondern auch einigen Freiheitsrechten direktive Dimensionen zuwachsen. Denn das Bundesverfassungsgericht hat in diesen Fällen stets betont, daß aus jenen Grundrechten selbst im Lichte des Sozialstaatsprinzips in der Regel keine unmittelbaren Ansprüche des Einzelnen gegen den Staat auf ein bestimmtes Tun oder Unterlassen entnommen werden können. Solche „Teilhaberechte" können nur in wenigen extremen Ausnahmefällen als „Minimalgarantien"[91] auf ein sozialstaatlich derart „angereichertes" Grundrecht gestützt werden, und zwar nicht zuletzt deshalb, weil ein unbegrenztes subjektives Anspruchsdenken ohne Rücksicht

87
Sozialaufträge unter dem Vorbehalt des Möglichen

---

[87] Vgl. *Herzog* (FN 84) RN 39, 40.
[88] Vgl. *BVerfGE 59*, 231 (262 f.): „Dem Sozialstaatsprinzip kann Bedeutung für die Auslegung von Grundrechten sowie für die Auslegung und verfassungsrechtliche Beurteilung von – nach Maßgabe eines Gesetzesvorbehalts – grundrechtseinschränkenden Gesetzen zukommen".
[89] *BVerfGE 33*, 302 (330 f.); vgl. auch *BVerfGE 43*, 291 (326 ff.).
[90] *BVerfG 100*, 271 (284) m.w.N.
[91] So *Murswiek*, HStR V, § 112 RN 98 ff.

auf Belange der Allgemeinheit dem Sozialstaatsgedanken selbst zuwiderläuft. Die tatsächliche Erfüllung der grundrechtlich verankerten „Sozialaufträge" steht daher generell unter dem Vorbehalt des Möglichen und Zumutbaren. Weil sie meist mit dem Einsatz öffentlicher Mittel verbunden sein dürfte, kann der gesetzgeberische Gestaltungsspielraum auch durch Finanzknappheit oder sonstige Haushaltsrestriktionen eingeschränkt sein. Bei der danach zu treffenden Abwägung ist allerdings auch die „Verwaltung des Mangels" dem ebenfalls im Sozialstaatsprinzip wurzelnden Gebot gleichmäßiger Verteilung der Chancen und Lasten unterworfen, für die wiederum der Staat durch entsprechende Organisations- und Verfahrensregeln zu sorgen hat.

III. Normative Rahmenbedingungen zur Grundrechtsverwirklichung

88
Art. 1 Abs. 3 GG als Auftrag zur Grundrechtsverwirklichung

Der sich aus Art. 1 Abs. 3 GG ergebende, an alle drei Gewalten gerichtete Auftrag zur *Grundrechtsverwirklichung* impliziert für all jene Grundrechte, bei denen dies ohne staatliche Beteiligung nicht möglich ist, weil entsprechende Regelungen zur Konkretisierung oder Aktualisierung fehlen, eine Pflicht des Staates, diese normativen Rahmenbedingungen zu schaffen oder, soweit bereits vorhanden, näher auszugestalten.

89
Organisations- und Verfahrensgarantien als direktive Dimensionen

1. Die daraus folgende direktive Dimension der Grundrechte wird für deren objektive Geltung in Gestalt von *Organisations- und Verfahrensgarantien* seit langem anerkannt. Obwohl hin und wieder irrtümlich den Schutzpflichten zugerechnet[92], nehmen die daraus resultierenden Regelungsaufgaben doch eine Sonderstellung ein, weil hierbei durch staatliche Maßnahmen nicht etwa Eingriffe Dritter (Privater) abgewehrt, sondern im Gegenteil zur schlichten Grundrechtsausübung durch Private staatliche Hilfe geleistet werden soll[93]. Damit sind freilich nicht etwa Hilfen gemeint, die darin bestehen, grundrechtliche Gewährleistungen in bloße Verfahrensbeteiligung aufzulösen, wie dies ein mißverstandener „status activus processualis" nahelegen könnte[94], sondern unterstützende Maßnahmen, welche unabdingbar erforderlich sind, damit ein bestimmtes Grundrecht überhaupt sachgerecht wahrgenommen werden kann.

90
Beispiele für das Erfordernis normativer Rahmenbedingungen

2. Dazu drei Beispiele aus der Rechtsprechung des Bundesverfassungsgerichts: Die *Wissenschaftsfreiheit* (Art. 5 Abs. 3 GG) kann unter den Bedingungen des modernen, an staatlichen Hochschulen konzentrierten Wissenschaftsbetriebs überhaupt nur noch dann sachgerecht wahrgenommen werden, wenn der Staat bereit ist, „die Pflege der freien Wissenschaft und ihre Vermittlung an die nachfolgende Generation durch Bereitstellung von personellen, finanziellen und organisatorischen Mitteln zu ermöglichen und zu fördern". Daher ist eine Ausübung der Grundfreiheiten aus Art. 5 Abs. 3 GG „hier notwendig

---

92 So *H. Dreier* (Bibl.), S. 47 f.
93 Vgl. zum Ganzen: *Denninger*, Staatliche Hilfe (Bibl.); ferner: *Goerlich* (Bibl.); *Ossenbühl* (Bibl.), S. 183 ff.
94 Dazu *Häberle* (Bibl.), S. 43 ff.

mit einer Teilhabe an staatlichen Leistungen verbunden"[95]. Ähnliches gilt für die *Rundfunkfreiheit* (Art. 5 Abs. 1 Satz 2 GG) in Anbetracht der Notwendigkeit ihrer Ausgestaltung durch Schaffung staatlicher Rahmenregeln als Zulassungsvoraussetzung von privatem Rundfunk. Hierzu bedarf es einer positiven Ordnung, welche sicherstellt, daß die Vielfalt der bestehenden Meinungen im Rundfunk in möglichster Breite und Vollständigkeit Ausdruck findet und daß auf diese Weise umfassende Information geboten wird. „Um dies zu erreichen, sind materielle, organisatorische und Verfahrensregelungen erforderlich, die an der Aufgabe der Rundfunkfreiheit orientiert und deshalb geeignet sind zu bewirken, was Art. 5 Abs. 1 GG gewährleisten will"[96]. Schließlich bedarf auch die *Koalitionsfreiheit* (Art. 9 Abs. 3 GG) „von vornherein der gesetzlichen Ausgestaltung. Diese besteht ... in der Schaffung der Rechtsinstitute und Normenkomplexe, die erforderlich sind, um die grundrechtlich garantierten Freiheiten ausüben zu können". Der Staat muß also, um den Schutz der Koalitionen wirksam zu gewährleisten, auch geeignete Rechtsformen zur Verfügung stellen, die ihnen hinreichende Handlungsfähigkeit verschaffen. Das gilt für ihre Binnenstruktur ebenso wie für ihre Wirksamkeit nach außen[97].

3. Überall da, wo Grundrechte nicht nur als subjektive Abwehrrechte, sondern zugleich auch als Organisations-, Verfahrens- und Finanzgarantien wirksam sind, erstreckt sich ihre *direktive Dimension* weniger auf das Ob einer entsprechenden Ausgestaltung als vielmehr auf das Wie. Der normkonkretisierende und -effektivierende Gesetzgeber hat stets diejenigen Rechtsformen und Instrumente bereitzustellen, die eine optimale Verwirklichung des jeweiligen Grundrechts garantieren oder wenigstens seine Ausübung fördern und nicht etwa hindern. Deshalb kann im Prinzip jede grundrechtsausgestaltende Regelung erstens daraufhin überprüft werden, ob sie überhaupt geeignet ist, das Schutzziel des betreffenden Grundrechts zu verstärken, und zweitens, inwieweit sie seinen konkreten Sachgehalt nicht nur aufnimmt, sondern ihn in einfaches Recht gerade zur Erleichterung seiner Ausübung umsetzt. In diesem Sinne kann man dann sogar von einfach-rechtlichem Grundrechtsschutz sprechen, der die verfassungsrechtlichen Garantien nicht nur ergänzt, sondern als Ausdruck ihrer direktiven Komponente ein abdingbarer Teil davon wird. Mit anderen Worten: Immer dann, wenn eine sachgerechte Grundrechtswahrnehmung organisatorische, prozedurale oder finanzielle Rahmenregelungen voraussetzt, wächst dem jeweiligen Grundrecht eine Leitfunktion zu, die vom ausgestaltenden Gesetzgeber als Grundrechtsdirektive zu beachten ist.

91
Leitfunktion der Grundrechte

---

95 So *BVerfGE 35*, 79 (114f.); vgl. auch aaO. S. 115f.: „Dem einzelnen Träger des Grundrechts aus Art. 5 Abs. 3 GG erwächst aus der Wertentscheidung ein Recht auf solche staatlichen Maßnahmen auch organisatorischer Art, die zum Schutz seines grundrechtlich gesicherten Freiheitsraums unerläßlich sind, weil sie ihm freie wissenschaftliche Betätigung überhaupt erst ermöglichen".
96 *BVerfGE 57*, 295 (320); vgl. auch *E 73*, 118 (159f., 198); *74*, 297 (323f.); *83*, 238 (322); *87*, 181 (197f.); *90*, 60 (87f.).
97 Vgl. *BVerfGE 50*, 290 (368); *58*, 233 (247); *92*, 365 (403).

IV. Faktischer oder rechtlicher Grundrechtsvoraussetzungsschutz?

92
Institutionelle Architektur und materielles Substrat

Verallgemeinernd läßt sich diese direktive Dimension der Grundrechte mit ihren subjektiv- und objektiv-rechtlichen Elementen auch als *Grundrechtsvoraussetzungsschutz*[98] begreifen, der sich allerdings nicht nur auf den Erlaß der oben erörterten Rahmennormen beschränkt, sondern darüber hinaus auch die Schaffung der institutionellen Architektur und die Bereitstellung des materiellen Substrats für die konkrete Grundrechtsausübung zum Gegenstand hat.

93
Inhalt und Umfang des Grundrechtsvoraussetzungsschutzes

1. Nicht etwa in einem Lehrbuch, sondern im „Numerus-clausus"-Urteil des Bundesverfassungsgerichts findet sich zum Grundrecht auf freie Wahl der Ausbildungsstätte (Art. 12 Abs. 1 Satz 1 GG) der lapidare Satz: „Das Freiheitsrecht wäre ohne die tatsächliche Voraussetzung, es in Anspruch nehmen zu können, wertlos". Deshalb sei „die Beteiligung an staatlichen Leistungen zugleich notwendige Voraussetzung für die Verwirklichung von Grundrechten"[99]. Daraus darf freilich nicht geschlossen werden, daß der Staat verpflichtet wäre, jedermann auch die materiellen oder finanziellen Ressourcen zur Inanspruchnahme eines beliebigen Grundrechts seiner Wahl zur Verfügung zu stellen. Denn dies würde im Extremfall bedeuten, daß er beispielsweise einem Vermögenslosen Eigentum, einem Kranken Genesung, einem Arbeitslosen Arbeit, ja sogar dem Unentschiedenen eine Meinung und dem Atheisten den Glauben zu verschaffen hätte. Davon kann beim sog. Grundrechtsvoraussetzungsschutz, soll er nicht ins Absurde getrieben werden, naturgemäß auch im Leistungsstaat von vornherein keine Rede sein[100]. Worum es hierbei ausschließlich gehen kann, ist zweierlei: Zum einen hat der Staat für all diejenigen realen Grundrechtsvoraussetzungen zu sorgen, die notwendig mitgedacht werden müssen, damit das betreffende Grundrecht überhaupt sinnvoll wahrgenommen werden kann. Zum anderen sind Regelungen im Umfeld von Grundrechten gefordert, die, ohne sie direkt auszugestalten, deren reale Wirkungen unterstützen oder verstärken (sog. Auxiliarrecht).

94
Faktische Voraussetzungen der Grundrechte

2. Setzt ein Grundrecht selbst bestimmte faktische Gegebenheiten voraus, indem es an die Erbringung staatlicher Leistungen oder an das Vorhandensein von öffentlichen Einrichtungen anknüpft, „dann kann daraus gefolgert werden, daß sich die Gewährleistung auf die soziale Freiheitsbasis erstreckt"[101]. *Murswiek* nennt hierfür zwei Beispiele: Das Vorhandensein eines ausgebauten Straßen- und Wegenetzes und der Gemeingebrauch hieran seien unabdingbare Voraussetzungen sogar für eine Vielzahl von Grundrechten: der Freizügigkeit (Art. 11 GG), der Versammlungsfreiheit (Art. 8 GG), der Freiheit der Person (Art. 2 Abs. 2 Satz 2 GG), der allgemeinen Handlungsfreiheit (Art. 2 Abs. 1 GG) und nicht zuletzt der Eigentumsgarantie (Art. 14 GG).

---

98 Dazu allgemein *Kloepfer* (Bibl.).
99 *BVerfGE 33*, 302 (331 f.).
100 Ebenso *Murswiek*, HStR V, § 112 RN 102: „Die generelle These, daß die faktischen ‚Grundrechtsvoraussetzungen' rechtlich gewährleistet seien, hat sich als rechtlich unbegründetes Postulat erwiesen".
101 Ebd. *Murswiek* spricht hier von „*rechtlichen* Grundrechtsvoraussetzungen".

Ähnlich stelle die Versorgung mit gesundem Trinkwasser „eine vom Verfassunggeber vorgefundene und als selbstverständlich angesehene Voraussetzung für die Gewährleistung des Rechtsguts ‚Leben' (Art. 2 Abs. 2 GG)" dar[102]. Man könnte in dieser Hinsicht durchaus noch an weitere Fälle denken. Das Recht auf körperliche Unversehrtheit (Art. 2 Abs. 2 Satz 1 GG) verlangt nach einer wirksamen staatlichen oder zumindest staatlich überwachten Lebensmittelkontrolle. Ein wirksamer Schutz des aus Art. 2 Abs. 1 in Verbindung mit Art. 1 Abs. 1 GG abgeleiteten Rechts auf informationelle Selbstbestimmung erfordert eine eng umgrenzte Zweckbestimmung für die Erhebung und Verwendung personenbezogener Daten durch den Gesetzgeber[103]. Die staatliche Aufsicht über das Schulwesen (Art. 7 Abs. 1 GG) setzt voraus, daß erstens Schulen überhaupt existieren und zweitens im Wege einer Schulpflicht auch für den geregelten Besuch dieser Bildungseinrichtungen gesorgt wird. Das gleiche gilt für Ausbildungsstätten im Sinne von Art. 12 Abs. 1 Satz 1 GG. Das Brief-, Post- und Fernmeldegeheimnis (Art. 10 GG) würde ohne die tatsächliche Existenz entsprechender Kommunikationseinrichtungen funktionslos sein. Insofern beruhen alle diese Grundrechte auf faktischen Umständen, die sie zwar selbst nicht herstellen können, aber mit ihrer direktiven Dimension initiieren, anregen und, soweit zur Schaffung solcher Umstände der Gesetzgeber benötigt wird, diesen auch anleiten können.

3. Eine zweite Funktion dieser Grundrechtsdirektiven besteht darin, den Staat zu veranlassen, in seiner Rechtsordnung überall da, wo der Geltungsbereich eines Grundrechts berührt wird, dem Postulat seiner realen Wirksamkeit durch zusätzliche „Hilfsnormen" Rechnung zu tragen. Für die Pressefreiheit des Art. 5 Abs. 1 Satz 2 GG etwa folgt daraus die Pflicht, auch die freie Gründung von Presseorganen sicherzustellen, den freien Zugang zu Presseberufen zu gewährleisten oder ein Presseinformationsrecht gegenüber Behörden zu schaffen[104]. Begriffliche Anknüpfungspunkte für solches „Auxiliarrecht" in den Grundrechten bilden Formulierungen wie: der Staat „pflegt", „achtet", „beachtet", „fördert", „anerkennt", „berücksichtigt", „strebt an", „tritt ein für", „sorgt für", „schont" oder „unterstützt"[105]. Obgleich sich diese Termini weniger im Grundgesetz als überwiegend in zahlreichen Landesverfassungen finden, enthalten sie keineswegs nur leere Versprechungen, sondern weisen auf zusätzliche staatliche Aktivitäten hin, die dazu dienen sollen, dem jeweiligen Grundrecht reale Geltung zu verschaffen. Damit sind sie zugleich Ausdruck und wesentlicher Bestandteil ihrer wegweisenden Dimension und für den Gesetzgeber Grundrechtsdirektiven.

95
Hilfsnormen im Interesse realer Grundrechtswirksamkeit

---

102 *Murswiek*, HStR V, § 112 RN 103, 104.
103 So *BVerfGE* 65, 1 (41 ff.). Hier nähert sich die direktive Dimension der Grundrechte dem Gedanken der staatlichen Schutzpflicht.
104 So *K. Hesse*, Bestand und Bedeutung der Grundrechte (Bibl.), S. 296 f. Ähnlich *Rotta* (FN 79), S. 89: „Auch das Grundrecht der Pressefreiheit erfordert ein Gefüge, in dem die grundrechtliche Gewährleistung ihre Wirkung entfalten und der einzelne Grundrechtsträger von seiner Freiheit Gebrauch machen kann".
105 Vgl. *Scheuner* (Bibl.), S. 337; *Kloepfer* (Bibl.), S. 17 ff.

F. Das Gebot der „Grundrechtstreue"

96
Systematische Interpretation

Betrachtet man die Direktivgrundrechte und die Grundrechtsdirektiven, d.h. die direktiven Dimensionen aller übrigen Grundrechte, in einem systematischen Zusammenhang, so läßt sich daraus das allgemeine *Verfassungsgebot des grundrechtsfreundlichen Verhaltens* („Grundrechtstreue") ableiten, wie es bereits ansatzweise in der Rechtsprechung des Bundesverfassungsgerichts entwickelt worden ist.

I. Grundrechtsfreundliches Verhalten

97
Akzessorietät der Grundrechtstreue

Der Gedanke des grundrechtsfreundlichen Verhaltens klingt erstmals im „Brokdorf"-Beschluß des Bundesverfassungsgerichts an, wonach Grundrechte nicht nur die Ausgestaltung des materiellen Rechts beeinflussen, „sondern zugleich Maßstäbe ... für eine grundrechtsfreundliche Anwendung vorhandener Verfahrensvorschriften setzen". Dies führte im konkreten Fall zur „Forderung an die Behörden, nach dem Vorbild friedlich verlaufener Großdemonstrationen versammlungsfreundlich zu verfahren und nicht ohne zureichenden Grund hinter bewährten Erfahrungen zurückzubleiben"[106]. Diese Maxime der *Grundrechtstreue* läßt sich durchaus verallgemeinern und praktisch auf sämtliche Grundrechte erstrecken. In Anlehnung an die ungeschriebenen Kompetenzausübungsschranken der „Bundestreue" im Bund/Länder-Verhältnis[107] und der „Verfassungsorgantreue"[108] im Verhältnis der obersten Bundes- und Landesorgane sind auch die Beziehungen zwischen Bürger und Staat im Grundrechtsbereich als allgemeines Statusverhältnis zu begreifen, das durch wechselseitige Kooperation, Rücksichtnahme und Mäßigung gekennzeichnet ist. Allerdings ergeben sich daraus für Bürger und Staat keine neuen, über die Schutzbereiche und Schranken der einzelnen Grundrechte hinausgehenden Rechte und Pflichten. Vielmehr ist das Gebot der Grundrechtstreue lediglich „akzessorischer Natur"; es haftet einem grundrechtlich verbürgten Anspruch in der Weise an, daß es die Konkretisierung und Aktualisierung des jeweiligen Grundrechts seiner immanenten Leitidee (Direktive) entsprechend modifiziert und verstärkt.

II. Pflicht zur Rücksichtnahme und Kooperation

98
Inhalt und Auswirkungen des Treuegebots

Für den Staat bedeutet dies, daß er sich um ein Höchstmaß an *„Grundrechtsdisziplin"* bemüht, d.h. zum einen in seinem alltäglichen Handeln durch Gesetzgebung, Vollziehung und Rechtsprechung die Grundrechte ernst nimmt, d.h. die Grundrechtsrelevanz einer bestimmten Maßnahme überhaupt

---

106 *BVerfGE 69*, 315 (356) unter Hinweis auf *E 53*, 30 (65f. und 72f.); *56*, 216 (236); *63*, 131 (143); *65*, 1 (44, 49); *76* (94).
107 Vgl. *BVerfGE 12*, 205 (254); *39*, 96 (108f.); *41*, 291 (308, 310); *81*, 310 (337).
108 Dazu *Wolf-Rüdiger Schenke*, Die Verfassungsorgantreue, 1977.

erkennt, Umfang und Tragweite der jeweiligen Gewährleistung richtig abschätzt und notwendige Eingriffe auf ein äußerstes Mindestmaß reduziert. Soweit tunlich sind umfangreichere Maßnahmen vorher anzukündigen, so daß sich die Betroffenen darauf einstellen können. Ferner ist mit ihnen nach Wegen zu suchen, die ihrer Grundrechtsausübung möglichst wenig Abbruch tun. Stets hat freiwilliges Handeln Vorrang vor staatlichem Zwang. Es gilt generell der Grundsatz des schonendsten Vorgehens als wichtigster Maxime eines präventiven Grundrechtsschutzes. Weitere Bedeutung erlangt das Gebot der Grundrechtstreue für die praktische Anwendung des Verhältnismäßigkeitsprinzips. Begründete Zweifel an der Eignung, Erforderlichkeit oder Angemessenheit einer Maßnahme gehen zu Lasten des Staates. Schließlich dürfen sich die beiden ersten Gewalten: Gesetzgebung und Vollziehung, nicht darauf berufen, daß die dritte Gewalt, die Rechtsprechung, einen Grundrechtsverstoß schon reparieren werde, da dem Bürger gegen die Verletzung seiner Rechte nach Art. 19 Abs. 4 GG ja der Rechtsweg offen stehe. Gemäß Art. 1 Abs. 3 GG trägt jede der drei öffentlichen Gewalten in gleicher Weise Grundrechtsverantwortung und ist somit auch für sich selbst zu erhöhter Grundrechtssensibilität und Grundrechtsvorsorge aufgerufen.

III. Gemeinverträgliche Grundrechtsausübung

Das ungeschriebene Verfassungsgebot der Grundrechtstreue stellt allerdings keine „Einbahnstraße" dar, auf der sich die daraus resultierenden Pflichten nur in Richtung „Staat" bewegen. Auch die Bürger sind aufgefordert, bei der Wahrnehmung ihrer Grundrechte die Gemeinschaftsbezogenheit und -gebundenheit dieser Rechte nicht außer Acht zu lassen. Zwar schafft die Pflicht zu grundrechtsfreundlichem Verhalten auf Seiten der Bürger keine neuen, über die geschriebenen hinausgehenden Grundrechtsschranken. Vielmehr ist ihr eher umgekehrt die Aufforderung zu entnehmen, von den im Einzelfall zur Verfügung stehenden Grundrechten auch tatsächlich Gebrauch zu machen. Aber diese „Grundrechtsnutzung" muß sich stets an den jeweiligen tatsächlichen Rahmenbedingungen orientieren. Wo nicht genug öffentlicher Straßenraum zur Verfügung steht, können keine Massendemonstrationen stattfinden. Wenn die Zahl der Frequenzen begrenzt ist, können neben den öffentlich-rechtlichen Rundfunkanstalten nicht noch beliebig viele private Anbieter zugelassen werden. Sollte der Bedarf an Wehrdienstpflichtigen weiter zurückgehen, müßte die gegenwärtige Handhabung des Rechts auf Kriegsdienstverweigerung überdacht werden. Erfordert die Grundrechtsausübung gar den Einsatz von Haushaltsmitteln, steht sie ohnehin unter dem Vorbehalt der finanziellen Leistungsfähigkeit der öffentlichen Hand. Insofern gilt der allgemeine Rechtssatz „ultra posse nemo obligatur" auch für den Staat, wenn sich Einzelne ihm gegenüber auf Grundrechte berufen. Grundrechtstreue verlangt von den Bürgern eben auch ein Stück „Grundrechtsrealismus", d. h. Mäßigung bei der Grundrechtsverwirklichung.

99
Grundrechtsnutzung und Grundrechtsrealismus

G. Direktivgrundrechte und Grundrechtsdirektiven im Verfassungsprozeß

100
Dirigierende Verfassung

Abschließend stellt sich die Frage, ob und inwieweit die „dirigierende Verfassung"[109] im Grundrechtsbereich gerichtlich geltend gemacht und notfalls mit der Verfassungsbeschwerde durchgesetzt werden kann. Dabei ist zwischen den Direktivgrundrechten und allgemeinen Grundrechtsdirektiven zu unterscheiden.

I. Justitiabilität der Direktivgrundrechte

101
Direktivgrundrechte als „unmittelbar geltendes Recht"

Direktivgrundrechte sind ihrer Natur nach grundrechtliche Gewährleistungen, die zwar vom Staat nicht unmittelbar ein bestimmtes, unbedingtes Tun oder Unterlassen verlangen, ihm aber doch ein konkretes Ziel vorgeben, das erreicht werden soll, und die ihm deshalb eine Aufgabe stellen, die prinzipiell erfüllt werden muß. Dies folgt nicht zuletzt daraus, daß solche Grundrechte ebenfalls in vollem Umfang „unmittelbar geltendes Recht" sind, also an der Bindungswirkung des Art. 1 Abs. 3 GG in gleicher Weise teilhaben wie Abwehr-, Teilhabe- oder Leistungsrechte.

102
Subjektive Positionen als Reflex sozialer Grundrechte

1. Somit steht fest, daß auch Direktivgrundrechte grundsätzlich justitiabel sind, und zwar vor allem dann, wenn sie sich an den Gesetzgeber richten. Dies gilt für das Gleichstellungsgebot des Art. 3 Abs. 2 Satz 2 GG ebenso wie für die Gleichstellung unehelicher Kinder nach Art. 6 Abs. 5 GG. Beide Grundrechte haben direktiven Charakter und gebieten dem Staat, eine nicht oder noch nicht existierende gesellschaftliche Realität durch bestimmte rechtliche Regelungen herzustellen. Fraglich ist, ob dasselbe auch für die sozialen Grundrechte gilt, die ebenfalls zu den Direktivgrundrechten gehören. Zwar sind sie weder subjektive Abwehrrechte im status negativus, noch verbürgen sie individuelle Leistungsansprüche im status positivus, so daß bei ihnen nicht direkt auf Erfüllung oder Vollzug geklagt werden kann. Daraus folgt jedoch nicht, daß sie praktisch bedeutungslose, unverbindliche Programmsätze wären. Vielmehr können sich auch aus ihnen objektive Pflichten zu einem bestimmten Handeln der staatlichen Organe ergeben, die als „Reflex" auch zur Verstärkung subjektiver Positionen (Verbesserung von Zugangsbedingungen, Erhöhung der Chancengleichheit, Bereitstellung von Ersatzleistungen) führen.

103
Konsequenzen der Direktivgrundrechte

2. Welche Handlungspflichten sich aus Direktivgrundrechten für den Staat im einzelnen ergeben, hängt nicht zuletzt von deren Formulierung ab. Generell läßt sich jedoch dreierlei feststellen: Erstens hat der Staat alles zu unterlassen, was der von einem Direktivgrundrecht vorgegebenen Zielrichtung offensichtlich zuwider läuft. Zweitens steht zwar die Pflicht der Konkretisierung und Aktualisierung von Direktivgrundrechten unter dem „Vorbehalt des Mögli-

---

109 Der Begriff stammt von *Lerche* (Bibl.), S. 369.

chen"; jedoch trägt der Staat im Falle der Nichterfüllung die volle Darlegungs- und Begründungslast für sein Versagen. Drittens öffnen zulässige Verfassungsbeschwerden wegen Verletzung von Direktivgrundrechten den betreffenden Verfassungsgerichten das Tor zu einer sog. Appellentscheidung[110], bei der den staatlichen Gewalten mit der Autorität des Gerichts aufgegeben werden kann, auf dem Wege zur Realisierung der jeweiligen Normgehalte ohne oder mit Fristsetzung voranzuschreiten, bestehende Vorschriften entsprechend nachzubessern oder funktionsnahe Substitutregelungen zu schaffen (z.B. statt „Recht auf Arbeit" Anspruch auf Arbeitsvermittlung). Nicht selten können auf diese Weise politische Widerstände überwunden werden, die ohne derartige Entscheidungen wegen fehlender Mehrheiten die Verwirklichung eines solchen Direktivgrundrechts verzögern oder sogar völlig vereiteln würden.

II. Grundrechtsdirektiven als Weisungen und Auslegungshilfen

Demgegenüber können bloße *Grundrechtsdirektiven* nicht unmittelbar auf dem Rechtsweg durchgesetzt werden. Eine Berufung auf sie allein würde auch nicht ausreichen, um die Zulässigkeit einer Verfassungsbeschwerde zu begründen. Denn sie entfalten als geltendes Recht zwar auch normative Verbindlichkeit, aber nicht als selbständige Anspruchsgrundlagen, sondern lediglich als Auslegungsregeln und Interpretationshilfen („Auxiliarrecht").

104 Auxiliarrecht

1. Die sich aus Art. 1 Abs. 3 GG ergebende Verpflichtung zur Grundrechtsdisziplin kann als „formelle Hauptdirektive" für Gesetzgebung, Vollziehung und Rechtsprechung zwar nicht selbst isoliert Gegenstand einer gerichtlichen Überprüfung sein, sondern bedarf jeweils der Behauptung, eines der nachfolgenden Grundrechte sei verletzt, damit deren Bindungswirkung als „unmittelbar geltendes Recht" im konkreten Fall prozessual berücksichtigt und notfalls durchgesetzt werden kann. Gleichwohl gebietet Art. 1 Abs. 3 GG, auch Grundrechtsdirektiven wie etwa das Sozialstaatsprinzip (Art. 20 Abs. 1, 28 Abs. 1 GG), das Erfordernis zusätzlicher organisatorischer oder verfahrensrechtlicher Absicherungen eines bestimmten Grundrechts und nicht zuletzt das Postulat eines rechtlich implizierten Grundrechtsvoraussetzungsschutzes bei der Auslegung und Anwendung der Grundrechte zu beachten, weil sie letztendlich nur so im gesellschaftlichen wie privaten Leben Wirklichkeit gewinnen und, statt in Sonntagsreden gepriesen zu werden, zu einer schlichten, ja selbstverständlichen Alltagserscheinung werden können. Das gilt vor allem für Grundrechtsfassungen, die eine Verpflichtung des Staates zum „Fördern", „Achten", „Pflegen", „Schonen", „Unterstützen" oder zu Ähnlichem enthalten. In all diesen Fällen handelt es sich keineswegs nur um Verfassungslyrik oder um unverbindliche Verheißungen, sondern um Normen, die im jeweiligen Sachbereich ein aktives Handeln des Staates zugunsten des bedachten Rechtsguts verlangen.

105 Anknüpfungspunkt für die prozessuale Berücksichtigung von Grundrechtsdirektiven

---

110 Dazu *Wiltraut Rupp-v.Brünneck,* Die Grundrechte im juristischen Alltag, 1970, S. 40ff.; *Schulte,* Appellentscheidungen des Bundesverfassungsgerichts, DVBl. 1988, S. 1200ff.

106
Prozessuale Bedeutung der Grundrechtsdirektiven

2. Da aber im Unterschied zu den Direktivgrundrechten bei Grundrechtsdirektiven kein subjektiv Berechtigter existiert, der Verstöße gegen sie gerichtlich geltend machen könnte, fragt sich, ob sie im Streitfall überhaupt von Bedeutung sein können. Wenn etwa Art. 35 Satz 1 der Verfassung von Brandenburg bestimmt, daß der Sport „ein förderungswürdiger Teil des Lebens" ist[111], wird man daraus kaum einen Anspruch der im Lande tätigen Sportverbände (und schon gar nicht einzelner Sportler) auf eine bestimmte Art der Sportförderung ableiten dürfen. Wohl aber wäre diese Regelung im Zusammenhang mit der Straßenführung eines „Stadtmarathons" oder eines „Skaterrennens" bei der Abwägung zwischen den im Prinzip gleichwertigen Grundrechten der Sportler und der normalen Verkehrsteilnehmer auf allgemeine Handlungsfreiheit zu berücksichtigen und im Zweifelsfall selbst viel befahrene Straßen vorübergehend für den Sport freizugeben. Insofern gewinnt auch das „soft law" der Grundrechtsdirektiven in dreierlei Hinsicht prozessuale Bedeutung: Sie dienen erstens als Auslegungsregeln zur Verstärkung anderer Grundrechte, zweitens als Abwägungskriterien bei widerstreitenden Grundrechten und drittens als allgemeine Orientierung für staatliches Handeln bei der Erfüllung öffentlicher Aufgaben. Mit anderen Worten: Bleibt im konkreten Fall eine Grundrechtsdirektive entweder völlig unberücksichtigt oder werden ihre Bedeutung und Tragweite bei einer Abwägung verkannt oder handelt ihr schließlich der Staat diametral zuwider, dann kann diese „Verletzung" solch direktiver Gehalte von Grundrechten auch im Verfassungsprozeß geltend gemacht werden.

---

111 Vgl. auch Art. 11 Abs. 2 S. 1 Verf. Sachsen und Art. 36 Abs. 1 Verf. Sachsen-Anhalt.

H. Bibliographie

Alexy, Robert, Theorie der Grundrechte, ²1994.
Arango, Rodolfo, Der Begriff der sozialen Grundrechte, 2001.
Arndt, Adolf, Das nicht erfüllte Grundgesetz,1960, auch in: *ders.*, Gesammelte juristische Schriften, 1976, S. 141 ff.
Badura, Peter, Das Prinzip der sozialen Grundrechte und seine Verwirklichung im Recht der Bundesrepublik Deutschland, in: Der Staat 14 (1975), S. 17 ff.
Bäumlin, Richard, Staat, Recht und Geschichte, Zürich 1961.
Böckenförde, Ernst-Wolfgang, Grundrechte als Grundsatznormen, in: *ders.*, Staat, Verfassung, Demokratie, 1991, S. 159 ff.
ders., Die sozialen Grundrechte im Verfassungsgefüge, in: *ders.*, Staat, Verfassung, Demokratie, ²1992, S.146 ff.
Brohm, Winfried, Soziale Grundrechte und Staatszielbestimmungen in der Verfassung, JZ 1994, S. 213 ff.
Brunner, Georg, Die Problematik der sozialen Grundrechte, 1971.
Denninger, Erhard, Verfassungsauftrag und gesetzgebende Gewalt, JZ 1966, S. 767 ff.
ders., Staatliche Hilfe zur Grundrechtsausübung durch Verfahren, Organisation und Finanzierung, in: HStR, Bd. V, ²2000, § 113.
Dietlein, Johannes, Die Lehre von den grundrechtlichen Schutzpflichten, 1992.
Dreier, Horst, Dimensionen der Grundrechte, 1993.
Goerlich, Helmut, Grundrechte als Verfahrensgarantien, 1981.
Häberle, Peter, Grundrechte im Leistungsstaat, in: VVDStRL 30 (1972), S. 43 ff.
Hamel, Walter, Die Bedeutung der Grundrechte im sozialen Rechtsstaat, 1957.
Hennis, Wilhelm, Verfassung und Verfassungswirklichkeit. Ein deutsches Problem, 1968; vgl. dazu die Rezension von *Konrad Hesse*, in: AöR 96 (1971), S. 137 ff.
Hesse, Konrad, Bestand und Bedeutung der Grundrechte in der Bundesrepublik Deutschland, in: Peter Häberle /Alexander Hollerbach (Hg.), Ausgewählte Schriften, 1984, S. 283 ff.
ders., Verfassung und Verfassungsrecht, in: Ernst Benda/Werner Maihofer/Hans-Jochen Vogel (Hg.), Handbuch des Verfassungsrechts, ²1994, S. 3 ff.
Isensee, Josef, Verfassung ohne soziale Grundrechte, in: Der Staat 3 (1980), S. 367 ff.
ders., Das Grundrecht als Abwehrrecht und staatliche Schutzpflicht, in: HStR, Bd. V, ²2000, § 111.
Kalkbrenner, Helmut, Verfassungsauftrag und Verpflichtung des Gesetzgebers, DÖV 1963, S. 41 ff.
Kloepfer, Michael, Grundrechte als Entstehenssicherung und Bestandsschutz, 1970.
Lange, Klaus, Soziale Grundrechte in der deutschen Verfassungsentwicklung und in den derzeitigen Länderverfassungen, in: Ernst-Wolfgang Böckenförde/Jürgen Jekewitz/Thilo Ramm, Soziale Grundrechte, 1981.
Lerche, Peter, Das Bundesverfassungsgericht und die Verfassungsdirektiven. Zu den „nicht erfüllten Gesetzgebungsaufträgen", AöR 90 (1965), S. 341 ff.
Lücke, Jörg, Soziale Grundrechte als Staatszielbestimmungen und Gesetzgebungsaufträge, AöR 107 (1982), S. 15 ff.
Müller, Jörg Paul, Soziale Grundrechte in der Verfassung?, Basel ²1981.
Murswiek, Dietrich, Grundrechte als Teilhaberechte, soziale Grundrechte, in: HStR, Bd. V, ²2000, § 112.

Ossenbühl, Fritz, Grundrechte im und durch Verfahrensrecht, in: Festschrift für Kurt Eichenberger, 1982, S. 183 ff.
Scheuner, Ulrich, Staatszielbestimmungen, in: Festschrift für Ernst Forsthoff zum 70. Geburtstag, 1972, S. 325 ff.
Schneider, Hans-Peter, Die Verfassung: Aufgabe und Struktur, in: Deutsche Landesberichte zum Internationalen Kongreß für Rechtsvergleichung in Teheran 1974, AöR Sonderheft (Beiheft 1), 1974, S. 64 ff.
Schulze-Fielitz, Helmuth, Theorie und Praxis parlamentarischer Gesetzgebung, 1988.
Stern, Klaus, Idee und Elemente eines Systems der Grundrechte, in: HStR, Bd. V, ²2000, § 109.
Wienholtz, Ekkehard, Normative Verfassung und Gesetzgebung. Zur Verwirklichung von Gesetzgebungsaufträgen des Bonner Grundgesetzes, 1968.
Wildhaber, Lucius, Soziale Grundrechte, in: Peter Saladin/*ders.* (Hg.), Der Staat als Aufgabe. Gedenkschrift für Max Imboden, 1972, S. 371 ff.
Wu, Hsin-Hua, Soziale Grundrechte in der Verfassung. Neue Ansätze und Probleme im Hinblick auf die Verfassungsrealität der Bundesrepublik Deutschland, Diss. Tübingen 1997.

§ 19
Die objektiv-rechtliche Dimension der Grundrechte im internationalen Vergleich

Rainer Wahl

Übersicht

	RN		RN
A. Die objektiv-rechtliche Dimension als Fundament des deutschen Öffentlichen Rechts	1–27	6. Wirkungen der Lehre in der gesamten Verfassungsrechtsordnung	22–23
I. Problemstellung: Die Bedeutung der objektiv-rechtlichen Dimension für die Verfassungsordnung	1–11	7. Weiche Formen der Wirksamkeit der objektiv-rechtlichen Dimension gegenüber dem Gesetzgeber	24–26
1. Die Lehre als bedeutendste theoretische Neuerung nach 1949	1	8. Die objektiv-rechtliche Dimension als Fundament des deutschen Öffentlichen Rechts	27
2. Das Lüth-Urteil als Weichenstellung und „großes" Urteil	2–4	B. Rechtsvergleichung: Die objektiv-rechtliche Funktion in anderen Rechtsordnungen	28–50
3. Die einzelnen Ausprägungen der objektiv-rechtlichen Dimension	5–7	I. Leitendes Interesse der Rechtsvergleichung	28–30
4. Von der „Wertordnung" zu den „Elementen objektiver Ordnung"	8–10	II. Staaten mit integrierter Verfassungsgerichtsbarkeit	31–38
5. Grundsatzkritik	11	1. Die Verfassungsrechtsordnung in der Schweiz	32–36
II. Die Lüth-Rechtsprechung und ihr geschichtliches und institutionelles Umfeld: Gründe für die besondere Bedeutung der Lehre im deutschen Recht	12–27	2. Die Verfassungsrechtsordnungen in den USA	37–38
1. Die Historisierung der Lüth-Rechtsprechung	12–13	III. Staaten mit institutionell verselbständigter Verfassungsgerichtsbarkeit	39–51
2. Das historische Umfeld	14–15	1. Die Verfassungsrechtsordnung in Frankreich	41–45
3. Das Lüth-Urteil als Begründung eines eigenen Entwicklungspfades	16–17	2. Die Verfassungsrechtsordnung in Spanien	46–47
4. Die Verwirklichung der objektiv-rechtlichen Dimension im Medium einer umfassenden Verfassungsgerichtsbarkeit	18–19	3. Die Verfassungsrechtsordnung in Österreich	48–49
5. Die Bedeutung einer institutionell verselbständigten Verfassungsgerichtsbarkeit	20–21	4. Die objektiv-rechtliche Dimension im Gemeinschaftsrecht und in der Europäischen Menschenrechtskonvention	50–51
		C. Bilanz	52–55
		D. Bibliographie	

A. Die objektiv-rechtliche Dimension als Fundament des deutschen Öffentlichen Rechts

I. Problemstellung: Die Bedeutung der objektiv-rechtlichen Dimension für die Verfassungsordnung

1. Die Lehre als bedeutendste theoretische Neuerung nach 1949

1
Objektive Dimension der Grundrechte als juristische Entdeckung

Die Entfaltung der objektiven Dimension der Grundrechte ist die spektakulärste Neuerung des deutschen Staatsrechts nach 1945; sie verdient eine *juristische Entdeckung* genannt zu werden. Vom Bundesverfassungsgericht und der Staatsrechtslehre zur gesamten Hand entwickelt, ist sie zu einem Markenzeichen[1] des deutschen Staatsrechts der Gegenwart geworden[2]. Zugleich ist die objektive Dimension eine der deutschen Denkfiguren mit der stärksten Ausstrahlung auf andere Rechtsordnungen geworden. Trotz vielfältiger Rezeption ist diese Lehre jedoch in keinem anderen Staat so prägend für die Rechtsordnung geworden wie in Deutschland[3]. Anders als ihr gebräuchlicher Name glauben machen könnte, ist die objektiv-rechtliche Bedeutung der Grundrechte nicht nur für die Grundrechtsdogmatik von Bedeutung. Ihre Wirkung und ihre Folgen reichen weit darüber hinaus. Zu ihren Folgen gehören die Allgegenwart der Verfassung im politischen Diskurs und in der gesamten Rechtsordnung, ein gewaltiger Verrechtlichungsschub und die Verfassungsabhängigkeit der gesamten Rechtsordnung. Was die objektive Dimension der Grundrechte nach deutscher Lehre bewirkt hat, ist: *die Wiedergeburt der Rechtsordnung aus dem Geist der Grundrechte*. Im Folgenden ist diese These näher zu begründen und zwar in ihrer zweifachen Gestalt, als Beschreibung und Erklärung einer deutschen Eigenart und zugleich der Unterschiede, die zu anderen Rechtsordnungen bestehen. Wenn diese These zutrifft, dann folgt daraus zugleich ein weiteres: Deutliche Unterschiede in der Ausprägung der objektiven Dimension zwischen der deutschen und anderen Rechtsordnungen sind zugleich einer der wichtigsten Indikatoren für Unterschiede zwischen diesen Rechtsordnungen insgesamt.

2. Das Lüth-Urteil als Weichenstellung und „großes" Urteil

2
Grundrechte nicht bloß Abwehrrechte

Kaum ein anderer Satz wird von deutschen Juristen, seien es Rechtswissenschaftler, Staatsrechtler, Richter, Anwälte oder Studierende so oft geäußert, wie der: „Die Grundrechte sind nicht nur Abwehrrechte gegen den Staat, son-

---

1 Ein weiteres ist die konsequente Entfaltung und intensive Durchdringung des Grundsatzes der Verhältnismäßigkeit oder das Prinzip der praktischen Konkordanz.
2 → Bd. II: *Jarass*, Funktionen und Dimensionen der Grundrechte.
3 Ähnlich akzentuiert von *Jarass*, Abwehrrechte (Bibl.): Den größten Beitrag zur Erfolgsgeschichte des Bundesverfassungsgerichts als Grundrechts-Gericht spiele die Lehre von den objektiven Grundrechtsgehalten, die auch international etwas Besonderes darstelle und in anderen Rechtsordnungen Verständnisprobleme auslöse.

dern sie sind auch Elemente der objektiven Ordnung". Grundrechte wehren nach diesem innovativen und weittragenden neuen Verständnis nicht nur übermäßige Eingriffe durch den Staat ab, sondern sie entfalten eine allseitige Bedeutung in der gesamten Rechtsordnung: Sie wirken zwischen Privaten (sog. Drittwirkung[4], Horizontalwirkung). Darüber hinaus wirken sie inhaltlich auf die gesamte Rechtssetzung ein. Die Grundrechte grenzen nach diesem Verständnis nicht nur Räume der Freiheit der einzelnen aus, sondern sie sind die Grundlegung der Rechtsordnung, der Grund und die Substanz des Rechts.

Angefangen hatte alles dieses mit dem Fanfarenstoß[5] des Bundesverfassungsgerichts in der Lüth-Entscheidung vom 15. Januar 1958[6], in der es noch spezifischer hieß: „Die Grundrechte sind Teil einer objektiven *Wert*ordnung". Kein anderes Urteil des Bundesverfassungsgerichts erreicht den Glanz, den Bekanntheitsgrad und die Hochschätzung des Lüth-Urteils. Die Entscheidung ist der Klassiker des Gerichts schlechthin, es ist das Urteil, an das man zuerst denkt, wenn man vom Bundesverfassungsgericht spricht. Anschaulich ist das Lob von *Gerhard Casper* bei seiner Festrede zum 50. Jubiläum des Bundesverfassungsgerichts[7]. Er wendet die berühmte Frage, welches Buch man als einziges auf eine einsame Insel mitnehmen würde, (überraschenderweise) auf Gerichtsurteile und juristische Literatur an. Eindeutig ist dann aber die Antwort, daß er von allen Urteilen des Bundesverfassungsgerichts das Lüth-Urteil als Gesellschaft für die Insel auswählen würde. Ähnlich, aber noch weitergehend spricht *Wilhelm Hennis* davon, daß das Lüth-Urteil das Gericht zu dem gemacht habe, was es ist[8]. Mit dem Lüth-Urteil hat nämlich das Bundesverfassungsgericht nicht nur eine bedeutungsvolle inhaltliche Entscheidung getroffen, deren Erlaß ihm zum Ruhme gereicht. Das Gericht ist nicht nur Autor dieser Entscheidung, sondern es hat in ihr seine Prüfungskompetenz entscheidend erweitert, indem es den wichtigsten Prüfungsmaßstab der Grundrechte um ein Vielfaches ausgedehnt hat[9]: Das Bundesverfassungsgericht ist selbst und zuerst der Hauptgewinner dieser Entscheidung. „Lüth" war nicht nur eine materiell-rechtliche Entscheidung und Innovation, sondern zugleich und untrennbar damit verbunden eine Selbsterweiterung der Prüfungsbefugnisse durch das Bundesverfassungsgericht. Insofern ist es erst durch diese materiell-rechtliche und kompetenzrechtliche Expansion zu dem geworden, was es ist. Wenn das Lüth-Urteil auch nicht so berühmt ist wie die

3
Bedeutsamkeit der Lüth-Entscheidung

---

4 → Bd. II: *Papier*, Drittwirkung.
5 *Alexy*, Verfassungsrecht und einfaches Recht – Verfassungsgerichtsbarkeit und Fachgerichtsbarkeit, in: VVDStRL 61 (2002), S. 8 (9) spricht von der Expansionsgeschichte und vom Urknall von 1958.
6 BVerfGE 7, 198 ff.
7 *Casper*, Die Karlsruher Republik, ZRP 2002, S. 214 (215).
8 *Hennis*, Integration durch Verfassung, JZ 1999, S. 485 (492).
9 Selbstverständlich ist dieser Zusammenhang für jedes (Verfassungs)Gericht gegeben: Indem das Verfassungsgericht den Maßstab, der für seine Kontrolle gegeben ist, die Verfassung selbst ausgelegt und meist mit Gehalt anreichert, wächst dieser Maßstab und damit die Prüfungsbefugnisse. Im Fall des Lüth-Urteils ist dieser normale Zusammenhang nur deshalb so weittragend, weil das Bundesverfassungsgericht mit der objektiv-rechtlichen Dimension der Grundrechte eine überaus große Erweiterung des Prüfungsmaßstabes vorgenommen und damit seine Kompetenz gegenüber allen Gesetzen und dem Gesetzgeber erweitert hat. Vermeidbar ist diese Folge natürlich theoretisch nicht.

inzwischen zweihundert Jahre alte US-amerikanische Entscheidung Marbury versus Madison[10], so spielt es doch für die Entfaltung und Wirkkraft des deutschen Verfassungsrechts eine ausschlaggebende Rolle[11]. Innerhalb einer – noch zu schreibenden – Geschichte von Leiturteilen in der Welt ist es damit neben Marbury versus Madison nur noch vergleichbar mit dem Urteil des Europäischen Gerichtshofs in der Sache Costa/ENEL[12] oder der Entscheidung des französischen Conseil Constitutionnel zum Versammlungsrecht[13], die 1971 die französische Grundrechtsjudikatur revolutionierte und in einem gewissen Sinne erst begründete[14].

4
Weitreichende Grundrechtsgeltung

Dabei ist in der eigentlichen Fallkonstellation des Lüth-Urteils nichts Auffälliges oder Besonderes zu finden. Der Konflikt zwischen Meinungsäußerung und Ehrschutz ist ein klassischer Rechtskonflikt, den es zu allen Zeiten und in allen Rechtsordnungen gab. Ähnlich ist der Konflikt zwischen der Freiheit des Künstlers und der Ehre[15]. Diese Konflikte zwischen zwei Privaten gab es schon lange vor der Verfassungsgerichtsbarkeit und zwar als Problem der Auslegung der Gesetze. Seit dem Siegeszug der Verfassungsgerichtsbarkeit wird dieser Konflikt in den meisten Rechtsordnungen zumindest als ein auch verfassungsrechtlicher Konflikt verstanden. Demzufolge ist das Problem der Geltung der Grundrechte im Privatrecht unter den verschiedensten Bezeichnungen etwa als Horizontalgeltung der Grundrechte etc. ein Standardthema der Grundrechtstheorie und der Praxis der Verfassungsgerichte. – Die Anerkennung der Drittwirkung im Lüth-Urteil[16] macht also seinen Rang nicht aus. Die staunenerregende Ausstrahlungswirkung[17] des Urteils hat ihre Ursache vielmehr darin, daß das Gericht eine der Drittwirkungslehre *vorausliegende Theorie der Grundrechte* entwickelt und damit das in vielen Rechtsordnungen ebenso vertretene Ergebnis auf ein starkes Fundament gestellt hat[18]. Das Gericht liefert eine Fundamentalbegründung, die weit über die Fallkonstellation der Drittwirkung hinaus reicht und erstmals breite Felder, ja ganze juristi-

---

10 Dazu – aus Anlaß des 200. Jubiläums *Brugger,* Kampf um die Verfassungsgerichtsbarkeit: 200 Jahre Marbury v. Madison, JuS 2003, S. 320, und *Hoffmann-Riem,* Das Ringen um die verfassungsgerichtliche Normenkontrolle in den USA und Europa, JZ 2003, S. 269 ff. jeweils mit Nachweisen auch zur US-amerikanischen, nicht mehr zu überblickenden Literatur; außerdem *Brugger,* Grundrechte (Bibl.), S. 7 ff.; *Laurence H. Tribe,* American Constitutional Law, vol. 1, New York ³2000, S. 207 ff.
11 Dazu im folgenden A II, RN 12 f., insbesondere A II 6, RN 22 f., und A II 8, RN 27.
12 *EuGH,* Rs. 6/64, Costa ENEL, Slg. 1964, S. 1251 ff., 1269 f. Dazu *Thomas Oppermann,* Europarecht, ²1999, § 6 RN 619 ff.; *Werner Schroeder,* Das Gemeinschaftsrechtssystem, 2002, S. 110 ff.
13 *Louis Hamon,* Les juges de la loi. Naissance et rôle d'un contrepouvoir: le conseil constitutionel, Paris 1987, S. 159, spricht „von der zweiten Geburt des Conseil constitutionnel" und *Jean-Marc Varaut,* Le droit au droit, pour une libéralisme institutionnel, 1986, S. 70, bezeichnet die Entscheidung als „l'arrêt Marbury contre Madison du juge constitutionnel francais" beide zitiert in: *Spies,* Verfassungsrechtliche Normenkontrolle in Frankreich: der conseil constitutionnel, NVwZ 1990, S. 1040 (1044 mit FN 53).
14 Die vergleichende Analyse großer Entscheidungen, die einen Durchbruch oder eine Wendemarke enthalten haben, ist ein Desiderat.
15 *BVerfGE 30,* 173 ff. – Mephisto.
16 *BVerfGE 7,* 198, (205).
17 Um einen Grundbegriff zu benützen, den das Urteil eingeführt und populär gemacht hat, *BVerfGE 7,* 198 (207).
18 Das im weiteren die Quelle für weitere Konkretisierungen, für weitere Grundrechts-Dimensionen wurde; → Bd. II: *Jarass,* Funktionen und Dimensionen der Grundrechte.

sche „Kontinente" der Grundrechtsgeltung erschließt. Die Grundrechte wurden, was ihre Wirkung betrifft, neu erfunden, als ihnen eine Rundum-Geltung, eine „absolute" oder „universale" Wirkung zuerkannt wurde. Sie wurden das „Gesetz der Gesetze", eine Grundnorm nicht nur im formalen Sinn[19]. Das neue Verständnis macht nicht nur den Staat, sondern auch die Gesellschaft zum Regelungsgegenstand der Verfassung[20]. Die Grundsätzlichkeit der Neubestimmung der Grundrechte in ihrer Bedeutung für die gesamte Rechtsordnung findet sich – natürlich – schon in dem Lüth-Urteil selbst. In der Entscheidung wird zunächst bekräftigt, daß die Grundrechte in erster Linie Abwehrrechte des Bürgers gegen den Staat sind. Dann heißt es: „Ebenso richtig ist aber, daß das Grundgesetz keine wertneutrale Ordnung sein will[21], in seinem Grundrechtsabschnitt auch eine objektive Wertordnung aufgerichtet hat und daß gerade hierin eine prinzipielle Verstärkung der Geltungskraft der Grundrechte zum Ausdruck kommt"[22]. Dieses Wertsystem, das seinen Mittelpunkt in der innerhalb der sozialen Gemeinschaft sich frei entfaltenden menschlichen Persönlichkeit und ihrer Würde findet, muß als verfassungsrechtliche Grundentscheidung für alle Bereiche des Rechts gelten; Gesetzgebung, Verwaltung und Rechtsprechung empfangen von ihm Richtlinien und Impulse. So beeinflußt es selbstverständlich auch das Bürgerliche Recht, keine bürgerlich-rechtliche Vorschrift darf im Widerspruch zu ihm stehen, jede muß in seinem Geiste ausgelegt werden[23]. Anschließend ist dann die Rede vom „Rechtsgehalt der Grundrechte als objektiver Normen".

3. Die einzelnen Ausprägungen der objektiv-rechtlichen Dimension

Den *Charakter eines Fundamentalakts* hat die Lüth-Entscheidung auch deshalb, weil die objektive Dimension der Grundrechte zur kräftig sprudelnden Quelle von weiteren Grundrechtsbedeutungen geworden ist. Die objektive Dimension ist die Klammer und innere Begründung für eine Reihe weiterer Grundrechtswirkungen, das überdachende Prinzip für weitere Grundrechtsdimensionen oder -bedeutungen[24]. Dazu gehören vor allem:

5
Lüth-Entscheidung als Fundamentalakt

---

19 *Casper* (FN 7), S. 216. Zur Bemerkung *Caspers* paßt die Feststellung, daß die Grundrechte durch das Lüth-Urteil zu ranghöchsten Inhaltsnormen der Rechtsordnung wurden.
20 *Casper* aaO., unter Verweis auf *Dieter Grimm*, Zukunft der Verfassung, 1991, S. 408 f.
21 *BVerfGE* 7, 198 (204). Das Gericht verweist an dieser Stelle bezeichnenderweise auf die Entscheidung im Parteiverbotsverfahren, dazu und insgesamt zur rechtsgeschichtlichen Perspektive auf das Lüth-Urteil *Thomas Henne*, „Von Null auf Lüth in 6 1/2 Jahren". Zur Rechtsgeschichte der bundesdeutschen Grundrechtsjudikatur in den 1950er Jahren, Manuskript der Frankfurter Antrittsvorlesung 2002.
22 An dieser Stelle verweist das Gericht auf *v. Mangoldt/Klein*, GG (LitVerz.), Vorb. B III 4 vor Art. 1, S. 93: dort ist vom „Wertsystem" des Grundgesetzes die Rede, aber in einer wenig hervorgehobenen Form.
23 *BVerfGE* 7, 198 (205).
24 Vgl. zu diesen Instituten auch die Beiträge von *Isensee, Murswiek, Denninger*, HStR V, §§ 111 ff.; s. a. *Jarass*, Abwehrrechte (Bibl.), S. 35 ff. und die systematischen Überblicke bei *Böckenförde*, Grundrechte (Bibl.), S. 7 ff.; und *H. Dreier* (Bibl.), S. 41 ff.

- die Ausstrahlungswirkung[25],
- die Drittwirkung[26],
- Leistungs- und Teilhabegehalte[27],
- die Schutzpflicht (und die Handlungsaufträge)[28],
- die Grundrechte als Verfahrensgarantien[29] und
- institutionelle Bedeutungsaspekte[30].

6
Lehre von den Schutzpflichten

Den ersten Rang an diesen Weiterbildungen und Konkretisierungen der objektiven Dimension nimmt die Lehre von den Grundrechten als *Schutzpflichten* ein. Sie ist die tiefste Ausprägung des Grundgedankens, daß der Gehalt eines Grundrechts, sein Wert, Zweck und Ziel, insbesondere sein Schutz-Ziel, in der Rechtsordnung verwirklicht werden müsse. Dieser Grundgedanke erfährt seine intensivste Steigerung darin, daß der Gesetzgeber diesen Schutz nicht nur gewähren kann oder soll, sondern daß er ihn leisten *muß*. Das im Grundrecht verkörperte Gut ist so wichtig, daß der Gesetzgeber die vor dem Verfassungsgericht einklagbare Pflicht trifft, schützende Regelungen zu treffen. Die Lehre von der Schutzpflicht wurde von der Rechtsprechung zunächst auf die ausdrückliche Regelung in Art. 1 Abs. 1 Satz 2 GG gestützt („Sie [= die Menschenwürde] zu achten und zu schützen ist Verpflichtung aller staatlicher Gewalt"). Insofern diente dieser Art. 1 Abs. 1 Satz 2 GG als Geburtshelfer, dann hatte er seine Schuldigkeit getan, wie *Josef Isensee* zu Recht bemerkt hat[31].

7
Auswirkung der objektiven Grundrechtsdimension auf allen Rechtsgebieten

Der Siegeszug und die innere Konsequenz der Lehre von der objektiven Dimension zeigen sich auch darin, daß sich alle Versuche zur *Limitierung der immanenten Expansionstendenzen*[32] nicht haben durchsetzen können. Auch

---

25 Die Ausstrahlungswirkung konstituiert nicht einen neuen Gegenstandsbereich der Grundrechte, sondern sie ist Ausdruck der Prägung aller Rechtsgebiete, dazu zuletzt ausführlich *Ruffert* (Bibl.), S. 61 ff. Vieles spricht dafür, die Ausstrahlungswirkung auf die Geltungsrichtung gegenüber dem Privatrecht zu begrenzen und nicht von einer Ausstrahlungswirkung ins öffentliche Recht zu sprechen (dort geht es um verfassungskonforme Auslegung), so zu Recht *Jarass*, Abwehrrechte (Bibl.), S. 43 f.
26 „Die sog. Drittwirkung als legitimes Kind der Ausstrahlungswirkung, ja im Grunde nicht mehr als ein Versuch, diese dogmatisch zu verarbeiten": *Böckenförde*, Grundrechte (Bibl.), S. 10; → Bd. II: *Papier*, Drittwirkung.
27 Beginnend mit *BVerfGE 33*, 303 – Numerus clausus; und *Häberle*, Grundrechte im Leistungsstaat, VVDStRL 30 (1972), S. 43 ff.; dazu auch *Murswiek*, Grundrechte als Teilhaberechte, soziale Grundrechte, HStR V, § 112; → Bd. II: *Rüfner*, Leistungsrechte; *Starck*, Teilnahmerechte.
28 *BVerfGE 39*, 1 ff.; *Isensee*, HStR V, § 111 RN 77 ff., 86; neuere Literatur (jeweils mit zahlreichen Nachweisen): *Ruffert* (Bibl.), S. 141 ff., 201 ff.; *Michael Dolderer*, Objektive Grundrechtsgehalte, 2000; *Peter Unruh*, Zur Dogmatik der grundrechtlichen Schutzpflichten, 1996; *Johannes Dietlein*, Die Lehre von den grundrechtlichen Schutzpflichten, 1992; → Bd. II: *Calliess*, Schutzpflichten.
29 *BVerfGE 53*, 30 ff. – Mülheim Kärlich (mit Sondervoten); *Wahl*. Verwaltungsverfahren zwischen Verwaltungseffizienz und Rechtsschutz, in: VVDStRL 41 (1983), S. 1451 ff.; *Denninger*, HStR V, § 113; → Bd. II: *Schmidt-Aßmann*, Grundrechte als Organisations- und Verfahrensgarantien.
30 Die Lehre von den Einrichtungsgarantien verbindet mehre Elemente der Grundrechtstheorie; in ihrem Kern geht es aber um die objektivrechtliche Bedeutungsschicht, dazu *H. Dreier*, GG (LitVerz.), Vorb. vor Art. 1 RN 68 f. Zu den Grundrechten als Einrichtungsgarantien im Privatrecht, *Ruffert* (Bibl.), S. 75 ff.; → Bd. II: *Kloepfer*, Einrichtungsgarantien.
31 In: HStR V, § 111 RN 80; dazu *Schefer* (Bibl.), S. 245. Diese ursprüngliche aktive Funktion von Art. 1 Abs. 1 GG kann jedoch wiederbelebt werden, wie die aktuelle Biomedizin-Debatte zeigt.
32 Naheliegend ist der Versuch, die Schutzpflichtdimension auf die Grundrechte zu begrenzen, für die das Grundgesetz den Schutzgedanken ausdrücklich ausspricht, also auf die Art. 1 Abs. 1 S. 2 GG und Art. 6 GG („unter dem besonderen Schutz"). So legt die 2. Schwangerschaftsabbruch-Entscheidung von 1993

die stärkste Ausdrucksform, die Schutzpflichtdimension, ist nach herrschender Lehre letztlich bei allen Grundrechten anerkannt. Die objektiv-rechtliche Dimension wirkt sich potentiell auch in allen Rechtsgebieten aus[33]. Trotz dieser generellen Reichweite gibt es Schwerpunkte, so bei Art. 1 Abs. 1 und Art. 2 Abs. 2 GG[34], wo die Schutzpflicht-Doktrin insbesondere beim Problemkreis des Schwangerschaftsabbruchs und neuerdings der Humangenetik und insgesamt bei Gesundheitsgefährdungen ihr wichtigstes Anwendungsfeld hat[35]. Naturgemäß ist das Grundrecht von Ehe und Familie[36], in dem (neben Art. 1 Abs. 1 GG) ausdrücklich von Schutz die Rede ist, einschlägig. Jenseits der Schutzpflichtdimension hat die objektive Grundrechtsfunktion ein reiches Anwendungsgebiet bei Art 5 Abs. 1 Satz 2 GG, ist dort doch aus den wenigen Worten des Grundgesetzes ein ganzes Rechtsgebiet entstanden; dies ist eine der erstaunlichsten Interpretationsleistungen unter dem Grundgesetz. Hier hat das Grundrecht auf das vorhandene Rechtsgebiet nicht bloß ausgestrahlt, sondern es eigentlich im Wege des Richterrechts[37] erst hervorgebracht und immer weiter fortentwickelt[38].

4. Von der „Wertordnung" zu den „Elementen objektiver Ordnung"

8
Wertephilosophie als Ausgangspunkt der Entwicklung

Die Entwicklung der Lüth-Rechtsprechung ist, was die theoretische Fassung der allseitigen Wirkung der Grundrechte betrifft, in zwei Phasen verlaufen[39]. Die erste ist durch die philosophierende Formel von der Wertordnung[40], die zweite von der Formel von den objektiv-rechtlichen Grundrechtsgehalten gekennzeichnet. Der Rekurs auf die Wertordnung war philosophisch schon zu Beginn fragwürdig und umstritten. Dies ändert aber nichts daran, daß die neue Lehre der Abstützung auf diese Wertephilosopie ihre Schubkraft in der Entstehungsphase verdankt hat. Denn diese Philosophie stand ihrerseits mit

---

(BVerfGE 88, 203 [251]) großen Wert auf die Verknüpfung von Art. 2 Abs. 2 mit Art. 1 GG. Die Schutzpflicht wird nicht direkt aus Art. 2 Abs. 2 GG abgeleitet, statt dessen heißt es: Die Schutzpflicht hat „ihren Grund in Art. 1 Abs. 1 GG"; „ihr Gegenstand und – von ihm her – ihr Maß werden durch Art. 2 Abs. 2 GG näher bestimmt". Diese Passage läßt sich für die Auffassung in Anspruch nehmen, die die Schutzpflicht nur in Art. 1 Abs. 1 GG (und Art. 6 Abs. 1 GG) verankert sehen möchte.

33 *H. Dreier*, GG (LitVerz.), Vor. Art. 1 RN 65; *Murswiek*, in: Sachs, GG (LitVerz.), Art. 2 RN 25; *Enders*, in: Friauf/Höfling, Berliner Kommentar (LitVerz.), Vor Art. 1 RN 62 ff., 65. *Jarass*, Abwehrrechte (Bibl.) S. 37 f.
34 *Georg Hermes*, Das Grundrecht auf Schutz von Leben und Gesundheit, 1987.
35 → Bd. IV: *Fink*, Recht auf Leben und körperliche Unversehrtheit.
36 → Bd. IV: *Steiner*, Schutz von Ehe und Familie.
37 Die Rechtsprechung des BVerfG in einer Serie von sog. Rundfunkurteilen ist eines der, wenn nicht das prominenteste Beispiel für Richterrecht durch das BVerfG im Rahmen einer kodifizierten Verfassung. Die 1. bis 8. Rundfunkentscheidung finden sich in: *BVerfGE 12*, 205 (259 ff.); *31*, 314 (323 ff.); *57*, 295 (318 ff.); *73*, 118 (152 ff.); *74*, 297 (322 ff.); *83*, 238 (295 ff.); *87*, 181 (197 ff.); *90*, 60 (87 ff.).
38 → *Degenhart*, Rundfunkfreiheit.
39 Eine andere Abfolge von zwei Etappen nennt *Bockenförde*, Grundrechte (Bibl.), S. 4 ff., nämlich einerseits die Interpretation der Grundrechte insgesamt als objektive Wertordnung bzw. Wertsystem und dann das Verständnis einzelner Grundrechte als objektive rechtliche wertentscheidende Grundsatznorm; vgl auch *H. Dreier* (Bibl.), S. 21 ff.
40 → Bd. II: *Di Fabio*, Zur Theorie eines grundrechtlichen Wertsystems.

der Grundströmung des ersten Jahrzehnts nach 1945[41] in so starkem Maße in Einklang, daß sie Geist der Zeit und Zeitgeist in einer besonders markanten Weise für sich hatte. Die Durchschlagskraft der zeitgenössischen Grundströmung beförderte auch den verfassungsrechtlichen „Ableger"[42], zumal auch die Sprache des Lüth-Urteils den Nerv der Zeit traf.

9
Reformulierung des Lüth-Urteils

Verständlich ist aber auch das Aufkommen einer Kritik, die juristisch in den Publikationen von *Ernst Forsthoff*[43] gipfelte und die insbesondere den Anspruch auf Objektivität der Werte und der Existenz einer hierarchischen Wertordnung angriff[44]. Aufgrund dieser Kritik wurde die grundsätzliche Aussage re-formuliert. Bald wurde – *Konrad Hesse*[45] war führend – nur noch von den Grundrechten als Elementen objektiver Ordnung gesprochen oder von der objektiven Dimension. Das Bundesverfassungsgericht hat sich dem zurückgenommenen Sprachgebrauch langsam angenähert und verwendet heute letztlich eine Vielzahl von Bezeichnungen, die an die Stelle der „Wertordnung" getreten sind[46]. In der Tat formuliert die zweite Fassung „juristischer" und theoretischer[47]. Der Begriff der Wertordnung hatte die Verfassungsrechtsdogmatik in veraltete innerphilosophische Streitigkeiten verwickelt und in den Niedergang der philosophischen Werttheorie involviert. Deshalb war es nur von Vorteil, daß diese Bezugnahme gekappt wurde. Damit

---

41 Andererseits war die Berufung auf die Wertordnung, die *im* Grundgesetz enthalten sei, eine wirkungsvolle und für das Bundesverfassungsgericht wichtige Distanzierungsmöglichkeit gegenüber dem z.Z. vom (Präsidenten des) BGH vertretenen Rückgriff auf ein überpositives Naturrecht (dazu neuerdings *Henne* [FN 21], S. 13 ff.). Mit der Wertordnungslehre holte das Bundesverfassungsgericht fast alle diese Gehalte aus dem überpositiven Himmel, den die Naturrechtsrenaissance der ersten Jahre nach 1945 konstruiert hatte, in das positive Recht hinein. Die vorrangige und mit fundamentalen Aussagen ausgestattete Verfassungsschicht konnte weitgehend die Funktion des überpositiven Rechts in traditionellen Konzepten übernehmen, sie hatte aber den Vorteil und besonderen Charme, daß sie Bestandteil des positiven Rechts war und deshalb gegenüber den klassischen Angriffen auf das überpositive Recht immun war.

42 Völlig neu ist die Bezugnahme auf das Wertedenken aber nicht. Schon am Ende der Weimarer Zeit gibt es einen interessanten Pionier, nämlich *Hensel*, in: Gerhard Anschütz/Richard Thoma (Hg.), Handbuch des Deutschen Staatsrechts, Bd. II, 1932, § 84, S. 313, 316 mit Anm. 2. Er hebt den den Grundrechten innewohnenden „Wertgedanken" hervor. *Hensel* gebraucht diese Formulierung im Zusammenhang der Vorbehaltslehre und betont, daß das einschränkende Gesetz den „Wert der grundrechtlichen Entscheidung unangetastet lassen müsse. Die werthafte Einheit, welche die Verfassung darstellt, zum mindesten darstellen soll, darf auch durch Ausübung des Vorbehaltsrechts nicht gesprengt werden". Mit ähnlichen Erwägungen tastet sich das Bundesverfassungsgericht im Apothekenurteil an die Verhältnismäßigkeit als Schrankenschranke heran *BVerfGE* 7, 377, LS. 5, 6 und 403 f., 407.

43 *Forsthoff*, Die Umbildung des Verfassungsgesetzes, FS C. Schmitt, 1959, S. 35 und Replik von *Hollerbach*, Auflösung der rechtsstaatlichen Verfassung?, in: AöR 85 (1960), S. 241 ff., beide abgedruckt in: Manfred Friedrich (Hg.), Verfassung. Beiträge zur Verfassungstheorie, 1978, S. 117 ff. und S. 153 ff. Ausführlich und eindringlich dazu *H. Dreier* (Bibl.), S. 10 ff., 12 ff.; dort auf S. 12 auch der Hinweis, daß das Bundesverfassungsgericht eine geistes- oder philosophiegeschichtliche Selbsteinschätzung sorgsam vermieden habe, es gab aber sofort Vermutungen und eine lebhafte Kritik gegen diese vermuteten philosophischen und staatstheoretischen Voraussetzungen der Rechtsprechung. Dazu neuestens auch *Henne* (FN 21).

44 *Ernst-Wolfgang Böckenförde*, Zur Kritik der Wertbegründung des Rechts, in: ders., Recht, Staat, Freiheit, 1991, S. 67 ff.

45 Grundzüge (LitVerz.), RN 299.

46 *H. Dreier* (Bibl.), S. 21 ff., „Von der Wertordnung der Grundrechte zu den objektiv-rechtlichen Grundrechtsgehalten".

47 Vor allem die zweite Phase ist die der Ausstrahlung auf andere Rechtsordnungen, Verfassungsgerichte und Staatsrechtswissenschaften gewesen. Zur Rechtsvergleichung siehe unten Teil B, RN 28 ff.

wurden die Aussagen der objektiven Grundrechtsdimension besser in den juristischen Zusammenhang integriert.

Der Verzicht auf die offene Abhängigkeit zu einer bestimmten Philosophie ändert aber nichts an der Gesamtbewertung, daß eben diese geistesgeschichtliche Einbindung und Unterstützung für den Erfolg der Lüth-Rechtsprechung wesentlich war. Die Formel von der Wertordnung war das Transportmittel, der Katalysator für das Neue. Einmal durchgesetzt – und dies geschah relativ schnell – brauchte man diesen Antrieb und Impuls nicht mehr. Die gelassenere und zurückgenommenere Formel von den Elementen objektiver Ordnung konnte das Feld besetzen, nachdem dieses Feld überhaupt erst einmal eröffnet worden war. Kurz: Das Konzept der Wertordnung war der Geburtshelfer[48]. Einmal auf der Welt und auf ein hohes Geltungsniveau gebracht, konnte das Konzept zurückhaltender formuliert werden. In der Sache aber wurde nichts dadurch zurückgenommen oder begrenzt, daß fortan nur noch von den Grundrechten als „Elementen" objektiver Ordnung gesprochen wurde. Was die ursprüngliche Leitvorstellung von den allseits und überall wirkenden Werten geschaffen und in das Rechtsdenken hinein gebracht hatte, nämlich eine potentiell flächendeckende Einwirkung der Grundrechte auf das Gesetzesrecht, blieb erhalten. Der grundlegende Schritt zur umfassenden Verrechtlichung der Gesetzgebung durch deren nunmehr qualitativ gesteigerte Bindung an den Gehalt und die „Vorgaben" der Grundrechte war schon zum prägenden Bestandteil der deutschen Rechtsordnung geworden. Das Ergebnis dieses doppelphasigen Prozesses war und ist eine Dauerpräsenz des Verfassungsrechts der Grundrechte in der gesamten Rechtsordnung. In der Folge davon wird das Gesetzesrecht, das sogenannte „einfache Recht", immer auch, zuweilen sogar primär, als ein Recht verstanden, das die Grundrechte und verfassungsrechtliche Güter verwirklicht, das von der Verfassung dirigiert wird, das „Vorgaben" aus der Verfassung erfüllt[49]; das Gesetzesrecht ist verfassungsgeprägt, es ist konstitutionalisiert[50]. Nach deutschem Verständnis ist Gesetzesrecht ganz überwiegend grundrechtsgeleitet. Bei einem solchen Grundverständnis muß man fragen, ob dem Gesetzesrecht noch eine gewisse Eigen- und Selbständigkeit[51] verblieben ist oder ob das Hauptinstrument des demokratisch gewählten Gesetzgebers in eine durchgehende inhaltliche Abhängigkeit und Inferiorität geraten ist. Vom Konzept einer Parlamentssouveränität, wie es in Frankreich und im Vereinigten Königreich jahrhundertelang gedacht wurde und auch heute noch als Ausgangspunkt aller Überlegungen gilt, ist dieses Konzept denkbar weit entfernt.

10
Präsenz des Verfassungsrechts in der gesamten Rechtsordnung

---

48 In ähnlicher Weise hat später bei der Entwicklung der Schutzpflicht-Lehre zunächst der Menschenwürdeartikel, der ausdrücklich die Schutzdimension enthält („achten und schützen") Geburtshelferdienste geleistet, dann aber ausgedient, so *Isensee*, HStR V, § 111 RN 80; vgl. aber oben FN 32.
49 Eine Auflistung der gängigen Begriffe und Bilder in der Rechtsprechung bei *Jestaedt* (Bibl.), S. 16f.
50 *Schuppert/Bumke* (Bibl.); *Wahl*, Konstitutionalisierung – Leitbegriff oder Allerweltsbegriff?, in: FS Brohm, 2002, S. 191 ff.; zu den weiteren Bedeutungen dieses Begriffs im Europa- und Völkerrecht aaO., S. 194 ff., 199 ff.
51 *Wahl*, Der Vorrang der Verfassung und die Selbständigkeit des Gesetzesrechts, NVwZ 1984, S. 401; dazu zuletzt *Ruffert* (Bibl.).

5. Grundsatzkritik

11
Auf dem Weg zum Jurisdiktionsstaat?

Auch die starke Kritik am Lüth-Urteil[52] geht von seiner großen Bedeutung und Ausstrahlung aus, nur ist die Wertung entgegengesetzt. Kritisiert wird eine Überspannung und Überdehnung des der Verfassung Möglichen ebenso wie der Bedeutungsrückgang des Gesetzesrechts durch das Grundrechtswachstum[53]. Eingewandt wird auch, daß die Ausstrahlung und Einwirkung der Grundrechte ins Gesetzesrecht kein Maß in sich habe[54]. Deshalb liegt es allein an einer gewissen Weisheit des Bundesverfassungsgerichts, daß nicht noch mehr Einwirkung und noch mehr Überformung des Gesetzesrechts stattfindet: Das Gericht praktiziert die objektive Dimension zurückhaltender als es weite Teile der Literatur tun. In der Kritik wird auch deutlich hervorgehoben, daß die Ausdehnung der Bedeutung der Grundrechte sich nicht auf das materielle Verfassungsrecht beschränkt, sondern in Deutschland unmittelbare Folgen für den Prüfungsumfang des Bundesverfassungsgerichts hat: Die objektive Dimension bereitet nach der Ansicht von *Ernst-Wolfgang Böckenförde* einen unaufhaltsamen Weg zum Jurisdiktionsstaat, also zu einem Staat, in dem die Gerichtsbarkeit ein Übergewicht oder ein zu hohes Gewicht erhält[55].

II. Die Lüth-Rechtsprechung und ihr geschichtliches und institutionelles Umfeld: Gründe für die besondere Bedeutung der Lehre im deutschen Recht

1. Die Historisierung der Lüth-Rechtsprechung

12
Lüth-Urteil als Auslöser einer neuen Entwicklung

Die Lüth-Rechtsprechung enthält zwar eine Grundrechtstheorie. Ihre Wirkungen reichen aber weit über das hinaus, was normalerweise ein Satz der Staatsrechtslehre bewirkt. „Lüth und die Folgen"[56], dies läßt sich nur erklären, wenn man, weiter ausholend als gewöhnlich, die Lüth-Rechtsprechung nicht nur als Bestandteil der geltenden Grundrechtsdogmatik, sondern weit mehr als Auslöser und Träger eines besonderen Entwicklungspfads des deutschen Rechts analysiert. Interessiert so die Gesamtkontur einer wichtigen Säule der deutschen (Verfassungs)Rechtsordnung, dann darf die Aufmerksamkeit nicht nur auf das geltende Recht gerichtet sein. Die Eigenarten und

---

52 Dazu *Böckenförde*, Grundrechte (Bibl.), S. 21 ff., 26, Antikritik bei *H. Dreier* (Bibl.), S. 53 ff. Zur neueren Kritik insb. *Jestaedt* (Bibl.), Teil II, S. 37 ff.
53 Mit dieser Formel variiert *Jestaedt* (Bibl.), S. 37, die Beobachtung von *Wahl* (FN 51), S. 485 ff., 487, daß der Vorrang der Verfassung (hier der der Grundrechte) der Nachrang des Gesetzes ist. – Zugespitzt *Jestaedt* (Bibl.), S. 65: „Die Grundrechtsrevolution frißt ihre Kinder".
54 *Wahl* (FN 51), S. 502 ff., 513 ff.; *ders.*, Die Reformfrage, in: FS BVerfG, Bd. I, 2001, S. 461 ff. Dieser Defizitanalyse geht der Text nicht weiter nach. Seine Fragestellung ist nicht die Kritik im Großen oder im Detail, sondern die Herausarbeitung der immensen Bedeutung der objektivrechtlichen Dimension und des von ihr hervorgebrachten Entwicklungspfads. Und diese hat sie unbezweifelbar unabhängig und trotz ihrer Mängel.
55 *Ernst-Wolfgang Böckenförde*, Gesetz und gesetzgebende Gewalt, ²1981, S. 401 f.; *ders.*, Grundrechte (Bibl.), S. 24 ff., 26 ff.; *ders.*, Grundrechtsdogmatik (Bibl.), S. 60 ff., 63 ff.
56 So auch *Jestaedt* (Bibl.).

besondere Gestalt einer Rechtsordnung werden am besten durch die zwei Verfahren der partiellen Distanzierung deutlich, die rechtshistorische und die rechtsvergleichende Betrachtung. Die Gestalt einer kulturellen Erscheinung wird am ehesten aus dem Wissen darüber, wie sie geworden ist, was sie ist, und wie sie sich von anderem unterscheidet, deutlich.

Die Historisierung der objektiven Grundrechtslehre ist nach einem halben Jahrhundert Verfassungsgerichtsjudikatur und nahezu fünfzig Jahren Lüth-Rechtsprechung längst an der Zeit[57]. Ziel ist es, die Eigenarten auch aus den Entstehungsbedingungen zu verstehen, die Besonderheiten zu erklären und sie möglicherweise als Bestandteil eines gesonderten deutschen Grundrechts-Weges zu erkennen. Dabei darf der Blick aber nicht nur auf das enge Grundrechtsthema fallen, sondern er muß auch das gesamte institutionelle Umfeld, das einschlägige staatsorganisatorische Gesamtarrangement umfassen, soll die große Breiten- und Tiefenwirkung dieser Doktrin erklärt werden. Nur auf dem Hintergrund eines ausreichenden Wissens über die Entstehungs- und Umfeldbedingungen lassen sich auch Aussagen und Abschätzungen über die „Stärke" und die „Kraft" und damit auch Abschätzungen über die Änderungsresistenz einer Doktrin machen. Bei der Lüth-Rechtsprechung zur objektiven Dimension fällt insoweit auf, daß es ihr an heftiger, grundsätzlich fundierter Kritik prominenter Autoren nicht mangelt – gleichwohl ist sie eine der am stärksten gefestigten herrschenden Lehren. Eine solche Stärke und Kritikfestigkeit tritt insbesondere bei Lehren auf, die einen *Entwicklungspfad*[58] für die Rechtsordnung begründet haben. So richtet sich das Interesse zuletzt darauf, ob die objektive Dimension einen grundsätzlichen Entwicklungspfad des deutschen (Verfassungs)Rechts und damit zugleich – im Rechtsvergleich gesehen – vielleicht sogar einen Sonderweg begründet hat.

13
Kritikfestigkeit der Lehre von der objektiven Grundrechtsdimension

2. Das historische Umfeld

Die Lüth-Rechtsprechung verdankt den *Startbedingungen* des neuen Staates und der Verfassungsgerichtsbarkeit Entscheidendes. Das deutsche Bundesverfassungsgericht ist das Exempel eines Verfassungsgerichts geworden, das nach einer Wende von einem diktatorischen oder autoritären Regime zur

14
Günstige Voraussetzungen für den Aktivismus eines Verfassungsgerichts

---

57 Die Historisierung einer dogmatischen Entwicklung dient zum einen dem besseren Verständnis der Lehre beim Blick von innen, (mit dem daraus entstehenden Erkenntniszuwachs) ist sie zugleich eine Vorbedingung für die Rechtsvergleichung (dazu unten B, RN 28 ff.), die den Blick von außen ermöglicht und die Aufmerksamkeit auf recht unterschiedliche Ausprägungen des objektivrechtlichen Denkens in verschiedenen Rechtsordnungen lenkt. Das vertiefte Verständnis der eigenen Rechtsordnung einerseits und das Vergleichen andererseits können substantiell nur vorgenommen werden, wenn auch zugleich die Entstehungsbedingungen und die Umfeldbedingungen präsent sind, kurz: Die Historisierung vergrößert vermehrt das Wissen über die objektive Dimension in der Binnen- wie in der Vergleichsperspektive. Für eine Historisierung des Lüth-Urteils im Hinblick auf den Konflikt Ehre/Meinungsfreiheit plädiert *Isensee*, Grundrecht auf Ehre, in: FS Kriele, 1997, S. 5, 28 ff.
58 Der in den Wirtschaftswissenschaften üblich gewordene, aber auch für dogmengeschichtliche Analysen fruchtbare Begriff des Entwicklungspfades und das damit zusammenhängende Konzept von der Pfadabhängigkeit wurde schon verwendet in: *Wahl*, Die Reformfrage, in: FS BVerfG, Bd. I, 2001, S. 461 (466 f.).

Demokratie Motor der neuen Ordnung geworden ist. In der Anfangsphase einer Nach-Wende-Verfassung gibt es besonders starke Erwartungen in die Verfassung und in die startende Verfassungsgerichtsbarkeit. Eine solche Nach-Wende-Verfassungsgerichtsbarkeit hat einen hohen Vertrauensvorsprung und besonders günstige Bedingungen, die Rolle eines *aktiven Gerichts* einnehmen zu können. Dazu gehört zum einen die zwangsläufige Aufgabe der Vergangenheitsbewältigung in hochpolitischen Angelegenheiten[59]. Darüber hinaus muß aber in den ersten Jahren nach einer Diktatur die gesamte bisherige nicht-freiheitliche Rechtsordnung verändert und angepaßt werden. In dieser Situation ist es die Aufgabe eines Verfassungsgerichts, wichtige Pflöcke einzuschlagen und wichtige Impulse für diese Transformation zu geben[60]. Kurz: Diese Startbedingungen waren günstig für den Aktivismus eines Verfassungsgerichts.

15
Wertbejahung statt Wertnihilismus

Ein ebenso wichtiges Kennzeichen einer Wendesituation ist es, daß für die neue Ordnung eine substantielle und explizite geistige Begründung gefunden werden muß. In der Situation des Bruchs müssen die Prinzipien der neuen freiheitlichen und verfassungsstaatlichen Ordnung betont werden, und dies geschah in großer Übereinstimmung mit der zeitgenössischen Groß-Stimmungslage. Die neue verfassungsstaatliche Ordnung stützen die Vordenker, an ihrer Spitze *Günter Dürig*[61], auf das große Akzeptanz schaffende Wort von der Wertordnung. Die Formel von der objektiven Wertordnung verdankt ihre Durchschlagskraft nicht ihrer Abstützung auf eine (damals schon überholte) Philosophie, sondern auf die Strahlkraft der verheißungsvollen Worte „Werte" und „Wertordnung". Worauf sollte denn in Abkehr von aller machtstaatlichen und menschenrechtsverachtenden Politik der nationalsozialistischen Zeit die neue Ordnung anders und besser gegründet werden als auf Werte? Der Einklang von Hoffnungen auf neue Werte, Wertphilosophie und Rhetorik der objektiven Wertordnung hat die Lüth-Rechtsprechung nicht nur gestützt, sondern geradezu an die Spitze des Rechtsdenkens katapultiert. Bei aller sofort geltend gemachter Kritik verdankt diese Rechtsprechung ihren fulminanten Siegeszug dem Zusammentreffen eines breit akzeptieren verfassungsgerichtlichen Aktivismus mit der ebenfalls hoch akzeptierten Berufung auf Werte: Wertbejahung statt Wertnihilismus[62].

---

59 Hierher gehören etwa die Entscheidungen des Bundesverfassungsgerichts zu Art. 131 GG: *BVerfGE* 3, 58; *3*, 162 (Beamtenentscheidung); *3*, 187; *3*, 208; *3*, 213; *3*, 288 (Soldatenentscheidung); 6, 132 (Gestapo-Beschluß); 6, 222.
60 Denselben Prozeß haben die Rechtsordnungen und die Verfassungsgerichte in Spanien, Portugal, Griechenland und in den ost- und südosteuropäischen Staaten durchführen müssen.
61 An zentraler Stelle (Grundrechte als Wertordnung) wird *v. Mangoldt/Klein, GG* (LitVerz.), Vorb. B III 4 vor Art. 1 S. 93, zitiert (dort taucht ein in Anführungszeichen gesetzte Begriff des „Wertsystems" auf).
62 Das Lüth-Urteil trifft auch in seiner Sprache den Nerv der Zeit. Es hat akademisches Vordenken, insbesondere Autoren wie *Hans Carl Nipperdey, Günter Dürig* und *Friedrich Klein* usw., in rezeptionsfähige Formulierungen übersetzt. Vom juristischen Zeitgeist spricht *Ruffert* (Bibl.), S. 7.

3. Das Lüth-Urteil als Begründung eines eigenen Entwicklungspfades

Haben die weichenstellenden Entscheidungen des Bundesverfassungsgerichts in den zwei Jahren zwischen 1956 und 1958 die Grundrechtsjudikatur auf ein hohes, man möchte sagen: denkbar hohes Niveau gebracht, so verblieb es in den Folgejahren wie selbstverständlich bei diesem „Niveau". Nichts trat ein, was ein wirklicher Grund für eine Zurücknahme hätte sein müssen. Alle Kritik und alle Relativierungen an dieser Rechtsprechung haben den Durchbruch von 1958 nicht mehr zurücknehmen können oder auch nur wollen. Die Lüth-Entscheidung erweist sich (zusammen mit der Elfes- und Apotheken-Entscheidung[63]) als Weichenstellung der Judikatur[64]. Dabei bedeutet eine Weichenstellung in diesem Zusammenhang, daß Alternativen praktisch abgeschnitten waren und sind, es sei denn, daß eine neue alternative Grundlagentheorie an die Stelle gesetzt würde, was aber nirgends sichtbar ist. Wie schon erwähnt, wurden grundsätzliche Alternativen geltend gemacht und erwogen[65], sie hatten aber auch bei hohem Gewicht ihrer Argumente praktisch keine Chancen zur Annahme. Weichenstellungen in dem beschriebenen Sinne führen zu einem Entwicklungs*pfad*, und dies hat hier ebenso wie in vergleichbaren Feldern der Wirtschaft und Technik zur Folge, daß in einem starken Maße eine Pfad*abhängig*keit eintritt. Diese ist – natürlich – nicht absolut. Aber sie verleiht der entsprechenden Doktrin die Funktion eines Pfeilers oder einer Säule für die gesamte oder für wichtige Teile der Rechtsordnung. Wo so vieles auf der Grundentscheidung aufbaut, ist der Austausch sehr schwierig. Weichenstellungen, die zu einem eigenen Pfad führen, begründen eben dadurch auch einen eigenen Weg, einen Sonderweg[66]. Sichtbar wird, was man frei nach *Goethe* bezeichnen kann als „das Gesetz, nach dem das Gericht angetreten ist"[67]. Es ist eine geprägte Form, das spezifisch deutsche Verfassungsrecht und die spezifische deutsche Verfassungsgerichtsbarkeit entstanden.

16 Lüth-Entscheidung als Weichenstellung der Judikatur

Wenn *Thomas Henne* in einer explizit rechtsgeschichtlichen Perspektive den erstaunlichen Erfolg des Lüth-Urteils unter die Formel faßt: „Von Null auf Lüth in 6 ½ Jahren"[68], so ist hinzusetzen: Das Bundesverfassungsgericht hat in den ersten sechs bis sieben Jahren von Null an das Niveau eines aktiven und in sämtliche Rechtsgebiete hineinwirkenden Gerichts erworben. Glanz und Problematik des deutschen Verfassungsgerichts sind in diesen sechs Jahren, vor allem in den beiden Jahren zwischen 1956 und 1958 grundgelegt worden. Auch für das zu große Wachstum der Verfassungsgerichts-Rechtsprechung

17 Bedeutsamkeit der verfassungsgerichtlichen Anfangsphase für die weitere Entwicklung

---

63 *Gertrude Lübbe-Wolff*, Die Grundrechte als Eingriffsabwehrrechte, 1988, S. 283 ff., hält das Elfes-Urteil (*BVerfGE* 6, 32) für den entscheidenden Ausgangspunkt der Rechtsprechung zur Wertordnung, dazu H. Dreier (Bibl.), S. 11, FN 8.
64 Dazu *Wahl*, (FN 58), S. 466 ff., 483 ff. Bereits ein vom *Verf.* veranstaltetes deutsch-schweizerisches Verfassungskolloquium im Jahre 1989 zur Thematik der objektivrechtlichen Dimension stand unter dem Titel: Weichenstellungen der Dogmatik, vgl. Der Staat 29 (1990), S. 1.
65 *Jestaedt* (Bibl.); *Böckenförde*, Grundrechtsdogmatik (Bibl.), S. 63 ff. („Ist die Grundrechtsdogmatik auf dem rechten Weg?").
66 Jede stark ausgeprägte Eigenart begründet in gewisser Weise einen Sonderweg.
67 Dies nach *J. W. Goethe*: „Urworte. Orphisch" „... Nach dem Gesetz, wonach Du angetreten." ... „Geprägte Form, die lebend sich entwickelt".
68 *Henne* (FN 21), Manuskript 2002.

4. Die Verwirklichung der objektiv-rechtlichen Dimension im Medium einer umfassenden Verfassungsgerichtsbarkeit

18
Optimales verfassungsprozessuales Umfeld

Die objektiv-rechtliche Dimension der Grundrechte, obwohl ein Lehrsatz des materiellen Verfassungsrechts, verdankt ihre Wirkung nicht nur der Normativität, sondern in einem beträchtlichen Teil dem gesamten verfassungsrechtlichen und verfassungsgerichtlichen *Umfeld,* das das Grundgesetz und die Zeitsituation geschaffen haben. Das Umfeld, in dem sich in der zweiten Hälfte des 20. Jahrhunderts in Deutschland eine staatsrechtliche Doktrin entfaltet, ist die Verfassungsgerichtsbarkeit[69]. Sie ermöglicht und verstärkt die Wirkungsmöglichkeiten einer materiell-rechtlichen Lehre beträchtlich. Deutsche Juristen sind die prozessuale Bewehrung und Effektuierung von materiell-rechtlichen Lehren so sehr gewöhnt, daß sie gewöhnlich gar nicht mehr zwischen der materiellen Theorie an sich und der Wirkungskraft, die sie durch eine ausgebaute Verfassungsgerichtsbarkeit erhält, unterscheiden. In Ländern mit einer weniger stark ausgeprägten Verfassungsgerichtsbarkeit fällt demgegenüber das teilweise Fehlen der Verstärkung durch ein (aktives) Gericht deutlich auf. In der Folge davon kommt es zu einer ganz anderen Konstellation, wenn eine (gegebene) materiell-rechtliche Theorie ganz oder teilweise ohne die gerichtlichen Bahnen der Wirksamkeit bleibt und dann als reine materiell-rechtliche Theorie vorwiegend in den Büchern der Wissenschaft steht. Für die deutsche Lehre von der objektiv-rechtlichen Dimension gilt jedenfalls, daß für ihre Entfaltung nichts gefehlt hat, was zu einer kräftigen Wirkung notwendig ist. Das optimale prozessuale Umfeld war die zweite Säule der praktischen Wirksamkeit der objektiven Theorie der Grundrechte.

19
Umfassender Zuständigkeitskatalog

An der Spitze der günstigen prozessualen Einflußfaktoren steht dabei der umfassende Zuständigkeitskatalog des Bundesverfassungsgerichts nach Art. 93 Abs. 1 GG. Mit der abstrakten und konkreten Normenkontrolle sowie der Rechtssatzverfassungsbeschwerde ist ein nahezu unbegrenzter Zugang zur Kontrolle von Normen auch an der objektiven Dimension der Grundrechte ermöglicht[70] und damit zugleich die Geltungsrichtung der objektiven

---

[69] Jedenfalls gilt es für die zweite Hälfte des 20. Jahrhunderts, in der die Verfassungsgerichtsbarkeit ihren Siegeszug angetreten hat. In dieser neuen Situation wird materielles Verfassungsrecht, das im Zuständigkeits- und Prüfungsbereich des jeweiligen Verfassungsgerichts liegt, in einer qualitativ anderen Weise effektuiert als Verfassungsrecht, das außerhalb liegt.

[70] Wenn auch die *objektive* Dimension der Grundrechte die Zulässigkeit einer Verfassungsbeschwerde nicht begründet, so gibt es doch mit Art. 2 Abs. 1 GG in seiner Funktion als denkbar weitgefaßtem Zulässigkeitsöffner und den Tendenzen zur Resubjektivierung der objektiven Dimension genug Möglichkeiten für den Zugang des einzelnen zum Bundesverfassungsgericht, dazu *Böckenförde,* Grundrechte (Bibl.), S. 14 ff., *J. P. Müller,* Bedeutung der Grundrechte (Bibl.); *Alexy* (Bibl.), S. 49 ff.

Dimension gegenüber dem Gesetzgeber prozessual „bewehrt". Das eigentliche Betätigungsfeld ist aber durch die Urteilsverfassungsbeschwerde eröffnet. Denn sie ist die Verfahrensart, in der die Einwirkung und Ausstrahlung der Grundrechte auf alle Rechtsgebiete des einfachen Rechts zum Gegenstand der verfassungsgerichtlichen Kontrolle gemacht werden kann und jedes Jahr mehrtausendfach gemacht wird. Zugleich steht damit die gesamte Rechtsprechung aller Gerichte der verfassungsgerichtlichen Kontrolle und Korrektur offen. Die Bedeutung dieses Weges wird sofort klar, wenn man sich die Urteilsverfassungsbeschwerde wegdenkt. Die rechtsvergleichende Perspektive zeigt, daß ohne die Urteilsverfassungsbeschwerde der objektiven Dimension ihr eigentliches Betätigungsfeld fehlt. Ohne sie fehlen vor allem auch die vielen Anlaß-Fälle, in denen meist die Verletzung von grundrechtlichen „Vorgaben" bei der Entscheidung von konkreten Problemen und Vorschriften des einfachen Rechts gerügt wird. Die Urteils-Verfassungsbeschwerde ist die Lebensluft der objektiv-rechtlichen Dimension und sie ist zugleich das wichtigste Merkmal der deutschen Verfassungsgerichtsbarkeit[71].

5. Die Bedeutung einer institutionell verselbständigten Verfassungsgerichtsbarkeit

Ein weiterer, wenn auch nicht genauso wichtiger Faktor ist die Eigenart des Bundesverfassungsgerichts als eines Verfassungsgerichts der institutionellen Selbständigkeit. Ein solches Gericht kann die an es gelangenden Fälle nicht unter allen rechtlichen Gesichtspunkten, vor allem nicht unter dem Gesichtspunkt der „einfachen" Gesetzeswidrigkeit überprüfen, wie dies beim Gegenmodell der integrierten Verfassungsgerichtsbarkeit der Fall ist. Gerichte dieses zweiten Typs wie der Supreme Court der USA und das Schweizer Bundesgericht haben keinen Bedarf, möglichst viele Einzelfragen als Bestandteil des verfassungsrechtlich-grundrechtlichen Maßstabs zu deuten. Ist ihre Prüfungskompetenz insoweit umfassend, dann besteht von daher jeweils kein Anlaß, den Gehalt des vorrangigen Grundrechts möglichst weit auszudehnen. Insoweit bedürfen Verfassungsgerichte des Einheitsmodells[72] für ihre Justitiabilität keiner weiteren Doktrin und keiner theoretischen Höhenflüge, um überhaupt an wesentliche Aspekte des vorgelegten Falles „heranzukommen"[73]. Im Modell der verselbständigten Verfassungsgerichtsbarkeit dagegen muß grundsätzlich zwischen verfassungsrechtlichen und (bloß) einfach-rechtlichen Maßstäben getrennt werden, weil das Verfassungsgericht sich nur an ersteren ori-

20
Zwei unterschiedliche verfassungsgerichtliche Modelle

---

71 Die Existenz der Urteilsverfassungsbeschwerde ist für das deutsche Modell der Verfassungsgerichtsbarkeit konstituierend (auch im Unterschied zur österreichischen Verfassungsgerichtsbarkeit, die zwar das erste Beispiel der verselbständigten Verfassungsgerichtsbarkeit ist, der aber genau diese, die gesamte Rechtsordnung ins Blick- und Prüfungsfeld nehmende Klageart fehlt). Zur Eigenart des deutschen Modells *Wahl* (FN 58), S. 463.
72 Zu den beiden Grundtypen der Verfassungsgerichtsbarkeit Nachweise bei *Wahl*, Das Bundesverfassungsgericht im europäischen und internationalen Umfeld, Aus Politik und Zeitgeschichte, Beilage zu „Das Parlament", B 37-38/2001, S. 45, 46 ff.
73 Gesichtspunkt betont von *Heun* (Bibl.), S. 93, 109 ff.

entieren darf und die Auslegung des einfachen Gesetzesrechts den sogenannten Fachgerichten überlassen muß. So löst die institutionelle Entscheidung für ein Trennungssystem der Verfassungsgerichtsbarkeit einen materiell-rechtlichen Sog zugunsten der Ausdehnung des vorrangigen Verfassungsrechts aus; man kann von der Anziehungskraft der vorrangigen Ebene sprechen. So bleiben denn auch Höhenflüge nicht aus[74].

21
Spezifisches Verfassungsrecht infolge objektiv-rechtlicher Grundrechtsdimension

Eine lange Rechtsprechungsgeschichte hat zudem gelehrt, daß die im Ansatz so einleuchtende Trennung zwischen einfachem und vorrangigem Recht praktisch nicht durchführbar ist und es bei allem Bemühen dafür auch keine überzeugende Konzeption gibt[75]. Wie aber reagiert eine selbstbewußte und erfolgreiche Gerichtsbarkeit auf die Situation, daß eine zuständigkeitsrelevante Frage im Ungefähren verbleibt? Alles spricht dafür, daß sie sich keiner Formel anschließt, die ihr den Zugriff auf die Fälle, die zu entscheiden sie für notwendig hält, verschließt, sondern daß sie sich zugriffsermöglichender Kriterien bedient. Genau diese Funktion hat die Formel vom spezifischen Verfassungsrecht[76]. Sie ermöglicht es dem Bundesverfassungsgericht, jede Frage des einfachen Rechts als verfassungsrechtliche Frage zu interpretieren. Das Gericht kann so alle Rechtsfragen durch seine Berührung in Verfassungsrechtsfragen verwandeln – so wie König Midas einst alles in Gold verwandelte, was er berührte. Anders als Midas ist das Gericht aber in der komfortablen Position, daß es selbst entscheiden kann, ob sich das einfache Recht durch seine Berührung in verfassungsrechtliches Gold verwandeln soll oder nicht. Will es die Frage nicht aufgreifen, so strahlt es sie nicht verfassungsrechtlich an. Will es hingegen das einfache Recht näher untersuchen und in irgendeiner Hinsicht seine Auslegung und Anwendung korrigieren, so berührt es das einfache Recht mit einer verfassungsrechtlichen Vorgabe. Im Licht der ausstrahlenden Vorgaben verwandelt sich das streitbefangene einfache Recht in „spezifisches Verfassungsrecht". Will also das Gericht als letzte Instanz in Fällen, in denen es sich zur Korrektur verpflichtet fühlt[77], diese vornehmen, so muß und kann es dies nur unter Berufung auf die objektiv-rechtliche Dimension und unter souveräner Bestimmung ihres Umfangs tun. Die vielbeklagte

---

74 Umgekehrt fällt in Rechtsordnungen mit einer integrierten Verfassungsgerichtsbarkeit wie der Schweiz und den USA die Abwesenheit von umfassenden Grundrechtstheorien auf, dazu unten B II, RN 31 ff.
75 Die Formel vom spezifischen Verfassungsrecht umschreibt das Problem, gibt aber noch nicht einmal einen Ansatz für eine Lösung.
76 *BVerfGE* 18, 85 (92) – Heckschke Formel; Aus der vielfältigen Literatur *Klaus Schlaich/Stefan Korioth*, Das Bundesverfassungsgericht. Stellung, Verfahren, Entscheidungen, ⁵2001, RN 274 ff.; *Böckenförde*, Grundrechtsdogmatik (Bibl.), S. 9: „Arkanum des Gerichts", S. 33; *ders.* (FN 24), S. 9; *Werner Heun*, Funktionell-rechtliche Schranken der Verfassungsgerichtsbarkeit, 1992; *Korioth*, Bundesverfassungsgericht und Rechtsprechung („Fachgerichte"), in: FS BVerfG, Bd. I, 2001, S. 55 (60 ff.).
77 Der letzten Instanz fällt die durch keine Theorie einholbare oder bändigbare unersetzliche Funktion zu, den jetzt zur endgültigen Entscheidung anstehenden Fall zu überprüfen, und zwar nicht nur auf seine System- und Dogmatikrichtigkeit, sondern auch daraufhin, ob das Ergebnis so stehen bleiben kann oder ob es als unerträglich oder eindeutig ungerecht beurteilt und deshalb verändert werden muß. Wer diesen letzten Anteil an Billigkeits- und Gerechtigkeitsjudikatur verneint, verkennt die reale praktische Rolle der letzten Instanz, die nicht mehr auf Korrekturmöglichkeiten anderer Instanzen verweisen kann. Diese meist unthematisierte Aufgabe der letzten Instanz erfordert Zugriffsmöglichkeiten. Das Bundesverfassungsgericht hat sie mit der objektiven Dimension und der damit legitimierten allseitigen Einwirkung der Grundrechte (außerdem mit der Willkürrechtsprechung bei Art. 3 Abs. 1 GG).

Offen- und Vagheit der Formel ist aus der Sicht des Verfassungsgerichts also hochfunktional. Man kann ihr deshalb eine lange Lebensdauer prognostizieren.

6. Wirkungen der Lehre in der gesamten Verfassungsrechtsordnung

Sind die einen Aktivismus begünstigenden geschichtlichen Anfangsbedingungen und die umfassend ausgebildete Verfassungsgerichtsbarkeit der Nährboden der beispiellosen Karriere der objektiven Grundrechtstheorie (gewesen), so sind die *Wirkungen* der verfassungsgerichtlich hoch effizient gemachten objektiven Theorie beträchtlich. Sie streuen stark über das eigentliche Feld der Grundrechtsdogmatik hinaus. Die objektive Theorie hat mehr Wirkungen als nur im Bereich der Grundrechtslehre. Sie ist das Fundament für das spezifische deutsche Öffentliche Recht geworden, sie hat insbesondere die für Deutschland typische große Nähe zwischen Verfassungsrecht und Verwaltungsrecht zustandegebracht.

22 Fundament des deutschen öffentlichen Rechts

Schon die Formel, das Bild und die Einzelheiten der sog. Ausstrahlungswirkung der Grundrechte führen zu einer vorbildlosen Nähe von Verfassungs- und einfachem Recht[78]. Die verschiedensten Formeln vom Durchwirktsein des einfachen Rechts, vom Ineinander von Verfassungsrecht und einfachem Recht oder von der Konstitutionalisierung[79] zeigen die stark ausgeprägte Einwirkung der Grundrechte auf die Interpretation des einfachen Rechts. So ist für das deutsche Recht die Formel vom Verwaltungsrecht als konkretisiertem Verfassungsrecht[80] kennzeichnend geworden. Noch aufschlußreicher ist es, daß diese Formel inzwischen praktisch auf alle Rechtsgebiete generalisiert worden ist. Die Einwirkung der Grundrechte auf die Rechtsgebiete ist eine allseitige und ubiquitäre. Der „allgemeine Teil" fast jeden Rechtsgebiets wird vom Verfassungsrecht und den Verfassungsrechtlern geschrieben[81]. Die richtige Formel lautet längst: *Gesetzesrecht als konkretisiertes Verfassungsrecht*[82] oder – als Kehrseite davon – *Verfassungsabhängigkeit aller Rechtsgebiete*. Vieles spricht dafür, daß diese Formel, noch mehr das Konzept selbst anderen Rechtsordnungen fremd ist.

23 Ubiquitäre Einwirkung der Grundrechte auf alle Rechtsgebiete

7. Weiche Formen der Wirksamkeit der objektiv-rechtlichen Dimension gegenüber dem Gesetzgeber

Die praktische Bedeutung der objektiv-rechtlichen Dimension ergibt sich naturgemäß zunächst aus der Rechtsprechung des Bundesverfassungsge-

24 Verfassungskonforme Auslegung durch alle Gerichte

---

78 Schon der Sprachgebrauch zum „einfachen Recht" und die Unterscheidung Fachgericht/Verfassungsgericht zeigt die in die Praxis umgesetzte und internalisierte Hierarchisierung zwischen den Normarten und Gerichten.
79 Zur Gefahr einer Konstitutionalisierung der einfachen Rechtsordnung *Ossenbühl*, Abwägung im Verfassungsrecht, DVBl. 1995, S. 905, 910, und *Schuppert/Bumke* (Bibl.).
80 *Werner*, Verwaltungsrecht als konkretisiertes Verfassungsrecht, DVBl. 1959, S. 527 ff.
81 Dazu schon *Wahl* (FN 51); S. 409.
82 Dazu zuletzt *Ruffert* (Bibl.), S. 37.

richts[83]. Sie erschöpft sich aber darin nicht, weil auch die anderen Gerichte über die – nicht trennscharf zu unterscheidenden – methodischen Instrumente der verfassungsorientierten und verfassungskonformen Auslegung an deren Wirkungsgeschichte teilhaben. Gerade der ständige Blick und die ständige Argumentation im Lichte der Grundrechte durch alle Gerichte („das Hin- und Herwandern des Blickes") gehört zur leisen, aber effektiven Wirkung der objektiven Dimension. Beim Bundesverfassungsgericht ist die Zahl der Entscheidungen, die ein Gesetz oder einen Einzelakt wegen der Verletzung der objektiven Dimension aufheben, zwar nicht sehr groß, aber immerhin doch ansehnlich und nicht zu unterschätzen.

25
Fernwirkung verfassungsgerichtlicher Entscheidungen

Gleichwohl gehören nicht nur diese aufhebenden Entscheidungen in die Wirkungsbilanz. Die Nichtigkeit ist nicht das Hauptanwendungsfeld der objektiven Dimension, auch die im Ergebnis die Verfassungsmäßigkeit des Gesetzes oder des Einzelaktes bestätigenden Entscheidungen haben eine große Breitenwirkung. Denn diese Entscheidungen erschöpfen sich regelmäßig nicht in der Feststellung der verfassungsrechtlichen Unbedenklichkeit. Auf dem Weg zu diesem Ergebnis wird vor der konkreten Subsumtion im sog. Maßstabsteil[84] viel, sehr viel ausgelegt und – für die Zukunft – festgelegt[85]. Der Umfang dieses Maßstabsteil dürfte international gesehen eine Eigenart der deutschen Verfassungsgerichtsbarkeit sein. Jedenfalls verleiht er allen Entscheidungen eine große Fernwirkung, indem hier der betreffende Grundgesetzartikel zunächst abstrakt ausgelegt wird und damit die Kriterien für die Subsumtion des konkreten Falls, aber natürlich auch für viele künftige Anlaßfälle bereitgelegt werden. Dort finden sich viele prinzipielle, manchmal auch lehrbuchartige Ausführungen zu dem betreffenden einfachen Rechtsgebiet und seinen verfassungsrechtlichen „Vorgaben", die häufig zum Inhalt der herrschenden Lehre in den Lehrbüchern und Aufsätzen werden. Es gehört zum absoluten Muß der Rechtspolitik und der die Gesetze vorbereitenden Ministerialbürokratie, daß sie diese, vom Anlaßfall oft weit wegführenden Ausführungen einschließlich der obiter dicta[86] ihrer Tätigkeit zugrundelegen und sich um ihre genaue Exegese bemühen müssen[87]. Man kann sogar vermuten, daß diese Fernwirkung der mit der objektiven Dimension argumentierenden Entscheidungen sogar die eigentliche Wirkung ist.

---

83 Dazu die Kommentierungen der intensiven Rechtsprechungsanalysen von *Jarass*, Wertentscheidungen (Bibl); *ders.*, Abwehrrechte (Bibl.), S. 35 ff.
84 Der Maßstabsteil ist regelmäßig Teil A der Begründetheit.
85 So kommt es häufig, daß das Parlament bei einer Normenkontrolle „gewinnt" – sein Gesetz ist nicht verfassungswidrig –, aber das Bundesverfassungsgericht hat ihm so viel ins Stammbuch geschrieben, daß es beträchtliche Bindungen für die Zukunft gibt.
86 Das obiter dictum ist zwar bei der Bestimmung der Rechts- und Gesetzeskraft der einzelnen Entscheidung unerheblich, nicht aber als Äußerung der Auffassung des Gerichts, die in anderen Fällen zum Hauptargument werden kann. Aus der Sicht der Ministerialbürokratie ist ein obiter dictum, das das Gericht ohne konkrete Notwendigkeit ausgesprochen hat, besonders wichtig, weil es offenbar für das Gericht so wichtig ist, daß es ohne konkreten Anlaß im Fall gesagt worden ist.
87 Jedenfalls haben die von der objektiv-rechtlichen Dimension inspirierten Entscheidungsteile deutliche Spuren in Gesetzesbegründungen und -politik.

Auf der Seite der Fachgerichte vollzieht sich das „Einwirken" und „Ausstrahlen" der Grundrechte auf das einfache Recht in den Bahnen der *verfassungskonformen oder verfassungsgeleiteten Interpretation;* beide sind spezifische Wirkungsmodi der objektiven Dimension. Auf dem Weg der Um-Interpretation und Beeinflussung der Interpretation macht sich die objektive Dimension wirkungsmächtig geltend. Der Prozeß ist so weit fortgeschritten und vertieft, daß man mit einigem Recht davon sprechen kann, daß inzwischen die „richtige" Gesetzesauslegung tendenziell aufgeht in „verfassungsrichtiger" Interpretation des Gesetzes[88].

26
Verfassungsrichtige Interpretation durch Fachgerichte

8. Die objektiv-rechtliche Dimension als Fundament des deutschen Öffentlichen Rechts

Zusammenfassend läßt sich sagen, daß die Grundrechte mit der objektiven Dimension sozusagen neu erfunden wurden, was ihre Rundum-Bedeutung betrifft. Das Lüth-Urteil ist weit mehr als nur ein wichtiges Urteil. Es ist vor allem aus vier Gründen bedeutsam: Es spiegelt *erstens* die historisch einzigartige Konstellation der frühen Bundesrepublik wider, in der das Bundesverfassungsgericht sich seine zentrale Rolle im Institutionengefüge eroberte. Das neugegründete Bundesverfassungsgericht entfaltete unter den Bedingungen der entstehenden Nachkriegsdemokratie einen besonderen Aktivismus und gewann so eine bedeutsame Rolle im Demokratisierungs- und Liberalisierungsprozeß[89]. Es wußte sich dabei im Einklang mit geistigen Grundströmungen jener Jahre, die für den Verweis auf Werte und das Konzept einer objektiven Wertordnung in hohem Maße empfänglich waren. Unter diesen Umständen entfaltete sich in kürzester Zeit die Eigenlogik einer verselbständigten Verfassungsgerichtsbarkeit mit umfassenden Zuständigkeiten von der abstrakten Normenkontrolle bis hin zur Urteilsverfassungsbeschwerde. Das Lüth-Urteil ist *zweitens* die Geburtsurkunde des eigenständigen und spezifischen deutschen Grundrechtsdenkens unter dem Grundgesetz. Die objektive Grundrechtsfunktion ist weit mehr als nur eine sekundäre „Verstärkung" der Abwehrfunktion; sie hat jene an Bedeutung längst überholt[90]. Mit der Theorie der objektiven Dimension ist wortwörtlich eine Dimensionserweiterung der Grundrechte etabliert worden[91]. Die Grundrechte sind ranghöchste Inhaltsnormen der Rechtsordnung geworden, sie prägen auch die Gesellschaft, nicht nur den Staat, und damit die gesamte Rechtsordnung[92]. *Drittens* hat die Erfindung dieser materiellen Funktion zugleich die Stellung des Bundesverfas-

27
Gründe für die Bedeutsamkeit des Lüth-Urteils

---

88 Dazu *Jestaedt* (Bibl.), S. 2.
89 Dies ist die These und das Forschungsthema von *Ulrich Herbert* (Hg.), Wandlungsprozesse in Westdeutschland. Belastung, Integration, Liberalisierung 1945 – 1980, 2002.
90 Dies entgegen der kanonisch gewordenen Beschwichtigungs-Formel im Lüth-Urteil und im Mitbestimmungsurteil, daß die Funktion der Grundrechte als objektiver Prinzipien in der prinzipiellen Verstärkung ihrer Geltungskraft besteht: *BVerfGE* 7, 198 (205) und – noch einmal grundsätzlich – *E* 50, 290 (336 ff.).
91 So auch *H. Dreier* (Bibl.), S. 11, FN 8 (das Lüth-Urteil war von „selbstbewußter Grundsätzlichkeit").
92 Vgl. *Grimm* (FN 20).

sungsgerichts nicht nur ausgeweitet, sondern eigentlich erst die für Deutschland typische ausgeweitete Verfassungsgerichtsbarkeit in ihrem heutigen charakteristischen Gewicht und Umfang begründet. Schließlich war und ist die Lüth-Rechtsprechung *viertens* ein Fundamentalakt für das gesamte deutsche Öffentliche Recht, Verfassungs- und Verwaltungsrecht zusammen genommen. Ohne die objektive Dimension ist der sehr hohe Grad an Verrechtlichung des politischen Lebens[93], das Näheverhältnis von Verfassungs- und einfachem Recht, sowie die Allgegenwart des Verfassungsrechts in der gesamten Rechtsordnung und die Allzuständigkeit der Verfassungsgerichtsbarkeit nicht zu erklären. Die Ausarbeitung der objektiven Dimension der Grundrechte muß als Weichenstellung der Rechtsentwicklung interpretiert werden. Damit wurde ein eigener (Entwicklungs)Pfad des deutschen Öffentlichen Rechts begründet. Weichenstellungen dieser Art begründen eine eigene und eigentümliche Verfestigung und Einpflanzung des betreffenden Instituts in das Recht und das Rechtsleben. In der Folge davon bildet sich ein stark wirksames generelles Grundverständnis aus, in das Studierende hineinsozialisiert werden und das für die juristischen Professionen ebenso prägend wird wie für die Wissenschaft. Deutsche Juristen denken in den Bahnen der objektiven Dimension der Grundrechte[94]. Sie sind sich des weitreichenden Einwirkens der Grundrechte in jedes Rechtsgebiet hinein genauso bewußt wie der Bedeutung des Verfassungsdiskurses für die alltäglichen Rechtsfälle. Die Rechtsordnung hat sich so strukturell um eine umfassende Verfassungsdimension verdoppelt. Mit der objektiven Dimension sind Verfassungsrecht und Verfassungsgerichtsbarkeit in präzedenzloser Weise an die Spitze der gesamten Rechtsordnung und der Gerichtsbarkeit getreten.

B. Rechtsvergleichung: Die objektiv-rechtliche Funktion in anderen Rechtsordnungen

I. Leitendes Interesse der Rechtsvergleichung

28
Vielschichtigkeit der objektiven Theorie und ihres institutionellen Umfelds

Bekanntlich ist das objektive Grundrechtsverständnis nicht nur auf das deutsche Verfassungsrecht begrenzt geblieben. In anderen Rechtsordnungen hat es eine Art Rezeption und Nachfolge gegeben. Parallele Entwicklungen finden sich etwa in der Schweiz oder in Spanien, beim Europäischen Gerichtshof oder dem Europäischen Gerichtshof für Menschenrechte[95]. Fast überall sind Anstöße der Lüth-Dogmatik oder eigenständige Parallelentwicklungen fest-

---

93 Durch den qualitativen Bedeutungssprung haben die Bindungen des Gesetzgebers durch die Grundrechte dimensional zugenommen.
94 Auch wenn er als Wissenschaftler oder als Exponent eines „einfachen" Rechts oder als sog. Fachrichter die objektive Dimension zuweilen kritisiert; jenseits solcher Kritik bleibt regelmäßig ein breiter Raum der selbstverständlichen Praktizierung der objektiven Dimension.
95 Im einzelnen dazu unten B III 4, RN 51 f.

zustellen. Aber was schon für die Analyse des deutschen Rechts galt, trifft auch für die zu vergleichenden anderen Rechtsordnungen zu. Das Gesamtgebäude der objektiven Theorie der Grundrechte und ihres institutionellen Umfelds ist vielschichtig. Deshalb ist eine *Gesamtbetrachtung* unerläßlich, will man die entscheidenden Eigenarten der einzelnen Rechtsordnungen in diesem wichtigen Feld des (Verfassungs-)Rechts erkennen. Eine gehaltvolle und vertiefte Rechtsvergleichung darf sich nicht auf die Feststellung beschränken, daß irgendein Teil der objektiven Dimension der Grundrechte rezipiert worden oder parallel entwickelt worden ist; insbesondere darf sich der Vergleich nicht auf das Thema der Drittwirkung beschränken. Der eigentliche Vergleich muß sich auf die Fragestellung beziehen, ob das gesamte Gebäude der Lüth-Rechtsprechung und seine Flankierung durch den Zuschnitt der Verfassungsgerichtsbarkeit eine Parallele in einem anderen Land gefunden haben, ob insbesondere die Basistheorie über die allseitige Wirkung der Grundrechte und die daraus abgeleiteten Teilinstitute der objektiven Theorie (wie Schutzpflicht und Verfahrensgarantien) aufgenommen oder ausgebildet worden sind oder nicht. Die weitere Aufmerksamkeit muß der Verfassungsgerichtsbarkeit in den zu vergleichenden Staaten gelten, weil sie das Medium ist, in dem sich die objektive Grundrechtstheorie am wirkungsvollsten entfaltet. Je schmaler die Zuständigkeit der Verfassungsgerichtsbarkeit in einem anderen Land ist, desto geringer ist die praktische Bedeutung einer objektiven Grundrechtslehre für das Rechts- und Verfassungsleben. Sie reduziert sich dann leicht auf eine nur akademisch-wissenschaftlich interessante Doktrin; es fehlt dann aber die Lebensluft der Gerichtsbarkeit, die sie auch durchsetzen und zur konkreten Anwendung bringen könnte.

29 Dreistufiges Vorgehen

Die damit aufgeworfene Vergleichsfrage fordert ein Vorgehen in mehreren Schritten. Zu fragen ist, ob die objektive Dimension in einem bestimmten Land *erstens* in der Staatsrechtslehre anerkannt und in den einzelnen Ausprägungen entfaltet ist, *zweitens* in die Rechtsprechung des Verfassungsgerichts rezipiert worden ist und *drittens* ein wirksamkeitsförderndes Umfeld hat, vor allem durch den Zuschnitt der verfassungsgerichtlichen Zuständigkeiten, die als Wege fungieren oder fungieren können, um die objektive Dimension zur Entfaltung und zum Wachstum zu bringen.

30 Erfordernis systematischer Analyse

Das skizzierte Gesamtprogramm des Rechtsvergleichs ist sehr voraussetzungsvoll und setzt die systematische Auswertung der existierenden rechtsvergleichenden Literatur voraus. Im vorliegenden Zusammenhang kann es daher nur um einige vergleichende Grundsatzüberlegungen gehen, die die Besonderheit der deutschen Konstellation verdeutlichen können[96]. Die weitere Darstellung stützt sich auf repräsentative Autoren aus dem jeweiligen Land und auf deutsche Sachkenner dieser Länder.

---

96 → Oben *Sommermann*, § 16: Funktionen und Methoden der Grundrechtsvergleichung.

II. Staaten mit integrierter Verfassungsgerichtsbarkeit

31
Schweiz und USA

Deutliche Unterschiede zur Gesamtkonstellation in Deutschland sind in den Ländern der *integrierten* Verfassungsgerichtsbarkeit zu erwarten[97] und in der Tat bestätigt die Rechtslage in der Schweiz und in den USA diese Erwartung[98].

1. Die Verfassungsrechtsordnung in der Schweiz

32
Grundsätzliche Anerkennung einer objektiven Grundrechtsdimension in der Schweiz

In der *Schweiz* wird die objektive Dimension, hier konstitutive Bedeutung der Grundrechte genannt, in der Lehre anerkannt[99], aber mit deutlicher Zurückhaltung gegenüber Deutschland vertreten. Die schweizerische Staatsrechtswissenschaft steht in einem ausgeprägten Dialog mit der deutschen Staatsrechtslehre. In ihm benennt sie ausdrücklich, wenn sie deutsche Staatsrechtslehren rezipiert. Aber ebenso deutlich bringt sie zum Ausdruck, daß und warum sie nicht rezipiert. Im Zusammenhang mit der objektiven Grundrechtsdimension kann die deutliche Zurückhaltung gar nicht übersehen werden. Repräsentativ dafür ist das folgende Zitat von *Jörg Paul Müller*[100]. Er erläutert das sog. konstitutive Grundrechtsverständnis als Ausdruck eines gewandelten Grundrechtsverständnisses durchaus in einer grundsätzlichen Parallele zur deutschen Auffassung. Dann aber heißt es sogleich: „Allerdings ist dieses gewandelte Grundrechtsverständnis nicht frei von der Gefahr einer *Überstrapazierung* der Grundrechtsidee. Die normative Leistungsfähigkeit der Grundrechte wird überschätzt, wo die Rechtsordnung insgesamt oder in Teilbereichen nur noch als konsequente Ausformung eines in den Grundrechten angelegten Normprogramms verstanden wird. Ein solches Verständnis läuft Gefahr, den politischen Prozeß der Demokratie im Namen der Grundrechte vorzeitig zu beschneiden"[101]. *Jörg Paul Müller* spricht hier für die schweizerische Staatsrechtslehre, die die grundsätzlich anerkannte konstitutive Funktion der Grundrechte nicht als Neuerfindung und Neubestimmung der Grundrechte begreift[102]. Sie wird statt dessen von Anfang an balanciert, und zwar in erster Linie durch die typisch schweizerische Hochschätzung des

---

[97] Zu den Gründen oben A II 5, RN 20 f.
[98] Wobei, wie zu erwarten ist, eine Reihe weiterer Faktoren, letztlich die wichtigsten Strukturelemente der gesamten Rechtsordnung mitursächlich sind.
[99] Die gesamte Thematik ist neuerdings umfassend aufgearbeitet durch *Schefer* (Bibl.). Vgl. außerdem *Jörg Paul Müller*, Elemente einer schweizerischen Grundrechtstheorie, Bern 1982, S. 15 ff., ders., Grundrechte in der Schweiz (Bibl.); ders., Allgemeine Bemerkungen zu den Grundrechten (Bibl.), § 39 RN 29 ff.; ders., Grundrechte zwischen Freiheitsverbürgung und staatlicher Verantwortung, in: Symposium zum 60. Geburtstag von K. Korinek, 2002, S. 21 (23 ff.); *Peter Saladin*, Grundrechte im Wandel, ³1982, S. 292 ff.; *Rhinow*, Grundrechtstheorie, Grundrechtspolitik und Freiheitspolitik, FS H. Huber, 1981, S. 427 ff.
[100] *J.-P. Müller*, Allgemeine Bemerkungen (Bibl.), RN 29 ff.; ders., Bedeutung der Grundrechte (Bibl.).
[101] *J.-P. Müller*, Grundrechte in der Demokratie, EuGRZ 1983, 337, insb. 340 – Gefahren ausufernder Grundrechtsinterpretation.
[102] Dazu eingängig auch *Schefer* (Bibl.), S. 238, auch zur anfänglichen Skepsis in der Schweiz gegenüber der Anerkennung von Schutzpflichten, auf die eine punktuell, mit Bezug auf konkrete überschaubare Fragestellungen für jedes Grundrecht spezifisch, Schritt für Schritt vorangehende Diskussion folgte (S. 246), wobei neben der deutschen Lehre insb. die Straßburger Rechtsprechung des EGMR eine Impulswirkung hatte.

demokratischen Prozesses. Dies verhindert es, daß das Gesetz in erster Linie als Konkretisierung der Grundrechte interpretiert wird.

Von Deutschland unterscheidet sich die schweizerische Staatsrechtslehre auch durch die ihr eigene rechtswissenschaftliche Grundhaltung. Sie stellt nämlich die Abstraktion und eine darauf folgende Deduktion nicht in den Vordergrund, sondern sie bleibt auch in der Verallgemeinerung behutsam und gegenstandsbezogen[103]. Eine grundsätzliche Anerkennung des Gedankens der Schutzpflichten geschieht deshalb in der Schweiz nicht durch Deduktion, sondern durch schrittweise Entwicklung des Grundgedankens. „Die Entwicklung in der Schweiz weist mit jener in den Vereinigten Staaten dahingehend gewisse Analogien auf, als sich auch hier – im Gegensatz zu Deutschland – keine für alle Grundrechte konzipierte, allgemeine Theorie „objektiv-rechtlicher" Grundrechtsgeltung durchsetzte, die als Grundlage für Schutzpflichten dienen könnte. In der Lehre wurde die Notwendigkeit positiver Handlungspflichten aber schon früh erkannt und punktuell mit Bezug auf konkrete, überschaubare Fragestellungen, für jedes Grundrecht spezifisch, Schritt für Schritt diskutiert"[104].

33 Praxisbezogene schweizerische Staatsrechtslehre

Derselbe Geist einer vorsichtigen, die Verallgemeinerung nicht zu weit treibenden Denkweise zeigt sich auch in der neuen Verfassung der Schweiz. Dem Verfassungsgeber der neuen Bundesverfassung von 2000[105] ist gerade bei der hier einschlägigen Problematik ein innovativer und zugleich undogmatischer Text gelungen. Art. 35 BV 2000 lautet:

34 Neue schweizerische Bundesverfassung

Art. 35 BV

Absatz 1: „Die Grundrechte müssen in der ganzen Rechtsordnung zur Geltung kommen".

Absatz 2: „Wer staatliche Aufgaben wahrnimmt, ist an die Grundrechte gebunden und verpflichtet, zu ihrer Verwirklichung beizutragen".

Absatz 3: „Die Behörden sorgen dafür, daß die Grundrechte, soweit sie sich dazu eignen, auch unter Privaten wirksam werden".

Art. 35 BV regelt die Geltung der Grundrechte im Blick auf aktuelle Problemlagen neu. Die Vorschrift anerkennt die Grundrechte als konstitutive Elemente der gesamten Rechtsordnung. Alles staatliche Recht ist so auszugestalten, daß es zum Schutz der Grundrechte beiträgt[106]. In seinem dritten

35 Undoktrinäre Denkweise

---

103 Typischerweise wendet sich *J.-P. Müller*, Allgemeine Bemerkungen (Bibl.), RN 6, auch gegen das abstrahierende und deduzierende Denken bei den Grundrechten. Die Grundrechte ließen sich nicht aus einem obersten Prinzip ableiten und nicht in einem geschlossenen System darstellen; immerhin fänden sich in den Grundrechten „Leitplanken" für die verschiedenen zentralen Aufgaben des Staates der Neuzeit.
104 *Schefer* (Bibl.), S. 246.
105 Zur „nachgeführten" Verfassung von 2000 *René Rhinow*, Die Bundesverfassung 2000. Eine Einführung, 2000; *ders.*, Die neue Verfassung in der Schweiz, in: Der Staat 41 (2002), S. 575 ff.; Daniel Thürer/Jean-Francois Aubert/Jörg Paul Müller (Hg.) Verfassungsrecht in der Schweiz, 2001; *Ulrich Zimmerli* (Hg.), Die neue Bundesverfassung. Konsequenzen für Praxis und Wissenschaft, Bern 2000; *Biaggini*, Verfassungsreform in der Schweiz, Die neue schweizerische Bundesverfassung vom 18. 4. 1999 im Zeichen von „Verfassungsnachführung" und Verfassungspolitik, ZÖR 1999, S. 433 ff. *Schweizer*, Die neue schweizerische Bundesverfassung vom 18. April 1999, JöR N. F. 48 (2000), S. 263 ff.
106 So *Schefer* (Bibl.), S. 253. Zu Art. 35 BV auch *J.-P. Müller*, Grundrechte zwischen Freiheitsverbürgung (FN 99), S. 25

Absatz normiert Art. 35 BV erstmals für die Schweiz ausdrücklich die Drittwirkung und zwar vorsichtig und offen für eine schrittweise Entwicklung („Die Behörden sorgen dafür, daß die Grundrechte, soweit sie sich dazu eignen, auch unter Privaten wirksam werden"). Diese Formulierung umfaßt auch die Schutzpflicht[107]. Das typisch Schweizerische der Regelung drückt sich dabei in dem Einschub aus, daß diese Wirkung Grundrechte haben, „soweit sie sich dazu eignen". Dies gibt den notwendigen Raum für Differenzierungen und für schrittweises Vorgehen in der Praxis[108]. Hier zeigt sich, daß das Schweizerische Verfassungsrecht auch dort undoktrinär denken kann, wo es sich im Rahmen einer Theorie bewegt.

36
Eigengeartetes verfassungsrechtliches Umfeld

Verfassungstext, Staatsrechtslehre und die Rechtsprechung[109] sehen demnach in der objektiven bzw. konstitutiven Funktion ein wichtiges, aber nicht ein alles neu fundamentierendes Element der Grundrechte. In ihrer konstitutiven Funktion wird den Grundrechten auch nicht Potential zur intensiven Einwirkung auf die gesamte Gesetzesordnung zuerkannt. Die mit Deutschland nicht zu vergleichende höhere Bedeutung des Demokratieprinzips einerseits und die beschränkten verfassungsgerichtlichen Prüfungsbefugnisse[110] andererseits bilden in der Schweiz ein bedeutsam modifiziertes, eigengeartetes verfassungsrechtliches Umfeld. Eingebettet in dieses Umfeld hat die objektive Dimension der Grundrechte von vornherein eine andere, nämlich limitierte und ausbalancierte Bedeutung. Sie kann sich nicht rein entfalten und sie soll sich nach schweizerischem Verständnis auch nicht als ein Super-Prinzip, sondern als eines von mehreren Prinzipien entfalten.

2. Die Verfassungsrechtsordnungen in den USA

37
Punktuelle Konstitutionalisierung durch Case-Law

Einige der eben behandelten Faktoren finden sich in den *USA*, ihrem Verfassungsrecht und in der Judikatur seines Supreme Court wieder, der das historische Vorbild des Einheitsmodells der Verfassungsgerichtsbarkeit ist. Am Anfang stehen die generellen Eigenarten des US-amerikanischen Systems. Ist das deutsche Staatsrechtsdenken theoriefreudig bis -versessen, so ist das US-

---

107 So ausdrücklich *Schefer*, Grundrechtliche Schutzpflichten und die Auslagerung staatlicher Aufgaben, AJP 11 (2002), S. 1134.
108 Zur Lehre ausführlich *Schefer* (Bibl.), S. 235 ff. und zur Praxis *Patricia Egli*, Drittwirkung von Grundrechten, Diss. Zürich 2001, S. 171–181, 283 ff.
109 In einem neuesten Urteil hat das Bundesgericht ausdrücklich die dogmatische Figur der grundrechtlichen Schutzpflicht generell und mit Bezug auf die Garantie der körperlichen Unversehrtheit (Art. 10 Abs. 2 BV) in die Rechtsprechung einbezogen (unter Zitierung zunächst deutscher, dann auch schweizerischer Literatur und der Rechtsprechung des EGMR), *BGE* 126 II 300 E 5, S. 314 (Schießlärm); dazu *J.-P. Müller*, Allgemeine Bemerkungen (FN 99), S. 636 FN 55; *ders.,* Grundrechte zwischen Freiheitsverbürgung (FN 99), S. 21 ff.; *Schefer* (FN 107), S. 1134, FN 25.
110 Insoweit gibt es im Schweizerischen Verfassungsrecht mit dem Verbot der Normenkontrolle gegenüber Bundesgesetzen (Art. 191 BV: „Bundesgesetze ...sind für das Bundesgericht ....maßgebend") eine folgenreiche Begrenzung der Judikatur des Bundesgerichts in Verfassungssachen. Reformüberlegungen werden angestellt, sind aber noch nicht zu einem Erfolg gelangt. Zu Art. 191 BV und der Vorgängerregelung *J. P. Müller*, Die Verfassungsgerichtsbarkeit im Gefüge der Staatsfunktionen, in: VVDStRL 39 (1981), S. 53, 63, und *Ulrich Häfelin/Walter Haller*, Schweizerisches Bundesstaatsrecht, ²1988, RN 1806.

amerikanische theorieabstinent. Grundrechtstheorien gibt es in den USA nicht, weil der vom common law her entwickelten Fallmethode des Rechts wie auch des Verfassungsverständnisses ein hoher Grad an Systematisierung und innerer Konsistenz fremd ist[111]. Einzelne Probleme werden von Fall zu Fall gelöst, ohne daß dafür eine überdachende Theorie ausgearbeitet wird, aus der dann in vielen anderen Fällen deduziert werden könnte. Dem fügt sich ein, daß auch die Entwicklung der Drittwirkungs- und der Schutzpflichtproblematik wenig systematisch, sondern sehr punktuell verlaufen ist. Schon die Drittwirkung ist nicht ausdrücklich anerkannt, nur auf einem „Umweg" werden auf einem schmalen Feld („State action-Doctrine"[112]) parallele Ergebnisse erreicht. Und recht negativ fällt der Vergleich beim Thema der Schutzpflichten aus: Trotz intensiver Bemühungen von Seiten der Lehre, unterinstanzlicher Gerichte und zahlreicher Interessengruppen hat sich der Supreme Court bis heute außerordentlich zurückhaltend in der Anerkennung einer grundrechtlichen Verpflichtung des Staates gezeigt, zum Schutz grundrechtlicher Garantien aktiv einzugreifen[113]. *Werner Heun*[114] bilanziert denn auch bei einem ausdrücklichen Vergleich mit der deutschen Doktrin von der Ausstrahlungswirkung der Grundrechte und der allseitigen Wirksamkeit der Grundrechte in Deutschland: „Eine derartige universale, keine Rechtsmaterie verschonende Präsenz der Grundrechte fehlt in den Vereinigten Staaten". Als weiteren unterscheidenden Faktor nennt auch *Heun* das im Vergleich zu Deutschland und anderen Verfassungsstaaten grundlegend anders ausgestaltete Gerichts- und Rechtsmittelsystem[115]. Der Supreme Court als Verfassungsgericht des Einheitssystems bedarf nicht des Rückgriffs auf die Verfassung und der Ausbildung einer die Verfassungsebene betonenden Theorie, um eine zivilrechtliche Entscheidung aufzuheben[116]. Bleibt die zusammenfassende Feststellung, daß die Konstitutionalisierung der Rechtsordnung überall voranschreitet, am wenigsten aber wohl in den USA[117].

---

111 So wörtlich *Brugger*, Einführung (Bibl.), S. 92 f. In dieser Einschätzung sind sich viele europäische und amerikanische Beobachter einig; vgl. *Schefer* (Bibl.), S. 241: „Die weitere US-amerikanische Rechtsprechung zur Anerkennung grundrechtlicher Schutzpflichten ist wenig systematisch, sondern sehr punktuell verlaufen. Die dazu verwendeten dogmatischen Gefäße sind ausgesprochen vielfältig und werden von der heutigen Lehre und Praxis nicht unter einem übergreifenden Gesichtspunkt analysiert"; vgl. auch *Heun* (Bibl.), S. 94 f.
112 *Schefer* (Bibl.), S. 241, 309 ff., *Brugger*, Grundrechte (Bibl.), S. 30 ff.; *Thomas Giegerich,* Privatwirkung der Grundrechte in den USA, 1992; *Heun* (Bibl.), S. 90 ff.; *Tribe* (FN 10), p. 961 – 964.
113 So *Schefer* (Bibl.), S. 241, mit Hinweis auf zwei Fälle, in denen eine Schutzpflicht anerkannt ist, nämlich beim Anspruch auf unentgeltliche Prozeßführung und bei den staatlichen Pflichten, positive Maßnahmen zur Beendigung der Rassendiskriminierung etwa im Schulwesen zu ergreifen.
114 *Heun* (Bibl.), S. 89 f.: In der sehr begrenzten Drittwirkung sieht er einen „eminenten Vorzug" dieses Ansatzes darin, daß „die Zivilrechtsordnung weitgehend von einzelfallbezogenen verfassungsrechtlichen Abwägungen der jeweils betroffenen Grundrechte freigehalten wird und ihrer Eigengesetzlichkeit überlassen bleibt. Der Bereich privatautonomer Freiheit wird dadurch erweitert, freilich um den Preis einer Verkürzung gegenläufiger Freiheitsinteressen".
115 Ausdrücklich betont von *Heun* (Bibl.), S. 93.
116 Eine unterschiedliche Funktion hat auch die verfassungskonforme Auslegung in den USA, vgl. *Heun* (Bibl.), S. 113 (mit der Bemerkung, daß dieselbe Rechtsfigur in unterschiedlichen Systemen eine andere Bedeutung gewinnen kann).
117 So *Heun* (Bibl.), S. 113.

38

Fehlendes Erfordernis neuer Grundrechtstheorien

Natürlich hat die Rechtsprechung des Supreme Court unterschiedliche Phasen der Innovation gehabt. Es gab Zeiten eines gerichtlichen Aktivismus und Zeiten einer gebremsten Rechtsprechungsentwicklung[118]. Wenn aber die Zeichen auf Aktivismus standen, dann wurde dieser nicht durch die Erfindung neuer (Grundrechts-)Theorien ausgelöst und legitimiert, sondern eher durch die Änderung der Interpretationsmethode und durch gezielte Auswahl der Richter. Jedenfalls bedarf es offenbar in den USA nicht der Innovationen durch neue Theorien oder abstrakte Konzepte, um eine Neuerung oder einen Aktivismus in Gang zu setzen oder zu legitimieren. All dies sind zusammen mit den oben erwähnten Faktoren Gründe, die gegen eine besondere Bedeutung einer Theorie und insbesondere einer Theorie der objektiven Dimension, schon gar gegen eine Dominanz einer solchen Theorie für das Verfassungsdenken sprechen.

III. Staaten mit institutionell verselbständigter Verfassungsgerichtsbarkeit

39

Verfassungsgerichtliche Entscheidungen als Medium der Konstitutionalisierung

In institutioneller Hinsicht liegen für einen Vergleich mit der Bundesrepublik näher die Staaten mit *eigenständiger Verfassungsgerichtsbarkeit (Trennungsmodell)*. Das in jüngerer Zeit bei der Verfassungsgerichtsbarkeit dominierende Trennungssystem[119] hat beträchtliche Folgen für die Entfaltungsmöglichkeiten einer objektiven Dimension der Grundrechte. Die Durchdringung des Gesetzesrechts durch das Verfassungsrecht (im Gefolge einer objektiven Dimension der Grundrechte) geschieht – neben der entsprechenden Argumentation in der Literatur – in erster Linie durch die Gerichte und dort mit praktischer Relevanz: Verfassungsgerichtsentscheidungen bilden so das Medium der Wirksamkeit und Vertiefung der Konstitutionalisierung.

40

Maßgeblichkeit eines Zugangs zum Verfassungsgericht

Für interne Differenzierungen im Typ des Trennungssystems der Verfassungsgerichtsbarkeit ist – natürlich – der unterschiedlich ausgestaltete Zugang zum Verfassungsgericht die ausschlaggebende Variable. Von Einfluß ist insoweit zum einen die Offenheit oder Begrenztheit des Zugangs zur Normenkontrolle. Ganz entscheidend ist zum anderen das (Nicht)Bestehen der Urteils-Verfassungsbeschwerde. Sie ist die entscheidende Stellgröße für den Einfluß der Verfassung und des Verfassungsgerichts über die einfache Rechtsordnung (und die Fachgerichte). Ohne Urteilsverfassungsbeschwerde bleibt eine etwa vorhandene materiell-rechtliche Anerkennung der objektiven Dimension schwach und wenig folgenreich[120].

---

118 Zu diesem Hauptthema des amerikanischen Verfassungsrechts hier nur *Winfried Brugger*, Demokratie, Freiheit, Gleichheit. Studien zum Verfassungsrecht der USA, 2002, § 5, S. 156 ff.; *ders*, Einführung (Bibl.), S. 194; *ders.*, Verfassungsinterpretation in den Vereinigten Staaten von Amerika, JöR 42 (1994), S. 571 ff., jeweils mit Verweisen.
119 Dazu *Wieland,* in: H. Dreier, GG (LitVerz.), Art. 93 RN 27 f.
120 *Wahl* (FN 58), S. 465.

1. Die Verfassungsrechtsordnung in Frankreich

Frankreich ist ein erhellendes Beispiel für die hohe und in diesem Fall begrenzende Bedeutung der verfassungsgerichtlichen Klagearten. Es gibt eine Normenkontrolle, sie ist aber als eine präventive Kontrolle vor dem Inkrafttreten des Gesetzes ausgebildet und auch darauf beschränkt (Art. 61 Verf.). Diese Konstellation als bloße Spielart der Normenkontrolle zu bezeichnen, würde ihre steuernde Bedeutung sehr unterschätzen. Die Beschränkung des Conseil constitutionnel auf die a priori-Kontrolle versperrt für die anderen Gerichte die a posteriori-Kontrolle, und die überragende Bedeutung des Gesetzes im Verfassungsdenken verstärkt die Unantastbarkeit des Gesetzes für die Gerichte noch. Plastisch spricht die französische Staatsrechtslehre davon, daß *la loi fait ècran,* daß „das Gesetz gegenüber der Verfassung einen Schirm bildet"[121]. Durch die prozessuale Eigenart der (nur) präventiven Normenkontrolle wird das Gesetz mit dem Inkrafttreten unabhängig. Es steht jetzt in sich und wird in Zukunft nicht mehr von der Verfassung her durch Interpretationen des Conseil constitutionnel beeinflußt. Doch tauchen die Fälle, die Anlaß für die Frage der Verfassungswidrigkeit sind, häufig erst im Laufe der Anwendung auf. Außerdem wirkt sich die Antragsberechtigung limitierend aus. Nach Art 61 Abs. 2 Verf. können Verfassungsorgane und sechzig Abgeordnete bzw. Senatoren die Normenkontrolle in Gang bringen, nicht aber die einzelnen. Überhaupt haben die einzelnen keinen eigenen unmittelbaren Zugang zum Conseil constitutionnel, es gibt keine Verfassungsbeschwerde.

41 Präventive Normenkontrolle

Diese Limitierung des Zugangs prägt auch die zur Überprüfung gestellten Probleme. In Deutschland bringen die vielen Beschwerdeführer mit ihren Tausenden von Verfassungsbeschwerden alle denkbaren Fälle, vor allem auch Alltagsfälle und jede Art von Interpretationsproblemen vor das Bundesverfassungsgericht und geben diesem überreichen Anlaß, die Einwirkung der Grundrechte auf das streitentscheidende Gesetz zum Ausdruck zu bringen. Die politischen Organe, die in Frankreich zur Erhebung der Normenkontrolle berechtigt sind, die Verfassungsorgane und ein Teil der Abgeordneten, konzentrieren sich hingegen regelmäßig auf die großen (rechts)politischen Fragen. Dieses institutionelle Arrangement führt auch dazu, daß es für die französische Grundrechtsauslegung wenig Sinn hat, zwischen subjektiven und objektiven Dimensionen der Grundrechte zu unterscheiden. Die Grundrechte sind schon aufgrund der Ausgestaltung des Rechtswegs ja gerade nicht subjektive Rechte im Sinne der deutschen Tradition, bei denen zu einer traditionell abwehrrechtlichen Bedeutung noch eine weitere Dimension hinzutreten würde.

42 Limitierung des Zugangs prägt Überprüfung

Wenn in Frankreich die Gesetze mit ihrem Inkrafttreten nicht mehr verfassungsrechtlich angreifbar sind, heißt dies zugleich, daß die Frage der verfassungsrechtlichen Gültigkeit eines Gesetzes für die weitere Anwendung – insbesondere die Rechtsprechung des Conseil d'Etat und der Verwaltungsgerichte – erledigt ist. Daher gibt es auch in Frankreich *verfassungskonforme*

43 Eingeschränkte Bedeutung der Konstitutionalisierung einfachen Rechts

---
121 *Heun* (Bibl.), S. 106, der im weiteren darauf hinweist, daß die Rechtsprechung der Fachgerichte die Verfassung auf der Ebene der Auslegung und Anwendung der Gesetze berücksichtigt.

Auslegung in erster Linie als präventive Gesetzesinterpretation durch den Verfassungsrat vor Inkrafttreten der Norm[122]. Die verfassungsorientierte Neuinterpretation der Gesetze auf allen Ebenen des Rechtssystems, die in Deutschland möglich und selbstverständlich ist, gibt es in Frankreich hingegen nur in einem begrenzten Umfang. Insbesondere fehlt aufgrund der rein präventiven Struktur der Normenkontrolle die Möglichkeit des „Verfassungswidrigwerdens" eines Gesetzes durch Änderung seiner Anwendungsbedingungen[123]. Gleichwohl wächst in bestimmtem Umfang der Einfluß des Verfassungsrechts auf die Auslegung des einfachen Rechts, insbesondere in der Rechtsprechung des Conseil d'Etat und der Cour de Cassation[124]. Diese „Konstitutionalisierung" des einfachen Rechts ist aber aus den skizzierten institutionellen Gründen nur in begrenztem Umfang durch den Verfassungsrat steuerbar und kann damit nicht die für Deutschland typische Gleichzeitigkeit des Bedeutungsgewinns von Verfassungsrecht und Verfassungsgerichtsbarkeit mit sich bringen.

44
Überragende Stellung des einfachen Gesetzesrechts als Konstitutionalisierungshemmnis

In Frankreich ist die Hochschätzung des Gesetzes eine für die Rechtsordnung typische und eigenständige Größe. Gegenüber dem nahezu vollkommenen Gesetzesabsolutismus vor der Fünften Republik ist diese durch die Verfassung von 1958 und insbesondere die Neuorientierung der Rechtsprechung des Conseil constitutionnel seit 1971 inzwischen zwar abgeschwächt, sie bildet aber eine die Rechtskultur immer noch durchwirkende Grundeinstellung[125]. Die überragende Stellung des Gesetzes ist gemindert, aber doch nicht vollständig aufgezehrt. Bei einem solchen Gesetzesverständnis, wie gebrochen es auch heute erscheinen mag, ist der direkte Einflußweg von „oben nach unten" alles andere als problemlos oder selbstverständlich. Ein solches Verständnis setzt nach wie vor dieser Einwirkungsrichtung, die zugleich der Einflußweg einer materiell-rechtlichen objektiven Dimension ist, Grenzen. Eine Entwicklung zur „Konstitutionalisierung" der gesamten Rechtsordnung nach deutschem Vorbild scheint daher trotz mancher neuerer Tendenzen in Frankreich weiterhin ausgeschlossen.

---

122 Zur – auf präventive Interpretation begrenzten – verfassungskonformen Auslegung von Gesetzen durch den französischen Verfassungsrat siehe: *Thierry Di Manno*, Le juge constitutionnel et la technique des décisions „interprétatives" en France et en Italie, Paris 1997; *Alexandre Viala*, Les réserves d'interprétation dans la jurisprudence du Conseil Constitutionnel, Paris 1999. Zum Einfluß der beschränkten Zugriffskompetenzen des Verfassungsrats auf seine inhaltliche Rechtsprechung siehe *Classen*, Die Ableitung von Schutzpflichten des Gesetzgebers aus Freiheitsrechten – Ein Vergleich von deutschem und französischem Verfassungsrecht sowie der Europäischen Menschenrechtskonvention, JöR 36 (1987), S. 29 ff.
123 Interessant ist insoweit eine diesbezügliche Bemerkung von *Fromont*, République Fédérale d'Allemagne. La Jurisprudence Constitutionnelle en 1990 et 1991, Revue du droit public 109 (1993), S. 1547 ff. (1560 FN 21): „Il est inutile d'insister sur l'incompatibilité d'une telle conception de la constitutionnalité avec un système fondé exclusivement sur le contrôle des lois comme l'est encore le système francais".
124 Vgl. dazu *Favoreu*, La constitutionnalisation du droit, in: Mélanges Drago, 1996, S. 25. Für die Zivilgerichte vgl. etwa *de Lamy*, Les principes constitutionnels dans la jurisprudence judiciaire. Le juge judiciaire, juge constitutionnel?, Revue du droit public 118 (2002), S. 781; *Heun* (Bibl.), S. 105 f.
125 Dazu *Heun* (Bibl.), S. 102 f.

Zu den Eigenarten des französischen Systems gehört auch die Tradition einer starken Eigenständigkeit, wenn nicht Trennung des Verwaltungsrechts vom Verfassungsrecht. Wiederum gilt, daß sich insoweit in den letzten Jahren, insbesondere seit 1971, seit der großen Selbstreform der Verfassungsgerichtsbarkeit Änderungen vollzogen haben. Aber der ursprüngliche Ausgangspunkt einer nahezu perfekten Trennung liegt so weit von dem deutschen Verständnis eines Durchwirkens beider Materien entfernt, daß einige für Frankreich erhebliche Änderungsschritte den Gesamtabstand nicht zum Verschwinden bringen, ihn bedeutungslos machen oder gemacht haben. Eine Formel wie die vom Verwaltungsrecht (oder gar dem gesamten Gesetzesrecht) als konkretisiertem Verfassungsrecht dürfte in Frankreich ebenso wenig Verständnis finden wie auch die Formel von der Verfassungsabhängigkeit allen Gesetzesrechts. Deshalb dürfte die in Deutschland mit gutem Grund diskutierte Frage, ob die Gesetze gegenüber der Verfassung noch selbständig oder in gewisser Weise eigenständig sind, schon im Ansatz auf Unverständnis treffen.

45
Trennung von Verfassungsrecht und sonstigem Recht

2. Die Verfassungsrechtsordnung in Spanien

Die Verfassungsrechtsordnung in *Spanien* ist in den hier interessierenden Strukturelementen zu einem beträchtlichen Teil mit Deutschland vergleichbar. Dies mag sich nicht zuletzt daraus erklären, daß die spanische Verfassungsentwicklung seit 1978 die deutsche Rechtslage beobachten konnte und stark beobachtet hat[126]. Weitgehende Übereinstimmung in der Wirkung der Grundrechte im Privatrecht: In Spanien gilt sogar das Lehnwort „la Drittwirkung"[127]. Die spanische Lehre anerkennt die objektive Dimension. Zustimmung äußerte zunächst auch der spanische Verfassungsgerichtshof in zwei Urteilen mit ausführlicher Begründung[128], praktiziert hat er aber später die objektive Dimension in der weiteren Judikatur nicht mehr. Die einschlägige Passage des Urteils von 1981 lautet[129]: „Dies ergibt sich logischerweise aus dem Doppelcharakter, den die Grundrechte besitzen. Erstens sind die Grundrechte subjektive Rechte; Rechte der Individuen, nicht nur, was die Rechte der Bürger im strikten Sinn anbelangt, sondern auch im Hinblick darauf, daß sie einen rechtlichen Status oder die Freiheit in einem Daseinsbereich organisieren. Zugleich aber sind sie wesentliche Elemente einer objektiven Ordnung

46
Drittwirkung als Lehnwort in der spanischen Rechtssprache

Anerkennung objektiv-rechtlicher Dimensionen durch den Verfassungsgerichtshof

---

126 *Cruz Villalón*, Landesbericht Spanien, in: Christian Starck, (Hg.), Grundgesetz und deutsche Verfassungsrechtsprechung im Spiegel ausländischer Verfassungsentwicklung, 1989, S. 193, 199: Das Grundgesetz ist die Verfassung, die die sichtbarsten Spuren in der spanischen Verfassung hinterlassen hat. Vgl. auch *Heun* (Bibl.), S. 111.
127 Vgl. den Buchtitel von *J. Garcia Torres/A. Jiménez Blanco*, Derechos fundamentales y relaciones entre particulares. La „Drittwirkung" en la jurisprudencia del Tribunal Constitucional, 1986, zit. bei *Cruz Villalón* (FN 126), S. 204, FN 24. S. auch *Josef Ferrer i Riva/Pablo Salvador Coderch*, Vereinigungen, Demokratie und Drittwirkung, in: Ingo von Münch/dies. (Hg.), Zur Drittwirkung der Grundrechte, 1998, S. 33 ff.
128 In der Entscheidung vom 14.7.1981, STC 25/1981 hat der spanische Verfassungsgerichtshof im Zusammenhang mit der Legitimation von Antragsrechten autonomer Gemeinschaften die objektive Dimension der Grundrechte ausdrücklich bejaht. Eine ähnliche Formulierung im Urteil vom 11.4.1985, STC 53/1985, JC 11, S. 546, 573. Angaben nach *Cruz Villalón* (FN 126), S. 204.
129 *Cruz Villalón* (FN 126), S. 204, FN 23.

der nationalen Gemeinschaft, insofern als diese den Rahmen eines menschlichen, gerechten und friedlichen Zusammenlebens bildet, was historisch im Rechtsstaat und später im sozialen Rechtsstaat oder, gemäß der Formel unserer Verfassung, im sozialen und demokratischen Rechtsstaat Gestalt angenommen hat".

47
Schwache Ausbildung der objektiven Dimension als materiell-rechtliches Institut

Nach einem zweiten Urteil von 1985 in dieselbe Richtung ist es aber um die objektive Dimension in der Rechtsprechung des Tribunal Constitucional recht still geworden. Ähnlich verhält es sich mit der Anleihe an die Wertordnungslehre in einem Urteil von 1981[130]. Offensichtlich haben beide Bezugnahmen nicht „gezündet" und nicht so wie bei ihrem Vorbild, dem Lüth-Urteil, den Geist und Nerv der eigenen Zeit getroffen – warum sollte das Lüth-Denken nach 25 Jahren in einem andern Lande auch Ähnliches auslösen? Ebenso wahrscheinlich ist die Variante, daß ein solches „Transplantat" nicht angenommen wird, juristisch gesprochen: Die zitierten Formulierungen werden eher als obiter dictum oder als lehrbuchartige Passage eingestuft. Gegenläufig zur schwachen Ausbildung der objektiven Dimension als materiell-rechtliches Institut sind die Verfahrensarten der Verfassungsgerichtsbarkeit einer Einwirkung des Verfassungsrechts auf das Gesetzesrecht recht günstig, umfaßt es doch ein eigenständiges Verfassungsgericht, abstrakte und konkrete Normenkontrollen sowie die (Urteils)Verfassungsbeschwerde[131]. Über die Auswirkungen dieser umfangreichen Verfahrensarten und einer dichten Verfassungsgerichtsbarkeit auf die Verfassungsabhängigkeit des Gesetzesrechts sind noch ausführliche rechtsvergleichende Analysen notwendig.

3. Die Verfassungsrechtsordnung in Österreich

48
Fehlende Praxisrelevanz grundrechtlicher Argumentationsfiguren

Seit Beginn der achtziger Jahre hat es in *Österreich* einen deutlichen Wandel zu einer „neuen Grundrechtsjudikatur" gegeben[132]. Die früher jahrzehntelange unbestrittene Lehre und Judikatur hatten die Grundrechte nur als Abwehrrechte verstanden und Elemente einer objektiven Dimension abgelehnt[133]. Für die neue Dogmatik kann *Walter Berkas* Darstellung für repräsentativ angesehen werden, der sowohl die objektive Grundrechtsfunktion (unter der Formel objektive Grundsatznormen) wie auch die einzelnen daraus abgeleiteten Institute der Schutzpflichten, der Drittwirkung, der Grundrechtssicherung durch Organisation und Verfahren sowie der Teilhaberechte aner-

---

130 Urteil des *Tribunal Constitutional* vom 15.6.1981, zit. bei *Karl-Peter Sommermann*, Der Schutz der Grundrechte in Spanien nach der Verfassung von 1978, 1984, S. 226.
131 *Thomas Peter Knaak,* Der Einfluß der deutschen Verfassungsgerichtsbarkeit auf das System der Verfassungsgerichtsbarkeit in Spanien, Diss. jur. Hamburg 1995; *Weber*, Die Verfassungsgerichtsbarkeit in Spanien, JöR 34 (1985), S. 245 ff.; *Monika Reckhorn-Hengemühle*, Der spanische „Recurso de Amparo" und die deutsche Verfassungsbeschwerde, Diss. jur. Osnabrück 1987.
132 *Walter Berka,* Die Grundrechte. Grundfreiheiten und Menschenrechte in Österreich, 1999, S. 84 f., RN 140, 141; → Bd. VII: *Schäffer*, Struktur und Dogmatik der Grundrechte in Österreich.
133 Exemplarisch dafür die Abtreibungsentscheidung des *VerfGH, VfSlg.* 7400/1974, die sich eben wegen der Ablehnung der objektiven Dimension von vergleichbaren Entscheidungen anderer Verfassungsgerichte stark unterschied. Dazu und zur Weiterentwicklung der Lehre *Holoubek*, Gewährleistungspflichten (Bibl.), S. 310 ff.

kennt¹³⁴. Trotz dieser beträchtlichen Parallelen zum deutschen Recht läßt *Berka* in der ständigen Betonung des Gestaltungsspielraums des Gesetzgebers doch eine andere Einstellung als im deutschen Verfassungsrecht erkennen. Dies ist nicht zufällig. Trotz des beschriebenen Wandels ist die frühere Tradition eines ausgeprägten „judical self restraints" nicht aufgegeben. Man mag vermuten, daß damals ein Pfad begründet worden ist, der mit der neueren Tendenz nicht völlig verlassen ist. Gleichwohl ist auf der materiell-rechtlichen Ebene eine beträchtliche Änderung und Ausweitung des Inhalts der Grundrechte zu verzeichnen. *Michael Holoubek,* der eine breite rechtsvergleichende und auch europarechtliche Monographie verfaßt hat¹³⁵, faßt zusammen, daß „Argumentationsfiguren wie grundrechtliche Gewährleistungspflichten, objektive Grundrechtsgehalte oder ähnliches in der Praxis des Verfassungsgerichtshofes kaum eine Rolle" spielen¹³⁶. „Expressis verbis finden sich überhaupt nur grundrechtliche Schutzpflichten und die fast ausschließlich dort, wo der Verfassungsgerichtshof an eine diesbezüglich bekanntlich ausführliche und weit gehende Rechtsprechung des Europäischen Gerichtshofs für Menschenrechte anknüpft", also insbesondere im Zusammenhang mit Art. 8 EMRK. Holoubek macht aber – typisch für eine gelungene Rechtsvergleichung – auf funktionale Äquivalente aufmerksam. Er findet sie in der spezifischen und sehr ausgedehnten Rolle, die der Gleichheitssatz in Gestalt des allgemeinen Sachlichkeitsgebotes spielt. Damit können beträchtliche Schutzwirkungen des Grundrechts, auch in Parallele zur deutschen Ausstrahlungswirkung, aktiviert werden¹³⁷.

Letztlich stimmen *Berka* und *Holoubek* im Ergebnis überein, daß nach dem Wandel des Grundrechtsverständnisses die Schutzwirkungen der Grundrechte beträchtlich ausgeweitet sind. Ist so entgegen früheren Verständnis die materiell-rechtliche Bedeutung und Schutzwirkung der Grundrechte in Österreich größer geworden, so gibt es für die volle Wirkung dieser Neuerung eine alte Limitierung, nämlich das verfassungsgerichtliche Umfeld¹³⁸. Dieses ist durch eine sehr alte Konkurrenzsituation zwischen dem Verfassungsgerichtshof und dem Verwaltungsgerichtshof und große Probleme der Kompetenzabgrenzung¹³⁹ gekennzeichnet. Ihren stärksten Ausdruck hat diese darin, daß die Jurisdiktionen beider Gerichte streng getrennt sind und es vor allem keine Urteils-Verfassungsbeschwerde gegen Urteile des Verwaltungsgerichtshofes gibt. Kann der Verfassungsgerichtshof wegen seiner eigenen Zuständigkeit für Verfassungsbeschwerden gegenüber der Verwaltung (nach Art. 144 B-

49
Konkurrenz zwischen Verfassungs- und Verwaltungsgerichtshof

---

134 Unter dem Begriff grundrechtliche Gewährleistungspflichten kennt das österreichische Verfassungsrecht der Sache nach oder auch ausdrücklich Grundrechte als objektive Grundsatznormen, dazu *Berka* (FN 132), RN 105 (staatliche Schutzpflichten) RN 91, 99 (Grundrechte als objektive Grundsatznormen), 101 (objektive Grundsatznormen). Zum ganzen grundsätzlich *Holoubek,* Gewährleistungspflichten (Bibl.).
135 *Holoubek* aaO.
136 Dazu und zum folgenden wörtlichen Zitat *Holoubek,* Grundrechte zwischen Freiheitsverbürgung (Bibl.), S. 32 f.
137 *Holoubek,* Grundrechte zwischen Freiheitsverbürgungen (Bibl.), S. 34 ff.
138 *Berka* (FN 132), § 10, RN 296 ff.
139 *Berka* (FN 132), RN 315, auch 197–207.

VG) im Bereich des Verwaltungsrechts judizieren, so ist ihm das Zivil- und Strafrecht mangels einer Urteilsverfassungsbeschwerde versperrt. Wo die institutionell-verfahrensmäßige Ordnung keinen Zugang zum Verfassungsgericht eröffnet, kann sich die materielle Figur der objektiven Bedeutung der Grundrechte, auch wenn sie akademisch anerkannt ist, nicht entfalten, jedenfalls kann sie nicht von der zentralen Position des Verfassungsgerichts aus eingesetzt und dann für die gesamte Rechtsordnung verbindlich gemacht werden[140].

4. Die objektiv-rechtliche Dimension im Gemeinschaftsrecht und in der Europäischen Menschenrechtskonvention

50
Skepsis hinsichtlich genereller Konvergenz bei der Anerkennung objektiver Dimensionen

Ein vollständiger rechtsvergleichender Überblick dürfte in der Gegenwart nicht ohne einen Blick auf das Gemeinschaftsrecht[141] und die Rechtsprechung des Europäischen Gerichtshofs für Menschenrechte[142] auskommen, weil beide sich rasch und innovativ verändern. Auftrieb hat die Diskussion im Gemeinschaftsrecht durch das Urteil des Europäischen Gerichtshofs im Fall der französischen Agrar-Blockaden[143] und für den Bereich der Europäischen Menschenrechtskonvention durch die Entscheidung des Europäischen Gerichtshofs für Menschenrechte im Fall des Wahlrechts in Gibraltar[144] erhalten. Gleichwohl kann dieses Thema hier nicht voll behandelt werden. Es ist schon schwierig abzuschätzen, welchen Stand die Entwicklung in materiell-rechtlicher Hinsicht, also im Hinblick auf die Drittwirkung der Grundrechte und bei den Grundfreiheiten, in der Judikatur hat; die Entwicklung auf dem Gebiet der Schutzpflichten ist sehr im Flusse. Noch schwieriger ist die Frage zu beantworten, ob den Einzelergebnissen ein theoretisches Konzept zugrunde liegt. Sehr fraglich ist es, ob eine einheitliche theoretische Vorstel-

---

140 Fälle der Drittwirkung werden in Österreich von der Zivilgerichtsbarkeit anerkannt, *Berka* (FN 132), RN 231 ff., nicht aber wie in Deutschland zum Teil gegen die Zivilrechtslehre und Gerichtsbarkeit durch Verfassungsgerichtsspruch durchgesetzt.
141 Im Gemeinschaftsrecht *Dirk Ehlers*, in: ders. (Hg.), Europäische Grundrechte und Grundfreiheiten, 2002, § 7 II, S. 153 ff.; § 13 II 6, S. 327 ff.; *Epiney*, in: Christian Calliess/Matthias Ruffert (Hg.), EUV/EGV, Art. 28, RN 46-51; *Kühling* und *Kingreen*, beide in: Armin von Bogdandy (Hg.), Europäisches Verfassungsrecht. Theoretische und dogmatische Grundzüge, 2003, S. 600 ff. bzw. 676 ff. (m.w.N.); *Remmert*, Grundfreiheiten und Privatrechtsordnung, Jura 2003, S. 13 ff.; *Canaris*, Drittwirkung der gemeinschaftsrechtlichen Grundfreiheiten, in: Hartmut Bauer/Detlef Czybulka/Wolfgang Kahl/Andreas Voßkuhle (Hg.), Umwelt, Wirtschaft und Recht (Symposium Reiner Schmidt), 2002, S. 31 ff.; *Streinz/Leible*, Die unmittelbare Drittwirkung der Grundfreiheiten – Überlegungen aus Anlaß von EuGH EuZW 2000, 468 – Angonese, EuZW 2000, S. 459 ff.
142 *Bleckmann*, Die Entwicklung staatlicher Schutzpflichten aus den Freiheiten der Europäischen Menschenrechtskonvention, in: FS Bernhardt 1995, S. 309 ff.; *Jochen A. Frowein*, in: ders/Wolfgang Peukert, EMRK, ²1996, Art. 1 RN 10 ff., Art. 11 RN 15; *Ehlers* (FN 141) § 2 II, S. 25. ff.
143 *EuGH*, Rs. C-165/95 – Agrarblockaden, Slg. 1997 I-6959 (Nr. 55); dazu *Kaiser*, Grundfreiheiten und staatliche Schutzpflichten – EuGH NJW 1998, 1931, in: JuS 2000, S. 431 ff.
144 *EGMR* NJW 1999, S. 3107 ff. – Denise Matthews. Aus dem Urteil ist im vorliegenden Zusammenhang entscheidend: Das Vereinigte Königreich hat nach der Konvention die Verantwortlichkeit für die Durchführung von Wahlen. Durch Übertragung dieser Aufgabe an die EU, die aber in ihren Vorschriften die Wahlen in Gibraltar aufgeschlossen hat, kann sich das Vereinigte Königreich nicht seiner Verantwortlichkeit entziehen, sondern ist nach wie vor für die Einhaltung des Konventionsschutzes verantwortlich.

lung, die in etwa vergleichbar mit der Theorie der Elemente objektiver Ordnung in Deutschland ist, überhaupt angestrebt wird. Ein veritabler Rechtsvergleich müßte also auch die Grundfrage thematisieren, wie(weit) in den beiden Europarechten materielles Verfassungsrecht und Begründungen der Gerichte theoretisiert und dogmatisiert werden. Der deutsche Ansatz, der beides Mal auf ein Höchstmaß an Theorie und Dogmatik abzielt, ist sicherlich nicht der gemeineuropäische und wohl auch nicht das Vorbild künftiger Entwicklungen. Versucht man dies ansatzweise zu berücksichtigen, dann ist Skepsis gegen manchen Vergleich angebracht, der aus einer gewissen Übereinstimmung von Fallösungen auf eine generelle Konvergenz in der Anerkennung der objektivrechtlichen Dimension der Grundrechte schließen möchte.

Die eigentlichen Schwierigkeiten der Beurteilung auf der europäischen Ebene liegen aber im institutionellen Umfeld, das sich beim Vergleich der einzelnen betrachteten Verfassungsstaaten als so wichtig und ausschlaggebend erwiesen hat. Das gesamte institutionelle Umfeld, „das Verfassungsgefüge" und das Ensemble oberster Organe sind in der Europäischen Union und im Europarat so verschieden und eigengeprägt, daß ein solcher Vergleich nur unter ausführlicher Einbeziehung dieser gesamten Struktur vorgenommen werden könnte. Dasselbe gilt für die ebenfalls als wichtig erkannte Methode des Interpretierens und des Rechtsstils. Der Vergleich zwischen Europäischer Union und einzelnen Mitgliedstaaten treibt in dieser Hinsicht rasch auf eine so beträchtliche Zahl von Einflußgrößen zu, daß er hier nicht vorgenommen werden kann. Bleibt zu sagen, daß allein Parallelen in der materiell-rechtlichen Ausprägung von Schutzpflichten oder gewissen Elementen objektiver Ordnung zwar interessant und bemerkenswert sind, daß sie aber nichts Entscheidendes über das Vorhandensein substantieller Parallelen aussagen.

51
Andersartiges institutionelles Umfeld

C. Bilanz

Die entwicklungsgeschichtliche Betrachtung der Lüth-Rechtsprechung[145] und der kurze Überblick zur Rechtsvergleichung bringen Gemeinsamkeiten, aber auch beträchtliche Unterschiede zutage. Auch in anderen Rechtsordnungen wird häufig anerkannt, daß eine Beschränkung der Grundrechte auf die Abwehrrichtung nicht ausreicht, weil unser Leben von häufigen Bedrohungen durch Dritte oder durch die Technik gekennzeichnet ist, die nicht durch den Staat verursacht sind. Auch gesellschaftliche Gruppen und Dritte können die Grundrechte, insbesondere Leben und Gesundheit gefährden. Der Staat ist nicht nur aufgerufen, Tötungen und Körperverletzungen selbst zu unterlas-

52
Differenzierende Antworten

---

145 Die Historisierung der Lüth-Rechtsprechung ist im Gange und wird bezeichnenderweise von Historikern und Rechtsgeschichtlern verstärkt angegangen, so vor allem in der Publikation des Zeitgeschichtlers *Herbert* (FN 89); deutlich zeigt das gestiegene Interesse auch die von *Thomas Henne* und *Arne Riedlinger* veranstaltete Tagung: „Das „Lüth-Urteil" in (rechts-)historischer Sicht. Die Grundlegung der Grundrechtsjudikatur in den 1950er Jahren".

sen, sondern er muß sich schützend vor das Leben und die Gesundheit stellen. Ist das Ungenügen einer reinen Abwehrvorstellung allgemein anerkannt[146], so differieren die Antworten auf diese Einsicht aber sehr. In eher dem Case-Law-Denken verbundenen Rechtsordnungen wird das Ungenügen an der Abwehrdimension durch fallweise Einzelentscheidungen behoben. Ohne eine übergreifende Theorie wird in bestimmten Fallkonstellationen im Sinne der objektiven Theorie entschieden. Dies ist aber natürlich eine viel geringere Verwirklichung als im theoriefreudigen Deutschland.

53
Sonderstellung Deutschlands

Auch im weiteren werden bedeutsame Unterschiede sichtbar. Das methodische Grundverständnis einer Rechtsordnung ist einer der wichtigen Einflußfaktoren und damit zugleich ein wichtiger Grund für Unterschiede, andere kommen hinzu[147]. So bestätigt der rechtsvergleichende Blick auf einige andere Verfassungsstaaten die Ausgangsüberlegung und -hypothese. Die Vergleich muß, wenn er erfolgreich sein will, breit angesetzt sein. So wie das Lüth-Urteil keineswegs nur deshalb interessant ist, weil es eine Lösung für das Problem der Drittwirkung der Grundrechte bereithält, so wenig reichen Parallelen bei der Dritt- oder Horizontalwirkung in anderen Rechtsordnungen dafür aus, einen substantiellen Gleichklang anzunehmen. Schon in materiellrechtlicher Hinsicht ist die objektive Dimension der Grundrechte im deutschen Recht viel umfänglicher, schließt sie doch eine Basistheorie über die Grundrechte und eine Reihe davon abgeleiteter weiterer Rechtsinstitute mit ein. Die Tiefendimension und die für die ganze Rechtsordnung fundamentierende Wirkung, die die objektiv-rechtliche Theorie der Grundrechte in Deutschland hat, wiederholt sich in keiner der untersuchten Rechtsordnungen. Nirgends ist die Verfassungsgeprägtheit der Rechtsordnung in einem so hohen Maße zu beobachten wie in Deutschland; man kann auch sagen der Grad der Konstitutionalisierung ist hier am höchsten. Die (Wieder)Geburt der Rechtsordnung aus dem Geist der Grundrechte findet in anderen Ländern keine Parallele. Zu diesem Gesamtergebnis tragen wesentlich auch die wirksamkeitsfördernden flankierenden Institute bei, an ihrer Spitze die Verfassungsgerichtsbarkeit in ihrer konkreten Ausgestaltung. Wiederum gilt, daß es eine solch umfassende Verfassungsgerichtsbarkeit, die einer materiellrechtlichen Grundrechtstheorie erst die Wege der praktischen Wirksamkeit öffnet, außerhalb Deutschlands nicht gibt. Nimmt man beides zusammen, die umfassende materiell-rechtliche Theorie und die umfassendsten Instrumente zum Wirksamwerden in der gesamte Rechtsordnung, dann ist die These von der Sonderstellung, wenn man will, von einem Sonderweg der deutschen Verfassungs- und Rechtsordnung unabweisbar. Die Geburtsstunde dafür war das Lüth-Urteil, in dem der Aktivismus des deutschen Bundesverfassungsgerichts

---

[146] Dabei muß noch berücksichtigt werden, daß die Funktion der Grundrechte, dem einzelnen Schutz gegenüber Eingriffen des Staates zu gewährleisten, unter dem theoretischen Vorzeichen der Abwehrfunktion thematisiert wird. Wenn dann eine solche – nicht dogmatisch denkende – Rechtsordnung über die Eingriffsabwehr hinausgeht, bedarf sie erst gar nicht eines theoretisch vermittelten Sprungs über die Begrenzung auf Abwehr. Wer zuerst nicht eine theoretische Erklärung, damit aber auch eine Grenze aufgebaut hat, tut sich leichter, fallweise weitere Ergebnisse zu erzielen.
[147] Siehe B I, RN 28 ff.

im Hinblick auf die gesamte Rechtsordnung und das spezifische deutsche Verständnis von der objektiv-rechtlichen Dimension als der Grundlage der Rechtsordnung seinen Niederschlag fand wurde.

Diese Sonderstellung eröffnet dem deutschen Verfassungsrecht im Prozeß des verstärkten Dialogs und Aufeinanderzugehens der Rechtsordnungen der europäischen Staaten viele Möglichkeiten, sie erzeugt aber auch eine Reihe von Folgeproblemen. Daß das deutsche Verständnis von der objektiv-rechtlichen Dimension und der fundierenden Funktion für die gesamte Rechtsordnung das anerkannte Vorbild für die anderen Mitgliedsstaaten wird, daß das deutsche Verständnis der Vorreiter und Pionier einer gemeineuropäischen Entwicklung ist, darf als höchst unwahrscheinlich gelten. Die erste Aufgabe für die deutsche Rechtsordnung ist deshalb, in der Diagnose die Besonderheit der eigenen Entwicklung zu erkennen, damit zugleich auf die Besonderheiten der anderen Rechtsordnungen produktiv und neugierig aufmerksam zu werden. Wie immer der Prozeß des Dialogs und einiger Schritte der Konvergenz aussehen wird – Prognosen dazu sind derzeit kaum möglich –, jedenfalls müssen die deutsche Rechtsordnung und die deutschen Juristen damit rechnen, daß die Zukunft nicht als bloße Fortsetzung des Weges seit der Lüth-Entscheidung vorgestellt werden kann. Dies ist übrigens eine Erfahrung, die in anderen Mitgliedsländern in ähnlich starkem Maße gemacht werden mußte und – in einer erstaunlichen Weise – gemacht worden ist. Wie das Vereinigte Königreich mit dem Human Rights Act die Europäische Menschenrechtskonvention in sein Recht rezipiert hat, ist bei aller gekonnt ausgedrückten Schonung in der äußeren Form ein ausgesprochener Bruch mit der langen Tradition der Parlamentssouveränität. Und in Frankreich bedeutet die zunehmende Rolle des Conseil constitutionnel ebenfalls eine starke Abkehr von der dominanten Rolle des Gesetzgebers und des Gesetzes im französischen Rechtsverständnis. Für alle Rechtsordnungen der Mitgliedstaaten der Europäischen Union bedeuten die komplexen Prozesse der Annäherung, der partiellen Konvergenz und Angleichung der Rechtsordnungen eine folgenreiche Umorientierung und Dimensionserweiterung: Konnten die nationalen Rechtsordnungen bisher der Eigenlogik ihrer geschichtlichen Entwicklungen folgen und den Rechtsdiskurs weitgehend binnenorientiert führen, so sind jetzt derselbe Diskurs und die Begründungszusammenhänge folgenreich erweitert. In der seit längerem angebrochenen *zweiten Phase* (nach 1945)[148] reicht ein eindimensionaler, nur nach innen und auf die eigenen Prinzipien gerichteter Diskurs nicht mehr aus. Die zweite Phase ist nicht nur durch einen Blick auf die anderen Rechtsordnungen, sondern auch durch ein Denken und Begründen im viel weiteren Kontext von andersgearteten Grundverständnissen und Prinzipien gekennzeichnet. Was dieser neue Grundsachverhalt für die einzelnen Verfassungsprinzipien und Rechtsinstitute, was er insbesondere für die objektiv-rechtliche Dimension der Grundrechte bedeutet, läßt sich allge-

54
Umorientierung und Dimensionserweiterung in allen Mitgliedstaaten der EU

---

148 *Wahl*, Die zweite Phase des Öffentlichen Rechts in Deutschland. Die Europäisierung des Öffentlichen Rechts, in: Der Staat 38 (1999), S. 495; sowie *ders.*, Zwei Phasen des Öffentlichen Rechts nach 1949, in: ders., Verfassungsstaat, Europäisierung, Internationalisierung, 2003, S. 411 ff.

mein nicht sagen. Die komplexen Prozesse der zweiten Phase wirken sich bei den einzelnen Instituten unterschiedlich aus. In keinem Staat wird es zu einer vollständigen Übernahme anderer oder zum Abbau der bisherigen Traditionen kommen. Man wird sich nicht in einer substanzlosen, „leeren" Mitte treffen, man muß sich überhaupt nicht bei allen Problemen in einer gemeinsamen Position treffen – aber unverändert wird in der zweiten Phase kaum etwas bleiben.

55
Bedeutsamkeit der Außenperspektive

Für die deutsche Lehre von der objektiv-rechtlichen Dimension der Grundrechte und ihre Verstärkung durch ein geeignetes institutionelles Umfeld eröffnet die zweite Phase mit ihrer nahezu allseitigen Relevanz der europäischen Ebene eine beachtenswerte Perspektive. Wie erwähnt, ist diese Lehre gleichermaßen grundlegend wie grundsätzlich kritisiert und höchst kritikresistent. Dieses Phänomen erklärte sich daraus, daß sie einen Entwicklungspfad begründet hat, der in fünfundvierzig Jahren konsequent ausgebaut wurde und durch die Konsequenz der weiteren dogmatischen Entwicklung bestochen hat. Die Stärke des objektiv-rechtlichen Verständnisses der Grundrechte in Deutschland beruht auf ihrer Eigenlogik, auf ihrer – wenn man so will – eindimensionalen Konsequenz. In dieser Gestalt wurde diese Lehre nahezu alternativenlos und änderungsresistent. Hat die in der gleichen Binnenorientiertheit argumentierende Grundsatzkritik kaum etwas bewegen können, so öffnet sich jetzt durch den Dialog mit den Verfassungsverständnis der anderen Mitgliedstaaten und mit dem Gemeinschaftsrecht ein ausgeweiteter und mehrdimensionaler Raum des Denkens und der Argumentation. In diesem Raum des Vergleichens taucht das Hauptthema der internen Kritik, daß mit der objektiv-rechtlichen Dimension ein „Zuviel" an Grundrechtsgehalten und ein „Zuviel" an Verfassungsgerichtsbarkeit[149] verbunden ist, wieder auf. Die Außenperspektive stellt eben diese Frage erneut und vermutlich wirkkräftiger und folgenreicher wieder. Welche Auswirkungen die systematische Mitbeachtung der Außenperspektive gerade beim Thema der objektiv-rechtlichen Dimension haben wird, läßt sich derzeit nicht abschätzen. Hier muß die Diagnose der Lage genügen.

---

[149] *Wahl*, (FN 58), S. 482 ff.

D. Bibliographie

Alexy, Robert, Grundrechte als subjektive Rechte und als objektive Normen, in: Der Staat 29 (1990), S. 49 ff.
Böckenförde, Ernst-Wolfgang, Grundrechte als Grundsatznormen, in: Der Staat 29 (1990), S. 1 ff., (= *ders.,* Staat, Verfassung, Demokratie, 1991, S. 163 ff.).
ders., Zur Lage der Grundrechtsdogmatik nach 40 Jahren Grundgesetz, o.J. (1990).
Brugger, Winfried, Grundrechte und Verfassungsgerichtsbarkeit in den Vereinigten Staaten von Amerika, 1987.
ders., Einführung in das öffentliche Recht der USA, ²2001.
Dreier, Horst, Dimensionen der Grundrechte, 1993.
Heun, Werner, Verfassungsrecht und einfaches Recht – Verfassungsgerichtsbarkeit und Fachgerichtsbarkeit, in: VVDStRL 61 (2002), S. 80 ff.
Holoubek, Michael, Grundrechtliche Gewährleistungspflichten. Ein Beitrag zu einer allgemeinen Grundrechtsdogmatik, 1997.
ders., Grundrechte zwischen Freiheitsverbürgung und staatlicher Verantwortung – Antworten und Perspektiven der österreichischen Grundrechtsdogmatik, in: Symposium zum 60. Geburtstag von Karl Korinek, 2002, S. 31 ff.
Isensee, Josef, Das Grundrecht als Abwehrrecht und staatlicher Schutzpflicht, in: HStR V, 1992, § 111.
Jarass, Hans Dieter, Grundrechte als Wertentscheidungen bzw. objektivrechtliche Prinzipien in der Rechtsprechung des Bundesverfassungsgerichts, in: AöR 110 (1985), S. 363 ff.
ders., Die Grundrechte: Abwehrrechte und objektive Grundsatznormen. Objektive Grundrechtsgehalte, insb. Schutzpflichten und privatrechtsgestaltende Wirkung, in: Festschrift Bundesverfassungsgericht, Bd. I, 2001, S. 35 f.
Jestaedt, Matthias, Grundrechtsentfaltung im Gesetz. Studien zur Interdependenz von Grundrechtsdogmatik und Rechtsgewinnungstheorie, 1999.
Müller, Jörg Paul, Zur sog. subjektiv- und objektivrechtlichen Bedeutung der Grundrechte, in: Der Staat 29 (1990), S. 33 ff.
ders., Grundrechte in der Schweiz. Im Rahmen der Bundesverfassung von 1999, der UNO-Pakte und EMRK, ³1999.
ders., Allgemeine Bemerkungen zu den Grundrechten, in: Daniel Thürer/Jean-François Aubert/Jörg Paul Müller (Hg.), Verfassungsrecht der Schweiz, 2001, § 39.
Ruffert, Matthias, Vorrang der Verfassung und Eigenständigkeit des Privatrechts, 2001.
Schefer, Markus, Die Kerngehalte von Grundrechten. Geltung, Dogmatik, inhaltliche Ausgestaltung, 2001.
Schuppert, Gunnar Folke/Bumke, Christian, Die Konstitutionalisierung der Rechtsordnung, 2000.

§ 20
Grundrechte als Ordnung für Staat und Gesellschaft

Peter Badura

Übersicht

	RN		RN
A. Verfassung und Verfassungsgesetz	1–10	2. Das „unvollständige" Verfassungsgesetz bestimmt die Bedingungen und Grenzen der Rechtsbildung, der Rechtsdurchsetzung und der Rechte und Pflichten des Einzelnen	10
I. Die Verfassung als konkreter Gründungs- und Gestaltungsakt der staatlichen Rechtsgemeinschaft	1– 4		
1. Das Verfassungsgesetz als Gewährleistung politischer Einheit durch rechtliche Grundordnung des Gemeinwesens	1– 2	B. Grundrechtliche Freiheit und Grundrechtsnorm	11–33
2. Die Überwindung des staatsrechtlichen Positivismus durch die materielle „Umbildung" des Verfassungsgesetzes und die Neubegründung der staatslegitimierenden und gesellschaftsgestaltenden Funktion der Grundrechte	3– 4	I. Die Normativität der Grundrechte: Schutz und Ordnung	11–16
		1. Die in den Grundrechten des Grundgesetzes wirksame Rechtsidee	11
		2. Die normative Kraft der Grundrechte als subjektive Gewährleistungen, Grundsatznormen und Tatbestand staatlicher Schutzpflichten	12–13
II. Die Verfassung als Ordnung und Garantie von Recht, Freiheit und Wohlfahrt	5– 8		
1. Die Verfassung sichert die Legalität des Gesetzes und vermittelt dessen Legitimität	5	3. „Wechselwirkung" von materieller Verfassung und allgemeiner Rechtsordnung und die Schutz- und Ordnungsfunktion der Grundrechte für personale Freiheit und privatautonome Selbstbestimmung im Wandel der Lebensverhältnisse	14–15
2. Der demokratische Verfassungsstaat	6		
3. Sicherung individueller Freiheit in der wohlfahrtsstaatlichen Demokratie	7– 8		
III. Verfassung als „Rahmenordnung" oder „dirigierende" Verfassung?	9–10	4. Der negatorische Schutz von Freiheit und Gleichheit durch die Grundrechte unterscheidet sich von den grundrechtlichen Postulaten des staatlich zu gewährleistenden Schutzes und der staatlichen Wohlfahrtsvorsorge	16
1. „Verwirklichung" der materiellen Verfassung auf Grund je eigener Entscheidungs- und Regelungsvollmacht durch den Gesetzgeber und den Richter	9		

	RN		RN
II. Programmatische, direktive und kodifikatorische Wirkung der Grundrechtsnorm	17–25	III. Privatautonome Selbstbestimmung und privatrechtsgestaltende Wirkung der Grundrechte	26–30
1. Der Vorrang der Verfassung und der Vorbehalt des Gesetzes	17	1. Die Bindung der Privatrechtsordnung und des sie auslegenden und anwendenden Richters an die Grundrechte	26–27
2. Grundrechte als Abwehrrechte gegen „Eingriffe" der öffentlichen Gewalt und als Rechte zum Schutz der menschlichen Freiheit	18–19	2. Das Privatrecht als Gewährleistung, Ordnung und Sicherung der Privatautonomie durch die „Freiheit und Eigentum" ausgestaltenden Rechtsinstitute	28–30
3. Grundrechtliche Schutzpflichten des Staates begründen in erster Linie Regelungsaufgaben des Gesetzgebers	20–25	IV. Die Aufgabe des Gesetzgebers: Die gesetzmäßige Freiheit	31–33

C. Bibliographie

A. Verfassung und Verfassungsgesetz

I. Die Verfassung als konkreter Gründungs- und Gestaltungsakt der staatlichen Rechtsgemeinschaft

1. Das Verfassungsgesetz als Gewährleistung politischer Einheit durch rechtliche Grundordnung des Gemeinwesens

Die im Verfassungsgesetz in positives Recht gegossene Verfassung ist ein konkreter Gründungs- und Gestaltungsakt, durch den sich die staatliche Rechtsgemeinschaft eine institutionelle und materielle Ordnung gibt. Jede Verfassung trägt Züge geschichtlicher und kultureller Einmaligkeit, sowohl durch den historischen Vorgang der Verfassunggebung wie durch die Rechts- und Kulturgeschichte des Landes. Zugleich wird man in jeder Verfassung die Ausprägung bestimmter Traditionen oder politischer Programme finden, mit denen die Verfassunggebung sich in übernationale Entwicklungen einfügt. Grundrechte, Volkssouveränität und Parlamentarismus, Rechtsstaat und Gewaltenteilung haben in der Verfassungsbewegung des bürgerlichen Zeitalters Westeuropas Grundlinien eines gemeineuropäischen Staatsrechts ausgeformt. In Deutschland bildet der Bundesstaat ein charakteristisches Formprinzip, das mit dem Staatsbild des Föderalismus eine Kompetenzordnung, aber darüber hinaus eine gemeinschaftsgestaltende Kraft darstellt. Seit dem Umbruch Europas durch den Ersten Weltkrieg haben mit den Bestrebungen der wohlfahrtsstaatlichen Demokratie Programme und Garantien der Wirtschafts-, Sozial- und Gesellschaftspolitik dem Verfassungsrecht ein neues Feld eröffnet.

1 Einmaligkeit jeder Verfassung als Ausformung eines gemein-europäischen Staatsrechts

Die Grundrechte, vormals Schutzwehr bürgerlicher Freiheit und Gleichheit, nahmen an dieser Entwicklung teil und haben als Prinzipien oder Zusicherungen von Wohlfahrt, Arbeit und sozialer Sicherheit eine neue Dimension intendierter Sozialgestaltung angenommen. Die im Staat bestimmenden politischen Kräfte wollen mit der Verfassung die politischen Institutionen und das Recht neu begründen oder wenigstens erneuern und gestaltend auf die gegebenen Verhältnisse einwirken. Der Vorrang und die erschwerte Abänderbarkeit des Verfassungsrechts und die darauf beruhende Bindung der Politik, vor allem der Gesetzgebung, qualifizieren das Verfassungsgesetz und nicht zuletzt die materiellen Festlegungen und Grundsätze der Grundrechte als rechtliche Grundordnung des Gemeinwesens und Garantie von Recht und Gerechtigkeit[1]. Durch die Institutionen der parlamentarischen Demokratie, die Garantien des Rechtsstaates und die Verbürgung der Grundrechte kann der Verfassungsstaat seiner Aufgabe gerecht werden, der Freiheit die rechtlichen Rahmenbedingungen und die notwendigen institutionellen wie sozialen Voraus-

2 Verfassungsgesetz, insbesondere Grundrechte als Grundlage des Gemeinwesens

---

1 *Hesse*, Grundzüge (LitVerz.), RN 16 ff.; *Isensee*, Staat und Verfassung, HStR ²I, § 13, RN 15, 126, 134; *Badura*, Verfassung und Verfassungsgesetz, in: FS Scheuner, 1973, S. 19; *ders.*, Arten der Verfassungsrechtssätze, HStR VII, § 159.

setzungen zu gewährleisten. Die Verfassung ist zu dieser Leistung fähig, wenn und soweit sie die Inhalte festhält, in denen die Nation einig sein will, die Einheit mit den Mitteln des Rechts festigt und verstetigt und es auch hinreichend ermöglicht, diese Einheit in einem permanenten Prozeß zu erneuern[2]. Das Grundgesetz spricht sich diese Aufgabe ausdrücklich zu, indem es sich zu unverletzlichen und unveräußerlichen Grundrechten bekennt und in diesen Rechten die Grundlage jeder menschlichen Gemeinschaft, des Friedens und der Gerechtigkeit in der Welt sieht (Art. 1 Abs. 2 GG).

2. Die Überwindung des staatsrechtlichen Positivismus durch die materielle „Umbildung" des Verfassungsgesetzes und die Neubegründung der staatslegitimierenden und gesellschaftsgestaltenden Funktion der Grundrechte

3
Sachangemessene Dogmatik für neues Verfassungsverständnis

Die Verwissenschaftlichung des Staatsrechts durch den Rechtspositivismus führte die Grundrechte aus dem Zustand der Programme und Verheißungen in die normative Welt der subjektiven Rechte zum Schutz der Freiheit gegen die öffentliche Gewalt. Die rechtsstaatliche Verfassung schien, als Verfassungsgesetz, ein von Politik und Kultur berechenbar abgrenzbares juristisches Eigenleben zu gewinnen: „Der Rechtsstaat ist seinem Wesen nach nicht eine organisierte Gesinnungs- oder Erlebniseinheit, sondern ein institutionelles Gefüge oder, um es kraß zu formulieren, ein System rechtstechnischer Kunstgriffe zur Gewährleistung gesetzlicher Freiheit[3]". Diese scharfe Zurückweisung eines kritisch abgelehnten Verlusts juristisch gesicherter Berechenbarkeit des Verfassungsrechts durch „geistesgeschichtliche" Sinnorientierung und „Umbildung" des Verfassungsgesetzes konnte erst auf den Plan treten, nachdem die demokratische und soziale Revolutionierung der Staatsordnung die Verfassung und mit ihr die Grundrechte mit einer neuen, erweiterten Bedeutung versehen und folgerichtig ein neues Verfassungsverständnis hervorgerufen hatte. Die Überwindung des staatsrechtlichen Positivismus durch den Weimarer Methoden- und Richtungsstreit wollte dem als „politisches" Recht mit einer gegenüber dem Gesetzesrecht der allgemeinen Rechtsordnung selbständigen Eigenart eine sachangemessene Dogmatik verschaffen. In der Rechtsprechung des Bundesverfassungsgerichts nach der Gründung der Bundesrepublik und der neuen Verfassunggebung hat diese neue Dogmatik ihre gefestigte Form gefunden und bewährt[4].

---

2 *Isensee* (FN 1), RN 128, 138; *Schuppert*, Rigidität und Flexibilität von Verfassungsrecht. Überlegungen zur Steuerungsfunktion von Verfassungsrecht in normalen und in „schwierigen Zeiten", AöR 120 (1995), S. 32.
3 *Forsthoff*, Die Umbildung des Verfassungsgesetzes, in: FS Carl Schmitt, 1959, S. 35 (61); s. dazu die tief gegründete Auseinandersetzung bei *Hollerbach*, Auflösung der rechtsstaatlichen Verfassung? AöR 85 (1960), S. 241.
4 *Ernst-Wolfgang Böckenförde*, Zur Lage der Grundrechtsdogmatik nach 40 Jahren Grundgesetz, 1990 (mit kritischer Bewertung); *Stern*, Die Grundrechte und ihre Schranken, in: FS 50 Jahre BVerfG, 2001, Bd. II, S. 1; *Chia-Yin Chang*, Zur Begründung und Problematik der objektiven Dimension der Grundrechte, Diss. München 1999, S. 240.

Die staatslegitimierende und gesellschaftsgestaltende Funktion der Grundrechte ist in der Verfassungslehre *Rudolf Smends* mit einem theoretischen Fundament versehen worden, das bis heute einflußreich geblieben ist[5]. Als normative Verkörperung eines konkreten, geschichtlichen und nationalen Kultur- und Wertsystems konstituiert die Verfassung eine umfassende Lebensordnung der Rechtsgemeinschaft, zugleich Sinnprinzip und Regulativ des Prozesses politischer Einheit, der „Integration". Der Weg von diesen breit angelegten Legitimitätsbedingungen und anspruchsvollen Funktionszielen der Verfassung zu einer auf juristischer Argumentation und Begründung fußenden Ableitung von Rechtsfolgen aus dem Verfassungsgesetz ist nicht leicht, aber er ist gangbar. Verständnis und Auslegung der Verfassung, die politische Gesamtordnung des Staates als positives Recht ist, darf nur nicht bei der Explikation eines in den Grundrechten aufgesuchten „Wertsystems" und einer „wertmaterialen Sinnerfassung" grundrechtlicher Freiheit stehen bleiben[6]. Die Erfahrung der Rechtszerstörung in den Diktaturen des 20. Jahrhunderts hat in der Krise der normativen Verfassung unverlierbar gelehrt, daß das Verfassungsrecht als normative Ordnung, als „System der obersten, unverbrüchlichen Rechtsnormen für den Staat", mit seinen dauernden Grundsätzen „steht und fällt[7]". Die auf Positivität und Normativität des Verfassungsgesetzes gerichtete Verfassunggebung kann selbst diese Grundwerte nicht schaffen, gibt ihnen aber in der Form rechtlich verbindlicher Garantien und Freiheiten eine dem Recht eigentümliche Geltung. Das Verfassungsgesetz, in Anerkennung und normativer Vermittlung materieller Prinzipien, gewinnt Legitimität als die Staatsgewalt begrenzende und die Rechtsordnung bestimmende Grundnorm. Die Funktion des Grundgesetzes ist somit die Bindung der Staatsgewalt an die Grenzen und Anforderungen des Verfassungsrechts, aber darüber hinaus die Verpflichtung des Staates zum Schutz der Freiheit des einzelnen und bestimmter Bereiche gesellschaftlicher Autonomie und zur Gewährleistung der Freiheit und des menschenwürdigen Daseins des einzelnen und der schutzwürdigen Einrichtungen des Soziallebens.

4 Verfassungsgesetz als eine die Staatsgewalt begrenzende und die Rechtsordnung bestimmende Grundnorm

II. Die Verfassung als Ordnung und Garantie von Recht, Freiheit und Wohlfahrt

1. Die Verfassung sichert die Legalität des Gesetzes und vermittelt dessen Legitimität

In Gestalt des mit Vorrang vor dem Gesetz ausgestatteten Verfassungsgesetzes ist die Verfassung die Grundlage der ganzen staatlichen Rechtsordnung und die grundlegende Garantie der Rechtsverwirklichung durch Gesetzge-

5 Verfassungsgesetz als Grundlage der Rechtsordnung und Garantie der Rechtsverwirklichung

---

5 *Rudolf Smend*, Verfassung und Verfassungsrecht, 1928; ders., Bürger und Bourgeois im deutschen Staatsrecht, 1933. – *Walter Leisner*, Grundrechte und Privatrecht, 1960, S. 72; *Hesse* (LitVerz.), RN 5ff.; *Peter Häberle*, Die Wesensgehaltgarantie des Art. 19 Abs. 2 Grundgesetz, ³1983; *Isensee* (FN 1), RN 115, 116.
6 *Forsthoff* (FN 3), S. 40ff.
7 *Werner Kägi*, Die Verfassung als rechtliche Grundordnung des Staates, 1945, S. 27, 41, 52; *Jörg Paul Müller*, Die Grundrechte der Verfassung und der Persönlichkeitsschutz des Privatrechts, 1964, S. 130.

bung, Vollziehung und Rechtsprechung[8]. „Der Staat, der Grundrechte und damit Bereiche individuellen und sozialen Lebens begrenzt und ausgestaltet, erfüllt die ihm obliegende allgemeine Aufgabe der Setzung und Sicherung, Förderung und Verwirklichung, des „Ausbaus" des Rechts[9]". Der rechtsethische Gehalt der Grundrechte verbindet sie unmittelbar mit dem Wertbewußtsein der Rechtsgemeinschaft und macht sie zu einer „Quelle der Legitimität für die Rechtsordnung[10]". Diese Qualität und Wirkung kommt ebenso auch den Institutionen und Prinzipien der Verfassung insgesamt zu, soweit sie die Rechtsbildung, Rechtsfortbildung und Rechtsanwendung bestimmen. Die Verfassung sichert die Legalität des Gesetzes und vermittelt dessen Legitimität.

2. Der demokratische Verfassungsstaat

6
Personale Freiheitsidee als Grundprinzip staatlicher Ordnung

Die Verfassung gewährleistet Freiheit und Recht durch die Einrichtungen und Verfahren der parlamentarischen Demokratie und durch die Garantien und Freiheiten des gewaltenteilenden Rechtsstaats. Staatszielbestimmungen und aus der Schutz- und Ordnungsfunktion der Grundrechte ableitbare objektive Gewährleistungen und Direktiven sind materielle Leitlinien der Staatsleitung und Gesetzgebung, denen die politische und – soweit die Verfassungsnormen reichen – rechtliche Verantwortung für Gemeinwohl und Wohlfahrt anvertraut ist. Es ist dem Verfassungsstaat aufgegeben, der Freiheit des einzelnen die rechtlichen Rahmenbedingungen und die notwendigen institutionellen und sozialen Voraussetzungen zu gewährleisten[11]. Die bürgerliche Aufklärung hat in der naturrechtlich begründeten und in der Verfassung normativ ausgeformten und gesicherten personalen Freiheitsidee das Grundprinzip staatlicher Ordnung erkannt[12]; die volle Ausbildung der Demokratie und ihres egalitären Grundzugs hat Freiheit und Eigentum als Ziel und Rechtfertigung des Staates spannungsvoll mit Arbeit und sozialer Sicherheit verbunden. Das die grundrechtlichen Garantien institutionell in Verfassungsprinzipien und in Aufträgen an den Staat entfaltende Denken, das sich in der Gerichtspraxis verwirklicht, sieht den Staat in der Rolle eines Schützers der individuellen Freiheit, auch gegenüber mächtigen Sozialgruppen[13].

---

8 *Kägi* (FN 7), S. 42; *Isensee* (FN 1), RN 126; *Wahl*, Der Vorrang der Verfassung, in: Der Staat 20 (1981), S. 485.
9 *Häberle* (FN 5), S. 187.
10 *J. P. Müller* (FN 7), S. 106, 107 ff. – Die Grundrechte sind „objektive Grundpfeiler einer freiheitlich verfaßten Gesamtrechtsordnung" (*H. H. Rupp*, Art. Grundrechte, HdWW, 1981, S. 709 [721]).
11 *Isensee* (FN 1), RN 128.
12 *J. P. Müller* (FN 7), S. 130.
13 *Scheuner*, Die Funktion der Grundrechte im Sozialstaat. Die Grundrechte als Richtlinie und Rahmen der Staatstätigkeit, DÖV 1971, S. 505 (506 f.)

3. Sicherung individueller Freiheit in der wohlfahrtsstaatlichen Demokratie

Die Garantie von Freiheit und Recht ist der ursprüngliche und durch die Vorkehrungen des Rechtsstaates und die Grundrechte erreichbare Sinn des Verfassungsgesetzes. Gerechtigkeit und Wohlfahrt dagegen kann das Verfassungsgesetz nicht selbst und unmittelbar schaffen. In dieser Hinsicht kann die Verfassung Aufgaben und Ziele bestimmen, und ist die verfassungsrechtlich mögliche Garantie hauptsächlich durch die sinnvolle Ordnung des demokratischen politischen Prozesses und die Bindung der Gesetzgebung intendiert. Vor allem ist es Sache der gesetzgebenden Volksvertretung, den notwendigen Ausgleich der Freiheit mit den Erfordernissen des Wohls der Allgemeinheit, insbesondere des sozialen Staatsziels und der Sicherung der natürlichen Lebensgrundlagen zu bewirken.

7 Ausgleich von Freiheit und Allgemeinwohl durch den parlamentarischen Gesetzgeber

Angesichts des Sozialgestaltungs- und Umverteilungsimpulses, der in Verbindung mit einer umgreifenden Politisierung der gesellschaftlichen Verhältnisse der Demokratie eigen ist, muß sich die verfassungsrechtliche Garantie der Freiheit durch die Schutz- und Ordnungsfunktion der Grundrechte und das Rechtsstaatsprinzip verwirklichen. Da Freiheit und Selbstbestimmung nicht eine Funktion sozialstaatlicher Politik und Zuteilung sind und auch nicht in der kollektiven politischen Freiheit aufgehen, kann die institutionelle Sicht der Grundrechte nur zur Sicherung, nicht zur immanenten Bindung der individuellen Schutzwirkung der grundrechtlichen Freiheit dienen. Grundrechte verlieren ihren Sinn (Art. 1 Abs. 2, 19 Abs. 2 GG), wenn sie in einen ubiquitären Integrationsprozeß eingeschmolzen und zu einer allseitigen kollektiven Verfahrensteilhabe und grundrechtskonstituierenden Mehrheitsentscheidungen denaturiert werden. Die dem Verfassungsstaat eigentümliche Unterscheidung von Staat und Gesellschaft verweist auf die Unterscheidung der als Menschenrecht garantierten Freiheit von der politischen Freiheit und Gleichheit des Bürgers als der Substanz freiheitlicher Demokratie[14]. Die These, daß die Unterscheidung und Trennung von Staat und Gesellschaft im modernen Parteien- und Wohlfahrtsstaat wegfalle, beruht insofern auf einer zutreffenden Vorstellung, als in der Demokratie als Staatsform eine gesellschaftstranszendente Legitimität, etwa durch religiöse Stiftung oder durch Herkommen, ausgeschlossen ist. Sie verletzt aber dann einen Hauptpunkt des Verfassungsstaates, wenn sie die grundsätzliche Begrenztheit staatlicher Aufgaben und Befugnisse preisgibt und individuelle Freiheit und gesellschaftliche Autonomie nur noch als eine Funktion des Gemeinwohls versteht[15].

8 Institutionelle Sicht der Grundrechte nur zur Sicherung, nicht zur Bindung der Freiheit

---

14 *Starck*, Die Grundrechte des Grundgesetzes, JuS 1981, S. 237 (238 f.); *H. H. Rupp*, Die Unterscheidung von Staat und Gesellschaft, HStR ²I, § 28. – S. auch *Ernst-Wolfgang Böckenförde*, Die verfassungstheoretische Unterscheidung von Staat und Gesellschaft als Bedingung der individuellen Freiheit, 1973, sowie andererseits *Ehmke*, „Staat" und „Gesellschaft" als verfassungstheoretisches Problem, in: FS Smend, 1962, S. 23.
15 *Peter Badura*, Staatsrecht, ²1996, A 4.

III. Verfassung als „Rahmenordnung" oder „dirigierende" Verfassung?

1. „Verwirklichung" der materiellen Verfassung auf Grund je eigener Entscheidungs- und Regelungsvollmacht durch den Gesetzgeber und den Richter

9
Verfassung als rechtliche Grundordnung des Gemeinwesens

Durch ihre materiellen Entscheidungen und Normen über die Staatsgestaltung und die Garantie von Freiheit und Recht ist die Verfassung mehr als nur eine Institutionalisierung und Begrenzung der öffentlichen Gewalt. Sie ist eine rechtliche Grundordnung des Gemeinwesens, und sie hat dirigierende und kodifikatorische Wirkungen für Politik, Gesetzgebung und Rechtsanwendung. Diese Seite der Verfassung wird allerdings einseitig überhöht, wenn Gesetz und Recht oder gar die Ausübung öffentlicher Gewalt überhaupt als „Verwirklichung" der Verfassung aufgefaßt oder auch nur die in ein objektives Wertsystem transnormativer Wirkungsmächtigkeit eingefügten Grundrechte als allseitig konstitutive Lebensordnung der Rechtsgemeinschaft verstanden würden[16]. Daß die in den Grundrechten enthaltenen objektiven Prinzipien und Festsetzungen in ihrem institutionell-funktionalen Gehalt auch für andere Rechtsgebiete und Rechtsbeziehungen jenseits des Staat-Bürger-Verhältnisses fruchtbar gemacht werden müssen, ist nicht notwendig auf ein allgemeines „System" oder eine „Wertordnung" der Grundrechte zurückzuführen[17]. Daraus, daß die Grundrechte nicht nur Verfassungsnormen sind, die das Verhältnis zwischen Bürgern und Staat regeln, sondern darüber hinaus als Grundsatznormen und schutzpflichtbegründende objektive Gewährleistungen die Wirkung oberster Prinzipien der Rechtsordnung haben, folgt nicht eine Reduzierung der Gesetzgebung auf die Rolle bloßer „Verwirklichung" des Verfassungsrechts und der „Konkretisierung" objektiver Gehalte der Grundrechte. Die Annahme einer prinzipiellen Alternativität einer Verfassung als einer „Rahmenordnung", die das staatlich-politische Leben organisiert und das Grundverhältnis Staat-Bürger regelt, auf der einen Seite und einer „dirigierenden" Verfassung, in der schon alle Rechtsprinzipien und Ausgleichsmöglichkeiten für die Gestaltung der Rechtsordnung in nuce enthalten sind, auf der anderen Seite[18] unterschätzt die unvermeidliche Rechtsbildung des verfassungsgerichtlichen Richterrechts und läßt beiseite, daß Rechte und Pflichten des Einzelnen grundsätzlich des Gesetzes bedürfen.

Unrichtige Alternative von „Rahmenordnung" und „dirigierender" Verfassung

2. Das „unvollständige" Verfassungsgesetz bestimmt die Bedingungen und Grenzen der Rechtsbildung, der Rechtsdurchsetzung und der Rechte und Pflichten des Einzelnen

10
Grundgesetz als „Rahmenverfassung"

Das Grundgesetz bleibt ungeachtet seiner materiellen Garantien und Zielweisungen für die Rechtsgestaltung und Rechtsverwirklichung in dem Sinn eine

---
16 *Häberle* (FN 5), S. 4 ff.
17 *Scheuner* (FN 13), S. 508 f.
18 *Böckenförde*, Grundrechte als Grundsatznormen, in: Der Staat 29 (1990), S. 1 (23 f.), 30 f.; *ders.*, Grundrechtsdogmatik (FN 4), S. 63 ff.; *Lerche* ebd. S. 77 stellt *Böckenfördes* Alternative zu Recht in Frage.

„Rahmenverfassung", daß sie keine vollständige Kodifikation auch nur der materiellen Verfassung – der rechtlichen Grundordnung des Staates – enthält und die politische und an der Gerechtigkeit und dem Gemeinwohl orientierte Gesetzgebung voraussetzt[19]. Die Verfassung ist auf „konkretisierende Aktualisierung", vor allem auf eine den politischen Umständen entsprechende „Vervollständigung" oder Ausgestaltung durch den Gesetzgeber angelegt[20]. Explizite Staatszielbestimmungen und Aufgabennormen und paradigmatisch die grundrechtliche Schutzpflicht, eine „Prinzipiennorm mit Verwirklichungstendenz[21]" ohne Festlegung des Maßes und des Mittels, schließen gerade die Entscheidung dahin ein, die weitere Regelung der verfassungsrechtlich nicht detaillierter gebundenen politischen Auseinandersetzung zu überlassen und vorzubehalten. Die direktiven Eigenschaften der als Gewährleistung, Auftrag und Plan wirkenden Verfassung wenden sich grundsätzlich nur an den Gesetzgeber. Die Funktion der Verfassung als rahmensetzende Direktive zu künftigen Gestaltungen aus der Hand des politisch urteilenden und handelnden Gesetzgebers ist von unverzichtbarem Gewicht für die sozialstaatlichen Aufgaben und die vielgestaltigen Eingriffe durch Lenkung, Umverteilung, Zuteilung von Bildungs-, Berufs- und Erwerbschancen usw., die der staatlichen Garantie der sozialen Gerechtigkeit und der Funktionsweise der parteien- und verbändestaatlichen Demokratie entspringen[22].

B. Grundrechtliche Freiheit und Grundrechtsnorm

I. Die Normativität der Grundrechte: Schutz und Ordnung

1. Die in den Grundrechten des Grundgesetzes wirksame Rechtsidee

Der „Grundrechtskatalog" des Grundgesetzes bezeugt in Stil und Inhalt den auf die gemeinschaftskonstituierenden Menschenrechte, die personale Freiheit und die Rechtsgebundenheit der öffentlichen Gewalt gegründeten Geist der neuen deutschen Verfassung. „Um den Wandel der Staatsauffassung von der Zeit vor dem Zusammenbruch des Jahres 1945 zur Gegenwart, der insbesondere in den Grundrechten zum Ausdruck kommt, sogleich in seiner ganzen Bedeutung erkenntlich werden zu lassen, sind diese dann an den Anfang des Werkes gestellt worden[23]". Auf die Aufstellung von Grundrechten für die kulturelle und soziale Lebensordnung ist jedoch – sich von dem Zweiten

11
Grundrechtskatalog als Ausdruck des Wandels der Staatsauffassung

---

19 *Isensee* (FN 1), RN 142; *Badura*, Die Verfassung im Ganzen der Rechtsordnung und die Verfassungskonkretisierung durch Gesetz, HStR VII, § 163, RN 5.
20 *Hesse* (LitVerz.), RN 19ff.; *Badura*, Arten der Verfassungsrechtssätze, HStR VII, § 159, RN 29ff.; *Maunz/ Zippelius*, Staatsrecht (LitVerz.), § 5 IV 4. – *H. Huber*, Über die Konkretisierung der Grundrechte, in: Gedenkschrift für Imboden, 1972, S. 191, profiliert die Rolle des Richters.
21 *Böckenförde*, Grundrechte (FN 18), S. 13.
22 *Georg Müller*, Inhalt und Form der Rechtsetzung als Problem der demokratischen Kompetenzordnung, 1979, S. 132f.; *Badura*, Verfassung (FN 19), RN 22.
23 *Hermann von Mangoldt*, Das Bonner Grundgesetz, 1952, S. 34.

Hauptteil der Weimarer Reichsverfassung „Grundrechte und Grundpflichten der Deutschen" unterscheidend – mit Rücksicht auf die Ungewißheit über alle künftige wirtschaftliche und kulturelle Entwicklung zunächst bewußt verzichtet worden[24]. Daraus folgt nicht, daß die Grundrechte nach Intention und Wirkung, zu dem Rechtszustand des konstitutionellen Staatsrechts zurückkehrend, nur Freiheitsrechte zur Abwehr von Eingriffen der öffentlichen Gewalt in Freiheit und Eigentum sein sollten. Als „Grundlage jeder menschlichen Gemeinschaft" und als unmittelbar geltendes Recht, das auch die Gesetzgebung bindet (Art. 1 Abs. 2 und 3 GG), vermitteln die Grundrechte entsprechend ihrem je besonderen Schutz- und Ordnungsgehalt die geschichtliche Rechtsidee, auf die sich das Grundgesetz verpflichtet weiß. Es gehört zum Erbe des Naturrechts und der Vertragsidee der bürgerlichen Aufklärung, daß Herrschaftsgewalt eingerichtet ist, um die unveräußerlichen Menschenrechte zu sichern[25]. Diesem Legitimitätsprinzip folgend sind die Menschenrechte nicht das normative, wohl aber das ideelle und politische Fundament des staatlich verfaßten Gemeinwesens, in dessen Verfassungsgesetz sie als Grundrechte eingehen, und mittelbar – vermittelt durch Gesetz und Richterspruch – der gesellschaftlichen Rechtsbeziehungen. Zufolge ihrer Wirkungskraft und ihrer Stellung im Stufenbau des positiven Rechts sind die Grundrechte Elemente der Ordnung von Staat und Gesellschaft[26].

Menschenrechte als ideelles Fundament des Gemeinwesens

2. Die normative Kraft der Grundrechte als subjektive Gewährleistungen, Grundsatznormen und Tatbestand staatlicher Schutzpflichten

12   Das Bundesverfassungsgericht hat den Grundrechten, die es in erster Linie als Abwehrrechte des Bürgers gegen den Staat versteht, schon früh einen Rechts-

---

24 *H. v. Mangoldt* aaO., S. 35.
25 Unabhängigkeitserklärung der USA v. 4.7.1776: „... that to secure these rights, Governments are instituted among Men, ...".
26 *Dürig*, Der Grundrechtssatz von der Menschenwürde, AöR 81 (1956), S. 117; *Reinhold Zippelius*, Wertungsprobleme im System der Grundrechte, 1962; *Friauf*, Zur Rolle der Grundrechte im Interventions- und Leistungsstaat, DVBl. 1971, S. 674; *Scheuner* (FN 13), S. 505; *Hans Hugo Klein*, Die Grundrechte im demokratischen Staat, 1972; *Martens* und *Häberle*, Grundrechte im Leistungsstaat, VVDStRL 30, 1972, S. 7 ff. und S. 43 ff.; *Böckenförde*, Grundrechtstheorie und Grundrechtsinterpretation, NJW 1974, S. 1529; *ders.*, Zur Lage der Grundrechtsdogmatik (FN 4); *Friesenhahn*, Der Wandel des Grundrechtsverständnisses, 50. DJT, 1974, G 1; *Eberhard Grabitz*, Freiheit und Verfassungsrecht, 1976; *Ossenbühl*, Die Interpretation der Grundrechte in der Rechtsprechung des Bundesverfassungsgerichts, NJW 1976, S. 2100; *K. Hesse*, Bestand und Bedeutung der Grundrechte in der Bundesrepublik Deutschland, EuGRZ 1978, S. 427; *Korinek/ Gutknecht*, in: Herbert Schambeck (Hg.), Das österreichische Bundes-Verfassungsgesetz und seine Entwicklung, 1980, S. 291; *Isensee*, Menschenrechte – Staatsordnung – Sittliche Autonomie, in: J. Schwartländer (Hg.), Modernes Freiheitsethos und christlicher Glaube, 1981, S. 70; *H.-H. Rupp* (FN 10), S. 709; *Starck* (FN 14), S. 237; *ders.*, Über Auslegung und Wirkung der Grundrechte, in: Wolfgang Heyde/Christian Starck (Hg.), Vierzig Jahre Grundrechte in ihrer Verwirklichung durch die Gerichte, 1990, S. 9; *Grimm*, Grundrechte und soziale Wirklichkeit, in: Winfried Hassemer/ Wolfgang Hoffmann-Riem/Jutta Limbach (Hg.), Grundrechte und soziale Wirklichkeit, 1982, S. 39; *ders.*, Rückkehr zum liberalen Grundrechtsverständnis?, in: recht 1988, S. 41; *J. P. Müller*, Grundrechte in der Demokratie, EuGRZ 1983, S. 337; *W. Schmidt*, Grundrechtstheorie im Wandel der Verfassungsgeschichte, Jura 1983, S. 169; *Schuppert*, Grundrechte und Demokratie, EuGRZ 1985, S. 525; *Lipphardt*, Grundrechte und Rechtsstaat, EuGRZ 1986, S. 149; *H.-P. Schneider*, Verfassung der Grundrechte, Universitas 1989, S. 421; *Stern*, Idee und Elemente eines Systems der Grundrechte, HStR V, § 109; *ders.* (FN 4); *Erhard Denninger*, Menschenrechte und Grundgesetz, 1994.

gehalt als objektive Gewährleistung und Grundsatznormen zugesprochen und ihnen später auch grundrechtliche Schutzpflichten des Staates, im wesentlichen des Gesetzgebers, entnommen. Das Grundgesetz, das keine wertneutrale Ordnung sein will, hat danach in seinem Grundrechtsabschnitt auch eine objektive Wertordnung aufgerichtet und gerade hierin kommt eine prinzipielle Verstärkung der Geltungskraft der Grundrechte zum Ausdruck. „Dieses Wertsystem, das seinen Mittelpunkt in der innerhalb der sozialen Gemeinschaft sich frei entfaltenden menschlichen Persönlichkeit und ihrer Würde findet, muß als verfassungsrechtliche Grundentscheidung für alle Bereiche des Rechts gelten; Gesetzgebung, Verwaltung und Rechtsprechung empfangen von ihm Richtlinien und Impulse". So beeinflußt dieses „Wertsystem" der Grundrechte auch das Privatrecht, das mit den Grundrechten im Einklang stehen und in ihrem Geiste ausgelegt werden muß[27].

Grundrechte als objektive Gewährleistungen und Grundsatznormen

Die Formulierungen von der objektiven „Wertordnung" oder vom „Wertsystem" sind insofern mißverstehbar, als sie die Vorstellung nahelegen, die Grundrechte seien als „Werte" unmittelbar normative Tatbestände mit Rechtsfolgen oder insgesamt eine kohärente oder gar planvolle Kodifikation der für die Rechtsordnung maßgeblichen Prinzipien. Wie der Zusammenhang der Argumentation des Gerichts und seine Entscheidungspraxis ergibt, stößt eine sich auf den Einfluß einer materialen Wertphilosophie kaprizierende Kritik ins Leere[28]; den Standpunkt des Gerichts in der Sache kann diese Kritik nicht erschüttern, auch wenn über die Methode der Verfassungsinterpretation, wie sie in der Argumentation des Gerichts faßbar wird, die Meinungen geteilt sein können[29]. Die Methodenfrage ist, wie zu Recht dargelegt worden ist, eine Widerspiegelung der die Grenzen des Verfassungsstaates berührenden Abgrenzung und Verantwortungsteilung zwischen Gesetzgebung und Politik hier, Verfassungsgericht und Rechtsprechung dort[30].

13
Mißverständliche „Werte"- Terminologie

3. „Wechselwirkung" von materieller Verfassung und allgemeiner Rechtsordnung und die Schutz- und Ordnungsfunktion der Grundrechte für personale Freiheit und privatautonome Selbstbestimmung im Wandel der Lebensverhältnisse

Als „Konzentrat" der Rechtsordnung sind die Grundrechte eine „Bilanz der gegebenen und gewordenen Rechtskultur[31]". Diese ihre Qualität gewinnt Bedeutung für die Auslegung der Verfassungsnorm und für den Gesetzgeber, dem die Ausgestaltung und Gewährleistung der grundrechtlichen Freiheitsordnung und der garantierten Rechte und Rechtsinstitute aufgegeben ist, beispielsweise des Vertrags, des Eigentums und des Erbrechts sowie von Ehe,

14
Grundrechte als „Bilanz der Rechtskultur"

---

27 BVerfGE 7, 198 (204 f.); 50, 290 (337 f.).
28 Zippelius (FN 4), S. 103 ff.; Helmut Goerlich, Wertordnung und Grundgesetz, 1973, S. 50 ff.
29 Lerche, Stil und Methode der verfassungsrechtlichen Entscheidungspraxis, in: FS 50 Jahre BVerfG, 2001, Bd. I, S. 333.
30 Böckenförde, Grundrechte (FN 18), S. 25 ff.; ders., Grundrechtsdogmatik (FN 4), S. 60 ff.
31 Lerche, Grundrechtliche Schutzbereiche, Grundrechtsprägung und Grundrechtseingriff, HStR V, § 121, RN 15; Stern (FN 4), S. 8.

Familie und Elternrecht. Die damit gegebene Wechselwirkung von materieller Verfassung und allgemeiner Rechtsordnung läßt sich nicht einfach mit dem Vorrang des Verfassungsgesetzes erfassen (Art. 1 Abs. 3, 19 Abs. 2 GG)[32]. Die eigenständige Regelungskraft der verfassungsrechtlichen Garantien und Freiheiten würde jedoch unterschätzt, wenn der „Wesensgehalt" dieser Grundrechte der Verfügung des Gesetzgebers überantwortet würde. Die Rechte und Rechtsinstitute des Privatrechts, deren Schutz und Ordnung die Verfassung durch die Grundrechte intendiert und zusichert, sind Ausdruck individueller und gemeinschaftlicher Selbstbestimmung und personaler Freiheit.

15
Schutz- und Ordnungsfunktion der Grundrechte

Zunehmend – und besonders durch die verfassungsgerichtliche Praxis – hat die Anschauung Boden gewonnen, daß die Grundrechte aus einer Konzeption menschlicher Freiheit und Sicherung entwickelte, jeweils besondere und selbständige Verstärkungen und Verbürgungen bestimmter Rechtspositionen, Einrichtungen und Verfassungsprinzipien sind, die jeweils von der aktuellen geschichtlichen Lage und dem Schutzbedürfnis gegen spezielle Gefährdungen der Freiheit und Gleichheit in ihrer Ausformung geprägt werden[33]. Diese Schutz- und Ordnungsfunktion der Grundrechte betrifft nicht nur die Grenzen der Staatsgewalt, sondern – und im Wohlfahrts-, Leistungs- und Umverteilungsstaat nahezu exponentiell verstärkt – die Grundgestalt der Rechtsgemeinschaft und die soziale Lage des einzelnen, und sie schließt einen „Funktionswandel" von Grundrechten nicht aus[34]. „Die Grundrechte zielen nach Ursprung und Text auf eine an individueller Freiheit orientierte Sozialordnung. ... Unter wechselnden Bedingungen der Freiheitsverwirklichung erfordert das unveränderte Freiheitsziel womöglich einen veränderten Einsatz des grundrechtlichen Mittels[35]". Das Lebensgesetz der Demokratie und des parteienstaatlichen Parlamentarismus ist die permanente Rechtserneuerung und die sich selbst perpetuierende Reform. Die Verfassung muß, vorbehaltlich der einen breiten Konsens der politischen Kräfte voraussetzenden Verfassungsänderung (Art. 79 GG), dem von Interesse und Kalkül abhängigen Willen der gesetzgebenden Volksvertretung die Garantie der Freiheit entgegensetzen, ohne ihre normative Kraft einer „fließenden Geltungsfortbildung" des Verfassungsrechts und dem beweglichen Deutungswerkzeug der „Funktion" einer Verfassungsnorm auszuliefern. Die Grundrechte enthalten die Garantie des freiheitlichen Prinzips des Gemeinwesens in der Form spezifischer Elemente und damit die Garantie einer an der Unterscheidung von Staat und Gesellschaft orientierten, pluralistischen Ordnung der Gesellschaft[36]. Die institutionelle Konzeption grundrechtlicher Normen ist die dogmatische Antwort auf die Gefährdungen des freiheitlichen Prinzips des Gemeinwesens in den Wandlungen der modernen Industriegesellschaft und ihres eine umfassende Sozialgestaltung in Anspruch nehmenden Staates. Die dem Staat aufge-

---

32 *Bethge*, Aktuelle Probleme der Grundrechtsdogmatik, in: Der Staat 24 (1985), S. 351 (363 ff.); *Matthias Ruffert*, Vorrang der Verfassung und Eigenständigkeit des Privatrechts, 2001.
33 *Scheuner* (FN 13), S. 507.
34 *Friauf* (FN 26); *Martens* und *Häberle* (FN 26); *Friesenhahn* (FN 26).
35 *Grimm* (FN 4), S. 51 (56).
36 *H. H. Klein* (FN 26), S. 48 ff.

gebene Rolle als „Schützer und Förderer grundrechtlicher Freiheit" läßt sich nur über die Grundrechte in Gestalt objektiver Ordnungselemente umschreiben und verwirklichen[37].

4. Der negatorische Schutz von Freiheit und Gleichheit durch die Grundrechte unterscheidet sich von den grundrechtlichen Postulaten des staatlich zu gewährleistenden Schutzes und der staatlichen Wohlfahrtsvorsorge

„In den Grundrechten erkennt man Ordnungsprinzipien für das gesamte Staats- und Rechtsleben, die von der Verfassung her eine normative Kraft in alle Bereiche des Rechts entfalten". Sie sind als elementare Ordnungsprinzipien für das soziale Leben „von vornherein zur Geltung in der Gemeinschaft, also in der Allseitigkeit und nicht der Zweiseitigkeit" bestimmt. Sie sind „weder öffentliches noch privates, sondern „überdachendes" Verfassungsrecht, eben Grund-Recht, das mit seiner umgreifenden normativen Kraft unmittelbar in die spezialrechtlichen Bereiche eindringt[38]". Die rechtsgestaltende, schützende und ordnende „Unmittelbarkeit" der objektiven Grundrechtsgeltung vollzieht sich nach den Regeln der gewaltenteilenden Demokratie, die es dem Gesetzgeber zuweist, Rechte und Pflichten des einzelnen zu bestimmen. Die Schutz- und Ordnungsfunktion der Grundrechte umgreift Abwehrrecht und Teilhaberecht, hebt aber die Unterschiedlichkeit der Rechtsfolgen des negatorischen Freiheitsschutzes und des in der objektiven Gewährleistung durch das Grundrecht wurzelnden Rechtes auf Schutz, Ordnung der Rechtsbeziehungen und Förderung garantierter Lebensverhältnisse nicht auf. Schutz, Förderung und Teilhabe des einzelnen setzen Abwägung und Ausgleich der betroffenen Allgemeininteressen und privaten Belange und Rechte voraus, sind von wechselnden Gegebenheiten abhängig und beanspruchen vielfach öffentliche Mittel; die Vermittlung durch die politische Entscheidung des Gesetzgebers, direktiv gebunden durch das Grundrecht, ist in der Regel notwendige Bedingung der „Verwirklichung" des Grundrechtes[39]. Die allseitige Erfüllung der Schutzpflicht des Staates gegen „Fremdbestimmung[40]" bedarf des Gesetzes. Nur das Gesetz kann auch die Verantwortung des Staates für Gerechtigkeit, Wohlfahrt und sozialen Fortschritt erfüllen,

16
Grundrechte als elementare Ordnungsprinzipien für das Rechtsleben

---

37 *Scheuner* (FN 13), S. 510; *Hesse* (FN 26), S. 430 f.; *Grimm* (FN 26), S. 58 f.
38 *J. P. Müller* (FN 7), S. 106 (163 f.) – Die in den Grundrechten vorzufindenden elementaren Gerechtigkeitskriterien sind ein kritischer Prüfungsmaßstab der durch das Mehrheitsprinzip der Demokratie hervorgebrachten Entscheidungen (*J. P. Müller*, Grundrechte in der Demokratie, EuGRZ 1983, S. 337 [338 ff.]).
39 BVerfGE 56, 54 (80 ff.) – *Hesse* (FN 26), S. 430 ff.; *Grimm* (FN 26), S. 58 f.; *Häberle* (FN 5), S. 175, 180 ff., 211 f.; *Georg Hermes*, Das Grundrecht auf Schutz von Leben und Gesundheit, 1987, S. 200 ff. (266 ff.); *Starck*, Auslegung und Wirkung (FN 26), S. 18 ff.; *Peter Michael Huber*, Konkurrenzschutz und Verwaltungsrecht, 1991, S. 183 ff., 189 ff., 200; *Johannes Dietlein*, Die Lehre von den grundrechtlichen Schutzpflichten, 1992, S. 64 ff.; *Jarass*, Die Grundrechte: Abwehrrechte und objektive Grundsatznormen, in: FS 50 Jahre BVerfG, 2001, Bd. II, S. 35 (48 ff.).
40 *Di Fabio*, in: Maunz/Dürig, GG, Art. 2 Abs. 1 (2001), RN 61, 67, 107, 111.

eine Aufgabe, die mit den Mitteln und Möglichkeiten der privaten Autonomie und Freiheitsausübung allein nicht zum Erfolg kommen kann[41].

II. Programmatische, direktive und kodifikatorische Wirkung der Grundrechtsnorm

1. Der Vorrang der Verfassung und der Vorbehalt des Gesetzes

17
Bindung der öffentlichen Gewalt an die Grundrechte

Bindung Privater nur auf Grund und nach Maßgabe des Gesetzes

Die Grundrechte sind dadurch als Teil der materiellen Verfassungsnormen Elemente einer Ordnung von Staat und Gesellschaft, daß sie Gesetzgebung, vollziehende Gewalt und Rechtsprechung als unmittelbar geltendes Recht binden (Art. 1 Abs. 3 GG). Diese Bindungswirkung kommt den Verfassungsnormen zu, also Normen des objektiven Verfassungsrechts, aus denen sich im Einzelfall subjektive Rechte einzelner Rechtspersonen ergeben. Die Grundrechtsnormen binden die öffentliche Gewalt; Pflichten privater Rechtspersonen ergeben sich im Einzelfall, sofern nicht die Verfassung etwas anderes bestimmt, nur auf Grund und nach Maßgabe des Gesetzes, bei dessen Auslegung und Anwendung allerdings berührte Grundrechte heranzuziehen sind, soweit Regelungsgehalt und Sinn des Gesetzes reichen. Die Sozialbindung des Eigentums beispielsweise (Art. 14 Abs. 2 GG) kann das als „Eigentum" gewährleistete Recht des einzelnen nur durch Gesetz oder auf Grund Gesetzes verpflichten. Selbständige, unmittelbar zu eigenen Rechtsfolgen führende „Grundpflichten" sind dem Verfassungsstaat fremd, der die Pflichten des einzelnen der parlamentarischen Entscheidung durch Gesetz vorbehält und regelmäßig nur ausdrückliche und konkludente Pflichtbindungen grundrechtlicher Freiheiten, akzessorisch zum subjektiven Recht, kennt (z.B. Art. 6 Abs. 2, Art. 14 Abs. 2 GG)[42]. Auch die Grundpflichten der Weimarer Reichsverfassung, soweit sie überhaupt selbständige Pflichtnormen darstellten, blieben direktive Gesetzgebungsprogramme. Ungeachtet dieser Rechtsnatur sind die expliziten und konkludenten Einschärfungen freiheitsbindender Pflichten durch Verfassungsvorschriften verfassungsrechtlich verbindliche Aufträge und Maßstäbe für den Gesetzgeber und – über die normative Sphäre des Rechts hinausweisend – wertorientierte Durchblicke auf die ethischen und politischen Grundlagen der Gemeinschaftsordnung.

---

41 *H. H. Klein* (FN 26), S. 48.
42 *H. H. Klein*, Über Grundpflichten, in: Der Staat 14 (1975), S. 153; *Merten,* Grundpflichten im Verfassungssystem der Bundesrepublik Deutschland, BayVBl. 1978, S. 554; *Badura,* Grundpflichten als verfassungsrechtliche Dimension, DVBl. 1982, S. 861; *Gusy,* Grundpflichten und Grundgesetz, JZ 1982, S. 667; *Götz* und *H. Hofmann,* Grundpflichten als verfassungsrechtliche Dimension, VVDStRL 41 (1983), S. 7 ff. und 42 ff.; *Stober,* Entwicklung und Wandel der Grundpflichten, in: FS Scupin, 1983, S. 643; *Otto Luchterhand,* Grundpflichten als Verfassungsproblem in Deutschland, 1988; *H. Hofmann,* Grundpflichten und Grundrechte, HStR V, 1992, § 114.

2. Grundrechte als Abwehrrechte gegen „Eingriffe" der öffentlichen Gewalt und als Rechte zum Schutz der menschlichen Freiheit

Die Grundrechte sind nicht nur Abwehrrechte gegen die öffentliche Gewalt, sondern Rechte zum Schutz der menschlichen Freiheit. Die Rechtsprechung des Bundesverfassungsgerichts zu den Grundrechten als wertorientierten objektiven Gewährleistungen und zu den grundrechtlichen Schutzpflichten des Staates legt deutlich die Spur zu einem einheitlichen Grundgedanken des Schutz- und Ordnungsziels der Grundrechte und des je einzelnen Grundrechts, aus dem – entsprechend der Verfassungsnorm – abwehrrechtliche, teilhaberechtliche und schutzrechtliche Rechtsfolgen abgeleitet werden können und der auch den objektiven und institutionellen Auslegungen einen festeren Boden verschaffen kann. Die demokratische und rechtsstaatliche Prärogative der Gesetzgebung hindert die Grundrechte daran, zu einer Ersatzkodifikation der Basisnormen der Rechtsordnung zu werden.

18
Multifunktionalität der Grundrechte

Der den als Freiheitsrechten das Staat-Bürger-Verhältnis bestimmenden Grundrechten entspringende negatorische Schutzanspruch und der aus den Grundrechten als objektiven Gewährleistungen ableitbare positive Schutz- und Teilhabeanspruch sind kategorial verschieden. Diese Verschiedenheit beruht auf der hier und dort andersartigen Bindung des Gesetzgebers, letzten Endes also auf der demokratischen und rechtsstaatlichen Garantiefunktion des Gesetzes. Die dogmatischen Versuche, mit Hilfe eines „erweiterten" Begriffs des Eingriffs in Freiheit und Eigentum die grundrechtlichen Schutzpflichten als Störungsabwehrpflichten zu konstruieren oder die Vorenthaltung grundrechtlicher Leistungen als Eingriff in die garantierte Freiheit aufzufassen[43], sind nur scheinbar ein Terraingewinn, tatsächlich aber eine Verwässerung der Abwehrkraft der Grundrechte gegen Eingriffe der öffentlichen Gewalt. Die staatlichen Schutzpflichten zugunsten bestimmter Schutzgüter und Freiheiten lassen sich nicht auf die Funktion der Grundrechte als Abwehrrechte zurückführen. Die kategoriale Verschiedenheit des das Grundrecht als Abwehrrecht aktivierenden Eingriffs der öffentlichen Gewalt und der eine gesetzliche Regelung gebietenden Verantwortung des Staates für den Schutz der grundrechtlich garantierten Freiheiten und Rechtsgüter ist ein zentrales Prinzip der freiheitlichen Grundrechtsordnung[44]. Eingriffe sind nur staatlich zugelassene – also nicht durch Unterlassung ermöglichte – Beeinträchtigungen eines durch ein Grundrecht geschützten Rechtes oder Gutes, sofern das Grundrecht dem Staat für das betroffene Recht oder Gut eine Schutzpflicht auferlegt, wie etwa im Fall des Grundrechts des Art. 2 Abs. 2 Satz 1 GG, das den „Grundsatz einer bestmöglichen Gefahrenabwehr und Risikovorsorge" umfaßt[45].

19
Kategoriale Unterschiede der einzelnen Grundrechtsfunktionen

---

43 *Schlink*, Freiheit durch Eingriffsabwehr, EuGRZ 1984, S. 457; *Dietrich Murswiek*, Die staatliche Verantwortung für die Risiken der Technik, 1985; *Gertrude Lübbe-Wolff*, Die Grundrechte als Eingriffsabwehrrechte, 1988 (dazu *Sachs*, NWVBl. 1989, S. 350); *Rolf Eckhoff*, Der Grundrechtseingriff, 1992, S. 236 ff.
44 *Badura*, Radioaktive Endlagerung und Grundrechtsschutz in der Zukunft, in: Rudolf Lukes/Adolf Birkhofer (Hg.), Achtes Deutsches Atomrechts-Symposium, 1989, S. 227 (237 ff.) – S. *BVerfG (Kammer)* v. 26.5.1998, NJW 1998, S. 3264 (Waldschäden).
45 *BVerfGE 49*, 89 (139); *53*, 30 (59).

3. Grundrechtliche Schutzpflichten des Staates begründen in erster Linie Regelungsaufgaben des Gesetzgebers

20
Grundlage grundrechtlicher Schutzfunktion

Grundlage für die vertiefte Erfassung der Schutzfunktion der Grundrechte auch gegenüber Freiheitsbeeinträchtigungen, die nicht einem Eingriff der öffentlichen Gewalt zuzurechnen sind, war und ist die Herausarbeitung der objektiven Gewährleistung der grundrechtlich garantierten Freiheit und Gleichheit. Eine wesentliche Konsequenz der objektiven Schutz- und Ordnungswirkung der Grundrechte sind Pflichten des Staates, in erster Linie des Gesetzgebers, die grundrechtlichen Rechte und Güter gegen störendes Verhalten Dritter und gegen Beeinträchtigungen durch den Zustand oder das Risiko von Sachen in Schutz zu nehmen. Der danach gegebene Schutzauftrag, besonders für Leben und körperliche Unversehrtheit (Art. 2 Abs. 2 Satz 1 GG), kann Eingriffe in die Grundrechte dessen rechtfertigen, von dessen Handeln oder Verfügungsmöglichkeit die Störung ausgeht[46].

21
Kernaussagen des Bundesverfassungsgerichts

Tatbestand und Rechtsfolgen der grundrechtlichen Schutzpflicht des Staates sind vom Bundesverfassungsgericht in einer längeren Abfolge von Entscheidungen entwickelt und im Kernpunkt wie folgt zusammengefaßt worden: Die Freiheitsrechte schützen nicht nur vor Eingriffen der Staatsgewalt in eine dem einzelnen verbürgte Freiheitssphäre. Vielmehr verpflichten sie den Staat auch, diese Freiheitssphäre zu schützen und zu sichern. In dieser Schutzpflicht entfaltet sich der objektive Gehalt des Grundrechts. Bestimmte Anforderungen an die Art und das Maß des Schutzes lassen sich der Verfassung grundsätzlich nicht entnehmen. Die staatlichen Organe, denen die Wahrung des Grundgesetzes als Ganzes anvertraut ist, haben bei der Erfüllung von Schutzpflichten einen weiten Gestaltungsraum. Das Bundesverfassungsgericht kann die Verletzung einer Schutzpflicht nur feststellen, wenn die öffentliche Gewalt Schutzvorkehrungen entweder überhaupt nicht getroffen hat oder die getroffenen Regelungen und Maßnahmen gänzlich ungeeignet oder völlig unzulänglich sind, das gebotene Schutzziel zu erreichen, oder erheblich dahinter zurückbleiben[47].

22
Bedeutung des Schutzgehalts für einzelne Grundrechte

Diese Grundgedanken liegen der Beurteilung zahlreicher Einzelfälle zugrunde. Aus dem Schutzgehalt der objektiven Gewährleistung von Leben und körperlicher Unversehrtheit folgt die Pflicht der staatlichen Organe, sich schützend und fördernd vor die in Art. 2 Abs. 2 Satz 1 GG genannten Rechtsgüter zu stellen und sie insbesondere vor rechtswidrigen Eingriffen von seiten anderer zu bewahren[48]. Die verfassungsrechtliche Gewährleistung des allgemeinen Persönlichkeitsrechts (Art. 2 Abs. 1 in Verb. mit Art. 1 Abs. 1 GG) verpflichtet den Gesetzgeber angesichts der Gegebenheiten der modernen Massenkommunikationsmittel zu einem wirksamen Schutz des einzelnen gegen Einwirkungen der Medien auf seine Individualsphäre. Der Mangel hinrei-

---

46 *Hesse* (FN 26), S. 430 f.; *Jarass* (FN 39), S. 39 f.; *Dietlein* (FN 39), S. 64 ff.
47 *BVerfGE* 92, 26 (46), (Schiffsregister, Schutz der Berufsfreiheit deutscher Seeleute).
48 *BVerfGE* 39, 1 (42), (Abtreibung); 46, 160 (164 f.), (lebensbedrohende terroristische Erpressung, Schleyer); 49, 89 (140 f.), (Kalkar); 53, 30 (57), (Mülheim-Kärlich); 56, 54 (80 ff.), (Fluglärm); 77, 381 (405), (atomares Zwischenlager Gorleben); 79, 174 (202), (Verkehrslärm); *BVerfG (Kammer)* v. 28.7.1987, EuGRZ 1987, S. 353 (AIDS).

chender Vorkehrungen ist ein verfassungswidriges Unterlassen des Gesetzgebers[49]. Das Grundrecht der Pressefreiheit (Art. 5 Abs. 1 Satz 2 GG) enthält nicht nur ein subjektives Abwehrrecht gegen staatliche Eingriffe in die Pressefreiheit, sondern garantiert auch als objektive Grundsatznorm das Institut „Freie Presse", die Freiheitlichkeit des Pressewesens insgesamt. In dieser Eigenschaft erlegt das Grundrecht dem Staat eine Schutzpflicht für die Presse auf und bindet ihn bei allen Maßnahmen, die er zur Förderung der Presse ergreift. Im Fall einer Förderungsmaßnahme bestehen eine inhaltliche Neutralitätspflicht und das Gebot, Verzerrungen des publizistischen Wettbewerbs insgesamt zu vermeiden[50]. Art. 5 Abs. 3 GG enthält eine objektive Wertentscheidung, die den Staat dazu verpflichtet, die Pflege der freien Wissenschaft und ihre Vermittlung an die nachfolgende Generation durch Bereitstellung von personellen, finanziellen und organisatorischen Mitteln zu ermöglichen und zu fördern[51]. Die staatliche Präventivkontrolle der mit dem Ausstoß von Luftschadstoffen verbundenen Techniknutzung kann nicht als Anknüpfungspunkt für eine eingriffsrechtliche Mitverantwortung des Staates für die Folgen der allgemeinen Luftverunreinigung dienen. Unter Berücksichtigung der bisher getroffenen Maßnahmen von Bund und Ländern zum Schutz der Waldeigentümer sowie der Probleme, die ein gemeinschaftlich durch die Emittenten finanzierter Ausgleich für Waldschäden bringt, kann von einer dem Gesetzgeber zuzurechnenden evidenten Verletzung einer Schutzpflicht aus Art. 14 GG keine Rede sein[52].

Überall entspringt die etwa verletzte Schutzpflicht dem objektiven Schutz- und Ordnungsgehalt eines Grundrechts, also einer den Schutz von Freiheit und Gleichheit des einzelnen dienenden Garantienorm der Verfassung. Die grundrechtliche Schutzpflicht ist deshalb nicht nur der Rechtsgrund einer im Allgemeininteresse bestehenden Staatsaufgabe, wie z. B. beim Sozialstaatssatz oder dem Umwelt- und Tierschutzartikel (Art. 20a GG). Der staatlichen Schutzpflicht kann deshalb je nach den Umständen im Einzelfall ein subjektives Recht auf Schaffung des grundrechtlich gebotenen Schutzes, ein individueller Schutzanspruch korrespondieren, wenn die Schutzpflicht verletzt ist[53]. Mit der Anrufung der einem Grundrecht zugeschriebenen Schutzpflicht ist es allerdings nicht getan. Auch die Entdeckung grundrechtlicher Schutzpflichten enthebt nicht der Prüfung, ob und welche tatbestandliche Reichweite der verfassungsgesetzlichen Grundrechtsnorm im Verhältnis der Bürger untereinander zukommt[54].

23
Mögliche korrespondierende subjektive Schutzansprüche

Die Bindung der Gesetzgebung an die Grundrechte bedeutet im Hinblick auf die grundrechtlichen Schutzpflichten, daß dem Gesetzgeber der notwendige und wirksame Schutz durch Rechtsvorschriften aufgegeben ist, um die garantierten Freiheiten, Rechte und Rechtsgüter normativ zu gewährleisten. Die Aufstellung und normative Umsetzung eines Schutzkonzepts ist Sache des

24
Aufstellung und Umsetzung eines Schutzkonzepts durch den Gesetzgeber

---
49 *BVerfGE* 73, 118 (201), (Nds. RundfunkG, Gegendarstellungsrecht); 96, 56 (64), (Identität des unehelichen Kindes, Auskunftsanspruch gegen die Mutter).
50 *BVerfGE* 20, 162 (175f.), (Durchsuchung von Presseräumen, Spiegel); 80, 124 (133f.), (Postzeitungsdienst).
51 *BVerfGE* 94, 268 (285), (befristete Arbeitsverträge an Hochschulen).
52 *BVerfG (Kammer)* v. 26.5.1998, NJW 1998, S. 3264 (Waldschäden).
53 *BVerfGE* 77, 137 (214f.) – *Hermes* (FN 39), S. 208ff.; *Jarass* (FN 39), S. 48ff.
54 *Lerche*, Grundrechtswirkungen im Privatrecht, in: FS Odersky, 1996, S. 215 (226ff.).

Gesetzgebers, dem grundsätzlich auch dann ein Einschätzungs-, Wertungs- und Gestaltungsspielraum zukommt, wenn er verpflichtet ist, Maßnahmen zum Schutz eines Rechtsguts zu ergreifen[55]. Die zur Erfüllung der Schutzpflicht dem Gesetzgeber abgeforderte Regelung kann auch eine Norm des Privatrechts sein; denn die Grundrechte binden den Gesetzgeber des Privatrechts, wenn sie und soweit sie nach ihrem objektiven Schutz- und Ordnungsgehalt den Privatrechtsverkehr betreffen. Bei einem fehlenden oder – nach dem Maß der Schutzpflicht – mangelhaften Gesetz liegt ein verfassungswidriges Unterlassen des Gesetzgebers vor, das im Fall individueller Betroffenheit des durch das Grundrecht Berechtigten einen verfassungsrechtlichen Anspruch auf Handeln – nicht auf ein bestimmtes Handeln – des Gesetzgebers auslöst[56].

25
Schaffung geeigneter Schutznormen als Aufgabe des Gesetzgebers

Ist im Streitfall ein hinsichtlich der berührten Schutzpflicht einschlägiges Gesetz vorhanden, ist das Grundrecht entsprechend seiner Schutzwirkung bei der Auslegung und Anwendung des Gesetzes zu beachten; es stellt insoweit eine grundrechtsaktualisierende Auslegungsdirektive dar. Erst wenn und soweit entscheidungserhebliche und einer grundrechtskonformen Auslegung nicht zugängliche Normen eines Gesetzes fehlen, stellt sich die Frage eines grundrechtlichen Gebots der Schaffung geeigneter Schutznormen[57]. Der zuständige Richter darf sich nicht an die Stelle des nach seiner Auffassung säumigen Gesetzgebers setzen und die gebotene Verwirklichung der Schutzpflicht rechtsfortbildend zur Geltung bringen (Art. 100 Abs. 1 GG). Soweit eine grundrechtliche Schutzpflicht im Hinblick auf ein Handeln oder Unterlassen der vollziehenden Gewalt in Betracht kommt, das nicht von einem Gesetz abhängig ist, kann – wie sonst auch – der mit einer solchen Schutzpflicht verbundene grundrechtliche Anspruch angesichts des weiten Einschätzungs-, Wertungs- und Gestaltungsbereichs der Exekutive nur darauf gerichtet sein, daß die öffentliche Gewalt Vorkehrungen zum Schutze des Grundrechts trifft, die nicht gänzlich ungeeignet oder völlig unzulänglich sind. Nur unter ganz besonderen Umständen kann sich diese Gestaltungsfreiheit in der Weise verengen, daß allein durch eine bestimmte Maßnahme der Schutzpflicht genüge getan werden kann[58].

III. Privatautonome Selbstbestimmung und privatrechtsgestaltende Wirkung der Grundrechte

1. Die Bindung der Privatrechtsordnung und des sie auslegenden und anwendenden Richters an die Grundrechte

26 Der an die Grundrechte gebundene Gesetzgeber muß diese Bindung in allen seiner Ordnung und Gestaltung zugänglichen Bereichen beachten. Auch die

---

55 *BVerfGE 96*, 56 (64).
56 *Pietzcker*, Drittwirkung – Schutzpflicht – Eingriff, in: FS Dürig, 1990, S. 345; *Möstl*, Probleme der verfassungsprozessualen Geltendmachung gesetzgeberischer Schutzpflichten, DÖV 1998, S. 1029.
57 *BVerfGE 89*, 276 (Art. 3 Abs. 2 GG, § 611 a BGB). – *Lerche* (FN 54), S. 229 f.; *Dietlein* (FN 39), S. 70 ff.
58 *BVerfGE 77*, 137 (214 f.) (Lagerung chemischer Waffen Verbündeter auf dem Gebiet der Bundesrepublik Deutschland, Art. 2 Abs. 2 Satz 1 GG).

Vorschriften des Privatrechts, die Rechtsregeln für den rechtsgeschäftlichen Verkehr und die sonstigen Rechtsbeziehungen der einzelnen untereinander enthalten, müssen den Anforderungen der Verfassung und damit den Grundrechten genügen. Die Bindung auch der Privatrechtsgesetzgebung an die Grundrechte hat zur Folge, daß die Auslegung und Anwendung der Privatrechtsnormen die durch die Grundrechte getroffenen Festlegungen beachten muß. Das einschlägige Grundrecht entfaltet als objektive Norm seinen Regelungsgehalt auch im Privatrecht und strahlt in dieser Eigenschaft auf die Auslegung und Anwendung des Privatrechts aus. Bei Vorschriften, die grundrechtliche Schutzpflichten erfüllen sollen, ist das maßgebende Grundrecht dann verletzt, wenn ihre Auslegung und Anwendung den vom Grundrecht vorgezeichneten Schutzzweck grundlegend verfehlt. Der einen Rechtsstreit des Zivilrechts entscheidende Richter hat kraft Verfassungsrechts zu prüfen, ob von der Anwendung zivilrechtlicher Vorschriften im Einzelfall Grundrechte berührt werden. Trifft das zu, hat er diese Vorschriften im Licht der Grundrechte auszulegen und anzuwenden. Verfehlt der Richter diese Maßstäbe und beruht sein Urteil auf der Außerachtlassung dieses verfassungsrechtlichen Einflusses auf das Privatrecht, so verstößt er nicht nur gegen objektives Verfassungsrecht, indem er den Gehalt der Grundrechtsnorm (als objektive Norm) verkennt, er verletzt vielmehr als Organ der Rechtsprechung durch sein Urteil das Grundrecht des einzelnen. Nicht als Träger öffentlicher Gewalt verletzt er das Grundrecht, sondern weil er in Ausübung öffentlicher Gewalt eine die Auslegung und Anwendung des Privatrechts betreffende Rechtsfolge einer Grundrechtsnorm verkennt. Die in den Grundrechten enthaltenen Grundentscheidungen entfalten sich durch das Medium derjenigen Vorschriften, die das jeweilige Rechtsgebiet unmittelbar beherrschen, und haben vor allem auch Bedeutung bei der Interpretation zivilrechtlicher Generalklauseln. Indem § 138 und § 242 BGB ganz allgemein auf die guten Sitten, die Verkehrssitte sowie Treu und Glauben verweisen, verlangen sie von den Gerichten eine Konkretisierung am Maßstab von Wertvorstellungen, die in erster Linie von den Grundsatzentscheidungen der Verfassung bestimmt werden[59].

---

[59] *BVerfGE 7*, 198 (205 f.); *31*, 58 (78 ff.), (IPR, Familienrecht, Art. 6 Abs. 1 GG); *81*, 242 (253 ff.), (Karenzentschädigung des Handelsvertreters, Art. 12 Abs. 1 GG); *84*, 192 (194 f.) (Mietrecht; Offenbarungspflicht eines Entmündigten, Allgem. Persönlichkeitsrecht); *89*, 214 (229 f.), (Bürgschaft, Vertragsfreiheit; *BGH* NJW 2002, S. 2228); *89*, 276 (285 f.), (§ 611 a BGB, Art. 3 Abs. 2 GG); *96*, 56 (64), (Auskunftsanspruch des unehelichen Kindes gegen die Mutter wegen des Vaters); *103*, 89 (100 f.), (Inhaltskontrolle von Eheverträgen mit Nachteilen für das Kindeswohl, Art. 6 Abs. 2, Art. 2 Abs. 1 i.V.m. Art. 6 Abs. 4 GG). – Der Schutz der freien religiösen und sittlichen Betätigung durch die Grundrechte des Art. 4 GG kann der Leistungspflicht aus einem freiwillig eingegangenen Vertrag nur bei einem unüberwindlichen Religions- oder Gewissensgebot des Leistungspflichtigen entgegengehalten werden und nur, wenn der Konflikt bei Vertragseingehung nicht vorhersehbar war. Im Arbeitsrecht kann sich danach eine Einschränkung des Direktionsrechts des Arbeitgebers aus § 315 BGB i.V.m. Art. 4 GG ergeben. Die Erfüllung einer vertraglichen Erfüllungspflicht ist insb. unzumutbar, wenn der zu befürchtende Glaubens- oder Gewissenskonflikt durch eine ausgleichende Alternative vermeidbar ist (*BAG* NJW 1987, S. 2116; *BAG* NJW 1986, S. 85; *LAG Kiel* NJW 1983, S. 1222. – *Steiner*, Der Grundrechtsschutz der Glaubens- und Gewissensfreiheit, Art. 4 I, II GG, JuS 1982, S. 157 [164 f.]; *Horst Konzen/Hans Heinrich Rupp*, Gewissenskonflikte im Arbeitsverhältnis, 1990; *H. H. Rupp*, Verfassungsprobleme der Gewissensfreiheit, NVwZ 1991, S. 1033 (1037 f.); *Starck*, in: v. Mangoldt/Klein/Starck (Hg.), GG (LitVerz.), Bd. I, Art. 4 Abs. 1, 2, RN 116 ff.

27

Grundrechtliche Richtlinien und Eigenständigkeit des Zivilrechts

Die Frage der privatrechtsgestaltenden Wirkung der Grundrechte würde nur vordergründig behandelt, wenn sie als eine von der Konstruktion unmittelbarer oder mittelbarer „Drittwirkung" der Grundrechte abhängige Problematik erschiene[60]. Im Verhältnis zur Gesetzgebung geht es um die „Eigenständigkeit und Eigengesetzlichkeit des Zivilrechts gegenüber dem verfassungsrechtlichen Grundrechtssystem[61]", also darum, ob und inwieweit die Verwirklichung der Schutz- und Ordnungsfunktion der Grundrechte dem Gesetz zukommt und vorbehalten ist, und weiter darum, in welcher Weise das Gesetz die das Privatrecht beherrschende Privatautonomie und Vertragsfreiheit mit anderen Verfassungsgarantien und Rechtsgütern auszugleichen hat. Im Verhältnis zu den im Einzelfall zur Rechtsfindung berufenen Zivilgerichten geht es darum, welche Rechtsfolgen entscheidungserhebliche Grundrechte für die Auslegung und Anwendung der einschlägigen Rechtsvorschriften des Privatrechts haben, und weiter darum, wie weit sich die dem Zivilrecht zugrundeliegenden Wertentscheidungen gegenüber den Geboten und „Richtlinien" der Grundrechte behaupten können[62].

2. Das Privatrecht als Gewährleistung, Ordnung und Sicherung der Privatautonomie durch die „Freiheit und Eigentum" ausgestaltenden Rechtsinstitute

28

Privatautonomie und Vertragsfreiheit als Sicherung individueller Selbstbestimmung

Privatautonomie und Vertragsfreiheit, Eigentum und Erbrecht, Ehe und Familie erhalten im Zivilrecht durch das Gesetz ihre Ausgestaltung und Ordnung für das Leben der Rechtsgemeinschaft. Die ordnenden und ausgleichenden Regeln des Zivilrechts sichern das Prinzip der Selbstbestimmung des einzelnen als Subjekt der privatrechtlichen Rechtsbeziehungen. Auch im Privatrecht werden allerdings die Maximen der ausgleichenden Gerechtigkeit zunehmend durch Vorkehrungen der austeilenden („sozialen") Gerechtigkeit überlagert und modifiziert[63].

---

60 *Dürig*, Grundrechte und Zivilrechtsprechung, in: FS Nawiasky, 1956, S. 157; *Walter Leisner*, Grundrechte und Privatrecht, 1960; *Nipperdey*, Grundrechte und Privatrecht, in: FS Molitor, 1962, S. 17; *Raiser*, Grundgesetz und Privatrechtsordnung, 46. DJT (1966), 1967, II B; *Hesse* (FN 26), S. 437; *Grimm*, Grundrechte und Privatrecht in der bürgerlichen Sozialordnung, in: Günter Birtsch (Hg.), Grund- und Freiheitsrechte im Wandel der Gesellschaft und Geschichte, S. 359; *Starck*, Grundrechte (FN 14), S. 243 ff.; *Canaris*, Grundrechte und Privatrecht, AcP 184 (1984), S. 201; *ders.*, Grundrechtswirkungen und Verhältnismäßigkeitsprinzip in der richterlichen Anwendung und Fortbildung des Privatrechts, JuS 1989, S. 161; *ders.*, Grundrechte und Privatrecht, 1999; *R. Novak*, Zur Drittwirkung der Grundrechte, EuGRZ 1984, S. 133; *Rüfner*, Drittwirkung der Grundrechte, in: Gedächtnisschrift für Wolfgang Martens, 1987, S. 215; *Konrad Hesse*, Verfassungsrecht und Privatrecht, 1988; *Götz*, Die Verwirklichung der Grundrechte durch die Gerichte im Zivilrecht, in: Wolfgang Heyde/Christian Starck (Hg.), Vierzig Jahre Grundrechte und ihre Verwirklichung durch die Gerichte, 1990, S. 35; *Hager*, Grundrechte im Privatrecht, JZ 1994, S. 373; *Oeter*, „Drittwirkung" der Grundrechte und die Autonomie des Privatrechts, AöR 119 (1994), S. 529; *Badura*, Kodifikatorische und rechtsgestaltende Wirkung von Grundrechten, in: FS Odersky, 1990, S. 159; *Lerche*, Grundrechtswirkungen im Privatrecht, ebd., S. 215; *Matthias Ruffert*, Vorrang der Verfassung und Eigenständigkeit des Privatrechts, 2001; → Bd. II: *Papier*, Drittwirkung.

61 *Dürig* (FN 60), S. 164.

62 *Ruffert* (FN 60).

63 *Claus-Wilhelm Canaris*, Die Bedeutung der iustitia distributiva im deutschen Vertragsrecht, 1997.

"Auf der Grundlage der Privatautonomie, die Strukturelement einer freiheitlichen Gesellschaftsordnung ist, gestalten die Vertragspartner ihre Rechtsbeziehungen eigenverantwortlich. Sie bestimmen selbst, wie ihre gegenläufigen Interessen angemessen auszugleichen sind, und verfügen damit zugleich über ihre grundrechtlich geschützten Positionen ohne staatlichen Zwang[64]". Die Privatautonomie ist notwendigerweise begrenzt und bedarf der rechtlichen Ausgestaltung. Privatrechtsordnungen bestehen deshalb aus einem differenzierten System aufeinander abgestimmter Regelungen und Gestaltungsmittel, die sich in die verfassungsmäßige Ordnung einfügen müssen. Auch Schranken durch zwingendes Recht zur Sicherung der Interessen der Allgemeinheit und zum Schutz der Rechte und Interessen Dritter sind unentbehrlich. Eine immanente Schranke der Vertragsfreiheit ergibt sich daraus, daß die privatautonome Vertragsgestaltung auf dem Prinzip der Selbstbestimmung beruht, also voraussetzt, daß auch die Bedingungen freier Selbstbestimmung tatsächlich gegeben sind. Wo es an einem „annähernden Kräftegleichgewicht" der Beteiligten fehlt, ist mit den Mitteln des Vertragsrechts allein kein sachgerechter Ausgleich der Interessen zu gewährleisten. Soweit das Gesetz keine ausreichenden Schutznormen des unterlegenen Vertragsteils gegenüber einem Mißbrauch überlegener Verhandlungsmacht enthält, gewinnt die grundrechtlich garantierte Privatautonomie und Vertragsfreiheit privatrechtsgestaltende Wirkung in ihrer Dimension als Grundsatznorm, mit der Konsequenz einer richterlichen Pflicht zu einer Inhaltskontrolle von Verträgen[65]. Die dem Gesetz aufgegebene Bestimmung von Inhalt und Schranken der grundrechtlichen Freiheit bedeutet jedoch nicht, daß die Privatautonomie zur beliebigen Disposition des Gesetzgebers stünde und ihre grundrechtliche Gewährleistung infolgedessen leerliefe. Vielmehr ist der Gesetzgeber an die objektivrechtlichen Vorgaben der Grundrechte gebunden. Er muß der Selbstbestimmung des einzelnen im Rechtsleben einen angemessenen Betätigungsraum eröffnen und ihr die notwendigen rechtsgeschäftlichen Gestaltungsmittel bereitstellen[66].

29
Freie Selbstbestimmung als Grundlage privatautonomer Vertragsgestaltung

Privatautonomie steht nicht zur beliebigen Disposition des Gesetzgebers

Das Privatrecht ordnet seiner grundsätzlichen rechtspolitischen Zielsetzung nach Rechtsbeziehungen Privater untereinander und bringt dabei die privatautonome Selbstbestimmung zur Geltung, in den Grenzen des Allgemeininteresses und unter Sicherung der Rechte und Interessen Dritter[67]. Weitgehend erscheint es deshalb unter dem Blickwinkel der Grundrechte als Ausformung der Rechte und Pflichten des einzelnen. Dennoch können Privatrechtsnormen Eingriffe in Grundrechte sein und nicht nur Ausgestaltungen der Privatautonomie und von Rechtsinstitutionen des Privatrechts, allerdings mit der Besonderheit, daß Grundrechte eines Dritten, z.B. des Arbeitgebers im Verhältnis zum gesetzlichen Kündigungsschutz zugunsten des Arbeitnehmers, bei der

30
Privatrechtsnormen als Grundrechtseingriffe

---

64 *BVerfGE 81*, 242 (254).
65 *BVerfGE 81*, 242 (254 f.); *89*, 214 (231); *103*, 89 (100 f.) – *Götz* (FN 60), S. 58 ff.; *Wiedemann*, JZ 1994, S. 411; *Badura*, Staatsrecht, ²1996, C 82; *Di Fabio* (FN 40), RN 105 ff.; *Ruffert* (FN 60), S. 53 ff., 287 ff.
66 *BVerfGE 89*, 214 (231 f.).
67 *Zöllner*, Die politische Rolle des Privatrechts, JuS 1988, S. 329.

akzessorischen Prüfung von Rechtfertigung und Verhältnismäßigkeit des Eingriffs zu berücksichtigen sind[68].

IV. Die Aufgabe des Gesetzgebers: Die gesetzmäßige Freiheit

31
Genuine Verantwortung des Gesetzgebers für Freiheitsverwirklichung

Die eine zeitlang einflußreiche Vorstellung, daß die Gesetzgebung im Kern eine „Verwirklichung" oder „Konkretisierung" der Verfassung, hauptsächlich der in den Grundrechten verkörperten Wertentscheidungen und Ordnungsnormen sei, ist in neuerer Zeit, anknüpfend an ältere Hervorhebungen des die Rechtsordnung des demokratischen und sozialen Rechtsstaats bestimmenden Gesetzes, in den Hintergrund getreten[69]. Es gewinnt der Grundgedanke Gewicht, daß im Bereich der grundrechtlichen Schutzpflichten und Grundsatznormen dem Gesetzgeber die genuine Verantwortung dafür zukommt, die Rechte und Pflichten des einzelnen, geleitet durch die Gebote und Direktiven der Verfassung, ausgleichend zu ordnen und zu bestimmen. Dem Richter wird, dem verfassungsgerichtlichen Vorbehalt unterworfen (Art. 20 Abs. 3, 100 Abs. 1 GG), der unmittelbare Rückgriff auf Verfassungsnormen praeter oder contra legem grundsätzlich verwehrt.

32
Elementare Rechtsprinzipien bedürfen der Vermittlung durch das Gesetz

Der rechtsethische Gehalt verbindet die Grundrechte mit den Wertvorstellungen der Rechtsgemeinschaft und macht sie zu einer „Quelle der Legitimität für die Rechtsordnung[70]". Die elementaren Rechtsprinzipien, die in die Grundrechte als Schutzrechte und Garantien aufgenommen worden sind, bedürfen der Vermittlung durch das Gesetz. Das gilt im besonderen für die Rechte und Rechtsbeziehungen des Privatrechts. Das Gesetz vermittelt die Geltung der Grundrechte für die Privatrechtsordnung und gewährleistet die grundrechtliche Freiheit und Gleichheit in den privatrechtlichen Rechtsbeziehungen[71]. Die verfassungsrechtlichen Maßstäbe für die Privatrechtsgesetzgebung und die grundrechtlichen Richtlinien für die Auslegung und Anwendung der Privatrechtsnorm durch den Richter setzen eine Differenzierung der aus den Grundrechten ableitbaren Rechtsfolgen voraus. Die Privatrechtswirkung der Verfassung wird durch die Vielfalt der „Funktionen" der Grundrechte als Einrichtungsgarantien, als subjektive Abwehrrechte und – vor allem – als Schutzpflichten bestimmt. Freiheitsschützende Normkomplexe des Privatrechts werden durch Institutsgarantien gesichert, die grundrechtlichen Schutz-

---

[68] *Claus-Wilhelm Canaris*, Grundrechte und Privatrecht, 1999, S. 19 ff. – Paradigmatisch: *BVerfGE 50*, 290 (Unternehmerische Mitbestimmung – Gesellschaftsrecht, Art. 9 Abs. 1, 12 Abs. 1, 14 GG; *Peter Badura*, Paritätische Mitbestimmung und Verfassung, 1985); *68*, 361 (Kündigungsschutz des Mieters, Art. 14 GG).

[69] *Scheuner* (FN 13); *Hennecke*, Gesetzgebung im Leistungsstaat, DÖV 1988, 768; *Peter Michael Huber*, Konkurrenzschutz im Verwaltungsrecht, 1991, S. 172 ff.; *Matthias Jestaedt*, Grundrechtsentfaltung im Gesetz, 1999 (dazu *Ruffert*, AöR 127 [2002], S. 480); *Gerd Morgenthaler*, Freiheit durch Gesetz, 1999 (dazu *Rossen-Stadtfeld*, AöR 127 [2002], S. 325); *Walter Leisner*, Krise des Gesetzes, 2001 (dazu *H. H. Klein*, AöR 128, [2003]).

[70] *J. P. Müller* (FN 7), S. 106, 107 ff., 163.

[71] *Dürig* (FN 60), S. 160 (176 ff.); *J. P. Müller* (FN 7), S. 177 f.; *Grimm* (FN 26), S. 72; *Götz* (FN 60), S. 41 ff., 76 ff.; *Canaris*, Grundrechte und Privatrecht, 1999, S. 81 ff.

pflichten verschaffen den in den Grundrechten verkörperten Verfassungsgütern eine privatrechtliche Rechtswirkung[72].

Die Grundrechte können eine Ordnung für Staat und Gesellschaft und eine durch Gesetz und Rechtsverwirklichung erreichbare Garantie von Freiheit und Gleichheit nur sein, soweit die Verfassung für das Recht der nationalen Rechtsgemeinschaft maßgebend ist. Die „immer engere Union der Völker Europas" (Art. 1 Abs. 2 EU) durch den Fortgang der europäischen Integration hebt die nationale Identität der Mitgliedstaaten nicht auf (Art. 6 Abs. 3 EU), ändert aber die politischen, kulturellen und normativen Bedingungen der gesetzmäßigen Freiheit. Das Gesetz kann Ausdruck und Garantie individueller Selbstbestimmung und personaler Freiheit nur sein, wenn es kraft demokratischer Legitimität und entsprechend den Prinzipien des Rechtsstaates zustandekommt.

33
Demokratisch legitimiertes und rechtsstaatlich gebundenes Gesetz

---

72 *J. P. Müller* (FN 7), S. 164, 167 ff.; *Ruffert* (FN 60), S. 61 ff.

C. Bibliographie

Badura, Peter, Die Verfassung im Ganzen der Rechtsordnung und die Verfassungskonkretisierung durch Gesetz, in: HStR, Bd. VII, 1992, § 163.
Böckenförde, Ernst-Wolfgang, Zur Lage der Grundrechtsdogmatik nach 40 Jahren Grundgesetz, 1990.
Canaris, Claus-Wilhelm, Grundrechte und Privatrecht, 1999.
Dietlein, Johannes, Die Lehre von den grundrechtlichen Schutzpflichten, 1992.
Ehmke, Horst, Staat" und „Gesellschaft" als verfassungstheoretisches Problem, in: Festschrift für Rudolf Smend, 1962, S. 23 ff.
Friauf, Karl Heinrich, Zur Rolle der Grundrechte im Interventions- und Leistungsstaat, DVBl. 1971, S. 674 ff.
Friesenhahn, Ernst, Der Wandel des Grundrechtsverständnisses, 50 DJT, 1974, S. G 1 ff.
Grimm, Dieter, Grundrechte und soziale Wirklichkeit, in: Winfried Hassemer/Wolfgang Hoffmann-Riem/Jutta Limbach (Hg.), Grundrechte und soziale Wirklichkeit, 1982, S. 39 ff.
Häberle, Peter, Die Wesensgehaltgarantie des Art. 19 Abs. 2 Grundgesetz, ^{3}1983.
Hesse, Konrad, Bestand und Bedeutung der Grundrechte in der Bundesrepublik Deutschland, EuGRZ 1978, S. 427 ff.
ders., Grundrechte und Privatrecht, 1988.
Heyde, Wolfgang/Starck, Christian (Hg.), Vierzig Jahre Grundrechte in ihrer Verwirklichung durch die Gerichte, 1990.
Hofmann, Hasso, Grundpflichten und Grundrechte, in: HStR, Bd. V, 1992, § 114.
Huber, Hans, Über die Konkretisierung der Grundrechte, in: Gedenkschrift für Max Imboden, 1972, S. 191 ff.
Isensee, Josef, Staat und Verfassung, in: HStR, Bd. I, ^{2}1995, § 13.
Kägi, Werner, Die Verfassung als rechtliche Grundordnung des Staates, 1945.
Klein, Hans Hugo, Die Grundrechte im demokratischen Staat, 1972.
Leisner, Walter, Grundrechte und Privatrecht, 1960.
Lerche, Peter, Grundrechtswirkungen im Privatrecht, in: Festschrift für Walter Odersky, 1996, S. 215 ff.
Müller, Jörg Paul, Die Grundrechte der Verfassung und der Persönlichkeitsschutz des Privatrechts, 1964.
Murswiek, Dietrich, Die staatliche Verantwortung für die Risiken der Technik, 1985.
Ruffert, Matthias, Vorrang der Verfassung und Eigenständigkeit des Privatrechts, 2001.
Rupp, Hans Heinrich Die Unterscheidung von Staat und Gesellschaft, in: HStR, Bd. I, ^{2}1995, § 28.
Scheuner, Ulrich, Die Funktion der Grundrechte im Sozialstaat, DÖV 1971, S. 505 ff.
Schuppert, Gunnar Folke, Grundrechte und Demokratie, EuGRZ 1985, S. 525 ff.
Smend, Rudolf, Bürger und Bourgeois im deutschen Staatsrecht, 1933.
Stern, Klaus, Die Grundrechte und ihre Schranken, in: Peter Badura/Horst Dreier (Hg.), Festschrift 50 Jahre Bundesverfassungsgericht, 2001, Bd. II, S. 1 ff.

III. Voraussetzungen, Sicherung und Durchsetzung

§ 21
Grundrechtsinhalte und Grundrechtsvoraussetzungen

Paul Kirchhof

Übersicht

	RN		RN
A. Wirkungs- und Wahrnehmungsvoraussetzungen	1–22	2. Wegfall der Wirkungsvoraussetzungen	41–43
I. Freiheit in Begegnung und Umwelt	1–3	C. Wahrnehmungsvoraussetzungen	44–51
		I. Erscheinungsformen	44–46
II. Freiheitlichkeit als Selbstbeschränkung des Staates	4–6	II. Staatliche Freiheitsverantwortung in Selbstbeschränkung	47–51
III. Begriff und Bedeutung	7–22		
1. Grundrechtsvoraussetzungen	7–9	D. Der Auftrag des Staates zur Pflege der Grundrechtsvoraussetzungen	52–72
2. Lebensbereich, nicht Schutzbereich	10–13	I. Die gegenwärtige Freiheitskultur	52–56
3. Systembestimmende Bedeutung	14–17	II. Die ideellen Freiheitsvoraussetzungen	57–67
4. Bestands- und Verhaltensschutz	18–19	1. Die Präambeln	57–58
		2. Quellen der Inspiration	59–60
5. Norminhalt je nach tatsächlichen Voraussetzungen	20–22	3. Der Interventionsauftrag des Staates	61–67
B. Wirkungsvoraussetzungen	23–43	III. Freiheitskonforme Handlungsmittel	68–72
I. Erscheinungsformen	23–27	1. Das Gemeinnützigkeitsrecht	68–70
II. Wirkungsinstrumente und Gefährdungspotential	28–38	2. Sonstige Handlungsmittel	71–72
III. Änderung und Wegfall	39–43	E. Bibliographie	
1. Änderung der Wirkungsvoraussetzungen	39–40		

A. Wirkungs- und Wahrnehmungsvoraussetzungen

I. Freiheit in Begegnung und Umwelt

1
Partner- und sachbezogene Freiheit

Freiheit hat Voraussetzungen. Wer das Grundrecht zur Ehe und zur Familie in Anspruch nehmen will, braucht einen Partner und ein Kind. Der Meinungsäußernde ist auf ein Gespräch angewiesen, der Informationssuchende auf Informationsquellen, der Versammlungs- und Vereinigungswillige auf Gleichgesinnte mit ähnlichen Zielsetzungen, der Anbieter von Berufsleistungen oder von Eigentum auf Nachfrager. Freiheitsrechte regeln die Begegnung mit anderen Menschen, greifen darüber hinaus in ihrer Freiheitsgarantie auch auf tatsächliche Voraussetzungen zu. Die Freizügigkeit bezieht sich auf ein (Staats-)Gebiet. Die Unverletzlichkeit der Wohnung kann nur geltend machen, wer über eigene Räume verfügt. Die Eigentümerfreiheit kann nur in Anspruch nehmen, wem die Rechtsordnung Wirtschaftsgüter als eigene zugewiesen hat. Wer ein Unternehmen gründen will, benötigt Kapital und Arbeitnehmer. Der Asylberechtigte beansprucht Zuflucht bei einem Staat mit freiheitlich-demokratischer Struktur, das Petitionsrecht und der Justizgewähranspruch vermitteln Antworten staatlicher Institutionen. Viele Grundrechte setzen höchstpersönliche Qualifikationen – berufliche, wissenschaftliche, künstlerische und religiöse – voraus. Andere können nur bei hinreichender Ausstattung mit Finanzmitteln, also mit Eigentum, ausgeübt werden.

2
Freiheitsrechte als Angebote

Freiheitsrechte sind Angebote, die der Berechtigte annehmen, aber auch ausschlagen kann. Allerdings baut die freiheitliche Ordnung darauf, daß die überwiegende Zahl der Berechtigten von sich aus das Freiheitsangebot annimmt. Würde die Mehrzahl der Menschen sich nicht beruflich für den Erwerb anstrengen, sondern wie Diogenes in der Tonne leben, hätte keiner das Recht verletzt; die soziale Marktwirtschaft, der Finanz- und Steuerstaat gingen aber an ihrer Freiheitlichkeit zugrunde. Sollte sich die Mehrzahl der jungen Menschen nicht mehr freiwillig zur Ehe und Familie entschließen, verlören Staat und Gesellschaft ihre Zukunft. Der Kulturstaat baut wie selbstverständlich darauf, daß die Freiheitsberechtigten wissenschaftlich nach Erkenntnis suchen, künstlerisch das Schöne in Formensprache ausdrücken, religiös die Frage nach Ursprung und Ziel des Menschen stellen und beantworten. Täten sie dieses nicht, würde der Kulturstaat sprach- und gesichtslos.

3
Voraussetzungen rechtlicher Freiheitsgarantie

Auch die rechtliche Garantie von Freiheit hat Voraussetzungen. Sie baut auf einen Staat, der Recht setzen und durchsetzen kann, der gewaltenteilend durch die rechtsprechende Gewalt die Wirksamkeit der Freiheitsrechte verstärkt. Das Freiheitsrecht wird in einer Sprache verbindlich, die eine Kulturgemeinschaft und das demokratische Staatsvolk verstehen, gewinnt Gestaltungsmacht, wenn eine Gemeinschaft die Freiheitlichkeit inhaltlich trägt und ausfüllt, wenn Institutionen und Verfahren die Freiheit stützen und Freiheitseingriffe zurückweisen. Freiheitsrechte brauchen Lebensbedingungen und gute Gewohnheiten, die den Freiheitsberechtigten nicht nur zur Wahrnehmung seiner Gegenwartsfreiheiten in alltäglicher Beliebigkeit veranlassen, sondern ihn auch in die Zukunftsfreiheiten der langfristigen Bindung führen, in der er einen Lebensberuf ausübt, ein Haus baut, eine Elternschaft übernimmt, eine wissenschaftliche Lehre beharrlich vertritt oder einem künstlerischen Stil durch stetige Übung zum Durchbruch verhilft. Eine freiheitliche Verfassung ist die Grundordnung der Hochkulturen.

II. Freiheitlichkeit als Selbstbeschränkung des Staates

Eine staatliche Ordnung ist freiheitlich, weil sie vorgefundene Wirklichkeiten anerkennt und in ihrer Wirkung sich selbst überläßt. Eine freiheitliche Verfassung will den Menschen nicht voll verfassen, sondern respektiert die Freiheit, damit auch die Fähigkeit und Bereitschaft der Menschen zur Freiheit als Verfassungsvoraussetzung. Die Verfassung wirkt in einem Umfeld[1], das von der Verfassung vorausgesetzt oder erwartet wird. Die Grundrechte bauen auf die Verfassungsvoraussetzungen[2] der Existenz und Wirkungskraft von Staatsgewalt und Staatenverbund, auf Arbeitsteilung und wirtschaftlichen Wettbewerb, auf verfügbare Wirtschaftsgüter und ihre Verteilung, auch auf ein Wirtschaftswachstum, auf Bildung und Leistungskraft der Menschen, auf kulturelle Kreativität, Zuwendungsbereitschaft und gute Gewohnheit, auf Familien, gesellschaftliche Bindungen und Vereinigungen, auf Lebensstil, Ethos, Religionen und Kirchlichkeit. Sodann folgt die grundrechtliche Freiheit der Erwartung[3], daß die Bürger das Freiheitsangebot annehmen und mit Leben füllen, dadurch in der Vielfalt freiheitlicher Initiativen, Gemeinschaften und Institutionen eine den Staat bestimmende Freiheitskultur entfalten.

4 Freiheitliche Anerkennung von Vorgefundenem

Manche Verfassungsvoraussetzungen werden im Verfassungstext ausdrücklich genannt. Die Verfassung des Landes Baden-Württemberg[4] beginnt mit hohen Erwartungen an den freiheitsberechtigten Menschen: „Der Mensch ist berufen, in der ihn umgebenden Gemeinschaft seine Gaben in Freiheit und in der Erfüllung des christlichen Sittengesetzes zu seinem und der anderen Wohl zu entfalten" (Art. 1 Abs. 1). Dieser Text steht in der Tradition einer Entwicklung, die mit der Gewähr von Freiheit und Gleichheit aller Menschen die Forderung verbindet, daß die Menschen, mit Vernunft und Gewissen begabt, einander „im Geiste der Brüderlichkeit begegnen"[5], sie die „Segnungen der Freiheit" nur „durch strenges Festhalten an der Gerechtigkeit, Mäßigung, Enthaltsamkeit, Sparsamkeit und Tugend" sichern[6], die Ehe und Familie als

5 Im Verfassungstext anklingende Verfassungsvoraussetzungen

---

1 *Herbert Krüger* (Bibl.), S. 284 (285).
2 *Krüger* (Bibl.), S. 285 (286 ff.); *Isensee* (Bibl.), RN 7 f.
3 *Krüger* (Bibl.), S. 285 (302 f.); *Isensee* (Bibl.), RN 227 f.
4 Vom 11.11.1953 (GBl. S. 173).
5 Art. 1 S. 2 Allgemeine Erklärung der Menschenrechte vom 10. 12. 1948, abgedr. in: Bruno Simma/Ulrich Fasthenrath (Hg.), Menschenwürde – ihr internationaler Schutz, 1992, S. 5; dazu und zur Entwicklung dieser Formel seit der Französischen Revolution *Herbert Krüger,* Brüderlichkeit – das dritte, fast vergessene Ideal der Demokratie, in: FG Maunz, 1971, S. 249 f.
6 Virginia Bill of Rights von 1776, Art. 15, abgedr. in: Herbert Schambeck/Helmut Widder/Marcus Bergmann (Hg.), Dokumente zur Geschichte der Vereinigten Staaten von Amerika, 1993, S. 112; vgl. *Isensee* (Bibl.), RN 211.

natürliche Grundlage der menschlichen Gemeinschaft und als Garant der Zukunft in eigenen Kindern verstehen[7], besondere Erwartungen an Wirtschaft, Kirchen, Kunst und Kultur richten[8]. Das Grundgesetz läßt manche Wirkungsvoraussetzungen der Grundrechte im Verfassungstext anklingen, insbesondere in der Präambel und der Staatsgrundlagenbestimmung (Art. 20 Abs. 1), in Aussagen zum Staat, seiner Gewalt und der Gewaltenbalance, der Verpflichtung auf das gesamtwirtschaftliche Gleichgewicht, in den in Schule und Universität angelegten Bildungsstandards. Gelegentlich finden auch Wahrnehmungsvoraussetzungen im Text des Grundgesetzes einen Ausgangspunkt, insbesondere im Schutz von Ehe und Familie, in der grundrechtlichen Garantie von Schule und Ausbildungsstätte, in den freiheitlichen Gemeinschaften von Vereinigung, Versammlung und Koalitionen, in der Unterscheidung zwischen Gesetz und Recht und im Staatskirchenrecht. In der Garantie des „privatnützigen" Eigentums[9] oder einer dem Einkommenserwerb dienenden Berufsfreiheit[10] oder in dem auf das Kindeswohl ausgerichteten Elternrecht enthalten Grundrechte Wahrnehmungsprinzipien, dort den wirtschaftlichen Eigennutz, hier die Verantwortlichkeit gegenüber dem Kind. Dennoch liegt die Eigenart einer freiheitlichen Verfassung in ihrer Selbstbeschränkung: Die Grundrechtsvoraussetzungen sind in der Regel nicht Grundrechtsinhalte[11]; die Grundrechtserwartungen begründen keine Rechtspflicht zur Grundrechtsausübung[12]. Anklänge von Grundpflichten, prägnant in Art. 6 Abs. 2 Satz 1 GG (Elternpflicht) und angedeutet in Art. 14 Abs. 2 GG (Sozialpflichtigkeit des Eigentums), bestätigen die gegenläufige Grundregel.

6
Keine Verfassung garantiert sich selbst

„Keine Verfassung [...] garantiert sich selbst"[13]. Dieser Ausgangsbefund moderner Verfassungen betont deren kulturelle Wurzeln, wird heute aber aufgegriffen, um andere als staatliche Verantwortlichkeiten zu begründen: Die eine These besagt, der moderne freiheitliche Staat lebe von Voraussetzungen, die er selbst nicht garantieren könne, ohne seine Freiheitlichkeit in Frage zu stellen[14]. Die andere, diesen Gedanken aufnehmende These betont, „daß die neuzeitliche Idee und Forderung der Menschenrechte von religiösen Voraussetzungen lebt, welche die säkularisierte moderne Zivilisation selbst gar nicht garantieren kann"[15], verweist also darauf, daß die moderne Gesellschaft auf von ihr unterschiedene „Legitimationsinstanzen", insbesondere die Kirchen als „Überlebensbedingungen" angewiesen ist[16]. Der Grundlagenbefund, daß keine Verfassung sich selbst garantiert, bestätigt die freiheitsnot-

---

7 *Schmitt Glaeser* (Bibl.), S. 49 f.
8 *Isensee* (Bibl.), RN 212; *Häberle*, Ethik im Verfassungsstaat, in: FS F. Knöpfle, 1996, S. 119 (122 f.).
9 *BVerfGE 100*, 226 (241) – Denkmalschutz –; *E 98*, 17 (35) – Nutzungsentgelt –; *E 91*, 294 (307) – Mietpreisbindung in den Neuen Ländern –.
10 *BVerfGE 7*, 377 (397) – Apothekenurteil –.
11 *Isensee* (Bibl.), RN 9.
12 *Merten* (Bibl.), S. 103 (107 f.).
13 *Joseph von Eichendorff*, Preußen und die Konstitutionen, in: *ders.*, Politische und Historische Schriften, Streitschriften, Bd. V, 1988, S. 129.
14 *Ernst-Wolfgang Böckenförde*, Der Staat als sittlicher Staat, 1978, S. 37.
15 *Kasper* (Bibl.), S. 99 (115).
16 *Kasper* (aaO.).

wendige Zurückhaltung verfassungsrechtlicher Regelungsweite und Regelungsdichte, skizziert auch das Verhältnis von freiheitsverpflichtetem Staat und freiheitsberechtigter Gesellschaft, hat aber allgemeine Zustimmung vor allem in der Aussage gewonnen, die staatliche Verantwortlichkeiten für die Freiheitskultur begrenzt oder zurücknimmt. Darin liegt ihr sinngebender Gehalt, aber auch ihre Problematik. Die These hat in ihrer Allgemeinheit den Staat in seinem Drang zu immer mehr Regelungen und Regulierungen kaum mäßigen, den Gestaltungswillen des Finanzstaates und seinen steuerlichen Zugriff wenig begrenzen, die Formenbindung und die Formenlegitimation staatlichen Handelns nicht festigen und die Ausübung staatlicher Gewalt im Formlosen nicht begrenzen, einer Vermengung von Staat und Gesellschaft durch die Parteien und Verbände nicht Einhalt gebieten können. Statt dessen hat der Satz, der Staat lebe von Voraussetzungen, die er nicht erzwingen könne, sich zu der Entlastungsformel gewandelt, der Staat lebe von Voraussetzungen, die er nicht beeinflussen dürfe. Diese Verflachung begünstigt die Entwicklung eines Staates, der sich weniger um die kulturellen und mehr um die wirtschaftlichen Voraussetzungen der Freiheit kümmert. Der Rechtsstaat setzt sich das Wirtschaftswachstum ausdrücklich zum Ziel (Art. 109 Abs. 2 GG), vernachlässigt aber das Bildungswachstum. Das demokratische Staatsvolk findet eher einen ökonomischen Zusammenhalt, ist weniger Kulturgemeinschaft. Der Sozialstaat organisiert einen Generationenvertrag der finanziellen Sicherung, schützt aber kaum Ehe und Familie als wichtigste soziale Einheiten von Zuwendung, Beistand und Unterhalt, vor allem aber als Ursprung der nächsten Generation. Die angebliche Ohnmacht des Staates gegenüber seinen tatsächlichen Existenzvoraussetzungen verkennt aber vor allem, daß der demokratische Verfassungsstaat gesellschaftliches Leben auch organisiert, plant, fördert und mitverantwortet, umgekehrt die Bedrohung der Freiheit auch vielfach von der Gesellschaft ausgeht[17]. Eine Verfassung garantiert sich nicht aus sich selbst heraus, sondern aus dem Zusammenwirken von Staat, Gesellschaft und anderen wertsichernden Organisationen des geistigen Einflusses. Das Angewiesensein der Verfassung auf andere Garanten ist also Garantieauftrag, nicht bequeme Selbstentlastung des Staates.

III. Begriff und Bedeutung

1. Grundrechtsvoraussetzungen

Grundrechtsvoraussetzungen sind die Tatsachen und die Rechtswirklichkeit, denen die Grundrechte ihre Gestaltungskraft verdanken, ohne die sie nicht Wirkungen entfalten oder individuell nicht wahrgenommen werden könnten. Entstehensbedingungen für Grundrechte sind Staat, Religion, Kultur, Sprache und Geschichte[18]. Geltungsbedingung der Grundrechte ist die Autorität

7
Entstehens-, Geltungs-, Erkenntnis-, Wirkungs-, Wahrnehmungsvoraussetzungen

---

17 *Schmitt Glaeser* (Bibl.), S. 44f.; *Ernst Forsthoff*, Der Staat der Industriegesellschaft, 1971, S. 165 u. passim.
18 *P. Kirchhof*, Die Identität der Verfassung in ihren unabänderlichen Inhalten, HStR ³II, § 21 RN 1 ff.

des Verfassungsstaates und der aus ihr abgeleitete Verbindlichkeitsanspruch. Erkenntnisvoraussetzung ist der Verfassungstext und sein tatsächliches und normatives Umfeld in Geschichte und Zukunft. Jenseits dieser Staat und Verfassung konstituierenden Bedingungen unterliegen die Grundrechte in der Anwendung auch *Wirkungsvoraussetzungen*: Die allgemeine Wirkungsmacht der Grundrechte hängt vom Verfassungsstaat mit seiner Staatsgewalt und deren Reichweite ab, von der grundsätzlichen Bereitschaft der Menschen zum Recht, auch der grundrechtssichernden und grundrechtsbekräftigenden Gewaltenteilung, insbesondere einer Verfassungsgerichtsbarkeit, sowie der (einfachgesetzlichen) Rechtsordnung, die den abstrakten Freiheitsgewährleistungen konkretere Individualwirksamkeit vermittelt und Inhalt und Schranken des Eigentums bestimmt, das Rechtsinstitut der Ehe oder der Vereinigungen begründet, der Justizgewähr Organisationsstatut und Verfahren gibt, in der Vertragsfreiheit[19] die Wirtschaftsfreiheiten zur Entfaltung bringt. Ausbildungsstätten und Arbeitsteilung bieten den beruflichen Freiheiten qualifikationsabhängig typisierte Alternativen. Wissenschaftsfreiheit und Religionsfreiheit ereignen sich in öffentlich-rechtlichen Einrichtungen der Universität oder der Kirchen. Das Wahlrecht entscheidet zwischen personellen und programmatischen Politikalternativen der politischen Parteien. Die *Wahrnehmungsvoraussetzungen* machen die individuelle Ausübung geltender Freiheitsrechte möglich: Der Mensch in seiner Existenz und Freiheitsfähigkeit gibt den Grundrechten ein Subjekt, eigenes Geld[20] sichert den Unterhalt und sodann die ökonomische Grundlage zur Wahrnehmung nahezu aller Freiheitsrechte. Individuelle Begabung und Bildung begründen die tatsächliche Grundrechtsfähigkeit für die Kulturfreiheiten. Die Staatsangehörigkeit ist Tatbestand der Deutschenrechte, im Zusammenwirken mit individueller „Eignung, Befähigung und fachlicher Leistung" auch Zugangsbedingung zum öffentlichen Amt. Der Arbeitsplatz ist Voraussetzung der Berufsfreiheit, persönliche Gesundheit Bedingung vieler Handlungsfreiheiten, die Wohnung Gegenstand der freiheitsrechtlich garantierten Unverletzlichkeit. Viele Grundrechte beanspruchen zudem staatliche Organisation, staatliche Verfahren und staatliche Finanzierung als Hilfen zur Grundrechtsverwirklichung[21].

8
Wirkungs- und Wahrnehmungsvoraussetzung

Die Wirkungsvoraussetzungen umfassen somit alle tatsächlichen und rechtlichen Bedingungen, ohne die ein Grundrecht seine Wirkung nicht entfalten könnte. Sie bestimmen das objektive, von der Person des Grundrechtsberechtigten unabhängige Umfeld eines Grundrechts. Sie sind demokratisch gestaltbar, fordern aber freiheitlichen Respekt vor der vorgefundenen Wirklichkeit. Die Wahrnehmungsvoraussetzungen benennen demgegenüber die Bedingungen in der Person des Grundrechtsberechtigten, die ihm erst die Wahrnehmung seines Grundrechts ermöglichen. Wahrnehmungsvoraussetzungen sind

---

19 *Suhr*, Die Geldordnung aus verfassungsrechtlicher Sicht, in: Joachim Starbatty (Hg.), Geldordnung und Geldpolitik in einer freiheitlichen Gesellschaft, 1982, S. 91 (104 f.).
20 *Vogel*, Der Finanz- und Steuerstaat, HStR ³II, § 27 RN 17 f.
21 *Starck*, Staatliche Organisation und staatliche Finanzierung als Hilfen zur Grundrechtsverwirklichung, in: FS zum 25jährigen Bestehen des Bundesverfassungsgerichts, Bd. II, 1976, S. 480 f.; → Bd. II: *Schmidt-Aßmann*, Grundrechte als Organisations- und Verfahrensgarantien.

die Existenz des Grundrechtsberechtigten, seine persönliche Qualifikation zur Inanspruchnahme der jeweiligen Freiheit, seine Annahme des Freiheitsangebotes und seine Verantwortlichkeit bei dem Gebrauch seiner Freiheit. In der Frage nach der Verantwortlichkeit, der Gemeinwohlwirkung der Freiheitswahrnehmung entspricht die Wahrnehmungsvoraussetzung den Verfassungserwartungen[22]. Sie gehört in der Regel zu dem Lebensbereich, auf den sich die individuelle Freiheitsgewähr bezieht.

Die Entstehensvoraussetzungen für Verfassungsrecht sind Bedingungen für das Entstehen und die Fortexistenz des Verfassungsstaates. Diese Voraussetzungen von Staat und Recht verdienen im gegenwärtigen Umbruch eines weltoffenen Wirtschaftens, einer wachsenden europäischen Integration, einer neuen Balancierung zwischen Nähe des vertrauten und Weite des eröffneten Lebensbereichs, einer Bewährungsprobe kontinuierlicher Werte gegenüber neuartigen Anfragen von Wissenschaft, Technik, computergestützter Gedächtnisfähigkeit und intensiver Begegnungen der Kulturen besondere Aufmerksamkeit, treten aber bei Beobachtung der Grundrechte als Inhalte verbindlichen, auf Wahrnehmung und Vollzug angelegten Verfassungsrechts in den Hintergrund. Die Geltungsvoraussetzungen der Grundrechte bauen auf eine stets zu erneuernde Verfassungskultur, heute insbesondere auf die Autorität der Verfassungsgerichte, betreffen damit mehr die Staatsorganisation und weniger die Grundrechte. Die Erkenntnisvoraussetzungen der Grundrechte verweisen auf die Verfassungsurkunde und ihre Auslegung, finden dabei im tatsächlichen und rechtlichen Umfeld dieser Rechte sowie in den individuellen Wahrnehmungsbedingungen wesentliche Erkenntnishilfen. Gegenstand dieser Betrachtung sind die Wirkungs- und Wahrnehmungsvoraussetzungen der Grundrechte, die deren Wirkungskraft und Inhalte wesentlich bestimmen und deswegen für die Grundrechtsauslegung bewußt gemacht werden müssen.

9
Bestimmung der Grundrechtsinhalte durch Wirkungs- und Wahrnehmungsvoraussetzungen

2. Lebensbereich, nicht Schutzbereich

Wahrnehmungs- und Wirkungsvoraussetzungen stehen außerhalb der herkömmlichen Lehre von Schutzbereich, Schranken und Schrankenschranken. Diese fragt nach der Zulässigkeit von Grundrechtsbeschränkungen, nicht nach den Voraussetzungen und der Angemessenheit des Grundrechtsgebrauchs. Der Staat muß sich für den Grundrechtseingriff rechtfertigen, die freiheitsberechtigte Gesellschaft ist für die Bedingungen und die Wahrnehmung der Freiheitsrechte grundrechtlich nicht verantwortlich[23]. Die prinzipiell zutreffende Unterscheidung zwischen freiheitsverpflichtetem Staat und freiheitsberechtigter Gesellschaft weist alle Freiheitsverantwortlichkeiten dem Staat zu, bedarf aber der Modifikation, wenn die grundrechtliche Freiheit sich vom Abwehrrecht auch zu einem Teil der objektiven Wertordnung wandelt, der Staat damit bei der Schaffung und Bewahrung der Grundrechts-

10
Rechtsgewähr unter bestimmten Voraussetzungen

---
22 Vgl. *Isensee* (Bibl.), RN 163 f.
23 Vgl. *Isensee* (Bibl.), RN 184.

voraussetzungen nicht mehr zur Untätigkeit gezwungen, sondern freiheitlich zur Aktivität veranlaßt ist[24], wenn eine Wertekrise zur Geltungskrise der Menschenrechte zu werden droht[25] und damit der staatlichen Verantwortlichkeit für die Grundrechte einen neuen Inhalt gibt, ebenso, wenn der politische Umgang mit den Grundrechten von einer Mißachtung der Wirklichkeit, von der fehlenden Bereitschaft gekennzeichnet ist, sich von der Wirklichkeit belehren zu lassen[26]. Der Blick auf die Freiheitsfolge fast ohne Aufmerksamkeit für die Freiheitsvoraussetzungen hat insbesondere den Inhalt des Art. 2 Abs. 1 GG grundlegend verändert[27]: Der Wortlaut und Sprachsinn des Art. 2 Abs. 1 GG handelt von einer Abstufung zwischen Mensch (Art. 1 Abs. 1 GG), Person (Art. 2 Abs. 2 Satz 2 GG) und Persönlichkeit (Art. 2 Abs. 1 GG), deren freie Entfaltung gewährleistet wird. Diese Entfaltungsfreiheit der Persönlichkeit setzt Freiheitsbegabung, Freiheitsbereitschaft, Verantwortungskultur und ethische Bildung voraus, der eine dementsprechende Schrankentrias gegenübergestellt ist. Mit der Entwicklung dieses Freiheitsrechts allein zu einer allgemeinen Handlungsfreiheit, die dem Berechtigten alles erlaubt, was nicht durch Gesetz verboten ist[28], wird aus Freiheit Beliebigkeit, die Persönlichkeit wird auf den handlungsfähigen Menschen zurückgenommen, das Rechtliche der Freiheit ist nur noch im Gegenrecht erkennbar. Die Wirkungs- und Wahrnehmungsvoraussetzungen der Grundrechte hingegen machen bewußt, daß Grundrechte Rechte unter bestimmten Voraussetzungen gewähren, diese Voraussetzungen den Inhalt der Rechte bestimmen und ihre Wirkkraft bedingen.

11
Die Gewährleistung als Recht

Das erste Ergebnis der Lehre von den Wirkungs- und Wahrnehmungsvoraussetzungen ist somit die Wiederentdeckung der Grundrechte als Rechte. Zwar ist die Freiheit vorgefunden. Ihre Gewährleistung in Form eines Rechts meint aber stets die Begegnung mit einem anderen, die in dieser Rechtsbeziehung – zunächst gegenüber dem Staat – ihren Inhalt und ihre begrenzende Zuordnung findet. Freiheit ist deshalb in den kurzfristigen Gegenwartsfreiheiten – des Konsumverhaltens, der Freizeitgestaltung, der Auswahl von Informationsquellen oder Gesprächspartnern – ein Recht zur Beliebigkeit, das niemandem gegenüber verantwortet werden muß, drängt den Freiheitsberechtigten aber bei Wahrnehmung der langfristigen Zukunftsfreiheit, etwa der Wahl eines Berufes, der Eingehung einer Ehe, der Übernahme einer Elternschaft, der Gründung einer Firma, des Baus eines Hauses – in das Zusammenwirken mit anderen, in die Mitbetroffenheit anderer Freiheitsberechtigter, also in eine rechtliche, gesetzlich ausgestaltete Verantwortlichkeit der beruflichen Qualifikation, der Unterhalts- und Beistandspflichten, der Produzenten-, Arbeitgeber- und gewerberechtlichen Pflichten, des Bau- und Umweltrechts. Die für die individuelle Freiheit wie für die Freiheitsstruktur von Staat und Gesell-

---

24 *Schmitt Glaeser* (Bibl.), S. 46.
25 *Kasper* (Bibl.), S. 100.
26 *Schmitt Glaeser* (Bibl.), S. 60 f.
27 Vgl. auch *Isensee* (Bibl.), RN 185.
28 *BVerfGE* 6, 32 (36 f.) – Elfes-Urteil –.

schaft bestimmenden Zukunftsfreiheiten gewährleisten deshalb eher die Freiheit zur langfristigen Bindung als die Freiheit zur aktuellen Beliebigkeit, sichern also den Rahmen stetiger Begegnung mit anderen Freiheitsberechtigten.

Das zweite Ergebnis der Lehre von den Wirkungs- und Wahrnehmungsvoraussetzungen liegt in der stärkeren Realitätsbindung der Grundrechtsanwendung. Eine neuere Unterscheidung zwischen Lebensbereich und Schutzbereich[29] macht bewußt, daß im Begriff des „Schutzbereichs" ein beschreibendes und ein normatives Element enthalten ist: Das beschreibende erfaßt den Lebensbereich, in dem die Freiheit – der Religion, der Wissenschaft, der Kunst – sich ereignet (Sachbereich); der normative bezeichnet den Inhalt der grundrechtlichen Gewährleistung. Diese Lehre will vor allem die weit ausgreifenden Schutzbereiche von dem Sachbereich lösen und damit den Gewährleistungsinhalten Profil und Tatbestandsgrenzen geben. Die Unterscheidung zwischen Lebensbereich und Gewährleistungsbereich kann aber ebenso zur Grundeinsicht der Rechtsquellenlehre zurückführen, daß Gesetzgebung weitgehend ein Lebensverhältnis in ein Rechtsverhältnis umformt[30], die Lebensverhältnisse, „wenn auch mehr oder weniger entwickelt, ihr Maß und ihre Ordnung in sich" tragen[31], „die Normativität wesentlich zum Menschen gehört, so wesentlich, daß sie in ihm selbst liegt und aus ihm selbst kommt"[32], das Recht nicht nur gestaltender Wille des Gesetzgebers, sondern ebenso Ausdruck des „Lebens der Menschen selbst, von einer besonderen Seite gesehen", ist[33]. Dieses Erfordernis der Wirklichkeitsgerechtigkeit verpflichtet den Gesetzgeber, das Existenzminimum entsprechend den tatsächlichen Bedürfnissen zu bemessen[34], die besteuerten Werte in ihren tatsächlichen Vermögenswerten abzubilden[35], den Ablauf des menschlichen Lebens je nach der typischen Entwicklung des Menschen in Rechtsfähigkeit, strafrechtliche Verantwortlichkeit, Geschäftsfähigkeit, Wahlmündigkeit, Elternrecht und Erbrecht anzuerkennen, dabei Erwerbs- und Handelsformen, den Grad von Industrialisierung und Technik, Begabung, Ausbildungsstand, Kommunikationsfähigkeit und Freiheitswillen zu berücksichtigen[36], die vorgefundene Wirklichkeit von Ehe und Familie, Eigentum, Vereinigungen und Kirchen in Rechtsinstituten zu bestätigen[37]. Rechtlich nachgezeichnet und bekräftigt werden muß insbesondere auch die „Legitimationsbasis" moderner Staatswesen in Men-

12
Wirklichkeitsverpflichtung des Rechts

---

29 *E.-W. Böckenförde*, Schutzbereich, Eingriff, verfassungsimmanente Schranken, in: Der Staat 42 (2003), S. 165 (167f.).
30 *Radbruch*, Die Natur der Sache als juristische Denkform, FS Laun, 1948, S. 157 (171 f.).
31 *Heinrich Dernburg*, Pandekten, Bd. I, ³1892, S. 87.
32 *Kasper* (Bibl.), S. 103.
33 *Friedrich Carl von Savigny*, Vom Beruf unserer Zeit für Gesetzgebung und Rechtswissenschaft, 1892, S. 18; vgl. auch *Friedrich Müller*, Normstruktur und Normativität, 1966, S. 165 f.
34 *BVerfGE* 87, 153 (172) – Grundfreibetrag –; 99, 216 (233) – Kinderbetreuungskosten –; 99, 246 (260 f.) – Familienleistungsausgleich –.
35 *BVerfGE* 93, 121 (142 ff.) – Vermögensteuer –; 93, 165 (173) – Erbschaftsteuer –.
36 *Radbruch* (FN 30), S. 169.
37 *BVerfGE* 6, 55 (72) – Haushaltsbesteuerung –; *E* 20, 351 (355) – Hessisches Viehseuchengesetz –; *E* 1, 264 (278) – Bezirksschornsteinfeger –; *E* 24, 367 (389) – Hamburgisches Deichordnungsgesetz –; *E* 53, 366 (400 f.) – Krankenhausgesetz Nordrhein-Westfalen –.

schenrechtsstandards, flankierend und schützend ebenso in Volkssouveränität, Gewaltenteilung, Übermaßverbot, Gemeinwohlorientierung und Nichtidentifikation[38]. Stets ist die Anerkennung der vorgefundenen Wirklichkeit Ausdruck der Freiheitlichkeit des Staates und seines Rechts.

13
Freiheitsverantwortlichkeit von Staat und Gesellschaft

Das dritte Ergebnis einer Lehre von den Wirkungs- und Wahrnehmungsvoraussetzungen liegt in der Erneuerung und Belebung von Freiheitsfähigkeit und Freiheitsbereitschaft. Die *Eichendorff*sche Formel, keine Verfassung garantiere sich selbst, ist eine These des Freiheitsaufbruchs, nicht der Freiheitsindifferenz. *Eichendorff* will die „öffentliche Gesinnung" und den Staat zusammenführen, um ein „tüchtiges Fundament vernünftiger Freiheit" zu legen und so die freiheitliche Staatsform als „innere Notwendigkeit" wirklich ins Leben treten zu lassen[39]. Dieser Handlungsauftrag veranlaßt in der gegenwärtigen Sicherheit einer freiheitlichen Verfassung die Frage, wer die Voraussetzungen der Freiheit gefährdet, Wirkungsvoraussetzungen verändert oder entfallen läßt[40], Wahrnehmungsvoraussetzungen schwächt oder zerstört. Sodann ist zu prüfen, wer – Staat, Wirtschaft, Universitäten, Medien, Kirchen – die Grundrechtsvoraussetzungen erneuern kann und will. Die Unterscheidung zwischen freiheitsverpflichtetem Staat und freiheitsberechtigtem Menschen soll die Freiheitlichkeit stärken, berechtigt aber Staat und Gesellschaft nicht, bei Rissen im Fundament der Freiheit beobachtend oder gar resignierend auf die Verantwortlichkeit anderer zu verweisen.

3. Systembestimmende Bedeutung

14
Grund- und Menschenrechte

Die Wirkungs- und Wahrnehmungsvoraussetzungen der Grundrechte sind Systembedingungen der Freiheits- und Gleichheitsrechte. Die Unterscheidung zwischen Grund- und Menschenrechten[41] definiert den unterschiedlichen Geltungs- und Anwendungsraum dieser Elementarrechte und damit ihre Anwendungsbedingungen: Die Grundrechte konkretisieren die Menschenrechte; sie werden „für unser Volk aus unserer Zeit geformt und niedergelegt"[42].

Das Angebot der Berufsfreiheit unterscheidet sich in Agrarstaaten grundlegend von dem der Industriestaaten. Die Eigentümerfreiheit bietet in Staaten mit Bodenschätzen und billigen Arbeitskräften eine andere Grundlage als in Staaten, deren Wirtschaft auf die wissenschaftliche, technische und ökonomi-

---

38 *Schmitt Glaeser* (Bibl.), S. 27 f.
39 *Von Eichendorff* (FN 13).
40 Vgl. unten B., RN 23 ff.
41 Vgl. *G. Ritter*, Ursprung und Wesen der Menschenrechte, in: Roman Schnur (Hg.), Zur Geschichte der Erklärung der Menschenrechte, 1964, S. 202 f.; *H. Hofmann*, Zur Herkunft der Menschenrechtserklärungen, JuS 1988, S. 841 f.; *Partsch*, Die Entstehung der Europäischen Menschenrechtskonvention, ZaöRV 15 (1954), S. 631 f.; *Stern*, Idee der Menschenrechte und Positivität der Grundrechte, HStR V, § 108 RN 3 f.; → oben Stern, § 1 RN 46 ff.; → Bd. II: *Isensee*, Die Positivität der Grundrechte und die überpositiven Menschenrechte.
42 Siehe die ursprüngliche Formulierung des Art. 1 Abs. 3 GG im Grundsatzausschuß, abgedr. in: JöR NF 1 (1951), S. 50.

sche Qualifikation der Beteiligten baut. Das individuelle Recht auf ein Existenzminimum zielt in armen Ländern auf eine Handvoll Reis, in reichen Ländern auch auf das Telefon und den Fernsehapparat. Ein friedlicher Staat bietet die Voraussetzungen für unbeschwerte Freiheitsentfaltung, ein unfriedlicher veranlaßt Ausreise und Zuflucht, ein Verfolgungsstaat begründet Asylrecht. Vor allem aber bestimmen die ethischen und kulturellen Standards in Gesellschaft und Staat die Wirkungs- und Gestaltungsvoraussetzungen der Grundrechte[43].

Teilweise erschließen die Freiheitsrechte den Zugang zu den Freiheitsvoraussetzungen. Menschenwürde und Recht auf Leben gebieten dem Staat, sich schützend und fördernd vor dieses Leben zu stellen und es auch vor rechtswidrigen Eingriffen anderer zu bewahren[44]. Das Recht, Arbeitsplatz und Ausbildungsstätte[45] frei zu wählen, und das Recht auf Zulassung zu dem staatlich monopolisierten Lebensbereich des Hochschulstudiums[46] eröffnen rechtlich den Qualifikationsweg zum jeweiligen gesetzlich bestimmten „Berufsbild" im Rahmen des Art. 12 GG[47], zur Wissenschaftsfreiheit, zu den aktiven und passiven Medienfreiheiten, zu Brief-, Post- und Fernmeldegeheimnis. Der sozialstaatliche Gestaltungsauftrag verpflichtet den Staat, die Mindestvoraussetzungen für ein menschenwürdiges Dasein seiner Bürger zu schaffen[48], ihm deshalb sein existenznotwendiges Einkommen steuerlich zu belassen und ihm bei fehlendem Einkommen und Vermögen die notwendigen Mittel zuzuweisen. Das Grundrecht auf den Rechtsweg wird nur Wirklichkeit, wenn der Staat Gerichtsorganisation und Gerichtsverfahren individualgerecht bereitstellt und die Annahme dieses Rechtsschutzangebotes – insbesondere trotz der Prozeßkosten[49] – tatsächlich ermöglicht.

15
Zugang zu Freiheitsvoraussetzungen

Die politischen Aktivrechte der Meinungs- und Pressefreiheit, der Versammlungs- und Demonstrationsfreiheit, der Vereinigungs- und Parteienfreiheit ermöglichen die „Teilhabe an der politischen Willensbildung"[50], schirmen die Beteiligung des Einzelnen an einem gesamtgesellschaftlichen Vorgang freiheitlich ab und leisten damit eine bewußt freiheitskonforme Entfaltungshilfe in diesen Freiheitsvoraussetzungen. Darüber hinausgreifend sucht die Lehre von den Teilhaberechten[51] die staatliche Verantwortlichkeit für die Grundrechte – über den Schutz einer „effektiven Grundrechtsgewährleistung" und

16
Aktiv- und Teilhaberechte

---

43 *Schmitt Glaeser* (Bibl.), S. 44 f.; *P. Kirchhof* (Bibl.).
44 *BVerfGE* 39, 1 (42) – Schwangerschaftsabbruch I –; 88, 203 (251) – Schwangerschaftsabbruch II –.
45 *BVerfGE* 33, (329 ff.) – Numerus clausus –.
46 *BVerfGE* 33, 303 (329 ff.) – Numerus clausus –; *E* 35, 79 – Hochschulurteil –.
47 Vgl. *BVerfGE* 13, 97 (106) – großer Befähigungsnachweis im Handwerk –; *17*, 232 (241 f.) – Apothekenmehrbetrieb –; *21*, 173 (180 ff.) – Steuerberatende Berufe –; *25*, 236 (247 f.) – Zahnheilkunde –; ständige Rechtsprechung –; vgl. *Breuer*, Freiheit des Berufs, HStR VI, § 147 RN 35 f.
48 *BVerfGE* 82, 60 (80) – Steuerfreies Existenzminimum –.
49 *BVerfGE* 78, 104 (117 f.) – Prozeßkosten im Asylverfahren –; *81*, 347 (356) – Prozeßkosten –.
50 *BVerfGE* 20, 56 (98 f.) – Parteienfinanzierung II –; *69*, 315 (346) – Brokdorf –; *73*, 40 (71) – Parteienfinanzierung V –; → Bd. II: *Starck*, Teilnahmerechte.
51 *Martens* (Bibl.), S. 7 ff.; *Häberle* (Bibl.), S. 43 ff.; *Görg Haverkate*, Rechtsfragen des Leistungsstaates, 1983; *Murswiek* (Bibl.), § 112; *Isensee*, Das Grundrecht als Abwehrrecht und staatliche Schutzpflicht, HStR V, § 111; *E.-W. Böckenförde*, Grundrechtstheorie und Grundrechtsinterpretation, NJW 1974, S. 1529 f.

eine Verfahrens- und Organisationsteilhabe hinaus – in Leistungsansprüche zu führen, um die Lebensverhältnisse des Einzelnen zu verbessern, die Teilhabe an vorhandenen Gemeinschaftsgütern zu sichern und das Bruttoinlandsprodukt zu Gunsten Bedürftiger umzuverteilen. So entwickelt der Gesetzgeber als Erstinterpret der Verfassung, aber auch in seiner Gestaltungsverantwortung für die jeweilige Gesetzesordnung soziale Leistungsansprüche zur Sicherung der sozialen Zugehörigkeit von Jedermann zu den wirtschaftlichen, kulturellen und rechtlichen Gegenwartsstandards (Sozialhilfe, Kindergeld, Alters-, Kranken-, Pflegeversicherung), Förderungsansprüche als freiheitliche Entfaltungshilfe (Ausbildungs-, Familien-, Wohnungsbau- und Vermögensbildungsförderung), Ansprüche auf Teilhabe an der allgemeinen Daseinsvorsorge gegenüber öffentlicher und privater Hand (Lieferung von Gas, Strom, Wasser, Telekommunikationsleistungen, Benutzungsansprüche für öffentliche Sachen und Einrichtungen) sowie Ansprüche auf Teilhabe an knappen oder staatlich monopolisierten Gemeinschaftsgütern wie Studienplätzen oder – ehemals – Rundfunksendefrequenzen.

17
Soziale Grundrechte

Internationale Menschenrechtspakte[52] betonen weitergehend den Typ der sozialen Grundrechte, insbesondere im Grundrecht auf Arbeit, in den Garantien der sozialen Sicherheit, in einem Basisrecht auf Bildung, im Recht auf Gesundheit und im Recht auf einen angemessenen Lebensstandard, verpflichten darin aber lediglich die Staaten, ohne den Freiheitsberechtigten unmittelbar subjektiv zu berechtigen[53]. Das deutsche Verfassungsrecht bleibt bei der Ableitung von Teilhaberechten aus den Freiheitsrechten zurückhaltend, ist für die gleichheitsrechtliche Erweiterung bestehender Leistungsansprüche auf in gleicher Weise betroffene Menschen (derivative Teilhaberrechte)[54] entwicklungsoffener, betont aber im Gestaltungsraum des Gesetzgebers und im Vorbehalt des Möglichen[55] eine ursprüngliche, verfassungsrechtlich nur schwach angeleitete Verantwortlichkeit des Gesetzgebers.

4. Bestands- und Verhaltensschutz

18
Grundrechtlich geschützter Bestand als Wirkungsvoraussetzung

Vielfach ist der Inhalt einer grundrechtlichen Bestandsgarantie Wirkungsvoraussetzung für ein anderes Grundrecht. Der Schutz des Menschen in seiner Würde (Art. 1 Abs. 1 GG), seinem Leben, seiner körperlichen Unversehrtheit (Art. 2 Abs. 2 Satz 1 GG)[56] und seiner Bewegungsfreiheit[57] erfaßt das zur Freiheit fähige Rechtssubjekt. Das Grundrecht auf Ehe und Familie pflegt die Entstehensbedingungen für den Menschen, sichert deshalb auch Rahmenbedingungen, um diese Zukunftsoffenheit der Gesellschaft im modernen

---

52 Vgl. *Murswiek* (Bibl.), RN 41 f. und FN 98 und 99.
53 → Bd. II: *Merten*, Begriff und Abgrenzung der Grundrechte.
54 Vgl. *Martens* (Bibl.), S. 21; *Murswiek* (Bibl.), RN 68 f.
55 *BVerfGE 15*, 126 (140 f.) – Kriegsfolgengesetz –; *27*, 253 (283 ff.) – Besatzungsschäden –; *33*, 303 (335) – Numerus clausus –; *41*, 126 (150 f.) – Reparationsschäden –.
56 Vgl. *BVerfGE 39*, 1 – Schwangerschaftsabbruch I –; *49*, 89 – Kalkar I –; *53*, 30 – Mülheim-Kärlich –; *88*, 203 – Schwangerschaftsabbruch II –.
57 *BVerfGE 45*, 187 – Lebenslange Freiheitsstrafe I –; *86*, 288 – Lebenslange Freiheitsstrafe II –.

Arbeits-, Sozialversicherungs- und Steuerrecht zu erhalten[58]. Die Religionsfreiheit, die Wissenschafts- und Kunstfreiheit, auch die Medienfreiheit schaffen autonom kulturelle Voraussetzungen von Freiheitsfähigkeit und Freiheitsbereitschaft. Geld ist geprägte Freiheit[59], befähigt zum freien Tausch in Gegenstände und Leistungen, bedingt im individuellen Geldeigentum wie in der geldwirtschaftlichen Struktur von Markt und ökonomischem System die Wahrnehmung nahezu aller Freiheitsrechte. Die Unverletzlichkeit der Wohnung (Art. 13 Abs. 1 GG) bietet den räumlich-gegenständlichen Bereich persönlicher Freiheit[60]. Die Freizügigkeit (Art. 11 Abs. 1 GG) erlaubt die freie Wahl des Lebensmittelpunktes in Deutschland[61]. Das Asylrecht (Art. 16 a GG) typisiert in der das Asylrecht gewährenden deutschen Verfassungsstaatlichkeit[62], dem sicheren Drittstaat[63] und dem sicheren Herkunftsstaat[64] Rahmenbedingungen der Freiheit, von denen das individuelle Grundrecht bei Flucht und Zuflucht abhängt.

Grundrechtlich geschützte Verhaltensfreiheiten gewährleisten als Freiheitsrechte die Begegnungen mit anderen Menschen, bieten insoweit auch Voraussetzungen für Freiheitswahrnehmungen. Die freie Berufswahl[65] begründet ebenso wie das Grundrecht am Eigentum[66] einen Individualstatus, der anderen Leistungsangebote unterbreitet, aber auch ihre Ausschließung beansprucht. Diese Begegnungsrechte werden in der Eigentümerfreiheit zum Nutzen, Verwalten und Verfügen[67] und in der Berufsausübungsfreiheit gesetzlich zu einer ökonomischen Infrastruktur verdeutlicht, die Voraussetzung für die Nachfragefreiheit ist. Der Tatbestand der Ehe bietet als die auf das Kind angelegte Gemeinschaft von Mann und Frau den Kindern die besten Entwicklungsmöglichkeiten[68], schafft daneben mit der ehelichen Beistands- und Unterhaltsgemeinschaft die wichtigste Sozialeinheit und damit einen sozialpolitischen Rahmen für die Freiheitsgrundlagen. Die autonome Aufgaben- und Arbeitsteilung der Ehegatten innerhalb ihrer ehelichen Erwerbsgemeinschaft[69] verbindet in der ehelichen Erwerbs- und Erziehungsgemeinschaft zwei freiheitsfundierende Lebensgemeinschaften. Die Familie ist Unterhalts-, Haus- und Beistandsgemeinschaft[70], hat deshalb je nach Entwicklung des Kindes – der mit wachsender Grundrechtsmündigkeit schwindenden Elternverantwortlichkeit – ebenfalls freiheitsermöglichende und freiheitsstützende Funktion. Das Grundrecht der Versammlungs-, Vereinigungs-, Koalitions-

19
Grundrechtlich geschütztes Verhalten als Wirkungsvoraussetzung

---

58 BVerfGE 87, 1 (38 ff.) – Trümmerfrauen –; 88, 203 (270 ff., 282 ff) – Schwangerschaftsabbruch II –; 82 (80 f.) – Steuerfreies Existenzminimum –; 99, 216 (232 f.) – Kinderbetreuungskosten –.
59 BVerfGE 97, 350 (370) – Euro –.
60 Vgl. dazu BVerfGE 32, 54 – Betriebsbetretungsrecht –; 42, 212 – Durchsuchungsbefehl –.
61 BVerfGE 6, 32 (34 ff.) – Elfes –.
62 BVerfGE 80, 315 (333 ff.) – Tamilen –.
63 BVerfGE 94, 49 (84 ff.) – Sichere Drittstaaten –.
64 BVerfGE 94, 115 (132 ff.) – Sichere Herkunftsstaaten –.
65 BVerfGE 7, 377 (401 ff.) – Apothekenurteil –.
66 Vgl. BVerfGE 97, 350 (370) – Euro –.
67 BVerfGE 97, 350 (370) – Euro –.
68 BVerfGE 76, 1 (51) – Familiennachzug –; 99, 145 (156) – Gegenläufige Entführung –.
69 BVerfGE 61, 319 (345 f.) – Ehegattensplitting –.
70 BVerfGE 80, 81 (90 f.) – Erwachsenenadoption –.

§ 21   *Zweiter Teil: III. Voraussetzungen, Sicherung und Durchsetzung*

und Parteienfreiheit findet in Gemeinschaft und Begegnung seinen Kerninhalt, überbringt deshalb in der Wahrnehmung von Grundrechtsfreiheiten auch Freiheitsangebote. Das Asylrecht (Art. 16a GG) ist das Recht auf Zuflucht in die Verfassungsgemeinschaft des Grundgesetzes, also ein Aufnahmerecht und ein existentielles Teilhaberecht, das durch die jeweilige Verfassungsstaatlichkeit bedingt ist.

5. Norminhalt je nach tatsächlichen Voraussetzungen

20
Freiheitsrechte

Die Verfassungsvoraussetzungen erfassen insbesondere den tatsächlichen Rahmen, in dem die Grundrechte zu verstehen und auszulegen sind. Die Grundrechtsanwendung setzt sich mit dem zu beurteilenden Sachverhalt auseinander; das Grundrechtsverständnis stützt sich auf das tatsächliche Umfeld des Grundrechts. Wenn der Staat die freie Wahl der Ausbildungsstätte für das akademische Studium in staatlichen Universitäten nahezu monopolisiert, bedingt dieses tatsächliche Umfeld, daß aus dem Freiheitsrecht ein Gleichheitsrecht wird[71]. Wenn die Freiheit der Berichterstattung durch Rundfunk sich auf das Fernsehen und neuere elektronische Medien ausweitet, muß die Freiheitsgewähr mit dieser technischen Entwicklung mitschreiten[72]. Wenn die Freizügigkeit durch Wiedervereinigung ein erweitertes „Bundesgebiet" vorfindet und tatbestandlich aufgreift, das Individualrecht auf Existenzminimum die Entwicklung von den Nachkriegslebensbedingungen zu den heutigen ökonomischen und kulturellen Lebensstandards mit vollzogen hat, das Recht zur Errichtung von privaten Schulen den aus der tatsächlichen Konkurrenz mit staatsfinanzierten öffentlichen Schulen abgeleiteten Subventionsanspruch in sich aufnimmt[73], so wirkt das tatsächliche Umfeld der Grundrechte jeweils auf deren Inhalt und Wirkungsweisen ein. Gleiches gilt, wenn die Grundrechte möglichst „effektiv" zur Wirkung gebracht werden sollen, die nach Art. 19 Abs. 4 GG „gebotene Effektivität des Rechtsschutzes" Schutz innerhalb angemessener Zeit verlangt[74] und Regelungen eines einstweiligen Rechtsschutzes, der vorläufigen Vollstreckbarkeit und der Zulassung von Rechtsmittelverfahren veranlaßt[75]. Soll die grundrechtserhebliche Wirklichkeit „realitätsgerecht"[76] erfaßt werden, insbesondere der Gleichheitssatz ein Lebensverhältnis „sachgerecht" in ein Rechtsverhältnis umformen[77], oder soll

---

71 *BVerfGE 33*, 303 (329) – Numerus clausus –.
72 *Hoffmann-Riem*, Massenmedien, in: Ernst Benda/Werner Maihofer/Hans-Jochen Vogel (Hg.), Handbuch des Verfassungsrechts, 1983, S. 389 (409); *BVerfGE 73*, 118 (154) – Niedersächsisches Rundfunkgesetz –; *E 74*, 297 (331 ff.) – Spartenprogramme –; *E 91*, 125 (134 f.) – Fernsehaufnahmen im Gerichtssaal –; *97*, 228 (3256 ff.) – Kurzberichterstattung –.
73 *BVerfGE 75*, 40 (61 ff.) – Privatschulfinanzierung –.
74 *BVerfGE 93*, 1 (13) – Kruzifix –.
75 *BVerfGE 94*, 166 (213) – Asyl – Flughafenregelung –.
76 *BVerfGE 87*, 153 (172) – Existenzminimum –; *93*, 121 (136) – Vermögensteuer –;
77 *P. Kirchhof*, Der allgemeine Gleichheitssatz, HStR V, § 124 RN 210 f.; *Radbruch* (FN 30); zur Verfassungsrechtsprechung vgl. insbesondere die realitätsgerechte Erfassung der besteuerbaren Leistungsfähigkeit in: *BVerfGE 87*, 153 (172) – Grundfreibetrag –; *93*, 121 (136) – Vermögensteuer –; *99*, 216 (233) – Kinderbetreuungskosten –; *99*, 246 (260 f.) – Familienleistungsausgleich –.

die Höhe der Ausgleichsleistungen als Wiedergutmachung von rechtsstaatswidrigen Enteignungen in der früheren SBZ und DDR nach einem Prinzip der „Realitätsgerechtigkeit" bemessen werden[78], so gewinnt das Grundrecht seinen Inhalt aus den die Norm umgebenden Tatsachen. Wenn allerdings „Optimierungsgebote" bestimmte Norminhalte, je nach (rechtlichen und) tatsächlichen Möglichkeiten in möglichst hohem Maß verwirklichen sollen[79], so überfordert dieser Hang zum Besten unter Vorbehalt des Möglichen das Recht: das Recht regelt die Normalität, die auch unter den Bedingungen der Freiheit auf Dauer und im Durchschnitt stets suboptimal bleiben muß.

Besonders deutlich auf die das Grundrecht umgebende Wirklichkeit beziehen sich der Verhältnismäßigkeitsgrundsatz und der Gleichheitssatz. Der Verhältnismäßigkeitsgrundsatz greift bereits in seiner klassischen Funktion, Eingriffe zu mäßigen, über den tatsächlichen Beurteilungsgegenstand hinaus und bezieht das faktische Umfeld der Norm in deren Deutung ein: Die Geeignetheit prüft noch, ob die geplante Maßnahme den konkret erstrebten Erfolg fördern kann; die Erforderlichkeit hingegen beurteilt, ob ein anderes, gleich wirksames, aber das Grundrecht nicht oder weniger stark einschränkendes Mittel hätte gewählt werden können[80]; die Zumutbarkeit schließlich verlangt eine Gesamtabwägung zwischen der Schwere des Eingriffs und dem Gewicht sowie der Dringlichkeit der ihn rechtfertigenden Gründe, in der Regel des Schutzes anderer oder der Allgemeinheit[81]. Enthält das Grundrecht auch einen Schutzauftrag, überläßt die Verfassung die Ausgestaltung des Zieles in der Regel dem Gesetzgeber, verpflichtet ihn dabei aber auf ein „Untermaßverbot"[82]. Fordert das Grundrecht vom Gesetzgeber eine Grundrechtsausgestaltung und Grundrechtshilfe, so dient das Übermaßverbot weniger dazu, grundrechtliche Freiheit zu schonen, sondern übernimmt insoweit die Funktion, Freiheit verbessert zur Wirkung zu bringen[83]. Der Auftrag zur tatsächlichen, insbesondere finanziellen und organisatorischen Förderung führt die gesetzliche Freiheitshilfe in die allgemeinen Tatsachenvoraussetzungen des Grundrechts.

21
Verhältnismäßigkeit

Der Gleichheitssatz verlangt, insoweit dem Übermaßverbot vergleichbar[84], eine Beurteilung tatsächlicher Ähnlichkeiten oder Verschiedenheiten „hinsichtlich", „mit Blick auf" das Regelungsziel. Das Bundesverfassungsgericht sieht bereits in seinem ersten Urteil[85] den Gleichheitssatz als verletzt an, wenn sich „ein vernünftiger, sich aus der Natur der Sache ergebender [...] Grund für die gesetzliche Differenzierung bei der Gleichbehandlung nicht finden läßt". Später entnimmt es dieses Erfordernis eines sachbereichsbezogen rechtferti-

22
Gleichheit

---

78 *Ossenbühl*, Eigentumsfragen, HStR IX, § 212 RN 106.
79 *Robert Alexy*, Theorie der Grundrechte, 1986; *H.-J. Koch*, Die normtheoretische Basis der Abwägung, in: Wilfried Erbguth u. a. (Hg.), Abwägung im Recht, Symposion Hoppe, 1996, S. 9 (17).
80 *BVerfGE 90*, 145 (172 f.) – Cannabis –.
81 *BVerfGE 90*, 145 (173) – Cannabis –.
82 *BVerfGE 88*, 203 (254) – Schwangerschaftsabbruch II –.
83 *Isensee* (Bibl.), RN 13.
84 *P. Kirchhof*, Gleichheit und Übermaß, in: FS Lerche, 1993, S. 133 ff.
85 *BVerfGE 1*, 14 (52) – Südweststaat –.

genden Grundes[86] noch deutlicher der Wirklichkeit und rückt dort Teile der Realität in das Licht des Rechtserheblichen, beläßt andere im Dunkel des Rechtsunerheblichen[87]. So empfängt der Gleichheitssatz seinen wesentlichen Inhalt aus den in der Regelungsmaterie enthaltenen Sachgesetzlichkeiten. Der Gesetzgeber muß die Realität wirklichkeitsgetreu aufnehmen und den Regelungsgegenstand realitätsgerecht werten und gewichten. Ein solcher Vergleich blickt nicht nur auf den zu beurteilenden Sachverhalt, sondern gewinnt seinen Entscheidungsmaßstab aus dem tatsächlichen Umfeld, aus dem der Beurteilende Gruppen ähnlich oder verschieden Betroffener herauslöst.

B. Wirkungsvoraussetzungen

I. Erscheinungsformen

23
Legitimitätsgrundlagen

Politische Herrschaft, der Staat und eine konkrete Verfassungsordnung gewinnen Legitimität aus der „gelebten" Anerkennung[88], die in den Prinzipien des Friedens, der Freiheit, des Wechselbezugs von Schutz und Gehorsam, der Gerechtigkeit, der ökonomischen Existenzsicherung und Freiheitsentfaltung begründet und in der Legalität öffentlicher Gewalt gefestigt wird. Freiheitliche Verfassungen setzen eine Hochkultur voraus, die den Menschen zur Freiheit befähigt und zur Wahrnehmung dieser Freiheit bereit macht. Wenn aber freiheitliche Rechtsordnungen unter der Bedingung entstehen, „daß man nicht fragt warum"[89], so wird eine solche Rechtsordnung unter dem Vorbehalt der Unbegründetheit oder gar der Unbegründbarkeit ernste Krisen nicht überstehen und sich insbesondere nicht als Garantie von Minderheitsrechten gegen eine Mehrheit durchsetzen. Die universalen Menschenrechte[90] müssen in der konkreten Ordnung eines demokratischen Rechtsstaates zur Wirkung gebracht werden, der virtuell umfassend für die natürlichen Lebensgrundlagen des Menschen, seine wirtschaftliche Entfaltung und seine kulturellen Standards verantwortlich ist, diese Verantwortlichkeit in einer Umgebung weltoffenen Wirtschaftens, übernationaler Freiheitshelfer wie der Europäischen Menschenrechtskonvention und der Europäischen Union, der UNO und der Weltkirchen wahrnimmt. Der Staat muß seine Freiheitsverantwort-

---

86 *BVerfGE 75*, 108 (157) – Künstlersozialversicherung –; *76*, 256 (329) – Rentenanrechnung –; *82*, 159 (180) – Sonderabgaben –; *E 82*, 159 (180 f.) – Absatzfonds –.
87 Vgl. *P. Kirchhof* (FN 77), RN 215 f.
88 *Badura,* Staat und Verfassung in Europa, in: FS Yueh-Sheng Weng, 2002, S. 1043 (1047).
89 So eine Anekdote aus der Kommission für die Erarbeitung der Menschenrechtserklärung der UNO, zitiert nach *Kasper* (Bibl.), S. 99 (100).
90 *Höffe,* Universalistische Ethik und Urteilskraft. Ein aristotelischer Blick auf Kant, in: Ludger Honnefelder (Hg.), Sittliche Lebensform und praktische Vernunft, 1992, S. 59 (61); *Otto Marquardt,* Apologie des Zufälligen, Philosophische Studien, 1986, S. 131; *Stern,* Idee der Menschenrechte und Positivität der Grundrechte, HStR V, § 108 RN 48; *Quaritsch,* Der grundrechtliche Status der Ausländer, ebd. § 120 RN 27 f.; *P. Kirchhof,* Der demokratische Rechtsstaat – die Staatsform der Zugehörigen, HStR IX, § 221 RN 61.

lichkeit in der immer engeren Begegnung verschiedener Kulturen verwirklichen, dabei auch einer antiinstitutionellen Entwicklung der veröffentlichten Meinung und theoretisierender Prognosen über das Absterben oder den bereits realen, aber noch nicht voll erkannten Tod des Staates Herr werden[91].

Die konkrete Ordnung des Grundgesetzes geht von einem zur Würde und damit zur Freiheit befähigten Menschen aus (Art. 1 Abs. 1 GG), dem sie „das Recht auf die freie Entfaltung seiner Persönlichkeit" zuspricht (Art. 2 Abs. 1 GG). Damit nimmt die Verfassung die revolutionäre Aussage von Christentum und Humanismus auf, die nicht mehr nur den König als Abbild Gottes versteht, sondern die Unantastbarkeit von Menschenwürde und Freiheit jedem Menschen zuspricht, sie also demokratisiert und egalisiert und damit der Entfremdung und Diskriminierung der Menschen je nach ihren Unterschieden widerspricht. Unterschieden wird „nicht mehr Jude und Grieche, Sklave und Freier, Mann und Frau"; dem Recht liegt die Gleichheit des Menschen in innerer Berufung und Fähigkeit zur Freiheit zu Grunde[92]. Es vertraut auf die Gemeinwohlfähigkeit des Menschen und Bürgers, auf seine Aktivität, Anstrengungsbereitschaft, Tüchtigkeit, Loyalität und Urteilskraft[93]. Die Verfassung baut jedoch nicht auf ein Tugendmodell, das vom Menschen Uneigennützigkeit, Opferbereitschaft, Liebe zum Vaterland und zu seinen Gesetzen erwartet und dieses – in der Französischen Revolution wie im Marxismus – auch zu erzwingen sucht[94], sondern stützt sich auf ein Interessenmodell, in dem der Mensch eigennützig handelt und sein Eigeninteresse verfolgt, die Tugend und ein Ethos der Verantwortlichkeit damit nicht zur Rechtspflicht, wohl aber zur Bedingung der Möglichkeit von Freiheit macht[95]. Sozial- und kulturstaatliche Flankierungen dieser Freiheit zu Eigennutz, Wettbewerb und Markt schwächen deren Folgen ab, stellen aber das Prinzip der Freiheit zum eigennützigen Leben nicht in Frage. Dieses Interessenmodell vermeidet eine Erziehungsdiktatur im Namen der Moral, setzt aber ebenso entschieden auf andere Quellen von Freiheitskultur und Freiheitsethos.

24 Freiheit zum „tugendhaften" oder zum „eigennützigen" Leben

Der Mensch ist auf den Menschen angewiesen. Er verdankt seinen Eltern Existenz, Sprache, Zugang zu Gesellschaft und Kultur. Er übt seine Freiheitsrechte in der Begegnung mit anderen aus, erwartet eine Friedensordnung, eine arbeitsteilige Wirtschaft, einen offenen allgemeinen Willensbildungsprozeß von der Gemeinschaft von Menschen, setzt in der sozialen Zugehörigkeit zu einer Rechtsgemeinschaft auf Beistand in der Not und Hilfe zur ökonomischen, kulturellen und rechtlichen Normalität. Diese Freiheit in der Rechtsgemeinschaft braucht Stetigkeit in den Freiheitsvoraussetzungen und auf dieser Grundlage Offenheit für das Neue, braucht also einen rechtlichen und organisatorischen Rahmen, der die Gewißheit von Rechtsgewähr und Friedenssicherung bietet, die Ungewißheit der Lebensrisiken und politischen Entwick-

25 Der Mensch ist auf den Menschen angewiesen

---

91 *Badura* (FN 88), S. 1044.
92 *Kasper* (Bibl.), S. 105, 110.
93 *Hans H. Klein*, Die Grundrechte im demokratischen Staat, 1972, S. 38 f.
94 *Isensee* (Bibl.), RN 234 f.
95 *Isensee* (Bibl.), RN 237 f., 243 f.

lungen mäßigt, die Erneuerungskraft im Prinzip der Freiheit und im Gestaltungsauftrag an die Politik formt und verstetigt.

26
Grundrechte in einem europa- und weltoffenen Staat

Die Grundrechte „binden Gesetzgebung, vollziehende Gewalt und Rechtsprechung" (Art. 1 Abs. 3 GG), handeln also von der Grundrechtsverpflichtung der deutschen Staatsgewalt und scheinen damit die Einwirkungen fremder Rechtsordnungen als Voraussetzungen zu verstehen, die nicht vom Grundgesetz dirigiert werden. Im Rahmen eines Staates, der als Mitglied der Europäischen Union an der europäischen Integration mitwirkt (Art. 23 Abs. 1 Satz 1 GG), gewährleisten der Grundrechtschutz und das Bundesverfassungsgericht aber auch, daß ein wirksamer Schutz der Grundrechte für die Einwohner Deutschlands auch gegenüber der Hoheitsgewalt der Gemeinschaft generell sichergestellt und dieser dem vom Grundgesetz als unabdingbar gebotenen Grundrechtschutz im wesentlichen gleich zu achten ist. „Das Bundesverfassungsgericht sichert so diesen Wesensgehalt auch gegenüber der Hoheitsgewalt der Gemeinschaft"[96]. Dementsprechend gilt die Charta der Grundrechte der Union[97] nur für die europäischen Organe und Einrichtungen (Art. II – 51 Abs. 1) und sichert ausdrücklich zu, daß diese Charta das durch die Verfassungen der Mitgliedstaaten anerkannte Schutzniveau nicht berührt (Art. II – 53). Wirkt die deutsche Staatsgewalt mit einer ausländischen oder supranationalen Staatsgewalt zusammen und werden dadurch – insbesondere bei Auslieferung, Ausweisung und Abschiebung – grundrechtswidrige Hoheitsakte wie der Folter, der unmenschlichen Strafen oder der Todesstrafe möglich, so bleibt die deutsche Staatsgewalt für dieses von ihr mitbewirkte Unrecht mitverantwortlich; sie darf deshalb nur unter Kautelen handeln, die eine Beachtung der deutschen Grundrechte zu Gunsten des von Deutschland in den fremden Hoheitsbereich übergebenen Menschen sichern[98]. Darüber hinaus wird der Grundrechtschutz in Deutschland durch die Europäische und die internationale Gemeinschaft der Staaten bekräftigt und zusätzlich legitimiert: Europa schöpft „aus den kulturellen, religiösen und humanistischen Überlieferungen Europas, deren Werte in seinem Erbe weiter lebendig sind"[99], und anerkennt auf dieser Grundlage die Charta der Grundrechte als Teil II der Europäischen Verfassung (Art. 1 – 7 Abs. 1). Die Europäische Menschenrechtskonvention[100] legitimiert die Grundrechtentwicklung in den europäischen Staaten, sichert einen gemeinsamen Standard und fundiert die allgemeine Überzeugung der unverzichtbaren und unveräußerlichen Menschen-

---

96 *BVerfGE 89*, 155 (174 f.) – Maastricht –; Abweichung von *BVerfGE 58*, 1 (27) – Eurocontrol I –.
97 Nunmehr Teil II des Entwurfs eines Vertrages über eine Verfassung für Europa, dem Europäischen Rat auf seiner Tagung in Thessaloniki am 20. Juni 2002 überreicht, CONV 820/03, abgedruckt in: EuGRZ 2003, S. 357 (369).
98 *BVerfGE 75*, 1 (16 f.) – ne bis in idem im allgemeinen Völkerrecht –; *BVerfGE 94*, 49 (100) – Sichere Drittstaaten –; *E 81*, 142 (155) – Folter –; *E 63*, 332 (337 ff.) – Auslieferung zur Vollstreckung eines ausländischen Strafurteils –; *BVerwGE 78*, 285 (295); s. auch *Hans-Joachim Cremer*, Der Schutz vor den Auslandsfolgen aufenthaltsbeendender Maßnahmen, 1994.
99 Präambel des Entwurfs eines Vertrages über eine Verfassung von Europa (FN 97).
100 Konvention zum Schutze der Menschenrechte und Grundfreiheiten vom 4. 11. 1950 (BGBl. 1952 II, S. 685 ff.); dazu *Jochen Abr. Frowein/Wolfgang Peukert*, Europäische Menschenrechtskonvention, EMRK-Kommentar, ²1996.

rechte. Die allgemeinen Regeln des Völkerrechts verallgemeinern und festigen einen menschenrechtlichen Mindeststandard, geben der deutschen Grundrechtsordnung damit eine Elementarorientierung[101]. Weltweite Menschenrechtsgewährleistungen[102] bieten zumindest einen allgemeinen rechtlichen Rahmen, der Anspruch und Realisierungsbedingungen der Menschenrechte im elementaren Bewußtsein der Staaten und der Menschen hält. Die Weltkirchen[103] bieten den Menschenrechten und ihrer Wahrnehmung ethische Voraussetzungen, die der weltanschaulich neutrale Staat nur pflegen und fördern, nicht aber inhaltlich formulieren kann. Die universalen Menschenrechte scheinen – trotz der Autonomie und Vielfalt des Rechtsdenkens in den jeweiligen Staaten[104] – in einer zusammenwachsenden Welt verbesserte Voraussetzungen vorzufinden.

27 Rechtliche Wirkungsvoraussetzungen

Die Wirkungsvoraussetzungen der Grundrechte sind heute in der Dichte rechtsstaatlicher Gesetzgebung meistens rechtlich ausgestaltet, im Aufeinandertreffen und Zusammenwirken der Grundrechtsträger aufeinander abgestimmt, in Schutzpflichten und objektiven Gewährleistungen[105] auch gegenüber Einwirkungen Dritter abgeschirmt, in ihren tatsächlichen Grundrechtsvoraussetzungen geformt und im Organisationsrecht sowie in Leistungsrechten gesichert. Der Gesetzgeber regelt das Eigentum in seinem Gegenstand[106] und in seinen Rechtsfolgen[107], bietet in gesetzlichen „Berufsbildern"[108], aber auch in marktbezogenen Informationen des Staates[109] tatsächliche Freiheitsvoraussetzungen, schafft im Rechtsinstitut von Ehe und Familie[110], aber auch in arbeits-, sozial- und steuerrechtlichen Vorkehrungen[111] Fundament und Rahmen dafür, daß das Angebot zu Ehe und Familie tatsächlich angenommen wird und die Zukunft von Staat und Gesellschaft sichern kann. „Der Staat hat die Pflege der freien Wissenschaft und ihre Vermittlung an die nachfolgende Generation durch Bereitstellung von personellen, finanziellen und organisatorischen Mitteln zu ermöglichen und zu fördern"[112]. Die Vereinigungsfreiheit des Art. 9 Abs. 1 GG ist auf tatsächliche Zusammenschlüsse angewiesen[113], lebt also auch von einer vorgefundenen und entwicklungsfähigen Vereini-

---

101 *Steinberger*, Allgemeine Regeln des Völkerrechts, HStR VII, § 173 RN 72 f.
102 Vgl. *Frowein*, Übernationale Menschenrechtsgewährleistung und nationale Staatsgewalt, HStR VII, § 180 RN 33 f. m.N.
103 *Kasper* (Bibl.); *Karl Lehmann*, Die Funktion von Glaube und Kirche angesichts der Sinnproblematik in Gesellschaft und Staat heute, Essener Gespräche, 11 (1977), S. 1 f.
104 Für die europäischen Staaten: *Henning Köppen*, Verfassungsfunktionen – Vertragsfunktionen, 2002, S. 231.
105 *BVerfGE 7*, 198 (205) – Lüth –; *6*, 55 (72) – Zusammenveranlagung von Ehegatten –; *12*, 205 (259) – Fernsehstreit –; *25*, 256 (273) – Blinkfüer –; *30*, 173 (188 ff.) – Mephisto –; *33*, 303 (330 f.) – numerus clausus –; *35*, 79 (114) – Hochschulurteil –; *39*, 1 (36) – Schwangerschaftsabbruch I –; *88*, 203 – Schwangerschaftsabbruch II –.
106 *BVerfGE 58*, 300 (335) – Naßauskiesung –.
107 *BVerfGE 97*, 350 (370) – Euro –.
108 Vgl. FN 47
109 *BVerfGE 105*, 252 (265 f.) – Glykol –.
110 *BVerfGE 6*, 55 (72) – Haushaltsbesteuerung –.
111 *BVerfGE 87*, 1 (35 f.) – Trümmerfrauen –; *88*, 203 (259 f.) – Schwangerschaftsabbruch II –.
112 *BVerfGE 35*, 79 (114 f.) – Hochschulurteil –.
113 *BVerfGE 50*, 290 (354) – Mitbestimmungsurteil –.

gungskultur. Ausdrückliche Verfassungsaufträge zur Gestaltung der Wirklichkeit – die Förderung der tatsächlichen Durchsetzung der Gleichberechtigung (Art. 3 Abs. 2 Satz 2 GG), der Schutz und die Fürsorge der Gemeinschaft für jede Mutter (Art. 6 Abs. 4 GG), die Schaffung gleicher Bedingungen für die leibliche und seelische Entwicklung der unehelichen Kinder und ihre Stellung in der Gesellschaft (Art. 6 Abs. 5 GG) – verlangen vom Gesetzgeber, daß er das reale und rechtliche Umfeld eines Freiheitsrechts freiheitsdienlich aufbereitet. Auch die Schutz- und Sozialverpflichtung der Art. 1 Abs. 1 Satz 2 GG (Schutz der Menschenwürde), Art. 6 Abs. 1 GG (besonderer Schutz von Ehe und Familie) und Art. 14 Abs. 2 GG (Verpflichtung des Eigentums, Privatnützigkeit und Allgemeindienlichkeit des Eigentumsgebrauchs) erfassen die Wirkungsvoraussetzungen.

II. Wirkungsinstrumente und Gefährdungspotential

28
Garant und potentieller Gegner

Die Mitverantwortlichkeit des Staates für die Wirkungsvoraussetzungen macht ihn zu einem der Garanten, potentiell aber auch zu einem Gegner der Freiheit. Der Staat ist nicht nur der Hoheitsträger, der gelegentlich in Freiheitsrechte eingreift, sondern vor allem Rechtsetzer, Organisator, Finanzier, Wissender, der seine Handlungsmittel einsetzt, um ein freiheitsgerechtes Umfeld zu schaffen, dabei aber auch Freiheit gefährden kann.

29
Freiheitsrecht und staatliche Regelung

Staatliche Gesetzgebung hat deshalb zunächst die Aufgabe, die freiheitsdienliche Wirklichkeit aufzunehmen und in Rechtsinstituten zu formen, dem Handeln des Berechtigten Verbindlichkeit zu vermitteln, es zu schützen und in seinen Wirkungsmöglichkeiten zu entfalten, die Wirkungsvoraussetzungen der Freiheit aufzubauen, zu verstetigen und weiterzuentwickeln. Gesetzgebung ist mehr Grundrechtsprägung als Grundrechtseingriff[114]. Freiheitsrechte belassen dem Menschen seine Selbstbestimmung, ohne deren Voraussetzungen und Wahrnehmung staatlich zu regeln. Freiheit bewährt sich deshalb in einer Gesetzgebung und einem Gesetzesvollzug, der viele Lebensbereiche kaum erfaßt, im übrigen die Dichte der Regelungen freiheitsgerecht lockert. Die gegenwärtige Gesetzgebung allerdings ist thematisch kaum begrenzt[115]; sie erreicht eine Intensität und Dichte, die teilweise ihre Vollziehbarkeit gefährdet. Vor allem aber muß der Gesetzgeber vermehrt auf die Bereitschaft zum Recht und zum Frieden hinwirken. Wenn Selbstmordattentäter um ihres Angriffs willen sich selbst aufzugeben bereit sind, vermag die Rechtsordnung mit Pflichten und Sanktionen nichts auszurichten. Sie steht erneut vor der Aufgabe, daran mitzuwirken, daß eine Freiheitskultur bewahrt wird oder neu entsteht.

---

114 *Lerche* (Bibl.), RN 12 f.
115 *Hans Schneider*, Gesetzgebungslehre, ³2002, RN 31 ff.

Freiheit braucht auch institutionelle und organisatorische Rahmenbedingungen. Eine freiheitliche Demokratie ist auf Staatsvolk[116] und Staat angelegt[117]. Der Rechtsstaat schafft mit der Verbindlichkeit des Gesetzes und einer Gewaltenteilung, insbesondere dem Grundrechtsschutz durch Gerichte, Wirkungsbedingungen und Gestaltungskraft der Grundrechte. Das Bundesstaatsprinzip sucht in der vertikalen Teilung der Staatsgewalt freiheitliche Differenzierungen und bürgernahe Entscheidungen zu organisieren. Die Wissenschafts- und Lernfreiheit ereignet sich überwiegend in staatlichen Universitäten[118]. Die Kunstfreiheit beansprucht Kunstakademien, staatliche Opern und Theater, Aufträge der öffentlichen Hand als Nachfrager und Mäzen. Die Religionsfreiheit findet in den Kirchen ihre Mitte. Die Presse- und Rundfunkfreiheit ist auf Verlage, Redaktionen, private und öffentliche Rundfunkanstalten[119] angewiesen. Unternehmerfreiheit, die Berufsfreiheit des Arbeitnehmers und die Nachfragefreiheit der Konsumenten gründen sich weitgehend auf die Existenz privatwirtschaftlicher Unternehmen und ihre freiheitsermöglichende Tätigkeit[120]. Staatliche Organisationen und staatlich bereitgestellte Verfahren geben den Justizgrundrechten, aber auch sonstigen Grundrechten ihren tatsächlichen Anwendungsbereich.

30
Organisatorische Freiheitsgrundlagen

Viele Wirkungsvoraussetzungen der Grundrechte werden durch die staatliche Finanzmacht geschaffen und gefördert. Wenn der Staat den Grundrechtsberechtigten in Transferzahlungen oder Subventionen Geld zuwendet, vermittelt er ihm die Kraft zu fast beliebiger Nachfrage nach Gütern und Dienstleistungen, gibt ihm eine Blankettbefähigung zu ökonomischem Handeln. Die Finanzverfassung des Grundgesetzes setzt die freiheitsermöglichende und freiheitsanregende Staatsmacht bewußt zur Sicherung der Grundrechtsvoraussetzung eines gesamtwirtschaftlichen Gleichgewichts ein (Art. 109 Abs. 2 GG), begründet in der von der Besteuerungsgewalt abgehobenen Budgethoheit des Gesetzgebers (Art. 110 GG) eine programmatische Gestaltungsmacht des Parlaments für eine finanzwirtschaftliche Freiheitspolitik, die Wirkungs- und Wahrnehmungsvoraussetzungen schafft und gestaltet. Die bundesstaatliche Verteilung von Ertragshoheit (Art. 106, 107 GG) und Ausgabenkompetenz (Art. 104 a GG) sucht in dem Verteilungsprinzip freiheitsgerechte Verteilungswirkungen vorzuzeichnen. Die staatliche Finanzmacht ist heute das wichtigste Instrument, mit dem der Staat Wirkungsvoraussetzungen der Grundrechte herstellt, befestigt oder verändert.

31
Finanzmacht des Staates

Diese – stetig wachsende – Finanzmacht des Staates ist gegenwärtig noch nicht hinreichend gemäßigt. Wenn eine freiheitliche Verfassung durch die Garantie von Berufs- und Eigentümerfreiheit die Produktionsfaktoren Kapi-

32
Steuer und Steuerlenkung

---

116 *BVerfGE 83*, 37 (50 ff.) – Schleswig-holsteinisches Ausländerwahlrecht –.
117 *Christian Seiler*, Der souveräne Verfassungsstaat zwischen demokratischer Rückbindung und überstaatlicher Einbindung, Habil. Heidelberg 2003; zur Frage zukünftiger Ersetzbarkeit des Staates in der Entwicklung von EU, WTO, IWF und Weltbank: *Uwe Volkmann*, Setzt Demokratie den Staat voraus?, AöR 127 (2002), S. 575 ff.
118 *BVerfGE 33*, 303 – Numerus clausus –; *E 35*, 79 – Hochschulurteil –.
119 *BVerfGE 74*, 297 – 5. Rundfunkurteil –; *BVerfGE 83*, 238 (246 ff.) – 6. Rundfunkurteil –.
120 *BVerfGE 50*, 290 (354 f.) – Mitbestimmung –.

tal und Arbeit in private Hand gibt, also strukturell auf staatliche Unternehmen verzichtet, finanziert der Verfassungsstaat sich durch Teilhabe am Erfolg privaten Wirtschaftens, also durch Steuern, die auf wirtschaftlich vorgefundene Größen – das Einkommen und die Kaufkraft – zugreifen. Diese freiheitsrechtliche Trennung zwischen der privatnützigen Finanzkraft als individueller Freiheitsvoraussetzung und dem steuerlichen Zugriff auf diese Leistungsfähigkeit[121] schirmt das Eigentum und den Erfolg beruflichen Erwerbsstrebens gegen den staatlichen Eingriff und die staatliche Lenkung ab, hat aber dennoch nicht verhindern können, daß Steuerzugriff und Lenkung durch Steuern intensiver geworden sind. Eine Verschiebung des Steuerzugriffs von den direkten, merklichen auf die indirekten, unmerklichen Steuern schwächt die Abwehrbereitschaft des Betroffenen, mindert den Bürgersinn der Zugehörigkeit zum Staat dank Mitfinanzierung, erschwert im übrigen im Zugriff auf den anonym bleibenden Konsumenten eine Lastendifferenzierung nach Leistungsfähigkeit und zieht vor allem die Bezieher kleinerer Einkommen, die ihr gesamtes Einkommen konsumieren und nicht investieren und sparen können, überproportional zur Staatsfinanzierung heran. Der Grundrechtsschutz aber mäßigt die Gesamtsteuerlast[122]. Die Eigentumsgarantie schützt den Steuerpflichtigen vor einem erdrosselnden Eingriff gleich welcher Art und vor jeder grundlegenden Veränderung seiner Einkommens- und Vermögensverhältnisse[123]. Die Gesamtsteuerbelastung des Ertrages muß je nach seiner Höhe individuell abgestimmt werden, darf aber die Obergrenze in der Nähe der hälftigen Teilung zwischen privater und öffentlicher Hand nicht überschreiten[124]. Die Steuersubvention[125] muß vom Gesetzgeber bewußt verantwortet und kann nur aus Gründen des Gemeinwohls gerechtfertigt werden[126]. Dennoch ist das Steuerrecht gegenwärtig vielfach durch steuerliche Anreize oder Sonderbelastungen überlagert und verfremdet, die den Steuerpflichtigen motivationsbestimmend[127] in seinem Verhalten zu lenken, ihm also ein Stück seiner Freiheit „abzukaufen" suchen. Der Steuerpflichtige ist inzwischen daran gewöhnt, einen Teil seiner Verhaltensfreiheiten und seines privatnützigen Eigentums in einem staatlichen Subventionsprogramm zu binden, um eine Steuerentlastung zu erreichen. Das Steuerrecht baut insoweit nicht mehr auf den Grundgedanken der Freiheit, daß der Freiheitsberechtigte über den ihm zugewiesenen Freiheitsbereich am besten autonom entscheidet, sondern sucht ihn durch Subventionsanreize oder die Androhung von Sonderbe-

---

[121] Vgl. *Friedrich Julius Neumann*, Die Steuer nach der Steuerfähigkeit, Jahrbücher für Nationalökonomie und Statistik, 1 (1880), S. 511 f. ; *Dieter Birk,* Das Leistungsfähigkeitsprinzip als Maßstab der Steuernormen, 1983, S. 6 f.; *Klaus Tipke,* Die Steuerrechtsordnung, ²2000, S. 481 f., 492 f., 550 f.; *P. Kirchhof,* Besteuerung im Verfassungsstaat, 2000, S. 17 f.
[122] *BVerfGE 93*, 121 (135, 138) – Vermögensteuer –.
[123] Seit *BVerfGE 14*, 221 (241) – Fremdrenten –; *19*, 119 (129) – Couponsteuer – ständige Rechtsprechung, vgl. *E 82*, 159 (190) – Absatzfonds –; *93*, 121 (137 f.) – Vermögensteuer –.
[124] *BVerfGE 93*, 121 (138) – Vermögensteuer –.
[125] *Peter Selmer,* Steuerinterventionismus und Verfassungsrecht, 1971; *Georg Jochum*, Die Steuervergünstigung, Habil. Konstanz 2003; *P. Kirchhof,* Die Steuersubvention, in: FS Selmer, 2003, i.E.
[126] *BVerfGE 93*, 121 (147) – Vermögensteuer –; *98*, 106 (117 f.) – Verpackungsteuer –; *99*, 280 (296 f.) – Zulage Ost –; *105*, 73 (112 f.) – Rentenbesteuerung –.
[127] *BVerfGE 13*, 181 (186) – Schankerlaubnissteuer –.

lastungen in ein bestimmtes Verhalten zu drängen. Die praktischen Folgen sind vielfach Fehlallokationen, Kapitalvernichtungen und eine steuerliche Sehnsucht nach Verlusten in Verlustzuweisungsgesellschaften. Ähnliches gilt für die Leistungssubventionen[128]. Der regelmäßige Subventionsbericht der Bundesregierung soll nach § 12 StabilitätsG[129] in einer Subventionsabbauliste den Berechtigten ein Stück ihrer Freiheitsvoraussetzungen zurückgeben[130], verfehlt aber seit dem 6. Subventionsbericht[131] diesen Auftrag zu wesentlichen Teilen, weil dort Subventionen mit großer Breitenwirkung in Nichtsubventionen umdefiniert worden sind. Die Verpflichtung des Staates auf den Respekt vor Freiheitsvoraussetzungen bleibt fast ohne Wirkung.

Der freiheitliche Staat scheint in der Organisation der Wirtschaftsverfassung besonders auf die Freiheitsinitiativen der Berechtigten und ihrer Kraft, Gemeinwohl hervorzubringen, zu vertrauen. Die eigennützige Erwerbsanstrengung der Freiheitsberechtigten weist einen verläßlichen Weg, um den individuellen Bedarf zu erkunden und zu befriedigen, zugleich die allgemeine Prosperität zu fördern[132]. Der Staat gibt durch die Berufs- und Eigentümerfreiheit die Produktionsfaktoren Kapital und Arbeit in private Hand, verzichtet damit strukturell auf die staatliche Marktteilhabe als Anbieter und Nachfrager und vertraut darauf, daß die private Erwerbsanstrengung, der Leistungswettbewerb, die freie Preisbildung und grundsätzliche Freizügigkeit von Arbeit, Kapital, Gütern und Dienstleistungen die ökonomischen Wirkungsvoraussetzungen der Grundrechte hervorbringt und kontinuierlich sichert. Auch dabei aber muß die staatliche Rechtsordnung durch das Wettbewerbs- und Kartellrecht ein Stück Chancengleichheit und den „lauteren" Wettbewerb sichern[133], Markttransparenz und Informationswahrheit gewährleisten[134], im Sozialrecht Wirkungsvoraussetzungen für die im Marktwettbewerb Erfolglosen schaffen[135], in seiner Stabilitätspolitik (Art. 109 Abs. 2 GG) und der Verantwortlichkeit von Bundesbank und Europäischer Zentralbank (Art. 88 GG) die Rahmenbedingungen des Wirtschaftens festigen und verbessern, im Wirtschaftsverwaltungsrecht[136], im Arbeits-, Berufs- und Verbraucherschutzrecht das richtige Maß zur Pflege von Wirkungsvoraussetzungen suchen[137]. Marktwirt-

33
Die Wirtschaftsverfassung

---

128 Zu deren Vorzugswürdigkeit gegenüber der Steuersubvention vgl. *P. Kirchhof* (FN 125).
129 Gesetz zur Förderung der Stabilität und des Wachstums der Wirtschaft vom 8.6.1967 (BGBl. I S. 582).
130 *Klaus Stern/Peter Münch/Karl-Heinrich Hansmeyer*, Gesetz zur Förderung der Stabilität und des Wachstums der Wirtschaft, 1972, § 12, V, 5.
131 BT-Drucks. 8/1195, S. 1 ff.
132 Vgl. *Hans Heinrich Rupp*, Grundgesetz und Wirtschaftsverfassung, 1974; *Fritz Rittner*, Wirtschaftsrecht, ²1987, S. 25 f.; *Stern*, Staatsrecht III/1 (LitVerz.), S. 879 f.; *R. Schmidt*, Staatliche Verantwortung für die Wirtschaft, HStR III, § 83 RN 15 f.; → Bd. II: *Badura*, Grundrechte und Wirtschaftsordnung.
133 BVerfGE 94, 372 (391) – Werbeverbot bei Apothekern –.
134 BVerfGE 105, 252 (267) – Glykol –.
135 BVerfGE 82, 80 f. – Steuerfreies Existenzminimum –; 99, 216 (232 f.) – Kinderbetreuungskosten –.
136 *R. Schmidt* (FN 132), RN 33; *Rittner* (FN 132), S. 101 ff.
137 Zum Beurteilungs- und Prognoseraum des Gesetzgebers vgl. BVerfGE 37, 1 (20) – Stabilisierungsfonds –; 40, 196 (223) – Güterkraftverkehrsgesetz: Evidenzkontrolle –; 25, 1 (12 f., 17) – Mühlengesetz –; 30, 250 (263) – Absicherungsgesetz –; 39, 210 (225 f.) – Mühlenstrukturgesetz: Vertretbarkeitskontrolle –; 7, 377 (415) – Apothekenurteil –; 11, 30 (45) – Kassenärzte –; 17, 269 (276 f.) – Arzneimittelgesetz –; intensivierte inhaltliche Kontrolle, zusammenfassend BVerfGE 50, 290 (333) – Mitbestimmungsgesetz –; die Unterscheidung dieser drei Kontrollmaßstäbe wiederum bewußt offenlassend BVerfGE 88, 203 (262) – Schwangerschaftsabbruch II –.

schaft und Wettbewerb sind in die Verantwortung der Freiheitsberechtigten gegeben, entwickeln sich aber ebenfalls im Rahmen gesetzlicher Vorgaben und staatlicher Lenkung und Intervention.

34
Staatliche Wissensvermittlung und staatliche Empfehlungen

Jeder Staat beansprucht das Handlungsmittel des Verwaltens durch geistigen Einfluß[138]. Das Presse- und Informationsamt der Bundesregierung erfüllt eine umfassend verstandene Aufgabe staatlicher „Öffentlichkeitsarbeit"[139], die informiert und kommentiert, aber auch die öffentliche Meinung als Unterlage für die politische Arbeit der Bundesregierung laufend erforscht[140]. Das Statistische Bundesamt will einen möglichst geschlossenen Überblick über die in Zahlen meßbaren Tatbestände und Vorgänge aus dem gesellschaftlichen, wirtschaftlichen und sozialen Leben der Bundesrepublik Deutschland anbieten und damit ein Faktenwissen als Wirkungsvoraussetzung bereitstellen[141]. Die staatliche Schule schuldet dem jungen Menschen „eine seiner Begabung entsprechende Erziehung und Ausbildung"[142]. In den staatlichen Universitäten gewinnt der Hochschullehrer die Möglichkeit der „Fremdbestimmung" gegenüber den Studenten, die eine „Treueklausel" (Art. 5 Abs. 3 Satz 2 GG) notwendig erscheinen ließ[143]. Staatliche Berufsberatung und empfehlende Arbeitsvermittlung[144] beeinflussen Individualentscheidungen; die Gesundheitsaufklärung sucht in regelmäßigen Gesundheitsberichten des zuständigen Bundesministers[145] die Wirkungsvoraussetzung der Gesundheit informierend und verbessernd mitzugestalten. Marktbezogene Informationen des Staates nehmen Einfluß auf das Wettbewerbsgeschehen und suchen mit einem möglichst hohen Maß an Informationen der Marktteilnehmer die „Grundlage der Funktionsfähigkeit des Wettbewerbs" zu schaffen[146].

35
Kulturstaatliche Einwirkungen

Der Verfassungsauftrag der Kulturstaatlichkeit[147] zielt auf die Garantie und den Schutz von Bildung, von Freiheit, Autonomie und Pluralität von Kunst und Wissenschaft sowie die Gewährleistung der Geistesfreiheit schlechthin[148]; dabei ist der Staat Kulturförderer, der in Offenheit, Vielfalt und Toleranz[149] Wissen, stetige Lehre, Wissenschaftsorganisation und Finanzierung anbietet,

---

138 *Roman Herzog*, Allgemeine Staatslehre, 1971, S. 177 f.
139 *Walter Leisner*, Öffentlichkeitsarbeit der Regierung im Rechtsstaat, 1966.
140 Bundeshaushaltsplan für das Haushaltsjahr 2003. Bd. I, Einzelplan 04, Kap. 0403, hg. vom Presse- und Informationsamt der Bundesregierung, S. 15; *BVerfGE 20*, 56 (91 f.) – Parteienfinanzierung –.
141 „In einer Zeit, in der intensiv über den Wirtschaftsstandort Deutschland, über die notwendigen Konsequenzen aus den sich immer rascher wandelnden demographischen, wirtschaftlichen, sozialen und ökologischen Verhältnissen sowie den Umbruch von der Industrie- zur Informationsgesellschaft diskutiert wird, bietet das Statistische Jahrbuch mit seinen Daten unentbehrliche Entscheidungsgrundlagen. [...]". Zit. aus: *Statistisches Bundesamt*, Statistisches Jahrbuch 2002, S. 3.
142 Vgl. Art. 11 Verf. Baden-Württemberg.
143 Parlamentarischer Rat, 25. Sitzung vom 24.11.1948, Sten. Ber., S. 55 f., Plenum, Sitzung vom 6.5.1949, Sten. Ber., S. 176 f.; dazu *Zwirner*, Zum Grundrecht der Wissenschaftsfreiheit, AöR 98 (1973), S. 313 ff.
144 Art. 74 Abs. 1 Nr. 12 GG, §§ 29 ff., 35 ff. SGB III.
145 Statistisches Bundesamt (Hg.), Gesundheitsbericht für Deutschland, 1998.
146 *BVerfGE 105*, 252 (266) – Glykol –.
147 *BVerfGE 35*, 79 (114) – Hochschulselbstverwaltung –; *36*, 321 (331) – Umsatzsteuer Schallplatte –.
148 *Oppermann* (Bibl.), RN 23 f.
149 Peter Häberle (Hg.), Kulturstaatlichkeit und Kulturverfassungsrecht, 1982; *Oppermann* (Bibl.), RN 24.

dabei aber auch Schwerpunkte setzt und eine sachgerechte Auswahl trifft[150]. Die Selbstdarstellung des Staates in seinen Organen und Repräsentanten, seinen Symbolen, Gedenktagen, Hymnen und Ehrenzeichen vermittelt dem Bürger Existenz und Einheit des Staates, ebenso aber auch die diesen Staat prägenden und legitimierenden Werte und Leitvorstellungen[151]. In dieser politischen, dem Bürger nachvollziehbaren Sinngebung[152] fördert der Staat die Zusammengehörigkeit der Bürger in dem Staat, sucht die staatskonstituierenden Werte zu festigen und zu erneuern, stützt die soziale Zugehörigkeit aller im Staat lebenden Menschen zum Rechts- und Sozialstaat.

Eine wesentliche Grundlage dieser staatlichen Pflege von Wirkungsvoraussetzungen ist das staatliche Wissen. Der Staat muß Daten für statistische Zwecke erheben und verarbeiten, um die wirtschaftliche, ökologische und soziale Entwicklung und ihre Zusammenhänge laufend beobachten und gestalten zu können[153]. Dabei sind die personenbezogenen Informationen auch ein Abbild sozialer Realität, das nicht ausschließlich dem Betroffenen zugeordnet werden kann, vielmehr teilweise der Selbstbestimmung des Betroffenen unterliegt, teilweise als Gemeinschaftsgut verallgemeinerungsfähig ist[154]. Die modernen Informationstechnologien erlauben zudem eine Datenkombination und Datenbewertung, die aus anfangs kaum personenbezogenen Daten ein aussagekräftiges Persönlichkeitsbild zusammenfügt. Aus dieser Wissensmacht ergeben sich staatliche Instrumente, um die Freiheitsbedürfnisse in ihren Voraussetzungen zu erkunden und zu befriedigen, zugleich aber Anforderungen eines grundrechtlichen Datenschutzes, der die Balance zwischen freiheitsdienlichem staatlichen Wissen und freiheitsbedrohendem Informationseingriff wahrt[155]. Eine ähnlich sensible Abstimmung zwischen Freiheitsförderung und Freiheitsbevormundung obliegt dem Staat bei seinem schulischen Bildungsauftrag (Art. 7 Abs. 1 GG)[156], seiner universitären Lehre (Art. 5 Abs. 3 GG)[157], bei seiner empfehlenden, warnenden und aufklärenden Intervention im Wirtschaftsmarkt, im Gesundheitswesen oder in der Arbeitsmarktpolitik[158].

36
Gestaltungsmacht und Risiko staatlichen Wissens

Die Aufgaben- und Befugnisteilung zwischen freiheitsverpflichtetem Staat und freiheitsberechtigter Gesellschaft vollzieht sich traditionell in einer Formenbindung staatlichen Handelns. Die Handlungsmittel des Staates sind das Gesetz, der Verwaltungsakt und der Richterspruch. Gegenwärtig allerdings sucht sich die öffentliche Hand immer mehr von der Formenbindung zu lösen,

37
Verfassungsrechtliche Formenbindung und informales Handeln

---

150 *Werner Thieme*, Deutsches Hochschulrecht, ²1986, S. 25 f.; *Oppermann* (Bibl.), RN 23 f.
151 *E. Klein*, Die Staatssymbole, HStR ³II, § 19 RN 1 f.
152 *Stern*, Staatsrecht I (LitVerz.), S. 282 f.
153 *BVerfGE* 65, 1 (47) – Volkszählung –.
154 Vgl. *BVerfGE* 65, 1 (42 f.).
155 *BVerfGE* 27, 344 (350 f.) – Scheidungsakten –; *32*, 373 (379) – Arztkartei –; *34*, 238 (246 f.) – Heimliche Tonbandaufnahmen –; *35*, 302 (320 f.) – Lebach –; *44*, 353 (372 f.) – Suchtkrankenberatungsstelle –; *54*, 148 (155) – Eppler –; *56*, 37 (41 ff.) – Selbstbezichtigung –; *63*, 131 (142 f.) – Gegendarstellung –; *65*, 1 (38 f.) – Volkszählungsurteil –; *67*, 100 (142 f.) – Flick-Ausschuß –; *80*, 367 (373 f.) – Tagebuch –; *84*, 239 (278 ff.) – Zinsurteil –.
156 Vgl. FN 142 f.
157 Vgl. *Zwirner* (FN 143).
158 Vgl. FN 144 ff.

§ 21   Zweiter Teil: III. Voraussetzungen, Sicherung und Durchsetzung

die sie begrenzt und legitimiert[159]. Der daseinsumhegende und lebensbegleitende Staat rückt von der rechtlichen Anordnung ab und sucht die Zusammenarbeit mit den Betroffenen. An die Stelle der Anordnung tritt der Anreiz, an die Stelle der Rechtsverbindlichkeit die Überzeugungskraft, an die Stelle der Strafe der Steuernachteil, an die Stelle des hoheitlichen Vollzugsorgans der private Verwaltungsmittler, an die Stelle der Vollstreckung die Verständigung. Das Verwalten scheint unauffälliger, rücksichtsvoller, differenzierter zu werden; der Staat büßt dabei jedoch rechtsstaatliche Eigenheit ein; sein Handeln wird insbesondere weniger sichtbar, ist im Erfolg nicht mehr so bewußt und rechtlich abgemessen; die Wirkungen werden nicht mehr allein in Amtsbindung und Amtsethos hergestellt, sondern in der Ungebundenheit privaten Handelns überbracht. Der Staat verzichtet zunehmend auf Zwangsmittel und scheint damit den Freiraum der Betroffenen zu erweitern; er drängt sich jedoch in Lebensbereiche, die bisher als freiheitlich abgeschirmt galten und nun staatlich mitgestaltet werden. Der Staat dringt mit vermeintlich freiheitsschonenden Mitteln in bisherige Freiheitsbereiche ein.

38
Parteienzugriff auf Staatsdienst und Staatsfinanzen

Die Grenzen zwischen staatlich zu achtenden Freiheitsvoraussetzungen und staatlicher Freiheitsverantwortlichkeit scheinen fast aufgelöst, wenn die politischen Parteien als freiheitsberechtigte Organisationen der Gesellschaft auf den Staat und dort insbesondere auf das Personal des öffentlichen Dienstes und auf die Staatsfinanzen Einfluß nehmen. Art. 33 Abs. 2 GG öffnet jedem Deutschen nach seiner Eignung, Befähigung und fachlichen Leistung gleichen Zugang zu jedem öffentlichen Amte. Dennoch hängen die Besetzung öffentlicher Ämter und die Beförderung im öffentlichen Dienst heute vielfach von Gunst oder Mißgunst der jeweils regierenden Partei ab[160]. Dadurch werden drei Grundvoraussetzungen des freiheitsverantwortlichen Staates gefährdet: Die Unabhängigkeit und Unbefangenheit des Beamten, der Leistungsstandard des Berufsbeamtentums und das Vertrauen des Bürgers in Staat und Verwaltung. Die zur Gegenwehr gegen diese Entwicklung[161] berufenen Gerichte konstatieren eine „Fast-Unmöglichkeit der Umkehr"[162]. Die neuerdings zugelassene Konkurrentenklage[163] sucht ein erstes Instrument der Gegensteuerung bei den Gerichten. Diese konnten den Zugriff der Parteien auf die Staatsfinanzen in beharrlichem Ringen mit dem Parlament begrenzen. Das Bundesverfassungsgericht betont in gefestigter Rechtsprechung, daß der verfassungsrechtliche Grundsatz der Staatsfreiheit der Parteien nur eine Teilfinanzierung der allgemeinen Tätigkeit der politischen Parteien aus staatli-

---

159 Siehe *Herdegen*, Informalisierung und Entparlamentarisierung politischer Entscheidungen als Gefährdungen der Verfassung?, VVDStRL 62 (2003), S. 7 ff.; *Morlok*, Informalisierung und Entparlamentarisierung politischer Entscheidungen als Gefährdungen der Verfassung?, VVDStRL 62 (2003), S. 37 ff.; vgl. auch bereits *Helmuth Schulze-Fielitz*, Der informale Verfassungsstaat, 1984; *P. Kirchhof*, Verwalten durch „mittelbares" Einwirken, 1976.
160 *Isensee*, Der Parteienzugriff auf den Öffentlichen Dienst – Normalzustand oder Alarmzeichen?, in: Gerhart Rudolf Baum u.a. (Hg.), Politische Parteien und Öffentlicher Dienst, 1982, S. 52 f.; *Lecheler*, Der öffentliche Dienst, HStR III, § 72 RN 107 f.
161 Vgl. *Uwe Kernbach*, Die Konkurrenzklage im Beamtenrecht, Diss. Tübingen, 1994.
162 *BVerwGE 61*, 176 (181) – Verfassungstreue I –.
163 *Kernbach* (FN 161), S. 1 ff., 22 ff.; *BVerwGE 68*, 109; 75, 133.

chen Mitteln erlaube und eine Einflußnahme des Staates auf die Willensbildung der Parteien und damit auf den Prozeß der politischen Willensbildung insgesamt untersage[164]. Die vom Grundgesetz vorausgesetzte Staatsfreiheit der Parteien gewährleiste nicht nur ihre Unabhängigkeit vom Staat, sondern auch ihre Verwurzelung in der Gesellschaft, ihr wirtschaftliches und organisatorisches Angewiesensein auf die Zustimmung und Unterstützung der Bürger[165]. Die Wirkungsvoraussetzungen von Grundrechten werden hier also sowohl auf der staatlichen Seite – dem öffentlichen Dienst und dem Volumen der staatlich verfügbaren Finanzmittel – wie in der gesellschaftlichen Macht – der Personal-, Organisations- und Finanzkraft der Parteien – durch die Gesellschaft bestimmt. Die Staatsgerichtetheit eines grundrechtlichen Abwehrrechts verfehlt dieses Thema. Der freiheitliche Verfassungsstaat muß sich darauf einrichten, daß Freiheitsvoraussetzungen selbst dann gesellschaftlich geprägt sein können, wenn sie später als staatliches Handeln erscheinen.

III. Änderung und Wegfall

1. Änderung der Wirkungsvoraussetzungen

Ändern sich die Wirkungsvoraussetzungen, kann sich diese Entwicklung auf den Inhalt der Verfassungsgewährleistungen auswirken. Die neuen Anfragen an die Grundrechte werden zunächst durch den grundrechtsprägenden[166] Gesetzgeber beantwortet, der die jeweilige Wirklichkeitsstruktur und den Rechtsgehalt des Normbereichs eines Grundrechts aufnimmt. Dementsprechend schreitet die jeweilige Ausprägung eines gleichbleibenden Grundrechtsgehalts mit der Wirklichkeit, aber auch der gesetzlichen Grundrechtsverdeutlichung und Grundrechtsgestaltung mit. Vielfach erscheinen die Grundrechte als „Konzentrat" der innerstaatlichen Rechtsordnung[167], als Bilanz der gegebenen und gewachsenen deutschen Rechtskultur. Bei diesem Verfassungswandel[168] vermitteln neue Tatsachen einem gleichbleibenden Grundrecht aktuelle Bedeutung, während die Verfassungsänderung (Art. 79 GG) die Aussage des Grundrechts verändert. Wenn sich die Medientechnik über Presse, Rundfunk und Film zu einer Fülle von Informationssystemen erweitert hat, muß die Presse-, Rundfunk- und Filmfreiheit zu einer allgemeinen Medienfreiheit weiterentwickelt werden[169]. Findet die Freiheit des Rundfunks nicht mehr begrenzte Sendefrequenzen vor, wohl aber die Zugangsbedingung gesteigerter Organisations- und Finanzkraft, muß die Rundfunk- und Fernsehfreiheit in dieser neuen Wirklichkeit gesichert bleiben[170]. Verlangt der

39
Neue Anfragen an die Grundrechte

---

164 *BVerfGE 73*, 40 (87) – Parteienfinanzierung V –; *85*, 264 (287) – Parteienfinanzierung VI –.
165 *BVerfGE 20*, 56 (101) – Parteienfinanzierung II –; *85*, 264 (287) – Parteienfinanzierung VI –.
166 *Lerche* (Bibl.), RN 12 f.
167 *Lerche* (Bibl.), RN 15.
168 *Lerche*, Stiller Verfassungswandel als aktuelles Politikum, in: FG Maunz, 1971, S. 285 f.; *Brun-Otto Bryde*, Verfassungsentwicklung, 1982, S. 254 f.; *Badura* (Bibl.), RN 13 f.
169 *Bullinger*, Freiheit von Presse, Rundfunk, Film, HStR ²VI, § 142 RN 180.
170 *BVerfGE 83*, 238 (246 ff.) – 6. Rundfunkurteil –.

Abgeordnetenstatus in der parteienstaatlichen Demokratie nicht mehr nur die Mitwirkung in einem Honoratiorenparlament, sondern in einem Vollzeitparlament, wird aus den „Diäten" (Art. 48 Abs. 3 GG) ein Einkommen[171]. Erlauben die modernen Techniken der Erhebung, Bewahrung und Nutzung von Daten ein fast grenzenloses menschliches Gedächtnis, das Privatsphären öffnet und die Kraft des Vergessens schwächt, so müssen die verfassungsrechtlichen Elementarfreiheiten zu einem Grundrecht auf Datenschutz weiterentwickelt werden[172]. Kann dank der modernen Erkenntnisse von Medizin und Biochemie ein Mensch im Reagenzglas hergestellt oder gar seine genetische Identität beeinflußt werden, so gibt die Verfassung in ihrer gefestigten Ordnung auch gegenüber diesen elementaren Anforderungen eine Antwort[173].

40
Bestätigung der Grundrechtsaussage in veränderter Umwelt, nicht Erklärung eines Trends zum Wertewandel

Stets bewährt sich die eigenständige Aussage der Grundrechte dadurch, daß gleichbleibende Freiheits- und Gleichheitsgarantien in einer veränderten Umwelt zur Wirkung gebracht werden. Diese erneuernde Grundrechtsgewährleistung bewirkt das Gegenteil der These, die einen bloßen Trend zum verfassungserheblichen Wertewandel erklärt. Wer die verringerten Zahlen von Eheschließungen und Geburten in Deutschland[174] als Wertewandel zu erfassen sucht, in deren Sog sich auch der Inhalt des Art. 6 GG ändere, begeht eine normative Todsünde. Er erklärt das Faktum zum Recht, verliert so das Maß für richtig und falsch, setzt die Zukunftsgarantie des Art. 6 Abs. 1 GG nicht ein, um eine Staat und Gesellschaft bedrohende Entwicklung zu steuern, sondern gefährdet die Zukunftsfähigkeit des Gemeinwesens, indem er durch Fehlentwicklungen auch die Verfassungsnormen infiziert[175]. Die je nach tatsächlicher Gefährdungslage aktualisierte Grundrechtsgewähr hingegen verstärkt den Schutz von Ehe und Familie, um diese als Zukunftsgarantie besser zur Entfaltung zu bringen[176].

2. Wegfall der Wirkungsvoraussetzungen

41
Reichsverfassung 1871

Fällt eine Wirkungsvoraussetzung weg, ist in vorsichtiger Annäherung an die Lehre vom Wegfall der Geschäftsgrundlage eines privatrechtlichen Vertrages[177] den Grundrechten ein entsprechend erneuerter Inhalt zu geben. Die moderne Verfassungsgeschichte Deutschlands ist reich an Anwendungsbei-

---

171 *BVerfGE 40*, 296 – Abgeordnetendiäten –.
172 *BVerfGE 27*, 344 (350f.) – Scheidungsakten –; *32*, 373 (379) – Arztkartei –; *34*, 238 (246f.) – Heimliche Tonbandaufnahmen –; *35*, 302 (320f.) – Lebach –; *44*, 353 (372f.) – Suchtkrankenberatungsstelle –; *54*, 148 (155) – Eppler –; *56*, 37 (41ff.) – Selbstbezichtigung –; *63*, 131 (142f.) – Gegendarstellung –; *65*, 1 (38f.) – Volkszählungsurteil –; *67*, 100 (142f.) – Flick-Ausschuß –; *80*, 367 (373f.) – Tagebuch –; *84*, 239 (278ff.) – Zinsurteil –.
173 *P. Kirchhof*, Genforschung und die Freiheit der Wissenschaft, in: Otfried Höffe u. a. (Hg.), Gentechnik und Menschenwürde, 2002, S. 9ff; *Herdegen*, Die Menschenwürde im Fluß des bioethischen Diskurses, JZ 2001, S. 773 ff; *H. Dreier*, GG (LitVerz.), Bd. I, Art. 1 RN 58.
174 Vgl. Hessische Staatskanzlei (Hg.), Der Wiesbadener Entwurf zur Familienpolitik, 2003, S. 32ff.; *Herwig Birg*, Demographische Zeitenwende, ebd. S. 157ff.
175 *Lerche* (FN 168), S. 285f.; *Bryde* (FN 168), S. 254f.; *Badura* (Bibl.), RN 13f.
176 *BVerfGE 87*, 153 (172) – Existenzminimum –; *93*, 121 (136) – Vermögensteuer –; *99*, 216 (233) – Kinderbetreuungskosten –; *99*, 246 (260f.) – Familienleistungsausgleich –; *99*, 280 (290) – Aufwandsentschädigungen –; *99*, 300 (314f.) – Beamtenbesoldung –; *101*, 287 (312) – Arbeitszimmer –.
177 *Krüger* (Bibl.), S. 286f.; *Isensee* (Bibl.), RN 8.

spielen. Nicht immer hat das Verfassungsrecht – seinem Geltungsanspruch nach – die Staatsgewalt bestimmen und leiten können; vielfach hat die Wirklichkeit die Verfassung geändert. Der Verfassungswandel ist erstmals für die Reichsverfassung von 1871 beobachtet worden[178]. Mit der Fortbildung des Bundesstaates durch Zurücktreten eines hegemonialen Preußen, durch die Ständigkeit des Bundesrates seit 1883, mit der Verselbständigung des Reiches in seiner Finanzwirtschaft, einer Stärkung des Reichstages als Repräsentation der Einheit des Reiches und als parlamentarische Volksvertretung mit Budgetrecht, der immer stärker werdenden Stellung des Reichskanzlers, selbständiger Reichsressorts, eigener Bundesverwaltung und eines Reichsgerichts hat sich die Realverfassung ohne ausdrückliche Veränderung des Verfassungstextes grundlegend gewandelt[179]. Dieser Verfassungswandel dank tatsächlicher Notwendigkeit[180] war damals für ein Verfassungsrecht möglich, das noch keinen Geltungsvorrang gegenüber dem Gesetz beanspruchte und insbesondere noch nicht eine Verfassungsgerichtsbarkeit als Wirkungsbedingung vorgefunden hat.

Im Nationalsozialismus zerstörte eine weltanschauliche Bewegung die verfaßte Staats- und Rechtsordnung, verdrängte Staat, Verfassung und Recht durch eine totalitäre Führungsidee[181]. Dieses Scheitern einer Verfassung mahnt, den freiheitlichen Staat, die Verfassungsstaatlichkeit, nicht allein im Geltungsanspruch einer geschriebenen Verfassung gesichert zu sehen, sondern in ihren Voraussetzungen zu fundieren, zu stärken und zu entwickeln. Das Grundgesetz anerkennt und erfüllt diesen Auftrag.

42
Nationalsozialismus

Die Wiedervereinigung Deutschlands bekräftigt im Übergang vom Sozialismus zum Verfassungsstaat den Optimismus des Grundgesetzes, daß in den Hochkulturen Mitteleuropas letztlich nur freiheitliche Verfassungen gelingen werden, unter deren Geltung die Freiheitsfähigkeit und Freiheitsbereitschaft der Menschen sowie der sichtbare Erfolg benachbarter Freiheitskulturen den freiheitlich-demokratischen Rechtsstaat fördern. Das Grundgesetz hat mit dem beharrlichen Festhalten an einer gemeinsamen deutschen Staatsangehörigkeit für Bundesbürger und DDR-Bürger[182], in unbeirrbarem Geltungs- und Wirkungsanspruch auch gegenüber einer vorübergehend verfassungsfern erscheinenden Wirklichkeit eine erleichternde Bedingung der Wiedervereinigung bereitgehalten, mußte dann aber den Kontinuitäts- und Erstreckungsanspruch der Grundrechte auch für die überkommenen Lebenslagen in der ehemaligen DDR der damaligen Wirklichkeit anpassen. Wenn ein Spion für die DDR in Westdeutschland tätig gewesen ist, er deshalb von der DDR Anerkennung und Honorierung, in der Bundesrepublik aber Strafe erwartet, und nunmehr ausspionierender und ausspionierter Staat durch Wiedervereinigung personenidentisch werden, kann das westdeutsche Strafrecht zwar nach

43
Wiedervereinigung

---

178 *Paul Laband,* Die Wandlungen der deutschen Reichsverfassung, 1895; *Georg Jellinek,* Verfassungsänderung und Verfassungswandlung, 1906.
179 *Badura* (Bibl.), RN 16.
180 Vgl. *Jellinek* (FN 178), S. 26 f., 29 f.
181 *Grawert,* Die nationalsozialistische Herrschaft, HStR ³I, § 6 RN 19.
182 *BVerfGE* 77, 137 (148 ff) – Teso –.

Art. 103 Abs. 2 GG angewandt, die Strafe jedoch nur im Blick auf die Gleichzeitigkeit von Dienstpflicht und Strafwürdigkeit bemessen werden[183]. Ist eine Ehe entgegen dem Willen der Beteiligten zwangsgeschieden worden und hat der nach Westdeutschland verbrachte Ehemann später erneut geheiratet, so kann die Menschenrechtswidrigkeit der Zwangsscheidung[184] kaum die Nichtigkeit dieses Rechtsakts zur Folge haben, soll der Ehemann nicht in eine rechtlich mißbilligte Bigamie gedrängt werden. Die Enteignungen privaten Grundbesitzes mögen in der Rechtsnachfolge Deutschlands nach der DDR und der fehlenden Verantwortlichkeit Deutschlands für Rechtsakte der Sowjetunion eine juristisch logische Differenzierung vorfinden[185]; für Bestehen oder Untergang eines Rückübereignungsanspruches gibt diese Unterscheidung keine abschließende Antwort. Der freiheitsgerechte Ausgleich der immateriellen Schäden an Gesundheit, Berufsfreiheit, Religionsfreiheit oder durch Verlust von Ehepartner und Kind muß in der begrenzten finanziellen und rechtlichen Ausgleichsfähigkeit der Bundesrepublik Deutschland mit der Rückabwicklung von Eigentumsunrecht abgestimmt werden[186]. Hat sich ein Bediensteter auf eine lebenslängliche Berufstätigkeit im Dienst der DDR eingestellt, sucht aber das wiedervereinigte Deutschland nunmehr bewußt die rechtsstaatliche Zäsur für das Personal des verfassungsstaatlichen Dienstes, so bedarf es dennoch schonender Übergänge, die den Betroffenen einen Start in Freiheit und Demokratie erleichtern[187]. Selbst elementar verbesserte Wirkungsvoraussetzungen für die Grundrechte können die Realität vergangenen Unrechts nicht einfach negieren, sondern müssen die Freiheitsrechte in behutsamen Übergängen in Wirkung setzen.

C. Wahrnehmungsvoraussetzungen

I. Erscheinungsformen

44
Begegnung der Freiheitsberechtigten als Wahrnehmungsvoraussetzung

Eine freiheitliche Verfassung gibt die freiheitliche Wirklichkeit in die Hand der Freiheitsberechtigten, setzt also als selbstverständlich voraus, daß diese Menschen zur Freiheit begabt und bereit sind, sich für die wachsenden Freiheitsanforderungen zu qualifizieren, das Freiheitsangebot anzunehmen und dabei auch ihrer Verantwortlichkeit für das Gemeinwohl zu genügen. Wenn der Bäcker das Brot backt, der Schneider das Kleid näht, der Architekt das Haus errichtet, ist seine Freiheitswahrnehmung zugleich Grundlage für die Freiheit des Nachfragers. Wenn der Wissenschaftler das Wissen der Gesellschaft mehrt, der Künstler die allgemein verfügbare Formensprache und Wirklichkeitssicht reicher und vielfältiger macht, der Pfarrer den Menschen

---

183 *BVerfGE 92*, 277 (323 ff., 337) – Spion –.
184 *P. Kirchhof*, Zehn Jahre Wiedervereinigung als Rechtsprechungsauftrag, DVBl. 2000, S. 1373 (1374).
185 *BVerfGE 84*, 90 (122 f.) – Bodenreform –.
186 *BVerfGE 84*, 90 (130 f.) – Bodenreform –.
187 *BVerfGE 84*, 133 – Warteschleife –.

Antworten auf elementare Sinnfragen gibt, der Journalist informiert und kommentiert, dient diese Grundrechtsausübung vor allem anderen Menschen. Die Anbietergrundrechte (Art. 12, 14, 5 GG), die Gemeinschaftsgrundrechte (Art. 6, 8, 9 und auch 21 GG) und die Justizgrundrechte (Art. 19 Abs. 4, 101 ff. GG) ereignen sich in der Begegnung, haben also die Freiheitswahrnehmung des anderen zur Wahrnehmungsvoraussetzung. Die Funktion des Rechtlichen, eine Beziehung zum anderen verbindlich zu regeln, vermittelt hier vor allem die Begegnung der Freiheitsberechtigten.

Wahrnehmungsvoraussetzung dieser Grundrechte ist zunächst, daß der Grundrechtsgebrauch nicht schädigen darf. Diese Wahrnehmungsvoraussetzung ist Grundrechtsinhalt, mag sie auch vielfach als Grundrechtsschranke formuliert sein. Die Freizügigkeit kann nach Art. 11 Abs. 2 GG nicht in Anspruch genommen werden, wenn der Allgemeinheit daraus besondere Gefahren oder Lasten erwachsen. Die Unverletzlichkeit der Wohnung steht dem Berechtigten nach Art. 13 Abs. 3, 4 und 7 GG nicht zu, wenn die Wohnung als Instrument der Friedensverletzung oder von Gemeingefährdungen dient. Die allgemeine Handlungsfreiheit begründet nicht eine verfassungsrechtlich abgeschirmte Berechtigung, sich selbst schädigen zu dürfen[188]. Regelungsaufträge für den Gesetzgeber ergeben sich auch, wenn das freiheitliche Streben nach dem größten Individualnutzen die im Menschen vorgefundenen Grenzen zu überschreiten sucht, der Sportler seine Leistungsfähigkeit durch Doping steigern, der Erlebnissuchende seinen Erfahrungsbereich durch Drogen erweitern will, der Erwerbsstrebende im Bemühen um Gewinnmaximierung seine Kraft zu überfordern sucht. Darüber hinaus regeln die ausdrücklichen Schutzpflichten (Art. 1 Abs. 1 Satz 2, Art. 6 Abs. 1 GG) und die in den objektiven Gewährleistungen angelegten Schutzaufträge[189] Aufträge der Eingriffsabwehr gegenüber Dritten, also Wahrnehmungsvoraussetzungen für die Begegnung von Freiheitsberechtigten. Die Individualdienlichkeit der Freiheitshandlung bei Gemeinwohlerheblichkeit der Freiheitswirkung wird im Begriff der „öffentlichen Aufgabe"[190] zu fassen versucht; die Gemeinwohlwirkung individueller Freiheitswahrnehmung aber ist Inhalt jeder Freiheit, die als Grundrecht in der Regel die individual wirksame Freiheitshandlung abschirmt, die Freiheitswirkung hingegen in grundrechtsprägenden und grundrechtseingreifenden Gesetzen zum Thema hat. Die Wahrnehmung grundrechtlicher Freiheiten wirkt individual- und privatnützig und mag dann zugleich gemeinschaftsdienliche Wirkungen erzielen. Das Freiheitsrecht ist verfassungsrechtlich definiert, durch grundrechtsprägende Gesetze verdeutlicht, durch Eingriffsgesetze beschränkt, im übrigen aber allein der autonomen Selbstbestimmung überantwortet. Der Verzicht des Staates, den „richtigen" Gebrauch der Freiheit vorzugeben, macht gerade die Freiheitlichkeit des

45
Die Gemeinverträglichkeit als Wahrnehmungsvoraussetzung

---

188 *BVerfGE 90*, 145 (171 f.) – Cannabis –, für den Kernbereich privater Lebensgestaltung, für die allgemeine Handlungsfreiheit hingegen auf den Vorbehalt verfassungsmäßiger Ordnung zurückgreifend.
189 Vgl. oben FN 105.
190 *Wolfgang Martens*, Öffentlich als Rechtsbegriff, 1969; *Peter Häberle*, Öffentliches Interesse als juristisches Problem, 1970; kritisch *H. H. Klein*, Zum Begriff der öffentlichen Aufgabe, DÖV 1965, S. 755.

Verfassungsstaates aus. Auch die Entgegensetzung von Freiheitsgebrauch und Freiheitsmißbrauch ist gescheitert; der Tatbestand der Grundrechtsverwirkung (Art. 18 GG) bleibt ohne Anwendung, das Parteienverbot (Art. 21 Abs. 2 GG) tritt gegenwärtig hinter die freiheitsbewußte Wachsamkeit des demokratischen Wählers zurück[191].

46
Qualifikationen zur Freiheit

Wenn Freiheit in einem freiheitlichen Staat vor allem durch die Angebote anderer Freiheitsberechtigter möglich wird, müssen diese staatlich befördert und sichergestellt werden. Wer den Arzt aufsucht, erwartet Heilung; wer in Schule und Universität lernen will, vertraut darauf, daß diese Institutionen Wahrheiten vermitteln; wer seine Informationen den Medien entnimmt, setzt auf einen wissenden und informationsbereiten Journalismus als Grundlage individueller Freiheitsfähigkeit und eines informierten demokratischen Bürgers. Die Repräsentation der freiheitsberechtigten Bürger im Parlament wird nur gelingen, wenn die Abgeordneten hinreichend Sachverstand, Urteilskraft und Unbefangenheit mitbringen, um die Rechtsmaßstäbe des Verfassungsstaates jeweils gegenwartsgerecht fortzubilden. Deswegen stellt das staatliche Recht Anforderungen für die Zulassung zu einem Beruf[192], erwartet von der demokratischen Wahl eine hinreichende Qualifikationskontrolle für die Kandidaten[193], sucht in der schulischen Erziehung ein Mindestmaß an Freiheitswissen und Freiheitsethos zu vermitteln[194]. Das Grundgesetz formt diese allgemeinen Wahrnehmungsvoraussetzungen besonders behutsam: Das treuhänderische, dienende Elternrecht ist zugleich als Elternpflicht ausgestaltet, das im Kindeswohl seine oberste Richtschnur findet[195]; es stützt sich auf die freiwillig eingegangene Ehe als Gemeinschaft von Mann und Frau, die den Kindern die besten körperlichen, geistigen und seelischen Entwicklungsmöglichkeiten bietet[196]. Diese lebenslängliche elterliche Individualverantwortung für ihr Kind ist sodann auf die staatliche Erziehungsverantwortung in Betreuungseinrichtung, Kindergarten und vor allem Schule abzustimmen[197]. Der gegenwärtige Hang des Staates, die Erziehungsverantwortung für das Kind schon in allerersten Jahren – aus Gründen des Arbeitsmarktes und der Gleichberechtigung – in öffentliche Hand zu übernehmen, hat die Frage veranlaßt, ob Ehe und Familie heute nicht mehr vor dem Staat als durch den Staat geschützt werden müßten[198]. Wiederum bestätigt sich, daß staatliche und gesellschaftliche Freiheitsbereitschaft und Freiheitskraft sich gegenseitig ergänzen müssen.

---

191 *BVerfG* vom 18. 3. 2003 (2 BvB 1/01), DVBl. 2003, S. 593.
192 *BVerfGE* 7, 377 – Apothekenurteil –; *33*, 125 – Facharzt –; *33*, 303 – Numerus clausus –; *39*, 334 – Extremisten im öffentlichen Dienst –; *84*, 34 – Juristische Staatsprüfung –; *84*, 133 – Warteschleife –.
193 *P. Kirchhof*, Entparlamentarisierung der Demokratie?, in: FS Graf Kielmansegg (i.E.), Abschn. IV.
194 *BVerfGE 41*, 29 (50 f.) – christliche Gemeinschaftsschule badischer Überlieferung –; *41*, 65 (78 f.) – bayerisches Volksschulgesetz –; *41*, 88 (108) – Gemeinschaftsschule Nordrhein-Westfalen –; *47*, 46 (75 f.) – Sexualerziehung –; zu Erziehungsauftrag und Toleranz der staatlichen Schule vgl. auch *Tomuschat*, Der staatlich geplante Bürger, in: FS Menzel, 1975, S. 21 f., *Peter Häberle*, Erziehungsziele und Orientierungswerte im Verfassungsstaat, 1981, S. 50 f.; *Oppermann* (Bibl.), § 135 RN 4.
195 *BVerfGE 59*, 360 (376).
196 *BVerfGE 76*, 1 (51) – Familiennachzug –; *99*, 145 (156) – gegenläufige Entführung –.
197 *BVerfGE 34*, 165 (181 ff.) – Förderstufe –; *45*, 400 (415 ff.) – Oberstufenreform I –; *47*, 46 (71 f.) – Sexualkundeunterricht –; *53*, 185 (195 ff) – Oberstufenreform II –; *98*, 218 (244 ff.) – Rechtschreibreform –.
198 *Schmitt Glaeser* (Bibl.), S. 50.

II. Staatliche Freiheitsverantwortung in Selbstbeschränkung

Die staatliche Mitverantwortlichkeit für die Wahrnehmungsvoraussetzungen fordert Differenzierungen, die vorgefundene sachliche Unterschiede respektieren und sich stets der staatlichen Gestaltungsbefugnis vergewissern müssen. Zunächst muß der Gesetzgeber sich bewußt machen, welche rechtserheblichen Ordnungselemente „von den Dingen her zu gewinnen" und welche auf „die Ziele des Rechts hin bedeutsam sind"[199]. Die Hilfsbedürftigkeit des Menschen bei der Geburt, als Kind und Jugendlicher, als Kranker, Arbeitsloser und Gebrechlicher ist eine Realität, die der freiheitliche Staat zu beantworten hat. Gleiches gilt für die Unterschiede von Alt und Jung in der Entscheidungsfähigkeit, von Mann und Frau im Schutzanspruch des Art. 6 Abs. 2 GG, von Inländer und Ausländer in der kulturellen Prägung durch Sprache, Lebenskultur und Bildungsstandard, aber auch die rechtserheblichen Vorgaben der Gemeinschaft von Mann und Frau in ihrer Elternschaft, das Bedürfnis jedes Menschen nach sprachlicher und informationeller Begegnung, der menschlichen Neugierde und Anstrengungsbereitschaft in Beruf, Wissenschaft, Kunst und Religion, das Bedürfnis nach einer gegen Öffentlichkeit und Staat abgeschirmten Privatheit. Derartige Vorgaben hat der Gesetzgeber im wesentlichen aufzunehmen und in seiner rechtlichen Ordnung nachzuzeichnen[200]. Der Mensch beansprucht eine differenzierungsfeindliche Statusgleichheit, wenn er als Mensch, Person und Persönlichkeit[201] anerkannt werden will, er in seinen existenznotwendigen Bedürfnissen eine Zugehörigkeit zur Sozialgemeinschaft des Sozialstaates einfordert[202], er sich und seinen höchstpersönlichen Freiheitsbereich gegen staatliches Fragen, Beobachten und Eindringen abschirmen will[203], er als entscheidungsfähig gewordener Mensch am Rechtsverkehr teilhaben und Zugang zu Gericht[204] gewinnen will, er die Unverletzlichkeit von Leib und Leben, eine Gleichheit in der geistigen Unverletzlichkeit, insbesondere dem Recht auf persönliche Ehre[205] beansprucht, er seine Dritte kaum berührenden Elementarfreiheiten der Glaubens- Gewissens-, Gedanken- und Meinungsfreiheit wahrnimmt, er Güter in Gemeingebrauch wie jedermann nutzen will (Statusgleichheit)[206]. Demgegenüber hat der Gesetzgeber einen weitgehend demokratisch legitimierten Gestaltungsraum, wenn der Einzelne auf Begegnung und Austausch mit anderen angewiesen ist, er sich in das gemeinschaftliche Umfeld der Freiheitswahrnehmung begibt, er insbesondere die rechtlichen Bedingungen für Beruf, Eigentum, Mitglied-

47
Persönlichkeitsbedingte und gemeinschaftliche Lebensbedingungen

---

199 *Heinrich Henkel*, Einführung in die Rechtsphilosophie, 1977, S. 386; dazu *Hanno Kube*, Eigentum an Naturgütern, Zuordnung und Unverfügbarkeit, 1999, S. 264.
200 Vgl. *BVerfGE 55*, 72 (88) – Präklusion I –; *78*, 104 (121) – Existenzminimum bei Prozeßkostenhilfe –.
201 Vgl. *H. Hattenhauer*, Person – Zur Geschichte eines Begriffs, JuS 1982, S. 405 f.
202 *BVerfGE 82*, 60 (85) – Existenzminimum – .
203 *BVerfGE 80*, 367 (373 f.) – Tagebuch –; *BVerfGE 65*, 1 (41 f.) – Volkszählung –.
204 Einschließlich der Prozeßkostenhilfe, vgl. BVerfGE 78, 104 (121) – Existenzminimum bei Prozeßkostenhilfe –; *81*, 347 (356 f.) – Prozeßkostenhilfe im Asylverfahren –.
205 *Kube*, Ehrenschutz im Verfassungsrecht des Frühkonstitutionalismus und im Grundgesetz, AöR 125 (2000), S. 341.
206 *P. Kirchhof*, Die grundrechtliche Gleichheit, HStR V, § 124 RN 194 f.

schaft in Vereinigungen, Straßenverkehr, Medienwelt oder Umweltschutz nutzt, ihm Wirtschaftsgüter zugeordnet und Leistungen erbracht werden, er damit nicht einen individuell abgeschirmten Lebensbereich in Anspruch nimmt, sondern sich in das Gemeinschaftsgeschehen begibt. Der Gestaltungsraum des Gesetzgebers ist umso größer, je mehr er nicht die vorgefundene Wirklichkeit aufnimmt, sondern seinen Gegenstand erstmals rechtlich schafft, er also Wahrnehmungsvoraussetzungen in staatlichen Organisationen und Verfahren, in bundesstaatlichen oder kommunalen Gliederungen, in Lehreinrichtungen, Informations- und Beratungsstellen, Dateien und Informationsstellen, im Steuerrecht und seinen Lenkungsfunktionen anbietet. Die erstmalige Einrichtung derartiger Wahrnehmungsvoraussetzungen steht in der demokratisch zu verantwortenden Gestaltungsmacht des Gesetzgebers; hat er eine solche Einrichtung geschaffen, gilt das Gebot der Folgerichtigkeit und Widerspruchsfreiheit[207].

48
Freiheitliche Selbstbeschränkung und fast unbegrenzter Relativismus

Die Selbstbeschränkung des freiheitlichen Staates beläßt die Gesellschaft in einem fast unbegrenzten Pluralismus, wehrt damit einen Hang zum Totalitären in den Voraussetzungen ab, begünstigt aber auch einen Relativismus der Werte und Maßstäbe, der vielfach Unbehagen, gelegentlich Verzweiflung hervorruft[208]. Der Staat muß deshalb Mindeststandards der Freiheitsethik in gesellschaftlichen Entstehens- und Erkenntnisquellen zur Entfaltung bringen[209], im übrigen darauf hinwirken, daß die Freiheitswahrnehmung nicht dezisionistische Beliebigkeit, sondern selbstverantwortliche, also sich selbst und der Gemeinschaft gegenüber maßstabgebundene Freiheit hervorbringt. Der Staat ist ethisch reaktiv, aber nicht unbeteiligt.

49
Die Annahme des Freiheitsangebotes

Die Bereitschaft der Freiheitsberechtigten, ein Freiheitsangebot anzunehmen, ihre Grundrechtsaktivität[210], ist Bedingung jeder freiheitlichen Ordnung. Sollten die Freiheitsberechtigten sich von sich aus nicht mehr hinreichend beruflich für den Erwerb anstrengen, bleibt die Verfassungserwartung unerfüllt, daß jedermann grundsätzlich für seinen Unterhalt selbst sorgt und insoweit den Sozialstaat entlastet, daß er mit seinem Einkommen und seiner Kaufkraft dem Finanz- und Steuerstaat die Ertragsgrundlage und der sozialen Marktwirtschaft die dort unterstellte Wirkungsvoraussetzung allgemeinen Erwerbsstrebens bietet, dann wäre das Wirtschafts- und Finanzsystem des Grundgesetzes an seiner Freiheitlichkeit gescheitert. Das Sozialrecht wirkt deshalb auf den Leistungsempfänger ein, zumutbare Arbeit zu übernehmen[211], das Jugendgerichtsgesetz erlaubt die richterliche Weisung an den jugendlichen Straftäter, Arbeitsleistungen zu erbringen[212], muß aber vor allem durch die begrenzten Möglichkeiten staatlicher Arbeitsmarktpolitik und einer auf die eigene Freiheitswahrnehmung ausgerichteten Sozialpolitik gewährleisten, daß

---

207 Vgl. *P. Kirchhof* (FN 121), S. 43 ff. m. Nachw.
208 *Schmitt Glaeser* (Bibl.), S. 26 f.
209 Vgl. unten FN 219.
210 Vgl. *BVerfGE* 20, 56 (103) – Parteienfinanzierung II –.
211 § 2 Abs. 1 und § 25 BSHG, § 121 SGB III.
212 *BVerfGE* 74, 102 (116) – Erziehungsmaßregel –; dazu *E.-W. Böckenförde*, in: Der Staat 42 (2003), S. 165 (176 f.).

die Anreize zur individuellen Erwerbstätigkeit gestärkt werden und wirksam bleiben. Wenn die jungen Menschen nicht mehr hinreichend das Angebot von Ehe und Familie annehmen[213], damit die Demokratie im Staatsvolk schwächen, der wirtschaftlichen Entwicklung Produzenten und Konsumenten nehmen, dem Generationenvertrag den einen Vertragspartner teilweise vorenthalten, greift das staatliche Wächteramt des Art. 6 Abs. 2 Satz 2 GG nicht, weil dieses die bereits bestehende Elternschaft voraussetzt, also nicht die Bereitschaft der Menschen zu Ehe und Kind zum Gegenstand hat. Dennoch wird der Staat die Wahrnehmungsvoraussetzungen für dieses in seinen Gemeinwohlwirkungen elementare Grundrecht pflegen und im Arbeits-, Sozialversicherungs- und Steuerrecht neu zur Entfaltung bringen müssen[214], um die Zukunftsoffenheit von Staat und Gesellschaft zu gewährleisten. Sollten die Wissenschafts-, die Kunst- und die Religionsfreiheit nicht mehr allgemein wahrgenommen werden, so müßte der Kulturstaat seine Sprach-, Erkenntnis- und Handlungsfähigkeit neu fundieren. Entwickelt sich das Medienwesen unter den Gesetzmäßigkeiten von Markt und Wettbewerb zu einem Informationsangebot, das eine gemeinschaftsdienliche „Grundversorgung" nicht sichert, so schafft der Staat die organisatorische Freiheitsvoraussetzung des öffentlichen Rundfunks und überträgt ihm treuhänderisch die Aufgabe der Grundversorgung und der Programmvielfalt[215]. Die Demokratie ginge an ihrer Freiheitlichkeit zugrunde, wenn die Wahlberechtigten von ihrem Wahlrecht, das keine Pflicht ist, keinen Gebrauch machen und damit das neue Parlament nicht wählen würden. Auch hier steht der Verfassungsstaat vor der Aufgabe, die für die demokratische Freiheit unverzichtbaren Wahrnehmungsvoraussetzungen so zu bewahren, daß das Freiheitsangebot der Demokratie tatsächlich angenommen wird.

Die wichtigste, vom freiheitlichen Staat aber am wenigsten zu steuernde Wahrnehmungsvoraussetzung ist die Verantwortlichkeit des Freiheitsberechtigten. „Der Preis der Freiheit ist die Treue"[216]. Die freie Entfaltung der Persönlichkeit (Art. 2 Abs. 1 GG) unterstellt die sittliche Vernunft des Menschen, der seinen Zweck in sich selbst findet[217]. Die freiheitliche Verwirklichung von Gemeinwohlbelangen stützt sich auf staatlich bereitgestellte oder gefestigte Institutionen oder Verfahren[218], braucht aber letztlich einen Maßstab von Ethos und Moral, den der weltanschaulich neutrale Staat nicht anzubieten

50
Verantwortliche Freiheitswahrnehmung

---

213 *Birg* (FN 174).
214 *BVerfGE 87*, 1 (38 f.) – Trümmerfrauen –; *88*, 203 (270 f., 282 f.) – Schwangerschaftsabbruch II –; *82*, 80 f. – Steuerfreies Existenzminimum –; *99*, 216 (232 f.) – Kinderbetreuungskosten –.
215 *BVerfGE 12*, 205 (259 ff.) – 1. Rundfunkurteil –; *31*, 314 (325 ff.) – 2. Rundfunkurteil –; *57*, 295 (324) – 3. Rundfunkurteil –; *59*, 231 (259); –; Freie Mitarbeiter –; *73*, 118 (157 ff.) – 4. Rundfunkurteil –; *74*, 297 (324 ff.) – 5. Rundfunkurteil –; *83*, 238 (297 ff.) – 6. Rundfunkurteil –; *87*, 181 (199 f.) – Rundfunkfinanzierung –; *90*, 60 (90 f.) – Rundfunkgebühren –.
216 *Hermann Krings*, Der Preis der Freiheit, zum Verhältnis von Idee und Wirklichkeit der Freiheit im 20. Jahrhundert, 1979, S. 1 f.; dazu *Hermann Lübbe*, Preis der Freiheit, 1979, in: *ders.*, Fortschritts-Reaktionen, 1987, S. 206 f.; *Isensee* (Bibl.), RN 221.
217 *Immanuel Kant*, Grundlegung zur Metaphysik der Sitten, AB 14; *Kasper* (Bibl.), S. 103.
218 *Gunnar Folke Schuppert*, Das Gemeinwohl, in: ders./Friedhelm Neidhardt (Hg.), Gemeinwohl – Auf der Suche nach Substanz, 2002, S. 19 f.

vermag. Gute Gewohnheit, Handelsbrauch, Treu und Glauben, Ortsüblichkeit, Observanz, die Vorstellungen „aller billig und gerecht Denkenden" und der polizeirechtliche Maßstab der (ungeschriebenen) „öffentlichen Ordnung" verweisen auf gesellschaftliche Entstehens- und Erkenntnisquellen, die diesen Wahrnehmungsvoraussetzungen einen Maßstab geben, damit teilweise auch in die Rechtsordnung Eingang finden[219]. Das Staatskirchenrecht bringt Religion und Kirchlichkeit, so wie sie individuell und institutionell wahrgenommen werden, in ihrer Bedeutung für den Staat und sein Recht zur Wirkung[220]. Das Staatsrecht pflegt somit auch die inneren Wahrnehmungsvoraussetzungen der Freiheit in Wahrnehmungsmaßstäben, die freiheitskonform ihre Entstehens- und Erkenntnisquelle vorrangig in der freiheitsberechtigten Gesellschaft finden, in dieser freiheitsgerechten Formung dann aber – in ausgeprägter Selbstbeschränkung des Staates – auch in das Recht aufgenommen werden.

51

Das Umfeld langfristigen Rechts

Die staatliche Mitverantwortung für die Wahrnehmungsvoraussetzungen stellt Gewährleistungsinhalte der Freiheit schließlich in das Umfeld eines Rechts, das die Freiheitsgewährleistung langfristig garantieren wird. Beobachtet der Staat, daß unverzichtbare Freiheitsvoraussetzungen nicht mehr gegeben sind, wird seine Gewährleistungsverantwortung zu einer Handlungsverantwortung: Fehlen dem Staat die Kinder, muß er den Schutz von Ehe und Familie grundrechtsprägend aktivieren. Beobachtet er Erziehungs- und Bildungsdefizite, hat er den Auftrag von Schule und Hochschule neu zu definieren. Ist das Freiheitsethos mangelhaft, hat der Staat die für Ethos zuständigen gesellschaftlichen Institutionen zu stärken. Die Verfassung erwartet Freiheitsfähigkeit, Freiheitsqualifikation und Freiheitsbereitschaft jedes Berechtigten; die Verfassungswirklichkeit stellt den Staat immer wieder vor grundlegende Freiheitsdefizite. Daraus ergibt sich sein Auftrag zur freiheitsstützenden Intervention mit freiheitskonformen Mitteln.

D. Der Auftrag des Staates zur Pflege der Grundrechtsvoraussetzungen

I. Die gegenwärtige Freiheitskultur

52

Antwort auf tatsächliche Anfragen an das Recht

Ist die Verfassung das Gedächtnis der Demokratie, die Grundsatzantwort auf die historischen und gegenwärtigen Anfragen an das Recht, die Bilanz der derzeit allgemein erreichbaren Rechtskultur, so stellt sich die Verfassung als eine historisch gewachsene, der Wirklichkeit verpflichtete Kulturordnung dar, die weder als abstrakte Normenwelt begriffen[221] noch den tatsächlichen

---

219 *P. Kirchhof*, Gesetzgebung und private Regelsetzung als Geltungsgrund für Rechnungslegungspflichten, ZGR 2000, S. 681 f.; vgl. § 242 BGB (Treu und Glauben); § 346 HGB (Handelsbrauch).
220 *Hollerbach*, Grundlagen des Staatskirchenrechts, HStR VI, § 138 RN 2 f.; *v. Campenhausen*, Religionsfreiheit, ebd., § 136 RN 34 f.
221 Vgl. *Hans Kelsen*, Allgemeine Staatslehre, ¹1925, S. 47 f.

Mächten und Verhältnissen ausgeliefert²²² werden darf. Die Verfassung trägt eine aus der Verfassungswirklichkeit entstandene und ihr verpflichtete Verbindlichkeit in das politische Leben der Gegenwart, sucht erprobte Werte, bewährte Institutionen, auch verläßliche politische Erfahrungen rechtsverbindlich an die Zukunft weiterzugeben.

Der freiheitliche Verfassungsstaat nimmt „die bestehenden, historisch gewordenen staatlichen und gesellschaftlichen Verhältnisse und die Denk- und Verhaltensweisen der Menschen zunächst als gegeben hin"²²³. Er sieht zwar deren Verbesserungsfähigkeit und Verbesserungsbedürftigkeit²²⁴, erwartet aber vom Staat oder von der Gesellschaft keine grundlegenden Umwälzungen, sondern organisiert den Staat und seine Organe in rechtsstaatlicher Funktionenteilung und demokratischer Legitimation so, daß diese die Verfassungsvoraussetzungen kontinuitätsbewußt und maßvoll pflegen und erneuern. Die staatlichen Erneuerungsorgane, Parlament und Regierung, sind freiheitsverpflichtet, die gesellschaftliche Erneuerung findet in der Freiheit ihre Grundlage.

53
Verbesserungs-, nicht Umwälzungsauftrag

Die Geschichte der modernen Verfassungen lehrt, daß freiheitliche Staatsordnungen nur in Hochkulturen möglich sind, sie ein bereits vorgegebenes Maß an Freiheitsbereitschaft und Freiheitsfähigkeit voraussetzen. Alle Verfassungen, die sich in Dauerhaftigkeit bewähren und die eine Staatswirklichkeit stetig gestalten, haben „eine gewisse Form ihrer Zeit vorgefunden, an welche sie sich bloß anschlossen"²²⁵. Die Französische Revolution, durch die das französische Volk seine politische Freiheit erringen wollte, „hat diese Wirklichkeitsbindung verfehlt" und deshalb „bloß das Unvermögen und die Unwürdigkeit" des Volkes „an den Tag gebracht"²²⁶. Eine Verfassung kann „nicht *gemacht* werden, denn Willkür bleibt Willkür"²²⁷. Sie muß mit und in der Geschichte der Nation organisch empor wachsen wie ein Baum, getragen von der „öffentlichen Besinnung, welche das ganze hält oder bricht"²²⁸.

54
Vorausgesetzte Freiheitsfähigkeit

Der sozialistische Staat rechtfertigt seine vorübergehende Existenz damit, daß die Voraussetzungen der Freiheit noch nicht erreicht seien: Solange der Klassenfeind von außen wie von innen drohe, fehle es an den Rahmenbedingungen der Sicherheit; so lange das richtige Bewußtsein unterentwickelt und das Volk noch nicht reif sei zur Freiheit der kommunistischen Anarchie, müsse ein staatliches Instrumentarium – der Parteioligarchie und der sozialistischen Erziehung – die Menschen zur Freiheitstauglichkeit umformen²²⁹.

55
Der sozialistische Staat

---

222 Vgl. *Ferdinand Lasalle,* Über Verfassungswesen, 1862, S. 21 f.; dazu *Isensee* (Bibl.), RN 1.
223 *BVerfGE* 5, 85 (197) – KPD-Urteil –.
224 *BVerfGE* (aaO.).
225 *Wilhelm von Humboldt,* Denkschrift über die deutsche Verfassung an Freiherrn vom Stein, 1813, in: *ders.*, Schriften zur Politik und zum Bildungswesen, IV, 1964, S. 302 (305 f.); *Konrad Hesse,* Die normative Kraft der Verfassung, 1959, S. 8; *Isensee* (Bibl.), RN 29.
226 *Friedrich Schiller,* Brief an Herzog Friedrich Christian von Augustenburg vom 13. Juli 1793, in: Fritz Jonas (Hg.), Schillers Briefe, 1893, S. 327 (333, 336 f.).
227 *V. Eichendorff,* Preußen und die Konstitutionen (FN 13), S. 95 (129 f.); dazu *Isensee* (Bibl.), RN 29.
228 *V. Eichendorff* (aaO.).
229 Vgl. dazu *Brunner,* Das Staatsrecht der Deutschen Demokratischen Republik, HStR ³I, § 11 RN 77 f., 84 f.

56
Freiheitsvoraussetzungen heute gegeben

Die Erfahrungen mit der ursprünglich freiheitsveranlaßten Diktatur der Französischen Revolution und dem gescheiterten sozialistischen Freiheitszwang lehren, daß Freiheit nur als vorgefundene, nicht als verordnete Freiheit gelingen kann. In der Gegenwart eines in Freiheit und Friedlichkeit wiedervereinigten Deutschland und einer auf der Grundlage des Freiheitsprinzips erweiterten Europäischen Union ist die Freiheitsfähigkeit und Freiheitsbereitschaft der Menschen und der Staatsvölker vorgegeben. Der Verfassungsstaat steht nicht vor der Aufgabe, Freiheitsvoraussetzungen zu erzwingen. Vielmehr hat er vorgefundene Freiheitsvoraussetzungen zu festigen, zu pflegen und zu fördern.

II. Die ideellen Freiheitsvoraussetzungen

1. Die Präambeln

57
Grundgesetz und Landesverfassungen

Der Text einer Verfassung unterscheidet oft den regelungsbedürftigen Gewährleistungsinhalt von den nur im Grundsätzlichen andeutbaren Grundrechtsvoraussetzungen dadurch, daß er die Voraussetzungen in der Präambel benennt, sie damit zum mitbedachten Inhalt des Verfassungstextes macht, um ihr rechtlichen Gehalt[230], nicht aber die Verbindlichkeit eines Rechtssatzes zu geben. Die Präambel des Grundgesetzes spricht davon, daß diese Verfassung „im Bewußtsein seiner (i.e.: des Deutschen Volkes) Verantwortung vor Gott und den Menschen" ergangen ist, will damit die Unbefangenheit, Unparteilichkeit, Korrumpierungsresistenz stärken, den Einfluß von Parteien und Verbänden schwächen, zur Rücksichtnahme auf jedermann verpflichten, Selbstbewußtsein und Bürgerstolz des der Staatsgewalt unterworfenen Menschen stärken, vielleicht auch die Mächtigen zur Bescheidenheit anhalten. Sodann wird der Wille bekundet, als „gleichberechtigtes Glied in einem vereinten Europa dem Frieden der Welt zu dienen", also den gesamten Verfassungsstaat auf die Friedlichkeit als Grundbedingung von Recht und Freiheit zu verpflichten und diese auch in einem vereinten Europa zu verankern. Wenn schließlich „das Deutsche Volk kraft seiner verfassunggebenden Gewalt" sich dieses Grundgesetz gegeben hat, sind die demokratischen Verfassungsvoraussetzungen angesprochen; zugleich klingt die Verfassung als Gedächtnis der Demokratie und als Bilanz gegenwärtig erreichter Rechtskultur an[231]. Auch die neuen Landesverfassungen erinnern in ihren Präambeln an die Verfassungsvoraussetzungen ihrer eigenen Geschichte, betonen den Willen zur Abkehr von der nationalsozialistischen und der kommunistischen Gewaltherrschaft, bekunden im Bewußtsein der Verantwortung vor Gott oder im Wissen um die Grenzen menschlichen Tuns die Absicht, den Staatszielen des Friedens, der

---

230 *BVerfGE* 5, 85 (127) – KPD-Verbot –; *12*, 45 (51) – Kriegsdienstverweigerer –; *36*, 1 (17) – Grundlagenvertrag –.
231 *P. Kirchhof,* Das Grundgesetz als Gedächtnis der Demokratie – Die Kontinuität des Grundgesetzes im Prozeß der Wiedervereinigung und der europäischen Integration, in: Martin Heckel (Hg.), Die innere Einheit Deutschlands inmitten der europäischen Einigung, Tübinger rechtswissenschaftliche Abhandlungen, Bd. 82, 1996, S. 35-51.

Freiheit und des sozialen Ausgleichs dienen und das jeweilige Land zu einem lebendigen Glied der Bundesrepublik Deutschland in Europa machen zu wollen[232]. Diese Präambeln geben der jeweiligen Verfassung in ihren Voraussetzungen ein positiv-rechtliches Fundament, das für die Handhabung der Verfassung eine Auslegungshilfe, für die Inhalte und die Wahrnehmung der Freiheitsrechte Orientierungspunkte bietet.

Auch die Europäische Grundordnung sucht gegenwärtig eine strukturgebende Basis in ihrer Präambel. Europa ist auf der Suche nach seiner kulturellen Identität[233] und wird sich zunehmend bewußt, daß die Union als Integrationsprojekt scheitern wird, wenn es „nicht gelingt, Europa eine Seele zu geben"[234]. Zwar ist das Verständnis von Staat und kulturell-religiösen Staatsrechtsgrundlagen in den verschiedenen Mitgliedstaaten Europas unterschiedlich: Die Zuordnung von Staat und Kirche hat in England zu einer Eingliederung in die weltliche Herrschaft geführt, hat in Dänemark, Schweden und Finnland verschieden gestaltete Staatskirchentümer zur Folge, veranlaßt in Frankreich seit dem Gesetz über die Trennung von Kirche und Staat von 1905 einen Laizismus[235], begründet in Deutschland eine verfassungsrechtlich ausgestaltete Zuordnung von Staat und Kirche in einem gemeinsamen Auftrag für die beiden anvertrauten Menschen[236]. Zudem beruht die Trennung von Staat und Kirche auf unterschiedlichen Ideen: Einige Religionsgemeinschaften, wie die Zeugen Jehovas[237], lehnen den Staat schlechthin ab. Frankreich sucht die Trennung, um den Staat „antiklerikal" oder auch „etatistisch" vom Einfluß der Kirche zu befreien. Andere Staaten wollen – insbesondere nach dem Vorbild der USA – „umgekehrt liberal" die Kirche vom staatlichen Einfluß freistellen und so Raum für die Religionsausübung in der Gesellschaft schaffen[238]. Dennoch ist es gelungen, der neuen Europäischen Grundordnung eine Grundsatzorientierung zu geben. Die Charta der Grundrechte der Union[239] besagt in ihrer Präambel, daß die Union sich „in dem Bewußtsein ihres geistig-religiösen und sittlichen Erbes" „auf die unteilbaren und univer-

58
Die Präambel der Europäischen Grundrechtecharta und des Entwurfs einer Europäischen Grundordnung

---

232 Für eine Übersicht *Starck,* Verfassungen der neuen deutschen Länder, HStR IX, § 208 RN 84f.
233 *J. Winter,* Das Verhältnis von Staat und Kirche als Ausdruck der kulturellen Identität der Mitgliedstaaten der Europäischen Union, in: FS Hollerbach, 2001, S. 892 (893).
234 So der frühere Präsident der Europäischen Union, *Jacques Delors,* vgl. *Jerôme Vignon,* Europa eine Seele geben, in: Ökumenische Vereinigung für Kirche und Gesellschaft (Hg.), Herausforderungen für Europa, Versöhnung und Sinn, 1996, S. 43 f.
235 *Starck,* Das Christentum und die Kirchen in ihrer Bedeutung für die Identität der Europäischen Union und ihrer Mitgliedstaaten, Essener Gespräche 31 (1997), S. 10f.; vgl. auch *de Wall,* Europäisches Staatskirchenrecht, ZevKR 45 (2000), S. 157, 166f.; *Mückl,* Die Religions- und Weltanschauungsfreiheit im europäischen Unions- und Gemeinschaftsrecht, in: Andreas Haratsch u. a. (Hg.), Religion und Weltanschauung im säkularen Staat, 2001, S. 180 (182f.).
236 *Hollerbach* (FN 220), § 138 RN 108 f.; *Robbers,* Die Fortentwicklung des Europarechts und seine Auswirkungen auf die Beziehungen zwischen Staat und Kirche in der Bundesrepublik Deutschland, in: Essener Gespräche 27 (1993), S. 81 (88); *Mückl* (FN 235), S. 193 f.; *Thomas Oppermann,* Europarecht, ²1999, RN 208.
237 Vgl. *BVerwG* NJW 1977, S. 2396 (2398); *BVerfGE 102,* 370 (372, 397) – Zeugen Jehovas –.
238 *C. Walter,* Staatskirchenrecht oder Religionsverfassung, in: Rainer Grote/Thilo Marauhn (Hg.), Religionsfreiheit zwischen individueller Selbstbestimmung, Minderheitenschutz und Staatskirchenrecht – Völker- und verfassungsrechtliche Perspektiven, 2001, S. 235 f.
239 Teil II des Entwurfs eines Vertrages über eine Verfassung für Europa (FN 97).

sellen Werte der Würde des Menschen, der Freiheit, der Gleichheit und der Solidarität" gründe und „zur Erhaltung und zur Entwicklung dieser gemeinsamen Werte" beitrage. Ungeachtet der Mehrdeutigkeit dieses Textes durch Mehrsprachigkeit[240] gibt die Charta somit ihren Grundrechtsgewährleistungen ein kulturelles Fundament, verbindet dieses mit dem Auftrag zur Erhaltung und Entwicklung gemeinsamer Werte und benennt diese Werte in den Elementarinhalten der Grundrechte. Der Entwurf eines Vertrags über eine Verfassung für Europa[241] schöpft seine Regelungen „aus den kulturellen, religiösen und humanistischen Überlieferungen Europas, deren Werte in seinem Erbe weiter lebendig sind", macht also die kulturelle Entstehensquelle für Recht zu einer Erkenntnisquelle, die der Handhabung des Vertrags über eine Verfassung Grundlage und Richtung gibt. Auch hier sind die ideellen Voraussetzungen des Rechts zu einem eigenständigen Erkenntnisgrund für Recht geworden.

2. Quellen der Inspiration

59
Die Rechtsprechung des EuGH

Rechtsgrundlagen und Rechtsinhalte wirken nicht nur dadurch zusammen, daß die positiven Gewährleistungsinhalte in ihren Grundrechten eine Auslegungs- und Orientierungshilfe finden, sondern haben auch die Entwicklung bisher ungeschriebener Gewährleistungsinhalte aus geschriebenen Gewährleistungen veranlaßt. Der Europäische Gerichtshof nutzt die Vielzahl der internationalen und europäischen Abkommen als „Quellen der Inspiration", um in seiner Suche nach Grundrechten geschriebene Anknüpfungspunkte aufzunehmen[242] und daraus – als rechtsprechende Gewalt – positiv-rechtliche Grundrechte abzuleiten. Hier gewinnen Rechtsvoraussetzungen eine bisher ungeahnte Kraft der Begründung von Rechten.

60
Art. 6 Abs. 2 EU

Diese Rechtsfindungsmethode wird bestärkt von Art. 6 Abs. 2 EU[243], der die „gemeinsamen Verfassungsüberlieferungen der Mitgliedstaaten" als eine wertend zu nutzende Erkenntnisquelle für Menschenrechte und Grundfreiheiten anerkennt, also die geschriebenen und ungeschriebenen Verfassungstraditionen und ihre Handhabung durch die Verfassungsorgane, insbesondere die Verfassungsgerichte der Mitgliedstaaten, zum Maßstab für die Anwendung von Grundrechten macht. Erkenntnisquelle für diese Grundrechtsfindung und Grundrechtsauslegung ist jeweils ein Rechtsvergleich, der sich an der

---

240 Der Begriff „religiöses Erbe" lautet in der französischen Fassung: „patrimoine spirituel et moral" und die englische Fassung spricht von „spiritual heritage", dazu *Robbers,* Religionsrechtliche Gehalte der europäischen Grundrechtscharta, in: Max-Emanuel Geis/Dieter Lorenz (Hg.), Staat – Kirche – Verwaltung, FS Maurer, 2002, S. 425, 431; *Heinig,* Zivilreligiöse Grundierungen europäischer Religionspolitik, in: Rolf Schieder (Hg.), Religionspolitik und Zivilreligion, 2001, S. 100 (111 f.).
241 (FN 97), S. 1.
242 *EuGH,* Urt. v. 12.11.1969, Rs. 29/69 (Stauder ./. Ulm), Slg. 1969, 324 (RN 3 ff.); *EuGH,* Urt. v. 17.12.1970, Rs. 11/70 (Internationale Handelsgesellschaft ./. Einfuhr- und Vorratsstelle für Getreide und Futtermittel), Slg. 1970, 1126 (RN 4); *EuGH,* Urt. v. 14.5.1974, Rs. 4/73 (Nold ./. Kommission), Slg. 1974, 491 (RN 13).
243 Vertrag über die Europäische Union vom 7.2.1992 (BGBl. II S. 1253) i.d.F. des Art. 12 des Vertrags von Amsterdam vom 2.10.1997 (BGBl. 1998 II S. 387).

bestmöglichen Freiheitsgewähr orientiert[244]. Art. 53 der Grundrechtecharta[245] verstärkt diese Rechtsfortbildung durch Rechtsvergleich, wenn er eine Auslegung der Bestimmungen dieser Charta verlangt, die keinesfalls das durch die Verfassungen der Mitgliedstaaten anerkannte Schutzniveau einschränkt oder verletzt.

3. Der Interventionsauftrag des Staates

In einem von einem freiheitlichen Staatsvolk getragenen Verfassungsstaat sind die Grundrechtsvoraussetzungen damit nicht vom Staat herzustellen, wohl aber vom Staat freiheitsgerecht zu bewahren. Die Verfassungsvoraussetzungen werden vom Thema der Staatsaufgaben zu einem Thema staatlicher Handlungsmittel. Dabei anerkennt das Grundgesetz vor allem in den Staatsgrundlagenbestimmungen des Art. 20 Abs. 1 GG den Auftrag zur freiheitsstützenden Intervention. Die Gewaltenteilung, insbesondere die freiheitsdienliche Entgegensetzung von rechtsprechender Gewalt im Dienste des Freiheitsberechtigten gegenüber den übrigen Staatsgewalten, in Verfahrensgarantien und Finanzierungsbefugnissen bestätigen, daß der Staat auch für die Voraussetzungen der Freiheitsrechte Verantwortlichkeit trägt. Diese ist in der Finanzverfassung und insbesondere in der Verantwortlichkeit für das gesamtwirtschaftliche Gleichgewicht (Art. 109 Abs. 2 GG) für die ökonomischen, im Staatskirchenrecht (Art. 140 GG) für die kulturellen Voraussetzungen der Freiheit besonders ausgeprägt.

61 Staatliche Verantwortlichkeit für Freiheitsvoraussetzungen

Die freiheitsgestaltende Staatsintervention zielt eher auf ein rechtlich-ökonomisches Allgemeinfundament individueller Freiheit und weniger auf die kulturellen Voraussetzungen einer freiheitlichen Gemeinschaft. Der Rechtsstaat sucht dem Freiheitsberechtigten durch die ordnende Kraft rechtlicher Normen einen Bereich eigener Entfaltung zu sichern und zu erhalten, der in der Tradition der Antike, des Christentums und der Aufklärung als eine „anthropologische Notwendigkeit" gilt[246].

62 Rechtsstaat

Die Demokratie sucht das Staatsvolk[247] in seinem kulturellen und ökonomischen Zusammenhalt zum Ausgangs- und Orientierungspunkt allen staatlichen Handelns zu machen. Das Erfordernis einer ununterbrochenen Organisationskette für jeden staatlichen Akt[248] sucht das gesamte staatliche Handeln auf den Bürger und seine Freiheitsbedürfnisse auszurichten. Gegenwärtig allerdings scheint die Demokratie das Staatsvolk vorwiegend in seinem wirtschaftlichen Zusammenhalt, weniger als Kulturgemeinschaft zu integrieren.

63 Demokratie

Der Sozialstaat definiert die Zugehörigkeit jedes dem Staat anvertrauten Menschen zur rechtlichen Gemeinschaft eher in den ökonomischen, weniger

64 Sozialstaat

---

244 *Kingreen*, in: Christian Calliess/Matthias Ruffert, Kommentar zum EU-Vertrag, ²2002, Art. 6 RN 33 ff.
245 Nunmehr Art. II – 53 des Vertrags über eine Verfassung für Europa (FN 97).
246 *Stern*, Staatsrecht ²I (LitVerz.), S. 767.
247 BVerfGE 83, 37 (50 ff.) – Schleswig-holsteinisches Ausländerwahlrecht –; 83, 60 (71 ff.) – Hamburgisches Ausländerwahlrecht –.
248 BVerfGE 47, 253 (272, 275) – Gemeindeordnung Nordrhein-Westfalen –, sowie FN 247.

in den kulturellen Standards, sichert das Existenzminimum, den Zugang und das Verbleiben in einer Normalität[249] vor allem als Teilhabe am allgemeinen Wohlstand. Der Sozialstaat widmet sich auch deshalb dem System von Markt und Wettbewerb, weil die Privat- und die Tarifautonomie nicht – als unterstellte gemeinwohldienliche Verfassungsvoraussetzung – stets die richtige Regel hervorbringt, der Wettbewerb der Interessen und insbesondere der selbsthilfefähigen Interessenten nicht immer „kraft der unsichtbaren Hand" zum allgemeinen Besten führt.

65
Bundesstaat

Das Bundesstaatsprinzip teilt die Staatsgewalt auf verschiedene Gebietskörperschaften auf, sucht dadurch die bürgernahe, individualgerechte Entscheidung zu erleichtern. Dem deutschen Bundesstaat liegt jedoch eine gewisse Einheitlichkeit der Lebensverhältnisse voraus[250]; im Sog bundesweit geltender Grundrechte und einer auf „gleichwertige Lebensverhältnisse im Bundesgebiet" (Art. 72 Abs. 2 GG)[251] angelegten Bundesgesetzgebung suchen die Verfassungsorgane des Bundes jedoch ähnliche Freiheitsvoraussetzungen zu schaffen.

66
Republik

Die Republik erwartet von der res publica, daß sie das Gemeinwohl hervorbringt, die Verfassung als elementaren Gemeinwohlmaßstab entfaltet und fortentwickelt, im Rahmen dieser Maßstabgebundenheit und seiner verfassungsgerichtlichen Kontrolle in öffentlicher Auseinandersetzung[252] und gestützt auf erkenntnisstärkende Kompetenz- und Verfahrensregeln[253] Traditionen, Erfahrungen, Interessen und Ideen beurteilt[254], die Freiheitsberechtigten hinreichend Freiheitsbereitschaft und Freiheitsethos entwickeln, um der Grundrechtserwartung eines Gemeinwohls zu genügen[255]. Bei der Verwirklichung aller dieser Staatsgrundlagenbestimmungen geben die tatsächlichen Verfassungsvoraussetzungen, insbesondere die hergebrachten Lebensbedingungen, Wirtschaftsstrukturen, politischen Systeme, die geistige Kultur – die Verfassung als Gedächtnis der Demokratie[256] und die geistige „Gestimmtheit"[257] – dem Wollen und Erkennen eine Stetigkeit, die den Prozeß der Rechtsetzung und Rechtsfindung nicht in die Beliebigkeit, in das Experimentieren mit dem Menschen und der Welt entgleiten läßt, das politische Wollen vielmehr auf Wissen stützt und der Wirklichkeit verpflichtet.

---

249 *Zacher*, Das soziale Staatsziel, HStR ²I, § 25 RN 62ff.
250 *Christian Waldhoff*, Verfassungsrechtliche Vorgaben für die Steuergesetzgebung im Vergleich Deutschland-Schweiz, 1997, S. 89.
251 Zur Erforderlichkeitsklausel vgl. *Waldhoff* (aaO.), S. 91 ff.; die Herstellung gleichwertiger Lebensverhältnisse ist in Art. 72 Abs. 2 GG ein kompetenzverengender, in Art. 105 Abs. 2 GG ein kompetenzbegründender Tatbestand.
252 Zur notwendigen Inhaltsoffenheit des Gemeinwohlbegriffs vgl. *H. Hofmann*, Verfassungsrechtliche Annäherungen an den Begriff des Gemeinwohls, in: Herfried Münkler/Karsten Fischer (Hg.), Gemeinwohl und Gemeinsinn im Recht, Bd. 3, 2002, S. 25ff.
253 Vgl. *Mayntz*, Wohlfahrtsökonomische und systemtheoretische Ansätze zur Bestimmung von Gemeinwohl, in: Herfried Münkler/Karsten Fischer (Hg.), Gemeinwohlrhetorik und Solidaritätsverbrauch. Integrationsprobleme moderner Gesellschaften, 2001, S. 113.
254 *Friedrich von Zezschwitz*, Das Gemeinwohl als Rechtsbegriff, 1967, S. 125f.
255 *Isensee*, Gemeinwohl und Staatsaufgaben im Verfassungsstaat, HStR III, § 57 RN 86f.
256 *P. Kirchhof* (FN 231).
257 *Krüger* (Bibl.), S. 289.

Schließlich wirken auch die Gestaltungsaufträge der Staatszielbestimmungen auf die Grundrechtsvoraussetzungen hin. Die Freiheitsverantwortung des Staates betrifft die ökologischen, sozialen, freiheitspolitischen und gleichheitsrealen Wirkungsvoraussetzungen, spart allerdings die den Freiheitsberechtigten betreffenden Wahrnehmungsvoraussetzungen aus. Auch die Staatszielbestimmungen machen die Freiheitsqualifikation, die Bereitschaft zur Annahme des Freiheitsangebotes und die Gemeinwohlverantwortlichkeit der ihr Freiheitsrecht wahrnehmenden Berechtigten nicht zu einer Rechtspflicht.

67
Die Staatsziele

III. Freiheitskonforme Handlungsmittel

1. Das Gemeinnützigkeitsrecht

Ein Modellinstrument zur staatlichen Förderung von Grundrechtsvoraussetzungen ist das Gemeinnützigkeitsrecht[258]. Körperschaften, die ausschließlich und unmittelbar gemeinnützigen Zwecken dienen (§ 51 ff. AO), sind weitgehend von der Besteuerung freigestellt[259]; Zuwendungen an gemeinnützige Körperschaften sind bis zu bestimmten Höchstbeträgen steuerbefreit. Darüber hinaus fördern und stützen das Sammlungsgesetz, das Kostenrecht, die Arbeitsbeschaffung des Sozialhilferechts, die strafrechtliche Regelung der Auflage, das Subventionsrecht und – mit wachsenden Einschränkungen – das Wohnungsgemeinnützigkeitsrecht gemeinnütziges Handeln[260]. Freiwillige, altruistische Vermögensopfer, die zur selbstlosen Finanzierung öffentlicher Aufgaben verwendet werden, werden steuerlich entlastet, weil die Zuwendungen Grundrechtsvoraussetzungen und Grundrechtswahrnehmungen selbstlos fördern. Dabei folgt das Gemeinnützigkeitsrecht, insbesondere das Steuerrecht insoweit in einem besonders grundrechtssensiblen Bereich – Religion, Kunst, Wissenschaft – den Vorgaben der Freiheitsberechtigten, verstärkt private Freiheitsinitiativen, bietet staatliche Wirkungshilfen auch in freiheitlich abgeschirmten Lebensbereichen, öffnet Experimentier- und Pionierräume zur freiheitlichen Entfaltung. Darüber hinaus verbessert das Stiftungssteuergesetz[261] die steuerlichen Rahmenbedingungen für Stiftungen und damit für rechtlich verstetigte Kulturvoraussetzungen, um die Stiftungsfreudigkeit in Deutschland anzuregen, die „auch auf den unzureichenden Regelungsrahmen des deutschen Stiftungssteuerrechts" zurückzuführen ist[262].

68
Staatliche Verstärkung privater Freiheitsinitiative

Die Förderung gemeinnütziger Tätigkeiten durch Herrscher und Staat folgt einer verläßlichen Tradition privater, öffentlich unterstützter Gemeinwohlverwirklichung[263]: In fränkischer Zeit waren bestimmte Leistungen in den

69
Tradition privater, öffentlich unterstützter Gemeinwohlverwirklichung

---

258 *Jachmann*, Steuerrechtliche Rahmenbedingungen bürgerschaftlichen Engagements, in: *Gerhard Igl*, Rechtliche Rahmenbedingungen bürgerschaftlichen Engagements, 2002, S. 67 ff.
259 Vgl. für eine Übersicht *Paul Kirchhof*, in: ders./Hartmut Söhn/Rudolf Mellinghoff (Hg.), Einkommensteuergesetz, Kommentar, § 10 b (1997) RN A 115 f.
260 *P. Kirchhof* (aaO.), § 10 RN A 140 f. m.N.
261 Gesetz zur weiteren steuerlichen Förderung von Stiftungen vom 14.7.2000 (BGBl. I S. 1034).
262 BT-Drucks. 14/2340, S. 1, 8.
263 *P. Kirchhof* (FN 259), § 10 b RN A 170 ff.

Gemeinden, insbesondere der Schutz des Territoriums durch Reiterdienste, Stadtbefestigung und Frondienste als hinreichende und abschließende Leistung für Kaiser und König anerkannt und deshalb von bede und stiura freigestellt. Die Immunität von Kirche und Adel sowie die Steuerbefreiungen der Städte dienten als Gemeinnutzausgleich für Unterhalt und Befestigung von Stadtmauern, Schulwesen, Urkunden- und Kanzleiwesen. Als sich sodann der Gedanke einer allgemeinen, gleichmäßigen Besteuerung durchsetzte und Steuerausnahmen grundsätzlich abgelehnt wurden, galten die Steuerbefreiungen für Leistungen an den Staat in Form von „wirklichen Diensten oder Naturalien" oder einer „sonstige(n) besondere(n) Aufopferung" weiterhin fort; der generelle Befreiungsgrund „ob utilitatem publicam" wurde eingeführt. Nach Anerkennung eines Staatszwecks der staatlich zu fördernden Glückseligkeit des Einzelnen – zum Ausklang des 18. Jahrhunderts – verstand der Staat sich „als Wohlfahrtsanstalt", rechnete aber die milden Stiftungen – piae causae – dem Staat zu und stellte sie deswegen von der Steuer frei. In unterschiedlichen Herrschafts- und später in Staatssystemen war somit anerkannt, daß das Gemeinwohl durch private wie durch öffentliche Hand verwirklicht werden könne, die öffentliche Hand aber private Selbstlosigkeit und Gemeinwohldienlichkeit unterstützen und fördern solle.

70
Staatlicher Gemeinnutzausgleich

Es scheint sogar eine Entwicklungslinie erkennbar, wonach mit Zurücktreten der Staatsaufgaben die private Gemeinwohlverwirklichung sich ausbreitet, damit aber auch ein öffentlicher Gemeinnutzausgleich einhergeht. In dieser Tradition stellt sich die Verantwortlichkeit des Staates für Freiheitsvoraussetzungen in einem neuen Licht dar: Der freiheitliche Staat beläßt die Entwicklung und Entfaltung der Freiheitsvoraussetzungen in der Hand der Freiheitsberechtigten, gewährt aber bei selbstloser, gemeinnütziger Tätigkeit einen Gemeinnutzausgleich, der freiheitsgerecht die privaten Freiheitsinitiativen verstärkt, organisatorisch stützt und durch Handlungsmöglichkeiten anreichert.

2. Sonstige Handlungsmittel

71
Kein numerus clausus der Handlungsmittel

Darüber hinaus darf der Staat auch seine sonstigen Handlungsmittel, das Recht, seine Organisations- und Finanzkraft, seine Wissens-, Beratungs- und Lehrkapazität einsetzen, um Verfassungsvoraussetzungen zu erfüllen. Der Auftrag zur Freiheitspflege kennt keinen numerus clausus der Handlungsmittel, sondern erlaubt nur das jeweils freiheitsgerechte Mittel.

72
Der aktuelle Handlungsbedarf

Der gegenwärtige Handlungsbedarf ergibt sich aus den aktuellen Freiheitsdefiziten. Der sterbenden Gesellschaft ist durch eine Erneuerung der Ehe- und Familienkultur zu begegnen, den Bildungsverlusten durch veränderte Anforderungs- und Leistungsprofile in Schule und Hochschule, der verminderten Verantwortlichkeit des allein auf Rendite, nicht auf die Wirkungen der eingesetzten Kapitalmacht bedachten Finanzkapitals durch eine Restrukturierung des Verantwortungseigentums zu antworten, die Relativierung der die Freiheitswahrnehmung bestimmenden Werte durch Stärkung des Erziehungsauftrags der Schulen, durch Belebung des Religionsunterrichts, durch Unterstützung von Kirchen und Religionsgemeinschaften zu beantworten. Wenn die demokratischen Grundlagen der Freiheit durch eine Entparlamentarisierung von Gesetzgebung und Budgethoheit bedroht sind, insbesondere durch eine exekutive Gesetzgebung, ein dominierendes Vetorecht des Bundesrates bei der deutschen Gesetzgebung, eine Verlagerung der Budgethoheit in Nebenhaushalte, eine Finalisierung der bisher instrumentalen Verfassung und damit eine Ermächtigung der Verfassungsgerichtsbarkeit zur Entscheidung über politische Ziele, auch eine Verschiebung der parlamentarischen Entscheidungen in Parteien- und Verbandszirkel[264], so sind parlamentarische Repräsentation und Entscheidungskompetenz des Parlaments zu reorganisieren[265]. Der Staat hat die in seiner jeweiligen Gegenwart gefährdeten oder verlorenen Freiheitsvoraussetzungen zu pflegen, die er zwar nicht garantieren, wohl aber stützen, fördern und freiheitsgerecht erneuern kann.

---

[264] Vgl. *P. Kirchhof* (FN 90), RN 33 f.
[265] *P. Kirchhof*, Das Parlament als Mitte der Demokratie, in: FS Badura, i.E.; *ders.*, Entparlamentarisierung der Demokratie?, in: FS Graf Kielmansegg, i.E.

E. Bibliographie

Badura, Peter, Verfassungsänderung, Verfassungswandel, Verfassungsgewohnheitsrecht, HStR VII, 1992, § 160.
Häberle, Peter, Grundrechte im Leistungsstaat, VVDStRL 30 (1972), S. 43 ff.
Isensee, Josef, Grundrechtsvoraussetzungen und Verfassungserwartungen, HStR V, 1992, § 115.
Jachmann, Monika, Steuerrechtliche Rahmenbedingungen bürgerschaftlichen Engagements, in: Gerhard Igl, Rechtliche Rahmenbedingungen bürgerschaftlichen Engagements, 2002, S. 67 ff.
Kasper, Walter, Die theologische Begründung der Menschenrechte, FS für Paul Mikat, 1989, S. 99 ff.
Kirchhof, Paul, Die kulturellen Voraussetzungen der Freiheit, 1986.
Krüger, Herbert, Verfassungsvoraussetzungen und Verfassungserwartungen, FS für Ulrich Scheuner, 1973, S. 285 ff.
Lerche, Peter, Schutzbereich, Grundrechtsprägung, Grundrechtseingriff, HStR V, 1992, § 121.
Martens, Wolfgang, Grundrechte im Leistungsstaat, VVDStRL 30 (1972), S. 7 ff.
Merten, Detlef, Handlungsgrundrechte als Verhaltensgarantien – zugleich ein Beitrag zur Funktion der Grundrechte –, VerwArch 73 (1982), S. 103 ff.
Murswiek, Dietrich, Grundrechte als Teilhaberechte, soziale Grundrechte, HStR V, 1992, § 112.
Oppermann, Thomas, Freiheit von Forschung und Lehre, HStR VI, 1989, § 145.
Schmitt Glaeser, Walter, Ethik und Wirklichkeitsbezug des freiheitlichen Verfassungsstaates, 1999.
Stern, Klaus, Das Staatsrecht der Bundesrepublik Deutschland, Bd. I, ^{2}1984, Band III/1, 1988.
Uhle, Arnd, Freiheitlicher Verfassungsstaat und „kulturelle Identität", Habil. i. E.

§ 22
Grundrechtliche Schranken und Schrankenschranken

Juliane Kokott

Übersicht

	RN
A. Einleitung	1– 3
B. Allgemeinvorbehalt oder schrankensystematischer Ansatz	4–17
I. Abgrenzung von Allgemeinvorbehalt und zusätzlicher Schrankenbestimmung	4– 5
II. Beispiele für den Allgemeinvorbehalt	6–17
1. Art. 52 der Charta der Grundrechte der Europäischen Union von 2000	7–12
2. Art. 36 der Schweizerischen Bundesverfassung von 1999	13–15
3. Zwischenergebnis	16–17
C. Die einzelnen Schranken	18–69
I. Gesetzlich vorgesehene Schranken	18–37
1. Verankerung des Gesetzesvorbehalts	18–19
2. Gesetz als formelles Gesetz	20–23
3. Bestimmtheitsgebot	24–25
4. Abweichender Gesetzesbegriff des Europäischen Gerichtshofs für Menschenrechte	26–27
5. „Gesetzlich vorgesehen" im Sinne der Grundrechtecharta	28–30
6. Einfacher oder qualifizierter Gesetzesvorbehalt	31–37
II. Verfassungsunmittelbare Schranken	38–55
1. Verfassungsunmittelbare Schranken innerhalb der Grundrechtsbestimmungen	39

	RN
2. Abgrenzung verfassungsimmanenter Schranken von einer Ausgestaltung der Grundrechte	40–42
3. Vorbehaltlose Grundrechte als Anwendungsfall verfassungsimmanenter (grundrechtsexterner) Schranken	43–46
4. Einschränkung vorbehaltloser Grundrechte durch Grundrechte Dritter und andere Verfassungsgüter	47–52
5. Einschränkung vorbehaltloser Grundrechte durch Kompetenznormen und Staatsstrukturprinzipien	53–55
III. Unspezifizierte Schranken	56–59
IV. Grundrechtskollisionen	60–61
V. Sonderstatusverhältnisse	62–69
1. Definition des Sonderstatus	62–63
2. Normative Anerkennung von Sonderstatusverhältnissen	64–66
3. Grundrechtsgeltung im Sonderstatus	67–69
D. Grundrechtliche Schrankenschranken	70–115
I. Verbot des Einzelfallgesetzes und Zitiergebot	71–72
II. Rechtsstaatliches Rückwirkungsverbot	73
III. Wesensgehalts- oder Kerngehaltsgarantie	74–93
1. Bedeutung	74–75
2. Vorbildwirkung und allgemeine Anerkennung des Art. 19 Abs. 2 GG	76–77
3. Verfassungstextliche Wesens- oder Kerngehaltsgarantien	78–80

		RN			RN
	a) Abstrakte Wesensgehaltsgarantien	78–79	V.	Verhältnismäßigkeitsprinzip	98–115
	b) Im Verfassungstext konkretisierte Wesensgehaltsgarantien	80		1. Allgemeine Anerkennung; Einfluß der Europäischen Menschenrechtskonvention	98–105
4.	Höchstrichterliche Anerkennung der Wesensgehaltsgarantie	81–83		2. Anwendung auf Freiheits- und Gleichheitsrechte	106–109
5.	Inhalt der Wesensgehalts- oder Kerngehaltsgarantie	84–93		3. Inhalt des Verhältnismäßigkeitsgrundsatzes	110–111
	a) Nur objektive Norm oder auch subjektives Recht?	86		4. Verhältnismäßigkeitskontrolle und Gewaltenteilung	112–114
	b) Relative oder absolute Garantie	87–90		5. Zwischenergebnis	115
	c) Die Wesensgehaltsgarantie im Lichte des Völkerrechts	91–93	E.	Schranken und Schrankenschranken der Meinungsfreiheit im länderübergreifenden Vergleich	116–122
IV. Rechtfertigung durch öffentliches Interesse		94–97		I. Schranken	117–120
				II. Schrankenschranken	121–122
			F.	Schlußbetrachtung	123–124
			G.	Bibliographie	

A. Einleitung

Inhalt und Tragweite von Grund- und Menschenrechten erschließen sich nur bei Einbezug der möglichen Einschränkungen. Je klarer die zulässigen Einschränkungen und damit auch die Grenzen zulässiger Einschränkungen in der Verfassung selbst normiert und durch Rechtsprechung und Lehre ausdifferenziert sind, um so eher besteht Rechtssicherheit hinsichtlich des dem Bürger effektiv zuerkannten Freiheitsraumes. Von daher ist es konsequent, daß moderne Verfassungsrechtssysteme der Materie der „Schranken" und „Schrankenschranken" besonderes Gewicht zuerkennen. Im folgenden wird diese anschauliche Begrifflichkeit, wie sie sich unter dem deutschen Grundgesetz entwickelt hat, verwendet. Unter Einbezug insbesondere von Mitgliedstaaten der Europäischen Union, mit einem Schwerpunkt auf Österreich und außerdem noch der Schweiz, sowie punktuell Querverweisen auf den Grundrechtsschutz in den Vereinigten Staaten[1], wird untersucht, in welcher Weise die zulässigen Grundrechtsbeschränkungen in anderen Verfassungssystemen definiert sind.

1
Klare Schrankenregelungen als Freiheitsgarantie

Die Auswahl der angesprochenen Verfassungssysteme ergab sich dabei insbesondere aus den Gesichtspunkten der Vergleichbarkeit – in welchen Verfassungsordnungen sind ähnliche Ansätze wie die deutschen „Schrankenschranken" ausgeprägt? – und der Überlegung, wo die Grund- oder Menschenrechtsrechtsdogmatik eine ähnlich wichtige Rolle spielt; relevant war aber auch der praktische Aspekt der Erschließbarkeit des Materials in gängigen Sprachen. Einfach ist die Recherche insbesondere dann, wenn bereits ein mit dem deutschen System vertrauter Forscher die ausländische Rechtsordnung durch die „Schranken-" und „Schrankenschranken-Brille" gesehen und aufbereitet hat. Die Untersuchung erhebt also keinen Anspruch auf Vollständigkeit in bezug etwa auf die Mitgliedstaaten der Europäischen Union noch gar alle europäischen Staaten. Dies würde eine sehr genaue Kenntnis dieser verschiedenen Rechtsordnungen voraussetzen, so daß jeweils die den deutschen Schranken und Schrankenschranken funktionsgleichen oder funktionsähnlichen Rechtsinstitute zuverlässig und vollständig identifiziert werden könnten. Im Rahmen des folgenden Überblicks kann das nicht geleistet werden. Ein gewisser Eklektizismus war vielmehr unvermeidbar.

2
Voraussetzungen und Grenzen des Vergleichs

In den meisten Staaten ist eine zum Teil sehr starke Beeinflussung der Schranken und Schrankenschranken durch die Europäische Menschenrechtskonvention und die Rechtsprechung des Europäischen Gerichtshofs für Menschenrechte feststellbar. Deshalb wird im folgenden auch das System der Menschenrechtskonvention und auch die Charta der Grundrechte der Europäischen Union einbezogen.

3
Beeinflussung durch EMRK und EGMR

---

1 Unter E. (RN 116 ff.).

B. Allgemeinvorbehalt oder schrankensystematischer Ansatz

I. Abgrenzung von Allgemeinvorbehalt und zusätzlicher Schrankenbestimmung

4
Staaten mit differenzierter Schrankenregelung bei den Einzelgrundrechten

Verfassungen sowie internationale Menschenrechtsdokumente sehen teils differenzierte Schrankenregelungen bei jedem einzelnen Grundrecht vor, teils enthalten sie in einem Artikel eine allgemeine Regel, welche die Voraussetzungen zulässiger Grundrechtseingriffe zum Gegenstand hat. Einzelne differenzierte Schranken für die verschiedenen Grundrechte weisen insbesondere das deutsche Grundgesetz, die niederländische Verfassung[2], das österreichische Verfassungssystem[3] und die Europäische Menschenrechtskonvention auf.

5
Varianten des Allgemeinvorbehalts

Bei der Betrachtung der allgemeinen Regeln muß jeweils festgestellt werden, inwieweit sie die in dem entsprechenden Dokument verbrieften Grundrechte einschränken. In Betracht kommen zwei Varianten: (1.) Es handelt sich um einen Allgemeinvorbehalt, der konstitutiv zu Grundrechtseingriffen ermächtigt. (2.) Oder aber die allgemeine Regel normiert nur (zusätzliche) allgemeine Rechtmäßigkeitsanforderungen, die an im speziellen Grundrecht vorgesehene Eingriffe zu stellen sind. Art. 36 der Schweizerischen Bundesverfassung ist ein Beispiel für die erste Kategorie. Nicht ganz eindeutig ist die Einordnung des verweisungsreichen Art. 52 der Grundrechtecharta der Europäischen Union; die herrschende Meinung ordnet auch ihn als Allgemeinvorbehalt ein. Beispiele für die zweite Variante sind Art. 18 der portugiesischen Verfassung, Art. 31 der polnischen Verfassung und – schon von der Formulierung her eindeutig – Art. 30 der Amerikanischen Menschenrechtskonvention (AMRK)[4].

II. Beispiele für den Allgemeinvorbehalt

6
Konstitutive Allgemeinvorbehalte

Konstitutive Allgemeinvorbehalte enthalten erstaunlicherweise gerade zwei bedeutende neuere Grundrechtsverbürgungen: die Grundrechtecharta der

---

2 *Gerbranda/Kroes/Loof*, Concretization of and Limitations on Fundamental Rights, in: A. Weber (Hg.), Fundamental Rights (Bibl.), Chapter 4, S. NL 37 (42 ff.).
3 Vgl. *Berka* (Bibl.), S. 40; *dens.*, Concretization of and Limitations on Fundamental Rights, in: A. Weber (Hg.), Fundamental Rights (Bibl.), Chapter 4, S. AUS 35 (38 u. 43).
4 Art. 30 AMRK: „Die Einschränkungen, denen nach dieser Konvention die darin anerkannten Rechte und Freiheiten oder ihre Ausübung unterworfen werden können, dürfen nur nach Maßgabe von aus Gründen des Allgemeinwohls erlassenen Gesetzen und nur in Übereinstimmung mit dem Zweck der Einschränkung angewendet werden". Dazu *IAGMR*, Gutachten v. 9.5.1986, OC-6/86 – Der Begriff „Gesetze" in Art. 30 AMRK, EuGRZ 1987, S. 168 ff.
Zu Art. 31 Verf. Polen *Garlicki/Wyrzykowski*, Concretization of and Limitations on Fundamental Rights, in: A. Weber (Hg.), Fundamental Rights (Bibl.), Chapter 4, S. PL 25 (35 ff.). Ein weiteres Beispiel ist Art. 49 Verf. Rumänien: „(1) The exercise of certain rights or freedoms may be restricted only by law, and only if absolutely unavoidable, as the case may be, for: – the defence of national security, public order, health morals, of the citizens' rights and freedoms; – as required for conducting a criminal investigation; and – for the prevention of the consequences of a natural calamity or extremely grave disaster. (2) The restriction shall be proportional to the extent of the situation that determined it and may not infringe upon the existence of the respective right or freedom".

Europäischen Union von 2000 und die Schweizerische Bundesverfassung von 1999[5], ferner beispielsweise auch die lettische[6], polnische[7] und die südafrikanische[8] Verfassung. Derartige Allgemeinvorbehalte geben den Staatsorganen, insbesondere den Gerichten, prima facie mehr Spielraum bei der Rechtfertigung von Grundrechtseingriffen als eine ausdifferenzierte Schrankensystematik wie nach dem deutschen Grundgesetz. Die Allgemeinvorbehalte werden deshalb durchweg kritisiert. Zweifelhaft ist zudem oft ihr Anwendungsbereich: Gelten sie für alle oder nur für die Freiheitsrechte? Gelten sie gegebenenfalls modifiziert für Gleichheitsrechte, auch für soziale Grundrechte? Gelten sie – wie in der Grundrechtecharta der Europäischen Union – bei daneben bestehenden speziellen Grundrechtseinschränkungen auch für absolut formulierte Grundrechte?

1. Art. 52 der Charta der Grundrechte der Europäischen Union von 2000[9]

Die Grundrechtecharta soll die Europäische Union, wie schon früh vom Bundesverfassungsgericht angemahnt, mit einem ausformulierten, umfangreichen und modernen Grundrechtskatalog versehen, der die Ausübung von Hoheitsgewalt auf europäischer Ebene eindeutig erkennbar grundrechtlich einbindet

7
Schwer durchschaubare Schrankenregelung

---

5 Zum Text dieser beiden Regelungen s. unten FN 9 u. FN 29.
6 Weitgehend Art. 116 Verf. Lettland: „The rights of persons set out in Articles 96, 97, 98, 100, 102, 103, 106 and 108 of the Constitution may be subject to restrictions in circumstances provided for by law in order to protect the rights of other people, the democratic structure of the state, and public safety, welfare and morals. On the basis of the conditions set forth in this Article, restrictions may also be imposed on the expression of religious beliefs".
7 Art. 31 Abs. 3 Verf. Polen: „Einschränkungen, verfassungsrechtliche Freiheiten und Rechte zu genießen, dürfen nur in einem Gesetz beschlossen werden und nur dann, wenn sie in einem demokratischen Staat wegen seiner Sicherheit oder öffentlichen Ordnung oder zum Schutz der Umwelt, Gesundheit, der öffentlichen Moral oder der Freiheiten und Rechte anderer Personen notwendig sind. Diese Einschränkungen dürfen das Wesen der Freiheiten und Rechte nicht verletzen".
8 Der Allgemeinvorbehalt der Verf. Südafrikas lautet: Art. 36: „(1) The rights in the Bill of Rights may be limited only in terms of law of general application to the extent that the limitation is reasonable and justifiable in an open and democratic society based on human dignity, equality and freedom, taking into account all relevant factors, including –
(a) the nature of the right;
(b) the importance of the purpose of the limitation;
(c) the nature and extent of the limitation;
(d) the relation between the limitation and its purpose; and
(e) less restrictive means to achieve the purpose.
(2) Except as provided in subsection (1) or in any other provision of the Constitution, no law may limit any right entrenched in the Bill of Rights".
9 Art. 52 EU-Grundrechtecharta von 2000: Tragweite der garantierten Rechte
„(1) Jede Einschränkung der Ausübung der in dieser Charta anerkannten Rechte und Freiheiten muß gesetzlich vorgesehen sein und den wesentlichen Gehalt dieser Rechte und Freiheiten achten. Unter Wahrung des Grundsatzes der Verhältnismäßigkeit dürfen Einschränkungen nur vorgenommen werden, wenn sie notwendig sind und den von der Union anerkannten dem Gemeinwohl dienenden Zielsetzungen oder den Erfordernissen des Schutzes der Rechte und Freiheiten anderer tatsächlich entsprechen.
(2) Die Ausübung der durch diese Charta anerkannten Rechte, die in den Gemeinschaftsverträgen oder im Vertrag über die Europäische Union begründet sind, erfolgt im Rahmen der darin festgelegten Bedingungen und Grenzen.
(3) Soweit diese Charta Rechte enthält, die den durch die Europäische Konvention zum Schutze der Menschenrechte und Grundfreiheiten garantierten entsprechen, haben sie die gleiche Bedeutung und Tragweite, wie sie ihnen in der genannten Konvention verliehen wird. Diese Bestimmung steht dem nicht entgegen, daß das Recht der Union einen weitergehenden Schutz gewährt".

und die grundlegenden Rechte der Unionsbürger deutlich sichtbar macht[10]. Ihr sprachlich und inhaltlich gelungener Grundrechtskatalog wird zu recht gelobt. Ihre Schrankenregelung ist jedoch nicht leicht zu durchschauen. Zunächst erstaunt die sich auf ein und denselben *Allgemeinvorbehalt* für alle Grundrechte konzentrierende Schrankenregelung. Dieser wird jedoch zum einen durch gesetzliche *Ausgestaltungsvorbehalte bei einzelnen Grundrechten* ergänzt[11]. In bezug auf diese Grundrechte ist der Allgemeinvorbehalt redundant[12].

8
Verweis auf Schranken im EG-Vertrag

Zum anderen ergeben sich Schranken aufgrund der Verweise des Art. 52 Abs. 2 und 3 auf die Gemeinschaftsverträge und die Europäische Menschenrechtskonvention[13]. So erfolgt die Ausübung der durch diese Charta anerkannten Rechte, die in den Gemeinschaftsverträgen oder im Vertrag über die Europäische Union begründet sind, im Rahmen der darin festgelegten Bedingungen und Grenzen[14]. Damit wird auf insbesondere die den Grundfreiheiten des EG-Vertrags beigefügten *ordre public-Vorbehalte* verwiesen, welche sich etwa auf die Berufsfreiheit gemäß Art. 15 Abs. 2 sowie die Freizügigkeit und Aufenthaltsfreiheit gemäß Art. 45 Grundrechtecharta auswirken.

9
Dynamischer Verweis auf das Schrankensystem der EMRK

Weiter sollen gemäß Art. 52 Abs. 3 Rechte der Charta, die den Garantien der Europäischen Menschenrechtskonvention entsprechen, die gleiche Bedeutung und Tragweite wie diese Rechte der Konvention besitzen. Dieser dynamische Verweis umfaßt damit, ebenfalls über den Text der Charta hinaus, auch das in der Europäischen Menschenrechtskonvention vorgesehene ausdifferenzierte Schrankensystem, zumal die Erläuterungen des Präsidiums ausdrücklich auch auf die ausführliche Regelung der Einschränkungen in der Konvention verweisen[15]. Insbesondere enthalten die Erläuterungen zu Art. 52 der Grundrechtecharta einen ausdrücklichen Katalog der Rechte, die dieselbe Bedeutung und Tragweite wie die entsprechenden Artikel der Europäischen Menschenrechtskonvention haben und für die demnach deren Schrankensystematik anwendbar ist[16]. Dies sind die wesentlichen Rechte der Menschenrechtskonvention, insbesondere Recht auf Leben, Verbot der Folter und der unmenschlichen oder erniedrigenden Strafe oder Behandlung, Sklavereiverbot, Schutz der Privatsphäre, Gedanken-, Gewissens-, Religionsfreiheit, Meinungsfreiheit zuzüglich von in Zusatzprotokollen gewährleisteten Rechten wie Eigentumsschutz. Ergänzt wird die hier nicht vollständig wiedergegebene Aufzählung durch eine Liste derjenigen Artikel der Grundrechtecharta, „die

---

10 Vgl. *Pache*, Die Europäische Grundrechtecharta – ein Rückschritt für den Grundrechtsschutz in Europa?, EuR 2001, S. 475.
11 Zum Verweis auf gesetzliche Ausgestaltung und Einschränkbarkeit gemäß der Grundrechtecharta, s. RN 28 ff.
12 *Triantafyllou* (Bibl.), S. 56.
13 S. dazu RN 30.
14 Art. 52 Abs. 2 Grundrechtecharta.
15 Präsidium, Erläuterungen zum endgültigen Text-Entwurf des Konvents, EuGRZ 2000, S. 559 (569); s. aber *Nina Philippi*, Die Charta der Grundrechte der Europäischen Union, 2002, S. 44.
16 Vom Präsidium formulierte und am 11.10.2000 in Brüssel vorgelegte Erläuterungen – Dokument: CHARTE 4473/00 CONVENT 49, EuGRZ 2000, S. 559 (569).

dieselbe Bedeutung haben, wie die entsprechenden Artikel der EMRK, deren Tragweite aber umfassender ist".

Diese Verweise auf Schranken in den Gemeinschaftsverträgen und der Europäischen Menschenrechtskonvention – also außerhalb des Textes der Grundrechtecharta – widersprechen dem wesentlichen Ziel der Charta, dem Gemeinschaftsbürger die tatsächliche Geltung und Tragweite der für ihn geltenden Grundrechte anschaulich vor Augen zu führen[17]. Letztlich ist also der Kritik zuzustimmen, wonach hier eine Schwachstelle der Grundrechtecharta liegt[18].

10 Schrankenverweise als Schwachstelle der Charta

Lediglich in bezug auf solche absolut formulierten Grundrechte, die weder in der Europäischen Menschenrechtskonvention noch in den Gemeinschaftsverträgen noch in dem Vertrag über die Europäische Union begründet sind, scheint der Allgemeinvorbehalt des Art. 52 Abs. 1 generell gesetzliche Eingriffe zu ermöglichen[19]. Art. 52 Abs. 1 umschreibt dabei nur die Anforderungen an einen Grundrechtseingriff. Nicht eindeutig ist, ob der Eingriff anderweitig zugelassen worden sein muß[20]. Angesichts der großzügigen Verweisungstechnik der Charta müssen Grundrechtseingriffe jedenfalls nicht in der Charta selbst vorgesehen sein. Insofern handelt es sich bei Art. 52 Abs. 1 der Grundrechtecharta um einen wirklichen Allgemeinvorbehalt[21] und nicht etwa nur um eine Vorschrift, welche die näheren Zulässigkeitsbedingungen für explizit durch die Charta zugelassene Grundrechtseingriffe normiert. Kritikwürdig ist der Allgemeinvorbehalt zur Einschränkbarkeit besonders vor dem Hintergrund, daß es im europäischen Gemeinschaftsrecht bislang nicht an der grundsätzlichen Anerkennung von Grund- und Menschenrechten fehlte, sondern vielmehr an präzisen Grundrechtsschranken und justiziablen Rechtfertigungsanforderungen für Grundrechtseingriffe[22].

11 Art. 52 Abs. 1 als wirklicher Allgemeinvorbehalt

Art. 52 Abs. 1 Grundrechtecharta, wonach sämtliche in der Charta vorgesehenen Rechte und Freiheiten bei Beachtung der Wesensgehaltsgarantie und des Verhältnismäßigkeitsgrundsatzes auf gesetzlicher Grundlage eingeschränkt werden können, bietet in diesem Sinne keine Anhaltspunkte zur konkret-individuellen Abwägung von Gemeinwohl und individuellem Freiheitsinteresse bzw. Grundrecht für den Europäischen Gerichtshof. Mangels genauerer textlicher Vorgaben besteht die Gefahr, daß der Gerichtshof keinen Anlaß zur Aufgabe seines bisherigen niedrigen Kontrollmaßstabes bei der Prüfung von Eingriffen in Grund- und Menschenrechte sieht[23]. In Betracht käme aber immerhin, daß das Manko einer ausdifferenzierten Schrankenregelung

12 Fehlende Anhaltspunkte für konkret-individuelle Abwägung

---

17 *Pache* (FN 10), S. 490 f.
18 *Kenntner*, Die Schrankenbestimmung der EU-Grundrechtecharta (Bibl.), S. 423 (425); *Philippi* (FN 15), S. 46, spricht von einem „unpräzisen und für den Laien nicht auflösbaren Schrankenwirrwarr".
19 Kritisch hinsichtlich der mangelnden Eindeutigkeit des Art. 52 Abs. 1 Grundrechtecharta *Triantafyllou* (Bibl.), S. 56.
20 Vgl. *Triantafyllou* aaO., S. 59.
21 *Triantafyllou* aaO.
22 Vgl. *Pache* (FN 10), S. 488 m. N.
23 Vgl. *Pache* aaO., S. 489; zum Kontrollmaßstab des EuGH *Kokott*, Der Grundrechtsschutz im europäischen Gemeinschaftsrecht, AöR 121 (1996), S. 599 (608 f.).

dadurch kompensiert wird, daß der Europäische Gerichtshof seine eigene restriktive Rechtsprechung zu den ausnahmsweisen und nur durch zwingende Gründe des Allgemeininteresses[24] rechtfertigbaren Einschränkungen der Grundfreiheiten auf die nicht weniger schutzwürdigen Grundrechte überträgt[25]. Bedenklich stimmt nur, daß auch die schon bislang praktizierte Anwendung der EMRK-Grundrechte als allgemeine Grundsätze des Gemeinschaftsrechts[26] den Europäischen Gerichtshof nicht an seiner herkömmlichen verallgemeinernden Sichtweise der Menschenrechtsschranken gehindert hat[27]. Hinzu kommt, daß der „gesetzlichen Grundlage" im Rahmen der Gemeinschaftsrechtsordnung nach wie vor eine andere Bedeutung zukommt als nach nationalem Verfassungsrecht[28].

2. Art. 36 der Schweizerischen Bundesverfassung von 1999[29]

13
Allgemeinvorbehalt in Art. 36 BV

Während die alte Schweizerische Bundesverfassung von 1874 diverse spezielle Schrankenregelungen vorsah, so für die Handels- und Gewerbefreiheit, Glaubens- und Gewissensfreiheit und die Kultusfreiheit,[30] entschied man sich bei der Ausarbeitung der neuen Verfassung, einen Artikel aufzunehmen, der die Voraussetzungen für die Einschränkung von Grundrechten generell regelt, und auf spezielle Bestimmungen weitgehend zu verzichten. Der Allgemeinvorbehalt des Art. 36 BV ist auf den Eingriff in klassische Freiheitsrechte zugeschnitten[31]. Auf Schutz- und Leistungspflichten aus Freiheitsrechten wird er allenfalls beschränkt angewendet, und für Gleichheitsrechte und „soziale Grundrechte" gelten einzelne Kriterien des Art. 36[32].

14
Spezielle Schranken in Kompetenznormen

Immerhin lassen sich aus Kompetenznormen der neuen Bundesverfassung einzelne spezifische Schranken ableiten. So gilt im Hinblick auf die Glaubens-

---

24 Vgl. z.B. *EuGH*, Urt. v. 16.6.2002, Rs. C-430/99 (Inspecteur van de Belastingdienst Douane ./. Sea-Land Service Inc. und Nedlloyd Lijnen BV), Slg. 2002, I-5235 (RN 39 ff.).
25 *Kenntner* (Bibl.), S. 425.
26 S. auch Art. 6 Abs. 2 EU.
27 Die übliche Formulierung lautet: „Nach gefestigter Rechtsprechung kann jedoch die Ausübung dieser Rechte, insbesondere im Rahmen einer gemeinsamen Marktorganisation, Beschränkungen unterworfen werden, sofern diese tatsächlich dem Gemeinwohl dienenden Zielen der Gemeinschaft entsprechen und nicht einen im Hinblick auf den verfolgten Zweck unverhältnismäßigen, nicht tragbaren Eingriff darstellen, der diese Rechte in ihrem Wesensgehalt antastet." Vgl. z.B. *EuGH*, Urt. v. 13.4.2000, Rs. C-292/97 (Kjell Karlsson u.a.), Slg. 2000, I-2737 (RN 45) sowie EuGRZ 2000, S. 524.
28 S. unten RN 28 ff.
29 Art. 36 Einschränkungen von Grundrechten:
„(1) Einschränkungen von Grundrechten bedürfen einer gesetzlichen Grundlage. Schwerwiegende Einschränkungen müssen im Gesetz selbst vorgesehen sein. Ausgenommen sind Fälle ernster, unmittelbarer und nicht anders abwendbarer Gefahr.
(2) Einschränkungen von Grundrechten müssen durch ein öffentliches Interesse oder durch den Schutz von Grundrechten Dritter gerechtfertigt sein.
(3) Einschränkungen von Grundrechten müssen verhältnismäßig sein.
(4) Der Kerngehalt der Grundrechte ist unantastbar".
30 Vgl. Schweiz. BV a.F. Art. 31bis Abs. 3-5 (Handels- und Gewerbefreiheit), Art. 49 Abs. 5 (Glaubens- und Gewissensfreiheit) und Art. 50 Abs. 2 (Kultusfreiheit).
31 Vgl. Botschaft des Bundesrates über die neue Bundesverfassung, BBl. 1997 I, S. 194 f.
32 Vgl. *Daniel Thürer*, Verfassungsrecht der Schweiz, 2001, S. 641; zurückhaltend *Ulrich Häfelin*, Schweizerisches Bundesstaatsrecht, 2001, S. 94.

freiheit (Art. 15), daß Bund und Kantone im Rahmen ihrer Zuständigkeit Maßnahmen „zur Wahrung des öffentlichen Friedens zwischen den Angehörigen der verschiedenen Religionsgemeinschaften" treffen können. Die Medienfreiheit (Art. 17) ist zu verstehen im Kontext der Art. 92 f., wonach der Bund für eine ausreichende und preiswerte Grundversorgung mit Post- und Fernmeldediensten sorgt und wonach Radio und Fernsehen u. a. zur freien Meinungsbildung beitragen und die Vielfalt der Ansichten angemessen zum Ausdruck bringen. Die Wirtschaftsfreiheit (Art. 27) steht in engem Bezug zu den Grundsätzen der Wirtschaftsordnung (Art. 94 ff.), wonach insbesondere von der Wirtschaftsfreiheit nur abgewichen werden kann, wenn dies in der Bundesverfassung vorgesehen oder durch kantonale Regalrechte begründet ist[33]. Spezielle Schrankenschranken bei Freiheitsentzug enthält Art. 10[34].

Zu beachten ist des weiteren, daß im völkerrechtlichen Menschenrechtsschutz, insbesondere in der Europäischen Menschenrechtskonvention und im Internationalen Pakt über bürgerliche und politische Rechte, teilweise spezielle Vorgaben vor allem bezüglich rechtfertigender öffentlicher Interessen gemacht werden, über die sich die schweizerische Rechtsordnung nicht hinwegsetzen darf. Insbesondere müssen die speziellen Grundrechtsschranken der Art. 5 sowie 8 bis 11 EMRK in die Auslegung der Bundesverfassung einfließen[35]. Die unmittelbare Wirkung der internationalen Menschenrechtsgarantien im monistischen Verfassungssystem der Schweiz kompensiert so das Fehlen einer ausdifferenzierten Schrankenregelung in der Bundesverfassung. Vor diesem Hintergrund stellt sich der Allgemeinvorbehalt des Art. 36 BV als vertretbare Lösung dar[36].

15
Unmittelbare Wirkung internationaler Menschenrechtspakte

3. Zwischenergebnis

In isoliert zu betrachtenden, autonomen Grundrechtssystemen ist eine differenzierte, grundrechtsspezifische Schrankensystematik aus Gründen der Rechtsklarheit vorzuziehen. Jedoch werden innerstaatliche Grundrechtsgarantien zunehmend durch internationale Menschenrechtsgarantien überlagert. Werden diese wie in der Schweiz als Bestandteil der innerstaatlichen Grundrechtsordnung beachtet und angewendet, ist ein Allgemeinvorbehalt ausreichend. Für ihn spricht dann die so begünstigte bessere Lesbarkeit des Verfassungstextes. Außerdem kann dann, wenn bei jedem Grundrecht die Schranken einzeln aufgezählt werden, der Eindruck entstehen, daß der Grundsatz der Gewährleistung durch die Ausnahmen allzu sehr in den Hintergrund gedrängt wird[37]. Wichtig ist aber, daß die Unbestimmtheit hinsichtlich der Reichweite der einzelnen Grundrechte gegenüber dem Gesetzgeber

16
Überlagerung innerstaatlicher durch internationale Garantien

---

33 Art. 94 Abs. 4 BV.
34 Zum Ganzen *Schweizer* (Bibl.), Art. 36 RN 3.
35 *Schweizer* aaO., RN 4.
36 Kritisch *Hangartner*, Materielle Voraussetzungen von Freiheitsbeschränkungen, in: Häfelin/Haller/G. Müller/Schindler (Hg.), FS H. Nef, 1981, S. 147 ff. (154).
37 *Hangartner* (FN 36), S. 152 f.

international aufgefangen wird. Soweit die Grundrechte in einer Verfassungsordnung international aufgefüllt werden, wie etwa in der Schweiz und in Südafrika[38], kann ein bloßer Allgemeinvorbehalt dann auch der Vermeidung von Divergenzen mit den internationalen Menschenrechtsgarantien vorbeugen.

17
Sondersituation wegen fehlender Bindung der EG an die EMRK

Ähnliches würde hinsichtlich des Allgemeinvorbehaltes in der Grundrechtecharta der Europäischen Union gelten, wenn der Europäische Gerichtshof die Rechtsprechung des Europäischen Gerichtshofs für Menschenrechte zu den Menschenrechten der Europäischen Menschenrechtskonvention so beachten und anwenden würde wie etwa die schweizerische Rechtsprechung. Art. 6 Abs. 2 EU i.V.m. Art. 52 Abs. 3 der Grundrechtecharta könnte dann die fehlende formelle Bindung der Europäischen Union an die Europäische Menschenrechtskonvention kompensieren, zumal Art. 52 Abs. 3 gemäß Erläuterungen des Präsidiums gerade bezweckt, die notwendige Kohärenz zwischen der Charta und der Menschenrechtskonvention ausdrücklich auch bezüglich der zugelassenen Einschränkungen zu schaffen. „Daraus ergibt sich insbesondere, daß der Gesetzgeber bei der Festlegung von Einschränkungen dieser Rechte die gleichen Normen einhalten muß, die in der ausführlichen Regelung der Einschränkungen in der EMRK vorgesehen sind", allerdings „ohne daß dadurch die Eigenständigkeit des Gemeinschaftsrechts und des Gerichtshofs der Europäischen Gemeinschaften berührt wird. [...] Die Bedeutung und Tragweite der garantierten Rechte werden nicht nur durch den Wortlaut dieser Vertragswerke, sondern auch durch die Rechtsprechung des Europäischen Gerichtshofs für Menschenrechte und durch den Gerichtshof der Europäischen Gemeinschaften bestimmt". Mit letzterem soll aber der Union nur die Möglichkeit gegeben werden, für einen weitergehenden Schutz zu sorgen[39]. Unter der Voraussetzung, daß eine zufriedenstellende Lösung im Verhältnis des Europäischen Gerichtshofs zum Europäischen Gerichtshof für Menschenrechte gefunden wird[40], ist also auch der Allgemeinvorbehalt der Grundrechtecharta adäquat. Dabei bietet sich eine Bindung des Europäischen Gerichtshofs an die Rechtsprechung des Menschenrechtsgerichtshof an.

---

38 Siehe FN 8. Zur Internationalität der Verfassungsordnung der Republik Südafrika *Kokott*, From Reception and Transplantation to Convergence of Constitutional Models in the Age of Globalization – with Special References to the German Basic Law, in: Christian Starck (Hg.), Constitutionalism, Universalism and Democracy – a comparative analysis, Studien und Materialien zur Verfassungsgerichtsbarkeit, Bd. 75, 1999, S. 71 ff. (117 ff.).
39 Erläuterungen des Präsidiums (FN 16).
40 → Bd. VI: *E. Klein*, Das Verhältnis des Gerichtshofs der Europäischen Gemeinschaft zum Europäischen Gerichtshof für Menschenrechte.

C. Die einzelnen Schranken

I. Gesetzlich vorgesehene Schranken

1. Verankerung des Gesetzesvorbehalts

Neben den speziellen geschriebenen Gesetzesvorbehalten der Verfassungen besteht ein bereits in der französischen Menschenrechtserklärung von 1789 angelegter „allgemeiner ungeschriebener Gesetzesvorbehalt". Den Kern dieses ungeschriebenen allgemeinen Gesetzesvorbehaltes bildet der an der überkommenen „Freiheit und Eigentum-Formel orientierte Eingriffsvorbehalt[41]". Seine beiden tragenden verfassungsrechtlichen Säulen sind das Rechtsstaatsprinzip und das Demokratiegebot[42]. Inhalt dieses tradierten Eingriffsvorbehaltes ist in formeller Hinsicht, daß Grundrechtseingriffe über die speziellen grundrechtlichen Vorbehalte hinaus stets nur aufgrund Gesetzes zulässig sind[43]. In seinem Gutachten zum Begriff des Gesetzes formuliert der Interamerikanische Gerichtshof für Menschenrechte, das Legalitätsprinzip sei „wesenseins mit der Idee und der Entwicklung des Rechts in der demokratischen Welt und hat als Korrelat die Anerkennung des sogenannten Vorbehalts des Gesetzes, wonach die Grundrechte nur durch das Gesetz, den legitimen Ausdruck des Volkswillens, eingeschränkt werden können[44]". In der geltenden französischen Verfassung findet der Gesetzesvorbehalt Ausdruck in Art. 34, wonach die Bürgerrechte und die den Staatsbürgern zur Ausübung ihrer Grundrechte gewährten grundlegenden Garantien durch Parlamentsgesetz geregelt werden. Dabei handelt es sich zugleich um Kompetenzzuweisung und Ausgestaltungsauftrag für den Grundrechtsbereich, einen der deutschen Wesentlichkeitstheorie vergleichbaren Ansatz[45].

18 Rechtsstaats- und Demokratieprinzip als Stützen des Vorbehalts des Gesetzes

Allgemeinvorbehalte wie diejenigen der Grundrechtecharta der Europäischen Union und der Schweizerischen Bundesverfassung, Verfassungsnormen, die generell die Anforderungen an Grundrechtseinschränkungen festlegen[46], sowie spezielle Vorbehalte, z.B. im zweiten Absatz der Art. 8 bis 12 EMRK, fordern zuallererst das Gesetz als Grundlage von Grundrechtseinschränkungen. Ausdrückliche Schranken der Grundrechte sind in Österreich, in der Schweiz und nach dem System der Europäischen Menschenrechtskonvention grundsätzlich dem Typus des Gesetzesvorbehalts zuzuordnen. Fragen könnten sich in bezug auf die nicht ausdrücklich beschränkbaren, die vorbehaltlos gewährleisteten Grundrechte ergeben; jedoch greift insoweit der

19 Gesetz als Grundlage von Grundrechtseinschränkungen

---

41 *Ossenbühl*, HStR III, § 62 RN 31, S. 332; → Bd. III: *Lerche*, Vorbehalt des Gesetzes und Wesentlichkeitstheorie.
42 *Ossenbühl* aaO., § 62 RN 33; *Arlette Heymann-Doat*, Le régime juridique des droits et libertés, 1997, S. 48 ff.
43 BVerfGE 47, 46 (79); *Grothmann* (Bibl.), S. 116.
44 IAGMR (FN 4), S. 170, RN 23.
45 *R. Arnold*, Ausgestaltung und Begrenzung von Grundrechten im französischen Verfassungsrecht, JöR 38 (1989), S. 197 (200 f.).
46 Vgl. z.B. Art. 4 u. 5 franz. Menschenrechtserklärung v. 1789; Art. 18 Abs. 2 u. 3 Verf. Portugal.

§ 22   Zweiter Teil: III. Voraussetzungen, Sicherung und Durchsetzung

erwähnte allgemeine ungeschriebene Gesetzesvorbehalt als notwendiger Bestandteil demokratischer und rechtsstaatlicher Verfassungen. Entsprechend sind wegen der umfassenden Geltung des Gesetzmäßigkeitsprinzips im System des österreichischen Verfassungsrechts dort Beschränkungen von Grundrechten grundsätzlich nur aufgrund Gesetzes zulässig[47].

2. Gesetz als formelles Gesetz

20
Rolle des demokratisch legitimierten Gesetzgebers

Die allgemeine Anerkennung des Gesetzesvorbehalts verdeutlicht, daß im demokratischen Verfassungsstaat der Ausgleich zwischen Individuum und Gemeinschaft eine Aufgabe des demokratisch legitimierten Gesetzgebers ist, der die Freiheit des Einzelnen in die Notwendigkeiten einer gemeinschaftlichen Ordnung einzubinden hat[48].

21
Vorbehalt des formellen Gesetzes

Im *deutschsprachigen Verfassungsraum* gilt dabei klar zuerst der Vorbehalt des formellen Gesetzes. Darüber hinaus ist besonders deutlich und exemplarisch in *Österreich* die Entwicklung vom formellen zum materiellen Gesetzesvorbehalt erkennbar[49]. Während nach der Idee des bürgerlichen Rechtsstaates die Garantie der Unverbrüchlichkeit der Grundrechte in der Herrschaft des Gesetzes lag, geht es nun allerdings darum, wie die jeweilige politische Minderheit vor dem Machtanspruch der parlamentarischen Mehrheit geschützt werden kann. Das formelle Gesetz ist damit notwendige, wenn auch nicht hinreichende Voraussetzung für die Rechtmäßigkeit schwerer Grundrechtseingriffe.

22
Verfassungslage der Schweiz

Ausdrücklich folgt aus Art. 36 Abs. 1 Satz 2 der *Schweizerischen* Bundesverfassung, daß „schwerwiegende Einschränkungen [...] im Gesetz selbst vorgesehen sein" müssen. Darüber hinaus sind nach Art. 164 Abs. 1 BV explizit alle wichtigen rechtsetzenden Bestimmungen in der Form des Bundesgesetzes zu erlassen. „Dazu gehören insbesondere die grundlegenden Bestimmungen über: [...] b. die Einschränkung von verfassungsmäßigen Rechten." Je tiefer der Eingriff in das betroffene Grundrecht im Einzelfall geht, um so mehr bedarf es der unmittelbar demokratischen Legitimation durch ein Gesetz im formellen Sinne, welches den Eingriff möglichst eindeutig rechtfertigt[50]. Im Rahmen des Allgemeinvorbehalts des Art. 36 BV hat das Gesetzeserfordernis einen hohen Rang. Fehlt nämlich die formell-gesetzliche Grundlage für einen Eingriff (Abs. 1), so prüft das Bundesgericht das Vorliegen der weiteren Voraussetzungen nicht mehr[51]. Nur im Falle „ernster, unmittelbarer und nicht anders abwendbarer Gefahr[52]" kann auch bei schwerwiegenden Einschränkungen vom Erfordernis eines formellen Gesetzes abgesehen werden. Detailregelungen oder leichte Eingriffe darf der Gesetzgeber allerdings auch sonst

---

47 Art. 18 Abs. 1 (österr.) B-VG: Die gesamte staatliche Verwaltung darf nur auf Grund der Gesetze ausgeübt werden. S. auch *Berka* (Bibl.), S. 35.
48 *Berka* aaO., S. 39.
49 *Berka* aaO., S. 45 f.
50 Vgl. *Thürer* (FN 32), S. 641; *BGE 126 I* 112 (116); zum Erfordernis eines formellen Gesetzes s. auch *Schweizer* (Bibl.), Art. 36 RN 15; zum französischen Recht *C. Grewe* (Bibl.), S. 211.
51 *Schweizer* (Bibl.), Art. 36 RN 8; *BGE 90 I* 29 (40).
52 Art. 36 Abs. 1 S. 3 BV.

dem Verordnungsgeber überlassen⁵³. Ähnliches ergibt sich aus der Wesentlichkeitstheorie des Bundesverfassungsgerichts⁵⁴.

Auch im übrigen verlangen innerstaatliche Verfassungsordnungen weitgehend das formelle Gesetz als Grundlage für Grundrechtseingriffe⁵⁵. So können in *Portugal* die Grundrechte gemäß Art. 18 Abs. 2 der Verfassung durch Gesetz eingeschränkt werden. Gesetzgebungsakte sind dabei zwar laut Legaldefinition in der Verfassung „die Gesetze, die gesetzesvertretenden Verordnungen und die regionalen legislativen Verordnungen⁵⁶". Aus der Gegenüberstellung der ausschließlichen Gesetzgebungskompetenz der Versammlung der Republik für u.a. „Beschränkungen der Rechtsausübung für Soldaten und Angehörige der Streitkräfte im aktiven Dienst sowie für Mitglieder der Sicherheitskräfte⁵⁷" einerseits und der Gesetzgebungskompetenz der Versammlung der Republik lediglich „vorbehaltlich einer Rechtssetzungsermächtigung zugunsten der Regierung" für u.a. „Rechte, Freiheiten und Rechtsgarantien⁵⁸" andererseits ergibt sich aber zweierlei: Erstens ist bei der Regelung und Einschränkung von Rechten, Freiheiten und Rechtsgarantien Delegation an die Exekutive möglich⁵⁹, nicht aber bemerkenswerterweise bei der Regelung der Rechtsausübung von Angehörigen von Sonderstatusverhältnissen wie Soldaten⁶⁰, weiter auch nicht bei der Regelung von Vereinigungen und politischen Parteien⁶¹. Die gesetzliche Verordnungsermächtigung muß dabei nach Inhalt, Zweck und Ausmaß bestimmt sein. Darüber hinaus sind zahlreiche Gründe für ihr Erlöschen in der Verfassung vorgesehen: Zeitablauf, einmaliger Gebrauch der Ermächtigung, Rücktritt der Regierung, Ende der Legislaturperiode, Auflösung der Versammlung der Republik⁶². Zweitens ist der Gesetzesvorbehalt bei Rechten, Freiheiten und Rechtsgarantien weiter gefasst und nicht strikt auf Grundrechtsbeschränkungen begrenzt, wie hinsichtlich der Rechtsausübung von Soldaten. Vielmehr reicht eine nicht näher definierte enge Verbindung zu den durch die Grundrechte geschützten Interessen aus⁶³. Darin manifestiert sich in Portugal die Ausdehnung des traditionellen Eingriffsvorbehalts auf alle „wesentlichen" Regelungen im Grundrechtsbereich⁶⁴.

23
Eingriffsvorbehalt in Portugal

---

53 *Weber-Dürler,* Grundrechtseingriffe, in: Ulrich Zimmerli (Hg.), Die neue Bundesverfassung, 2000, S. 131 (136f.).
54 → Bd. III: *Lerche,* Vorbehalt des Gesetzes und Wesentlichkeitstheorie.
55 *Triantafyllou* (Bibl.), S. 59.
56 Art. 112 Abs. 2 Verf. Portugal.
57 Art. 164 o) Verf. Portugal.
58 Art. 165 Abs. 1 b) Verf. Portugal.
59 Art. 165 Abs. 1 b) Verf. Portugal.
60 Art. 164 Abs. 1 o) Verf. Portugal.
61 Art. 165 Abs. 1 h) Verf. Portugal.
62 Art. 165 Abs. 2 u. 3 Verf. Portugal. Vgl. auch Art. 80 Abs. 1 S. 2 GG.
63 *Grothmann* (Bibl.), S. 174.
64 S. auch *Grothmann* aaO., S. 183.

§ 22   Zweiter Teil: III. Voraussetzungen, Sicherung und Durchsetzung

3. Bestimmtheitsgebot

24
Keine Blankettermächtigungen

Um seine freiheitsschützende Funktion wirksam zu erfüllen, darf das grundrechtseinschränkende Gesetz keine Blankettermächtigung an die Exekutive sein, sondern muß die Grundrechteinschränkung hinreichend genau umreißen. Dieses Bestimmtheitserfordernis kommt zwar regelmäßig nicht im Wortlaut der Gesetzesvorbehalte zum Ausdruck[65], wird aber von Rechtsprechung und Doktrin durchweg anerkannt[66]. Der französische Conseil constitutionnel sieht in der Zugänglichkeit und Verständlichkeit, der Klarheit und Genauigkeit des Gesetzes einen Verfassungswert[67]. Grundrechtseinschränkende Gesetze müssen, auch gemäß dem in der Schweizerischen Bundesverfassung enthaltenen Allgemeinvorbehalt, hinreichend bestimmt und auch im übrigen verfassungsgemäß sein. Dabei steigen die Anforderungen an die Bestimmtheit der gesetzlichen Grundlage mit der Intensität des Grundrechtseingriffs. Dringliche Eingriffe aufgrund der polizeilichen Generalklausel werden aber dadurch nicht ausgeschlossen, wie Art. 36 Abs. 1 Satz 3 der Schweizerischen Bundesverfassung ausdrücklich klarstellt[68].

25
Besondere Bestimmtheitserfordernisse

Beispielsweise unterliegen grundrechtsbeschränkende Gesetze in Österreich einer besonderen Bestimmtheitspflicht, die über die allgemeinen Anforderungen des in Art. 18 B-VG verankerten Legalitätsprinzips hinausgeht[69]. Nach der Rechtsprechung des Verfassungsgerichtshofs bedingen gesetzliche Regelungen, die „nicht bloß zufällig und ausnahmsweise, sondern geradezu in der Regel" und mit besonderer „Intensität" in ein grundrechtlich geschütztes Rechtsgut eingreifen, besondere Bestimmtheitserfordernisse[70]. Diese Anforderung wird in Österreich auch aus der Europäischen Menschenrechtskonvention abgeleitet[71].

4. Abweichender Gesetzesbegriff des Europäischen Gerichtshofs für Menschenrechte

26
Kein formelles Gesetz für Freiheitsbeschränkungen

Die so umschriebene Funktion und Bedeutung des Gesetzesvorbehalts kann nicht tel quel auf die internationale Ebene übertragen werden. Um verschiedene Rechtskulturen zu akkommodieren und auch um den Staaten hinreichend Spielraum zu lassen, legt der Europäische Gerichtshof für Menschenrechte einen im Vergleich zu den meisten innerstaatlichen Verfassungsrechts-

---

65 Kritisch dazu *Weber-Dürler* (FN 53), S. 137.
66 Vgl. z.B. zu Frankreich *Conseil constitutionnel*, Entscheidung Nr. 92-316 v. 20.1.1993, S. 4, http://www.conseil-constitutionnel.fr/decision/1992/92316dc.htm; *Conseil constitutionnel*, Entscheidung Nr. 94-352 v. 18.1.1995, S. 4.
67 „Accessibilité et intelligibilité", „clarté et précision", s. *Conseil constitutionnel*, Entscheidung Nr. 2001-451 v. 27.11.2001, considérant 5, http://www.conseil-constitutionnel.fr/decision/2001/2001451/2001451 dc.htm; Entscheidung Nr. 99-421 v. 16.12.1999, considérant 5, 14, http://www.conseil-constitutionnel.fr/decision/1999/99421/99421dc.htm; Entscheidung Nr. 2000-435 v. 7.12.2000, considérant 23, http://www.conseil-constitutionnel.fr/decision/2000/2000435/2000435dc.htm.
68 Dazu *Häfelin* (FN 32), S. 96 f.
69 *Berka* (Bibl.), S. 40; zu Frankreich *Heymann-Doat* (FN 42), S. 49 ff., 56 ff.
70 *VfSlg.* 11.455/1987.
71 Vgl. *Berka* (Bibl.), S. 40.

ordnungen erstaunlich großzügigen Gesetzesbegriff zugrunde. So bedarf es nach der Rechtsprechung des Gerichtshofs im Rahmen des jeweiligen zweiten Absatzes der Art. 8 bis 11 EMRK („gesetzlich vorgesehen") keiner Gesetze im formellen Sinne[72]. Vielmehr können neben dem Parlament auch die Exekutive, die Judikative sowie intermediäre Gewalten unter bestimmten Voraussetzungen Gesetze im Sinne der Konvention erlassen. Nur originäre Gesetzgebungsbefugnisse stehen jedoch, sofern sie Freiheitsbeschränkungen implizieren, kraft seiner unmittelbaren Legitimation durch das Volk, allein dem Parlament zu[73]. Gesetzlich vorgesehen im Sinne der Europäischen Menschenrechtskonvention bedeutet einerseits, daß die normative Grundlage des Grundrechtseingriffs mit dem übrigen nationalen Recht in Einklang steht[74], daß sie zugänglich, vorhersehbar und hinreichend bestimmt[75] ist, dem Willkürverbot[76] standhält und sie andererseits auch der Konvention, einschließlich der darin genannten oder implizierten allgemeinen Grundsätze, entsprechen muß[77].

Der extensive Ansatz des Europäischen Gerichtshofs für Menschenrechte steht im Gegensatz zu dem des Interamerikanischen Gerichtshofs für Menschenrechte, der den Begriff Gesetz ganz im Sinne der demokratischen Tradition des Gesetzesvorbehalts bezieht auf: „eine allgemeine Rechtsnorm [...], die dem Allgemeinwohl dient, die durch demokratisch gewählte verfassungsmäßige Organe verabschiedet wurde und die im Übereinklang mit den in den Verfassungen der Vertragsstaaten für die Gesetzgebung vorgesehenen Verfahren ausgearbeitet wurde[78]".

27
Gegensatz zwischen EGMR und IAGMR

5. „Gesetzlich vorgesehen" im Sinne der Grundrechtecharta

Problematisch ist der Gesetzesbegriff auch in der Grundrechtecharta der Europäischen Union. Gemäß dem *Allgemeinvorbehalt* des Art. 52 Abs. 1 muß „jede Einschränkung der in dieser Charta anerkannten Rechte und Freiheiten [...] gesetzlich vorgesehen sein". Dies wirft Probleme und Fragen auf. Denn immer noch ist die „Gesetzgebung" der Europäischen Gemeinschaft viel mehr exekutiv geprägt als die innerstaatliche Gesetzgebung: Nicht das Parlament, sondern der Rat, bestehend aus den weisungsgebundenen Vertretern der Mitgliedstaaten, ist immer noch Hauptrechtssetzungsorgan der Europäischen Gemeinschaft. Es fehlt an der ursprünglichen demokratischen Legitimation des formellen Gesetzes, die Grundlage der Entwicklung des Gesetzesvorbehalts und seiner Freiheitsfunktion ist.

28
Exekutiv geprägte Rechtssetzung der EG

---

72 Vgl. *Thomas Cottier*, Verfassung und Erfordernis, ²1991, S. 72 ff.
73 *Regina Weiß*, Das Gesetz im Sinne der Europäischen Menschenrechtskonvention, Diss. 1996, S. 153.
74 *Weiß* (FN 73), S. 113.
75 *EGMR*, Urt. v. 26.4.1979, Times Newspaper Ltd. ./. Vereinigtes Königreich („Sunday Times"), Publications de la Cour européenne des Droits de l'Homme, Série A, Nr. 30, RN 49 ff. sowie EuGRZ 1979, S. 386 (RN 49).
76 Vgl. *Cottier* (FN 72), S. 75.
77 *EGMR*, Urt. v. 24.10.1979, Winterwerp ./. Niederlande, Publications de la Cour européenne des Droits de l'Homme, Série A, Nr. 33, RN 45 sowie EuGRZ 1979, S. 650 (RN 45).
78 *IAGMR*, Gutachten (FN 4), S. 172, RN 38.

§ 22   *Zweiter Teil: III. Voraussetzungen, Sicherung und Durchsetzung*

29
Einschränkungen durch Sekundärrecht der EG

Unterliegen trotzdem die in der Grundrechtecharta gewährleisteten Rechte Einschränkungen durch das wesentlich von der Exekutive gesetzte sekundäre Gemeinschaftsrecht und gegebenenfalls inwieweit? Immerhin legt der Europäische Gerichtshof für Menschenrechte einen weiteren Gesetzesbegriff als die meisten, auf Gesetze im formellen Sinne abstellenden, nationalen Verfassungsrechtsordnungen und als der Interamerikanische Gerichtshof für Menschenrechte zugrunde. Soll der Gesetzesvorbehalt der Charta aber nicht völlig sinnentleert sein, darf jedenfalls keine Entscheidung ausreichen[79], sondern es ist zumindest eine unmittelbar anwendbare, generell-abstrakte Regelung, d.h. in der Regel eine Verordnung, zu fordern. Dem demokratischen Aspekt des Gesetzesvorbehalts würde in optimaler Weise dadurch Rechnung getragen werden, daß, über die Anforderungen im Text des EG-Vertrags hinaus, grundrechts- und freiheitsbeschränkende Gesetzgebung im Mitentscheidungsverfahren zu erlassen wäre. Insofern birgt die Charta ein erhebliches Demokratisierungspotential[80]. Ob allerdings eine so weitreichende Änderung der Verfahren nach dem EG-Vertrag implizit der Europäischen Grundrechtecharta entnommen werden kann, bleibt – auch wenn diese verbindlich wird – zweifelhaft[81]. Hier ist normative Klarstellung geboten.

30
Vorbehalte bei einzelnen Grundrechten der Grundrechtecharta

Außer im Rahmen des Allgemeinvorbehalts des Art. 52 verweist die Grundrechtecharta auch im Rahmen *einzelner Grundrechts- und Freiheitsgewährleistungen* auf das Gesetz. Hierbei ist stets zu eruieren, ob Normen des Gemeinschaftsrechts oder innerstaatliche Gesetze gemeint sind. Hinsichtlich des Schutzes personenbezogener Daten[82], des Grundrechts auf ein unparteiisches Gericht[83] und im Rahmen des Grundsatzes nulla poena sine lege[84] verweist die Charta unspezifiziert auf das Gesetz. Eine Reihe weiterer Grundrechte werden durch ausdrücklichen Verweis auf nationale Gesetze garantiert. Dies gilt für die Regelungsvorbehalte bezüglich der Rechte, eine Ehe einzugehen und eine Familie zu gründen[85], auf Wehrdienstverweigerung aus Gewissensgründen[86], die Freiheit zur Gründung von Lehranstalten sowie das Recht der Eltern, die Erziehung und den Unterricht ihrer Kinder sicherzustellen[87]. Ob der parlamentarische einzelstaatliche Gesetzgeber oder aber die Gesetzgebung der Europäischen Gemeinschaft berufen ist, folgt letztlich aus der Kompetenzverteilung zwischen dieser und ihren Mitgliedstaaten, die die Charta gemäß Art. 51 Abs. 2 nicht antastet. Insofern hat die Inbezugnahme „einzelstaatlicher Gesetze" in den genannten Artikeln nur deklaratorische Funktion. Von daher ist es auch unschädlich, daß Art. 17 Abs. 1 – Grundrecht auf Eigen-

---

79 *Philippi* (FN 15), S. 41.
80 *Triantafyllou* (Bibl.), S. 61.
81 Dagegen *Philippi* (FN 15), S. 41.
82 Art. 8 Abs. 2 Grundrechtecharta.
83 Art. 47 Abs. 2 Grundrechtecharta.
84 Art. 49 Abs. 1 Grundrechtecharta.
85 Art. 9 Grundrechtecharta.
86 Art. 10 Abs. 2 Grundrechtecharta.
87 Art. 14 Abs. 3 Grundrechtecharta.

tum – trotz Zuständigkeit der Mitgliedstaaten[88] nicht ausdrücklich auf das einzelstaatliche Gesetz verweist[89]. Art. 52 Abs. 2 Grundrechtecharta verweist schließlich noch auf im EG-Vertrag festgelegte „Bedingungen und Grenzen". Auch dieser Verweis schränkt, etwa hinsichtlich der Personenfreizügigkeit und der Niederlassungsfreiheit, die Relevanz des Allgemeinvorbehalts ein.

6. Einfacher oder qualifizierter Gesetzesvorbehalt

Ein einfacher Gesetzesvorbehalt zeichnet sich dadurch aus, daß er an den Inhalt oder das Ziel des einschränkenden Gesetzes keine weiteren Anforderungen stellt. Er läßt dem Gesetzgeber den größten Spielraum. Unter einem qualifizierten Gesetzesvorbehalt ist demgegenüber derjenige Vorbehalt zu verstehen, der zwar den Gesetzgeber zur Schrankensetzung ermächtigt, diesen aber in seiner Gestaltungsfreiheit durch Ziel- oder Zweckvorgaben oder durch von der Verfassung selbst gesetzte Schranken begrenzt[90]. Die Unterscheidung zwischen einfachen und qualifizierten Gesetzesvorbehalten ist nicht auf das Grundgesetz beschränkt, sondern findet sich z. B. auch in der niederländischen[91], spanischen[92] und portugiesischen[93] Verfassung.

31 Arten des Gesetzesvorbehalts

Einen *einfachen, d. h. unbeschränkten Gesetzesvorbehalt* sieht das deutsche Grundgesetz für das Recht auf freie Persönlichkeitsentfaltung (Art. 2 Abs. 1), Leben und Gesundheit (Art. 2 Abs. 2 Satz 3), Versammlungen unter freiem Himmel (Art. 8 Abs. 2), das Brief-, Post- und Fernmeldegeheimnis (Art. 10 Abs. 2 Satz 1) und die Berufsausübung (Art. 12 Abs. 1 Satz 2) vor. Letzterer bezieht sich nach der Rechtsprechung des Bundesverfassungsgerichts auch auf die Freiheit der Berufswahl, deren Einschränkungen aber besser mit immanenten Grundrechtsschranken zu rechtfertigen sind[94]. Auch das Grundrecht auf Eigentum unterliegt einem einfachen Gesetzesvorbehalt (Art. 14 Abs. 1 Satz 2).

32 Einfacher Gesetzesvorbehalt

In *Österreich* ist der Gesetzgeber bei den meisten Grundrechten des ursprünglichen nationalen Verfassungsbestandes, d. h. bei den Grundrechten des österreichischen Staatsgrundgesetzes[95], zur Einschränkung der gewährleisteten Freiheit befugt, ohne daß dieser Ermächtigung irgendwelche ausdrücklichen Grenzen gesetzt sind. Nach deutscher Terminologie sind das allgemeine

33 „Formelle Gesetzesvorbehalte" in Österreich

---

88 Art. 295 EG: „Dieser Vertrag läßt die Eigentumsordnung in den verschiedenen Mitgliedstaaten unberührt".
89 *Triantafyllou* (Bibl.), S. 56.
90 Vgl. *Sachs*, ³GG (LitVerz.), Vor Art. 1 RN 116 f.
91 Vgl. *Gerbranda/Kroes/Loof* (FN 2), S. 42 ff.
92 *Rubio Llorente*, Concretization of and Limitations on Fundamental Rights, in: A. Weber (Hg.), Fundamental Rights (Bibl.), Chapter 4, S. ES 43 (53 ff.).
93 Vgl. Art. 20 Abs. 2, 38 Abs. 2b, 38 Abs. 7, 40 Abs. 2 u. 3, 41 Abs. 6, 54 Abs. 5f, 56 Abs. 2d, 3 u. 4 Verf. Portugal; *Grothmann* (Bibl.), S. 79.
94 *Hartmut Maurer*, Staatsrecht, 1999, S. 285 RN 49.
95 Staatsgrundgesetz v. 21.12.1867, über die allgemeinen Rechte der Staatsbürger für die im Reichsrathe vertretenen Königreiche und Länder (RGBl. 1867/142), abgedruckt bei Ilse Reiter (Hg.), Texte zur österreichischen Verfassungsentwicklung 1848-1955, 1997, S. 118 ff.; → Bd. VII: *Schäffer*, Die Entwicklung der Grundrechte in Österreich.

Gesetzesvorbehalte; im österreichischen Verfassungsrecht nennt man solche unbeschränkten Gesetzesvorbehalte „formelle Gesetzesvorbehalte[96]". Beispielsweise kann nach dem Staatsgrundgesetz das Gesetz die Fälle und die Art von Enteignungen „bestimmen[97]". Die Freiheit zur Ausübung jedes Erwerbszweiges ist nur „unter den gesetzlichen Bedingungen" eingeräumt[98]. Und die Freiheit der Meinungsäußerung ist nur „innerhalb der gesetzlichen Schranken" gewährleistet[99]. Lange Zeit wurde dies dahingehend verstanden, daß die Verfassung damit die gewährleisteten Freiheiten jedem gesetzlichen Eingriff zu öffnen schien[100]. In diesem Sinne sprach *Hans Kelsen* von der Bedeutungslosigkeit der unter Gesetzesvorbehalt stehenden Grundrechte[101]. Diese Auffassung der unbegrenzten Einschränkbarkeit von Grundrechten unter allgemeinem bzw. „formellem" Gesetzesvorbehalt ist jedoch überholt. Es ist heute allgemein anerkannt, daß mindestens die Schrankenschranke der Verhältnismäßigkeit auch für die Einschränkung solcher Grundrechte gilt[102]. Auch dies wird im österreichischen Verfassungsrecht unter Rückgriff auf den jeweiligen zweiten Absatz der Art. 8 bis 11 EMRK begründet[103]. Jedoch bleibt es, abgesehen von der Bindung an einen öffentlichen Zweck und das Verhältnismäßigkeitsprinzip, bei weiten Eingriffsmöglichkeiten.

34
Qualifizierte Gesetzesvorbehalte

Besondere Gesetzesvorbehalte stellen an die zugelassenen Einschränkungsgesetze Anforderungen unterschiedlicher Art. Das *deutsche Grundgesetz* sieht solche besonderen oder qualifizierten Gesetzesvorbehalte zur Freizügigkeit (Art. 11 Abs. 2), Unverletzlichkeit der Wohnung (Art. 13 Abs. 2, 3, 4 und 5), bei Freiheitsentziehung (Art. 104 Abs. 1 Satz 1) sowie bei der Meinungsfreiheit (Art. 5 Abs. 1 – Vorbehalt des „allgemeinen Gesetzes") vor.

35
Materieller oder qualifizierter Gesetzesvorbehalt in Österreich

Auch das *österreichische Verfassungsrecht* bindet in einzelnen Fällen die Zulässigkeit von Grundrechtseingriffen über das Erfordernis einer gesetzlichen Grundlage hinaus an bestimmte verfahrensmäßige oder inhaltliche Anforderungen. Insbesondere werden die zum österreichischen Verfassungsrecht zu rechnenden Regelungen im jeweiligen zweiten Absatz der Art. 8 bis 11 EMRK als sog. materielle, in der deutschen Terminologie qualifizierte Gesetzesvorbehalte betrachtet[104]. Diese sehen für den Schutz der Privatsphäre, die Gedanken-, Gewissens- und Religionsfreiheit, die Freiheit der Meinungsäußerung und die Versammlungs- und Vereinigungsfreiheit jeweils lediglich vor, daß ein Eingriff gesetzlich vorgesehen ist, einem bestimmten, jeweils ausdrücklich aufgeführten Schutzgut dient und der Eingriff in einer demokratischen Gesellschaft zur Erreichung dieser Zwecke notwendig ist.

---

96 *Berka* (Bibl.), S. 40.
97 Art. 5 StGG.
98 Art. 6 StGG.
99 Art. 13 StGG.
100 *Berka* (Bibl.), S. 41.
101 *Hans Kelsen* (Allgemeine Staatslehre, 1925, S. 154 ff.) spricht von „sogenannten Freiheitsrechten".
102 → Bd. VII: *Schäffer*, Struktur und Dogmatik der Grundrechte in Österreich; → Bd. III: *Merten*, Verhältnismäßigkeitsgrundsatz.
103 Vgl. *Berka* (Bibl.), S. 41.
104 *Berka* aaO.

Beispiele für vom österreichischen Recht selbst umschriebene qualifizierte Gesetzesvorbehalte betreffen ebenfalls den Schutz der Privatsphäre sowie das Grundrecht auf Freiheit der Person. So darf der Gesetzgeber zu Hausdurchsuchungen nur ermächtigen, wenn er zugleich eine entsprechende Befugnis eines richterlichen Organs begründet (Richtervorbehalt)[105]. Die persönliche Freiheit darf einem Menschen nur zu einem bestimmten, in Art. 2 PersFrG[106] angeführten Zweck entzogen werden, von Verwaltungsbehörden verhängte Freiheitsstrafen dürfen eine bestimmte Dauer nicht überschreiten[107], ein wegen des Verdachts einer Verwaltungsübertretung Festgenommener muß nach Wegfallen des Festnahmegrundes, spätestens aber nach vierundzwanzig Stunden, wieder freigelassen werden[108].

Die portugiesische Verfassung sieht qualifizierte Gesetzesvorbehalte bei Aberkennung der Staatsbürgerschaft, Einschränkungen der bürgerlichen Geschäftsfähigkeit, beim Grundrecht auf Freiheit sowie in Gestalt von Richtervorbehalten vor[109].

36
Qualifizierte Gesetzesvorbehalte in Portugal

Allein der formelle grundrechtliche Gesetzesvorbehalt, wie er sich historisch als Schutz gegen die Exekutive entwickelt hat, vermag jedoch einen umfassenden Schutz der Grundrechtspositionen von Minderheiten nicht zu leisten[110]. Von daher steigt die Bedeutung differenzierter Grundrechtsschranken und von Schrankenschranken.

37
Bedeutung differenzierter Schranken

II. Verfassungsunmittelbare Schranken

Verfassungsunmittelbare Schranken sind Normen mit Verfassungsrang, denen die Funktion als Grundrechtsschranken zukommt[111]. Das Grundrecht wird durch eine derartige verfassungsunmittelbare Schranke eingeschränkt, ohne daß es eines gesetzgeberischen Zwischenaktes bedarf. Derartige Schranken können ausdrücklich als Einschränkungen formuliert sein. Eine Einschränkung kann sich aber auch aus dem Kontext der Grundrechtsbestimmungen ergeben[112].

38
Begriff

---

105 § 1 des Gesetzes v. 27.10.1862 zum Schutze des Hausrechts (RGBl. 1862/88). Es wird in Art. 9 S. 2 StGG zum Bestandteil des Staatsgrundgesetzes erklärt; s. zur Rechtslage in Deutschland Art. 13 Abs. 2 GG.
106 Bundesverfassungsgesetz v. 29.11.1988 über den Schutz der persönlichen Freiheit (BGBl. 1988/684).
107 Art. 3 Abs. 2 PersFrG.
108 Art. 4 Abs. 5 PersFrG, § 36 Abs. 1 VStG (Verwaltungsstrafgesetz 1991 [BGBl. 1991/52]); vgl. auch *Berka* (Bibl.), S. 44.
109 Art. 26 Abs. 3, 30 Abs. 5, 34 Abs. 2, 46 Abs. 2, 27 Abs. 2, 33 Abs. 2 u. 3 Verf. Portugal; *Grothmann* (Bibl.), S. 81 f.
110 Vgl. *Berka* (Bibl.), 43; s. auch *John Hart Ely*, Democracy and Distrust, 1981.
111 Vgl. *Robert Alexy*, Theorie der Grundrechte, ²1994, S. 258 f.; → Bd. III: *Merten*, Immanente Grenzen und verfassungsunmittelbare Schranken.
112 *Grothmann* (Bibl.), S. 69.

1. Verfassungsunmittelbare Schranken innerhalb der Grundrechtsbestimmungen

39
Arten

Zu unterscheiden sind einerseits verfassungsunmittelbare Schranken, die in einer Grundrechtsbestimmung selbst enthalten sind, und andererseits verfassungsunmittelbare Schranken, die sich aus anderen Verfassungsbestimmungen ergeben. Erstere sind selten anzutreffen, letztere nehmen eine große Bedeutung ein. Die in Art. 9 Abs. 2 und Art. 21 Abs. 2 GG – ähnlich in der portugiesischen Verfassung[113] – enthaltenen Vereinigungs- und Parteiverbote stellen in den Grundrechten selbst enthaltene verfassungsunmittelbare Schranken dar. Spezielle verfassungsunmittelbare Schranken enthält die Schweizerische Bundesverfassung interessanterweise für die Wirtschaftsfreiheit. So sind Abweichungen vom Grundsatz der Wirtschaftsfreiheit nur zulässig, „wenn sie in der Bundesverfassung vorgesehen oder durch kantonale Regalrechte begründet sind".

2. Abgrenzung verfassungsimmanenter Schranken von einer Ausgestaltung der Grundrechte

40
Besonderheiten der Ausgestaltungsvorbehalte

Einschränkungen, Beschränkungen oder Schranken bezeichnen synonym Grundrechtsverkürzungen. Sie liegen vor, „wenn dem einzelnen ein Verhalten, das vom Schutzbereich eines Grundrechts umfaßt ist, durch den Staat verwehrt wird[114]". Einschränkungen bzw. Eingriffsvorbehalte sind abzugrenzen von Ausgestaltungs- oder Regelungsvorbehalten[115]. Ausdrückliche Regelungsvorbehalte enthält das Grundgesetz in Art. 4 Abs. 3 Satz 2, 12 Abs. 1 Satz 2, 12a Abs. 2 Satz 3, 16a Abs. 4 Satz 2, 38 Abs. 3, 104 Abs. 2 Satz 4, einen Verweis auf eine gesetzliche Inhaltsbestimmung beim Eigentumsgrundrecht (Art. 14 Abs. 1 Satz 2). Deutlich wird die Abgrenzung bloßer Regelungsvorbehalte einerseits und Schranken andererseits, wenn in einem Regelungsvorbehalt dem Gesetzgeber nur die Regelung des „Näheren" aufgetragen wird[116]. Bloße Ausgestaltungen eines Grundrechts sind im Gegensatz zu Einschränkungen nicht rechtfertigungsbedürftig. Jedoch sind bei Ausgestaltungsvorbehalten dieselben „Verarbeitungsregeln[117]", also Gesetzesform und Verhältnismäßigkeitsgrundsatz, wie bei Einschränkungen anwendbar. Die Unterscheidung zwischen Einschränkungen und Ausgestaltungs- oder Regelungsvorbehalten und die damit verbundene Herangehensweise findet sich ähnlich in anderen Verfassungsrechtsordnungen, beispielsweise in Portugal[118].

41
Unscharfe Grenze zwischen Regelung und Einschränkung

Nach *französischem Verfassungsrecht* ist der Gesetzgeber zur Festlegung der Regeln über die Grundrechte befugt. In diesem Rahmen ist er dazu aufgerufen, die Grundrechtsbestimmungen auszugestalten, auszuführen oder mitein-

---
113 Vgl. Art. 46 Abs. 4 u. Art. 51 Abs. 3 u. 4 Verf. Portugal.
114 Vgl. *Alexy* (FN 111), S. 257; zum portugiesischen Recht *Grothmann* (Bibl.), S. 49 ff.
115 → Bd. III: *Degenhart*, Grundrechtsausgestaltung und Grundrechtsbeschränkung.
116 Art. 4 Abs. 3 S. 2, 12 a Abs. 2 S. 3, 16 a Abs. 4 S. 2, 38 Abs. 3 u. 104 Abs. 2 S. 4 GG.
117 *Gertrude Lübbe-Wolff*, Die Grundrechte als Eingriffsabwehrrechte, 1988, S. 60.
118 Vgl. *Grothmann* (Bibl.), S. 54 ff.

ander auszugleichen, was auch Beschränkungen der Grundrechte implizieren kann. Die Grenze zwischen Einschränkung und Regelungsvorbehalt ist insoweit nicht scharf; die gesetzgeberische Befugnis zur Festlegung der Regeln gemäß Art. 34 der Verfassung kommt so einem Gesetzesvorbehalt sehr nahe[119]. Der Conseil constitutionnel legt die Befugnis zur „mise en œuvre" recht großzügig aus. So können neben ausdrücklichen Verfassungsbestimmungen auch Staatsziele und verfassungsrechtliche Prinzipien Grundrechtsbeschränkungen rechtfertigen[120].

Die *portugiesische Lehre und Rechtsprechung* verwendet den Begriff der immanenten Schranken auf zweierlei Weise: Zum einen soll er – ähnlich wie nach deutschem Verfassungsrecht – Einschränkungen bei Grundrechten ermöglichen, wenn die entsprechende Verfassungsbestimmung selbst keinen Hinweis auf eine eventuelle Schranke oder Schrankenermächtigung gibt. Andererseits wird der Versuch unternommen, mit Hilfe immanenter Schranken den Schutzbereich der Grundrechtsnormen zu definieren[121]. Anders als in Deutschland sind also immanente Schranken nicht nur von außen an das Grundrecht herangetragene Begrenzungen, die sich aus den Grundrechten anderer oder aus anderen Verfassungsgütern ergeben. Vielmehr dient die Rechtsfigur der immanenten Schranke in Portugal auch dazu, die „innere" immanente Grenze insbesondere der Eigentumsfreiheit aufzuzeigen, die keine grundsätzliche Freiheit von Steuern beinhaltet. Immanente Schranken im letztgenannten Sinne betreffen die Definition des Schutzbereichs; sie müssen deshalb nicht die generellen Anforderungen an Grundrechtseinschränkungen gemäß Art. 18 der portugiesischen Verfassung erfüllen[122]. Eine extensive Annahme innerer immanenter Schranken vermindert die Schutzintensität. Indem das dreistufige Denken: Schutzbereich, Eingriff, Rechtfertigung eines Eingriffs dadurch aufgegeben wird, wird das Regel-Ausnahmeverhältnis zwischen Schutz und Eingriff verwischt[123].

42
Innere und äußere immanente Schranken

3. Vorbehaltlose Grundrechte als Anwendungsfall verfassungsimmanenter (grundrechtsexterner) Schranken

Einige Grundrechte des *Grundgesetzes* enthalten keinen ausdrücklichen Gesetzes- oder Schrankenvorbehalt. Zu diesen vorbehaltlos gewährleisteten Grundrechten gehören die Glaubens-, Gewissens- und Religionsfreiheit

43
Vorbehaltlose Grundrechte im GG

---

119 *Groupe d'Études et de recherches sur la justice constitutionnelle, CNRS,* Concretization of and Limitations on Fundamental Rights, in: A. Weber (Hg.), Fundamental Rights (Bibl.), Chapter 4, S. F 23 (27): „véritable réserve de loi en matière de droits fondamentaux". Zur Abgrenzung nach tschechischem Verfassungsrecht *J. Filip,* Concretization of and Limitations on Fundamental Rights, in: A. Weber (Hg.), Fundamental Rights (Bibl.), Chapter 4, S. CZ 33 ff.
120 „Objectifs de valeur constitutionnelle" und „principes de valeur constitutionnelle", *C. Grewe* (Bibl.), S. 211.
121 Vgl. *Grothmann* (Bibl.), S. 35 ff.
122 *Portugiesisches Verfassungsgericht,* Urt. Nr. 11/83 v. 12.10.1981, Bd. 1 S. 11; Nr. 81/84, Bd. 4 S. 225; Nr. 236/86, Bd. 8 S. 135; Nr. 7/87, Bd. 9 S. 7; Nr. 103/87 v. 27.3.1987, Bd. 9 S. 83; vgl. *Grothmann* (Bibl.), S. 35 ff.
123 Vgl. auch *Lübbe-Wolff* (FN 117), S. 66 ff.

(Art. 4 Abs. 1 und 2), die Kunst- und die Wissenschaftsfreiheit (Art. 5 Abs. 3), die Freiheit zur Versammlung in geschlossenen Räumen (Art. 8 Abs. 1) und jedenfalls dem Wortlaut nach die Freiheit der Berufswahl (Art. 12 Abs. 1).

44
Vorbehaltlose Grundrechte

Absolut und somit allenfalls immanenten Schranken unterliegend sind nach *österreichischem Verfassungsrecht* bestimmte in der Europäischen Menschenrechtskonvention gewährleistete Menschenrechte: das Folterverbot sowie das Verbot unmenschlicher oder erniedrigender Strafe oder Behandlung gemäß Art. 3 EMRK, das Verbot der Sklaverei oder Leibeigenschaft gemäß Art. 4 EMRK, das Verbot der Todesstrafe (Art. 85 B-VG i.V.m. Art. 1 6. ZP EMRK) und einzelne Freizügigkeitsrechte gemäß dem Vierten Zusatzprotokoll zur Menschenrechtskonvention. Diese Grund- und Menschenrechte scheinen uneinschränkbar zu sein. Hinsichtlich der durch die Konvention abgesicherten Menschenrechte kommen jedenfalls keine über diese hinausgehenden Einschränkungen in Betracht; diese erklärt die genannten Rechte sogar für notstandsfest[124]. Nach dem Wortlaut der österreichischen Verfassung vorbehaltlos gewährleistet sind weiterhin die Liegenschafts- und die Berufsausbildungsfreiheit[125]. Hier geht die herrschende Meinung jedoch davon aus, daß die für die Eigentumsgarantie geltenden Schranken auch die Liegenschaftsfreiheit erfassen[126]. Ähnliches gilt für die Berufsausbildungsfreiheit wegen ihres Zusammenhangs mit der unter Gesetzesvorbehalt stehenden Erwerbsfreiheit[127].

45
Schweiz

Nach *schweizerischem Verfassungsrecht* genießen diese Grundrechte durch die Kerngehaltsgarantie (Art. 36 Abs. 4 BV) einen absoluten Schutz[128].

46
Vorbehaltlose Grundrechte in Portugal

Die *portugiesische Verfassung* gewährleistet vorbehaltlos die Grundrechte der Unverletzlichkeit des menschlichen Lebens, der geistigen und körperlichen Unversehrtheit, der Unverletzlichkeit des Gewissens, der Religion und ihrer Ausübung, der geistigen, künstlerischen und wissenschaftlichen Schaffensfreiheit und der Lehr- und Lernfreiheit[129]. Einschränkungserschwerend kommt hinzu, daß gemäß Art. 18 Abs. 2 der portugiesischen Verfassung „die Rechte, Freiheiten und Garantien [...] in den in der Verfassung ausdrücklich vorgesehenen Fällen durch Gesetz eingeschränkt werden" können. Insoweit läßt die Rechtsprechung nur immanente Schutzbereichsbegrenzungen zu, keine von außen an das Grundrecht herangetragenen Grenzen[130]; die portugiesische Lehre zieht hier allerdings teilweise Art. 29 Nr. 2 der Allgemeinen Menschenrechtserklärung als Rechtfertigungsnorm für Grundrechtseinschränkungen heran[131].

---

124 Art. 15 Abs. 2 EMRK; → unten *T. Stein*, § 24: Die Grundrechte im Ausnahmezustand, RN 105.
125 Art. 6 u. 18 StGG.
126 *VfSlg.* 14.701/1996.
127 *VfSlg.* 5611/1967.
128 → Bd. VII: *Schefer*, Einschränkungen der Grundrechte.
129 Art. 24 Abs. 1, 25 Abs. 1, 41 Abs. 1 u. 5, 42, 43 Verf. Portugal; *Grothmann* (Bibl.), S. 89.
130 *Grothmann* (Bibl.), S. 118 ff. m. zahlr. H. auf die Rechtsprechung.
131 Vgl. *Jorge Miranda*, Manual de direito constitucional, Bd. IV, ³2000, S. 299 ff.; *Grothmann* (Bibl.), S. 125 f.; Art. 29 Nr. 2 der Allg. Menschenrechtserklärung lautet: „Jeder ist bei der Ausübung seiner Rechte und Freiheiten nur den Beschränkungen unterworfen, die das Gesetz ausschließlich zu dem Zweck vorsieht, die Anerkennung und Achtung der Rechte und Freiheiten anderer zu sichern und den gerechten Anforderungen der Moral, der öffentlichen Ordnung und des allgemeinen Wohles in einer demokratischen Gesellschaft zu genügen".

4. Einschränkung vorbehaltloser Grundrechte durch Grundrechte Dritter und andere Verfassungsgüter

Nach der Rechtsprechung des *Bundesverfassungsgerichts* und inzwischen fast einhelliger Auffassung finden die vorbehaltlos gewährleisteten Grundrechte unter dem Gesichtspunkt der Einheit der Verfassung in den kollidierenden Grundrechten Dritter und in den mit Verfassungsrang ausgestatteten Rechtsgütern (Verfassungsgütern) ihre Grenzen[132]. Im Kollisionsfall ist zwischen den vorbehaltlos gewährleisteten Grundrechten und den entgegenstehenden Grundrechten oder Verfassungsgütern im Wege der Abwägung und mit dem Ziel der Herstellung praktischer Konkordanz ein angemessener Ausgleich herbeizuführen. Dabei ist auch zu berücksichtigen, daß den vorbehaltlos gewährleisteten Grundrechten nach den Vorstellungen des Grundgesetzgebers besonderes Gewicht zukommt[133]. Den Art. 12a, 73 Nr. 1, 87a und 115b GG – zwar zum größten Teil Kompetenznormen – hat das Bundesverfassungsgericht eine verfassungsrechtliche Grundentscheidung für eine wirksame Landesverteidigung entnommen und diese im Rahmen der Ausgestaltung des Grundrechts auf Kriegsdienstverweigerung herangezogen[134]. Die Ausgestaltung von Grundrechten ist jedoch in Deutschland von deren Einschränkung zu trennen.

47 Praktische Konkordanz im Kollisionsfall

Ebenso können nach *französischer höchstrichterlicher Rechtsprechung* die Grundrechte durch andere Prinzipien von Verfassungsrang eingeschränkt werden, was bereits in Art. 4 der Erklärung der Menschen- und Bürgerrechte angelegt ist[135]. Speziell für die hochrangige Pressefreiheit gilt, daß der Gesetzgeber diese nur reglementieren darf, um sie wirksamer auszugestalten oder um sie mit anderen Regeln oder Prinzipien von Verfassungsrang in Einklang zu bringen[136].

48 Frankreich

Für die Freizügigkeit sind in *Österreich* Beschränkungen durch die Grundrechte anderer anerkannt[137]. Die vom Wortlaut der Verfassung vorbehaltlos garantierte Wissenschafts- und die Kunstfreiheit[138] sind ebenfalls durch andere verfassungsrechtliche Normen, insbesondere durch die entgegenste-

49 Österreich

---

132 *BVerfGE* 28, 243 (261); → Bd. III: *Papier*, Beschränkungen vorbehaltlos gewährleisteter Grundrechte.
133 *Maurer* (FN 94), S. 290f., RN 60.
134 *BVerfGE* 69, 1; *48*, 127; s. auch *Juliane Kokott*, Beweislastverteilung und Prognoseentscheidungen bei der Inanspruchnahme von Grund- und Menschenrechten, 1993, S. 246ff. u. 268; kritisch *Morlok*, in: Dreier, GG I (LitVerz.), Art. 4 RN 162.
135 Art. 4 S. 1 der Erklärung der Menschen- und Bürgerrechte von 1789 lautet: „Die Freiheit besteht darin, alles tun zu dürfen, was einem anderen nicht schadet: die Ausübung der natürlichen Rechte jedes Menschen hat also nur die Grenzen, die den anderen Mitgliedern der Gesellschaft den Genuß der gleichen Rechte sichert". Siehe dazu auch *Alain de Schlichting*, Die Bedeutung der Rechtsprechung in der französischen Grundrechtskontrolle, Diss. 1997, S. 48.
136 *Conseil constitutionnel*, Entscheidung Nr. 84-181 v. 11.10.1984, considérant 37: „S'agissant d'une liberté fondamentale, d'autant plus précieuse que son exercice est l'une des garanties essentielles du respect des autres droits et libertés et de la souveraineté nationale, la loi ne peut en réglementer l'exercice qu'en vue de le rendre plus effectif ou de le concilier avec celui d'autres règles ou principes de valeur constitutionnelle", http://www.conseil-constitutionnel.fr/decision/1984/84181dc.htm; vgl. auch *Conseil constitutionnel*, Entscheidung Nr. 82-141 v. 27.7.1982, http://www.conseil-constitutionnel.fr/decision/1982/82141dc.htm.
137 *VfSlg.* 13.097/1992.
138 Art. 17, 17a StGG. S. auch *Berka* (Bibl.), S. 36.

henden Grundrechte anderer Menschen immanent begrenzt (verfassungsimmanente Gewährleistungsschranken). Sie finden im Rahmen der Einheit der Verfassung ihre Grenze an den Vorschriften, die der Gesetzgeber gestützt auf eine entsprechende verfassungsrechtliche Ermächtigung zum Schutz der Grundrechte anderer erläßt. Daher darf der Gesetzgeber z. B. der Forschung am Menschen Grenzen setzen, sie zum Schutz des Lebens und der menschlichen Würde unter Umständen sogar verbieten[139]. Daher kann auch dem Künstler, der einen Enthüllungs- oder Schlüsselroman schreibt, das Recht auf Achtung des Privatlebens[140] entgegengehalten werden, das im Einzelfall allerdings wiederum sorgfältig mit der Kunstfreiheit abzuwägen ist[141]. Tendenziell neigt die österreichische Grundrechtsdogmatik plausibel dazu, ein vorbehaltloses Grundrecht nur einer Abwägung mit einem Verfassungsrechtsgut zugänglich zu machen und grundrechtlich geschützten Gütern grundsätzlich den Vorrang vor allen Nicht-Verfassungsgütern einzuräumen[142]. Der Ausgleich der konkurrierenden Grundrechte ist Aufgabe des Gesetzgebers, der, wie nach deutschem Verfassungsrecht, einen schonenden Ausgleich zwischen den betroffenen Grundrechten anzustreben hat. Ziel ist dabei, die Rechte anderer zu wahren, ohne den Freiheitsraum der Kunst oder Wissenschaft unverhältnismäßig einzuschränken[143].

50
Portugal

Nach *portugiesischem Verfassungsrecht* ergeben sich immanente Schranken nur aus kollidierenden Grundrechten Dritter, wobei das Verhältnis dieser immanenten Schranken zu Art. 18 Abs. 2 der Verfassung noch unklar bleibt[144]. Nach dieser Vorschrift können Grundrechte nur „in den in der Verfassung ausdrücklich vorgesehenen Fällen durch Gesetz eingeschränkt werden". Diskutiert wird zudem, ob durch die Formulierung des Art. 18 Abs. 1, daß Grundrechte die „öffentlichen Einrichtungen" binden, eine Grundrechtsbegrenzung durch Grundrechte Dritter – mithin eine direkte Drittwirkung der Grundrechte – ausdrücklich in der Verfassung vorgesehen ist. Dies wird für Rechtsbeziehungen zwischen Privaten, deren Verhältnis der Staat-Bürger-Beziehung vergleichbar ist, überwiegend bejaht. In anderen Fällen bleibt es bei einer mittelbaren Drittwirkung[145].

51
Keine Sozialpflichtigkeit vorbehaltloser Grundrechte

Allgemein gilt, daß Rechtsgüter mit Verfassungsrang, die in der Lage sein sollen, im Einzelfall auch vorbehaltlos gewährte Grundrechte eingrenzen zu können, ein diesen Grundrechten vergleichbares Gewicht besitzen müssen[146]. Außerdem muß vor einer potentiellen Einschränkung bzw. deren Aufrechterhaltung überprüft werden, ob denn wirklich ein Spannungsverhältnis zwischen dem Grundrecht und dem anderen Rechtsgut mit Verfassungsrang

---

139 *VfSlg.* 13.635/1993.
140 Art. 8 EMRK.
141 Österr. *OGH* vom 11.10.1988, 1 Ob 26/88, SZ 61/210.
142 *Stelzer,* Das Wesensgehaltsargument (Bibl.), S. 266.
143 *Berka* (Bibl.), S. 37.
144 *Grothmann* (Bibl.), S. 91 ff.
145 Vgl. zur Diskussion *Grothmann* (Bibl.), S. 95 ff.
146 Großzügig *BVerfGE 81*, 278 und 298 mit Anm. *Gusy,* JZ 1990, S. 640 f. (Deutschlandlied-Beschluß).

besteht[147]. Vorbehaltlose Grundrechte sind hingegen in einem engeren Sinne nicht sozialpflichtig[148]. Nicht jedes öffentliche Interesse vermag ihre Einschränkung zu rechtfertigen, nur Grundrechte anderer sowie sonstige Verfassungsgüter, und dies auch nur im Kollisionsfall. Sie unterliegen einem besonderen Schutz.

Der Zusammenhang zwischen vorbehaltlosen Grundrechten und der Wesensgehaltsgarantie[149] kommt in der österreichischen Doktrin zum Ausdruck: Für vorbehaltlose Grundrechte lasse sich ein „absoluter Kerngehalt behaupten, der bei der Suche nach dem Wesensgehalt von Vorbehaltsgrundrechten nicht zu begründen sei[150]. Ähnlich anerkennt der Europäische Gerichtshof für Menschenrechte in ständiger Rechtsprechung[151], daß es außer ausgestaltenden Regelungen, die erst den Inhalt des Grundrechts umschreiben, „implizite" Schranken der vorbehaltlosen Menschenrechte gebe, die jedoch niemals deren Kerngehalt antasten dürfen. Solche immanenten Schranken betreffen das Recht auf ein faires Verfahren[152], auf Bildung[153] und auf freie Wahlen[154].

52
Zusammenhang zwischen vorbehaltlosen Grundrechten und Wesensgehaltsgarantie

5. Einschränkung vorbehaltloser Grundrechte durch Kompetenznormen und Staatsstrukturprinzipien

In *Deutschland* ist strittig, inwieweit Kompetenzvorschriften des Grundgesetzes Basis für Grundrechtseinschränkungen sein können[155]. Diskutiert wurde die Frage anhand des Tierschutzes, der ursprünglich lediglich im Rahmen der Kompetenznorm des Art. 74 Abs. 1 Nr. 20 GG Berücksichtigung fand, allerdings unter Heranziehung auch der Menschenwürdegarantie[156]. Durch Aufnahme zunächst des Umweltschutzes, dann des Tierschutzes in das Grundgesetz wurde dieser zum Verfassungsgut[157]. Andere prekäre Beispielsfälle sind nicht ersichtlich. Das Problem der Grundrechtseinschränkungen aufgrund bloßer Kompetenznormen scheint sich weitgehend erledigt zu haben. Die Einschränkung von Grundrechten auf der Grundlage von Kompetenznormen kommt allenfalls dann in Betracht, wenn ohne die Grundrechtseinschränkung die Kompetenz überhaupt nicht ausgeübt werden kann, wofür der Gesetzgeber/der Staat die Beweislast trägt.

53
Grundrechtseinschränkungen durch Kompetenznormen

---

147 Eine Kollision zwischen dem Grundrecht auf Wehrdienstverweigerung und dem Verfassungsgut einer wirksamen Landesverteidigung ablehnend, *Kokott* (FN 134), S. 248. Vgl. auch *Grothmann* (Bibl.), S. 111 f.
148 *Stelzer* (Bibl.), S. 271.
149 → Bd. III: *Leisner-Egensperger*, Wesensgehaltsgarantie.
150 *Stelzer* aaO.
151 Vgl. *Eissen*, Le principe de proportionnalité dans la jurisprudence de la Cour européenne des droits de l'homme, in: Pettiti/Décaux/Aubert (Hg.), La Convention Européenne des droits de l'homme, 1995, S. 66 (72 ff.) m.N.
152 Art. 6 EMRK.
153 Art. 2 ZP 1 zur EMRK.
154 Art. 3 ZP 1 zur EMRK.
155 → Oben *Ossenbühl*, Grundsätze der Grundrechtsinterpretation, § 15 RN 17 ff.
156 Vgl. *Kokott* (FN 134), S. 268 f.
157 Art. 20a GG i.d.F. des Gesetzes zur Änderung des Grundgesetzes (Staatsziel Tierschutz) v. 26.7.2002 (BGBl. I S. 2862).

§ 22   Zweiter Teil: III. Voraussetzungen, Sicherung und Durchsetzung

54
„conciliation" der Grundrechte mit dem ordre public

In *Frankreich* räumt der Conseil constitutionnel der öffentlichen Sicherheit und Ordnung (ordre public, sûreté) einen gewichtigen Platz im Rahmen der verfassungsrechtlichen Abwägung ein. Die „conciliation" sämtlicher Grundrechte mit dem ordre public stellt dabei schwerpunktmäßig eine innere Begrenzung der Grundrechtsgehalte dar[158]. Unter letztere fällt auch eine Reihe staatlicher Institutionen, deren Bestand und effizientes Funktionieren von der Verfassung vorausgesetzt werden. Über den Begriff der Sicherheit als Zweck jeder politischen Vereinigung[159] wird ihnen ein verfassungsrechtlicher Rang verliehen[160]. So müssen beispielsweise das Streikrecht mit der Kontinuität der öffentlichen Dienste, die Unterrichtsfreiheit mit der Gewissensfreiheit[161] der Lehrer in Einklang gebracht werden[162]. Die „conciliation" verschiedener Verfassungswerte erfüllt teils auch Funktionen, die in Deutschland andere Schrankenschranken, insbesondere der Verhältnismäßigkeitsgrundsatz, erfüllen.

55
Intensiver Schutz in Portugal

Intensiver ist der Schutz vorbehaltlos gewährleisteter Grundrechte in *Portugal*. Zwischen inneren Schranken in Form konkreter Verfassungsgüter und äußeren Schranken wird unterschieden. „Äußere" immanente Schranken hinsichtlich der ohne Gesetzesvorbehalt gewährleisteten Grundrechte ergeben sich in Portugal weder aufgrund des Art. 272 der Verfassung, der die Aufgaben der Polizei regelt[163], noch aus Staatsstrukturprinzipien oder dem Demokratieprinzip[164].

III. Unspezifizierte Schranken

56
Unnötigkeit verfassungsimmanenter Schranken in der Schweiz

Gemäß dem Allgemeinvorbehalt der *Schweizerischen Bundesverfassung* müssen grundrechtseinschränkende Gesetze durch ein öffentliches Interesse gerechtfertigt sein. Dieses ist gemäß Schweizerischer Bundesverfassung nicht auf die polizeiliche Generalklausel reduziert, sondern umfaßt insbesondere auch Verfassungsgüter, mit denen dann ähnlich wie in Deutschland wertend abzuwägen ist[165]. Dennoch ist im Schweizerischen System die Rechtsfigur der

---
158 *Arnold* (FN 45), S. 216.
159 Art. 2 Erklärung der Menschen- und Bürgerrechte von 1789.
160 *Arnold* (FN 45), S. 212.
161 S. oben FN 135 f.
162 *Conseil constitutionnel*, 18.9.1986, Rec. 1986, S. 141 (156 f.); weiterhin *Conseil constitutionnel*, Entscheidung v. 20.7.1988, in: AJDA 1988, S. 752 (754); *Arnold* (FN 45), S. 213.
163 Art. 272 Verf. Portugal:
„1. The police have the responsibility of defending democratic legality, protecting internal security and the rights of citizens.
2. The measures that may be taken by the police shall be provided for by law and shall not be used beyond what is strictly necessary.
3. Prevention of crime, including crimes against the security of the State, shall be undertaken with due regard for the general rules governing the police and with proper respect for the rights, freedoms and guarantees of citizens.
4. The law shall determine the arrangements with respect to the security forces, each of which shall have a single organisation for the whole of the national territory".
164 *Grothmann* (Bibl.), S. 100 f.; vgl. auch *Miranda* (FN 131), S. 305 ff.
165 Vgl. *Häfelin* (FN 32), S. 98.

verfassungsimmanenten Schranke unnötig, da Art. 36 BV ja ausdrücklich und allgemein die Einschränkbarkeit von Grundrechten durch Gesetze im öffentlichen Interesse vorsieht.

Im Hinblick auf die entstehungsgeschichtlich bedingte Lückenhaftigkeit des *österreichischen Grundrechtskatalogs* kann ein Ausgleich zwischen den vorbehaltlosen Grundrechten und den entgegenstehenden Rechtsgütern nicht allein auf der Ebene verfassungsimmanenter Schranken gefunden werden. Für bestimmte Grundrechte ist deshalb ein ungeschriebener Gesetzesvorbehalt anerkannt, so für das Grundrecht auf Liegenschaftseigentum, die Ausbildungsfreiheit und die Freizügigkeit[166].

57
Ungeschriebener Gesetzesvorbehalt in Österreich

Wissenschafts- und Kunstfreiheit finden – wie in Deutschland die Meinungsfreiheit nach dem qualifizierten Gesetzesvorbehalt des Art. 5 Abs. 2 GG – ihre Grenzen in den allgemeinen Gesetzen, die zum Schutz wichtiger und öffentlicher Rechtsgüter erlassen werden. Weder die Kunst noch die Wissenschaft können daher beanspruchen, von denjenigen allgemein geltenden Gesetzen ausgenommen zu werden, die sich nicht spezifisch gegen die Kunst oder die Wissenschaft richten. Solche allgemeinen Gesetze betreffen z. B. die Steuerpflicht, die Vorschriften der Bauordnung, das Verbot, unnötigen, störenden Lärm zu verursachen[167]. In Österreich gilt also der Vorbehalt allgemeiner, das heißt nicht kunst- oder wissenschaftsspezifischer, Gesetze als immanente Schranke der textlich vorbehaltlos garantierten Kunst- und Wissenschaftsfreiheit. Für die Abgrenzung zwischen allgemeinen Gesetzen, die die vorbehaltlos gewährleistete Kunst- und Wissenschaftsfreiheit einzuschränken vermögen, und unzulässigen kunst- und wissenschaftsspezifischen Gesetzen stellt der Verfassungsgerichtshof ab auf die Intention des Gesetzgebers, den Adressatenkreis (personelle Allgemeinheit) und ihren Inhalt (Erfordernis der sachlichen Allgemeinheit) sowie auf ihre Wirkung in dem Sinne, ob der Freiheitsgebrauch tatsächlich unmöglich gemacht oder empfindsam erschwert wird. Insbesondere darf das Gesetz nicht die Verbreitung einer bestimmten wissenschaftlichen Lehre oder die Realisierung einer bestimmten künstlerischen Ausdrucksform behindern[168]. Es muß also „content-neutral" im Sinne der amerikanischen und auch deutschen Doktrin zum Schutz der Meinungsfreiheit sein.

58
Allgemeine Gesetze als Schranken der Wissenschafts- und Kunstfreiheit

Im Vergleich zu Deutschland zeichnet sich in Österreich im Rahmen der Abwägung weniger klar ab, daß es sich bei den vorbehaltlos gewährleisteten Grundrechten um Grundrechte mit einem besonders hohen Gewicht und Rang handeln sollte[169]. Allenfalls kommt dem Gleichheitsgebot in der österreichischen Verfassungsrechtsprechung quantitativ und qualitativ besondere Bedeutung zu[170].

59
Abwägung in Österreich

---

166 Art. 6 u. 18 StGG; *Berka* (Bibl.), S. 39.
167 *Berka* aaO., S. 37 f.
168 *Berka* aaO., S. 38 f.
169 *Berka* aaO., S. 45: „even the fact that certain fundamental rights are guaranteed without reservation [...] does not lead to the conclusion that these rights should be given a greater weight in the balancing of interests".
170 *Berka* aaO., S. 42.

IV. Grundrechtskollisionen

60
„Praktische Konkordanz"

Bei Vorliegen einer Kollision eines Grundrechts mit anderen Grundrechten oder Verfassungsgütern muß im Wege einer Güterabwägung im konkreten Einzelfall untersucht werden, auf welche Weise beide Grundrechte optimal verwirklicht werden können. Dieses in Deutschland entwickelte Prinzip der „praktischen Konkordanz[171]" wurde von vielen anderen Verfassungsordnungen übernommen[172]. In Portugal wurde es als Begriffsbezeichnung durch das Schrifttum und das portugiesische Verfassungsgericht wortgleich übernommen[173].

61
Abwägungskriterien

Beispielsweise muß abgewogen werden zwischen dem Grundrecht auf (islamische) Religionsausübung durch Tragen von Schleiern, Nichtteilnahme weiblicher Schülerinnen am Sportunterricht, Schächten einerseits und anderen Verfassungsgütern wie der negativen Religionsfreiheit von Schülern, die durch eine Muslimin unterrichtet werden. Weitere zu Lasten der positiven Religionsausübungsfreiheit in Betracht kommende potentielle Verfassungsgüter sind die öffentliche Ordnung in der Schule und der Tierschutz. Bemerkenswert ist, daß in diesem Zusammenhang die französische – im Gegensatz zur türkischen[174] – Rechtsprechung nicht auf das Laizismusprinzip zurückgreift, obwohl dieses Verfassungsgrundsatz ist[175]. Vielmehr wird bei Kopftuchverboten gegenüber den Schülerinnen darauf abgestellt, ob das Tragen die Würde oder Freiheit der Schülerin oder anderer Mitglieder der Erziehungsgemeinschaft beeinträchtigen würde, ihre Gesundheit oder ihre Sicherheit kompromittieren oder den Ablauf des Unterrichts und die erzieherische Rolle der Lehrenden, mit anderen Worten die Ordnung der Einrichtung und das normale Funktionieren der Anstalt stören würde[176]. Diese Abwägung mit den Grundrechten anderer und mit dem Funktionieren der öffentlichen Anstalt ermöglicht mehr Flexibilität und die Berücksichtigung der Umstände des Einzelfalles.

---

171 *Hesse* (LitVerz.), RN 72.
172 Vgl. z. B. *Conseil constitutionnel*, Entscheidung Nr. 94-352 v. 18.1.1995, http://www.conseil-constitutionnel.fr/decision/1994/94352dc.htm.
173 *Grothmann* (Bibl.), S. 207.
174 *Verfassungsgericht der Türkei*, Urt. v. 7.3.1989, zur Frage der Verfassungsmäßigkeit eines Änderungsgesetzes zum türkischen Hochschulgesetz (Tragen von Kopftüchern an den Hochschulanstalten), EuGRZ 1990, S. 146ff., sowie *Chr. Rumpf*, Das türkische Verfassungsgericht und die Grundzüge seiner Rechtsprechung, EuGRZ 1990, S. 129 (144f.).
175 Art. 1 Verf. Frankreich.
176 Vgl. *Heymann-Doat* (FN 42), S. 76f.; *Rädler*, Religionsfreiheit und staatliche Neutralität an französischen Schulen. Zur neuen Rechtsprechung des Conseil d'État, ZaöRV 1996, S. 353 (359), jeweils m. zahlr. N.

V. Sonderstatusverhältnisse

1. Definition des Sonderstatus'

Ein Sonderstatusverhältnis[177] liegt vor, wenn eine Person in einer besonders engen Beziehung zum Staat oder zu einer öffentlichen Anstalt steht und sich daraus für sie besondere Pflichten ergeben. Als Beispiele sind zu nennen: Beamte, Schüler, Soldaten, Anstaltsbenutzer, Strafgefangene. Für diese können sich zusätzliche Beschränkungen ihrer Freiheitsrechte ergeben. So wird die Meinungsfreiheit der Beamten durch ihre Treuepflicht gegenüber dem Staat beschränkt; auch die Meinungsfreiheit von Strafgefangenen kann besonderen Schranken zur Sicherung der Haftbedingungen und aus Gründen der Anstaltsordnung unterliegen.

62 Begriff

Der Begriff des Sonderstatus hat in Deutschland die Lehre vom sog. besonderen Gewaltverhältnis abgelöst. Danach kamen Angehörige der genannten Gruppen von vornherein nur in einen beschränkten Grundrechtsgenuß, ohne daß dies notwendigerweise gesetzlich festgelegt sein mußte. Jedoch hat das Bundesverfassungsgericht 1972 im Strafgefangenenbeschluß klargestellt, daß auch die Grundrechte von Strafgefangenen nur durch Gesetz oder aufgrund eines Gesetzes eingeschränkt werden können[178], mithin der Gesetzesvorbehalt auch im Sonderstatus gilt.

63 Sonderstatus und besonderes Gewaltverhältnis

2. Normative Anerkennung von Sonderstatusverhältnissen

Daß bestimmte Personengruppen aufgrund ihrer Position oder ihres Status' weitergehende Grundrechtseinschränkungen hinnehmen müssen als die Bürger im übrigen, ist allgemein anerkannt[179]. So sieht Art. 11 Abs. 2 Satz 2 EMRK ausdrücklich vor, daß die Garantie der Versammlungs- und Vereinigungsfreiheit rechtmäßigen Einschränkungen der Ausübung dieser Rechte für Angehörige der Streitkräfte, der Polizei oder der Staatsverwaltung nicht entgegensteht[180]. Im Zusammenhang mit Sonderstatusverhältnissen gesteht der Europäische Gerichtshof für Menschenrechte den nationalen Stellen auch bei der Überprüfung von Einschränkungen der ansonsten stark geschützten Pressefreiheit einen Spielraum zu, der mit den Pflichten und der Verantwortung des Beamten begründet wird[181]. Art. 17a GG sieht speziell gesetzliche Einschränkungsmöglichkeiten der Meinungs- und Versammlungsfreiheit sowie des Grundrechts,

64 Weitergehende Grundrechtseinschränkungen im Sonderstatus

---

177 → Bd. III: *Peine*, Grundrechtsbeschränkungen in Sonderstatusverhältnissen.
178 *BVerfGE* 33,1.
179 Vgl. z. B. zu Belgien *Willemart*, L'aménagement, la limitation et la conciliation des droits fondamentaux, in: A. Weber (Hg.), Fundamental Rights (Bibl.), Chapter 4, S. B 37(45).
180 Vgl. z. B. auch Art. 30 Abs. 5 u. 270 Verf. Portugal.
181 *EGMR*, Urt. v. 20.5.1999, Rekvényi ./. Ungarn, Beschwerde Nr. 25390/94, Reports of Judgements and Decisions 1999-III, RN 43; Urt. v. 19.12.1994, Vereinigung demokratischer Soldaten Österreichs und Gubi ./. Österreich, Publications de la Cour européenne des Droits de l'Homme, Série A, Nr. 302, RN 36 sowie ÖJZ 1995, S. 314; Urt. v. 23.11.1976, Engel u. a. ./. Niederlande, Publications de la Cour européenne des Droits de l'Homme, Série A, Nr. 22, RN 54 u. 100; *Prepeluh*, Die Entwicklung der Margin of Appreciation-Doktrin im Hinblick auf die Pressefreiheit, ZaöRV 2001, S. 771 (827).

§ 22 *Zweiter Teil: III. Voraussetzungen, Sicherung und Durchsetzung*

sich an Sammelpetitionen zu beteiligen, für Personen im Wehr- und Ersatzdienst vor[182]. Die portugiesische Verfassung, Rechtsprechung und Lehre anerkennen insbesondere den Sonderstatus von Strafgefangenen[183].

65
Frankreich

In *Frankreich* galt herkömmlicherweise, daß die Verhältnisse von Schülern, Soldaten und Strafgefangenen verwaltungsintern, d. h. ohne Gesetz, geregelt werden konnten[184]. Während in Frankreich dieser Ansatz im Rückzug begriffen ist, scheinen in *Spanien* der Verwaltung noch weite gesetzesungebundene Befugnisse zur Regelung des Sonderstatus' zugestanden zu werden[185].

66
Österreich

In *Österreich* hat sich die Lehre vom „besonderen Gewaltverhältnis" als solche, jedenfalls unter diesem Namen, nie verbreitet, was vor allem mit dem strikten Verständnis des Legalitätsprinzips[186] zusammenhängt[187]. Jedoch unterliegen Anstaltsverhältnisse regelmäßig Besonderheiten, die mit einem speziellen Pflichtenstatus und vermindertem Rechtsschutz einhergehen können. Von daher können die Grund- und Menschenrechte der betroffenen Personengruppen stärkeren Einschränkungen ausgesetzt sein als die der übrigen Bürger. Diese Einschränkungen müssen allerdings in der Rechtsordnung, und nach dem Legalitätsprinzip heißt das durch formelles Gesetz, vorgesehen sein. Trotzdem hat der Österreichische Verfassungsgerichtshof lange Zeit die mit einer Haft verbundenen Beschränkungen mehr oder minder pauschal für gerechtfertigt gehalten, beispielsweise die Verweigerung der Teilnahme an Wahlakten, die Überwachung der Häftlinge und ihres Verkehrs mit Außenstehenden, Einschränkungen beim Bezug von Druckschriften oder Empfang von Rundfunksendungen oder die mit der Haft verbundenen Einschränkungen des Privat- und Familienlebens. Einschränkungen, die „zum Wesen des Strafvollzugs" gehören, seien durch die entsprechenden Grundrechte nicht verboten. Dies kam der deutschen Lehre vom besonderen Gewaltverhältnis im Ergebnis doch recht nahe. Jedoch erfolgt in jüngerer Zeit eine strengere Verhältnismäßigkeitsprüfung, die dem Vorbehalt des Gesetzes bzw. dem Legalitätsprinzip auch in diesem Bereich zur praktischen Wirksamkeit verhilft. Ein Streitpunkt bleibt noch die Frage eines Streikrechts der Beamten[188].

3. Grundrechtsgeltung im Sonderstatus

67
Besonderheiten nur hinsichtlich der Grundrechtsbeschränkung

Nach moderner Grundrechtsdoktrin – in *Deutschland* und in der *Schweiz* seit 1972 – muß der wesentliche Inhalt sog. Sonderstatusverhältnisse, d. h. auch die

---

182 Ähnlich Art. 44 Tschech. Grundrechtecharta, s. auch Art. 27 Abs. 4 Tschech. Grundrechtecharta.
183 Art. 30 Abs. 5 Verf. Portugal: „Verurteilte, für die freiheitsentziehende Strafen oder Sicherungsmaßnahmen Anwendung finden, bleiben im Besitz der Grundrechte, abgesehen von Beschränkungen, die dem Sinn der Verurteilung und eigenen Erfordernissen der entsprechenden Durchführung immanent sind". Dazu *Grothmann* (Bibl.), S. 214 ff. m.N.
184 Vgl. *Groupe d'Études et de recherches sur la justice constitutionnelle, CNRS* (FN 119), S. 29 f.
185 (Span.) *Tribunal Constitucional*, Entscheidung v. 21.1.1987, J.C. Vol., XVII 13 (23); *Llorente* (FN 92), S. 61 ff., 64.
186 Art. 18 (österr.) B-VG.
187 Vgl. *Berka* (Bibl.), S. 54 ff.
188 Vgl. *Ulrike Davy*, Streik und Grundrechte in Österreich, 1989; *Rebhahn*, Neues zum Streikrecht?, JBl. 1992, S. 497; zur Rechtslage in der Schweiz *Wiederkehr*, Kerngehaltsgarantie (Bibl.), S. 53 f.

wichtigsten damit verbundenen besonderen Freiheitsbeschränkungen, durch ein Gesetz im formellen Sinne umschrieben sein[189]. Nur die Regelung der Einzelheiten darf der Gesetzgeber an die Exekutive delegieren[190]. Heute gelten im Prinzip die gleichen Rechtfertigungsanforderungen an Grundrechtseingriffe gegenüber Personen im Anstaltsverhältnis[191]. Besonderheiten ergeben sich nicht bei der Frage der Geltung, sondern der Beschränkbarkeit der Grundrechte[192]. So wird der Grundsatz der genügenden Bestimmtheit großzügiger gehandhabt, und nur die schwersten Eingriffe in Freiheitsrechte müssen in einem Gesetz im formellen Sinne vorgesehen sein[193]. Insbesondere kann die Abwägung im Rahmen der Verhältnismäßigkeitsprüfung beim Sonderstatus großzügiger ausfallen. Dementsprechend hat der Europäische Gerichtshof für Menschenrechte festgestellt, daß das Recht auf Meinungsäußerung Angehörigen des Militärs in gleicher Weise wie den übrigen Personen zusteht, auch wenn zur Aufrechterhaltung der militärischen Disziplin besondere Regelungen unumgänglich sein mögen[194].

68 Portugal
Die moderne Doktrin kommt gut im Text der *portugiesischen Verfassung* zum Ausdruck. Danach kann die Ausübung der Kommunikationsgrundrechte der Soldaten, der Angestellten des dienstleistenden militärischen Personals sowie der Angestellten der Sicherheitsdienste „durch Gesetz [...] ausschließlich insoweit eingeschränkt werden, als es die Wesensart der betroffenen Tätigkeiten unabdingbar gebietet[195]". Im Gegensatz zur Rechtslage im deutschsprachigen Verfassungsraum müssen in Portugal alle Beschränkungen der Rechtsausübung für Angehörige von Sonderstatusverhältnissen, wie Soldaten und Angehörigen der Streitkräfte im aktiven Dienst sowie von Mitgliedern der Sicherheitskräfte, durch formelles Gesetz erfolgen. Dies fällt auf, da die portugiesische Verfassung hinsichtlich der Rechte, Freiheiten und Rechtsgarantien im übrigen ausdrücklich einen Delegationsvorbehalt zugunsten exekutiver Rechtsetzung aufweist[196]. Auch die österreichische Bundesverfassung statuiert ausdrücklich, daß „den öffentlichen Bediensteten, einschließlich der Angehörigen des Bundesheeres [...] die ungeschmälerte Ausübung ihrer politischen Rechte gewährleistet" ist[197].

69 Heutige Funktion
Angesichts des feststellbaren weitgehenden Wegfalls der Besonderheiten und der Eigenart des „Sonderstatus" stellt sich abschließend die Frage, ob die her-

---

189 Vgl. *Häfelin* (FN 32), S. 102; *BVerfGE* 33, 1.
190 *BGE* 115 Ia 277 (288).
191 Für Österreich *Berka* (Bibl.), S. 53.
192 *Alain Griffel*, Der Grundrechtsschutz in der Armee, Diss. 1991, S. 16; *Gerbranda/Kroes/Loof* (FN 2), S. 45 ff.
193 *Weber-Dürler* (FN 53), S. 137.
194 *EGMR*, Urt. v. 19.12.1994, Vereinigung demokratischer Soldaten Österreichs und Gubi ./. Österreich, Publications de la Cour européenne des Droits de l'Homme, Série A, Nr. 302, RN 36, sowie ÖJZ 1995, S. 314; *EGMR*, Urt. v. 8.6.1976, Engel u.a. ./. Niederlande, Publications de la Cour européenne des Droits de l'Homme, Série A, Nr. 22 sowie EuGRZ 1976, S. 221, RN 54 u. 100.
195 Art. 270 Verf. Portugal.
196 Vgl. Art. 164 lit. a) u. Art. 165 Abs. 1 lit. b) Verf. Portugal.
197 Art. 7 Abs. 4 (österr.) B-VG.

kömmliche Rechtsfigur überhaupt noch eine sinnvolle Funktion erfüllt oder aber ins „Museum des modernen Rechtsstaates"[198] gehört.

D. Grundrechtliche Schrankenschranken

70
Schrankenschranken in Deutschland und in ausländischen Verfassungen

Selbst ein (einfacher) Gesetzesvorbehalt gibt dem Gesetzgeber keinen Freibrief, sondern stößt seinerseits wieder auf Grenzen, in der deutschen Terminologie die Schrankenschranken. Im Grundgesetz ergeben sich diese Schrankenschranken teils aus Art. 19 Abs. 1 und 2 (Verbot des Einzelfallgesetzes, Zitiergebot[199], Wesensgehaltsgarantie[200]), teils handelt es sich um allgemeine verfassungsrechtliche Prinzipien, wie den Verhältnismäßigkeitsgrundsatz[201], den Bestimmtheitsgrundsatz und das Rückwirkungsverbot[202]. In den betrachteten ausländischen Verfassungen finden sich diese Schrankenschranken ebenfalls, wie im folgenden noch näher auszuführen ist. Ausdrücklich sind etwa der Verhältnismäßigkeitsgrundsatz und die Wesensgehalts- bzw. Kerngehaltsgarantie in den Allgemeinvorbehalten zur Einschränkbarkeit der Grundrechte der Schweizerischen Verfassung und in der Grundrechtecharta der Europäischen Union enthalten.

I. Verbot des Einzelfallgesetzes und Zitiergebot

71
Verbot des Einzelfallgesetzes als Konkretisierung des Gleichheitssatzes

Grundrechtseinschränkungen haben durch generelle und abstrakte Gesetze zu erfolgen. Dies sehen die Verfassungen teils ausdrücklich vor, teils ergibt sich dies gemäß anerkannter höchstrichterlicher Auslegung der einschlägigen Verfassungsnormen. Beispielsweise normiert Art. 19 Abs. 1 GG ausdrücklich das Verbot des Einzelfallgesetzes und konkretisiert damit den allgemeinen Gleichheitssatz. Gemäß Art. 18 Abs. 3 der portugiesischen Verfassung müssen Gesetze, „die die Rechte, Freiheiten und Garantien einschränken, [...] genereller und abstrakter Natur sein". Die portugiesische Rechtsprechung und Lehre ziehen daraus, im Gegensatz zur deutschen Doktrin[203], den Schluß, daß sogenannte Maßnahmegesetze unzulässig sind. Darunter seien Gesetze zu verstehen, die in konkreten Situationen zur Erreichung bestimmter Ziele erlassen werden[204]. Damit übereinstimmend wird das Erfordernis einer „gesetzlichen Grundlage" im Allgemeinvorbehalt der Schweizerischen Bundesverfassung (Art. 36 Abs. 1) dahin ausgelegt, daß der „betreffende Rechts-

---

198 *Griffel* (FN 192, S. 28) will „das betagte und substanzlos gewordene Rechtsinstitut dorthin [...] verbringen, wo es hingehört: ins Museum des modernen Rechtsstaates."; ähnlich *Grothmann* (Bibl.), S. 217.
199 → Bd. III: *Lege,* Verbot des Einzelfallgesetzes; *Axer,* Zitiergebot.
200 → Bd. III: *Leisner-Egensperger,* Wesensgehaltsgarantie.
201 → Bd. III: *Merten,* Verhältnismäßigkeitsgrundsatz.
202 → Bd. III: *Kunig,* Rechtsstaatliches Rückwirkungsverbot.
203 *BVerfGE 25,* 371 (396).
204 Vgl. *Grothmann* (Bibl.), S. 190 ff.

satz [...] allgemein abstrakt gelten und damit das Prinzip der Gleichheit wahren" muß[205]. Die Allgemeinheit grundrechtsbeschränkender Gesetze wird regelmäßig auch von anderen Verfassungsordnungen vorausgesetzt[206].

Ganz im Gegensatz insbesondere zur Wesensgehaltsgarantie hat das auch in Deutschland restriktiv gehandhabte Zitiergebot[207], soweit ersichtlich, im Ausland keine Verbreitung gefunden.

72
Keine Verbreitung des Zitiergebotes

II. Rechtsstaatliches Rückwirkungsverbot

Die portugiesische Verfassung enthält ein ausdrückliches Rückwirkungsverbot für Grundrechtseingriffe[208]. In anderen Verfassungsrechtsordnungen, z.B. der deutschen, ergibt sich ein allgemeines Rückwirkungsverbot für belastende Maßnahmen, also auch – aber nicht nur – für Grundrechtseingriffe, aus dem Rechtsstaatsprinzip. Die daraus ableitbaren Gebote der Rechtssicherheit und des Vertrauensschutzes setzen demnach Gesetzen, „die belastend in verfassungsmäßig verbürgte Rechtspositionen eingreifen, enge Grenzen[209]". Allgemein anerkannt ist auch die Unterscheidung zwischen einer unter Umständen zulässigen Rückwirkung ex nunc und einer grundsätzlich unzulässigen Rückwirkung ex tunc bzw. echter und unechter Rückwirkung[210] oder nach zwischenzeitlicher Terminologie des Zweiten Senats des Bundesverfassungsgerichts auch zwischen der „Rückbewirkung von Rechtsfolgen" (Rückwirkung) und der grundsätzlich zulässigen „tatbestandlichen Rückanknüpfung von Rechtsfolgen[211]". Jedoch spielt das Rückwirkungsverbot speziell bei Grundrechtseingriffen keine sehr große Rolle. Dies hängt damit zusammen, daß sein Hauptanwendungsgebiet, die Steuergesetzgebung, das Eigentumsgrundrecht nur marginal tangiert[212].

73
Arten der Rückwirkung

III. Wesensgehalts- oder Kerngehaltsgarantie

1. Bedeutung

J. P. Müller bezeichnet die verfassungsrechtliche Fixierung eines Kern- oder Wesensgehalts der Grundrechte als „einen Grundzug moderner europäischer Verfassungsentwicklung" und als eines der „unverzichtbaren Elemente einer modernen Verfassung[213]". „Es kann nicht nur – abgesehen vom Erfordernis einer gesetzlichen Grundlage – eine Frage der Verhältnismäßigkeit, also letzt-

74
Unverzichtbares Element moderner Verfassungen

---

205 *Thürer* (FN 32), S. 641.
206 Vgl. z.B. für Griechenland *Spyropoulos*, Concretization of and Limitations on Fundamental Rights, in: A. Weber (Hg.), Fundamental Rights (Bibl.), Chapter 4, S. GR 31 (49).
207 Art. 19 Abs. 1 S. 2 GG; s. auch *Dreier*, GG I (LitVerz.), Art. 19 RN 7.
208 Art. 18 Abs. 3 Verf. Portugal.
209 *BVerfGE 63*, 343 (356f.).
210 Vgl. z.B. *Grothmann* (Bibl.), S. 156 ff.
211 *BVerfGE 63*, 343 (356f.); *72*, 200 (253).
212 → Bd. III: *F. Kirchhof*, Abgabenerhebung als Grundrechtsbeeinträchtigung.
213 *J.P. Müller* (Bibl.), S. 33 u. 37.

§ 22   Zweiter Teil: III. Voraussetzungen, Sicherung und Durchsetzung

lich einer Güterabwägung sein, ob eine Folterung zulässig, eine grausame Strafe (Abschlagen von Körperteilen) erlaubt, die Vorzensur statthaft, die Unabhängigkeit der Gerichte zu beachten sei oder ob die Institute der Eigentums- oder der Vertragsfreiheit vom Gesetzgeber aufgehoben werden[214]". Die Frage des Kerngehalts ist auch vor dem Hintergrund einer zunehmenden Abhängigkeit des einzelnen von einem immer komplexer und schwieriger von der Gesellschaft abgrenzbar werdenden Staat zu sehen. In der Folge werden auch die Grundrechtsschranken komplexer und unübersichtlicher. Um so mehr steigt die Bedeutung möglichst verständlicher konkreter Kerngehalte in der Verfassung[215].

75
Gesetzgeber als Adressat

Adressat der Wesens- oder Kerngehaltsgarantie ist in erster Linie der Gesetzgeber, dem die Entscheidung über die Einschränkung von Grundrechten im modernen Verfassungsstaat obliegt, sei es ausdrücklich oder aufgrund des Rechtsstaatsprinzips und seiner Konkretisierungen (Vorbehalt des Gesetzes, Wesentlichkeitstheorie, Bestimmtheitsgebot)[216]. Die Bindung gerade des Gesetzgebers durch diese Schranke war auch historisches Ziel der Wesensgehaltsgarantie.

2. Vorbildwirkung und allgemeine Anerkennung des Art. 19 Abs. 2 GG

76
Weimarer Erfahrungen

Es gehört zu den verfassungsgeschichtlich elementaren Erfahrungen der Weimarer Zeit, daß Grundrechte auch des Schutzes vor dem Gesetzgeber bedürfen. Das Grundgesetz hat dem Rechnung getragen, und zwar auf doppelte Weise: auf der institutionellen Ebene durch die Einrichtung des Bundesverfassungsgerichts, das die Grundrechte auch vor dem Gesetzgeber in Schutz nehmen muß; sodann unter anderem durch die Wesensgehaltsgarantie des Art. 19 Abs. 2[217]. Sachliche Bedeutung und Reichweite der erstmals im deutschen Grundgesetz verbrieften Wesensgehaltsgarantie sind umstritten. Teile der deutschen Lehre halten Art. 19 Abs. 2 GG für überflüssig[218] bzw. für eine deklaratorische Bekräftigung dessen, was ohnehin gilt[219].

77
Siegeszug der Wesensgehaltsgarantie

Gleichwohl hat die Wesensgehaltsgarantie einen Siegeszug angetreten. So fand sie jüngst sowohl in die Texte der Schweizerischen Bundesverfassung von 1999 als auch in die Grundrechtecharta der Europäischen Union von 2000 ausdrücklich Eingang[220]. Weiterhin ist die Wesensgehaltsgarantie – meist ausdrücklich – in vielen Verfassungen garantiert und dient als Begründungstopos oberster Gerichte, letzteres selbst sofern sie keinen Ausdruck in den zugrundeliegenden Verfassungstexten gefunden hat. *Peter Häberle* bezeichnet die Wesensgehalts-

---

214 *Müller* aaO., S. 37.
215 *Müller* aaO.
216 *P.M. Huber,* in: v. Mangoldt/Klein/Starck (Hg.), ⁴GG, Art. 19 Abs. 2 RN 117.
217 S. auch *J.P. Müller* aaO., S. 33.
218 *Peter Häberle,* Die Wesensgehaltgarantie des Art. 19 Abs. 2 Grundgesetz, ³1983, S. 235: „Art. 19 Abs. 2 ist eine 'leerlaufende' Verfassungsnorm".
219 Vgl. *P.M. Huber* (FN 216), Art. 19 Abs. 2 RN 111 m.N.
220 S. Art. 52 Abs. 1 EU-Grundrechtecharta; Art. 36 Abs. 4 Schweiz. BV; s. auch Art. 53 Abs. 1 S. 3 Verf. Spanien.

garantie zu Recht als vielleicht den erfolgreichsten grundrechtlichen „Export-Artikel des deutschen Grundgesetzes von 1949[221]". Verfeinert und fortentwickelt wurde die Wesens- bzw. Kerngehaltsgarantie allerdings im schweizerischen Verfassungsrecht, und zwar auf Bundes- und auf kantonaler Ebene.

3. Verfassungstextliche Wesens- oder Kerngehaltsgarantien

a) Abstrakte Wesensgehaltsgarantien

Zahlreiche Verfassungen enthalten nach dem Vorbild des deutschen Grundgesetzes abstrakte Wesensgehaltsgarantien. So dürfen beispielsweise nach der portugiesischen Verfassung „Gesetze, die die Rechte, Freiheiten und Garantien einschränken, [...] weder zurückwirken, noch den Umfang und Anwendungsbereich des Wesensgehalts der Verfassungsbestimmungen verringern[222]". Nach der spanischen Verfassung kann die Ausübung der Rechte und Freiheiten der Einzelnen „nur durch ein Gesetz, das in jedem Fall ihren Wesensgehalt achten muß, [...] geregelt werden[223]" und der Tribunal Constitucional greift auf die Wesensgarantie zurück[224]. Ähnliche Garantien enthalten z.B. die albanische, estnische, kirgisische, moldawische, polnische, rumänische, slowakische, tschechische, ungarische und die türkische Verfassung[225]. Diese abstrakten Wesensgehaltsgarantien sind im Kontext funktionsgleicher absoluter Verfassungsverbote, beispielsweise des Verbots der Todesstrafe[226], der Vorzensur oder auch der Folter oder anderer grausamer, unmenschlicher oder erniedrigender Behandlung[227], zu sehen[228].

78
Weite Verbreitung der Wesensgehaltsgarantie

In der *Schweiz* ist die Kerngehaltsgarantie sowohl auf Bundesebene, im Allgemeinvorbehalt des Art. 36 BV, als auch in den meisten Kantonsverfassungen

79
Schweizer Kerngehaltsgarantie

---

221 → Oben *Häberle*, § 7: Wechselwirkungen zwischen deutschen und ausländischen Verfassungen, RN 41.
222 Art. 18 Abs. 3 Verf. Portugal.
223 Art. 53 Abs. 1 Verf. Spanien; s. auch Art. 31 Abs. 3 S. 2 Verf. Polen.
224 Vgl. z.B. (span.) *Tribunal Constitucional*, Entscheidung 76/2001 v. 26.3.2001 (Gewerkschaftsfreiheit); Entscheidung Nr. 292/2000 v. 30.11.2000 (Privatsphäre).
225 Art. 17 Abs. 2 Verf. Albanien; Art. 11 S. 2 Verf. Estland; Art. 17 Abs. 2 Verf. Kirgisistan; Art. 54 Abs. 2 Verf. Moldau; Art. 30 Abs. 3 Verf. Polen: „Einschränkungen, verfassungsrechtliche Freiheiten und Rechte zu genießen, dürfen nur in einem Gesetz beschlossen werden und nur dann, wenn sie in einem demokratischen Staat wegen seiner Sicherheit oder öffentlichen Ordnung oder zum Schutz der Umwelt, Gesundheit, der öffentlichen Moral oder der Freiheiten und Rechte anderer Personen notwendig sind. Diese Einschränkungen dürfen das Wesen der Freiheiten und Rechte nicht verletzen". Und speziell für das Eigentumsgrundrecht Art. 64 Abs. 3 Verf. Polen; Art. 49 Abs. 2 Verf. Rumänien; Art. 13 Abs. 4 Verf. Slowakei; Art. 4 Abs. 4 Tschech. Grundrechtecharta: „In employing the provisions concerning limitations upon the fundamental rights and basic freedoms, the essence and significance of these rights and freedoms must be preserved. Such limitations are not to be misused for purposes other than those for which they were laid down". Art. 8 Abs. 2 Verf. Ungarn; Art. 13 Verf. Türkei: „Die Grundrechte und -freiheiten können mit der Maßgabe, daß ihr Wesenskern unberührt bleibt, nur aus den in den betreffenden Bestimmungen aufgeführten Gründen und nur durch Gesetz beschränkt werden. Die Beschränkungen dürfen nicht gegen Wortlaut und Geist der Verfassung, die Notwendigkeiten einer demokratischen Gesellschaftsordnung und der laizistischen Republik sowie gegen den Grundsatz der Verhältnismäßigkeit verstoßen". S. auch Art. 28 Verf. Argentinien.
226 Art. 102 GG; § 7 Abs. 2 Grundgesetz Finnland; Art. 7 Abs. 2 Verf. Griechenland; Art. 18 Verf. Luxemburg; Art. 114 Verf. Niederlande; Art. 85 (österr.) B-VG; Art. 24 Abs. 2 Verf. Portugal, besonders deutlich: „Die Todesstrafe ist in allen Fällen ausgeschlossen". Art. 10 Abs. 2 Schweiz. BV.
227 § 7 Abs. 2 Grundgesetz Finnland; Art. 10 Abs. 3 Schweiz. BV.
228 *Weber-Dürler* (FN 53), S. 143.

ausdrücklich garantiert. „Die schweizerische Lehre macht schon terminologisch mit dem Begriff des ‚Kerngehalts' ihre pragmatische, auf die Schutzbedürfnisse der Einzelnen abstellende Ausrichtung deutlich; Kerngehalte schützen demnach nicht das ‚Wesen' der Grundrechte, sondern die konkreten Menschen in den zentralsten Aspekten ihrer Existenz[229]". Damit ist zugleich ein personalistisches, subjektiv-rechtliches Verständnis der „Kerngehaltsgarantie" indiziert. Eine abstrakte Garantie enthält die Schweizerische Bundesverfassung. Auf Bundesebene erfüllt sie auch die Funktion eines Gegengewichts zum Allgemeinvorbehalt des Art. 36 Abs. 1 bis 3 BV, wonach gesetzliche und verhältnismäßige Eingriffe in die Grundrechte im öffentlichen Interesse grundsätzlich zulässig sind[230]. Bedenklich ist, daß in der Schweiz keine Verfassungsgerichtsbarkeit zur Interpretation des Allgemeinvorbehalts einschließlich der abstrakten Wesensgehaltsgarantie zur Verfügung steht[231]. Inhaltlich konkretisierte Kerngehaltsgarantien finden sich in mehreren Kantonsverfassungen.

b) Im Verfassungstext konkretisierte Wesensgehaltsgarantien

80
Konkrete Wesensgehaltsgarantien in Kantonsverfassungen

Soweit ersichtlich, gibt es in den nationalen Verfassungstexten abstrakte, jedoch keine weiter konkretisierten Wesens- oder Kerngehaltsgarantien. Aus diesem Grunde soll hier auch die Kantonsebene[232] in der Schweiz untersucht werden. Dort wurde der Forderung des Verfassungsrechtlers *J. P. Müller* bereits Rechnung getragen, wonach die Konkretisierung des Kerngehalts nicht allein den Verfassungsrichtern zu überlassen, sondern schon auf Verfassungsstufe festzulegen sei[233]. So verweist etwa die Kerngehaltsgarantie des Art. 28 Abs. 4 der Berner Kantonsverfassung[234], auf die hier exemplarisch eingegangen wird, wie mehrere neuere Kantonsverfassungen[235] auf das Folterverbot[236], das Verbot des Zwanges zur Vornahme einer religiösen Handlung[237] und das Verbot der Vorzensur[238] sowie darüber hinaus noch auf die unantastbare Möglichkeit, Petitionen einzureichen[239], die Gewährleistung des Instituts der Vertragsfreiheit[240] und die Institutsgarantie im Rahmen der Eigentumsfreiheit[241].

---

229 *Schefer* (Bibl.), S. 561 f.; wesenskritisch aus österreichischer Sicht *Stelzer* (Bibl.), S. 167.
230 Vgl. *Hangartner* (FN 36), S. 153.
231 *Kley*, Der Grundrechtskatalog der nachgeführten Bundesverfassung, ZBJV 1999, S. 301 (343).
232 Vgl. dazu *Wiederkehr* (FN 188).
233 *J.P. Müller* (Bibl.), S. 35.
234 Art. 28 Abs. 4 KV Bern lautet: „Der Kern der Grundrechte ist unantastbar. Zum Kerngehalt gehören insbesondere Gewährleistungen, welche diese Verfassung als unantastbar bezeichnet oder bei denen sie Einschränkungen in keinem Fall zuläßt".
235 Art. 23 Abs. 4 i.V.m. Art. 9 Abs. 2 KV Appenzell Ausserrhoden; § 15 Abs. 1 S. 2 i.V.m. § 15 Abs. 4 S. 2 KV Basel-Landschaft.
236 Art. 28 Abs. 4 i.V.m. Art. 12 Abs. 2 KV Bern.
237 Art. 28 Abs. 4 i.V.m. Art. 14 Abs. 2 KV Bern; ähnlich Art. 23 Abs. 4 i.V.m. Art. 7 Abs. 2 KV Appenzell Ausserrhoden.
238 Art. 28 Abs. 4 i.V.m. Art. 17 Abs. 2 KV Bern; s. auch Art. 21 Abs. 1 i.V.m. Art. 12 Abs. 2 KV Solothurn.
239 Art. 28 Abs. 4 i.V.m. Art. 20 Abs. 2 KV Bern.
240 Art. 28 Abs. 4 i.V.m. Art. 23 Abs. 2 KV Bern.
241 Art. 28 Abs. 4 i.V.m. Art. 24 Abs. 1 KV Bern.

4. Höchstrichterliche Anerkennung der Wesensgehaltsgarantie

Der *österreichische Verfassungsgerichtshof* bekennt sich seit den fünfziger Jahren allgemein, nicht etwa nur auf bestimmte Grundrechte begrenzt, zu einer „Wesensgehaltssperre". Positivrechtlich im Verfassungstext niedergelegt ist die Wesensgehaltsgarantie in Österreich allerdings nicht, weshalb auch vom „Wesensgehaltsargument" gesprochen wird[242]. Danach dürfen gesetzliche Beschränkungen eines Grundrechts nicht gegen dessen „Wesen" verstoßen. Dies wäre dann der Fall, wenn eine Beschränkung in ihrer Wirkung der Aufhebung des Grundrechts gleichkäme[243]. Im österreichischen Schrifttum wurde die Wesensgehaltsjudikatur als „einer der bedeutendsten rechtsdogmatischen Fortschritte der österreichischen Verfassungsrechtsprechung" eingeschätzt[244]. Ähnlich wie in Deutschland spielt die Wesensgehaltsgarantie jedoch in der Praxis im Ergebnis keine bedeutende Rolle. So wurde auch in Österreich noch in keinem Fall ein Verstoß gegen die Wesensgehaltsgarantie angenommen[245]. Immerhin hat der Verfassungsgerichtshof aber die verfassungsrechtliche Pflicht zur Rückübereignung bei zweckverfehlten Enteignungsmaßnahmen aus dem Wesensgehalt der Eigentumsgarantie abgeleitet[246]. In der jüngeren Judikatur scheint der Verhältnismäßigkeitsgrundsatz die Wesensgehaltssperre schrittweise abzulösen, nachdem der Verfassungsgerichtshof in einer Übergangsphase die „materiellen Gesetzesvorbehalte" der Europäischen Menschenrechtskonvention noch als eine Umschreibung des grundrechtlichen Wesensgehalts gedeutet hatte[247].

81 „Wesensgehaltsargument" in der österreichischen Judikatur

Die Rechtsprechung des *französischen Conseil constitutionnel* anerkennt den Wesensgehalt (garantie de substance)[248], und zwar im Rahmen des Ausgleichs zwischen kollidierenden Grundrechten oder von Grundrechten und sonstigen Verfassungsgütern. Die Wesensgehaltsgarantie schützt hier vor der Negation der Freiheit bzw. davor, daß Grundrechtsschranken die Tragweite des Grundrechts denaturieren[249]. Ähnliches gilt z. B. für das litauische Verfassungsgericht[250]. Auch im belgischen Verfassungsrecht gibt es Anhaltspunkte dafür,

82 „garantie de substance" in Frankreich

---

242 So *Stelzer* (Bibl.), S. 21 ff.
243 *VfSlg.* 3505/1959; *Berka* (Bibl.), S. 44.
244 *Stelzer* (Bibl.), S. 11 m. Verweis auf *Peter Pernthaler*, Raumordnung und Verfassung II, 1978, S. 260 f.
245 *Berka* (Bibl.), S. 44.
246 *VfSlg.* 8980, 8981/1980.
247 Vgl. z.B. *VfSlg.* 10.700/1985 zu Art. 10 EMRK; *Berka* (Bibl.), S. 44.
248 *C. Grewe* (Bibl.), S. 211.
249 Vgl. *Conseil constitutionnel*, Entscheidung Nr. 82-141 v. 27.7.1982, considérant 4: „cette réglementation [...] ne doit pas excéder ce qui est nécessaire à garantir l'exercice d'une liberté", http://www.conseil-constitutionnel.fr/decision/1982/82141dc.htm; Entscheidung Nr. 92-316 v. 20.1.1993, considérant 29: „Considérant que la liberté d'entreprendre qui a valeur constitutionnel n'est toutefois ni générale ni absolue; qu'il est loisible au législateur d'y apporter des limitations qui lui paraissent exigées par l'intérêt général à la condition que celles-ci n'aient pas pour conséquence de dénaturer la portée de cette liberté", http://www.conseil-constitutionnel.fr/decision/1992/92316dc.htm.
250 *Litauisches Verfassungsgericht*, Entscheidung v. 14.3.2002, S. 4 Ziff. 3: „Under the Constitution, it is permitted to restrict the rights and freedoms of individuals if the following conditions are observed: this is done by law; these restrictions are necessary in the democratic society in order to protect the rights and freedoms of other persons as well as the values enshrined in the Constitution together with the constitutionally important objectives; the restrictions do not deny the nature and essence of the rights and freedoms; the constitutional principle of proportionality is followed".

daß sog. absolute Eingriffe in ein Grundrecht zur Verfassungswidrigkeit führen[251]. Weiter anerkennen die griechische Rechtsprechung und Lehre die Wesensgehaltsgarantie[252].

83
Europäische Gerichtshöfe

Nach der Rechtsprechung des *Europäischen Gerichtshofs für Menschenrechte* dürfen die Konventionsrechte nicht in dem Maße eingeschränkt werden, daß sie in ihrem Wesensgehalt angetastet werden[253]. Dies gilt auch außerhalb der Schrankenbestimmungen des jeweils zweiten Absatzes der Art. 8 bis 11 EMRK[254]. Der *Gerichtshof der Europäischen Gemeinschaften* verweist oft formelhaft darauf, daß Beschränkungen den Wesensgehalt des gewährleisteten Rechts nicht antasten dürfen[255].

5. Inhalt der Wesensgehalts- oder Kerngehaltsgarantie

84
Bezug zur Menschenwürde

Die Wesengehaltsgarantie weist einen engen Bezug zur Menschenwürdegarantie auf. Dies findet im Grundgesetz Ausdruck dadurch, daß beide Garantien den eine besondere Schutzintensität signalisierenden Begriff der Unantastbarkeit verwenden[256]. Jedoch sind der Menschenwürde- und der Wesensgehalt der Grundrechte deshalb nicht ohne weiteres gleichzusetzen[257]; die Antwort hängt freilich generell vom Gewährleistungsbereich der Menschenwürde nach der jeweiligen Verfassung ab[258].

85
Theorien zum Wesensgehalt

Hinsichtlich des Inhalts der Wesensgehaltsgarantie sind im einzelnen zwei Fragen zu unterscheiden: (a) ob die Bestimmung nur als objektive Verfassungsnorm Wirksamkeit entfaltet oder auch die subjektive Rechtsstellung der einzelnen Grundrechtsträger erfaßt; und (b) ob mit ihr eine absolut geschützte Kernzone geschaffen ist oder die konkrete Schutzfunktion im Verhältnismäßigkeitsprinzip aufgeht[259].

a) Nur objektive Norm oder auch subjektives Recht?

86
Auch subjektiv-rechtlicher Charakter der Wesensgehaltsgarantie

Einigkeit scheint darüber zu bestehen, daß die Wesensgehaltsgarantie die Grundrechtsbestimmungen als objektive Normen schützt. Dem einfachen Gesetzgeber ist damit eine den Freiheitsgehalt der Grundrechte praktisch vernichtende und die gesellschaftliche Gesamtbedeutung annullierende Be-

---

251 *Cour d'arbitrage,* Urt. Nr. 21/89 v. 13. 7. 1989 (BIORIM), Moniteur belge, 21.7.1989, S. 12785, B.4.5.b.
252 Vgl. *Spyropoulos* (FN 206), S. 48.
253 *EGMR,* Urt. v. 23.7.1968 (Belgischer Sprachenfall), Publications de la Cour européenne des Droits de l'Homme, Série A, Nr. 6 sowie EuGRZ 1975, S. 298; Urt. v. 13.8.1981, Young, James und Webster, Publications de la Cour européenne des Droits de l'Homme, Série A, Nr. 44 und Série B, Nr. 39; *Weiß* (FN 73), S. 137 ff.
254 *EGMR,* Urt. 46726/99 v. 9.4.2002, Podkolzina ./. Lettland (Wahlrecht gemäß Art. 3 ZP I), RN 33: „il lui [la Cour] faut s'assurer que les dites conditions ne réduisent pas les droits dont il s'agit au point de les atteindre dans leur substance même et de les priver de leur effectivité, qu'elles poursuivent un but légitime et que les moyens employés ne se révèlent pas disproportionnés".
255 Vgl. z.B. *EuGH,* Urt. v. 5.10.1994, Rs. C-280/93 (Bundesrepublik Deutschland ./. Rat), Slg. 1994, I-4973 sowie NJW 1995, S. 945.
256 *P.M. Huber* (FN 216), Art. 19 Abs. 2 RN 123.
257 *P.M. Huber* (FN 216), Art. 19 Abs. 2 RN 124 m.N.
258 In der Schweiz scheint die Menschenwürdegarantie im Gegensatz zu Deutschland eine objektive verfassungsrechtliche Wertordnung zu verbieten, so *Schefer* (Bibl.), S. 42 ff.
259 *Dreier,* GG I (LitVerz.), Art. 19 RN 8.

schränkung untersagt. Anerkannt ist somit die zumindest auch institutionelle Funktion der Wesensgehaltsgarantie[260]. In Österreich nahm die höchstrichterliche Anerkennung der Wesensgehaltsgarantie ihren Ausgang im objektiven Schutz des Eigentums als eines Verfassungsinstituts[261]. Eine nur institutionelle Betrachtungsweise verkennt jedoch, daß Kern und Wesen eines Grundrechts nicht andersartig sein können als das Grundrecht selbst[262]. Wie das Grundrecht selbst hat also auch sein Wesen oder Kern subjektiv-rechtlichen Charakter. Die Wesensgehaltsgarantie beinhaltet also auch ein subjektives Recht des Grundrechtsträgers[263]. Dies bestätigt die Rechtsprechung des Europäischen Gerichtshofs für Menschenrechte[264].

b) Relative oder absolute Garantie

Strittig ist, ob die Wesensgehaltsgarantie eine absolute Schranke errichtet oder nur relativen, mit kollidierenden Interessen abwägungsfähigen Schutz gewährt, der im Ergebnis nicht weiter reicht als die Schrankenschranke der Verhältnismäßigkeit[265]. Die *österreichische* Lehre[266] (auf der Grundlage einer lediglich ungeschriebenen Wesensgehaltsgarantie) neigt eher der relativen, die *schweizerische* der absoluten Theorie zu. Der *französische* Conseil constitutionnel prüft die Wesensgehaltsgarantie zwar im Kontext des Verhältnismäßigkeitsprinzips. Wegen des Schutzes vor „Negation" und „Denaturieren[267]" geht die „garantie de substance" aber wohl über die Schutzwirkung des Verhältnismäßigkeitsgrundsatzes hinaus. Der *Europäische Gerichtshof für Menschenrechte* nennt regelmäßig beide Schrankenschranken kumulativ, was eine eigenständige Bedeutung der Wesensgehaltsgarantie indiziert; eindeutig ist die Rechtslage jedoch nicht[268]. Nicht ganz geklärt ist die Lage auch gemäß europäischem Gemeinschaftsrecht. Dort wird der Verhältnismäßigkeitsgrundsatz teils als Wesensgehaltsgarantie für die Gemeinschaftsgrundrechte verstanden. Denn nach den Formulierungen des *Gerichtshofs der Europäischen Gemeinschaften* stellt ein unverhältnismäßiger Eingriff in ein Gemeinschaftsgrundrecht zugleich eine Verletzung des Wesensgehalts dieses Grundrechts dar[269], indem die wertsetzende Funktion des betroffenen Grundrechts verkannt wird[270]. Beide Schrankenschranken werden jedoch nebeneinander genannt, was auf eine Eigenständigkeit der Wesensgehaltsgarantie im Sinne

87
Verhältnis von Wesensgehaltsgarantie zum Verhältnismäßigkeitsgrundsatz

---

260 *Dreier* aaO., RN 9.
261 *Stelzer* (Bibl.), S. 13 m.N.
262 Vgl. *P.M. Huber* (FN 216), Art. 19 Abs. 2 RN 182.
263 Ebenso *Dreier* aaO., Art. 19 RN 9 f.
264 Vgl. *EGMR*, Urt. v. 13.8.1981, Young, James und Webster, Publications de la Cour européenne des Droits de l'Homme, Série A, Nr. 44 u. Série B, Nr. 39; Urt. 46726/99 v. 9.4.2002, Podkolzina ./. Lettland (Wahlrecht gemäß Art. 3 ZP I), RN 33; *Weiß* (FN 73), S. 140.
265 So *Alexy* (FN 111), S. 267 ff.; *Stelzer* (Bibl.), S. 90.
266 Vgl. z. B. *Stelzer* (Bibl.), S. 121 ff.
267 S.o. FN 249; zur Diskussion in Spanien *Llorente* (FN 92), S. 56 ff.
268 *Eissen* (FN 151), S. 79.
269 So zur Eigentumsfreiheit *EuGH*, Urt. v. 13.12.1979, Rs. C 44/79 (Hauer ./. Land Rheinland-Pfalz), Slg. 1979, 3727 (RN 23, 30) sowie zum Recht der freien Berufsausübung *EuGH*, Urt. v. 29.1.1998, Rs. T-113/96 (Dubois ./. Rat und Kommission), Slg. 1998, II-125 (RN 74, 75).
270 *Pache* (Bibl.), S. 1037.

einer nur partiellen Überschneidung mit dem Verhältnismäßigkeitsprinzip deuten könnte. Letztenfalls wäre der Wesensgehalt bis zu einem gewissen Grade ermessens- und abwägungsresistent und somit absolute Schranke[271].

88
Relative Theorie

Vertreter der relativen Theorie argumentieren, daß im Falle der lebenslangen Freiheitsstrafe nichts vom „Wesen" des Freiheitsgrundrechts übrig bleibe, im Falle der vollständigen Enteignung nichts vom Eigentumsgrundrecht. Dem läßt sich jedoch entgegenhalten, daß im Falle der lebenslangen Freiheitsstrafe dem Verurteilten nach der Rechtsprechung des Bundesverfassungsgerichts aufgrund seiner Menschenwürde die Chance auf Haftfreilassung bleiben muß[272]. Dies zeigt doch gerade, daß der Wesensgehalt des Freiheitsgrundrechts auch bei lebenslangen Freiheitsstrafen zu beachten ist. Vollständige Enteignungen sind u.a. nur zulässig zum Allgemeinwohl und gegen angemessene Entschädigung. Dies zeigt, daß auch hier das Eigentumsgrundrecht als solches nicht negiert wird.

89
Garantie eines absolut unantastbaren Menschenwürdegehalts einzelner Grundrechte

Die Wesensgehaltsgarantie garantiert also nach richtiger Auffassung den absolut unantastbaren Menschenwürdegehalt jedenfalls einzelner Grundrechte[273], der auch subjektiv-rechtlich geltend gemacht werden kann und keiner Abwägung mehr zugänglich ist[274]. Dem Einwand, daß kein Grundrecht in allen Situationen völlig abwägungsresistent ist, ist entgegenzuhalten, daß es nicht stets der einfache Gesetzgeber sein muß, der ein Grundrecht im Interesse kollidierender Rechtsgüter über eine bestimmte Schwelle hinaus einschränken darf[275]. Gegenüber dem einfachen Gesetzgeber, dem Hauptadressaten der Wesens- oder Kerngehaltsgarantie, ist Art. 19 Abs. 2 GG vielmehr abwägungsresistent.

90
Aufbau des Art. 36 Schweiz. BV

Die Kerngehaltsgarantie als zum Abwägungen implizierenden Verhältnismäßigkeitsgrundsatz hinzukommende Schranke wird besonders am Aufbau des Art. 36 der Schweizerischen Bundesverfassung deutlich, der in Absatz 3 den Verhältnismäßigkeitsgrundsatz und in Absatz 4 die Kerngehaltsgarantie normiert[276].

c) Die Wesensgehaltsgarantie im Lichte des Völkerrechts

91
Absolut gesicherte Menschenrechte im Völkerrecht

Der subjektiv-rechtliche und absolute Ansatz wird durch die Garantien notstandsfester Menschenrechte im Völkerrecht unterstützt. So bilden gemäß Art. 15 EMRK das Verbot der Folter oder unmenschlicher oder erniedrigender Strafe oder Behandlung, das Sklavereiverbot und das Verbot rückwirkender Strafgesetze selbst in Extremsituationen absolute Schranken für die Staatsräson[277]. Ähnlich ist die Wesensgehaltsgarantie jedenfalls dahingehend auszulegen, daß diese zum völkerrechtlichen ius cogens gehörenden Mindeststandards, nämlich Sklaverei- und Genozidverbot, Folterverbot, Verbot rück-

---

271 *Peter Selmer*, Die Gewährleistung der unabdingbaren Grundrechtsstandards durch den EuGH, 1998, S. 137 ff.
272 *BVerfGE 45*, 187 (245); *64*, 261 (271 f.); *72*, 105 (116 f.).
273 Vgl. *Häfelin* (FN 32), S. 101.
274 *Grothmann* (Bibl.), S. 154 f.; *Kayser* (Bibl.), S. 246; *J.P. Müller* (Bibl.), S. 34.
275 *P.M. Huber* (FN 216), Art. 19 Abs. 2 RN 166.
276 *Kayser* (Bibl.), S. 248.
277 Vgl. *Kayser* aaO., S. 249.

wirkender Strafgesetze, auch verfassungsrechtlich durch die Wesensgehaltsgarantie absolut abgesichert und der Abwägung entzogen sind. Hierfür spricht das im Grundgesetz ausdrücklich enthaltene Bekenntnis zu den unveräußerlichen Menschenrechten[278], das in den meisten Verfassungsrechtsordnungen enthaltene Gebot der Völkerrechts- bzw. Menschenrechtsfreundlichkeit[279] sowie der hohe Rang, den die meisten Verfassungsordnungen dem völkerrechtlichen ius cogens im innerstaatlichen Recht zuerkennen[280]. Art. 15 EMRK und die vergleichbaren internationalen Garantien machen auch durch ihre Formulierung den über den Verhältnismäßigkeitsgrundsatz hinausgehenden Gehalt dieser absoluten Schrankenschranke deutlich, indem jeweils zusätzlich, im Sinne einer weiteren Schranke, ausdrücklich auf den Verhältnismäßigkeitsgrundsatz verwiesen wird[281].

Zum Inhalt des einer Abwägung entzogenen Wesensgehalts dürfte demzufolge nach den meisten Verfassungsordnungen, ausgelegt im Lichte des Völ-

92
Inhalt der Wesensgehaltsgarantie

---

278 Art. 1 Abs. 2 GG.
279 Vgl. z. B. Art. 3 Abs. 1 S. 2 u. Art. 10 Verf. Estland; Art. 16 Verf. Portugal: „(1) Durch die in der Verfassung verankerten Grundrechte werden keine anderen durch Gesetz oder durch die anwendbaren Vorschriften des internationalen Rechts festgelegten Rechte ausgeschlossen. (2) Die Auslegung und Anwendung der die Grundrechte betreffenden Verfassungs- und Rechtsvorschriften erfolgt in Übereinstimmung mit der Allgemeinen Menschenrechtserklärung". Art. 11 Abs. 1 Verf. Rumänien: „The Romanian State pledges to fulfil as such and in good faith its obligations as deriving from the treaties it is a party to". Art. 20 Precedence of Human Rights: „(1) Constitutional provisions concerning the citizens' rights and liberties shall be interpreted and enforced in conformity with the Universal Declaration of Human Rights, with the covenants and other treaties Romania is a party to. (2) Where inconsistencies exist between the covenants and treaties on fundamental human rights Romania is a party to and internal laws, the international regulations shall take precedence". § 23 Verf. Schweden: „Gesetze oder andere Vorschriften dürfen nicht im Widerspruch zu Schwedens Verpflichtungen aufgrund der Europäischen Konvention zum Schutz der Menschenrechte und Grundfreiheiten beschlossen werden". Art. 11 Verf. Slowakei; Art. 10 Abs. 2 Verf. Spanien: „Die Normen, die sich auf die in der Verfassung anerkannten Grundrechte und Grundfreiheiten beziehen, sind in Übereinstimmung mit der Allgemeinen Erklärung der Menschenrechte und den von Spanien ratifizierten internationalen Verträgen und Abkommen über diese Materien auszulegen". Art. 10 Verf. Tschech. Rep.: „Ratified and promulgated international accords on human rights and fundamental freedoms, to which the Czech Republic has committed itself, are immediately binding and are superior to law". Art. 7 Abs. 1 u. Art. 8 Abs. 1 Verf. Ungarn.
280 Mit der Einführung der neuen Bundesverfassung in der Schweiz ist das zwingende Völkerrecht in den Art. 139 Abs. 3 (Volksinitiative auf Teilrevision), 194 Abs. 2 (Teilrevision) u. Art. 193 Abs. 4 (Totalrevision) sogar als materielle Schranke der Verfassungsrevision festgeschrieben. Vgl. dazu *P. Arnold*, Ius cogens als materielle Schranke der Verfassungsrevision, in: Fleiner/Forster/Misic/Thalmann, Die neue Schweiz. BV, S. 53 (58 ff.).
281 S. auch *Gernot Brammer*, Das Verhältnismäßigkeitsprinzip nach deutschem und belgischem Recht, Diss. 2000, S. 23.
Art. 15 Abs. 1 u. 2 EMRK lauten: „(1) Wird das Leben der Nation durch Krieg oder einen anderen öffentlichen Notstand bedroht, so kann jede Hohe Vertragspartei Maßnahmen treffen, die von den in dieser Konvention vorgesehenen Verpflichtungen abweichen, jedoch nur, *soweit es die Lage unbedingt erfordert* und wenn die Maßnahmen nicht im Widerspruch zu den sonstigen völkerrechtlichen Verpflichtungen der Vertragspartei stehen. (2) Aufgrund des Absatzes 1 darf von Artikel 2 nur bei Todesfällen infolge rechtmäßiger Kriegshandlungen und von Artikel 3, Artikel 4 Absatz 1 und Artikel 7 in keinem Fall abgewichen werden". Art. 4 Abs. 1 u. 2 IPbürgR lauten: „(1) Im Falle eines öffentlichen Notstandes, der das Leben der Nation bedroht und der amtlich verkündet ist, können die Vertragsstaaten Maßnahmen ergreifen, die ihre Verpflichtungen aus diesem Pakt *in dem Umfang, den die Lage unbedingt erfordert*, außer Kraft setzen, vorausgesetzt, daß diese Maßnahmen ihren sonstigen Verpflichtungen nicht zuwiderlaufen und keine Diskriminierung allein wegen der Rasse, der Hautfarbe, des Geschlechts, der Sprache, der Religion oder der sozialen Herkunft enthalten". (Hervorhebungen durch die Verf.).

kerrechts, zählen: ein absolutes Folterverbot[282], das Verbot unmenschlicher oder erniedrigender Strafe oder Behandlung, das Verbot der Sklaverei und der Zwangsarbeit[283]. Diese Grundrechte sind auch in der Grundrechtecharta der Europäischen Union unbedingt formuliert[284]. Manche, den Wesensgehalt auf Verfassungsebene konkretisierenden schweizerischen Kantonsverfassungen gehen allerdings noch weiter und beziehen etwa ein Verbot der Vorzensur und ein Verbot des Zwanges zur Vornahme religiöser Handlungen mit ein. Das Schweizerische Bundesgericht führte in einer Entscheidung noch weitergehend aus, die Verwendung von Lügendetektoren, der Narkoanalyse oder von Wahrheitsseren zum Zwecke der Wahrheitsermittlung, z. B. im Strafprozess, würde in den Kerngehalt der persönlichen Freiheit eingreifen[285]. Das Eigentumsgrundrecht betrachtet das Bundesgericht lediglich in seiner Funktion als Institutsgarantie als Schutzgut der Kerngehaltsgarantie[286].

93
Unterschied der Theorien nur in Extremsituationen

Praktisch relevant wird der Unterschied zwischen relativem und dem hier gemäß positivem Recht vertretenen absoluten Verständnis des Wesens- oder Kerngehalts wohl nur in Extremsituationen, die kaum mehr einer Regelung zugänglich sind[287]. Die Lehrmeinungen scheiden sich an dem hypothetischen Fall, in dem ein Terrorist als einziger weiß, wo sich eine Bombe mit Zeitzünder befindet. Kann hier unter Umständen Folter verhältnismäßig sein, um die Explosion einer Bombe in einer dicht bevölkerten Innenstadt zu verhindern[288]? Die Formulierungen der Wesens-/Kerngehaltsgarantien der Schweizerischen Bundesverfassung, der Europäischen Grundrechtecharta und die notstandsfesten Garantien internationaler Menschenrechtsverträge scheinen dies im Sinne absoluter Verbote auszuschließen. Es bleibt allenfalls eine Rechtfertigung oder Entschuldigung im Wege des übergesetzlichen Notstandes.

IV. Rechtfertigung durch öffentliches Interesse

94
Schweiz

Legitime Ziele von Grundrechtsbeschränkungen sind nach Art. 36 Abs. 2 der *Schweizerischen Bundesverfassung* „ein öffentliches Interesse" oder der Schutz von Grundrechten Dritter. Dabei hat die Rechtsprechung für jedes einzelne Freiheitsrecht abzuwägen, welches ein hinreichendes, d.h. ein das betroffene Freiheitsrecht überwiegendes Interesse ist. Neben polizeilichen Beschränkungen fallen darunter auch verfassungsrechtliche Staatsaufgaben, wenn sie ohne Eingriffe in ein Freiheitsrecht gar nicht erfüllt werden können[289]. Die im Allgemeinvorbehalt des Art. 36 Abs. 2 BV angesprochenen

---

282 Vgl. *Maurer* (FN 94), S. 287 RN 52; *Thürer* (FN 32), S. 643.
283 Vgl. auch *Berka* (Bibl.), S. 39.
284 Art. 4 u. 5 EU-Grundrechtecharta; s. auch *Triantafyllou* (Bibl.), S. 56.
285 *BGE 109 Ia 273.*
286 Vgl. *Georg Müller*, in: Jean-François Aubert u. a. (Hg.), Kommentar zur BundesVerf. der schweizerischen Eidgenossenschaft vom 29.5.1874, 1987-96, Art. 22ter, RN 12-15 m. zahlr. N.; weitergehend *J.P. Müller* (Bibl.), S. 36.
287 Vgl. *Kayser* (Bibl.), S. 248 f.
288 Bejahend *Brugger*, Darf der Staat ausnahmsweise foltern?, Der Staat 35 (1996), S. 67 (79 f.).
289 *Weber-Dürler* (FN 53), S. 140.

relevanten öffentlichen Interessen können sich aus der Verfassung, aber auch aus verfassungsmäßigen Gesetzen oder aus völkerrechtlichen Normen ergeben. Lediglich ein Rückgriff auf überpositive Werte soll nicht zulässig sein, da diese vom Gesetzgeber zunächst zu definieren sind[290].

In *Frankreich* können die Grundrechte generell durch andere Verfassungswerte eingeschränkt werden. Darunter fällt auch der Gesetzgeber und Exekutive viel Spielraum lassende Verfassungswert der Aufrechterhaltung der öffentlichen Ordnung[291].

95 Frankreich

In *Deutschland* unterliegen bestimmte Grundrechte dagegen ausschließlich Beschränkungen aufgrund anderer Verfassungsgüter, wobei strittig ist, ob bloße Kompetenztitel ausreichen[292]. Im übrigen ist in *Deutschland* und *Österreich* im Rahmen der Verhältnismäßigkeit zu prüfen, ob der Eingriff zur Beförderung eines legitimen Ziels geeignet ist. In diesem Rahmen stellt sich dann, sofern nicht im Rahmen eines besonderen Gesetzesvorbehalts die legitimen öffentlichen Interessen vorgegeben sind, ebenfalls die Frage nach einem den Eingriff möglicherweise rechtfertigenden öffentlichen Interesse. Im Rahmen der Verhältnismäßigkeit ergibt sich ein graduelles System: Je höherrangig das betroffene Grundrecht und je intensiver dessen Beeinträchtigung, desto verfassungsgebundener ist der Gesetzgeber bei der Definition des öffentlichen Interesses. Eine enge Bindung besteht bei bloßen Ausgestaltungsvorbehalten. Je weniger ein hochrangiges Grundrecht tangiert ist, desto freier ist der Gesetzgeber bis zur Grenze eines bloßen Willkürverbotes[293].

96 Deutschland, Österreich

Die *portugiesische Verfassung* verweist auf die Wahrung „verfassungsrechtlich geschützter Rechte oder Interessen[294]". Nicht nur vorbehaltlos gewährleistete Grundrechte, sondern auch alle sonstigen Grundrechte könnten demnach in Portugal nur zur Wahrung von Verfassungsgütern eingeschränkt werden. Bei Grundrechten mit Vorbehalt werden die verfassungsrechtlichen Interessen allerdings weit dahingehend verstanden, daß sie sich aus Struktur und Sinnzusammenhang der Portugiesischen Verfassung ergeben können. Eine ausdrückliche Erwähnung in der Verfassung wird hingegen nicht gefordert[295]. Dies ergibt sich wohl auch vor dem Hintergrund, daß die Gestaltungsfreiheit des demokratischen Gesetzgebers nicht allzusehr beschränkt werden soll. Erheblichen Spielraum hat das portugiesische Verfassungsgericht so dem Gesetzgeber beim Spezialfall des Schwangerschaftsabbruchs eingeräumt[296].

97 Portugal

---

290 In diesem Sinne *Schweizer* (Bibl.), Art. 36 RN 19f.
291 S. oben FN 158.
292 Vgl. *Kokott* (FN 134), S. 268f. m.N.
293 *Grabitz*, Der Grundsatz der Verhältnismäßigkeit in der Rechtsprechung des Bundesverfassungsgerichtes, AöR 98 (1973), S. 568 (600ff.).
294 Art. 18 Abs. 2 Verf. Portugal.
295 *Grothmann* (Bibl.), S. 134.
296 Vgl. dazu den Leitsatz des *Portugiesischen Verfassungsgerichts* im Urt. No. 25/84, Bd. 2, S. 7, 1. Leitsatz: „Das Verfassungsgericht kann nur dann die unbeschränkte Gestaltungsmacht des Gesetzgebers zensieren, wenn diese eindeutig im Widerspruch zur Verfassungswertordnung steht. Im Zweifel muß das Verfassungsgericht das Gesetz verfassungsgemäß auslegen, wobei eine Vermutung dafür besteht, daß der Gesetzgeber diese beachtet hat". S. auch *Grothmann* (Bibl.), S. 135f.

V. Verhältnismäßigkeitsprinzip

1. Allgemeine Anerkennung; Einfluß der Europäischen Menschenrechtskonvention

98
Ableitung des Verhältnismäßigkeitsgrundsatzes

Der Verhältnismäßigkeitsgrundsatz, in Deutschland „bereits im 18. Jahrhundert eine überpositive Maxime der Staatslehre[297]" und allgemeiner Grundsatz des Verwaltungsrechts[298], ist weitestgehend als Schrankenschranke zulässiger Grundrechtseingriffe anerkannt[299]. Nach *deutscher* Doktrin ergibt er sich aus dem Rechtsstaatsprinzip, im Grunde bereits aus dem Wesen der Grundrechte selbst[300]. Teils wird der Verhältnismäßigkeitsgrundsatz speziell aus der Wesensgehaltsgarantie der Grundrechte hergeleitet[301]. Die Verengung auf die Wesensgehaltsgarantie der Grundrechte ist jedoch nicht zwingend. Das Verhältnismäßigkeitsprinzip ist vielmehr ein allgemeiner Rechtsgrundsatz jeder freiheitlichen und rechtsstaatlichen Verfassung, unabhängig davon, ob eine Wesensgehalts- oder Kerngehaltsgarantie anerkannt wird.

99
Europäisches Gemeinschaftsrecht

Auch im *Europäischen Gemeinschaftsrecht* ist der Verhältnismäßigkeitsgrundsatz als übergreifendes Prinzip zur Begrenzung belastender gemeinschaftsrechtlicher Maßnahmen, auch des Gemeinschaftsgesetzgebers, mit Primärrechtsrang anerkannt[302]. Seine wesentliche Funktion besteht nach der Rechtsprechung des Europäischen Gerichtshofs darin, als allgemein anwendbare Schrankenregelung für alle Gemeinschaftsgrundrechte den richtigen Maßstab für den bei der Grundrechtsverwirklichung erforderlichen Ausgleich zwischen Individual- und Gemeinwohlinteressen zu liefern[303]. Darüber hinaus gilt der Verhältnismäßigkeitsgrundsatz im Gemeinschaftsrecht auch für das Handeln der Gemeinschaft im Verhältnis zu den Mitgliedstaaten[304]. Wesentlich zur allgemeinen Anerkennung eines ausdifferenzierten und erheblicher richterlicher Kontrolle unterliegenden Verhältnismäßigkeitsprinzips hat in mehreren

---

297 *H. Schneider*, Zur Verhältnismäßigkeitskontrolle, insbesondere bei Gesetzen, in: Bundesverfassungsgericht und Grundgesetz, Festgabe aus Anlass des 25jährigen Bestehens des Bundesverfassungsgerichts, Bd. II, 1976, S. 393 ff. m.w.H.; *Ulrich Zimmerli*, Der Grundsatz der Verhältnismäßigkeit im öffentlichen Recht: Versuch einer Standortbestimmung, Referate und Mitteilungen, Schweizerischer Juristenverein, 1978 II, S. 1 (9).
298 *Paul Lewalle*, Le principe de proportionnalité dans le droit administratif belge, in: Le Principe de proportionnalité en droit belge et en droit français, Actes du colloque organisé par les Barreaux de Liège et de Lyon le 24 novembre 1994, 1995, S. 23 (28 ff.).
299 Vgl. z.B. *Pierre Moor*, in: Constance Grewe (Hg.), Les droits individuels et le juge en Europe, Mélanges en l'honneur de Michel Fromont, 2001, S. 319 ff.; *C. Grewe* (Bibl.), S. 211; *Kayser* (Bibl.), S. 253; *Emmanuel Colla*, Le principe de proportionnalité en droit constitutionnel belge, in: Le Principe de proportionnalité (FN 298), S. 85 ff.; zum italienischen Recht *Heinsohn* (Bibl.), S. 101; *Xynopoulos* (Bibl.), S. 415; *Ziller*, Le principe de proportionnalité, AJDA 1996, S. 185 (188); ferner z.B. Art. 11 Verf. Estland; Art. 55 Abs. 3 Verf. Rußland.
300 BVerfGE 19, 342 (348 f.); 61, 126 (134); 65, 1 (44); 69, 1 (35); s. auch *Brammer* (FN 281), S. 12 ff. m.N.; ähnlich die spanische Doktrin *Llorente* (FN 92), S. 59 m.N.; *Litauisches Verfassungsgericht*: Ableitung aus dem Rechtsstaatsprinzip, Entscheidung v. 2.10.2001, S. 5, Ziff. 5; Entscheidung v. 6.12.2000, S. 8, Ziff. 3 a.E.
301 *Brammer* (FN 281), S. 15; *Stelzer* (Bibl.), S. 209; → Bd. III: *Merten*, Verhältnismäßigkeitsgrundsatz.
302 *Jacques Biancarelli*, Le principe de proportionnalité dans l'ordre juridique communautaire, in: Le Principe de proportionnalité (FN 298), S. 151 ff.; *Pollak* (Bibl.), S. 39.
303 *Pache* (Bibl.), S. 1037.
304 Art. 5 Abs. 3 EG.

Ländern, so in Österreich, Frankreich und im Vereinigten Königreich, die *Europäische Menschenrechtskonvention* sowie die Rechtsprechung des Europäischen Gerichtshofs[305] beigetragen.

In *Österreich* wurde der Verhältnismäßigkeitsgrundsatz mit seinen Elementen der Geeignetheit, Erforderlichkeit und Angemessenheit zunächst nur im Rahmen der „materiellen Gesetzesvorbehalte" der EMRK angewendet. Eine Entscheidung des Verfassungsgerichtshofs aus dem Jahre 1984, die eine Einschränkung des lediglich unter „formellem Gesetzesvorbehalt" stehenden Grundrechts der Erwerbsfreiheit am Maßstab der Verhältnismäßigkeit überprüfte, öffnete dann das Tor zur grundsätzlichen Anwendung dieses Prinzips auf sämtliche Grundrechtseinschränkungen[306]. Diese Verallgemeinerung der Schrankenschranke der Verhältnismäßigkeit wird als „kopernikanische Wende" der österreichischen Grundrechtsjudikatur bezeichnet[307]. Ähnlich wie in Deutschland anhand der Berufsfreiheit lassen sich in Österreich die einzelnen Schritte der Verhältnismäßigkeitsprüfung besonders anschaulich am Beispiel der Erwerbsfreiheit studieren[308].

100
Österreich

Eine „kopernikanische Wende", die vielleicht noch über die Wandlungen in Österreich hinausgeht, ist auch in *Großbritannien* festzustellen, wo das Verhältnismäßigkeitsprinzip in der Folge des Human Rights Act von 1998 an Terrain gewinnt. Angelegt war eine bereichsspezifisch stark begrenzte Verhältnismäßigkeitsprüfung schon in der Bill of Rights von 1689, die sich gegen „übermäßige Geldbußen" sowie „grausame und ungewöhnliche Strafen" wendet[309]. Soweit Verwaltungsentscheidungen sanktionsähnlichen Charakter haben, wurden sie dementsprechend auch vor dem Human Rights Act und unabhängig von Menschenrechtskonvention oder Gemeinschaftsrecht einer allerdings großzügigen und mitunter impliziten Verhältnismäßigkeitsprüfung unterzogen[310].

101
Großbritannien

Der Human Rights Act erklärt die in der Europäischen Menschenrechtskonvention verbrieften Rechte – mit Ausnahme des Art. 13 EMRK[311] – sowie Art. 1 bis 3 des Ersten Zusatzprotokolls und Art. 1 und 2 des Sechsten Zusatzprotokolls zu anerkannten Menschenrechten. Dies präjudiziert die Anwendung des Verhältnismäßigkeitsgrundsatzes durch britische Gerichte zumindest bei der Prüfung derjenigen Fälle, bei denen Konventionsrechte betroffen sind. Denn sonst würden sich die EMRK-Rechte in ihrer Auslegung durch die

102
Human Rights Act

---

305 Vgl. auch *Philippe* (Bibl.), S. 499; *Pollak* (Bibl.), S. 82 ff.; in der Tendenz ähnlich *Paul P. Craig*, Unreasonableness and Proportionality in UK Law, in: Evelyn Ellis (Hg.), The Principle of Proportionality (Bibl.), S. 85 ff. Zu Belgien vgl. z. B. *Cour d'arbitrage*, Arrêt Nr. 96/2002 v. 12.6.2002, IV.B.2.4.
306 VfSlg. 10.179/1984 (Erwerbsfreiheit); *Berka* (Bibl.), S. 45.
307 *Berka* aaO., S. 45 m.N.
308 Art. 6 StGG; s. auch *Christoph Grabenwarter*, Rechtliche und ökonomische Erwägungen zur Erwerbsfreiheit, 1994, S. 85 ff.
309 Art. 10 Bill of Rights v. 1689.
310 *High Court (Queen's Bench Division)*, Hodgson J., R. v. Secretary of State for the Home Department, ex parte Benwell [1985] 1QB 554 (569): „in an extreme case an administrative or quasi-judicial penalty can be successfully attacked on the ground that it was so disproportionate to the offence as to be perverse"; weitere Beispiele bei *Xynopoulos* (Bibl.), S. 299 f.
311 Art. 1 Human Rights Act: „(1) In this Act the ‚Convention rights' means the rights and fundamental freedoms set out in (a) Articles 2 to 12 and 14 of the Convention […]".

britischen Gerichte einerseits und durch den Europäischen Gerichtshof für Menschenrechte andererseits auseinanderentwickeln, was der Intention des Human Rights Act widerspräche[312]. Der Human Rights Act öffnet so den britischen Gerichten das Tor zur Verhältnismäßigkeitsprüfung nach den Maßstäben des Straßburger Gerichtshofs. Anerkannt ist der Verhältnismäßigkeitsgrundsatz also auch nach britischem *Verfassungsrecht*, jedenfalls soweit EMRK-Menschenrechte betroffen sind[313]. Auch wenn dies nicht der Fall ist, findet natürlich eine Überprüfung von Grundrechtsbeschränkungen statt, die sogar Elemente einer Verhältnismäßigkeitsprüfung enthalten kann und regelmäßig zu ähnlichen Ergebnissen wie eine Verhältnismäßigkeitskontrolle führt[314]. Herkömmlich ist jedoch die gerichtliche Kontrolldichte so vermindert und verfahrensfokussiert, daß der Begriff Verhältnismäßigkeit, wie er insbesondere im deutschen Recht und auch unter der Europäischen Menschenrechtskonvention entwickelt wurde, nicht paßt. Schon zeigen sich aber erste Ansätze in Lehre und Rechtsprechung, die Verhältnismäßigkeitsprüfung auch jenseits der Konventionsrechte anzuwenden[315]. So prognostiziert Lord *Cooke of Thorndon* in dem Bestreben, common law standards und die Verhältnismäßigkeitsprüfung gemäß Menschenrechtskonvention zusammenzuführen, daß der herkömmliche, der Exekutive einen weiten Spielraum lassende Wednesbury Standard[316] zukünftig auf vermehrte Kritik stoßen würde. Der bislang maßgeblich Fall Associate Provincial Pictures sei insoweit eine unglücklich rückschrittliche Entscheidung, als sich daraus unterschiedliche Grade der „unreasonableness" ergäben und nur ein sehr extremer Grad zur richterlichen Aufhebung eines Verwaltungsaktes führe. Lord *Cooke of Thorndon* stellt klar, daß der richterliche Kontrollmaßstab und der Beurteilungsspielraum bzw. das Ermessen der Verwaltung bereichsspezifisch variieren[317]. Maßgeblich dürfte dabei der Rang des betroffenen Grund- oder Menschenrechts sein[318], so daß auch in Großbritannien Einschränkungen der politischen Rede einer strengeren Verhältnismäßigkeitskontrolle unterliegen als solche im wirtschaftlichen Bereich. Der das britische Recht prägende „Wednesbury"-reasonableness Test, somit die grundsätzliche Beschränkung auf eine bloße Vertretbarkeitskontrolle, schwindet, da auf Dauer keine unterschiedlichen Standards für einerseits Fälle mit Bezug zum Gemeinschaftsrecht oder zur Menschenrechtskonvention und andererseits interne britische Fälle aufrechtzuerhalten sind[319].

---

312 *David Feldman*, Proportionality and the Human Rights Act, in: Evelyn Ellis (Hg.), The Principle (Bibl.), S. 117 (121).
313 Vgl. *House of Lords*, 23.5.2001, Regina v. Secretary of State for the Home Department, ex parte Daly, All England Law Reports Bd. 3 (2001), S. 433 ff., RN 23.
314 Vgl. *House of Lords* aaO., RN 27 f.
315 *Feldman* (FN 312), S. 142; *House of Lords* aaO., RN 27 u. 31 f.
316 Zum Unterschied zwischen „Wednesbury and European review" siehe auch *High Court (Queen's Bench Division)*, Laws J., R. v. Ministry of Agriculture and Food and another, ex parte First City Trading Ltd., 1 (1997) Common Market Law Reports 250 (278 f.) RN 67 ff.
317 *House of Lords*, Urt. v. 23.5.2001 (FN 313), RN 32.
318 Vgl. *House of Lords*, Urt. v. 23.5.2001 (FN 313), RN 30 f.
319 *Nicholas Green*, Proportionality and the Human Rights Act, in: Evelyn Ellis (Hg.), The Principle (Bibl.), S. 145 (164).

Die *Schweizerische Bundesverfassung* nennt das Verhältnismäßigkeitsprinzip zu Recht als Grundsatz rechtsstaatlichen Handelns und zusätzlich als spezielles Erfordernis bei Grundrechtseinschränkungen[320]. Die vorangehende, mehrfach redigierte Schweizerische Bundesverfassung von 1874 enthielt zwar den Verhältnismäßigkeitsgrundsatz nicht explizit, jedoch war er in der schweizerischen Rechtsprechung auch vor seiner Kodifizierung im Verfassungsrecht anerkannt, und zwar als Ausfluß der Grundrechte[321].

103
Schweiz

Die *französische* Erklärung der Menschen- und Bürgerrechte enthält das Kriterium der Notwendigkeit nur in bezug auf Strafgesetze, die Festnahme und Enteignungen[322]; die französische Verfassungsrechtsprechung legt den Notwendigkeitsmaßstab aber auch außerhalb dieses engen Bereiches an. Jedoch findet im Vergleich zum deutschsprachigen Verfassungsraum eine schwächere Prüfung der „nécessité" statt[323]. Ein strengerer Verhältnismäßigkeitsgrundsatz wird erst allmählich rezipiert[324].

104
Frankreich

Nach der *Europäischen Menschenrechtskonvention* gilt die Schrankenschranke der Verhältnismäßigkeit explizit auch im Notstand[325]. Verhältnismäßig sind Einschränkungen dann, wenn sie geeignet sind, ein legitimes Ziel zu befördern, erforderlich im Sinne des geringst möglichen gleich geeigneten Eingriffs sind und schließlich Eingriffsziel und Eingriffswirkungen, d.h. der Grundrechtseingriff, in angemessenem Verhältnis stehen[326]. Anerkannt sind also auch die vom deutschen Verfassungsrecht geprägten drei Elemente der Verhältnismäßigkeit: Geeignetheit, Erforderlichkeit und Angemessenheit bzw. Verhältnismäßigkeit im engeren Sinne[327].

105
EMRK

2. Anwendung auf Freiheits- und Gleichheitsrechte

Nach *deutschem Verfassungsrecht* gilt der Verhältnismäßigkeitsgrundsatz herkömmlicherweise vornehmlich für Freiheitsrechte. Erst nach der sog. neuen Formel werden mögliche Verstöße gegen Gleichheitsrechte nach dem Prüfungsschema des Verhältnismäßigkeitsgrundsatzes geprüft. Auch in der *Schweiz* geht man davon aus, daß der Allgemeinvorbehalt des Art. 36 BV, und damit auch das Verhältnismäßigkeitsgebot, in erster Linie für die Freiheitsrechte gilt.

106
Freiheitsrechte

---

320 Art. 5 Abs. 2 BV; s. auch Art. 36 Abs. 4 BV.
321 Vgl. *Berka* (Bibl.), S. 44 ff.; *Moor* (FN 299), S. 319 ff.; *C. Grewe* (Bibl.), S. 211; *Kayser* (Bibl.), S. 253 (321).
322 Art. 8, 9, 17 Erklärung der Menschen- und Bürgerrechte von 1789.
323 Vgl. *Fromont* (Bibl.), S. 156; *Danièle Lochak*, Le contrôle de l'opportunité par le Conseil constitutionnel, Conseil constitutionnel et Cour européenne des droits de l'homme – droits et libertés en Europe, actes du colloque de Montpellier 20-21 janvier 1989, S. 77; *Conseil constitutionnel*, Entscheidung v. 16.7.1996, AJDA 1997, 86, note *Cathérine Teitgen-Colly* und *François Julien-Laferrière*; *Xynopoulos* (Bibl.), S. 356 ff. (383): „ce contrôle de proportionnalité – moyen de protection de la liberté constitue également un rapprochement notable avec la perception allemande de la proportionnalité".
324 Vgl. *Fromont* (Bibl.), S. 166.
325 Art. 15 Abs. 1 EMRK; ebenso Art. 4 Abs. 1 IPbürgR; → unten *T. Stein*, Grundrechte im Ausnahmezustand, § 24 RN 101 ff.; → Bd. VI: *Gundel*, Beschränkungsmöglichkeiten.
326 Vgl. *Schweizer* (Bibl.), Art. 36 RN 21 ff.
327 Vgl. *Berka* (Bibl.), S. 38; *Green* (FN 319), S. 146.

107

Gleichheitssatz und Diskriminierungsverbote

In *Belgien* demgegenüber verläuft die Entwicklung umgekehrt. Der Verhältnismäßigkeitsgrundsatz hat sich zunächst im Rahmen der Rechtsprechung zum Diskriminierungsverbot entwickelt[328], welches allerdings Ausgangspunkt der Zuständigkeit der Cour d'arbitrage für Grundrechtsverletzungen überhaupt ist[329]. Der Leitsatz der Cour d'arbitrage zur Untersuchung von Grundrechtseinschränkungen anhand des Verhältnismäßigkeitsprinzips lautet dort: „Die verfassungsmäßigen Regeln der Freiheit der Belgier vor dem Gesetz und des Diskriminierungsverbots schließen nicht aus, daß eine unterschiedliche Behandlung je nach bestimmten Kategorien von Personen eingeführt wird, soweit für das Kriterium der Unterscheidung eine objektive und angemessene Rechtfertigung vorliegt. Das Vorhandensein einer solchen Rechtfertigung muß im Zusammenhang mit dem Zweck und den Folgen der jeweiligen Maßnahme beurteilt werden; der Gleichheitsgrundsatz wird verletzt, wenn feststeht, daß keine angemessene Verhältnismäßigkeit der verwendeten Mittel zum erstrebten Ziel vorliegt[330]". Sehr schnell hat die belgische Cour d'arbitrage die Verhältnismäßigkeitsprüfung auf andere Rechte als den Gleichheitssatz ausgedehnt, wie z.B. das grundlegende Recht zu wählen[331] und das Eigentumsgrundrecht[332]. Auch in *Österreich* hatte die Rechtsprechung den Verhältnismäßigkeitsgrundsatz zunächst auf den Gleichheitssatz angewendet[333].

108

EGMR

Der *Europäische Gerichtshof für Menschenrechte* wendet den Verhältnismäßigkeitsgrundsatz konsequent sowohl auf Freiheits- als auch auf Gleichheitsrechte an. Seine Anwendung im Rahmen der Prüfung des Diskriminierungsverbotes wird bereits im Fall Marckx aus dem Jahre 1979 deutlich. Danach ist eine unterschiedliche Behandlung diskriminierend, wenn es ihr an einer objektiven und vernünftigen Rechtfertigung fehlt, d.h. wenn mit der zugrundeliegenden Regelung kein legitimes Ziel verfolgt wird oder wenn zwischen den eingesetzten Mitteln und dem angestrebten Ziel kein angemessenes Verhältnis besteht[334].

109

Allgemeiner Rechtsgrundsatz

Die überwiegende Verfassungsrechtspraxis unterstützt plausiblerweise eine Anwendung des Verhältnismäßigkeitsgrundsatzes auf Freiheits- und auf

---

328 *Colla* (FN 299), S. 89 u. 91; s. generell dazu *Brammer* (FN 281).
329 Vgl. Art. 142 Abs. 1 Nr. 2 Verf. Belgien, welchen die Cour d'arbitrage allerdings über die Anwendung des Diskriminierungsverbots auf alle Rechte und Freiheiten der Belgier weit im Sinne ihrer Grundrechtszuständigkeit auslegt.
330 Belgische *Cour d'arbitrage*, Urt. Nr. 21/89 v. 13.7.1989 (BIORIM), Moniteur belge v. 21.7.1989, S. 12786, B.4.5.b.; s. auch *Cour d'arbitrage*, Urt. Nr. 26/90 v. 14.7.1990 (Europawahlgesetz), Moniteur belge v. 4.8.1990, S. 15317, 6.B.6.; *Cour d'arbitrage*, Urt. Nr. 113/2002 v. 26.6.2002, IV.B.3.; *Brammer* (FN 281), S. 41; *Colla* (FN 299), S. 89.
331 Belgische *Cour d'arbitrage*, Urt. Nr. 26/90 v. 14.7.1990 (Wahlen zum Europaparlament), Moniteur belge, 4.8.1990, S. 15304, 9.B.5.
332 *Colla* (FN 299), S. 94 u. 96.
333 *Pollak* (Bibl.), S. 81 ff.; s. aber allgemein *Ermacora*, Das Verhältnismäßigkeitsprinzip im österreichischen Recht sowie aus der Sicht der Europäischen Menschenrechtskonvention, in: Deutsche Sektion der Internationalen Juristen-Kommission, Der Grundsatz der Verhältnismäßigkeit in europäischen Rechtsordnungen, 1985, S. 67 (68).
334 *EGMR*, Urt. v. 13.6.1979, Marckx ./. Belgien, Publications de la Cour européenne des Droits de l'Homme, Série A, Nr. 31 sowie NJW 1979, S. 2449.

Gleichheitsrechte³³⁵. Weitestgehend anerkannt ist die Anwendung des Verhältnismäßigkeitsgrundsatzes namentlich auf Differenzierungen im Wahlrechtssystem³³⁶. Die unterschiedliche Verortung des Verhältnismäßigkeitsgrundsatzes in den verschiedenen Verfassungstraditionen bestätigt seinen Charakter als allgemeinen Rechtsgrundsatz, welcher sich nicht auf eine Grundrechtsgarantie wie den Wesensgehalt noch auf lediglich die Freiheits- oder nur auf die Gleichheitsrechte beschränken läßt, sondern der generell Korrelat und notwendiger Bestandteil einer jeden rechtsstaatlichen Verfassungsordnung ist.

3. Inhalt des Verhältnismäßigkeitsgrundsatzes

Weitgehend, jedenfalls soweit eine Verfassungsgerichtsbarkeit existiert, sind auch die einzelnen Prüfungsschritte des Verhältnismäßigkeitsprinzips: Geeignetheit, Erforderlichkeit und Zumutbarkeit anerkannt, wobei der Einfluß des deutschen Rechts, teils mittelbar über den Europäischen Gerichtshof für Menschenrechte und den Gerichtshof der Europäischen Gemeinschaften, unverkennbar ist³³⁷. Nach Schweizerischer Doktrin sind die Kriterien „Eignung, Erforderlichkeit und vernünftige Zweck-Mittel-Relation [...] so geläufig, daß man füglich von juristischem Allgemeingut sprechen kann³³⁸". Auch ihre Definition bereite keine Schwierigkeiten³³⁹.

110
Prüfungsschritte

In Belgien, wo der Verhältnismäßigkeitsgrundsatz von der Cour d'arbitrage im Zusammenhang mit dem Diskriminierungsverbot entwickelt wurde, fehlt es allerdings bislang an einer ausgeprägten Prüfung der Erforderlichkeit³⁴⁰. Auch stellt die Cour d'arbitrage im Rahmen der dritten Stufe, der Verhältnismäßigkeit im engeren Sinne, Zumutbarkeit oder Angemessenheit stark auf das Kriterium des „Vernünftigen" ab³⁴¹. Abzuwarten bleibt, inwieweit sich dies, ähnlich wie in Großbritannien, unter dem Einfluß der Menschenrechtskonvention allmählich ändern wird, zumal auch der Europäische Gerichtshof für Menschenrechte in einzelnen Bereichen eine immer striktere Verhältnismäßigkeitskontrolle durchführt³⁴².

111
Belgien

---

335 Vgl. auch *Lettischen Verfassungsgerichtshof*, Entscheidung 2000-03-01 v. 30.8.2000 (Wahlgesetz); *Slowenisches Verfassungsgericht*, Entscheidung U-I-354/96 v. 9.3.2000 (Wahlrechtsgleichheit); *Spanischen Tribunal Constitucional*, Entscheidung Nr. 147/2001 v. 27.6.2001; Nr. 46/1999 v. 22.3.1999; Nr. 25/1998 v. 25.11.1998.
336 Ibid.
337 Vgl. z.B. zu Österreich *Berka* (Bibl.), S. 49 ff.; zu Irland *John O'Dowd*, ibid. IRE 25 (43 f.); zu Polen *Garlicki/Wyrzykowski* (FN 4), S. 31; *Goesel-Le Bihan*, Réflexion iconoclaste sur le contrôle de proportionnalité exercé par le Conseil constitutionnel, Revue française de droit constitutionnel 1997, S. 227; *Conseil constitutionnel*, Entscheidung Nr. 94-352 v. 18.1.1995, S. 2 u. 4; *Jürgen Schwarze*, Droit administratif européen, 1994, S. 724 ff., 899 ff.
338 *Weber-Dürler* (FN 53), S. 142.
339 *Weber-Dürler* aaO.
340 Vgl. *Brammer* (FN 281), S. 79 ff.
341 *Brammer* aaO., S. 90 f.
342 Der EGMR prüft strikt im Bereich der Meinungsfreiheit, s. *Prepeluh* (FN 181), S. 826, sowie unten FN 359 u. 372.

4. Verhältnismäßigkeitskontrolle und Gewaltenteilung

112
Richterlicher Spielraum

Sowohl im Rahmen der innerstaatlichen Verfassungsrechtsordnungen als auch im internationalen Menschenrechtsschutz steht die Verhältnismäßigkeitskontrolle in engem Zusammenhang mit der Gewaltenteilung[343]. *Ossenbühl* hat das Verhältnismäßigkeitsprinzip als den „große[n] Gleich- und Weichmacher der Verfassungsmaßstäbe" bezeichnet[344]. Die Verhältnismäßigkeitskontrolle räumt den obersten Richtern den Spielraum ein, den sie der Exekutive nimmt. Entsprechend findet in Staaten mit starker Judikative wie Deutschland eine strenge Verhältnismäßigkeitskontrolle statt, in Staaten mit starker Legislative wie Großbritannien bzw. Exekutive wie Frankreich[345] nur eine schwächere Kontrolle. Unter dem Einfluß der Europäischen Gerichtshöfe findet jedoch eine Annäherung der Maßstäbe statt.

113
Funktionenverteilung zwischen Judikative und Legislative

Die Frage nach dem richtigen, zur Entscheidung berufenen Staatsorgan liegt auch der herkömmlichen britischen Skepsis gegenüber einer Verhältnismäßigkeitskontrolle zugrunde[346]. Diese katapultiere die Richter notwendigerweise in das Epizentrum demokratischer Entscheidungsfindung[347]. Die Kunst der richterlichen Überprüfung setzt politische Sensibilität hinsichtlich der angemessenen Funktionenverteilung zwischen den Staatsorganen voraus[348]; diese angemessene Funktionenverteilung zwischen Legislative und Exekutive einerseits und der Judikative andererseits wird durch eine „unsensible" Verhältnismäßigkeitskontrolle in Frage gestellt. In der französischen Literatur wurde das plastisch so formuliert: Es sei problematisch, wenn neun berufene Richter (des Conseil constitutionnel) einen „Kollektivirrtum" von immerhin mehreren hundert Personen feststellen, die gewählt wurden, um Gesetze auszuarbeiten[349]. Auch die belgische Cour d'arbitrage betont in vielen Entscheidungen ausdrücklich, daß sie das Gewaltenteilungsprinzip respektiere. Der Hof verfüge nicht über eine Bewertungsbefugnis, die mit der einer demokratisch gewählten gesetzgebenden Versammlung vergleichbar wäre[350]. So sei es Aufgabe dieser Versammlungen zu bewerten, ob und in welchem Maße die Sorge um den Schutz der Umwelt rechtfertige, daß den wirtschaftlichen Entscheidungsträgern Opfer abverlangt würden[351].

114
Einschätzungsspielraum der Legislative

Innerhalb der Staaten geht es um die Abgrenzung des Bereichs der Legislative, der ein Einschätzungsspielraum zuzubilligen ist. Im Rahmen des europäischen Systems zum Schutz der Menschenrechte geht es um die Abgrenzung

---

343 Vgl. z. B. auch *Brammer* (FN 281), S. 129 ff.; *Stelzer* (Bibl.), S. 20.
344 *Ossenbühl* (Diskussionsbeitrag), in: VVDStRL 39 (1980), S. 189; s. auch *Denninger,* Verfassungsrechtliche Schlüsselbegriffe, in: FS Wassermann, 1985, S. 279 ff.
345 Vgl. *Xynopoulos* (Bibl.), S. 20 u. 26.
346 Vgl. z. B. *Green* (FN 319), S. 146.
347 *Green* aaO., S. 148.
348 *Lord Hoffmann,* The Influence of the European Principle of Proportionality upon UK Law, in: Evelyn Ellis (Hg.), The Principle (Bibl.), S. 107 (109 f.).
349 *P. Martens,* L'irrésistible ascension du principe de proportionnalité, Mélanges offerts à Vélu, 1992, S. 49 (57); *Brammer* (FN 281), S. 130.
350 *Cour d'arbitrage,* Urt. Nr. 13/91 v. 28.5.1991, III.6.B.5.2.
351 *Cour d'arbitrage,* Urt. Nr. 11/94 v. 27.1.1994, IV.B.3.3.; *Brammer* (FN 281), S. 132.

des einzelstaatlichen Einschätzungsspielraums und der Definition des Freiheitsbereichs der einzelnen durch den Europäischen Gerichtshof für Menschenrechte. Sowohl innerstaatlich als auch im Rahmen des Systems der Europäischen Menschenrechtskonvention ist der Einschätzungsspielraum des Gesetzgebers bzw. der einzelnen Staaten sehr eingeschränkt, und Einschränkungen unterliegen insbesondere einer strikten Verhältnismäßigkeitskontrolle, soweit es um für das Funktionieren der Demokratie wichtige Rechte, insbesondere die Meinungsfreiheit, geht. Ein weitgehender Einschätzungsspielraum besteht hingegen im Bereich der Wirtschaftsregulierung[352].

5. Zwischenergebnis

Auch in Verfassungssystemen, die aus Gründen der Gewaltenteilung herkömmlicherweise der Verhältnismäßigkeitskontrolle skeptisch gegenüberstanden, setzt sich zumindest im Hinblick auf die fundamentalsten Grund- und Menschenrechte allmählich eine Verhältnismäßigkeitsüberprüfung durch, die derjenigen unter dem Grundgesetz sehr nahe kommt[353]. Dies ist in erheblichem Ausmaß auf den Einfluß des Europäischen Gerichtshofs für Menschenrechte und des Europäischen Gerichtshofs zurückzuführen. Die richterliche Kontrolldichte variiert dabei in Funktion der Bedeutung des in Frage stehenden Rechts[354].

115
Anerkennung der Verhältnismäßigkeitsprüfung

E. Schranken und Schrankenschranken der Meinungsfreiheit im länderübergreifenden Vergleich

Welche öffentlichen Interessen eine Freiheitsbeschränkung rechtfertigen können und wie strikt die Schrankenschranken zu handhaben sind, hängt also wesentlich von dem in Frage stehenden Freiheitsrecht ab. Das Zusammenspiel von Schranken und Schrankenschranken bzw. deren Funktionsäquivalenten soll im folgenden am elementaren Grundrecht der Meinungsfreiheit exemplifiziert werden.

116
Meinungsfreiheit als Beispiel

I. Schranken

Die Meinungs- und Pressefreiheit genießt als Grundlage der Demokratie sehr starken Schutz, besonders soweit es sich um die politische Rede handelt[355].

117
Freie politische Diskussion

---
352 Vgl. z.B. Belgische *Cour d'arbitrage*, Urteile Nrn. 4-10/95 v. 2.2.1995; Nr. 11/94 v. 27.1.1994 (Öko-Steuer-Entscheidungen).
353 Vgl. *Xynopoulos* (Bibl.), S. 249 ff.
354 Zu Frankreich vgl. *Philippe* (Bibl.), S. 358; *Xynopoulos* (Bibl.), S. 101; zu Großbritannien s. *Xynopoulos* (Bibl.), S. 301 u. 307; vgl. *House of Lords*, Urt. v. 23.5.2001 (FN 313), RN 30 f.
355 Vgl. zu den verschiedenen Rechtsordnungen *Winfried Brugger*, Einführung in das öffentliche Recht der USA, 2001, S. 161 m.N.; *Prepeluh* (FN 181), S. 777 f., 782 ff.; *Vicente V. Mendoza*, The Protection of Liberties and Citizens' Rights: The Role of the Philippine Supreme Court, HRLJ 2000, S. 129 (133 f.).

Politisch ist eine Rede, die Angelegenheiten von öffentlichem Interesse betrifft, insbesondere die Gestaltung des Staatswesens oder auch Angelegenheiten, die breite Teile der Bevölkerung betreffen[356]. Die schwedische Verfassung statuiert ausdrücklich, daß bei der Beurteilung der Frage, welche Einschränkungen der Freiheit der Meinungsäußerung und der Informationsfreiheit zulässig sind, „die Bedeutung einer möglichst weitgehenden Freiheit der Meinungsäußerung und Informationsfreiheit in politischen, religiösen, gewerkschaftlichen, wissenschaftlichen und kulturellen Belangen besonders zu beachten" ist[357]. Generell dürfen Einschränkungen nicht so einschneidend sein, „daß sie die freie Meinungsbildung als einen der Grundpfeiler der Volksherrschaft gefährden[358]". Mit dem Argument der freien politischen Diskussion und Auseinandersetzung begrenzt auch der Europäische Gerichtshof für Menschenrechte den nationalen Beurteilungsspielraum sehr stark, wenn Politiker oder andere öffentliche Persönlichkeiten kritisiert werden[359]. Dort spielt die sogenannte margin of appreciation praktisch keine Rolle mehr.

118
Kommerzielle Meinungsäußerungen

Einen weit schwächeren Schutz genießen Meinungsäußerungen im Rahmen kommerzieller Werbung[360]. Ausdrücklich differenziert der schwedische Verfassungstext. Danach „kann die Freiheit der Meinungsäußerung im gewerblichen Bereich eingeschränkt werden. Im übrigen sind Einschränkungen der Freiheit der Meinungsäußerung und der Informationsfreiheit nur zulässig, wenn besonders wichtige Gründe vorliegen[361]". Auch der Europäische Gerichtshof für Menschenrechte erkennt den Staaten bei kommerzieller Meinungsäußerung einen weiten Beurteilungsspielraum zu[362].

119
„Allgemeine" als meinungsneutrale Gesetze

Gemäß Grundgesetz unterliegt die Meinungs- und Pressefreiheit dem qualifizierten Gesetzesvorbehalt der „allgemeinen Gesetze", was im Sinne meinungsneutraler Gesetze auszulegen ist. Meinungsbeschränkende Gesetze unterliegen generell einer besonders strengen Verhältnismäßigkeitskontrolle[363]. In Schweden sind „Vorschriften, die ohne Rücksicht auf den Inhalt der Äußerungen bestimmte Arten der Verbreitung oder Entgegennahme von Äußerungen regeln," von vornherein vom Schutzbereich der Meinungsäußerungs- und Informationsfreiheit ausgenommen[364]. In der Schweiz darf die

---

356 *Prepeluh* (FN 181), S. 777 m.H. auf den EGMR.
357 § 13 Verf. Schweden.
358 § 12 Abs. 2 Verf. Schweden.
359 Vgl. z.B.: *EGMR*, Urt. v. 21.1.1999, Fressoz und Roire ./. Frankreich, Reports of Judgments and Decisions 1999-I sowie EuGRZ 1999, S. 5; Urt. v. 8.7.1986, Lingens ./. Österreich, Publications de la Cour européenne des Droits de l'Homme, Série A, Nr. 103 sowie EuGRZ 1986, S. 424; *Prepeluh* (FN 181), S. 828.
360 Vgl. *Brugger* (FN 355), S. 165 ff.
361 § 13 Abs. 1 Verf. Schweden.
362 *EGMR*, Urt. v. 20.11.1989, Markt intern Verlag GmbH und Klaus Beermann ./. Deutschland, Publications de la Cour européenne des Droits de l'Homme, Série A, Nr. 165; Urt. v. 23.6.1994, Jacubowski ./. Deutschland, Publications de la Cour européenne des Droits de l'Homme, Série A, Nr. 291-A, EuGRZ 1996, S. 306; *Prepeluh* (FN 181), S. 828.
363 *Prepeluh* (FN 181), S. 826; zu Österreich m. N. *Berka* (Bibl.), S. 50.
364 § 13 Abs. 3 Verf. Schweden.

Presse- und Vereinigungsfreiheit nur aus polizeilichen Gründen oder zum Schutz der Freiheit anderer eingeschränkt werden[365].

Interessante Parallelen zeigen sich zum US-amerikanischen Recht, welches deshalb hier in die Betrachtung einzubeziehen ist. Die Formulierung des einschlägigen 1. Verfassungszusatzes – „Congress shall make no law [...] abridging the freedom of speech, or of the press; or the right of the people peaceably to assemble" – diente dem langjährigen Supreme Court Richter *Hugo Black* sogar als Grundlage seiner von der Richtermehrheit abweichenden Auffassung, wonach die Meinungs-, Presse- und Versammlungsfreiheit absolut geschützt sei[366]. Dem qualifizierten Gesetzesvorbehalt gemäß Grundgesetz im Sinne „allgemeiner", d.h. insbesondere meinungsneutraler Gesetze, entspricht das Erfordernis inhaltsneutraler Regelungen nach amerikanischem Verfassungsrecht. Danach dürfen Einschränkungen nicht spezifisch die Kommunikation oder eine bestimmte Art von Äußerung unterdrücken, müssen also „content-neutral" oder „viewpoint-neutral" sein[367]. Andernfalls sind sie suspekt und unterliegen einer besonders strikten gerichtlichen Kontrolle, die im Ergebnis grundsätzlich zur Verfassungswidrigkeit führt.

120
Erfordernis inhaltsneutraler Regelungen in den USA

II. Schrankenschranken

Nach belgischem, deutschem, estnischem, niederländischem, österreichischem, polnischem, portugiesischem, russischem, schweizerischem und slowakischem Verfassungsrecht besteht ein ausdrückliches und absolutes Verbot der Vorzensur[368]. Mehrere der schweizerischen Kantons-Verfassungen, die den Kern- oder Wesensgehalt im Verfassungstext konkretisieren, fassen ausdrücklich das Verbot der (Vor-)Zensur unter diese Schrankenschranke[369]. Praktisch zum gleichen Ergebnis kommt das amerikanische Verfassungsrecht, wonach eine „heavy presumption[370]" gegen *Vorzensur* besteht, d.h. eine so schwere Darlegungs- und Beweislast des Staates, daß die Notwendigkeit und Verhältnismäßigkeit solcher Maßnahmen praktisch nicht zu rechtfertigen ist. Ähnlich nimmt der Europäische Gerichtshof für Menschenrechte bei der Vorzensur eine besonders strenge Prüfung (most careful scrutiny) vor[371].

121
Absolutes Verbot der Vorzensur

---

365 *Schweizer* (Bibl.), Art. 36 RN 18.
366 Vgl. *Brugger* (FN 355), S. 158; *Juliane Kokott*, The Burden of Proof in Comparative and International Human Rights Law, 1998, S. 71 ff. m. zahlr. N.
367 Vgl. *Brugger* (FN 355), S. 176.
368 Art. 25 Abs. 1 Verf. Belgien; Art. 45 Abs. 2 Verf. Estland; Art. 5 Abs. 1 S. 3 GG; Art. 7 Abs. 2 Verf. Niederlande; Art. 13 S. 2 StGG Österreich; Art. 29 Abs. 4 Verf. Rußland; Art. 37 Abs. 2 Verf. Portugal; Art. 54 Abs. 2 Verf. Polen; Art. 17 Abs. 2 Schweiz. BV; Art. 26 Abs. 3 Verf. Slowakei; s. auch Art. 44 Abs. 1 Verf. Litauen.
369 S.o. FN 238.
370 *Supreme Court*, New York Times Co. ./. United States (The Pentagon Papers Case), 403 U.S. 713 (1971); vgl. *Brugger* (FN 355), S. 164.
371 *EGMR*, Urt. v. 26.11.1991, Observer and Guardian ./. Vereinigtes Königreich, Publications de la Cour européenne des Droits de l'Homme, Série A, Nr. 216, RN 60, und Sunday Times II ./. Vereinigtes Königreich, Publications de la Cour européenne des Droits de l'Homme, Série A, Nr. 217, RN 51; *Prepeluh* (FN 181), S. 829.

122
chilling effect

An die *Verhältnismäßigkeitsprüfung* bei Eingriffen in die politische Rede wird ein besonders strenger Maßstab angelegt. Im US-amerikanischen Recht findet dies Ausdruck durch die sog. Overbreadth-Doktrin. Zu weit gefaßte einschränkende Regelungen werden nicht etwa verfassungskonform ausgelegt, sondern regelmäßig wegen ihrer potentiell abschreckenden Wirkung auf die geschützte Rede (chilling effect) für verfassungswidrig erklärt. Auch für den EGMR ist ein sog. chilling effect Grund für eine besonders strenge Überprüfung[372]. Die Overbreadth-Doktrin impliziert dabei das Kriterium der Erforderlichkeit der Einschränkung, und zum Teil spricht der Supreme Court ausdrücklich von der Pflicht der staatlichen Organe, soweit möglich „less drastic means" zu benutzen[373]. Auch hinsichtlich der *Bestimmtheit* gelten strenge Anforderungen, im US-amerikanischen Recht aufgrund der eigens zur Meinungs- und Pressefreiheit entwickelten „vagueness"-Doktrin. Besteht die Gefahr, daß durch zu weit gefaßte oder zu vage Regelungen erhebliche negative Auswirkungen im Bereich geschützter Rede, mithin ein sog. chilling effect, zu erwarten sind, so erklärt der Supreme Court die Regelung für verfassungswidrig[374].

F. Schlußbetrachtung

123
Schrankenschranken und Judikative

Nur eine starke dritte Gewalt kann ein ausdifferenziertes striktes Schrankenschranken-System entwickeln, da dieses die Handlungs-, Ermessens-, Beurteilungs- bzw. Einschätzungsspielräume der Exekutive und Legislative verkürzt. Vor diesem Hintergrund erstaunt es nicht, daß Deutschland mit seiner historisch bedingt starken Judikative das System der Grundrechtsschranken und Schrankenschranken am weitesten entwickelt hat. Weiter ist nicht verwunderlich, daß sich in Großbritannien mit dessen traditioneller Parlamentssouveränität und in Frankreich mit einer herkömmlicherweise starken Exekutive eine strikte Verhältnismäßigkeitskontrolle erst allmählich durchzusetzen beginnt.

124
Exporterfolg deutscher Grundrechtsschranken

Bemerkenswert ist der große Exporterfolg der deutschen Grundrechtsschranken. So wurde die Wesensgehaltsgarantie, teils leicht modifiziert als „Kerngehaltsgarantie", von vielen Staaten übernommen und im Schweizerischen Verfassungsrecht noch fortentwickelt. Auch der Verhältnismäßigkeitsgrundsatz mit seinen drei Prüfschritten der Geeignetheit, der Erforderlichkeit und des Übermaßverbotes setzt sich mittlerweile quasi universell durch, selbst in Frankreich und Großbritannien. In Europa erfolgt dies teils mittels der Rechtsprechung des Europäischen Gerichtshofs für Menschenrechte und des

---

[372] *EGMR*, Urt. v. 20.5.1999, Bladet Tromsø und Pål Stensaas ./. Norwegen, Reports of Judgments and Decisions 1999-III sowie EuGRZ 1999, S. 453; *Prepeluh* (FN 181), S. 829.
[373] Vgl. *Brugger* (FN 355), S. 164 m.N.
[374] Vgl. *Brugger* aaO.

Europäischen Gerichtshofs. Diese Entwicklung zeigt die wachsende Macht der dritten Gewalt im modernen, offenen Verfassungsstaat. Das Gegenteil von *Montesquieus* Satz, wonach die dritte Gewalt „en quelque façon nul" sei[375], trifft heute zu.

---

[375] *Charles L. de Montesquieu,* De l'esprit des lois, Genf 1748 (Buch XI, Kap. 6), vgl. die Übersetzung von *Ernst Forsthoff,* Montesquieu, Vom Geist der Gesetze, 1967, S. 204: „Von den drei Gewalten, die wir erörtert haben, ist die richterliche in gewisser Weise gar nicht vorhanden."

G. Bibliographie

Berka, Walter, Konkretisierung und Schranken der Grundrechte, ZöR 1999, S. 31 ff.
Ellis, Evelyn (Hg.), The Principle of Proportionality in the Laws of Europe, Oxford u. a. 1999.
Fromont, Michel, Le principe de proportionnalité, A.J.D.A. 1995, Sondernummer, S. 156 ff.
Grewe, Constance, Die Grundrechte und ihre richterliche Kontrolle in Frankreich, EuGRZ 2002, S. 209 ff.
Grothmann, Torsten, Grundrechtsschranken Portugal – Deutschland: Ein Rechtsvergleich, Diss. München 1996.
Heinsohn, Stephanie, Der öffentlichrechtliche Grundsatz der Verhältnismäßigkeit: Historische Ursprünge im deutschen Recht, Übernahme in das Recht der Europäischen Gemeinschaften sowie Entwicklungen im französischen und im englischen Recht, Diss. Münster 1997.
Kayser, Martin, Grundrechte als Schranke der schweizerischen Verfassungsgebung, Diss. Zürich 2001.
Kenntner, Markus, Die Schrankenbestimmung der EU-Grundrechtecharta – Grundrechte ohne Schutzwirkung?, ZRP 2000, S. 423 ff.
Müller, Jörg Paul, Funktion der Garantie eines Kerngehalts der Grundrechte in der Verfassung, in: recht (Zeitschrift für juristische Ausbildung und Praxis), 1993, S. 33 ff.
Pache, Eckhard, Der Grundsatz der Verhältnismäßigkeit in der Rechtsprechung der Gerichte der Europäischen Gemeinschaften, NVwZ 1999, S. 1033 ff.
Philippe, Xavier, Le contrôle de proportionnalité dans les jurisprudences constitutionnelle et administrative françaises, Diss. Paris u. a. 1990.
Pollak, Christiana, Verhältnismäßigkeitsprinzip und Grundrechtsschutz in der Judikatur des Europäischen Gerichtshofs und des Österreichischen Verfassungsgerichtshofs, 1991.
Schefer, Markus, Die Kerngehalte von Grundrechten. Geltung, Dogmatik, inhaltliche Ausgestaltung, Bern 2001.
Schweizer, Rainer J., in: Ehrenzeller/Mastronardi/Schweizer/Vallender (Hg.), Die schweizerische Bundesverfassung: St. Galler Kommentar, St. Gallen 2002, Art. 36.
Stelzer, Manfred, Das Wesensgehaltsargument und der Grundsatz der Verhältnismäßigkeit, Wien u. a. 1991.
Triantafyllou, Dimitris, The European Charter of Fundamental Rights and the „Rule of Law": Restricting Fundamental Rights by Reference, in: Common Market Law Review 39 (2002), S. 53 ff.
Weber, Albrecht (Hg.), Fundamental Rights in Europe and North America, The Hague/London/New York 2001.
Wiederkehr, René, Die Kerngehaltsgarantie am Beispiel kantonaler Grundrechte, Diss. Bern 2000.
Xynopoulos, Georges, Le contrôle de proportionnalité dans le contentieux de la constitutionnalité et de la légalité en France, Allemagne et Angleterre, Paris 1995.

§ 23
Grundrechtsdurchsetzung und Grundrechtsverwirklichung

Karl Korinek/Elisabeth Dujmovits

Übersicht

	RN		RN
A. Einleitung	1–7	C. Grundrechtsverwirklichung	53–86
B. Grundrechtsdurchsetzung	8–52	I. Allgemeines	53–63
I. Allgemeines	8–10	1. Die Intensität der Grundrechtsbindung	56–61
II. Typologie der Arten der Grundrechtsdurchsetzung	11–52	2. Die Reichweite der Grundrechtsverbürgungen	62–63
1. Allgemeines	11–14	II. Die Notwendigkeit einzelgrundrechtlicher Betrachtung; mögliche Aspekte der „Ausstrahlungswirkung" von Grundrechten	64–86
2. Gerichtsförmiger Grundrechtsschutz auf nationaler Ebene	15–26		
a) Grundrechtsgerichtsbarkeit	15–17	1. Grundrechte als Institutsgarantien	65–68
b) Kontrollgegenstand	18–20	2. Organisations- und verfahrensrechtliche Vorkehrungen	69–74
c) Verfahrenslegitimation/ Initiativrechte	21–23	a) Selbständige Verfahrensgrundrechte	69–72
d) Verfahrensgestaltung – „wirksame Beschwerde"	24–26	b) Verfahrens- und organisationsrechtliche Komponenten materieller Garantien	73–74
3. Gerichtsförmiger Grundrechtsschutz vor internationalen Instanzen	27–30		
a) Unabhängigkeit der Rechtsschutzeinrichtungen	27	3. Grundrechtsverwirklichung gegenüber dem privatrechtlich auftretenden Staat	75–81
b) Individualrechtsschutz	28–29	a) Allgemeines	75–76
c) Staatenbeschwerdeverfahren	30	b) Nichthoheitlich handelnder Staat	77–78
4. Verfahrensergebnisse des gerichtsförmigen Grundrechtsschutzes	31–43	c) Nichthoheitlich organisierter (ausgegliederter) „Staat"	79–81
a) Allgemeines	31	4. Bindung des Privatrechtsgesetzgebers/inhaltliche Bindung des Gesetzgebers	82–84
b) Entscheidungsergebnisse	32–38		
c) Konsequenzen festgestellter Grundrechtsverletzungen	39–43	5. Grundrechtsverwirklichung im Strafrecht	85–86
5. Sonstige Instrumente staatlichen Menschenrechtsschutzes	44–46	D. Bibliographie	
6. Sonstige Instrumente internationalen Menschenrechtsschutzes	47–52		

A. Einleitung

1
Bekenntnis zur Menschenwürde

Die in jeder Hinsicht umfassende Pflicht, die Menschenwürde[1] zu achten und zu schützen, ist heute allgemein anerkannt. Sie gilt als moralische, politische und rechtliche Pflicht und wendet sich an den Staat und an die Gesellschaft, an politische Kräfte und an den einzelnen. Das Bekenntnis zur Menschenwürde ist geradezu Legitimationsbasis und einheitsstiftende Kraft in der pluralistischen Gesellschaft.

2
Positiv-rechtliche Verankerung

Das Prinzip der Menschenwürde ist darüber hinaus aber auch positiv-rechtlich verankert, und zwar nicht nur auf völkerrechtlicher Ebene in der Allgemeinen Erklärung der Menschenrechte der Vereinten Nationen[2], sondern auch auf staatlicher Ebene, am prominentesten wohl im Bonner Grundgesetz[3]. Auch die Präambel der Europäischen Konvention zum Schutz der Menschenrechte (EMRK), die auf die Allgemeine Erklärung der Menschenrechte der Vereinten Nationen verweist, die gleich in ihrem ersten Satz die zentrale Bedeutung der Menschenwürde und der unveräußerlichen Menschenrechte hervorhebt, ist in diesem Kontext zu nennen[4] – sowohl in ihrer Bedeutung für den europäischen Menschenrechtsschutz, den insbesondere der Europäische Gerichtshof für Menschenrechte (EGMR) gewährleistet[5], als auch in ihrer Bedeutung für den Grundrechtsschutz der Mitgliedstaaten des Europarates[6]. Und auch Art. 1 der – zwar nicht strictu sensu rechtsverbindlichen, aber als Ausdruck eines gesamteuropäischen Konsenses und daher dennoch potentiell rechtserheblichen – proklamierten Charta der Grundrechte der Europäischen Union weist auf die Grundlegung der Menschenrechte in der Menschenwürde hin[7]. Wenn der österreichische Verfassungsgerichtshof den Rechtsgrundsatz der Menschenwürde als „allgemeinen Wertungsgrundsatz unserer Rechtsordnung" bezeichnet[8] und daraus entsprechende rechtliche Schlußfolgerungen gezogen hat, so ist dies somit für die europäischen Rechtsordnungen durchaus verallgemeinerungsfähig.

---

1 → Bd. IV: *Isensee*, Schutz der Menschenwürde.
2 Vom 10.12.1948, noch ohne festgelegtes Durchsetzungsverfahren; → Bd. VI: *Nettesheim*, Die Allgemeine Erklärung der Menschenrechte und ihre Rechtsnatur.
3 Art. 1 Abs. 1 GG; vgl. z. B. auch Art. 7 Verf. Schweiz.
4 → Bd. VI: *Bröhmer*, Menschenwürde, Freiheiten der Person und Freizügigkeit.
5 Als Ausdruck eines entsprechenden *europäischen Standards* kann auch die Menschenwürdegarantie in Art. 1 des immerhin von 31 Europarats-Staaten unterzeichneten (von 16 auch ratifizierten, Stand 30. 7. 2003), in Fortführung des Grundrechtsschutzes der EMRK beschlossenen Menschenrechtsübereinkommens zur Biomedizin des Europarats, ETS 164, gesehen werden.
6 Das bedeutet – was oftmals übersehen wird – etwa auch für Österreich, wo die EMRK als Verfassungsrecht in Geltung steht, die verfassungsrechtliche Anerkennung der Fundierung der Grundrechte in der Menschenwürde: vgl. *Korinek*, In der Achtung der Menschenrechte liegt das Geheimnis des wahren Friedens, in: Donato Squicciarini (Hg.), Die Weltfriedensbotschaften Papst Johannes Pauls II. 1993 – 2000, 2001, S. 209 (211 f.).
7 Vgl. die Menschenwürdeklausel in Art. 1 sowie das gesamte unter diesem Titel stehende 1. Kapitel der EU-Grundrechtecharta, (ABl. 2000/C 364/1); zum Fundamentalcharakter dieser Garantie vgl. m.w.H. *Grabenwarter*, Die Charta der Grundrechte für die Europäische Union, DVBl. 2001, S. 1 (3); zur Menschenwürde als sonstigem allgemeinen Grundsatz des Gemeinschaftsrechts vgl. z. B. auch *EuGH*, Urt. v. 9.10.2001, Rs. C-377/98 (Niederlande ./. Parlament und Rat), EuGRZ 2001, S. 486, 490 f. (RN 70).
8 *VfSlg.* 13635/1993.

Als positiv-rechtliche Umsetzung des Gedankens der Menschenwürde erweist sich die Gewährleistung von „Menschenrechten", von leges fundamentales der Menschen. Daß sie auf diese Weise „Grundlage der Gerechtigkeit und des Friedens in der Welt" sind – häufig muß man leider sagen: sein sollten –, wird immer wieder explizit zum Ausdruck gebracht – nicht nur in den schon erwähnten rechtlichen, sondern auch in grundlegenden politischen Dokumenten[9].

3
Menschenrechte als leges fundamentales

Hierbei muß freilich in doppelter Weise differenziert werden – nach dem Inhalt dessen, was man als Menschenrechte bezeichnet und hervorhebt, und nach der Art ihrer Gewährleistung. Beide Differenzierungen sind für das hier zu behandelnde Thema von Bedeutung:

4
Doppelte Differenzierung

Häufig werden als Menschenrechte alle grundlegenden fundamentalen Bedingungen für die Entfaltung des Menschen in einer seinen Anlagen entsprechenden Weise einschließlich der demokratischen Teilhaberechte, der Bedingungen für soziale Gerechtigkeit und angemessene Teilhabe am wirtschaftlichen Wohlstand und der Sicherung der Lebensgrundlagen verstanden[10]. Dem ist ein engerer, sozusagen rechtlicher Begriff der Menschenrechte gegenüberzustellen: es geht insoweit um die rechtliche Gewährleistung von leges fundamentales zur Sicherung von Freiheit und Gleichheit, die einerseits bestimmte Verpflichtungen des Staates bewirken und andererseits Sanktionsmechanismen verlangen, die ihrer Durchsetzung dienen. Nur von diesen soll im folgenden die Rede sein.

5
Enges und weites Begriffsverständnis

Bei der Darstellung der Typologie der auffindbaren Durchsetzungsmechanismen[11] wird sich eine weitere wesentliche Differenzierung zeigen: Den Gewährleistungen, die den Staat binden und zu deren Realisierung und Durchsetzung entsprechende Kontroll- und Überwachungsmechanismen zur Verfügung stehen, sind jene gegenüberzustellen, die denen, denen die Menschenrechte zugute kommen sollen, für die sie also gewährleistet werden, Rechtspositionen einräumen und Instrumente, sie selbst zur Durchsetzung zu bringen.

6
Weitere Differenzierung

Auf diese Weise wird der allgemeine Begriff der Menschenrechte zum juristischen Grundrechtsbegriff verdichtet, der – wie es der Verwendung dieses Begriffs in der deutschen und österreichischen Rechtswissenschaft entspricht[12] – als Grundrechte nur solche fundamentalen Rechtspositionen versteht, die mit besonderer rechtlicher Qualität ausgestattet und in dem Sinn als leges perfectae konstituiert sind, daß sie nicht nur den Staat verpflichten, sondern auch von den Grundrechtsträgern durchgesetzt werden können[13].

7
Grundrechte als leges perfectae

---

9 Vgl. etwa die Präambel und Art. 1 der Charta der Vereinten Nationen oder die päpstlichen Weltfriedensbotschaften der Jahre 1969: „Menschenrechte – der Weg zum Frieden", abgedruckt mit kommentierendem Aufsatz von *Verdroß*, in: Donato Squicciarini (Hg.), Die Weltfriedensbotschaften Papst Pauls VI (1979) S. 45 ff., und 1999: „In der Achtung der Menschenrechte liegt das Geheimnis des wahren Friedens", abgedruckt mit kommentierendem Aufsatz von *Korinek* (FN 6).
10 Vgl. paradigmatisch etwa die in FN 9 genannte Weltfriedensbotschaft Papst Johannes Pauls II. aus dem Jahre 1999 (dazu *Korinek* [FN 6], S. 210).
11 Siehe hierzu unten B, RN 11 ff.
12 Vgl. statt aller *Walter Berka*, Die Grundrechte. Grundfreiheiten und Menschenrechte in Österreich, 1999, RN 5.
13 → Bd. II: *Merten*, Begriff und Abgrenzung der Grundrechte.

B. Grundrechtsdurchsetzung

I. Allgemeines

8
Unterschiedliche Interventionsformen

Der Umstand, daß die Verknüpfung von Grundrechtsgewährleistungen und gerichtlicher Grundrechtsdurchsetzbarkeit in den rechtsstaatlichen Traditionen etwa Deutschlands oder Österreichs ein großes Gewicht hat[14], darf nicht darüber hinwegsehen lassen, daß es auch andere Formen staatlicher oder überstaatlicher Intervention gibt, die das Ziel haben, der Durchsetzung der Verpflichtungen des Staates zur Gewährleistung von Grund- und Menschenrechten zu dienen. Man denke an die verschiedenen Einrichtungen, die der Durchsetzung der Grundrechte durch ein permanentes Kontroll- und Berichtswesen dienen, durch Beiräte mit Kontrollfunktion innerhalb der Staatsverwaltung[15] oder durch Ombudsmann-ähnliche Kontrolleinrichtungen.

9
Gerichtlicher Schutz

Aber auch dort, wo der Grundrechtsschutz Gerichten übertragen wird, gibt es typischerweise unterschiedliche Ausgestaltungen, etwa im Hinblick auf die Antragslegitimation, die Rechtsposition jener Person, der der Grundrechtsschutz zugute kommen soll, und die Rechtsfolgen von Entscheidungen.

10
Typologie der Institutionen der Grundrechtsdurchsetzung

Um einen Überblick über die vielen Durchsetzungsmechanismen und deren typische Ausgestaltung zu geben, soll im folgenden versucht werden, eine Typologie der Institutionen der Grundrechtsdurchsetzung zu entwickeln, die einerseits nach der verfahrensrechtlichen Durchsetzbarkeit von Grundrechtsverbürgungen und zum anderen nach den Folgen festgestellter Grundrechtsverletzungen unterscheidet.

II. Typologie der Arten der Grundrechtsdurchsetzung

1. Allgemeines

11
Subjektbezogenheit

Die Frage nach der Durchsetzbarkeit von Grundrechten vermag auf den ersten Blick als eine *contradictio in se* erscheinen: Grundrechte werden jedenfalls von einer innerstaatlichen Perspektive aus als *subjektive* öffentliche Rechte im Verfassungsrang definiert und verstanden[16]. Von Grund- und Men-

---

14 In Österreich läßt sich – sieht man von Vorläufern ab – diese Verbindung schon in der staatsgrundgesetzlichen Verfassung von 1867 nachweisen; sie findet ihren Abschluß in der Übertragung der Kompetenz zur Kontrolle der Übereinstimmung der Gesetze mit den Vorgaben der Verfassung und damit auch den Vorgaben der Grundrechte an den Verfassungsgerichtshof durch das B-VG 1920.

15 Insofern können Beiräte als Organe der „Intraorgankontrolle" (dazu insb. *Karl Loewenstein*, Verfassungslehre, ³1975, S. 167 ff.) genützt werden; vgl. dazu etwa *Korinek*, Beiräte in der Verwaltung, in: FS Antonioli, 1979, S. 463 (471) m.w.H.

16 Vgl. m.w.H. *R. Walter*, Grundrechtsverständnis und Normenkontrolle in Österreich, in: Klaus Vogel (Bibl.), S. 1 (14); *Ringhofer*, Über Grundrechte und deren Durchsetzung im innerstaatlichen Recht, in: FS Hellbling, 1981, S. 355 (358).

schenrechten[17], so wird vertreten, könne man daher überhaupt nur sprechen, wenn es sich um fundamentale, mit einer gewissen Unverbrüchlichkeit ausgestattete Rechtspositionen des Menschen handle, die zusätzlich in einem rechtlichen Verfahren durchsetzbar seien[18]. Nicht umsonst ist die Einräumung sozialer Grundrechte gerade wegen ihrer problembehafteten Durchsetzbarkeit umstritten[19]. In dem Sinn sind Grundrechte in den jeweiligen Rechtsordnungen geltende, unmittelbar anwendbare[20] und sanktionierte Rechte[21]. Erst in der Durchsetzbarkeit vollende sich die Positivität der Grundrechte[22].

12 Durchsetzbarkeit, nicht Unverbindlichkeit der Menschenrechte

Der demokratische Verfassungsstaat soll sich schließlich dadurch auszeichnen, daß er die Menschenrechte nicht als bloße Programmsätze versteht, sondern insoweit als rechtsverbindlich anerkennt, als er Instrumente zu ihrer effektiven Durchsetzung vorsieht. Zu Recht findet sich die Auffassung, – auch grundrechtliche – Regelungen seien überhaupt nur dann sinnvoll, „wenn ihnen eine juristische Absicherung korrespondiert". Würden Rechte nicht vor einer unabhängigen Institution geltend gemacht werden können, verblieben sie „im Unverbindlichen"[23]. Justitiable Grund- und Menschenrechte bieten dem (Grund-)Rechtsstaat Machtbegrenzung und Legitimationsgrundlage zugleich[24]. Eine Durchsetzbarkeit scheint sich vor diesem Hintergrund von selbst zu verstehen. Effektive Grundrechte müssen in dem Sinn „praktisch werden können"[25].

13 Gerichtlicher Grundrechtsschutz

Dabei ist die Bedeutung unabhängiger und unparteiischer Richter, also eines gerichtlichen Grundrechtsschutzes, für eine wirkungsvolle Grundrechtsdurch-

---

17 Die beiden Begriffe werden häufig nach ihrem Geltungsgrund, den Menschenrechte im Naturrecht oder präpositiven Recht finden, während Grundrechte auf staatlicher Gewährleistung beruhen (vgl. *Berka* [FN 12], RN 27f.), unterschieden. Für Zwecke dieser Abhandlung wurde eine andere, in der wissenschaftlichen Diskussion ebenso anzutreffende Unterscheidung gewählt: Von Grundrechten ist die Rede, wenn sie positiv-rechtlich gewährleisteten, durchsetzbaren subjektiven Rechten die Rede ist, während der Terminus Menschenrechte für Gewährleistungen von Freiheit und Gleichheit in umfassendem Sinn verwendet wird (vgl. oben sub A, RN 3ff.).
18 So die Begriffsdefinition von *Berka* (FN 12), RN 5 („individuelle Anspruchlichkeit") und RN 25; vgl. daher die beschränkte Verortung von „Grundrechten" in den Art. 1–19 GG; sonstige mit Verfassungsbeschwerde bewehrte Rechte werden als „grundrechtsgleiche" Rechte definiert; → Bd. II: *Merten*, Begriff und Abgrenzung der Grundrechte.
19 Vgl. z. B. *Matscher* (Bibl.).
20 Eine wesentliche Garantie einer Grundrechtsdurchsetzbarkeit liegt in der *unmittelbaren Anwendbarkeit* von Grundrechtsnormen als Recht (vgl. z. B. Art. 1 Abs. 3 GG). Ausfluß einer solchen kann, je nach Gestaltung der jeweiligen nationalen Rechtsordnung, etwa die Verdrängung entgegenstehenden nationalen Rechts im Wege eines grundrechtlichen Anwendungsvorrangs (z. B. die EMRK in Belgien und den Niederlanden; aber auch die Gemeinschaftsgrundrechte aufgrund ihrer spezifischen Geltung als Gemeinschaftsrecht) oder die Invalidation grundrechtswidrigen staatlichen Rechts oder aber eine indirekte Wirkung und ein faktischer Einfluß (z. B. eine Bekräftigungsfunktion) sein: zur Typologie der Einwirkungen, konkret der EMRK, auf das Recht der Mitgliedstaaten vgl. *Christoph Grabenwarter*, Europäische Menschenrechtskonvention, 2003, S. 25 ff. Dennoch sind keineswegs alle Menschenrechtsverträge unmittelbar anwendbares Recht, was auf das jeweilige Ratifikationsverfahren zurückzuführen ist (vgl. z. B. für Österreich den unter Erfüllungsvorbehalt ratifizierten IPbürgR).
21 Vgl. *Felix Ermacora*, Handbuch der Grundfreiheiten und der Menschenrechte, 1963, S. 24ff. (25).
22 So *Stern*, HStR V, § 109 RN 71.
23 So *Broß*, Grundrechte und Grundwerte in Europa, JZ 2003, S. 429 (431).
24 Vgl. *Berka* (FN 12), RN 2.
25 Vgl. *Häberle* (Bibl.), S. 409ff.

setzung nicht zu unterschätzen[26]. Nicht zuletzt ist der Erfolg des Systems des Grundrechtsschutzes der Europäischen Konvention zum Schutze der Menschenrechte und Grundfreiheiten auf ihr begleitendes System wirkungsvoller, im wesentlichen gerichtlicher Instrumente zu ihrer Durchsetzung zurückzuführen[27]. Die Einrichtung einer internationalen Rechtsschutzinstanz, und zwar des Europäischen Gerichtshofs für Menschenrechte in Straßburg (EGMR)[28], unterscheidet die Europäische Konvention wesentlich von vielen anderen Menschenrechtsdokumenten, die schlimmstenfalls leere Versprechungen geblieben sind[29]. Außerhalb des europäischen Grundrechtsschutzes führt als weiteres regionales Menschenrechtssystem noch das des inter-amerikanischen Pakts von San José von 1969 judiziäre Streitentscheidungsprozesse ein[30]. Dazu kommt, daß bestimmte Grundrechte – man denke an Art. 19 Abs. 4 GG oder an Art. 6 Abs. 1 EMRK – in ihrem materiellrechtlichen Gehalt eine unabhängige Rechtsschutzinstanz verlangen[31].

14
Kein Monopol gerichtlichen Grundrechtsschutzes

Dennoch ist offenbar ein gerichtlicher Grundrechtsschutz mit subjektiven Rechten der Gewährleistung nicht das alleinige Instrument der Durchsetzung von Menschenrechtsverbürgungen. Solche lassen sich vor dem Hintergrund einer großen Zahl ausländischer Rechtsordnungen und auf einer internationalen Ebene weder über ihren Durchsetzungsmodus noch über sonstige formale Kriterien scharf definieren und ebenso wenig in ihrer Tragweite beschreiben. Auch eine materielle Komponente der betreffenden Garantien kommt hier wohl ins Spiel[32], die das Problem der Effektivität fundamentaler Gewährleistungen doch zu einer – legitimen – Frage der Durchsetzbarkeit von Grund- und Menschenrechten macht. Von welchen anderen spezifischen Mitteln und Institutionen zur Durchsetzung solcher Verbürgungen noch Gebrauch gemacht wird, bleibt im Anschluß aufzuzeigen.

---

26 Zum Zusammenhang mit gewaltenteilenden und rechtsstaatlichen Aspekten vgl. *Berka* (FN 12), RN 25.
27 Vgl. z.B. *Bernhardt*, Human Rights and Judicial Review: The European Court of Human Rights, in: David M. Beatty (Bibl.), S. 297.
28 Bis zum Inkrafttreten des 11. ZP EMRK am 1.1.1998 fungierten als Entscheidungsorgane für Menschenrechtsbeschwerden auch noch die Europäische Kommission für Menschenrechte (EKMR) und das Ministerkomitee.
29 Zur Durchsetzungsschwäche der Menschenrechte → oben *H. H. Klein*, § 6 RN 27, 33 f.; *Stern*, § 1 RN 29; in dem Sinn auch *Berka* (FN 12), RN 55.
30 Vgl. die im Rahmen der Organisation Amerikanischer Staaten (OAS) ausgearbeitete Amerikanische Menschenrechtskonvention (AMRK) mit den Organen der Inter-Amerikanischen Kommission für Menschenrechte und dem Inter-Amerikanischen Gerichtshof für Menschenrechte (IAGMR), der sowohl streitentscheidende wie auch gutachterliche Kompetenzen hat: näher *Buergenthal*, Menschenrechtsschutz im inter-amerikanischen System, EuGRZ 1984, S. 169 ff.; *ders*, Der Interamerikanische Gerichtshof, Menschenrechte und die OAS, EuGRZ 1987, S. 165 ff.; vgl. *Engel*, Status, Ausstattung und Personalhoheit des Inter-Amerikanischen und des Europäischen Gerichtshofs für Menschenrechte, EuGRZ 2003, S. 122 ff.
31 Zu den organisations- und verfahrensrechtlichen Komponenten vgl. die Hinweise sub C (Grundrechtsverwirklichung), RN 69 ff.
32 Zur Idee der Grundrechte vgl. *Ringhofer* (FN 16), S. 355 f.

2. Gerichtsförmiger Grundrechtsschutz auf nationaler Ebene

a) Grundrechtsgerichtsbarkeit

Die europäischen Rechtsordnungen haben zur Durchsetzung ihrer genuin nationalen, aber auch jener im Völkerrecht wurzelnden Grundrechte, denen im Wege der Transformation ins staatliche Recht ein entsprechender Rang zuerkannt wurde, in der Regel eine mehr oder weniger spezialisierte und zentralisierte Grundrechtsgerichtsbarkeit eingerichtet. Vor allem die Aufgabe, die Einhaltung der Grundrechte auch gegenüber dem Gesetzgeber einzufordern und durchzusetzen, kann je nach Verfassungssystem entweder dem jeweiligen Verfassungsgericht[33] als besonderem Gericht vorbehalten sein („österreichisches Modell" oder „konzentrierte Verfassungsgerichtsbarkeit"[34])[35], oder aber es wird auf die Einrichtung einer spezifischen Institution zur Wahrnehmung des Grundrechtsschutzes verzichtet und die Grundrechtskontrolle nicht monopolisiert, sondern dem Aufgabenkreis der ordentlichen, insbesondere Höchstgerichtsbarkeit zugeschlagen, etwa im Wege einer inzidenten Normenkontrollbefugnis („amerikanisches Modell" oder „diffuse Verfassungsgerichtsbarkeit")[36]. Verfassungsgerichte sowie mit der Grundrechtssicherung betraute ordentliche Gerichte erhalten auf diese Weise zusätzlich zu ihren sonstigen Schieds- und Auslegungskompetenzen noch die Funktion der Garanten von Grund- und Menschenrechten[37]. Organisatorisch ist den Grundrechtsorganen eine besondere Stellung durch eine verfahrensrechtlich begleitend abgesicherte Unabhängigkeit gemeinsam. Kennzeichnend sind des weiteren eine überwiegende Beschränkung auf Rechtsfragen und dieser korrelierend Einschränkungen bzw. gänzliches Fehlen der Tatsachenkognition. Besondere Verfahrensgarantien, wie sie etwa in Elementen wie kontradiktorisches Verfahren, rechtliches Gehör und Öffentlichkeit zum Ausdruck kommen, vervollständigen die Institution der Grundrechtsgerichtsbarkeit.

15
Grundrechts-
gerichtsbarkeit

Für Individualbeschwerden vor allem gegen eingreifende Vollzugsakte existieren neben der Möglichkeit einer Anrufung des Verfassungsgerichts – bzw. dieser vorgeschaltet – noch andere unabhängige Sonderbehörden, deren Kon-

16
Weitere
Kontrollbehörden

---

33 Verfassungsgerichtsbarkeit wird hier – bei aller Uneinheitlichkeit des Begriffs (dazu *Korinek* [Bibl.], S. 7 [S. 21 ff.], *J. P. Müller* [Bibl.], S. 53; *Schlaich* [Bibl.], S. 99) – im Sinn eines gerichtlichen Verfahrens, das die Einhaltung der Verfassung unmittelbar gewährleistet (so *Faller*, Zur Entwicklung der nationalen Verfassungsgerichte in Europa, EuGRZ 1986, S. 42 [42]), verstanden.

34 Mit den Worten *Brunner*s (Bibl.), S. 198 ff.

35 Neben dem österreichischen Verfassungsgerichtshof (dazu *Korinek*, Betrachtungen zur österreichischen Verfassungsgerichtsbarkeit, in: FS Adamovich, 1992, S. 252 [254 ff.]; *Ludwig Adamovich*, Die österreichische Verfassungsgerichtsbarkeit vor dem europäischen Hintergrund, Geschichte und Gegenwart, 1989, S. 163 ff.) gehören dazu u. a. auch das deutsche Bundesverfassungsgericht (zur Funktion des Bundesverfassungsgerichts als Hüter der Grundrechte → Bd. III: *Papier*, Das Bundesverfassungsgericht als Hüter der Grundrechte), der italienische Corte costituzionale (vgl. dazu *Cheli/Donati*, Methods and Criteria of Judgment on the Question of Rights to Freedom in Italy, in: David M. Beatty [Bibl.], S. 227), der spanische Tribunal Constitucional; das türkische und das portugiesische Verfassungsgericht; für die osteuropäischen Staaten vgl. *Brunner*, in: FS Stern, 1997, S. 1041 ff.

36 Z.B. Irland; der amerikanische Supreme Court bekleidet in dieser Hinsicht eine Doppelfunktion: vgl. *Zierlein*, Die Bedeutung der Verfassungsrechtsprechung für die Bewahrung und Durchsetzung der Staatsverfassung, EuGRZ 1991, S. 301 (302); vgl. wiederum *Brunner* (Bibl.), S. 195 ff.

37 Rechtsvergleichend für die OSZE-Länder vgl. *Brunner* (Bibl.), S. 191 (im Überblick S. 236 ff.).

§ 23   *Zweiter Teil: III. Voraussetzungen, Sicherung und Durchsetzung*

trollfunktion an einzelne Grundrechte gekoppelt (vgl. z.B. die Datenschutzkommission nach dem österreichischen Datenschutzgesetz) oder eine bestimmte Eingriffsart gebunden (vgl. die sogenannte Maßnahmenbeschwerde gegen „faktische" Grundrechtseingriffe durch die Verwaltung oder die Richtlinienbeschwerde gegen sicherheitspolizeiliches Vorgehen an die österreichischen Unabhängigen Verwaltungssenate) sein kann. Gegen deren Entscheidung steht aber regelmäßig noch der Rechtsweg an das grundrechtsschützende Höchstgericht offen.

17
Allgemeine Rechtmäßigkeitskontrolle

In jedem der Systeme sind in einem gewissen Ausmaß freilich immer potentiell auch alle anderen staatlichen Behörden, insbesondere wiederum die allgemeinen Gerichte, auch Grundrechts"gerichte", wenn und soweit sie im Rahmen ihrer Zuständigkeiten auch Grundrechte anzuwenden und Mißachtungen als Rechtsverletzungen aufzugreifen haben[38]. Dies gilt für die deutsche Rechtsordnung im besonderen für die Fachgerichte[39]; für Österreich neben den ordentlichen Gerichten im besonderen für den Rechtsschutz durch die Unabhängigen Verwaltungssenate und zum Teil auch für den Verwaltungsgerichtshof[40]. Eine Grundrechtsdurchsetzung erfolgt insoweit als Teil der allgemeinen Rechtmäßigkeitskontrolle. Dabei handelt es sich freilich um keinen spezifischen Grundrechtsschutz, weswegen hier im folgenden nicht näher darauf einzugehen ist. Diese Darstellung konzentriert sich auf jene Instanzen, deren spezifische Aufgabe es ist, die Wahrung der Grundrechte zu garantieren, auch wenn die Grundrechtsdurchsetzung bei diesen Rechtsschutzinstanzen nicht monopolisiert ist.

b) Kontrollgegenstand

18
Staatshandeln

Für eine Effektuierung des Grundrechtsschutzes ist wesentlich, was von den Grundrechtsträgern (oder prozessual gewendet: den Antragsbefugten) zum Gegenstand der Kontrolle im nationalen Grundrechtsschutzverfahren gemacht werden kann. Einem die Garantien ernst nehmenden Grundrechtsverständnis entspricht es, die prozessuale Überprüfbarkeit der materiellen Gewährleistungsseite möglichst anzunähern. Mit anderen Worten: Soweit Grundrechte den Staat verpflichten, sollten auch Rechtsschutzverfahren zur Durchsetzung zur Verfügung stehen. Als Objekt einer echten Grundrechtskontrolle kommt demnach in möglichst umfassender Weise hoheitliches Staatshandeln, das heißt: Akte der öffentlichen Gewalt, in Betracht[41].

---

38 Vgl. Art. 1 Abs. 3 GG; zum Grundrechtsschutz durch die (allgemeinen) Gerichte *Öhlinger*, Die Grundrechte in Österreich, EuGRZ 1982, S. 216 (239). Man denke aber auch an die Verpflichtung zur verfassungs-, allenfalls auch völkerrechtskonformen Auslegung.
39 Ausführlich → Bd. III: *Papier*, Grundrechtsschutz durch die Fachgerichtsbarkeit. Zum Grundrechtsschutz als Aufgabe aller Gerichte und zum Verhältnis von Bundesverfassungsgericht und Fachgerichten vgl. den Bericht von *Schlaich* (Bibl.), S. 120ff.; zur Balance zwischen Bundesverfassungsgericht und den Bundesgerichten im Grundrechtsschutz vgl. auch *Ress*, Die Verfassungsbeschwerde als Verteilungsmaßstab bei Grundrechtsverstößen, in: FS Lüke, 1997, S. 633ff.; *Starck*, Verfassungsgerichtsbarkeit und Fachgerichte, JZ 1996, S. 1033ff.
40 Vgl. *Berka* (FN 12), RN 296ff. (313ff.).
41 Ausnahmsweise können sich auf Grundrechte gestützte Rechtsmittel auch gegen Private wenden, wenn etwa eine Drittwirkung des betreffenden Grundrechts normiert ist; die prozessuale Seite korrespondiert auch hier der materiellen Gewährleistungsrichtung (vgl. § 1 österr. Datenschutzgesetz).

Im Unterschied zu überstaatlichen Kontrollsystemen unterliegen auf nationaler Ebene durchwegs auch Gesetzgebungsakte einer spezifischen Grundrechtskontrolle durch das Verfassungs- oder sonst zuständige Grundrechtsgericht (je nach Modell monopolisiert oder nicht)[42]. Die Überprüfung legislativer Akte am Grundrechtsmaßstab erfolgt typischerweise a posteriori, das heißt nach Erlassung[43]. Normenkontrollverfahren sind in jedem Fall wesentlicher Teil der Grundrechtsgerichtsbarkeit und tragendes Durchsetzungsmoment eines effektiven Grundrechtsschutzes.

19
Gesetzgebungsakte

Ansonsten betreffen Verfahren zur Grundrechtsdurchsetzung die staatliche Vollziehung. Im Unterschied zum hoheitlichen Verwaltungshandeln unterliegen Akte der Gerichtsbarkeit dabei nicht in allen Rechtsordnungen ohne weiteres einer zusätzlichen Kontrolle durch ein spezifisches Grundrechtsgericht[44]. Ein Grundrechtsschutz gegenüber der Justiz kann auch durch die Einräumung weiterer, außerordentlicher Rechtsmittel innerhalb des allgemeinen Gerichtsverfahrens („Grundrechtsrevision") erfolgen. Manche Rechtssysteme erachten es allerdings offenbar als notwendig, den gerichtlichen Rechtsschutz an das System der Grundrechtskontrolle durch die Eröffnung einer „echten Grundrechtsbeschwerde" gegen Justizakte an das Grundrechts- bzw. Verfassungsgericht zu koppeln. Verschiedene Zwischenformen einer integrativen Anbindung sind ebenfalls zu orten[45]: Als intersystematischer Brückenschlag können grundrechtsspezifische Sonderkompetenzen prinzipiell allgemeiner Gerichte genannt werden (vgl. die „Grundrechtsbeschwerde" nach dem österreichischen Grundrechtsbeschwerdegesetz für strafgerichtliche Verletzungen im Recht auf persönliche Freiheit an den – ansonsten in Zivil- und Strafsachen zuständigen – Obersten Gerichtshof).

20
Exekutive
und Judikative

c) Verfahrenslegitimation/Initiativrechte

Um Grundrechten effektiv zum Durchbruch zu verhelfen, spielt die Zuteilung von Initiativrechten eine grundlegende Rolle. Der Kreis derer, die ein Kontrollverfahren in Gang zu setzen befugt sind, bestimmt in maßgeblicher Weise die Effizienz der Grundrechtsdurchsetzung. Dem mit subjektivem Rechtscharakter und damit Rechtsanspruch ausgestatteten „echten" Grundrecht entsprechen wohl am besten subjektive Berechtigungen in Form von Antragslegitimationen und Parteirechten in rechtlich geordneten Verfahren vermeintlich in ihren Grundrechten Verletzter. Der klassische Weg der rechtsförmli-

21
Recht auf
ein Verfahren

---

42 Dazu oben bei FN 34 und 36. Vgl. *Zierlein* (FN 36), S. 341; *Faller* (FN 33), S. 44 (Österreich) und S. 46 f. (Italien).
43 Eine Ausnahme macht der französische Conseil constitutionnel, dem rein präventive Normenkontrollbefugnisse zukommen, die im Gesetzwerdungsprozeß wahrzunehmen sind (vgl. Art. 61 der Verfassung).
44 So z.B. nicht in Österreich und Frankreich; in Deutschland besteht hingegen die Möglichkeit der Urteilsverfassungsbeschwerde an das Bundesverfassungsgericht.→ Bd. III: *Papier*, Das Bundesverfassungsgericht als Hüter der Grundrechte. Nicht übersehen werden soll, daß es freilich zur Aufgabe der allgemeinen Gerichte gehört, auch den Grundrechten gerecht zu werden, die sie als unmittelbar anwendbares Recht binden: zum Grundrechtsschutz durch die Justiz vgl. *Öhlinger* (FN 38), S. 239 f.; → Bd. III: *Papier*, Grundrechtsschutz durch die Fachgerichtsbarkeit.
45 Vgl. näher *Brunner* (Bibl.), S. 203 ff.

chen Grundrechtsdurchsetzung auf nationaler Ebene erfolgt daher hauptsächlich im Wege individuellen Grundrechtsberechtigten zur Verfügung stehender Rechtsmittel. Man kann insoweit von einem „Recht auf ein Verfahren", mit den Worten des Art. 13 EMRK von einem „Recht, bei einer innerstaatlichen Instanz eine wirksame Beschwerde zu erheben", sprechen.

22
Individualantragsrechte

In Individualantragsrechten in Fällen behaupteter Grundrechtsverletzungen[46] kommt die den Grundrechten wesentliche Durchsetzungsmacht des einzelnen, mit anderen Worten die dem einzelnen eigene Rechtsmacht zur Durchsetzung seiner Freiheits- und Gleichheitsbelange prozessual wohl am besten zum Ausdruck[47]. Beschwerdemöglichkeiten individueller Grundrechtsbetroffener in Form von Einklagemöglichkeiten einzelner Bürger sind aber keineswegs in allen Rechtsordnungen vorgesehen[48]. Selbst wenn dem einzelnen die Anrufung des Verfassungsgerichts offen steht, ist dies selten unmittelbar und direkt möglich; insbesondere gilt dies für Gesetzesanfechtungen. Die jeweiligen Verfahrensbehelfe sind regelmäßig subsidiär in dem Sinn, daß erst Instanzenzüge erschöpft oder Rechtswege gegangen werden müssen[49]. Je nach Verfahrensart sind sie nach der jeweils zugrundeliegenden Verfahrensordnung zudem an weitere Zulässigkeitsvoraussetzungen zum Teil technischer Art (Fristen, Gebühren, Vertretungszwänge, ein bestimmtes inhaltliches Vorbringen und Begehren u.a.m.) gebunden. Individualrechtsschutz steht primär natürlichen Personen zu, unter Umständen und grundrechtsspezifisch aber auch juristischen Personen und sonstigen Vereinigungen[50]. Auch Rechtsnachfolger des in seinen Grundrechten Betroffenen können schon aus der Notwendigkeit einer effektiven Gewährleistung und Grundrechtsdurchsetzung zur Verfahrenseinleitung legitimiert sein[51]. Popularklagen, Verbandsklagen, einer stellvertretenden Prozeßführung ebenso wie einer Reklamation von Kollektivrechten steht de lege lata in aller Regel das Zulässigkeitserfordernis der Selbstbetroffenheit und damit ein Prozeßhindernis entgegen[52]. Echte Antragsrechte werden allenfalls noch ergänzt durch bloße Anregungsbefug-

---

46 Vgl. z. B. die Verfassungsbeschwerde nach Art. 93 Abs. 1 Nr. 4 a GG i.V.m. § 90 BVerfGG; oder die Bescheidbeschwerde nach Art. 144 Abs. 1 und den Individualantrag gegen Gesetze nach Art. 140 Abs. 1 B-VG.
47 Vgl. § 93 a Abs. 2 lit. b BVerfGG, wonach die Verfassungsbeschwerde u. a. dann zur Entscheidung anzunehmen ist, „wenn es zur Durchsetzung der in § 90 Abs. 1 genannten Rechte (i.e.: Grundrechte und „grundrechtsgleiche" Rechte) angezeigt ist".
48 Nicht möglich ist dem einzelnen etwa die Anrufung des französischen, italienischen, türkischen oder griechischen Verfassungsgerichts: vgl. *Zierlein* (FN 36), S. 341.
49 Vgl. z. B. § 90 Abs. 2 BVerfGG; Art. 144 Abs. 1 B-VG (Vorliegen eines letztinstanzlichen Bescheids) bzw. die geforderte sogenannte „Umwegsunzumutbarkeit" beim Individualantrag zur Gesetzesprüfung an den österreichischen Verfassungsgerichtshof nach Art. 140 B-VG.
50 Zur Grundrechtsträgerschaft juristischer Personen → Bd. II: *Tettinger*, Juristische Personen des Privatrechts als Grundrechtsträger; *Schnapp*, Zur Grundrechtsberechtigung juristischer Personen des öffentlichen Rechts; ferner z. B. *EGMR*, Urteil vom 16.4.2002, Stés Colas u. a. ./. Frankreich, Beschwerde Nr. 37971/97, (juristische Person und Art. 8 EMRK).
51 Vgl. mit zahlreichen Judikaturnachweisen des Verfassungsgerichtshofs und des Europäischen Gerichtshofs für Menschenrechte zu Art. 2 EMRK *Kopetzki*, Art. 2 EMRK, in: Karl Korinek/Michael Holoubek (Hg.), Österreichisches Bundesverfassungsrecht, 2002, RN 83.
52 Vorgesehen sind Popularklagen in der Verfassungsgerichtsbarkeit jedoch z. B. in Bayern, Ungarn, Georgien, Mazedonien und beschränkt in Belgien.

nisse von Einzelpersonen etwa an andere Rechtsschutzinstanzen zur Antragstellung an das Verfassungsgericht.

Neben einzelnen Grundrechtsträgern stehen regelmäßig noch anderen Institutionen, zumeist oberen oder höheren staatlichen Organen, Antragsbefugnisse zu[53]. In einem System der Gewaltenbalance fungieren dabei insbesondere Antragsrechte parlamentarischer Minderheiten oder institutioneller „Gegenspieler" im Bundesstaat verfassungs- und damit auch grundrechtssichernd. Was die Überprüfungsmöglichkeiten von Gerichten betrifft, kann Grundrechten nicht nur in echten Antrags-, sondern auch in im einzelnen ausgestaltbaren Vorlagesystemen an das letztlich aufhebungsbefugte Grundrechtsgericht zum Durchbruch verholfen werden[54]. Bestimmte Instanzen innerhalb anderer Verfahrensarten (in Österreich Höchstgerichte) sind bei Bedenken ob der Grundrechtswidrigkeit einer zugrunde liegenden Norm nicht nur berechtigt, sondern sogar verpflichtet, einen dementsprechenden Überprüfungsantrag an das Verfassungsgericht zu stellen[55]. Auch die Möglichkeit einer amtswegigen Prüfung auf Initiative des Kontrollorgans selbst, meist im Laufe und aus Anlaß eines anhängigen Verfahrens, kann bestehen[56].

23
Staatliche Organe

d) Verfahrensgestaltung – „wirksame Beschwerde"

Im Detail variieren die verfassungs- bzw. grundrechtsgerichtlichen Verfahren, die für „echte Grundrechtsbeschwerden" vorgesehen sind, in ihrer konkreten Ausgestaltung länder- und dokumentspezifisch – darunter insbesondere auch in den möglichen Verfahrensergebnissen[57]–, worauf in diesem Rahmen nur hingewiesen werden kann[58]. Anforderungen an wirksame Grundrechtsbeschwerden bzw. Beschwerdeverfahren können sich aus der jeweiligen nationalen Verfassung sowie aus dem jeweiligen Grundrechtsdokument selbst ergeben. Im Detail bleibt dies zu verifizieren, aber Indizien und Anhaltspunkte für die entscheidenden Komponenten können wohl aufgezeigt werden:

24
Beschwerdeverfahren

Auf nationaler Ebene erfolgen Vorgaben einerseits aus dem Rechtsstaatsprinzip[59], das eine besondere Nähe zur Begründung eines Grundrechtsschutzes im demokratischen Verfassungsstaat aufweist. Determinanten erfließen aber auch aus den Grundrechten selbst: So verbürgt Art. 19 Abs. 4 Satz 1 GG ein subjektives (Grund-)Recht auf Gerichtsschutz bei geltend gemachter Verlet-

25
Nationale Vorgaben

---

53 Z.B. Amtsbeschwerden; zur Antragstellung bei Gesetzesprüfung sind des weiteren u.a. (höherinstanzliche) Gerichte, gesetzgebende Körperschaften oder deren qualifizierte Minderheiten und oberste Vollzugsorgane legitimiert (vgl. z.B. Art. 140 Abs. 1 B-VG).
54 Ein wirksames Vorlagesystem zur Rechtsdurchsetzung kennzeichnet z.B. die europäische Gemeinschaftsrechtsordnung; zu den Auswirkungen auf nationale Verfassungsgerichtsverfahren vgl. *Korinek*, Zur Relevanz von europäischem Gemeinschaftsrecht in der verfassungsgerichtlichen Judikatur, in: FS Tomandl, 1998, S. 465 (467 ff.).
55 Vgl. Art. 140 Abs. 1 i.V.m. Art. 89 Abs. 2 B-VG.
56 Vgl. z.B. das amtswegige Gesetzesprüfungsverfahren durch den Verfassungsgerichtshof aus einer bei ihm anhängigen Rechtssache heraus nach Art. 140 Abs. 1 B-VG.
57 Vgl. dazu unten sub B II 4 b, RN 32 ff.
58 Ausführlich *Brunner* (Bibl.), S. 203 ff.; vgl. auch mit einzelnen Landesberichten *Zierlein* (FN 36), S. 304 ff., in tabellarischer Übersicht S. 341.
59 Zu effektiven Rechtsschutzeinrichtungen in einem Rechtsschutzstaat vgl. z.B. *VfSlg.* 11196/1986.

zung subjektiver Rechte, und damit auch von Grundrechten, durch die öffentliche Gewalt. Grundrechte werden damit gerichtsschutzfähig und -würdig. Die Standards, die im geforderten Gerichtsverfahren erfüllt werden müssen, betreffen die Wirksamkeit, Lückenlosigkeit, Rechtzeitigkeit, hinreichende Rechtskontrolle und wirksame Abhilfemöglichkeit des Rechtsschutzes[60].

26
Völkerrechtliche Vorgaben

Die Normierung nationaler Rechtsmittel zur Geltendmachung von Grundrechtsverletzungen ist aber nicht ausschließlich innerstaatliche Angelegenheit, sondern steht unter Umständen unter zusätzlichen Anforderungen, die aus der Teilnahme an einem internationalen Menschenrechtspakt resultieren. Rechtswege auf staatlicher Ebene sind in dem Sinn allenfalls auch völkerrechtlich vorgezeichnet. Art. 13 EMRK verlangt in dem Zusammenhang nicht zwingend einen gerichtlichen Rechtsschutz, aber eine hinreichend wirksame Instanz mit bestimmten Befugnissen und Verfahrensgarantien[61]. Des weiteren sind aus Art. 2 Abs. 3 des UN-Pakts über bürgerliche und politische Rechte von 1966 (IPbürgR) Kriterien für die Wirksamkeit eines Grundrechtsschutzes zur Durchsetzung und Besicherung der eingeräumten Rechte zu gewinnen[62].

3. Gerichtsförmiger Grundrechtsschutz vor internationalen Instanzen

a) Unabhängigkeit der Rechtsschutzeinrichtungen

27
Unabhängige internationale Rechtsschutzeinrichtungen

Grund- und Menschenrechte schützen in erster Linie vor dem eingreifenden Staat. Insbesondere für die Menschenrechtsgehalte multilateraler Verträge bedeutet die Kehrseite einer solchen Grundkonzeption und Schutzausrichtung die Einräumung prozessualer Wege zur Geltendmachung behaupteter Verletzungen durch – überwiegend staatliche – Träger von Hoheitsgewalt vor unabhängigen internationalen Rechtsschutzeinrichtungen[63]. Zu auf (völker-)vertraglicher Grundlage errichteten gerichtsförmigen Einrichtungen zum Schutz der Menschenrechte gehören hauptsächlich die regional zuständigen Kontrollinstanzen im Rahmen der Europäischen Konvention zum Schutze der Menschenrechte und Grundfreiheiten[64] und der Amerikanischen Menschenrechtskonvention[65]. Als überregionales Rechtsschutzorgan ist der UN-Aus-

---

60 Vgl. m.w.N. *Stern*, Staatsrecht III/1 (LitVerz.), S. 962 ff.
61 Vgl. näher *Jochen Frowein*, in: ders./Wolfgang Peukert, EMRK-Kommentar, ²1996, Art. 13 RN 3 ff.
62 Art. 2 Abs. 3 IPbürgR: „Jeder Vertragsstaat verpflichtet sich,
   a) dafür Sorge zu tragen, daß jeder, der in seinen in diesem Pakt anerkannten Rechten oder Freiheiten verletzt worden ist, das Recht hat, eine wirksame Beschwerde einzulegen, selbst wenn die Verletzung von Personen begangen worden ist, die in amtlicher Eigenschaft gehandelt haben;
   b) dafür Sorge zu tragen, daß jeder, der eine solche Beschwerde erhebt, sein Recht durch das zuständige Gerichts-, Verwaltungs- oder Gesetzgebungsorgan oder durch eine andere, nach den Rechtsvorschriften des Staates zuständige Stelle feststellen lassen kann, und den gerichtlichen Rechtsschutz auszubauen;
   c) dafür Sorge zu tragen, daß die zuständigen Stellen Beschwerden, denen stattgegeben wurde, Geltung verschaffen".
63 Vgl. zur Notwendigkeit der Kompensation von Defiziten im Menschenrechtsschutz durch internationale Rechtsschutzeinrichtungen → oben: *H. H. Klein*, § 6 RN 34; → Bd. VI: *Riedel*, Die Durchsetzung der Menschenrechte.
64 Gemäß Art. 19 ff. der Europäische Gerichtshof für Menschenrechte.
65 Insbesondere der Interamerikanische Gerichtshof.

schuß für Menschenrechte zu nennen (vgl. Art. 28 ff. IPbürgR)[66]. Ohne ausschließlich bzw. hauptsächlich ein spezifisches Grundrechtsgericht zu sein, kann im Rahmen der Europäischen Gemeinschaftsrechtsordnung schließlich der Europäische Gerichtshof (EuGH) in Luxemburg als weiteres internationales Grundrechtsgericht angeführt werden, der im Rahmen seiner Zuständigkeiten auch zur Wahrung der als Primärrecht anzusehenden Gemeinschaftsrechtsgrundrechte berufen ist[67].

b) Individualrechtsschutz

Primär effizienzgewährleistend wirkt auch auf internationaler Ebene die Einräumung eines Individualrechtsschutzes. Verschiedene Menschenrechtsverträge räumen – zum Teil auf fakultativer Basis – die Möglichkeit der Erhebung einer Individualbeschwerde vor ihren Rechtsschutzeinrichtungen ein[68]: so (nunmehr zwingend)[69] Art. 34 ff EMRK[70]; Art. 44 AMRK; und fakultativ unter der Voraussetzung einer ausdrücklichen Unterwerfungserklärung des Vertragsstaates das erste Zusatzprotokoll zum Internationalen Pakt über bürgerliche und politische Rechte, die UN-Rassendiskriminierungs-, die UN-Anti-Folterkonvention und das UN-Übereinkommen zur Beseitigung jeder Form von Diskriminierung der Frau in seinem Zusatzprotokoll[71]. Die Beschwerden müssen sich typischerweise auf Verletzungen von im jeweiligen System garantierten Rechten beziehen und sind stets erst nach Ausschöpfung innerstaatlicher Instanzenzüge zulässig (vgl. Art. 35 Abs. 1 EMRK; Art. 5 Abs. 2 b ZP IPbürgR). Darin kommt die prinzipielle Subsidiarität übernationaler Durchsetzungsbehelfe zum Ausdruck: Primär sollten Grundrechtskonflikte – auch anhand genuin internationaler Normen – bereits auf staatlicher

28
Individualbeschwerde

---

66 → Bd. VI: *E. Klein*, „Allgemeine Bemerkungen" der UN-Menschenrechtsausschüsse.
67 Dazu vgl. *Joseph Weiler*, Methods of Protection: Towards a Second and Third Generation of Protection, in: Antonio Cassese/Andrew Clapham/ders. (Hg.), European Union – The Human Rights Challenge, Bd. 2. Human Rights and the European Community, 1991, S. 555; zu allfälligen Interferenzen innerhalb des europäischen Grundrechtsschutzsystems statt vieler *J. Limbach*, Die Kooperation der Gerichte in der zukünftigen europäischen Grundrechtsarchitektur. Ein Beitrag zur Neubestimmung des Verhältnisses von Bundesverfassungsgericht, Gerichtshof der Europäischen Gemeinschaften und Europäischem Gerichtshof für Menschenrechte, EuGRZ 2000, S. 417; sowie *Korinek*, Zur Bedeutung des gemeinschaftsrechtlichen Grundrechtsschutzes im System des nationalen und europäischen Schutzes der Grund- und Menschenrechte, in: FS Badura, 2004 (in Vorbereitung).
68 Vgl. *Worku*, Erfahrungen mit Individualbeschwerdeverfahren in völkerrechtlichen Menschenrechtsübereinkommen, Humanitäres Völkerrecht 2001, S. 143; und die Diskussion um die Einführung einer Individualbeschwerde im Rahmen der UN-Kinderrechtekonvention: z. B. *Geißler*, Die Rechte der Kinder durchsetzen: Zur Frage der Schaffung einer Individualbeschwerde zum Übereinkommen über die Rechte des Kindes, Humanitäres Völkerrecht 2001, S. 148.
69 Bis zum Inkrafttreten des 11. ZP EMRK am 1.11.1998 hing die Zuständigkeit der Straßburger Kontrollinstanzen von der ausdrücklichen Anerkennung ihrer Jurisdiktion durch den Vertragsstaat ab. Dies ist nicht mehr der Fall, ihre Kontrollbefugnis ist nunmehr zwingend und stellt einen weiteren großen Schritt zur Vervollständigung eines umfassenden Schutzsystems und Rechtsdurchsetzung im Rahmen der EMRK dar.
70 Vgl. *Tomuschat*, Individueller Rechtsschutz: das Herzstück des „ordre public européen" nach der Europäischen Menschenrechtskonvention, EuGRZ 2003, S. 95 (97 f.).
71 Über keinen Individualrechtsschutz verfügt der Internationale Pakt über wirtschaftliche, soziale und kulturelle Rechte (IPWSKR). Zu den Individualbeschwerdeverfahren im Rahmen der UN-Menschenrechtsübereinkommen vgl. *Riedel* (Bibl.) S. 116 ff.; überblicksartig *Weiß* (Bibl.), MRM 1996, S. 7 (ZP IPbürgR); MRM 1997, S. 10 (Anti-Folter-Konvention), S. 34 (Anti-Rassismus-Konvention).

Ebene bereinigt werden[72]. Die Europäische Konvention zum Schutze der Menschenrechte und Grundfreiheiten verpflichtet die Vertragsstaaten darüber hinaus ausdrücklich dazu, die wirksame Ausübung des Individualbeschwerderechts nicht zu behindern (Art. 34 Satz 2), was einer effektiven Grundrechtsdurchsetzung zwar ohnehin immanent, aber vor einem internationalen Hintergrund nicht selbstverständlich sein dürfte[73]. Auch Mitwirkungspflichten des Staates sind nicht unbekannt[74].

29
Kollektivbeschwerde

Ausnahmsweise und in seltenen Fällen sind Kollektivbeschwerden zulässig: Dies gilt etwa im Rahmen der Europäischen Sozialcharta (Zusatzprotokoll), wonach an Stelle von Einzelpersonen im Rahmen ihrer besonderen Kompetenz internationale Arbeitgeber- und Gewerkschaftsorganisationen, repräsentative nationale Vereinigungen und Nicht-Regierungsorganisationen beschwerdelegitimiert sind.

c) Staatenbeschwerdeverfahren

30
„Sicherheitsnetz für äußerste Notlagen"

Daneben existiert regelmäßig das Instrument der Staatenbeschwerde, dem als Durchsetzungsgarant aber bloß der Charakter als „Sicherheitsnetz nur für äußerste Notlagen"[75] zugeschrieben wird. Staatenbeschwerdeverfahren sind in den Art. 33 EMRK, Art. 44 AMRK, Art. 41 IPbürgR, Art. 8 ff. Anti-Rassismus-Konvention und Art. 21 Anti-Folter-Konvention der Vereinten Nationen geregelt. In der Praxis spielen Staatenbeschwerdeverfahren eine untergeordnete Rolle, da die Konfliktlinien im Grundrechtsstreit typischerweise anders – nämlich in der Regel zwischen Individuen und Staaten, und nicht zwischenstaatlich – verlaufen[76].

4. Verfahrensergebnisse des gerichtsförmigen Grundrechtsschutzes

a) Allgemeines

31
Rechtsfolgen

Im Bereich des (nationalen und internationalen) gerichtlichen oder gerichtsähnlichen Grundrechtsschutzes führt das Verfahren im Regelfall zu einer Entscheidung, die freilich unterschiedliche Rechtsfolgen nach sich ziehen kann. Ohne daß hier auf mitunter diffizile Einzelfragen eingegangen werden kann, soll doch der Vollständigkeit halber typologisch beschrieben werden, welche

---

72 Vgl. zur Frage der Überprüfung interner Kontrollorgane durch internationale Rechtsschutzeinrichtungen den Landesbericht Österreich von *Jann*, Verfassungsrechtlicher oder internationaler Schutz der Menschenrechte: Konkurrenz oder Ergänzung?, EuGRZ 1994, S. 1 (6 ff., 11 ff.); bzw. für Deutschland *P. Kirchhof*, Verfassungsrechtlicher oder internationaler Schutz der Menschenrechte: Konkurrenz oder Ergänzung?, EuGRZ 1994, S. 16 (25 ff., 34 ff.).
73 Vgl. dazu *EGMR*, Urt. v. 6.2.2003, Mamatkulov und Abdurasulovic ./. Türkei, Beschwerden Nr. 46827/99, 46951/99, wo die Nichtbefolgung der vom Gerichtshof empfohlenen vorläufigen Maßnahmen (durch frühzeitige Auslieferung) zur Annahme einer Verletzung des Art. 34 EMRK führte.
74 Vgl. jüngst *EGMR*, Urt. v. 24.4.2003, Aktas ./. Türkei, Beschwerde Nr. 24351/94 (Verletzung von Art. 38 EMRK).
75 Vgl. *Tomuschat* (FN 70), S. 96.
76 So auch *Riedel* (Bibl.), S. 115 f.

Arten der Entscheidung vorwiegend anzutreffen sind (b) und zu welchen Konsequenzen jene Entscheidungen führen können, in denen Grundrechtsverletzungen konstatiert werden (c).

b) Entscheidungsergebnisse

Der Ausgang verfassungsgerichtlicher Rechtsschutzverfahren eröffnet häufig die Möglichkeit der Aufhebung des grundrechtswidrigen Staatshandelns, handelt es sich nun um Vollzugs- oder um Legislativakte. Als Beispiele für eine derartige Grundrechtsgerichtsbarkeit mit Aktbeseitigungspotential sind primär die nationalen Verfassungsgerichte zu nennen. Dies ist zwar überwiegend, aber nicht immer der Fall: Gelegentlich mündet die Prüfung durch nationale Grundrechtsgerichte in eine Empfehlung oder ein Gutachten gegenüber anderen Organen oder erfolgt überhaupt im Vorfeld, im Wege einer verfassungsrechtlichen Vereinbarkeitskontrolle[77].

32 Kassatorische Entscheidungsbefugnisse

Die Aufhebung eines Staatsaktes kommt freilich nur in Betracht, sofern der Akt noch Wirksamkeit entfaltet. Andernfalls kommt nur die Feststellung der Grundrechtswidrigkeit in Betracht, die freilich mit weiteren Konsequenzen verbunden sein kann[78]. Als Beispiel dafür sind etwa bereits außer Kraft getretene Gesetze, sowie bestimmte Arten von Grundrechtsverletzungen, die sich nicht (mehr) beseitigen lassen, zu nennen[79]. Eine Reihe von EMRK-Mitgliedstaaten sieht besondere Rechtsbehelfe vor, um behaupteten Verletzungen des Gebots angemessener Verfahrensdauer in Art. 6 Abs. 1 EMRK zu begegnen: Ein Rechtsmittel kann Verfahrensverzögerungen nicht mehr korrigieren, weil die überinstanzliche Entscheidung nur noch später ergehen kann. Deswegen sind die Rechtsfolgen auf den Ausspruch der Verletzung sowie die Zusprechung von Entschädigungen (oder einer Strafherabsetzung) eingeschränkt[80]. In manchen Staaten kommt es in derartigen Fällen zu verkürzten Verfahren, die unmittelbar vor den Verfassungsgerichten geführt werden[81].

33 Feststellung der Grundrechtswidrigkeit und Entschädigung

Die Rechtsschutzgarantie des Art. 13 EMRK verlangt auf nationaler Basis zwar keinen gerichtlichen Rechtsschutz im engeren Sinn, aber nötigenfalls die Einrichtung einer nationalen behördlichen Instanz mit sonst hinreichend wirksamer Beschwerdemöglichkeit. Diese ist anhand der Befugnisse und Ver-

34 Art. 13 EMRK

---

77 So im Gesetzgebungsverfahren in Rumänien, aber auch in Frankreich: vgl. *Zierlein* (FN 36), S. 302.
78 Vgl. dazu sub B II 4 c, RN 39 ff. (Konsequenzen festgestellter Grundrechtsverletzungen).
79 Man denke an eine grundrechtsverletzende Hausdurchsuchung, eine durchgeführte Versammlungsauflösung oder einen grundrechtswidrigen Freiheitsentzug, der schon beendet wurde. Für das österreichische Recht vgl. etwa die Institution der Maßnahmenbeschwerde gegen grundrechtsverletzende Akte unmittelbarer behördlicher Befehls- und Zwangsgewalt vor den Unabhängigen Verwaltungssenaten nach Art. 129 a Abs. 1 Nr. 2 B-VG (vgl. *Köhler*, Art. 129 a B-VG, in: Korinek/Holoubek [FN 51], RN 40 ff.).
80 Vgl. dazu *VfSlg.* 15760/2000.
81 Vgl. die sog „legge Pinto" in Italien, bzw. die Rechtswegverkürzung unmittelbar zum Verfassungsgericht in Kroatien und der Slowakei: vgl. *M. Breuer*, Der Europäische Gerichtshof als Wächter des europäischen Gemeinschaftsrechts, JZ 2003, S. 433 (441).

fahrensgarantien der Rechtsschutzinstanz zu messen[82]. Dabei ist jedoch nicht zwingend eine Aktaufhebungsbefugnis verlangt, wenn in anderer Form hinreichende Genugtuung (z.B. Schadenersatz) gewährt bzw. zugesprochen werden kann[83].

35
Autoritative Feststellung

Auf internationaler Ebene kommt eine unmittelbar den überprüften Staatsakt aufhebende Wirkung kaum in Betracht[84]. Diese Rechtsschutzorgane sind grundsätzlich auf die autoritative Feststellung der Grundrechtswidrigkeit beschränkt. Schon aus Souveränitätsgründen sind die international eingerichteten Rechtsschutzinstitutionen regelmäßig nicht befugt, grundrechtswidrige staatliche Akte aufzuheben (vgl. z.B. den nach dem Fakultativprotokoll zum Internationalen Pakt über bürgerliche und politische Rechte für einen Individualrechtsschutz zuständigen UN-Menschenrechtsausschuß, der berufen ist, Paktverletzungen festzustellen). Eine Feststellungskompetenz ist dabei häufig nicht auf den Ausspruch des Grundrechtsverstoßes allein beschränkt. Mit ihm können entschädigungsrechtliche Konsequenzen[85] verbunden sein; dazu kommt in der Regel die Veröffentlichung, allenfalls mit begleitendem Berichtswesen und einer korrelierenden Öffentlichkeitsarbeit. Damit ist zweifellos eine gewisse „Prangerwirkung" verbunden, die ein Mindestmaß an Durchsetzung garantiert bzw. dazu motiviert.

36
Empfehlungen

Auch feststellend, aber von vornherein eine geringere Rechtsverbindlichkeit beanspruchend, sind Empfehlungen nationaler oder internationaler Grundrechtsinstanzen. Sie kennzeichnen unter anderem internationale Gewährleistungssysteme einer sanfteren oder überhaupt fehlenden Rechtsdurchsetzung, finden sich unter Umständen aber auch bei gerichtsförmigen Organen, z.B. dem Europäischen Gerichtshof für Menschenrechte, was die Gewährung vorläufigen Rechtsschutzes betrifft[86].

37
Gütliche Einigung und Klaglosstellung

Neben sonstigen prozessualen Streit beendigenden Gründen technischer Art werden regelmäßig auch judizielle Rechtsschutzverfahren durch Streitbeilegung im Wege gütlicher Einigung der Streitparteien (vgl. Art. 39 EMRK) oder faktische Entsprechung (Klaglosstellung) beendet bzw. besteht in derartigen Fällen die Möglichkeit, das Verfahren einzustellen. Derartiges findet sich im

---

82 Vgl. z.B. *EGMR*, Urt. v. 6.9.1978, Klass ./. Deutschland, Publications de la Cour européenne des Droits de l'Homme, Série A, Nr. 28, RN 66ff., sowie EuGRZ 1979, 278 (287f.); *EGMR*, Urt. v. 25.3.1983, Silver u.a. ./. Vereinigtes Königreich, Publications de la Cour européenne des Droits de l'Homme, Série A, Nr. 61, RN 113, sowie EuGRZ 1984, 147 (153f.); vgl. *E. Klein*, Der Individualrechtsschutz in der Bundesrepublik Deutschland bei Verstößen gegen die Menschenrechte und Grundfreiheiten der Europäischen Menschenrechtskonvention, in: Ernst G. Mahrenholz/Meinhard Hilf/ders. (Hg.), Entwicklung der Menschenrechte innerhalb der Staaten des Europarates (1987), S. 43.
83 M.w.H. *Frowein* (FN 61), Art. 13 RN 6.
84 Differenziertes gilt für den Europäischen Gerichtshof als Organ einer supranationalen Gemeinschaft: Dieser könnte anhand der als Primärrecht geltenden Gemeinschaftsrechtsgrundrechte auch – freilich gemeinschaftliches, dh innerhalb derselben Rechtsordnung bestehendes – Sekundärrecht daran überprüfen und für ungültig erklären; praktisch wirksam ist das allerdings bislang noch nicht geworden: vgl. *Berka* (FN 12), RN 362.
85 Vgl. dazu sub B II 4 c, RN 39ff. (Konsequenzen festgestellter Grundrechtsverletzungen).
86 Vgl. die Verfahrensregel 39 der Verfahrensordnung des EGMR: „may [...] indicate to the parties any interim measure".

nationalen wie im internationalen Bereich[87]. Gerichtlicher Rechtsschutz erweist sich trotzdem bzw. gerade dort als effizient, wo er nicht mehr nötig (also überflüssig) wird, weil die Interessenlage aller Beteiligten befriedet ist. Im Interesse einer allgemeinen Grundrechtsdurchsetzung oder auch als Ausdruck eines fortbestehenden Pönalisierungs- oder Inkriminierungsbedürfnisses können jedoch auch solche Verfahren unter Umständen zu Ende zu führen sein[88].

Unabhängig vom prozessual möglichen Ausgang kann ein einstweiliger Rechtsschutz vorgesehen sein, der im Dienste einer effektiven Grundrechtsdurchsetzung steht: Er soll bewirken, daß die zu erwartende Sachentscheidung noch effektiv sein wird, und soll unwiederbringliche Schäden vermeiden. In diesem Sinn kennen nationale Rechtsordnungen in der Regel auch im Bereich des Grundrechtsschutzes Provisorialverfahren, in denen eine einstweilige Verfügung erlassen oder der Beschwerde aufschiebende Wirkung zuerkannt werden kann. Auf internationaler Ebene kommt dem einstweiligen Rechtsschutz überwiegend Empfehlungscharakter zu[89]; seine Mißachtung kann nichtsdestotrotz (grund-)rechtserheblich sein[90]. Als verbindlich sind international hingegen einstweilige Maßnahmen nach Art. 63 Abs. 2 AMRK konstruiert.

38
Einstweiliger Rechtsschutz

c) Konsequenzen festgestellter Grundrechtsverletzungen

Werden grundrechtswidrige Staatsakte aufgehoben, so führt dies im Regelfall zur Verpflichtung des Staatsorgans, in Bindung an Spruch und Begründung des Grundrechtsgerichts einen grundrechtskonformen Ersatzakt zu erlassen[91]. Im Falle der Aufhebung bzw. Nichtigerklärung eines Gesetzes ist der Gesetzgeber dann, wenn er der Auffassung ist, die Sache müsse neuerlich geregelt werden, berufen, einen grundrechtskonformen Zustand herzustellen. Hierbei kommt ihm naturgemäß – innerhalb des verfassungsrechtlichen, insb. auch grundrechtlich vorgegebenen Rahmens – die rechtspolitische Gestaltungsprärogative zu; ob er bei seinem neuen Gesetzgebungsakt diesen Rahmen eingehalten oder überschritten hat, ist freilich wieder eine Frage, die vor die Verfassungsgerichte gebracht werden kann. Der Gesetzgeber kann allerdings auch auf einen Anpassungsakt verzichten, wenn er der Ansicht ist, daß die „bereinigte Gesetzeslage" den Sachanforderungen entspricht.

39
Erlaß grundrechtskonformer Ersatzakte

---

87 Vgl. zum ZP IPbürgR z.B. *UN-Menschenrechtsausschuß*, Waksman ./. Uruguay (Nr 31/1978).
88 So können aus Grundrechtsgewährleistungsgründen Verfahren fortgesetzt werden (vgl. jüngst *EGMR*, Urt. v. 24.7.2003 – 40016/98, Karner ./. Österreich), wenn dies für besonders wichtig und von genereller Bedeutung für den Grundrechtsschutz erachtet wird. Im österreichischen Recht führt etwa die Kaglosstellung im Anlaßfall zu keiner Beendigung des Gesetzesprüfungsverfahrens (Art 140 Abs. 4 B-VG). Eine besondere Grundrechtssicherungsfunktion kommt auch in der in manchen Fällen noch dem Rechtsnachfolger zugesprochenen Prozeßführungslegitimation zum Ausdruck: vgl. z.B. *VfSlg.* 16109/2001.
89 So nach der Regel 39 der Verfahrensordnung des EGMR sowie nach Art. 86 Verfahrensordnung des UN-Menschenrechtsausschusses in Verbindung mit Art. 39 IPbürgR.
90 Vgl. zur Rechtsverbindlichkeit empfohlener vorläufiger Maßnahmen *EGMR*, Urt. v. 6.2.2003, 46827/99, 46951/99, Mamatkulov und Abduralovic ./. Türkei; bzw. auch *UN-Menschenrechtsausschuß* 8. 5. 2003, Nr. 1086/2002, Shalom Weiss ./. Österreich.
91 Ein Ersatzakt kommt freilich dann nicht in Betracht, wenn der Gerichtsakt nicht zur Aufhebung, sondern nur zur Feststellung der Grundrechtswidrigkeit geführt hat; vgl. oben bei FN 78 und 79.

§ 23 Zweiter Teil: III. Voraussetzungen, Sicherung und Durchsetzung

40
Durchführungsverpflichtung

Derartige Effekte werden durch verurteilende Entscheidungen internationaler Instanzen aber in aller Regel nicht erzeugt. So kann aus der Europäischen Konvention zum Schutze der Menschenrechte und Grundfreiheiten selbst jedenfalls nicht ohne weiteres auf die unbedingte Notwendigkeit einer Aufhebung und nachträglichen Beseitigung des inkriminierten Aktes geschlossen werden[92]. Vielmehr erfließt aus der Feststellung einer Grundrechtsverletzung die nicht unmittelbar durchsetzbare Verpflichtung, die Entscheidung inhaltlich zu befolgen (Durchführungsverpflichtung nach Art. 46 EMRK; Art. 68 AMRK). Die Mittel und Wege einer Anpassung bzw. Herstellung des grundrechtskonformen Zustandes sind dabei den Staaten anheimgestellt; wie diese dabei den grundrechtlichen Verpflichtungen nachkommen, hängt nicht zuletzt vom innerstaatlichen Rechtssystem und der Stellung des jeweiligen Menschenrechtsdokuments in diesem ab[93].

41
Angemessene Entschädigung

Vor allem in jenen Fällen, in denen es zu keiner Aktbeseitigung, sondern bloß zur Feststellung der Grundrechtsverletzung gekommen ist, mitunter aber auch in Verbindung mit einer Aktbeseitigung, bestehen Kompetenzen staatlicher oder internationaler Organe zur Zuerkennung einer für die erlittene Grundrechtsverletzung angemessenen Entschädigung. Als typisches Beispiel sei hier das Bestehen eines grundrechtspezifischen Schadenersatzanspruchs als Schutzinhalt des Rechts auf persönliche Freiheit genannt[94]. Auch kommt etwa in Fällen überlanger Verfahrensdauer bei criminal charges eine Herabsetzung der Strafe in Betracht[95].

42
Entschädigungsmodi

Ergibt sich die Verpflichtung zur Entschädigung aus übernationalen Grundrechtsgewährleistungen, erfolgt die Anordnung zur Wiedergutmachung doch häufig durch nationale Organe auf staatlicher Ebene. Dies kann durch die Anordnung der Verpflichtung zur Folgenbeseitigung, Restitution, Entschädigung und Wiederherstellung des (grund-)rechtskonfomen Zustandes geschehen[96]. Ist innerstaatlich dem Schaden nicht abgeholfen, ergibt sich z. B. aus der allgemeinen Entschädigungsregel des Art. 41 EMRK ein Schadenersatzanspruch, den der Europäische Gerichtshof für Menschenrechte anwendet und aufgrund dessen die Judikatur Entschädigung für durch die Grundrechtsver-

---

[92] Vgl. dazu *VfSlg.* 15760/2000; *VfGH*, Erk. v. 2.12.2002, B 942/02.
[93] Vgl. zur EMRK *Polakiewicz* (Bibl.); zu den aus Art. 46 EMRK (Art. 53 a.F.) erfließenden Folgewirkungen in den einzelnen Mitgliedstaaten vgl. *Ress* (Bibl.) S. 808 ff.; *dens.*, Die Europäische Menschenrechtskonvention und die Vertragsstaaten: Die Wirkungen der Urteile des Europäischen Gerichtshofes für Menschenrechte im innerstaatlichen Recht und vor innerstaatlichen Gerichten, in: Irene Maier (Hg.), Europäischer Menschenrechtsschutz, 1982, S. 227 (insb. S. 244 ff.); vgl. auch *Dieter Kilian*, Die Bindungswirkung der Entscheidungen des Europäischen Gerichtshofs für Menschenrechte, 1994.
[94] Vgl. ausführlich und m.w.N. zu Art. 5 Abs. 5 EMRK – bzw. zur innerstaatlichen, inhaltlich deckungsgleichen Verfassungsbestimmung des Art. 7 PersFrG – *Kopetzki*, Art. 7 PersFrG, in: Korinek/Holoubek (FN 51). Siehe auch Art. 9 Abs. 5 IPbürgR; dazu *Holoubek*, Der Schutz der persönlichen Freiheit im UN-Weltpakt über bürgerliche und politische Rechte, ZÖR 1989, 89 (125 f.).
[95] Vgl. *VfSlg.* 16385/2001 (m.H. auch auf die strafrechtlichen Entscheidungen österr. und schweizerischer Gerichte).
[96] Ausführlich → Bd. III: *Grzeszick*, Grundrechte und Staatshaftung; zur Frage, inwieweit eine haftungsrechtliche Sanktion der grundrechtlichen Effektuierung genügt, vgl. *Holoubek* (Bibl.), S. 268 FN 431 m.w.N.; vgl. auch *Daniel Röder*, Die Haftungsfunktion der Grundrechte. Eine Untersuchung zum anspruchsbewehrten „status negativus compensationis", 2002; vgl. (für die Schweiz) *Gross*, Staatshaftung und Grundrechtsschutz, AJP 2002, S. 1429.

letzung kausal verursachte materielle und zum Teil auch immaterielle Schäden zuspricht[97].

Rechtliche Regelungen über die Durchsetzung der Entscheidungen internationaler Grundrechtsschutzinstanzen fehlen; die Durchsetzung wird vielmehr den einzelnen Staaten überlassen und ist vielfältig[98]. Die Durchführungsüberwachung erfolgt im Rahmen der Europäischen Konvention zum Schutze der Menschenrechte und Grundfreiheiten durch das Ministerkomitee (vgl. Art. 46 Abs. 2 EMRK). Den Staat trifft dabei eine Informationspflicht (Berichtspflicht) über getroffene generelle sowie individuell-konkrete Abhilfemaßnahmen und geleistete Entschädigungen[99]. Die Entscheidungen im Rahmen der Rechtsschutzorgane der Konvention genießen dabei große Autorität; den dort konkretisierten Grundrechtspflichten wird – unter anderem auch im Unterschied zu anderen internationalen Menschenrechtsregimes – im Ergebnis auf durchwegs befriedigende Weise entsprochen.

43
Durchsetzung der Entscheidung internationaler Organe

5. Sonstige Instrumente staatlichen Menschenrechtsschutzes

Neben einem gerichtlichen Grundrechtsschutz sind auf nationaler Basis auch andere unabhängige Institutionen mit der Wahrung von Grund- und Menschenrechten betraut. Dabei sind weniger echte Rechtswege eingeräumt, als vielmehr alternative Mittel und Methoden meist geringerer (rechtlicher) Durchsetzbarkeit und Effizienz. Fehlt ihnen auch die Ansprüchlichkeit oder strikte Rechtsverbindlichkeit, so sagt das noch nichts über ihre politische oder faktische Wirksamkeit aus. Nur hingewiesen werden soll in diesem Zusammenhang auf auch grundrechtssichernde parlamentarische Kontrollen[100] bzw. Selbst- und Fremdkontrollmaßnahmen der Verwaltung[101].

44
Alternative Mittel und Methoden

Im Unterschied zu den oben dargestellten echten (ordentlichen oder außerordentlichen) Rechtsmitteln auf nationaler oder internationaler Basis wirken derartige Instrumentarien nicht nur repressiv, das heißt im nachhinein, als Reaktion auf eine als geschehen behauptete Grundrechtsverletzung. Vielmehr greifen diese Mechanismen schon im Vorfeld und vom Einzelfall unabhängig. Sie wirken im Zuge präventiver Kontrollen, einer regelmäßigen dauernden Überwachung und Beobachtung und besonders auch durch verfügte vorbeugende Maßnahmen[102]. Insoweit fehlt zwar das Zwangselement, eine

45
Präventive Kontrolle

---

97 Vgl. auch Art. 63 Abs. 1 AMRK, wonach der IAGMR eine angemessene Entschädigung zusprechen kann.
98 Vgl. dazu § 363 a österr. Strafprozeßordnung (BGBl. 1996/762), der die Wiederaufnahme eines Strafverfahrens nach einer Verurteilung durch den Europäischen Gerichtshof für Menschenrechte vorsieht.
99 Vgl. *Okresek* (Bibl.), S. 168; dazu (noch zur Vorläuferregelung in Art. 54 EMRK) auch *Leuprecht* (Bibl.), S. 796 ff.
100 → Bd. III: *H. P. Schneider*, Grundrechtsschutz durch parlamentarische Kontrolle.
101 → Bd. III: *Stober*, Grundrechtsschutz durch Selbstkontrolle und Fremdkontrolle der Verwaltung; vgl. zur Eigenkontrolle des Regimes als Funktion der Gerichtsbarkeit öffentlichen Rechts im (alten) Osteuropa *Hartmut Krüger*, Die Funktion der Verwaltungs- und Verfassungsgerichtsbarkeit in einigen Staaten Osteuropas, DÖV 1986, S. 45.
102 Vgl. *Alleweldt* (Bibl.), S. 245 (zu präventiven Maßnahmen im einzelnen S. 251 ff.).

Grundrechtseffektuierung wird aber unter Umständen dafür schon früher und nicht erst im regelwidrigen Fall wirksam.

46
Beobachtung und Überprüfung

Begleitend zu echten Rechtsmitteln werden auf nationaler Basis verschiedene Instrumentarien zur Beobachtung grundrechtskonformen (Staats-)Verhaltens bzw. zum Monitoring bestimmter Bereiche eingesetzt. Dies erfolgt in der Regel durch bestimmte, zum Teil darauf spezialisierte, unabhängige und mit hohem Sachverstand ausgestattete Organe: Als Beispiele aus der österreichischen Rechtsordnung, die derartige Instrumente im letzten Jahrzehnt besonders entwickelt hat, seien etwa der „Menschenrechtsbeirat" mit der Aufgabe der regelmäßigen Beobachtung und Überprüfung der Tätigkeit der Sicherheitsbehörden oder die Institution von „Rechtsschutzbeauftragten" zur begleitenden Kontrolle in grundrechtssensiblen Bereichen von Ermittlungen im strafrechtlichen Vorverfahren oder bei der nachrichtendienstlichen Aufklärung oder Abwehr im Bereich der Landesverteidigung genannt[103]; aber auch die Gleichbehandlungskommissionen sind in diesem Zusammenhang zu nennen. Die Volksanwaltschaft (eine Art umfassend zuständiger Ombudsmann zur Mißstandskontrolle in der Verwaltung) ist unter anderem auch dazu berufen, Grundrechtswidrigkeiten zu erfassen und offenzulegen[104], was in den Berichten der Volksanwaltschaft an den Nationalrat seit dem Jahr 2001 auch ausführlich geschieht. Diese Institution kann mittels subsidiärer Beschwerde von jedermann angerufen werden; ihre Waffen sind freilich „stumpf"[105]. Aus der deutschen Rechtsordnung kann beispielsweise die Einrichtung des mit dem Grundrechtsschutz betrauten Wehrbeauftragten als Hilfsorgan des Bundestags[106] genannt werden. Grundrechtsbeauftragte Volksanwälte finden sich auch in den Rechtsordnungen Spaniens, Portugals und Guatemalas („Prokuratur für Menschenrechte")[107].

6. Sonstige Instrumente internationalen Menschenrechtsschutzes

47
Durchsetzungsschwäche internationalen Schutzes

Auch im Bereich des Schutzes der Grund- und Menschenrechte liegt die primäre Gewährleistungs- und Durchsetzungsmacht beim Staat. Das Völkerrecht ist hingegen traditionell durchsetzungsschwach. Daher bleibt – sieht man von den Spezialfällen der Europäischen Konvention zum Schutze der Menschenrechte und Grundfreiheiten und der Amerikanischen Menschenrechtskonvention ab – eine zwangsweise und nötigenfalls konfrontative Durchsetzung universeller Gewährleistungen hinter der Effektivität von Grundrechtsgewährleistungen auf staatlicher Ebene zurück. Gemessen am Maßstab von klaren Umsetzungs- und Durchsetzungsinstrumenten ist der

---

103 § 15 a SPG (dazu *Pöschl*, Der Menschenrechtsbeirat, JRP 2001, S. 47), § 149 n StPO (dazu *Machacek*, Die Bekämpfung der organisierten Kriminalität in Österreich, ÖJZ 1998, S. 553, insb. S. 560 ff.), § 57 MBG.
104 Vgl. Art. 148 a B-VG.
105 So *Beckmann*, 20 Jahre Volksanwaltschaft in der Republik Österreich, in: Die Verwaltung 31 (1998), S. 167 (181 f.); vgl. *Schäffer/Jahnel*, (Bibl.), S. 71 (86).
106 Vgl. Art. 45 b GG.
107 Vgl. *Häberle* (Bibl.), S. 417.

universelle oder überstaatliche Menschenrechtsschutz deutlich schwächer ausgeprägt als der nationale. Nicht zuletzt liegt es daran, daß völkerrechtlichen Menschenrechtsgarantien nicht immer derselbe Rechtsstatus zuerkannt wird, wie ihn innerstaatliche Rechte, insbesondere Verfassungsrechte, bekleiden[108]. Dennoch haben sich in einer großen Bandbreite großteils weichere Sicherungsmechanismen – angesiedelt zwischen „Idealismus und Realismus"[109] – zur Effektuierung von Menschenrechten gebildet, die zum Teil völkervertragsrechtlich eingerichtet wurden[110], zum Teil aber auch Völkergewohnheitsrecht zugerechnet werden können[111]. Gerade aufgrund der Repressionsdefizite besteht die Chance einer internationalen Grundrechtsdurchsetzung mittels präventiv wirksamer Mechanismen, die Grundrechtsverletzungen möglichst vermeiden[112].

Hier seien zunächst solche völkerrechtlich eingerichteten – großteils auch über Frühwarnsysteme wirksame – Kontrollverfahren herausgegriffen, die noch „quasi-judiziär" genannt werden können, weil sie ein gewisses Maß an verfahrensförmlichen Komponenten aufweisen:

48 Quasi-judiziäre Kontrollverfahren

Ohne justizförmige Durchsetzungsinstrumentarien, aber dennoch menschenrechtsgewährleistend funktionieren auf völkerrechtlicher Ebene institutionalisierte Berichtswesen in Form von Staatenberichten an überregionale Kontrollgremien über die einschlägige Gesetzgebung und Rechtsanwendung[113]. Obligatorische, periodische oder auch auf Anforderung initialisierbare Staatenberichtsverfahren jeweils an den Menschenrechtsausschuß kennzeichnen die Menschenrechtsverträge der Vereinten Nationen[114, 115]. Auch die Europäische Sozialcharta (Art. 21), die Menschenrechtskonvention zur Biomedizin (Art. 30 MRB) und insbesondere die sogleich näher zu nennende Anti-Folter-

49 Berichtsverfahren

---

108 Eine fehlende unmittelbare Anwendbarkeit bzw. bloßes „soft law" wird zum Teil durch Ratifizierungspraktiken verursacht, nach denen einem abgegebenen Erfüllungsvorbehalt in der Folge nicht entsprochen wird. Trotz fehlender Rechtsverbindlichkeit in einem strengen Sinn kann solchen Dokumenten doch mittelbare rechtliche Bedeutung als Auslegungs- und Orientierungshilfe zukommen (vgl. z.B. – zum jetzigen Zeitpunkt – die EU-Grundrechtecharta, die fehlende justitielle Absicherung der Europäischen Sozialcharta oder der UN-Menschenrechtserklärung).
109 So *Stern*, Staatsrecht III/1 (LitVerz.), S. 298 ff.
110 Vgl. *Karl*, Besonderheiten der internationalen Kontrollverfahren zum Schutz der Menschenrechte, in: Walter Kälin u.a. (Hg.), Aktuelle Probleme des Menschenrechtsschutzes. Berichte der Deutschen Gesellschaft für Völkerrecht 33 (1994), S. 83.
111 Zu außervertraglichen völkerrechtlichen Schutzsystemen vgl. *Riedel* (Bibl.), S. 122 ff.
112 Zur Entwicklung der Durchsetzung der Menschenrechte von der unverbindlichen Erklärung, der Förderung, über Implementierung mittels Menschenrechtsvertragsüberwachung und zwangsweiser Durchsetzung (Enforcement) bis hin zum anzustrebenden Ziel der Prävention vgl. *Nowak* (Bibl.) S. 39 ff.; materielle und begleitende prozessuale – universelle (Bd. 1) sowie regionale (Bd. 2) – Garantien kompiliert United Nations/Centre for Human Rights (Bibl.).
113 Vgl. ausführlich zu universell und regional vorgesehenen Staatenberichten im Menschenrechtsschutz, inklusive der Frage ihrer Wirksamkeit, *Oberleitner* (Bibl.); vgl. auch *Eckart Klein*, Menschenrechte, 1997, S. 17; *Riedel*, (Bibl.), S. 119 ff.
114 Vgl. Art. 40 IPbürgR, Art. 16 f. PWSKR, Art. 8 ff. Anti-Rassismus-Übereinkommen.
115 Zu den Staatenberichtsverfahren an die UN-Kontrollgremien (u.a. den Menschenrechtsausschuß des IpbürgR sowie die Ausschüsse nach dem Pakt über wirtschaftliche, soziale und kulturelle Rechte, die Rassendiskriminierungskonvention und des Übereinkommens zur Beseitigung jeder Form der Diskriminierung der Frau vgl. die Beiträge der jeweiligen deutschen Mitglieder in *E. Klein* (Bibl.); speziell zur Anti-Folterkommission des Europarates *Weiß* (Bibl.), MRM 1997, S. 10 ff.

§ 23   Zweiter Teil: III. Voraussetzungen, Sicherung und Durchsetzung

konvention des Europarates (Art. 19) richten ein Berichtswesen ein. Die berichtsempfangenden Instanzen setzten sich in aller Regel aus unabhängigen Experten zusammen, das heißt Sachverständigen, die in hohem Maße fachliche Kompetenz und sonstiges Ansehen genießen. Die Berichte werden im Regelfall überprüft, begutachtet und kommentiert, unter Umständen an andere Instanzen bzw. die Parteien zum Teil mit Empfehlungen weitergeleitet und allenfalls publiziert.

50
Besuchs- und Verhandlungssysteme

Zum Teil sind auch überwachende – und ebenso präventiv wirken sollende – Besuchssysteme durch unabhängige Sachverständige eingerichtet: Dies gilt im besonderen für die Visitationen des Antifolterkomitees beim Europarat (CPT) aufgrund der Europäischen Konvention zur Verhütung von Folter, unmenschlicher und erniedrigender Behandlung oder Strafe. Seine Inspektionsreisen münden in Reports inklusive Empfehlungen (Recommendations) und Bemerkungen (Comments). Binnen verfügter Fristen wird der betreffende Staat zur Stellungnahme oder sonstigen Reaktion aufgefordert. Die grundrechtsdurchsetzende Wirkung soll über Dialog und Kooperation bzw. faktische Entsprechung erzielt werden[116]. Überhaupt können in Verbindung mit einem Berichtswesen Verhandlungslösungen als institutionalisierter, konstruktiver Dialog in einem Verhandlungssystem[117] zur Bereinigung von Grundrechtskonflikten und Durchsetzung von Grundrechtspositionen genannt werden.

51
Politische Instrumentarien

Derartige diskursive Prozesse bilden die fließende Grenze zur nächsten Schicht von Konfliktbereinigungsmechanismen im Grundrechtsbereich: Zu den eher politisch als rechtlich eingesetzten Instrumenten einer Grundrechtsdurchsetzung, die nicht vertraglich geregelt sind, zählt eine große Zahl von nicht oder wenig verfahrensförmlichen Maßnahmen, die staatlicherseits von – auf ihre rechtliche Grundlage und Rechtfertigung freilich überprüfbaren – allgemeinen völkerrechtlichen Sanktionsmaßnahmen wie Repressalien, Sanktionen, humanitären Interventionen[118] bis hin zu diplomatischen Aktivitäten[119] reichen.

52
Öffentlichkeitsbeteiligung

Nur mehr im Randbereich (im wesentlichen durch die rechtliche Einrichtung) betreffen staatliche Aktivitäten zur Durchsetzung internationaler Menschenrechte insbesondere auch die Einbeziehung und Überwachung durch eine

---

116 Umfassend *Kriebaum* (Bibl.); vgl. *Alleweldt* (Bibl.); *Machacek*, Das „Antifolterkomitee" beim Europarat – ein Zwischenbericht, in: Österreichische Juristenkommission (Hg.), Kritik und Fortschritt im Rechtsstaat. Grundrechte in Europa, 1995, S. 55 (insb. S. 60 f.); *N. Weiß*, Schutz vor Folter – Rechtliche Grundlagen und Durchsetzungsmechanismen, in: ders./Dirk Engel/Gianni D'Amato (Hg.), Menschenrechte, 1997, S. 57 (76 ff.).
117 Vgl. zu Art. 16 f. UN-Pakt über wirtschaftliche, soziale und kulturelle Rechte *Riedel*, Verhandlungslösungen im Rahmen des Sozialpakts der Vereinten Nationen, in: Christian Koenig/Ralph Alexander Lorz (FN 71), S. 389 (kritisch differenziert zur Effektivität insb. S. 398 ff.).
118 Vertiefend vor allem zu allgemeinen völkerrechtlichen Instrumenten zum Schutz von Menschenrechten außerhalb vertraglicher Mechanismen vgl. *Weschke* (Bibl.); vgl. zur Problematik auch *E. Klein* (FN 113), S. 19 f.
119 Vgl. *Karl*, Stille Diplomatie oder Publizität? – Überlegungen zum effektiven Schutz der Menschenrechte, in: Eckart Klein (Hg.), Stille Diplomatie oder Publizität? Überlegungen zum effektiven Schutz der Menschenrechte, 1996, S. 13.

internationale Öffentlichkeit[120]. Eine solche Beteiligung erfolgt überwiegend durch Öffentlichkeitsgarantien in den Regelungssystemen und die Teilnahme staatlicher Gewalten, rechtsberatender Berufe, politischer Parteien und Verbände, Religionsgemeinschaften, Bildungseinrichtungen, Medien und schließlich Institutionen oder Repräsentanten der Wissenschaft und Kunst in den Organisationen. Ein besonderes öffentliches Wächteramt im Prozeß der Grundrechtsdurchsetzung bekleiden darunter verschiedene Non-Gouvernmental-Organizations (NGOs), wie „Human Rights Watch" (früher: „Helsinki Watch")[121] oder Amnesty International[122].

C. Grundrechtsverwirklichung

I. Allgemeines

In der modernen Grundrechtsdogmatik hat sich die Auffassung durchgesetzt, daß Grundrechte auf breite Realisierung angelegt sind. Sie prägen – wie alle Normen in Verfassungsrang – die gesamte Rechtsordnung und entfalten auf diese Weise umfassende Wirkung. Vehikel dafür ist die Bindung des Gesetzgebers an die Grundrechte als in der Regel positiv-rechtlich gesetzte[123] Vorgabe des Verfassungsrechts.

53
Moderne Grundrechtsdogmatik

Das ist freilich keine neue Einsicht; ganz in diesem Sinn hatte etwa *Hans Kelsen* – aufbauend auf der von *Adolf Merkl* entwickelten Lehre vom Stufenbau der Rechtsordnung[124] – schon 1930 formuliert: „Mit einem Katalog von Grund- und Freiheitsrechten wendet sich der Verfassungsgesetzgeber in erster Linie ... an den einfachen Gesetzgeber, indem er ihm verbietet, in die als subjektive Rechte statuierte Interessensphäre der Untertanen einzugreifen, oder ihm gebietet, den von ihm zu erlassenden Normen einen bestimmten positiven Inhalt zu geben"[125].

54
Kelsen

---

120 Vgl. *Bielefeldt*, Zur Bedeutung der Öffentlichkeit in der Menschenrechtspolitik, in: E. Klein (FN113), S. 57.
121 Die größte Menschenrechtsvereinigung mit Sitz in den USA, die weltweit die Einhaltung von Menschenrechten überwacht, regelmäßig systematische Untersuchungen durchführt und über Berichte, Empfehlungen und Medienarbeit wirkt (vgl. http://www.hrw.org/german/).
122 Zur Rolle der internationalen Öffentlichkeit im Menschenrechtsschutz am Beispiel des IPbürgR vgl. *Markus Kotzur*, Theorieelemente des internationalen Menschenrechtsschutzes, 2001, S. 194 ff. (speziell zur Funktion der Nicht-Regierungsorganisationen S. 205 ff.).
123 Anders ist es (noch) im europäischen Gemeinschaftsrecht, in dem die Grundrechte, wie sie sich in den gemeinsamen Grundrechtstraditionen der Mitgliedstaaten zeigen und in der EMRK zum Ausdruck kommen, wie auch andere allgemeine Rechtsgrundsätze als Bestandteil gemeinschaftsrechtlichen Primärrechts zu qualifizieren sind (vgl. etwa *Hengstschläger*, Grundrechtsschutz kraft EU-Rechts, JBl. 2000, S. 409 [411] m.w.H.).
124 Vgl. insb. *Adolf J. Merkl*, Das doppelte Rechtsantlitz, JBl. 1918, S. 425; ders, Das Recht im Spiegel seiner Auslegung, DRiZ 1917, H. 7/8, S. 3; ders, Allgemeines Verwaltungsrecht, 1927, S. 157, 172; ders, Prolegomena einer Theorie des rechtlichen Stufenbaus, in: Hans Klecatsky u.a. (Hg.), Die Wiener Rechtstheoretische Schule, Bd. II, 1968, S. 1311 (insb. S. 1335 ff.).
125 *Kelsen*, Die Entwicklung des Staatsrechts in Österreich seit dem Jahr 1918, in: Gerhard Anschütz/Richard Thoma (Hg.), Handbuch des deutschen Staatsrechts, Bd. I, 1930, S. 147 (155).

55
Dogmatische
Entwicklung

Die Tragweite dieser Erkenntnis wurde freilich nur langsam deutlich und durch die verfassungsgerichtliche Grundrechtsjudikatur konkretisiert. Erst in der jüngeren Grundrechtsdogmatik gelang es, die Art der Wirkung der Grundrechtsverbürgungen zu strukturieren und zu entfalten. Welchen Inhalt die die Gesetzgebung bindenden Grund- und Freiheitsrechte im einzelnen haben und wie weit ihre Wirkung geht, hängt allgemein gesehen von der Bindungsintensität und Reichweite von Grundrechtsgarantien und im Speziellen vom spezifischen Gehalt der einzelnen Grundrechtsverbürgungen ab.

1. Die Intensität der Grundrechtsbindung

56
Funktion des Gesetzesvorbehalts

Die Grundfrage nach der Intensität der Bindung des Gesetzgebers an die Grundrechte ist die Frage nach dem Verständnis des Gesetzesvorbehalts. *Karl August Bettermann* hat formuliert, daß die Institution des Gesetzesvorbehalts zugleich Stärke und Schwäche der Grundrechte bezeichnet: „Schutz gewährt er ihnen insofern, als in ein Grundrecht nur durch Gesetz oder auf Grund eines Gesetzes eingegriffen werden darf. Schwäche bewirkt der Gesetzesvorbehalt dadurch, daß er die Grundrechte dem Ein- und Zugriff des Gesetzgebers öffnet"[126]. Erst als man erkannte, daß der Gesetzesvorbehalt nicht bloß zur (weitgehend beliebigen) Beschränkung der Grundrechte ermächtigt, sondern gewissermaßen im Dienst der Grundrechte zu verstehen ist, also nicht zu übermäßigen, sondern nur zu verhältnismäßigen Eingriffen in die durch die Grundrechte vermittelten Rechtspositionen ermächtigt[127], war es möglich, die Wirkung der Grundrechte umfassend zu sehen. Treffend hat daher *Peter Häberle* festgehalten, daß es primär Sache des Gesetzgebers ist, praktische Grundrechtseffizienz herzustellen: „Ausgestaltung und Begrenzung haben dabei an dem Verfassungsbild des jeweiligen Grundrechts Maß zu nehmen[128]".

57
Verfassungsgerichtliche Kontrolldichte

Das Grundrechtsverständnis ist letztlich auch von der verfassungsgerichtlichen Kontrolldichte abhängig[129]. Soweit die Verfassungsrechtsprechung von einem judicial self restraint geprägt ist, drängt sie die Intensität der Bindung des Gesetzgebers an die Grundrechte zurück. Die Gesetzesvorbehalte werden bei dieser Sicht der Dinge bloß als Ermächtigung an den Gesetzgeber gesehen, grundrechtlich verbürgte Positionen einzuschränken[130]. Immerhin wurde dabei aber stets die Existenz einer „Wesensgehaltssperre" anerkannt, die es

---

126 *Karl August Bettermann*, Grenzen der Grundrechte, 1968, S. 4.
127 Vgl. grundlegend *Peter Lerche*, Übermaß und Verfassungsrecht, 1961, und *Peter Häberle*, Die Wesensgehaltgarantie des Art. 19 Abs. 2 GG, 1962, insb. S. 126 ff.; für Österreich vgl. *Korinek*, Gedanken zur Lehre vom Gesetzesvorbehalt bei Grundrechten, in: FS Merkl, 1970, S. 171.
128 *Peter Häberle* (Bibl.), S. 414.
129 So schon *Lerche*, Grundrechtsverständnis und Normenkontrolle in Deutschland, in: Klaus Vogel (Bibl.), S. 24 (40 ff.); vgl. auch *Merten*, Demokratischer Rechtsstaat und Verfassungsgerichtsbarkeit, DVBl. 1980, S. 773 (779), und *H. P. Schneider*, Verfassungsgerichtsbarkeit und Gewaltenteilung, NJW 1980, S. 2103 (2106).
130 In diesem Sinn die ältere österr. Grundrechtsjudikatur, die – mit wenigen Ausnahmen – bis Ende der 60iger Jahre vorherrschend war: vgl. dazu und zur zwischenzeitig eingetretenen Entwicklung etwa *Korinek* (FN 35), S. 253.

dem Gesetzgeber verwehrt, Grundrechte in ihrem Wesen zu beschränken oder im Kernbereich anzutasten[131].

Stärker wird die Bindung, sobald das Verfassungsgericht nicht nur die Verletzung des Wesensgehalts als unzulässigen Eingriff des Gesetzgebers in die Grundrechtsverbürgungen ansieht, sondern ganz allgemein die Verhältnismäßigkeit[132] des Eingriffs prüft[133]. Die Entwicklung läßt sich am Beispiel der österreichischen Grundrechtsdogmatik und Grundrechtsjudikatur illustrieren:

58
Verhältnismäßigkeit als Prüfungsmaßstab

Auf der Basis einer methodischen Neukonzeption[134] und unter dem Einfluß der Europäischen Konvention zum Schutze der Menschenrechte und Grundfreiheiten und ihrer Interpretation durch die Straßburger Organe[135] und auch nicht unbeeinflußt von Judikaturentwicklungen in Deutschland und der Schweiz[136] setzte Ende der siebziger Jahre auch im österreichischen Verfassungsgerichtshof eine Entwicklung zu einer stärker inhaltsbezogenen Judikatur ein, in deren Gefolge die Prüfung am Gleichheitssatz zu einer Sachlichkeitsprüfung ausgebaut wurde und Grundrechtseinschränkungen auf ihre Verhältnismäßigkeit geprüft werden. Dem Stand der Lehre und Judikatur in Österreich dürfte es entsprechen, in den Grundrechten Schranken zu sehen, die den Gesetzgeber zwar nicht zur beliebigen, sondern zur inhaltlich näher bestimmten, leitbildgerechten Ausführung ermächtigen, ihm aber innerhalb des grundrechtlichen Rahmens einen rechtspolitischen Gestaltungsspielraum offen lassen[137].

59
Judikaturentwicklung in Österreich

Im Ergebnis dürfte das auch mit der herrschenden Auffassung von der Intensität der Bindung des Gesetzgebers an die Grundrechte in Deutschland übereinstimmen[138], wenn auch dort dem theoretischen Ansatz des Rahmen- bzw. Schrankendenkens bei der Grundrechtsanwendung ein wesentlich geringerer Stellenwert zukommt[139].

60
Auffassung in Deutschland

---

131 Art. 19 Abs. 2 GG; für Österreich – ohne positive verfassungsrechtliche Grundlage – VfSlg. 3929/1961; → Bd. III: *Leisner-Egensperger*, Wesensgehaltsgarantie.
132 → Bd. III: *Merten*, Verhältnismäßigkeitsgrundsatz.
133 *Manfred Stelzer*, Das Wesensgehaltsargument und der Grundsatz der Verhältnismäßigkeit (1991) S. 209 ff. (230), hat das – wohl überzeichnend und die fließenden Übergänge nicht ausreichend bedenkend – als „Paradigmenwechsel" qualifiziert; vgl. dazu *Holoubek*, (Bibl.), S. 21 f. (FN 42).
134 Vgl. etwa *Korinek* (FN 127), S. 171; *Oberndorfer*, Grundrechte und staatliche Wirtschaftspolitik, ÖJZ 1969, S. 449; und insb. *Günther Winkler*, Wertbetrachtung im Recht und ihre Grenzen, 1969, insb. S. 46 f.
135 Vgl. insb. *Heller*, Judicial self restraint in der Rechtsprechung des Supreme Court und des Verfassungsgerichtshofes, ZöR 39, 1988, S. 89 (111 ff.); *dens*, Funktion und Grenzen der Gerichtsbarkeit im Rechtsstaat, 11. ÖJT 1991, Bd. I/2, S. 1 (36 ff.) mit beispielhaften Hinweisen auf den Einfluß des Europäischen Gerichtshofs für Menschenrechte auf verfassungsgerichtliche Entscheidungen.
136 Vgl. in der deutschen Judikatur grundlegend *BVerfGE* 7, 198 (208) – Lüth, *BVerfGE* 30, 173 (194) – Mephisto, *BVerfGE* 34, 269 (280) – Soraya; allgemein *Lerche* (FN 129), S. 33 ff.; *Stern*, Staatsrecht III/1 (LitVerz.), S. 473 ff., 899 ff.; zum Einfluß der Judikatur des Schweizerischen Bundesgerichts am Beispiel der Handels- und Gewerbefreiheit auf die Judikatur zur Erwerbsfreiheit in Österreich *Korinek*, Das Grundrecht der Freiheit der Erwerbsbetätigung als Schranke für die Wirtschaftslenkung, in: FS Wenger, 1983, S. 243 (256 f.).
137 So *Korinek*, Art. 5 StGG, in: ders./Holoubek (FN 51), RN 60.
138 Vgl. dazu ausführlich und m.w.H. *Kriele*, HStR V, § 110; vgl. *Murswiek*, HStR V, § 112 RN 95.
139 Vgl. dazu die Diskussion bei *Holoubek* (Bibl.), S. 76 ff., S. 126 ff.

§ 23 Zweiter Teil: III. Voraussetzungen, Sicherung und Durchsetzung

61
Keine Pflicht zur grundrechtsgerechtesten Ausgestaltung

Wohl zu weit ginge man aber nach Ansicht der Autoren, wollte man annehmen, die Grundrechte verpflichteten den Gesetzgeber zur „grundrechtsgerechtesten" Ausgestaltung, also zu Gesetzgebungsakten, die aus den Grundrechtsgewährleistungen ableiten, daß nur ein ganz bestimmter Gesetzgebungsakt den verfassungsrechtlichen Vorgaben entspricht[140]. Solches anzunehmen verbietet sich aus zwei Gründen: Einmal würde eine solche Sicht die Beurteilung von Gesetzen unter dem Gesichtspunkt der Grundrechte verabsolutieren und andere legitime verfassungsrechtliche Direktiven oder zumindest Rechtfertigungen gesetzgeberischer Gestaltung unzulässigerweise zurückdrängen, und zum anderen wäre damit die rechtspolitische Gestaltungsfunktion des Gesetzgebers und damit die Funktionstrennung von Aufgaben der Grundrechtssetzung und den gesetzgeberischen Gestaltungsaufgaben verkannt[141].

2. Die Reichweite der Grundrechtsverbürgungen

62
Ausstrahlungswirkung

Um den Inhalt von Grundrechtswirkungen zu ermessen, muß geklärt werden, ob und welche Wirkung die Grundrechte etwa auf den Privatrechtsgesetzgeber[142] und den Strafrechtsgesetzgeber entfalten oder ob ihnen Wirkungen auch gegenüber dem privatrechtsförmig tätigen Staat[143] zukommen, aber es muß auch der Frage nachgegangen werden, ob sich aus der Verfassung Gewährleistungspflichten ergeben – zwei Fragen die nicht deckungsgleich sind, aber inhaltlich miteinander insofern zusammenhängen, als die etwa die Frage nach der Bindung des Privatrechtsgesetzgebers und des Strafrechtsgesetzgebers an die Grundrechte ins Leere liefe, würde man nicht zumindest grundsätzlich die Existenz von grundrechtlichen Gewährleistungspflichten bejahen. Diese wird von der jüngeren Grundrechtsdogmatik allgemein anerkannt[144], und auch die verfassungsgerichtliche Judikatur akzeptiert inzwischen der Sache nach eine „Ausstrahlungswirkung" der Grundrechte[145].

63
Schweizerische Bundesverfassung

In der schweizerischen Bundesverfassung ist dies in deren Art. 35 sogar normativ festgelegt[146]. Diese Bestimmung steht unter der Rubrik „Verwirklichung der Grundrechte" und normiert:

---

140 Vgl. dazu *Korinek* (Bibl.), S. 7 (S. 44f., m.w.H.); zum Verständnis grundrechtlicher Prinzipien als „Optimierungsgebote" insb. *Robert Alexy*, Theorie der Grundrechte, ³1996, S. 75ff..
141 → Oben: *Badura*, § 20 RN 31.
142 → Bd. II: *Papier*, Drittwirkung.
143 → Bd. II: *Kempen*, Grundrechtsverpflichtete,
144 Vgl. zu Schutzpflichten als Gewährleistungskomponente → Bd. II: *Callies*, Schutzpflichten; zu institutionellen Gewährleistungen → Bd. II: *Kloepfer*, Einrichtungsgarantien; zu gewährleistenden Organisations- und Verfahrensgarantien → Bd. II: *Schmidt-Aßmann*, Grundrechte als Organisations- und Verfahrensgarantien; die grundsätzliche Anerkennung der Existenz grundrechtlicher Gewährleistungspflichten wurde in Österreich durch die grundlegende Studie von *Holoubek* (Bibl.), die auch die einschlägige deutsche Grundrechtsdogmatik verarbeitet, geleistet.
145 Vgl. für Deutschland etwa *Stern*, Staatsrecht III/1 (LitVerz.), S. 923ff.; *Sachs*, HStR V, § 126 RN 120f.; für Österreich m.w.N. *Holoubek* (Bibl.), insb. S. 29ff.
146 Vgl. dazu *J. P. Müller*, Grundrechte zwischen Freiheitsverbürgung und staatlicher Verantwortung, in: Michael Holoubek u.a. (Hg.), Dimensionen des modernen Verfassungsstaates, 2002, S. 21 (23ff.). → Bd. VII: *Georg Müller*, Schutzwirkung der Grundrechte in der Schweiz. Vgl. zu anderen Grundrechtsverwirklichungsklauseln → oben: *Häberle*, § 7 RN 38f.; seiner Aufzählung kann man Art. 12 der japanischen Verfassung hinzufügen.

„(1) Die Grundrechte müssen in der ganzen Rechtsordnung zur Geltung kommen.

(2) Wer staatliche Aufgaben wahrnimmt, ist an die Grundrechte gebunden und verpflichtet, zu ihrer Verwirklichung beizutragen.

(3) Die Behörden sorgen dafür, daß die Grundrechte, soweit sie sich dazu eignen, auch unter Privaten wirksam werden."

II. Die Notwendigkeit einzelgrundrechtlicher Betrachtung; mögliche Aspekte der „Ausstrahlungswirkung" von Grundrechten

Was allgemein zur Bindungsintensität und Reichweite von Grundrechten gesagt wurde, bleibt für die einzelnen Grundrechte im Hinblick auf ihre je und je unterschiedliche Wirkung zu untersuchen. Denn: „Auch wenn die gemeinsame Mitte aller Grund- und Menschenrechte der Schutz der menschlichen Würde und Freiheit ist, garantieren sie im Einzelnen *unterschiedliche Sachverhalte*"[147]. In diesem Sinn wird von der Notwendigkeit einer Bereichsdogmatik[148] gesprochen. Im folgenden sollen die wesentlichen Aspekte möglicher Ausstrahlungswirkungen von Grundrechten anhand ausgewählter Beispiele aus der Bandbreite grundrechtlicher Gewährleistungen aufgezeigt und veranschaulicht werden. Wenn auch die Problemfelder abgesteckt und herauskristallisiert werden, dispensiert dies doch nicht von einer genauen Analyse vor dem spezifischen Hintergrund des betreffenden Einzelgrundrechts.

64 Notwendigkeit einer Bereichsdogmatik

1. Grundrechte als Institutsgarantien

Die Frage, ob eine Grundrechtsverbürgung auch als Institutsgarantie wirkt, zielt im Kern auf grundrechtliche Vorgaben für eine – positiv oder negativ – bestimmte Ausgestaltung eines privatrechtlichen Rechtsinstituts. Durch grundrechtliche Institutsgarantien wird die Aufrechterhaltung bestimmter, in ihrem Vorverständnis im wesentlichen durch ihr historisches Erscheinungsbild vorgeprägter und vorausgesetzter Einrichtungen gewährleistet und insoweit ein gewisser Bestandsschutz der betreffenden Rechtsinstitute verbürgt[149].

65 Institutsgarantien

Die dogmatische Begründung und Verortung von Institutsgarantien fand primär am Paradebeispiel der grundrechtlichen Eigentumsfreiheit statt, die nach österreichischem Verständnis auch einen Verfassungsschutz der Privatautonomie mitumfaßt[150], die in der Systematik des Grundgesetzes wohl primär in der Garantie der Vertragsfreiheit in Art. 2 Abs. 1 GG grundgelegt ist, der ebenfalls ein institutioneller Gehalt zugemessen wird. Der Gehalt des Eigentums-

66 Dogmatische Verortung

---

147 Vgl. *Berka* (FN 12), RN 84 (Hervorhebung im Original).
148 Entwickelt von *Friedrich Müller*, dargestellt von *Stelzer* (FN 133) S. 92 ff.; vgl. *Holoubek* (Bibl.), S. 6 und S. 165.
149 Vgl. nur *Berka* (FN 12), RN 108 ff.
150 Vgl. VfSlg. 12227/1989, 13963/1994, 14503/1996; aus der Literatur vgl. insb. *Pernthaler*, Der Wandel des Eigentumsbegriffes im technischen Zeitalter, in: FS Verfassungsgerichtshof, 1968, S. 194.

grundrechts als Institutsgarantie kommt in der den Gesetzgeber beschränkenden sogenannten Wesensgehaltsgarantie zum Ausdruck: So dürfte er das Institut nicht seiner Funktion entkleiden oder es insofern grundlegend verändern[151]. Auch für die grundrechtlichen Verbürgungen, eine Ehe eingehen zu können[152], sowie des Erbrechts (vgl. Art. 14 GG) werden Einrichtungsgarantien dieser privatrechtlichen Institute anerkannt[153]. Umstrittener ist dies noch für die Einrichtungen der Presse und Rundfunkfreiheit[154], des Vereinsrechts als Ausgestaltung der Vereinsfreiheit[155] sowie für bestimmte Einrichtungen des Arbeitsrechts.

67
Einrichtungsgarantien

Grundrechtliche Institutsgarantien können in einem weiteren Sinn als „Einrichtungsgarantien"[156] verstanden werden, die zu den grundrechtlichen Schutzpflichten gezählt werden und in der üblichen Terminologie der weitere Begriff sind: Dazu werden auch von den Institutsgarantien abgegrenzte institutionelle Garantien gezählt[157]. Diese knüpfen im Unterschied zu den Institutsgarantien an bestimmte öffentlich-rechtliche Organisationsformen an und stellen diese unter den besonderen Schutz der Verfassung (vgl. z. B. die Art. 16 Abs. 1 und 116 Abs. 1 GG zur Staatsangehörigkeit; Art. 7 GG für das Schulwesen und die Garantien der Art. 5 Abs. 3 GG bzw. Art. 17 des österreichischen StGG im Wissenschaftsbereich[158]; das Recht auf freie Wahlen nach Art. 3 1. ZP EMRK[159]; sowie wohl auch die für die Grundrechtsverwirklichung wesentliche Tribunalgarantie des Art. 6 EMRK).

68
Verwirklichungsfunktion der Einrichtungsgarantien

Den grundrechtlichen Einrichtungsgarantien kommt insgesamt jeweils – mehr noch in den Fällen der Institutsgarantien als im Schutz öffentlich-rechtlicher Einrichtungen – eine wichtige Verwirklichungsfunktion gegenüber grundrechtlichen Gewährleistungen zu: Das Individualrecht löst sich in diesen Fällen von seinem Träger und erweitert seine Wirkungen über seinen Charakter als subjektives Recht hinaus, indem es die strukturellen Bedingungen seiner individuellen Ausübung voraussetzt, zu schaffen bzw. aufrecht zu erhalten verpflichtet und damit mitgarantiert. Grundrechte als Institutsgarantien bekleiden eine „überindividuelle Funktion"[160]. Sie wirken insoweit als „objektive

---

151 Ausführlich und m.w.N. *Korinek* (FN 137), RN 59 ff.
152 Vgl. Art. 12 EMRK; Art. 6 GG.
153 Vgl. *Berka* (FN 12), RN 109; *Gutknecht*, Art. 12 EMRK, in: Korinek/Holoubek (FN 51), RN 11.
154 Vgl. *Stern*, HStR V, § 109 RN 53.
155 Zu dessen konkreter Ausgestaltung etwa die Freiheit von Anmeldung und Genehmigung gehört: so nach Art. 8 GG, ebenso nach Art. 12 StGG (zur Unzulässigkeit eines Bewilligungssystems vgl. *VfSlg.* 4885/1954); anders hingegen Art. 11 EMRK: vgl. *Frowein* (FN 61), Art. 11 RN 4.
156 Hier sollen nur Grundlagen skizziert werden, soweit und weil diese spezifischen Grundrechtsfunktionen von unmittelbarer Bedeutung für die Verwirklichung von Grundrechtsschutz sind; ausführlich zu den Einrichtungsgarantien → Bd. II: *Kloepfer*, Einrichtungsgarantien.
157 Zur Unterscheidung vgl. *Pieroth/Schlink* (LitVerz.), RN 70 ff. unter Berufung auf *C. Schmitt*, Verfassungsrechtliche Aufsätze, ²1973, S. 140 ff.; *Berka* (FN 12), RN 108 ff.; *Stern*, HStR V, § 109 RN 51.
158 Dort freilich nach umstrittener Auffassung: vgl. zu Art. 5 Abs. 3 GG ablehnend *Pieroth/Schlink* (LitVerz.), RN 72; für Österreich vgl. *Günther Winkler*, Die Rechtspersönlichkeit der Universitäten, 1988, S. 207 ff.; *Walter* (FN 16), S. 15 f.
159 Vgl. zur vorausgesetzten Existenz einer gesetzgebenden Körperschaft *Frowein* (FN 61), Art. 3 1. ZP MRK RN 2 f.; m.w.N. *Grabenwarter* (FN 20), S. 316; vgl. *Gerhard Strejcek*, Bundesverfassung und Wahlrecht, 2003, S. 377.
160 Vgl. *Isensee*, HStR V, § 118 RN 6.

Grundrechtsnormen" und Gestaltungsaufträge an den Gesetzgeber[161]. Institutsgarantien verhindern die strukturelle Beseitigung von und ziehen Grenzen für die Regelung bestimmter Institute im Sinn von Regelungskomplexen. Zweifellos tragen sie zur Umsetzung und Realisierung grundrechtlicher Garantien und damit zur Grundrechtsverwirklichung bei, als sie die Voraussetzungen und die Bedingungen ihrer konkreten subjektiven Ausübung im Einzelfall grundlegend schützen und sichern.

2. Organisations- und verfahrensrechtliche Vorkehrungen

a) Selbständige Verfahrensgrundrechte

Zur Verwirklichung (auch) grundrechtlicher Rechtspositionen tragen innerhalb des Gewährleistungssystems häufig eigene Grundrechte bei, die vom Grundrechtspflichtigen, das ist in der Regel der Staat, bestimmte organisatorische und verfahrensrechtliche Vorkehrungen verlangen. Derartige selbständige Prozeßgrundrechte (Verfahrensgrundrechte) können als „prozessuale Komplementärinstitute" materieller Grundrechte angesehen werden[162]. Sie sind in ihrer Grundrechtsfunktion überwiegend Ausdruck eines „status positivus". **69** Prozeßgrundrechte

Prozessuale Gewährleistungen beinhalten einerseits Rechtsweggarantien, indem sie bei behaupteten Verletzungen subjektiver Rechte, oft im Konnex mit einer relevierten Grundrechtsverletzung, den Zugang zu Gericht sichern. Als Beispiel ist auf den Rechtsschutz- oder Justizgewährleistungsanspruch des Art. 19 Abs. 4 Satz 1 und 2 GG, den Zugang zu einem mit bestimmten Garantien ausgestatteten Tribunal für den Bereich der „civil rights" und „criminal charges" nach Art. 6 EMRK sowie auf das Recht auf eine wirksame Beschwerde nach Art. 13 EMRK hinzuweisen[163]. Die Einhaltung bestimmter Zuständigkeiten ist in dem Zusammenhang ebenfalls grundrechtlich untermauert[164]. **70** Grundrechte als Rechtsweggarantien

Grundrechte fungieren aber auch als Organisationsmaximen für Rechtsschutzeinrichtungen: Sie enthalten die für eine unabhängige und effiziente Grundrechtsgewährleistung essentiellen Garantien der Unabhängigkeit und Unparteilichkeit[165], wobei eine richterliche Beteiligung als für einen effektiven Schutz wesentlich angesehen wird; auch kann der Grundsatz der Effektivität des Rechtsschutzes eine bestimmte verfahrensrechtliche Ausgestaltung, z. B. eines Provisorialverfahrens, erfordern[166]. **71** Grundrechte als Organisationsmaximen

---

161 Vgl. ausführlich *Stern*, HStR V, § 109 RN 50ff.; konkret zum Eigentum *Korinek* (FN 137), RN 59; *Berka*, Vorbemerkungen zum StGG, in: Heinz Peter Rill/Heinz Schäffer (Hg.), Bundesverfassungsrecht. Kommentar, 2001, RN 101.
162 Vgl. dazu *Stern*, HStR V, § 109 RN 49.
163 Vgl. auch die sogenannten „Justiziellen Rechte" im Kapitel VI, Art. 47ff. der EU-Grundrechtecharta, (ABl. 2000, C-364/1); nunmehr Titel VI, Art. II-47ff. des EU-Verfassungsvertrags (Entwurf i.d.F. von Thessaloniki), EuGRZ 2003 S. 357 (372 f.).
164 Vgl. das Recht auf den gesetzlichen Richter nach Art. 101 Abs. 1 Satz 2 GG bzw. Art. 83 Abs. 2 B-VG.
165 Vgl. Art. 6 EMRK; Art. 47 EU-Grundrechtecharta.
166 So hat der österr. Verfassungsgerichtshof (*VfSlg.* 11196/1986) etwa den generellen Ausschluß der aufschiebenden Wirkung im Berufungsverfahren gegen Steuerbescheide als verfassungswidrig erachtet; dazu und zu weiteren Beispielen für das Erfordernis eines „Mindestmaßes an faktischer Effizienz des Rechtsschutzes": *Theo Öhlinger*, Verfassungsrecht, ⁵2003, S. 58f.

72

Vorgaben für Verfahrensgestaltung und -teilhabe

Ist ein Rechtsweg zu einer solcherart abgesicherten Institution erst einmal eröffnet, beziehen sich weitere grundrechtliche Vorgaben auf die bestimmte Gestaltung von Verfahren und Verfahrensteilhabe. Dies gilt etwa für die Gewährung rechtlichen Gehörs (vgl. Art. 103 Abs. 1 GG bzw. Art. 6 Abs. 1 EMRK), die Beteiligung der Öffentlichkeit und das Recht auf eine Entscheidung binnen angemessener Frist (Art 6 EMRK) oder das Vorgehen bei Verhaftungen (vgl. Art. 5 EMRK).

b) Verfahrens- und organisationsrechtliche Komponenten materieller Garantien

73

Verfahrensrechtliche Abstützung materieller Gewährleistungen

Neben den eigentlichen prozessualen Gewährleistungen werden aber auch materiellen Gewährleistungen verfahrensrechtliche Aspekte zugeschrieben. Die Freiheitsrechte können zu einer bestimmten Ausgestaltung von Organisation und Verfahren verpflichten (Grundrechtssicherung durch Organisation und Verfahren)[167]. Die Legitimation begleitender verfahrensrechtlicher Bindungen liegt in der auf diese Weise gesicherten Effizienz des Schutzes des jeweiligen Einzelgrundrechts begründet. Bereits der materiellen Gewährleistung wohnt demnach der Gedanke ihrer organisations- und verfahrensrechtlichen Besicherung inne; ihr Schutzbereich impliziert mehr als bloß theoretisch verliehene Rechte: Die materiellrechtlichen Gewährleistungen sollen durch organisations- und verfahrensrechtliche Abstützung auch faktisch verwirklicht werden. Angenommene Wechselwirkungen zwischen Grundrechten einerseits und Organisation und Verfahren andererseits tragen wesentlich zur faktischen Effizienz und Realisierung materieller Grundrechtspositionen bei und vergrößern deren Reichweite auf erhebliche Weise.

74

Grundrechtsbezogenheit des Verfahrensrechts

Die konkret angenommenen prozeduralen Aspekte hängen vom jeweiligen Grundrecht ab. Sie reichen vom Erfordernis der Eröffnung eines Rechtswegs bei geltend gemachten Beeinträchtigungen[168], der Anerkennung einer Beschwerdelegitimation auch für den Rechtsnachfolger oder bestimmte Dritte[169], einer allfälligen großzügigen Auslegung und Handhabe von Prozeßvoraussetzungen[170] bis hin zur Forderung nach Parteistellung oder sonstiger Beteiligung in Verfahren, die sich auf Grundfreiheiten auswirken[171]. Den Staat können auf diese Art aber auch Aufklärungs- oder Ermittlungspflichten treffen, was die Aufklärung und Verfolgung von relevierten Grundrechtsbe-

---

167 Vgl. dazu schon z.B. *Bethge*, Grundrechtsverwirklichung und Grundrechtssicherung durch Organisation und Verfahren, NJW 1982, S. 1; zum heutigen Stand der Dogmatik vgl. *Kriele*, HStR V, § 110 RN 60 und für Österreich *Berka* (FN 12), RN 111.
168 Vgl. z.B. *VfGH*, Erk. v. 28. 9. 2002, G 286/01 (Eigentum); *VfGH*, Erk. v. 28. 6. 2003, G 78/00 (Art. 8 EMRK).
169 Vgl. *VfGH*, Erk. v. 6. 3. 2001, B 159/00 (*Omofuma*); *VfGH*, Erk. v. 12. 6. 2001, B 1580/00.
170 Vgl. z.B. *UVS Wien* 31. 7. 2001, 02/13/3434/2001; *UVS Oberösterreich* 1. 5. 2000, VwSen-420271; *VfGH*, Erk. v. 6. 3. 2001, B 159/00.
171 Dies freilich nicht durchgängig: vgl. auch mit Belegen für derartige Einschränkungen *Berka* (FN 12), RN 111.

einträchtigungen betrifft, so die Führung von „effective investigations"[172]. Als das materielle Grundrecht flankierende organisationsrechtliche Ausgestaltung wird beispielsweise auch die binnenpluralistische Organisation öffentlich-rechtlicher Rundfunkanstalten genannt[173]. Mitunter findet man auch positiv-rechtlich, in offenkundigem Zusammenhang mit bestimmten Grundrechten, normierte *spezifische* Verfahrensbestimmungen, so etwa die verfahrensrechtlichen Begleitregelungen zur Haftprüfung, Richtervorführung oder zum Fristenlauf etwa im Grundrecht auf persönliche Freiheit oder auch des verfassungsrechtlich geschützten Hausrechts bzw. der Hausdurchsuchung.

3. Grundrechtsverwirklichung gegenüber dem privatrechtlich auftretenden Staat

a) Allgemeines

Grundrechte verpflichten in umfassender Weise den Staat. Prinzipiell ergeben sich für Private keine Grundrechtsverpflichtungen; eine unmittelbare Drittwirkung von Grundrechten wird zu Recht vorwiegend verneint, sofern nicht positivrechtlich anderes angeordnet ist[174].

75 Grundsatz

In Randbereichen staatlicher Verwaltung, insbesondere der Tätigkeit sogenannter „ausgegliederter Rechtsträger", kann es zu Abgrenzungsproblemen von grundrechtsgebundenem Staat und nicht grundrechtspflichtigem (echtem) Privaten kommen. Die Ausstrahlungswirkung der staatlichen Grundrechtsbindung auch auf Grenzgebiete zum mehr oder weniger privatrechtlich agierenden oder organisierten Staat ist nicht immer eindeutig und wird differenziert beurteilt[175]. Freilich scheint mit dem Grad der Internationalisierung der Rechts- und auch der Grundrechtsordnung die Relevanz der nationalen Formenzuordnung staatlichen Agierens überhaupt zu sinken: So ist etwa die Europäische Konvention zum Schutze der Menschenrechte und Grundfreiheiten gegenüber nationalen Einstufungen in Kategorien des hoheitlichen oder privatrechtlichen Handelns weitgehend formenblind; so ist z.B. der Staat auch als privater Arbeitgeber grundrechtsgebunden[176]. National erhebliche Differenzierungen verschwimmen zu Gunsten einer umfassenden und diesbezüglich unbedingten Grundrechtsverwirklichung.

76 Abgrenzungsprobleme in Randbereichen

---

172 Vgl. dazu insbesondere die Rechtsprechung des Europäischen Gerichtshofs für Menschenrechte zu Art. 2 EMRK, wo eine Verurteilung überwiegend nicht aufgrund nachgewiesener verursachter Tötung, sondern aufgrund fehlender staatlicher Verfolgung erfolgt: statt vieler *EGMR*, Urt. v. 19.2.1998, Kaya ./. Türkei, Reports of Judgements and Decisions 1998-I, RN 297; *EGMR*, Urt. v. 8.7.1999, Tanrikulu ./. Türkei, Reports of Judgements and Decisions 1999-IV, RN 457; *EGMR*, Urt. v. 17.1.2002, Calvelli und Ciglio ./. Italien, Beschwerde Nr. 32967/96.
173 Vgl. *Holoubek* (Bibl.), S. 346 ff.; *Berka* (FN 12) RN 111.
174 So etwa die verfassungsrechtlich vorgesehene Drittwirkung des Grundrechts auf Datenschutz im österr. Datenschutzgesetz; → Bd. II: *Papier*, Drittwirkung.
175 Vgl. allgemein zur Grundrechtsbindung des privatrechtsförmigen Staatshandelns *Stern*, HStR V, § 109 RN 68; *Rüfner*, HStR V, § 117 RN 39 ff.; → Bd. II; *Kempen*, Grundrechtsverpflichtete.
176 Vgl. etwa *Grabenwarter* (FN 20), S. 121.

b) Nichthoheitlich handelnder Staat

77
Privatrechtliche Handlungsformen

Bedient sich der Staat Handlungsformen, die auch Privaten zur Verfügung stehen (privatrechtliches Handeln des Staates, auch Verwaltungsprivatrecht, in Österreich Privatwirtschaftsverwaltung genannt), ist zu fragen, inwieweit die staatliche Grundrechtsbindung noch greift. Wenn funktionelle Unterschiede zur hoheitlichen Vollziehung verfließen und auch die spezifische staatliche Machtkonstellation aufgrund bloß formaler Parität und möglicher Fremdbestimmung regelmäßig gleich oder ähnlich gelagert ist wie in der Hoheitsverwaltung, ist nicht nur die Schutzrichtung (Adressat Staat), sondern auch das grundrechtliche Schutzbedürfnis das gleiche. Eine die Annahme einer unterschiedlichen Grundrechtsbindung rechtfertigende Differenzierung ist nicht erkennbar.

78
Fiskalgeltung der Grundrechte

Dies führte dazu, daß auch der Staat als Träger von Privatrechten vor allem an den Gleichheitsgrundsatz als gebunden erachtet und eine Fiskalgeltung der Grundrechte zumindest für dessen Geltungsbereich allgemein anerkannt wird[177]. Umfang und Intensität der Bindung können freilich variieren: Uneingeschränkt wird sie jedenfalls dort bejaht, wo der Staat spezifisch öffentliche Aufgaben erfüllt und nicht rein erwerbswirtschaftlich tätig wird, im speziellen in den Bereichen der Daseinsvorsorge und Auftragsvergabe[178] sowie bei der Beschäftigung von Dienstnehmern[179]. Realisiert wird in diesen Bereichen die Grundrechtsbindung mit Hilfe von Instituten des Privatrechts, wie etwa dem Kontrahierungszwang oder Schadenersatzpflichten. Die Erstreckung der Grundrechtsbindung im Wege der Fiskalgeltung jedenfalls auf bestimmte Funktionsbereiche verhindert eine Flucht des Staates vor grundrechtlichen Bindungen ins Privatrecht und verhilft einer möglichst breiten Grundrechtsverwirklichung zum Durchbruch[180].

c) Nichthoheitlich organisierter (ausgegliederter) „Staat"

79
Grundrechtsverpflichtung staatsnaher Rechtsträger

Begibt sich der Staat teilweise seiner Aufgaben durch Auslagerung auf eigene ausgegliederte (private) Rechtsträger, wird die weitere Frage aufgeworfen, wie weit eine Grundrechtsverpflichtung des nicht nur privatrechtlich handelnden, sondern allenfalls auch privatrechtlich organisierten „Staates", genauer gesagt: staatsnaher Rechtspersonen reicht[181]. Die Erstreckung der Grundrechte in diesen Bereich wird nicht einheitlich beantwortet; einige Eckpunkte seien aufgezeigt:

---

177 Vgl. *Karl Korinek/Michael Holoubek*, Grundlagen staatlicher Privatwirtschaftsverwaltung, 1993, S. 146 ff., sowie *Berka* (FN 12), RN 213 ff.; oder *Bernhard Raschauer*, Allgemeines Verwaltungsrecht, 1998, RN 651 ff. Für die deutsche Lehre vgl. m.w.H. nur *Pieroth/Schlink* (LitVerz.), RN 164 ff. (170 ff.).
178 M.w.N. *Korinek/Holoubek* (FN 177), S. 147 f.; *Berka* (FN 12), RN 217; *Rüfner*, HStR V, § 117 RN 43.
179 Soweit diese nicht ohnedies hoheitlich ernannt werden und die Personalverwaltung dementsprechend zur Hoheitsverwaltung zu zählen ist.
180 Gesondert von der Bejahung der grundsätzlichen Grundrechtsbindung ist die Frage nach ihrer prozessualen Durchsetzbarkeit zu sehen. Sie erfolgt der Rechtsform entsprechend in der Regel im Wege der ordentlichen Gerichtsbarkeit.
181 Vgl. *Raschauer* (FN 177), RN 657 f.; *Holoubek*, Verfassungs- und verwaltungsrechtliche Konsequenzen der Ausgliederung, Privatisierung und Beleihung, ÖZW 2000, S. 33 (39 ff.).

Relativ unproblematisch, was die Grundrechtsbindung anbelangt, zeigen sich ausgegliederte Verwaltungseinheiten, die öffentlich-rechtlich organisiert und hoheitlich tätig sind, etwa im Fall öffentlich-rechtlicher Körperschaften, Anstalten, Stiftungen oder Fonds. Ihre Grundrechtsbindung ist weitgehend unbestritten. Gleiches gilt für zwar privatrechtlich organisierte, aber hoheitlich handelnde Rechtsträger. Auch ihnen werden Grundrechtsverpflichtungen zugeschrieben, da für sie nichts anderes als für echte Private als Beliehene gilt.

80
Hoheitlich tätige Organisationseinheiten

Ausgegliederte öffentlich-rechtliche Verwaltungsträger, die privatrechtlich agieren, werden differenziert gesehen: Als Zurechnungsgrund wird einerseits die Zugehörigkeit zum Staat im organisatorischen Sinn, aber auch die Wahrnehmung staatlicher Aufgaben, d. h. die Erfüllung des funktionellen Staatsbegriffs gesehen. Am wenigsten läßt sich eine besondere[182] Grundrechtsbindung für die in Strukturen des Privatrechts ausgegliederten Rechtsträger, die wie Private auftreten und ausschließlich erwerbswirtschaftlich agieren, begründen. Öffentliche Unternehmen, die öffentliche Aufgaben wahrnehmen, werden tätigkeitsspezifisch zugeordnet[183].

81
Privatrechtlich tätige Organisationseinheiten

4. Bindung des Privatrechtsgesetzgebers/inhaltliche Bindung des Gesetzgebers

Grundrechte sind in umfassender Weise an den Staat adressiert und binden insbesondere auch die Gesetzgebung, indem sie den einzelnen vor nicht gerechtfertigten Grundrechtseingriffen schützen. Solche Verletzungen können nicht nur durch Gesetze erfolgen, die den Staat (im eben erläuterten weiteren Sinn) zu Eingriffen ermächtigen, sondern auch durch gesetzliche Regelungen des Privatrechts. Auch sie müssen den Grundrechten entsprechen und diese Entsprechung kann – durch die Verfassungsgerichte – kontrolliert werden. Eine besondere Bedeutung hat dabei der Gleichheitsgrundsatz: Sachlich nicht zu rechtfertigende Regelungen des Privatrechts sind unzulässig[184]; aber auch andere Grundrechtsverbürgungen können hier von Bedeutung sein – etwa das Grundrecht auf Achtung des Familienlebens[185] oder jenes der Erwerbsausübungsfreiheit[186].

82
Privatrecht als Gegenstand grundrechtlicher Kontrolle

Eine andere, davon zu unterscheidende Frage ist, inwieweit der Gesetzgeber nicht nur selbst Grundrechte nicht verletzen darf, sondern darüber hinaus in der Ausübung seiner Regelungskompetenz an eine gewisse Leitbildfunktion der Grundrechte gebunden ist. Anders gefragt, wie weit er durch in grundrechtlichen Gewährleistungen enthaltene Gestaltungs- und Verwirklichungs-

83
Rechtsverhältnisse zwischen Privaten

---

182 Die gleich zu behandelnde Grundrechtsbindung, die im Weg der Bindung des Privatrechtsgesetzgebers an die Grundrechte vermittelt wird, bleibt natürlich unberührt.
183 Vgl. *Raschauer* (FN 177), RN 657.
184 Man denke beispielsweise an sachlich nicht gerechtfertigte geschlechtsspezifische Regelungen im Arbeitsrecht oder ungerechtfertigte Sonderregelungen im Haftungsrecht.
185 So hat der Verfassungsgerichtshof jene Regelungen des ABGB als dem Art. 8 EMRK widersprechend aufgehoben, die es dem in aufrechter Ehe geborenen Kind verwehren, die Vermutung der Ehelichkeit gerichtlich zu bestreiten: *VfGH*, Erk. v. 28.6.2003, G 78/00.
186 Z. B. bei ungerechtfertigen Wettbewerbsbeschränkungen; vgl. etwa *VfSlg.* 12379/1990.

aufträge verpflichtet ist, diesen auch bei der Normierung von Rechtsverhältnissen zwischen Privaten in deren Verhältnis zueinander zum Durchbruch zu verhelfen. Etwaige „Richtlinien und Impulse" aus grundrechtlichen Vorgaben können im Zusammenhang mit aus Grundrechten abgeleiteten Schutzpflichten gesehen werden, über die auch als „mittelbare Drittwirkungen" diskutiert wird[187].

84
Grenzen der Ausstrahlung

Eine solche Ausstrahlungswirkung von Grundrechten auf Beziehungen der Bürger untereinander stößt freilich rasch auf Grenzen: Diese ergeben sich im wesentlichen aus gegenläufigen Grundrechten Dritter, im besonderen aus der ebenfalls grundrechtlich geschützten Privatautonomie[188]. Die verschiedenen grundrechtlichen Gewährleistungen aus Sicht unterschiedlicher Träger beschränken einander systemimmanent wechselseitig. Selbst eine angenommene Gestaltungspflicht des Gesetzgebers aus einem Grundrecht kann nicht weiter reichen, wenn sie auf eine kollidierende andere Grundrechtsposition stößt und besteht schon insofern nur innerhalb eines in der Regel weiten rechtspolitischen Gestaltungsspielraums[189].

5. Grundrechtsverwirklichung im Strafrecht

85
Weiter Gestaltungsspielraum

Im allgemeinen ist der Staat zwar – zum Teil aus eigenen Verfahrensrechten, zum Teil aus den materiellen Gewährleistungen selbst – verpflichtet, eine gewisse Effizienz der Gewährleistungen in der Grundrechtsverwirklichung zu garantieren. Soweit erforderlich, gilt dies im Wege staatlicher Schutzpflichten auch für Beeinträchtigungen grundrechtlicher Freiheiten durch Private. Dabei kommt dem Gesetzgeber aber ein relativ großer Gestaltungsspielraum zu, dies schon aus nationaler Sicht und umso mehr vor dem Hintergrund (bloß) völkerrechtlicher Verpflichtungen. Die dahin gehenden Schutzpflichten des Gesetzgebers sind nicht nur vom betreffenden Grundrecht abhängig, sondern überdies von der voraussetzungsgemäßen Differenz des jeweiligen Rechtssystems. Der Staat hat sich am Ziel eines effizienten Rechtsgüterschutzes zu orientieren, in der Wahl der Mittel ist er jedoch weitgehend frei. Der Staat verfügt insgesamt über einen weitreichenden Gestaltungsspielraum, bestimmten Grundrechtseingriffen Privater durch Ausgestaltung der Zivilrechtsordnung oder durch die besonderen Wirkungen vorgesehener – verwaltungs- oder justizrechtlicher – Strafbestimmungen zu begegnen[190].

86
Pönalisierungspflichten

Aus der über grundrechtliche Schutzpflichten mittelbaren Drittwirkung treffen ihn nur ausnahmsweise spezifisch strafrechtliche Pönalisierungspflichten. Solche werden als zusätzliches präventives (schon durch die Bedrohung und nicht erst durch einen individuell beschreitbaren Rechtsweg wirkendes) Schutzelement vor allem dort erforderlich sein, wo es um erhebliche Eingriffe

---

187 M.w.N. *Pieroth/Schlink* (LitVerz.), RN 181 ff.; → Bd. III: *Callies*, Schutzpflichten.
188 Vgl. *Korinek/Holoubek* (FN 177), S. 127 ff. (insb. 133 ff).
189 M.w.N. zum Eigentum vgl. *Korinek* (FN 137), RN 60 ff.
190 *Korinek/Holoubek* (FN 177), S. 144 ff. ; *Holoubek* (Bibl.), S. 267 f.

in fundamentale Rechtsgüter oder Bedrohungen von besonderer Schwere geht[191]. Es besteht weitgehende Übereinstimmung, daß es zum Schutz der körperlichen Unversehrtheit[192] und zum Schutz des Eigentums[193] vor Bedrohungen durch Dritte entsprechender strafrechtlicher Sanktionierung bedarf. Grundrechtliche Verpflichtungen des Staates strahlen jedenfalls auch durch Strafbewehrtheit grundrechtlichen Rechtsgüterschutzes mittelbar auf die Verhältnisse zwischen Privaten aus und dienen damit in doppelter Weise der umfassenden Grundrechtsverwirklichung.

---

191 Vgl. *Holoubek* (Bibl.), S. 267 f.; *Berka* (FN 12), RN 231 f.
192 Vgl. *Kopetzki*, Art. 2 EMRK, in: Korinek/Holoubek (FN 51), RN 73.
193 Vgl. *Korinek* (FN 137), RN 61 FN 295.

D. Bibliographie

Alleweldt, Ralf, Präventiver Menschenrechtsschutz. Ein Blick auf die Tätigkeit des Europäischen Komitees zur Verhütung von Folter und unmenschlicher oder erniedrigender Behandlung oder Strafe (CPT), EuGRZ 1998, S. 245 ff.
Beatty, David M. (Hg.), Human Rights and Judicial Review. A comparative Perspective 1994.
Brunner, Georg, Der Zugang des Einzelnen zur Verfassungsgerichtsbarkeit im europäischen Raum, JöR NF 50 (2002) S. 191 ff.
Häberle, Peter, Praktische Grundrechtseffektivität, insbesondere im Verhältnis zur Verwaltung und Rechtsprechung, in: Die Verwaltung 22 (1989), S. 409 ff.
Holoubek, Michael, Grundrechtliche Gewährleistungspflichten, 1997.
Klein, Eckart (Hg.), The Monitoring System of Human Rights Treaty Obligations, 1996.
Korinek, Karl/Müller, Jörg Paul/Schlaich, Klaus, Die Verfassungsgerichtsbarkeit im Gefüge der Staatsfunktionen, VVDStRL 39 (1981) S. 7 ff., 53 ff., 99 ff.
ders., Grundrechte und Verfassungsgerichtsbarkeit, 2000.
Kriebaum, Ursula, Folterprävention in Europa, 2000.
Leuprecht, Peter, The Execution of Judgements and Decisions, in: R. St. J. Macdonald u. a. (Hg.), The European System for the Protection of Human Rights, 1993.
Matscher, Franz (Hg.), Die Durchsetzung wirtschaftlicher und sozialer Grundrechte, 1991.
Nowak, Manfred, Einführung in das internationale Menschenrechtssystem, 2002.
Oberleitner, Gerd, Menschenrechtsschutz durch Staatenberichte, 1998.
Okresek, Wolf, Die Umsetzung der EGMR-Urteile und ihre Überwachung, EuGRZ 2003, S. 168 ff.
Polakiewicz, Jörg, Die Verpflichtungen der Staaten aus den Urteilen des Europäischen Gerichtshofs für Menschenrechte, 1993.
Ress, Georg, The Effects of Judgments and Decisions in Domestic Law, in: R. St. J. Macdonald u. a. (Hg.), The European System for the Protection of Human Rights, 1993, S. 801 ff.
Riedel, Eibe H., Universeller Menschenrechtsschutz – Vom Anspruch zur Durchsetzung, in: Christian Koenig/Ralph Alexander Lorz, Die Universalität der Menschenrechte, 2003, S. 107 ff.
Schäffer, Heinz/Jahnel, Dietmar, Der Schutz der Grundrechte, ZÖR 1999, S. 71 ff.
Stern, Klaus/Müller, Jörg Paul/Holoubek, Michael, Grundrechte zwischen Freiheitsverbürgung und staatlicher Verantwortung, in: Michael Holoubek/Brigitte Gutknecht/Stephan Schwarzer/Andrea Martin (Hg.), Dimensionen des modernen Verfassungsstaates, Korinek-Symposion, 2001, S. 1 ff., 21 ff., 31 ff.
United Nations/Centre for Human Rights, Human Rights. A Compilation of International Instruments, New York, Geneva, 2002.
Vogel, Klaus (Red.), Grundrechtsverständnis und Normenkontrolle, 1979.
Weiß, Norman, Individualrechtsschutz unter den verschiedenen UN-Mechanismen, MRM 1996, S. 7; MRM 1997, S. 10, 34.
Weschke, Katrin, Internationale Instrumente zur Durchsetzung der Menschenrechte, 2001.

§ 24
Grundrechte im Ausnahmezustand

Torsten Stein

Übersicht

	RN		RN
A. Einleitung	1– 3	III. Die Notstandsverfassung des Grundgesetzes als abschließende Regelung?	50– 52
B. Die Entwicklung des Notstandsrechts in Deutschland	4–31	IV. Betroffene Grundrechte	53– 66
I. Gesetzlicher oder übergesetzlicher Notstand?	4– 9	1. Art. 9 Abs. 3 Satz 3 GG	54– 55
1. Ungeschriebenes Notstandsrecht	5– 7	2. Art. 10 GG	56
		3. Art. 11 Abs. 2 GG	57– 59
2. Normierung	8– 9	4. Art. 12 Abs. 1 GG	60– 63
II. Geschichtlicher Überblick	10–31	5. Art. 14 Abs. 3 GG	64
1. Die Reichsverfassung von 1871	11–12	6. Art. 104 GG	65
		7. Allgemeine Verfassungsgrundsätze	66
2. Die Weimarer Reichsverfassung	13–15	V. Das „einfach-gesetzliche" Notstandsrecht	67– 77
3. Der Parlamentarische Rat und der Herrenchiemsee-Entwurf zum Grundgesetz	16–17	1. Allgemeines	67– 69
		2. Überblick über die Bundesgesetze	70– 74
4. Die Alliierten als Herren des Ausnahmezustands	18–22	3. Die Katastrophenschutzgesetze der Länder	75– 77
5. Die Notstandsgesetzgebung von 1968	23–31	D. Rechtsvergleichung	78– 98
a) Schröder-Entwurf	24	I. Großbritannien	79– 87
b) Höcherl-Entwurf	25	1. Grundsätze im britischen Recht	80
c) Benda-Entwurf	26	2. War and Emergency	81– 85
d) Lücke-Entwurf	27	3. Fundamental Rights	86– 87
e) Die Notstandsdiskussion	28–30	II. Frankreich	88– 92
		1. État de Crise	89– 90
f) Der Art. 20 Abs. 4 GG	31	2. État de Siège	91
C. Die Grundzüge des Notstandsrechts in Deutschland	32–77	3. État d'Urgence	92
I. Der äußere Notstand	32–40	III. Finnland	93– 96
1. Inhalt	32	IV. Schweiz	97– 98
2. Der Verteidigungsfall des Abschnitts X a GG	33–37	E. Internationale Menschenrechtskonventionen	99–106
3. Der Spannungs- und Zustimmungsfall des Art. 80a Abs. 1 GG	38–39	I. Die Derogationsklauseln	100
		II. Die Voraussetzungen einer Derogation	101–106
4. Der Bündnisfall des Art. 80a Abs. 3 GG	40	1. Außerordentliche Bedrohung	102
II. Der innere Notstand	41–49	2. Verhältnismäßigkeit	103
1. Abgrenzung zur Verfassungsstörung und zum Gesetzgebungsnotstand	42	3. Nichtdiskriminierung	104
		4. „Notstandsfeste" Grundrechte	105
2. Inhalt	43	5. Sonstige Voraussetzungen	106
3. Art. 35 Abs. 2 und 3 GG	44–46	F. Bibliographie	
4. Art. 91 GG	47–49		

§ 24   *Zweiter Teil: III. Voraussetzungen, Sicherung und Durchsetzung*

A. Einleitung

1
Bisher kein Ausnahmezustand in der Bundesrepublik

Anders als ihren Vorgängern ist der Bundesrepublik Deutschland ein wirklicher und das ganze Land erfassender Ausnahmezustand bislang erspart geblieben. Einzelne Naturkatastrophen haben Landstriche und Regionen vorübergehend verwüstet, aber sie waren letztlich mit dem „normalen" rechtlichen Instrumentarium beherrschbar. So ganz ernst wurde die Möglichkeit eines Ausnahmezustands selbst zu der Zeit nicht genommen, in der die Ost – West – Konfrontation das Umschlagen des „Kalten Krieges" in einen bewaffneten Konflikt zumindest denkbar erscheinen ließ. Die militärische Verteidigung wurde im Rahmen der nordatlantischen Allianz in kürzeren Abständen geübt, in Manövern und Stabsrahmenübungen („Fallex", „Wintex"), aber die zivile Seite „spielte" entweder gar nicht mit oder nur zum Teil, für kurze Zeit und zumeist auf der untersten Beamtenebene. Gerade der zivile Teil der „Gesamtverteidigung" wäre aber das Feld gewesen, auf dem sich – theoretisch – im Übungsspiel erwiesen hätte, welchen Bestand Grundrechte im Ausnahmezustand noch haben können.

2
Vergessenes Notstandsrecht

Nach Ende des „Kalten Krieges" ist das Notstandsrecht nahezu in Vergessenheit geraten. Heute noch hin und wieder anzutreffende Änderungen in den einfachgesetzlichen Notstandsregelungen haben allenfalls den Wegfall einer Behörde zum Gegenstand, die ursprünglich einmal zuständig war. In den eher seltenen und lokal begrenzten Katastrophenschutzübungen sorgt man sich um die Einsatzfähigkeit veralteten Materials und probt die Zusammenarbeit zwischen den einzelnen, im Alltag oft konkurrierenden Hilfsorganisationen. Einschränkungen individueller Freiheiten mutet man nicht unmittelbar Teilnehmenden auch nicht übungshalber zu. All das führt dazu, daß es für das Ausmaß einer möglichen Einschränkung von Grundrechten im Ausnahmezustand Beispiele und Anschauungsmaterial nicht, auch nicht aus Planspielen, gibt. Dieser Beitrag muß sich daher überwiegend darauf beschränken, die rechtlichen Voraussetzungen eines Ausnahmezustands oder Notstandes zu beschreiben, in dem dann bestimmte Grundrechte keine oder jedenfalls nicht mehr ihre volle Wirkung entfalten können. Wie weit diese Einschränkung im Einzelfall gehen kann, läßt sich weder aus der Verfassung noch aus den sogenannten einfachen Notstandsgesetzen ablesen; letztere beschreiben immerhin die Freiheitsbereiche etwas näher, in die eingegriffen werden kann.

3
Begriff

Als Ausnahmezustand (Notstand) wird im Allgemeinen ein Zustand beschrieben, in dem eine existentielle Gefahr für den Bestand des Staates und / oder seiner Verfassung besteht, zu deren Überwindung exzeptionelle Mittel in Anspruch genommen werden müssen, weil zu ihrer Bewältigung die von der Verfassung vorgesehenen Mittel nicht ausreichen[1]. Ziel von Notstandsbefug-

---

1 *Oberreuther* (Bibl.), S. 12; *Hesse,* Grundzüge (Bibl.), § 23 I 1; *E. Klein* (Bibl.), § 168 RN 2; *Stern,* Staatsrecht II (Bibl.), § 52 I 4 a, S. 1295; *Böckenförde,* Der verdrängte Ausnahmezustand, NJW 1978, S. 1881 (1885).

nissen ist es daher, die Verfassung zu schützen und möglichst schnell wieder in die Normallage zurückzukehren[2].

B. Die Entwicklung des Notstandsrechts in Deutschland

I. Gesetzlicher oder übergesetzlicher Notstand?

Bevor die Entwicklung des Notstandsrechtes in Deutschland dargelegt wird, soll kurz auf die grundsätzliche Frage eingegangen werden, ob sich der Ausnahmezustand und das zu seiner Überwindung Notwendige überhaupt in Normen fassen läßt. Die Diskussion über die Kodifikation oder Nicht-Kodifikation des Notstandsrechts wird seit Jahrhunderten geführt. Sie wird von Staat zu Staat unterschiedlich beantwortet und ist geprägt durch staatstheoretische und staatsphilosophische Überlegungen ebenso wie durch praktische Erfahrungen und die Stellung der Staatsorgane im Verfassungsgefüge. Ein Präsidialsystem mag eher dazu neigen, dem Staatsoberhaupt im Ausnahmezustand weitreichende und nicht näher konkretisierte Befugnisse zu geben als ein strikt parlamentarisches System; aber auch das ist keine Regel ohne Ausnahme. Da sich die deutschen Staatswesen sämtlich für eine – wenn auch unterschiedlich intensive – ausführliche Regelung des Ausnahmezustands entschlossen haben, werden im Folgenden die Argumente pro und contra nur in aller Kürze wiedergegeben.

4
Normative Erfaßbarkeit des Ausnahmezustands?

1. Ungeschriebenes Notstandsrecht

Die Vertreter der Auffassung, es sei besser, das Recht des Notstandes nicht gesetzlich zu fixieren, begründen dies vor allem mit den negativen Auswirkungen der Kodifikation: einerseits der Mißbrauchsgefahr[3], wie sie in der Endphase der Weimarer Republik zu beobachten war, andererseits der Unvorhersehbarkeit und/oder Unberechenbarkeit einer derartigen Situation, die keiner (abschließenden) Normierung zugänglich sei[4].

5
Unmöglichkeit einer Normierung

Folge dieser Sicht ist zwangsläufig die Annahme eines auf dem Gedanken des Naturrechts basierenden, übergesetzlichen und ungeschriebenen Staatsnotrechts, bildlich dargestellt durch Schlagwörter wie „Not kennt kein Gebot" oder „Das Staatsrecht hört hier auf[5]". In einem solchen System setzt nur der Stärkste im Staat sich und seine Idee der Krisenbewältigung durch[6], das heißt die Macht geht grundsätzlich dem Recht vor. Bekanntester Vertreter dieser

6
Übergesetzliches Staatsnotrecht?

---

2 *Stern* (Bibl.), § 52 VII 3, S. 1346; *Hesse* (Bibl.), § 23 I 1.
3 *E. Klein* (Bibl.), § 169 A I.
4 *Böckenförde* aaO.
5 *Georg Meyer/Gerhard Anschütz*, Lehrbuch des Deutschen Staatsrechts, 1919, S. 906.
6 *Doehring*, Allgemeine Staatslehre (Bibl.), § 21 1; *Oberreuther* (Bibl.), S. 90; *M. Schröder*, Staatsrecht an den Grenzen des Rechtsstaates, AöR 103 (1978), S. 121 (132).

Ideologie ist *Carl Schmitt*, der davon ausgeht, daß Normen nur in normalen Situationen anwendbar sind und die Normallage positivrechtlicher Bestandteil ihrer Geltung sei. Ausnahmesituationen seien daher durch die Überlegenheit des Existentiellen über die Normativität geprägt.

7
Keine Rechtlosigkeit des Ausnahmezustands

Aufgrund der in diesen Theorien aufgehobenen Antithese von Staat und Rechtsstaat muß den Vertretern dieser Ansicht entgegengehalten werden, daß sie „den Ausnahmezustand in die Rechtlosigkeit entlassen[7]". Ein Rechtssystem kann nicht nur den Normalfall regeln, Ausnahmesituationen sind ebenso regelungsbedürftig, um ein funktionierendes System aufzubauen und zu erhalten. Die durch ein übergesetzliches Notrecht entstehende Haltlosigkeit – es gibt keine rechtliche Konstruktion mehr, an der man sich orientieren kann – birgt überdies die Gefahr, daß die noch vorhandenen handlungsfähigen Kräfte in Deckung bleiben, um nicht im Nachhinein wegen widerrechtlichen Handelns angeklagt zu werden. Dies ist gerade in solchen Grenzsituationen nicht hilfreich und damit ein weiteres gewichtiges Argument gegen ein übergesetzliches Notstandsrecht.

2. Normierung

8
Geschriebenes Notstandsrecht im demokratischen Rechtsstaat

In einem demokratischen Rechtsstaat hat ein übergesetzlicher Notstand folglich keine Existenzberechtigung mehr, da alles Recht mit der Verfassung eines Staates vereinbar sein muß und nicht über ihr stehen kann[8] – das geschriebene Notstandsrecht kann daher als typisch für einen demokratischen Rechtsstaat moderner Prägung bezeichnet werden[9], der eben gerade nicht „nur" Staat sein will.

9
Problem der Normierungsdichte

Die Normierung einer – das sei den Gegnern einer positivrechtlichen Regelung zugestanden: inhaltlich nicht abschließend regelbaren – Ausnahmesituation kann einerseits im Wege einer offenen Generalermächtigung erfolgen, wie dies mit Art. 48 Abs. 2 WRV geschehen war. Aufgrund der sich in diesem Zusammenhang realisierenden Gefahr des Mißbrauchs wird dieser Ansatz jedoch als außerordentlich problematisch angesehen[10] – er wird unter anderem plakativ als Einfallstor in die Verfassung zum schleichenden Staatsstreich bezeichnet[11]. Andererseits gibt es aber auch die Möglichkeit, eine Normierung in die verfassungsrechtliche Struktur zu integrieren[12]. Dies läßt zwar auch keine abschließende Regelung zu, da „das völlig Unberechenbare nur

---

7 *E. Klein* (Bibl.), § 169 A I.
8 *Oberreuther* (Bibl.), S. 115 u. 120.
9 *Koja* (Bibl.), S. 65.
10 *Waldmann* (Bibl.), S. 41 f. mit sehr guter Analyse des Art. 48 und seiner Folgeprobleme.
11 *E. Klein* (Bibl.), § 169 A I.
12 Vgl. *Böckenförde* NJW 1978, S. 1881 (1883).

begrenzt normativ antizipierbar¹³" ist. Jedoch wird so wenigstens eine grundlegende Orientierung im Falle des Notstandes geboten und damit der völligen Haltlosigkeit, die durch das ungeschriebene Staatsnotrecht kreiert wird, entgangen. Besonders der hochsensible Bereich der Grundrechtseinschränkungen kann dadurch abgesichert werden, so daß der Notstand ein Zustand der Verfassung bleibt – und keiner der Verfassungslosigkeit¹⁴. Die Frage der Normierung des Ausnahmezustands ist daher in einem modernen Rechtsstaat eher eine nach der Tiefe der Regelung, des „Wie" und nicht eine des „Ob".

II. Geschichtlicher Überblick

Die Notstandsgesetzgebung der deutschen Staaten kam im 19. Jahrhundert in Bewegung, war damals allerdings noch eher Kriegsrecht als die Regelung eines allgemeinen Ausnahmezustands¹⁵. Schon die 1848 niedergelegte Paulskirchenverfassung sah eine Regelung für Krisenzeiten, ausdrücklich in Art. IV § 197 sogar die Einschränkung von Grundrechten für den Fall des Krieges oder Aufruhres, vor.

10
Kriegsrecht als Vorläufer des Notstandsrechts

1. Die Reichsverfassung von 1871

Mit Gründung des Deutschen Reiches 1871 trat die Reichsverfassung in Kraft, die in ihrem Art. 68 vorsah, daß der Kaiser im Falle der „Gefährdung der öffentlichen Sicherheit" den Kriegszustand erklären konnte. Bemerkenswert ist die Verwendung einer (polizeilichen) Generalklausel, die den Kriegszustand, also die Reaktion auf eine Gefährdung von außen, der Gefährdung der inneren Sicherheit gleichstellte und so auch den internen Ausnahmezustand zum Kriegszustand stilisierte. Bis zur Verabschiedung eines entsprechenden Reichsgesetzes sollte das Preußische Gesetz über den Belagerungszustand¹⁶ von 1851 in einem solchen Fall Anwendung finden. Dieses Reichsgesetz kam jedoch nie zustande¹⁷. Aufgrund des daher weiterhin anzuwendenden preußischen Gesetzes konnten teilweise Grundrechte außer Kraft gesetzt werden – die geltende Reichsverfassung gewährte indes keine Grundrechte. Im übrigen war verfassungsrechtlich die grundsätzlich vorgesehene alleinige Entscheidungsbefugnis des Kaisers zwar formal durch das Erfordernis der Gegenzeichnung durch den Reichskanzler beschränkt (Art. 17 Satz 2 RV), der jedoch wiederum nur dem Kaiser verantwortlich war. Eine parlamentarische Kontrolle über den Ausnahmezustand gab es nicht. Die Exekutivmacht ging auf das Militär über. Dies ist im Zusammenhang mit der Entstehung des Deutschen Reiches im Krieg zu sehen, nach dessen Abschluß die preußische Militärmonarchie ihre starke Stellung im Deutschen Reich halten konnte. Die

11
Gefährdung der inneren Sicherheit als Kriegszustand

---

13 *Stern* (Bibl.), § 52 V 2 b γ, S. 1335.
14 So auch *Koja*, Allgemeine Staatslehre (Bibl.), S. 399.
15 *F. K. Fromme*, Ausnahmezustand und Notgesetzgebung, DÖV 1960, S. 730 (731).
16 Vom 4.6.1851 (GS S. 451).
17 *Esklony* (Bibl.), S. 16.

herausgehobene soziale Stellung des Militärs prägte weiterhin die Gesellschaft und die politische Kultur des kaiserlichen Deutschland.

12
Ausdehnung der Notstandsbefugnisse im Ersten Weltkrieg

Am 14. Juli 1914 machte der Kaiser angesichts des heraufziehenden Krieges von seinem Recht zur Ausrufung des Notstands Gebrauch, und in diesem blieb Deutschland dann bis 1918. Das hatte zur Konsequenz, daß nicht nur die zuvor restriktiv ausgelegten Notstandsbefugnisse extrem ausgedehnt wurden, sondern auch mehr und mehr offensichtlich wurde, daß das dem Notstandsrecht zugrundeliegende Belagerungsgesetz von 1851 den Ansprüchen eines industrialisierten und wirtschaftlich weiterentwickelten Staates nicht mehr gerecht werden konnte. Das eigentlich allein zuständige Militär war gezwungen, mit den zivilen Behörden zusammenzuarbeiten, und trug so den Ausnahmezustand auch in die zivile Welt hinein, die darauf nicht vorbereitet war[18]. Als der Erste Weltkrieg beendet war, hatten Monarchie und Militär als Verantwortliche im Notstand den Ernstfall nicht überlebt, woraufhin in der nächsten Verfassung ein neuer „Herr" des Ausnahmezustands gefunden werden mußte.

2. Die Weimarer Reichsverfassung

13
Der Reichspräsident als Herr des Staatsnotrechts

So folgte 1919 die Weimarer Reichsverfassung mit dem wohl bekanntesten aller „Notstandsparagraphen" der deutschen Geschichte: Art. 48. Seine Entstehung stand ganz im Zeichen des politischen Umbruchs vom Kaiserreich zur Republik, in der noch vieles – so auch die neue Notstandsregelung – in der Tradition des Bismarckschen Reiches stand. Nicht jedoch der in der Verfassung enthaltene Grundrechtskatalog, der erstmals für ganz Deutschland festgeschrieben worden war und an die Ideen von 1848 anknüpfte. Auch der auserkorene Herrscher des Staatsnotrechts war ein anderer: der Reichspräsident. In seinen Händen lag die Anordnungsbefugnis zur Ausrufung und Leitung des Notstandes. Dieser war nach Art. 48 Abs. 1 WRV gegeben, wenn sich die Länder eine „Pflichtverletzung" zuschulden kommen ließen. Nach Art. 48 Abs. 2 WRV konnten im Anschluß an die Feststellung des Notstands bestimmte Grundrechte zur Wiederherstellung der öffentlichen Sicherheit und Ordnung außer Kraft gesetzt und sogar die sog. „bewaffnete Gewalt" eingesetzt werden.

14
Keine Konkretisierung des Art. 48 WRV durch ein Ausführungsgesetz

Diese Regelungen, die weiter gefaßt waren als die des Kaiserreichs, wurden ebenfalls nie durch ein nach Art. 48 Abs. 5 WRV vorgesehenes Ausführungsgesetz konkretisiert. Dies führte dazu, daß die zunächst nur für einen vorübergehenden Zeitraum gedachten Maßnahmen weder inhaltlich noch zeitlich begrenzt werden mußten und somit im Endeffekt der Reichspräsident an keine rechtlichen Vorgaben mehr gebunden war[19]. Die betroffene Bevölkerung mußte von dem Eintritt in den Ausnahmezustand noch nicht einmal informiert werden, was erheblich zu deren Verunsicherung und zur Er-

---

18 *Oberreuther* (Bibl.), S. 42.
19 *Oberreuther* (Bibl.), S. 47, 53.

schwerung der Durchsetzbarkeit und Akzeptanz der erlassenen Regelungen beitrug[20].

Mit der Zeit wurde so aus der als Sicherungsinstrument der Republik und seiner Verfassung gedachten Regelung ein Hilfsmittel für die Institutionalisierung der Macht eines Einzelnen, das weder in der Lage war, die schweren wirtschaftlichen und sozialen Krisen der Zeit zu überwinden, noch die Entwicklung der Jahre 1930 bis 1933 verhindern konnte. Die Regierung (oder vielmehr Diktatur) basierte auf Notverordnungen, die das demokratische Element der Republik ausschalteten. Beispielhaft illustriert wurde dies durch den sogenannten „Verfassungsnotstand" als Unterfall des inneren Notstandes, der sich in den letzten Jahren der Weimarer Republik etabliert hatte und den funktionsuntüchtig gewordenen Reichstag „ersetzen" sollte[21].

15
Regieren durch Notverordnungen in der Spätphase

3. Der Parlamentarische Rat und der Herrenchiemsee-Entwurf zum Grundgesetz

Nachdem die Diktatur der Nationalsozialisten beendet war, lebte die Diskussion um die Integration einer Notstandsklausel in die Verfassung bei den Beratungen im Herrenchiemseer Entwurf für das Grundgesetz der Bundesrepublik wieder auf. Die westlichen Besatzungsmächte hatten die elf Ministerpräsidenten der westdeutschen Länder im Juli 1948 mit der Überreichung der Frankfurter Dokumente aufgefordert, eine verfassungsgebende Versammlung einzuberufen. Der daraufhin gegründete „Parlamentarische Rat", bestehend aus fünfundsechzig Mitgliedern, die von den Landtagen der Länder bestimmt worden waren, trat erstmals im September 1948 zusammen. Schon im Vormonat wurde von den Ministerpräsidenten ein Ausschuß einberufen, der Vorschläge erarbeiten sollte, auf deren Grundlage der Parlamentarische Rat aufbauen konnte. Dieser Ausschuß, der Verfassungskonvent von Herrenchiemsee, stellte innerhalb von zwei Wochen einen Entwurf zusammen[22]. Dessen Art. 111 sah eine Notstandsregelung vor, die wie Art. 48 Abs. 2 WRV durch die Gefährdung der öffentlichen Sicherheit und Ordnung ausgelöst werden sollte und die Möglichkeit zur Aufhebung von einzelnen Grundrechten unter bestimmten Umständen beinhaltete, jedoch einen anderen „Herrn" des Notstands festschrieb: die Bundesregierung anstelle des Reichspräsidenten. Die Aufhebung von Grundrechten durch Gesetz war aber wieder vorgesehen – und im Ausnahmefall auch ohne Gesetz durch Verordnung, wobei das Notverordnungsrecht bei der Regierung liegen sollte[23].

16
Diskussion über eine Notstandsklausel nach dem Zusammenbruch

Die Vorstellungen zum Art. 111 HChE waren geprägt durch die Entstehung eines Notstandes infolge von Naturkatastrophen oder ähnlichem, die ein effektives Regieren des Staates unmöglich machen würden. Mit anderen Wor-

17
Fixierung auf Naturkatastrophen u.ä. im Herrenchiemsee-Entwurf

---
20 *Lohse* (Bibl.), S. 100.
21 *Esklony* (Bibl.), S. 80 ff.
22 *Hesse,* in: Ernst Benda/Werner Maihofer/Hans-Jochen Vogel (Hg.), Handbuch des Verfassungsrechts, ²1994, § 3 I 5, RN 13 ff.; *Trotter* (Bibl.), S. 27 f.
23 Wortlaut des Art. 111 HChE (und folgender Entwürfe) bei *Stern* (Bibl.), § 52 III 4 a, S. 1316 f.

ten: Primäre Sorge der Väter des Grundgesetzes war die technische Verhinderung eines Zusammentretens des Parlaments[24]. Nachdem die Defizite des vorgesehenen Artikels in dieser Form für den Fall eines allgemeineren Ausnahmezustands oder Gesetzgebungsnotstandes während der Beratungen im Organisationsausschuß des Parlamentarischen Rates offensichtlich geworden waren, wurde das ursprüngliche Konzept für den Art. 111 umgestellt. Für einen Gesetzgebungsnotstand wurde Art. 81 HChE eingefügt. Für die Regelung des Ausnahmezustands jenseits eines rein technischen konnte man sich nach dem Entwurf verschiedener Varianten nicht auf eine verbindliche Fassung einigen[25]. Anfang Mai 1949 brachten Abgeordnete der SPD, CDU und FDP einen Antrag auf Streichung des Art. 111 vor dem Parlamentarischen Rat ein, dem ohne weitere Diskussion stattgegeben wurde[26]. In der Endfassung des Grundgesetzes ist daher ohne Begründung nur noch der Gesetzgebungsnotstand des Art. 81 berücksichtigt worden[27]. Dies wurde teilweise als bewußter „wohlüberlegter" Verzicht auf eine positivrechtliche Regelung des Notstandrechts interpretiert. Andererseits wurde in den ausführlichen Diskussionen ein Indiz für die Wichtigkeit des Anliegens einer Normierung gesehen, die mehr an der (politisch motivierten) Uneinigkeit über den konkreten Inhalt als an einer Grundsatzfrage scheiterte. Letzteres ist aufgrund der Brisanz der Frage, die allen damals Beteiligten durchaus bewußt war, wohl die eingängigere Interpretation.

Scheitern einer Notstandsregelung infolge politischer Uneinigkeit

4. Die Alliierten als Herren des Ausnahmezustands

18
Verbleib der Notstandsgewalt bei den Siegermächten

Solange das Grundgesetz und das darauf gestützte einfache Recht keine Regelung für Notsituationen enthielten, blieben die alliierten Siegermächte letztlich – wenn auch nach Konsultation mit der Bundesregierung – „Herren des Ausnahmezustands" als verbleibender Teil der mit der Vier-Mächte-Erklärung vom 5. Juni 1945[28] übernommenen obersten Regierungsgewalt in Deutschland[29].

19
Undurchsichtigkeit der alliierten Notstandsbefugnisse im Deutschlandvertrag von 1954

Was die alliierten Notstandsbefugnisse beinhalteten, war in Art. 5 Abs. 2 des „Deutschlandvertrages" in der Fassung vom 23. Oktober 1954 eher verschleiert. Dort hieß es: „(2) Die von den Drei Mächten bisher innegehabten oder ausgeübten Rechte in bezug auf den Schutz der Sicherheit von in der Bundesrepublik stationierten Streitkräften, die zeitweilig von den Drei Mächten beibehalten werden, erlöschen, sobald die zuständigen deutschen Behörden ent-

---

24 *Fromme*, DÖV 1960, S. 730 (737).
25 *Dürig* in: Maunz/Dürig, GG (LitVerz.), Art. 11 RN 74; *Stern* (Bibl.), § 52 III 4 b, S. 1317 ff.
26 *Seifert* (Bibl.), S. 15; *Trotter* (Bibl.), S. 30.
27 *Ule*, Die Grundrechte, DVBl. 1949, S. 333 (335).
28 Text bei Ingo von Münch (Hg.), Dokumente des geteilten Deutschland, 1968, S. 19 ff.
29 Auch nach der Auflösung des Alliierten Kontrollrates im März 1948 blieben die Vereinbarungen der Vier-Mächte-Erklärung erhalten (vgl. *Saalfeld*, Die Bundesrepublik Deutschland und die Souveränitätsfrage, NZWehrR 1989, 221 [223]); für die Bundesrepublik wurden sie fortan von den drei (westlichen) Mächten beansprucht; einen formellen actus contrarius gab es bis zur „Erklärung zur Aussetzung der Wirksamkeit der Vier-Mächte-Rechte und -Verantwortlichkeiten" vom 1.10.1990 (BGBl. 1990 II S. 1331) nicht.

sprechende Vollmachten durch die deutsche Gesetzgebung erhalten haben und dadurch in Stand gesetzt sind, wirksame Maßnahmen zum Schutze der Sicherheit dieser Streitkräfte zu treffen, einschließlich der Fähigkeit, einer ernstlichen Störung der öffentlichen Sicherheit und Ordnung zu begegnen. Soweit diese Rechte weiterhin ausgeübt werden können, werden sie nur nach Konsultation mit der Bundesregierung ausgeübt werden, soweit die militärische Lage eine solche Konsultation nicht ausschließt, und wenn die Bundesregierung darin übereinstimmt, daß die Umstände die Ausübung derartiger Rechte erfordern. Im übrigen bestimmt sich der Schutz der Sicherheit dieser Streitkräfte nach den Vorschriften des Truppenvertrags oder den Vorschriften des Vertrags, welcher den Truppenvertrag ersetzt, und nach deutschem Recht, soweit nicht in einem anderen anwendbaren Vertrag etwas anderes bestimmt ist".

Sehr viel deutlicher erschließt sich aus den Absätzen zwei bis sechs der ursprünglichen Fassung des Art. 5 (von 1952[30]), was damit – auch weiterhin – gemeint war:

20
Deutlichere Formulierungen im Vertrag von 1952

„(2) Wenn die Bundesrepublik und die europäische Verteidigungsgemeinschaft außerstande sind, einer Lage Herr zu werden, die entstanden ist
– durch einen Angriff auf die Bundesrepublik oder Berlin
– durch eine umstürzlerische Störung der freiheitlichen demokratischen Grundordnung
– durch eine schwere Störung der öffentlichen Sicherheit und Ordnung
– durch den ernstlich drohenden Eintritt eines dieser Ereignisse

und die nach Auffassung der Drei Mächte die Sicherheit ihrer Streitkräfte gefährdet, können die Drei Mächte, nachdem sie die Bundesregierung im weitestmöglichen Ausmaß konsultiert haben, in der gesamten Bundesrepublik oder einem Teil der Bundesrepublik einen Notstand erklären.

(3) Nach Erklärung des Notstands können die Drei Mächte diejenigen Maßnahmen ergreifen, die erforderlich sind, um die Ordnung aufrechtzuerhalten oder wiederherzustellen und die Sicherheit der Streitkräfte zu gewährleisten.

(4) Die Erklärung wird ihr Anwendungsgebiet genau bezeichnen. Die Erklärung des Notstands darf auch nicht länger aufrechterhalten werden, als zur Behebung der Notlage erforderlich ist.

(5) Während der Dauer eines Notstandes werden die Drei Mächte die Bundesregierung im weitestmöglichen Umfang konsultieren. Sie werden sich im gleichen Ausmaß der Unterstützung der Bundesregierung und der zuständigen deutschen Behörden bedienen.

(6) Heben die Drei Mächte die Erklärung des Notstandes nicht innerhalb von dreißig Tagen auf, nachdem die Bundesregierung darum ersucht hat, so kann die Bundesregierung den Rat der Nordatlantikpakt-Organisation ersuchen,

---

30 Vgl. Gesetz betreffend den Vertrag vom 26. Mai 1952 über die Beziehungen zwischen der Bundesrepublik Deutschland und den Drei Mächten und Zusatzverträgen vom 28.3.1954 (BGBl. 1954 II S. 57 ff.).

§ 24   Zweiter Teil: III. Voraussetzungen, Sicherung und Durchsetzung

die Lage zu überprüfen und zu erwägen, ob der Notstand beendet werden soll. Gelangt der Rat zu einem Ergebnis, daß die Aufrechterhaltung des Notstandes nicht länger gerechtfertigt ist, so werden die Drei Mächte den Normalzustand so schnell wie möglich wiederherstellen".

21
Nahezu keine Einschränkungen der alliierten Notstandsbefugnisse

Konditioniert waren die Notstandsbefugnisse der Drei Mächte, die inhaltlich nicht begrenzt waren, durch die „Gefährdung der Sicherheit ihrer Streitkräfte"; ob sie gefährdet waren, oblag allein ihrer Einschätzung[31]. Daß Art. 5 Abs. 2 in der Fassung von 1954 inhaltlich kaum Abstriche von der ursprünglichen Fassung machte (auch wenn die Konsultationsverpflichtung verstärkt wurde), wird auch aus dem Schreiben des Bundeskanzlers an die Außenminister der Drei Mächte vom 24. Oktober 1954[32] deutlich, das Art. 5 Abs. 7 der alten Fassung zum Gegenstand hat. Art. 5 Abs. 7, der in der Fassung von 1954 gestrichen wurde, gab jedem (alliierten) Militärbefehlshaber das Recht, auch außerhalb eines Notstands bei unmittelbarer Bedrohung seiner Streitkräfte angemessene Schutzmaßnahmen (einschließlich Waffengewalt) zu ergreifen. Das Schreiben des Bundeskanzlers stellt fest, daß es sich dabei um ein nach Völkerrecht bestehendes Recht handelt, das durch die Streichung des Absatzes 7 nicht berührt werde.

22
Untätigkeit der Bundesrepublik in der Notstandsfrage

Insbesondere die inhaltliche Unbegrenztheit der alliierten Notstandsbefugnisse hätte es nahegelegt, daß die junge Bundesrepublik sich alsbald des implizit in Art. 5 Abs. 2 des Deutschlandvertrages (1954) enthaltenen Auftrages angenommen hätte, eigene, präzise Notstandsregelungen zu erlassen. Sie hat sich damit erstaunlich viel Zeit gelassen.

5. Die Notstandsgesetzgebung von 1968

23
Erster Notstandsentwurf 1960

Es mag sein, daß das Inkrafttreten des in deutschen Augen seit 1952 wesentlich verbesserten Deutschlandvertrages von 1954, der der Bundesrepublik „die volle Macht eines souveränen Staates über ihre inneren und äußeren Angelegenheiten" (Art. 1 Abs. 2) zurückgab, die verbleibenden Vier-Mächte-Rechtspositionen in den Hintergrund drängte, zumal der „Wiedervereinigungs- und Stationierungsvorbehalt" (Art. 2) gerade auch im Hinblick auf den sich verschärfenden Ost-West-Konflikt durchaus im deutschen Interesse lag. Da erschien es vielleicht wirklich nicht opportun, alliierte Notstandsbefugnisse abzulösen, die für den Schutz der Streitkräfte vorbehalten wurden. Jedenfalls dauerte es bis 1960, bevor sich die Bundesrepublik eines eigenen Notstandsrechts annahm, das nur mit verfassungsändernder Mehrheit, also mit Zustimmung der Opposition, in Kraft treten konnte.

---

31 Im Ergebnis kaum anders war die Situation in der DDR gemäß Art. 18 des „Abkommens zwischen der Regierung der DDR und der Regierung der UdSSR über Fragen, die mit der zeitweiligen Stationierung sowjetischer Streitkräfte auf dem Territorium der DDR zusammenhängen" (*Alexander Uschakow,* Der Warschauer Pakt und seine bilateralen Bündnisverträge, 1987, S. 103).
32 BGBl. 1955 II S. 481.

a) Schröder-Entwurf

Der erste (Regierungs-)Entwurf einer Notstandsverfassung 1960 (Schröder-Entwurf[33]) enthielt einen neuen Artikel 115a GG mit dem Titel „Ausnahmezustand". Eine Differenzierung zwischen den verschiedenen Notstandslagen war noch nicht vorgesehen. Voraussetzung für sein Inkrafttreten sollte die „Abwehr einer drohenden Gefahr für den Bestand oder die freiheitliche demokratische Ordnung des Bundes oder eines Landes" (Absatz 1) sein, bei deren Vorliegen der Bundestag, bei Gefahr im Verzug auch der Bundespräsident, den Ausnahmezustand anordnen und verkünden konnte[34]. Wenn dies geschehen war, sollte Art. 115a Abs. 4 Nr. 2 auch zur Einschränkung oder Aufhebung von Grundrechten ermächtigen, namentlich der Meinungs-, Versammlungs-, Vereinigungs- und Berufsfreiheit sowie zur Aufhebung von Fristen der gerichtlichen Überprüfung von Freiheitsentziehungen. Dieses Recht war der Bundesregierung anvertraut worden, die auch sog. „gesetzgebende Verordnungen" hätte erlassen dürfen – der Notstand sollte damit wieder zur „Stunde der Exekutive" werden[35]. Dies, die Zusammenfassung aller Notstandsfälle in einem Artikel, die starke Anlehnung an den immer noch verrufenen Art. 48 WRV und die unklare Beziehung zum Gesetzgebungsnotstand des Art. 81 GG stießen jedoch auf starke Kritik[36], weswegen 1962 ein neuer Entwurf vorgelegt wurde.

24
Keine Differenzierung nach Notstandslagen und Anlehnung an Art. 48 WRV

b) Höcherl-Entwurf

Der sog. „Höcherl-Entwurf[37]" der Regierung von 1962 umfaßte zwölf Artikel und differenzierte in seinen Art. 115i und m GG zwischen verschiedenen Ausnahmesituationen: Zuständen äußerer Gefahr, innerer Gefahr und dem Katastrophenzustand[38] mit je nach einschlägiger Situation differenzierten Rechtsfolgen. Außerdem wurde erstmals die Schaffung eines „Notparlaments" als Zugeständnis an die von verschiedener Seite geäußerten Bedenken bezüglich eines möglichen Mißbrauchs der trotz heftiger Kritik immer noch vorgesehenen Notverordnungsermächtigung angedacht. Die Proteste insbesondere der Gewerkschaften richteten sich allerdings vor allem gegen die weiterhin bestehende Möglichkeit, den „inneren Notstand" ohne besondere Feststellung ausrufen zu können. Weitere Kritik entzündete sich an der Unklarheit des Verhältnisses von Gesetzgebungsnotstand einerseits und Ausnahmezustand andererseits, an den als zu niedrig empfundenen Hürden für den Einsatz der Streitkräfte im Inneren sowie der Möglichkeit zur (einfachgesetzlichen) Aufhebung des Rechts der Verfassungsbeschwerde[39], und so wurde auch dieser Vorschlag abgelehnt.

25
Differenzierung nach Ausnahmesituationen und Schaffung eines „Notparlaments"

---

33 BT-Drs. III/1800.
34 *Grote* in: v. Mangoldt/Klein/Starck, GG, Bd. 3 (LitVerz.), Art. 115a, RN 10.
35 *Seifert* in: H.-P. Schneider, Das Grundgesetz in interdisziplinärer Betrachtung, 2001, S. 175 (176).
36 *Lohse* (Bibl.), S. 124.
37 BT-Drs. IV/891.
38 *Grote* (FN 34), Art. 115a RN 11.
39 *Lohse* (Bibl.), S. 129.

c) Benda-Entwurf

26
Stärkere Position des Notparlaments

Die nächste Vorlage war der sog. „Benda-Entwurf[40]" des Rechtsausschusses des Bundestages von 1965, der den Entwurf von 1962 stark überarbeitet hatte und nun eine Neueinführung und Änderung von zwanzig Artikeln des Grundgesetzes vorsah. Dem Notparlament wurde im Vergleich zum Vorgängerentwurf eine stärkere Position eingeräumt. Das Notverordnungsrecht der Regierung sollte für den Fall eines nicht funktionstüchtigen Notparlaments durch eine subsidiäre Gesetzgebungsermächtigung ersetzt werden. Die Differenzierung der Notstandslagen wurde beibehalten, indes nur noch für den äußeren Notstand ein eigener Abschnitt vorgesehen.

Schwachpunkte

Seine Schwachpunkte hatte dieser Entwurf wohl vor allem in seiner Unübersichtlichkeit (z.B. das Ignorieren des Art. 91 GG a.F., der ja schon Teile des inneren Notstands regelte), seinen zu detaillierten Regelungen – eine Notstandssituation läßt sich einfach nicht detailliert regeln – und seinen, wohl als Kompensation gedachten, sehr offenen und daher zu weit gefaßten Formulierungen[41]. Auch dieser Vorschlag verfehlte aus diesen Gründen die erforderliche Zweidrittelmehrheit im Bundestag.

d) Lücke-Entwurf

27
Vom „Lücke-Entwurf" zum „Lenz-Entwurf"

1967 wurde dann der sog. „Lücke-Entwurf[42]" von der Bundesregierung vorgelegt. Dieser enthielt den Versuch, die an seinen Vorgängern geäußerten Kritikpunkte zu berücksichtigen, wurde jedoch 1967 und 1968 in den Ausschüssen genauso kontrovers diskutiert. Als Reaktion auf die teilweise gravierenden Mängel im Lücke-Entwurf brachte die FDP-Opposition 1967 noch einen Vorschlag ein: das „Gesetz zur Sicherung der rechtsstaatlichen Ordnung im Verteidigungsfall[43]". Der im Hinblick darauf geänderte Lücke-Entwurf wurde dann 1968 als Rechtsausschuß-Entwurf, sog. „Lenz-Entwurf", dem Bundestag vorgelegt.

Annahme der Notstandsverfassung

Nach nur noch geringfügigen Änderungen wurde der Entwurf am 30. Mai 1968 als Notstandsverfassung im Bundestag angenommen und im Juni vom Bundesrat gebilligt. Es wurden insgesamt achtzehn Bestimmungen geändert, sechzehn neue Artikel geschaffen und drei außer Kraft gesetzt. Zweiunddreißig dieser siebenunddreißig Änderungen betrafen das Verfahren zur Ausrufung und Handhabung des nationalen Notstandes[44]. Zur gleichen Zeit haben die Drei Mächte das Erlöschen ihrer Notstandsbefugnisse mit dem Inkrafttreten dieser Gesetze angekündigt[45].

---

40 BT-Drs. IV/3494.
41 *Lohse* (Bibl.), S. 132.
42 BT-Drs. V/1879.
43 BT-Drs. V/2130.
44 Zur Übersicht aller Entwürfe s. die synoptische Darstellung von *Lohse/Contag*, Das siebzehnte Gesetz zur Ergänzung des Grundgesetzes, Beilage zum Bundesanzeiger Nr. 228 vom 6.12.1968; *Angela Bauer/ Matthias Jestaedt*, Das Grundgesetz im Wortlaut, 1997.
45 BGBl. 1968 II S. 570 ff.

e) Die Notstandsdiskussion

Nicht unerwähnt bleiben sollen die massiven Proteste, die sich aus allen Teilen der Bevölkerung wie auch von den Gewerkschaften oder zum Teil organisierten Wissenschaftlern als Widerstand gegen die Notstandsverfassung formiert hatten und die politischen Diskussionen über zehn Jahre begleiteten und beeinflußten. Besonders hervorgetan hatte sich in diesem Zusammenhang die „Außerparlamentarische Opposition", die als Reaktion auf die Bildung der Großen Koalition und den Einflußverlust der Opposition im Parlament entstanden war und die mit den Gewerkschaften, die sich mit einigen studentischen Gruppierungen zusammen getan hatten, den Kern der Protestbewegungen bildete. Symptomatisch für die geradezu hysterische Aufgeregtheit der Diskussion war ein von über zweihundert zum Teil namhaften Professoren unterzeichneter Aufruf, in dem es hieß: „Erheben wir unsere Stimme gegen die Pläne einer Regierung, die unter Täuschung der Öffentlichkeit sich diktatorische Gewalt erschleichen will; die bereit ist, die Bundeswehr gegen das eigene Volk einzusetzen"[46].

28 Außerparlamentarische Opposition

Die Entwürfe der Jahre 1960 und 1962 scheiterten an den Bedenken der SPD, der Entwurf von 1965 an jenen der Gewerkschaften und Teilen der intellektuellen Szene, denen sich die SPD beugte. Bis 1967/1968 wurden dann auf Betreiben der Gewerkschaften und einiger SPD-Abgeordneter weitere detaillierte Änderungen und Sicherungen durchgesetzt und trotz andauernder Demonstrationen und Kundgebungen von Außerparlamentarischer Opposition und Gewerkschaften im Mai 1968 die Notstandsgesetze verabschiedet.

29 Verabschiedung der Notstandsgesetze gegen politischen Widerstand

Dies führt dazu, daß die heute bestehende Fassung der Notstandsverfassung auch und gerade als Erfolg ihrer Kritiker gesehen wird[47]. Die „Anti-Notstandsopposition" hatte unleugbar einen großen Einfluß auf die damalige Diskussion und auch die endgültige Gesetzgebung. Dies scheint in einer Zeit, die geprägt wurde durch eine Haltung des undifferenzierten „Dagegen-Seins" in Protestbewegungen und einer hochpolitisierten Stimmung, nicht ungewöhnlich. Ist es aber doch, wenn man das entstandene Paradoxon der destruktiven Ausgangshaltung mit dem konstruktivem Endprodukt der Verfassungsdiskussion der sechziger Jahre vergleicht. Nachdem die Notstandsgesetzgebung in Kraft getreten war, verlor die Außerparlamentarische Opposition, die die Notwendigkeit einer Regelung des Notstands grundsätzlich nicht anerkannt hatte, auch zusehends an Bedeutung. Das Ende der Zusammenarbeit von Gewerkschaften und Studentenbewegung ließ auch diese in zahllose Splittergruppen zerfallen.

30 Bedeutungsverlust der außerparlamentarischen Opposition

f) Der Art. 20 Abs. 4 GG

Im Zuge der Notstandsgesetzgebung wurde noch das positivierte Widerstandsrecht des Art. 20 Abs. 4 GG eingefügt[48]. Das Widerstandsrecht war

31

---

46 *Rolf Steininger*, Deutsche Geschichte, Bd. 3: 1955-1974, 2002, S. 251.
47 *J. Seifert* (FN 35), S. 175 (178).
48 Zur Entstehungsgeschichte des Widerstandsrechts s. *Dolzer*, HStR VII, § 171 B.

§ 24   Zweiter Teil: III. Voraussetzungen, Sicherung und Durchsetzung

Widerstandsrecht auch gegen „Staatsstreich von unten"

zwar schon vorher anerkannt: Das Bundesverfassungsgericht ging in seinem KPD-Urteil[49] von 1956 von einem übergesetzlichen Widerstandsrecht aus. Die verfassungsgesetzliche Anerkennung war als Zugeständnis an die Gegner dieser Verfassungsänderung in der Bundesrepublik erst 1968 angedacht worden. Ziel war es, der weit verbreiteten Furcht vor einem nun möglich werdenden „Staatsstreich von oben" entgegenzutreten und dem Widerstandsrecht klare Grenzen zu setzen[50]. Die Norm umfaßt nicht nur die Möglichkeit, legal Widerstand gegen eine unrechtmäßige Beseitigung der Verfassung durch staatliche Gewalt zu leisten, sondern auch, gegen einen sog. „Staatsstreich von unten" durch revolutionäre Gruppierungen aus der Bevölkerung vorzugehen. Keine Geltung hat dies jedoch für bloße Vorbereitungshandlungen sowie einzelne Rechts- oder Verfassungsverstöße. Das Widerstandsrecht ist nicht, obwohl sein Ziel ebenfalls der Erhalt der bestehenden Ordnung ist, Teil der Notstandsverfassung[51], da es nicht im Ausnahmezustand angewendet wird, sondern gerade zur Verhinderung einer solchen Situation beitragen soll.

C. Die Grundzüge des Notstandsrechts in Deutschland

I. Der äußere Notstand

1. Inhalt

32

Fehlende Definition des äußeren Notstands

Der äußere Notstand ist als solcher im Grundgesetz nicht definiert. Vor 1945 war es üblich, den Begriff des äußeren Notstands synonym mit dem des Kriegs- oder Verteidigungsfalls zu gebrauchen. Dieser wird heute in Art. 115a Abs. 1 Satz 1 GG als Angriff auf Deutschland mit Waffengewalt definiert und in Abschnitt X a des Grundgesetzes behandelt. Bedrohungen von außen müssen jedoch nicht bis zum Extrem eines bewaffneten Angriffs gehen, der Verteidigungsfall steht mit anderen Worten auf der letzten (Eskalations-) Stufe des (äußeren) Staatsnotstandsrechtes[52]. Es sind Abstufungen einer äußeren Bedrohung denkbar, deren Gefährdungspotential durch ergänzende Regelungen im Grundgesetz Rechenschaft getragen wird, ohne gleich einen Verteidigungsfall zu fingieren. Diese Regelungen finden sich namentlich im Spannungs- und Zustimmungsfall des Art. 80a Abs. 1 GG.

2. Der Verteidigungsfall des Abschnitts X a GG

33

Legaldefinition des Verteidigungsfalls

Art. 115a Abs. 1 Satz 1 GG enthält eine Legaldefinition des Verteidigungsfalls, die voraussetzt, daß entweder das Bundesgebiet mit Waffengewalt ange-

---

[49] BVerfGE 5, 85 (376 ff.).
[50] *Dolzer* (FN 48), § 171 C; → Bd. V: *Höfling,* Widerstand im Rechtsstaat.
[51] *Herzog* in: Maunz/Dürig, GG (LitVerz.), Art. 20 Kap. IX RN 2.
[52] *Graf Vitzthum,* HStR VII, § 170 E I 1.

griffen oder es durch einen solchen unmittelbar bedroht wird. Das Merkmal „Angriff mit Waffengewalt" erinnert an Formulierungen der UN-Charta (Verbot der Gewaltanwendung des Art. 2 (4) SVN oder bewaffneter Angriff in Art. 51 SVN). Ein bewaffneter Angriff verlangt in diesem Kontext eine Handlung mit Waffengewalt gegen einen durch das Völkerrecht geschützten Bereich eines Völkerrechtssubjekts. Das Grundgesetz geht von einem ähnlichen Szenario aus, qualifiziert jedoch als „Verteidigungsfall" eine mit Waffengewalt vorgetragene militärische Aktion größeren Ausmaßes, die weder durch die Polizei noch den Bundesgrenzschutz erfolgversprechend abzuwehren ist[53].

Allerdings muß nicht erst auf den Eintritt einer solchen Bedrohung gewartet werden; dies wäre nicht zumutbar, Art. 115a Abs. 1 Satz 1, 2. Alt. GG. Die zur Beurteilung dieses Merkmals notwendige Prognose über das gegnerische Verhalten ist jedoch mit einem hohen Grad an Rechtsunsicherheit verbunden. Zusätzlich droht ein Konflikt mit dem Verbot des Angriffskrieges aus Art. 26 Abs. 1 GG. Im Lichte der Möglichkeiten moderner Massenvernichtungswaffen wird man aber wohl davon ausgehen können, daß unter bestimmten, sehr engen Voraussetzungen eine präventive Verteidigung zulässig wäre. Aufgrund der weitreichenden Folgen, die Art. 115a GG eröffnet, ist es gerechtfertigt, hohe Anforderungen an dieses Tatbestandsmerkmal zu stellen[54], so daß allein die feindselige Haltung eines anderen Staates oder eine Aufrüstung noch nicht ausreichend sein dürften[55]. Notwendig und hinreichend wären dagegen die krisenhafte Zuspitzung eines ohnehin feindseligen Verhältnisses, die Mobilmachung, der Aufmarsch von Truppen in Grenznähe i.V.m. Angriffsdrohungen oder eine Kriegserklärung: mit anderen Worten eine Situation, in der jeden Augenblick mit einem Angriff gerechnet werden muß.

34
Voraussetzung präventiver Verteidigung

Weiteres Tatbestandsmerkmal des Angriffs ist eine Verletzung der territorialen Integrität des Bundesgebietes, das heißt des Staatsgebietes der Bundesrepublik Deutschland. Nicht ausreichend dafür wäre die Verletzung sog. „Außenposten", wie Botschaften oder deutscher Schiffe auf hoher See[56]. Zusätzlich muß noch ein förmlicher (konstitutiver[57]) Feststellungsakt des Bundestages und seine Verkündung geleistet werden (Art. 115a Abs. 1–3 GG), es sei denn, die Umstände lassen die Einhaltung dieser Formalien nicht zu. Dann reicht auch ein Beschluß des sog. Notparlaments nach Art. 115a Abs. 2 GG oder die Fiktion des Art. 115a Abs. 4 GG aus, um dieses Tatbestandsmerkmal abzudecken[58]. Wenn diese Voraussetzungen erfüllt sind, geht die Kommandogewalt vom Verteidigungsminister auf den Bundeskanzler über, und es treten Teile der Notstandsverfassung und der einfachen Notstandsgesetze in Kraft[59].

35
Verletzung territorialer Integrität

Konstitutiver Feststellungsakt des Bundestages

---

53 *Stern* (Bibl.), § 54 II 2 a, S. 1399; *Graf Vitzthum* (FN 52), § 170 E I 1, RN 30, ausführlich *Klaus Kersting*, Bündnisfall und Verteidigungsfall, Diss. Bochum 1979, S. 128 ff.
54 *K. Ipsen*, DÖV 1971, S. 583 (585).
55 *Stern* (Bibl.), § 54 II 2 b, S. 1401.
56 *Stern* (Bibl.), § 54 II α β, S. 1399.
57 *Oberreuther* (Bibl.), S. 255; *Stern* (Bibl.), § 54 III 1, S. 1401; *Graf Vitzthum* (Bibl.), § 170 E I 2, RN 31.
58 *Stern* (Bibl.), § 54 IV 2, S. 1407 f.
59 *Maunz/Zippelius*, Staatsrecht (LitVerz.), § 44 III 1.

§ 24   Zweiter Teil: III. Voraussetzungen, Sicherung und Durchsetzung

36
Aktivierung der Notstandsverfassung

Durch die Verkündung des sog. Verteidigungsfalls wird die Notstandsverfassung aktiviert bzw. „entsperrt", vorrangig die Regelungen der Art. 115 b ff. GG. Dies schließt auch die Möglichkeit zur Einschränkung von Grundrechten ein, namentlich die der in Art. 9 Abs. 3, 12 Abs. 1, 14 Abs. 3 und 104 Abs. 2 GG genannten. Zusätzlich sind auch Grundrechte, die keinem besonderen Notstandsvorbehalt unterliegen, aufgrund ihrer „normalen" Beschränkungsvorbehalte im Verhältnis zur Landesverteidigung weitergehend einschränkbar, insbesondere – gemäß Art. 17a Abs. 2 GG – die Art. 11 und 13 GG. Zum Teil ist dies sogar schon zu Vorbereitungszwecken möglich, soweit es aufgrund organisationstechnischer Aspekte notwendig ist[60]: unter anderem nach Art. 12a Abs. 5 Satz 2 GG, der Verpflichtungen im Vorfeld der Verteidigung ermöglicht, und gemäß Art. 115 Abs. 4 GG betreffend die Gesetze, die nach Art. 115c Abs. 1, 2 GG zustande gekommen sind.

37
Beendigung des Verteidigungsfalls

Nach Beendigung des Verteidigungsfalles werden die Gesetze des Gemeinsamen Ausschusses und die während dieser Zeit erlassenen Rechtsverordnungen gemäß Art. 115k Abs. 2 GG wieder außer Kraft und die durch diese Normen verdrängten Gesetze wieder in Kraft gesetzt; bestimmte Gesetze nach Abs. 3 unter Umständen auch erst nach Ablauf des zweiten Rechnungsjahres nach Beendigung des Verteidigungsfalls.

3. Der Spannungs- und Zustimmungsfall des Art. 80a Abs. 1 GG

38
Spannungsfall als Vorstufe des Verteidigungsfalles

Der Spannungsfall des Art. 80a Abs. 1 Satz 1, 2. Alt. GG wurde ebenfalls 1968 mit der Notstandsgesetzgebung eingefügt. Er wird im Grundgesetz nicht näher erläutert, wird jedoch als Vorstufe zum Verteidigungsfall des Art. 115a Abs. 1 GG und damit als Teil des äußeren Notstands gesehen[61]. Dies ergibt sich aus der Maßgabe, die Vorschriften des Grundgesetzes und der einschlägigen Bundesgesetze zur Verteidigung außerhalb des Verteidigungsfalles nur unter Beachtung des Art. 80a GG anzuwenden. Eine allgemein anerkannte positive Definition gibt es nicht. Der Rechtsausschuß kam zu dem Schluß, daß eine präzise normative Umschreibung nicht möglich sei. Jedoch wird man den Spannungsfall als eine internationale Krisensituation, die die Herstellung erhöhter Verteidigungsbereitschaft notwendig macht, definieren können, die auf jeden Fall für den Zeitraum vor einem Angriff gegeben ist[62]. Voraussetzung für seine Ausrufung ist eine Zweidrittelmehrheit im Bundestag. Die Rechtsfolgen ergeben sich aus Art. 12a Abs. 3–6 GG und Art. 17a Abs. 2 GG sowie aus den vom Bundesgesetzgeber in sog. notstandsvorsorgenden Regelungen gemäß Art. 73 Nr. 1 GG festgelegten Bundesgesetzen.

39
Zustimmungsfall

Der Zustimmungsfall des Art. 80a Abs. 1 Satz 1, 3. Variante GG, auch als „kleiner Spannungsfall" bezeichnet, ist davon zu unterscheiden. Da es sich

---

60 *Hesse* (Bibl.), § 23 IV 4.
61 *Bruno Schmidt-Bleibtreu/Franz Klein*, Kommentar zum Grundgesetz, [9]1999, Art. 80a RN 1.
62 *Lenz* (Bibl.), Art. 12a RN 22; *Stern* (Bibl.), § 55 II 1, S. 1439; *Graf Vitzthum* (Bibl.), § 170 B I 1, RN 6.

ähnlich dem Spannungsfall um eine Vorstufe des Verteidigungsfalles handelt, kann Voraussetzung für den Zustimmungsfall nur eine vergleichbare Krisensituation sein. Zweck beider Rechtsfiguren ist die Sendung eines Signals der Kampfbereitschaft nach außen an den oder die potentiellen Aggressor(en), sowie die Ermöglichung einer effektiven Vorbereitung im Inneren durch die Exekutive im Sinne eines *flexiblen Crisis-Managements*[63]. Während die Feststellung des Spannungsfalles das gesamte „Paket" der auf Art. 80a GG verweisenden Normen anwendbar macht, dient die „besondere Zustimmung" dazu, einzelne Notstandsregelungen vorab bzw. isoliert in Geltung zu setzen auch dann, wenn die Lage die Ausrufung des Spannungsfalles (noch) nicht erforderlich macht. Die „besondere Zustimmung" bedarf einer Mehrheit von zwei Dritteln der abgegebenen Stimmen im Bundestag nur dann, wenn sie Dienstverpflichtungen im Sinne von Art. 12a Abs. 3 und 5 GG zum Gegenstand hat oder die freie Berufsausübung und Arbeitsplatzwahl beschränkt (Art. 12a Abs. 6 GG).

4. Der Bündnisfall des Art. 80a Abs. 3 GG

Der Beschluß eines Bündnisfalles im Sinne des Art. 80a Abs. 3 Satz 1 GG – für die Bundesrepublik Deutschland z.B. gemäß Art. 5 NATO-Vertrag – kann ebenfalls die Anwendung einiger Normen des Verteidigungsfalles bewirken, sofern die Bundesregierung dem zustimmt. Ziel der Eröffnung solcher Maßnahmen ist nicht nur die Verteidigung des eigenen Staatsgebietes, sondern auch und gerade die Verteidigung des Bündnisgebietes und anderer Bündnispartner. Ausreichend für die Aktivierung der Bündnisverpflichtung des Art. 5 NATO-Vertrag ist ein bewaffneter Angriff. Dadurch werden nicht automatisch auch die Voraussetzungen des Art. 80a Abs. 3 GG erfüllt – der Bündnisfall des Grundgesetzes ist ein selbständiger Tatbestand[64], für den Art. 80a Abs. 1 GG nicht einschlägig ist. Zwar wird der Beschluß über den Eintritt des Bündnisfalls von dem gemäß Art. 9 NATO-Vertrag zuständigen Nordatlantikrat gefällt. Dieser hat jedoch lediglich völkerrechtliche Bedeutung – die Entscheidung über die Beteiligung der Bundesrepublik liegt weiterhin in den Händen der Bundesregierung[65]. Der Einsatz der deutschen Streitkräfte hängt in diesem Fall konstitutiv von der zusätzlichen Zustimmung des Bundestages ab, wodurch die parlamentarische Kontrolle im Bündnisfall gesichert ist[66]. Die nach Art. 80a Abs. 3 GG erlaubten Maßnahmen decken sich daher nicht mit den durch Art. 80a Abs. 1 GG eröffneten Möglichkeiten. Der Anwendungsbereich der Dienstverpflichtungen nach Art. 12a Abs. 3–6 GG und der Einsatz der Streitkräfte im Inneren nach Art. 87a Abs. 3 GG werden durch den Bündnisfall *nicht* eröffnet. Außerdem wird die Regierung in ihren Maßnahmen auch innerstaatlich beschränkt durch die sich aus dem internationalen

40
Verteidigung des Bündnisgebiets und anderer Bündnispartner

---

63 *Trotter* (Bibl.), S. 66.
64 *Graf Vitzthum* (Bibl.), § 170 D I, RN 26.
65 *K. Ipsen* (Bibl.), S. 554 (572).
66 *BVerfGE 90*, 286 Leitsatz 3 a.

Beschluß ergebenden Grenzen. Die Aufhebung der auf Art. 80a Abs. 3 Satz 1 GG basierenden Maßnahmen obliegt dem Bundestag mit der Mehrheit seiner Stimmen.

II. Der innere Notstand

41
Fehlende Definition des inneren Notstands

Das Grundgesetz beinhaltet ebenfalls keine ausdrückliche Definition des inneren Notstandes. Dieser hat auch in den deutschen Verfassungen keine Tradition. Zwar wurde der innere Notstand in der Reichsverfassung von 1871 erwähnt, war jedoch nicht als eigenes Rechtsinstitut ausgestaltet, sondern wurde als fiktiver Kriegsfall behandelt. Erst mit der Einfügung des Art. 143 GG a.F. von 1956 fand eine solche Eingang in die Verfassung. In der heutigen Fassung des Grundgesetzes ist man jedoch davon wieder abgekommen. Man beschränkt sich auf die Regelung der einzelnen Tatbestände, die dann in einer Gesamtschau als innerer Notstand bezeichnet werden. Die Unterscheidung zum äußeren Notstand wird nicht schwerpunktmäßig in den Folgen getroffen – schließlich hat auch ein Angriff von außen seine Auswirkungen im Inneren des Staates. Differenzieren lassen sich beide durch Herkunft oder Ursache der Bedrohung[67]. Ein weiterer Unterschied ist, daß im inneren Ausnahmezustand eine (konstituierende) Verkündung nicht vorgesehen ist.

1. Abgrenzung zur Verfassungsstörung und zum Gesetzgebungsnotstand

42
Keine „echten" Notstandsfälle

Die mit diesen Begriffen bezeichneten Situationen sind solche, in denen ein oberes Staatsorgan aus Gründen, die in ihm selbst oder einem anderen Staatsorgan liegen, nicht mehr im Stande ist, seine ihm zugewiesenen Aufgaben zu erfüllen oder funktionsuntüchtig ist[68]. Dies ist z. B. gegeben, wenn ein Selbstausfall, eine Kooperationsunwilligkeit oder Konflikte zwischen Bund und Ländern die Arbeit behindern oder unmöglich machen[69]. Diese Sachlagen sind kein „echter" Notstand, zu dessen Überwindung die Verfassung nicht fähig ist, im Gegenteil: Gerade solche Situationen sind von der Verfassung der „Normallage" erfaßt und müssen daher innerhalb dieser, nicht mit Mitteln der Notstandsverfassung, behandelt werden. Exzeptionelle Mittel sind nicht geeignet, diesen Zustand zu beheben, da gerade nicht der Schutz der Verfassung, sondern unter Umständen sogar ihre Änderung geboten ist[70].

2. Inhalt

43
Zerrissene Regelung der Materie

Tatbestände, die nach der Verfassung unter den inneren Notstand fallen, sind solche, die im Gegensatz zum äußeren Notstand den Staat nicht von außen,

---

67 *Stern* (Bibl.), § 56 I 3, S. 1458.
68 Vgl. statt vieler *Hesse* (Bibl.), § 23 I 1.
69 Beispiele nach *E. Klein* (Bibl.), § 168 A II.
70 *Lohse* (Bibl.), S. 94.

sondern von innen – sozusagen aus sich selbst heraus – bedrohen, wie z.B. eine Gefährdung der staatlichen Rechtsordnung und der in ihr lebenden Menschen durch Naturkatastrophen, verfassungsfeindliche Aktivitäten oder ähnliches[71]. Das Grundgesetz berücksichtigt solche Situationen in Art. 35 Abs. 2 und 3 betreffend Naturkatastrophen und besonders schwere Unglücksfälle, in Art. 91 betreffend den sog. inneren (innenpolitischen) Notstand im engeren Sinne, das heißt eine Gefährdung des Bestands oder der freiheitlichen demokratischen Grundordnung des Bundes oder eines Landes sowie in Art. 87a Abs. 4 i.V.m. Abs. 2 und 3 GG, der den im Notstand möglichen Einsatz der Streitkräfte im Inneren regelt. Allen gemeinsam ist die mögliche Intervention des Bundes unmittelbar in den Hoheitsbereich der Länder. Davon auf eine mögliche bloße Amtshilferegelung oder Bundesintervention zu schließen, wie vereinzelt geschehen, und diesen Normenkomplex von der Notstandsverfassung auszunehmen, ist weder entstehungsgeschichtlich haltbar noch im Kontext der Regelungsinhalte sinnvoll. Diese zerrissene Regelung der Materie ist vielfach zu Recht auf Kritik gestoßen[72] und wurde mit dem Ziel der Entpolitisierung des inneren Notstandes erst am Ende der Beratungen 1968 durchgesetzt[73].

3. Art. 35 Abs. 2 und 3 GG

Art. 35 Abs. 2 Satz 2 GG sieht vor, daß bei Naturkatastrophen oder einem besonders schweren Unglücksfall innerhalb eines Landes, einem sog. *regionalen Notstand*, die Hilfe anderer Länder mit Polizeikräften, Verwaltungsbeamten und durch den Bund mit den Kräften des Bundesgrenzschutzes und der Streitkräfte in Anspruch genommen werden kann. „Naturkatastrophen" sind definiert als das Entstehen großer Schäden in Folge eines durch die Naturgewalten ausgelösten, und damit für Menschen unkontrollierbaren, Ereignisses. Im Gegensatz dazu meint der Terminus „Unglücksfälle" Schadensereignisse großen Ausmaßes, die sich durch das Versagen von Anlagen aufgrund menschlichen Fehlverhaltens oder technischen Versagens ergeben.

44
Regionaler Notstand

Die angeforderte Hilfe kann Personal, also Verwaltungsbeamte, aber auch alle sachlichen Hilfsmittel, die den gefragten Behörden zur Verfügung stehen, mit einschließen. Die zunächst umstrittene Zulässigkeit eines Einsatzes des Bundesgrenzschutzes wurde erst 1972 mit Art. 35 Abs. 2 Satz 1 GG festgeschrieben[74]. Auch Teile der Streitkräfte können zur Unterstützung der Polizeikräfte eingesetzt werden. Der Bundesgrenzschutz und die Bundeswehr werden dabei von der Bundesregierung *eingesetzt* und nicht nur zur Verfügung gestellt, weswegen das Einsatzland diesen Kräften keine Weisungen erteilen darf – sie unterstehen weiterhin dem Bund[75]. Wenn die Hilfeleistungen

45
Umfang und Durchführung der Hilfeleistung

---

71 *E. Klein* (Bibl.), § 169 A II; *Dürig* (FN 25), Art. 11 RN 66.
72 Vgl. *Stern* (Bibl.), § 56 I 2 b, S. 1457.
73 *C. Arndt*, Bundeswehr und Polizei im Notstand, DVBl. 1968, S. 729.
74 *E. Klein* (Bibl.), § 169 B I.
75 *Stern* (Bibl.), § 56 II 3 a, S. 1465.

gewährt werden, untersteht das eingesetzte Personal aber im Einsatz den Gesetzen und grundsätzlich auch den Weisungen des durch den Notstand betroffenen Landes[76]. Die angeforderten Kräfte sind dabei nicht uneingeschränkt verpflichtet zu helfen – grundsätzlich ist die Bekämpfung solcher Gefahren Sache der einzelnen Länder; jedoch kann sich eine Pflicht zur Unterstützung aus dem Prinzip der Bundestreue und dem im Grundgesetz enthaltenen Gedanken der möglichst schnellen und effizienten Bewältigung der Krisensituation ergeben.

46
Überregionaler Notstand als Kompetenzverschiebung

Art. 35 Abs. 3 GG klärt dieselben Möglichkeiten für den *überregionalen Notstand*. Dieser liegt vor, wenn sich die Ausnahmesituation des Art. 35 Abs. 2 Satz 2 GG auf mehrere Länder erstreckt. Er beinhaltet eine Kompetenzerweiterung der Bundesregierung, wenn ihr Eingreifen für die wirksame Bekämpfung der Gefahr erforderlich ist, die einmal die Weisungsbefugnis für Polizeikräfte anderer Länder enthält, aber auch die Möglichkeit schafft, (subsidiär) den Bundesgrenzschutz und Teile der Streitkräfte zu Hilfeleistungen heranzuziehen. Hier einen Fall der reinen Amtshilfe, wie in Art. 35 Abs. 1 GG, anzunehmen, geht daher fehl; vielmehr handelt es sich bei der Regelung des Art. 35 Abs. 3 GG um eine tiefgreifende Kompetenzverschiebung[77].

4. Art. 91 GG

47
Schutzgut

Schutzgut des Art. 91 GG ist zunächst der Bestand des Staates, also seiner existentiellen Grundlagen, wie z.B. der Fähigkeit, die innere Ordnung aufrecht zu erhalten und so seiner friedens- und freiheitserhaltenden Aufgabe nachzukommen. Das Tatbestandsmerkmal der „freiheitlichen demokratischen Grundordnung" ist nach Auffassung des Bundesverfassungsgerichts weit zu verstehen, eine Reduktion auf den minimalen demokratischen Standard kann nicht gewollt sein[78]. Grundsätzlich ist die Abwehr einer dieser Gefahren Aufgabe der Länder, die damit auch entscheiden, wann ein Notstand auf ihrem Gebiet vorliegt.

48
Pflicht der Länder zur Hilfeleistung

Bei einer Gefährdung, die allein mit den Mitteln des Landes aber nicht mehr abgewendet werden kann, konnten indes schon nach der alten Fassung des Art. 91 Abs. 1 GG Polizeikräfte aus anderen Ländern angefordert werden. Der dem betroffenen Land, dem eine Pflicht zur Bekämpfung solcher Krisenzustände obliegt, verbleibende Ermessensspielraum (arg.: „kann") reduziert sich nur in dem Moment auf Null, in dem es allein nicht mehr in der Lage ist, der Situation Herr zu werden[79]. Somit stellt Art. 91 Abs. 1 GG nicht, wie teilweise behauptet, eine Regelung zur bloßen Amtshilfe dar, sondern statuiert vielmehr die Verpflichtung der Länder, ein solches Hilfegesuch nicht abzulehnen, außer wenn sie ein ähnlich schwerwiegendes eigenes Problem haben.

---

76 *Lenz* (Bibl.), Art. 35 RN 10.
77 *Dürig* (FN 25), Art. 11 RN 74.
78 *E. Klein* (Bibl.), § 169 C I 1.
79 *Maunz* (FN 25), Art. 91 RN 29.

Dies folgt auch aus der allgemeinen Bundestreuepflicht der Länder. Seit 1968 können nun aber auch andere Kräfte und Einrichtungen anderer Länder sowie der Bundesgrenzschutz angefordert werden, wobei diese dann den Weisungen des betroffenen Landes unterworfen sind.

Art. 91 Abs. 2 GG erweitert die Weisungskompetenzen der Bundesregierung in den Fällen des Art. 91 Abs. 1 GG sowie das Einsatzfeld der Polizei, des Bundesgrenzschutzes und, als ultima ratio, der Streitkräfte nach Maßgabe des Art. 87a Abs. 4 i.V.m. Abs. 2 und 3 GG[80]. Festgestellt wird dies durch die Regierungen von Bund und Ländern. Aufgehoben werden können diese Maßnahmen jederzeit vom Bundesrat, der insoweit als Kontrollinstanz der Regierung tätig ist. Die umstrittene Einsatzmöglichkeit der Streitkräfte ist subsidiär nach Art. 87a Abs. 4 GG und gebunden an das Vorliegen eines inneren Notstands im Sinne des Art. 91 Abs. 1 und 2 GG, so daß an einen derartigen Einsatz erst zu denken ist, wenn das Land zur Bekämpfung nicht bereit oder in der Lage ist, sich die Gefährdung auf mehrere Länder erstreckt und der Einsatz von Polizei und Bundesgrenzschutz nicht ausreichend ist, um Abhilfe zu schaffen.

49
Erweiterung der Weisungskompetenzen der Bundesregierung

III. Die Notstandsverfassung des Grundgesetzes als abschließende Regelung?

Umstritten ist, ob die im Grundgesetz festgehaltenen Befugnisse im Notstand als abschließend zu bewerten sind. Grundsätzlich sollte durch die Verfassungsänderung eine Rechtfertigung aus einem über die normierten Tatbestände hinausgehenden, i.e. übergesetzlichen Notstand, verhindert werden. Erklärtes Ziel der Notstandsverfassung war und ist eben gerade die Beherrschung des Ausnahmezustands mit gesetzlichen Mitteln. Auf der anderen Seite besteht aufgrund der unberechenbaren Natur einer Notstandssituation immer auch eine Restunsicherheit, ob die Regelungen im Ernstfall ausreichen werden. Daher gibt es Stimmen, die neben den geschriebenen Notstandsregelungen noch ein übergesetzliches, ungeschriebenes Notstandsrecht anerkennen für den Fall, daß keine ausdrücklichen Vorschriften existieren. Dies soll sich nach einer Auffassung in einer Güterabwägung niederschlagen, die zum Schutz höherrangiger Rechtsgüter vorgenommen werden könne, nach anderer Meinung wird aber auch der „Souverän" oder besser ein „Recht des Staates" bemüht, um derartig naturrechtlich anmutende Konstrukte zu rechtfertigen[81]. Zwar ist im Zivilrecht und im Strafrecht eine Rechtfertigung durch die Figur des übergesetzlichen Notstands grundsätzlich anerkannt[82]. Dies ist mit dem Anspruch des Verfassungsrechts jedoch nicht zu vereinbaren und daher die Anwendung darauf abzulehnen[83]. Die Anerkennung dieser Rechtsfigur widerspricht dem mit der Normierung der Notstandsverfassung verfolgten

50
Abschließende Regelung der Existenz übergesetzlichen Notstandsrechts?

---
80 *Oberreuther* (Bibl.), S. 247; *Stern* (Bibl.), § 56 I 3 c, S. 1460f.
81 Vgl. statt vieler *Koja* (Bibl.), S. 398.
82 *Lohse* (Bibl.), S. 114.
83 *Trotter* (Bibl.), S. 99.

Ziel – gerade im grundrechtsrelevanten Bereich – Rechtsunsicherheiten in einer von Unsicherheit geprägten Zeit wenigstens auf verfassungsrechtlicher Ebene gar nicht erst entstehen zu lassen. Zwar muß man den Vertretern der entgegengesetzten Auffassung, die die Figur des übergesetzlichen Notstands auch im Verfassungsrecht wenigstens nicht grundsätzlich ausschließen wollen, zugeben, daß sich das Recht im Ernstfall unter Umständen der Macht unterordnen muß, um die Gefahr effektiv abwehren zu können[84] – um es mit *Friedrich Ebert* zu sagen: „Wenn wir wählen müssen zwischen Deutschland und der Verfassung, werden wir nicht Deutschland zugrunde gehen lassen wegen der Verfassung[85]".

51
Keine „Selbstjustiz" selbsternannter Retter

Nach einer weiteren Ansicht wird die „Tür zu anarchischer Gegenwehr" auch schon vom Grundgesetz selbst über Art. 20 Abs. 4 GG aufgestoßen und damit der Weg frei gemacht für die „Selbstjustiz" der „staats- und verfassungsloyalen Kräfte"[86]. Die Argumentation vermag jedoch nicht zu überzeugen, da auch diese Konstruktion der Idee hinter der Notstandsverfassung eklatant widersprechen würde: Es kann nicht sein, daß im Ausnahmezustand der Regelungskomplex der Notstandsverfassung dann keine Bedeutung mehr hat, wenn für eine Situation keine explizite Norm existiert und die Gefahrenabwehr damit in die Hände einer undefinierbaren Masse von selbsternannten Rettern gelegt werden soll.

52
Möglichkeit ungeschriebenen Notstandsrechts

Dem entgegenzuhalten ist außerdem die mit der Kodifikation des Notstandsrechts im Grundgesetz getroffene Entscheidung *für* eine gesetzliche Regelung, die vor allem aufgrund ihrer Dichte keinen Platz mehr für übergesetzliche Lösungen läßt[87]. Von *übergesetzlichen* Rechtfertigungen zu unterscheiden sind mit *Stern* aber die Fälle des *ungeschriebenen* Notstandsrechtes, also die Fälle in denen der Gesetzgeber eine Situation nicht oder nicht ausreichend tatbestandlich erfaßt hat. Liegt damit eine Regelungslücke vor, so können sich die Verantwortlichen nicht dahinter verschanzen, daß ihnen mangels Rechtsgrundlage ein Handeln nicht möglich sei: Um die Selbstaufgabe des Staates und seiner Rechtsordnung zu verhindern, existiert ein Handlungsgebot, das jedoch die Beachtung der – geschriebenen und ungeschriebenen – Verfassungsgrundsätze bei seiner Anwendung beinhaltet und nur als ultima ratio zum Zweck des Schutzes existentieller Verfassungsgüter in Anspruch genommen werden darf[88].

IV. Betroffene Grundrechte

53
Grundrechtsbeschränkung als Merkmal des Notrechts

Ein Merkmal des Notrechtes war und ist immer noch die Einschränkung oder gar Aufhebung von Grundrechten. Auch nach dem heutigen Grundgesetz ist dies, wenn auch nur sehr selektiv, möglich. Aber nicht nur Einschränkungen,

---

84 *Josef Isensee* in: ders. (Hg.), Freiheit und Eigentum, FS Leisner, 1999, S. 385.
85 Zitiert nach *Lohse* (Bibl.), S. 87.
86 *Isensee* (FN 84), S. 385.
87 *Stern* (Bibl.), § 52 V 2 b, S. 1329; *Isensee* (FN 84), S. 384.
88 *Stern* aaO., S. 1333 ff.

sondern auch Schutzmechanismen sind mit der Notstandsverfassung festgeschrieben worden.

1. Art. 9 Abs. 3 Satz 3 GG

Eines der betroffenen Grundrechte im inneren wie auch im äußeren Notstand ist die Koalitionsfreiheit des Art. 9 Abs. 3 GG. Jedoch ist Art. 9 Abs. 3 Satz 3 GG nicht geeignet, diese einzuschränken, sondern im Gegenteil dazu gedacht, den Rechtszustand der Normallage, das heißt den Schutz der Arbeitskampffreiheit vor dem Mißbrauch der Regelungen der Art. 12a, 35 Abs. 2 und 3, 87a Abs. 4 und 91 GG, zu gewährleisten[89]. Maßnahmen der einschlägigen Notstandsregelungen des Grundgesetzes dürfen sich nicht gegen die von Art. 9 Abs. 3 GG geschützten Arbeitskampfmaßnahmen richten. Das bedeutet, daß „wilde", rechtswidrige oder politische Streiks auch im Notstand nicht erlaubt sind[90]. Betroffen sind daher auch nur Maßnahmen, die sich zielgerichtet gegen Arbeitskampfmaßnahmen *richten* – nicht also solche, bei denen als bloße Nebenfolge eine faktische Beeinträchtigung eintritt[91]. Die Grenzen der Arbeitskampffreiheit verschieben sich durch das Ausrufen des Notstandes somit zunächst nicht – auch weiterhin müssen bei Einschränkungen überwiegende Interessen des Allgemeinwohls vorliegen. Während eines Verteidigungsfalls wird dieses Interesse bei der Abwägung mit dem Interesse des Einzelnen oder der Koalition jedoch regelmäßig schneller überwiegen und weitergehende Eingriffe als in Zeiten der Normallage rechtfertigen[92].

54
Keine „wilden" Streiks

Weitergehende Eingriffe in die Koalitionsfreiheit im Verteidigungsfall

Es wird jedoch angemerkt, daß die Notwendigkeit dieser Regelung nicht unmittelbar einsichtig ist, da es absurd erscheine, daß Menschen im Notstand Arbeitskämpfe durchführen wollen[93]. Betreffe dies – so die Auffassung – Arbeitsbereiche der lebenswichtigen Versorgung der Allgemeinheit, so sei ein Streik nicht nur sozial inadäquat, sondern auch rechtswidrig – was ein Streikverbot für die aufgrund der Art. 12 Abs. 3 bis 6 GG Verpflichteten rechtfertigen würde[94]; ebenfalls schwer vorstellbar sei, daß die Regierung einen Notstand ausrufen würde, um eine Arbeitskampfmaßnahme zu beenden[95], weil das Ausnutzen der Notstandsverfassung zum Beenden eines Arbeitskampfes ohnehin rechtsmißbräuchlich wäre[96].

55
Unnötigkeit der Regelung?

2. Art. 10 GG

Aus Gründen der Vollständigkeit soll auch Art. 10 GG Erwähnung finden. Sein Absatz 2 Satz 2 stellt mit der (weitreichenden) Möglichkeit zur Beschrän-

56
Kein spezifisches Notstandsrecht

---

89 *Lenz* (Bibl.), S. 85; *Stern* (Bibl.), § 52 VII 5 a, S. 1351 f.; *F. Bauer*, DB 1968, S. 1535.
90 *E. Klein* (Bibl.), § 169 D II 3, RN 52.
91 *Löwer* in: v. Münch/Kunig, GG (LitVerz.), Art. 9 RN 92; *Lenz* (Bibl.), S. 88.
92 *F. Bauer* aaO.
93 *Benda* (Bibl.), S. 387.
94 *F. Bauer* aaO., S. 1536.
95 *Löwer* (FN 91), Art. 9 RN 98.
96 *Scholz* (FN 25), Art. 9 RN 388.

kung dieses Grundrechts „zum Schutz der freiheitlichen demokratischen Grundordnung oder des Bestandes oder der Sicherung des Bundes oder eines Landes" einen scheinbaren Bezug zum inneren Notstand her. Diese Regelung hat, obwohl sie auch durch die Grundgesetzänderung von 1968 eingefügt wurde, präventiven Charakter und ist, wie das auf ihrer Basis erlassene Gesetz zur Beschränkung des Brief-, Post- und Fernmeldegeheimnisses[97], kein spezifisches Notstandsrecht[98]. Art. 10 Abs. 2 Satz 2 GG soll gerade nicht aus einem Notstand im Sinne des Art. 91 GG heraushelfen, sondern ihn verhindern und gilt damit auch in der „Normallage[99]".

3. Art. 11 Abs. 2 GG

57
Schrankenvorbehalt des Art. 11 Abs. 2 GG

Ein weiteres vom Notstand betroffenes Grundrecht ist die Freizügigkeit. Art. 11 Abs. 2 GG beinhaltet die Möglichkeit, dieses Grundrecht durch oder aufgrund eines Gesetzes in bestimmten Situationen einzuschränken, wobei „einschränken" auch die völlige Beschränkung bedeuten kann[100].

58
Gefahren für den Bestand oder die Grundordnung von Bund oder Ländern

Der erste der Notstandsvorbehalte des Art. 11 Abs. 2 GG umfaßt die Gefahr für den Bestand oder die freiheitliche demokratische Grundordnung des Bundes oder eines Landes. Eingefügt wurde dieser mit der Notstandsgesetzgebung von 1968. Nach seinem Wortlaut ist Bezugsobjekt nur der „innere Notstand". Zwar kann auch ein äußerer Anlaß, der gleichzeitig äußerer Notstand ist, eine derartige Gefährdung auslösen. Diese muß sich dann aber an ihren Auswirkungen im Inneren messen lassen, um zu der Ausrufung des inneren Notstands führen zu können. Schutzgut ist zum einen der Bestand, zum anderen die freiheitliche demokratische Grundordnung des Bundes und der Länder. Unter Bestand des Staates versteht man im allgemeinen seine Existenzgrundlage, etwas präziser die „elementarsten rechtlichen und sozialen Gegebenheiten des Staates", auch z. B. das föderative Strukturprinzip des Art. 20 Abs. 1 GG[101]. Die freiheitliche demokratische Grundordnung ist nicht ausdrücklich definiert, man wird aber davon ausgehen müssen, daß sie wenigstens die vom Änderungsverbot des Art. 79 Abs. 3 GG betroffenen Inhalte umfaßt[102].

59
Katastrophenvorbehalt

Der zweite Notstandsvorbehalt beinhaltet *Seuchengefahr, Naturkatastrophen und besonders schwere Unglücksfälle*. Eine Konkretisierung der Einschränkungen bei Seuchengefahr wurde im Infektionsschutzgesetz[103] vorgenommen, das auch Eingriffsermächtigungen für freiheitsbeschränkende Maßnahmen vorsieht, um dem Übertragungsrisiko effektiv begegnen zu können, das jedoch anders als sein Vorgänger, das Bundesseuchengesetz, dies nicht in

---

97 Vom 13.8.1968 (BGBl. I S. 949).
98 *Stern* (Bibl.), § 52 VII 5 b, S. 1353.
99 *E. Klein* (Bibl.), § 169 RN 51.
100 *BVerfGE 2*, 226 (284); → Bd. IV: *Merten*, Freizügigkeit.
101 *Dürig* (FN 25), Art. 11 RN 66.
102 *Dürig* aaO.
103 Art. 1 des Seuchenrechtsneuordnungsgesetzes vom 20.7.2000 (BGBl. I S. 1045).

einem eigenständigen Abschnitt, sondern – ähnlich den Regelungen zum Notstand im Grundgesetz – jeweils in den Paragraphen eingliedert, der der konkreten Grundrechtseinschränkung bedarf. Der Katastrophenvorbehalt geht ebenfalls auf die Notstandsverfassung von 1968 zurück. Er ist geprägt vom Bild eines unvorhergesehenen Ereignisses, das für einen großen Personenkreis und weite Gebiete verheerende Folgen auslöst[104]. *Naturkatastrophen* umfassen durch natürliche Ereignisse, wie elementare Naturgewalten, hervorgerufene erhebliche Schäden bei einer Vielzahl an Personen oder in einem größeren Gebiet. Besonders schwere *Unglücksfälle* beziehen sich demgegenüber auf Gefahren, die ihren Ursprung im technischen Versagen haben, beispielsweise Explosionen in sensiblen Anlagen. Die Möglichkeit, die Freizügigkeit in solchen Situationen einschränken zu können, war als erforderlich erachtet worden, um Menschen zu ihrem eigenen Schutz aus dem Katastrophengebiet herauszubringen und herauszuhalten, damit die Rettungskräfte in Ruhe arbeiten können[105]. Anhand dieser Regelungen wird das Spannungsverhältnis zwischen individueller Freiheit und kollektiver Sicherheit im Notstand gut sichtbar. Die Bedeutung des Vorbehalts in Art. 11 Abs. 2 GG wird besonders in den zahlreichen Katastrophenschutzgesetzen der Länder erkennbar.

4. Art. 12 Abs. 1 GG

Das Grundrecht der freien Wahl des Berufes, beziehungsweise der Arbeits- und Ausbildungsstätte wird hauptsächlich durch die in Art. 12a GG getroffenen Regelungen eingeschränkt, die aber nur für den äußeren Notstand von Relevanz sind. Dieser wurde im Zuge der Notstandsverfassung von 1968 eingefügt, ist aber auch Teil der Wehrverfassung. Die in ihm niedergelegten Regelungen waren schon in der Fassung des Art. 12 GG von 1956 enthalten, wurden jedoch 1968 ausgelagert und ergänzt[106].

60 Einschränkung durch Art. 12a GG

Art. 12a Abs. 3 GG ermächtigt, (nur) wenn ein Verteidigungsfall gemäß Art. 115a Abs. 1 GG verkündet wurde, neben der allgemeinen Wehrpflicht zusätzlich noch zur Inanspruchnahme Wehrdienstpflichtiger zur Verrichtung von Dienstleistungen in zivilen Bereichen, soweit die Versorgung der Streitkräfte, die der Zivilbevölkerung und die Funktion der Öffentlichen Verwaltung nicht mehr gesichert sind[107]. Was genau in diese Bereiche fällt, ist schwer auszumachen, wenigstens die ersten beiden Bereiche müssen aber weit ausgelegt werden[108]. Die Grenzen der Einschränkbarkeit gemäß Art. 12a Abs. 3 GG ergeben sich aus den allgemeinen Verfassungsgrundsätzen sowie aus den in dem Artikel normierten Zwecken: Verteidigung und Schutz der Zivilbevöl-

61 Dienstleistungspflicht für zivile Bereiche

---

104 *Dürig* (FN 25), Art. 11 RN 74.
105 *Lenz* (Bibl.), Art. 11 RN 2; *Brockmeyer*, in: Schmidt-Bleibtreu/Klein (FN 61), Art. 35 RN 13; *E. Klein* (Bibl.), § 169 D II 1.; vgl. auch die Kritik *Dürigs* (FN 25), Art. 11 RN 75.
106 *Bauer/Jestaedt* (FN 44), S. 225 f.
107 *Scholz* in: Maunz/Dürig, GG (Lit.Verz.), Art. 12a Kap. VI RN 141.
108 *Gubelt* (FN 91), Art. 12a RN 15.

kerung, wobei wieder davon ausgegangen werden muß, daß im Verteidigungsfall ein Großteil der (relevanten) Tätigkeiten auf eines von beiden ausgerichtet sein wird. Eine Aufzählung der möglichen Tätigkeiten findet sich auch im Arbeitssicherstellungsgesetz[109] von 1968. Die Dienstverpflichtungen erfolgen hoheitlich in Form privatrechtlicher Arbeitsverhältnisse oder – subsidiär – durch Begründung öffentlich-rechtlicher Dienstverhältnisse. Art. 12a Abs. 4 GG ermöglicht im Verteidigungsfall auch eine subsidiäre Dienstverpflichtung von Frauen für zivile Dienstleistungen im Sanitäts- und Heilwesen[110] – was auch die Verpflichtung beinhalten kann, innerhalb der Streitkräfte tätig zu werden, indes nicht außerhalb ortsfester Lazarette.

Dienstverpflichtung von Frauen

62
Dienstverpflichtung vor Verkündung des Verteidigungsfalls

Art. 12a Abs. 5 GG sieht die Möglichkeit zur Dienstverpflichtung im Sinne des Art. 12a Abs. 3 GG schon vor Verkündung des Verteidigungsfalles vor, wenn die Voraussetzungen des Art. 80 Abs. 1 GG gegeben sind oder wenn dies zur effektiven Durchführung der Dienstleistungen im Sinne von Art. 12a Abs. 3 GG erforderlich ist. Sie ist somit die massivste Einschränkung des Art. 12 Abs. 1 GG, da sie zeitlich nicht durch das Vorliegen des Verteidigungsfalles begrenzt wird. Gerechtfertigt wird dies damit, daß sinnvoll mit der Herstellung der zivilen und militärischen Verteidigungsbereitschaft nicht erst mit Beginn des Ernstfalles begonnen werden kann[111]. Dies gilt einmal bezüglich der Dienstleistungen im engeren Sinne des Art. 12a Abs. 5 Satz 1 GG, aber auch für Ausbildungsverhältnisse gemäß Art. 12a Abs. 5 Satz 2 GG. Frauen dürfen zu solchen Leistungen nicht herangezogen werden.

63
Verbot des Arbeitsplatzwechsels

Art. 12a Abs. 6 GG enthält die Befugnis, im Verteidigungsfall ein Arbeitsplatzwechselverbot auszusprechen für Personen, die Tätigkeiten im Sinne des Art. 12a Abs. 3 Satz 2 GG ausüben[112] – und zwar für jedermann, was Deutsche wie auch Ausländer, Männer und Frauen, Selbständige, Angestellte, Beamte mit einschließt. Solche Maßnahmen sind jedoch nur zur Sicherung des notwendigen Bedarfs erlaubt und auch nur subsidiär anwendbar, wenn sich nicht genug Freiwillige bereit finden. Die nähere Ausführung richtet sich ebenfalls nach dem Arbeitssicherstellungsgesetz.

5. Art. 14 Abs. 3 GG

64
Modifizierung der Junktimklausel

Die sog. Junktimklausel des Art. 14 Abs. 3 Satz 2 GG, der die Verpflichtung des Gesetzgebers zur detaillierten Regelung von Art und Ausmaß einer Enteignungsentschädigung beinhaltet, kann gemäß Art. 115c Abs. 1 Nr. 1 GG (nur) im Verteidigungsfall vorläufig modifiziert werden, so z.B. nach den Regelungen des Bundesleistungsgesetzes[113]. Das bedeutet nicht, daß das grundsätzlich geltende Prinzip der ausnahmslosen Gewährung von Entschädi-

---

109 Gesetz zur Sicherstellung von Arbeitsleistungen für Zwecke der Verteidigung einschließlich des Schutzes der Zivilbevölkerung vom 9.7.1968 (BGBl. I S. 787).
110 *Lenz* (Bibl.), Art. 12a RN 21.
111 *Lenz* aaO., RN 27.
112 *Lenz* aaO., RN 31; *Stern* (Bibl.), § 52 VII 5 d, S. 1357.
113 Vom 19.10.1956 (BGBl. I S. 815).

gungen ausgesetzt werden darf[114]. Die Grenzen des Erlaubten sind hier relativ eng bemessen, da zwar zunächst auf eine Abschlagszahlung verwiesen werden kann, jedoch nach Beendigung des Notstandes innerhalb einer angemessenen Frist die Entschädigungssumme festgesetzt und ausgezahlt werden muß[115]. Prinzipiell ist es nicht möglich, zunächst gar nichts zu zahlen oder aber die Voraussetzungen bzw. die Entschädigungshöhe zu verändern. Allerdings kann es im Einzelfall Ausnahmen geben, wenn z.B. dem Betreffenden an einer sofortigen Ausgleichszahlung in Papiergeld aufgrund einer kriegsbedingten Inflation nichts liegen kann[116]. Für alle Modifikationen im Rahmen des Art. 14 GG gilt dabei die Voraussetzung der Erforderlichkeit.

6. Art. 104 GG

Art. 104 Abs. 2 Satz 3, Abs. 3 Satz 1 GG sichern im Normalfall einem Festgehaltenen eine richterliche Überprüfung binnen eines Tages nach der Ingewahrsamnahme zu. Art. 115c Abs. 2 Nr. 2 GG ermöglicht nun im Verteidigungsfall die Verlängerung dieser Frist bis zur Dauer von vier Tagen, zu berechnen ab Ende des Festnahmetages[117]. Dabei handelt es sich allerdings nicht um eine zwingend anzuwendende Modifizierung der Fristen, sondern es steht im Ermessen des Bundesgesetzgebers, davon durch Erlaß eines Bundesgesetzes Gebrauch zu machen. Diese Fristverlängerung gilt aber auch dann nur für den Fall, daß ein Richter nicht innerhalb der vorgesehenen normalen Frist tätig werden konnte – die Fristverlängerung gilt damit nur subsidiär[118]. Betroffen von der Verlängerungsmöglichkeit ist außerdem nur Art. 104 Abs. 2 Satz 3 und Abs. 3 Satz 1 GG – nicht jedoch Abs. 1 Satz 2, was bedeutet, daß die Entscheidung immer noch unverzüglich herbeizuführen ist. Kompensiert werden soll dadurch beispielsweise ein Ausfall von Gerichtsorganen oder die Zerstörung von Verkehrsmöglichkeiten oder Nachrichtenverbindungen[119].

65
Fristverlängerung bei Ingewahrsamnahme

7. Allgemeine Verfassungsgrundsätze

Die nicht durch die „Notstandsverfassung" und die nachstehend dargestellten „einfachen" Notstandsgesetze und -verordnungen einer besonderen Einschränkung unterworfenen Grundrechte behalten im Ausnahmezustand grundsätzlich ebenso ihre Geltung wie die allgemeinen Verfassungsprinzipien[120]. Das betrifft insbesondere das Verhältnismäßigkeitsprinzip und das Übermaßverbot[121], die auch auf die notstandsbedingten Beschränkungen anwendbar bleiben, ihre „normale" freiheitsgewährende Funktion aber im Aus-

66
Allgemeine Verfassungsgrundsätze als Schrankenschranken

---

114 *Maunz* (FN 25), Art. 115 c RN 33.
115 *Stern* (Bibl.), § 52 VII 5 e, S. 1358.
116 *Maunz* (FN 25), Art. 115 c RN 34 FN 1.
117 *Maunz* aaO., RN 42.
118 *Gusy* (FN 34), Art. 104 RN 59.
119 *Gusy* aaO.; *Stern* (Bibl.), § 52 VII 5 e, S. 1358; *Hall* (Bibl.), S. 159 (161).
120 Vgl. *Reinhold Zippelius*, Allgemeine Staatslehre, ¹⁴2003, § 30 III 1, S. 316 f.
121 *Menzel* (Bibl.), S. 1 (2); → Bd. III: *Merten*, Verhältnismäßigkeitsgrundsatz.

§ 24   Zweiter Teil: III. Voraussetzungen, Sicherung und Durchsetzung

nahmezustand kaum entfalten werden, weil dem Allgemeininteresse hier regelmäßig ein größeres Gewicht beizumessen sein wird als dem individuellen Freiheitsanspruch. Ein „Übermaß" wird sich im Notstand schwerer belegen lassen als in normalen Zeiten. Das gilt auch für die in der Notstandsverfassung „verschonten" Grundrechte, wie z. B. die Versammlungsfreiheit (Art. 8 GG): Ein Versammlungsverbot nach § 15 Versammlungsgesetz aus Gründen der öffentlichen Sicherheit oder Ordnung, das unter gewöhnlichen Umständen als nicht verhältnismäßig anzusehen wäre, kann es im Notstand durchaus sein. Auch auf die im Ausnahmezustand besonders einschränkbaren Grundrechte (für die anderen ohnehin) bleibt die Wesensgehaltsgarantie (Art. 19 Abs. 2 GG) anwendbar. Aber hier wird um so mehr gelten, daß „das Wesen des Wesens unbekannt ist[122]".

V. Das „einfach-gesetzliche" Notstandsrecht

1. Allgemeines

67
Einfache Notstandsgesetze

Jenseits der „Notstandsverfassung" des Grundgesetzes und der Regelungen in einigen Landesverfassungen[123] gibt es noch eine ganze Reihe einfacher Gesetze, die die Umsetzung der in der Notstandsverfassung niedergelegten Ansätze sicherstellen sollen. Die große Zahl dieser Bundes- und Landesgesetze und die auf ihrer Basis ergangenen Rechtsverordnungen machen es unmöglich, auf alle einzugehen. Möglich sind nur ein grober Überblick und einzelne Beispiele.

68
Entsperrung

Gemein ist den *einfachen Notstandsgesetzen*, daß sie zwar in Kraft getreten sind, aber nur im Notstandsfall angewandt werden können – sie müssen zuerst *entsperrt* werden[124]. Gesetze, die auch in der Normallage Anwendung finden, wie z. B. Gesetze zum Wehr- und Zivildienst, das G-10 oder solche für den Verfassungsschutz, sind diesem Normenkomplex nicht zuzuordnen. Grundlage für diese Aufteilung ist Art. 80a Abs. 1 GG, der bestimmten Rechtsvorschriften vorgibt, nur nach seiner Maßgabe angewandt werden zu dürfen, also nur in den von der Verfassung vorgesehenen Fällen eines anerkannten und ausgerufenen Notstands.

69
Kritik des einfach-gesetzlichen Notstandsrechts

Diese Gesetze und die auf ihnen basierenden Verordnungen sind starker Kritik mit der Begründung ausgesetzt, daß ihre Übereinstimmung mit einigen Verfassungsprinzipien nicht hinreichend gesichert sei[125] und teilweise eine weitreichende und nicht hinreichend nachprüfbare Einschränkung von Grundrechten ermöglicht werde[126]; außerdem sei die Materie schon allein aufgrund ihres Umfangs und ihrer zerrissenen Regelung völlig unüberschau-

---

122 *Niklas Luhmann*, Grundrechte als Institution, 1965, S. 59 f.
123 Vgl. Art. 62 Verf. Baden-Württemberg; Art. 125 Verf. Hessen; Art. 22 Verf. Rheinland-Pfalz; Art. 113 Verf. Sachsen.
124 *Stern* (Bibl.), § 52 VI 4 a, S. 1341.
125 *Graf Vitzthum* (Bibl.), § 170 B II 1.
126 Vgl. *Bäumer* (Bibl.), S. 206 (217).

bar, und es sei zu bezweifeln, ob im Ernstfall trotz der Quantität alle relevanten Bereiche ausreichend abgedeckt seien[127].

2. Überblick über die Bundesgesetze

Einige dieser Gesetze, die schwerpunktmäßig den Sicherstellungsgesetzen zugeordnet werden können, wurden schon 1965 verabschiedet, so beispielsweise das Wirtschaftssicherstellungsgesetz[128]; das Verkehrssicherstellungsgesetz (VSG)[129]; das Ernährungssicherstellungsgesetz (ESG)[130]; das Wassersicherstellungsgesetz[131], das Arbeitssicherstellungsgesetz[132] als Ausführungsgesetz zu den Art. 12a Abs. 3 bis 6 GG und das Bundesleistungsgesetz[133] (von 1956).

70 Sicherstellungsgesetze

In der Kategorie der sog. Zivilschutzgesetze gab es ein Luftschutzgesetz von 1956 sowie ein Selbstschutz-, Schutzbau- und Zivilkorpsgesetz, alle von 1965. Letztere wurden jedoch durch das Haushaltssicherungsgesetz von 1965 zunächst in ihrer Anwendbarkeit ausgesetzt und dann aufgehoben[134], um 1968 durch neue – an die nun existierende Notstandsverfassung angepaßte – Gesetze ersetzt zu werden: ein Gesetz über die Erweiterung des Katastrophenschutzes[135] anstelle des Selbstschutzgesetzes und das oben schon erwähnte Arbeitssicherstellungsgesetz.

71 Zivilschutzgesetze

Die Aufteilung in Sicherstellungs- und Zivilschutzgesetze wird den Gesetzen allerdings inhaltlich nicht gerecht, da viele dieser „einfachen" Notstandsgesetze Komponenten beider Kategorien enthalten, also einmal die Sicherstellung der Grundversorgung der Zivilbevölkerung und der Streitkräfte zum Zweck der Verteidigung gewährleisten sollen, aber auch den Zivilschutz im engeren Sinne betreffen.

72 Unterscheidung nicht immer treffend

Als Beispiel soll ein Blick auf das Zivilschutzgesetz genügen. Es wurde als Ersatz für das alte Luftschutzgesetz ausgearbeitet und dient insbesondere dem Schutz der Bevölkerung und lebenswichtiger Anlagen durch nicht-militärische Maßnahmen (§ 1 Abs. 2 ZSchG[136]), enthält aber auch eine militärische Komponente, die die Verteidigung sicherstellen soll: Denn wenn man die

73 Beispiel Zivilschutzgesetz

---

127 *Stern* (Bibl.), § 52 VI 1, S. 1339.
128 Gesetz über die Sicherstellung von Leistungen auf dem Gebiet der gewerblichen Wirtschaft sowie des Geld- und Kapitalverkehrs vom 24.8.1965 (BGBl. I S. 920) – in der Neufassung vom 3.10.1968 (BGBl. I S. 1069).
129 Vom 24.8.1965 (BGBl. I S. 927) – in der Neufassung vom 8.10.1968 (BGBl. I S. 1082) – ermöglicht Einschränkungen der Art. 11 und 13 GG.
130 Vom 24.8.1965 (BGBl. I S. 938) in der Neufassung vom 27.8.1990 (BGBl. I S. 1802).
131 Vom 24.8.1965 (BGBl. I S. 1817) – ermöglicht Einschränkungen von Art. 13 GG.
132 Gesetz zur Sicherstellung von Arbeitsleistungen für Zwecke der Verteidigung einschließlich des Schutzes der Zivilbevölkerung vom 9.7.1968 (BGBl. I S. 787) – ermöglicht die (weitgehende) Beschränkung von Art. 12 I GG.
133 Vom 19.10.1956 (BGBl. I S. 815) – i.d.F. der Bek. vom 27.9.1961 (BGBl. I S. 1769, 1920) – ermöglicht Eingriffe in Art. 14 Abs. 1 GG.
134 Durch das Finanzänderungsgesetz (BGBl. I 1967 S. 1259; 1968 S. 49, 253).
135 Vom 9.7.1968 (BGBl. I S. 776) – in der Neufassung vom 14.2.1990 (BGBl. I S. 229).
136 Vom 25.3.1997 (BGBl. I S. 726).

Zivilisten nicht schützt – wo soll dann die Reserve herkommen[137]? Nach seinem § 25 können die Grundrechte der Art. 2 Abs. 2 Satz 1 und Satz 2, Art. 11 Abs. 1 und Art. 13 GG eingeschränkt werden; auch § 10 beinhaltet die Möglichkeit zur Evakuierung und Beschränkung des Aufenthaltsortes. Infolge dieses Gesetzes wurde eine Bundesbehörde für Zivilschutz eingerichtet, die dem Innenministerium unterstand. Nach der letzen Änderung des Zivilschutzgesetzes wurde das Bundesamt aus Rationalisierungsgründen aufgelöst, und seine Aufgaben wurden dem Bundesverwaltungsamt übertragen[138].

74
Beispiele für Regelungen in Sicherstellungsgesetzen

Einige wenige Beispiele für die Regelungen in den Sicherstellungsgesetzen seien hier genannt: Nach § 12 des Verkehrssicherstellungsgesetzes können all jene (privaten) Unternehmer, die gemäß §§ 21 und 22 des Personenbeförderungsgesetzes einer Betriebs- und Beförderungspflicht unterliegen (auch Taxiunternehmer), zu weitgehenden Leistungen verpflichtet werden, die sowohl den eingerichteten Gewerbebetrieb (Art. 14 GG) als auch die unternehmerische Handlungsfreiheit (Art. 2 Abs. 1 GG) beschränken; insoweit ist erstaunlich, daß das Gesetz in § 32 nur eine Einschränkung der Art. 11 und 13 GG vermerkt. Die auf dieses Gesetz gestützte Verordnung zur Sicherstellung des Straßenverkehrs[139] unterwirft z. B. in § 3 private Fahrten mit Personenkraftwagen und Krafträdern einer vorherigen Erlaubnis. Nach der Allgemeinen Werkleistungs-Verordnung[140] können Unternehmen der gewerblichen Wirtschaft durch Bescheid verpflichtet werden, Leistungen vorrangig oder in einer bestimmten Frist zu erbringen (§ 1) oder aber Werkleistungsverträge mit Dritten zu vereinbaren, die die zuständige Behörde benennt (§ 2 Abs. 1).

3. Die Katastrophenschutzgesetze der Länder

75
Unterschiedliche Grundrechtseinschränkungen

Weit praxisrelevanter als diese vornehmlich im Bereich des äußeren Notstands relevanten Normen sind jedoch die in den einzelnen Ländern verabschiedeten Katastrophenschutzgesetze, die – im Gegensatz zum Katastrophenschutzgesetz des Bundes – gerade in den Fällen des inneren Notstandes Anwendung finden. Allen gemein sind die Grundrechtseinschränkungen, die teils ausführlich, teils nur rudimentär in den Gesetzen enthalten sind. Letzteres z. B. im Hamburgischen Katastrophenschutzgesetz von 1978, das nur eine Beschränkung von Art. 2 und 13 GG ausdrücklich nennt. Andererseits gibt es auch Beispiele für quantitativ weiterreichende Einschränkungen beispielsweise in den entsprechenden Gesetzen der Länder Saarland und Thüringen, die zusätzlich Art. 11 Abs. 1 und 14 Abs. 1 GG nennen, oder das Sachsens, das Art. 8 Abs. 2 GG aufgenommen hat. Zu beobachten ist auch bei den Katastrophenschutzgesetzen der Länder, wie auch schon bei den Sicherstellungsgeset-

---

[137] Vgl. *H. Bäumer* (Bibl.), S. 206 (207), inklusive einer kritischen Auseinandersetzung mit der Effektivität des Gesetzes im Hinblick auf die Vorsorge bei einem eventuellen Einsatz atomarer Waffen.
[138] Durch das Gesetz zur Auflösung des Bundesamtes für Zivilschutz vom 22.12.1999 (BGBl. I S. 2534).
[139] Vom 23.9.1980 (BGBl. I S. 1795).
[140] Vom 21.10.1982 (BGBl. I S. 1418).

zen, daß die aufgrund des Zitiergebotes genannten und die tatsächlich möglichen Grundrechtseinschränkungen nicht immer übereinstimmen.

Gemeinsam sind allen Ländergesetzen die sog. „Hilfeleistungspflichten", zu denen unbeteiligte „Zivilpersonen" und Sachen herangezogen werden können. Die Anordnung dazu trifft die jeweils zuständige Katastrophenschutzbehörde oder der Einsatzleiter. Personen können subsidiär zu Hilfeleistungen verpflichtet werden, wenn die zuständigen öffentlichen und privaten Einrichtungen, wie Feuerwehren, das Technische Hilfswerk oder das Rote Kreuz, unter eventueller Mithilfe des Bundesgrenzschutzes und der Bundeswehr gemäß Art. 35 Abs. 2 und 3; 91 Abs. 1 und 2; 87a Abs. 4 GG ohne diese die Lage nicht beherrschen können oder ihre spezifischen (beruflichen) Fähigkeiten benötigt werden. Auch Grundstückseigentümern können Duldungspflichten hinsichtlich der Benutzung ihres Eigentums auferlegt werden. Sachleistungen können ebenfalls *von privat* „in Anspruch genommen", „angefordert" oder „herangezogen" werden. Zu denken ist hier in erster Linie wohl an schweres Gerät, soweit dies anderweitig nicht besorgt werden kann, sowie Transportmittel. Zur Umschreibung des Umfangs dieser Hilfeleistungsverpflichtungen wird teilweise auf § 2 des Bundesleistungsgesetzes in seiner jeweiligen Fassung bei Inkrafttreten des Katastrophenschutzgesetzes verwiesen. Auch für eventuelle Entschädigungen wird dieser Verweis teilweise benutzt.

76
Hilfeleistungspflichten von Zivilpersonen

Diese Gesetze, die eigentlich erst mit den „Jahrhundertfluten" des ausgehenden 20. Jahrhunderts und beginnenden 21. Jahrhunderts ins Bewußtsein der Öffentlichkeit gerückt sind, haben sich damit als deutlich praxisrelevanter erwiesen, als die Sicherstellungs- und Zivilschutzgesetze das bis heute für sich in Anspruch nehmen können.

77
Praxisrelevanz

D. Rechtsvergleichung

Betrachtet man die verschiedenen Rechtssysteme im Vergleich, so fällt auf, daß der Umgang mit dem Staatsnotstandsrecht in den Verfassungen äußerst unterschiedlich gehandhabt wird. So gibt es Staaten, in denen es gar nicht erwähnt wird, andere, in denen es wenigstens eine grobe Regelung erfährt, und wieder andere, die eine relativ detaillierte Regelung getroffen haben, so dies denn möglich ist[141]. Andererseits kann man auch eine Unterscheidung nach den vorgesehenen Herren des Ausnahmezustands vornehmen: Einerseits gibt es Rechtsordnungen, die diesen Part dem Parlament zuschreiben, andererseits wird aber auch die Regierung bzw. der Präsident oder Monarch ermächtigt, den betreffenden Staat aus der Krise herauszuführen[142]. Diese Unterschiede ergeben sich einmal aus den sehr verschiedenen Rechtstraditio-

78
Unterschiedliche Regelungen des Staatsnotstandsrechts

---
141 *Doehring* (Bibl.), § 21 2.
142 *Trotter* (Bibl.), S. 207 f.

nen, auf denen die unterschiedlichen Rechtssysteme beruhen, aber auch aus bewußten Entscheidungen für oder gegen eine ausdrückliche Normierung. Im Folgenden können nur die Notstandsregelungen einzelner Staaten beispielhaft und auch nur im Überblick dargestellt werden.

I. Großbritannien

79
Macht des Parlaments

Großbritannien gehört der Gruppe von Staaten an, die die Macht im Falle eines Ausnahmezustands in die Hände des Parlaments gegeben haben, wenn man von dem im Notstand stark eingeschränkten Prärogativrecht der Regierung absieht, dessen Einschränkung nämlich nur auf der ausdifferenzierten Normierung durch das Parlament beruht. Anders als in Deutschland hat die Regierung allerdings eine Art Notverordnungsrecht. Da sich dieses System aus einer von Deutschland sehr verschiedenen Rechtstradition entwickelt hat, dient die Darstellung der britischen Verfahrensweise eher der Gegenüberstellung.

1. Grundsätze im britischen Recht

80
Grundsätze des common law

Im Gegensatz zur bewußt getroffenen Entscheidung für eine mehr oder weniger geschlossen normierte Notstandsregelung in Deutschland kennt Großbritannien eine solche nicht. Schon die zur „constitution" zählenden Regelungen sind zum Großteil nicht positiv-rechtlich festgehalten. Trotzdem gibt es natürlich Verfassungsrecht in Großbritannien – nur daß sich dieses im Laufe der Geschichte ungestört durch tiefere Einschnitte entwickeln konnte und daher keine ausdrückliche Niederschrift notwendig geworden war, wie es für die Verbreitung „neuen" Rechts unerläßlich ist[143]. Das britische Recht beruht damit sehr stark auf den verschiedenen Grundsätzen des common law, die auch Grundlage für die (verfassungsrechtlichen) Regelungen sind: der Parlamentssouveränität (parliament sovereignty), der Rule of Law (ähnlich dem deutschen Rechtsstaatsprinzip) und der Prärogative der Regierung (Royal Prerogative). Die Parlamentssouveränität beinhaltet das Recht des Parlaments, Gesetze zu erlassen oder aufzuheben, die von niemandem unter der Jurisdiktion des englischen Rechts aufgehoben oder ignoriert werden dürfen und sich auf alle Gebiete des königlichen Herrschaftsgebietes erstrecken[144]. Die Rule of Law schreibt grundsätzlich den Vorrang des Rechts fest, kann jedoch auch als *Synonym für die Bewahrung von Recht und Ordnung*[145] benutzt werden. Die Royal Prerogative beschreibt ursprünglich das Vorrecht des Monarchen, z.B. Kriege zu erklären, völkerrechtliche Verträge abzuschließen oder Maßnahmen betreffend die öffentliche Sicherheit und Landesverteidigung einzuleiten. Diese Rechte liegen heute allerdings zum größten

---

143 *Francis Lyall*, An Introduction to British Law, ²2002, S. 55.
144 *Albert Venn Dicey*, Einführung in das Studium des Verfassungsrechts, ¹⁰2002, S. 25.
145 *Dicey* (FN 144), S. 66; vgl. auch die ausführliche Darstellung der Rule of Law, S. 261 ff.

Teil in der Hand der Regierung, jedoch hat das Parlament durch eine verstärkte Gesetzgebung auch den Einfluß der Prärogativrechte zurückgedrängt. Gerade in Zeiten der „modernen Kriege" wurde dieses Vorrecht nämlich nicht mehr als ausreichend erachtet, den möglichen Gefahren etwas Wirksames entgegenzusetzen, und so wurden im letzten Jahrhundert zahlreiche statute laws zum inneren und äußeren Notstand verabschiedet. Dies wurde vor allem ermöglicht durch die schnelle Reaktion des Parlaments, die auf Anfrage der Regierung am Vorabend des Zweiten Weltkriegs, ihr mehr Befugnisse zuzugestehen[146], erfolgte. Das Parlament erhält im Ausnahmezustand damit den Großteil der Kontrolle über „work and life of the nation[147]".

2. War and Emergency

Die britische Gesetzgebung, die sich mit dem Thema „war and emergency" beschäftigt, läßt sich in mehrere Gruppen aufteilen: eine Art ad hoc-Gesetzgebung (ad hoc legislation), die erlassen wird, um einer konkreten Situation Herr zu werden, und die zunächst einmal auch nur (zeitlich) begrenzt während des Ausnahmezustands Gültigkeit hat; eine weitere, die dauerhaft (permanent legislation) gilt, jedoch nur in Zeiten des Krieges oder Notstands anwendbar ist, und schließlich das unter dem common law auch für den Notstand anwendbare „martial law", das in Kraft tritt, wenn die zivilen Behörden keine ausreichende Kontrolle mehr haben[148].

81
Unterschiedliche Gruppen von Notstandsrecht

Beispiel für die erste Gruppe ist der Emergency Powers (Defence) Act von 1939, der weitgehende Vollmachten für die Regierung beinhaltete, beispielsweise die Ermächtigung, Parlamentsgesetze über die Sicherung der Versorgung, die öffentliche Sicherheit und die Landesverteidigung entgegen dem Grundsatz der Parlamentssouveränität aufzuheben, zu ändern oder zu ergänzen, jedoch begrenzt auf die Gültigkeit von einem Jahr und unter teilweiser Kontrolle des Parlaments[149]. Er galt bis 1946 und wurde dann teilweise in geltendes Recht im Sinne der permanent legislation übernommen. In dieselbe Gruppe gehören noch der Execution of Trusts (Emergency Provisions) Act von 1939, der Court (Emergency Powers) Act von 1943 und der Import, Export and Customs Powers (Defence) Act von 1939, der – obwohl zunächst zeitlich begrenzt – bis 1990 in Kraft blieb und dann durch den Import and Export Control Act von 1990 endgültig in beständig geltendes Recht umgesetzt wurde[150].

82
Beispiele einer ad-hoc-Gesetzgebung

Der zweiten Gruppe unterfällt z.B. der Emergency Powers Act von 1920 und der Trading with the Enemy Act von 1939, der dem Secretary of State das Recht gab, die Wirtschaft im Hinblick auf die Einhaltung der Vorschriften zu überwachen. Hinsichtlich des Warenverkehrs mit Deutschland trat 1949 der Distri-

83
Beispiele einer „permanent legislation"

---

146 *Doehring* (Bibl.), § 21 2.
147 *Lyall* (FN 143), S. 112.
148 Halsbury's Statutes of England and Wales, Volume 50, London ⁴2000, S. 318.
149 Zusammenfassung bei *Trotter* (Bibl.), S. 116 ff.
150 Halsbury's Statutes of England and Wales (FN 148), S. 318.

bution of German Property Act, der 1952 ergänzt wurde, in Kraft. Für andere ehemalige Feindstaaten wurden diese Arrangements in den jeweiligen Friedensverträgen getroffen. Zu einem Einsatz des martial law kam es schon im Zweiten Weltkrieg aufgrund der bis dahin ausreichend vorhandenen Regelungen durch Regierung und Parlament nicht mehr.

84
Emergency Powers Act

Der mehrfach erwähnte Emergency Powers Act von 1920 gilt auch im inneren Notstand. Durch ihn wird die Königin ermächtigt, einen Ausnahmezustand auszurufen, wenn es zu einer Gefährdung der Grundversorgung der Bevölkerung mit Lebensmitteln oder Energie oder einer sonstigen existentiellen Gefährdung der Lebensgrundlagen gekommen ist oder eine solche unmittelbar bevorsteht[151]. Außerdem können nach section 2 des Acts Vorschriften zur Sicherung der Lebensgrundlagen erlassen und Strafen verhängt werden, wenn Personen gegen die im Zuge dieser Regelungen gemachten Auflagen verstoßen. Es ist, wie auch in Kriegszeiten, möglich, die Armee zur Unterstützung zu rufen, um Naturkatastrophen oder durch Streiks oder Unfälle hervorgerufener Störungen Herr zu werden. Dies geschah beispielsweise im Winter 1978/ 1979 („winter of discontent"), als landesweite Streiks im öffentlichen Dienst drohten, das Land ins Chaos zu stürzen, und das Funktionieren von Feuerwehr, Krankentransporten und Müllabfuhr so gewährleist wurde. Die Geltung der aufgrund dieser Ermächtigung gemachten Proklamationen ist auf einen Monat beschränkt und die der Vorschriften (regulations) auf sieben Tage, wenn nicht das Parlament eine Verlängerung dieser Frist beschließt[152].

85
Gesetze zur Bekämpfung des Terrorismus

Dazu kommt ein Block von Gesetzen, die sich mit der Bekämpfung des Terrorismus beschäftigen. Das wichtigste dieser Gesetze, die sich vor allem mit Flugzeugentführungen und Nordirland beschäftigen, ist der Terrorism Act von 2000, der sich auf terroristische Akte innerhalb wie außerhalb des Vereinigten Königreiches bezieht. Er ermächtigt zum Ausschluß, zur Festsetzung und Ausweisung von britischen und ausländischen Personen, die als terroristisches Risiko eingestuft werden[153].

3. Fundamental Rights

86
Grundrechtsschutz durch einfache Gesetze oder case law

Die Frage nach den Grundrechtseinschränkungen ist in Großbritannien schwieriger zu beantworten als in Deutschland. Bis 1998 gab es in England keinen Grundrechtskatalog in diesem Sinne, was aus dem Nichtvorhandensein einer geschriebenen Verfassung resultierte. Bevor 1998 die Europäische Menschenrechtskonvention (EMRK) in nationales Recht transformiert worden war, waren viele Rechte, die als Menschen- oder Grundrechte gelten, durch verschiedene einfache statute laws oder das case law geschützt. Übernommen wurden die Art. 2 bis 12 und 14 EMRK, Art. 1 bis 3 des ersten

---

151 Halsbury's Statutes of England and Wales (FN 148), S. 321 – mit einer Zusammenfassung der im Notstand wichtigsten Gesetze.
152 *Lyall* (FN 143), S. 112.
153 *Lyall* aaO.

Zusatzprotokolls und Art. 1 und 2 des sechsten Protokolls betreffend Art. 16 bis 18 EMRK.

Das Recht der freien Meinungsäußerung war auch schon vor 1998 im einfachen Recht gesichert, genauso wie die Religionsfreiheit. Im Zuge der Ergänzung durch den Terrorism Act 2001 als Reaktion auf die Anschläge vom 11. September in den USA war eine Klausel vorgesehen, die die Provokation von religiös motiviertem Haß gegen Personen oder Kulturen verbieten sollte. Jedoch wurde diese verworfen, weil damit unzulässigerweise in das Recht der Meinungsfreiheit eingegriffen würde[154]. Auch die Versammlungsfreiheit unterliegt nur wenigen Beschränkungen, die allerdings mit dem Terrorism Act von 2000 um eine weitere ergänzt wurden betreffend die Mitgliedschaft und Unterstützung bestimmter gelisteter Organisationen, die nach dem 11. September 2001 stark erweitert wurde.

87
Meinungsäußerungs- und Versammlungsfreiheit

II. Frankreich

Die französische Variante der Notstandsgesetzgebung ist wiederum eine fundamental verschiedene im Vergleich zur deutschen oder britischen. Frankreich hat sich einen sehr starken Herrn des Ausnahmezustands gewählt: den Präsidenten. Die Kontrollmöglichkeiten des Parlaments sind nur schwach ausgeprägt, womit sich die plakative, aber wohl zutreffende Bezeichnung als „*dictature*" *présidentielle*[155] erklärt. Auch die französische Verfassung differenziert aber nach inneren und äußeren Notständen.

88
Präsident als Herr des Ausnahmezustandes

1. État de Crise

Die Regelung des allgemeinen Krisenzustands der Republik Frankreich – und die zentrale Norm des Ausnahmezustands an sich – findet sich in Art. 16 der Verfassung von 1958. Materielle Voraussetzung für sein Inkrafttreten ist, daß die Institutionen, die Unabhängigkeit der Nation, die Integrität des Territoriums oder die Ausführung internationaler Verpflichtungen in einer schweren und unmittelbaren Weise bedroht sind und das Funktionieren der verfassungsmäßigen öffentlichen Gewalten unterbrochen ist. Diese generalklauselartig anmutende Norm ist sehr weit auslegbar und wird auch vom Conseil Constitutionnelle so gehandhabt[156].

89
Generalklauselartige Regelung des Krisenzustandes

Formelle Voraussetzungen sind die Konsultation des Premierministers und der Präsidenten des Verfassungsrates und der parlamentarischen Versammlungen durch den Präsidenten der Republik vor der Ausrufung des Krisenzustands. Letztendlich liegt die Entscheidung über das Für und Wider der Ausrufung und über Beginn und Ende des Ausnahmezustands, des état de crise, aber bei demjenigen, der den größten Nutzen, i.e. den größten Machtzuwachs

90
Machtzuwachs des Präsidenten

---
154 *Lyall* aaO., S. 79.
155 *Raymond Barrillon,* Dictionnaire de la Constitution, Paris ³1980, S. 22.
156 *Trotter* (Bibl.), S. 150.

dadurch erhält: dem Präsidenten. Dieser Beschluß muß dann öffentlich bekannt gegeben werden, Art. 16 Abs. 2 Satz 1. Eine zeitliche Begrenzung der dictature présidentielle gibt es nicht. Einschränkend ist ihm zwar aufgegeben, vom Willen durchdrungen zu sein, den verfassungsmäßigen öffentlichen Gewalten innerhalb kürzester Zeit die Mittel zur Erfüllung ihrer Aufgaben zu verschaffen. Weiterhin ist ihm die Auflösung der Nationalversammlung, die er in „Normalzeiten" verfügen kann, untersagt, und nach Art. 89 dürfen Verfassungsänderungen weder eingeleitet noch fortgeführt werden. Jedoch kann er auf der anderen Seite Notverordnungen erlassen und die Grundrechte zeitweise beschränken, beziehungsweise ganz aussetzen, sowie bestimmte gesetzgebende und rechtsprechende Funktionen auf sich übertragen. Eine effektive verfassungsrechtliche Absicherung gegen den Mißbrauch dieser Ermächtigungen gibt es nicht. Die Kontrollfunktion des Parlaments ist im französischen Notstandssystem ohnehin nur schwach ausgeprägt, und die Maßnahmen des Präsidenten unterliegen als „actes législatifs" keiner gerichtlichen Kontrolle. Einzig die Möglichkeit eines „haute trahison" Verfahrens, i.e. einer Anklage wegen Hochverrats, ist gegeben.

2. État de Siège

91
Militärischer und politischer Belagerungszustand

Der Belagerungszustand wird in Art. 36 der Verfassung nur dahingehend umschrieben, daß das Parlament seine Zustimmung geben muß, wenn er länger als zwölf Tage dauert. Er existiert entweder in Form des *état de siège militaire* für den Kriegsfall oder in Form des *état de siège politique* für den Fall, daß das Parlament seinen Aufgaben nicht nachkommen kann. Aufgrund des 1849 verabschiedeten *loi sur l'état de siège* hatte die Legislative anstelle des Souveräns, des Monarchen, das Recht erhalten, den Belagerungszustand auszurufen. 1878 kam es zu einigen Modifikationen, unter anderem zu einer Einschränkung der Voraussetzungen der Ausrufung im Falle der drohenden Gefahr eines Krieges oder eines bewaffneten Aufstandes. Art. 36 der Verfassung von 1958 bezieht sich auf diese Regelung, änderte nur noch einmal die Zuständigkeit betreffend die Ausrufung des Belagerungszustandes und legte diese in die Hände des Ministerrates. Die Rechtsfolgen beinhalten die Übertragung von polizeilichen Kompetenzen auf das Militär nach Art. 7 Abs. 1 des Gesetzes von 1949, Art. 9 erlaubt Hausdurchsuchungen zu jeder Tages- und Nachtzeit, und nach einem Gesetz von 1952 können auch Zivilpersonen vor ein Militärgericht gestellt werden.

3. État d'Urgence

92
Innerer Notstand

Diese Rechtsfigur behandelt schwerpunktmäßig den Gefahrenzustand des inneren Notstands. Er wurde inspiriert durch den état de siège, wobei der Gefahrenzustand einen drastischeren Charakter hat, die zivile Polizei statt des Militärs einen Kompetenzzuwachs zugesprochen bekommt und er im Kern eine Regelung der Freiheitsbeschränkungen ist[157]. Die Regelung ist in einem Gesetz von 1955 niedergelegt, das 1960 im Rahmen des Algerienkonfliktes modifiziert wurde. Der Gefahrenzustand wird ausgerufen durch den Ministerrat, der auch die räumliche Abgrenzung der Interventionen beschließen muß. Wie beim état de siège bedarf es der Zustimmung durch ein Parlamentsgesetz, wenn dieser Zustand länger als zwölf Tage andauert. Anwendungsbereich ist der innere Notstand im Sinne von Naturkatastrophen oder inneren Unruhen. Die Rechtsfolgen beinhalten die Möglichkeit zur Einschränkung einiger Grund- und Freiheitsrechte, so z. B. Versammlungs- oder Aufenthaltsverbote zu erlassen, die Presse zu kontrollieren oder Ausweisungen zu veranlassen.

III. Finnland

93 *Präsident als Herr des Ausnahmezustandes*

Die neue finnische Verfassung, die seit März 2000 in Kraft ist, sieht in § 22 die Sicherung der Grundrechte als Aufgabe der öffentlichen Gewalt. § 23 der Verfassung schreibt sodann fest, daß in Ausnahmesituationen, wie bewaffneten Angriffen oder einem inneren Notstand, Grundrechte beschränkt werden können – solange diese Einschränkungen im Einklang mit den von Finnland übernommenen internationalen Menschenrechtsverpflichtungen stehen. Herr des Ausnahmezustands in Finnland ist, wie in Frankreich, der Präsident. Die alte Fassung des § 23 der Verfassung sah vor, daß „durch Gesetz" eine zeitlich begrenzte Aussetzung von Grundrechten möglich sei. Damit waren jedoch keine allgemeinen Gesetze gemeint, sondern ein jeweils für die eintretende Situation vom Präsidenten zu erlassendes Gesetz nur für diesen speziellen Ausnahmezustand. Das bekannteste Beispiel für die Anwendung dieses Paragraphen dürfte die in den siebziger Jahren von Präsident *Kekkonen*, der von 1956 bis 1981 im Amt war, angeordnete Aussetzung des Grundrechts auf freie Wahlen gewesen sein, um seiner Abwahl und einer damit angeblich drohenden kriegerischen Auseinandersetzung mit der Sowjetunion zu entgehen.

94 *Gesetze für Ausnahmesituationen*

Zusammen mit dem Gesetz über den Verteidigungszustand[158] wurde 1991 ein sog. Bereitschaftsgesetz[159] erlassen, das in der Fassung von 2001 als Gesetz über die Kontrolle im Ausnahmezustand[160] Anwendung findet, wenn und soweit das Gesetz über den Verteidigungszustand nicht anwendbar ist oder keine entsprechende Regelung beinhaltet (§ 1 Abs. 2). Die Ausnahmesituationen, in denen diese Gesetze Anwendung finden, sind ein (drohender oder gerade beendeter) bewaffneter Angriff auf Finnland, eine erhebliche Beeinträchtigung der territorialen Integrität, die auch durch den Kriegsbeginn zwischen anderen Staaten hervorgerufen werden kann, wenn beispielsweise ein Übergreifen der Kriegshandlungen auf finnisches Territorium droht, die Unterbrechung der Versorgung der Bevölkerung mit Energie oder Lebens-

---

157 *Barrillon* (FN 155), S. 163.
158 Lag om försvarstillstand 1991/1083.
159 Beredskapslag 1991/1080.
160 2001/885.

mitteln, eine erheblich Gefährdung der Volkswirtschaft oder eine (Natur-)katastrophe, die mit normalen Mitteln nicht mehr beherrschbar ist (§ 2).

95
Verordnungsrecht des Präsidenten

Herr des Ausnahmezustands ist der Präsident, der die Regierung durch Verordnung ermächtigen kann, bestimmte Notstandsmaßnahmen durchzuführen. Dabei darf die Ermächtigung den Zeitrahmen von einem Jahr nicht überschreiten, und es muß eine Begrenzung der anzuwendenden Mittel vorgenommen werden. Dieses Dekret muß hinsichtlich Dauer und Umfang vom Parlament gebilligt werden (§ 3 Abs. 3).

96
Möglichkeit begrenzter Grundrechtseinschränkungen

Grundrechtseinschränkungen werden durch diese Gesetze für den inneren und äußeren Notstand ebenfalls geregelt. Vorangestellt wird die Notstandsfestigkeit des Diskriminierungsverbots (§ 6 finnische Verfassung), des Rechtes auf Leben, persönliche Freiheit und Unversehrtheit (§ 7) und die Weitergeltung des Verhältnismäßigkeitsprinzips. Die Rede-, Versammlungs- und Vereinigungsfreiheit (§§ 12, 13), der Schutz des Privatlebens (§ 11), das Recht auf die eigene Sprache und auf ein faires Verfahren vor Gericht dürfen grundsätzlich nicht eingeschränkt werden, es sei denn, es liegt ein bewaffneter Angriff gegen Finnland vor oder es herrscht Krieg (§ 9 des Gesetzes über die Kontrolle des Ausnahmezustands). Begrenzt sind die möglichen Grundrechtseinschränkungen weiter durch die eingegangenen internationalen Verpflichtungen, die Finnland an das Völkerrecht binden.

IV. Schweiz

97
Überverfassungsrechtliches Notstandsrecht in der Lehre

Auch die neue Bundesverfassung der Schweiz, die am 1. Januar 2000 in Kraft getreten ist, regelt den Ausnahmezustand nicht in allen seinen möglichen Erscheinungen, so daß – sich gründend auf die Erfahrungen aus den beiden Weltkriegen – in der Doktrin nach wie vor ein überverfassungsrechtliches Notstandsrecht („droit extra-constitutionel de nécessité") anerkannt wird[161]. Dabei kommt es zunächst darauf an, ob die Bundesversammlung im Ausnahmezustand noch zusammentreten kann; wenn ja, wird sie (in den Grenzen des Notwendigen) den Bundesrat ermächtigen, entsprechende Notstandsverordnungen zu erlassen („régime des pleins pouvoires"). Wenn nein, gilt der Bundesrat als dazu ermächtigt, auch ohne daß das Parlament den Notstand ausgerufen hätte. Während des Ersten Weltkrieges hat die Ermächtigung durch das Parlament zu nahezu 1400 Notstandsverordnungen geführt, während des Zweiten Weltkrieges sollen es fast 1800 gewesen sein, von denen es heißt, daß sie zahlreiche Einschränkungen der Bürgerrechte bewirkt hätten und oft verfassungswidrig gewesen seien[162].

98
Notstandsverordnungen

Obwohl Art. 185 Abs. 3 der geltenden Bundesverfassung es dem Bundesrat ermöglicht, „unmittelbar gestützt auf diesen Artikel Verordnungen und Ver-

---

[161] *François Bellanger*, Notrecht und Ausnahmezustand, in: Daniel Thürer/Jean-François Aubert/Jörg Paul Müller, Verfassungsrecht der Schweiz, Zürich 2001, S. 1268f.
[162] *Andreas Auer/Giorgio Malinverni/Michel Hottelier*, Droit constitutionel suisse, Vol. I, Bern 2000, No. 1545.

fügungen zu erlassen, um eingetretenen oder unmittelbar drohenden schweren Störungen der öffentlichen Ordnung oder der inneren oder äußeren Sicherheit zu begegnen", wobei solche Verordnungen zu befristen sind, sollen die Notstandsverordnungen unter dem „régime des pleins pouvoirs" keine ausdrückliche Grundlage in der Verfassung haben und sich von den „Polizeiverordnungen" nach Art. 185 Abs. 3 unterscheiden[163]. Inwieweit Art. 36 der Verfassung geeignet ist, eine übermäßige Einschränkung der Grundrechte im Notstand zu verhindern, erscheint fraglich. Der in Art. 36 Abs. 1 vorgesehene Gesetzesvorbehalt („Einschränkungen von Grundrechten bedürfen einer gesetzlichen Grundlage. Schwerwiegende Einschränkungen müssen im Gesetz selbst vorgesehen sein") gilt nicht für „Fälle ernster, unmittelbarer und nicht anders abwendbarer Gefahr". Die in diesem Artikel weiter enthaltenen Gebote der Verhältnismäßigkeit und der Unantastbarkeit des Kerngehaltes (Abs. 3 und 4) werden angesichts eines „régimes des pleins pouvoirs" ihre Wirksamkeit wohl erst im Nachhinein erweisen können.

Grundrechtseinschränkungen

E. Internationale Menschenrechtskonventionen

Das Schicksal der Grundrechte im Ausnahmezustand bestimmt sich nicht allein nach den nationalen verfassungs- und einfachrechtlichen Vorschriften, sondern auch nach den internationalen (multilateralen) Menschenrechtskonventionen, denen die große Mehrzahl aller Staaten beigetreten ist. Dabei ist nicht so sehr von Bedeutung, daß nach allen diesen Konventionen die Anwendbarkeit bestimmter Grundrechte im Notstand ausgesetzt werden kann, denn das allein würde nicht ausreichen, das parallele Grundrecht aus der nationalen Verfassung einzuschränken oder auszusetzen. Viel wesentlicher ist, daß diese Konventionen einzelne Grundrechte für nicht-derogierbar erklären und im übrigen enge Voraussetzungen für die Aussetzung der davon nicht erfaßten Gewährleistungen aufstellen. Wo immer die nationalen Voraussetzungen weniger strikt wären, bleibt die Gewährleistungspflicht aufgrund des internationalen Übereinkommens unberührt. Im wesentlichen handelt es sich dabei (in zeitlicher Reihenfolge) um die Europäische Konvention zum Schutze der Menschenrechte von 1950 (EMRK), den Internationalen (UN-) Pakt über bürgerliche und politische Rechte (IPbürgR) von 1966 und die Amerikanische Konvention über Menschenrechte von 1969 (AMRK)[164].

99

Derogationssperre durch internationale Menschenrechtskonventionen

---

163 *Bellanger* (FN 158), S. 1269.
164 Während die (afrikanische) Bajul Charta der Menschenrechte und Rechte der Völker von 1981 keine Derogationsklausel enthält, findet sich eine solche in Art. 35 der Konvention der Gemeinschaft unabhängiger Staaten über die Rechte und Grundfreiheiten der Menschen (1995).

I. Die Derogationsklauseln

100
Außerkrafttreten von Konventionspflichten durch Derogationsklauseln

Diese Konventionen enthalten im großen und ganzen übereinstimmende sog. „Derogationsklauseln", denen zufolge im Falle eines Krieges[165] oder (anderen) öffentlichen Notstandes[166], der das Leben der Nation[167] (die Unabhängigkeit oder Sicherheit eines Vertragsstaates)[168] bedroht, die Vertragsstaaten Maßnahmen ergreifen können, die die Verpflichtungen aus den jeweilgen Konventionen in dem Umfang, den die Lage unbedingt erfordert[169] (soweit und solange es die Lage zwingend erfordert)[170], außer Kraft setzen, vorausgesetzt (unter der Bedingung), daß diese Maßnahmen ihren sonstigen völkerrechtlichen Verpflichtungen nicht zuwiderlaufen (entgegenstehen) und keine Diskriminierung[171] (allein) wegen Rasse, Hautfarbe, Geschlechts, Sprache oder sozialer Herkunft enthalten. Die Unterschiede in der Formulierung spielen dabei jedenfalls in der Praxis kaum eine Rolle[172].

II. Die Voraussetzungen einer Derogation

101
Vier Prinzipien

Vier Prinzipien bestimmen die Aussetzung von Grundrechtsgarantien im Ausnahmezustand, die sich unabhängig vom Wortlaut der einzelnen internationalen Konventionen zu allgemeinen Grundsätzen des Völkerrechts entwickeln[173]: der Grundsatz einer außergewöhnlichen Bedrohung, der Grundsatz der Verhältnismäßigkeit, der Grundsatz der Nicht-Diskriminierung und der Grundsatz der Notstandsfestigkeit fundamentaler Grundrechte.

1. Außerordentliche Bedrohung

102
Einschätzungsprärogative des Staates

Die Formulierung, es müsse sich um einen Notstand handeln, „der das Leben der Nation bedroht", umschreibt am klarsten die Anforderungen. Die Lage darf keine Alternative zur Aussetzung von Grundrechten bieten. Dazu genügt beispielsweise die bloße Ausrufung des Kriegszustands ebensowenig wie kleinere bewaffnete Auseinandersetzungen. Daß eine solche „außergewöhnliche Bedrohung" nur schwer abstrakt zu bestimmen ist, liegt auf der Hand. Hier hat der Staat eine gewisse Einschätzungsprärogative, die aber der Nachprüfung durch die Kontrollorgane der Menschenrechtskonventionen unterliegt. Nur in wenigen Fällen haben diese allerdings die Einschätzung des betroffenen Staates bezweifelt oder zurückgewiesen[174].

---

[165] Art. 15 EMRK, Art. 27 AMRK.
[166] Art. 4 IPbürgR; Art. 27 AMRK: „einer öffentlichen Gefahr oder eines sonstigen Notstands".
[167] EMRK, IPbürgR.
[168] AMRK.
[169] EMRK, IPbürgR.
[170] AMRK.
[171] So ausschließlich nur IPbürgR und AMRK.
[172] Vgl. dazu *T. Stein,* Die Außerkraftsetzung von Garantien menschenrechtlicher Verträge, in: Irene Maier (Hg.), Europäischer Menschenrechtsschutz, 1982, S. 135 ff.
[173] S. *Jaime Oraá,* Human Rights in States of Emergency in International Law, Oxford 1992, S. 260 ff.
[174] Vgl. *Manfred Novak,* UNO Pakt über bürgerliche und politische Rechte, 1989, Art. 4 RN 15; *Jochen Abr. Frowein/Wolfgang Peukert,* Europäische Menschenrechtskonvention, ²1996, Art. 15 RN 3.

2. Verhältnismäßigkeit

Das Gebot der Verhältnismäßigkeit bezieht sich nicht nur auf die Ausrufung eines Notstands überhaupt, seine Dauer und geographische Ausdehnung, sondern auch auf die Aussetzung einzelner Rechte und die Frage, ob eine Einschränkung nicht die völlige Aussetzung entbehrlich macht[175].

103
Umfassende Verhältnismäßigkeitsprüfung

3. Nichtdiskriminierung

Das Diskriminierungsverbot, das in Art. 15 EMRK nicht erwähnt wird, aber auch dort zu beachten ist[176], gilt weder hier noch nach allen anderen Konventionen absolut, worauf schon das Wort „allein" in Art. 4 IPbürgR hinweist, es begründet aber einen besonderen Rechtfertigungszwang für eine notstandsbedingte Aussetzung von Grundrechten, wenn diese ethnische, nationale oder religiöse Gruppen unterschiedlich trifft. Dieses Problem stellt sich beispielsweise für den britischen Anti-Terrorism, Crime and Security Act 2001, der nach den Anschlägen vom 11. September 2001 auf das World Trade Center in New York erlassen wurde und es erlaubt, Personen, die einer Beteiligung am internationalen Terrorismus verdächtig sind, ohne Gerichtsverfahren und auch dann, wenn eine Ausweisung oder Auslieferung nicht möglich ist, unbegrenzt in Haft zu halten. Da dies mit Art. 5 Abs. 1 EMRK schwerlich vereinbar ist, hat Großbritannien Art. 5 Abs. 1 unter Berufung auf Art. 15 EMRK bis auf weiteres ausgesetzt[177]. Da diese Inhaftierungsregelung aber nicht auf britische Staatsbürger anwendbar ist, wurde der Vorwurf erhoben, sie sei diskriminierend und verstoße gegen Art. 14 EMRK, der auch im Rahmen von Art. 15 EMRK zu beachten sei.

104
Besonderer Rechtfertigungszwang für unterschiedliche Behandlung

4. „Notstandsfeste" Grundrechte

Die eingangs genannten Menschenrechtskonventionen enthalten unterschiedliche Listen von Grundrechten, die auch im Notstand nicht ausgesetzt werden dürfen. Gemeinsam sind allen drei diejenigen, die Art. 15 EMRK nennt: Das Recht auf Leben (außer bei rechtmäßiger Tötung im Kriege)[178], das Verbot der Folter und unmenschlichen Behandlung, das Verbot der Sklaverei und das Verbot rückwirkender Strafgesetze. Bei den darüber hinaus in Art. 4 Abs. 2 IPbürgR und (noch weitergehend) Art. 27 Abs. 2 AMRK aufgezählten Grundrechten handelt es sich um solche, deren völlige Aussetzung auch im Aus-

105
Schutz bedeutender Grundrechte

---

175 Vgl. den General Comment No. 29 States of Emergency (Art. 4) des UN-Menschenrechtsausschusses vom 31.8.2001, CCPR/C/21/Rev1/Add.11, Ziff. 4.
176 Vgl. *T. Stein* (FN 164), S. 138 f., unter Hinweis auf die Entscheidung im Falle Irland gegen England (EuGRZ 1979, S. 149).
177 Vgl. Bulletin d'information sur les droits de l'homme No. 55 (H/Inf. [2002] 4).
178 Die Einschränkung fehlt im IPbürgR und in der AMRK, beide verbieten aber nur die „willkürliche" Tötung, so daß im Ergebnis kein Unterschied besteht.

nahmezustand kaum veranlaßt wäre und bei denen die normalerweise zulässigen Einschränkungen völlig ausreichend erscheinen[179].

5. Sonstige Voraussetzungen

106
Beachtung des humanitären Völkerrechts

Das in Art. 4 Abs. 1 IPbürgR genannte Erfordernis der „amtlichen Verkündung" des Notstands gilt in der Sache auch unter den anderen beiden Konventionen. Die Einschränkung, daß die Aussetzung von Fundamentalgrundrechten nicht anderen völkerrechtlichen Verpflichtungen zuwiderlaufen darf, zielt in erster Linie auf das humanitäre Völkerrecht (Genfer Protokolle von 1949 und Zusatzprotokolle von 1977). Zusätzliche Einschränkungen können sich unter Umständen aus dem Statut des Internationalen Strafgerichtshofes[180] ergeben. So zählt die Freizügigkeit[181] zu den im Ausnahmezustand aussetzbaren Rechten. Gemäß Art. 7 Abs. 1 (d) in Verbindung mit Abs. 2 (d) des Statuts des Internationalen Strafgerichtshofes gilt aber die erzwungene, völkerrechtlich unzulässige Verbringung von Personen aus dem Gebiet, in dem sie sich rechtmäßig aufhalten, als „Vertreibung" und damit als „Verbrechen gegen die Menschlichkeit[182]". Das ansonsten legitime Aussetzungsrecht könnte niemals als Rechtfertigung für Maßnahmen gelten, die nach anderen Normen als „Verbrechen gegen die Menschlichkeit" zu qualifizieren wären[183].

---

179 Z.B. Anerkennung der Rechtsfähigkeit, Gewissens- und Religionsfreiheit, Rechte der Familie, Rechte des Kindes.
180 Vom 17.7.1998 (BGBl. 2000 II S. 1393).
181 S. Art. 2 des 4. Protokolls zur EMRK, Art. 22 AMRK, Art. 12 IPbürgR.
182 S. dazu den General Comment des UN-Menschenrechtsausschusses (FN 176), Ziff. 13 d.
183 Ibid.

G. Bibliographie

Bäumer, Hartmut, Vom Luftschutzgesetz über die Notstandsgesetze zum Zivilschutzgesetz, in: Kritische Justiz 1986, S. 206 ff.
Benda, Ernst, Notstandsgesetzgebung und Wirtschaft, in: Der Arbeitgeber 1967, S. 386 ff.
Böckenförde, Ernst-Wolfgang, Der verdrängte Ausnahmezustand, NJW 1978, S. 1881 ff.
Doehring, Karl, Allgemeine Staatslehre, ^{2}2000, § 21.
Esklony, Daniel, Das Recht des inneren Notstands – Verfassungsgeschichtliche Entwicklung unter besonderer Berücksichtigung der tatbestandlichen Voraussetzungen von Notstandsmaßnahmen und ihrer parlamentarischen Kontrolle, Diss. Göttingen 2000.
Fromme, Friedrich-Karl, Ausnahmezustand und Notgesetzgebung, DÖV 1960, S. 730 ff.
Hall, Karl-Heinrich, Notstandsverfassung und Grundrechtseinschränkungen, JZ 1968, S. 159 ff.
Hesse, Konrad, Grundzüge des Verfassungsrechtes der Bundesrepublik Deutschland, ^{20}1995, § 23.
Ipsen, Knut, Bündnisfall und Verteidigungsfall, AöR 94 (1969), S. 554 ff.
Klein, Eckart, § 168: Funktionsstörungen in der Staatsorganisation; § 169: Der innere Notstand, in: Isensee/Kirchhof, Handbuch des Staatsrechts, Bd. VII, 1992.
Koja, Friedrich, Der Staatsnotstand als Rechtsbegriff, 1979.
Lenz, Carl Otto, Notstandsverfassung des Grundgesetzes, 1971.
Lohse, Volker H., Streik und Staatsnotstand, 1969.
Menzel, Eberhard, Notstandsgesetzgebung und Europäische Menschenrechtskonvention, DÖV 1968, S. 1 ff.
Oberreuther, Heinrich, Notstand und Demokratie, 1978.
Seifert, Jürgen, Gefahr im Verzuge, ^{3}1965.
Stern, Klaus, Das Staatsrecht der Bundesrepublik Deutschland, Bd. II, 1980, § 52 f.
Trotter, Markus, Der Ausnahmezustand im historischen und europäischen Rechtsvergleich, Diss. Heidelberg 1997.
Vitzthum, Wolfgang Graf, Der Spannungs- und der Verteidigungsfall, in: Isensee/Kirchhof, Handbuch des Staatsrechts, Bd. VII, 1992, § 170.
Waldmann, Eric, Notstand und Demokratie, 1968.

Personenregister

Nachgewiesen sind ausschließlich historische Persönlichkeiten.

Achenwall, Gottfried **2** 83
Adenauer, Konrad **5** 55
Adhémar, Esmein **3** 103
Adler, Max **12** 43
Albrecht, Wilhelm Eduard **10** 33
Alfons IX. (König von León) **1** 12
Alkidamas **1** 6, **8** 8
Althaus, Paul **9** 34
Althusius, Johannes **1** 9, **9** 14 ff.
Ambrosius von Mailand **8** 36
Ançillon, Friedrich **11** 17 ff.
Anschütz, Gerhard **3** 90 ff., **4** 14, 20 ff., 41 ff.
Aquin, Thomas von **1** 17, **8** 13 ff.
Aristoteles **1** 6, **8** 9
Arndt, Ernst Moritz **10** 33
Augustinus **8** 13
Aulén, Gustaf **9** 34
Aurel, Marc **1** 7

Baader, Andreas **5** 93
Babeuf, François (Gracchus) **12** 29 ff.
Bahrdt, Carl Friedrich **2** 47, **12** 30 f.
Barth, Karl **9** 35
Bassermann, Friedrich **10** 33
Bauer, Otto **12** 43
Bebel, August **12** 40 ff.
Benedikt XIV. (Papst) **8** 22
Berg, Günther Heinrich von **2** 63 f., 72
Bernstein, Eduard **12** 38 ff.
Beseler, Georg **3** 9, 28 f., **9** 30, **10** 33
Biedermann, Karl **10** 33
Bismarck, Otto von **3** 27, 77 ff.
Bluntschli, Johann Caspar **3** 18 ff.
Bonald, Vicomte de **11** 9
Bonhoeffer, Dietrich **9** 35
Born, Stephan **12** 37
Boutmy, Emile **1** 29, 79, **17** 15
Brandt, Willy **5** 94
Breschnew, Leonid **13** 25
Buback, Siegfried **5** 96
Buchanan, George **9** 19
Bühler, Ottmar **3** 23, 88 ff., **4** 14
Bürger, Gottfried August **1** 22
Burke, Edmund **2** 53, **11** 8 ff., 29, 47

Calvin, Johannes **9** 2 ff., **10** ff.
Campanella, Giovan Domenico (Thomas) **12** 31
Cano, Melchior **8** 62
Chruschtschew, Nikita **13** 2, 25, 36
Churchill, Winston **1** 34
Cicero, Marcus Tullius **1** 7
Coing, Helmut **7** 26
Coke, Sir Edward **1** 11 ff., 18 f.
Constant, Benjamin **10** 27 ff.
Corradini, Enrico **14** 8
Cromwell, Oliver **1** 11 ff.

Dahlmann, Friedrich Christoph **2** 52, **9** 30
Dantscher von Kollesberg, Theodor **3** 92
De Boulogne, Monsignore (Bischof von Troyes) **8** 18
Dohm, Christian Wilhelm von **2** 13, 44, 83
Dollfuß, Engelbert **4** 4
Donellus, Hugo **1** 9
Droysen, Gustav **9** 30, **10** 33
Dürig, Günter **6** 6, 65, **7** 42, **10** 18, **19** 15
Düringer, Albert **17** 16
Duguit, Léon **3** 102

Ebert, Friedrich **4** 8, **12** 44, **24** 50
Eichendorff, Joseph Freiherr von **21** 13
Engels, Friedrich **12** 28, 34 f., **13** 3 ff., 14 ff.
Ensslin, Gudrun **5** 93
Eschenburg, Theodor **4** 4
Esmein, Adhémar **3** 103
Eugen IV. (Papst) **8** 22

Farber, I.E. **13** 46
Fichte, Johann Gottlieb **2** 47, **12** 30 f.
Fleiner, Fritz **3** 98
Forsthoff, Ernst **14** 16, **19** 9
Fourier, Charles **12** 29 ff.
Fraenkel, Ernst **4** 50
Franco Bahamonde, Francisco **4** 3, **5** 40, 42, **14** 11
Frank, Hans **14** 16

Halbfette Zahl = §§; magere Zahl = RN

Personenregister

Gagern, Heinrich von **10** 33
Gagern, Maximilian von **9** 30, **10** 33
Gebhardt, Ludwig **4** 44
Gentile, Giovanni **14** 7
Gentz, Friedrich von **11** 17 ff.
Georg, Graf zu Waldeck und Pyrmont **10** 24 ff.
Gerber, Carl Friedrich **3** 68 f., 68 ff.
Gervinus, Georg Gottfried **10** 33
Gierke, Otto von **3** 28, 88 ff., **11** 52, 59
Giese, Friedrich **3** 88
Görres, Joseph **2** 52
Goethe, Johann Wolfgang von **1** 22, **19** 16
Gogarten, Friedrich **9** 34
Gregor XVI. (Papst) **8** 19 ff., 28
Grotius, Hugo **1** 10 ff., 33, **9** 14 ff., **10** 6

Haller, Carl Ludwig von **2** 53, **11** 17 ff.
Hamilton, Alexander **7** 1
Haney, Gerhard **13** 50
Harington, James **1** 11 ff.
Heckel, Johannes **9** 36
Heckscher, Johann Gustav **10** 33
Hegel, Georg Wilhelm Friedrich **11** 3, 13 ff., 24, 30 ff., 59
Heinemann, Gustav **9** 32
Heller, Hermann **7** 14, **17** 16 f.
Henkin, Louis **1** 37
Hensel, Albert **4** 16 f., 33 ff.
Heraklit **8** 8
Hesiod **8** 8
Heuss, Theodor **5** 69 ff., **9** 32
Hilferding, Rudolf **12** 43
Hindenburg, Paul von **4** 54
Hitler, Adolf **14** 14 ff.
Hobbes, Thomas **1** 11 ff., 18 f.
Höhn, Reinhard **14** 17 ff.
Hölderlin, Friedrich **1** 22
Hoxha, Enver **13** 2
Huber, Ernst Rudolf **4** 55 ff., **14** 17 ff., 30 f.
Huber, Hans **4** 70, **6** 6
Huber, Ulrich **1** 11 ff.
Humboldt, Wilhelm von **2** 18

Ihering, Rudolf von **16** 88
Ipsen, Hans Peter **7** 32

Jarcke, Carl-Ernst **11** 9
Jay, John **7** 1

Jefferson, Thomas **1** 25 ff., **2** 6 f., **3** 91
Jellinek, Georg **1** 59, 79, **3** 16, 91 ff., 101, **4** 22, **14** 9
Johannes Paul II. (Papst) **8** 34 ff., 40 ff., 54 ff., 71 f.
Johannes XXIII. (Papst) **8** 28 ff., 38, 71
Jordan, Sylvester **10** 27 ff.
Joseph II. (Kaiser von Österreich) **2** 61
Justi, Johann Heinrich Gottlob von **2** 39

Kant, Immanuel **1** 21, **2** 12, 41, 49 f., 83, **7** 43, **9** 14 ff., **11** 22, 38, **12** 15, 43
Karl I. (König von England) **1** 24
Kaufmann, Erich **17** 17
Kautsky, Karl **12** 39 f.
Kelsen, Hans **4** 61, **13** 45, **17** 39, **22** 33, **23** 54
King, Martin Luther **9** 23
Kition, Zenon von **1** 6
Klein, Ernst Ferdinand **2** 33, 38, 83
Koellreutter, Otto **4** 16 ff., 57
Kolbe, Maximilian Maria **8** 25
Kondylis, Panajotis **11** 10
Kosik, Karel **13** 67
Krüger, Herbert **7** 69
Kuczynski, Jürgen **13** 34
Künneth, Walter **9** 37

Laband, Paul **3** 69, 91
Lactantius, L. Caecilius **8** 13
Lafayette, Marie Joseph Motier, Marquis de **1** 27, **2** 7
Lamennais, Robert de **8** 19
Larenz, Karl **14** 21 ff.
Lasker, Eduard **3** 79
Lassalle, Ferdinand **12** 14 ff., 21, 34, 40 f.
Lenin, Wladimir Iljitsch **12** 31, 42, **13** 8 ff., 47
Leo XIII. (Papst) **8** 17 ff., 28, 36 f., 65, 71
Lessing, Ephraim **1** 22
Letowska, Ewa **13** 75
List, Friedrich **10** 24 ff.
Locke, John **1** 11 ff., 20, 56, **2** 5, **9** 14 ff., **12** 5, 23
Lotz, Johann Friedrich Eusebius **2** 63
Ludwig XVIII. (König von Frankreich) **2** 23
Ludz, Christian Peter **13** 83

Personenregister

Luhmann, Niklas **4** 50
Luther, Martin **9** 5 ff., 10 f., 17, 34 ff.
Luxemburg, Rosa **12** 44
Lykrophon **8** 8

Madison, Alexander **7** 1
Maistre, Joseph de **2** 53
Mangoldt, Hermann von **5** 7, **6** 44
Mannheim, Karl **11** 11
Marschall von Bieberstein,
 Georg Moritz Kurt **2** 18
Marx, Karl **1** 63, **11** 20, **12** 3, 9 ff., 20,
 28 ff., 34 f., **13** 3 ff., 14, 47, 59
Maunz, Theodor **4** 56, **14** 20
Maurenbrecher, Romeo **3** 69 ff.
Maurras, Charles **14** 3 f.
Maximilian II. (König von Bayern) **1** 26
Mayer, Otto **3** 90, **14** 9, **17** 46
Mayer, Rupert **8** 25
Meinhof, Ulrike **5** 93
Merkl, Adolf **4** 50, **23** 54
Messner, Johannes **8** 11 ff.
Metternich, Clemens Fürst von **11** 31
Meyer, Georg **3** 88
Mill, John Stuart **11** 1, **16** 68
Milton, John **1** 11 ff., **9** 14 ff.
Mirabeau, Honoré Gabriel du Riqueti,
 Graf von **1** 28
Mirandola, Pico della **1** 17
Mittermaier, Karl **10** 27 ff.
Möser, Justus **11** 8 ff., 17, 44
Mohl, Robert von **2** 54, **9** 30, **10** 27 ff.
Mommsen, Theodor **1** 31, **3** 63
Monnet, Jean **5** 68
Montesquieu, Baron Charles de **1** 20,
 27, **7** 1, 14, 58, **16** 50
Morus, Thomas **12** 31
Müller, Adam **11** 17
Murhard, Friedrich **2** 54
Mussolini, Benito **4** 1 ff., **14** 5 ff.

Naphtali, Fritz **12** 46
Naumann, Friedrich **3** 91, **9** 32, **10** 37
Nawiasky, Hans **4** 37
Nedbajlo, P. E. **13** 46
Niebuhr, Reinhold **9** 23
Nolde, Frederick **9** 38
Novalis **11** 9
Nyssa, Gregor von **8** 13

Orlando, Vittorio Emanuele **14** 9
Owen, Robert **12** 29

Pannunzio, Sergio **14** 8
Paul III. (Papst) **8** 22
Paul VI. (Papst) **8** 34 ff.
Pétain, Philippe (Marschall) **14** 3
Pfeiffer, Johann Friedrich von **2** 45
Pfizer, Paul **9** 30
Picht, Georg **5** 105
Pillersdorf, Franz Freiherr von **3** 40
Pilsudski, Josef **4** 3
Pius VI. (Papst) **8** 18
Pius VII. (Papst) **8** 19 ff.
Pius X. (Papst) **8** 28
Pius XI. (Papst) **8** 24 ff., 64
Pius XII. (Papst) **8** 26 ff., 64 ff.
Planitz, Hans **1** 19
Platon **8** 9, **12** 31
Plechanow, Georgij Valentinovic **13** 9
Ponto, Jürgen **5** 96
Popper, Sir Karl Raimund **7** 24
Pound, Roscoe **16** 66
Preuß, Hugo **3** 28, **7** 23, **10** 37, **12** 44
Primo de Rivera, José Antonio **14** 11 f.
Primo de Rivera, Miguel **14** 11
Protagoras **8** 8
Pütter, Johann Stephan **2** 38, 68, 83
Pufendorf, Samuel von **1** 10 ff., **9** 14 ff.,
 10 16
Pujo, Maurice **14** 3

Quarck, Max **12** 46
Quesnay, François **1** 28

Radbruch, Gustav **7** 26
Radowitz, Joseph Maria von **11** 17 ff.
Ramos, Lesdesma **14** 11
Ranke, Leopold von **1** 26
Rauschenbusch, Walter **9** 23
Rawls, John **7** 24
Renner, Karl **12** 43
Rheinstein, Max **7** 26
Ritter, Gerhard **3** 7
Rocco, Alfredo **14** 7
Roosevelt, Franklin D. **1** 34
Rotteck, Karl R. von **10** 27 ff.
Rousseau, Jean-Jacques **2** 8, **7** 1, 14,
 55, **10** 8, 27, 48, **12** 12 ff.
Rümelin, Gustav **10** 33
Ruffini, Francesco **14** 10

Halbfette Zahl = §§; magere Zahl = RN   991

Personenregister

Saint-Simon, Claude Henry, Graf von **12** 25
Salazar, António de Oliveira **5** 40
Savigny, Friedrich Carl von **16** 32
Schaff, Adam **13** 67
Schelling, Friedrich Wilhelm Joseph von **11** 17, 22 ff.
Schieder, Theodor **4** 4
Schiller, Friedrich **1** 22, **11** 7
Schlegel, August Wilhelm **11** 17
Schlettwein, Johann August **2** 39
Schleyer, Hanns Martin **5** 96
Schlözer, August Ludwig von **2** 83
Schmid, Carlo **17** 25
Schmidthenner, Friedrich **3** 8
Schmitt, Carl **4** 10, 29 ff., 41, **6** 63, **7** 14, **14** 16 ff., **24** 6
Schumacher, Kurt **12** 48
Schumann, Robert **5** 68
Schuschnigg, Kurt **4** 4
Schwarzenberg, Felix von **3** 66
Sermonti, Alfonso **14** 10
Simon, Heinrich **9** 30
Simson, Eduard von **10** 33
Sinzheimer, Hugo **12** 46
Smend, Rudolf **4** 16, **7** 14, 62, **9** 32, **17** 16 f., 31 ff., **23** 11 ff.
Smetona, Antanas **4** 3
Sohm, Rudolf **9** 55
Sokrates **8** 9
Sorel, Georges **14** 9
Spinoza, Baruch **1** 17
Stahl, Friedrich Julius **2** 53, **9** 31, **11** 17 ff.
Stalin, Josef Wissarionowitsch **12** 31, **13** 15 ff., 21 ff., 47, 66
Stein, Edith **8** 25
Stein, Karl Reichsfreiherr vom und zum **10** 24 ff.
Stein, Lorenz von **1** 63, **5** 14, **12** 19
Stier-Somlo, Fritz **4** 46
Strauß, Franz Josef **15** 2

Suarez, Francisco **8** 15
Svarez, Carl Gottlieb **2** 30, 83

Talmon, Jakov B. **7** 24
Tatarin-Tarnheyden, Edgar **14** 18
Thielicke, Helmut **9** 37
Thoma, Richard **3** 90, **4** 15, 21 ff., 32 ff., 41, **6** 55, **15** 20, **16** 36, **17** 6
Thomasius, Christian **1** 10 ff., 17 ff.
Thorbecke, Johan Rudolf **3** 49
Tillich, Paul **9** 37
Tocqueville, Alexis de **3** 57
Tugarinow, Wassili P. **13** 67
Turgot, Anne Robert Jaques **1** 28

Uhland, Ludwig **10** 24 ff.
Urban VIII. (Papst) **8** 22
Utz, Arthur Fridolin **8** 14, 63, 74

Vasak, Karel **1** 60
Vasquez, Fernando **1** 33
Venedey, Jacob **3** 3
Verdross, Alfred **8** 39
Viktor Emanuel III. (König von Italien) **14** 5
Vischer, Friedrich Theodor **10** 33
Vitoria, Francisco de **1** 33, **8** 15

Waitz, Georg **10** 33
Weber, Werner **14** 31
Weitling, Wilhelm **12** 30 ff.
Welcker, Karl Theodor **9** 30, **10** 33
Williams, Roger **9** 21
Wilson, Woodrow **4** 2
Windthorst, Ludwig **3** 90
Wise, John **9** 14 ff.
Wolf, Ernst **9** 35
Wolff, Christian **1** 10 ff., **2** 46, 83
Wolff, Martin **4** 35
Württemberg, Ulrich von **1** 12

Zantopf, Erich **3** 47
Zweigert, Konrad **7** 26

Sachregister

Von Dr. Antje Draheim

Aachener Verfassungsentwurf 1790
2 44
Absolutismus
– Überwindung durch Liberalismus
10 21
Abtreibung
– Beratungslösung **5** 121
– Einigungsvertrag, ~ im **5** 64
– Fristenlösung **5** 121
– katholische Kirche, ~ und **8** 50
– Rechtsprechung des Bundesverfassungsgerichts **5** 121
– Schutz des Lebens **5** 121
– Schwangeren- und Familienhilfegesetz 1992 **5** 64
– Schwangerschaftskompromisses, Entwicklung des **5** 121
– staatliche Schutzpflichten **15** 62
– Wiedervereinigung, ~ und **5** 121
Abwehrfunktion (Grundrechte)
– Grundrechte, normative **17** 35
– Grundrechtsinterpretation **15** 39ff.
– Schrankenschranken **17** 36
– Schutzpflichten, ~ und **18** 47
– Wechselwirkungslehre **17** 36
Abwehrrechte
– Bedeutung der ~ in Rechtsprechung **15** 45
– Ehe und Familie **15** 46
  siehe auch Ehe und Familie
– Grundrechte als ~ **6** 63, **20** 18
– klassisch-liberale Funktion **15** 45
– Lüth-Urteil, ~ und **19** 2ff.
Achtundvierziger-Revolutionen
  siehe auch Frankfurter Nationalversammlung
– Grundrechte, ~ und **3** 1ff.
Action Française
  siehe auch Faschismus, französischer
– franz. Faschismus, ~ im **14** 3f.
Afrikanische Charta der Menschenrechte und der Rechte der Völker
  siehe unter Charta Africaine des Droits de l'Homme et des Peuples
Albanien
– Verfassung von 1976 **13** 36f.

Allgemeine Erklärung der Menschenrechte
– Einfluß der ~ auf Grundgesetz **5** 7
– Entwicklung **1** 36
– Grundrechtsverletzungen, ~ und **23** 40
– Individualbeschwerde **23** 28
– protestantischer Einfluß **9** 38
– Rechtsschutz, einstweiliger **23** 38
– soziale Grundrechte **1** 68
– soziale Rechte **1** 68f.
– Staatenbeschwerde **23** 30
Allgemeines bürgerliches Gesetzbuch für die gesamten deutschen Erbländer 1811 2 58
Allgemeines Landrecht für die Preußischen Staaten
– Aufklärung **2** 11f.
– Eigentum **2** 12
– Einzelgrundrechte **2** 12ff.
– Freiheitsschutz **2** 12
– Glaubens- und Gewissensfreiheit **2** 12
– Gleichheit vor dem Gesetz **2** 12
– Handlungsfreiheit, allgemeine **2** 12
– Justizgewährungsanspruch **2** 12
– Menschenrechte **2** 12
– Recht auf Sicherheit **2** 12
– Rechte des Menschen, allgemeine **2** 12
– Rückwirkungsverbot **2** 12
– Schutz des Lebens **2** 12
– vorstaatliche Menschenrechte **2** 12
Allgemeinvorbehalt
– EU-Grundrechtecharta **22** 7ff.
– konstitutiver ~ **22** 5f.
– Rechtmäßigkeitsanforderungen an Grundsrechtseingriffe **22** 5
– Schweizer Bundesverfassung, ~ in der **22** 13
– Varianten des ~ (s) **22** 5f.
– Verfassung Lettlands, ~ in der **22** 6
– Verfassung Polens, ~ in der **22** 6
– Verfassung Südafrikas, ~ in der **22** 6
Amerikanische Menschenrechtserklärung
– Notstandsrecht **24** 99

Halbfette Zahl = §§; magere Zahl = RN; unterstrichene Zahl = Hauptfundstelle

Sachregister

Amerikanische Unabhängigkeitserklärung
– Einzelgrundrechte 2 6
– Gründungsmythos 2 6
– Grundrechte 2 5f.
– Grundrechte-amendments 2 6
– Menschenrechte 1 25ff.
– „pursuit of happiness" 12 33
Antiliberalismus
– französischen Faschismus, ~ im 14 4
– italienischen Faschismus, ~ im 14 7f.
– Nationalsozialismus, ~ im 14 15
– spanischen Faschismus, ~ im 14 12
Arabische Charta der Menschenrechte
6 30
Arbeit
– Recht auf Arbeit *siehe dort*
Arbeit (Nationalsozialismus)
siehe auch Nationalsozialismus
– Arbeitspflicht 14 29
– berufsständische Organisation der ~
14 30
– Deutsche Arbeitsfront 14 30
– gemeinschaftsbestimmtes Arbeitsverhältnis 14 28
– Individual- und Kollektivarbeitsrecht
14 28
– Kammern und Räte 14 30
– Koalitions- und Tariffreiheit 14 30
– „völkische" Arbeitsverfassung 14 28
– Wesen des Arbeitsverhältnisses
14 29
Arbeit (Sozialismus) 13 12
Arbeiteraufstand 1953 13 25
Arbeiterbewegung 12 11ff.
  siehe auch Arbeiterbewegung, organisierte
– Allgemeine deutsche Arbeiter-Verbrüderung 12 11
– Allgemeiner Deutscher Arbeiterverein 12 21
– Bund der Geächteten 12 32
– Bund der Gerechten 12 35
– Bund der Kommunisten 12 35
– Erste Internationale 12 35
– Koalitionsfreiheit 12 11
– Organisationsfreiheit 12 11
– Sozialdemokratische Arbeiterpartei
12 38 *siehe auch* Arbeiterbewegung, organisierte
– Sozialdemokratische Partei Deutschlands 12 38 *siehe auch* Sozialdemokratische Partei Deutschlands
– Vereinigungsfreiheit 12 11
– Wahlrecht 12 21
Arbeiterbewegung, organisierte
siehe auch Arbeiterbewegung
– Berliner Arbeiterkongreß 12 37
– Bruch der ~ mit Liberalismus 12 38
– Diktatur der Einsicht 12 40
– Eisenacher Programm 12 38
– Erfurter Programm 12 38ff.
– Freiheitsbegriff, Lassallescher 12 41
– Gesellschaftsvisionen 12 40
– Gothaer Programm 12 38
– Grundrechte als Übergangsphänomen 12 39
– Grundrechtskonzept, sozialdemokratisches 12 37
– Grundrechtsverständnis der ~
12 34ff.
– humanes Grundanliegen der ~ 12 36
– radikaler Flügel der ~ 12 35
– Sozialdemokratische Arbeiterpartei
12 38
– sozialdemokratischer Flügel der ~
12 37
– Strömungen der Grundrechtskritik
12 34
– These vom Absterben des Staates
12 35
– Verhältnis zu Grundrechten 12 40
Arbeitspflicht
– Nationalsozialismus, ~ im 14 29
  siehe auch Nationalsozialismus
– Sowjetrussische Verfassung 1918
13 12
– Sozialismus, ~ im 13 12
  siehe auch Sozialismus
Armenien
– Verfassung 1922 13 13
Aserbaidschan
– Verfassung 1921 13 13
Asylrecht
– Direktivgrundrecht, ~ als implizites
18 65
– Grundgesetz, ~ im 6 10
– Herkunftsländer, verfolgungsfreie
18 65
– Verfassungsänderungen des ~ 5 16

Auffanggrundrecht
- allgemeines Persönlichkeitsrecht als ~   **6** 54

Aufklärung   **2** 1 ff.
- Anwaltschaft, Rolle der   **2** 87
- Beamtentum, ~ und   **2** 83
- Bund der Illuminaten   **2** 84
- Charte constitutionelle von 1815 (Frankreich)   **2** 15
- Eigentum   **2** 32 ff., 61 ff.
- Einfluß Kants auf die ~   **2** 41
- Enteignungen, ~ und   **2** 36
- Französische Revolution   **2** 7 ff.
  siehe auch Französische Revolution
- Freiheit und Gleichheit   **2** 28
- Freiheitspolitik   **2** 84
- Freimaurer   **2** 84
- Gesetzesvorbehalt   **2** 72
- Gleichheit   **2** 28
- Grundrechtstheorie   **2** 26 ff.
- konservative Kritik   **11** 14
- Konservativismus, ~ und   **11** 6
  siehe auch Konservativismus
- Liberalismus   **10** 4
  siehe auch Liberalismus
- politische Mitwirkungsrechte in der ~   **2** 42 ff.
- Polizeirecht, ~ und   **2** 62 ff.
- Pressefreiheit, ~ in der ~   **2** 42, 61
- Preußisches Allgemeines Landrecht   **2** 11 f.
- Rechtsprechung in der ~   **2** 66 ff.
- Vereinigte Staaten von Amerika   **2** 5 f.
- Vereinigungen in der ~   **2** 84
- Verfassungsentwicklung, deutsche   **2** 13 f.
- Wirtschaftsliberalismus   **2** 39 f.

Aufklärung bis Vormärz
- Aufklärung   *siehe dort*
- Beamtentum   **2** 83
- Eigentum   *siehe unter* Eigentum (Aufklärung bis Vormärz)
- Enteignungen   **2** 36 f.
- Freiheit   **2** 46, 58
- Grundrechtsschutz   *siehe unter* Grundrechtsschutz (Aufklärung bis Vormärz)
- Naturrecht   *siehe unter* Naturrecht (Aufklärung bis Vormärz)
- Polizei   *siehe unter* Polizei (Aufklärung bis Vormärz)
- Vormärz   *siehe dort*

Aufstand 1953   **13** 25

Auslegung der Grundrechte
  siehe unter Grundrechtsinterpretation

Auslegungsmethode
  siehe auch Grundrechtsinterpretation
- Rechtsvergleichung als ~   **7** 26
- Verfassungspolitik als ~   **7** 26
- Verfassungsvergleichung als ~   **7** 26

Austrofaschistische Diktatur   **4** 63
  siehe auch Österreich

Außerparlamentarische Opposition (APO)
- Notstandsrecht   **24** 28 ff.
- Notstandsverfassung   **5** 82

Babouvismus
- Grundrechtskritik, frühsozialistische   **12** 39 ff.

Baden
- Frankfurter Grundrechte, ~ und   **3** 45
- Landesverfassung im Vormärz   **2** 19
- Verfassung nach 1848   **3** 45
- Vormärz, ~ im   **2** 19

Banjul Charta   **1** 42

Bayern
- Landesverfassung im Vormärz   **2** 19

Beamtentum
- Aufklärung bis Vormärz   **2** 83
- Extremisten-Beschluß   **5** 95
- Parteien, Einfluß der ~   **21** 38
- Vorbild Preußens   **2** 83
  siehe auch Preußen

Belgien
- Verfassung   **6** 19 f.
- Verfassung 1831   **2** 16
- Verhältnismäßigkeitsprinzip   **22** 106 ff.

Berlin
- Berliner Verfassung 1950   **5** 48
- Rechtsprechung zum Berlin-Vorbehalt   **5** 51
- Sonderfall nach 1945   **5** 12

Berufsfreiheit
- Berufswahlfreiheit   **22** 43
- Notstandsrecht
  siehe auch Notstandsrecht
  - Beschränkungen im ~   **24** 60

Halbfette Zahl = §§; magere Zahl = RN; unterstrichene Zahl = Hauptfundstelle

- Dienstleistungspflicht **24** 61
- Dienstverpflichtung von Frauen **24** 61
- Verfassungsänderungen **5** 16
- Verteidigungsfall, ~ im **24** 62 f.
- Wehrdienst von Frauen **5** 16

Berufswahlfreiheit
siehe auch Berufsfreiheit
- vorbehaltloses Grundrecht, ~ als **22** 43

Besatzungsmächte
- Besatzungsstatut **5** 45
- Besatzungszonen **5** 3
- Grundrechte, ~ und **5** 12
- Grundrechtsbewertungen durch ~ **5** 12
- Grundrechtseinschränkungen, ~ und **5** 12
- Sonderfall Berlin nach 1945 **5** 12

besonderes Gewaltverhältnis
siehe auch Sonderstatusverhältnis
- Ablösung durch Sonderstatusverhältnis **22** 62 ff.
- Grundrechtsrezeption **7** 33
- Österreichisches Reichsgericht, ~ und **3** 95
- Verfassungsrezeption **7** 33

Bestimmtheitsgebot
- Frankreich, ~ in **22** 24 f.
- Grundrechtsschranken, ~ und **22** 24 f.
- Österreich, ~ in **22** 24 f.
- Schrankenschranke, ~ als **22** 70 ff.
  siehe auch Schrankenschranken
- Schweiz, ~ in der **22** 24 f.

Bildung *siehe auch* Bildungspolitik
- Bildungsgesamtplan **5** 105
- Bildungspolitik *siehe dort*
- Bund Freiheit der Wissenschaft **5** 110
- Bundesausbildungsförderungsgesetz **5** 105
- Erziehungsrecht, elterliches **5** 107 f.
  siehe auch Erziehungsrecht
- Erziehungsrecht, schulisches **5** 107 f. *siehe auch* Erziehungsrecht
- Finanzierung privater Bildungseinrichtungen **15** 61
- Hierarchisierung der Hochschulen **5** 112
- Numerus-clausus-Urteil **15** 60
- Wirkungsvoraussetzungen der Grundrechte, ~ als **21** 34 ff.

Bildungspolitik *siehe auch* Bildung
- Hochschulbereich, ~ im **5** 109 ff.
- Hochschullehrer **5** 112
- Hochschulreform Siebziger Jahre **5** 111
- Katastrophe der ~ **5** 105
- „Milieusperre", ~ und **5** 105
- Niedersächsisches Vorschaltgesetz **5** 112
- Numerus clausus **5** 109
- Ökonomisierung der Hochschulen **5** 112
- Ordinarienuniversität **5** 111
- Organisationshoheit des Staates **5** 112
- Schulbereich, ~ im **5** 106 ff.
- Sexualkundeunterricht **5** 107 f.
- Universitäten, ~ und **5** 109 ff.
- Wesentlichkeitstheorie, ~ und **5** 107

Bill of Rights 1679 **1** 24
Brabanter Joyeuse Entrée **1** 12
Brandenburg
- Landesverfassung, Besonderheiten der **6** 12

Brief-, Post- und Fernmeldegeheimnis
- Mittel- und Osteuropa, ~ in **6** 24
- Notstandsrecht **5** 85
  siehe auch Notstandsrecht
- Notstandsrecht, Beschränkungen des ~ im **24** 56
  siehe auch Notstandsrecht
- Verteidigungsfall, ~ im **24** 56

Bündnisfall
- innerstaatliche Beschränkungen des ~ **24** 40
- parlamentarische Kontrolle, ~ und **24** 40
- Verteidigung der Bündnispartner **24** 40
- Verteidigung des Bündnisgebietes **24** 40
- Voraussetzungen des ~ **24** 40

Bürgerkrieg
- Spanien, ~ in **14** 11

Bürgerrechtsbewegung
- Menschenrechte, ~ und **9** 23

Sachregister

– sozialistischen Polen, ~ im **13** 28
Bürgerverfassung *siehe auch* Verfassung
– bürgerliche Kernverfassung **17** 67
– Juristenverfassung **17** 67
– Verfassung als ~ **17** 63 ff.
– Verfassungsinterpretation, offene
  17 64 f. *siehe auch* Verfassungsinterpretation
– Verfassungsrhetorik **17** 68
Bulgarien (Sozialismus)
  siehe auch Sozialismus
– Grundrechtsschutz **13** 73
– Verfassung von 1971 **13** 36
– verwaltungsgerichtliche Generalklausel **13** 73
– Verwaltungsgerichtsbarkeit **13** 73
Bundesakte 1815 **2** 18
Bundesrepublik Deutschland
– Abbau der Besatzung in der ~ **5** 45 ff.
– Absage der ~ an Kommunismus **5** 5
– Absage der ~ an
  Nationalsozialismus **5** 5
– Aufhebung des Besatzungsstatuts in
  ~ **5** 46
– Bedeutung der Europäischen
  Menschenrechtskonvention **5** 77
– Beitritt der ~ zum Europarat **5** 76
– Besatzungsstatut **5** 45 ff.
– Besatzungszonen **5** 3 *siehe auch*
  Besatzungsmächte
– Bündnisfall **24** 40
– Bundestreue *siehe dort*
– Bundesverfassungsgericht der ~
  siehe dort
– Demonstration als Kultform **5** 92
– deutsch-deutscher Staatsvertrag 1990
  5 62 *siehe auch* Deutsche Einheit
– Deutsche Einheit *siehe dort*
– Deutsche Teilung **5** 3
– Devastierung **5** 1
– Einigungsvertrag **5** 63 ff.
  siehe auch dort
– Europäische Union, ~ und *siehe dort*
– Föderalismus *siehe dort*
– Gewaltbereitschaft, zunehmende **5** 91
– Grundgesetz *siehe dort*
– Grundrechtsentwicklung nach 1945
  5 2 ff.
– innere Sicherheit **5** 91 ff.
  siehe auch innere Sicherheit

– Landesverfassungen in der ~
  siehe dort
– NATO, ~ und **5** 68
– Notstandsverfassung **5** 82 ff.
  siehe auch Notstandsverfassung,
  Notstandsrecht
– Ost-West-Konflikt *siehe dort*
– Rechtsstaat, ~ als *siehe dort*
– sexuelle Revolution in der ~
  5 118 ff. *siehe auch dort*
– Sonderfall Berlin nach 1945 **5** 45 ff.
– Sonderfall Saarland **5** 55 ff.
  siehe auch Saarland
– Sozialistischer Deutscher Studentenbund (SDS) **5** 82
– Sozialstaat, ~ als **5** 99 ff.
  siehe auch Sozialstaat
– Spannungsfall **5** 71, **24** 38 f.
  siehe auch Notstand, äußerer
– staatliche Reorganisation nach 1945
  5 2
– Terrorismusbekämpfung **5** 91 ff.
  siehe auch Terrorismusbekämpfung
– Verfassung *siehe dort*
– Verteidigungsfall *siehe dort*
– Verzahnung nationalen und europäischen Grundrechtsschutzes **5** 80
– Wehrpflicht **5** 69 f. *siehe auch dort*
– Westeuropäische Union, ~ und **5** 68
– Westintegration der ~ **5** 68 ff.
– Wiederbewaffnung der ~ **5** 69
– Wiedervereinigung
  siehe unter Deutsche Einheit
– Zustimmungsfall *siehe dort*
Bundesrepublik Deutschland bis 1989
  siehe auch Grundrechtsentwicklung
– Alliierte Truppen in ~ **5** 46
  siehe auch Besatzungsmächte
– Petersberger Abkommen **5** 45
– staatliche Reorganisation in der ~
  5 2
– Überleitungsvertrag 1954 **5** 46
Bundesrepublik Deutschland nach 1989
– Verfassungsentwicklungen in den
  „neuen Ländern" **5** 32
Bundesstaat
– Bundestreue *siehe dort*
– Föderalismus *siehe dort*
– Grundrechtsvoraussetzung, ~ als
  21 65

Sachregister

- Regionalismus *siehe dort*
- Vereinigte Staaten von Amerika *siehe dort*

Bundestreue
- Föderalismus, ~ im   **7** 62
- Notstand, innerer   **24** 48

Bundesverfassungsgericht
siehe auch Verfassungsgerichtsbarkeit
- Abtreibung, Rechtsprechung zur   **5** 121
- Berlin-Vorbehalt, ~ zum   **5** 51 ff.
- Beschwerdegegenstände   **6** 53
- Elfes-Urteil   **5** 21 f.
- Enteignungen nach dem Einigungsvertrag, ~ und   **5** 65
  siehe auch Einigungsvertrag
- Entwicklung des ~ (s)   **19** 14 ff., 27
- Familie und Beruf, Vereinbarkeit von   **18** 57
- Gewissensfreiheit, ~ und   **5** 73 ff.
- Grundrechte als Kern der freiheitlichen demokratischen Ordnung   **5** 22
- Grundrechtsbindung, Ausbau der   **17** 29 ff.
  siehe auch Grundrechtsbindung
- Grundrechtsinterpretation, Praxis der   **16** 86 f.
  siehe auch Grundrechtsinterpretation
- Grundrechtsvergleichung   **16** 49
  siehe auch Grundrechtsvergleichung
- Kooperationsverhältnis zum Europäischen Gerichtshof   **5** 80
- Lüth-Urteil   **17** 29 ff., **19** 3, 14
  siehe auch Lüth-Urteil
- Maßstabsteil einer ~ -Entscheidung   **19** 25
- Meinungsfreiheit, Rechtsprechung zur   **15** 52
- objektiv-rechtliche Dimension der Grundrechte   **19** 24 ff.
- Pluralismusrechtsprechung   **7** 46
- praktische Konkordanz im Kollisionsfall   **22** 47
- Schutzpflichten   **20** 20 ff.
- Selbständigkeit des ~ (s)   **19** 20
- Unschuldsvermutung, Absicherung der   **5** 77
- Urteil zum Grundlagenvertrag   **5** 60 ff.
- Urteils-Verfassungsbeschwerde   **19** 19

- Verhältnis zu Besatzungsmächten/Westmächten   **5** 52 f.
- Vermögenskonfiskation Vertriebener, Urteil zur   **5** 67
- Zuständigkeiten des ~ (s)   **19** 19

Calvinismus
- Bundestheologie Calvins   **9** 12
- Wahrung der Freiheitsrechte   **9** 12 ff.
- Widerstandsrecht im ~   **9** 19

Charta Africaine des Droits de l'Homme et des Peuples   **1** 42, 82

Charta der Grundrechte der Europäischen Union
siehe unter EU-Grundrechtecharta

Charta der Sozialen Grundrechte   **6** 39   *siehe auch* soziale Rechte

Charta der Vereinten Nationen
- Entwicklung der ~   **1** 35

Chartismus, englischer   **12** 32 f.

Christentum
- Begründung der Menschenwürde, metaphysische   **8** 11 f.
- Gebote der Menschlichkeit   **8** 23
- Gottesebenbildlichkeit des Menschen   **8** 11 f.
- Grundrechtsansätze im ~   **8** 13 f.
- Haltung der Päpste zur Menschenwürde   **8** 22, 30 ff.
  siehe auch Kirche, katholische
- Johannes XXIII., ~ und   **8** 30 ff.
- Menschenwürde   **8** 11 f., 71
  siehe auch Menschenwürde

Christlich Demokratische Union
- Ahlener Programm   **12** 49

Code Civil   **2** 59 f.

Constitution of Pennsylvania   **1** 51

Dänemark
- Spätkonstitutionalismus, Verfassungsgebung im   **3** 71
- Verfassungen nach 1848   **3** 51 f.

Datenschutz
- Mittel- und Osteuropa, ~ in   **6** 24
- Verfassungsrezeption   **7** 44

DDR   *siehe auch* Sozialismus
- Aufstand 1953   **13** 25
- Befugnisse sowjetischer Streitkräfte im Notstand   **24** 21

998   Halbfette Zahl = §§; magere Zahl = RN; unterstrichene Zahl = Hauptfundstelle

- Denaturierung der Grundrechte **13** 61
- deutsch-deutscher Staatsvertrag 1990 **5** 62 *siehe auch* Deutsche Einheit
- deutsche Staatsangehörigkeit der DDR-Bürger **5** 60 ff.
- Einheitsthese **13** 59 ff.
- Einigungsvertrag **5** 62 ff. *siehe auch dort*
- Einschätzung der Grundrechte durch die Bundesrepublik **13** 83
- Eiserner Vorhang **5** 3
- Geltungsbereich des Grundgesetzes, ~ und **5** 59, **21** 43
- Grundrechte *siehe unter* Grundrechte (DDR); Grundrechte (Sozialismus)
- Grundrechte als Instrument der Sowjetisierung **13** 82
- Grundrechte als staatliche Leitungsinstrumente **13** 50, 80
- Grundrechte, Denaturierung der **13** 61
- Grundrechtsentwicklung nach 1945 in der ~ **5** 1 ff.
- Grundrechtskatalog **5** 35
- Konzentrationslager **5** 3
- KSZE-Prozeß **13** 33
- Mauerschützen **5** 66
- Mitbestimmung als „Muttergrundrecht" **13** 39
- „Muttergrundrecht" **13** 39
- Okkupation Tschechoslowakei **13** 32
- Pflichten als Rechtspflichten **13** 62 f.
- Rückübereignungsansprüche aus ~ **5** 65
- Schutz der Bürger durch Grundgesetz **5** 60 ff.
- Urteil zum Grundlagenvertrag **5** 60 ff.
- Verfassung 1949 **5** 35
- Verfassung 1968 **5** 35
- Verfassung 1974 **5** 35
- Verfassungswandel 1989 **21** 43
- Volkskammerwahlen 1990 **5** 62 *siehe auch* Deutsche Einheit

Déclaration des Droits de l'Homme et du Citoyen **1** 51, **2** 7

Déclaration Jacobine 1793 **1** 62

Dekretgesetze
- italienischen Faschismus, ~ im **14** 5 *siehe auch* Faschismus, italienischer

Demokratie
- Demokratieprinzip *siehe dort*
- Gesetzesvorbehalt, ~ und *siehe dort*
- Grundrechtsvoraussetzung, ~ als **21** 63
- katholische Kirche, ~ und **8** 26 ff., 44 ff.
- Rezeption von Demokratienormen **7** 55

Demokratieprinzip
- Schweiz, ~ in der **19** 36
- Sozialstaatsprinzip, ~ und **15** 59 *siehe auch* Sozialstaatsprinzip

Demokratischer Sozialismus
- Grundrechtspositionen des ~ **12** 37

Demonstrationsfreiheit
- demokratisches Grundrecht, ~ als **15** 51
- Demonstration als Kultform **5** 92
- funktional-demokratische Auslegung **15** 51
- Grundrechtsfunktionen, objektivrechtliche **15** 51
- Grundsatznorm, ~ als **15** 51
- Rechtsprechung des Bundesverfassungsgerichts **5** 92

Deutsch-polnischer Grenzvertrag
 5 67 *siehe auch* Polen

Deutsche Demokratische Republik
 siehe unter DDR

Deutsche Einheit *siehe auch* DDR
- Abtreibung, ~ und **5** 121
- Ausgleichsfähigkeit, finanzielle und rechtliche **21** 43
- deutsch-deutscher Staatsvertrag 1990 **5** 62
- Einigungsvertrag **5** 63 ff. *siehe auch dort*
- Gebietsklarstellung nach ~ **5** 66
- Gebot zur ~ im Grundgesetz **5** 59
- Geltungsanspruch des Grundgesetzes **21** 43
- Grundgesetz, ~ und **6** 9
- grundrechtliche Folgen **6** 9
- Grundrechtsbestand **6** 9
- Rückübereignungsansprüche **5** 65
- Schwangeren- und Familienhilfegesetz 1992 **5** 64
- Schwangerschaftsabbruch, ~ und **5** 121

Sachregister

- sexuelle Revolution, ~ und **5** 120
- Verfassungswandel **21** 43
- Vertriebenen-Status **5** 67
- Volksdeutschen-Status **5** 67

deutsche Teilung
siehe auch Deutsche Einheit, Besatzungsmächte
- Deutschland nach 1945
  siehe unter Bundesrepublik Deutschland bis 1989
- Stalinismus, ~ und **13** 22
  siehe auch Stalinismus
- Vertreibung **5** 3

Deutsches Reich (1871–1918)
siehe unter Kaiserreich

Deutsches Reich (1919–1933)
siehe unter Weimarer Republik

Deutschland (1871–1918)
siehe unter Kaiserreich

Deutschland (1919–1933)
siehe unter Weimarer Republik

Deutschland nach 1848
- Grundrechte
  siehe unter Grundrechte (Frankfurter Reichsverfassung)

Deutschland nach 1945
siehe auch Bundesrepublik Deutschland
- Grundrechtsentwicklung **5** 1 f.

Deutschland nach 1949 (West) und 1989 (West und Ost) *siehe unter* Bundesrepublik Deutschland

Diktatur *siehe auch* DDR, Sowjetunion
- austrofaschistische ~ **4** 63
- Einsicht, ~ der **12** 40

Diktatur des Proletariats
- Leninismus, ~ im **13** 8 f.
  siehe auch Leninismus
- Osteuropa, ~ in **13** 22
  siehe auch Sozialismus
- Sonderweg DDR **13** 22
  siehe auch DDR
- Sonderweg Jugoslawiens **13** 22

Direktivgrundrechte
- Asylrecht als implizites ~ **18** 65
- explizite ~
  - Gesetzgebungsauftrag **18** 53
  - Gleichheitssatz, allgemeiner
    18 59 ff. *siehe auch* Gleichheitssatz, allgemeiner

- Gleichstellung der Geschlechter
  18 54 ff. *siehe auch* Gleichstellung der Geschlechter
- Gleichstellung unehelicher Kinder
  18 50 ff. *siehe auch* Gleichstellung unehelicher Kinder
- Grundrechtsdirektiven, ~ und
  18 79 ff.
  siehe auch Grundrechtsdirektiven
- Handlungspflichten aus ~ (n)
  18 103
- implizite ~
  - Asylrecht **18** 65
  - Funktionen **18** 62
  - Religionsunterricht **18** 64
  - Rundfunkfreiheit **18** 63
- Justitiabilität der ~ **18** 79
- soziale Grundrechte **18** 66 ff.
  - Durchsetzung **18** 78
  - Justitiabilität **18** 73
  - Recht auf Arbeit **18** 68
  - Recht auf Bildung **18** 70
  - Recht auf Existenzminimum **18** 71
  - Recht auf geistige und kulturelle Entwicklung **18** 70
  - Recht auf menschenwürdiges Dasein **18** 72
  - Recht auf soziale Sicherung **18** 69
  - Rechtsnatur **18** 73
  - subjektiv-rechtlicher Charakter, fehlender **18** 77
  - Verletzung der ~ **18** 77
- unmittelbare Geltung der ~ **18** 101
- verborgene Funktion der ~ **18** 62 ff.
- Verfassungsdirektiven, ~ als **18** 49 ff.

Diskriminierungsverbot
- Emanzipation der Frau **5** 117
- Freiheits- und Gleichheitsrechte
  17 9 f.
- Grundrechtsrezeption **7** 47
- Notstandsrecht **24** 104
- Verfassungsrezeption **7** 47
- Verhältnismäßigkeitsprinzip **22** 106

Dreyfuß-Affäre
- Assoziationsfreiheit, ~ und **3** 102
- französischen Faschismus, ~ im **14** 3

Dritte Republik (Frankreich)
- Assoziationsfreiheit **3** 102
- Grundrechtskataloge, fehlende **3** 101
- Rechtsvergleichung **3** 103

Sachregister

Drittes Reich
siehe unter Nationalsozialismus
Drittwirkung der Grundrechte
siehe auch objektiv-rechtliche Dimension der Grundrechte
- Arbeitsgerichtsbarkeit, ~ und **17** 50
- Entwicklung **6** 65 ff.
- Frankreich, ~ in **19** 46 f.
- Österreich, ~ in **19** 48
- Schweiz, ~ in der **19** 35
- staatlichen Schutzpflicht, ~ als Unterfall einer **6** 67
- Strafrecht, ~ und **23** 86
- Vereinigten Staaten von Amerika, ~ in den **19** 37

Durchsetzbarkeit der Grundrechte
siehe unter Grundrechtsdurchsetzung

Effektivität der Grundrechte
siehe auch Grundrechtsinterpretation; Grundrechtsdurchsetzung
- Aufgabe des Gesetzgebers, ~ als **23** 56
- Effektivitätsgrundsatz **16** 36
- effet utile (Europäische Union) **16** 36
- Grundrechtsinterpretation **15** 20 ff.
- Grundrechtsschutz **6** 55

Ehe und Familie
- Abwehrrecht, ~ als **15** 46
- elterliche Gewalt (Stichentscheid) **5** 113
- Elternpflicht **21** 46
- Elternverantwortung, ~ und **21** 19
- Erwerbstätigkeit, ~ und **18** 57
- Erziehungsrecht **5** 107 f.
- Erziehungsverantwortung, staatliche **21** 46
- Familienname **5** 114
- Gleichstellung unehelicher Kinder *siehe dort*
- Grundrechtsmündigkeit **21** 19
- Grundsatznorm, ~ als **15** 46
- Institutsgarantie **15** 46
- Konservativismus, ~ und **11** 22, 38
- Nationalsozialismus, ~ im **14** 27
- objektiv-rechtliche Dimension von ~ **19** 7
- Schutzpflichten für ~ **19** 7

- Schwangeren- und Familienhilfegesetz 1992 **5** 64
- sexuelle Revolution, ~ und **5** 118 ff.

Eigentum (allgemein)
- Begriff, konservativer **11** 39 ff.
- Begriff, liberaler **11** 41
- eigentumsgebundene Repräsentation **2** 55
- Einigungsvertrag, ~ im **5** 65 ff.
- Einzelfreiheiten des ~ **12** 23
- Enteignungsentschädigung **24** 64
- französischen Faschismus, ~ im **14** 4
- Grund gesellschaftlicher Ungleichheit, ~ als **12** 24
- Grundeigentum im Konservativismus **11** 40 ff.
- Junktimklausel im Notstand **24** 64
- Konservativismus, ~ im **11** 39 ff.
- Kritik, sozialistische **12** 23 ff. *siehe auch* Eigentum (Sozialismus)
- Notstandsrecht, Beschränkungen im **24** 64
- Ost-West-Konflikt, ~ und **12** 49 f.
- Sozialpflichtigkeit des ~ (s) **5** 103, **11** 52, **12** 45
- Treuhandeigentum **11** 39 ff.

Eigentum (Aufklärung bis Vormärz)
- Allgemeines Preußisches Landrecht **2** 12
- Aufklärung, ~ in der **2** 32 ff., 61 ff.
- Naturrecht **2** 33 ff.
- Notwendigkeit rechtlicher Grundlagen des ~(s) **2** 58
- Polizeigewalt, ~ und **2** 61 ff.
- Polizeipflichtigkeit des ~ (s) **2** 64
- Schutz durch Rechtsprechung **2** 67 f.
- Schutz im Privatrecht **2** 58 ff.
- Vormärz, ~ im **2** 51

Eigentum (Nationalsozialismus)
- Eigentümer als Treuhänder **14** 31
- Eigentumsgarantie **14** 18
- Enteignung und Entschädigung **14** 32
- Rechtsnatur **14** 31

Eigentum (Sozialismus)
- Eigentum kein Grundrecht **13** 56
- Grund gesellschaftlicher Ungleichheit **12** 24
- Kritik am ~ im Frühsozialismus **12** 25 *siehe auch* Frühsozialismus

- Kritik an Einzelfreiheiten des Eigentums **12** 23
- Marxismus-Leninismus, ~ im **13** 56
- Volkseigentum **13** 69
- zentraler Kritikpunkt des Sozialismus **12** 26

Eingriff in Grundrechte
- Allgemeinvorbehalt **22** 5
- Begriff **6** 58f.
- Eingriffsrechtfertigung und Rechtsschutz **5** 65
- Privatrechtsnormen als ~ **20** 26ff.

Einheitsthese (Sozialismus) **13** 59ff.

Einigungsvertrag
siehe auch Deutsche Einheit
- Eigentumsordnung **5** 65ff.
- Enteignungen **5** 65ff.
- Grundgesetzänderungen **5** 63ff.
- Schwangerschaftsabbruch **5** 64
- Sonderverfassungsrecht aufgrund ~ **5** 65ff.
- territoriale Bestimmungen im ~ **5** 65ff.
- Verfassungsänderungen durch ~ **5** 15

Einrichtungsgarantien
- institutionelle Garantien, ~ und **23** 67f.
- Institutsgarantien als ~ **23** 67f.
- Verwirklichungsfunktion der ~ **23** 67f.

Einzelgrundrechte
- Allgemeines Preußisches Landrecht **2** 12ff.
- Amerikanische Unabhängigkeitserklärung, ~ in der **2** 6
- Bedeutung des Schutzgehalts **20** 22
- Mittel- und Osteuropa, moderne ~ in **6** 24
- Wertbeurteilungen, objektivrechtliche **15** 51f.

Eiserner Vorhang *siehe auch* DDR; Deutsche Teilung **5** 3

Eltern *siehe unter* Ehe und Familie

Emanzipation der Frau
siehe auch Gleichstellung der Geschlechter
- Diskriminierungsverbot **5** 117
- Durchsetzung, kasuistische **5** 113
- Eindeutigkeit des Grundgesetzes **5** 112

- elterliche Gewalt (Stichentscheid) **5** 113
- Entwicklung nach 1945 **5** 112ff.
- Familienname **5** 114
- Frauenförderungsklausel **5** 16
- Frauenwahlrecht *siehe dort*
- Nachtarbeitsverbot, ~ und **5** 116
- Probleme tatsächlicher Gleichstellung **5** 117
- Quotenregelung, ~ und **5** 117
- Schutzvorschriften als Benachteiligungen **5** 116
- sozialdemokratische Bewegung, ~ und **12** 38ff.
- Staatsangehörigkeit von Kindern **5** 115
- Vertretungsrecht für das Kind **5** 113
- Wehrdienst mit der Waffe, ~ und **5** 116

Embryonenschutz
- katholische Kirche, ~ und **8** 50

Enteignung
siehe auch Eigentum; Einigungsvertrag
- Aufklärung bis Vormärz **2** 36f.
- Aufklärung, ~ in der **2** 36
- Einigungsvertrag, ~ nach dem **5** 65ff.
- Entschädigung im Verteidigungsfall **24** 64
- Junktimklausel im Notstand **24** 64
- Nationalsozialismus, ~ im **14** 32

Entschädigung *siehe unter* Enteignung

Enumerationsprinzip (Sozialismus)
- Polen, ~ in **13** 73
- Sowjetunion, ~ in der **13** 73
- Ungarn, ~ in **13** 73

Erbrecht
- Sozialismus, ~ im **13** 56

Ermächtigungsgesetze (Nationalsozialismus) **14** 14

Erziehungsrecht
- elterliche Gewalt (Stichentscheid) **5** 113
- elterliches ~ **5** 107f.
- schulisches ~ **5** 107f.
- Vertretungsrecht für das Kind **5** 113

Erziehungsziele
siehe auch Bildungspolitik
- Grund- und Menschenrechte als ~ **7** 67

- Landesverfassungen, ~ in **7** 66
- Verfassungsrezeption, ~ und **7** 66 f.

EU-Grundrechtecharta
siehe auch Europäische Grundrechte
- Allgemeinvorbehalt **22** 7 ff., 28
- Begriff des Gesetzes in der ~ **22** 28 ff.
- Gesetzesvorbehalt bei Grundrechten in der ~ **22** 30
- Gesetzesvorbehalt, Einschränkung durch Sekundärrecht **22** 29
- Grundrechtsentwicklung in Europa **7** 4
- Grundrechtskatalog **5** 79 f.
- Grundrechtsvergleichung **16** 14
- Konvent für eine europäische Verfassung **6** 40
- Präambel **7** 64
- Präambel, Grundrechte in der **21** 58
- Schrankenregelung **22** 7 ff.
- Schrankenverweis auf Europäische Verträge **22** 8
- Schrankenverweis auf Menschenrechtskonvention **22** 9, 17
- Wesensgehaltsklausel **7** 36

Europa
- EU-Grundrechtecharta *siehe dort*
- Europäische Grundrechte *siehe dort*
- Europäische Integration *siehe dort*
- Europäische Menschenrechtskonvention *siehe dort*
- Europäische Sozialcharta *siehe dort*
- Europäische Union *siehe dort*
- Europäischer Gerichtshof (EuGH) *siehe dort*
- Europäischer Gerichtshof für Menschenrechte *siehe dort*
- Europarat *siehe dort*
- Grundrechtsentwicklung *siehe unter* Europäische Grundrechte; Grundrechtsrechtsentwicklung (Europa)
- Grundrechtsvergleichung in ~ **16** 22
- Konferenz für Sicherheit und Zusammenarbeit in ~ (KSZE) *siehe unter* KSZE-Schlußakte 1975
- Mittel- und Osteuropa *siehe dort*
- Organisation für Sicherheit und Zusammenarbeit in Europa **1** 83, **6** 35
- Verfassungsrecht *siehe unter* Gemeineuropäisches Verfassungsrecht
- Westeuropäische Union *siehe unter* Europäische Integration
- Weimarer Republik, ~ in der **4** 3 ff.

Europäische Gemeinschaften
siehe unter Europäische Union; Europäische Integration

Europäische Grundrechte
- allgemeine Rechtsgrundsätze, ~ als **7** 17
- Allgemeinvorbehalt **22** 7 ff.
- Begriff **1** 52
- Datenschutz **7** 44
- Entwicklung **7** 4 *siehe auch* Grundrechtsentwicklung (Europa)
- Entwicklung durch EuGH **6** 38
- Gleichberechtigung, ~ und **7** 48
- Grundfreiheiten als ~ **6** 38
- Menschenwürde als Basis der ~ **7** 42
- ordre-public-Vorbehalte **22** 8
- Veränderung der Grundrechtslage durch Integration **5** 27
- Wesensgehaltsklauseln, ~ und **7** 36

europäische Integration
- Europa-Artikel in Verfassungen **7** 72
- Europäische Verteidigungsgemeinschaft **5** 68
- grundrechtliche Dimension **5** 79
- Rechtsvergleichung **15** 33
- Veränderung der Grundrechtslage durch ~ **5** 27
- Wandel im Grundrechtsschutz **5** 81
- Westeuropäische Union (WEU) **5** 68

Europäische Menschenrechtskonvention
- Bedeutung der ~ im Grundgesetz **5** 77
- Bedeutung für Grundrechtsentwicklung **5** 42
- Entwicklung **1** 40
- Ergänzung nationalen Grundrechtsschutzes, ~ als **5** 78 ff.
- EU-Grundrechtecharta, ~ und **22** 9 ff.
- Europäischer Gerichtshof für Menschenrechte **23** 13
- Garantien der ~ im Verfassungsrang **5** 42
- Gebot angemessener Verfahrensdauer **23** 33

- Grundrechtsentwicklung in Europa **7** 4
- Grundrechtsinterpretation des Grundgesetzes, ~ und **15** 31
- Grundrechtsvergleichung **16** 10 f.
- Grundrechtsverletzungen **23** 40
- Human Rights Act, ~ und **22** 102
- Individualbeschwerde **23** 28
- Notstandsrecht, ~ und **24** 99
- Rechtsschutzinstanz **23** 13
- Rechtsschutzgarantie **23** 34
- Rechtsweggarantie **23** 70
- Religionsfreiheit, ~ und **7** 70
- Schweizerische Bundesverfassung, ~ und **22** 15
- Sonderstatusverhältnis **22** 64 ff.
- Staatenbeschwerde **23** 30
- Streitbeilegung, gütliche **23** 37
- Verhältnismäßigkeitsprinzip **22** 105
- Wesensgehaltsgarantie **22** 91 ff.

Europäische Sozialcharta
- Durchsetzbarkeit **1** 71
- Programmfunktion **1** 71
- soziale Grundrechte, ~ und **1** 71
- soziale Rechte **5** 76

Europäische Union 5 1 ff.
- Art. 23 Abs. 1 GG **5** 16
- Charta der Grundrechte der ~ *siehe unter* EU-Grundrechtecharta
- effet utile-Grundsatz **16** 36
- Europa-Artikel in Verfassungen **7** 72
- Europäische Grundrechte *siehe dort*
- Europäische Integration *siehe dort*
- Europäische Menschenrechtskonvention *siehe dort*
- Europäische Sozialcharta *siehe dort*
- Europäischer Gerichtshof *siehe dort*
- Europäischer Gerichtshof für Menschenrechte, ~ und *siehe dort*
- Europäisierung der Rechtssprache **16** 74
- Europarat, ~ und *siehe dort*
- fehlende Bindung der ~ an die EMRK **22** 17
- Gründung der ~ **5** 16
- grundrechtliche Dimension der ~ **5** 79 f.
- Grundrechtsbestand **6** 38 ff.
- Grundrechtsinterpretation **15** 33
- Grundrechtssystem **1** 43
- Grundrechtsverbund in der ~ **16** 22
- Maastrichter Vertrag **1** 44, **5** 16
- mittelbarer Verfassungsgeber, ~ als **7** 22
- Mitwirkungsrechte Deutschlands **5** 16
- Rechtsvergleichung **16** 42, 75 ff.
siehe auch Grundrechtsvergleichung
- Verfassungsänderungen, deutsche **5** 16
- Verhältnismäßigkeitsprinzip im europäischen Gemeinschaftsrecht **22** 99
- Verhältnismäßigkeitsprinzips, Konkordanz des **16** 74
- Vertrag über die ~ **1** 43
- Vertrag zur Gründung der Europäischen Gemeinschaft **1** 43
- Verzahnung nationalen und europäischen Grundrechtsschutzes **5** 80
- Wandel im Grundrechtsschutz **5** 81

Europäischer Gerichtshof
- Angleichungstendenzen im Grundrechtsschutz **16** 10
- Costa./.ENEL-Entscheidung, Bedeutung der **19** 3
- Grundrechtsstandard **6** 38
- Grundrechtsvoraussetzungen, ~ und **21** 59
- Kooperationsverhältnis zum Bundesverfassungsgericht **5** 80
- objektiv-rechtliche Dimension der Grundrechte **19** 50 f.
- Wesensgehaltsgarantie **22** 81 ff.

Europäischer Gerichtshof für Menschenrechte
- Begriff des Gesetzes, ~ und **22** 26 f.
- Verhältnismäßigkeitsprinzip **22** 108
- Vorbehalt des Gesetzes, kein formeller **22** 26 f.
- Wesensgehaltsgarantie **22** 81 ff.

Europarat
- Beitritt der Bundesrepublik Deutschland zum ~ **5** 76
- Europäische Menschenrechtskonvention **5** 77
- Gewährleistung grundrechtlicher Freiheit **5** 76
- Saarland als Mitglied **5** 55
- soziale Rechte **5** 76

Sachregister

Falangisten
- spanischen Faschismus, ~ im **14** 2, 11 ff.

Familie *siehe auch* Ehe und Familie
- Familienname des Kindes **5** 114
- Konservativismus, ~ und **11** 22, 38
- Nationalsozialismus, ~ im **14** 27

Faschismus
siehe auch Nationalsozialismus
- Abgrenzung zum Nationalsozialismus **14** 1
- Action Française **14** 3 ff.
- Bürgerkrieg in Spanien **14** 11
- Antiliberalismus **14** 4
- Grundrechte, individuelle **14** 4 ff.
- Grundrechte, institutionelle **14** 6, 37
- Grundrechtsinterpretation **14** 36 ff.
- Grundrechtstheorien **14** 36 ff.
- Italien, ~ in
  siehe unter Faschismus, italienischer
- Religionsfreiheit im ~ **14** 35
- Spanien, ~ in
  siehe unter Faschismus, spanischer

Faschismus, italienischer
- Abkehr vom Rechtsstaat **14** 9
- Antiliberalismus **14** 7 f.
- berufsständische Organisation **14** 6
- Bürger als Individuum **14** 7
- Dekretgesetze **14** 5
- Grundrechtsbeschränkungen **14** 6
- Grundrechtsverständnis **14** 9 f.
- individuelle Grundrechte **14** 10
- Legalitätsstaat **14** 9
- „Marsch auf Rom" **14** 5
- Mussolini, ~ und **14** 5
- objektive Bindung der Grundrechte **14** 9
- Staatsverständnis **14** 7
- Stato Etico **14** 7
- subjektive öffentliche Rechte **14** 10
- Syndikalismus **14** 6 ff.
- Verfassung **14** 5 f.
- Wirtschaftsverfassung **14** 7

Faschismus, spanischer
- Antiliberalismus **14** 12
- Bürgerkrieg **14** 11
- Falangisten **14** 11
- Franquismus **14** 11
- Freiheitsrechte, kommunikative **14** 12 f.
- Grundrechte, einfachrechtliche **14** 13
- Grundrechte, verfassungsrechtliche **14** 11
- Leyes Fundamentales del Reino **14** 11 ff.
- Personbegriff **14** 12
- Staatsverständnis **14** 12
- Verfassung (Franco) **14** 11

Finanzverfassung
- Grundgesetz, ~ und
  siehe unter Grundgesetz

Finnland
- Notstandsrecht **24** 93 ff.
- Verfassung 2000 **5** 41

Flucht ins Privatrecht
- Bindung der Exekutive, ~ und **6** 48

Föderalismus
- Bundestreue **7** 62
- Regionalismus, ~ und **7** 61
- Subsidiaritätsprinzip **7** 61 f.
- Verfassungsrezeption, ~ und **7** 61 ff.
- vertikale Gewaltenteilung **7** 61

Frankfurter Nationalversammlung
- Bekenntnis zu Grundrechten **1** 31
- Neuartigkeit des Grundrechtsbegriffs **3** 3 ff.

Frankfurter Reichsverfassung
- Bindung des Reichs und der Einzelstaaten **3** 31
- Grundrechte der ~
  siehe unter Grundrechte (Frankfurter Reichsverfassung)

Frankreich
- Ancien Régime, Sturz des **11** 7
- Bestimmtheitsgebot **22** 24 f.
- Charte Constitutionelle 1814/1830 **2** 15
- Code Civil **2** 59 f.
- Code Napoléon **12** 24
- Déclaration des Droits de l'Homme et du Citoyen **1** 51, **2** 7
- Déclaration Jacobine 1793 **1** 62
- Einschränkung vorbehaltloser Grundrechte **22** 53 ff.
- Entwicklung 1870 bis 1944
  siehe unter Dritte Republik (Frankreich)
- Faschismus in ~ **14** 3 f.
- Frankreich nach 1848 *siehe dort*

Sachregister

- Französische Menschenrechts-
  erklärung   *siehe dort*
- Französische Revolution   *siehe dort*
- Gesetzesrecht in ~   **19** 44
- Konstituante, Errichtung der   **1** 28
- Menschenrechte   **1** 27
  siehe auch dort
- Normenkontrolle, präventive   **19** 41
- Notstandsrecht in ~   **24** 88 ff.
- objektiv-rechtliche Dimension der
  Grundrechte   **19** 41 ff.
- Präambel der Fünften Republik
  17 5
- praktische Konkordanz   **22** 48, 61
- Realismus, Zeit des
  siehe unter Frankreich nach 1848
- Recht auf Arbeit   **3** 56
- Rechtfertigung von Grundrechts-
  schranken   **22** 94 ff.
- Sonderstatusverhältnis   **22** 64 ff.
- Verfassung 1791   **1** 28, 51
- Verfassung 1793   **1** 28, 51
- Verfassung 1795   **1** 51
- Verfassungen nach 1848
  siehe unter Frankreich nach 1848
- Verfassungsgericht, Zugang zum
  19 41
- verfassungskonforme Auslegung in
  ~   **19** 43
- Verfassungsrechtsordnung   **19** 41 ff.
- Verhältnismäßigkeitsprinzip   **22** 104
- Versammlungsrechtsentscheidung,
  Bedeutung der   **19** 3
- Wesensgehaltsgarantie   **22** 82 ff.

Frankreich nach 1848
- Grundrechte   **3** 101 f.
- Nationalwerkstätten   **3** 56
- Novemberverfassung   **3** 56 f.
- Recht auf Arbeit   **3** 56
- Umgang mit früheren Verfassungen
  3 57
- Verfassungen   **3** 56 f.

Frankreich (1870–1944)
  siehe unter Dritte Republik (Frankreich)

Franquismus
  siehe auch Faschismus, spanischer
- Spanien, ~ in   **14** 11 ff.

Französische Menschenrechtserklärung
- Aufnahme in die Verfassung   **2** 9
- Durchsetzbarkeit   **2** 70
- Gesetzesvorbehalt   **22** 18 f.
- Präambel der Fünften Republik,
  ~ und   **17** 5
- protestantische Einflüsse   **9** 25
- soziale Rechte   **2** 47
- Unterschiede zur amerikanischen
  Unabhängigkeitserklärung   **2** 10
- Verhältnismäßigkeitsprinzip   **22** 104

Französische Revolution
  siehe auch Frankreich
- amerikanischer Einfluß auf ~
  2 7 ff.
- Aufklärung   **2** 7 ff.
- Cahiers de doléance   **2** 7
- Déclaration des Droits de l'Homme et
  du Citoyen   **2** 7
- Freiheitsfähigkeit als Grundrechts-
  voraussetzung   **21** 54
- Grundrechte als Staatsziele   **2** 70
- Kirche und Grundrechte   **8** 17 f.
- Kritik der Kirche   **8** 17 f.
- Menschenrechte   **2** 8
- Zweck der Menschen- und Bürger-
  rechte   **2** 8

Frauenwahlrecht
- Kritik an Ungleichheit   **12** 20

Freiheit   *siehe auch* Freiheitsrechte
- Aktiv- und Teilhaberechte   **21** 16
- allgemeine Idee der ~   **12** 12
- Allgemeines Preußisches Landrecht
  2 12
- Arbeiterbewegung, organisierte
  12 41
- Aufklärung bis Vormärz   **2** 46, 58
- Aufklärung, Begriff in der   **2** 28
- Begriff   *siehe unter* Freiheitsbegriff
- Bund der Illuminaten   **2** 84
- Diskriminierungsverbot, ~ und
  17 9 f.
- Fähigkeit zur ~
  siehe unter Freiheitsfähigkeit
- Freiheitsrechte   *siehe dort*
- gebundene ~   **11** 37
- Gesellschaft, freiheitsberechtigte
  21 10
- Gesetze als Ermöglichung konkreter
  ~   *siehe unter* Gesetze
- gesetzmäßige ~   **20** 31 ff.
- Gewährleistung der ~ durch Recht
  21 11

- Grundlagen, organisatorische **21** 30
- Grundrechtsschranke, ~ als **22** 1
  siehe auch dort
- Grundrechtsschutz, ~ und **15** 59
  siehe auch dort
- Grundrechtsvoraussetzungen, ~ und
  15 59 siehe auch dort
- Konservativismus, ~ im **11** 35, 47f.
- Kritik, sozialistische **12** 12ff.
- Leistungsgrundrechte, ~ und **15** 58f.
- Liberalismus, ~ und **10** 16
- Liberalismus und Konservativismus
  11 29
- Mindeststandards der Freiheitsethik
  21 48
- nach Maßgabe der Gesetze, ~
  11 29, 57f.
- Nationalsozialismus, ~ und **14** 35
- Notstandsrecht, ~ und **5** 84
- politische und private ~ in Menschenrechtstexten **12** 12
- Prinzip der ~ und Grundrechte
  20 15
- Protestantismus, ~ und **9** 10ff.
- Sonderstatusverhältnis, ~ und
  22 67ff.
- Spätkonstitutionalismus, ~ und
  3 62ff.
- Staat, freiheitsverpflichteter **21** 10
- Steuerrecht, ~ und **21** 32
- Verfassungsvoraussetzung, ~ als **21** 4
- Vormärz, ~ im **2** 50
- Vorrang kollektiver ~ im
  Sozialismus **12** 11ff.
- Wirtschaftsverfassung, ~ und **21** 33

Freiheitsbegriff
- Allgemeinen Preußischen Landrecht,
  ~ im **2** 12
- Frankfurter Nationalversammlung,
  ~ in der **3** 3f.
- Frühliberalismus, ~ im **2** 39f.
- Jacobinismus, ~ im **2** 14
- katholischen Kirche, ~ der **8** 19f.
- Konservativismus, ~ im **2** 53,
  11 18ff.
- Kritik am ~ im Kommunistischen
  Manifest **12** 16
- Lasallescher ~ **12** 41
- Liberalismus, ~ im **2** 20ff., **10** 3ff.
- Lutherischer ~ **9** 9ff.

- Marxismus-Leninismus, ~ im **13** 55
- Marxscher ~ **12** 9ff.
- moderner Grundrechte, ~ **21** 1ff.
- Nationalsozialismus, ~ im **14** 33ff.
- Naturrecht, ~ im **2** 27ff.
- Sozialismus, ~ im **12** 14
- Virginia Bill of Rights, ~ in der **2** 5

Freiheitsfähigkeit
  siehe auch Grundrechtsvoraussetzungen
- Freiheitskultur, ~ und **21** 52ff.
- Voraussetzungen der ~ **21** 15
- Wahrnehmung der ~ **21** 44
- Zugang zu den Voraussetzungen der
  Freiheit **21** 15

Freiheitsrechte
- Ableitung sozialer Grundrechte aus
  ~ (n) **21** 17
- Ableitung sozialer Rechtspositionen
  aus ~ (n) **18** 86
- Abwehrrechte, ~ als **1** 59
- Allgemeines Preußisches Landrecht
  2 12
- Einfluß Kants auf ~ **2** 41
- Gleichheitsrechte, Umwandlung der
  ~ in **21** 20
- italienischen Faschismus, ~ im **14** 6
- kollidierende ~ **15** 16
- Nationalsozialismus, ~ im **14** 14
- Schweiz (1918-1938), ~ in der **4** 65
- Selbstbeschränkung des Staates
  21 4ff., 47ff.
- Sicherheit, ~ und **10** 46ff.
- Sozialbindung der ~ **5** 103
- Sozialismus, ~ im siehe unter
  Freiheitsrechte (Sozialismus)
- spanischen Faschismus, ~ im **14** 13
- staatliche Gewährleistung **10** 40ff.
- Staatsverständnis, modernes **10** 46ff.
- subjektiv-rechtlicher Primat **10** 41
- Verhältnismäßigkeitsprinzips,
  Anwendung des **22** 106ff.
- Voraussetzungen der ~ **21** 2ff.
- Zweite Generation der ~ **3** 58f.

Freiheitsrechte (Sozialismus)
- kollektive Freiheit **12** 11
- persönliche ~ **13** 55
- Vorenthaltung der ~ **13** 85

Freizügigkeit
- Notstandsrecht, Beschränkungen im
  24 57ff.

Sachregister

– Notstandsvorbehalte **24** 57 ff.
– Sowjetunion, ~ in der **13** 85
Frühliberalismus
– Grundrechte als Forderung des ~
  2 39 f.
Frühsozialismus
– Bedrohung individueller Freiheit
  12 32 f.
– Bund der Geächteten **12** 32 f.
– Bund der Kommunisten **12** 25
– Chartismus, englischer **12** 32 f.
– Erlösungs- und Heilsphantasien
  12 31
– Frühwerk von Marx **12** 3
– Grundrechtskritik im ~ **12** 32 f.
– Grundrechtsverheißungen **12** 32 f.
– Jakobinerverfassung **12** 32 f.
– Kritik am Eigentum, sozialistische
  12 25
– Marx/Engelsscher Determinismus
  12 17
– Marxsches Menschenbild **13** 4
– Peoples Charter 1838 **12** 32 f.
– Unbestimmtheit der Grundrechte
  12 32 f.
– Ziele der Gesellschaftsentwürfe **12** 31

gemeineuropäisches Verfassungsrecht
– EU-Grundrechtecharta als ~ **7** 4, 65
– Europäische Menschenrechts-
  konvention **7** 4
– Gemeineuropäisches Staatsrecht **20** 1
– Grundrechte als allgemeine Rechts-
  grundsätze **7** 17
  siehe auch Europäische Grundrechte
– Grundrechtsentwicklungen **7** 4, 41
– Rechtsschutzgarantie **7** 37
Gemeinschaftsrecht, europäisches
  siehe unter Europäische Grundrechte;
  Europäische Union ; Europäische
  Integration
Gemeinwohl
– christliche Idee, ~ als **8** 15
– christliches Verständnis von ~ **8** 46 ff.
– Gemeinnutzausgleich, öffentlicher
  21 70
– Grundrechtsvoraussetzung, ~ als
  21 68 ff.
– Naturrecht ~ im **2** 74
– spanischen Faschismus, ~ im **14** 12

Genossenschaftslehre
– Paulskirchenverfassung, ~ und **3** 28 f.
Georgien
– Verfassung 1922 **13** 13
**Gesetz über die Maßnahmen der Staats-
notwehr 14** 14
**Gesetz zum Schutz des deutschen Blutes
und der deutschen Ehre 14** 14
Gesetze
– Begriff der ~
  siehe unter Gesetzesbegriff
– Ermöglichung konkreter Freiheit,
  ~ als **11** 57
  siehe auch Konservativismus
– Katastrophenschutzgesetze **24** 75 ff.
– Legalität von ~ (n) **20** 5
– Legitimität von ~ (n) **20** 5
– Normstruktur von ~ (n) **15** 10
– Sicherstellungsgesetze **24** 70 ff.
– Strukturunterschiede von ~ (n)
  15 11
– Verhältnis zu Grundrechten **15** 25 f.
– Wechselwirkungstheorie **15** 29
– Zivilschutzgesetze **24** 71 ff.
Gesetzesbegriff
– EU-Grundrechtecharta, ~ in **22** 28 ff.
– Europäischer Gerichtshof für
  Menschenrechte, ~ und **22** 26 f.
– Interamerikanischer Gerichtshof für
  Menschenrechte, ~ und **22** 26 f.
Gesetzesvorbehalt
– Allgemeinvorbehalt *siehe dort*
– Arten des ~ (s) **22** 31 ff.
– Aufklärung, ~ in der **2** 72
– einfacher ~ **22** 31 f.
– Eingriffsvorbehalt, ~ als **22** 18 f.
– Einschränkung vorbehaltloser Grund-
  rechte **22** 53 ff.
– EU-Grundrechtecharta, ~ in der
  22 30
– Europäischer Gerichtshof für
  Menschenrechte, ~ und **22** 26 f.
– formeller ~ **22** 33
– französischen Menschenrechts-
  erklärung, ~ in der **22** 18 f.
– Funktionen des ~ (s) **23** 56
– Gesetzgebung, ~ und **5** 19
– Grundgesetzes, ~ und Entstehung
  des **5** 10
– Grundrechte als Programmsätze **17** 6

1008 Halbfette Zahl = §§; magere Zahl = RN; unterstrichene Zahl =Hauptfundstelle

Sachregister

- Grundrechte der Frankfurter Reichsverfassung **3** 25 ff.
- Grundrechtsschranken, ~ und **22** 18 f.
- Grundrechtsschutz (Aufklärung bis Vormärz) **2** 72
- Interamerikanischer Gerichtshof für Menschenrechte, ~ und **22** 26 f.
- Österreich, ~ in **22** 19 ff., 33 ff.
- Polizeirecht (Aufklärung bis Vormärz) **2** 72
- Portugal, ~ in **22** 23
- qualifizierter ~ **22** 34 ff.
- Rechtsstaats- und Demokratieprinzip, ~ und **22** 18 f.
- Schranke, ~ als **22** 18 f.
- Schweiz, ~ in der **22** 20 ff.
- ungeschriebener ~ in Österreich **22** 57 f.
- Vorbehalt des formellen Gesetzes **22** 20 ff.
- Vorbehalt des materiellen Gesetzes **22** 20 ff.
- Weimarer Reichsverfassung, ~ in der **4** 20, 33

Gesetzgebungsaufträge
- Begriff der ~ **18** 31

Gesetzgebungsnotstand
siehe auch Notstandsrecht
- Notstand, innerer **24** 42
- Parlamentarischer Rat, ~ und **24** 17

Gesetzmäßigkeit der Verwaltung
- Kaiserreich, ~ im **3** 90
- Konkretisierung durch Grundrechte **17** 6
- Österreich (1918–1938), ~ in **4** 61 ff.
- Vormärz, ~ im **2** 80
- Weimarer Reichsverfassung, ~ in der **4** 22

Gewaltenteilung
- Entwicklung **1** 11 ff.
- grundrechtliche Werte, ~ und **17** 32
- Grundrechtsinterpretation aus Sicht der ~ **15** 34
- Grundrechtsverbürgungen, ~ und **15** 4
- katholische Kirche, ~ und **8** 40 f.
- katholische Soziallehre, ~ und **8** 40 ff.
- soziale Grundrechte, ~ und **18** 78

- soziale Rechte, ~ und **18** 78
- Verfassungsdirektiven, ~ und **18** 23
- Verfassungsrezeption, ~ und **7** 58 ff.
- Verhältnismäßigkeitsprinzip **22** 112 ff.

Gewissensfreiheit
- Bundesverfassungsgericht, ~ und **5** 73 ff.
- Kriegsdienstverweigerung, ~ und **5** 73 ff.
- Zivildienst, ~ und **5** 73 ff.

Glaubens- und Gewissensfreiheit
siehe auch Gewissensfreiheit
- Allgemeines Preußisches Landrecht **2** 12
- Grundrecht, ~ als vorbehaltloses **22** 43

Gleichberechtigung
siehe auch Gleichstellung der Geschlechter
- Emanzipation der Frau *siehe dort*
- Europäische Grundrechte, ~ und **7** 48
- Rezeptionsprozesse **7** 48
- Sozialismus, ~ der Frau im **12** 40

Gleichheit
- Artgleichheit, ~ als **14** 34
- Begriff in der Aufklärung **2** 28
- Gleichheitssatz **21** 22
- Gleichheitssatz, allgemeiner *siehe dort*
- Kritik, sozialistische **12** 19
- Naturrecht ~ im **2** 29
- reale ~ als Forderung **12** 19 ff.
- Relativität der ~ **13** 57
- Sozialismus, ~ im **13** 57

Gleichheit vor dem Gesetz
- Allgemeines Preußisches Landrecht **2** 12

Gleichheitsgebot
- Benachteiligungsverbot für Behinderte **5** 16
- Gleichstellung von Frauen *siehe unter* Gleichstellung der Geschlechter; Emanzipation **5** 16

Gleichheitsgedanke
- französischen Faschismus, ~ im **14** 4
- italienischen Faschismus, ~ im **14** 6
- Nationalsozialismus, ~ im **14** 21, 34

Gleichheitssatz
siehe auch Gleichheitssatz, allgemeiner

Sachregister

- Regelungsziel, ~ und   **21** 22
- Schrankenschranke, ~ als   **6** 60
- soziale Rechte, ~ und   **5** 100
- Übermaßverbot, ~ und   **21** 22

Gleichheitssatz, allgemeiner
siehe auch Gleichheitssatz
- Direktivgrundrechte, ~ und   **18** 59 ff.
- Konkretisierung durch Verbot des Einzelfallgesetzes   **22** 71
- sozialstaatliche Ausrichtung   **18** 85
- subjektives Grundrecht, ~ als   **18** 61
- Verfassungsdirektive, ~ als   **18** 59 ff.

Gleichstellung der Geschlechter
siehe auch Gleichberechtigung
- Direktivgrundrecht   **18** 54 ff.
- Emanzipation der Frau   *siehe dort*
- Familienname   **5** 114
- Frauenförderungsklausel   **5** 16
- Nachtarbeitsverbot   **5** 116
- normativer Gehalt der ~   **18** 57
- Quotenregelung   **5** 117, **18** 56
- Rechtsnatur von Art. 3 Abs. 2 S. 2 GG   **18** 58
- sexuelle Revolution   **5** 118 ff.
- sozialdemokratische Bewegung, frühe   **12** 38 ff.
- Staatsangehörigkeit der Kinder, ~ und   **5** 115
- Wehrdienst mit der Waffe   **5** 116
- Ziele der ~   **18** 55

Gleichstellung unehelicher Kinder
siehe auch Ehe und Familie
- Direktivgrundrecht, ~ als explizites   **18** 50 ff.
- Erfordernis faktischer ~   **18** 51
- Gesetzgebungsauftrag für ~   **18** 53
- Rechtsprechung des Bundesverfassungsgerichts   **18** 52

Griechenland
- Rechte-Trias in ~   **1** 5
- Verfassung   **6** 19 f.

Großbritannien
- Emergency Power Acts   **24** 82 ff.
- Grundrechtsschutz   **24** 86
- Human Rights Act   **19** 54
- Notstandsrecht   **24** 80 ff.
- Parlamentssouveränität   **24** 80
- People's Charter 1838   **1** 64
- Prärogative der Regierung   **24** 80
- Rule of Law   **24** 80

- Terrorismusbekämpfung in ~   **24** 85
- Verhältnismäßigkeitsprinzip   **22** 101 f.
- Vorrang des Rechts   **24** 80 ff.

Grundfreiheiten
siehe auch Europäische Grundrechte
- Gemeinschaftsgrundrechte, ~ als   **1** 44, **6** 38

Grundgesetz
- Absage an Kommunismus   **5** 5
- Absage an Nationalsozialismus   **5** 5
- Änderung des ~ (es)   **6** 8 ff.
  siehe auch Grundgesetzänderung
- Änderungen durch Einigungsvertrag   **5** 63 ff.   *siehe auch* Einigungsvertrag
- Asylrecht   **6** 10
- Ausrichtung auf Freiheitsrechte   **18** 49 ff.
- Ausstrahlung nach Mittel- und Osteuropa   **7** 12
- Beitritt des Saarlands zum ~   **5** 58
- Durchsetzbarkeit der Grundrechte   **5** 13
- Eigenverantwortung, freiheitliche   **21** 24
- Emanzipation der Frau   **5** 112
- Entstehung des ~ (es)
  siehe unter Grundgesetzentstehung
- Europäische Menschenrechtskonvention, ~ und   **5** 77
- Finanzverfassung im ~   **21** 31 f.
- gesellschaftlicher Wandel, ~ und   **5** 14
- Gewaltenteilung als Kooperation   **7** 59
- Grundrechtsänderungen   **6** 8 ff.
- Grundrechtsentwicklungsklausel   **7** 13
- Grundrechtsstellung am Anfang des ~ (es)   **5** 11
- Grundrechtsträger-Normen   **7** 35
- Herrenchiemseer Entwurf des ~ (es)   **5** 5
- konkretisierende Normsetzung durch Gesetzgeber   **5** 18
- Kriegsdienstverweigerung im ~   **5** 73   *siehe auch* Wehrpflicht
- Lüth-Urteil, Bedeutung des ~ (s)   **19** 27   *siehe auch* Lüth-Urteil
- Menschenwürde   **23** 2
- Menschenwürde als Leitsatz   **5** 11

Sachregister

- Menschenwürde, Ausstrahlungswirkung der **7** 42f.
- Menschenwürdegehalt und Wesensgehalt **6** 52
- Niederländisches ~ 1848 **3** 49
- Notstandsverfassung **5** 82ff.
  siehe auch Notstandsverfassung, Notstandsrecht
- Parlamentarischer Rat **5** 5ff.
  siehe auch Parlamentarischer Rat
- Parteien-Artikel, Rezeptionen **7** 57
- Parteien-Artikel, Verfassungsvergleichung **7** 57
- Parteienstaat, ~ und **21** 38
- Pflichtenkonkretisierung, gesetzliche **6** 43
- Präambel **21** 57
- Rahmenverfassung, ~ als **20** 10
- Schutzfunktion für DDR-Bürger **5** 60ff. *siehe auch* DDR
- Sozialstaat, ~ und **5** 102
- Spannungsfall im ~ **5** 71
- Staatszielbestimmungen *siehe dort*
- territorial beschränkte Grundrechtssicherung **5** 60ff.
- Verantwortungsprinzip **7** 15
- Verbesserung der Lage in der DDR **5** 60ff. *siehe auch* DDR
- Verbindlichkeit der Grundrechte **6** 45
- Verfassungsänderungen *siehe dort*
- Verfassungspolitik, ~ und **7** 26 *siehe auch* Verfassungspolitik
- Verteidigungsfall im ~ **5** 71 *siehe auch* Notstandsrecht
- Vertragsgesetz (Art. 59 Abs. 2 GG) **5** 26
- Wehrpflicht **5** 69f.
- Wiedervereinigung **6** 9 *siehe auch* Deutsche Einheit
- Wirkungszusammenhang, internationaler **7** 3
- wirtschaftspolitische Offenheit des ~ (es) **12** 56 *siehe auch* Wirtschaftsverfassung

Grundgesetz, Geltungsbereich
- Einigungsvertrag, ~ nach **5** 65ff.
- Saarland **5** 59
- sowjetisch besetzte Zone **5** 59

Grundgesetzänderung
  siehe auch Verfassungsänderungen
- Einigungsvertrag, ~ durch den **5** 63
- Grundrechte, ~ und **6** 8ff.

Grundgesetzentstehung
- Allgemeine Erklärung der Menschenrechte, ~ und **5** 7
- Bewertung durch Besatzungsmächte **5** 12
- Bindungskraft der Grundrechte **5** 9
- Durchsetzbarkeit der Grundrechte **5** 13
- Einfluß der Paulskirchenverfassung auf ~ **5** 6
- Einfluß der Weimarer Verfassung auf ~ **5** 6
- Grundrechte als Legitimationsgrundlage **5** 13
- Minderheitenschutzartikel, ~ und **5** 17
- Parlamentarischer Rat **5** 4ff.

Grundlagenvertrag **5** 60ff.

Grundpflicht(en)
- Begriff **18** 40
- Dogmatik im Konservatismus **11** 54f.
- Funktionen der ~ **18** 40
- Gesetzgebungspflichten, ~ und **18** 41
- Grundgesetz, ~ und **6** 41ff.
- Grundrechte, ~ und **18** 40, **20** 17
- Grundrechtsbeschränkungen, ~ als **6** 44
- Kaiserreich, ~ im **3** 91
- Kindererziehung als ~ **6** 42
- Landesverfassungen, ~ in den **7** 40
- Marxismus-Leninismus, ~ im **13** 59ff.
- Programmatik der ~ **18** 42
- Rezeptionsprozesse **7** 40
- sowjetrussische Verfassung 1918 **13** 12
- Stalinsche Verfassung 1936 **13** 20
- Verfassungsdirektiven, ~ als **18** 43
- Verfassungstreue **6** 42
- Wehrpflicht als ~ **5** 70

Grundrechte
- Absicherung, institutionelle **4** 61ff.
- Abwehrfunktion der ~
  siehe unter Abwehrfunktion (Grundrechte)

Halbfette Zahl = §§; magere Zahl = RN; unterstrichene Zahl = Hauptfundstelle

Sachregister

- Abwehrrechte, ~ als 6 63
- Änderungen der ~
  siehe unter Grundrechtsänderungen
- Aktivrechte 21 16ff.
- allgemeine Rechtsgrundsätze, ~ als 7 17
- Amerikanische Unabhängigkeitserklärung, ~ in der 2 5f.
- Auffanggrundrecht 6 54
- Aufhebung der ~
  siehe unter Grundrechtsaufhebung
- Aufhebung grundrechtswidriger Akte 23 33ff.
- Aufklärung, ~ in der
  siehe unter Grundrechte (Aufklärung bis Vormärz)
- Aufwertung der ~ durch Verfassungsgerichtsbarkeit 5 21f.
- Ausgestaltung der ~ 15 26
- Ausgestaltung im Konservativismus 11 58
- Auslegung der ~
  siehe unter Grundrechtsinterpretation
- Ausstrahlungswirkung des Grundgesetzes 7 12
- Bedeutung der ~ 6 1
- Bedeutung der ~ in Europa 5 43
- Bedeutung des Schutzgehalts von ~ (n) 20 20ff.
- Begriff *siehe unter* Grundrechtsbegriff
- Berechtigte von ~ (n)
  siehe unter Grundrechtsberechtigte
- Besatzungsmächte, ~ und 5 12
- Beschränkungen der ~ *siehe unter* Grundrechtsbeschränkungen
- Bestand der ~
  siehe unter Grundrechtsbestand
- Bestimmungen der ~
  siehe unter Grundrechtsbestimmungen
- Bindung der ~
  siehe unter Grundrechtsbindung
- Bundesrepublik Deutschland nach 1945, ~ in der 5 2ff.
- christlichen Weltbild, ~ im
  - Gemeinwohl 8 15, 46
  - Gottesebenbildlichkeit des Menschen 8 11f.
  - Grundrechtsansätze 8 13
  - katholische Kirche 8 1ff.
  - Menschenwürde 8 8ff., 71
- Protestantismus 9 1ff.
- spanische Moraltheologen 8 15
- DDR, ~ in der
  siehe unter Grundrechte (DDR)
- Deckungsgleichheit mit Menschenrechten 1 56f.
- Direktiven in ~ (n)
  siehe unter Grundrechtsdirektiven
- Doppelcharakter der ~ 17 34
- Drittwirkung der ~ 6 67
  siehe auch Drittwirkung der Grundrechte
- Durchsetzbarkeit als subjektive Rechte 5 13
- Durchsetzbarkeit der ~ 6 53
  siehe auch Grundrechtsdurchsetzung
- Effektivitätsgrundsatz, ~ und 16 36
- Effizienz der ~
  siehe unter Grundrechtseffizienz
- einfache Gesetze, ~ und 15 25f.
- Eingriffe in ~ *siehe dort*
- Einigungsvertrag, Änderungen der ~ durch 5 63ff.
  siehe auch Einigungsvertrag
- Entwicklung der ~
  siehe unter Grundrechtsentwicklung
- Entwicklung, historische 1 4ff., 13ff., 22ff., 30ff.
- Entwicklungsklauseln von ~
  siehe unter Grundrechtsentwicklungsklauseln
- Erkenntnisvoraussetzungen von ~ (n) 21 7ff.
- Europäische Union, ~ und 20 33
- Fiskalgeltung der ~ 23 78
- Frankfurter Reichsverfassung, ~ in der
  siehe unter Grundrechte (Frankfurter Reichsverfassung)
- französischen Faschismus, ~ im 14 4
- freiheitliches Prinzip, ~ und 20 15
- Freiheitlichkeit der Person 10 2f.
- Funktion des Gesetzgebers 5 18
- Funktionen der ~
  siehe unter Grundrechtsfunktionen
- Funktionen der ~ und Grundrechtsinterpretation 15 37ff.
  siehe auch Grundrechtsinterpretation
- Garantie der ~
  siehe unter Grundrechtsgarantie

Sachregister

- Garantie der ~ im Sozialismus
  siehe unter Grundrechtsgarantie
  (Sozialismus)
- Gegensatz von Programmatik und
  Normativität, unzulässiger **17** 1
- Geltung der ~ *siehe unter*
  Grundrechtsgeltung
- Geltung in der DDR **5** 60 ff.
- Geltungsvoraussetzungen von ~ (n)
  21 7 ff.
- gemeinschaftsrechtliche ~
  siehe unter Europäische Grundrechte
- Gerichtsbarkeit, ~ und
  siehe unter Grundrechtsgerichtsbarkeit
- gesellschaftlicher Wandel, ~ und **5** 14
- Gesetzmäßigkeit der Verwaltung
  4 61 ff.
- Gestaltungsoptionen des
  Gesetzgebers **15** 26
- Gewährleistung von ~ (n)
  siehe unter Grundrechtsgewährleistung
- Glaube und politisches System **8** 5,
  59
- Grundfreiheiten, ~ und *siehe dort*
- Grundgesetz, ~ und *siehe dort*
- Grundpflichten, ~ und
  siehe unter Grundpflichten
- Grundrechtsaktivität, ~ und **21** 49
- Grundrechtsberechtigte, ~ und
  siehe unter Grundrechtsberechtigte
- Grundrechtsdisziplin, ~ und **18** 98 ff.
- Grundrechtsentwicklungsklausel,
  ~ und *siehe unter* Grundrechtsentwicklungsklausel
- Grundrechtserwartungen, ~ und
  21 5
- Grundrechtsfähigkeit von Gemeinden
  siehe dort
- Grundrechtskatalog *siehe dort*
- Grundrechtsordnung als
  Klassenrecht **12** 20
- Grundrechtspolitik, ~ und
  siehe unter Grundrechtspolitik
- Grundrechtsrevolution **6** 3
- Grundrechtsschranken
  siehe unter Grundrechtsschranken
- Grundrechtsschutz
  siehe unter Grundrechtsschutz
- Grundrechtstheorie
  siehe unter Grundrechtstheorie
- Grundrechtstreue **18** 96 ff.
- Grundrechtsvergleichung
  siehe unter Grundrechtsvergleichung
- Grundrechtsverständnis, modernes
  21 20 *siehe auch* Grundrechtsverständnis
- Grundrechtsvoraussetzungen *siehe
  unter* Grundrechtsvoraussetzungen
- Grundrechtsvorrang als Verfassungsvorrang **6** 45
- Grundsatznormen, ~ als **20** 9 ff.
- Güterabwägung, ~ und **15** 28
  siehe auch Güterabwägung
- Idealtypen von ~ (n) **17** 12 ff., 24
- Idealtypen, normative **17** 22 ff.
- Idealtypen, programmatische
  17 13 ff. *siehe auch* Grundrechte,
  programmatische
- ideologische Funktionalisierung der
  ~ **14** 36 ff.
- individualrechtliche Garantien, ~ als
  15 53 f.
- Inflation der ~
  siehe unter Grundrechtsinflation
- Inhalte von ~ (n)
  siehe unter Grundrechtsbestimmungen
- institutionelle Sicht der ~ **20** 8
- Institutsgarantien, ~ als
  siehe unter Grundrechte als Institutsgarantien
- Interpretation von ~
  siehe unter Grundrechtsinterpretation
- italienischen Faschismus, ~ im **14** 9 f.
- Kaiserreich, ~ im
  siehe unter Grundrechte (Kaiserreich)
- Katalog der ~
  siehe unter Grundrechtskatalog
- Kirche und ~ **8** 16 ff.
- kollidierende ~ **22** 47 ff.
- Konkretisierung der ~
  siehe unter Konkretisierung der
  Grundrechte
- Konkurrenz der ~ **6** 5, 13
- Konservativismus, ~ als Pflichten im
  11 34, 49 f.
- Konstitutionalisierung der Rechtsordnung *siehe dort*
- Konstitutionsprinzip, oberstes **17** 26
- Kritik an ~ (n)
  siehe unter Grundrechtskritik

Sachregister

- Landesverfassungen, ~ in deutschen *siehe unter* Grundrechte (Landesverfassungen)
- Lebensbereich der ~ **21** 10 f.
- Lebensbereich und Schutzbereich der ~ **21** 10 ff.
- leges perfectae, ~ als **23** 7
- Legislative, Rolle der **20** 24 f.
- Lehrautorität des Papstes, ~ und **8** 63 ff.
- Lehre der katholischen Kirche, ~ in der **8** 1 ff.
- Lehre von den Schutzpflichten **19** 6
- Leistungsansprüche, ~ als **15** 58 ff.
- Leistungsgrundrechte *siehe dort*
- Leistungsrechte, ~ als **6** 64
- Leitfunktion der Verfassung, ~ und **18** 1 ff. *siehe auch* Verfassung
- Leitfunktion der ~ **18** 91
- Leninismus, ~ im *siehe unter* Grundrechte (Leninismus)
- Liberalismus, ~ und *siehe dort*
- Marxismus-Leninismus, ~ im *siehe unter* Grundrechte (Marxismus-Leninismus)
- Menschenrechte *siehe dort*
- Menschenrechten, ~ im Verhältnis zu **1** 53 ff.
- Menschenrechtsbegriff, ~ und **23** 7
- Merkmale von ~ (n) **1** 51
- Mittel- und Osteuropa *siehe unter* Grundrechte (Mittel- und Osteuropa)
- Mündigkeit *siehe unter* Grundrechtsmündigkeit
- Multifunktionalität der Grundrechte der Frankfurter Reichsverfassung **3** 16 ff.
- Multifunktionalität der ~ **6** 62, **15** 20, **16** 37, **20** 18
- Nationalsozialismus, ~ im *siehe unter* Grundrechte (Nationalsozialismus)
- negative Kompetenzschranke, ~ als **3** 68
- normative Aufwertung der ~ **17** 68
- normative ~ *siehe unter* Grundrechte, normative
- Normativität der ~ **17** 4 ff.
- notstandsfeste ~ **24** 105 *siehe auch* Notstandsrecht
- Notstandsrecht, Beschränkungen im **24** 53 ff. *siehe auch* Notstandsrecht
- Numerus clausus der ~ **7** 50
- objektiv-rechtliche Dimension der ~ *siehe unter* objektiv-rechtliche Dimension der Grundrechte
- objektiv-rechtliche Funktionen der ~ *siehe unter* Grundrechtsfunktionen, objektiv-rechtliche
- objektiv-rechtlicher Gehalt der ~ **6** 65 ff., **18** 37 *siehe auch* objektiv-rechtliche Dimension der Grundrechte
- objektive Gewährleistungen von ~ (n) **20** 12
- objektive Wertordnung, ~ als **15** 49
- objektives Umfeld der ~ **21** 8
- öffentliche Meinung und ~ **10** 40
- Ordnung für Staat und Gesellschaft, ~ als **20** 1 ff.
- Ordnungsprinzipien, ~ als **20** 16
- Organisationsmaximen, ~ als **23** 71
- Papst Johannes XXIII., ~ und **8** 28 ff.
- Parlamentarischer Rat, ~ und **5** 4 ff. *siehe auch* Parlamentarischer Rat
- Petitionsrecht, ~ und **6** 53
- Pflichtenkonkretisierung **6** 43
- Politik der ~ *siehe unter* Grundrechtspolitik
- politische Mitwirkungsrechte (Aufklärung bis Vormärz), ~ als **2** 42 ff.
- präpositiver Charakter der ~ **8** 1 ff.
- Privatautonomie, ~ und **20** 26 ff.
- Programmatik der ~ *siehe unter* Grundrechtsprogrammatik
- rechtsethischer Inhalt der ~ **20** 32
- Rechtsprechung, ~ und *siehe unter* Grundrechtsgerichtsbarkeit
- Rechtsvergleichung von ~ (n) *siehe unter* Grundrechtsvergleichung
- Regelungsbefugnisse des Gesetzgebers **15** 26
- Rezeption der ~ *siehe unter* Rezeption (Grundrechte)
- Rückwirkungsverbot *siehe dort*
- Säkularisierung christlichen Gedankenguts, ~ und **8** 4
- Schranken *siehe unter* Grundrechtsschranken

Sachregister

- Schranken im Sozialismus
  siehe unter Grundrechtsschranken
  (Sozialismus)
- Schutz durch Gerichte *siehe unter*
  Grundrechtsschutz durch Gerichte
- Schutz durch ~
  siehe unter Grundrechtsschutz
- Schutz durch ~ im Sozialismus
  siehe unter Grundrechtsschutz
  (Sozialismus)
- Schutz durch ~ im Vormärz
  siehe unter Grundrechtsschutz
  (Vormärz)
- Schutz durch ~ in Aufklärung bis
  Vormärz *siehe unter* Grundrechts-
  schutz (Aufklärung bis Vormärz)
- Schutz- und Ordnungsfunktion der ~
  20 8 ff.
- Schutzbereich und Lebensbereich der ~
  21 10 ff.
- Schutzniveau der ~ **6** 52
- Schutzpflichten, Rechtsprechung
  des Bundesverfassungsgerichts
  20 21
- Schutzpflichten, ~ und **18** 44 ff.,
  20 20 ff. *siehe auch* Schutzpflichten
- Sicherung der Freiheit durch ~
  20 8
- Soldatengrundrechte **5** 71
- Sonderfall Berlin nach 1945 **5** 47 ff.
- sowjetisch-besetzten Zone, ~ in der
  siehe unter Grundrechte (sowjetisch-
  besetzte Zone)
- soziale ~ *siehe unter* Soziale
  Grundrechte
- Sozialismus, ~ im
  siehe unter Grundrechte (Sozialismus)
- sozialistische Kritik an ~ (n) *siehe
  unter* Grundrechtskritik, sozialistische
- spanischen Faschismus, im ~
  14 12 f.
- staatliche „Gehorsamspflicht", ~ als
  18 81
- Staatszielbestimmungen, ~ und
  6 14
- subjektiv-rechtlicher Primat der ~
  10 41
- subjektive öffentliche Rechte, ~ als
  23 11 *siehe auch* subjektive
  öffentliche Rechte
- subjektive Rechte, ~ als
  siehe unter Grundrechte als subjektive
  Rechte
- Subjektivität der ~ *siehe unter*
  Grundrechtssubjektivität
- süddeutschen Verfassungen, ~ in
  10 30 f.
- Suspendierungsklausel in Weimarer
  Reichsverfassung **6** 8
- Teil der objektiven Wertordnung,
  ~ als **19** 3 *siehe auch* Lüth-Urteil
- Teil des verfassungsrechtlichen
  Programms, ~ als **17** 25
- Teilhaberechte **21** 16 ff.
- Theorie der ~
  siehe unter Grundrechtstheorie
- Theorie der ~ im Sozialismus
  siehe unter Grundrechtstheorie
  (Sozialismus)
- Träger von ~ (n)
  siehe unter Grundrechtsträger
- Trennung von Direktivnormen **18** 34
- Treue zu ~
  siehe unter Grundrechtstreue
- Unabhängigkeit der Rechtsordnungen,
  ~ und **16** 17
- Unantastbarkeit der ~ **6** 52
- Universalienstreit **16** 16 ff.
- Veränderung durch Europäische
  Integration **5** 27
  siehe auch Europäische Grundrechte;
  Europäische Integration
- Verbürgung von ~ (n)
  siehe unter Grundrechtsverbürgung
- Vereinigte Staaten von Amerika,
  ~ und **2** 5 f. *siehe auch* Vereinigte
  Staaten von Amerika
- Verfahrensgrundrechte, selbständige
  siehe unter Verfahrensgrundrechte,
  selbständige
- Verfassung, ~ und **20** 1 ff. *siehe
  auch* Verfassung
- Verfassungsänderungen **5** 15 ff.
- Verfassungsbegriff, ~ als **3** 6
- Verfassungsdirektiven, ~ als **18** 34 ff.,
  49 ff.
- Verfassungsgerichtsbarkeit **4** 61 ff.
- Verfassungsgesetz, ~ und **20** 2
- Verfassungskern der ~ **1** 32
- Verfassungsstaat, ~ und **20** 1 ff.

- Verfassungsvoraussetzungen, ~ und **21** 4
- Vergleichung der ~
  siehe unter Grundrechtsvergleichung
- Verhältnis zu Gesetzen **15** 25 f.
- Verhältnismäßigkeitsgrundsatz, ~ und **21** 21
- Verhaltensfreiheiten, ~ und **21** 19
- Verständnis von ~ (n)
  siehe unter Grundrechtsverständnis
- Verständnis von ~ (n) im Sozialismus
  siehe unter Grundrechtsverständnis (Sozialismus)
- Vertragsfreiheit, ~ und **20** 28 ff.
- Verwirklichung der ~
  siehe unter Grundrechtsverwirklichung
- Verwirklichungsklauseln
  siehe unter Grundrechtsverwirklichungsklauseln
- Verwirkung der ~ *siehe unter* Grundrechtsverwirkung
- Verzahnung nationalen und europäischen Grundrechtsschutzes **5** 80
- Virginia Bill of Rights **2** 5 f.
- völkerrechtsfreundliche Auslegung **6** 77
- von programmatischen zu normativen ~ (n) **17** 4 ff.
- Voraussetzungen der Rechtsgewähr **21** 10 f.
- Voraussetzungen von ~ (n) *siehe unter* Grundrechtsvoraussetzungen
- Voraussetzungsschutz von ~ (n)
  siehe unter Grundrechtsvoraussetzungsschutz
- vorbehaltlose ~ **22** 43 ff. *siehe unter* Grundrechte, vorbehaltlose
- Vormärz, ~ im **10** 32 ff.
- Wahrnehmungsvoraussetzungen der ~ **21** 7 ff.
- Wechselwirkungen zwischen ~ (n) **21** 18 f.
- Weimarer Reichsverfassung, ~ in der *siehe* Grundrechte (Weimarer Reichsverfassung)
- Weimarer Republik, ~ in der *siehe unter* Grundrechte (Weimarer Reichsverfassung)
- Wesensgehalt der ~
  siehe unter Wesensgehalt
- Wesensgehaltsgarantie
  siehe unter Wesensgehaltsgarantie
- Westintegration, ~ und Auswirkungen der **5** 68 ff.
- Wiedervereinigung, ~ und **6** 9
  siehe auch Deutsche Einheit
- Wirklichkeit der ~ im Sozialismus
  siehe unter Grundrechtswirklichkeit (Sozialismus)
- Wirkungen der ~
  siehe unter Grundrechtswirkungen
- Wirkungsmacht der ~ **21** 7 ff.
- Wirkungsvoraussetzungen von ~ (n) **21** 7 ff.
- zentrale Stellung der ~ im Grundgesetz **5** 11

Grundrechte als Institutsgarantien
siehe auch Institutsgarantien
- Nationalsozialismus, ~ im
  - Ehe und Familie **14** 27
  - Eigentum **14** 31 f.
  - Koalitionsfreiheit **14** 30

Grundrechte als Ordnung für Staat und Gesellschaft 20 1 ff.

Grundrechte als subjektive Rechte
siehe auch subjektive Rechte
- italienischen Faschismus, ~ im **14** 9 f.
- Nationalsozialismus, ~ im **14** 18 f.

Grundrechte (DDR) *siehe auch* DDR, Grundrechte (sowjetisch besetzte Zone)
- demokratischer Zentralismus, ~ und **5** 35 ff.
- Einschätzung von außen **13** 83
- Führungsanspruch der SED, ~ und **5** 35 ff.
- Grundrechtsverständnis, ~ und **5** 35 ff.
- Instrument der Sowjetisierung, ~ als **13** 82
- KSZE-Prozeß, ~ und **13** 33
- politische Isolation der DDR, ~ und **5** 35 ff.
- Verfassungswirklichkeit, ~ und **5** 35 ff.

Grundrechte (Frankfurter Reichsverfassung) 3 1 ff.
- Aufhebung der ~ **3** 65
- Baden, ~ in **3** 45

Sachregister

- Begriff **3** 3 ff.
- Bindung des Reichs und der Einzelstaaten **3** 31
- Bindungswirkung **3** 31
- Einzelgrundrechte, spätere Realisierung der **3** 36
- Frauenwahlrecht **3** 26
- Freiheit und Eigentum **3** 17
- Freiheitsschutz, genereller **3** 13
- Funktionen der ~ **3** 14 ff.
- genossenschaftlicher Ansatz der ~ **3** 12
- Gesetzesvorbehalt, ~ und **3** 25 ff.
- Gliedstaaten, ~ und **3** 33, 44 ff.
- Grundrechtskonzept der ~ **3** 11 f.
- Hannover, ~ in **3** 44 ff.
- Hauptzwecke des Paulskirchenentwurfs **3** 14
- Heidelberger Versammlung, ~ und **3** 3
- Jedermannrechte **3** 25
- Koalitionsfreiheit **3** 22
- Menschenwürde **3** 18
- Minderheitengarantie **3** 21
- Multifunktionalität der ~ **3** 16 ff.
- Österreich, ~ in **3** 40 ff.
- Preußen, ~ in **3** 37 ff.
- richterliches Prüfungsrecht, ~ und **3** 34
- Schranken **3** 24
- Siebenerausschuß **3** 3
- Siebzehnerentwurf, ~ im **3** 4
- soziale Rechte **3** 22 f.
- status activus **3** 16
- status passivus **3** 16
- status positivus **3** 16
- unmittelbare Geltung der ~ **3** 32
- Urrechte, ~ und **3** 9
- Vereinigungsfreiheit **3** 21
- Verhältnis des Protestantismus zu den ~ **9** 31
- Verhältnis zum Staat **3** 28 ff.
- Volksrechte, ~ und **3** 8
- Wahlrecht **3** 27
- Württemberg, ~ in **3** 45

Grundrechte im Ausnahmezustand
24 1 ff. *siehe auch* Notstandsrecht; Notstandsverfassung

Grundrechte (Kaiserreich)
- Gesetzmäßigkeit der Verwaltung **3** 90
- Grundpflichten, ~ und **3** 91
- Grundrechtsregelung, einfachgesetzliche **3** 77
- Pressefreiheit **3** 83
- Realisierungsthese **3** 80
- Rechtsprechung, Restriktionen der **3** 82 ff.
- Rechtsvergleichung, Fehlen der **3** 92
- Reichsverfassung, ~ in der **3** 78
- Sachsen, ~ in **3** 87
- Sozialgesetzgebung, ~ und **3** 79
- Vereinsfreiheit **3** 84
- Volksrechte, Absage an **3** 81
- Wissenschaft, Rolle der **3** 88 ff.

Grundrechte (Landesverfassungen)
5 29 ff.
- Bundesgrundrechte, ~ und **5** 33 f.
- Erweiterung des Freiheitsraumes **5** 34
- Grundrechtsentwicklung **5** 29 ff.
- Grundrechtskataloge **6** 12 ff.
- kompetenzrechtliche Probleme der ~ **5** 34
- Konkurrenz zu Bundesgrundrechten **6** 76
- nachkonstitutionellen Verfassungen, ~ in **5** 31
- Pluralismus der Grundrechte **5** 29
- Verfassungen der „Neuen Länder" **5** 32
- vorkonstitutionellen Verfassungen, ~ in **5** 30
- zentrale Rolle der Bundesgrundrechte **5** 33 f.

Grundrechte (Marxismus-Leninismus)
13 5 ff.
siehe auch Marxismus-Leninismus
- Begründungen **13** 42 ff.
- Deklaration der Rechte **13** 9
- Instrumentalisierung der ~ **13** 9
- Irrelevanz der Menschenrechte **13** 3 ff.
- Mindermeinungen **13** 46
- Naturrechtslehre, ~ als **13** 45 f.
- Parteilehre, ~ und **13** 8
- Verbindlichkeit **13** 69

Grundrechte (Mittel- und Osteuropa)
- Besonderheiten **6** 23
- Erwartungshaltung **6** 21 ff.

Sachregister

- moderne Grundrechte 6 24
- Schrankenschranken 6 26

Grundrechte (Nationalsozialismus)
- Ablehnung liberaler Traditionen 14 15 ff.
- Aufhebung und Suspension 14 14 ff.
- Freiheit als Pflichtbindung 14 35
- Grundrechtstheorien 14 15 ff., 33
- Grundrechtsvernichtung 4 58
- institutionelle Grundrechte 14 19
- Konzept gebundener Freiheit 14 20
- partielle Gewährleistung 14 18 f.
- Uminterpretation der ~ 14 18 f.

Grundrechte (sowjetisch besetzte Zone)
- demokratischer Zentralismus, ~ und 5 35 ff.
- Führungsanspruch der SED, ~ und 5 35 ff.
- Grundrechtsverständnis 5 35 ff.
- politische Isolation, ~ und 5 35 ff.
- Verfassungswirklichkeit, ~ und 5 35 ff.

Grundrechte (Sozialismus) 12 1 ff.
- Anerkennung der ~, allmähliche 12 44
- Austromarxismus, ~ und 12 42 ff.
- bürgerlich-liberales Grundmodell 12 5 ff.
- Denaturierung der ~ 13 61
- Dritter Weg, ~ und 12 56
- Funktionen der ~ 13 76 ff.
- Grundrechtsdenken im Sozialismus 12 29 ff.
- Grundrechtsinterpretation, Wandlung der 12 53
- Grundrechtsverständnis, ~ und 12 29 ff.
- juristische Nebenfunktion der ~ 13 81 f.
- kapitalistische ~ 13 53
- Kritik, sozialistische *siehe unter* Grundrechtskritik, sozialistische
- Liberalismus, ~ und organisatorischer 12 42 ff.
- objektive Rechtsgrundsätze, ~ als 13 5 ff.
- persönliche Freiheitsrechte 13 55
- Persönlichkeitsrechte 13 32
- politische Rechte 13 54
- Priorität sozioökonomischer Rechte 13 53
- Propagandafunktion 13 77 ff.
- Rechtsnatur der ~ 13 49 ff.
- Rechtsprechung im Sozialismus 13 81
- Revisionismusstreit 12 42 ff.
- Schranken 13 40, 66 ff.
- sowjetische Teilrepubliken 13 13
- sowjetische Verfassung 1924 13 13
- sowjetrussische Verfassung 1918 13 11
- soziale ~ 13 5 f., 86
- Stalinsche Verfassung 1936 13 17 ff.
- subjektive Rechtsnatur der ~ 13 5
- Systematisierung der ~ 13 52 ff.
- Theorie- und Forschungsdefizite der ~ 12 1 ff.
- Unabhängige Sozialdemokratische Partei Deutschlands 12 44 f.
- Verfassungsvorbehalt, ~ und 13 40

Grundrechte (Weimarer Reichsverfassung)
siehe auch Weimarer Reichsverfassung; Weimarer Republik
- Bindung des Gesetzgebers 4 25, 38 ff.
- durch Gesetz einschränkbare ~ 4 26
- Entstehung 4 8
- Gesetzesvorbehalt 4 20, 33
- Gesetzmäßigkeit der Verwaltung 4 22
- Grundrechte und Grundpflichten 12 45
- Grundrechtskatalog, Erweiterung des 4 9
- Klassifizierung 4 26
- „Leerlauf" der ~ 4 21 ff.
- Legislativorgane, ~ und 4 25
- Normenheterogenität, ~ und 4 13
- Rechtscharakter der ~ 4 12 ff.
- Reichsgericht, ~ und 4 16
- reichsgesetzkräftige ~ 4 26
- reichsverfassungskräftige ~ 4 26 ff.
- soziale Rechte 4 9 f., 36
- Staatsrechtsliteratur, ~ und 4 14 f.
- Systematik der ~ 4 11
- unmittelbare Geltung der ~ 4 12 ff.
- Vermutung als Auslegungsregel 4 15
- Wirkungskraft der ~ 4 12 ff.

Grundrechte, individuelle
- französischen Faschismus, ~ im **14** 4
- Nationalsozialismus, ~ im **14** 37

Grundrechte, institutionelle
- Faschismus, ~ im **14** 6, 37
- Nationalsozialismus, ~ im **14** 19

Grundrechte, kollidierende
- praktische Konkordanz, ~ und **22** 47 ff.

Grundrechte, normative
- Abwehrfunktion der ~ **17** 35 ff.
- Friedensenzyklika, ~ in päpstlicher **8** 33
- liberal-rechtsstaaliche Grundrechtstheorie **17** 22
- Vereinigte Staaten von Amerika, ~ und **17** 23

Grundrechte, programmatische
- außergerichtliche Prüfung, ~ und **17** 20
- Gesetzgebung, ~ und **17** 14
- Idealtypus der ~ **17** 12
- Menschenrechtserklärung, französische **17** 15
- Verfassungsgerichtsbarkeit, fehlende **17** 19
- verfassungspolitische Alternative, ~ als **17** 13 ff.
- Verfassungstheorie, ~ und **17** 17
- Völkerrecht, ~ und **17** 21

Grundrechte, vorbehaltlose
- Einschränkungen, ~ und **22** 47 ff.
  siehe auch praktische Konkordanz
- Einschränkungen durch Kompetenznormen **22** 53 ff.
- Einschränkungen durch Staatsstrukturprinzipien **22** 53 ff.
- Gesetzesvorbehalt, ~ und **22** 43
- Grundgesetz, ~ im **22** 43 ff.
- Österreich, ~ in **22** 43 ff.
- Portugal, ~ in **22** 43 ff.
- praktische Konkordanz **22** 47 ff.
- Schweiz, ~ in der **22** 43 ff.
- Sozialpflichtigkeit, ~ und **22** 51
- Wesensgehalt, ~ und **22** 52
  siehe auch Wesensgehalt, Wesensgehaltsgarantie

Grundrechtsänderungen
  siehe auch Verfassungsänderungen
- Grundgesetz, ~ im **6** 8 ff.

Grundrechtsaufhebung
- Grundrechte der Frankfurter Reichsverfassung, ~ der **3** 65 *siehe auch* Grundrechte (Frankfurter Reichsverfassung)

Grundrechtsauslegung
  siehe unter Grundrechtsinterpretation

Grundrechtsbegriff
- Begriff in der Europäischen Union **1** 52
- Begriffsentstehung **3** 3 ff.
- Grundrechte als leges perfectae **23** 7
- Grundrechte als verfassungsrechtliche Gewährleistungen **23** 11
- Grundrechtsmerkmale **1** 51
- Subjektbezogenheit der Grundrechte **15** 48, **16** 4

Grundrechtsberechtigte
- Grundrechtswahrnehmung durch ~ **21** 8

Grundrechtsbeschränkungen
- Abwehrfunktion der Grundrechte, ~ und *siehe* Grundrechtsschranken; Schrankenschranken
- französischen Faschismus, ~ im **14** 4
- Grundpflichten als ~ **6** 44
- italienischen Faschismus, ~ im **14** 6, 10
- Nationalsozialismus, ~ im **14** 18 f., 35 f.
- Notstandsrecht, ~ im **24** 53 ff.
  siehe auch Notstandsrecht
- Rechtfertigung von ~ durch öffentliches Interesse **22** 94 ff.
- spanischen Faschismus, ~ im **14** 11 ff.

Grundrechtsbestand
- Einfluß des Völker- und Europarechts **6** 11
- Europäische Union, ~ und **6** 38 ff.
  siehe auch Europäische Union
- Grundgesetz, ~ im **6** 7 ff.
  siehe auch Grundgesetz
- klassischer ~ **6** 7 ff.
- Landesverfassungen, ~ und **6** 12 ff.
  siehe auch Grundrechte (Landesverfassungen)
- Reformen **6** 10, 90
- völkerrechtlicher ~ **6** 31
- Wiedervereinigung, ~ und **6** 9
  siehe auch Deutsche Einheit

Sachregister

- Wirkungsvoraussetzung, ~ als **21** 18

Grundrechtsbestimmungen
- plakative ~ **15** 2
- programmatischer Charakter der ~ **15** 3

Grundrechtsbindung
- Ausbau durch Bundesverfassungsgericht **17** 29 ff.
- Flucht ins Privatrecht **6** 48
- Grundgesetz, ~ im **6** 47 ff.
- Grundgesetzentstehung, ~ und **5** 9
- Grundrechte der Frankfurter Reichsverfassung **3** 31
- Grundrechtsverwirklichung, ~ und **23** 56 ff. *siehe auch* Grundrechtsverwirklichung
- italienischen Faschismus, ~ im **14** 9
- judikative ~ **6** 51
- Lüth-Urteil, ~ und **17** 29 ff.
- Österreich, ~ in **23** 59
- Privatrechtsordnung, ~ der **20** 26 ff. *siehe auch* Privatrecht
- Rechtsprechung, ~ der **6** 51
- Staatsgewalt, ~ der **20** 17

Grundrechtsdirektiven
- Abgrenzung zu Direktivgrundrechten **18** 79 *siehe auch* Direktivgrundrechte
- Auslegungshilfen, ~ als **18** 104 ff.
- Auxiliarrecht, ~ als **18** 95 ff., 104
- Bedeutung, prozessuale **18** 106
- Bindung der öffentlichen Gewalt **18** 80 ff.
- Direktivgrundrechte, ~ und **18** 79 *siehe auch* Direktivgrundrechte
- Grundrechte als staatliche „Gehorsamspflicht" **18** 81
- Grundrechtsdisziplin, ~ und **18** 105
- Grundrechtsverwirklichung, ~ und **18** 88 ff.
  - Koalitionsfreiheit **18** 90
  - normativer Rahmen für die ~ **18** 88 ff.
  - Organisations- und Verfahrensgarantien **18** 89
  - Rundfunkfreiheit **18** 90
  - Wissenschaftsfreiheit **18** 90
- Grundrechtsvoraussetzungsschutz, ~ als **18** 92 ff. *siehe auch* Grundrechtsvoraussetzungsschutz

- Hilfsnormen, ~ und **18** 95 ff.
- Sozialstaatsprinzip, ~ und **18** 84 ff. *siehe auch* Sozialstaatsprinzip

Grundrechtsdurchsetzung 23 1 ff.
- Arten der ~ **23** 11 ff.
- Beschwerdeverfahren **23** 24 ff.
- gerichtlicher Schutz (international) **23** 27 ff.
- gerichtlicher Schutz (national) **23** 15 ff.
- Grundrechtseffizienz, ~ und **23** 56
- Grundrechtsgerichtsbarkeit **23** 15 ff. *siehe auch* Grundrechtsgerichtsbarkeit
- Grundrechtsschutz *siehe dort*
- Grundrechtswirkungen, ~ und **6** 46
- Individualantragsrechte **23** 22
- Initiativrechte **23** 21
- Instrumente der ~ **6** 53
- Interventionsformen **23** 8 ff.
- Juridifizierung der res publica **5** 13
- Legitimation der ~ **23** 21 ff.
- nichtgerichtliche ~ **23** 44 ff.
- rechtsförmliche ~ **23** 21
- Schutz durch Gerichte **23** 13 f.
- Subjektbezogenheit, ~ und **23** 11
- subjektiven Rechten, ~ von **5** 13
- unmittelbare Anwendbarkeit des Rechts **23** 11

Grundrechtseffizienz
siehe Effektivität der Grundrechte

Grundrechtseingriff
siehe unter Eingriff in Grundrechte

Grundrechtsentwicklung
- Abbau der Besatzung **5** 45 ff. *siehe auch* Besatzungsmächte
- Aufhebung des Besatzungsstatuts **5** 46 *siehe auch* Besatzungsmächte
- Berlin-Vorbehalt **5** 51
- Berliner Verfassung 1950 **5** 48 ff.
- Brückmann-Entscheidung, ~ und **5** 53
- Bundesverfassungsgericht und Westmächte **5** 52
- Entstehung des Grundgesetzes **5** 4 ff. *siehe auch* Parlamentarischer Rat
- Entwicklung des gerichtlichen Grundrechtsschutzes **17** 6 ff., 39

Sachregister

- Europa, ~ in *siehe unter* Grundrechtsentwicklung (Europa)
- Fachgerichtsbarkeit, ~ durch **5** 23
- gesellschaftlicher Wandel, ~ und **5** 14 f.
- Gesetzgebung, ~ durch **5** 18 ff.
- Grundrechte (Landesverfassungen) **5** 29 ff. *siehe auch* Grundrechte (Landesverfassungen)
- internationale und europäische Einbindung, ~ durch **5** 25 ff.
- Rechtswissenschaft, ~ durch die **5** 24
- Sonderfall Berlin nach 1945 **5** 45 ff.
- Sonderfall Saarland **5** 55 ff.
- Verfassungsänderungen, ~ durch **5** 15 ff. *siehe auch* Verfassungsänderungen
- Verfassungsgerichtsbarkeit, ~ durch **5** 21

Grundrechtsentwicklung (Europa)
siehe auch Europa; Europäische Union; Europäische Integration
- Bedeutung der Europäischen Menschenrechtskonvention **5** 42
- Bedeutung der Grundrechte **5** 43
- Diktaturen, ~ nach **5** 40
- eigentumsgebundene Repräsentation, ~ und **2** 55
- Europäische Grundrechtskultur, ~ und **5** 44 *siehe auch* Europäische Grundrechte
- Prozeß, ~ als allseitiger **7** 4
- Wahlrecht, egalitäres **2** 56
- Zweitem Weltkrieg, ~ nach **5** 39 ff.

Grundrechtsentwicklungsklausel
- Ausstrahlungswirkung **7** 38
- Grundrechtsrezeption, ~ und **7** 39
- Rezeptionsprozesse, weltweite **7** 13

Grundrechtsfähigkeit von Gemeinden
- Österreichisches Reichsgericht, ~ und **3** 95

Grundrechtsfunktionen
- Abwehrfunktion **15** 39 ff.
- Gewährleistungsfunktion **18** 33
- Grundrechte als Abwehrrechte **15** 45
- Grundrechte als Institutsgarantien **15** 46
- Grundrechte der Frankfurter Reichsverfassung, ~ der **3** 14 ff. *siehe auch* Grundrechte (Frankfurter Reichsverfassung)

- Grundrechtsinterpretation, ~ und **15** 37 ff. *siehe auch* Grundrechtsinterpretation
- Grundsatznormen, ~ und **15** 39 ff.
- kategoriale Unterschiede **20** 19
- Leistungs- und Teilhabefunktionen **15** 44
- objektiv-rechtliche ~ *siehe unter* Grundrechtsfunktionen, objektiv-rechtliche
- objektive Wertentscheidung **15** 39 ff.
- soziale Funktion **15** 44
- Verfahrensgarantien **15** 44

Grundrechtsfunktionen, objektiv-rechtliche
- Ausstrahlungswirkung, ~ und **15** 50
- Demonstrationsfreiheit, ~ und **15** 51
- Gefahr des Jurisdiktionsstaates **15** 49
- Gewährleistung freiheitlicher Lebensbereiche **15** 53 ff.
- Grundrechte als wertentscheidende Grundsatznormen **15** 49 ff.
- institutionelle Deutungen, ~ und **15** 53 ff.
- Konvergenz, ~ und **15** 48
- Kunstfreiheit, ~ und **15** 57
- Lüth-Urteil, ~ und **15** 49 *siehe auch* Lüth-Urteil
- Meinungsfreiheit, ~ und **15** 52
- Pressefreiheit, ~ und **15** 55
- Relativierung der Freiheiten, ~ und **15** 51
- Rundfunkfreiheit, ~ und **15** 54
- Wertbeurteilungen von Einzelgrundrechten **15** 51 f.
- Wissenschaftsfreiheit, ~ und **15** 56

Grundrechtsgarantie (Sozialismus)
13 69 ff. *siehe auch* Sozialismus

Grundrechtsgeltung
- Ausweitung der ~ **6** 4 f.
- Sonderstatusverhältnis, ~ im **22** 67 ff. *siehe auch* Sonderstatusverhältnis

Grundrechtsgerichtsbarkeit
siehe auch Bundesverfassungsgericht
- Antragsbefugnisse **23** 21 ff.
- Beschwerdeverfahren **23** 24 ff.

Halbfette Zahl = §§; magere Zahl = RN; unterstrichene Zahl = Hauptfundstelle

Sachregister

- Einigung, gütliche **23** 37
- Einzelgrundrechte, ~ für **23** 16
- Empfehlungen, ~ und **23** 36
- Entschädigung, ~ und **23** 33, 41 f.
- Entscheidungsbefugnisse, kassatorische **23** 32
- Europa, ~ in **23** 15 ff.
- Gesetzgebungsakte, ~ und **23** 19
- Grundrechtswidrigkeit, ~ und **23** 33
- gütliche Einigung **23** 37
- Klaglosstellung **23** 37
- Kontrollgegenstand der ~ **23** 18 ff.
- Modelle der ~ **23** 15 ff.
- Normenkontrollverfahren **23** 19
- Rechtmäßigkeitskontrolle, allgemeine **23** 17
- Rechtsschutz, einstweiliger **23** 38
- Rechtsstaatsprinzip **23** 25
  siehe auch dort
- Rechtswegvoraussetzungen **23** 25 f.
- Staatshandeln, ~ und **23** 18
- Subsidiarität übernationaler Rechtsbehelfe **23** 28

Grundrechtsgewährleistung
- Ausstrahlungswirkung der ~ **23** 64 ff.
- Begriff **16** 4
- Einrichtungsgarantien *siehe dort*
- Gewährleistungen, punktuelle **6** 54
- Gewährleistungsgehalt **17** 37
- Institutsgarantien *siehe dort*
- Privatrecht, ~ und **23** 64 ff., 75 ff.
- Strafrecht, ~ und *siehe dort*
- Verfahrensgrundrechte, selbständige *siehe dort*
- Verfahrensrechte **23** 64 ff.
- Wertewandel, ~ und **21** 40

Grundrechtsinflation
- Ausweitung des Grundrechtsbegriffs **1** 55
- Besorgnis über ~ **6** 69
- Vielzahl von Grundrechtstexten **6** 3

Grundrechtsinterpretation **15** 1 ff.
- Abwehrfunktion **15** 39 ff.
- Ausstrahlungswirkung **15** 27, 50
- Begriff **15** 1 ff.
- Bundesverfassungsgericht **16** 86 f.
  siehe auch dort
- Effektivität der Grundrechte **15** 20 ff.
- Elemente der ~ **15** 7 ff.
- Ergebniskontrolle, ~ und **15** 36
- Erkenntnisfunktion der Grundrechtsvergleichung **16** 31 ff.
- Europäische Integration, Bedeutung für **15** 33
- Europäische Menschenrechtskonvention **15** 31 *siehe auch dort*
- Extension der ~ **15** 21
- Faschismus und Nationalsozialismus, ~ im **14** 36 ff.
- fehlende Rangfolge der Methoden **15** 8
- Folgenerwägungen, ~ und **15** 36
- Frankreich, ~ in **19** 43
- französischen Faschismus, ~ im **14** 4
- Freiheitsrechte als Auslegungsregel **18** 86 f.
- funktional-demokratische ~ **15** 51
- genetische ~ **15** 7
- Gewaltenteilung, ~ und **15** 34
- Gleichheitssatz als Auslegungsregel **18** 84 ff.
- grammatische ~ **15** 7
- Grenzen der ~ **15** 34 f.
- Grundrechtsdirektiven als Auslegungshilfen **18** 104 ff. *siehe auch* Grundrechtsdirektiven
- Grundrechtsergänzungen **15** 4
- Grundrechtsfunktionen, objektivrechtliche *siehe dort*
- Grundrechtsfunktionen, ~ und **15** 37 ff. *siehe auch dort*
- Grundrechtsgeltung, unmittelbare **15** 2
- Grundrechtstheorien, ~ und **15** 37 ff. *siehe auch dort*
- Grundrechtsvergleichung, Abgrenzung zur **16** 2
- Grundsatznormen, ~ und **15** 39 ff.
- Güterabwägung, ~ und **15** 28 ff.
- hermeneutisch-konkretisierende ~ **15** 14 f.
- Hilfsgrundsätze **15** 16 ff.
- historische ~ **15** 7
- italienischen Faschismus, ~ im **14** 9 f.
- komparative ~ **15** 7
- Kompetenz- und Organisationsvorschriften **15** 17 ff.

- Kontrollaspekte der ~ **15** 34 ff.
- Kritik an ~ **6** 70 ff.
  siehe auch Grundrechtskritik
- letztverbindliche, verfassungsrechtliche ~ **15** 2
- logische ~ **15** 7
- Methoden der ~
  - hermeneutisch-konkretisierende ~ **15** 14 f.
  - topisch-problemorientierte ~ **15** 14 f.
  - wirklichkeitswissenschaftlich-orientierte ~ **15** 14 f.
- Methoden, klassische **15** 7 ff.
- Nationalsozialismus, ~ im **14** 15 ff., 33
- objektiv-rechtliche Dimension der Grundrechte, ~ und **19** 24 f.
  siehe auch dort
- Pluralismus der Methoden **15** 8
- praktische Konkordanz **15** 28 ff.
  siehe auch dort
- Prinzipien der ~ **15** 5 ff.
- Rechtsvergleichung **15** 31 ff.
- Sozialstaatsprinzip **18** 84 ff.
- spanischen Faschismus, ~ im **14** 12 f.
- Subjektivierung der ~ **15** 37
- systematische ~ **15** 7
- teleologische ~ **15** 7
- topisch-problemorientierte ~ **15** 14 f.
- topische ~ **16** 35
- unmittelbare Geltung der Grundrechte **15** 2
- Verfahrensgarantien **15** 44
- Verfassung, ~ und **15** 16
- Verfassungs- und Gesetzesnormen **15** 7 ff.
- verfassungsgeleitete ~ **19** 26
- verfassungsgerichtliche Anwendung **15** 9
- Verfassungsgerichtsbarkeit **15** 63 ff.
- Verfassungsinterpretation, ~ und
  siehe dort
- verfassungskonforme ~ **19** 26
- verfassungsrechtliche Vorgaben für ~ **15** 2
- Verfassungswandlung, ~ und **15** 14

- völkerrechtsfreundliche Auslegung **6** 77
- Wandlung sozialistischer Kritik **12** 53
- wirklichkeitswissenschaftlich-orientierte ~ **15** 14 f.

Grundrechtsinterpretation, klassische
- Anwendbarkeit auf Verfassungsrecht **16** 33
- Grundrechtsvergleichung als Auslegungsmethode **16** 32 ff., 40

Grundrechtskatalog
- Ausdruck gewandelter Staatsauffassung, ~ als **20** 11
- DDR, ~ in der **5** 35
- EU-Grundrechtecharta, ~ in der **5** 79 f.
- Friedensenzyklika als ~ **8** 29 ff.
- gerichtlicher Schutz des ~ (s) **17** 11
- innerkirchlicher ~ im Protestantismus **9** 57
- Weimarer Reichsverfassung, ~ der **4** 9

Grundrechtskonkretisierung
siehe unter Konkretisierung der Grundrechte

Grundrechtskonkurrenz
- Abwägung konkurrierender Verfassungsrechtsgüter **6** 5
- Österreichisches Reichsgericht, ~ und **3** 95
- vertikale ~ **6** 13

Grundrechtskritik
- Arbeiterbewegung, Strömungen der ~ in der **12** 34
- Babouvismus, ~ und **12** 39
- Expansion der Auslegung **6** 70 ff.
- Grundrechtsinflation **6** 69
- Kirche, ~ der **8** 16 ff.
  siehe auch Kirche und Grundrechte
- Konstitutionalisierung der Rechtsordnung **15** 43
- sozialistische Kritik **12** 28 ff.
  siehe auch Grundrechtskritik, sozialistische
- Schrankenausweitung **6** 70
- Sozialismus, ~ im **12** 23 ff.
- Vorwurf „imperialistischer" Durchsetzung **6** 37

Grundrechtskritik, sozialistische **12** 8 ff.
- Babouvismus, ~ und **12** 39 ff.

- Eigentum, ~ am 12 23ff.
- Erfolg der ~ 12 54
- Formalismus, ~ am 12 15ff.
- Individualismus, ~ am 12 9ff.
- konstruktive ~ 12 8
- prinzipielle ~ 12 8
- Privatismus, ~ am 12 12ff.
- Ungleichheit, ~ an 12 19ff.
- Wandlung der ~ 12 53

Grundrechtsmündigkeit
- Elternrecht, ~ und 21 19
- Österreichisches Reichsgericht, ~ und 3 95

Grundrechtsnatur (Sozialismus) 13 49ff.

Grundrechtspolitik
- gerichtliche Kontrolle 17 57ff., 69
- Grundrechte, ~ und 17 43, 54ff.
- Grundrechtsvoraussetzungsschutz 17 54
- Staatszielbestimmungen und Grundrechte 17 55 *siehe auch* Staatszielbestimmungen

Grundrechtsprogrammatik
- Erscheinungsformen 17 2
- Gesetzmäßigkeit der Verwaltung 17 6
- Grundrechte als Programm 17 13ff.
- Institutsgarantien 17 6
- Justitiabilität von Grundrechten 17 12
- programmatische Grundrechte *siehe unter* Grundrechte, programmatische
- Programmsätze, ~ als 17 6

Grundrechtsschranken
- Allgemeinvorbehalt 22 5f.
- Ausweitung der ~ 6 70
- Bestimmtheitsgebot, ~ und 22 24f.
- EU-Grundrechtecharta, ~ in der 22 7ff.
  siehe auch EU-Grundrechtecharta
- Europäischen Menschenrechtskonvention, ~ in der 22 9ff.
  siehe auch Europäische Menschenrechtskonvention
- Freiheitsgarantie, ~ als 22 1
- Freizügigkeit, ~ der 24 57ff.
- Gesetzesvorbehalt, ~ und 22 18f.
  siehe auch Gesetzesvorbehalt
- Grundrechtsschutz 6 59

- Kompetenznormen, ~ als 22 53
- Ländervergleich, ~ im 22 116ff.
- Meinungsfreiheit, ~ der 22 116ff.
- öffentliches Interesse als ~ 22 94ff.
  - Frankreich, ~ in 22 94ff.
  - Österreich, ~ in 22 94ff.
  - Portugal, ~ in 22 94ff.
  - Schweiz, ~ in der 22 94ff.
- Österreich, ~ in 22 19ff., 33ff., 23 59
- Pressefreiheit, ~ der 22 116ff.
- Proportionalitätsprinzip 6 60
- Rechtsvergleichung, ~ und 22 1
  siehe auch Grundrechtsvergleichung
- Schrankenschranken *siehe dort*
- Schweiz, ~ in der 22 19ff.
- Schweizerischen Bundesverfassung, ~ in der 22 13ff.
- Sozialismus, ~ im *siehe unter* Grundrechtsschranken (Sozialismus)
- Stufenlehre 4 93
- Überlagerung innerstaatlicher ~ durch internationale Garantien 22 16
- Vereinigten Staaten von Amerika, ~ in den 22 120ff. *siehe auch* Vereinigte Staaten von Amerika
- verfassungsimmanente ~ bei vorbehaltlosen Grundrechten 22 43ff.
  siehe auch Grundrechte, vorbehaltlose
- verfassungsunmittelbare ~
  - Österreich, ~ in 22 38f.
  - Schweiz, ~ in der 22 38f.
- Wahrnehmungsvoraussetzungen der Grundrechte 21 45

Grundrechtsschranken (Sozialismus)
- gesellschaftliche Interessen als ~ 13 40, 66
- These von der Interessenharmonie 13 66
- Verfassungen der zweiten Generation 13 40

Grundrechtsschutz
- Angleichungstendenzen in Europa 16 10
- Antragsbefugnisse 23 23
- Antragsrechte, individuelle 23 22
- Aufgabe des Gesetzgebers, ~ als 20 31ff.

Sachregister

- Aufklärung, ~ in der
  siehe unter Grundrechtsschutz
  (Aufklärung bis Vormärz)
- Bedeutung des Schutzgehalts
  20 20ff.
- Beschwerdeverfahren **23** 24ff.
- besonderer ~ durch
  Institutsgarantien **15** 47
- Effektivität der Grundrechte **6** 55
- Eingriffsbegriff, ~ und **6** 58f.
- Einrichtungsgarantien **23** 67f.
  siehe auch Einrichtungsgarantien
- Entwicklung des gerichtlichen
  Schutzes **17** 6ff., 39
- Ergänzung nationalen ~ (es) durch
  Europäische Menschenrechtskonvention **5** 78ff.
- Ersatzakte, grundrechtskonforme
  23 39ff.
- Erweiterung des ~ (es) nach 1945
  5 123
- Europäischer Gerichtshof für
  Menschenrechte **5** 78ff., **23** 27
  siehe auch Europäischer Gerichtshof
  für Menschenrechte
- Freiheitsausübung **15** 59
- Garantien, materielle **23** 73f.
- Gegenstand des ~ (es) **15** 25
- gerichtlicher ~ **23** 13f.
- Grundgesetz und Europäische
  Union **21** 26
- Grundrechtsbeschwerde **23** 20
- Grundrechtsrevision, ~ und **23** 20
- Grundrechtsverletzungen, ~ bei
  23 39ff.
- Initiativrechte **23** 21
- internationale Vorgaben für den ~
  23 26
- internationaler ~ **23** 27ff., 47ff.
  siehe auch Menschenrechtsschutz
- Justitiabilität der Verfassung **17** 39ff.
- Justiz, ~ gegenüber der **23** 20
- Kollektivbeschwerde (international)
  23 29
- Lehre von den Schutzpflichten **19** 6
- Lückenlosigkeit des ~ (es) **6** 54
- nationale Vorgaben für den ~ **23** 25
- nichtgerichtlicher ~ **23** 44ff.
- Ombudsmann, ~ und **23** 46
- Organisationsmaximen, ~ und **23** 71
- Politik, ~ und **6** 73f.
- präventive Kontrolle **23** 45
- Prozeßgrundrechte **23** 69
- rechtsförmlicher ~ **23** 21
- Rechtsfolgen des gerichtsförmigen
  ~ (es) **23** 31ff.
- Rechtsschutz, einstweiliger **23** 38
- Rechtsschutzeinrichtungen, internationale **23** 27
- Rechtsschutzergebnisse **23** 31ff.
- Rechtsstaatsprinzip **23** 25
  siehe auch Rechtsstaatsprinzip
- Rechtsweggarantien **23** 70ff.
- Richtervorbehalt, ~ und **20** 31ff.
- Schranken, ~ und **6** 59
- Schrankenschranken, ~ und **6** 60
- Schutzbereich **6** 56
- Schutzpflichten **6** 66ff.
- Schweiz, ~ in der **19** 33
- Staatenbeschwerde **23** 30
- Steuern ~ und **21** 32
- Subsidiarität übernationaler Rechtsbehelfe **23** 28
- UN-Ausschuß für Menschenrechte
  23 27
- Verfassungsbeschwerde, ~ durch
  6 53, **7** 72
- Verfassungsgerichtsbarkeit, ~ durch
  7 71
  siehe auch Verfassungsgerichtsbarkeit
- Verzahnung nationalen und europäischen ~ (es) **5** 80
- Volksanwaltschaft, ~ und **23** 46
- Vormärz, ~ im *siehe unter*
  Grundrechtsschutz (Vormärz)
- Wandel durch Europäische
  Integration **5** 81

Grundrechtsschutz (Aufklärung bis Vormärz)
- Eigentum und Freiheit **2** 58ff.
- Gesetzesvorbehalt, ~ und **2** 72
- Rechtsordnung, ~ durch die **2** 58ff.
- Rechtsprechung, ~ durch die **2** 66ff.
- Repräsentation, ~ durch **2** 70

Grundrechtsschutz durch Gerichte
- italienischen Faschismus, ~ im **14** 10
- spanischen Faschismus, ~ im **14** 13

Grundrechtsschutz (Sozialismus)
- Anwalt der Bürgerrechte in Polen
  13 75

Sachregister

- Grundrechtsgarantien, ~ und **13** 69
- Staatsanwaltschaft, ~ durch **13** 74
- Verwaltungsgerichtsbarkeit, ~ durch **13** 70 ff.
- verwaltungsinterner ~ **13** 72
- Verwaltungsrecht, ~ durch **13** 71 f.

Grundrechtsschutz (Vormärz)
- Beschwerdeverfahren **2** 81
- Freiheit und Eigentum **2** 78 f.
- Gerichtsbarkeit, ~ und **2** 80 f.
- Gesetzmäßigkeit der Verwaltung **2** 80
- Verfassungsgerichtsbarkeit, ~ und **2** 76 f.
- Verfassungsvorrang des ~ (es), fehlender **2** 76

Grundrechtssubjektivität
- Grundrechtswirkungen, ~ und **6** 46
- sowjetrussische Verfassung 1918, ~ und **13** 11
- Stalinsche Verfassung 1936, ~ und **13** 18

Grundrechtstheorie
- Aufklärung, ~ in der **2** 26 ff.
- Dimensionen, Zuordnung von **15** 42 ff.
- Einheitsthese im Sozialismus **13** 59 ff.
- Entstehen einer ~ **2** 54
- Forderung nach Grundrechten (Aufklärung bis Vormärz) **2** 39 f.
- französischen Faschismus, ~ im **14** 4
- Funktionen der Grundrechte, ~ und **15** 39 ff. *siehe auch* Grundrechtsfunktionen
- Grundrechtsinterpretation, ~ und **15** 37 ff. *siehe auch dort*
- ideologische Funktionalisierung der Grundrechte **14** 36 ff.
- italienischen Faschismus, ~ im **14** 9 f.
- Konservativismus, ~ im *siehe dort*
- Lüth-Urteil **19** 4 *siehe auch dort*
- Nationalsozialismus, ~ im **14** 15 ff.
- Sozialismus, ~ im *siehe unter* Grundrechtstheorie (Sozialismus)
- spanischen Faschismus, ~ im **14** 12 f.
- unterschiedliche ~ (n) **15** 39, 66
- Vormärz, ~ im **2** 48 ff.

Grundrechtstheorie (Sozialismus)
- Fehlen einer eigenen ~ **12** 2
- Kommunismus, ~ im **13** 71 ff.
- Leninismus, ~ im **13** 8 ff.
- Marxismus-Leninismus, ~ im **13** 41 ff.
- poststalinistischer Sowjetunion, ~ in **13** 30 ff.
- Tschechoslowakei, ~ in der **13** 35
- Ungarn, ~ in **13** 30 ff.

Grundrechtsträger
- Nationalsozialismus, ~ im **14** 35
- spanischen Faschismus, ~ im **14** 12

Grundrechtstreue
- Akzessorietät der ~ **18** 97
- Bundestreue, ~ und **18** 97
- Gebot grundrechtsfreundlichen Verhalten **18** 96 ff.
- Grundrechtsausübung, gemeinverträgliche **18** 98 ff.
- Grundrechtsdisziplin, ~ und **18** 98 ff.
- Inhalt **18** 98 ff.
- Verfassungsorgantreue, ~ und **18** 97

Grundrechtsverbürgungen
- Ausstrahlungswirkung der ~ **23** 62
- Bundes- und Landesgrundrechte **6** 76 ff.
- deutschen und europäischen Recht, ~ im **6** 78
- Ergänzungen der ~ **15** 4
- Gewaltenteilung, ~ und **15** 4
- national und international **6** 77
- offene Normen als ~ **15** 4

Grundrechtsvergleichung 16 1 ff.
siehe auch Rechtsvergleichung
- Angleichungstendenzen **16** 10 ff.
- asymmetrische ~ **16** 68 ff.
- Bedeutung der ~ **16** 89 f.
- Begriff **16** 2 ff.
- Bundesverfassungsgericht, ~ und **16** 86 f. *siehe auch* Bundesverfassungsgericht
- Drei-Phasen-Modell **16** 62
- Erkenntnisfunktion der ~
  - Grundrechtsinterpretation **16** 31 ff.
  - Grundrechtskonkretisierung **16** 31 ff.
  - Staats- und Regierungslehre **16** 29
  - Textstufenanalyse **16** 27
  - Wertordnungsverständnis **16** 28
  - Wirkungsforschung **16** 30

- Erkenntnisse der Rechtsprechung **16** 86 f.
- EU-Grundrechtecharta **16** 14
- europäisch-amerikanischer Dialog der ~ **16** 24
- Europäische Menschenrechtskonvention, ~ und **16** 10 f.
- fehlender Methodenkonsens **16** 50 ff.
- Funktionen der ~ **16** <u>1 ff.</u>
- Grundelemente der ~ **16** 54 f.
- Grundlagen, gemeinsame **16** 9
- Grundrechtsinterpretation, ~ und *siehe auch dort*
  - Abgrenzung **16** 2
  - allgemeine Rechtsgrundsätze **16** 41 f.
  - Erkenntnisfunktion als menschenrechtskonforme Auslegung **16** 40
- internationale ~ **16** 3
- intranationale ~ **16** 3
- juristische Ausbildung, ~ und **16** 90
- kontextbezogene ~ **16** 66
- Kulturvergleichung, ~ als **7** 28
- Methoden der ~ **16** <u>1 ff.</u>
  - Europäisierung der Rechtssprache **16** 74
  - Methodenpluralismus **16** 50 ff.
  - sprachliche Vorprägungen **16** 71 ff.
  - Rechtsvergleichung **16** 53 ff.
  - wertende Grundrechtsvergleichung **16** 75 ff.
- Methodenpluralismus **16** 52
- Methodenwahl **16** 78 ff.
- Mißbrauchsgefahr der ~ **16** 49
- neue Bundesländer **16** 83 ff.
- Politikwissenschaft, ~ und **16** 8
- Praxisrelevanz der ~ **16** 81 ff.
- Rechtsinstrumente, inter- und supranationale **16** 11 ff.
- rechtspolitische Funktion der ~ **16** 43 ff.
- Rechtsprechung, ~ in der **16** 86 f.
- Rechtssetzung, ~ in der **16** 82 ff.
- Rechtsvergleichung, Teilgebiet der **16** 2 ff.
- Reformprozesse der ~ **16** 47 ff.
- staatenübergreifende Kodifikationen, ~ und **16** 46
- symmetrische ~ **16** 68 ff.

- tertium comparationis **16** 54 f.
- textbezogene ~ **16** 65
- transnationaler Diskurs der ~ **16** 23 f.
- Universalienstreit, ~ und **16** 16 ff.
- verfassungsgebender Prozeß, ~ und **16** 44
- Vergleichseignung der Grundrechte **16** 57 f.
- Vergleichsoffenheit in Europa **16** 22
- Wissenschaft, Rolle der **16** 84

Grundrechtsverletzungen
- Allgemeine Menschenrechtserklärung, ~ und **23** 40
- Entschädigung bei ~ **23** 41
- Europäische Menschenrechtserklärung, ~ und **23** 40
- Folgen von ~ **23** 39 ff.
  siehe auch Grundrechtsschutz

Grundrechtsverständnis
- DDR, ~ in der **5** 35 ff.
  siehe auch Grundrechte (DDR)
- französischen Faschismus, ~ im **14** 4
- Freiheitsrechte, ~ und **21** 20
- italienischen Faschismus, ~ im **14** 9 f.
- Nationalsozialismus, ~ im **14** 15 ff., 33
  siehe auch Nationalsozialismus
- organisierte Arbeiterbewegung **12** 34 ff.
- Ost-West-Konflikt **12** 48 ff.
- Perspektiven des ~ (ses) **12** 53 ff.
- Preferred Freedoms Doctrine **16** 28
- spanischen Faschismus, ~ im **14** 12 f.

Grundrechtsverwirklichung 23 1 ff.
- Einrichtungsgarantien **23** 67 f.
- Gesetzesvorbehalt **23** 56
- „grundrechtgerechteste" Ausgestaltung der ~ **23** 61
- Grundrechtsbindung, ~ und **23** 56 ff.
  siehe auch Grundrechtsbindung
- Grundrechtsdogmatik, moderne **23** 53 ff.
- Grundrechtssicherung durch Organisation und Verfahren, ~ und **23** 73 f.
- Grundrechtswirkungen, ~ und **23** 62 f.
- institutionelle Garantien **23** 67
- Institutsgarantien **23** 65 f.
- Koalitionsfreiheit **18** 90

Sachregister

- Privatrecht, ~ und   23 75 ff.
  siehe auch Privatrecht
- Rahmenbedingungen für ~   18 88 ff.
- Rundfunkfreiheit   18 90
- Schweiz, ~ in der   23 63
- Staatstätigkeit, privatrechtliche
  23 77 ff.
- Strafrecht, ~ und   23 85 f.
  siehe auch Strafrecht
- unterschiedliche ~   23 64 ff.
- Verfahrensgrundrechte, selbständige
  23 69 ff.   *siehe auch* Verfahrensgrundrechte, selbständige
- Verhältnismäßigkeit, ~ und   23 58
  siehe auch Verhältnismäßigkeitsprinzip
- Verwaltungsprivatrecht, ~ und
  23 77 ff.
  siehe auch Verwaltungsprivatrecht
- Verwirklichungsklauseln in westeuropäischen Verfassungen   6 19
- Wesensgehaltsgarantie   23 57
  siehe auch Wesensgehaltsgarantie
- Wissenschaftsfreiheit   18 90

Grundrechtsverwirklichungsklausel
- Grundrechtsrezeption, ~ und   7 38
- Verfassungen, ~ in neueren   6 19

Grundrechtsverwirkung
- Nationalsozialismus, ~ im   14 26

Grundrechtsvoraussetzung(en)   21 1 ff.
- Bundesstaat als ~   21 65
- Demokratie als ~   21 63
- Entstehungsvoraussetzungen   21 7 f.
- Finanzmacht des Staates   21 31 f.
- Freiheitsausübung als ~   15 59
- Freiheitskultur als ~   21 52 ff.
- Freiheitsrechte, ~ der   21 2 ff.
  siehe auch Freiheitsrechte
- Freiheitsvoraussetzungen, ideelle
  21 57 ff.
- Geltungsvoraussetzungen, ~ und
  21 7 f.   *siehe auch* Grundrechtsgeltung
- Gemeinnützigkeitsrecht, ~ und
  21 68 ff.   *siehe auch* Gemeinwohl
- Gleichheitssatz, ~ und   21 22
  siehe auch Gleichheitssatz
- Grundrechtsgewährleistungen, ~ und
  21 39 f.   *siehe auch* Grundrechtsgewährleistungen
- Handlungsbedarf, aktueller   21 72
- Handlungsinstrumente für ~   21 68 ff.
- Inspirationsquellen für ~   21 59 f.
- Interventionsauftrag, staatlicher
  21 61 ff.
- Lebenswirklichkeit, ~ und   21 20 ff.
- Präambeln, ~ in   21 57 f.
- Rechtsprechung des Europäischen
  Gerichtshofs   21 59
- Rechtsstaat als ~   21 62
  siehe auch Rechtsstaat
- Republik als ~   21 66
- Sozialstaat als ~   21 64
  siehe auch Sozialstaat
- Staatsauftrag zur Pflege der ~
  21 52 ff.
- Staatsgrundlagen, ~ und   21 61 ff.
- Staatsziele, ~ und   21 67
- Steuern, ~ und   21 32
- Tradition der Gemeinnützigkeit
  als ~   21 69
- Verfassungsstaat als ~   21 52 ff.
- Verfassungstext als Erkenntnisvoraussetzung   21 7
- Verfassungsüberlieferungen,
  gemeinsame   21 60
- Verfassungswandel, ~ im   21 39
- Verhältnismäßigkeitsgrundsatz,
  ~ und   21 21
- Wahrnehmungsvoraussetzungen,
  ~ und   *siehe unter* Wahrnehmungsvoraussetzungen der Grundrechte
- Wirkungsvoraussetzungen, ~ und
  siehe unter Wirkungsvoraussetzungen
  der Grundrechte
- Wirtschaftsverfassung, ~ und   21 33

Grundrechtsvoraussetzungsschutz
- faktischer oder rechtlicher ~
  18 92 ff.
- Grundrechtspolitik, ~ und   17 54
- Inhalt   18 93
- Numerus-clausus-Urteil, ~ und
  18 93
- Umfang   18 93
- Voraussetzungen, faktische   18 94
- Voraussetzungen, rechtliche   18 95

Grundrechtswidrigkeit
- Feststellung   23 33 ff.
- Folgen   23 39 ff.
- internationale Rechtsschutzorgane,
  ~ und   23 35 f.
- Rechtsschutz bei ~   23 31 ff.

1028   Halbfette Zahl = §§; magere Zahl = RN; unterstrichene Zahl = Hauptfundstelle

Sachregister

Grundrechtswirklichkeit (Sozialismus) 13 81 f.
Grundrechtswirkungen
- Grundgesetz 6 45 ff.
- Grundrechtsdurchsetzung, ~ und 6 46 *siehe auch dort*
- Grundrechtssubjektivität, ~ und 6 46 *siehe auch dort*
- Grundrechtsvorrang 6 45
- unionswärtige Gewalt, ~ und 6 50
- Verbindlichkeit im Grundgesetz 6 45

Güterabwägung
- Abwägungskriterien 22 61
- Einzelfallentscheidung, ~ und 15 28
- Grundrechtsinterpretation, ~ und 15 28 ff.
- hermeneutischer Stellenwert der ~ 15 28
- praktische Konkordanz, ~ und 15 30 *siehe auch dort*
- Rangfolge der Grundrechte in der ~ 15 28
- Schaukeltheorie 15 29
- Wechselwirkungstheorie 15 28
- Wesensgehalt der Grundrechte, ~ und 22 74 *siehe auch* Wesensgehaltsgarantie

Habeas Corpus Akte 1679 1 24
Hambacher Fest 2 85
Handlungsfreiheit, allgemeine
- Allgemeines Preußisches Landrecht 2 12
- Elfes-Entscheidung 6 53

Heimtückegesetz 14 14
Herrschaftsvertrag
- Grundrechtsentwicklung, ~ und 1 12

Homosexualität
- Strafbarkeit der ~ 5 120

Human Rights Act
- Konventionsrechte 22 102
- Verhältnismäßigkeitsprinzip, ~ und 22 102

Illuminaten 2 84
Individualbeschwerde
- Allgemeine Menschenrechtserklärung 23 28

- Europäische Menschenrechtskonvention 23 28
- Internationaler Pakt über bürgerliche und politische Rechte 23 28
- UN-Anti-Folterkonvention 23 28
- UN-Rassendiskriminierungskonvention 23 28

individuelle Grundrechte
- Faschismus, ~ im 14 4, 10

Individuum
- französischen Faschismus, ~ im 14 4
- italienischen Faschismus, ~ im 14 10
- Nationalsozialismus, ~ im 14 21 ff.
- spanischen Faschismus, ~ im 14 12

innere Sicherheit
- Demonstration als Kultform 5 92
- Extremisten-Beschluß, ~ und 5 95
- Gewaltbereitschaft, zunehmende 5 91
- Notstand, innerer 24 41 ff. *siehe auch* Notstandsrecht
- Notstand, übergesetzlicher 5 96
- „Rote Armee Fraktion" (RAF) 5 32, 10 47
- Schleyer-Urteil, ~ und 5 97
- Sicherheitspaket 1972 5 93 ff.
- Terrorismusbekämpfung, ~ und 5 93 ff.

institutionelle Garantien
- Europäische Menschenrechtskonvention 23 67
- Kunstfreiheit 23 67
- Schulwesen 23 67
- Staatsangehörigkeit 23 67
- Wissenschaftsfreiheit 23 67

institutionelle Grundrechte
- Faschismus, ~ im 14 6, 37

Institutsgarantien
- Dogmatik der ~ 23 65 ff.
- Ehe und Familie als ~ 15 46 ff.
- Einrichtungsgarantien, ~ als 23 65 ff.
- institutionelle Garantien, Abgrenzung zu 23 65 ff.
- objektiv-rechtlicher Gehalt der ~ 15 46 ff. *siehe auch* objektiv-rechtliche Dimension der Grundrechte
- Verstärkung des Grundrechtsschutzes 15 47

Sachregister

Internationaler Pakt über bürgerliche und politische Rechte
- Individualbeschwerde 23 28
- Kommunismus, ~ und 13 27
- Menschenrechte 1 38
- Notstandsrecht, ~ und 24 99
- Staatenbeschwerde 23 30
- völkerrechtl. Verbindlichkeit
 6 30 ff.

Internationaler Pakt über wirtschaftliche, soziale und kulturelle Rechte
- Kommunismus, ~ und 13 27
- Verpflichtung der Staaten 1 70
- völkerrechtliche Verbindlichkeit
 6 30 ff.

Interpretationsprinzipien der Grundrechte
- Definition 15 5 *siehe auch* Grundrechtsinterpretation

Italien
- Faschismus in ~ 14 5 ff.
- Spätkonstitutionalismus 3 72
- Verfassungen nach 1848 3 48

Jakobinismus
- Déclaration Jacobine 1 62
- Frühsozialismus, ~ und 12 32 f.
 siehe auch Frühsozialismus
- Idee der Gleichheit im ~ 2 29
- politische Repräsentation, ~ und
 2 44
- Verfassungsentwürfe des ~ 2 14

Jedermannrechte
- Frankfurter Reichsverfassung,
 ~ in der 3 25
- Österreich nach 1848, ~ in 3 43

Judenvernichtung 4 58

Jugoslawien (Sozialismus)
- Grundrechtsschutz in ~ 13 72 ff.
- Menschenrechte in ~ 13 73
- Selbstverwaltungssozialismus, ~ und
 13 25
- Verfassungen, sozialistische
 13 36 f.
- Verfassungsgerichtsbarkeit 13 70
- Verwaltungsgerichtsbarkeit 13 73

Justizgewährungsanspruch
- Allgemeines Preußisches Landrecht
 2 12

Kaiserreich, deutsches
- Gesetzmäßigkeit der Verwaltung
 3 90
- Grundpflichten 3 91
- Grundrechte *siehe unter* Grundrechte (Kaiserreich)
- Rechtsvergleichung 3 92
- Vereinsfreiheit 3 84
- Verfassung 3 78

Kerngehaltsgarantie 22 74 ff.
 siehe auch Wesensgehaltsgarantie

Kindererziehung
- Grundpflicht, ~ als 6 42

Kirche und Grundrechte
- II. Vatikanisches Konzil 8 29 ff., 44, 63
- Demokratie- und Freiheitsverständnis 8 21
- Friedensenzyklika als Grundrechtskatalog 8 29 ff.
- Grundrechtskritik 8 16 ff.
- Konservativismus, ~ im 11 24 f.
- Neutralität der Kirche 8 29
- Zweiten Weltkrieg, ~ nach dem
 8 30 ff.

Kirche, katholische
- Demokratie, wertbezogene 8 44
- Demokratie, ~ und 8 26 ff., 45 ff.
- Evangelium als Grundlage 8 60
- französische Nationalversammlung,
 ~ und 8 18
- Gentechnik, ~ und 8 50
- Gewaltenteilung, ~ und 8 40 ff.
- Grundrechte, ~ und 8 1 ff.
 siehe auch Kirche und Grundrechte
- Grundrechtsgeltung, absolute
 8 42
- instrumenteller Staatscharakter
 8 40 ff.
- Koalitionsfreiheit, ~ und 8 38
- Lehramt 8 62 ff.
- Lehrautorität des Papstes
 - assensus religiosus 8 69
 - Enunziationen 6 68
 - Enzyklika 8 67
 - Grundrechte 8 63 ff.
 - Sozialgestaltungsempfehlungen
  8 72
 - Soziallehre 8 65
 - theologische Beweiskraft 8 69

Sachregister

- Menschenwürde, ~ und **8** 8 ff.
- Ökumene, Haltung zur **8** 75
- Politik, ~ und **8** 59
- Priorität des Menschen **8** 37 ff., 37
- Rang der Lehräußerungen **8** 62 ff.
- Recht auf Leben
  - Abtreibung **8** 50 *siehe auch* Abtreibung
  - Embryonenschutz **8** 50
  - zentrales Grundrecht, ~ als **8** 49
- Rechtsstaatlichkeit, ~ und **8** 40 ff.
- soziale Rechte **8** 38
  siehe auch dort
- Sozialenzyklika 1981 **8** 38
- Soziallehre der ~ **8** 17, 36 ff.
- Sozialverantwortung der ~ **8** 52
- Staatscharakter, instrumenteller **8** 40 ff.
- Staatsformen, ~ und **8** 24
- Staatslehre, Fehlen einer **8** 6
- Subjektivität des Menschen **8** 42 f.
- theologische Erkenntnisquellen der ~ **8** 62 ff.
- Totalitarismus, ~ und **8** 43, 55
- Verfassungsrecht, ~ und **8** 36 ff.
- Weltfriedensbotschaften **8** 39
- Wohlfahrtszweck des Staates **8** 38
- Zweiten Weltkrieg, ~ im **8** 25 ff.

Koalitionsfreiheit
- Arbeiterbewegung, ~ und **12** 11
- Grundrechte der Frankfurter Reichsverfassung **3** 22
- Grundrechtsverwirklichung, ~ und **18** 90
- Haltung der katholischen Kirche zur ~ **8** 78
- Kritik an Ungleichheit, sozialistische **12** 20
- Notstandsrecht, ~ und **5** 87, **24** 54 f.
- Verteidigungsfall, ~ im **24** 54
- Weimarer Reichsverfassung, ~ in der **12** 45

Kollektivbeschwerde (international)
- Grundrechtsschutz, ~ und **23** 29

Kommunikationsfreiheit
- Mittel- und Osteuropa, ~ in **6** 24

Kommunistische Partei
- Erkenntnismonopol der ~ **13** 48
- Grundrechtsinterpretin, ~ als **13** 68 f.
- politischer Grundrechtsgarant, ~ als **13** 69

Kommunistische Partei der Sowjetunion
  siehe unter KPdSU

Kommunistische Partei Deutschlands
- Parteiverbot **5** 94

Kommunistisches Manifest
- Kritik am Formalismus im ~ **12** 16

Kompetenzvorschriften
- Grundrechte, ~ und **15** 18

Konferenz für Sicherheit und Zusammenarbeit in Europa (KSZE)
- DDR, ~ und **13** 33
- Sowjetunion, ~ und **13** 33

Konkretisierung der Grundrechte
- Erkenntnisfunktion der Grundrechtsvergleichung, ~ und **16** 31
- Gerichte, ~ durch **17** 49 ff.
- Gesetzgeber und ~ **5** 18
- Grundrechte als Konkretisierung einer Idee **16** 17
- Grundrechtsverbürgungen, ~ und **15** 4

Konservativismus 11 1 ff.
- Absolutismus, Entwicklung nach **11** 10
- Aufklärung, ~ und **11** 6
- Aufklärungskritik **11** 14
- Begriff **11** 4 ff.
- Begriffsabgrenzungen **11** 12 ff.
- Eigentum, ~ und **11** 39 ff.
- Einheit von Staat und Kirche im ~ **11** 24 f.
- empirischer Pragmatismus im ~ **11** 13
- Entwicklung des ~ **11** 4 ff.
- Familie, ~ und **11** 22, 38
- französische Revolution, ~ und **11** 5 ff.
- Freiheit, gebundene **11** 37
- Freiheitsausübung
  - materielle Bestimmungsgründe **11** 35 ff.
  - Nachhaltigkeit, ~ und **11** 47 ff.
  - Verantwortung und ~ **11** 48
- Freiheitsbegriff **11** 18 ff.
- geistige Disposition, ~ als **11** 11
- Generationenverantwortung, ~ und **11** 47
- Gesetz als Freiheitsermöglichung **11** 57

Halbfette Zahl = §§; magere Zahl = RN; unterstrichene Zahl = Hauptfundstelle

Sachregister

- Grundeigentum, ~ und **11** 40 ff.
- Grundpflichtendogmatik **11** 54 f.
- Grundrechte als Pflichten **11** 34, 49 f.
- Grundrechtsausgestaltung **11** 58
- historisch-konkrete Bewegung, ~ als **11** 6
- Idee des organischen Staates **11** 44
- Idee des Rechts **11** 36 ff.
- ideologisches Phänomen, ~ als **11** 10
- inhaltliche Komponenten nach Burke **11** 11
- Leitbegriffe des ~ **11** 21
- liberales Freiheitsverständnis, ~ und **11** 27 f., 52 f.
- Menschenbild im ~ **11** 20
- moderner ~ **11** 16
- Pflicht zur Freiheit **11** 59
- Pflichtenlehre, ontologisch fundierte **11** 36
- politischer ~ **11** 8
- Rationalismus, ~ und **11** 7 ff.
- Rekonstruktion, systematische **11** 3
- relative Theorie, ~ als **11** 2
- Religiösität, ~ und **11** 24
- responsiver Charakter des ~ **11** 11
- soziale Ungleichheit, ~ und **11** 23
- Sozialpflichtigkeit des Eigentums **11** 52
- Staatseigentum, ~ und **11** 44
- Staatslehre, konservative **11** 14 ff.
  siehe auch Staatslehre, konservative
- Staatsverständnis im ~ **11** 22 ff.
- Symmetrie von Rechten und Pflichten **11** 32, 51 ff.
- Treuhandeigentum, ~ und **11** 39 ff.
- Unvollkommenheit des Menschen **11** 20
- Vernunftskepsis des ~ **11** 20
- Verteilungsprinzip, rechtsstaatliches **11** 52

Konstitutionalisierung der Rechtsordnung
- Arbeitsgerichte **17** 50
- Fachgerichte **17** 49 ff.
- Gesamtentwicklung **15** 43
- Grundrechtskonkretisierung durch Gerichte **17** 49 ff.
- Lüth-Urteil, ~ und **17** 45
  siehe auch Lüth-Urteil
- ordentliche Gerichte **17** 51
- Verfassung contra Rechtstradition **17** 46
- Verfassungsgerichtsbarkeit **17** 53
- Verwaltungsgerichte **17** 50

Konstitutionalismus
- ausländischer Einfluß auf ~ **10** 23 ff.
- Grundrechtsverankerung im ~ **10** 28
- Leitverfassungen des ~ **16** 44
- Parlamentarismus, ~ und **10** 26 f.
- Persönlichkeiten des ~ **10** 24
- Schranken grundrechtlicher Freiheit **2** 52
- Staatslegitimation, ~ und **10** 25
- süddeutsche Verfassungen, ~ in **10** 30 f.
- Vormärz, ~ und **2** 52, **10** 32
  siehe auch Vormärz

Konvention über die Verhütung und Bestrafung des Völkermords **5** 25

Konvention zum Schutze der Menschenrechte und Grundfreiheiten
  siehe unter Europäische Menschenrechtskonvention

Konzentrationslager
- DDR, ~ in der **5** 3

Korporatismus
- französischen Faschismus, ~ im **14** 3

KPdSU
- XX. Parteikongreß **13** 25

Kriegsdienstverweigerung
- Gewissensfreiheit, ~ und **5** 73 ff.
- Postkartenlösung **5** 73 ff.
- Probe auf das Gewissen **5** 73 ff.
- Zivildienst, ~ und **5** 73 ff.

Kriegsvölkerrecht
- Entwicklung des ~ (s) **1** 33

KSZE-Schlußakte 1975 **1** 38, **13** 28

Kulturfreiheit
- Nationalsozialismus, ~ im **14** 35

Kunstfreiheit
- Grundrecht, ~ als vorbehaltloses **22** 43
- Grundrechtsfunktionen, objektiv-rechtliche **15** 57
  siehe auch objektiv-rechtliche Dimension der Grundrechte
- institutionelle Garantie, ~ als **23** 67
- Nationalsozialismus, ~ im **14** 35

Halbfette Zahl = §§; magere Zahl = RN; unterstrichene Zahl = Hauptfundstelle

Sachregister

Landesgrundrechte, deutsche
- soziale Rechte, ~ und **6** 12 ff.

Landesverfassungen, deutsche
  siehe auch Grundrechte (Landesverfassungen)
- Besonderheiten Brandenburgs **6** 12 ff.
- Grundrechte in ~ **5** 29 ff., **6** 12 ff.
- Grundrechtsbestand, ~ und **6** 12 ff.
- Präambeln, Grundrechte in **21** 57

Lausch- und Spähangriff
- Verfassungsänderungen für ~ **5** 16

Legitimation des Staates
- Recht als ~ **10** 18

Leistungsgrundrechte *siehe auch* Grundrechte
- Freiheit und Leistung **15** 58 f.
- Grundrechte als Leistungsrechte **6** 64
- Leistungsansprüche als Grundrechte **15** 58 ff.
- staatliche Schutzpflichten, ~ und **15** 62
- Teilhaberechte, ~ als **15** 60 f.

Leitfunktion der Verfassung
- Delegation der Entscheidungsmacht **18** 5
- politische Wirklichkeit, ~ und **18** 6

Leninismus *siehe auch* Sowjetunion
- Arbeitspflicht **13** 12
- Diktatur des Proletariats **13** 8 f.
- frühe Sowjetverfassungen, ~ und **13** 10 ff.
- Grundrechte im ~ **13** 9
- Grundrechtedeklaration des ~ **13** 9
- Imperialismus-Theorie Lenins **13** 8
- Instrumentalisierung der Grundrechte durch ~ **13** 9
- Lenin, ~ und **13** 8 ff.
- Leninscher Jakobinismus **12** 44
- Marxismus-Leninismus *siehe dort*
- Parteilehre des ~ **13** 8 f.
- Wehrpflicht **13** 12

Lex van der Lubbe **4** 54, **14** 14

Liberalismus **10** 1 ff.
- Anthropologie, politische **10** 11
- Antiliberalismus, ~ und *siehe dort*
- Arbeiterbewegung, organisierte **12** 38
- Aufklärung, ~ und **10** 4 ff.
- bürgerlich-liberales Grundmodell und Sozialismus **12** 7 ff.
- Entwicklung **10** 19 ff.
- Föderalismus, ~ und **10** 50
- Freiheit, ~ und *siehe dort*
- Freiheitsbeschränkungen, ~ und **10** 16 ff.
- Frühliberalismus **2** 27
  siehe auch Frühliberalismus
- Funktionen des ~ **10** 3 ff.
- gesellschaftliche Diskriminierung, ~ und **10** 51
- Gesellschaftsvertragstheorie **10** 17
- Grundrechte und öffentliche Meinung **10** 40
- Grundrechtstheorie im Vormärz **2** 49 ff. *siehe auch* Vormärz
- Grundrechtswandel **10** 38
- Humanismus, ~ und **10** 53 ff.
- Ideale des ~ **10** 52
- Individuum, ~ und **10** 10 ff., 42
- konservative Freiheit, ~ und **11** 27 f., 52 f. ff.
- Konstitutionalismus, Persönlichkeiten des **10** 24
- Konstitutionalismus, ~ und **10** 21 ff.
  siehe auch Konstitutionalismus
- Kritik am Individualismus, sozialistische **12** 10
- Kritik an Ungleichheit, sozialistische **12** 19
- Lehre vom Gesellschaftsvertrag **10** 17
- „Liberale Linke" **10** 27
- Mensch als „zoon politikon" **10** 11
- Menschenähnlichkeit der Staatsperson **10** 11 ff.
- Menschenbild im ~ **10** 4 ff.
- Menschenrechte, ~ und **10** 14 ff.
- menschliche Vernunft, ~ und **10** 5 ff.
- moderne Gemeinwesen, ~ und **10** 43 ff.
- moderner ~ **10** 39
- politische Theorie des ~ **10** 2
- programmatische Funktion des ~ **10** 3 ff.
- Sensualismus, ~ und **10** 8
- sozial-moderne Funktion des ~ **10** 38 ff.
- Überregulierung durch Staat, ~ und **10** 43 ff.

Sachregister

– Überwindung des Absolutismus **10** 21
– Weimarer Grundrechte, ~ und **10** 37 *siehe auch* Grundrechte (Weimarer Reichsverfassung)
– Wettbewerb, ~ und **10** 49
– Wirtschaftsliberalismus **2** 39f.
– Wissenschaftsfreiheit **10** 53ff.

Liquidierungen
– Großgrundbesitzern und Kapitalisten, ~ von **13** 57
– Kulaken (Stalin), ~ von **13** 16
– Massenterror (Stalin), ~ und **13** 25
– Stalin, ~ unter **13** 22

Lüth-Urteil
– Abwehrrechte, ~ und **19** 2ff.
– Bedeutung des ~ (s) **19** 3
– Bundesverfassungsgericht, ~ und **19** 14
  siehe auch Bundesverfassungsgericht
– Entwicklung des ~ (s) **19** 8ff.
– Grundgesetz, Bedeutung für **19** 27
– Grundrechtsbindung **17** 29ff.
  siehe auch Grundrechtsbindung
– Grundrechtsgeltung, ~ und **19** 4
  siehe auch Grundrechtsgeltung
– Grundrechtstheorie, ~ und **19** 4
  siehe auch Grundrechtstheorie
– Grundsatznormen, ~ und **15** 49
– Historisierung des ~ (s) **19** 12ff.
– Klammerwirkung des ~ (s) **19** 5
– Konstitutionalisierung der Rechtsordnung **17** 45 *siehe auch* Konstitutionalisierung der Rechtsordnung
– Kritik am ~ **19** 11
– objektiv-rechtliche Dimension der Grundrechte *siehe unter* objektiv-rechtliche Dimension der Grundrechte
– Rechtsvergleichung, ~ und **19** 28ff., 52ff. *siehe auch* Rechtsvergleichung
– verfassungsgerichtliches Umfeld **19** 18f.

Maastrichter Vertrag **1** 44, **5** 16
Magna Charta Libertatum 1215 **1** 24
Marxismus-Leninismus
– Engels, ~ und **13** 3ff.
– Frühwerk von Karl Marx **12** 3
– Grundpflichten **13** 59ff.
– Grundrechte *siehe unter* Grundrechte (Marxismus-Leninismus)
– Marx **13** 3ff.
– materieller Determinismus des ~ **13** 6
– Menschenbild im ~ **13** 4
– Menschenrechte im ~ **13** 3f.
  siehe auch Grundrechte (Marxismus-Leninismus)
– Privateigentum, ~ und **13** 56
– Systemideologie des ~ **13** 3f.

Materieller Determinismus
– Marxismus-Leninismus **13** 6

Meinungsfreiheit
– Bundesverfassungsgerichts, Rechtsprechung des **15** 52
– Freiheitsvermutung der ~ **15** 24
– Grundrechtsfunktionen, objektiv-rechtliche **15** 52
  siehe auch objektiv-rechtliche Dimension der Grundrechte
– Grundrechtsschranken der ~ **22** 116ff.
– „preferred freedom" **15** 28, 52
– Sonderstatusverhältnis, ~ und **22** 64ff.
– Wechselwirkungstheorie, ~ und **15** 29

Meistbegünstigungsklausel
– mittel- und osteuropäischen Verfassungen, ~ in **6** 23

Mensch
– partielle Völkerrechtssubjektivität des ~ (en) **6** 33

Menschenrechte *siehe auch* Grundrechte
– Afrika, ~ in **1** 42
– Allgemeines Preußisches Landrecht **2** 12
– Amerikanische Unabhängigkeitserklärung **1** 25ff. *siehe auch* Amerikanische Menschenrechtserklärung
– Arabische Charta der Menschenrechte **6** 30
– Asien, ~ in **1** 42
– Aufklärung, ~ in der **1** 30f.
– Bedeutung der Konfessionen für ~ **9** 21
– Begriff **23** 11 *siehe auch* Grundrechtsbegriff
– Bill of Rights 1679 **1** 24
– Bürgerrechtsbewegung **9** 23
– Charta Africaine des Droits de l'Homme et des Peuples **1** 42, 82

Sachregister

- christliche Verantwortung, ~ und 8 70 ff.
- Diplomatie, ~ und 1 33
- Drittgenerationsrechte 1 74 ff.
- Durchsetzbarkeit der ~ 23 12
- Durchsetzungsschwäche der ~ 6 32 ff.
- Einfluß protestantischer Persönlichkeiten auf ~ 9 32 ff.
- evangelischen Kirchenrecht, ~ im 9 55 ff.
- Französische Revolution, ~ und 1 27 ff., 2 8
- Freiheitsrechte, soziale ~ und 1 63
- Fundament für Grundrechte, ~ als 20 11
- funktionale theologische Theorie der ~ 9 51
- Generationen der ~ 1 60 f.
- Glaubensfreiheit als Kern der ~ 9 8
- Grundrechte, ~ und 21 14
  siehe auch Grundrechte
- Habeas Corpus Akte 1679 1 24
- Hochkommissariat für Menschenrechte der UN 1 82
- Imperialismus der ~ 1 83
- internationale Verfestigung der ~ 5 25
- Internationaler Pakt über wirtschaftliche, soziale und kulturelle Rechte 1 69
- Kategorisierungen der ~ 1 60 f.
- Kerngehalt evangelischer Sozialethik, ~ und 9 41
- Kirche, ~ und *siehe unter* Kirche und Grundrechte; Kirche, katholische; Protestantismus
- leges fundamentales, ~ als 23 3
- Liberalismus, ~ und 10 14 ff.
- Literaten, deutsche 1 22
- Magna Charta Libertatum 1215 1 24
- Marxismus-Leninismus, ~ im 13 3 f.
- Menschenbild im Sozialismus 12 9 ff.
- Menschenrechtsschutz 17 21
- Menschenwürde, ~ und 1 87
  siehe auch dort
- Mindeststandard der ~ 1 39, 6 32
- Naturrecht, neuzeitliches 1 9 ff.
- Naturrechtslehrer, ~ und 1 15 ff.
- Nord-Süd-Konflikt, ~ und 1 3
- normative ~ 17 9 ff.
- Ökumene, ~ und 8 75
- österreichischen Monarchie 1811, ~ in der 1 30
- Petition of Right 1628 1 24
- politischer Schlüsselbegriff, ~ als 1 2
- positiv-rechtliche Ursprungsdokumente der ~ 1 23 ff.
- protestantische Begründungen der ~ 9 39 ff.
- Rassendiskriminierung, ~ und 9 26
- Rechtsnatur 1 77 f.
- Reformation der ~ 9 5 ff.
- Reichskammergerichts, Rechtsprechung des 2 66
- Skepsis des Protestantismus 9 34 ff.
- Sklaverei, ~ und 9 22
- soft law, ~ als 1 78
- soziale ~ 1 62 ff.
- Sozialismus, ~ im 13 27 ff., 84
  siehe auch Sozialismus
- Sprachgebrauch, katholischer 8 70 ff.
- Staatssouveränität, ~ und 6 28
- Stalinismus, ~ im 13 14 ff.
- Terminologie der ~ 1 46 ff.
- theologische Durchdringung (Protestantismus) der ~ 9 40
- überpositives Recht, ~ als 1 49
- UN-Ausschuß für Menschenrechte 23 27
- Universalienstreit 16 16 ff.
- Universalität der ~ 1 1 ff., 58, 79 ff., 16 16 ff.
- unveräußerliche ~ 2 12
- Verfassungen, ~ in 6 27 ff.
- Vergleich der ~, horizontaler 16 12
- Verrechtlichung, allmähliche 1 14 ff.
- Verrechtlichung der ~
  – Deutschland, ~ in 1 30 f.
  – England, ~ in 1 24
  – Frankreich, ~ in 1 27 ff.
  – Österreich, ~ in 1 30
  – Vereinigten Staaten von Amerika, ~ in den 1 25
- Völkergewohnheitsrecht, ~ als 5 25 f.
- Völkerrecht, ~ im 6 27 ff.
  siehe auch Völkerrecht
- Weimarer Reichsverfassung, ~ in der 1 65
- Zwischenstaatenrecht, ~ im 1 34

Sachregister

Menschenrechtsentwicklung
siehe auch Grundrechtsentwicklung
- Antike, ~ in der 1 5ff.
- bis 1945 1 33ff.
- englische ~ 1 24
- Europa 1 40
- Europäische Union
  siehe unter Menschenrechtsentwicklung (Europäische Union)
- frühzeitliche ~ 1 4ff.
- geistesgeschichtliche ~ 1 4ff.
- Herrschaftsverträge 1 12
- Naturrecht, ~ und 1 8ff.
- Verfassungsrevolution 1 26

Menschenrechtsentwicklung (Europäische Union) 1 43ff. *siehe auch* Grundrechtsentwicklung (Europa)
- EU-Grundrechtecharta *siehe dort*
- Gemeinschaftsgrundrechte 1 44
  siehe auch Europäische Grundrechte
- Grundfreiheiten 1 44
- Grundfreiheiten und Grundrechte 1 44
- Grundrechtssystem 1 43

Menschenrechtsentwicklung (nach 1945)
- Allgemeine Erklärung der Menschenrechte 1 35ff.
- Charta der Vereinten Nationen 1 35
- gerichtlicher Schutz 17 11
- Internationale Pakte
  siehe unter Internationaler Pakt über bürgerliche und politische Rechte
- KSZE-Schlußakte Helsinki 1 38
- normative Menschenrechte 17 9ff.

Menschenrechtserklärung, Amerikanische
- programmatische Grundrechte in ~ 17 15

Menschenrechtserklärung, Französische
- Programm von Rechten, ~ als 17 5
- programmatische Grundrechte in ~ 17 15

Menschenrechtsidee
- Entwicklung 10 19ff.

Menschenrechtsschutz
- Berichtsverfahren 23 49
- Besuchssysteme 23 50
- Durchsetzungsschwäche des ~ (es) 23 47
- Instrumentarium, flexibles 17 21
- internationaler ~ 23 27ff., 47ff.
- Kontrollverfahren 23 48ff.
- Öffentlichkeit, ~ und 23 52
- politische Instrumente des ~ (es) 23 51
- Verhandlungssysteme 23 50

Menschenwürde
- abendländischen Rechtsphilosophie, ~ in der 8 8
- Antike,~ in der 8 8ff.
- Basis der Menschenrechte, ~ als 1 87
- Begriff 23 5ff.
- Bemühen der Päpste um ~ 8 22f.
- Christentum, ~ im 8 11ff.
  siehe auch Kirche und Grundrechte
- christliche Gebote der Menschlichkeit 8 23 *siehe auch* Kirche und Grundrechte
- Grundrechte der Frankfurter Reichsverfassung, ~ und 3 18
  siehe auch Grundrechte (Frankfurter Reichsverfassung)
- Grundrechtsbegriff, ~ und 23 7
  siehe auch Grundrechtsbegriff
- katholische Kirche, ~ und 8 8ff.
  siehe auch Kirche, katholische
- Leitsatz im Grundgesetz, ~ als 5 11
- Maßgabegrundrecht auf Demokratie 7 55
- normative Qualität der ~ 17 26
- Österreich, ~ in 23 2
- positiv-rechtliche Verankerung der ~ 23 2
- Programm, ~ als 17 25ff.
- Sophisten, ~ und 8 8
- Sozialstaat, ~ und 5 102
- Stoiker, ~ und 8 10
- transzendierender Charakter der ~ 9 44
- Universalität 1 87
- Wesensgehaltsgarantie, ~ und 22 84ff.

menschliche Vernunft
- Liberalismus, ~ und 10 5ff.

Methodenlehre
- europäische Zivilgesetzbücher, ~ und 16 32

Methodenpluralismus
- Vergleich und Rechtsvergleich 16 53ff. *siehe auch* Rechtsvergleichung

Sachregister

Minderheitenschutz
– Grundgesetzentstehung, ~ und **5** 17
Mittel- und Osteuropa
– Ausstrahlung des Grundgesetzes **7** 12
– Besonderheiten bei Grundrechten
 6 23
– Brief-, Post- und Fernmeldegeheimnis
 in ~ **6** 24
– Datenschutz in ~ **6** 24
– Erwartungen an Grundrechte
 6 21 ff.
– Grundrechte, moderne **6** 24
– Grundrechtsschranken **6** 26
– Kommunikationsfreiheit in ~ **6** 24
– Marktwirtschaft in ~ **6** 21 ff.
– Meistbegünstigungsklausel in ~ **6** 23
– Sozialismus *siehe unter* Sozialismus
– Streikrecht in ~ **6** 24
– Verfassungen, neuere **6** 21 ff.
– Verfassungskultur, neue **6** 21 ff.
– Verfassungsrezeptionen **7** 43
mittelbare Drittwirkung
 siehe unter Drittwirkung der Grundrechte
Multifunktionalität der Grundrechte
 6 62

Nationaldemokratische Partei Deutschlands (NPD)
– Auseinandersetzung mit außerparlamentarischer Opposition **5** 82
Nationalsozialismus
– Abgrenzung vom Faschismus **14** 1
– Antiliberalismus, Begründungsansätze
 des **14** 15 ff.
– Arbeit **14** 29 ff. *siehe auch* Arbeit
 (Nationalsozialismus)
– Arbeitspflicht **14** 29
– Arbeitsverhältnis **14** 28 ff.
– Außerkrafttreten der Weimarer
 Grundrechte **14** 14
– berufsständische Organisation der
 Arbeit **14** 30
– Blutschutzgesetz **14** 27
– Deutsche Arbeitsfront **14** 30
– Ehe **14** 27
– Eigentümer als Treuhänder **14** 31
– Eigentum **14** 31 f. *siehe auch*
 Eigentum (Nationalsozialismus)
– Eigentumsgarantie **14** 18

– Enteignung und Entschädigung **14** 32
– Ermächtigungsgesetze **14** 14 ff.
– Familie **14** 27
– Freiheit als Pflichtbindung **14** 35
– Freiheit, ~ und *siehe dort*
– Gesetz über die Maßnahmen der
 Staatsnotwehr **14** 14
– Gesetz zum Schutz des deutschen
 Blutes und der deutschen Ehre **14** 14
– Gleichheit als Artgleichheit **14** 34
– Gleichheitsgedanke **14** 21
– Grundrechte
 siehe unter Grundrechte (Nationalsozialismus)
– Heimtückegesetz **14** 14
– Individual- und Kollektivarbeitsrecht
 14 28
– Judenvernichtung **4** 58
– Kammern und Räte **14** 30
– Koalitions- und Tariffreiheit **14** 30
– Lex van der Lubbe **14** 14
– NSDAP **14** 35
– Nürnberger Gesetze **4** 58, **14** 14
– Pflicht zur Arbeit **14** 29
– Rassengesetze **14** 14 ff.
– Rechtsfähigkeit des Staates **14** 17
– Rechtsnatur des Eigentums **14** 31
– Rechtspersönlichkeit des Staates
 14 14 ff.
– Rechtsstaatsbegriff im ~ **14** 16
– Reichsbürgergesetz **4** 58, **14** 14
– Reichserbhofgesetz **14** 31
– Reichskonkordat **14** 35
– Reichstagsbrandverordnung **14** 14,
 18 f.
– Religionsfreiheit **14** 35
– Staatsrechtslehre **4** 58
– Stellung des Individuums im ~ **14** 17
– subjektive öffentliche Rechte im ~
 14 18 f.
– Traditionsbruch europäischer Rechtskultur durch ~ **14** 33
– Verfassungswandel, ~ und **21** 42
– Verwaltungsgerichtsbarkeit **14** 25
– völkische Arbeitsverfassung **14** 28
– völkische Grundwerte **14** 25
– völkisches Prinzip **14** 25
– Volksgenosse **14** 21 ff.
– volksgenössische Rechtsstellung
 14 21 ff.

- Weimarer Grundrechtsordnung und ~
  14 14 ff. *siehe auch* Weimarer
  Reichsverfasung
Nationalsozialistische Deutsche Arbeiterpartei *siehe unter* NSDAP
Nationalversammlung, deutsche ~
  1848 10 33 ff.
NATO
- Bundesrepublik Deutschland, ~ und
  5 68
natürliche Rechte
- Entwicklung **1** 8 ff. *siehe auch*
  Menschenrechtsentwicklung
Naturrecht
- Eigentum **2** 58 ff.
- Eigentum der ständischen
  Gesellschaft **2** 38
- Einfluß Kants auf ~ **2** 41
- emanzipative Strömung des ~
  2 27
- Enteignungen **2** 36 f.
- Freiheit, soziale Bindung der **2** 46
- Freiheit, ~ und **2** 58 ff.
- Gemeinwohlvorbehalt **2** 74
- Grundrechte als Forderung im ~
  2 40
- Grundrechte im ~ **2** 26
- Idee der Gleichheit **2** 29
- Menschenbild im ~ **1** 9 ff., **2** 28
- politische Mitwirkungsrechte
  2 42 ff., 56
- Privateigentum **2** 33 ff.
- Privatrechtsordnung **2** 32
- Schranken des Gesetzgebers **2** 30
- Schutz der Privatsphäre **2** 31
- soziale Rechte **2** 47
- Verfassungsersatz, ~ als **2** 27
- Wirtschaftsliberalismus, ~ und
  2 39 f.
„neue Länder" *siehe auch* Bundesrepublik Deutschland nach 1989
- Verfassungsentwicklungen **5** 32
Niederlande
- Niederländisches Grundgesetz 1848
  3 49
- Spätkonstitutionalismus in den ~
  3 73
- Verfassung **6** 19 f.
- Verfassung 1983 **5** 41
- Verfassungen nach 1848 **3** 49 f.

Norddeutscher Bund
- Verfassungsgebung **3** 77
Normativität der Grundrechte
  siehe unter Grundrechte, normative
Notstand, äußerer
- Bündnisfall **24** 40
- Definition, fehlende **24** 32
- Spannungsfall **24** 38 f.
- Verteidigungsfall *siehe dort*
- Zustimmungsfall *siehe dort*
Notstand, innerer
- Definition, fehlende **24** 41
- Gesetzgebungsnotstand **24** 42
  siehe auch Gesetzgebungsnotstand
- Kompetenzen der Bundesregierung
  24 49
- Notstand, regionaler **24** 44 f.
- Notstand, überregionaler **24** 46
- Pflichten der Bundesländer **24** 48
- Schutzgut **24** 47
- Tatbestände **24** 43
- Verfassungsstörung, Abgrenzung zur
  24 42
Notstandsgesetzgebung *siehe unter*
  Notstandsrecht
Notstandsrecht
- abschließende Normierung des ~ (s)
  24 50
- äußerer Notstand *siehe dort*
- Amerikanische Menschenrechtserklärung, ~ und **24** 99
- Befugnisse der Alliierten **24** 9 f.
- Brief-, Post- und Fernmeldegeheimnis
  im ~ **5** 85
- britische Notstandsgesetze **24** 82 ff.
- Bundesgesetze **24** 70 ff.
- Derogationsklauseln **24** 100 ff.
- Derogationssperren durch internationale Konventionen **24** 99
- Deutschland-Vertrag, ~ im **24** 19 f.
- einfach-gesetzliches ~ **24** 67 ff.
- Entsperrung **24** 68
- Entwicklung, historische **24** 10 ff.
- Ersten Weltkrieg, ~ im **24** 12
- Europäische Menschenrechtskonvention, ~ und **24** 99
- Frankreich, ~ in **24** 80 ff.
- Freiheit der Bürger, ~ und **5** 84
- Gefahr für den Bestand des Bundes
  24 57 ff.

Sachregister

- Gerichtsschutzgarantie **5** 85
- Großbritannien, ~ in **24** 79 ff.
- Grundrechte, notstandsfeste **24** 105
- Grundrechtsbeschränkungen **24** 53 ff.
- Grundrechtsrelevanz **5** 85 ff.
- Grundrechtssuspension, keine **5** 90
- humanitäres Völkerrecht, ~ und **24** 106
- Internationaler Pakt über bürgerliche und politische Rechte, ~ und **24** 99
- Katastrophenschutzgesetze **24** 75 ff.
- Katastrophenvorbehalt **24** 57 ff.
- Koalitionsfreiheit **5** 87
- Kodifikationsnotwendigkeit **24** 4 ff.
- KPD-Urteil 1956 **24** 31
- Kriegsrecht als Vorläufer **24** 10
- Kritik **24** 69
- Notstand, übergesetzlicher **5** 96
- Notstandsgesetze, Diffamierung der **5** 84
- Notstandsgesetzgebung 1968 **24** 23 ff.
- Notstandsgewalt der Alliierten **24** 18 ff.
- Notstandsvorbehalte für Freizügigkeit **24** 57 ff.
- Parlamentarischer Rat, ~ und **24** 16 f. *siehe auch dort*
- Rechtsstaatsprinzip **5** 85
- Rechtsvergleichung **24** 78 ff.
- Regelungslücken **24** 52
- Reichsverfassung 1871, ~ in der **24** 11 ff.
- Schweiz, ~ in der **24** 97 ff.
- Selbstjustiz, ~ und **24** 51
- Sicherstellungsgesetze **24** 70 ff.
- sowjetische Streitkräfte in DDR **24** 21
- „Staatsstreich von unten" **24** 31
- Weimarer Reichsverfassung, ~ in der **24** 13 ff.
- Widerstandsrecht, ~ und **5** 88, **24** 31

Notstandsverfassung
- außerparlamentarische Gruppen, ~ und **5** 82
- Grundrechtsrelevanz **5** 85 ff.
- Grundrechtssuspension, keine **5** 90
- Nationaldemokratische Partei Deutschlands (NPD), ~ und **5** 82
- Notstandsgesetze, Diffamierung der **5** 84
- Notstandsklausel **5** 83
- politischer Hintergrund der ~ **5** 82 ff.
- Sozialistischer Deutscher Studentenbund (SDS) **5** 82
- Verfassungsänderungen, ~ und **5** 15
- Widerstandsrecht **5** 88

NSDAP
- ideologische Parolen der ~ **14** 16
- Vereinigungsfreiheit **14** 35

Numerus clausus-Urteil
- Grundrechtsvoraussetzungsschutz, ~ und **18** 93

objektiv-rechtliche Dimension der Grundrechte 19
- Abtreibung, ~ und **19** 7
- Auslegung, verfassungskonforme **19** 24
- Ausstrahlungswirkung **19** 1 ff.
- Bedeutung, juristische **19** 1 ff., 27
- Drittwirkung der Grundrechte **1** 5
  siehe auch Drittwirkung der Grundrechte
- Ehe und Familie **19** 7
  siehe auch dort
- Einfluß auf Rechtsordnungen **19** 1 ff.
- Einrichtungsgarantien **1** 5
- europäischen Rechtsprechung, ~ in der **19** 50 f. *siehe auch* Europäischer Gerichtshof
- Europäischer Gerichtshof, ~ und **19** 50 f.
- Fernwirkung, verfassungsgerichtliche **19** 25
- Frankreich, ~ in **19** 41 ff.
- Handlungsaufträge **1** 5
- Konstitutionalisierung der ~ **19** 39
- Leistungsgehalte **1** 5
- Lüth-Urteil, ~ und **19** 2 ff., 12 ff.
  siehe auch Lüth-Urteil
- Öffentliches Recht, ~ und **19** 22
- Österreich, ~ in **19** 48 ff.
- Rechtsvergleichung **19** 28 ff.
- Rechtsweg, ~ und **19** 42
- Schutz, verfassungsrechtlicher **19** 19
- Schutzpflichten **1** 5
- Schweiz, ~ in der **19** 32 ff.
- Sonderstellung Deutschlands **19** 53
- Spanien, ~ in **19** 46 f.
- Teilhabegehalte **1** 5

Sachregister

- Vereinigten Staaten von Amerika, ~ in den **19** 37 f.
- Verfahrensgarantien **1** 5
- Verfassungsrecht, spezifisches; ~ und **19** 21
- Wirkungen der ~ **19** 22 ff.

öffentliche Meinung
- Grundrechte, ~ und **10** 40

Ökumene
- Menschenrechte **8** 75
- Ökumenischer Rat
  siehe auch Protestantismus **9** 38 f.

Österreich
- Allgemeines bürgerliches Gesetzbuch für die gesamten deutschen Erbländer 1811 **1** 30, **2** 58
- austrofaschistische Diktatur **4** 63
- Bestandteil der Deutschen Republik, ~ als **4** 59 ff.
- Bestimmtheitsgebot **22** 24 f.
- Bundes-Verfassungsgesetz 1920 **4** 60
- Deutsch-Österreich **4** 59 ff.
- Dezemberverfassung **3** 93
- Doppelmonarchie Österreich – Ungarn **4** 1
- Drittwirkung der Grundrechte **19** 48
- Einschränkungen vorbehaltloser Grundrechte **22** 57
- Entwicklung 1918–1938
  siehe unter Österreich (1918–1938)
- Entwicklung nach 1848
  siehe unter Österreich nach 1848
- Gesetzesvorbehalt **22** 19 ff., 20 ff., 33 ff.
- Gesetzmäßigkeit der Verwaltung **4** 61 ff.
- Gesetzesvorbehalt, ungeschriebener **22** 57 f.
- Grundrechte
  - Absicherung, institutionelle **4** 61 ff.
  - Bindung des Gesetzgebers **4** 61 ff.
  - Frankfurter Reichsverfassung **3** 40
  - Gesetzmäßigkeit der Verwaltung **4** 61 ff.
  - Katalog **3** 41
  - Verfassungsgerichtsbarkeit **4** 61 ff.
- Grundrechtsbindung **23** 59
- Grundrechtsgerichtsbarkeit **23** 15 ff.
- Grundrechtsjudikatur, neue **19** 48
- Grundrechtsschranken **22** 19 ff., 33 ff., **23** 59
- Grundrechtsschranken, verfassungsunmittelbare **22** 38 f.
- Institutsgarantien **23** 66
- Jedermannrechte **3** 43
- objektiv-rechtliche Dimension der Grundrechte **19** 48 f.
- Pillersdorfsche Verfassung **3** 40
- politische Rechte **3** 94
- praktische Konkordanz **22** 49
- Rechtfertigung von Grundrechtsschranken **22** 94 ff.
- Rechtsprechung, reichsgerichtliche **3** 95 ff.
- Rechtsprechungskonkurrenz in ~ **19** 49
- Reichstag **3** 42
- richterliche Rechtsfortbildung **3** 96
- Schutzpflichten **19** 48
- Sonderstatusverhältnis **22** 64 ff.
- Spätkonstitutionalismus **3** 62
- Staatsgrundgesetz über die allgemeinen Rechte der Staatsbürger 1867 **3** 93
- Verfassung 1849 **3** 62
- Verfassung 1934 **4** 63
- Verfassungsbeschwerden **3** 97
- Verfassungsrechtsordnung **19** 48 f.
- Verhältnismäßigkeitsprinzip **22** 100 ff.
- Volkssouveränität **3** 43
- Vorbehalt des materiellen Gesetzes **22** 20 ff.
- Wesensgehaltsgarantie **22** 81 ff.
- Wiener Oktoberrevolution **3** 43

Ombudsmann
- sozialistischen Polen, ~ im **13** 75

Organisation für Sicherheit und Zusammenarbeit in Europa (OSZE) **1** 83, **6** 35

Organisationsrecht
- Grundrechte, ~ und **15** 18

Ost-West-Konflikt
- Eigentum, Umgang mit **12** 49 f.
- Godesberger Programm **12** 50 f.
  siehe auch Sozialdemokratische Partei Deutschlands

Sachregister

- Grundrechtsdenken nach 1945   **12** 48
- Grundrechtsverständnis im ~
  12 48 ff.

Parlamentarischer Rat   *siehe auch* Grundrechtsentwicklung
- Anordnungsbefugnis für Notstand
  24 16
- Einfluß der Paulskirchenverfassung
  5 6   *siehe auch* Paulskirchenverfassung
- Einfluß der Weimarer Reichsverfassung   **5** 6   *siehe auch* Weimarer Reichsverfassung
- Gesetzgebungsnotstand   **24** 17
- Grundgesetz, Debatten über das
  5 5 ff.
- Herrenchiemseer Entwurf, ~ und
  5 5
- Notstandsrecht, ~ und   **24** 16 f.
- polizeiliche Notstandsklausel   **24** 16
- Wesensgehaltsgarantie   **5** 21

Parteien
- Bürgerbewegungen, ~ und   **6** 15
- Christlich Demokratische Union
  siehe dort
- Französische Verfassung 1958, ~ in
  7 12
- Grundgesetz, ~ im   **7** 57
- Grundrechtsrezeption der Parteien-Artikel   **7** 53
- Kommunistische Partei   **13** 48, 68 f.
- Kommunistische Partei der Sowjetunion   *siehe unter* KPdSU
- Nationaldemokratische Partei Deutschlands   *siehe dort*
- Nationalsozialistische Arbeiterpartei Deutschlands   *siehe unter* NSDAP
- Parteien-Artikel, Verfassungsvergleichung der   *siehe unter* Grundgesetz
- Parteiverbot KPD   **5** 94
- Parteiverbot SRP   **5** 94
- Sozialdemokratische Partei Deutschlands   *siehe dort*
- Sozialistische Einheitspartei Deutschlands   **5** 35
- Zugriffe der ~ auf den Staat   **21** 38

Paulskirchenverfassung
  siehe auch Grundrechte (Frankfurter Reichsverfassung)
- Einfluß auf das Grundgesetz   **5** 6
- Grundrechtekatalog   **10** 33 ff.
- Hauptzwecke des Paulskirchenentwurfs   **3** 14
- Restauration der Grundrechte
  10 33 ff.

People's Charter 1838   **1** 64

Persönlichkeitsrechte
- Sozialismus, ~ im   **13** 32

Petition of Right 1628   **1** 24

Petitionsrecht   **6** 53

Pillersdorfsche Verfassung 1848   **3** 40

Planwirtschaft (Sozialismus)   **13** 69

Pluralismus-Prinzip
- Fernsehrechtsprechung   **7** 10

Polen
- Allgemeinvorbehalt in Verfassung
  22 6
- deutsch-polnischer Grenzvertrag
  5 67

Polen (Sozialismus)
- Anwalt der Bürger   **13** 75
- Bürgerrechtsbewegungen und Parteien   **13** 28
- Grundrechtstheorien   **13** 31
- KSZE-Prozeß   **13** 34
- Systemwandel in ~   **13** 25
- Verfassung 1976   **13** 36 f.
- Verfassungsgerichtsbarkeit   **13** 70
- Volksunruhen in ~   **13** 25

politische Grundrechte
- süddeutschen Verfassungen, ~ in
  10 30 f.

politische Rechte
- Sozialismus, ~ im   **13** 54

Polizei
- Gesetzesvorbehalt   **2** 72
- Polizeipflichtigkeit des Eigentums
  2 64
- Polizeirecht, rechtstaatliches   **2** 63
- Polizeirechtsdogmatik   **2** 62
- Pressefreiheit, ~ und   **2** 61
- Rechtsschutz   **2** 67

Polizeirecht
- Aufklärung, ~ in der   **2** 62 ff.

Portugal
- Einschränkungen vorbehaltloser Grundrechte   **22** 53 ff.
- Gesetzesvorbehalt   **22** 23
- praktische Konkordanz   **22** 50, 60

Halbfette Zahl = §§; magere Zahl = RN; unterstrichene Zahl = Hauptfundstelle

Sachregister

- Rechtfertigung von Grundrechtsschranken **22** 94 ff.
- Sonderstatusverhältnis **22** 64 ff.
- Verfassung **6** 19 f.
- Wesensgehaltsgarantie **22** 78

Präambel
- EU-Grundrechtecharta, ~ der **21** 58
- Fünften Republik (Frankreich), ~ in der **17** 5
- Grundgesetz, ~ im *siehe dort*
- Grundrechtsvoraussetzungen in ~ (n) **21** 57
- Rezeption in Verfassungen **7** 63 ff.

Prager Frühling
- Tschechoslowakei, ~ in der **13** 25

praktische Konkordanz
siehe auch Güterabwägung
- Abwägungskriterien **22** 60 f.
- Frankreich, ~ in **22** 48, 61
- Grundrechte, kollidierende **22** 47 ff.
- Grundrechte, vorbehaltlose **22** 47 ff.
- Grundrechtsinterpretation **15** 28 ff.
- Österreich, ~ in **22** 49
- Portugal, ~ in **22** 50, 60

Pressefreiheit
- Aufklärung, ~ in der **2** 42, 61
- Entwicklung **2** 41
- Gewährleistung, ~ als institutionelle **15** 55
- Grundrechtsfunktionen, objektivrechtliche **15** 55 *siehe auch* objektiv-rechtliche Dimension der Grundrechte
- Grundrechtsschranken der ~ **22** 116 ff.
- italienischen Faschismus, ~ im **14** 6
- Kaiserreich, ~ im **3** 83
- Nationalsozialismus, ~ im **14** 35
- Schutzgehalt **20** 20 ff.
- Virginia Bill of Rights 1776 **2** 5

Preußen
- Abschaffung der Adelsprivilegien **16** 39
- Allgemeines Landrecht *siehe unter* Allgemeines Landrecht für die Preußischen Staaten
- Gemeindeordnung 1850 **3** 66

- Grundrechte der Frankfurter Reichsverfassung, ~ und die **3** 37 ff.
siehe auch Grundrechte (Frankfurter Reichsverfassung)
- Mindeststandard der Grundrechte **3** 38
- Preußisches Obertribunal, Rechtsprechung **2** 80
- Reichstag, konstituierender **3** 42
- Spätkonstitutionalismus **3** 62
siehe auch Spätkonstitutionalismus
- Unionsverfassungsentwurf **3** 63 f.
- Vorbild Belgien **3** 37

Privatautonomie
- Grundrechte, ~ und **20** 28 ff.
- Selbstbestimmung, ~ und **20** 26 ff.

Privateigentum (Sozialismus) 13 56

Privatrecht
- Ausstrahlungswirkung der Grundrechte **23** 76
- Bindung des Gesetzgebers **23** 82 ff.
- Flucht ins ~ **23** 78
- Grundrechtsverwirklichung **23** 75 ff.
- Privatrechtsnormen *siehe dort*
- Privatrechtsordnung *siehe dort*
- Rechtsverhältnisse zwischen Privaten **23** 83 f.
- staatliche Handlungsformen im ~ **23** 77 ff.
- Verwaltungsprivatrecht *siehe unter* Verwaltungsprivatrecht

Privatrechtsnormen
- Grundrechtseingriffe, ~ als **20** 26 ff.

Privatrechtsordnung
- Grundrechte, ~ und **20** 26 ff.

Propaganda (Sozialismus)
- Abgrenzung zur Agitation **13** 77
- Außen- und Binnenpropaganda **13** 80
- Grundrechte als ~ **13** 77 ff.

Proportionalitätsprinzip
- Grundrechtsausübung **6** 60
- Schrankenschranken **6** 60

Protestantismus 9 <u>1 ff.</u>
- Allgemeine Erklärung der Menschenrechte, Einfluß auf **9** 38
- Bedeutung der Religionsfreiheit **9** 20
- Befreiungstheologie **9** 50
- Begründungen der Menschenrechte **9** 39 ff.

1042   Halbfette Zahl = §§; magere Zahl = RN; unterstrichene Zahl = Hauptfundstelle

- Bewährung und göttliche Gnade **9** 13
- Bürgerrechtsbewegungen, ~ und **9** 23
- Distanz der Kirche **9** 27 ff.
- Emanzipation, politische **9** 24
- Französische Menschenrechtserklärung, Einfluß auf **9** 25
- Freiheit des Christenmenschen **9** 17
- Glaubensfreiheit als Kern der Menschenrechte **9** 8
- Gottesebenbildlichkeit des Menschen **9** 15
- Idee der Gleichheit **9** 9 f.
- Menschenrechte im Kirchenrecht **9** 55 ff.
- nationale Emanzipation, ~ und **9** 24
- Rechtfertigungslehre **9** 6
- Reformation **9** 5 ff. *siehe auch dort*
- Reformatoren **9** 5 ff.
 siehe auch Reformation
- Religion der Freiheit, ~ als **9** 47
- Religionsfreiheit als Konsequenz der Reformation **9** 11
- Sammelbegriff, ~ als **9** 2
- Skepsis gegenüber Menschenrechten **9** 34 ff.
- Staatskirchentum, ~ und **9** 29
- Staatsphilosophie im ~ **9** 14 ff.
- Strukturelemente des ~ **9** 1 ff.
- Verhältnis zu Grundrechten der Frankfurter Reichsverfassung **9** 31
- Westfälischer Friede **9** 20

Rassendiskriminierung
- Menschenrechte, ~ und **9** 26

Rassengesetze
- Nationalsozialismus, ~ im **14** 14

Rat der Ostseestaaten 6 35

Recht
- Legitimation des Staates, ~ als **10** 18

Recht auf Arbeit
- Direktivgrundrecht, ~ als **18** 68
- Frankreich nach 1848, ~ in **3** 56
- Schutz des Berufs **17** 54
- Völkerrecht, ~ im **6** 31

Recht auf Bildung *siehe auch* Bildung
- Direktivgrundrecht, ~ als **18** 70
- Völkerrecht, ~ im **6** 31

Recht auf das Existenzminimum
 siehe auch Sozialstaat
- Direktivgrundrecht, ~ als **18** 71

Recht auf Entwicklung
- Völkerrecht, ~ im **6** 31

Recht auf Frieden
- Völkerrecht, ~ im **6** 31

Recht auf Gesundheit
- Völkerrecht, ~ im **6** 31

Recht auf Leben *siehe auch* Abtreibung
- Embryonenschutz **8** 50
- katholische Kirche, ~ und **8** 49 f.
 siehe auch Kirche, katholische
- Schutz des Lebens **20** 20 ff.
- unveräußerliches Recht, ~ als **8** 50
- zentrales Grundrecht, ~ als **8** 49

Recht auf Selbstbestimmung
- Völkerrecht, ~ im **6** 31

Recht auf Sicherheit
- Allgemeinen Preußischen Landrecht, ~ im **2** 12

Recht auf soziale Sicherung
 siehe auch Sozialstaat
- Direktivgrundrecht, ~ als **18** 69

Recht auf Teilhabe
- Völkerrecht, ~ im **6** 31

Rechte, natürliche
- Entwicklung **1** 8 ff.
 siehe auch natürliche Rechte

Rechte-Trias
- griechische ~ **1** 5

Rechtsextremismus
 siehe unter innere Sicherheit

Rechtsfähigkeit des Staates
- Nationalsozialismus, ~ im **14** 21

Rechtsnorm
- Geltungsgrund im Sozialismus **13** 47

Rechtspersönlichkeit des Staates
- Nationalsozialismus, ~ im **14** 17

Rechtspositivismus
- Marxismus-Leninismus, ~ und **13** 44

Rechtsprechung
- Abtreibung, ~ zur **5** 21
 siehe auch Abtreibung
- Abwehrrechte, Bedeutung der **14** 45
- Aufklärung, ~ in der **2** 66 ff.
- Berlin-Vorbehalt, ~ zum **5** 51
- Demonstrationsfreiheit, ~ zur **5** 92
- Elfes-Entscheidung **5** 21 f.
- Fernseh-Rechtsprechung **7** 10

Sachregister

- Gleichstellung unehelicher Kinder, ~ zur **18** 52
- Grundrechtsbindung **6** 51
- Grundrechtsvergleichung, ~ und **16** 86 f.
- Grundrechtsvoraussetzungen (EuGH) **21** 59
- Kaiserreich, ~ im **3** 82 ff., 93 ff.
- Konkurrenz der ~ in Österreich **19** 49
- Meinungsfreiheit, ~ zur **15** 52
- Menschenrechten, ~ des Reichskammergerichts zu **2** 66
- methodologische Grundlagen der ~ **16** 34
- Preußisches Obertribunal **2** 80
- Schutzpflichten, ~ zu **20** 21
- Sozialismus, ~ im **13** 81
- Verfassungsrezeption, ~ und **7** 17
- Wehrdienst Frauen (EuGH) **5** 16
- Wesensgehaltsgarantie, ~ und **22** 81 ff.

Rechtsschutzgarantie
- Allgemeinen Menschenrechtserklärung, ~ in der **23** 38
- Europäischen Menschenrechtskonvention, ~ in der **23** 34
- Fernwirkungen der ~ **7** 37
- gemeineuropäischen Verfassungsrecht, ~ im **7** 37

Rechtsstaat
- Begriff *siehe unter* Rechtsstaatsbegriff
- Gesetzesvorbehalt *siehe dort*
- Grundrechte der Frankfurter Reichsverfassung, ~ und **3** 14
  siehe auch Grundrechte (Frankfurter Reichsverfassung)
- Grundrechtsgerichtsbarkeit, ~ und **23** 25
- Grundrechtsvoraussetzung, ~ als **21** 62
- katholische Kirche, ~ und **8** 40 ff.
- Notstandsrecht, ~ und *siehe dort*
- Rechtsstaatsprinzip *siehe dort*
- Wirkungsvoraussetzungen der Grundrechte **21** 30 *siehe auch* Grundrechtsvoraussetzungen

Rechtsstaatsbegriff
- italienischen Faschismus, ~ im **14** 9
- Nationalsozialismus, ~ im **14** 16

Rechtsstaatsprinzip
- Grundrechtsschranken **23** 25
  siehe auch dort
- Grundrechtsschutz **23** 25
  siehe auch dort
- katholische Soziallehre, ~ und **8** 40 ff.
- Notstandsrecht, ~ und **5** 85
- Rückwirkungsverbot, ~ und **22** 72
- rule of law in Großbritannien **24** 80

Rechtsvergleichung
- anwendungsorientierte ~ **16** 75 ff.
- Auslegungsmethode, ~ als fünfte **15** 31 f.
- europäische Integration, ~ und **15** 33 *siehe auch dort*
- Europäische Union **16** 42, 75 ff.
  siehe auch dort
- Grundrechtsinterpretation **15** 31 ff.
- Grundrechtsschranken **22** 1
- Historisierung, Methode der **19** 3
- interdisziplinäre Bezüge der ~ **16** 7 f.
- Kaiserreich, ~ im **3** 92
- Leitbild der Äquidistanz **16** 69
- Lüth-Urteil, ~ und **19** 28 ff.
- Notstandsrecht, ~ und **24** 78 ff.
- objektiv-rechtliche Dimension der Grundrechte **19** 28 ff.
  siehe auch dort
- Staatszielvergleichung, ~ und **16** 6
- Vereinigte Staaten von Amerika **16** 21
- Verfassungsvergleichung **16** 5 f., 39
  siehe auch dort
- wertende ~ **16** 75 ff.
- Zeitschriften europäischer ~ **16** 23

Rechtsweggarantie
- Europäische Menschenrechtskonvention, ~ der **23** 70
- Grundrechte als ~ **23** 70
- Verfahrensgrundrechte, selbständige **23** 69 f.

Reformation *siehe auch* Protestantismus
- Bewährung und göttliche Gnade **9** 13
- Bundestheologie in der ~ **9** 12
- Calvinismus **9** 12 ff.
- Entwicklung der Menschenrechte **9** 5 ff.
- Idee des Individuums **9** 9

Sachregister

- Rechtfertigungslehre 9 6
- Reformatoren 9 5 ff.
- Religionsfreiheit 9 8 ff.
- Zwei-Reiche-Lehre 9 10 ff.

Regionalismus
- Förderalismus, ~ und 7 61
- Subsidiaritätsprinzip, ~ und 7 61 f.
- vertikale Gewaltenteilung, ~ und 7 61

Reichsbürgergesetz 14 14
Reichserbhofgesetz 14 31
Reichskonkordat
- Nationalsozialismus, ~ und 14 35

Reichstagsbrandverordnung 14 14 ff.
Reichsverfassung 1871
- Erster Weltkrieg 24 12
- Grundrechte 3 78
- Grundrechteverzicht 10 36
- Notstands-Exekutivmacht, militärische 24 11
- Notstands-Generalklausel, polizeiliche 24 11
- Notstandsrecht 24 11 ff.
- Verfassungswandel, ~ und 21 41

Religionsfreiheit
- Augsburger Religionsfriede 9 20
- Edikt von Nantes 9 20
- Faschismus und Nationalsozialismus, ~ im 14 35
- Glaubensfreiheit als Kern der Menschenrechte 9 8
- Grundrecht, vorbehaltloses 22 43
- innerkirchliche ~ im Protestantismus 9 56
- ius emigrandi (Auswanderungsrecht) 9 20
- Konsequenz der Reformation 9 11
- Nationalsozialismus, ~ im 14 37
- Protestantismus, ~ im 9 20
- Reformation, ~ und 9 8 ff.
- Religionsunterricht, ~ und *siehe dort*
- Religionsverfassungsrecht *siehe dort*
- Sozialismus, ~ im 13 85
- Westfälischer Friede, ~ und 9 20

Religionsunterricht
- Direktgrundrecht, ~ als implizites 18 64
- Elternrecht, ~ und 18 64
- Religionsfreiheit Andersgläubiger 18 64

Religionsverfassungsrecht
- Entwicklung 7 69
- inhaltliche Dimensionen des ~ (s) 7 70

Republik
- Deutsche Demokratische ~ *siehe unter* DDR
- Grundrechtsvoraussetzung, ~ als 21 66
- Weimarer ~ *siehe unter* Weimarer Republik

Restauration der Grundrechte
- Paulskirchenverfassung 10 33 ff.

Rezeption
- besonderes Gewaltverhältnis, ~ und 7 33
- Chancengleichheit, ~ der 7 47
- Datenschutz 7 44
- Demokratienormen, ~ und 7 55
- demokratischer Grundrechte, ~ 7 54
- Diskriminierungsverbot, ~ und 7 47
- Gleichberechtigung, ~ und 7 48
- Gleichheitsrechte, ~ der 7 47
- Grundpflichten, ~ der 7 40
- Grundrechte als Erziehungsziele, ~ der 7 66 ff.
- grundrechtsbezogener Staatszielbestimmungen, ~ 7 51 ff.
- Grundrechtsentwicklungsklauseln, ~ der 7 39
- Grundrechtsträger-Normen, ~ der 7 35
- Grundrechtsverwirklichungsklauseln, ~ der 7 38
- informationellen Selbstbestimmung, ~ der 7 44
- Kinderrechte, ~ der 7 49
- Lebenspartnerschaft, ~ der 7 49
- Medienfreiheit, ~ der 7 45 f.
- Menschenwürde, ~ der 7 42 f.
- mittelbaren Drittwirkung, ~ der 7 32
- Oppositions-Garantien, ~ und 7 56
- Parteien-Artikel, ~ der 7 57
- Präambeln, ~ von 7 63 ff.
- Rechtsschutzgarantien, ~ der 7 37
- Religionsverfassungsrecht, ~ von 7 69 ff.
- Schutzpflichten-Theorie, ~ der 7 34

Sachregister

- Sozialstaatsklausel, ~ der 7 53
- Verfassungstradition, Bedeutung für 19 54
- Wesensgehaltsklauseln, ~ der 7 36

„Rote Armee Fraktion" (RAF) 5 93 ff., 10 47

Rückwirkungsverbot
- Allgemeines Preußisches Landrecht 2 12
- Rechtsstaatsprinzip, ~ und 22 72
- Schrankenschranke, ~ als 22 70 ff.

Rundfunkfreiheit
- Bestands- und Entwicklungsgarantie des öffentlichen Rundfunks 18 63
- Binnenpluralisierung 15 54
- Direktivgrundrecht, ~ als implizites 18 63
- Gewährleistung, ~ als institutionelle 15 54
- Grundrechtsfunktionen, objektiv-rechtliche 15 54
  siehe auch objektiv-rechtliche Dimension der Grundrechte
- Grundrechtsverwirklichung 18 90

Saarland
- Beitritt zum Grundgesetz 5 58
- Europäisierung, Versuch der 5 55
- Mitglied im Europarat 5 55
- „Näher beim Grundgesetz"-Formel 5 56 f.
- Protektoratslösung 5 55
- Statut der Saar 5 56 f.
- Verfassung 1947 5 55
- Volksabstimmung 1955 5 57

Sachsen
- Landesverfassung im Vormärz 2 21

Sachwalter
- Nationalsozialismus, ~ im 14 35

Schaukeltheorie 15 29

Scholastiker
- Spätscholastiker 1 11

Schranken der Grundrechte
  siehe unter Grundrechtsschranken

Schrankenschranken
- Abwehrfunktion der Grundrechte 17 36 *siehe auch* Abwehrfunktion (Grundrechte)
- Bestimmtheitsgebot 22 70 ff.
- Freizügigkeit, ~ der 24 57 ff.

- Gleichheitssatz, ~ und 6 60
- Grundrechtsschutz 6 60
- Judikative, ~ und 22 123
- Ländervergleich, ~ im 22 116 ff.
- Notstandsmaßnahmen 5 87
- Proportionalitätsprinzip 6 60
  siehe auch dort
- Rückwirkungsverbot 22 70 ff.
- Übermaßverbot 6 60
- Verbot der Vorzensur 22 121
- Verbot des Einzelfallgesetzes 22 70 ff.
- Verhältnismäßigkeitsprinzip 6 60, 22 70 ff. *siehe auch dort*
- Wesensgehaltsgarantie 22 70 ff.
  siehe auch dort
- Zitiergebot 22 70 ff.

Schutz des Lebens
  siehe auch Recht auf Leben
- Abtreibung 5 121 *siehe auch dort*
- Allgemeines Preußisches Landrecht 2 12
- Schutzgehalt 20 20 ff.

Schutzbereich der Grundrechte
- Eingriffsrechtfertigung und Rechtsschutz 6 56
- Lebensbereich, ~ und 21 10

Schutzpflichten
- Abtreibung 15 62 *siehe auch dort*
- Abwehrfunktion der ~ 18 47
  siehe auch Abwehrfunktion (Grundrechte)
- Adressaten von ~ 18 45
- Aufgaben des Gesetzgebers 20 20 ff.
- Begriff 18 44
- Bundesverfassungsgericht, Rechtsprechung des 20 20 ff.
- Grundrechtsschutz, ~ und 6 66 ff.
  siehe auch dort
- Lehre von den ~ 18 45
- Leistungsgrundrechte 15 62
  siehe auch dort
- Subjektivierung objektivrechtlicher ~ 6 68
- Untermaßverbot 18 45
  siehe auch dort
- Verfassungsdirektiven, ~ als 18 44 ff.

Schwangerschaftsabbruch
  siehe unter Abtreibung

Sachregister

Schweden
- Verfassung **6** 19f.
- Verfassungen 1974–1980 **5** 41
- Wechselwirkungslehre **7** 46

Schweiz
- Allgemeinvorbehalt in Verfassung **22** 13
- Bestimmtheitsgebot **22** 24f.
- Bundesgericht **4** 66ff.
- Bundesverfassung *siehe unter* Schweizerische Bundesverfassung
- Bundesverfassung 1848 **4** 65
- Demokratieprinzip **19** 36
- Drittwirkung der Grundrechte **19** 35
- Freiheitsrechte **3** 98ff., **4** 65
- Gesetzesvorbehalt **22** 19ff.
- Grundrechtsdogmatik **4** 70
- Grundrechtsgewährleistung **4** 64ff.
- Grundrechtsschranken **22** 19ff.
- Grundrechtsschranken, verfassungsunmittelbare **22** 38f.
- Grundrechtsverwirklichung **23** 63
- konstitutive Bedeutung der Grundrechte **19** 32
- Kontinuität der Grundrechte **4** 64ff.
- Märzkrise **4** 69
- „nationale Tatgemeinschaft" **4** 69
- Notstandsrecht in der ~ **2** 5
- objektiv-rechtliche Dimension der Grundrechte in der ~ **19** 32ff.
- Reaktionszeit **3** 98ff.
- Rechtfertigung von Grundrechtsschranken **22** 94ff.
- Revisionen der Verfassung **4** 68f.
- Schweizerischer Bundesvertrag 1815 **3** 53
- Sonderbundskrieg **3** 53
- Spätkonstitutionalismus **3** 74, 98ff.
- Staatsrechtslehre in der ~ **19** 33
- Verfassung **6** 19f.
- Verfassung 1874 **4** 64
- Verfassung 1999 **5** 41
- Verfassungen nach 1848 **3** 53ff.
- Verfassungsgerichtsbarkeit **4** 66ff., **19** 32ff.
- Verfassungsgerichtshof **4** 66f.
- verfassungsimmanenter Schranken, Unnötigkeit **22** 56
- Verfassungsrevisionen **4** 68ff.
- Verfassungsrezeptionen **7** 43
- Verhältnismäßigkeitsprinzip **22** 103
- Verwerfungskompetenz (Gesetze) **4** 67
- Volksabstimmung 1935 **4** 69
- Vorbehalt des formellen Gesetzes **22** 20ff.
- Wesensgehaltsgarantie **22** 79ff.

Schweizerische Bundesverfassung
- Allgemeinvorbehalt **22** 13
- Grundrechtsschranken, spezielle **22** 14
- Schranken der EMRK **22** 15
- Schrankenregelungen **22** 13ff.

Seerechtsübereinkommen der Vereinten Nationen 1982 **1** 76

Selbstverwaltungssozialismus
- Jugoslawien **13** 25

Sexualstrafrecht **5** 120

sexuelle Revolution
- Entwicklung **5** 118ff.
- Homosexualität **5** 120
- Permissivität, Instrumentalisierung der **5** 119
- Schwangerschaftsabbruch **5** 121 *siehe auch* Abtreibung
- Sexualstrafrecht **5** 120
- sexuelle Libertinage **5** 118
- Unzucht **5** 120
- Wiedervereinigung, ~ und **5** 120

Sonderstatusverhältnis
- Anerkennung, normative **22** 64ff.
- Begriff **22** 62ff.
- besonderes Gewaltverhältnis **22** 62ff.
- Einschränkungen von ~ (sen) **22** 64ff.
- Europäischen Menschenrechtskonvention, ~ in der **22** 64ff.
- Frankreich, ~ in **22** 64ff.
- Freiheit, ~ und **22** 67
- Freiheitsbeschränkung durch formelle Gesetze **22** 67ff.
- Grundgesetz, ~ im **6** 49
- Grundrechtsgeltung **22** 67ff.
- Meinungsfreiheit **22** 64ff.
- Österreich, ~ in **22** 64ff.
- Portugal, ~ in **22** 64ff.
- Schweiz, ~ in der **22** 67ff.

Sachregister

- Spanien, ~ in **22** 64 ff.
- Versammlungsfreiheit **22** 64 ff.

Sophisten
- Menschenwürde **8** 8

sowjetrussische Verfassung 1918
- Arbeitspflicht **13** 12
- Grundpflichten **13** 12
- Wehrpflicht **13** 12

Sowjetunion *siehe auch* Sozialismus
- Beitrag der Rechtswissenschaft **13** 30
- Chruschtschew-Ära **13** 25
- Diskussion um Grundrechte **13** 33
  siehe auch Grundrechte (Sozialismus)
- XX. Parteikongreß KPdSU **13** 25
- Freizügigkeit (innerstaatliche) **13** 85
- frühe Verfassungen der ~ **13** 10 ff.
- KSZE-Prozeß in ~ **13** 33
- liberale Grundrechtsinterpretation **13** 65
- partielle Entstalinisierung **13** 25
- poststalinistische Verfassungsgebung **13** 25 ff.
- sowjetrussische Verfassung 1918 **13** 12
- Sozialdemokratische Arbeiterpartei Rußlands **13** 9
- Stalinsche Verfassung 1936 **13** 17 ff.
- Verfassung 1918 **13** 10 ff.
- Verfassung 1977 **13** 36
- Verfassung Armeniens 1922 **13** 13
- Verfassung Aserbaidschans 1921 **13** 13
- Verfassung Georgiens 1922 **13** 13
- Verfassung der Ukraine 1919 **13** 13
- Verfassung Weißrußlands 1919 **13** 13
- Verfassungen der Teilrepubliken **13** 21
- Zentralkomitee **13** 77

Sozialdemokratische Arbeiterpartei
- Arbeiterbewegung, organisierte **12** 38 *siehe auch dort*
- Eisenacher Programm **12** 38
- Erfurter Programm **12** 38 ff.
- Gothaer Programm **12** 38

Sozialdemokratische Arbeiterpartei Rußlands **13** 9

Sozialdemokratische Partei Deutschlands
- Abspaltung der USPD **12** 45
- Bekenntnis zu Grundrechten **12** 45
- Berliner Programm **12** 52
- Eisenacher Programm **12** 38
- Erfurter Programm **12** 38 ff.
- Godesberger Programm **12** 50 f.
- Görlitzer Programm **12** 45
- Gothaer Programm **12** 38
- Grundrechtsinterpretation, Wandlung der **12** 53
- Konzept der Wirtschaftsdemokratie **12** 46
- Krise nach 1989/1990, sozialdemokratische **12** 57
- liberale Grundrechtsgesellschaft, ~ und **12** 52
- Sozialdemokratische Arbeiterpartei **12** 38
- Trias der Grundwerte **12** 50
- Verfassungsentwurf, ursprünglicher **12** 46
- Vergesellschaftung der Produktionsmittel als Ziel **12** 46
- Wandlung zur staatstragenden Partei **12** 45

soziale Grundrechte
siehe auch soziale Rechte
- Ableitung aus Freiheitsrechten **21** 17
- Allgemeine Erklärung der Menschenrechte **1** 68
- ausländisches Verfassungsrecht, ~ im **1** 66
- Direktivgrundrechte, ~ als **18** 66 ff.
- Durchsetzbarkeit **18** 78, **23** 11
- Französische Revolution, ~ und **1** 62 ff.
- Justitiabilität von ~ (n) **18** 73
- Landesgrundrechte, deutsche **6** 12 ff.
- „neuen Ländern", ~ in den **6** 12
- positiv-rechtliche Ausformung **1** 64
- Recht auf Arbeit **18** 68
- Recht auf Bildung **18** 70
- Recht auf das Existenzminimum **18** 71
- Recht auf ein menschenwürdiges Dasein **18** 72
- Recht auf geistige und kulturelle Entwicklung **18** 70
- Recht auf Gesundheit **6** 31
- Recht auf soziale Sicherung **18** 69
- Rechtsnatur **18** 73
- Sozialismus, ~ im **13** 5 f., 86

- Sozialstaat als Wurzel **1** 63
- Staatsziel, soziales *siehe dort*
- status socialis **1** 62
- subjektiv-rechtlicher Charakter, fehlender **18** 77
- Verletzung der ~ **18** 77
- Weimarer Reichsverfassung, ~ in **1** 65
- Sozialismus, ~ im **13** 5f., 86

soziale Rechte *siehe auch* soziale Grundrechte
- Allgemeine Erklärung der Menschenrechte **1** 68 f.
- Direktivgrundrechte, ~ als implizite **18** 66 ff.
- Europäische Sozialcharta, ~ in der **5** 76 *siehe auch dort*
- Französische Menschenrechtserklärung 1789 **2** 47
- Grundrechte der Frankfurter Reichsverfassung, ~ und **3** 22 f. *siehe auch* Grundrechte (Frankfurter Reichsverfassung)
- Kerngehalt evangelischer Sozialethik, ~ als **9** 41
- Kirche, katholische **8** 38
- Kritik an Ungleichheit, sozialistische **12** 19 ff.
- Landesverfassungen, ~ in **18** 67 ff.
- Naturrecht (Aufklärung bis Vormärz) **2** 47
- Sozialenzyklika 1981 **8** 38
- Sozialgestaltungsempfehlungen des Papstes **8** 72
- Staatsziel, soziales *siehe dort*
- Verfassungen 1848/1849 **3** 60
- Verteilungsprinzip im Konservativismus, ~ und **11** 52
- Weimarer Reichsverfassung, ~ in **4** 9f., 36, **12** 45

Sozialismus
- Arbeitspflicht **13** 12
- Bulgarien, ~ in **13** 36, 73
- DDR, ~ in der *siehe dort*
- demokratischer Sozialismus **12** 37 ff.
- Diktatur des Proletariats *siehe dort*
- Dritter Weg **12** 56
- Eigentum **13** 56
- Einheit von Rechten und Pflichten **12** 17, **13** 40, 58
- Einheitsthese **13** 59 ff.
- Enumerationsprinzip der Grundrechte **13** 73
- Erbrecht **13** 56
- Freiheitsbegriff **12** 14 ff.
- Freiheitsrechte **13** 85
- Frühsozialismus *siehe dort*
- Frühwerk von Karl Marx **12** 3
- Funktionen der Grundrechte **13** 77 ff.
- Gleichberechtigung der Frau **12** 40
- Gleichheit **13** 57
- Grundrechtsgarantien *siehe unter* Grundrechtsgarantie (Sozialismus)
- Grundrechtskritik, sozialistische **12** 11 *siehe auch dort*
- Grundrechtsschutz *siehe unter* Grundrechtsschutz (Sozialismus)
- Grundrechtstheorie *siehe unter* Grundrechtstheorie (Sozialismus)
- Grundrechtsverständnis *siehe unter* Grundrechtsverständnis (Sozialismus)
- Grundrechtswirklichkeit **13** 81
- Hervorhebung politischer Freiheit **12** 14
- Jugoslawien *siehe dort*
- Kommunistische Partei **13** 48, 68 f.
- KPdSU *siehe dort*
- Krise nach 1989/1990 **12** 57
- Kritiker sozialistischer Menschenrechtstheorien **13** 46
- KSZE-Prozeß **13** 33 f.
- Leninismus *siehe dort*
- Liquidierungen *siehe dort*
- Marx/Engelsscher Determinismus **12** 17
- Marxismus-Leninismus *siehe dort*
- Marxsches Menschenbild **13** 4
- Menschenbild im ~ **12** 9 ff.
- Menschenrechte **13** 3, 27, 46, 84
- Persönlichkeitsrechte **13** 32
- Planwirtschaft **13** 69
- Polen im ~ *siehe unter* Polen (Sozialismus)
- politische Rechte **13** 54
- Prager Frühling **13** 25
- Propaganda im ~ *siehe dort*
- Propagandafunktion der Grundrechte **13** 77 ff.
- Rechte der Werktätigen **13** 43

Sachregister

- Rechtsnatur der Grundrechte **13** 14
- Rechtspositivismus **13** 44
- Religionsfreiheit, ~ und **13** 85
- Schranken, ~ und *siehe unter* Grundrechtsschranken (Sozialismus)
- Selbstverwaltungssozialismus **13** 25
- Sowjetunion, ~ in der *siehe dort*
- Stalinismus, ~ und *siehe dort*
- Stalinsche Verfassung **13** 20
- Subjektivität der Grundrechte **13** 11, 18
- Tschechoslowakei, ~ in *siehe dort*
- Unabhängige Sozialdemokratische Partei Deutschlands **12** 44
- Ungarn, ~ in *siehe unter* Ungarn (Sozialismus)
- Verfassungen der zweiten Generation **13** 36ff.
- Verfassungsvorbehalt Grundrechte **13** 40
- verwaltungsinterner Rechtsschutz **13** 72ff.
- Volkseigentum **13** 69
- Vorrang kollektiver Freiheit **12** 11

Sozialistische Einheitspartei Deutschlands (SED)
- Führungsanspruch der ~ **5** 35ff.

Soziallehre, katholische
siehe auch Kirche, katholische
- Gewaltenteilung, ~ und **8** 40ff.
- Grundwerte und Grundrechte **8** 54ff.
- Lehräußerungen, päpstliche **8** 63ff.
- Lehrautorität des Papstes **8** 65
- Rechtsstaatlichkeit, ~ und **8** 40ff., 45
- soziale Rechte **8** 38
  siehe auch soziale Grundrechte
- Staatsaufgaben, ~ und **8** 52
- Subsidiarität **8** 53
- Ziele **8** 61

Sozialstaat
- Auswirkungen auf Gleichheitssatz **18** 85
- Beschränkungen des ~ (s) **5** 103 f.
- Gegenbewegung durch Wirtschaftskrise **12** 55
- Grundgesetz, ~ und *siehe dort*
- Grundrechtsrezeption, ~ und **7** 53
- Grundrechtsvoraussetzung, ~ als **21** 64
- Leistungsgrenzen des ~ (s) **12** 55
- Menschenwürde, ~ und **5** 102
- Rezeption der Sozialstaatsklausel **7** 53
- Sicherung der Minimalstandards **5** 102
- soziale Grundrechte *siehe dort*
- soziale Rechte *siehe dort*
- sozialer Grundrechte, ~ als Wurzel **1** 63
- Spielraum des Gesetzgebers **5** 102

Sozialstaatsprinzip
- Sozialstaat im Grundgesetz **5** 99ff.
- Demokratieprinzip, ~ und **15** 59
- Freiheitsrechte als Grundrechtsdirektiven **18** 86 f.
- Gleichheitssatz als Grundrechtsdirektive **18** 84ff.
- Grundrechtsdirektiven, ~ und **18** 84 *siehe auch dort*
- Grundrechtsinterpretation, ~ und **18** 84, 84 ff.
- Staatsziel, soziales *siehe dort*
- Verfassungsdirektiven, ~ und **18** 84 *siehe auch dort*

Spätkonstitutionalismus
- Abschwächung der Grundrechtsgeltung **3** 64
- Aufhebung der Grundrechte der Frankfurter Reichsverfassung **3** 65
  siehe auch Grundrechte (Frankfurter Reichsverfassung)
- ausländische Parallelen **3** 70ff.
- Dänemark, ~ in **3** 71
- Einfluß auf das Ausland **3** 69
- europäisches und amerikanisches System **3** 76ff.
- Freiheit, ~ und **3** 62 f.
- Freiheitskonzeption, etatisierte **3** 69
- Freiheitsrestriktionen **3** 62
- Grundrecht als negative Kompetenzschranke **3** 68
- Grundrechtsrückschnitte **3** 66 f.
- Italien, ~ in **3** 72
- Niederlande, ~ **3** 73
- Österreich nach 1848, ~ in **3** 62
- Preußen nach 1848, ~ in **3** 62
- Reaktionszeit **3** 62ff.
- Schweiz, ~ in der **3** 74, 98ff.
- Unionsverfassungsentwurf **3** 63 f.

Sachregister

Spanien
- Drittwirkung der Grundrechte **19** 46f.
- objektiv-rechtliche Dimension der Grundrechte **19** 46f.
- Verfassung **6** 19f.
- Verfassungsrechtsordnung **19** 46f.
- Wertordnungslehre **19** 47
- Wesensgehaltsgarantie **22** 78

Spannungsfall
- Grundgesetz, ~ im **5** 71

Staat
- Aufgaben *siehe unter* Staatsaufgaben
- Grundvoraussetzungen des ~ (s) **21** 38
- Legitimation *siehe* Staatslegitimation
- Notstand, ~ im *siehe* Notstandsrecht
- Parteien auf den ~, Einfluß der **21** 38
- Souveränität *siehe* Staatssouveränität
- soziale Ziele des ~ (s) *siehe* Staatsziel, soziales
- Staatenbeschwerde *siehe dort*
- Staatsangehörigkeit *siehe dort*
- Staatslehre *siehe dort*
- Staatszielbestimmungen *siehe dort*
- Theorie des ~ (s) *siehe* Staatstheorie
- Verfassung *siehe dort*
- Verständnis des ~ (s) *siehe* Staatsverständnis

Staatenbeschwerde
- Allgemeine Menschenrechtserklärung **23** 30
- Europäische Menschenrechtskonvention **23** 30
- Internationaler Pakt über bürgerliche Rechte **23** 30
- UN-Anti-Folterkonvention **23** 30
- UN-Rassendiskriminierungskonvention **23** 30

Staatsangehörigkeit
- Kinder, ~ der **5** 115

Staatsanwaltschaft
- Grundrechtsschutz im Sozialismus **14** 71 ff.

Staatsaufgaben
- Freiheitsrechte, ~ und **10** 43 ff.

Staatsgrundgesetz über die allgemeinen Rechte der Staatsbürger 1867 **3** 93

Staatslegitimation
- Recht als ~ **10** 18

Staatslehre, katholische
- Fehlen einer ~ **8** 6

Staatslehre, konservative
- 19. Jh., ~ im **11** 15
- Aufklärungskritik, ~ und **11** 14
- Modernisierung der ~ **11** 16
- Strömungen der ~ **11** 17
- Vormärz, ~ und **2** 53

Staatsnotstandsrecht
siehe unter Notstandsrecht

Staatssouveränität
- Menschenrechtsschutz, ~ und **6** 28

Staatstheorie
- Grundrechtsforderungen **2** 39f.

Staatsverständnis
- französischen Faschismus, ~ im **14** 4
- Freiheitsrechte, ~ und **10** 46ff.
- italienischen Faschismus, ~ im **14** 7
- Nationalsozialismus, ~ im **14** 17
  siehe auch Nationalsozialismus
- spanischen Faschismus, ~ im **14** 12

Staatsvertrag, Lehre vom
- Konservativismus, ~ und **11** 22

Staatsziel, soziales *siehe auch* Sozialstaat
- Gewährleistung, gesetzliche **5** 100
- Grundrechtsdurchsetzung **5** 101
- Sozial-Enquete-Kommission **5** 99
- Sozial- und Wirtschaftspolitik, ~ und **5** 99
- Teilhaberechte, ~ und **5** 101
- Wechselwirkung mit Grundrechten **5** 98ff.

Staatszielbestimmungen
- Begriff **18** 30
- Definition **18** 30
- Grundrechte **6** 14
- Grundrechtspolitik und Grundrechte **17** 55
- Rezeptionen **7** 51 ff.
- Staatsziel, soziales *siehe dort*
- Staatszielvergleichung **16** 6
- Verfassungsdirektiven **18** 34

Staatsziele
- Grundrechtsvoraussetzung, ~ als **21** 67

Stalinismus
- Ausstrahlungswirkung auf Verfassung **13** 22 ff.
- deutsche Teilung **13** 22
  siehe auch DDR

Sachregister

- Einkreisungstheorie **13** 15
- Grundpflichten **13** 20
- Kollektivierung der Landwirtschaft **13** 16
- Liquidierungen im ~ *siehe dort*
- Menschenrechte **13** 17 ff.
- Rechtfertigung des ~ **13** 14 ff.
- Revolution von oben **13** 16
- sozialistischer Demokratismus **13** 17
- Staatsfunktionen des ~ **13** 15
- Verfassung 1936 **13** 17 ff.

Stalinsche Verfassung 1936
- Grundpflichten in ~ **13** 20

status activus
- Grundrechte der Frankfurter Reichsverfassung, ~ und **3** 16
- Sozialismus, ~ im **13** 85

status negativus
- Sozialismus, ~ im **13** 85

status passivus
- Grundrechte (Frankfurter Reichsverfassung), ~ und **3** 16
  siehe auch dort

status positivus
- Grundrechte (Frankfurter Reichsverfassung), ~ und **3** 16
  siehe auch dort

status socialis **1** 62
Statuto Albertino **3** 48
Stoiker
- Menschenwürde, ~ und **8** 10

Strafrecht
- Gestaltungsspielraum des Gesetzgebers **23** 85
- Pönalisierungspflichten im ~ **23** 86

Streikrecht
- Mittel- und Osteuropa, ~ in **6** 24

Stufenlehre *siehe auch* Grundrechtsschranken
- Schranken der Grundrechte **4** 93

subjektive öffentliche Rechte
- Durchsetzbarkeit der ~ **23** 11
- italienischen Faschismus, ~ im **14** 9 f.
- Nationalsozialismus, ~ im **14** 18 f.
- soziale Rechte **23** 11

subjektive Rechte
- Juridifizierung der Grundrechte **5** 13

Subsidiaritätsprinzip
- Bundestreue, ~ und **7** 62

- europäischen Verfassungen, ~ in **7** 62
- Föderalismus, ~ und *siehe dort*
- Freiheitsbezug des ~ (s) **7** 61
- Grundrechte, ~ und **7** 62
- Soziallehre, katholische **8** 24

süddeutsche Verfassungen
- Grundrechte **10** 30 f.
- Konstitutionalismus, ~ und **10** 30 f.
- politische Grundrechte in ~ **10** 30 f.

Syndikalismus
- italienischen Faschismus, ~ im **14** 6 ff.

Teilhaberechte
- Freiheit, ~ und **21** 16
- Leistungsansprüche, ~ als **21** 16

Terrorismusbekämpfung
- Bewegung 2. Juni, ~ und **5** 93 ff.
- Extremisten-Beschluß, ~ und **5** 95
- Großbritannien, ~ in **24** 85
- Legitimität der ~ **5** 96
- Notstand, übergesetzlicher **5** 96
  siehe auch Notstandsrecht
- „Rote Armee Fraktion" (RAF) **5** 93 ff., **10** 47
- Schleyer-Urteil, ~ und **5** 97
- Sicherheitspaket 1972 **5** 93 ff.
- Sozialistisches Patientenkollektiv **5** 110

Theorie- und Forschungsdefizite
- Sozialismus, ~ des **12** 7 ff.

Tschechoslowakei
- Charta 77 **13** 28
- Grundrechte, sozialistische **13** 23, 35
  siehe auch Grundrechte (Sozialismus)
- KSZE-Prozeß **13** 34
- Okkupation durch DDR **13** 32
- Prager Frühling **13** 25
- Propagandafunktion Grundrechte **13** 79
- Verfassung 1960 **13** 36 f.
- Verfassungsgerichtsbarkeit, sozialistische **13** 70

Überkreuzrezeptionen **7** 20
Übermaßverbot *siehe auch* Verhältnismäßigkeitsprinzip

- Gleichheitssatz, ~ und **21** 22
- Schrankenschranken, ~ und **6** 60

Ukraine
- Verfassung 1919 **13** 13

Umweltschutz
- sozialistischen Verfassungen, ~ in **13** 38

UN-Anti-Folterkonvention
- Individualbeschwerde **23** 28
- Staatenbeschwerde **23** 30

UN-Rassendiskriminierungskonvention
- Individualbeschwerde **23** 28
- Staatenbeschwerde **23** 30

Unabhängige Sozialdemokratische Partei Deutschlands **12** 44

Unabhängigkeit der Justiz
- italienischen Faschismus, ~ im **14** 6
- Nationalsozialismus, ~ im **14** 35

Unabhängigkeitserklärung
- Amerikanische ~ *siehe dort*

Ungarn
- Beitrag der Rechtswissenschaft **13** 31
- Doppelmonarchie Österreich – Ungarn **4** 1
- Grundrechte **13** 23, 34 f.
- KSZE-Prozeß **13** 34
- Systemwandel **13** 25
- Verfassung 1972 **13** 36 f.

Ungleichheit
- sozialistische Kritik an ~ **12** 19 ff.

Unionsverfassung, amerikanische 1787/89 **1** 51

Unionsverfassung, sowjetische **13** 17 ff.

Universalienstreit
- Grundrechtsvergleichung **16** 16 ff.

Universalität der Menschenrechte **1** 1 ff.
- Begründungsansätze **1** 85 ff.
- Entwicklung **1** 79 ff.
- Geltungsanspruch **1** 85 f.
- Menschenwürde **1** 87
- Notwendigkeit der ~ **1** 58

Universitäten *siehe auch* Bildungspolitik
- Finanzierung privater ~ **15** 61
- Numerus-clausus-Urteil **15** 60

Untermaßverbot **17** 61
siehe auch Verhältnismäßigkeitsprinzip

USA *siehe* Vereinigte Staaten von Amerika

Verbot des Einzelfallgesetzes
- allgemeiner Gleichheitssatz, ~ und **22** 71
siehe auch Gleichheitssatz, allgemeiner

Vereinigte Staaten von Amerika
- Amerikanische Unabhängigkeitserklärung **2** 5 f. *siehe auch dort*
- Aufklärung **2** 5 f.
- case law **19** 37
- Constitution of Pennsylvania **1** 51
- Drittwirkung der Grundrechte **19** 37
- Grundrechte, normative **17** 23
- Grundrechtsbegründung, rechtspositivistische **16** 19 ff.
- Meinungsfreiheit **22** 120 ff.
- objektiv-rechtliche Dimension der Grundrechte **19** 37 f.
- Preferred Freedoms Doctrine **16** 28
- Pressefreiheit **22** 120 ff.
- Rechtsvergleichung **16** 21
- richterrechtlich geprägte Grundrechte **16** 23
- State Action-Doktrin **19** 37
- Supreme Court **19** 37 f.
- Unionsverfassung der Neu-England-Staaten 1787 **1** 25
- Unionsverfassung, amerikanische 1787/89 **1** 51
- Verfassungsgerichtsbarkeit **19** 37
- Verfassungsrechtsordnung **19** 37 f.
- Verfassungsvorrang **2** 76
- Verhältnismäßigkeitsprinzip **22** 122
- Versammlungsfreiheit **22** 120 ff.
- Virginia Bill of Rights **2** 5 f.
- Vorrang der Verfassung **2** 76

Vereinigtes Königreich von Großbritannien und Nordirland
siehe unter Großbritannien

Vereinigungsfreiheit
- Arbeiterbewegung **12** 11
- Grundrechte der Frankfurter Reichsverfassung, ~ und **3** 21
- Kritik am Individualismus, sozialistische **12** 10

Vereinsfreiheit
- Kaiserreich, ~ im **3** 84

Vereinte Nationen
- Allgemeine Menschenrechtserklärung *siehe dort*

Sachregister

- Hochkommissare **6** 35
- Hochkommissariat für Menschenrechte **1** 82
- Seerechtsübereinkommen 1982 **1** 76
- UN-Anti-Folterkonvention **6** 30, **23** 28
- UN-Ausschuß für Menschenrechte **23** 27
- UN-Charta **1** 35
- UN-Rassendiskriminierungskonvention **23** 28

Verfahrensgrundrechte, selbständige
- Organisationsmaximen, ~ als **23** 69 ff.
- Prozeßgrundrechte **23** 69 ff.
- Rechtsweggarantien **23** 69 ff.

Verfassung
- Aachener Entwurf einer ~ 1790 **2** 13, 44
- Albanien 1976 **13** 36
- amerikanischer Einfluß auf deutsche ~ **1** 11
- Armenien 1922 **13** 13
- Aserbaidschan 1921 **13** 13
- Aufgaben der ~ **18** 1 ff.
- Aufklärung, ~ in der **2** 13 f.
- Auslegung der ~ *siehe unter* Verfassungsinterpretation
- bürgerliche Kernverfassung **17** 67
- Bürgerverfassung, ~ als **17** 63 ff.
- Bundes-Verfassungsgesetz 1920, österreichisches **4** 60
- Déclaration Jacobine 1793 **1** 62
- Deutschen Reichs 1849, ~ des *siehe unter* Frankfurter Reichsverfassung
- Direktiven der ~ **18** 11 ff. *siehe auch* Verfassungsdirektiven
- Direktivgrundrechte **18** 49 ff. *siehe auch dort*
- dirigierende ~ **18** 1 ff.
- Einheit der Verfassung **15** 16
- Entwicklung *siehe unter* Verfassungsentwicklung
- Entwurfscharakter der ~ **18** 10
- Europäische Union als mittelbarer Verfassungsgeber **7** 22 *siehe auch* Europäische Union
- französische ~ **1** 51 *siehe auch* Frankreich
- französische ~ 1791 **1** 51
- französische ~ 1793 **1** 51, 64
- Freiheitsfähigkeit, ~ und **21** 54
- Garantie der ~ **21** 6
- Gebot des grundrechtsfreundlichen Verhaltens **18** 96 ff. *siehe auch* Grundrechtstreue
- gemeineuropäisches Staatsrecht **20** 1 *siehe auch* gemeineuropäisches Verfassungsrecht
- Georgien 1922 **13** 13
- Gewährleistungen der ~ **20** 6 ff.
- Grund-Gesetz des Gemeinwesens, ~ als **15** 6 *siehe auch* Grundgesetz
- grundgesetzliches Handlungsmandat **18** 9
- Grundlage der Rechtsordnung **20** 5
- Grundrechte, ~ und **18** 34 ff., **20** 1 ff. *siehe auch dort*
- Grundrechteverzicht 1871 **10** 36
- Grundrechtsdirektiven **18** 79 ff. *siehe auch dort*
- Grundrechtsinterpretation, ~ und **15** 16 *siehe auch dort*
- Grundrechtstreue **18** 96 ff. *siehe auch dort*
- Grundrechtsvorrang als Verfassungsvorrang **6** 45
- Harmonisierungsgebot **15** 16
- italienischen Faschismus, ~ im **14** 5 f.
- Juristenverfassung **17** 67
- Kaiserreich, ~ im **3** 78 *siehe auch dort*
- Konstitutionalismus, ~ und **10** 21 ff.
- Kulturstaat, ~ und **21** 35
- Legalität von Gesetzen **20** 5
- Legitimation moderner ~ (en) **21** 6
- Legitimation von Gesetzen **20** 5
- Leitfunktion der Grundrechte **18** 91
- Leitfunktion der ~ **18** 1 ff.
- Nationalsozialismus, ~ im **14** 14
- Niederländisches Grundgesetz 1848 **3** 49
- Notstand der ~ *siehe unter* Verfassungsnotstand
- Notstandsverfassung **5** 82 ff. *siehe auch dort*
- Österreich nach 1848, ~ in **3** 40 ff.
- österreichische ~ 1849 **3** 62
- österreichische ~ 1934 **4** 63

Sachregister

- Paulskirchenverfassung *siehe dort*
- People's Charter 1838 **1** 64
- Pillersdorfsche Verfassung 1848 **3** 40
- Politik der ~ *siehe unter* Verfassungspolitik
- poststalinistische Verfassungen **13** 25ff. *siehe auch* Sowjetunion
- Präambeln, Grundrechte in **21** 57 *siehe auch* Präambel
- Preußen nach 1848, ~ in **3** 37ff.
- Prinzip der Einheit der ~ **16** 35
- Rechtsvergleichung *siehe unter* Verfassungsvergleichung
- Rezeption *siehe unter* Verfassungsrezeption
- Rezeption der Grundrechte *siehe unter* Verfassungsrezeption (Grundrechte)
- Sowjetische Verfassung 1924 **13** 13
- Sowjetrussische Verfassung 1918 **13** 10ff.
- spanischen Faschismus, ~ im **14** 11
- Staatsgrundgesetz über die allgemeinen Rechte der Staatsbürger **3** 93 *siehe auch* Österreich
- Staatszielbestimmungen **18** 29ff. *siehe auch dort*
- Stalinsche Verfassung 1936 **13** 17ff.
- Ukraine 1919 **13** 13
- Unionsverfassung, amerikanische 1787/89 **1** 51
- Verfassungen nach 1848 *siehe dort*
- Verfassungsänderungen *siehe dort*
- Verfassungsaufträge **21** 27
- Verfassungsbeschwerde **19** 19
- Verfassungsdirektiven **18** 11ff. *siehe auch dort*
- Verfassungsdogmatik **20** 3ff.
- Verfassungsfundamentalismus **18** 8
- Verfassungsgesetz **20** 2
- Verfassungsrecht *siehe dort*
- Verfassungsstörung **24** 42
- Verfassungstexte *siehe dort*
- Verfassungsverständnis **20** 3ff.
- Verhaltensentwurf, ~ als **18** 7ff.
- Voraussetzung der ~ *siehe unter* Verfassungsvoraussetzungen
- Vorrang der ~ **20** 17ff.
- Wandel der ~ *siehe unter* Verfassungswandel
- Wechselwirkung mit allgemeiner Rechtsordnung **20** 14
- Wehrverfassung als Teilverfassung **5** 72
- Weißrußland 1919 **13** 13
- Wertewandel, ~ und **21** 40
- Wirtschaftsverfassung, ~ und **21** 33

Verfassungen nach 1848 *siehe auch* Grundrechte (Frankfurter Reichsverfassung)
- Baden **3** 45
- Dänemark **3** 51f.
- Hannover **3** 44
- Italien **3** 48
- Niederlande **3** 49f.
- Österreich **3** 40ff.
- Preußen **3** 37ff.
- Schweiz **3** 53ff.
- Württemberg **3** 45

Verfassungen, neuere
- Mittel- und Osteuropa, ~ in **6** 21ff.
- Westeuropa, ~ in **6** 19f.

Verfassungsänderungen **5** 16
- Asylrecht **5** 16
- Auslieferungsverbot, deutsches **5** 16
- Berufsfreiheit **5** 16
- Einigungsvertrag **5** 15
- Europäische Union, ~ und **5** 16
- Lausch- und Spähangriff **5** 16
- Notstandsklausel **5** 83
- Notstandsverfassung **5** 15
- Wehrdienst von Frauen **5** 16
- Wehrverfassung **5** 15

Verfassungsbeschwerde
- Grundrechtsschutz, ~ und **6** 53 *siehe auch dort*

Verfassungsdirektiven
- Aufträge zur Verfassungsbildung **18** 15
- Begriff **18** 11, 28
- formale Richtsätze, ~ als **18** 16
- Gebot des grundrechtsfreundlichen Verhaltens **18** 96ff. *siehe auch* Grundrechtstreue
- Gesetzgebungsaufträge **18** 29ff.
- Gewaltenteilung, ~ und **18** 23
- Grundpflichten, ~ als **18** 40ff. *siehe auch dort*
- Grundrechte, ~ als **18** 49ff. *siehe auch* Direktivgrundrechte
- Grundrechten, ~ in **18** 79ff.

- Grundrechtsbindung der Öffentlichen Gewalt **18** 80 ff.
- Grundrechtsdirektiven, ~ und **18** 79 ff. *siehe auch dort*
- Grundrechtsschutz, positiver **18** 48
- Grundrechtsverwirklichung, ~ und **18** 88 ff.
- Grundrechtsvoraussetzungsschutz **18** 92 ff. *siehe auch* Grundrechtsschutz, Voraussetzungen des
- Inhaltsarmut der ~ **18** 26
- Kategorien der ~ **18** 12 ff.
- Leitfunktion der Grundrechte **18** 91
- normative Rahmenbedingungen, ~ und **18** 88 ff.
- Programmsätze, ~ als **18** 13
- Schutzpflichten, ~ als **18** 44 ff.
- Sozialstaatsprinzip, ~ und **18** 84 ff. *siehe auch dort*
- Staatszielbestimmungen, ~ und **18** 29 ff. *siehe auch dort*
- Umgestaltungsaufgaben **18** 19
- Verfassungsbefehl, ~ als **18** 14
- Verfassungsgrundsätze **18** 17
- verfassungspädagogische Funktion **18** 24
- Verfassungsprinzipien **18** 17
- Verfassungsprozeß, ~ im **18** 96 ff.
- Verfassungsvoraussetzungen, ~ und **18** 25 *siehe auch* Grundrechtsvoraussetzungen
- Wirkweise der ~ **18** 22 ff.

Verfassungsentwicklung
siehe auch Grundrechtsentwicklung
- süddeutschen Verfassungen, ~ der **10** 30 ff.

Verfassungsgerichtsbarkeit
- Aufwertung der Grundrechte durch ~ **5** 21 f.
- Bedeutung der ~ **5** 21 f.
- Bundesverfassungsgericht *siehe dort*
- Grundrechtsentwicklung, ~ und **5** 21
- Grundrechtsinterpretation **15** 63 ff.
- grundrechtsschützende Funktion der ~ **7** 71 f.
- institutionell selbständige ~ **19** 20
- integrierte ~ **19** 20, 31 ff.
- Konstitutionalisierung der Rechtsordnung **17** 53
- methodologische Grundlagen der Rechtsprechung **16** 34
- Modelle der ~ **19** 20, 39 ff.
- Nationalsozialismus, ~ im **14** 21 ff.
- Österreich (1918–1938), ~ in **4** 61 ff.
- Österreichisches Reichsgericht **3** 93 ff.
- Politik, ~ und **18** 5
- Schweiz (1918–1938), ~ in der **4** 66 ff.
- Sozialismus, ~ im **13** 70
- Vormärz, ~ im **2** 76 f.

Verfassungsgesetz
- unvollständiges ~ **20** 10

Verfassungsgrundsätze, allgemeine
- Notstandsrecht, Beschränkungen im **24** 66

Verfassungsinterpretation
siehe auch Grundrechtsinterpretation
- Bürgerverfassung **17** 64 f.
- Freiheitsvermutung als Auslegungsregel **15** 23 f.
- Gleichsetzung mit Verfassungskonkretisierung **15** 4
- Grundrecht und einfaches Gesetz **15** 25 f.
- Grundrechtsinterpretation, ~ und **15** 20 ff.

Verfassungsnotstand
- Weimarer Reichsverfassung, ~ in der **24** 15

Verfassungspolitik
- Auslegungsmethode, ~ als **7** 26

Verfassungsrecht
- Abhängigkeit aller Rechtsgebiete **19** 23
- gemeineuropäisches ~ **7** 4 *siehe auch dort*
- katholische Kirche und ~ **8** 36 ff.
- Verwaltungsrecht als konkretisiertes ~ **19** 23
- Verwaltungsrecht, ~ und **19** 22

Verfassungsrechtsvergleichung
siehe unter Verfassungsvergleichung

Verfassungsrezeption
siehe auch Rezeption (Grundrechte)
- Beispiele aus der Verfassungsrechtsprechung **7** 17
- Demokratienormen, ~ der **7** 54 ff.
- einzelner Staatsziele, ~ **7** 52

Sachregister

- Erziehungsziele, ~ der **7** 66ff.
- Föderalismus und Regionalismus **7** 61ff.
- Gewaltenteilung, ~ der **7** 58ff.
- Grundgesetz und ~ **7** 53
- Grundrechte, ~ der *siehe unter* Verfassungsrezeption (Grundrechte); Rezeption (Grundrechte)
- Grundrechtsgehalte, ~ und **7** 51
- Grundrechtsschutz, ~ und **7** 71ff.
- informelle Wege der ~ **7** 25
- Kontextualisierung **7** 29
- Kulturstaatsklausel **7** 53
- Kulturvergleich als Verfassungsvergleichung, ~ und **7** 28
- Mittel- und Osteuropa, ~ in **7** 43
- Oppositions-Garantien **7** 56
- Parteien-Artikel **7** 57
- Präambel EU-Grundrechtecharta, ~ der **7** 65
- Präambeln, ~ der **7** 63ff.
- Religionsverfassungsrecht, ~ von **7** 69ff.
- Rezeptionsmittler, ~ und **7** 23
- Rolle der Medien und Öffentlichkeit in der ~ **7** 25
- Rolle der Verfassungsgeber in der ~ **7** 22
- Rolle der Verfassungsgerichte in der ~ **7** 24
- Rolle der Verfassungsinterpreten in der ~ **7** 21ff.
- Rolle der Wissenschaft in der ~ **7** 23
- Schweiz, ~ in der **7** 43
- Sozialstaatsklausel **7** 53
- Staatszielbestimmungen, ~ der **7** 51ff.
- Typologie der ~ **7** 18ff.
- Überkreuzrezeptionen **7** 20
- Verfassungspolitik, ~ und **7** 26
- verfassungsrechtliche Vergleichung **7** 26
- Verfassungsrechtsprechung, ~ und **7** 16ff.
- Verfassungstexte als Gegenstand der ~ **7** 9ff.
  - Ausstrahlungswirkungen **7** 11f.
  - Grundrechtsentwicklungsklausel **7** 13
  - Klassiker, ~ der **7** 14
  - Periodisierung **7** 11
- Prinzip Verantwortung **7** 15
- Verfassungsgerichtsbarkeit, ~ und **7** 10
- wissenschaftliche Theorien **7** 14
- Verfassungsvergleichung als Auslegungsmethode **7** 26
- Verfassungsvergleichung, ~ und **7** 26ff.
- Wechselwirkungen der ~
  - kulturwissenschaftlicher Ansatz **7** 7
  - Theorierahmen **7** 7ff.
  - Überkreuzrezeptionen **7** 20
- Wettbewerb der ~ **7** 74

Verfassungsrezeption (Grundrechte)
siehe auch Rezeption (Grundrechte)
- besonderes Gewaltverhältnis, ~ und **7** 33
- Chancengleichheit **7** 47
- Datenschutz **7** 44
- demokratische Grundrechte, ~ der **7** 54
- Diskriminierungsverbot **7** 47
- gemeineuropäischen Recht, ~ im **7** 41
- Gleichberechtigung **7** 48
- Gleichheitsrechte **7** 47
- Grundpflichten, ~ und **7** 40
- Grundrechtsentwicklungsklauseln **7** 39
- Grundrechtsträger-Normen **7** 35
- Grundrechtsverwirklichungsklauseln **7** 38
- Kinderrechte **7** 49
- Lebenspartnerschaft **7** 49
- Medienfreiheit **7** 45f.
- Mehrdimensionalität **7** 34
- Menschenwürde **7** 42f.
- Minderheitenschutz **7** 49
- (mittelbare) Drittwirkung **7** 32
- Recht auf informationelle Selbstbestimmung **7** 44
- Rechtsschutzgarantien **7** 37
- Schutzpflichten-Theorie **7** 34
- Wesensgehaltsklauseln **7** 36

Verfassungsstaat
- numerus clausus der Grundrechte **7** 50

Verfassungstexte
- Aachener Entwurf 1790 **2** 13
- deutsche ~ (Ende 18. Jh.) **2** 13ff.
- deutsche ~ (Vormärz) **2** 17ff.

Sachregister

- französische ~ **2** 15
- Jakobinische Entwürfe **2** 14
- Verfassung Belgiens 1831 **2** 16

Verfassungsvergleichung
siehe auch Grundrechtsvergleichung
- Begriff **16** 5
- Grundrechtspolitik, ~ als **7** 68
- Grundrechtsvergleichung, ~ als **7** 28
- Kulturvergleichung, ~ als **7** 28

Verfassungsvoraussetzungen *siehe auch*
Grundrechtsvoraussetzungen
- Verfassungstexten, ~ in **21** 5

Verfassungswandel
- Ausgleichsfähigkeit, finanzielle und rechtliche **21** 43
- DDR 1989, ~ in der **21** 43
- Deutsche Einheit, ~ und **21** 43
- Nationalsozialismus, ~ im **21** 42
- Reichsverfassung 1871, ~ in der **21** 41
- Wirkungsvoraussetzungen der Grundrechte, ~ und **21** 39

Vergleich der Grundrechte
siehe unter Grundrechtsvergleichung

Verhältnis Staat und Bürger
- französischen Faschismus, ~ im **14** 4
- italienischen Faschismus, ~ im **14** 7
- Nationalsozialismus, ~ im **14** 21 ff.
- spanischen Faschismus, ~ im **14** 12

Verhältnismäßigkeitsprinzip
- Ableitung des ~ (s) **22** 98 ff.
- allgemeiner Rechtsgrundsatz, ~ als **22** 109
- Belgien, ~ in **22** 106 ff.
- Deutschland, ~ in **22** 98 ff.
- Diskriminierungsverbot, ~ und **22** 106 ff.
- Entstehung des ~ (s) **4** 34
- Europäische Menschenrechtskonvention, ~ in der **22** 105
  siehe auch dort
- Europäischen Union, ~ in der
  siehe dort
- Europäischen Gemeinschaftsrecht, ~ im **22** 99
- Europäischer Gerichtshof für Menschenrechte **22** 108
- Frankreich, ~ in **22** 104
  siehe auch Französische Menschenrechtserklärung

- Freiheitsrechte, Anwendung auf **22** 106 ff.
- Gewaltenteilung, ~ und **22** 112 ff.
- Gleichheitssatz, Anwendung auf den **22** 106 ff.
- Großbritannien, ~ in **22** 101 f.
- Grundrechte, ~ und **21** 21
  siehe auch Grundrechte
- Grundrechtsbindung, ~ und **23** 58
- Grundrechtstreue, ~ und **18** 98
- Grundrechtsverwirklichung **23** 58
- Grundrechtsvoraussetzungen, ~ und **21** 21
- Human Rights Act, ~ und **22** 102
- Inhalt des ~ (s) **22** 110 ff.
- Konkordanz in Europa **16** 74
- Österreich, ~ in **22** 100 ff.
- Schrankenschranke, ~ als **6** 60, **22** 70 ff.
- Schweiz, ~ in der **22** 103
- Stufenprüfung **6** 61
- Untermaßverbot **21** 21
- Vereinigten Staaten von Amerika, ~ in den **22** 122
- Weimarer Reichsverfassung, ~ in der **4** 28 ff.
- Wesensgehaltsgarantie, ~ und **22** 87 ff. *siehe auch dort*

Versammlungsfreiheit
- Sonderstatusverhältnis **22** 64 ff.
- Vereinigten Staaten von Amerika, ~ in den **22** 120 ff.
- vorbehaltloses Grundrecht, ~ als **22** 43

Verteidigungsfall
- Beendigung des ~ (s) **24** 37
- Entsperrung der Notstandsverfassung **24** 36
- Feststellung, konstitutive **24** 35
- Grundgesetz, ~ im **5** 71
- Legaldefinition **24** 33
- präventive Verteidigung **24** 34
- Spannungsfall als Vorstufe **24** 38
- Tatbestandsmerkmale **24** 34 f.
- Verletzung territorialer Integrität **24** 35
- Zustimmungsfall als Vorstufe **24** 39
  siehe auch dort
- Zweck der Rechtsfigur **24** 39

Vertrag über die Europäische Union
1 43

Sachregister

Vertrag zur Gründung der Europäischen Gemeinschaft **1** 43
Vertrag über die Herstellung der Einheit Deutschlands **5** 62 *siehe auch* Einigungsvertrag
Vertragsfreiheit *siehe auch* Privatautonomie
– Grundrechte, ~ und **20** 29 *siehe auch* Privatrecht
– immanente Schranke, ~ als **20** 29
Vertriebene
– Status nach Deutscher Einheit **5** 67
– Vermögenskonfiskation, Urteil des Bundesverfassungsgerichts **5** 67
Verwaltungsgerichtsbarkeit
– Bulgarien (Sozialismus), ~ in **13** 73
– italienischen Faschismus, ~ im **14** 9
– Jugoslawien (Sozialismus), ~ in **13** 73
– Nationalsozialismus, ~ im **14** 25
– spanischen Faschismus, ~ im **14** 13
Verwaltungsprivatrecht
– Ausgliederungen **23** 79 f.
– Fiskalgeltung der Grundrechte **23** 78
– Flucht ins Privatrecht **23** 78
– Grundrechtsbindung **23** 77
– nichthoheitliche Staatstätigkeit **23** 79 ff.
Verwaltungsrecht
– konkretisiertes Verfassungsrecht, ~ als **17** 50
– objektiv-rechtliche Dimension der Grundrechte **19** 22
– Verfassungsrecht, ~ als konkretisiertes **19** 23
– Verfassungsrecht, ~ und **19** 22
Verwaltungsrechtsschutz (Sozialismus) **1** 6 *siehe auch* Verwaltungsgerichtsbarkeit
Virginia Bill of Rights
– Grundrechte **2** 5 f.
– Leben, Freiheit, Eigentum **2** 5
– Pressefreiheit **2** 5
– Prozeßgrundrechte **2** 5
Völkerrecht
– Durchsetzbarkeit der Menschenrechte **6** 32 ff.
– Einfluß auf das Organisationsrecht **16** 13
– Folgen menschenrechtlicher Verpflichtungen **6** 29
– Fremdenrecht **6** 32
– Grundrechtsbestand, klassischer **6** 31
– innerstaatlicher Anwendungsbefehl **5** 26
– Instrumente für Menschenrechtsschutz **6** 30
– Konvention über die Verhütung und Bestrafung des Völkermords 1948 **5** 25
– Kriegsvölkerrecht *siehe dort*
– Menschenrechte als Völkergewohnheitsrecht **5** 25 f.
– Menschenrechtsschutz und Staatssouveränität **6** 28
– Mindeststandards der Menschenrechte **6** 32 ff.
– Notstandsrecht und humanitäres ~ **24** 106
– programmatische Grundrechte, ~ und **17** 21
– Proportionalitätsprinzip **6** 60
– Recht auf Arbeit **6** 31
– Recht auf Bildung **6** 31
– Recht auf Entwicklung **6** 31
– Recht auf Frieden **6** 31
– Recht auf Gesundheit **6** 31
– Recht auf Selbstbestimmung **6** 31
– Recht auf Teilhabe **6** 31
– Rechtskulturen, unterschiedliche **6** 35
– Revolution des ~ (s) **6** 28 f.
– soziale Gewährleistungen und staatliche Schutzpflichten **6** 31
– Vertragsgesetz (Art. 59 Abs. 2 GG) **5** 26
– Völkerrechtssubjektivität **6** 33
– Wesensgehaltsgarantie, ~ und **22** 91 ff.
völkische Grundwerte
siehe auch Nationalsozialismus
– Nationalsozialismus, ~ im **14** 25
Volksdeutsche
– Status nach Deutscher Einheit **5** 67
Volkseigentum (Sozialismus)
siehe unter Eigentum (Sozialismus)
Volksgenosse
siehe auch Nationalsozialismus
– Pflichten **14** 24
– Rechtsstellung **14** 21 ff.
– Rechtswirkungen **14** 25

Sachregister

- Verwirkung und Entzug der Rechtsstellung **14** 26

Volksrechte
- Grundrechte der Frankfurter Reichsverfassung **3** 8 *siehe unter* Grundrechte (Frankfurter Reichsverfassung)

Volkssouveränität
- Österreich nach 1848, ~ in **3** 43

Vormärz **2** 1ff.
- Bundesakte 1815 **2** 18
- Bundesverfassung, deutsche **2** 18
- Burschenschaften **2** 85
- Eigentum **2** 51
- französischer Einfluß auf ~ **2** 23
- Gottesebenbildlichkeit des Monarchen **2** 53
- Grundrechte im ~ **10** 32
- Grundrechtsschutz **2** 75 ff.
- Grundrechtstheorie
  - Anknüpfung an Naturrecht **2** 48
  - Dogmatik **2** 54
  - Freiheit, vernunftrechtliche **2** 50
  - Funktion der Grundrechte, programm.-appellative **2** 76
  - Liberalismus **2** 49ff.
- Hambacher Fest 1832 **2** 85
- Konstitutionalismus **2** 52, **10** 32
- Landesverfassung **2** 19 ff.
  - Baden **2** 19
  - Bayern **2** 19
  - Braunschweig **2** 21
  - Hannover **2** 21
  - Kur-Hessen **2** 21
  - Sachsen **2** 21
  - Württemberg **2** 19
- Patrimonalstaat **2** 53
- Staatslehre, konservative **2** 53
- Wartburgfest 1817 **2** 85
- zweite Verfassungswelle **2** 21

Wahlrecht
- Arbeiterbewegung, ~ und **12** 21
- besitzbürgerliche Ordnung, ~ und **2** 56
- egalitäres ~ **2** 56
- Frauenwahlrecht und sozialistische Kritik **12** 20
- Grundrechte der Frankfurter Reichsverfassung **3** 26
- Kritik an Ungleichheit, sozialistische **12** 20

Wahrnehmungsvoraussetzungen der Grundrechte **21** 11 ff.
- Anbietergrundrechte **21** 44
- Einrichtung von ~ **21** 47
- Erscheinungsformen der ~ **21** 44 ff.
- Gemeinschaftsgrundrechte **21** 44
- Gemeinverträglichkeit **21** 45
  siehe auch Gemeinwohl
- Gewährleistung, staatliche **21** 51
- Grundrechtsaktivität, ~ und **21** 49
- Justizgrundrechte **21** 44
- Maßstäbe der ~ **21** 50
- Relativismus der Werte **21** 48
- Schutzaufträge, ~ und **21** 45
- Schutzpflichten, ausdrückliche **21** 45
- staatliche Verantwortung für ~ **21** 47 ff.
- Staatsaufgaben, ~ und **21** 49
- Systembedingung, ~ als **21** 14
- Verantwortung, staatliche für ~ **21** 47 ff.

Wartburgfest 1817 **2** 85

Wechselwirkungen
- Verfassungsrezeptionen, ~ der *siehe unter* Verfassungsrezeption

Wechselwirkungstheorie
- Abwehrfunktion der Grundrechte **17** 36 *siehe auch* Abwehrfunktion (Grundrechte)
- Grundrechte und Gesetze **15** 29
- Güterabwägung **15** 28
  siehe auch dort
- Meinungsfreiheit **15** 29
- Schweden, ~ in **7** 46

Wehrdienst von Frauen
- Europäischer Gerichtshof, Rechtsprechung **5** 16

Wehrpflicht
- Frauen, ~ von **5** 70
- Grundgesetz, ~ im **5** 69 f.
- Grundpflicht, ~ als **5** 70
- grundrechtliche Vorkehrungen für ~ **5** 69 f.
- Kriegsdienstverweigerung **5** 73
- Leninismus, ~ im **13** 12
- Soldatengrundrechte **5** 71
- Sowjetrussische Verfassung 1918 **13** 12

- Verfassungsänderungen 5 69f.
- Wehrbeauftragter 5 71
- Wehrdienst von Frauen 5 116
- Wehrverfassung 5 15
- Wehrverfassung als Teilverfassung 5 72
- Zivildienst, ~ und 5 73ff.

Weimarer Reichsverfassung *siehe auch* Weimarer Republik
- Außerkraftsetzung 14 14
- Eigentum, Sozialpflichtigkeit des ~ 12 45
- Einfluß auf das Grundgesetz 5 6
- Ewigkeitsgarantie 4 31
- Grundrechte *siehe unter* Grundrechte (Weimarer Reichsverfassung)
- Grundrechte als Programmsätze 17 18
- Grundrechte und Grundpflichten 12 45
- Grundrechtsakzeptanz, fehlende 17 18
- Grundrechtssuspendierungsklausel 6 8
- Grundrechtsverständnis 17 16
- Koalitionsfreiheit 12 45
- konstitutionelle Demokratie 4 6
- Liberalismus, ~ und 10 37
- Mitbestimmungsrechte 12 45
- Notstandsrecht
  - Anordnungsbefugnis 24 13
  - Fehlen eines Ausführungsgesetzes 24 14
  - Notstandsparagraph 24 13
  - Notverordnungen 24 15
  - Verfassungsnotstand 24 15
- Notverordnungen 24 15
- Preußisches Gesetz über den Belagerungszustand 24 11
- Prüfungsumfang des Reichsgerichts 4 47f.
- Rechtscharakter der Grundrechte 4 12ff.
- Rezeption der Verfassungstheorie 17 28ff.
- soziale Dimension der Grundrechte 12 45
- soziale Grundrechte 1 65
- soziale Rechte 1 65
- Verfassung und Rechtstradition 17 46

- Verfassungsentwurf H. Preuß 12 44
- Verfassungsnotstand 24 15
- Verwerfungskompetenz bei Landesgesetzen 4 46
- Zerschlagung der ~ im Nationalsozialismus 4 54ff., 14 14

Weimarer Republik *siehe auch* Grundrechte (Weimarer Reichsverfassung)
- europäische Entwicklungen, ~ und 4 3ff.
- freiheitlich-demokratische Aufbruchsphase 4 2
- Genossenschaftslehre 3 28f.
- Grundrechtsverständnis 3 7, 17 16
- Weimarer Koalition 4 6

Weißrußland
- Verfassung 1919 13 13

Wertordnung
- Lüth-Urteil, ~ im 19 4ff.
  siehe auch dort
- Wertordnungslehre, spanische 19 47

Wesensgehalt
- Europäische Gemeinschaft, ~ und 21 26
- Grundrechtsbindung 23 57
- Güterabwägung, ~ und 22 74
- Menschenwürdegehalt, ~ und 6 52

Wesensgehaltsgarantie
  siehe auch Wesensgehalt
- abstrakte ~ 22 78f.
- Adressat der ~ 22 75
- Bedeutung der ~ 22 74ff.
- Bezug zur Menschenwürde 22 84ff.
- Eigentum, ~ und 23 66
- Entwicklung, historische 22 76f.
- Europäische Menschenrechtskonvention 22 91ff.
- europäischen Verfassungen, ~ in 22 78
- Europäischer Gerichtshof 22 81ff., 87ff.
- Europäischer Gerichtshof für Menschenrechte 22 81ff., 87ff.
- Frankreich, ~ in 22 82ff.
- Inhalt der ~ 22 84ff.
- institutionelle Funktion der ~ 22 86
- konkretisierte ~ 22 80
- objektive Norm, ~ als 22 86
- objektive Schranke, ~ als 22 87ff.

Sachregister

- Österreich, ~ in 22 81 ff.
- Parlamentarischer Rat, ~ und 5 21
- Portugal, ~ in 22 78
- Rechtsprechung, ~ in der 22 81 ff.
- relative Schranke, ~ als 22 87 ff.
- Schrankenschranken, ~ und 22 70 ff.
- Schweiz, ~ in der 22 79 ff.
- Spanien, ~ in 22 78
- subjektiv-rechtlicher Charakter 22 86
- Theorien zur ~ 22 85 ff.
- Verhältnismäßigkeitsprinzip, ~ und 22 87 ff. *siehe auch dort*
- Völkerrecht, ~ im 22 91 ff.
- vorbehaltlose Grundrechte, ~ und 22 52
- Vorbild des Art. 19 Abs. 2 GG 22 76

Wesensgehaltsklausel
- Grundgesetz, ~ im 7 36

Wesentlichkeitstheorie
- Badische Verfassung 1818 2 79
- Bildungspolitik, ~ und 5 107

Westeuropäische Union
- Bundesrepublik Deutschland, ~ und 5 68

Westfälischer Friede 9 20

Westintegration
- westliche Wertegemeinschaft 5 125

Wiedervereinigung
siehe unter Deutsche Einheit

Wiener Kongreß
- Bundesakte 1815 2 18
- Schweizerischer Bundesvertrag 1815 3 53

Wiener Vertragsrechtskonvention 16 32

Wirkungsvoraussetzungen der Grundrechte
- Änderung der ~ 21 39 f.
- Bildung, staatliche 21 34 ff.
- Erscheinungsformen der ~ 21 23 ff.
- Finanzmacht des Staates, ~ und 21 31 f.
- Handlungsinstrumente, staatliche 21 37
- Kulturstaat, ~ und 21 35
- Legitimitätsgrundlagen der ~ 21 23 ff.
- Rechtsstaat, ~ und 21 30
- Steuern, ~ und 21 32
- Verfassungsaufträge, explizite 21 27
- Verfassungswandel 21 39 ff.
- Voraussetzungen, rechtliche 21 27 ff.
- Wegfall der ~ 21 41 ff.
- Wertewandel, ~ und 21 40
- Wirkungsinstrumente 21 28 ff.
- Wirtschaftsverfassung, ~ und 21 33

Wirtschaftspolitik
- Leitbild des „shareholder value" 12 55

Wirtschaftsverfassung
- italienischen Faschismus, ~ im 14 7

Wissenschaftsfreiheit
- Gewährleistung, ~ als institutionelle 15 56
- Grundrecht, ~ als vorbehaltloses 22 43
- Grundrechtsfunktionen, objektiv-rechtliche 15 56
  siehe auch objektiv-rechtliche Dimension der Grundrechte
- Grundrechtsverwirklichung 18 90
- institutionelle Garantie, ~ als 23 67
- Liberalismus, ~ und 10 53 ff.

Württemberg
- Landesverfassung im Vormärz 2 19

Zivildienst *siehe auch* Wehrpflicht
- Kriegsdienstverweigerung, ~ und 5 73 ff.

Zustimmungsfall
siehe auch Notstandsrecht
- „kleiner" Spannungsfall 24 39
- Krisenmanagement im ~ 24 39
- Zweck der Rechtsfigur 24 39

Zwei-plus-Vier-Vertrag 5 67

Zweiter Weltkrieg *siehe auch* Faschismus; Nationalsozialismus
- katholischen Kirche, Rolle der 8 25 ff.
- Kirche und Grundrechte nach 1945 8 30 ff.
- päpstliche Demokratie-Richtlinien, ~ und 8 25 ff.
- Repräsentation des Volkes, Kirche und 8 25 ff.

Zweites Vatikanisches Konzil 8 29 ff., 44, 63